Volume Único

Exame da OAB

Doutrina

Todas as disciplinas – 1ª fase

Volume Único

Exame da OAB

Doutrina

Todas as disciplinas – 1ª fase

DISCIPLINAS

- Deontologia
- Direitos Humanos
- Direito Internacional
- Direito Constitucional
- Estatuto da Criança e do Adolescente
- Direito Administrativo
- Direito Civil
- Direito Processual Civil
- Direito do Consumidor
- Direito Empresarial
- Direito Tributário
- Direito Ambiental
- Direito Penal
- Direito Processual Penal
- Direito do Trabalho
- Direito Processual do Trabalho
- Ética e Filosofia do Direito
- Hermenêutica Jurídica

ORGANIZADORES
FLÁVIA CRISTINA
JÚLIO FRANCESCHET
LUCAS PAVIONE

14ª edição | Revista atualizada ampliada

2022

EDITORA JusPODIVM
www.editorajuspodivm.com.br

EDITORA *Jus*PODIVM
www.editorajuspodivm.com.br

Rua Canuto Saraiva, 131 – Mooca – CEP: 03113-010 – São Paulo – São Paulo
Tel: (11) 3582.5757
• Contato: https://www.editorajuspodivm.com.br/sac

Copyright: Edições *Jus*PODIVM

Capa: Ana Caquetti

Diagramação: SBNigri Artes e Textos Ltda. *(sbnigri@centroin.com.br)*

E96 Exame da OAB – Doutrina: Todas as disciplinas – 1ª fase – Volume Único / organizadores Flávia Cristina, Lucas Pavione, Júlio César Franceschet – 14. ed. rev., atual. e ampl. – São Paulo: Editora Juspodivm, 2022.

1.216 p. (Doutrina Volume Único / organizadores Flávia Cristina, Lucas Pavione, Júlio César Franceschet)

Bibliografia
ISBN 978-85-442-3803-5

1. Ordem dos Advogados do Brasil – Exames. I. Cristina, Flávia. II. Pavione, Lucas. III. Franceschet, Júlio Cesar. IV. Título.

CDD 340.06081

SOBRE OS AUTORES

ANAMARIA DE ARAUJO PASCOTTO – DIREITO PROCESSUAL CIVIL

- Graduada em Direito pela Universidade de São Paulo (2004).
- Advogada (2004-2014).
- Analista Judiciária da Justiça Federal de São Paulo (desde 2014).

DIEGO PEREIRA MACHADO – DIREITOS HUMANOS • DIREITO INTERNACIONAL

- Especialista em Direito Processual Penal e Civil (UPF - RS).
- Mestre em Direito (Unitoledo - SP).
- Doutorando em Direito (Coimbra - Portugal).
- Pós-Graduado em Direito Notarial e Registral (Anhanguera – UNIDERP).
- Professor e palestrante exclusivo da Rede de Ensino LFG (SP), nas matérias de Direito Internacional, Direito Comunitário e Direitos Humanos, em cursos preparatórios para concursos públicos e em programas de pós-graduação.
- Participante do Cambridge Law Studio (Cambridge, Inglaterra).
- Participante do "U.S. Legal Methods: Introduction to U.S. Law" (Washington – Estados Unidos).
- Professor do programa Prova Final da TV Justiça, Saber Direito, Sem Fronteiras e do Portal Atualidades do Direito.
- Autor de livros e artigos na área jurídica.
- Conferencista.
- Palestrante.
- Ex-Procurador Federal – AGU (de 2007 a 2017 – ingressou na carreira aos 23 anos de idade).
- Presidente da Sociedade Brasileira de Direito Internacional Seccional – Mato Grosso.
- Membro associado da ONG Transparência Brasil.
- Tabelião de notas e de protesto.
- Membro associado da Ong Transparência Brasil.
- Membro de conselhos editoriais de revistas acadêmicas.
- Membro do Conselho Nacional da ABDI (Academia Brasileira de Direito Internacional).

FABIANA CAMPOS NEGRO – DEONTOLOGIA

- Mestre em Direito pela Unian – Anhanguera.
- Pós-graduação (*latu sensu*) em Direito e Processo do Trabalho pela Universidade Presbiteriana Mackenzie.
- Pós-graduada (*stricto sensu*) em Direito Público.
- Professora universitária e de pós-graduação em Ética, Direito do Trabalho, Processo do Trabalho e Prática Trabalhista.
- Palestrante.
- Graduada em Direito pela UNIP.
- Membro do IASP (Instituto dos Advogados de São Paulo) e da OAB Pinheiros.
- Advogada e *Compliance Officer*.
- Autora de livros na área do Direito.

FERNANDO HENRIQUE CORRÊA CUSTODIO – DIREITO PROCESSUAL CIVIL

- Graduado em Direito pela Universidade de São Paulo.
- Pós-Graduado em Direito Material Tributário pela PUC/SP.
- Juiz Federal Substituto.

HERMUNDES FLORES DE MENDONÇA – ÉTICA E FILOSOFIA DO DIREITO

- Professor e Advogado com formação interdisciplinar em Direito e Comunicação.
- Mestre em Ciências Jurídico-Filosóficas pela Universidade de Coimbra, Portugal (título revalidado pela UFMG).
- Doutor em Ciências da Comunicação pela Universidade do Vale Rio dos Sinos (Unisinos).
- Pesquisador visitante na Universidade de Coimbra, com fomento CAPES/PROEX.
- Graduado em Direito pela Universidade Federal de Viçosa/MG.
- Coautor de livros pela Juspodivm e Editora UFV.
- Instagram: hermundesflores

JÚLIO CESAR FRANCESCHET – DIREITO CONSTITUCIONAL

- Juiz de Direito do Tribunal de Justiça do Estado de São Paulo.
- Graduado em Direito pela Universidade Federal de Viçosa/UFV.
- Mestre em Direito pela Universidade do Estado do Rio de Janeiro/UERJ.
- Doutor em Direito pela Universidade de São Paulo/USP.
- Professor da Universidade de Araraquara/UNIARA.
- Autor e coordenador de diversas obras jurídicas.

LUCAS DOS SANTOS PAVIONE – DIREITO ADMINISTRATIVO • DIREITO AMBIENTAL

- Procurador Federal.
- Pós-Graduado.
- Coordenador e coautor da Série "Carreiras Específicas", publicada pela Saraiva.
- Coautor da obra "Improbidade Administrativa: Lei 8.429/92", publicada pela Editora Juspodivm.

MILTON BANDEIRA NETO – DIREITO TRIBUTÁRIO

- Procurador da Fazenda Nacional.
- Graduado em Direito pela Universidade Federal de Viçosa (UFV).
- Pós-graduado em Direito Público.
- Pós-graduando em Direito Constitucional.
- Coautor das obras:

– Carreiras Específicas – AGU – Direito Tributário, publicada pela Editora Saraiva;
– Carreiras Específicas – Magistratura Federal – Direito Tributário, publicada pela Editora Saraiva;
– Carreiras Específicas – Polícia Federal – Direito Tributário, publicada pela Editora Saraiva;
– Carreiras Específicas – Tribunais – Direito Tributário, publicada pela Editora Saraiva;
– Carreiras Específicas – Receita Federal – Direito Tributário, publicada pela Editora Saraiva;
– Carreiras Específicas – OAB – Direito Tributário, publicada pela Editora Saraiva;
– Direito ao Ponto – Direito Tributário, publicada pela Editora Juspodivm;
– Temas Aprofundados – AGU – Direito Tributário, publicada pela Editora Juspodivm.

NATHÁLIA STIVALLE GOMES – DIREITO DO CONSUMIDOR • DIREITO EMPRESARIAL

- Advogada da União.
- Coautora da obra "Carreiras Específicas – AGU", publicada pela Saraiva.

REINALDO DANIEL MOREIRA – DIREITO PENAL • DIREITO PROCESSUAL PENAL

- Juiz de Direito do Estado de Minas Gerais.
- Mestre em Direito Público pela Universidade do Estado do Rio de Janeiro (UERJ).
- Lecionou nos cursos de graduação em Direito da Universidade Federal de Juiz de Fora, da Faculdade Metodista Granbery de Juiz de Fora e da Universidade Presidente Antônio Carlos.
- Lecionou, como professor convidado, no curso de especialização em Ciências Penais da Universidade Federal de Juiz de Fora.

SIMONE SOARES BERNARDES – DIREITO DO TRABALHO • DIREITO PROCESSUAL DO TRABALHO

- Juíza do Trabalho Substituta do TRT da 3ª Região.
- Ex-Juíza do Trabalho Substituta do TRT da 1ª Região.
- Ex-Analista Judiciário – Assistente de Juiz – do TRT da 3ª Região.
- Autora de livros jurídicos para concursos.
- Aprovada e nomeada para os cargos de Analista Judiciário do TRE/MG e Técnico Judiciário do TRF 1ª Região.

VERA LÚCIA DA SILVA – HERMENÊUTICA JURÍDICA

- Doutora em Direito pela Universidade Federal de Santa Catarina.
- Assistente jurídico na Procuradoria Geral do Estado de Santa Catarina.

WAGNER INÁCIO FREITAS DIAS – ECA • DIREITO CIVIL

- Professor Universitário.
- Advogado.
- Mestre em Direito pela Universidade Estácio de Sá do Rio de Janeiro.
- Professor em cursos preparatórios para concurso em Minas Gerais.
- Twitter: @wagnerinacio
- Blog: professorwagnerinacio.blogspot.com

APRESENTAÇÃO

É com grande satisfação que apresentamos este livro, que reúne, com clareza, objetividade e profundidade, todas as matérias presentes no Exame da Ordem dos Advogados do Brasil, tornando-se, assim, um valioso instrumento para todos aqueles que buscam a aprovação.

O estudo para o Exame da OAB é árduo e a maior dificuldade enfrentada por muitos candidatos está no grande volume de matérias. Em consequência disso, o candidato tem dificuldade em sistematizar seus estudos, ficando, por vezes, perdido em meio a muitos manuais, leis, jurisprudência, entre outros.

Pensando nestas e noutras dificuldades, apresentamos **Exame OAB – Doutrina volume único**, uma obra completa, sistematicamente elaborada por especialistas no Exame da OAB. O principal objetivo da obra foi reunir, de forma clara, concisa e didática, todas as disciplinas presentes no Exame da Ordem, aliado a um método bastante didático de apresentação dos diversos temas.

Não se trata de um mero resumo, mas sim de uma obra cuidadosamente pensada, a fim de permitir o máximo aproveitamento, por meio de um estudo estratégico, e, por consequência, o melhor resultado.

Os autores, após criteriosa análise dos Exames da OAB anteriores, exploraram questões, permitindo, assim, que o leitor possa conhecer da técnica empregada pelos examinadores. Além disso, foram usados diversos recursos didáticos, favorecendo-se a rápida absorção da matéria e potencialização dos estudos. Não descuidamos ainda de apresentar temas e discussões polêmicos, ainda pouco explorados nos Exames já realizados, mas que, certamente, serão objeto de questionamentos futuros.

Trata-se, pois, de uma obra diferenciada que, além dos pontos acima ressaltados, reúne vários tópicos de suma importância na preparação de nossos leitores, quais sejam:

MUITA ATENÇÃO!

MUITA ATENÇÃO! Apesar de ser o Poder Executivo quem exerce tipicamente a função administrativa, é importante salientar que o termo Administração Pública é empregado de maneira ampla, de modo que quando os outros Poderes estiverem no exercício da função administrativa, seus órgãos e agentes também serão considerados integrantes da Administração Pública. Portanto, **Administração Pública não é sinônimo de Poder Executivo**.

Há determinados pontos em cada matéria que são frequentemente abordados nos Exames da OAB, tornando-se repetitiva sua incidência. E muitas vezes, estes pontos são abordados de maneira bastante sutil, de modo que os candidatos mais desatentos acabam cometendo erros que levam à perda de pontos importantes. Por isso, nesta seção os autores destacaram os tópicos que demandam maior cuidado e atenção, alertando o leitor acerca de sua manifesta importância. Além disso, nesta seção são destacadas as famosas "pegadinhas", sempre presentes nos Exames da OAB.

QUESTÃO

? **QUESTÃO:** O princípio da legalidade comporta exceções?

RESPOSTA: *Sim. Podemos mencionar as seguintes exceções:*

Estado de defesa e estado de sítio (arts. 136 e 137 da CF/88);

Decretos ou regulamentos autônomos (art. 84, VI da CF/88).

A fim de se alcançar um diálogo mais claro e dinâmico com o leitor, foram inseridas algumas perguntas e respostas ao longo do texto. Esta metodologia auxilia o leitor na compreensão de temas mais complexos e, sobretudo, na fixação de pontos-chave, imprescindíveis ao estudo de certos tópicos.

FIQUE POR DENTRO!

FIQUE POR DENTRO:

Teoria do Órgão e Funcionário de Fato

A **teoria do órgão** é bastante útil na caracterização do chamado **funcionário de fato** ou **função de fato**, em que ocorre a prática de atos por parte de agente que não possui investidura legítima em seu cargo ou emprego (Ex: agente empossado no cargo ou emprego com base em liminar judicial, que posteriormente é revogada). Neste caso, existindo a aparência da investidura, os **atos praticados pelo agente** serão **imputados** (atribuídos) ao órgão. Porém, o mesmo raciocínio não se aplica ao **usurpador de função pública**, cuja conduta é enquadrada como crime (art. 328, CP). Os atos do **usurpador de função pública** não serão imputados ao Estado, sendo considerados **inexistentes.**

Certos temas polêmicos, por resultarem de controvérsia doutrinária e/ou jurisprudencial, são também apresentados aos leitores de forma rápida e precisa, alertando-os, assim, para a sua existência. O objetivo não é fornecer todos os elementos que cercam alguns temas controvertidos, mas sim permitir que o leitor deles tenha conhecimento a fim de que possa se precaver, evitando surpresas desagraváveis. Além disso, certos temas ganham projeção quando conhecidos pelos Tribunais Superiores que, por vezes, modificam substancialmente a jurisprudência de todo o país. Assim, os autores trouxeram informações precisas sobre novos assuntos, bem como sobre aspectos controvertidos presentes na nossa jurisprudência.

EM RESUMO

EM RESUMO: Controle Difuso de Constitucionalidade	
Competência	Qualquer juiz ou Tribunal
Efeitos	"inter partes" e "ex tunc"
Modulação de efeitos	Cabível, desde que por motivos de segurança jurídica ou fundada em interesse social.
Objeto	Lei ou ato normativo (federal, estadual e municipal), inclusive anteriores à Constituição (direito pré-constitucional).
Atuação do Senado Federal	Discricionária. Faz-se por resolução. A partir deste momento, à declaração de inconstitucionalidade são atribuídos efeitos "erga omnes" e "ex nunc".

A utilização de palavras-chave contribui para a absorção dos pontos principais, auxiliando na fixação da matéria. Assim sendo e dada a complexidade de certos temas, foram elaborados "quadros-resumo" com o objetivo principal de condensar os principais tópicos expostos, contribuindo para a compreensão e absorção do quanto apresentado anteriormente.

DICA IMPORTANTE

DICA IMPORTANTE

Para memorizar: as letras iniciais dos princípios da legalidade, impessoalidade, moralidade, publicidade e eficiência formam, nesta ordem, a palavra **LIMPE**.

Em provas de 1ª fase, o conhecimento da chamada "lei seca", súmulas e de alguns "macetes" é importantíssimo. Nessa seção, os autores reuniram súmulas, leis, dispositivos e, principalmente, alguns "macetes" que, sem dúvida, vão proporcionar um grande aproveitamento dos estudos, permitindo uma abordagem estratégica e voltada ao Exame da OAB.

BIBLIOGRAFIA RECOMENDADA

BIBLIOGRAFIA RECOMENDADA

LEITURA BÁSICA

- Ferreira Filho, Manoel Gonçalves. **Direitos Humanos Fundamentais**. 9 ed. São Paulo: Saraiva.

OBRAS PARA APROFUNDAMENTO

- Mendes, Gilmar Ferreira; Coelho, Inocêncio Mártires; Branco, Paulo Gustavo Gonet. **Curso de Direito Constitucional**. 4 ed. São Paulo: Saraiva.

Embora completa e diferenciada, a presente obra não tem a pretensão de esgotar o estudo do Direito; este é vastíssimo e o que conhecemos sempre representa apenas um fragmento, fruto de determinada realidade histórico-social. Assim, são apresentadas algumas Bibliografias Recomendadas que permitirão maior aprofundamento sobre determinados temas. Esta seção vem ao final de cada uma das disciplinas e é subdividida em: **LEITURA BÁSICA**, que são obras indicadas para a primeira fase; e **OBRAS PARA APROFUNDAMENTO**, em que há indicações de leituras complementares, inclusive para a segunda fase do Exame da Ordem.

Portanto, pelo exposto acima, acreditamos que esta obra se constituirá em uma importante ferramenta que está sendo colocada à disposição dos futuros advogados. Aproveite-a!

Não deixem de seguir o nosso perfil no Twitter (@doutrinaoab)!

E, é claro: sugestões e críticas são sempre bem-vindas!

Bons estudos!

FLÁVIA CRISTINA MOURA DE ANDRADE
Twitter: @profaflavia

LUCAS DOS SANTOS PAVIONE
Twitter: @lucaspavione

JÚLIO CÉSAR FRANCESCHET

SUMÁRIO

DIREITOS HUMANOS
Diego Pereira Machado

DIREITO INTERNACIONAL
Diego Pereira Machado

ESTATUTO DA CRIANÇA E DO ADOLESCENTE
Wagner Inácio Dias

DIREITO ADMINISTRATIVO
Lucas dos Santos Pavione

DIREITO PROCESSUAL CIVIL
Fernando Henrique Corrêa Custodio e Anamaria de Araujo Pascotto

DIREITO DO CONSUMIDOR
Nathália Stivalle Gomes

DIREITO EMPRESARIAL
Nathália Stivalle Gomes

DIREITO TRIBUTÁRIO
Milton Bandeira Neto

DIREITO DO TRABALHO
Simone Soares Bernardes

DIREITO PROCESSUAL DO TRABALHO
Simone Soares Bernardes

ÉTICA E FILOSOFIA DO DIREITO
Hermundes Flores de Mendonça

HERMENÊUTICA JURÍDICA
Vera Lúcia da Silva

SIGLAS E ABREVIATURAS

Ac.	Acórdão
ADC	Ação Declaratória de Constitucionalidade
ADCT	Ato das Disposições Constitucionais Transitórias
ADIN	Ação Direta de Inconstitucionalidade
ADPF	Arguição de Descumprimento de Preceito Fundamental
AIA	Avaliação de Impacto Ambiental
APP	Área de Preservação Permanente
Art.	Artigo
CC	Código Civil
CDC	Código de Defesa do Consumidor
CED	Código de Ética e Disciplina
CF/88 ou CRFB	Constituição da República Federativa do Brasil de 1988
CFOAB	Conselho Federal da Ordem dos Advogados do Brasil
CLT	Consolidação das Leis do Trabalho
CNJ	Conselho Nacional de Justiça
CONAMA	Conselho Nacional do Meio Ambiente
CP	Código Penal
CPC	Código de Processo Civil
CPP	Código de Processo Penal
CTN	Código Tributário Nacional
DEJT	Diário Eletrônico da Justiça do Trabalho
DOU	Diário Oficial da União
DJU	Diário da Justiça da União
EAOAB	Estatuto da Advocacia e da Ordem dos Advogados do Brasil
EC	Emenda Constitucional
EIA/EPIA	Estudo Prévio de Impacto Ambiental
EIV	Estudo de Impacto da Vizinhança
ERR	Embargos em Recurso de Revista
HC	*Habeas Corpus*
IAB	Instituto dos Advogados Brasileiros
IBAMA	Instituto Brasileiro do Meio Ambiente e dos Recursos Naturais Renováveis
ICMBio	Instituto Chico Mendes de Conservação da Biodiversidade
ICMS	Imposto sobre Operações Relativas à Circulação de Mercadorias e sobre Prestações de Serviços de Transporte Interestadual e Intermunicipal e de Comunicação
IE	Imposto sobre Exportação
IGF	Imposto sobre Grandes Fortunas
II	Imposto sobre Importação
IOF	Imposto sobre Operações Financeiras

IPI	Imposto sobre Produtos Industrializados
IPTU	Imposto sobre Propriedade Predial e Territorial Urbana
IPVA	Imposto sobre Propriedade de Veículos Automotores
IR	Imposto sobre Renda e Proventos de Qualquer Natureza
ISS	Imposto sobre Serviços
ITBI	Imposto sobre Transmissão Inter Vivos, a qualquer título, por ato oneroso, de bens imóveis, por natureza ou acessão física, e de direitos reais sobre imóveis
ITCMD ou ITCD	Imposto sobre Transmissão *Causa Mortis* e Doação
ITR	Imposto sobre Propriedade Territorial Rural
Inc.	Inciso
LACP	Lei de Ação Civil Pública (Lei 7.437/85)
LAP	Lei de Ação Popular (Lei 4.717/65)
LBMA	Lei do Bioma Mata Atlântica (Lei 11.428/06)
LC	Lei Complementar
LCP	Lei das Contravenções Penais (Dec.-Lei 3.688/41)
LEP	Lei de Execuções Penais
LIA	Lei de Improbidade Administrativa (Lei 8.429/92)
LLC	Lei de Licitações e Contratos (Lei 8.666/93)
LSA	Lei de Sociedades Anônimas (Lei 6.404/76)
LSNUC	Lei do Sistema Nacional de Unidades de Conservação (Lei 9.985/00)
MS	Mandado de Segurança
OAB	Ordem dos Advogados do Brasil
OJ	Orientação Jurisprudencial
PNMA	Política Nacional do Meio Ambiente
RGEAOAB	Regulamento Geral do Estatuto de Advocacia e da Ordem dos Advogados do Brasil
RIMA	Relatório de Impacto ao Meio Ambiente
RGPS	Regime Geral de Previdência Social
RL	Reserva Legal
RPPS	Regime Próprio de Previdência Social
SDI	Subseção de Dissídios Individuais
SISNAMA	Sistema Nacional do Meio Ambiente
SNUC	Sistema Nacional de Unidades de Conservação
SRTE	Superintendência Regional de Trabalho e Emprego (antiga Delegacia Regional do Trabalho)
STF	Supremo Tribunal Federal
STJ	Superior Tribunal de Justiça
Súm.	Súmula
TED	Tribunal de Ética e Disciplina
TST	Tribunal Superior do Trabalho
UC	Unidade de Conservação

DEONTOLOGIA

FABIANA CAMPOS NEGRO

CAPÍTULO I
DA ÉTICA DO ADVOGADO

1. INTRODUÇÃO

A referida disciplina é objeto de destaque no estudo para a primeira fase do Exame de Ordem, pois através dela o candidato poderá obter de 8 a 10 dos 40 pontos que deverá alcançar para habilitação à prova prático-profissional.

Além de sua grande relevância para a aprovação no Exame de Ordem, é de grande importância na atuação profissional do advogado.

Trataremos dos temas de Ética Profissional através do estudo do **Estatuto da Advocacia e a Ordem dos Advogados do Brasil (EAOAB – Lei 8.906/94), do Código de Ética e Disciplina (CED) e do Regulamento Geral do Estatuto da Advocacia e a OAB (RGEAOAB) e alguns provimentos que tratam de matérias específicas no âmbito da OAB**, que serão objetos de avaliação no Exame de Ordem.

2. ÉTICA, MORAL, DEONTOLOGIA E DICEOLOGIA

Para alguns doutrinadores, "ética", "moral" e "deontologia" não são termos sinônimos.

Ética vem do grego ***ethos*** que significa "modo de ser" e Moral se origina do latim ***mores,*** que quer dizer "costumes".

Por **moral** se entende o conjunto de normas que regulam o comportamento do homem em sociedade, adquiridas através da educação, pela tradição e pelo cotidiano. **Ética** representa o estudo filosófico dos fundamentos da Moral, visto que todas as sociedades humanas possuem uma conduta moral, enquanto a existência de uma ética atrela-se ao grau de desenvolvimento cultural de grupos específicos.

Deontologia origina-se do grego ***deontos*** (dever) e ***logos*** (estudo, ciência, tratado). Etimologicamente é a ciência ou tratado dos deveres, sob um ponto de vista empírico, no âmbito de cada profissão. Denota-se, pois, ser o conjunto de regras e princípios que ordenam a conduta do homem enquanto cidadão ou profissional.

Também denominada de **"Teoria do Dever"**, a Deontologia compõe um dos dois ramos principais da Ética Normativa, que em conjunto com a axiologia constitui a Filosofia Moral. Conhecida também por Ética, a base da Deontologia Geral e, por conseguinte, da Deontologia Jurídica, e ainda como Ética Profissional das carreiras jurídicas.

Finalmente, a **Diceologia** é uma expressão que vem do grego ***dikeos***, que significa direito. É a ciência que trata dos direitos.

Em síntese, Deontologia é **a codificação dos deveres profissionais e a Diceologia será a codificação dos direitos profissionais.**

Analisaremos, a seguir, alguns deveres essenciais do advogado:

2.1 Conduta pessoal

O exercício da advocacia impõe, ao advogado, certos deveres de conduta pessoal. Ao receber o grau de advogado, o bacharel em Direito está assumindo compromissos indeléveis por toda a vida profissional. Acima de tudo, está se comprometendo a obedecer e defender a ordem jurídica, cumprir a Constituição e as leis do país, bem como observar as regras instituídas pelo Estatuto e pelo Código de Ética, onde estão estabelecidas as normas de conduta do advogado e de seu relacionamento, não só com os colegas de profissão, mas também com os clientes, com as autoridades constituídas e com a comunidade em geral.

Onde quer que esteja, o advogado deve proceder de forma a merecer o respeito de todos, pois seu comportamento contribui para o prestígio ou desprestígio da classe.

Ainda que fora do exercício da sua atividade profissional, é um dever ético que a **conduta pessoal do advogado seja preservada e mantida**, cujo comportamento individual possa atingir a dignidade da classe. Por esta razão é que se exige do advogado, como requisito de inscrição e de permanência, idoneidade moral (art. 8º, inc. VI do EAOAB).

2.2 Deveres profissionais

O EAOAB (Lei 8.906/94) elenca nos arts. 31 a 33 alguns dos deveres do advogado.

O advogado deve proceder de forma que o torne merecedor de respeito e que contribua para o prestígio da categoria e da advocacia. No exercício da sua profissão, é responsável pelos atos que praticar com dolo ou culpa.

O advogado, ao prestar o compromisso solene perante o Conselho Seccional respectivo do seu domicílio profissional, obriga-se a cumprir rigorosamente os deveres consignados no Código de Ética e Disciplina. Importante dizer que o instrumento normativo regula os deveres que o advogado tem perante a comunidade geral, o cliente, os colegas de profissão e, ainda, a publicidade, a recusa do patrocínio, o dever de assistência jurídica, o dever geral de urbanidade e os respectivos procedimentos disciplinares.

O art. 2º, parágrafo único do CED preceitua que são deveres do advogado, dentre outros: preservar, em sua conduta, a honra, a nobreza e a dignidade da profissão, zelando pelo seu caráter de essencialidade e indispensabilidade da advocacia; atuar com destemor, independência, honestidade, decoro, veracidade, lealdade, dignidade e boa-fé; velar por sua reputação pessoal e profissional; empenhar-se, permanentemente, no aperfeiçoamento pessoal e profissional; contribuir para o aprimoramento das instituições, do Direito e das leis; estimular, a qualquer tempo, a conciliação e a mediação entre os litigantes, prevenindo, sempre que possível, a instauração de litígios; desaconselhar lides temerárias, a partir de um juízo preliminar de viabilidade jurídica.

2.3 Independência

A independência profissional, em qualquer circunstância, é princípio básico para o pleno exercício do profissional da advocacia (art. 31, § 1º do EAOAB). Não deve deter o advogado no exercício da profissão, o receio de desagradar o magistrado ou a qualquer autoridade e nem tampouco incorrer em impopularidade.

O advogado é livre e independente, sendo, portanto, seu dever **zelar pela liberdade e independência profissional**, como se verifica no exposto no art. 4º, do CED. Não deve fazer concessões à sua independência, mesmo que na defesa dos interesses sob seu patrocínio, inclusive em face do próprio cliente. Goza de **independência nas decisões técnicas**, agindo com liberdade. O advogado é técnico jurídico habilitado, não precisando consultar seu cliente sobre cada ato no curso processual para buscar a solução mais adequada. É de sua inteira responsabilidade a direção técnica da causa ou da questão.

Portanto, o cliente não poderá impor ao advogado determinada conduta ou meio de obtenção da prestação contratual.

> **DICA IMPORTANTE**
> A independência do advogado é condição necessária para o regular funcionamento do Estado de Direito. Está estritamente ligada à independência da OAB, que não se vincula e nem se subordina a qualquer poder estatal, econômico ou político (art. 44, § 1º do EAOAB).

De acordo com as regras deontológicas fundamentais, o advogado vinculado ao cliente ou constituinte, mediante relação empregatícia ou por contrato de prestação permanente de serviços, integrante de departamento jurídico, ou órgão de assessoria jurídica, público ou privado, deve zelar pela sua liberdade e independência (art. 4º CED). Nesse sentido, é legítima a recusa, pelo advogado, do patrocínio **de causa e de manifestação, no âmbito consultivo,** de pretensão concernente a direito que também lhe seja aplicável ou contrarie orientação **que tenha manifestado** anteriormente.

→ **Exemplo:** "Fred, jovem advogado, é contratado para prestar serviços na empresa BBO Ltda., que possui uma assessoria jurídica composta por cinco profissionais do Direito, orientados por uma gerência jurídica. Após cinco meses de intensa atividade, é concitado a formular parecer sobre determinado tema jurídico de interesse da empresa, tarefa que realiza, sendo seu entendimento subscrito pela gerência. Após dez meses do referido evento, o tema é reapresentado por um dos diretores da empresa, que, em viagem realizada para outro estado, havia consultado um outro advogado. Diante dos novos argumentos, o gerente determina que Fred, o advogado parecerista, mesmo sem ter mudado de opinião, apresente petição inicial em confronto com o entendimento anteriormente preconizado. No caso, nos termos do Código de Ética da Advocacia, o advogado pode recusar-se a propor a ação diante do parecer anterior". **(Exame novembro/2014)**

O advogado deve preservar, também, sua independência política e de consciência, não permitindo que os interesses do cliente se confundam com os seus, bem como deixar-se levar pelas emoções, sentimentos e impulsos de seu cliente.

2.4 Lealdade e boa-fé

Em juízo, cumpre ao advogado atuar com lealdade e boa-fé com respaldo no art. **77, I do CPC** e art. 3º, inciso I, da CF.

No **decorrer do processo** o advogado deve estar pautado por uma linha de boa-fé a ser seguida por todos os envolvidos, quais sejam, as partes litigantes e o juiz, sendo vedado ao advogado, por exemplo, deduzir pretensão contra fato incontroverso ou contra expressa disposição legal, salvo se fundada em inconstitucionalidade; usar da colusão; provocar incidentes desnecessários; criar embaraços para o cumprimento de ordem judicial; alterar a verdade de fatos ou de provas, e outros. É claro que a atuação condicionada à lealdade e boa-fé não se limita à atuação judicial, pois a forma prescrita alcança todas as atividades desenvolvidas pelo advogado, seja em que área for.

2.5 Lide Temerária

Ocorre a lide temerária quando o advogado se une ao seu cliente para lesar a parte contrária, alterando a verdade dos fatos. Funciona como meio indevido de pressão e intimidação. O advogado responderá solidariamente pelos danos que causar.

2.6 Outros deveres

O advogado tem o dever de agir individualmente na defesa da dignidade da profissão, notadamente no que diz respeito às prerrogativas do profissional, bem como zelar pela adequada condição e estrutura mínima para o exercício de sua atividade, não se abstendo da observância dos preceitos legais em relação aos direitos previstos no ordenamento jurídico.

É seu dever orientar o cliente antes da formalização do mandato, alertando-o sobre os riscos e as consequências; prestar as orientações; devolver o que lhe foi entregue; sempre que possível, deve optar pela solução menos custosa para o cliente; deve promover o aconselhamento de seu cliente para não ingressar **em lides temerárias.**

2.7 Deveres de abstenção

O advogado deve **abster-se** de praticar condutas, tais como:

- utilizar de influência indevida, em seu benefício ou do cliente;
- vincular seu nome a empreendimentos sabidamente escusos;
- emprestar concurso aos que atentem contra a ética, a moral, a honestidade e a dignidade da pessoa humana;
- entender-se diretamente com a parte adversa que tenha patrono constituído, sem o assentimento deste;
- ingressar ou atuar em pleitos administrativos ou judiciais perante autoridades com as quais tenha vínculos negociais ou familiares;
- contratar honorários advocatícios em valores aviltantes.

FIQUE POR DENTRO:

PUBLICIDADE – O advogado deve abster-se (art. 42, CED)

- de responder com habitualidade a consulta sobre matéria jurídica, nos meios de comunicação social;
- de debater, em qualquer meio de comunicação, causa sob o patrocínio de outro advogado;
- de abordar tema de modo a comprometer a dignidade da profissão e da instituição que o congrega;
- de divulgar ou deixar que sejam divulgadas listas de clientes e demandas;
- de insinuar-se para reportagens e declarações públicas.

3. DEONTOLOGIA JURÍDICA COMO RAMO AUTÔNOMO DA CIÊNCIA DO DIREITO

Como expõe o Estatuto, é dever ético do advogado proceder de forma que o torne merecedor de respeito de todos com quem se relaciona, e que contribua para o prestígio da classe e da advocacia (art. 31). É preciso que o advogado estude o Código de Ética e observe suas disposições.

Deontologia Jurídica estuda os deveres do profissional do Direito. Diante da afronta ao ordenamento ético o advogado estará sujeito às infrações disciplinares (art. 34 do EAOAB).

4. LIGAÇÃO DA DEONTOLOGIA JURÍDICA COM OUTROS RAMOS DO DIREITO

A Deontologia Jurídica aplicada à advocacia tem ligação com diversos ramos do Direito, a saber, seguem alguns exemplos para elucidar:

DIREITO	APLICAÇÃO COM EXEMPLOS
Constitucional	Indispensabilidade do advogado (art. 133 da CF), o quinto constitucional.
Civil e Consumidor	Instituto do mandato; da responsabilidade civil dos profissionais liberais; da natureza jurídica da sociedade de advogados.
Processo Civil	Renúncia; da revogação; do direito de apresentar a procuração no prazo de 15 (quinze) dias prorrogáveis.
Penal	Crimes próprios do advogado (tergiversação, patrocínio simultâneo, patrocínio infiel) e aqueles que os profissionais do Direito têm imunidade no exercício da advocacia (injúria e difamação); no estudo da reabilitação, etc.
Processo Penal	Aplicação subsidiária do Direito Processual Penal aos processos disciplinares da OAB (art. 68 do EAOAB); na exigência de poderes especiais para que o advogado ofereça a queixa-crime; perdão nos crimes de ação penal privada, etc.

DIREITO	APLICAÇÃO COM EXEMPLOS
Administrativo	Estudo da incompatibilidade da advocacia com determinados serviços públicos; do impedimento de certos servidores públicos do exercício da advocacia contra ou a favor da Administração Pública em geral.
Trabalho	Estudo do advogado empregado; do sindicato de advogados; do *ius postulandi* da parte na Justiça do Trabalho (art. 791 da CLT).

5. PRINCÍPIOS GERAIS DA DEONTOLOGIA FORENSE

Deontologia Forense é a ciência do dever, obviamente, do dever jurídico, da ética do profissional de Direito.

É possível se extrair alguns **princípios** do senso comum profissional e que se prestam a elementos interpretativos e integrativos na aplicação das normas jurídicas de natureza ética aos casos concretos. São eles:

A – Princípio fundamental da ciência e consciência: A **ciência** não é somente uma acumulação de conhecimentos técnicos, e sim a formação que habilita o profissional ao exercício de sua perícia. **Ciência com consciência** enfrenta o desafio de apontar problemas éticos e morais da ciência contemporânea, exemplo disso é a importância da atualização jurídica constante. A **consciência** é transcendental, está ligada à percepção dos fins da atuação de um profissional.

B – Princípio da conduta ilibada: Do advogado é exigida a conduta ilibada. Está explícito no art. 2º, parágrafo único, incisos I e III do Código de Ética, que é dever do advogado preservar, em sua conduta, a honra, a nobreza e a dignidade da profissão, zelando pelo seu caráter de essencialidade e indispensabilidade, além de velar por sua reputação pessoal e profissional. Daí o requisito da idoneidade moral, para a inscrição (art. 8º, VI, do EAOAB).

C – Princípio do decoro e da dignidade: Estes princípios dizem respeito ao desempenho da profissão de cada um de seus membros, exigindo daquele que a pratica seriedade e serenidade no comportamento. O **decoro difere da dignidade**: enquanto **a dignidade** analisa as atitudes e atos do ser humano em sua vida pessoal, **o decoro** indica a postura do operador do direito perante sua classe em razão de seus atos.

D – Princípio da diligência: Esse princípio enseja que o profissional tem o dever de ser diligente no tratamento igual tanto para casos menores quanto para casos de maior relevância. Compreende aspectos eminentemente pessoais, zelo, escrúpulo, a assiduidade, a precisão, a atenção, entre outros. Desta forma, impõe ao profissional do direito o dever de não deixar a causa abandonada, pois assim não estaria demonstrando zelo e atenção com o cliente.

E – Princípio da confiança: Ao constituir seu advogado, o cliente busca um profissional em quem ele possa confiar, alguém que possa lhe instruir com relação às probabilidades de êxito ou de sucumbência quanto à sua pretensão. O advogado, portanto, **deve merecer a confiança** de seu cliente, pois ela é elemento indispensável na delicada relação entre o advogado e seu cliente.

O artigo 10 do CED traz a aplicação do referido princípio quando discorre que "as relações entre advogado e cliente, se baseiam na confiança recíproca e caso o advogado sinta que essa confiança lhe falta, é recomendável que externe ao cliente sua impressão (...)".

O princípio da confiança pode ser concebido também sob outro ponto de vista, isto é, a sociedade deve confiar nos advogados ou na advocacia.

F – Princípio da independência profissional: Tal princípio estabelece que o profissional jurídico frente ao Direito e a lei, deve conhecê-los, sendo independente. Assim, o advogado não deve temer a impopularidade, não deve curvar-se a autoridades, e até mesmo, não deve cumprir plenamente as obrigações hierárquicas decorrentes do vínculo empregatício ou funcional, no caso dos advogados públicos. (art. 4º CED, art. 6º EAOAB)

G – Princípio da correção profissional: O profissional do direito para ser correto, precisa agir com transparência em relação ao seu cliente. **Os arts. 4º, 9º, 12, 18 e 19 do CED trazem o princípio da correção profissional.**

H – Princípio do coleguismo: Oferecer outros serviços juntamente com a advocacia, principalmente no mesmo espaço físico, pode implicar em concorrência desleal com os colegas, uma vez que caracteriza captação de clientela. São deveres para com os colegas: cordialidade, disciplina, ética, respeito e colaboração.

I – Princípio do desinteresse: Este princípio tem como peculiaridade fazer predominar o interesse da justiça sobre qualquer anseio de cobiça pessoal. O advogado que cometer algum erro profissional grosseiro, que cause prejuízo ao cliente estará sujeito a reparar o dano. O advogado, todavia, pode recusar determinadas causas em face de certas circunstâncias.

J – Princípio da fidelidade: Este princípio está implícito no art. 3º do CED. Refere-se, de forma abrangente, ao comprometimento do operador de **Direito,** no sentido de agir sempre com lealdade, verdade e transparência de seus atos e, principalmente, aos preceitos morais obrigatórios no ordenamento jurídico.

K – **Princípio da reserva:** Garante prudência na conduta, discrição e recato no trato das coisas profissionais. Quanto a este princípio, é válido citar **o art. 36 do CED**.

L – **Princípio da lealdade e da verdade:** O princípio da lealdade preconiza ao advogado dizer a verdade ao seu cliente, seja ela alvissareira ou não. Quanto ao princípio da verdade, ao advogado é defeso expor os fatos em Juízo ou na via administrativa falseando deliberadamente a verdade e utilizando de má-fé. Tal fato pode ser verificado no art. 6º do CED.

6. DA ÉTICA PROFISSIONAL

A ética profissional é utilizada para conceituar deveres e estabelecer regras de conduta do indivíduo, no desempenho das suas atividades profissionais e em seu relacionamento com clientes e demais pessoas.

Quando a ética profissional sofre regulamentação legal, as condutas qualificadas como corretas, adequadas ou exemplares, convertem-se em normas jurídicas definidas, atingindo a todos os profissionais. No caso da advocacia brasileira, a ética profissional foi objeto de detalhada normatização, no Estatuto da Advocacia, no Código de Ética e Disciplina e no Regulamento Geral, além dos provimentos.

7. SIGILO PROFISSIONAL

O sigilo profissional é inerente à profissão do advogado, intimamente ligado à confiabilidade.

O sigilo profissional é, ao mesmo tempo, direito e dever. Direito ao silêncio e dever de se calar. As normas sobre sigilo profissional são de ordem pública, independem de solicitação do cliente para que o advogado preserve o sigilo (art. 36 do CED) e, presumem-se confidenciais as comunicações de qualquer natureza entre advogado e cliente (carta, e-mail, SMS, WhatsApp, etc.).

É dever do advogado guardar sigilo dos fatos de que tome conhecimento no exercício da profissão (art. 35 do CED). O sigilo profissional abrange os fatos de que o advogado tenha tido conhecimento em virtude de funções desempenhadas na OAB (Ordem dos Advogados do Brasil), ou seja, os advogados membros de comissões, relatores, assessores do Tribunal de ética, devem guardar sigilo de tudo que tomaram conhecimento em razão do desempenho de tais atividades.

→ **Exemplo:** Antônio e José são advogados e atuam em matéria trabalhista. Antônio tomou conhecimento de certos fatos relativos à vida pessoal de seu cliente, que respondia a processo considerado de interesse acadêmico. Após o encerramento do feito judicial, Antônio resolveu abordar os fatos que deram origem ao processo em sua dissertação pública de mestrado. Então, a fim de se resguardar, Antônio notificou o cliente, indagando se este solicitava sigilo sobre os fatos pessoais ou se estes podiam ser tratados na aludida dissertação. Tendo obtido resposta favorável do cliente, Antônio abordou o assunto na dissertação. Por sua vez, o advogado José também soube de fatos pessoais de seu cliente, em razão de sua atuação em outro processo. Entretanto, José foi difamado em público, gravemente, por uma das partes da demanda. Por ser necessário à defesa de sua honra, José divulgou o conteúdo particular de que teve conhecimento. Considerando os dois casos narrados, assinale a afirmativa correta. Nesta questão o examinando deveria escolher a alternativa que discorre que Antônio infringiu o disposto no Código de Ética e Disciplina da OAB, violando o dever de sigilo profissional. Por outro lado, José não cometeu infração ética, já que o dever de sigilo profissional cede na situação descrita. **(FGV - Exame de Ordem 2019.3)**

O art. 36 do CED, estendeu o sigilo profissional às funções de **mediador, conciliador e árbitro**, quando exercidas por advogado.

O advogado pode quebrar o sigilo profissional nos casos em que se vê atacado pelo cliente, em face de circunstâncias excepcionais que configurem **justa causa,** como nos casos de **grave ameaça ao direto à vida,** à **honra** ou **que envolvam defesa própria**.

> **DICA IMPORTANTE**
>
> O **art. 133 da CF/88**, diz que: **"O advogado é inviolável** por seus atos e manifestações no exercício da profissão, nos limites da lei", depreendendo-se a inequívoca proteção também ao sigilo profissional, comportando exceções, entre elas, quando o próprio advogado deva defender-se da acusação levada a efeito pelo cliente.

Por outro lado, **a violação do sigilo profissional, sem justa causa**, configura infração disciplinar, punível com a sanção de censura (art. 36, I do EAOAB), além de caracterizar crime de violação de segredo profissional, punível com pena de detenção de três meses a um ano. (art. 154 do CP)

O art. 7º, XIX do EAOAB, assegura ao advogado o direito-dever de **recusar a depor como testemunha** sobre fato relacionado com seu cliente ou ex-cliente, do qual tomou conhecimento em sigilo profissional. O impedimento incide apenas sobre **fatos conhecidos em razão do ofício de advogado.**

No mesmo sentido, o art. 38, do CED estabelece que o advogado deve guardar sigilo, mesmo em depoimento judicial, sobre o que saiba em razão de seu ofício, cabendo-lhe a recusa em depor como testemunha em processo no qual funcionou ou deva funcionar, ou sobre fato relacionado com pessoa de quem seja ou tenha sido advogado, mesmo que autorizado pelo constituinte.

Não há **prazo para o sigilo,** é um dever perpétuo do advogado, mesmo quando autorizado pelo cliente, salvo as hipóteses excepcionais de possibilidade de quebra. Entretanto, no que tange à atuação do advogado em causas contra ex-empregado e ex-cliente, há abstenção bienal, mas trataremos mais adiante sobre isso.

7.1 Características do sigilo

As características do sigilo, assim como o dever ético ou profissional do advogado, são as seguintes: **a)** Abrange as atividades da advocacia **no contencioso, no consultivo ou na assessoria**; **b)** É uma **obrigação extracontratual.** Mesmo no caso de os serviços não terem sido contratados, o advogado tem o dever de manter sigilo; **c)** É **obrigação permanente**, isto é, deve ser resguardado nas hipóteses em que o advogado tiver de postular **em nome de terceiros,** contra o ex-cliente ou o ex-empregador, judicial ou extrajudicialmente. Enfim, importante observar que a vedação é perene, embora não absoluta, pois há exceções legais.

7.2 Inviolabilidade do escritório de advocacia

O Estatuto dispõe que é direito do advogado a inviolabilidade do escritório ou local de trabalho, bem como os seus instrumentos de trabalho, de sua correspondência, escrita, telefônica e telemática, desde que relativas ao exercício da advocacia. Essa inviolabilidade não é uma proteção dos advogados, mas sim dos clientes.

Para os fins da Lei 11.767/08, a proteção da inviolabilidade do local e meios de trabalho do advogado requer: **a)** que ele esteja no exercício da profissão; **b)** que o objeto da violação seja o local de trabalho ou escritório de advocacia; ou **c)** a comunicação telefônica e telemática no exercício da profissão; **d)** que ele seja titular de seus instrumentos de trabalho.

→ **Exemplo:** Os advogados criminalistas X e Y atuavam em diversas ações penais e inquéritos em favor de um grupo de pessoas acusadas de pertencer a determinada organização criminosa, supostamente destinada ao tráfico de drogas. Ao perceber que não havia outros meios disponíveis para a obtenção de provas contra os investigados, o juiz, no âmbito de um dos inquéritos instaurados para investigar o grupo, atendendo à representação da autoridade policial e considerando manifestação favorável do Ministério Público, determinou o afastamento do sigilo telefônico dos advogados constituídos nos autos dos aludidos procedimentos, embora não houvesse indícios da prática de crimes por estes últimos. As conversas entre os investigados e seus advogados, bem como aquelas havidas entre os advogados X e Y, foram posteriormente usadas para fundamentar a denúncia oferecida contra seus clientes. Diante de tal hipótese, "a prova é ilícita, uma vez que as comunicações telefônicas do advogado são invioláveis quando disserem respeito ao exercício da profissão, bem como se não houver indícios da prática de crime pelo advogado". **(Exame novembro/2015)**

Contudo, a quebra da inviolabilidade foi admitida pela citada lei apenas quando houver indícios de autoria e materialidade da prática de crime pelo próprio advogado. Nesse caso quem praticou o crime foi o cidadão e não o advogado, portanto, não pode valer-se da inviolabilidade, pois trata-se de prerrogativa exclusivamente profissional.

O juiz poderá, em decisão motivada, determinar a **busca e apreensão específica**, consubstanciados os indícios da prática do crime. A busca deverá ser feita com a presença do representante da OAB, designado pelo Presidente do Conselho Seccional ou da Subseção, exclusivamente dos dados e documentos pessoais do advogado investigado relacionados à pratica do crime averiguado.

O juiz encaminhará ao Presidente da OAB (Conselho ou Subseção) ofício confidencial, para a designação do representante, devendo todos respeitar a confidencialidade, para não comprometer a diligência.

7.3 Requisitos para o rompimento da inviolabilidade:

- presença de indícios de autoria e materialidade da prática de crime cometido pelo advogado;
- decretação de quebra da inviolabilidade por autoridade judiciária competente;
- decisão motivada, que exponha as razões da busca e apreensão;
- expedição de **mandado de busca e apreensão específico e pormenorizado**;
- cumprimento do mandado de busca e apreensão deverá ser cumprido na **presença de representante da OAB.**

A busca e apreensão não pode estender-se aos documentos, objetos, informações e arquivos pertencentes a seus clientes, pois permanecem cobertos com garantia da inviolabilidade, salvo quando o cliente for cúmplice do advogado na prática do mesmo crime, ou seja, **partícipe ou coautor, e esteja sendo investigado conjuntamente com ele.**

O Provimento nº 201/2020, no artigo 2º trata do Conselho Federal ou o Conselho Seccional da OAB, prestará assistência aos advogados e às advogadas violadas em seus direitos, nas hipóteses previstas no art. 1º deste Provimento.

A assistência prestada pela OAB, conforme o § 1º, preceitua que, havendo indícios de crime de violação às prerrogativas da advocacia consistirá no oferecimento de comunicação ou de representação ao Ministério Público para o ajuizamento da ação penal pública incondicionada, sem prejuízo do exercício desse direito pelo interessado e no ajuizamento de ação penal privada subsidiária, nas hipóteses legais.

A OAB promoverá o respectivo acompanhamento, até o trânsito em julgado da ação penal, quando prestar assistência aos advogados mediante as possibilidades de instauração de inquérito e de tramitação de processo crime, conforme § 3°.

7.4 Patrocínio de causa contra ex-cliente e ex-empregador

Sob o aspecto ético, não há impedimento para o exercício da advocacia contra ex-cliente e ex-empregador. Entretanto, o sigilo profissional é perene. Nos patrocínios de causas contra ex-cliente ou ex-empregador é proibida a utilização de informações sigilosas recebidas anteriormente e exige-se o lapso temporal de 2 (dois) anos (abstenção bienal) do fim da relação profissional ou do efetivo desligamento do emprego.

O Código de Ética ratifica o dever de resguardar o sigilo profissional no art. 21.

→ **Exemplo:** Juliana, advogada, foi empregada da sociedade empresária OPQ Cosméticos e, em razão da sua atuação na área tributária, tomou conhecimento de informações estratégicas da empresa. Muitos anos depois de ter deixado de trabalhar na empresa, foi procurada por Cristina, consumidora que pretendia ajuizar ação cível em face da OPQ Cosméticos por danos causados pelo uso de um de seus produtos. Juliana, aceitando a causa, utiliza-se das informações estratégicas que adquirira como argumento de reforço, com a finalidade de aumentar a probabilidade de êxito da demanda. Considerando essa situação, segundo o Estatuto da OAB e o Código de Ética e Disciplina da OAB: Juliana pode advogar contra a sociedade empresária OPQ Cosméticos, mas não pode se utilizar das informações estratégicas a que teve acesso quando foi empregada da empresa. **(Exame abril/2017)**

FIQUE POR DENTRO:

"ABSTENÇÃO BIENAL"

Tem predominado o entendimento nos Tribunais de Ética de que, caso não existam informações privilegiadas para o advogado, o patrocínio de causa contra ex-cliente e ex-empregador é possível após o lapso temporal de 2 (dois) anos do término da relação.

EM RESUMO: DA ÉTICA DO ADVOGADO	
Deveres essenciais do Advogado	✓ **Conduta Pessoal:** mesmo fora do exercício da sua atividade profissional, é um dever ético que a conduta pessoal do advogado seja preservada e mantida. ✓ **Deveres Profissionais:** • Deve proceder de forma que se torne merecedor de respeito e que contribua para o prestígio da categoria e da advocacia. • É responsável pelos atos que praticar com **dolo ou culpa**, no exercício da profissão. • O advogado obriga-se a cumprir rigorosamente os deveres consignados no Código de Ética e Disciplina. • Preservar, em sua conduta, a **honra**, a **nobreza** e a **dignidade da profissão,** zelando pelo seu **caráter de essencialidade e indispensabilidade da advocacia**, atuando com **destemor, independência, honestidade, decoro, veracidade, lealdade, dignidade e boa-fé** e velar por sua reputação pessoal e profissional, empenhar-se, permanentemente, no aperfeiçoamento pessoal e profissional; contribuir para o aprimoramento das instituições, do Direito e das leis; estimular, a qualquer tempo, a conciliação e a mediação entre os litigantes, prevenindo, sempre que possível, a instauração de litígios; desaconselhar lides temerárias, a partir de um juízo preliminar de viabilidade jurídica (art. 2º, parágrafo único do CED). ✓ **Independência**: é o princípio básico para o pleno exercício do profissional da advocacia. • O advogado, no exercício da profissão, não deve se deixar deter pelo receio de desagradar o magistrado ou qualquer autoridade, nem incorrer em impopularidade. • Não deve fazer concessões à sua independência, mesmo que na defesa dos interesses sob seu patrocínio, inclusive em face do próprio cliente.

	• O advogado pode recusar, do patrocínio de causa e de manifestação, no âmbito consultivo, de pretensão concernente a direito que também lhe seja aplicável ou contrarie orientação que tenha manifestado anteriormente. ✓ **Lealdade e boa-fé:** em juízo, cumpre ao advogado atuar com lealdade e boa-fé (art. 77, I do CPC e art. 3º, I da CF). ✓ **Deveres de abstenção:** **• utilizar de influência indevida, em seu benefício ou do cliente;** **• vincular seu nome a empreendimentos sabidamente escusos;** **• emprestar concurso aos que atentem contra a ética, a moral, a honestidade e a dignidade da pessoa humana;** **• entender-se diretamente com a parte adversa que tenha patrono constituído, sem o assentimento deste;** **• ingressar ou atuar em pleitos administrativos ou judiciais perante autoridades com as quais tenha vínculos negociais ou familiares;** **• contratar honorários advocatícios em valores aviltantes.**
Sigilo Profissional	✓ É dever do advogado guardar sigilo dos fatos de que tome conhecimento no exercício da profissão. ✓ Abrange os fatos de que o advogado tenha tido conhecimento em virtude de funções desempenhadas na OAB. ✓ De ordem pública, independendo de solicitação de reserva que lhe seja feita pelo cliente. ✓ Comunicações de qualquer natureza entre advogado e cliente são presumidas confidenciais.
Sigilo Profissional	✓ Quando o advogado estiver atuando como mediador, conciliador e árbitro submete-se às regras de sigilo profissional. ✓ **Situações que justificam a violação do sigilo com justa causa:** grave ameaça ao direito à vida, à honra ou que envolvam defesa do próprio advogado. ✓ **Violação do sigilo profissional, sem justa causa**, configura infração disciplinar, punível com censura, como se observa no art. 34, VII e art. 36, I do EAOAB. É também crime previsto no art. 154 do Código Penal. ✓ **Características:** a) Abrange as atividades da advocacia **no contencioso, no consultivo ou na assessoria;** b) É uma **obrigação extracontratual**. Mesmo no caso de os serviços não terem sido contratados, o advogado tem o dever de manter sigilo; c) É **obrigação permanente**, isto é, deve ser resguardado nas hipóteses em que o advogado tiver de postular em nome de terceiros, contra o ex-cliente ou o ex-empregador, judicial ou extrajudicialmente. ✓ **Inviolabilidade do Escritório de Advocacia:** é direito do advogado a inviolabilidade do escritório ou local de trabalho, bem como os seus instrumentos de trabalho, de sua correspondência, escrita, telefônica e telemática, desde que relativas ao exercício da advocacia. ✓ **Requisitos para o rompimento da inviolabilidade: a)** presença de indícios de autoria e materialidade da prática de **crime** cometido pelo advogado; **b)** decretação de quebra da inviolabilidade por autoridade judiciária competente; **c)** decisão motivada, que exponha as razões da busca e apreensão; **d)** expedição de **mandado de busca e apreensão específico e pormenorizado; e)** cumprimento do mandado de busca e apreensão deverá ser cumprido na **presença de representante da OAB.** • a vedação quanto à utilização de documentos, mídias e objetos pertencentes a clientes do advogado averiguado, ou qualquer outro instrumento de trabalho que contemple informações sobre clientes, **não abrange** os clientes do advogado averiguado que estejam sendo formalmente investigados como seus **partícipes ou coautores** pela prática do mesmo crime que deu causa à quebra da inviolabilidade. • **Patrocínio de causa contra ex-cliente e ex-empregador:** Sob o aspecto ético, não há impedimento para o exercício da advocacia contra ex-cliente e ex-empregador. Entretanto, nos patrocínios de causas contra ex-cliente ou ex-empregador é proibida a utilização de informações sigilosas recebidas anteriormente e exige-se o lapso temporal de 2 (dois) anos (abstenção bienal) do fim da relação profissional ou do efetivo desligamento do emprego.

CAPÍTULO II
DA ADVOCACIA

1. DA ATIVIDADE DA ADVOCACIA

1.1 A advocacia e a Constituição Federal

São mencionados na Constituição Federal, como norma de organização do Estado, diversos dispositivos, assuntos e órgãos relacionados à atividade da advocacia: quinto constitucional (art. 94) e a obrigatória participação da OAB nos concursos de ingresso (art. 93, inc. I e art. 129, § 3º, respectivamente); a Advocacia (arts. 131 e 132) e a Defensoria Pública (arts. 134 e 135); a legitimação ativa para a propositura de ação de inconstitucionalidade (art. 103, inc. VIII), entre outros. Contudo, o art. 133 da CF é o que trata especificamente do advogado, que o constituinte considerou "indispensável à administração da Justiça, sendo inviolável por seus atos e manifestações no exercício da profissão, nos limites da lei".

1.2 Características da advocacia

As principais características da advocacia são:

A – Indispensabilidade: uma das mais importantes características da advocacia. "O advogado é indispensável à administração da Justiça", conforme art. 133 da CF/88 e art. 2º EAOAB. Em outras palavras, pode-se dizer que o advogado é a conexão entre o cliente e o Estado.

O Estatuto da OAB, foi alterado pela **Lei nº 14.039, de 17 de Agosto de 2020**, passando a vigorar acrescido do seguinte **art. 3º- A**: "Os serviços profissionais de advogado são, por sua natureza, técnicos e singulares, quando comprovada sua notória especialização", nos termos da lei. E seu parágrafo único, vaticina que "considera-se notória especialização o profissional ou a sociedade de advogados cujo conceito no campo de sua especialidade, decorrente de desempenho anterior, estudos, experiências, publicações, organização, aparelhamento, equipe técnica ou de outros requisitos relacionados com suas atividades, permita inferir que o seu trabalho é essencial e indiscutivelmente o mais adequado à plena satisfação do objeto do contrato."

→ **Exemplo: (FGV – Exame de Ordem/2022.1)** Determinada sociedade de advogados sustenta que os serviços por ela prestados são considerados de notória especialização, para fins de contratação com a Administração Pública. Sobre tal conceito, nos termos do Estatuto da Advocacia e da OAB, em seu artigo 3º A (incluído pela Lei nº 14.039, de 2020), aduz que apenas exercem serviços de notória especialização o advogado ou a sociedade de advogados cujo trabalho seja possível inferir ser essencial e, indiscutivelmente, o mais adequado à plena satisfação do objeto do contrato. No parágrafo único "considera-se notória especialização o profissional ou a sociedade de advogados cujo conceito no campo de sua especialidade, decorrente de desempenho anterior, estudos, experiências, publicações, organização, aparelhamento, equipe técnica ou de outros requisitos relacionados com suas atividades, permita inferir que o seu trabalho é essencial e indiscutivelmente o mais adequado à plena satisfação do objeto do contrato".

MUITA ATENÇÃO!

A Lei 14.365/22, inseriu ao art. 2º, do EOAB, o § 2º -A, que trouxe a seguinte redação:

> *§ 2º-A No processo administrativo, o advogado contribui com a postulação de decisão favorável ao seu constituinte, e os seus atos constituem múnus público.*

O referido texto vem reforçar ainda mais a presença do advogado na esfera administrativa.

Apenas a título de comparação, veja o que diz o § 2º do mesmo artigo, no que tange ao processo judicial:

> § 2º No processo judicial, o advogado contribui, na postulação de decisão favorável ao seu constituinte, ao convencimento do julgador, e seus atos constituem múnus público.

Perceba que as advocacias judicial e administrativa são equiparadas pelo legislador, dando a elas o mesmo grau de importância, bem como o mesmo status de *múnus público* que possui a advocacia exercida no âmbito judicial. Podemos concluir, portanto, que o advogado, em sua atuação no âmbito administrativo tem os mesmos direitos e prerrogativas que possui em sua atuação no âmbito judicial.

Além disso, no âmbito dos Poderes da República, o advogado poderá contribuir com o processo legislativo e com a elaboração de normas jurídicas.

B – Inviolabilidade: liberdade de atuação protegida, sem que haja possibilidade de perseguição. Quando a Constituição Federal expressa que o **advogado** é **inviolável**, significa tornar impraticável qualquer punição que lhe queira impor quando este estiver no pleno exercício da profissão, combatendo quem viole a ordem jurídica, agindo, inclusive, em detrimento de decisões e normas emanadas do próprio Estado.

C – **Perenidade:** é a **impossibilidade de extinção da advocacia**, em face de ser essencial à Justiça de caráter indispensável e inviolável, constituindo-se em garantia aos direitos individuais.

D – **Parcialidade:** o advogado pode escolher livremente por uma das partes conflitantes, sem, contudo, expressar sua opinião, atendo-se apenas ao parecer técnico, com total isenção, constituindo sua atividade em **múnus público** (art. 2º, § 2º, EAOAB). Por outro lado, o Código de Ética e Disciplina em seu art. 23, reforça o dever de parcialidade que tem o advogado para com seu cliente, exemplificado ao tratar de defesa criminal, assumindo a defesa do acusado sem emitir opinião própria em relação à culpa.

E – **Independência:** poder de manifestar seus argumentos jurídicos perante a Justiça, a outros advogados e, também, ao seu cliente. O advogado **não está hierarquicamente em posição inferior ao magistrado ou membro do Ministério Público** (art. 6º, EAOAB). O advogado agirá com independência com seu cliente, não lhe devendo nenhuma submissão só pelo fato deste arcar com seus honorários.

F – **Submissão à ordem ética e jurídica:** no aspecto **subjetivo,** a atividade advocatícia se submete às regras disciplinares e éticas, sendo passível de sanção a prática de infração contra tais normas. No aspecto **objetivo,** os atos de advocacia submetem-se às normas que regem as formalidades para realização dos mesmos.

G – **Inatingibilidade:** a **advocacia não pode**, em nenhuma hipótese, **ser impedida de ser exercida**, mesmo ocorrendo estado de defesa ou estado de sítio, o advogado terá a liberdade de realizar os atos inerentes à profissão, sobretudo os de postulação em juízo. A Constituição Federal de 1988 em seu art. 136, § 3º, inc. IV, veda expressamente a incomunicabilidade do preso, em estado de defesa. Já no estado de sítio, só permite ao Poder Público tomar as medidas previstas no art. 139, incisos I a VII, onde não consta restrição direta ao exercício da advocacia.

H – **Onerosidade mínima obrigatória e onerosidade mínima presumida: Na onerosidade mínima obrigatória**, o advogado deverá observar o mínimo da Tabela de Honorários instituída pelo **respectivo Conselho Seccional onde for realizado o serviço**, inclusive aquele referente às diligências, sob pena de caracterizar-se aviltamento de honorários art. 48, § 6º (CED). Constitui-se em infração ética, suscetível de punição, **o descumprimento do princípio da onerosidade mínima obrigatória.** No **princípio da onerosidade mínima presumida,** a contratação de profissionais liberais presume-se sempre onerosa, mesmo se não forem convencionados valores e forma de pagamento dos honorários. Na inexistência de contrato escrito e havendo recusa do cliente no pagamento dos honorários, o advogado poderá propor ação de arbitramento judicial e cobrança contra seu cliente. Nesse caso, deverá renunciar previamente ao mandato que recebeu do cliente devedor. (art. 54 CED)

I – **Exclusividade:** é vedada a divulgação de advocacia em conjunto com outra atividade. O objetivo é evitar a mercantilização da advocacia, bem como a captação de clientela (art. 1º, § 3º, EAOAB).

J – **Privatividade:** a advocacia é atividade que tem como característica a privatividade, podendo exercê-la somente o bacharel em ciências jurídicas, regularmente inscrito na OAB.

K – **Objetividade:** a advocacia enquanto instituição constitucional possui objetivos, de onde a objetividade se manifesta como mais uma de suas características. Para tanto, o advogado pode exigir judicialmente o cumprimento de alguns dos valores consignados em ação popular ou ação civil pública, representando o titular de um direito individual.

2. MINISTÉRIO PRIVADO E SERVIÇO PÚBLICO

No seu ministério privado, o advogado presta serviço público e exerce função social (art. 2º, § 1º, do EAOAB), assim como disposto na Constituição Federal.

A afirmação da advocacia por sua qualidade de ministério privado se baseia no reconhecimento de que o advogado atua no plano do Direito Privado, sob a égide do regime jurídico que rege os contratos estabelecidos com seus clientes. Por outro lado, a atividade de outros profissionais do Direito, tais como juízes, promotores de justiça, delegados e outros, é de natureza pública. No que tange a atuação do advogado no Direito Privado, tem-se aqui um serviço indispensável prestado para a garantia do Estado Democrático de Direito (art. 1º, "caput", CF/88). Assim, não é um serviço prestado pelo Estado, mas a bem do Estado e da sociedade.

3. REPRESENTAÇÃO DOS INTERESSES DA PARTE

O advogado deve nortear-se sempre pela busca de uma decisão favorável para seu cliente, respeitando sempre os limites legais e éticos. Seu trabalho baseia-se no interesse do cliente, para o qual deve encontrar, sempre que possível, a solução mais favorável possível. Nesse sentido, a sociedade em seu todo ganha com essa atuação, pois, de forma geral, atende a todos, garantindo a cada um o direito de ser ouvido, de agir juridicamente, mesmo que desconheça as leis e a teoria jurídica.

A atuação do advogado no processo chega a ser mais complexa que a do juiz, pois este pode formar seu convencimento livremente, enquanto o advogado deve moldar seu convencimento sempre buscando **o interesse do seu cliente**. O erro do magistrado é corrigível por meio de recurso, já o do advogado não raramente costuma atrair preclusão e afastar qualquer possibilidade de correção.

O advogado que aceita representar um sujeito de direitos e deveres não pode ser, ao mesmo tempo, **defensor e julgador** da controvérsia discutida no processo. Se necessário, deve renunciar ao patrocínio.

Além do pleno domínio do Direito, em todas as suas dimensões, o advogado deve ter absoluta ciência de que do outro lado **há outro advogado** procurando também convencer o juiz, querendo o mesmo objetivo.

Por derradeiro, o advogado, além de não poder julgar o seu constituinte, antes de aceitar ou não a defesa, deve **manter sigilo inerente** à **profissão.**

4. MÚNUS PÚBLICO

O ***múnus público*** está intimamente ligado à concepção da advocacia como um "serviço público" e por sua relevante "função social". "É serviço público, na medida em que o advogado participa necessariamente da administração pública da justiça, sem que seja agente estatal; cumpre uma função social, na medida em que não é simples defensor judicial do cliente, mas projeta seu ministério privado na dimensão comunitária, tendo sempre presente que o interesse individual que patrocine deve estar plasmado no interesse social". (LÔBO, 2017, p. 36-37)

Trata-se de direitos especiais previstos em lei, enquanto abstratos e genéricos, que não se verificam nas demais profissões. Não são privilégios e sim proteções necessárias para o bom desempenho da advocacia pelo profissional que a ela se dedica e que deságua no relevante exercício dos direitos inerentes à ampla defesa do cliente, ao qual é conferido mandato para se fazer justiça, estendendo tais benefícios para a sociedade e até para o próprio Estado (art. 2º, § 2º, EAOAB).

O advogado, o juiz, o promotor e o defensor público, em geral são operadores do Direito. Como tal, a profissão possui ***múnus público.***

5. DA ATIVIDADE PRIVATIVA DA ADVOCACIA

Os atos privativos de advogado são aqueles que somente poderão ser praticados por pessoas devidamente inscritas no quadro de advogados da OAB, após preenchidas as exigências trazidas no artigo 8º do EAOAB.

As **atividades privativas da advocacia** são:

A – A postulação a ~~qualquer~~ órgão do Poder Judiciário e aos juizados especiais (art. 1º, I do EAOAB):

> **MUITA ATENÇÃO!**
>
> Foi proposta pela Associação dos Magistrados Brasileiros (AMB), a ADI 1.127-8, tendo o STF declarado a inconstitucionalidade da expressão "qualquer". Há hipóteses previstas em lei em que a pessoa pode ir ao Poder Judiciário sem precisar estar representada por um advogado, como veremos no item A.1.

Postulação pode ser entendida como **"o ato de pedir a prestação jurisdicional do Estado".** Há exigência de qualificação técnica, sendo então ato privativo do advogado (art. 103, CPC). Ninguém, ordinariamente, poderá postular em juízo sem a assistência de advogado, a quem compete o exercício do *jus postulandi*. Não é demais dizer que são nulos de pleno direito os atos processuais praticados por quem não dispõe de capacidade postulatória.

O advogado poderá postular em juízo ou fora dele desde que faça prova do mandato que lhe foi outorgado. Entretanto, poderá atuar sem procuração, em caso de urgência, obrigando-se a apresentá-la no prazo de 15 (quinze) dias, prorrogável por igual período como se verifica na redação do art. 5º, § 1º, do EAOAB.

Atente-se, contudo, para o que diz a Súmula 115 do STJ: "na instancia especial é inexistente recurso interposto por advogado sem procuração nos autos".

> **FIQUE POR DENTRO:**
>
> "... Estatuto não traz a exigência mencionada no art. 104, § 1º do Novo CPC, de que haverá necessidade de "despacho do juiz" para que o prazo seja prorrogado. (...) Entendemos que, por se tratar o EAOAB (Lei nº 8.906/94) de lei especial, cuja finalidade é garantir o bom desempenho da advocacia – função essencial à Justiça – tal exigência de ter despacho do juiz não deve prevalecer, bastando ao advogado informar a necessidade e o direito de prorrogação antes de expirar o primeiro prazo. É um direito do advogado e não deve depender de aprovação do juiz! Este é o nosso entendimento, que deve ser adotado caso a questão do Exame de Ordem peça: "marque a resposta de acordo com o Estatuto da Advocacia e da OAB".
>
> "Entretanto, caso a pergunta venha a ser feita na parte de Direito Processual Civil, recomendamos que os candidatos sigam o art. 104 do Novo CPC, ou seja, é prorrogável por despacho do juiz." (MACHADO, Paulo. 10 em Ética, p. 24-25)

Salienta-se, contudo, que as atividades consideradas privativas não são absolutas, trazendo em seu escopo algumas exceções e particularidades sobre cada uma delas.

A.1 – Exceções ao *jus postulandi* do advogado

Em regra o *jus postulandi* (capacidade de representar alguém em juízo) é do advogado, entretanto, há casos em que a parte poderá ir ao Judiciário sem a necessidade de constituir advogado. Vejamos:

- **Juizados Especiais:** A Lei 9.099/95 prevê, no art. 9º, a **dispensa** a presença de advogado nas causas cujo valor **não ultrapasse 20 (vinte) salários mínimos. Mas ATENÇÃO!! Nos Recursos para as Turmas Recursais, as partes serão, obrigatoriamente, representadas por advogado.** (art. 41, § 2º da Lei 9.099/95)

- **Justiça do Trabalho:** Na **Justiça Trabalhista**, a parte poderá atuar sem advogado, como se confere no art. 791 CLT, que diz: "Os empregados e empregadores poderão reclamar pessoalmente perante a Justiça do Trabalho e acompanhar as suas reclamações até o final". Alguns autores entendem que esse artigo não foi recepcionado pela Constituição, entretanto, o STF, no julgamento da ADI 1.127-8, proposta pela Associação dos Magistrados Brasileiros em face do art. 1º, inciso I, do EAOAB, manifestou-se pela constitucionalidade do mandamento celetista.

- **Juizado Especial Cível Federal:** O artigo 10 da Lei 10.259/01 diz que no **Juizado Especial Cível Federal**, o advogado ou qualquer pessoa pode representar a parte (advogado ou não). A OAB (Conselho Federal) entendeu ser esse artigo inconstitucional, ajuizando com isso a ADIN 3168/2004, fundamentado no art. 133 da Constituição, onde aduz que o advogado é indispensável à Justiça. No entanto, o STF entendeu que a faculdade de constituir ou não advogado para representá-los em juízo nas causas de competência dos Juizados Especiais Cíveis Federais não ofende a Constituição, seja porque se trata de exceção à indispensabilidade de advogado estabelecida em lei, seja porque o artigo visa ampliar o acesso à justiça. Nos **Juizados Especiais Cíveis Federais (teto de 60 salários mínimos)**, não se faz necessária a presença de advogado.

- **Impetração de *habeas corpus*:** No art. 1º, § 1º, do EAOAB, a lei expressa que a impetração de ***habeas corpus*** em qualquer instância ou Tribunal não se inclui na atividade privativa da advocacia, ou seja, pode ser impetrado por qualquer pessoa, até mesmo pelo próprio paciente (quem sofre ou está na iminência de sofrer constrangimento ilegal). **Atenção!** Apenas as impetrações podem ser feitas por qualquer pessoa, as interposições de Recursos, como Recurso em Sentido Estrito e o Recurso Ordinário em *Habeas Corpus* são atos privativos de advogado.

  A questão da **FGV**, no **Exame de Ordem/2018.3**, exigiu do candidato o esclarecimento acima, vejamos: Guilherme é bacharel em Direito, não inscrito na OAB como advogado. Ao se deparar com situações de ilegalidade que ameaçam a liberdade de locomoção de seus amigos César e João, e com situação de abuso de poder que ameaça direito líquido e certo de seu amigo Antônio, Guilherme, valendo-se de seus conhecimentos jurídicos, impetra habeas corpus em favor de César na Justiça Comum Estadual, em 1ª instância; habeas corpus em favor de Antônio, perante o Tribunal de Justiça, em 2ª instância; e mandado de segurança em favor de João, na Justiça Federal, em 1ª instância. Considerando o que dispõe o Estatuto da OAB acerca da atividade da advocacia, assinale a afirmativa correta: Guilherme pode impetrar Habeas Corpus em favor de César, mas não pode impetrar Habeas Corpus em favor de Antônio, nem Mandado de Segurança em favor de João. Atente-se que esta questão merece ser retificada visto que, um bacharel em Direito pode impetrar Habeas Corpus segundo o EAOAB (artigo 1º, §1º) em qualquer Instância ou Tribunal. Contudo, conforme pergunta do examinador e de acordo com o Estatuto, não poderá impetrar Mandado de Segurança. O Habeas Corpus não é uma atividade privativa da advocacia, enquanto que, o Mandado de Segurança, só pode ser impetrado por um advogado, vez que é uma atividade privativa da advocacia.

  (FGV – Exame de Ordem/2022.1) Aline, advogada inscrita na OAB, poderá praticar validamente, durante o período em que estiver cumprindo sanção disciplinar de suspensão, o seguinte ato: impetrar *habeas corpus* perante o Superior Tribunal de Justiça. Note que o advogado não pode, enquanto suspenso, exercer nenhum ato privativo de advogado. Contudo, a impetração de *habeas corpus* não se enquadra neste rol podendo ser impetrado por qualquer pessoa, consoante o art. 1º § 1° do EOAB.

- **Justiça de Paz:** A Justiça de Paz não está no entre aqueles do Poder Judiciário constantes no art. 92 da CF. Tem a incumbência de celebrar o casamento civil, de verificar, de ofício ou em face de impugnação, o processo de habilitação e de exercer atribuições conciliatórias, sem caráter jurisdicional. (art. 98, II, da CF) Não há a necessidade de estar representado por advogado para se casar.

B – Atividades de consultoria, assessoria e direção jurídicas (art. 1º, II do EAOAB):

O Estatuto da Advocacia é expresso ao afirmar que as atividades de assessoria, consultoria e direção são privativas de advogado.

Na **consultoria jurídica**, o advogado responderá a questionamentos formulados por outrem, e apontará o caminho jurídico mais adequado dentro de várias hipóteses. Toma-se como exemplo de consultoria quando o advogado faz um parecer para sanar dúvidas sobre determinado assunto, ou quando dá conselhos jurídicos a um cliente, ainda que verbalmente.

A **assessoria** tem relação mais estreita com o desenvolvimento de um projeto jurídico, levando a cabo realizações no plano material. Um exemplo claro de assessoria seria quando um advogado elabora um contrato, elabora um termo de transação extrajudicial entre partes em conflito, etc.

→ **Exemplo:** A empresa Consumidor Ltda., composta por contadores, despachantes, arquitetos e engenheiros, divulga, semanalmente, sua agenda de defesa judicial dos direitos dos consumidores, não possuindo advogados nos seus quadros. Notificada pelo órgão seccional da OAB, alega que as atividades de consultoria jurídica não seriam privativas dos advogados. Diante desse quadro, à luz das normas estatutárias, é atividade privativa da advocacia "consultoria e assessoria jurídicas". **(Exame fevereiro/2012 – reaplicada em Duque de Caxias/RJ)**

MUITA ATENÇÃO!

Alertamos ao leitor sobre a inclusão do § 4º ao art. 5º do EAOAB, que em suma diz o seguinte:

As atividades de consultoria e assessoria jurídicas poderão ser *exercidas de modo verbal ou por escrito*, a critério do advogado e do cliente, e **independerão de outorga de mandato** (procuração escrita) ou de **formalização por contrato de honorários**.

A **direção jurídica** tem o significado de administrar, gerir, coordenar, definir diretrizes de serviços jurídicos. A **função de diretoria e gerência jurídica** em qualquer empresa pública, privada ou paraestatal, inclusive em instituições financeiras, são privativas de advogado, com sua inscrição regular na OAB. Os atos de advocacia de quem exerce direção jurídica são presumidos, não necessitando de prova específica.

→ **Exemplo:** Juliana é integrante da equipe de recursos humanos de certa sociedade anônima, de grande porte, cujo objeto social é o comércio de produtos eletrônicos. Encontrando-se vago um cargo de gerência jurídica, Juliana organizou processo seletivo, tendo recebido os currículos de três candidatas. A primeira delas, Mariana, é advogada regularmente inscrita na OAB, tendo se especializado em Direito Penal. A segunda, Patrícia, não é graduada em Direito, porém é economista e concluiu o doutorado em direito societário e mercado de capitais. A terceira, Luana, graduada em Direito, foi aprovada no exame da OAB e concluiu mestrado e doutorado. É conselheira de certo tribunal de contas estadual, mas encontra-se afastada, a pedido, sem vencimentos. Considerando a situação narrada, apenas Mariana poderá exercer a função de gerência jurídica. **(Exame julho/2017)**

MUITA ATENÇÃO!

O EAOAB não menciona o cargo de **gerência jurídica** como ato privativo do advogado, mas o RGEAOAB o traz expressamente no art. 7º. Vejamos: "A função de diretoria e gerência jurídica em qualquer empresa pública, privada ou paraestatal, inclusive em instituições financeiras, é privativa de advogado, não podendo ser exercida por quem não se encontre inscrito regularmente na OAB".

5.1 Atos e Contratos

São privativos da advocacia os atos e contratos constitutivos de pessoas jurídicas, que só podem ser admitidos a registro nos órgãos competentes (juntas comerciais, cartórios de registro civil de pessoas jurídicas) quando visados por advogados. O Estatuto considera nulos os atos com ausência do visto do advogado.

Exceção a essa regra é a dispensa do visto do advogado nos atos constitutivos de Microempresas e Empresas de Pequeno Porte (art. 9º, § 2º da Lei 123/06). Nessa situação, o registro se mostra mais simples, se realizando com o preenchimento de formulários.

Em síntese, os atos e contratos constitutivos de pessoas jurídicas, para sua admissão em registro, em não se tratando de empresas de pequeno porte e de microempresas, consoante o Estatuto da Advocacia, devem "conter o visto do advogado". **(Exame julho/2015)**

De acordo com o art. 2º do RGEAOAB, o **visto do advogado em atos constitutivos de pessoas jurídicas**, indispensável ao registro e arquivamento nos órgãos competentes, deve resultar da efetiva constatação, pelo profissional que os examinar, de que os respectivos instrumentos preenchem as exigências legais pertinentes. Não se trata de mera formalidade, e sim de comprometimento com a forma e conteúdo do ato. Verifica-se no art. 34, V do EAOAB vedação expressa para o advogado que assinar qualquer escrito para fim extrajudicial que não tenha feito, ou em que não tenha colaborado.

O parágrafo único do mesmo diploma legal aduz que **estão impedidos de exercer o ato de advocacia** os advogados que prestem serviços a órgãos ou entidades da Administração Pública direta ou indireta (autarquias, fundações, empresas públicas e sociedade de economia mista), da unidade federativa a que se vincule a Junta Comercial, ou a quaisquer repartições administrativas competentes para o mencionado registro.

5.2 Da Nulidade

O Estatuto considera nulos (nulidade absoluta) os atos privativos de advogado praticados por: (art. 4º, do EAOAB)

a) **Pessoas não inscritas na OAB;**

b) **Advogado impedido (no âmbito do impedimento);**

c) **Advogado suspenso;**

d) **Advogado licenciado;**

e) **Advogado que passar a exercer atividade incompatível com a advocacia.**

Pratica infração disciplinar o advogado ou estagiário que de algum modo facilitar a terceiros ou sociedades de prestação de serviços o exercício de atividade privativa de advogados ou sociedade de advogados (art. 34, I e II do EAOAB).

6. DA INVIOLABILIDADE

O profissional da advocacia é **inviolável no exercício da sua função.** O art. 2º, § 3º do EAOAB assegura ao advogado, a inviolabilidade por seus **atos e manifestações** no exercício da sua profissão.

Nos termos do art. 133 da Constituição Federal, esta garantia é restrita ao exercício da advocacia, e **não à pessoa física do advogado**, determinando que deve fixar os limites da inviolabilidade. **Possuem também, prerrogativas no caso de prisão em flagrante** (art. 7º, § 3º, EAOAB), de proteção do **sigilo profissional** (art. 7º, inc. XIX e arts. 35 a 38 do CED) e dos **meios de trabalho, incluindo local, instalações e dados** (art. 7º, inc. II, EAOAB). O Estatuto contempla **sanções disciplinares** para os excessos porventura cometidos pelo advogado no exercício da função, ou, em algumas hipóteses, até mesmo fora dele, sejam por **conduta inidônea ou incompatível** com o exercício da advocacia.

Tema também abordado dentro do item: "Inviolabilidade do escritório de advocacia".

7. ATIVIDADE DA ADVOCACIA EM CONJUNTO COM OUTRO RAMO

A advocacia é uma profissão de caráter exclusivo, não podendo ser **exercida de forma concomitante com outra atividade no mesmo espaço físico**. O que se visa com essa regra é a manutenção do sigilo profissional que reveste a relação entre advogado e constituinte, bem como evitar a captação de clientela.

No tocante à **divulgação da advocacia com outra atividade**, a lei **proíbe** expressamente essa prática no art. 1º, § 3º do EAOAB e art. 40, IV do CED.

Sintetizando, advogado não é proibido de exercer outra profissão, o que não se permite é que esta outra atividade seja realizada no mesmo espaço físico para o designado à advocacia. Quem assim o fizer estará cometendo infração ética (art. 34 e seus incisos do EAOAB) sujeita a pena de censura (art. 36, I, II e III, do EAOAB).

Para ilustrar o tema, observe a questão trazida pela banca examinadora, no **exame unificado de novembro de 2016:** Florentino, advogado regularmente inscrito na OAB, além da advocacia, passou a exercer também a profissão de corretor de imóveis, obtendo sua inscrição no conselho pertinente. Em seguida, Florentino passou a divulgar suas atividades, por meio de uma placa na porta de um de seus escritórios, com os dizeres: Florentino, advogado e corretor de imóveis. Nessa situação, é permitido a Florentino exercer paralelamente a advocacia e a corretagem de imóveis. Todavia, é vedado o emprego da aludida placa, ainda que discreta, sóbria e meramente informativa.

Mais adiante esse assunto será retomado com um capítulo especialmente destacado para a publicidade.

8. ESTAGIÁRIO DE DIREITO

O estagiário de direito deve ser estudante de curso jurídico e inscrito na OAB. Sua aprendizagem prática é desenvolvida ao lado e sob orientação de um advogado.

Sua **inscrição** deve ser requerida perante o Conselho Seccional em cujo território esteja localizado o curso em que está matriculado, devendo ter duração de dois anos, prorrogáveis por mais um (art. 35 do RGEAOAB). Sobre a inscrição do estagiário, o capítulo "Da inscrição" dará o destaque sobre o tema, mais adiante.

→ **Exemplo: (FGV – Exame de Ordem – 2021.2)** Lia, aluna do oitavo período de uma Faculdade de Direito, obteve de certo escritório de advocacia a proposta de um estágio profissional. Assim, pretende providenciar sua inscrição como estagiária junto à OAB. Lia deverá requerer sua inscrição como estagiária junto ao Conselho Seccional em cujo território se situa a Faculdade de Direito em que estuda (art. 9º, § 2º, do EAOAB).

O estágio profissional de advocacia é requisito necessário para a inscrição no quadro de estagiários da

OAB e meio adequado de aprendizagem prática (art. 27 do RGEAOAB).

? **QUESTÃO:** Onde o estagiário poderá realizar o estágio?

RESPOSTA: *Mantendo o rigor na disciplina do estágio profissional de advocacia, a OAB tem entendido que o estágio pode ser oferecido por instituições de ensino superior, uma vez autorizadas e credenciadas na OAB. Estabelecido este convênio com a OAB, poderá oferecer estágio profissional de advocacia. Salutar mencionar que as atividades de estágio são exclusivamente práticas.*

O **estagiário** de advocacia **pode praticar atos isoladamente (sem a presença ou assinatura do advogado)**, mas **sob a responsabilidade do advogado** (art. 29, §§ 1º e 2º, do RGEAOAB e art. 3º, § 2º, do EAOAB): **a)** Retirar e devolver autos em cartório, assinando a respectiva carga; **b)** Obter junto aos escrivães e chefes de secretarias certidões de peças ou autos de processos em curso ou findos; **c)** Assinar petições de juntada de documentos a processos judiciais ou administrativos; **d)** Exercício de atividades extrajudiciais, desde que tenha sido autorizado ou substabelecido pelo advogado. Os demais atos de advocacia extrajudicial que envolverem consultoria e direção jurídicas, não podem ser praticados isoladamente pelo estagiário, mesmo que autorizados pelo advogado, pois são atos definitivos e principais, privativos do advogado. Note que o Regulamento Geral também fala em conjunto com o defensor público, já que se trata de um advogado público.

→ **Exemplo:** Júnior é bacharel em Direito. Formou-se no curso jurídico há seis meses e não prestou, ainda, o Exame de Ordem para sua inscrição como advogado, embora pretenda fazê-lo em breve. Por ora, Júnior é inscrito junto à OAB como estagiário e exerce estágio profissional de advocacia em certo escritório credenciado pela OAB, há um ano. Nesse exercício, poucas semanas atrás, juntamente com o advogado José dos Santos, devidamente inscrito como tal, prestou consultoria jurídica sobre determinado tema, solicitada por um cliente do escritório. Os atos foram assinados por ambos. Todavia, o cliente sentiu-se lesado nessa consultoria, alegando culpa grave na sua elaboração. Considerando o caso hipotético, bem como a disciplina do Estatuto da Advocacia e da OAB, a alternativa correta é aquela que aduz que Júnior poderia atuar como estagiário. Já a responsabilidade pelo conteúdo da atuação na atividade de consultoria praticada é de José, conforme art. 3º, § 2º, do EAOAB **(FGV-Exame de Ordem 2019.2).**

É vedado ao estagiário: a) figurar em publicidade de escritório de advocacia – placas, internet, folders etc. Lembrando que o estagiário **pode ter cartão de visitas**, devendo constar a expressão "estagiário"; **b)** figurar como contratado em Contrato de Prestação de Serviços Advocatícios.

FIQUE POR DENTRO

"Estágio e atividade incompatível com a advocacia"

O estudante do curso de direito que exercer **atividade incompatível com a advocacia** (art. 28, do EAOAB), pode frequentar estágio ministrado por instituição de ensino em que é matriculado, mas somente para efeito de aprendizagem, sendo **vedada sua inscrição na OAB** (art. 9º, § 3º, do EAOAB). Vale lembrar que o estágio não se constitui atividade profissional, integrando apenas a aprendizagem prática, com função pedagógica.

9. ADVOCACIA PÚBLICA

O livre acesso ao Poder Judiciário, bem como ao contraditório e à ampla defesa, são garantidos a todos pela Constituição Federal. Para isso, cabe ao Estado custear o advogado na defesa dos necessitados.

Para regulamentar esse exercício de advocacia, o Conselho Federal da OAB baixou o Provimento 114/2006, que dispõe sobre a Advocacia Pública. O Provimento 167/2015 também trata do tema.

O Provimento 114/2006 regula que a advocacia pública é exercida por advogado inscrito na OAB, que ocupe cargo ou emprego público, ou de direção de órgão jurídico público, em atividade de representação judicial, de consultoria ou de orientação judicial e de defesa dos necessitados.

Tanto os advogados públicos quanto privados exercem igualmente a atividade de advocacia. Esse é o ponto comum capaz de sujeitar todos ao **Estatuto da Advocacia, ao Código de Ética e ao Regulamento Geral.** Os profissionais que exercem advocacia pública estão sujeitos ao regime da Lei da Advocacia, e só posteriormente ao **regime próprio** a que se subordinem (art. 3º § 1º EAOAB). São, portanto, elegíveis e podem integrar qualquer órgão da OAB.

A Constituição Federal de 1988 reconheceu a atividade do advogado, seja privado ou público, como atividade essencial à justiça. O advogado público, em sua atividade advocatícia, atua nas seguintes áreas:

A – Federal: advogados da União em defesa da administração direta – ministérios; procuradores da fazenda, atuando nas causas tributárias da União; procuradores federais, atuando nas autarquias federais; procuradores do Banco Central.

B – **Estadual e Distrito Federal:** procuradores do Estado, atuando em defesa da administração direta – secretarias; procuradores das autarquias e fundações públicas.

C – **Municipal:** procuradores do Município, atuando em defesa da administração direta; procuradores das autarquias e fundações públicas.

A Procuradoria Geral do Estado tem como funções institucionais, exercendo a advocacia pública, além do procuratório judicial e extrajudicial do Estado: **a** consultoria e **a** assessoria jurídica do Poder Executivo e da Administração; **a** orientação e **a** defesa dos necessitados, em todos os graus; **a** representação perante o Tribunal de Contas; **a** consultoria e **a** fiscalização da Junta Comercial; **o** assessoramento técnico-legislativo ao governador; **a** inscrição, **o** controle e **a** cobrança da dívida ativa estadual; **a** propositura de ação civil pública; **a** assistência jurídica aos Municípios; **procedimentos** disciplinares; **outras** funções próprias da advocacia do Estado e da defesa dos necessitados, a ela vinculando-se aos órgãos jurídicos das autarquias.

Ao advogado público são dadas as **mesmas prerrogativas e garantias** ofertadas aos das demais carreiras públicas (art. 7º do EAOAB), além daquelas previstas nos estatutos específicos da carreira pública (direitos assegurados aos servidores públicos em geral, como estabilidade adquirida somente após três anos de efetivo exercício na função), como a independência funcional no desempenho de suas atribuições; inamovibilidade; irredutibilidade dos vencimentos e estabilidade.

As disposições do Código de Ética e Disciplina obrigam igualmente os órgãos de advocacia pública, advogados públicos, incluindo aqueles que ocupam posição de chefia e direção jurídica. O advogado público exercerá suas funções com independência técnica, contribuindo para a solução ou redução da litigiosidade, sempre que possível.

O advogado público, inclusive o que exerce cargo de chefia ou direção jurídica, observará nas relações com os colegas, autoridades, servidores e o público em geral, o dever de urbanidade, tratando a todos com respeito e consideração, ao mesmo tempo em que preservará suas prerrogativas e o direito de receber igual tratamento das pessoas com as quais se relacione. (art. 8º e parágrafos do CED)

Quanto aos **aspectos éticos do advogado público**, o procurador tem o poder e o dever de representar judicialmente os interesses da pessoa jurídica de direito público, não podendo recusar a causa, como pode o advogado privado (art. 34, XI, do EAOAB), podendo incorrer em infração disciplinar, como o fato também representa ilícito penal de prevaricação (art. 319, do CP) ou abandono de cargo público (art. 323, CP). Vale lembrar que o advogado público possui um tipo de **impedimento** (art. 30, I, EAOAB) para o exercício da advocacia, visto que não pode exercer a advocacia contra a Administração Pública que o remunere ou à qual seja vinculada a entidade empregadora. Tal impedimento cessa com sua aposentadoria.

Vide capítulo "Advogado público" para complementar seu estudo.

10. OUTRAS PESSOAS SUJEITAS AO ESTATUTO DA ADVOCACIA

Estão sujeitos também aos regimes da **Lei 8.906/94,** além do **regime próprio** a que se subordinem, exercendo a atividade da advocacia, os integrantes da Advocacia-Geral da União, da Procuradoria da Fazenda Nacional, da Defensoria Pública e das Procuradorias e Consultorias Jurídicas dos Estados, do Distrito Federal, dos Municípios e das respectivas entidades da administração indireta e fundacional.

11. DO EXERCÍCIO DE CARGOS E FUNÇÕES NA OAB E NA REPRESENTAÇÃO DA CLASSE

O art. 31 do CED diz que "o advogado, no exercício de cargos ou funções em **órgãos** da Ordem dos Advogados do Brasil ou na representação da classe junto a quaisquer instituições, **órgãos** ou comissões, públicos ou privados, manterá conduta consentânea com as disposições do Código de Ética e Disciplina e que revele plena lealdade aos interesses, direitos e prerrogativas da classe dos advogados que representa".

Enquanto o advogado exercer cargos ou funções em **órgãos** da OAB ou representar a classe junto a quaisquer instituições, **órgãos** ou comissões, públicos ou privados, não poderá firmar contrato oneroso de prestação de serviços ou fornecimento de produtos com tais entidades nem adquirir bens postos à venda por quaisquer **órgãos** da OAB (art. 32 CED).

O advogado que exercer cargos ou funções em **órgãos** da OAB ou tiver assento, em qualquer condição, nos seus Conselhos, não poderá, salvo em causa própria, atuar em processos que tramitem perante a entidade nem oferecer pareceres destinados a instruí-los.

→ **Exemplo:** Severino, advogado, é notório conhecedor das normas procedimentais e disciplinares do Estatuto da Advocacia e da

OAB, bem como de seu regulamento, atuando na defesa de colegas advogados em processos disciplinares. Recentemente, Severino foi eleito conselheiro, passando a exercer essa função em certo Conselho Seccional da OAB. Considerando o caso descrito, Severino não poderá, enquanto exercer a função, atuar em processos disciplinares que tramitem perante qualquer órgão da OAB, salvo em causa própria. **(Exame novembro/2017)**

Todavia, essa vedação, não se aplica aos dirigentes de seccionais quando atuem, nessa qualidade, como legitimados a **recorrer** nos processos em trâmite perante os **órgãos** da OAB.

Ao submeter seu nome à apreciação do Conselho Federal ou dos Conselhos Seccionais com vistas à inclusão em listas destinadas ao provimento de vagas reservadas à classe nos Tribunais, no Congresso Nacional de Justiça, no Conselho Nacional do Ministério Público e em outros colegiados, o candidato assumirá o compromisso de respeitar os direitos e prerrogativas do advogado, de não praticar nepotismo nem agir em desacordo com a moralidade administrativa e com os princípios do Código de Ética e Disciplina, no exercício de seu mister.

EM RESUMO: DA ADVOCACIA	
Da atividade da Advocacia	✓ **Características da Advocacia:** **a) Indispensabilidade:** o advogado é a conexão entre o cliente e o Estado. (art. 2º EAOAB e art. 133 da CF); **b) Inviolabilidade:** liberdade de atuação protegida, sem que haja possibilidade de perseguição. **c) Perenidade:** é a impossibilidade de extinção da advocacia, em face de ser essencial à Justiça de caráter indispensável e inviolável, constituindo-se em garantia aos direitos individuais. **d) Parcialidade:** o advogado pode escolher livremente por uma das partes conflitantes, sem, contudo, expressar sua opinião, atendo-se apenas ao parecer técnico, com total isenção, constituindo sua atividade em múnus público. (art. 2º, § 2º e art. 23 CED) **e) Independência:** o advogado poderá manifestar seus argumentos jurídicos perante a Justiça, a outros advogados e, também, ao seu cliente. Não está hierarquicamente em posição inferior ao magistrado ou membro do MP. Agirá com independência com seu cliente, não lhe devendo submissão só pelo fato deste arcar com seus honorários. (art. 6º EAOAB e art. 24 CED) **f) Submissão à ordem ética e jurídica:** no aspecto **subjetivo**, a atividade advocatícia submete às regras disciplinares e éticas, sendo passível de sanção a prática de infração contra tais normas. No aspecto **objetivo**, os atos de advocacia submetem-se às normas que regem as formalidades para realização dos mesmos.
Da atividade da Advocacia	**g) Inatingibilidade:** a advocacia não pode, em nenhuma hipótese, **ser impedida de ser exercida**, mesmo ocorrendo estado de defesa ou estado de sítio, o advogado terá a liberdade de realizar os atos inerentes à profissão, sobretudo os de postulação em juízo. Por outro lado, a Constituição, em seu art. 136, § 3º, inc. IV, veda expressamente a incomunicabilidade do preso, em estado de defesa. Já no estado de sítio, só permite ao Poder Público tomar as medidas previstas no art. 139, incisos I a VII, onde não consta restrição direta ao exercício da advocacia. **h) Onerosidade mínima obrigatória e onerosidade mínima presumida:** Na onerosidade mínima obrigatória, o advogado deverá observar o mínimo da Tabela de Honorários instituída pelo **respectivo Conselho Seccional onde for realizado o serviço**, inclusive aquele referente às diligências, sob pena de caracterizar-se aviltamento de honorários (art. 48, § 6º, CED). Constitui-se em infração ética, suscetível de punição, **o descumprimento do princípio da onerosidade mínima obrigatória.** No princípio da **onerosidade mínima presumida,** a contratação de profissionais liberais presume-se sempre onerosa, mesmo se não forem convencionados valores e forma de pagamento dos honorários. Na inexistência de contrato escrito e havendo recusa do cliente no pagamento dos honorários, o advogado poderá propor ação de arbitramento judicial e cobrança contra seu cliente. Nesse caso, deverá renunciar previamente ao mandato que recebeu do cliente devedor. (art. 54 CED) **i) Exclusividade:** é vedada a divulgação de advocacia em conjunto com outra atividade. O objetivo é evitar a mercantilização da advocacia, bem como a captação de clientela (art. 1º, § 3º, EAOAB). **j) Privatividade:** somente poderá exercer a advocacia o bacharel em ciências jurídicas, regularmente inscrito na OAB. **k) Objetividade:** a advocacia enquanto instituição constitucional possui objetivos, de onde a objetividade se manifesta como mais uma de suas características. Para tanto, o advogado pode exigir judicialmente o cumprimento de alguns dos valores consignados em ação popular ou ação civil pública, representando o titular de um direito individual.
Ministério Privado e Serviço Público	No seu ministério privado, o advogado presta serviço público e exerce função social (art. 2º, § 1º, do EAOAB), assim como disposto na Constituição Federal.
Representação dos Interesses da Parte	O advogado deve nortear-se sempre pela busca de uma decisão favorável para seu cliente, respeitando sempre os limites legais e éticos.
Múnus Público	Trata-se de direitos especiais previstos em lei, enquanto abstratos e genéricos, que não se verificam nas demais profissões. (art. 2º, § 2º, EAOAB).
Atividades Privativas da Advocacia	• Postulação a órgãos do Poder Judiciário, salvo as exceções; • Consultoria jurídica, assessoria jurídica, direção jurídica.

<table>
<tr><th colspan="2">EM RESUMO: DA ADVOCACIA</th></tr>
<tr><td>Exceções ao jus postulandi do advogado</td><td>• Postulação perante os Juizados Especiais em causas que não ultrapassem o valor de 20 salários mínimos;
• Postulação perante a Justiça do Trabalho (art. 791 CLT);
• Postulação perante o Juizado Especial Cível Federal (art. 10 da Lei 10.259/01);
• Impetração de habeas corpus;
• Postulação perante juiz de paz.</td></tr>
<tr><td>Inviolabilidade</td><td>O advogado é inviolável por seus atos e manifestações no exercício da sua profissão. (art. 2º, § 3º do EAOAB)</td></tr>
<tr><td>Atividade da Advocacia em conjunto com outro ramo</td><td>• A advocacia não poderá ser exercida de forma concomitante com outra atividade no mesmo espaço físico, tampouco ter sua divulgação com outra atividade. (art. 1º, § 3º do EAOAB e art. 40, IV do CED)</td></tr>
<tr><td>Estagiário de Direito</td><td>• O estágio profissional de advocacia é requisito necessário para a inscrição no quadro de estagiários da OAB e meio adequado de aprendizagem prática (art. 27 do Regulamento Geral).
• O estagiário de advocacia pode praticar os seguintes atos isoladamente, sob a responsabilidade do advogado (art. 29 do RG e art. 3º, § 2º, do EAOAB):
a) Retirar e devolver autos em cartório, assinando a respectiva carga;
b) Obter junto aos escrivães e chefes de secretarias certidões de peças ou autos de processos em curso ou findos;
c) Assinar petições de juntada de documentos a processos judiciais ou administrativos;
d) Exercício de atividades extrajudiciais, desde que tenha sido autorizado ou substabelecido pelo advogado.
• É vedado ao estagiário:
a) figurar em publicidade de escritório de advocacia – placas, internet, folders etc. Lembrando que o estagiário pode ter cartão de visitas, devendo constar a expressão "estagiário";
b) figurar como contratado em Contrato de Prestação de Serviços Advocatícios.
• Sua inscrição deve ser requerida perante o Conselho Seccional em cujo território esteja localizado o curso jurídico do estagiário, devendo ter duração de dois anos.</td></tr>
<tr><td>Advocacia Pública</td><td>✓ O advogado público, em sua atividade advocatícia, atua nas seguintes áreas:
• Federal: advogados da União em defesa da administração direta – ministérios; procuradores da fazenda, atuando nas causas tributárias da União; procuradores federais, atuando nas autarquias federais; procuradores do Banco Central.
• Estadual e DF: procuradores do Estado, atuando em defesa da administração direta – secretarias; procuradores das autarquias e fundações públicas.
• Municipal: procuradores do Município, atuando em defesa da administração direta; procuradores das autarquias e fundações públicas.</td></tr>
<tr><td>Advocacia Pública</td><td>✓ Funções Institucionais da PGE, exercendo a advocacia pública:
• consultoria e assessoria jurídica do Poder Executivo e da Administração;
• orientação e defesa dos necessitados, em todos os graus;
• representação perante o Tribunal de Contas;
• consultoria e fiscalização da Junta Comercial;
• assessoramento técnico-legislativo ao governador;
• inscrição, controle e cobrança da dívida ativa estadual;
• propositura de ação civil pública;
• assistência jurídica aos Municípios;
• procedimentos disciplinares;
• outras funções próprias da advocacia do Estado e da defesa dos necessitados, a ela vinculando-se aos órgãos jurídicos das autarquias.
✓ Ao advogado público são dadas as mesmas prerrogativas e garantias ofertadas aos das demais carreiras públicas (art. 7º do EAOAB), além daquelas previstas nos estatutos específicos da carreira pública, como a independência funcional no desempenho de suas atribuições; inamovibilidade; irredutibilidade dos vencimentos e estabilidade.
✓ O procurador tem o poder e o dever de representar judicialmente os interesses da pessoa jurídica de direito público, não podendo recusar a causa, como pode o advogado privado (art. 34, XI, do EAOAB).</td></tr>
<tr><td>Outras pessoas sujeitas ao Estatuto da Advocacia</td><td>• Advocacia-Geral da União;
• Procuradoria da Fazenda Nacional;
• Defensoria Pública;
• Procuradorias e Consultorias Jurídicas dos Estados, do DF, dos Municípios e das respectivas entidades da administração indireta e fundacional.</td></tr>
<tr><td>Exercícios de cargos e funções na OAB e na representação da classe</td><td>• Enquanto o advogado exercer cargos ou funções em órgãos da OAB ou representar a classe junto a quaisquer instituições, órgãos ou comissões, públicos ou privados, não poderá firmar contrato oneroso de prestação de serviços ou fornecimento de produtos com tais entidades nem adquirir bens postos à venda por quaisquer órgãos da OAB.
• Enquanto o advogado exercer cargos ou funções em órgãos da OAB ou tiver assento, em qualquer condição, nos seus Conselhos, não poderá, salvo em causa própria, atuar em processos que tramitem perante a entidade nem oferecer pareceres destinados a instruí-los.</td></tr>
</table>

CAPÍTULO III
DOS DIREITOS DO ADVOGADO

1. CONSIDERAÇÕES GERAIS

A advocacia é indispensável à realização da justiça, ao lado da magistratura e do Ministério Público. O art. 6º do EAOAB determina que **não há hierarquia ou subordinação** entre advogados, magistrados e membros do Ministério Público, devendo haver entre todos consideração e respeito mútuos.

O advogado, no exercício de sua função, deve receber **tratamento compatível** com a dignidade da advocacia, não só das autoridades, mas também dos servidores públicos dos Poderes da República, dos demais serventuários da justiça e dos membros do Ministério Público, os quais devem fornecer condições adequadas para o seu desempenho preservando e resguardando, de ofício, a imagem, a reputação e a integridade na busca da aplicação da justiça.

2. DOS DIREITOS (ART. 7º EAOAB)

O Estatuto disciplina os direitos dos advogados nos arts. 6º e 7º.

Abaixo trataremos os 21 incisos do art. 7º:

2.1 INCISO I – Exercer, com liberdade, a profissão em todo o território nacional.

O direito ao trabalho e à liberdade no exercício profissional vem disposto no art. 5º, inciso XIII da Carta Magna, da seguinte forma: "é livre o exercício de qualquer trabalho, ofício ou *profissão, atendidas as qualificações profissionais que a lei estabelecer*".

Como se pode notar pela leitura do artigo mencionado, essa livre escolha de o indivíduo determinar-se em relação ao trabalho pode sofrer interferência da lei no que se refere à qualificação profissional.

Ao advogado, será necessária a inscrição nos quadros da OAB para o exercício profissional em todo território nacional. Uma vez regularmente inscrito nos quadros da OAB, poderá exercer a profissão em todo o território nacional, porém, essa prerrogativa permite advogar **ilimitadamente** na região do **Conselho Seccional da sua inscrição** e, **eventualmente**, em qualquer outro Estado, desde que não ultrapasse a **5 (cinco) causas por ano.** Excedendo esse limite, deverá providenciar sua **inscrição suplementar** (art. 10, § 2º, do EAOAB).

Em suma, o direito de advogar em todo território nacional é garantido ao advogado, sendo que, em alguns casos, a atuação é condicionada à realização de outra inscrição.

O tema inscrição será abordado com maiores detalhes nos tópicos: inscrição principal, suplementar e por transferência.

2.2 INCISO II – A inviolabilidade de seu escritório ou local de trabalho, bem como de seus instrumentos de trabalho, de sua correspondência escrita, eletrônica, telefônica e telemática, desde que relativas ao exercício da advocacia.

A inviolabilidade foi melhor tratada pela nova redação dada a esse inciso através da Lei nº 11.767/08, que também acrescentou os §§ 6º e 7º ao art. 7º do EAOAB.

A inviolabilidade que trata esse inciso **não é absoluta**, pois a autoridade judiciária competente poderá, **em decisão motivada**, decretar a **quebra da inviolabilidade** mediante indícios de autoria e materialidade da prática de crime pelo advogado, expedindo, para tanto, o devido mandado de busca e apreensão, específico e pormenorizado, cumprido na **presença de representante da OAB**. Fica **proibido** utilizar documentos, mídias e objetos pertencentes aos clientes e do advogado averiguado, muito menos dos instrumentos de trabalho onde deposita informações de clientes, **salvo** aqueles que estejam sendo formalmente investigados como partícipes ou coautores pela prática do mesmo crime que originou a quebra da inviolabilidade, inerente ao advogado averiguado. Havendo **inviolabilidade técnica** quanto à **segregação da documentação, da mídia ou dos objetos NÃO relacionados à investigação, em razão da sua natureza ou volume**, no **momento da execução** da decisão judicial de apreensão ou da **retirada do material**, a cadeia de custódia preservará o sigilo do seu conteúdo, **assegurada a presença do representante da OAB**. Não sendo observado tal regramento, o representante da OAB fará um relatório do fato ocorrido, com a inclusão dos nomes dos servidores, dará conhecimento à autoridade judiciária e o encaminhará à OAB para a elaboração de notícia-crime. (§§6º-D e 6º-E, art. 7º, do EAOAB)

2.3 INCISO III – Comunicar-se com seus clientes, pessoal e reservadamente, mesmo sem procuração, quando estes se acharem presos, detidos ou recolhidos em estabelecimentos civis ou militares, ainda que considerados incomunicáveis.

A Constituição Federal garante a todo preso a assistência de advogado (art. 5º, LXIII). Uma eventual incomunicabilidade do cliente preso não vincula o advogado, ainda que este não esteja munido de procuração.

O Estatuto da Advocacia confere ao advogado o direito de comunicar-se com seus clientes de forma pessoal e reservada.

> **MUITA ATENÇÃO!** Independente do que se discutiu, a incomunicabilidade **não alcança o advogado.**

→ **Exemplo: (FGV – Exame de Ordem – 2021.1)** O advogado Júnior foi procurado pela família de João, preso em razão da decretação de prisão temporária em certo estabelecimento prisional. Dirigindo-se ao local, Júnior foi informado que João é considerado um preso de alta periculosidade pelo sistema prisional, tendo em vista o cometimento de diversos crimes violentos, inclusive contra um advogado, integração a organização criminosa e descobrimento de um plano de fuga a ser executado pelo mesmo grupo. Diante de tais circunstâncias, o diretor do estabelecimento conduziu Júnior a uma sala especial, onde poderia conversar com João na presença de um agente prisional destinado a garantir a segurança do próprio Júnior e dos demais. Além disso, foi exigida a apresentação de procuração pelo advogado antes de deixar o estabelecimento prisional. Considerando o caso narrado, o candidato deveria assinalar a alternativa que dizia: Não é exigível a apresentação de procuração. Já as condições exigidas para a realização da entrevista violam direitos e implicam o cometimento de fato penalmente típico pelo diretor do estabelecimento, consoante o art. 7º, inciso III e art. 7º-B ambos do EAOAB.

2.4 INCISO IV – Ter a presença de representante da OAB, quando preso em flagrante, por motivo ligado ao exercício da advocacia, para a lavratura do auto respectivo, sob pena de nulidade e, nos demais casos, a comunicação expressa à seccional da OAB.

O Estatuto garante ao advogado SOMENTE **ser preso em flagrante em caso de crime inafiançável** (arts. 323 e 324 CPP), desde que por motivo **ligado ao exercício da profissão,** sob pena de **nulidade.** Essa garantia visa impedir arbitrariedade de autoridades, de modo a reforçar a liberdade profissional do advogado.

A lavratura do respectivo auto de prisão em flagrante deverá ser acompanhada por um representante da OAB, que será indicado pela diretoria do Conselho Seccional ou da subseção onde ocorrer o fato.

→ **Exemplo:** A advogada Maria foi presa em flagrante por furto cometido no interior de uma loja de departamentos. Na Delegacia, teve a assistência de advogado por ela constituído. O auto de prisão foi lavrado sem a presença de representante da Ordem dos Advogados do Brasil, fato que levou o advogado de Maria a arguir sua nulidade. O auto de prisão em flagrante não é nulo, pois só é obrigatória a presença de representante da OAB quando a prisão decorre de motivo ligado ao exercício da advocacia. **(Exame Julho/2015)**

> **MUITA ATENÇÃO!** Se a OAB não enviar representante em tempo hábil será mantida a validade da prisão em flagrante. Entretanto, se a OAB não for avisada pela autoridade policial, haverá invalidade do referido auto, com o consequente relaxamento da prisão pela autoridade judiciária. Essa foi a declaração do relator da ADIn 1.127-8, em seu julgamento definitivo.

Note que, sem prejuízo da atuação de seu defensor, o advogado poderá contar com a assistência de representante da OAB nos **inquéritos policiais ou nas ações penais** em que figurar como indiciado, acusado ou ofendido, sempre que o fato a ele imputado decorrer do exercício da profissão ou a este vincular-se (art. 16 do RGEAOAB).

Destarte, a prisão em flagrante **desvinculada** do exercício da atividade profissional **não tem** obrigatoriedade do acompanhamento de um representante da OAB, mas sim, obrigatoriedade da comunicação expressa à Ordem dos Advogados do Brasil. Sobre o tema, a banca examinadora propôs a seguinte questão no **Exame de Ordem 2019.2:** O advogado X foi preso em flagrante enquanto furtava garrafas de vinho, de valor bastante expressivo, em determinado supermercado. Conduzido à delegacia, foi lavrado o auto de prisão em flagrante, sem a presença de representante da OAB. Com base no disposto no Estatuto da Advocacia e da OAB, o examinando deveria ter escolhido a alternativa que mencionava que a lavratura do auto de prisão em flagrante não é viciada, desde que haja comunicação expressa à seccional da OAB respectiva.

2.5 INCISO V – Não ser recolhido preso, antes da sentença transitada em julgado, senão em sala de Estado Maior, com instalações e comodidades condignas, ~~assim reconhecidas pela OAB~~, e, na sua falta, em prisão domiciliar.

A ADIn 1.127-8 suprimiu do texto original do inciso mencionado a expressão "assim reconhecidas pela OAB", ao se referir às instalações e comodidades condignas.

Em se tratando de **prisão antes do trânsito em julgado,** o advogado terá o direito de permanecer em Sala de Estado Maior.

Entende-se por **Sala de Estado Maior**, conforme doutrina, ser uma prisão especial, ou toda sala utilizada para ocupação ou detenção eventual dos oficiais integrantes do quartel militar respectivo.

> **MUITA ATENÇÃO!**
>
> O STF no julgamento da Reclamação 4.535-8 de 07.05.2007 definiu Sala de Estado Maior como o compartimento de qualquer unidade militar, incluindo Polícia Militar e Bombeiros, distinguindo-se cela de sala, sendo que a primeira tem como finalidade típica o aprisionamento de alguém, por isso, de regra contém grades e a sala apenas ocasionalmente é destinada para esse fim, sendo certo que o local deve oferecer instalações e comodidades condignas com condições adequadas de higiene e segurança. As acomodações nas salas de Estado Maior ficarão a cargo das Forças Armadas, sem a ingerência da OAB.

Na ausência de sala com tais características, o advogado deverá ficar em prisão domiciliar, até conclusão definitiva do processo penal.

O crime deste inciso não precisa estar vinculado à advocacia.

→ **Exemplo:** O advogado João, conselheiro em certo Conselho Seccional da OAB, foi condenado, pelo cometimento de crime de tráfico de influência, a uma pena privativa de liberdade. João respondeu ao processo todo em liberdade, apenas tendo sido decretada a prisão após o trânsito em julgado da sentença condenatória. Quanto aos direitos de João, considerando o disposto no Estatuto da Advocacia e da OAB, assinale a afirmativa correta. c) João não tem direito a ser preso em sala de Estado Maior em nenhum momento do cumprimento da pena que se inicia, nem terá direito, em decorrência de suas atividades profissionais, à prisão domiciliar. **(FGV-Exame de Ordem 2019.2)**

2.6 INCISO VI – Ingressar livremente:

A – Nas salas de sessões dos tribunais, mesmo além dos cancelos que separam a parte reservada aos magistrados;

Sobre o tema, a banca examinadora propôs a seguinte questão no **exame unificado de julho de 2015:** Gisella é advogada recém-aprovada no Exame de Ordem e herda diversas causas de um colega de classe que resolveu trilhar outros caminhos, deixando numerosos processos para acompanhamento nos Juízos de primeiro grau. Ao acompanhar uma sessão de julgamento na Câmara Cível do Tribunal W, tem necessidade de apresentar, antes de iniciar o julgamento, alegações escritas aos integrantes do órgão julgador, que somente foram completadas no dia da sessão. Aguardando o início dos trabalhos, assim que os julgadores se apresentaram para o julgamento, a jovem advogada dirigiu-se a eles no sentido de entregar as alegações escritas, sendo admoestada quanto à sua presença no interior da sala de julgamento, na parte reservada aos magistrados. Nos termos do Estatuto da Advocacia, o ingresso dos advogados nas salas de sessões: "é livre inclusive na parte reservada aos magistrados".

B – Nas salas e dependências de audiências, secretarias, cartórios, ofícios de justiça, serviços notariais e de registro e, no caso de delegacias e prisões, mesmo fora da hora de expediente e independentemente da presença de seus titulares;

C – Em qualquer edifício ou recinto em que funcione repartição judicial ou outro serviço público onde o advogado deva praticar ato ou colher prova ou informação útil ao exercício da atividade profissional, dentro do expediente ou fora dele, e ser atendido, desde que se ache presente qualquer servidor ou empregado;

D – Em qualquer assembleia ou reunião de que participe ou possa participar o seu cliente, ou perante a qual este deva comparecer, desde que munido de poderes especiais.

Sobre o disposto na alínea "d", a banca examinadora propôs a seguinte questão no **exame unificado de abril de 2014:** Agnaldo é advogado na área de Direito de Empresas, tendo como uma de suas clientes a sociedade Cobradora Eficiente Ltda., que consegue realizar os seus atos de cobrança com rara eficiência. Por força de sua atividade, a sociedade é convidada a participar de reunião com a Associação dos Consumidores Unidos e envia o seu advogado para dialogar com a referida instituição. Consoante o Estatuto da Advocacia, deve o advogado comparecer: "à reunião, com mandato outorgado com poderes especiais".

O Estatuto garante ao advogado o pleno exercício de sua atuação, podendo **ingressar livremente** nas salas e dependências de audiências e demais ambientes constantes das prerrogativas acima. Qualquer impedimento deve ser entendido como ilegal e, nas alíneas "a", "b" *e* "c", como crime de abuso de autoridade (art. 3º, "f", da Lei 4.898/95).

Entretanto, há de se ater na alínea "d", onde o direito nela expresso **exige procuração** com poderes especiais.

2.7 INCISO VII – Permanecer sentado ou em pé e retirar-se de quaisquer locais indicados no inciso anterior, independentemente de licença.

Não há hierarquia ou subordinação entre advogados, magistrados e membros do Ministério Público (art. 6º, EAOAB), o que faz o referido inciso assegurar ao advogado sua decisão sobre a melhor maneira de ficar nos locais onde precisa estar para o exercício da advocacia, sem interferência por parte dos agentes públicos, nem mesmo das autoridades policiais e judiciárias.

> → **Exemplo:** Tânia, advogada, dirigiu-se à sala de audiências de determinada Vara Criminal, a fim de acompanhar a realização das audiências designadas para aquele dia em feitos nos quais não oficia. Tânia verificou que os processos não envolviam segredo de justiça e buscou ingressar na sala de audiências no horário designado. Não obstante, certo funcionário deu-lhe duas orientações. A primeira orientação foi de que ela não poderia permanecer no local se todas as cadeiras estivessem ocupadas, pois não seria autorizada a permanência de advogados de pé, a fim de evitar tumulto na sala. A segunda orientação foi no sentido de que, caso ingressassem na sala, Tânia e os demais presentes não poderiam sair até o fim de cada ato, salvo se houvesse licença do juiz, para evitar que a entrada e saída de pessoas atrapalhasse o regular andamento das audiências. Ambas as orientações violam os direitos assegurados, pelo Estatuto da OAB, ao advogado, pois Tânia possui o direito de permanecer, mesmo que de pé, na sala de audiências, bem como de se retirar a qualquer momento, independentemente de licença do juiz. **(Exame novembro/2017)**

2.8 INCISO VIII – Dirigir-se diretamente aos magistrados nas salas e gabinetes de trabalho, independentemente de horário previamente marcado ou outra condição, observando-se a ordem de chegada.

Ao advogado é assegurado o seu livre acesso aos magistrados.

Não pode haver restrição de horário de acesso dos advogados durante o expediente de Fóruns, valendo referida restrição apenas e tão somente aos estagiários.

> → **Exemplo:** O estagiário Marcos trabalha em determinado escritório de advocacia e participou ativamente da elaboração de determinada peça processual que estava para ser analisada pelo magistrado da Vara em que o processo tramitava, assinando, ao final, a petição, em conjunto com alguns advogados do escritório. Como conhecia muito bem a causa, resolveu falar com o magistrado com o objetivo de ressaltar, de viva voz, alguns detalhes relevantes. Quando o magistrado percebeu que estava recebendo o estagiário do escritório, e não um dos advogados que atuava na causa, informou ao estagiário que não poderia tratar com ele sobre o processo, solicitando que os advogados viessem em seu lugar, se entendessem necessário. Marcos, muito aborrecido, afirmou que faria uma representação contra o magistrado, por entender que suas prerrogativas profissionais foram violadas. No entanto, Marcos não teve sua prerrogativa profissional violada, pois apenas o advogado tem direito de dirigir-se diretamente ao magistrado nas salas e gabinetes de trabalho, independentemente de horário previamente marcado, observando-se a ordem de chegada. **(Exame agosto/2014)**

Não há que criar obstáculos aos advogados, é razoável que, durante um ato processual em andamento a autoridade judiciária solicite ao advogado que aguarde o término do aludido ato, o que não há de se admitir, sob nenhuma hipótese, é a restrição para postergar o atendimento em alguns dias da semana com horários previamente definidos.

2.9 INCISO IX – Sustentar oralmente as razões de qualquer recurso ou processo, nas sessões de julgamento, após o voto do relator, em instância judicial ou administrativa, pelo prazo de quinze minutos, salvo se prazo maior for concedido.

O Estatuto da Advocacia garantia a todos os advogados o direito a sustentação oral nas sessões de julgamentos nos Tribunais, "após" a leitura do relatório e do voto do relator. Isso de fato contribuiria para a realização da justiça, uma vez que após ouvir o voto do relator, o advogado poderia melhorar sua argumentação para maior esclarecimento das razões para os demais julgadores do colegiado. Entretanto, todo o conteúdo desse inciso foi declarado inconstitucional por ocasião do julgamento do STF (ADI nº 1.127-8 e 1.105-7).

Dessa forma, o advogado tem direito de fazer a sustentação oral **"antes"** do voto do relator, nos termos da regra processual civil art. 937 – CPC.

> **MUITA ATENÇÃO!** Não confundir com o **direito de sustentação oral no processo disciplinar**, uma vez que o art. 60, § 4º, do CED garante que nos processos disciplinares, o direito de sustentação oral é "**após**" o voto do relator.

2.10 INCISO X – Usar a palavra, pela ordem, em qualquer tribunal judicial ou administrativo, órgão de deliberação coletiva da administração pública ou comissão parlamentar de inquérito, mediante intervenção pontual e sumária, para esclarecer equívoco ou dúvida surgida em relação a fatos, documentos ou afirmações que influam na decisão.

O advogado pode usar da palavra pela ordem, em qualquer tribunal judicial ou administrativo, órgão de deliberação coletiva da administração pública ou comissão parlamentar de inquérito, mediante intervenção pontual e sumária, para esclarecimento de equívoco ou dúvida surgida em relação a fatos, documentos ou afirmações que influenciem na decisão.

Essas intervenções devem ser realizadas em caráter excepcional, de forma rápida para esclarecer questões pontuais, de modo que os trabalhos durante o julgamento não sofram reiteradas paralisações.

2.11 INCISO XI – Reclamar, verbalmente ou por escrito, perante qualquer juízo, tribunal ou autoridade, contra a inobservância de preceito de lei, regulamento ou regimento.

Esse inciso traz mais uma forma de o advogado reclamar junto às autoridades contra a inobservância de preceito de lei, regulamento ou regimento. A diferença desse inciso para o anterior é que, no anterior, a intervenção deve ser sumária, de modo a evitar um prejuízo maior, enquanto que neste pode-se esperar um momento mais oportuno.

Sobre o tema, a banca examinadora propôs a seguinte questão no **exame unificado de julho de 2015:** Leôncio é estagiário de escritório especializado na área cível e testemunha o descumprimento de norma legal por funcionário público, imediatamente comunicando a situação ao seu advogado supervisor. Ambos dirigem-se ao órgão diretor administrativo competente e reclamam pelo descumprimento de lei, o que foi reduzido a termo. A referida reclamação veio a ser sumariamente arquivada por não ter sido feita na forma escrita. Nos termos do Estatuto da Advocacia, reclamações por descumprimento de lei: "podem ser verbais".

2.12 INCISO XII – Falar, sentado ou em pé, em juízo, tribunal ou órgão de deliberação coletiva da Administração Pública ou do Poder Legislativo.

Não pode nenhum ato normativo interno de qualquer órgão do Poder Judiciário, do Legislativo ou da Administração Pública estabelecer forma diversa sobre o direito que tem o advogado de se manifestar **oralmente, sentado ou pé.**

2.13 INCISO XIII – Examinar, em qualquer órgão dos Poderes Judiciário e Legislativo, ou da Administração Pública em geral, autos de processos findos ou em andamento, mesmo sem procuração, quando não estiverem sujeitos a sigilo ou segredo de justiça, assegurada a obtenção de cópias, com possibilidade de tomar apontamentos.

Ao advogado é garantido o exame dos autos do processo, findos ou em andamento, em qualquer órgão dos Poderes Judiciário e Legislativo, bem como da Administração Pública em Geral, ainda que sem procuração.

A Lei 13.793/2019 assegura para a classe da advocacia o acesso e a obtenção de cópias de atos e documentos de processos e de procedimentos eletrônicos, mesmo sem procuração, salvo para as ações que tramitam em **segredo de justiça ou sigilo.** O que se busca é garantir o acesso a toda documentação de atos processuais não sigilosos, fomentando com isso o devido processo legal. Para leitura complementar, vide o art. 189 CPC que dispõe sobre o segredo de justiça.

A referida Lei, trouxe ainda §13 do artigo 7º do EAOAB que, o disposto nos incisos XIII e XIV do *caput* deste artigo aplica-se integralmente a processos e a procedimentos eletrônicos, ressalvado o disposto nos §§ 10 e 11.

? QUESTÃO: Qual a diferença entre "direito ao exame dos autos" e o "direito de vista"?

➥ ***RESPOSTA:*** *O direito ao exame dos autos e o direito de vista dos autos não se confundem. Examinar os autos significa a simples consulta dos autos no cartório, enquanto o direito de vista dos autos significa a retirada dos autos pelo advogado mediante registro de carga ou em documento correspondente que declare a saída destes. Para a vista dos autos fora do cartório é necessária a apresentação do instrumento do mandato.*

2.14 INCISO XIV – Examinar, em qualquer instituição responsável por conduzir investigação, mesmo sem procuração, autos de flagrante e de investigações de qualquer natureza, findos ou em andamento, ainda que conclusos à autoridade, podendo copiar peças e tomar apontamentos, em meio físico ou digital.

Os advogados podem examinar autos de flagrantes e de investigações de qualquer natureza em qualquer instituição responsável por conduzir investigações, mesmo sem procuração. O direito se expandiu para incluir o MP e órgãos de todos os poderes públicos que tenham competência para conduzir investigação contra pessoas físicas ou jurídicas.

Evidentemente que os casos que correrem em **sigilo**, o advogado precisará **apresentar procuração**, comprovando seu vínculo com o cliente investigado, como se pode verificar na redação do § 10.

→ **Exemplo:** O advogado Carlos dirigiu-se a uma Delegacia de Polícia para tentar obter cópia de autos de inquérito no âmbito do qual seu cliente havia sido intimado para prestar esclarecimentos. No entanto, a vista dos autos foi negada pela autoridade policial, ao fundamento de que os autos estavam sob segredo de Justiça. Mesmo após Carlos ter apresentado procuração de seu cliente, afirmou o Delegado que, uma vez que o juiz havia decretado sigilo nos autos, a vista somente seria permitida com autorização judicial. Nos termos do Estatuto da Advocacia, Carlos pode ter acesso aos autos de inquéritos sob segredo de Justiça, desde que esteja munido de procuração do investigado. **(Exame abril/2016)**

→ **Exemplo:** O advogado José Carlos Santos foi ao MP (Ministério Público) para fazer anotações sobre uma investigação criminal sigilosa que tramitava entre o Parquet *versus* seu cliente. Passados alguns dias, José Carlos foi à delegacia para ver o inquérito policial também sigiloso de outro cliente e tirar cópias. Note que em ambos os casos, José Carlos deve apresentar procuração tanto para tomar apontamentos sobre a investigação em trâmite perante o Ministério Público quanto para examinar e retirar cópias do inquérito policial, conforme art. 7º, XIV, §10 do Estatuto da Advocacia e da OAB. **(FGV - Exame de Ordem 2018.1)**

A vista dos autos é permitida em autos findos ou em andamento, não precisam estar disponíveis em cartórios. O exame é permitido mesmo quando estiverem conclusos à autoridade responsável pela sua condução.

O advogado poderá fazer cópias e tomar apontamentos, sejam em meio físico ou digital (xerox, fotografia digital, escaneamento, gravação de mídias portáteis, e-mail, etc.), mesmo com o caso em andamento. O objetivo é ampliar a defesa na investigação.

O acesso do advogado aos elementos de prova relacionados a diligências em andamento e ainda não documentados nos autos poderá ser restrito quando este apresentar risco de comprometimento da eficiência, da eficácia ou da finalidade das diligências. Assim, apenas após o cumprimento das diligências autorizadas judicialmente é que se dará a devida publicidade aos réus e seus defensores (§ 11). Nesse caso, deverá ser comprovado que a presença do advogado criará obstáculo ou mesmo atrapalhará a investigação, sob pena de responder por crime de abuso de autoridade e criminalmente.

O impedimento de acesso do profissional ou fornecimento de autos incompletos importará em responsabilização criminal e por abuso de autoridade da autoridade responsável, além de estar fadado à nulidade absoluta. (§ 12)

Este inciso deve ser interpretado juntamente com a Súmula Vinculante 14 do STF.

> **DICA IMPORTANTE**
>
> **A Súmula Vinculante 14 do STF**, deixa claro o direito dos advogados e da Defensoria Pública a terem acesso a provas documentadas levantadas em inquéritos policiais, mesmo que ainda em andamento. O enunciado aprovado é o seguinte: "É direito do defensor, no interesse do representado, ter acesso amplo e irrestrito aos elementos de prova que, já documentados em procedimento investigatório, realizado por órgão de competência de polícia judiciária, digam respeito ao exercício do direito de defesa".

Sobre o tema, a banca examinadora propôs a seguinte questão no **exame unificado de março de 2015:** Ao decretar segredo de Justiça nos autos de determinada investigação policial, o magistrado alertou o Delegado de Polícia de que, aos advogados ali constituídos, deveria ser facultado o acesso à integralidade dos elementos de prova já documentados nos autos, ressaltando, no entanto, expressa e reservadamente, que ninguém, nem mesmo advogado constituído por meio de instrumento de procuração, poderia ter acesso à medida cautelar de interceptação telefônica em andamento. A advertência do magistrado é lícita, pois, em se tratando de procedimento sob segredo de justiça, é permitido ao advogado, munido de procuração do investigado, o acesso aos elementos de prova já documentados nos autos, mas não a medidas cautelares ainda em andamento.

É crime contra as prerrogativas da advocacia a violação ao sigilo telefônico, telemático, eletrônico e de dados do advogado, mesmo que seu cliente seja alvo de interceptação de comunicações (Súmula nº 12/2020/COP (DEOAB, 18/06/2020, p. 01).

2.15 INCISO XV – Ter vista dos processos judiciais ou administrativos de qualquer natureza, em cartório ou na repartição competente, ou retirá-los pelos prazos legais.

2.16 INCISO XVI – Retirar autos de processos findos, mesmo sem procuração, pelo prazo de dez dias.

→ **Exemplo:** Isabella, advogada atuante na área pública, é procurada por cliente que deseja contratá-la e que informa a existência de processo já terminado, no qual foram debatidos fatos que poderiam interessar à nova causa. Antes de realizar o contrato de prestação de serviços, dirige-se ao Juízo competente e requer vista dos autos findos, não anexando instrumento de mandato. Nesse caso, a advogada pode retirar os autos de cartório por dez dias. **(Exame março/2015)**

2.17 INCISO XVII – Ser publicamente desagravado, quando ofendido no exercício da profissão ou em razão dela.

O desagravo público, como o próprio nome sugere, é a resposta a um agravo, isto é, ofensa, experimentado no legítimo exercício da profissão.

O Estatuto tratou esse assunto como um direito do advogado, apontado nos arts. 18 e 19 do RGEAOAB. O advogado, sentindo-se **ofendido durante o exercício da atividade profissional** pode requerer seu desagravo público, independentemente das medidas penais, civis e disciplinares cabíveis, pois este é um procedimento formal utilizado pela OAB, no sentido de repudiar tal fato e, ao mesmo tempo, **prestar solidariedade** às ofensas sofridas pelo advogado.

O desagravo deve ser **promovido** pelo Conselho competente, de ofício, mediante representação de qualquer pessoa ou do próprio ofendido.

O desagravo, **não depende da concordância do ofendido**, que não pode dispensá-lo, sendo, pois, um critério do próprio Conselho.

→ **Exemplo:** Em certa situação, uma advogada, inscrita na OAB, foi ofendida em razão do exercício profissional durante a realização de uma audiência judicial. O ocorrido foi amplamente divulgado na mídia, assumindo grande notoriedade e revelando, de modo urgente, a necessidade de desagravo público. Considerando que o desagravo será promovido pelo Conselho competente, seja pelo órgão com atribuição ou pela Diretoria *ad referendum*, assinale a afirmativa correta. O candidato deveria escolher a alternativa que discorre que a atuação se dará de ofício ou mediante provocação, seja da ofendida ou de qualquer outra pessoa. Não é condição para concessão do desagravo a solicitação de informações à pessoa ou autoridade apontada como ofensora. **(FGV - Exame de Ordem 2019.3)**

Ocorrendo a ofensa no território da Subseção a que se vincule o inscrito, a sessão de desagravo pode ser promovida pela diretoria ou conselho da Subseção, com representação do Conselho Seccional.

Compete ao Conselho Federal promover o desagravo público de Conselho Federal ou de Presidente de Conselho Seccional, quando ofendidos no exercício das atribuições de seus cargos e, ainda, quando a ofensa a advogado se revestir de relevância e grave violação às prerrogativas profissionais, com repercussão nacional. O Conselho indicará seus representantes para a sessão pública de desagravo, a ser realizada na sede do Conselho Seccional, excetuando-se as ofensas a conselheiro federal, que acontecerá no próprio Conselho Federal.

O advogado Mário dos Santos, presidente do Conselho Seccional Y da OAB, foi gravemente ofendido em razão do seu cargo, gerando violação a prerrogativas profissionais. O fato obteve grande repercussão no país. Considerando o caso narrado, de acordo com o Regulamento Geral do Estatuto da Advocacia e da OAB, assinale a afirmativa correta. O **Exame de Ordem/2018.3 da FGV** trouxe como alternativa correta: Compete ao Conselho Federal da OAB promover o desagravo público, ocorrendo a sessão na sede do Conselho Seccional Y, é o que dispõe o artigo 19 RGEOAB.

O advogado não pode dispensar o desagravo público quando o Conselho Seccional decidir promovê-lo". **(Exame dezembro/2013)**

A competência de propor ao Presidente que solicite informações da pessoa ou autoridade ofensora é **do relator**. Este deverá estar convencido da existência de prova ou indício de ofensa relacionada ao exercício da profissão ou cargo da OAB. O prazo é de 15 dias, para que as informações sejam fornecidas, a não ser que haja urgência ou notoriedade do fato.

> **MUITA ATENÇÃO!**
>
> O **relator** poderá propor o **arquivamento** do pedido se:
>
> - a ofensa tiver natureza pessoal;
> - não estiver ligada ao exercício profissional ou às prerrogativas gerais do advogado;
> - se configurar crítica de caráter doutrinário, político ou religioso.

Uma vez convencido da procedência das ofensas, providos das informações solicitadas ou não, o relator emitirá um parecer que será submetido ao Conselho. Se acolhido, é designada a sessão de desagravo, amplamente divulgada.

É o **Presidente** quem lê a nota a ser publicada na imprensa, encaminhada ao ofensor e às autoridades e registrada nos assentamentos do inscrito, durante a sessão do desagravo público.

2.18 INCISO XVIII – Usar os símbolos privativos da profissão de advogado.

Somente o advogado regularmente inscrito na OAB tem o direito de utilizar os símbolos privativos da sua profissão, cuja **competência de criação e aprovar o seu uso** é **do Conselho Federal da OAB** (art. 54, inc. X, EAOAB). Entretanto, não há de se confundir essa competência do Conselho Federal com o que está disposto no art. 58, XI, do mesmo diploma legal que diz: compete ao **"Conselho Seccional"** determinar, com exclusividade, critérios de como deve o advogado se **trajar** no exercício da profissão. Enquanto um discorre sobre os símbolos, o outro fala sobre o traje.

2.19 INCISO XIX – Recusar-se a depor como testemunha em processo no qual funcionou ou deva funcionar, ou sobre fato relacionado com pessoa de quem seja ou tenha sido advogado, mesmo quando autorizado ou solicitado pelo constituinte, bem como sobre fato que constitua sigilo profissional.

O advogado tem o direito de **recusar-se a depor** como testemunha em processo no qual funcionou ou deva funcionar, ou sobre fato relacionado à pessoa de quem seja ou foi advogado, **mesmo quando autorizado** ou solicitado pelo constituinte, bem como sobre fato que constitua **sigilo profissional**, cujo direito é assegurado pelo Estatuto, bem como pelo Código de Ética no art. 38.

DICA IMPORTANTE

A recusa a depor é garantida **mesmo quando for solicitada por seu cliente.** Contudo, se intimado para depor, não pode ausentar-se da audiência, sob pena de condução coercitiva, crime de desobediência e multa. Importante a leitura dos dispositivos legais: art. 388 CPC, 154 CP e 207 CPP. Interessante, também, ler item sobre "Sigilo Profissional".

Sobre o tema, a banca examinadora propôs a seguinte questão no **exame unificado de agosto de 2014:** A advogada Ana integrou o departamento jurídico da empresa XYZ Ltda. e, portanto, participava de reuniões internas, com sócios e diretores, e externas, com clientes e fornecedores, tendo acesso a todos os documentos da sociedade, inclusive aos de natureza contábil, conhecendo assim, diversos fatos e informações relevantes sobre a empresa. Alguns anos após ter deixado os quadros da XYZ Ltda., Ana recebeu intimação para comparecer a determinada audiência e a prestar depoimento, como testemunha arrolada pela defesa, no âmbito de ação penal em que um dos sócios da empresa figurava como acusado do crime de sonegação fiscal. Ao comparecer à audiência, Ana afirmou que não prestaria depoimento sobre os fatos dos quais tomou conhecimento enquanto integrava o jurídico da XYZ Ltda. O magistrado que presidia o ato ressaltou que seu depoimento havia sido solicitado pelo próprio sócio da empresa, que a estaria, portanto, desobrigando do dever de guardar sigilo. Sobre a questão apresentada, observadas as regras do Estatuto da OAB e do Código de Ética e Disciplina da OAB pode-se afirmar que: Ana não terá o dever de depor, pois o advogado tem o direito de se recusar a depor, como testemunha, sobre fato relacionado à pessoa de quem foi ou é advogado, mesmo quando solicitado pelo cliente.

2.20 INCISO XX – Retirar-se do recinto onde se encontre aguardando pregão para ato judicial, após 30 (trinta) minutos do horário designado e ao qual ainda não tenha comparecido a autoridade que deva presidir a ela, mediante comunicação protocolizada em juízo.

Para evitar abusos cometidos por alguns magistrados, o Estatuto da Advocacia e da OAB garantiu ao advogado, quando houver casos de atrasos para audiências ou atos judiciais, o direito de retirar-se do recinto quando a autoridade responsável se atrasar por mais de 30 (trinta) minutos do horário designado. Nessas situações, o Estatuto aduz que o advogado requeira uma certidão no cartório competente, discriminando o atraso da autoridade que presidiria a audiência, bem como da hora marcada para o ato judicial e, posteriormente, protocolar uma **petição no setor** competente, requerendo a **redesignação da audiência** marcada. Assim precisa da ausência do juiz e que protocolize em juízo para solicitar o adiamento da audiência para outro dia.

→ **Exemplo:** Abel, por força de suas atividades como advogado, comparece à audiência designada para ocorrer às 13 horas. Aguarda algum tempo, mas não recebe qualquer notícia do início dos trabalhos forenses. Nesse caso, protocolizando comunicação em juízo, pode retirar-se do recinto passados: trinta minutos do horário designado. **(Exame abril/2014)**

? **QUESTÃO:** Aplica-se o inciso XX para atraso de pauta?

RESPOSTA: *Não, pois o Juiz está no recinto. Esta regra não é aplicada quando o juiz estiver presente e o retardamento se der em virtude de atrasos ou prolongamentos de audiências, isto é, atrasos repetitivos de pauta não dão o direito de retirada ao advogado. Atente-se.*

No **exame unificado de agosto de 2014,** a banca examinadora propôs a seguinte questão: Às 15h15, o advogado Armando aguardava, no corredor do fórum, o início de uma audiência criminal designada para as 14h30. A primeira audiência do dia havia sido iniciada no horário correto, às 13h30, e a audiência da qual Armando participaria era a segunda da pauta daquela data. Armando é avisado por um serventuário de que a primeira audiência havia sido interrompida por uma hora para que o acusado, que não se sentira bem, recebesse atendimento médico, e que, por tal motivo, todas as demais audiências do dia seriam iniciadas com atraso. Mesmo assim, Armando informa ao serventuário que não iria aguardar mais, afirmando que, de acordo com o EAOAB, tem direito, após trinta minutos do horário designado, a se retirar do recinto onde se encontre aguardando pregão para ato judicial. A partir do caso apresentado, pode-se afirmar que: Armando não poderia se retirar do recinto, pois a autoridade que presidiria o ato judicial do qual Armando participaria estava presente.

Vale ressaltar que a **Consolidação das Leis Trabalhistas** trata desse aspecto com um **prazo menor** expresso. O profissional da advocacia que atuar perante a Justiça do Trabalho, o tempo de espera é de apenas **15 (quinze) minutos** a partir do horário designado (art. 815, CLT), sendo que em qualquer dos dois casos, exige-se a **comunicação protocolizada em juízo.**

2.21 – INCISO XXI – Assistir a seus clientes investigados durante a apuração de infrações, sob pena de nulidade absoluta do respectivo interrogatório ou depoimento e, subsequentemente, de todos os elementos investigatórios e probatórios dele decorrentes ou derivados, direta ou indiretamente, podendo, inclusive, no curso da respectiva apuração:

a) apresentar razões e quesitos;

É assegurado a todos aqueles alcançados por um inquérito, estarem assistidos por um advogado, cuja atuação não poderá ser cerceada pela autoridade administrativa, sob pena de **nulidade absoluta** do respectivo interrogatório ou depoimento e, subsequentemente, de todos os elementos investigatórios e probatórios dele decorrentes ou derivados, direta ou indiretamente. É garantida, também, a prerrogativa de apresentar razões e quesitos à autoridade investigante.

Perceba que tal garantia não visa impedir a atuação da autoridade administrativa, mas sim trazer ao conteúdo do procedimento administrativo segurança jurídica, pois se respeitando a presunção de inocência do indiciado e colhendo as provas de modo isento, impede-se assim que a apuração administrativa tome caminhos que colidam com a segurança jurídica e o Estado de Direito.

A Lei 13.245/2016 de fato amplia a abrangência do acesso dos advogados para "qualquer instituição responsável por conduzir investigação" e para "investigações de qualquer natureza". Ainda, discorre sobre o direito do advogado assistir a seus clientes investigados durante a apuração de infrações, podendo inclusive se valer da nulidade absoluta do respectivo interrogatório ou depoimento e, posteriormente, de todos os elementos investigatórios e probatórios dele decorrentes ou derivados, direta ou indiretamente, podendo ainda apresentar razões e quesitos no curso da respectiva apuração.

3. SUSTENTAÇÃO ORAL EM FACE DE DECISÃO MONOCRÁTICA

No artigo 7º foi inserido o §2º-B, que possibilita ao advogado realizar a **sustentação oral no recurso interposto** contra a *decisão monocrática de relator* que julgar o mérito ou não conhecer dos seguintes recursos ou ações: apelação; recurso ordinário; recurso especial; recurso extraordinário; embargos de divergência; ação rescisória, mandado de segurança, reclamação, *habeas corpus* e outras ações de competência originária.

4. DOS DIREITOS DA ADVOGADA (ART. 7º-A DO EAOAB)

A Lei 13.363/2016 veio estipular alguns direitos e garantias para a advogada gestante, lactante, adotante ou que der à luz.

	DIREITOS GARANTIDOS	PRAZOS
Gestante	• Entrada em tribunais sem ser submetida a detectores de metais e aparelhos de raio-x; • Reserva de vaga em garagens dos fóruns dos tribunais.	Enquanto perdurar o estado gravídico.
Lactante, adotante ou que der à luz	• Acesso a creche, onde houver, ou a local adequado ao atendimento das necessidades do bebê.	• 120 dias (art. 392 da CLT) • **Advogada Lactante:** o direito permanece enquanto perdurar o período de amamentação (art. 7º-A, § 1º EAOAB)
Gestante, lactante, adotante ou que der à luz	• Preferência na ordem das sustentações orais e das audiências a serem realizadas a cada dia, mediante **comprovação de sua condição.**	• 120 dias (art. 392 da CLT) • **Advogada Lactante:** o direito permanece enquanto perdurar o período de amamentação (art. 7º-A, § 1º EAOAB)
Adotante ou que der à luz	• Suspensão de prazos processuais quando for a **única patrona da causa,** desde que, haja **notificação por escrito** ao cliente.	• **Para advogada**: é permitida a suspensão do processo por **30 (trinta dias)** a contar **do parto ou da concessão da adoção**. (art. 313, § 6º do CPC)

Adotante ou que der à luz		• **Para advogado**: caso seja o único patrono responsável pelo processo, ser suspenso pelo prazo de 8 (oito) dias, a contar do parto ou da concessão da adoção. (art. 313, § 7º do CPC) **ATENÇÃO:** É necessária a notificação ao cliente.

No exame **unificado de abril de 2017** a banca examinadora cobrou a inovação através do seguinte problema: Viviane, Paula e Milena são advogadas. Viviane acaba de dar à luz, Paula adotou uma criança e Milena está em período de amamentação. Diante da situação narrada, de acordo com o Estatuto da OAB: Viviane, Paula e Milena têm direito de preferência na ordem das audiências a serem realizadas a cada dia, mediante comprovação de sua condição.

Mais uma vez a **FGV, no Exame de Ordem nº 2018.3** buscou do examinando conhecimento sobre advogada gestante: A advogada Mariana, gestante, ao ingressar em certo Tribunal de Justiça, foi solicitada a passar por aparelho de raios X e por detector de metais. Considerando o caso narrado, de acordo com o Estatuto da Advocacia e da OAB, assinale a afirmativa correta: Mariana tem o direito, independentemente do teor da alegação sobre segurança, de não ser submetida ao detector de metais, nem ao aparelho de raios X, é o que preceitua o artigo 7ª, A, inciso I, alínea "a" do EAOAB disposto pela Lei 13.363/2016.

(FGV – Exame de Ordem – 2021.1) Maria, advogada, adotou o recém-nascido João. A fim de organizar sua rotina, Maria verifica que tem contestação a apresentar em quinze dias e audiência agendada em quarenta dias, em processos distintos, nos quais figura como única advogada das partes que representa. Sobre a situação apresentada, a afirmativa correta diz que: "Maria terá preferência de ordem para a realização da audiência, mediante comprovação de sua condição", de acordo com o art. 7º-A, § 1º EAOAB.

5. SALAS DA OAB

O Poder Judiciário e o Poder Executivo devem instalar, em todos os juizados, fóruns, tribunais, delegacias de polícia e presídios, salas especiais permanentes para os advogados com uso assegurado à OAB. Entretanto, vale lembrar que o STF, com a ADIn 1.127-8 entendeu que não cabe mais o controle dessas salas à OAB (art. 7º, §§ 4º e 5º).

EM RESUMO: DOS DIREITOS DO ADVOGADO	
Direitos	**I** – Exercer, com liberdade, a profissão em todo o território nacional. **II** – A inviolabilidade de seu escritório ou local e trabalho, bem como de seus instrumentos de trabalho, de sua correspondência escrita, eletrônica e telemática, desde que relativas ao exercício da advocacia. **III** – Comunicar-se com seus clientes, pessoal e reservadamente, **mesmo sem procuração,** quando estes se acharem presos, detidos ou recolhidos em estabelecimentos civis ou militares, ainda que considerados incomunicáveis. **IV** – Ter a presença de representante da OAB, quando preso em flagrante, por motivo ligado ao exercício da advocacia, para a lavratura do auto respectivo, sob pena de nulidade e, nos demais casos, a comunicação expressa à seccional da OAB. **V** – Não ser recolhido preso, antes da sentença transitada em julgado, senão em sala de Estado maior, com instalações e comodidades condignas, ~~assim reconhecidas pela OAB,~~ e, na sua falta, em prisão domiciliar. **VI** – Ingressar livremente: a) Nas salas de sessões dos tribunais, mesmo além dos cancelos que separam a parte reservada aos magistrados; b) Nas salas e dependências de audiências, secretarias, cartórios, ofícios de justiça, serviços notariais e de registro e, no caso de delegacias e prisões, mesmo fora da hora de expediente e independentemente da presença de seus titulares; c) Em qualquer edifício ou recinto em que funcione repartição judicial ou outro serviço público onde o advogado deva praticar ato ou colher prova ou informação útil ao exercício da atividade profissional, dentro do expediente ou fora dele, e ser atendido, desde que se ache presente qualquer servidor ou empregado; d) Em qualquer assembleia ou reunião de que participe ou possa participar o seu cliente, ou perante a qual este deva comparecer, desde que munido de poderes especiais. **VII** – Permanecer sentado ou em pé e retirar-se de quaisquer indicados no inciso anterior, independentemente de licença. **VIII** – Dirigir-se diretamente aos magistrados nas salas e gabinetes de trabalho, independentemente de horário previamente marcado ou outra condição, observando-se a ordem de chegada. **IX** – ~~Sustentar oralmente as razões de qualquer recurso ou processo, nas sessões de julgamento, após o voto do relator, em instancia judicial ou administrativa, pelo prazo de 15 minutos, salvo se prazo maior for concedido.~~ (Vide ADIN 1.127-8) (Vide ADIN 1.105-7) **X** – Usar da palavra, pela ordem, em qualquer tribunal judicial ou administrativo, órgão de deliberação coletiva da administração pública ou comissão parlamentar de inquérito, mediante intervenção pontual e sumária, para esclarecer equívoco ou dúvida surgida em relação a fatos, a documentos ou a afirmações que influam na decisão. **XI** – Reclamar, verbalmente ou por escrito, perante qualquer juízo, tribunal ou autoridade, contra a inobservância de preceito de lei, regulamento ou regimento.

<table>
<tr><th colspan="2">EM RESUMO: DOS DIREITOS DO ADVOGADO</th></tr>
<tr><td>Direitos</td><td>
XII – Falar, sentado ou em pé, em juízo, tribunal ou órgão de deliberação coletiva da Administração Pública ou do Poder Legislativo.
XIII – Examinar, em qualquer órgão dos Poderes Judiciário e Legislativo, ou da Administração Pública em geral, autos de processos findos ou em andamento, mesmo sem procuração, quando não estiverem sujeitos a sigilo ou segredo de justiça, assegurada a obtenção de cópia, podendo tomar apontamentos.
XIV – Examinar em qualquer instituição responsável por conduzir investigação, mesmo sem procuração, autos de flagrante e de investigações de qualquer natureza, findos ou em andamento, ainda que conclusos à autoridade, podendo copiar peças e tomar apontamentos, em meio físico ou digital.
XV – Ter vista dos processos judiciais ou administrativos de qualquer natureza, em cartório ou na repartição competente, ou retirá-los pelos prazos legais.
XVI – Retirar autos de processos findos, mesmo sem procuração, pelo prazo de dez dias.
Exceções: a) Quando o processo estiver sob o regime do segredo de justiça; b) Quando houver nos autos documentos originais de difícil restauração ou ocorrer circunstância relevante que justifique a permanência dos autos no cartório, secretaria ou repartição, reconhecida pela autoridade em despacho motivado, proferido ex officio, mediante representação ou a requerimento da parte interessada; c) Até o encerramento do processo, ao advogado que tenha deixado de devolver os respectivos autos no prazo legal, e só o fizer depois de intimado.
XVII – Ser publicamente desagravado, quando ofendido no exercício da profissão ou em razão dela.
XVIII – Usar os símbolos privativos da profissão de advogado.
XIX – Recusar-se a depor como testemunha em processo no qual funcionou ou deva funcionar, ou sobre fato relacionado com pessoa de quem seja ou tenha sido advogado, mesmo quando autorizado ou solicitado pelo constituinte, bem como sobre fato que constitua sigilo profissional.
XX – Retirar-se do recinto onde se encontre aguardando pregão para ato judicial, após 30 (trinta) minutos do horário designado e ao qual ainda não tenha comparecido a autoridade que deva presidir a ela, mediante comunicação protocolizada em juízo.
XXI – Assistir a seus clientes investigados durante a apuração de infrações, sob pena de nulidade absoluta do respectivo interrogatório ou depoimento e, subsequentemente, de todos os elementos investigatórios e probatórios dele decorrentes ou derivados, direta ou indiretamente, podendo, inclusive, no curso da respectiva apuração:
a) apresentar razões e quesitos;
<hr>
DIREITOS DA ADVOGADA
I – gestante:
a) entrada em tribunais sem ser submetida a detectores de metais e aparelhos de raios X;
b) reserva de vaga em garagens dos fóruns dos tribunais;
II – lactante, adotante ou que der à luz, acesso a creche, onde houver, ou a local adequado ao atendimento das necessidades do bebê;
III – gestante, lactante, adotante ou que der à luz, preferência na ordem das sustentações orais e das audiências a serem realizadas a cada dia, mediante comprovação de sua condição;
IV – adotante ou que der à luz, suspensão de prazos processuais quando for a única patrona da causa, desde que haja notificação por escrito ao cliente.
</td></tr>
</table>

CAPÍTULO IV
DOS DEVERES DOS ADVOGADOS

1. DEVERES NO CÓDIGO DE ÉTICA E DISCIPLINA (CED)

1.1 Considerações gerais:

A definição ou orientação a respeito de questões de ética profissional da advocacia, são relevantes para o exercício da profissão. Sua ausência no CED, enseja consulta e manifestação do TED ou do Conselho Federal.

1.2 Deveres do Advogado:

São deveres do advogado, conforme preceitua o art. 2º, **parágrafo único,** do CED: preservar, em sua conduta, a honra, a nobreza e a dignidade da profissão, zelando pelo caráter de essencialidade e indispensabilidade da advocacia; atuar com destemor, independência, honestidade, decoro, veracidade, lealdade, dignidade e boa-fé; velar por sua reputação pessoal e profissional; empenhar-se, permanentemente, no aperfeiçoamento pessoal e profissional; contribuir para o aprimoramento das instituições, do Direito e das leis; estimular, a qualquer tempo, a conciliação e a mediação entre os litigantes, prevenindo, sempre que possível, a instauração de litígios; desaconselhar lides temerárias, a partir de um juízo preliminar de viabilidade jurídica.

Tem o dever de abster-se de: utilizar de influência indevida, em seu benefício ou do cliente; vincular seu nome a empreendimentos sabidamente escusos; emprestar concurso aos que atentem contra a ética, a moral, a honestidade e a dignidade da pessoa humana; entender-se diretamente com a parte adversa que tenha patrono constituído, sem o assentimento deste; ingressar ou atuar em pleitos administrativos ou judiciais perante autoridades com as quais tenha vínculos negociais ou familiares; contratar honorários advocatícios em valores aviltantes (art. 2º, parágrafo único, inciso VIII do CED).

O **advogado não** deve oferecer seus serviços profissionais para inculcar ou captar clientes, seja de forma direta ou indireta. É dever do profissional do direito **não vincular a advocacia com qualquer procedimento de mercantilização,** falsear deliberadamente exposição de fatos em juízo, bem como da verdade ou se utilizar de má-fé.

2. DA RELAÇÃO COM O CLIENTE

A relação entre advogado e cliente baseia-se na confiança recíproca e honestidade. Sentindo o advogado que essa confiança lhe falta, é recomendável que externe ao cliente sua impressão e, não se dissipando as dúvidas existentes, promova, em seguida, o substabelecimento do mandato ou a ele renuncie.

No exercício do mandato, o advogado atua como **patrono** da parte, cabendo-lhe imprimir à causa orientação que lhe parecer mais adequada, sem se subordinar a intenções contrárias do cliente. Entretanto, antes, procurará esclarecê-lo sobre a estratégia traçada.

→ **Exemplo:** José, bacharel em Direito, constitui Cesar, advogado, como seu procurador para atuar em demanda a ser proposta em face de Natália. Ajuizada a demanda, após o pedido de tutela provisória ter sido indeferido, José orienta César a opor Embargos de Declaração, embora não vislumbre omissão, contradição ou obscuridade na decisão, tampouco erro material a corrigir. César, porém, acredita que a medida mais adequada é a interposição de Agravo de Instrumento, pois entende que a decisão poderá ser revista pelo tribunal, facultando-se, ainda, ao juízo de primeira instância reformar sua decisão. Diante da divergência, César deverá imprimir a orientação que lhe pareça mais adequada à causa, sem se subordinar à orientação de José, mas procurando esclarecê-lo quanto à sua estratégia. **(Exame novembro/2016)**

Diante de dificuldades insuperáveis ou inércia do cliente em providências que lhe tenham sido solicitadas, o advogado poderá renunciar ao mandato. A renúncia é a recomendação trazida pelo código para que o advogado não incorra no erro de deixar ao abandono ou desamparo as causas sob seu patrocínio.

O advogado Ícaro dos Santos solicitou alguns documentos de seu cliente para a devida defesa judicial, regularmente constituído e no pleno exercício de mandato, passados mais de três meses de inércia do cliente e exaustivas tentativas sem êxito de recebimento dos referidos documentos, o advogado agiu de acordo com os arts. 15 e 16 do Código de Ética e Disciplina da OAB renunciando ao patrocínio, inclusive sem a necessidade de se fazer menção do motivo que a determinou. Importante recordar que, a relação entre advogado e cliente baseiam-se na confiança recíproca, de acordo com o art 10 do mesmo diploma legal. **(Exame de ordem 2018.1)**

Havendo quebra de confiança por parte do cliente teremos a **revogação** do mandato (art. 17 CED), não se exigindo formalidade. Essa revogação não desobriga o cliente a pagar os honorários do advogado (honorários contratados e honorários de sucumbência, proporcionais ao serviço efetivamente prestados). Por outro lado, a quebra de confiança por parte do advogado junto ao cliente implicará na renúncia do mandato. O prazo de 10 dias em que ficar, ainda será obrigado a representar o cliente. (art. 5º, § 3º do EAOAB – art. 112 CPC).

MUITA ATENÇÃO! "O mandato judicial ou extrajudicial não se extingue pelo decurso do tempo, salvo se o contrário for consignado no respectivo instrumento" (art. 18 CED). "Entretanto, arquivado o processo, presume-se cessado o mandato" (art. 13 CED).

O advogado, ao assumir a defesa criminal, não deve considerar **opinião pessoal** sobre a culpa do acusado (art. 23 CED).

A sua atuação, no exercício de suas atividades, não pode ser inibida, assim o advogado não é obrigado a **aceitar a imposição** de seu cliente que pretenda vê-lo atuando outros advogados, nem aceitar a **indicação de outro profissional** para com ele trabalhar no processo.

→ **Exemplo:** Mara é advogada atuante, tendo especialização na área cível. Procurada por um cliente da área empresarial, ela aceita o mandato. Ocorre que seu cliente possui, em sua empresa, um departamento jurídico com numerosos advogados e um gerente. Por indicação deles, o cliente determina que Mara inclua, no mandato que lhe foi conferido, os advogados da empresa, para atuação conjunta. Com base no caso apresentado, observadas as regras do Estatuto da OAB e do Código de Ética e Disciplina da OAB, a advogada não é obrigada a aceitar a imposição de seu cliente no caso. **(Exame agosto/2014)**

O art. 12 CEOAB discorre que "a conclusão ou desistência da causa, tenha havido, ou não, extinção do mandato, obriga o advogado a devolver ao cliente bens, valores e documentos que lhe hajam sido confiados e ainda estejam em seu poder, bem como a prestar-lhe contas, pormenorizadamente, sem prejuízo de esclarecimentos complementares que se mostrem pertinentes e necessários".

→ **Exemplo:** Milton, advogado, exerceu fielmente os deveres decorrentes de mandato outorgado para defesa do cliente Tomás, em juízo. Todavia, Tomás deixou, injustificadamente, de efetuar o pagamento dos valores acordados a título de honorários. Em 08/04/19, após negar-se ao pagamento devido, Tomás solicitou a Milton que agendasse uma reunião para que este esclarecesse, de forma pormenorizada, questões que entendia pertinentes e necessárias sobre o processo. Contudo, Milton informou que não prestaria nenhum tipo de informação judicial sem pagamento, a fim de evitar o aviltamento da atuação profissional. Em 10/05/19, Tomás solicitou que Milton lhe devolvesse alguns bens móveis que haviam sido confiados ao advogado durante o processo, relativos ao objeto da demanda. Milton também se recusou, pois pretendia alienar os bens para compensar os honorários devidos. Considerando o caso narrado, assinale a afirmativa correta. Ambas as condutas de Milton, praticadas em 08/04/19 e em 10/05/19, configuram infrações éticas. **(FGV-Exame de Ordem 2019.2)**

Quando falamos de relação do advogado com o cliente, é importante se ater que o advogado não pode, por falta de pagamento de honorários, negar esclarecimentos ao cliente, nem segurar bens do cliente para garantir o pagamento de honorários. O advogado, é obrigado a prestar contas e esclarecimentos complementares a respeito da causa, mesmo mediante eventual extinção do mandato. Observa-se que, se o cliente não cumpriu com o pagamento de contrato de honorários, não cabe ao advogado fazer o que quiser para obter pagamento, uma vez que há meios legais para se obter o que lhe é de direito (art. 24 e § 1º EAOAB). O Estatuto da Advocacia e da OAB traz para o advogado obrigações das quais não pode deixar de serem cumpridas.

2.1 Dever de devolução

Concluída a causa, ou no caso de desistência, havendo ou não extinção do mandato, o advogado tem a obrigação de devolver tudo o que recebeu do cliente, como bens, valores, documentos, além da detalhada prestação de contas (art. 12 CED). Recusando-se o advogado injustificadamente de fazê-lo, ficará sujeito à infração disciplinar de suspensão (art. 34, inc. XXI EAOAB), com duração de até a liquidação integral da dívida, inclusive com a correção monetária (art. 37, § 2º EAOAB).

→ **Exemplo:** Bernardo recebe comunicação do seu cliente Eduardo de que este havia desistido da causa que apresentara anteriormente, por motivo de viagem a trabalho, no exterior, em decorrência de transferência e promoção na sua empresa. Houve elaboração da petição inicial, contrato de prestação de serviços e recebimento adiantado de custas e honorários advocatícios. Nesse caso, deve o advogado prestar contas ao cliente de forma pormenorizada. **(Exame novembro/2014)**

A parcela dos honorários paga pelos serviços até então prestados não se inclui entre os valores a serem devolvidos.

Mesmo com a inadimplência contratual por parte do cliente, a recusa deste cumprimento não se justifica, (arts. 22 a 26 do EAOAB). Havendo injustificada recusa à devolução ou à prestação de contas, por parte do advogado, este ficará sujeito à infração disciplinar de suspensão (art. 34, inc. XXI EAOAB) até que satisfaça integralmente a dívida, inclusive com a correção monetária (art. 37, § 2º EAOAB).

2.2 Dever de informação

É dever do advogado informar ao cliente, com clareza, sobre os riscos da demanda e as consequências que poderão advir desta, é o primeiro dever a ser observado (art. 9º, CED).

O advogado antes de mais nada deverá perguntar ao cliente se ele já tem advogado constituído. Nesse caso, deve o advogado providenciar a rescisão do contrato com o colega já constituído, orientando seu cliente sobre os efeitos dessa decisão (art. 14 CED).

Devem constar no **contrato escrito** as **informações prestadas** (art. 48 CED).

O advogado que ingressar com uma ação perante o Juizado Especial Civil ou perante a Justiça Estadual, deve esclarecer ao cliente as diferenças entre interpor uma ação perante um órgão e outro, uma vez que os riscos do processo serão suportados por seu cliente, orientando-o devidamente, bem como das consequências que poderão advir da demanda.

2.3 Diferença entre Mandato e Mandado

Mandado é uma **ordem** do juiz que deve ser cumprida pelo oficial de justiça. Já o "**mandato**" é **contrato** através do qual alguém (mandatário ou procurador) recebe poderes de outra pessoa (mandante) para, em seu nome, executar atos de efeitos jurídicos ou administrar interesses. O Código Civil, em seu art. 653, define mandato.

3. RELAÇÕES COM OUTROS ADVOGADOS

O advogado, em suas relações com colegas de profissão, deve enfrentá-los apenas no âmbito da técnica jurídica, **nunca** em caráter pessoal, e se necessário, revidar, faça com elegância. Se o colega for desrespeitoso, deve pedir ao magistrado que sejam **riscadas** as expressões ofensivas **(art. 78 do CPC),** ou representar junto a OAB para que apure eventual falta ética ou disciplinar.

Os advogados que comentam as causas ou questões sob o patrocínio de outro colega, enquanto o faz criticando aquele, cometem falta ética.

O advogado **não pode copiar as peças** de outros advogados, criticar a forma de agir no trabalho ou impor-lhe uma forma de atuação.

A sucessão na representação advocatícia pode ocorrer se o cliente cassar a procuração do seu antigo advogado. Entretanto, o advogado que aceitar o mandato revogado pelo colega anterior deve verificar nos autos a veracidade do fato, antes do pedido de juntada do novo instrumento, sob pena de infringir o art. 14 CED.

Uma vez que a causa é conclusa ou o processo é arquivado, presumem-se o cumprimento e a extinção do mandato (art. 13 CED). O advogado que se valer do concurso de colegas na prestação de serviços advocatícios, seja em caráter individual, seja no âmbito de sociedade de advogados ou de empresa ou entidade em que trabalhe, dispensar-lhes-á tratamento condigno, que não os torne subalternos seus nem lhes avilte os serviços prestados mediante remuneração incompatível com a natureza do trabalho profissional ou inferior ao mínimo fixado pela Tabela de Honorários que for aplicável (art. 29 do CED).

4. RESPONSABILIDADE CIVIL DO ADVOGADO E LIDE TEMERÁRIA

O advogado, no exercício da sua profissão, deve sempre manter a sua independência em qualquer circunstância, sem o receio de desagradar a magistrado ou qualquer outra autoridade, nem de incorrer em impopularidade, cabendo ao advogado se responsabilizar pelos atos que praticar com dolo ou culpa.

Essa matéria será abordada mais adiante no capítulo específico: "Responsabilidade civil, penal e disciplinar do advogado".

5. LITIGÂNCIA DE MÁ-FÉ

A **lide temerária** é uma espécie do gênero ato ilícito decorrente de abuso de direito, enquanto a **litigância de má-fé** constitui uma de suas hipóteses **(art. 80, inciso III do CPC)** ou uma das consequências de sua ocorrência. O litigante de má-fé é todo aquele que atuando em juízo como autor, réu ou interveniente o faz de maneira malévola, com a intenção de prejudicar não só a parte adversa, como também, em última análise, o próprio Estado-Juiz, já que é a este que se destina à pretensão jurisdicional.

Responde por **perdas e danos** aquele que pleitear com má-fé como autor, réu ou interveniente **(art. 79 do CPC).** A redação do **art. 81 do CPC,** dispõe que o juiz condenará, de ofício ou a requerimento, o litigante de má-fé a pagar: a) **multa**, que deverá ser superior a **1% (um por cento) e inferior a 10% (dez por cento)** do valor corrigido da causa; b) indenização a parte contrária pelos prejuízos sofridos; c) honorários advocatícios; d) e todas as despesas que efetuou. O art. 32, parágrafo único do EAOAB, traz ainda que o advogado responde solidariamente à litigância de má-fé, o que será apurado em ação própria.

Vale lembrar que no **Juizado Especial** a litigância de má-fé afasta a isenção do pagamento de custas e induz ao ônus de sucumbência (art. 54 da Lei 9.099/95).

6. DEVER DE URBANIDADE

Entre os deveres éticos impostos aos advogados encontra-se o de "urbanidade", regrado pelos arts. 8º, § 2º e 27 CED. Tem-se como sinônimo de urbanidade a cortesia, como a qualidade de um ser humano, isto é, civilizado e cortês.

O advogado observará, nas suas relações com os colegas de profissão, agentes políticos, autoridades, servidores públicos e terceiros em geral, o dever de urbanidade, tratando a todos com respeito e consideração, ao mesmo tempo em que preservará seus direitos e prerrogativas, devendo exigir igual tratamento de todos com quem se relacione. (art. 27 CED)

E mais, que o dever de urbanidade deve ser observado nos atos e manifestações relacionados aos pleitos eleitorais no âmbito da OAB, é o que preceitua o § 1º do referido dispositivo legal.

O advogado, no exercício da advocacia *pro bono*, atuará com o zelo e a dedicação habituais, mesmo na condição de defensor nomeado, conveniado ou dativo, empenhando-se para que o cliente se sinta amparado e tenha confiança em seu patrocínio (art. 30 CED), ou seja, o que se entende desta redação é que o advogado defensor nomeado, conveniado ou dativo deve empregar, na condução do caso, a mesma diligência empregada nos casos onde haja remuneração por seus clientes particulares.

Esclarece o art. 33 do EAOAB que o advogado obriga-se a cumprir rigorosamente os deveres consignados no CED, e que tais deveres relacionam-se com a comunidade, o cliente, e outro profissional.

EM RESUMO: DOS DEVERES DOS ADVOGADOS	
Deveres do Advogado	a) preservar, em sua conduta, a honra, a nobreza e a dignidade da profissão, zelando pelo caráter de essencialidade e indispensabilidade da advocacia; b) atuar com destemor, independência, honestidade, decoro, veracidade, lealdade, dignidade e boa-fé; c) velar por sua reputação pessoal e profissional; d) empenhar-se, permanentemente, no aperfeiçoamento pessoal e profissional; e) contribuir para o aprimoramento das instituições, do Direito e das leis; f) estimular, a qualquer tempo, a conciliação e a mediação entre os litigantes, prevenindo, sempre que possível, a instauração de litígios; g) desaconselhar lides temerárias, a partir de um juízo preliminar de viabilidade jurídica. h) deverá abster-se de: • utilizar de influência indevida, em seu benefício ou do cliente; • vincular seu nome a empreendimentos sabidamente escusos; • emprestar concurso aos que atentem contra a ética, a moral, a honestidade e a dignidade da pessoa humana; • entender-se diretamente com a parte adversa que tenha patrono constituído, sem o assentimento deste; • ingressar ou atuar em pleitos administrativos ou judiciais perante autoridades com as quais tenha vínculos negociais ou familiares; • contratar honorários advocatícios em valores aviltantes.
Relação com o Cliente	• As relações entre advogado e cliente baseiam-se na confiança recíproca. Sentindo o advogado que essa confiança lhe falta, é recomendável que externe ao cliente sua impressão e, não se dissipando as dúvidas existentes, promova, em seguida, o substabelecimento do mandato ou a ele renuncie. • Havendo quebra de confiança por parte do cliente teremos a **revogação** do mandato (art. 17 CED), não se exigindo formalidade. Essa revogação não desobriga o cliente a pagar os honorários do advogado (honorários contratados e honorários de sucumbência, proporcionais ao serviço efetivamente prestados). Por outro lado, a quebra de confiança por parte do advogado junto ao cliente implicará na renúncia do mandato. O prazo de 10 dias em que ficar ainda será obrigado a representar o cliente (art. 5º, § 3º do EAOAB – art. 112 CPC). • O advogado, ao assumir a defesa criminal, não deve considerar **nenhuma opinião pessoal** sobre a culpa do acusado (art. 23 CED).

EM RESUMO: DOS DEVERES DOS ADVOGADOS	
Relação com o Cliente	• A atuação do advogado, no exercício de suas atividades, não pode ser inibida. O advogado não é obrigado **a aceitar: a) imposição** de seu cliente que pretenda o ver atuando com outros advogados; **b) a indicação de outro profissional** para com ele trabalhar no processo. • Concluída a causa, ou no caso de desistência, havendo ou não extinção do mandato, o advogado tem a obrigação de **devolver tudo** o que recebeu do cliente, bens, valores, documentos, além da detalhada prestação de contas (art. 12 CED). Recusando-se o advogado injustificadamente de fazê-lo, ficará sujeito à infração disciplinar de suspensão (art. 34, inc. XXI EAOAB), com duração até liquide integralmente a dívida, inclusive com a correção monetária (art. 37, § 2º EAOAB). • A parcela dos honorários paga pelos serviços até então prestados não se inclui entre os valores a serem devolvidos. • Mesmo com a inadimplência contratual por parte do cliente, a recusa do cumprimento da devolução não se justifica (arts. 22 a 26 do EAOAB). • O advogado deverá informar o cliente, com clareza, sobre os **riscos da demanda** e as **consequências** que poderão advir desta, é o primeiro dever a ser observado (art. 9º, CED). • Em caso de advogado constituído anteriormente, deve o advogado providenciar a rescisão do contrato com o colega já constituído, orientando seu cliente sobre os efeitos dessa decisão (art. 14 CED).
Relações com outros Advogados	• Deve enfrentá-los apenas no âmbito da técnica jurídica, **nunca** em caráter pessoal. • Se o colega for desrespeitoso, deve pedir ao magistrado que sejam **riscadas** expressões ofensivas, (art. 78, do CPC), ou representar junto a OAB para que apure eventual falta de ética ou disciplinar. • O advogado **não pode copiar as peças** de outros advogados, criticar a forma de agir no trabalho ou impor-lhe uma forma de atuação. • O advogado que se valer do concurso de colegas na prestação de serviços advocatícios, seja em caráter individual, seja no âmbito de sociedade de advogados ou de empresa ou entidade em que trabalhe, dispensar-lhes-á tratamento condigno, que não os torne subalternos seus nem lhes avilte os serviços prestados mediante remuneração incompatível com a natureza do trabalho profissional ou inferior ao mínimo fixado pela Tabela de Honorários que for aplicável. (art. 29 do CED)
Litigância de má-fé	• O litigante de má-fé é todo aquele que atuando em juízo como autor, réu ou interveniente o faz de maneira malévola, com a intenção de prejudicar não só a parte adversa, como também, em última análise, o próprio Estado-Juiz, já que é a este que se destina à pretensão jurisdicional.
Litigância de má-fé	• Responde por **perdas e danos** aquele que pleitear com má-fé como autor, réu ou interveniente (art. 79 do CPC). • O juiz condenará, de ofício ou a requerimento, o litigante de má-fé a pagar: a) **multa,** que deverá ser superior a **1% (um por cento) e inferior a 10% (dez por cento)** do valor corrigido da causa; b) indenização à parte contrária pelos prejuízos sofridos; c) honorários advocatícios; d) e todas as despesas que efetuou. (art. 81 do CPC) • O advogado responde solidariamente à litigância de má-fé, o que será apurado em ação própria (art. 32, parágrafo único do EAOAB). • No **Juizado Especial** a litigância de má-fé afasta a isenção do pagamento de custas e induz ao ônus de sucumbência (art. 54 da Lei 9.099/95).
Dever de Urbanidade	• O advogado observará, nas suas relações com os colegas de profissão, agentes políticos, autoridades, servidores públicos e terceiros em geral, o dever de urbanidade, tratando a todos com respeito e consideração, ao mesmo tempo em que preservará seus direitos e prerrogativas, devendo exigir igual tratamento de todos com quem se relacione. • O dever de urbanidade deve ser observado nos atos e manifestações relacionados aos pleitos eleitorais no âmbito da OAB, é o que preceitua o § 1º do referido dispositivo legal.

CAPÍTULO V

INSCRIÇÃO NA ORDEM DOS ADVOGADOS DO BRASIL

1. INTRODUÇÃO

A OAB possui dois quadros de inscritos: o **quadro de advogados** e o **quadro de estagiários**.

Considera-se advogado o bacharel em Direito devidamente inscrito no quadro de advogados da OAB (art. 3º, EAOAB), depois de preenchidos os **requisitos exigidos pelo art. 8º da Lei 8.906/94.**

Já a regular inscrição do estagiário, deve ser realizada no Conselho Seccional do território onde está localizada a instituição do seu curso jurídico.

Veremos, a seguir, cada um detalhadamente.

2. INSCRIÇÃO DA OAB

O advogado que esteja regularmente inscrito nos quadros da OAB, **deverá se inscrever no seu domicílio profissional** e terá o direito de exercer suas atividades inerentes da advocacia, **em todo o território nacional.**

→ **Exemplo:** Bernardo é bacharel em Direito, mas não está inscrito nos quadros da Ordem dos Advogados do Brasil, apesar de aprovado no Exame de Ordem. Não obstante, tem atuação na área de advocacia, realizando consultorias e assessorias jurídicas. Tal conduta é proibida, tendo em vista a ausência de inscrição na Ordem dos Advogados do Brasil. **(Exame março/2015)**

2.1 Requisitos para inscrição do advogado

O bacharel em Direito deve preencher alguns requisitos que estão dispostos no art. 8º do EAOAB para sua inscrição no quadro de advogados:

A – Capacidade Civil Plena: A capacidade civil plena, ocorre aos **18 (dezoito) anos** de idade completos, nos termos do art. 5º do CC. Sua comprovação pode ser feita com a apresentação da carteira de identidade. Antes de completar 18 anos, pode haver a inscrição do interessado, caso comprovada a graduação no curso jurídico.

B – Diploma ou Certidão de Graduação em Direito: Deve ser obtido em instituição de ensino oficialmente autorizada e credenciada pelo MEC. Graduação efetuada em instituições estrangeiras só terá validade desde que seja revalidada no Brasil e atender aos demais requisitos previstos no art. 8º do EAOAB. Na falta do diploma, o bacharel deverá apresentar a certidão de colação de grau em Direito e cópia do histórico escolar autenticada. (art. 23 do RGEAOAB)

C – Título Eleitoral e Quitação do Serviço Militar: O bacharel em Direito deve comprovar sua regularização eleitoral e militar, se for brasileiro, e neste último caso, somente para pessoas do sexo masculino. A *contrario sensu*, se for brasileira, se exigirá apenas a apresentação do título de eleitor e, se estrangeiro, nem título de eleitor, nem quitação do serviço militar.

D – Exame de Ordem: Atualmente é regulamentado através do Provimento 144/2011 que estabelece normas e diretrizes para o exame em nível nacional. Ocorre três vezes por ano, sendo realizado em período único em todo território estadual, com publicação de edital no prazo mínimo de 30 (trinta) dias de antecedência. **O Exame pode ser prestado por bacharéis em direito, inclusive por aqueles que exercem atividades incompatíveis com a advocacia, ficando, entretanto, impossibilitados de exercer a atividade de advocacia enquanto estiverem incompatibilizados.**

MUITA ATENÇÃO!

O art. 6º do Provimento nº 144/2011 e seus parágrafos aduzem que são "**dispensados do Exame de Ordem** os postulantes oriundos da **Magistratura e do Ministério Público** e os **bacharéis** alcançados pelo art. 7º da Resolução n. 02/1994, da Diretoria do CFOAB. § 2º Ficam dispensados do Exame de Ordem, igualmente, os **advogados públicos** aprovados em concurso público de provas e títulos realizado com a efetiva participação da OAB até a data da publicação do Provimento 174/2016-CFOAB § 3º Os advogados enquadrados no § 2º do presente artigo terão o prazo **de 06 (seis) meses**, contados a partir da data da publicação do Provimento 174/2016-CFOAB, para regularização de suas inscrições perante a Ordem dos Advogados do Brasil."

DICA IMPORTANTE

A aprovação do Exame da Ordem tem validade por prazo indeterminado.

? **QUESTÃO:** A quem compete regulamentar o Exame de Ordem e a quem compete a realização do mesmo?

➥ ***RESPOSTA:*** *A competência de regulamentar o Exame de Ordem é do Conselho Federal, por meio dos Provimentos emanados. A competência da realização do Exame de Ordem é do Conselho Seccional (art. 58, VI, do EAOAB).*

E – Não exercer atividade incompatível com a advocacia: No art. 28 do EAOAB estão enumeradas as atividades que geram incompatibilidade, ou seja, a **proibição total** para o exercício da advocacia, mesmo que em causa própria.

Os exercentes das atividades elencadas no artigo mencionado poderão prestar o exame de ordem, porém não terão a inscrição deferida de imediato, obtendo assim uma **"certidão de aprovação"**, com **prazo de validade indeterminado.**

F – Idoneidade Moral (boa reputação): O Estatuto da Advocacia condiciona que todo advogado deve ser uma pessoa idônea, pela importância da função social e da própria atividade da advocacia. A declaração de idoneidade moral é ato vinculado e motivado, sendo assegurado o amplo direito de defesa do interessado. Qualquer pessoa pode suscitar a inidoneidade moral, declarada mediante decisão com mínimo de 2/3 dos votos de todos os membros do Conselho competente, observando os procedimentos dos termos do processo disciplinar.

No **exame de ordem 2018.3 da FGV,** a banca examinadora exigiu conhecimento do candidato quanto ao tema de idoneidade moral, senão vejamos: Lúcio pretende se inscrever como advogado junto à OAB, contudo, ocorre que ele passou por determinada situação conflituosa que foi intensamente divulgada na mídia, tendo sido publicado, em certos jornais, que Lúcio não teria idoneidade moral para o exercício das atividades de advogado. Considerando que Lúcio preenche, indubitavelmente, os demais requisitos para a inscrição, de acordo com o Estatuto da Advocacia e da OAB, assinale a afirmativa correta: A inidoneidade moral poderá ser suscitada junto à OAB por qualquer pessoa e deve ser declarada por meio de decisão de, no mínimo, dois terços dos votos de todos os membros do conselho competente, em procedimento que observe os termos do processo disciplina, é o que preceitua o artigo 8º, VI e §3º, EAOAB,

O Estatuto condiciona o requisito da idoneidade moral também ao fato de o candidato não ter praticado crime infamante. Entende-se como **crime infamante** aquele que atinge a reputação de toda uma classe profissional causando repúdio da comunidade social.

Caso ocorra a perda da idoneidade moral por prática de crime infamante, para um novo pedido de inscrição será exigida a apresentação de **reabilitação na esfera criminal.** (art. 8º § 4º EAOAB)

Importante salientar que a reabilitação judicial é um benefício concedido ao condenado por sentença definitiva após dois anos da extinção da pena (arts. 93 a 95 do CP).

MUITA ATENÇÃO! O requisito para inscrição na OAB é a **IDONEIDADE MORAL** e a **INIDONEIDADE MORAL** é uma hipótese de exclusão dos quadros da OAB. Cuidado com a "pegadinha".

G – Compromisso com o Conselho: O bacharel em Direito terá que prestar o compromisso perante o **Conselho Seccional**, sendo um **ato personalíssimo** que deve ser realizado pelo próprio bacharel, não sendo permitido ocorrer o compromisso mediante terceiros, **mesmo com procuração** (art. 20 do RGEAOAB). Esse compromisso é o juramento que deve ser feito pelo requerente ao receber a carteira e o cartão de advogado.

DICA IMPORTANTE Preste muita atenção aos requisitos do art. 8º do EAOAB e nas características de cada um dos requisitos.
Ler os art. 20 a 26 do RGEAOAB.

2.2 Inscrição do estagiário

A inscrição do estagiário fica condicionada ao preenchimento dos seguintes requisitos: a) Capacidade Civil; b) Título de eleitor e quitação do serviço militar, se brasileiro; c) Não exercer atividade incompatível com a advocacia; d) Idoneidade moral; e) Prestar compromisso perante o conselho; f) Ter sido admitido em estágio profissional de advocacia.

→ **Exemplo:** Fernanda, estudante do 8° período de Direito, requereu inscrição junto à Seccional da OAB do estado onde reside. A inscrição foi indeferida, em razão de Fernanda ser serventuária do Tribunal de Justiça do estado. Fernanda recorreu da decisão, alegando que preenche todos os requisitos exigidos em lei para a inscrição de estagiário e que o exercício de cargo incompatível com a advocacia não impede a inscrição do estudante de Direito como estagiário. Merece ser revista a decisão que indeferiu a inscrição de estagiário de Fernanda? Não, pois as incompatibilidades previstas em lei para o exercício da advocacia também devem ser observadas quando do requerimento de inscrição de estagiário. **(Exame novembro/2015)**

O estágio do profissional de advocacia aplica-se aos acadêmicos do curso de Direito, com **validade de 2 (dois) anos, prorrogável por mais 1 (um)**, podendo ser mantido pelas instituições de ensino superior e pelos Conselhos da OAB, ou por setores, órgãos jurídicos e pelos escritórios de advocacia credenciados pela OAB. (art. 9º § 1º do EAOAB e art. 35 do RGEAOAB)

Para a regular inscrição do estagiário, o mesmo deve procurar o **Conselho Seccional do território onde está localizada a instituição do seu curso jurídico** (art. 9º, § 2º EAOAB).

Caso o aluno de curso jurídico exerça atividade incompatível com a advocacia, poderá frequentar o estágio ministrado pela respectiva instituição de ensino superior, para fins de aprendizagem, mas será vedada sua inscrição na OAB. Sobre o tema a banca examinadora propôs a seguinte questão no **exame unificado de dezembro de 2013:** Ângelo, comandante das Forças Especiais do Estado "B", é curioso em relação às normas jurídicas, cuja aplicação acompanha na seara castrense, já tendo atuado em órgãos julgadores na sua esfera de atuação. Mantendo a sua atividade militar, obtém autorização especial para realizar curso de Direito, no turno da noite, em universidade pública, à qual teve acesso pelo processo seletivo regular de provas. Ângelo consegue obter avaliação favorável em todas as disciplinas até alcançar o período em que o estágio é permitido. Ele pleiteia sua inscrição no quadro de estagiários da OAB e que o mesmo seja realizado na Justiça Militar. O estágio é permitido, mas, por tratar-se de função incompatível, é vedada a inscrição na OAB.

Desde que regularmente inscrito, o **estagiário** pode praticar **todos os atos** previstos no art. 29 do Regulamento Geral **em conjunto com o advogado e sob a sua responsabilidade**.

Atos que podem ser praticados **de forma isolada pelo estagiário**, sempre sob a responsabilidade do advogado: **a) Retirar e devolver autos** em cartório, assinando a respectiva carga; **b) Obter certidões** de peças ou autos de processos em curso ou findos, junto aos escrivães e chefes de secretarias; **c) Assinar petições de juntada** de documentos e processos judiciais ou administrativos.

Para complementar os estudos é importante analisarmos a questão proposta pela banca examinadora no **exame unificado de agosto de 2013:** Ferrari é aluno destacado no curso de Direito, tendo, no decorrer dos anos, conseguido vários títulos universitários, dentre eles, medalhas e certificados. Indicado para representar a Universidade em que estudou, foi premiado em evento internacional sobre arbitragem. A repercussão desse fato aumentou seu prestígio e, por isso, recebeu numerosos convites para trabalhar em diversos escritórios de advocacia. Aceito o convite de um deles, passou a redigir minutas de contratos, sempre com supervisão de um advogado. Após um ano de estágio, conquistou a confiança dos advogados do seu setor e passou a ter autonomia cada vez maior. Diante dessas circunstâncias, passou a chancelar contratos sem a interferência de advogado. Nos termos do Estatuto da Advocacia, o estagiário deve: agir conjuntamente com um advogado, em todos os atos da advocacia.

2.3. Teletrabalho/ trabalho a distância pelo estagiário (art. 8º, §§ 5º e 6º, do EAOAB)

O estágio profissional poderá ser realizado no regime de teletrabalho ou de trabalho a distância em sistema remoto ou não, por qualquer meio telemático, sem configurar vínculo de emprego a adoção de qualquer uma dessas modalidades, **em caso de pandemia ou em outras situações excepcionais que impossibilitem as atividades presenciais, declaradas pelo poder público.**

Caso a parte contratante ou conveniada, fizer a concessão de equipamentos, sistemas e materiais ou reembolso de despesas de infraestrutura ou instalação, todos destinados a viabilizar a realização da atividade de estágio, essa informação deverá constar, expressamente, do convênio de estágio e do termo de estágio.

3. ESTRANGEIRO E O EXERCÍCIO DA ADVOCACIA

O cidadão estrangeiro ou o cidadão brasileiro formado no exterior **pode exercer a advocacia no Brasil**, devendo para tanto atender o que dispõe o **art. 8º do EAOAB** e **requerer sua inscrição na OAB.**

O advogado estrangeiro, poderá atuar no Brasil, entretanto, com algumas restrições, impostas pelo Provimento 91/2000. No §2º do Provimento 205/2021 reforça-se a importância dos consultores e as sociedades de consultores em direito estrangeiro, autorizadas pela OAB, poderão realizar o marketing jurídico somente com relação às suas atividades de consultoria em direito estrangeiro correspondente ao país ou Estado de origem do profissional interessado. Para tanto, a sociedade acrescentará obrigatoriamente ao nome ou razão social que internacionalmente adote a expressão "Consultores em direito estrangeiro" (art. 4º do Provimento 91/2000) nas peças de caráter publicitário.

FIQUE POR DENTRO

"ADVOGADO ESTRANGEIRO e brasileiro formado no exterior"

O Estatuto esclarece esses questionamentos ao estabelecer que o **estrangeiro ou brasileiro**, quando **não graduado em Direito no Brasil**, realizará prova do título de graduação, obtido em instituição estrangeira, devidamente **revalidado pelo MEC**, além de atender aos demais **requisitos** previstos no **art. 8º do EAOAB** que trata dos requisitos para inscrição na OAB. Desta forma, o exercício da profissão jurídica no Brasil por estrangeiros depende também da **inscrição** no quadro de advogados da OAB, atendendo a todos os requisitos do mencionado artigo, bem como a **aprovação em Exame de Ordem**, pressupondo desde logo o conhecimento da língua portuguesa e do ordenamento jurídico nacional.

A cada consultor ou sociedade de consultores será atribuído um número imutável, a que se acrescentará a letra "S", quando se tratar de autorização ou arquivamento suplementar.

Aplicam-se às sociedades de consultoria em Direito estrangeiro e aos consultores em Direito estrangeiro as disposições previstas no EAOAB, RGEAOAB, CED, os Regimentos Internos das Seccionais, as Resoluções e os Provimentos da OAB, em especial este Provimento, podendo a autorização e o arquivamento ser suspensos ou cancelados em caso de inobservância, respeitado o devido processo legal.

→ **Exemplo:** Um escritório de renome internacional considera expandir suas operações, iniciando atividades no Brasil. Preocupados em adaptar seus procedimentos internos para que reflitam os códigos brasileiros de ética profissional, seus dirigentes estrangeiros desejam entender melhor as normas a respeito da relação entre clientes e advogados no país. Sobre esse tema, o art. 14 do CED aduz que é correto afirmar que os advogados brasileiros podem, para a adoção de medidas judiciais urgentes e inadiáveis, aceitar procuração de quem já tenha patrono constituído, sem prévio conhecimento deste, quando houver motivo justo ou para adoção de medidas judiciais urgentes e inadiáveis (Exame de Ordem – 2020.1).

As **sociedades de consultoria** em Direito estrangeiro deverão pagar as **anuidades** para a OAB, assim como, as **taxas** aplicadas aos nacionais.

Deverá **requerer uma autorização** (com validade de 03 anos, renováveis) **ao Conselho Seccional** do local onde for exercer a atividade profissional prestando compromisso. Essa autorização é fornecida em **caráter precário,** onde este advogado poderá apenas prestar serviço de consultoria do Direito estrangeiro correspondente ao país ou estado de origem do profissional interessado. Por exemplo, um advogado americano no Brasil só poderá prestar consultoria em direito americano no Brasil. É vedado, portanto, o exercício de mandato judicial e a consultoria ou assessoria em direito brasileiro. (art. 1º § 1º incisos I e II do Provimento 91/2000)

Importante notar a diferença entre as atividades de consultoria estrangeira no Brasil com o exercício de advocacia por advogado estrangeiro graduado no exterior, uma vez que o advogado estrangeiro deve preencher os requisitos do art. 8º do EAOAB para exercer a advocacia, devendo inclusive validar o diploma de graduação.

? **QUESTÃO:** O advogado português poderá advogar no Brasil? Deverá prestar exame de ordem no Brasil?

↳ *RESPOSTA:* *No que se refere aos advogados portugueses, o Provimento 129/2008 do CFOAB regulamenta sua inscrição. De acordo com o Provimento, o advogado de nacionalidade portuguesa, devidamente regular na Ordem dos Advogados Portugueses, pode inscrever-se no quadro da OAB, observados os requisitos do art. 8º da Lei 8.906/94, (com a dispensa dos requisitos de aprovação no Exame de Ordem, de revalidação do diploma e da prestação de compromisso perante o Conselho – juramento), e do art. 20 do RGEAOAB, que prevê o texto do compromisso a ser prestado pelos inscritos. Em seu lugar, o requerente prestará o compromisso perante o Conselho Seccional (Provimento 91/2000/CFOAB).*

EM RESUMO: Estrangeiros x Advocacia
Cidadãos estrangeiros para advogar deverão se inscrever nos quadros da OAB.
Se graduado no exterior deverá fazer prova do título de graduação e revalidar no MEC.
Advogados estrangeiros ou sociedades de advogados para advogar deverão obter autorização precária do Conselho Seccional do local onde tiver o domicílio profissional, restringindo-se apenas à prestação de serviços de consultoria/assessoria em Direito estrangeiro ao país de origem.

Sobre o tema veja também o item "Advogado estrangeiro".

4. TIPOS DE INSCRIÇÃO

São previstos no Estatuto três tipos de inscrição para advogados: a) Inscrição Principal; b) Inscrição Suplementar e; c) Inscrição por transferência. Para os estagiários apenas um tipo, a inscrição de estagiário (tratada no item 2.2 deste capítulo, para onde remeto o leitor).

4.1 Inscrição Principal

De acordo com o art. 10 do EAOAB, a **inscrição principal** do advogado deve ser feita no **Conselho Seccional** em cujo território pretende estabelecer o seu **domicílio profissional** (art. 20 e ss. do RGEAOAB). O domicílio do advogado é a sede principal da atividade profissional da advocacia, ou, prevalecendo, na dúvida, o **domicílio da pessoa física do advogado**, conforme § 1º do mencionado art. 10. O **domicílio profissional** abrange toda a área territorial da unidade federativa, ou seja, do **Estado membro ou do Distrito Federal**. Não está restrito à jurisdição da Subseção. Portanto, mesmo que o advogado esteja inscrito em uma subseção, a área para atuação livre, sem limitação de número de causas, corresponderá ao território do Estado-membro.

Uma vez que o inscrito passar a desenvolver suas **atividades fora da área territorial** da sua inscrição principal, a declaração poderá ser considerada falsa e, por consequência, o advogado terá sua **inscrição cancelada** de ofício pelo Conselho, podendo ainda, sofrer as **sanções** previstas do Regulamento Geral.

Sobre o tema, a banca examinadora propôs a seguinte questão no **exame unificado de julho de 2011:** Semprônio reside no Estado W, onde mantém o seu escritório de advocacia, mas requer sua inscrição principal no Estado K, onde, em alguns anos, pretende estabelecer domicílio. No concernente ao tema, à luz das normas estatutárias, é correto afirmar que: "a inscrição principal está subordinada ao domicílio profissional do advogado".

4.2 Inscrição suplementar

Quando o advogado exercer **atividade profissional** fora da sua sede principal, em **outro Estado,** com **habitualidade acima de 5 (cinco) causas por ano**, deverá requerer junto ao **Conselho Seccional** competente a **inscrição suplementar** (art. 26 do RGEAOAB e § 2º do art. 10 do EAOAB).

Pode, entretanto, o advogado exercer eventualmente a advocacia em outras unidades da federação que não seja a sua sede principal, sem necessariamente ter de inscrever-se em outro Conselho Seccional, em até 5 (cinco) causas por ano, ou seja, processos judiciais efetivamente ajuizados. Caso contrário, acima de 5 (cinco) causas por ano, o advogado necessariamente deve requerer sua inscrição suplementar junto ao outro Conselho Seccional, podendo ser penalizado por exercer ilegalmente a profissão.

Com a inscrição suplementar o advogado passa a recolher, também, a anuidade no outro Estado-membro.

→ **Exemplo:** Victor nasceu no Estado do Rio de Janeiro e formou-se em Direito no Estado de São Paulo. Posteriormente, passou a residir, e pretende atuar profissionalmente como advogado, em Fortaleza, Ceará. Porém, em razão de seus contatos no Rio de Janeiro, foi convidado a intervir também em feitos judiciais em favor de clientes nesse Estado, cabendo-lhe patrocinar seis causas no ano de 2015. Diante do exposto, a inscrição principal de Victor deve ser realizada no Conselho Seccional do Ceará. Afinal, a inscrição principal do advogado deve ser feita no Conselho Seccional em cujo território ele pretende estabelecer o seu domicílio profissional. Além da principal, Victor deverá promover a inscrição suplementar no Conselho Seccional do Rio de Janeiro, já que esta é exigida diante de intervenção judicial que exceda cinco causas por ano. **(Exame abril/2016)**

MUITA ATENÇÃO! Em casos de procurações conjuntas ou de substabelecimento recebido com reservas de poderes, somente serão computadas as causas em que o advogado, efetivamente, passar a atuar, assinando petições, fazendo audiências, etc. (MACHADO, Paulo. 10 em Ética! 4ª Ed. Juspodivm, p. 85)

4.3 Inscrição por transferência

Em caso de **mudança de domicílio profissional para outro Estado** da Federação, deve o advogado **requerer a transferência da sua inscrição** para o Conselho Seccional correspondente (art. 10, § 3º do EAOAB). O pedido de transferência deve ser requerido junto ao Conselho Seccional onde o advogado está inscrito e indicar a Seção para onde pretende se transferir (Provimento 42/1978 do Conselho Federal da OAB).

O Conselho Seccional pode suspender o pedido de inscrição suplementar ou de transferência, diante de vício ou ilegalidade na inscrição principal (art. 10, § 4º, do EAOAB).

5. DO CANCELAMENTO DA INSCRIÇÃO

O assunto inerente ao cancelamento, encontra-se disposto no art. 11 do EAOAB. O cancelamento difere da **licença,** que significa o afastamento **temporário** do advogado. Uma vez realizado o **cancelamento** ele é **definitivo.** Nesse caso, desaparecerá o número de inscrição do advogado na OAB, devendo, se houver interesse, fazer um novo requerimento de inscrição, sem a necessidade, porém, de prestar novo Exame de Ordem. Perderá o número antigo, ficando apenas como dado histórico da OAB.

Em novo pedido de inscrição, deve o advogado fazer prova dos requisitos do art. 8º do EAOAB, exceto, como já foi mencionado, o de prestar novo Exame da Ordem.

Quando o cancelamento resultar de aplicação de pena de exclusão, o novo pedido deverá ser acompanhado por provas de reabilitação (art. 11 § 3º do EAOAB).

? **QUESTÃO:** Como deve ser feito o cancelamento?

➥ ***RESPOSTA:*** *O cancelamento da inscrição é feito mediante requerimento pessoal e não precisa de motivação.*

Hipóteses de cancelamento da inscrição (art. 11 EAOAB):

A – A pedido do próprio advogado, assim que requerer: No pedido de **cancelamento** da inscrição **não há necessidade de apresentar um motivo** justificado. Trata-se de ato personalíssimo e irretratável, não podendo ser retificado. Somente por meio de novo pedido de inscrição, com novo número da OAB, ele poderá retornar à atividade profissional.

B – Se o advogado sofrer penalidade de exclusão: Exclusão é a sanção disciplinar considerada mais grave aplicada pela OAB. Uma vez que a exclusão ocorre, **automaticamente, a inscrição** é **cancelada**. Entretanto, conforme prevê o art. 41 e parágrafo único do EAOAB, o advogado pode entrar com um **novo pedido de inscrição,** acompanhado de **provas de reabilitação** no processo administrativo que aplicou a referida sanção. Remeto o leitor ao item 6 do capítulo XIX, a título de complementação.

C – Falecimento: O cancelamento da inscrição será realizado de **ofício** pelo Conselho competente ou por meio de comunicação por qualquer pessoa.

D – Passar a exercer atividade incompatível com a advocacia em caráter definitivo: No art. 28 do EAOAB encontram-se as atividades incompatíveis com a advocacia, sendo algumas em caráter permanente e outras em caráter temporário. São cargos ou funções que não admitem o exercício da advocacia concomitantemente, nem mesmo em causa própria, tendo em vista a facilitação à captação de clientela, ao tráfico de influências, etc. São atividades de natureza definitiva: atividades de membro do Poder Judiciário (exemplo, Juiz) e do Ministério Público. O advogado aprovado em concurso público de provas e títulos para a magistratura deverá cancelar sua inscrição na OAB.

> → **Exemplo:** Abelardo é magistrado vinculado ao Tribunal de Justiça do Estado K e requer licença para tratamento de questões particulares, pelo prazo de três anos, o que foi deferido. Como, antes de assumir o referido cargo, era advogado regularmente inscrito nos quadros da OAB, requer o seu reingresso, comprovando o afastamento das funções judicantes. Entretanto, a incompatibilidade permanece mesmo que ocorra o afastamento temporário do cargo. **(Exame novembro/2014)**

E – Perder qualquer um dos requisitos necessários para a inscrição: Esses requisitos estão dispostos no **art. 8º EAOAB,** como por exemplo, se ocorrer **a** perda da idoneidade moral por prática de crime infamante, o novo pedido de inscrição exige a apresentação da reabilitação na esfera judicial (§ 4º).

6. DO LICENCIAMENTO DA INSCRIÇÃO

O advogado poderá, de **maneira voluntária**, solicitar seu licenciamento por período determinado, **justificando o motivo, permanecendo com sua inscrição.**

Durante o período de licença, o advogado **não pagará a anuidade** à **OAB,** é **facultativo (Súmula nº 3/2012)** e não precisará **votar ou justificar** porque não votou, caso haja eleição na OAB no período. O **número de inscrição será mantido** até o retorno à atividade. A **competência** para deferir o pedido de licença é do **Conselho Seccional.**

O advogado será licenciado quando (art. 12 EAOAB):

A – Requerer por motivo justificado: Será avaliado como justo motivo aquele capaz de demonstrar o afastamento temporário do exercício da advocacia de forma inequívoca, como por exemplo, a realização de um curso de pós-graduação em país estrangeiro.

> **FIQUE POR DENTRO**
>
> **"Motivo justo para o licenciamento"**
>
> O fato de o advogado não poder honrar com o pagamento das anuidades devidas à OAB não é considerado motivo justo para efeito de licenciamento, conforme posicionamento do Tribunal de Ética e Disciplina (TED).

Ainda, a falta de pagamento de anuidade da OAB, de acordo com o art. 22 RGEOAB, estabelece que, o advogado regularmente notificado, deve quitar seu débito relativo às anuidades, no prazo de 15 dias da notificação, sob pena de suspensão, aplicada em processo disciplinar. E, mediante a terceira suspensão, relativa ao não pagamento de anuidades distintas, a inscrição será cancelada.

> → **Exemplo:** O advogado Carlos não adimpliu suas obrigações relativas às anuidades devidas à OAB. Assinale a opção que, corretamente, trata das consequências de tal inadimplemento. A alternativa correta diz que Carlos deverá quitar o débito em 15 dias contados da notificação para tanto, sob pena de suspensão, mediante processo disciplinar. Na terceira suspensão por não pagamento de anuidades, será cancelada sua inscrição. **(FGV - Exame de Ordem 2019.3)**

B – Exercer atividade incompatível com a advocacia em caráter temporário: O art. 28 do EAOAB arrola as atividades incompatíveis com a advocacia, sendo algumas delas em caráter permanente e outras em caráter temporário.

A atividade temporária, por exemplo, é o caso do advogado que for eleito Presidente da República, Governador ou Prefeito. Em tais situações, o profissional ficará licenciado, e, portanto, impossibilitado de exercer a advocacia durante o período do seu mandato. Poderá retornar à atividade profissional com o término do mandato. Não havendo a comunicação sobre o início da atividade considerada incompatível, fica configurada **infração disciplinar.**

→ **Exemplo:** Cláudia, advogada, inicialmente transitou pelo direito privado, com assunção de causas individuais e coletivas. Ao ser contratada por uma associação civil, deparou com questões mais pertinentes ao direito público e, por força disso, realizou novos estudos e contatou colegas mais experientes na matéria. Ao aprofundar suas relações jurídicas, também iniciou participação política na defesa de temas essenciais à cidadania. Por força disso, Cláudia foi eleita prefeita do município X em eleição bastante disputada, tendo vencido seu oponente, o também advogado Pradel, por apenas cem votos. Eleita e empossada, motivada pelo sentido conciliatório, convidou seu antigo oponente para ocupar cargo em comissão na Secretaria Municipal de Fazenda. Nessa hipótese, a prefeita exerce função incompatível com a advocacia **(Exame agosto/2014)**

C – **Sofrer doença mental curável:** Enquanto durar a **enfermidade mental curável**, o advogado ficará **licenciado.** É possível que a **doença mental**, em princípio curável, apresente impossibilidade de recuperação, ou seja, torne-se **incurável.** Nesse caso, a hipótese é de **cancelamento** e não licenciamento, sendo este justificado em face da perda da capacidade civil, um dos requisitos para inscrição (art. 8º do EAOAB).

> **DICA IMPORTANTE**
> Se a atividade incompatível for de caráter temporário, trata-se de um caso de LICENCIAMENTO; se a atividade incompatível for de caráter definitivo, estaremos diante de uma hipótese de CANCELAMENTO.

→ **Exemplo:** Jailton, advogado, após dez anos de exercício da advocacia, passou a apresentar comportamentos incomuns. Após avaliação médica, ele foi diagnosticado com uma doença mental curável, mediante medicação e tratamento bastante demorado. Segundo as disposições do Estatuto da Advocacia e da OAB, o caso do advogado Jailton incide em causa de licença do exercício profissional (art. 12 EAOAB). **(FGV - Exame de Ordem 2019.3)**

7. IDENTIFICAÇÃO DO INSCRITO

A **carteira e o cartão,** respectivamente brochura e a cédula, emitidos pela OAB são de **uso obrigatório** pelos advogados e estagiários, constituindo **prova de identidade civil** para todos os fins legais. O uso do cartão dispensa o uso da carteira (art. 32 do RGEAOAB).

É **obrigatória** também a **identificação do nome e do número de inscrição da OAB** em todos os documentos assinados pelo advogado no seu exercício profissional (art. 14 do EAOAB).

No Regulamento Geral encontramos o tópico que trata da **identidade profissional,** tema já cobrado no exame de ordem, seu conteúdo se refere ao **"nome social"**, expressão que diz da designação pela qual a pessoa travesti ou transexual se identifica e é socialmente reconhecida, deve ser requerido pelo interessado (art. 33, VI, parágrafo único, RGEOAB).

A **ordem dos dados de identificação do advogado** deve vir na seguinte ordem: número da inscrição, nome, nome social, filiação, naturalidade, data do nascimento, nacionalidade, data da colação de grau, data do compromisso e data da expedição, e à assinatura do Presidente do Conselho Seccional (art. 33, III RGEOAB).

→ **Exemplo:** Maria, formada em uma renomada faculdade de Direito, é transexual. Após a aprovação no Exame de Ordem e do cumprimento dos demais requisitos, Maria receberá a carteira de identidade de advogado, relativa à sua inscrição originária. Sobre a hipótese apresentada, de acordo com o disposto na Lei nº 8.906/94 e no Regulamento Geral do Estatuto da Advocacia e da OAB. O candidato deveria assinalar a alternativa que discorre que é admitida a inclusão do nome social de Maria, em seguida ao nome registral, havendo exigência normativa de que este seja o nome pelo qual Maria se identifica e é socialmente reconhecida, mediante mero requerimento formulado pela advogada. **(FGV - Exame de Ordem 2019.3)**

O Provimento nº 95/2000, dispõe sobre o Cadastro Nacional dos Advogados (CNA), em seu art. 4º § 5º discorre sobre o direito do advogado de solicitar e obter a exclusão do seu nome e do seu **nome social** dos Cadastros a serem vendidos ou cedidos.

A respeito dos estagiários, cabe comentar que, o estagiário tem um cartão de identidade, conforme o art. 35 do Regulamento Geral, o cartão de identidade do estagiário tem o mesmo modelo e conteúdo do cartão de identidade do advogado, com a indicação de **Identidade de Estagiário** em destaque, possui um prazo de validade de até três anos improrrogáveis. Contudo, após a prestação de compromisso como advogado, o estagiário, perde imediatamente, a validade do cartão como estagiário.

EM RESUMO: INSCRIÇÃO NA ORDEM DOS ADVOGADOS DO BRASIL	
Inscrição da OAB	O advogado que esteja regularmente inscrito nos quadros da OAB, **deverá se inscrever no seu domicílio profissional** e terá o direito de exercer suas atividades inerentes da advocacia, **em todo o território nacional.**
Requisitos para inscrição do advogado	• Capacidade civil plena; • Diploma ou certidão de graduação em Direito; • Título Eleitoral e quitação do Serviço Militar; • Exame de Ordem; • Não exercer atividade incompatível com a advocacia; • Idoneidade Moral; • Compromisso com o Conselho.
Inscrição do Estagiário	• Requisitos para a inscrição do estagiário: a) Capacidade Civil; b) Título de eleitor e quitação do serviço militar, se brasileiro; c) Não exercer atividade incompatível com a advocacia;
Inscrição do Estagiário	d) Idoneidade moral; e) Prestar compromisso perante o conselho; f) Ter sido admitido em estágio profissional de advocacia. • Concedida ao acadêmico do Curso de Direito; • Com validade de 2 anos, prorrogável por mais 1; • Pode ser mantido pelas instituições de ensino superior e pelos Conselhos da OAB ou por setores, órgãos jurídicos e pelos escritórios de advocacia credenciados pela OAB; • Caso o aluno de curso jurídico exerça atividade incompatível com a advocacia, poderá frequentar o estágio ministrado pela respectiva instituição de ensino superior, para fins de aprendizagem, mas será vedada sua inscrição na OAB.
Atos que podem ser praticados pelo estagiário	**ATENÇÃO**: Desde que regularmente inscrito, o estagiário poderá praticar os seguintes atos, EM CONJUNTO COM O ADVOGADO E SOB A SUA RESPONSABILIDADE (art. 29 do RGEAOAB): • Retirar e devolver autos em cartório, assinando a respectiva carga; • Obter certidões de peças ou autos de processos em curso ou findos, junto aos escrivães e chefes de secretarias; • Assinar petições de juntada de documentos e processos judiciais ou administrativos.
Estrangeiro e o exercício da advocacia no Brasil	• O **estrangeiro ou brasileiro**, quando **não graduado em Direito no Brasil**, realizará prova do título de graduação, obtido em instituição estrangeiro, devidamente **revalidado pelo MEC;** • Atender aos **requisitos** previstos no **art. 8º do EAOAB;** • O exercício da profissão jurídica no Brasil por estrangeiros depende também da **inscrição** no quadro de advogados da OAB; • Deverá **requerer uma autorização** (com validade de 03 anos, renováveis) **ao Conselho Seccional** do local onde for exercer a atividade profissional, prestando compromisso; • A autorização é fornecida em **caráter precário.** O advogado poderá apenas prestar serviço de consultoria do Direito estrangeiro correspondente ao país ou estado de origem do profissional interessado.
Inscrição Principal	• A **inscrição principal** do advogado deve ser feita no **Conselho Seccional** em cujo território pretende estabelecer o seu **domicílio profissional** (art. 20 e ss. RGEAOAB). • O domicílio do advogado é a sede principal da atividade profissional da advocacia, ou, prevalecendo, na dúvida, o **domicílio da pessoa física do advogado.** • O **domicílio profissional** abrange toda a área territorial da unidade federativa, ou seja, do **Estado membro ou do Distrito Federal**. Não está restrito à jurisdição da Subseção. • Uma vez que o inscrito passar a desenvolver suas atividades fora da área territorial da sua inscrição principal, a declaração poderá ser considerada falsa e, por consequência, o advogado terá sua **inscrição cancelada** de ofício pelo Conselho, podendo ainda, sofrer as **sanções** previstas do Regulamento Geral.
Inscrição Suplementar	• Quando o advogado exercer **atividade profissional** fora da sua sede principal, em **outro Estado,** com **habitualidade acima de 5 (cinco) causas por ano**, deverá requerer junto ao **Conselho Seccional** competente a **inscrição suplementar** (art. 26 do RGEAOAB e § 2º do art. 10 do EAOAB).
Inscrição por transferência	• Em caso de **mudança de domicílio profissional para outro Estado** da Federação, deve o advogado **requerer a transferência da sua inscrição** para o Conselho Seccional correspondente (art. 10, § 3º do EAOAB). • O pedido de transferência deve ser requerido junto ao Conselho Seccional onde o advogado está inscrito e indicar a Seção para onde pretende se transferir (Provimento 42/1978 do Conselho Federal da OAB). • O Conselho Seccional pode suspender o pedido de inscrição suplementar ou de transferência, diante de vício ou ilegalidade na inscrição principal. (art. 10, § 4º, do EAOAB)

EM RESUMO: INSCRIÇÃO NA ORDEM DOS ADVOGADOS DO BRASIL	
Hipóteses de Cancelamento da Inscrição	• A pedido do próprio advogado, assim que requerer; • Se o advogado sofrer penalidades de exclusão; • Falecimento; • Passar a exercer atividade incompatível com a advocacia em caráter definitivo; • Perder qualquer um dos requisitos necessários para a inscrição.
Hipóteses de Licenciamento da Inscrição	• Requerer por motivo justificado; • Exercer atividade incompatível com a advocacia em caráter temporário; • Sofrer doença mental curável.
Identificação do Inscrito	• A **carteira e o cartão,** respectivamente brochura e a cédula, emitidos pela OAB são de uso obrigatório pelos advogados e estagiários, constituindo **prova de identidade civil** para todos os fins legais. O uso do cartão dispensa o uso da carteira (art. 32 do RGEAOAB). • **Nome social** é a designação pela qual a pessoa travesti ou transexual se identifica e é socialmente reconhecida e deve ser requerido pelo interessado. • É **obrigatória** a **identificação do nome e do número de inscrição da OAB** em todos os documentos assinados pelo advogado no seu exercício profissional (art. 14 do EAOAB).

CAPÍTULO VI
ESPÉCIES DE ADVOGADOS

1. CLASSIFICAÇÃO – TIPOS

1.1 Profissional liberal

O profissional liberal é o tipo mais antigo das espécies de advogado, e ainda é o mais comum e que mais se observa nos dias de hoje. É o profissional que **não** mantém **vínculo empregatício, com nenhum cliente, podendo atende-lo de forma avulsa, habitual ou permanente.**

Este advogado pode prestar seus serviços emitindo nota fiscal como pessoa física ou, caso constitua uma sociedade unipessoal de advocacia, emitindo notas fiscais através desta Pessoa Jurídica.

1.2 Advogado sócio

Somente advogados regularmente inscritos na OAB e no local da sociedade inscrita podem integrar a sociedade de advogados, sendo vedada a participação social de estranhos à advocacia, ainda que **sejam bacharéis em Direito** ou **estagiários.** O EAOAB (art. 15), expressa que os advogados podem reunir-se em **sociedade simples** de prestação de serviço de advocacia ou constituir sociedade unipessoal (individual) de advocacia. O Provimento 169/2015, em seu artigo 1º, dispõe que a sociedade de prestação de serviços de advocacia, caracterizada como uma espécie societária ***sui generis***, no contexto da **sociedade civil**, poderá reunir-se para colaboração profissional recíproca, desde que os advogados sejam inscritos regularmente nos quadros da OAB.

1.3 Advogado associado

O advogado associado é um tipo intermediário entre o advogado sócio e o advogado empregado. Não é sócio, pois não figura no contrato social da sociedade de advogados como tal e, também não é empregado, porque não mantém vínculo empregatício.

Podem participar de mais de um escritório, mantendo a autonomia profissional, **sem estarem sujeitos a subordinação** ou **controle de jornada e sem qualquer outro vínculo**, firmando para tanto, um contrato de associação que deverá ser averbado no Registro de Sociedades de Advogados perante o respectivo Conselho Seccional (art. 5º do Provimento 169/2015 c/c art. 39 do RGEAOAB). Desta feita, não será permitida a averbação do contrato de associação que contenha, em conjunto, os elementos caracterizadores de relação de emprego (art. 9º do Provimento 169/2015).

E havendo associação do advogado em mais de uma sociedade de advogados, o associado deverá **comunicar prévia e formalmente** às sociedades contratantes os demais vínculos (§1º).

Não integrará como sócio na sociedade de advogados, o advogado associado, e nem terá participação nos lucros/prejuízos aprazados em contrato de associação. Contudo, **receberá honorários advocatícios e de sucumbência**, caso seja devido, nas causas que atuou sozinho ou em conjunto. Cabe destacar que, quanto à forma de pagamento estabelecida em contrato de associação, deverá discorrer sobre o critério de proporcionalidade dos honorários, ou, tratar sobre os adiantamentos parciais, ou, ainda, sobre os honorários fixados por estimativa em acerto final (art. 7º do Provimento 169/2015).

Por fim, discorre o art. 40 do Regulamento da OAB que, "os advogados sócios e os associados respondem **subsidiária e ilimitadamente** pelos danos causados diretamente ao cliente, nas hipóteses de dolo ou culpa e por ação ou omissão, no exercício dos atos privativos da advocacia, sem prejuízo da responsabilidade disciplinar em que possam incorrer". E mais, quanto à responsabilidade, os sócios patrimoniais, de serviço e os associados, **responderão pelos danos causados** à **sociedade e aos seus sócios** (art. 10 do Provimento 169/2015).

Logo, no que diz respeito à responsabilidade civil, respondem **subsidiária e ilimitadamente** pelos danos causados diretamente aos clientes, em caso de dolo ou culpa, por ação ou omissão, no exercício dos atos privativos da advocacia, sem prejuízo da responsabilidade disciplinar criminal quando infringirem o EAOAB, o RGEAOAB, o CED e a legislação penal.

→ **Exemplo: (FGV – Exame de Ordem/2022.1)** Anderson, titular de sociedade individual de advocacia, é contratado pela sociedade empresária Polvilho Confeitaria Ltda. para atuar em sua defesa em ação judicial ajuizada por Pedro, consumidor insatisfeito. No curso da demanda, a impugnação ao cumprimento de sentença não foi conhecida por ter sido injustificadamente protocolizada por Anderson após o prazo previsto em lei, o que faz com que Pedro receba valor maior do que teria direito e, consequentemente, a sociedade empresária Polvilho Confeitaria Ltda. sofra danos materiais. Diante dessa situação, Anderson, sem prejuízo da responsabilidade disciplinar em que possa incorrer, poderá responder com seu patrimônio pessoal pelos danos materiais causados à sociedade empresária Polvilho Confeitaria Ltda. A alternativa correta diz que o advogado responde subsidiariamente, em relação à sociedade individual de advocacia e de forma ilimitada, consoante aos artigos 17 EAOAB e 40 RGEAOAB.

O **advogado associado poderá ter seus clientes**, independentemente de manter **parcerias com sociedades de advogados**, devendo ser observada apenas a obrigatoriedade de inexistência de conflito de interesses (art. 8º do Provimento 169/2015).

É permitido, mediante eventuais conflitos de interesses entre os advogados associados e a sociedade de advogados, os institutos da **mediação, conciliação ou arbitragem**, sendo facultada a indicação do órgão competente do Conselho Seccional da OAB (art. 11 do Provimento 169/2015).

De acordo com o art. 6º do referido Provimento 169/2015, será coordenada entre a sociedade de advogados e o advogado associado, o desempenho das funções profissionais, assim como, os critérios de partilha dos resultados da atividade advocatícia contratada.

1.4 Advogado empregado

Trata-se daquele que mantém um **vínculo empregatício**, na qualidade de advogado, com uma empresa ou com uma sociedade de advogados, para a qual presta serviços de advocacia. Tal relação de emprego não retira a **isenção técnica** nem reduz **a independência profissional** inerentes à advocacia (art. 18 do EAOAB).

Importante a leitura dos arts. 19 a 21 do EAOAB.

1.4.1 Legislação aplicável

Igualmente a qualquer outro profissional, o advogado empregado tem a garantia dos direitos trabalhistas assegurados pela Constituição Federal (CF) e pela CLT.

Em síntese, o EAOAB, o CED e o RGEAOAB são **as legislações aplicadas** ao advogado assalariado, empregado de escritório, sociedade de advogados ou mesmo empresa que detém departamento jurídico próprio, uma vez que existe uma lei especial para tratar dessa profissão, que por esta razão as normas da legislação trabalhista só serão aplicadas de forma subsidiária, tal que a lei especial prevalece sobre a lei normal.

1.4.2 Regimes das atividades do advogado empregado (art. 18º, §§ 2º e 3º, do EAOAB)

As atividades do advogado empregado poderão ser realizadas, **a critério do empregador**, em regime:

- *exclusivamente presencial*: modalidade na qual o advogado empregado, desde o início da contratação, realizará o trabalho nas dependências ou locais indicados pelo empregador;
- *não presencial, teletrabalho ou trabalho a distância*: modalidade na qual o trabalho será preponderantemente realizado fora das dependências do empregador, observado que o comparecimento nas dependências de forma não permanente, variável ou para participação em reuniões ou em eventos presenciais não descaracterizará o regime não presencial;
- *misto*: modalidade na qual as atividades do advogado poderão ser presenciais, no estabelecimento do contratante ou onde este indicar, ou não presenciais, conforme as condições definidas pelo empregador em seu regulamento empresarial, independentemente de preponderância ou não.

Na vigência da relação de emprego, as partes poderão pactuar, por **acordo individual simples,** a **alteração de um regime para outro.**

1.4.3 Jornada de trabalho

Conforme alude o art. 20, *caput* do EAOAB, a jornada de trabalho do advogado empregado, quando prestar serviço para empresas, não poderá ultrapassar a duração diária de **oito horas contínuas e a de quarenta horas semanais.**

O parágrafo único do art. 12 do RGEAOAB esclarece que: "em caso de dedicação exclusiva, serão remuneradas como extraordinárias as horas trabalhadas que excederem a jornada normal de 8 (oito) horas".

→ **Exemplo:** Enzo, advogado regularmente inscrito nos quadros da OAB, celebrou por escrito, contrato individual de trabalho de oito horas diárias com uma sociedade limitada e regime de dedicação exclusiva. Entretanto, com certa frequência, Enzo deve permanecer à disposição do empregador, aguardando ordens, ou seja, ficar de "plantão" fora da sede da empresa por três horas em algumas manhãs. Nesses mesmos dias, no período da tarde, Enzo deve ir a sede da empresa e trabalhar por mais seis horas. Neste caso, Enzo deve receber horas extraordinárias além das oito horas de jornada laborada, independentemente do regime de dedicação exclusiva pactuada entre as partes, conforme art. 12, § único, do RGEOAB. **(Exame de ordem 2018.1)**

1.4.4 Hora extra

Embora de aplicação incomum, as horas trabalhadas que excederem a jornada normal serão remuneradas com um adicional não inferior a **100% (cem) por cento** sobre o valor da hora normal, mesmo havendo contrato escrito (art. 20, § 2º do EAOAB). Igualmente, sob o regime de dedicação exclusiva, serão remuneradas como extras as horas trabalhadas que ultrapassarem a jornada de oito horas diárias.

É considerado período de trabalho todo o tempo em que o advogado estiver à disposição do empregador, aguardando ou executando ordens, no seu escritório ou em atividades externas, sendo reembolsados os gastos que tiverem com transporte, hospedagem e alimentação.

> **MUITA ATENÇÃO!**
> O advogado empregado, quando em **atividade externa,** escapa ao controle do empregador, porém, considera-se, nesse caso, inexistente o trabalho extraordinário, exceto quando o empregado possa provar que seu trabalho excedeu a jornada normal, ou haja de alguma forma, controle de horário.

1.4.5 Salário mínimo

É assegurado ao advogado empregado, um salário mínimo profissional (art. 19 do EAOAB), bem como pela CF, prevendo um "piso salarial proporcional à extensão e à complexidade do trabalho" (art. 7º, inc. V, da CF). O Estatuto dispõe que o salário mínimo do profissional da advocacia com vínculo empregatício será fixado por **sentença normativa, salvo** quando ajustado em acordo ou convenção coletiva de trabalho. O salário mínimo a ser pago ao advogado empregado deve respeitar o piso salarial da categoria, fixado mediante negociação de sua representação sindical, e **não pela OAB.**

1.4.6 Hora noturna

As horas trabalhadas no período das **vinte horas de um** dia até às **cinco** horas do dia seguinte, são remuneradas **como noturnas** e sofrerá acréscimo adicional **de vinte e cinco por cento** (art. 20, § 3º do EAOAB).

> **FIQUE POR DENTRO:**
> **"Redução ficta da hora noturna"**
> O Estatuto **não adotou a redução ficta da hora noturna,** portanto a hora noturna dos advogados é de **60 minutos**, uma vez que não se aplicam os preceitos constantes do texto consolidado, mas sim, aqueles constantes da Lei nº 8.906/94, que, em momento algum, atribuiu o benefício da hora noturna reduzida ao advogado. De acordo com a CLT a jornada noturna para os empregados é de 52 minutos e 30 segundos e o período noturno equivale das 22 horas de um dia e às 5 horas do dia seguinte (art. 73, § 1º e § 3º da CLT).

1.4.7 Prestações pessoais ao empregador

O advogado empregado **não está obrigado**, em nenhuma hipótese, a prestar serviços profissionais de **interesse pessoal dos seus empregadores**, fora da relação empregatícia, nem limitar suas atividades quanto à questão técnica enquanto agir como empregado (art. 18, § 1º, do EAOAB), uma vez que o advogado empregado não se acha submetido às ordens e à subordinação do empregador nos moldes usualmente admitidos.

→ **Exemplo:** Mévio é advogado empregado de empresa de grande porte atuando como diretor jurídico e tendo vários colegas vinculados à sua direção. Instado por um dos diretores, escala um dos seus advogados para atuar em processo judicial litigioso, no interesse de uma das filhas do referido diretor. À luz das normas estatutárias, a atuação do advogado empregado nesses casos pode ocorrer voluntariamente, sem relação com o seu emprego. **(Exame fevereiro/2012)**

1.4.8 Função do advogado e preposto

Preposto tem o significado de representante. Está claro no RGEAOAB que é expressamente **defeso** ao advogado exercer simultaneamente no mesmo processo, como patrono e preposto do empregador ou cliente (art. 1º do Provimento nº 60, do CFOAB e o art. 25 CED). Tal proibição aplica-se a todos os advogados, inclusive para o advogado empregado.

→ **Exemplo:** Pedro é advogado empregado da sociedade empresária FJ. Em reclamação trabalhista proposta por Tiago em face da FJ, é designada audiência para data na qual os demais empregados da empresa estarão em outro Estado, participando de um congresso. Assim, no dia da audiência designada, Pedro se apresenta como preposto da reclamada, na condição de empregado da empresa, e advogado com procuração para patrocinar a causa. Nesse contexto, Pedro não pode funcionar no mesmo processo, simultaneamente, como patrono e preposto do empregador ou cliente. **(Exame novembro/2016)**

A atribuição de advogado preposto somente pode ser recusada **pelo empregado** que é advogado, diante de motivos relevantes, tais como: violação a preceitos éticos da profissão, direção técnica do processo, conflitos de atribuições preposto x advogado, vez que a aceitação poderá advir sanções disciplinares, gerando outras consequências, como por exemplo, prejuízo para a defesa processual do empregador.

1.4.9 Honorários de sucumbência

Nas causas em que for parte o empregador, ou pessoa por este representado, os honorários de sucumbência são devidos **aos advogados empregados**, conforme dispõe o art. 21 do EAOAB. Os honorários de sucumbência, percebidos por advogado empregado de sociedade de advogados, serão **partilhados entre ele e a sociedade empregadora,** na forma estabelecida em acordo (art. 21, parágrafo único do EAOAB).

2. ADVOCACIA DE PARTIDO

Consiste na prestação de ampla assessoria jurídica mediante um contrato de prestação de serviços advocatícios, englobando todas as áreas da empresa que precisam de suporte jurídico, de forma autônoma e sem qualquer relação de subordinação, com pagamento de um valor fixo mensal determinado, independentemente do número de consultas ou quaisquer outros atos jurídicos ou extrajudiciais eventualmente praticados pelo advogado.

Uma vez firmada a opção de adotar a contratação de serviços, a advocacia de partido, é importante delimitar os serviços a serem prestados, indicando as áreas de atuação: cível, trabalhista, criminal, tributária etc., bem como, além de atividades de consultoria e assessoria, caso esta militância compreenda a propositura de ações, formulação de defesas e acompanhamento de feitos até o encerramento, até a execução e posterior arquivamento e baixa na distribuição.

3. ADVOGADO PÚBLICO

O EAOAB é a lei supletiva das leis específicas da advocacia pública, tais como a Lei Complementar 73/93 para a Advocacia Geral da União, e a Lei Complementar 80/94 para a Defensoria Pública em geral.

Conforme determina o art. 3º, § 1º do EAOAB, exercem atividade de advocacia os integrantes da Advocacia-Geral da União, da Procuradoria da Fazenda Nacional, da Defensoria Pública e das Procuradorias e Consultorias Jurídicas dos Estados, do Distrito Federal, dos Municípios e de suas respectivas entidades de administração direta ou indireta, sujeitando-se, esses, ao regime da Lei 8.906/94, além do regime próprio a que se subordinem.

Aos procuradores dos Estados, do Distrito Federal e dos Municípios, é **vedada** a advocacia particular contra a Fazenda Pública que os remunere, a não ser que a respectiva lei estipule de modo contrário, manifestando a vedação (art. 30, I do EAOAB). Para os advogados públicos federais, de maneira geral, fora de suas funções públicas há proibição.

Quanto aos **honorários de sucumbência dos advogados públicos**, insta esclarecer que são devidos, conforme artigo 85, §19, do Código de Processo Civil (CPC - Lei nº 13.105/2015) e artigo 29 da Lei nº 13.327/2016.

> **MUITA ATENÇÃO!**
>
> A **ADI 6.053** declarou a constitucionalidade da percepção de honorários de sucumbência pelos advogados públicos e, além disso, estabeleceu que a somatória dos subsídios e honorários de sucumbência percebidos mensalmente pelos advogados públicos não poderá exceder ao teto dos Ministros do Supremo Tribunal Federal, conforme dispõe o art. 37, XI.

Como os honorários sucumbenciais são pagos pela parte vencida no processo, e não pelo ente público e, portanto, não caracterizam remuneração, o recebimento de honorários pelo advogado público não viola a determinação de remuneração exclusivamente por subsídio.

Note que os honorários sucumbenciais são parcelas eventuais, variáveis e pagas pela parte adversa, enquanto que, o subsídio, é parcela única, habitual, fixa e paga em razão do exercício do cargo e pelo órgão público ao advogado.

Assim, a distribuição dos honorários de sucumbência aos advogados públicos, de acordo com o artigo 14, parágrafo único, do RGEAOAB, é um fundo comum, é incumbida à lei do ente federativo com o qual o advogado mantém vínculo estatutário, e a partir de então, respeita-se a autonomia dos entes federativos e da iniciativa do respectivo chefe do Poder Executivo.

O art. 9º do RGEAOAB traz expressamente que todos os que exercem a advocacia pública (integrantes da Advocacia Geral da União, da Defensoria Pública e das Procuradorias e Consultorias Jurídicas dos Estados, do Distrito Federal, dos Municípios, das autarquias e das fundações públicas) são **obrigados à inscrição na OAB** para o exercício de suas atividades. O regulamento, inclusive, determina que os advogados públicos sejam elegíveis e podem integrar qualquer órgão da OAB. Sobre o tema, a OAB Nacional editou o Provimento 167/2015 regulamentando a inscrição na entidade para os advogados públicos. Estes profissionais ficam **dispensados do Exame de Ordem** se tiverem sido aprovados em concurso público de provas e títulos com a efetiva participação da OAB. Devem estar **há mais de 5 (cinco) anos no cargo.** Entretanto, os advogados que se enquadrem no que determina o Provimento, terão **6 (seis) meses** para regularizar suas inscrições perante a OAB, sob pena de **decadência do Direito.**

→ **Exemplo:** Patrícia foi aprovada em concurso público e tomou posse como Procuradora do Município em que reside. Como não pretendia mais exercer a advocacia privada, mas apenas atuar como Procuradora do Município, pediu o cancelamento de sua inscrição na OAB. A partir da hipótese apresentada, afirma-se que: Patrícia não agiu corretamente, pois os advogados públicos estão obrigados à inscrição na OAB para o exercício de suas atividades. **(Exame julho/2015)**

Além disso, os advogados públicos, no exercício de atividade privativa prevista no art. 1º do Estatuto, estão sujeitos ao regime do EAOAB, do RGEAOAB e do CED, inclusive no que se refere às infrações e sanções disciplinares aplicadas pela OAB. O advogado que cometer infração não funcional relacionada a qualquer atividade privativa da advocacia (art. 1º da Lei 8.906/94), e, por consequência, vier a ser suspenso por decisão da OAB (art. 37 da CF), tal imposição deve repercutir na respectiva instituição. Uma vez afastado temporariamente das suas atividades na advocacia, os reflexos em suas funções são previsíveis, com a instauração do devido processo administrativo.

Vide capítulo "Advocacia pública" para complementar seu estudo.

4. ADVOGADO ESTRANGEIRO

Os **advogados estrangeiros** podem exercer a advocacia, porém, a condição do **cidadão estrangeiro** residente no Brasil, não deve ser confundida com o **advogado estrangeiro que pretende exercer atividades da advocacia livremente no Brasil,** como **advogado.** Para isso tem que atender as normas relativas à sua condição, observadas as condições do art. 8º do EAOAB e requerer sua inscrição na OAB.

Como já mencionado no item "Estrangeiro e o exercício da advocacia no Brasil" em capítulo anterior, o advogado estrangeiro só poderá prestar Consultoria em Direito Estrangeiro, referente ao país de sua origem profissional.

Para exercer a atividade de Consultor em Direito estrangeiro, o advogado estrangeiro terá que se inscrever junto ao Conselho Seccional da OAB do local onde for exercer sua atividade profissional e: a) comprovar sua capacidade civil; b) comprovar que não exerce atividade incompatível; c) comprovar sua idoneidade moral; d) prestar compromisso; e) ser portador de visto de residência no Brasil; e) provar estar habilitado para exercer a advocacia no seu país de origem; f) provar boa conduta e reputação atestado por documento firmado pela instituição de origem e por três advogados brasileiros inscritos no Conselho Seccional em que pretende atuar; g) provar não ter sofrido punição disciplinar na entidade de classe do seu país de origem; h) provar que não foi condenado em processo criminal no seu país de origem e na cidade onde pretende prestar a consultoria em direito estrangeiro no Brasil; i) provar reciprocidade no tratamento dos advogados brasileiros no país ou estado de origem do candidato.

Sobre o tema veja também o item "Estrangeiro e o exercício da advocacia no Brasil".

EM RESUMO: ESPÉCIES DE ADVOGADOS	
Classificação	1 **Profissional Liberal:** é o profissional que não mantém vínculo empregatício. 2 **Advogado – sócio:** advogados regularmente inscritos na OAB e no local da sociedade inscrita. (art. 15 EOAB e Provimento 169/2015) 3 **Advogado Associado:** • Os advogados associados **podem participar de mais de um escritório,** mantendo a autonomia profissional, **sem estarem sujeitos à subordinação** ou **controle de jornada e sem qualquer outro vínculo,** inclusive empregatício, firmando para tanto, um contrato de associação que deverá ser averbado no Registro de Sociedades de Advogados perante o respectivo Conselho Seccional. • O advogado associado não integrará como sócio da sociedade de advogados, nem participará dos lucros/prejuízo, mas receberá honorários advocatícios e de sucumbência, nas causas que atuar sozinho ou em conjunto. • Assim como os sócios, os advogados associados responderão de forma subsidiária e ilimitadamente pelos danos causados diretamente ao cliente, nas hipóteses de dolo ou culpa e por ação ou omissão no exercício dos atos privativos da advocacia, sem falar na responsabilidade disciplinar que possam incorrer. 4 **Advogado empregado:** é aquele que mantém vínculo empregatício, na qualidade de advogado, com uma empresa ou com uma sociedade de advogados, para a qual presta serviços de advocacia. • As legislações aplicáveis ao advogado empregado são o EAOAB, o CED, RGEAOAB e a legislação trabalhista de forma subsidiária. • A jornada de trabalho do advogado empregado, quando prestar serviço para empresas, não poderá ultrapassar a duração diária de 8 horas contínuas e 40 horas semanais. • Sob o regime de dedicação exclusiva, serão remuneradas como extras as horas trabalhadas que ultrapassarem a jornada de oito horas diárias. As horas trabalhadas que excederem a jornada normal são remuneradas com um adicional não inferior a **100% (cem) por cento** sobre o valor da hora normal. • É assegurado ao advogado empregado um salário mínimo profissional (art. 19 do EAOAB), bem como "piso salarial proporcional à extensão e à complexidade do trabalho" (art. 7º, inc. V, da CF). • As horas trabalhadas no período das **vinte horas de um dia** até às cinco horas do dia seguinte, são remuneradas **como noturnas** e sofrerá acréscimo adicional de **vinte e cinco por cento** (art. 20, § 3º do EAOAB).

EM RESUMO: ESPÉCIES DE ADVOGADOS	
Classificação	• O advogado empregado **não está obrigado**, em nenhuma hipótese, a prestar serviços profissionais de **interesse pessoal dos seus empregadores,** fora da relação empregatícia, nem limitar suas atividades quanto à questão técnica enquanto agir como empregado (art. 18, § 1º do EAOAB), uma vez que o advogado empregado não se acha submetido às ordens e à subordinação do empregador nos moldes usualmente admitidos. • É **defeso** ao advogado exercer simultaneamente no mesmo processo, como patrono e preposto do empregador ou cliente (art. 1º do Provimento nº 60, do CFOAB e o art. 25 CED). • Os honorários de sucumbência, percebidos por advogado empregado de sociedade de advogados, serão **partilhados entre ele e a sociedade empregadora,** na forma estabelecida em acordo (art. 21, parágrafo único, EAOAB).
Advocacia de Partido	• Consiste na prestação de ampla assessoria jurídica mediante um contrato de prestação de serviços advocatícios, englobando todas as áreas da empresa que precisa de suporte jurídico, de forma autônoma e sem qualquer relação de subordinação, com pagamento de um valor fixo mensal determinado, independentemente do número de consultas ou quaisquer outros atos jurídicos ou extrajudiciais eventualmente praticados pelo advogado. • É importante delimitar os serviços a serem prestados, indicando as áreas de atuação: cível, trabalhista, criminal, tributária etc., bem como, atividades de consultoria e assessoria, caso esta militância compreenda a propositura de ações, formulação de defesas e acompanhamento de feitos até o encerramento, até a execução e posterior arquivamento e baixa na distribuição.
Advogado Público	• **São aqueles** que exercem atividade de advocacia os integrantes da Advocacia-Geral da União, da Procuradoria da Fazenda Nacional, da Defensoria Pública e das Procuradorias e Consultorias Jurídicas dos Estados, do Distrito Federal, dos Municípios e de suas respectivas entidades de administração direta ou indireta. • Aos procuradores dos Estados, do Distrito Federal e dos Municípios, é vedada a advocacia particular contra a Fazenda Pública que os remunere, **salvo** lei estipule de modo contrário. • **São devidos** os honorários de sucumbência aos advogados públicos. • Os advogados públicos são obrigados à **inscrição na OAB** para o exercício de suas atividades, são elegíveis e podem integrar qualquer órgão da OAB. • Os advogados públicos estão sujeitos ao regime do **EAOAB, do RGEAOAB e do CED,** inclusive no que se refere às infrações e sanções disciplinares aplicadas pela OAB.
Advogado Estrangeiro	• Os advogados estrangeiros **podem exercer a advocacia,** porém, a condição do **cidadão estrangeiro residente no Brasil,** não deve ser confundida com o advogado estrangeiro que pretende exercer atividades da advocacia livremente no Brasil, como advogado. • O advogado estrangeiro só poderá **prestar Consultoria em Direito Estrangeiro,** referente ao país de sua origem profissional. • Para exercer a atividade de Consultor em Direito estrangeiro, o advogado estrangeiro terá que se inscrever junto ao Conselho Seccional da OAB do local onde for exercer sua atividade profissional e: **a)** comprovar sua capacidade civil; **b)** comprovar que não exerce atividade incompatível; **c)** comprovar sua idoneidade moral; **d)** prestar compromisso; e) ser portador de visto de residência no Brasil; **e)** provar estar habilitado para exercer a advocacia no seu país de origem; **f)** provar boa conduta e reputação atestado por documento firmado pela instituição de origem e por três advogados brasileiros inscritos no Conselho Seccional em que pretende atuar; **g)** provar não ter sofrido punição disciplinar na entidade de classe do seu país de origem; **h)** provar que não foi condenado em processo criminal no seu país de origem e na cidade onde pretende prestar a consultoria em direito estrangeiro no Brasil; **i)** provar reciprocidade no tratamento dos advogados brasileiros no país ou estado de origem do candidato.

CAPÍTULO VII

ATOS NULOS

1. INTRODUÇÃO

Conforme preceitua o EAOAB, pessoas que vierem a praticar quaisquer atos privativos de advogado não sendo advogados**, terão seus atos nulos** (art. 4º).

2. OS NÃO INSCRITOS NA OAB

Está claro no ordenamento da OAB que os atos privativos da advocacia somente podem ser exercidos por pessoa **regularmente inscrita** no quadro de advogados da OAB. Dessa forma, quem não está inscrito na OAB, ou ainda que inscrito, esteja proibido de praticá-los, os atos eventualmente praticados **são nulos** de pleno direito.

O **estagiário** de advocacia, regularmente inscrito, só poderá praticar os atos, sempre em conjunto com advogado e sob a responsabilidade deste, sem o qual seus atos serão nulos. Entretanto, pode desenvolver isoladamente os atos mencionados no art. 29 § 1º do RGEAOAB, evidentemente sob a responsabilidade do advogado.

> **MUITA ATENÇÃO!**
>
> Vale observar que o Estatuto não exclui as **sanções civis, penais e administrativas** decorrentes da atividade advocatícia exercida por pessoa não inscrita na OAB, seja pelo prejuízo causado a terceiros, seja pelo próprio exercício ilegal da profissão (art. 4º, caput, EAOAB e art. 47 do Decreto-Lei 3.688/1941 – Lei das Contravenções Penais). No caso do **estagiário** de advocacia, a penalização se dá pela prática de ato excedente de sua habilitação (art. 34, XXIX do EAOAB).

3. ADVOGADO LICENCIADO

O advogado pode pedir afastamento por motivo justificado, por doença considerada curável ou passar a exercer, em caráter temporário, atividade incompatível com o exercício da profissão (art. 12 do EAOAB).

Durante o período de licença, nenhum ato de advocacia pode ser exercido, sob pena de nulidade.

4. ADVOGADO SUSPENSO

A **licença** solicitada pelo advogado não pode ser confundida com a **suspensão.** Esta última é uma punição aplicada pela OAB, enquanto a licença é um instituto no qual o advogado se afasta por um determinado tempo, é um benefício.

> **DICA IMPORTANTE**
>
> O prazo da suspensão em regra varia entre **30 dias a 12 meses** (art. 37 e §§ 1º ao 3º, EAOAB). Qualquer ato privativo de advogado praticado pelo profissional suspenso, durante o prazo de suspensão, **será nulo.**

5. ADVOGADO IMPEDIDO

O impedimento, segundo o Estatuto, é a **proibição parcial** do exercício da advocacia. Assim, o advogado pode continuar exercendo a profissão, menos os servidores da administração direta, indireta ou fundacional, contra a Fazenda Pública que os remunere ou à qual seja vinculada a entidade empregadora (art. 30, I do EAOAB). Em outras palavras, se o advogado, funcionário administrativo de qualquer instituição pública, atuar em processo contra o Estado, os atos praticados serão nulos.

Vale ressaltar que a nulidade somente alcança as hipóteses em que ele está impedido de advogar.

6. ATIVIDADE INCOMPATÍVEL COM A ADVOCACIA

A incompatibilidade, segundo o Estatuto, é a **proibição total** do exercício da advocacia. É o caso de um advogado **que passa** no concurso público ou é eleito prefeito e continua advogando. Igualmente, seus atos, como advogado, serão **nulos.**

No caso de incompatibilidade **temporária**, dar-se-á a **licença** do profissional, e este não poderá exercer qualquer ato de advocacia durante este período (art. 12, inciso II, do EAOAB). No caso de incompatibilidade **permanente** ou **definitiva,** dará causa a exclusão do profissional dos quadros da OAB, **cancelando** a inscrição (art. 11 do EAOAB).

EM RESUMO: ATOS NULOS	
Não inscritos na OAB	• Quem não está inscrito na OAB, ou ainda que inscrito, esteja proibido de praticá-los, os atos eventualmente praticados **são nulos** de pleno direito. • Os estagiários só poderão praticar atos em conjunto com o advogado e sob a responsabilidade deste, sob pena de os atos serem considerados nulos.
Advogado Licenciado	• O advogado pode pedir afastamento por motivo justificado, por doença considerada curável ou passar a exercer, em caráter temporário, atividade incompatível com o exercício da profissão (art. 12, EAOAB). Durante o período de licença, nenhum ato de advocacia poderá ser exercido, sob pena de nulidade.
Advogado Suspenso	• Punição aplicada pela OAB. • O prazo da suspensão (regra) varia de **30 dias a 12 meses** (art. 37 e §§ 1º ao 3º, EAOAB). • Qualquer ato privativo de advogado praticado pelo profissional durante o prazo de suspensão **será nulo**.
Advogado Impedido	• É a **proibição parcial** do exercício da advocacia. O advogado pode continuar exercendo a profissão, menos os servidores da administração direta, indireta ou fundacional, contra a Fazenda Pública que os remunere ou à qual seja vinculada a entidade empregadora (art. 30, EAOAB). • Se o advogado, funcionário administrativo de qualquer instituição pública, atuar em processo contra o Estado, os atos praticados serão nulos. • A nulidade somente alcança as hipóteses em que o advogado está impedido de advogar.
Atividade Incompatível com a Advocacia	• Na incompatibilidade **temporária**, dar-se-á a **licença** do profissional, e este não poderá exercer qualquer ato de advocacia durante este período (art. 12, inciso II, do EAOAB). • Na incompatibilidade **permanente** ou **definitiva**, dará causa a exclusão do profissional dos quadros da OAB, **cancelando** a inscrição (art. 11 EAOAB).

CAPÍTULO VIII
SOCIEDADE DE ADVOGADOS

1. NOÇÕES GERAIS

Os advogados podem reunir-se em sociedade simples de prestação de serviço de advocacia ou constituir sociedade unipessoal de advocacia (art. 15 do EAOAB).

As sociedades unipessoais ou individuais de advogados terão os mesmos benefícios e tratamento jurídico do escritório composto por vários advogados.

A sociedade de advogados não pode ser registrada em cartório nem funcionar na forma de sociedade empresária ou cooperativa, ou qualquer outra modalidade que possua cunho mercantil, isto é, não pode ter qualquer vinculação comercial.

A sociedade de advogados poderá praticar, com uso da razão social, os atos indispensáveis às suas finalidades, que não sejam privativos de advogado (art. 42 do RGEAOAB).

Esse tema de sociedade está disciplinado nos arts. 15 ao 17 do EAOAB, arts. 37 ao 43 RGEAOAB e no Provimento nº 112/06 (revogado o inciso XIV do art. 2º) e Provimento 169/2015, ambos do Conselho Federal da OAB.

MUITA ATENÇÃO!

É de extrema importância que o candidato esteja atento à nova redação trazida pela Resolução 02/2016 para o artigo 37 do RGEAOAB:

"Art. 37 Os advogados podem constituir sociedade simples, unipessoal ou pluripessoal, de prestação de serviços de advocacia, a qual deve ser regularmente registrada no Conselho Seccional da OAB em cuja base territorial tiver sede.

§ 1º As atividades profissionais privativas dos advogados são exercidas individualmente, ainda que revertam à sociedade os honorários respectivos.

§ 2º As sociedades unipessoais e as pluripessoais de advocacia são reguladas em Provimento do Conselho Federal"

? **QUESTÃO:** Quem pode ser sócio de um escritório de advogados?

➥ ***RESPOSTA**: Apenas advogado. Uma sociedade de advogados deve ser composta apenas por advogados inscritos nos quadros da OAB. Não pode ser sócio estagiário ou bacharel em Direito.*

A fiscalização, o acompanhamento e a definição de parâmetros e de diretrizes da relação jurídica mantida entre advogados e sociedades de advogados ou entre escritório de advogados sócios e advogado associado, inclusive no que se refere ao cumprimento dos requisitos norteadores da associação sem vínculo empregatício, **cabem ao Conselho Federal da OAB.**

2. NATUREZA JURÍDICA

A natureza jurídica é de **sociedade simples**.

3. PERSONALIDADE JURÍDICA

A personalidade jurídica da sociedade de advogados é adquirida através do **registro aprovado dos seus** atos constitutivos no **Conselho Seccional da OAB**, onde se instalar a sede, seja esta uma sociedade simples ou uma sociedade unipessoal de advocacia.

4. DENOMINAÇÃO

A razão social deve ter, obrigatoriamente, o **nome completo ou abreviado** de, pelo menos, um advogado responsável pela sociedade, tanto da sede como da filial, podendo utilizar o nome de advogado renomado já falecido que integrava a sociedade, desde que previsto no ato constitutivo. (art. 16, § 1º, do EAOAB c/c art. 38 do RGEAOAB)

O nome de um dos sócios deve vir acompanhado de uma expressão que indique a finalidade do escritório, exemplo: Sociedade de advogados, Escritório jurídico e assim por diante. Se, por exemplo, três advogados – Getúlio Gomes, Eugênia Domingos, Thalita Sulas – decidem constituir uma sociedade de advogados, poderão ser colocadas, entre outras, as seguintes denominações como sugestão: "Gomes e Advogados"; "Getúlio Gomes e Domingos Advocacia"; "Escritório de Advocacia Getúlio Gomes"; "Escritório Jurídico Gomes, Domingos e Sulas".

O tema é bastante cobrado no exame de ordem, analisemos a questão proposta pela banca examinadora no **exame unificado de novembro de 2014**: Os advogados

X de Souza, Y dos Santos e Z de Andrade requereram o registro de sociedade de advogados denominada Souza, Santos e Andrade Sociedade de Advogados. Tempos depois, X de Souza vem a falecer, mas os demais sócios decidem manter na sociedade o nome do advogado falecido. Sobre a hipótese, pode-se afirmar que: é possível manter o nome do sócio falecido, desde que prevista tal possibilidade no ato constitutivo da sociedade, assim, o nome de sócio falecido poderá permanecer na razão social da sociedade se houver expressa previsão contratual (artigos 16, § 1º, do EAOAB e 38 do RGEAOAB).

DICA IMPORTANTE Autorizado pelo Provimento nº 112/06, o símbolo "&" pode ser utilizado na denominação da sociedade de advogados, por exemplo: "Gomes & Sulas, Advogados Associados".

A **FGV – Exame de Ordem/2020.1** – mais uma vez destaca o tema de sociedade de advogados e requereu do candidato o conhecimento mais profundo sobre o tema.

→ **Exemplo:** Os sócios Antônio, Daniel e Marcos constituíram a sociedade Antônio, Daniel & Marcos Advogados Associados, com sede em São Paulo e filial em Brasília. Após desentendimentos entre eles, Antônio constitui sociedade unipessoal de advocacia, com sede no Rio de Janeiro. Marcos, por sua vez, retira-se da sociedade Antônio, Daniel & Marcos Advogados Associados. Sobre a situação apresentada, assinale a afirmativa correta. A resposta correta para esta questão, é que caso Antônio também se retire da Antônio, Daniel & Marcos Advogados Associados, a sociedade deverá passar a ser denominada Daniel Sociedade Individual de Advocacia. O art. 15 § 1º do EAOAB e os arts. 37 e 38, ambos do RGEAOAB, permitem que a constituição de sociedade unipessoal de advocacia. Por isso a saída dos sócios Antônio e Marcos, não causa nenhum reflexo sobre Daniel manter a denominação social só em seu nome **(FGV Exame de Ordem – 2020.1).**

→ **Exemplo:** A sociedade Antônio, Breno, Caio & Diego Advogados Associados é integrada, exclusivamente, pelos sócios Antônio, Breno, Caio e Diego, todos advogados regularmente inscritos na OAB. Em um determinado momento, Antônio vem a falecer. Breno passa a exercer mandato de vereador, sem figurar entre os integrantes da Mesa Diretora da Câmara Municipal ou seus substitutos legais. Caio passa a exercer, em caráter temporário, função de direção em empresa concessionária de serviço público. Considerando esses acontecimentos, assinale a afirmativa correta. A resposta correta é que com o falecimento de Antônio, se Breno e Caio deixarem a sociedade e nenhum outro sócio ingressar nela, Diego poderá continuar suas atividades, caso em que passará a ser titular da sociedade unipessoal de advocacia. Os arts. 37 e 38 do RGEAOAB regem que os advogados podem constituir sociedade simples, unipessoal ou pluripessoal, desde que a sociedade tenha o nome completo ou abreviado, ou o nome social, de no mínimo, um advogado responsável pela sociedade. Nesse caso, Diego pode exercer suas atividades como prestador de serviços advocatícios como titular da sociedade unipessoal constituída, art. 15, § 1º do EAOAB **(FGV Exame de Ordem – 2020.1).**

Observe que não são admitidas a registro nem podem funcionar todas as espécies de sociedades de advogados que apresentem forma ou características de sociedade empresária, que utilizem nome fantasia, ou ainda, que realizem atividades estranhas à advocacia, que incluam como sócio ou titular de sociedade unipessoal de advocacia pessoa não inscrita como advogado ou totalmente proibida de advogar (art. 16 EAOAB).

No que se refere a razão social deve ter, obrigatoriamente, o nome de, pelo menos, um advogado responsável pela sociedade, podendo permanecer o de sócio falecido, contudo tal previsão deve constar no ato constitutivo (art. 16, § 1º do EAOAB).

O impedimento ou a incompatibilidade em **caráter temporário** do advogado não o exclui da sociedade de advogados à qual pertença e **deve ser averbado no registro da sociedade**, e **proibida,** em qualquer hipótese, a **exploração de seu nome e de sua imagem em favor da sociedade** (art. 16, § 2º do EAOAB).

É proibido o registro da atividade da advocacia nos cartórios de registro civil de pessoas jurídicas e nas juntas comerciais (art. 16, § 3º do EAOAB).

A denominação da sociedade unipessoal de advocacia impreterivelmente será feita pelo nome do seu titular, completo ou parcial, com a expressão "Sociedade Individual de Advocacia" (art. 16, § 4º do EAOAB).

→ **Exemplo: (FGV – Exame de Ordem/2022.1)** A sociedade empresária Y presta, com estrutura organizacional, atividades de consultoria jurídica e de orientação de marketing para pequenos empreendedores. Considerando as atividades exercidas pela sociedade hipotética, a afirmativa correta: É vedado o registro dos atos constitutivos da sociedade Y nos Conselhos Seccionais da OAB e também é vedado seu registro na Junta Comercial. De acordo com o art. 16 do EOAB, uma sociedade de advogados jamais poderá se unir com qualquer outra atividade empresarial, assim como o art. 16 § 3º do EOAB, é proibido o registro nas juntas comerciais, de sociedade que inclua outras finalidades à atividade de advocacia.

Ainda sobre o tema exposto, veja a questão trazida pela banca examinadora no **exame unificado de dezembro de 2013:** O escritório Hércules Advogados Associados foi fundado no início do século XX, tendo destacada atuação em várias áreas do Direito. O sócio-fundador faleceu no limiar do século XXI e os sócios remanescentes manifestaram o desejo de manter o nome do advogado falecido na razão social da sociedade. A partir da hipótese sugerida, nos termos do Regulamento Geral da Ordem dos Advogados do Brasil, é correto afirmar que: havendo previsão no ato constitutivo da sociedade de advogados, pode permanecer o nome do sócio falecido na razão social de acordo os artigos 38 do RGEAOAB e 16, § 1º do EAOAB.

Perceba que a **FGV – Exame de Ordem/2018.3** – mais uma vez trouxe o tema de sociedade de advogados e requereu do candidato o conhecimento sobre o registro e manutenção da razão social, veja: Ricardo Silva, Carlos Santos e Raul Azevedo são advogados e constituem a sociedade Silva, Santos e Azevedo Sociedade de Advogados, para exercício conjunto da profissão. A sociedade consolida-se como referência de atuação em determinado ramo do Direito. Anos depois, Carlos Santos falece e os sócios remanescentes pretendem manter seu sobrenome na sociedade. Sobre a manutenção do sobrenome de Carlos Santos na sociedade, de acordo com o Estatuto e com o Regulamento Geral da OAB, assinale a afirmativa correta. A alternativa escolhida como correta foi: É permitido manter o sobrenome na sociedade desde que prevista tal possibilidade no ato constitutivo da sociedade ou na alteração contratual em vigor. Note que, os artigos que comprovam tal assertiva são os artigos 16, §1º, do EAOAB c/c com o 38 RGEOAB, onde vaticina que pode permanecer o nome do sócio falecido, desde que haja previsão no ato constitutivo.

No tocante à **sociedade unipessoal de advocacia**, novidade trazida pela Lei 13.247, de 2016, a razão social deverá ser obrigatoriamente formada pelo **nome de seu titular, completo ou parcial**, com a expressão "Sociedade Individual de Advocacia", **vedada** a utilização de sigla ou expressão de fantasia.

> **DICA IMPORTANTE**
> O Provimento 170, de fevereiro de 2016, também trata das Sociedades Unipessoais de Advocacia. É importante sua leitura a título de complemento nos estudos sobre o tema.

5. CARACTERÍSTICAS E FORMA DA SOCIEDADE CIVIL

Nos termos do art. 16 do EAOAB, não se admitirá o **registro** e nem poderão **funcionar** todas as espécies de sociedades de advogados que: **a)** apresentarem forma ou características de sociedade empresária; **b)** adotarem denominação de fantasia; **c)** realizarem atividades estranhas à advocacia; **d)** incluírem como sócio ou titular de sociedade unipessoal de advocacia pessoa não inscrita como advogado ou totalmente proibida de advogar.

Regras a serem observadas acerca das sociedades:

- As procurações devem ser outorgadas **individualmente** aos advogados e mencionar a sociedade de advogados que façam parte (art. 15, § 3º, do EAOAB);
- Nenhum advogado pode integrar mais de uma **sociedade de advogados**, constituir mais de uma **sociedade unipessoal de advocacia**, ou integrar, simultaneamente, uma sociedade de advogados e uma sociedade unipessoal de advocacia com sede ou filial **na mesma** área territorial do respectivo **Conselho Seccional** (art. 15, § 4º do EAOAB);
- A sociedade pode constituir filial em outro Estado, cujo ato deve ser averbado no registro da sociedade da matriz e arquivado no Conselho Seccional da filial onde se fixar, sendo os sócios, inclusive o titular da sociedade unipessoal de advocacia, obrigados à **inscrição suplementar** (art. 15, § 5º do EAOAB);

→ **Exemplo: (FGV – Exame de Ordem – 2021.1)** A sociedade de advogados "A e B Advogados" está sediada no Rio de Janeiro. Entretanto, em razão das circunstâncias de mercado dos seus clientes, verificou que seria necessário ao bom desempenho das suas atividades profissionais constituir uma filial em São Paulo. No que se refere ao ato de constituição da filial e a atuação dos sócios, assinale a afirmativa correta: O ato de constituição da filial deve ser averbado no registro da sociedade e arquivado no Conselho Seccional de São Paulo, ficando todos seus sócios obrigados à inscrição suplementar junto ao Conselho Seccional de São Paulo, conforme art. 15, § 5º do EAOAB.

- A sociedade de advogados e a sociedade unipessoal de advocacia podem ter como sede, filial ou local de trabalho espaço de uso individual ou compartilhado com outros escritórios de advocacia ou empresas, desde que respeitadas as hipóteses de sigilo previstas no EAOAB e do CED; (art. 15, § 12 do EAOAB).

- As atividades de advocacia serão exercidas pelos próprios advogados, ainda que os honorários se revertam à sociedade;
- Advogados sócios de uma mesma sociedade de advogados não podem representar em juízo **clientes de interesses opostos** (art. 15, § 6º do EAOAB).

→ **Exemplo:** O banco Dólar é réu em diversos processos de natureza consumerista, todos com idênticos fundamentos de Direito, pulverizados pelo território nacional. Considerando a grande quantidade de feitos e sua abrangência territorial, a instituição financeira decidiu contratar a sociedade de advogados X para sua defesa em juízo, pois esta possui filial em diversos estados da Federação. Diante da consulta formulada pelo banco, alguns advogados, sócios integrantes da filial situada no Rio Grande do Sul, realizaram mapeamento dos processos em trâmite em face da pessoa jurídica. Assim, observaram que esta mesma filial já atua em um dos processos em favor do autor da demanda. Tendo em vista tal situação, pode-se afirmar que os advogados deverão recusar, por meio de qualquer sócio do escritório ou filial, a atuação da sociedade de advogados na defesa do banco, pois os advogados sócios de uma mesma sociedade profissional não podem representar em juízo clientes de interesses opostos. **(Exame novembro/2015)**

MUITA ATENÇÃO!

O Provimento 169/2015, em seu art. 2º, traz que a sociedade de advogados poderá ser composta apenas de sócios patrimoniais ou deles e de sócios de serviço.

Esta sociedade poderá integrar mais de uma sociedade na mesma base territorial de cada Conselho Seccional, independentemente da quantidade de quotas que possua cada sócio no contrato social. Entretanto, os parágrafos do referido artigo, salienta que a integralização das quotas patrimoniais deverá ser realizada em moeda corrente e/ou bens, e que a sociedade de advogados poderá estabelecer quotas de serviço e que o sócio de capital não poderá possuir quotas de serviços simultaneamente.

Os artigos 3º e 4º do Provimento dizem que os sócios patrimoniais e de serviço terão os mesmos direitos e obrigações, exceto no que toca à contribuição pecuniária para a constituição do capital social, uma vez que é exclusiva dos sócios patrimoniais, bem como sua contrapartida, que é o direito a receber os respectivos haveres no momento do desligamento da sociedade, e naquilo que de outra forma esteja expresso no contrato social e/ou instrumento próprio. Sendo garantido o direito de voto a todos os sócios. Por fim, farão jus à participação nos lucros da sociedade os sócios patrimoniais e de serviço.

MUITA ATENÇÃO!

Portanto, as duas categorias terão os mesmos direitos e obrigações, mudando apenas a forma de ingresso na firma e a contrapartida no momento de desligamento. Quanto às quotas de serviço, são aceitas pela OAB desde 2006, mas até agora a entidade admitia a diferenciação de direitos entre os portadores delas e os de títulos patrimoniais.

- Não será admitida a averbação do contrato de associação que contenha, em conjunto, os elementos caracterizadores de relação de emprego previstos na Consolidação das Leis do Trabalho (CLT). (art. 15º, § 11, do EAOAB)
- O advogado poderá associar-se a **uma ou mais sociedades de advogados ou sociedades unipessoais de advocacia**, sem que estejam presentes os requisitos legais de vínculo empregatício, para prestação de serviços e participação nos resultados, na forma do Regulamento Geral e de Provimentos do Conselho Federal da OAB.

Essa **associação** dar-se-á por meio de pactuação de **contrato próprio**, que poderá ser de **caráter geral ou restringir-se a determinada causa ou trabalho** e que deverá ser registrado no Conselho Seccional da OAB em cuja base territorial tiver sede a sociedade de advogados que dele tomar parte. (arts. 17-A e 17-B, do EAOAB)

O contrato de associação, deverá conter, no mínimo: I - qualificação das partes, com referência expressa à inscrição no Conselho Seccional da OAB competente; II - especificação e delimitação do serviço a ser prestado; III - forma de repartição dos riscos e das receitas entre as partes, vedada a atribuição da totalidade dos riscos ou das receitas exclusivamente a uma delas; IV - responsabilidade pelo fornecimento de condições materiais e pelo custeio das despesas necessárias à execução dos serviços; V - prazo de duração do contrato. (arts. 17-B, parágrafo único, do EAOAB)

Para que um advogado adquira outra sociedade, esta deve se localizar em Conselho Seccional distinto de onde tiver uma sociedade.

6. SOCIEDADE ENTRE CÔNJUGES

É permitida a sociedade de advogados entre cônjuges, qualquer que seja o regime de bens, conforme determina a Resolução 112/2006 do CFOAB. Entretanto, **ambos** devem ser advogados regularmente inscritos no **Conselho Seccional** da OAB em que será promovido o devido registro e arquivamento da sociedade.

7. RESPONSABILIDADE DOS SÓCIOS

Com base no art. 41 do RGEAOAB, as sociedades de advogados podem adotar qualquer forma de administração social, sendo permitida a existência de sócios gerentes, com indicação dos poderes atribuídos.

Quanto à responsabilidade civil, os sócios (ou associados) e o titular da sociedade individual de advocacia, respondem **subsidiária e ilimitadamente** pelos danos causados diretamente aos clientes, por dolo ou culpa, por ação ou omissão, no exercício da advocacia, sujeitos ainda à responsabilidade disciplinar e penal que possam incorrer (art. 17 do EAOAB). Discorre o art. 40 do Regulamento da OAB que, "os advogados sócios e os associados respondem subsidiária e ilimitadamente pelos danos causados diretamente ao cliente, nas hipóteses de dolo ou culpa e por ação ou omissão, no exercício dos atos privativos da advocacia, sem prejuízo da responsabilidade disciplinar em que possam incorrer". E mais, quanto à responsabilidade, os sócios patrimoniais, de serviço e os associados, responderão pelos danos causados à sociedade e aos seus sócios (art. 10 do Provimento 169/2015).

Sobre o tema, a banca examinadora propôs a seguinte questão no **exame unificado de novembro de 2015:** Gabriela é sócia de uma sociedade de advogados, tendo, no exercício de suas atividades profissionais, representado judicialmente Júlia. Entretanto, Gabriela, agindo com culpa, deixou de praticar ato imprescindível à defesa de Júlia em processo judicial, acarretando-lhe danos materiais e morais. Em uma eventual demanda proposta por Júlia, a fim de ver ressarcidos os danos sofridos, deve-se considerar que Gabriela e a sociedade de advogados podem ser responsabilizadas civilmente pela omissão decorrente de culpa. A responsabilidade civil de Gabriela será subsidiária à da sociedade e ilimitada pelos danos causados, sem prejuízo de sua responsabilidade disciplinar.

8. SOCIEDADE UNIPESSOAL DE ADVOCACIA

A Lei 13.247 de 2016 trouxe a permissão para a criação de sociedades unipessoais (ou individuais) de advogados. Essa nova figura societária terá os mesmos benefícios e igual tratamento jurídico de um escritório composto por vários advogados.

A sociedade unipessoal de advocacia é um ente capaz de direitos e obrigações, distinto da pessoa do advogado. Tem personalidade jurídica própria, a qual é adquirida pelo registro de seus atos constitutivos no setor próprio do Conselho Seccional da OAB em cuja base territorial tiver sua sede, como já dito anteriormente no item "personalidade jurídica".

De acordo com o **Provimento 170 de fevereiro de 2016, o ato constitutivo da sociedade unipessoal de advocacia** deverá conter:

- a razão social, obrigatoriamente formada pelo **nome ou nome social do seu titular, completo ou parcial**, com a expressão **"Sociedade Individual de Advocacia"**, vedada a utilização de sigla ou expressão de fantasia (alterado pelo Prov. 172/2016);
- o objeto social, consistirá, exclusivamente, na prestação de serviços de advocacia, podendo especificar o ramo do Direito a que se dedicará o advogado;
- o prazo de duração, sendo que suas atividades terão início a partir da data de registro do ato constitutivo;
- o endereço em que irá atuar;
- o valor do capital social e a forma de sua integralização;
- não são admitidas a registro, nem podem funcionar, sociedades unipessoais de advocacia que apresentem forma ou características de sociedade empresária, que adotem denominação de fantasia, que realizem atividades estranhas à advocacia, ou que incluam como titular pessoa não inscrita como advogado ou sujeita à proibição total de advogar;
- é imprescindível declarar expressamente que, além da sociedade, o titular responderá **subsidiária e ilimitadamente** pelos danos causados aos clientes, por ação ou omissão, no exercício da advocacia, sem prejuízo da responsabilidade disciplinar em que possa incorrer;
- não se admitirá o registro e o arquivamento de ato constitutivo ou de suas alterações com cláusulas que estabeleçam a admissão de qualquer outro sócio, ainda que de serviço;
- o mesmo advogado não poderá integrar mais de uma sociedade de advogados, constituir mais de uma sociedade unipessoal de advocacia, ou integrar, simultaneamente, uma sociedade de advogados e uma sociedade unipessoal de advocacia, com sede ou filial na mesma área territorial do respectivo Conselho Seccional;
- o ato constitutivo pode determinar a apresentação de balanços mensais, com a efetiva distribuição dos resultados ao titular a cada mês.

Em caso de **falecimento do titular, exclusão dos quadros da OAB ou incompatibilidade definitiva,** a sociedade unipessoal será **extinta** (Provimento nº 170/2016).

Em se tratando de **incompatibilidade temporária ou impedimento do titular**, o fato será objeto de **averbação no registro perante a OAB**.

A sociedade poderá resultar da concentração por um advogado das quotas de uma sociedade de advogados, independentemente das razões que motivaram tal concentração.

A sociedade de advogados poderá ser convertida em sociedade unipessoal, bem como a sociedade unipessoal poderá ser transformada em sociedade de advogados.

Para complementação nos estudos, é de suma importância a leitura do Provimento 170, de fevereiro de 2016.

9. COOPERAÇÃO RECÍPROCA E SOCIEDADES IRREGULARES

A cooperação recíproca não é propriamente uma sociedade, mas uma **união de advogados**, cujo elo caracteriza-se, apenas, pelo **esforço comum**, para o gozo de bens e serviços necessários ao exercício da advocacia, onde serão rateadas as despesas com o escritório entre si. Porém, a prestação dos serviços advocatícios é **absolutamente individual**, isto é, cada um possui sua própria clientela, cuida de suas próprias causas e recebem seus próprios honorários.

Uma sociedade de advogados que busca a participação nos resultados, poderão se reunir, sem vínculo empregatício, consoante ao art. 39 do RGEOAB. Os contratos destes deverão ser averbados no registro da sociedade de advogados.

→ **Exemplo:** A Sociedade de Advogados X pretende associar-se aos advogados João e Maria, que não a integrariam como sócios, mas teriam participação nos honorários a serem recebidos. Sobre a pretensão da Sociedade de Advogados X, de acordo com o disposto no Regulamento Geral do Estatuto da Advocacia e da OAB, é autorizada, contudo deve haver formalização em contrato averbado no registro da Sociedade de Advogados, a associação pretendida não implicará vínculo empregatício. **(FGV-Exame de Ordem 2019.2)**

Nota-se que os advogados integrantes de uma mesma sociedade profissional, ou ainda, reunidos em caráter permanente para cooperação recíproca, não podem representar em juízo clientes com interesses opostos, é o que dispõe o artigo 19 do CED.

Sobre o tema, vejamos a questão proposta pela banca examinadora no **exame unificado de novembro de 2014**: Fátima é advogada de Carla em processo proposto em face da empresa LL Serviços Anônimos, por contrato não cumprido. Posteriormente, Fátima patrocina os interesses de Leonídio em ação de responsabilidade civil, apresentada em face de Ovídio. Pelos descaminhos do destino, Carla e Leonídio estabelecem sociedade que, dois anos após a sua constituição, vem a ser dissolvida. Com os ânimos exaltados, Carla e Leonídio procuram sua advogada de confiança, Fátima, diante dos serviços de qualidade prestados anteriormente. Com sua rara habilidade persuasiva, a advogada consegue compor os interesses em conflito. Sobre o caso apresentado, observadas as regras do Estatuto da OAB e do Código de Ética e Disciplina da OAB, pode-se afirmar que: A conciliação purga o confronto de interesses entre os clientes da advogada.

Por outro lado, quando advogados unem seus esforços para o trabalho conjunto, constituindo uma verdadeira sociedade, ainda que não registrada na forma estabelecida pela legislação de advogados, é a chamada **sociedade irregular.** Irregular quanto ao fato de não titularizarem o correspondente registro ou por terem obtido registro em local impróprio, desrespeitando o art. 16, ***caput*** e § 3º do EAOAB, podendo constituir infração disciplinar (art. 34, II do EAOAB).

EM RESUMO: SOCIEDADE DE ADVOGADOS	
Natureza Jurídica	• Sociedade Simples
Personalidade Jurídica	• A personalidade jurídica da sociedade de advogados e da sociedade unipessoal de advocacia é adquirida através do registro aprovado de seus atos constitutivos no Conselho Seccional da OAB, onde instalar sede. (art. 15, § 1º, do EAOAB)
Denominação	• A razão social deve ter obrigatoriamente, o **nome completo ou abreviado** de um advogado responsável pela sociedade, tanto da sede como da filial, podendo utilizar o nome de advogado renomado já falecido que integrava à sociedade, salvo quando prevista tal impossibilidade no ato constitutivo. • O nome de um dos sócios deve vir acompanhado de uma expressão que indique a finalidade do escritório, exemplo: Sociedade de advogados, Escritório jurídico e assim por diante. • No tocante à **sociedade unipessoal,** novidade trazida pela lei 13.247, de 2016, a razão social deverá ser obrigatoriamente formada pelo **nome de seu titular, completo ou parcial,** com a expressão "Sociedade Individual de Advocacia", **vedada** a utilização de sigla ou expressão de fantasia.

<table>
<tr><th colspan="2">EM RESUMO: SOCIEDADE DE ADVOGADOS</th></tr>
<tr><td>Características e Forma da Sociedade Civil</td><td>• Não se admitirá o registro e nem poderão funcionar todas as espécies de sociedades de advogados que:
a) apresentarem forma ou características de sociedade empresária;
b) adotarem denominação de fantasia;
c) realizarem atividades estranhas à advocacia;
d) incluírem como sócio ou titular de sociedade unipessoal de advocacia pessoa não inscrita como advogado ou totalmente proibida de advogar.
• Regras a serem observadas acerca das sociedades:
a) As procurações devem ser outorgadas individualmente aos advogados e mencionar a sociedade de advogados que façam parte (art. 15, § 3º, do EAOAB);
b) Nenhum advogado pode integrar mais de uma sociedade de advogados, constituir mais de uma sociedade unipessoal de advocacia, ou integrar, simultaneamente, uma sociedade de advogados e uma sociedade unipessoal de advocacia com sede ou filial na mesma área territorial do respectivo Conselho Seccional. (art. 15, § 4º do EAOAB)
c) A sociedade pode constituir filial em outro Estado, cujo ato deve ser averbado no registro da sociedade da matriz e arquivado no Conselho Seccional da filial onde se fixar, sendo os sócios, inclusive o titular da sociedade unipessoal de advocacia, obrigados à inscrição suplementar (art. 15, § 5º do EAOAB).
d) As atividades de advocacia serão exercidas pelos próprios advogados, ainda que os honorários se revertam à sociedade;
e) Advogados sócios de uma mesma sociedade de advogados não podem representar em juízo clientes de interesses opostos (art. 15, § 6º do EAOAB).</td></tr>
<tr><td>Sociedade entre cônjuges</td><td>• É permitida a sociedade de advogados entre cônjuges, qualquer que seja o regime de bens, conforme determina a Resolução 112/2006 do CFOAB. Respeitado o seguinte requisito: ambos devem ser advogados regularmente inscritos no Conselho Seccional da OAB em que será promovido o devido registro e arquivamento da sociedade.</td></tr>
<tr><td>Responsabilidade dos Sócios</td><td>• As sociedades de advogados podem adotar qualquer forma de administração social, sendo permitida a existência de sócios gerentes, com indicação dos poderes atribuídos.
• Responsabilidade civil: os sócios (ou associados) e o titular da sociedade individual de advocacia, respondem subsidiária e ilimitadamente pelos danos causados diretamente aos clientes, por dolo ou culpa, por ação ou omissão, no exercício da advocacia, sujeitos ainda à responsabilidade disciplinar e penal que possam incorrer (art. 17 do EAOAB). "Os advogados sócios e os associados respondem subsidiária e ilimitadamente pelos danos causados diretamente ao cliente, nas hipóteses de dolo ou culpa e por ação ou omissão, no exercício dos atos privativos da advocacia, sem prejuízo da responsabilidade disciplinar em que possam incorrer" (art. 40 RGEAOAB). Os sócios patrimoniais, de serviço e os associados, responderão pelos danos causados à sociedade e aos seus sócios (art. 10 do Provimento 169/2015).</td></tr>
<tr><td>Sociedade Unipessoal de Advocacia</td><td>• A sociedade unipessoal (ou individual) de advocacia terá os mesmos benefícios e igual tratamento jurídico de um escritório composto por vários advogados.
• É um ente capaz de direitos e obrigações, distinto da pessoa do advogado.
• Tem personalidade jurídica própria, a qual é adquirida pelo registro de seus atos constitutivos no setor próprio do Conselho Seccional da OAB em cuja base territorial tiver sua sede, como já dito anteriormente no item "personalidade jurídica".
• Em caso de falecimento do titular, exclusão dos quadros da OAB ou incompatibilidade definitiva, a sociedade unipessoal será extinta.
• Em se tratando de incompatibilidade temporária ou impedimento do titular, o fato será objeto de averbação no registro perante a OAB.
• A sociedade poderá resultar da concentração por um advogado das quotas de uma sociedade de advogados, independentemente das razões que motivaram tal concentração.
• Nenhum advogado poderá integrar mais de uma sociedade de advogados, bem como constituir mais de uma sociedade unipessoal de advocacia, ou fazer parte, simultaneamente, de uma sociedade de advogados e de uma sociedade unipessoal de advocacia com sede ou filial na mesma área territorial do respectivo conselho seccional.
• A sociedade de advogados poderá ser convertida em sociedade unipessoal, bem como a sociedade unipessoal poderá ser transformada em sociedade de advogados.</td></tr>
<tr><td>Cooperação Recíproca e Sociedades Irregulares</td><td>• A cooperação recíproca não é uma união de advogados, cujo elo caracteriza-se, apenas, pelo esforço comum, para o gozo de bens e serviços necessários ao exercício da advocacia, onde serão rateadas as despesas com o escritório entre si. Porém, a prestação dos serviços advocatícios é absolutamente individual, isto é, cada um possui sua própria clientela, cuida de suas próprias causas e recebem seus próprios honorários. (art. 19 do CED).
• Os advogados integrantes de uma mesma sociedade profissional, ou ainda, reunidos em caráter permanente para cooperação recíproca, não podem representar em juízo clientes com interesses opostos (19 do CED).
• Quando advogados unem seus esforços para o trabalho conjunto, constituindo uma verdadeira sociedade, ainda que não registrada na forma estabelecida pela legislação de advogados, é a chamada sociedade irregular. Irregular quanto ao fato de não titularizarem o correspondente registro ou por terem obtido registro em local impróprio, desrespeitando o art. 16, caput e § 3º do EAOAB, podendo constituir infração disciplinar (art. 34, II, EAOAB).</td></tr>
</table>

CAPÍTULO IX

MANDATO JUDICIAL

1. PROCURAÇÃO OU MANDATO JUDICIAL (ART. 5º DO EAOAB E ARTS. 9º AO 26 CED)

Para que o advogado exerça a advocacia, postulando em juízo em nome de seu cliente, é necessário firmar-se o mandato.

2. CONCEITO DE MANDATO

Conforme já mencionado no item "mandato/mandado", onde tratamos da diferença desses dois institutos, **mandato** é um contrato através do qual alguém (mandatário ou procurador) recebe poderes de outra pessoa (mandante) para, em seu nome, executar atos de efeitos jurídicos ou administrar interesses. O mandatário age em nome do mandante, e em seu nome praticar atos ou administrar interesses.

Mandato e **procuração** não se confundem. Na **procuração**, estão os poderes conferidos, sendo, pois, o instrumento por escrito do mandato. É com a procuração que se outorga o mandato.

> **DICA IMPORTANTE** — Uma vez passados os poderes ao advogado para transigir em nome do outro, a **simples consulta** já impõe deveres ao advogado, principalmente em relação à preservação do **sigilo profissional**.

É vedado ao advogado patrocinar clientes situados em **polos** contrários, por isso, a procuração deve ser apresentada para o patrocínio de uma das partes, ou um dos polos da lide. Tal atitude incide em infração disciplinar e está sujeita à sanção de censura, como também configura patrocínio simultâneo ou tergiversação, crime expressamente previsto no parágrafo único do art. 355 do Código Penal.

3. INÍCIO DO MANDATO

O início do mandato dá-se com a **assinatura do instrumento de procuração**, o qual pressupõe o contrato de mandato. Nesse sentido, o Código de Ética orienta que o advogado não deve aceitar procuração de quem já tenha **patrono constituído,** sem prévio conhecimento deste, **salvo** por motivo plenamente justificável ou para adoção de medidas judiciais urgentes e inadiáveis (art. 14 CED).

→ **Exemplo:** Maria Lúcia é parte em um processo judicial que tramita em determinada Vara da Infância e Juventude, sendo defendida, nos autos, pelo advogado Jeremias, integrante da Sociedade de Advogados Y. No curso da lide, ela recebe a informação de que a criança, cujos interesses são debatidos no feito, encontra-se em proeminente situação de risco, por fato que ocorrera há poucas horas. Ocorre que o advogado Jeremias não se encontra na cidade naquela data. Por isso, Maria Lúcia procura o advogado Paulo, o qual, após analisar a situação, conclui ser necessário postular, imediatamente, medida de busca e apreensão do infante. Considerando o caso hipotético, assinale a afirmativa correta: Paulo poderá aceitar procuração de Maria Lúcia e postular a busca e apreensão, independentemente de prévio conhecimento de Jeremias ou da Sociedade de Advogados Y. **(FGV-Exame de Ordem 2019.1)**

A violação dessa norma gera infração ética, passível de sanção de **censura** (art. 36, II do EAOAB).

O tema foi proposto pela banca examinadora no **exame unificado de dezembro de 2013** na seguinte questão: O advogado João foi contratado por José para atuar em determinada ação indenizatória. Ao ter vista dos autos em cartório, percebeu que José já estava representado por outro advogado na causa. Mesmo assim, considerando que já havia celebrado contrato com José, mas sem contatar o advogado que se encontrava até então constituído, apresentou petição requerendo juntada da procuração pela qual José lhe outorgara poderes para atuar na causa, bem como a retirada dos autos em carga, para que pudesse examiná-los com profundidade em seu escritório. Com base no caso apresentado: o advogado João cometeu infração disciplinar prevista no Código de Ética e Disciplina da OAB, pois não pode aceitar procuração de quem já tenha patrono constituído, sem prévio conhecimento do mesmo.

4. PRAZO

Conforme está disposto no Estatuto da OAB, bem como no Código de Processo Civil, existe a possibilidade de **atuação sem procuração**, porém esta deverá ser apresentada dentro do prazo legal de **15 dias, prorrogável por igual período** (art. 5º § 1º do EAOAB e art. 104 § 1º do CPC). O ideal é que o advogado postule em juízo sempre fazendo prova do mandato judicial, porém, o Estatuto prevê exceções em caso de urgência, concedendo o prazo de 15 (quinze) dias para que o advogado insira nos autos o instrumento de mandato, a iniciar-se no primeiro dia útil seguinte ao do ato da representação, podendo ser **prorrogado** por igual período, desde que requerida e deferida.

> **MUITA ATENÇÃO!** A urgência postulada no art. 5º, § 1º do EAOAB é vista como presunção legal de veracidade favorável ao advogado, bastando para isso, que seja alegada pelo advogado, sem que haja a necessidade de prova.

5. PROCURAÇÃO *AD JUDICIA* E *AD JUDICIA ET EXTRA*

Pode constar a outorga de poderes gerais e poderes especiais na procuração.

Ad judicia **para o foro em geral:** "A procuração para o foro geral habilita o advogado a praticar todos os atos judiciais, em qualquer juízo ou instância, salvo os que exijam poderes especiais" (art. 5º, § 2º do EAOAB).

Ad judicia et extra **com poderes específicos:** a legislação exige poderes específicos em alguns casos, para a atuação do advogado, por exemplo: oferecimento de representação criminal, oferecimento de queixa crime, recebimento de citação em nome do cliente, confissão, transação, reconhecimento de procedência do pedido, desistência da ação, quitação etc.

6. EXTINÇÃO DO MANDATO

O mandato judicial ou extrajudicial não se extingue pelo decurso de tempo, desde que permaneça a **confiança recíproca** entre o outorgante e seu patrono no interesse da causa.

A extinção do mandato por ação ou omissão das partes, ocorre de quatro maneiras:

6.1 Renúncia

Uma vez que a relação entre cliente-advogado se torna insustentável, o Código de Ética garante o direito **ao advogado** de **renunciar** aos poderes de representação recebidos pelo cliente (art. 16 do CED). Entretanto, permanecerá em seu pleno exercício durante o período de **10 (dez) dias, seguintes** à notificação de renúncia, **salvo** quando tiver sido substituído antes (art. 5º, § 3º do EAOAB). O advogado deve dar a **ciência inequívoca ao cliente** da renúncia de poderes, preferencialmente por meio de carta com aviso de recebimento (AR), dando-se em seguida conhecimento ao juízo da causa (art. 6º do RGEAOAB).

→ **Exemplo:** O advogado Geraldo foi regularmente constituído por certo cliente para defendê-lo em um processo judicial no qual esse cliente é réu. Geraldo ofereceu contestação, e o processo segue atualmente seu trâmite regular, não tendo sido, por ora, designada audiência de instrução e julgamento. Todavia, por razões insuperáveis que o impedem de continuar exercendo o mandato, Geraldo resolve renunciar. Em 12/02/2019, Geraldo fez a notificação válida da renúncia. Três dias depois da notificação, o mandante constituiu novo advogado, substituindo-o. Todo o ocorrido foi informado nos autos. Considerando o caso narrado, de acordo com o Estatuto da Advocacia e da OAB, a afirmativa correta vaticina que o dever de Geraldo de representar o mandante cessa diante da substituição do advogado, independentemente do decurso de prazo, conforme artigo 5º, § 3º do EAOAB. **(FGV - Exame de Ordem 2019.3)**

→ **Exemplo: (FGV – Exame de Ordem – 2021.2)** Anderson, advogado, decidiu renunciar ao mandato outorgado por Adriana. Nessa hipótese, segundo o Estatuto da Advocacia e da OAB, é correto afirmar que Anderson continuará a representar Adriana por 10 dias, contados da notificação da renúncia, exceto se Adriana constituir novo advogado antes desse prazo, art. 5º, § 3º, EAOAB.

O abandono da causa pode caracterizar infração disciplinar prevista no art. 34, inc. XI, do EAOAB.

? **QUESTÃO:** O advogado deve justificar o porquê da renúncia ao processo?

RESPOSTA: *Não precisa justificar na renúncia. Fique atento, pois o que se questiona no Exame da OAB é se eventual renúncia do advogado à procuração recebida pelo seu constituinte, precisa de motivação. Nesse caso, a resposta é negativa. O advogado não precisa dar motivo ao cliente ou ao juiz sobre fatos e acontecimentos que o fizeram optar pela renúncia do mandato judicial.*

6.2 Revogação

O **cliente revoga** os poderes que outorga ao advogado constituído. Trata-se, pois, de ato unilateral do cliente.

> **MUITA ATENÇÃO!** Assim, é importante fixar que revogação é um ato do cliente, enquanto renúncia é um ato do advogado.

Para que a revogação surta efeitos, é indispensável a **ciência inequívoca do advogado**, através de notificação judicial, extrajudicial, carta com aviso de recebimento (AR), telegrama com aviso de recebimento, e-mail com aviso de recebimento etc.

O cliente que revogar o mandato judicial não fica desobrigado ao pagamento das verbas honorárias contratadas, bem como não retira o direito do advogado de receber o que lhe seja devido em eventual verba honorária de sucumbência (art. 17 do CED). Em qualquer dos casos, seja renúncia ou revogação, o advogado faz jus aos honorários contratuais e decorrentes de verba honorária de sucumbência proporcional ao trabalho realizado.

→ **Exemplo:** Paulo é contratado por Pedro para promover ação com pedido condenatório em face de Alexandre, por danos causados ao animal de sua propriedade. Em decorrência do processo, houve condenação do réu ao pagamento de indenização ao autor, fixados honorários de sucumbência correspondentes a dez por cento do apurado em cumprimento de sentença. O réu ofertou apelação contra a sentença proferida na fase cognitiva. Ainda pendente o julgamento do recurso, Pedro decide revogar o mandato judicial conferido a Paulo, desobrigando-se de pagar os honorários contratualmente ajustados. Nos termos do Código de Ética da OAB, a revogação do mandato judicial, por vontade de Pedro, não o desobriga do pagamento das verbas honorárias contratadas. **(Exame novembro/2015)**

6.3 Forma presumida

A **conclusão da causa** ou **arquivamento** do processo são hipóteses em que o cumprimento e a extinção do mandato estão presumidos (art. 13 do CED).

→ **Exemplo:** Saulo é advogado de Paula em determinada ação de natureza cível. Após os trâmites necessários, a postulação vem a ser julgada improcedente. Em decorrência de julgamento de recurso, a decisão foi mantida. Saulo comunicou o resultado à sua cliente que, tendo tomado ciência, manteve-se silente. Houve o trânsito em julgado da decisão. Sob a perspectiva do Código de Ética e Disciplina da Advocacia, o final da causa presume o cumprimento do mandato conferido ao advogado. **(Exame dezembro/2013)**

6.4 Substabelecimento sem reserva de poderes (que será tratado no próximo item).

7. SUBSTABELECIMENTO

O advogado que recebeu poderes do cliente pode transferi-los para outro advogado através deste instrumento denominado substabelecimento. Este pode ser feito com reserva de poderes e sem reserva de poderes.

7.1 Com reserva de poderes

O substabelecimento do mandato, com reserva de poderes, é **ato pessoal do advogado** da causa. Os honorários devem ser ajustados antecipadamente com o substabelecente (art. 26, *caput* e § 2º do CED). Significa que o primeiro advogado constituído estende os poderes ao novo advogado, dividindo com o substabelecido todos os poderes recebidos do outorgante. Assim, o advogado que substabeleceu poderes, **permanece na causa**, e por consequência, como patrono na demanda judicial. Em outras palavras, quem transfere os poderes (substabelecente) é o advogado que os recebeu no instrumento de mandato. Quem recebe os poderes (substabelecido) é o advogado ou estagiário que irá atuar na causa após a juntada do substabelecimento nos autos.

O advogado que substabelece poderes combinará os honorários advocatícios a que fará jus para atuar no feito, com o advogado que recebeu poderes.

> **MUITA ATENÇÃO!**
> É vedado ao substabelecido **cobrar diretamente do cliente** honorários advocatícios, sem intervenção e anuência do advogado substabelecente, **SALVO** se possuir **contrato celebrado** com o cliente. (art. 26, parágrafo único, do EAOAB).

Analisemos a questão proposta pela banca examinadora no **exame unificado de novembro de 2014**, que trata de cobrança de honorários sem a anuência do advogado substabelecente: O advogado Caio atuava representando os interesses do autor em determinada ação indenizatória há alguns anos. Antes da prolação da sentença, substabeleceu, com reserva, os poderes que lhe haviam sido outorgados pelo cliente, ao advogado Tício. Ao final, o pedido foi julgado procedente e o cliente de Caio e Tício recebeu a indenização pleiteada, mas não repassou aos advogados os honorários de êxito contratados, estipulados em 30%. Caio, para evitar desgaste, preferiu não cobrar judicialmente os valores devidos pelo cliente. Tício, não concordando com a opção de Caio, decidiu, à revelia deste último, ingressar com a ação cabível, valendo-se, para tanto, do contrato de honorários celebrado entre Caio e o cliente. A partir do caso apresentado, pode-se afirmar que: Tício não pode ajuizar tal ação porque o advogado substabelecido com reserva de poderes não pode cobrar honorários sem a intervenção daquele que lhe conferiu o substabelecimento, artigos 26 do RGEAOAB e art. 26, § 2º do CED.

→ **Exemplo: (FGV – Exame de Ordem – 2021.2)** Gabriel, advogado, exerce o patrocínio de Bruno em certo processo administrativo. Todavia, foi necessário o substabelecimento do mandato a Henrique. Considerando a hipótese apresentada, assinale a afirmativa correta. O aluno deveria assinalar a resposta: Diante de substabelecimento com reserva de poderes a Henrique, este não poderá cobrar honorários sem a intervenção de Gabriel, de acordo com o art. 26, EAOAB.

7.2 Sem reserva de poderes

O substabelecimento sem reserva de poderes ocorre quando o advogado transfere os poderes recebidos do outorgante ao substabelecido, **extinguindo o contrato de mandato** com ele e o cliente, deixando de ser patrono na demanda judicial. O substabelecimento do mandato sem reservas de poderes exige o **prévio e inequívoco conhecimento do cliente** (art. 26, § 1º do CED).

→ **Exemplo:** O advogado Márcio, sócio de determinado escritório de advocacia, contratou novos advogados para a sociedade e substabeleceu, com reserva em favor dos novos contratados, os poderes que lhe haviam sido outorgados por diversos clientes. O mandato possuía poderes para substabelecer. Um dos clientes do escritório, quando percebeu que havia novos advogados trabalhando na causa, os quais não eram por ele conhecidos, não apenas resolveu contratar outro escritório para atuar em sua demanda como ofereceu representação disciplinar contra Márcio, afirmando que o advogado não agira com lealdade e honestidade. A esse respeito, pode-se afirmar que a representação oferecida não deve ser enquadrada como infração disciplinar, pois apenas o substabelecimento do mandato sem reserva de poderes deve ser comunicado previamente ao cliente. **(Exame julho/2015)**

Os honorários advocatícios são devidos pelo cliente ao advogado substabelecente até o momento em que este permaneceu no processo. Porém, a proporção da partilha dos honorários de sucumbência deve ser combinada entre os advogados substabelecente e substabelecido.

EM RESUMO: MANDATO JUDICIAL	
Início do Mandato	• O início do mandato dá-se com a **assinatura do instrumento de procuração, o** qual pressupõe o contrato de mandato. • O advogado não deve aceitar procuração de quem já tenha **patrono constituído nos autos**, sem prévio conhecimento deste, **salvo** por motivo plenamente justificável ou para adoção de medidas judiciais urgentes e inadiáveis (art. 14 CED).
Prazo	• Existe a possibilidade de **atuação sem procuração,** porém esta deverá ser apresentada dentro do prazo legal de **15 dias, prorrogável por igual período.** **Contagem do prazo:** iniciará no primeiro dia útil seguinte ao do ato da representação, podendo ser prorrogado por igual período, desde que requerida e deferida. • **Exceção para a atuação sem procuração:** em caso de urgência.
Procuração *ad judicia e ad judicia et extra*	• *ad judicia* **para o foro em geral:** "A procuração para o foro geral habilita o advogado a praticar todos os atos judiciais, em qualquer juízo ou instância, salvo os que exijam poderes especiais" (art. 5º, § 2º, do EAOAB). • *ad judicia et extra* **com poderes específicos:** a legislação exige poderes específicos em alguns casos, para a atuação do advogado, por exemplo: oferecimento de representação criminal, oferecimento de queixa crime, recebimento de citação em nome do cliente, confissão, transação, reconhecimento de procedência do pedido, desistência da ação, quitação etc.
Extinção do mandato	• O mandato judicial ou extrajudicial não se extingue pelo decurso de tempo, salvo se o contrário for consignado no respectivo instrumento (art. 18 do CED). • **Renúncia**: Se a relação entre cliente-advogado torna-se insustentável, o Código de Ética garante o direito **ao advogado de renunciar** aos poderes de representação recebidos pelo cliente (art. 16 CED). Mas, permanecerá em seu pleno exercício durante o período de **10 (dez) dias,** seguintes à notificação de renúncia, **salvo** quando tiver sido substituído antes (art. 5º, § 3º, EAOAB). O advogado deve dar **ciência inequívoca ao cliente** da renúncia de poderes, preferencialmente por meio de carta com aviso de recebimento (AR), dando-se em seguida conhecimento ao juízo da causa (art. 6º do RGEAOAB). • **Revogação: o cliente revoga** os poderes que outorga ao advogado constituído. Portanto, ato unilateral do cliente. É indispensável a **ciência inequívoca do advogado,** através de notificação judicial, extrajudicial, carta com aviso de recebimento (AR), telegrama com aviso de recebimento, e-mail com aviso de recebimento etc. • **Substabelecimento sem reserva de poderes:** ocorre quando o advogado transfere os poderes recebidos pelo seu constituinte a outro advogado, por orientação e solicitação do cliente e exige o prévio e inequívoco conhecimento deste (art. 26, § 1º do CED). • **Forma presumida:** A conclusão da causa ou arquivamento do processo são hipóteses em que o cumprimento e a cessação do mandato estão presumidos (art. 13 do CED). • **Substabelecimento:** O advogado que recebeu poderes do cliente pode transferi-los para outro advogado através deste instrumento denominado substabelecimento. • **Com reserva de poderes:** é ato pessoal do advogado da causa, e deve ajustar antecipadamente seus honorários com o substabelecente (art. 26, CED). Quem transfere os poderes (substabelecente) é o advogado que os recebeu no instrumento de mandato, quem recebe os poderes (substabelecido) é o advogado ou estagiário que irá atuar na causa após a juntada do substabelecimento nos autos. O advogado que substabelece poderes combinará os honorários advocatícios a que fará jus para atuar no feito, com o advogado que recebeu poderes. • **Sem reserva de poderes**: ocorre quando o advogado transfere os poderes recebidos do outorgante ao substabelecido, **extinguindo o contrato de mandato** com ele e o cliente, deixando de ser patrono na demanda judicial. O substabelecimento do mandato sem reservas de poderes exige o **prévio e inequívoco conhecimento do cliente.** Os honorários advocatícios são devidos pelo cliente ao advogado substabelecente até o momento em que este permaneceu no processo. A proporção da partilha dos honorários de sucumbência deve ser combinada entre os advogados substabelecente e substabelecido.

CAPÍTULO X
HONORÁRIOS ADVOCATÍCIOS

1. HONORÁRIOS ADVOCATÍCIOS E CONTRATO DE PRESTAÇÃO DE SERVIÇOS ADVOCATÍCIOS

1.1 Considerações gerais

Toda remuneração proveniente da prestação de serviços realizada pelo advogado recebe o nome de honorários, que é **a recompensa pela atuação meritória**, sem caráter obrigatório, como o termo foi originalmente concebido. O conceito enfatiza a responsabilidade social do advogado, que deve atuar em prol da Justiça, e não em função dos interesses pecuniários da causa.

O **contrato de prestação de serviços** do advogado individual ou integrado, preferencialmente, deverá ser escrito, não exige forma especial, entretanto as cláusulas devem ser claras e precisas, constando o objeto, a extensão do patrocínio, os honorários ajustados, a forma de pagamento, dispor sobre a situação da causa findar antes de finalizar o processo - transação ou acordo -, deve, ainda, esclarecer os atos do processo, ou se limitará a determinado grau de jurisdição.

Note que somente mediante autorização expressa no contrato de prestação de serviços que poderá haver a compensação de créditos pelo advogado, de importâncias devidas ao cliente.

→ **Exemplo: (FGV – Exame de Ordem/2022.1)** O advogado César foi procurado pelo cliente Vinícius, que pretendia sua atuação defendendo-o em processo judicial. Ambos, então, ajustaram certo valor em honorários, por meio de contrato escrito. Na fase de execução do processo, César recebeu pagamentos de importâncias devidas a Vinícius e pretende realizar a compensação com os créditos de que é titular. Com base no caso narrado, a afirmativa correta: É admissível a compensação de créditos somente se o contrato de prestação de serviços a autorizar; caso silente o contrato, é possível a compensação, se houver autorização especial firmada pelo cliente para esse fim, literalidade do artigo 48 § 2° do CED.

No contrato deverá constar também sobre os serviços auxiliares e o pagamento de custas e emolumentos, caso contrário, serão arcadas pelo cliente. Mediante comprovação documental, caso o advogado antecipe tais despesas é que poderá reter o respectivo valor atualizado quando da prestação de contas.

Vejamos a questão da **FGV** trazida pela banca examinadora no **exame de ordem 2018.3:** O advogado Nelson celebrou, com determinado cliente, contrato de prestação de serviços profissionais de advocacia. No contrato, Nelson inseriu cláusula que dispunha sobre a forma de contratação de profissionais para serviços auxiliares relacionados a transporte e a cópias de processos. Todavia, o pacto não tratava expressamente sobre o pagamento de custas e emolumentos. Considerando o caso narrado, assinale a afirmativa correta: O Código de Ética e Disciplina da OAB autoriza que o contrato de prestação de serviços de advocacia disponha sobre a forma de contratação de profissionais para serviços auxiliares. Por sua vez, quanto às custas e aos emolumentos, na ausência de disposição em contrário, presumem-se que sejam atendidos pelo cliente. É o expresso no artigo 48, §3º, CED.

> **MUITA ATENÇÃO!**
>
> **Dedução de Honorários Advocatícios contratuais [complementação de fundos constitucionais]**
>
> A dedução de honorários advocatícios contratuais dos valores acrescidos, será permitida, a título de juros de mora, ao montante repassado aos Estados e aos Municípios na forma de precatórios, como complementação de fundos constitucionais. (art. 22-A, do EAOAB)

Na hipótese de **encerramento da relação contratual com o cliente**, o advogado *mantém o direito aos honorários proporcionais ao trabalho realizado nos processos judiciais e administrativos em que tenha atuado*, nos exatos termos do contrato celebrado, inclusive em relação aos eventos de sucesso que porventura venham a ocorrer após o encerramento da relação contratual, **SALVO renúncia expressa do advogado aos honorários pactuados.** (art. 24, § 5º, do EAOAB)

O **distrato e a rescisão** do contrato de prestação de serviços advocatícios, mesmo que formalmente celebrados, **não configuram renúncia expressa aos honorários pactuados.** Na ausência do contrato, os honorários advocatícios serão arbitrados conforme o art. 22, do EAOAB.

Em caso de <u>bloqueio universal do patrimônio do cliente por decisão judicial</u>, garantir-se-á ao advogado a

liberação de até 20% dos bens bloqueados para fins de recebimento de honorários e reembolso de gastos com a defesa, ressalvadas as causas relacionadas aos crimes previstos na Lei de Drogas. (art. 24 -A, do EAOAB)

2. NATUREZA JURÍDICA DOS HONORÁRIOS ADVOCATÍCIOS

Os honorários advocatícios têm natureza alimentar, tema já pacificado no Supremo Tribunal Federal, por meio de vários acórdãos de seus ministros. Desta feita, veio a Súmula Vinculante 47 do STF aduzir que "os honorários advocatícios incluídos na condenação ou destacados do montante principal devido ao credor consubstanciam verba de natureza alimentar, cuja satisfação ocorrerá com expedição de precatório ou Requisição de Pequeno Valor, observada ordem especial restrita aos créditos desta natureza".

A Lei 8.906, de 4 de julho de 1994, preconiza que os advogados têm direito não só aos **honorários convencionados** como também aos fixados por **arbitramento** e na definição de verbas **sucumbenciais** (art. 22 e Lei 13.725 de 05/10/18). O art. 23 é explícito ao estabelecer que os honorários incluídos na condenação, por arbitramento de sucumbência, **pertencem ao advogado**, tendo este direito autônomo para executar a sentença nesta parte, podendo requerer que o precatório, quando necessário, seja expedido a seu favor.

(FGV – Exame de Ordem/2018.3) Gilda, empregada terceirizada contratada pela sociedade empresária XX Ltda. para prestar serviços ao Município ABCD, procura o auxílio de Judite, advogada, para o ajuizamento de reclamação trabalhista em face do empregador e do tomador de serviços. Considerando a existência de decisão transitada em julgado que condenou os réus, solidariamente, ao pagamento de verbas de natureza trabalhista, assinale a afirmativa correta: Em execução contra o Município ABCD, Judite terá direito autônomo a executar a sentença quanto aos honorários incluídos na condenação por arbitramento ou por sucumbência, podendo requerer que o precatório seja expedido em seu favor, conforme artigos 23 e 24, "*caput*", EAOAB, vide ainda, artigo 51, CED. Observe que a banca examinadora tem exigido questões multidisciplinares do examinando.

3. TIPOS DE HONORÁRIOS

Os tipos de honorários são três: convencionados, arbitrados judicialmente e de sucumbência.

3.1 Honorários convencionados

Os honorários podem ser convencionados livremente **entre o advogado e seu cliente**, observadas as normas que restringem a total liberdade contratual. Tais normas encontram-se na necessidade de preservação de importantes princípios da atividade do advogado, como os princípios da dignidade e da independência profissional, os quais, por si só, impõem um piso de valores para conter os impulsos mercantilistas e o aviltamento da classe.

> **MUITA ATENÇÃO!** Consideram-se também honorários convencionados aqueles decorrentes da indicação de cliente entre advogados ou sociedade de advogados. (art. 22, § 8º, do EAOAB)

3.1.1 Piso, teto e gratuidade

O advogado deve respeitar os valores da Tabela de Honorários Advocatícios, que **define valores** para **afastar o aviltamento** de sua remuneração. A elaboração dessas tabelas compete **aos Conselhos Seccionais** e, por este motivo, os valores são variáveis em função de **peculiaridades regionais.**

A Tabela de Honorários serve, pois, para estabelecer parâmetros para a fixação de honorários pertinentes e aceitáveis no mercado e estabelecer seu piso, evitando, assim, a prática de concorrência desleal.

Os honorários sofrem variações ditadas por vários elementos (art. 49 do CED), salvo motivo justificável. Portanto, a Tabela não estabelece um teto ou limite máximo, porém a fixação abaixo dos valores da Tabela é **proibida** (arts. 29 e 48, § 6º do CED), salvo motivo justificável, como por exemplo, a dificuldade financeira de um cliente pagar os honorários advocatícios.

Constitui infração disciplinar, por violação de preceito ético, a fixação irrisória de honorários, e está sujeito o infrator à pena de **censura** (art. 36, II e III, do EAOAB), pois tal celebração de convênios para prestação de serviços jurídicos com redução dos valores constantes da tabela gera presunção de **captação de clientela**, salvo em situações especiais, demonstradas previamente ao Tribunal de Ética e Disciplina, como ocorre com alguns grêmios estudantis de faculdades de Direito.

Vale comentar que valores fixados **abusivamente**, podem sujeitar o advogado à pena de **suspensão** por locupletamento, infração disciplinar definida no art. 34, inc. XX, do EAOAB.

Com a vedação à fixação irrisória de valores, a conclusão de que a gratuidade também é proibida parece verdadeira. O advogado que prestar serviços puramente gratuitos, sem interesses secundários, nem ocultação de doação remuneratória, terá praticado concorrência desleal sob a ética classista. Porém há **exceções:**

- Quando um advogado defende outro em um processo oriundo de ato ou omissão praticado no exercício da profissão (art. 22, § 5º, do EAOAB). A solidariedade profissional justifica exceção;

- Advocacia ***pro bono***. Veja capítulo específico sobre Advocacia ***pro bono***.

Para evitar a possibilidade de aproveitamento indevido e dissimulação de outros interesses sob a aparência ***pro bono*** da atividade, o Conselho Federal resolveu regulamentá-la por meio do provimento 166/2015, bem como, no art. 30 e seus parágrafos do CED.

Para restringir o surgimento de práticas captatórias, o advogado fica impedido de exercer a advocacia para empresas ou entidades coligadas à assistida e às pessoas físicas que as compõem, pelo prazo de 2 (dois) anos.

3.2 Honorários arbitrados judicialmente

São os honorários fixados por sentença, em função de inexistência de acordo entre o advogado e seu cliente. Não é raro ocorrerem conflitos sobre o valor dos honorários e, por isso, ser necessário seu arbitramento judicial. A **falta de contrato escrito**, por exemplo, pode gerar dúvidas e impasses nesse sentido, bem como a **substituição de advogados**. Ainda que existente o contrato escrito, a dúvida pode surgir em função da omissão de disposição a respeito.

Quanto ao serviço prestado não há dúvidas que deve ser remunerado, mas a falta fixação de valor acaba resultando em sua definição judicial, em ação dita de arbitramento de honorários. Nesse caso, o juiz deverá observar OBRIGATORIAMENTE as regras dispostas no art. 85, §§ 2º, 3º, 4º, 5º, 6º, 6º-A, 8º, 8º- A, 9º e 10, do CPC, o trabalho e o valor econômico da questão, (art. 22, § 2º, do EAOAB) e os critérios para mensuração expostos no art. 49 CED.

3.3 Honorários de sucumbência

São os honorários fixados pelo magistrado na sentença condenatória, como resultado do serviço profissional prestado. Decorrem da **condenação da parte vencida** em ações judiciais, e também são arbitrados nas execuções de títulos extrajudiciais. São honorários que pertencem **ao advogado**, tendo este direito autônomo para executar a sentença nesta parte, podendo requerer que o precatório, quando necessário, seja expedido em seu favor (art. 23 do EAOAB). Também poderá ser do advogado empregado (art. 21, EAOAB) se não tiver havido expressa convenção em contrário. Tal direito parece ter caráter absoluto e cogente, pois o § 3º do art. 24, EAOAB dispõe o seguinte: "É nula qualquer disposição, cláusula, regulamento ou convenção individual ou coletiva que retire do advogado o direito ao recebimento dos honorários de sucumbência", entretanto, note que o referido § 3º foi suspenso pelo STF através da ADIN 1.194-4.

Nos casos judiciais e administrativos, as disposições, as cláusulas, os regulamentos ou as convenções individuais ou coletivas que retirem do sócio o direito ao recebimento dos honorários de sucumbência serão válidos somente após o protocolo de petição que revogue os poderes que lhe foram outorgados ou que noticie a renúncia a eles, e os honorários serão devidos proporcionalmente ao trabalho realizado nos processos (art. 24, § 3º-A, do EAOAB).

O advogado pode promover execução dos honorários nos mesmos autos da ação em que tenha atuado, se assim lhe convier, ou seja, pode promovê-la em nome próprio, cabendo-lhe escolher a melhor forma de execução (art. 24, § 1º, do EAOAB). Pode, também, requerer a expedição de precatório em seu nome nas execuções contra a Fazenda Pública. Além disso, é legítima a interposição de recurso contra a decisão que fixa honorários em valor insuficiente, pelo advogado.

O acordo feito entre as partes **não prejudica** os honorários convencionados, nem tampouco os concedidos por sentença (art. 24, § 4º, do EAOAB), salvo aquiescência dos respectivos advogados.

→ **Exemplo:** A advogada Taís foi contratada por Lia para atuar em certo processo ajuizado perante o Juizado Especial Cível. Foi acordado o pagamento de honorários advocatícios no valor de R$ 5.000,00 (cinco mil reais). O feito seguiu regularmente o rito previsto na Lei 9.099/95, tendo o magistrado, antes da instrução e julgamento, esclarecido as partes sobre as vantagens da conciliação, obtendo a concordância dos litigantes pela solução consensual do conflito. Considerando o caso relatado: A conciliação entre as partes, ocorrida antes da instrução e julgamento do feito, não prejudica os honorários convencionados, salvo aquiescência de Taís. **(Exame julho/2016)**

→ **Exemplo: (FGV – Exame de Ordem/2022.1)** Leandro, advogado, celebrou contrato com associação de servidores públicos para pleitear em juízo o pagamento de determinada indenização em face do ente público respectivo. O contrato previu que Leandro receberia percentual do valor a que fizesse jus cada servidor que aderisse aos seus termos. O pedido em questão foi julgado procedente em ação coletiva. Após o trânsito em julgado dessa decisão, Leandro passou a representar em execução individual os interesses de Hugo, servidor substituído em juízo pela associação que optou, expressamente, por adquirir os direitos decorrentes daquele contrato. Em tal caso, o montante destinado a Leandro era inferior ao limite fixado em lei para as obrigações de pequeno valor, mas o mesmo não ocorria com relação ao crédito titularizado por Hugo. Assim, Leandro juntou aos autos, no momento oportuno, o contrato de honorários celebrado com a associação e a opção pelo mesmo firmada por Hugo. Fez, ainda, três requerimentos: o destaque da parcela relativa aos honorários convencionados do valor total devido a Hugo, a expedição de precatório em nome de Hugo e a expedição de requisição de pequeno valor em seu nome. Considerando essa situação, assinale a afirmativa correta. Nessa questão o candidato deve escolher por todas as alterativas, quais sejam: A) Apenas o requerimento de expedição do precatório deve ser deferido, já que, por ter atuado em prol de entidade de classe em substituição processual, Leandro somente faz jus aos honorários assistenciais fixados na ação coletiva. / B) Apenas o requerimento de expedição do precatório deve ser deferido, já que, como o contrato de honorários foi celebrado entre Leandro e a associação, as obrigações dele decorrentes não podem ser assumidas por Hugo sem a necessidade de mais formalidades. / C) Apenas o requerimento de expedição de requisição de pequeno valor deve ser indeferido, já que o juiz deve determinar que os honorários contratuais sejam deduzidos do valor devido a Hugo após o pagamento pelo ente público. / D) Todos os requerimentos devem ser deferidos. Essa última está correta, uma vez que todos os requerimentos devem ser concedidos.

A Justificativa da escolha encontra respaldo no art. 22 do EOAB, § 4º que aduz que "se o advogado fizer juntar aos autos o seu contrato de honorários antes de expedir-se o mandado de levantamento ou precatório, o juiz deve determinar que lhe sejam pagos diretamente, por dedução da quantia a ser recebida pelo constituinte, salvo se este provar que já os pagou. § 6º O disposto neste artigo aplica-se aos honorários assistenciais, compreendidos como os fixados em ações coletivas propostas por entidades de classe em substituição processual, sem prejuízo aos honorários convencionais (Incluído pela Lei nº 13.725, de 2018). § 7º Os honorários convencionados com entidades de classe para atuação em substituição processual poderão prever a faculdade de indicar os beneficiários que, ao optarem por adquirir os direitos, assumirão as obrigações decorrentes do contrato originário a partir do momento em que este foi celebrado, sem a necessidade de mais formalidades."

É importante salientar que é possível o recebimento de duas verbas honorárias, a decorrente de honorários convencionais e a decorrente da sucumbência. Os honorários sucumbenciais não excluem os contratados.

FIQUE POR DENTRO:

"HONORÁRIOS DE SUCUMBÊNCIA ≠ HONORÁRIOS ADVOCATÍCIOS"

Não confundir honorários de sucumbência com honorários advocatícios profissionais, uma vez que o primeiro refere-se à **condenação paga pela parte que perdeu ou sucumbiu** no processo ao advogado da outra parte, enquanto o **segundo** é o **honorário pago diretamente pelo cliente ao advogado** conforme pactuado entre as partes, levando em consideração os critérios previstos no EAOAB e CED.

(FGV – Exame de Ordem/2018.3) O advogado Sebastião é empregado de certa sociedade limitada, competindo-lhe, entre outras atividades da advocacia, atuar nos processos judiciais em que a pessoa jurídica é parte. Em certa demanda, na qual foram julgados procedentes os pedidos formulados pela sociedade, foram fixados honorários de sucumbência em seu favor. Considerando o caso narrado e o disposto no Regulamento Geral do Estatuto da Advocacia e da OAB, assinale a afirmativa correta: Os referidos honorários não integram a remuneração de Sebastião e não serão considerados para efeitos trabalhistas, nem para efeitos previdenciários. As questões multidisciplinares têm sido cada vez mais vistas nas provas de exame de ordem, como ocorreu nesta questão e, neste caso, o examinador buscou que o candidato trouxesse o artigo 14 RGEOAB e artigo 21 do EAOAB, onde fica claro que os honorários sucumbenciais não integrarão o salário e a remuneração do advogado empregado, contudo, este terá o direito de recebê-los.

Honorários Assistenciais

FIQUE POR DENTRO:

"HONORÁRIOS ASSISTENCIAIS"

A Lei nº 13.725 de 05/10/18 criou os honorários assistenciais, aqueles pagos **a um advogado contratado por entidade sindical** para prestar assistência jurídica ao trabalhador sem condições financeiras de arcar com os custos de um defensor e devem ser pagos aos profissionais do Direito, **sem prejuízo** aos outros tipos de honorários combinados entre cliente e advogado.

A Lei 13.725/18, revoga o dispositivo da Lei 5.584/1970, como também trouxe alterações ao Estatuto da Advocacia e a OAB (Lei 8.906/94), mais precisamente ao seu art. 22, ao qual restaram acrescidos mais dois incisos, *in verbis*:

> § 6º O disposto neste artigo aplica-se aos honorários assistenciais, compreendidos como os fixados em ações coletivas propostas por entidades de classe em substituição processual, sem prejuízo aos honorários convencionais.

§ 7º Os honorários convencionados com entidades de classe para atuação em substituição processual poderão prever a faculdade de indicar os beneficiários que, ao optarem por adquirir os direitos, assumirão as obrigações decorrentes do contrato originário a partir do momento em que este foi celebrado, sem a necessidade de mais formalidades.

Assim, a Lei nº 13.725/18 trata dos **honorários assistenciais** na Justiça do Trabalho permitindo que **advogados de sindicatos e associações** recebam, cumulativamente, os honorários contratados com a entidade que representam e os honorários de sucumbência assistenciais. Note que, o exame da ordem já cobrou esse assunto:

→ **Exemplo:** Jorge é advogado, atuando no escritório modelo de uma universidade. Em certa ocasião, Jorge é consultado por um cliente, pois este gostaria de esclarecer dúvidas sobre honorários advocatícios. O cliente indaga a Jorge sobre o que seriam os honorários assistenciais. Considerando o disposto no Estatuto da Advocacia e da OAB, em seu artigo 22 § 6º, os honorários assistenciais são aqueles fixados em ações coletivas propostas por entidades de classe em substituição processual. **(FGV-Exame de Ordem 2019.1)**

4. HONORÁRIOS *QUOTA LITIS* (OU "TAXAS DE SUCESSO")

São aqueles em que há participação do advogado no resultado ou ganho decorrente da demanda. O advogado praticamente se torna sócio do cliente, pois ambos partilharão dos resultados. São admitidos em caráter excepcional, conforme se verifica na leitura do art. 50 do CED.

Na adoção da cláusula *quota litis,* o advogado deverá observar o seguinte:

- Os honorários devem ser representados em pecúnia;
- Os honorários ***quota litis***, acrescidos aos honorários de sucumbência, **não podem superar** às vantagens advindas a favor do cliente;
- A participação do advogado em bens particulares do cliente, é admitida apenas **excepcionalmente**, desde que comprovado que o cliente não tem condições financeiras de pagar o advogado. Essa forma de pagamento deve ser ajustada em **instrumento contratual;**
- Atendidos os requisitos da moderação e da razoabilidade, quando o objeto do serviço jurídico versar sobre prestações vencidas e vincendas, os honorários advocatícios poderão incidir sobre o valor de umas e outras.

→ **Exemplo: (FGV – Exame de Ordem – 2021.1)** Caio procurou o advogado Rodrigo para que este ajuizasse, em favor do primeiro, determinada demanda judicial. Rodrigo, interessado no patrocínio da causa, celebrou com Caio contrato de prestação de serviços advocatícios com adoção de cláusula quota litis. Considerando o contrato celebrado, a afirmativa correta foi: A cláusula quota litis, incluída no contrato, é permitida, mas é vedado que os honorários contratados, acrescidos dos honorários da sucumbência, sejam superiores às vantagens advindas por Caio; além disso, admite-se que os honorários advocatícios incidam sobre o valor de prestações vincendas, se estabelecidos com moderação e razoabilidade conforme caput do artigo 50, bem como, parágrafo 2º, do CED.

5. HONORÁRIOS FIXADOS PELO JUIZ E PAGOS PELO ESTADO

Quando o advogado for indicado para atuar em causa de pessoa juridicamente necessitada, naqueles casos dos estados que não possuem defensoria pública, ou têm, mas por qualquer motivo está impossibilitada (greve, por exemplo), o profissional tem direito a receber honorários fixados pelo juiz e pagos pelo Estado. (art. 21 § 1º, do EAOAB)

→ **Exemplo:** O advogado Inácio foi indicado para defender em juízo pessoa economicamente hipossuficiente, pois no local onde atua não houve disponibilidade de defensor público para tal patrocínio. Sobre o direito de Inácio à percepção de honorários, estes serão fixados pelo juiz, independentemente de êxito, segundo tabela organizada pelo Conselho Seccional da OAB e pagos pelo Estado. **(Exame novembro/2017)**

6. FORMA DE PAGAMENTO

A forma de pagamento dos honorários advocatícios é **livremente pactuada** entre as partes. Não há um critério rígido fixado em lei, porém**, na falta de**

convenção, será observada a norma supletiva do Estatuto, prevendo a divisão do pagamento dos honorários em três momentos, em partes iguais, quando se tratar de processo judicial (art. 22, § 3º, do EAOAB):

1/3 no início da prestação de serviço	1/3 após a decisão de 1ª instância	1/3 no final do processo

Sobre o tema em comento, a banca examinadora propôs a seguinte questão no **exame unificado de julho de 2015:** Laura formou-se em prestigiada Faculdade de Direito, mas sua prática advocatícia foi limitada, o que a impediu de ter experiência maior no trato com os clientes. Realizou seus primeiros processos para amigos e parentes, cobrando módicas quantias referentes a honorários advocatícios. Ao receber a cliente Telma, próspera empresária, e aceitar defender os seus interesses judicialmente, fica em dúvida quanto aos termos de cobrança inicial dos honorários pactuados. Em razão disso, consulta o advogado Luciano, que lhe informa, segundo os termos do Estatuto da Advocacia, que salvo estipulação em contrário, um terço dos honorários é devido no início do serviço.

A FGV no exame de ordem XXVIII, retoma o tema quanto a ausência de estipulação de pagamento dos honorários advocatícios e que diante dessa situação é devido o pagamento de um terço dos honorários no início do serviço, outro terço até a decisão de primeira instância e o restante no final.

→ **Exemplo:** Eduardo contrata o advogado Marcelo para propor ação condenatória de obrigação de fazer em face de João. São convencionados honorários contratuais, porém o contrato de honorários advocatícios é omisso quanto à forma de pagamento. Proposta a ação, Marcelo cobra de Eduardo o pagamento de metade dos honorários acordados. De acordo com o Estatuto da OAB, aplica-se a regra estipulada no §3º do art. 22 do referido dispositivo legal, Marcelo não pode cobrar de Eduardo metade dos honorários, pois na ausência de estipulação sobre a forma de pagamento, apenas um terço é devido no início do serviço. **(FGV-Exame de Ordem 2019.1)**

Em caso de **serviços extrajudiciais**, a mesma proporção deve ser adotada.

A norma gera efeitos na **ausência de contratação por escrito**, ou mesmo havendo instrumento, há **omissão** quanto à forma de pagamento. Desde que contenha elementos exigidos pela legislação processual, o instrumento de contrato é título executivo extrajudicial e permite a dedução dos valores percebidos pelo cliente em ação judicial e em expedição de mandado de levantamento em favor do advogado, salvo oposição do cliente, sob alegação de já tê-los pago (arts. 24 e 22, § 4º, do EAOAB, respectivamente).

Caso o advogado junte aos autos o seu contrato de honorários pactuado com o cliente, antes da expedição do mandado de levantamento ou precatório, o juiz deve determinar que lhe fossem pagos diretamente, por dedução da quantia a ser recebida pelo constituinte, salvo se este provar que já os pagou (art. 22, § 4º EAOAB).

FIQUE POR DENTRO:

PAGAMENTOS DE HONORÁRIOS NO CARTÃO

Grande inovação trazida pelo Novo Código de Ética é a permissão aos advogados ou às sociedades de advogados de receber seus honorários pelo sistema de cartão de débito e crédito. (art. 53 do CED)

7. MORTE OU INCAPACIDADE

Os honorários integram o patrimônio civil da pessoa do advogado, portanto, em caso de morte, **transmite-se a seus sucessores legítimos.** Em caso de incapacidade civil superveniente, declarada sua interdição, seu **curador** é legitimado a receber os honorários.

8. CRITÉRIOS DE FIXAÇÃO DOS HONORÁRIOS ADVOCATÍCIOS

Os honorários profissionais do advogado devem ser fixados com moderação, obedecendo aos seguintes critérios trazidos no art. 49 do CED:

- a relevância, o vulto, a complexidade e a dificuldade das questões versadas;
- o trabalho e o tempo a ser empregados;
- a possibilidade de ficar o advogado impedido de intervir em outros casos, ou de se desavir com outros clientes ou terceiros;
- o valor da causa, a condição econômica do cliente e o proveito para este resultante do serviço profissional;
- o caráter da intervenção, conforme se trate de serviço a cliente eventual, frequente ou constante;
- o lugar da prestação dos serviços, conforme se trate do domicílio do advogado ou de outro;
- a competência do profissional;
- a praxe do foro sobre trabalhos análogos.

MUITA ATENÇÃO! A Súmula 201 do STJ veda que os honorários sejam fixados em salários mínimos.

Com base nos parâmetros elencados anteriormente, o advogado fixará sua remuneração **sempre acima do mínimo** estabelecido na Tabela de Honorários instituída pelo respectivo Conselho Seccional onde for realizado o serviço, sob pena de caracterizar-se o aviltamento de honorários. (art. 48, § 6º do CED)

Cabe salientar que há variação de valores nas Tabelas de Honorários dos diferentes Estados da federação.

9. COBRANÇA DE HONORÁRIOS

Os honorários são cobrados mediante **processo de execução:**

A – **Extrajudicial:** o contrato escrito de honorários deve preencher os requisitos dos arts. 221, 593 e seguintes do Código Civil, a ser adotado como padrão, pelo advogado;

B – **Judicial:** a decisão judicial que os fixar na sucumbência ou os arbitrar, no caso de ausência de contrato escrito.

Os honorários advocatícios constituem **crédito privilegiado** em qualquer hipótese em que haja concurso de créditos, no mesmo nível dos créditos trabalhistas, pois ambos têm a mesma natureza, isto é, o trabalho humano: falência, concordata, concurso de credores, insolvência civil e liquidação extrajudicial.

No caso de **precatório,** este deve ser expedido **diretamente em nome do advogado**, pois é direito autônomo e em seu nome terá sido processada a execução.

10. EXECUÇÃO DOS HONORÁRIOS ADVOCATÍCIOS

Quanto à execução do contrato escrito, referente aos honorários advocatícios, o art. 24, § 1º, EAOAB, é claro: "A decisão judicial que fixar ou arbitrar honorários e o contrato escrito que o estipular são títulos executivos e constituem crédito privilegiado na falência, concordata, concurso de credores, insolvência civil e liquidação extrajudicial. A execução dos honorários pode ser promovida nos mesmos autos da ação em que tenha atuado o advogado, se assim lhe convier". Quando o advogado contrata de **forma verbal**, não há o que executar, ensejando, assim, a **ação de cobrança**.

Observe que, quando estivermos diante de honorários de sucumbência ou contratuais devidos ao advogado que houver atuado na causa, por ele poderá ser executado, assistindo-lhe direito autônomo para promover a execução do capítulo da sentença que os estabelecer ou para postular, quando for o caso, a expedição de precatório ou requisição de pequeno valor em seu favor.

No caso de substabelecimento, haverá o rateio proporcional dos honorários de sucumbência entre o substabelecente e o substabelecido, conforme atuação de cada um no processo ou segundo haja sido ajustado entre eles (art. 51 § 1º do CED).

Mediante dúvida, ou ainda, não aprazado nenhum valor entre advogados quanto às verbas honorárias, poderá a OAB ou o TED mediar esse valor (§ 2º). O relator, diante de divergência de honorários de sucumbência nos processos disciplinares entre advogados deverá, preliminarmente, tentar a conciliação (§ 3º).

O advogado deve renunciar previamente ao mandato para fazer a cobrança judicial de honorários do cliente em débito (art. 54 do CED).

Assim, cabe ao advogado, pela opção que lhe dá a lei, bem como da natureza alimentícia de seus honorários, recorrer à Justiça Especializada, nesse caso a Justiça do Trabalho, que pode oferecer uma prestação jurisdicional mais célere e eficaz, comparando-se com a morosidade na prestação jurisdicional e a falta de estrutura na Justiça comum. Portanto, a **Justiça do Trabalho** é **competente** para julgar ações de cobrança de honorários advocatícios, **desde que ajuizada por advogado na condição de pessoa natural,** pois a prestação do advogado não tem **relação de consumo,** em virtude de lei e de particularidades próprias, e, mesmo assim, esta relação não afasta o conceito de trabalho contemplado pelo art. 114 da CF (artigo ampliado pela Emenda Constitucional 45/2004).

FIQUE POR DENTRO:

"COMPETÊNCIA PARA COBRANÇA DE HONORÁRIOS ADVOCATÍCIOS"

Se a prestação de serviços for por escritório de advocacia (advogado pessoa jurídica), impende destacar que a competência é da Justiça Comum, e não da Justiça Laboral, vez que a controvérsia jurisprudencial e doutrinária se refere à pessoa física do advogado. Vide Súmula 363 do STJ: "Compete à Justiça Estadual processar e julgar a ação de cobrança ajuizada por profissional liberal contra cliente".

11. PRESCRIÇÃO E PRESTAÇÃO DE CONTAS

Em relação à prestação de contas pelas quantias recebidas pelo advogado de seu cliente, ou de terceiros por conta dele (art. 34, inc. XXI, EAOAB), o prazo de prescrição de honorários é fixado em **5 (cinco) anos a**

partir do término da ação, conforme determina o art. 25-A do EAOAB. Essa é uma hipótese de prescrição do **cliente contra o advogado.**

O advogado tem **5 anos** para cobrar honorários advocatícios do seu cliente, a contar:

I. do vencimento do contrato, se houver;

II. do trânsito em julgado da decisão que os fixar;

III. da ultimação do serviço extrajudicial;

IV. da desistência ou transação;

V. da renúncia ou revogação do mandato.

O **exame unificado de fevereiro de 2010** trouxe como correta a seguinte afirmativa: "A lei prevê, expressamente, o termo prescricional para a ação de prestação de contas pelas quantias que o advogado recebe de seu cliente ou de terceiros por conta deste".

O Exame de Ordem FGV 2020.1 trouxe a seguinte questão: O advogado Fernando foi contratado por Flávio para defendê-lo, extrajudicialmente, tendo em vista a pendência de inquérito civil em face do cliente. O contrato celebrado por ambos foi assinado em 10/03/15, não prevista data de vencimento. Em 10/03/17, foi concluída a atuação de Fernando, tendo sido homologado o arquivamento do inquérito civil junto ao Conselho Superior do Ministério Público. Em 10/03/18, Fernando notificou extrajudicialmente Flávio, pois este ainda não havia adimplido os valores relativos aos honorários contratuais acordados. A ação de cobrança de honorários a ser proposta por Fernando prescreve em... A alternativa correta aduzia que, com base na data de conclusão dos serviços de Fernando em 10/03/17, a prescrição deve ser assinada onde consta 5 (cinco) anos contados a partir desta data. Rege o art. 25 do EAOAB que o prazo prescricional de cobrança de honorários é de 5 anos contatos do vencimento do contrato, do trânsito em julgado da decisão que os fixar, da ultimação do serviço extrajudicial, da desistência ou transação e da renúncia ou revogação do mandato.

EM RESUMO: HONORÁRIOS ADVOCATÍCIOS	
Natureza Jurídica	• Tem natureza alimentar, tema já pacificado no **Supremo Tribunal Federal** por meio de vários acórdãos de seus ministros. A Súmula Vinculante 47 do STF aduz que **"os honorários advocatícios incluídos na condenação ou destacados do montante principal devido ao credor consubstanciam verba de natureza alimentar, cuja satisfação ocorrerá com expedição de precatório ou Requisição de Pequeno Valor, observada ordem especial restrita aos créditos desta natureza".**
Tipos de Honorários	• **Honorários Convencionados:** ⇨ **Os honorários podem ser convencionados livremente entre o advogado e seu cliente**, observadas as normas que restringem a total liberdade contratual. ⇨ O advogado deve respeitar os valores da Tabela de Honorários Advocatícios, que **define valores** para **afastar o aviltamento** de sua remuneração. ⇨ A elaboração dessas tabelas compete **aos Conselhos Seccionais** e, por este motivo, os valores são variáveis em função de **peculiaridades regionais.** ⇨ A fixação de honorários abaixo dos valores da Tabela **é proibida** (art. 22, § 2º, do EAOAB e arts. 29 e 48, § 6º do CED), salvo motivo justificável. ⇨ Constitui infração disciplinar, por violação de preceito ético, a fixação irrisória de honorários, e está sujeito o infrator à pena de **censura** (art. 36, II e III, do EAOAB), pois gera presunção de **captação de clientela**, salvo em situações especiais, demonstradas previamente ao TED, como ocorre com alguns grêmios estudantis de faculdades de Direito. ⇨ Valores fixados **abusivamente**, podem sujeitar o advogado à pena de **suspensão** por locupletamento, infração disciplinar (art. 34, inc. XX, do EAOAB). ⇨ O advogado que prestar serviços puramente gratuitos, sem interesses secundários, nem ocultação de doação remuneratória, terá praticado concorrência desleal sob a ética classista. **Exceções:** quando um advogado defende outro em um processo oriundo de ato ou omissão praticado no exercício da profissão (art. 22, § 5º, do EAOAB). A solidariedade profissional justifica exceção; Advocacia ***pro bono***. • **Honorários arbitrados judicialmente:** ⇨ São os honorários fixados por sentença, em função de inexistência de acordo entre o advogado e seu cliente. ⇨ A falta de fixação de valor dos honorários acaba resultando em sua definição judicial, em ação dita de arbitramento de honorários. Nesse caso, o juiz deverá observar OBRIGATORIAMENTE as regras dispostas no art. 85, §§ 2º, 3º, 4º, 5º, 6º, 6º-A, 8º, 8º- A, 9º e 10, do CPC, o trabalho e o valor econômico da questão, (art. 22, § 2º, do EAOAB) e os critérios para mensuração expostos no art. 49 CED. • **Honorários de Sucumbência:** ⇨ Decorrem da **condenação da parte vencida** em ações judiciais, e também são arbitrados nas execuções de títulos extrajudiciais.

EM RESUMO: HONORÁRIOS ADVOCATÍCIOS	
Tipos de Honorários	⇨ Pertencem **ao advogado**, tendo este direito autônomo para executar a sentença nesta parte, podendo requerer que o precatório, quando necessário, seja expedido em seu favor (art. 23, EAOAB). **OBS - HONORÁRIOS ASSISTENCIAIS:** são aqueles pagos a um advogado contratado por entidade sindical para prestar assistência jurídica ao trabalhador sem condições financeiras de arcar com os custos de um defensor e devem ser pagos aos profissionais do Direito, sem prejuízo aos outros tipos de honorários combinados entre cliente e advogado. ⇨ Também poderá ser do advogado empregado (art. 21, EAOAB) se não tiver havido expressa convenção em contrário. ⇨ O advogado pode promover execução dos honorários nos mesmos autos da ação em que tenha atuado, se assim lhe convier, ou seja, pode promovê-la em nome próprio, cabendo-lhe escolher a melhor forma de execução (art. 24, § 1º, do EAOAB). ⇨ Pode requerer a expedição de precatório em seu nome nas execuções contra a Fazenda Pública. ⇨ É legítima a interposição de recurso contra a decisão que fixa honorários em valor insuficiente, pelo advogado. ⇨ O acordo feito entre as partes **não prejudica** os honorários de sucumbência (art. 24, § 4º, do EAOAB), salvo aquiescência dos respectivos advogados.
Honorários *quota litis*	• **São aqueles em que há participação do advogado no resultado ou ganho decorrente da demanda.** • **Na adoção da cláusula** quota litis, **deve o advogado observar as seguintes normas: Representação em pecúnia; Os honorários *quota litis***, acrescidos aos honorários de sucumbência, **não podem superar** as vantagens advindas em favor do cliente; A participação do advogado em bens particulares do cliente é admitida apenas **excepcionalmente**, desde que comprovado que o cliente não tem condições financeiras de pagar o advogado. Essa forma de pagamento deve ser ajustada em **instrumento contratual**; Atendidos os requisitos da moderação e da razoabilidade, quando o objeto do serviço jurídico versar sobre prestações vencidas e vincendas, os honorários advocatícios poderão incidir sobre o valor de umas e outras.
Forma de pagamento	• **A forma de pagamento dos honorários advocatícios é livremente pactuada** entre as partes. **Na falta de convenção**, será observada a norma supletiva do Estatuto, prevendo a divisão do pagamento dos honorários em três momentos, em partes iguais, quando se tratar de processo judicial (art. 22, § 3º, do EAOAB): ⇨ **1/3 no início da prestação de serviço** ⇨ **1/3 após a decisão de 1ª instância** ⇨ **1/3 no final do processo** • Mesma proporção deve ser adotada em caso de serviços extrajudiciais. • Não é autorizado o saque de duplicatas ou qualquer outro título de crédito de natureza **mercantil**, podendo, apenas, ser emitida fatura, quando o cliente assim pretender, com fundamento no contrato de prestação de serviços, a qual, porém, **não poderá ser levada a protesto.** • É permitido ao advogado ou sociedade de advogados receber os honorários com **cartão de crédito**, mediante credenciamento junto à empresa operadora do ramo. Eventuais problemas com a empresa operadora no que se refere a pagamento antecipado ou até mesmo rescisão de contrato de prestação de serviços, não exime o advogado de suas responsabilidades com o cliente.
Morte ou Incapacidade	• **Os honorários integram o patrimônio civil da pessoa do advogado, portanto, em caso de morte, transmite-se a seus sucessores legítimos.** Em caso de incapacidade civil superveniente, declarada sua interdição, seu **curador** é legitimado a receber os honorários.
Critérios de Fixação dos Honorários Advocatícios	• a relevância, o vulto, a complexidade e a dificuldade das questões versadas; • o trabalho e o tempo a ser empregados na causa; • a possibilidade de o advogado ficar impedido de intervir em outras ações, ou de se desavir com outros clientes ou terceiros; • o valor da causa, a condição econômica do cliente, o valor da causa e o proveito para este resultante do serviço profissional; • observar se desse trabalho haverá eventualidade, frequência ou constância na prestação de serviços a este cliente; • se ater ao lugar da prestação dos serviços, se domicílio do advogado ou da outra parte; • a competência do profissional; • a praxe do foro sobre trabalhos parecidos.
Cobrança de Honorários	• Os honorários advocatícios constituem **crédito privilegiado** em qualquer hipótese em que haja concurso de créditos, no mesmo nível dos créditos trabalhistas, pois ambos têm a mesma natureza, isto é, o trabalho humano: falência, concordata, concurso de credores, insolvência civil e liquidação extrajudicial. • Em caso de **precatório,** deve ser expedido **diretamente em nome do advogado**, pois é direito autônomo e em seu nome terá sido processada a execução.

EM RESUMO: HONORÁRIOS ADVOCATÍCIOS	
Execução dos Honorários Advocatícios	• Quanto à execução do contrato escrito, referente aos honorários advocatícios: **"A decisão judicial que fixar ou arbitrar honorários e o contrato escrito que o estipular são títulos executivos e constituem crédito privilegiado na falência, concordata, concurso de credores, insolvência civil e liquidação extrajudicial. A execução dos honorários pode ser promovida nos mesmos autos da ação em que tenha atuado o advogado, se assim lhe convier".** • **Quando o advogado contrata de forma verbal**, não há o que executar, ensejando, assim, a **ação de cobrança.** • Os honorários de sucumbência ou contratuais devidos ao advogado que houver atuado na causa, por ele poderá ser executado, assistindo-lhe direito autônomo para promover a execução do capítulo da sentença que os estabelecer ou para postular, quando for o caso, a expedição de precatório ou requisição de pequeno valor em seu favor.
Prescrição e prestação de contas	• Em relação à prestação de contas pelas quantias recebidas pelo advogado de seu cliente, ou de terceiros por conta dele, o prazo de prescrição de honorários é fixado **em 5 (cinco) anos a partir do término da ação.** Essa é uma hipótese de prescrição do **cliente contra o advogado.** • O advogado terá 5 anos para cobrar os honorários advocatícios de seu cliente, contado o prazo: **I.** do vencimento do contrato, se houver; **II.** do trânsito em julgado da decisão que os fixar; **III.** da ultimação do serviço extrajudicial; **IV.** da desistência ou transação; **V.** da renúncia ou revogação do mandato.

CAPÍTULO XI
ADVOCACIA *PRO BONO*

1. INTRODUÇÃO

O Código de Ética e Disciplina da OAB conceituou a **Advocacia *pro bono*** como "a prestação **gratuita, eventual e voluntária** de serviços jurídicos em favor de **instituições sociais sem fins econômicos** e aos seus assistidos, sempre que os beneficiários não dispuserem de recursos para a contratação de profissional" (art. 30, § 1º do CED).

(FGV – Exame de Ordem – 2021.1) O advogado Filipe, em razão de sua notoriedade na atuação em defesa das minorias, foi procurado por representantes de certa pessoa jurídica X, que solicitaram sua atuação *pro bono* em favor da referida pessoa jurídica, em determinados processos judiciais. De acordo com o Código de Ética e Disciplina da OAB, assinale a opção que apresenta a resposta que deve ser dada por Filipe a tal consulta. Alternativa correta: É autorizada a atuação *pro bono* em favor de pessoas jurídicas, desde que consideradas instituições sociais e que não se destinem a fins econômicos, e aos seus assistidos, sempre que os beneficiários não dispuserem de recursos para a contratação de profissional. Note que o candidato deve usar de embasamento legal o art. 30, § 1º do CED.

É a "**advocacia para o bem**", voltada a quem necessita. **Patrocínio gratuito** de causas judiciais e consultas jurídicas por parte de advogados dispostos a atuarem sem o respectivo recebimento de honorários advocatícios. Trata-se, portanto, da responsabilidade social do advogado no sentido de ajudar os hipossuficientes, em orientação jurídica ou no acesso à justiça.

Para o Provimento 166/2015, "considera-se advocacia *pro bono* a prestação gratuita, eventual e voluntária de serviços jurídicos em favor de instituições sociais sem fins econômicos e aos seus assistidos, sempre que os beneficiários não dispuserem de recursos para a contratação de profissional. A advocacia *pro bono* pode ser exercida em favor de pessoas naturais que, igualmente, não dispuserem de recursos para, sem prejuízo do próprio sustento, contratar advogado (art. 30, § 2º do CED).

Por outro lado, o exercício da advocacia deve ser remunerado, bem como o advogado para cobrar seus honorários do cliente, deve considerar alguns fatores previstos no Estatuto, no Código de Ética**,** bem como na Tabela Mínima de Honorários, elaborada pelo Conselho Seccional. O art. 658 do Código Civil estatui que o mandato que se exerce por ofício ou profissão é sempre oneroso, ou seja, deve ser remunerado. Excepcionalmente, em alguns casos a advocacia é efetuada de forma gratuita, exercício esse que não pode ocorrer com habitualidade, sob pena de infração disciplinar.

Importante ressaltar que, de acordo com o art. 2º do Provimento 166/2015, aplicam-se à advocacia ***pro bono*** os dispositivos do Estatuto, do Regulamento Geral, do Código de Ética e Disciplina e dos Provimentos do Conselho Federal da OAB.

O advogado que requerer o benefício de justiça gratuita para o seu cliente, também está praticando uma forma de advocacia ***pro bono*** (Lei 1.060/50).

Note que a advocacia ***pro bono*** não pode ser utilizada para fins político-partidários ou eleitorais, nem beneficiar instituições que visem a tais objetivos, ou como instrumento de publicidade para captação de clientela (art. 30, § 3º do CED). É permitida apenas a divulgação institucional e genérica da atividade, como dispõe o art. 5º do Provimento 166/2015. Sobre o assunto, a banca examinadora propôs a seguinte questão no **exame unificado de novembro de 2016:** A advogada Kátia exerce, de forma eventual e voluntária, a advocacia *pro bono* em favor de certa instituição social, a qual possui personalidade jurídica como associação, bem como de pessoas físicas economicamente hipossuficientes. Em razão dessa prática, sempre que pode, Kátia faz menção pública à sua atuação *pro bono,* por entender que isto revela correição de caráter e gera boa publicidade de seus serviços como advogada, para obtenção de clientes em sua atuação remunerada. Considerando as informações acima: Kátia comete infração ética, ao divulgar sua atuação *pro bono* como instrumento de publicidade para obtenção de clientela. Quanto à atuação *pro bono* em favor de pessoas jurídicas, inexiste vedação.

O assunto guarda relação com a Lei 9.608/98, que dispõe sobre o serviço voluntário, e para fins desta lei, trabalho voluntário pode ser prestado por pessoa física a instituições privadas de caráter assistencial, sem vínculo empregatício ou previdenciário. Os advogados públicos, ou procuradores estaduais e federais, também conhecidos como "procuradores da cidadania", também podem prestar assistência gratuita aos hipossuficientes, dentro de suas atribuições e especialidades.

Atente-se que não se aplica o Provimento 166/2015, art. 3º, à assistência jurídica pública, prevista no art. 5º, LXXIV, e no art. 134 da Constituição da República, realizada, fundamentalmente, pela atuação das Defensorias Públicas da União e dos Estados. E mais, o referido Provimento não se aplica à assistência judiciária decorrente de convênios celebrados pela OAB.

2. BENEFICIÁRIOS

Entende-se por beneficiários da advocacia ***pro bono,*** as **pessoas naturais** que, igualmente, não dispuserem de recursos para, sem prejuízo do próprio sustento, contratar advogado, é o que traz o Provimento 166/2015, em seu art. 1º, parágrafo único. O mesmo discorre o art. 30, §§ 2º e 3º do CED, a advocacia ***pro bono*** pode ser exercida em favor de **pessoas naturais** que, igualmente, não dispuserem de recursos para, sem prejuízo do próprio sustento, contratar advogado, assim como, **não pode ser utilizada para fins político-partidários ou eleitorais,** nem beneficiar instituições que visem a tais objetivos, ou como instrumento de publicidade para captação de clientela.

O Provimento 166/2015 em seu art. 6º aduz que no exercício da advocacia *pro bono*, o advogado empregará o zelo e a dedicação habituais, de forma que a parte por ele assistida se sinta amparada e confie no seu patrocínio.

MUITA ATENÇÃO!

O advogado empregará o zelo e a dedicação habituais, quando do exercício da advocacia pro bono, ou ainda, como defensor nomeado, conveniado ou dativo, de forma que a parte por ele assistida se sinta amparada e confie no seu patrocínio. (art. 30 do CED)

3. ATIVIDADE REMUNERADA X ADVOCACIA *PRO BONO*

Os advogados e os integrantes das sociedades de advogados e dos departamentos jurídicos de empresas que desempenharem a advocacia ***pro bono*** definida no art. 1º do Provimento 166/2015 **estão impedidos de exercer a advocacia remunerada**, em qualquer esfera, para a pessoa natural ou jurídica que se utilize de seus serviços ***pro bono.***

O parágrafo 2º do referido Provimento discorre que é proibido vincular ou condicionar a prestação de serviços ***pro bono*** em qualquer circunstância à contratação de serviços remunerados.

4. IMPEDIMENTO LEGAL

O art. 4º, parágrafo 1º do Provimento 166/2015 diz que o impedimento cessará uma vez **decorridos 03 (três) anos** do encerramento da prestação do serviço ***pro bono.***

EM RESUMO: ADVOCACIA PRO BONO	
Definições	• Código de Ética: considera-se advocacia ***pro bono*** a prestação gratuita, eventual e voluntária de serviços jurídicos em favor de instituições sociais sem fins econômicos e aos seus assistidos, sempre que os beneficiários não dispuserem de recursos para a contratação de profissional. • **Provimento 166/2015:** considera-se advocacia ***pro bono*** a prestação gratuita, eventual e voluntária de serviços jurídicos em favor de instituições sociais sem fins econômicos e aos seus assistidos, sempre que os beneficiários não dispuserem de recursos para a contratação de profissional.
Beneficiários	• **Pessoas naturais** que, igualmente, não dispuserem de recursos para, sem prejuízo do próprio sustento, contratar advogado, assim como, **não pode ser *utilizada para fins político-partidários ou eleitorais,*** nem beneficiar instituições que visem a tais objetivos, ou como instrumento de publicidade para captação de clientela.
Atividade Remunerada X Advocacia *Pro Bono*	• Os advogados e os integrantes das sociedades de advogados e dos departamentos jurídicos de empresas que desempenharem a advocacia ***pro bono*** **estão impedidos de exercer a advocacia remunerada, em qualquer esfera, para a pessoa natural ou jurídica que se utilize de seus serviços *pro bono*.** • É proibido vincular ou condicionar a prestação de se**rviços *pro bono* em qualquer circunstância à contratação de serviços remunerados.**
Impedimento Legal	• O impedimento cessará uma vez **decorridos 03 (três) anos** do encerramento da prestação do serviço ***pro bono.***

CAPÍTULO XII
INCOMPATIBILIDADE E IMPEDIMENTO

1. ATIVIDADE DE INCOMPATIBILIDADE E DE IMPEDIMENTO COM A ADVOCACIA

Impedimento e incompatibilidade são espécies de restrições ao exercício da advocacia. São nomenclaturas encontradas em diversos ramos do Direito, sendo que em cada um deles, os conceitos e as consequências variam.

1.1 Disposições gerais

A incompatibilidade e impedimento são previstas em lei, de modo a adequá-las ao livre exercício profissional, direito previsto no art. 5º, inc. XIII, da CF. O EAOAB é **taxativo** ao enumerar as atividades que geram incompatibilidade com o exercício da advocacia, assim como as atividades que podem gerar impedimentos para advogar.

1.2 Conceito

A incompatibilidade equivale à **proibição total** do exercício da advocacia (art. 28, do EAOAB), significa que o advogado não pode exercer suas atividades advocatícias. **Não pode advogar** em hipótese alguma, nem mesmo em **causa própria** (todas as atividades privativas previstas no art. 1º do EAOAB). Essa restrição é **absoluta,** não admite exceções. Tal proibição pode ensejar apenas uma licença quando a atividade incompatível tiver natureza temporária (art. 12, inc. II, do EAOAB), como nos casos do Prefeito, do Governador ou do Presidente da República (Chefes do Poder Executivo – art. 28, inc. I, do EAOAB); ou pode gerar o cancelamento da inscrição, no caso de atividade incompatível em caráter definitivo: juiz, promotor de justiça, analista judiciário, delegado de polícia, entre outras.

Os atos praticados pelo advogado que passa a exercer atividade incompatível são **nulos** (art. 4º, parágrafo único, do EAOAB). A nulidade é **absoluta,** não deve ser confundida com a anulação ou a anulabilidade (nulidade relativa), e atinge qualquer ato profissional.

> **MUITA ATENÇÃO!** A consequência do exercício de atividade incompatível em caráter **permanente** é o **cancelamento** da inscrição na OAB, enquanto o exercício de atividade incompatível em caráter **temporário** acarreta apenas o licenciamento de sua inscrição na OAB, conforme veremos mais adiante.

O impedimento significa que o advogado pode exercer **parcialmente** suas atividades advocatícias, isto é, uma **limitação para seu exercício** (art. 27, do EAOAB), que no caso, são aquelas mencionadas no art. 30, incisos I e II do EAOAB.

Em síntese, o Estatuto indica que a incompatibilidade é proibida mesmo em causa própria, conforme determina o art. 28, enquanto que o impedimento é permitido parcialmente.

2. HIPÓTESES DE INCOMPATIBILIDADE

A advocacia é incompatível, mesmo em causa própria, com as seguintes atividades:

> **I – Chefe do Poder Executivo e membros da Mesa do Poder Legislativo e seus substitutos legais.**

Prefeitos, Governadores, Presidente da República e seus vices (Chefes do Poder Executivo) não podem exercer a advocacia.

Os membros da MESA do Poder Legislativo também **são incompatíveis.** Contudo, os membros do Poder Legislativo (art. 30, I, EAOAB) **são impedidos**, ou seja, podem exercer a advocacia, exceto contra ou a favor de determinadas pessoas, ao passo que os membros da MESA não podem advogar em hipótese alguma, mas veremos mais adiante os membros do Poder Legislativo. Salutar frisar que a incompatibilidade atinge apenas os membros da MESA Diretora. Os demais parlamentares podem exercer a advocacia, com outras restrições, ou seja, enfrentam as limitações do impedimento. Assim verifique que os membros do Poder Legislativo estão impedidos de exercer a advocacia de um modo geral. Veja que os integrantes da MESA Diretora é que não podem exercê-la de forma absoluta, vez que se deparam com a incompatibilidade.

→ **Exemplo:** Deise é uma próspera advogada e passou a buscar novos desafios, sendo eleita Deputada Estadual. Por força de suas raras habilidades políticas, foi eleita integrante da Mesa Diretora da Assembleia Legislativa do Estado Z. Ao ocupar esse honroso cargo procurou conciliar sua atividade parlamentar com o exercício da advocacia, sendo seu escritório agora administrado pela filha. Nos termos do Estatuto da Advocacia, pode-se afirmar que a participação de Deise na Mesa Diretora a torna incompatível com o exercício da advocacia. **(Exame julho/2015)**

Para melhor esclarecer acerca do tema, vamos relembrar a composição do Poder Legislativo: O Congresso Nacional é composto pelo Senado Federal (representa os Estados e o Distrito Federal) e pela Câmara dos Deputados (representa o povo). Importante citar que nos Estados temos as Assembleias Legislativas, nos Municípios temos as Câmaras Municipais, no Distrito Federal temos a Câmara Distrital. Ademais cada uma dessas casas tem uma MESA, que representa a Mesa Diretora; esta é o órgão colegiado composto por parlamentares (senadores, deputados, vereadores), nas casas Legislativas (Senado, Câmara dos Deputados, **Assembleia** Legislativa, Câmara de Vereadores) e é formada pelo Presidente, **Vice-Presidente** e Secretários, dependendo dos respectivos regimentos internos.

De acordo com essa explicação, caso um advogado venha a ser eleito Deputado Estadual, ele poderá, parcialmente, exercer a advocacia. Mas se esse advogado for eleito a Presidente da Assembleia Legislativa, será incompatível temporariamente com a advocacia.

Todos os casos desse inciso **devem** pedir licença, em razão do caráter temporário.

II – Membros de órgãos do Poder Judiciário, do Ministério Público, dos tribunais e conselhos de contas, dos juizados especiais, da justiça da paz, juízes classistas, bem como de todos os que exerçam função de julgamento em órgãos de deliberação coletiva da administração pública direta ou indireta.

Vale ressaltar que 'membro' se difere de 'servidor'. São membros do Poder Judiciário: os magistrados, juízes substitutos, juízes de Direito, desembargadores e os Ministros dos Tribunais. São membros do Ministério Público: os promotores de justiça, procuradores de justiça, procuradores da República e os procuradores regionais da República.

MUITA ATENÇÃO!

- "Os **juízes leigos** ficarão impedidos de exercer a advocacia perante os Juizados Especiais, enquanto no desempenho de suas funções" (art. 7º, parágrafo único da Lei 9.099/95).
- O STF, no julgamento da Ação Direta de Inconstitucionalidade (ADI) nº 1.127-8, reconheceu que os **juízes eleitorais e seus suplentes**, podem advogar, desde que não sejam remunerados.

MUITA ATENÇÃO!

- **Juiz classista** não existe mais, atente-se, e era considerado incompatível. Eram aqueles que representavam a classe dos empregados e empregadores nas antigas Juntas de Conciliação e Julgamento, juntamente aos juízes togados. Hoje a Justiça do Trabalho é composta pela Vara do Trabalho com juízes togados e não classistas.

Vale chamar atenção para o período popularmente chamado de **"quarentena"**, que em nosso entendimento não tem relação com a incompatibilidade, tampouco com o impedimento. Trata-se, apenas, de uma limitação externa ao EAOAB. A Constituição Federal, no art. 95, parágrafo único, inciso V, acrescentado pela EC nº 45/2004, introduziu vedação ao exercício da advocacia pelos magistrados afastados do cargo, por aposentadoria ou exoneração, pelo prazo de 3 anos, apelidado de "quarentena". Durante este prazo, os magistrados aposentados ou exonerados não poderão exercer a advocacia no juízo ou tribunal do qual se afastaram. É hipótese não prevista no Estatuto e superveniente à sua edição. A limitação é parcial e não total. Não se trata, portanto, de incompatibilidade, e sim de impedimento.

FIQUE POR DENTRO:

"IMPEDIMENTO OU INCOMPATIBILIDADE?"

O Conselho Nacional de Justiça (art. 92, I-A CF) e o Conselho do Ministério Público (art. 130-A CF) são compostos por dois advogados nomeados pelo CFOAB, situação trazida com a EC 45/2004, tidos como advogados que compõem os membros de órgãos do Poder Judiciário e do Ministério Público. Ademais cabe comentar aqui também sobre os representantes da classe de advogados em órgãos que exerçam a função de julgamento (Conselho Municipal de Tributos, Tribunal de Impostos e Taxas). Esses advogados citados anteriormente poderiam sofrer algum tipo de restrição para o exercício da advocacia? Eles são considerados **impedidos** de exercer a advocacia nos mesmos órgãos, art. 8º, RGEAOAB.

III – Ocupantes de cargos ou funções de direção em órgãos da Administração Pública direta ou indireta, em suas fundações e em suas empresas controladas ou concessionárias de serviço público.

Na Administração Pública é comum o termo 'chefe', 'diretor' e outros para a classificação dos que lá trabalham, caracterizando com isso os servidores que exercem poder de mando no departamento. Esse inciso engloba **como incompatíveis aqueles que são detentores de mando** (art. 28, § 2º, EAOAB), assim estão claras as duas **exceções** para esse tipo de incompatibilidade:

A – Os que não detenham poder de decisão relevante sobre interesses de terceiros, a juízo do Conselho competente da OAB, ou seja, a Ordem verificará se há poder de decisão relevante – na prática – para definir se haverá ou não a incompatibilidade.

B – Aqueles que desempenham administração acadêmica diretamente relacionada ao magistério público.

Fique atento em relação aos ocupantes de cargos dos Juizados Especiais, uma vez que a incompatibilidade ocorre apenas e tão somente para aqueles juízes togados e serventuários concursados. Muito comum alguns advogados atuarem nesses órgãos como conciliadores, sem qualquer tipo de poder de decisão, sendo indicados pela Subseção local, ou, na sua ausência, pelo Conselho Seccional. Nesses casos, ocorre apenas impedimento ético para advogar perante tais órgãos (Enunciado 40 do Fórum Permanente de Juízes Coordenadores de Juizados Especiais).

IV – Ocupantes de cargos ou funções vinculados direta ou indiretamente a qualquer órgão do Poder Judiciário e os que exercem serviços notariais e de registro.

Fazem parte desta incompatibilidade os técnicos de atividades judiciárias, os analistas judiciários, os contadores judiciais e os que estão ligados indiretamente a esse Poder, como por exemplo, psicólogos, seguranças e demais cargos auxiliares ligados ao Poder Judiciário. Encontram-se nesta mesma situação, os que exercem serviços notariais e de registro, isto é, tabeliães, notários, registradores e escreventes de cartório extrajudicial. Servidores comuns que atuam em órgãos públicos que fazem registros de natureza diversa, que não possuem cargos ou funções de direção, como nas Juntas Comerciais, Biblioteca Nacional, Instituto Nacional de Propriedade Industrial são impedidos.

→ **Exemplo: (FGV – Exame de Ordem – 2021.2)** Carlos é aluno do primeiro período do curso de Direito. Vinícius é bacharel em Direito, que ainda não realizou o Exame da Ordem. Fernanda é advogada inscrita na OAB. Todos eles são aprovados em concurso público realizado por Tribunal de Justiça para o preenchimento de vagas de Técnico Judiciário. Após a investidura de Carlos, Vinícius e Fernanda em tal cargo efetivo e, enquanto permanecerem em atividade, é correto afirmar que: Fernanda deverá ter sua inscrição na OAB cancelada de ofício ou em virtude de comunicação que pode ser feita por qualquer pessoa. Consoante o art. 28, inciso IV, do EAOAB, Fernanda exerce atividade incompatível com o exercício da advocacia após investidura no cargo Técnico Judiciário, com isso, terá sua inscrição cancelada nos quadros da OAB ou em razão de comunicação feita por qualquer pessoa (art. 11, IV, EAOAB).

? **QUESTÃO:** O assessor ou assistente de Juiz é incompatível?

➥ ***RESPOSTA:*** *Questão polêmica está no assistente ou assessor de magistrados, cargos de livre nomeação e de provimento temporário, contudo a OAB pacificou o entendimento de que há sim incompatibilidade (PD 13/2003, DJ 20.10.2003 – PD nº 4.805/96, DJ 11.3.1996 – PD nº 5.497/2000, DJ 19.12.2000).*

V – Ocupantes de cargos ou funções vinculados direta ou indiretamente a atividade policial de qualquer natureza.

Neste caso, o Estatuto fez menção à atividade policial, como por exemplo, policiais federais (agentes, escrivães e delegados), policiais civis (investigadores, comissários, delegados), policiais militares, policiais rodoviários (estaduais e federais), assim como os integrantes do Corpo de Bombeiro Militar e abrange a todos os cargos e funções vinculados, ainda que indiretamente como, por exemplo, o carcereiro.

MUITA ATENÇÃO!

- Os **guardas municipais** se enquadram na hipótese de incompatibilidade.
- São incompatíveis os **peritos criminais, datiloscopistas e seus auxiliares e médico-legista.**

EXCEÇÃO: Poderão exercer advocacia em causa própria, para fins de defesa e tutela de **direitos pessoais**, desde que mediante inscrição especial na OAB, **vedada a participação em sociedade de advogados.** (art. 28, § 3º, do EAOAB)

VI – Militares de qualquer natureza, na ativa.

O inciso dispõe sobre os militares das Forças Armadas (Exército, Marinha e Aeronáutica), desde que estejam na ativa, não importando a sua patente.

EXCEÇÃO: Poderão exercer advocacia em causa própria, para fins de defesa e tutela de **direitos pessoais**, desde que mediante inscrição especial na OAB, **vedada a participação em sociedade de advogados**. (art. 28, § 3º, do EAOAB)

VII – Ocupantes de cargos ou funções que tenham competência de lançamento, arrecadação ou fiscalização de tributos e contribuições parafiscais.

Trata-se dos fiscais e de outros servidores que tenham competência de lançamento, arrecadação ou fiscalização de tributos ou contribuições parafiscais, como por exemplo, auditores fiscais, fiscais de receita previdenciária, fiscais de renda e fiscais do trabalho.

VIII – Ocupantes de funções de direção e gerência em instituições financeiras, inclusive privadas.

São aqueles que lidam com os componentes financeiros das pessoas, assim apenas aqueles que possuem cargos decisórios, quais sejam, de direção e gerência são incompatíveis.

3. HIPÓTESES DE IMPEDIMENTO

São espécies de impedimentos:

> **I – os servidores da administração direta, indireta ou fundacional, contra a Fazenda Pública que os remunere ou à qual seja vinculada a entidade empregadora.**

Neste caso, os servidores da Administração Pública direta, indireta e fundacional estão proibidos de exercer a advocacia pelo ato do impedimento, porém, eles podem advogar, menos **contra** a **Fazenda Pública que os remunere** ou à qual seja vinculada a entidade empregadora.

Assim, como exemplo, o funcionário da Prefeitura de Ribeirão Preto, não pode advogar somente contra a Prefeitura de Ribeirão Preto; o agente administrativo do INSS, não pode advogar contra a União, por ser uma autarquia federal; o professor de uma escola estadual, não pode litigar contra o Estado, entre outras hipóteses.

Importante se ater que o limite envolve a todos os servidores não incluídos nas situações específicas geradoras de impedimento e deve ser interpretada de forma extensiva.

De igual forma, estão impedidos os servidores aposentados, pois estes não se desvinculam inteiramente da Administração Pública, que permanece remunerando seus proventos. Além de levarem consigo informações que os demais advogados não detêm, voltando-se contra a Fazenda Pública a que serviram, explorando fragilidades e acesso a dados e informações cuja reserva, no interesse público devem manter.

> **II – os membros do Poder Legislativo, em seus diferentes níveis, contra ou a favor das pessoas jurídicas de direito público, empresas públicas, sociedades de economia mista, fundações públicas, entidades paraestatais ou empresas concessionárias ou permissionárias de serviço público.**

Membros do Poder Legislativo, tais como senador, deputado federal, deputado estadual, deputado distrital e vereador, podem advogar, **menos contra** ou **a favor** das pessoas jurídicas de direito público, empresas públicas, sociedades de economia mista, fundações públicas, entidades paraestatais ou empresas concessionárias ou permissionárias de serviço público.

Não se incluem nesta hipótese os membros do Poder Legislativo que façam parte da MESA daquele respectivo Poder. Nesse caso existe a hipótese de incompatibilidade prevista no art. 28, inciso I, do EAOAB, conforme já estudado. Assim, se tiver na prova membro da MESA do Poder Legislativo, estaremos diante de uma hipótese de incompatibilidade, sendo certo, por outro lado, que se tiver na prova apenas membro do Poder Legislativo, aí sim, está-se diante da hipótese de impedimento acima transcrita.

4. EXCEÇÃO PARA ADVOGADOS QUE SEJAM DOCENTES DE CURSOS JURÍDICOS

Apesar de serem servidores públicos, os docentes dos cursos jurídicos (art. 30, parágrafo único do EAOAB) podem advogar livremente. Vale ressaltar, no entanto, que por limitações éticas, o docente de uma autarquia estadual poderá advogar contra o Estado, porém não deveria fazê-lo contra a própria universidade. Por outro lado, se a Constituição possibilita aos magistrados e aos membros do Ministério Público o exercício de suas atividades cumulativamente com o magistério (art. 95, parágrafo único e art. 128, § 5º, II, ***d***, da CF), igual tratamento deve ser estendido aos advogados, mesmo que em situação privada, sob o aspecto de que não podem ver prejudicada sua atuação no mercado por causa da docência em cursos jurídicos públicos.

Todavia, a lei menciona apenas os **docentes dos cursos jurídicos**, os docentes de outros cursos (medicina, engenharia, letras, administração) ficam impedidos, nos termos do art. 30, parágrafo único do EAOAB.

Sobre o tema, a banca examinadora propôs a seguinte questão no **exame unificado de abril de 2014:** Juarez da Silva, advogado, professor adjunto de Direito Administrativo em determinada Universidade Federal, foi procurado, na qualidade de advogado, por um grupo de funcionários públicos federais que desejavam ajuizar determinada ação contra a União. Pode Juarez aceitar a causa, advogando contra a União? Sim. Juarez poderá aceitar a causa, pois o impedimento de exercício da advocacia contra a Fazenda Pública que remunera os advogados que são servidores públicos não inclui a hipótese de docentes de cursos jurídicos (art. 30, parágrafo único do EAOAB).

Portanto, não são incompatíveis aqueles que não possuam poder de decisão relevante sobre interesse de terceiro, a juízo do Conselho competente da OAB e os que atuam na administração acadêmica diretamente relacionada ao magistério jurídico (art. 28, § 2º, do EAOAB).

No **exame unificado de julho de 2011**, o a banca examinadora propôs o tema na seguinte questão: Caio, professor vinculado à Universidade Federal, ministrando aulas no curso de Direito, resolve atuar, em causa própria, pleiteando benefícios tributários em face da União Federal. Nos termos do Estatuto, pode-se afirmar que: é situação peculiar que permite o exercício da advocacia mesmo contra entidade vinculada. Perceba que o docente de cursos jurídicos é uma exceção à regra do art. 28 do EAOAB.

5. IMPEDIMENTOS ESPECIAIS

O EAOAB determina que o **impedimento** é a **proibição parcial** do exercício da advocacia, no entanto, existem algumas hipóteses diferentes, nas quais se pode advogar, mas **somente no âmbito do cargo público que ocupa** ou, então, pode advogar exceto no setor.onde trabalha. A denominação "impedimento especial" não é dada pela lei.

Assim, conforme está disposto no art. 29 do EAOAB, os Procuradores Gerais, os Advogados Gerais, Defensores--Gerais e dirigentes de órgãos jurídicos da Administração Pública direta, indireta e fundacional, são exclusivamente legitimados para o exercício da advocacia vinculada à função que exerçam, durante o período da investidura.

Vale lembrar que os Defensores Públicos que prestaram concurso anteriormente à Lei Complementar 80/94, podem advogar particularmente, porém, os que foram aprovados em concursos posteriores só podem advogar no âmbito da Defensoria Pública.

EM RESUMO: INCOMPATIBILIDADE E IMPEDIMENTO	
Atividade de Incompatibilidade e de Impedimento com a advocacia	• A **incompatibilidade** equivale à **proibição total** do exercício da advocacia, significa que o advogado não pode exercer suas atividades advocatícias, isto é, **não pode advogar** em hipótese alguma, nem mesmo em **causa própria**. Essa restrição é **absoluta,** não admite exceções. Porém, tal proibição pode ensejar apenas uma licença quando a atividade incompatível tiver natureza temporária. Os atos praticados pelo advogado que passa a exercer atividade incompatível são **nulos**. Trata-se de nulidade **absoluta.** • O **impedimento** significa que o advogado pode exercer **parcialmente** suas atividades advocatícias, isto é, uma **limitação para seu exercício**, que no caso, são aquelas mencionadas no art. 30, incisos I e II do EAOAB.
Hipóteses de Incompatibilidade	**I** – chefe do Poder Executivo e membros da **Mesa** do Poder Legislativo e seus substitutos legais; **II** – membros de órgãos do Poder Judiciário, do Ministério Público, dos tribunais e conselhos de contas, dos juizados especiais, da justiça de paz, juízes classistas, bem como de todos os que exerçam função de julgamento em órgãos de deliberação coletiva da administração pública direta e indireta; (Vide ADIN 1127-8) **III** – ocupantes de cargos ou funções de direção em Órgãos da Administração Pública direta ou indireta, em suas fundações e em suas empresas controladas ou concessionárias de serviço público; **IV** – ocupantes de cargos ou funções vinculados direta ou indiretamente a qualquer órgão do Poder Judiciário e os que exercem serviços notariais e de registro; **V** – ocupantes de cargos ou funções vinculados direta ou indiretamente a atividade policial de qualquer natureza; **VI** – militares de qualquer natureza, na ativa; **VII** – ocupantes de cargos ou funções que tenham competência de lançamento, arrecadação ou fiscalização de tributos e contribuições parafiscais; **VIII** – ocupantes de funções de direção e gerência em instituições financeiras, inclusive privadas.
Hipóteses de Impedimento	**I** – os servidores da administração direta, indireta e fundacional, contra a Fazenda Pública que os remunere ou à qual seja vinculada a entidade empregadora; **II** – os membros do Poder Legislativo, em seus diferentes níveis, contra ou a favor das pessoas jurídicas de direito público, empresas públicas, sociedades de economia mista, fundações públicas, entidades paraestatais ou empresas concessionárias ou permissionárias de serviço público.
Exceção para advogados que sejam docentes de cursos jurídicos	• Os **docentes dos cursos jurídicos** podem advogar livremente. No entanto, por limitações éticas, o docente de uma autarquia estadual poderá advogar contra o Estado, porém não deveria fazê-lo contra a própria universidade. Por outro lado, se a Constituição possibilita aos magistrados e aos membros do Ministério Público o exercício de suas atividades cumulativamente com o magistério (art. 95, parágrafo único e art. 128, § 5º, II, ***d***, da CF), igual tratamento deve ser estendido aos advogados, mesmo que em situação privada, sob o aspecto de que não podem ver prejudicada sua atuação no mercado por causa da docência em cursos jurídicos públicos.
Exceção para advogados que sejam docentes de cursos jurídicos	• **Não são incompatíveis** aqueles que **não possuam poder de decisão relevante sobre interesse de terceiro, a juízo do Conselho competente da OAB** e os que **atuam na administração acadêmica** diretamente relacionada ao magistério jurídico (art. 28, § 2º, do EAOAB).

EM RESUMO: INCOMPATIBILIDADE E IMPEDIMENTO	
Impedimentos Especiais	• O EAOAB determina que o **impedimento** é a **proibição parcial** do exercício da advocacia, no entanto, existem algumas hipóteses diferentes, nas quais se pode advogar, mas **somente no âmbito do cargo público que ocupa** ou, então, pode advogar exceto no setor onde trabalha. • Os Procuradores Gerais, os Advogados-Gerais, Defensores-Gerais e dirigentes de órgãos jurídicos da Administração Pública direta, indireta e fundacional, são exclusivamente legitimados para o exercício da advocacia vinculada à função que exerçam, durante o período da investidura. • Os Defensores Públicos que prestaram concurso anteriormente à Lei Complementar nº 80/94, podem advogar particularmente, porém, os que foram aprovados em concursos posteriores só podem advogar no âmbito da Defensoria Pública.

CAPÍTULO XIII
PUBLICIDADE

1. PUBLICIDADE NA ADVOCACIA

1.1 Disposições gerais

O objetivo do Estatuto é **evitar a mercantilização** da advocacia, bem como a **captação de clientela**, posto que a advocacia não é um negócio ou atividade mercantil com vistas ao lucro, em razão do ***múnus público*** que exerce o advogado. Segundo o Código de Ética, o exercício da advocacia é incompatível com qualquer procedimento de mercantilização, além das normas sobre publicidade e informação da advocacia constantes no Código de Ética e Disciplina, no Provimento n. 205/2021, em resoluções e em assentos dos Tribunais de Ética e Disciplina dos diversos Conselhos Seccionais.

É permitido ao advogado a divulgação da atividade da advocacia, individual ou coletivamente, desde que seja feita com **discrição e moderação** e com finalidade exclusivamente informativa, sendo proibida a divulgação da advocacia com outra atividade (art. 39 do CED).

A publicidade profissional deve ser sóbria, discreta e informativa, não devendo haver ostentação na divulgação (§1º, do art. 44, do CED) e, por conseguinte, ausência de incitação direta a eventual litígio judicial, administrativo ou à contratação de serviços. É vedada a promoção pessoal do advogado.

No Provimento nº 205/2021, art. 2º são observados alguns conceitos para que não paire nenhuma dúvida sobre o que deve ser feito. Segue a íntegra desses conceitos:

> "**I – Marketing jurídico:** especialização do marketing destinada aos profissionais da área jurídica, consistente na utilização de estratégias planejadas para alcançar objetivos do exercício da advocacia;
>
> **II – Marketing de conteúdos jurídicos:** estratégia de marketing que se utiliza da criação e da divulgação de conteúdos jurídicos, disponibilizados por meio de ferramentas de comunicação, voltada para informar o público e para a consolidação profissional do(a) advogado(a) ou escritório de advocacia;
>
> **III – Publicidade:** meio pelo qual se tornam públicas as informações a respeito de pessoas, ideias, serviços ou produtos, utilizando os meios de comunicação disponíveis, desde que não vedados pelo Código de Ética e Disciplina da Advocacia;
>
> **IV – Publicidade profissional:** meio utilizado para tornar pública as informações atinentes ao exercício profissional, bem como os dados do perfil da pessoa física ou jurídica inscrita na Ordem dos Advogados do Brasil, utilizando os meios de comunicação disponíveis, desde que não vedados pelo Código de Ética e Disciplina da Advocacia;
>
> **V – Publicidade de conteúdos jurídicos:** divulgação destinada a levar ao conhecimento do público conteúdos jurídicos;
>
> **VI – Publicidade ativa:** divulgação capaz de atingir número indeterminado de pessoas, mesmo que elas não tenham buscado informações acerca do anunciante ou dos temas anunciados;
>
> **VII – Publicidade passiva:** divulgação capaz de atingir somente público certo que tenha buscado informações acerca do anunciante ou dos temas anunciados, bem como por aqueles que concordem previamente com o recebimento do anúncio;
> **VIII – Captação de clientela:** para fins deste provimento, é a utilização de mecanismos de marketing que, de forma ativa, independentemente do resultado obtido, se destinam a angariar clientes pela indução à contratação dos serviços ou estímulo do litígio, sem prejuízo do estabelecido no Código de Ética e Disciplina e regramentos próprios".

É permitido o marketing jurídico, desde que exercido de forma compatível com os preceitos éticos da advocacia. Importante notar que as informações veiculadas, sempre deverão ser objetivas e verdadeiras, além de serem de exclusiva responsabilidade das pessoas físicas e dos sócios administradores da sociedade de advocacia (quando pessoa jurídica) identificados, os excessos cometidos, serão reportados a OAB, não excluindo a participação de outros inscritos que para ela tenham concorrido e sob pena de infração disciplinar consoante ao art. 34, inciso XVI do Estatuto.

2. DAS PERMISSÕES E DAS VEDAÇÕES NA ADVOCACIA

2.1 Das permissões:

São admissíveis como formas de publicidade, exercida de acordo com os preceitos éticos e respeitados o EAOAB, RGEAOAB, CED e pelo Provimento nº 205/2021:

- O art. 4º do Provimento acima admite, desde que não esteja incluída a mercantilização, a captação de clientela ou o emprego excessivo de recursos financeiros, o marketing de conteúdos jurídicos poderá ser utilizado a publicidade ativa ou passiva, sendo admitida utilizar anúncios pagos ou não nos meios de comunicação (salvo aqueles vedados pelo art. 40 do CED);
- Na publicidade de conteúdos jurídicos, é aceita a identificação profissional com qualificação e títulos, contudo, se faz imperioso que sejam verdadeiros e comprováveis quando solicitados pela OAB, assim como com a indicação da sociedade que integra;
- Divulgação de boletins, por meio físico ou eletrônico, sobre matéria cultural de interesse dos advogados, desde que sua circulação fique adstrita a clientes e a interessados do meio jurídico;
- Venda de bens e eventos, tais como livros, cursos, seminários ou congressos destinados a públicos específicos, ou seja, advogados, estagiários ou estudantes de direito, com ressalvas constantes do art. 4º do Provimento nº 205/2021, ou seja, desde que não esteja incutida a mercantilização, a captação de clientela ou o emprego excessivo de recursos financeiros, o advogado(a) poderá utilizar a publicidade ativa e passiva no marketing de conteúdo, sendo admitida a utilização de anúncios, pagos ou não, nos meios de comunicação, exceto nos meios vedados pelo art. 40 do CED e respeitados os limites impostos pelo inciso V do mesmo artigo;
- Exercer atividade de advocacia no sistema *Coworking;*
- Fazer referências a títulos acadêmicos, distinções honoríficas relacionadas à vida profissional, instituições jurídicas de que faça parte e as especialidades a que se dedicar, com o endereço, site, página eletrônica, QR *Code,* logotipo, fotografia dos advogados e do escritório, identidade visual, horário de atendimento e idiomas;

Note que, consoante o inciso V do art. 40 do CED, equiparam-se ao e-mail, todos os dados de contato e meios de comunicação do escritório ou advogado(a), inclusive os endereços dos sites, das redes sociais e os aplicativos de mensagens instantâneas, podendo também constar o logotipo, desde que em caráter informativo, respeitados os critérios de sobriedade e discrição.

- Divulgar imagem, vídeo ou áudio contendo atuação profissional, inclusive em audiências e sustentações orais, em processos judiciais ou administrativos que não estejam sob segredo de justiça e respeitados o sigilo e a dignidade profissional;
- Utilizar logomarca e imagens, inclusive fotos dos(as) advogados(as) e do escritório, assim como a identidade visual nos meios de comunicação profissional;
- Participar em vídeos ao vivo ou gravados, na Internet ou nas redes sociais, assim como em debates e palestras virtuais, observadas as regras dos arts 42 e 43 do CED e Provimento 205/2021;
- Em cartões e material de escritório que usar, desde que o advogado faça constar seu nome ou o da sociedade de advogados, o número ou os números de inscrição na OAB;

  → **Exemplo:** A advogada Leia Santos confeccionou cartões de visita para sua apresentação e de seu escritório. Nos cartões, constava seu nome, número de inscrição na OAB, bem como o site do escritório na Internet e um QR *Code* para que o cliente possa obter informações sobre o escritório. Já o advogado Lucas Souza elaborou cartões de visita que, além do seu nome e número de inscrição na OAB, apresentam um logotipo discreto e a fotografia do escritório. Considerando as situações descritas e o disposto no Código de Ética e Disciplina da OAB, o candidato deveria assinalar a alternativa que discorre que nenhum dos advogados cometeu infração ética, pois os elementos inseridos por ambos nos cartões de apresentação são autorizados, conforme art. 44, §3º do Código de Ética e Disciplina. **(FGV-Exame de Ordem 2019.1)**

- O uso de telefone e internet, principalmente para o envio de mensagens para clientes já adquiridos;
- Utilização de placas, painéis luminosos e inscrições nas fachadas, contudo, deve-se respeitar o que consta do artigo 39 do CED;

→ **Exemplo:** Foi solicitado pelo advogado Valter, a instalação na fachada do escritório, de um discreto painel luminoso com os dizeres "Advocacia Trabalhista". A sociedade de advogados "X" contratou a instalação de um sóbrio painel luminoso, constando o nome da sociedade, o nome dos advogados associados e o endereço da sede, em um dos pontos de ônibus da cidade. A advogada Helena, colocou nos elevadores do prédio comercial onde situa seu escritório, cartazes pequenos contendo inscrições sobre seu nome, o ramo do Direito em que atua e o andar no qual funciona o escritório dela. Nesta questão, o examinando deve escolher a resposta que descreva que apenas a sociedade de advogados X e Helena violaram a disciplina quanto à ética na publicidade profissional, vide art. 40 do Código de Ética OAB, o qual dispõe dos meios a serem dispensados pelo profissional da advocacia para divulgação de suas atividades profissionais. Importante recordar que, a publicidade na advocacia deve ter caráter informativo, ser discreta e com sobriedade e, em hipótese nenhuma, deve captar clientes ou caracterizar a mercantilização da profissão, consoante ao art. 39 do mesmo dispositivo legal. **(Exame de ordem 2018.1)**

- Com caráter meramente de manifestação profissional e com objetivo ilustrativo, educacional e instrutivo, a participação do advogado em programa de televisão, de rádio, de entrevista na imprensa e reportagem televisionada, é permitida desde que não haja o propósito de promoção pessoal, profissional ou sensacionalista;

  O art. 5º do Provimento 205/2021 discorre que a publicidade profissional permite a utilização de anúncios, pagos ou não, nos meios de comunicação não vedados pelo art. 40 do CED.

2.2 Das vedações:

Assim como temos publicidades aceitas pelo nosso ordenamento, a publicidade profissional deve ter caráter meramente informativo e primar pela discrição e sobriedade, entretanto, há também algumas situações que **são vedadas** ao advogado (arts. 40, 42, 44, § 2º do CED e Provimento 205/2021) são elas:

a) citar empregos atuais ou anteriores em qualquer órgão ou instituição, cargo ou função ocupado, **exceto** o de professor universitário.

b) a utilização de logomarca e símbolos oficiais da OAB;

c) veiculação da publicidade por meio de rádio, cinema e televisão;

d) uso de ***outdoors***, painéis luminosos ou formas assemelhadas de publicidade;

e) inscrições em muros, paredes, veículos, elevadores ou em qualquer espaço público;

f) pagar, patrocinar ou efetivar qualquer despesa para viabilizar aparecer em rankings, prêmios ou recebimentos de honorários em eventos ou publicações ou mídia que visem destacar ou eleger profissionais como detentores de destaque;

g) utilizar casos concretos ou apresentação de resultados em gravações de vídeos ao vivo ou gravados, na Internet, nas redes sociais e palestras virtuais;

h) divulgar suas atividades em conjunto com qualquer outra atividade ou empresa que compartilhem o mesmo espaço físico (Coworking);

i) fornecimento de dados de contato, como endereço e telefone, em colunas ou artigos literários, culturais, acadêmicos ou jurídicos, publicados na imprensa, bem assim quando de eventual participação em programas de rádio ou televisão, ou em veiculação de matérias pela internet;

j) utilização de mala direta, a distribuição de panfletos ou formas assemelhadas de publicidade, com o intuito de captação de clientela;

k) referência direta ou indireta a valores de honorários, forma de pagamento, gratuidade ou descontos e reduções de preços como forma de captação de clientes;

l) divulgar informações que possam induzir a erro ou causar dano a clientes, a outros(as) advogados(as) ou à sociedade;

m) utilizar expressões ou orações persuasivas, de auto engrandecimento ou de comparação;

n) distribuir brindes, cartões de visita, material impresso e digital, apresentação de serviços profissionais ou afins de maneira indiscriminada em locais públicos, presenciais ou virtuais, salvo em eventos de interesse jurídico;

o) referir ou mencionar decisões judiciais e resultados de qualquer natureza obtidos em procedimentos que patrocina ou participa, ressalvada a hipótese de manifestação espontânea em caso coberto pela mídia;

p) qualquer publicidade ativa informando dimensões, qualidades ou estrutura física do escritório, como

como promessas de resultados ou utilizar casos concretos para oferta de atuação profissional;

q) qualquer publicidade relativa a ostentação de bens relativos ao exercício ou não da profissão, como uso de veículos, viagens, hospedagens e bens de consumo, bem como mencionar promessas de resultados ou utilização de casos concretos para oferta de atuação profissional;

r) publicidade mediante uso de meios ou ferramentas de influam de forma fraudulenta no seu impulsionamento ou alcance;

s) vincular serviços advocatícios com outras atividades ou divulgação conjunta de tais atividades, salvo o de magistério, ainda que complementares ou afins.

Sobre o tema, a banca examinadora propôs a seguinte questão no **exame unificado de julho de 2015:** O advogado Nelson, após estabelecer seu escritório em local estratégico nas proximidades dos prédios que abrigam os órgãos judiciários representantes de todas as esferas da Justiça, resolve publicar anúncio em que, além dos seus títulos acadêmicos, expõe a sua vasta experiência profissional, indicando os vários cargos governamentais ocupados, inclusive o de Ministro de prestigiada área social. Nos termos do Código de Ética da Advocacia, é correto afirmar que: O anúncio colide com as normas do Código, que proíbem a referência a cargos públicos capazes de gerar captação de clientela.

→ **Exemplo: (FGV – Exame de Ordem – 2021.2)** O renomado advogado José deseja editar, para fins de publicidade, cartões de apresentação de suas atividades profissionais como advogado. José, especialista em arbitragem e conciliação, já exerceu a função de conciliador junto a órgãos do Poder Judiciário. Além disso, José, atualmente, é conselheiro em certo Conselho Seccional da OAB e é professor aposentado do curso de Direito de certa universidade federal. Considerando as informações dadas, a afirmativa correta: É vedada menção, nos cartões de apresentação de José, à sua condição de conselheiro do Conselho Seccional, bem como à pregressa atuação de José como conciliador. Todavia, autoriza-se a referência nos cartões à atividade de professor universitário. Embasamento legal, art. 44, § 1º e 2º do CED, observe que é vedada a inclusão de fotografias pessoais ou de terceiros nos cartões de visitas do advogado, sendo ainda vedado fazer menção a qualquer emprego, cargo ou função ocupado, atual ou pretérito, em qualquer órgão ou instituição, salvo o de professor universitário.

DICA IMPORTANTE: As formas de publicidade profissional admitidas e vedadas têm sido objeto constante de cobrança nos exames de ordem. Foram exigidas em 2015, 2016 e 2017, no formato de problemas. Portanto, é fundamental que o candidato memorize-as.

3. CAPTAÇÃO DE CLIENTELA

A captação de clientela **não** é **permitida** na advocacia, contudo veja as **formas** mais comuns de **captação de clientela:** Cartas digitadas a terceiros sem autorização (mala direta), nome nas portas laterais de veículo, excesso no conteúdo da publicidade, anúncio de liberação de valores, fornecimento de textos legais com nome, carta de imobiliária oferecendo serviço de advogado, título "advogado da família", convênio com prestadora de serviços, apresentação de folders sem autorização, linha 0800, convênios jurídicos sem autorização da OAB, etc.

Com a finalidade de proteger a advocacia, além da regulação da publicidade em capítulo próprio no Código de Ética e Disciplina, verifica-se no estatuto da OAB, **a proibição da prática de algumas condutas**, as quais constituem infrações disciplinares, senão vejamos:

- Valer-se de agenciador de causas, mediante participação nos honorários a receber (art. 34, III EAOAB);
- Angariar ou captar causas, com ou sem a intervenção de terceiros (art. 34, IV EAOAB);

Sobre o tema, observe questão trazida pela banca examinadora no **exame unificado de março de 2015:** Pedro, em determinado momento, recebeu uma proposta de Antônio, colega de colégio, que se propôs a agenciar a indicação de novos clientes, mediante pagamento de comissão, a ser retirada dos honorários cobrados aos clientes, nos moldes da prática desenvolvida entre vendedores da área comercial. Com base no caso relatado, observadas as regras do Estatuto da OAB: há vedação quanto ao agenciamento de clientela, sem exceções, conforme artigo 34, III EAOAB. E a sanção a ser aplicada será a pena de censura.

As frases a seguir utilizadas com o largo repertório que existe em publicidade, são **vedadas** pela ética: consulta grátis, descontos aos clientes da empresa, regularização de imóveis, sem despesas, resolva a revisão de sua aposentadoria, recupere o compulsório dos combustíveis, selo comemorativo dos "x" anos do escritório, etc.

4. PUBLICIDADE E A MÍDIA MODERNA

A publicidade veiculada pela internet ou por outros meios eletrônicos deverá seguir as diretrizes estabelecidas no capítulo que trata da publicidade. Exige-se, no âmbito da rede, o respeito aos mesmos princípios e normas que vigem para as demais situações, destacando-se a observância do caráter informativo da publicidade, a discrição e a sobriedade, evitando promover, em qualquer circunstância, a captação e clientela ou a mercantilização da profissão. Desta forma, o advogado(a) poderá participar em vídeos ao vivo ou gravados na Internet ou nas redes sociais, bem como fazer debates e palestras virtuais, sem ferir as regras dos arts. 42 e 43 do CED.

O telefone e a internet podem ser utilizados como veículo de publicidade, inclusive para envio de mensagem a destinatários certos, desde que estas não impliquem o oferecimento de serviços ou representem forma de captação de clientela.

A publicidade através de "página eletrônica", na Internet, está sujeita as regras do EAOAB, CED e Resolução 2/92, igualmente exigido para todos os outros meios de comunicação. Por outro lado, é livre a participação dos advogados em listas de discussão, jurídicas ou não, sendo vedada apenas a publicidade através de oferecimento de serviços, insinuando captação de cliente.

5. TERMO DE AJUSTAMENTO DE CONDUTA (TAC)

Ocorrerá o **Termo de Ajustamento de Conduta,** conhecido como, **TAC,** diante da prática de publicidade irregular no âmbito da advocacia e das infrações ético-disciplinares puníveis com censura, salvo repercussão negativa à advocacia, no âmbito dos Conselhos Seccionais e do Conselho Federal para fazer cessar a publicidade irregular praticada por advogados e estagiários.

A Resolução nº 04/2020 e Provimento 200/2020 acrescentaram o art. 47-A e 58-A ao CED, aduzindo que será admitida a celebração de Termo de Ajustamento de Conduta, no âmbito dos Conselhos Seccionais e do Conselho Federal para fazer cessar a publicidade irregular praticada por advogados e estagiários nos quadros da OAB, aplica-se às hipóteses relativas **à publicidade profissional** (art. 39 a art. 47 do CED) **e às infrações disciplinares puníveis com censura** (art. 36 do EAOAB). No parágrafo único aduz que o termo previsto neste artigo será regulamentado mediante edição de provimento do Conselho Federal, que estabelecerá seus requisitos e condições.

O TAC será aplicado ao advogado ou estagiário inscrito nos quadros da OAB que não tiver contra si condenação transitada em julgado por representação ético-disciplinar, salvo reabilitação. Não será aplicada às hipóteses em que ao advogado ou estagiário seja imputada a prática de mais de uma infração ético-disciplinar ou conduta que caracteriza violação simultânea de outros dispositivos do EAOAB, além dos casos de publicidade profissional e das infrações disciplinares de censura, bem como aos processos éticos-disciplinares com condenação transitada em julgado.

O TAC deverá conter as seguintes informações:

> I – qualificação do advogado ou do estagiário;
>
> II – descrição da conduta imputada, com informação da data da ocorrência e do meio utilizado;
>
> III – certidão de regular inscrição na OAB e certidão negativa ou positiva sobre a existência de punições anteriores transitadas em julgado;
>
> IV – a capitulação da infração correspondente;
>
> V – os termos do ajustamento de conduta (TAC) a ser celebrado.

O prazo do advogado ou estagiário para se manifestar sobre o interesse em aderir ao TAC, presumindo-se a recusa em caso falta de manifestação, **é de 15 (quinze) dias** e obrigar-se-á a cessar a conduta objeto do TAC, reparar o dano eventualmente causado, fazer cessar os efeitos da infração, quando for o caso, bem como a se abster de praticar a mesma conduta no prazo fixado no instrumento correspondente.

Com a aplicação do TAC, resultará na suspensão condicional do procedimento ou do processo ético-disciplinar instaurado, **pelo prazo de 03 (três) anos,** acarretando após, o arquivamento definitivo e sem anotações nos assentos profissionais. Para o advogado ou estagiário já beneficiado pelo TAC, será vedado um novo termo pelos **03 (três) anos anteriores** à conduta a ser apurada.

Mediante o descumprimento do TAC, este perderá seus efeitos e o processo disciplinar retomará seu trâmite, além de não correr os prazos prescricionais.

O Tribunal de Ética e Disciplina (TED) acompanhará o cumprimento do TAC no âmbito das Seccionais, já o Presidente da Turma da Segunda Câmara correspondente, no âmbito do Conselho Federal.

O TAC será regulamentado em provimento do **Conselho Federal da OAB**, estabelecendo requisitos e condições.

6. MANIFESTAÇÕES PÚBLICAS

O art. 42 do CED traz as vedações no que tange às manifestações públicas do advogado. São elas:

I) responder com habitualidade a consulta sobre matéria jurídica, nos meios de comunicação social;

II) debater, em qualquer meio de comunicação, causa sob o patrocínio de outro advogado;

III) abordar tema de modo a comprometer a dignidade da profissão e da OAB;

IV) divulgar ou deixar que sejam divulgadas listas de clientes e demandas;

V) insinuar-se para reportagens e declarações públicas.

→ **Exemplo: (FGV – Exame de Ordem – 2021.2)** Luiz Felipe, advogado, mantém uma coluna semanal em portal na internet destinado ao público jurídico. Para que a conduta de Luiz Felipe esteja de acordo com as normas relativas à publicidade da profissão de advogado, ele poderá responder à consulta sobre matéria jurídica de forma esporádica, consoante ao artart. 41, I CED.

O advogado pode participar de programas de televisão, desde que atue dentro dos limites estabelecidos pelo artigo 43 do CED, visando **objetivos exclusivamente ilustrativos, educacionais e instrutivos** para esclarecimento dos destinatários. Contudo, deverá evitar pronunciamentos sobre métodos de trabalhos usados por seus colegas de profissão, evitar insinuações que induzam a promoção pessoal ou profissional, bem como debate de caráter sensacionalista, conforme estatuído no parágrafo único do art. 43.

Para ilustrar essa explicação analisemos a questão proposta pela banca examinadora no **exame unificado de setembro de 2010:** Mauro, advogado com larga experiência profissional, resolve contratar com emissora de televisão, um novo programa, incluído na grade normal de horários da empresa, cujo título é "o Advogado na TV", com o fito de proporcionar informações sobre a carreira, os seus percalços, suas angústias, alegrias e comprovar a possibilidade de sucesso profissional. No curso do programa, inclui referência às causas ganhas, bem como àquelas ainda em curso e que podem ter repercussão no meio jurídico, todas essas vinculadas ao seu escritório de advocacia. Consoante as normas aplicáveis, pode-se afirmar que: o advogado, no caso, deveria se limitar ao aspecto educacional e instrutivo da atividade profissional.

EM RESUMO: PUBLICIDADE	
Publicidade na Advocacia	• O objetivo do Estatuto é **evitar a mercantilização** da advocacia, bem como a **captação de clientela**, posto que a advocacia não é um negócio ou atividade mercantil com vistas ao lucro, em razão do ***múnus público*** que exerce o advogado. • É permitido ao advogado a divulgação da atividade da advocacia, individual ou coletivamente, desde que seja feita com **discrição e moderação** e com finalidade exclusivamente **informativa**, sendo proibida a divulgação da advocacia com outra atividade.
Das Permissões	• Na publicidade de **conteúdos jurídicos,** é aceita a identificação profissional com qualificação e títulos, contudo, se faz imperioso que sejam verdadeiros e comprováveis quando solicitados pela OAB, assim como com a indicação da sociedade que integra; • Divulgação de boletins, por meio físico ou eletrônico, sobre matéria cultural de interesse dos advogados, desde que sua circulação fique adstrita a clientes e a interessados do meio jurídico; • o advogado(a) poderá utilizar a **publicidade ativa e passiva no marketing** de conteúdo, sendo admitida a utilização de anúncios, pagos ou não, nos meios de comunicação, exceto nos meios vedados pelo art. 40 do CED e respeitados os limites impostos pelo inciso V do mesmo artigo; • Exercer atividade de advocacia no sistema **Coworking;** • Fazer referências a títulos acadêmicos, distinções honoríficas relacionadas à vida profissional, instituições jurídicas de que faça parte e as especialidades a que se dedicar, com o endereço, site, página eletrônica, QR *Code*, logotipo, fotografia dos advogados e do escritório, identidade visual, horário de atendimento e idiomas; OBS: **equiparam-se ao e-mail, todos os dados de contato e meios de comunicação do escritório ou advogado(a), inclusive os endereços dos sites, das redes sociais e os aplicativos de mensagens instantâneas, podendo também constar o logotipo, desde que em caráter informativo, respeitados os critérios de sobriedade e discrição.** • Divulgar imagem, vídeo ou áudio contendo atuação profissional, inclusive em audiências e sustentações orais, em processos judiciais ou administrativos que não estejam sob segredo de justiça e respeitados o sigilo e a dignidade profissional; • Utilizar logomarca e imagens, inclusive fotos dos(as) advogados(as) e do escritório, assim como a identidade visual nos meios de comunicação profissional; • Participar em vídeos ao vivo ou gravados, na Internet ou nas redes sociais, assim como em debates e palestras virtuais; • Em cartões e material de escritório que usar, desde que o advogado faça constar seu nome ou o da sociedade de advogados, o número ou os números de inscrição na OAB; • O uso de telefone e internet, principalmente para o envio de mensagens para clientes já adquiridos; • Utilização de placas, painéis luminosos e inscrições nas fachadas; • Com caráter meramente de manifestação profissional e com objetivo ilustrativo, educacional e instrutivo, a participação do advogado em programa de televisão, de rádio, de entrevista na imprensa e reportagem televisionada, é permitida desde que não haja o propósito de promoção pessoal, profissional ou sensacionalista;

<table>
<tr><th colspan="2">EM RESUMO: PUBLICIDADE</th></tr>
<tr><td>Das Vedações</td><td>
• citar empregos atuais ou anteriores em qualquer órgão ou instituição, cargo ou função ocupado, exceto o de professor universitário;
• a utilização de logomarca e símbolos oficiais da OAB;
• veiculação da publicidade por meio de rádio, cinema e televisão;
• uso de outdoors, painéis luminosos ou formas assemelhadas de publicidade;
• inscrições em muros, paredes, veículos, elevadores ou em qualquer espaço público;
• pagar, patrocinar ou efetivar qualquer despesa para viabilizar aparecer em rankings, prêmios ou recebimentos de honorários em eventos ou publicações ou mídia que visem destacar ou eleger profissionais como detentores de destaque;
• utilizar casos concretos ou apresentação de resultados em gravações de vídeos ao vivo ou gravados, na Internet, nas redes sociais e palestras virtuais;
• divulgar suas atividades em conjunto com qualquer outra atividade ou empresa que compartilhem o mesmo espaço físico (Coworking);
• fornecimento de dados de contato, como endereço e telefone, em colunas ou artigos literários, culturais, acadêmicos ou jurídicos, publicados na imprensa, bem assim quando de eventual participação em programas de rádio ou televisão, ou em veiculação de matérias pela internet;
• utilização de mala direta, a distribuição de panfletos ou formas assemelhadas de publicidade, com o intuito de captação de clientela;
• referência direta ou indireta a valores de honorários, forma de pagamento, gratuidade ou descontos e reduções de preços como forma de captação de clientes;
• divulgar informações que possam induzir a erro ou causar dano a clientes, a outros(as) advogados(as) ou à sociedade;
• utilizar expressões ou orações persuasivas, de auto engrandecimento ou de comparação;
• distribuir brindes, cartões de visita, material impresso e digital, apresentação de serviços profissionais ou afins de maneira indiscriminada em locais públicos, presenciais ou virtuais, salvo em eventos de interesse jurídico;
• referir ou mencionar decisões judiciais e resultados de qualquer natureza obtidos em procedimentos que patrocina ou participa, ressalvada a hipótese de manifestação espontânea em caso coberto pela mídia;
• qualquer publicidade ativa informando dimensões, qualidades ou estrutura física do escritório, como como promessas de resultados ou utilizar casos concretos para oferta de atuação profissional;
• qualquer publicidade relativa a ostentação de bens relativos ao exercício ou não da profissão, como uso de veículos, viagens, hospedagens e bens de consumo, bem como mencionar promessas de resultados ou utilização de casos concretos para oferta de atuação profissional;
• publicidade mediante uso de meios ou ferramentas de influam de forma fraudulenta no seu impulsionamento ou alcance;
• vincular serviços advocatícios com outras atividades ou divulgação conjunta de tais atividades, salvo o de magistério, ainda que complementares ou afins.
</td></tr>
<tr><td>Captação de Clientela</td><td>
• Constituem infrações disciplinares as seguintes condutas: a) Valer-se de agenciador de causas, mediante participação nos honorários a receber (art. 34, III EAOAB) b) Angariar ou captar causas, com ou sem a intervenção de terceiros (art. 34, IV EAOAB)
</td></tr>
<tr><td>Publicidade e a Mídia moderna</td><td>
• A publicidade veiculada pela internet ou por outros meios eletrônicos deverá seguir as diretrizes estabelecidas no capítulo que trata da publicidade. Exige-se, no âmbito da rede, o respeito aos mesmos princípios e normas que vigem para as demais situações, destacando-se a observância do caráter informativo da publicidade, a discrição e a sobriedade, evitando promover, em qualquer circunstância, a captação e clientela ou a mercantilização da profissão.
• O telefone e a internet podem ser utilizados como veículo de publicidade, inclusive para envio de mensagem a destinatários certos, desde que estas não impliquem o oferecimento de serviços ou representem forma de captação de clientela.
</td></tr>
<tr><td>TAC</td><td>
• O TAC ocorre diante da prática de publicidade irregular no âmbito da advocacia e das infrações ético-disciplinares puníveis com censura, salvo repercussão negativa à advocacia, no âmbito dos Conselhos Seccionais e do Conselho Federal para fazer cessar a publicidade irregular praticada por advogados e estagiários.
• O TAC será aplicado ao advogado ou estagiário inscrito nos quadros da OAB que não tiver contra si condenação transitada em julgado por representação ético-disciplinar, salvo reabilitação.
• O TAC deverá conter as seguintes informações: I – qualificação do advogado ou do estagiário / II – descrição da conduta imputada, com informação da data da ocorrência e do meio utilizado / III – certidão de regular inscrição na OAB e certidão negativa ou positiva sobre a existência de punições anteriores transitadas em julgado / IV – a capitulação da infração correspondente / V – os termos do ajustamento de conduta (TAC) a ser celebrado.
</td></tr>
</table>

EM RESUMO: PUBLICIDADE	
TAC	• O prazo do advogado ou estagiário para se manifestar sobre o interesse em aderir ao TAC, presumindo-se a recusa em caso falta de manifestação, **é de 15 (quinze) dias** e obrigar-se-á a cessar a conduta objeto do TAC, reparar o dano eventualmente causado, fazer cessar os efeitos da infração, quando for o caso, bem como a se abster de praticar a mesma conduta no prazo fixado no instrumento correspondente. • Com a aplicação do TAC, resultará na suspensão condicional do procedimento ou do processo ético-disciplinar instaurado, **pelo prazo de 03 (três) anos,** acarretando após, o arquivamento definitivo e sem anotações nos assentos profissionais. Para o advogado ou estagiário já beneficiado pelo TAC, será vedado um novo termo pelos **03 (três) anos anteriores** à conduta a ser apurada.
Manifestações Públicas	• Responder com habitualidade a consulta sobre matéria jurídica, nos meios de comunicação social; • Debater, em qualquer meio de comunicação, causa sob o patrocínio de outro advogado; • Abordar tema de modo a comprometer a dignidade da profissão e da instituição que o congrega; • Divulgar ou deixar que sejam divulgadas listas de clientes e demandas; • Insinuar-se para reportagens e declarações públicas; • Quando convidado para manifestação pública, por qualquer modo e forma, visando ao esclarecimento de tema jurídico de interesse geral, deve o advogado **evitar insinuações a promoção pessoal ou profissional**, bem como o debate de caráter sensacionalista.

CAPÍTULO XIV
RESPONSABILIDADE CIVIL, PENAL E DISCIPLINAR DO ADVOGADO

1. RESPONSABILIDADES DO ADVOGADO

1.1 Responsabilidade civil e com o cliente

O advogado, no exercício da sua profissão, deve sempre manter a sua independência em qualquer circunstância, sem o receio de desagradar a magistrado ou qualquer outra autoridade, nem de incorrer em impopularidade, cabendo ao advogado se responsabilizar pelos atos que praticar com dolo ou culpa **(arts. 31, § 2º e 32 EAOAB).**

Observe a questão proposta pela banca examinadora no **exame unificado de abril de 2016:** Alexandre, advogado que exerce a profissão há muitos anos, é conhecido por suas atitudes corajosas, sendo respeitado pelos seus clientes e pelas autoridades com quem se relaciona por questões profissionais. Comentando sua atuação profissional, ele foi inquirido, por um dos seus filhos, se não deveria recusar a defesa de um indivíduo considerado impopular, bem como se não deveria ser mais obediente às autoridades, diante da possibilidade de retaliação. Sobre o caso apresentado, observadas as regras do Estatuto da OAB, nenhum receio de desagradar uma autoridade deterá o advogado Alexandre.

1.1.1 Responsabilidade com o cliente

A legislação processual civil exige a habilitação do advogado para representar os interesses do constituinte, responsabilizando o profissional do direito por perdas e danos quando verificada a falta de habilitação no prazo legal **(arts. 103 e 104 do CPC).**

No exercício profissional, o advogado é responsável pelos atos que praticar com dolo ou culpa.

Esta disposição legal completa a aplicabilidade da norma constitucional que, ao prever a inviolabilidade do advogado, remeteu à lei ordinária os limites a serem observados **(art. 133 da CF).** O Estatuto não afasta outras disposições legais constantes em diplomas diversos **(arts. 186 e 927 do CC),** que dispõe sobre a responsabilidade civil, e **art. 14, § 4º do CDC, Lei 8.078/90),** mas com que elas se sintonizam. A responsabilidade é direta ao advogado que praticou o ato profissional gerador do dano, o qual não pode ser estendido à sociedade de advogados da qual participe, pela obrigatoriedade de outorga individual da procuração **(art. 15, § 3º EAOAB).**

O advogado deve abster-se de patrocinar causa contrária à ética, à moral ou à validade de ato jurídico em que tenha colaborado, orientado ou conhecido em consulta, bem como deve declinar de convite pela outra parte, se esta lhe houver revelado segredos ou obtido seu parecer. Não deve, em nenhuma hipótese, representar clientes com interesses opostos **(art. 15, § 6º, EAOAB),** pois nesses casos, além de eventual processo disciplinar, poderá o advogado responder criminalmente **(art. 355 do CP).**

No exercício da sua profissão, a atividade da advocacia obriga e qualifica como culposa a responsabilidade do advogado por danos decorrentes de qualquer dos seus atos no exercício do seu mister. Porém, a relação estabelecida entre o cliente e o advogado é de consumo (v. comentários ao art. 5º CDC). Sendo prestador de serviço, a regra é a responsabilidade objetiva (art. 14 do CDC), mas a própria lei condicionou-a à existência de culpa no que se refere aos profissionais liberais (art. 14, § 4º do CDC). Todavia, vigora a presunção relativa pelo defeito do serviço, contra o advogado, razão pela qual a ele compete o ônus da prova em sentido contrário.

A responsabilidade civil do advogado, portanto, decorre da culpa e tem fundamento na responsabilidade civil subjetiva, exigindo que se comprove a efetiva culpa, no exercício do seu mister, para que se pretenda qualquer tipo de ressarcimento originado de sua conduta. Pelo fato da sua obrigação ser de meio e não de resultado, o advogado deve ter a garantia de estar isento de responsabilidade no caso de ter procedido com todo cuidado, diligência e competência.

Assim, o advogado **será responsabilizado civilmente:** pelo erro de direito; pelo erro de fato; pelas omissões de providências necessárias para ressalvar direitos do seu constituinte; pela perda de prazo; pela desobediência às instruções do constituinte; pelos pareceres que der contrário à lei, à jurisprudência e à doutrina; pela omissão de conselho; pela violação de segredo profissional; pelo dano causado a terceiro; pelo fato de não representar o constituinte, pela circunstância de ter feito publicações desnecessárias sobre alegações forenses ou relativas a causas pendentes; por ter servido de testemunha nos casos arrolados no art. 7º, XIX, do EAOAB; por reter ou extraviar autos que se encontravam em seu poder; pela violação ao disposto no art. 34, XV, XX, XXI, da Lei 8.906/94.

> **MUITA ATENÇÃO!**
>
> **VEDAÇÃO COLABORAÇÃO PREMIADA CONTRA CLIENTE OU EX-CLIENTE**
>
> É **vedado ao advogado efetuar colaboração premiada** contra quem seja ou tenha sido seu cliente, de forma que a inobservância desta determinação importará em **processo disciplinar, que poderá culminar com a aplicação de exclusão dos quadros da ordem**, sem prejuízo **das penas previstas no Código Penal.** (art. 7º, § 6º-I, do EAOAB)

1.1.2 Lide temerária

Ocorre quando o advogado, em conluio com o cliente, usa do processo para obter fins ilícitos ou para lesar a parte contrária, excedendo manifestamente os limites impostos pelo seu exercício, agindo contra a boa-fé e bons costumes (art. 187 do CC), usando de forma irregular e abusiva o direito de acesso à justiça (art. 5º, inc. XXXV da CF).

É imposto ao advogado, pelo **Código de Ética**, o dever de aconselhar o cliente a não ingressar em **lides temerárias**, cujo termo pretende trazer transparência quanto a demandas cujo prognóstico de sucesso, diante da jurisprudência, do ordenamento vigente e das próprias circunstâncias fáticas, tende a ser desprezível (art. 2º, parágrafo único inc. VII do CED).

A disciplina da lide temerária pode ser utilizada nos casos de abusiva representação administrativa ou correcional, bem como de atuação do profissional da advocacia em atos privativos extrajudiciais que levam terceiros a necessidade de contratação de advogado para se defender ou algum prejuízo de outra natureza. Nesses casos, o advogado é responsável pelos atos que, no exercício profissional, praticar com dolo ou culpa, causando danos a outrem, sendo solidariamente responsável com seu constituinte, desde que em conluio com este para lesar a parte contrária (art. 32, parágrafo único do EAOAB). De acordo com o art. 265 do CC, este instituto revela que a solidariedade não se presume; resulta da lei ou da vontade das partes. O Estatuto expõe a gravidade da conduta que se busca coibir, porém, no que tange a ato ilícito causado por mais de um autor, a solidariedade nem precisaria ser expressa em dispositivo próprio, pois todos responderão solidariamente pela reparação, segundo o art. 942 do CC.

→ **Exemplo: (FGV – Exame de Ordem – 2021.2)** Antônio, residente no Município do Rio de Janeiro, ajuizou em tal foro, assistido pelo advogado Bernardo, ação ordinária em face do Banco Legal, com pedido de pagamento de indenização por danos morais supostamente sofridos por ter sido ofendido por segurança quando tentava ingressar em agência bancária localizada em Niterói. Ao despachar a petição inicial, o juiz verificou que Antônio ocultou a circunstância de que já havia proposto, perante um dos juizados especiais cíveis da comarca de Niterói, outra ação em face do Banco Legal em razão dos mesmos fatos, na qual o pedido indenizatório foi julgado improcedente, em decisão que já havia transitado em julgado quando ajuizada a ação no Rio de Janeiro. Em tal situação, caso se comprove que Bernardo agiu de forma coligada com Antônio para lesar o Banco Legal, Bernardo será responsabilizado solidariamente com Antônio, conforme apurado em ação própria, trata-se aa responsabilidade do advogado preceituado no art. 32 do EAOAB, note que Bernardo agiu de forma coligada de má-fé (lide temerária) com Antônio para lesar o Banco Legal.

No **âmbito processual**, a lide temerária pode reputar-se litigância de má-fé, descrita art. 80, inciso III, do CPC/2015 e, sob o âmbito disciplinar, grave infração ética, posto que é contrário ao Estatuto da Advocacia, advogar contra literal disposição de lei, presumindo-se a boa-fé quando fundamentado na inconstitucionalidade, na injustiça da lei ou em pronunciamento judicial anterior, prestando concurso a clientes ou a terceiros para realização de ato contrário à lei ou destinado a fraudá-la (art. 34, incisos VI e XVII, EAOAB).

A lide temerária, entretanto, seja **no âmbito processual,** seja **no âmbito disciplinar**, não pode ser presumida, ela deve ser objeto de decisão em ação autônoma de indenização civil, cuja competência para o processamento e o julgamento da ação é da jurisdição comum, mesmo nos casos em que a origem seja de outra jurisdição. No entanto, é imprescindível a prova do dolo, independentemente de mera afirmação do juiz da causa, nem a existência de culpa simples. O dolo é espécie do gênero culpa, entendido como intenção maliciosa de causar prejuízo, no campo da responsabilidade civil. Está próximo da culpa grave, que o direito sempre repeliu. O dolo é qualificado em caso de lide temerária, é gravíssima infração à ética profissional. A culpa, ao contrário do dolo, o dano terá de ser indenizado na dimensão exata do prejuízo causado pelo advogado, enquanto o dolo em lide temerária acarreta um excedente ao advogado, porque é obrigado solidário juntamente com o constituinte, inclusive naquilo que apenas a este aproveitou indevidamente.

2. RESPONSABILIDADE PENAL

Vale ressaltar alguns aspectos deontológicos, bem como tratar da matéria criminal própria do advogado, sem a pretensão de esgotar o assunto.

2.1 Patrocínio infiel

O crime de patrocínio infiel, um dos crimes praticados contra a administração da Justiça, ocorre quando o advogado ou procurador trai o dever profissional, isto é, seu cliente, prejudicando interesse, cujo patrocínio de uma causa, em juízo, lhe é confiado (art. 355, do CP).

Observe que o **sujeito ativo** é **o advogado**, fazendo parte desta inclusão, os advogados membros da Advocacia Geral da União, da Procuradoria da Fazenda Nacional, das Defensorias Públicas, Procuradorias e Consultorias Jurídicas dos Estados, Municípios, Distrito Federal, Autarquias e demais entidades da administração indireta e fundacional. O **sujeito passivo** é **o Estado** e, secundariamente, a **parte prejudicada**. A objetividade jurídica no crime é a administração da justiça, onde o advogado ou o procurador desempenha atividades de interesses e necessidade pública.

O patrocínio infiel acontece principalmente quando o interesse do cliente, representado por seu advogado, choca-se frontalmente com o interesse da parte adversa e o advogado privilegia o interesse da parte contrária.

No patrocínio infiel não basta ter a configuração de negligência ou imperícia, vez que é necessária a caracterização do dolo e a malícia, pois não é suficiente o dano potencial para a tipificação do patrocínio infiel, sendo necessário que ocorra real evento lesivo. Em tese, ocorre quando o advogado, sem expressa autorização do cliente, realiza transação nos autos altamente danosa ao seu cliente.

2.2 Tergiversação e patrocínio simultâneo

É um dos crimes praticados **contra a administração da Justiça.** Trata-se de crime praticado por **advogado ou procurador judicial**, que defende na mesma causa, simultânea ou sucessivamente, partes contrárias. Quando a defesa é simultânea, o crime recebe o nome de patrocínio simultâneo ou tergiversação (parágrafo único do art. 355, do CP).

O tipo penal deste parágrafo único prevê duas condutas típicas, isto é, defender simultaneamente ou defender sucessivamente: **a) patrocínio simultâneo** – o advogado defende, na mesma causa, ao mesmo tempo, os interesses de partes contrárias; **b) patrocínio sucessivo (tergiversação)** – significa que o advogado deixou de patrocinar a parte autora e passou a patrocinar o interesse da parte contrária.

O elemento subjetivo do tipo penal é o dolo, a vontade livre e consciente de defender, ao mesmo tempo ou sucessivamente, interesses de partes contrárias em litígio. A culpa não é suficiente e o motivo é irrelevante, pouco importando a finalidade do agente. O fato ocorre com a efetiva prática de ato processual no interesse de partes contrárias.

Por outro lado, o consentimento exclui a ilicitude da conduta. É admissível a tentativa na modalidade de defesa simultânea, mas não na de patrocínio sucessivo. O simples fato de receber o mandato não caracteriza o ilícito penal. A título de exemplo, é o caso de uma separação consensual, no qual o advogado defende os interesses dos cônjuges, não havendo, nesse caso, existência de crime. Os cônjuges podem contratar o mesmo advogado, pois inexistem partes contrárias. Entretanto, em uma separação litigiosa, o advogado que defende ambos os cônjuges praticam o crime de patrocínio simultâneo, já que as partes são contrárias. "Partes contrárias" deve ser entendido como pessoas com interesses divergentes na mesma relação jurídico-processual.

2.3 Violação de segredo profissional

A violação do segredo profissional está contida no art. 154, do CP. O advogado quando é escolhido para patrocinar o cliente, este o faz calcando a relação profissional na confiança entre ambos. A relação entre cliente e advogado também deve ser baseada na confiança para que o cliente fique à vontade e bem confiante para que possa revelar todas as nuances do fato, para que o advogado exerça plenamente suas funções.

Assim, todas as informações obtidas do seu cliente, devem ser resguardadas e utilizadas apenas nos limites **da defesa** ou **da acusação**, principalmente quando se tratar de processo sob segredo de justiça. Há fatos, entretanto, que o cliente revela ao seu advogado por desabafo, como se aquele fosse realmente seu terapeuta. Estes fatos não precisam ser utilizados no processo, mas **devem** ser igualmente mantidos em segredo. Que fique bem claro que o segredo guardado não é do advogado, mas sim do cliente.

O crime em questão, para que seja plenamente configurado, deve conter os seguintes **requisitos: a)** Ser um segredo; **b)** O segredo ter sido obtido em razão da atividade do agente – função, ministério, ofício ou profissão; **c)** O segredo ter sido revelado a outrem; **d)** Ter sido revelado sem justo motivo; **e)** Potencialidade de causar dano a alguém.

O art. 37 do CED traz algumas informações importantes sobre a questão do justo motivo, ou seja, quando o segredo pode ser revelado, sem, contudo, configurar o crime: **Art. 37** – "O sigilo profissional cederá em face de circunstâncias excepcionais que configurem justa causa, como nos casos de grave ameaça ao direito à vida e à honra ou que envolvam defesa própria."

A propósito, a banca examinadora propôs a seguinte questão no exame **unificado de abril de 2014:** Valdir representa os interesses de André em ação de divórcio em que estão em discussão diversas questões relevantes, inclusive de cunho financeiro, como, por exemplo, o pensionamento e a partilha de bens. Irritado com as exigências de sua ex-esposa, André revela a Valdir que pretende contratar alguém para assassiná-la. Deve Valdir comunicar o segredo revelado por seu cliente às autoridades competentes? Valdir pode revelar o segredo que lhe foi confiado por André, em razão de estar a vida da ex-esposa deste último em risco.

Desse modo, a defesa da vida e da honra, bem como a defesa contra a afronta advinda do próprio cliente, devem prevalecer no confronto com o direito do sigilo, que por esta razão a violação é admitida. Os arts. 35 e 36 do CED também trazem pontos interessantes:

> **"Art. 35.** O advogado tem o dever de guardar sigilo dos fatos de que tome conhecimento no exercício da profissão.
>
> Parágrafo único. O sigilo profissional abrange os fatos de que o advogado tenha tido conhecimento em virtude de funções desempenhadas na Ordem dos Advogados do Brasil".
>
> **"Art. 36.** O sigilo profissional é de ordem pública, independendo de solicitação de reserva que lhe seja feita pelo cliente.
>
> § 1º Presumem-se confidenciais as comunicações de qualquer natureza entre advogado e cliente".

O art. 207 do CPP expressa que são proibidas de depor as pessoas que, razão de função, ministério, ofício ou profissão, devam guardar sigilo, salvo, se, desobrigadas pela parte interessada, quiserem dar o seu testemunho.

Sobre o mesmo tema, o art. 448 do CPC conceitua que a testemunha não é obrigada a depor de fatos que lhe acarretem grave dano, bem como ao seu conjugue e aos seus parentes consanguíneos ou afins, em linha reta ou colateral, até o terceiro grau e a cujo respeito, por estado ou profissão, deva guardar sigilo.

2.4 Exercício da atividade com infração de decisão administrativa

O crime é configurado com a prática reiterada dos atos próprios da atividade da qual o sujeito se encontra impedido de exercer por decisão administrativa, isto é, pelo efetivo exercício da atividade que está proibido de realizar.

Para efeito deste estudo, nos ateremos à figura do advogado. Nesse caso, trata-se da hipótese de haver decisão da OAB **suspendendo ou excluindo** o inscrito de seus quadros. Na pendência de recurso com efeito suspensivo ou sem trânsito em julgado, não há de se falar nesse ilícito penal, pois para efeito, trata-se de crime habitual, não se punindo a conduta isolada.

Sobre a competência, vide art. 205 do Código Penal. A pena é de detenção, de 3 (três) meses a 2 (dois) anos, ou multa.

2.5 Sonegação de autos

A **inutilização** ou **não restituição** do conjunto de peças referente a um processo constitui crime contra a administração da Justiça. O advogado pode, por direito, obter vista dos autos por um prazo variável, em função de determinação legal ou judicial. Entretanto, não deverá ultrapassar o prazo estipulado, sob pena de advir consequências, principalmente, quando intimado oficialmente a devolver os autos no prazo de 24 (vinte e quatro) horas (art. 356, do CP).

As consequências que poderão advir deste ato são: busca e apreensão dos autos; perda de vista daqueles autos fora do cartório; multa de meio salário mínimo (art. 234, do CPC) responsabilidade criminal (art. 356, CP); sanção disciplinar de suspensão (art. 34, XXII, c/c art. 37, I, ambos do EAOAB); responsabilidade civil em caso de prejuízo (art. 32, do EAOAB).

3. RESPONSABILIDADE DISCIPLINAR

Trata-se da **apuração** e **aplicação,** pela OAB, ao advogado ou estagiário que infringir as normas contidas no EAOAB, no RGEAOAB e no CED, de processo e punição pela OAB.

O estudo das sanções e infrações disciplinares consta nos arts. 34 ao 41 do EAOAB.

3.1 Das infrações, das sanções disciplinares e outros

3.1.1 Distribuição de acordo com a natureza e potencial lesivo

O art. 34 do EAOAB traz, em seu escopo, 29 (vinte e nove) incisos com uma série de infrações disciplinares, as quais podem ser divididas em três grupos distintos: leves, graves e gravíssimas. A lei, no entanto, não faz essa classificação, serve apenas para melhor entendimento do leitor.

Assim, quando apuradas as infrações leves, estas serão punidas com censura, que poderá ser convertida em mera advertência escrita, principalmente se houver atenuantes; as graves com suspensão; e as gravíssimas com exclusão dos quadros da OAB. Falaremos abaixo de cada uma delas.

? **QUESTÃO:** Quais são as infrações e sanções disciplinares?

➥ ***RESPOSTA:*** *Distinção de suma importância, são 3 (três) as infrações disciplinares: censura, suspensão e exclusão. Enquanto que a sanção se divide em 4 (quatro): censura, suspensão, exclusão e multa (art. 35 EAOAB).*

3.1.2 Pena de censura (art. 34, I a XVI e XXIX, EAOAB)

O art. 36 do EAOAB aduz que a **censura** será aplicada nas infrações de **natureza leve,** quais sejam: **a)** Infrações definidas nos incisos I a XVI e XXIX do art. 34 do EAOAB; **b)** Violação ao CED; **c)** Violação a preceito dessa lei, quando para a infração não se tenha estabelecido sanção mais grave.

As infrações dos incisos acima mencionados **são:**

> **I** – exercer a profissão, quando impedido de fazê-lo, ou facilitar, por qualquer meio, o seu exercício aos não inscritos, proibidos ou impedidos;
>
> **II** – manter sociedade profissional fora das normas e preceitos estabelecidos nesta lei;
>
> **III** – valer-se de agenciador de causas mediante participação nos honorários a receber;
>
> **IV** – angariar ou captar causas, com ou sem a intervenção de terceiros;
>
> **V** – assinar qualquer escrito destinado a processo judicial ou para fim extrajudicial que não tenha feito ou em que não tenha colaborado;
>
> **VI** – advogar contra literal disposição de lei, presumindo-se a boa-fé quando fundamentado na inconstitucionalidade, na justiça da lei ou em pronunciamento judicial anterior;
>
> **VII** – violar sem justa causa, sigilo profissional;
>
> **VIII** – estabelecer entendimento com a parte adversa sem autorização do cliente ou ciência do advogado da parte contrária;
>
> **IX** – prejudicar, por culpa grave, interesse confiado ao seu patrocínio;
>
> **X** – acarretar, conscientemente, por ato próprio, a anulação ou a nulidade do processo em que funcione;
>
> **XI** – abandonar a causa sem justo motivo, ou antes, de decorridos 10 (dez) dias da comunicação da renúncia;
>
> **XII** – recusar-se a prestar, sem justo motivo, assistência jurídica, quando nomeado em virtude de impossibilidade da Defensoria Pública;
>
> **XXIII** – fazer publicar na imprensa, desnecessária e habitualmente, alegações forenses ou relativas a causas pendentes;
>
> **XIV** – deturpar o teor de dispositivo de lei ou de citação doutrinária ou de julgado, bem como de depoimentos, documentos e alegações da parte contrária, para confundir o adversário ou iludir o juiz da causa;
>
> **XV** – fazer, em nome do constituinte, sem autorização escrita desta imputação a terceiro de fato definido como crime;
>
> **XVI** – deixar de cumprir, no prazo estabelecido, determinação emanada do órgão ou autoridade da OAB, em matéria da competência desta, depois de regularmente notificado;
>
> **XXIX** – praticar o estagiário ato excedente de sua habilitação.

MUITA ATENÇÃO!

A censura, segundo prevê o art. 36, parágrafo único, do EAOAB poderá ser convertida em uma **simples advertência escrita**, encaminhada ao advogado mediante ofício reservado, **sem registro nos assentamentos,** desde que presente circunstância atenuante (art. 40, EAOAB). A falta cometida na defesa de prerrogativa profissional, ausência de punição disciplinar anterior – primariedade –, exercício assíduo e proficiente de mandado ou cargo em qualquer órgão da OAB e prestação de relevantes serviços à advocacia ou à causa pública, constam como atenuantes no referido artigo.

O advogado pode continuar exercendo a sua profissão, apesar da punição estabelecida, porém, tal reprimenda **será registrada** nos assentamentos do inscrito, o qual **deixa de ser primário.**

A Resolução nº 04/2020 e Provimento 200/2020 acrescentaram o art. 58-A e dispõe que "nos casos de infração ético-disciplinar punível com censura, será admissível a celebração de termo de ajustamento de conduta, se o fato apurado não tiver gerado repercussão negativa à advocacia".

No parágrafo único da referida Resolução discorre que o termo de ajustamento de conduta previsto neste artigo será regulamentado pelo Provimento nº 200/2020 do Conselho Federal da OAB.

→ **Exemplo: (FGV – Exame de Ordem/2022.1)** O advogado Pedro praticou infração disciplinar punível com censura, a qual gerou repercussão bastante negativa à advocacia, uma vez que ganhou grande destaque na mídia nacional. Por sua vez, o advogado Hélio praticou infração disciplinar punível com suspensão, a qual não gerou maiores repercussões públicas, uma vez que não houve divulgação do caso para além dos atores processuais envolvidos. Considerando a situação hipotética narrada, a afirmativa correta diz que não é admissível a celebração de termo de ajustamento de conduta por Pedro nem por Hélio, mediante o art. 58-A do CED.

3.1.3 Pena de suspensão (art. 34, XVII a XXV, EAOAB)

A suspensão é uma sanção mais **grave** do que a censura, eis que importa numa paralisação ou na cessação temporária, ou por tempo limitado, de uma atividade ou procedimento profissional, em todo o país. As infrações punidas com **suspensão** são aplicadas nos casos do art. 37 do EAOAB, como segue: **a)** Infrações definidas nos incisos XVII e XXV do art. 34 do EAOAB; **b)** Reincidência.

As infrações de **natureza grave são** (art. 34, XVII ao XXV, EAOAB):

> **XVII** – prestar concurso a clientes ou a terceiros para a realização de ato contrário à lei ou destinado a fraudá-la;
>
> **XVIII** – solicitar ou receber de constituinte qualquer importância para aplicação ilícita ou desonesta;
>
> **XIX** – receber valores da parte contrária, ou de terceiros, relacionados com o objeto do mandato sem expressa autorização do constituinte;
>
> **XX** – locupletar-se, por qualquer forma, à custa do cliente ou da parte adversa, por si ou interposta pessoa;
>
> **XXI** – recusar-se, injustificadamente, a prestar contas ao cliente de quantias recebidas dele ou de terceiros por conta dele;
>
> **XXII** – reter, abusivamente, ou extraviar autos recebidos com vista ou em confiança;
>
> **XXIII** – deixar de pagar as contribuições, multas e preços de serviços devidos à OAB, depois de regularmente notificado a fazê-lo;
>
> **XXIV** – incidir em erros reiterados que evidenciem inépcia profissional;
>
> **XXV** – manter conduta incompatível com a advocacia.

DICA IMPORTANTE:

Para facilitar a memorização, utilize o seguinte macete:

FRIC$ = SUSPENSÃO

F – Fraudar lei (art. 34, XVII);

R – Reter ou extraviar autos (art. 34, XXII);

I – Inépcia profissional (art. 34, XXIV);

C – Conduta incompatível (art. 34, XXV);

$ – Infrações que estejam relacionadas a valores, quantias, importâncias (art. 34, XVIII, XIX, XX, XXI e XXIII).

Cabe aqui trazer a questão proposta pela banca examinadora no **exame unificado de julho de 2015:** O advogado F recebe do seu cliente WW determinada soma em dinheiro para aplicação em instrumentos necessários à exploração de jogo não autorizado por lei. Nos termos do Estatuto da Advocacia, a infração disciplinar: surge diante do recebimento para aplicação ilícita, conforme podemos observar no art. 34, inciso XVIII do EAOAB.

Ainda sobre infrações disciplinares, observe mais uma questão proposta pela banca examinadora no **exame unificado de novembro de 2015:** A advogada Ana retirou de cartório os autos de determinado processo de conhecimento em que representava a parte ré, para apresentar contestação. Protocolou a petição tempestivamente, mas deixou de devolver os autos em seguida por esquecimento, só o fazendo após ficar pouco mais de um mês com os autos em seu poder. Ao perceber que Ana não devolvera os autos imediatamente após cumprir o prazo, o magistrado exarou despacho pelo qual a advogada foi proibida de retirar novamente os autos do cartório em carga, até o final do processo. Nos termos do Estatuto da Advocacia, deve-se assentar quanto à sanção disciplinar que: não se aplica porque Ana não chegou a ser intimada a devolver os autos. Art. 34, inciso XXII do EAOAB.

Quanto ao **tempo de duração da pena de suspensão**, é importante observar:

- Em regra, a interdição do exercício profissional pode variar, de 30 (trinta) dias a 12 (doze) meses (art. 37, § 1º, do EAOAB), conforme os antecedentes profissionais do inscrito, as atenuantes do caso, o grau de culpa por ele revelada, as circunstâncias e as consequências da infração (art. 40, parágrafo único, EAOAB);
- Nas hipóteses dos incisos XXI e XXIII do art. 34 do EAOAB, a pena de suspensão durará até que se satisfaça integralmente a dívida, inclusive com correção monetária;
- Em se verificando a hipótese constante do inciso XXIV do art. 34 do EAOAB, a pena de suspensão perdurará até que o inscrito preste novas provas de sua habilitação.

MUITA ATENÇÃO!

Para o art. 34, parágrafo único, do Estatuto, inclui-se na **conduta incompatível** a prática reiterada de **jogo de azar** não autorizado por lei, a **incontinência pública e escandalosa e a embriaguez ou toxicomania habituais**.

Sobre o tema acima exposto, pela banca examinadora no **exame unificado de julho de 2011:** Esculápio, advogado, inscrito, há longos anos, na OAB, após aprovação em Exame de Ordem, é surpreendido com a notícia de que o advogado Sófocles, que atua no seu escritório em algumas causas, fora entrevistado por jornalista profissional, tendo afirmado ser usuário habitual de drogas. A entrevista foi divulgada amplamente. Após conversas reservadas entre os advogados, os termos da entrevista são confirmados, bem como o vício portado. Não há acordo quanto a eventual tratamento de saúde, afirmando o advogado Sófocles que continuaria a praticar os atos referidos. Diante dessa narrativa, à luz da legislação aplicável aos advogados, pode-se afirmar que: no caso em tela, há sanção disciplinar aplicável. De acordo com o art. 34, parágrafo único do EAOAB, são tidas também como condutas incompatíveis: a prática reiterada de jogo de azar, não autorizado por lei, a incontinência pública e escandalosa e a embriaguez ou toxicomania habituais, sendo esta última a que se enquadra nesta questão, cabendo a aplicação da suspensão.

MUITA ATENÇÃO! Uma vez **suspenso**, o advogado não pode exercer **nenhuma atividade privativa da advocacia**, inclusive consultoria e assessoria jurídica, sob pena de exercício ilegal da profissão.

O Tribunal de Ética e Disciplina do Conselho onde o acusado tenha inscrição principal pode suspendê-lo preventivamente, em caso de repercussão prejudicial à dignidade da advocacia, depois de ouvi-lo em sessão especial para a qual deve ser notificado a comparecer (art. 70 § 3º do EAOAB)

Na hipótese de suspensão preventiva, é facultado ao representado ou a seu defensor a apresentação de defesa, a produção de prova, bem como a sustentação oral, restritas à questão do cabimento ou não da suspensão preventiva (art. 63 do CED).

Desta decisão, caberá recurso, contudo, apenas no efeito devolutivo (art. 77 do EAOAB). O processo administrativo terá o prazo máximo de noventa dias para ser concluído.

3.1.4 Pena de exclusão (art. 34, XXVI a XXVIII, EAOAB)

As infrações de natureza **gravíssima**, punidas com **exclusão,** serão infligidas nas hipóteses mencionadas no art. 38 do EAOAB, que são: **a)** Na aplicação por **3 (três) vezes** de **suspensão, o advogado** será excluído dos quadros da OAB. Tal fato ocorrerá **após o trânsito em julgado** da decisão que a fixou, com **2/3** (dois terços) o ***quorum*** dos membros do Conselho competente; **b)** Nas infrações definidas nos incisos XXVI a XXVIII do art. 34 do EAOAB.

Neste caso, a pena de exclusão importa em excluir o infrator dos quadros da OAB, deixando o mesmo de ser advogado, por isso não poderá advogar até que seja reabilitado (art. 42, EAOAB). O advogado que for excluído terá sua inscrição cancelada (art. 11, II, EAOAB).

Assim, as infrações gravíssimas são (art. 34, EAOAB):

> **XXVI** – fazer falsa prova de qualquer dos requisitos necessários para a inscrição na OAB;
>
> **XXVII** – tornar-se moralmente inidôneo para o exercício da advocacia;
>
> **XXVIII** – praticar crime infamante.

Sobre o tema pena de exclusão e a inscrição nos quadros da OAB, a banca examinadora propôs a seguinte questão no **exame unificado de agosto de 2014:** Ao requerer sua inscrição nos quadros da OAB, Maria assinou e apresentou declaração em que afirmava não exercer cargo incompatível com a advocacia. No entanto, exercia ela ainda o cargo de Oficial de Justiça no Tribunal de Justiça do seu Estado. Pouco tempo depois, já bem sucedida como advogada pediu exoneração do referido cargo. No entanto, um desafeto seu, tendo descoberto que Maria, ao ingressar nos quadros da OAB, ainda exercia o cargo de Oficial de Justiça, comunicou o fato à entidade, que abriu processo disciplinar para apuração da conduta de Maria, tendo ela sido punida por ter feito falsa prova de um dos requisitos para a inscrição na OAB. De acordo com o EAOAB: Maria deve ser punida com a pena de exclusão dos quadros da OAB, de acordo com os arts. 28, II, 34, XXVI e 38, II todos do EAOAB. Assim, a atividade de Oficial de Justiça possui proibição total com a atividade da advocacia, tornando-se assim incompatível com a advocacia (art. 28, II EAOAB). O correto era Maria ter solicitado apenas o certificado de aprovação para posterior inscrição futura e não sua inscrição na OAB, como o fez. Nota-se que mediante a apresentação de prova falsa, por meio da declaração de que não exercia nenhuma atividade incompatível, cometeu infração disciplinar punível com exclusão.

A sanção disciplinar de exclusão só poderá ser aplicada mediante a manifestação favorável de **2/3** (dois terços) dos membros do Conselho Seccional competente.

Outra proposta da Banca Examinadora do Exame de Ordem FGV 2020.1 traz a seguinte questão: Havendo indícios de que Sara obteve inscrição na Ordem dos Advogados do Brasil mediante prova falsa, foi instaurado contra ela processo disciplinar. Sobre o tema, assinale a afirmativa correta. Nessa questão, a resposta assinalada corretamente versa que o recurso contra eventual decisão que determine o cancelamento da inscrição de Sara não terá efeito suspensivo. O art. 77 do EAOAB versa que todos os recursos têm efeito suspensivo, exceto os que tratarem de eleições, de suspensão preventiva decidida pelo TED e de cancelamento da inscrição obtida com falsa prova. Sara não sofrerá processo disciplinar, entretanto haverá o cancelamento de inscrição mediante prova falsa.

3.1.5 Multa

Trata-se da **pena pecuniária** (art. 39, EAOAB), **acessória** às penas de censura ou suspensão, isto é, ela não será aplicada isoladamente, mas sim em conjunto com uma censura ou com uma suspensão, considerando, igualmente, os antecedentes profissionais do inscrito, as atenuantes, o grau de culpa revelada, as circunstâncias e as consequências da infração (art. 40, parágrafo único, alínea ***a***, do EAOAB).

DICA IMPORTANTE: A multa pode variar entre o **mínimo** correspondente ao valor de **uma anuidade** e o **máximo de dez anuidades**. Para fixação do valor da multa, também serão consideradas as circunstâncias previstas no parágrafo único do art. 40, alínea a, do EAOAB. A multa deve ser **paga** ao **Conselho Seccional** que a tiver aplicado.

3.2 Das sanções disciplinares

As sanções disciplinares – **censura, suspensão, exclusão e multa** – devem constar dos assentamentos do inscrito após o trânsito em julgado da decisão e não poderá ser, em nenhuma hipótese, objeto de publicidade e de censura, pois não há na censura nenhum problema em alguém contratar seus serviços profissionais. Enquanto que na suspensão e na exclusão, a OAB cuidará para que ninguém o contrate, pois o transgressor terá seus atos anulados (art. 4º e parágrafo único, do EAOAB).

3.3 Advertência

A advertência deve ser entendida como um benefício aplicado ao advogado que comete uma infração de natureza **leve** e possui alguma **circunstância atenuante**, e não como punição. Isso porque além de não constar no art. 35 do EAOAB, não é considerada para fins de reincidência.

DICA IMPORTANTE: Lembre-se que de acordo com o Estatuto, **advertência** não constitui uma sanção disciplinar, mas uma hipótese de **atenuante** no processo disciplinar.

3.4 Agravantes e atenuantes

O **art. 40 do EAOAB** prevê os seguintes critérios a serem observados quando da aplicação das sanções disciplinares, para fins de **atenuação** da pena:

- **Falta cometida na defesa de prerrogativa profissional** (art. 7º do EAOAB). Terá a seu favor circunstância atenuante se demonstrar que agiu na defesa das prerrogativas concedidas legalmente aos advogados;
- **Ausência de punição disciplinar anterior.** A primariedade é circunstância atenuante, de caráter objetivo e conhecimento obrigatório (Conselho Federal, Recurso nº 091/2006 – " A ausência de condenação disciplinar anterior do advogado é circunstância atenuante que deve, obrigatoriamente, ser levada em consideração pelo julgador, para minorar a punição disciplinar aplicada, sempre que superior ao mínimo legal);
- **O exercício assíduo e proficiente de mandato ou cargo em qualquer órgão da OAB;**
- **Prestação de relevantes serviços à advocacia e à causa pública.**

As circunstâncias **agravantes** são aquelas que potencializam os efeitos da infração cometida, não apenas quanto à violação em si, mas quanto ao dano à ética profissional e à dignidade da advocacia em geral, são obtidas mediante análise criteriosa e circunstancial das condições previstas no parágrafo único do art. 40, EAOAB. São dois, os **tipos** de agravantes: **a)** a reincidência em infração disciplinar; **b)** a gravidade da culpa.

MUITA ATENÇÃO! A circunstância agravante **anula** o efeito da circunstância atenuante, prevalecendo sobre esta.

3.5 Reincidência

Deixa de ser primário o inscrito que já foi punido com uma censura ou uma suspensão. Assim, caso venha a instaurar uma **nova infração disciplinar**, será considerado reincidente. A reincidência é circunstância que, via de regra, serve para aumentar a penalidade.

O inscrito anteriormente punido com uma censura e for condenado por outra infração, de natureza leve (art. 34, XI, EAOAB) – abandonar uma causa sem justo motivo, por exemplo – será considerado reincidente e sofrerá a suspensão temporária de seu mister pelo prazo de 30 (trinta) dias a 12 (doze) meses.

3.6 Reabilitação

Caso a infração se dê apenas no âmbito administrativo, é permitido ao condenado, seja qual for a sanção disciplinar, requerer a sua reabilitação, mediante comprovação efetiva de bom comportamento, transcorrido o prazo de **um ano** após o **cumprimento**, já que o ordenamento jurídico pátrio não admite efeitos perpétuos de nenhuma punição. (art. 41 do EAOAB)

Entretanto, o parágrafo único do art. 41 do EAOAB, ressalva que, quando a sanção disciplinar resultar da prática de crime, o pedido de reabilitação dependerá também da correspondente **reabilitação criminal** (art.

94 do CP). Remeto o leitor ao item 6 do capítulo XIX, a título de complementação.

3.7 Dosimetria da sanção disciplinar

O **processo disciplinar** será **instaurado de ofício** ou mediante **representação dos interessados** nos termos do art. **55 do CED**, levando sempre em conta os antecedentes do advogado ou do estagiário, o grau de culpa por eles revelada, as circunstâncias e as consequências da infração serão consideradas para que seja decidida sobre a conveniência da aplicação cumulativa da multa ou de outra sanção disciplinar. Vale também para o tempo de suspensão e da multa aplicáveis.

Assim, como já foi dito anteriormente, um inscrito que cometer infração de natureza leve e é primário, terá a **censura convertida em uma simples advertência.** Entretanto, uma vez já sofrida punição com uma censura e, agora, comete nova infração, como violar um segredo profissional, deverá ser suspenso e estará sujeito ao pagamento de multa, descrita no capítulo pertinente (art. 39, do EAOAB).

3.8 Efeitos das sanções disciplinares

As circunstâncias atenuantes e agravantes têm os seguintes **efeitos na decisão** que deverá aplicar a sanção: aplicação cumulativa ou não da pena de multa às penas de censura e de suspensão; mensuração do tempo de suspensão; definição do valor da multa; conversão da pena de censura em advertência; suspensão da pena de censura, condicionada ao cumprimento da pena alternativa, prevista no art. 71, inciso V, CED.

O constituinte não responde por danos, pois a punição não alcança, no âmbito disciplinar, visto que o princípio da intranscendibilidade determina que a sanção se restrinja ao infrator, no caso o advogado. Os atos praticados pelo inscrito suspenso ou excluído são nulos (art. 4º, parágrafo único e art. 42 do EAOAB). Havendo concurso material de infrações disciplinares, será aplicada automaticamente a sanção prevista para cada uma delas, somando-se as de forma cumulativa.

4. DA PRESCRIÇÃO

4.1 Prescrição da Pretensão Punitiva

A prescrição da pretensão punitiva refere-se à perda do direito de punir ou de executar a pena pelo decurso do tempo, extinguindo a punibilidade do acusado ou condenado.

O Conselho Federal da OAB editou a Súmula 01/2011, que trata da prescrição de processos administrativos disciplinares. O termo inicial para contagem do prazo, decorrente de representação a que se refere o *caput* do art. 43 do EAOAB é a data da constatação oficial do fato pela OAB, considerada a data do protocolo da representação ou a data das declarações do interessado tomadas por termo perante órgão da entidade. O prazo prescricional é de cinco anos.

Quando a instauração do processo disciplinar se der ***ex officio,*** o termo ***a quo*** coincidirá com a **data em que o órgão competente da OAB tomar conhecimento do fato,** seja por documento constante dos autos, seja pela sua notoriedade.

Corrobora com o exposto acima, a seguinte afirmativa trazida em questão no **exame unificado de novembro de 2014:** "a pretensão punitiva quanto às infrações disciplinares prescreve em cinco anos, contados da data da constatação oficial do fato, interrompendo-se pela instauração de processo disciplinar ou pela notificação válida do representado", art. 43 e § 2º do EAOAB e Súmula 01/2011.

4.2 Prescrição Intercorrente / Intertemporal / Interprocessual

A prescrição intercorrente de que trata o § 1º do art. 43 do Estatuto e Súmula 01/2011 da OAB ocorre diante da paralisação do processo por mais de três anos sem despacho ou julgamento – é interrompida e recomeça a fluir pelo mesmo prazo a cada despacho de movimentação do feito. Com a prescrição intercorrente o processo deverá ser arquivado de ofício ou por requerimento da parte interessada. Entretanto, os eventuais responsáveis pela paralisação deverão ser punidos pela OAB, após apuradas as responsabilidades pela paralisação.

Foi praticada infração disciplinar por Carlos em 09 de fevereiro de 2010. Instaurou-se processo disciplinar para apuração da infração em 11 de abril de 2013, em 15 de novembro de 2013 Carlos foi notificado. O processo ficou pendente de julgamento até 20 de fevereiro de 2015, em 1º de março de 2018 o processo seguiu. Mediante tais alegações, pode-se afirmar que a pretensão à punibilidade da infração disciplinar praticada por Carlos está prescrita? Tendo em vista o decurso de mais de três anos de paralisação para aguardar julgamento? Consoante o art. 43, §1º do Estatuto da Advocacia e da OAB sobre a prescrição, deve-se aplicar a prescrição a todo processo disciplinar paralisado por mais de três anos, pendente de despacho ou julgamento, devendo ser arquivado de ofício, ou a requerimento da parte interessada, sem prejuízo de serem apuradas as responsabilidades pela paralisação. **(Exame de Ordem 2018.1)**

4.3 Interrupção da prescrição

Interrompe-se a prescrição, reiniciando a contagem em **duas situações** (art. 43, § 2º, do EAOAB):

- Pela instauração de processo disciplinar ou

pela notificação válida feita diretamente ao representado;

- Pela decisão condenatória recorrível de qualquer órgão julgador da OAB. Entende-se 'por qualquer órgão' aqueles encarregados de julgamento do processo disciplinar, em suas instâncias distintas.

EM RESUMO: RESPONSABILIDADE CIVIL, PENAL E DISCIPLINAR DO ADVOGADO	
Responsabilidades do Advogado	• **O advogado, no exercício da sua profissão, deve sempre manter a independência em qualquer circunstância, sem o receio de desagradar a magistrado ou qualquer outra autoridade, nem de incorrer em impopularidade, cabendo ao advogado se responsabilizar pelos atos que praticar com dolo ou culpa.** • **O advogado será responsabilizado civilmente**: pelo erro de direito; pelo erro de fato; pelas omissões de providências necessárias para ressalvar direitos do seu constituinte; pela perda de prazo; pela desobediência
Responsabilidades do Advogado	às instruções do constituinte; pelos pareceres que der contrário à lei, à jurisprudência e à doutrina; pela omissão de conselho; pela violação de segredo profissional; pelo dano causado a terceiro; pelo fato de não representar o constituinte, pela circunstância de ter feito publicações desnecessárias sobre alegações forenses ou relativas a causas pendentes; por ter servido de testemunha nos casos arrolados no art. 7º, XIX, do EAOAB; por reter ou extraviar autos que se encontravam em seu poder; pela violação ao disposto no art. 34, XV, XX, XXI, da Lei 8.906/94. • O advogado deve aconselhar seu cliente a não ingressar em lides temerárias, cujo termo pretende trazer transparência quanto a demandas cujo prognóstico de sucesso, diante da jurisprudência, do ordenamento vigente e das próprias circunstâncias fáticas, tende a ser desprezível.
Responsabilidade Penal	• O crime de **patrocínio infiel**, um dos crimes praticados contra a administração da Justiça, ocorre quando o advogado ou procurador trai o dever profissional, isto é, seu cliente, prejudicando interesse, cujo patrocínio de uma causa, em juízo, lhe é confiado. • É um dos crimes praticados **contra a administração da justiça,** por **advogado ou procurador judicial**, que defende na mesma causa, simultânea ou sucessivamente, partes contrárias. Quando a defesa é simultânea, o crime recebe o nome de patrocínio simultâneo ou tergiversação. • Para que o crime de violação de segredo profissional seja plenamente configurado, deve conter os seguintes **requisitos: a)** Ser um segredo; **b)** O segredo ter sido obtido em razão da atividade do agente – função, ministério, ofício ou profissão; **c)** O segredo ter sido revelado a outrem; **d)** Ter sido revelado sem justo motivo; **e)** Potencialidade de causar dano a alguém.
Responsabilidade Disciplinar	• **Infrações de natureza leve, punidas com censura:** ⇨ exercer a profissão, quando impedido de fazê-lo, ou facilitar, por qualquer meio, o seu exercício aos não inscritos, proibidos ou impedidos; ⇨ manter sociedade profissional fora das normas e preceitos estabelecidos na lei; ⇨ valer-se de agenciador de causas mediante participação nos honorários a receber; ⇨ angariar ou captar causas, com ou sem a intervenção de terceiros; ⇨ assinar qualquer escrito destinado a processo judicial ou para fim extrajudicial que não tenha feito ou em que não tenha colaborado; ⇨ advogar contra literal disposição de lei, presumindo-se a boa-fé quando fundamentado na inconstitucionalidade, na justiça da lei ou em pronunciamento judicial anterior; ⇨ violar sem justa causa, sigilo profissional; ⇨ estabelecer entendimento com a parte adversa sem autorização do cliente ou ciência do advogado da parte contrária; ⇨ prejudicar, por culpa grave, interesse confiado ao seu patrocínio; ⇨ acarretar, conscientemente, por ato próprio, a anulação ou a nulidade do processo em que funcione; ⇨ abandonar a causa sem justo motivo, ou antes, de decorridos 10 (dez) dias da comunicação da renúncia; ⇨ recusar-se a prestar, sem justo motivo, assistência jurídica, quando nomeado em virtude de impossibilidade da Defensoria Pública; ⇨ fazer publicar na imprensa, desnecessária e habitualmente, alegações forenses ou relativas a causas pendentes; ⇨ deturpar o teor de dispositivo de lei ou de citação doutrinária ou de julgado, bem como de depoimentos, documentos e alegações da parte contrária, para confundir o adversário ou iludir o juiz da causa; ⇨ fazer, em nome do constituinte, sem autorização escrita desta imputação a terceiro de fato definido como crime; ⇨ deixar de cumprir, no prazo estabelecido, determinação emanada do órgão ou autoridade da OAB, em matéria da competência desta, depois de regularmente notificado; ⇨ praticar o estagiário ato excedente de sua habilitação; ⇨ violação ao CED.

<table>
<tr><th colspan="2">EM RESUMO: RESPONSABILIDADE CIVIL, PENAL E DISCIPLINAR DO ADVOGADO</th></tr>
<tr><td>Responsabilidade Disciplinar</td><td>
• Infrações de natureza grave, punidas com suspensão:
⇨ prestar concurso a clientes ou a terceiros para a realização de ato contrário à lei ou destinado a fraudá-la;
⇨ solicitar ou receber de constituinte qualquer importância para aplicação ilícita ou desonesta;
⇨ receber valores da parte contrária, ou de terceiros, relacionados com o objeto do mandato sem expressa autorização do constituinte;
⇨ locupletar-se, por qualquer forma, à custa do cliente ou da parte adversa, por si ou interposta pessoa;
⇨ recusar-se, injustificadamente, a prestar contas ao cliente de quantias recebidas dele ou de terceiros por conta dele;
⇨ reter, abusivamente, ou extraviar autos recebidos com vista ou em confiança;
⇨ deixar de pagar as contribuições, multas e preços de serviços devidos à OAB, depois de regularmente notificado a fazê-lo;
⇨ incidir em erros reiterados que evidenciem inépcia profissional;
⇨ manter conduta incompatível com a advocacia;
⇨ Reincidência.
• Infrações de natureza gravíssima, punidas com exclusão:
⇨ Na aplicação por 3 (três) vezes de suspensão, o advogado será excluído dos quadros da OAB. Tal fato ocorrerá após o trânsito em julgado da decisão que a fixou, com 2/3 (dois terços) o quorum dos membros do Conselho competente;
⇨ fazer falsa prova de qualquer dos requisitos necessários para a inscrição na OAB;
⇨ tornar-se moralmente inidôneo para o exercício da advocacia;
⇨ praticar crime infamante.
• Atenuantes: a) Falta cometida na defesa de prerrogativa profissional; b) Ausência de punição disciplinar anterior (primariedade); c) Exercício assíduo e proficiente de mandado ou cargo em qualquer órgão da OAB; d) Prestação de relevantes serviços à advocacia ou à causa pública.
• Agravantes: a) a reincidência em infração disciplinar; b) a gravidade da culpa.
• Reincidência: O inscrito anteriormente punido com uma censura e for condenado por outra infração, de natureza leve (art. 34, XI, EAOAB) – abandonar uma causa sem justo motivo, por exemplo – será considerado reincidente e sofrerá a suspensão temporária de seu mister pelo prazo de 30 (trinta) dias a 12 (doze) meses.
• Reabilitação: é permitido ao inscrito requerer a sua reabilitação, mediante comprovação efetiva de bom comportamento, transcorrido o prazo de um ano após o cumprimento de qualquer sanção disciplinar, já que o ordenamento jurídico pátrio não admite efeitos perpétuos de nenhuma punição. Quando a sanção disciplinar resultar da prática de crime, o pedido de reabilitação depende também da correspondente reabilitação criminal.
</td></tr>
<tr><td>Prescrição</td><td>
• A pretensão punitiva quanto às infrações disciplinares prescreve em cinco anos, contados da data da constatação oficial do fato, interrompendo-se pela instauração de processo disciplinar ou pela notificação válida do representado.
• Interrupção da Prescrição: a) Pela instauração de processo disciplinar ou pela notificação válida feita diretamente ao representado; b) Pela decisão condenatória recorrível de qualquer órgão julgador da OAB.
</td></tr>
</table>

CAPÍTULO XV
DA ORDEM DOS ADVOGADOS DO BRASIL (OAB)

1. INTRODUÇÃO

1.1 Ordenamentos éticos do advogado

O advogado tem o dever de cumprir rigorosamente todos os preceitos do Estatuto da Advocacia, Regulamento Geral, do Código de Ética e Disciplina, Provimentos e Resoluções do Conselho Federal.

2. PERSONALIDADE JURÍDICA

Todos os órgãos da OAB, exceto as subseções, possuem personalidade jurídica própria (art. 45, §§ 1º, 2º, 3º e 4º, do EAOAB). As subseções são órgãos autônomos dos Conselhos Seccionais, que funcionam como extensões, tendo como finalidade a descentralização de algumas atividades destes.

A Constituição Federal atribuiu personalidade jurídica de Direito Público, somente às pessoas políticas da União, Estados-membros, Municípios e Territórios, e aos entes autárquicos: autarquias e fundações públicas. Às demais, por exclusão, atribuiu-se personalidade jurídica de **direito privado**, a exemplo dos partidos políticos (art. 17, § 2º da CF).

3. NATUREZA JURÍDICA

De acordo com o art. 44, EAOAB, a Ordem dos Advogados do Brasil é um **serviço público**, dotado de **personalidade jurídica** e **forma federativa.**

Há entidades que são dotadas de natureza jurídica mista por estarem submetidas, em parte, ao direito público e, em outra, ao direito privado. Este é o caso da OAB que, para a doutrina mais abalizada, não é nem autarquia nem entidade genuinamente privada, mas serviço público independente. Como o próprio Estatuto estabelece, não há vínculo **funcional** ou **hierárquico** entre a OAB e a Administração Pública (art. 44, § 1º, do EAOAB).

Observa-se que realmente a OAB possui uma categoria diferenciada, pois enquanto realiza atividades administrativas e jurisdicionais, submete-se fundamentalmente ao direito público; e no desenvolvimento de suas finalidades institucionais e da defesa da profissão, ao direito privado.

A OAB, sem sombra de dúvidas, tem natureza jurídica especial e única, ***sui generis,*** sendo pessoa jurídica de direito público interno, que executa serviço público federal, sem qualquer equiparação com as autarquias nem com as entidades paraestatais.

4. DA FINALIDADE E DA ORGANIZAÇÃO DA OAB

4.1 Da Finalidade da OAB

As finalidades da OAB são indissociáveis da atividade de advocacia, que se caracteriza pela absoluta independência, inclusive diante dos Poderes Públicos constituídos. Uma vez necessário à administração da Justiça, o advogado então não pode estar subordinado a qualquer poder, inclusive o Judiciário. Qualquer dependência da OAB ou da advocacia, com efeito de vinculação ou subordinação, resultaria na negação de suas próprias finalidades.

Possui dupla **finalidade:**

A – **Finalidade Institucional:** Defender a Constituição Federal, a ordem jurídica do Estado democrático de direito, os direitos humanos, a justiça social, e pugnar pela boa aplicação das leis, pela rápida administração da Justiça e pelo aperfeiçoamento da cultura e das instituições jurídicas;

B – **Finalidade Representativa da classe profissional:** Promover, com exclusividade, a representação, a defesa, a seleção e a disciplina dos advogados em toda a República Federativa do Brasil (art. 44, ***caput*** e §§ 1º e 2º da Lei 8.906/94), sem qualquer vínculo funcional ou hierárquico com os órgãos da Administração Pública (art. 44, § 1º, da Lei 8.906/94).

MUITA ATENÇÃO!

Nos termos do art. 11 do RGEAOAB, no tocante à finalidade representativa, compete ao sindicato de advogados e, na sua falta à federação ou confederação de advogados, a representação destes nas convenções coletivas celebradas com as entidades sindicais representativas dos empregadores, nos acordos coletivos celebrados com a empresa empregadora e nos dissídios coletivos perante a Justiça do Trabalho, aplicáveis às relações de trabalho.

As finalidades da OAB são cumpridas pelos **Conselhos Federais, Seccionais** e pelas Subseções, de modo integrado, observadas suas competências específicas.

É finalidade da OAB **participar dos concursos públicos** previstos na Constituição e nas leis, em todas as suas fases, através de representante do Conselho competente, devidamente designado pelo Presidente, o qual fica incumbido de prestar relatório sucinto de suas atividades, velar pela garantia da isonomia e da integridade dos concursos, promovendo sua retirada quando constatar irregularidades ou favorecimentos, e em seguida comunicar os motivos ao Conselho.

4.2 Da Organização da OAB

A organização da OAB é federativa e composta por quatro órgãos, quais sejam, o Conselho Federal, os Conselhos Seccionais, as Subseções e as Caixas de Assistência dos Advogados, elencados no art. 45 do EAOAB, todos com personalidade jurídica (exceto as Subseções) e atribuições próprias.

Todas as matérias relacionadas à Ética do advogado, às infrações e sanções disciplinares e ao processo disciplinar são regulamentadas pelo EAOAB, CED e RGEAOAB, além dos Provimentos.

O uso da sigla "OAB" é **privativo** da Ordem dos Advogados do Brasil.

5. PECULIARIDADES DA OAB

As peculiaridades da OAB previstas no Estatuto da Advocacia são questionadas no Exame de Ordem. A primeira delas é a **obrigatoriedade da publicidade de todos os seus atos**. Assim, os atos conclusivos dos órgãos da OAB, salvo quando reservados ou de administração interna, devem ser publicados na imprensa oficial ou afixados no Fórum, na íntegra ou em resumo (art. 45, § 6º, EAOAB). A segunda, por constituir um serviço público, goza **de imunidade tributária total** em relação a seus bens, rendas e serviços (art. 45, § 5º, EAOAB). Se por um lado a OAB não paga tributos, por outro, também não recebe nenhum tipo de orçamento público.

A OAB tem como peculiaridade ser mantida por seus próprios inscritos, através do pagamento de contribuições obrigatórias, multas e preços de serviços. É de sua competência, portanto, fixar e cobrar, de seus inscritos, tais contribuições.

Outro questionamento é como a OAB poderá cobrar seus **créditos do advogado inadimplente**. Nesse caso, o Estatuto dispõe que a certidão passada pela diretoria do Conselho competente, referente aos créditos mencionados, constitui **título executivo extrajudicial**. Por outro lado, como benefício pelo pagamento em dia de sua anuidade, o Estatuto dispõe que o pagamento da contribuição anual à OAB isenta os inscritos nos seus quadros do pagamento obrigatório da contribuição social.

Este dispositivo foi objeto de questionamento de sua constitucionalidade junto ao STF, que supostamente estaria agredindo a CF quanto à liberdade sindical, não podendo uma lei federal **isentar do recolhimento da contribuição sindical**. No entanto, o STF entendeu pela **constitucionalidade** do dispositivo, não havendo afronta ao princípio da liberdade sindical.

? **QUESTÃO:** Aplica-se a legislação trabalhista aos funcionários da OAB?

➥ ***RESPOSTA:*** *Os funcionários da OAB são regidos pelo regime celetista e a eles aplica-se a legislação trabalhista. Este regime muitas vezes é colocado pelo examinador da prova como estatutário, exatamente para confundir. Porém, não resta dúvida que o regime é celetista.*

Os presidentes dos Conselhos e das Subseções da OAB têm **legitimidade** para agir, judicialmente e extrajudicialmente, contra qualquer pessoa que infringir as disposições ou os fins, da lei do Estatuto da Advocacia (Lei nº 8.906 de 04 julho de 1994) tendo ainda legitimidade para intervir, inclusive como assistentes, nos inquéritos e processos em que sejam indiciados, acusados ou ofendidos os inscritos da OAB.

O Estatuto possibilita aos presidentes dos Conselhos Seccionais da OAB e das Subseções requisitar, dependendo de motivação compatível com as finalidades do Estatuto da Advocacia e por seus próprios custos, **cópias de peças de autos e documentos** de qualquer Tribunal, magistrado, cartório e órgão da Administração Pública direta, indireta e fundacional. O STF na ADI 1.127-8, deu interpretação ao art. 50 do EAOAB, sem redução do texto, para fazer entender a palavra requisitar como dependente de motivação, compatibilização com as finalidades da lei e atendimento de custos, ficando ressalvados os documentos sigilosos.

→ **Exemplo:** Tício, presidente de determinada Subseção da OAB, valendo-se da disciplina do art. 50 da Lei Federal nº 8.906/94 (Estatuto da OAB), pretende requisitar, ao cartório de certa Vara de Fazenda Pública, cópias de peças dos autos de um processo judicial que não estão cobertas pelo sigilo. Assim, analisou o entendimento jurisprudencial consolidado no Supremo Tribunal Federal sobre o tema, a fim de apurar a possibilidade da requisição, bem como, caso positivo, a necessidade de motivação e pagamento dos custos respectivos. Diante da situação narrada, Tício estará correto ao concluir que pode realizar tal requisição, pois o

Supremo Tribunal Federal, em sede de controle de constitucionalidade, assegurou-a, desde que acompanhada de motivação compatível com as finalidades da Lei nº 8.906/94 e o pagamento dos respectivos custos. **(Exame abril/2016)**

> **MUITA ATENÇÃO!**
> Os inscritos nos quadros da OAB, quites com o pagamento da contribuição anual, **fica isento do pagamento obrigatório da contribuição sindical** e a certidão passada pela diretoria do Conselho competente, referente aos créditos acima mencionados, constitui título executivo extrajudicial.

6. ESTRUTURA DA OAB

A OAB é **dividida em órgãos**, cada um com sua estrutura, competências e peculiaridades próprias, cujo estudo será mais bem aprofundado adiante.

7. DAS ELEIÇÕES E MANDATOS DA OAB

O tema de eleição está disposto nos arts. 63 a 67, EAOAB, nos arts. 128 a 137-C, RGEAOAB e nos Provimentos 146/2011 e 149/2012. Note que a Resolução Nº 5/2020 (alterou os arts. 128-A, o caput do art. 129, o caput e os §§ 1º e 2º do art. 131, o art. 156-B e o art. 156-C, do Regulamento Geral do Estatuto da Advocacia e da OAB).

O art. 134 do RGEAOAB estabelece que o voto é obrigatório para todos os advogados inscritos, inclusive os maiores de setenta anos, sob pena de multa equivalente a vinte por cento de uma anuidade, salvo ausência justificada por escrito, a ser apreciada pela Diretoria do Conselho Seccional. Perceba que, diferentemente das eleições comuns, não há a faculdade do voto ao idoso.

Em consonância com as regras fixadas no EAOAB, a eleição dos membros de todos os órgãos da OAB, salvo para Presidente Nacional da OAB, é **direta.** O Estatuto unificou o sistema de eleição para os cargos da OAB prevendo a mesma data para o evento. Ficou da seguinte forma:

A – Dos cargos da OAB: o cargo de conselheiro ou de membro de diretoria de órgão da OAB é de exercício gratuito e obrigatório, considerado serviço público relevante, inclusive para fins de disponibilidade e aposentadoria (art. 48, da Lei 8.906/94).

B – Das eleições: a eleição dos membros de todos os órgãos da OAB será realizada na segunda quinzena do mês de novembro do último ano do mandato, mediante cédula única de votação direta dos advogados regularmente inscritos (art. 63 da Lei 8.906/94).

→ **Exemplo:** Beatriz, advogada regularmente inscrita na OAB, deseja organizar uma chapa para concorrer à diretoria de Subseção. Ao estudar os pressupostos para a formação da chapa, a realização das eleições e o futuro exercício do cargo, Beatriz concluiu corretamente que: a eleição será realizada na segunda quinzena do mês de novembro, do último ano do mandato, sendo o comparecimento obrigatório para todos os advogados inscritos na OAB. **(FGV - Exame de Ordem 2019.3)**

7.1 Características das Eleições

A eleição, **na forma** e segundo os critérios e procedimentos estabelecidos no RGEAOAB, é de comparecimento **obrigatório para todos os advogados** inscritos na OAB (art. 63, § 1º, EAOAB).

O Conselho Seccional, até **60 dias** antes do dia **15 de novembro** do último ano do mandato, convocará os advogados inscritos para a **votação obrigatória**, em edital resumido publicado na imprensa oficial, do qual constarão, dentre outros: o dia da eleição, na segunda quinzena de novembro, o prazo para o registro das chapas, o modo de composição da chapa, incluindo o número de membros do Conselho Seccional, os prazos para impugnação das chapas e para a decisão da Comissão Eleitoral, nomes dos membros da Comissão Eleitoral escolhida pela Diretoria, locais de votação, referência ao capítulo do RGEAOAB, cujo conteúdo estará à disposição dos interessados.

Os **Conselhos Seccionais têm** a responsabilidade de promover a ampla divulgação das eleições. O Conselho Seccional e a Subseção fornecerão ao candidato devidamente registrado, mediante requerimento, no prazo de **72** (setenta e duas) horas, listagem atualizada com nome e endereço dos advogados.

A **comissão eleitoral** é composta de **3** (três) advogados e **3** (três) advogadas que não integrem chapas concorrentes, **sendo um presidente** (art. 129 da Resolução nº 5/2000). Esta Resolução traz mudanças, as cotas raciais e a paridade de gênero são mais do que uma necessária e indispensável política de reparação e de inclusão.

O artigo 131 da Resolução supracitada, traz na sua íntegra o seguinte: "Art. 131. São admitidas a registro apenas chapas completas, que deverão atender ao percentual de 50% para candidaturas de cada gênero e, ao mínimo, de 30% (trinta por cento) de advogados negros e de advogadas negras, assim considerados os(as) inscritos(as) na Ordem dos Advogados do Brasil que se classificam (autodeclaração) como negros(as), ou seja, pretos(as) ou pardos(as), ou definição análoga (critérios subsidiários de heteroidentificação), entre titulares e entre suplentes, com indicação dos(as) candidatos(as) aos cargos de diretoria do Conselho Federal, do Conselho Seccional, da Caixa de Assistência dos(as) Advogados(as) e das Subseções, dos(as) conselheiros(as) federais, dos(as) conselheiros(as) seccionais e dos(as) conselheiros(as) subseccionais, sendo vedadas candidaturas isoladas ou que integrem mais de uma chapa.

> § 1º O percentual previsto no caput deste artigo aplicar-se-á quanto às Diretorias do Conselho Federal, dos Conselhos Seccionais, das Subseções e das Caixas de Assistência e deverá incidir sobre os cargos de titulares e suplentes, se houver, salvo se o número for ímpar, quando se aplicará o percentual mais próximo a 50% na composição de cada gênero, e o percentual de 30% na composição de cotas raciais para advogados negros e advogadas negras.
>
> § 2º Em relação ao registro das vagas ao Conselho Federal, o percentual referido no caput deste artigo levará em consideração a soma entre os titulares e suplentes, devendo a chapa garantir pelo menos uma vaga de titularidade para cada gênero, pelo menos uma vaga de titularidade para um advogado negro ou uma advogada negra, e pelo menos uma vaga de suplência para um advogado negro ou uma advogada negra."

A Resolução 5/2020 (art. 4º) altera o art. 156-B do RGEAOAB, onde as alterações das regras estabelecidas no art. 131, caput e parágrafos 1º, 2º e 3º, do Regulamento, promovidas em 2020, passam a vigorar a partir das eleições de 2021, inclusive, estipulado o percentual **mínimo de 30% (trinta por cento) de cotas raciais para advogados negros e advogadas negras pelo prazo de 10 (dez) mandatos.** O art. 156-C do RGEAOAB segue as regras do Provimento nº 146/2011 e do RGEAOAB vigentes em 2021, no tratamento das eleições nos Conselhos Seccionais e nas Subseções em 2021 e no Conselho Federal em 2022 (art. 5º da mesma Resolução).

Com a mudança aprovada pelo Conselho Pleno em instância máxima da OAB Nacional, na sessão de 14 de dezembro de 2020, a paridade de gênero torna-se válida para compor as chapas para eleições do Conselho Federal, das seccionais, subseções e Caixas de Assistência, as quais deverão atender ao percentual de **50% (cinquenta por cento) para candidaturas de cada gênero, tanto para titulares como para suplentes.**

> **DICA IMPORTANTE:** No prazo de 5 (cinco) dias úteis após a publicação do edital de convocação das eleições, qualquer advogado pode arguir a suspeição de membro da Comissão Eleitoral, a ser julgada pelo Conselho Seccional. Contra decisão da Comissão Eleitoral cabe recurso ao Conselho Seccional, no prazo de 15 (quinze) dias, e deste para o Conselho Federal, no mesmo prazo, ambos sem efeito suspensivo.

7.2 Requisitos de Elegibilidade

De acordo com Provimento 146/2011, Resolução nº 002/2011 e art. 131-A, ***caput,*** do RGEAOAB, são as **condições de elegibilidade** para a participação no processo eleitoral da OAB o candidato advogado inscrito na Seccional, com **inscrição principal ou suplementar,** em efetivo exercício há **mais de 05 (cinco) anos**, e estar em dia com as anuidades na data de protocolo do pedido de registro de candidatura, considerando-se regulares aqueles que parcelaram seus débitos e estão adimplentes com a quitação das parcelas. O período de 05 (cinco) anos estabelecido é o que antecede imediatamente a data da posse, computado continuamente.

→ **Exemplo:** Os jovens Rodrigo, 30 anos, e Bibiana, 35 anos, devidamente inscritos em certa seccional da OAB, desejam candidatar-se, pela primeira vez, a cargos de diretoria do Conselho Seccional respectivo. Rodrigo está regularmente inscrito na referida seccional da OAB há seis anos, sendo dois anos como estagiário. Bibiana, por sua vez, exerceu regularmente a profissão por três anos, após a conclusão do curso de Direito. Contudo, afastou-se por dois anos e retornou à advocacia há um ano. Ambos não exercem funções incompatíveis com a advocacia, ou cargos exoneráveis *ad nutum*. Tampouco integram listas para provimento de cargos em tribunais ou ostentam condenação por infração disciplinar. Bibiana e Rodrigo estão em dia com suas anuidades. Considerando a situação narrada, nenhum dos dois advogados preenche as condições de elegibilidade para os cargos. **(Exame abril/2016)**

Importante observar que, o candidato deverá comprovar sua adimplência junto à OAB por meio da apresentação de certidão da Seccional onde é candidato (art. 131-A, § 1º do RGEAOAB).

Já o § 2º do mesmo diploma legal aduz que, sendo o candidato inscrito em várias Seccionais, deverá, ainda, quando da inscrição da chapa na qual concorrer, declarar, sob a sua responsabilidade e sob as penas legais, que se encontra adimplente com todas elas.

7.3 Hipóteses de Inelegibilidade

Está disposto na Resolução 16/2006 do CFOAB que não podem ser candidatos a qualquer cargo eletivo na OAB, os advogados, **mesmo regularmente inscritos e adimplentes**, que estejam nas seguintes **hipóteses de inelegibilidade: a)** Exerçam cargos ou funções incompatíveis com a advocacia (art. 28, EAOAB), sendo o exercício permanente ou temporário; **b)** Exerçam cargos ou funções em comissão, de livre nomeação e exoneração pelos Poderes Públicos, ainda que compatíveis com o exercício da advocacia; **c)** Tenham recebido sanções disciplinares com o processo transitando em julgado, exceto quando reabilitado (art. 63, § 2º, EAOAB); **d)** Estejam de débito com a prestação de contas ao Conselho Federal, na condição de membro da Diretoria de Conselho Seccional, responsável pelas contas, até a data do pedido de registro ou a sua rejeição após apreciação pelo Conselho Federal, com trânsito em julgado.

7.4 Prazo e data da posse

O mandato, em qualquer órgão da OAB, é de **3 (três) anos**, iniciando-se em **primeiro de janeiro** do ano seguinte ao da eleição, **salvo** no Conselho Federal.

A exceção referente aos Conselheiros Federais eleitos, por sua vez, diz respeito ao início do mandato. Os mandatos dos Conselheiros iniciam em **primeiro de fevereiro** do ano seguinte do da eleição (art. 65, *caput* e parágrafo único do EAOAB). A Comissão Eleitoral proclamará vencedora a chapa, cujos integrantes obtiverem a **maioria dos votos válidos**, e serão **empossados** no primeiro dia do início de seus mandatos.

7.5 Da extinção dos mandatos

Embora o prazo dos mandatos seja de três anos, algumas situações provocam automaticamente sua extinção. Extingue-se o mandato **automaticamente, antes do seu término**, quando: **a)** Ocorrer qualquer hipótese de cancelamento de inscrição ou de licenciamento do profissional, dos quadros da OAB; **b)** O titular sofrer condenação disciplinar devidamente processada e julgada no Tribunal de Ética e Disciplina; **c)** O titular faltar, sem motivo justificado, a três reuniões ordinárias consecutivas de cada órgão deliberativo do conselho ou da diretoria da Subseção ou da Caixa de Assistência dos Advogados, não podendo ser reconduzido no mesmo período de mandato.

Extinto o mandato em qualquer das hipóteses acima, cabe ao **Conselho Seccional** escolher o substituto, caso não haja suplente (art. 66, EAOAB).

Sobre o tema, a banca examinadora propôs a seguinte questão no **exame unificado de abril de 2016:** Carlos integrou a chapa de candidatos ao Conselho Seccional que obteve a maioria dos votos válidos e tomou posse em 1º de janeiro do ano seguinte ao de sua eleição. Um ano após o início do mandato, Carlos passou a ocupar um cargo de direção no Conselho de Administração de uma empresa, controlada pela Administração Pública, sediada em outro estado da Federação. Nesse caso, de acordo com o Estatuto da OAB, extingue-se automaticamente o mandato de Carlos, pois a ocupação de cargo de direção em empresa controlada pela Administração Pública, em qualquer circunstância, configura incompatibilidade a ensejar o cancelamento de sua inscrição.

> **MUITA ATENÇÃO!** Ocorrendo vaga de cargo de diretoria do Conselho Federal ou do Conselho Seccional, inclusive do Presidente, em virtude de perda do mandato (casos elencados no art. 66 ao EAOAB), morte ou renúncia, o substituto é eleito pelo Conselho a que se vincule, dentre os seus membros. (art. 50 do RGEAOAB)

A banca da **FGV – Exame de Ordem 2020.1** exigiu conhecimento do candidato sobre o tema de extinção do mandato. O advogado João era conselheiro de certo Conselho Seccional da OAB. Todavia, por problemas pessoais, João decidiu renunciar ao mandato. A alternativa correta era a que se referia que compete à Diretoria do Conselho Seccional respectivo declarar extinto o mandato, independentemente de exigência de prévia notificação para oitiva de João, conforme o Regulamento Geral em seu art. 54, § 1º que vaticina que é de competência da Diretoria dos Conselhos Federal e Seccionais, da Subseção ou da Caixa de Assistência, declarar extinto o mandato mediante renúncia ou morte do conselheiro, sem prévia notificação ao interessado.

7.6 Composição da chapa

Consideram-se eleitos os candidatos integrantes da chapa que obtiver a **maioria dos votos válidos**. Por outro lado, a chapa **para o Conselho Seccional** deve ser composta dos candidatos ao Conselho e à sua diretoria e, ainda, à Delegação ao Conselho Federal e à Diretoria da Caixa de Assistência dos Advogados, para eleição conjunta (art. 64, ***caput*** e § 1º, do EAOAB).

A chapa para eleições das **Subseções** deverá ser composta pelos candidatos à diretoria e pelos candidatos ao seu conselho, quando houver (art. 64, § 2º, do EAOAB).

> **MUITA ATENÇÃO!**
>
> **REQUISITOS NECESSÁRIOS PARA INTEGRAR A CHAPA**
>
> SOMENTE poderá integrar a chapa o candidato que, CUMULATIVAMENTE: (art. 131 § 2º do RGEAOAB)
>
> a) seja advogado regularmente inscrito na respectiva Seccional da OAB, com inscrição principal ou suplementar;
> b) esteja em dia com as anuidades;
> c) não ocupe cargos ou funções incompatíveis com a advocacia, referidos no art. 28 do EAOAB, em caráter permanente ou temporário, ressalvado o disposto no art. 83 da mesma Lei;
> d) não ocupe cargos ou funções dos quais possa ser exonerável ad nutum mesmo que compatíveis com a advocacia;
> e) não tenha sido condenado por qualquer infração disciplinar, com decisão transitada em julgado, salvo se reabilitado pela OAB;
> f) Exerça efetivamente a profissão, há mais de cinco anos, excluído o período de estagiário, sendo facultado à Comissão Eleitoral exigir a devida comprovação;
> g) Não esteja em débito com a prestação de contas ao Conselho Federal, no caso de ser dirigente do Conselho Seccional.

7.7 Eleição da Diretoria do Conselho Federal

A eleição da diretoria do Conselho Federal, que tomará posse no dia **1º de fevereiro**, obedecerá às **seguintes regras** (art. 67, EAOAB):

- Será admitido registro, junto ao Conselho Federal, de candidatura à presidência, desde seis meses até um mês antes da eleição;
- O requerimento de registro deverá vir acompanhado do apoio de, no mínimo, seis Conselhos Seccionais;
- Até um mês das eleições, deverá ser requerido o registro da chapa completa, sob pena de cancelamento da candidatura respectiva;
- No dia 31 de janeiro do ano seguinte ao da eleição, o Conselho Federal elegerá, em reunião presidida pelo conselheiro mais antigo, por voto secreto e para mandato de 3 (três) anos, sua diretoria, que tomará posse no dia seguinte;
- Será considerada eleita a chapa que obtiver maioria simples dos votos dos Conselheiros Federais, presente a metade mais 1 de seus membros;
- Com exceção do candidato a Presidente, os demais integrantes da chapa deverão ser conselheiros federais eleitos.

8. CONFERÊNCIA NACIONAL DA OAB E DOS COLÉGIOS DE PRESIDENTES (ARTS. 146 A 150 RGEAOAB)

A Conferência Nacional dos Advogados (CNA) é órgão de consulta máximo do Conselho Federal da OAB. O objetivo principal da CNA é debater questões e problemas que digam respeito às **finalidades da OAB** (art. 44 do EAOAB) e ao **congraçamento dos advogados.**

Esta ideia foi mantida pelo RGEAOAB que disciplina a Conferência em seu art. 145, tendo como objetivo o estudo e o debate das questões e problemas que digam respeito às finalidades da OAB e ao congraçamento dos advogados. As sessões são dirigidas em plenários, painéis ou outros modos de exposição, e são dirigidas por um Presidente e um Relator, escolhidos pela Comissão Organizadora. Sessões em forma de painéis são ocupadas a metade do tempo total pelos expositores, e a outra metade é reservada para debates e votação de propostas ou conclusões pelos participantes. É facultado aos expositores, submeter às conclusões à aprovação dos participantes.

Ao final das Conferências são tiradas as conclusões contributivas, de caráter de mera recomendação aos respectivos Conselhos, para a reflexão das questões pertinentes à profissão de advogado, não tendo, portanto, caráter vinculante.

Há também **Conferências Estaduais e as Distritais,** que são órgãos consultivos dos Conselhos Seccionais, que se reúnem de três em três anos, no segundo ano do mandato. Logo no primeiro ano o mandato do Conselho Federal ou do Conselho Seccional, se decide a data e o local, bem como o tema central da Conferência.

De acordo com o RGEAOAB, **são membros** das Conferências:

1) **efetivos:** os Conselheiros e Presidentes dos órgãos da OAB presentes, os advogados e estagiários inscritos na Conferência, todos com direito a voto.

   → **Exemplo:** No ano de 2017, deverá se realizar a Conferência Nacional da Advocacia Brasileira, órgão consultivo máximo do Conselho Federal, que se reúne trienalmente. Cientes do evento, Raul, Francisco e Caetano decidem participar como membros efetivos da Conferência. Raul, advogado, é conselheiro de certo Conselho Seccional da OAB. Francisco é advogado, regularmente inscrito na OAB, e não exerce previamente função junto a qualquer órgão da instituição. Caetano é estagiário, regularmente inscrito como tal junto à OAB, e também não exerce previamente função em nenhum de seus órgãos. Considerando o disposto no Regulamento Geral do Estatuto da Advocacia e da OAB, Raul participará como membro efetivo da Conferência Nacional da Advocacia Brasileira. Do mesmo modo, Francisco e Caetano, se inscritos na conferência, poderão participar como membros efetivos, permitindo-se, aos três, o direito a voto. **(Exame abril/2017)**

2) **convidados:** as pessoas a quem a Comissão Organizadora conceder tal qualidade, sem direito a voto, salvo se for advogado.

Os convidados expositores e membros dos órgãos da OAB têm identificação especial durante o funcionamento da Conferência.

O art. 146, § 2º do RGEAOAB menciona a existência de Membros Ouvintes, que são os estudantes de Direito, mesmo inscritos como estagiários na OAB, os quais escolherão um porta-voz entre os presentes em cada sessão da conferência.

9. MEDALHA RUI BARBOSA

A "Medalha Rui Barbosa" é a comenda máxima conferida pelo **Conselho Federal** a grandes personalidades da advocacia brasileira, como forma de homenagear os colegas advogados, por serviços notáveis à causa do Direito e da advocacia. Mas só poderá ser **concedida uma vez**, no prazo do mandato do Conselho, e será entregue ao homenageado em sessão solene (art. 152, parágrafo único, RGEAOAB). O **Presidente da OAB e os agraciados** com a Medalha "Rui Barbosa" podem participar das sessões do Conselho Pleno, **com direito a voz** (art. 63 do RGEAOAB).

EM RESUMO: DA ORDEM DOS ADVOGADOS DO BRASIL (OAB)	
Personalidade Jurídica	• **A Constituição Federal atribuiu personalidade jurídica de Direito Público, somente às pessoas políticas da União, Estados-membros, Municípios e Territórios, e aos entes autárquicos: autarquias e fundações públicas. Às demais, por exclusão, atribuiu-se personalidade jurídica de direito privado**, a exemplo dos partidos políticos.
Natureza Jurídica	• **A OAB tem natureza jurídica especial e única, *sui generis*,** sendo pessoa jurídica de direito público interno, que executa serviço público federal, sem qualquer equiparação com as autarquias nem com as entidades paraestatais.
Da Finalidade e da Organização	• **Finalidade: a)** Defender a Constituição Federal, a ordem jurídica do Estado democrático de direito, os direitos humanos, a justiça social, e pugnar pela boa aplicação das leis, pela rápida administração da Justiça e pelo aperfeiçoamento da cultura e das instituições jurídicas; **b)** Promover, com exclusividade, a representação, a defesa, a seleção e a disciplina dos advogados em toda a República Federativa do Brasil (art. 44, ***caput*** e §§ 1º e 2º da Lei 8.906/94), sem qualquer vínculo funcional ou hierárquico com os órgãos da Administração Pública (art. 44, § 1º, da Lei 8.906/94). • **Organização:** A organização da OAB é federativa e composta por quatro órgãos, quais sejam, o Conselho Federal, os Conselhos Seccionais, as Subseções e as Caixas de Assistência dos Advogados, elencados no art. 45 do EAOAB, todos com personalidade jurídica (exceto as Subseções) e atribuições próprias.
Peculiaridades	• **Os atos conclusivos dos órgãos da OAB, salvo quando reservados ou de administração interna, devem ser publicados na imprensa oficial ou afixados no Fórum, na íntegra ou em resumo.** • **Por constituir um serviço público, goza de imunidade tributária total** em relação a seus bens, rendas e serviços (art. 45, § 5º, EAOAB). • Se por um lado a OAB não paga tributos, por outro, também não recebe nenhum tipo de orçamento público. • Será mantida por seus próprios inscritos, através do pagamento de contribuições obrigatórias, multas e preços de serviços.
Estrutura	**A OAB é dividida em órgãos**, cada um com sua estrutura, competências e peculiaridades próprias.
Eleições e Mandatos	• A comissão eleitoral é composta **de 3 (três) advogados e 3 (três) advogadas** que não integrem chapas concorrentes, sendo um presidente. • São admitidas a registro apenas chapas completas, **50% para candidaturas de cada gênero e, ao mínimo, de 30% (trinta por cento) de advogados negros e de advogadas negras.** • Aplicar-se-á quanto às Diretorias do Conselho Federal, dos Conselhos Seccionais, das Subseções e das Caixas de Assistência, **50% na composição de cada gênero, e o percentual de 30% na composição de cotas raciais para advogados negros e advogadas negras.** Percentual mínimo de 30% (trinta por cento) de cotas raciais para advogados negros e advogadas negras pelo prazo de 10 (dez) mandatos. • A eleição dos membros de todos os órgãos da OAB, salvo para Presidente Nacional da OAB, **é direta.** • A eleição dos membros de todos os órgãos da OAB será realizada na **segunda quinzena do mês de novembro** do último ano do mandato, mediante cédula única de votação direta dos advogados regularmente inscritos. • São **condições de elegibilidade** para a participação no processo eleitoral da OAB o candidato advogado inscrito na Seccional, com inscrição principal ou suplementar, em efetivo exercício há mais de 05 (cinco) anos, e estar em dia com as anuidades na data de protocolo do pedido de registro de candidatura, considerando-se regulares aqueles que parcelaram seus débitos e estão adimplentes com a quitação das parcelas. O período de 05 (cinco) anos estabelecido é o que antecede imediatamente a data da posse, computado continuamente. • Não podem ser candidatos a qualquer cargo eletivo na OAB, os advogados, **mesmo regularmente inscritos e adimplentes**, que estejam nas seguintes **hipóteses de inelegibilidade**: **a)** Exerçam cargos ou funções incompatíveis com a advocacia (art. 28, EAOAB), sendo o exercício permanente ou temporário; **b)** Exerçam cargos ou funções em comissão, de livre nomeação e exoneração pelos Poderes Públicos, ainda que compatíveis com o exercício da advocacia; **c)** Tenham recebido sanções disciplinares com o processo transitando em julgado, exceto quando reabilitado (art. 63, § 2º, EAOAB); **d)** Estejam de débito com a prestação de contas ao Conselho Federal, na condição de membro da Diretoria de Conselho Seccional, responsável pelas contas, até a data do pedido de registro ou a sua rejeição após apreciação pelo Conselho Federal, com trânsito em julgado. • O mandato, em qualquer órgão da OAB, é de **3 (três) anos**, iniciando-se em **primeiro de janeiro** do ano seguinte ao da eleição, **salvo** no Conselho Federal.

EM RESUMO: DA ORDEM DOS ADVOGADOS DO BRASIL (OAB)	
Eleições e Mandatos	• Extingue-se o mandato **automaticamente, antes do seu término**, quando: **a)** Ocorrer qualquer hipótese de cancelamento de inscrição ou de licenciamento do profissional, dos quadros da OAB; **b)** O titular sofrer condenação disciplinar devidamente processada e julgada no Tribunal de Ética e Disciplina; **c)** O titular faltar, sem motivo justificado, a três reuniões ordinárias consecutivas de cada órgão deliberativo do conselho ou da diretoria da Subseção ou da Caixa de Assistência dos Advogados, não podendo ser reconduzido no mesmo período de mandato. • A eleição da diretoria do Conselho Federal, que tomará posse no dia **1º de fevereiro**, obedecerá às **seguintes regras** (art. 67, EAOAB): **a)** Será admitido registro, junto ao Conselho Federal, de candidatura à presidência, desde seis meses até um mês antes da eleição; **b)** O requerimento de registro deverá vir acompanhado do apoio de, no mínimo, seis Conselhos Seccionais; **c)** Até um mês das eleições, deverá ser requerido o registro da chapa completa, sob pena de cancelamento da candidatura respectiva; **d)** No dia 31 de janeiro do ano seguinte ao da eleição, o Conselho Federal elegerá, em reunião presidida pelo conselheiro mais antigo, por voto secreto e para mandato de 3 (três) anos, sua diretoria, que tomará posse no dia seguinte; **e) Será considerada eleita a chapa que obtiver maioria simples dos votos dos Conselheiros Federais, presente a metade mais 1 de seus membros;** f) Com exceção do candidato a Presidente, os demais integrantes da chapa deverão ser conselheiros federais eleitos.

CAPÍTULO XVI
ÓRGÃOS DA OAB

1. INTRODUÇÃO

Nenhum órgão da OAB pode se manifestar sobre questões de ordem pessoal, **salvo** em caso de homenagem a quem tenha prestado relevantes serviços à sociedade e à advocacia.

As salas e dependências dos órgãos da OAB não poderão receber nomes de pessoas vivas ou inscrições estranhas à sua finalidade, respeitadas as situações já existentes na data da publicação do Regulamento Geral (art. 151, parágrafo único do RGEAOAB). Tal publicação ocorreu no DJ no dia 16/11/1994.

Determina o Estatuto da Advocacia e da OAB, em seu art. 45, que **são órgãos da OAB:** O Conselho Federal; Os Conselhos Seccionais; As Subseções; As Caixas de Assistência dos Advogados (CAA).

Cada um desses órgãos é dotado de personalidade jurídica própria e com suas peculiaridades, que veremos a seguir.

2. DO CONSELHO FEDERAL

O Conselho Federal é dotado de personalidade jurídica própria e possui a sua sede na capital da República. É o **órgão supremo da OAB** onde serão tomadas todas as deliberações nos casos em que convém recorrer a instâncias superiores (art. 45, § 1º, EAOAB).

2.1 Composição

O Conselho Federal **compõe-se** nos termos do art. 51 do EAOAB e 62 do RGEAOAB, da seguinte forma: **a)** Conselheiros federais, integrantes das delegações de cada unidade federativa; **b)** Dos seus ex-presidentes, na qualidade de membros honorários vitalícios.

→ **Exemplo:** O advogado Roni foi presidente do Conselho Federal da OAB em mandato exercido por certo triênio, na década entre 2000 e 2010. Sobre a participação de Roni, na condição de ex-presidente do Conselho Federal, nas sessões do referido Conselho: Integra a atual composição do Conselho Federal da OAB, na qualidade de membro honorário vitalício, sendo-lhe conferido apenas direito a voz nas sessões e não direito a voto. **(Exame novembro/2016)**

Cada delegação é formada por 3 (três) conselheiros federais. Vale ressaltar que os ex-presidentes têm direito apenas a voz nas sessões (art. 51, § 2º EAOAB). Já os Presidentes dos Conselhos Seccionais, nas sessões do Conselho Federal, têm lugar reservado junto à delegação respectiva e direito somente a voz. O Presidente, nas deliberações do Conselho tem apenas voto de qualidade (art. 53, § 1º, EAOAB).

O voto tomado por delegação não poderá ser exercido nas matérias de interesse da unidade que a delegação represente (art. 53, § 2º, EAOAB).

Em caso de perda do mandato, morte ou renúncia de membro da diretoria do Conselho Federal ou do Conselho Seccional, inclusive do Presidente, o substituto é eleito pelo Conselho a que se vincule, dentre os seus membros.

Atualmente o conselho é composto de 81 (oitenta e um) conselheiros federais representando as unidades da federação, uma vez que cada unidade forma uma delegação com 3 (três) membros que são seus representantes no Conselho Federal, para exercer um mandato de 3 (três) anos.

> **MUITA ATENÇÃO!** Exceto na eleição dos membros da diretoria do Conselho Federal, os ex-presidentes anteriores à elaboração do atual EAOAB possuem direito a voto equivalente ao de uma delegação, em todas as matérias.

2.2 Atribuições do Presidente do Conselho Federal

O presidente exerce a representação **nacional e internacional** da OAB, não apenas do Conselho Federal, mas da OAB, constituindo órgão mediante o qual se expressa publicamente. Compete ao presidente convocar o Conselho Federal, presidi-lo, representá-lo ativa e passivamente em juízo ou fora dele, promover a administração patrimonial e dar execução às suas decisões (art. 55, § 1º, EAOAB).

O presidente do Conselho Federal possui legitimidade para embargar as decisões, não unânimes, obrigando o Conselho a reapreciar a matéria em outra sessão.

A presidência tem **dupla atribuição**, isto é, afetas ao Conselho e a si próprias: executivas e de administração do Conselho. O Estatuto não especifica as atribuições dos membros da diretoria, nem do presidente, exceto quanto aos poderes de representação (arts. 98 a 104, RGEAOAB).

Em caso de falta, licenças e impedimentos, o presidente será substituído pelo vice-presidente, pelo secretário-geral, pelo secretário-geral adjunto e pelo tesoureiro, sucessivamente, sendo que estes se substituem nessa ordem em suas faltas e impedimentos ocasionais, sendo o último substituído pelo Conselheiro Federal mais antigo e, havendo coincidência de mandatos, pelo de inscrição mais antiga.

As principais **competências do Presidente do Conselho** Federal são (art. 100 do RGEAOAB):

- Representar a OAB em geral e os advogados brasileiros, no país e no exterior, em juízo ou fora dele;
- Representar o Conselho Federal, em juízo ou fora dele;
- Convocar e presidir o Conselho Federal e executar suas decisões;
- Adquirir, onerar e alienar bens imóveis, quando autorizado, e administrar o patrimônio do conselho Federal, juntamente com o Tesoureiro;
- Aplicar penas disciplinares, no caso de infração cometida no âmbito do Conselho Federal;
- Assinar, com o Tesoureiro, cheques e ordens de pagamento;
- Executar e fazer executar o EAOAB e a legislação complementar.

2.3 Órgãos do Conselho Federal

De acordo com o art. 64 do RGEAOAB, o Conselho Federal é dividido em 5 (cinco) **órgãos** colegiados, quais sejam: Conselho Pleno; Órgão especial do Conselho Pleno; 1ª, 2ª e 3ª Câmaras; Diretoria do Conselho Federal; Presidente.

Cada um desses órgãos internos do Conselho Federal possui competências exclusivas.

A Conselho Pleno (art. 74 a 83 do RGEAOAB)

- Presidido **pelo Presidente do Conselho Federal** (art. 74, *in fine*, RGEAOAB);
- Integrado pelos Conselheiros Federais de cada delegação e pelos ex-Presidentes;
- Compete ao Conselho Pleno deliberar, em caráter nacional, sobre as propostas e indicações relacionadas às finalidades institucionais da OAB (art. 44, I, EAOAB) e sobre as demais atribuições previstas no art. 54, EAOAB, respeitadas as competências privativas dos demais órgãos deliberativos do Conselho Federal, fixadas no Regulamento Geral, e ainda: **a)** Eleger o sucessor dos membros da Diretoria do Conselho Federal, em caso de vacância; **b)** Regular, mediante resolução, matérias de sua competência que não exijam edição de Provimento; **c)** Instituir, mediante Provimento, comissões permanentes para assessorar o Conselho Federal e a Diretoria.

B Órgão Especial do Conselho Pleno (art. 84 a 86 do RGEAOAB):

- Quem preside é o Vice-Presidente do Conselho Federal (art. 84, RGEAOAB);
- Integrado por um Conselheiro Federal indicado pela própria delegação de cada Estado, sem prejuízo de sua participação no Conselho Pleno, e pelos ex-Presidentes (membros honorários vitalícios);
- Compete ao Órgão Especial deliberar, privativamente e em caráter irrecorrível, sobre:
  - Recurso contra decisões das Câmaras, quando não tenham sido unânimes ou, sendo unânimes, contrariem o EAOAB, o RGEAOAB, o CED e os Provimentos;
  - Recurso contra decisões do Presidente ou da Diretoria do Conselho Federal e do Presidente do Órgão Especial;
  - Consultas escritas, formuladas em tese, relativas às matérias de competência das Câmaras especializadas ou à interpretação do EAOAB, do RGEAOAB, do CED e dos Provimentos, devendo todos os Conselhos Seccionais ser cientificados do conteúdo das respostas;
  - Conflitos ou divergências entre órgãos da OAB;
  - Determinação ao Conselho Seccional competente para instaurar processo, quando, em autos ou peças submetidos ao conhecimento do Conselho Federal, encontrar fato que constitua infração disciplinar. Os recursos ao Órgão Especial podem ser manifestados pelo Presidente do Conselho Federal, pelas partes ou pelos recorrentes originários. O relator pode propor ao Presidente do Órgão Especial o arquivamento da consulta, quando não se revestir de caráter geral ou não tiver pertinência com as finalidades da OAB, ou o seu encaminhamento ao Conselho Seccional, quando

a matéria for de interesse local (art. 85, RGEAOAB).

C As Câmaras (Primeira, Segunda e Terceira), são regidas pelos arts. 87 a 90 do RGEAOAB:

- **Primeira Câmara:**
  - Presidida pelo **Secretário-Geral** (art. 87, I, RGEAOAB);
  - Compete à Primeira Câmara:

1) Decidir os recursos sobre: a) Atividade de advocacia e direitos e prerrogativas dos advogados e estagiários; b) Inscrição nos quadros da OAB; c) Incompatibilidades e impedimentos;
2) Expedir resoluções regulamentando o Exame de Ordem, para garantir sua eficiência e padronização nacional, ouvida a Comissão Nacional de Exame de Ordem;
3) Julgar as representações sobre as matérias de sua competência;
4) Propor, instruir e julgar os incidentes de uniformização de decisões de sua competência;
5) Determinar ao Conselho Seccional competente a instauração de processo quando, em autos ou peças submetidas ao seu julgamento, tomar conhecimento de fato que constitua infração disciplinar;
6) Julgar os recursos interpostos contra decisões de seu Presidente.

- **Segunda Câmara:**
  - Presidida pelo **Secretário-Geral Adjunto** (art. 87, II do RGEAOAB);
  - Compete à Segunda Câmara:

1) Decidir os recursos sobre ética e deveres do advogado, infrações e sanções disciplinares;
2) Promover, em âmbito nacional, a ética do advogado, juntamente com os Tribunais de Ética e Disciplina, editando resoluções regulamentares ao Código de Ética e Disciplina.
3) Julgar as representações sobre as matérias de sua competência;
4) Propor, instruir e julgar os incidentes de uniformização de decisões de sua competência;
5) Determinar ao Conselho Seccional competente a instauração de processo quando, em autos ou peças submetidas ao seu julgamento, tomar conhecimento de fato que constitua infração disciplinar;
6) Julgar os recursos interpostos contra decisões de seu Presidente;
7) Eleger, dentre seus integrantes, os membros da Corregedoria do Processo Disciplinar, em número máximo de três, com atribuição, em caráter nacional, de orientar e fiscalizar a tramitação dos processos disciplinares de competência da OAB, podendo, para tanto, requerer informações e realizar diligências, elaborando relatório anual dos processos em trâmite no Conselho Federal e nos Conselhos Seccionais e Subseções.

- **Terceira Câmara:**
  - Presidida pelo **Tesoureiro** (art. 87, III do RGEAOAB);
  - Compete à Terceira Câmara:

1) Decidir os recursos relativos à estrutura, aos órgãos e ao processo eleitoral da OAB;
2) Decidir os recursos sobre sociedades de advogados, advogados associados e advogados empregados;
3) Apreciar os relatórios anuais e deliberar sobre o balanço e as contas da Diretoria do Conselho Federal e dos Conselhos Seccionais;
4) Suprir as omissões ou regulamentar as normas aplicáveis às Caixas de Assistência dos Advogados, inclusive mediante resoluções;
5) Modificar ou cancelar, de ofício ou a pedido de qualquer pessoa, dispositivo do Regimento Interno do Conselho Seccional que contrarie o Estatuto ou o Regulamento Geral;
6) Julgar as representações sobre as matérias de sua competência;
7) Propor, instruir e julgar os incidentes de uniformização de decisões de sua competência;
8) Determinar ao Conselho Seccional competente a instauração de processo quando, em autos ou peças submetidas ao seu julgamento, tomar conhecimento de fato que constitua infração disciplinar;

9) Julgar os recursos interpostos contra decisões de seu Presidente.

Nos demais órgãos **não há presidentes.**

D Diretoria do Conselho Federal (art. 98 a 99 do RGEAOAB)

Composta por **5 (cinco) membros**, servindo de parâmetro para todos os órgãos da OAB. São eles: **Presidente** – que é ao mesmo tempo **Presidente Nacional da OAB; Vice-Presidente; Secretário Geral; Secretário Geral Adjunto e Tesoureiro.**

Exceto o presidente, os demais diretores têm suas atribuições definidas no Regulamento Geral.

Nas deliberações do Conselho Federal, os membros da diretoria votam como membros de suas delegações, cabendo ao presidente, apenas o voto de qualidade e o direito de embargar a decisão, se esta não for inânime (art. 55, § 3º, EAOAB).

Em licenças temporárias, o diretor é substituído pelo conselheiro designado pelo presidente e, no caso de vacância de cargo da diretoria, seja por perda do mandato, morte ou renúncia, o sucessor é eleito pelo Conselho Pleno.

Em seu conjunto, a diretoria é também órgão deliberativo e executivo, tendo suas atribuições fixadas no Regulamento Geral, que são:

- Dar execução às deliberações dos órgãos deliberativos do Conselho;
- Elaborar e submeter à Terceira Câmara, na forma e prazo estabelecidos no Regulamento Geral, o orçamento anual da receita e da despesa, o relatório anual, o balanço e as contas;
- Elaborar estatística anual dos trabalhos e julgados do Conselho;
- Distribuir e redistribuir as atribuições e competências entre os seus membros;
- Elaborar e aprovar o plano de cargos e salários e a política de administração de pessoal do conselho, propostos pelo Secretário-Geral;
- Promover assistência financeira aos órgãos da OAB, em caso de necessidade comprovada e de acordo com previsão orçamentária;
- Definir critérios para despesas com transporte e hospedagem dos Conselheiros, membros das comissões e convidados;
- Alienar ou onerar bens móveis;
- Resolver os casos omissos no EAOAB e no Regulamento Geral, ***ad referendum*** do Conselho Pleno.

2.4 Votação no Conselho Federal

Segundo o art. 68 RGEAOAB o voto nas sessões de qualquer órgão colegiado do Conselho Federal é tomado por **delegação,** mas não participa da votação de matéria de interesse específico da unidade federativa que representa, contudo, pode opinar sobre o assunto (art. 68, § 2º RGEAOAB).

Cada **delegação** terá direito **a um voto** em cada sessão de julgamento, sendo que cada delegação será composta por **3 (três) Conselheiros Federais.**

No caso de **falta de um conselheiro,** e na **ausência de um suplente,** esta delegação só poderá votar se os dois que estiverem presentes **votarem no mesmo sentido,** pois em caso de empate, o voto da delegação não será computado, sendo considerado inválido.

Na eleição dos membros da Diretoria do Conselho Federal, votam somente os Conselheiros Federais, individualmente, isto é, cada membro terá direito a 1 (um) voto, vedado aos membros honorários vitalícios.

Nas Deliberações do Conselho Federal, o Presidente tem o direito de embargar a decisão, se esta não for unânime, porém não tem direito a voto, cabe a ele apenas o voto de qualidade. Entretanto, os membros da diretoria votam como membros de suas delegações.

Os Presidentes dos Conselhos Seccionais, nas sessões do Conselho Federal, têm lugar reservado junto à sua delegação, somente com direito a voz.

Para instalação e deliberação dos órgãos colegiados do Conselho Federal da OAB, exige-se a presença de metade das delegações, salvo nos casos de quórum qualificado, e a deliberação é tomada pela maioria dos votos dos presentes.

MUITA ATENÇÃO!

Em caso de intervenção do Conselho Federal nos Conselhos Seccionais, bem para editar e alterar o RGEAOAB, o CED e Provimentos, exige-se um quórum especial composto de 2/3 (dois terços) das delegações.

Ordinariamente, os órgãos colegiados do Conselho Federal reúnem-se nos meses de fevereiro a junho e de agosto a dezembro de cada ano, em sua sede no Distrito Federal, nas datas fixadas pela Diretoria. Em caso de urgência ou nos períodos de recesso – janeiro e julho –, o Presidente ou 1/3 (um terço) das delegações do Conselho Federal pode convocar sessão extraordinária.

> **FIQUE POR DENTRO:** De acordo com o art. 51, § 2º, do atual Estatuto da Advocacia, os ex-presidentes não têm mais direito a voto, como se permitia no passado, por ocasião da Lei 4.215/63, tendo agora apenas direito de voz. Entretanto, o art. 81 da Lei 8.906/94 determinou que não se aplica essa restrição de direito de voto aos que tenham assumido originariamente o cargo de Presidente do Conselho Federal até a data da publicação desta lei (05 de julho de 1994), ficando assegurados o pleno direito de voz e voto em suas sessões, ou nas palavras do art. 77, § 2º, do Regulamento Geral: "Os ex-Presidentes empossados antes de 5 de julho de 1994 têm direito de voto equivalente ao de uma delegação, em todas as matérias, exceto na eleição dos membros da Diretoria do Conselho Federal". (MACHADO, Paulo. 10 em Ética! 4ª Ed. Salvador. JusPodivm.2017)

Veja o que a FGV trouxe no **exame de ordem 2018.1:** Em determinada sessão do Conselho Seccional da OAB do Estado da Bahia, compareceram Arthur, Presidente do Conselho Federal da OAB; Daniel, Conselheiro Federal da OAB, integrante da delegação da Bahia, e Carlos, ex-Presidente do Conselho Seccional da OAB do Estado da Bahia. De acordo com o art. 51, §2º e art. 56, §3º do Estatuto da OAB, Arthur, Daniel e Carlos têm direito somente a voz.

2.5 Competências do Conselho Federal (art. 54 do EAOAB)

O Estatuto, em seu art. 54, prevê expressamente as competências do Conselho Federal, que são:

- Dar cumprimento efetivo às finalidades da Ordem;
- Representar os interesses coletivos e individuais dos advogados, em juízo ou fora dele;
- Velar pela dignidade, independência, prerrogativas e valorização da advocacia;
- Representar os advogados brasileiros nos órgãos e eventos internacionais da advocacia;
- Editar e alterar o Regulamento Geral, o Código de Ética e Disciplina, e os provimentos que julgar necessários;
- Adotar medidas para assegurar o regular funcionamento e intervir quando constatar grave violação desta Lei ou Regulamento por parte dos Conselhos Seccionais;
- Intervir nos Conselhos Seccionais, onde e quando constatar grave violação desta Lei ou do Regulamento Geral;
- Cassar ou modificar, de ofício ou mediante representação, qualquer ato, de órgão ou autoridade da OAB, contrário a esta Lei, ao Código de Ética e Disciplina, e aos provimentos, ouvida a autoridade ou o órgão em causa;
- Julgar em grau de recurso, as questões decididas pelos Conselhos Seccionais, nos casos previstos neste Estatuto e no Regulamento Geral;
- Dispor sobre a identificação dos inscritos na OAB e sobre os respectivos símbolos privativos;
- Apreciar o relatório anual e deliberar sobre o balanço e as contas de sua diretoria;
- Homologar o balanço e contas dos Conselhos Seccionais;
- Elaborar lista constitucionalmente prevista, para preenchimento de cargos nos tribunais judiciários de âmbito nacional ou interestadual, com advogados que estejam em pleno exercício da profissão, vedada a inclusão de nome de membro do Conselho ou órgão da OAB;
- Ajuizar ação direta de inconstitucionalidade de normas legais, atos normativos, ação civil pública, mandado de segurança coletivo, mandado de injunção e demais ações cuja legitimação lhe seja outorgada por lei;
- Colaborar com aperfeiçoamento dos cursos jurídicos, e opinar, previamente, nos pedidos apresentados aos órgãos competentes para criação, reconhecimento ou credenciamento desses cursos;
- Autorizar, pela maioria absoluta das delegações, a oneração ou alienação de seus bens imóveis;
- Participar de concursos públicos previstos na Constituição e na Lei, quando tiverem abrangência nacional ou interestadual;
- Resolver questões omissas no Estatuto (Lei 8.906/94), após prévia aprovação de 2/3 das delegações;
- fiscalizar, acompanhar e definir parâmetros e diretrizes da *relação jurídica mantida entre advogados e sociedades de advogados ou entre escritório de advogados sócios e advogado associado*, inclusive no que se refere ao cumprimento dos *requisitos norteadores da associação sem vínculo empregatício*;
- promover, por intermédio da Câmara de Mediação e Arbitragem, a solução sobre *questões atinentes à relação entre advogados sócios ou associados* e homologar, caso necessário, *quitações de honorários entre advogados e sociedades de advogados.*

Sobre o tema de competência do Conselho Federal cabe citar a questão proposta pela banca examinadora no **exame unificado de setembro de 2012.** Entre as alternativas propostas, o examinador trouxe uma incorreta, senão vejamos: "Representar, sem exclusividade, os advogados brasileiros nos órgãos e eventos internacionais da advocacia", perceba que há uma pegadinha na questão. O correto seria **representar com exclusividade,** conforme art. 54, inciso IV do EAOAB.

DICA IMPORTANTE

Nos concursos públicos da magistratura e Ministério Público é obrigatória a **presença da OAB** em todas as fases. Para os concursos que tiverem abrangência **nacional ou interestadual**, a competência é do **Conselho Federal** e, para **os demais**, passa a ser do **Conselho Estadual.**

MUITA ATENÇÃO!

Para que o Conselho Federal possa intervir nos Conselhos Seccionais depende de **prévia aprovação de 2/3 (dois terços) das delegações**, com direito à ampla defesa do Conselho Seccional respectivo. Para tanto, nomeia-se uma diretoria provisória pelo prazo que se fixar.

O assunto Competência do Conselho Federal é recorrente nos exames de Ordem. A banca examinadora trouxe a seguinte alternativa no **exame unificado de abril de 2014:** Compete ao Conselho Federal da OAB editar seu regimento interno e o regimento interno das Seccionais da OAB, vide artigos 54, 58, I e 78 EAOAB, note que esta competência é do Conselho Seccional e não do Conselho Federal da OAB.

Em caso de extrema gravidade e com quórum especial de 2/3 (dois terços) das delegações é que ocorre a intervenção completa. Mesmo assim, depois de ouvido o Conselho Seccional. Depois de decidida a intervenção, o Presidente Nacional da OAB nomeará uma diretoria provisória, tendo os mandatos dos dirigentes em exercício, suspensos.

MUITA ATENÇÃO!

Ao Conselho Federal da OAB, cabe: ((art. 7º, §§ 14, 15 e 16, do EAOAB)

→ **privativamente**, em processo disciplinar próprio, dispor, analisar e decidir sobre a prestação efetiva do serviço jurídico realizado pelo advogado.

O ato praticado com violação da competência privativa do Conselho Federal da OAB,

É NULO, em qualquer esfera de responsabilização.

→ dispor, analisar e decidir sobre os honorários advocatícios dos serviços jurídicos realizados pelo advogado, resguardado o sigilo, nos termos do Capítulo "Dos Honorários Advocatícios", da Lei 8906/94, e observado o disposto no inciso XXXV do caput do art. 5º da Constituição Federal.

2.5.1 Listas sêxtuplas

O Provimento 102/2004 do Conselho Federal, alterado pelos Provimentos 139/2010, 141/2010 e 172/2016, cuida do procedimento de indicação das listas sêxtuplas para o quinto constitucional dos Tribunais Judiciários. A indicação é de competência do **Conselho Federal e dos Conselhos Seccionais** da OAB.

Compete ao Conselho Federal a elaboração da lista sêxtupla a ser encaminhada ao **Superior Tribunal de Justiça, ao Tribunal Superior do Trabalho, e aos Tribunais Federais** com competência territorial que abranja mais de um Estado da Federação.

Aos Conselhos Seccionais compete a elaboração da lista sêxtupla a ser encaminhada aos **Tribunais de Justiça dos Estados e aos Tribunais Federais** de competência territorial restrita a um Estado.

No caso de ocorrer vaga a ser preenchida por advogado nos Tribunais Judiciários, o Conselho Federal ou o Conselho Seccional, observando a competência respectiva, divulgará a notícia na página eletrônica da Entidade e publicará, na imprensa oficial, edital de abertura das inscrições que deverá efetivar-se no prazo de 15 (quinze) dias, a contar do dia útil seguinte ao da publicação do edital na imprensa oficial, e os interessados tem o prazo de 20 (vinte) dias para realizar suas inscrições.

Qualquer inscrito da OAB poderá representar ao Conselho Federal, que, por intermédio da sua Diretoria, adotará providências necessárias para sanar omissões, que, por qualquer motivo, o Conselho Seccional não tenha publicado o edital referido até 30 (trinta) dias após a expressa comunicação da abertura da vaga.

O advogado interessado em concorrer a vaga na lista sêxtupla deverá formalizar seu pedido de inscrição para o processo seletivo através de requerimento, a ser protocolizado na sede do Conselho competente para a escolha, dirigindo-o ao seu Presidente. Tal pedido pode ser formalizado através de correspondência registrada, remetida ao Presidente do Conselho competente, desde que postada até o último dia previsto para as inscrições, devendo, nessa hipótese, encaminhar à Entidade, notícia expressa desta iniciativa, no mesmo dia da postagem, sob pena de ter o pedido desconsiderado.

A condição para a inscrição no processo seletivo, o candidato deve comprovar o efetivo exercício profissional da advocacia nos 10 (dez) anos anteriores à data do seu requerimento e, tratando-se de Tribunal de Justiça Estadual ou de Tribunal Federal, concomitantemente, deverá comprovar a existência de sua inscrição, há mais de 5 (cinco) anos, no Conselho Seccional abrangido pela competência do Tribunal Judiciário. O advogado que possuir mais de 65 (sessenta e cinco) anos de idade na data da formalização do pedido, terá sua inscrição rejeitada.

O pedido de inscrição será instruído com os seguintes documentos:

A Comprovação de que o candidato, em cada um dos 10 (dez) anos de exercício profissional, praticou, no mínimo 5 (cinco) atos privativos de advogado, com fundamentação jurídica, em procedimentos judiciais distintos, na área do Direito de competência do Tribunal Judiciário em que foi aberta a vaga, seja através de certidões, seja através de cópias de peças processuais subscritas pelo candidato, devidamente protocolizadas;

B Em caso de consultoria, assessoria e direção jurídicas (art. 1º, II, Lei 8.906/94), a prova do exercício da advocacia dependerá da apresentação de fotocópia de contrato de trabalho, ato de designação para direção jurídica ou de contrato de prestação de serviços de assessoria ou consultoria, com a comprovação de que o candidato praticou, no tempo exigido, atos de consultoria ou similares, ou elaborou pareceres ou respostas a consultas, com fundamentação jurídica;

C ***Curriculum vitae***, assinado pelo candidato, constando endereço completo para correspondência e data de nascimento, cujos comprovantes poderão ser exigidos para comprovação pela Diretoria do Conselho competente;

D Termo de compromisso de defesa da moralidade administrativa, inclusive, de que não praticará direta ou indiretamente o nepotismo;

E Certidão negativa de feitos criminais junto ao Poder Judiciário e certidão negativa de débito junto à OAB e de sanção disciplinar, expedida pelo Conselho Seccional da inscrição originária, ou, se for o caso, pelo Conselho Seccional no qual mantém sua inscrição principal. Se houver inscrição suplementar, deve apresentar certidão correspondente expedida pelo Conselho Seccional, constando as datas das inscrições respectivas e o histórico de impedimentos e licenças, se existentes.

O art. 45 do EAOAB aduz que os membros de órgãos, titulares ou suplentes, no decurso do triênio para o qual foram eleitos, não poderão inscrever-se no processo seletivo de escolha das listas sêxtuplas, ainda que licenciados ou tenham declinado do mandato, por renúncia e, ainda, o candidato que estiver ocupando cargo exonerável ***ad nutum***. Por outro lado, os membros dos Tribunais de Ética, das Escolas Superiores e Nacional de Advocacia e das Comissões, permanentes ou temporárias, deverão apresentar, com o pedido de inscrição, prova de renúncia, para cumprimento da previsão contida nos incisos XIII do art. 54 e XIV do art. 58 da referida lei. Os ex-presidentes, ao se inscreverem, terão seu direito de participação no Conselho suspenso, até a nomeação do ocupante da vaga.

Os pedidos serão encaminhados à Diretoria do Conselho competente, tão logo decorra o prazo da inscrição, que publicará edital na imprensa oficial os pedidos indeferidos, bem como dos demais inscritos, para que terceiros possam, no prazo de 5 (cinco) dias, apresentar impugnação. O candidato será notificado para apresentar recurso ou defesa, em 5 (cinco) dias.

Decorrido o prazo acima, será convocada sessão pública do Conselho para julgamento dos eventuais recursos e impugnações, apresentação e eventual arguição dos candidatos e a subsequente escolha dos que comporão a lista sêxtupla. Se o número de candidatos aptos for inferior a seis, o processo de escolha não será iniciado, devendo ser publicado novo edital para possibilitar a inscrição de novos candidatos. Na sessão pública de escolha dos nomes que comporão a lista, após a apresentação obrigatória do candidato, que discorrerá sobre um dos temas tratados no parágrafo adiante, será facultada a Comissão designada pela Diretoria a realização da arguição prevista neste Provimento.

A arguição terá em vista aferir o conhecimento do candidato acerca do papel do advogado como ocupante da vaga do Quinto Constitucional, do seu compromisso com o regime democrático e a defesa e valorização da Advocacia, dos princípios gerais do Direito e do entendimento sobre os princípios que devem nortear as relações entre advogados, juízes, membros do Ministério Público e serventuários, bem como dos problemas inerentes ao funcionamento da Justiça.

Após o julgamento de eventuais recursos e impugnações, bem como apresentação e a arguição dos candidatos, serão distribuídas aos Conselheiros e Membros Honorários Vitalícios com direito a voto, presentes ao longo dos trabalhos de que tratam os §§ 4º e 5º, a cédula contendo os nomes e os nomes sociais dos candidatos em ordem alfabética, para votação e posterior apuração nominal identificada, sendo que no Conselho Federal, os votos serão computados por delegação.

Serão incluídos na lista os 6 (seis) candidatos que obtiveram metade mais um dos votos dos presentes, cuja votação pode se repetir por até 4 (quatro) vezes, caso um ou mais candidatos não obtenham a votação mínima. Não se completando a lista no primeiro escrutínio, todos os candidatos remanescentes concorrerão nos escrutínios seguintes, votando, os Conselheiros Federais e Membros Honorários Vitalícios com direito a voto, no número equivalente de vagas a serem preenchidas.

Findo esse quarto escrutínio e ainda não se completando a lista, considerar-se-ão escolhidos os candidatos que nele obtiveram maior votação. Em caso de empate, será escolhido o candidato de inscrição mais antiga e, persistindo, o mais idoso.

O Conselho Seccional, mediante resolução, poderá disciplinar a consulta direta aos advogados nele inscritos, para a composição da lista sêxtupla que será submetida à sua homologação, devendo o advogado comprovar o atendimento às exigências previstas neste Provimento, para inscrever-se no pleito.

Em caso de **vacância por desistência**, **morte ou impedimento superveniente** do candidato escolhido, será efetuado o procedimento de escolha dessa vaga, convocando-se os candidatos remanescentes para a sessão respectiva, na qual será realizado novo escrutínio.

A indicação dos candidatos que integrarão as listas para os Superiores Tribunais de Justiça Desportiva, nas vagas destinadas aos advogados, é de competência da Diretoria do Conselho Federal. Já a indicação dos candidatos que integrarão as listas para os Tribunais de Justiça Desportiva, no âmbito de suas jurisdições, **compete** às Diretorias dos Conselhos Seccionais.

> **MUITA ATENÇÃO!** **É vedada** aos **membros de órgãos da OAB** a inscrição no processo seletivo de escolha das **listas sêxtuplas**.

2.5.2 Legitimidade do Conselho Federal

O Conselho Federal possui legitimidade para o ajuizamento de ações coletivas, além de ADC e ADI. São elas: ação civil pública, mandado de segurança coletivo, mandado de injunção e demais ações assemelhadas. Cabe salientar, que essas ações coletivas, podem ser propostas também pelos Conselhos Seccionais (art. 57, do EAOAB), bem como pelas Subseções, desde que contem com um Conselho próprio (art. 61, parágrafo único, do EAOAB).

Com a reforma do judiciário, que ocorreu por ocasião da Emenda Constitucional 45/2004, o artigo 103 da Constituição Federal passou a determinar que as mesmas pessoas legitimadas para propor ADI, agora, também podem propor a ADC, incluindo assim, o Conselho Federal da OAB no rol. Essa legitimidade se estende a todos os atos normativos federais e estaduais incompatíveis com a Constituição e não apenas às matérias ligadas aos advogados, uma vez que o artigo 44, inciso I, do EAOAB traz como dever a defesa da Constituição em geral.

O artigo 82 do RGAOAB prevê o juízo prévio de admissibilidade para aferição da relevância da defesa dos princípios das normas constitucionais. Admitidas, respeitarão o seguinte procedimento: **a)** o relator, designado pelo Presidente, independentemente da decisão da Diretoria, pode levantar preliminar de inadmissibilidade perante o Conselho Pleno, quando não encontrar norma ou princípio constitucional violados pelo ato normativo; **b)** aprovado o ajuizamento da ação, esta será proposta pelo Presidente do Conselho Federal; e **c)** cabe à assessoria do Conselho acompanhar o andamento da ação.

Em caso de urgência que não possa aguardar a sessão ordinária do Conselho Pleno, ou durante o recesso do Conselho Federal, a Diretoria decide quanto ao mérito, *ad referendum* daquele.

Quando a indicação for subscrita por Conselho Seccional da OAB, por entidade de caráter nacional ou por delegação do Conselho Federal, a matéria **não se sujeita ao juízo de admissibilidade** da Diretoria.

→ **Exemplo:** O Conselho Seccional Y da OAB, entendendo pela inconstitucionalidade de certa norma em face da Constituição da República, subscreve indicação de ajuizamento de ação direta de inconstitucionalidade, endereçando-a ao Conselho Federal da OAB. Considerando o caso apresentado, a mencionada indicação de ajuizamento de ação direta de inconstitucionalidade não se sujeita a juízo prévio obrigatório de admissibilidade, seja pela Diretoria ou qualquer Câmara do Conselho Federal. Porém, o relator, designado pelo Presidente, pode levantar preliminar de inadmissibilidade perante o Conselho Pleno, quando não encontrar norma ou princípio constitucionais violados pelo ato normativo. Após, se aprovado o ajuizamento da ação, esta será proposta pelo Presidente do Conselho Federal. **(Exame novembro/2017)**

O artigo 2º, inciso I, da Lei 9.882/99, garante aos legitimados para propor a ADI a competência para propor ADPF.

2.6 Presidência e suas Comissões Auxiliares

Para o desempenho das suas atividades, o Conselho Federal conta com comissões permanentes, definidas em Provimentos, e com comissões temporárias, todas designadas pelo presidente, as quais podem ser integradas ou não por conselheiros federais, submetidas a um Regimento Interno único, aprovado pela Diretoria do Conselho Federal, que o levará ao conhecimento do Conselho Pleno.

Assim, as comissões permanentes do Conselho Federal não serão integradas **exclusivamente** por **Conselheiros Federais.**

2.7 Disposições gerais

Para que determinada matéria seja considerada orientação dominante da OAB, a decisão do Órgão Especial deverá estar consolidada **em súmula publicada na imprensa oficial**. O Órgão Oficial é composto por um Conselheiro Federal integrante de cada delegação, sem prejuízo de sua participação no Conselho Pleno, e pelos ex-presidentes, sendo presidido pelo vice-presidente e secretariado pelo secretário geral adjunto.

A **alienação ou oneração de bens imóveis** só cabe após aprovada pelo Conselho Federal ou do Conselho Seccional, competindo à diretoria do órgão decidir pela aquisição de qualquer bem e dispor sobre os bens móveis. Para tanto, depende de autorização da maioria das delegações, no Conselho Federal, e da maioria dos membros efetivos, no Conselho Seccional.

3. DO CONSELHO SECCIONAL

Os Conselhos Seccionais são parte integrante da estrutura da OAB e, como tal, têm personalidade jurídica própria e jurisdição sobre os respectivos territórios dos **Estados-Membros, do Distrito Federal e dos territórios** (art. 45, § 2º, EAOAB).

Cada Conselho Seccional representa um Estado da Federação **mais a representação do Distrito Federal**. Dessa forma, não é possível uma Seccional abranger um ou mais Estados da Federação.

A criação de novos Conselhos Seccionais depende de Resolução do Conselho Federal.

3.1 Diretoria

A diretoria do Conselho Seccional tem **composição idêntica** e atribuições equivalentes às do Conselho Federal, na forma do regimento interno. É composta de: a) Presidente, que exerce a representação nacional e internacional da OAB, tendo como competência convocar o Conselho Federal, presidi-lo, bem como representá-lo de forma ativa e passiva, em juízo ou fora dele, promovendo também a administração patrimonial e dar execução às suas decisões; b) Vice-Presidente; c) Secretário-Geral; d) Secretário-Geral Adjunto e; e) Tesoureiro.

3.2 Composição

Os **Conselhos Seccionais** compõem-se de **conselheiros em número proporcional ao de seus inscritos**, segundo critérios estabelecidos no Regulamento Geral (art. 56, EAOAB), bem como de **seus ex-presidentes,** na qualidade de **membros honorários vitalícios**, somente com direito a **voz** em suas sessões (art. 56, § 1º, EAOAB). Nesse ponto, relembramos a regra trazida anteriormente: continuam com **direito a voz e voto** os que tenham assumido originariamente o cargo de Presidente até a data de publicação da Lei 8.906/94 (05 de julho de 1994).

O Regulamento Geral, no art. 106, dispõe que os Conselhos Seccionais são compostos de **conselheiros eleitos**, incluindo os membros da diretoria, proporcionalmente ao número de advogados com inscrição concedida, observando-se os seguintes critérios:

- Abaixo de 3.000 (três mil) inscritos, até **30** (trinta) membros;
- A partir de 3.000 (três mil) inscritos, mais um membro por grupo completo de 3.000 (três mil) inscritos, até o total de **80** (oitenta) membros.

Também integra o Conselho Seccional o **Presidente do Instituto dos Advogados local**, sendo considerado membro honorário e, da mesma forma que os ex-presidentes, só possuem direito a **voz** nas sessões do Conselho (art. 56, § 2º, EAOAB).

Quando presentes às sessões do Conselho Seccional, o Presidente do Conselho Federal, os Conselheiros Federais integrantes da respectiva delegação, o Presidente da Caixa de Assistência dos Advogados e os Presidentes das Subseções, têm direito a voz (art. 56, § 3º, EAOAB).

3.3 Votação nas sessões do Conselho Seccional

O quórum para deliberação é da **maioria absoluta** de seus membros eleitos (metade mais um dos conselheiros e dos diretores), não se incluindo no cômputo os ex-presidentes, com ou sem direito a voto, nem tampouco aqueles que têm apenas direito a voz.

O presidente detém apenas o voto de qualidade nas sessões do Conselho.

Exige-se o **quórum especial de 2/3** (presença à votação), no caso de **intervenção nas Subseções**, para **criação e intervenção na Caixa de Assistência**, para **aprovação ou alteração do Regimento Interno do Conselho Seccional** e para aplicação de **pena de exclusão de inscrito** (art. 108, do RGEAOAB).

3.4 Competências

Compete privativamente ao Conselho Seccional (art. 58, EAOAB):

- Editar seu Regulamento Interno e Resoluções;
- Criar as Subseções e as Caixas de Assistências aos Advogados;
- Julgar, em grau de recurso, as questões decididas por seu Presidente, por sua Diretoria, pelo Tribunal de Ética e Disciplina, pelas diretorias das

Subseções e da Caixa de Assistência ao Advogado;

- Fiscalizar a aplicação da receita, apreciar relatório anual e deliberar sobre balanço e as contas de sua diretoria, das diretorias das subseções e da Caixa de Assistência ao Advogado;
- Fixar tabela de honorários, validade para o respectivo território estadual;
- Realizar exame da Ordem;
- Decidir os pedidos de inscrição de advogado e estagiário;
- Manter o cadastro de seus inscritos;
- Fixar, alterar e receber as contribuições obrigatórias, preços de serviços e multas;
- Participar da elaboração dos concursos públicos, no âmbito de seu território;
- Determinar, com exclusividade, critérios para o traje dos advogados, no exercício profissional;
- Aprovar e modificar o seu orçamento anual;
- Definir a composição e o funcionamento do Tribunal de Ética e Disciplina, e escolher seus membros;
- Eleger as listas para preenchimento de cargos nos tribunais judiciários, no âmbito de sua competência, vedada a inclusão de membros de órgãos da OAB;
- Intervir nas Subseções e CAA;
- Desempenhar outras atribuições previstas no Regulamento Geral;
- Fiscalizar, por designação expressa do Conselho Federal da OAB, a relação jurídica mantida entre advogados e sociedades de advogados e o advogado associado em atividade na circunscrição territorial de cada seccional, inclusive no que se refere ao cumprimento dos requisitos norteadores da associação sem vínculo empregatício;
- Promover, por intermédio da Câmara de Mediação e Arbitragem, por designação do Conselho Federal da OAB, a solução sobre questões atinentes à relação entre advogados sócios ou associados e os escritórios de advocacia sediados na base da seccional e homologar, caso necessário, quitações de honorários entre advogados e sociedades de advogados.

O Regulamento Geral ainda prevê outras competências do Conselho Seccional de caráter relevante para a prova da OAB, conforme a seguir:

- Intervir, parcial ou totalmente, nas Subseções e na Caixa de Assistência dos Advogados, onde e quando constatar grave violação do Estatuto, do Regulamento Geral e do Regimento Interno do Conselho Seccional;
- Cassar ou modificar, de ofício ou mediante representação, qualquer ato de sua diretoria e dos demais órgãos executivos e deliberativos, da diretoria ou do conselho da Subseção e da diretoria da Caixa de Assistência dos Advogados, contrários ao Estatuto, ao Regulamento Geral, aos Provimentos, ao Código de Ética e Disciplina, ao seu Regimento Interno e às suas Resoluções;
- Ajuizar, após deliberação:

A Ação direta de inconstitucionalidade de leis ou atos normativos estaduais e municipais, em face da Constituição Estadual ou da Lei Orgânica do Distrito Federal;

B Ação civil pública, para defesa de interesses difusos de caráter geral e coletivo e individuais homogêneos;

C Mandado de segurança coletivo, em defesa de seus inscritos, independentemente de autorização pessoal dos interessados;

D Mandado de injunção, em face da Constituição Estadual ou da Lei Orgânica do Distrito Federal.

4. DA SUBSEÇÃO

As Subseções são partes **autônomas** do Conselho Seccional, também consideradas como órgãos da OAB.

Apesar de serem partes autônomas as Subseções devem observar rigorosamente as finalidades de sua criação, bem como a competência definida. A autonomia existe, mas ela está **vinculada** ao estabelecido pelo Conselho Seccional, lembrando que nos termos da Lei 8.906/94, art. 60, § 5º, cabe ao Conselho Seccional fixar, em seu orçamento, dotações específicas destinadas à manutenção das Subseções.

A Subseção é administrada por uma diretoria com atribuições e composição equivalentes às da diretoria do Conselho Seccional.

4.1 Criação da Subseção

São **criadas** por deliberação do Conselho Seccional, que fixará a sua área territorial, bem como seus limites e competências e autonomia, na forma da Lei 8.906/94 e de seus atos constitutivos (art. 45, § 3º, EAOAB).

A área territorial de uma Subseção pode abranger **um ou mais municípios, ou parte de município**, inclusive a capital do Estado, contando com um mínimo de **15 advogados**, nela profissionalmente domiciliados (art. 60, § 1º, EAOAB).

O Provimento 132/2009 estabelece que a decisão de **criação ou extinção de Subseções** depende do voto favorável da **maioria absoluta** dos membros do Conselho Seccional. Não havendo necessidade de homologação do Conselho Federal.

4.2 Diretoria

A administração de uma Subseção é realizada por uma diretoria, com atribuições e composição equivalentes às da diretoria do Conselho Seccional, ou seja, 5 membros. São estes os cargos: presidente, vice-presidente, secretário, secretário-adjunto e tesoureiro.

Compete ao presidente a representação ativa ou passiva, judicial e extrajudicial, da Subseção e dos advogados e estagiários jurisdicionados.

4.3 Competências

Compete às subseções:

- Dar cumprimento efetivo às finalidades da OAB;
- Velar pela dignidade, independência e valorização da advocacia, e fazer valer as prerrogativas do advogado;
- Representar a OAB perante os poderes constituídos;
- Desempenhar as atribuições previstas no regulamento geral ou por delegação de competência do Conselho Seccional.

4.4 Conselho da Subseção

As subseções maiores terão a possibilidade de contar com um Conselho para distribuição de suas atividades. Para isso, será necessária a existência de pelo menos **100 (cem) advogados** domiciliados profissionalmente na respectiva área da subseção, salvo se o regimento interno do Conselho Seccional exigir número maior.

O número de membros será fixado pelo Conselho Seccional.

A criação do Conselho de Subseção objetiva a descentralização das atividades do Conselho Seccional, além da colaboração com a diretoria da Subseção nas tarefas da OAB local.

Compete ao Conselho da Subseção:

a) Editar resoluções no âmbito de sua competência;

b) Instaurar e instruir processos disciplinares para decisão do Tribunal de Ética;

c) Receber e instruir pedidos de inscrição de advogados e estagiários, para decisão do Conselho Seccional.

Dispondo a Subseção de Conselho, o presidente deste designa um de seus membros, como relator, para instruir processo de inscrição no quadro da OAB, para os residentes em sua base territorial, ou processo disciplinar, quando o fato tiver ocorrido na sua base territorial.

Uma vez concluída a instrução do pedido de inscrição, o relator submete parecer prévio ao Conselho da Subseção, que pode ser acompanhado pelo relator do Conselho Seccional.

Os relatores de processos em tramitação na Subseção têm competência para instrução, podendo ouvir depoimentos, requisitar documentos, determinar diligências e propor o arquivamento ou outra providência ao Presidente.

Concluída a instrução do processo disciplinar, nos termos previstos no EAOAB e no CED, o relator emite parecer prévio, o qual, se homologado pelo Conselho da Subseção, é submetido ao julgamento do TED.

MUITA ATENÇÃO!

Os conflitos de competência entre subseções e entre estas e o Conselho Seccional são por este decididos, com recurso voluntário ao Conselho Federal (art. 119 do RGEAOAB).

→ **Exemplo:** As Subseções X e Y da OAB, ambas criadas pelo Conselho Seccional Z, reivindicam a competência para desempenhar certa atribuição. Não obstante, o Conselho Seccional Z defende que tal atribuição é de sua competência. Caso instaurado um conflito de competência envolvendo as Subseções X e Y e outro envolvendo a Subseção X e o Conselho Seccional Z, assinale a opção que relaciona, respectivamente, os órgãos competentes para decidir os conflitos. O conflito de competência entre as subseções deve ser decidido pelo Conselho Seccional Z, cabendo recurso ao Conselho Federal da OAB. Do mesmo modo, o conflito entre a Subseção X e o Conselho Seccional Z será decidido pelo Conselho Seccional Z, cabendo recurso ao Conselho Federal da OAB. **(Exame abril/2016)**

5. DA CAIXA DE ASSISTÊNCIA DOS ADVOGADOS (CAA)

As Caixas de Assistência dos Advogados são destinadas a prestar assistência aos advogados e aos estagiários vinculados ao respectivo Conselho Seccional (art. 62, da EAOAB). Possuem **personalidade jurídica própria,** que é adquirida, com a **aprovação e registro** de seu estatuto pelo respectivo Conselho Seccional da OAB, na forma do Regulamento Geral (art. 62, § 1º, EAOAB), o qual define as atividades da diretoria e a respectiva estrutura organizacional.

5.1 Critério de criação

São criadas **pelos Conselhos Seccionais**, mediante aprovação e registro de seus estatutos pelo Conselho Seccional, sendo necessária a aprovação de **2/3** (dois terços) de seus membros, quando estes contarem com **mais de 1.500** (mil e quinhentos) advogados inscritos no Conselho Seccional a que se vincule (art. 45, § 4º, EAOAB).

O art. 62, § 2º EAOAB, também aduz que a Caixa pode, em benefício dos advogados, promover a seguridade complementar.

5.2 Fontes de Renda

A OAB reconhece a importância da Caixa e por esse motivo estabelece que a manutenção das Caixas se dá pela transferência **de metade líquida das anuidades** recebidas pelo Conselho Seccional, segundo os critérios dos arts. 56 e 57 do RGEAOAB.

Considerando a redação do art. 56, que fixou em 60% do valor bruto das anuidades o montante das deduções obrigatórias (incisos I, II, III e IV), metade líquida das anuidades corresponde a 20%.

Nessa transferência não se incluem os valores auferidos pelo Conselho Seccional provenientes de prestação de serviços ou multas adquiridas em processos disciplinares. Assim, apenas e tão somente a transferência líquida de metade das anuidades.

A OAB, por constituir serviço público, na pessoa jurídica da Caixa de Assistência, **goza de imunidade tributária total** em relação a seus **bens, rendas e serviços** (art. 45, § 5º, EAOAB).

5.3 Da extinção

Em caso de extinção da Caixa, seu patrimônio é **incorporado ao do Conselho Seccional** respectivo que a criou (art. 62, § 6º, EAOAB).

5.4 Diretoria

A diretoria que administra a Caixa de Assistência é composta de 5 (cinco) membros (presidente, vice-presidente, secretário, secretário-adjunto e tesoureiro, com atribuições definidas no seu regimento interno (art. 62, § 4º, EAOAB).

5.5 Intervenção

O Conselho Seccional pode **intervir na Caixa,** em caso de descumprimento de suas finalidades, nomeando-lhe uma diretoria provisória, enquanto durar a intervenção, desde que essa aprovação seja através do quórum especial de 2/3 (dois terços) dos membros do Conselho Seccional (art. 62, § 7º, EAOAB), assegurando-se à diretoria acusada amplo direito de defesa.

→ **Exemplo:** Em certo Estado da Federação X, há notícias fundadas acerca de irregularidades na Caixa de Assistência dos Advogados, em razão de malversação de receitas, gerando hipótese de intervenção. Considerando a situação hipotética, o candidato deveria assinalar a resposta que relata: quanto à receita destinada à Caixa de Assistência dos Advogados, cabe-lhe metade da receita das anuidades recebidas pelo Conselho Seccional. Diante da notícia de malversação dos valores, a intervenção na Caixa de Assistência dos advogados é atribuição do Conselho Seccional do Estado X. **(FGV-Exame de Ordem 2019.1)**

EM RESUMO: ÓRGÃOS DA OAB	
Conselho Federal	• **É dotado de personalidade jurídica própria e possui a sua sede na capital da República.** • **É o órgão supremo da OAB** onde serão tomadas todas as deliberações nos casos em que convém recorrer a instâncias superiores. • **Composição: a)** Conselheiros federais, integrantes das delegações de cada unidade federativa; **b)** Dos seus ex-presidentes, na qualidade de membros honorários vitalícios. • **Atribuições do Presidente do Conselho Federal:** A presidência tem **dupla atribuição**, isto é, afetas ao Conselho e a si próprias: executivas e de administração do Conselho. O Estatuto não especifica as atribuições dos membros da diretoria, nem do presidente, exceto quanto aos poderes de representação. • Órgãos: Conselho Pleno; Órgão Especial do Conselho Pleno; As Câmaras (1ª, 2ª e 3ª); Diretoria do Conselho Federal. • **Competências:** ⇨ Dar cumprimento efetivo às finalidades da Ordem; ⇨ Representar os interesses coletivos e individuais dos advogados, em juízo ou fora dele; ⇨ Velar pela dignidade, independência, prerrogativas e valorização da advocacia; ⇨ Representar os advogados brasileiros nos órgãos e eventos internacionais da advocacia;

EM RESUMO: ÓRGÃOS DA OAB	
Conselho Federal	⇨ Editar e alterar o Regulamento Geral, o Código de Ética e Disciplina, e os provimentos que julgar necessários; ⇨ Adotar medidas para assegurar o regular funcionamento e intervir quando constatar grave violação desta Lei ou Regulamento por parte dos Conselhos Seccionais; ⇨ Intervir nos Conselhos Seccionais, onde e quando constatar grave violação desta Lei ou do Regulamento Geral; ⇨ Cassar ou modificar, de ofício ou mediante representação, qualquer ato, de órgão ou autoridade da OAB, contrário a esta Lei, ao Código de Ética e Disciplina, e aos provimentos, ouvida a autoridade ou o órgão em causa; ⇨ Julgar em grau de recurso, as questões decididas pelos Conselhos Seccionais, nos casos previstos neste Estatuto e no Regulamento Geral; ⇨ Dispor sobre a identificação dos inscritos na OAB e sobre os respectivos símbolos privativos; ⇨ Apreciar o relatório anual e deliberar sobre o balanço e as contas de sua diretoria; ⇨ Homologar o balanço e contas dos Conselhos Seccionais; ⇨ Elaborar lista constitucionalmente prevista, para preenchimento de cargos nos tribunais judiciários de âmbito nacional ou interestadual, com advogados que estejam em pleno exercício da profissão, vedada a inclusão de nome de membro do Conselho ou órgão da OAB; ⇨ Ajuizar ação direta de inconstitucionalidade de normas legais, atos normativos, ação civil pública, mandado de segurança coletivo, mandado de injunção e demais ações cuja legitimação lhe seja outorgada por lei; ⇨ Colaborar com aperfeiçoamento dos cursos jurídicos, e opinar, previamente, nos pedidos apresentados aos órgãos competentes para criação, reconhecimento ou credenciamento desses cursos; ⇨ Autorizar, pela maioria absoluta das delegações, a oneração ou alienação de seus bens imóveis; ⇨ Participar de concursos públicos previstos na Constituição e na Lei, quando tiverem abrangência nacional ou interestadual; ⇨ Resolver questões omissas no Estatuto (Lei 8.906/94), após prévia aprovação de 2/3 das delegações; ⇨ Fiscalizar, acompanhar e definir parâmetros e diretrizes da relação jurídica mantida entre advogados e sociedades de advogados ou entre escritório de advogados sócios e advogado associado, inclusive no que se refere ao cumprimento dos requisitos norteadores da associação sem vínculo empregatício; ⇨ Promover, por intermédio da Câmara de Mediação e Arbitragem, a solução sobre questões atinentes à relação entre advogados sócios ou associados e homologar, caso necessário, quitações de honorários entre advogados e sociedades de advogados.
Conselho Seccional	• **São parte integrante da estrutura da OAB e, como tal, têm personalidade jurídica própria e jurisdição sobre os respectivos territórios dos Estados-Membros, do Distrito Federal e dos territórios.** • Cada Conselho Seccional representa um Estado da Federação **mais a representação do Distrito Federal.** • **Diretoria:** tem **composição idêntica** e atribuições equivalentes às do Conselho Federal, na forma do regimento interno. É composta de: a) Presidente, que exerce a representação nacional e internacional da OAB, tendo como competência convocar o Conselho Federal, presidi-lo, bem como representá-lo de forma ativa e passiva, em juízo ou fora dele, promovendo também a administração patrimonial e dar execução às suas decisões; b) Vice-Presidente; c) Secretário-Geral; d) Secretário-Geral Adjunto; e) Tesoureiro. • **Composição:** compõe-se de conselheiros em número proporcional ao de seus inscritos, segundo critérios estabelecidos no Regulamento Geral (art. 56, EAOAB), bem como de seus ex-presidentes, membros honorários vitalícios, somente com direito a voz em suas sessões. • **Compete privativamente ao Conselho Seccional (art. 58, EAOAB): a)** Editar seu Regulamento Interno e Resoluções; **b)** Criar as Subseções e as Caixas de Assistências aos Advogados; **c)** Julgar, em grau de recurso, as questões decididas por seu Presidente, por sua Diretoria, pelo Tribunal de Ética e Disciplina, pelas diretorias das Subseções e da Caixa de Assistência ao Advogado; **d)** Fiscalizar a aplicação da receita, apreciar relatório anual e deliberar sobre balanço e as contas de sua diretoria, das diretorias das subseções e da Caixa de Assistência ao Advogado; **e)** Fixar tabela de honorários, validade para o respectivo território estadual; realizar exame da Ordem; **f)** Decidir os pedidos de inscrição de advogado e estagiário; **g)** Manter o cadastro de seus inscritos; **h)** Fixar ou alterar e receber as contribuições obrigatórias, preços de serviços e multas; **i)** Participar da elaboração dos concursos públicos, no âmbito de seu território; **j)** Determinar, com exclusividade, critérios para o traje dos advogados, no exercício profissional; **k)** Aprovar e modificar o seu orçamento anual; **l)** Definir a composição e o funcionamento do Tribunal de Ética e Disciplina, e escolher seus membros; **m)** Eleger as listas para preenchimento de cargos nos tribunais judiciários, no âmbito de sua competência, vedada a inclusão de membros de órgãos da OAB; **n)** Intervir nas Subseções e CAA; **o)** Desempenhar outras atribuições previstas no Regulamento Geral. **p)** Intervir, parcial ou totalmente, nas Subseções e na Caixa de Assistência dos Advogados, onde e quando constatar grave violação do Estatuto, do Regulamento Geral e do Regimento Interno do Conselho Seccional; **q)** Cassar ou modificar, de ofício ou mediante representação, qualquer ato de sua diretoria e dos demais órgãos executivos e deliberativos, da diretoria ou do conselho da Subseção e da diretoria da Caixa de Assistência dos Advogados, contrários ao Estatuto, ao Regulamento Geral, aos Provimentos, ao Código de Ética e Disciplina, ao seu Regimento Interno e às suas Resoluções; **r)** Ajuizar, após deliberação: Ação direta de inconstitucionalidade de leis ou atos normativos estaduais e municipais, em face da Constituição Estadual ou da Lei Orgânica do Distrito Federal; Ação civil pública, para defesa de interesses difusos de caráter geral e coletivo e individuais homogêneos; Mandado de segurança coletivo, em defesa de seus inscritos, independentemente de autorização pessoal dos interessados; Mandado de injunção, em face da Constituição Estadual ou da Lei Orgânica do Distrito Federal; **s)** fiscalizar, por designação expressa do Conselho Federal da OAB, a relação jurídica mantida entre advogados e sociedades de advogados

EM RESUMO: ÓRGÃOS DA OAB	
Conselho Seccional	e o advogado associado em atividade na circunscrição territorial de cada seccional, inclusive no que se refere ao cumprimento dos requisitos norteadores da associação sem vínculo empregatício; **t)** promover, por intermédio da Câmara de Mediação e Arbitragem, por designação do Conselho Federal da OAB, a solução sobre questões atinentes à relação entre advogados sócios ou associados e os escritórios de advocacia sediados na base da seccional e homologar, caso necessário, quitações de honorários entre advogados e sociedades de advogados.
Subseção	• **São partes autônomas** do Conselho Seccional, também consideradas como órgãos da OAB. • São **criadas** por deliberação do Conselho Seccional, que fixará a sua área territorial, bem como seus limites e competências e autonomia, na forma da Lei 8.906/94 e de seus atos constitutivos (art. 45, § 3º, EAOAB). • A área territorial de uma Subseção pode abranger **um ou mais municípios, ou parte** de município, inclusive a capital do Estado, contando com um mínimo de **15 advogados**, nela profissionalmente domiciliados. • A administração de uma Subseção é realizada por uma diretoria, com administração e composição equivalentes às do Conselho Seccional. • A administração de uma Subseção é realizada por uma diretoria, com atribuições e composição equivalentes às da diretoria do Conselho Seccional, ou seja, 5 membros. São estes os cargos: presidente, vice-presidente, secretário, secretário-adjunto e tesoureiro. • **Competências: a)** Dar cumprimento efetivo às finalidades da OAB; **b)** Velar pela dignidade, independência e valorização da advocacia, e fazer valer as prerrogativas do advogado; **c)** Representar a OAB perante os poderes constituídos; **d)** Desempenhar as atribuições previstas no regulamento geral ou por delegação de competência do Conselho Seccional. • **Conselho da Subseção:** As subseções maiores terão a possibilidade de contar com um Conselho para distribuição de suas atividades. Para isso, será necessária a existência de pelo menos **100 (cem) advogados** domiciliados profissionalmente na respectiva área da subseção, salvo se o regimento interno do Conselho Seccional exigir número maior. **Competência: a)** Editar resoluções no âmbito de sua competência; **b)** Instaurar e instruir processos disciplinares para decisão do Tribunal de Ética; **c)** Receber e instruir pedidos de inscrição de advogados e estagiários, para decisão do Conselho Seccional.
Caixa de Assistência dos Advogados (CAA)	• **Com personalidade jurídica própria** (art. 45, § 4º, EAOAB), são destinadas a prestar assistência aos inscritos no Conselho Seccional a que se vincule. • São criadas **pelos Conselhos Seccionais**, mediante aprovação e registro de seus estatutos pelo Conselho Seccional, sendo necessária a aprovação de **2/3** (dois terços) de seus membros, quando estes contarem com **mais de 1.500** (mil e quinhentos) advogados inscritos no Conselho Seccional a que se vincule. • A Caixa de Assistência pode adquirir bens, sendo que seu patrimônio **é incorporado ao do Conselho Seccional** respectivo que a criou, no caso de extinção ou desativação da Caixa. • **Diretoria:** A diretoria que administra a Caixa de Assistência é composta de 5 (cinco) membros, com atribuições definidas no seu regimento interno. • **Intervenção:** O Conselho Seccional pode **intervir na Caixa,** em caso de descumprimento de suas finalidades, nomeando-lhe uma diretoria provisória, enquanto durar a intervenção, desde que essa aprovação seja através do quórum especial de 2/3 (dois terços) dos membros do Conselho Seccional.

CAPÍTULO XVII
PROCESSO DISCIPLINAR

1. DO PROCESSO NA OAB E DO PROCEDIMENTO DISCIPLINAR

Segue o Rito Especial estabelecido pelo Código de Ética, aplicando-se subsidiariamente ao processo disciplinar as regras da **legislação processual penal comum** e, aos demais processos, as regras gerais do **procedimento administrativo comum** e **da legislação processual civil, nesta ordem** (art. 68, EAOAB).

2. PODER DE PUNIR E LOCAL DE TRAMITAÇÃO DO PROCESSO DISCIPLINAR

Pelo Estatuto (art. 70), o poder de punir disciplinarmente os inscritos na OAB compete exclusivamente ao **Conselho Seccional em cuja base territorial tenha ocorrido a infração, salvo** se a falta for cometida perante o Conselho Federal.

Para melhor entendimento do tema, cabe analisarmos a questão proposta pela banca examinadora no **exame unificado de novembro de 2014:** O advogado João, inscrito na Seccional do estado X, cometeu grave infração ética ao atuar em determinada causa no estado Y. Pode-se afirmar que: apenas o Conselho Seccional do estado Y terá poder para punir João disciplinarmente. Conforme o artigo 70 EAOAB o Conselho Seccional do local da infração é o órgão competente para processar e punir os inscritos na OAB.

Vale ressaltar que em alguns casos previstos no Regulamento Geral prevê a prerrogativa de foro.

A representação contra membros do Conselho Federal e Presidentes dos Conselhos Seccionais, portanto, é processada e julgada pelo **Conselho Federal.**

A competência de julgar os processos disciplinares, instruídos pelas Subseções ou por relatores do próprio Conselho é do **TED, do Conselho Seccional competente**. A decisão condenatória irrecorrível deve ser comunicada imediatamente ao Conselho Seccional onde o representado tenha a inscrição principal, para constar dos respectivos assentamentos. Assim, o processo irá tramitar no lugar em que foi cometida a infração com a posterior anotação da sanção junto ao Conselho Seccional da inscrição principal do advogado.

> **MUITA ATENÇÃO!**
> De acordo com o Provimento 176/2017, a tramitação dos autos do processo ético-disciplinar em caráter virtual, a comunicação de atos e a transmissão de peças processuais são admitidas.
> Importante que se faça a leitura do Provimento.

3. PROCESSO DISCIPLINAR

3.1 Do Procedimento

3.1.1 Da Instauração

O processo disciplinar é iniciado com a **representação do interessado**, protocolada na OAB, ou por ato de **ofício**. Quando iniciado de **ofício**, se instaura com o conhecimento do fato, desde que obtida por meio idôneo ou em virtude de comunicação da autoridade competente. Lembramos que não será considerada fonte idônea aquela feita de forma anônima (art. 55, do CED).

Sobre o tema, observe a questão proposta pela banca examinadora no **exame unificado de setembro de 2010:** O advogado Rodrigo é surpreendido com notificação do Conselho de Ética da OAB para esclarecer determinados fatos que foram comunicados ao órgão mediante denúncia anônima. Apresenta sua defesa e, desde logo, postula a extinção do processo, que não poderia ser instaurado por ter sido a denúncia anônima. Em tal hipótese, à luz das normas do Código de Ética, pode-se afirmar que: há necessidade de identificação do representante.

Já o art. 72 do EAOAB aduz que o processo disciplinar se instaura de ofício ou mediante representação de qualquer autoridade ou pessoa interessada. No mesmo dispositivo legal, especificamente no parágrafo 1º do CED discorre sobre os critérios de admissibilidade da representação e os procedimentos disciplinares, enquanto que o parágrafo 2º, trata do processo disciplinar que tramita em sigilo, até o seu término, só tendo acesso às suas informações as partes, seus defensores e a autoridade judiciária competente.

No exame de Ordem/2022.1, a FGV cobrou do candidato a seguinte questão: Beatriz, advogada, oferece representação perante a OAB em razão de Isabela, outra advogada que atua na mesma área e na mesma cidade, ter supostamente praticado atos de captação de causas. Preocupada com as consequências dessa representação, Isabela decidiu estudar as normas que regem possível processo disciplinar a ser instaurado perante a OAB. Ao fazê-lo, Isabela concluiu que o processo disciplinar pode ser instaurado de ofício, não dependendo de representação de autoridade ou da pessoa interessada conforme arts. 72 do EOAB e 55 CED.

Sobre o tema, observe a questão proposta pela banca examinadora no **exame unificado de setembro de 2010:** O advogado Rodrigo é surpreendido com notificação do Conselho de Ética da OAB para esclarecer determinados fatos que foram comunicados ao órgão mediante denúncia anônima. Apresenta sua defesa e, desde logo, postula a extinção do processo, que não poderia ser instaurado por ter sido a denúncia anônima. Em tal hipótese, à luz das normas do Código de Ética, pode-se afirmar que: há necessidade de identificação do representante.

Se iniciada por representação, será dirigida ao Presidente do Conselho Seccional ou ao Presidente da Subseção, por escrito ou verbal, reduzindo a termo se verbal (art. 56).

No **exame de ordem 2018.1,** a **FGV** trouxe uma questão tratando da instauração de processo disciplinar contra advogado, onde uma cidadã, chamada Lina, que não é advogada, anseia instaurar um processo disciplinar em face de um determinado advogado, mediante infrações éticas cometidas por este profissional da advocacia e endereçar à presidência de certa Subseção da OAB, buscando se informar sobre como pode oferecer tal representação e qual a forma adequada para tanto. Lina pode oferecer representação pela instauração de processo disciplinar em face do advogado e deve formulá-la ao presidente do Conselho Seccional ou ao presidente da Subseção, podendo ser por escrito ou verbal, sendo necessária a identificação do representante - sob pena de não ser considerada fonte idônea - de acordo com os arts. 55, §§1º e 2º e art. 56, ambos, do Código de Ética da OAB.

A competência para instauração de processo ético disciplinar será do **Tribunal de Ética e Disciplina,** se assim atribuídas pelos **Regimentos Internos das Seccionais.** Nesse caso, a representação poderá ser dirigida ao Presidente do TED ou será encaminhada a este pelo Presidente do Conselho Seccional ou Presidente da Subseção.

As representações, quando formuladas por escrito, deverão observar os seguintes requisitos:

a) identificação do representante, com a sua qualificação civil e endereço;

b) narração dos fatos que a motivam, de forma que permita verificar a existência, em tese, de infração disciplinar;

c) documentos que eventualmente a instruam e a indicação de outras provas a ser produzidas, bem como, se for o caso, o rol de testemunhas, até o máximo de cinco;

d) assinatura do representante ou a certificação de quem a tomou pôr termo, na impossibilidade de obtê-la.

Recebida a representação, o Presidente do Conselho Seccional ou da Subseção designará um relator para presidir a instrução processual (art. 58).

Antes do encaminhamento dos autos ao relator, deverá ser juntado e observado:

a) ficha cadastral do representado;

b) certidão negativa ou positiva sobre a existência de punições anteriores, com menção das faltas atribuídas;

c) certidão sobre a existência ou não de representações em andamento (se positiva, será acompanhada da informação sobre as faltas imputadas);

Uma vez preenchidos os pressupostos de admissibilidade, o relator proporá no prazo de 30 (trinta) dias a instauração de processo disciplinar ou o arquivamento da liminar da representação, sob pena de redistribuição do feito pelo Presidente do Conselho Seccional ou da Subseção para outro relator observando-se o mesmo prazo.

A representação contra membros do Conselho Federal e Presidentes dos Conselhos Seccionais é processada e julgada pelo Conselho Federal (art. 58, § 5º do CED).

3.1.2 Do Arquivamento

Quando destituídas dos pressupostos de admissibilidade, o relator poderá propor ao Presidente do Conselho Seccional ou da Subseção o arquivamento da representação. (art. 58, § 3º do CED)

3.1.3 Da Notificação

Instaurado o procedimento disciplinar, o relator determinará a notificação dos interessados para prestar esclarecimentos ou a do representado para apresentar defesa prévia, tudo no prazo de quinze dias. Conforme prevê no Regulamento Geral, essa notificação se dará através de correspondência, **com aviso de recebimento (AR),** enviada para o **endereço profissional ou residencial** constante do cadastro do Conselho Seccional. Dessa forma, o advogado deve sempre manter seu cadastro do Conselho Seccional atualizado, presumindo-se recebida a correspondência enviada para o endereço constante no referido cadastro.

Se o representado **não for encontrado**, ou ficar **revel,** lhe será designado um **defensor dativo** que poderá fazer a defesa por negativa geral, pois não tem conhecimento dos fatos e acesso a documentos que só o representado teria.

MUITA ATENÇÃO! A notificação feita em meio físico e o aviso de recebimento correspondente serão digitalizados e juntados aos autos do processo eletrônico. (Provimento 176/2017)

3.1.4 Da Revelia

É **considerado revel** (art. 59, § 2º, do CED – c/c art. 73, § 4º, do EAOAB) o advogado que é regularmente citado e não apresenta a sua defesa prévia dentro do prazo legal. Porém, a consequência da revelia não é a presunção de verdadeiros todos os fatos articulados na representação, mas sim a **nomeação de defensor dativo.**

A revelia não gera a confissão nem induz ao julgamento antecipado, de modo a não prejudicar a defesa do representado. A omissão na designação de defensor dativo implica a nulidade processual.

Mesmo que o defensor dativo não tenha conhecimento dos fatos naquele determinado caso, ele poderá negar todos os fatos e passa a prova do cometimento da infração para o representante, pois o defensor dativo detém a prerrogativa de defesa por negativa geral dos fatos.

3.1.5 Da Defesa Prévia

Deve ser acompanhada por todos os documentos que possam instruí-la, indicando as provas a serem produzidas, bem como rol de testemunhas (até o limite de cinco).

O comparecimento das testemunhas, **em regra,** é de responsabilidade da parte que as arrolou, **salvo** se requerido, por motivo justificado, que elas sejam notificadas a comparecer à audiência de instrução do processo.

O prazo para apresentação de defesa prévia é de 15 (quinze dias).

3.1.6 Das Razoes Finais

Concluída a instrução, o relator profere parecer preliminar, a ser submetido ao TED dando o enquadramento legal aos fatos imputados ao representado e, em seguida, abre-se prazo comum de 15 (quinze) dias para apresentação de razões finais (art. 59, §§ 7º e 8º do CED), após o voto do relator, pelo prazo de 15 minutos, primeiro o representante e depois o representado.

3.1.7 Da Sustentação Oral

Recebido o processo devidamente instruído, o Presidente do Tribunal de Ética e Disciplina designará, por sorteio, relator para proferir o voto (art. 60 do CED). Após 20 dias de seu recebimento, o processo será inserido na pauta da primeira sessão de julgamento (art. 60 § 2º do CED), sendo que nesta sessão o representado, após intimação pela Secretaria do Tribunal com 15 dias de antecedência, poderá produzir a defesa oral pelo tempo de 15 minutos, sendo a primeira a sustentação pelo representante e, em seguida, pelo representado (art. 60, §§ 3º e 4º do CED).

3.1.8 Do Acórdão (art. 61 e 62, do CED)

Do julgamento do processo disciplinar lavrar-se-á acórdão, que constará quando procedente a representação: **a)** o enquadramento legal da infração; **b)** a sanção aplicada; **c)** o quórum de instalação e o de deliberação; **d)** a indicação da sanção ter sido adotada com base no voto do relator ou em voto divergente; **e)** as agravantes ou atenuantes consideradas e; **f)** as razões determinantes de eventual conversão da censura em advertência sem registro nos assentamentos do inscrito.

O acórdão trará, ainda a ementa contendo a essência da decisão. O autor do voto divergente que tenha prevalecido figurará como redator para o acórdão. Por outro lado, o voto divergente, ainda que vencido, deverá ter seus fundamentos lançados nos autos, em voto escrito ou em transcrição na ata de julgamento do voto oral proferido com seus fundamentos.

3.1.9 Da Revisão (art. 68, do CED)

Caberá revisão do processo disciplinar: a) Por erro de julgamento; b) Por condenação baseada em falsa prova.

O advogado punido é quem tem a legitimidade para requerer a revisão e esse pedido terá autuação própria, sendo os autos apensados aos do processo disciplinar que deu origem à condenação.

Remeto o leitor ao item 3 do capítulo XIX, a título de complementação.

3.1.10 Da Reabilitação (art. 69, do CED)

O advogado que tenha sofrido sanção disciplinar poderá requerer reabilitação um ano após o cumprimento da pena.

Compete ao Conselho Seccional que tenha sido aplicada a sanção disciplinar, processar e julgar o pedido de reabilitação, que terá autuação própria, sendo apensado aos autos do processo disciplinar que lhe deu origem, devendo, ainda, ser instruído com provas de bom comportamento no exercício da advocacia e na vida social.

O Exame de Ordem da FGV 2020.1, trouxe uma questão que exigiu conhecimento quanto ao tema de reabilitação, senão vejamos, "Os advogados Diego, Willian e Pablo, todos em situação regular perante a OAB, desejam candidatar-se ao cargo de conselheiro de um Conselho Seccional da OAB. Diego é advogado há dois anos e um dia, sendo sócio de uma sociedade simples de prestação de serviços de advocacia e nunca foi condenado por infração disciplinar. Willian, por sua vez, exerce a advocacia há exatos quatro anos e constituiu sociedade unipessoal de advocacia, por meio da qual advoga atualmente. Willian já foi condenado pela prática de infração disciplinar, tendo obtido reabilitação um ano e três meses após o cumprimento da sanção imposta. Já Pablo é advogado há cinco anos e um dia e nunca respondeu por prática de qualquer infração disciplinar. Atualmente, Pablo exerce certo cargo em comissão, exonerável ad nutum, cumprindo atividades exclusivas da advocacia. Considerando as informações acima e o disposto na Lei nº 8.906/94, assinale a afirmativa correta. Nessa situação o candidato deve escolher a alternativa que discorre que apenas Willian cumpre os requisitos para ser eleito para o cargo pretendido, de acordo com o EAOAB em seu art. 63 § 2º, vez que Diego não deveria ter se candidatado por ter apenas 2 (dois) anos na advocacia, Pablo possui o tempo exigido na advocacia, contudo exerce cargo exonerável *ad nutum*, por fim, William, atende ao prazo de atuação conforme a lei estabelece e, apesar de ter sido condenado por infração disciplinar, ele obteve a reabilitação após o cumprimento da sanção imposta.

Remeto o leitor ao item 6 do capítulo XIX, a título de complementação.

3.1.11 Da Prescrição

O EAOAB dispõe no art. 43 que a pretensão à punibilidade das infrações disciplinares prescreve em **5 anos, contados da data da constatação oficial do fato**, ou seja, o prazo é contado não a partir do conhecimento da infração, mas sim da sua constatação oficial por parte da OAB, que se dá com o protocolo da representação ou da data da declaração tomada a termo.

Remeto o leitor ao capítulo XIV, onde o tema é tratado de forma mais detalhada.

3.2 Dos Prazos

Segundo o Estatuto, os prazos necessários para a manifestação de advogados, estagiários e terceiros, nos processos em geral da OAB, são de **15** (quinze) dias, inclusive para interposição de **recursos** (art. 69 do EAOAB).

> **MUITA ATENÇÃO!** Nos casos de comunicação por ofício reservado, ou de notificação pessoal, considera-se dia do começo do prazo o **primeiro dia útil imediato ao da juntada aos autos** do respectivo aviso de recebimento. (art. 69, § 1º, do EAOAB).

Nos casos de publicação pela imprensa oficial, o prazo inicia-se no primeiro dia útil seguinte (§ 2º do mesmo artigo).

> **MUITA ATENÇÃO!** A única **exceção** para o prazo acima mencionado está prevista no Regulamento Geral, esclarecendo que se o recurso é **interposto via fax,** o prazo para a juntada do original aos autos será de **10** (dez) dias (art. 139, § 1º, do RGEAOAB).

O prazo para a defesa prévia pode ser **prorrogado** por motivo relevante, a juízo do relator (art. 73, § 3º, do EAOAB).

Vale ressaltar que os prazos são suspensos no período de recesso do Conselho Seccional.

3.3 Do Sigilo

Enquanto processo disciplinar estiver tramitando, deve ocorrer **em sigilo**, até seu **término**. Porém, **as partes** terão acesso às informações, assim como seus **defensores** e a **autoridade judiciária** competente (art. 72, § 2º, EAOAB). Sobre o assunto, veja as questões cobradas do examinando:

→ **Exemplo 1:** Nilza, advogada, responde a processo disciplinar perante certo Conselho Seccional da OAB, em razão da suposta prática de infração disciplinar que, se comprovada, poderá sujeitá-la à sanção de exclusão. O processo disciplinar instaurado em face de Nilza tramita em sigilo, até o seu término, só tendo acesso às suas informações as partes, seus defensores e a autoridade competente. **(Exame julho/2017)**

→ **Exemplo 2:** Maria teve processo disciplinar recém instaurado contra si pelo Conselho Seccional da OAB, no qual está inscrita. No dia seguinte à sua notificação por meio de edital, encontra-se no fórum com Tânia, sua ex-colega de faculdade, que veio comentar com Maria sobre o conteúdo do referido processo. De acordo com o Estatuto da OAB, Tânia poderia conhecer o conteúdo do processo disciplinar instaurado, em face de Maria se fosse parte, defensora de parte ou autoridade judiciária competente, dada a natureza sigilosa de sua tramitação. **(FGV-Exame de Ordem 2019.1)**

Não é permitida a expedição de certidões a respeito da situação.

O sigilo cessa após o término do julgamento, quando as penas de exclusão e suspensão devem se tornar públicas para a garantia de sua execução e seu cumprimento, sendo comunicadas ao Judiciário, ao Ministério Público e publicadas em edital para conhecimento geral.

3.4 Dos Órgãos Disciplinares

3.4.1 Dos Tribunais de Ética e Disciplina (TED)

O Tribunal de Ética e Disciplina, é a primeira instância de julgamento do processo disciplinar. Pode funcionar dividido em órgãos fracionários, de acordo com seu regimento interno.

A **Competência:** O TED possui competência dupla: de **orientar e aconselhar** sobre ética profissional, respondendo às consultas em tese, bem como **julgar** os processos disciplinares (art. 70 § 1º do EAOAB e art. 71 do CED).

Compete, ainda, ao Tribunal de Ética e Disciplina (art. 71 do CED):

- julgar, em primeiro grau, os processos ético-disciplinares;
- responder a consultas formuladas, em tese, sobre matéria ético-disciplinar;
- exercer as competências que lhe sejam conferidas pelo Regimento Interno da Seccional ou por este Código para a instauração, instrução e julgamento de processos ético-disciplinares;
- suspender, preventivamente, o acusado, em caso de conduta suscetível de acarretar repercussão prejudicial à advocacia, nos termos do Estatuto da Advocacia e da Ordem dos Advogados do Brasil;
- organizar, promover e ministrar cursos, palestras, seminários e outros eventos da mesma natureza acerca da ética profissional do advogado ou estabelecer parcerias com as Escolas de Advocacia, com o mesmo objetivo;
- atuar como órgão mediador ou conciliador nas questões que envolvam:
    a) dúvidas e pendências entre advogados;

    b) partilha de honorários contratados em conjunto ou decorrentes de substabelecimento, bem como os que resultem de sucumbência, nas mesmas hipóteses; **(tema cobrado no Exame unificado novembro/2016)**

    c) controvérsias surgidas quando da dissolução de sociedade de advogados.

→ **Exemplo:** Os sócios de certa sociedade de advogados divergiram intensamente quanto à solução de questões relativas a conduta disciplinar, relação com clientes e honorários. Em razão disso, passaram a pesquisar quais as atribuições do Tribunal de Ética e Disciplina, do Conselho Seccional da OAB respectivo, que poderiam ajudar a solver suas dificuldades. Considerando o caso narrado, bem como os limites de competência do Tribunal de Ética e Disciplina do Conselho Seccional, previstos no Código de Ética e Disciplina da OAB, assinale a afirmativa correta. Nesta questão o candidato deveria escolher a alternativa que dizia que compete ao Tribunal de Ética e Disciplina atuar como um conciliador em pendências concretas relativas à partilha de honorários entre advogados contratados conjuntamente (art. 71, VI, "b" CED). **(FGV-Exame de Ordem 2019.2)**

B **Corregedorias-Gerais:** Integram o sistema disciplinar da OAB. Nos Conselhos Seccionais, terão atribuições da mesma natureza, observando, no que couber, Provimento do Conselho Federal sobre a matéria. Já a Corregedoria-Geral do Processo Disciplinar coordenará ações do Conselho Federal e dos Conselhos Seccionais voltadas para o objetivo de reduzir a ocorrência das infrações disciplinares mais frequentes.

No âmbito do Conselho Federal, o Secretário-Geral Adjunto exercerá as funções de Corregedor-Geral. Sua competência é definida em Provimento.

3.4.2 Suspensão Preventiva

O Estatuto prevê a possibilidade de ocorrência da suspensão preventiva do advogado que praticou infração disciplinar, mediante decisão de **ofício** ou por **solicitação do Presidente do Conselho** (art. 70, § 3º, EAOAB). Tal medida deve ser aplicada somente **em casos extremos de grande repercussão** em que envolva a dignidade da advocacia, ou situações em que é notória a gravidade dos fatos perante a opinião pública. Nesse caso, o procedimento é cautelar e sumaríssimo e será dirigido pelo TED.

Alguns fatos que redundaram na aplicação desta punição se tornaram notórios: envolvimento de advogados com entidades do crime organizado, fraudes financeiras, comportamento desregrado, entre outros. Quando o fato constituir crime ou contravenção, deve ser comunicado às autoridades competentes (art. 71, EAOAB). A jurisdição do TED é **exclusivamente** disciplinar, e não excluirá análise dos fatos da **jurisdição comum** (cível ou criminal).

O Estatuto aduz que o **TED** onde o acusado tenha a sua **inscrição principal** pode suspendê-lo preventivamente, nos casos acima descritos, respeitado o direito de o acusado ser ouvido em sessão especial no TED, especialmente marcada para esse fim, para a qual deve ser notificado a comparecer, salvo se não atender à notificação, em que poderá apresentar defesa oral pelo prazo de 15 (quinze) minutos, limitada ao cabimento ou não da pena preventiva, isto é, o Tribunal deve aplicar ou não a penalidade na mesma sessão, não podendo postergar para sessão posterior. Nesse caso, aplicada a suspensão preventiva, o processo disciplinar deve ser concluído no prazo máximo de **90** (noventa) dias, sob pena de gerar constrangimento ilegal ao advogado punido, devendo baixar a suspensão.

> **MUITA ATENÇÃO!**
> O art. 71, inciso IV, traz que compete aos Tribunais de Ética e Disciplina: suspender, preventivamente, o acusado, em caso de conduta suscetível de acarretar repercussão prejudicial à advocacia, nos termos do Estatuto da Advocacia e da Ordem dos Advogados do Brasil.

Nessa sessão, especialmente designada pelo Presidente do Tribunal, são facultadas ao representado, ou ao seu defensor, a apresentação de defesa, a produção de provas relativas ao cabimento da suspensão tanto no que se refere ao aspecto formal quanto ao conteúdo da suposta infração. Também lhe é autorizado demonstrar que, mesmo existindo o fato, não houve repercussão pública negativa a justificar a medida excepcional.

A decisão pela suspensão preventiva cumpre-se imediatamente, porque o eventual recurso não tem efeito suspensivo.

3.4.3 Representação do Advogado x Advogado

Um advogado poderá representar contra outro. Nesse caso, o Provimento nº 83/96 do Conselho Federal da OAB prevê a realização de ato processual extraordinário e obrigatório, visando a tentativa de reconciliação, esses processos serão **encaminhados pelo Conselho Seccional diretamente ao TED** que deverá notificar o representado para apresentar defesa prévia, para então, buscar a conciliação dos litigantes.

Uma vez não conseguida a conciliação e após cumpridos os trâmites processuais, procederá ao julgamento.

EM RESUMO: PROCESSO DISCIPLINAR	
Poder de Punir e Local de Tramitação do Processo Disciplinar	• O poder de punir disciplinarmente os inscritos na OAB compete exclusivamente ao **Conselho Seccional em cuja base territorial tenha ocorrido a infração, salvo** se a falta for cometida perante o Conselho Federal. • O processo irá tramitar no lugar em que foi cometida a infração com a posterior anotação da sanção junto ao Conselho Seccional da inscrição principal do advogado.
Procedimento	**INSTAURAÇÂO** • O processo disciplinar é iniciado com a representação, protocolada na OAB, ou por ato de ofício. • Quando iniciado de ofício, se instaura com o conhecimento do fato, desde que obtida por meio idôneo ou em virtude de comunicação da autoridade competente. Observe que não será considerada fonte idônea aquela feita de forma anônima. • Se iniciada por representação, será dirigida ao Presidente do Conselho Seccional ou ao Presidente da Subseção, por escrito ou verbal, reduzindo a termo se verbal. • A competência para instauração de processo ético disciplinar será do Tribunal de Ética e Disciplina, se assim atribuídas pelos Regimentos Internos das Seccionais. Nesse caso, a representação poderá ser dirigida ao Presidente do TED ou será encaminhada a este pelo Presidente do Conselho Seccional ou Presidente da Subseção. • Recebida a representação, o Presidente do Conselho Seccional ou da Subseção designará um relator para presidir a instrução processual (art. 58). • Uma vez preenchidos os pressupostos de admissibilidade, o relator proporá no prazo de 30 (trinta) dias a instauração de processo disciplinar ou o arquivamento da liminar da representação, sob pena de redistribuição do feito pelo Presidente do Conselho Seccional ou da Subseção para outro relator observando-se o mesmo prazo. • Quando destituídas dos pressupostos de admissibilidade, o relator poderá propor ao Presidente do Conselho Seccional ou da Subseção o arquivamento da representação. **ARQUIVAMENTO** • Quando destituídas dos pressupostos de admissibilidade, o relator poderá propor ao Presidente do Conselho Seccional ou da Subseção o arquivamento da representação. **NOTIFICAÇÃO** • Instaurado o procedimento disciplinar, o relator determinará a notificação dos interessados para prestar esclarecimentos ou a do representado para apresentar defesa prévia, tudo no prazo de quinze dias. • Será feita, através de correspondência, **com aviso de recebimento (AR),** enviada para o **endereço profissional ou residencial** constante do cadastro do Conselho Seccional. • Se o representado **não for encontrado**, ou ficar **revel**, lhe será designado um **defensor dativo** que poderá fazer a defesa por negativa geral, pois não tem conhecimento dos fatos e acesso a documentos que só o representado teria. **DEFESA PRÉVIA** • Deve ser acompanhada por todos os documentos, indicando as provas a serem produzidas, bem como rol de testemunhas (até o limite de cinco).

<table>
<tr><th colspan="2">EM RESUMO: PROCESSO DISCIPLINAR</th></tr>
<tr><td>Procedimento</td><td>
• O comparecimento das testemunhas, em regra, é de responsabilidade da parte que as arrolou, salvo se requerido, por motivo justificado, que elas sejam notificadas a comparecer à audiência de instrução do processo.
• Prazo para apresentação: 15 (quinze dias).
RAZÕES FINAIS
• Concluída a instrução, o relator profere parecer preliminar, a ser submetido ao TED dando o enquadramento legal aos fatos imputados ao representado e, em seguida, abre-se prazo comum de 15 (quinze) dias para apresentação de razões finais. (art. 59, §§ 7º e 8º do CED), após o voto do relator, pelo prazo de 15 minutos, primeiro o representante e depois o representado.
SUSTENTAÇÃO ORAL
• Recebido o processo devidamente instruído, o Presidente do Tribunal de Ética e Disciplina designará, por sorteio, relator para proferir o voto (art. 60 do CED). Após 20 dias de seu recebimento, o processo será inserido na pauta da primeira sessão de julgamento (art. 60 § 2º do CED), sendo que nesta sessão o representado, após intimação pela Secretaria do Tribunal com 15 dias de antecedência, poderá produzir a defesa oral (art. 60, §§ 3º e 4º do CED).
ACÓRDÃO
• Do julgamento do processo disciplinar lavrar-se-á acórdão, que constará quando procedente a representação: a) o enquadramento legal da infração; b) a sanção aplicada; c) o quórum de instalação e o de deliberação; d) a indicação da sanção ter sido adotada com base no voto do relator ou em voto divergente; e) as agravantes ou atenuantes consideradas e; f) as razões determinantes de eventual conversão da censura em advertência sem registro nos assentamentos do inscrito.
• O acórdão trará, ainda a ementa contendo a essência da decisão. O autor do voto divergente que tenha prevalecido figurará como redator para o acórdão. Por outro lado, o voto divergente, ainda que vencido, deverá ter seus fundamentos lançados nos autos, em voto escrito ou em transcrição na ata de julgamento do voto oral proferido com seus fundamentos.
REVISÃO
• Caberá revisão do processo disciplinar: a) Por erro de julgamento; b) Por condenação baseada em falsa prova.
• Legitimidade para requerer a revisão: Será do advogado punido.
REABILITAÇÃO
• O advogado que tenha sofrido sanção disciplinar poderá requerer reabilitação um ano após o cumprimento da pena.
PRESCRIÇÃO
• O EAOAB dispõe no art. 43 que a pretensão à punibilidade das infrações disciplinares prescreve em 5 anos, contados da data da constatação oficial do fato, ou seja, o prazo é contado não a partir do conhecimento da infração, mas sim da sua constatação oficial por parte da OAB, que se dá com o protocolo da representação ou da data da declaração tomada a termo.
</td></tr>
<tr><td>Prazos</td><td>• Segundo o Estatuto, os prazos necessários para a manifestação de advogados, estagiários e terceiros, nos processos em geral da OAB, de 15 (quinze) dias, inclusive para interposição de recursos (art. 69 do EAOAB).</td></tr>
<tr><td>Sigilo</td><td>• Enquanto processo disciplinar estiver tramitando, deve ocorrer em sigilo, até seu término. Porém, as partes terão acesso às informações, assim como seus defensores e a autoridade judiciária competente (art. 72, § 2º, EAOAB).</td></tr>
<tr><td>Órgãos Disciplinares</td><td>
TRIBUNAL DE ÉTICA E DISCIPLINA (TED)
• O Tribunal de Ética e Disciplina, é a primeira instância de julgamento do processo disciplinar. Pode funcionar dividido em órgãos fracionários, de acordo com seu regimento interno.
• Competência:
✓ julgar, em primeiro grau, os processos ético-disciplinares;
✓ responder a consultas formuladas, em tese, sobre matéria ético-disciplinar;
✓ exercer as competências que lhe sejam conferidas pelo Regimento Interno da Seccional ou por este Código para a instauração, instrução e julgamento de processos ético-disciplinares;
✓ suspender, preventivamente, o acusado, em caso de conduta suscetível de acarretar repercussão prejudicial à advocacia, nos termos do Estatuto da Advocacia e da Ordem dos Advogados do Brasil;
✓ organizar, promover e ministrar cursos, palestras, seminários e outros eventos da mesma natureza acerca da ética profissional do advogado ou estabelecer parcerias com as Escolas de Advocacia, com o mesmo objetivo;
✓ atuar como órgão mediador ou conciliador nas questões que envolvam: a) dúvidas e pendências entre advogados; b) partilha de honorários contratados em conjunto ou decorrentes de substabelecimento, bem como os que resultem de sucumbência, nas mesmas hipóteses; c) controvérsias surgidas quando da dissolução de sociedade de advogados.
• Suspensão Preventiva: O Estatuto prevê a possibilidade de ocorrência da suspensão preventiva do advogado que praticou infração disciplinar, mediante decisão de ofício ou por solicitação do Presidente do Conselho (art. 70, § 3º, EAOAB). Tal medida deve ser aplicada somente em casos extremos de grande repercussão em que envolva a dignidade da advocacia, ou situações em que é notória a gravidade dos fatos perante a opinião pública. Nesse caso, o procedimento é cautelar e sumaríssimo e será dirigido pelo TED.
</td></tr>
</table>

EM RESUMO: PROCESSO DISCIPLINAR	
Órgãos Disciplinares	**CORREGEDORIAS-GERAIS** • Integram o sistema disciplinar da OAB. • Nos Conselhos Seccionais, terão atribuições da mesma natureza, observando, no que couber, Provimento do Conselho Federal sobre a matéria. • Já a Corregedoria-Geral do Processo Disciplinar coordenará ações do Conselho Federal e dos Conselhos Seccionais voltadas para o objetivo de reduzir a ocorrência das infrações disciplinares mais frequentes. • No âmbito do Conselho Federal, o Secretário-Geral Adjunto exercerá as funções de Corregedor-Geral. Sua competência é definida em Provimento.

CAPÍTULO XVIII
DOS RECURSOS

1. INTRODUÇÃO AOS RECURSOS

O recurso é sempre voltado à **reforma da decisão** e dirigido ao **órgão hierarquicamente superior**. São cabíveis recursos de decisões terminativas ou definitivas, as decisões interlocutórias não são recorríveis.

Observando o princípio da simplificação e o princípio da economia processual, a lei optou expressamente por um único tipo geral e inominado de recurso contra decisão de qualquer órgão da OAB, sendo certo ainda que caso interposto o recurso com nomenclatura errônea, porém preenchidos todos os demais requisitos recursais, o recurso é recebido com a aplicação do princípio da fungibilidade, pouco importando a denominação que se dê ao recurso, em virtude do princípio do formalismo moderado que preside o processo administrativo.

Os recursos à disposição das partes são:

A **Recurso comum:** previsto nos arts. 75 e 76 do EAOAB.

B **Embargos:** Embargo da decisão não unânime do Conselho Federal, Conselho Seccional e de subseção, por seu Presidente (art. 55, § 3º, EAOAB), para que a matéria seja revista na sessão seguinte;

C **Revisão do processo disciplinar:** previsão no art. 73, § 5º, EAOAB. Permitido após a decisão transitada em julgado, em virtude de erro do julgamento ou de condenação baseada em falsa prova.

Os embargos de declaração, previsão do Regulamento Geral da Advocacia (art. 138), são cabíveis contra decisões dos órgãos da OAB. À exceção dos embargos de declaração, os recursos serão dirigidos ao órgão julgador superior competente, embora interpostos perante a autoridade ou órgão que proferiu a decisão recorrida. Segundo o § 3º do artigo supracitado, os embargos de declaração são dirigidos **ao relator da decisão recorrida**, que lhes pode negar seguimento, fundamentadamente, se os tiver por manifestamente protelatórios, intempestivos ou carentes dos pressupostos legais para interposição. Cabem embargos declaratórios quando houver omissão, obscuridade ou contradição, e ainda quando um recurso for dirigido ao Conselho Seccional.

Tal **juízo de admissibilidade** é exclusivo do relator, **não cabendo qualquer recurso** contra essa decisão, seja negativa, seja positiva, devolvendo o processo ao órgão recorrido.

Admitindo os embargos de declaração, o relator os colocará em mesa para julgamento, independentemente de inclusão em pauta ou publicação, na primeira sessão seguinte, salvo justificado impedimento.

2. EFEITOS DOS RECURSOS E PRAZO

Os recursos têm duplo efeito. É importante ressaltar a diferença do efeito suspensivo do efeito devolutivo.

O **efeito suspensivo**, como o próprio nome diz, corresponde à suspensão da penalidade até confirmação da decisão pelo órgão julgador hierarquicamente superior.

O **efeito devolutivo**, por sua vez, corresponde à devolução da reapreciação daquela matéria ao órgão julgador hierarquicamente superior.

A regra impõe que todos os recursos têm **efeito suspensivo, exceto** quando tratarem dos seguintes temas e que terão apenas **efeito devolutivo:** de eleições (art. 63 e ss do EAOAB); de suspensão preventiva decidida pelo TED (art. 70, § 3º, do EAOAB); de cancelamento da inscrição obtida com falsa prova (art. 34, XXVI, do EAOAB).

Veja a questão exigida pela FGV no **exame de ordem 2018.1**: O Tribunal de Ética e Disciplina de certo Conselho Seccional da OAB decidiu pela suspensão preventiva do advogado Hélio, acusado em processo disciplinar. Hélio, todavia, interpôs o recurso cabível contra tal decisão. Em regra, os recursos em processos que tramitam perante a OAB têm efeito suspensivo. Todavia, o recurso manejado por Hélio se inclui em hipótese excepcional, na qual é vedado o efeito suspensivo, conforme art. 77 do Estatuto da Advocacia e da OAB.

O prazo de recursos é de **15** dias.

3. REVISÃO DISCIPLINAR (ART. 73, § 5º, DO EAOAB E ART. 68 CED)

Tal como no processo penal (arts. 621 a 631), o EAOAB prevê revisão do processo ético-disciplinar por **erro de julgamento** ou **por condenação baseada em falsa prova** (art. 73, § 5º). **(Cobrado no Exame de janeiro/2010)**

A revisão pode ser requerida a **qualquer tempo**, isto é, antes ou após o cumprimento da pena, e esta pressupõe o **trânsito em julgado** da decisão. Pode ser requerida de forma parcial para reduzir a pena, ou total com efeito de desclassificação da infração disciplinar. A ação de revisão do processo disciplinar é de **iniciativa exclusiva do advogado** punido.

> **FIQUE POR DENTRO:**
>
> **"Direito Processual Penal ou Revisão no Processo Disciplinar"**
>
> O art. 68 do EAOAB determina que se aplica o direito processual penal **subsidiariamente** ao processo disciplinar. Há entendimentos que também cabe a revisão quando, após a decisão, forem descobertas novas provas da inocência do punido ou de circunstância que determine a diminuição da sanção imposta (art. 621 do Código de Processo Penal).

A **Competência para processar e julgar o processo de revisão:** A competência é do Órgão que emanou a condenação final. No entanto, a revisão processar-se-á perante a **Segunda Câmara**, quando o órgão competente for o **Conselho Federal**, reunida em sessão plenária.

B **Procedimento:** Deverá ser observado o procedimento do processo disciplinar, no que couber.

O pedido de revisão terá autuação própria, devendo os autos respectivos serem apensados aos do processo disciplinar a que se refira.

4. RECURSOS AO CONSELHO FEDERAL (ART. 75, EAOAB)

Cabe recurso ao Conselho Federal de todas as decisões definitivas proferidas pelo Conselho Seccional, quando:

a) não tenham sido unânimes;

b) sendo unânimes, contrariarem o Estatuto da Advocacia, decisão do Conselho Federal ou de outro Conselho Seccional e, ainda, o Regulamento Geral, o Código de Ética e Disciplina e os Provimentos.

→ **Exemplo:** Lúcia, advogada, foi processada disciplinarmente e, após a interposição de recurso, o Conselho Seccional do Estado de Pernambuco confirmou, por unanimidade, a sanção de suspensão pelo prazo de trinta dias, nos termos do art. 37, § 1°, do Estatuto da OAB. Lúcia verificou, contudo, existir decisão em sentido contrário, em caso idêntico ao seu, no Conselho Seccional do Estado de Minas Gerais. De acordo com o Estatuto da OAB, contra a decisão definitiva unânime proferida pelo Conselho Seccional do Estado de Pernambuco, cabe recurso ao Conselho Federal, por contrariar decisão do Conselho Seccional de Minas Gerais. **(Exame de novembro/2016)**

O Presidente do Conselho Seccional, além dos interessados, tem legitimidade para interpor esse recurso.

Os recursos no Conselho Federal serão distribuídos ao órgão especial do Conselho Pleno e as Câmaras, sendo cada uma delas responsável pelo julgamento de acordo com determinada matéria, conforme a seguir:

Órgão Especial do Conselho Pleno	Julga recurso contra decisões das Câmaras, quando não tenham sido unânimes, ou, sendo unânimes, contrariem a Constituição, as leis, o Estatuto, decisões do Conselho Federal, Regulamento Geral, Código de Ética e Disciplina ou os Provimentos;
	Recursos contra decisões unânimes das Turmas, quando estas contrariem a Constituição, as leis, o Estatuto, decisões do Conselho Federal, o Regulamento Geral, o Código de Ética e Disciplina ou os Provimentos;
	Julga os conflitos ou divergências entre órgãos da OAB;
	A decisão do Órgão Especial constitui orientação dominante da OAB sobre a matéria, quando consolidada em súmula publicada na imprensa oficial.
Primeira Câmara	Julga recursos sobre a atividade da advocacia e direitos e prerrogativas dos advogados e estagiários;
	Julga recursos sobre inscrição nos quadros da OAB;
	Julga recursos sobre incompatibilidade e impedimentos;
	Julga os recursos interpostos contra decisões de seu Presidente.
Segunda Câmara	Julga os recursos sobre ética e deveres dos advogados, infrações e sanções disciplinares;
	Julga os recursos interpostos contra decisões de seu Presidente.
Terceira Câmara	Julga os recursos relativos à estrutura, aos órgãos e ao processo eleitoral da OAB;
	Julga os recursos sobre sociedade de advogados, advogados associados e advogados empregados;
	Julga recursos interpostos contra decisões de seu Presidente.

De acordo com o art. 67, os recursos contra decisões do Tribunal de Ética e Disciplina, ao Conselho Seccional, regem-se pelas disposições do Estatuto da Advocacia e da Ordem dos Advogados do Brasil, do Regulamento Geral e do Regimento Interno do Conselho Seccional. O Tribunal dará conhecimento de todas as suas decisões ao Conselho Seccional, para que determine periodicamente a publicação de seus julgados.

5. RECURSOS AO CONSELHO SECCIONAL

Cabível contra todas as decisões emanadas pelo Presidente do Conselho Seccional, pelo Tribunal de Ética e Disciplina ou, ainda, pela Diretoria da Subseção ou da Caixa de Assistência dos Advogados caberá recurso ao Conselho Seccional (art. 76, do EAOAB).

> → **Exemplo:** Maria da Silva, advogada, apresenta requerimento ao Presidente da Seccional da OAB tendo o seu pleito sido indeferido. Nos termos do Estatuto da Advocacia, cabe recurso ao Conselho Seccional da OAB. **(Exame de março/2014)**

Para propor este recurso, são legítimos o interessado e o representado.

O Regulamento Geral também trata da matéria recursal nos arts. 137-D a 144-C.

Importante destacar que, a Resolução 001/2022 CFOAB, que acrescenta o art. 144-C ao RGEAOAB, discorre que "fundamentado em razões de segurança jurídica ou de excepcional interesse social da OAB, poderá o órgão julgador recursal competente, por maioria de seus membros, restringir os efeitos da decisão ou decidir que esta só tenha eficácia a partir de seu trânsito em julgado ou de outro momento que venha a ser fixado."

Conclui-se que, o julgador buscou nesse acréscimo demonstrar a restrição da eficácia temporal das decisões do órgão julgador superior competente, limitando assim a eficácia retroativa destas decisões, resultando com isso nos efeitos da sentença para o futuro ou conforme o estabelecido em situação real/concreta.

RECURSOS	
Decisões do	**Decisões do Conselho Seccional**
a) Tribunal de Ética e Disciplina b) Diretoria da Subseção c) Diretoria da Caixa de Assistência dos Advogados d) Presidente do Conselho Seccional	a) Não Unânimes b) Unânimes: que tenham ferido o EAOAB, o CED, o RGEAOAB, Portarias, Ementas e decisões do CF/CS da OAB
• Cabe recurso ao Conselho Seccional • Legitimidade: partes litigantes	• Cabe recurso ao Conselho Federal • Legitimidade: partes litigantes e Presidente do Conselho Seccional

6. REABILITAÇÃO

Poderá ser requerida pelo advogado que sofrer sanção disciplinar. A reabilitação será apreciada a pedido do interessado, quando apresentar provas de bom comportamento, **após um ano de cumprimento efetivo da sanção,** inclusive a exclusão. A reabilitação está prevista no Estatuto (art. 41).

> → **Exemplo:** Gabriel, advogado, teve aplicada contra si penalidade de suspensão, em razão da prática das seguintes condutas: atuar junto a cliente para a realização de ato destinado a fraudar a lei; recusar-se a prestar contas ao cliente de quantias recebidas dele e incidir em erros reiterados que evidenciaram inépcia profissional. Antes de decorrido o prazo para que pudesse requerer a reabilitação quanto à aplicação dessas sanções e após o trânsito em julgado das decisões administrativas, instaurou-se contra ele, em razão dessas punições prévias, novo processo disciplinar. Com base no caso narrado, o candidato deveria assinalar a opção que indica a penalidade disciplinar a ser aplicada, qual seja, a de exclusão, ficando o pedido de nova inscrição na OAB condicionado à prova de reabilitação. **(FGV-Exame de Ordem 2019.1)**

O advogado deverá instruir seu pedido de reabilitação com provas de bom comportamento, no exercício da advocacia e na vida social. A Secretaria do Conselho certificará, nos autos, o efetivo cumprimento da sanção disciplinar pelo requerente. Caso o pedido não esteja suficientemente instruído, o relator assinará prazo ao requerente para que complemente a documentação, permanecendo insuficiente, o pedido será liminarmente arquivado, se não cumprida a alegação.

Quando a sanção disciplinar resultar da prática de crime, o pedido de reabilitação depende também da correspondente reabilitação criminal.

Não faz jus à reabilitação o advogado que, estando suspenso em virtude de sanção disciplinar, continua a exercer a advocacia.

A Competência para processar e julgar o processo de reabilitação: A competência é do Conselho Seccional em que tenha sido aplicada a sanção disciplinar. Quando a competência originária for do Conselho Federal, o pedido de reabilitação tramitará perante ele (art. 69, § 1º, do CED).

B Procedimento: Deverá observar o procedimento do processo disciplinar, no que couber.

O pedido de reabilitação terá autuação própria, devendo os respectivos autos serem apensados aos do processo disciplinar a que se refira.

EM RESUMO: DOS RECURSOS	
Efeitos dos Recursos e Prazo	• **O efeito suspensivo**, como o próprio nome diz, corresponde à suspensão da penalidade até confirmação da decisão pelo órgão julgador hierarquicamente superior. • O **efeito devolutivo**, por sua vez, corresponde à devolução da reapreciação daquela matéria ao órgão julgador hierarquicamente superior. • Todos os recursos têm **efeito suspensivo, exceto** quando tratarem dos seguintes temas e que terão apenas efeito devolutivo: de eleições (art. 63 **e ss** do EAOAB); de suspensão preventiva decidida pelo TED (art. 70, § 3º, do EAOAB); de cancelamento da inscrição obtida com falsa prova (art. 34, XXVI, do EAOAB). • O prazo de recursos é de **15** dias.
Revisão Disciplinar	• É possível a revisão do processo disciplinar caso haja erro de julgamento ou condenação baseada em falsa prova. • A revisão pode ser requerida a **qualquer tempo**, isto é, antes ou após o cumprimento da pena, e esta pressupõe o **trânsito em julgado** da decisão. Pode ser requerida de forma parcial para reduzir a pena, ou total com efeito de desclassificação da infração disciplinar. A ação de revisão do processo disciplinar é de **iniciativa exclusiva do advogado** punido. • O advogado punido com a sanção disciplinar é quem tem legitimidade para requerer a revisão. • É competência do órgão de que emanou a condenação final, processar e julgar o processo de revisão. • A revisão processar-se-á perante a Segunda Câmara, quando o órgão competente for o Conselho Federal, reunida em sessão plenária. • O pedido de revisão terá autuação própria, devendo os autos respectivos serem apensados aos do processo disciplinar a que se refira.
Recursos ao Conselho Federal	• Cabe recurso ao Conselho Federal de todas as decisões definitivas proferidas pelo Conselho Seccional, quando não tenham sido unânimes, ou, sendo unânimes, contrariarem o Estatuto da Advocacia, decisão do Conselho Federal ou de outro Conselho Seccional e, ainda, o Regulamento Geral, o Código de Ética e Disciplina e os Provimentos.

EM RESUMO: DOS RECURSOS	
Recursos ao Conselho Seccional	• Cabível contra todas as decisões emanadas pelo Presidente do Conselho Seccional, pelo Tribunal de Ética e Disciplina ou, ainda, pela Diretoria da Subseção ou da Caixa de Assistência dos Advogados caberá recurso ao Conselho Seccional.
Reabilitação	• O advogado que sofrer sanção disciplinar, poderá requerer sua reabilitação. • O advogado deverá instruir seu pedido de reabilitação com provas de bom comportamento, no exercício da advocacia e na vida social. • A Secretaria do Conselho certificará, nos autos, o efetivo cumprimento da sanção disciplinar pelo requerente. Caso o pedido não esteja suficientemente instruído, o relator assinará prazo ao requerente para que complemente a documentação, permanecendo insuficiente, o pedido será liminarmente arquivado, se não cumprida a alegação. • Quando a sanção disciplinar resultar da prática de crime, o pedido de reabilitação depende também da correspondente reabilitação judicial.

BIBLIOGRAFIA RECOMENDADA

LEITURA BÁSICA:

- ARAUJO JUNIOR, Marco Antonio. **Gabaritando Ética.** 1ª ed. São Paulo: RT, 2017.
- BIELA JR. **Mini manual do Novo Código de Ética e Disciplina dos Advogados.** 2ª ed. Salvador: Juspodivm, 2017.
- CRISTINA, Flávia; FRANCESCHET, Júlio; PAVIONE, Lucas. **Exame da OAB Doutrina (todas as disciplinas – 1ª fase).** 12ª ed. rev., atual e ampl. Salvador: Editora Juspodivm, 2020.
- CRISTINA, Flávia; PAVIONE, Lucas; DIAS, Wagner Inácio. **Exame da OAB #Direto ao Ponto.** 6ª ed. Salvador: Juspodivm, 2021.
- CASTRO, Carlos Fernando Correa de. **Ética profissional e o exercício da advocacia.** Curitiba: Juruá, 2010.
- FERRAZ, Sérgio e MACHADO, Alberto de Paula. **Ética na Advocacia: Estudos Diversos.** 2º volume. Brasília: OAB Editora, 2004.
- MACHADO, Paulo. **10 em Ética!** 4ª ed. Salvador: Juspodivm, 2017.

OBRAS PARA APROFUNDAMENTO:

- LÔBO, Paulo. **Comentários ao Estatuto da Advocacia e da OAB.** 10ª ed. São Paulo: Saraiva, 2017.
- SITE, www.oab.org.br.
- SITE, www.oabsp.org.br.

DIREITOS HUMANOS

Diego Pereira Machado

CAPÍTULO I
DIREITOS HUMANOS

1. PONTOS INTRODUTÓRIOS

Já há número considerável de questões sobre Direitos Humanos nos exames da OAB. É possível, então, destacar, inicialmente, que o candidato deve estar atento à sua **interdisciplinaridade**, ou seja, ela está conectada com o ordenamento jurídico como um todo. Dessa forma, podem ser **encontradas perguntas relevantes** sobre a proteção aos direitos da pessoa em **outros ramos, especialmente em Direito Constitucional, Direito Penal, Direito Processual e Direito Internacional.**

Exemplo dessa tendência consiste no tema atinente aos tratados sobre direitos humanos, o qual já foi cobrado em questões de Internacional e de Constitucional (vide § 3º do art. 5º da CF), por essa razão que se elaborou um capítulo específico sobre convenções internacionais, que deve ser lido em conjunto com o presente.

Reconheça-se que não é árduo chegar a essa constatação, pois veja que os direitos humanos têm **eficácia irradiante**, cuja força e efeitos se irradiam para todas as esferas do Poder Público, todos devem respeitá-los, sem distinções! Esse fenômeno, aparentemente, influenciou o examinador, que hoje **elabora questionamentos no exame da Ordem com cunho nitidamente humanista**, uma peculiaridade que deve ser observada por qualquer defensor da dignidade da pessoa, como você, ***futuro advogado!***

A eficácia irradiante resta citada pela jurisprudência do STF. A decisão que segue é paradigmática, de leitura obrigatória por você, causídico propulsor das liberdades fundamentais. Trata-se do RE 201819/RJ, julgado em 2005, que teve como Ministro Relator o Sr. Gilmar Mendes. Sintetizamos as principais ideias nesse quadro mnemônico:

- *As violações a direitos fundamentais não ocorrem somente no âmbito das relações entre o cidadão e o Estado, mas igualmente nas relações travadas entre pessoas físicas e jurídicas de direito privado.*
- *Os direitos fundamentais assegurados pela Constituição vinculam diretamente não apenas os poderes públicos, estando direcionados também à proteção dos particulares em face dos poderes privados.*
- *A autonomia privada, que encontra claras limitações de ordem jurídica, não pode ser exercida em detrimento ou com desrespeito aos direitos e garantias de terceiros.*
- *A autonomia da vontade não confere aos particulares, no domínio de sua incidência e atuação, o poder de transgredir ou de ignorar as restrições postas e definidas pela própria Constituição, cuja eficácia e força normativa também se impõem, aos particulares, no âmbito de suas relações privadas.*
- *As associações privadas que exercem função predominante em determinado âmbito econômico e/ou social, mantendo seus associados em relações de dependência econômica e/ou social, integram o que se pode denominar de espaço público, ainda que não-estatal.*
- *A União Brasileira de Compositores - UBC, sociedade civil sem fins lucrativos, integra a estrutura do ECAD e, portanto, assume posição privilegiada para determinar a extensão do gozo e fruição dos direitos autorais de seus associados.*
- *A exclusão de sócio do quadro social da UBC, sem qualquer garantia de ampla defesa, do contraditório, ou do devido processo constitucional, onera consideravelmente o recorrido, o qual fica impossibilitado de perceber os direitos autorais relativos à execução de suas obras.*
- *O caráter público da atividade exercida pela sociedade e a dependência do vínculo associativo para o exercício profissional de seus sócios legitimam, no caso concreto, a aplicação direta dos direitos fundamentais concernentes ao devido processo legal, ao contraditório e à ampla defesa (art. 5º, LIV e LV, CF/88).*

A Constituição Federal: com o pós-constitucionalismo, as constituições modernas passaram a priorizar a proteção do ser humano, tanto que os direitos das pessoas e a dignidade situam-se em um plano normativo introdutório, de apresentação dos documentos. Essa assertiva reside nos artigos iniciais da Constituição brasileira de 1988 (do 1º ao 5º), os quais demandam leitura repetitiva.

Veja o art. 1º da CF: "Art. 1º A República Federativa do Brasil, formada pela união indissolúvel dos Estados e Municípios e do Distrito Federal, **constitui-se em Estado Democrático de Direito** e tem como **fundamentos:** I – a soberania; **II – a cidadania**; **III – a dignidade da pessoa humana**; **IV – os valores sociais do trabalho e da livre iniciativa**; V – o pluralismo político. Parágrafo único. Todo o poder emana do povo, que o exerce por meio de representantes eleitos ou diretamente, nos termos desta Constituição".

No exame de ordem de **novembro de 2017, FGV**, fora cobrada a seguinte questão, acerca das comunidades quilombolas: "Você, como advogada (o) que atua na defesa dos Direitos Humanos, foi chamada (o) para atuar em um caso em que há uma disputa pela terra entre produtores rurais e uma comunidade quilombola. Você sabe que, de acordo com o Decreto nº 4.887/03 do Governo Federal, 'consideram-se remanescentes das comunidades dos quilombos, os grupos étnico-raciais, segundo critérios de autoatribuição, com trajetória histórica própria, dotados de relações territoriais específicas, com presunção de ancestralidade negra relacionada com a resistência à opressão histórica sofrida'. Em relação a essas pessoas remanescentes de quilombos, é correto dizer que a Constituição Federal de 1988". E a seguinte alternativa foi tida como correta: "reconhece a propriedade definitiva das terras que estejam ocupando, cabendo ao Estado a emissão dos títulos respectivos".

Dentro do sistema constitucional interno para a proteção da pessoa, cabe realçar o recente Estatuto da pessoa com deficiência, fortemente influenciado pelas normativas internacionais. De acordo com o art. 1º do Estatuto, institui-se a Lei Brasileira de Inclusão da Pessoa com Deficiência (Estatuto da Pessoa com Deficiência), destinada a assegurar e a promover, em condições de igualdade, o exercício dos direitos e das liberdades fundamentais por pessoa com deficiência, visando à sua inclusão social e à cidadania.

E o parágrafo único do art. 1º preceitua que, o Estatuto da Pessoa com Deficiência tem como base a *Convenção sobre os Direitos das Pessoas com Deficiência e seu Protocolo Facultativo*, referendados pelo Congresso Nacional por meio do Decreto Legislativo nº 186, de 9 de julho de 2008, em conformidade com o procedimento previsto no § 3º do art. 5º da Constituição Federal (trata-se de convenção equivalente às emendas constitucionais).

Para tanto, considera-se pessoa com deficiência "aquela que tem impedimento de longo prazo de natureza física, mental, intelectual ou sensorial, o qual, em interação com uma ou mais barreiras, pode obstruir sua participação plena e efetiva na sociedade em igualdade de condições com as demais pessoas" (art. 2º).

A Lei 13.146, de 06 de julho de 2015, ainda consagra o importante princípio da igualdade e da não discriminação.

Em conseguinte, asseguram-se expressamente direitos fundamentais, alguns até redundantes normativamente, haja vista que cansativamente consagrados na Constituição Federal e em várias convenções internacionais. Todavia, embora repetitivos, os seus conteúdos têm um sujeito-alvo específico (a pessoa com deficiência), o que atende ao processo de especificação do sujeito, dando maior proteção aos sujeitos-alvos. São direitos fundamentais: direito à vida; direito à habilitação e à reabilitação; direito à saúde; direito à educação; direito à moradia; direito ao trabalho; direito à assistência social; direito à previdência social; direito à cultura, ao esporte, ao turismo e ao lazer; e direito ao transporte e à mobilidade.

Além do cabedal tutelar acima citado, o Estatuto destina seu Título III ao direito à acessibilidade. Dessa forma, o art. 53 preceitua que a "acessibilidade é direito que garante à pessoa com deficiência ou com mobilidade reduzida viver de forma independente e exercer seus direitos de cidadania e de participação social". Por isso que a "construção, a reforma, a ampliação ou a mudança de uso de edificações abertas ao público, de uso público ou privadas de uso coletivo deverão ser executadas de modo a serem acessíveis" (art. 56).

Além da acessibilidade, trata a Lei 13.146 do acesso à informação e à comunicação, da tecnologia assistiva e do direito à participação na vida pública e política.

Sobre esse ponto, acessibilidade, abre-se parêntese apenas para relembrar um importante tratado internacional, o Tratado de Marraqueche **(OAB, 2022.1)**, documento que visa facilitar o acesso a obras publicadas às pessoas cegas, com deficiência visual ou com outras dificuldades para ter acesso ao texto impresso.

Em retorno à Lei 13.146, em seção própria, sobre ciência e tecnologia, o Estatuto estabelece ser dever do Estado fomentar o desenvolvimento científico, a pesquisa e a inovação e a capacitação tecnológicas, voltados à melhoria da qualidade de vida e ao trabalho da pessoa com deficiência e sua inclusão social. Sendo que o fomento pelo poder público deve priorizar a geração de conhecimentos e técnicas que visem à prevenção e ao tratamento de deficiências.

Em seu Livro II, Parte Especial, há inauguração de parte sobre o acesso à Justiça. Conforme o art. 79, o "poder público deve assegurar o acesso da pessoa com deficiência à justiça, em igualdade de oportunidades com as demais pessoas, garantindo, sempre que requeridos, adaptações e recursos de tecnologia assistiva". Por tais razões que deve haver uma melhor capacitação dos membros e dos servidores que atuam no Poder Judiciário, no Ministério Público, na Defensoria Pública, nos órgãos de segurança pública e no sistema penitenciário quanto aos direitos da pessoa com deficiência.

O art. 84 sepulta uma das várias discriminações legais que existiam contra as pessoas com deficiência. Ele preceitua que a "pessoa com deficiência tem assegurado o direito ao exercício de sua capacidade legal em igualdade de condições com as demais pessoas".

Como forma de repressão a qualquer conduta que atente contra as pessoas com deficiências, há a previsão de *crimes e infrações administrativas*, tipificadas do art. 88 a 91.

Por fim, em seu fechamento, o Estatuto dispõe, no art. 92, sobre a criação do Cadastro Nacional de Inclusão da Pessoa com Deficiência (Cadastro-Inclusão), registro público eletrônico com a finalidade de coletar, processar, sistematizar e disseminar informações georreferenciadas que permitam a identificação e a caracterização socioeconômica da pessoa com deficiência, bem como das barreiras que impedem a realização de seus direitos.

Na prova FGV, Exame de Ordem 2018.3, restou definido que quanto aos direitos das crianças portadoras de necessidades especiais, estudantes, que uma escola particular deve adotar as medidas inclusivas previstas na lei, tais como garantir o acesso da criança com deficiência, em igualdade de condições, a jogos e a atividades recreativas, sendo vedada a cobrança de valores adicionais de qualquer natureza em suas anuidades, no cumprimento dessas medidas.

Em 2019, no ano seguinte, mais uma questão com assunto semelhante, cobrando a prática advocatícia: "(FGV-Exame de Ordem 2019.1) Você foi procurada, como advogada, por um pequeno grupo de estudantes negros que cursa o terceiro ano do ensino médio em uma escola particular. Os estudantes relatam que se sentem violados na sua cultura, porque os programas das disciplinas pertinentes não tratam de temas ligados à História da África e da população negra no Brasil. Indagam a você, como advogado(a), se a Escola não teria a obrigação de fazê-lo. Nesse caso, com base no Estatuto da Igualdade Racial, assinale a opção que apresenta a resposta correta a ser dada aos alunos". Gabarito oficial: "d) As escolas de ensino fundamental e médio devem promover o estudo da História da África e da história da população negra no Brasil, bem como da cultura afro-brasileira, o que deve ocorrer no âmbito de todo o currículo escolar".

2. NOÇÕES INICIAIS

A **Definições**: algumas expressões não podem ser confundidas, quais sejam: **a) Direitos do Homem**: expressão de cunho naturalista – jus naturalismo. Direitos naturais do homem, não positivados; **b) Direitos Fundamentais:** proteção constitucional. Direitos previstos nas Constituições. Proteção interna; e **c) Direitos Humanos:** direitos inscritos e positivados em tratados, ou até mesmo previstos em costumes internacionais. Proteção internacional da pessoa. OBS.: Em razão da interação entre direitos fundamentais e direitos humanos, levando em conta a proteção interna daqueles e internacional destes, essas distinções têm cada vez menor significância, emergindo assim a denominação **"direitos humanos fundamentais"**;

> **DICA IMPORTANTE**
>
> **Ao se analisar os direitos sob uma perspectiva apenas interna prepondera o título "direitos fundamentais", conforme a própria CF de 1988.** Contudo há outras categorias que devem estar bem distinguidas, como os **direitos individuais** (espécies de direitos fundamentais, estando representados pelos direitos de primeira geração), **direitos públicos subjetivos** (direitos subjetivos atribuídos por normas de Direito Público), **direitos da personalidade** (relacionados com a proteção pessoal, com a intimidade e a privacidade, integridade, imagem, nome e moral) e **situações funcionais** (situações jurídicas ativas e passivas dos titulares dos órgãos e de certos agentes do Estado; outorgadas aos órgãos e não aos indivíduos).

B **História:** como abaixo será demonstrada, uma das principais características dos direitos humanos é a sua **historicidade**.

Por essa razão, alguns documentos devem ser memorizados, pois importantes para sua definição:

- **Magna Carta, de 1215.**
- **Petition of Rights, de 1628.**
- **Ato Habeas Corpus, de 1689.**
- **Declaração de Virgínia, de 1776.**
- **Declaração Americana da Independência, de 1776.**
- **Declaração dos Direitos do Homem e do Cidadão, de 1789.**
- **Constituição Francesa, de 1848.**
- **Constituição Mexicana, de 1917.**
- **Constituição Alemã (de Weimer), de 1919.**
- **Constituição da OIT (Organização Internacional do Trabalho), de 1919.**

- **Carta da ONU, de 1945.**
- **Declaração Universal dos Direitos Humanos, de 1948.**
- **Pacto Internacional sobre Direitos Civis e Políticos, de 1966. Cobrado no Exame FGV, 2020.1, citando-se o seguinte ponto do Pacto, como gabarito correto:** "Caso situações excepcionais ameacem a existência da nação e sejam proclamadas oficialmente, os Estados- partes podem adotar, na estrita medida exigida pela situação, medidas que suspendam as obrigações decorrentes do PIDCP, desde que tais medidas não acarretem discriminação por motivo de raça, cor, sexo, língua, religião ou origem social".
- **Pacto Internacional sobre Direitos Econômicos, Sociais e Culturais, de 1966;**
- **Pacto Internacional sobre Direitos Econômicos, Sociais e Culturais, de 1966.** O Protocolo Facultativo ao Pacto Internacional de Direitos Econômicos, Sociais e Culturais (PIDESC), embora tenha entrado em vigor em 2013, até a presente data não foi ratificado pelo Brasil **(FGV – Exame de Ordem – Agosto/2016 – Prova reaplicada Salvador-BA).**

Com base nos documentos citados acima e na característica da historicidade, não nos espanta o seguinte enunciado de uma questão da OAB, FGV – 2013.3, em que o avaliador expôs: "O processo histórico de afirmação dos direitos humanos foi inscrito em importantes documentos, tais como a Declaração Universal dos Direitos do Homem e do Cidadão de 1789 ou mesmo a Constituição Mexicana de 1917".

Quando do 60º aniversário da Declaração Universal, o Ministro Celso de Mello, a convite da Secretaria de Comunicação Social da Corte, escreveu artigo interessante, que realça a historicidade dos direitos humanos a própria Declaração Universal. Alguns trechos do trabalho do Juiz: "Esse estatuto das liberdades públicas representou, no cenário internacional, importante marco histórico no processo de consolidação e de afirmação dos direitos fundamentais da pessoa humana, pois refletiu, nos trinta artigos que lhe compõem o texto, o reconhecimento solene, pelos Estados, de que todas as pessoas nascem livres e iguais em dignidade e direitos, são dotadas de razão e consciência e titularizam prerrogativas jurídicas inalienáveis que constituem o fundamento da liberdade, da justiça e da paz universal. Com essa proclamação formal, os Estados componentes da sociedade internacional - impulsionados pelo estímulo originado de um insuprimível senso de responsabilidade e conscientes do ultraje representado pelos atos hediondos cometidos pelo regime nazi-fascista e pelos gestos de desprezo e de desrespeito sistemáticos praticados pelos sistemas totalitários de poder - tiveram a percepção histórica de que era preciso forjar as bases jurídicas e éticas de um novo modelo que consagrasse, em favor das pessoas, a posse da liberdade em todas as suas dimensões, assegurando-lhes o direito de viver protegidas do temor e a salvo das necessidades. O Brasil - que subscreveu esse documento extraordinário no próprio ato de sua promulgação - ainda está em débito com o seu povo na efetivação das promessas essenciais contidas na Declaração Universal, cujo texto, mais do que simples repositório de verdades fundamentais e de compromissos irrenunciáveis, deve constituir, no plano doméstico dos Estados nacionais, o instrumento de realização permanente dos direitos e das liberdades nele proclamados. A Declaração Universal dos Direitos da Pessoa Humana deve representar, na consciência dos governantes responsáveis e dos Estados comprometidos com a causa da liberdade, da justiça, da paz entre os povos e da democracia, o elemento vital e impulsionador de medidas, que, de um lado, visem a banir, das relações entre as pessoas e o poder estatal, o medo da opressão e, de outro, tendam a evitar a frustração dos sonhos que buscam dar sentido de concreta efetividade às legítimas aspirações do ser humano. (...) Hoje, portanto, mais do que uma data revestida de significação histórica, é dia de renovação de nossos compromissos com a causa dos direitos essenciais da pessoa humana. É dia, também, de confirmação de nossa fé em valores que jamais poderão ser desrespeitados ou esquecidos. Este momento, tão fortemente impregnado do sentido que lhe confere a data histórica que hoje relembramos, traduz-mais do que o exercício ritual de uma celebração - um instante de necessária reflexão sobre o significado do grave compromisso que o Brasil assumiu ao subscrever a Declaração Universal dos Direitos da Pessoa Humana. Os deveres irrenunciáveis que emanam desse instrumento internacional incidem sobre o Estado brasileiro de modo pleno, impondo-lhe a execução responsável e consequente dos compromissos instituídos em favor da defesa e proteção da integridade de todas as pessoas (...)".

C Principais características dos direitos humanos: são caracterizados pela *historicidade, universalidade, essencialidade, irrenunciabilidade, inalienabilidade, inexauribilidade, imprescritibilidade, efetividade, inviolabilidade, limitabilidade, vedação ao retrocesso, indivisibilidade* (cobrada na prova da OAB **FGV – 2014.1**), *complementaridade, unicidade existencial e inter-relacionaridade.* Assim, considerados pela comunidade internacional em pé de igualdade (cobrada na prova da OAB **FGV – 2021.2**).

OBS.: atentar para a vedação ao retrocesso. Princípio considerado como uma garantia fundamental. Os direitos humanos devem agregar algo novo e melhor ao ser humano. Os Estados estão proibidos de proteger menos do que já protegem. Ele veda ao legislador a supressão pura e simples da concretização de norma constitucional que permita fruição de direitos fundamentais, especialmente os sociais.

OBS.: atentar, também, para os *Princípios de Paris*. Trata-se dos **"PARIS PRINCIPLES" (Princípios de Paris), ou "Princípios relacionados com o status de instituições nacionais de direitos humanos"**, conforme Resolução 1992154, de 3.3.92, da Comissão de Direitos Humanos da ONU. Dessa feita, as Instituições Nacionais de Direitos Humanos devem atender a cinco características, quais sejam: 1) Autonomia para monitorar qualquer violação de Direitos Humanos; 2) Autoridade para assessorar o Executivo, o Legislativo e qualquer outra instância sobre temas relacionados aos Direitos Humanos; 3) Capacidade de se relacionar com instituições regionais e internacionais; 4) Legitimidade para educar e informar sobre Direitos Humanos; e 5) Competência para atuar em temas jurídicos (quase judicial). **(FGV – 2015.1).**

D Gerações, dimensões, categorias, espécies, naipes ou ondas de direitos: o estudo das dimensões é também uma forma de se analisar a evolução histórica dos direitos humanos. Para sua memorização basta lembrar-se do **lema da Revolução Francesa, que era: liberdade, igualdade e fraternidade.** Eis aqui as três gerações:

D.1 Primeira dimensão: são os direitos de **liberdade**. Representada pelos direitos **civis e políticos**, previstos, por exemplo, no art. 5º da CF. O **indivíduo é o centro**, o qual é tido como um ser abstrato e dotado de direitos. Há aqui uma **forte carga de subjetividade**. Direitos com **aplicabilidade imediata**, que impõem obrigações de não fazer ao Estado (*non facere*), eis aí seu **caráter negativo**, haja vista que visam **limitar o Poder**. Os primeiros direitos de primeira dimensão a serem assegurados foram: **à vida, à liberdade, à propriedade, à igualdade perante a lei, ao voto e a ser votado e a uma série de liberdades de expressão**, como a de imprensa, de manifestação e de reunião;

D.2 Segunda dimensão: são os direitos de **igualdade**. Representada pelos direitos **econômicos, sociais e culturais, previstos**, a título de exemplo, no art. 6º da CF. Protege o **indivíduo, mas sob a perspectiva de um grupo**, como o grupo de trabalhadores. Direitos com **aplicabilidade mediata, progressiva**. Estabelecem obrigações positivas ao Estado (*facere*). **Primeiros direitos sociais previstos: à saúde, à moradia, à alimentação, à educação, à previdência** etc. Vide art. 6º da CF/88: "São direitos sociais a educação, a saúde, a alimentação, o trabalho, a moradia, o transporte, o lazer, a segurança, a previdência social, a proteção à maternidade e à infância, a assistência aos desamparados, na forma desta Constituição" (Redação dada pela Emenda Constitucional nº 90, de 2015);

D.3 Terceira dimensão: são os direitos de **fraternidade e solidariedade**. Aqui estão os **direitos difusos e coletivos**. Seu desenvolvimento surgiu dos debates sobre a desigualdade entre países desenvolvidos e subdesenvolvidos. **Exemplos de direitos de terceira geração: paz, desenvolvimento, comunicação, solidariedade e segurança mundiais, proteção ao meio ambiente e conservação do patrimônio comum da humanidade**. Reconhecidos pela ONU, que adotou a Declaração sobre o Direito ao Desenvolvimento.

> MUITA ATENÇÃO!
>
> Além dessas três gerações, que são as clássicas, mais aceitas pela doutrina, já se fala em **quarta geração e em quinta geração**, as quais, em razão das características da presente obra e levando em conta o histórico de provas da OAB, ainda não comportam a devida importância para o exame. **Mas fica aqui o registro, estudá-las não é perda de tempo!**

E Crítica ao sistema geracional: importante destacar que essa ordem apresentada das gerações dos direitos **não é uma ordem sucessória rigorosa e muito menos hierárquica**. Eis aqui a principal crítica da doutrina ao sistema geracional. Por esse motivo que modernamente se aconselha a adoção do termo "dimensões" ao invés de "gerações". Não há hierarquia entre as dimensões, mas sim complementaridade. Elas se enriquecem, complementam-se, com o fim de sempre majorar a proteção da pessoa humana.

> MUITA ATENÇÃO!
>
> Atentar para um importante **princípio de interpretação das normas sobre direitos humanos, que é o do *pro homine* ou da primazia da norma mais favorável às vítimas**. Sempre que houver um conflito entre normas sobre direitos humanos, internas e/ou externas, deve-se desenvolver a interpretação mais favorável ao homem. Hoje se aceita um Direito mais dialógico que dialético, sendo assim, recomenda-se a opção por mecanismos de ampliação e de maior efetividade das normas humanitárias, visando assegurar um campo de proteção cada vez mais amplo. Frente a um choque entre normas desta natureza, não se utilizam mais os critérios da especialidade e cronológico, mas sim se adota a interpretação mais favorável. Aplica-se, desta feita, a norma mais protetora, mais benéfica ao indivíduo, independentemente da posição hierárquica. Tal postulado encontra-se previsto em inúmeros documentos internacionais, a título de exemplo cita-se a própria Convenção Americana de Direitos Humanos ou Pacto de San José da Costa Rica, de 1969, mais especificamente seu art. 29.

QUESTÃO: O que se entende por cidadão?

RESPOSTA: *Em razão de sua importância para a proteção dos direitos humanos fundamentais (no próximo capítulo será estudada) ao menos uma noção de cidadania deve ser expressa, embora diferentes nortes possam ser dados pela doutrina. A CF, em seu art. 1º, inc. II, adotou o princípio da cidadania. Cidadania pode ser entendida com a qualidade de pertencer ao Estado, de ser seu cidadão, ou seja, de ser membro e, por essa razão, participar ativamente de suas decisões. A concessão de direitos políticos em sentido amplo (votar, ser votado, peticionar, referendar, etc.) é uma condição de legitimidade do Estado Democrático de Direito. O exercício da cidadania possui estreita vinculação com a proteção dos direitos fundamentais, tanto que o princípio da cidadania tem como um dos seus corolários o da dignidade da pessoa humana. O conceito que ora se enfrenta teve sua fonte inicial na Declaração dos Direitos do Homem e do Cidadão, de 1789.*

Sobre a matéria, há a prova FGV, Exame de Ordem 2018.3, com a seguinte redação: "Você, como advogado (a), representa um Fórum de Organizações Não Governamentais que atua na defesa da cidadania plena para as mulheres. Segundo informações do Tribunal Superior Eleitoral, existe, para a próxima eleição, um percentual bastante reduzido de candidatas à Câmara dos Deputados, na maioria esmagadora dos partidos políticos. Sabendo que isso é a expressão de uma cultura machista, em que os partidos não estimulam a candidatura de mulheres, cabe a você explicar às organizações do Fórum que representa que a legislação brasileira determina que". Gabarito correto: "cada partido ou coligação deverá reservar, das vagas para candidaturas parlamentares que podem ser preenchidas pelos partidos políticos, o mínimo de 30% e o máximo de 70% para candidaturas de cada sexo".

CAPÍTULO II

PROTEÇÃO INTERNA E INTERNACIONAL – DIREITOS HUMANOS

1. SISTEMAS DE PROTEÇÃO

É possível estudar o conjunto de normas que visam proteger as pessoas – de forma a **garantir um mínimo existencial** – por meio da análise de **sistemas de proteção** que sofrem uma classificação doutrinária já conhecida. As normas nacionais, internas, com destaque à Constituição Federal de 1988, compõem o que se denomina de **sistema interno** ou nacional; exemplo já estudado deste é o mecanismo de **constitucionalização dos tratados sobre direitos humanos**, ou seja, o § 3º do art. 5º da CF, ou até mesmo o seu § 4º.

Agora, as **convenções internacionais** compõem um rol imenso de fontes que se enquadram em um **sistema internacional** (internacionalização dos direitos humanos). Este se subdivide em **sistema global** e **sistemas regionais (ou continentais)**. O global é gerenciado pela **ONU** e é integrado por documentos de **alcance mundial**, como a própria Declaração Universal dos Direitos Humanos, de 1948. Já os **sistemas regionais**, que **complementam o anterior**, como o próprio nome induz, são representados por normas de **alcance regional** ou continental. Há hoje três sistemas regionais definidos, o **americano** (mais importante para a OAB e gerenciado pela Organização dos Estados Americanos – OEA), o europeu e o africano.

Além dessas classificações, as normas internacionais também podem ser definidas levando em conta o **processo de especificação do sujeito**, ou seja, considerando os destinatários de seus artigos protetores, e não o critério territorial antes citado. Elas podem ser de **alcance generalizado, tutelando direitos de todas as pessoas, sem distinção** como sexo e idade. Eis aqui o **sistema homogêneo**. Ou ainda podem levar em consideração critérios específicos, diga-se, **especificam o destinatário de proteção**, tem como tutelada uma determinada parcela de indivíduos hipossuficientes da sociedade, como as crianças (ex.: Convenção sobre dos Direitos das Crianças, de 1989). Eis aqui o **sistema heterogêneo**.

Um exemplo atual e nacional quanto ao processo de especificação do sujeito, cuja tutela é direcionada à dignificação de grupos sociais historicamente apartados de *status* mínimo protetivo, são os cidadãos que se submetem à cirurgia de transgenitalização. Tais indivíduos almejam reconhecimento como do sexo optante. Atualmente, conforme cobrado em Exame OAB **(2021.1)**, órgãos e entidades da administração pública, em seus atos e procedimentos, devem adotar o nome social da pessoa travesti ou transexual, de acordo com seu requerimento.

A tendência de se desenvolver normas atendendo ao processo de especificação do sujeito está também presente na CF brasileira de 1988. Para tanto, basta leitura dos arts. 226 a 230 (Da Família, da Criança, do Adolescente, do Jovem e do Idoso) e dos arts. 231 a 232 (Dos Índios). Nessa linha, o próprio examinador da Ordem, na prova FGV-2014.2, questionou sobre um grupo vulnerável, os quilombolas. De acordo com o art. 68 do ADCT (ATO DAS DISPOSIÇÕES CONSTITUCIONAIS TRANSITÓRIAS): "Aos remanescentes das comunidades dos quilombos que estejam ocupando suas terras é reconhecida a propriedade definitiva, devendo o Estado emitir-lhes os títulos respectivos".

A proteção às comunidades indígenas consiste num dos ápices da proteção específica de um grupo vulnerável. Por essa razão que no Exame da OAB 2018.1 fora cobrada a Convenção 169 da OIT, sobre povos indígenas e tribais, cuja assertiva exigiu apenas a literalidade do documento, o que é uma tendência das provas OAB quando são cobradas convenções internacionais. Eis a questão: "O governo federal autorizou uma mineradora a prospectar a exploração dos recursos existentes nas terras indígenas. Numerosas instituições da sociedade civil contratam você para, na condição de advogado, atuar em defesa da comunidade indígena. Tendo em vista tal fato, além do que determina a Convenção 169 da OIT Sobre Povos Indígenas e Tribais, assinale a afirmativa correta". **O gabarito correto é:** "O governo deverá estabelecer ou manter procedimentos com vistas a consultar os povos indígenas interessados, a fim de determinar se os interesses desses povos seriam prejudicados e em que medida, antes de empreender ou autorizar qualquer programa de prospecção ou exploração dos recursos existentes em suas terras".

E por oportuno, o assunto "sequestro internacional" de crianças é tema corriqueiro para a advocacia internacionalista (FGV – Exame de Ordem – Abril/2016).

Veja o enunciado: "Para a aplicação da Convenção sobre os Aspectos Civis do Sequestro Internacional de Crianças, Lígia recorre à autoridade central brasileira, quando Arnaldo, seu marido, que tem dupla-nacionalidade, viaja para os Estados Unidos com a filha de 17 anos do casal e não retorna na data prometida. Arnaldo alega que entrará com pedido de divórcio e passará a viver com a filha menor no exterior. Com base no caso apresentado, a autoridade central brasileira: (...) C) não deverá apreciar o pleito de Lígia, eis que a filha é maior de 16 anos".

E, ainda, cabe também ressaltar quanto à importância da DIMENSÃO ÉTICA DOS DIREITOS HUMANOS. A despeito da tentativa de se tentar reproduzir um conceito dos direitos humanos, a descrição segura é a de que **eles pertencem ao homem, pela simples qualidade de ser "humano". O indivíduo não pode ser privado de sua *substância* em nenhuma situação.**

Tais direitos são inerentes, ou melhor, intrínsecos à condição humana.

A Carta Internacional de Direitos Humanos – formada pela Declaração Universal dos Direitos Humanos, o Pacto Internacional sobre Direitos Civis e Políticos e o Pacto Internacional sobre Direitos Econômicos, Sociais e Culturais – materializa textualmente esta **dimensão ética,** eis o preâmbulo da Declaração Universal: "o reconhecimento da dignidade inerente a todos os membros da família humana e de seus direitos iguais e inalienáveis é o fundamento da liberdade, da justiça e da paz no mundo".

A Convenção Americana sobre Direitos Humanos, de 1969, em seu preâmbulo, também apregoa que "os direitos essenciais do homem não se originam do fato de alguém ser uma pessoa natural de um determinado Estado, mas sim, estão baseados nos atributos da personalidade humana".

2. PROTEÇÃO INTERNA

O sistema nacional é composto por **normas constitucionais**, tanto as tipificadas, expressas, ou seja, **escritas na Constituição**, quanto as não tipificadas, **não escritas**, implícitas, que ingressam por uma cláusula de abertura ou geral, o § 2º do art. 5º da CF: "(...) **não excluem outros decorrentes do regime e dos princípios por ela adotados, ou dos tratados internacionais em que a República Federativa do Brasil seja parte.**"

Nessa linha, os **tratados ratificados pelo Brasil**, além de integrarem o sistema internacional que será estudado, não deixam também de compor o corpo protetor interno, restando apenas o debate sobre seu *status* (se constitucional ou supralegal), que é estudado em capítulo específico.

Em sintonia com a CF de 1988, **há também farta legislação infraconstitucional** de suma importância para este ponto, como: a Lei 8.080, de 1990 (Sistema Único de Saúde); a Lei 8.742, de 1993, que regula o importante benefício assistencial de prestação continuada; *a recente Lei 12.847, de 2013, que "Institui o Sistema Nacional de Prevenção e Combate à Tortura; cria o Comitê Nacional de Prevenção e Combate à Tortura e o Mecanismo Nacional de Prevenção e Combate à Tortura; e dá outras providências" (cobrada no Exame da OAB, FGV – 2014.3); e a 12.528, de 2011, que "Cria a Comissão Nacional da Verdade no âmbito da Casa Civil da Presidência da República" (objeto de questionamento na prova OAB, FGV – 2014.2).*

Quanto à proteção interna dos direitos humanos, há a importante Lei 12.986, de 2014, que transformou o antigo Conselho de Defesa dos Direitos da Pessoa Humana – CDDPH, em Conselho Nacional dos Direitos Humanos – CNDH. Este Conselho, conforme exame FGV – 2015.2, tem como finalidade "promover e defender os direitos humanos mediante ações preventivas, protetivas, reparadoras e sancionadoras das condutas e situações de ameaça ou da violação desses direitos".

Uma outra norma interna que merece destaque consiste no Estatuto dos Refugiados, a qual corriqueiramente é cobrada na seção do Direito Internacional. De qualquer forma, cabe aqui apenas chamar a atenção para alguns pontos. A Lei 9.474, de 1997, define mecanismos para a implementação do Estatuto dos Refugiados de 1951, e determina outras providências. E de seus preceitos, alguns devem ser memorizados pelo futuro advogado, um defensor nato da dignidade humana. O art. 1º preceitua que será reconhecido como refugiado todo indivíduo que: I - devido a fundados temores de perseguição por motivos de raça, religião, nacionalidade, grupo social ou opiniões políticas encontre-se fora de seu país de nacionalidade e não possa ou não queira acolher-se à proteção de tal país; II - não tendo nacionalidade e estando fora do país onde antes teve sua residência habitual, não possa ou não queira regressar a ele, em função das circunstâncias descritas no inciso anterior; III - devido a grave e generalizada violação de direitos humanos, é obrigado a deixar seu país de nacionalidade para buscar refúgio em outro país. Já o art. 2º disciplina o direito de extensão, cobrado no Exame de Ordem 2018.2, organizado pela FGV, cuja redação é a seguinte: "Os efeitos da condição dos refugiados serão extensivos ao cônjuge, aos ascendentes e descendentes, assim como aos demais membros do grupo familiar que do refugiado dependerem economicamente, desde que se encontrem em território nacional". Os preceitos deste Estatuto dos Refugiados, importante, deverão ser interpretados em harmonia com a Declaração Universal dos Direitos do Homem de 1948, com a Convenção sobre o Estatuto dos Refugiados de 1951, com o Protocolo sobre o Estatuto dos Refugiados de 1967 e com todo dispositivo pertinente de instrumento internacional de proteção de direitos humanos com o qual o Governo brasileiro estiver comprometido.

A ***Caput* do art. 5º da CF**: "Todos são iguais perante a lei, sem distinção de qualquer natureza, garantindo-se aos brasileiros e aos estrangeiros residentes no País a inviolabilidade do direito à vida, à liberdade, à igualdade, à segurança e à propriedade, nos termos seguintes: (...)". O presente dispositivo traz um **rol exemplificativo** de direitos (seu § 2º) e tem **aplicabilidade imediata** (seu § 1º). Há, ademais, outros **direitos espalhados pela CF**, tais como os direitos dos contribuintes frente à "fúria" arrecadadora da Fazenda Pública;

A.1 **Destinatários dos direitos fundamentais**: a cabeça do art. 5º da CF faz expressa referência somente a brasileiros (natos e naturalizados) e aos estrangeiros residentes. Todavia, há que se desenvolver uma **interpretação sistemática da Carta Magna**, respeitando-se sua **força normativa**, no sentido de incluir neste leque de **protegidos** os **apátridas**, as **pessoas jurídicas** e os **estrangeiros não residentes** (como o turista);

A.2 **Restringibilidade**: em regra, **não há direito absoluto**, aplicando-se a ponderação como forma de sanar eventuais conflitos entre direitos fundamentais. Há, entretanto, alguns – a nosso ver – que são absolutos e na realidade não autorizam qualquer hipótese de restrição, exemplo é a **vedação à tortura**, que não possui exceção em âmbito interno e nem em âmbito internacional: nunca se pode torturar! Como dito, há a possibilidade de restrição de um direito, só que desde que se respeito o seu núcleo essencial, ou seja, o **limite do limite.** Vê-se que a própria restrição possui limite, desta forma, em caso de permitida contração de um direito fundamental há que se **respeitar seu núcleo existencial**, de maneira a não o desconfigurar por completo;

Há algumas manifestações importantes do STJ quanto às restrições dos direitos e conflitos entre direitos. Vejamos algumas importantes para o Exame da OAB:

- Quando os direitos constitucionalmente assegurados entram em conflito e estabelecem o pano de fundo de alguns processos judiciais, *"a solução não se dá pela negação de quaisquer desses direitos. Ao contrário, cabe ao legislador e ao aplicador da lei buscar o ponto de equilíbrio onde os dois princípios mencionados possam conviver, exercendo verdadeira função harmonizadora"*. (REsp 984.803)
- A liberdade de expressão, compreendendo a informação, opinião e crítica jornalística, por não ser absoluta, encontra algumas limitações ao seu exercício, compatíveis com o regime democrático. O STJ já apontou que entre elas estão o compromisso ético com a informação verossímil; a preservação dos chamados direitos de personalidade, entre os quais se incluem os chamados direitos à honra, à imagem, à privacidade e à intimidade; e a vedação de veiculação de crítica jornalística com intuito de difamar, injuriar ou caluniar a pessoa. (REsp 801.109)
- Para ministra Nancy Andrighi, do STJ, *"a liberdade de informação deve estar atenta ao dever de veracidade, pois a falsidade dos dados divulgados manipula, em vez de formar a opinião pública"*. Deve atender também ao interesse público, *"pois nem toda informação verdadeira é relevante para o convívio em sociedade"*. (REsp 896.635)
- De acordo com o ministro Luis Felipe Salomão (STJ), *"o dever de veracidade ao qual estão vinculados os órgãos de imprensa não deve consubstanciar-se dogma absoluto, ou condição peremptoriamente necessária à liberdade de imprensa, mas um compromisso ético com a informação verossímil, o que pode, eventualmente, abarcar informações não totalmente precisas"*. (REsp 680.794)
- Para caracterização do dano moral é necessário que haja distorção da verdade ou ânimo de ofender. O valor da indenização é passível de revisão pelo STJ quando for irrisório ou exorbitante, sem que isso implique análise de matéria fática. (REsp 693.172)
- A revisão do valor da indenização por dano moral foi o cerne de dois recursos da relatoria do ministro Raul Araújo: o REsp 863.933 e o REsp 685.933.
- O ministro Aldir Passarinho Junior, atualmente aposentado do STJ, resumiu o tema da seguinte forma: *"a intromissão do Superior Tribunal de Justiça na revisão do dano moral somente deve ocorrer em casos em que a razoabilidade for abandonada, denotando um valor indenizatório abusivo, a ponto de implicar enriquecimento indevido, ou irrisório, a ponto de tornar inócua a compensação pela ofensa efetivamente causada"*. (REsp 879.460)
- A Lei 5.250/67 - Lei de Imprensa, apesar de mencionada com frequência nos recursos julgados pelo STJ, não foi recepcionada pela Constituição Federal. Porém, como o entendimento foi declarado pelo STF, na ADPF 130, apenas no ano 2009, ela foi utilizada para fundamentar as ações até aquela data.

O ministro Sidnei Beneti afirma a impossibilidade de extração de fundamento da Lei de Imprensa. "Não se acolhe alegação recursal de violação dos dispositivos da Lei de Imprensa, porque o STF, ao julgar a ADPF 130, já firmou que todo conjunto dessa lei não foi recepcionado pela Constituição Federal de 1988, de maneira que esse fundamento do recurso deixou de existir no ordenamento jurídico". (REsp 1.068.824)

A.3 **Direitos e Garantias**: embora o art. 5º da CF mencione "direitos e deveres", não podem ser esquecidas as **garantias fundamentais**. As disposições meramente **declaratórias consagram os direitos**, já as disposições **assecuratórias preceituam sobre as garantias**. Os direitos podem ser entendidos como bens e vantagens previstos, expressa ou implicitamente, na CF. Já as garantias são instrumentos que asseguram o exercício de tais direitos, com a função de prevenir ou de reparar lesões. Uma espécie de garantia fundamental usualmente utilizada pelos advogados são os **remédios constitucionais** (*habeas corpus, habeas data)*, mandado de segurança, mandado de injunção, direito de petição, etc. Ações com previsão na CF com rito célere; e

A.4 **Direitos do art. 5º da CF:** a leitura atenta dos incisos do art. 5º (rol exemplificativo) é de suma importância. Apenas alguns exemplos de direitos já cobrados em provas da OAB: "**XLIX** – é assegurado aos presos o respeito à integridade física e moral; **L** – às presidiárias serão asseguradas condições para que possam permanecer com seus filhos durante o período de amamentação; **LI** – nenhum brasileiro será extraditado, salvo o naturalizado, em caso de crime comum, praticado antes da naturalização, ou de comprovado envolvimento em tráfico ilícito de entorpecentes e drogas afins, na forma da lei; **LII** – não será concedida extradição de estrangeiro por crime político ou de opinião; **LIII** – ninguém será processado nem sentenciado senão pela autoridade competente; **LIV** – ninguém será privado da liberdade ou de seus bens sem o devido processo legal; **LV** – aos litigantes, em processo judicial ou administrativo, e aos acusados em geral são assegurados o contraditório e ampla defesa, com os meios e recursos a ela inerentes; **LVII** – ninguém será considerado culpado até o trânsito em julgado de sentença penal condenatória; **LVIII** – o civilmente identificado não será submetido a identificação criminal, salvo nas hipóteses previstas em lei; **LXI** – ninguém será preso senão em flagrante delito ou por ordem escrita e fundamentada de autoridade judiciária competente, salvo nos casos de transgressão militar ou crime propriamente militar, definidos em lei; **LXII** – a prisão de qualquer pessoa e o local onde se encontre serão comunicados imediatamente ao juiz competente e à família do preso ou à pessoa por ele indicada; **LXIII** – o preso será informado de seus direitos, entre os quais o de permanecer calado, sendo-lhe assegurada a assistência da família e de advogado; **LXIV** – o preso tem direito à identificação dos responsáveis por sua prisão ou por seu interrogatório policial; **LXXV** – o Estado indenizará o condenado por erro judiciário, assim como o que ficar preso além do tempo fixado na sentença";

Quanto ao direito de votar dos presos, interessante questionamento foi feito no exame **FGV – 2015.1**, tendo como alternativa correta a seguinte: "Presos provisórios têm o direito de votar em seções eleitorais especiais devidamente instaladas em estabelecimentos penais e em unidades de internação de adolescentes";

B IDC: o **Incidente de Deslocamento de Competência** é uma recente e importante arma de proteção interna aos direitos humanos incluída pela EC 45 de 2004 (reforma do Judiciário). Previsto no **art. 109, V-A e seu § 5º, da CF de 1988**: "§ 5º Nas hipóteses de **grave violação de direitos humanos**, o **Procurador-Geral da República**, com a finalidade de **assegurar o cumprimento de obrigações decorrentes de tratados internacionais de direitos humanos** dos quais o Brasil seja parte, **poderá suscitar**, perante o **Superior Tribunal de Justiça**, em **qualquer fase do inquérito ou processo**, incidente de **deslocamento** de competência para a **Justiça Federal.**" O IDC foi requerido pela primeira vez em 2005, no caso do assassinato da Irmã Dorothy Stang, mas fora indeferido na oportunidade pelo STJ. Já **em 2010 ocorreu o primeiro deferimento, no caso Manoel Mattos**. É um instrumento que visa combater a impunidade, proteger os direitos humanos e assegurar o cumprimento de obrigações internacionais. Pode ser solicitado de forma discricionária pelo Procurador-Geral da República, sendo julgado pela 3ª Seção do STJ. Ele tem **caráter subsidiário**, podendo ser concedido apenas quando necessário: o inquérito ou o processo será deslocado da Justiça Estadual para a Federal somente quando restar demonstrada a impossibilidade de a polícia ou a justiça locais atuarem a contento. Há quem entenda ser o IDC mecanismo inconstitucional, por sinal, há duas ADIs em trâmite no STF, a de nº 3486 e a de nº 3493.

O tema IDC foi cobrado no Exame OAB, FGV – 2013.3, exatamente como exposto acima.

A federalização dos crimes de direitos humanos, por meio da aplicação do IDC, também foi objeto de questionamento no Exame OAB da FGV – 2014.2.

No Exame de Ordem da FGV, 2015.3, no enunciado de uma questão constava o seguinte conteúdo: "O STJ decidiu, no dia 10/12/2014, que uma causa relativa à violação de Direitos Humanos deve passar da Justiça Estadual para a Justiça Federal, configurando o chamado Incidente de

Deslocamento de Competência. A causa trata do desaparecimento de três moradores de rua e da suspeita de tortura contra um quarto indivíduo. Desde a promulgação da Emenda 45, em 2004, essa é a terceira vez que o STJ admite o Incidente de Deslocamento de Competência. De acordo com o que está expressamente previsto na Constituição Federal, a finalidade desse Incidente é o de:". Sendo que a alternativa correta foi esta: "assegurar o cumprimento de obrigações decorrentes de tratados internacionais de Direitos Humanos dos quais o Brasil seja parte".

Outra interessante pergunta sobre IDC foi feita no Exame 2018.2, implementado pela FGV. A questão era relativamente simples, embora o enunciado contivesse excessivas informações que poderiam deturpar a concentração do candidato. Antes de qualquer preparo quanto ao conteúdo, é preciso ter preparo psicológico e controle emocional. Muitas questões são perdidas apenas em razão de ansiedade e de nervosismo. Vejam a questão e como o gabarito é simples de se obter com a mera leitura da CF: "No estado em que você reside há cerca de quinze anos, cinco homens foram assassinados por tiros disparados por pessoas encapuzadas. Houve uma alteração da cena do crime, sugerindo a mesma forma de atuação de outros assassinatos que vinham sendo praticados por um grupo de extermínio que contaria com a participação de policiais. Na época, a Polícia Civil instaurou inquérito para apurar os fatos, mas concluiu pela ausência de elementos suficientes de autoria, encaminhando os autos ao Ministério Público, que pediu o arquivamento do caso. A Justiça acolheu o pedido e alegou não haver informações sobre autoria, motivação ou envolvimento de policiais. Segundo opinião de especialistas, a apuração policial do caso foi prematuramente interrompida. A Polícia Civil teria deixado de realizar diligências imprescindíveis à elucidação da autoria do episódio. Manter o arquivamento do inquérito, sem a investigação adequada, significaria ratificar a atuação institucionalmente violenta de agentes de segurança pública e, consequentemente, referendar grave violação de direitos humanos. Para a hipótese narrada, como advogado de uma instituição de direitos humanos, assinale a opção processual prevista pela Constituição da República". **Gabarito correto:** "O Procurador Geral da República deve suscitar, perante o Superior Tribunal de Justiça, incidente de deslocamento de competência para a Justiça Federal".

3. PROTEÇÃO INTERNACIONAL

A Sistema Global: gerenciado pela ONU, com alcance universal. Composto por vários documentos internacionais, sendo que a seguir os principais serão destacados;

A.1 Declaração Universal dos Direitos Humanos, de 1948: instituída pela **Resolução 217-A/III** da Assembleia-Geral da ONU. À época eram **58** os Estados-membros da ONU, sendo que **56** foram os Estados votantes para a aprovação da Declaração; desses 56, **48** emitiram votos favoráveis e **8** se abstiveram (União Soviética, Bielorrússia, Checoslováquia, Polônia, Arábia Saudita, Ucrânia, África do Sul e Iugoslávia); não tendo ocorrido voto contrário.

Ela está fundamentada em **dogmas** jusnaturalistas e prevê direitos de **primeira e segunda gerações** (é bipartite).

Sob o **aspecto formal é uma mera resolução**, não é tratado no sentido técnico, mesmo assim deve ser respeitada e tem força jurídica, pelos seguintes motivos: **primeiro porque decorre da Carta da ONU** (1945), se os países ingressaram nas Nações Unidas, ratificaram sua Carta, que é tratado, então, por derradeiro, acataram a Declaração; **segundo** que pode ser considerada uma fonte *jus cogens*; e por fim, ela ainda pode ser compreendida como um **costume internacional**. Em razão de a ONU ter adotado o universalismo (e não o relativismo cultural) para elaborar a **Declaração UNIVERSAL**, tem se que os direitos são universais, bastando à condição de ser pessoa para usufruí-los, de acordo com questão do exame **FGV – 2013.2**;

A.2 Pacto Internacional Sobre Direitos Civis e Políticos, de 1966: entrou em vigor em 23 de março de 1976. É um documento **com autoaplicabilidade**.

O Pacto ora trata de obrigações negativas ao Estado, ora positivas. O presente tratado internacional **incorporou vários dispositivos à Declaração** Universal e expandiu o repertório de direitos.

Quanto aos seus mecanismos de proteção, importante ressaltar que foi criado um órgão para a fiscalização, o **Comitê de Direitos Humanos**, ente de **natureza política** e com atuação imparcial, composto por 18 membros. No campo de atuação do Comitê, há **dois mecanismos de proteção estabelecidos pelo próprio Pacto**: o de relatórios (*reports*) e o de conciliação ou consultas mútuas. Há ainda **um terceiro**, o mais eficiente, o de **petições individuais ou denúncias particulares**. Ocorre que este mecanismo não foi criado pelo Pacto de 66, mas sim acrescentado a *posteriori* por um Protocolo Facultativo, o **Protocolo Facultativo referente ao Pacto Internacional sobre os Direitos Civis e Políticos**. Trata-se de uma **função investigativa, quase judicial**, do Comitê.

Nessa linha, é importante sublinhar que além do Protocolo Facultativo do Pacto de Direitos Civis e Políticos (sobre petições individuais), acima citado, há um segundo Protocolo Facultativo, com o título: *"SEGUNDO PROTOCOLO FACULTATIVO AO PACTO INTERNACIONAL SOBRE DIREITOS*

***CIVIS E POLÍTICOS COM VISTAS À ABOLIÇÃO DA PENA DE MORTE"*. O Segundo Protocolo foi objeto de questionamento no Exame OAB FGV – 2014.3, onde o gabarito oficial indicou como correta a seguinte assertiva, baseada em seus arts. 1º e 2º: "É proibida de forma geral, admitindo, como exceção, apenas para o caso de infração penal grave de natureza militar e cometida em tempo de guerra, desde que o Estado Parte tenha formulado tal reserva no ato da ratificação do Protocolo".**

A temática acima é recorrente em provas, tanto que no Exame OAB 2021.2 apontou-se que uma PEC para reformar a Constituição Federal de 1988, com o intento de inserir a pena de morte como sanção cabível, seria inconstitucional. E os motivos corretos foram os seguintes: "essa PEC não é juridicamente adequada, porque tal vedação é cláusula pétrea da Constituição e porque o Brasil promulgou o Protocolo Adicional à Convenção Americana sobre Direitos Humanos referente à abolição da pena de morte".

Eis uma interessante questão sobre o Pacto de Direitos Civis e Políticos:

"(FGV-Exame de Ordem 2019.1) O padrasto de Ana Maria, rotineiramente, abre sua correspondência física e entra em sua conta de e-mail sem autorização, ainda que a jovem seja maior de idade. Cansada dessa ingerência arbitrária e sem o amparo de sua própria mãe, a jovem busca apoio na organização de direitos humanos em que você atua. Com base no Pacto Internacional dos Direitos Civis e Políticos (PIDCP), assinale a opção que indica o esclarecimento correto que você, como advogado(a), prestou a Ana Maria.

a) O Pacto prevê a prevalência do poder familiar nas relações familiares e, como a conduta do padrasto tem a concordância da mãe de Ana Maria, ainda que seja inconveniente, essa conduta não pode ser considerada uma violação de direitos.

b) O Pacto assegura o direito à privacidade nas relações em gerais, mas nas relações especificamente familiares admite ingerências arbitrárias se forem voltadas para a proteção e o cuidado.

c) O Pacto dispõe que ninguém poderá ser objeto de ingerências arbitrárias ou ilegais em sua vida privada, em sua família, em seu domicílio ou em sua correspondência.

d) O Pacto é omisso em relação à prática de ingerências arbitrárias na vida privada e na família, tratando apenas da proteção da privacidade na vida pública e em face da conduta do Estado".

Gabarito oficial: "c".

A.3 Pacto Internacional sobre Direitos Econômicos, Sociais e Culturais, de 1966: trata de **direitos de segunda geração**, tendo entrado em vigor em 03 de janeiro de 1976. Este Pacto almejou **reafirmar os direitos econômicos, sociais e culturais estatuídos na Declaração Universal,** pois agora constante de um tratado internacional.

O documento estabeleceu responsabilidades aos Estados partes (*international accountability*). Diferentemente do tratado anterior, o atual **tem aplicação mediata ou progressiva**, exigindo investimentos técnicos e financeiros por parte dos Estados para implantação de seus direitos (vide seu art. 2º).

Mais um ponto que o diferencia do Pacto anterior é o mecanismo de monitoramento, que **no Social prevê apenas uma única forma**, que é o **de relatórios periódicos**, e ainda sem indicar órgão responsável pela análise. Em razão desta omissão, restou ao Conselho Econômico e Social da ONU criar um **Comitê sobre Direitos Econômicos, Sociais e Culturais** (com as mesmas características do anterior). **OBS.:** Há um Protocolo Facultativo ao presente Pacto, só que até o momento sem *força*, haja vista que não atingiu o número mínimo de ratificações. Ele permitirá a implementação de um sistema de queixas e de investigação em caso de violações aos direitos econômicos, sociais e culturais;

A.4 Carta Internacional dos Direitos Humanos: é constituída pela Declaração Universal dos Direitos Humanos, pelo Pacto Internacional sobre os Direitos Econômicos, Sociais e Culturais e pelo Pacto Internacional sobre os Direitos Civis.

Dentre todos os documentos da ONU, podemos também citar a *Convenção Internacional sobre a Proteção dos Direitos de Todos os Trabalhadores Migrantes e dos Membros das suas Famílias*, adotada pela ONU em dezembro de 1990 e em vigor desde julho de 2003. Contudo, tal documento não foi ratificado pelo Brasil e, por isso, suas normas não produzem efeito jurídico em território brasileiro **(FGV – 2015.1)**.

Embora com mais recorrência em Direito Internacional, para onde remetemos o nobre leitor, no espaço de Direitos Humanos foi cobrado assunto conectado à migração acima citada, sobre a nova Lei de Migração brasileira. Pergunta "mamão com açúcar". Vejamos: "(FGV - Exame de Ordem 2019.3) Em uma cidade brasileira de fronteira, foi detectado um intenso movimento de entrada de pessoas de outro país para trabalhar, residir e se estabelecer temporária ou definitivamente no Brasil. Após algum tempo, houve uma reação de moradores da cidade que começaram a hostilizar essas pessoas, exigindo que as autoridades brasileiras proibissem sua entrada e a regularização documental. Você foi procurado(a), como advogado(a), por instituições humanitárias, para redigir um parecer jurídico sobre a situação. Nesse sentido, com base na Lei nº 13.445/17 (Lei da Migração), assinale a afirmativa correta". Gabarito oficial: "C) A política migratória brasileira rege-se pelos princípios da promoção de entrada regular e de regularização documental, bem como da acolhida humanitária e da não criminalização da migração".

B **Sistemas Regionais:** mais relevante para a prova da OAB é o **sistema regional americano, ou interamericano**, de responsabilidade da OEA, no qual se insere o Brasil como membro da organização e como signatário dos dois principais documentos: a Carta de Bogotá e o **Pacto de San Jose da Costa Rica** ou Convenção Americana de Direitos Humanos;

B.1 **Convenção Americana de Direitos Humanos, de 1969**: trata-se de instrumento da maior importância dentro do sistema interamericano, tendo entrado em vigor no ano de 1978. Apenas Estados membros da OEA podem aderi-lo.

De qualquer forma, em atenção ao Pacto de 1969 e conforme caso Velásquez Rodrigues **(OAB, FGV, 2021.1)**, restou estabelecido que os países membros do tratado devem prevenir, investigar e punir toda violação dos direitos reconhecidos pela convenção americana, bem como procurar o restabelecimento, se possível, do direito violado e, se for o caso, a reparação dos danos produzidos pela violação dos direitos humanos fundamentais.

Os direitos assegurados na Convenção Americana são essencialmente os **de 1ª e 2ª gerações, àqueles relativos a vários direitos:** ao reconhecimento da personalidade jurídica, à vida, à integridade pessoal, proibição da escravidão e da servidão, à liberdade pessoal, às garantias judiciais (v.g.: toda pessoa terá o direito de ser ouvida, com as devidas garantias e dentro de um prazo razoável, por um juiz ou Tribunal competente, independente e imparcial, estabelecido anteriormente por lei, na apuração de qualquer acusação penal formulada contra ela, ou na determinação de seus direitos e obrigações de caráter civil, trabalhista, fiscal ou de qualquer outra natureza; toda pessoa acusada de um delito tem direito a que se presuma sua inocência; direito de não ser obrigada a depor contra si mesma, nem a confessar-se culpada; e direito de recorrer da sentença a juiz ou tribunal superior); e liberdades (de consciência e de religião e pensamento e de expressão), dentre outros.

Dentre os seus vários dispositivos, a Convenção Americana sobre os Direitos Humanos, devidamente ratificada pelo Estado brasileiro, adotou o seguinte posicionamento: "vedou a censura prévia, mas admite que a lei o faça em relação aos espetáculos públicos apenas como forma de regular o acesso a eles, tendo em vista a proteção moral da infância e da adolescência" (FGV – Exame de Ordem 2015.3).

Ainda sobre censura prévia, eis interessante questão do exame FGV 2020.1: "Recentemente houve grande polêmica na cidade de Piraporanga, porque o Prefeito proibiu o museu local de realizar uma exposição, sob a alegação de que as obras de arte misturavam temas religiosos com conteúdos sexuais, além de haver quadros e esculturas obscenas. Você é contratada(o) para atuar no caso pelos autores das obras de arte e por intelectuais. Com base na Convenção Americana de Direitos Humanos e na Constituição Federal de 1988, assinale a opção que apresenta o argumento que você, como advogada(o), deveria adotar:". Gabarito: "A lei pode regular o acesso a diversões e espetáculos públicos, tendo em vista a proteção moral da infância e da adolescência, sendo vedada, porém, toda e qualquer censura prévia de natureza política, ideológica e artística".

O Pacto especifica direitos civis e políticos, mas apenas **menciona superficialmente os direitos sociais** em seu art. 26. Por esta razão, a OEA adotou o **Protocolo Adicional à Convenção Americana**, denominado Protocolo de San Salvador, de 1988, concernente aos direitos econômicos, sociais e culturais. Como qualquer tratado sobre direito humanos, a Convenção Americana possui mecanismos de monitoramento próprio, como as denúncias particulares;

Sobre o documento da OEA de San Salvador: "(FGV-Exame de Ordem 2019.2) Uma Organização de Direitos Humanos afirma estar tramitando, no Congresso Nacional, um Projeto de Lei propondo que o trabalhador tenha direito a férias, mas que seja possível que o empregador determine a não remuneração dessas férias. No mesmo Projeto de Lei, fica estipulado que, nos feriados nacionais, não haverá remuneração. A Organização procura você, como advogado(a), para redigir um parecer quanto a um eventual controle de convencionalidade, caso esse projeto seja transformado em lei. Assim, com base no Protocolo Adicional à Convenção Americana Sobre Direitos Humanos em Matéria de Direitos Econômicos, Sociais e Culturais – Protocolo de San Salvador–, assinale a opção que apresenta seu parecer sobre o fato apresentado". Gabarito oficial: "b) Tanto o direito a férias remuneradas quanto o direito à remuneração nos feriados nacionais estão presentes no Protocolo de San Salvador. Considerando que o Brasil é signatário desse Protocolo, caso o Projeto de Lei venha a ser convertido em Lei pelo Congresso Nacional, é possível submetê-lo ao controle de convencionalidade, com base no Protocolo de San Salvador";

B.2 Sistema de petições individuais: o mecanismo de denúncias particulares da OEA envolve **dois órgãos**, um **de natureza administrativa e de caráter político**, sediado em Washington, e **outro de natureza jurisdicional**, uma verdadeira corte internacional prolatora de sentenças internacionais. O primeiro é a **Comissão Interamericana de Direitos Humanos**, o segundo é a **Corte Interamericana de Direito Humanos**. Os dois atuam em conjunto.

Conforme cobrado em provas da OAB, como o exame FGV – 2013.1, à Comissão cabe admitir as petições individuais, fazendo um **juízo de admissibilidade.** Têm legitimidade para apresentar denúncias contra Estados membros da OEA quanto à violação de direitos humanos: qualquer pessoa, grupo de pessoas ou entidade não governamental legalmente reconhecida em um ou mais Estados membros da OEA (art. 44 do Pacto).

Ademais, a Comissão também pode adotar medidas cautelares, de acordo com o Exame da OAB, FGV – 2013.3, e o Exame de 2022.1. Sendo assim, importa elucidar que o mecanismo de medidas cautelares encontra-se previsto no artigo 25 do Regulamento da CIDH. Conforme o que estabelece o Regulamento, em situações de gravidade ou urgência, a Comissão poderá, por iniciativa própria ou a pedido da parte, requerer que o Estado adote medidas cautelares para prevenir danos irreparáveis às pessoas ou ao objeto do processo com base em uma petição ou caso pendente, assim como, às pessoas que se encontrem sob sua jurisdição, independentemente de qualquer petição ou caso pendente. Estas medidas poderão ser de natureza coletiva com o fim de prevenir um dano irreparável às pessoas em razão de vínculo com uma organização, grupo ou comunidade de pessoas determinadas ou determináveis.

No exame FGV, de 2015.2, restou consignado, corretamente, no enunciado da assertiva que a "Comissão Interamericana de Direitos Humanos é competente para examinar comunicações encaminhadas por indivíduos ou grupos de indivíduos que contenham denúncia de violação de direitos previstos na Convenção Americana de Direitos Humanos, violação essa que tenha sido cometida por um Estado-parte. Após receber a denúncia e considerá-la admissível, a Comissão deverá requerer mais informações e buscar uma solução amistosa. Em não ocorrendo tal solução, enviará um informe ao Estado, concedendo-lhe três meses para cumprir suas exigências".

As queixas devem atender aos **requisitos previstos no art. 46** da Convenção: "Artigo 46 – 1. Para que uma petição ou comunicação apresentada de acordo com os artigos 44 ou 45 seja admitida pela Comissão será necessário: **1. que hajam sido interpostos e esgotados os recursos da jurisdição interna, de acordo com os princípios de Direito Internacional geralmente reconhecidos; 2. que seja apresentada dentro do prazo de seis meses, a partir da data em que o presumido prejudicado em seus direitos tenha sido notificado da decisão definitiva; 3. que a matéria da petição ou comunicação não esteja pendente de outro processo de solução internacional; e 4. que, no caso do artigo 44, a petição contenha o nome, a nacionalidade, a profissão, o domicílio e a assinatura da pessoa ou pessoas ou do representante legal da entidade que submeter a petição.** 2. As disposições das alíneas "a" e "b" do inciso 1 deste artigo **não se aplicarão quando: 1. não existir, na legislação interna do Estado de que se tratar, o devido processo legal para a proteção do direito ou direitos que se alegue tenham sido violados; 2. não se houver permitido ao presumido prejudicado em seus direitos o acesso aos recursos da jurisdição interna, ou houver sido ele impedido de esgotá-los; e 3. houver demora injustificada na decisão sobre os mencionados recursos.**"

À Corte cabe julgar os pedidos admitidos pela Comissão e não solucionados em âmbito administrativo. Sendo que somente os Estados membros da OEA e a própria Comissão têm direito de submeter um caso diretamente à Corte.

Assertiva tida como correta em questão sobre o assunto: "Considerando a demora injustificada da decisão na jurisdição interna, você pode peticionar à Comissão, pois o direito à Educação é um dos casos de direitos sociais previstos no Protocolo de São Salvador, que, uma vez violado, pode ensejar aplicação do sistema de petições individuais" (FGV – Exame de Ordem – Abril/2017).

A **sentença internacional** da Corte Interamericana é **inapelável e definitiva (FGV – 2013.2)**, não necessitando de homologação pelo STJ, em razão de o Brasil ter acatado expressamente a competência da Corte em 1998 (**cláusula facultativa de jurisdição obrigatória**), cuja execução interna se dará, caso não seja cumprida voluntariamente (*sponte sua*), perante a Justiça Federal.

Quanto às garantias processuais, o Pacto de São José da Costa Rica preceitua que o "acusado tem direito de ser assistido gratuitamente por tradutor ou intérprete, se não compreender ou não falar o idioma do juízo ou tribunal" **(FGV – Exame de Ordem – Julho/2016).**

Sobre o sistema interamericano as questões são inúmeras e frequentes **(FGV – Exame de Ordem – Agosto/2016 – Prova reaplicada – Salvador-BA).**

O exame de agosto de 2016 **(FGV – Exame de Ordem – Agosto/2016 – Prova reaplicada – Salvador-BA)** exigiu conhecimentos sobre os requisitos para a petição no sistema interamericano.

Somente os Estados Partes da Convenção Americana de Direitos Humanos e a Comissão Interamericana de Direitos Humanos têm direito de submeter um caso à decisão da Corte (FGV – Exame de Ordem – Novembro/2016). Ademais, pode-se solicitar à Corte que, no seu relatório anual para a Assembleia Geral da OEA, indique o caso em que o Brasil foi condenado, como aquele em que um Estado não deu cumprimento total à sentença da Corte. (FGV – Exame de Ordem – Abril/2017).

Quanto às medidas cautelares possíveis no âmbito do sistema interamericano, no exame de ordem **FGV** de novembro de 2017, numa questão que envolvia hipotética violação de direitos humanos numa penitenciária, restou consignado como correta a assertiva de que a Comissão Interamericana de Direitos Humanos (CIDH) pode receber uma denúncia "caso entenda haver situação de gravidade e urgência. Assim, a CIDH poderá instaurar de ofício um procedimento no qual solicita que o Estado brasileiro adote medidas cautelares de natureza coletiva para evitar danos irreparáveis aos presos".

Nessa linha, é sempre bom relembrar a redação do art. 63 da Convenção Americana, *in verbis*: "1. Quando decidir que houve violação de um direito ou liberdade protegidos nesta Convenção, a Corte determinará que se assegure ao prejudicado o gozo do seu direito ou liberdade violados. Determinará também, se isso for procedente, que sejam reparadas as consequências da medida ou situação que haja configurado a violação desses direitos, bem como o pagamento de indenização justa à parte lesada. 2. Em casos de extrema gravidade e urgência, e quando se fizer necessário evitar danos irreparáveis às pessoas, a Corte, nos assuntos de que estiver conhecendo, poderá tomar as medidas provisórias que considerar pertinentes. Se se tratar de assuntos que ainda não estiverem submetidos ao seu conhecimento, poderá atuar a pedido da Comissão".

A Convenção Americana da OEA pode ser classificada como a *bíblia* para o futuro advogado, quando se trata de OAB e questões de direitos humanos. No Exame de Ordem 2018.1, organizado pela FGV, mais uma vez foi cobrada a leitura simples desse tratado. Vejamos: "Você foi procurado, como advogado(a), por representantes de um Centro de Defesa dos Direitos Humanos, que lhe informaram que o governador do estado, juntamente com o ministro da justiça do país, estavam articulando a expulsão coletiva de um grupo de haitianos, que vive legalmente na sua cidade. Na iminência de tal situação e sabendo que o Brasil é signatário da Convenção Americana sobre os Direitos Humanos, assinale a opção que indica, em conformidade com essa convenção, o argumento jurídico a ser usado". O candidato deveria escolher a alternativa "D", com o seguinte gabarito: "A pessoa que se ache legalmente no território de um Estado tem direito de circular nele e de nele residir em conformidade com as disposições legais. Além disso, é proibida a expulsão coletiva de estrangeiros".

No Exame FGV, 2019.2, constou como gabarito correto a seguinte assertiva: "O sistema (inter)americano possui uma Comissão e uma Corte para conhecer de assuntos relacionados ao cumprimento dos compromissos assumidos pelos Estados-partes na Convenção Americana Sobre Direitos Humanos. Já o sistema europeu não possui uma Comissão com as mesmas funções que a Comissão Interamericana, mas um Tribunal Europeu dos Direitos do Homem, que é efetivo e permanente". E, no mesmo ano, só que no Exame 2019.3, aceitou-se como escorreita esta passagem: "A Convenção Americana Sobre Direitos Humanos dispõe que toda pessoa tem direito de ser indenizada conforme a lei, no caso de haver sido condenada em sentença transitada em julgado por erro judiciário".

B.3 O Brasil já foi condenado pela Corte Interamericana de Direitos Humanos? RESPOSTA: **Sim.** A primeira condenação ocorreu em 2006, no caso Damião Ximenes Lopez, em que a República Federativa do Brasil cumpriu a sentença internacional da Corte de **forma voluntária (*sponte sua*)**. Uma das mais recentes e significativas condenações foi a do caso da Guerrilha do Araguaia, de 2010, envolvendo a lei de anistia brasileira e a decisão do STF na APDF 153.

A.4 Alguns casos contra o Estado brasileiro perante o sistema Interamericano de Direitos Humanos:

Condenações	**Caso Damião Ximenes Lopes.** A primeira condenação. Demanda nº 12.237, encaminhada pela Comissão Interamericana de Direitos Humanos, em 1º de outubro de 2004. O cumprimento da sentença internacional se deu voluntariamente (*sponte sua*), o que gerou *aplausos* da comunidade internacional. O Caso Damião Ximenes (primeiro caso do Brasil na Corte Interamericana de Direitos Humanos) foi cobrado na FGV – Exame de Ordem 2015.3.
	Caso Escher e outros v. Brasil. Segunda condenação. Sentença internacional de 06 de julho de 2009. Sentença que foi objeto de pedido de interpretação.
	Caso Garibaldi v. Brasil. Sentença de 23 de setembro de 2009. Foi a terceira condenação.
	Caso Gomes Lund e outros v. Brasil (também conhecido como Guerrilha do Araguaia). O Brasil foi condenado por violações de direitos humanos pela Corte Interamericana de Direitos Humanos por meio da prolação da sentença da Corte de 24 de novembro de 2010. A condenação se deu por unanimidade.
Casos arquivados	Há casos que foram arquivados. **Merece ser citado o Caso Nogueira de Carvalho e outro v. Brasil.** Entendeu a Corte que em virtude do limitado suporte fático de que dispõe o Tribunal, não ficou demonstrado que o Estado tenha violado os direitos às Garantias Judiciais e à Proteção Judicial consagrados nos arts. 8 e 25 da Convenção Americana sobre Direitos Humanos, conforme razões expostas nos parágrafos 74 a 81 da sentença.
Medidas Provisórias	**O caso da Prisão Urso Branco** pode ser considerado um marco na história do Brasil diante do sistema interamericano, haja vista que traz em seu bojo, as primeiras medidas provisionais (de urgência) adotadas contra o Estado brasileiro. Em junho de 2002, a Comissão Interamericana apresentou à Corte uma solicitação de medidas provisórias em relação à República Federativa do Brasil, a respeito dos internos da Casa de Detenção José Mario Alves, também conhecida como "Prisão Urso Branco", localizada em Porto Velho (Rondônia). O principal objetivo das medidas era o de evitar mais mortes, e, para tanto, a Corte Interamericana determinou ao Estado brasileiro a adoção de medidas para a proteção da vida e integridade física de todos os internos, dentre as quais, o confisco de armas em poder dos presos. Por fim, determinou que o Brasil ajustasse as condições de suas prisões às normas internacionais.

DICA IMPORTANTE

Um dos temas mais polêmicos do momento é quanto à **possibilidade de o Judiciário poder (ou não) determinar ao Executivo que assegure um direito de segunda dimensão, um direito social, como a saúde ou qualquer outro previsto no art. 6º da CF.** Pode o Judiciário determinar a implantação de uma política pública, o fornecimento de remédios ou o atendimento hospitalar? A despeito de ficar ao crivo do juiz no caso concreto a ponderação de valores, de acordo com a jurisprudência mais recente do STF, entende-se que o princípio da dignidade da pessoa humana prevalece face o princípio da separação dos poderes. Desta forma, pode o juiz determinar ao Executivo que assegure direitos de prestação material, como o fornecimento de remédios ao cidadão (fenômeno da judicialização do fornecimento de remédios) ou o estabelecimento de uma política pública, desde que de forma excepcional e principalmente quando a política decorrer expressamente da CF. Neste sentido ler alguns julgados do STF, como: Agravo Regimental em RE 271286; Suspensões de Tutela 175, 211 e 278; e Suspensões de Segurança 3724, 2944, 2361, 3345 e 3355.

MUITA ATENÇÃO!

Não há dúvidas de que os direitos fundamentais devam ser respeitados pelo Poder Público, tanto que ostentam eficácia vertical. Há, contudo, certa polêmica quanto a sua eficácia horizontal, externa ou privada (de origem alemã), se podem ou não ser aplicados em relações que envolvem apenas particulares. Vem preponderando no STF o entendimento pela aceitação da eficácia horizontal, conforme os seguintes Recursos Extraordinários: 160.222-8; 158.215; 201.819; e 161.243.

Vejam que muitos documentos no presente capítulo foram estudados, todavia, mais algumas fontes do Direito Internacional dos Direitos Humanos precisam ser lidas, especialmente para a prova da OAB. ***E AQUI RESTA SUBLINHAR QUE ALGUMAS QUESTÕES DA OAB SE BASEIAM APENAS NA LITERALIDADE DE CONVENÇÕES, OU SEJA, BASTA LEITURA, SEM MUITOS APROFUNDAMENTOS DOUTRINÁRIOS.*** Por isso, recomenda-se a simples leitura dos seguintes textos, além dos já citados acima:

- Convenção interamericana para prevenir, punir e erradicar a violência contra a mulher – "Convenção de Belém do Pará";
- Convenção interamericana para prevenir e punir a tortura;
- Convenção internacional sobre a eliminação de todas as formas de discriminação racial;
- Convenção sobre os direitos da criança;
- Convenção sobre os direitos das pessoas com deficiência e de seu protocolo facultativo. OBS.: é equivalente às emendas constitucionais. O Decreto-Legislativo 186/08, em seu art. 1º estabelece que "fica aprovado, nos termos do § 3º do art. 5º da Constituição Federal, o texto da Convenção sobre os Direitos das Pessoas com Deficiência e de seu Protocolo Facultativo, assinados em Nova Iorque, em 30 de março de 2007". O Estatuto para inclusão das pessoas com deficiência é objeto constante das provas atuais. Veja que o seguinte exame **FGV (Exame de Ordem – Julho/2016)**: "João e Maria são casados e ambos são deficientes visuais. Enquanto João possui visão subnormal (incapacidade de enxergar com clareza suficiente para contar os dedos da

mão a uma distância de 3 metros), Maria possui cegueira total. O casal tentou se habilitar ao processo de adoção de uma criança, mas foi informado no Fórum local que não teriam o perfil de pais adotantes, em função da deficiência visual, uma vez que isso seria um obstáculo para a criação de um futuro filho. Diante desse caso, assinale a opção que melhor define juridicamente a situação". Resposta correta: "A) A informação obtida no Fórum local está errada e o casal, a despeito da deficiência visual, pode exercer o direito à adoção em igualdade de oportunidades com as demais pessoas, conforme previsão expressa na legislação pátria";

MUITA ATENÇÃO!

A Lei Brasileira de Inclusão da Pessoa com Deficiência (Estatuto da Pessoa com Deficiência), Lei 13.146/2015, prevê em seu art. 88: "Praticar, induzir ou incitar discriminação de pessoa em razão de sua deficiência: Pena – reclusão, de 1 (um) a 3 (três) anos, e multa. § 1º Aumenta-se a pena em 1/3 (um terço) se a vítima encontrar-se sob cuidado e responsabilidade do agente. § 2º Se qualquer dos crimes previstos no *caput* deste artigo é cometido por intermédio de meios de comunicação social ou de publicação de qualquer natureza: Pena – reclusão, de 2 (dois) a 5 (cinco) anos, e multa. § 3º Na hipótese do § 2º deste artigo, o juiz poderá determinar, ouvido o Ministério Público ou a pedido deste, ainda antes do inquérito policial, sob pena de desobediência: I – recolhimento ou busca e apreensão dos exemplares do material discriminatório; II – interdição das respectivas mensagens ou páginas de informação na internet. § 4º Na hipótese do § 2º deste artigo, constitui efeito da condenação, após o trânsito em julgado da decisão, a destruição do material apreendido" (FGV – Exame de Ordem – Novembro/2016).

- Tratado de Transferência de Pessoas Condenadas e Execução de Penas Impostas por Julgamentos entre a República Federativa do Brasil e o Reino dos Países Baixos, firmado em Haia, em 23 de janeiro de 2009.
- Convenção nº 151 e a Recomendação nº 159 da Organização Internacional do Trabalho sobre as Relações de Trabalho na Administração Pública, firmadas em 1978.
- Acordo sobre Tráfico Ilícito de Migrantes entre os Estados Partes do MERCOSUL, firmado em Belo Horizonte, em 16 de dezembro de 2004, com as correções contidas do texto da Fé de Erratas ao Acordo, firmado em 28 de junho de 2007.
- Convenção Interamericana sobre o Desaparecimento Forçado de Pessoas, concluído em Belém do Pará, em 9 de junho de 1994. Esta última foi cobrada no Exame OAB **FGV – 2014.3, em que se exigiu o conceito de desaparecimento forçado, conforme seu art. II:** "Para os efeitos desta Convenção, entende-se por desaparecimento forçado a privação de liberdade de uma pessoa ou mais pessoas, seja de que forma for, praticada por agentes do Estado ou por pessoas ou grupos de pessoas que atuem com autorização, apoio ou consentimento do Estado, seguida de falta de informação ou da recusa a reconhecer a privação de liberdade ou a informar sobre o paradeiro da pessoa, impedindo assim o exercício dos recursos legais e das garantias processuais pertinentes".

De acordo com questão da FGV, **exame de abril de 2016**, exigiu-se conhecimento sobre a literalidade da "Convenção sobre a Eliminação de Todas as Formas de Discriminação contra a Mulher", onde o enunciado indicava que havia ocorrido, no caso concreto da questão: "violação à Convenção sobre a Eliminação de Todas as Formas de Discriminação contra a Mulher e, também, um crime que pode acarretar ao empregador infrator multa administrativa e proibição de empréstimo, além de ser possível a readmissão da funcionária, desde que ela assim deseje".

Ainda sobre o tema "discriminação", é oportuno trazer à tona uma questão cobrada no **Exame OAB (de abril de 2016)**, mas com conteúdo mais interno. Veja o enunciado: "Você, na condição de advogado, foi procurado por um travesti que é servidor público federal. Na verdade, ele adota o nome social de Joana, embora, no assento de nascimento, o seu nome de registro seja João. Ele gostaria de ser identificado no trabalho pelo nome social e que, assim, o nome social constasse em coisas básicas, como o cadastro de dados, o correio eletrônico e o crachá. Sob o ponto de vista jurídico, em relação à orientação a ser dada ao solicitante, assinale a afirmativa correta". Resposta correta, conforme gabarito: "B) Não apenas a Constituição está orientada para a ideia de promoção do bem sem discriminação, como a demanda pleiteada pelo solicitante encontra amparo em norma infraconstitucional".

Escravidão, conforme a Convenção Suplementar sobre a Abolição da Escravatura, do Tráfico de Escravos e das Instituições e Práticas Análogas à Escravatura adotada em Genebra, em 7 de setembro de 1956, pode ser conceituada como "estado ou a condição de um indivíduo sobre o qual se exercem todos ou parte dos poderes atribuídos ao direito de propriedade" **(FGV – Exame de Ordem – Abril/2016).**

Outra convenção, eventualmente, cobrada em exames da Ordem é a Convenção 169 da OIT **(FGV – Exame de Ordem – Julho/2016)**. Esse tratado, em seu art. 2°, prevê que os governos deverão assumir a responsabilidade de desenvolver, com a participação dos povos interessados, uma ação coordenada e sistemática com vistas a proteger os direitos desses povos e a garantir o respeito pela sua integridade. E levando-se em consideração esta Convenção e em relação ao que se refere aos recursos naturais eventualmente existentes em terras indígenas, "em caso de a propriedade dos minérios ou dos recursos do subsolo pertencer ao Estado, o governo deverá estabelecer ou manter consultas dos povos interessados, a fim de determinar se os interesses desses povos seriam prejudicados, antes de empreender ou autorizar qualquer programa de prospecção ou exploração dos recursos existentes".

BIBLIOGRAFIA RECOMENDADA

LEITURA BÁSICA

- FERREIRA FILHO, Manoel Gonçalves. **Direitos Humanos Fundamentais.** 9 ed. São Paulo: Saraiva.
- GOMES, Luis Flávio; MAZZUOLI, Valério de Oliveira. **Comentários à Convenção Americana sobre Direitos Humanos.** v. 4. São Paulo: RT.
- MACHADO, Diego Pereira. **Direitos Humanos. 3ª edição (revista, ampliada e atualizada)** Salvador: Juspodivm, 2015.
- _____. **Direito Internacional e Comunitário para Concurso de Juiz do Trabalho.** 2. ed. São Paulo: Edipro, 2012.
- _____. DELOLMO, Floribal de Souza. **Direito da Integração, Direito Comunitário, MERCOSUL e União Europeia.** Salvador: Juspodivm, 2011.
- _____. **Crianças e Adolescentes: Normativa Internacional de Proteção.** In: Lucas Pavione e Luis Antonio Miranda. (Org.). Temas Aprofundados AGU. Salvador: Juspodivm, 2011.
- PORTELA, Paulo Henrique Gonçalves. **Direito Internacional Público e Privado**: incluindo noções de direitos humanos e direito comunitário. 6 ed. Salvador: Juspodivm, 2014.

OBRAS PARA APROFUNDAMENTO

- MENDES, Gilmar Ferreira; COELHO, Inocêncio Mártires; BRANCO, Paulo Gustavo Gonet. **Curso de Direito Constitucional.** 4 ed. São Paulo: Saraiva.
- PIOVESAN, Flávia. **Direitos Humanos e Justiça Internacional.** São Paulo: Saraiva.

DIREITO INTERNACIONAL

DIEGO PEREIRA MACHADO

CAPÍTULO I
DIREITO INTERNACIONAL PÚBLICO E PRIVADO

1. DISTINÇÃO INICIAL

Não se pode confundir Direito Internacional Público (DIPu) com Direito Internacional Privado (DIPri), embora alguns temas estudados estejam presentes em ambas as disciplinas.

A **DIPu**: conjunto de regras escritas e não escritas que regulam os comportamentos dos sujeitos do Direito Internacional, tendo como principais atores os Estados. Também denominado como Direito das Gentes, Direito das Nações ou simplesmente Direito Internacional.

B **DIPri:** possui na atualidade mais de um objeto de estudo (nacionalidade, condição jurídica do estrangeiro, homologação de sentenças estrangeiras, competência internacional e solução dos conflitos interespaciais). Seu principal foco é a solução dos conflitos interespaciais por meio de elementos de conexão, indicados pelas normas de DIPri. A Lei de Introdução às Normas do Direito Brasileiro (LINDB) é a principal fonte em território nacional.

B.1 PRINCIPAL OBJETO DO DIPri: CONFLITO DE LEIS NO ESPAÇO

O conflito de leis no espaço é o principal objeto de estudo do Direito Internacional Privado. Dentro de um sistema jurídico há relações jurídicas típicas (reguladas unicamente por um ordenamento jurídico) e as relações jurídicas atípicas (que envolvem mais de um ordenamento, mas de uma jurisdição), estas últimas dão origem aos conflitos interespaciais.

B.1.1 RELAÇÃO JURÍDICA ATÍPICA

A relação atípica possui, no mínimo, um elemento de estraneidade, um elemento estrangeiro. Desta forma, ela gera um conflito, o qual precisa ser solucionado. É necessário buscar a indicação de qual lei deverá ser aplicado ao caso concreto, e cabe ao elemento de conexão indicar qual legislação regulará a matéria.

B.1.2 ELEMENTO DE CONEXÃO

Elemento de conexão é a chave para solucionar os conflitos de leis. As diversas legislações nacionais de Direito Internacional Privado, no caso brasileiro a LINDB, apontam a lei competente para solucionar os conflitos. Valladão define os elementos de conexão como circunstâncias diretamente ligadas ao caso, usadas para indicar a lei competente para reger o caso concreto (1974, p. 254).

Veja o art. 7º da LINDB: "A lei do país em que domiciliada a pessoa determina as regras sobre o começo e o fim da personalidade, o nome, a capacidade e os direitos de família." Qual o elemento de conexão previsto no art. 7º? A lei do domicílio da pessoa, que, por sinal, é a regra no Direito brasileiro.

O tema "elementos de conexão" é tão importante que a sua incidência em provas não gera mais espanto. Conforme o supraexposto e o abaixo citado, o candidato responderia com facilidade questão sobre o assunto, que cobrava simples leitura do art. 9º da LINDB, de acordo com o Exame **FGV – 2013.3.**

Em 2014, outro questionamento de Direito Internacional Privado, sobre elementos de conexão, emergiu, vejamos: "**(FGV – 2014.3)** Túlio, brasileiro, é casado com Alexia, de nacionalidade sueca, estando o casal domiciliado no Brasil. Durante um cruzeiro marítimo, na Grécia, ela, após a ceia, veio a falecer em razão de uma intoxicação alimentar. Alexia, quando ainda era noiva de Túlio, havia realizado um testamento em Lisboa, dispondo sobre os seus bens, entre eles, três apartamentos situados no Rio de Janeiro. À luz das regras de Direito Internacional Privado, assinale a afirmativa correta". Gabarito correto: "B) Se houver discussão acerca da validade do testamento, no que diz respeito à observância das formalidades, deverá ser aplicada a legislação portuguesa, local em que foi realizado o ato de disposição da última vontade de Alexia".

Alguns artigos da LINDB, com seus elementos de conexão, de suma importância:

> "Art. 7º A lei do país em que domiciliada a pessoa determina as regras sobre o começo e o fim da personalidade, o nome, a capacidade e os direitos de família. § 1º Realizando-se o casamento no Brasil, será aplicada a lei brasileira quanto aos impedimentos dirimentes e às formalidades da celebração. § 2º O casamento de estrangeiros poderá celebrar-se perante autoridades diplomáticas ou consulares do país de ambos os nubentes. § 3º Tendo os nubentes domicílio diverso, regerá os casos de invalidade do matrimônio

a lei do primeiro domicílio conjugal. § 4º O regime de bens, legal ou convencional, obedece à lei do país em que tiverem os nubentes domicílio, e, se este for diverso, a do primeiro domicílio conjugal. § 5º O estrangeiro casado, que se naturalizar brasileiro, pode, mediante expressa anuência de seu cônjuge, requerer ao juiz, no ato de entrega do decreto de naturalização, se apostile ao mesmo a adoção do regime de comunhão parcial de bens, respeitados os direitos de terceiros e dada esta adoção ao competente registro. § 6º O divórcio realizado no estrangeiro, se um ou ambos os cônjuges forem brasileiros, só será reconhecido no Brasil depois de 1 (um) ano da data da sentença, salvo se houver sido antecedida de separação judicial por igual prazo, caso em que a homologação produzirá efeito imediato, obedecidas as condições estabelecidas para a eficácia das sentenças estrangeiras no país. O Superior Tribunal de Justiça, na forma de seu regimento interno, poderá reexaminar, a requerimento do interessado, decisões já proferidas em pedidos de homologação de sentenças estrangeiras de divórcio de brasileiros, a fim de que passem a produzir todos os efeitos legais. § 7º Salvo o caso de abandono, o domicílio do chefe da família estende-se ao outro cônjuge e aos filhos não emancipados, e o do tutor ou curador aos incapazes sob sua guarda. § 8º Quando a pessoa não tiver domicílio, considerar-se-á domiciliada no lugar de sua residência ou naquele em que se encontre. Art. 8º Para qualificar os bens e regular as relações a eles concernentes, aplicar-se-á a lei do país em que estiverem situados. § 1º Aplicar-se-á a lei do país em que for domiciliado o proprietário, quanto aos bens moveis que ele trouxer ou se destinarem a transporte para outros lugares. § 2º O penhor regula-se pela lei do domicílio que tiver a pessoa, em cuja posse se encontre a coisa apenhada.

Art. 9º Para qualificar e reger as obrigações, aplicar-se-á a lei do país em que se constituírem. § 1º Destinando-se a obrigação a ser executada no Brasil e dependendo de forma essencial, será esta observada, admitidas as peculiaridades da lei estrangeira quanto aos requisitos extrínsecos do ato. § 2º A obrigação resultante do contrato reputa-se constituída no lugar em que residir o proponente.

Art. 10. A sucessão por morte ou por ausência obedece à lei do país em que domiciliado o defunto ou o desaparecido, qualquer que seja a natureza e a situação dos bens. § 1º A sucessão de bens de estrangeiros, situados no País, será regulada pela lei brasileira em benefício do cônjuge ou dos filhos brasileiros, ou de quem os represente, sempre que não lhes seja mais favorável a lei pessoal do de cujus. § 2º A lei do domicílio do herdeiro ou legatário regula a capacidade para suceder.

Art. 11. As organizações destinadas a fins de interesse coletivo, como as sociedades e as fundações, obedecem à lei do Estado em que se constituírem. § 1º Não poderão, entretanto, ter no Brasil filiais, agências ou estabelecimentos antes de serem os atos constitutivos aprovados pelo Governo brasileiro, ficando sujeitas à lei brasileira. § 2º Os Governos estrangeiros, bem como as organizações de qualquer natureza, que eles tenham constituído, dirijam ou hajam investido de funções públicas, não poderão adquirir no Brasil bens imóveis ou suscetíveis de desapropriação. § 3º Os Governos estrangeiros podem adquirir a propriedade dos prédios necessários à sede dos representantes diplomáticos ou dos agentes consulares".

Sobre elemento de conexão e direito sucessória, eis: "(FGV-Exame de Ordem 2019.3) Victor, após divorciar-se no Brasil, transferiu seu domicílio para os Estados Unidos. Os dois filhos brasileiros de sua primeira união continuaram vivendo no Brasil. Victor contraiu novo matrimônio nos Estados Unidos com uma cidadã norte-americana e, alguns anos depois, vem a falecer nos Estados Unidos, deixando um imóvel e aplicações financeiras nesse país. A regra de conexão do direito brasileiro estabelece que a sucessão de Victor será regida:

A) pela lei brasileira, em razão da nacionalidade brasileira do de cujus.

B) pela lei brasileira, porque o de cujus tem dois filhos brasileiros.

C) pela lei norte-americana, em razão do último domicílio do de cujus.

D) pela lei norte-americana, em razão do local da situação dos bens a serem partilhados".

Gabarito oficial: "C".

CUIDADO: ocorreu alteração na LINDB em razão da Lei 12.874, de 29 de outubro de 2013, que deu a seguinte redação ao art. 18 da LINDB:

> "Art. 18. (...) § 1º As autoridades consulares brasileiras também poderão celebrar a separação consensual e o divórcio consensual de brasileiros, não havendo filhos menores ou incapazes do casal e observados os requisitos legais quanto aos prazos, devendo constar da respectiva escritura pública as disposições relativas à descrição e à partilha dos bens comuns e à pensão alimentícia e, ainda, ao

acordo quanto à retomada pelo cônjuge de seu nome de solteiro ou à manutenção do nome adotado quando se deu o casamento. § 2º É indispensável a assistência de advogado, devidamente constituído, que se dará mediante a subscrição de petição, juntamente com ambas as partes, ou com apenas uma delas, caso a outra constitua advogado próprio, não se fazendo necessário que a assinatura do advogado conste da escritura pública."

CUIDADO: são cada vez mais frequentes questionamentos sobre os elementos de conexão e os contratos de trabalho, de acordo com exame **FGV – 2013.1**. Nesse sentido, é importante sublinhar que o Enunciado 207 do TST foi cancelado, o qual tinha a seguinte redação sobre o assunto: "A relação jurídica trabalhista é regida pelas leis vigentes no país da prestação de serviço e não por aquelas do local da contratação".

Com o cancelamento do Enunciado 207 (em 2012) e com a alteração da Lei 7.064 (em 2009), vem preponderando o entendimento de que para reger os contratos de trabalho deve ser aplicado o critério *da norma mais favorável*. Veja a redação atual da Lei 7.064, seu art. 3º: "A empresa responsável pelo contrato de trabalho do empregado transferido assegurar-lhe-á, independentemente da observância da legislação do local da execução dos serviços: **I** – os direitos previstos nesta Lei; **II – a aplicação da legislação brasileira de proteção ao trabalho, naquilo que não for incompatível com o disposto nesta Lei, quando mais favorável do que a legislação territorial, no conjunto de normas e em relação a cada matéria**" (grifei).

A LINDB, com muita frequência, é cobrada em exames de Ordem. E assim ocorreu no Exame de Ordem 2015.2, cujo enunciado era o seguinte: "A sociedade empresária brasileira do ramo de comunicação, Personalidades, celebrou contrato internacional de prestação de serviços de informática, no Brasil, com a sociedade empresária uruguaia Sacramento. O contrato foi celebrado em Caracas, capital venezuelana, tendo sido estabelecido pelas partes, como foro de eleição, Montevidéu. Diante da situação exposta, à luz das regras do Direito Internacional Privado veiculadas na Lei de Introdução às Normas do Direito Brasileiro (LINDB) e no Código de Processo Civil, assinale a afirmativa correta". O item correto era: "Para qualificar e reger as obrigações do presente contrato, aplicar-se-á a lei venezuelana".

Ainda sobre LINDB, no exame da FGV, de 2015.3, constava a seguinte questão: "Ricardo, brasileiro naturalizado, mora na cidade do Rio de Janeiro há 9 (nove) anos. Em visita a parentes italianos, conhece Giulia, residente em Roma, com quem passa a ter um relacionamento amoroso. Após 3 (três) anos de namoro a distância, ficam noivos e celebram matrimônio em território italiano. De comum acordo, o casal estabelece seu primeiro domicílio em São Paulo, onde ambos possuem oportunidades de trabalho. À luz das regras de Direito Internacional Privado, veiculadas na Lei de Introdução às Normas do Direito Brasileiro (LINDB), não havendo pacto antenupcial, assinale a opção que indica a legislação que irá reger o regime de bens entre os cônjuges". Sendo que a alternativa tida como correta foi: "Aplicável a Lei brasileira, porque aqui constituído o primeiro domicílio do casal".

Quanto à LINDB e elemento de conexão, **a prova da FGV, de novembro de 2017**, apresentou a seguinte questão: "Roger, suíço radicado no Brasil há muitos anos, faleceu em sua casa no Rio Grande do Sul, deixando duas filhas e um filho, todos maiores de idade. Suas filhas residem no Brasil, mas o filho se mudara para a Suíça antes mesmo do falecimento de Roger, lá residindo. Roger possuía diversos bens espalhados pelo sul do Brasil e uma propriedade no norte da Suíça. Com referência à sucessão de Roger, assinale a afirmativa correta". Resposta oficial da banca: "A capacidade do filho de Roger para sucedê-lo será regulada pela lei suíça".

QUADRO RESUMO DOS PRINCIPAIS ELEMENTOS DE CONEXÃO NO BRASIL:

Pessoa (capacidade, nome, personalidade)	➧	**Lei do domicílio**
Sucessão	➧	**Lei do domicílio do falecido**
Bens móveis que acompanham o proprietário	➧	**Lei do domicílio do proprietário**
Penhor	➧	**Lei do domicílio de quem tem a posse**

Obrigações contratuais e extracontratuais	**Lei do local onde se constituíram**
Pessoas jurídicas	**Lei do local onde se constituíram**
Bens móveis (que não acompanham) e imóveis	**Lei da situação da coisa.**
Celebração do casamento	**Local da Celebração**

Já caiu questão quanto ao elemento de conexão que rege os contratos **(FGV – Exame de Ordem – Julho/2016).**

Sobre conflito de leis no espaço **(FGV – Exame de Ordem – Julho/2016)**: "Lúcia, brasileira, casou-se com Mauro, argentino, há 10 anos, em elegante cerimônia realizada no Nordeste brasileiro. O casal vive atualmente em Buenos Aires com seus três filhos menores. Por diferenças inconciliáveis, Lúcia pretende se divorciar de Mauro, ajuizando, para tanto, a competente ação de divórcio, a fim de partilhar os bens do casal: um apartamento em Buenos Aires/Argentina e uma casa de praia em Trancoso/Bahia. Mauro não se opõe à ação. Com relação à ação de divórcio, assinale a afirmativa correta". Gabarito: "B) Caso Lúcia ingresse com a ação perante a Justiça argentina, não poderá partilhar a casa de praia".

No Exame de 2018.1, da FGV, mais uma vez ocorreu um questionamento sobre Direito Interespacial, com elemento de conexão, que pode ser respondido com as informações acima: "Paulo, brasileiro, celebra no Brasil um contrato de prestação de serviços de consultoria no Brasil a uma empresa pertencente a François, francês residente em Paris, para a realização de investimentos no mercado imobiliário brasileiro. O contrato possui uma cláusula indicando a aplicação da lei francesa. Em ação proposta por Paulo no Brasil, surge uma questão envolvendo a capacidade de François para assumir e cumprir as obrigações previstas no contrato. Com relação a essa questão, a Justiça brasileira deverá aplicar: (...) B) a lei francesa, porque François é residente da França".

No **exame 2020.1, FGV**, elaboraram a seguinte pergunta: "Em função do incremento nas atividades de transporte aéreo no Brasil, a sociedade empresária Fast Plane, sediada no país, resolveu adquirir helicópteros de última geração da pessoa jurídica holandesa Nederland Air Transport, que ficou responsável pela fabricação, montagem e envio da mercadoria. O contrato de compra e venda restou celebrado, presencialmente, nos Estados Unidos da América, restando ajustado que o cumprimento da obrigação se dará no Brasil. No momento de receber as aeronaves, contudo, a adquirente verificou que o produto enviado era diverso do apontado no instrumento contratual. Decidiu a sociedade empresária Fast Plane, então, buscar auxílio jurídico para resolver a questão, inclusive para a propositura de eventual ação, caso não haja solução consensual. Considerando-se o enunciado acima, aplicando-se a Lei de Introdução às Normas do Direito Brasileiro (Decreto-lei nº 4.657/42) e o Código de Processo Civil, assinale a afirmativa correta". Gabarito: "A autoridade judiciária brasileira tem competência concorrente para processar e julgar eventual ação a ser proposta pela Fast Plane para resolver a questão".

Já no Exame OAB **(2021.2)**, semelhantemente à questão supra, restou como gabarito correto que em "matéria de sucessão hereditária, compete exclusivamente ao Estado brasileiro, local de situação dos imóveis, proceder ao inventário e à partilha dos dois bens imóveis".

CUIDADO: em 2018 a LINDB sofreu alterações em seus artigos finais, leitura obrigatória, tudo em decorrência da **Lei 13.655, de 2018**: "Art. 20. Nas esferas administrativa, controladora e judicial, não se decidirá com base em valores jurídicos abstratos sem que sejam consideradas as consequências práticas da decisão. Parágrafo único. A motivação demonstrará a necessidade e a adequação da medida imposta ou da invalidação de ato, contrato, ajuste, processo ou norma administrativa, inclusive em face das possíveis alternativas. Art. 21. A decisão que, nas esferas administrativa, controladora ou judicial, decretar a invalidação de ato, contrato, ajuste, processo ou norma administrativa deverá indicar de modo expresso suas consequências jurídicas e administrativas. Parágrafo único. A decisão a que se refere o **caput** deste artigo deverá, quando for o caso, indicar as condições para que a regularização ocorra de modo proporcional e equânime e sem prejuízo aos interesses gerais, não se podendo impor aos sujeitos atingidos ônus ou perdas que, em função das peculiaridades do caso, sejam anormais ou excessivos. Art. 22. Na interpretação de normas sobre gestão pública, serão considerados os obstáculos e as dificuldades reais do gestor e as exigências das políticas públicas a seu cargo, sem prejuízo dos direitos dos administrados. § 1º Em decisão sobre regularidade de conduta ou validade de ato, contrato, ajuste, processo ou norma administrativa, serão consideradas as circunstâncias práticas que houverem imposto, limitado ou condicionado a ação do agente. § 2º Na aplicação de sanções, serão consideradas a natureza e a gravidade da infração cometida, os danos que dela provierem para a administração pública, as circunstâncias agravantes ou atenuantes e os antecedentes do agente. § 3º As sanções aplicadas ao agente serão levadas em conta na dosimetria das demais sanções de mesma natureza e relativas ao mesmo fato. Art. 23. A decisão administrativa, controladora ou judicial que estabelecer interpretação ou orientação nova sobre norma de conteúdo indeterminado, impondo novo dever ou novo condicionamento de direito, deverá prever regime de transição quando indispensável para que o novo dever ou condicionamento de direito seja cumprido de modo proporcional, equânime e eficiente e sem prejuízo aos interesses gerais. Parágrafo único. (VETADO). Art. 24. A revisão, nas esferas administrativa, controladora ou judicial, quanto à validade de ato, contrato, ajuste, processo ou norma administrativa cuja produção já se houver completado levará em conta as orientações gerais da época, sendo vedado que, com base em mudança posterior de orientação geral, se declarem inválidas situações plenamente constituídas. Parágrafo único. Consideram-se orientações gerais as interpretações e especificações contidas em atos públicos de caráter geral ou em jurisprudência judicial ou administrativa majoritária, e ainda as adotadas por prática administrativa reiterada e de amplo conhecimento público. Art. 25. (VETADO). Art. 26. Para eliminar irregularidade, incerteza jurídica ou situação contenciosa na aplicação do direito público, inclusive no caso de expedição de licença, a autoridade administrativa poderá, após oitiva do órgão jurídico e, quando for o caso, após realização de consulta pública, e presentes razões de relevante interesse geral, celebrar compromisso com os interessados, observada a legislação aplicável, o qual só produzirá efeitos a partir de sua publicação oficial. § 1º O compromisso referido no **caput** deste artigo: I - buscará solução jurídica proporcional, equânime, eficiente e compatível com os interesses gerais; II – (VETADO); III - não poderá conferir desoneração permanente de dever ou condicionamento de direito reconhecidos por orientação geral; IV - deverá prever com clareza as obrigações das partes, o prazo para seu cumprimento e as sanções aplicáveis em caso de descumprimento. § 2º (VETADO). Art. 27. A decisão do processo, nas esferas administrativa, controladora ou judicial, poderá impor compensação por benefícios indevidos ou prejuízos anormais ou injustos resultantes do processo ou da conduta dos envolvidos. § 1º A decisão sobre a compensação será motivada, ouvidas previamente as partes sobre seu cabimento, sua forma e, se for o caso, seu valor. § 2º Para prevenir ou regular a compensação, poderá ser celebrado compromisso processual entre os envolvidos. Art. 28. O agente público responderá pessoalmente por suas decisões ou opiniões técnicas em caso de dolo ou erro grosseiro. § 1º (VETADO). § 2º (VETADO). § 3º (VETADO). Art. 29. Em qualquer órgão ou Poder, a edição de atos normativos por autoridade administrativa, salvo os de mera organização interna, poderá ser precedida de consulta pública para manifestação de interessados, preferencialmente por meio eletrônico, a qual será considerada na decisão. Art. 30. As autoridades públicas devem atuar para aumentar a segurança jurídica na aplicação das normas, inclusive por meio de regulamentos, súmulas administrativas e respostas a consultas. Parágrafo único. Os instrumentos previstos no **caput** deste artigo terão caráter vinculante em relação ao órgão ou entidade a que se destinam, até ulterior revisão".

Pontos importantes da **Lei 13.655, de 2018:**

- Os gestores, os controladores e os juízes **devem evitar valores jurídicos abstratos (alto grau de indeterminação e** abstração), levando-se em conta as consequências práticas da decisão **(ARGUMENTO METAJURÍDICO);** devem ser apontadas na decisão o maior número de consequências;

- DEVER DE MOTIVAÇÃO CONCRETA + RESPONSABILIDADE DECISÓRIA. Conectado com o art. 489 do CPC e art. 93, IX, da CF;

- CONSEQUÊNCIAS para o caso concreto e para a SOCIEDADE (EXTERNALIDADES e TEORIA DOS CUSTOS SOCIAIS) = análise econômica do direito!

- **EXEMPLO DE DECISÃO JUDICIAL RECENTE QUE ATENDEU ÀS CONSEQUÊNCIAS PRÁTICAS**, a decisão monocrática do Ministro Fux quanto ao Juiz das Garantias, ADIN 6299, considerando inconstitucional vários pontos, até confirmação em plenário, por consequências orçamentárias. Decisão: "Outrossim, a criação do juiz das garantias viola o Novo Regime Fiscal da União, instituído pela Emenda Constitucional n. 95/2016. O artigo 113 do Ato das Disposições Constitucionais Transitórias, acrescentado por essa emenda constitucional, determina que "[a] proposição legislativa que crie ou altere despesa obrigatória ou renúncia de receita **deverá ser acompanhada**

da estimativa do seu impacto orçamentário e financeiro; e

- **ART. 28/LINDB**, conforme jurisprudência anterior do STF, MS 24.631. O agente público somente poderá ser responsabilizado por suas decisões ou opiniões técnicas se agir ou se omitir com dolo, direto ou eventual, ou cometer erro grosseiro (manifesto, evidente e inescusável; é a culpa grave), no desempenho de suas funções, devidamente comprovado em processo administrativo. Não basta só o nexo causal, tem que ter os elementos subjetivos comprovados: dolo ou erro grosseiro. Atualmente, esse dolo e esse erro grosseiro são os requisitos para o exercício do direito de regresso contra o agente público, conforme § 6º do art. 37 da CF, respeitados os princípios constitucionais da proporcionalidade e da razoabilidade.

CUIDADO: Os artigos 20 a 30 da LINDB possuem regulamento próprio, em razão da relevância.: o Decreto 9.830, de 10 de junho de 2019! Trata-se de influência do consequencialismo jurídico e da análise econômica do direito.

2. HISTÓRIA DO DIREITO INTERNACIONAL

Para os exames da OAB, e concursos em geral, é importante conhecer alguns marcos históricos importantes para a formação do DIPu. São eles:

A Paz de Westfália (ou Vestfália): assinada em 1648 com o objetivo de encerrar a Guerra dos 30 anos, que envolvia facções religiosas. Com a assinatura deste documento uma nova ordem é estabelecida, surgindo assim o conceito de territorialidade que hoje se tem conhecimento. O monopólio da Igreja é substituído pelo uso exclusivo da força legítima somente pelo Estado, este Estado-nação ganha espaço e emerge a noção de soberania. A lógica é a do Estado pelo Estado. O poder passa a se concentrar nas mãos do monarca e não mais nas da Igreja. A nova ordem internacional, pós 1648, **é composta por quatro elementos: soberania, territorialidade, autonomia e legalidade**;

B Conferência de Bretton Woods: realizada em 1944, no ocaso da Segunda Guerra Mundial, é considerada também um marco importante para a história no século XX. O sistema Bretton Woods foi definido em julho de 1944, com o objetivo de estabelecer sistema de gerenciamento econômico internacional com regras para as relações comerciais e financeiras entre os países mais industrializados do mundo. Tal sistema foi o primeiro exemplo de uma ordem monetária totalmente negociada, tendo como objetivo governar as relações monetárias entre Estados independentes. Nessa ocasião, estabeleceu-se o Banco Internacional para a Reconstrução e Desenvolvimento (BIRD), mais tarde Banco Mundial, e o Fundo Monetário Internacional (FMI). É de se reconhecer que no período pós-guerra, o mundo sentiu o abalo causado nas relações comerciais internacionais e as potências mundiais decidiram se reunir para formarem organismos que poderiam regularizar a situação. Para tanto eles se reúnem em Bretton Woods, nos EUA, em 1944, e formam, além do FMI e do BIRD, o GATT (Acordo Geral sobre Comércio e Tarifas), que só seria assinado de fato em 1947, durante a Rodada de Genebra; e

C Fim da Segunda Guerra Mundial: de 1648 a 1945 vigorou a ordem westfaliana, conforme antes exposto, a qual se fundamentava na lógica do Estado pelo Estado. Com o término da Segunda Guerra Mundial essa dinâmica começou a mudar, após 1945, com a criação da Organização das Nações Unidas (ONU), no mesmo ano, com a adoção da Declaração Universal dos Direitos Humanos (1948), com a instituição de muitas outras organizações internacionais e com a maior importância dada aos indivíduos pelo Direito Internacional, a lógica da sociedade internacional foi redefinida, passou a ser a do Estado pelo indivíduo. Ou seja, não mais o Estado ocupava o posto de exclusivo sujeito, mas sim outros personagens começaram a ganhar espaço, como as organizações internacionais e os próprios particulares.

? **QUESTÃO:** É possível afirmar que a sociedade internacional atual tem um Poder Executivo próprio, superior aos Estados e de âmbito planetário? Seria esse a ONU?

➡ ***RESPOSTA:*** *Não. A sociedade internacional, embora com uma lógica moderna, constituída após 1945, em que surgiram novas fontes e outros sujeitos, ainda depende muito do entendimento horizontal, diga-se: há um vínculo de suportabilidade que depende da coordenação entre os Estados. Não há ainda autoridade suprema ou superior, não há subordinação, mas sim coordenação. A ONU e muitas outras organizações internacionais têm um papel fundamental para o entendimento entre os países (soluções pacíficas de controvérsias internacionais), haja vista que desenvolveram o multilateralismo. Todavia, essas organizações, em regra, não ocupam posição de superioridade quanto aos entes estatais.*

MUITA ATENÇÃO! Somente o bloco regional União Europeia, que será estudado no capítulo específico sobre Direito Comunitário, é uma organização situada acima dos Estados, i.e., supranacional.

3. FUNDAMENTO DO DIREITO INTERNACIONAL

Qual a obrigatoriedade das normas internacionais? Por que suas fontes devem ser acatadas pelos Estados? Com esses questionamentos tenta-se descobrir qual o fundamento do Direito Internacional. Para tanto, há três correntes que visam responder a essas questões:

A **Voluntarista ou subjetivista:** decorre da exclusiva vontade dos Estados. O DIPu é obrigatório simplesmente porque estes assim desejam. Vontade coletiva. Tese fortemente criticada em razão de sua instabilidade, deixando ao bel prazer dos entes estatais a obrigatoriedade do Direito das Gentes;

B **Objetivista:** o oposto da primeira. A obrigatoriedade advém da existência de princípios e normas superiores, minimizando, assim, a vontade exarada pelos Estados. Direito Natural. A sua principal característica (desconsideração da vontade) é também o principal argumento para sua crítica; e

C ***Pacta sunt servanda*:** esta terceira corrente é a mais aceita nos dias atuais. O DIPu se fundamenta em princípios e normas superiores, mas sem, contudo, desconsiderar a vontade estatal, eis a razão de também ser conhecida como teoria objetivista temperada. Prevista na Convenção de Viena sobre o Direito dos Tratados, de 1969, em seu art. 26. **Os tratados ratificados devem ser cumpridos!**

Vide interessante questão sobre a Convenção de Viena, de 1969, prova FGV, OAB 2018.3: "Em 14 de dezembro de 2009, o Brasil promulgou a Convenção de Viena sobre o Direito dos Tratados de 1969, por meio do Decreto nº 7.030. A Convenção codificou as principais regras a respeito da conclusão, entrada em vigor, interpretação e extinção de tratados internacionais. Tendo por base os dispositivos da Convenção, assinale a afirmativa correta". Gabarito correto: "Um Estado não poderá invocar o seu direito interno para justificar o descumprimento de obrigações assumidas em um tratado internacional devidamente internalizado".

MUITA ATENÇÃO!

Em razão de vigorar uma relação de coordenação entre os Estados, é comum haver desentendimentos de diferentes espécies, ou seja, controvérsias internacionais, as quais, em alguns casos, podem gerar conflitos armados. Contudo, o uso da força, conforme Carta da ONU, de 1945, é um ilícito internacional, podendo ser recurso legítimo somente em duas situações excepcionais: na hipótese de legítima defesa ou quando expressamente autorizado mediante resolução do Conselho de Segurança das Nações Unidas. Como o uso da força é antijurídico, os Estados devem primar sempre pela adoção de meios pacíficos para solucionar as controvérsias, daí surge a importância dos atuais tribunais internacionais, como a Corte Internacional de Justiça. Esses são meios judiciais pacíficos para a solução dos litígios, haja vista que suas sentenças vinculam e devem ser acatadas, só que suas jurisdições precisam ser previamente aceitas por quem os provoca (trata-se da cláusula facultativa de jurisdição obrigatória).

? **QUESTÃO:** A Corte Internacional de Justiça julga somente Estados?

➡ ***RESPOSTA:*** *Sim. Trata-se do principal órgão judicial das Nações Unidas, sediada em Haia, na Holanda, com competência consultiva e contenciosa. No exercício desta última, somente Estados podem litigar. Não é acessível aos indivíduos.*

Conforme Exame de Ordem 2019.1, disputas "sobre parcelas de territórios entre países da América Latina. O Brasil e o Uruguai, por exemplo, possuem uma disputa em torno da chamada 'ilha brasileira', na foz do Rio Uruguai. Na hipótese de o Uruguai vir a reivindicar formalmente esse território, questionando a divisa estabelecida no tratado internacional de 1851, assinale a opção que indica o tribunal internacional ao qual ele deveria endereçar o pleito". Gabarito oficial, "b": "Corte Internacional de Justiça".

? **QUESTÃO:** O Tribunal Penal Internacional julga somente Estados?

➡ ***RESPOSTA:*** *Não. O TPI é um tribunal penal internacional com jurisdição permanente, que julga somente pessoas naturais que cometeram crimes internacionais com certa gravidade. Não tem competência para julgar pessoas jurídicas (Estados ou empresas). Consagra a responsabilidade penal internacional dos indivíduos. Também está sediado em Haia, na Holanda, mas, como visto, não se confunde com a Corte acima citada.*

CAPÍTULO II

FONTES DO DIREITO INTERNACIONAL

1. ROL DAS FONTES DO DIREITO INTERNACIONAL

Conforme art. 38 do Estatuto da Corte Internacional de Justiça (CIJ), de 1920, são fontes do Direito Internacional: as convenções internacionais, os costumes internacionais e os princípios gerais do Direito. A doutrina e a jurisprudência são meios auxiliares, não constituindo fontes no sentido técnico.

A **Características do art. 38:** O art. 38 do Estatuto da CIJ: "1. A Corte, cuja função seja decidir conforme o direito internacional as controvérsias que sejam submetidas, deverá aplicar: 2. as convenções internacionais, sejam gerais ou particulares, que estabeleçam regras expressamente reconhecidas pelos Estados litigantes; 3. o costume internacional como prova de uma prática geralmente aceita como direito; 4. os princípios gerais do direito reconhecidos pelas nações civilizadas; 5. as decisões judiciais e as doutrinas dos publicitários de maior competência das diversas nações, como meio auxiliar (...) 6. A presente disposição não restringe a faculdade da Corte para decidir um litígio *ex aequo et bono*, se convier às partes". Trata-se de **rol exemplificativo**, não é cerrado e nem fechado, haja vista que há outras fontes. E, em regra, não há hierarquia, ou seja, o art. 38 **não traz uma ordem sucessória ou hierárquica** (costume derroga tratado, bem como tratado derroga costume).

2. FONTES EM ESPÉCIE

A **Convenções internacionais:** a principal e mais concreta fonte, com forte carga de segurança jurídica. Sem denominação específica, eis a razão de poderem ser denominadas como tratados, convenções, acordos, pactos etc. São elaborados de forma democrática, com a participação de todos os Estados, disciplinam matérias variadas e dão maior segurança, pois exigem a forma escrita;

B **Costumes internacionais:** segunda grande fonte. Há uma atual tendência de codificação das normas internacionais. Foi a primeira a aparecer, é, nesta linha, fonte-base anterior a todo Direito das Gentes. Para que um determinado comportamento omissivo ou comissivo configure costume internacional, fonte no sentido técnico, deve cumular dois elementos, quais sejam: 1 – o material ou objetivo ("prova de uma prática geral"); e 2 – o psicológico, subjetivo ou espiritual ("aceita como sendo o direito"), a *opinio juris*. Caso configure regra aceita como sendo o direito, é uma fonte jurídica, se descumprida, é passível de sanção internacional. Trata-se de prática constante, geral, uniforme e vinculativa. **REGRA:** Quem alega um costume tem o ônus de prová-lo; e

C **Princípios gerais do Direito:** apesar de difícil identificação são fontes autônomas. A própria *pacta sunt servanda*, a boa-fé e outras são exemplos. O Direito Moderno passa a depender cada vez mais dos princípios. São modernamente classificados como fontes secundárias do Direito das Gentes. O fato de estarem previstos em tratados não tira sua característica de princípios.

2.1 Novas fontes

Com exceção da equidade, não estão previstas no art. 38 do Estatuto da CIJ.

A **Analogia e equidade:** são soluções eficientes para enfrentar o problema da falta de norma. Podem ser colocadas como formas de complementação do sistema jurídico. **Analogia:** é a aplicação a determinada situação de fato de uma norma jurídica feita para ser aplicada a um caso parecido ou semelhante. **Equidade:** ocorre nos casos em que a norma não existe ou nos casos em que ela existe, mas não é eficaz para solucionar coerentemente o caso *sub judice*. ***OBS.: Art. 38, § 2º, da CIJ*** – a aplicação da equidade (*ex aequo et bono*) pela CIJ depende de anuência expressa dos Estados envolvidos em um litígio;

B **Atos unilaterais dos Estados:** consistem em manifestação de vontade unilateral e inequívoca, formuladas com a intenção de produzir efeitos jurídicos, com o conhecimento expresso dos demais integrantes da sociedade internacional;

C **Decisões das organizações internacionais (OI):** atos emanados das OI na sua condição de sujeitos de direito internacional, na qualidade de pessoa jurídica, ou seja, seus atos precisam ser internacionais, não meramente internos. Decisões unilaterais *externa corporis*;

D **"Jus cogens":** é norma rígida, o oposto de *soft law*. Ainda não está pacífico a sua condição de fontes. Estão previstas na Convenção de Viena sobre Direito dos Tratados, de 1969, em seus arts. 53 e 64. São imperativas e inderrogáveis, opondo-se ao *jus dispositivm*. **Ainda que não haja hierarquia entre as fontes até aqui estudadas, há que se reconhecer que *jus cogens* é a exceção, estando acima de todas as outras.** Versam normalmente sobre matérias atinentes à proteção dos direitos humanos, como a própria Declaração Universal de 1948;

E **"Soft law":** direito flexível ou direito plástico, oposto de *jus cogens*. Para alguns, ainda é cedo para considerá-lo fonte. Surgiu no século XX com o Direito Internacional do Meio Ambiente. Preveem um programa de ação para os Estados relativamente à determinada conduta em matéria ambiental.

MUITA ATENÇÃO!

Em provas da OAB a maioria das questões quanto a fontes versa sobre tratados internacionais, sua classificação e, principalmente, o processo de celebração previsto no Brasil. E mais, com as novas decisões do STF sobre o assunto, o *status* em nosso ordenamento dos tratados de direitos humanos também merece atenção do estudante.

DICA IMPORTANTE

Importante a leitura atenta do art. 38 do Estatuto da CIJ e da CF (arts. 4º, 5º, § 3º, 49, I, e 84).

? **QUESTÃO:** As decisões dos tribunais nacionais podem ser consideradas fontes do DI?

➥ ***RESPOSTA:*** *Não. Como já cobrado em prova da OAB, a jurisprudência nacional não é inserida no rol de fontes do Direito Internacional, ela tem alcance apenas interno, não emanando, como se vê, de uma corte internacional. Sem contar que, conforme já ressaltado, a jurisprudência, mesmo que internacional, não é fonte no sentido técnico.*

DIREITO INTERNACIONAL

CAPÍTULO III

TRATADOS INTERNACIONAIS

1. DIREITO DOS TRATADOS

O Direito dos Tratados tem como principal marco normativo a Convenção de Viena sobre Direito dos Tratados, de 1969, com vigência internacional desde 27 de janeiro de 1980 (*entered into force*). Este documento somente em dezembro de 2009 passou a ter força de norma escrita formal no Brasil. Antes ainda assim era aplicada, só que como costume internacional. Brasil: **Decreto Legislativo 496, de 17 de julho de 2009, e Decreto 7.030, de 14 de dezembro de 2009 (promulgação pelo Presidente). A Convenção de 1969 foi adotada com reservas/salvaguardas, referentes ao art. 25 (aplicação provisória) e ao art. 66 (solução judicial, arbitragem e conciliação).**

> **DICA IMPORTANTE** Conforme inúmeras questões sobre o tema, exemplo das provas OAB de maio de 2009 e de agosto de 2007, a leitura atenta da Convenção de Viena de 1969 será o suficiente para acertar muitas perguntas.

2. TRATADOS INTERNACIONAIS

2.1 Conceito: Conforme art. 2º, 1, *a*, da Convenção de Viena, de 1969, tratado é: um acordo internacional; concluído por escrito; celebrado pelos Estados; regido pelo Direito Internacional; quer conste de um instrumento único, quer de dois ou mais instrumentos conexos; e sem denominação específica. OBS.: as organizações internacionais também podem celebrá-los, de acordo com outra Convenção de Viena, agora de 1986. OBS.: são fontes que devem ser cumpridas, porque "uma parte não pode invocar disposições de seu direito interno para justificar o descumprimento de um tratado" (art. 27 da Convenção de 1969);

2.2 Denominações: Percebe-se que esse tipo de documento **não possui uma denominação específica**, a ele podendo ser atribuído qualquer título, como convenção ou tratado (mais usuais). No entanto, é comum os celebrantes utilizarem algumas **denominações para certas matérias**: **convenção** – costuma ser multilateral, dela participando um número considerável de países, e dispõe sobre temas complexos e de interesse geral; **acordo** – usualmente bilateral ou plurilateral, podendo também ser multilateral, trata-se de um termo genérico dado aos tratados internacionais; **protocolo** – apresenta-se como um acessório a um tratado principal; **memorando de entendimento** – designa documentos sobre temas técnicos ou específicos; **carta ou constituição** – atine aos tratados constitutivos das organizações internacionais; e **tratado** – são atos solenes que versam sobre assuntos de interesse global ou regionais; Em verdade, a prática internacional aplica inúmeras terminologias, as quais citaremos ainda que exemplificativamente: TRATADO: CONVENÇÃO: PACTO: ACORDO: ACORDO POR TROCA DE NOTAS: ACORDO EM FORMA SIMPLIFICADA OU ACORDO EXECUTIVO (*EXECUTIVE AGREEMENTS*): *GENTLEMEN'S AGREEMENT* ou ACORDO DE CAVALHEIROS; CARTA; PROTOCOLO; ATA ou ATO; DECLARAÇÃO; *MODUS VIVENDI*; ARRANJO; CONCORDATA; REVERSAIS ou NOTAS REVERSAIS; AJUSTE ou ACORDO COMPLEMENTAR; CONVÊNIO; COMPROMISSO; ESTATUTO; REGULAMENTO; CÓDIGO; CONSTITUIÇÃO; e CONTRATO.

> **MUITA ATENÇÃO!** Em regra, não há denominação específica, com uma exceção, são as **concordatas,** espécies de tratados celebrados entre Estados e o Vaticano, a exemplo da concordata de Bolonha. Neste caso, a única denominação a ser aceita é a concordata.

? QUESTÃO: As concordatas são aceitas no Brasil?

➥ ***RESPOSTA:*** *Não. Elas devem ser consideradas inconstitucionais "ante a separação entre a Igreja e o Estado. Por dispensarem aos cidadãos católicos um tratamento especial e mais vantajoso em relação aos demais membros da Sociedade (não católicos), violam as concordatas os princípios constitucionais da liberdade de consciência e de crença" (Mazzuoli, 2008, pp. 371-372). Todavia, atente-se: DECRETO Nº 7.107, DE 11 DE FEVEREIRO DE 2010 – Promulga o Acordo entre o Governo da República Federativa do Brasil e a Santa Sé relativo ao Estatuto Jurídico da Igreja Católica no Brasil, firmado na Cidade do Vaticano, em 13 de novembro de 2008.*

A Validade: Um **tratado deve ostentar condições de validade**, as quais, semelhantemente aos contratos, são: capacidade das partes celebrantes; habilitação dos agentes signatários; consentimento mútuo; formalidade; e objeto lícito e possível;

B Classificação: b.1) quanto ao número de partes: podem ser bilaterais (duas partes), plurilaterais (mais de duas) e multilaterais (grande número de partes); **b.2)**

quanto à natureza do objeto: tratado normativo ou tratado-lei (produzem norma de conduta) e contratuais ou tratados-contrato (resultam num negócio jurídico); e **b.3)** quanto ao procedimento: tratados em sentido estrito (apresentam mais de uma fase entre a assinatura e a ratificação) e acordos em forma simplificada (têm apenas uma fase, a assinatura já o torna obrigatório); e

C **Extinguem-se: c.1)** por vontade das partes ou ab-rogação: exige, em princípio, a vontade comum de todas os Estados celebrantes; **c.2)** em razão de tratado superveniente sobre o mesmo assunto e que reúna todas as partes do tratado anterior; **c.3)** superveniência de norma imperativa de direito internacional geral (*jus cogens*), conforme art. 64 da Convenção de Viena de 1969; e **c.4)** por vontade unilateral ou denúncia.

3. PROCESSO DE CELEBRAÇÃO

A Cada Estado soberano estabelece suas normas internas para a celebração. No Brasil, conforme já se manifestou o STF (CR 8279 AgR/AT, de 1998), não foram adotados os institutos da aplicabilidade imediata e do efeito direito quanto aos tratados internacionais, sendo assim, há que haver manifestação e atuação dos Poderes Legislativo e Executivo (art. 2º da CF) para que um tratado produza efeitos em âmbito interno; e

B **Há quatro fases solenes**, fundamentadas constitucionalmente nos seguintes artigos da Carta Magna: "Art. 21. Compete à União: **I** – manter relações com Estados estrangeiros e participar de organizações internacionais; (...) Art. 49. É da competência exclusiva do Congresso Nacional: **I** – resolver definitivamente sobre tratados, acordos ou atos internacionais que acarretem encargos ou compromissos gravosos ao patrimônio nacional; (...) Art. 84. Compete privativamente ao Presidente da República: (...) **VII** – manter relações com Estados estrangeiros e acreditar seus representantes diplomáticos; **VIII** – celebrar tratados, convenções e atos internacionais, sujeitos a referendo do Congresso Nacional; (...)".

Primeira fase (externa): negociações preliminares e assinatura	Há a constituição de conferências *ad hoc* e de comissões especiais para a fluência das negociações preliminares. Aqui atuam profissionais especializados (*experts*);
	Após as negociações, os participantes adotarão o texto resultado dos debates;
	Após a negociação e a adoção, surge a assinatura, que tem a função de autenticar o tratado;
	Em regra, os Estados não se vinculam ao documento internacional a partir da assinatura, mas sim da ratificação;
	Já há a possibilidade de se apresentarem **reservas (uma declaração unilateral feita por um Estado ao assinar, ratificar, aceitar ou aprovar um tratado, ou a ele aderir, com o objetivo de excluir ou modificar o efeito jurídico de certas disposições)**; e
	Quem pode negociar e assinar? O Presidente da República (competência originária), o Ministro das Relações Exteriores (MRE) e os embaixadores (os dois com competência derivada). Já as demais autoridades devem possuir uma Carta de Plenos Poderes, documento firmado pelo Presidente da República e referendado pelo (MRE). Conforme art. 7º da Convenção de Viena de 1969, a adoção ou autenticação de texto de tratado, bem como a expressão de consentimento em obrigar-se pelo mesmo, deve ser efetuada por pessoa detentora de plenos poderes (plenipotenciário).
Segunda fase (interna): manifestação do congresso nacional	**A submissão ao Congresso é ato discricionário** (salvo nas convenções da Organização Internacional do Trabalho, em que é vinculado). Mas se o Presidente pretender ratificar, na próxima fase, necessitará da prévia anuência do Parlamento;
	Em tese, todos os tratados devem ser referendados, em razão de leitura conjunta do art. 49, I, e do art. 84, VIII, ambos da CF. Contudo, conforme a prática brasileira, **os acordos em forma simplificada ou acordos executivos são celebrados sem intervenção do Legislativo;**
	O documento deverá ser referendado pela Câmara dos Deputados e depois pelo Senado Federal, **aprovado, expede-se decreto legislativo;**
	Nesta fase o Parlamento brasileiro irá aprovar ou rejeitar o tratado. **Caso o rejeite, sua decisão é definitiva, o processo de celebração se encerra aqui;**
	O Congresso limita-se à aprovação ou à rejeição, não podendo alterar seu conteúdo com a apresentação de emendas (entendimento majoritário);
	Manifesta-se mediante decreto legislativo, com *quorum* da maioria simples. No entanto, sendo **tratado sobre direitos humanos pode aprovar com requisitos das emendas constitucionais**, hipótese em que o tratado será equivalente a estas (§ 3º do art. 5º da CF); e
	Não há que ser falar em ratificação pelo Congresso, o único que ratifica é o Presidente.
Terceira fase (externa): ratificação	A ratificação é o processo pelo qual os atos são postos em vigor internacionalmente;

	O Brasil assume perante a sociedade internacional um compromisso;
Terceira fase (externa): ratificação	Trata-se de consentimento expresso e definitivo do Estado, confirmando a assinatura;
	A ratificação pode ser operacionalizada por meio de troca de notas ou por meio de troca de instrumentos de ratificação, o que se faz com solenidade, mediante a lavratura de Ata;
	Depois de ratificado, **para se desvincular de um tratado somente mediante denúncia** (feita unilateralmente apenas pelo Presidente da República);
	O instituto da ratificação não se confunde com o da adesão. Este último ocorre quando o Brasil pretende se obrigar perante um tratado em que não participou das negociações;
	A ratificação é um ato administrativo externo, expresso, político, circunstancial, irretroativo, irretratável, sem prazo e discricionário; e
	Quem ratifica? **Competência exclusiva do Chefe de Estado, Presidente da República.**
Quarta fase (interna): promulgação e publicação	Trata-se de uma fase complementar, **sem previsão na Convenção de Viena e na CF;**
	Esta quarta fase é muito criticada, especialmente em relação aos **tratados sobre direitos humanos, para os quais bastam as três primeiras fases para que emanem efeitos interna e externamente;**
	O **STF ainda exige promulgação e publicação**: "(...) O iter procedimental de incorporação dos tratados (...) conclui-se com a expedição, pelo Presidente da República, de decreto (...) três efeitos básicos que lhe são inerentes: (a) a promulgação (...); (b) a publicação (...); e (c) a executoriedade (...) vincular e a obrigar no plano (...) interno (...)" (ADI 1480 MC / DF, Rel. Min. Celso de Mello, STF, j. 04/09/1997);
	Publicação no Diário Oficial da União; e
	O tratado é **obrigatório a partir da RATIFICAÇÃO**, é **executório a partir da PROMULGAÇÃO** e é **aplicável a partir da PUBLICAÇÃO.**

DICA IMPORTANTE

O Brasil, após celebrar tratados com base nas quatro fases solenes acima especificadas, nos termos do art. 102 da Carta da ONU, deverá encaminhá-los à missão brasileira nas Nações Unidas, com o fim de serem registrados junto ao Secretariado. **A falta do registro impede que seja invocado contra órgãos da ONU.**

4. POSIÇÃO/VALOR DOS TRATADOS SOBRE DIREITOS HUMANOS

A **STF:** O posicionamento do Supremo, desde os anos setenta (RE 80.004 de 1977), sempre foi no sentido de aceitar a paridade hierárquica entre tratados e legislação ordinária. Sendo assim, qualquer conflito entre ambos seria solucionado pelos critérios da especialidade e cronológico. **Para os defensores do monismo no Brasil, estaria o STF consagrando o monismo moderado (tratado=lei).**

Ocorre que atualmente para responder à pergunta sobre a posição dos tratados no ordenamento brasileiro deve haver distinção entre tratados comuns (não versam sobre direitos humanos) e tratados sobre direito humanos.

Quanto aos tratados comuns a posição do STF ainda é a mesma, ou seja, eles têm o mesmo valor de uma lei. A novidade atine aos acordos sobre direitos humanos. Toda mudança jurisprudencial começou com a discussão acerca da possibilidade ou não de prisão civil do depositário infiel. Hoje esse questionamento encontra-se respondido pela Súmula Vinculante 25 do STF: **"É ilícita a prisão civil de depositário infiel, qualquer que seja a modalidade do depósito"** (ESTA SÚMULA VINCULANTE FOI CITADA EM ENUNCIADO DE EXAME DA OAB, **FGV – 2014.1**). Por oportuno, relembro a Súmula 419, de 2010, do STJ, que estipula: "**Descabe a prisão civil do depositário judicial infiel**".

Aludida súmula não permite a prisão de depositário de qualquer modalidade, independentemente de ser contratual ou judicial.

O primeiro precedente do Supremo que fomentou a edição da súmula foi o RE 466.343, de 2005 (com decisão publicada em 12/12/2008);

B **Recurso Extraordinário 466.343:** Teve como Relator o Ministro Cesar Peluso, foi negado provimento e foi acatada a tese da supralegalidade dos tratados sobre direitos humanos. Ademais, a prisão civil do depositário infiel foi considerada incompatível com o Pacto de San Jose da Costa Rica. Desta histórica decisão muitos outros julgados surgiram, basta leitura dos Informativos 471, 477, 498 e 531, todos do STF; Vide decisão interessante do STF, conforme Informativo nº 942, de maio de 2019: "A Segunda Turma, diante de empate na votação, concedeu a ordem de habeas corpus para convolar a compulsoriedade de comparecimento em facultatividade e deixar a cargo do paciente a decisão de comparecer, ou não, à Câmara dos Deputados, perante comissão parlamentar de inquérito (CPI), para ser ouvido na condição de investigado. Além disso, a Turma assegurou ao paciente, caso queira comparecer ao ato: a) o direito ao silêncio, ou seja, a não responder perguntas a ele direcionadas; b) o direito à assistência por advogado durante o ato; c) o direito de não ser submetido ao compromisso de dizer a verdade ou de subscrever termos com esse conteúdo; e d) o direito de não sofrer constrangimentos físicos ou morais decorrentes do exercício dos direitos anteriores. No caso, o paciente foi convocado para comparecer à Câmara dos Deputados, perante CPI que está investigando as causas do rompimento de barragem da empresa de mineração da qual foi presidente. O colegiado rememorou que o Supremo Tribunal Federal (STF) tem entendido que, tal como ocorre em depoimentos prestados perante órgãos do Poder Judiciário, é assegurado o direito de o investigado não se incriminar perante CPI (HC 79.812). O direito ao silêncio, que assegura a não produção de prova contra si mesmo, constitui pedra angular do sistema de proteção dos direitos individuais e materializa uma das expressões do princípio da dignidade da pessoa humana. Esse princípio proíbe a utilização ou a transformação do homem em objeto dos processos e ações estatais. O Estado está vinculado ao dever de respeito e proteção do indivíduo contra exposição a ofensas ou humilhações. O direito à não autoincriminação tem fundamento mais amplo do que o expressamente previsto no art. 5º, LXIII, da Constituição Federal. Em verdade, ele é derivado da união de diversos enunciados constitucionais, entre os quais os dos arts. 1º, III (dignidade humana), e 5º, LIV (devido processo legal), LV (ampla defesa) e LVII (presunção de inocência). Ademais, o direito ao silêncio foi consagrado em **tratados internacionais** de direitos humanos dos quais o Brasil é signatário, que enunciam o direito do acusado de não depor contra si mesmo (Pacto **Internacional** sobre Direitos Civis e Políticos, art. 14, 3, g, em execução por força do Decreto 592/1992; e Pacto de São José da Costa Rica, art. 8.2, g, em execução por força do Decreto 678/1992). O ministro Gilmar Mendes (relator) entendeu que, por sua qualidade de investigado, o paciente não pode ser convocado a comparecimento compulsório, menos ainda sob ameaça de responsabilização penal, no que foi acompanhado pelo ministro Celso de Mello. Para o relator, se o paciente não é obrigado a falar, não faz qualquer sentido que seja obrigado a comparecer ao ato, a menos que a finalidade seja de registrar as perguntas que, de antemão, todos já sabem que não serão respondidas, apenas como instrumento de constrangimento e intimidação. O ministro Celso de Mello acompanhou o relator. Os ministros Edson Fachin e Cármen Lúcia deferiram o habeas corpus em menor extensão, pois tão somente não convolaram a compulsoriedade do comparecimento em faculdade. Desse modo, mantiveram a necessidade de comparecimento do paciente à CPI. HC 171438/DF, rel. Min. Gilmar Mendes, julgamento 28.5.2019. (HC-171438)".

DIREITO INTERNACIONAL

C MEMORIZANDO A POSIÇÃO DOS TRATADOS SOBRE DIREITOS HUMANOS:

1. Supra-constitucional	Os tratados sobre direitos humanos estariam acima da Constituição. Esta tese tem poucos adeptos (Ex.: Celso D. Albuquerque Mello) e não vingou no Brasil;
2. Força de Norma Constitucional	Esta foi a tese defendida pelo Ministro Celso de Mello durante o julgamento do RE 466.343, no STF. Levando em conta o texto do § 3º do art. 5º da CF, as convenções sobre direitos humanos "que forem aprovadas, em cada casa do Congresso Nacional, em dois turnos, por três quintos dos votos dos respectivos membros, serão equivalentes às emendas". **Esta é a posição mais avançada que pode alcançar no Brasil;**
3. Supralegal	Acima da lei e abaixo da Constituição. Eis a tese da supralegalidade vencedora do Ministro Gilmar Mendes no julgamento do RE 466.343. **Se não aprovado com os requisitos das emendas, atribui-se valor supralegal, como ocorreu com o Pacto de São José da Costa Rica;**
4. Força de Lei Ordinária	Somente os tratados comuns **(tese da paridade).**

FIQUE POR DENTRO:

"DENÚNCIA DOS TRATADOS DE DIREITOS HUMANOS"

Conforme entendimento moderno, os tratados que versam sobre direitos humanos não são passíveis de denúncia. Isto resta claro quando aprovados com requisitos de emendas constitucionais, haja vista que ingressam nos sentidos material e formal. Os direitos enunciados nas convenções ficam resguardados como cláusula pétrea (art. 60, § 4º, inciso IV, da CF). Não se pode aceitar que um ato unilateral – a denúncia – possa desfazer documento escrito celebrado com a participação de dois Poderes. Denúncia de tratado equivalente às emendas pode gerar responsabilização do Presidente (crime de responsabilidade).

CAPÍTULO IV

SUJEITOS DO DIREITO INTERNACIONAL E RESPONSABILIDADE

1. NOÇÕES

Sujeitos são aqueles seres ou organismos cuja conduta é regulada pelo Direito Internacional Público. São os destinatários das normas internacionais. Ostentam **personalidade jurídica internacional**, são, por isso, titulares de direitos e obrigações. A **capacidade** para atuarem depende do anterior reconhecimento da personalidade.

2. QUEM SÃO OS SUJEITOS?

2.1 Os Estados: são os sujeitos clássicos e tradicionais, com capacidade originária e com amplos poderes de atuação. Para satisfazer a condição de Estado **há a necessidade de elementos integrantes ou constitutivos**, quais sejam: *território fixo e determinado* (elemento objetivo espacial); *povo* (elemento objetivo pessoal ou humano – *civitas perfecta*); *governo soberano* (elemento objetivo político) no plano externo (independente) e no interno (autônomo); e *finalidades* (elemento social). OBS.: *o fato de ingressar (ou não) como membro da ONU não é requisito para qualificá-lo como sujeito.* E mais, **o ato de reconhecimento pelos demais integrantes da sociedade internacional** também não é requisito, mas sim se apresenta como ato posterior que permite ao Estado manter relações internacionais;

2.1.1 Responsabilidade internacional: matéria importante para o Direito Internacional e para os Direitos Humanos. A responsabilidade (dos sujeitos, em especial dos Estados) é mecanismo garantidor da *legalidade internacional.* Esse instituto tem como principal objetivo assegurar o cumprimento das normas internacionais. A atribuição de responsabilidade *demanda o prévio reconhecimento da personalidade.*

A responsabilização dos **Estados** é instituto *consuetudinário*, tendo em vista ser regulada, em regra, pelo costume internacional (OBS.: a Assembleia-Geral da ONU adotou dois projetos (*drafts*) sobre o tema, de caráter doutrinário, ambos elaborados pela Comissão de Direito Internacional. Em 2001, foram os artigos sobre *Responsabilidade de Estados por Atos Internacionalmente Ilícitos*. E, em 2005, sobre *Responsabilidade Internacional das Organizações Internacionais*).

2.1.1.1 Classificação: a responsabilidade internacional pode se originar de uma ação (comissional) ou de uma omissão (omissional). Ela pode também ser classificada em **convencional** (violação de tratado) ou **delituosa** (violação de costume internacional). A responsabilidade ainda pode ser classificada em **direta (ou principal)** e **indireta (ou subsidiária)**. Os atos praticados pelos órgãos do Estado de qualquer natureza ou nível – Legislativo, Executivo e Judiciário – podem acarretar responsabilização (inclusive atos *ultra vires,* ou seja, com excesso de poder).

2.1.1.2 Elementos configuradores: tradicionalmente, são *elencados* como elementos para configuração de responsabilidade: a **conduta ilícita,** a **imputabilidade** e o **dano.**

2.1.1.3 Teorias sobre a responsabilidade: o instituto em análise pode ser vislumbrado, doutrinariamente, sob a perspectiva de três teorias, quais sejam: a **subjetivista (ou da culpa)**, a **objetivista (ou do risco)** e a **mista**.

2.1.1.4 Excludentes: circunstâncias que afastam a ilicitude da conduta: o consentimento do ofendido; a autodefesa; as contramedidas; a força maior; o estado de perigo extremo; e o estado de necessidade. **Impossibilidade de exclusão frente à violação de normas peremptórias:** devido ao conteúdo axiológico das fontes *jus cogens*, as normas imperativas do DI recebem uma proteção mais rígida, de forma que a ilicitude determinada por sua violação não possa ser afastada pelas circunstâncias excludentes.

2.2 As Organizações Internacionais: surgiram no século XX. Elas têm **personalidade jurídica e capacidade derivada, não dispõem de todas as competências atribuídas aos Estados**. Sua atuação e seu funcionamento se baseiam no seu tratado constitutivo. *São: a) entidades criadas e compostas por Estados (associação voluntária de Estados); b) constituídas por meio de tratado internacional de natureza constitutiva (Ex.: Carta da ONU); c) com aparelho institucional permanente e estável; d) com personalidade jurídica própria; e) com ordenamento jurídico* *próprio; e f) com objetivo de tratar de interesses comuns por meio da cooperação.* OBS.: para o reconhecimento de sua personalidade internacional foi decisivo o caso Bernadotte, apreciado pela Corte Internacional de Justiça;

A **ONU:** criada em 1945 pela Carta de São Francisco. Ela substituiu a Liga das Nações. Possui 192 membros (Ex.: Brasil). O atual Secretário-Geral é António Guterres (Portugal) – 2017/2021. Sediada em Nova York. Art. 7º da Carta da ONU "1. Ficam estabelecidos como órgãos principais das Nações Unidas: uma Assembleia Geral, um Conselho de Segurança, um Conselho Econômico e Social, um Conselho de Tutela, uma Corte Internacional de Justiça e um Secretariado. 2. Serão estabelecidos, de acordo com a presente Carta, os órgãos subsidiários considerados de necessidade".

Somente Estados podem ser **membros de pleno direito** *da ONU*, o que lhes garante a possibilidade de participar dos processos de tomada de decisões. O exercício dos direitos à voz e ao voto se materializa, sobremaneira, na Assembleia-Geral, que é constituída por todos os membros das Nações Unidas (art. 9º da Carta da ONU), cada um com direito a um voto (art. 18 da Carta da ONU). Os interessados em serem admitidos no quadro de membros de pleno direito devem cumprir requisitos estabelecidos pela própria Carta.

Há, por fim, os organismos ou agências especializadas que integram o **sistema das nações unidas (ou família das Nações)**, por exemplo: Organização da Aviação Civil Internacional (OACI); Organização para a Alimentação e a Agricultura (OAA ou FAO); Organização das Nações Unidas para a Educação, a Ciência e a Cultura (UNESCO); Fundo Monetário Internacional (FMI); Organização Mundial de Saúde (OMS); e Organização Internacional do Trabalho (OIT).

Conforme repercussão geral, no âmbito do STF, quando do julgamento do RE 1034840: "RECURSO EXTRAORDINÁRIO. ORGANISMO INTERNACIONAL. ORGANIZAÇÃO DAS NAÇÕES UNIDAS ONU. PROGRAMA DAS NAÇÕES UNIDAS PARA O DESENVOLVIMENTO PNUD. CONVENÇÃO SOBRE PRIVILÉGIOS E IMUNIDADES DAS NAÇÕES UNIDAS DECRETO 27.784/1950. CONVENÇÃO SOBRE PRIVILÉGIOS E IMUNIDADES DAS AGÊNCIAS ESPECIALIZADAS DAS NAÇÕES UNIDAS DECRETO 52.288/1963. ACORDO BÁSICO DE ASSISTÊNCIA TÉCNICA COM AS NAÇÕES UNIDAS E SUAS AGÊNCIAS ESPECIALIZADAS DECRETO 59.308/1966. IMPOSSIBILIDADE DE O ORGANISMO INTERNACIONAL VIR A SER DEMANDADO EM JUÍZO, SALVO EM CASO DE RENÚNCIA EXPRESSA À IMUNIDADE DE JURISDIÇÃO. ENTENDIMENTO CONSOLIDADO EM PRECEDENTES DO SUPREMO TRIBUNAL FEDERAL. CONTROVÉRSIA CONSTITUCIONAL DOTADA DE REPERCUSSÃO GERAL. REAFIRMAÇÃO DA JURISPRUDÊNCIA DO SUPREMO TRIBUNAL FEDERAL. RECURSO EXTRAORDINÁRIO PROVIDO".

B **OMC:** visa implementar acordos comerciais multilaterais, ser foro para negociações e solucionar controvérsias sobre tarifas do comércio internacional. A Organização Mundial do Comércio, ou *World Trade Organization*, é uma organização internacional com personalidade jurídica e quadro institucional próprios, sediada em Genebra, na Suíça. É composta por 153 Estados (inclusive o Brasil), tem como línguas oficiais o inglês, o espanhol e o francês. Ela atua em conjunto com a ONU, em razão de possuírem atribuições afins. Começou suas atividades em 01 de janeiro de 1995, em substituição ao GATT (*General Agreement on Tarific and Trade*). O sistema de solução de controvérsias da OMC foi criado durante a Rodada do Uruguai;

2.3 Os particulares: com capacidade limitada. São os mais recentes. Sua condição de sujeitos tornou-se realidade com as sucessivas conquistas no campo dos direitos humanos, em que, progressivamente, as vítimas de violações de direitos passaram a ter meios para denunciar e peticionar junto a organizações internacionais, vindicando reparações das mais diversas. Exemplo caseiro é o sistema interamericano de proteção dos direitos humanos, previsto no Pacto de San Jose da Costa Rica.

> **MUITA ATENÇÃO!**
>
> Veja que **nem todos os três sujeitos em estudo podem celebrar tratados.** Na verdade, a principal diferença existente entre Estados, OI e indivíduos é o campo de atuação em âmbito internacional. **Todos têm personalidade, mas não a mesma capacidade.** Um exemplo prático: os Estados podem celebrar quaisquer espécies de tratados, de qualquer natureza; as OI somente celebram tratados relacionados com suas finalidades; já os indivíduos não podem assinar em seu nome qualquer documento internacional desta magnitude.

3. OUTROS ENTES

A **A Santa Sé e Vaticano:** quanto à **Santa Sé** e ao **Vaticano** há que se ter atenção, especialmente porque são casos constantemente cobrados em provas – desde OAB até magistratura trabalhista.

Recomenda-se partir de uma premissa importante: estamos aqui estudando dois entes distintos, a Santa Sé e o Estado da cidade do Vaticano, ambos com personalidades jurídicas próprias; a primeira tem natureza religiosa e o segundo tem natureza política. **Santa Sé ou Sé Apostólica** deriva do latim *Sancta Sedes*. É ela que corporifica a Igreja Católica, por isso é de natureza religiosa. Trata-se da representação máxima da Igreja Católica Apostólica Romana.

A sede da Igreja Católica, a Santa Sé, localiza-se dentro da cidade do Vaticano a qual, por sua vez, está encravada na cidade de Roma, capital da Itália.

Já o **Estado da Cidade do Vaticano**, criado pelos Tratados de Latrão de 1929, possui um território de apenas 0,44 km2, totalmente cercado pelo território italiano, o que se denomina *enclave*. Ainda que sejam distintos, é de se reconhecer que um está em função do outro. É possível entender essa situação por meio do estudo das competências exercidas pelo Papa.

O Papa: dentre tantas atividades desempenhadas pelo Sumo Pontífice, duas merecem destaque: ele exerce duas funções, uma como Chefe da Igreja Católica, ou seja, da Santa Sé, e outra como Chefe de Estado (do Estado da Cidade do Vaticano). Este Estado é um instrumento da Igreja Católica, estando, dessa maneira, a serviço da Santa Sé.

Constata-se, com isso, que o Vaticano ostenta delineamentos atípicos, que o distinguem da quase totalidade dos Estados tradicionais. É um típico exemplo de Estado teocrático, haja vista que seu sistema de governo (ações políticas e jurídicas) é submetido às normas de uma religião. O "Estado da Cidade do Vaticano" é *anômalo*, com peculiaridades, e.g., ele tem um elemento teleológico, o que não é comum, e suas finalidades não materializam os objetivos tradicionais, haja vista que seus fins são essencialmente religiosos.

Feitas as devidas distinções e caracterizações, resta outro questionamento: quem, afinal, é sujeito do Direito Internacional? Os dois, apenas um, ou nenhum? Quanto à **Santa Sé**, individualmente considerada, *a condição de sujeito do DI não encontra muita resistência*, pois a doutrina, de forma majoritária, sempre assim a classificou. Ela, inclusive, atua internacionalmente, celebrando tratados internacionais (direito de convenção), exercendo direito de legação, enviando os seus representantes para outros países (legação ativa), bem como recebendo (legação passiva). A sua nunciatura apostólica (equiparável às embaixadas) é chefiada pelo núncio apostólico ou papal, que goza de todas as imunidades diplomáticas de um embaixador, previstas na Convenção de Viena sobre Relações Diplomáticas de 1961.

Já quanto ao **Estado do Vaticano** ainda pairam certas dúvidas doutrinárias, mas nós entendemos que a sua condição de sujeito internacional também deve ser aceita, mesmo que ele possua traços diferenciados.

B **Beligerantes e insurgentes**: o estado de beligerância se configura quando frente a uma guerra civil, é um conflito armado interno de grande envergadura. Já o estado de insurgência é um conflito interno de menor magnitude. A doutrina vem reconhecendo suas personalidades, tanto que podem celebrar tratados, especialmente para findar os desentendimentos; e

C **Cruz Vermelha:** o Comitê Internacional da Cruz Vermelha (CICV) nasceu em 1859, no norte da Itália, criado por Henri Dumant. A entidade teve sua instituição formal em 1963. Hoje está sediada em Genebra. **É um ente independente, com atuação neutra e sem fins lucrativos.** Seus órgãos básicos são: Assembleia (instância suprema), Conselho da Assembleia (subsidiário à primeira) e Diretoria (corpo executivo). Tem finalidade principal de proteger e prestar assistência às vítimas da guerra e da violência armada. **É guardião do Direito Internacional Humanitário.** Embora um ator importante, não é organização internacional (como o são ONU, OEA e outros), mas sim constitui organização não governamental (ONG), não podendo, v.g., celebrar tratados. **Trata-se de uma associação de direito privado, criada mediante contrato.** Embora parcela da doutrina reconheça uma *pseudopersonalidade* internacional à Cruz Vermelha, ***ainda prepondera o entendimento de que não é sujeito do Direito Internacional!*** OBS.: esta última posição aplica-se também a outras ONGs, v.g., **Anistia Internacional e Greenpeace.**

> **MUITA ATENÇÃO!**
>
> As **Forças Armadas Revolucionárias da Colômbia (FARC)** podem ser consideradas **movimentos de libertação nacional.** Estes estão relacionados com uma causa de cunho nacionalista, no sentido de procurarem se libertar de alguma forma de dominação. Tais movimentos podem ser considerados um dos novos sujeitos.

> **DICA IMPORTANTE**
>
> **Embora a ONU seja a organização internacional mais cobrada nas provas da OAB, não podem ser esquecidas outras, como a própria Organização dos Estados Americanos (OEA).** A OEA é uma organização regional, criada em 1948 pela Carta de Bogotá.

? QUESTÃO: O que são Estados teocráticos?

RESPOSTA: *Teocracia é o sistema de governo em que as ações políticas e jurídicas são submetidas às normas de alguma religião. O poder teocrático pode ser exercido direta ou indiretamente pelos clérigos de uma religião. Exemplos atuais de regimes desse tipo são o Vaticano, o Irã, que é controlado pelos aiatolás, líderes religiosos islâmicos, desde a Revolução Islâmica de 1979, e, por fim, Israel que é oficialmente um estado judeu.*

EM RESUMO: PRINCIPAIS ÓRGÃOS DA ONU	
Assembleia Geral	Tem competência para discutir e fazer recomendações sobre qualquer matéria objeto da Carta da ONU. Composta por todos os países partes. Cada Estado tem direito a um voto e não pode ter mais de 5 representantes. *Quorum* para votações: 2/3 para assuntos complexos e maioria simples para os demais.
Conselho de Segurança	Sua principal função é a manutenção da paz. Possui 15 membros, 5 permanentes (EUA, França, Reino Unido da Grã-Bretanha e da Irlanda do Norte, Rússia e China) e 10 não permanentes (mandato de 2 anos). Todos têm direito a voto, mas somente os 5 permanentes podem vetar. O veto impossibilita o processo de discussão, é inicial e impeditivo. É o único órgão em que as decisões (resoluções) são obrigatórias, mandatórias. *Quorum* para aprovação de suas decisões: mínimo de 9 votos afirmativos.
Corte Internacional de Justiça	Principal órgão judiciário das Nações Unidas, com sede em Haia, Holanda. Possui 15 juízes. Com competência consultiva e contenciosa. Somente os Estados podem litigar. Criada em 1920, antes mesmo da ONU.
Conselho de Tutela	O sistema de tutela não mais é utilizado. Territórios sob tutela, povos não autônomos.
Secretariado	Composto de um Secretário-Geral e do pessoal exigido pela Organização. O Secretário é indicado pela Assembleia Geral mediante recomendação do Conselho de Segurança. O Secretário – que é o principal funcionário, com mandato de 5 anos – tem a função de atuar em todas as reuniões da Assembleia-Geral, do Conselho de Segurança, do Conselho Econômico e Social e do Conselho de Tutela, além de desempenhar outras funções a ele atribuídas.
Conselho Econômico e Social	Possui 54 membros com mandato de 3 anos, permitida reeleição. Realiza estudos e relatórios sobre assuntos internacionais de caráter econômico, social, cultural, educacional, sanitário etc.

FIQUE POR DENTRO:

"INGRESSO E EXPULSÃO DO QUADRO DE MEMBROS DA ONU"

A admissão como membro das Nações Unidas fica aberta a todos os Estados amantes da paz que aceitarem as obrigações contidas na Carta de São Francisco e que, a juízo da ONU, estiverem aptos e dispostos a cumprir tais obrigações. A admissão será efetuada por decisão da Assembleia-Geral, mediante recomendação do Conselho de Segurança. Já quanto à expulsão, esta ocorrerá quando qualquer membro houver violado persistentemente os princípios contidos na Carta e ocorrerá por decisão também da Assembleia-Geral, mediante recomendação do Conselho de Segurança.

CAPÍTULO V

RELAÇÕES INTERNACIONAIS, SOLUÇÕES PACÍFICAS DE CONTROVÉRSIAS E IMUNIDADES

1. RELAÇÕES INTERNACIONAIS E SOLUÇÕES PACÍFICAS DE CONTROVÉRSIAS

Em suas relações internacionais a República Federativa do Brasil seguirá os seguintes princípios (art. 4º da CF): "I – **independência nacional**; II – **prevalência dos direitos humanos**; III – **autodeterminação dos povos**; IV – **não intervenção**; V – **igualdade entre os Estados**; VI – **defesa da paz**; VII – **solução pacífica dos conflitos**; VIII – **repúdio ao terrorismo e ao racismo**; IX – **cooperação entre os povos para o progresso da humanidade**; X – **concessão de asilo político.** Parágrafo único. A República Federativa do Brasil buscará a integração econômica, política, social e cultural dos povos da América Latina, visando à formação de uma comunidade latino-americana de nações."

Para estabelecer diferentes formas de relações com os demais atores da sociedade, o Brasil **deve ter zelo (e respeito) pela independência nacional, a não intervenção, a autodeterminação dos povos e o tratamento isonômico entre Estados**, para tanto, precisa ser autônomo em âmbito interno e independente em ambiente internacional, **o que se dá pelo exercício da soberania, elemento essencial para a existência de um Estado.** OBS.: sobre os temas atinentes à soberania remete-se o leitor ao primeiro capítulo.

A **Espécies de relações**: as relações internacionais representam um amplo rol de ligações que podem ser desenvolvidas entre Estados e OI, é gênero, pois dentro de seu campo podemos ter natureza econômica, social, cultural, política etc. **As relações consulares e diplomáticas são as duas formas usuais, tradicionais e eficientes de aproximação entre os sujeitos do DI**, desta forma, para que possam ser exercidas de forma independente há que se estabelecer meios de proteção aos agentes que as operacionalizam, **tratam-se das imunidades diplomáticas e consulares;**

B **Relações diplomáticas e consulares:** alguns pontos para memorização: **a)** o estabelecimento de relações diplomáticas e consulares efetua-se por **consentimento mútuo**; **b)** os membros do pessoal diplomático e consular deverão, em princípio, ter a nacionalidade do **Estado acreditante (quem envia representantes)**, sendo que só poderão ser escolhidos dentre os nacionais do **Estado acreditado (quem recebe)** com o consentimento expresso deste, o qual poderá retirá-lo a qualquer momento; **c)** o consentimento dado para o estabelecimento de relações diplomáticas implicará, salvo contrário, o consentimento para as consulares; **d) a ruptura** das relações diplomáticas não acarretará *ipso facto* a ruptura das consulares; e **e)** os agentes não poderão, em proveito próprio, exercer **atividade profissional ou comercial no Estado acreditado**, como a função de professor;

C **Soluções pacíficas de controvérsias internacionais:** qualquer desentendimento entre Estados, de qualquer natureza, desde a dissonância quanto à interpretação de um tratado até mesmo um conflito armado, pode configurar uma **controvérsia internacional**. Vigora em âmbito internacional o princípio de que qualquer desentendimento deve ser solucionado por meio de **recursos pacíficos**, ainda mais que o uso da força é considerado um **ilícito internacional,** conforme art. 2º, IV, da Carta da ONU. E mais, o uso da força pode ser um recurso somente em duas situações excepcionais, **quando expressamente autorizado pelo Conselho de Segurança da ONU mediante resolução e em caso de legítima defesa**, conforme art. 51 da Carta das Nações Unidas; e

D **Espécies de meios pacíficos: não há hierarquia** entre os diferentes meios de solução das controvérsias, nem há um rol sucessório, ou seja, uma ordem a ser seguida, o que mais interessa ao Direito Internacional é a conclusão pacífica. São espécies: os **meios diplomáticos** (ou não judiciais), os **políticos**, os **semijudiciais** (arbitragem), os **judiciais** e os **coercitivos**; conforme art. 33, 1, da Carta da ONU: "as partes em uma controvérsia, que possa vir a constituir uma ameaça à paz e à segurança internacionais, **procurarão, antes de tudo, chegar a**

uma solução por negociação, inquérito, mediação, conciliação, arbitragem, solução judicial, recurso a entidades ou acordos regionais, ou a qualquer outro meio pacífico à sua escolha".

Interessante questão, mas sem muitas dificuldades, foi cobrada pela OAB no ano de 2015, conforme exame **FVG – 2015.1**, eis o seu enunciado: "O litígio que envolve Estados e organizações internacionais, podendo ser de natureza econômica, política ou meramente jurídica, é conceituado como controvérsia internacional. Acerca dos meios diplomáticos para soluções pacíficas de controvérsias internacionais, assinale a afirmativa correta". Sendo que no gabarito constava como certa a letra "B": "*Os bons ofícios caracterizam-se pela oferta espontânea de um terceiro que colabora com a solução de controvérsias, podendo ser um Estado, um organismo internacional ou uma autoridade*".

2. IMUNIDADES

Vigora o princípio da territorialidade em nosso território, os assuntos internos são tratados pelas autoridades locais. Caso algum crime seja perpetrado em território brasileiro cabe à autoridade judiciária brasileira julgar, eis o Código Penal: "Art. 5º – Aplica-se a lei brasileira, sem prejuízo de convenções, tratados e regras de direito internacional, ao crime cometido no território nacional."

Entretanto, **o princípio da territorialidade pode ser excepcionado, como ocorre com as imunidades** dos diplomatas, dos cônsules e dos Estados estrangeiros. Tais privilégios **visam garantir o desempenho das funções (princípio do interesse da função) dos primeiros e a independência do último**, viabilizando, assim, as relações internacionais.

Imunidades dos agentes diplomáticos	Convenção de Viena sobre Relações Diplomáticas de 1961
Imunidades dos agentes consulares	Convenção de Viena sobre Relações Consulares de 1963
Imunidades dos Estados estrangeiros	Costumes internacionais

A Imunidades diplomáticas: os agentes diplomáticos (de carreira e do quadro técnico) possuem **imunidades quase absolutas, com raras exceções, incluindo os familiares** que os acompanham (desde que não residam ou não sejam nacionais do Estado acreditado).

Tais privilégios **protegem o pessoal e os bens da missão** e são de ordem penal, civil e fiscal. São fisicamente invioláveis os locais das missões diplomáticas e as residências utilizadas pelo quadro administrativo e técnico, podendo ser penetradas somente com autorização do chefe da missão. Os locais da missão, o mobiliário e demais bens neles situados, assim como os meios de transporte da missão, não poderão ser objeto de busca, requisição, embargo ou medida de execução (impenhorabilidade). De acordo com o art. 11 da LINDB, **os imóveis da missão são considerados propriedades dos governos estrangeiros**.

Sobre o assunto, vale a pena ler esse trecho da Convenção de Viena sobre o assunto: "Artigo 21 1. O Estado acreditado deverá facilitar a aquisição em seu território, de acôrdo com as suas leis, pelo Estado acreditado, dos locais necessários à Missão ou ajudá-lo a consegui-los de outra maneira. 2. Quando necessário, ajudará também as Missões a obterem alojamento adequado para seus membros. Artigo 22 1. Os locais da Missão são invioláveis. Os Agentes do Estado acreditado não poderão nêles penetrar sem o consentimento do Chefe da Missão. 2. O Estado acreditado tem a obrigação especial de adotar tôdas as medidas apropriadas para proteger os locais da Missão contra qualquer intrusão ou dano e evitar perturbações à tranqüilidade da Missão ou ofensas à sua dignidade. 3. Os locais da Missão, em mobiliário e demais bens nêles situados, assim como os meios de transporte da Missão, não poderão ser objeto de busca, requisição, embargo ou medida de execução. Artigo 23 1. O Estado acreditante e o Chefe da Missão estão isentos de todos os impostos e taxas, nacionais, regionais ou municipais, sôbre os locais da Missão de que sejam proprietários ou inquilinos, excetuados os que representem o pagamento de serviços específicos que lhes sejam prestados. 2. A isenção fiscal a que se refere êste artigo não se aplica aos impostos e taxas cujo pagamento, na conformidade da legislação do Estado acreditado, incumbir as pessoas que contratem com o Estado acreditante ou com o Chefe da Missão. Artigo 24 Os arquivos e documentos da Missão são invioláveis, em qualquer momento e onde quer que se encontrem".

E o trecho acima auxilia na resposta dessa pergunta, do Exame FGV-OAB 2018.2: "Maria Olímpia é demitida pela Embaixada de um país estrangeiro, em Brasília, por ter se recusado a usar véu como parte do seu uniforme de serviço. Obteve ganho de causa na reclamação trabalhista que moveu, mas, como o Estado não cumpriu espontaneamente a sentença, foi solicitada a penhora de bens da Embaixada. Nesse caso, a penhora de bens do Estado estrangeiro: A) somente irá prosperar se o Estado estrangeiro tiver bens que não estejam diretamente vinculados ao funcionamento da sua representação diplomática".

A **imunidade penal é absoluta**, sem exceções, protegendo o autor do crime independe da natureza do ato, se comum ou no exercício da função, impedindo a prisão, o indiciamento e o processo.

A **imunidade civil é** muito ampla, comportando algumas exceções: quanto a sucessões em que o agente esteja envolvido a título privado; ações reais relativas a imóveis particulares; ação referente a profissional liberal ou atividade comercial exercida pelo agente diplomático no Estado acreditado, fora das funções oficiais; e na hipótese de reconvenção.

Gozam os agentes diplomáticos de **isenção fiscal**. Eles têm isenção de todos os impostos e taxas, pessoais ou reais, nacionais, regionais ou municipais, com poucas exceções, como no caso de impostos indiretos e impostos e taxas sobre imóveis privados situados no Estado acreditado.

Há a proteção de bens e da mala, conforme art. 27 da Convenção de Viena sobre Relações Diplomáticas de 1961: "O Estado acreditado permitirá e protegerá a livre comunicação da Missão para todos os fins oficiais. (...) 2. A correspondência oficial da Missão é inviolável. Por correspondência oficial entende-se toda correspondência concernente à Missão e suas funções. 3. A mala diplomática não poderá ser aberta ou retida. (...) 5. O correio diplomático, que deverá estar munido de um documento oficial que indique sua condição e o número de volumes que constituam a mala diplomática, será, no desempenho das funções, protegido pelo Estado acreditado. Gozará de inviolabilidade pessoal e não poderá ser objeto de nenhuma forma de detenção ou prisão. 6. O Estado acreditante ou a Missão poderá designar correios diplomáticos ad hoc. (...) 7. A mala diplomática poderá ser confiada ao comandante de uma aeronave comercial que tenha de aterrissar num aeroporto de entrada autorizado. O comandante será munido de um documento oficial que indique o número de volumes que constituam a mala, mas não será considerado correio diplomático. A Missão poderá enviar um de seus membros para receber a mala diplomática, direta e livremente, das mãos do comandante da aeronave".

De acordo com exame FGV, de novembro de 2016, a residência de diplomata goza da mesma inviolabilidade estendida ao local em que baseada a missão do Brasil no Estado acreditado.

B **Imunidades consulares**: os agentes consulares possuem **imunidade relativa**, bem mais restrita que as anteriores. Seus privilégios são de **ordem penal, civil e fiscal**, abrangendo **somente os atos de ofício**. Caso cometam um crime comum, como qualquer outro cidadão, poderão ser investigados, indiciados, processados e sentenciados. Poderão ser intimados a depor em processos judiciais e administrativos. Somente a isenção fiscal inclui os familiares que os acompanham. Os **locais consulares são também invioláveis na medida de sua utilização consular**, não podendo exercer o poder de polícia, salvo com autorização do chefe da repartição consular;

C **Primado do direito local**: as duas Convenções de Viena, de 61 e de 63, estabelecem que os agentes devem respeitar as leis e os regulamentos do Estado territorial, acreditado. Esse primado do direito interno refere-se às relações entre os agentes e o Estado acreditado, não se aplicando na relação com o acreditante;

D **Abuso das imunidades**: quando um diplomata ou um cônsul abusar de sua posição, mais precisamente das imunidades que goza, não estará isento de sanção. Primeiro que não poderá se esquivar da justiça do seu Estado de origem, e, segundo, **que poderá ser expulso do Estado acreditado, sendo declarada pessoa que não é bem-vinda, uma *persona non grata***. O Estado acreditado poderá, a qualquer momento, e sem a necessidade de justificar sua decisão, notificar ao Estado acreditante que o chefe de missão ou da repartição consular, ou qualquer outro membro, é *persona non grata*;

E **Renúncia às imunidades**: não podem os agentes renunciar às imunidades aqui estudas, principalmente porque elas têm como fundamento o princípio do interesse da função (e não da pessoa). **Somente os Estados soberanos podem renunciar** à sua imunidade e a dos seus agentes. E mais, por ser medida excepcional, em caso de ocorrer deve receber uma interpretação restritiva, tanto que **a renúncia ao processo de conhecimento não importa às medidas de execução.** Sobre o assunto, veja o enunciado da seguinte questão do Exame OAB, FGV-**2013.3:** "Um agente diplomático comete um crime de homicídio no Estado acreditado. A respeito desse caso, assinale a afirmativa correta". Gabarito: "D) Poderá ser julgado pelo Estado acreditado, desde que o Estado acreditante renuncie expressamente à imunidade de jurisdição".

F **Imunidade dos Estados estrangeiros**: as imunidades dos Estados são regidas pelo princípio ***par in parem non habet judicium***, i.e., não há jurisdição entre os pares. Princípio da igualdade entre Estados. No entanto, a imunidade absoluta, calcada na máxima "*the king can do no wrong*", já está ultrapassada.

Hoje vigora o princípio da imunidade relativa, que distingue os atos de império ou *jure imperii* (relacionados ao exercício da soberania) **dos atos de gestão ou *jure gestionis*** (relações de natureza meramente civil, comercial ou trabalhista). Veja a seguinte decisão: "(...) 1. A questão relativa à imunidade de jurisdição, atualmente, não é vista de forma absoluta, sendo excepcionada, principalmente, nas hipóteses em que o objeto litigioso tenha como fundo relações de natureza meramente civil, comercial ou trabalhista. 2. Contudo, em se tratando de atos praticados numa ofensiva militar em período de guerra, a imunidade *acta jure imperii* é absoluta e não comporta exceção. (...)" (RO 72 – RJ, Rel. Min. João Otávio de Noronha, STJ, j. 18/08/2009).

Uma das atribuições mais relevantes dentro da atividade consular é o serviço de legalização de documentos. Para terem efeito em outro país, documentos públicos emitidos no território de um país precisam passar por procedimentos específicos, conhecidos genericamente como legalização de documentos. Tal procedimento envolve, basicamente, de duas etapas sequenciais: 1) a "legalização", feita comumente junto ao Ministério das Relações Exteriores do país onde o documento foi emitido; e 2) a "consularização", feita junto à Repartição Consular do país ao qual o documento se destina. Mas hoje há a possibilidade de apostilar. De modo a eliminar as etapas de legalização e consularização e tornar mais rápido o processo de legalização, alguns países se reuniram e assinaram a Convenção da Apostila da Haia, permitindo, com um único ato - o "apostilamento" -, que o documento tenha validade em todos os outros países parte da Convenção (mais de 110). Essa Convenção da Apostila entrou em vigor no Brasil em 2016. A "Convenção sobre a Eliminação da Exigência de Legalização de Documentos Públicos Estrangeiros", nome completo da Convenção, também é conhecida como "Convenção da Apostila da Haia" ou "Convenção da Haia" ou "Convenção da Apostila". A normatização foi feita pela Resolução nº 228, de 22/06/2016, do CNJ.

E conforme Exame da OAB 2018.1 (FGV), eis uma questão sobre apostilamento: "Ernesto concluiu o doutorado em Direito em prestigiosa universidade situada em Nova York, nos Estados Unidos, e pretende fazer concurso para o cargo de professor em uma universidade brasileira. Uma das exigências para a revalidação do seu diploma estrangeiro é que este esteja devidamente legalizado. Essa legalização de documento estrangeiro deverá ser feita mediante". Sendo que o gabarito correto é: "o apostilamento pela Convenção da Apostila de Haia, da qual Brasil e Estados Unidos fazem parte".

MUITA ATENÇÃO!

Prepondera na jurisprudência do STF e do TST que os Estados estrangeiros não têm imunidade em matéria trabalhista, para tanto, veja o exemplo: "Não há imunidade de jurisdição para o Estado estrangeiro, em causa de natureza trabalhista" (RO MS 98.595/93.4, Ac. 4.406/94, Rel. Min. Ney Proença, TST). Só que essa "falta" de imunidade **atine somente ao processo de conhecimento, ou seja, pode processar, mas não pode executar**! Para solucionar esse "dilema" há algumas alternativas a serem seguidas por quem obtiver uma sentença trabalhista a seu favor, quais sejam: 1 – Há a possibilidade de **localizar bens desafetados**, ou seja, bens do Estado não protegidos pelas imunidades; 2 – Pode ser **expedida uma carta rogatória** contra o país condenado; 3 – É possível ainda ocorrer **a renúncia à imunidade de jurisdição**, apenas lembrando que deve haver uma renúncia autônoma quanto ao processo de execução; 4 – O Estado pode acabar **pagando voluntariamente,** o que é comum; e 5 – Por fim, pode se intentar **ação de cobrança contra a União** (muito pouco aceito pela doutrina).

MUITA ATENÇÃO!

Ademais, sobre essa temática, é também fundamental o estudante estar atento à recente decisão da Corte Internacional de Justiça, da ONU, no caso sobre *Imunidade dos Estados*, que teve Alemanha e Itália como partes (e Grécia como interveniente). Neste, a Corte sentenciou, em fevereiro de 2012, favoravelmente à Alemanha, confirmando o costume internacional clássico sobre imunidade.

Atente-se para esta maliciosa questão: "(FGV-Exame de Ordem 2019.2) João da Silva prestou serviços de consultoria diretamente ao Comitê Olímpico Internacional (COI), entidade com sede na Suíça, por ocasião dos Jogos Olímpicos realizados no Rio de Janeiro, em 2016. Até o presente momento, João não recebeu integralmente os valores devidos. Na hipótese de recorrer a uma cobrança judicial, o pedido deve ser feito. a) na justiça federal, pois o COI é uma organização internacional estatal. b) na justiça estadual, pois o COI não é um organismo de direito público externo. c) por auxílio direto, intermediado pelo Ministério Público, nos termos do tratado Brasil-Suíça. d) na justiça federal, por se tratar de uma organização internacional com sede no exterior". Gabarito oficial: "b".

DICA IMPORTANTE

O presente capítulo deve ser estudado em conjunto com o que trata sobre os sujeitos do Direito Internacional e ONU, em razão desta e de seu Conselho de Segurança serem os principais meios políticos para solução das controvérsias internacionais.

? **QUESTÃO:** As organizações internacionais, como a ONU, também são imunes?

RESPOSTA: *Atentar para recentes alterações jurisprudenciais sobre o tema. A Comissão de Jurisprudência e de Precedente Normativos do TST, em fevereiro de 2012, publicou a edição da Orientação Jurisprudencial (OJ) 416 da Seção de Dissídios Individuais-I, firmando o entendimento no sentido de garantir a imunidade absoluta às OI: "IMUNIDADE DE JURISDIÇÃO. ORGANIZAÇÃO OU ORGANISMO INTERNACIONAL. As organizações ou organismos internacionais gozam de imunidade absoluta de jurisdição quando amparados por norma internacional incorporada ao ordenamento jurídico brasileiro, não se lhes aplicando a regra do Direito Consuetudinário relativa à natureza dos atos praticados. Excepcionalmente, prevalecerá a jurisdição brasileira na hipótese de renúncia expressa à cláusula de imunidade jurisdicional". A OJ 416 foi divulgada no Diário eletrônico da Justiça do Trabalho em 14/02/2012. Posteriormente, outros acórdãos do TST foram divulgados, confirmando a Orientação Jurisprudencial citada.* ***Acórdãos do STF de 2013 sobre imunidade das organizações internacionais:*** *o Supremo Tribunal Federal deu provimento a dois recursos extraordinários (607.211 e 578.543) para reconhecer a imunidade de jurisdição e de execução da Organização das Nações Unidas (ONU) e do Programa das Nações Unidas para o Desenvolvimento (PNUD). Conforme repercussão geral, no âmbito do STF, quando do julgamento do RE 1034840: "RECURSO EXTRAORDINÁRIO. ORGANISMO INTERNACIONAL. ORGANIZAÇÃO DAS NAÇÕES UNIDAS ONU. PROGRAMA DAS NAÇÕES UNIDAS PARA O DESENVOLVIMENTO PNUD. CONVENÇÃO*

SOBRE PRIVILÉGIOS E IMUNIDADES DAS NAÇÕES UNIDAS DECRETO 27.784/1950. CONVENÇÃO SOBRE PRIVILÉGIOS E IMUNIDADES DAS AGÊNCIAS ESPECIALIZADAS DAS NAÇÕES UNIDAS DECRETO 52.288/1963. ACORDO BÁSICO DE ASSISTÊNCIA TÉCNICA COM AS NAÇÕES UNIDAS E SUAS AGÊNCIAS ESPECIALIZADAS DECRETO 59.308/1966. IMPOSSIBILIDADE DE O ORGANISMO INTERNACIONAL VIR A SER DEMANDADO EM JUÍZO, SALVO EM CASO DE RENÚNCIA EXPRESSA À IMUNIDADE DE JURISDIÇÃO. ENTENDIMENTO CONSOLIDADO EM PRECEDENTES DO SUPREMO TRIBUNAL FEDERAL. CONTROVÉRSIA CONSTITUCIONAL DOTADA DE REPERCUSSÃO GERAL. REAFIRMAÇÃO DA JURISPRUDÊNCIA DO SUPREMO TRIBUNAL FEDERAL. RECURSO EXTRAORDINÁRIO PROVIDO".

CAPÍTULO VI
NACIONALIDADE

1. CONCEITOS

Os Nacionais são os destinatários das normas constitucionais. **Nacionalidade** consiste no **vínculo jurídico-político permanente** que liga o indivíduo ao Estado. É um **direito humano** (Declaração Universal dos Direitos Humanos, de 1948, seu art. 15), cujo único titular capaz de outorgar é o Estado soberano **(princípio da atribuição estatal da nacionalidade)**. Todo ser humano pode exercer o **direito à opção** por uma nacionalidade.

O Exame **FGV – 2013.1 cobrou os temas estudados no presente capítulo!**

2. TIPOS DE NACIONALIDADE

2.1 Primária, originária, involuntária ou atribuída: imposta ao nascer. São os **brasileiros natos**, conforme hipóteses taxativamente previstas no inc. I do art. 12 da CF (*numerus clausus*). Por ser um país de imigração, o Brasil adota com temperamentos o critério do *jus solis* (territorial), que é a regra em nosso ordenamento. Sistema misto: *jus solis* + *jus sanguinis*;

A **Art. 12, inc. I, "a"**: regra – *jus solis*. **Aqueles nascidos no território nacional**, abrangendo aqui o território em sentido restrito e o por extensão (mar e ar), **são brasileiros natos**. Quando nascidos em navios e aeronaves de guerra são natos, independentemente do lugar onde estejam. Pode até ser filho de estrangeiros, ainda assim, se aqui nascido, será brasileiro nato, **salvo se os pais (um ou outro) estiverem a serviço (de natureza pública) de seu país**;

B **Art. 12, inc. I, "b"**: aqui é a exceção, em que o critério é o *jus sanguinis* (sanguíneo). **Serão brasileiros natos os nascidos no estrangeiro se um ou ambos os pais estiverem lá a serviço (de natureza pública) do Brasil**;

C **Art. 12, inc. I, "c"**: vide EC 54 de 2007. Com esta atual alínea, agora há duas possibilidades para que filhos de brasileiros nascidos no exterior sejam natos, desde que os pais não estejam a serviço do Brasil, pois neste caso se encaixariam no dispositivo imediatamente anterior. **Serão natos**: 1ª) **desde que sejam registrados em repartição brasileira competente (basta registrar, assim pode ser brasileiro, sem nunca ter falado nossa língua e sem ter estado em nosso território)**. OBS.: com a EC 54 de 2007 ocorrera a repristinação das normas da Lei de Registro Público; ou 2ª) **venham a residir na República Federativa do Brasil e optem, em qualquer tempo, depois de atingida a maioridade, pela nacionalidade brasileira (OAB, 2022.1).** Trata-se da nacionalidade potestativa. É ato jurídico personalíssimo, unilateral e de vontade, ou seja, os familiares não podem mediante procuração efetuar. Depois de atingida a maioridade podem ingressar com pedido na Justiça Federal (procedimento de jurisdição voluntária). Não há fixação de prazo para a vinda ao Brasil;

Uma interessante questão foi elaborada em abril de 2017, pela FGV, com o seguinte enunciado: "Luca nasceu em Nápoles, na Itália, em 1997. É filho de Marta, uma ilustre pintora italiana, e Jorge, um escritor brasileiro. Quando de seu nascimento, seus pais o registraram apenas perante o registro civil italiano. Luca nunca procurou se informar sobre seu direito à nacionalidade brasileira, mas, agora, vislumbrando seu futuro, ele entra em contato com um escritório especializado, a fim de saber se e como poderia obter a nacionalidade brasileira. Assinale a opção que apresenta, em conformidade com a legislação brasileira, o procedimento indicado pelo escritório". Sendo que o gabarito oficial foi o seguinte: "D) Luca deverá ir residir no Brasil e fazer a opção pela nacionalidade brasileira".

Importante destacar os dispositivos da nova Lei de **MIGRAÇÃO, Lei 13.445, de 2017**, que no seu art. 63 preceitua: "O filho de pai ou de mãe brasileiro nascido no exterior e que não tenha sido registrado em repartição consular poderá, a qualquer tempo, promover ação de opção de nacionalidade. Parágrafo único. O órgão de registro deve informar periodicamente à autoridade competente os dados relativos à opção de nacionalidade, conforme regulamento".

A mesma Lei é regulamenta por Decreto, que no art. 216 assegura o que segue: "216. A comprovação da opção pela nacionalidade brasileira ocorrerá por meio do registro da sentença no Cartório de Registro Civil das Pessoas Naturais, observado o disposto no art. 29, caput, inciso VII, da Lei no 6.015, de 31 de dezembro de 1973".

> **DICA IMPORTANTE**
> **Fórmula para memorização quanto à aquisição da nacionalidade potestativa:**
> **Filiação brasileira + residência no Brasil + maioridade + opção + pedido na justiça federal + sentença homologatória = brasileiro nato.**

Sobre a condição de brasileiro nato, exatamente conforme consta na CF de 1988, a FGV cobrou em questão no Exame de Ordem 2015.2.

A nova Lei de Migração já foi objeto de questão no Exame de Ordem 2018.3: "A Lei de Migração, Lei nº 13.445/17, dispõe sobre os direitos do estrangeiro em território nacional de uma forma mais ampla e abrangente do que a legislação anterior, revogada. A normativa em vigor dispõe que o estrangeiro no Brasil terá acesso ao sistema público de saúde e direito à educação pública, vedada a discriminação em razão da nacionalidade e da sua condição migratória. Isso significa que o acesso à educação pública no Brasil é assegurado...". Gabarito: "a todos os migrantes, inclusive os apátridas e os refugiados".

2.2 Secundária, adquirida, voluntária, derivada ou de eleição: caso do estrangeiro ou apátrida que quer se naturalizar. **Brasileiro naturalizado. Art. 12, inc. II, da CF.** É a nacionalidade que se adquire após o nascimento, de forma voluntária, desde que cumpridos requisitos da CF e da lei. **Só existe naturalização expressa, depende da manifestação de vontade do estrangeiro e da aceitação unilateral e discricionária do Estado**, por isso que, em regra, não pode ser considerado direito público subjetivo;

A **Lembretes sobre naturalização**: tem natureza constitutiva e produz efeitos *ex nunc*, não extinguindo as responsabilidades penais e civis antes de sua concessão;

B **Tipos de naturalização: Sobre o tema, insta realçar as espécies de naturalização existentes no ordenamento brasileiro. Eis a redação da Lei de MIGRAÇÃO,** 13.445, de 2017:

A naturalização pode ser:

> *I - ordinária;*
>
> *II - extraordinária;*
>
> *III - especial; ou*
>
> *IV - provisória.*

De acordo com o art. 65, será concedida a **naturalização ordinária** àquele que preencher as seguintes condições:

> I - ter capacidade civil, segundo a lei brasileira;
>
> II - ter residência em território nacional, pelo prazo mínimo de 4 (quatro) anos;
>
> III - comunicar-se em língua portuguesa, consideradas as condições do naturalizando; e
>
> IV - não possuir condenação penal ou estiver reabilitado, nos termos da lei.

Já a **naturalização extraordinária** será concedida a pessoa de qualquer nacionalidade fixada no Brasil há mais de 15 (quinze) anos ininterruptos e sem condenação penal, desde que requeira a nacionalidade brasileira.

Enquanto isso, o art. 68 da Lei de MIGRAÇÃO delineia os requisitos da **naturalização especial**, que poderá ser concedida ao estrangeiro que se encontre em uma das seguintes situações:

> I - seja cônjuge ou companheiro, há mais de 5 (cinco) anos, de integrante do Serviço Exterior Brasileiro em atividade ou de pessoa a serviço do Estado brasileiro no exterior; ou
>
> II - seja ou tenha sido empregado em missão diplomática ou em repartição consular do Brasil por mais de 10 (dez) anos ininterruptos.

O art. 69 sublinha que são requisitos para a concessão da naturalização especial:

> I - ter capacidade civil, segundo a lei brasileira;
>
> II - comunicar-se em língua portuguesa, consideradas as condições do naturalizando; e
>
> III - não possuir condenação penal ou estiver reabilitado, nos termos da lei.

E, por fim, o art. 70 trata, de forma inovadora, sobre a **naturalização provisória**, que poderá ser concedida ao migrante criança ou adolescente que tenha fixado residência em território nacional antes de completar 10 (dez) anos de idade e deverá ser requerida por intermédio de seu representante legal.

Cabe ao Ministro da Justiça conceder a condição de brasileiro naturalizado. Eis os artigos do Decreto regulamentar da Lei de Migração:

- *Art. 220. Ato do Ministro de Estado da Justiça e Segurança Pública concederá a naturalização, desde que satisfeitas as condições objetivas necessárias à naturalização, consideradas requisito preliminar para o processamento do pedido;*
- *Art. 227. A Polícia Federal, ao processar o pedido de naturalização (...);*

- *Art. 223. O naturalizando poderá requerer a tradução ou a adaptação de seu nome à língua portuguesa;*
- *Art. 232. O prazo para apresentação de recurso na hipótese de indeferimento do pedido de naturalização será de dez dias, contado da data do recebimento da notificação.*

3. PERDA DA NACIONALIDADE

O § 4º do art. 12 da CF estabelece sobre a perda da nacionalidade, do nato e do naturalizado, vejamos:

Será declarada a perda da nacionalidade do brasileiro que:

I - tiver cancelada sua naturalização, por sentença judicial, em virtude de atividade nociva ao interesse nacional;

- Vide DECRETO da nova de MIGRAÇÃO, de 2017: "Art. 248. O naturalizado perderá a nacionalidade em razão de sentença transitada em julgado por atividade nociva ao interesse nacional, nos termos estabelecidos no art. 12, § 4º, inciso I, da Constituição. Parágrafo único. A sentença judicial que cancelar a naturalização por atividade nociva ao interesse nacional produzirá efeitos após o trânsito em julgado".

- ATENTAR: para decisão recente do STF, de 2013 (RMS 27.840), no sentido de que o ato de naturalização só pode ser anulado por DECISÃO JUDICIAL, e não por ato administrativo, UM DOS fundamentos foi a Convenção das Nações Unidas para reduzir os casos de apatridia (1961), incorporada pelo Brasil em 2007.

II - adquirir outra nacionalidade, salvo nos casos: (Redação dada pela Emenda Constitucional de Revisão nº 3, de 1994)

a) de reconhecimento de nacionalidade originária pela lei estrangeira; (Incluído pela Emenda Constitucional de Revisão nº 3, de 1994)

b) de imposição de naturalização, pela norma estrangeira, ao brasileiro residente em estado estrangeiro, como condição para permanência em seu território ou para o exercício de direitos civis; (Incluído pela Emenda Constitucional de Revisão nº 3, de 1994)

Sobre este inciso II, mister citar o DECRETO da nova Lei de MIGRAÇÃO de 2017: "Art. 249. A perda da nacionalidade será declarada ao brasileiro que adquirir outra nacionalidade, exceto nas seguintes hipóteses: I - de reconhecimento de nacionalidade originária pela lei estrangeira; e II - de imposição de naturalização, pela norma estrangeira, ao brasileiro residente em estado estrangeiro, como condição para permanência em seu território ou para o exercício de direitos civis".

QUEM DECLARA A PERDA DA NACIONALIDADE? Eis o art. 250 do mesmo DECRETO de 2017: "A declaração da perda de nacionalidade brasileira se efetivará por ato do Ministro de Estado da Justiça e Segurança Pública, após procedimento administrativo, no qual serão garantidos os princípios do contraditório e da ampla defesa". Tal procedimento poderá ser instaurado pelo próprio interessado em perder a nacionalidade, conforme art. 251 do Decreto.

Sobre a temática, há robusta jurisprudência do Supremo:

> "CONSTITUCIONAL. MANDADO DE SEGURANÇA. BRASILEIRA NATURALIZADA AMERICANA. ACUSAÇÃO DE HOMICÍDIO NO EXTERIOR. FUGA PARA O BRASIL. PERDA DE NACIONALIDADE ORIGINÁRIA EM PROCEDIMENTO ADMINISTRATIVO REGULAR. HIPÓTESE CONSTITUCIONALMENTE PREVISTA. NÃO OCORRÊNCIA DE ILEGALIDADE OU ABUSO DE PODER. DENEGAÇÃO DA ORDEM. 1. O Supremo Tribunal Federal é competente para o julgamento de mandado de segurança impetrado contra ato do Ministro da Justiça em matéria extradicional. (HC 83.113/DF, Rel. Min. Celso de Mello). 2. A Constituição Federal, ao cuidar da perda da nacionalidade brasileira, estabelece duas hipóteses: (i) o cancelamento judicial da naturalização (art. 12, § 4º, I); e (ii) a aquisição de outra nacionalidade. Nesta última hipótese, a nacionalidade brasileira só não será perdida em duas situações que constituem exceção à regra: (i) reconhecimento de outra nacionalidade originária (art. 12, § 4º, II, a); e (ii) ter sido a outra nacionalidade imposta pelo Estado estrangeiro como condição de permanência em seu território ou para o exercício de direitos civis (art. 12, § 4º, II, b). 3. No caso sob exame, a situação da impetrante não se subsume a qualquer das exceções constitucionalmente previstas para a aquisição de outra nacionalidade, sem perda da nacionalidade brasileira. 4. Denegação da ordem com a revogação da liminar concedida (MS 33.864)".

4. REAQUISIÇÃO DA NACIONALIDADE

Sem previsão constitucional. Conforme a doutrina a reaquisição tem efeitos *ex nunc*. **O naturalizado que perdeu sua condição de nacional poderá readquiri-la por meio de ação rescisória. Já o nato deve formular**

DIREITO INTERNACIONAL

pedido ao Presidente da República, o qual tramitará perante o Ministro da Justiça, para que depois haja um decreto presidencial determinando a reaquisição.

Vide DECRETO, acima citado: "Art. 254. O brasileiro que houver perdido a nacionalidade, em razão do disposto no inciso II do § 4º do art. 12 da Constituição, poderá, se cessada a causa, readquiri-la ou ter revogado o ato que declarou a sua perda. § 1º Cessada a causa da perda de nacionalidade, o interessado, por meio de requerimento endereçado ao Ministro da Justiça e Segurança Pública, poderá pleitear a sua reaquisição. § 4º O ato que declarou a perda da nacionalidade poderá ser revogado por decisão do Ministro de Estado da Justiça e Segurança Pública caso seja constatado que estava presente uma das exceções previstas nas alíneas "a" e "b" do inciso II do § 4º do art. 12 da Constituição. (...) § 7º O deferimento do requerimento de reaquisição ou a revogação da perda importará no restabelecimento da nacionalidade originária brasileira".

5. DISTINÇÃO ENTRE BRASILEIROS NATOS E NATURALIZADOS

Não pode haver distinção entre brasileiros natos e naturalizados, salvo hipóteses previstas na CF (art. 12, § 2º). Princípio da isonomia – *caput* do art. 5º da CF. A Magna Carta traz alguns preceitos diferenciadores, quais sejam:

- Para o exercício de alguns cargos – art. 12, § 3º, da CF
- Para o exercício de função – art. 89, VII, da CF
- Extradição – art. 5º, LI, da CF. Sobre extradição, diferença entre nato e naturalizado, recentemente foi cobrado em prova **(FGV – Exame de Ordem – Abril/2016)**, conforme texto constitucional.
- Direito de propriedade – art. 222 da CF (artigo da CF objeto de pergunta no Exame OAB, FGV – 2014.1)
- Cancelamento da condição de nacional em razão da prática de atividade nociva ao interesse nacional – art. 12, § 4º, I, da CF

Sem receio de afirmar, é certo que o dispositivo mais cobrado pela OAB, dentre os acima citados, é o § 3º do art. 12 da CF, que merece leitura: "São privativos de brasileiro nato os cargos: **I** – de Presidente e Vice-Presidente da República; **II** – de Presidente da Câmara dos Deputados; **III** – de Presidente do Senado Federal; **IV** – de Ministro do Supremo Tribunal Federal; **V** – da carreira diplomática; **VI** – de oficial das Forças Armadas".

Agora, veja a alternativa considerada correta do Exame OAB, **FGV – 2013.3:** "João poderia ter-se candidatado ao cargo de Deputado Federal, bem como ser eleito, entretanto, não poderia ter sido escolhido Presidente da Câmara dos Deputados, eis que esse cargo deve ser exercido por brasileiro nato".

? **QUESTÃO:** O que é conflito de nacionalidade?

RESPOSTA: *Pode haver conflito negativo ou positivo. O positivo (plurinacionalidade ou dupla nacionalidade) ocorre quando um indivíduo cumula mais de um vínculo jurídico-político permanente com mais de um Estado. Já o negativo consiste na apatria ou anacionalidade, o sujeito não possui vínculo desta natureza com qualquer Estado, é uma pessoa desprotegida. Situação esta refutada pelo Direito Internacional.*

FIQUE POR DENTRO:

"Caso Rafael Canevaro"

Caso Rafael Canevaro, envolvendo Itália e Peru. Rafael era peruano pelo *jus solis* e italiano pelo *jus sanguinis*. Ele estava sendo processado em uma ação de natureza tributária. Na iminência de ver seus bens expropriados no Peru, pediu proteção diplomática a Itália. Deste *quid juris* restou decidido que não pode um Estado proteger seu nacional se este também for nacional do outro país.

CAPÍTULO VII
CONDIÇÃO JURÍDICA DO ESTRANGEIRO

1. NOÇÕES

Estrangeiro, alienígena ou forasteiro: pessoa nascida em outro país ou em terras estranhas, **que conserva sua primitiva nacionalidade**. Pode, também, ser definido como **aquele que não ostenta a qualidade de nacional**. O **apátrida** já tem um conceito diferente, pois se refere ao **que não tem nacionalidade alguma**, é anacional. No **Brasil tanto o apátrida quanto o estrangeiro são protegidos pelo mesmo diploma legal**, o Estatuto do Estrangeiro. Conceito de **condição jurídica do estrangeiro: consiste no conjunto de direitos de que goza o estrangeiro em determinado país**, numa certa época. Modernamente, a maioria **dos Estados considera o estrangeiro como sujeito de direitos**. Todavia, ainda é domínio reservado dos Estados determinar o tratamento legal dado aos mesmos.

1.1 Nova lei de migração

A Lei 13.445, de 2017, vem com o título de "Lei de Migração", tendo revogado as seguintes leis: a Lei 818, de 1949 (que regulava a aquisição, a perda e a reaquisição da nacionalidade); e a Lei 6.815, de 1980 (antigo Estatuto do Estrangeiro).

A atual Lei de Migração dispõe sobre os direitos e os deveres do migrante e do visitante, regula a sua entrada e estada no País e estabelece princípios e diretrizes para as políticas públicas para o emigrante. Para tanto, tal normativa traz conceitos legais, quais sejam:

Imigrante: pessoa nacional de outro país ou apátrida que trabalha ou reside e se estabelece temporária ou definitivamente no Brasil;

Emigrante: brasileiro que se estabelece temporária ou definitivamente no exterior;

Residente fronteiriço: pessoa nacional de país limítrofe ou apátrida que conserva a sua residência habitual em município fronteiriço de país vizinho;

Visitante: pessoa nacional de outro país ou apátrida que vem ao Brasil para estadas de curta duração, sem pretensão de se estabelecer temporária ou definitivamente no território nacional;

Apátrida: pessoa que não seja considerada como nacional por nenhum Estado, segundo a sua legislação, nos termos da Convenção sobre o Estatuto dos Apátridas, de 1954, promulgada pelo Decreto nº 4.246, de 22 de maio de 2002, ou assim reconhecida pelo Estado brasileiro.

Em seu art. 3º delineia os princípios e diretrizes da atual política migratória brasileira:

> I - universalidade, indivisibilidade e interdependência dos direitos humanos;
>
> II - repúdio e prevenção à xenofobia, ao racismo e a quaisquer formas de discriminação;
>
> III - não criminalização da migração;
>
> IV - não discriminação em razão dos critérios ou dos procedimentos pelos quais a pessoa foi admitida em território nacional;
>
> V - promoção de entrada regular e de regularização documental;
>
> VI - acolhida humanitária;
>
> VII - desenvolvimento econômico, turístico, social, cultural, esportivo, científico e tecnológico do Brasil;
>
> VIII - garantia do direito à reunião familiar;
>
> IX - igualdade de tratamento e de oportunidade ao migrante e a seus familiares;
>
> X - inclusão social, laboral e produtiva do migrante por meio de políticas públicas;
>
> XI - acesso igualitário e livre do migrante a serviços, programas e benefícios sociais, bens públicos, educação, assistência jurídica integral pública, trabalho, moradia, serviço bancário e seguridade social;
>
> XII - promoção e difusão de direitos, liberdades, garantias e obrigações do migrante;
>
> XIII - diálogo social na formulação, na execução e na avaliação de políticas migratórias e promoção da participação cidadã do migrante;
>
> XIV - fortalecimento da integração econômica, política, social e cultural dos povos da América Latina, mediante constituição de espaços de cidadania e de livre circulação de pessoas;

> XV - cooperação internacional com Estados de origem, de trânsito e de destino de movimentos migratórios, a fim de garantir efetiva proteção aos direitos humanos do migrante;
>
> XVI - integração e desenvolvimento das regiões de fronteira e articulação de políticas públicas regionais capazes de garantir efetividade aos direitos do residente fronteiriço;
>
> XVII - proteção integral e atenção ao superior interesse da criança e do adolescente migrante;
>
> XVIII - observância ao disposto em tratado;
>
> XIX - proteção ao brasileiro no exterior;
>
> XX - migração e desenvolvimento humano no local de origem, como direitos inalienáveis de todas as pessoas;
>
> XXI - promoção do reconhecimento acadêmico e do exercício profissional no Brasil, nos termos da lei;
>
> XXII - repúdio a práticas de expulsão ou de deportação coletivas **(OAB, 2021.1)**.

Em consonância com o próprio *caput* do art. 5º da CF de 1988, o art. 4º da Lei do Migrante, assegura aos migrantes, em condição de igualdade com os nacionais, a inviolabilidade do direito à vida, à liberdade, à igualdade, à segurança e à propriedade. Bem como tantos outros direitos, como liberdades civis, sociais, culturais e econômicos, liberdade de circulação em território nacional, direito à reunião familiar do migrante com seu cônjuge ou companheiro e seus filhos, familiares e dependentes, medidas de proteção a vítimas e testemunhas de crimes e de violações de direitos e muitos outros.

O art. 5º da Lei de 2017 arrola os documentos de viagem, que são: passaporte; laissez-passer; autorização de retorno; salvo-conduto; carteira de identidade de marítimo; carteira de matrícula consular; documento de identidade civil ou documento estrangeiro equivalente, quando admitidos em tratado; certificado de membro de tripulação de transporte aéreo; e outros que vierem a ser reconhecidos pelo Estado brasileiro em regulamento.

2. SITUAÇÃO DO ESTRANGEIRO À LUZ DAS NORMAS INTERNACIONAIS E DAS NACIONAIS

A **Direito Internacional:** Não há um conjunto de normas internacionais específicas para a proteção dos estrangeiros. São utilizados alguns documentos dos sistemas universal e do regional. **SISTEMA GLOBAL:** Declaração Universal dos Direito Humanos, de 1948; Pactos de Nova York, de 1966 etc.; **SISTEMA REGIONAL**: Carta Europeia para proteção dos direitos humanos e das liberdades fundamentais, de 1950; Convenção Americana de Direitos Humanos, de 1969; e Convenção Africana dos Direitos Humanos e Povos, de 1981;

B **Direito nacional:** O Brasil adota o ***standard* nacional (equiparação aos nacionais)**, basta leitura do *caput* do art. 5º da CF. Hoje a situação jurídica do estrangeiro vem regulamentada, principalmente, pelas seguintes normas: Lei 13.445, de 2017; e Decreto 9.199, de 2017 **(OAB, 2021.1)**.

Vide também condição específica dos portugueses no art. 12, § 1º, da CF. decisão do STF sobre o dispositivo: "A norma inscrita no art. 12, § 1º, da CR – que contempla, em seu texto, hipótese excepcional de quase-nacionalidade – não opera de modo imediato, seja quanto ao seu conteúdo eficacial, seja no que se refere a todas as consequências jurídicas que dela derivam, pois, para incidir, além de supor o pronunciamento aquiescente do Estado brasileiro, fundado em sua própria soberania, depende, ainda, de requerimento do súdito português interessado, a quem se impõe, para tal efeito, a obrigação de preencher os requisitos estipulados pela Convenção sobre Igualdade de Direitos e Deveres entre brasileiros e portugueses" [**Ext 890**, rel. min. Celso de Mello, j. 5-8-2004,1ª T, *DJ* de 28-10-2004]; **HC 100.793**, rel. min. Marco Aurélio, j. 2-12-2010, P, *DJE* de 1º-2-2011.

C **O estrangeiro e a CF de 1988**: A Constituição de 1988 traz poucos dispositivos que regulam as atividades do estrangeiro no Brasil. Quanto ao tema extradição, a CF preceitua que: "não será concedida extradição de estrangeiro por crime político ou de opinião" (art. 5º, inc. LII). Em relação ao alistamento eleitoral: não "podem alistar-se como eleitores os estrangeiros e, durante o período do serviço militar obrigatório, os conscritos" (art. 14, § 2º). Relacionado ao exercício de cargos públicos: "os cargos, empregos e funções públicas são acessíveis aos brasileiros que preencham os requisitos estabelecidos em lei, assim como aos estrangeiros, na forma da lei" (art. 37, inc. I). Quanto ao ensino em nível superior: "É facultado às universidades admitir professores, técnicos e cientistas estrangeiros, na forma da lei" (art. 207, § 1º). Lembrando que compete privativamente à União legislar sobre emigração e imigração, entrada, extradição e expulsão de estrangeiros (art. 22, inc. XV). Cabe aos juízes federais processar e julgar os crimes de ingresso ou permanência irregular (art. 109, inc. X);

D **Ingresso e concessão de vistos**: Para ingressar em território nacional, a trabalho ou não, **é imprescindível a obtenção de visto, uma espécie de cortesia,** não um direito. A concessão, sua prorrogação ou transformação ficarão sempre condicionadas aos interesses nacionais (conveniência e oportunidade).

E **Tipos de vistos:**

Conforme nova Lei de MIGRAÇÃO, o visto é o documento que dá a seu titular expectativa de ingresso em território nacional.

O visto será concedido por embaixadas, consulados-gerais, consulados, vice-consulados e, quando habilitados pelo órgão competente do Poder Executivo, por escritórios comerciais e de representação do Brasil no exterior. Sendo que, excepcionalmente, os vistos diplomático, oficial e de cortesia poderão ser concedidos no Brasil.

O Regulamento da Lei disporá sobre: I - requisitos de concessão de visto, bem como de sua simplificação, inclusive por reciprocidade; II - prazo de validade do visto e sua forma de contagem; III - prazo máximo para a primeira entrada e para a estada do imigrante e do visitante no País; IV - hipóteses e condições de dispensa recíproca ou unilateral de visto e de taxas e emolumentos consulares por seu processamento; e V - solicitação e emissão de visto por meio eletrônico.

O art. 10 da nova Lei é peremptório, ao preceituar que não se concederá visto:

> I - a quem não preencher os requisitos para o tipo de visto pleiteado;
>
> II - a quem comprovadamente ocultar condição impeditiva de concessão de visto ou de ingresso no País; ou
>
> III - a menor de 18 (dezoito) anos desacompanhado ou sem autorização de viagem por escrito dos responsáveis legais ou de autoridade competente.

E, por fim, vide art. 12 da nova Lei, para sabermos quais são os atuais tipos de vistos que podem ser concedidos pelo Brasil: "Ao solicitante que pretenda ingressar ou permanecer em território nacional poderá ser concedido visto: I - de visita; II - temporário; III - diplomático; IV - oficial; V - de cortesia".

No **exame FGV, 2020.1**, fora cobrada temática sobre visto temporário, na exata dicção da Lei em vigor. Eis o caso narrado, típica hipótese com perfil para futuro advogado ou futura advogada (você que lê este livro!): "Em razão da profunda crise econômica e da grave instabilidade institucional que assola seu país, Pablo resolve migrar para o Brasil, uma vez que, neste último, há melhores oportunidades para exercer seu trabalho e sustentar sua família. Em que pese Pablo possuir a finalidade de trabalhar, acabou por omitir tal informação, obtendo visto de visita, na modalidade turismo, para o Brasil. Considerando-se o enunciado acima, à luz da Lei de Migração em vigor (Lei nº 13.445/17), assinale a afirmativa correta". Sendo que o **gabarito correta** foi: "Pablo poderia solicitar, bem como obter, visto temporário para acolhida humanitária, diante da grave instabilidade institucional que assola seu país".

A questão acima fora proposta de acordo com a literalidade da Lei de Migração: **"Art. 14. O visto temporário poderá ser concedido ao imigrante que venha ao Brasil com o intuito de estabelecer residência por tempo determinado e que se enquadre em pelo menos uma das seguintes hipóteses: I - o visto temporário tenha como finalidade: ... c) acolhida humanitária".**

F **Atividade remunerada e irregularidade**: para que um estrangeiro possa trabalhar no Brasil deve estar munido da devida autorização de trabalho, a qual se trata de ato administrativo de atribuição do Ministério do Trabalho, exigido pelas autoridades consulares brasileiras, para efeito *de concessão de vistos permanentes e/ou temporários*. Algumas atividades, além das já conhecidas disposições constitucionais, devem ser exercidas somente por brasileiros. A Lei 7.183, de 1984, atribui privativamente aos brasileiros a profissão de aeronauta, ressalvando os casos previstos no Código Brasileiro de Aeronáutica (7.565 de 1986), que são: o exercício de função não remunerada a bordo de aeronave de serviço aéreo privado; comissários no serviço aéreo internacional em número que não exceda 1/3 dos que estiverem a bordo, a menos que haja acordo bilateral de reciprocidade; em caráter provisório, por no máximo seis meses, instrutores, quando não houver tripulantes brasileiros qualificados. Situação que pode comportar dúvidas é acerca da posição, sob a perspectiva dos direitos sociais, dos estrangeiros irregulares no Brasil, i.e., que são empregados, exercem atividade laboral, mas que não possuem autorização de trabalho e visto. Aqui há relação laboral, subordinação e todos os elementos da relação de emprego, contudo, a condição como estrangeiro afronta o Estatuto do Estrangeiro, pois ao indivíduo não lhe foi outorgado o visto. Com amparo na jurisprudência, *o visto não é condição para o reconhecimento da relação de empregado*, se esta começou antes daquele. O TST, há pouco tempo, confirmou esse entendimento: RR – 49800-44.2003.5.04.0005, Rel. Min. Luiz Philippe Vieira de Mello Filho, 1ª T – TST, P. 12/11/2010.

3. AFASTAMENTO COMPULSÓRIO

Não é possível o afastamento compulsório de nacionais **(banimento)**, somente de estrangeiros. As medidas mais populares e lícitas de afastamento dos estrangeiros são: **expulsão, deportação e extradição.** Estas não podem ser confundidas com **desterro** (confinamento de nacional em determinado lugar do próprio país; não permitida), **entrega** (estudar capítulo sobre o TPI) e **abdução** (sequestro de indivíduo que se encontra em dado Estado para ser julgado no território de outro, em flagrante violação aos direitos humanos).

Antes de se adentrar no estudo de expulsão, deportação e extradição, importante trazer à baila o tema da **REPATRIAÇÃO**, tratada de forma separa na nova Lei de MIGRAÇÃO: ocorre quando o clandestino é impedido de ingressar em território nacional pela fiscalização fronteiriça e aeroportuária brasileira (Departamento de Polícia Federal). De acordo com o novo art. 49: *"A repatriação consiste em medida administrativa de devolução de pessoa em situação de impedimento ao país de procedência ou de nacionalidade"*.

A Expulsão: É o ato pelo qual o estrangeiro, **com entrada ou permanência regular** no Brasil, é obrigado a abandonar o país. Ocorre quando ele **atentar contra a segurança nacional, a ordem pública ou social, a tranquilidade ou a moralidade pública e a economia popular, ou quando seu procedimento o torne nocivo à conveniência e aos interesses nacionais**. O Estado possui o direito soberano de expulsar os estrangeiros que desafiam sua ordem pública. A expulsão não é uma pena, mas sim **medida administrativa**. A expulsão admite pedido de reconsideração (Gabarito correto de Exame OAB, **FGV – 2014.1:** "Caberá exclusivamente ao Presidente da República resolver sobre a conveniência e a oportunidade de expulsão do estrangeiro ou de sua revogação"). Cabe *habeas corpus* de expulsão ilegal. Nesse caso quem julga? O STF. O expulso **não poderá retornar ao Brasil,** somente no caso de revogação do decreto (a juízo exclusivo do Presidente). Eventual ingresso configura crime, segundo o Código Penal, art. 338: "Reingressar no território nacional o estrangeiro que dele foi expulso: Pena – reclusão de um a quatro anos, sem prejuízo de nova expulsão após o cumprimento da pena".

Em complemento ao supra, calha ressaltar os principais pontos da nova Lei de MIGRAÇÃO:

- *A expulsão consiste em medida administrativa de retirada compulsória de migrante ou visitante do território nacional, conjugada com o impedimento de reingresso por prazo determinado.*
- *Poderá dar causa à expulsão a condenação com sentença transitada em julgado relativa à prática de: crime de genocídio, crime contra a humanidade, crime de guerra ou crime de agressão, nos termos definidos pelo Estatuto de Roma do Tribunal Penal Internacional, de 1998, promulgado pelo Decreto nº 4.388, de 25 de setembro de 2002; ou crime comum doloso passível de pena privativa de liberdade, consideradas a gravidade e as possibilidades de ressocialização em território nacional.*
- *Caberá à autoridade competente resolver sobre a expulsão, a duração do impedimento de reingresso e a suspensão ou a revogação dos efeitos da expulsão, observado o disposto nesta Lei.*
- *O processamento da expulsão em caso de crime comum não prejudicará a progressão de regime, o cumprimento da pena, a suspensão condicional do processo, a comutação da pena ou a concessão de pena alternativa, de indulto coletivo ou individual, de anistia ou de quaisquer benefícios concedidos em igualdade de condições ao nacional brasileiro.*
- *O prazo de vigência da medida de impedimento vinculada aos efeitos da expulsão será proporcional ao prazo total da pena aplicada e nunca será superior ao dobro de seu tempo.*
- *No processo de expulsão serão garantidos o contraditório e a ampla defesa.*

Conforme HC 150.343, de 2020, a 1ª Turma do STF *determinou reexame de expulsão de camaronês com base na nova Lei de Migração: "Penal. Habeas corpus. Decreto de Expulsão. Requisitos. Inadequação da via eleita. Concessão da ordem de ofício. 1. A falta de comprovação da existência de apoio financeiro ou vínculo afetivo com prole brasileira autoriza a expulsão de estrangeiro definitivamente condenado por tráfico de drogas. 2. Em habeas corpus, não cabe ao Supremo Tribunal Federal rever fatos e provas para concluir pela existência de causa impeditiva para o ato expulsório. 3. A superveniência de causa potencialmente excludente de expulsabilidade impõe o reexame do ato administrativo pela autoridade competente (Ministro da Justiça). 4. Habeas corpus não conhecido. Ordem concedida de ofício para determinar que o Ministro da Justiça proceda à revisão da Portaria nº 160/2010, tendo em conta as novas provas apresentadas pela defesa e os termos da Lei nº 13.445/2017, ficando suspensos os efeitos do ato expulsório até ulterior deliberação do referido órgão do Poder Executivo".*

B Deportação: É o processo de devolução de estrangeiro com **permanência irregular** no Brasil. A deportação é de iniciativa da Polícia Federal, devendo ser lavrado o termo competente quando de sua ocorrência. Eventual *habeas corpus* em favor do deportando deverá ser impetrado perante a Justiça Federal de primeiro grau. Está permitido na própria Lei, o **reingresso do estrangeiro deportado**, bastando pagamento de despesas e multas emergentes e preenchimento dos requisitos para sua entrada regular (conforme Exame OAB, FGV-2014.3).

Em complemento ao supra, calha ressaltar os principais pontos da nova Lei de MIGRAÇÃO:

- *A deportação é medida decorrente de procedimento administrativo que consiste na retirada compulsória de pessoa que se encontre em situação migratória irregular em território nacional.*

- *A deportação será precedida de notificação pessoal ao deportando, da qual constem, expressamente, as irregularidades verificadas e prazo para a regularização não inferior a 60 (sessenta) dias, podendo ser prorrogado, por igual período, por despacho fundamentado e mediante compromisso de a pessoa manter atualizadas suas informações domiciliares.*
- *A deportação não exclui eventuais direitos adquiridos em relações contratuais ou decorrentes da lei brasileira.*
- *Os procedimentos conducentes à deportação devem respeitar o contraditório e a ampla defesa e a garantia de recurso com efeito suspensivo.*
- *Não se procederá à deportação se a medida configurar extradição não admitida pela legislação brasileira.*

C **Extradição**: É o **ato bilateral** pelo qual um Estado libera um indivíduo que praticou um crime para ser processado (extradição instrutória) ou para cumprir pena (extradição executória) em outro país. **Instrumento típico de cooperação internacional em matéria penal.** Instituto sem caráter absoluto, possuindo limitações no Brasil. O **extraditado pode retornar ao Brasil**, desde que tenha cumprido sua pena. A extradição se classifica em ativa (em relação ao Estado que a requer) e passiva (em relação ao Estado requerido). Quase todos os **Estados negam a extradição de seus nacionais**, inclusive o Brasil. Não é permitida a ocorrência da **extradição dissimulada** (proibição da deportação e da expulsão quando estas caracterizarem extradição inadmitida pelo ordenamento jurídico);

C.1 **Requisitos da extradição:** 1) **especialidade:** julgamento ou cumprimento de pena pelo delito considerado, tão somente; 2) **identidade ou dupla incriminação:** o crime deve fazer parte da legislação de ambos os Estados considerados; e 3) a extradição depende da existência de **tratado** entre os países considerados, ou de **promessa de reciprocidade.** Quanto aos requisitos da extradição, houve questão no exame da FGV, de abril de 2017;

Em complemento ao supra, calha ressaltar os principais pontos da nova Lei de MIGRAÇÃO. São condições para concessão da extradição:

- Ter sido o crime cometido no território do Estado requerente ou serem aplicáveis ao extraditando as leis penais desse Estado; e
- Estar o extraditando respondendo a processo investigatório ou a processo penal ou ter sido condenado pelas autoridades judiciárias do Estado requerente a pena privativa de liberdade.

De acordo com o novo art. 84: "Em caso de urgência, o Estado interessado na extradição poderá, previamente ou conjuntamente com a formalização do pedido extradicional, requerer, por via diplomática ou por meio de autoridade central do Poder Executivo, prisão cautelar com o objetivo de assegurar a executoriedade da medida de extradição que, após exame da presença dos pressupostos formais de admissibilidade exigidos nesta Lei ou em tratado, deverá representar à autoridade judicial competente, ouvido previamente o Ministério Público Federal". Dessa forma, o art. 86: "*O Supremo Tribunal Federal, ouvido o Ministério Público, poderá autorizar prisão albergue ou domiciliar ou determinar que o extraditando responda ao processo de extradição em liberdade, com retenção do documento de viagem ou outras medidas cautelares necessárias, até o julgamento da extradição ou a entrega do extraditando, se pertinente, considerando a situação administrativa migratória, os antecedentes do extraditando e as circunstâncias do caso*".

C.2 **Limites da extradição:** 1) os **delitos militares** (deserção, insubordinação, abandono de posto) e os **delitos de opinião ou políticos** não ensejam a extradição; e 2) a extradição é **medida grave**, por isso somente deve ser entregue um indivíduo por causa da prática de crime grave. OBS.: no rol de crimes políticos não se inclui o delito de terrorismo, que é passível de extradição;

Em complemento ao supra, calha ressaltar os principais pontos da nova Lei de MIGRAÇÃO. *Não se concederá a extradição quando:*

- *o indivíduo cuja extradição é solicitada ao Brasil for brasileiro nato;*
- *o fato que motivar o pedido não for considerado crime no Brasil ou no Estado requerente;*
- *o Brasil for competente, segundo suas leis, para julgar o crime imputado ao extraditando;*
- *a lei brasileira impuser ao crime pena de prisão inferior a 2 (dois) anos;*
- *o extraditando estiver respondendo a processo ou já houver sido condenado ou absolvido no Brasil pelo mesmo fato em que se fundar o pedido;*
- *a punibilidade estiver extinta pela prescrição, segundo a lei brasileira ou a do Estado requerente;*
- *o fato constituir crime político ou de opinião;*
- *o extraditando tiver de responder, no Estado requerente, perante tribunal ou juízo de exceção; ou*
- *o extraditando for beneficiário de refúgio, nos termos da Lei no 9.474, de 22 de julho de 1997, ou de asilo territorial.*

C.3 **Extradição no Brasil:** Art. 5º da CF de 1988, incisos LI e LII. Regra: nenhum brasileiro será extraditado. O brasileiro nato nunca será extraditado. O naturalizado será extraditado em duas hipóteses: quando praticar crime comum antes da naturalização e quando estiver envolvido em tráfico ilícito de entorpecentes e drogas afins. Não será concedida extradição de estrangeiro por crime político ou de opinião **(OAB, 2021.2)**.

C.4 **Procedimento da extradição passiva:** Brasil – sistema judicial. São **três fases: 1ª) Administrativa** (Poder Executivo, via diplomática); **2ª) Judiciária** (STF examina a legalidade); e **3) Administrativa** (entrega o extraditando ou comunica a recusa). Após a entrada do pedido pelo Ministério das Relações Exteriores, a solicitação de extradição é remetida ao STF, onde o Ministro relator designado recebe o processo, decreta a prisão (condição de procedibilidade, fica detido até findar o processo de extradição) e remete ao plenário que irá analisar somente os requisitos legais, decisão esta que não cabe recurso (art. 102, I, g, da CF). Atua o **Ministério Público** como fiscal da lei. A **defesa do extraditando é limitada**, podendo versar somente sobre a identidade da pessoa, defeito de forma dos documentos ou ilegalidade **(contenciosidade limitada)**. Se o Supremo autorizar a extradição, cabe o Presidente se manifestar.

De acordo com o art. 79 do Estatuto do Estrangeiro: "Quando mais de um Estado requerer a extradição da mesma pessoa, pelo mesmo fato, terá preferência o pedido daquele em cujo território a infração foi cometida" (Exame OAB, FGV-2014.2).

Calha ler esta recente e interessante decisão do STF, sobre extradição:

> "COMPETÊNCIA – EXTRADIÇÃO – ESTADO REQUERENTE. Havendo notícia de prática delituosa voltada a introduzir substância entorpecente no território do Governo requerente, incumbe ter como de boa origem o pedido de extradição. DUPLA TIPICIDADE – EXTRADIÇÃO – CONSPIRAÇÃO – ASSOCIAÇÃO PARA LAVAGEM DE RECURSOS. A Convenção das Nações Unidas contra o Crime Organizado Internacional, por ter sido assinada por Brasil e Estados Unidos, inseriu, no Tratado de Extradição firmado pelos dois países, o crime de lavagem de capitais, se presente a transnacionalidade. EXTRADIÇÃO – REQUISITOS. Uma vez atendidos os requisitos legais sob o ângulo da existência de ordem de prisão ou de título condenatório criminal, da dupla tipologia e da ausência de prescrição, estando os documentos anexados ao processo em harmonia com a forma prevista em lei, há de ser reconhecida a possibilidade de entrega do extraditando, cabendo o ato definidor ao Chefe do Poder Executivo Nacional. PRISÃO PERPÉTUA – EXCLUSÃO – EXTRADIÇÃO. No deferimento da extradição, deve-se impor cláusula, considerada a norma do artigo 75 do Código Penal e, portanto, a impossibilidade de o extraditando cumprir pena perpétua cerceadora da liberdade de ir e vir, observando-se a detração. DETRAÇÃO – CUSTÓDIA NO BRASIL – PRISÃO – DURAÇÃO. Impõe-se, na entrega do extraditando, a formalização de compromisso, visando subtrair de possível pena aplicada ao extraditando o período em que esteve preso no Brasil, procedendo-se, de igual forma, quanto ao prazo máximo de prisão – 30 anos" (Ext. 1367, STF, Min. Rel. MARCO AURÉLIO, j. 01/09/2015).

MUITA ATENÇÃO!

Pedimos vênia para expressar nossa opinião, a qual vai ao encontro do entendimento de muitos outros professores de Internacional e Direitos Humanos. **Entendemos que a decisão definitiva sobre a extradição é do STF**, em razão de adotarmos um sistema judicial e levando em conta que a CF é expressa neste ponto, **não sendo, assim, discricionário por parte do Presidente entregar ou não**, especialmente quando há tratado assinado entre os países envolvidos. Contudo, **no STF prepondera o entendimento de que "a última palavra" é do Presidente. E esse posicionamento foi confirmado com a Extradição 1085, caso Battisti,** na qual, embora autorizada a extradição pela Corte Suprema, restou o Presidente por não entregar o italiano ao governo solicitante, que na situação era o italiano.

DICA IMPORTANTE

Há julgados importantes do STF sobre extradição: Súmula 421; Ext. 766, de 2000; Ext. 897, de 2005; Ext. 864, de 2003; Ext. 855, de 2005; Ext. 688, de 1997; Ext. 643, de 1995; Ext. 524, de 1991; Ext. 1085 (Caso Cesare Battisti), de 2009; Ext. 1218, de 2013; Ext. 1125, de 2013; Ext. 1222, de 2013; Ext. 1232, de 2013; Ext. 1276, de 2014; e Ext. 1254, de 2014.

? **QUESTÃO:** É possível a rejeição sumária do pedido de extradição?

RESPOSTA: *Quando o pedido de extradição se fundamentar apenas na promessa de reciprocidade de tratamento (não em tratado), o governo brasileiro, na primeira fase do procedimento (administrativa), poderá indeferi-lo sem necessidade de submeter o pedido ao Supremo. É a recusa ou rejeição sumária.*

CAPÍTULO VIII
ASILO E REFÚGIO

1. QUADRO EXPLICATIVO E COMPARATIVO

A Semelhanças: ambos visam proteger pessoa humana em razão de perseguição. Por essa razão têm caráter tutelar, podendo ser concedidos até mesmo ao indivíduo que ingressa irregularmente em território nacional. Quando concedidos por um Estado não poderão ser interpretados como atos inamistosos pelos demais. **Não estão sujeitos ao princípio da reciprocidade.** Tanto o refugiado como o asilado, quando em gozo desses institutos, somente poderão se retirar do país onde se encontram protegidos com prévia anuência das autoridades locais, sob pena de perderem essas condições. Os dois têm viés humanitário e face suas similitudes pode-se afirmar que se complementam.

B Quadro para memorização:

Institutos	Asilo	Refúgio
Previsão em âmbito nacional	• É um dos princípios que rege o Brasil nas relações internacionais (art. 4, inc. X, da CF).	• Sem previsão constitucional.
Previsão em Tratados Internacionais: **Características**	• Convenções sobre asilo: de Havana de 1928; de Montevidéu de 1933; de Caracas de 1954; e de Montevidéu de 1889 e 1939. • Vide art. 14 da Declaração Universal dos Direitos Humanos: "1.Toda pessoa, vítima de perseguição, tem o direito de procurar e de gozar asilo em outros países. 2. Este direito não pode ser invocado em caso de perseguição legitimamente motivada por crimes de direito comum ou por atos contrários aos propósitos e princípios das Nações Unidas." • Instrumento político e de caráter latino-americano.	• Direito Internacional dos Refugiados. Convenção Relativa ao Estatuto dos Refugiados de 1951. Esta convenção possuía uma limitação temporal e geográfica, pois a condição de refugiado se restringia aos acontecimentos ocorridos antes de 1º de janeiro de 1951 no continente europeu. O Protocolo sobre Estatuto dos Refugiados de 1967 suprimiu essas limitações. • Instrumento apolítico, essencialmente humanitário e de caráter convencional, internacional e universal.
Natureza do ato de concessão	• Ato unilateral de natureza constitutiva e trâmite mais célere.	• Ato unilateral de natureza declaratória, consistindo em procedimento administrativo mais moroso. Ainda assim, é gratuito e de tramitação urgente.
Motivos para concessão, que tipo de perseguição?	• A perseguição deve ser efetiva e ficar demonstrada, não bastando fundado temor. Trata-se de perseguição individualizada de natureza política. O asilo é concedido em razão da prática de crimes políticos e ideológicos (ex.: crimes contra a segurança do Estado).	• A perseguição tem o aspecto generalizado, havendo necessidade de proteção a um número maior de pessoas. • Basta o fundado temor de perseguição. • A condição de refugiado é dada a qualquer pessoa e familiares que temam perseguição por questões raciais, de religião, de nacionalidade, grupo social ou opinião política. • Ler art. 1º do Estatuto dos Refugiados.
Excluídos (não protegidos): **Procedimento para concessão**	• Não recebe asilo aquele que é perseguido pela prática de crimes comuns ou atos atentatórios aos interesses e princípios das Nações Unidas. • O pedido de asilo diplomático é solicitado diretamente nas embaixadas e concedido pelo chefe da missão diplomática. Já o asilo político é concedido pelo Presidente da República, após a análise do Ministério da Justiça.	• Estatuto dos Refugiados, art. 3º. • Ler art. 38 do Estatuto dos Refugiados – causas de cessação e de perda da condição de refugiado. • MS 12510/2007 do STF: não é possível conceder refúgio a indivíduo que resida no Brasil ou que possua a condição de nacional. *In casu*, suíço naturalizado pretendia refúgio para evitar extradição, mas já tinha condição de naturalizado e residia no Brasil.

Institutos	Asilo	Refúgio
Excluídos (não protegidos): Procedimento para concessão		• O refúgio pode ser requerido ao Comitê Nacional para Refugiados (CONARE), primeira instância. Este se reunirá com quórum de quatro membros com direito a voto, deliberando por maioria simples. Será informado o Alto Comissariado das Nações Unidas para Refugiados (ACNUR) sobre o processo. Se indeferido pelo CONARE cabe recurso ao Ministro da Justiça, no prazo de quinze dias, contados da notificação. • Além da concessão da condição de refugiado, podem ser aplicados os mecanismos da repatriação voluntária (art. 42), integração local (art. 43) ou reassentamento em outro país.
Dos efeitos quanto à extradição	• A condição de asilado, em tese, não evita a extradição, ou seja, não é causa de inextraditabilidade. Vide Ext. 524/91 do STF.	• O reconhecimento administrativo da condição de refugiado é elisiva da extradição. • Estatuto dos Refugiados, seu art. 33. • Ler Ext. 1170/2010 do STF.

No exame FGV, 2015.2, havia questão sobre o CONARE (Comitê Nacional para os Refugiados), sobre a Convenção das Nações Unidas sobre o Estatuto dos Refugiados e a Lei nº 9.474/97, que define os mecanismos para a implementação dessa Convenção. Dessa forma, de acordo com a Lei, a opção correta, que condição jurídica do refugiado no Brasil, é esta: "Possui os direitos e deveres dos estrangeiros no Brasil, bem como direito a cédula de identidade comprobatória de sua condição jurídica, carteira de trabalho e documento de viagem".

> **MUITA ATENÇÃO!**
>
> Não pode ser esquecida a tradicional classificação do asilo, principalmente por ser um instrumento essencialmente latino-americano. **Há o asilo diplomático, externo, provisório ou internacional**, cuja proteção é conferida ao estrangeiro nas embaixadas (ou até mesmo nos navios de guerra e acampamentos ou aeronaves militares). Quando de sua concessão, o chefe da missão diplomática deve providenciar um *salvo-conduto*, documento que permite o deslocamento do perseguido da embaixada para o território brasileiro. Quando da entrada em território nacional, aí sim será solicitado o **asilo político, também conhecido como territorial**.

Em complemento ao supra, calha ressaltar os principais pontos da nova Lei de MIGRAÇÃO:

- O asilo político, que constitui ato discricionário do Estado, poderá ser diplomático ou territorial e será outorgado como instrumento de proteção à pessoa.
- Não se concederá asilo a quem tenha cometido crime de genocídio, crime contra a humanidade, crime de guerra ou crime de agressão, nos termos do Estatuto de Roma do Tribunal Penal Internacional, de 1998, promulgado pelo Decreto nº 4.388, de 25 de setembro de 2002.
- A saída do asilado do País sem prévia comunicação implica renúncia ao asilo.

> **DICA IMPORTANTE**
>
> Todo o perseguido que se refugie em território nacional não pode ser devolvido ao Estado perseguidor, eis o princípio da não devolução (*non-refoulement*). É uma garantia de proteção ao refugiado.

? **QUESTÃO:** A concessão de asilo é ato discricionário por parte do Estado? Ou é vinculativo, preponderando o entendimento de que é um direito da pessoa?

➥ ***RESPOSTA:*** *Prepondera a posição de que é ato discricionário, exercício de soberania por parte do país que recebe o perseguido (neste sentido o informativo 241 do STF). Todavia, vem crescendo a doutrina mais humanista, que entende ser ato vinculativo, direito, principalmente quando previsto expressamente na Constituição Federal. Nesta última situação encaixa-se o Brasil, que prevê no art. 4º, inc. X, da CF, a concessão de asilo.*

CAPÍTULO IX

TRIBUNAL PENAL INTERNACIONAL (TPI)

1. NOÇÕES

O Tribunal Penal Internacional (TPI) ou *International Criminal Court* (ICC) é uma corte penal internacional com jurisdição permanente, competente para julgar crimes internacionais graves cometidos por pessoas físicas. Ele consagra a justiça penal internacional, almejando combater a impunidade e assegurar o respeito aos direitos humanos.

O TPI, criado pelo Tratado de Roma de 1998, atua em conjunto com a ONU, mediante um acordo especial. Conforme gabarito do Exame OAB, FGV – 2014.1, o presente Tribunal foi citado como integrante do sistema global de proteção aos direitos humanos (o sistema da ONU).

1.1 Apresentação: a) Criado pelo Tratado de Roma de 1998, ou Estatuto do TPI. Vigência do tratado e funcionamento do Tribunal: a partir de 01/07/2002 (quando se atingiu o número mínimo de ratificações, 60); **b)** Sediado em Haia, Holanda; **c)** Possui 111 Estados membros, com a possibilidade de retirada do Estatuto. Dentre os membros está o Brasil (ratificação em 2002, conforme Decreto 4.388). Tem previsão constitucional interna, vide CF: art. 5º, § 4º, e art. 7º/ADCT; e **d)** Corte com personalidade jurídica própria e independente. Com capacidade necessária para o desempenho de suas funções;

1.2 Jurisdição: a) Exerce jurisdição permanente, internacional, subsidiária e complementar. Quanto a este último ponto, **tem-se o princípio da complementaridade**, o qual prioriza a jurisdição nacional, ou seja, o TPI atuará somente quando Estado parte se mostrar incapaz para tanto; **b)** O art. 18 do Estatuto do TPI preceitua que os Estados devem ser notificados previamente antes de o TPI começar uma investigação, em respeito à complementaridade de sua jurisdição. Esta notificação é prescindível quando as autoridades do Estado em questão se apresentarem inoperantes; **c)** Tribunais *ad hoc*: não é o caso do TPI. *Ad hoc* são as instituições provisórias estabelecidas para julgar determinado fato, criadas após o cometimento do ilícito. Ainda podem ser estabelecidas mediante Resolução do Conselho de Segurança das Nações Unidas;

1.3 Competência em razão da matéria (*ratione materiae*), em razão do tempo (*ratione temporis*) e em razão da pessoa (*ratione personae*): a) O TPI julga quatro espécies de crimes, quais sejam: de guerra, de genocídio, de agressão e contra a humanidade, **desde que cometidos após a entrada em vigor do seu Estatuto (01/07/2002); b)** De acordo com o art. 5º do Tratado de Roma: "(...) A competência do Tribunal restringir-se-á aos crimes mais graves que afetam a comunidade internacional no seu conjunto. Nos termos do presente Estatuto, o Tribunal terá competência para julgar os seguintes crimes": a) O crime de genocídio; b) Os crimes contra a Humanidade; c) Os crimes de guerra; d) O crime de agressão. 2 – O Tribunal poderá exercer a sua competência em relação ao crime de agressão desde que, nos termos dos artigos 121º e 123º, seja aprovada uma disposição em que se defina o crime e se enunciem as condições em que o Tribunal terá competência relativamente a este crime. Tal disposição deve ser compatível com as disposições pertinentes da Carta das Nações Unidas"; e **c)** Somente julga pessoas físicas, respeitada a menoridade: 18 anos;

O Tribunal Penal Internacional divulgou no dia 15 de setembro de 2016 que passaria a processar e julgar crimes contra o meio ambiente. Em um arrazoado de 18 laudas, o procurador explicitou que o TPI daria especial atenção a crimes relacionados à *destruição do meio ambiente, à exploração de recursos naturais e à apropriação ilegal de terras*. O *ecocídio* passa a ser interpretado como da competência material do TPI. O tribunal interpretará os crimes contra a humanidade de maneira mais ampla, para incluir também crimes contra o meio ambiente que destruam as condições de existência de uma população porque o ecossistema foi destruído, como no caso de desmatamento, mineração irresponsável, grilagem de terras e exploração ilícita de recursos naturais, entre outros.

1.4 Estrutura: a) O Tribunal possui uma presidência, 3 Seções (uma de Instrução ou de questões preliminares, uma de Julgamento em primeira instância e uma de Recursos ou de Apelação), o gabinete do Procurador e uma secretaria; **b)** Todos esses órgãos trabalham com base em línguas oficiais (árabe, chinesa, espanhola, francesa, inglesa e russa) e de trabalho (francesa e inglesa); **c)** Para julgar há, no mínimo, 18 juízes, imparciais, que exercem um mandato de 9 anos (há magistrada brasileira dentre os

18, a Dra. Sylvia Steiner); **d)** O Procurador é responsável pelas investigações e pela propositura da ação penal, possui amplos poderes de investigação e exerce mandato de 9 anos, agindo de forma independente; **e)** Em razão da divisão das atividades de investigar, propor a ação e julgar, o documento de Roma adota o sistema acusatório; e **f)** Para garantir a autonomia dos integrantes do TPI, há o art. 48 do Estatuto: "1 – O Tribunal gozará, no território dos Estados Partes, dos privilégios e imunidades que se mostrem necessários ao cumprimento das suas funções. 2 – Os juízes, o procurador, os procuradores-adjuntos e o secretário gozarão, no exercício das suas funções ou em relação a estas, dos mesmos privilégios e imunidades reconhecidos aos chefes das missões diplomáticas, continuando a usufruir de absoluta imunidade judicial relativamente às suas declarações, orais ou escritas, e aos atos que pratiquem no desempenho de funções oficiais após o termo do respectivo mandato";

1.5 Alguns princípios gerais de direito penal internacional no Estatuto: a) *Nullum crimen sine lege;* **b)** *Nulla poena sine lege.* OBS.: O TPI demonstra uma "obsessão" pelo princípio da legalidade; **c)** Não retroatividade *ratione personae* (nenhuma pessoa será considerada criminalmente responsável, de acordo com o Estatuto, por uma conduta anterior à entrada em vigor do tratado); **d)** Responsabilidade criminal individual. Não processa pessoas jurídicas e nem Estados; **e)** Exclusão da jurisdição relativamente a menores de 18 anos; **f)** Irrelevância da qualidade oficial, de prerrogativas e imunidades internas; e **g)** Imprescritibilidade dos crimes;

1.6 Ampla cooperação com o TPI – entrega: a) Art. 59 do Tratado de Roma: "1 – O Estado Parte que receber um pedido de prisão preventiva ou de detenção e entrega, adotará imediatamente as medidas necessárias para proceder à detenção, em conformidade com o respectivo direito interno e com o disposto no capítulo IX. 2 – O detido será imediatamente levado à presença da autoridade judiciária competente do Estado da detenção. 3 – O detido terá direito a solicitar à autoridade competente do Estado da detenção autorização para aguardar a sua entrega em liberdade"; **b) O mecanismo mais importante para cooperação com o TPI é o instituto da entrega,** no qual o Estado que ratificou o Estatuto disponibiliza o indivíduo ao Tribunal para que responda a processo ou cumpra a pena. Difere da extradição, pois esta consiste em uma relação horizontal entre dois Estados e aquela em uma relação vertical entre TPI e Estado membro; e **c)** Em regra, no Brasil, não se admite extradição de nacionais. Todavia, **hoje, se aceita a entrega de nacionais ao TPI para serem responsabilizados; e**

1.7 Conflito aparente entre a CF de 1988 e o Tratado de Roma de 1998: a) Há alguns institutos previstos no Estatuto do TPI que, aparentemente, estariam conflitando com a CF. Há diferentes correntes quanto a este tema, preponderando, contudo, a dos doutrinadores de Direitos Humanos e de Direito Internacional, que entendem haver apenas um conflito aparente e não efetivo, material ou concreto; **b)** E mais, o Tratado de Roma não admite reservas, sendo assim, quando o Brasil o ratificou (em 2002) restou por acatar todos os seus mecanismos de ordem material e processual; e **c)** Principais dispositivos do TPI que foram recepcionados pelo Brasil com a ratificação: prisão perpétua, entrega e irrelevância da função pública e das imunidades e prerrogativas.

? **QUESTÃO:** O TPI pode aplicar, em seus julgamentos, pena de morte?

RESPOSTA: *Não. Conforme art. 77 do Tratado de Roma: "Penas aplicáveis. 1 – Sem prejuízo do disposto no art. 110, o Tribunal pode impor à pessoa condenada por um dos crimes previstos no art. 5º do presente Estatuto uma das seguintes penas: a) Pena de prisão por um número determinado de anos, até ao limite máximo de 30 anos; ou b) Pena de prisão perpétua, se o elevado grau da ilicitude do facto e as condições pessoais do condenado o justificarem. 2 – Além da pena de prisão, o Tribunal poderá aplicar: a) Uma multa, de acordo com os critérios previstos no Regulamento Processual; b) A perda de produtos, bens e haveres provenientes, direta ou indiretamente, do crime, sem prejuízo dos direitos de terceiros que tenham agido de boa-fé."*

MUITA ATENÇÃO!

Está pendente de julgamento no STF a Petição 4625, a qual tem como objeto de discussão o procedimento interno no Brasil quanto aos pedidos de entrega remetidos pelo TPI. Tal mecanismo imprescindível de cooperação com o Tribunal ainda não tem regulamentação específica em território nacional.

FIQUE POR DENTRO:

"JULGAMENTOS E PRISÕES"

Até o momento da redação do presente capítulo, registrou-se uma (a primeira) condenação definitiva. O TPI declarou em 14 de março de 2012 o congolês Thomas Lubanga Dyilo culpado por recrutar crianças-soldado. Além desta condenação, há outros processos e investigações em curso contra membros do governo de Uganda, da República do Congo, do Sudão, da República da África Central, da República do Quênia e, mais recentemente, da Líbia. Quanto às detenções, vários mandados já foram emitidos. Em março de 2009, o TPI expediu a primeira ordem de detenção e entrega contra um Chefe de Estado ainda em exercício, tratava-se do presidente sudanês Omar Al-Bashir. **OBS.: neste caso do Sudão a investigação pelo Procurador teve início em razão de Resolução do Conselho de Segurança da ONU, pois o Sudão não é parte do Estatuto de Roma, mas sim é da ONU.** Em 27/06/2011 também fora decretada a segunda ordem de detenção e entrega contra um Chefe de Estado em exercício, tratava-se do Sr. Muammar Kadhaffi, ex-líder da Líbia. Este foi capturado e assassinado em outubro de 2011, situação que gerou o cancelamento da ordem.

CAPÍTULO X

DOMÍNIO PÚBLICO INTERNACIONAL

1. NOÇÕES

1.1 Conceito: domínio público internacional pode ser definido como o conjunto dos espaços cuja exploração interessa a mais de um **Estado** e, por vezes, a todos os integrantes da sociedade internacional. Exemplos: o alto mar, os rios internacionais, o espaço aéreo, o espaço sideral e o continente antártico;

A Território nacional: em sentido jurídico, consiste no âmbito espacial sujeito ao poder soberano do Estado, podendo ser por extensão e por ficção. Pode também ser compreendido como a superfície terrestre (solo e subsolo), as águas territoriais (fluviais, lacustres e marítimas) e o espaço aéreo correspondente. Conforme art. 5º do CP são extensões do território nacional: as embarcações e aeronaves brasileiras, de natureza pública ou a serviço do governo brasileiro, onde quer que se encontrem, bem como as aeronaves e as embarcações brasileiras, mercantes ou de propriedade privada que se achem, respectivamente, no espaço aéreo correspondente ou em alto-mar. Ler art. 5º do Código Penal.

2. DIREITO DO MAR

Cabe à **Convenção das Nações Unidas sobre o Direito do Mar, celebrada em Montego Bay**, Jamaica (1982), definir conceitos de mar territorial, de plataforma continental e outros. Estabelece limites espaciais máximos a serem adotados pelos Estados. Essa norma internacional também criou o **Tribunal Internacional do Direito do Mar**, instância competente para julgar controvérsias relativas à sua interpretação e aplicação. A Convenção teve sua entrada em vigor no Brasil **por meio do Decreto 1.530, de 22 de junho de 1995**.

CONVENÇÃO DE MONTEGO BAY	
Mar territorial	A soberania do Estado costeiro estende-se além do seu território e das suas águas interiores **a uma zona de mar adjacente designada de mar territorial**. Esta soberania estende-se ao espaço aéreo sobrejacente, bem como ao leito e ao subsolo deste mar. **Limite máximo: 12 milhas.**

CONVENÇÃO DE MONTEGO BAY	
Zona contígua	Zona contígua ao mar territorial, **dentro da qual o Estado costeiro pode exercer jurisdição e tomar as medidas de fiscalização necessárias. Não pode estender-se além de 24 milhas marítimas**, contadas a partir das linhas de base que servem para medir a largura do mar territorial.
Zona econômica exclusiva (ZEE)	**Zona situada além do mar territorial e a este adjacente.** O Estado costeiro tem direitos de soberania para fins de exploração e aproveitamento, conservação e gestão dos recursos naturais, vivos ou não vivos das águas sobrejacentes ao leito do mar, do leito do mar e seu subsolo, e no que se refere a outras atividades com vista à exploração e aproveitamento. O Estado exerce sua jurisdição no que se refere à colocação e utilização de ilhas artificiais, instalações e estruturas, investigação científica marinha, e proteção e preservação do meio marinho. A ZEE **não se estenderá além de 200 milhas marítimas das linhas de base a partir das quais se mede o mar territorial.**
Plataforma continental	**Compreende o leito e o subsolo das áreas submarinas que se estendem além do seu mar territorial**, em toda a extensão do prolongamento natural do seu território terrestre, até ao bordo exterior da margem continental, ou até uma distância de **200 milhas marítimas das linhas de base a partir das quais se mede a largura do mar territorial.** É reconhecido a todos os Estados o direito de colocar cabos e dutos na plataforma continental.
Alto mar	**É composto por todas as partes do mar não incluídas na zona econômica exclusiva, no mar territorial ou nas águas interiores de um Estado, nem nas águas arquipelágicas** de um Estado arquipélago (conceito por exclusão). O alto mar está aberto a todos os Estados, quer costeiros quer sem litoral, e será utilizado para fins pacíficos. Nenhum Estado pode pretender submeter qualquer parte do alto mar à sua soberania. **Todos os países, costeiros ou sem litoral, têm o direito de fazer navegar no alto mar navios** que arvorem a sua bandeira. O alto mar não é *res nullius*, mas bem de uso comum da humanidade. Seu **regime jurídico é norteado pelo princípio da liberdade do alto mar**, incluindo a liberdade de navegação e sobrevoo, a liberdade de pesca e a liberdade de colocar cabos e dutos submarinos.

MUITA ATENÇÃO!

A Lei 8.617 de 1993 dispõe sobre "o mar territorial, a zona contígua, a zona econômica exclusiva e a plataforma continental brasileiros". Tal normativa está condizente com os conceitos da Convenção de 1982, contudo, recomenda-se a leitura com atenção.

? QUESTÃO: O que é passagem inofensiva ou inocente?

RESPOSTA: *Os navios estrangeiros encontrados no mar territorial gozam do chamado direito de passagem inocente, pelo qual o Estado costeiro deve abster-se de exercer jurisdição civil ou penal sobre tais embarcações, desde que esse transcurso seja contínuo, rápido e ordeiro.*

3. RIOS INTERNACIONAIS

São aqueles **que correm em mais de um Estado,** tanto os limítrofes (formam a fronteira entre dois Estados), quanto os de curso sucessivo (correm no território de um Estado em seguida ao de outro). Suas situações são reguladas por meio de tratados específicos, ex.: livre navegação do rio Amazonas – Tratado de Cooperação Amazônica. Não há convenção multilateral geral que regule a matéria. **Princípio básico que regula os rios internacionais: é o do exercício da soberania dos Estados sobre os trechos que correm dentro de seus respectivos limites.** A livre navegação em tais cursos d'água ainda não encontra ampla aceitação, **prevalecendo o princípio da soberania.** Exemplo de rio internacional: Danúbio.

4. ESPAÇO AÉREO

É **a porção da atmosfera localizada sobre o território ou mar territorial de um Estado**. O Direito Internacional reconhece a soberania exclusiva do Estado sobre seu espaço aéreo. Diferentemente do mar territorial, não se aceita o direito de passagem inocente, razão pela qual uma aeronave estrangeira somente pode sobrevoar o território de determinado Estado com o consentimento deste. **A Convenção de Chicago (1944)** e seus tratados acessórios estabelecem os princípios e conceitos básicos da aviação civil. Criação da Organização de Aviação Civil Internacional (OACI), em funcionamento desde 1947 e sediada em Montreal.

5. ESPAÇO SIDERAL (OU CÓSMICO)

O seu uso é disciplinado, primordialmente, pelo **Tratado sobre Princípios Reguladores das Atividades dos Estados na Exploração e Uso do Espaço Cósmico, Inclusive a Lua e Demais Corpos Celestes.** Tal documento preceitua que os corpos celestes e o espaço sideral são patrimônio comum da humanidade e, portanto, de livre acesso e insuscetíveis de apropriação por qualquer país. Estabelece, ainda, o uso pacífico do espaço e corpos celestes e a proibição expressa de instalação de armas nucleares. Outros documentos importantes sobre o assunto: Acordo sobre o Salvamento de Astronautas e Restituição de Astronautas e de Objetos lançados ao Espaço Cósmico, de 1968; Convenção sobre Responsabilidade Internacional por Danos Causados por Objetos Espaciais, de 1972; Acordo que Regula as Atividades dos Estados na Lua e em outros Corpos Celestes, de 1979; e Convenção Relativa ao Registro de Objetos Lançados no Espaço Cósmico, de 1974.

6. ANTÁRTIDA

Vide o Tratado da Antártida (1959), consagrador dos princípios da liberdade de pesquisa científica, do uso do continente para fins exclusivamente pacíficos (proibição da militarização e do uso de armas nucleares) e da postergação das reivindicações territoriais efetuadas por alguns Estados (em razão da proximidade geográfica ou por razões históricas, alguns países haviam reivindicado partes do continente antártico, contudo, tais pleitos não foram reconhecidas pela maioria dos integrantes da sociedade internacional). OBS.: Antártida corresponde ao polo sul; já o polo Norte corresponde à região ártica.

DICA IMPORTANTE

Há que ter atenção quanto aos temas relacionados à **camada pré-sal** brasileira, que consiste em uma faixa que se estende ao longo de 800 quilômetros entre os Estados do Espírito Santo e Santa Catarina, abaixo do leito do mar, englobando três bacias sedimentares (Espírito Santo, Campos e Santos). O petróleo encontrado nesta área está a profundidades que superam os 7 mil metros, abaixo de uma extensa camada de sal.

CAPÍTULO XI
DIREITO DA INTEGRAÇÃO E DIREITO DA UNIÃO

1. DIREITO DA INTEGRAÇÃO

Disciplina que tem como objeto fundamental a **integração de natureza comercial e econômica**, visando ao incentivo do comércio de uma **região.** É um desdobramento do **Direito Internacional clássico**, decorrendo dos tratados entre Estados, e criando, por conseguinte, **zonas econômicas privilegiadas**. Está presente na maioria dos blocos regionais, como o **MERCOSUL**. Aqui, os blocos regionais são **intergovernamentais**. As fontes do Direito da Integração **não possuem efeito direto e nem aplicabilidade imediata.**

2. DIREITO DA UNIÃO (OU DIREITO COMUNITÁRIO)

Disciplina que **surgiu com os documentos que criaram a União Europeia** (UE). Pode ser conceituado como um **Direito da Integração evoluído**, aperfeiçoado, hoje presente na UE e que começa a ser idealizado em outros blocos, como na Comunidade Andina de Nações (CAN). Trata-se de uma **disciplina autônoma que não está inserida no ramo do Direito Internacional Público**. Principais pontos: a) Estados **unidos por uma comunidade**; b) As normas comunitárias **possuem efeito direto e aplicabilidade imediata** e têm **primazia** frente às ordens internas dos Estados; c) Há um **órgão central com função executiva** e supranacional; d) Possui um sistema jurisdicional bem definido; e) Há um **Tribunal de Justiça da Comunidade**; f) Não só os aspectos econômicos e comerciais são levados em consideração; g) Parte do **exercício da soberania dos Estados será delegada** (compartilhada) a órgãos com poder supranacional; e h) Os Estados membros ainda são soberanos, embora limitados pela **supranacionalidade**.

3. FASES DO PROCESSO DE INTEGRAÇÃO: REGRA ZUMUU

Cada bloco regional está ou pretende alcançar um determinado **nível de integração.** Para tanto, **criamos a regra ZUMUU**. Todavia, é necessário antes advertir que a regra ZUMUU **têm fins unicamente didáticos**, tem caráter abstrato, pois alguns blocos, como o próprio MERCOSUL, **adotam o princípio da gradualidade** (fase após fase), outros já não. **Regra ZUMUU – as 5 fases** do processo de integração são: **Z**ona de livre comércio, **U**nião aduaneira, **M**ercado comum, **U**nião econômica e monetária e **U**nião política.

> **MUITA ATENÇÃO!** Alguns professores situam antes mesmo da zona de livre comércio (**Z**UMUU) a **área de preferência tarifária** (dois ou mais Estados reduzem tarifas de importação para apenas alguns produtos de suas pautas comerciais). Em razão de sua pouca utilização prática e não aceitação como uma fase do processo de integração, não foi incluída na regra supracitada.

4. MERCOSUL

O Mercado Comum do Sul é um bloco **intergovernamental**, em que as decisões são tomadas por **consenso** e com *quorum* da **unanimidade**, exigindo-se a presença de **todos os Estados membros.**

Ele tem como objetivo principal a constituição de um mercado comum (ZU**M**UU), embora ainda esteja na segunda fase (Z**U**MUU); tido como uma união aduaneira incompleta e imperfeita.

São membros de pleno direito: **Brasil, Paraguai, Uruguai, Argentina e, mais recentemente, Venezuela** (a forma como ingressou a Venezuela ao MERCOSUL gerou muitas críticas da comunidade acadêmica). Há ainda 5 membros **associados: Bolívia, Chile, Colômbia, Equador e Peru**. O México é observador.

A **Formação**: Tratado de Montevidéu, de 1960 – Associação Latino-Americana de Livre Comércio (ALALC); Tratado de Montevidéu, de 1980 – Associação Latino-Americana de Integração (ALADI); Inauguração da Ponte Presidente Tancredo Neves, que une Argentina e Brasil, em Foz do Iguaçu, em 1985; Ata para a integração Argentina-Brasil, de 1986; Ata de Bueno Aires, para futura criação de um mercado comum, de 1990; **Tratado de Assunção, assinado em 26 de março de 1991, criador do MERCOSUL; e Protocolo de Ouro Preto, de 1994, que institucionalizou o bloco e lhe deu personalidade jurídica internacional;**

B **Estrutura do MERCOSUL**: Protocolo de Ouro Preto, art. 1º, traz os principais órgãos do bloco. **a) Conselho do Mercado Comum (CMC):** intergovernamental e com capacidade decisória, manifestando-se por meio de Decisões; exerce a titularidade da personalidade jurídica internacional. **b) Grupo Mercado Comum (GMC):** órgão executivo, intergovernamental e com capacidade decisória, manifesta-se mediante Resoluções. **d) Comissão de Comércio do MERCOSUL (CCM)**: intergovernamental e com capacidade decisória, manifesta-se mediante Diretrizes. **e) Comissão Parlamentar Conjunta** (substituído pelo PARLASUL). **f) Parlamento do MERCOSUL (PARLASUL):** intergovernamental e unicameral, criado em 2005 pelo Protocolo Constitutivo do Parlamento do MERCOSUL; instalado em Montevidéu, Uruguai, em 2007; prevê eleições diretas. **g) Foro Consultivo Econômico-Social (FCES):** representante dos setores econômicos e sociais, integrado por igual número de representantes de cada Estado; função consultiva, manifesta-se mediante recomendações. **h) Secretaria Administrativa do MERCOSUL (SAM)**: apoio operacional; prestação de serviços como arquivamento;

C Fontes do Direito da Integração: sem aplicabilidade imediata e sem efeito direto. Fontes originárias (ex.: Tratado de Assunção e Protocolo de Ouro Preto), complementares (acordos celebrados no âmbito do Tratado de Assunção) e derivadas (Decisões do CMC, Resoluções do GMC e Diretrizes da CCM). **Há hierarquia entre estas fontes**, conforme ordem exposta, sendo que a incorporação aos ordenamentos de cada Estado membro é facultativa, com exceção no caso de adoção do **instituto da vigência simultânea**;

Dentro das fontes, há um importante arcabouçou de direito processual civil do Mercosul. Nessa linha, é importante destacar que uma sentença ou um laudo arbitral proveniente de um determinado Estado, cujo reconhecimento e execução seja solicitado a outro Estado membro, pode ter sua eficácia admitida pela autoridade jurisdicional do Estado requerido apenas parcialmente, de acordo com o Acordo de Cooperação e Assistência Jurisdicional em Matéria Civil, Comercial, Trabalhista e Administrativa entre os Estados Partes do Mercosul, a República da Bolívia e a República do Chile, que foi promulgado no Brasil por meio do Decreto nº 6.891/09, cuja finalidade consistia em estabelecer as bases em que a cooperação e a assistência jurisdicional entre os Estados membros será realizada (FGV – Exame de Ordem, 2016).

D Sistema de solução de controvérsias: era regulado pelo Protocolo de Brasília, de 1991; **hoje é disciplinado pelo Protocolo de Olivos, de 2002**. Ainda está baseado na arbitragem. Possui três níveis para solucionar as controvérsias entre os Estados partes, quais sejam: 1 – Negociações diretas; 2 – Arbitragem; e **3 – Tribunal Permanente de Revisão (TPR)**. Este último foi criado pelo documento de Olivos e revisa os laudos arbitrais, sem contar que pode ser **acessado diretamente** pelos Estados, se assim expressamente aceitarem.

Conforme exame **FGV – 2013.2, foi considerada correta a seguinte alternativa:** "O Tribunal Permanente de Revisão do MERCOSUL tem como base jurídica o Protocolo de Olivos e tem como competência resolver litígios dentro do sistema regional de integração, proferir pareceres consultivos e editar medidas excepcionais e de urgência".

E mais, de acordo com exame **FGV – 2015.1**, sobre sistema de soluções de controvérsias no **MERCOSUL** e **TPR**, considerou-se correta a seguinte assertiva: "O sistema de solução de controvérsias do MERCOSUL, atualmente normatizado nos termos do Protocolo de Olivos (2002), estabeleceu como instância final judicante o Tribunal Permanente de Revisão".

E Tarifa Externa Comum (TEC): é a principal característica da **atual união aduaneira**. Incide sobre os produtos originários de fora do bloco. Começou a ser aplicada a partir de 1 de janeiro de 1995, pondo fim à fase de transição do bloco, que havia começado em 1991. **O MERCOSUL é uma união aduaneira incompleta, porque a TEC tem listas de exceção, rol de produtos que não sofrem sua incidência.**

5. UNIÃO EUROPEIA

A União Europeia (UE) é um bloco **supranacional.** As decisões, em regra, são tomadas por maioria (a unanimidade só excepcionalmente). Possui já o mercado comum europeu consolidado. Hoje já tem **moeda única (zona do euro)**; é uma **união econômica e monetária** (ZUMUU). A UE tem um regionalismo aberto e é regida pelo Direito da União, dotado de **instituições supranacionais.** É o bloco regional mais desenvolvido, **composto por 27 Estados**, que, para ingresso, precisam cumprir com as Condições de Copenhague (1993).

Rol de **Estados-membros (28 no total)**, com ano de adesão: Áustria (1995); Bélgica (1958); Bulgária (2007); Chipre (2004); Croácia (2013); República Checa (2004); Dinamarca (1973); Estônia (2004); Finlândia (1995); França (1958); Alemanha (1958); Grécia (1981); Hungria (2004); Irlanda (1973); Itália (1958); Letônia (2004); Lituânia (2004); Luxemburgo (1958); Malta (2004); Países Baixos (1958); Polônia (2004); Portugal (1986); Romênia (2007); Eslováquia (2004); Eslovênia (2004); Espanha (1986); e Suécia (1995).

Recentemente ocorreu a saída do Reino Unido da União Europeia (UE), o que vem sendo apelidado de *BREXIT*, palavra originada na língua inglesa resultante da fusão das palavras *Britain* (Grã-Bretanha) e *exit* (saída). A saída da União é um direito dos Estados-membros segundo o Tratado da União Europeia (artigo 50): "Qualquer Estado-Membro pode decidir, em conformidade com as respetivas normas constitucionais, retirar-se da União."

Rol de **países candidatos:** Albânia; Antiga República jugoslava da Macedônia; Montenegro; Sérvia; e Turquia.

Rol de **potenciais países candidatos:** Bósnia e Herzegovina e Kosovo.

A **Formação**: a) 18 de abril de **1951 – Tratado de Paris** (Comunidade Europeia do Carvão e do Aço); b) 25 de março de **1957 – Tratados de Roma** (Comunidade Europeia e Comunidade Europeia da Energia Atômica); c) 17 de fevereiro de **1986 – Ato Único Europeu**; d) 7 de fevereiro de **1992 – Tratado de Maastricht** (Tratado da União Europeia); e) 2 de outubro de **1997 – Tratado de Amsterdã**; f) 26 de fevereiro de **2001 – Tratado de Nice**; e g) 13 de dezembro de **2007 – Tratado de Lisboa**;

A.1 **Tratado de Lisboa de 2007:** entrou em vigor em 1 de dezembro de 2009. Pôs fim às Comunidades, dando **personalidade jurídica única à União**. É um **tratado reformador, modificador** dos tratados constitutivos da UE; os documentos modificados foram: Tratado da Comunidade Europeia (CE), de 1957; Tratado da Comunidade Europeia de Energia Atômica (Euratom ou CEEA), de 1957; e Tratado da União Europeia ou de Maastricht, de 1992;

B **Estrutura da UE**: art. 13 do Tratado da União Europeia. As principais instituições são: **o Parlamento Europeu, o Conselho Europeu, o Conselho, a Comissão Europeia, o Tribunal de Justiça da União Europeia, o Banco Central Europeu e o Tribunal de Contas;**

C **Distribuição de competências**: antes da vigência do Tratado de Lisboa o bloco se estruturava com base em 3 pilares. **O sistema de pilares, por ser complexo e falho, foi extinto**. Hoje há uma distribuição de competências mais bem definida: **competência exclusiva da União**, **partilhada** (Estados e União emitem atos vinculativos juntos, quando esta não exerce aquele pode agir) e **complementar ou de apoio** (A União apoia os Estados);

D **Fontes do Direito da União:** são norteadas pelos **princípios da aplicabilidade imediata, da primazia, da autonomia frente às ordens jurídicas e da subsidiariedade**. Podem ser **originárias** (tratados institucionais ou comunitários), **complementares** (tratados celebrados pela UE como sujeito internacional) e **derivadas** (regulamentos, diretivas, decisões, pareceres e recomendações). **Há hierarquia** entre as fontes;

D.1 **Fontes derivadas em espécie:** atos unilaterais emitidos pelas instituições. São elas: **a) regulamentos** – alcance geral, com efeito *erga omnes,* sendo obrigatório em todos os seus elementos. Constitui fonte comunitária derivada diretamente aplicável em todos os Estados membros, não havendo necessidade de recepção ou ato nacional que o aceite; **b) diretivas** – são destinatários um, vários ou todos os Estados integrantes do bloco. Para que produza efeitos quanto aos nacionais de cada Estado, é necessário que o legislador nacional promulgue um ato de transposição; **c) decisões** – vinculativo em todos os seus elementos, mas somente para os destinatários que designar em seu corpo, não tem o caráter geral dos regulamentos. Exige também ato de transposição; e **d) recomendações e pareceres** – têm natureza consultiva e função de orientar;

E **Sistema de solução de controvérsias:** judicialidade comunitária. Jurisdição obrigatória. Os Estados não podem recorrer a outros meios. **Legitimados: os 27 Estados-membros, as instituições da UE, as pessoas físicas e as pessoas jurídicas.** Ações judiciais comunitárias a serem propostas perante o Tribunal de Justiça da UE: **ação por incumprimento, ação de nulidade, recurso de abstenção, ação de perdas e danos, ações trabalhistas e reenvio prejudicial**;

F **Cidadania europeia:** vide art. 20 do Tratado sobre o Funcionamento da União Europeia: "qualquer pessoa que tenha a nacionalidade de um Estado-Membro. **A cidadania da União acresce à cidadania nacional e não a substitui**"; e

G **Zona do euro**: composta por 17 Estados membros da UE. Critérios de convergência (de ingresso): elevado grau de estabilidade de preços; finanças públicas sólidas; taxa de câmbio estável; e taxas de juro de longo prazo baixas e estáveis. Há direito de retirada.

MUITA ATENÇÃO!

Além dos blocos regionais MERCOSUL e União Europeia, pede-se atenção a mais alguns, como a Comunidade Andina de Nações (CAN), a Área de Livre Comércio das Américas (ALCA), União de Nações Sul-americanas (UNASUL) e o Tratado Norte-americano de Livre Comércio (NAFTA).

DICA IMPORTANTE

O rol das fontes do Direito da União (ou Comunitário), acima apresentado, é exemplificativo, ou seja, outros atos podem ser emitidos pelas instituições. E mais, os próprios princípios gerais do Direito e os princípios do Direito Comunitário também são utilizados pela jurisprudência comunitária.

? **QUESTÃO:** Quais os princípios que regem a distribuição de competências na UE?

Delimitação das competências	Princípio da atribuição
Exercício das competências	Princípio da subsidiariedade
	Princípio da proporcionalidade

CAPÍTULO XII

COMPETÊNCIA INTERNACIONAL E COOPERAÇÃO INTERNACIONAL

1. COMPETÊNCIA INTERNACIONAL

A **jurisdição é uma das funções do Estado**, sendo que este a exerce substituindo os titulares dos direitos envolvidos, com o fim de **solucionar definitivamente**, de forma **imparcial e pacífica**, o conflito de interesses. Embora una, o exercício da jurisdição pode ser repartido pela CF ou pelas leis ordinárias. Desta forma, classicamente, pode-se entender que a **competência é a quantidade ou a medida da jurisdição** cujo exercício é atribuído a um determinado órgão. A competência pode ser relativa, absoluta, em razão da função, em razão da matéria ou territorial. Há, ainda, **a classificação em interna ou internacional** (pressuposto processual).

A **O CPC/2015 e o Direito Internacional:** a Lei 13.105, de 2015, regulamenta o novo Código de Processo Civil (CPC), e apresenta conceitos atuais que envolvem o Direito Internacional, particularmente o Privado (DIPri). Vejamos alguns pontos imprescindíveis:

Quanto à aplicação das normas processuais, o art. 13 do CPC preceitua que "A jurisdição civil será regida pelas normas processuais brasileiras, ressalvadas as disposições específicas previstas em tratados, convenções ou acordos internacionais de que o Brasil seja parte". Mais uma vez, agora em terreno processual civil, o Direito Internacional é expressamente exaltado e, a nosso ver, colocado em valor superior frente à legislação ordinária.

O Título II apresenta os "LIMITES DA JURISDIÇÃO NACIONAL E DA COOPERAÇÃO INTERNACIONAL", cuja escolha pelos redatores do texto normativo foi muito feliz, haja vista ser mais didático e elucidativo, especialmente porque nele inserem-se ditames sobre **competência internacional**, o que de fato pode ser classificado como limitativo à jurisdição nacional.

Nessa linha, eis o art. 21 do CPC, *in verbis*: "Compete à autoridade judiciária brasileira processar e julgar as ações em que: I – o réu, qualquer que seja a sua nacionalidade, estiver domiciliado no Brasil; II – no Brasil tiver de ser cumprida a obrigação; III – o fundamento seja fato ocorrido ou ato praticado no Brasil. Parágrafo único. Para o fim do disposto no inciso I, considera-se domiciliada no Brasil a pessoa jurídica estrangeira que nele tiver agência, filial ou sucursal". Não há novidades relevantes frente à redação anterior do CPC revogado (arts. 88 e 89).

Já o art. 22 complementa o art. 21, da seguinte forma: "Compete, ainda, à autoridade judiciária brasileira processar e julgar as ações: I – de alimentos, quando: a) o credor tiver domicílio ou residência no Brasil; b) o réu mantiver vínculos no Brasil, tais como posse ou propriedade de bens, recebimento de renda ou obtenção de benefícios econômicos; II – decorrentes de relações de consumo, quando o consumidor tiver domicílio ou residência no Brasil; III – em que as partes, expressa ou tacitamente, se submeterem à jurisdição nacional".

O art. 23 trata da **competência absoluta** da autoridade judiciária brasileira, com exclusão de qualquer outra. Cabendo, dessa forma, somente ao julgador brasileiro solucionar o conflito quando se tratar de: "I – conhecer de ações relativas a imóveis situados no Brasil; II – em matéria de sucessão hereditária, proceder à confirmação de testamento particular e ao inventário e à partilha de bens situados no Brasil, ainda que o autor da herança seja de nacionalidade estrangeira ou tenha domicílio fora do território nacional; III – em divórcio, separação judicial ou dissolução de união estável, proceder à partilha de bens situados no Brasil, ainda que o titular seja de nacionalidade estrangeira ou tenha domicílio fora do território nacional".

Como dispositivo nitidamente limitativo da jurisdição do Estado brasileiro, o art. 25 apregoa que: "Não compete à autoridade judiciária brasileira o processamento e o julgamento da ação quando houver cláusula de eleição de foro exclusivo estrangeiro em contrato internacional, arguida pelo réu na contestação. § 1º Não se aplica o disposto no caput às hipóteses de competência internacional exclusiva previstas neste Capítulo. (...)".

DICA IMPORTANTE

Temas relacionados ao Direito Internacional Privado (DIPri) vêm sendo cada vez mais cobrados pelas recentes provas da OAB, em razão da mudança de instituição organizadora. **Competência internacional, lei aplicável e elementos de conexão (que não podem ser confundidos)** ganham espaço, pois são alguns dos objetos de estudo mais importantes do DIPri. Entendimentos jurisprudências sobre essas temáticas não poderiam ficar de fora, **como os Recursos Especiais 116.854 e 251.438, ambos do STJ, os quais foram cobrados no exame da Ordem de setembro de 2010.**

B Competência dos juízes federais: o art. 109 da CF traz a competência dos juízes federais, com alguns incisos importantes para o Direito Internacional:

> *"Art. 109. Aos juízes federais compete processar e julgar:*
>
> *I – as causas em que a União, entidade autárquica ou empresa pública federal forem interessadas na condição de autoras, rés, assistentes ou oponentes, exceto as de falência, as de acidentes de trabalho e as sujeitas à Justiça Eleitoral e à Justiça do Trabalho;*
>
> *II –* ***as causas entre Estado estrangeiro ou organismo internacional e Município ou pessoa domiciliada ou residente no País;***
>
> *III –* ***as causas fundadas em tratado ou contrato da União com Estado estrangeiro ou organismo internacional;***
>
> *(...)*
>
> *V –* ***os crimes previstos em tratado ou convenção internacional, quando, iniciada a execução no País, o resultado tenha ou devesse ter ocorrido no estrangeiro, ou reciprocamente;***
>
> *V-A –* ***as causas relativas a direitos humanos a que se refere o § 5º deste artigo;***
>
> *(...)*
>
> *IX –* ***os crimes cometidos a bordo de navios ou aeronaves, ressalvada a competência da Justiça Militar;***
>
> *X –* ***os crimes de ingresso ou permanência irregular de estrangeiro, a execução de carta rogatória, após o "exequatur", e de sentença estrangeira, após a homologação, as causas referentes à nacionalidade, inclusive a respectiva opção, e à naturalização;*** *(...)*
>
> ***§ 5º Nas hipóteses de grave violação de direitos humanos, o Procurador-Geral da República, com a finalidade de assegurar o cumprimento de obrigações decorrentes de tratados internacionais de direitos humanos dos quais o Brasil seja parte, poderá suscitar, perante o Superior Tribunal de Justiça, em qualquer fase do inquérito ou processo, incidente de deslocamento de competência para a Justiça Federal."***

2. COOPERAÇÃO INTERNACIONAL

De forma inovadora, o CPC/2015 possui capítulo próprio sobre "COOPERAÇÃO INTERNACIONAL".

Dessa feita, o CPC/2015 preceitua por meio do seu art. 26 que a "cooperação jurídica internacional será regida por tratado de que o Brasil faz parte e observará: I – o respeito às garantias do devido processo legal no Estado requerente; II – a igualdade de tratamento entre nacionais e estrangeiros, residentes ou não no Brasil, em relação ao acesso à justiça e à tramitação dos processos, assegurando-se assistência judiciária aos necessitados; III – a publicidade processual, exceto nas hipóteses de sigilo previstas na legislação brasileira ou na do Estado requerente; IV – a existência de autoridade central para recepção e transmissão dos pedidos de cooperação; V – a espontaneidade na transmissão de informações a autoridades estrangeiras". Podemos asseverar que estamos frente a princípios gerais de uma teoria geral da cooperação internacional! Lembrando que na ausência de tratado, a cooperação jurídica internacional poderá realizar-se com base em reciprocidade, manifestada por via diplomática, sendo que não se exigirá a reciprocidade para homologação de sentença estrangeira. Ademais, quando se tratar de cooperação jurídica internacional, não será admitida a prática de atos que contrariem ou que produzam resultados incompatíveis com as normas fundamentais que regem o Estado brasileiro, cabendo, nessa conjuntura, ao Ministério da Justiça exercer as funções de autoridade central na ausência de designação específica.

A cooperação jurídica internacional poderá ter como objeto:

> *I– citação, intimação e notificação judicial e extrajudicial;*
>
> *II – colheita de provas e obtenção de informações;*
>
> *III – homologação e cumprimento de decisão;*
>
> *IV– concessão de medida judicial de urgência;*
>
> *V – assistência jurídica internacional;*
>
> *VI – qualquer outra medida judicial ou extrajudicial não proibida pela lei brasileira.*

Em prosseguimento, o CPC/2015, felizmente, regulamenta o moderno mecanismo de cooperação: o **AUXÍLIO DIRETO**!

O art. 28 elucida que cabe "auxílio direto quando a medida não decorrer diretamente de decisão de autoridade jurisdicional estrangeira a ser submetida a juízo de delibação no Brasil". Ademais, a "solicitação de auxílio direto será encaminhada pelo órgão estrangeiro interessado à autoridade central, cabendo ao Estado requerente assegurar a autenticidade e a clareza do pedido" (art. 29).

Já o art. 30 merece lançamento literal: "Além dos casos previstos em tratados de que o Brasil faz parte, o auxílio direto terá os seguintes objetos: I – obtenção e prestação de informações sobre o ordenamento jurídico e sobre processos administrativos ou jurisdicionais findos ou em curso; II – colheita de provas, salvo se a medida for adotada em processo, em curso no estrangeiro, de competência exclusiva de autoridade judiciária brasileira; III – qualquer outra medida judicial ou extrajudicial não proibida pela lei brasileira".

Quando se trata de auxílio direto, as comunicações entre as autoridades centrais, bem como sua rapidez e sua sigilosidade, mostram-se como pressupostos de eficiência. Por essa razão, o art. 31 do CPC consagra que a "autoridade central brasileira comunicar-se-á diretamente com suas congêneres e, se necessário, com outros órgãos estrangeiros responsáveis pela tramitação e pela execução de pedidos de cooperação enviados e recebidos pelo Estado brasileiro, respeitadas disposições específicas constantes de tratado".

A AGU, Advocacia-Geral da União, conforme art. 33 do CPC, tem a missão de – recebido o pedido de auxílio direto passivo – requerer em juízo a medida solicitada. Sendo que o Ministério Público somente requererá em juízo a medida solicitada quando ele próprio for autoridade central.

Cabe ao juízo federal do lugar em que deva ser executada a medida apreciar pedido de auxílio direto passivo (recebido pelo Brasil) que demande prestação de atividade jurisdicional.

Quanto à **carta rogatória,** o CPC consolida entendimentos jurisprudenciais, vejamos.

Nessa linha, resta assentado que o procedimento da carta rogatória perante o Superior Tribunal de Justiça é de jurisdição contenciosa e deve assegurar às partes as garantias do devido processo legal. Contudo, a defesa restringir-se-á à discussão quanto ao atendimento dos requisitos para que o pronunciamento judicial estrangeiro produza efeitos no Brasil. Em qualquer hipótese, é vedada a revisão do mérito do pronunciamento judicial estrangeiro pela autoridade judiciária brasileira.

Quanto à carta rogatória, é importante registrar que a "concessão de exequatur caberá ao STJ e seu posterior cumprimento à justiça federal", conforme item correto no Exame de Ordem, FGV, 2015.3.

O CPC/2015 e seus preceitos sobre carta rogatória já foram cobrados em prova **(FGV – Exame de Ordem – Agosto/2016 –– Prova reaplicada – Salvador-BA).**

Recentemente, no exame **FGV para a ordem, de novembro de 2017**, foi cobrada a leitura do Provimento 53 de 2016 do CNJ, em que a alternativa correta expressava que o "divórcio consensual pode ser reconhecido no Brasil sem que seja necessário proceder à homologação".

Leia e responda, retirado do Exame FGV, 2019.3: "Uma arbitragem, conduzida na Argentina segundo as regras da Câmara de Comércio Internacional - CCI, condenou uma empresa com sede no Brasil ao pagamento de uma indenização à sua ex-sócia argentina. Para ser executável no Brasil, esse laudo arbitral". Resposta: "precisa ser homologado pelo STJ, por ser laudo arbitral estrangeiro".

MUITA ATENÇÃO!

Não confundir **conflito positivo de competência internacional** (os tribunais domésticos de cada país se declaram competentes) com **conflito negativo de competência internacional** (ambos os tribunais domésticos de cada país se declaram incompetentes).

De acordo com prova FGV, Exame de Ordem 2019.1, uma "das funções da cooperação jurídica internacional diz respeito à obtenção de provas em outra jurisdição, nos termos das disposições dos tratados em vigor e das normas processuais brasileiras. Para instruir processo a ser iniciado ou já em curso, no Brasil ou no exterior, não é admitida, no entanto, a solicitação de colheita de provas". A resposta oficial fora "c": "a representantes diplomáticos ou agentes consulares".

DICA IMPORTANTE

Em razão da conexão entre temas de DIPri, como competência internacional, contratos internacionais e elementos de conexão, recomenda-se a leitura de alguns artigos da LINDB: "Art. **9º Para qualificar e reger as obrigações, aplicar-se-á a lei do país em que se constituírem. § 1º Destinando-se a obrigação a ser executada no Brasil e dependendo de forma essencial, será esta observada, admitidas as peculiaridades da lei estrangeira quanto aos requisitos extrínsecos do ato. § 2º A obrigação resultante do contrato reputa-se constituída no lugar em que residir o proponente.** (...) Art. 13. A prova dos fatos ocorridos em país estrangeiro rege-se pela lei que nele vigorar, quanto ao ônus e aos meios de produzir-se, não admitindo os tribunais brasileiros provas que a lei brasileira desconheça. Art. 14. Não conhecendo a lei estrangeira, poderá o juiz exigir de quem a invoca prova do texto e da vigência. (...) Art. 16. Quando, nos termos dos artigos precedentes, se houver de aplicar a lei estrangeira, ter-se-á em vista a disposição desta, sem considerar-se qualquer remissão por ela feita a outra lei. **Art. 17 – As leis, atos e sentenças de outro país, bem como quaisquer declarações de vontade, não terão eficácia no Brasil, quando ofenderem a soberania nacional, a ordem pública e os bons costumes."**

? **QUESTÃO:** O que é litispendência internacional?

RESPOSTA: Conforme art. 24 do CPC/2015: "A ação proposta perante tribunal estrangeiro não induz litispendência e não obsta a que a autoridade judiciária brasileira conheça da mesma causa e das que lhe são conexas, ressalvadas as disposições em contrário de tratados internacionais e acordos bilaterais em vigor no Brasil. Parágrafo único. A pendência de causa perante a jurisdição brasileira não impede a homologação de sentença judicial estrangeira quando exigida para produzir efeitos no Brasil".

CAPÍTULO XIII
CONTRATOS INTERNACIONAIS E ARBITRAGEM

1. CONTRATO INTERNACIONAL

Consiste em um contrato elaborado entre **sujeitos pertencentes a diferentes ordenamentos jurídicos**, ou com outro elemento estrangeiro, sendo regido pelos seguintes princípios: autonomia de vontade, *pacta sunt servanda*, consensualidade e boa-fé. Como qualquer outro instrumento jurídico desta natureza deve cumprir com **requisitos**, quais sejam: qualificação das partes, descrição do bem, garantias (pessoais e reais), responsabilidade dos envolvidos, cláusulas de formas de resolução de conflitos (negociação, mediação ou arbitragem) e cláusula de eleição de foro.

No Brasil aplica-se, em regra, como elemento de conexão, o **art. 9º da LINDB**: "Art. 9º Para qualificar e reger as obrigações, aplicar-se-á a **lei do país em que se constituírem.** § 1º Destinando-se a obrigação a ser executada no Brasil e dependendo de forma essencial, será esta observada, admitidas as peculiaridades da lei estrangeira quanto aos requisitos extrínsecos do ato. § 2º A obrigação resultante do contrato reputa-se constituída no lugar em que residir o proponente." Os contratos internacionais podem se apresentar, basicamente, como **contratos *de franchising, factoring, leasing, letters, joint-venture*, de informática, *de catering*, de agência e de *know-how*.**

A **Contrato internacional do comércio:** é uma espécie de contrato internacional e busca criar relações patrimoniais ou de serviços. Essas relações estão sujeitas a dois ou mais sistemas jurídicos, em razão do domicílio, da nacionalidade, da sede principal dos negócios, do lugar do contrato, ou de qualquer outra circunstância. **Eis aqui a importância de se estudar o capítulo I, que trata de Direito Internacional Privado e de elementos de conexão.** Os contratos internacionais do comércio são desenvolvidos com maior liberdade para as partes tomarem decisões quanto à sua forma e seu conteúdo. A autonomia da vontade exerce importante papel nas relações internacionais comerciais;

A.1 **Lei aplicável**: a lei aplicável é importante no momento de eventuais conflitos entre os contratantes. Em caso de incorrer nessa situação, duas possíveis soluções para o conflito surgem. Primeira, as partes podem ter optado pela aplicação do **princípio da autonomia da vontade,** não aceito de forma pacífica no Brasil, em caso de seu acatamento, estaria previsto no art. 9º da LINDB. Contudo, caso o contrato não estipule a autonomia da vontade, ou seja, não indique elemento para solucionar o conflito, cabe então **às normas adjetivas e formais do Direito Internacional Privado indicarem a lei aplicável** ao caso; e

A.2 *Lex mercatoria*: trata-se de um importante instrumento para **uniformização das normas que regulam os contratos internacionais do comércio.** Há, hoje, uma tendência de uniformização das formas de regulação destas relações, numa perspectiva de que diferenças entre as leis internas podem criar obstáculos ao desenvolvimento comercial. **Dentre os recursos para a uniformização, destaca-se** *lex mercatoria.* As convenções internacionais, como a **CISG (Convenção das Nações sobre Contratos de Compra e Venda Internacional de Mercadorias)**, podem ser entendidas como instrumentos que constituem a *lex mercatoria.* São desenvolvidas também leis modelos que servem de parâmetros aos Estados para o fim de padronizarem as ordens internas quanto ao assunto. **Essas leis modelos compõem outro método de uniformização que também pode ser entendido como** *lex mercatoria.* As leis modelos da **UNCITRAL** (The United Nations Commission on International Trade Law) são os exemplos mais lembrados pelos certames públicos. Dentre seus documentos mais importantes, destaca-se a **Lei Modelo de Arbitragem Internacional de Comércio** e a **Lei Modelo para o Uso de Comunicações Eletrônicas em Contratos Internacionais.** Devem ainda ser destacados os trabalhos do Instituto Internacional para Unificação do Direito Privado **(UNIDROIT)**, que publicou uma série de normas que instituem princípios, intitulada **"Princípios do UNIDROIT para Contratos Comerciais Internacionais"**, com o mesmo objetivo, qual seja: padronizar a regulação dos contratos internacionais do comércio.

2. ARBITRAGEM

É um importante recurso para solução pacífica de controvérsias, em âmbito interno e internacional. Recebeu o título de recurso para solução de controvérsias entre Estados com a celebração das convenções de Haia (a primeira é de 1899, e a mais importante é a de 1907).

A **Espécies**: pode ser **arbitragem pública internacional** ou **arbitragem de direito internacional público** (regula as relações entre sujeitos do Direito Internacional Público, os Estados e as organizações internacionais). Pode ainda ser da espécie **arbitragem privada**, a qual se subdivide em **doméstica** (dentro das fronteiras de um único Estado) e em **internacional ou comercial internacional** (aplica-se às relações internacionais entre particulares ou pessoas de direito privado – físicas ou jurídicas). E por fim, há a **arbitragem mista** (conflito entre Estados e particulares);

A.1 **Diferenças** entre **arbitragem pública internacional** e **arbitragem privada internacional**: os personagens na pública internacional são Estados e organizações internacionais, somente eles podem agir, aceitando de forma explícita ou implícita as regras sobre arbitragem, sendo que a arbitrabilidade dos Estados é bem maior que a dos particulares; já os personagens na privada internacional são os sujeitos de direito privado (pessoas físicas e jurídicas), de qualquer nacionalidade;

A.2 **Similaridades entre arbitragem pública internacional e arbitragem privada internacional:** a estrutura é similar para ambas, há a intervenção de um terceiro (árbitro) para resolver uma divergência, este terceiro tem função jurisdicional, atribuindo ganho de causa. As partes escolhem livremente o árbitro. O procedimento também é similar, uma das partes se dirige a outra, solicitando, com base em **cláusula arbitral**, a instauração do processo ou, então, na ausência desta, **negocia com a outra um compromisso (arbitral)**, que conduz à arbitragem. Nesse processo existe o direito de manifestação de ambas as partes, bem como produção de provas, o que culminará numa **sentença arbitral** (ou **laudo)** obrigatória;

B **Arbitragem e legislação brasileira**: aplica-se a lei brasileira, que é a Lei 9.307, de 23 de setembro de 1996, reformada pela Lei 13.129, de 2015;

B.1 **Pontos para memorizar sobre a arbitragem no Brasil:** as **pessoas capazes de contratar** poderão valer-se da arbitragem; a arbitragem serve para dirimir litígios relativos a **direitos patrimoniais disponíveis** e poderá ser de direito ou de equidade, a critério das partes; poderão as partes escolher, livremente, as regras de direito que serão aplicadas na arbitragem, desde que **não haja violação aos bons costumes e à ordem pública**; a arbitragem pode ser acionada por meio de **convenção arbitral,** assim entendida **a cláusula compromissória** (é a convenção através da qual as partes em um contrato comprometem-se a submeter à arbitragem) e o **compromisso arbitral** (é a convenção através da qual as partes submetem um litígio à arbitragem de uma ou mais pessoas, podendo ser judicial ou extrajudicial, sem a prévia existência de contrato).

Sobre a temática, responda à seguinte questão, do Exame de Ordem 2019.2:

"A cláusula arbitral de um contrato de fornecimento de óleo cru, entre uma empresa brasileira e uma empresa norueguesa, estabelece que todas as controvérsias entre as partes serão resolvidas por arbitragem, segundo as regras da Câmara de Comércio Internacional - CCI. Na negociação, a empresa norueguesa concordou que a sede da arbitragem fosse o Brasil, muito embora o idioma escolhido fosse o inglês. Como contrapartida, incluiu, entre as controvérsias a serem decididas por arbitragem, a determinação da responsabilidade por danos ambientais resultantes do manuseio e descarga no terminal. Na eventualidade de ser instaurada uma arbitragem solicitando indenização por danos de um acidente ambiental, o Tribunal Arbitral a ser constituído no Brasil

a) tem competência para determinar a responsabilidade pelo dano, em respeito à autonomia da vontade consagrada na Lei Brasileira de Arbitragem.

b) deverá declinar de sua competência, por não ser matéria arbitrável.

c) deverá proferir o laudo em português, para que seja passível de execução no Brasil.

d) não poderá decidir a questão, porque a cláusula arbitral é nula".

Gabarito oficial: "b".

B.2 **Lei 13.129, de 2015**: esta lei trouxe várias inovações, que passam a ser pontuadas, sobremaneira quanto à Administração Pública:

- A administração pública direta e indireta poderá utilizar-se da arbitragem para dirimir conflitos relativos a direitos patrimoniais disponíveis;
- A autoridade ou o órgão competente da administração pública direta para a celebração de convenção de arbitragem é a mesma para a realização de acordos ou transações.
- A arbitragem que envolva a administração pública será sempre de direito e respeitará o princípio da publicidade.
- As partes, de comum acordo, poderão afastar a aplicação de dispositivo do regulamento do

órgão arbitral institucional ou entidade especializada que limite a escolha do árbitro único, coárbitro ou presidente do tribunal à respectiva lista de árbitros, autorizado o controle da escolha pelos órgãos competentes da instituição, sendo que, nos casos de impasse e arbitragem multiparte, deverá ser observado o que dispuser o regulamento aplicável.

- Instituída a arbitragem e entendendo o árbitro ou o tribunal arbitral que há necessidade de explicitar questão disposta na convenção de arbitragem, será elaborado, juntamente com as partes, adendo firmado por todos, que passará a fazer parte integrante da convenção de arbitragem.
- A instituição da arbitragem interrompe a prescrição, retroagindo à data do requerimento de sua instauração, ainda que extinta a arbitragem por ausência de jurisdição.
- Os árbitros poderão proferir sentenças parciais.
- As partes e os árbitros, de comum acordo, poderão prorrogar o prazo para proferir a sentença final.
- A parte interessada poderá pleitear ao órgão do Poder Judiciário competente a declaração de nulidade da sentença arbitral, nos casos previstos na Lei.
- A parte interessada poderá ingressar em juízo para requerer a prolação de sentença arbitral complementar, se o árbitro não decidir todos os pedidos submetidos à arbitragem.
- Para ser reconhecida ou executada no Brasil, a sentença arbitral estrangeira está sujeita, unicamente, à homologação do Superior Tribunal de Justiça. Nessa linha, de acordo com o princípio da efetividade, todo pedido de homologação de sentença alienígena, por apresentar elementos transfronteiriços, exige que haja algum ponto de conexão entre o exercício da jurisdição pelo Estado brasileiro e o caso concreto a ele submetido **(OAB, 2021.1)**.

MUITA ATENÇÃO!

O **compromisso arbitral judicial** celebrar-se-á por termo nos autos, perante o juízo ou tribunal, onde tem curso a demanda. Já o **compromisso arbitral extrajudicial** será celebrado por escrito particular, assinado por duas testemunhas, ou por instrumento público.

DICA IMPORTANTE

Importante lembrar que **podem ser árbitros** quaisquer pessoas capazes e que tenham a confiança das partes em conflito.

BIBLIOGRAFIA RECOMENDADA

LEITURA BÁSICA

- ACCIOLY, Hildebrando; e SILVA, G. E. do Nascimento. **Manual de Direito Internacional Público**. São Paulo: Saraiva.
- AMARAL JÚNIOR, Alberto do. **Introdução ao Direito Internacional Público**. São Paulo: Atlas.
- DEL'OLMO, Florisbal de Souza. **Curso de Direito Internacional Público**. 2 ed. Rio de Janeiro: Forense.
- DINIZ, Maria Helena. **Lei de introdução ao código civil brasileiro interpretada**. 9 ed. São Paulo: Saraiva.
- DOLINGER, Jacob. **Direito internacional privado**: a criança no direito internacional. Rio de Janeiro: Renovar.
- MACHADO, Diego Pereira. **Direitos Humanos**. 5ª ed. Salvador: Juspodivm, 2019.
- _____. **Direito Internacional e Comunitário para concurso de Juiz do Trabalho**. 2. ed. São Paulo: Edipro, 2012.
- _____; DELOLMO, F. S.. **Direito da Integração, Direito Comunitário, MERCOSUL e União Europeia**. Salvador: Juspodivm, 2011.
- _____. Crianças e adolescentes: normativa internacional de proteção. In: Lucas Pavione e Luis Antonio Miranda. (Org.). **Temas Aprofundados AGU**. Salvador: Juspodivm, 2011.

OBRAS PARA APROFUNDAMENTO

- ACCIOLY, Elizabeth. **MERCOSUL e União Europeia**: Estrutura Jurídico-Institucional. Curitiba: Juruá.
- BEVILAQUA, Clóvis. **Direito público internacional**. Tomo II. 2 ed. Rio de Janeiro: Freitas Bastos.
- CAMPOS, João Mota de. **Organizações internacionais**. Lisboa: Fundação Calouste Gulbenkian.
- MAZZUOLI, Valério de Oliveira. **Curso de Direito Internacional Público**. São Paulo: Revista dos Tribunais.
- PORTELA, Paulo Henrique Gonçalves. **Direito Internacional Público e Privado**: incluindo noções de direitos humanos e direito comunitário. 6 ed. Salvador: Juspodivm, 2014.
- VALLADÃO, Haroldo. **Direito Internacional Privado.** Vol. 1. 4 ed. Freitas Bastos.

DIREITO CONSTITUCIONAL

JÚLIO CESAR FRANCESCHET

CAPÍTULO I
TEORIA DA CONSTITUIÇÃO E PODER CONSTITUINTE

1. NOÇÕES

O **constitucionalismo** surgiu a partir das revoluções burguesas dos séculos XVII e XVIII e teve dois objetivos principais: **limitação do poder** (regrar a atuação daquele que exerce o poder) e **atribuir aos cidadãos direitos e garantias fundamentais.**

Poder Constituinte: Trata-se do **poder de criar, ou de reformar**, a Constituição. No Brasil, este Poder é exercido pelo povo por meio de seus representantes (regime democrático).

O Poder Constituinte divide-se em:

A Originário: inicial, autônomo, ilimitado juridicamente e incondicionado. O Poder Constituinte Originário não guarda qualquer espécie de subordinação técnica com o ordenamento jurídico anterior. Em razão dessas características, a entrada em vigor de nova ordem constitucional, como ocorreu no Brasil em 1988, conduz à revogação integral e completa da anterior. A revogação integral ocorre ainda que a nova Constituição não tenha expressamente disciplinado temas que eram objeto do Texto Constitucional anterior. Ocorre, assim, revogação tácita e integral.

B Derivado: como o próprio nome sugere, é aquele que decorre, ou deriva, de algo. No caso, é derivado do próprio Poder Constituinte Originário e, por consequência, limitado por ele. Logo, o **Poder Constituinte Derivado** reúne as seguintes características: **é limitado, condicionado e subordinado.**

MUITA ATENÇÃO!

O **Poder Constituinte Derivado** pode, ainda, ser classificado em:

1. **DECORRENTE:** trata-se daquele poder atribuído aos Estados-membros para elaborarem suas próprias constituições, desde que observada a Constituição Federal, seja no aspecto formal, seja, ainda, sob o aspecto material;
2. **REFORMADOR:** permite que a Constituição seja modificada a fim de que, sobretudo, possa acompanhar as mudanças sociais e não se tornar obsoleta, distante dos anseios sociais. As reformas ocorrem por meio de emendas à Constituição;
3. **REVISOR:** previsto no art. 3º do ADCT, permitiu que a Constituição Federal fosse revisada cinco anos após a sua promulgação. Este poder revisor estava previsto para acontecer uma única vez e dele decorreram seis emendas de revisão. A votação foi realizada pelo Congresso Nacional em composição unicameral e foi exigido o *quorum* de maioria absoluta.

? **QUESTÃO:** Quais são as espécies de limitações ao Poder Constituinte Derivado Reformador?

➥ ***RESPOSTA:*** *As limitações podem ser: expressas (materiais – cláusulas pétreas; circunstanciais – intervenção, estado de defesa e estado de sítio; formais – procedimentais) e implícitas (supressão das limitações expressas e alteração do titular do poder constituinte derivado).*

A respeito da **entrada em vigor de uma nova ordem constitucional**, é correto afirmar que "**no Brasil, os dispositivos de uma constituição nova têm vigência imediata, alcançando os efeitos futuros de fatos passados (retroatividade mínima), salvo disposição constitucional expressa em contrário**". Segundo jurisprudência do Supremo Tribunal Federal, a nova Constituição, salvo disposição expressa em sentido contrário, tem aplicação imediata, alcançando, sem restrições, os efeitos futuros de fatos passados (RE 242.740/GO, rel. Min. Moreira Alves, 20.03.2001). **Trata-se, portanto, da retroatividade mínima.**

A retroatividade ainda pode ser: **média** (alcança prestações pendentes de negócios realizados no passado); **máxima** (alcança fatos já consumados). Há ainda a tese da **irretroatividade.**

? **QUESTÃO:** O que significa "vacatio constitutionis"?

➥ ***RESPOSTA:*** *A "vacatio constitutionis" corresponde ao interregno entre a publicação do ato de sua promulgação e a data estabelecida para a entrada em vigor de seus dispositivos. O constituinte de 1988 não adotou a "vacatio constitutionis".*

2. BREVE HISTÓRICO DAS CONSTITUIÇÕES BRASILEIRAS

CONSTITUIÇÕES	PRINCIPAIS CARACTERÍSTICAS
1824	Foi fruto da proclamação da independência e primou pela **centralização do poder** (criação do Poder Moderador). **Foi outorgada.** Trazia o **sufrágio restritivo econômico, por meio de pleito indireto e censitário.** Mulheres, mendigos e pobres estavam excluídos da votação. Teve como fonte inspiradora o modelo francês. As províncias não tinham poder político (Legislativo próprio). Trazia um rico rol de direitos fundamentais, apesar de existir escravidão no Brasil. **Era uma Constituição semirrígida**, cabendo ao vitalício Senado fazer sua interpretação.
1891	Teve por inspiração a Carta norte-americana. **Criou a República e a federação. Foi promulgada**, adotando os três poderes de Montesquieu. Constitucionalizou o "habeas corpus". Previa a eleição direta para Presidente da República. **Foi uma Constituição rígida**. Embora tenha instituído o **sufrágio universal, não o estendeu às mulheres.**
1934	Elencou **direitos sociais ou fundamentais de 2ª geração**. Neste passo, teve por fonte a Constituição de Weimar de 1919. **Trouxe o voto feminino para Constituição**, já presente na ordem jurídica desde o Código Eleitoral de 1932. Criou a justiça militar e a eleitoral. A justiça laboral fazia parte do Ministério do Trabalho. **Houve constitucionalização do mandado de segurança**, criado em 1926.
1937	Foi outorgada por Vargas, inaugurando o Estado Novo. **É conhecida como a Polaca**, porque houve compilação da Carta polonesa. **Foi uma Constituição autoritária**, porque Vargas tinha vários poderes, dentre os quais de fechar o Congresso Nacional (CN). **A Constituição de 37 centralizou o poder no chefe do Executivo da União.**
1946	**Houve descentralização entre os Estados e municípios, dando muita força a estes.** Determinava o pluripartidarismo, inclusive para o partido comunista. Foi promulgada e reinaugurou o período democrático no Brasil, tendo contemplado um rol de direitos e garantias individuais, tais a igualdade de todos perante a lei, a liberdade de manifestação de pensamento, sem censura, a não ser em espetáculos e diversões públicas, a inviolabilidade do sigilo de correspondência, a liberdade de consciência, de crença e de exercício de cultos religiosos, a liberdade de associação para fins lícitos, a inviolabilidade da casa como asilo do indivíduo, a prisão só em flagrante delito ou por ordem escrita de autoridade competente e a garantia ampla de defesa do acusado, a extinção da pena de morte, entre outros. A Constituição de 1946 sofreu uma emenda importante em 1965, a de número 16, que criou o controle concentrado de constitucionalidade no Brasil. O voto para vice e para Presidente da República era
1946	separado. O vice-presidente era também presidente do Senado. A Constituição de 1946, embora continuasse existindo **formalmente, foi suplantada pelo Golpe Militar de 1964.** O Brasil passou a ser governado pelos Atos Institucionais e Complementares.
1967/1969	Com o golpe de 1964, **a Carta de 1967 centralizou o poder no chefe do Executivo federal**, diminuindo a autonomia dos Estados. As eleições passaram a ser indiretas para Presidente da República. A Constituição de 1967 **reduziu a utilização do HC (autoritarismo) → como, por exemplo, no caso de crimes militares.** A EC 1/69 trouxe à baila os atos institucionais. Em 13 de dezembro de 1968, foi publicado o AI-5, o mais voraz às liberdades fundamentais. O CN foi fechado e os direitos políticos foram cassados.
1988	Responsável pelo rompimento com o período totalitário anterior, a Constituição de 1988 ampliou o rol de direitos e garantias fundamentais e foi responsável pela redemocratização do país. Não bastasse, criou novos mecanismos de controle de constitucionalidade das leis e atos normativos e criou novos institutos jurídicos que redefiniram todo o direito, especialmente o privado. A **Constituição brasileira de 1988 é rígida, escrita, codificada, popular (promulgada, democrática), tida em sentido formal, prolixa, normativa, eclética.**

3. PRINCIPAIS CLASSIFICAÇÕES DAS CONSTITUIÇÕES

3.1 Quanto à estabilidade, as Constituições podem ser:

A **Rígidas:** aquela que exige para sua alteração um **processo mais trabalhoso, mais dificultoso que o dedicado às normas infraconstitucionais** (limite procedimental do poder derivado reformador). O controle de constitucionalidade só é aplicável nos Estados em que a Constituição é rígida.

> **MUITA ATENÇÃO!** Não são as cláusulas pétreas que caracterizam uma Constituição rígida, mas sim o processo de modificação do Texto Constitucional.

B **Semirrígidas:** apenas parte **das normas constitucionais exige, para sua alteração, um procedimento legislativo mais trabalhoso;**

C **Flexíveis: não diferem de outras normas quanto ao processo de modificação**, inexistindo, assim, restrições procedimentais;

D **Imutáveis:** como o nome indica, **não comportam qualquer modificação.** Tendem a se tornar obsoletas e ultrapassadas porque não conseguem acompanhar as mudanças e os anseios sociais.

3.2 Quanto à origem, as Constituições podem ser:

A Outorgadas: são impostas e **não decorrem da participação popular**;

B Promulgadas ou democráticas: decorrem do povo que a elaboram por intermédio de seus representantes (ex. Assembleia Constituinte);

C Cesaristas: são outorgadas, mas dependem da ratificação do povo, que pode rejeitá-la.

3.3 Quanto à forma, as Constituições podem ser:

A Escritas: reunião das normas fundamentais em um único documento. Traz como vantagem a sistematização;

B Não escritas: as normas fundamentais não decorrem de um único documento, podendo ser encontradas nos costumes, na jurisprudência, entre outros. O maior exemplo é a Constituição do Reino Unido.

3.4 Quanto à extensão, as Constituições podem ser:

A Sintéticas: são breves, resumidas, e reúnem apenas aquelas normas consideradas fundamentais e estruturais do Estado;

B Analíticas ou prolixas: são extensas e disciplinam em detalhes diversos assuntos considerados relevantes pelo legislador constituinte para a organização e funcionamento do Estado. **A Constituição de 1988 é prolixa.** Um exemplo interessante de como nossa Constituição atual é prolixa pode ser encontrado em seu art. 242, § 2º: *"O Colégio D. Pedro II, localizado no Rio de Janeiro, será mantido na órbita federal"*.

3.5 Quanto ao modo de elaboração, as Constituições podem ser:

A Dogmáticas: são sistematizadas e expressam os valores sociais, políticos, morais e jurídicos preponderantes à época em que foram promulgadas.

B Históricas: são fruto de um processo evolutivo dos costumes e tradições de um povo.

3.6 Quanto ao conteúdo, as Constituições podem ser:

A Materiais: são aquelas que reúnem apenas as normas essencialmente ligadas à organização do Estado e à promoção da pessoa humana. No **sentido material**, as Constituições contêm **três grupos** de elementos essenciais: **direitos e garantias fundamentais, estrutura do Estado, organização dos Poderes;**

B Formais: são aquelas que possuem outros componentes além do núcleo material. O exemplo do Colégio D. Pedro II, citado acima, é clássico exemplo de como nossa **Constituição de 1988 é formal.**

MUITA ATENÇÃO!

Constituição-compromisso é aquela que reúne diferentes ideologias e anseios; **ortodoxas** são aquelas que espelham uma única ideologia e **semântica** a que representa a formalização da situação do poder político existente em benefício exclusivo dos detentores desse poder.

FIQUE POR DENTRO:

O ADCT tem natureza de norma constitucional e poderá, desse modo, trazer exceções às regras apontadas no corpo da Constituição. **Logo, possui o mesmo grau de eficácia e de autoridade jurídica em relação aos demais preceitos constitucionais.** Já o preâmbulo da Constituição da República não tem força normativa, não serve de parâmetro para a declaração de inconstitucionalidade, não limita a atuação do poder constituinte derivado e **não é norma de observância obrigatória pelos Estados, DF e Municípios.**

Para saber mais: cf. CUNHA JUNIOR, Dirley da. **Curso de Direito Constitucional**. 13. ed., Editora Juspodivm, 2020.

EM RESUMO: Teoria da Constituição e Poder Constituinte	
Constitucionalismo	Limitação do poder estatal e proteção aos cidadãos.
Poder Constituinte	Criação ou reforma da Constituição. Pode ser classificado em **Originário e Derivado.**
Classificação das Constituições	Quanto à estabilidade: **rígidas, semirrígidas, flexíveis e imutáveis.** Quanto à forma: **escritas e não escritas.** Quanto à origem: **outorgadas, promulgadas e cesaristas.** Quanto à extensão: **sintéticas e prolixas.** Quanto ao conteúdo: **materiais e formais.** Quanto ao modo de elaboração: **dogmáticas e históricas.**
ADCT	Tem força normativa.
Preâmbulo	Segundo jurisprudência do Supremo, não tem força normativa.

CAPÍTULO II

MODIFICAÇÃO CONSTITUCIONAL: INTERPRETAÇÃO E MUTAÇÃO

1. NOÇÕES

A Constituição pode ser modificada através de procedimentos formais, a exemplo das **emendas constitucionais,** ou pode sofrer mudanças interpretativas que não a modificam formalmente, porém, dão aos seus comandos novos significados de acordo com a evolução social, política, econômica, filosófica, entre outras. A este processo silencioso e informal de modificação do seu conteúdo dá-se o nome de **mutação constitucional.** A técnica de interpretação conforme a Constituição é um bom exemplo de como o Texto Constitucional pode ter o seu significado alterado sem que seja necessário um procedimento formal de alteração. A união civil entre pessoas do mesmo sexo, até pouco tempo afastada do conceito de família, é a prova de que a Constituição passa por um processo contínuo de mutação sem a necessidade de constantes interferências legislativas.

A **mutação constitucional** é fruto de um constante processo de **interpretação da Constituição**, cujo objetivo maior é reforçar seus princípios fundamentais, tendo como norte a proteção e valorização da pessoa humana. Na mutação constitucional, amplamente admitida pelo STF, altera-se o conteúdo material da norma constitucional sem alterações formais no texto **(Exame Unificado – 2018.2)**. Trata-se, assim, de um processo informal de alteração da Constituição.

No passado, difundiu-se a equivocada ideia de que "normas jurídicas claras dispensavam interpretação". Repito: **toda norma precisa ser interpretada.** A interpretação exerce papel fundamental na correta aplicação do Direito, especialmente no cenário atual em que os princípios constitucionais assumem papel preponderante.

2. INTERPRETAÇÃO CONSTITUCIONAL

As técnicas tradicionais de interpretação mostram-se insuficientes diante do Texto Constitucional dada a supremacia da Constituição frente às demais normas jurídicas. Assim, o **princípio da especialidade** (norma especial derroga norma geral)**, o da posteridade** (norma posterior derroga norma anterior) **e o da hierarquia** (norma superior derroga norma inferior) **não são inteiramente adequados à interpretação constitucional.** Sendo assim, a interpretação da Constituição orienta-se por princípios próprios. São eles:

A **Unidade:** a Constituição **deve ser vista e interpretada como um todo.** Não se deve interpretar dispositivos isolados do Texto Constitucional, sob pena de se conduzir a contradições insuperáveis. Em razão do princípio da Unidade da Constituição, o Supremo Tribunal Federal não admite o controle concentrado ou difuso de constitucionalidade das normas produzidas **pelo Poder Constituinte Originário.** Por outro lado, as emendas constitucionais, por serem fruto do poder constituinte derivado, podem ser objeto de controle de constitucionalidade.

B **Máxima efetividade:** deve **ser realizada interpretação que amplie o Texto Constitucional,** buscando sempre a máxima eficácia de seus comandos. A técnica da interpretação conforme a Constituição é bom exemplo do postulado da máxima eficácia.

C **Conformidade funcional:** a interpretação constitucional não pode conduzir a usurpação de poderes. Deve-se, portanto, respeitar as limitações impostas pelo legislador constitucional. **Daí decorre a máxima segundo a qual o Judiciário não pode atuar como legislador positivo.**

D **Harmonização ou concordância prática: não existe hierarquia entre normas constitucionais**, embora as emendas, fruto do Poder Constituinte Derivado Reformador, estejam sujeitas ao controle de constitucionalidade. Sendo assim, é imprescindível que a interpretação constitucional tenha por norte a **harmonização de todos os dispositivos que integram o Texto Constitucional.** Não se trata de mera sobreposição de um direito sobre o outro, mas de verdadeira harmonização de interesses a fim de que seja preservada a **unidade constitucional** e de que não se conduza a contradições insolúveis. **Em matéria de direitos e garantias fundamentais, a concordância prática ou harmonização é imprescindível, pois são constantes as aparentes antinomias.** Por exemplo: quais são os limites do direito de informar e de ser informado face ao direito de estar só (intimidade e privacidade)? Cabe ao jurista interpretar o caso concreto e, atento às suas peculiaridades, oferecer resposta capaz de conciliar esses direitos aparentemente divergentes. Trata-se de verdadeira concordância ou harmonização, pois, dependendo das circunstâncias concretas, um direito prevalecerá sobre o outro, sem que este seja aniquilado por completo **(Exame Unificado 2021.2)**.

E Força normativa: Foi-se o tempo em que a Constituição era vista como uma simples "carta de intenções", desprovida de força normativa. Hoje, a interpretação constitucional e do sistema jurídico como um todo, reforça a ideia de que **a Constituição é norma jurídica e como tal deve ser observada, seja nas relações públicas, seja, ainda, nas relações privadas.** A força normativa vem ganhando espaço especialmente porque os princípios jurídicos, antes relegados a segundo plano, estão cada vez mais presentes na interpretação do direito. Assim, princípios como o da **dignidade humana, da função social, da moralidade administrativa** passam a desempenhar papel decisivo no processo interpretativo e buscam, na maioria das vezes, na própria Constituição seus pressupostos de validade. Verifica-se, assim, um "crescente reconhecimento da natureza normativo-jurídica dos princípios pelos tribunais, especialmente pelo Supremo Tribunal Federal", aproximando-se as concepções de Direito e Justiça (buscada no diálogo racional). Essa concepção teórico-jurídica, no Brasil e em outros países, vem sendo denominada de **neoconstitucionalismo**.

O Código de Processo Civil (Lei 13.105 de 16 de março de 2015) vai ao encontro do neoconstitucionalismo ao valorizar os precedentes jurisprudenciais, aumentando ainda mais o protagonismo dos Tribunais Superiores, especialmente do Supremo Tribunal Federal.

> **FIQUE POR DENTRO:**
>
> **"Normas-princípio e força normativa"**
>
> Os **princípios constitucionais ganham cada vez mais espaço no cenário jurídico atual.** Em passado ainda recente, costumava-se afirmar que os princípios eram desprovidos de aplicabilidade direta, servindo apenas de subsídio para o legislador infraconstitucional. Dessa forma, a norma-regra, com sua estrutura fechada e casuística, era, segundo visão clássica, a única dotada de normatividade e de aplicação imediata. Hoje, **os princípios são reconhecidamente normas jurídicas e gozam de efetividade, imperatividade e aplicabilidade direta**, inclusive no seio das relações privadas. Mais e mais os princípios, com sua estrutura aberta, são chamados à resolução de conflitos, permitindo uma constante releitura dos institutos clássicos à luz da Constituição.

3. CLASSIFICAÇÃO DAS NORMAS CONSTITUCIONAIS

Na clássica lição de José Afonso da Silva, muito explorada nos exames da OAB, as normas constitucionais classificam-se em:

A Normas de eficácia plena: são aquelas que estão aptas a produzir todos os efeitos almejados pelo constituinte, independente da elaboração de novas normas. O art. 14, §4º, da CF/88, segundo o qual os analfabetos e os inalistáveis são inelegíveis é exemplo de norma de "eficácia plena e aplicabilidade direta, imediata e integral, pois, desde que a CRFB/88 entrou em vigor, já está apta a produzir todos os seus efeitos" **(Exame Unificado da OAB).**

B Normas de eficácia contida: são aquelas aptas a produção imediata de efeitos, porém, poderão, por atuação legislativa, sofrer restrições em sua aplicabilidade. Exemplo: dispõe o art. 5º, inc. XIII, da CF/1988 que é **livre o exercício de qualquer trabalho, ofício ou profissão, atendidas as qualificações profissionais que a lei estabelecer.** Como se vê, trata-se de norma apta a produzir efeitos imediatos, podendo, contudo, sofrer limitações em sua aplicabilidade devido a atuação legislativa. Bom exemplo, portanto, de norma de eficácia contida.

C Normas de eficácia limitada: são aquelas que não produzem seus efeitos essenciais com a simples entrada em vigor da Constituição. **São exemplos de normas de eficácia limitada: as normas programáticas e as normas definidoras de princípio institutivo ou organizativo.** As **normas programáticas possuem eficácia limitada** e, por conseguinte, exigem determinada atuação dos órgãos estatais a fim de que os objetivos traçados pelo constituinte sejam alcançados. Essas normas são definidoras de princípios programáticos. Nesta modalidade de normas, o constituinte limitou-se a traçar diretrizes e princípios que deverão ser implementados pelos órgãos integrantes dos poderes constituídos (Legislativo, Executivo e Judiciário). São exemplos de programas a serem implantados pelo Poder Público: o combate ao analfabetismo, a realização da justiça social, a valorização do trabalho, o amparo à família, entre outros.

> **MUITA ATENÇÃO!**
>
> As **normas programáticas** não possuem eficácia plena. Todavia, elas não são despidas de qualquer efeito. Embora não estejam aptas à produção de seus efeitos essenciais, essas normas têm eficácia negativa. **Significa dizer que as normas programáticas revogam disposições contrárias ou incompatíveis com seus comandos, impedem a superveniência de normas com conteúdo incompatível com aquele traçado em seus programas** e, sobretudo, servem de parâmetro para interpretação do texto constitucional.

4. SÚMULAS VINCULANTES

Como sabido as súmulas, até a criação da denominada 'vinculante', apenas expressavam a jurisprudência dominante nos Tribunais Superiores. Não eram, portanto, dotadas de força obrigatória. **As súmulas vinculantes surgiram com a emenda constitucional nº 45/04 (art. 103-A da Constituição Federal)** e encontram-se regulamentadas pela **Lei 11.417/2006**. Criticadas por alguns, aplaudidas por outros, é certo afirmar que elas representam um importante recurso na interpretação e aplicação das normas constitucionais.

? **QUESTÃO:** A partir da EC 45/04 toda súmula passou a ter efeito vinculante?

RESPOSTA: Não. Persistem em nosso ordenamento as súmulas que apenas expressam a jurisprudência dominante nos Tribunais Superiores. É o que ocorre, por exemplo, com as súmulas aprovadas pelo STJ, pelos Tribunais de Justiça, pelas Turmas Recursais, pelos Tribunais Regionais Federais, e pelo próprio STF, quando não presentes os pressupostos formais e materiais indispensáveis à edição da Súmula Vinculante. Assim, é certo afirmar que coexistem no nosso ordenamento as súmulas sem efeito vinculante e aquelas com efeitos vinculantes.

Apenas o Supremo Tribunal Federal poderá editar súmulas com efeitos vinculantes, **de ofício ou mediante provocação**, desde que se trate de **matéria constitucional, fruto de reiteradas decisões, demonstrando a existência de controvérsia atual entre órgãos judiciários ou entre estes e da administração pública ensejadora de grave insegurança jurídica e relevante multiplicação de processos.**

São muito frequentes questões sobre súmulas vinculantes no Exame da OAB. No geral, exigem que o candidato saiba que: (i) apenas o Supremo pode editar súmulas com efeitos vinculantes; (ii) apenas matéria constitucional controvertida pode dar ensejo à edição de súmula com efeito vinculante; (iii) a aprovação depende de um procedimento formal específico.

O art. 3º da Lei 11.417/06 apresenta os legitimados a propor a edição, a revisão ou o cancelamento de enunciados de súmulas vinculantes. São eles: o Presidente da República; a Mesa do Senado Federal; a Mesa da Câmara dos Deputados; o Procurador-Geral da República; o Conselho Federal da Ordem dos Advogados do Brasil; o Defensor Público-Geral da União; partido político com representação no Congresso Nacional; confederação sindical ou entidade de classe de âmbito nacional; a Mesa de Assembleia Legislativa ou da Câmara Legislativa do Distrito Federal; o Governador de Estado ou do Distrito Federal; os Tribunais Superiores, os Tribunais de Justiça de Estados ou do Distrito Federal e Territórios, os Tribunais Regionais Federais, os Tribunais Regionais do Trabalho, os Tribunais Regionais Eleitorais e os Tribunais Militares.

MUITA ATENÇÃO!

Nas propostas em que não houver formulado, o Procurador Geral da República sempre se manifestará previamente. É neste sentido o disposto no art. 2, § 2º, da Lei 11.417/06.

? **QUESTÃO:** Os Municípios podem propor a edição, revisão ou cancelamento de súmulas com efeitos vinculantes?

RESPOSTA: O Município poderá propor apenas incidentalmente ao curso de processo em que seja parte a edição, a revisão ou o cancelamento de enunciado de súmula vinculante, conforme dispõe o art. 3º, § 1º, da Lei 11.417/2006.

Sob o **aspecto formal**, a edição, a revisão e o cancelamento de enunciado de súmula com efeito vinculante dependerão de decisão tomada por **2/3 (dois terços) dos membros do Supremo Tribunal Federal**, em sessão plenária.

? **QUESTÃO:** Quais órgãos ficam vinculados às súmulas editadas pelo STF de acordo com a Lei 11.417/06?

RESPOSTA: A vinculação alcança os demais órgãos do Judiciário, bem como a Administração Direta e Indireta, nas esferas federal, estadual e municipal. Não vincula, contudo, o Poder Legislativo em sua função típica.

MUITA ATENÇÃO!

Existe um procedimento específico para os casos de inobservância dos efeitos vinculantes das súmulas aprovadas de acordo com o art. 103-A da CF e Lei 11.417/06. Trata-se da reclamação. Esta terá lugar contra ato administrativo ou decisão judicial que contrariar súmula vinculante ou a aplicar indevidamente. **A reclamação deverá ser ajuizada diretamente no STF** e, julgando-a procedente, anulará o ato administrativo ou cassará a decisão judicial reclamada.

? **QUESTÃO:** O que significa modulação dos efeitos de uma súmula vinculante?

RESPOSTA: A Súmula Vinculante tem, como regra, eficácia imediata. No entanto, a modulação permite restringir ou determinar outro momento para que a Súmula Vinculante aprovada possa produzir seus efeitos. A modulação de efeitos depende da aprovação de 2/3 dos membros do STF, desde que tenha como fundamento razões de segurança jurídica ou de excepcional interesse público. É o que dispõe o art. 4º da Lei 11.417/2006.

DICA IMPORTANTE

Conforme destaquei acima, o tema 'súmulas vinculantes' é reiteradamente cobrado nos Exames da OAB. **Sendo assim, mostra-se imprescindível a leitura do art. 103-A da CF, bem como dos dispositivos da Lei 11.417/2006.**

EM RESUMO: MODIFICAÇÃO CONSTITUCIONAL: INTERPRETAÇÃO E MUTAÇÃO	
Mutação Constitucional	Processo informal de modificação da Constituição.
Interpretação Constitucional	Princípios: Unidade, Máxima Efetividade, Conformidade Funcional, Harmonização ou Concordância Prática e Força Normativa.
Classificação das normas constitucionais	Normas de eficácia plena. Normas de eficácia contida. Normas de eficácia limitada (programáticas e definidoras de princípio institutivo ou organizativo).
Súmulas Vinculantes	Previsão legal: art. 103-A da CF e Lei 11.417/2006. Competência para edição, revisão e cancelamento: STF. *Quorum:* 2/3 dos membros do Supremo. Efeitos: vinculantes para os demais órgãos do Poder Judiciário e da administração direta e indireta das três esferas (federal, estadual e municipal). Legitimados à proposta de edição, cancelamento e revisão: art. 3º da Lei 11.417/06. Modulação: restrição ou determinação de outro momento para produção de efeitos. Depende da aprovação de 2/3 dos membros do STF.

CAPÍTULO III
DIREITOS E GARANTIAS FUNDAMENTAIS

1. NOÇÕES

Os direitos fundamentais (humanos, individuais, naturais, liberdades fundamentais, liberdades públicas, direito público subjetivo, direito da pessoa humana) são considerados imprescindíveis e indispensáveis à vida em sociedade.

A **primeira geração** nasceu no século XVIII. Essa geração de direito comporta, assim, as liberdades negativas, em que o indivíduo exige, sobretudo do Estado, uma abstenção. Esta geração de direitos fundamentais surge da necessidade de se coibir a ingerência do Estado nas relações privadas.

> **MUITA ATENÇÃO!** **Os direitos de primeira geração limitam não só a atuação do Estado, mas também de outros particulares**, impedindo, assim, a violação do espaço mínimo de liberdades assegurado pela Constituição Federal.

A segunda geração surgiu entre o fim do século XIX e início do século XX. Trata-se das liberdades positivas, em que o indivíduo exige do Estado uma prestação. Alcançam os direitos sociais, econômicos e culturais, isto é, "direitos através do Estado".

Notem que na **primeira geração de direitos fundamentais** o indivíduo reclama por **liberdade,** buscando, assim, limitar o arbítrio estatal.

Os **direitos de segunda geração**, por outro lado, estão diretamente associados à ideia de **igualdade material**; trata-se de direitos positivos através dos quais se objetiva alcançar a igualdade. Assim, é correto dizer que, de acordo com a doutrina majoritária, **os direitos de segunda geração**, ou direitos sociais, **não constituem simples normas de natureza dirigente**, sendo verdadeiros direitos subjetivos que impõem ao Estado um "*facere*".

Segundo o art. 6º da CF/1988, são **direitos sociais** a educação, a saúde, a alimentação, o trabalho, a moradia, o **transporte**, o lazer, a segurança, a previdência social, a proteção à maternidade e à infância, a assistência aos desamparados, na forma da Constituição. A propósito dos direitos de segunda geração, observe o seguinte enunciado: "Preocupado com o grande número de ações judiciais referentes a possíveis omissões inconstitucionais sobre direitos sociais e, em especial, sobre o direito à saúde, o Procurador-Geral do Estado Beta (PGE) procurou traçar sua estratégia hermenêutica de defesa a partir de dois grandes argumentos jurídicos: em primeiro lugar, destacou que a efetividade dos direitos prestacionais de segunda dimensão, promovida pelo Poder Judiciário, deve levar em consideração a disponibilidade financeira estatal; um segundo argumento é o relativo à falta de legitimidade democrática de juízes e tribunais para fixar políticas públicas no lugar do legislador eleito pelo povo" **(Exame Unificado 2020.1)**. Veja que neste caso os conceitos jurídicos apontados correspondem ao **princípio da reserva do possível** e à **separação dos Poderes**, comumente invocados nesta matéria.

Vale destacar ainda que os direitos sociais estão sujeitos à chamada "vedação do retrocesso social". Significa dizer que o legislador não pode reduzir ou suprimir o direito social já presente na legislação e na consciência geral **(Exame Unificado 2022.1)**.

A **terceira geração** nasceu após a 2ª Guerra Mundial. Constituem os **"direitos de solidariedade entre os povos"**. São exemplos o meio ambiente, a paz e a autodeterminação dos povos.

Há autores que tratam de uma **quarta geração de direitos fundamentais**, direitos ligados à tecnologia, biomedicina, fertilização, clonagem, internet, etc.

São características dos direitos fundamentais:

A **Historicidade:** constituíram-se ao longo da história; surgiram com o Cristianismo e, desde então, passaram por inúmeros eventos históricos até chegarem aos dias atuais. **É importante ressaltar que os direitos fundamentais, dependendo do momento histórico, mostraram-se mais ou menos relevantes**. Por isso, é certo afirmar que os direitos e garantias fundamentais vigentes hoje são fruto, sobretudo, da evolução histórica e do contexto social, político e cultural em que vivemos.

B **Universalidade:** são destinados à tutela e promoção de todos os indivíduos. **Não se trata de direitos atribuídos a certa classe ou categoria, mas a toda e qualquer pessoa.** Por outro lado, é importante destacar que o rol de direitos e garantias fundamentais pode variar de uma Nação para outra em razão, sobretudo, de divergências culturais, sociais e religiosas.

C **Imprescritibilidade:** são imprescritíveis, ou seja, ainda que o indivíduo deixe de exercê-los por longos anos não há que se falar em prescrição, podendo ser reclamados a qualquer tempo. **Todavia, fiquem atentos: os direitos e garantias fundamentais em si são imprescritíveis; seus efeitos, especialmente os patrimoniais, sujeitam-se à prescrição e decadência.**

D **Indisponibilidade e irrenunciabilidade:** são indisponíveis e irrenunciáveis por serem direitos indispensáveis à existência da pessoa. **Contudo, a jurisprudência vem admitindo, mais e mais, a disponibilidade relativa dos direitos fundamentais.** Dispor em absoluto dos direitos e garantias fundamentais é inadmissível, sob pena de se legitimar o suicídio! Por outro lado, a disponibilidade relativa, ou seja, limitada, é admitida. Por exemplo: os famosos *realities shows* exploram, 24 horas por dia, a imagem e a privacidade de seus participantes. Ora, imagem e privacidade são direitos fundamentais. Os participantes desses programas dispõem, por certo período e mediante pagamento, dos seus direitos. Não há disposição total e absoluta, mas apenas parcial e limitada.

E **Relatividade: não existem direitos absolutos.** Todos os direitos fundamentais são relativos, de sorte que, diante de uma situação de conflito, devem ser ponderados, não havendo que se falar, em abstrato, na superioridade de um em relação a outro. Assim, é correto dizer que os direitos fundamentais formam um conjunto indivisível, entre os quais não há qualquer relação hierárquica, sendo todos igualmente importantes e relevantes. **É claro que conflitos entre direitos fundamentais são frequentes, como ocorre, por exemplo, com o direito à privacidade e o direito à informação.** Nestes casos, devem ser aplicadas as técnicas de interpretação constitucional (estudadas no Capítulo 2 desta obra), especialmente a harmonização ou concordância prática.

MUITA ATENÇÃO!

Direito não é sinônimo de garantia. Direitos são dispositivos que revelam e declaram a existência de interesses (normas declaratórias). **Garantias** são dispositivos que asseguram a existência e a utilização de direitos (normas assecuratórias).

As normas definidoras dos direitos e garantias fundamentais têm aplicação imediata.

Os direitos e garantias expressos na Constituição Federal não excluem outros decorrentes do regime e dos princípios por ela adotados, ou dos tratados internacionais em que a República Federativa do Brasil seja parte. **Trata-se, portanto, de um rol aberto, orientado pelo princípio da dignidade da pessoa humana, verdadeiro fundamento da República.**

A dignidade humana, a soberania, a cidadania, os valores sociais do trabalho e da livre iniciativa e o pluralismo político constituem os fundamentos da República, nos termos do art. 1º da CF.

É importante destacar que o princípio da dignidade humana orienta toda a interpretação e aplicação dos direitos fundamentais. Mais e mais, a jurisprudência vem se apoiando no princípio da tutela e proteção da pessoa humana com o objetivo de legitimar certas condutas e coibir outras.

O princípio da dignidade humana possui conteúdo axiológico (verdadeiro valor) e normativo. Desse modo, sua interpretação requer proporcionalidade e ponderação. A dignidade da pessoa humana é considerada norma suprema, verdadeiro núcleo axiológico (ou valorativo) da CF/88. É um atributo que todo ser humano possui, decorrente de sua natureza.

2. TRATADOS E CONVENÇÕES INTERNACIONAIS E DIREITOS FUNDAMENTAIS

Tratados são, por excelência, normas de direito internacional público. No modelo jurídico brasileiro, como nas demais democracias modernas, tratados passam a integrar o direito interno estatal, após a verificação de seu "iter" de incorporação.

O Brasil adotou o denominado dualismo jurídico. Existem duas ordens jurídicas: uma nacional e outra internacional. O tratado, uma vez recepcionado, tem natureza jurídica de lei ordinária (STF).

A recepção do Tratado comporta as seguintes fases:

A O Presidente da República, na função de chefe de Estado, assina o tratado internacional. Trata-se de atribuição privativa do Chefe do Poder Executivo Federal (art. 84, VIII, da CF);

B O CN precisa referendar o tratado internacional por meio de decreto legislativo (art. 49, I, CF/88). O decreto legislativo será promulgado pelo Presidente da República. Este promulga, publica e dá executoriedade ao tratado.

É importante destacar que a EC 45/04 acrescentou o § 3º ao art. 5º, CF, segundo o qual, **tratados internacionais** que versem sobre **direitos humanos**, aprovados, em cada Casa do Congresso Nacional, em dois turnos, por três quintos dos votos dos respectivos membros, são incorporados com o "status" de **emendas constitucionais.**

Os demais tratados e convenções internacionais, inclusive os que versarem sobre direitos humanos e que não sejam aprovados na forma acima, serão recepcionados com "status" de lei ordinária.

Por fim, vale ressaltar que é competência do CN, nos termos do art. 49, inc. I da CF resolver definitivamente sobre tratados, acordos ou atos internacionais que acarretem encargos ou compromissos gravosos ao patrimônio nacional.

3. DIREITOS FUNDAMENTAIS EM ESPÉCIE

DICA IMPORTANTE

A leitura atenta do art. 5º da CF mostra-se imprescindível! Boa parte das questões sobre este tema é extraída diretamente deste dispositivo. Abaixo, a fim de facilitar o estudo e a compreensão, sem tornar a leitura cansativa, resumirei os principais direitos e garantias fundamentais cobrados nos últimos Exames da OAB.

DIREITOS E GARANTIAS FUNDAMENTAIS INDIVIDUAIS	
Direito à igualdade	Segundo a CF, homens e mulheres são iguais em direitos e obrigações. Cuida-se da consagração do **Princípio da Igualdade.** Os direitos fundamentais são assegurados ao estrangeiro em trânsito no território nacional (a exemplo dos turistas), pois o art. 5º, "caput", da CF, segundo o STF, deve ser interpretado de forma extensiva. Consagra-se, portanto, o direito à igualdade. Aliás, **os princípios constitucionais definidores de direitos e garantias fundamentais devem ser interpretados de forma extensiva,** a exemplo da interpretação de conceitos como "casa", "vida privada". Oportuno registrar que a jurisprudência do STF considera válida a disposição legal que impõe limite de idade para inscrição em concurso público, desde que justificado pela natureza das atribuições do cargo. Nesse sentido a Súmula nº 683/STF: **"O limite de idade para a inscrição em concurso público só se legitima em face do art. 7º, XXX, da Constituição, quando possa ser justificado pela natureza das atribuições do cargo a ser preenchido".** Logo, quando devidamente justificada a limitação de idade em razão da natureza do cargo, não haverá violação ao princípio da igualdade.
Direito à liberdade	Ninguém será obrigado a fazer ou deixar de fazer alguma coisa senão em virtude de lei. Impera, como regra, o **Princípio da Liberdade.** São, ainda, decorrentes do princípio da liberdade: **A livre manifestação do pensamento**, sendo vedado o anonimato, e a **atividade intelectual, artística, científica e de comunicação**, independentemente de censura ou licença. Outrossim, é livre o exercício de qualquer

DIREITOS E GARANTIAS FUNDAMENTAIS INDIVIDUAIS	
Direito à liberdade	trabalho, ofício ou profissão, atendidas as qualificações profissionais que a lei estabelecer. O art. 5º, inc. VIII da CF prescreve que **ninguém será privado de direitos por motivo de crença religiosa ou de convicção filosófica ou política, salvo se as invocar para eximir-se de obrigação legal a todos imposta e recusar-se a cumprir prestação alternativa, fixada em lei.** **A Constituição garante, ainda, a plena liberdade de associação para fins lícitos**, vedada a de caráter paramilitar (art. 5º, XVII). Contudo, é importante ressaltar que as associações **poderão ser compulsoriamente dissolvidas ou ter suas atividades suspensas por decisão judicial**, exigindo-se, no primeiro caso, o trânsito em julgado. Não se esqueça que ninguém pode ser compelido a associar-se ou a permanecer associado e a mera falta de autorização estatal não configura motivo idôneo para a suspensão das atividades de uma associação. Ainda e a despeito da laicidade do Estado, assegura a CF, nos termos da lei, a **prestação de assistência religiosa** nas entidades civis e militares de internação coletiva **(Exame Unificado 2019/2).** Ainda segundo a CF/88, "todos podem reunir-se pacificamente, sem armas, em locais abertos ao público, independentemente de autorização, desde que não frustrem outra reunião anteriormente convocada para o mesmo local, sendo apenas exigido prévio aviso à autoridade competente". Observe o seguinte exemplo: "Antônio, líder ativista que defende a proibição do uso de quaisquer drogas, cientifica as autoridades sobre a realização de manifestação contra projeto de lei sobre a liberação do uso de entorpecentes. Marina, líder ativista do movimento pela liberação do uso de toda e qualquer droga, ao tomar conhecimento de tal evento, resolve, então, sem solicitar autorização à autoridade competente, marcar, para o mesmo dia e local, manifestação favorável ao citado projeto de lei, de forma a impedir a propagação das ideias defendidas por Antônio". Neste caso, "Marina não poderia dar continuidade à sua iniciativa, já que sua reunião frustraria a reunião de Antônio, anteriormente convocada para o mesmo local" **(Exame Unificado 2018.2).**
Direito à privacidade e à intimidade (tutela do direito de estar só)	**São invioláveis a intimidade, a vida privada, a honra e a imagem das pessoas,** assegurado o direito a indenização pelo dano material ou moral decorrente de sua violação A interceptação telefônica vai, em princípio, de encontro ao direito à privacidade. Todavia, motivos de ordem pública podem levar à sua decretação, que é medida sempre excepcional. A interceptação telefônica está sob a **reserva de jurisdição**, o que significa dizer que a matéria deve ser submetida ao crivo do Poder Judiciário. **No que se refere à inviolabilidade da intimidade, da vida privada, da honra e da imagem das pessoas,** a Constituição Federal

DIREITOS E GARANTIAS FUNDAMENTAIS INDIVIDUAIS	
	assegurou a preferência pelo modelo de prevenção em detrimento da reparação ao dano. Os direitos da personalidade, uma vez violados, não serão recompostos ao estado anterior à violação. Desse modo, a tutela preventiva é sempre melhor do que a tutela reparatória.
Direito à privacidade e à intimidade (tutela do direito de estar só)	**A casa é asilo inviolável.** A inviolabilidade da casa pode ser constitucionalmente afastada nas seguintes hipóteses: com o consentimento do morador; em caso de flagrante delito; para prestar socorro; em caso de desastre; com autorização judicial, desde que durante o dia. Observe a seguinte situação: "João, considerado suspeito de ter comercializado drogas ilícitas em festa realizada há duas semanas em badalada praia do Município Delta, após investigação policial, teve localizado seu endereço. Os policiais, sem perda de tempo, resolvem se dirigir para o referido endereço, e lá chegando, às 22h, mesmo sem permissão, entram na casa de João e realizam uma busca por provas e evidências". Foi respeitada a garantia constitucional neste caso? Não, já que os policiais ingressaram na casa de João à revelia do disposto na CF **(Exame Unificado 2021.2)**. **Qual é a extensão da expressão "casa"?** O STF tem interpretado de forma extensiva o conceito de casa. Assim, é correto dizer que se trata de um conceito abrangente e inclui, por exemplo, o quarto de hotel, já que esse direito está diretamente associado à tutela da vida privada. A **EC 115/2022** acrescentou o inciso LXXIX ao art. 5º da CF, dispondo que "é assegurado, nos termos da lei, o **direito à proteção dos dados pessoais**, inclusive nos meios digitais". Vale destacar ainda que compete privativamente à União legislar sobre proteção e tratamento de dados pessoais (art. 22, inc. XXX, da CF).
Direito à propriedade	O **direito de propriedade é garantido constitucionalmente**. Trata-se, portanto, de direito fundamental. Todavia, a CF assevera que **a propriedade deverá atender a sua função social.** A **desapropriação por necessidade ou utilidade pública, ou por interesse social, é admitida,** mediante justa e prévia indenização em dinheiro, ressalvadas situações excepcionais previstas na própria Constituição. A **pequena propriedade rural, definida em lei, desde que trabalhada pela família, não será objeto de penhora para pagamento de débitos decorrentes de sua atividade produtiva**, dispondo a lei sobre os meios de financiar o seu desenvolvimento. **Aos autores pertence o direito exclusivo de utilização, publicação ou reprodução de suas obras, transmissível aos herdeiros pelo tempo que a lei fixar.** São assegurados, ainda: a proteção às participações individuais em obras coletivas e à reprodução da imagem e voz humanas, inclusive nas atividades desportivas e o direito

DIREITOS E GARANTIAS FUNDAMENTAIS INDIVIDUAIS	
Direito à propriedade	de fiscalização do aproveitamento econômico das obras que criarem ou de que participarem aos criadores, aos intérpretes e às respectivas representações sindicais e associativas. **Vale lembrar, por fim, que:** Os **direitos industrial e autoral** são espécies do gênero **direito intelectual ou imaterial.** O direito autoral cuida de obras artísticas, literárias, científicas e programas de computador e encontra disciplina nas Leis 9609/98 e 9610/98. Integram, por outro lado, o direito industrial: a marca, a invenção, o modelo de utilidade e o desenho industrial. A propriedade industrial encontra disciplina na Lei 9279/96.
Direitos e garantias processuais	**A inafastabilidade da tutela jurisdicional é direito fundamental.** Assim, a lei não excluirá da apreciação do Poder Judiciário lesão ou ameaça a direito. A emenda constitucional 45/04 inseriu no art. 5º da CF o inc. LXXVIII. Segundo ele, **a todos, no âmbito judicial e administrativo, são assegurados a razoável duração do processo e os meios que garantam a celeridade de sua tramitação.** **O duplo grau de jurisdição não é garantia constitucional (não há previsão expressa).** Para alguns doutrinadores, trata-se de princípio implícito decorrente da distribuição de competência recursal. Embora não se trate de garantia estritamente processual, é oportuno lembrar que o art. 5º, XXXVI, da CF, em homenagem ao princípio da segurança jurídica e em prol da estabilidade das relações jurídicas e sociais, protege o ato jurídico perfeito, a coisa julgada e o direito adquirido. Com efeito, dispõe referido dispositivo que a lei não prejudicará o direito adquirido, o ato jurídico perfeito e a coisa julgada. Ninguém será processado nem sentenciado senão pela autoridade competente. Consagrou-se, constitucionalmente, o **princípio do juiz natural**, vedando-se o chamado **juízo ou tribunal de exceção.** Todos têm direito de saber, previamente, quem é a autoridade processante competente. Ninguém será privado da liberdade ou de seus bens sem o **devido processo legal** e aos litigantes, em processo judicial ou administrativo, e aos acusados em geral são assegurados o **contraditório e ampla defesa,** com os meios e recursos a ela inerentes. **São inadmissíveis, no processo, as provas obtidas por meios ilícitos.** **Em matéria processual, a regra é a publicidade.** Apenas quando a defesa da intimidade ou o interesse social o exigirem poderá haver restrição da publicidade dos atos processuais.
Direitos e garantias processuais penais (específicos)	Os direitos e garantias processuais acima aplicam-se, por evidente, ao processo penal. Neste tópico, cuidarei apenas dos direitos e garantias próprios do processo penal.

DIREITOS E GARANTIAS FUNDAMENTAIS INDIVIDUAIS	
Direitos e garantias processuais penais (específicos)	**No processo penal vige o princípio da presunção de inocência**, de sorte que ninguém será considerado culpado até o trânsito em julgado de sentença penal condenatória. É importante destacar que o Supremo Tribunal Federal, por maioria, modificou sua jurisprudência sobre o tema e considerou que o cumprimento da pena após a confirmação da condenação em 2ª Instância ofende o princípio da presunção de inocência, não podendo, assim, ser admitido. No sistema constitucional pátrio, **não haverá penas: de morte, de caráter perpétuo, de trabalhos forçados, de banimento e cruéis**. O legislador constituinte afastou a aplicação de penas que possam conflitar com o princípio da dignidade humana. **Contudo, ATENÇÃO: A pena de morte é admitida nos casos de guerra declarada (art. 5º, inc. XLVII, "a" da CF).** Ademais, **o acusado tem direito à individualização da pena**. A pena será cumprida em estabelecimentos distintos, de acordo com a natureza do delito, a idade e o sexo do apenado, sendo assegurado aos presos o respeito à integridade física e moral. **Referidas garantias têm o objetivo de garantir, também ao preso, a tutela e proteção de sua dignidade.** **A propósito, a Súmula Vinculante 56 dispõe que:** "A falta de estabelecimento penal adequado não autoriza a manutenção do condenado em regime prisional mais gravoso, devendo-se observar, nessa hipótese, os parâmetros fixados no RE 641.320/RS". **Compete ao Tribunal do Júri o julgamento dos crimes dolosos contra a vida.** Trata-se de direito fundamental do acusado e da própria sociedade. A propósito, a Súmula Vinculante 45 dispõe que "A competência constitucional do Tribunal do Júri prevalece sobre o foro por prerrogativa de função estabelecido exclusivamente pela constituição estadual". **Ninguém será preso senão em flagrante delito ou por ordem escrita e fundamentada de autoridade judiciária competente**, salvo nos casos de transgressão militar ou crime propriamente militar, definidos em lei. A prisão de qualquer pessoa e o local onde se encontre serão comunicados imediatamente ao juiz competente e à família do preso ou à pessoa por ele indicada, devendo ser o preso informado de seus direitos, entre os quais o de permanecer calado, sendo-lhe assegurada a assistência da família e de advogado. Oportuno destacar, ademais, que o Conselho Nacional de Justiça, por meio da Resolução 213 de 15/12/2015, normatizou as chamadas **audiências de custódia**, a fim de que toda pessoa presa em flagrante delito, independentemente da motivação ou natureza do

DIREITOS E GARANTIAS FUNDAMENTAIS INDIVIDUAIS	
Direitos e garantias processuais penais (específicos)	ato, seja obrigatoriamente apresentada, em até 24 horas da comunicação do flagrante, à autoridade judicial competente, e ouvida sobre as circunstâncias em que se realizou sua prisão ou apreensão. Ainda, o preso tem direito à identificação dos responsáveis por sua prisão ou por seu interrogatório policial. A prisão ilegal será imediatamente relaxada pela autoridade judiciária.
Garantias Penais	Não há crime sem lei anterior que o defina, nem pena sem prévia cominação legal **(Princípio da Legalidade)**. A lei penal não retroagirá, salvo para beneficiar o réu. Cuida-se do **princípio da retroatividade benéfica.** **O crime de racismo é inafiançável e imprescritível, sujeito à pena de reclusão, nos termos da lei.** A lei considerará crimes inafiançáveis e insuscetíveis de graça ou anistia a prática da tortura, o **tráfico ilícito de entorpecentes e drogas afins, o terrorismo e os definidos como crimes hediondos**, por eles respondendo os mandantes, os executores e os que, podendo evitá-los, se omitirem. **Nenhuma pena passará da pessoa do condenado**, podendo a obrigação de reparar o dano e a decretação do perdimento de bens ser, nos termos da lei, estendidas aos sucessores e contra eles executadas, até o limite do valor do patrimônio transferido (art. 5º, inc. XLV da CF). Assim, a Lei Ordinária Federal X, que dispõe que "as penas de prestação de serviços à comunidade, se não forem cumpridas em até 10 (dez) dias após o trânsito em julgado da condenação, comunicam-se, desde que maiores de 18 (dezoito) e menores de 60 (sessenta) anos, aos parentes em linha reta dos condenados" é materialmente inconstitucional **(Exame Unificado 2021.2)**.

FIQUE POR DENTRO:

O artigo 5º, inc. XXXIII, da CF, dispõe que "**todos têm direito a receber dos órgãos públicos informações de seu interesse particular, ou de interesse coletivo ou geral, que serão prestadas no prazo da lei, sob pena de responsabilidade, ressalvadas aquelas cujo sigilo seja imprescindível à segurança da sociedade e do Estado**". Visando conferir maior efetividade ao comando constitucional, foi promulgada a **Lei 12.527 de 18 de novembro de 2011**, que dispõe sobre os procedimentos a serem observados pela União, Estados, Distrito Federal e Municípios, com o fim de garantir o acesso a informações previsto no inciso XXXIII, do art. 5º, da CF. Dentre outras medidas, prevê referida Lei que "é dever dos órgãos e entidades públicas promover, independentemente de requerimentos, a divulgação em local de fácil acesso, no âmbito de suas competências, de informações de interesse coletivo ou geral por eles produzidas ou custodiadas".

DIREITOS E GARANTIAS FUNDAMENTAIS SOCIAIS	
Art. 6º da CF	São direitos sociais a **educação, a saúde, a alimentação, o trabalho, a moradia, o transporte, o lazer, a segurança, a previdência social, a proteção à maternidade e à infância, a assistência aos desamparados**, na forma da Constituição Federal. Ainda, **segundo recente alteração promovida pela EC 114/2021**, todo brasileiro em situação de vulnerabilidade social terá direito a uma renda básica familiar, garantida pelo poder público em programa permanente de transferência de renda, cujas normas e requisitos de acesso serão determinados em lei, observada a legislação fiscal e orçamentária.
Direitos e garantias sociais dos trabalhadores urbanos e rurais	• Relação de emprego protegida contra **despedida arbitrária ou sem justa causa**, nos termos de lei complementar, que preverá indenização compensatória, dentre outros direitos; • **Seguro-desemprego**, em caso de desemprego involuntário; • Fundo de garantia do tempo de serviço **(FGTS)**; • **Salário mínimo**, fixado em lei, nacionalmente unificado, capaz de atender a suas necessidades vitais básicas e às de sua família com moradia, alimentação, educação, saúde, lazer, vestuário, higiene, transporte e previdência social, com reajustes periódicos que lhe preservem o poder aquisitivo, sendo vedada sua vinculação para qualquer fim; • **Piso salarial proporcional** à extensão e à complexidade do trabalho; • **Irredutibilidade do salário**, salvo o disposto em convenção ou acordo coletivo; • **Garantia de salário, nunca inferior ao mínimo**, para os que percebem remuneração variável. Neste ponto, é oportuno registrar o enunciado daSúmula Vinculante 06 do STF, segundo a qual "não viola a Constituição o estabelecimento de remuneração inferior ao salário mínimo para as praças prestadoras de serviço militar inicial" (Exame Unificado 2020.1). • **Décimo terceiro salário** com base na remuneração integral ou no valor da aposentadoria; • **Remuneração do trabalho noturno** superior à do diurno; • **Proteção do salário na forma da lei**, constituindo crime sua retenção dolosa; • **Participação nos lucros, ou resultados**, desvinculada da remuneração, e, excepcionalmente, participação na gestão da empresa, conforme definido em lei;

DIREITOS E GARANTIAS FUNDAMENTAIS SOCIAIS	
Direitos e garantias sociais dos trabalhadores urbanos e rurais	• **Salário-família pago em razão do dependente do trabalhador de baixa renda** nos termos da lei; • **Duração do trabalho normal não superior a oito horas diárias e quarenta e quatro semanais**, facultada a compensação de horários e a redução da jornada, mediante acordo ou convenção coletiva de trabalho; • Jornada de seis horas para o trabalho realizado em turnos ininterruptos de revezamento, salvo negociação coletiva; • **Repouso semanal remunerado**, preferencialmente aos domingos; • **Remuneração do serviço extraordinário superior**, no mínimo, em cinquenta por cento à do normal **(horas extras);** • **Gozo de férias anuais remuneradas** com, pelo menos, um terço a mais do que o salário normal; • **Licença à gestante**, sem prejuízo do emprego e do salário, com a duração de cento e vinte dias; • **Licença-paternidade**, nos termos fixados em lei; • **Proteção do mercado de trabalho da mulher**, mediante incentivos específicos, nos termos da lei; • **Aviso prévio** proporcional ao tempo de serviço, sendo no mínimo de trinta dias, nos termos da lei; • **Redução dos riscos inerentes ao trabalho**, por meio de normas de saúde, higiene e segurança; • **Adicional de remuneração para as atividades penosas, insalubres ou perigosas**, na forma da lei; • Aposentadoria; • **Assistência gratuita aos filhos e dependentes** desde o nascimento até 5 (cinco) anos de idade em creches e pré-escolas; • Reconhecimento das convenções e acordos coletivos de trabalho; • Proteção em face da automação, na forma da lei; • **Seguro contra acidentes de trabalho**, a cargo do empregador, sem excluir a indenização a que este está obrigado, quando incorrer em dolo ou culpa; • Ação, quanto aos créditos resultantes das relações de trabalho, com prazo prescricional de cinco anos para os trabalhadores urbanos e rurais, até o limite de dois anos após a extinção do contrato de trabalho; • **Proibição de diferença de salários**, de exercício de funções e de critério de admissão por motivo de sexo, idade, cor ou estado civil;

DIREITOS E GARANTIAS FUNDAMENTAIS SOCIAIS	
Direitos e garantias sociais dos trabalhadores urbanos e rurais	• **Proibição de qualquer discriminação no tocante a salário** e critérios de admissão do trabalhador portador de deficiência; • Proibição de distinção entre trabalho manual, técnico e intelectual ou entre os profissionais respectivos; • **Proibição de trabalho noturno, perigoso ou insalubre a menores de dezoito e de qualquer trabalho a menores de dezesseis anos**, salvo na condição de aprendiz, a partir de quatorze anos; • Igualdade de direitos entre o trabalhador com vínculo empregatício permanente e o trabalhador avulso.
Direitos sindicais	• A lei não poderá exigir autorização do Estado para a fundação de sindicato, ressalvado o registro no órgão competente, vedadas ao Poder Público a interferência e a intervenção na organização sindical; • É vedada a criação de mais de uma organização sindical, em qualquer grau, representativa de categoria profissional ou econômica, na mesma base territorial, que será definida pelos trabalhadores ou empregadores interessados, não podendo ser inferior à área de um Município; • Ao sindicato cabe a defesa dos direitos e interesses coletivos ou individuais da categoria, inclusive em questões judiciais ou administrativas; • A assembleia geral fixará a contribuição que, em se tratando de categoria profissional, será descontada em folha, para custeio do sistema confederativo da representação sindical respectiva, independentemente da contribuição prevista em lei; • Ninguém será obrigado a filiar-se ou a manter-se filiado a sindicato; • É obrigatória a participação dos sindicatos nas negociações coletivas de trabalho; • O aposentado filiado tem direito a votar e ser votado nas organizações sindicais; • É vedada a dispensa do empregado sindicalizado a partir do registro da candidatura a cargo de direção ou representação sindical e, se eleito, ainda que suplente, até um ano após o final do mandato, salvo se cometer falta grave nos termos da lei; • As disposições acima aplicam-se à organização de sindicatos rurais e de colônias de pescadores, atendidas as condições que a lei estabelecer.

DIREITOS E GARANTIAS FUNDAMENTAIS SOCIAIS	
Direito de greve	• É assegurado o direito de greve, competindo aos trabalhadores decidir sobre a oportunidade de exercê-lo e sobre os interesses que devam por meio dele defender. • A lei definirá os serviços ou atividades essenciais e disporá sobre o atendimento das necessidades inadiáveis da comunidade. • Os abusos cometidos sujeitam os responsáveis às penas da lei.
Outros direitos conferidos aos trabalhadores	• É assegurada a participação dos trabalhadores e empregadores nos colegiados dos órgãos públicos em que seus interesses profissionais ou previdenciários sejam objeto de discussão e deliberação. • Nas empresas de mais de duzentos empregados, é assegurada a eleição de um representante destes com a finalidade exclusiva de promover-lhes o entendimento direto com os empregadores.

MUITA ATENÇÃO!

São assegurados à categoria dos trabalhadores domésticos os direitos previstos nos incisos **IV, VI, VII, VIII, X, XIII, XV, XVI, XVII, XVIII, XIX, XXI, XXII, XXIV, XXVI, XXX, XXXI e XXXIII do art. 7º** da Constituição Federal, e, atendidas as condições estabelecidas em lei e observada a simplificação do cumprimento das obrigações tributárias, principais e acessórias, decorrentes da relação de trabalho e suas peculiaridades, **os previstos nos incisos I, II, III, IX, XII, XXV e XXVIII do mesmo artigo,** bem como a sua integração à previdência social.

4. REMÉDIOS CONSTITUCIONAIS

Os remédios constitucionais são instrumentos processuais que asseguram o exercício de direitos fundamentais. A seguir, apresentarei a definição e as características mais relevantes de cada um deles atento, sobretudo, às questões mais frequentes nos últimos Exames da OAB.

4.1 *Habeas corpus*

No Brasil, a Constituição de 1824 não fez referência expressa ao "habeas corpus". O instituto foi constitucionalizado em 1891 pela primeira vez, sendo certo que todas as Constituições subsequentes assim o fizeram. **Atualmente, encontra previsão no art. 5º, inciso LXVIII, da CF.**

Em princípio, sustentou-se, com base em Rui Barbosa, que todos os direitos líquidos e certos poderiam ser defendidos por "habeas corpus", mesmo que não implicassem ofensa ao direito de locomoção. **Hoje, dada a existência de outros remédios constitucionais, o "habeas corpus" serve somente à salvaguarda do direito de locomoção.** É importante destacar que o STF entende cabível o "habeas corpus" não só contra ofensa direta, mas também indireta, reflexa ou potencial ao direito de locomoção.

Como o *habeas corpus* visa tutelar o direito de locomoção, é correto afirmar que caso ocorra, ao fim de um processo penal, a fixação de pena de multa em sentença penal condenatória, ficará prejudicada a utilização desse remédio constitucional. Do mesmo modo, se já extinta a pena privativa de liberdade, não é cabível a utilização de *habeas corpus* para pedido de reabilitação de paciente.

Entende-se, de forma majoritária, que o "habeas corpus" não tem natureza recursal, mas sim de ação constitucional gratuita e de natureza criminal, **podendo ser impetrado de forma:**

A Preventiva (ou salvo-conduto): cujo objetivo é evitar o constrangimento ilegal resultante de violência ou ameaça à liberdade de locomoção e;

B Repressiva (ou liberatório): cabível na situação em que o indivíduo tiver subtraída sua liberdade de locomoção ilegalmente.

No Brasil, além dessas duas possibilidades (prevenção e repressão), o HC é usado em outras situações excepcionais: **trancamento de inquérito policial ou ação penal por falta de justa causa e anulação de ações penais com trânsito em julgado.**

Vale lembrar, por fim, que o *habeas corpus* pode ser impetrado em benefício próprio ou de terceiro. No primeiro caso, impetrante e paciente confundem-se; no segundo, há distinção, sendo paciente aquele que experimenta a ofensa ao direito de locomoção.

? **QUESTÃO:** É cabível *habeas corpus* contra particular? Ou melhor, pode a autoridade coatora ser um particular?

RESPOSTA: *Sim, a jurisprudência dominante admite que o particular figure no polo passivo do habeas corpus.*

DICA IMPORTANTE

Em relação aos remédios constitucionais, é fundamental que o candidato conheça o posicionamento dos Tribunais Superiores sobre a matéria. A fim de otimizar os estudos, seguem as principais súmulas sobre o "habeas corpus":

Súmula 691 do STF: "Não compete ao Supremo Tribunal Federal conhecer de *habeas corpus* impetrado contra decisão do Relator que, em *habeas corpus* requerido a tribunal superior, indefere a liminar."

Súmula 692 do STF: "Não se conhece de *habeas corpus* contra omissão de relator de extradição, se fundado em fato ou direito estrangeiro cuja prova não constava dos autos, nem foi ele provocado a respeito."

Súmula 693 do STF: "Não cabe *habeas corpus* contra decisão condenatória a pena de multa, ou relativo a processo em curso por infração penal a que a pena pecuniária seja a única cominada."

Súmula 694 do STF: "Não cabe *habeas corpus* contra a imposição da pena de exclusão de militar ou de perda de patente ou de função pública".

Súmula 695 do STF: "Não cabe *habeas corpus* quando já extinta a pena privativa de liberdade."

4.2 Mandado de segurança

O mandado de segurança **tem por objetivo a proteção de direito líquido e certo não amparado por "habeas corpus" ou "habeas data"** e sua apreciação depende da comprovação documental e pré-constituída dos fatos narrados na inicial.

A ação mandamental encontra previsão constitucional no art. 5º, incisos LXIX e LXX, e foi regulamentada pela **Lei 12.016/09**.

MUITA ATENÇÃO!

O art. 16 da Lei 12.016/09 foi recentemente alterado pela Lei 13.676/18 e agora possui a seguinte redação: **"Nos casos de competência originária dos tribunais, caberá ao relator a instrução do processo, sendo assegurada a defesa oral na sessão do julgamento do mérito ou do pedido liminar".** O objetivo da modificação foi, como se vê, assegurar o contraditório e a ampla defesa também na análise do pedido liminar.

O mandado de segurança pode ser impetrado **individualmente ou de forma coletiva.**

É legitimado à impetração do mandado de segurança individual qualquer pessoa, física ou jurídica, que sofra a lesão, ou ameaça de lesão, a direito líquido e certo.

Já o **mandado de segurança** coletivo poderá ser impetrado por **partido político** com representação no CN e por **organização sindical, entidade de classe ou associação** legalmente constituída e em funcionamento há pelo menos um ano, **em defesa de direitos líquidos e certos da totalidade, ou de parte, dos seus membros ou associados, na forma dos seus estatutos e desde que pertinentes às suas finalidades, dispensada, para tanto, autorização especial (Exame Unificado 2020.1).**

Os direitos protegidos pelo mandado de segurança coletivo podem ser: coletivos, assim entendidos os transindividuais, de natureza indivisível, de que seja titular grupo ou categoria de pessoas ligadas entre si ou com a parte contrária por uma relação jurídica-base; **e individuais homogêneos,** ou seja, os decorrentes de origem comum e da atividade ou situação específica da totalidade ou de parte dos associados ou membros do impetrante.

O **polo passivo** da ação mandamental deverá ser ocupado por uma **autoridade pública ou por um agente de pessoa jurídica no exercício de atribuições do Poder Público.**

DICA IMPORTANTE

A fim de otimizar os estudos, seguem as principais súmulas sobre mandado de segurança:

Súmula 101 do STF: "O mandado de segurança não substitui a ação popular".

Súmula 248 do STF: "É competente, originariamente, o Supremo Tribunal Federal, para mandado de segurança contra ato do Tribunal de Contas da União".

Súmula 266 do STF: "Não cabe mandado de segurança contra lei em tese".

Súmula 267 do STF: "Não cabe mandado de segurança contra ato judicial passível de recurso ou correição".

Súmula 268 do STF: "Não cabe mandado de segurança contra decisão judicial com trânsito em julgado."

Súmula 269 do STF: "O mandado de segurança não é substitutivo de ação de cobrança".

Súmula 270 do STF: "Não cabe mandado de segurança para impugnar enquadramento da Lei 3.780, de 12 de julho de 1960, que envolva exame de prova ou de situação funcional complexa".

Súmula 271 do STF: "Concessão de mandado de segurança não produz efeitos patrimoniais, em relação a período pretérito, os quais devem ser reclamados administrativamente ou pela via judicial própria".

Súmula 405 do STF: "Denegado o mandado de segurança pela sentença, ou no julgamento do agravo, dela interposto, fica sem efeito a liminar concedida, retroagindo os efeitos da decisão contrária".

Súmula 433 do STF: "É competente o Tribunal Regional do Trabalho para julgar mandado de segurança contra ato de seu presidente em execução de sentença trabalhista".

Súmula 510 do STF: "Praticado o ato por autoridade, no exercício de competência delegada, contra ela cabe a impetração de mandado de segurança ou a medida judicial".

Súmula 525 do STF: "A medida de segurança não será aplicada em segunda instância, quando só o réu tenha recorrido".

Súmula 623 do STF: "Não gera por si só a competência originária do Supremo Tribunal Federal para conhecer do mandado de segurança com base noart. 102, I, n, da Constituição, dirigir-se o pedido contra deliberação administrativa do Tribunal de origem, da qual haja participado a maioria ou a totalidade de seus membros".

Súmula 624 do STF: "Não compete ao Supremo Tribunal Federal conhecer originariamente de mandado de segurança contra atos de outros tribunais".

Súmula 625 do STF: "Controvérsia sobre matéria de direito não impede concessão de mandado de segurança."

Súmula 626 do STF: "A suspensão da liminar em mandado de segurança, salvo determinação em contrário da decisão que a deferir, vigorará até o trânsito em julgado da decisão definitiva de concessão da segurança ou, havendo recurso, até a sua manutenção pelo Supremo Tribunal Federal, desde que o objeto da liminar deferida coincida, total ou parcialmente, com o da impetração."

DICA IMPORTANTE

Súmula 627 do STF: "No mandado de segurança contra a nomeação de magistrado da competência do Presidente da República, este é considerado autoridade coatora, ainda que o fundamento da impetração seja nulidade ocorrida em fase anterior do procedimento."

Súmula 629 do STF: "A impetração de mandado de segurança coletivo por entidade de classe em favor dos associados independe da autorização destes."

Súmula 701 do STF: "No mandado de segurança impetrado pelo Ministério Público contra decisão proferida em processo penal, é obrigatória a citação do réu como litisconsorte passivo."

Súmula 202 do STJ: "A impetração de segurança por terceiro, contra ato judicial, não se condiciona à interposição de recurso."

Súmula 376 do STJ: "Compete a turma recursal processar e julgar o mandado de segurança contra ato de juizado especial."

4.3 Mandado de injunção

O **mandado de injunção** foi inserido em nosso ordenamento pela Constituição de 1988 e encontra previsão em seu art. 5º, inc. LXXI. **Trata-se de ação constitucional de caráter civil e de procedimento especial que tem por finalidade suprir a omissão do Poder Público, com o objetivo de viabilizar o exercício de direitos e liberdades constitucionais e das prerrogativas inerentes à nacionalidade, à soberania e à cidadania.**

Tem como **requisitos: 1)** Falta de norma regulamentadora (normas constitucionais de eficácia limitada); **2)** Direitos constitucionais inviabilizados (omissão do legislador). Mostra-se cabível, portanto, sempre que a falta total ou parcial de norma regulamentadora torne inviável o exercício dos direitos e liberdades constitucionais e das prerrogativas inerentes à nacionalidade, à soberania e à cidadania.

Observe o seguinte exemplo: "O Supremo Tribunal Federal reconheceu a periculosidade inerente ao ofício desempenhado pelos agentes penitenciários, por tratar-se de atividade de risco. Contudo, ante a ausência de norma que regulamente a concessão da aposentadoria especial no Estado Alfa, os agentes penitenciários dessa unidade federativa encontram-se privados da concessão do referido direito constitucional". Neste caso, cabe mandado de injunção, inclusive na forma coletiva, podendo ser promovido pelo Sindicato dos Agentes Penitenciários, desde que legalmente constituído e em funcionamento há mais de 01 ano (**Exame Unificado 2019/3).**

O mandado de injunção encontra-se disciplinado pela Lei 13.300/2016, que, dentre diversos aspectos, destaca:

1) São **legitimados** para o mandado de injunção, como impetrantes, as **pessoas naturais ou jurídicas que**

se afirmam titulares dos direitos, das liberdades ou das prerrogativas referidos no seu art. 2º e, como impetrado, o Poder, o órgão ou a autoridade com atribuição para editar a norma regulamentadora.

2) Reconhecido o estado de mora legislativa, será deferida a injunção para: a) determinar **prazo razoável** para que o impetrado promova a edição da norma regulamentadora; b) estabelecer as condições em que se dará o exercício dos direitos, das liberdades ou das prerrogativas reclamados ou, se for o caso, as condições em que poderá o interessado promover ação própria visando a exercê-los, caso não seja suprida a mora legislativa no prazo determinado. Vê-se, portanto, que foi consolidada a **teoria concretista**.

3) A decisão terá eficácia subjetiva limitada às partes e produzirá efeitos até o advento da norma regulamentadora. Poderá ser conferida eficácia *ultra partes ou erga omnes* à decisão, quando isso for inerente ou indispensável ao exercício do direito, da liberdade ou da prerrogativa objeto da impetração. Transitada em julgado a decisão, seus efeitos poderão ser estendidos aos casos análogos por decisão monocrática do relator **(Exame Unificado 2021.1)**. O indeferimento do pedido por insuficiência de prova não impede a renovação da impetração fundada em outros elementos probatórios.

4) Sem prejuízo dos efeitos já produzidos, a **decisão poderá ser revista, a pedido de qualquer interessado, quando sobrevierem relevantes modificações das circunstâncias de fato ou de direito.**

5) A norma regulamentadora superveniente produzirá efeitos *ex nunc* em relação aos beneficiados por decisão transitada em julgado, salvo se a aplicação da norma editada lhes for mais favorável. Estará prejudicada a impetração se a norma regulamentadora for editada antes da decisão, caso em que o processo será extinto sem resolução de mérito.

6) O **mandado de injunção coletivo** pode ser promovido: a) pelo **Ministério Público**, quando a tutela requerida for especialmente relevante para a defesa da ordem jurídica, do regime democrático ou dos interesses sociais ou individuais indisponíveis; b) por **partido político com representação no Congresso Nacional**, para assegurar o exercício de direitos, liberdades e prerrogativas de seus integrantes ou relacionados com a finalidade partidária; c) **por organização sindical, entidade de classe ou associação legalmente constituída e em funcionamento há pelo menos 1 (um) ano**, para assegurar o exercício de direitos, liberdades e prerrogativas em favor da totalidade ou de parte de seus membros ou associados, na forma de seus estatutos e desde que pertinentes a suas finalidades, dispensada, para tanto, autorização especial; d) pela **Defensoria Pública**, quando a tutela requerida for especialmente relevante para a promoção dos direitos humanos e a defesa dos direitos individuais e coletivos dos necessitados, na forma do inciso LXXIV do art. 5º da Constituição Federal.

7) Os direitos, as liberdades e as prerrogativas protegidos por mandado de injunção coletivo são os pertencentes, indistintamente, a uma coletividade indeterminada de pessoas ou determinada por grupo, classe ou categoria. Importante destacar que no mandado de injunção coletivo a sentença fará coisa julgada limitadamente às pessoas integrantes da coletividade, do grupo, da classe ou da categoria substituídos pelo impetrante, sem prejuízo do disposto nos §§ 1º e 2º do art. 9º, da Lei 13.300/2016.

8) O **mandado de injunção coletivo não induz litispendência em relação aos individuais**, mas os efeitos da coisa julgada não beneficiarão o impetrante que não requerer a desistência da demanda individual no prazo de 30 (trinta) dias a contar da ciência comprovada da impetração coletiva.

4.4 *Habeas data*

Trata-se da ação constitucional, gratuita, que **tem por finalidade assegurar ao impetrante o conhecimento de informações sobre sua pessoa e, ainda, conceder os direitos à retificação de dados incorretos e à contestação ou à explicação de dados verdadeiros.** Encontra previsão no art. 5º, inc. LXXII, da CF, e, no plano infraconstitucional, na Lei 9.507/97. Outrossim, terá prioridade sobre todos os atos judiciais, com exceção ao habeas corpus e ao mandado de segurança **(art. 19 da Lei 9.507/1997).**

Veja, a propósito, questão sobre *habeas data* presente no **Exame Unificado da OAB:** "*J.G., empresário do ramo imobiliário, surpreendeu-se ao tomar conhecimento de que seu nome constava de um banco de dados de caráter público como inadimplente de uma dívida no valor de R$ 500.000,00 (quinhentos mil reais). Embora reconheça a existência da dívida, entende que o não pagamento encontra justificativa no fato de o valor a que foi condenado em primeira instância ainda estar sob discussão em grau recursal. Com o objetivo de fazer com que essa informação complementar passe a constar juntamente com a informação principal a respeito da existência do débito, consulta um advogado, que sugere a impetração de um habeas data*". O *habeas data* revela-se adequado nesse caso? Pode J.G. utilizar-se desse remédio constitucional para acrescentar informações sobre a existência da dívida? **Sim! Embora o texto constitucional não contemple a hipótese específica do caso concreto, a lei ordinária o faz, de modo a ampliar o âmbito de incidência do habeas data como ação constitucional.** Lembre-se, a Lei 9.507/1997 autoriza o uso do *habeas data* para a anotação nos assentamentos do interessado, de contestação ou explicação sobre dado verdadeiro, mas justificável e que esteja sob pendência judicial ou amigável **(art. 7º, inc. III).**

Qualquer pessoa física ou jurídica pode impetrar HD, aceitando-se inclusive entes despersonalizados (massa falida, espólio, sociedade de fato, herança jacente, condomínio, etc.).

? **QUESTÃO:** Por que o "habeas data" não pode ser impetrado em favor de terceiro?

➥ ***RESPOSTA:*** *Porque visa tutelar direito à informação relativa à pessoa do impetrante.*

Por sua vez, **são legitimados passivos:** entidades governamentais ou pessoas jurídicas de direito privado que prestam serviço de interesse público. Ex.: SERASA, SPC, etc.

Só será aceito *habeas data* se o impetrante houver deduzido pedido administrativo (art. 8º da Lei 9507/97). A este propósito, vale destacar a Súmula 2 do STJ, *in verbis*: "não cabe o *habeas data* (CF, art. 5º, LXXII, letra a) se não houve recusa de informações por parte da autoridade administrativa".

4.5 Ação popular

A ação popular está prevista no art. 5º, inc. LXXIII da CF, e, no plano infraconstitucional, encontra-se regulamentada pela Lei 4717/65.

Qualquer **cidadão**, no gozo dos seus direitos políticos, é **parte legítima para propor ação popular** e ela se destina a anular ato lesivo ao patrimônio público ou de entidade de que o Estado participe, à moralidade administrativa, ao meio ambiente e ao patrimônio histórico e cultural, ficando o autor, salvo comprovada má-fé, isento de custas judiciais e do ônus da sucumbência.

A ação popular poderá ser utilizada de modo **repressivo** ou **preventivo.** Neste último caso, impedirá a consumação do ato lesivo.

Vale repetir que apenas o cidadão tem legitimidade para propor a ação popular, sendo ela uma manifestação da soberania popular. Logo, pessoa jurídica não tem legitimidade para propor ação popular.

Se houver desistência da ação serão publicados editais ficando assegurado a qualquer cidadão, no gozo dos seus direitos políticos, bem como ao representante do Ministério Público, dentro do prazo de 90 (noventa) dias da última publicação feita, promover o prosseguimento da ação **(Exame Unificado 2019/2).**

Importante destacar que o art. 21 da Lei 4717/65 (Lei da Ação Popular) fixou prazo prescricional de 5 anos para propositura da ação popular. Além disso: a) admite a habilitação de qualquer outro cidadão como litisconsorte ou assistente do autor da ação; b) O Estado, a juízo de seu representante legal, em se afigurando útil ao interesse público, poderá atuar ao lado do autor na condução da ação, e c) se julgada improcedente, poderá ser interposto recurso pelo próprio autor, por qualquer cidadão e também pelo Ministério Público.

Segundo o art. 5º da Lei 4717/65, **"conforme a origem do ato impugnado, é competente para conhecer da ação, processá-la e julgá-la o juiz que, de acordo com a organização judiciária de cada Estado, o for para as causas que interessem à União, ao Distrito Federal, ao Estado ou ao Município".** Logo, ainda que o ato lesivo tenha sido praticado pelo Presidente da República ou um dos seus Ministros, não há que se falar em foro privilegiado **(Exame Unificado 2019/3).**

4.6 Direitos de petição e de certidão

Segundo o art. 5º, inc. XXXIV, da CF, são a todos assegurados, **independentemente do pagamento de taxas:** a) **o direito de petição** aos Poderes Públicos em defesa de direitos ou contra ilegalidade ou abuso de poder; b) **a obtenção de certidões em repartições públicas**, para defesa de direitos e esclarecimento de situações de interesse pessoal. Sobre o tema, veja o seguinte exemplo: "Alisson, cidadão brasileiro, ingressa com requerimento administrativo, perante a Secretaria Fazendária do Município Y, pleiteando a revisão do valor do Imposto sobre a Propriedade Predial e Territorial Urbana (IPTU), uma vez que não concorda com os cálculos empregados pela autoridade fazendária. Alisson, decorridos 90 dias sem qualquer atualização no andamento do feito, retorna à repartição administrativa indagando o porquê da demora. Ele obtém como resposta que o trâmite do procedimento é sigiloso, mas que seria possível obter uma certidão com as informações postuladas mediante o pagamento de determinada quantia, a título de 'taxa'". Está correta a conduta do órgão público? Não, a exigência "revela-se inconstitucional, pois **a obtenção de certidões em repartições públicas, contendo informações de interesse particular ou de interesse coletivo ou geral, é direito de todos, sem o pagamento de taxa**, ressalvadas aquelas cujo sigilo seja imprescindível à segurança da sociedade e do Estado" **(Exame Unificado 2019/1).**

Havendo recusa do órgão/ente público, o interessado poderá impetrar mandado de segurança, vez que a obtenção de certidões é direito líquido e certo.

CAPÍTULO IV
ORGANIZAÇÃO POLÍTICO-ADMINISTRATIVA: ENTES FEDERADOS

1. NOÇÕES

O **conceito de federação** surgiu nos EUA, em 1787, com sua Constituição. No Brasil, o movimento foi centrífugo, partindo da forma unitária do Império para a federação a contar da proclamação da República (Constituição de 1889). O poder político passou a ser descentralizado, ou seja, as províncias ganharam o "status" de Estados-membros.

"O modelo federalista é uma forma de organização e distribuição do poder estatal que pressupõe a relação entre as esferas de governo federal e local, compondo os chamados entes federativos, todos dotados de autonomia. Apresenta-se como oposição ao unitarismo, de modo que haja a repartição de competências entre os entes que integram o Estado federado. A ordem jurídica estabeleceu elementos, no texto constitucional, que caracterizam essa forma de Estado" **(Exame da OAB).**

Além disso, no direito brasileiro, a **Federação** tem tríplice capacidade: **é formada pela união indissolúvel da União, Estados e Municípios e DF.** Veda-se o chamado **direito de secessão**, vez que a Federação é, nos termos do art. 1º da CF, indissolúvel.

"A forma federativa de Estado é uma das cláusulas pétreas que norteiam a ordem constitucional brasileira, o que conduz à conclusão de que se revela inviável o exercício do direito de secessão por parte de qualquer dos entes federados, o que pode motivar a intervenção federal" **(Exame Unificado 2019/1)**. Veda-se, assim, o chamado **direito de secessão**, vez que a Federação é, nos termos do art. 1º da CF, indissolúvel.

A **soberania é atributo da República Federativa do Brasil**. A soberania, no plano internacional, é exercida pela União, representante do Estado brasileiro. **Estados, DF e Municípios possuem autonomia**, e não soberania. No plano interno, a União também não possui soberania. A **soberania** representa um elemento do **Estado** (os outros dois elementos são **o povo e o território**).

A autonomia dos entes federados conduz a:

A **Auto-organização:** capacidade de se auto organizarem, produzindo, para tanto, suas próprias normas **(auto legislação),** desde que de acordo com os preceitos da Constituição Federal. A propósito, se, por exemplo, "a Constituição do Estado Alfa, em seu art. 32", dispuser "que os vencimentos dos servidores públicos municipais da administração direta e indireta" serão "pagos até o último dia de cada mês, corrigindo- se monetariamente seus valores se o pagamento se der além desse prazo", **haverá vício de inconstitucionalidade**, pois ao "estabelecer regra afeta aos servidores municipais, viola, com isso, a autonomia municipal para disciplinar a matéria" **(Exame Unificado 2021.1).**

B **Autogoverno:** os entes federativos têm autonomia para eleger seus próprios governantes;

C **Autoadministração:** diretamente relacionada com a distribuição de competências tributárias e administrativas entre os entes da Federação. Sobre a repartição de competências, a CF/88 adotou, como regra, **a predominância do interesse,** que **enumera os poderes da União, define indicativamente os dos municípios e atribui os poderes remanescentes para os estados.**

Não se esqueça: os territórios não gozam sequer de autonomia e são definidos como autarquias federais.

Presidencialismo é sistema de governo e **Democracia** é regime de governo. **Federação** é forma de Estado, ao passo que **República** é forma de governo.

> **FIQUE POR DENTRO:**
>
> A União, para efeitos administrativos, poderá articular sua ação em um mesmo complexo geoeconômico e social, visando a seu desenvolvimento e à redução das desigualdades regionais. Neste caso, lei complementar poderá dispor sobre: 1) as condições para integração de regiões em desenvolvimento; 2) a composição dos organismos regionais que executarão, na forma da lei, os planos regionais, integrantes dos planos nacionais de desenvolvimento econômico e social, aprovados juntamente com estes. Os incentivos regionais compreenderão, além de outros, na forma da lei: I - igualdade de tarifas, fretes, seguros e outros itens de custos e preços de responsabilidade do Poder Público; II - juros favorecidos para financiamento de atividades prioritárias; III - isenções, reduções ou diferimento temporário de tributos federais devidos por pessoas físicas ou jurídicas (Exame Unificado 2020.1); e IV - prioridade para o aproveitamento econômico e social dos rios e das massas de água represadas ou represáveis nas regiões de baixa renda, sujeitas a secas periódicas. É importante registrar, ademais, que, segundo o art. 151, da CF, é "admitida a concessão de incentivos fiscais destinados a promover o equilíbrio do desenvolvimento sócioeconômico entre as diferentes regiões do País".

2. CRIAÇÃO DE NOVOS ESTADOS, MUNICÍPIOS E TERRITÓRIOS

Os **Estados-membros** podem **incorporar-se entre si, subdividir-se ou desmembrar-se para se anexarem a outros**, ou formarem novos Estados ou Territórios Federais, mediante aprovação da população diretamente interessada, através de plebiscito, e do Congresso Nacional, *por lei complementar*. Ainda, nos termos do art. 48, VI, da CF, é imprescindível que o Congresso Nacional ouça as Assembleias Legislativas diretamente envolvidas.

É importante destacar que o novo Estado-membro goza da qualidade de ente federado autônomo, passando, assim, a ter poderes para se estruturar por meio de uma Constituição, que deverá observar o princípio da simetria, conforme os padrões fixados na Constituição Federal **(Exame Unificado 2018/3)**.

Por sua vez**, a criação, a incorporação, a fusão e o desmembramento de Municípios** serão realizados mediante lei estadual, dentro do período determinado por **Lei Complementar Federal**, e dependerão de consulta prévia, **mediante plebiscito, às populações dos Municípios envolvidos**, após divulgação dos **Estudos de Viabilidade Municipal**, apresentados e publicados na forma da lei. **Referida Lei Complementar Federal ainda não foi produzida**, tendo havido, após manifestação do STF, modificação do art. 96 do ADCT, convalidando-se a criação, fusão, incorporação e desmembramento dos Municípios criados até 31 de dezembro de 2006.

De acordo com as normas constitucionais federais, dentre outros requisitos para legitimar a criação de um novo Município, são indispensáveis **lei estadual e plebiscito, conforme disposto no art. 18, § 4º, da CF/1988.**

> **FIQUE POR DENTRO:**
>
> **"FUSÃO, CISÃO E DESMEMBRAMENTO DE ESTADOS-MEMBROS"**
>
> Na **fusão**, dois ou mais Estados se unem formando um Estado novo. Os Estados unificados são extintos dando lugar a um novo Estado com personalidade jurídica distinta. Na **cisão,** um Estado, já existente, subdivide-se em dois ou mais Estados novos. Neste caso, desaparece o Estado primitivo que passou pelo processo de cisão, remanescendo os novos Estados com personalidades jurídicas novas e distintas. Por fim, no **desmembramento,** um Estado, já existente, cede parte de seu território para se formar um novo (ou novos) Estado. Neste caso, o Estado primitivo (que cedeu parte do seu território) continua existindo com sua personalidade jurídica anterior.
>
> **Para saber mais:** cf. MASSON, Nathália. **Manual de Direito Constitucional**. Editora Juspodivm.

Os territórios são **autarquias federais** com autonomia administrativa (arts. 18, § 2º, e 33, CF/88) e não integram a federação. A criação, transformação em Estado ou reintegração ao Estado de origem dos **territórios** depende regulamentação por meio de lei complementar (art. 18, § 2º, CF/88). Lembre-se que **os territórios podem ser divididos em municípios** (art. 33, § 1º, CF/88). Até 1988, Fernando de Noronha, Roraima e Amapá eram territórios. Hoje, não há territórios no Brasil.

3. UNIÃO: DEFINIÇÃO, CARACTERÍSTICAS E COMPETÊNCIAS

A União, no plano interno, não goza de soberania. Trata-se de ente federado dotado de autonomia, o que implica em **auto-organização, autolegislação, autogoverno e autoadministração.** Pode ser definida como pessoa jurídica de direito público interno.

> **FIQUE POR DENTRO:**
>
> **O art. 20 da CF cuida dos "bens da União". Segundo a CF, são bens da União:** I - os que atualmente lhe pertencem e os que lhe vierem a ser atribuídos; II - as terras devolutas indispensáveis à defesa das fronteiras, das fortificações e construções militares, das vias federais de comunicação e à preservação ambiental, definidas em lei; III - os lagos, rios e quaisquer correntes de água em terrenos de seu domínio, ou que banhem mais de um Estado, sirvam de limites com outros países, ou se estendam a território estrangeiro ou dele provenham, bem como os terrenos marginais e as praias fluviais; IV - as ilhas fluviais e lacustres nas zonas limítrofes com outros países; as praias marítimas; as ilhas oceânicas e as costeiras, excluídas, destas, as áreas referidas no art. 26, II, da CF; IV as ilhas fluviais e lacustres nas zonas limítrofes com outros países; as praias marítimas; as ilhas oceânicas e as costeiras, excluídas destas as que contenham a sede de Municípios, exceto aquelas áreas afetadas ao serviço público e a unidade ambiental federal, e as referidas no art. 26, II, da CF;

FIQUE POR DENTRO:

V - os recursos naturais da plataforma continental e da zona econômica exclusiva; VI - o mar territorial; VII - os terrenos de marinha e seus acrescidos; VIII - os potenciais de energia hidráulica; IX - os recursos minerais, inclusive os do subsolo; X - as cavidades naturais subterrâneas e os sítios arqueológicos e pré-históricos; XI - as terras tradicionalmente ocupadas pelos índios. É importante destacar que a **EC 102 de 26 de setembro de 2019** deu nova redação ao §1º, do art. 20, que agora dispõe "é assegurada, nos termos da lei, à União, aos Estados, ao Distrito Federal e aos Municípios a participação no resultado da exploração de petróleo ou gás natural, de recursos hídricos para fins de geração de energia elétrica e de outros recursos minerais no respectivo território, plataforma continental, mar territorial ou zona econômica exclusiva, ou compensação financeira por essa exploração".

A União possui competência de natureza **administrativa (ou material) e legislativa**. A competência **administrativa (ou material)** pode ser **exclusiva** (art. 21, I a XXV, CF/88) ou **comum** (art. 23, I a XII, CF/88). A **administrativa exclusiva é indelegável.** A competência **legislativa da União,** por sua vez, divide-se em **privativa** (art. 22, I a XXIX, CF/88) e **concorrente** (art. 24, I a XVI, CF/88). **A competência legislativa privativa é delegável aos Estados federados e ao DF** (art. 22, parágrafo único, CF/88).

A propósito, a **Emenda Constitucional 103 de 12 de novembro de 2019** deu nova redação ao art. 22, XXI, da CF, dispondo agora que é competência privativa da União legislar sobre normas gerais de organização, efetivos, material bélico, garantias, convocação, mobilização, inatividades e pensões das polícias militares e dos corpos de bombeiros militares. Ainda, a **Emenda Constitucional 104 de 04 de dezembro de 2019** deu nova redação ao inciso XIV do art. 21 da CF, dispondo agora que compete à União "organizar e manter a polícia civil, **a polícia penal,** a polícia militar e o corpo de bombeiros militar do Distrito Federal, bem como prestar assistência financeira ao Distrito Federal para a execução de serviços públicos, por meio de fundo próprio".

A competência administrativa comum pertence a todos os entes da federação (União. Estados, DF e Municípios). Por sua vez, a **concorrente não se aplica aos Municípios.** Estes podem, eventualmente, tratar de quaisquer matérias relegadas aos outros entes, desde que esteja presente o interesse local (art. 30, I e II, CF/88). A competência comum é considerada cumulativa, ou seja, qualquer ente federado pode exercê-la juntamente com os demais, versando sobre os mesmos aspectos. Já a competência concorrente é não cumulativa, porque cada pessoa política tratará de um elemento diferente dentro da mesma matéria (art. 24, § 2º, CF/88). Aliás, **à União, em se tratando de competência legislativa concorrente, cabe a edição de normas gerais, devendo aquelas de caráter especial ser produzidas pelos Estados-membros.**

A competência tributária da União encontra previsão no art. 153 da CF. Mas cuidado: a União possui uma competência tributária residual, podendo estabelecer novos impostos ou contribuições federais, desde que não coincidentes com fatos geradores e bases de cálculos das exações já presentes (arts. 154, I, e 195, § 4º, CF/88).

DICA IMPORTANTE

Questões sobre competência dos entes federados são frequentes nos Exames da OAB.

Observe esse exemplo: "A Lei Y do Estado Beta obriga pessoas físicas ou jurídicas, independentemente da atividade que exerçam, a oferecer estacionamento ao público, a cercar o respectivo local e a manter funcionários próprios para garantia da segurança, sob pena de pagamento de indenização em caso de prejuízos causados ao dono do veículo. A Confederação Nacional do Comércio procurou seus serviços, como advogado(a), visando obter esclarecimentos quanto à constitucionalidade da referida lei estadual. Sobre a Lei Y, com base na ordem jurídico-constitucional vigente, assinale a afirmativa correta." Neste caso é correto afirmar que a norma "é inconstitucional, pois viola a competência privativa da União de legislar sobre matéria concernente ao Direito Civil." **(Exame Unificado 2021.2)**. Veja ainda outro exemplo, também do **Exame Unificado 2021.2:** "No Município X, foi editada lei proibindo a queima da palha de cana-de-açúcar e o uso do fogo em atividades agrícolas. Tal diploma legal foi, então, impugnado pelo sindicato patronal representante dos produtores de álcool da região, ao argumento de que a municipalidade não detém competência para dispor sobre o assunto". Nesta situação, é correto afirmar que "A lei municipal é constitucional, eis que os Municípios possuem competência para dispor sobre a proteção do meio ambiente e o controle da poluição, no limite de seu interesse local e em harmonia com a disciplina estabelecida pelos demais entes federados". Veja, portanto, que o tema **repartição de competências** é comum nos Exames da OAB, de modo que a atenta leitura dos dispositivos constitucionais acima referidos é indispensável.

4. ESTADOS-MEMBROS E DF: DEFINIÇÃO, CARACTERÍSTICAS E COMPETÊNCIAS

Os Estados-membros são entes da Federação. Gozam de **auto-organização, autolegislação, autogoverno e autoadministração.** Assim como a União no plano interno, os Estados-membros não são soberanos e sim **autônomos.** Importante destacar que os Estados-membros são **pessoas jurídicas de direito público interno.**

A eleição do Governador e do Vice-Governador de Estado, para mandato de 4 (quatro) anos, será realizada no primeiro domingo de outubro, em primeiro turno, e no último domingo de outubro, em segundo turno, se houver, do ano anterior ao do término do mandato de seus antecessores, e a posse ocorrerá em **6 de janeiro do ano subsequente**, observado, quanto ao mais, o disposto no art. 77 da CF. Segundo o **art. 4º da EC 111/2021**, os Governadores de Estado e do Distrito Federal eleitos em 2022 tomarão posse em 1º de janeiro de 2023 e seus mandatos durarão até a posse de seus sucessores, em 6 de janeiro de 2027. Ou seja, a alteração da data da posse dos Governadores de Estado e do DF produzirá efeitos apenas a partir das eleições de 2026 **(art. 5º, da EC 111/2021).**

O DF, pessoa jurídica de direito público interno, é considerado **ente híbrido**, dotado de competências inerentes aos Estados e Municípios, apesar de se aproximar muito mais daquele. **Tem capacidade político-administrativa e não pode ser dividido em Municípios (art. 32 da CF).**

No tocante à repartição de competências, os Estados-membros possuem:

COMPETÊNCIA	
ADMINISTRATIVA (ou material)	**Comum (cumulativa):** pode ser exercida em conjunto com os demais entes federados (art. 23 da CF).
	Residual (remanescente ou reservada): aquelas matérias que não sejam de competência dos outros entes federados, e desde que não haja vedação expressa, podem ser disciplinadas pelos Estados-membros (art. 25, § 1º da CF).
LEGISLATIVA	**Expressa:** os Estados-membros são dotados de autonomia, logo tem capacidade de autogoverno. Assim, podem elaborar suas próprias leis, necessárias à sua organização (art. 25, "caput", da CF).
	Residual (remanescente ou reservada): assim como na competência material ou administrativa, aquelas matérias que não sejam de competência dos outros entes federados, e desde que não haja vedação expressa, podem ser disciplinadas pelos Estados-membros (art. 25, § 1º da CF).
LEGISLATIVA	**Delegada:** a União pode delegar, mediante lei complementar, aos Estados-membros e ao DF matérias de sua competência legislativa privativa (art. 22, parágrafo único, da CF)
	Concorrente: neste caso, cabe à União legislar sobre normas gerais e aos Estados-membros, sobre normas especiais. Trata-se de competência legislativa concorrente (art. 24 da CF).
	Tributária expressa: art. 155 da CF.

MUITA ATENÇÃO!

Os Estados ainda detêm uma competência conhecida como enumerada, porque expressamente estabelecida pelo constituinte: **exploração, direta ou por concessão, de serviços públicos de gás canalizado, cuja regência dar-se-á na forma da conformação dada pelo legislador, sendo vedada a edição de MP para tal (art. 25, § 2º, da CF).**

? **QUESTÃO:** E se a União, no âmbito da competência legislativa concorrente, não produzir a norma geral que lhe compete?

➥ ***RESPOSTA:*** *Se a União não produzir a norma geral, o Estado pode exercer a competência legislativa plena ou supletiva (art. 24, § 3º, CF/88). Todavia, se houver norma geral federal superveniente, haverá suspensão da eficácia da norma estadual naquilo que for incompatível com a norma federal. Não há revogação; apenas suspensão da eficácia (art. 24, § 4º, CF).*

5. MUNICÍPIOS: DEFINIÇÃO, CARACTERÍSTICAS E COMPETÊNCIAS

Na atual CF, os Municípios são entes federados, dotados, portanto, de autonomia (gozam de **auto-organização, autolegislação, autogoverno e autoadministração).** São **pessoas jurídicas de direito público interno.** Em relação aos demais entes federados, os Municípios apresentam certas peculiaridades. Inexiste, por exemplo, Poder Judiciário Municipal.

Os Municípios não possuem, tecnicamente, constituição. São regidos por Lei Orgânica, votada em dois turnos, com intervalo mínimo de 10 dias, e será aprovada por 2/3 dos membros da Câmara Municipal.

Em relação à distribuição de competências, os Municípios possuem:

A Competência administrativa (ou material): 1. Comum (art. 23 da CF), exercida paralelamente com os demais entes federados; e **2. Privativa (enumerada)**: exercida com exclusividade nos termos do art. 30, incisos III a IX da CF.

B Competência legislativa: 1. Exclusiva: exercida com fundamento no princípio da predominância, cabendo aos Municípios legislar sobre **"assuntos de interesse local" (art. 30, inciso I e art. 182, § 1º, ambos da CF).** Oportuno, a propósito, destacar o disposto na Súmula Vinculante 38, segundo a qual **é competente o Município para fixar o horário de funcionamento de estabelecimento comercial.** Por outro lado, dispõe a Súmula Vinculante 49 que **ofende o princípio da livre concorrência lei municipal que impede a instalação de estabelecimentos comerciais do mesmo ramo em determinada área; 2. Suplementar:** cabe aos Municípios suplementar a legislação federal e estadual, no que couber, e sempre atento à predominância de interesses (interesses locais – art. 30, inciso II, da CF).

Sobre o princípio da predominância do interesse, observe o teor da Súmula Vinculante 38: "É competente o Município para fixar o horário de funcionamento de estabelecimento comercial". Neste caso, entendeu o Supremo que referida matéria (funcionamento dos estabelecimentos comerciais) é, predominantemente, de interesse local.

C Competência tributária expressa: art. 156 da CF.

MUITA ATENÇÃO!

Os Municípios não têm competência concorrente; eles podem, eventualmente, suplementar a legislação federal e estadual, desde que esteja presente o interesse local (art. 30, incisos I e II, da CF).

DICA IMPORTANTE

As questões sobre os temas "organização político-administrativa e repartição de competências" são frequentes nos Exames da OAB. Geralmente, o examinador reproduz o Texto Constitucional. **Daí a importância de se realizar uma leitura atenta dos seguintes dispositivos: arts. 20 a 26 e 30, todos da CF.** Além disso, é importante que o candidato conheça as súmulas do STF sobre a matéria. **A jurisprudência do Supremo é abundante sobre o tema "repartição de competências", que acaba tendo influência direta sobre o controle de constitucionalidade das leis e atos normativos.**

EM RESUMO: ORGANIZAÇÃO POLÍTICO-ADMINISTRATIVA: ENTES FEDERADOS	
Federação	Forma de Estado. No Brasil, são entes federados: a União, os Estados-membros e o DF, e os Municípios.
Soberania	Atributo da República Federativa do Brasil, representada, no plano internacional, pela União.

EM RESUMO: ORGANIZAÇÃO POLÍTICO-ADMINISTRATIVA: ENTES FEDERADOS	
Autonomia	Atributo de todos os entes federados.
Forma de Governo	República, Monarquia e Aristocracia.
União	Ente Federado. Pessoa jurídica de direito público interno, dotada de autonomia. Possui competência de natureza material (ou administrativa) e legislativa.
Estados-membros	Ente Federado. Pessoa jurídica de direito público interno, dotada de autonomia. Possui competência de natureza material (ou administrativa) e legislativa.
Municípios	Ente Federado. Pessoa jurídica de direito público interno, dotada de autonomia. Possui competência de natureza material (ou administrativa) e legislativa.
DF	Ente federado, de natureza híbrida, pois reúne competências inerentes aos Estados-membros e aos Municípios. Não pode ser dividido em Municípios.
Territórios	Não são entes federados. Trata-se de autarquias federais. Gozam apenas de autonomia administrativa. Não existem territórios atualmente. Os territórios, caso criados, podem ser divididos em Municípios.

CAPÍTULO V

ESTRUTURA DOS PODERES: EXECUTIVO, LEGISLATIVO E JUDICIÁRIO

1. NOÇÕES

Os Poderes do Estado são independentes e harmônicos entre si. Tendo em vistas as funções precípuas exercidas por cada um deles fala-se em tripartição de poderes. A expressão "tripartição" é criticada, posto que **o Poder é uno e indivisível.** De qualquer modo, referida expressão consagrou-se ao longo dos anos na doutrina e na jurisprudência.

Neste capítulo serão estudadas as características de cada Poder, bem como os mecanismos de controle recíprocos previstos pelo constituinte (sistema de freios e contrapesos).

2. PODER EXECUTIVO

O sistema de governo adotado no Brasil é o **presidencialista.** Neste sistema, cabem ao **Presidente da República** as funções precípuas de chefe de Estado e chefe de governo (gerir a Administração). Ao lado dessas funções típicas, o Chefe do Executivo tem outras, denominadas **atípicas**, quais sejam: **legislativa** (exercida por meio de medidas provisórias e leis delegadas) e **judiciária** (contencioso administrativo).

Vale lembrar que a produção de efeitos pelas normas elaboradas pelo Poder Executivo pode ser limitada pela atuação do Poder Judiciário, no âmbito de sua atuação típica de controlar a constitucionalidade ou a legalidade das normas do sistema.

O Presidente e o Vice-Presidente da República serão eleitos pelo **sistema majoritário,** elegendo-se aquele que obtiver a maioria absoluta dos votos válidos, **excluídos** os nulos e brancos (art. 77, § 2º da CF).

A eleição será realizada, simultaneamente, **no primeiro domingo de outubro, em primeiro turno, e no último domingo de outubro, em segundo turno**, do ano anterior ao do término do mandato presidencial vigente.

O segundo turno apenas ocorrerá se nenhum dos candidatos alcançar a maioria absoluta dos votos já na primeira votação. Se, **antes de realizado o segundo turno, ocorrer morte, desistência ou impedimento legal de candidato, convocar-se-á**, dentre os remanescentes, **o de maior votação.**

O **mandato** do Presidente da República é de **4 (quatro) anos e terá início em 5 de janeiro do ano seguinte ao de sua eleição**. Segundo o **art. 4º da EC 111/2021**, o Presidente da República eleito em 2022 tomará posse em 1º de janeiro de 2023 e seu mandato durará até a posse de seu sucessor, em 5 de janeiro de 2027. Ou seja, a alteração da data da posse do Presidente da República produzirá efeitos apenas a partir das eleições de 2026 **(art. 5º, da EC 111/2021).**

Segundo a CF, se, decorridos dez dias da data fixada para a posse, o Presidente ou o Vice-Presidente, salvo motivo de força maior, não tiver assumido o cargo, este será declarado vago.

O Presidente ou o Vice devem tomar posse obrigatoriamente em até 10 dias após a data oficial. Caso isso não ocorra até o dia 11 de janeiro, os cargos serão declarados vagos.

Em caso de impedimento do Presidente e do Vice-Presidente, ou vacância dos respectivos cargos, serão chamados, nesta ordem, ao exercício da Presidência **o Presidente da Câmara dos Deputados, o do Senado Federal e o do Supremo Tribunal Federal.** A linha sucessória do Presidente da República é composta por brasileiros natos (art. 12, § 3º, I a IV, da CF).

No caso de vacância definitiva de ambos os cargos, de Presidente e de Vice, aplicam-se as seguintes regras:

A Se a vacância se der nos dois primeiros anos do mandato, assume o Presidente da Câmara e realizam-se eleições diretas no prazo de 90 dias (art. 81, "caput", CF), a contar da abertura da última vaga.

B Se a vacância se der nos dois últimos anos do mandato, assume o Presidente da Câmara e realizam-se **eleições indiretas pelo CN** (art. 81, § 1º, CF), no prazo de 30 dias, a contar da abertura da última vaga.

> **MUITA ATENÇÃO!** Nas duas situações acima (eleições diretas ou indiretas), os eleitos não terão quatro anos de mandato. Cuida-se do denominado "mandato tampão" (art. 81, § 2º, CF): os eleitos ocuparão os cargos pelo período restante.

As atribuições do Presidente da República encontram-se previstas no art. 84 da CF. Vale destacar que **o Chefe do Executivo poderá delegar, nos termos do art. 84, parágrafo único, da CF, aos Ministros de Estado, ao Procurador-Geral da República ou ao Advogado-Geral da União**, que observarão os limites traçados nas respectivas delegações, as seguintes atribuições: **1.** dispor, mediante decreto, sobre: a) organização e funcionamento da administração federal, quando não implicar aumento de despesa nem criação ou extinção de órgãos públicos; b) extinção de funções ou cargos públicos, quando vagos **(Exame Unificado 2018.3)**; **2.** conceder indulto e comutar penas, com audiência, se necessário, dos órgãos instituídos em lei; **3.** prover e extinguir os cargos públicos federais, na forma da lei.

Os Ministros de Estado auxiliam o Presidente da República. A escolha dos Ministros é feita pelo próprio Presidente da República dentre brasileiros maiores de 21 anos e no exercício dos direitos políticos. Do mesmo modo, "compete ao Presidente da República a exoneração do Ministro de Estado".

As atribuições dos Ministros de Estado estão previstas no art. 87, parágrafo único, da CF.

O Presidente e o Vice-Presidente da República **não poderão, sem licença do Congresso Nacional, ausentar-se do País por período superior a quinze dias,** sob pena de perda do cargo.

Quanto ao regime de responsabilização do Presidente da República, é preciso distinguir os **crimes comuns dos crimes de responsabilidade**. Vejamos.

A Crime de responsabilidade: é uma infração de natureza político-administrativa. O art. 85 da CF apresenta um rol exemplificativo dos delitos políticos praticados pelo Chefe do Poder Executivo. A Lei 1.079/50 também descreve outras condutas da mesma natureza. **Somente a União pode legislar, processual ou materialmente, sobre crimes de responsabilidade.** A condenação leva ao impedimento (ou "impeachment").

Apenas para exemplificar, segundo o art. 85 da CF, são crimes de responsabilidade "os atos do Presidente da República que atentem contra a Constituição Federal e, especialmente, contra a existência da União, o livre exercício do Poder Legislativo, do Poder Judiciário, do Ministério Público e dos Poderes constitucionais das unidades da Federação, o exercício dos direitos políticos, individuais e sociais, a segurança interna do País, a probidade na administração, a lei orçamentária e o cumprimento das leis e das decisões judiciais".

Somente determinadas autoridades podem responder pela prática de crime de responsabilidade.

O julgamento será realizado pelo Senado e presidido pelo Presidente do STF.

Antes da admissibilidade da ação de responsabilidade, **faz-se necessária a autorização da Câmara dos Deputados (2/3 de seus membros), nos termos do art. 86 da CF.** Exemplo: foi protocolizada a denúncia na Câmara e observados os trâmites legais e regimentais a fim de que o Plenário pudesse ou não autorizar a instauração de processo contra o Presidente da República. Do total de 513 deputados da Câmara, apenas 400 estiveram presentes à sessão, sendo que 260 votaram a favor da instauração do processo. Diante desse fato, **o processo deverá ser arquivado, tendo em vista o fato de a decisão da Câmara dos Deputados não ter contado com a manifestação favorável de dois terços dos seus membros.**

A Lei 1.079/50 dispõe que **qualquer cidadão é parte legítima para oferecer,** na Câmara Federal, **acusação** contra o Presidente da República ou contra os Ministros de Estado.

Nas edições passadas dessa obra, até o julgamento da ex-Presidente Dilma Vana Rousseff, apontei que, se a Câmara dos Deputados realizasse juízo de admissibilidade positivo, **o Senado deveria julgar o Presidente da República, não podendo deixar de fazê-lo.** Recebida a denúncia (após juízo de admissibilidade), o réu seria notificado, ficando suspenso por até 180 dias, durante o processo instaurado (art. 86, § 2º, da CF). Ao final do feito, **os Senadores apreciariam o mérito (2/3 de seus membros)**.

Ocorre, porém, que o Supremo Tribunal Federal, no julgamento da **ADPF 378**, em dezembro de 2015, assentou o entendimento, por maioria, segundo o qual a Câmara dos Deputados apenas dá a autorização para a abertura do processo de *impeachment*, cabendo ao Senado Federal fazer juízo inicial de instalação ou não do procedimento, quando a votação se dará por **maioria simples, com presença da maioria absoluta. A condenação, porém, necessita de maioria qualificada** (dois terços dos membros).

Ainda, segundo o Supremo Tribunal Federal, a votação para escolha da comissão especial na Câmara dos Deputados deve ser aberta, sendo ilegítimas as candidaturas avulsas de deputados para sua composição; e o afastamento do Presidente da República ocorre apenas se o Senado Federal abrir o processo.[1]

No caso de condenação, segundo vigorosa orientação doutrinária, **haverá perda do cargo e inabilitação para o exercício de função pública por oito anos, sem prejuízo das demais sanções judiciais cabíveis.** As sanções, neste caso, são cumulativas. A sentença condenatória é materializada sob a forma de **resolução.**

Contudo, é importante destacar que, no julgamento da ex-Presidente da República Dilma Vana Rousseff, o Senado Federal, ao concluir pela existência de crime de responsabilidade, condenou a acusada apenas à perda do cargo de Presidente da República. Em segunda votação, não alcançado o *quorum* necessário, foi afastada a condenação à pena de inabilitação para o exercício de cargo público. À época, segundo apontado pelo Presidente do Supremo Tribunal Federal, Ministro Ricardo Lewandowski, responsável por presidir o julgamento, a votação haveria de ser realizada em duas etapas, a teor do disposto no art. 68, parágrafo único, da Lei 1.079/1950.

Oportuno destacar, ainda neste contexto, o disposto na Súmula Vinculante 46, segundo a qual **a definição dos crimes de responsabilidade e o estabelecimento das respectivas normas de processo e julgamento são da competência legislativa privativa da União.**

B Crimes comuns: durante o exercício do mandato, o Presidente só pode ser processado por delitos "ex officio", isto é, aqueles praticados em razão da função (necessidade de demonstração da pertinência temática). Não sendo assim, o processamento só poderá ser realizado após o término do mandato **(Exame Unificado 2021.1). Essa prerrogativa é chamada pela doutrina de irresponsabilidade relativa do Presidente da República.**

Por outro lado, se já houver ação penal em curso será ela suspensa até o término do mandato. Logicamente, suspende-se o prazo prescricional.

Nas infrações comuns, o Presidente da República é **julgado pelo STF**, juiz natural da causa, existindo competência determinada por foro por prerrogativa funcional (art. 102, I, "b", CF).

Conforme destaquei acima, **durante o mandato, o Presidente da República só responderá por infrações comuns praticadas em razão do exercício de suas funções.** Neste caso, o inquérito não será policial, mas sim judicial e tramitará no STF.

Com o final da investigação, os autos são remetidos ao Procurador Geral da República. Este, verificando que não há indícios de materialidade ou de autoria, pede o arquivamento. Entendendo haver elementos suficientes, **o PGR oferece denúncia em face do Presidente da República.**

O STF, antes de receber a inicial acusatória, deverá comunicar a Câmara dos Deputados, peticionando por autorização para tal. A Câmara fará um juízo de admissibilidade político sobre o fato, devendo deliberar por, no mínimo, 2/3 do seu plenário favoravelmente à instauração da ação penal – juízo de admissibilidade positivo (art. 86, "caput", CF/88). Do contrário, havendo juízo negativo pela Câmara, o Presidente não será processado pelo STF durante o exercício do mandato.

Admitida a acusação pela Câmara dos Deputados, o Supremo fará novo juízo de admissibilidade sobre a denúncia, podendo, inclusive, rejeitá-la. **Recebida a denúncia pelo STF, o Presidente deverá ficar afastado de suas funções por até 180 dias (art. 86, § 2º, CF).**

O Presidente da República não pode ser preso cautelarmente. Significa dizer que só poderá ser preso em razão de sentença condenatória com trânsito em julgado.

FIQUE POR DENTRO:

Quanto ao Governador de Estado, o STF, nos dias 03 e 04 de maio de 2017, alterou sua jurisprudência, fixando a seguinte tese: **"Não há necessidade de prévia autorização da Assembleia Legislativa para o recebimento de denúncia ou queixa-crime e instauração de ação penal contra o governador de estado, por crime comum, cabendo ao STJ, no ato de recebimento da denúncia ou no curso do processo, dispor fundamentadamente sobre a aplicação de medidas cautelares penais, inclusive afastamento do cargo"**. Referida tese foi firmada no julgamento da ADI 5540. Ainda, no julgamento das ADIs 4798, 4764 e 4797, o Plenário do STF confirmou o entendimento segundo o qual **as unidades federativas não têm competência para editar normas que exijam autorização da Assembleia Legislativa para que o Superior Tribunal de Justiça (STJ) instaure ação penal contra governador e nem para legislar sobre crimes de responsabilidade**. Além disso, reiterou-se a tese firmada na ADI 5540 no sentido de que, no caso de abertura de ação penal, o afastamento do cargo não acontece automaticamente, dependendo, portanto, da análise do caso concreto e de decisão fundamentada. Com isso, os Ministros aprovaram, por unanimidade, a tese segundo a qual **"é vedado às unidades federativas instituírem normas que condicionem a instauração de ação penal contra governador, por crime comum, à previa autorização da casa legislativa, cabendo ao Superior Tribunal de Justiça dispor, fundamentadamente, sobre a aplicação de medidas cautelares penais, inclusive afastamento do cargo"**. Por fim, quanto aos crimes de responsabilidade, os Ministros mantiveram entendimento já resumido na **Súmula Vinculante 46**, reiterando, assim, que a definição dos crimes de responsabilidade e o estabelecimento das respectivas normas de processo e julgamento são da competência legislativa privativa da União

1. Fonte: http://www.stf.jus.br/portal/cms/verNoticiaDetalhe.asp?idConteudo=306614. Acesso em 02/02/2016.

DICA IMPORTANTE

O **Conselho da República** é órgão superior de consulta do Presidente da República, devendo pronunciar-se sobre intervenção federal, estado de defesa, estado de sítio e outras questões relevantes para a estabilidade das instituições democráticas.

O **Conselho de Defesa Nacional** também é órgão de consulta do Presidente da República, porém, nos assuntos relacionados com a soberania nacional e a defesa do Estado democrático.

Os pareceres desses Conselhos não vinculam o Presidente da República.

Os Ministros de Estado são responsáveis por eventual prática de **crime de responsabilidade** (arts. 50, "*caput*", e § 2º; 58, inciso III; 52, inciso I; e 85, todos da CF). A propósito, é importante registrar que a **Câmara dos Deputados e o Senado Federal**, ou qualquer de suas Comissões, **poderão convocar** Ministro de Estado ou quaisquer titulares de órgãos diretamente subordinados à Presidência da República para prestarem, pessoalmente, informações sobre assunto previamente determinado, **importando crime de responsabilidade a ausência sem justificação adequada (Exame Unificado 2019/1)**. Igualmente, a **Câmara dos Deputados e o Senado Federal**, ou qualquer de suas Comissões, poderão encaminhar pedidos escritos de informações a Ministros de Estado ou quaisquer titulares de órgãos diretamente subordinados à Presidência da República, importando igualmente em **crime de responsabilidade a recusa, ou o não atendimento, no prazo de trinta dias, bem como a prestação de informações falsas**.

A competência para julgamento dos Ministros de Estado é definida nos seguintes termos:

Supremo Tribunal Federal	Crimes comuns.
	Crimes de responsabilidade sem conexão com o Presidente da República.
Senado Federal	Crimes de responsabilidade com conexão com o Presidente da República.

QUESTÃO: É correto dizer que o Governador de Estado goza de imunidade formal e de imunidade material na mesma extensão que o Presidente da República?

RESPOSTA: *Segundo o STF, as imunidades dos §§ 3º e 4º do art. 86 da CF (que exclui, quanto ao Presidente da República, a possibilidade de prisão, nas infrações penais comuns, antes da sentença condenatória, e a de ser ele responsabilizado, na vigência do mandato, por ato estranho ao exercício de suas funções) são exclusivas do Presidente da República,* ***NÃO*** *servindo de modelo para os Estados-membros (ADIN 978-PB). Não pode, portanto, a Constituição Estadual estendê-las ao Governador de Estado.*

3. PODER LEGISLATIVO

3.1 Aspectos gerais

A função típica do Poder Legislativo é **legislar.** Pode-se afirmar, portanto, que essa é a sua função precípua. É importante destacar que a produção de efeitos pelas normas elaboradas pelo Poder Legislativo, embora no exercício de sua atividade típica, pode ser limitada pela atuação do Poder Judiciário, no âmbito de sua atuação típica de controlar a constitucionalidade ou a legalidade das normas do sistema.

Por outro lado, assim como o Executivo, **o Legislativo também desempenha funções administrativas e judiciárias, denominadas atípicas.**

Quando o Poder Legislativo, por exemplo, julga o Presidente da República por crimes de responsabilidade, ainda que os trabalhos sejam dirigidos pelo Presidente do STF, exerce função atípica. Da mesma forma, a organização interna do Legislativo (provimento e promoção de seus servidores, por exemplo) representa função administrativa.

O Congresso Nacional é formado pela Câmara dos Deputados e pelo Senado Federal. A existência de duas Casas Legislativas distintas representa o sistema **bicameral.** A Câmara dos Deputados representa o povo, e o Senado Federal, os Estados-membros e o DF.

O **Tribunal de Contas auxilia o Poder Legislativo nas atividades de fiscalização** contábil, financeira, orçamentária, operacional e patrimonial, quanto à legalidade, legitimidade, economicidade, aplicação das subvenções e renúncias das receitas.

O Tribunal de Contas não integra o Poder Judiciário, em que pese a nomenclatura. Por outro lado, pode realizar controle difuso de constitucionalidade e seus "**Ministros terão as mesmas garantias, prerrogativas, impedimentos, vencimentos e vantagens dos Ministros do Superior Tribunal de Justiça".** Não se trata de cargo privativo de brasileiros natos (art. 12, § 3º CF).

O art. 71 da CF enumera as atribuições do Tribunal de Contas da União.

O **Tribunal de Contas da União é composto por nove Ministros**, tem sede no Distrito Federal, quadro próprio de pessoal e jurisdição em todo o território nacional, exercendo, no que couber, as atribuições previstas no art. 96 da CF. Os Ministros do Tribunal de Contas da União serão nomeados dentre brasileiros que satisfaçam os seguintes requisitos: 1) **mais de trinta e cinco e menos de setenta anos de idade**; 2) idoneidade moral e reputação ilibada; 3) notórios conhecimentos jurídicos, contábeis, econômicos e financeiros ou de administração pública; 4) mais de dez anos de exercício de função ou de efetiva atividade profissional que exija os conhecimentos mencionados no inciso anterior.

A apreciação das contas do Chefe do Poder Executivo é sempre atribuição do Poder Legislativo e o parecer elaborado pelo Tribunal de Contas é meramente opinativo.

Todavia, fique atento ao controle das contas do Prefeito Municipal. Segundo o art. 31, § 2º da CF, o

Tribunal de Contas Municipal, onde houver, emitirá parecer técnico prévio sobre as contas prestadas anualmente pelo Prefeito, podendo ser rejeitado pela Câmara dos Vereadores pelo voto de 2/3 de seus membros **(Exame Unificado 2021.1)**. A propósito, recentemente, o STF firmou as seguintes teses sobre esse tema: "O parecer técnico elaborado pelo Tribunal de Contas tem natureza meramente opinativa, competindo exclusivamente à Câmara de Vereadores o julgamento das contas anuais do Chefe do Poder Executivo local, sendo incabível o julgamento ficto das contas por decurso de prazo" **(Tema 157)** e "Para os fins do art. 1º, inciso I, alínea "g", da Lei Complementar 64, de 18 de maio de 1990, alterado pela Lei Complementar 135, de 4 de junho de 2010, a apreciação das contas de prefeitos, tanto as de governo quanto as de gestão, será exercida pelas Câmaras Municipais, com o auxílio dos Tribunais de Contas competentes, cujo parecer prévio somente deixará de prevalecer por decisão de 2/3 dos vereadores" **(Tema 835)**.

DICA IMPORTANTE

Além do Tribunal de Contas da União, **os Estados organizarão seus próprios Tribunais.** A CF de 1988 veda a criação de Tribunais de Contas Municipais; contudo, aqueles já criados antes de sua promulgação foram mantidos, como é o caso, por exemplo, do Tribunal de Contas dos Municípios de São Paulo e Rio de Janeiro.

3.2 Congresso Nacional

O Congresso Nacional reunir-se-á, anualmente, na Capital Federal, de 2 de fevereiro a 17 de julho e de 1º de agosto a 22 de dezembro. Uma **legislatura** tem período de 4 anos e é dividida em **4 sessões legislativas** (art. 44, parágrafo único, CF).

O intervalo entre as sessões legislativas é denominado de **recesso parlamentar.** Durante o **recesso parlamentar**, a **convocação extraordinária** do Congresso Nacional será realizada:

A **pelo Presidente do Senado Federal**, em caso de decretação de estado de defesa ou de intervenção federal, de pedido de autorização para a decretação de estado de sítio e para o compromisso e a posse do Presidente e do Vice-Presidente;

B **pelo Presidente da República, pelos Presidentes da Câmara dos Deputados e do Senado Federal ou a requerimento da maioria dos membros de ambas as Casas,** em caso de urgência ou interesse público relevante, com a aprovação da maioria absoluta de cada uma das Casas do Congresso Nacional.

Na sessão legislativa extraordinária, o Congresso Nacional somente deliberará sobre a matéria para a qual foi convocado e, havendo medidas provisórias em vigor na data da convocação extraordinária, serão elas automaticamente incluídas na pauta.

Vale ressaltar que **a CF expressamente veda o pagamento de parcela indenizatória** aos parlamentares em virtude da convocação extraordinária.

O art. 49 da CF dispõe sobre as matérias de competência exclusiva do CN. Serão disciplinadas por decreto legislativo. Nestes casos, não há necessidade de sanção/veto do Presidente da República.

MUITA ATENÇÃO!

A **Câmara dos Deputados e o Senado Federal** reunir-se-ão em sessão conjunta para: "**1.** Inaugurar a sessão legislativa; **2.** Elaborar o regimento comum e regular a criação de serviços comuns às duas Casas; **3.** Receber o compromisso do Presidente e do Vice-Presidente da República; **4.** Conhecer do veto e sobre ele deliberar".

Cada uma das Casas deverá se reunir em **sessões preparatórias**, a partir de 1º de fevereiro, no primeiro ano da legislatura, para a **posse de seus membros e eleição das respectivas Mesas**, para mandato de 2 (dois) anos, **vedada a recondução para o mesmo cargo na eleição imediatamente subsequente (Exame Unificado 2019/2).** Vale destacar, contudo, que a reeleição de um membro da Mesa para o mesmo cargo na eleição seguinte só não é admitida **dentro da mesma legislatura**; sendo legislaturas distintas, é possível a recondução, como, aliás, ocorre com o atual Presidente da Câmara dos Deputados Federais. A propósito, **o STF, no julgamento da ADI 6.524**, por maioria, firmou entendimento de que a Constituição Federal é expressa ao vedar a reeleição na mesma legislatura.

3.3 Senado Federal

O **Senado Federal é composto de representantes dos Estados-membros e do DF**, eleitos pelo **sistema majoritário.**

Cada Estado e o Distrito Federal elegerão **três Senadores**, com mandato de oito anos, sendo que a representação será renovada de quatro em quatro anos, alternadamente, por um e dois terços. **Cada Senador será eleito com dois suplentes.**

As atribuições privativas do Senado Federal estão previstas no art. 52 da CF. São materializadas por meio de **Resolução** e independem de sanção/veto do Presidente da República.

3.4 Câmara dos Deputados

A Câmara dos Deputados compõe-se de representantes do povo, eleitos, pelo sistema proporcional, em cada Estado, em cada Território e no Distrito Federal.

O sistema eleitoral proporcional (princípio proporcional) determina que eleito será o candidato do partido político com maior número de votos válidos. São eleitos por este sistema: deputados federais (art. 45, CF/88) e estaduais (art. 27, § 1º, CF/88), bem como os vereadores (art. 29, IV, CF/88). Já no sistema **eleitoral majoritário** são considerados os votos válidos atribuídos ao candidato registrado por partido político.

O número total de **Deputados**, bem como a representação por Estado e pelo Distrito Federal, **será**

estabelecido por lei complementar, proporcionalmente à população, procedendo-se aos ajustes necessários, no ano anterior às eleições, para que nenhuma daquelas unidades da Federação tenha menos de oito ou mais de setenta Deputados.

O Território Federal terá número fixo de **4 deputados.**

Observem que, no caso das Câmaras Municipais, a própria Constituição Federal fixa o limite máximo de vereadores, observado o número de habitantes por Município (art. 29, inc. IV, da CF/88).

3.5 Parlamentares: prerrogativas, garantias e impedimentos

Os parlamentares gozam de **imunidades: material** e **formal**.

Imunidade Material		**Está relacionada à inviolabilidade, civil e penal, por opinião, palavra ou voto durante o exercício do mandato,** nos termos do art. 53, "caput", da CF/1988. **É importante destacar que, segundo a jurisprudência do STF, a "inviolabilidade material somente abarca as declarações que apresentem nexo direto e evidente com o exercício das funções parlamentares (...) Ninguém pode se escudar na inviolabilidade parlamentar para, sem vinculação com a função, agredir a dignidade alheia ou difundir discursos de ódio, violência e discriminação (PET 7.174, rel. p/ o ac. min. Marco Aurélio, j. 10-3-2020, 1ª T, Informativo 969.). E ainda: "Deputado federal. Crime contra a honra. Nexo de implicação entre as declarações e o exercício do mandato. Imunidade parlamentar material. Alcance. Art. 53, caput, da CF. (...) A verbalização da representação parlamentar não contempla ofensas pessoais, via achincalhamentos ou licenciosidade da fala (...) (Pet 5.714 AgR, rel. min. Rosa Weber, j. 28-11-2017, 1ª T, DJE de 13-12-2017). Neste sentido, questão presente no Exame Unificado 2020.1.**
Imunidade Formal	**Processo**	**Não impede que o parlamentar seja processado no curso do mandato.** Ocorre, porém, que, nos crimes praticados após a diplomação, poderá a **Casa Legislativa** a que pertence o parlamentar **sustar o curso do processo.** A iniciativa, neste caso, é do partido político a que pertence o parlamentar. Sustado o processo, suspende-se o curso prescricional até o término do mandato. **Referida imunidade não se aplica a fatos anteriores à diplomação.** Neste caso, os autos (inquérito ou ação penal) serão encaminhados ao STF (prerrogativa de foro) e não terão seu curso interrompido.
Imunidade Formal	**Prisão**	**Desde a expedição do diploma, os membros do Congresso Nacional não poderão ser presos, salvo em flagrante de crime inafiançável.** Nesse caso, os autos serão remetidos dentro de 24 horas à Casa respectiva, para que, pelo voto da maioria de seus membros, resolva sobre a prisão. Segundo entendimento do STF, a imunidade formal dos parlamentares impede a prisão processual, **mas não impede aquela decorrente de decisão judicial com trânsito em julgado. Importante destacar que,** por maioria de votos, o Plenário do Supremo Tribunal Federal (STF) decidiu, em outubro de 2017, que o Poder Judiciário tem competência para impor a parlamentares as medidas cautelares do artigo 319 do Código de Processo Penal (CPP). Apenas no caso da imposição de medida que dificulte ou impeça, direta ou indiretamente, o exercício regular do mandato, a decisão judicial deve ser remetida, em 24 horas, à respectiva Casa Legislativa para deliberação, nos termos do artigo 53, parágrafo 2º, da Constituição Federal (ADI 5526).
Imunidade Formal	**Prerrogativa de foro**	É importante destacar que o STF, por maioria de votos, decidiu que o foro por prerrogativa de função conferido aos deputados federais e senadores **se aplica apenas a crimes cometidos no exercício do cargo e em razão das funções a ele relacionadas.** A decisão foi tomada no julgamento de questão de ordem na Ação Penal (AP) 937. O entendimento deve ser aplicado aos processos em curso, ficando resguardados os atos e as decisões do STF – e dos juízes de outras instâncias – tomados com base na jurisprudência anterior, assentada na questão de ordem no Inquérito (INQ) 687. No julgamento, prevaleceu o voto do relator da questão de ordem na AP 937, ministro Luís Roberto Barroso, que estabeleceu ainda que, após o final da instrução processual, com a publicação do despacho de intimação para apresentação de alegações finais, a competência para processar e julgar ações penais não será mais afetada em razão de o agente público vir a ocupar outro cargo ou deixar o cargo que ocupava, qualquer que seja o motivo.

Há que se destacar, ainda, que os Deputados e Senadores **não serão obrigados a testemunhar sobre informações recebidas ou prestadas em razão do exercício**

do mandato, nem sobre as pessoas que lhes confiaram ou deles receberam informações.

Referidas imunidades subsistirão durante o estado de sítio, só podendo ser suspensas mediante o voto de dois terços dos membros da Casa respectiva, nos casos de atos praticados fora do recinto do Congresso Nacional, que sejam incompatíveis com a execução da medida.

> **MUITA ATENÇÃO!** Os **deputados estaduais** gozam das mesmas prerrogativas, garantias e impedimentos que os deputados federais e senadores, por força do disposto no art. 27, § 1º da CF.

Os **vereadores**, membros do Poder Legislativo Municipal, têm garantida a inviolabilidade por suas opiniões, palavras e votos, no exercício do mandato e **na circunscrição do município** – imunidade material. Entretanto, **não gozam de imunidade formal**. Desse modo, não há obstáculos em relação à prisão, processo e competência para julgamento.

? **QUESTÃO:** Os parlamentares estão sujeitos a impedimentos. É certo dizer que os impedimentos se aplicam, indistintamente, a todos os deputados federais e senadores desde a diplomação?

↳ ***RESPOSTA:*** *É certo dizer que os parlamentares estão sujeitos a certos impedimentos, segundo comando constitucional. Todavia, é incorreto afirmar que todos os impedimentos se aplicam desde a diplomação. Alguns incidem a partir da expedição do diploma; outros, apenas após a posse. Vejamos:*

Os Deputados e Senadores não poderão desde a expedição do diploma:

a) firmar ou manter contrato com pessoa jurídica de direito público, autarquia, empresa pública, sociedade de economia mista ou empresa concessionária de serviço público, salvo quando o contrato obedecer a cláusulas uniformes; e

b) aceitar ou exercer cargo, função ou emprego remunerado, inclusive os de que sejam demissíveis "ad nutum", nas entidades referidas acima.

Por outro lado, não poderão a partir da posse:

a) ser proprietários, controladores ou diretores de empresa que goze de favor decorrente de contrato com pessoa jurídica de direito público, ou nela exercer função remunerada;

b) ocupar cargo ou função de que sejam demissíveis "ad nutum" em pessoa jurídica de direito público, autarquia, empresa pública, sociedade de economia mista ou empresa concessionária de serviço público; ou

c) patrocinar causa em que seja interessada qualquer dessas entidades; e

d) ser titulares de mais de um cargo ou mandato público eletivo.

As causas de perda do mandato são disciplinadas pela CF em seu art. 55. A matéria merece destaque, dada a sua importância nos Exames da OAB:

PERDA DO MANDATO	
CAUSA	**PROCEDIMENTO**
1. Inobservar as causas de impedimento; **2.** Adotar procedimento incompatível com o decoro parlamentar; **3.** Sofrer condenação criminal com trânsito em julgado.	Nestes casos, a perda do mandato, segundo o art. 55, § 2º, com a redação dada pela Emenda Constitucional 76/2013, **será decidida pela Câmara dos Deputados ou pelo Senado Federal, por maioria absoluta, mediante provocação da respectiva Mesa ou de partido político representado no Congresso Nacional**, assegurada ampla defesa
1. Deixar de comparecer, em cada sessão legislativa, à terça parte das sessões ordinárias da Casa a que pertencer, salvo licença ou missão por esta autorizada; **2.** Perder ou tiver suspensos os direitos políticos; **3.** Nos casos em que a perda do mandato for decretada pela Justiça Eleitoral.	Nestes casos, **a perda será declarada pela Mesa da Casa respectiva**, de ofício ou mediante provocação de qualquer de seus membros, ou de partido político representado no Congresso Nacional, assegurada ampla defesa.

Vale destacar, contudo, **que, nos termos do art. 56 da CF, não perderá o mandato o Deputado ou Senador** investido no cargo de Ministro de Estado, Governador de Território, Secretário de Estado, do Distrito Federal, de Território, de Prefeitura de Capital ou chefe de missão diplomática temporária, ou licenciado pela respectiva Casa por motivo de doença, ou para tratar, sem remuneração, de interesse particular, desde que, neste caso, o afastamento não ultrapasse cento e vinte dias por sessão legislativa.

3.6 Comissões parlamentares

O **Congresso Nacional e suas Casas terão comissões permanentes e temporárias**.

As **comissões permanentes** integram a própria estrutura institucional da Casa Legislativa e têm finalidades perenes, sejam relacionadas à apreciação e deliberação de assuntos afetos à sua área de competência, sejam ainda direcionados ao acompanhamento e fiscalização dos planos e programas governamentais. A **Comissão de Constituição e Justiça** é um exemplo de comissão permanente.

Já as **comissões temporárias** são aquelas criadas para apreciar determinado assunto e são extintas tanto logo seja exaurida a sua finalidade. A **Comissão Parlamentar de Inquérito** é um exemplo de comissão temporária.

Na formação das comissões será assegurada, **tanto quanto possível**, a representação proporcional dos partidos ou dos blocos parlamentares que participam da respectiva Casa (**Exame Unificado 2021.1**).

As comissões parlamentares, em razão da matéria de sua competência, **podem:**

A discutir e votar projeto de lei que dispensar, na forma do regimento, a competência do Plenário, salvo se houver recurso de um décimo dos membros da Casa;

B realizar audiências públicas com entidades da sociedade civil;

C convocar Ministros de Estado para prestar informações sobre assuntos inerentes a suas atribuições;

D receber petições, reclamações, representações ou queixas de qualquer pessoa contra atos ou omissões das autoridades ou entidades públicas;

E solicitar depoimento de qualquer autoridade ou cidadão;

F apreciar programas de obras, planos nacionais, regionais e setoriais de desenvolvimento e sobre eles emitir parecer.

Merece destaque, especialmente por causa de sua importância nos Exames da OAB, a **Comissão Parlamentar de Inquérito.**

CPI	
Definição e criação	**A CPI é temporária.** A criação de Comissão Parlamentar de Inquérito dependerá de requerimento de um terço da totalidade dos membros da Câmara dos Deputados e do Senado Federal, em conjunto ou separadamente.
Poderes	Em que pese o disposto no art. 58, § 3º, da CF ("poderes de investigação próprios das autoridades judiciais"), as Comissões Parlamentares de inquérito **têm poderes de investigação limitados**, devendo, em casos específicos, ser observada a chamada **"reserva de jurisdição".**
Vedações	**É vedado à CPI expedir: 1.** Mandado de prisão; **2.** Mandado de busca e apreensão domiciliar; **3.** Mandado de interceptação telefônica. Tais matérias devem ser submetidas ao crivo do Poder Judiciário. Trata-se da chamada **"reserva constitucional de jurisdição".**
Controle	**Os atos da CPI são passíveis de controle judicial.** As comissões parlamentares de inquérito criadas no âmbito da Câmara dos Deputados e do Senado Federal, em conjunto ou separadamente, podem ter seus atos controlados pelo Supremo Tribunal Federal.
Conclusões	Vale destacar que **as CPIs não têm competência jurisdicional.** Desse modo, não podem julgar ou mesmo aplicar penas aos investigados. Suas conclusões, se for o caso, devem ser encaminhadas ao Ministério Público, ou à Advocacia Geral da União, para que promova a responsabilidade civil ou criminal dos infratores.

FIQUE POR DENTRO:

A **Lei 1.579 de 18 de março de 1952, que cuida das Comissões Parlamentares de Inquérito, foi modificada pela Lei 13.367 de 05 de dezembro de 2016.** Essa nova lei, de certo modo, ampliou os poderes investigatórios das Comissões Parlamentares de Inquérito. O art. 1º da Lei, com a nova redação, agora dispõe que "as Comissões Parlamentares de Inquérito, criadas na forma do § 3º do art. 58 da Constituição Federal, terão poderes de investigação próprios das autoridades judiciais, além de outros previstos nos regimentos da Câmara dos Deputados e do Senado Federal, com ampla ação nas pesquisas destinadas a apurar fato determinado e por prazo certo". Nesse ponto, repetiu-se, grosso modo, o disposto no art. 58, §3º, da Constituição Federal, de modo que, penso, a CPI continua não podendo praticar determinados atos que estão sob reserva de jurisdição, como, por exemplo, a quebra do sigilo telefônico, a expedição de mandado de busca e apreensão ou de prisão. Contudo, um aspecto importante deve ser destacado. Com efeito, o art. 3º-A acrescentado pela Lei 13.367/16 dispõe que "caberá ao presidente da Comissão Parlamentar de Inquérito, por deliberação desta, solicitar, em qualquer fase da investigação, ao juízo criminal competente medida cautelar necessária, quando se verificar a existência de indícios veementes da proveniência ilícita de bens". Ou seja, pode agora a CPI contar com a colaboração do Poder Judiciário, ao qual poderá solicitar medidas cautelares, sobretudo aquelas que estejam sob reserva de jurisdição. Registro, por fim, que a nova Lei acrescentou à antiga o art. 6º-A que dispõe: "A Comissão Parlamentar de Inquérito encaminhará relatório circunstanciado, com suas conclusões, para as devidas providências, entre outros órgãos, ao Ministério Público ou à Advocacia-Geral da União, com cópia da documentação, para que promovam a responsabilidade civil ou criminal por infrações apuradas e adotem outras medidas decorrentes de suas funções institucionais".

MUITA ATENÇÃO!

As **CPIs do CN não podem investigar fatos ligados estritamente à competência dos Estados, DF e Municípios** sob pena de ofensa ao pacto federativo, com indevida ingerência na esfera de autonomia política destes entes federados. Do mesmo modo, os **atos jurisdicionais (função típica) não estão sujeitos a investigação parlamentar.**

4. PODER JUDICIÁRIO

4.1 Aspectos gerais

A **função típica** do Poder Judiciário, como o próprio nome sugere, é **jurisdicional**. Por outro lado, quando realiza concurso para provimento de seus cargos ou quando elabora seu regimento interno desempenha, respectivamente, **funções administrativas e legislativas**. Trata-se, nestes casos, de funções atípicas, posto que sua função precípua, ou principal, é a jurisdicional.

A função legislativa do Poder Judiciário não é ampla, ficando restrita à sua própria organização interna. A propósito, vale destacar o disposto na Súmula Vinculante 37, segundo a qual **não cabe ao Poder Judiciário, que não tem função legislativa, aumentar vencimentos de servidores públicos sob o fundamento de isonomia.** Na verdade, o Poder Judiciário não tem função legislativa típica e irrestrita.

São órgãos do Poder Judiciário	**1)** o Supremo Tribunal Federal;
	2) o Conselho Nacional de Justiça;
	3) o Superior Tribunal de Justiça;
São órgãos do Poder Judiciário	**4)** o Tribunal Superior do Trabalho;
	5) os Tribunais Regionais Federais e Juízes Federais;
	6) os Tribunais e Juízes do Trabalho;
	7) os Tribunais e Juízes Eleitorais;
	8) os Tribunais e Juízes Militares;
	9) os Tribunais e Juízes dos Estados e do Distrito Federal e Territórios.

O **STF e os Tribunais Superiores têm jurisdição em todo o território nacional** e, juntamente com o CNJ, encontram-se sediados na Capital Federal.

O ingresso na carreira da Magistratura, cujo cargo inicial será o de juiz substituto, far-se-á **mediante concurso público de provas e títulos.**

4.2 Quinto constitucional (art. 94 da CF)

Segundo o art. 94 da CF, **um quinto dos lugares dos Tribunais Regionais Federais, dos Tribunais dos Estados, e do Distrito Federal e Territórios** será composto por membros do Ministério Público, com mais de dez anos de carreira, e de advogados de notório saber jurídico e de reputação ilibada, com mais de dez anos de efetiva atividade profissional, indicados em lista sêxtupla pelos órgãos de representação das respectivas classes. Cuida-se do chamado **quinto constitucional**, que pluraliza o exercício da jurisdição.

Recebidas as indicações, o Tribunal formará lista tríplice, enviando-a ao Poder Executivo, que, nos vinte dias subsequentes, escolherá um de seus integrantes para nomeação.

O quinto constitucional aplica-se também aos **Tribunais Regionais do Trabalho, por força do disposto no art. 115, inc. I, da CF.**

Observem que na **escolha dos membros do quinto constitucional há participação dos órgãos representativos de classe (Advogados ou Ministério Público), do Poder Executivo e do Poder Judiciário.**

4.3 Garantias e vedações

São garantias dos membros do Poder Judiciário: a vitaliciedade, a inamovibilidade e a irredutibilidade de subsídios.

As garantias do Poder Judiciário permitem que seus membros possam exercer com imparcialidade, isenção e autonomia a função jurisdicional.

A vitaliciedade, no primeiro grau, só será adquirida após dois anos de efetivo exercício, dependendo a perda do cargo, nesse período, de deliberação do tribunal a que o juiz estiver vinculado. **Com o vitaliciamento o Magistrado só poderá perder o cargo em razão de sentença judicial transitada em julgado.**

> **MUITA ATENÇÃO!** Os membros do STF, dos Tribunais Superiores e os advogados e membros do MP que ingressam pela regra do "quinto" **adquirem vitaliciedade imediatamente.**

A **inamovibilidade impede que o Magistrado seja retirado contra sua vontade do local em que exerce a jurisdição.** Somente por voto da maioria absoluta do respectivo tribunal ou do Conselho Nacional de Justiça poderá o magistrado, por interesse público, ser removido ou colocado em disponibilidade, assegurada a ampla defesa.

A **irredutibilidade tem o objetivo de impedir que os subsídios dos membros do Poder Judiciário sejam aviltados**, comprometendo-se, assim, a entrega da prestação jurisdicional. A revisão geral anual dos subsídios dos membros do Judiciário garante a irredutibilidade.

Conforme destaquei acima, as garantias conferidas aos membros do Poder Judiciário revertem em prol de toda a sociedade, pois fortalecem o Poder Judiciário e permitem que a tutela jurisdicional seja prestada com a mais ampla isenção e autonomia, respeitada a convicção de seus membros.

Por outro lado, a CF, com o objetivo de coibir desvios funcionais, impõe algumas vedações aos membros do Poder Judiciário. **Segundo o art. 95, parágrafo único, da CF, aos juízes é vedado:**

A Exercer, ainda que em disponibilidade, outro cargo ou função, salvo uma de magistério;

B Receber, a qualquer título ou pretexto, custas ou participação em processo;

C Dedicar-se à atividade político-partidária.

D Receber, a qualquer título ou pretexto, auxílios ou contribuições de pessoas físicas, entidades públicas ou privadas, ressalvadas as exceções previstas em lei;

E Exercer a advocacia no juízo ou tribunal do qual se afastou, antes de decorridos três anos do afastamento do cargo por aposentadoria ou exoneração.

4.4 Supremo Tribunal Federal

O **STF compõe-se de onze Ministros**, escolhidos dentre cidadãos com mais de trinta e cinco e menos de setenta anos de idade, de notável saber jurídico e reputação ilibada.

Os **Ministros do STF serão nomeados pelo Presidente da República**, depois de aprovada a escolha pela maioria absoluta do Senado Federal.

Ao STF cabe, com primazia, a tutela da Constituição Federal.

> **DICA IMPORTANTE**
>
> Nos Exames da OAB **têm se mostrado frequentes questões sobre a competência do Supremo**. O STF tem competências originárias e recursais. **A leitura atenta do art. 102 da CF é imprescindível!**

4.5 Superior Tribunal de Justiça

O **STJ compõe-se de, no mínimo, trinta e três Ministros**.

Os Ministros do STJ **serão nomeados pelo Presidente da República, dentre brasileiros com mais de trinta e cinco e menos de setenta anos**, de notável saber jurídico e reputação ilibada, depois de aprovada a escolha pela maioria absoluta do Senado Federal, sendo:

1) **Um terço dentre juízes dos Tribunais Regionais Federais e um terço dentre desembargadores dos Tribunais de Justiça, indicados em lista tríplice elaborada pelo próprio Tribunal;**

2) **Um terço, em partes iguais, dentre advogados e membros do Ministério Público Federal, Estadual, do Distrito Federal e Territórios, alternadamente, indicados de acordo com as regras do quinto constitucional.**

? QUESTÃO: Esculápio da Silva, advogado, candidata-se à vaga destinada ao Quinto Constitucional no Tribunal de Justiça do Estado W, logrando obter aprovação, é nomeado pelo Governador do Estado. Um ano após, candidata-se à vaga surgida pela aposentadoria de Desembargador estadual no Superior Tribunal de Justiça, vindo a ser escolhido. É correto afirmar que Esculápio, oriundo do Quinto Constitucional nos Tribunais de Justiça, concorre como magistrado para ocupar vagas no Superior Tribunal de Justiça?

➥ ***RESPOSTA:*** *No caso, Esculápio é Desembargador e nesta condição concorrerá ao STJ, pouco importando se ingressou no Tribunal de Justiça pelo quinto constitucional.*

> **DICA IMPORTANTE**
>
> Nos últimos Exames da OAB **têm se mostrado frequentes questões sobre a competência do STJ**, da mesma forma como destaquei acima em relação ao Supremo. O STJ tem competências originárias e recursais (recursos ordinário e especial). **A leitura atenta do art. 105 da CF é imprescindível!**

Observação importante: questões sobre "Tribunais Regionais Federais e Juízes Federais", "Tribunais e Juízes do Trabalho", "Tribunais e Juízes Eleitorais", "Tribunais e Juízes Militares" e "Tribunais e Juízes dos Estados" não são frequentes nos Exames da OAB. Contudo, **recomendo a leitura dos arts. 106 a 126 da CF**, ressaltando, porém, que são mais exigidas questões sobre as competências do STF e do STJ, além, é claro, das características e atribuições do CNJ.

4.6 Conselho Nacional de Justiça

O CNJ, criado com a reforma empreendida pela EC 45/04, **integra o Poder Judiciário** e a ele compete o controle da atuação administrativa e financeira deste Poder e do cumprimento dos deveres funcionais dos juízes, cabendo-lhe ainda:

A **Zelar pela autonomia do Poder Judiciário e pelo cumprimento do Estatuto da Magistratura,** podendo expedir atos regulamentares, no âmbito de sua competência, ou recomendar providências;

B **Zelar pela observância do art. 37 da CF** e apreciar, de ofício ou mediante provocação, a legalidade dos atos administrativos praticados por membros ou órgãos do Poder Judiciário, podendo desconstituí-los, revê-los ou fixar prazo para que se adotem as providências necessárias ao exato cumprimento da lei, sem prejuízo da competência do Tribunal de Contas da União;

C **Receber e conhecer das reclamações contra membros ou órgãos do Poder Judiciário**, inclusive contra seus serviços auxiliares, serventias e órgãos prestadores de serviços notariais e de registro que atuem por delegação do poder público ou oficializados, sem prejuízo da competência disciplinar e correicional dos tribunais, podendo avocar processos disciplinares em curso, determinar a remoção ou a disponibilidade e aplicar outras sanções administrativas, assegurada ampla defesa;

D **Representar ao Ministério Público, no caso de crime contra a administração pública ou de abuso de**

autoridade. Não cabe a ele, portanto, julgar magistrados por crime de abuso de autoridade, especialmente porque o CNJ não tem competência jurisdicional;

E **Rever, de ofício ou mediante provocação**, os processos disciplinares de juízes e membros de tribunais julgados **há menos de um ano.** Sob pena de violação ao primado da segurança jurídica, não pode rever processos findos a qualquer tempo. Não pode, por outro lado, julgar os magistrados em caso de crime de abuso de autoridade;

F **Elaborar semestralmente relatório estatístico sobre processos e sentenças prolatadas,** por unidade da Federação, nos diferentes órgãos do Poder Judiciário;

G **Elaborar relatório anual, propondo as providências que julgar necessárias, sobre a situação do Poder Judiciário no País e as atividades do Conselho,** o qual deve integrar mensagem do Presidente do Supremo Tribunal Federal a ser remetida ao Congresso Nacional, por ocasião da abertura da sessão legislativa.

É importante destacar que, embora o CNJ seja um órgão pertencente à estrutura do Poder Judiciário, possui atribuições exclusivamente administrativas, não sendo, portanto, órgão com competência jurisdicional.

O Conselho será presidido pelo Presidente do Supremo Tribunal Federal e, nas suas ausências e impedimentos, pelo Vice-Presidente do Supremo Tribunal Federal.

Em virtude da EC 61/09 **a exigência etária na composição do CNJ (35 a 66 anos de idade) desapareceu.**

O **mandato** dos membros do CNJ dura **2 anos,** admitida uma recondução.

Com exceção do Presidente do STF, que será, automaticamente, o Presidente do CNJ, **os demais membros serão nomeados pelo Presidente da República, depois de aprovada a escolha pela maioria absoluta do Senado Federal.**

Por fim, vale frisar que as **ações contra o CNJ serão julgadas pelo STF.** Eventual **crime de responsabilidade** imputado aos membros do Conselho será julgado pelo **Senado Federal.**

4.7 Funções Essenciais à Justiça

O Ministério Público, a Advocacia, pública e privada, e a Defensoria Pública não integram o Poder Judiciário. Contudo, por questões didáticas resumirei abaixo as principais características de cada um deles.

A **Ministério Público: é instituição permanente, indispensável à função jurisdicional do Estado,** incumbindo-lhe a defesa da ordem jurídica, do regime democrático e dos interesses sociais e individuais indisponíveis.

Aos membros do MP asseguram-se as seguintes garantias: **vitaliciedade, inamovibilidade e irredutibilidade de subsídio.** As vedações são apresentadas pelo art. 128, § 5º, inc. II da CF.

São **princípios institucionais do MP: a unidade, a indivisibilidade e a independência funcional, sendo-lhe assegurada autonomia funcional e administrativa.**

O **Ministério Público abrange: (i) o Ministério Público da União,** que compreende: a) o Ministério Público Federal; b) o Ministério Público do Trabalho; c) o Ministério Público Militar; d) o Ministério Público do Distrito Federal e Territórios; e **(ii) os Ministérios Públicos dos Estados.**

O **Ministério Público da União tem por chefe o Procurador-Geral da República,** nomeado pelo Presidente da República dentre integrantes da carreira, maiores de trinta e cinco anos, após a aprovação de seu nome pela maioria absoluta dos membros do Senado Federal, para mandato de dois anos, permitida a recondução. A **destituição** do Procurador-Geral da República, **por iniciativa do Presidente da República, deverá ser precedida de autorização da maioria absoluta do Senado Federal.**

Os **Ministérios Públicos dos Estados e o do Distrito Federal e Territórios formarão lista tríplice dentre integrantes da carreira para escolha de seu Procurador-Geral,** que será nomeado pelo Governador, para mandato de dois anos, permitida uma recondução. Neste caso, poderão ser destituídos por deliberação da maioria absoluta do Poder Legislativo, na forma da lei complementar respectiva.

Funções institucionais do Ministério Público:

- **Promover**, privativamente, a **ação penal pública**, na forma da lei;
- **Zelar pelo efetivo respeito dos Poderes Públicos e dos serviços de relevância pública** aos direitos assegurados na CF, promovendo as medidas necessárias a sua garantia;
- Promover **o inquérito civil e a ação civil pública**, para a proteção do patrimônio público e social, do meio ambiente e de outros interesses difusos e coletivos;
- Promover **a ação de inconstitucionalidade ou representação para fins de intervenção da União e dos Estados**, nos casos previstos na CF;
- **Defender** judicialmente os direitos e interesses das populações **indígenas**;

- Expedir notificações nos procedimentos administrativos de sua competência, requisitando informações e documentos para instruí-los, na forma da lei complementar respectiva;
- **Exercer o controle externo da atividade policial**;
- **Requisitar diligências investigatórias e a instauração de inquérito policial**, indicados os fundamentos jurídicos de suas manifestações processuais;
- Exercer outras funções que lhe forem conferidas, desde que compatíveis com sua finalidade, sendo-lhe vedada a representação judicial e a consultoria jurídica de entidades públicas.

O **Conselho Nacional do Ministério Público, criado com a EC 45/04, compõe-se de quatorze membros** nomeados pelo Presidente da República, depois de aprovada a escolha pela maioria absoluta do Senado Federal, para um mandato de dois anos, admitida uma recondução, e a ele **compete o controle da atuação administrativa e financeira do Ministério Público e do cumprimento dos deveres funcionais de seus membros.**

Por fim, vale frisar que as **ações contra o CNMP serão julgadas pelo STF**. Eventual **crime de responsabilidade** imputado aos membros do Conselho será julgado pelo **Senado Federal.**

B Advocacia, Privada e Pública, e Defensoria Pública: O advogado é indispensável à administração da justiça, sendo inviolável por seus atos e manifestações no exercício da profissão, nos limites da lei.

A **Advocacia Geral da União é a instituição que, diretamente ou através de órgão vinculado, representa a União, judicial e extrajudicialmente**, cabendo-lhe, nos termos da lei complementar que dispuser sobre sua organização e funcionamento, as atividades de consultoria e assessoramento jurídico do Poder Executivo. Na execução da dívida ativa de natureza tributária, a representação da União cabe à Procuradoria-Geral da Fazenda Nacional,

A **Advocacia Geral da União tem por chefe o Advogado-Geral da União,** de livre nomeação pelo Presidente da República dentre cidadãos maiores de trinta e cinco anos, de notável saber jurídico e reputação ilibada.

O **AGU** será submetido a julgamento no **STF pela prática de crimes comuns,** e perante o **Senado Federal** nos casos de **crimes de responsabilidade.**

A Defensoria Pública é instituição **permanente, essencial** à função jurisdicional do Estado, incumbindo-lhe, como expressão e instrumento do regime democrático, fundamentalmente, a orientação **jurídica**, a **promoção dos direitos humanos e a defesa**, em todos os graus, **judicial e extrajudicial**, dos direitos individuais e coletivos, de forma integral e gratuita, aos necessitados, na forma do inciso LXXIV do art. 5º da CF.

Uma norma estadual que, por exemplo, dispusesse acerca da extinção da Defensoria Pública seria inconstitucional, já que se trata de instituição permanente e essencial à função jurisdicional do Estado **(Exame Unificado 2022.1)**.

São princípios institucionais da Defensoria Pública **a unidade, a indivisibilidade e a independência funcional**, aplicando-se também, no que couber, o disposto no art. 93 e no inciso II do art. 96 da Constituição Federal.

CAPÍTULO VI
PROCESSO LEGISLATIVO

1. NOÇÕES

O **processo legislativo** representa o procedimento a ser observado pelos órgãos competentes na elaboração das leis e demais atos normativos. Trata-se de verdadeiro procedimento, pois **compreende diversas fases até a produção final da norma.** A inobservância desse procedimento conduz à denominada **inconstitucionalidade formal.**

O processo legislativo, segundo o art. 59 da CF, compreende a elaboração das **emendas à Constituição, das leis complementares, leis ordinárias e delegadas, das medidas provisórias, dos decretos legislativos e das resoluções.**

A **Lei Complementar 95/98** dispõe sobre elaboração, redação, alteração e consolidação das leis, nos termos do art. 59, parágrafo único, da CF.

> **DICA IMPORTANTE**
>
> Conforme será exposto abaixo, os atos normativos apresentam peculiaridades quanto à sua elaboração. Nos Exames da OAB, têm se mostrado particularmente frequentes questões sobre o processo legislativo relativo às emendas à Constituição. **Sendo assim, a leitura atenta do art. 60 da CF mostra-se imprescindível.**

2. EMENDAS À CONSTITUIÇÃO

Conforme destacado nos Capítulos anteriores, a Constituição Federal de 1988 classifica-se, **quanto à estabilidade**, como **rígida.** Significa dizer que o processo legislativo visando a alteração do Texto Constitucional é mais dificultoso do que aquele dispensado às normas infraconstitucionais, como, por exemplo, as leis ordinárias e complementares.

A **Constituição Federal**, por vezes, **precisa ser modificada para acompanhar novas demandas jurídicas, sociais, políticas e econômicas.** A existência de uma Constituição imutável conduziria a um descompasso entre o Texto Maior e as demandas sociais, tornando a Lei Maior obsoleta e distante da realidade que a cerca. É sempre importante lembrar que a Constituição, especialmente a brasileira de 1988, alberga diversos interesses e ideologias, não representando apenas e tão somente um documento técnico, dissociado da realidade fática. Daí a necessidade de ser modificada a fim de atender novas e urgentes demandas.

As **emendas representam um meio formal** de modificação da Constituição. No entanto, é importante lembrar que as emendas à Constituição são fruto do denominado **Poder Constituinte Derivado Reformador.** Desse modo, **trata-se de poder limitado, condicionado e subordinado.** Daí, decorrem as limitações materiais e procedimentais.

As limitações em relação às emendas podem ser: (i) procedimentais (referente à iniciativa, votação e promulgação); **(ii) circunstanciais** (impossibilidade de alteração da Constituição durante a vigência de intervenção federal, estado de defesa ou de sítio; **(iii) materiais** (supressão das chamadas cláusulas pétreas – **forma federativa de Estado, voto secreto, direto, universal e periódico, separação dos Poderes e os direitos e garantias fundamentais); (iv) temporais** (impossibilidade de modificação da Constituição durante certo tempo. Não foi adotada essa limitação pela Constituição da República de 1988, embora doutrina minoritária entenda que a impossibilidade de nova apresentação, na mesma sessão legislativa, de matéria já apreciada, represente limitação temporal).

Há, ainda, limitações implícitas à elaboração de emendas à CF, como, por exemplo**: a supressão das limitações expressas e a alteração do titular do poder constituinte derivado reformador.**

É oportuno destacar que mudanças propostas pelo constituinte derivado reformador **estão sujeitas ao controle de constitucionalidade**, sendo que as normas ali propostas não podem afrontar cláusulas pétreas estabelecidas na Constituição da República.

FASES	PROCESSO LEGISLATIVO DAS EMENDAS À CONSTITUIÇÃO
1. Apresentação da proposta de emenda por um dos legitimados	A legitimação, no caso das emendas à Constituição, é mais restrita do que no processo legislativo dedicado, por exemplo, à elaboração das leis ordinárias e complementares. No caso das emendas, são legitimados à apresentação de proposta: **a)** de um terço, no mínimo, dos membros da Câmara dos Deputados ou do Senado Federal; **b)** do Presidente da República;

1. Apresentação da proposta de emenda por um dos legitimados	c) de mais da metade das Assembleias Legislativas das unidades da Federação, manifestando-se, cada uma delas, pela maioria relativa de seus membros.
2. Discussão e votação em cada Casa do CN	Uma vez apresentada a proposta de emenda à Constituição, passa-se **à fase de discussão**. Neste caso, a proposta será discutida e votada em cada Casa do Congresso Nacional, **em dois turnos, considerando-se aprovada se obtiver, em ambos, três quintos dos votos dos respectivos membros.**
3. Promulgação da Emenda	A **promulgação da emenda é realizada pelas Mesas da Câmara e do Senado**, com o respectivo número de ordem. A promulgação não é realizada pelo Chefe do Poder Executivo, especialmente porque **no caso das emendas à Constituição inexiste sanção/veto.**

? **QUESTÃO:** A proposta de emenda à Constituição rejeitada ou havida por prejudicada pode ser apresentada novamente na mesma sessão legislativa?

➥ ***RESPOSTA:*** *Não se esqueça: uma legislatura tem período de 4 anos e é dividida em 4 sessões legislativas (art. 44, parágrafo único da CF). Segundo o art. 60, § 5º, da CF, se rejeitada ou havida por prejudicada, será arquivada e a matéria não poderá ser objeto de nova proposta na mesma sessão legislativa.*

3. LEIS ORDINÁRIAS E COMPLEMENTARES

O processo de elaboração das leis ordinárias e complementares é semelhante, apresentando diferenças apenas quanto ao *quorum* para aprovação de cada espécie normativa: **as leis ordinárias exigem maioria simples** (art. 47 da CF). Desse modo, as deliberações de cada Casa e de suas Comissões serão tomadas por maioria dos votos, presente a maioria absoluta de seus membros. **As leis complementares, por outro lado, devem ser aprovadas por maioria absoluta** (art. 69 da CF). Quanto ao mais, a elaboração das leis ordinárias e complementares segue semelhante processo legislativo, apresentando uma ou outra peculiaridade, conforme será exposto abaixo.

FASES	PROCESSO LEGISLATIVO DAS LEIS ORDINÁRIAS E COMPLEMENTARES
1. Iniciativa	É o passo inicial no processo legislativo ordinário, e pode ser definida como a **faculdade, conferida pela Constituição Federal a certas pessoas ou órgãos, de apresentar projetos de lei ao Congresso Nacional.** A **Constituição Federal dispensa tratamento muito específico à iniciativa** no processo legislativo ordinário. Assim, é certo afirmar que a **iniciativa poder ser: concorrente** (quando pode ser exercida, de forma independente, por vários órgãos ou pessoas);
1. Iniciativa	**exclusiva** (quando é reservada, com exclusividade, a determinada pessoa ou órgão); **parlamentar** (atribuída aos membros do Congresso Nacional); e **extraparlamentar** (atribuída a pessoas ou órgãos não parlamentares, como, por exemplo, a lei complementar que disporá sobre o Estatuto da Magistratura é da iniciativa privativa do STF – art. 93 da CF). **Há, ainda, a chamada iniciativa popular.** A **iniciativa popular (art. 61, § 2º, da CF)** pode ser exercida pela apresentação à Câmara dos Deputados de projeto de lei subscrito por, no mínimo, **um por cento do eleitorado nacional**, distribuído pelo menos por cinco Estados, **com não menos de três décimos por cento dos eleitores de cada um deles.**
2. Discussão e votação	A 2ª fase do processo legislativo ordinário inicia-se com a **análise prévia da constitucionalidade do projeto apresentado.** Trata-se de uma apreciação formal, a fim de se identificar, por exemplo, a inexistência de vício de iniciativa que comprometeria todo o processo legislativo. **Esta apreciação preliminar é feita pelas Comissões da Câmara dos Deputados, do Senado ou do Congresso Nacional** (como, por exemplo, a Comissão de Constituição e Justiça). É importante destacar que as **Comissões** da Câmara dos Deputados, do Senado e do Congresso Nacional **têm legitimidade para apresentar projetos de lei** (art. 61 da CF). Além disso, referidas **Comissões podem discutir e votar projeto de lei que dispensar, na forma do regimento**, a competência do Plenário, salvo se houver recurso de um décimo dos membros da Casa. No entanto, **apenas os projetos de lei ordinária podem ser discutidos e votados pelas Comissões**, na forma do regimento, não se aplicando tal regra aos projetos de lei complementar. Responda: O Presidente da República encaminhou ao Senado Federal projeto de Lei Ordinária para provimento de cargos de servidores da União. Após os debates, o projeto foi aprovado pelo plenário do Senado Federal e, em seguida, encaminhado para a Câmara dos Deputados que, em apenas um turno de discussão e votação, o aprovou e o enviou ao Presidente da República, que o sancionou. **Há vício nesse procedimento?** Sim, existe vício já que **"A discussão e a votação do projeto deveriam ter se iniciado na Câmara dos Deputados, havendo, por isso, vício no processo legislativo".** Do mesmo, iniciam-se na Câmara dos Deputados os projetos de iniciativa popular, do Presidente da República e do Supremo Tribunal Federal. Por outro lado, **se a iniciativa for de Senadores, Comissão ou Mesa do Senado, a discussão inicia-se no Senado** e segue para a Câmara dos Deputados. Conforme expus acima, a aprovação das **leis ordinárias exige maioria simples** (art. 47 da CF). Já as **leis complementares** devem ser aprovadas por **maioria absoluta**.

DIREITO CONSTITUCIONAL

FASES	PROCESSO LEGISLATIVO DAS LEIS ORDINÁRIAS E COMPLEMENTARES
2. Discussão e votação	É importante destacar que, embora a aprovação das leis ordinárias exija maioria simples, **a sessão apenas será instalada com a presença da maioria absoluta dos membros da Casa Legislativa em que forem realizadas a discussão e votação.** Com a aprovação pela Casa Legislativa na qual se iniciou a discussão e votação (Casa Iniciadora), o projeto de lei segue para a Casa Revisora que pode**: aprová-lo** (segue para sanção/veto do Chefe do Poder Executivo)**; rejeitá-lo** (é arquivado e apenas poderá ser objeto de nova apreciação, na mesma sessão legislativa, desde que haja manifestação favorável da maioria absoluta dos membros de qualquer das Casas do CN, nos termos do art. 67 da CF) **ou emendá-lo** (o projeto de lei volta à Casa Iniciadora). A propósito, sobre a atuação da Casa Revisora, a jurisprudência do STF é firme no sentido de que o projeto de lei que tenha sofrido alteração formal (com supressão de palavra ou expressão, por exemplo) sem modificação do sentido normativo não precisa voltar à Casa Iniciadora.
3. Sanção/Veto	Nesta fase, **o Chefe do Poder Executivo pode sancionar ou vetar** o projeto de lei aprovado pelo CN ou por suas Comissões. Com a sanção, o projeto torna-se lei, seguindo para promulgação e publicação. A **sanção pode ser expressa ou tácita**. Segundo o art. 66, § 3º da CF, decorrido o prazo de quinze dias, o silêncio do Presidente da República importará sanção. Trata-se da denominada **sanção tácita**, que não exclui a possibilidade de o Chefe do Poder Executivo promulgar a lei. O vício de iniciativa não pode ser sanado pela sanção presidencial. Por outro lado, o projeto de lei pode ser vetado pelo Chefe do Executivo. O veto do Presidente pode ser: **1. jurídico** (quando o projeto de lei for inconstitucional. Trata-se de controle preventivo de constitucionalidade realizado pelo Chefe do Poder Executivo) e **2. político** (quando o projeto for contrário ao interesse público). Quanto à extensão, o **veto pode ser total ou parcial. Atenção:** o veto não pode se dirigir apenas a palavras ou expressões. Deve dirigir-se necessariamente ao texto integral de artigo, parágrafo, alínea, inciso. O veto será apreciado em sessão conjunta, dentro de trinta dias a contar de seu recebimento, só podendo ser rejeitado pelo voto da maioria absoluta dos Deputados e Senadores **(art. 66, § 4º, da CF).** A **Emenda Constitucional 76/2013 acabou com o escrutínio secreto** na apreciação do veto do Chefe do Poder Executivo. **Existe veto tácito? Não!** Todo veto deve ser motivado.
4. Promulgação e Publicação	A **promulgação representa**, formalmente, **a existência da lei, ou melhor, a sua inserção no ordenamento jurídico**, atestando tratar-se de norma jurídica válida, gozando, ainda, de presunção de constitucionalidade. Não se esqueça: **a lei é promulgada.** O projeto transmuda-se em lei com a sanção ou com a derrubada do veto. A partir daí tem-se a lei, que será promulgada e publicada. Se a lei não for promulgada dentro de quarenta e oito horas pelo Presidente da República, **nos casos de sanção tácita ou rejeição do veto pelo CN**, o Presidente do Senado a promulgará, e, se este não o fizer em igual prazo, caberá ao Vice-Presidente do Senado fazê-lo. Por fim, **a publicação tem por objetivo dar conhecimento a todos da existência da lei.** A publicidade conduz à presunção de que todos sabem da existência da norma, motivo pelo qual ninguém pode deixar de cumpri-la alegando que não a conhece.

DICA IMPORTANTE

As leis complementares e ordinárias seguem processo semelhante de elaboração. Muito se discute na doutrina quais são as diferenças entre uma e outra espécie normativa, havendo, inclusive, quem sustente haver hierarquia entre elas. Contudo, nos exames da OAB, é fundamental saber que:

1. leis complementares e ordinárias seguem semelhante processo legislativo;

2. sob o aspecto formal, leis complementares e ordinárias diferem quanto ao quórum de aprovação (maioria absoluta e maioria simples, respectivamente);

3. sob o aspecto material, as hipóteses de regulamentação mediante lei complementar estão taxativamente previstas na Constituição, mostrando-se residual a adoção da lei ordinária. Atualmente, predomina na jurisprudência do STF o entendimento segundo o qual não existe hierarquia entre lei complementar e lei ordinária.

A propósito, observe a seguinte questão: "Em 2005, visando a conferir maior estabilidade e segurança jurídica à fiscalização das entidades dedicadas à pesquisa e à manipulação de material genético, o Congresso Nacional decidiu discipliná-las por meio da Lei Complementar X, embora a Constituição Federal não reserve a matéria a essa espécie normativa. Posteriormente, durante o ano de 2017, com os avanços tecnológicos e científicos na área, entrou em vigor a Lei Ordinária Y prevendo novos mecanismos fiscalizatórios a par dos anteriormente estabelecidos, bem como derrogando alguns artigos da Lei Complementar X". **Neste caso, a Lei Ordinária derroga a Complementar?** Neste caso, sim. "A Lei Complementar X, por tratar de matéria a respeito da qual não se exige a referida espécie normativa, pode vir a ser revogada por Lei Ordinária posterior que verse sobre a mesma temática" **(Exame Unificado 2019/2).**

FIQUE POR DENTRO:

"Regime de urgência constitucional"

O Presidente da República poderá solicitar urgência para **apreciação dos projetos de sua iniciativa (Exame Unificado 2018/2)**. Trata-se do chamado **processo sumário.** Neste caso, a **Câmara dos Deputados,** na qual obrigatoriamente se inicia a apreciação dos projetos de iniciativa do Presidente da República, tem o prazo de **45 dias** para apreciar o projeto. Na sequência, o projeto segue para o **Senado Federal** que também deve apreciá-lo em **45 dias**. Se houver emendas, o projeto retorna à Câmara, que se manifestará no prazo de 10 dias. Assim, o processo sumário terá duração de 100 dias. **Muita atenção:** o Presidente da República pode solicitar urgência apenas para os projetos de sua iniciativa.

Para saber mais: cf. MASSON, Nathália. **Manual de Direito Constitucional**. Editora Juspodivm.

4. LEI DELEGADA

A delegação legislativa é instituto de índole excepcional, devendo ser solicitada pelo presidente da República ao Congresso Nacional. As **leis delegadas** são elaboradas pelo **Presidente da República**, que deverá solicitar a delegação ao **CN**. A delegação legislativa opera-se por meio de **resolução do CN**, que especificará o conteúdo e os termos do seu exercício. **A resolução poderá prever a apreciação prévia do projeto pelo CN**. Neste caso, a apreciação será feita em votação única, sendo vedada qualquer emenda. **Havendo rejeição do projeto de lei delegada tem-se o chamado veto parlamentar.**

As **leis delegadas** são elaboradas pelo **Presidente da República**, que deverá solicitar a delegação ao **CN**. A delegação legislativa opera-se por meio de **resolução do CN**, que especificará o conteúdo e os termos do seu exercício. **A resolução poderá prever a apreciação prévia do projeto pelo CN (Exame Unificado – abril/2017)**. Neste caso, a apreciação será feita em votação única, sendo vedada qualquer emenda. **Havendo rejeição do projeto de lei delegada tem-se o chamado veto parlamentar.**

MUITA ATENÇÃO!

Não serão objeto de delegação:

1. os atos de competência exclusiva do Congresso Nacional;

2. os de competência privativa da Câmara dos Deputados ou do Senado Federal;

3. a matéria reservada à lei complementar;

4. nem a legislação sobre: a. organização do Poder Judiciário e do Ministério Público, a carreira e a garantia de seus membros; b. nacionalidade, cidadania, direitos individuais, políticos e eleitorais; c. planos plurianuais, diretrizes orçamentárias e orçamentos.

Dada a natureza da lei delegada, é de se observar que **não existe sanção/veto do Chefe do Poder Executivo.** O motivo é simples: cabe ao próprio Presidente a elaboração da norma, observados os limites da Resolução do CN.

E se o Presidente da República exorbitar os limites da delegação? Nestes casos, **cabe ao CN sustar o ato normativo**, nos termos do art. 49, inc. V, da CF. Trata-se, neste caso, de verdadeiro controle repressivo de constitucionalidade exercido pelo Poder Legislativo. Além deste controle, pode o CN vetar o projeto de lei, desde que haja previsão na Resolução de sua apreciação conforme destacado acima.

5. MEDIDAS PROVISÓRIAS

O Presidente da República, em casos de **relevância e urgência**, pode editar medidas provisórias, **com força de lei**, que deverão ser submetidas imediatamente ao CN. **Relevância e urgência** são verdadeiros pressupostos constitucionais para a edição de medidas provisórias.

As medidas provisórias têm força de lei desde a sua edição. Dessa forma, **podem ser objeto de ação direta de inconstitucionalidade.**

Algumas matérias não podem ser disciplinadas através de medidas provisórias. São elas:

A Aquelas relativas a: nacionalidade, cidadania, direitos políticos, partidos políticos e direito eleitoral, direito penal, processual penal e processual civil, organização do Poder Judiciário e do Ministério Público, a carreira e a garantia de seus membros, planos plurianuais, diretrizes orçamentárias, orçamento e créditos adicionais e suplementares, **(Exame Unificado 2020.1)**, ressalvado o previsto no art. 167, § 3º da CF "(a abertura de crédito extraordinário somente será admitida para atender a despesas imprevisíveis e urgentes, como as decorrentes de guerra, comoção interna ou calamidade pública, observado o disposto no art. 62", da CF);

B Que vise a detenção ou sequestro de bens, de poupança popular ou qualquer outro ativo financeiro **(Exame Unificado 2019/1)**;

C Reservada a lei complementar;

D Já disciplinada em projeto de lei aprovado pelo Congresso Nacional e pendente de sanção ou veto do Presidente da República.

Observação: admite-se MP em matéria tributária. A matéria será melhor estudada na parte dedicada ao "Direito Tributário" em virtude de peculiaridades que cercam o tema.

As medidas provisórias perderão eficácia, desde a edição, se não forem convertidas em lei no prazo de sessenta dias, prorrogável uma vez por igual período, devendo o Congresso Nacional disciplinar, por decreto legislativo, as relações jurídicas delas decorrentes (art. 62, § 3º da CF).

Se não for editado o **decreto legislativo** até sessenta dias após a rejeição ou perda de eficácia de medida provisória, as relações jurídicas constituídas e decorrentes de atos praticados durante sua vigência serão por ela regidas (art. 62, § 11 da CF).

Segundo o art. 62, § 12º da CF, aprovado projeto de lei de conversão **alterando** o texto original da medida provisória, esta se mantém integralmente em vigor até que seja sancionado ou vetado referido projeto. **Por outro lado, segundo o Supremo, se não houver alteração é desnecessária a remessa do projeto ao Presidente para sanção/veto.**

A matéria veiculada em MP rejeitada pelo Congresso Nacional não poderá ser reapresentada na mesma sessão legislativa, cabendo a esse órgão disciplinar, por meio de decreto legislativo, as relações jurídicas decorrentes da edição da MP rejeitada. Do mesmo modo, é vedada a reedição, na mesma sessão legislativa, de medida provisória que tenha perdido sua eficácia por decurso de prazo.

Sobre a reedição de MP, a **Súmula Vinculante 54** dispõe que "**A medida provisória não apreciada pelo Congresso Nacional podia, até a Emenda Constitucional 32/2001, ser reeditada dentro do seu prazo de eficácia de trinta dias, mantidos os efeitos de lei desde a primeira edição**".

? **QUESTÃO:** É correto afirmar que "as constituições estaduais podem prever a edição de medidas provisórias, cumpridas as regras básicas do processo legislativo no âmbito da União"?

➥ ***RESPOSTA:*** *Por força do princípio da simetria, as Constituições Estaduais poderão prever a edição de medida provisória pelo Chefe do Poder Executivo. Para alguns doutrinadores, a autorização para criação de medidas provisórias no âmbito estadual está prevista, implicitamente, no art. 25, § 2º da CF.*

6. DECRETO LEGISLATIVO

Tem por objetivo a disciplina de matérias de **competência exclusiva do CN.** Não há sanção/veto do Chefe do Poder Executivo. A promulgação é realizada pelo Presidente do Senado Federal, na qualidade de Presidente do CN. Os Tratados Internacionais, por exemplo, são aprovados pelo **CN** por meio de **decreto legislativo.**

7. RESOLUÇÃO

Tem por objetivo a disciplina de matérias de **competência do CN e competência privativa da Câmara dos Deputados e do Senado Federal.** Não há sanção/veto do Chefe do Poder Executivo. A promulgação é realizada pela Mesa da Casa Legislativa que a elaborar.

CAPÍTULO VII

CONTROLE DE CONSTITUCIONALIDADE

1. NOÇÕES

O controle de constitucionalidade pressupõe:

A **Supremacia constitucional:** significa dizer que a norma constitucional está no ápice do ordenamento jurídico, de modo que todas as normas inferiores devem obediência à Constituição e;

B **Rigidez constitucional:** o controle de constitucionalidade só é compatível com Constituições que apresentam um processo mais dificultoso para alteração de seu texto (denominadas rígidas).

Controlar a constitucionalidade das leis e atos normativos significa fiscalizar se a norma inferior é ou não compatível com a norma superior, mantendo, assim, sua supremacia.

No Brasil, embora de forma temperada, adotou-se a denominada **teoria da nulidade** no tocante à declaração de inconstitucionalidade de leis ou atos normativos. Segundo essa teoria, originária do direito norte americano, a decisão que reconhece a inconstitucionalidade de uma lei ou ato normativo tem natureza **declaratória.** Além disso, seus efeitos são **"ex tunc" (retroativos),** sendo o ato impugnado (lei ou ato normativo) **nulo.**

Merece, por outro lado, destaque a **teoria da anulabilidade.** Surgiu no sistema austríaco e, segundo seus defensores, a decisão que reconhece a inconstitucionalidade de lei ou ato normativo tem natureza **constitutiva;** seus efeitos são **"ex nunc"** e o ato impugnado produz efeitos até a publicação da sentença que o retira do sistema jurídico.

Como veremos a seguir, embora seja dominante a **teoria da nulidade,** nosso sistema jurídico contempla a **modulação de efeitos** (atribuição de efeitos "ex nunc" ou "pro futuro") no controle abstrato; do mesmo modo, o STF admite a mesma modulação no controle concreto. Foram mitigados, assim, os rigores da **teoria da nulidade.**

O controle de constitucionalidade pode ser realizado por diversos órgãos integrantes do mesmo Poder ou até mesmo por Poderes distintos (Executivo, Legislativo e Judiciário). Cada país apresenta peculiaridades acerca da organização de seu sistema de controle de constitucionalidade, seja por motivos de ordem política, seja, ainda, por tradição histórica.

Quanto à competência, o controle de constitucionalidade pode ser: **Político** (quando realizado por órgão não integrante do Poder Judiciário); **Jurisdicional** (quando realizado pelo Poder Judiciário); **Misto** (quando realizado por órgãos jurisdicionais e políticos). No Brasil, o controle de constitucionalidade é, predominantemente, **jurisdicional.** No entanto, os Poderes Legislativo e Executivo também realizam controle de constitucionalidade, como se verá adiante.

2. CONCEITO E ESPÉCIES DE INCONSTITUCIONALIDADE

2.1 Para os exames da OAB, e concursos em geral, é importante conhecer as **espécies de inconstitucionalidade.** São elas:

A **Inconstitucionalidade por ação:** a inconstitucionalidade é fruto de uma conduta positiva ou comissiva praticada por algum órgão estatal.

B **Inconstitucionalidade por omissão:** decorre da inação, da inércia. Neste caso, o legislador, ou o administrador público, não observa a Constituição ao deixar de produzir a norma regulamentadora de suas disposições. A inconstitucionalidade por omissão pode ser sanada através da **ação direta de inconstitucionalidade por omissão (controle abstrato ou concentrado) e do mandado de injunção (controle difuso ou concreto).**

2.2 A incompatibilidade da norma inferior com a norma superior pode ser aferida:

A **Formalmente (inconstitucionalidade formal, conhecida como orgânica ou nomodinâmica):** verifica-se quando a norma inferior é produzida em desconformidade com o devido processo legislativo constitucional, em sentido amplo. Ex.: o art. 69, da CF/88, exige quórum de maioria absoluta aprovação de leis complementares. Se estas forem aprovadas por maioria simples, haverá inconstitucionalidade formal. A **inconstitucionalidade formal** ainda pode ser subdividida em:

A.1 **Inconstitucionalidade formal orgânica:** ocorre em virtude de inobservância da competência legislativa.

A.2 **Inconstitucionalidade formal propriamente dita:** decorre do descumprimento do devido processo legislativo. A inobservância, neste caso, pode ocorrer na **fase de iniciativa (vício formal subjetivo)** ou, ainda, nas **fases posteriores (vício formal objetivo). Lembre-se de que a sanção não convalida o vício de iniciativa.**

A.3 Inconstitucionalidade formal por inobservância de pressupostos objetivos: verifica-se quando o ato legislativo é aprovado sem observância de seus pressupostos constitucionais. O exemplo mais claro é o da medida provisória editada sem os requisitos da relevância e urgência.

B Materialmente (inconstitucionalidade material, conhecida como nomoestática): verifica-se quando a norma inferior viola o conteúdo da Constituição. Ex.: lei estadual que exige nascimento em Tocantins para prestar concurso público naquele Estado, ou lei que exclua do direito de herança filho havido fora do casamento. O conteúdo dessas normas é materialmente incompatível com a Constituição Federal, ainda que seja respeitado o devido processo legislativo.

C Inconstitucionalidade por vício de decoro parlamentar: merece destaque, neste ponto, a lição do Professor Pedro Lenza, segundo o qual é perfeitamente possível a **inconstitucionalidade por vício de decoro parlamentar** na ordem constitucional vigente, já que o art. 55, § 1º, da CF/88, dispõe que "é incompatível com o decoro parlamentar, além dos casos definidos no regimento interno, o abuso das prerrogativas asseguradas a membro do Congresso Nacional ou a percepção de vantagens indevidas" (LENZA, 2009, p. 165).

2.3 Em relação ao momento, a inconstitucionalidade pode ser:

A Originária: desde sua criação (promulgação e publicação), a norma é incompatível, formal ou materialmente, com a Constituição.

B Superveniente: quando criada (promulgação e publicação), a norma inferior está em conformidade com a norma superior. No entanto, em razão de circunstância superveniente (nova interpretação dada a dispositivo constitucional ou alteração formal da Constituição), a norma inferior torna-se incompatível com a norma superior.

É importante destacar que o STF firmou entendimento segundo o qual as normas infraconstitucionais anteriores à Constituição Federal e com ela incompatíveis são consideradas **revogadas (não recepcionadas).** Trata-se, portanto, de questão solucionada à luz do **direito intertemporal** e não do controle de constitucionalidade.

2.4 Em relação à extensão, pode ainda ser dividida a inconstitucionalidade em:

A Total: quando a declaração de inconstitucionalidade atinge a norma em toda a sua extensão. Exemplo: uma lei declarada inconstitucional por inobservância do *quorum* exigido. Neste caso, não há possibilidade de a declaração atingir apenas alguns dispositivos da norma impugnada, vez que integralmente inconstitucional.

B Parcial (com redução de texto): ocorre quando a declaração de inconstitucionalidade afeta apenas algum (ou alguns) artigo, parágrafo, inciso, alínea ou palavra da lei ou ato normativo impugnado. É perfeitamente possível ao Judiciário efetuar controle parcial de constitucionalidade, suprimindo, se o caso, palavras, artigos, alíneas ou incisos da norma impugnada. Não poderá, por evidente, subverter o sentido da norma, sob pena de atuar como legislador positivo. Acrescente-se, ainda, que, segundo a jurisprudência do STF, a declaração parcial de inconstitucionalidade com redução de texto apenas é viável no controle abstrato (concentrado) quando for possível presumir que os dispositivos não impugnados são independentes daqueles declarados inconstitucionais (artigo, inciso, alínea, palavra). Ainda sobre a **declaração parcial de inconstitucionalidade**, merecem destaque:

B.1 Declaração parcial de nulidade sem redução de texto: afasta-se a aplicação de um dispositivo a um grupo de pessoas ou situações.

B.2 Interpretação conforme a Constituição: afasta-se certa interpretação ou determina-se que seja dado sentido à norma em conformidade com a Constituição.

MUITA ATENÇÃO!

As técnicas da **interpretação conforme e declaração parcial de nulidade sem redução de texto** possuem eficácia "erga omnes" e, em regra, efeitos retroativos ou "ex tunc". A jurisprudência do Supremo as admite também no controle concreto ou difuso, neste caso, porém com efeitos "inter partes".

DICA IMPORTANTE

A leitura atenta da Lei 9.868/99 mostra-se imprescindível. Por exemplo: as técnicas da **interpretação conforme e declaração parcial de nulidade sem redução de texto** foram positivadas no âmbito do controle abstrato de constitucionalidade por esta Lei em seu art. 28, parágrafo único. Além disso, há outros dispositivos extremamente importantes que são cobrados com grande frequência nos exames da OAB, como, por exemplo, aqueles relativos à concessão de medida cautelar nas ações direta de inconstitucionalidade e declaratória de constitucionalidade (arts. 10, 12-F e 21, todos da Lei 9.868/99), conforme se verá adiante.

? **QUESTÃO:** É possível existirem normas constitucionais inconstitucionais?

➥ ***RESPOSTA:*** *Depende. As normas constitucionais originárias não podem ser consideradas inconstitucionais; aparente conflito entre essas normas deve ser resolvido com técnicas especiais de interpretação. Por outro lado, as normas constitucionais derivadas do poder constituinte reformador (emendas constitucionais) estão sujeitas ao controle de constitucionalidade.*

3. ESPÉCIES DE CONTROLE DE CONSTITUCIONALIDADE

3.1 Quanto ao momento em que é realizado, o controle de constitucionalidade pode ser:

A Preventivo: tem por objetivo evitar que a norma inferior, ainda inacabada (antes, portanto, da promulgação e publicação), ingresse no sistema jurídico, violando a Constituição. No Brasil, o controle preventivo de constitucionalidade pode ser realizado pelo:

A.1 Poder Legislativo: é realizado através de suas Comissões – art. 58, da CF/88 –, como, por exemplo, a Comissão de Constituição e Justiça.

A.2 Poder Executivo: faz-se através do veto do chefe do Poder Executivo. O veto pode ser **jurídico** (quando fundado na inconstitucionalidade da norma apreciada) ou **político** (quando a norma sob apreciação é contrária ao interesse público). É importante ressaltar que o veto pode ser derrubado pelo Congresso Nacional, na forma do art. 66, § 4º, da CF/88. Assim, o veto não é meio absolutamente eficaz de controle de constitucionalidade.

A.3 Poder Judiciário: segundo o STF, o parlamentar possui legitimidade para impetrar mandado segurança a fim de garantir o devido processo legislativo. Trata-se de verdadeiro controle preventivo de constitucionalidade. É realizado pelo Poder Judiciário, pois a ele cabe o julgamento do mandado de segurança impetrado. Essa espécie de controle é, sobretudo, formal, já que objetiva garantir o devido processo legislativo.

B Repressivo: objetiva retirar da ordem jurídica a norma violadora da Constituição. No Brasil, o controle repressivo é, em regra, **judicial ou jurisdicional** ("judicial review"), sendo, portanto, realizado pelo Poder Judiciário. No entanto, duas situações merecem destaque: **as leis delegadas e os atos normativos decorrentes do poder regulamentar** (art. 68, § 2º, e art. 84, IV, "in fine", c.c. art. 49, V, CF/88) e **as medidas provisórias** (art. 62, § 5º, da CF/88) que podem ser controlados pelo Poder Legislativo.

3.2 No Brasil, o **controle jurisdicional de constitucionalidade** pode ser:

A Difuso: também conhecido como aberto, "inter partes", concreto, **pela via da exceção ou defesa**, "incidenter tantum", indireto ou incidental. Tem sua origem nos Estados Unidos da América, em 1804, pelo juiz John Marshal, Presidente da Suprema Corte americana (ação Madison versus Marbury). Neste caso, o controle é realizado incidentalmente porque o objeto da ação é a satisfação de um direito individual ou coletivo e a ofensa do ato legislativo ou normativo ao Texto Constitucional é alegada como matéria de defesa (ou via exceção).

O **controle concreto ou incidental** produz efeitos "inter partes", não atingindo terceiros estranhos à relação processual. Em regra, opera reflexos "ex tunc", não produzindo vinculação a órgãos do Judiciário, Legislativo ou Executivo, nem às demais relações privadas. A jurisprudência do STF tem admitido também no controle concreto ou incidental a modulação dos efeitos de declaração de inconstitucionalidade (atribuição de efeitos "ex nunc" ou "pro futuro"). Assim, ao declarar a inconstitucionalidade, e pelo voto de dois terços dos ministros, pode o Supremo restringir os efeitos da decisão ou decidir que ela só tenha eficácia a partir de seu trânsito em julgado ou de outro momento que venha a ser fixado, preservando os atos já praticados pelos fiscais.

O controle concreto, difuso ou incidental tem por finalidade precípua a preservação de direito subjetivo, sendo a arguição de inconstitucionalidade sempre incidental.

B Concentrado: também conhecido como "em tese", fechado, **pela via da ação**, direto ou abstrato. Tem sua origem na Áustria, em 1920, pela inspiração de Hans Kelsen. Neste caso, a demanda proposta tem por objeto a própria declaração de inconstitucionalidade do ato legislativo ou normativo. Em nosso sistema, o controle concentrado realiza-se através das seguintes ações:

- **Ação direta de inconstitucionalidade (ADI) genérica;**
- **Ação direta de inconstitucionalidade por omissão;**
- **Ação direta de inconstitucionalidade interventiva;**
- **Ação direta declaratória de constitucionalidade (ADC);**
- **Arguição de descumprimento de preceito fundamental (ADPF).**

O **controle abstrato ou concentrado**, por sua vez, tem eficácia "erga omnes" porque atinge a lei ou ato normativo impugnado em tese. Ademais, o controle abstrato tem efeito vinculante, atingindo, assim, os demais órgãos do Judiciário e toda Administração Pública, em todas esferas da federação (limites subjetivos). Anteriormente, segundo o STF, somente o dispositivo da decisão era tido como vinculante, não abrangendo os fundamentos. Todavia, o entendimento atual é no sentido de que tanto o dispositivo quanto os fundamentos da decisão são vinculantes. **Trata-se da chamada teoria da transcendência dos motivos determinantes.**

O controle concentrado costuma ser chamado de **processo objetivo** porque visa à preservação da ordem constitucional objetiva, assegurando a supremacia da

Constituição; não tem como finalidade principal resguardar direitos subjetivos, mas sim assegurar a supremacia do Texto Constitucional.

É viável, no controle abstrato ou concentrado, a **modulação de efeitos**, impedindo, assim, a produção de efeitos "ex tunc". É possível, portanto, que sejam atribuídos efeitos "ex nunc" ou "pro futuro", por maioria de 2/3 do Tribunal, quando razões de segurança jurídica e de excepcional interesse social recomendarem a medida. É importante destacar que o Supremo admite a **modulação de efeitos** também no controle concreto ou incidental, embora não exista, neste caso, previsão legal.

? **QUESTÃO:** O que significa "efeito repristinatório"?

➥ ***RESPOSTA:*** *Ocorre quando a declaração de inconstitucionalidade de uma lei ou ato normativo conduzir à vigência de outra norma, anteriormente revogada por aquela. Exemplo: A lei A foi revogada expressamente pela lei B. Ocorre, porém, que a lei B foi objeto de ADI e, por consequência, acabou sendo declarada inconstitucional. Pois bem. Neste caso, a lei A, anteriormente revogada pela lei B, volta a ter vigência, já que a lei revogadora foi declarada inconstitucional. Eis o efeito repristinatório.*

4. CONTROLE DIFUSO OU INCIDENTAL DE CONSTITUCIONALIDADE

4.1 A quem compete o controle difuso ou incidental de constitucionalidade das leis ou atos normativos? Qualquer juiz ou tribunal brasileiro (desde que devidamente investido de jurisdição) tem competência para reconhecer a inconstitucionalidade de lei ou ato normativo no controle difuso ou incidental.

No caso dos Tribunais, no entanto, a declaração de inconstitucionalidade depende de manifestação da maioria absoluta de seus membros ou do seu órgão especial (art. 97, CF/88). Trata-se da chamada **cláusula de reserva de plenário,** segundo a qual a declaração de inconstitucionalidade só pode ser feita por voto da maioria absoluta do plenário ou do órgão especial (art. 97, da CF/88).

Assim, a Câmara de determinado Tribunal que, ao julgar recurso de apelação, afasta a incidência em concreto de determinada norma, mesmo sem declaração expressa de inconstitucionalidade, age ao arrepio da CF, que, segundo o seu art. 97, impõe a observância, nesta hipótese, da cláusula de reserva de plenário.

Importante registrar que, em conformidade com o art. 97 da CF, poderia a Câmara, ao analisar o recurso interposto, reconhecer, incidentalmente, a inconstitucionalidade da norma que concedia suporte ao direito pleiteado, **fundamentando-se em pronunciamentos anteriores do Órgão Especial do próprio Tribunal.** Contudo, ausentes pronunciamentos anteriores, a matéria deveria ser submetida ao Órgão Especial ou à maioria absoluta do plenário.

A propósito, o STF, visando garantir a observância da **cláusula de reserva de plenário,** editou **Súmula Vinculante nº 10**, segundo a qual "viola a cláusula de reserva de plenário (art. 97 da CF) a decisão de órgão fracionário de Tribunal que, embora não declare expressamente a inconstitucionalidade de lei ou ato normativo do Poder Público, afasta sua incidência, no todo ou em parte".

É importante destacar que o **Tribunal de Contas,** embora não disponha de jurisdição, também pode, no exercício de suas funções, apreciar a constitucionalidade de leis e atos do Poder Público. É neste sentido, a propósito, a redação da **súmula 347 do STF.**

4.2 Legitimidade: qualquer pessoa, física ou jurídica, e até mesmo entes despersonalizados têm legitimidade para discutir a constitucionalidade de uma lei ou ato normativo do sistema difuso.

É possível a manifestação *"amicus curiae"* no controle difuso de constitucionalidade, consideradas, sobretudo, a relevância da matéria e a representatividade dos postulantes.

Cumpre destacar que a inconstitucionalidade de lei ou ato normativo na via incidental ou difusa pode, inclusive, ser declarada de ofício pelo magistrado. Observem, ainda, que inexiste ação específica para a declaração de inconstitucionalidade no controle difuso. Significa dizer que a arguição incidental de inconstitucionalidade pode ser suscitada em processos de conhecimento, execução e cautelar.

4.3 Objeto: qualquer lei ou ato normativo federal, estadual ou municipal está sujeito ao controle difuso de constitucionalidade. Leis e atos normativos anteriores à Constituição também ficam sujeitos ao controle difuso. Suponha, ainda, que o STF, no exame de um caso concreto (controle difuso), tenha reconhecido a incompatibilidade entre uma lei em vigor desde 1987, por exemplo, e a Constituição de 1988. Nesse caso, é correto afirmar que após reiteradas decisões no mesmo sentido, o STF poderá inclusive editar súmula vinculante.

4.4 Efeitos da decisão: em regra, no sistema difuso, a decisão produz efeitos "inter partes" (limite subjetivo da coisa julgada) e "ex tunc" (processo subjetivo). Os demais órgãos do Poder Judiciário e da Administração Pública não ficam vinculados às decisões proferidas no controle difuso de constitucionalidade.

No **controle concreto ou incidental,** ao **Senado Federal** cabe suspender a eficácia de lei ou ato normativo declarado inconstitucional pelo STF (art. 52, X, da CF/88). O instrumento normativo usado pelo Senado

Federal para este fim é a **resolução.** Nesta hipótese, o STF comunica o Senado Federal sobre a declaração de inconstitucionalidade. O **Senado Federal** não está obrigado a suspender a lei ou ato normativo; sua atuação é político-discricionária. Essa suspensão visa dar efeitos "erga omnes" à decisão proferida no controle difuso ou incidental. A resolução do Senado Federal, segundo doutrina majoritária gera efeitos "ex nunc".

MUITA ATENÇÃO! Como vimos acima, no controle concreto (incidental, difuso) as decisões são dotadas de efeitos "inter partes" e, em regra, "ex tunc". O STF admite, por razões de segurança jurídica e excepcional interesse público, a modulação de efeitos ("ex nunc" ou "pro futuro"). A atribuição de efeitos "erga omnes" depende de atuação discricionária do Senado Federal, nos termos do art. 52, inc. X da CF.

? **QUESTÃO:** O Senado Federal pode suspender leis ou atos normativos estaduais?

➥ ***RESPOSTA:*** *Sim, a atuação prevista no art. 52, inciso X, da CF, aplica-se às leis e aos atos normativos de todas as esferas do poder (federal, municipal e estadual), participando o Senado Federal sempre.*

? **QUESTÃO:** E pode o Senado alterar os limites da lei ou ato normativo declarado inconstitucional pelo STF?

➥ ***RESPOSTA:*** *Não. A expressão "no todo ou em parte", contida no art. 52, X, da CF/88, é determinada na decisão judicial e, portanto, não cabe ao Senado definir os limites da suspensão.*

? **QUESTÃO:** É viável o controle concreto de constitucionalidade por meio da ação civil pública?

➥ ***RESPOSTA:*** *Há dois posicionamentos: 1. a ação civil pública não é instrumento hábil para o reconhecimento de inconstitucionalidade de lei ou ato normativo, sob o argumento de que haveria usurpação de competência, dada a natureza da ação civil pública; 2. a ação civil pública pode servir ao controle de constitucionalidade, desde que não tenha por objeto principal a própria declaração de inconstitucionalidade, ou seja, desde que o controle seja incidental. Este (2) é o posicionamento do STF. De qualquer modo, é importante destacar que a ação civil pública não pode ser utilizada como se fosse uma ação direta de inconstitucionalidade, sob pena, em última análise, de violação do texto constitucional (usurpação de competência).*

EM RESUMO: Controle Difuso de Constitucionalidade	
Competência	Qualquer juiz ou Tribunal
Efeitos	"inter partes" e "ex tunc"
Modulação de efeitos	Cabível, desde que por motivos de segurança jurídica ou fundada em interesse social.
Objeto	Lei ou ato normativo (federal, estadual e municipal), inclusive anteriores à Constituição (direito pré-constitucional).
Atuação do Senado Federal	Discricionária. Faz-se por resolução. A partir deste momento, à declaração de inconstitucionalidade são atribuídos efeitos "erga omnes" e "ex nunc".

5. CONTROLE ABSTRATO OU CONCENTRADO DE CONSTITUCIONALIDADE

Conforme destaquei acima, o controle abstrato de constitucionalidade tem por objetivo principal a manutenção da supremacia do Texto Constitucional. Trata-se de um processo objetivo, sem partes, no qual a declaração de constitucionalidade (ou de inconstitucionalidade) do ato normativo impugnado constitui o objeto litigioso principal, ao contrário, portanto, do que sucede no controle incidental ou concreto.

O controle abstrato de constitucionalidade tem causa de pedir aberta. Dessa forma, ao apreciar a inconstitucionalidade, não há vinculação aos motivos apresentados. O STF pode, por exemplo, reconhecer a inconstitucionalidade do ato impugnado por motivos alheios àqueles expostos na inicial.

Em nosso sistema, o controle concentrado ou abstrato realiza-se através das seguintes ações: **1. Ação direta de inconstitucionalidade (ADI) genérica; 2. Ação direta de inconstitucionalidade por omissão; 3. Ação direta de inconstitucionalidade interventiva; 4. Ação direta declaratória de constitucionalidade (ADCon); 5. Arguição de descumprimento de preceito fundamental (ADPF).** A fim de facilitar a compreensão desses importantes institutos, farei a seguir a apresentação de cada um deles, ressaltando os aspectos mais relevantes.

5.1 Ação Direta de Inconstitucionalidade (ADI)

A ação direta de inconstitucionalidade foi regulamentada pela **Lei 9.868/99.**

A ADI tem por objeto lei ou ato normativo federal ou estadual. Apenas as normas primárias podem ser objeto de ADI perante o STF. É preciso que a **norma abstrata** impugnada esteja em desconformidade **direta** com a CF. Se a desconformidade for indireta ou reflexa não cabe controle abstrato **por ADI.** Do mesmo modo, atos com efeitos concretos não estão sujeitos a controle de constitucionalidade por meio da ação direta de inconstitucionalidade.

Os decretos autônomos, vez que emanam diretamente da CF, podem ser impugnados por **ADI perante o STF (desde que, é claro, sejam exarados pelo Presidente da República, Governador Estadual ou Distrital).** Os decretos regulamentares, por outro lado, não podem ser objeto de ADI, já que, neste caso, eventual ofensa à CF seria reflexa ou indireta.

? **QUESTÃO:** Considere a seguinte situação hipotética: Decreto Legislativo do Congresso Nacional susta Ato Normativo do Presidente da República que exorbita dos limites da delegação legislativa concedida. Insatisfeito com tal Iniciativa do

Congresso Nacional e levando em consideração o sistema brasileiro de controle de constitucionalidade, o Presidente da República pode fazer? **(Exame Unificado – novembro/2017)**

➥ ***RESPOSTA:*** *Pode deflagrar o controle repressivo concentrado mediante uma Ação Direta de Inconstitucionalidade (ADI), uma vez que o decreto legislativo é ato normativo primário.*

É ainda importante destacar que os atos normativos pré-constitucionais, segundo o STF, podem ter sua constitucionalidade discutida através do **controle difuso e, no controle abstrato, por meio da ADPF. As normas pré-constitucionais não podem ser impugnadas por ADI.**

Fique atento: o Supremo Tribunal Federal não reconhece a chamada **inconstitucionalidade superveniente.** Normas anteriores à constituição, e com esta incompatíveis, são, simplesmente, revogadas (ou não recepcionadas), não podendo, portanto, ser objeto de ADI.

O **STF tem competência para julgar a ação direta de inconstitucionalidade** que tenha por objeto lei ou ato normativo federal ou estadual, pois a ele cabe, precipuamente, a guarda e tutela da Constituição Federal.

A **decisão** sobre a inconstitucionalidade da lei ou do ato normativo somente **será tomada** por, no mínimo, **seis Ministros (maioria absoluta)**, desde que presentes na sessão **pelo menos oito.**

MUITA ATENÇÃO!

Segundo o art. 125, § 2º, da CF/88, **os Tribunais de Justiça realizam controle concentrado de constitucionalidade no âmbito estadual**, tendo como objeto lei ou ato normativo estadual ou municipal e como parâmetro a Constituição do próprio Estado. Supondo que o bloco de comparação (norma, ou conjunto de normas, com base na qual se argui a inconstitucionalidade) seja norma de repetição obrigatória pelos Estados-membros (como, por exemplo, princípios básicos do processo legislativo, normas relativas aos Tribunais de Contas, requisitos para criação das Comissões Parlamentares de Inquérito) da decisão do Tribunal de Justiça cabe Recurso Extraordinário para o STF. Assim, o Supremo apreciará a norma impugnada em face da Constituição Federal (já que, em tese, violou norma de repetição obrigatória). **Observe que, neste caso, é possível que haja controle concentrado de lei ou ato normativo municipal em face da Constituição Federal.**

A ADI tem efeitos "erga omnes" (eficácia contra todos), vinculante, e, em regra, "ex tunc" (retroativos). Portanto, "na ação direta de inconstitucionalidade, as decisões do STF possuem força vinculante em relação aos demais tribunais e à administração pública federal, independentemente de a decisão ter sido sumulada". Vale frisar que os efeitos são vinculantes em relação a toda a Administração Pública (Federal, Estadual e Municipal), direta e indireta.

Agora, imagine a seguinte situação: "O Supremo Tribunal Federal (STF), em decisão definitiva de mérito proferida em sede de Ação Direta de Inconstitucionalidade, declarou inconstitucional determinada lei do Estado Alfa. Meses após a referida decisão, o Estado Sigma, após regular processo legislativo e sanção do Governador, promulga uma lei estadual com teor idêntico àquele da lei federal que fora declarada inconstitucional pelo STF." Neste caso, considerando que **a decisão proferida pelo STF não vincula o Poder Legislativo**, pode ser proposta nova ADI **(Exame Unificado 2018.3)**.

Da mesma forma, se, por exemplo, em julgamento de mérito, o STF declarou constitucional determinada norma que autoriza o uso de um agrotóxico, pode o Poder Legislativo, em sua função típica, legislar em sentido contrário, proibindo o uso desse mesmo agrotóxico. Isso, repito, ocorre porque o "**Poder Legislativo, em sua função típica de legislar, não fica vinculado às decisões definitivas de mérito proferidas pelo Supremo Tribunal Federal no controle de constitucionalidade**, de modo que o projeto de lei apresentado em data posterior ao julgamento poderá ser regularmente votado e, se aprovado, implicará a superação ou reação legislativa da jurisprudência" **(Exame Unificado 2019/3).**

Importante registrar que, ajuizada uma Ação Direta de Inconstitucionalidade (ADI) requerendo, por exemplo, expressamente que se declare inconstitucional o art. 2º da Lei X, o Supremo Tribunal Federal, no controle abstrato de constitucionalidade, não está adstrito ao pedido formulado na inicial, podendo, inclusive, fazer uma interpretação conforme a Constituição, a despeito de expresso requerimento pela declaração de invalidade da norma.

É possível a modulação de efeitos na ADI desde que presentes razões de segurança jurídica ou excepcional interesse público. A modulação de efeitos no controle de constitucionalidade (efeitos *ex nunc ou pro futuro)* está prevista na **Lei 9.868/99** e aplica-se ao controle concentrado de constitucionalidade, embora o STF a entenda cabível no controle difuso ou incidental, desde estejam presentes os pressupostos fixados no art. 27 da Lei citada, ou seja, razões de segurança jurídica ou excepcional interesse social.

São legitimados à propositura da ADI:

A Presidente da República;

B Mesa do Senado Federal;

C Mesa da Câmara dos Deputados;

D Mesa de Assembleia Legislativa ou a Mesa da Câmara Legislativa do Distrito Federal;

E Governador de Estado ou o Governador do Distrito Federal;

F Procurador-Geral da República;

G Conselho Federal da Ordem dos Advogados do Brasil;

H Partido político **com representação no Congresso Nacional**;

I Confederação sindical ou entidade de classe **de âmbito nacional**.

Sobre os legitimados à propositura da ADI, observe recente questão presente no **Exame Unificado 2019/2:** "O Estado Alfa promulgou, em 2018, a Lei Estadual X, concedendo unilateralmente isenção sobre o tributo incidente em operações relativas à circulação interestadual de mercadorias (ICMS) usadas como insumo pela indústria automobilística. O Estado Alfa, com isso, atraiu o interesse de diversas montadoras em ali se instalarem. A Lei Estadual X, no entanto, contraria norma da Constituição da República que dispõe caber a lei complementar regular a forma de concessão de incentivos, isenções e benefícios fiscais relativos ao ICMS, mediante deliberação dos Estados e do Distrito Federal. Em razão da Lei Estadual X, o Estado Beta, conhecido polo automobilístico, sofrerá drásticas perdas em razão da redução na arrecadação tributária, com a evasão de indústrias e fábricas para o Estado Alfa". Pergunto: Cabe ADI nesse caso? Tem o Governador do Estado Beta legitimidade para propor a ADI? Cabe ADI devido a ofensa direta à Constituição Federal promovida pela Lei Estadual X. O Governador do Estado Beta, por sua vez, é legitimado ativo para propor Ação Direta de Inconstitucionalidade em face da Lei Estadual X, a qual, mesmo sendo oriunda de ente federativo diverso, provoca evidentes reflexos na economia do seu Estado.

> MUITA ATENÇÃO!
>
> **As mesas das Assembleias e Câmara Legislativas, Governadores de Estados e do DF, confederação sindical ou entidade de classe de âmbito nacional (profissional) são legitimados especiais.** Assim, devem demonstrar a pertinência temática (interesse de agir). Só poderão, portanto, demandar em relação a determinadas matérias em que tenham interesse. Sendo legitimado especial, tem de demonstrar seu interesse na propositura da ação (pertinência temática).

? **QUESTÃO:** É viável a concessão de medida cautelar na ADI?

RESPOSTA: *Sim. A concessão de medida cautelar na ADI produz efeitos vinculantes e, em regra, "ex nunc" (o Tribunal pode conceder eficácia retroativa à medida cautelar) e será concedida por decisão da maioria absoluta dos membros do Tribunal (salvo no período de recesso), após a audiência dos órgãos ou autoridades dos quais emanou a lei ou ato normativo impugnado, que deverão pronunciar-se no prazo de cinco dias. Em caso de excepcional urgência, o Tribunal poderá deferir a medida cautelar sem a audiência dos órgãos ou das autoridades das quais emanou a lei ou o ato normativo impugnado.*

A concessão de medida cautelar na ADI tem efeito repristinatório em relação à legislação anterior, que ocorre quando a declaração de inconstitucionalidade de uma lei ou ato normativo conduz à vigência de outra norma, anteriormente revogada por aquela agora declarada inconstitucional, ainda que cautelarmente.

Caso os demais órgãos do Judiciário ou da Administração direta e indireta descumpram a suspensão determinada na medida cautelar, caberá **reclamação** diretamente ao STF.

Segundo o art. 8º da Lei 9868/99, o Advogado-Geral da União e o Procurador-Geral da República deverão se manifestar na ADI. Todavia, no julgamento **da ADI 1.616-4/PE, rel. Min. Maurício Corrêa, 24.05.2001,** o STF firmou entendimento segundo o qual o Advogado-Geral da União não está obrigado a defender tese jurídica se sobre ela o STF já houver se manifestado pela inconstitucionalidade. **Trata-se de mitigação da atuação do AGU.**

É importante destacar que **não se admite intervenção de terceiros na ADI** (denunciação à lide, chamamento ao processo, oposição, entre outros). Contudo, dada a relevância da matéria e a representatividade dos postulantes, **poderá ser admitido o denominado "amicus curiae".** Segundo o Supremo, o "amicus curiae" permite pluralizar o debate sobre a matéria controvertida.

A ação direta de inconstitucionalidade tem **natureza dúplice,** isto é, se procedente a ação, declara-se inconstitucional a lei ou ato normativo impugnado; por outro lado, se a ação for julgada improcedente, tem-se que a lei ou ato normativo impugnado é constitucional.

Por fim, é oportuno registrar que na Ação Direta de Inconstitucionalidade é possível o esclarecimento de matéria de fato, conforme previsto no art. 9º, § 1º, da Lei 9.868/1999 ("*Em caso de necessidade de esclarecimento de matéria ou circunstância de fato ou de notória insuficiência das informações existentes nos autos, poderá o relator requisitar informações adicionais, designar perito ou comissão de peritos para que emita parecer sobre a questão, ou fixar data para, em audiência pública, ouvir depoimentos de pessoas com experiência e autoridade na matéria*").

5.2 Ação declaratória de constitucionalidade (ADC)

A ação declaratória de constitucionalidade é muito semelhante à ação direta de inconstitucionalidade, ou seja:

A A competência é também do **Supremo Tribunal Federal**;

B Tem **natureza dúplice**, ou seja, se procedente, a lei ou ato normativo será declarado constitucional; se improcedente, será declarado inconstitucional;

C **Tem os mesmos efeitos** da ADI, ou seja, **"erga omnes"** (eficácia contra todos), vinculante, e **sempre "ex tunc"** (retroativos).

D São legitimados para propor ação direta de constitucionalidade os mesmos que têm legitimação para propor ação direta de inconstitucionalidade.

E A **decisão** sobre a constitucionalidade da lei ou do ato normativo somente **será tomada** por, no mínimo, **seis Ministros (maioria absoluta)**, desde que presentes na sessão **pelo menos oito.**

Por outro lado, merecem destaque as seguintes diferenças:

A Por evidente, a ADC tem objetivo oposto ao da ADI. Com ela busca-se declarar a constitucionalidade da lei ou ato normativo impugnado (ressalvado, conforme destaquei acima, a natureza dúplice da ação).

B **A ADC tem como pressuposto a existência de controvérsia judicial que coloque em risco a presunção de constitucionalidade da lei ou ato normativo.** Não se esqueça de que a lei ou ato normativo presume-se constitucional!

C O objeto da ação declaratória de constitucionalidade é mais restrito; **ela objetiva declarar a constitucionalidade apenas de lei ou ato normativo federal.** A propósito, "o governador do Estado Alfa propôs, perante o Supremo Tribunal Federal, Ação Declaratória de Constitucionalidade (ADC), com pedido de tutela cautelar de urgência, para ver confirmada a legitimidade jurídico-constitucional de dispositivos da Constituição estadual, isto em razão da recalcitrância de alguns órgãos jurisdicionais na sua observância. Foi requerida medida cautelar". Terá êxito na sua empreitada? Certamente, não, porque "a ADC não consubstancia a via adequada à análise da pretensão formulada, uma vez que a Constituição do Estado Alfa não pode ser objeto de controle em tal modalidade de ação abstrata de constitucionalidade" **(Exame Unificado 2022.1).**

D Na ADC **é desnecessária a manifestação do Advogado-Geral da União.** Exige-se apenas a manifestação do Procurador-Geral da República.

E **Os efeitos da ADC são sempre "ex tunc". Não é cabível a modulação de efeitos ("ex nunc" ou "pro futuro").** O raciocínio é simples: com a procedência da ação, apenas confirma-se a presunção já existente segundo a qual a lei ou ato normativo é constitucional, devendo, pois, produzir efeitos desde o momento em que ingressou no mundo jurídico.

Declarada a constitucionalidade de lei ou de ato normativo federal, em sede de ação declaratória de constitucionalidade, não se revela possível a realização de nova análise contestatória da matéria sob a alegação de que novos argumentos conduziriam a uma decisão pela inconstitucionalidade por dois motivos principais:

1) a ADC tem efeito dúplice;
2) a decisão de mérito proferida na ADC, assim como na ADI, é irrecorrível, ressalvada a interposição de embargos declaratórios, não podendo, igualmente, ser objeto de ação rescisória.

5.3 Ação direta de inconstitucionalidade por omissão

As omissões constitucionais podem ser sanadas por meio de dois instrumentos distintos: **a ação direta de inconstitucionalidade por omissão e o mandado de injunção.**

A **ADI por omissão integra o sistema concentrado ou abstrato de controle de constitucionalidade.** Pode ser proposta pelos mesmos legitimados à propositura da ADI genérica e o STF é competente para seu processamento e julgamento.

O **mandado de injunção**, por sua vez, serve à tutela do direito subjetivo em concreto, obstado em razão da falta de norma regulamentadora. **Tem cabimento diante norma constitucional de eficácia limitada, prescrevendo direitos, liberdades constitucionais e prerrogativas inerentes à nacionalidade, à soberania e à cidadania.**

A decisão de mérito na ADI por omissão tem caráter obrigatório e mandamental. Declarada a inconstitucionalidade por omissão de medida para tornar efetiva norma constitucional, será dada ciência ao Poder competente para a adoção das providências necessárias e, em se tratando de órgão administrativo, para fazê-lo em trinta dias, ou em prazo razoável a ser fixado excepcionalmente pelo Tribunal.

Não cabe ao STF editar a norma, com caráter genérico e abstrato, cuja omissão foi declarada, sob pena de atuar como legislador positivo, violando o primado da separação dos Poderes.

5.4 Arguição de descumprimento de preceito fundamental (ADPF)

A ADPF encontra-se regulamentada pela **Lei 9.882/99.**

Podem propor arguição de descumprimento de preceito fundamental **os mesmos legitimados para a ação direta de inconstitucionalidade genérica.**

A **competência** para o processo e julgamento é originária e exclusiva do **STF** (art. 102, § 1º da CF).

Há duas espécies de ADPF:

A **Autônoma ou direta**: presta-se a reparar ou evitar lesão a preceito fundamental decorrente de ato do Poder Público estadual, municipal ou federal – não precisa ser ato normativo, propriamente.

B **Por equiparação ou incidental:** quando for relevante o fundamento da controvérsia constitucional sobre lei ou ato normativo federal, estadual ou municipal. Os atos normativos pré-constitucionais também podem ter sua constitucionalidade discutida **por meio da ADPF.**

Observe o seguinte exemplo: "Numerosas decisões judiciais, contrariando portarias de órgãos ambientais e de comércio exterior, concederam autorização para que sociedades empresárias pudessem importar pneus usados. Diante disso, o Presidente da República ingressa com Arguição de Descumprimento de Preceito Fundamental (ADPF), sustentando que tais decisões judiciais autorizativas da importação de pneus usados teriam afrontado preceito fundamental, representado pelo direito à saúde e a um meio ambiente ecologicamente equilibrado." **É cabível a ADPF neste caso?** Sim, "a ADPF tem por objetivo evitar ou reparar lesão a preceito fundamental resultante de ato do Poder Público, ainda que de efeitos concretos ou singulares; logo, pode impugnar decisões judiciais que violem preceitos fundamentais da Constituição, desde que observada a subsidiariedade no seu uso" **(Exame Unificado 2019/1).**

Para Uadi Lammêgo Bulos, "**qualificam-se de fundamentais os grandes preceitos que informam o sistema constitucional, que estabelecem comandos basilares e imprescindíveis à defesa dos pilares da manifestação constituinte originária, a exemplo dos artigos 1º, 2º, 5º, inc. II, 37, 207, etc.**" (BULOS, 2000, p. 901).

A **decisão** que julgar procedente ou improcedente o pedido em arguição de descumprimento de preceito fundamental **é irrecorrível, não podendo ser objeto de ação rescisória.**

A ADPF sujeita-se ao princípio da **subsidiariedade.** Segundo ele, a ADPF só poderá ser ajuizada se não houver outros meios para reconhecer a inconstitucionalidade.

Não se admite intervenção de terceiros na ADPF, porém, o Supremo tem admitido a intervenção do **"amicus curiae".**

As decisões tomadas em sede de **ADPF têm efeitos "erga omnes", vinculantes e, em regra, "ex tunc".** Cabe **reclamação ao STF** quando for descumprida uma decisão tomada em arguição de descumprimento de preceito fundamental.

Contudo, as decisões de mérito na ADPF podem ter seus efeitos **modulados.** Significa dizer que, **tendo em vista razões de segurança jurídica ou de excepcional interesse social**, poderá o Supremo Tribunal Federal, por maioria de dois terços de seus membros, restringir os efeitos daquela declaração ou decidir que ela só tenha eficácia a partir de seu trânsito em julgado **(efeitos "ex nunc")** ou de outro momento que venha a ser fixado **(efeitos "pro futuro").**

A ADPF comporta a concessão de medida liminar. O STF, em regra, por decisão da maioria absoluta de seus membros, poderá deferir o pedido de medida liminar. Referida liminar poderá consistir na determinação de que juízes e tribunais suspendam o andamento de processo ou os efeitos de decisões judiciais, ou de qualquer outra medida que apresente relação com a matéria objeto da ADPF, salvo se decorrentes da coisa julgada.

FIQUE POR DENTRO:

"Inconstitucionalidade por arrastamento"

Segundo essa teoria, **adotada pelo STF**, há reconhecimento da inconstitucionalidade, independentemente de pedido, de norma não impugnada que seja dependente de norma declarada inconstitucional.

Para saber mais: cf. MENDES, Gilmar Ferreira; COELHO, Inocêncio Martires; BRANCO, Paulo Gustavo Gonet. Curso de Direito Constitucional. São Paulo: Saraiva.

	ADI genérica	ADC	ADPF
Objeto	Lei ou ato normativo federal ou estadual	Lei ou ato normativo federal, desde que haja controvérsia judicial que coloque em risco a presunção de constitucionalidade	Lesão a preceito fundamental ou controvérsia constitucional sobre lei ou ato normativo federal, estadual ou municipal, inclusive anterior à CF
Efeitos	"erga omnes", vinculantes e, em regra, "ex tunc"	"erga omnes", vinculantes e sempre "ex tunc"	"erga omnes", vinculantes e, em regra, "ex tunc"
Modulação dos efeitos	Sim, desde que presentes razões de segurança jurídica ou excepcional interesse público	Não	Sim, desde que presentes razões de segurança jurídica ou excepcional interesse público
Medida Cautelar	Sim	Sim	Sim
Competência	STF	STF	STF

Observações finais:

1) **Conforme destaquei acima, os Tribunais de Justiça podem realizar controle concentrado de constitucionalidade tendo como parâmetro a Constituição Estadual. Neste sentido, dispõe o art. 125, § 2º, da CF. Tendo em vista a importância da matéria, limitei-me, nos tópicos antecedentes, a tratar do controle de constitucionalidade concentrado ou abstrato realizado perante o STF, vez que nos Exames da OAB não são frequentes questões sobre controle concentrado estadual;**

2) **A ADI interventiva será apresentada no Capítulo "Defesa das Instituições Democráticas".**

CAPÍTULO VIII
DIREITOS POLÍTICOS

1. NOÇÕES

Os **direitos políticos** estão relacionados com a participação popular nos negócios políticos do Estado. Os **direitos políticos** conferem ao indivíduo o "status" de **cidadão.**

Os direitos políticos podem ser divididos em 2 grupos: **positivos** (que, por sua vez, podem ser subdivididos: **capacidade eleitoral ativa – direito de votar – e capacidade eleitoral passiva – direito ser votado)** e **negativos** (estão relacionados às causas de inelegibilidade).

CAPACIDADE ELEITORAL ATIVA	CAPACIDADE ELEITORAL PASSIVA
A capacidade eleitoral ativa representa o **direito de votar** que é adquirido a partir do **alistamento eleitoral**, desde que preenchidos os requisitos legais. O **alistamento eleitoral e o voto** são: **a) obrigatórios** para os maiores de dezoito anos; e **b) facultativos** para os analfabetos, os maiores de setenta anos e os maiores de dezesseis e menores de dezoito anos. **Não podem alistar-se** como eleitores os **estrangeiros** e, durante o período do serviço militar obrigatório, **os conscritos** (são os recrutados para o serviço militar obrigatório). **Apenas brasileiros são alistáveis.** Pode o voto tornar-se facultativo por meio de alteração do Texto Constitucional **(Exame Unificado de janeiro de 2018)? "Não há óbice para que venha a ser objeto de alteração por via de Emenda Constitucional, embora o voto obrigatório tenha estatura constitucional".** A **obrigatoriedade** do voto não é cláusula pétrea.	A capacidade eleitoral passiva representa o direito de ser votado **(elegibilidade). A elegibilidade é a regra e a inexigibilidade, a exceção.** **São condições de elegibilidade:** **1)** Nacionalidade brasileira; **2)** Pleno exercício dos direitos políticos; **3)** Alistamento eleitoral; **4)** Domicílio eleitoral na circunscrição; **5)** Filiação partidária; **6)** Idade mínima de: a) **trinta e cinco anos** para Presidente e Vice-Presidente da República e Senador; b) **trinta anos** para Governador e Vice-Governador de Estado e do Distrito Federal; c) **vinte e um anos** para Deputado Federal, Deputado Estadual ou Distrital, Prefeito, Vice-Prefeito e juiz de paz; d) **dezoito anos** para Vereador. Em razão da importância nos Exames da OAB, as causas de inelegibilidade serão estudadas em tópico próprio.

Além do direito de votar e de ser votado, os direitos políticos permitem ao cidadão participar de forma direta do processo legislativo, através da **iniciativa popular, do referendo e do plebiscito,** e, ainda, controlar a legalidade dos atos que causem, ou possam causar, danos ao patrimônio público, por meio da **ação popular,** na forma do art. 5º, inc. LXXIII, da CF.

Os **direitos políticos** são, portanto, expressão da **soberania popular.** Esta será exercida pelo sufrágio universal e pelo voto direto e secreto, com igual valor para todos.

> **MUITA ATENÇÃO!**
>
> **Sufrágio** é o direito público subjetivo, de natureza política, que tem a pessoa humana de participar ativa ou passivamente da organização do Estado. **Voto** é o exercício do direito de sufrágio. **Escrutínio** é a forma, o modo pelo qual o voto é exercido.
>
> A lei que alterar o processo eleitoral entrará em vigor na data de sua publicação, não se aplicando à eleição que ocorra até um ano da data de sua vigência **(Exame Unificado 2022.1)**.

? **QUESTÃO:** Quais são as diferenças entre plebiscito e referendo?

➥ ***RESPOSTA:*** *O referendo e o plebiscito decorrem do direito de sufrágio e são expressão da soberania popular, conforme destacado acima. O plebiscito tem caráter consultivo prévio, podendo se referir a uma medida administrativa ou lei em sentido estrito. A decisão do plebiscito poderá ser ou não vinculante ao legislador. O referendo não tem natureza consultiva, mas sim decisória acerca de certa medida legislativa ou administrativa já tomada pelo Poder Público. O referendo presta-se a dar vigência ou eficácia à norma. A autorização para realização de referendo e convocação para plebiscito é de competência exclusiva do Congresso Nacional (art. 49, XV, CF/88), mediante decreto legislativo.*

2. INELEGIBILIDADE

Conforme destaquei acima, a elegibilidade é a regra; a inelegibilidade é sempre excepcional. **Inelegível é aquele que,** por força de circunstâncias previstas na própria Constituição ou em lei complementar, **está impedido de ser votado.**

A inelegibilidade pode ser:

2.1 absoluta: são aqueles que não podem ser votados, estando, portanto, **impedidos de candidatar-se a qualquer cargo eletivo.** Os inalistáveis e os analfabetos são absolutamente inelegíveis.

2.2 relativa: são aqueles que apenas estão impedidos de se candidatar a determinado cargo eletivo (ou determinados cargos). As causas de inexigibilidade podem ser classificadas em:

1. Por motivo funcional	A EC 16/97, trouxe ao sistema constitucional nacional a possibilidade de reeleição para os cargos eletivos do Executivo (Presidente da República, Governador e Prefeito), **permitindo apenas uma vez para o período subsequente.** O art. 14, § 6º da CF/88 disciplina a denominada **"desincompatibilização-renúncia"**. Caso o ocupante de cargo de chefe do Executivo, deseje disputar qualquer vaga **diversa** daquela que ocupa, deverá **renunciar (seis meses antes do pleito)** ao respectivo mandato. Em contrário senso, **para disputar reeleição ao mesmo cargo**, não existe tal impedimento, podendo, se quiser, **licenciar-se** do cargo. Segundo o Supremo **(ADInMC 1.805-DF, rel. Min. Néri da Silveira, 26.03.1998)**, a desincompatibilização somente é exigida na candidatura a outros cargos. Nesta esteira, para a reeleição, os Chefes do Executivo não precisam renunciar 6 meses antes do pleito.
2. Reflexa ou indireta	Segundo a **inelegibilidade indireta ou reflexa,** são inelegíveis, no território de jurisdição do titular, o cônjuge e os parentes consanguíneos ou afins, até o segundo grau ou por adoção, do **Presidente da República, de Governador de Estado ou Território, do Distrito Federal, de Prefeito ou de quem os haja substituído dentro dos seis meses anteriores ao pleito.** Não se aplica essa causa de inelegibilidade se o cônjuge ou parente consanguíneo ou afim do Chefe do Poder Executivo já for titular de mandato eletivo e candidato à reeleição **(art. 14, §7º, da CF)**. Observe o seguinte exemplo: "José Maria, no ano de 2016, foi eleito para exercer o seu primeiro mandato como Prefeito da Cidade Delta, situada no Estado Alfa. Nesse mesmo ano, a filha mais jovem de José Maria, Janaína (22 anos), elegeu-se vereadora e já se organiza para um segundo mandato como vereadora. Rosária (26 anos), a outra filha de José Maria, animada com o sucesso da irmã mais nova e com a popularidade do pai, que pretende concorrer à reeleição, faz planos para ingressar na política, disputando uma das cadeiras da Assembleia Legislativa do Estado Alfa". Neste caso, "as candidaturas de Janaína, para reeleição ao cargo de vereadora, e de Rosária, para o cargo de deputada estadual, não encontram obstáculo no fato de José Maria ser prefeito de Delta." **(Exame Unificado 2020.1)**, uma vez que Janaína concorre à reeleição e Rosária concorre ao cargo de deputada estadual, território de jurisdição diferente do de seu pai. É importante destacar que **a "desincompatibilização-renúncia" do titular aproveita ao seu cônjuge e parentes** (consanguíneos e afins até 2º grau, inclusive por adoção), conforme já se manifestou o STF.
2. Reflexa ou indireta	Ainda sobre o tema, merece destaque o teor da Súmula Vinculante 18, segundo a qual "a dissolução da sociedade ou do vínculo conjugal, no curso do mandato, não afasta a inelegibilidade prevista no § 7º do artigo 14 da Constituição Federal".
3. Por motivo militar	Os militares conscritos são inalistáveis e, por consequência, inelegíveis. Por outro lado, **os militares não conscritos são alistáveis** e a elegibilidade, neste caso, obedece às seguintes regras: I. se contar menos de dez anos de serviço, deverá afastar-se da atividade; II. se contar mais de dez anos de serviço, será agregado pela autoridade superior e, se eleito, passará automaticamente, no ato da diplomação, para a inatividade. Trata-se, portanto, de causa relativa de inexigibilidade.
4. Legais	**Outros casos de inelegibilidade e os prazos de sua cessação poderão ser disciplinados por Lei complementar** com o objetivo de proteger a probidade administrativa, a moralidade para exercício de mandato considerada vida pregressa do candidato, e a normalidade e legitimidade das eleições contra a influência do poder econômico ou o abuso do exercício de função, cargo ou emprego na administração direta ou indireta.

3. PERDA E SUSPENSÃO DOS DIREITOS POLÍTICOS

A CF/88, em seu art. 15, elenca, de forma taxativa, as causas de perda ou suspensão de direitos políticos. **Cassação de direitos políticos** é ato autoritário e, expressamente, vedado pela atual CF. Apesar de proibir a cassação, o constituinte permitiu a perda e a suspensão de direitos políticos (art. 15, "caput", CF/88).

A **perda é a privação de direitos políticos de forma definitiva,** sem prazo estabelecido. São causas de perda dos direitos políticos: **cancelamento da naturalização por sentença transitada em julgado e a recusa de cumprir obrigação a todos imposta ou prestação alternativa, nos termos do art. 5º, VIII, da CF.**

A **suspensão**, por sua vez, compreende a privação de direitos políticos por decurso predeterminado. A suspensão, por evidente, pressupõe a existência anterior dos direitos políticos. Desse modo, **a incapacidade civil absoluta** (Código Civil, art. 3º), reconhecida por sentença (interdição), **é causa de suspensão dos direitos políticos** (art. 15, inc. II, CF). São, ainda, causas de suspensão dos direitos políticos: **a condenação criminal transitada em julgado, enquanto**

durarem seus efeitos e a improbidade administrativa, nos termos do art. 37, § 4º, da CF.

4. PARTIDOS POLÍTICOS

A liberdade de organização partidária não é absoluta, uma vez que devem ser respeitados os princípios e garantias fundamentais, bem como os seguintes preceitos: **caráter nacional, proibição de recebimento de recursos financeiros de entidade ou governo estrangeiros ou subordinados a estes, prestação de contas à Justiça Eleitoral, funcionamento parlamentar de acordo com a lei e vedação da utilização de organização paramilitar.**

Apesar da finalidade, os partidos políticos têm natureza jurídica de direito privado. São, portanto, **pessoas jurídicas de direito privado** e adquirem personalidade jurídica nos termos da lei civil (Lei 6.015/76 – Lei dos Registros Públicos). Após sua constituição, **o partido político deve formalizar-se através do registro de seu estatuto junto ao TSE.**

Como sujeitos de direitos, **os partidos políticos têm legitimidade para atuar em juízo**, e, se tiverem representação no Congresso Nacional, podem ajuizar mandado de segurança coletivo, nos termos dos **art. 5º, inciso LXX, da CF/88 c.c Lei 12016/2009, art. 21.**

É **assegurada aos partidos políticos autonomia para definir sua estrutura interna e estabelecer regras sobre escolha, formação e duração de seus órgãos permanentes e provisórios e sobre sua organização e funcionamento** e para adotar os critérios de escolha e o regime de suas coligações nas eleições majoritárias, vedada a sua celebração nas eleições proporcionais, sem obrigatoriedade de vinculação entre as candidaturas em âmbito nacional, estadual, distrital ou municipal, devendo seus estatutos estabelecer normas de disciplina e fidelidade partidária.

É oportuno destacar que somente terão direito a recursos do fundo partidário e acesso gratuito ao rádio e à televisão, na forma da lei, os partidos políticos que **alternativamente: 1)** obtiverem, nas eleições para a Câmara dos Deputados, no mínimo, 3% (três por cento) dos votos válidos, distribuídos em pelo menos um terço das unidades da Federação, com um mínimo de 2% (dois por cento) dos votos válidos em cada uma delas; **ou 2)** tiverem elegido pelo menos quinze Deputados Federais distribuídos em pelo menos um terço das unidades da Federação.

Os Deputados Federais, os Deputados Estaduais, os Deputados Distritais e os Vereadores que se desligarem do partido pelo qual tenham sido eleitos perderão o mandato, salvo nos casos de anuência do partido ou de outras hipóteses de justa causa estabelecidas em lei, não computada, em qualquer caso, a migração de partido para fins de distribuição de recursos do fundo partidário ou de outros fundos públicos e de acesso gratuito ao rádio e à televisão.

Recente alteração constitucional, **promovida pela EC 117/2022**, prevê que os partidos políticos devem aplicar no mínimo 5% (cinco por cento) dos recursos do fundo partidário na criação e na manutenção de **programas de promoção e difusão da participação política das mulheres**, de acordo com os interesses intrapartidários. Ainda segundo essa mesma EC, o montante do Fundo Especial de Financiamento de Campanha e da parcela do fundo partidário destinada a campanhas eleitorais, bem como o tempo de propaganda gratuita no rádio e na televisão a ser distribuído pelos partidos às respectivas candidatas, deverão ser de no mínimo 30% (trinta por cento), proporcional ao número de candidatas, e a distribuição deverá ser realizada conforme critérios definidos pelos respectivos órgãos de direção e pelas normas estatutárias, considerados a autonomia e o interesse partidário.

MUITA ATENÇÃO!

Segundo a EC 111/2021, serão realizadas concomitantemente às eleições municipais as consultas populares sobre questões locais aprovadas pelas Câmaras Municipais e encaminhadas à Justiça Eleitoral até 90 (noventa) dias antes da data das eleições, observados os limites operacionais relativos ao número de quesitos. As manifestações favoráveis e contrárias às questões submetidas às consultas populares ocorrerão durante as campanhas eleitorais, sem a utilização de propaganda gratuita no rádio e na televisão.

Registro, ainda, que as EC 111/2021 e 117/2022 preveem outras regras sobre o sistema eleitoral, inclusive de transição, a exemplo do disposto em seus artigos 2º e 3º, cuja leitura recomendo.

DICA IMPORTANTE

Os direitos políticos são muito explorados nos Exames da OAB, especialmente as denominadas "inelegibilidades" que, como vimos acima, são excepcionais. Recomendo-se, assim, a leitura atenta do art. 14 da CF. Além disso, cuidado com as pegadinhas sobre os "partidos políticos".

FIQUE POR DENTRO:

"Sistema proporcional"

No **sistema proporcional** será eleito o candidato do partido político com maior número de votos válidos. A relevância volta-se à legenda de filiação, ao contrário do sistema majoritário. Engloba os pleitos para deputados federais (art. 45 da CF/88) e estaduais (art. 27, § 1º, da CF/88), bem como para vereadores (art. 29, IV, da CF/88).

Para saber mais: cf. CUNHA JUNIOR, Dirley da. **Curso de Direito Constitucional**. Juspodivm.

EM RESUMO: DIREITOS POLÍTICOS	
Direitos Políticos	Participação do cidadão nos negócios políticos do Estado.
Espécies de direitos políticos	Direito de votar (capacidade eleitoral ativa) e direito de ser votado (capacidade eleitoral passiva). A iniciativa popular, o referendo, o plebiscito e a ação popular são também formas de manifestação dos direitos políticos.
Sufrágio	Direito público subjetivo, de natureza política, que tem a pessoa humana de participar ativa ou passivamente da organização do Estado.
Voto	Exercício do direito de sufrágio.
Escrutínio	Forma, o modo pelo qual o voto é exercido.
Inelegibilidade	Sempre excepcional e impede, de forma absoluta ou relativa, o gozo da capacidade eleitoral passiva. Espécies: absoluta e relativa. A inelegibilidade relativa pode decorrer de: motivo funcional, parentesco (reflexa ou indireta), motivo militar e, ainda, outras causas previstas em lei complementar.
Partidos Políticos	Pessoas jurídicas de direito privado que adquirem personalidade de acordo com as leis civis. Após a aquisição de personalidade, devem registrar seus estatutos no TSE.
Perda e suspensão dos direitos políticos	Cassação: é vedada em nosso ordenamento. Perda: privação dos direitos políticos de forma definitiva. Suspensão: privação temporária dos direitos políticos.

CAPÍTULO IX
NACIONALIDADE

1. NOÇÕES

O que se entende por nacionalidade? **Nacionalidade** pode ser definida como **o vínculo jurídico-político que liga um indivíduo a um Estado**. Os nacionais, ou seja, aqueles que mantêm vínculo jurídico-político com determinado Estado, integram o conceito de **povo.**

> MUITA ATENÇÃO!
>
> **Não confundir povo, população, nação, nacional e cidadão.**
>
> **Povo:** conjunto de pessoas vinculadas jurídica e politicamente com o Estado. O povo representa a dimensão pessoal do Estado.
>
> **População:** habitantes de determinado local; abrange os nacionais e estrangeiros. Trata-se, portanto, de conceito substancialmente numérico.
>
> **Nação:** pessoas ligadas por laços históricos, culturais, religiosos, linguísticos, entre outros. **Nacional:** aquele que mantém vínculo-jurídico político com determinado Estado. Cada Estado estabelece critérios para formação desse vínculo jurídico-político, conforme se verá adiante. **Cidadão:** trata-se do indivíduo no gozo de direitos políticos.

? **QUESTÃO:** O que se entende por nacionalidade primária e nacionalidade secundária?

➥ ***RESPOSTA:*** *Como o nome sugere, primária ou de origem é a nacionalidade adquirida por força do nascimento. Na aquisição da nacionalidade primária são usados dois critérios: jus soli e jus sanguinis. Pelo primeiro são nacionais os que nascem no território nacional. Pelo segundo, são nacionais os filhos dos seus nacionais, pouco importando onde nasçam, observados, evidentemente, certas condicionantes impostas por cada país. A nacionalidade secundária é também conhecida como derivada e é fruto de uma manifestação de vontade (naturalização).*

2. BRASILEIROS NATOS E NATURALIZADOS: DIFERENCIAÇÕES IMPORTANTES

A Conforme destaquei acima, a aquisição da **nacionalidade primária** pode decorrer de dois critérios distintos: ***jus soli e jus sanguinis.*** Contudo, a estes critérios são acrescidos outros requisitos.

Vejamos.

BRASILEIROS NATOS	CRITÉRIO
Nascidos na República Federativa do Brasil, ainda que de pais estrangeiros, **desde que estes não estejam a serviço de seu país.**	***Jus Soli.*** Contudo, a Constituição Federal ressalva que não será nato aquele nascido no país, desde que seus pais (ao menos um deles) estejam a serviço de seu país (**requisito funcional**). **E se os pais estiverem a serviço, por exemplo, de uma empresa privada!?** O filho nascido em território brasileiro será nato. A exceção aplica-se àqueles que estiverem a serviço do seu país.
Nascidos no estrangeiro, de pai brasileiro ou mãe brasileira, **desde que qualquer deles esteja a serviço da República Federativa do Brasil.**	***Jus sanguinis.*** Porém, deve ser observado também o **requisito funcional,** pois será brasileiro nato apenas se seus pais (ou qualquer deles) estiverem a serviço da República Federativa do Brasil. **E o que significa estar a "serviço da República Federativa do Brasil"?** Significa estar a serviço de qualquer ente da Administração Direta ou Indireta.
Nascidos no estrangeiro de pai brasileiro ou de mãe brasileira, desde que sejam registrados em repartição brasileira competente ou venham a residir na República Federativa do Brasil e **optem, em qualquer tempo, depois de atingida a maioridade, pela nacionalidade brasileira.**	***Jus sanguinis.*** Esta forma primária de aquisição da nacionalidade é anômala. Predomina o critério ***jus sanguinis***. Porém, a este critério **soma-se uma manifestação de vontade**, que deve ser externada, se o caso, após atingida a maioridade.

B A **nacionalidade secundária**, ou derivada, decorre de uma manifestação de vontade e sempre depende do requerimento do interessado. Ainda que estejam preenchidos os requisitos legais, se não houver requerimento do interessado não há que se falar em naturalização. Significa dizer que **não existe, no nosso ordenamento jurídico, a chamada naturalização tácita.**

Segundo a Constituição Federal de 1988, **são brasileiros naturalizados:**

1) Os que, na forma da lei, adquiram a nacionalidade brasileira, exigidas aos originários de países de língua portuguesa apenas residência por um ano ininterrupto e idoneidade moral.

Cuida-se, neste caso, da chamada **naturalização ordinária**.

2) Os estrangeiros de qualquer nacionalidade, residentes na República Federativa do Brasil há mais de quinze anos ininterruptos e sem condenação penal, desde que requeiram a nacionalidade brasileira. Cuida-se aqui da chamada **naturalização extraordinária.**

A Constituição Federal **veda distinções entre brasileiros natos e naturalizados**. Contudo, ela própria apresenta algumas exceções a esta regra a fim de assegurar a soberania nacional. Vejamos as situações mais relevantes:

São privativos de brasileiros natos os cargos de:

- Presidente e Vice-Presidente da República;
- Presidente da Câmara dos Deputados;
- Presidente do Senado Federal;
- Ministro do Supremo Tribunal Federal;
- Carreira diplomática;
- Oficial das Forças Armadas;
- Ministro de Estado da Defesa.

DICA IMPORTANTE

Nos exames da OAB, são muito frequentes questões sobre o tema "cargos privativos de brasileiros natos". Observe, a propósito, a seguinte questão presente em **Exame Unificado:** "Afonso, nascido em Portugal e filho de pais portugueses, mudou-se para o Brasil ao completar 25 anos, com a intenção de advogar no estado da Bahia, local onde moram seus avós paternos. Após cumprir todos os requisitos exigidos e ser regularmente inscrito nos quadros da OAB local, Afonso permanece, por 13 (treze) anos ininterruptos, laborando e residindo em Salvador. Com base na hipótese narrada, sobre os direitos políticos e de nacionalidade de Afonso, assinale a afirmativa correta". Neste caso, o examinador explorou dois temas: a naturalização dos portugueses residentes no país (art. 12, II, a, da CF/88) e o exercício de cargo político não privativo de brasileiro nato (art. 12, §3º, da CF/88).

O brasileiro nato não pode ser extraditado.

O brasileiro naturalizado, por sua vez, pode ser extraditado nas seguintes hipóteses: **prática de crime comum cometido antes da naturalização ou envolvimento com tráfico de entorpecentes a qualquer tempo**.

Há duas espécies de extradição:

A Ativa: é requerida pelo Brasil a um Estado estrangeiro;

B Passiva: é requerida por um país estrangeiro ao Brasil (art. 5º, LI, CF/88).

Na extradição passiva (crime cometido fora do território nacional) é possível identificar três situações distintas: 1. O estrangeiro comete o crime e foge para o Brasil (o pedido será processado e analisado pelo STF – art. 102, I, "g", CF/88). A extradição não ocorrerá se reconhecido o cometimento de crime político ou de opinião (art. 5º, LII, CF/88). 2. Brasileiro naturalizado que comete crime e foge para o Brasil (só será possível nos casos do art. 5º, LI, CF/88 – delito cometido antes da naturalização ou tráfico ilícito de drogas); 3. Brasileiro nato que comete o crime e foge para o Brasil (não será possível a extradição em nenhuma hipótese).

3. PERDA DA NACIONALIDADE E OUTRAS QUESTÕES RELEVANTES

A Constituição Federal de 1988 disciplina duas hipóteses de perda da nacionalidade. São elas: **(1) o cancelamento da naturalização, por sentença judicial, em virtude de atividade nociva ao interesse nacional; e (2) aquisição de outra nacionalidade** (neste último caso, há exceções).

Cuidado: apenas o brasileiro naturalizado poderá ter sua naturalização cancelada em razão da prática de atividade nociva ao interesse nacional. **Essa hipótese não se aplica ao brasileiro nato.** Por outro lado, a perda em virtude da aquisição de outra nacionalidade aplica-se tanto a brasileiros natos quanto naturalizados.

Em regra, a aquisição, **pelo brasileiro nato ou naturalizado,** de outra nacionalidade acarreta a perda da nacionalidade originária. No entanto, há **exceções.** São elas: **o reconhecimento da nacionalidade originária pela lei estrangeira.** Se a lei estrangeira reconhecer a nacionalidade originária não haverá perda já que poderão coexistir; **caso a lei estrangeira imponha ao brasileiro a naturalização como condição de permanência ou para o exercício dos direitos civis.** Neste caso, a manutenção da nacionalidade originária é condição imposta pela lei estrangeira para que o brasileiro possa permanecer no Estado estrangeiro e exercer os direitos civis.

FIQUE POR DENTRO:

"Brasileiros natos e naturalizados: direitos e garantias fundamentais"

Conforme destaquei acima, a CF veda distinções entre brasileiros natos e naturalizados, salvo aquelas expressamente reconhecidas pelo próprio constituinte. **O STF firmou entendimento segundo o qual os direitos e garantias assegurados no art. 5º da CF são extensíveis aos estrangeiros não residentes no país** (que estejam, por exemplo, a turismo no país).

"Lei de Migração"

Embora extrapole os limites desse capítulo, é importante deixar registrado que a Lei 13.445 de 24 de maio de 2017, conhecida como Lei de Migração, dispõe sobre os direitos e os deveres do migrante e do visitante, regula a sua entrada e estada no País e estabelece princípios e diretrizes para as políticas públicas para o emigrante.

Para saber mais: cf. MASSON, Nathália. **Manual de Direito Constitucional.** Juspodivm.

EM RESUMO: NACIONALIDADE	
Definição	Vínculo jurídico-político que liga um indivíduo a determinado Estado.
Espécies	Originária: adquirida por força do nascimento; Derivada: fruto de uma manifestação de vontade.
Critérios para aquisição da nacionalidade originária	*Jus soli e jus sanguini.* A estes critérios podem ser acrescidos outros requisitos.
Brasileiros Natos	Nascidos na Republica Federativa do Brasil, ainda que de pais estrangeiros, **desde que estes não estejam a serviço de seu país.**
	Nascidos no estrangeiro, de pai brasileiro ou mãe brasileira, **desde que qualquer deles esteja a serviço da República Federativa do Brasil.**
	Nascidos no estrangeiro de pai brasileiro ou de mãe brasileira, desde que sejam registrados em repartição brasileira competente ou venham a residir na República Federativa do Brasil e **optem, em qualquer tempo, depois de atingida a maioridade, pela nacionalidade brasileira.**
Brasileiros Naturalizados	Os que, na forma da lei, adquiram a nacionalidade brasileira, exigidas aos originários de países de língua portuguesa apenas residência por um ano ininterrupto e idoneidade moral.
	Os estrangeiros de qualquer nacionalidade, residentes na República Federativa do Brasil há mais de quinze anos ininterruptos e sem condenação penal, desde que requeiram a nacionalidade brasileira.
Quase nacionalidade?	Aos **portugueses com residência permanente no País**, se houver reciprocidade, **serão atribuídos os direitos inerentes ao brasileiro naturalizado.**
Perda da nacionalidade	**1. o cancelamento da naturalização, por sentença judicial, em virtude de atividade nociva ao interesse nacional** (apenas se aplica ao brasileiro naturalizado)**; e** **2. aquisição de outra nacionalidade** (neste caso, há exceções).
Tratamento	**A regra é a igualdade entre brasileiros natos e naturalizados.** Contudo, por questões de soberania, a própria Constituição Federal excepciona esta regra, limitando o exercício de alguns direitos por brasileiros naturalizados.

CAPÍTULO X

DEFESA DAS INSTITUIÇÕES DEMOCRÁTICAS

1. NOÇÕES

Em situações de normalidade, a regra é a **autonomia entre os Entes Federados.** Contudo, há situações excepcionais que podem colocar em risco as instituições democráticas. Diante dessas situações de anormalidade, surgem **a intervenção, o estado de sítio e o estado de defesa**. Ao lado desses institutos de exceção, as **Forças Armadas** estão incumbidas da defesa da Pátria e dos poderes constitucionais. É o que veremos a seguir.

2. INTERVENÇÃO FEDERAL

A **intervenção** é uma exceção ao pacto federativo. Os motivos para ensejá-la são chamados de pressupostos de fundo da intervenção e encontram-se previstos exaustivamente na Constituição Federal (art. 34 da CF).

A intervenção federal, ou seja, realizada pela União nos Estados e Distrito Federal, tem lugar para:

A manter a integridade nacional;

B repelir invasão estrangeira ou de uma unidade da Federação em outra;

C pôr termo a grave comprometimento da ordem pública;

D garantir o livre exercício de qualquer dos Poderes nas unidades da Federação;

E reorganizar as finanças da unidade da Federação que suspender o pagamento da dívida fundada por mais de dois anos consecutivos, salvo motivo de força maior ou deixar de entregar aos Municípios receitas tributárias fixadas nesta Constituição, dentro dos prazos estabelecidos em lei;

F prover a execução de lei federal, ordem ou decisão judicial;

G assegurar a observância dos seguintes princípios constitucionais: forma republicana, sistema representativo e regime democrático; direitos da pessoa humana; autonomia municipal; prestação de contas da administração pública, direta e indireta e aplicação do mínimo exigido da receita resultante de impostos estaduais, compreendida a proveniente de transferências, na manutenção e desenvolvimento do ensino e nas ações e serviços públicos de saúde.

2.1 Modalidades de intervenção federal

A intervenção federal será decretada pelo Presidente da República. Todavia, dependendo do fundamento, a **intervenção pode ser:**

A **Espontânea**: depende da discricionariedade do Presidente da República. Tem lugar nas hipóteses previstas nos itens A, B, C e E do quadro acima (art. 34, incisos I, II, III e V, da CF). **Não se trata**, portanto, **de modalidade vinculada de intervenção, cabendo ao Chefe do Poder Executivo avaliar a conveniência da medida.** No decreto interventivo, o Chefe do Poder Executivo determina o prazo, a amplitude (poderes atingidos), as condições de execução e a nomeação de interventor (se for o caso).

B **Por solicitação:** o Poder coacto solicita a intervenção ao Presidente da República, seguindo o mesmo rito da intervenção espontânea. Nessas hipóteses, **o Presidente da República também tem discricionariedade para decidir ou não pela intervenção.** Tem lugar quando a coação recair sobre os Poderes Executivo ou Legislativo (item D do quadro acima e art. 34, inciso IV, da CF);

C **Por requisição:** nesta hipótese, o Poder coacto é o Poder Judiciário. Neste caso, compete ao STF requisitar a decretação de intervenção ao Presidente da República (art. 34, inciso IV, e 36, inciso I, parte final, ambos da CF).

A intervenção por requisição é vinculada, ou seja, não se trata de discricionariedade do Chefe do Poder Executivo, pois se houver requisição do Supremo, deve o Presidente da República decretar a intervenção.

D **Por descumprimento de ordem ou decisão judicial** (art. 34, inciso VI, e art. 36, inciso II, ambos da CF): não é qualquer descumprimento que enseja a intervenção; somente aquele voluntário e inescusável dará motivo à intervenção. **Trata-se, também, de intervenção**

vinculada e dependerá de requisição do STF, STJ ou TSE, dependendo da matéria.

Observe o seguinte exemplo extraído de questão presente no **Exame Unificado da OAB**: **"Determinado Governador de Estado, inconformado com decisões proferidas pelo Poder Judiciário local, que determinaram o fechamento de diversos estabelecimentos comprovadamente envolvidos com ilícitos, decidiu que os órgãos estaduais a ele subordinados não cumpririam as decisões judiciais. Alegou que os negócios desenvolvidos nesses estabelecimentos, mesmo sendo ilícitos, geravam empregos e aumentavam a arrecadação do Estado, e que o não cumprimento das ordens emanadas do Poder Judiciário se justificava em razão da repercussão econômica que o seu cumprimento teria".** Neste caso, havendo descumprimento voluntário e inescusável da decisão judicial, o Presidente da República, após a requisição do Supremo Tribunal Federal, decretará a intervenção federal, dispensado, o controle pelo Congresso Nacional. Nesta situação, é dispensada a apreciação pelo Congresso Nacional, sendo que o decreto do Presidente da República limitar-se-á a suspender a execução do ato impugnado, se essa medida bastar ao restabelecimento da normalidade **(art. 36, § 3º, da CF/1988)**.

E **Por recusa de lei federal**: a competência para requisição é do STF (EC 45/04). O rito tem uma fase judicial, em que o PGR ajuíza ação de executoriedade de lei federal **(representação interventiva)** perante o Supremo (art. 34, inciso VI, e art. 36, inciso III, ambos da CF). **É intervenção vinculada.**

F **Por violação de princípios sensíveis** (art. 34, inciso VII, e art. 36, inciso III, ambos da CF): essa modalidade de intervenção federal depende de provimento, pelo STF, de representação do Procurador-Geral da República. Cuida-se da chamada **ADI interventiva.**

Observe que a ADI interventiva tem por finalidade declarar a inconstitucionalidade de lei ou ato normativo estadual que contrarie **princípios sensíveis da CF** (forma republicana, sistema representativo e regime democrático; direitos da pessoa humana; autonomia municipal e prestação de contas da administração pública, direta e indireta; aplicação do mínimo exigido da receita resultante de impostos estaduais, compreendida a proveniente de transferências, na manutenção e desenvolvimento do ensino e nas ações e serviços públicos de saúde).

O único **legitimado** à propositura da ADI interventiva é o **PGR** e a **competência** para processamento e julgamento é do **STF.**

Se procedente a ação, o STF requisitará ao Chefe do Poder Executivo que decrete a intervenção. O Presidente da República, inicialmente e através de decreto, suspenderá a execução do ato impugnado, se essa medida bastar ao restabelecimento da normalidade. Apenas depois, se a suspensão do ato impugnado se mostrar insuficiente, decretará a intervenção com a nomeação de interventor a afastamento das autoridades locais.

FIQUE POR DENTRO:

"A Lei 12.562/11 e a regulamentação procedimental da ADI interventiva".

O processo e julgamento da representação interventiva perante o STF passaram a ser regulamentados pela Lei 12.562/2011. Esta lei disciplina, dentre outros, a legitimidade para propositura da ação ou representação, requisitos da petição inicial, concessão de medida liminar e quórum de deliberação.

DICA IMPORTANTE

É fundamental conhecer cada uma das modalidades de intervenção e, em especial, ficar atento à atuação do Presidente da República, que, como vimos acima, poderá ser discricionária ou vinculada. **A leitura dos artigos 34 e 36 da CF mostra-se indispensável.**

2.2 Decretação e controle da Intervenção Federal

A **competência** para decretação da intervenção **é privativa do Presidente da República** (art. 84, inc. X, da CF). O Presidente da República ouvirá o Conselho da República e o Conselho de Defesa Nacional, mas seus pareceres não são vinculantes.

Conforme destaquei acima, o Presidente da República poderá decretar a intervenção: **de ofício, por solicitação ou por requisição.** Por vezes, terá discricionariedade para avaliar a conveniência da medida; em outras hipóteses, terá de decretar a intervenção, pois sua atuação será vinculada.

É através de um **decreto** que a intervenção se materializa. No decreto de intervenção deverá ser especificada a amplitude, o prazo e as condições de execução da intervenção e, se o caso, a nomeação de interventor.

Decretada a intervenção, a situação deve ser submetida ao CN em até 24 horas, que realizará controle político, podendo rejeitá-la ou ratificá-la.

MUITA ATENÇÃO!

Há casos, porém, em que o controle político do CN é mitigado. Quando o decreto presidencial apenas suspender a execução do ato impugnado não haverá apreciação do CN. É neste sentido o disposto no **art. 36, §3º, da CF/88**, segundo o qual **"nos casos do art. 34, VI e VII, ou do art. 35, IV, dispensada a apreciação pelo Congresso Nacional ou pela Assembleia Legislativa, o decreto limitar-se-á a suspender a execução do ato impugnado, se essa medida bastar ao restabelecimento da normalidade".**

2.3 Intervenção Estadual

A intervenção estadual compreende aquela realizada pelos Estados em Municípios e pela União em Municípios localizados Territórios Federais e tem lugar quando	**(1)** deixar de ser paga, sem motivo de força maior, por dois anos consecutivos, a dívida fundada;
	(2) não forem prestadas contas devidas, na forma da lei;
	(3) não tiver sido aplicado o mínimo exigido da receita municipal na manutenção e desenvolvimento do ensino e nas ações e serviços públicos de saúde;
	(4) o Tribunal de Justiça der provimento a representação para assegurar a observância de princípios indicados na Constituição Estadual, ou para prover a execução de lei, de ordem ou de decisão judicial.

A competência para decretação da intervenção é do Chefe do Poder Executivo **(Governador ou Presidente da República, dependendo do caso).**

As mesmas regras relativas à intervenção federal (decreto do Chefe do Executivo, controle político pelo Legislativo, temporalidade etc.) aplicam-se à intervenção estadual, por simetria.

Observe que, na hipótese de intervenção prevista no inciso IV do art. 35, da CF, a decretação da intervenção dependerá de provimento pelo Tribunal de Justiça, de representação interventiva do Procurador-Geral de Justiça (Chefe do Ministério Público do estado), e, nos termos do art. 36, § 3º, da CF, será dispensada a apreciação pela Assembleia Legislativa.

A intervenção estadual também se materializa através de **decreto,** que especificará a amplitude, o prazo e as condições de execução e, se o caso, nomeará o interventor.

Assim **como o CN, o Poder Legislativo Estadual apreciará o decreto interventivo, em até 24 horas, realizando, assim, verdadeiro controle político repressivo.** Contudo, a atuação do Legislativo local é mitigada, como acontece com o CN, quando o decreto se limitar a suspender a execução do ato impugnado **(art. 36, §3º, da CF/88).**

Sobre o tema, observe questão presente no **Exame Unificado 2021.2:** "O Município Alfa, situado no Estado Beta, negou-se a apresentar contas anuais de numerosos exercícios ao Tribunal de Contas do referido Estado. Convencido de não se tratar de meros equívocos, mas sim de tentativa de dissimular uma série de irregularidades administrativas, o Governador do Estado Beta encaminhou a questão à Procuradoria do Estado, a fim de saber se a situação ensejaria uma intervenção". Nesta situação, pode-se afirmar que o caso "enseja a intervenção estadual por decreto do próprio Governador de Beta, sendo o referido ato necessariamente dirigido, posteriormente, à Assembleia Legislativa de Beta, para que realize o devido controle político".

3. ESTADO DE DEFESA

O **estado de defesa** é uma situação em que se organizam medidas destinadas a conter ameaças à ordem pública ou à paz social. Trata-se de um **instituto de exceção** que tem lugar para "**preservar ou prontamente restabelecer, em locais restritos e determinados, a ordem pública ou a paz social ameaçadas por grave e iminente instabilidade institucional ou atingidas por calamidades de grandes proporções na natureza" (Exame Unificado 2019/3).**

A competência para decretar o estado de defesa é do Presidente da República. O Conselho da República e o Conselho de Defesa Nacional serão ouvidos, porém, seus pareceres não são vinculantes.

A propósito, observe a seguinte situação: "a zona oeste do Estado Delta foi atingida por chuvas de grande intensidade por duas semanas, levando os especialistas a classificar tal situação como de calamidade de grandes proporções na natureza, em virtude dos estragos observados. O governador de Delta, ao decidir pela decretação do estado de defesa, convoca os procuradores do Estado para que estes se manifestem acerca da constitucionalidade da medida". É constitucional a medida adotada pelo governador? Não, já que a decretação do estado de defesa "**é competência indelegável do Presidente da República, não sendo constitucionalmente prevista sua extensão aos chefes do poder executivo estadual" (Exame Unificado 2022.1).**

Decretado o estado de defesa ou sua prorrogação, o Presidente da República, **dentro de vinte e quatro horas**, submeterá o ato com a respectiva justificação ao Congresso Nacional, que decidirá por maioria absoluta.

O **decreto** que instituir o estado de defesa **determinará o tempo de sua duração,** especificará as áreas a serem abrangidas e indicará, nos termos e limites da lei, as medidas coercitivas a vigorarem.

? **QUESTÃO:** Qual é o prazo de duração do estado de defesa"?

➥ ***RESPOSTA:*** *O tempo de duração do estado de defesa não será superior a trinta dias, podendo ser prorrogado uma vez, por igual período, se persistirem as razões que justificaram a sua decretação. Se mesmo após a prorrogação, persistir o estado de anormalidade, é possível a decretação do estado de sítio, desde que observadas as exigências formais.*

Durante o estado de defesa, sofrem **restrições** (e não supressão) os seguintes direitos e garantias:

A reunião, ainda que exercida no seio das associações;

B sigilo de correspondência;

C sigilo de comunicação telegráfica e telefônica.

Além dessas restrições, **pode haver outra medida coercitiva,** consistente na ocupação e uso temporário de bens e serviços públicos, na hipótese de calamidade pública, respondendo a União pelos danos e custos decorrentes **(Exame Unificado 2019/3)**.

Na vigência do estado de defesa	
	(1) a prisão por crime contra o Estado, determinada pelo executor da medida, será por este comunicada imediatamente ao juiz competente, que a relaxará, se não for legal, facultado ao preso requerer exame de corpo de delito à autoridade policial;
	(2) a comunicação será acompanhada de declaração, pela autoridade, do estado físico e mental do detido no momento de sua autuação;
	(3) a prisão ou detenção de qualquer pessoa não poderá ser superior a dez dias, salvo quando autorizada pelo Poder Judiciário;
	(4) é vedada a incomunicabilidade do preso.

Com a cessação do estado de defesa, cessarão também seus efeitos, **sem prejuízo da responsabilidade pelos ilícitos cometidos por seus executores ou agentes.**

4. ESTADO DE SÍTIO

O **estado de sítio** tem lugar diante de situações críticas. As hipóteses estão previstas em rol exaustivo no art. 137, "caput", da CF. Seus pressupostos alternativos são: **1. Comoção grave de repercussão nacional ou Ineficácia do estado de defesa; 2. Declaração de estado de guerra ou resposta a agressão armada.**

Observe que no estado de sítio, cabe ao Presidente da República, ouvidos os Conselhos da República e de Defesa Nacional, **solicitar ao CN autorização para decretá-lo.** No estado de defesa, a oitiva do Congresso Nacional é posterior à sua decretação. Por sua vez, no estado de sítio, o Congresso Nacional deve ser ouvido previamente à decretação. Aprovada a autorização pelo CN, por maioria absoluta, o Presidente da República decretará o estado de sítio **(Exame Unificado 2021.1)**.

Aprovada a autorização pelo CN, por maioria absoluta, o Presidente da República decretará o estado de sítio.

? QUESTÃO: Qual é o prazo de duração do estado de sítio"?

RESPOSTA: *O estado de sítio, no caso de comoção grave de repercussão nacional ou ineficácia do estado de defesa, não poderá ser decretado por mais de trinta dias, nem prorrogado, de cada vez, por prazo superior. Já em caso de declaração de estado de guerra ou resposta a agressão armada, poderá ser decretado por todo o tempo que perdurar a guerra ou a agressão armada estrangeira.*

Na vigência do estado de sítio, decretado com fundamento em comoção grave de repercussão nacional ou ocorrência de fatos que comprovem a ineficácia de medida tomada durante o estado de defesa, só poderão ser tomadas contra as pessoas as seguintes medidas (Exame Unificado 2021.1)	
	(1) obrigação de permanência em localidade determinada;
	(2) detenção em edifício não destinado a acusados ou condenados por crimes comuns;
	(3) restrições relativas à inviolabilidade da correspondência, ao sigilo das comunicações, à prestação de informações e à liberdade de imprensa, radiodifusão e televisão, na forma da lei (não se inclui nesta restrição difusão de pronunciamentos de parlamentares efetuados em suas Casas Legislativas, desde que liberada pela respectiva Mesa);
	(4) suspensão da liberdade de reunião;
	(5) busca e apreensão em domicílio;
	(6) intervenção nas empresas de serviços públicos;
	(7) requisição de bens.

MUITA ATENÇÃO! Segundo o art. 138, § 3º da CF, no estado de sítio, o Congresso Nacional permanecerá em funcionamento até o término das medidas coercitivas.

Durante a vigência do estado de defesa, assim como o de sítio, a mesa do CN, ouvidos os líderes partidários, constitui comissão de cinco membros para acompanhar a execução das medidas.

5. FORÇAS ARMADAS

A Marinha, o Exército e a Aeronáutica constituem as Forças Armadas. São instituições permanentes incumbidas da defesa da Pátria e dos poderes constitucionais. A hierarquia e a disciplina orientam a organização das Forças Armadas, que estão sob o comando e autoridade do Presidente da República.

O art. 142, § 3º, da CF dispõe que **"ao militar são proibidas a sindicalização e a greve" (inciso IV)** e **"enquanto em serviço ativo, não pode estar filiado a partidos políticos" (inciso V).** Além disso, segundo a CF, "não caberá *habeas corpus* em relação a punições disciplinares militares" **(Exame Unificado 2020.1).**

Segundo o art. 143, § 2º da CF, as mulheres e os eclesiásticos ficam isentos do serviço militar obrigatório em tempo de paz, sujeitos, porém, a outros encargos que a lei lhes atribuir.

6. SEGURANÇA PÚBLICA

A segurança pública, dever do Estado, é exercida para a preservação da ordem pública e da incolumidade das pessoas e do patrimônio.

O direito de greve, sob qualquer forma ou modalidade, é vedado aos policiais militares, assim como ocorre com os integrantes das Forças Armadas, pois a atividade que desempenham é essencial à segurança de toda a sociedade **(Exame Unificado 2018/1).**

São órgãos da segurança pública: **1. Polícia Federal; 2. Polícia Rodoviária Federal; 3. Polícia Ferroviária Federal; 4. Polícias Civis; 5. Polícias Militares e Corpos de Bombeiros Militares; e 6. Polícias penais federal, estaduais e distrital.**

FIQUE POR DENTRO:

A **Emenda Constitucional 104 de 04 de dezembro de 2019** alterou o inciso XIV do *caput* do art. 21, o § 4º do art. 32 e o art. 144, todos da Constituição Federal, para criar **as polícias penais federal, estaduais e distrital**. Segundo a nova EC, às polícias penais, vinculadas ao órgão administrador do sistema penal da unidade federativa a que pertencem, cabe **a segurança dos estabelecimentos penais**. E ainda as polícias militares e os corpos de bombeiros militares, forças auxiliares e reserva do Exército subordinam-se, juntamente com as polícias civis e as polícias penais estaduais e distrital, aos Governadores dos Estados, do Distrito Federal e dos Territórios.

CAPÍTULO XI
ORDEM ECONÔMICA E FINANCEIRA E ORDEM SOCIAL

1. ORDEM ECONÔMICA E FINANCEIRA

1.1 Princípios gerais

A ordem econômica é orientada pelos seguintes **princípios: 1. Soberania Nacional; 2. Propriedade privada; 3. Função Social da Propriedade; 4. Livre Concorrência; 5. Defesa do Consumidor; 6. Defesa do Meio Ambiente; 7. Redução das desigualdades regionais e sociais; 8. Busca do pleno emprego; 9. Tratamento favorecido para as empresas de pequeno porte constituídas sob as leis brasileiras e que tenham sua sede e administração no País.**

Oportuno neste ponto destacar o teor da Súmula Vinculante 49, segundo a qual **"ofende o princípio da livre concorrência lei municipal que impede a instalação de estabelecimentos comerciais do mesmo ramo em determinada área".**

O Estado, como agente normativo e regulador da atividade econômica, **exercerá as funções de fiscalização, incentivo e planejamento**, sendo este determinante para o setor público e indicativo para o setor privado.

A **exploração direta de atividade econômica pelo Estado é excepcional** e só será permitida quando necessária aos imperativos da segurança nacional ou a relevante interesse coletivo, conforme definidos em lei **(Exame Unificado 2019/2)**.

A formação de monopólios não é regra, porém, há expressa autorização para que a União explore, em regime de monopólio, algumas atividades especificadas nos incisos do art. 177, da CF, **cujo rol é exaustivo.**

Segundo o art. 177 da CF, **constitui monopólio da União:**

A a **pesquisa e a lavra das jazidas de petróleo** e gás natural e outros hidrocarbonetos fluidos;

B a **refinação do petróleo nacional ou estrangeiro**;

C a **importação e exportação dos produtos e derivados básicos** resultantes das atividades previstas nas alíneas anteriores;

D o **transporte marítimo do petróleo bruto de origem nacional ou de derivados básicos de petróleo** produzidos no País, bem assim o transporte, por meio de conduto, de petróleo bruto, seus derivados e gás natural de qualquer origem;

E a **pesquisa, a lavra, o enriquecimento, o reprocessamento, a industrialização e o comércio de minérios e minerais nucleares e seus derivados**, com exceção dos radioisótopos cuja produção, comercialização e utilização poderão ser autorizadas sob regime de permissão.

Para a exploração das atividades previstas nas alíneas "a", "b", "c" e "d", poderá a União contratar com empresas estatais ou privadas, observadas as condições estabelecidas em lei. Inexiste, na Constituição Federal vigente, monopólio dos Estados, Distrito Federal e Municípios. Do mesmo modo, **não se admite o monopólio privado.**

MUITA ATENÇÃO!

As **jazidas, em lavra ou não, e demais recursos minerais e os potenciais de energia hidráulica** constituem propriedade distinta da do solo, para efeito de exploração ou aproveitamento, e **pertencem à União**, garantida ao concessionário a propriedade do produto da lavra. Neste caso, a **pesquisa e a lavra** de recursos minerais e o aproveitamento dos potenciais de energia hidráulica somente poderão ser efetuados **mediante autorização ou concessão da União**, no interesse nacional, por brasileiros ou empresa constituída sob as leis brasileiras e que tenha sua sede e administração no País, na forma da lei, que estabelecerá as condições específicas quando essas atividades se desenvolverem em faixa de fronteira ou terras indígenas. É importante ressalvar que é **assegurada participação ao proprietário do solo nos resultados da lavra**, na forma e no valor que dispuser a lei **(Exame Unificado 2019/3)**. Ainda, a autorização de pesquisa será sempre por prazo determinado, e as autorizações e concessões não poderão ser cedidas ou transferidas, total ou parcialmente, sem prévia anuência do poder concedente. Por fim, **não dependerá de autorização ou concessão** o aproveitamento do potencial de **energia renovável de capacidade reduzida.**

1.2 Política urbana

A **política de desenvolvimento urbano**, executada pelo Poder Público municipal, conforme diretrizes gerais fixadas em lei, **tem por objetivo ordenar o pleno desenvolvimento das funções sociais da cidade e garantir o bem-estar de seus habitantes.**

O **plano diretor**, aprovado pela câmara municipal, é obrigatório para cidades que tenham mais de **vinte mil habitantes.**

É facultado ao Poder Público municipal, mediante lei específica para área incluída no plano diretor, exigir, nos termos da lei federal, do proprietário do solo urbano não edificado, subutilizado ou não utilizado, que promova seu adequado aproveitamento, sob pena, sucessivamente de: **parcelamento ou edificação compulsórios; imposto sobre a propriedade predial e territorial urbana progressivo no tempo; desapropriação com pagamento mediante títulos da dívida.**

O art. 183 da CF disciplina a chamada **usucapião "pro misero"**, ressaltando que o título de domínio ou a concessão de uso serão conferidos ao homem ou à mulher, ou a ambos, independentemente do estado civil.

1.3 Política agrícola e fundiária. Reforma agrária.

A **política agrícola será planejada e executada** na forma da lei, **com a participação efetiva do setor de produção, envolvendo produtores e trabalhadores rurais, bem como dos setores de comercialização, de armazenamento e de transportes**, levando em conta, especialmente: os instrumentos creditícios e fiscais; os preços compatíveis com os custos de produção e a garantia de comercialização; o incentivo à pesquisa e à tecnologia; a assistência técnica e extensão rural; o seguro agrícola; o cooperativismo; a eletrificação rural e irrigação e a habitação para o trabalhador rural.

Segundo o art. 184 da CF, **compete à União desapropriar por interesse social, para fins de reforma agrária,** o imóvel rural que não esteja cumprindo sua função social, mediante prévia e justa indenização em títulos da dívida agrária, com cláusula de preservação do valor real, resgatáveis no prazo de até vinte anos, a partir do segundo ano de sua emissão, e cuja utilização será definida em lei. Observe, porém, que nestes casos as benfeitorias úteis e necessárias serão indenizadas em dinheiro, conforme expressamente previsto no art. 184, § 1º da CF.

É importante destacar que, segundo o art. 243 da CF, as **propriedades rurais e urbanas** de qualquer região do País onde forem localizadas **culturas ilegais de plantas psicotrópicas ou a exploração de trabalho escravo** na forma da lei serão expropriadas e destinadas à reforma agrária e a programas de habitação popular, sem qualquer indenização ao proprietário e sem prejuízo de outras sanções previstas em lei, observado, no que couber, o disposto no art. 5º da Constituição da República.

Observe o seguinte exemplo: "Agentes do Ministério do Trabalho, em inspeção realizada em carvoaria situada na zona rural do Estado K, constataram que os trabalhadores locais encontravam-se sob exploração de trabalho escravo, sujeitando-se a jornadas de 16 horas consecutivas de labor, sem carteira assinada ou qualquer outro direito social ou trabalhista, em condições desumanas e insalubres, percebendo, como contraprestação, valor muito inferior ao salário mínimo nacional". Neste caso, a propriedade poderá ser objeto de expropriação? **Sim, a propriedade deve ser objeto de expropriação, "sem qualquer indenização ao proprietário e sem prejuízo de outras sanções previstas em lei, admitindo-se, até mesmo, o confisco de todo e qualquer bem de valor econômico apreendido na carvoaria" (Exame Unificado 2019/1).**

? **QUESTÃO:** Quando a função social é cumprida?

➥ ***RESPOSTA:*** *A função social é cumprida quando a propriedade rural atende, simultaneamente, segundo critérios e graus de exigência estabelecidos em lei, aos seguintes requisitos:*

1) *aproveitamento racional e adequado;*
2) *utilização adequada dos recursos naturais disponíveis e preservação do meio ambiente;*
3) *observância das disposições que regulam as relações de trabalho;*
4) *exploração que favoreça o bem-estar dos proprietários e dos trabalhadores.*

MUITA ATENÇÃO!

Pequena e média propriedades, desde que o proprietário não possua outra, podem ser desapropriadas por **necessidade ou utilidade pública**, mas nunca por **interesse social para fins de reforma agrária** (art. 185, "caput", inc. I da CF). Da mesma forma, para fins de reforma agrária, não poderá ser desapropriada **a propriedade produtiva**.

Os **beneficiários da distribuição de imóveis rurais** pela reforma agrária receberão títulos de domínio ou de concessão de uso, **inegociáveis pelo prazo de dez anos.** O título de domínio e a concessão de uso serão conferidos ao homem ou à mulher, ou a ambos, independentemente do estado civil, nos termos e condições previstos em lei.

Por derradeiro, vale ressaltar que o art. 191 da CF traça os requisitos da chamada usucapião **"pro labore"**, lembrando-se, porém, que os **imóveis públicos não podem ser usucapidos, segundo dispõem os arts. 183, § 3º e 191, parágrafo único, ambos da CF.**

2. ORDEM SOCIAL

2.1 Seguridade social

A **seguridade social** compreende um conjunto integrado de ações de iniciativa dos Poderes Públicos e da sociedade, destinadas a assegurar os direitos relativos **à saúde, à previdência e à assistência social.**

A **seguridade social** será organizada com base nos seguintes **objetivos:**

A universalidade da cobertura e do atendimento;

B uniformidade e equivalência dos benefícios e serviços às populações urbanas e rurais;

C seletividade e distributividade na prestação dos benefícios e serviços;

D irredutibilidade do valor dos benefícios;

E equidade na forma de participação no custeio;

F diversidade da base de financiamento, identificando-se, em rubricas contábeis específicas para cada área, as receitas e as despesas vinculadas a ações de saúde, previdência e assistência social, preservado o caráter contributivo da previdência social;

G caráter democrático e descentralizado da administração, mediante gestão quadripartite, com participação dos trabalhadores, dos empregadores, dos aposentados e do Governo nos órgãos colegiados.

É relevante destacar que a seguridade social **será financiada por toda a sociedade**, de forma direta e indireta, nos termos da lei, mediante recursos provenientes dos orçamentos da União, dos Estados, do Distrito Federal e dos Municípios, e das seguintes contribuições sociais: I – do empregador, da empresa e da entidade a ela equiparada na forma da lei, incidentes sobre: a folha de salários e demais rendimentos do trabalho pagos ou creditados, a qualquer título, à pessoa física que lhe preste serviço, mesmo sem vínculo empregatício; a receita ou o faturamento e o lucro; II – do trabalhador e dos demais segurados da previdência social, podendo ser adotadas alíquotas progressivas de acordo com o valor do salário de contribuição, não incidindo contribuição sobre aposentadoria e pensão concedidas pelo Regime Geral de Previdência Social; III – sobre a receita de concursos de prognósticos. IV – do importador de bens ou serviços do exterior, ou de quem a lei a ele equiparar.

2.1.1 Saúde: trata-se de direito de todos e dever do Estado, garantido mediante políticas sociais e econômicas que visem à redução do risco de doença e de outros agravos e ao acesso universal e igualitário às ações e serviços para sua promoção, proteção e recuperação.

As ações e serviços públicos de saúde integram uma rede regionalizada e hierarquizada e constituem um sistema único, organizado de acordo com as seguintes diretrizes:

A descentralização, com direção única em cada esfera de governo;

B atendimento integral, com prioridade para as atividades preventivas, sem prejuízo dos serviços assistenciais;

C participação da comunidade.

Nesse sentido, é importante destacar que o estrangeiro, ao ingressar no território nacional, tem direito, em caso de urgência, a atendimento médico prestado pelo Sistema Único de Saúde, tendo em vista o **princípio da universalidade do acesso à saúde**, direito fundamental do ser humano **(Exame Unificado 2019/1).**

A assistência à saúde é livre à iniciativa privada. As **instituições privadas** poderão participar de forma **complementar** do sistema único de saúde, segundo diretrizes deste, mediante contrato de direito público ou convênio, tendo preferência as entidades filantrópicas e as sem fins lucrativos.

É **vedada** a destinação de **recursos públicos** para auxílios ou subvenções às **instituições privadas com fins lucrativos**. Da mesma forma, é **vedada a participação** direta ou indireta de **empresas ou capitais estrangeiros na assistência à saúde no País**, salvo nos casos previstos em lei.

Assim e por exemplo: é válida a contratação, após regular procedimento licitatório, da sociedade empresária Mata Mosquitos Ltda., pessoa jurídica de direito privado com fins lucrativos, visando à prestação de serviços relacionados ao combate à proliferação de mosquitos e à realização de campanhas de conscientização da população local **(Exame Unificado 2019/3).**

> **FIQUE POR DENTRO:** A EC 120/2022 acrescentou os §§ 7º, 8º, 9º, 10 e 11 ao art. 198 da Constituição Federal, dispondo sobre a responsabilidade financeira da União, corresponsável pelo Sistema Único de Saúde (SUS), na política remuneratória e na valorização dos profissionais que exercem atividades de agente comunitário de saúde e de agente de combate às endemias.

2.1.2 Previdência social: A previdência social será organizada sob a forma do Regime Geral de Previdência Social, de caráter contributivo e de filiação obrigatória, observados critérios que preservem o equilíbrio financeiro e atuarial, e atenderá, na forma da lei, a:

I – cobertura dos eventos de incapacidade temporária ou permanente para o trabalho e idade avançada;

II – proteção à maternidade, especialmente à gestante;

III – proteção ao trabalhador em situação de desemprego involuntário;

IV – salário-família e auxílio-reclusão para os dependentes dos segurados de baixa renda;

V – pensão por morte do segurado, homem ou mulher, ao cônjuge ou companheiro e dependentes.

A **previdência social** será organizada sob a forma de regime geral, de caráter contributivo e de filiação obrigatória.

É **vedada** a adoção de **requisitos ou critérios diferenciados para concessão de benefícios**, ressalvada, nos termos de lei complementar, a possibilidade de previsão de idade e tempo de contribuição distintos da regra geral para concessão de aposentadoria exclusivamente em favor dos segurados: 1 - com deficiência, previamente submetidos a avaliação biopsicossocial realizada por equipe multiprofissional e interdisciplinar; 2 - cujas atividades sejam exercidas com efetiva exposição a agentes químicos, físicos e biológicos prejudiciais à saúde, ou associação desses agentes, vedada a caracterização por categoria profissional ou ocupação.

> **MUITA ATENÇÃO!**
>
> A **Emenda Constitucional 103 de 12 de novembro de 2019** promoveu profunda modificação no regime previdenciário brasileiro. Embora fuja aos limites desse estudo, é importante destacar que referida Emenda modificou substancialmente os artigos 201 e 202 (Seção III – Da Previdência Social), da Constituição Federal. O tema, dadas as suas características e peculiaridades, é melhor estudado pelo Direito Previdenciário e, quanto aos agentes públicos, pelo Direito Administrativo.

2.1.3 Assistência social: A assistência social **será prestada a quem dela necessitar, independentemente de contribuição à seguridade social** e tem por objetivos:

I – a proteção à família, à maternidade, à infância, à adolescência e à velhice;

II – o amparo às crianças e adolescentes carentes;

III – a promoção da integração ao mercado de trabalho;

IV – a habilitação e reabilitação das pessoas portadoras de deficiência e a promoção de sua integração à vida comunitária;

V – a garantia de um salário mínimo de benefício mensal à pessoa portadora de deficiência e ao idoso que comprovem não possuir meios de prover à própria manutenção ou de tê-la provida por sua família, conforme dispuser a lei. A propósito: "Clarisse, em razão da deficiência severa, não possui quaisquer meios de prover sua própria manutenção. Como sua deficiência foi adquirida ainda na infância, jamais exerceu qualquer atividade laborativa, e por essa razão não contribuiu para a previdência social no decorrer de sua vida". Neste caso, Clarisse possui "a garantia de receber um salário-mínimo de benefício mensal, independentemente de qualquer contribuição à seguridade social, nos termos da lei" **(Exame Unificado 2022.1).**

VI – a redução da vulnerabilidade socioeconômica de famílias em situação de pobreza ou de extrema pobreza.

2.2 Educação, cultura e desporto

A **educação**, direito de todos e dever do Estado e da família, **será promovida e incentivada com a colaboração da sociedade, visando ao pleno desenvolvimento da pessoa**, seu preparo para o exercício da cidadania e sua qualificação para o trabalho. É importante destacar que o **acesso ao ensino obrigatório e gratuito é direito público subjetivo.**

O ensino será ministrado com base nos seguintes **princípios:**

A igualdade de condições para o acesso e permanência na escola;

B liberdade de aprender, ensinar, pesquisar e divulgar o pensamento, a arte e o saber;

C pluralismo de ideias e de concepções pedagógicas, e coexistência de instituições públicas e privadas de ensino;

D gratuidade do ensino público em estabelecimentos oficiais **(Exame Unificado 2022.1)**.

E valorização dos profissionais da educação escolar, garantidos, na forma da lei, planos de carreira, com ingresso exclusivamente por concurso público de provas e títulos, aos das redes públicas;

F gestão democrática do ensino público, na forma da lei;

G garantia de padrão de qualidade;

H piso salarial profissional nacional para os profissionais da educação escolar pública, nos termos de lei federal.

I garantia do direito à educação e à aprendizagem ao longo da vida.

O art. 208 da CF cuida dos deveres do Estado na garantia do direito à educação. Merece destaque **o atendimento ao educando, em todas as etapas da educação básica**, por meio de programas suplementares de **material didático-escolar, transporte, alimentação e assistência à saúde.**

Na organização de seus sistemas de ensino, a União, os Estados, o Distrito Federal e os Municípios definirão formas de colaboração, de forma a assegurar a universalização, a qualidade e a equidade do ensino obrigatório.

? **QUESTÃO:** Leonardo matriculou seus dois filhos em uma escola pública municipal, mas foi surpreendido ao tomar conhecimento de que ambos estão tendo aulas regulares, como disciplina obrigatória, de uma específica religião de orientação cristã **(Exame Unificado - julho/2017).** A obrigatoriedade do ensino religioso nas escolas públicas está de acordo com o sistema constitucional vigente?

↳ ***RESPOSTA:*** *A prática "é inconstitucional, pois a laicidade estatal deve garantir que nenhuma religião possa ser preferida a outra no âmbito do espaço público-estatal, sendo o ensino religioso facultativo".*

Ainda sobre o ensino religioso, é importante destacar a ADI 4439 julgada em setembro de 2017 pelo Supremo Tribunal Federal. Na ação direta de inconstitucionalidade a Procuradoria Geral da República questionava o modelo de ensino religioso nas escolas públicas do país. Por maioria de votos, os Ministros do STF julgaram improcedente a ação, firmando a tese segundo a qual o ensino religioso nas escolas públicas brasileiras pode ter natureza confessional, ou seja, vinculado às diversas religiões. Ainda segundo o STF, ensino religioso nas escolas públicas deve ser estritamente facultativo, sendo ofertado dentro do horário normal de aula. Fica autorizada também a contratação de representantes de religiões para ministrar as aulas. O julgamento não tratou do ensino religioso em escolas particulares, que fica a critério de cada instituição.

É importante destacar que as **Universidades,** embora gozem de autonomia didático-científica, administrativa e de gestão financeira e patrimonial, **estão sujeitas à fiscalização realizada pelo Tribunal de Contas.**

Ainda, segundo o art. 210, § 2º, da CF, **na prestação do ensino fundamental, além da utilização obrigatória da língua portuguesa, é assegurada às comunidades indígenas a utilização de suas línguas maternas (Exame Unificado 2021.1).**

Por derradeiro, merece destaque **a Súmula Vinculante 12**, *in verbis*: "A cobrança de taxa de matrícula nas universidades públicas viola o disposto no art. 206, IV, da Constituição Federal".

O Estado garantirá a todos o pleno exercício dos direitos culturais e acesso às fontes da cultura nacional, e apoiará e incentivará a valorização e a difusão das manifestações culturais e protegerá as manifestações das culturas populares, indígenas e afro-brasileiras, e das de outros grupos participantes do processo civilizatório nacional.

Constituem patrimônio cultural brasileiro os bens de natureza material e imaterial, tomados individualmente ou em conjunto, portadores de referência à identidade, à ação, à memória dos diferentes grupos formadores da sociedade brasileira, nos quais se incluem: as formas de expressão; os modos de criar, fazer e viver; as criações científicas, artísticas e tecnológicas; as obras, objetos, documentos, edificações e demais espaços destinados às manifestações artístico-culturais e os conjuntos urbanos e sítios de valor histórico, paisagístico, artístico, arqueológico, paleontológico, ecológico e científico.

É dever do Estado fomentar práticas desportivas formais e não formais, como direito de cada um, observados:

- a autonomia das entidades desportivas dirigentes e associações, quanto a sua organização e funcionamento;
- a destinação de recursos públicos para a promoção prioritária do **desporto educacional** e, em casos específicos, para a do desporto de alto rendimento. Por isso, é inconstitucional (inconstitucionalidade material) o projeto de lei que disponha que os recursos públicos devem buscar promover, prioritariamente, o esporte de alto rendimento;
- o tratamento diferenciado para o desporto profissional e o não profissional;
- a proteção e o incentivo às manifestações desportivas de criação nacional.

MUITA ATENÇÃO! O Poder Judiciário só admitirá ações relativas à disciplina e às competições desportivas após **esgotarem-se as instâncias da justiça desportiva**, regulada em lei. É ainda que a justiça desportiva terá o **prazo máximo de sessenta dias**, contados da instauração do processo, para proferir decisão final **(Exame Unificado 2019/3).**

2.3 Ciência e tecnologia

O Estado **promoverá e incentivará** o desenvolvimento científico, a pesquisa, a capacitação científica e tecnológica e a inovação.

A **pesquisa científica** básica e tecnológica receberá tratamento prioritário do Estado, tendo em vista o bem público e o progresso da ciência, tecnologia e inovação.

A **pesquisa tecnológica voltar-se-á preponderantemente para a solução dos problemas brasileiros** e para o desenvolvimento do sistema produtivo nacional e regional.

2.4 Comunicação social

A manifestação do pensamento, a criação, a expressão e a informação, sob qualquer forma, processo ou veículo não sofrerão qualquer restrição, sendo que nenhuma lei conterá dispositivo que possa constituir embaraço à plena liberdade de informação jornalística em qualquer veículo de comunicação social, observado o disposto no art. 5º, IV, V, X, XIII e XIV da CF.

Ainda, garante a CF que **a publicação de veículo impresso de comunicação independe de licença de autoridade**, de modo que é inconstitucional o projeto de lei que tenha por objetivo criar regras de licenciamento (por autoridades do poder público), a que deverão se submeter os veículos de comunicação, principalmente jornais e revistas.

É vedada toda e qualquer censura de natureza política, ideológica e artística.

A produção e a programação das emissoras de rádio e televisão atenderão aos seguintes **princípios:**

A preferência a finalidades educativas, artísticas, culturais e informativas;

B promoção da cultura nacional e regional e estímulo à produção independente que objetive sua divulgação;

C regionalização da produção cultural, artística e jornalística, conforme percentuais estabelecidos em lei;

D respeito aos valores éticos e sociais da pessoa e da família.

> **MUITA ATENÇÃO!**
>
> A **propriedade de empresa jornalística e de radiodifusão sonora e de sons e imagens** é privativa de brasileiros natos ou naturalizados há mais de dez anos, ou de pessoas jurídicas constituídas sob as leis brasileiras e que tenham sede no País. Em qualquer caso, **pelo menos setenta por cento do capital total e do capital votante das empresas jornalísticas e de radiodifusão sonora e de sons e imagens deverá pertencer, direta ou indiretamente, a brasileiros natos ou naturalizados há mais de dez anos, que exercerão obrigatoriamente a gestão das atividades e estabelecerão o conteúdo da programação**. Importante destacar ainda que a **responsabilidade editorial e as atividades de seleção e direção** da programação veiculada são **privativas de brasileiros natos ou naturalizados há mais de dez anos**, em qualquer meio de comunicação social **(Exame Unificado – abril/2017)**.

2.5 Índios

A CF/88 dispensa tratamento especial aos índios, conforme se pode verificar nos seus artigos 231 e 232. A organização social, os costumes, as línguas, as crenças e as tradições, e os direitos originários sobre as terras que tradicionalmente ocupam são reconhecidos aos índios por força de expresso comando constitucional (art. 231, CF/88). Aliás, compete à União demarcar as terras tradicionalmente ocupadas pelos povos indígenas, além de proteger e fazer respeitar todos os seus bens.

Segundo a CF/88, são terras tradicionalmente ocupadas pelos índios as por eles habitadas em caráter permanente, as utilizadas para suas atividades produtivas, as imprescindíveis à preservação dos recursos ambientais necessários a seu bem-estar e as necessárias a sua reprodução física e cultural, segundo seus usos, costumes e tradições. Além disso, é importante destacar que as terras tradicionalmente ocupadas pelos índios se destinam a sua posse permanente, cabendo-lhes o usufruto exclusivo das riquezas do solo, dos rios e dos lagos nelas existentes.

A respeito dos direitos dos povos indígenas, observe a seguinte situação: "Ao constatar que numerosas tribos indígenas, que ocupam determinadas áreas em caráter permanente, estão sendo fortemente atingidas por uma epidemia de febre amarela, o Governador do Estado Alfa remove-as da localidade de maneira forçada. Dada a repercussão do caso, logo após a efetivação da remoção, submete suas justificativas à Assembleia Legislativa do Estado Alfa, informando que o deslocamento das tribos será temporário e que ocorreu em defesa dos interesses das populações indígenas da região. A Assembleia Legislativa do Estado Alfa termina por referendar a ação do Chefe do Poder Executivo estadual" **(Exame Unificado).** Pergunto: agiu corretamente o Governador? Não! Isso porque, segundo o texto constitucional, é vedada a remoção dos grupos indígenas de suas terras, salvo, "ad referendum" do Congresso Nacional, em caso de catástrofe ou epidemia que ponha em risco sua população, ou no interesse da soberania do País, após deliberação do Congresso Nacional, garantido, em qualquer hipótese, o retorno imediato logo que cesse o risco.

> **DICA IMPORTANTE**
>
> Registro que nos últimos exames da OAB têm sido frequentes questões sobre a Ordem Social, a exemplo da assistência social, do desporto, entre outros, de modo que é importante ficar atento aos dispositivos constitucionais que cuidam dessa matéria.

> **FIQUE POR DENTRO:**
>
> **O Plenário do Supremo Tribunal Federal (STF) julgou procedente a Ação Direta de Inconstitucionalidade (ADI) 4983, ajuizada pelo procurador-geral da República contra a Lei 15.299/2013, do Estado do Ceará, que regulamenta a vaquejada como prática desportiva e cultural no estado. A maioria dos ministros acompanhou o voto do relator, ministro Marco Aurélio, que considerou haver "crueldade intrínseca" aplicada aos animais na vaquejada.**
>
> **Contudo, especialmente porque o controle abstrato não vincula o Poder Legislativo, conforme vimos no capítulo próprio dessa obra, o Congresso Nacional aprovou a Emenda Constitucional 96 de 6 de junho de 2017, que acresce ao art. 225 o §7º, com a seguinte redação:** "para fins do disposto na parte final do inciso VII do § 1º deste artigo, não se consideram cruéis as práticas desportivas que utilizem animais, desde que sejam manifestações culturais, conforme o § 1º do art. 215 desta Constituição Federal, registradas como bem de natureza imaterial integrante do patrimônio cultural brasileiro, devendo ser regulamentadas por lei específica que assegure o bem-estar dos animais envolvidos". Oportuno registrar que a PGR já ingressou com ADI (5772) contra a EC 96/2017.

Observação final: os temas "meio ambiente" e "família, criança, adolescente e jovem" serão estudados em capítulos próprios dessa obra, mais adequados ao aprofundamento dessas matérias.

BIBLIOGRAFIA RECOMENDADA

LEITURA BÁSICA

- CUNHA JUNIOR, Dirley da. **Curso de Direito Constitucional**. Salvador: Juspodivm.
- FERNANDES, Bernardo Gonçalves. **Curso de Direito Constitucional.** Salvador: Juspodivm.
- MASSON, Nathália. **Manual de Direito Constitucional**. Salvador: Juspodivm.

OBRAS PARA APROFUNDAMENTO

- ALEXANDRINO, Marcelo e PAULO, Vicente. **Direito Constitucional Descomplicado**. Rio de Janeiro: GrupoGen/Método.
- FERREIRA FILHO, Roberval Rocha. **Principais Julgamentos do STF.** Salvador: Juspodivm.
- LENZA, Pedro. **Direito Constitucional Esquematizado**. São Paulo: Saraiva.
- MENDES, Gilmar Ferreira; COELHO, Inocêncio Martires; BRANCO, Paulo Gustavo Gonet**. Curso de Direito Constitucional.** São Paulo: Saraiva.

ESTATUTO DA CRIANÇA E DO ADOLESCENTE

WAGNER INÁCIO DIAS

CAPÍTULO I

DO SUJEITO PROTEGIDO E SEUS DIREITOS FUNDAMENTAIS

1. NOÇÕES

Os sujeitos sobre proteção do ECA são a criança e o adolescente. A **criança** é a pessoa em fase de desenvolvimento precoce, que possua até **12 anos de idade incompletos**. Já o **adolescente**, pessoa em formação definitiva, está compreendido entre os maiores de **12 anos e os menores de 18 anos**.

Não há simetria entre estes conceitos e os conceitos de **absolutamente** (0-16 anos) e de **relativamente incapazes** (16-18 anos). Assim, **é importante perceber que há adolescentes que são absolutamente incapazes e outros que são relativamente incapazes**.

Ambos têm seu desenvolvimento **livre e emancipatório** garantidos pelo **princípio da proteção integral**, que possibilita total atenção para que o sujeito nesta fase da vida possa ser encaminhado a um **desenvolvimento pleno** e **humanizado**. A Lei 13.257/16, que estatuiu **o Marco Civil da Primeira Idade**, trouxe um conjunto profundo de mudanças para o ECA, focando na primeira idade de formação da pessoa **(0 a 6 anos)**. Tais modificações serão avaliadas nos grupos de imersão de cada uma delas, ao longo destes escritos, mas já se destaca que a referida legislação alinha nosso Direito a um especial conjunto normativo que tem por foco, sem desprestigiar as demais idades, a pessoa em seus anos iniciais, período em que a fragilidade social, física e psicológica, está claramente aflorada.

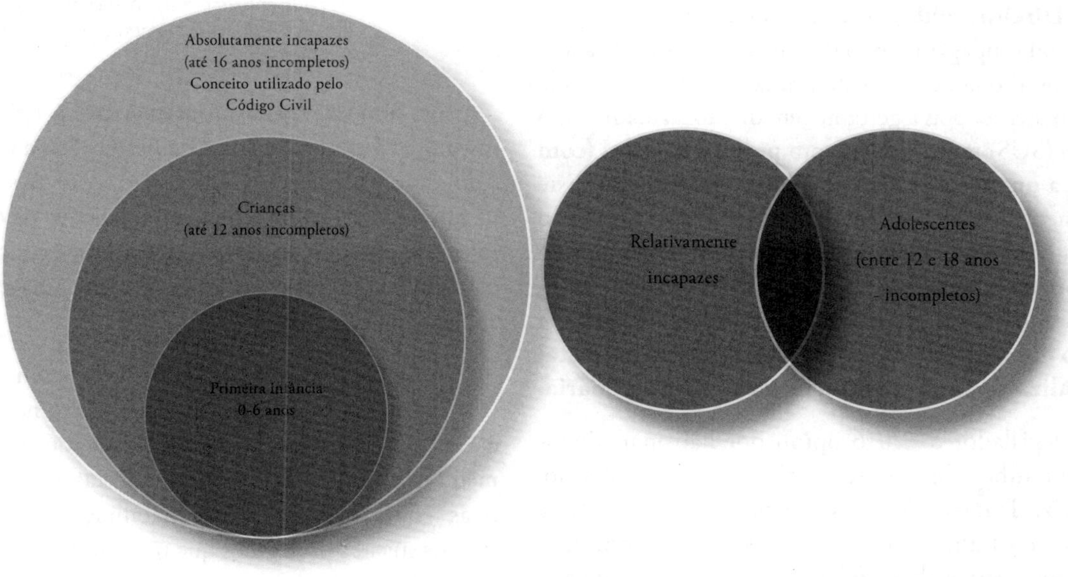

Todos que estão ao redor da criança e do adolescente são por eles **responsáveis**, tanto a **família**, a **comunidade, sociedade em geral** e o **Estado**. É dever **solidário** assegurar prioridade **ao sujeito em desenvolvimento**. Esta **prioridade** (hoje compartilhada com os idosos – art. 3º, § 1º, da Lei 10.741/03), estampada no art. 4º, parágrafo único, abarca o direito de receber **proteção e socorro em qualquer hipótese**; **precedência** de atendimento junto aos **órgãos públicos** (saúde, educação etc.); as **políticas públicas** devem ter **foco** sobre eles tanto na formulação quanto em sua execução, devendo existir "**destinação privilegiada**" de recursos públicos para programas e ações vinculados à criança e ao adolescente. Como meio de melhor gestão e monitoramento das políticas públicas do Governo Federal para a juventude, o Decreto 9.025/17 instituiu o Comitê Interministerial da Política de Juventude – Coijuv.

Qualquer **ação ou omissão** que venha a prejudicar esses direitos deverá sofrer sanções na forma da lei, tanto na esfera **penal, civil, quanto administrativa.**

> **MUITA ATENÇÃO!**
>
> Na interpretação da Lei 8.069/90 (Estatuto da Criança e do Adolescente) deve-se levar em conta "os fins sociais a que ela se dirige, as exigências do bem comum, os direitos e deveres individuais e coletivos, e a condição peculiar da criança e do adolescente como pessoas em desenvolvimento" (art. 6º).

2. DIREITOS DA CRIANÇA E DO ADOLESCENTE

A estes sujeitos são atribuídos, além de todos os direitos inerentes a qualquer pessoa (nos âmbitos constitucional, civil, penal etc.), **direitos especiais**, ou **manifestações especiais de direitos gerais**. Todos estes direitos passam, agora, por uma especial cláusula de igualdade e de não discriminação, projeção direta da isonomia Constitucional, uma vez que o art. 3º, em seu novel parágrafo único, estabelece *que os direitos enunciados nesta Lei aplicam-se a todas as crianças e adolescentes, sem discriminação de nascimento, situação familiar, idade, sexo, raça, etnia ou cor, religião ou crença, deficiência, condição pessoal de desenvolvimento e aprendizagem, condição econômica, ambiente social, região e local de moradia ou outra condição que diferencie as pessoas, as famílias ou a comunidade em que vivem.*

A Direito à vida e à saúde: trata-se de uma manifestação ou roupagem especial do direito à vida e à saúde, atribuídos a toda pessoa. Esta proteção tem início ainda no seio materno, pois a gestante tem direito a atendimento gratuito (SUS) tanto **pré**, quanto **peri e pós-natal (com direito a um acompanhante de sua preferência)**. Este atendimento, dada rede regionalizada e hierarquizada do Sistema Único de Saúde, deve possibilitar uma gestação **direcionada à realidade local e saudável tanto para a mãe quanto para o nascituro, com nutrição adequada e atenção humanizada. Todo este atendimento pré-natal será realizado por profissionais da atenção primária.**

O legislador de 2016 optou por não mais denominar a mulher, durante seu período de amamentação, de nutriz. Trata-se de mais um passo na caminhada em favor da humanização de tal condição, retirando dela a perspectiva de simples sistema de alimentação. *A gestante deverá receber orientação sobre aleitamento materno, alimentação complementar saudável e crescimento e desenvolvimento infantil, bem como sobre formas de favorecer a criação de vínculos afetivos e de estimular o desenvolvimento integral da criança. Em sede de visibilidade, a Lei 13.435/17 instituiu agosto como o Mês do Aleitamento Materno, medida que tem por importância destacar a condição fundamental do leite para a criança. No mesmo sentido, a Lei 13.436, de 2017, inseriu o inciso VI no art. 10º do ECA (obrigações nosocomiais e de demais estabelecimentos de atenção à gestante): "VI – acompanhar a prática do processo de amamentação, prestando orientações quanto à técnica adequada, enquanto a mãe permanecer na unidade hospitalar, utilizando o corpo técnico já existente."*

Neste mesmo sentido, determina a novel redação do art. 8º, § 4º, ECA, caber ao Poder Público **proporcionar assistência psicológica**, durante todo o período, do pré ao pós-natal, como forma de um completo atendimento, tendo-se especial atuação no **sentido de prevenir ou minorar as consequências do estado puerperal.**

> **MUITA ATENÇÃO!**
>
> **O dever de busca ativa**
>
> O Marco Civil da Primeira infância, incluindo o parágrafo nono no art. 8º, determinou atuação positiva do Estado, através de suas equipes de atenção primária (como o Programa Saúde da Família), buscando localizar gestantes que não iniciarem ou que abandonarem as consultas de pré-natal, ou a puérpera que abandonar as consultas do pós-parto. Inicia-se uma caminhada em favor da estruturação do sistema de saúde dentro de um viés proativo, e não mais passivo, meramente assistivo.
>
> **O parto anônimo**
>
> O Marco Civil da primeira infância abriu um importante espaço para o debate do parto anônimo. Com a vênia daqueles que já entendem ter sido introduzida tal forma de facilitação da adoção, compreendemos que ainda não se estabeleceu um pleno regramento do parto anônimo, mas sim de um caminho para que, em breve espaço de tempo, se tenha tal mecanismo adotado em nosso país.

Na linha de ações programáticas, a Lei 13.798/19 instituiu a Semana Nacional de Prevenção da Gravidez na Adolescência, a ser realizada anualmente na semana que incluir o dia 1º de fevereiro, com o objetivo de disseminar informações sobre medidas preventivas e educativas que contribuam para a redução da incidência da gravidez na adolescência.

Alinhando-se ao Estatuto da Pessoa com Deficiência (Lei 13.146/15), o ECA passa a reconhecer a necessidade de o Estado fornecer gratuitamente, àqueles que necessitarem, medicamentos, órteses, próteses e outras tecnologias assistivas relativas ao tratamento, habilitação ou reabilitação para os sujeitos protegidos que portem deficiências, como forma de atender às necessidades específicas.

Estes direitos geram obrigações aos hospitais e estabelecimentos de atenção à saúde, que devem manter registro prontuário da criança nascida **por tempo mínimo de 18 anos**; efetivar **registro cruzado** entre a impressão **plantar e digital da criança e da impressão digital da mãe**; proceder a exames para possibilitar o diagnóstico e cuidado de **anomalias metabólicas**; informar aos pais todas as **ocorrências dadas no parto e** vinculadas ao **desenvolvimento** da criança; **disponibilizar que a mãe se aloje junto à criança** enquanto permanecer nas instalações do nosocômio. Os serviços de unidades de terapia intensiva neonatal deverão dispor de banco de leite humano ou unidade de coleta de leite humano. Este direito de ter seus pais ou responsáveis próximos é estendido tanto à criança quanto ao adolescente, sempre que se fizer necessária sua internação hospitalar. Tendo-se em foco os nosocômios, cabe a eles proporcionar condições (instalações e assistência) para que um dos pais ou responsável acompanhe a criança ou adolescente em seu período de internação.

Importante! A Lei 14.154/21, com vigência a partir de 26.05.2022, estabeleceu modificação no rol de testes de rastreamento feitos no recém-nascido, aperfeiçoando o PNTN (Programa Nacional de Triagem Neonatal). São as seguintes as etapas: **etapa 1** – a) fenilcetonúria e outras hiperfenilalaninemias; b) hipotireoidismo congênito; c) doença falciforme e outras hemoglobinopatias; d) fibrose cística; e) hiperplasia adrenal congênita; f) deficiência de biotinidase; g) toxoplasmose congênita; **etapa 2** – a) galactosemias; b) aminoacidopatias; c) distúrbios do ciclo da ureia; d) distúrbios da betaoxidação dos ácidos graxos; **etapa 3** – doenças lisossômicas; **etapa 4** – imunodeficiências primárias; **etapa 5** – atrofia muscular espinhal.

Durante todo o seu desenvolvimento, tanto a criança quanto o adolescente têm direito a livre acesso ao Sistema Único de Saúde, sendo obrigação do Poder Público possibilitar acesso gratuito a todos os que necessitarem de **medicamentos** ou **próteses** (aqui utilizada em sentido amplo, abarcando todas as formas de peças protéticas), gerando meios de habilitação ou reabilitação ao sujeito em desenvolvimento. Devem os sujeitos protegidos ter acesso integral às linhas de cuidado, sempre através do SUS, com especial destaque àquele que tenha alguma deficiência, sendo a eles resguardado atendimento focado em sua habilitação e reabilitação.

Dentre os **deveres criados pelo ECA está a obrigatoriedade** de **comunicação ao Conselho Tutelar local de qualquer caso de maus-tratos contra criança ou adolescente** (mesmo que se trate de **mera suspeita**). Não havendo Conselho Tutelar, **deverá ser comunicado ao Juiz da Infância e da Juventude**. Neste sentido, *os profissionais que atuam no cuidado diário ou frequente de crianças na primeira infância receberão formação específica e permanente para a detecção de sinais de risco para o desenvolvimento psíquico, bem como para o acompanhamento que se fizer necessário.*

Continuando na temática da violência, toca aos serviços públicos de assistência, como o Centro de Referência Especializado de Assistência Social dar **máxima** (este é o termo legal) prioridade ao atendimento das crianças que estejam na primeira infância com suspeita ou confirmação de violência de qualquer natureza.

No mesmo sentido, é obrigatória a vacinação de crianças sempre que recomendado pelas autoridades sanitárias.

A Lei 13.257/16 ainda determinou que o *Sistema Único de Saúde promoverá a atenção à saúde bucal das crianças e das gestantes, de forma transversal, integral e intersetorial com as demais linhas de cuidado direcionadas à mulher e à criança*. Atente-se, pois, que tal assistência, a odontológica, também deve ser iniciada no período pré-natal, com o aconselhamento da mãe, sendo continuada a partir do sexto mês de vida e no décimo mês de vida, período de destaque para o surgimento dos primeiros dentinhos.

B Direito à liberdade, ao respeito e à dignidade: o sujeito em desenvolvimento deve ter liberdade de ir e vir, com as devidas limitações legais. É livre para expressar suas opiniões e crenças.

Deve-se dar especial destaque ao fato de que a criança e também o adolescente **têm direito a brincar, a se divertir e ter ocupação esportiva.** Isto é uma clara manifestação especial das liberdades individuais, mas antes, é dever do Estado, da sociedade e da família, possibilitar um ***locus* lúdico ao menor**. Neste mesmo sentido, vale dar especial destaque para o direito de buscar refúgio, auxílio e orientação.

Também a criança tem direito a participar da vida familiar e comunitária, expressando-se e sendo ouvida. Por outro lado, também lhe é dado o direito de participar da vida política, na forma da lei.

FIQUE POR DENTRO:

BULLYING E OS DIREITOS DA CRIANÇA E DO ADOLESCENTE

Pelas características naturais do desenvolvimento da criança e do adolescente em tais momentos temporais de nossa existência somos mais suscetíveis às agressões verbais, apelidos pejorativos, enfim, atos que em nossa vida adulta podem passar despercebidos, mas que em idades mais tenras podem destroçar a personalidade da pessoa. A lei 13.185/15, instituiu o programa de combate à intimidação sistemática (**bullying**), definindo esta como *todo ato de violência física ou psicológica, intencional e repetitivo que ocorre sem motivação evidente, praticado por indivíduo ou grupo, contra uma ou mais pessoas, com o objetivo de intimidá-la ou agredi-la, causando dor e angústia à vítima, em uma relação de desequilíbrio de poder entre as partes envolvidas.*

Este programa passa a servir de possibilidade de fundamentação para a atuação do Ministério da Educação e das Secretarias de Educação, tanto no espectro estadual quanto municipal.

Na dicção da lei a intimidação sistemática pode ocorrer por ataques físicos, insultos pessoais, comentários sistemáticos e apelidos pejorativos, ameaças por quaisquer meios, grafites depreciativos, expressões preconceituosas, isolamento social consciente e premeditado (o conhecido "dar um gelo"), pilhérias

FIQUE POR DENTRO:

(fazer graça com a pessoa). **Frise-se que tal rol é meramente exemplificativo**, vez que o alcance do conceito abrange todos os atos de violência física ou psicológica, intencional e repetitivo.

A lei ainda se ocupou em reconhecer a intimidação sistemática realizada através da rede de computadores (Internet), o denominado **cyberbullying**, que pode ocorrer, exemplificativamente, por meio:

I – verbal: insultar, xingar e apelidar pejorativamente;

II – moral: difamar, caluniar, disseminar rumores;

III – sexual: assediar, induzir e/ou abusar;

IV – social: ignorar, isolar e excluir;

V – psicológica: perseguir, amedrontar, aterrorizar, intimidar, dominar, manipular, chantagear e infernizar;

VI – físico: socar, chutar, bater;

VII – material: furtar, roubar, destruir pertences de outrem;

VIII – virtual: depreciar, enviar mensagens intrusivas da intimidade, enviar ou adulterar fotos e dados pessoais que resultem em sofrimento ou com o intuito de criar meios de constrangimento psicológico e social.

Através do programa os **estabelecimentos de ensino, clubes e agremiações** recreativas devem criar atividades e instrumentos de conscientização, prevenção, diagnose e combate à violência e à intimidação sistemática, sendo que os Estados e Municípios deverão publicar relatórios bimestrais para o planejamento de ações.

C Direito à convivência familiar e comunitária: a criança e o adolescente têm direito a crescer e se educar em uma família, seja ela **natural** ou **substituta** (família oriunda de uma relação de **guarda, tutela ou adoção**), sendo esta segunda forma, excepcional. O art. 19, que define este direito, foi alterado pela Lei 13.509/17, em importante giro de visão. Saiu-se de uma condição negativa (direito de ser criado em ambiente livre da presença de pessoas dependentes de substâncias entorpecentes) para uma concepção positiva ou ativa (direito de ser criado em ambiente que garanta seu desenvolvimento integral). Sempre que o sujeito se encontrar em programa familiar (programa de amparo ao que esteja em situação de exposição), deverá ter sua situação reavaliada a **cada 6 meses**, de modo a se ponderar a necessidade de inserção em família substituta. Essa inserção em **programa de acolhimento** (que pode ser familiar ou institucional, dependendo de onde a criança é inserida) deve ser decretada pelo Poder Judiciário, tendo acompanhamento de equipes qualificadas que organizem o acolhimento temporário, e tem como limite temporal **máximo de 18 meses (modificação advinda da Lei 13.509/17)**, podendo ser estendida se houver atendimento ao interesse de proteção à criança ou adolescente. **Esta medida não se confunde com a medida socioeducativa de internação.** Ainda em tema de direito à convivência familiar, merece destaque o parágrafo 5º do art. 19, do ECA, que determina ser garantida a convivência integral da criança com a mãe adolescente que estiver em acolhimento institucional.

D Direito à educação, à cultura, ao esporte e ao lazer: a pessoa em desenvolvimento deve estar capacitada para o pleno exercício de sua cidadania e para se tornar sujeito efetivo no mercado de trabalho. Assim, são direitos a ela assegurados:

Direitos assegurados a Criança e ao Adolescente	**1) Igualdade de acesso ao ensino;** **2) Direito de ser respeitado por seus educadores;** **3) Direito de recorrer às instâncias superiores da Educação, para discutir critérios avaliativos;** **4) Direito de se organizar em entidades estudantis;** **5) Direito a obter vagas em escola pública e gratuita próxima de sua residência.**
Ao lado destes, nascem direitos subjetivos públicos, exercíveis contra o Estado	**a)** Acesso a um sistema de ensino fundamental obrigatório e gratuito; **b)** Extensão progressiva da gratuidade e da obrigatoriedade ao ensino médio; **c)** Atendimento especial aos portadores de necessidades especiais; **d)** Acesso à creche e pré-escola, de 0 a 5 anos, conforme lei 13.306/16; **e)** Acesso ao ensino, pesquisa e criação artística, de acordo com sua capacidade; **f)** Acesso ao ensino regular noturno, para o adolescente trabalhador; **g)** Acesso aos serviços, programas, projetos e benefícios de assistência social de garantia de proteção social e de prevenção e redução de violações de direitos, seus agravamentos ou reincidências.

Todo caso de **maus-tratos a alunos, faltas reiteradas injustificadas às aulas** (além da evasão escolar, sempre que a escola não puder, com recursos próprios solucionar o fato) e a **repetência excessiva** devem ser comunicados pelo diretor (ou outro dirigente) da escola ao **Conselho Tutelar**.

FIQUE POR DENTRO:

Educação para os direitos da criança e do adolescente

A Lei 13.257/16 trouxe em seu bojo e fez inserir no ECA a necessidade de especialização e formação continuada para os profissionais que atuam com a primeira infância (saúde, educação, dentre outros) focando em conhecimento acerca dos direitos da criança. Trata-se de significativo avanço, ainda postulado em uma carta de intenções, frisando a importância da educação para a cidadania.

A proximidade e o convívio social não pode ser um instrumento de desestabilização familiar. Tendo isso em foco, a Lei 13.845/19 estabeleceu dois importantes elementos de alinhamento entre a vida social e familiar. De um lado, determinou que "acesso à escola pública e gratuita, próxima de sua residência, garantindo-se vagas no mesmo estabelecimento a irmãos que frequentem a mesma etapa ou ciclo de ensino da educação básica", com que visa o legislador manter próximos os irmãos e influir da menor forma possível no dia a dia da família. De outro, posta a escola como um forte ponto de auxílio à família, através da determinação de que é "dever da instituição de ensino, clubes e agremiações recreativas e de estabelecimentos congêneres assegurar medidas de conscientização, prevenção e enfrentamento ao uso ou dependência de drogas ilícitas".

E **Direito à profissionalização e à proteção no trabalho** – o menor de 16 anos, mas com 14 anos completos está proibido de trabalhar, exceto na condição de aprendiz, sendo-lhe garantida bolsa aprendizagem.

Para que seja **aprendiz** deve estar **inserido** em **programa próprio**, voltado para a qualificação **técnico-profissional**. Para que seja considerada formação técnico-profissional **é necessário que possibilite e garanta acesso ao ensino regular**, que se trate de **atividade compatível com o estágio** de evolução do adolescente e que exista **horário especial** para exercício de suas atividades.

Em se tratando de **adolescente portador de necessidades** especiais lhe é **garantido o trabalho protegido**.

À criança e ao adolescente, em **qualquer condição**, é vedado o trabalho noturno, insalubre, penoso, perigoso, em local prejudicial à sua formação ou em horários que não possibilitem a frequência ao ensino regular.

O **Exame Unificado 2011.1** trouxe questão que vale comentário: "Washington, adolescente com 14 (quatorze) anos, movido pelo desejo de ajudar seus genitores no sustento do núcleo familiar pobre, pretende iniciar atividade laborativa como ensacador de compras na pequena mercearia Tudo Tem, que funciona 24h, localizada em sua comunidade. Recentemente, esta foi pacificada pelas Forças de Segurança Nacional. Tendo como substrato a tutela do Estatuto da Criança e do Adolescente no tocante ao Direito à Profissionalização e à Proteção no Trabalho, assinale a alternativa correta." Do que foi visto acima a alternativa correta somente pode ser que "Washington não poderá trabalhar na mercearia como ensacador de compras, pois tal atividade não é enquadrada como de formação técnico-profissional; portanto, não se pode afirmar que o menor exercerá atividade laborativa na condição de aprendiz."

No Exame Unificado 2018.3, mais uma vez, indagou-se sobre o trabalho infantil, em questão que envolveu as diversas possibilidades de alcance da indagação. A questão, apresentada era a seguinte: "Os irmãos João, 12 anos, Jair, 14 anos, e José, 16 anos, chegam do interior com os pais, em busca de melhores condições de vida para a família. Os três estão matriculados regularmente em estabelecimento de ensino e gostariam de trabalhar para ajudar na renda da casa. Sobre as condições em que os três irmãos conseguirão trabalhar formalmente, considerando os Direitos da Criança e do Adolescente, assinale a afirmativa correta". Seguindo as regras aqui trabalhadas, percebe-se que a resposta correta foi que João não poderia trabalhar, Jair poderia trabalhar como aprendiz e José poderia ter contrato especial de trabalho, sendo-lhe vedado o trabalho noturno, perigoso ou insalubre.

3. PODER FAMILIAR

Conjunto de direitos e deveres dos pais em relação aos filhos, não pode ser **retirado de um determinado núcleo em razão de carência de recursos materiais.** Não havendo outro motivo para a perda ou suspensão do poder familiar, a criança deverá ser mantida em seu núcleo original, e a família obrigatoriamente inserida em programa oficial de auxílio.

Atente-se que, se houver colisão de interesses entre a criança ou adolescente e seus pais, o Judiciário deverá nomear curador ad hoc (ou especial), esta situação foi objeto de questionamento no Exame 2011.2. E mais, também pode ser dado curador ad hoc para situação eventual em que a criança ou adolescente não tenha meios de ser assistida ou representada e tal fato coloque em risco seus direitos, como indagou o Exame de abril de 2016: Marcelo, com 17 anos, e seu irmão Caio, com 20 anos de idade, permanecem sozinhos na casa da família, enquanto os pais viajam por 30 dias em férias no exterior. Durante tal período, Marcelo, que acabou de terminar o ensino médio, recebe uma excelente proposta de trabalho. Ao comparecer à empresa para assinar o contrato de trabalho, Marcelo é impedido pela falta de um responsável. Marcelo, então, procura orientação de um advogado. Nesta situação, tocava ao irmão Caio promover pedido para que pudesse assistir Marcelo no ato específico.

Ingressando nas alterações promovidas pela Lei 12.962/14, percebe-se que o parágrafo 4º do art. 19 tenta consolidar o direito de convivência, através de visitas, da criança ou adolescente com relação a seus pais, quando estes estiverem privados de liberdade. A visita, que independe de autorização judicial, deve ser realizada pelo responsável ou por entidade de acolhimento. Caberá aos organismos penitenciários estabelecer critérios que viabilizem o ingresso do menor, já que muitos proíbem a entrada de menores de 18 anos.

A inserção do parágrafo 2º no art. 23 **restringe a destituição do poder familiar** em razão de condenação criminal **a um único caso**, em que se somem os seguintes requisitos: **(a)** a vítima seja o próprio filho ou filha (ou, em havendo mais de um, contra um deles); **(b)** o crime seja apenado com reclusão; e **(c)** se trate de crime doloso contra outrem igualmente titular do mesmo poder familiar ou contra filho, filha ou outro descendente. Desta forma, a lei 13.715/18, que novamente modificou o artigo em comento, limitou mais a destituição do poder familiar, como forma de garantir à criança o contato com a família natural. Deve-se compreender que tal medida é deferida pelo legislador em favor da criança ou do adolescente e não um retorno da excepcional proteção ao poder familiar. Caberá ao intérprete, caso a caso, desvendar eventuais conflitos que venham a surgir, mas sempre tendo em mente que a manutenção do poder familiar está ligada ao direito fundamental da criança ou adolescente de conviver com sua família biológica. Ainda na ótica da perda ou suspensão do poder familiar, como meio de maior resguardo ao contraditório e efetivo exercício da defesa, **a citação será, em regra**, pessoal **(sendo regra absoluta quando preso o genitor, sendo-lhe, neste momento, indagado se deseja que lhe seja nomeado defensor)**. Somente poderá ser utilizada outra via citatória se **já esgotados todos os meios para se realizar** o chamamento pessoal.

Em relação ao genitor privado de liberdade, este deverá ser, obrigatoriamente, ouvido em audiência **(ao menos uma vez, não havendo obrigatoriedade de presença a todos os atos processuais)** mediante requisição da autoridade judicial.

LEIS 12.955/14 E 12.962/14		
Dispositivo	**Redação anterior**	**Nova redação**
Art. 19, § 4º	Não existia o parágrafo	§ 4º **Será garantida a convivência da criança e do adolescente com a mãe ou o pai privado de liberdade,** por meio de visitas periódicas promovidas pelo responsável ou, **nas hipóteses de acolhimento institucional,** pela entidade responsável, independentemente de autorização judicial.
Art. 23	Parágrafo único. Não existindo outro motivo que por si só autorize a decretação da medida, a criança ou o adolescente será mantido em sua família de origem, a qual deverá obrigatoriamente ser incluída em programas oficiais de auxílio.	§ 1º Não existindo outro motivo que por si só autorize a decretação da medida, a criança ou o adolescente será mantido em sua família de origem, a qual deverá obrigatoriamente ser incluída em programas oficiais de auxílio. § 2º A condenação criminal do pai ou da mãe não implicará a destituição do poder familiar, exceto na hipótese de condenação por crime doloso sujeito à pena de reclusão contra outrem igualmente titular do mesmo poder familiar ou contra filho, filha ou outro descendente.

LEIS 12.955/14 E 12.962/14		
Dispositivo	**Redação anterior**	**Nova redação**
Art. 47 Única modificação proveniente da Lei 12.955/14	Não existia o parágrafo	§ 9º Terão prioridade de tramitação os processos de adoção em que o adotando for criança ou adolescente com deficiência ou com doença crônica.
Art. 158	Parágrafo único. Deverão ser esgotados todos os meios para a citação pessoal.	§ 1º A citação será pessoal, salvo se esgotados todos os meios para sua realização. § 2º O requerido privado de liberdade deverá ser citado pessoalmente.
Art. 159	Não existia o parágrafo	Parágrafo único. Na hipótese de requerido privado de liberdade, o oficial de justiça deverá perguntar, no momento da citação pessoal, se deseja que lhe seja nomeado defensor.
Art. 161	Não existia o parágrafo	§ 5º Se o pai ou a mãe estiverem privados de liberdade, a autoridade judicial requisitará sua apresentação para a oitiva.

Ainda em tema de poder familiar e a extensão destes, pondo fim a uma demanda de parte da sociedade, no ano de 2014 o Brasil **viu publicada a Lei 13.010**, antes denominada lei da palmada e que, com acontecimentos que marcaram os noticiários, converteu sua denominação para **Lei Menino Bernardo.**

Esta norma busca consolidar um **sistema de proteção mais rígido e amplo** em favor das crianças e dos adolescentes. Estabelece que *a criança e o adolescente têm o direito de ser educados e cuidados sem o uso de castigo físico ou de tratamento cruel ou degradante, como formas de correção, disciplina, educação ou qualquer outro pretexto, pelos pais, pelos integrantes da família ampliada, pelos responsáveis, pelos agentes públicos executores de medidas socioeducativas ou por qualquer pessoa encarregada de cuidar deles, tratá-los, educá-los ou protegê-los.* Trata-se, **portanto, não apenas de uma modificação no sentido de punir, mas visa o legislador criar um novo pensamento, um novo paradigma para a criação**. Para isto, fragmenta as violências que tem por objetivo afastar em **duas** categorias:

Violências objeto de repressão pela Lei 13.010/14	
Castigo físico	ação de natureza disciplinar ou punitiva aplicada com o uso da força física sobre a criança ou o adolescente que resulte em **sofrimento físico** ou **lesão.**
Tratamento cruel ou degradante	conduta ou forma cruel de tratamento em relação à criança ou ao adolescente que **humilhe, ameace gravemente** ou **ridicularize.**

Tais formas de agressão passam a contar com rol próprio de punições, **viabilizando ao Conselho Tutelar a sua aplicação** e **não impedindo a aplicação das medidas contidas no ECA.** As punições próprias são:

I – encaminhamento a programa oficial ou comunitário de proteção à família;

II – encaminhamento a tratamento psicológico ou psiquiátrico;

III – encaminhamento a cursos ou programas de orientação;

IV – obrigação de encaminhar a criança a tratamento especializado;

V – advertência.

Fundamental perceber que a lei atrela, no art. 18-B do ECA, a aplicação de sanções à necessária **constatação da gravidade do caso.** Com isto, não há, efetivamente, uma vedação à palmada, mas ao uso do castigo, conforme a gravidade do caso, como medida de educação. Mas, deve-se atentar que o fim da norma é incutir nos responsáveis a necessidade de buscar outros métodos, que não a agressão (física ou moral), como mecanismos de educação e correção da conduta das crianças e adolescentes.

Denotando a busca por um repensar da criação dos filhos, estabelece o art. 70 que a União, os Estados, o Distrito Federal e os Municípios deverão atuar de forma articulada na elaboração de políticas públicas e na execução de ações destinadas a coibir o uso de castigo físico ou de tratamento cruel ou degradante e difundir formas não violentas de educação de crianças e de adolescentes, tendo como principais ações:

I – a **promoção de campanhas educativas permanentes** para a divulgação do direito da criança e do adolescente de serem educados e cuidados sem o uso de castigo físico ou de tratamento cruel ou degradante e dos instrumentos de proteção aos direitos humanos;

II – a **integração** com os órgãos do Poder Judiciário, do Ministério Público e da Defensoria Pública, com o Conselho Tutelar, com os Conselhos de Direitos da Criança e do Adolescente e com as entidades não governamentais que atuam na promoção, proteção e defesa dos direitos da criança e do adolescente;

III – a **formação continuada e a capacitação dos profissionais** de **saúde**, **educação** e **assistência social** e dos demais agentes que atuam na **promoção**, **proteção** e **defesa** dos direitos da criança e do adolescente para o desenvolvimento das competências necessárias à prevenção, à identificação de evidências, ao diagnóstico e ao enfrentamento de todas as formas de violência contra a criança e o adolescente;

IV – o **apoio e o incentivo às práticas de resolução pacífica de conflitos** que envolvam violência contra a criança e o adolescente;

V – a **inclusão, nas políticas públicas, de ações que visem a garantir os direitos da criança e do adolescente,** desde a atenção pré-natal, e de atividades junto aos pais e responsáveis com o objetivo de promover a informação, a reflexão, o debate e a orientação sobre alternativas ao uso de castigo físico ou de tratamento cruel ou degradante no processo educativo;

VI – a **promoção de espaços intersetoriais locais** para a articulação de ações e a elaboração de planos de atuação conjunta focados nas famílias em situação de violência, com participação de profissionais de saúde, de assistência social e de educação e de órgãos de promoção, proteção e defesa dos direitos da criança e do adolescente.

A modificação, vinda em bom tempo, deixa claro o intuito de tutelar de forma especial aqueles que têm a expectativa de aguardar proteção e, na realidade, recebem como retorno a violência e a agressão. Neste sentido, *as famílias com* ***crianças e adolescentes com deficiência*** *terão prioridade de atendimento nas ações e políticas públicas de prevenção e proteção.*

Complementando a Lei 13.010 e aprimorando ainda mais o sistema, **a lei 13.046 de 1º de dezembro de 2014, tendo vigência imediata**, voltou seus olhos para as entidades que recebam crianças e adolescentes, estabelecendo que tais entidades, quer sejam de natureza pública ou privada, não importando se o acolhimento se dê de forma apenas temporária, devem contar, em seus quadros, com pessoas capacitadas a reconhecer e comunicar ao Conselho Tutelar **suspeitas ou casos de maus-tratos praticados contra crianças e adolescentes.** A omissão de comunicação de tais suspeitas passa a ser punível nos termos do ECA.

MUITA ATENÇÃO!

A busca pela ascendência responsável

A Lei 13.257/16 apresenta-se como uma clara iniciativa do legislador em busca da consolidação do conceito de ascendência responsável (paternidade e ou maternidade responsável). Primeiramente, impõe às diversas esferas da Federação responsabilidades que vão desde a assistência pré-natal efetiva até a constituição de espaços lúdicos apropriados para a primeira infância (0 a 6 anos incompletos, conforme disposição legal - art. 2º). Mesmo mote, alinha em seu art. 14 a necessidade de formação e conscientização dos pais de suas responsabilidades: Art. 14. *As políticas e programas governamentais de apoio às famílias, incluindo as visitas domiciliares e os programas de promoção da paternidade e maternidade responsáveis, buscarão a articulação das áreas de saúde, nutrição, educação, assistência social, cultura, trabalho, habitação, meio ambiente e*

MUITA ATENÇÃO!

direitos humanos, entre outras, com vistas ao desenvolvimento integral da criança. Por fim, em medida que por seu avanço despertará debate, corporifica o parto anônimo em nosso país, ao modificar o art. 13 do ECA, viabilizando que *as gestantes ou mães que manifestem interesse em entregar seus filhos para adoção serão obrigatoriamente encaminhadas, sem constrangimento, à Justiça da Infância e da Juventude o que pode servir de clara indicação em prol da não realização de abortos em nosso país.* Se todas estas inovações serão certeiras em seus destinos, gerando evolução social em favor das pessoas em seus estágios iniciais de vida somente o tempo dirá, mas resta patente que o legislador brasileiro girou suas atenções para um ponto nodal da sociedade, soprando um ar de esperança por um futuro melhor e de efetivo progresso social.

Regulamentando esta entrega, o novel art. 19-A, determina que *a gestante ou mãe que manifeste interesse em entregar seu filho para adoção, antes ou logo após o nascimento, será encaminhada à Justiça da Infância e da Juventude.* Na Justiça da Infância e da Juventude, a mãe será ouvida pela equipe interprofissional, do que se realizará relatório para a Autoridade Judiciária, considerando os efeitos do estado gestacional e puerperal. De posse do relatório, a autoridade judiciária poderá determinar o encaminhamento da gestante ou mãe, mediante sua expressa concordância, à rede pública de saúde e assistência social para atendimento especializado. Será empreendida busca à família extensa, que respeitará o prazo máximo de 90 (noventa) dias, prorrogável por igual período. Na hipótese de não haver a indicação do genitor e de não existir outro representante da família extensa apto a receber a guarda, a autoridade judiciária competente deverá decretar a extinção do poder familiar e determinar a colocação da criança sob a guarda provisória de quem estiver habilitado a adotá-la ou de entidade que desenvolva programa de acolhimento familiar ou institucional. Após o nascimento da criança, a vontade da mãe ou de ambos os genitores, se houver pai registral ou pai indicado, deve ser manifestada em audiência, garantido o sigilo sobre a entrega (se eles desistirem da entrega a criança será mantida com eles, devendo a família ser acompanhada por 180 dias). Aqueles que estiverem na guarda da criança terão o prazo de 15 dias para proporem a ação de adoção. Este prazo é contado do dia SEGUINTE à data do término do estágio de convivência.

Ainda sobre o Marco Civil da Primeira Infância

Este quadro servirá para destacar uma quase imperceptível mudança, que ainda não pode ter seus efeitos mensurados, mas que, com certeza, estará na ordem do dia dos doutrinadores. Observe a redação do parágrafo 7º do art. 92, acrescido pela legislação protetiva de 2016:

> Art. 92. As entidades que desenvolvam programas de acolhimento familiar ou institucional deverão adotar os seguintes princípios:
>
> (...)
>
> § 7º Quando se tratar de criança de 0 (zero) a 3 (três) anos em acolhimento institucional, dar-se-á especial atenção à atuação de educadores de referência estáveis e qualitativamente significativos, às rotinas específicas e ao atendimento das necessidades básicas, incluindo as de **afeto** como prioritárias.

MUITA ATENÇÃO!

Note que destacamos a palavra utilizada pelo legislador, uma interessante inovação. Não havia no ECA qualquer menção à palavra afeto (e a legislação que toca às crianças e adolescentes faz uso da expressão cuidado) uma vez que não há qualquer base jurídica em tal terminologia. Contudo, a novel regulamentação abriu espaço para que se inicie discussão acerca da existência de um direito ao afeto, de tal elemento ser recepcionado como uma cláusula geral. Isto, somente o tempo dirá, mas fundamental que o leitor saiba que a nova legislação tornou real essa possibilidade.

4. FAMÍLIA NATURAL E FAMÍLIA EXTENSA

O ECA cria três definições de família: a **natural**, a **extensa** e a **substituta**. Esta última será vista adiante. Quanto às duas primeiras, deve-se perceber que:

A **Família natural** é a união de qualquer dos ascendentes e seus descendentes.

B **Família extensa** ou ampliada alcança, além da família natural, todos os parentes próximos que convivem com a criança mantendo com ela vínculos de afetividade.

MUITA ATENÇÃO!

Art. 102, §5º do ECA estabelece que os registros e certidões necessários à inclusão, a qualquer tempo, do nome do pai no assento de nascimento são isentos de multas, custas e emolumentos, gozando de absoluta prioridade. Ainda, a gratuidade também se aplica para os casos de perfilhação, ou seja, casos em que o reconhecimento se dá de forma voluntária.

A Lei 13.484/17, criou a naturalidade afetiva, possibilitando que a criança seja registrada como sendo natural do Município em que se deu o nascimento ou do Município de residência da mãe (no momento do nascimento), desde que localizado em território nacional. A opção cabe ao declarante no ato do registro do nascimento. Ainda, a mesma lei determina que a naturalidade passe a constar, obrigatoriamente, da Certidão de Nascimento, o que já era prática comum.

5. FAMÍLIA SUBSTITUTA

É a família nascida dos institutos jurídicos da guarda, tutela e adoção. Trata-se de situação excepcional, podendo ser definitiva (adoção) ou transitória (guarda e tutela). Sendo irmãos os que se apresentam à medida, deverão ser colocados em uma mesma família, evitando-se o desmembramento do grupo. Nesta linha, o parágrafo 15 do art. 50 do ECA, determina que *será assegurada prioridade no cadastro a pessoas interessadas em adotar criança ou adolescente com deficiência, com doença crônica ou com necessidades específicas de saúde, além de grupo de irmãos.*

A colocação deve ser **realizada sobre constante acompanhamento, que lhe precede a concessão**, através de apoio e orientação de equipe interdisciplinar.

Em se tratando de **família estrangeira**, somente é admitida a modalidade **adoção**, sendo, portanto, vedadas a guarda e a tutela.

> MUITA ATENÇÃO!
> **Participação do menor na concessão da guarda, tutela ou adoção:** em qualquer idade é possível ouvir-se a criança, respeitado o seu grau de desenvolvimento e de compreensão do fato. Contudo, após os 12 anos, ou seja, em sendo adolescente, será necessário que ele consinta em receber a intervenção da nova família.

6. GUARDA

Trata-se da conversão de uma **situação fática** (**guarda de fato**) em **jurídica**, ou a atribuição jurídica originária (quando não há prévia guarda de fato) de deveres de assistência material, moral e educacional para a criança ou adolescente, **sempre de forma provisória**. Cria para a criança ou adolescente a condição de dependente do que lhe tenha a guarda, como em relação à previdência.

Aquele que detém a **guarda** deve **proteger** o sujeito em desenvolvimento de **terceiros**, inclusive seus **pais biológicos**.

Guarda autônoma ou permanente	Guarda acessória ou provisória	Guarda peculiar
atribuída de forma excepcional, como meio de regular uma situação de necessidade específica do sujeito, não estando vinculada a um processo de concessão de tutela ou adoção.	é a que se dá em processos (de **forma liminar ou incidental**) de **tutela** ou **adoção** (exceto em adoção internacional, pois nesta não há guarda provisória).	Tem natureza *ad hoc* (para o caso), servindo para suprir a eventual falta dos pais, viabilizando ao guardião, inclusive, poderes de representação. Um bom exemplo é o do menor (já com 16 anos completos) que necessite realizar ato junto a uma instituição bancária, não podendo contar, no prazo assinado, com a presença dos pais.

Em nenhuma de suas formas ela impede o exercício do direito de visita e do dever de pagar alimentos (isto **porque não afeta o poder familiar**), **salvo se houver determinação judicial neste sentido.**

> MUITA ATENÇÃO!
> Não se deve confundir a **guarda compartilhada com a guarda alternada**, pois a primeira pressupõe exercício simultâneo dos direitos inerentes à guarda, enquanto na segunda existe uma alternância entre quem ficará com a guarda e quem ficará com o direito de visita (um período com cada um).

7. TUTELA

Esta medida, que **pressupõe a perda ou suspensão do poder familiar**, abarca também a guarda. Logo, o tutor tem, **também**, a **guarda do menor**. Só pode ser concedida para **menores de 18 anos. Tem caráter definitivo.**

Sempre é estabelecida pelo Poder Judiciário, podendo ter origem em nomeação dos pais por **documento autêntico ou por testamento**. Uma vez de posse deste documento, o pretenso tutor solicitará ao Judiciário que lhe nomeie. **Esta nomeação só ocorrerá se for, efetivamente, a melhor solução para o menor.** O Exame Unificado 2012.1, quando de sua reaplicação em Duque de Caxias, indagou ao examinando: "Acerca da colocação da criança ou adolescente em família substituta por meio da guarda e da tutela, é correto afirmar que". Para esta indagação o bacharel deveria atentar para as formas de destituição da tutela, percebendo que "o tutor assume o poder familiar em relação ao menor e, sendo assim, a destituição da tutela observa os mesmos requisitos da destituição do poder familiar." Isto se coaduna com a determinação do **art. 38 do ECA.**

8. ADOÇÃO

Esta medida insere de forma definitiva a pessoa em sua família substituta, rompendo os vínculos com a família natural (somente persistem os impedimentos matrimoniais). É medida excepcional, como todas as demais, pois, como já se viu, o ECA se norteia por manter a criança ou adolescente em sua família natural. Só pode ser exercida, através do ECA, **se o adotando for menor de 18 anos ao tempo de seu pedido, salvo se já estiver sob a guarda ou tutela dos adotantes.** Para maiores de 18 anos, segue-se o Código Civil (que hoje, utiliza a mesma regulamentação do ECA). **Após a adoção, a morte do adotante não restabelece o vínculo com a família natural.** A adoção deve, sempre, ser conduzida no melhor interesse da criança ou do adolescente, atentando-se que em caso de conflito entre direitos e interesses do adotando e de outras pessoas, inclusive seus pais biológicos, devem prevalecer os direitos e os interesses do adotando.

É ato personalíssimo, não aceitando representação convencional (mandato) para sua realização. Para que se tente manter o adotando o mais próximo de sua família natural, **o ECA dá preferência à família extensa para adotá-lo**, frisando-se que não podem ser adotantes os ascendentes e os irmãos do adotando. O Exame 2013.3 buscou aferir conhecimento acerca da vedação de adoção por parte de ascendentes ou irmãos do adotando!

O prazo máximo para conclusão da ação de adoção será de 120 (cento e vinte) dias, prorrogável uma única vez por igual período, mediante decisão fundamentada da autoridade judiciária.

Os divorciados, os judicialmente separados e os ex-companheiros podem adotar conjuntamente, contanto que acordem sobre a guarda e o regime de visitas e desde que o estágio de convivência tenha sido iniciado na constância do período de convivência e que seja comprovada a existência de vínculos de afinidade e afetividade com aquele não detentor da guarda, que justifiquem a excepcionalidade da concessão, conforme art. 42, §4º, ECA.

Quando um dos cônjuges ou companheiros adota filho do outro, mantêm-se os vínculos entre eles natural (a expressão filho natural é aqui utilizada apenas para simplificar o entendimento, visto que, na forma da Constituição, não pode haver qualquer diferenciação ou discriminação entre filhos).

A adoção é precedida de **estágio de convivência (cumprido em território nacional, preferencialmente, na comarca de residência da criança ou adolescente)**, **que pode ser dispensado em razão de anterior tutela ou guarda jurídica**, desde que se detecte tempo suficiente para balizar certeza do bom convívio.

Destaque-se que a simples **guarda fática não autoriza esta dispensa. O estágio de convivência com a criança ou adolescente deverá ter duração máxima de 90 (noventa) dias, observadas a idade da criança ou adolescente e as peculiaridades do caso.** Este prazo pode ser prorrogado uma única vez, por igual período, mediante decisão fundamentada da autoridade judiciária. A critério do juiz, o estágio de convivência poderá ser cumprido em cidade limítrofe, respeitada, em qualquer hipótese, a competência do juízo da comarca de residência da criança.

O estágio de convivência, em se tratando de **adoção internacional, deve se dar em território nacional**, por, **no mínimo, 30 dias**, e, **no máximo, 45 dias**, prorrogável por até igual período, uma única vez, mediante decisão fundamentada da autoridade judiciária

FIQUE POR DENTRO:

PROGRAMA DE APADRINHAMENTO

A Lei 13.509/17, que objetivou atualizar e dinamizar o processo de adoção em nosso país, consolidou a prática do apadrinhamento de crianças. Segundo o novo art. 19-B introduzido no ECA, *o apadrinhamento consiste em estabelecer e proporcionar à criança e ao adolescente vínculos externos à instituição para fins de convivência familiar e comunitária e colaboração com o seu desenvolvimento nos aspectos social, moral, físico, cognitivo, educacional e financeiro.* Tanto as pessoas físicas quanto as jurídicas podem apadrinhar criança ou adolescente, sendo que estes programas podem ser executados por órgãos públicos ou por organizações da sociedade civil.

Cada programa de apadrinhamento estabelecerá o perfil das crianças e adolescentes que poderão participar, sendo que deve ser observada a prioridade para crianças ou adolescentes com remota possibilidade de reinserção familiar ou colocação em família adotiva. O programa, assim, busca se apresentar como um paliativo enquanto não se concretiza a adoção. Se ocorrer violação das regras de apadrinhamento, os responsáveis pelo programa e pelos serviços de acolhimento deverão imediatamente notificar a autoridade judiciária competente.

FIQUE POR DENTRO:

No Exame Unificado 2019.1 foi questionado sobre o apadrinhamento, da seguinte forma: "Carla, de 11 anos de idade, com os pais destituídos do poder familiar, cresce em entidade de acolhimento institucional faz dois anos, sem nenhum interessado em sua adoção habilitado nos cadastros nacional ou internacional. Sensibilizado com a situação da criança, um advogado, que já possui três filhos, sendo um adotado, deseja acompanhar o desenvolvimento de Carla, auxiliando-a nos estudos e, a fim de criar vínculos com sua família, levando-a para casa nos feriados e férias escolares. De acordo com o Estatuto da Criança e do Adolescente, de que forma o advogado conseguirá obter a convivência temporária externa de Carla com sua família?" Dadas as características apresentadas, é o Apadrinhamento a solução desejada pelo Advogado.

A adoção é constituída, sempre, por meio de sentença, inscrita no registro civil (do mandado de inscrição não pode haver certidão). **A partir da inscrição**, a certidão de nascimento será exarada constando o nome dos novos pais e ascendentes, sem qualquer menção à adoção. A adoção implica modificação no sobrenome (patronímico) do adotando e, em relação ao seu nome (ou prenome), poderá ser solicitada sua alteração, desde que ouvido o adotando (sendo necessário seu **consentimento** após os **12 anos de idade**).

Em regra, **a sentença de adoção não tem efeito retroativo**, estabelecendo o vínculo somente a partir de seu trânsito em julgado. Pode ocorrer, contudo, que um ou os dois adotantes tenham falecido durante o processo, **quando a sentença retroagirá ao tempo da morte**, confirmando a denominada **adoção póstuma**.

O adotado **poderá após os 18 anos de idade, conhecer sua origem biológica**, em nada afetando a **adoção já estabelecida. Antes dos 18 anos**, é possível ao adotado ter acesso ao processo, mediante pedido ao Magistrado, devendo lhe ser assegurada orientação e assistência jurídica e psicológica.

Deve existir, em cada comarca ou foro, um **cadastro** de crianças e adolescentes que podem ser adotadas, além de um em que estarão os dados das pessoas habilitadas a adotar (**sendo necessário, previamente, participar de curso para preparação jurídica e psicossocial**). Para a inscrição no cadastro de possíveis adotantes, é necessária, ainda, **consulta aos órgãos técnicos do juizado** e **oitiva** do **Ministério Público.**

Para os não residentes no Brasil haverá **cadastro próprio**, sendo utilizado **somente se não houver candidatos nos cadastros nacional e estadual.**

A inscrição no cadastro é pressuposto para a adoção, somente sendo possível adotar sem nele constar, nos seguintes casos	**Adoção unilateral**: quando um dos cônjuges ou companheiros deseja adotar filho do outro – estando, sempre, condicionada ao melhor interesse da criança;
A inscrição no cadastro é pressuposto para a adoção, somente sendo possível adotar sem nele constar, nos seguintes casos	Em caso de solicitação feita por **parente com quem tenha a criança vínculos de afetividade**;
	Em se tratando de **criança maior de 3 anos**, de que se tem a tutela ou a guarda legal, desde que comprovados **os laços de afetividade e que não tenha ocorrido**, quando da obtenção desta criança, má-fé ou os crimes de subtração de criança para colocação em lar substituto (art. 237, ECA) ou de entrega de pupilo mediante paga (art. 238, ECA).

A adoção internacional é a que se dá em relação a pessoas que residam fora do território nacional. Assim, o critério ou elemento de estraneidade **não é a nacionalidade dos requerentes, mas o domicílio dos mesmos.** Os **brasileiros residentes no exterior terão preferência aos estrangeiros**, nos casos de adoção internacional de criança ou adolescente brasileiro (art. 51, §2º, ECA). Esta medida é excepcional e somente possível se cumulados três requisitos:

A A colocação em família adotiva é a solução **adequada** ao caso concreto;

B **foram esgotadas todas as possibilidades de colocação da criança ou adolescente em família adotiva brasileira, com a comprovação, certificada nos autos, da inexistência de adotantes habilitados residentes no Brasil com perfil compatível com a criança ou adolescente, após consulta aos cadastros mencionados nesta Lei;**

C Que, se o adotando for **adolescente**, foi ele **consultado** acerca de seu desejo e compreensão do fato.

É possível que a adoção internacional seja intermediada por organismo credenciado (sempre que a legislação do país de acolhida permitir).

Ainda, o Exame 2012.1 indagou ao bacharel o seguinte: "Um famoso casal de artistas residente e domiciliado nos Estados Unidos, em viagem ao Brasil para o lançamento do seu mais novo filme, se encantou por Caio, de 4 anos, a quem pretende adotar. Caio teve sua filiação reconhecida exclusivamente pela mãe Isabel, que, após uma longa conversa com o casal, concluiu que o melhor para o filho era ser adotado, tendo em vista que o famoso casal possuía condições infinitamente melhores de bem criar e educar Caio. Além disso, Isabel ficou convencida do amor espontâneo e sincero que o casal de imediato nutriu pelo menino. Ante a situação hipotética, é correto afirmar que". Para esta indagação, tem-se como correto que "a adoção internacional é medida excepcional; entretanto, em virtude do consentimento de Isabel para a adoção de seu filho pelo famoso casal, este só não terá prioridade se houver casal de brasileiro, residente no Brasil, habilitado para a adoção."

DICA IMPORTANTE

Atente para os **requisitos** de **credenciamento** de organismos junto à **Autoridade Central Federal Brasileira**:

1) Sejam oriundos de países signatários da Convenção de Haia, já credenciados em seu país sede e no país de acolhida do adotando;

2) Apresentarem padrões **éticos** e **morais** satisfatórios;

3) satisfizerem todos os **requisitos** apresentados pela Autoridade Central Federal Brasileira;

4) Devem ter fins não lucrativos;

5) Possuírem corpo dirigente qualificado e com idoneidade moral;

6) Estar sobre a supervisão das autoridades do país de sede e de acolhida;

7) Apresentar relatório anual à Autoridade Central Federal Brasileira, com as atividades desenvolvidas e com as adoções promovidas, com cópia enviada ao Departamento de Polícia Federal;

8) Enviar relatório pós-adotivo a cada 6 meses, à Autoridade Central Estadual, com cópia à Autoridade Central Federal Brasileira, por prazo mínimo de 2 anos. Enquanto o adotando não tiver cópia autenticada de seu registro civil no país de acolhida, será mantido o envio do relatório.

MUITA ATENÇÃO!

A **saída** do adotando do território nacional somente é possível após o **trânsito em julgado** da sentença concessiva da adoção internacional.

9. DO PROCEDIMENTO PARA COLOCAÇÃO EM FAMÍLIA SUBSTITUTA

O quadro a seguir apresenta, de forma sintética, o **procedimento base** para as variadas formas de colocação em família substituta, sendo o quadro precedido pelo procedimento específico de habilitação para a adoção.

Habilitação para adoção	Será iniciada mediante **petição.** A **autoridade judiciária terá 48 horas** para dar **vista** ao **MP**, que poderá, no prazo de **5 dias**, apresentar quesitos, requerer audiência para oitiva dos requerentes e de testemunhas, requerer juntada de documentos e outras diligências. É **obrigatória** a atuação de equipe **interprofissional**, para a elaboração de estudo psicossocial. É obrigatória a participação dos postulantes em programa oferecido pela Justiça da Infância e da Juventude, preferencialmente com apoio dos técnicos responsáveis pela execução da política municipal de garantia do direito à convivência familiar e dos grupos de apoio à adoção devidamente habilitados perante a Justiça da Infância e da Juventude, que inclua preparação psicológica, orientação e estímulo à adoção inter-racial, de crianças ou de adolescentes com deficiência, com doenças crônicas ou com necessidades específicas de saúde, e de grupos de irmão Esta preparação, sempre que possível e recomendável, incluirá o contato com crianças e adolescentes em regime de acolhimento familiar ou institucional, a ser realizado sob orientação, supervisão e avaliação da equipe técnica da Justiça da Infância e da Juventude e dos grupos de apoio à adoção, com apoio dos técnicos responsáveis pelo programa de acolhimento familiar e institucional e pela execução da política municipal de garantia do direito à convivência familiar. Após a certificação nos autos de que os postulantes participaram do referido programa, decidirá a autoridade judiciária em **48 horas** acerca dos pedidos do MP, determinando a juntada do estudo psicossocial e designará, **se necessária**, audiência. **Não havendo audiência** (em razão da não solicitação de diligências ou do indeferimento das solicitadas), será dada vista ao MP para manifestação em **5 dias**, passando a autoridade judiciária a decidir em **igual prazo.** **Sendo deferida**, a **inscrição** será **efetivada** respeitando-se a ordem cronológica e a disponibilidade de crianças e adolescentes **adotáveis**. A **ordem cronológica é regra**, somente podendo ser inobservada se for medida que melhor atenda ao interesse do adotando, conforme previsto no art. 50, § 13 do ECA. Em havendo **3 (três) recusas de adotandos**, os postulantes terão sua **habilitação reavaliada.** A desistência do pretendente em relação à guarda para fins de adoção ou a devolução da criança ou do adolescente **depois do trânsito em julgado da sentença** de adoção importará na sua **exclusão** dos cadastros de adoção
Habilitação para adoção	A habilitação deverá ser renovada trienalmente, com base em avaliação de equipe interprofissional. Quando o adotante se candidatar a uma nova adoção, será dispensável a renovação da habilitação, bastando a avaliação por equipe interprofissional. O prazo máximo para conclusão da habilitação à adoção será de 120 (cento e vinte) dias, prorrogável por igual período, mediante decisão fundamentada da autoridade judiciária.
Do pedido	• **Qualificação das partes**, com a apresentação do grau eventual de parentesco entre a criança/adolescente e os requerentes. • **Qualificação da criança ou adolescente** (incluindo o Cartório onde se encontra registrado) e de seus pais se forem conhecidos. • Indicação de **existência de bens ou direitos** da criança ou adolescente.
Pedido cartorial	Se os pais forem **falecidos**, **destituídos** ou **suspensos** de seu poder familiar, ou, **voluntariamente**, concordarem com a colocação em família substituta, poderá o pedido ser efetivado diretamente em cartório, em petição assinada pelos requerentes (**sem necessidade de intervenção de advogado**). O **consentimento dos pais** (que somente é possível após o **nascimento** da **criança**) será colhido pela autoridade judiciária e pelo representante do Ministério Público, com prévio esclarecimento feito por equipe interprofissional da Justiça da Infância e da Juventude. O examinando deve ter em conta esta possibilidade que vem sendo objeto de questionamento, como já ocorreu no Exame Unificado 2012.1, na prova reaplicada em Duque de Caxias. Na hipótese de concordância dos pais, o juiz na presença do Ministério Público, ouvirá as partes, devidamente assistidas por advogado ou por defensor público, para verificar sua concordância com a adoção, no prazo máximo de 10 (dez) dias, contado da data do protocolo da petição ou da entrega da criança em juízo, tomando por termo as declarações, ao final, declarando a extinção do poder familiar. O consentimento prestado por escrito pelos genitores, para sua validade, deverá ser ratificado em audiência e é retratável até este momento. Após, poderão os pais, até 10 (dez) dias contados a partir da sentença que extinguir o poder familiar, arrepender-se (indagação feita aos examinandos em 2018.2, no Exame de Ordem. Frise-se que o consentimento só tem valor após o nascimento da criança.
Estudo social	Realizado por **mandado** da autoridade judiciária, mediante **provocação** do Ministério Público, **requerimento** das partes ou mesmo **de ofício**, e balizará a decisão concessiva da colocação em família substituta. Este estudo pode ser substituído, se necessário, por perícia de equipe interprofissional. Com base nele o magistrado poderá decidir sobre a concessão de guarda provisória ou, em se tratando de adoção, do estágio de convivência.

Oitiva da criança ou adolescente	A oitiva da criança deve ocorrer sempre que possível (de acordo com seu desenvolvimento e possibilidade de compreensão do fato). Se maior de 12 anos (adolescente) **deve consentir** na medida.
Contraditório	Somente ocorrerá se a medida **implicar** perda ou suspensão do poder familiar.
Vista ao Ministério Público	Será concedida pelo **prazo de cinco dias**
Decisão	Após a manifestação do Ministério Público, **decidirá a autoridade judiciária em igual prazo de cinco dias**.
Termo de bom cumprimento	Sendo procedimento para a concessão de guarda legal, deverá o responsável, para assumir sua função, **prestar compromisso de fidelidade e bom cumprimento de sua atividade**.
Adoção internacional	Considera-se adoção internacional aquela na qual o pretendente possui residência habitual em país-parte da Convenção de Haia, de 29 de maio de 1993, relativa à Proteção das Crianças e à Cooperação em Matéria de Adoção Internacional, promulgada pelo Decreto no 3.087, de 21 junho de 1999, e deseja adotar criança em outro país-parte da Convenção. Segue o rito acima, com as seguintes especificidades apresentadas no art. 52 do ECA: "I – a pessoa ou casal estrangeiro, interessado em adotar criança ou adolescente brasileiro, deverá formular pedido de habilitação à adoção perante a Autoridade Central em matéria de adoção internacional no país de acolhida, assim entendido aquele onde está situada sua residência habitual; II – se a Autoridade Central do país de acolhida considerar que os solicitantes estão habilitados e aptos para adotar, emitirá um relatório que contenha informações sobre a identidade, a capacidade jurídica e adequação dos solicitantes para adotar, sua situação pessoal, familiar e médica, seu meio social, os motivos que os animam e sua aptidão para assumir uma adoção internacional; III – a Autoridade Central do país de acolhida enviará o relatório à Autoridade Central Estadual, com cópia para a Autoridade Central Federal Brasileira;
Adoção internacional	IV – o relatório será instruído com toda a documentação necessária, incluindo estudo psicossocial elaborado por equipe interprofissional habilitada e cópia autenticada da legislação pertinente, acompanhada da respectiva prova de vigência; V – os documentos em língua estrangeira serão devidamente autenticados pela autoridade consular, observados os tratados e convenções internacionais, e acompanhados da respectiva tradução, por tradutor público juramentado; VI – a Autoridade Central Estadual poderá fazer exigências e solicitar complementação sobre o estudo psicossocial do postulante estrangeiro à adoção, já realizado no país de acolhida; VII – verificada, após estudo realizado pela Autoridade Central Estadual, a compatibilidade da legislação estrangeira com a nacional, além do preenchimento por parte dos postulantes à medida dos requisitos objetivos e subjetivos necessários ao seu deferimento, tanto à luz do que dispõe esta Lei como da legislação do país de acolhida, será expedido laudo de habilitação à adoção internacional, que terá validade por, no máximo, 1 (um) ano; VIII – de posse do laudo de habilitação, o interessado será autorizado a formalizar pedido de adoção perante o Juízo da Infância e da Juventude do local em que se encontra a criança ou adolescente, conforme indicação efetuada pela Autoridade Central Estadual."

EM RESUMO: Do Sujeito Protegido e seus Direitos Fundamentais	
Criança	Pessoa em fase de desenvolvimento precoce, que possua até 12 anos de idade incompletos.
Adolescente	Pessoa em formação definitiva, está compreendido entre os maiores de 12 anos e os menores de 18 anos.
Direitos da Criança e Adolescente	• Direito à vida e à saúde; • Direito à liberdade, ao respeito e à dignidade; • Direito à convivência familiar e comunitária; • Direito à educação, à cultura, ao esporte e ao lazer; • Direito à profissionalização e à proteção no trabalho.

CAPÍTULO II

DA PREVENÇÃO

1. NOÇÕES

Tanto a sociedade, o Estado, a família, quanto qualquer cidadão, **TODOS** têm o dever de prevenir qualquer violação a direitos da criança ou do adolescente.

2. PREVENÇÃO ESPECIAL

Quando do acesso à cultura a pessoa em desenvolvimento tem direito a ser resguardada em sua **integridade física e moral**, assim, deve conhecer os espetáculos, programas e atividades culturais recomendados para sua idade além de quando sua apresentação é apropriada.

Crianças **menores de 10 anos** somente podem participar de **apresentações** e de **permanecer** em tais locais, se **acompanhados** dos pais ou responsável. Ao **público infantil** ainda é dado especial direito, visto que as emissoras de rádio e televisão somente exibirão, **no horário às crianças reservado, programas educacionais, artísticos, culturais e informativos**.

A locação de **DVDs, FITAS VHS e congêneres** deve ser adequada para as crianças, devendo ser tomadas medidas para que elas não sejam expostas a materiais impróprios.

Neste mesmo sentido, **as revistas e publicações com materiais impróprios ou inadequados**, devem ser comercializadas em **embalagem lacrada e com aviso de advertência sobre seu conteúdo.**

Já as publicações destinadas às crianças e adolescentes **não podem conter qualquer alusão a bebidas alcoólicas, tabaco, armas e munições**, devendo respeitar os valores éticos e sociais da pessoa e da família.

É proibida a venda de armas, munições ou explosivos às crianças e adolescentes. Assim também, proibida é a venda **de psicotrópicos, fogos de estampido ou de artifício** (exceto os a eles destinados), **bilhetes lotéricos, bebidas alcoólicas e revistas impróprias.**

O **Exame Unificado 2010.1** apresentou como correta alternativa em que se afirmava ser "proibida a venda de bilhetes da Mega-Sena a crianças e adolescentes".

Crianças e adolescentes também **não podem** se hospedar em hotéis, motéis ou congêneres, salvo se autorizados ou acompanhados pelos pais ou responsável, **tratando-se o fato como infração administrativa.** Interessante notar que isto foi cobrado nos **Exames, 2012.3, 2012.4 e 2014.2. Atenção, portanto, leitor!**

3. AUTORIZAÇÃO PARA VIAJAR

Qualquer viagem **para fora da comarca** (desde que em território nacional) em que **residem é vedada às crianças e aos adolescentes menores de 16 anos**, ressalvada a **autorização judicial ou se estiver acompanhada dos pais.**

A autorização não será exigida se: a) a viagem envolver comarca contígua (desde que na mesma unidade da Federação) **ou em mesma região metropolitana; b) a criança/adolescente menor de 16 anos estiver acompanhada(o) de colateral** (até o terceiro grau) **ou ascendente; c) a criança/adolescentes menor de 16 anos estiver acompanhada(o) de pessoa autorizada pelos pais** (basta autorização do pai ou da mãe) ou responsável. **Pode ser concedida autorização, pela autoridade judiciária, pelo prazo de 2 anos. Esta temática vem sendo cobrada de forma recorrente!**

Nas **viagens ao exterior** só não será necessária autorização judicial se estiver a criança com os pais ou responsável ou se com apenas um dos pais mediante autorização do outro em documento **com firma reconhecida.**

A Lei 13.726/18, em seu art. 3º, I, estabeleceu que:

> VI - apresentação de autorização com firma reconhecida para viagem de menor se os pais estiverem presentes no embarque.

Desta forma, entende-se como possível o suprimento da firma reconhecida, nos termos da nova legislação. Contudo, deve-se frisar, a resolução CNJ que trata do tema, permanece inalterada.

O Conselho Nacional de Justiça editou a Resolução 131 buscando simplificar a viagem de menores ao exterior. Veja o quadro resumo:

Para cada criança ou adolescente deve haver uma autorização.

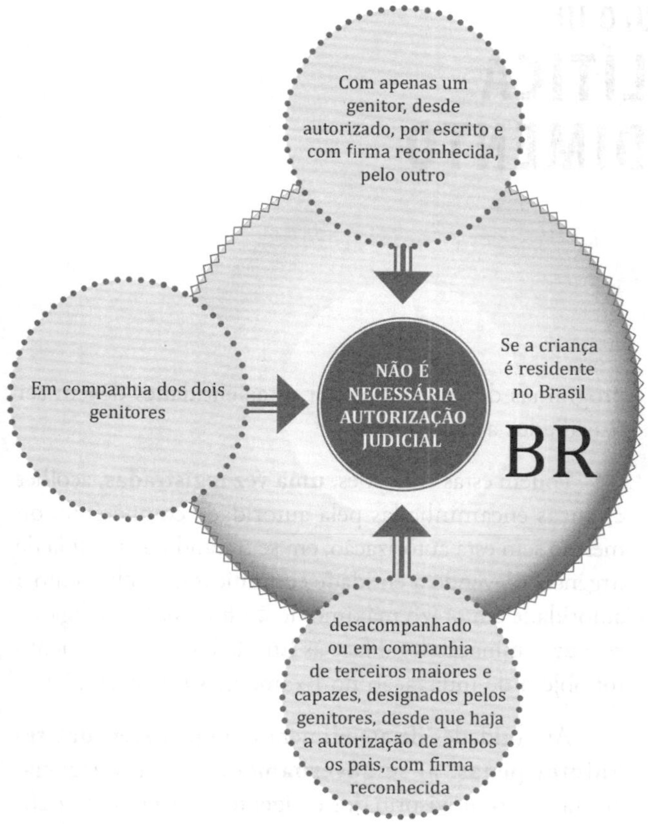

EM RESUMO: Da Prevenção	
Noções	Tanto a sociedade, o Estado, a família, quanto qualquer cidadão, todos têm o dever de prevenir qualquer violação a direitos da criança ou do adolescente.
Autorização para viajar	• **Território nacional:** A autorização não será exigida se: a) a viagem envolver comarca contígua (desde que na mesma unidade da Federação) ou em mesma região metropolitana; ou b) a criança estiver acompanhada de colateral (até o terceiro grau) ou ascendente; c) a criança estiver acompanhada ou ainda com de pessoa autorizada pelos pais (basta autorização do pai ou da mãe) ou responsável. Pode ser concedida autorização, pela autoridade judiciária, pelo prazo de 2 anos. • **Viagens ao exterior:** só não será necessária autorização judicial se estiver a criança com os pais ou responsável ou se com apenas um dos pais mediante autorização do outro em documento com firma reconhecida. A Lei 13.726/18, em seu art. 3º, I, estabeleceu que: VI - apresentação de autorização com firma reconhecida para viagem de menor se os pais estiverem presentes no embarque. Desta forma, entende-se como possível o suprimento da firma reconhecida, nos termos da nova legislação. Contudo, deve-se frisar, a resolução CNJ que trata do tema, permanece inalterada.

CAPÍTULO III
DA POLÍTICA DE ATENDIMENTO

1. ASPECTOS FUNDAMENTAIS

Existe uma estrutura dedicada ao atendimento da criança e do adolescente e do resguardo de seus direitos.

Na esfera federal – CONANDA – **Conselho Nacional dos Direitos da Criança e do Adolescente**.

Nos **estados – Conselhos estaduais dos Direitos da Criança e do Adolescente**.

E nos **municípios – Conselhos municipais dos Direitos da Criança e do Adolescente**.

As atividades dos membros dos Conselhos Estadual e Municipal são consideradas de interesse público relevante e não remuneradas.

Deve-se, ainda, frisar a atuação do Ministério Público, dos Juízes da Infância e adolescência e das Entidades de atendimento.

2. ENTIDADES DE ATENDIMENTO

As entidades de atendimento, **são responsáveis pelo planejamento e execução de programas de proteção em relação ao ser em desenvolvimento que esteja sob orientação e apoio sociofamiliar**, apoio socioeducativo em meio aberto, colocação familiar, acolhimento institucional, liberdade assistida, semiliberdade ou internação.

A Lei 12.594/12 acrescentou a este rol a "prestação de serviços à comunidade".

Qualquer entidade não governamental **somente pode iniciar** suas funções após devidamente registradas no Conselho Municipal dos Direitos da Criança e do Adolescente. Este registro tem validade **de 4 anos**. Já os programas desenvolvidos por estas entidades devem ser reavaliados a cada **2 anos**.

Podem estas entidades, **uma vez registradas**, acolher crianças encaminhadas pela autoridade competente, ou mesmo sem esta autorização, em se tratando de medida de urgência (devendo a entidade comunicar o acolhimento à autoridade em prazo máximo de **24 horas**). Fique ligado, essa determinação legal face às Entidades de Acolhimento foi objeto de indagação no Exame de Ordem 2022.1

As entidades de atendimento são **passíveis das seguintes penas**: a) **se governamentais** – advertência, afastamento provisório dos dirigentes, afastamento definitivo dos dirigentes e fechamento da unidade/interdição de programa; b) **se não governamentais** – advertência, suspensão total ou parcial do repasse de verbas públicas, interdição de unidades/suspensão de programas, cassação do registro (art. 97, ECA).

EM RESUMO: Da Política de Atendimento	
Estrutura organizacional de atendimento e resguardo dos direitos da criança e do adolescente	• **Federal** – Conselho Nacional dos Direitos da Criança e do Adolescente. • **Estadual** – Conselhos Estaduais dos Direitos da Criança e do Adolescente. • **Municipal** – Conselhos Municipais dos Direitos da Criança e do Adolescente. • Ministério Público, Juízes da Infância e da juventude e Entidades de atendimento.
Entidades de atendimento	São responsáveis pelo planejamento e execução de programas de proteção em relação ao ser em desenvolvimento que esteja sob orientação e apoio sociofamiliar, apoio socioeducativo em meio aberto, colocação familiar, acolhimento institucional, liberdade assistida, semiliberdade ou internação.

CAPÍTULO IV
DAS MEDIDAS DE PROTEÇÃO

1. NOÇÕES

As medidas de proteção podem ser aplicadas de forma **cumulada ou isolada**, além de serem **cambiáveis** a qualquer tempo, visando à plena (re)integração do ser em desenvolvimento ao meio social.

2. PRINCÍPIOS NORTEADORES DAS MEDIDAS DE PROTEÇÃO

- As crianças e adolescentes são sujeitos de direitos;
- Responsabilidade primária e solidária do poder público;
- Privacidade;
- Intervenção mínima;
- Responsabilidade parental;
- Obrigatoriedade da informação;
- Proteção integral e prioritária;
- Interesse superior da criança e do adolescente;
- Intervenção precoce;
- Proporcionalidade e atualidade;
- Prevalência da família;
- Oitiva obrigatória e participação.

3. MEDIDAS QUE PODEM SER APLICADAS

O art. 98 determina que podem ser aplicadas medidas sempre que a criança ou adolescente estiverem ameaçados por ação ou omissão do Estado, da sociedade; por falta, omissão ou abuso de seus pais ou responsáveis ou por sua própria conduta. As medidas possíveis estão elencadas no art. 101 e são:

> I – encaminhamento aos pais ou responsável, mediante termo de responsabilidade;
>
> II – orientação, apoio e acompanhamento temporários;
>
> III – matrícula e frequência obrigatórias em estabelecimento oficial de ensino fundamental;
>
> IV – inclusão em serviços e programas oficiais ou comunitários de proteção, apoio e promoção da família, da criança e do adolescente;
>
> V – requisição de tratamento médico, psicológico ou psiquiátrico, em regime hospitalar ou ambulatorial;
>
> VI – inclusão em programa oficial ou comunitário de auxílio, orientação e tratamento a alcoólatras e toxicômanos;
>
> VII – acolhimento institucional;
>
> VIII – inclusão em programa de acolhimento familiar;
>
> IX – colocação em família substituta.

Todas **estas medidas são acompanhadas da regularização do registro civil**, sempre que isto se fizer necessário. **Não havendo assento de nascimento**, este será confeccionado com base nos elementos que existirem, sem qualquer ônus.

Não se confundem com estas medidas as que podem ser tomadas em razão da prática de ato infracional, que passa a ser visto agora.

4. ATO INFRACIONAL

É qualquer conduta que seja tipificada como delito, seja crime ou contravenção. Lembre-se que vale a máxima *tempus regit actum*, ou seja, **o momento da conduta é que determinará a idade a ser considerada.**

Sempre que o autor do ato infracional for criança (menor de 12 anos), a ele serão aplicadas as medidas do art. 101. Mas NUNCA com caráter punitivo.

O **adolescente infrator** poderá ser apreendido em flagrante de ato infracional ou em se tratando de ordem escrita da autoridade judicial. **Assim que apreendido**, deve o fato ser comunicado ao juiz, à família ou à pessoa indicada pelo adolescente.

> **MUITA ATENÇÃO!**
>
> O STJ editou a Súmula 605, estabelecendo que "a superveniência da maioridade penal não interfere na apuração de ato infracional nem na aplicabilidade de medida socioeducativa em curso, inclusive na liberdade assistida, enquanto não atingida a idade de 21 anos". (Súmula 605, TERCEIRA SEÇÃO, julgado em 14/03/2018, DJe 19/03/2018)

Pode haver internação anterior à sentença, por prazo máximo de **45 dias**. São garantias processuais aplicáveis aos adolescentes (lembrando-se que a eles se aplicam todas as demais, aplicáveis aos maiores) – art. 111, ECA:

> I – pleno e formal conhecimento da atribuição de ato infracional, mediante citação ou meio equivalente;
>
> II – igualdade na relação processual, podendo confrontar-se com vítimas e testemunhas e produzir todas as provas necessárias à sua defesa;
>
> III – defesa técnica por advogado;
>
> IV – assistência judiciária gratuita e integral aos necessitados, na forma da lei;
>
> V – direito de ser ouvido pessoalmente pela autoridade competente;
>
> VI – direito de solicitar a presença de seus pais ou responsável em qualquer fase do procedimento.

Uma vez ocorrido o ato infracional será desencadeado **processo baseado no princípio da ampla defesa e do contraditório**, sendo possível a aplicação das seguintes medidas socioeducativas (art. 112, ECA):

A Advertência: repreensão verbal, que deve ser reduzida a termo e assinada;

B Obrigação de reparar o dano: através da restituição da coisa ou qualquer outro modo de compensação do prejuízo sofrido pela vítima. Se o infrator não tiver possibilidade de indenizar, a medida será substituída;

C Prestação de serviços à comunidade: tarefas desempenhadas em instituição de relevância social, comunitária ou governamental, por período não superior a 6 meses, em jornada semanal não superior a 8 horas, em qualquer dia da semana, desde que não atrapalhe a frequência à escola ou o trabalho regular desempenhado pelo infrator;

D Liberdade assistida: tem por fim o acompanhamento, auxílio ou orientação do adolescente, sendo estabelecida por um prazo mínimo de 6 meses, podendo ser prorrogada ou substituída a qualquer tempo. Nela o orientador deverá: *promover socialmente o adolescente e sua família, fornecendo-lhes orientação e inserindo-os, se necessário, em programa oficial ou comunitário de auxílio e assistência social; II – supervisionar a frequência e o aproveitamento escolar do adolescente, promovendo, inclusive, sua matrícula; III – diligenciar no sentido da profissionalização do adolescente e de sua inserção no mercado de trabalho; IV – apresentar relatório do caso.*

E Inserção em regime de semiliberdade: podendo ser aplicada como medida originária ou como medida em conversão, para possibilitar o retorno do menor ao meio social, não podendo ser aplicada por tempo determinado e tendo como requisitos a frequência à escola e ao sistema profissionalizante;

F Internação em estabelecimento educacional: aplicada de forma breve, excepcional e com respeito às características peculiares da pessoa em desenvolvimento, não comportando prazo determinado (sendo necessária a reavaliação da situação do menor a cada 6 meses) e tendo como limite máximo 3 anos. Extrapolado este prazo o adolescente será colocado em regime de liberdade assistida ou de semiliberdade, ou ainda, poderá ser liberado. **A liberação é compulsória aos 21 anos** (não houve modificação desta idade em razão da redução da maioridade civil).

> **MUITA ATENÇÃO!** A internação só pode ser aplicada se se tratar de ato cometido com violência ou grave ameaça, por cometimento reiterado de infrações graves ou por descumprimento continuado e não justificável de medida aplicada. Neste último caso, somente poderá durar 3 meses a internação.

Deve ser realizada em entidade própria, sendo obrigatório que se desenvolvam atividades de cunho pedagógico. Durante a internação é vedada a incomunicabilidade, mas é possível que se determine a suspensão temporária, pela autoridade judiciária, de visitas, até mesmo dos pais ou responsável, se isto se fizer em prol do adolescente. Atente-se para esta questão, já cobrada no Exame Unificado, em sua edição 2012.2.

É permitida a realização de atividades externas, situação que pode ser restringida por determinação judicial. (A Lei 12.594/12 esclarece que este impedimento pode ser revisto a qualquer tempo pelo juiz).

G Qualquer uma das previstas no art. 101, I a VI. Estas medidas podem ser aplicadas individual ou cumulativamente, sendo sempre necessário atentar-se ao caráter pedagógico da mesma, além de se buscar a plena inserção do indivíduo na comunidade e na família.

Quando da aplicação da medida deve-se levar em conta a capacidade para cumpri-la, as circunstâncias em que se deu o fato e a gravidade da infração, sendo proibida a imposição de trabalho forçado.

> **MUITA ATENÇÃO!** A advertência pode ser aplicada em havendo **prova da materialidade** e **indícios suficientes de autoria**. As demais medidas somente poderão ser aplicadas havendo **provas suficientes de autoria** e da **materialidade**.

DICA IMPORTANTE

As medidas socioeducativas são tema comum nos exames de ordem, assim, no **Exame Unificado 2010.3**, apresentou-se como correta a alternativa que contemplava resposta geral sobre o ECA, com o seguinte conteúdo: "em se tratando de ato infracional com reflexos patrimoniais, a autoridade poderá determinar, se for o caso, que o adolescente restitua a coisa, promova o ressarcimento do dano, ou, por outra forma, compense o prejuízo da vítima.

5. REMISSÃO

Trata-se de, antes de iniciado o processo, aplicação do perdão ao adolescente, sempre que as condições de atuação, personalidade, contexto social e consequências do ato forem indicativas desta possibilidade. Não haverá qualquer registro de antecedente, mas poderá ser aplicada medida socioeducativa, exceto a semiliberdade e a internação. Pode também ser aplicada após iniciado o processo, quando importará a suspensão ou extinção.

Este instituto foi tema do **Exame Unificado 2009.3**, que apresentou questão geral sobre o ECA, tendo como resposta correta a alternativa que afirmava que "as medidas socioeducativas de semiliberdade e de internação por prazo indeterminado não podem ser incluídas na remissão, sendo admissível a sua aplicação somente após a instrução processual em sede de sentença de mérito".

6. MEDIDAS APLICÁVEIS AOS PAIS OU RESPONSÁVEIS

Também os que devem velar pelo ser em desenvolvimento podem ser submetidos a medidas especiais de caráter pedagógico. Sendo elas (art. 129, ECA):

> I – encaminhamento a serviços e programas oficiais ou comunitários de proteção, apoio e promoção da família;
>
> II – inclusão em programa oficial ou comunitário de auxílio, orientação e tratamento a alcoólatras e toxicômanos;
>
> III – encaminhamento a tratamento psicológico ou psiquiátrico;
>
> IV – encaminhamento a cursos ou programas de orientação;
>
> V – obrigação de matricular o filho ou pupilo e acompanhar sua frequência e aproveitamento escolar;
>
> VI – obrigação de encaminhar a criança ou adolescente a tratamento especializado;
>
> VII – advertência;
>
> VIII – perda da guarda;
>
> IX – destituição da tutela;
>
> X – suspensão ou destituição do poder familiar.

Se a situação envolver maus-tratos, opressão ou abuso sexual impostos pelos pais ou responsável, **poderá o juiz determinar o afastamento do agressor da moradia comum, possibilidade esta abordada no Exame de Ordem 2018.1**. Quando da determinação da **medida de afastamento**, **serão fixados alimentos provisórios custeados pelo agressor**, em favor da criança (ou adolescente) agredida (art. 130, parágrafo único, com redação dada pela Lei 12.415/11). A possibilidade de fixação de alimentos foi indagada no Exame de Ordem 2018.3, nos termos seguintes: "Joaquim, adolescente com 15 anos de idade, sofre repetidas agressões verbais por parte de seu pai, José, pessoa rude que nunca se conformou com o fato de Joaquim não se identificar com seu sexo biológico. Os atentados verbais chegaram ao ponto de lançar Joaquim em estado de depressão profunda, inclusive sendo essa clinicamente diagnosticada." Como resposta, a banca apontou que o "juízo competente poderá determinar o afastamento de José da residência em que vive com Joaquim, como medida cautelar para evitar o agravamento do dano psicológico do adolescente, podendo, inclusive, fixar pensão alimentícia provisória para o suporte de Joaquim."

7. CONSELHO TUTELAR

Trata-se de órgão incumbido de zelar pelo cumprimento dos direitos da criança e do adolescente. **É autônomo e permanente, sem caráter jurisdicional.** Deve existir em cada Município (ou Região Administrativa, no caso do DF), sendo composto por, no mínimo, **5 membros**, mediante votação popular com **mandato de 4 (quatro) anos** (novo período determinado pela Lei 12.696/12 – muita atenção candidato!), sendo a recondução por novos processos de escolha. Pode haver remuneração, estabelecida em lei municipal. A eleição "ocorrerá em data unificada em todo o território nacional a cada 4 (quatro) anos, **no primeiro domingo do mês de outubro do ano subsequente ao da eleição presidencial**." A **posse** dos Conselheiros será no dia **10 de janeiro** do ano posterior ao do pleito! **E lembre-se:** "no processo de escolha dos membros do Conselho Tutelar, é vedado ao candidato doar, oferecer, prometer ou entregar ao eleitor bem ou vantagem pessoal de qualquer natureza, inclusive brindes de pequeno valor."

Para se candidatar é necessário **ter idoneidade moral, ser maior de 21 anos e ter residência no município.** Àquele que exercer tal função será firmada presunção de idoneidade moral. Atenção! **Não** mais tem **direito a prisão especial** o Conselheiro Tutelar, de acordo com a nova redação do art. 135 do ECA (modificado pela Lei 12.696/12).

O processo de escolha **é de responsabilidade do Conselho Municipal de Direitos da Criança e do**

Adolescente, sob a **fiscalização** do Ministério Público. **Atenção! Art. 140 ECA**: "São impedidos de servir no mesmo Conselho marido e mulher, ascendentes e descendentes, sogro e genro ou nora, irmãos, cunhados, durante o cunhadio, tio e sobrinho, padrasto ou madrasta e enteado. Parágrafo único. Estende-se o impedimento do conselheiro, na forma deste artigo, em relação à autoridade judiciária e ao representante do Ministério Público com atuação na Justiça da Infância e da Juventude, em exercício na comarca, foro regional ou distrital." Fique atento, este tema já foi objeto de avaliação no Exame de Ordem.

São **atribuições** do Conselho Tutelar (art. 136, ECA):

> I – atender as crianças e adolescentes nas hipóteses previstas nos arts. 98 e 105, aplicando as medidas previstas no art. 101, I a VII;
>
> II – atender e aconselhar os pais ou responsável, aplicando as medidas previstas no art. 129, I a VII;
>
> III – promover a execução de suas decisões, podendo para tanto:
>
> a) requisitar serviços públicos nas áreas de saúde, educação, serviço social, previdência, trabalho e segurança;
>
> b) representar junto à autoridade judiciária nos casos de descumprimento injustificado de suas deliberações.
>
> IV – encaminhar ao Ministério Público notícia de fato que constitua infração administrativa ou penal contra os direitos da criança ou adolescente;
>
> V – encaminhar à autoridade judiciária os casos de sua competência;
>
> VI – providenciar a medida estabelecida pela autoridade judiciária, dentre as previstas no art. 101, de I a VI, para o adolescente autor de ato infracional;
>
> VII – expedir notificações;
>
> VIII – requisitar certidões de nascimento e de óbito de criança ou adolescente quando necessário;
>
> IX – assessorar o Poder Executivo local na elaboração da proposta orçamentária para planos e programas de atendimento dos direitos da criança e do adolescente;
>
> X – representar, em nome da pessoa e da família, contra a violação dos direitos previstos no art. 220, § 3º, inciso II, da Constituição Federal;
>
> XI – representar ao Ministério Público para efeito das ações de perda ou suspensão do poder familiar, após esgotadas as possibilidades de manutenção da criança ou do adolescente junto à família natural.
>
> XII – **promover e incentivar**, na comunidade e nos grupos profissionais, **ações de divulgação e treinamento para o reconhecimento** de sintomas de **maus-tratos** em crianças e adolescentes. **(MUITA ATENÇÃO! Este inciso foi acrescentado pela Lei 13.046/14)**

O examinando deve dar especial atenção ao art. 134 do ECA, que, após a Lei 12.696/12, passa a determinar que são **direitos dos Conselheiros Tutelares**: cobertura previdenciária; gozo de férias anuais remuneradas, acrescidas de 1/3 (um terço) do valor da remuneração mensal; licença-maternidade; licença-paternidade; gratificação natalina.

Teste seu conhecimento!

(FGV – Exame de Ordem – 2021.1) A proteção da estrutura familiar da criança e do adolescente e o fomento ao convívio familiar em condições salutares à pessoa em desenvolvimento fizeram com que o legislador, na concepção do Estatuto da Criança e do Adolescente, previsse medidas aplicáveis aos pais ou responsáveis em casos de problemas familiares envolvendo crianças e adolescentes.

Diante do exposto, assinale a afirmativa correta.

A) As medidas de inclusão em programa oficial ou comunitário de auxílio, de orientação e tratamento a alcoólatras e toxicômanos, e de encaminhamento a tratamento psicológico ou psiquiátrico podem ser aplicadas direta e autonomamente pelos Conselhos Tutelares.

B) As medidas de encaminhamento a cursos ou programas de orientação e de matricular obrigatoriamente o filho ou pupilo e acompanhar sua frequência e seu aproveitamento escolar somente podem ser aplicadas pela autoridade judiciária.

C) As medidas de encaminhamento a serviços e programas oficiais ou comunitários de proteção, apoio e promoção da família e de obrigação de encaminhar a criança ou o adolescente a tratamento especializado não podem ser aplicadas diretamente pelos Conselhos Tutelares.

D) As medidas de encaminhamento a tratamento psiquiátrico, de perda da guarda, de destituição da tutela ou de suspensão ou destituição do poder familiar somente podem ser aplicadas pela autoridade judiciária.

Resposta no rodapé[1].

FIQUE POR DENTRO:

Lei 13.340, de 18 de maio de 2022 (com vigência imediata)

Esta lei visa garantir contato entre a criança ou adolescente e o genitor que estiver em condição de suspensão do poder familiar.

Desta forma, assegurar-se-á à criança ou ao adolescente e ao genitor garantia mínima de visitação assistida no fórum em que tramita a ação ou em entidades conveniadas com a Justiça, ressalvados os casos em que há iminente risco de prejuízo à integridade física ou psicológica da criança ou do adolescente, atestado por acompanhamento psicológico ou o biopsicossocial deve ser submetido a avaliações periódicas, com a emissão, pelo menos, de um laudo inicial, que contenha a avaliação do caso e o indicativo da metodologia a ser empregada, e de um laudo final, ao término do acompanhamento. profissional eventualmente designado pelo juiz para acompanhamento das visitas.

1 Alternativa correta – a. Conforme art. 136, I c/c 101, VI, do ECA.

Imputa nulidade processual se o depoimento de criança ou adolescente não se der através da escuta especializada e depoimento especial, na forma da Lei nº 13.431, DE 4 DE ABRIL DE 2017.

Quando da concessão de liminar para suspensão do poder familiar, detectando o magistrado indícios de ato de violação de direitos de criança ou de adolescente, fará comunicar ao MP.

Os processos em curso a que se refere a Lei nº 12.318, de 26 de agosto de 2010, que estejam pendentes de laudo psicológico ou biopsicossocial há mais de 6 (seis) meses, quando da publicação desta Lei, terão prazo de 3 (três) meses para a apresentação da avaliação requisitada.

Lei 13.344, de 24 de maio de 2022 (entra em vigor quarenta e cinco dias após a publicação) – Lei Henry Borel

Ela instituiu o dia 03 de maio como Dia Nacional de Combate à Violência Doméstica e Familiar contra a Criança e o Adolescente, em homenagem ao menino Henry Borel.

Em caso de castigo físico ou tratamento cruel a criança ou adolescente terá garantia de tratamento de saúde especializado.

No art. 70-A, em que se prevê medidas por parte da União, Estados, Distrito Federal e Municípios, passam a contar como novas diretrizes:

FIQUE POR DENTRO:

"VII - a promoção de estudos e pesquisas, de estatísticas e de outras informações relevantes às consequências e à frequência das formas de violência contra a criança e o adolescente para a sistematização de dados nacionalmente unificados e a avaliação periódica dos resultados das medidas adotadas;

VIII - o respeito aos valores da dignidade da pessoa humana, de forma a coibir a violência, o tratamento cruel ou degradante e as formas violentas de educação, correção ou disciplina;

IX - a promoção e a realização de campanhas educativas direcionadas ao público escolar e à sociedade em geral e a difusão desta Lei e dos instrumentos de proteção aos direitos humanos das crianças e dos adolescentes, incluídos os canais de denúncia existentes;

X - a celebração de convênios, de protocolos, de ajustes, de termos e de outros instrumentos de promoção de parceria entre órgãos governamentais ou entre estes e entidades não governamentais, com o objetivo de implementar programas de erradicação da violência, de tratamento cruel ou degradante e de formas violentas de educação, correção ou disciplina;

XI - a capacitação permanente das Polícias Civil e Militar, da Guarda Municipal, do Corpo de Bombeiros, dos profissionais nas escolas, dos Conselhos Tutelares e dos profissionais pertencentes aos órgãos e às áreas referidos no inciso II deste caput, para que identifiquem situações em que crianças e adolescentes vivenciam violência e agressões no âmbito familiar ou institucional;

XII - a promoção de programas educacionais que disseminem valores éticos de irrestrito respeito à dignidade da pessoa humana, bem como de programas de fortalecimento da parentalidade positiva, da educação sem castigos físicos e de ações de prevenção e enfrentamento da violência doméstica e familiar contra a criança e o adolescente;

XIII - o destaque, nos currículos escolares de todos os níveis de ensino, dos conteúdos relativos à prevenção, à identificação e à resposta à violência doméstica e familiar."

E, por fim, como destaque, foram incluídas as seguintes atribuições para os Conselhos Tutelares:

FIQUE POR DENTRO:

"XIII - adotar, na esfera de sua competência, ações articuladas e efetivas direcionadas à identificação da agressão, à agilidade no atendimento da criança e do adolescente vítima de violência doméstica e familiar e à responsabilização do agressor;

XIV - atender à criança e ao adolescente vítima ou testemunha de violência doméstica e familiar, ou submetido a tratamento cruel ou degradante ou a formas violentas de educação, correção ou disciplina, a seus familiares e a testemunhas, de forma a prover orientação e aconselhamento acerca de seus direitos e dos encaminhamentos necessários;

XV - representar à autoridade judicial ou policial para requerer o afastamento do agressor do lar, do domicílio ou do local de convivência com a vítima nos casos de violência doméstica e familiar contra a criança e o adolescente;

XVI - representar à autoridade judicial para requerer a concessão de medida protetiva de urgência à criança ou ao adolescente vítima ou testemunha de violência doméstica e familiar, bem como a revisão daquelas já concedidas;

XVII - representar ao Ministério Público para requerer a propositura de ação cautelar de antecipação de produção de prova nas causas que envolvam violência contra a criança e o adolescente;

XVIII - tomar as providências cabíveis, na esfera de sua competência, ao receber comunicação da ocorrência de ação ou omissão, praticada em local público ou privado, que constitua violência doméstica e familiar contra a criança e o adolescente;

XIX - receber e encaminhar, quando for o caso, as informações reveladas por noticiantes ou denunciantes relativas à prática de violência, ao uso de tratamento cruel ou degradante ou de formas violentas de educação, correção ou disciplina contra a criança e o adolescente;

XX - representar à autoridade judicial ou ao Ministério Público para requerer a concessão de medidas cautelares direta ou indiretamente relacionada à eficácia da proteção de noticiante ou denunciante de informações de crimes que envolvam violência doméstica e familiar contra a criança e o adolescente."

8. DO ACESSO À JUSTIÇA

Toda criança e adolescente tem direito a ter acesso à Defensoria Pública, ao Ministério Público e ao Poder Judiciário. As ações que envolvem infância e juventude são **isentas de custas, exceto em caso de má-fé.**

Sempre que os interesses do menor colidirem com o de seus pais ou responsáveis, será nomeado a ele um **curador**. Quando o procedimento de destituição de poder familiar for iniciado pelo Ministério Público, não haverá necessidade de nomeação de curador especial em favor da criança ou adolescente.

Qualquer notícia sobre fato que envolva criança ou adolescente não pode ser veiculada com **fotografia do menor**, qualquer forma de identificação e localização, **sendo vedado, também, o uso de iniciais.**

O membro do MP, no estrito cumprimento de suas funções, **terá livre acesso a todo local onde se encontrar criança ou adolescente.**

Todo documento ou informação sigilosa recebida por membro do Ministério Público será **de sua estrita responsabilidade**. Nos processos em que **não atuar como parte, deverá participar obrigatoriamente, sempre se manifestando depois das partes**. Não havendo participação do MP o processo está **maculado por nulidade**, que pode ser declarada *ex officio* ou mediante provocação de qualquer interessado.

MUITA ATENÇÃO! A intimação do representante do MP deve ser **pessoal.**

Por derradeiro, o advogado do menor ou de seus pais será intimado por jornal oficial ou pessoalmente. Não se pode processar adolescente por ato infracional sem que este possua advogado. Caso não possua, ser-lhe-á nomeado um. É possível mesmo a nomeação para atos, de modo a evitar a demora processual.

9. TABELA DE PROCEDIMENTOS

Como forma didática, são apresentados os restantes procedimentos do ECA através de tabela. **Importante frisar que é subsidiário ao ECA o Código de Processo Civil**. Contudo, muita atenção! Os prazos estabelecidos no ECA e aplicáveis aos seus procedimentos são contados **em dias corridos**, excluído o dia do começo e incluído o dia do vencimento, **vedado o prazo em dobro para a Fazenda Pública e o Ministério Público.**

Perda e Suspensão do poder familiar	
Legitimidade ativa	Ministério Público ou qualquer que tenha legítimo interesse. A legitimidade foi tema do **Exame Unificado 2010.3**, apresentando-se como certa a alternativa que determinava que "o procedimento para perda ou suspensão do poder familiar terá início por provocação do Ministério Público ou de quem tenha legítimo interesse." Também se repetiu a indagação acerca da legitimidade no **Exame Unificado 2014.1**, **mas tratando de legitimidade dos avós (pois tem legitimidade todo o que tiver legítimo interesse)**. Portanto leitor, atenção com este tema! Atente-se, que todas as ações que tramitam perante a Justiça da Infância e da Juventude **são isentas de custas e emolumentos**, salvo havendo má-fé.
Requisitos da exordial	• **Indicação** da autoridade a que é dirigida; • **Qualificação** do requerente (se não for o Ministério Público) e do requerido; • **Apresentação** do fato e do pedido; • **Apresentação** das provas a serem produzidas, devendo acompanhar rol de testemunhas e documentos.
Resposta	Deve ocorrer em **10 dias** após a citação, devendo-se nela apresentar o rol de testemunhas. A citação será feita por oficial, podendo ser utilizada a hora marcada ou o edital (se os genitores estiverem em local incerto ou não sabido).
Ausência de resposta	Esgotadas todas as possibilidades, havendo citação regular e permanecendo inerte, será ouvido o Ministério Público (exceto se for este o requerente), mediante **5 dias de prazo**, decidindo o juiz em igual prazo.
Equipe interdisciplinar	Recebida a petição inicial, a autoridade judiciária determinará, concomitantemente ao despacho de citação e independentemente de requerimento do interessado, a realização de estudo social ou perícia por equipe interprofissional ou multidisciplinar para comprovar a presença de uma das causas de suspensão ou destituição do poder familiar. Em se tratando de pais oriundos de comunidade indígena, deverá compor esta equipe representante do órgão federal responsável pela política indigenista. Esta observação quanto ao especial procedimento em relação ao indígena foi objeto de indagação no Exame Unificado 2014.2.
Oitiva da criança ou adolescente	Se a medida importar modificação de guarda, será obrigatória, **em se tratando de medida razoável e possível**, a oitiva da criança ou adolescente.
Havendo resposta	Se houver resposta, será ouvido o Ministério Público (se ele não for o requerente), **em 5 dias**, sendo marcada audiência de instrução e julgamento.
Se não for contestado o pedido	Concluído o estudo social ou a perícia realizada por equipe interprofissional ou multidisciplinar, a autoridade judiciária dará vista dos autos ao Ministério Público, por 5 (cinco) dias, salvo quando este for o requerente, e decidirá em igual prazo.
Oitiva dos genitores	É obrigatória a oitiva dos pais sempre que eles forem identificados e estiverem em local conhecido, ressalvados os casos de não comparecimento perante a Justiça quando devidamente citados.
Audiência de Instrução e Julgamento	Oitiva das testemunhas, a requerimento ou *ex officio*. Oitiva do parecer técnico, se não apresentado por escrito. Manifestação das partes – requerente, requerido e MP, nesta ordem, por **20 minutos** (**prorrogáveis por mais 10 minutos**), nesta ordem.

Perda e Suspensão do poder familiar	
Decisão	**Preferencialmente será exarada em audiência**, podendo, em caráter excepcional, ser designada data para sua leitura em prazo não superior a **5 dias.**
Duração máxima do procedimento	**120 dias**

Apuração de ato infracional	
Procedimento de apreensão	A apreensão de menor, **em flagrante ou mediante mandado**, deve ser comunicada imediatamente (desde logo) à autoridade judiciária, através de seu encaminhamento. Se houver autoridade policial especial para menores e se houver coautoria de maiores de idade**, a polícia especializada tomará o caso, encaminhando o maior, posteriormente, à polícia comum**. Em se tratando de flagrante de ato infracional, **se cometido com violência ou grave ameaça**, a autoridade policial deverá seguir o art. 173, efetivando: "I – lavrar auto de apreensão, ouvidos as testemunhas e o adolescente; II – apreender o produto e os instrumentos da infração; III – requisitar os exames ou perícias necessários à comprovação da materialidade e autoria da infração." Se o ato infracional não for cometido com violência ou grave ameaça à pessoa, **será lavrado termo circunstanciado**. Se apresentando os pais do menor este será entregue imediatamente ou no primeiro dia útil possível. **Poderá não ocorrer a liberação se houver motivo proveniente da necessidade de manutenção da ordem pública ou da segurança do menor**. Não sendo possível a liberação do menor, este será encaminhado ao Ministério Público. Não havendo meios de entrega imediata
Procedimento de apreensão	ao MP, será o menor encaminhado a entidade de acolhimento, que o apresentará ao Parquet em **24 horas**. O Ministério Público procederá, **no mesmo dia**, à oitiva informal do menor, seus pais ou responsáveis e testemunhas, desde que auto de apreensão, boletim de ocorrência ou relatório policial, estejam devidamente registrados em cartório judicial.

Apuração de ato infracional	
Conduta do Ministério Público	Após a oitiva, **o MP poderá arquivar os autos, aplicar a remissão ou efetivar representação à autoridade judicial**, com vistas à aplicação de **medida socioeducativa.** Atente-se que **não existe a denúncia** na estrutura do ECA, mas sim a **representação.** Se houver arquivamento ou remissão, serão os autos encaminhados à autoridade judiciária para **homologação.** A autoridade judiciária, **discordando** do procedimento tomado pelo Ministério Público, encaminhará os autos ao **Procurador-Geral de Justiça**, que poderá oferecer representação, designar outro membro para fazê-la ou concordar com o procedimento do Promotor, sendo, assim, **obrigatória sua homologação pelo Juiz.**
Oferecimento de representação	Conterá breve resumo do caso, medida aplicável e rol de testemunhas (se necessário), sendo apresentada por **escrito ou oralmente.** Recebida a **representação o juiz decidirá**, desde logo, sobre a decretação ou manutenção da internação.
Prazo máximo para conclusão do procedimento	Se o adolescente estiver internado provisoriamente, deverá o procedimento ser concluído em **45 dias.**
Ciência dos pais	Os pais deverão ser **cientificados** imediatamente da representação, juntamente com o adolescente. Se não forem localizados, **será nomeado curador.** Se o menor não for localizado será expedido **mandado de busca e apreensão**, sendo o feito sobrestado até sua apresentação.
Nomeação de dativo	Se o fato for de gravidade que se torne passível de medida de internação e estando o adolescente desacompanhado de advogado será nomeado a ele **dativo**, para audiência em continuação.
Manifestação das partes	Ouvidas as testemunhas e juntado relatório da equipe interprofissional, se manifestarão o MP e defensor por **prazo de 20 minutos**, prorrogáveis por mais **10 minutos**, e em seguida o juiz decidirá.
Remissão	Poderá ser aplicada pela autoridade judiciária **antes** da sentença.
Impossibilidade de aplicação de medida	**Não poderá ocorrer aplicação de medida** se: restar provada a inexistência do fato; não houver prova da existência do fato; não se subsumir o fato a ato infracional ou não houver prova da participação do menor.
Intimação da sentença	Em havendo aplicação de medida de internação deve ser feita ao adolescente (não sendo encontrado, será feita a seus pais ou responsáveis) e seu defensor. Sempre que o adolescente é intimado **deve ele manifestar se deseja recorrer.** Em **medidas outras** a intimação deve ser feita apenas ao **defensor.**

MUITA ATENÇÃO!

Atenção para o art. 178, ECA – "O adolescente a quem se atribua autoria de ato infracional não poderá ser conduzido ou transportado em compartimento fechado de veículo policial, em condições atentatórias à sua dignidade, ou que impliquem risco à sua integridade física ou mental, sob pena de responsabilidade".

Apuração de irregularidades em entidade de atendimento	
Início	Mediante portaria da autoridade judiciária ou representação do MP ou do Conselho Tutelar
Afastamento liminar	Poderá a autoridade judiciária, havendo motivo grave, **afastar liminarmente os dirigentes.**
Citação	O dirigente, citado, **terá 10 dias** para a resposta escrita.
Audiência	Havendo ou não resposta, a autoridade judiciária **designará** audiência de instrução e julgamento, **se necessário**.
Alegações finais	Não sendo apresentadas em audiência, haverá prazo de **5 dias** para sua apresentação em memoriais.

Apuração de infração administrativa às normas de proteção à criança e ao adolescente	
Início	Representação do Ministério Público, ou do Conselho Tutelar. Pode também ser iniciada em razão de auto de infração lavrado por servidor efetivo ou voluntário credenciado (assinado por **2 testemunhas**, se possível).
Prazo de resposta	Será de **10 dias** a contar da **intimação**.
Forma da intimação	**No auto**, quando sua lavratura se der na presença do requerido. Por **oficial de justiça** ou funcionário legalmente habilitado Por **via postal**, com aviso de recebimento. Por **edital**, com prazo de **30 dias.**
Ausência de defesa ou defesa extemporânea	Será dado prazo de **5 dias** para manifestação do MP, passando a autoridade a decidir em igual prazo.
Apresentação de defesa	Sendo apresentada no prazo a defesa a autoridade designará audiência ou, se não for necessária, dará prazo **de 5 dias ao MP** para manifestação, decidindo em igual prazo.
Audiência de instrução e julgamento	Será efetivada a prova oral, seguida da manifestação do MP e do procurador do requerido, em **20 minutos cada** (prorrogáveis por mais **10 minutos**). Será proferida a sentença em seguida.

Do sistema recursal	
O sistema recursal do Estatuto respeita as regras do Código de Processo Civil, com as seguintes diferenças.	
Não há necessidade de preparo	Em todos os recursos, salvo nos embargos de declaração, o prazo para o Ministério Público e para a defesa será sempre de 10 (dez) dias.
O recurso tem preferência de julgamento	Não há revisor
A autoridade recorrida, antes de encaminhar o instrumento ou a apelação à instância superior, deverá fundamentar em despacho a manutenção ou reforma da decisão, no prazo de **5 dias**.	Sendo mantida a decisão, será encaminhada em **24 horas.** Sendo reformada, dependerá a subida de pedido da parte ou do Ministério Público, em 5 dias, a contar da intimação da reforma.
Contra as decisões relativas a portarias e alvarás contidas no art. 149 cabe o recurso de apelação.	A apelação contra a sentença que deferir a adoção será recebida somente no efeito devolutivo, exceto se se tratar de adoção internacional ou se houver perigo de dano irreparável ou de difícil reparação ao adotando.
A apelação em face de sentença de destituição do poder familiar será recebida apenas no efeito devolutivo.	Os recursos serão processados com parecer urgente do Ministério Público, podendo o parecer ser apresentado oralmente.
O relator terá que colocar o processo em julgamento no prazo máximo de **60 dias**, após sua conclusão.	

10. DA TUTELA DE INTERESSES INDIVIDUAIS, DIFUSOS E COLETIVOS

Podem ser promovidas ações de responsabilidade quando não houver oferta regular de (conforme art. 208):

> "do ensino obrigatório; de atendimento educacional especializado aos portadores de deficiência; de atendimento em creche e pré-escola às crianças de zero a cinco anos de idade; de ensino noturno regular, adequado às condições do educando; de programas suplementares de oferta de material didático-escolar, transporte e assistência à saúde do educando do ensino fundamental; de serviço de assistência social visando à proteção à família, à maternidade, à infância e à adolescência, bem como ao amparo às crianças e adolescentes que dele necessitem; de acesso às ações e serviços de saúde; de escolarização e profissionalização dos adolescentes privados de liberdade; de ações, serviços e programas de orientação, apoio e promoção social de famílias e destinados ao pleno exercício do direito à convivência familiar por crianças e adolescentes."

A Lei 12.594/12 acrescentou a seguinte situação: "de programas de atendimento para a execução das medidas socioeducativas e aplicação de medidas de proteção".

Estas medidas geram **competência em razão do local** para conhecimento do Juízo, **sendo absoluta, ressalvada** a competência da Justiça Federal e dos Tribunais Superiores.

Os legitimados para as ações cíveis coletivas ou baseadas em direitos difusos **são o Ministério Público, os entes federados e** "as **associações legalmente constituídas** há pelo **menos um ano** e que incluam entre **seus fins institucionais a defesa dos interesses e direitos protegidos por esta Lei**, dispensada a autorização da assembleia, se houver prévia autorização estatutária" (art. 210, III, ECA).

Os Ministérios Públicos da União e dos Estados podem **agir em litisconsórcio facultativo**. Os termos de ajustamento de conduta firmados têm **eficácia de título extrajudicial**.

As multas aplicadas em busca de tutela específica **devem reverter em favor de fundo** gerido pelo Conselho dos Direitos da Criança e do Adolescente do município. Não sendo pagas em até **30 dias**, serão executadas pelo Ministério Público.

A **associação autora poderá ser condenada a pagar os honorários da sucumbência ao réu**, quando o juiz reconhecer que a pretensão é **manifestamente infundada**. Em se tratando de litigância de má-fé a associação e seus diretores serão **condenados à multa no décuplo das custas**, lembrando-se que para estas ações não há adiantamento de custas de qualquer natureza.

MUITA ATENÇÃO!

O ECA cria legitimação para **requerimento de certidões**, de forma especial em seu art. 222: "Para instruir a petição inicial, o interessado poderá requerer às autoridades competentes as certidões e informações que julgar necessárias, que serão fornecidas no prazo de quinze dias".

FIQUE POR DENTRO:

"Inquérito civil"

O Ministério Público pode instaurar inquérito civil, requisitando documentos e perícias, **em prazo não inferior a 10 dias**, de qualquer pessoa ou órgão. Ao final do inquérito, entendendo ele que não há fundamento para promoção de ação, deverá remeter os autos ao Conselho Superior do Ministério Público, **no prazo de 3 dias**, sob pena de incorrer em falta grave. As associações interessadas poderão, enquanto não se manifestar o Conselho Superior do Ministério Público, juntar documentos e informações. Se for rejeitado o arquivamento, será nomeado outro órgão do Ministério Público para proceder à ação.

EM RESUMO: Das Medidas de Proteção	
Medidas de proteção aplicáveis (art. 101, ECA)	I - encaminhamento aos pais ou responsável, mediante termo de responsabilidade; II - orientação, apoio e acompanhamento temporários; III - matrícula e frequência obrigatórias em estabelecimento oficial de ensino fundamental; IV - inclusão em serviços e programas oficiais ou comunitários de proteção, apoio e promoção da ou oficial de auxílio à família, à da criança e ao do adolescente; V - requisição de tratamento médico, psicológico ou psiquiátrico, em regime hospitalar ou ambulatorial; VI - inclusão em programa oficial ou comunitário de auxílio, orientação e tratamento a alcoólatras e toxicômanos; VII - acolhimento institucional; VIII - inclusão em programa de acolhimento familiar; IX - colocação em família substituta.
Ato infracional	É qualquer conduta que seja tipificada como delito, seja crime ou contravenção. Lembre-se que vale a máxima tempus *regit actum*, ou seja, o momento da conduta é que determinará a idade a ser considerada.
Medidas socioeducativas aplicáveis	• Se for criança, somente as medidas do art. 101 (nunca com caráter punitivo). • Se for adolescente, além das medidas do art. 101, I a VI, podem ser aplicadas: a) Advertência; b) Obrigação de reparar o dano; c) Prestação de serviços à comunidade; d) Liberdade assistida; e) Inserção em regime de semiliberdade; f) Internação em estabelecimento educacional.

CAPÍTULO V
DOS CRIMES E DAS INFRAÇÕES ADMINISTRATIVAS

1. GENERALIDADES

Os crimes previstos pelo ECA não excluem a existência de crimes comuns, devendo-se atentar para a proibição de *bis in idem*. São crimes de ação pública incondicionada, a eles sendo aplicada a Parte Geral do Código Penal e sendo processados na forma do Código de Processo Penal.

Atenção! A LEI Nº 13.869, DE 5 DE SETEMBRO DE 2019, que trata dos crimes de Abuso de Autoridade, com vigência para 120 dias após sua publicação, inseriu novo art. 227-A do ECA, estabelecendo que: "Art. 227-A Os efeitos da condenação prevista no inciso I do caput do art. 92 do Decreto-Lei nº 2.848, de 7 de dezembro de 1940 (Código Penal), para os crimes previstos nesta Lei, praticados por servidores públicos com abuso de autoridade, são condicionados à ocorrência de reincidência". E em seu parágrafo único, determina que *a perda do cargo, do mandato ou da função, nesse caso, independerá da pena aplicada na reincidência.*

MUITA ATENÇÃO!

A Lei 13.441/17, **de vigência imediata**, alterou o ECA, inserindo os art. 190-A, 190-B, 190-C, 190-D e 190-E para prever a infiltração de agentes de polícia na internet tendo como fim investigar crimes contra a dignidade sexual da criança e do adolescente. A Lei determina que não comete crime o policial que oculta a sua identidade para, por meio da internet, colher indícios de autoria e materialidade dos crimes previstos nos arts. 240, 241,241-A, 241-B, 241-C e 241-D desta Lei e nos arts. 154-A, 217-A, 218, 218-A e 218-B do Decreto-Lei nº 2.848, de 7 de dezembro de 1940 (Código Penal). Mas se o agente policial não respeitar a estrita finalidade da operação, irá responder pelo excesso.

Primeiramente, estabelece as seguintes regras para a infiltração:

a) será precedida de **autorização judicial devidamente circunstanciada e fundamentada**, que estabelecerá os limites da infiltração para obtenção de prova, **ouvido o Ministério Público**;

b) **dar-se-á mediante requerimento do Ministério Público ou representação de delegado de polícia** e conterá a demonstração de sua necessidade, o alcance das tarefas dos policiais, os nomes ou apelidos das pessoas investigadas e, quando possível, os dados de conexão ou cadastrais que permitam a identificação dessas pessoas;

c) não poderá exceder **o prazo de 90 (noventa) dias, sem prejuízo de eventuais renovações, desde que o total não exceda a 720 (setecentos e vinte) dias** e seja demonstrada sua efetiva necessidade, a critério da autoridade judicial.

MUITA ATENÇÃO!

Note que há dois prazos para a manutenção da infiltração, 90 (noventa) dias, sendo que as renovações não podem ultrapassar 720 (setecentos e vinte) dias.

A infiltração é medida última, somente sendo possível quando a prova não puder ser obtida por outros meios. Ficam as informações sob sigilo do Juiz responsável pela autorização, sendo que **antes da conclusão da operação, o acesso aos autos será reservado ao juiz, ao Ministério Público e ao delegado de polícia responsável pela operação, com o objetivo de garantir o sigilo das investigações.**

2. CRIMES EM ESPÉCIE

Serão apresentados os principais tipos (sem apresentação das penas), **destacando-se que a leitura direta dos arts. 228 a 244-B apresenta-se como primordial.** A redação legal é aqui copiada, com pequenas alterações para aprimorar a leitura.

Atente-se também para a nova redação do art. 244-A: "Submeter criança ou adolescente, como tais definidos no caput do art. 2º desta Lei, à prostituição ou à exploração sexual. Pena – reclusão de quatro a dez anos e multa, além da perda de bens e valores utilizados na prática criminosa em favor do Fundo dos Direitos da Criança e do Adolescente da unidade da Federação (Estado ou Distrito Federal) em que foi cometido o crime, ressalvado o direito de terceiro de boa-fé".

A **Deixar** o **encarregado de serviço** ou o **dirigente de estabelecimento de atenção à saúde** de **gestante** de **manter registro das atividades desenvolvidas**, na forma e prazo referidos no art. 10 do ECA, bem como de fornecer à parturiente ou a seu responsável, por ocasião da alta médica, **declaração de nascimento**, onde constem as intercorrências do parto e do desenvolvimento do neonato.

MUITA ATENÇÃO!

Destaque-se a redação dada ao art. 292 do DL 3.689 (CPP), que traz importante proteção à parturiente e à puérpera:

É vedado o uso de algemas em mulheres grávidas durante os atos médico-hospitalares preparatórios para a realização do parto e durante o trabalho de parto, bem como em mulheres durante o período de puerpério imediato.

B **Deixar o médico, enfermeiro ou dirigente** de estabelecimento de atenção à saúde de gestante de **identificar corretamente o neonato e a parturiente**, por ocasião do parto, bem como deixar de **proceder aos exames referidos** no art. 10 do ECA.

C **Privar a criança ou o adolescente de sua liberdade**, procedendo à sua **apreensão** sem estar em **flagrante** de ato infracional ou **inexistindo ordem escrita** da autoridade judiciária competente.

D **Deixar** a **autoridade policial** responsável pela apreensão de criança ou adolescente de fazer **imediata comunicação** à autoridade judiciária competente e à família do apreendido ou à pessoa por ele indicada.

E **Submeter criança** ou **adolescente** sob sua autoridade, guarda ou vigilância a **vexame** ou a **constrangimento**.

F **Deixar** a **autoridade competente**, sem justa causa, de ordenar a **imediata liberação** de criança ou adolescente, tão logo tenha conhecimento da ilegalidade da apreensão.

G **Subtrair** criança ou adolescente ao poder de quem o tem sob sua guarda em virtude de lei ou ordem judicial, **com o fim de colocação em lar substituto**.

H **Prometer** ou **efetivar** a entrega de filho ou pupilo a terceiro, **mediante paga** ou **recompensa**. Incide nas mesmas penas quem **oferece** ou **efetiva** a **paga** ou **recompensa**.

Este crime foi objeto de análise no Exame 2014.3, devendo o examinando demonstrar para a banca que sabia que a simples promessa de entrega já é conduta típica. O enunciado tratava do seguinte caso: *José, tutor da criança Z, soube que Juarez vem oferecendo recompensa àqueles que lhe entregam crianças ou adolescentes em caráter definitivo. Entusiasmado com a quantia oferecida, José promete entregar a criança exatamente dez dias após o início da negociação. José contou aos seus vizinhos que não queria mais "ter trabalho com o menino". Indignada, Marieta, vizinha de José, comunicou imediatamente o fato à autoridade policial, que conseguiu impedir a entrega da criança Z a Juarez.* A resposta correta foi a que informou que a *promessa de entrega de Z, por si só, já configura infração penal, do mesmo modo que o seria em caso de efetiva entrega da criança*.

I **Promover** ou **auxiliar** a **efetivação** de ato destinado ao **envio** de **criança** ou **adolescente** para o **exterior** com **inobservância** das formalidades legais ou com o fito de obter lucro.

J **Produzir**, **reproduzir**, **dirigir**, **fotografar**, **filmar** ou **registrar**, por qualquer meio, **cena de sexo** explícito ou pornográfica, envolvendo criança ou adolescente.

K **Incorre** nas **mesmas penas** quem **agencia**, **facilita**, **recruta**, **coage**, ou de qualquer modo **intermedeia** a participação de criança ou adolescente nas cenas referidas no caput deste artigo, ou ainda quem com esses contracena.

L **Oferecer**, **trocar**, **disponibilizar**, **transmitir**, **distribuir**, **publicar** ou **divulgar** por qualquer meio, inclusive por meio de sistema de **informática** ou **telemático**, fotografia, vídeo ou outro registro que contenha cena de sexo explícito ou pornográfica envolvendo criança ou adolescente.

M **Adquirir**, **possuir** ou **armazenar**, por qualquer meio, fotografia, vídeo ou outra forma de registro que contenha cena de sexo explícito ou pornográfica envolvendo criança ou adolescente, merecendo destaque que este delito foi objeto de inquirição no Exame de Ordem 2018.2 e, também, no exame 2021.2.

N **Simular** a participação de **criança** ou **adolescente** em **cena de sexo explícito ou pornográfica** por meio de adulteração, montagem ou modificação de fotografia, vídeo ou qualquer outra forma de representação visual. **Incorre** nas mesmas penas quem **vende**, **expõe à venda**, **disponibiliza**, **distribui**, **publica** ou **divulga** por qualquer meio, adquire, possui ou armazena o material produzido. Este delito foi objeto de inquirição no Exame Unificado 2019.3: "Roberta produziu, em seu computador, vídeo de animação em que se percebe a simulação de atos pornográficos entre crianças. O vídeo não mostra nenhuma imagem reconhecível, nenhuma pessoa identificável, mas apresenta, inequivocamente, figuras de crianças, e bem jovens."

O **Aliciar**, **assediar**, **instigar** ou **constranger**, por qualquer meio de comunicação, criança, com o fim de com ela **praticar ato libidinoso**.

P **Vender**, **fornecer** ainda que **gratuitamente** ou **entregar**, de qualquer forma, a criança ou adolescente arma, **munição** ou **explosivo**.

Q **Vender, fornecer, servir, ministrar ou entregar**, ainda que gratuitamente, de qualquer forma, a criança ou a adolescente, bebida alcoólica ou, sem justa causa, outros produtos cujos componentes possam causar dependência física ou psíquica.

R **Vender**, **fornecer** ainda que **gratuitamente** ou **entregar**, de qualquer forma, a criança ou adolescente **fogos** de **estampido** ou de **artifício**, exceto aqueles que, pelo seu reduzido potencial, sejam incapazes de provocar qualquer dano físico em caso de utilização indevida.

S **Submeter** criança ou adolescente, como tais definidos no *caput* do art. 2º desta Lei, à **prostituição** ou à **exploração sexual**.

T **Corromper ou facilitar a corrupção de menor** de 18 (dezoito) anos, com ele praticando infração penal ou induzindo-o a praticá-la.

ESTATUTO DA CRIANÇA E DO ADOLESCENTE

3. INFRAÇÕES ADMINISTRATIVAS

Seguindo a mesma estrutura, recomenda-se a leitura dos arts. 245 a 258-B do ECA. As disposições **legais foram selecionadas** e têm a redação copiada a seguir, com pequenas alterações para aprimorar a leitura.

A **Deixar** o **médico**, **professor** ou **responsável** por **estabelecimento** de **atenção à saúde** e de **ensino fundamental**, **pré-escola** ou **creche**, de comunicar à autoridade competente os casos de que tenha conhecimento, envolvendo **suspeita** ou **confirmação** de **maus-tratos** contra criança ou adolescente.

B **Impedir** o responsável ou funcionário de entidade de atendimento o exercício dos direitos constantes nos incisos II, III, VII, VIII e XI do art. 124 do ECA.

C **Divulgar**, total ou parcialmente, **sem autorização devida**, por qualquer meio de comunicação, nome, ato ou documento de procedimento policial, administrativo ou judicial relativo a criança ou adolescente a que se atribua **ato infracional**.

D **Deixar** de **apresentar** à **autoridade judiciária** de seu domicílio, no prazo de **cinco dias**, com o fim de regularizar a guarda, adolescente trazido de outra comarca para a prestação de serviço doméstico, mesmo que autorizado pelos pais ou responsável.

E **Descumprir**, **dolosa** ou **culposamente**, os deveres inerentes ao **poder familiar** ou decorrente de tutela ou guarda, bem assim determinação da autoridade judiciária ou Conselho Tutelar.

F **Hospedar** criança ou adolescente **desacompanhado** dos pais ou responsável, ou sem autorização escrita desses ou da autoridade judiciária, em hotel, pensão, motel ou congênere.

G **Transportar** criança ou adolescente, por qualquer meio, com inobservância do disposto nos arts. 83, 84 e 85 do ECA.

H Deixar o responsável por diversão ou espetáculo público de **afixar**, em **lugar visível** e de **fácil acesso**, à entrada do local de exibição, informação destacada sobre a **natureza** da diversão ou espetáculo e a faixa etária especificada no certificado de classificação.

I **Transmitir**, **através** de **rádio** ou **televisão**, espetáculo em **horário diverso** do autorizado ou sem aviso de sua **classificação**.

J **Exibir** filme, trailer, peça, amostra ou congênere classificado pelo órgão competente como **inadequado** às crianças ou adolescentes admitidos ao espetáculo.

K **Vender** ou **locar** a criança ou adolescente fita de programação em vídeo, em desacordo com a **classificação** atribuída pelo órgão competente.

L **Deixar** o **médico**, **enfermeiro** ou **dirigente** de estabelecimento de atenção à saúde de **gestante** de efetuar imediato **encaminhamento** à autoridade judiciária de caso de que tenha conhecimento de mãe ou gestante **interessada em entregar seu filho para adoção.**

M **Descumprir a proibição de fornecer bebida alcoólica** a crianças ou adolescentes – multa de R$ 3.000,00 (três mil reais) a R$ 10.000,00 (dez mil reais), sendo que o estabelecimento ficará interditado até que se pague a multa.

4. O SISTEMA NACIONAL DE ATENDIMENTO SOCIOEDUCATIVO

A Lei 12.594 de 18 de janeiro de 2012, publicada em 19.01, instituiu o **SINASE** (Sistema Nacional de Atendimento Socioeducativo), que regulamentou a **execução das medidas socioeducativas destinadas a adolescentes que pratiquem ato infracional** e promoveu alterações em leis diversas, incluindo o Estatuto da Criança e do Adolescente.

Conforme dicção da lei, o SINASE é um "conjunto ordenado de princípios, regras e critérios que envolvem a execução de medidas socioeducativas, incluindo-se nele, por adesão, os sistemas estaduais, distrital e municipais, bem como todos os planos, políticas e programas específicos de atendimento a adolescente em conflito com a lei."

Primeiro ponto que cria destaque é que a inclusão dos demais sistemas federativos se dará por **adesão.**

A lei cria preceitos gerais vinculados às medidas socioeducativas do art. 112 do ECA, determinando que elas devem atender aos seguintes objetivos:

> "I – a **responsabilização** do **adolescente** quanto às consequências lesivas do ato infracional, sempre que possível incentivando a sua reparação;
>
> II – a **integração social** do adolescente e a garantia de seus direitos individuais e sociais, por meio do cumprimento de seu plano individual de atendimento; e
>
> III – a **desaprovação** da **conduta infracional**, efetivando as disposições da sentença como parâmetro máximo de privação de liberdade ou restrição de direitos, observados os limites previstos em lei."

O **programa de atendimento** envolve a organização e o funcionamento das condições necessárias para que as medidas socioeducativas tenham cumprimento e que atinjam os objetivos.

Este programa necessita de uma base física, que é a **unidade**. Ele será desenvolvido por uma **entidade de atendimento**, que pode ser tanto pessoa jurídica de direito público quanto privado.

A coordenação geral do SINASE é de competência da União, devendo os demais entes federativos articular a estrutura em seu âmbito de alcance, respeitados os preceitos gerais da lei.

São competências da União:

> "I – **formular** e **coordenar** a execução da política nacional de atendimento socioeducativo;
>
> II – **elaborar** o Plano Nacional de Atendimento Socioeducativo, em parceria com os Estados, o Distrito Federal e os Municípios;
>
> III – **prestar** assistência técnica e suplementação financeira aos Estados, ao Distrito Federal e aos Municípios para o desenvolvimento de seus sistemas;
>
> IV – **instituir** e **manter** o Sistema Nacional de Informações sobre o Atendimento Socioeducativo, seu funcionamento, entidades, programas, incluindo dados relativos a financiamento e população atendida;
>
> V – **contribuir** para a qualificação e ação em rede dos Sistemas de Atendimento Socioeducativo;
>
> VI – **estabelecer** diretrizes sobre a organização e funcionamento das unidades e programas de atendimento e as normas de referência destinadas ao cumprimento das medidas socioeducativas de internação e semiliberdade;
>
> VII – **instituir** e **manter** processo de avaliação dos Sistemas de Atendimento Socioeducativo, seus planos, entidades e programas;
>
> VIII – **financiar**, com os demais entes federados, a execução de programas e serviços do SINASE; e
>
> IX – **garantir** a publicidade de informações sobre repasses de recursos aos gestores estaduais, distrital e municipais, para financiamento de programas de atendimento socioeducativo."

À União é vedado ofertar programas próprios de atendimento.

O **CONANDA** deverá **normatizar**, **fiscalizar**, **deliberar** e **avaliar** o SINASE. Dentre suas deliberações, está o **Plano Nacional de Atendimento Socioeducativo**, através da análise do que lhe for apresentado. Este plano será submetido também aos Conselhos Estaduais e Municipais.

A **execução e gestão** do SINASE estarão por conta da **Secretaria de Direitos Humanos da Presidência da República**.

Em relação à **competência** dos **Estados**, cabe destacar que a eles toca a **criação**, **desenvolvimento** e **manutenção** dos programas de **execução** das medidas socioeducativas de **semiliberdade** e **internação**. Por isto, um ano após o início de vigência da lei, os programas que **estiverem** a cargo dos **municípios** que envolverem **semiliberdade** ou **internação** deverão ser transferidos para os **Estados.**

No âmbito estadual, a **competência normativa** e de controle toca ao **Conselho Estadual dos Direitos da Criança e do Adolescente**, podendo ter outras competências atribuídas em lei estadual ou distrital.

A **competência executiva** será **entregue** por **indicação** no **Plano Nacional de Atendimento Socioeducativo.**

Quanto aos municípios, é deles a competência, dentre outras, de "**criar** e **manter** programas de atendimento para a execução das medidas socioeducativas em **meio aberto**". A lei prevê que todos os programas a cargo do Judiciário sejam transferidos ao Executivo, no primeiro ano de vigência desta norma.

Compreendendo os limites orçamentários municipais, a lei possibilita a eles a formação de Consórcios Públicos, na forma do disposto na Lei 11.107/05, criando uma associação pública ou uma pessoa jurídica de direito privado.

Por lógica paramétrica, a função **normativa** e de **controle** tocará ao **Conselho Municipal dos Direitos da Criança e do Adolescente**, seguindo-se a mesma lógica para o órgão executivo, que será indicado no PNAS.

Deve-se atentar que o **Distrito Federal**, por sua **própria condição**, **cumula** as **competências Estaduais** e **Municipais.**

O SINASE é norteado por um **Plano Nacional de Atendimento Socioeducativo**, feito para uma previsão de **10 anos**. Os **planos estaduais**, **distrital** e **municipais** também serão para o **decênio**.

Os **programas** de **atendimento estaduais** serão inscritos no **Conselho Estadual**, os **distritais**, no **Conselho Distrital** e os **municipais**, no **Conselho Municipal dos Direitos da Criança e do Adolescente.**

Além de especificarem qual o regime tratado pelo programa, deverão ainda preencher os seguintes requisitos:

> "I – a **exposição** das linhas gerais dos **métodos** e **técnicas pedagógicas**, com a especificação das atividades de natureza coletiva;
>
> II – a **indicação** da estrutura material, dos recursos humanos e das estratégias de segurança compatíveis com as necessidades da respectiva unidade;
>
> III – **regimento interno** que regule o funcionamento da entidade, no qual deverá constar, no mínimo:
>
> a) o detalhamento das **atribuições** e **responsabilidades** do **dirigente**, de seus prepostos, dos membros da equipe técnica e dos demais educadores;

ESTATUTO DA CRIANÇA E DO ADOLESCENTE

b) a previsão das condições do **exercício** da **disciplina** e **concessão** de **benefícios** e o respectivo procedimento de aplicação; e

c) a **previsão** da **concessão** de **benefícios extraordinários** e enaltecimento, tendo em vista tornar público o reconhecimento ao adolescente pelo esforço realizado na consecução dos objetivos do plano individual;

IV – a **política** de **formação** dos recursos humanos;

V – a **previsão** das **ações** de **acompanhamento** do adolescente **após** o cumprimento de medida socioeducativa;

VI – a **indicação** da **equipe técnica**, cuja quantidade e formação devem estar em conformidade com as normas de referência do sistema e dos conselhos profissionais e com o atendimento socioeducativo a ser realizado; e

VII – a **adesão** ao **Sistema de Informações sobre o Atendimento Socioeducativo**, bem como sua operação efetiva."

A equipe técnica, responsável pelo desenvolvimento do programa, **deverá ser composta**, no **mínimo**, por profissionais da **saúde**, **educação** e **assistência social**.

Existem programas de **meio aberto** (**prestação de serviços à comunidade e de liberdade assistida**) e **programas** de **privação** de **liberdade** (**semiliberdade** e **internação**). Estes últimos são medidas de **última necessidade**, sendo que a **internação** é a **medida mais gravosa** em relação a **todas** as demais e a **semiliberdade, medida mais gravosa** em relação a todas as de **meio aberto**.

Nenhum edifício utilizado como unidade física para estes programas pode ser construído ou se encontrar integrado ou anexo a **estabelecimento penal**.

O SINASE será avaliado em espaços regulares de tempo, **não superiores a 3 anos**.

Os envolvidos nos programas, **respondem** na forma do art. 28 da lei, respondendo também na forma da Lei 8.429/92 (lei de **Improbidade Administrativa**), mesmo não sendo agentes públicos.

Execução das medidas socioeducativas

A execução das medidas é regida pelos seguintes princípios:

"I – **legalidade**, **não podendo** o adolescente receber tratamento mais gravoso do que o conferido ao adulto;

II – **excepcionalidade** da **intervenção judicial** e da imposição de medidas, favorecendo-se meios de autocomposição de conflitos;

III – **prioridade** a práticas ou **medidas** que sejam **restaurativas** e, sempre que possível, atendam às necessidades das vítimas;

IV – **proporcionalidade** em relação à ofensa cometida;

V – **brevidade** da medida em resposta ao ato cometido, em especial o respeito ao que dispõe o art. 122 da Lei no 8.069, de 13 de julho de 1990 (Estatuto da Criança e do Adolescente);

VI – **individualização**, considerando-se a idade, capacidades e circunstâncias pessoais do adolescente;

VII – **mínima intervenção**, restrita ao necessário para a realização dos objetivos da medida;

VIII – **não discriminação do adolescente**, notadamente em razão de etnia, gênero, nacionalidade, classe social, orientação religiosa, política ou sexual, ou associação ou pertencimento a qualquer minoria ou **status**; e

IX – **fortalecimento dos vínculos familiares** e **comunitários** no processo socioeducativo."

Observações acerca dos procedimentos	
Participação **obrigatória**, sob pena de **nulidade**, da **defesa** e do **MP**, quando da **execução** da medida.	**Advertência** e **reparação de dano**, quando aplicadas de forma **isolada**, são executadas nos **próprios** autos do processo de conhecimento.
Prestação de serviços à comunidade, liberdade assistida, semiliberdade ou internação, será **formado processo de execução** para cada adolescente.	Recebendo as peças autuadas, a autoridade judiciária encaminhará (**imediatamente**) **cópia integral** do expediente ao órgão **gestor** do atendimento socioeducativo, solicitando designação do programa ou da unidade de cumprimento da medida.
Será dada vista ao defensor e ao MP (**três dias** para **cada**, **sucessivos**), do **PIA** – Plano Individual de Atendimento. O prazo será contado do recebimento da proposta encaminhada pela direção do programa de atendimento. A Defesa e o MP **poderão requerer** ao Juízo a realização de qualquer avaliação ou perícia que entenderem necessárias para complementação do plano individual.	Dentre os pedidos que podem ser feitos, está a complementação do PIA, que poderá ser indeferida pelo Juiz. Importante frisar que este pedido de complementação deve ser fundamentado. O PIA, uma vez solicitado, deve ser concluído em **45 dias**, com a **participação efetiva** do **adolescente** (que já estará inserido no programa) e **de sua família**.
A **impugnação não suspenderá a execução do plano individual**, **salvo** determinação **judicial** em **contrário**. Transcorrendo o prazo de impugnação *in albis* (em branco), considerar-se-á o PIA homologado.	As medidas socioeducativas de liberdade assistida, de semiliberdade e de internação serão no máximo a cada **6 (seis) meses**, podendo a autoridade judiciária, se necessário, designar audiência, no prazo máximo de **10 (dez) dias**, cientificando o defensor, o Ministério Público, a direção do programa de atendimento, o adolescente e seus pais ou responsável.

Observações acerca dos procedimentos	
A **reavaliação** da **manutenção**, da **substituição** ou da **suspensão** das medidas de meio aberto ou de privação da liberdade e do respectivo plano individual **pode** ser **solicitada** a **qualquer tempo**, a pedido da direção do programa de atendimento, do defensor, do Ministério Público, do adolescente, de seus pais ou responsável. E pode ocorrer redução ou majoração da forma de cumprimento, desde que justificada.	Mas a substituição por medida mais **gravosa somente** ocorrerá em **situações excepcionais**, após o devido processo legal, inclusive na hipótese do inciso III do art. 122 da Lei 8.069, de 13 de julho de 1990 (Estatuto da Criança e do Adolescente), e **deve ser**: **I - fundamentada em parecer técnico;** **II - precedida de prévia audiência, com apresentação de laudo técnico.**
Se, no transcurso da execução, sobrevier sentença de aplicação de nova medida, a autoridade judiciária procederá à unificação das penas, ouvidos, previamente, o Ministério Público e o defensor, no prazo de **3 (três)** dias sucessivos, decidindo-se em igual prazo.	É **vedado** à autoridade judiciária determinar **reinício** de **cumprimento** de medida socioeducativa.
São **causas** de **extinção** da medida: **morte** do adolescente; realização de sua **finalidade**; aplicação de **pena privativa** de **liberdade**, a ser cumprida em regime **fechado** ou **semiaberto**, em execução **provisória** ou **definitiva**; **doença grave**, que torne o adolescente incapaz de submeter-se ao cumprimento da medida; e nas **demais hipóteses** previstas em lei.	Se o maior de **18 anos** estiver cumprindo medida socioeducativa e tiver de responder a processo-crime, o juiz **poderá** (não é obrigado) extinguir o cumprimento da medida.
O mandado de **busca** e **apreensão** do adolescente valerá por **6 (seis) meses**, a contar da data da expedição, podendo, se necessário, ser **renovado**, **fundamentadamente**.	O **defensor**, o **Ministério Público**, o **adolescente** e **seus pais** ou **responsável** poderão postular **revisão judicial** de qualquer sanção disciplinar aplicada, podendo a autoridade judiciária suspender a execução da sanção até decisão final.

MUITA ATENÇÃO!

- A gravidade do ato infracional, os antecedentes e o tempo de duração da medida não são fatores que, por si, justifiquem a não substituição da medida por outra menos grave.
- É vedado à autoridade judiciária aplicar nova medida de internação, por atos infracionais praticados anteriormente, se o adolescente já tiver cumprido pena desta natureza. Os atos anteriores são absorvidos pela medida mais rigorosa.
- O tempo cumprido em prisão cautelar, que não for transformada em pena privativa, deve ser descontado do tempo de cumprimento da medida socioeducativa.
- É proibida a aplicação de sanção disciplinar de isolamento a adolescente interno, exceto seja essa imprescindível para garantia da segurança de outros internos ou do próprio adolescente a quem seja imposta a sanção, sendo necessária ainda comunicação ao defensor, ao ministério público e à autoridade judiciária em até 24 (vinte e quatro) horas.

EM RESUMO: Dos Crimes e das Infrações Administrativas	
Principais tipos criminais (apresentados de forma sintética)	• Deixar o encarregado de serviço ou o dirigente de estabelecimento de atenção à saúde de gestante de manter registro das atividades desenvolvidas. • Deixar o médico, enfermeiro ou dirigente de estabelecimento de atenção à saúde de gestante de identificar corretamente o neonato e a parturiente, por ocasião do parto. • Privar a criança ou o adolescente de sua liberdade, procedendo à sua apreensão sem estar em flagrante de ato infracional ou inexistindo ordem escrita da autoridade judiciária competente. • Deixar a autoridade policial responsável pela apreensão de criança ou adolescente de fazer imediata comunicação à autoridade judiciária competente e à família do apreendido ou à pessoa por ele indicada. • Submeter criança ou adolescente sob sua autoridade, guarda ou vigilância a vexame ou a constrangimento. • Prometer ou efetivar a entrega de filho ou pupilo a terceiro, mediante paga ou recompensa. Incide nas mesmas penas quem oferece ou efetiva a paga ou recompensa. • Promover ou auxiliar a efetivação de ato destinado ao envio de criança ou adolescente para o exterior com inobservância das formalidades legais ou com o fito de obter lucro. • Produzir, reproduzir, dirigir, fotografar, filmar ou registrar, por qualquer meio, cena de sexo explícito ou pornográfica, envolvendo criança ou adolescente. • Oferecer, trocar, disponibilizar, transmitir, distribuir, publicar ou divulgar por qualquer meio, inclusive por meio de sistema de informática ou telemático, fotografia, vídeo ou outro registro que contenha cena de sexo explícito ou pornográfica envolvendo criança ou adolescente. • Adquirir, possuir ou armazenar, por qualquer meio, fotografia, vídeo ou outra forma de registro que contenha cena de sexo explícito ou pornográfica envolvendo criança ou adolescente • Simular a participação de criança ou adolescente em cena de sexo explícito ou pornográfica por meio de adulteração, montagem ou modificação de fotografia, vídeo ou qualquer outra forma de representação visual. Incorre nas mesmas penas quem vende, expõe à venda, disponibiliza, distribui, publica ou divulga por qualquer meio, adquire, possui ou armazena o material produzido. • Aliciar, assediar, instigar ou constranger, por qualquer meio de comunicação, criança, com o fim de com ela praticar ato libidinoso • Vender, fornecer ainda que gratuitamente ou entregar, de qualquer forma, a criança ou adolescente arma, munição ou explosivo.

EM RESUMO: Dos Crimes e das Infrações Administrativas	
Principais tipos criminais (apresentados de forma sintética)	• Vender, fornecer, servir, ministrar ou entregar, ainda que gratuitamente, de qualquer forma, a criança ou a adolescente, bebida alcoólica ou, sem justa causa, outros produtos cujos componentes possam causar dependência física ou psíquica. • Vender, fornecer ainda que gratuitamente ou entregar, de qualquer forma, a criança ou adolescente fogos de estampido ou de artifício, exceto aqueles que, pelo seu reduzido potencial, sejam incapazes de provocar qualquer dano físico em caso de utilização indevida. • Submeter criança ou adolescente, como tais definidos no caput do art. 2º desta Lei, à prostituição ou à exploração sexual. • **Corromper ou facilitar a corrupção de menor de 18 (dezoito) anos, com ele praticando infração penal ou induzindo-o a praticá-la.**
Principais infrações administrativas	• Deixar o médico, professor ou responsável por estabelecimento de atenção à saúde e de ensino fundamental, pré-escola ou creche, de comunicar à autoridade competente os casos de que tenha conhecimento, envolvendo suspeita ou confirmação de maus-tratos contra criança ou adolescente. • Impedir o responsável ou funcionário de entidade de atendimento o exercício dos direitos constantes nos incisos II, III, VII, VIII e XI do art. 124 do ECA. • Divulgar, total ou parcialmente, sem autorização devida, por qualquer meio de comunicação, nome, ato ou documento de procedimento policial, administrativo ou judicial relativo a criança ou adolescente a que se atribua ato infracional. • Deixar de apresentar à autoridade judiciária de seu domicílio, no prazo de cinco dias, com o fim de regularizar a guarda, adolescente trazido de outra comarca para a prestação de serviço doméstico, mesmo que autorizado pelos pais ou responsável. • Descumprir, dolosa ou culposamente, os deveres inerentes ao poder familiar ou decorrente de tutela ou guarda, bem assim determinação da autoridade judiciária ou Conselho Tutelar. • Hospedar criança ou adolescente desacompanhado dos pais ou responsável, ou sem autorização escrita desses ou da autoridade judiciária, em hotel, pensão, motel ou congênere. • Transportar criança ou adolescente, por qualquer meio, com inobservância do disposto nos arts. 83, 84 e 85 do ECA. • Deixar o responsável por diversão ou espetáculo público de afixar, em lugar visível e de fácil acesso, à entrada do local de exibição, informação destacada sobre a natureza da diversão ou espetáculo e a faixa etária especificada no certificado de classificação.

EM RESUMO: Dos Crimes e das Infrações Administrativas	
Principais infrações administrativas	• Transmitir, através de rádio ou televisão, espetáculo em horário diverso do autorizado ou sem aviso de sua classificação. • Exibir filme, trailer, peça, amostra ou congênere classificado pelo órgão competente como inadequado às crianças ou adolescentes admitidos ao espetáculo. • Vender ou locar a criança ou adolescente fita de programação em vídeo, em desacordo com a classificação atribuída pelo órgão competente. • Deixar o médico, enfermeiro ou dirigente de estabelecimento de atenção à saúde de gestante de efetuar imediato encaminhamento à autoridade judiciária de caso de que tenha conhecimento de mãe ou gestante interessada em entregar seu filho para adoção. Este tema foi objeto de inquirição no Exame de Ordem 2020.1 – *Maria chega à maternidade já em trabalho de parto, sendo atendida emergencialmente. Felizmente, o parto ocorre sem problemas e Maria dá à luz, Fernanda. No mesmo dia do parto, a enfermeira Cláudia escuta a conversa entre Maria e uma amiga que a visitava, na qual Maria oferecia Fernanda a essa amiga em adoção, por não se sentir preparada para a maternidade. Preocupada com a conversa, Cláudia a relata ao médico obstetra de plantão, Paulo, o qual, por sua vez, noticia o ocorrido a Carlos, diretor-geral do hospital. Naquela noite, já recuperada, Maria e a mesma amiga vão embora da maternidade, sem que nada tenha ocorrido e nenhuma providência tenha sido tomada por qualquer dos personagens envolvidos – Cláudia, Paulo ou Carlos*. Pode-se observar que *Carlos, Paulo e Cláudia cometeram infração administrativa por não encaminharem o caso de que tinham conhecimento para a autoridade judiciária.* • Descumprir a proibição de fornecer bebida alcoólica a crianças ou adolescentes – multa de R$ 3.000,00 (três mil reais) a R$ 10.000,00 (dez mil reais), sendo que o estabelecimento ficará interditado até que se pague a multa.

BIBLIOGRAFIA RECOMENDADA

LEITURA BÁSICA

- CUNHA, Rogério Sanches; LÉPORE, Paulo Eduardo; ROSSATO, Luciano Alves. **Estatuto da Criança e do Adolescente Comentado**. São Paulo: RT.
- LIBERATI, Wilson Donizeti. **Comentários ao Estatuto da Criança e do Adolescente**. São Paulo: Malheiros.

OBRAS PARA APROFUNDAMENTO

- CURY, Munir (Coord.). **Estatuto da Criança e do Adolescente Comentado**. São Paulo: Malheiros.

DIREITO ADMINISTRATIVO

LUCAS DOS SANTOS PAVIONE

CAPÍTULO I

ESTADO, GOVERNO E ADMINISTRAÇÃO PÚBLICA

1. NOÇÕES

Para um adequado estudo do Direito Administrativo, é importante termos em mente algumas noções sobre Teoria Geral do Estado, mais precisamente sobre as concepções de **Estado, Governo e Administração Pública**.

2. ESTADO

2.1 Noções

A palavra "estado" pode assumir variados significados, sendo objeto de disciplina específica no Direito. No presente estudo, nos interessa o estudo do Estado como **sociedade politicamente organizada em determinado território**.

Assim, diz-se que o Estado se caracteriza pela existência de três elementos essenciais: **povo** (elemento humano), **território** (espaço físico onde se estabelece) e **soberania** (reconhecimento e independência na ordem internacional e supremacia interna).

Tem-se, assim, que o Estado é um **ente personalizado** – ou seja, possui personalidade distinta da de seus integrantes –, podendo assumir direitos e obrigações no âmbito interno e externo.

Esse mesmo Estado é ainda responsável pela elaboração de um sistema de normas jurídicas, ao qual também se sujeita, que visam regular as relações sociais, no que ficou conhecido como **Estado de Direito**.

Em linhas gerais, pode-se dizer que o Estado é fruto da criação humana, com o objetivo de manter pacífica a vida em sociedade e proporcionar o bem-estar geral, regido por um ordenamento jurídico.

2.2 Funções ou Poderes Estatais

Visto de maneira **orgânica**, o Estado é composto por **três poderes ou funções: Legislativo, Executivo e o Judiciário.**

Tal concepção baseia-se na teoria da separação ou tripartição dos poderes, proposta por Montesquieu no século XVIII. Em linhas gerais, Montesquieu apregoava a coexistência harmônica e cooperativa entre os poderes que estruturam o Estado. Este foi o modelo adotado pelos principais regimes democráticos, inclusive o Brasil.

A cada um dos Poderes foi atribuído uma função **típica**: a) o Poder Legislativo exerce a **função legislativa** (possibilidade de elaboração de normas) b) o Poder Judiciário exerce **a função jurisdicional** (aplicação da norma a um caso concreto, com caráter de definitividade) c) o Poder Executivo exerce a chamada **função executiva**, que alguns autores subdividem em **função administrativa e função política**, ambas estudadas nos próximos tópicos.

De modo **atípico**, é possível que um Poder exerça uma função atribuída a outro, como, por exemplo, o julgamento do chefe do Executivo pelo Legislativo nos crimes de responsabilidade (art. 52, I da CF/88). Da mesma forma, a **função administrativa** pode ser exercida atipicamente pelos Poderes Legislativo e Judiciário como, por exemplo, quando realizam licitação, promovem concursos públicos, concedem licenças a seus servidores etc. Da mesma forma se pode falar da **função política**, que pode ser exercida de forma atípica pelo legislativo (cassação de um parlamentar) e pelo judiciário (algumas decisões internas).

Os princípios da organização do Estado, bem como as diretrizes para uma atuação harmônica entre os Poderes ou Funções são matérias disciplinadas no próprio texto da Constituição.

3. GOVERNO

Estreitando um pouco mais o estudo, vimos no tópico anterior que a **função executiva** se subdivide em **função administrativa e função política**. É desta última função que se extrai a ideia de **governo**. Aliás, alguns doutrinadores tomam as expressões – função política e governo - por sinônimas.

A **função política ou de governo**, assim, se relaciona à administração superior dos interesses do Estado, no plano interno e externo, com elevado grau de discricionariedade política das decisões, conforme parâmetros fixados na Constituição. Exemplos: declaração de guerra, decretação de estado de sítio, celebração de tratados internacionais etc.

No sistema presidencialista, o governo é exercido pelo **Presidente da República**, ao passo que no Parlamentarismo o **Primeiro-Ministro** é quem faz este papel.

4. FUNÇÃO ADMINISTRATIVA

Ao Direito Administrativo interessa o estudo da **função administrativa**, que "consiste no dever de o Estado, ou de quem aja em seu nome, dar cumprimento fiel, no caso concreto, aos comandos normativos, de maneira geral ou individual, para a realização dos fins públicos, sob regime prevalente de direito público, por meio de atos e comportamentos controláveis internamente, bem como externamente pelo Legislativo (com o auxílio do Tribunal de Contas), atos estes revisíveis pelo Judiciário" (FIGUEIREDO, 2008, p. 34).

Assim, a função administrativa refere-se à atuação ordinária do administrador público na execução das normas jurídicas, visando ao interesse comum. Por ter que andar sempre em conformidade com a lei, a conduta do Administrador será constantemente fiscalizada e, muitas vezes, revista, se em desconformidade com os comandos que deram suporte ao seu agir.

5. ADMINISTRAÇÃO PÚBLICA: SENTIDOS

Conforme visto no tópico anterior, o exercício da função administrativa permite que o Estado atue como verdadeiro organizador da vida pública, sempre tendo em mira o atingimento de um interesse público. Daí surge a noção de **administração pública**, que pode ser compreendida nas seguintes acepções (Cf. CARVALHO FILHO, 2008, pp. 9-10):

A Sentido Objetivo: a administração pública – grafada com letras minúsculas – representa o próprio **exercício** da função administrativa pelo Estado, por meio de seus agentes e órgãos. É a própria dinâmica estatal na gestão dos interesses públicos.

B Sentido Subjetivo: considera-se, aqui, o **sujeito** da função administrativa. Nesta concepção, a Administração Pública – grafada com letras maiúsculas – representa o conjunto de órgãos, agentes e pessoas jurídicas incumbidos do exercício da **função administrativa**.

> **MUITA ATENÇÃO!**
>
> Apesar de ser o Poder Executivo quem exerce tipicamente a função administrativa, é importante salientar que o termo Administração Pública é empregado de maneira ampla, de modo que quando os outros Poderes estiverem no exercício da função administrativa, seus órgãos e agentes também serão considerados integrantes da Administração Pública. Portanto, **Administração Pública não é sinônimo de Poder Executivo.**

6. REGIME JURÍDICO-ADMINISTRATIVO

O regime jurídico-administrativo representa os princípios e as regras jurídicas que direcionam a atuação da Administração Pública no exercício da função administrativa, impondo-lhe limites ou conferindo-lhe prerrogativas e privilégios no trato com os particulares. Este regime jurídico peculiar sustenta-se, segundo CELSO ANTONIO BANDEIRA DE MELLO (2007, p. 52), em dois pilares (chamadas pelo autor de "pedras de toque"), quais sejam, os princípios da **supremacia do interesse público sobre o privado** e da **indisponibilidade, pela Administração, dos interesses públicos**, a seguir analisados juntamente com os demais princípios que regem a atuação administrativa.

EM RESUMO: Estado, Governo e Administração Pública	
ESTADO	• Se caracteriza pela existência de três elementos essenciais: ➔**Povo** (elemento humano) ➔**Território** (espaço físico onde se estabelece) ➔**Soberania** (reconhecimento e independência na ordem internacional e supremacia interna). • **Ente personalizado:** possui personalidade distinta da de seus integrantes –, podendo assumir direitos e obrigações no âmbito interno e externo. • É composto por **três poderes ou funções: Legislativo, Executivo** e o **Judiciário**. • **Teoria da separação dos Poderes:** proposta por Montesquieu no século XVIII. Apregoava a coexistência harmônica e cooperativa entre os poderes que estruturam o Estado. Este foi o modelo adotado pelos principais regimes democráticos, inclusive o Brasil. • **Funções típicas dos Poderes:** ➔ **Poder Legislativo** – exercer a **função legislativa** (possibilidade de elaboração de normas);
ESTADO	➔ **Poder Judiciário** – exercer **a função jurisdicional** (aplicação da norma a um caso concreto, com caráter de definitividade) ➔ **Poder Executivo** – exercer a chamada **função executiva**, que alguns autores subdividem em: **função administrativa e função política.** • De modo **atípico**, é possível que um Poder exerça uma função atribuída a outro. • A **função administrativa** pode ser exercida **atipicamente** pelos Poderes Legislativo e Judiciário. • A **função política**, pode ser exercida de forma atípica pelo legislativo (cassação de um parlamentar) e pelo judiciário (algumas decisões internas).

EM RESUMO: Estado, Governo e Administração Pública	
GOVERNO	• A **função política ou de governo**, se relaciona à administração superior dos interesses do Estado, no plano interno e externo, com elevado grau de discricionariedade política das decisões, conforme parâmetros fixados na Constituição. • Sistema presidencialista ➔ o governo é exercido pelo **Presidente da República**. • Parlamentarismo ➔ **Primeiro-Ministro** é quem faz este papel.
FUNÇÃO ADMINISTRATIVA	• Refere-se à atuação ordinária do administrador público na execução das normas jurídicas, visando ao interesse comum. • Por ter que andar sempre em conformidade com a lei, a conduta do Administrador será constantemente fiscalizada e, muitas vezes, revista, se em desconformidade com os comandos que deram suporte ao seu agir.
ADMINISTRAÇÃO PÚBLICA SENTIDOS	• **Sentido Objetivo:** a administração pública representa o próprio **exercício** da função administrativa pelo Estado, por meio de seus agentes e órgãos. É a própria dinâmica estatal na gestão dos interesses públicos. • **Sentido Subjetivo:** considera-se, aqui, o **sujeito** da função administrativa. A Administração Pública representa o conjunto de órgãos, agentes e pessoas jurídicas incumbidos do exercício da função administrativa.
REGIME JURÍDICO – ADMINISTRATIVO	• Representa os princípios e as regras jurídicas que direcionam a atuação da Administração Pública no exercício da função administrativa, impondo-lhe limites ou conferindo-lhe prerrogativas e privilégios no trato com os particulares. • Sustenta-se em dois pilares (Segundo Celso A. B. de Mello): ➔ o princípio da **supremacia do interesse público sobre o privado;** ➔ o princípio da **indisponibilidade, pela Administração, dos interesses públicos.**

CAPÍTULO II

DIREITO ADMINISTRATIVO: CONCEITO, FONTES E PRINCÍPIOS

1. CONCEITO DE DIREITO ADMINISTRATIVO

Os primeiros estudos e tentativas de sistematização do Direito Administrativo surgiram na França (logo após a revolução francesa), evoluindo desde então até a forma como o conhecemos hoje.

O conceito de Direito Administrativo é um ponto de grande divergência na doutrina, posto a dificuldade de se fixar o seu objeto de estudo, ora amplo ora restrito.

Segundo MARIA SYLVIA ZANELLA DI PIETRO (2010, p 47), o Direito Administrativo é "o ramo do **direito público** que tem por objeto os **órgãos**, **agentes** e **pessoas jurídicas administrativas** que integram a **Administração Pública**, a **atividade jurídica não contenciosa** que exerce e os **bens** de que se utiliza para a consecução de seus fins, de natureza pública".

Conforme dito no capítulo anterior, interessa ao Direito Administrativo o estudo da **função administrativa**.

2. FONTES DO DIREITO ADMINISTRATIVO

Fonte é o lugar de onde algo surge. Assim, fonte do direito é o local de onde este emana.

A doutrina não é unânime quanto às fontes do Direito Administrativo. De um modo geral, podemos enumerar as seguintes fontes:

A **Lei:** a lei é a principal fonte do Direito Administrativo. A expressão "lei" deve ser considerada em **sentido amplo**, incluindo a Constituição Federal (e suas emendas), as leis formais, ou seja, decorrentes de processo legislativo (lei ordinária, lei complementar, lei delegada, decretos legislativos e resoluções), medidas provisórias e normas administrativas regulamentares (decretos, resoluções, portarias etc.);

B **Doutrina:** é o trabalho intelectual dos pensadores sobre determinado tema. No direito administrativo a doutrina teve grande relevância para sua sistematização e evolução. Porém, o tema não é pacífico entre os próprios doutrinadores, havendo que não a considere fonte do Direito Administrativo.

C **Jurisprudência:** são as decisões reiteradas dos Tribunais Superiores. Atualmente existem as chamadas **súmulas vinculantes** (art. 103-A da CF/88), editadas pelo **Supremo Tribunal Federal**, cujo conteúdo vincula também a Administração Pública.

D **Costumes:** costume é a prática social reiterada de uma conduta, acrescida da convicção geral de obrigatoriedade em sua observância. Não se pode admitir, porém, em Direito Administrativo a invocação de costumes que vão de encontro com a lei (costumes *contra legem*).

Apesar do princípio da legalidade e do caráter formal dos atos da Administração Pública, tem-se aceitado a existência de **fontes escritas e não escritas** para o Direito Administrativo.

3. PRINCÍPIOS DO DIREITO ADMINISTRATIVO

Princípios são as bases fundamentais de um sistema de normas, que condicionam toda a estruturação de um determinado ramo do Direito. Importante notar que os princípios não precisam estar presentes expressamente na legislação: possuem normatividade e lançam seus efeitos independentemente de positivação.

Para o Direito Administrativo, em razão da ausência de codificação e de sua recente origem, os princípios revestem-se de grande importância, pois auxiliam na compreensão e consolidação de seus institutos.

3.1. Aplicação dos Princípios Administrativos e suas Consequências Práticas

A Lei 13.655/18 inseriu importantes alterações na Lei de Introdução às Normas do Direito Brasileiro (LINDB) que dizem respeito, em grande parte, aos princípios administrativos.

Uma das disposições acrescidas (art. 20) apregoa que "nas esferas administrativa, controladora e judicial, não se decidirá com base em valores jurídicos abstratos sem que sejam consideradas as consequências práticas da decisão".

O Decreto 9.830/19 conceituou "valores jurídicos abstratos" como sendo "(...) aqueles previstos em normas jurídicas com alto grau de indeterminação e abstração" (art. 3.º, § 1.º).

Dessa forma, não pode um agente praticar um ato baseado no atendimento do "interesse público", por exemplo, sem demostrar qualquer correlação da decisão com seus efeitos práticos. A motivação da decisão deverá demonstrará a necessidade e a adequação da medida imposta, consideradas as possíveis alternativas e observados os critérios de adequação, proporcionalidade e de razoabilidade.

Exemplificando o tema, no XXXI exame de ordem (2020.1), a banca examinadora propôs a seguinte questão: "Otacílio, novo prefeito do Município Kappa, acredita que o controle interno é uma das principais ferramentas da função administrativa, razão pela qual determinou o levantamento de dados nos mais diversos setores da Administração local, a fim de apurar se os atos administrativos até então praticados continham vícios, bem como se ainda atendiam ao interesse público". Nesta situação, diante do resultado da apuração, Otacílio deverá "indicar, de modo expresso, as consequências jurídicas e administrativas da invalidação de ato administrativo" (alternativa correta apontada pelo gabarito oficial).

MUITA ATENÇÃO!
O agente não precisa fazer uma análise exaustiva de todas as consequências práticas do ato, mas apenas daquelas que, no exercício diligente de sua atuação, consiga vislumbrar diante dos fatos e fundamentos de mérito e jurídicos.

3.2 Princípios Constitucionais Expressos do Direito Administrativo

São princípios constitucionais expressos do Direito Administrativo os previstos no **art. 37, *caput* da CF/88**, quais sejam **legalidade**, **impessoalidade**, **moralidade**, **publicidade** e **eficiência**.

DICA IMPORTANTE
Para memorizar: as letras iniciais dos princípios da legalidade, impessoalidade, moralidade, publicidade e eficiência formam, nesta ordem, a palavra **LIMPE.**

A **Legalidade**: o princípio da legalidade preceitua que a atuação da Administração está vinculada à observância do disposto na lei em sentido amplo, ou seja, **o administrador somente pode atuar nos limites previstos no ordenamento jurídico**. Enquanto o indivíduo pode fazer aquilo que a lei não veda (legalidade negativa), a Administração Pública somente pode atuar dentro dos limites que a legislação lhe permite (legalidade positiva). Em algumas situações a lei confere maior amplitude de atuação do administrador no caso concreto, permitindo-lhe agir com alguma liberdade (discricionariedade), haja vista que seria impossível disciplinar todas as condutas possíveis diante da dinâmica social. Em outras situações, a conduta é **vinculada** ao que está disposto na norma, devendo o agente público cumprir estritamente o comando nela contido.

MUITA ATENÇÃO!
Não confundir **princípio da legalidade** com **princípio da reserva legal**, uma vez que este representa a necessidade de regulamentação de uma determinada matéria por meio de lei. Ex.: exercício do direito de greve dos servidores públicos.

? **QUESTÃO:** O princípio da legalidade comporta exceções?

RESPOSTA: *Sim. Podemos mencionar as seguintes exceções: Estado de defesa e estado de sítio (arts. 136 e 137 da CF/88); Decretos ou regulamentos autônomos (art. 84, VI da CF/88).*

B **Impessoalidade:** este princípio admite duas acepções:

B.1 **Quanto à Administração:** estabelece que o ato administrativo é impessoal, ou seja, o ato praticado pelo agente público deve ser atribuído à pessoa jurídica ao qual está vinculado. Essa concepção de impessoalidade leva em consideração a **teoria da imputação**, segundo a qual a atividade administrativa é exercida pelos agentes públicos, mas tal atuação é imputada (atribuída) à Administração Pública. Neste contexto, há uma garantia para o administrado, que sempre poderá cobrar da Administração eventuais prejuízos causados pela atuação de seu agente, desde que no exercício de suas funções. De igual modo, o agente público não poderá tirar proveito desta condição visando à sua autopromoção. Segundo o Supremo Tribunal Federal (RE 191.668, j. 14.04.2008), a vedação de **promoção pessoal**, prevista no art. 37, § 1º, da CF/88, está baseada no princípio da **impessoalidade.** Outro exemplo desta acepção do princípio da impessoalidade é a Lei 6.454/77, que proíbe que se atribua a bem público nome de pessoa viva.

B.2 **Quanto aos administrados:** O administrador tem o dever de agir de forma impessoal, abstrata e genericamente, protegendo sempre o interesse público, nunca atuando em nome do interesse pessoal de um administrado singularmente considerado. Exemplo disso é a necessidade de provimento de cargos públicos por meio de concurso público.

C **Moralidade:** esse princípio traduz a ideia de que o administrador tem que agir com honestidade, probidade, observando os princípios éticos, a lealdade e a boa-fé. O princípio da moralidade ganhou previsão expressa apenas na CF/88.

DIREITO ADMINISTRATIVO

D **Publicidade**: este princípio visa trazer **transparência** à atuação administrativa, de modo os atos administrativos devem merecer a mais ampla divulgação possível entre os administrados, para lhes propiciar a possibilidade de controlar a legitimidade da conduta dos agentes administrativos. Com a publicidade os administrados estão aptos a conhecer como a Administração se porta em sua atuação, verificando-se se esta está agindo em nome do interesse público.

> **MUITA ATENÇÃO!**
>
> Em algumas situações a publicidade será mitigada:
>
> a) art. 5º, X da CF/88: visa proteger a intimidade, a vida privada, a honra e a imagem das pessoas;
>
> b) art. 5º, XXXIII da CF/88: tem por finalidade salvaguardar a segurança da sociedade quando estabelece situações que serão protegidas pelo sigilo em razão de sua relevância e;
>
> c) art. 5º, LX da CF/88: objetiva proteger a intimidade e o interesse social nos processos judiciais e administrativos.

E **Eficiência:** este princípio ingressou no rol dos princípios mínimos da Administração com o advento da Emenda Constitucional nº 19/98, quando foi inserido no *caput* do art. 37. Mas mesmo antes da alteração já se considerava que o dever de eficiência existia de maneira implícita no texto constitucional.

O princípio da eficiência exige que o administrador aja de modo rápido e preciso, produzindo resultados que satisfaçam as necessidades dos administrados.

Um bom exemplo de atendimento a este princípio foi a publicação da Lei 13.726/2018, que ficou conhecida como Lei da Desburocratização. O art. 1.º informa que o objetivo da lei é racionalizar atos e procedimentos administrativos dos Poderes da União, dos Estados, do Distrito Federal e dos Municípios mediante a supressão ou a simplificação de formalidades ou exigências desnecessárias ou superpostas, cujo custo econômico ou social, tanto para o erário como para o cidadão, seja superior ao eventual risco de fraude, além de instituir o **Selo de Desburocratização e Simplificação**, destinado a reconhecer e a estimular projetos, programas e práticas que simplifiquem o funcionamento da administração pública e melhorem o atendimento aos usuários dos serviços públicos.

3.3 Outros Princípios do Direito Administrativo

De um modo geral, a doutrina considera a existência **princípios implícitos ou reconhecidos** que regem a Administração Pública, cujos principais serão a seguir estudados:

A **Princípio da supremacia do interesse público:** o interesse público deve sobressair-se ao interesse privado, o que confere uma posição de **superioridade** da Administração no que se refere ao regramento jurídico conferido à sua atuação. Em razão deste princípio a Administração Pública recebe do ordenamento jurídico prerrogativas e privilégios para sua atuação que não são estendidos aos particulares. Ex.: desapropriação por utilidade pública. Todavia, este princípio enfrenta pelo menos dois limites, que impedem a atuação arbitrária do administrador: a) direitos e garantias fundamentais; b) princípio da legalidade.

? **QUESTÃO:** O que é considerado interesse público?

➥ ***RESPOSTA:*** *O interesse público divide-se em duas vertentes:*

- ***Interesse Público Primário:*** *é o interesse coletivo ampla e abstratamente considerado, que deve ser buscado no exercício da função administrativa.*
- ***Interesse Público Secundário:*** *é a vontade do Estado considerado enquanto pessoa jurídica – não necessariamente coincidente com o interesse da coletividade – em busca de suas próprias conveniências.*

O ideal é que haja uma compatibilidade entre os dois interesses, primário e secundário, porém quando existir divergência/conflito entre eles deve haver prevalência do interesse primário.

B **Princípio da indisponibilidade do interesse público:** preceitua que uma vez caracterizado o interesse público não pode mais a Administração dispor-se dele. Assim, a autoridade administrativa deverá tomar imediatamente as providências cabíveis quando relevantes ao atendimento do interesse público.

C **Princípio da razoabilidade e proporcionalidade:** esses princípios estão previstos expressamente no art. 2º da Lei 9.784/99. Porém, mesmo antes de sua positivação, a jurisprudência já havia se posicionado no sentido de que ambos estão previstos implicitamente no texto da Constituição.

Atuar com **razoabilidade** é agir de forma equilibrada e coerente, seguindo critérios do homem médio, em limites aceitos sob o ponto de vista racional. É também chamado de **princípio da proibição dos excessos.**

O princípio da **proporcionalidade** possui os seguintes elementos essenciais: a) **adequação**: o meio utilizado deve ser compatível com o fim buscado; b) **exigibilidade**: a conduta deve ser necessária, sendo o único meio menos gravoso para alcançar o fim público; c) **proporcionalidade em sentido estrito**: as vantagens têm de superar as desvantagens.

Ressalta-se que as decisões tomadas com ofensa a estes princípios não são apenas inconvenientes, são **ilegais** e **ilegítimas**, posto que ferem a **finalidade da lei** e, como consequência, o princípio da legalidade.

DICA IMPORTANTE

Não há consenso na doutrina quanto à abordagem do significado destes princípios. A jurisprudência – principalmente do STF – não faz diferenciação rigorosa, aplicando-os com certa similaridade, mesma orientação que tem sido adotada pela organizadora do exame de ordem (FGV).

D **Princípio da autotutela**: estabelece que a Administração pode rever os seus próprios atos, seja para anulá-los (se ilegais) ou revogá-los (se inconvenientes ou inoportunos). Neste mesmo sentido, o art. 53, da Lei nº 9.784/99 dispõe que "A Administração deve anular seus próprios atos, quando eivados de vício de ilegalidade, e pode revogá-los por motivo de conveniência ou oportunidade, respeitados os direitos adquiridos". O tema "revogação e anulação do ato administrativo" será rediscutido em capítulo próprio.

E **Princípio da especialidade:** Segundo o art. 37, XIX da Constituição Federal, para que a Administração Pública possa criar entidades, é necessário que exista uma lei que autorize a criação e defina, detalhadamente, as finalidades da nova pessoa jurídica. Assim, ao criar um órgão ou uma entidade, o legislador deve restringir-se aos objetivos definidos pela lei criadora ou autorizadora, ou seja, as pessoas jurídicas e os órgãos públicos estão diretamente vinculados às finalidades para as quais foram criados.

O princípio surge com base na ideia de descentralização administrativa e foi pensado, inicialmente, para as autarquias. Entretanto, é aplicado a todas as pessoas jurídicas e órgãos, cuja criação dependa de lei.

F **Princípio da motivação:** este princípio estabelece que a Administração Pública deve justificar os seus atos, apontando os fundamentos de fato e de direito, bem como a correlação lógica entre os eventos e as providências tomadas. A finalidade é avaliar se o administrador agiu de forma compatível com lei que lhe serviu de fundamento. É também uma garantia para a ampla defesa e para o controle da legalidade dos atos praticados.

Neste aspecto, o parágrafo único do art. 20 da LINDB, incluído pela Lei 13.655/18, estabelece que "a motivação demonstrará a necessidade e a adequação da medida imposta ou da invalidação de ato, contrato, ajuste, processo ou norma administrativa, inclusive em face das possíveis alternativas", atrelando a motivação à proporcionalidade, mecanismos essenciais para o controle da atividade administrativa, especialmente da atuação discricionária do administrador. O artigo 21, também inserido pela Lei 13.655/18 e que será analisado mais à frente, vai no mesmo sentido.

O Decreto 9.830/19 estabeleceu que a decisão será motivada com a contextualização dos fatos, quando cabível, e com a indicação dos fundamentos de mérito e jurídicos. Além disso, estabeleceu as seguintes regras (§§ 1.º a 3.º):

- A motivação da decisão conterá os seus fundamentos e apresentará a congruência entre as normas e os fatos que a embasaram, de forma argumentativa.
- A motivação indicará as normas, a interpretação jurídica, a jurisprudência ou a doutrina que a embasaram.
- A motivação poderá ser constituída por declaração de concordância com o conteúdo de notas técnicas, pareceres, informações, decisões ou propostas que precederam a decisão (motivação *per relationem* ou aliunde).

G **Princípio da segurança jurídica:** É considerado um dos pilares da ordem jurídica, um dos princípios básicos do Estado de Direito, sendo aplicável a outros ramos do Direito. Tem a finalidade de: evitar alterações supervenientes que causem instabilidade social e minorar os efeitos traumáticos de novas disposições, protegendo sempre a estabilidade jurídica. De acordo com o art. 2º, inciso XIII, da Lei 9.784/99, a Administração deve buscar a interpretação da norma que melhor garanta o atendimento do fim público a que se dirige, vedada a aplicação retroativa da nova interpretação.

Um dos objetivos invocados pela Lei 13.655/18 para alterar a LINDB foi prestigiar o primado da segurança jurídica. Neste aspecto, digna de nota a inserção art. 23: "A decisão administrativa, controladora ou judicial que estabelecer interpretação ou orientação nova sobre norma de conteúdo indeterminado, impondo novo dever ou novo condicionamento de direito, deverá prever regime de transição quando indispensável para que o novo dever ou condicionamento de direito seja cumprido de modo proporcional, equânime e eficiente e sem prejuízo aos interesses gerais".

Além disso, o art. 24, também inserido na LINDB pela Lei 13.355/18, estabeleceu que a revisão, nas esferas administrativa, controladora ou judicial, quanto à validade de ato, contrato, ajuste, processo ou norma administrativa cuja produção já se houver completado, levará em conta as orientações gerais da época, sendo vedado que, com base em mudança posterior de orientação geral, se declarem inválidas situações plenamente constituídas. Nos conceitos de orientações gerais estão incluídas as interpretações e especificações contidas em atos públicos de caráter geral ou em jurisprudência judicial ou administrativa majoritária, e ainda as adotadas por prática administrativa reiterada e de amplo conhecimento público.

Por fim, vale destacar duas outras previsões inseridas na LINDB pela Lei 13.655/18 e que se relacionam à segurança jurídica: a) Art. 26: permite a **celebração de compromisso** com os interessados para eliminar irregularidade, incerteza jurídica ou situação contenciosa na aplicação do direito público, inclusive no caso de expedição de licença, desde que observada a legislação aplicável e presentes **razões de interesse geral**. Para tanto, o órgão jurídico será ouvido, admitindo-se, inclusive, a realização de consulta pública, publicando-se, ao final, o termo de compromisso celebrado para que produza seus efeitos; b) Art. 30: As autoridades públicas devem atuar para aumentar a segurança jurídica na aplicação das normas, inclusive por meio de regulamentos, súmulas administrativas e respostas a consultas, que terão caráter vinculante em relação ao órgão ou entidade a que se destinam, até ulterior revisão.

MUITA ATENÇÃO!

A **Teoria da Ponderação de Interesses** diz que não há princípio absoluto, assim, todos os princípios do nosso ordenamento jurídico são importantes e devem ser levados em consideração. Dessa forma, de acordo com as circunstâncias do caso concreto, deve-se ponderar os interesses e verificar qual princípio deve prevalecer.

FIQUE POR DENTRO:

Princípios Administrativos e vedação ao nepotismo

Um dos grandes avanços dos últimos tempos foi a edição da Súmula Vinculante 13, que possui a seguinte redação: "A nomeação de cônjuge, companheiro ou parente em linha reta, colateral ou por afinidade, até o terceiro grau, inclusive, da autoridade nomeante ou de servidor da mesma pessoa jurídica investido em cargo de direção, chefia ou assessoramento, para o exercício de cargo em comissão ou de confiança ou, ainda, de função gratificada na administração pública direta e indireta em qualquer dos Poderes da União, dos Estados, do Distrito Federal e dos Municípios, compreendido o ajuste mediante designações recíprocas, viola a Constituição Federal". Anteriormente o STF já havia decidido que a nomeação de parentes viola os princípios da **moralidade**, **impessoalidade** e **eficiência** (RE 579951/RN), sendo que estes princípios serviram de base para a edição desta Súmula Vinculante.

<table>
<tr><th colspan="2">EM RESUMO: Direito Administrativo: conceito, fontes e princípios</th></tr>
<tr><td>Conceito de direito administrativo</td><td>• O Direito Administrativo é "o ramo do direito público que tem por objeto os órgãos, agentes e pessoas jurídicas administrativas que integram a Administração Pública, a atividade jurídica não contenciosa que exerce e os bens de que se utiliza para a consecução de seus fins, de natureza pública". (Maria Sylvia Zanella Di Pietro)</td></tr>
<tr><td>Fontes do direito administrativo</td><td>• Lei: é a principal fonte do Direito Administrativo. A expressão "lei" deve ser considerada em sentido amplo, incluindo a Constituição Federal (e suas emendas), as leis formais (lei ordinária, lei complementar, lei delegada, decretos legislativos e resoluções), medidas provisórias e normas administrativas regulamentares (decretos, resoluções, portarias etc.);
• Doutrina: é o trabalho intelectual dos pensadores sobre determinado tema. No direito administrativo a doutrina teve grande relevância para sua sistematização e evolução. Porém, o tema não é pacífico entre os próprios doutrinadores, havendo quem não a considere fonte do Direito Administrativo.
• Jurisprudência: são as decisões reiteradas dos Tribunais Superiores. Atualmente existem as chamadas súmulas vinculantes, editadas pelo STF, cujo conteúdo vincula também a Administração Pública.
• Costumes: costume é a prática social reiterada de uma conduta, acrescida da convicção geral de obrigatoriedade em sua observância. Não se pode admitir, porém, em Direito Administrativo a invocação de costumes que vão de encontro com a lei (costumes contra legem). Ou seja, apesar do princípio da legalidade e do caráter formal dos atos da Administração Pública, a doutrina aceita a existência de fontes escritas e não escritas para o Direito Administrativo.
* A doutrina não é unânime quanto às fontes do Direito Administrativo.</td></tr>
<tr><td>Princípios do direito administrativo</td><td>PRINCÍPIOS CONSTITUCIONAIS EXPRESSOS DO DIREITO ADMINISTRATIVO (art. 37, caput da CF/88)
• Legalidade: a atuação da Administração está vinculada à observância do disposto na lei em sentido amplo, ou seja, o administrador somente pode atuar nos limites previstos no ordenamento jurídico.
• Impessoalidade:
– Quanto à Administração – o ato administrativo é impessoal, ou seja, o ato praticado pelo agente público deve ser atribuído à pessoa jurídica ao qual está vinculado. Essa concepção de impessoalidade leva em consideração a teoria da imputação, segundo a qual a atividade administrativa é exercida pelos agentes públicos, mas tal atuação é imputada (atribuída) à Administração Pública.
– Quanto aos administrados – o administrador tem o dever de agir de forma impessoal, abstrata e genericamente, protegendo sempre o interesse público, nunca atuando em nome do interesse pessoal de um administrado singularmente considerado.</td></tr>
</table>

EM RESUMO: Direito Administrativo: conceito, fontes e princípios	
Princípios do direito administrativo	• **Moralidade:** o administrador tem que agir com honestidade, probidade, observando os princípios éticos, a lealdade e a boa-fé. Este princípio ganhou previsão expressa apenas na CF/88. • **Publicidade:** visa trazer **transparência** à atuação administrativa, de modo que os atos administrativos devem merecer a mais ampla divulgação possível entre os administrados, para lhes propiciar a possibilidade de controlar a legitimidade da conduta dos agentes administrativos. ***Situações em que a publicidade será mitigada: art. 5º, incisos X, XXXIII e LX da CF/88.* • **Eficiência:** exige que o administrador aja de modo rápido e preciso, produzindo resultados que satisfaçam as necessidades dos administrados. **OUTROS PRINCÍPIOS DO DIREITO ADMINISTRATIVO** • **Princípio da indisponibilidade do interesse público:** preceitua que uma vez caracterizado o interesse público não pode mais a Administração dispor-se dele. • **Princípio da razoabilidade e proporcionalidade:** previstos expressamente no art. 2º da Lei 9.784/99. **Razoabilidade** é agir de forma equilibrada e coerente, seguindo critérios do homem médio, em limites aceitos sob o ponto de vista racional. O princípio da **proporcionalidade** possui os seguintes elementos essenciais: a) **adequação**: o meio utilizado deve ser compatível com o fim buscado; b) **exigibilidade:** a conduta deve ser necessária, sendo o único meio menos gravoso para alcançar o fim público; c) **proporcionalidade em sentido estrito:** as vantagens têm de superar as desvantagens. • **Princípio da autotutela:** estabelece que a Administração pode rever os seus próprios atos, seja para anulá-los (se ilegais) ou revogá-los (se inconvenientes ou inoportunos). • **Princípio da especialidade:** Segundo o art. 37, XIX da CF/88, para que a Administração Pública possa criar entidades, é necessário que exista uma lei que autorize a criação e defina, detalhadamente, as finalidades da nova pessoa jurídica. Assim, ao criar um órgão ou uma entidade, o legislador deve restringir-se aos objetivos definidos pela lei criadora ou autorizadora, ou seja, as pessoas jurídicas e os órgãos públicos estão diretamente vinculados às finalidades para as quais foram criados. • **Princípio da motivação:** este princípio estabelece que a Administração Pública deve justificar os seus atos, apontando os fundamentos de fato e de direito, bem como a correlação lógica entre os eventos e as providências tomadas. • **Princípio da segurança jurídica:** tem a finalidade de: evitar alterações supervenientes que causem instabilidade social e minorar os efeitos traumáticos de novas disposições, protegendo sempre a estabilidade jurídica.

CAPÍTULO III

PODERES DA ADMINISTRAÇÃO PÚBLICA

1. NOÇÕES

"A doutrina costuma afirmar que certas prerrogativas postas à Administração encerram verdadeiros poderes, que são irrenunciáveis e devem ser exercidos sempre que o interesse público clamar. Por tal razão são chamados poder-dever" (extraído de questão do **exame unificado set./10**).

Os poderes administrativos são, assim, prerrogativas especiais e instrumentos que o ordenamento jurídico confere ao Estado para que este cumpra suas finalidades institucionais na busca e alcance do interesse público.

MUITA ATENÇÃO! Não confundir poderes administrativos com **poderes políticos** (Legislativo, Executivo e Judiciário), posto que aqueles são poderes instrumentais e estes são poderes estruturais, referindo-se à própria estrutura do Estado estabelecida pela CF/88.

2. CARACTERÍSTICAS DOS PODERES ADMINISTRATIVOS

Podemos enumerar as seguintes características dos poderes administrativos:

2.1 Instrumentalidade: como acima mencionado os poderes administrativos são instrumentos colocados à disposição da Administração para que esta atinja seus fins institucionais, na busca e alcance no interesse público.

2.2 Poder-dever: os poderes da Administração são dotados de um caráter compulsório, ou seja, não tem o administrador a faculdade de exercer ou não os poderes colocados a sua disposição, devendo sempre deles se utilizar.

2.3 Irrenunciabilidade: essa característica decorre da natureza compulsória dos poderes, e estabelece que o administrador não pode renunciar suas prerrogativas face ao princípio da indisponibilidade do interesse público.

2.4 Exercício nos limites da lei: em decorrência do princípio da legalidade os poderes administrativos devem ser exercidos e utilizados de acordo com que prevê o ordenamento jurídico.

2.5 Responsabilização do administrador: todos os atos praticados com abuso de poder e em desrespeito a lei são ilegais, gerando a responsabilização do administrador tanto em sua atuação comissiva ou omissiva.

3. CLASSIFICAÇÃO DOS PODERES ADMINISTRATIVOS

No quadro abaixo, trazemos um pequeno resumo das classificações doutrinárias mais recorrentes sobre o tema Poderes Administrativos:

Quanto à margem de liberdade	a) vinculado; b) discricionário.
Quanto às espécies	a) hierárquico; b) disciplinar; c) regulamentar ou normativo; d) de polícia.

4. PODER VINCULADO

Conforme a liberdade de atuação e decisão que se dê ao agente, os **poderes administrativos** podem ser **vinculados** ou **discricionários**.

No exercício do **poder vinculado,** a lei tipifica objetiva e claramente a situação em que o agente deve agir e o comportamento a ser tomado. Preenchidos os requisitos legais, o administrador é obrigado a agir de acordo com o previamente definido em lei. Nestes atos todos os elementos ou requisitos do ato administrativo praticado são **vinculados**, o que permite que o ato seja objeto de controle de legalidade por parte do Judiciário.

5. PODER DISCRICIONÁRIO

Em contraposição à categoria anterior, o exercício do **poder discricionário** permite uma margem de liberdade ao administrador, que exercerá um juízo de valor segundo critérios de **conveniência** e **oportunidade** (**mérito administrativo**), dentro dos limites definidos pela lei, avaliando a situação e escolhendo o melhor comportamento a ser tomado dentre os que são legalmente possíveis e que melhor atenda ao interesse público buscado. O poder discricionário é necessário porque seria impossível que o legislador previsse todas as situações possíveis para os diversos comportamentos administrativos.

O poder discricionário manifesta-se principalmente nas seguintes situações: a) quando estiver diante de conceitos valorativos estabelecidos pela lei, que dependem de concretização pelas escolhas do agente, considerados o momento histórico e social (extraído de questão do **exame unificado de set/10**); b) diante de **conceitos legais e jurídicos técnico-científicos**, sendo, neste caso, limitado às escolhas técnicas possíveis.

? **QUESTÃO:** O que significa intangibilidade do mérito administrativo?

RESPOSTA: *O princípio da intangibilidade ou insindicabilidade do mérito administrativo significa que o juízo de conveniência e oportunidade feito pelo agente quando da prática de um ato discricionário não pode ser alterado pelo Poder Judiciário, salvo se padecer de vício de legalidade. Não pode, assim, o juiz substituir-se ao administrador na prática de um ato discricionário para decidir qual seria a conduta mais adequada a ser tomada, sob pena de violação ao princípio da separação entre os Poderes.*

6. PODER HIERÁRQUICO

6.1 Conceito: prerrogativa que tem o Estado de organizar sua estrutura, escalonando e definindo funções de seus órgãos, bem como fiscalizar, ordenar e rever a atuação de seus agentes, através do estabelecimento de relações de hierarquia e subordinação entre aqueles que integram o seu quadro de pessoal. Podemos afirmar, assim, que "o poder hierárquico é inerente à ideia de verticalização administrativa, e revela as possibilidades de controlar atividades, delegar competência, avocar competências delegáveis e invalidar atos, dentre outros" (extraído do **exame unificado set/10**).

6.2 Características:

A Edição de Atos Normativos Internos: o superior hierárquico pode editar atos normativos dirigidos aos agentes subordinados, cujo principal objetivo é organização da atuação administrativa. São as resoluções, portarias, ordens de serviço etc.

B Dar ordens (poder de comando): em decorrência do poder hierárquico atribui-se ao superior hierárquico a prerrogativa de dar ordens diretas, verbais ou escritas, aos seus subordinados com o objetivo de garantir o adequado funcionamento dos serviços. No outro lado, os subordinados devem acatar e cumprir as ordens de seus superiores hierárquicos, **salvo se manifestamente ilegais**. No XXIV Exame de Ordem (nov/2017), a banca examinadora propôs o seguinte problema: "João foi aprovado em concurso público promovido pelo Estado Alfa para o cargo de analista de políticas públicas, tendo tomado posse no cargo, na classe inicial da respectiva carreira. Ocorre que João é uma pessoa proativa e teve, como gestor, excelentes experiências na iniciativa privada. Em razão disso, ele decidiu que não deveria cumprir os comandos determinados por agentes superiores na estrutura administrativa, porque ele as considerava contrárias ao princípio da eficiência, apesar de serem ordens legais". A alternativa apontada como correta apontou que "João tem dever de obediência às ordens legais de seus superiores, em razão da relação de subordinação decorrente do poder hierárquico".

C Fiscalização e controle: também denominado como fiscalização hierárquica, é a prerrogativa conferida ao superior hierárquico de fiscalizar e revisar os atos praticados por seus subordinados, o que pode resultar na anulação, revogação ou convalidação de tais atos.

D Delegação e avocação: em regra, a competência é indelegável. Porém, em determinadas situações o legislador admite a delegação ou avocação de competências.

Conceitua-se **delegação** como o ato discricionário, revogável a qualquer tempo, mediante o qual um agente ou órgão confere o exercício temporário de parte de suas atribuições a outro agente ou órgão, ainda que não sejam hierarquicamente subordinados, em razão de circunstâncias de índole **técnica**, **social**, **econômica**, **jurídica** ou **territorial** (art. 12 da Lei 9.784/99). A autoridade delegante continua competente cumulativamente com o delegado para a prática do ato. Tratando-se a delegação de ato discricionário, poderá ser **revogada** a qualquer tempo por quem delegou a competência (art. 14, § 2º). A publicação do ato de delegação, bem como sua revogação, é obrigatória (art. 14, da Lei 9.784/99), devendo o ato de delegação especificar as matérias e poderes transferidos, os limites da atuação do delegado, a duração e os objetivos da delegação e o recurso cabível, podendo conter ressalva de exercício da atribuição delegada.

MUITA ATENÇÃO! De acordo com o art. 13, da Lei 9.784/99, não podem ser objeto de delegação as seguintes matérias: a) a edição de atos de caráter normativo; b) a decisão de recursos administrativos; c) as matérias de competência exclusiva do órgão ou autoridade.

Já **avocação** é o ato discricionário mediante o qual o superior hierárquico traz para si, em caráter excepcional e por motivos relevantes devidamente justificados, o exercício temporário de determinada competência atribuída por lei a um subordinado seu (art. 15 da Lei 9.784/99).

7. PODER DISCIPLINAR

É o poder conferido ao agente público de aplicar sanções aos demais agentes diante da prática de uma **infração funcional**, bem como às pessoas que mantêm vínculo contratual com a Administração e cometem alguma falta durante a execução do contrato. Estas infrações deverão ser apuradas por meio de regular processo administrativo com observância do contraditório e ampla defesa e devem possuir previsão na legislação.

O exercício do poder disciplinar é obrigatório, o que significa dizer que a infração cometida deve ser apurada. Entretanto, nem sempre ocorrerá a aplicação de uma sanção, que é uma prerrogativa da Administração.

8. PODER REGULAMENTAR

8.1 Conceito: refere-se à prerrogativa que tem o Chefe do Executivo de expedir regulamentos que irão complementar o teor das leis, preparando-se sua execução (art. 84, IV da CF/88).

> **MUITA ATENÇÃO!** O art. 84, IV da CF menciona que a expedição de **decretos** e **regulamentos** para a fiel execução das leis. Regulamento representa o **conteúdo** do ato, já o decreto é a **forma** pela qual o ato se exterioriza.

É importante salientar, todavia, que "no exercício do poder regulamentar, a Administração não pode criar direitos, obrigações, proibições, medidas punitivas, devendo limitar-se a estabelecer normas sobre a forma como a lei vai ser cumprida" (**exame unificado set/08**). É legítima, porém, a fixação de obrigações secundárias (ou derivadas), adequadas às obrigações legais principais.

Vale ressaltar que compete **exclusivamente** ao **Congresso Nacional** a sustação dos atos normativos do Poder Executivo que exorbitem do poder regulamentar (art. 49, V da CF), sem prejuízo do **controle de legalidade** a cargo do Poder Judiciário.

É digno de nota o art. 29 da LINDB, incluído pela Lei 13.655/18, que propõe importante mecanismo de participação popular e transparência na edição de atos normativos: "Em qualquer órgão ou Poder, a edição de atos normativos por autoridade administrativa, **salvo os de mera organização interna**, poderá ser precedida de consulta pública para manifestação de interessados, preferencialmente por meio eletrônico, a qual será considerada na decisão".

8.2 Tipos de regulamento

A **Regulamento autônomo ou independente:** seu fundamento de validade deriva diretamente na Constituição Federal, exercendo papel finalístico de lei, podendo, inclusive, ser objeto de controle de constitucionalidade.

Não há consenso na doutrina sobre a existência dos chamados **regulamentos ou decretos autônomos** no Direito Brasileiro. Os que admitem sua existência, indicam como espécies as hipóteses trazidas pelo art. 84, VI, da CF: a) organização e funcionamento da administração pública, desde que não cause aumento de despesas nem crie ou extinga órgãos públicos; b) extinção de funções ou cargos públicos, quando vagos.

B **Regulamento executivo:** são atos normativos, de caráter **geral** e **abstrato**, de competência privativa do Chefe do Poder Executivo e que visam fixar parâmetros para a fiel execução de leis. Ex.: Decreto 3.048/99, que regulamenta as Leis 8.212/91 e 8.213/91.

9. PODER DE POLÍCIA

9.1 Conceito: o Código Tributário Nacional, em seu art. 78, conceitua poder de polícia como sendo "(...) a atividade da administração pública que, limitando ou disciplinando direito, interesse ou liberdade, regula a prática de ato ou abstenção de fato, em razão de interesse público concernente à segurança, à higiene, à ordem, aos costumes, à disciplina da produção e do mercado, ao exercício de atividades econômicas dependentes de concessão ou autorização do Poder Público, à tranquilidade pública ou ao respeito à propriedade e aos direitos individuais ou coletivos".

Em resumo, "O poder de polícia, conferindo a possibilidade de o Estado limitar o exercício da liberdade ou das faculdades de proprietário, em prol do interesse público, deve ser exercido nos limites da lei, gerando a possibilidade de cobrança de taxa" (afirmativa adaptada de questão do **exame unificado set/10**). A previsão de cobrança de taxas em razão do exercício do poder de polícia está no art. 145, II da CF/88.

9.2 Atributos do poder de polícia

A **Discricionariedade:** a Administração avaliará a **conveniência** e **oportunidade** de sua atuação e em que medida o fará, principalmente no que se refere na definição das sanções que poderão ser aplicadas. Todavia, em algumas situações o poder de polícia é **vinculado**, uma vez que a própria norma explicita todos os requisitos exigidos do interessado, como ocorre, por exemplo, para a concessão das **licenças** em geral.

B **Autoexecutoriedade:** o exercício do poder de polícia não depende de autorização do Poder Judiciário, podendo a Administração executar diretamente as medidas e sanções decorrentes da polícia administrativa. É bastante comum verificar este atributo nas interdições realizadas em estabelecimentos que não cumprem normas de saúde e higiene públicas. Ou seja, o Estado pode "(...) em **situações extremas**, dentro dos limites da **razoabilidade** e da **proporcionalidade**, atuar de forma autoexecutória" (extraído de questão do XXIV Exame de Ordem). Mas a autoexecutoriedade do poder de polícia não impede o controle posterior da atuação administrativa pelo Poder Judiciário.

O ato praticado pelo fiscal está dentro da visão tradicional do exercício da polícia administrativa pelo Estado, que pode, em situações extremas, dentro dos limites da razoabilidade e da proporcionalidade, atuar de forma autoexecutória.

MUITA ATENÇÃO! As multas aplicadas em razão do poder de polícia são uma exceção ao atributo da autoexecutoriedade. A Administração, neste caso, deve-se valer de meios judiciais – execução fiscal – ou extrajudiciais – como envio de avisos de cobrança, protesto da certidão de dívida ativa etc. – para satisfazer o seu crédito.

C Coercibilidade: a medida adotada pela Administração no exercício do poder de polícia é imposta de forma coercitiva ao administrado que desrespeita os limites impostos ao exercício de seu direito de liberdade e propriedade. Um bom exemplo do atributo da **coercibilidade** do poder de polícia pode ser extraído de questão do X Exame Unificado: "Oscar é titular da propriedade de um terreno adjacente a uma creche particular. Aproveitando a expansão econômica da localidade, decidiu construir em seu terreno um grande galpão. Oscar iniciou as obras, sem solicitar à prefeitura do município "X" a necessária licença para construir, usando material de baixa qualidade. Ainda durante a construção, a diretora da creche notou que a estrutura não apresentava solidez e corria o risco de desabar sobre as crianças. Ao tomar conhecimento do fato, a prefeitura do município "X" inspecionou o imóvel e constatou a gravidade da situação. Após a devida notificação de Oscar, a estrutura foi demolida". Nesta situação concreta, não deixa de estar presente também o atributo da autoexecutoriedade, haja vista que a demolição foi executada independentemente de autorização judicial. Ainda, esta seria uma situação em que o poder de polícia seria **vinculado**, conforme visto no item "A".

? QUESTÃO: O exercício do poder de polícia pode ser delegado a entidade privada?

*↳ **RESPOSTA: Não.** O entendimento vigente no STF é no sentido de que o poder de polícia, típica atividade de Estado, não pode ser delegado a entidade privada (ADI 1717). Neste sentido, o STF fixou a seguinte tese em julgamento com repercussão geral reconhecida (Tema 532): "É constitucional a delegação do poder de polícia, por meio de lei, a pessoas jurídicas de direito privado integrantes da Administração Pública indireta de capital social majoritariamente público que prestem exclusivamente serviço público de atuação própria do Estado e em regime não concorrencial". Todavia, voltando-se novamente à regra, é importante salientar que se tem admitido a delegação a particulares da prática de certos **atos materiais ou instrumentais** ao exercício poder de polícia. Este tema, inclusive, foi cobrado no **XVI Exame de Ordem (2015.1)**, com a proposição do seguinte caso: "Determinado município resolve aumentar a eficiência na aplicação das multas de trânsito. Após procedimento licitatório, contrata a sociedade empresária Cobra Tudo para instalar câmeras do tipo 'radar', que fotografam infrações de trânsito, bem como disponibilizar agentes de trânsito para orientar os cidadãos e aplicar multas. A mesma sociedade empresária ainda ficará encarregada de criar um Conselho de Apreciação das multas, com o objetivo de analisar todas as infrações e julgar os recursos administrativos". Nesta situação, nada impede a contratação dos equipamentos eletrônicos de fiscalização (mero ato material ou instrumental ao poder de polícia), mas o poder decisório não pode ser transferido à empresa, pois é típica atividade de polícia, indelegável, a decisão de aplicação ou não da penalidade.*

9.3 Diferença entre polícia administrativa e polícia judiciária

Vejamos as principais diferenças entre polícia administrativa e judiciária:

Polícia Administrativa	Polícia Judiciária
Incide sobre bens, direitos e atividades, condicionando seu uso ou exercício	Incide sobre pessoas, de forma ostensiva ou investigativa, e busca evitar ou reprimir a prática de infrações penais
Caráter predominantemente preventivo. Mas pode ser repressivo e fiscalizador	Caráter predominantemente **repressivo**
Exercida pelas autoridades administrativas e pelas corporações policiais	Exercida pela polícia civil, militar e federal
Visa prevenir ou reprimir ilícitos administrativos	Visa prevenir ou reprimir ilícitos penais
Regida por normas de Direito Administrativo	Regida por normas do Direito Penal e Processual Penal

9.4 Prescrição

As sanções aplicadas em razão do poder de polícia estão sujeitas a prazo prescricional, em atenção ao princípio da segurança jurídica.

Dispõe o art. 1.º da Lei 9.873/99 que "prescreve em **cinco anos** a ação punitiva da Administração Pública Federal, direta e indireta, no exercício do poder de polícia, objetivando apurar infração à legislação em vigor, contados da data da prática do ato ou, no caso de infração permanente ou continuada, do dia em que tiver cessado". É importante salientar que se a infração também se configurar crime, o prazo prescricional é o

DIREITO ADMINISTRATIVO

mesmo da lei penal. Além disso, esse prazo prescricional pode ser interrompido e suspenso segundo hipóteses trazidas pela própria lei.

Dentro deste prazo de **5 anos** deverá ser instaurado regular procedimento administrativo, permitindo-se que o autuado se defenda – valendo-se de todos os recursos disponíveis -, sendo, ao fim e se rechaçada a defesa, confirmada a autuação e, se aplicada multa ao infrator, haverá a **constituição definitiva do crédito não tributário**.

Havendo constituição definitiva de crédito não tributário, a Administração terá outros **5 anos** para ajuizar a **ação de execução** (art. 1º-A, da Lei 9.783/99), caso o autuado não pague voluntariamente o valor da multa. O rito seguido será o estabelecido pela **Lei de Execução Fiscal** (Lei 6.830/80).

Toda esta explicação se faz necessária para que se possa compreender a seguinte situação proposta em questão no XXII Exame de Ordem: "A Agência Nacional do Petróleo - ANP, no exercício do poder de polícia, promoveu diligência, no dia 05/01/2010, junto à sociedade Petrolineous S/A, que culminou na autuação desta por fatos ocorridos naquela mesma data. Encerrado o processo administrativo, foi aplicada multa nos limites estabelecidos na lei de regência. O respectivo crédito não tributário resultou definitivamente constituído em 19/01/2011, e, em 15/10/2015, foi ajuizada a pertinente execução fiscal". Nesta situação, "Não se operou a prescrição para a execução do crédito, considerando o lapso de cinco anos entre a data de sua constituição definitiva e a do ajuizamento da ação". O examinador buscou verificar se o candidato estava atento à diferenciação entre prescrição da **ação punitiva** (art. 1.º), ou seja, para aplicar a sanção, com a prescrição da **ação de execução** (art. 1.º-A), que é o prazo para a cobrança do crédito definitivamente constituído.

10. DO ABUSO DE PODER

O abuso de poder ocorre quando o agente, no exercício de suas atribuições legais, atua com desrespeito às normas de **competência** (excesso de poder) ou em de forma contrária a sua **finalidade institucional** (desvio de poder).

A **Excesso de poder**: deriva da atuação fora dos limites de competência conferida ao agente público, **invadindo competência alheia ou desrespeitando o imposto por lei ou regulamento**. Ex.: o conselho diretor de uma autarquia federal baixou resolução disciplinando que todas as compras de material permanente acima de cinquenta mil reais só poderiam ser feitas pela própria sede. Ainda assim, um dos superintendentes estaduais abriu licitação para compra de microcomputadores no valor de trezentos mil reais. A licitação acabou sendo feita sem incidentes, e o citado superintendente homologou o resultado e adjudicou o objeto da licitação à empresa vencedora (extraído de questão do **exame unificado jan/08**). O superintendente estadual atuou neste caso com **excesso de poder.**

B **Desvio de poder ou desvio de finalidade:** no desvio de poder o agente atua dentro do seu limite de competência, mas o faz sem observar a finalidade, o objetivo disciplinado em lei para a realização do ato. Um bom exemplo de desvio de finalidade foi trazido em questão do XIX Exame de Ordem (abr./16): "Fulano, servidor público federal lotado em órgão da administração pública federal no Estado de São Paulo, contesta ordens do seu chefe imediato, alegando que são proibidas pela legislação. A chefia, indignada com o que entende ser um ato de insubordinação, remove Fulano, contra a sua vontade, para órgão da administração pública federal no Distrito Federal, para exercer as mesmas funções, sendo certo que havia insuficiência de servidores em São Paulo, mas não no Distrito Federal". Neste caso, a remoção do servidor, com finalidade punitiva, seria hipótese de desvio de finalidade.

Cumpre observar que as condutas de abuso de poder podem ser punidas na seara criminal, especialmente se enquadrados na Lei 13.869/19 (Lei de abuso de autoridade).

EM RESUMO: Poderes Administrativos		
Vinculado	A norma determina a conduta do Administrador.	
Discricionário	O Administrador possui alguma liberdade em sua atuação, com observância de critérios de conveniência/oportunidade.	
Hierárquico	É inerente à ideia de verticalização administrativa.	
Disciplinar	Aplicação de sanções disciplinares ou contratuais.	
Regulamentar	Possibilidade de regulamentar a execução das leis já existentes.	
Poder de Polícia	Restrições ao exercício da liberdade ou das faculdades de proprietário, em prol do interesse público e nos limites da lei.	
Abuso de Poder	**Excesso de Poder**	Atuação fora dos limites de competência.
	Desvio de Poder ou Finalidade	Deixa de observar a finalidade estabelecida em lei para o ato.

CAPÍTULO IV
ORGANIZAÇÃO DA ADMINISTRAÇÃO PÚBLICA E TERCEIRO SETOR

1. NOÇÕES

Conforme visto no capítulo I, o termo **administração pública** admite dois sentidos, um objetivo e outro subjetivo. No presente estudo, analisaremos a organização da **Administração Pública** (grafada com letras maiúsculas), ou seja, em seu sentido subjetivo.

A organização administrativa refere-se, assim, à estruturação da Administração Pública, identificando seus elementos constitutivos e a forma como se inter-relacionam.

Neste processo de estruturação, temos que ter em mente a principal técnica organizacional utilizada, qual seja, a distribuição de **competências administrativas** necessárias ao pleno desempenho da **função administrativa.** Tais competências são atribuídas, normalmente por meio de lei, aos **agentes públicos**, aos **órgãos públicos** e às **entidades políticas** e **administrativas.**

A atuação de todos estes "atores" refletirá o maior ou menor grau de autonomia que lhes é conferido pela norma no exercício de suas competências, mas todos sempre contribuindo para o funcionamento harmônico da Administração Pública na consecução de seus objetivos.

Afastando-se um pouco mais da estrutura organizacional da Administração Pública, atua o chamado **terceiro setor**, composto de entidades da iniciativa privada que desempenham relevantes serviços sociais não exclusivos do Estado. Tais entidades, também chamadas de entidades paraestatais ou entes de cooperação, **não fazem parte da Administração Pública**, mas muitas vezes recebem importantes subsídios estatais para seu funcionamento.

2. ÓRGÃOS PÚBLICOS

2.1 Conceito: Segundo dispõe o art. 1º, § 2º da Lei 9.784/99, **órgão** é "a unidade de atuação integrante da estrutura da Administração direta e da estrutura da Administração indireta". Conforme lições de HELY LOPES MEIRELLES (2004, pp. 67-68), órgãos "são centros de competência instituídos para o desempenho de funções estatais, através de seus agentes, cuja atuação é imputada à pessoa jurídica a que pertencem. São unidades de ação com atribuições específicas na organização estatal". Exemplos de órgãos: Presidência da República, Comissão de Direitos Humanos e Minorias da Câmara dos Deputados, Receita Federal etc.

> **MUITA ATENÇÃO!**
>
> Os órgãos **não possuem personalidade jurídica própria**, são destituídos de **legitimidade para atuar em Juízo.** Excepcionalmente os Tribunais admitem a legitimidade do órgão para a defesa de **competências, atribuições** e **prerrogativas** próprias. Ainda, o **Código de Defesa do Consumidor** admite uma espécie de legitimação extraordinária dos órgãos criados especificamente para a defesa do consumidor, visando à tutela dos interesses e direitos dos consumidores e das vítimas das relações de consumo.

2.2 Teoria do Órgão: a **teoria do órgão** surgiu na doutrina para tentar explicar a relação existente entre a **vontade do órgão** e a do **agente público**, substituindo as **teorias do mandato e da representação.** O precursor da **teoria do órgão** foi **Otto Von Gierke**, segundo quem as pessoas jurídicas expressam sua vontade através de seus próprios órgãos, titularizados por seus agentes (pessoas humanas), na forma de sua organização interna. Consequentemente, existe entre o agente público e o órgão uma **relação de imputação**, também designada como **princípio da imputação objetiva**, ou seja, a atuação dos agentes públicos é imputada diretamente ao Estado.

? **QUESTÃO:** O que ensinavam as teorias do mandato e da representação?

➥ ***RESPOSTA:*** *De acordo com a teoria do mandato o agente atuaria como mandatário da pessoa jurídica. A principal crítica a esta teoria é não conseguir explicar quem outorgaria o mandato ao agente. Já a teoria da representação considerava que o agente atuaria como representante da pessoa jurídica, muito se assemelhando à figura do tutor e do curador de incapazes. A principal crítica a esta teoria relaciona-se à impossibilidade de a pessoa jurídica, na situação assemelhada a de um incapaz, outorgar validamente a sua própria representação, bem como se não lhe poderia atribuir responsabilidade em caso de excesso de poder.*

> **FIQUE POR DENTRO:**
>
> **Teoria do Órgão e Funcionário de Fato**
>
> A **teoria do órgão** é bastante útil na caracterização do chamado **funcionário de fato** ou **função de fato**, em que ocorre a prática de atos por parte de agente que não possui investidura legítima em seu cargo ou emprego (Ex.: agente empossado no cargo ou emprego com base em liminar judicial, que posteriormente é revogada). Neste caso, existindo a aparência da investidura, os **atos praticados pelo agente** serão **imputados** (atribuídos) ao órgão. Porém, o mesmo raciocínio não se aplica ao **usurpador de função pública**, cuja conduta é enquadrada como crime (art. 328, CP). Os atos do **usurpador de função pública** não serão imputados ao Estado, sendo considerados **inexistentes**.

2.3 Classificação: o seguinte quadro contém as principais classificações doutrinárias dos órgãos públicos e as mais cobradas no Exame de Ordem:

Quanto à posição estatal	**Independentes**	São aqueles originários da própria Constituição, recebendo diretamente de seu texto suas atribuições e não mantendo entre si relação de hierarquia ou dependência funcional, ressalvando-se os mecanismos de controle mútuo previstos pela própria Constituição. Ex.: Executivo, Legislativo e Judiciário.
	Autônomos	São órgãos superiores, de cúpula, situados imediatamente abaixo dos órgãos independentes, ou seja, subordinados a estes. Possuem autonomia administrativa, financeira e técnica. Ex.: Ministérios, Secretarias de Estado etc.
	Superiores	Possuem poder de decisão e direção na sua esfera de competência, mas sem autonomia administrativa e financeira; são subordinados hierarquicamente aos órgãos independentes e autônomos. Ex.: gabinetes, departamentos, etc.
	Subalternos	Geralmente possuem atribuições de mera execução, com reduzido poder decisório. Ex.: seções de pessoal, expediente etc.).
Quanto à estrutura	**Simples ou unitários**	Constituem-se em um único centro de competência, não havendo subdivisão de atribuições em sua estrutura. Ex.: Conselho da República (art. 89 da CF/88).
	Compostos	São aqueles que possuem em sua estrutura outros órgãos que atuam nos limites das competências administrativas que lhes são atribuídas. Os órgãos compostos são um exemplo de desconcentração administrativa. Ex.: Ministério da Fazenda, Secretaria e Delegacias da Receita Federal.
Quanto à atuação funcional	**Singulares ou unipessoais**	Atuam por um único agente. Ex.: Presidência da República.
	Colegiados ou pluripessoais	Exteriorizam sua vontade por meio de manifestação conjunta de vontade de seus membros. Ex.: Conselho Nacional de Justiça.
Quanto à esfera de atuação	**Centrais**	Atuação em todo o espaço territorial do ente federativo. Ex.: Ministérios, Secretaria de Governo Estadual e Municipal.
	Locais	Atuam em parte do território. Ex.: Delegacias Regionais, Subprefeituras etc.

2.4 Criação e extinção de Órgãos: a **criação** ou **extinção** de órgãos depende de **lei** (art. 48, XI, CF), podendo sua estruturação e fixação de suas atribuições ocorrerem por decreto do Chefe do Executivo (art. 84, VI, "a", da CF). Na Administração Pública Federal, os projetos de lei nesta matéria são de **iniciativa privativa** do Presidente da República (arts. 61, § 1º, II, "e", da CF).

> **MUITA ATENÇÃO!**
>
> A **transformação** de órgãos públicos poderá ocorrer por **ato privativo do Chefe do Executivo** (e, portanto, dispensada lei), quando tais fatos administrativos se incluírem no **mero processo de organização da administração pública**. Neste caso, a transformação não poderá implicar aumento de despesa nem criação ou extinção de órgãos públicos.

2.5 Concentração e desconcentração: tanto a **concentração** quanto a **desconcentração** são **processos internos** de distribuição de competências no âmbito da Administração Pública Direta ou Indireta.

A **concentração** existe quando ocorre uma agregação de **competências administrativas**, antes dispersas, em um **único centro**, que passa a ter a natureza de **órgão concentrador**. Assim, possui natureza **restritiva e ocorre dentro de uma mesma pessoa jurídica**. Ex.: fusão de dois Ministérios.

A **desconcentração** é um processo de natureza **ampliativa**, pela qual há uma **distribuição de competências** que anteriormente eram conferidas a um ou mais órgãos a outros integrantes da mesma estrutura administrativa, geralmente com o objetivo de aperfeiçoar a gestão administrativa. Ex.: criação da Secretaria da Receita Federal do Brasil no âmbito do Ministério da Fazenda.

De acordo com CELSO ANTÔNIO BANDEIRA DE MELLO (2006, p. 146), a **desconcentração** pode se dar em razão: a) da **matéria** ou **assunto** (Ex.: Ministério da Justiça, da Saúde, da Educação, etc.); b) do **grau** ou **hierarquia**, ou seja, do nível de **responsabilidade decisória** conferido aos distintos escalões que corresponderão aos diversos **patamares de autoridade** (Ex.: diretor de Departamento, diretor de Divisão, chefe de Seção, encarregado de Setor) e; c) do critério **territorial ou geográfico** (Ex.: delegacia regional da Saúde em São Paulo, Minas Gerais, Rio de Janeiro etc.).

3. ADMINISTRAÇÃO PÚBLICA DIRETA E INDIRETA

3.1 Noções

Inicialmente, vale reiterar a necessidade de não se confundir as noções de Administração Pública e de Poder Executivo. Apesar de o Executivo exercer precipuamente a **função administrativa** isso não o faz sinônimo de Administração Pública!

Observe que o art. 37, *caput*, da CF/88, com bastante pertinência, faz menção à administração pública direta e indireta **de qualquer dos Poderes da União, dos Estados, do Distrito Federal e dos Municípios**, podendo-se extrair duas conclusões iniciais: a) os Poderes Legislativo e Judiciário serão considerados Administração Pública Direta quando seus órgãos e agentes estiverem atuando no exercício da função administrativa; b) **pelo menos em tese** e **observados os seus objetivos constitucionais**, nada impede que exista uma Administração Indireta vinculada à Administração Direta de tais Poderes. O tema ainda desperta alguma polêmica, mas é certo que a redação literal do dispositivo em análise permite esta interpretação.

Feitas tais considerações, prossigamos no estudo do tema.

A **Administração Direta** é representada por uma **entidade política** que, por sua vez, é composta por um conjunto órgãos. Estas entidades políticas recebem suas atribuições e autonomia da própria CF/88. São a **União**, os **Estados**, **Distrito Federal** e **Municípios** (**entes federativos**).

A **Administração Indireta**, por seu turno, representa um conjunto de **entidades administrativas**, de direito público ou privado, que atuam de maneira **descentralizada** e com autonomia na prestação dos diversos serviços públicos. Nesta categoria estão enquadradas as **autarquias**, as **fundações públicas**, as **empresas públicas** e as **sociedades de economia mista**. A doutrina também vem admitindo neste rol os **consórcios públicos**.

De um modo geral, a palavra **entidade** é empregada como sinônimo de **pessoa jurídica**. Deste modo, as entidades, tanto políticas quanto administrativas, detêm **capacidade jurídica para adquirir direitos e contrair obrigações em nome próprio**.

? **QUESTÃO:** A Administração Indireta está subordinada à Administração Direta?

➥ ***RESPOSTA:*** *Não. Entre a Administração Direita e Indireta há **relação de vinculação**. Existe um controle externo chamado de **tutela administrativa, controle finalístico** ou **supervisão ministerial**, que nada mais é do que uma fiscalização que os entes políticos e seus órgãos exercem sobre as entidades administrativas da administração indireta, visando ao cumprimento das suas finalidades institucionais, harmonia com as diretrizes governamentais estabelecidas para o setor, observância da eficiência administrativa e autonomia administrativa, operacional e financeira da entidade (art. 26 do Decreto-Lei 200/67). É bom lembrar também que "todas as entidades da administração indireta federal, sejam elas de direito público ou de direito privado, estão sujeitas ao controle externo realizado pelo Poder Legislativo, com o auxílio do Tribunal de Contas da União" (assertiva extraída do exame unificado de mai/08).*

3.2 Centralização e descentralização

Os serviços públicos podem ser prestados pela Administração Direta ou Indireta.

Na **centralização** o Estado executa **diretamente** seus serviços e atividades administrativas, fazendo-o com seus próprios recursos e por meio de seus órgãos e agentes.

A **descentralização** representa a separação de determinado serviço público da Administração Pública Direta (como a concessão de benefícios previdenciários – INSS) ou definição de setor de atividade econômica cuja exploração o Estado pretenda promover (como o mercado financeiro), para que sua execução ou atuação seja realizada de maneira **descentralizada** por uma **entidade administrativa**, com **personalidade jurídica própria** (de direito público ou privado), criada ou autorizada por lei para este fim específico, integrando a Administração Pública Indireta (delegação legal); ou, no caso dos serviços, por **particulares**, em regime de delegação, quando será precedida de licitação e formalizada em um contrato administrativo (delegação negocial).

4. ENTIDADES DA ADMINISTRAÇÃO PÚBLICA INDIRETA

4.1 Autarquias: são pessoas jurídicas de direito público interno, criadas por lei específica (art. 37, XIX, CF), às quais é atribuída, para seu melhor funcionamento, autonomia administrativa, econômica e financeira para o exercício de algum serviço público típico do Estado. Seus atos constitutivos não carecem de registro. Ex.: INSS, IBAMA, INCRA, FUNAI etc.

É bom lembrar a existência das chamadas **autarquias territoriais**, que são os territórios federais, atualmente inexistentes no Brasil, mas que podem vir a ser criados (art. 33, CF).

4.1.1 Características básicas das autarquias: a) personalidade jurídica de direito público interno; b) patrimônio próprio; c) criação por lei específica; d) autonomia administrativa, econômica e financeira; e) prestação de um serviço público típico do Estado (que só pode ser prestado pelo Estado. Ex.: poder de polícia ambiental); f) capacidade processual; g) responsabilidade civil objetiva pelos danos causados por seus agentes; h) seus bens são considerados públicos.

As autarquias gozam da chamada **imunidade recíproca**, que representa a imunidade tributária constitucional relativamente aos **impostos sobre renda, serviço e patrimônio** (art. 150, § 2º da CF/88).

4.1.2 Prerrogativas processuais: as autarquias incluem-se no conceito de Fazenda Pública, razão pela qual lhes são asseguradas algumas prerrogativas pela legislação processual. Apesar de se tratar de tema afeto ao Processo Civil, arrolamos a seguir as principais prerrogativas conferidas à Fazenda Pública: **a) remessa necessária (art. 496, do CPC)**; b) prazo em dobro para todas as suas manifestações processuais, cuja contagem terá início a partir da intimação pessoal, salvo previsão específica de prazo próprio para o ente público (art. 183, do CPC); c) **desnecessidade de outorga de procuração para representação em juízo** se a representação decorrer diretamente de norma prevista na Constituição Federal ou em lei. (art. 287, parágrafo único, inciso III, do CPC). Obs.: Se for defendida por advogado particular, há a necessidade de apresentação do instrumento de mandato em juízo; d) Regras diferenciadas para fixação de honorários de sucumbência e isenção de pagamento da verba honorária no cumprimento de sentença não impugnado (art. 85, §§ 3.º e 7.º, do CPC); e) **isenção de custas na Justiça Federal**. Obs.: quando não isentas de custas, as autarquias têm a prerrogativa de **realizar o pagamento de custas ao final do processo** (art. 91, do CPC); f) desnecessidade de habilitação de créditos em falência, recuperação judicial ou inventário; g) **dispensa do depósito prévio** em sede de **ação rescisória** (art. 968, § 1.º, do CPC); h) pagamento das condenações judiciais por meio do regime de **precatórios** ou **requisições de pequeno valor**, já que seus bens são impenhoráveis. Cumpre ressaltar, por fim, que as autarquias federais, em regra, terão suas demandas julgadas pela Justiça Federal (art. 109, I da CF) – até mesmo nas que apenas manifestar interesse –, assim como os mandados de segurança e habeas data impetrados contra atos de seus agentes (art. 109, VIII da CF).

4.1.3 Regime jurídico: as autarquias serão regidas por normas de direito público. Logo, em decorrência deste regime deverão realizar, por exemplo, **concurso público** para admissão de seus agentes, **licitação** para a aquisição de bens e contratação de serviços e estão submetidas a **controle externo e interno.**

> **MUITA ATENÇÃO!**
>
> Os **conselhos profissionais** (CREA, CAU, CRM, CRC etc.) são considerados **autarquias federais** (ADI 1.717-DF). Porém, **muita atenção com a OAB**, uma vez que o STF, no julgamento da ADI 3026-DF, classificou esta autarquia como "categoria ímpar no elenco das personalidades jurídicas existentes no direito brasileiro", **não integrante da administração indireta da União.**

4.1.4 Agências Reguladoras: são autarquias em **regime especial** que possuem como principais funções as atividades de **regulação de serviços** (ANEEL, ANATEL, ANTT, ANTAQ e ANAC), **fiscalização** (ANS, ANVISA), **controle de uso de bens públicos** (ANA, ANP e ANM) e **fomento de setores** (ANCINE) em suas respectivas áreas de atuação. Ou seja, pode-se observar que a função das agências reguladoras é bastante diversa daquelas tradicionalmente exercidas pelas entidades da administração indireta, sendo certo que algumas agências podem exercer mais de uma das atividades acima referidas.

A Lei 13.848/19 reconheceu, em seu art. 2.º, a existência de onze agências reguladoras (todas citadas acima) no âmbito federal, salientando que suas disposições serão aplicadas às novas agências que forem criadas. Mesmo com o rol trazido pelo texto legal, entendemos que permanece válido o ensinamento doutrinário de que determinadas autarquias em regime especial possuem natureza de agências reguladoras, como a Comissão de Valores Mobiliários – CVM – e a Superintendência Nacional de Previdência Complementar – PREVIC, por se submeterem a regime jurídico muito próximo. Porém, para a primeira fase do Exame de Ordem, é provável que a banca examinadora se concentre no texto legal, que deve ser o norte para o candidato na resolução de questão que exija este tipo de conhecimento.

As agências reguladoras são criadas com **personalidade jurídica de direito público** e conservam as mesmas características e prerrogativas das demais autarquias.

> **MUITA ATENÇÃO!**
>
> Nem toda instituição que possui em seu nome o termo "agência" é considerada uma agência reguladora, como ocorre com a Agência de Inteligência (ABIN), Agência Espacial Brasileira (AEB) entre outras.

Podemos destacar como características do regime jurídico especial destas autarquias: a) **maior autonomia econômico-financeira e decisória**; b) **estabilidade de seus dirigentes**; c) **mandato fixo de 5 (cinco) anos para seus dirigentes, vedada a recondução;** d) **poder normativo técnico**; e) **quarentena** para os seus ex-dirigentes (período de tempo, de 6 meses, em que estes ficam vinculados à agência, mesmo após o encerramento de seus mandatos, impedidos de prestar serviços públicos no setor público ou a empresas do setor regulado). Podemos destacar também como característica peculiar das agências reguladoras a existência uma modalidade de licitação própria à sua atuação, denominada **consulta**.

A Lei 13.848/19, que vem sendo denominada **Lei Geral das Agências Reguladoras Federais**, promoveu uma série de inovações e uniformizou determinadas questões sobre o tema em estudo. A par de tais modificações, permanecem válidas as disposições das demais leis que regulam o funcionamento das agências reguladoras, especialmente a Lei 9.986/00, que unificou temas relacionados à gestão de recursos humanos.

Devido ao objetivo de síntese da presente obra, indicaremos, a seguir, as principais inovações trazidas pela Lei 13.848/19: a) **análise de impacto regulatório (AIR):** instrumento que precederá a adoção e as propostas de alteração de atos normativos de interesse geral dos agentes econômicos, consumidores ou usuários dos serviços prestados, contendo informações e dados sobre os possíveis efeitos do ato normativo; b) decisões relacionadas com a regulação **serão colegiadas**; c) adoção de **consultas públicas** como meio de participação da sociedade previamente à tomada de decisão pelo conselho diretor ou pela diretoria colegiada, as minutas e as propostas de alteração de atos normativos de interesse geral dos agentes econômicos, consumidores ou usuários dos serviços prestados; d) instalação de uma **ouvidoria** em cada agência reguladora; e) atuação das agências reguladoras em cooperação com órgãos de defesa da concorrência; f) mecanismos de **articulação** entre as agências reguladoras federais, podendo, ainda, ser celebrados **acordos de cooperação** com as agências reguladoras estaduais, distritais e municipais.

DICA IMPORTANTE

As duas únicas Agências que têm previsão constitucional são a **ANP** (art. 177, § 2º, III, da CF/88) e a **ANATEL** (art. 21, XI, da CF/88).

? QUESTÃO: O que são Agências Executivas?

RESPOSTA: *Agência executiva nada mais é do que uma qualificação prevista no art. 37, § 8º da CF/88 conferida às autarquias e fundações públicas integrantes da Administração Indireta que hajam celebrado contrato de gestão com o Ministério Supervisor e possuam um plano estratégico de reestruturação e desenvolvimento institucional, voltado para a melhoria da qualidade da gestão e para a redução de custos, já concluído ou em andamento (arts. 51 e 52 da Lei 9.649/98, regulamentados pelo Decreto 2.487/98). O art. 37, § 8.º da CF/88 foi regulamentado* ***no âmbito federal*** *pela Lei 13.934/19, tendo optado o legislador pela expressão "contrato de desempenho", em vez de contrato de gestão, por meio do qual são estabelecidas metas de desempenho por parte do órgão ou entidade supervisora para serem cumpridas pelo órgão ou entidade supervisionada, com os respectivos prazos de execução e indicadores de qualidade, tendo como contrapartida a concessão de flexibilidades ou autonomias especiais. Além da maior autonomia, podemos apontar como vantagem de uma agência executiva a ampliação dos valores para contratação direta (art. 24, parágrafo único da Lei 8.666/93). Todavia, as agências executivas devem cumprir objetivos e metas fixados no contrato de gestão, visando uma atuação mais eficiente. O procedimento para qualificação das agências executivas é trazido pelo Decreto 2.487/98. Um exemplo de agência executiva é o INMETRO. Assim, as agências executivas não são uma espécie autônoma de entidade da Administração Pública Indireta, mas tão somente as entidades administrativas que recebem aquela qualificação.*

4.2 Empresas Estatais: Empresas Públicas e Sociedades de Economia Mista

Sob o rótulo "empresas estatais" a doutrina inclui as **empresas públicas** e **sociedades de economia mista.** Alguns autores denominam estas entidades de "empresas paraestatais" ou simplesmente "paraestatais", mas estas terminologias estão em desuso.

Vale ressaltar que a Lei 13.303/2016 disciplinou o **estatuto jurídico da empresa pública, da sociedade de economia mista e de suas subsidiárias, no âmbito da União, dos Estados, do Distrito Federal e dos Municípios**, ressalvando-se parcialmente sua incidência, nos termos do art. 1º, § 1º, às empresas estatais e suas subsidiárias, que, no exercício social anterior, tiverem receita operacional bruta inferior a **R$ 90.000.000,00 (noventa milhões de reais)**. Vale ressaltar que as empresas estatais que foram constituídas antes do Estatuto terão prazo de 24 (vinte e quatro) meses para promover as adaptações necessárias à nova sistemática trazida (art. 91). O Decreto 8.945, de 27/12/2016, regulamentou a aplicação Lei 13.303/16.

Analisemos as características das empresas estatais e sociedades de economia mista:

A Empresa Pública (EP): "(...) é a entidade dotada de personalidade jurídica de direito privado, com criação autorizada por lei e com patrimônio próprio, cujo capital social é integralmente detido pela União, pelos Estados, pelo Distrito Federal ou pelos Municípios" (art. 3.º, caput, da Lei 13.303/2016). As **empresas públicas** podem assumir sob qualquer forma societária admitida (LTDA, S.A. etc.). Ex.: Caixa Econômica Federal, Infraero, Embrapa etc.

A Lei 13.303/16 permite que do capital da empresa pública, participem outras pessoas jurídicas de direito público interno, bem como de entidades da administração indireta da União, dos Estados, do Distrito Federal e dos Municípios, **desde que a maioria do capital votante permaneça em propriedade da União, do Estado, do Distrito Federal ou do Município.**

B Sociedade de Economia Mista (SEM): "(...) é a entidade dotada de personalidade jurídica de direito privado, com criação autorizada por lei, sob a forma de sociedade anônima, cujas ações com direito a voto pertençam em sua maioria à União, aos Estados, ao Distrito Federal, aos Municípios ou a entidade da administração indireta" (art. 3.º, caput, da Lei 13.303/2016). O capital social das sociedades de economia mista será **híbrido**, com participação em sua formação de recursos **públicos** e **privados** (maioria pública), atuando o ente público como acionista controlador.

4.2.1 Criação e extinção: as empresas estatais são **autorizadas por lei**, sendo que sua criação efetiva ocorre com o **registro dos atos constitutivos** no registro competente. Por seu turno, a extinção deve ocorrer após publicação de lei, com a respectiva baixa no registro.

A criação de subsidiárias das empresas estatais ou sua participação em empresas privadas também exigem autorização legislativa, conforme dispõe o art. 37, XX, da CF/88. A doutrina e a jurisprudência do STF fixaram entendimento de que a lei que autoriza a criação da entidade poderá também permitir a constituição de subsidiárias, não sendo necessária a edição de uma nova lei específica para cada nova subsidiária.

> **MUITA ATENÇÃO!**
>
> No julgamento da Medida Cautelar da ADI 5624/DF, que questiona a constitucionalidade do art. 29, *caput*, XVIII da Lei 13.303/2016, o STF fixou os seguintes entendimentos sobre o tema em estudo: I – A alienação do controle acionário de empresas públicas e sociedades de economia mista exige autorização legislativa e licitação pública; II – A transferência do controle de subsidiárias e controladas não exige a anuência do Poder Legislativo e poderá ser operacionalizada sem processo de licitação pública, desde que garantida a competitividade entre os potenciais interessados e observados os princípios da administração pública constantes do art. 37 da Constituição da República.

4.2.2 Objeto: Conforme já mencionado nos conceitos trazidos, as empresas estatais podem ter como objeto a exploração de um **serviço público** ou de uma **atividade econômica**. Neste último caso, é bom lembrar que a CF/88 somente autoriza o Estado ingressar no domínio econômico, competindo com os particulares, quando a atuação for necessária para atender a **imperativos da segurança nacional** ou a **relevante interesse coletivo**, conforme definidos em lei (art. 173, *caput* da CF/88). A exploração da atividade econômica consistirá na **produção ou comercialização de bens** ou de **prestação de serviços próprios da iniciativa privada** (art. 173, § 1º da CF/88). Por exemplo, não pode o Estado, ciente da crescente especulação imobiliária e do sucesso econômico obtido pelas construtoras do País com a construção de imóveis destinados ao público de alta renda, ingressar nesse lucrativo mercado (adaptado de questão do IX exame unificado), por faltarem os pressupostos constitucionais para a exploração desta atividade econômica.

A CF/88 permite que o Estado atue em regime de **monopólio** (art. 177) em alguns setores da economia ou na prestação de determinados serviços públicos.

4.2.3 Regime jurídico: apesar de adotarem a personalidade jurídica de direito privado, as empresas estatais podem receber a incidência de normas de direito público ou privado, conforme o objeto explorado.

Quando explorarem **atividade econômica**, as empresas estatais serão regidas principalmente por normas de **direito privado**, parcialmente derrogadas por normas de direito público, como, por exemplo, a realização de concursos públicos. No que se refere à incidência de normas de direito privado, as empresas estatais equiparam-se às demais empresas da iniciativa privada no tocante aos direitos e obrigações comerciais, civis, trabalhistas e tributários, conforme dispõe o **art. 173 da CF/88**. Além disso, empresas públicas e as sociedades de economia mista não poderão gozar de privilégios fiscais não extensivos às do setor privado, para que não haja um desequilíbrio com relação aos particulares que atuam o mesmo setor econômico.

Quando atuam na prestação de **serviços públicos**, as empresas estatais subordinam-se a uma maior incidência de **normas de direito público**, face ao princípio da continuidade dos serviços públicos. Por esta razão, o STF vem aplicando o regime da impenhorabilidade dos bens e até mesmo o privilégio da imunidade recíproca (art. 150, VI, "a" da CF/88) para as empresas estatais que prestem serviço público. Apesar de ainda não existir um consenso doutrinário, é possível observar-se uma tendência jurisprudencial de aproximar as empresas estatais exploradoras de serviço público do regime jurídico aplicado às autarquias, principalmente quando atuam sob o regime de monopólio, como no caso dos Correios.

Em resumo, as empresas estatais atuam sob um **regime jurídico híbrido ou misto**, com maior ou menor incidência de normas de direito público e privado conforme o objeto que explorem. Nos tópicos a seguir pode-se evidenciar este balanceamento de normas públicas e privadas.

4.2.3.1 Licitação: o art. 173, § 1º, III da CF/88 prevê um **regime especial de contratação** para as emprestas estatais exploradoras de atividade econômica e prestadoras de serviços públicos, a ser instituído em um estatuto jurídico próprio. A Lei 13.303/2016 trouxe essa regulamentação, assim como casos de licitação dispensada, dispensável e inexigível, que serão estudados no capítulo de **licitações**.

4.2.3.2 Regime de pessoal: aplica-se a CLT aos agentes das empresas estatais. Deverão observar, ainda, as seguintes regras: a) submetem-se a concurso público (art. 37, II da CF/88); b) incidem as regras de acumulação de cargos e empregos (art. 37, XVI e XVII da CF/88); c) observam o teto remuneratório **se as empresas estatais receberem recursos públicos para pagamento de despesas de pessoal ou de custeio em geral** (art. 37, XI e § 9.º da CF/88); d) seus funcionários poderão praticar ato de **improbidade administrativa** (art. 2.º da Lei 8.429/92); f) seus agentes são considerados funcionários públicos para fins penais (art. 327, § 1.º do Código Penal). Além disso, vale ressaltar que os empregados públicos das empresas estatais estarão vinculados ao **Regime Geral de Previdência Social (RGPS).**

A Lei 13.303/2016 estabeleceu critérios para a contratação dos dirigentes das empresas estatais. O art. 17 estabelece uma série de requisitos que os integrantes do Conselho de Administração e dos cargos da Diretoria deverão preencher, valendo destacar, dentre outros, a necessidade de comprovação de **experiência profissional por 10 (dez) anos**, no setor público ou privado, na área de atuação da empresa pública ou da sociedade de economia mista ou em área conexa àquela para a qual forem indicados em função de direção superior. Por outro lado, a fim de evitar excessiva ingerência política nas empresas estatais, o Estatuto vedou a participação de determinadas pessoas no Conselho de Administração e diretoria (§ 2.º), como aquele que atuou, nos últimos 36 (trinta e seis) meses, como participante de estrutura decisória de partido político ou em trabalho vinculado a organização, estruturação e realização de campanha eleitoral.

4.2.3.3 Controle: as empresas estatais estão sujeitas a controle, seja ele interno ou externo, independentemente do objeto explorado. Assim, as empresas estatais devem se submeter ao controle do Tribunal de Contas (art. 71 da CF/88) e do Congresso Nacional (art. 49, X da CF/88).

A Lei 13.303/16 ressaltou a necessidade de maior **controle interno** das empresas estatais, a ponto de prever que os estatutos das empresas públicas, das sociedades de economia mista e de suas subsidiárias deverão observar regras de governança corporativa, de transparência e de estruturas, práticas de gestão de riscos e de **controle interno,** composição da administração e, havendo acionistas, mecanismos para sua proteção, previstos na referida lei (art. 6.º).

Dentre outros mecanismos de controle, o art. 9.º da Lei 13.303/16 estabelece que as empresas estatais adotarão regras de estruturas e práticas de gestão de riscos e controle interno que abranjam: I – ação dos administradores e empregados, por meio da implementação cotidiana de práticas de controle interno; II – área responsável pela verificação de cumprimento de obrigações e de gestão de riscos; III – auditoria interna e Comitê de Auditoria Estatutário. Noutro giro, deverá ser elaborado e divulgado Código de Conduta e Integridade, contendo, no mínimo, as matérias estabelecidas nos incisos do no § 1.º do art. 9.º.

4.2.3.4 Bens: em regra, os bens das empresas estatais são considerados **privados**, logo, não incidem as prerrogativas aplicadas aos bens públicos. Porém, no que se refere às empresas estatais **prestadoras de serviços públicos,** doutrina e jurisprudência inclinaram-se no sentido de atribuir aos **bens ligados diretamente à prestação do serviço** a mesma sistemática dos bens públicos, principalmente no que se refere à **impenhorabilidade**. Tal entendimento se fundamenta, principalmente, no **princípio da continuidade do serviço público,** que poderia ser violado se se admitisse a penhora e venda de bens vinculados diretamente à prestação do serviço, como, por exemplo, os trens da Companhia de Metrô.

4.2.3.5 Regime Tributário: a CF/88 estabelece expressamente que as empresas estatais se submetem ao regime jurídico próprio das empresas privadas, inclusive quanto aos direitos e obrigações civis, comerciais, **trabalhistas** e **tributários** (art. 173, § 1.º, II). Ainda, as empresas públicas e as sociedades de economia mista não poderão gozar de privilégios fiscais não extensivos às do setor privado (art. 173, § 2.º).

> **MUITA ATENÇÃO!**
>
> As empresas estatais não fazem jus, igualmente, à **imunidade recíproca**, que somente é aplicável às **autarquias** e **fundações públicas** (art. 150, VI, "a", e § 2.º da CF/88). Ocorre que nos últimos anos o STF firmou entendimentos que estenderam a imunidade recíproca às empresas estatais e sociedades de economia mista prestadoras de serviços públicos essenciais, cuja prestação é obrigatória por parte do Estado. Todavia, sociedade de economia mista, cuja participação acionária é negociada em Bolsas de Valores, e que, inequivocamente, está voltada à remuneração do capital de seus controladores ou acionistas, não está abrangida pela regra de imunidade tributária, unicamente em razão das atividades desempenhadas (RE 600.867, tema 508 da repercussão geral, j. em 29.06.2020).

4.2.3.6 Responsabilidade civil: dependerá do objeto explorado: se explorarem **atividade econômica**, a responsabilidade civil será **subjetiva**; se atuarem na **prestação de serviços públicos**, a responsabilidade civil será **objetiva** (art. 37, § 6º da CF/88).

4.2.3.7 Falência: as empresas estatais não se submetem ao regime da Lei de Falências, por expressa previsão do **art. 2º, I, da Lei 11.101/05**.

EM RESUMO: Semelhanças e Diferenças Entre as Empresas Estatais		
Semelhanças	• Instituição por lei autorizadora (art. 37, XIX da CF/88) e registro dos atos constitutivos no registro competente; • Personalidade jurídica de direito privado; • Observarão as disposições da Lei 13.303/16, observadas as peculiaridades do art. 1.º § 1.º; • Terão como objeto a prestação de um serviço público ou a exploração de uma atividade econômica, observadas as prescrições do art. 173 da CF; • **Regime jurídico híbrido ou misto**, com maior ou menor incidência de normas de direito público e privado conforme o objeto que explorem; • Deverão necessariamente adotar o regime da CLT para seu quadro funcional; • Promoverão concurso público; • Incidem as regras de **acumulação de cargos e empregos**; • Observam o **teto remuneratório** se as empresas estatais receberem recursos públicos para pagamento de despesas de pessoal ou de custeio em geral; • Seus agentes poderão praticar ato de **improbidade administrativa** e são considerados funcionários públicos para **fins penais;** • Observarão o **regime especial de contratação** estabelecido pelo Estatuto; • Em regra, seus bens são considerados privados, porém a jurisprudência tem considerado impenhoráveis os bens ligados diretamente à prestação de serviços públicos; • Responsabilidade civil: se explorarem **atividade econômica**, a responsabilidade civil será **subjetiva**; se atuarem na **prestação de serviços públicos,** a responsabilidade civil será **objetiva** (art. 37, § 6º da CF/88); • Submetem-se ao regime jurídico próprio das empresas privadas, inclusive quanto aos direitos e obrigações civis, comerciais, trabalhistas e tributários (art. 173, § 1.º, II), não podendo gozar de privilégios fiscais não extensivos às do setor privado (art. 173, § 2.º); • Estão sujeitas a controle externo e interno.	
Diferenças	**Capital**	EP: exclusivamente público
		SEM: público e privado (misto)
	Forma de Constituição	EP: qualquer forma societária admitida
		SEM: obrigatoriamente sociedades anônimas
	Competência	EP: Justiça Federal (se forem federais)
		SEM: Justiça Estadual (independentemente se forem federais ou estaduais)

4.3 Fundações Públicas

As fundações surgem quando um determinado patrimônio é destacado pelo fundador, ao qual é atribuída uma personalidade jurídica, visando ao atendimento de uma finalidade específica de intuito não lucrativo.

De um modo geral, a doutrina aceita a criação de fundações públicas ou governamentais sob o regime de **direito público** ou **privado**. A **fundação pública de direito público** tem natureza de **autarquia** (fundação autárquica ou autarquia fundacional), aplicando-se-lhe as mesmas **prerrogativas materiais** e **processuais** conferidas às **autarquias**. Ex.: FUNAI, IBGE etc. A **fundação pública de direito privado**, porém, possui regulamentação híbrida, com incidência de normas de direito público e privado. Ex.: Fundação Padre Anchieta (TV Cultura).

Tem-se observado como principal critério de diferenciação entre os regimes jurídicos das fundações públicas a sua forma de criação: se a lei instituir a fundação, esta será de direito público; se a lei apenas autorizar a criação, a fundação pública será de direito privado, ocorrendo sua efetiva criação com o registro dos atos constitutivos no registro civil de pessoas jurídicas.

O art. 37, XIX estabelece que lei complementar definirá as áreas de atuação das fundações. Porém, a instituição ou autorização de instituição de fundação pública se darão por meio de **lei ordinária.**

4.4 Consórcios Públicos

4.4.1 Definição: a Lei 11.107/05 regulamentou o art. 241 da CF/88 disciplinando a constituição e organização dos consórcios públicos.

De acordo com o conceito trazido pelo Decreto 6.017/07, consórcio público é "pessoa jurídica formada exclusivamente por entes da Federação, na forma da Lei nº 11.107/05, para estabelecer relações de cooperação federativa, inclusive a realização de objetivos de interesse comum, constituída como associação pública, com personalidade jurídica de direito público e natureza autárquica, ou como pessoa jurídica de direito privado sem fins econômicos". O interesse comum pode ser, por exemplo, a coleta, descarte e reciclagem de lixo produzido no limite territorial de municípios que se consorciarem (exemplo retirado de questão do XIX exame – abr./16).

4.4.2 Espécies: os consórcios públicos podem assumir personalidade jurídica de direito público ou privado

Constituindo-se sob a forma de **associação pública**, o consórcio assumirá personalidade jurídica de **direito público** e terá **natureza de autarquia**, observando as prerrogativas destas entidades administrativas e **integrando a Administração Pública Indireta de todos os entes consorciados**.

O consórcio público também pode se constituir sob a forma pessoa jurídica de **direito privado**, observando-se o que a legislação civil dispõe sobre o tema. Porém, mesmo neste caso, o consórcio público **observará as normas de direito público** no que concerne à realização de **licitação**, celebração de **contratos**, **prestação de contas e admissão de pessoal**.

A Lei 13.822/2019 resolveu uma celeuma até então existente e estabeleceu que os consórcios públicos de direito público e de direito privado, adotarão a Consolidação das Leis do Trabalho – CLT como regime jurídico aplicável a seus empregados de pessoal.

4.4.3 Prerrogativas: os consórcios públicos poderão gozar dos seguintes privilégios:

a) firmar convênios, contratos, acordos de qualquer natureza, receber auxílios, contribuições e subvenções sociais ou econômicas de outras entidades e órgãos do governo;

b) **nos termos do contrato de consórcio de direito público,** promover **desapropriações** e instituir **servidões. Nestes casos, a competência do consórcio público é executória, sendo que a declaração de utilidade e necessidade pública deverá ser feita pelo ente federativo consorciado em cujo território o bem esteja localizado;**

c) na definição das modalidades de licitação adequadas, os valores poderão ser duplicados ou triplicados, a depender do número de entes consorciados (art. 23, § 8º da Lei 8.666/93);

d) podem ser contratados diretamente, com **dispensa de licitação** (art. 24, XXVI da Lei 8.666/93);

e) observam o **dobro dos limites para contratação direta** com dispensa de licitação em razão do valor (art. 24, § 1.º, da Lei 8.666/93);

f) emitir documentos de cobrança e exercer atividades de arrecadação de tarifas e outros preços públicos pela prestação de serviços ou pelo uso ou outorga de uso de bens públicos por eles administrados ou, mediante autorização específica, pelo ente da Federação consorciado;

g) outorgar concessão, permissão ou autorização de obras ou serviços públicos mediante autorização prevista no contrato de consórcio público, que deverá indicar de forma específica o objeto da concessão, permissão ou autorização e as condições a que deverá atender, observada a legislação de normas gerais em vigor.

4.4.4 Etapas de criação: a criação de um consórcio público seguirá os seguintes passos: a) **subscrição de protocolo de intenções** entre os entes interessados na constituição do consórcio; b) **publicação do protocolo de intenções** na imprensa oficial; c) **promulgação de lei** por cada um dos entes integrantes ratificando o protocolo, salvo se existir lei prévia autorizando a subscrição; d) celebração do correspondente **contrato**.

MUITA ATENÇÃO!

A União não poderá constituir consórcio público diretamente com Municípios, assim como os Estados não poderão consorciar-se com Municípios que não estejam localizados em seu território. Por outro lado, a Lei 11.107/05 autoriza a União a celebrar convênios com os consórcios públicos, com o objetivo de viabilizar a descentralização e a prestação de políticas públicas em escalas adequadas. Neste caso, a Lei 13.821/19, estabeleceu que as exigências legais de regularidade para a celebração de tais convênios aplicar-se-ão ao próprio consórcio público envolvido, e não aos entes federativos nele consorciados. A alteração legal foi acertada, na medida em que o consórcio público possui personalidade jurídica própria.

4.4.5 Contrato de rateio e de programa: além do próprio contrato de criação, há a previsão de duas modalidades de contratos firmados entre os entes consorciados, quais sejam, os contratos de rateio e programa.

O **contrato de rateio** é o instrumento por meio do qual os entes consorciados assumem o compromisso de transferir recursos financeiros ao consórcio, para que este possa atingir os objetivos estabelecidos no ato de criação. Estes recursos devem integrar o orçamento do ente consorciado, sob pena de configuração de ato de improbidade administrativa (art. 10, XV da Lei 8.429/92).

O **contrato de programa** é "instrumento pelo qual devem ser constituídas e reguladas as obrigações que um ente da Federação, inclusive sua administração indireta, tenha para com outro ente da Federação, ou para com consórcio público, no âmbito da prestação de serviços públicos por meio de cooperação federativa" (art. 2º, XVI do Decreto 6.017/07). Assim, há uma prévia definição das obrigações dos participantes, visando à adequada gestão associada dos serviços públicos. O contrato de programa continuará existindo mesmo que extinto o consórcio.

5. TERCEIRO SETOR

5.1 Noções: o terceiro setor é composto por entidades da sociedade civil, **sem fins lucrativos**, que se destinam à prestação de serviços de interesse coletivo e social não exclusivos do Estado, podendo receber incentivo estatal (também chamado de **fomento**) para o desempenho de tais atividades. Tais entidades são chamadas de **entes de cooperação** ou **entidades paraestatais** ("ao lado do Estado") e exercem suas atividades sem intuito lucrativo.

Quando receberem recursos públicos estas entidades estarão sujeitas ao controle por parte da Administração e do Tribunal de Contas, daí se afirmar que preponderantemente recebem o influxo de normas de direito privado, parcialmente derrogadas por normas de direito público (regime jurídico híbrido).

Apesar de existir alguma divergência na doutrina quanto à nomenclatura, o Terceiro Setor engloba basicamente os **serviços sociais autônomos**, as **entidades de apoio**, as **organizações sociais** (OS) e as **organizações da sociedade civil de interesse público** (OSCIP).

> **MUITA ATENÇÃO!** As entidades integrantes do terceiro setor não integram a Administração Pública direta ou indireta. Esta é uma clássica pegadinha de concursos.

5.2 Serviços Sociais Autônomos: são autorizados por lei e destinados a prestar serviços sociais não exclusivos a determinadas **categorias sociais** ou **profissionais**. Nos serviços sociais autônomos estão incluídas as chamadas entidades integrantes do sistema "S" (SESI, SENAI, SESC etc.), bem como pelas confederações que os abrangem. O financiamento destas entidades se dá por arrecadação de **contribuições parafiscais**, autorizada em lei, e/ou diretamente por **recursos públicos**.

5.3 Entidades de Apoio: segundo MARIA SYLVIA DI PIETRO (2010, 493) "entidades de apoio podem-se entender as pessoas jurídicas de direito privado, sem fins lucrativos, instituídas por servidores públicos, porém em nome próprio, sob a forma de fundação, associação ou cooperativa, para a prestação, em caráter privado, de serviços sociais não exclusivos do Estado, mantendo vínculo jurídico com entidades da administração direta ou indireta, em regra por meio de convênio". Sua atuação se dá nas áreas de ciência, pesquisa, saúde e educação.

5.4 Organizações Sociais (OS): o termo organização social nada mais é do que uma **qualificação** discricionariamente conferida a **pessoas jurídicas de direito privado, sem fins lucrativos**, cujas atividades sejam dirigidas ao **ensino**, à **pesquisa científica**, ao **desenvolvimento tecnológico**, à **proteção e preservação do meio ambiente**, à **cultura** e à **saúde**, desde que observadas as disposições da Lei 9.637/98, visando ao auxílio do setor público em sua atuação nestas áreas.

Uma vez conferido o título de organização à entidade privada, é firmado com o Poder Público um instrumento de parceria denominado **contrato de gestão**, em que é autorizada a prestação de **serviços não exclusivos do Estado**, que poderá ser acompanhada da cessão de **bens públicos**, **servidores públicos** e destinação **recursos orçamentários.** É bastante comum as Santas Casas de Saúde receberem esta qualificação. A Administração Pública poderá celebrar contrato com as OS com dispensa de licitação para as atividades previstas no contrato de gestão (art. 24, XXIV da Lei 8.666/93).

5.5 Organizações da Sociedade Civil de Interesse Público (OSCIP): pessoas jurídicas de **direito privado, sem fins lucrativos**, podem receber **qualificação de OSCIP**, desde que os respectivos objetivos sociais e normas estatutárias atendam aos requisitos instituídos pela Lei 9.790/99. A Lei 13.019/14 acrescentou mais uma exigência para a qualificação: as entidades devem ter **sido constituídas** e se encontrarem em **funcionamento regular** há, no mínimo, **3 (três) anos**. Uma vez conferida a qualificação, poderá ser firmado instrumento denominado **termo de parceria**, que é destinado à formação de **vínculo de cooperação** entre as partes, para o **fomento e a execução das atividades de interesse público e recebimento de recursos públicos**.

Serão consideradas atividades de interesse público: **I** – promoção da assistência social; **II** – promoção da cultura, defesa e conservação do patrimônio histórico e artístico; **III** – promoção gratuita da educação, observando-se a forma complementar de participação das organizações de que trata esta Lei; **IV** – promoção gratuita da saúde, observando-se a forma complementar de participação das organizações de que trata esta Lei; **V** – promoção da segurança alimentar e nutricional; **VI** – defesa, preservação e conservação do meio ambiente e promoção do desenvolvimento sustentável; **VII** – promoção do voluntariado; **VIII** – promoção do desenvolvimento econômico e social e combate à pobreza; **IX** – experimentação, não lucrativa, de novos modelos sócioprodutivos e de sistemas alternativos de produção, comércio, emprego e crédito; **X** – promoção de direitos estabelecidos, construção de novos direitos e assessoria jurídica gratuita de interesse suplementar; **XI** – promoção da ética, da paz, da cidadania, dos direitos humanos, da democracia e de outros valores universais; **XII** – estudos e pesquisas, desenvolvimento de tecnologias alternativas, produção e divulgação de informações e conhecimentos técnicos e científicos que digam respeito às atividades mencionadas neste artigo; **XIII** – estudos e pesquisas para o desenvolvimento, a disponibilização e a implementação de tecnologias voltadas à mobilidade de pessoas, por qualquer meio de transporte.

Além de executarem uma atividade de interesse público, para qualificarem-se como Organizações da Sociedade Civil de Interesse Público, as pessoas jurídicas interessadas deverão ser regidas por estatutos cujas normas expressamente disciplinem as matérias trazidas no art. 4.º, dentre as quais se destaca a previsão de que, na hipótese de a pessoa jurídica perder a qualificação, o respectivo acervo patrimonial disponível, **adquirido com recursos públicos** durante o período em que perdurou aquela qualificação, será transferido a **outra pessoa jurídica qualificada** como OSCIP, preferencialmente que tenha o mesmo objeto social.

A Lei 9.790/99 veda expressamente que algumas entidades se qualifiquem como OSCIP, ainda que desenvolvam as atividades anteriormente enumeradas, como, por exemplo, sociedades comerciais, sindicatos, instituições religiosas, organizações partidárias etc. O conhecimento deste rol já foi exigido no Exame de Ordem, de modo que recomendamos a leitura atenta do art. 2º da referida lei.

5.5.1 Quadro comparativo entre OS e OSCIP: elaboramos o seguinte quadro contendo as principais diferenças existentes entre as OS e as OSCIP:

Característica	Organizações Sociais (OS)	Organizações da Sociedade Civil de Interesse Público (OSCIP)
Participação do Poder Público no Conselho de Administração	Obrigatória	Não obrigatória
Instrumento de Formalização	Contrato de Gestão	Termo de Parceria
Requisitos Legais Diferenciados para a Qualificação	Não exigíveis	Apresentação do balanço patrimonial, demonstrativo de resultados do exercício e declaração de isenção do IR
Discricionariedade e Vinculação do Ato de Qualificação	Ato Discricionário	Ato Vinculado
Órgão Responsável pela Qualificação	Ministério relacionado à área de atuação da OS	Ministério da Justiça
Delegação para a Gestão de Serviço Público	Podem receber	Não podem receber
Prazo de Constituição e Funcionamento	Não há tal exigência	**3 (três) anos**, no mínimo

FIQUE POR DENTRO:

Parcerias entre a Administração Pública e as Organizações da Sociedade Civil: Marco Regulatório (Lei 13.019/14)

A **Lei 13.019**, publicada no Diário Oficial da União de **01.08.2014**, estabeleceu normas gerais para as parcerias voluntárias entre a Administração Pública e as organizações da sociedade civil - OSC (**não confundir com OSCIP!** A lei traz um conceito próprio de OSC em seu art. 2º, I). A regulamentação preencheu lacuna legislativa até então existente, ao estabelecer parâmetros para que as organizações da sociedade civil estabeleçam com o Estado **parcerias**, em regime de mútua cooperação, para a consecução de finalidades de interesse público e recíproco, mediante a execução de atividades ou de projetos previamente estabelecidos em planos de trabalho inseridos em **termos de colaboração**, em **termos de fomento** ou em **acordos de cooperação**. Cumpre destacar a necessidade de **chamamento público** para selecionar as entidades que tornem mais eficaz a execução do objeto do **termo de colaboração** ou de **fomento**. Em princípio, diversos dispositivos da Lei 13.019/14 tentam evitar que ocorra burla à lei de licitações e contratos, seja restringindo o objeto das novas parcerias, seja obrigando que as entidades parceiras, quando receberem subvenções públicas, adotem regulamento de compras muito próximo ao regime jurídico estabelecido para o Poder Público em suas contratações. As disposições da Lei 13.019/14 **não se aplicam aos contratos de gestão celebrados com organizações sociais**. O art. 4.º da Lei 13.019/14 originalmente determinava a aplicação de sua sistemática às OSCIPs, no que coubesse. Porém, tal previsão foi revogada pela Lei 13.204/2015.

DIREITO ADMINISTRATIVO

Em Resumo: Organização da Administração Pública e Terceiro Setor

Órgãos Públicos

➔ **CONCEITO:**

- **Trazido no art. 1º, § 2º da Lei 9.784/99: órgão** é "a unidade de atuação integrante da estrutura da Administração direta e da estrutura da Administração indireta".
- **Segundo Hely Lopes Meirelles:** órgãos "são centros de competência instituídos para o desempenho de funções estatais, através de seus agentes, cuja atuação é imputada à pessoa jurídica a que pertencem. São unidades de ação com atribuições específicas na organização estatal".

➔ **TEORIA DO ÓRGÃO:**

Surgiu na doutrina para tentar explicar a relação existente entre a **vontade do órgão** e a do **agente público**, substituindo as **teorias do mandato e da representação**. O precursor da **teoria do órgão** foi **Otto Von Gierke**, segundo quem as pessoas jurídicas expressam sua vontade através de seus próprios órgãos, titularizados por seus agentes (pessoas humanas), na forma de sua organização interna. Consequentemente, existe entre o agente público e o órgão uma **relação de imputação**, também designada como **princípio da imputação objetiva**, ou seja, a atuação dos agentes públicos é imputada diretamente ao Estado.

Classificação

➔ **QUANTO À POSIÇÃO ESTATAL:**

a) independentes;
b) autônomos;
c) superiores;
d) subalternos.

➔ **QUANTO À ESTRUTURA:**

a) simples ou **unitários**;
b) compostos.

<table>
<tr><th colspan="3">Em Resumo: Organização da Administração Pública e Terceiro Setor</th></tr>
<tr><td rowspan="5">Órgãos Públicos</td><td colspan="2">➔ QUANTO À ATUAÇÃO FUNCIONAL:
a) singulares ou unipessoais;
b) colegiados ou pluripessoais.
➔ QUANTO À ESFERA DE ATUAÇÃO:
a) Centrais;
b) Locais.</td></tr>
<tr><th colspan="2">Criação e Extinção</th></tr>
<tr><td colspan="2">• A criação ou extinção de órgãos depende de lei (art. 48, XI, CF), podendo sua estruturação e fixação de atribuições serem determinadas por decreto do Chefe do Executivo (art. 84, VI, "a", da CF).</td></tr>
<tr><th>Concentração</th><th>Desconcentração</th></tr>
<tr><td>Existe quando ocorre uma agregação de competências administrativas, antes dispersas, em um único centro, que passa a ter a natureza de órgão concentrador. Assim, possui natureza restritiva.</td><td>É um processo de natureza ampliativa, pela qual há uma distribuição de competências que anteriormente eram conferidas de um ou mais órgãos a outros integrantes da mesma estrutura administrativa, geralmente com o objetivo de aperfeiçoar a gestão administrativa.</td></tr>
<tr><td>Administração Pública Direta e Indireta</td><td colspan="2">• Administração Direta é representada por uma entidade política que, por sua vez, é composta por um conjunto órgãos para o desempenho de suas atribuições. Os entes federativos são: a União, os Estados, Distrito Federal e Municípios.
• Administração Indireta representa um conjunto de entidades administrativas, de direito público ou privado, que atuam de maneira descentralizada e com autonomia na prestação dos diversos serviços públicos. Nesta categoria estão enquadradas as autarquias, as fundações públicas, as empresas públicas e as sociedades de economia mista. A doutrina também vem admitindo neste rol os consórcios públicos.
• Centralização: o Estado executa diretamente seus serviços e atividades administrativas, fazendo-o com seus próprios recursos e por meio de seus órgãos e agentes.
• Descentralização: representa a separação de determinado serviço público da Administração Pública Direta ou definição de setor de atividade econômica cuja exploração o Estado pretenda promover (como o mercado financeiro), para que sua execução ou atuação seja realizada de maneira descentralizada por uma entidade administrativa, com personalidade jurídica própria (de direito público ou privado), criada ou autorizada por lei para este fim específico, integrando a Administração Pública Indireta (delegação legal); ou, no caso dos serviços, por particulares, em regime de delegação, quando será precedida de licitação e formalizada em um contrato administrativo (delegação negocial).</td></tr>
<tr><td rowspan="3">Entidades da Administração Indireta</td><th colspan="2">Autarquias</th></tr>
<tr><td colspan="2">➔ CARACTERÍSTICAS:
a) pessoas jurídicas de direito público interno;
b) possuem patrimônio próprio;
c) criadas por lei específica;
d) possuem autonomia administrativa, econômica e financeira;
e) prestam um serviço público típico do Estado;
f) possuem capacidade processual;
g) responsabilidade civil objetiva;
h) seus bens são considerados públicos.</td></tr>
<tr><td colspan="2">➔ REGIME JURÍDICO: serão regidas por normas de direito público.
➔ AGÊNCIAS REGULADORAS:
• são autarquias em regime especial que possuem como principais funções as atividades de regulação de serviços (ANEEL, ANATEL, ANTT, ANTAQ e ANAC), fiscalização (ANS, ANVISA), controle de uso de bens públicos (ANA, ANP e ANM) e fomento de setores (ANCINE) em suas respectivas áreas de atuação.
• são criadas com personalidade jurídica de direito público e conservam características e prerrogativas das demais autarquias.
• Características do regime jurídico especial destas autarquias: a) maior autonomia econômico-financeira e decisória; b) estabilidade de seus dirigentes; c) mandato fixo de 5 (cinco) anos para seus dirigentes, vedada a recondução; d) poder normativo técnico; e) quarentena para os seus ex-dirigentes (período de tempo, de 6 meses, em que estes ficam vinculados à agência, mesmo após o encerramento de seus mandatos, impedidos de prestar serviços públicos no setor público ou a empresas do setor regulado).
• modalidade de licitação própria à sua atuação, denominada consulta.</td></tr>
</table>

Em Resumo: Organização da Administração Pública e Terceiro Setor

Entidades da Administração Indireta

Empresas Estatais: Empresas Públicas e Sociedades de Economia Mista

- **Empresas Públicas (EP):** são pessoas jurídicas de **direito privado**, constituída com capital **exclusivamente público**, cuja criação é **autorizada por lei**, sob qualquer forma jurídica admitida (LTDA, S.A. etc.), que objetivam a **prestação de serviços públicos** ou a **exploração de atividade econômica**.
- **Sociedades de Economia Mista (SEM):** são pessoas jurídicas de **direito privado**, instituídas pelo Poder Público após **autorização em lei específica**, sob a forma de **sociedade anônima,** com **capitais públicos e privados** (maioria pública), visando à **exploração de atividades de natureza econômica** ou **execução de serviços públicos**.
- **Criação e extinção:** as empresas estatais são autorizadas por lei, sendo que sua criação efetiva ocorre com o registro dos atos constitutivos no registro competente. A extinção deve ocorrer após publicação de lei, com a respectiva baixa no registro.
- **Objeto:** as empresas estatais podem ter como objeto a exploração de um **serviço público** ou de uma **atividade econômica**.
- **Regime Jurídico:** as empresas estatais atuam sob um **regime jurídico híbrido ou misto**, com maior ou menor incidência de normas de direito público e privado conforme o objeto que explorem.
- **Licitação:** Observarão o regime diferenciado de contratação estabelecido pela Lei 13.303/2016;
- **Regime de pessoal:** aplica-se a CLT aos agentes das empresas estatais. Deverão observar, ainda, as seguintes regras: a) submetem-se a **concurso público**; b) incidem as regras de **acumulação de cargos e empregos**; c) observam o **teto remuneratório** públicos se as empresas estatais receberem recursos públicos para pagamento de despesas de pessoal ou de custeio em geral; d) seus funcionários poderão praticar ato de **improbidade administrativa**; f) seus agentes são considerados funcionários públicos para **fins penais**.
- **Controle:** as empresas estatais estão sujeitas a controle, seja ele interno ou externo, independentemente do objeto explorado.
- **Responsabilidade civil: a)** se explorarem **atividade econômica**, a responsabilidade civil será **subjetiva**; **b)** se atuarem na **prestação de serviços públicos**, a responsabilidade civil será **objetiva** (art. 37, § 6º da CF/88).
- **Falência:** as empresas estatais não se submetem ao regime da Lei de Falências, por expressa previsão do **art. 2º, I, da Lei 11.101/05.**

Fundações Públicas

- Surgem quando um determinado patrimônio é destacado pelo fundador, ao qual é atribuído uma personalidade jurídica, visando ao atendimento de uma finalidade específica.
- A doutrina aceita a criação de fundações públicas ou governamentais sob o regime de **direito público** ou **privado**.
- A **fundação pública de direito público** tem natureza de **autarquia** (fundação autárquica ou autarquia fundacional), aplicando-se-lhe as mesmas **prerrogativas materiais** e **processuais** conferidas às **autarquias**.
- A **fundação pública de direito privado**, porém, possui regulamentação híbrida, com incidência de normas de direito público e privado.

Consórcios Públicos

- **Definição:** é "pessoa jurídica formada exclusivamente por entes da Federação, na forma da Lei nº 11.107/05, para estabelecer relações de cooperação federativa, inclusive a realização de objetivos de interesse comum, constituída como associação pública, com personalidade jurídica de direito público e natureza autárquica, ou como pessoa jurídica de direito privado sem fins econômicos". (Decreto 6.017/07)
- **Espécies:** podem assumir personalidade jurídica de direito público ou privado.
- **Prerrogativas:** a) firmar convênios, contratos, acordos de qualquer natureza, receber auxílios, contribuições e subvenções sociais ou econômicas de outras entidades e órgãos do governo; b) promover **desapropriações** e instituir **servidões**; c) na definição das modalidades de licitação adequados, os valores para cada modalidade poderão ser duplicados ou triplicados, a depender do número de entes consorciados (art. 23, § 8º da Lei 8.666/93); d) podem ser contratados diretamente, com **dispensa de licitação** (art. 24, XXVI da Lei 8.666/93); e) observam o **dobro dos limites para contratação direta** com dispensa de licitação em razão do valor (art. 24, § 1.º da Lei 8.666/93); f) emitir documentos de cobrança e exercer atividades de arrecadação de tarifas e outros preços públicos pela prestação de serviços ou pelo uso ou outorga de uso de bens públicos por eles administrados ou, mediante autorização específica, pelo ente da Federação consorciado; g) outorgar concessão, permissão ou autorização de obras ou serviços públicos mediante autorização prevista no contrato de consórcio público, que deverá indicar de forma específica o objeto da concessão, permissão ou autorização e as condições a que deverá atender, observada a legislação de normas gerais em vigor.
- **Etapas de criação: a) subscrição de protocolo de intenções** entre os entes interessados na constituição do consórcio; **b) publicação do protocolo de intenções** na imprensa oficial; **c) promulgação de lei** por cada um dos entes integrantes ratificando o protocolo, salvo se existir lei prévia autorizando a subscrição; **d)** celebração do correspondente **contrato**.
- **Contrato de rateio e de programa:** além do próprio contrato de criação, há a previsão de duas modalidades de contratos firmados entre os entes consorciados, quais sejam, os contratos de rateio e programa.

Em Resumo: Organização da Administração Pública e Terceiro Setor	
Terceiro Setor	• **Serviços Sociais Autônomos:** são autorizados por lei e destinados a prestar serviços sociais não exclusivos a determinadas **categorias sociais ou profissionais**. Nos serviços sociais autônomos estão incluídas as chamadas entidades integrantes do sistema "S" (SESI, SENAI, SESC etc.), bem como pelas confederações que os abrangem. O financiamento destas entidades se dá por arrecadação de **contribuições parafiscais**, autorizada em lei, e/ou diretamente por **recursos públicos**. • **Entidades de Apoio:** segundo MARIA SYLVIA DI PIETRO (2010, 493) "entidades de apoio podem-se entender as pessoas jurídicas de direito privado, sem fins lucrativos, instituídas por servidores públicos, porém em nome próprio, sob a forma de fundação, associação ou cooperativa, para a prestação, em caráter privado, de serviços sociais não exclusivos do Estado, mantendo vínculo jurídico com entidades da administração direta ou indireta, em regra por meio de convênio". Sua atuação se dá nas áreas de ciência, pesquisa, saúde e educação. • **Organizações Sociais (OS):** o termo organização social nada mais é do que uma **qualificação** discricionariamente conferida a **pessoas jurídicas de direito privado, sem fins lucrativos**, cujas atividades sejam dirigidas ao **ensino**, à **pesquisa científica**, ao **desenvolvimento tecnológico**, à **proteção e preservação do meio ambiente**, à **cultura** e à **saúde**, desde que observadas as disposições da Lei 9.637/98, visando ao auxílio do setor público em sua atuação nestas áreas. Uma vez conferido o título de organização à entidade privada, é firmado com o Poder Público um instrumento de parceria denominado **contrato de gestão**, em que é autorizada a prestação de **serviços não exclusivos do Estado**, que poderá ser acompanhada da cessão de **bens públicos**, **servidores públicos** e destinação **recursos orçamentários**. É bastante comum as Santas Casas de Saúde receberem esta qualificação. A Administração Pública poderá celebrar contrato com as OS com dispensa de licitação para as atividades previstas no contrato de gestão (art. 24, XXIV da Lei 8.666/93). • **Organizações da Sociedade Civil de Interesse Público (OSCIP):** pessoas jurídicas de **direito privado, sem fins lucrativos**, podem receber **qualificação de OSCIP**, desde que os respectivos objetivos sociais e normas estatutárias atendam aos requisitos instituídos pela Lei 9.790/99. A Lei 13.019/14 acrescentou mais uma exigência para a qualificação: as entidades devem ter **sido constituídas** e se encontrarem em **funcionamento regular** há, no mínimo, **3 (três) anos**. Uma vez conferida a qualificação, poderá ser firmado instrumento denominado **termo de parceria**, que é destinado à formação de **vínculo de cooperação** entre as partes, para o **fomento e a execução das atividades de interesse público**.

CAPÍTULO V
ATOS ADMINISTRATIVOS

1. NOÇÕES

Em sua atuação a Administração exterioriza sua vontade de várias maneiras, praticando atos que são regidos ora pelo direito público ora pelo direito privado, todos incluídos no gênero **atos da Administração**. Assim, temos:

A **Atos administrativos:** é a declaração do Estado ou de quem o represente, que produz efeitos jurídicos imediatos, com observância da lei, sob regime jurídico de direito público e sujeita a controle pelo Poder Judiciário (DI PIETRO, 2010, p. 196). A Administração atua com supremacia em relação ao particular (*ius imperii*). Esta categoria de atos da Administração será objeto de estudo detalhado neste capítulo.

B **Atos privados**: neste caso, a Administração pratica atos regidos prevalentemente pelo direito privado, colocando-se em igualdade de condições com o particular no que se refere ao regime que rege a relação jurídica entre ambos (*ius gestionis*). Assim, é possível concluir que "existem atos praticados pelos administradores públicos que não se enquadram como atos administrativos típicos, como é o caso dos contratos disciplinados pelo direito privado" (afirmativa retirada de questão do **exame unificado jan/08**), como o contrato de seguro.

C **Atos políticos:** estes atos, como o próprio nome diz, gozam de grande carga política quando são emanados, vez que dizem respeito à definição das próprias diretrizes de gestão do Estado e são legitimados pela Constituição. Ex.: veto pelo Presidente da República a um projeto de lei aprovado pelo Congresso Nacional.

D **Atos materiais**: são condutas administrativas, de mera execução, que não se destinam à produção de um efeito jurídico preordenado. Alguns autores chamam estes atos de **fatos administrativos**. Ex.: varredura de ruas, construção de um edifício público etc.

2. ATRIBUTOS DOS ATOS ADMINISTRATIVOS

Os atributos são as **qualidades** ou **características** dos atos administrativos que permitem diferenciá-los dos atos jurídicos de direito privado. São eles:

A **Presunção de legitimidade e veracidade**: uma vez praticado, presume-se que o ato está de acordo com a lei (legítimo) e que os fatos ocorreram da forma como foram descritos pelo agente (veracidade). Esta presunção é, todavia, relativa (*juris tantum*).

B **Imperatividade ou coercibilidade**: os atos administrativos devem ser observados independentemente da anuência do administrado, decorrendo da supremacia do interesse público sobre o privado. Assim, este é um atributo inerente aos atos que impõem unilateralmente alguma obrigação ao administrado (**poder extroverso do Estado**).

C **Autoexecutoriedade ou exigibilidade:** é o atributo segundo o qual o ato poderá ser executado sem a necessidade de a Administração se socorrer ao Poder Judiciário, desde que haja previsão legal expressa para tanto ou exista situação de urgência. Disso se conclui que os atos não apenas se impõem aos particulares (imperatividade), mas também podem ser executados, isto é, realizar modificações e alterações no mundo dos fatos, sem que se necessite de autorização judicial ou procedimento judicial para tanto. Exceção a este atributo são as **multas e tributos**, que exigem a intervenção judicial para sua cobrança, por meio de execução fiscal. Não pode a Administração apreender bens para a quitação da dívida.

> **MUITA ATENÇÃO!**
>
> As multas administrativas aplicadas por adimplemento irregular, pelo particular, de contrato administrativo em que tenha havido prestação de garantia poderão ser executadas diretamente pela Administração. Neste caso, o valor da multa será subtraído da garantia prestada, independentemente da anuência do contratado, após a observância do contraditório e ampla defesa.

D **Tipicidade:** segundo DI PIETRO (2010, p. 201) tipicidade "é o atributo pelo qual o ato administrativo deve corresponder a figuras definidas previamente pela lei como aptas a produzir determinados resultados".

3. REQUISITOS OU ELEMENTOS DOS ATOS ADMINISTRATIVOS

Os requisitos ou elementos referem-se à própria estrutura do ato administrativo. A clássica definição dos elementos ou requisitos dos atos administrativos é baseada no que dispõe o art. 2º da Lei 4.717/65 (Lei de Ação Popular). Apesar de haver certa divergência doutrinária, comumente se adota a classificação proposta por de Hely Lopes Meirelles, que enumera os seguintes elementos do ato: **competência**, **finalidade**, **forma**, **motivo** e **objeto**.

MUITA ATENÇÃO!

Não confunda atributos com requisitos dos atos administrativos. Pegadinha clássica de concursos e do Exame de Ordem é trocar uns pelos outros nas questões objetivas. Uma dica é tentar memorizar os requisitos do ato e, neste ponto, um clássico mnemônico ajuda muito: COMFIFORMOB. Esta sigla contém as iniciais de todos os requisitos. Sabendo-se isso, consegue-se resolver a questão por exclusão.

3.1. Competência: o agente público deve possuir atribuição legal ou competência para a prática do ato e atuar dentro dos limites que lhe foram postos. Alguns autores chegam a se referir a este requisito como "sujeito competente".

3.1.1 Características da competência

A Irrenunciabilidade: o exercício da competência é um poder-dever, não podendo o agente negar-se a fazê-lo. Exceções a estas características são a **delegação** e **avocação de competência**, já estudadas no capítulo referente aos Poderes Administrativos.

B Inderrogabilidade: não pode existir modificação de competências por acordo de vontades dos agentes, somente sendo possível fazê-lo por meio de lei.

C Improrrogabilidade: os agentes devem atuar dentro dos limites de suas competências, não podendo ir além do que foi estabelecido. Exceções a esta característica são a delegação e avocação.

D Intransferibilidade: os agentes e órgãos não podem transferir suas competências a outrem, salvo nas hipóteses autorizadas de delegação e avocação.

E Imprescritibilidade: as competências não se perdem em razão do seu não exercício, independentemente do tempo de inatividade.

3.1.2 Vícios de competência

Podemos enumerar os seguintes vícios relacionados à competência:

A Usurpação de função: trata-se do crime previsto no art. 328 do CP, configurando-se na hipótese do sujeito passar-se dolosamente por agente público, sem que tenha recebido a devida investidura para o cargo ou função pública. A doutrina tem considerado que os atos praticados por este falso agente são inexistentes. Ex.: cidadão que se passa por policial civil.

B Excesso de poder: conforme já estudado, o excesso de poder ocorre quando o agente excede os limites de sua competência na prática do ato administrativo. O excesso cometido será considerado nulo. Ex.: guarda de trânsito municipal que decide dar uma "blitz" e aplicar multas em uma rodovia federal.

C Funcionário de fato: conforme já visto anteriormente, nesta situação o agente está investido irregularmente na função pública, mas sua situação aparenta legalidade. Os atos serão considerados inválidos, mas produzirão efeitos perante terceiros de boa-fé. Ex.: servidor que toma posse e exerce suas atribuições por força de liminar, que é posteriormente revogada.

3.2 Finalidade: Os atos administrativos devem satisfazer uma **finalidade pública**, que se configura em dois aspectos principais: a) **finalidade geral ou em sentido amplo**: o ato deve buscar o interesse público; b) **finalidade específica ou em sentido estrito**: é a finalidade prevista implícita ou explicitamente em lei para determinada situação concreta abrangida pelo ato, que alguns autores entendem tratar-se do atributo da **tipicidade**. Caso o administrador se desvie destes propósitos, o ato estará inquinado de vício de **desvio de finalidade**, o que leva à sua **nulidade**.

3.3 Forma: é o modo de exteriorização do ato administrativo, como este se manifesta para todos. Em regra, os atos administrativos devem assumir a **forma escrita** (art. 22, § 1º da Lei 9.784/99), mas se admite que alguns atos sejam manifestados **verbalmente** (ordem dada por um policial para organizar uma passeata), por **gestos** (guardas de trânsito), **sinais eletromecânicos e sonoros** (semáforos, apitos) e **meios pictóricos** (placas de trânsito). Sempre que a lei expressamente exigir determinada forma para que um ato administrativo seja considerado válido, a inobservância dessa exigência acarretará a nulidade do ato.

? QUESTÃO: O silêncio administrativo representa manifestação de vontade?

➥ ***RESPOSTA:*** *Depende. O silêncio não é considerado um ato administrativo, de modo que, em regra, a omissão da Administração em se manifestar, quando deveria fazê-lo, não trará efeitos jurídicos imediatos. Todavia, "o silêncio pode significar forma de manifestação de vontade, quando a lei assim o prevê; normalmente ocorre quando a lei fixa um prazo, findo o qual o silêncio da Administração significa concordância ou discordância" (DI PIETRO, 2010, p. 208).*

3.4 Motivo: é o **pressuposto de direito** e de **fato** que serve de fundamento para a produção do ato administrativo. O **pressuposto de direito** está presente na previsão abstrata trazidas pela norma de situações que autorizam ou levam à prática do ato. Por seu turno, **pressuposto de fato** é a efetiva ocorrência no mundo real dos eventos previstos na norma. Assim, o motivo conjuga um **elemento abstrato** a outro **concreto**.

O motivo pode estar inquinado de vícios, o que pode se dar nas situações em que o mesmo é **inexistente, falso** ou **inadequado** (desproporção entre o motivo do ato e seu resultado). O vício de motivo é **insanável**, levando à **nulidade** do ato administrativo.

MUITA ATENÇÃO! Não se deve confundir o **motivo** com a **motivação**. Esta é a declaração por escrito dos motivos do ato administrativo. Para a maior parte dos doutrinadores, a motivação integra a **forma** do ato administrativo.

FIQUE POR DENTRO:

Teoria dos Motivos Determinantes

Segundo esta teoria, o motivo invocado pelo administrador para a prática do ato condiciona sua validade, na medida em que vincula a Administração à sua existência. A teoria dos motivos determinantes é aplicada, inclusive, aos atos discricionários. Exceção a esta teoria apresenta-se na chamada tredestinação lícita, que ocorre na desapropriação. Admite-se, assim, que o motivo que deu origem à expropriação seja alterado, desde que continue atendendo a uma finalidade pública. Ex.: Poder Público desapropria uma área para a construção de um hospital, mas depois resolve construir no local uma escola.

3.5 Objeto: pode ser considerado como sendo o efeito jurídico que o ato efetivamente produz, ou seja, "é a própria alteração no mundo jurídico que o ato provoca" (ALEXANDRINO, PAULO, 2007, p. 246). Ex.: o objeto do ato de demissão de um servidor público será a própria demissão.

O objeto do ato administrativo deverá ser lícito, possível, certo e moral.

4. CLASSIFICAÇÃO DOS ATOS ADMINISTRATIVOS

São variadas as classificações doutrinárias dos atos administrativos. Resumimos no quadro abaixo as mais comuns e exigidas no Exame de Ordem:

Quanto aos destinatários	a) atos gerais ou regulamentares: são editados sem destinatários específicos, determinados ou determináveis, sendo aplicáveis a todos os que se enquadrarem nas hipóteses reguladas pelo ato. São chamados por alguns doutrinadores de atos normativos, em razão da generalidade de seu alcance. Ex.: instrução normativa que regula o procedimento de requerimento de benefícios junto ao INSS; b) atos especiais ou individuais: possuem destinatários determinados ou determináveis. Serão singulares, se destinados a um único sujeito. Ex.: concessão de licença por motivo de saúde a servidor público. Serão plúrimos se destinados a um grupo ou pluralidade de sujeitos determinados. Ex.: nomeação de candidatos aprovados em concurso público de provas e títulos.
Quanto ao alcance	a) ato interno: restringe-se à Administração Pública e, logicamente, destina-se a seus agentes e órgãos. Ex.: ordem de serviço. b) ato externo: destina-se aos administrados que estejam abrangidos por sua incidência ou que devam produzir efeitos fora da organização administrativa. Ex.: decretos.
Quanto ao objeto ou quanto às prerrogativas da Administração	a) atos de império: são os atos em que a Administração atua valendo-se de sua supremacia sobre o particular, em nome do interesse coletivo. Ex.: interdição de restaurante que não atende condições de higiene. b) atos de gestão: geralmente se refere aos atos de administração de bens e de serviços públicos e atos negociais firmados com particulares, sem que haja supremacia da Administração. Apesar de esta modalidade estar inserida em algumas classificações doutrinárias, conforme visto na introdução do capítulo, atos de gestão não são atos administrativos, mas atos da administração. Mesmo assim, algumas bancas cobram o tema desta forma, de modo que preferimos manter esta categoria. c) atos de expediente: são atos que visam dar tramitação aos procedimentos em curso na administração pública, visando prepará-los para a decisão da autoridade competente. Ex.: intimação do interessado para sanar irregularidade no procedimento.
Quanto à margem de liberdade de atuação do agente	a) vinculados ou regrados: a lei preestabelece os requisitos e condições para a atuação do agente, não deixando margem de discricionariedade para sua decisão. Logo, as imposições legais absorvem quase que por completo a liberdade do administrador. Ex.: licença para construir. b) discricionários: são os atos em que o agente o agente tem, segundo critérios de conveniência e oportunidade e nos limites da lei, certa liberdade para definir os elementos motivo e objeto (mérito administrativo), além de permitir, conforme lições doutrinárias, a definição os destinatários, o momento de sua prática e o modo de sua realização. Os demais elementos do ato serão vinculados. Ex.: decretação de utilidade pública de imóvel para fins de desapropriação.
Quanto à estrutura	a) ato concreto: destina-se a regular um caso específico. Uma vez praticado, seus efeitos são esgotados. Ex.: exoneração de um servidor. b) ato abstrato ou normativo: aplica-se a várias situações concretas. Possuem aplicação contínua, mesmo que já tenha sido aplicado a determinadas situações. Ex.: regulamentos administrativos.
Quanto à formação da vontade	a) ato simples: representa a manifestação de um único agente ou órgão (mesmo que seja colegiado). Ex.: multa de trânsito. b) ato complexo: decorre da manifestação de duas ou mais vontades produzidas por mais de um órgão ou agente, em patamar de igualdade e importância, que se fundem para formar um único ato. Ex.: nomeação de Ministro do STF. Há autores, como DI PIETRO, que defendem que atos de nomeação de agentes públicos sujeitos à aprovação prévia do Poder Legislativo seria exemplo de ato composto, visto que a nomeação seria o ato principal e a aprovação seria ato secundário. Parece-nos, todavia, que a doutrina majoritária defende que se trata mesmo de ato complexo. Vale ficar atento a este detalhe!

Quanto à formação da vontade	c) ato composto: decorre da manifestação de duas ou mais vontades, sendo uma instrumental à outra, ou seja, há um ato principal e outro acessório. Ex.: aprovação de um parecer, tornando-o vinculante. Alguns autores defendem que a manifestação das vontades deve ocorrer dentro do mesmo órgão. **Atenção**: atos complexos e compostos não se confundem com procedimento administrativo, que se configura em uma sequência de atos administrativos independentes e que seguem um encadeamento lógico rumo a um objetivo.
Quanto aos efeitos	a) ato constitutivo: cria uma situação jurídica. Ex.: admissão de um servidor aprovado em concurso público. b) ato extintivo ou desconstitutivo: põe fim a uma relação jurídica. Ex.: exoneração de um servidor. c) ato declaratório: destina-se a declarar uma situação preexistente. Ex.: certidões. d) ato alienativo: transfere bens ou direitos a terceiros. Ex.: venda de um bem público. e) ato modificativo: promove a modificação de uma situação existente, mas sem suprimir direitos ou obrigações. Ex.: alteração do horário de atendimento de uma repartição. f) ato abdicativo: o titular abre mão de um direito em caráter irretratável e incondicional. Ex.: renúncia.

5. EXTINÇÃO DOS ATOS ADMINISTRATIVOS

São formas de extinção do ato administrativo:

A **Renúncia:** o beneficiário deixa de ter interesse no ato e o renuncia.

B **Cumprimento de seus efeitos**: nesta situação há o esgotamento do conteúdo do ato, a execução material do que o ato originalmente determinava ou o advento de condição resolutiva ou termo final.

C **Desaparecimento do sujeito ou do objeto**: neste caso, o sujeito ou objeto deixam de existir durante a produção de efeitos do ato administrativo. Exemplo: morte de servidor que estava cumprindo penalidade de suspensão.

D **Contraposição ou derrubada:** ocorre quando há prática de outro ato administrativo contrário ao primeiro. Exemplo: exoneração de um servidor (o ato é contrário ao de nomeação do mesmo servidor).

E **Cassação**: é a extinção de um ato válido em virtude de falta de observância pelo do administrado de condições que deveriam permanecer atendidas a fim de poder continuar desfrutando da situação jurídica. Ex.: cassação do alvará de funcionamento de restaurante que não mantém condições de higiene.

F **Caducidade:** "(...) configura modalidade de extinção em que ocorre a retirada por ter sobrevindo norma jurídica que tornou inadmissível situação antes permitida pelo direito e outorgada pelo ato precedente" (**exame unificado jan/10**). Em síntese, é forma de extinção do ato administrativo em razão de uma lei não mais permitir a prática autorizada por ato antecedente. É a extinção do ato por invalidade superveniente. Ex.: lei que proíbe o funcionamento de comércio ambulante em determinada área. As autorizações concedidas estarão extintas por caducidade.

G **Anulação:** forma de extinção de um ato administrativo por outro ato ou por decisão judicial, por motivo de **ilegalidade**, com **efeitos *ex tunc***. Ex.: anulação de benefício previdenciário concedido mediante fraude.

Segundo previsão do art. 21 *caput* da LINDB, incluído pela Lei 13.655/18, "a decisão que, nas esferas administrativa, controladora ou judicial, decretar a invalidação de ato, contrato, ajuste, processo ou norma administrativa, deverá indicar de modo expresso suas consequências jurídicas e administrativas". A consideração das consequências jurídicas e administrativas é limitada aos fatos e fundamentos de mérito e jurídicos que se espera do decisor no exercício diligente de sua atuação (art. 4.º, § 1.º do Decreto 9.830/19).

A decisão de anulação **deverá**, quando for o caso, indicar as condições para que a regularização ocorra de modo proporcional e equânime e sem prejuízo dos interesses gerais, não se podendo impor aos sujeitos ônus ou perdas que, em função das peculiaridades do caso, sejam anormais ou excessivos (art. 21, parágrafo único, da LINDB).

Pode-se deduzir das disposições da Lei 13.655/18 e de seu Decreto regulamentador que a anulação de um ato administrativo deve ser vista como medida excepcional, na medida em que se exige do administrador a demonstração da necessidade e a adequação da medida imposta, consideradas as possíveis alternativas e observados os critérios de proporcionalidade e de razoabilidade, e lhe faculta restringir os efeitos da declaração ou decidir que sua eficácia se iniciará em momento posteriormente definido (modulação dos efeitos da decisão).

DICA IMPORTANTE

Nesta matéria é importante conhecer o teor de duas súmulas do STF, constantemente mencionada em concursos: **súmula 346**: A Administração Pública pode declarar a nulidade dos seus próprios atos; **súmula 473:** A Administração pode anular seus próprios atos, quando eivados de vícios que os tornam ilegais, porque deles não se originam direitos; ou revogá-los, por motivo de conveniência ou oportunidade, respeitados os direitos adquiridos, e ressalvada, em todos os casos, a apreciação judicial.

? **QUESTÃO:** A Administração possui prazo para anular atos dos quais decorram efeitos favoráveis aos administrados?

➥ ***RESPOSTA:*** *Sim. De acordo com o art. 54, da Lei 9.784/99, aplicável no âmbito federal, "O direito da Administração de anular os atos administrativos de que decorram efeitos favoráveis para os destinatários decai em cinco anos, contados da data em que foram praticados, salvo comprovada má-fé". No caso de relação jurídica de efeitos patrimoniais contínuos, o prazo de decadência contar-se-á da percepção do primeiro pagamento (art. 54, § 1.º). Considera-se exercício do direito de anular qualquer medida de autoridade administrativa que importe impugnação à validade do ato (art. 54, § 2.º). Assim, impede a ocorrência de decadência o ato declaratório da nulidade, em si, ou o exercício do direito de anular, consistente na adoção de medida que impugne a validade do ato eivado de nulidade ou inconstitucionalidade – como a instauração de procedimento administrativo de revisão do ato -, desde que verificados no prazo quinquenal de decadência. Este tema foi exigido em questão do XXIII Exame de Ordem (julho de 2017) que continha o seguinte enunciado: "Ao realizar uma auditoria interna, certa entidade administrativa federal, no exercício da autotutela, verificou a existência de um ato administrativo portador de vício insanável, que produz efeitos favoráveis para a sociedade Tudobeleza S/A, a qual estava de boa-fé. O ato foi praticado em 10 de fevereiro de 2012. Em razão disso, em 17 de setembro de 2016, a entidade instaurou processo administrativo, que, após o exercício da ampla defesa e do contraditório, culminou na anulação do ato em 05 de junho de 2017". A resposta a ser assinalada considerou não haver decadência de anular o ato com vício, "considerando que o processo que resultou na invalidação foi instaurado dentro do prazo de 5 (cinco) anos". A Súmula 633 do STJ permite que este prazo decadencial seja aplicado aos estados e municípios, se inexistente norma local e específica que regule a matéria.*

H **Revogação**: forma de extinção de um ato administrativo legal por outro ato, **efetuada somente pela Administração**, em razão da existência de fato novo que o torne **inconveniente ou inoportuno** (razões de **mérito administrativo**), com **efeitos** *ex nunc*. Em síntese, a revogação "apenas pode se dar em relação aos atos válidos, praticados dentro de uma competência discricionária, produzindo efeitos *ex nunc*" (**exame unificado out/11**). É, assim, correto afirmar que "ao Poder Judiciário é vedado revogar atos administrativos emanados do Poder Executivo" (**exame unificado set/08**). Em regra, a revogação não cria o dever de indenizar, mas em algumas situações o administrado poderá ser ressarcido dos prejuízos causados pelo ato de revogação, caso tenha realizado gastos, esteja de boa-fé e não tenha concorrido para a revogação. A revogação, porém, encontra alguns limites, não podendo atingir atos: a) que gerem direitos adquiridos: b) cujos efeitos já se tenham exauridos; c) de conteúdo meramente enunciativo (certidões e atestados, por exemplo); d) vinculados, pois seu conteúdo é todo estabelecido em lei.

MUITA ATENÇÃO!

A grande maioria das questões sobre atos administrativos versou sobre as suas formas de extinção, notadamente sobre a diferenciação entre **anulação** e **revogação**. Para facilitar a memorização do tema, faça as seguintes associações:

Anulação ➔ Ilegalidade do ato ➔ Administração e Poder Judiciário ➔ *Ex tunc*

Revogação ➔ Mérito Administrativo ➔ Somente a Administração ➔ *Ex nunc*

6. CONVALIDAÇÃO DOS ATOS ADMINISTRATIVOS

Pela **convalidação**, também chamada de **aperfeiçoamento, saneamento** ou **sanatória**, a Administração aproveita atos administrativos com **vícios sanáveis**, de forma a confirmá-los, no todo ou em parte por meio da edição de um novo ato. Assim, a convalidação restringe-se aos **atos anuláveis** e possui **efeitos** *ex tunc*, ou seja, retroage à data da prática do ato.

No âmbito federal, a convalidação está prevista no art. 55 da Lei 9.787/99, segundo o qual "Em decisão na qual se evidencie não acarretarem lesão ao interesse público nem prejuízo a terceiros, os atos que apresentarem defeitos sanáveis poderão ser convalidados pela própria Administração".

Em Resumo: Atos Administrativos	
Atributos	• **Presunção de legitimidade e veracidade:** uma vez praticado, presume-se que o ato está de acordo com a lei (legítimo) e que os fatos ocorreram da forma como foram descritos pelo agente (veracidade). Presunção relativa (*juris tantum*). • **Imperatividade ou coercibilidade:** os atos administrativos devem ser observados independentemente da anuência do administrado, decorrendo da supremacia do interesse público sobre o privado. • **Autoexecutoriedade ou exigibilidade:** o ato poderá ser executado sem a necessidade de a Administração se socorrer ao Poder Judiciário, desde que haja previsão legal expressa para tanto ou exista situação de urgência. • **Tipicidade:** segundo DI PIETRO tipicidade "é o atributo pelo qual o ato administrativo deve corresponder a figuras definidas previamente pela lei como aptas a produzir determinados resultados".

Em Resumo: Atos Administrativos		
Requisitos ou Elementos	• **Competência:** o agente público deve possuir atribuição legal ou competência para a prática do ato e atuar dentro dos limites que lhe foram postos. • **Finalidade:** Os atos administrativos devem satisfazer uma **finalidade pública**, que se configura em dois aspectos principais: a) **finalidade geral ou em sentido amplo:** o ato deve buscar o interesse público; b) **finalidade específica ou em sentido estrito:** é a finalidade prevista implícita ou explicitamente em lei para determinada situação concreta abrangida pelo ato, que alguns autores entendem tratar-se do atributo da **tipicidade**. Caso o administrador se desvie destes propósitos, o ato estará inquinado de vício de **desvio de finalidade**, o que leva à sua **nulidade**. • **Forma:** modo de exteriorização do ato administrativo, como este se manifesta para todos. Em regra, os atos administrativos devem assumir a **forma escrita** (art. 22, § 1º da Lei 9.784/99), mas se admite que alguns atos sejam manifestados **verbalmente** (ordem dada por um policial para organizar uma passeata), por **gestos** (guardas de trânsito), **sinais eletromecânicos e sonoros** (semáforos, apitos) e **meios pictóricos** (placas de trânsito). Sempre que a lei expressamente exigir determinada forma para que um ato administrativo seja considerado válido, a inobservância dessa exigência acarretará a nulidade do ato. • **Motivo:** o **pressuposto de direito** e de **fato** que serve de fundamento para a produção do ato administrativo. O **pressuposto de direito** está presente na previsão abstrata trazida pela norma de situações que autorizam ou levam à prática do ato. Por seu turno, **pressuposto de fato** é a efetiva ocorrência no mundo real dos eventos previstos na norma. Assim, o motivo conjuga um **elemento abstrato** a outro **concreto**. • **Objeto:** pode ser considerado como sendo o efeito jurídico que o ato efetivamente produz, ou seja, "é a própria alteração no mundo jurídico que o ato provoca".	
Classificação	**Quanto à margem de liberdade de atuação do agente**	a) **discricionários:** o agente tem certa liberdade de escolha (critério de conveniência/ oportunidade) do **motivo** e do **objeto** do ato. Os demais elementos do ato serão **vinculados**. b) **vinculados:** a lei preestabelece a atuação do agente, não deixando margem de discricionariedade para sua atuação.
	Quanto à estrutura	a) **ato concreto:** destina-se a regular um caso específico. Uma vez praticado, seus efeitos são esgotados. b) **ato abstrato ou normativo:** aplica-se a várias situações concretas. Possuem aplicação contínua, mesmo que já tenha sido aplicado a determinadas situações.
	Quanto à formação da vontade	a) **ato simples:** representa a manifestação de um único agente ou órgão dotado de personalidade administrativa. b) **ato complexo:** decorre da **manifestação de duas ou mais vontades** produzidas por **mais de um órgão** ou **agente**. São duas ou mais vontades homogêneas que se fundem para formar um único ato. c) **ato composto:** decorre da **manifestação de duas ou mais vontades** dentro de um **mesmo órgão**, sendo **uma instrumental à outra**.
Classificação	**Quanto aos efeitos**	a) **ato constitutivo:** cria uma situação jurídica. b) **ato extintivo** ou **desconstitutivo:** põe fim a uma relação jurídica. c) **ato declaratório:** destina-se a declarar uma situação preexistente. d) **ato alienativo:** transfere bens ou direitos a terceiros. e) **ato modificativo:** promove a modificação de uma situação existente, mas sem suprimir direitos ou obrigações. f) **ato abdicativo:** o titular abre mão de um direito em caráter irretratável e incondicional.
	Quanto ao alcance	a) **ato interno:** restringe-se à Administração Pública e, logicamente, destina-se a seus agentes e órgãos. b) **ato externo:** destina-se aos administrados que estejam abrangidos por sua incidência ou que devam produzir efeitos fora da organização administrativa.

Em Resumo: Atos Administrativos	
Extinção	• **Renúncia:** o beneficiário deixa de ter interesse no ato e o renuncia. • **Cumprimento de seus efeitos:** nesta situação há o esgotamento do conteúdo do ato, a execução material do que o ato originalmente determinava ou o advento de condição resolutiva ou termo final. • **Desaparecimento do sujeito ou do objeto:** neste caso, o sujeito ou objeto deixam de existir durante a produção de efeitos do ato administrativo. • **Contraposição ou derrubada:** ocorre quando há prática de outro ato administrativo contrário ao primeiro. • **Cassação:** é a extinção de um ato válido em virtude de falta de observância pelo do administrado de condições que deveriam permanecer atendidas a fim de poder continuar desfrutando da situação jurídica. • **Caducidade:** forma de extinção do ato administrativo em razão de uma lei posterior não mais permitir a prática autorizada por ato antecedente. É a extinção do ato por **invalidade superveniente**. • **Anulação:** forma de extinção de um ato administrativo por outro ato ou por decisão judicial, por motivo de **ilegalidade**, com **efeitos *ex tunc*** (para trás, desde o início). • **Revogação:** forma de extinção de um ato administrativo legal por outro ato, **efetuada somente pela Administração**, em razão da existência de fato novo que o torne **inconveniente ou inoportuno** (razões de **mérito administrativo**), com ***efeitos** ex nunc*. **Limites:** Não poderá atingir atos: **a)** que gerem direitos adquiridos: **b)** cujos efeitos já se tenham exauridos; **c)** de conteúdo meramente enunciativo (certidões e atestados, por exemplo); **d)** vinculados, pois seu conteúdo é todo estabelecido em lei.
Convalidação	Também chamada de **aperfeiçoamento, saneamento** ou **sanatória**, a Administração aproveita atos administrativos com **vícios sanáveis**, de forma a confirmá-los, no todo ou em parte por meio da edição de um novo ato. A convalidação restringe-se aos **atos anuláveis** e possui **efeitos** *ex tunc*, ou seja, retroage à data da prática do ato.

DIREITO ADMINISTRATIVO

CAPÍTULO VI
LICITAÇÕES

1. NOÇÕES

O art. 37, XXI da CF/88 prevê como regra a realização de licitação pública prévia para a contratação de obras, serviços, compras e alienações. Sendo competência **privativa** da **União** a edição de **normas gerais** sobre licitações e contratos (art. 22, XVII, da CF), foi promulgada Lei **8.666/93 (Lei de Licitações e Contratos – Lei 8.666/93)** para regular o tema. Posteriormente foi editada a **Lei 10.520/02**, que regulou a modalidade de licitação denominada **pregão**, a **Lei 12.462/11**, que instituiu o Regime Diferenciado de Contratações Públicas (RDC) em seus artigos 1.º a 47-A, e, a **Lei 13.303/16**, que trouxe normas específicas aplicáveis às **empresas estatais**.

Em 01 de abril de 2021 foi publicada a **Lei 14.133**, que trouxe nova disciplina para as licitações e contratações públicas, dentre outras alterações, em substituição à Lei 8.666/93. A nova lei regulamentou integralmente os procedimentos do pregão e do Regime Diferenciado de Contratação – RDC. Todavia, a revogação das Leis 8.666/93 e 10.520/02, bem como dos arts. 1.º a 47-A da Lei 12.462/11, somente se dará em **2 anos**, a partir da publicação da Lei 14.133/21, sendo que neste período tais normas terão vigência simultânea com a nova lei.

> **MUITA ATENÇÃO!**
>
> No período de 2 anos de vigência simultânea, caberá ao administrador optar por aplicar a legislação anterior à Lei 14.133/21 ou o regime desta lei, devendo constar expressamente tal circunstância do edital, vedada a combinação das leis. Os contratos observarão, durante sua vigência, o regime jurídico da legislação constante do edital. Por fim, cumpre esclarecer que a revogação dos crimes constantes da Lei 8.666/93 (arts. 89 a 108) **produz efeitos imediatos**, tendo a matéria sido integralmente incorporada ao Código Penal (arts. 337-E a 337-P).

Além desta competência para a edição de normas gerais, a União edita normas específicas aplicáveis apenas no âmbito federal, como a previsão da modalidade de licitação denominada **consulta**, aplicável inicialmente no âmbito da **ANATEL** (Lei 9.472/1997), posteriormente estendida às demais agências reguladoras por meio da Lei 9.986/2000.

Licitação é o procedimento pelo qual o ente público seleciona a proposta de contratação mais vantajosa dentre as que forem oferecidas pelos interessados.

Segundo a Lei 8.666/93, a licitação deverá, ainda, ser processada e julgada em estrita conformidade com os princípios básicos da **legalidade**, da **impessoalidade**, da **moralidade**, da **igualdade**, da **publicidade**, da **probidade administrativa**, da **vinculação ao instrumento convocatório** (as regras do certame devem estar detalhadamente previstas no edital), do **julgamento objetivo** (vedação de utilização de elemento, critério ou fator sigiloso, secreto, subjetivo ou reservado no julgamento das propostas) e dos que lhes são correlatos.

A Lei 14.133/21 ampliou o rol de princípios aplicáveis às licitações públicas (art. 5.º, caput), a saber: **legalidade**, da **impessoalidade**, da **moralidade**, da **publicidade**, da **eficiência**, do **interesse público**, da **probidade administrativa**, da **igualdade**, do **planejamento**, da **transparência**, da **eficácia**, da **segregação de funções**, da **motivação**, da **vinculação ao edital**, do **julgamento objetivo**, da **segurança jurídica**, da **razoabilidade**, da **competitividade**, da **proporcionalidade**, da **celeridade**, da **economicidade** e do **desenvolvimento nacional sustentável**, assim como as disposições do Decreto-Lei nº 4.657, de 4 de setembro de 1942 (Lei de Introdução às Normas do Direito Brasileiro).

Em regra, são obrigados a licitar os entes políticos (União, Estados, Distrito Federal e Municípios), além de suas autarquias, fundações, empresas estatais e demais entidades controladas direta ou indiretamente pela União, Estados, Distrito Federal ou Municípios, e os fundos especiais.

> **DICA IMPORTANTE**
>
> Depois de publicada a Lei 14.133/21 e até a realização do XXXIV exame de ordem, não houve cobrança de questão envolvendo o regime geral de licitações e contratos (foi cobrada apenas uma única questão exigindo conhecimentos sobre a Lei 13.303/16). O edital do XXXIV exame de ordem (2022.1) mencionou expressamente as Leis 8.666/93 e 14.133/21. Desta forma, será feita a abordagem simultânea e comparativa dos regimes, devendo o candidato se atentar para eventuais mudanças nos próximos editais que serão publicados.

2. OBJETO

Nos termos do art. 2º da Lei 8.666/93, é obrigatória a realização de licitação para a contratação de **obras, serviços,** inclusive de publicidade, **compras, alienações, concessões, permissões e locações.**

A Lei 14.133/21 detalhou um pouco mais o objeto das Licitações: **alienação** e **concessão de direito real de uso de bens**; **compra**, inclusive por encomenda; **locação**; **concessão e permissão de uso de bens públicos**; **prestação de serviços**, inclusive os técnico-profissionais especializados; **obras e serviços de arquitetura e engenharia**; e contratações de **tecnologia da informação e de comunicação**. Por outro lado, expressamente exclui do âmbito das licitações públicas os seguintes objetos: I – Contratos que tenham por objeto operação de crédito, interno ou externo, e gestão da dívida pública, incluídas as contratações de agente financeiro e a concessão e garantia relacionada a esses contratos; II – Contratações sujeitas a normas previstas em legislação própria.

3. CONTRATAÇÃO DIRETA

A realização de licitação é a regra em nosso sistema jurídico, porém, há situações em que se admite a **contratação direta**, configurando situações de licitação **dispensada**, **inexigível** e **dispensável**.

3.1 Licitação dispensada: ocorre nas hipóteses de alienação de bens públicos móveis e imóveis (art. 76, I, II e § 3.º da Lei 14.133/21 e art., 17, I, II e § 2.º da Lei 8.666/93). O rol destas situações é **taxativo** e a licitação não deverá ser realizada.

MUITA ATENÇÃO!

O candidato deve estar bem atento ao contexto em que a palavra "dispensada" for utilizada em eventual questão. Ocorre que "dispensada" **pode-se referir à licitação dispensada ou dispensável**. Vejamos a seguinte questão proposta no **XV Exame de Ordem (2014.3)**: A Agência Reguladora de Serviços Públicos Estaduais, autarquia do Estado ABC, identificou um imóvel, no centro da cidade de XYZ (capital do Estado) capaz de receber as instalações de sua nova sede. O proprietário do imóvel, quando procurado, demonstrou interesse na sua alienação pelo preço de avaliação da Administração Pública. A resposta apontada pelo gabarito oficial foi a seguinte: "É possível a compra de bem imóvel pela Administração, **dispensada** a licitação no caso de as necessidades de instalação e localização condicionarem a sua escolha". Esta é uma situação de licitação **dispensável** (art. 24, X da Lei 8.666/93), estudada mais à frente. Portanto, não deve o candidato utilizar a palavra dispensada como sinônimo de **licitação dispensada**, sendo recomendável a elaboração de quadro comparativo das hipóteses de **contratação direta** para não se confundir na hora da prova.

3.2 Inexigibilidade de licitação: parte-se do pressuposto de que não existe viabilidade de competição (art. 25, *caput* da Lei 8.666/93 e art. 74 da Lei 14.133/21). O rol de situações em que a licitação será inexigível é **meramente exemplificativo**. Vejamos quadro comparativo:

Lei 14.133/21 (art. 74)	Lei 8.666/93 (art. 25)
I – Aquisição de materiais, de equipamentos ou de gêneros ou contratação de serviços que só possam ser fornecidos por produtor, empresa ou representante comercial exclusivos. A inviabilidade de competição deve ser demonstrada mediante apresentação atestado de exclusividade, contrato de exclusividade, declaração do fabricante ou outro documento idôneo capaz de comprovar que o objeto é fornecido ou prestado por produtor, empresa ou representante comercial exclusivos, vedada a preferência por marca específica (§ 1.º).	**I)** Aquisição de materiais, equipamentos, ou gêneros que **só possam ser fornecidos por produtor, empresa ou representante comercial exclusivo**, vedada a preferência de marca, devendo a comprovação de exclusividade ser feita através de atestado fornecido pelo órgão de registro do comércio do local em que se realiza a licitação ou a obra ou o serviço, pelo Sindicato, Federação ou Confederação Patronal, ou, ainda, pelas entidades equivalentes.
II – Contratação de profissional do **setor artístico**, diretamente ou por meio de empresário exclusivo (§ 2.º), desde que **consagrado pela crítica especializada ou pela opinião pública**. Quando da divulgação contrato, deverão ser identificados os custos do cachê do artista, dos músicos ou da banda, quando houver, do transporte, da hospedagem, da infraestrutura, da logística do evento e das demais despesas específicas (art. 94, § 2.º).	**III)** Contratação de **profissional de qualquer setor artístico**, diretamente ou através de empresário exclusivo, desde que **consagrado pela crítica especializada ou pela opinião pública**.
III – contratação dos seguintes serviços técnicos especializados de natureza predominantemente intelectual com profissionais ou empresas de notória especialização (§ 3.º), vedada a inexigibilidade para serviços de publicidade e divulgação: a) estudos técnicos, planejamentos, projetos básicos ou projetos executivos; b) pareceres, perícias e avaliações em geral; c) assessorias ou consultorias técnicas e auditorias financeiras ou tributárias; d) fiscalização, supervisão ou gerenciamento de obras ou serviços; e) patrocínio ou defesa de causas judiciais ou administrativas; f) treinamento e aperfeiçoamento de pessoal; g) restauração de obras de arte e de bens de valor histórico; h) controles de qualidade e tecnológico, análises, testes e ensaios de campo e laboratoriais, instrumentação e monitoramento de parâmetros específicos de obras e do meio ambiente e demais serviços de engenharia que se enquadrem no disposto neste inciso.	**II)** Contratação de **serviços técnicos**, de **natureza singular**, com **profissionais ou empresas de notória especialização**, vedada a inexigibilidade para serviços de publicidade e divulgação. Os serviços técnicos profissionais especializados encontram-se elencados no art. 13 da Lei 8.666/93.

Há duas novas hipóteses trazidas pela **Lei 14.133/21**:

a) objetos que devam ou possam ser contratados por meio de credenciamento (instrumento auxiliar previsto no art. 79, por meio da qual a Administração convoca todos os interessados em prestar serviços ou fornecer bens, ou seja, não há competição, pois todos tem a perspectiva de serem contemplados na contratação);

b) aquisição ou locação de bem imóvel cujas características de instalações e de localizam tornem necessária sua escolha. Veja-se que esta era uma espécie de **licitação dispensável** prevista na Lei 8.666/93.

3.3 Dispensa de licitação: a licitação é possível, mas o legislador permitiu que não seja realizada. No art. 24 da Lei 8.666/93 e art. 75 da lei 14.133/21, estão contidas as hipóteses de dispensa de licitação, que podem ser agrupadas observando-se quatro critérios, com a transcrição apenas dos dispositivos mais cobrados no Exame de Ordem e em concursos públicos:

Critério	Lei 14.133/21 (art. 75)	Lei 8.666/93 (art. 24)
Em razão do pequeno valor	I – para contratação que envolva valores inferiores a R$ 100.000,00 (cem mil reais), no caso de obras e serviços de engenharia ou de **serviços de manutenção de veículos automotores**; II – para contratação que envolva valores inferiores a R$ 50.000,00 (cinquenta mil reais), no caso de outros serviços e compras; Inciso IV, "c", parte final (obras e serviços de engenharia, no valor de R$ 300.000,00). Observação: o art. 182 estabelece que os valores fixados na Lei 14.133/21 serão atualizados a cada dia 1.º de janeiro pelo IPCA-E ou índice que venha substituí-lo, com divulgação no Portal Nacional de Contratações Públicas.	I – obras e serviços de engenharia que não ultrapassem 10% do valor previsto na alínea "a", do inciso I do art. 23, que foi atualizado pelo Decreto 9.412/2018. Assim, o valor da obra ou serviço de engenharia deve ser de até R$ 33.000,00; II – outros serviços e compras que não ultrapassem 10% do valor previsto na alínea "a", do inciso II do art. 23, que foi atualizado pelo Decreto 9.412/2018. Assim, o valor dos outros serviços e compras deve ser de até R$ 17.600,00; Obs.: É bom lembrar que os percentuais referidos nos incisos I e II serão **20% (vinte por cento)** para compras, obras e serviços contratados por consórcios públicos, sociedade de economia mista, empresa pública e por autarquia ou fundação qualificadas, na forma da lei, como Agências Executivas (art. 24, § 1º). Inciso XVIII.
Em razão de situações excepcionais	III – para contratação que mantenha todas as condições definidas em edital de licitação realizada há menos de 1 (um) ano, quando se verificar que naquela licitação: a) não surgiram licitantes interessados ou não foram apresentadas propostas válidas (licitação deserta); b) as propostas apresentadas consignaram preços manifestamente superiores aos praticados no mercado ou incompatíveis com os fixados pelos órgãos oficiais competentes (licitação fracassada); VI – para contratação que possa acarretar comprometimento da segurança nacional, nos casos estabelecidos pelo Ministro de Estado da Defesa, mediante demanda dos comandos das Forças Armadas ou dos demais ministérios; VII – nos casos de guerra, estado de defesa, estado de sítio, intervenção federal ou de grave perturbação da ordem; VIII – nos casos de emergência ou de calamidade pública, quando caracterizada urgência de atendimento de situação que possa ocasionar prejuízo ou comprometer a continuidade dos serviços públicos ou a segurança de pessoas, obras, serviços, equipamentos e outros bens, públicos ou particulares, e somente para aquisição dos bens necessários ao atendimento da situação emergencial ou calamitosa e para as parcelas de obras e serviços que possam ser concluídas no prazo máximo de 1 (um) ano, contado da data de ocorrência da emergência ou da calamidade, vedadas a prorrogação dos respectivos contratos e a recontratação de empresa já contratada com base no disposto neste inciso; X – quando a União tiver que intervir no domínio econômico para regular preços ou normalizar o abastecimento.	III – nos casos de guerra ou grave perturbação da ordem; IV – nos casos de emergência ou de calamidade pública, somente quando houver a possibilidade de ocasionar prejuízo ou comprometer a segurança de pessoas, obras, serviços, equipamentos e outros bens, sendo possível para os bens necessários ao atendimento da situação emergencial e a conclusão de obras ou serviços que possam ser finalizados em até 180 dias; V – quando não houverem interessados na licitação anterior e, justificadamente, não puder ser repetida sem prejuízo para a Administração (licitação deserta); VII – quando as propostas apresentadas contiverem preços manifestamente superiores ao praticado no mercado nacional ou forem incompatíveis com os fixados pelos órgãos oficiais competentes (licitação fracassada); XI – para a contratação de remanescente de obra, serviço ou fornecimento de, em consequência de rescisão contratual, obedecidas a ordem de classificação da licitação anterior e aceitas as mesmas condições; Incisos VI, IX, XXIX, XXXIII e XXXV.

Critério	Lei 14.133/21 (art. 75)	Lei 8.666/93 (art. 24)
Em razão do objeto	IV – para contratação que tenha por objeto: alíneas "a" a "m"; XII – para contratação em que houver transferência de tecnologia de produtos estratégicos para o Sistema Único de Saúde (SUS), conforme elencados em ato da direção nacional do SUS, inclusive por ocasião da aquisição desses produtos durante as etapas de absorção tecnológica, e em valores compatíveis com aqueles definidos no instrumento firmado para a transferência de tecnologia;	X – para a compra ou locação de imóvel destinado ao atendimento das finalidades precípuas da administração, cujas necessidades de instalação e localização condicionem a escolha; Incisos XII, XIV, XV, XVII, XIX, XXI, XXV, XXVIII, XXX, XXXIV
Em razão da pessoa	IX – para a aquisição, por pessoa jurídica de direito público interno, de bens produzidos ou serviços prestados por órgão ou entidade que integrem a Administração Pública e que tenham sido criados para esse fim específico, desde que o preço contratado seja compatível com o praticado no mercado; Incisos V, XI, XIII, XIV, XV e XVI.	XXII – na contratação de fornecimento ou suprimento de energia elétrica e gás natural com concessionário, permissionário ou autorizado; XXIV – para a celebração de contratos de prestação de serviços com as organizações sociais; XXVI – na celebração de contrato de programa com ente da Federação ou com entidade de sua administração indireta, para a prestação de serviços públicos de forma associada nos termos do autorizado em contrato de consórcio público ou em convênio de cooperação; Incisos VIII, XIII, XVI, XX, XXIII, XXVII, XXXI e XXXII

4. MODALIDADES DE LICITAÇÃO

A Lei 8.666/93 prevê cinco modalidades de licitação: **concorrência**, **tomada de preços**, **convite**, **concurso** e **leilão**. Podemos considerar também como modalidades a **consulta**, que é reservada às Agências Reguladoras, e o **pregão**, criado pela Lei 10.520/02.

Por seu turno, a Lei 14.133/21 prevê as seguintes modalidades (art. 28): **pregão**, **concorrência**, **concurso**, **leilão** e **diálogo competitivo**. Mantém-se, outrossim, a **consulta**. Vê-se que **deixaram de existir as modalidades tomada de preços e convite** (mas que continuarão sendo aplicáveis enquanto houver a vigência simultânea das leis), assim como foi incluída a modalidade **diálogo competitivo**.

MUITA ATENÇÃO! É vedada a criação de outras modalidades de licitação ou a combinação entre as existentes (art. 22, § 8º da Lei 8.666/93 e art. 28, § 2.º da Lei 14.133/21). Esta previsão deve ser analisada com bastante cuidado, pois a criação de novas modalidades ou mesmo a combinação entre as existentes pode se dar por meio de lei.

Vejamos no quadro abaixo as principais características de cada uma das modalidades, segundo a Lei 8.666/93:

Concorrência	Modalidade destinada **obrigatoriamente** para transações de **maior vulto** (para obras e serviços de engenharia, **valores acima de R$ 3.330.000,00**, e para **compras e demais serviços, acima de R$ 1.430.000,00**), salvo as situações em que o pregão for cabível, e facultativamente para os demais casos. Estes valores foram atualizados pelo Decreto 9.412/2018. A concorrência é **obrigatória** ainda para as seguintes hipóteses: a) compra e venda de imóveis pela Administração em qualquer valor, exceto os bens adquiridos em procedimentos judiciais ou mediante dação em pagamento, que também admitem o leilão; b) alienação de móveis com valor superior a R$ 1.430.000,00 (art. 17, § 6º); c) concessão de direito real de uso de bem público; d) concessão de serviço público, inclusive para a celebração de parcerias público-privadas; e) licitação internacional, salvo quando o órgão ou entidade dispuser de cadastro internacional de fornecedores ou quando não houver fornecedor do bem ou serviço no País; f) se for adotado o sistema de Registro de Preços, salvo nas hipóteses em que couber o pregão (art. 7º do Decreto 7.892/13); g) concessão florestal (art. 12, § 1º da Lei 11.284/06).
	É precedida de **ampla publicidade**, devendo o edital prever prazos para apresentação de propostas de **30** (regra geral) e de **45 dias** (para os tipos de melhor técnica ou técnica e preço, ou ainda se o contrato celebrado contemplar empreitada integral). Conta-se o prazo da última publicação na imprensa do aviso contendo o resumo do edital. Podem concorrer quaisquer interessados que preencham as condições estabelecidas no edital, ou seja, não é necessário que o interessado esteja previamente cadastrado na Administração.
Tomada de preços	É destinada a transações de valor médio (para **obras e serviços de engenharia**, valores de **até R$ 3.300.000,00**; para **compras e demais serviços, até R$ 1.430.000,00**), e facultativamente para os casos de convite. Estes valores foram atualizados pelo Decreto 9.412/2018.
	Também deve preceder de publicidade, devendo o edital prever prazos para apresentação de proposta de **15** (regra geral) e **30 dias** (melhor técnica ou técnica e preço).

Tomada de preços	Peculiaridade: **cadastramento prévio dos licitantes**, até o terceiro dia anterior à abertura das propostas.
Convite	Modalidade de licitação destinada às contratações de valor mais baixo (para obras e serviços de engenharia, **até o valor de R$ 330.000,00**; para compras e demais serviços, **até R$ 176.000,00**). Estes valores foram atualizados pelo Decreto 9.412/2018.
	A **publicidade é mitigada**, exigindo-se apenas afixação em local apropriado do instrumento do convite.
	A Administração convocará **pelo menos três pessoas do ramo, cadastradas ou não**, estendendo o convite aos cadastrados do ramo que se interessarem até 24 horas da apresentação das propostas.
	O prazo mínimo para apresentação da proposta é de cinco dias úteis da expedição ou disponibilização do convite e respectivos anexos, prevalecendo a data que ocorrer mais tarde.
	Se há mais de três interessados na praça, a cada novo convite deve-se chamar um que ainda não foi convidado, até que sejam chamados todos os cadastrados.
	No entanto, se por **limitações do mercado** ou **manifesto desinteresse** dos convidados for impossível a obtenção do número mínimo de três licitantes, essas circunstâncias deverão ser **devidamente justificadas** no processo, **sob pena de repetição do convite**.
	Permite-se a substituição da comissão por servidor formalmente designado para esse fim.
Leilão	Esta modalidade de licitação destina-se à venda de: a) **bens móveis inservíveis** para a Administração ou **produtos legalmente apreendidos ou penhorados**; b) **bens imóveis** cuja aquisição tenha derivado de **procedimentos judiciais** ou **dação em pagamento**. É dispensada a habilitação prévia, sendo necessária apenas avaliação e ampla publicidade, mediante publicação de edital, com prazo de **15 dias**.
Concurso	Destina-se à disputa entre quaisquer interessados para escolha de **trabalho técnico, científico ou artístico**, mediante a instituição de **prêmio** ou **remuneração** aos vencedores, conforme critérios constantes do edital.
	O edital deve ser publicado na imprensa oficial com antecedência mínima de **45 dias**.
Concurso	**Muita Atenção**: esta modalidade de licitação não se confunde com o concurso público para ingresso em cargos e funções públicas. Esta é uma pegadinha recorrente em concursos.
Pregão	Modalidade destinada à aquisição de **bens e serviços comuns**, ou seja, aqueles cujos padrões de desempenho e qualidade possam ser objetivamente definidos no edital por meio de especificações usuais no mercado.
	Não há limite de valor para o pregão.
	Há inversão da ordem procedimental.
	Adota tipo de licitação "**menor preço**".
	O edital deve ser publicado na imprensa oficial ou, não existindo esta, em jornal de grande circulação com antecedência mínima de **8 (oito) dias úteis**.
	ATENÇÃO: a Lei 10.520/02 **faculta** às Administrações o uso do pregão. **No âmbito federal**, tal modalidade foi tornada **prioritária** por força do decreto 3.555/00 (art. 3º).
Consulta	Modalidade reservada às **Agências Reguladoras** (Lei 9.472/97, arts. 54 a 59, e Lei 9.986/00, art. 37) para a contratação de **bens** e **serviços não abrangidos pela modalidade pregão**. O objeto da consulta é, assim, obtido residualmente: **bens e serviços** que não sejam de **engenharia** (cuja contratação observará as disposições da Lei 8.666/93, por força do disposto no art. 54, *caput*, da Lei 9.472/97) e não abrangidos pelo **pregão** (bens e serviços comuns, conforme disposto no art. 58, *caput*, da Lei 9.472/97).
	Cada Agência tem sua própria regulamentação do procedimento de consulta.

Dentre as modalidades que são **coincidentes** entre as duas leis, podemos enumerar as seguintes inovações trazidas pela **Lei 14.133/21:**

Concorrência	• A utilização da concorrência não está mais vinculada ao valor da contratação, **mas sim ao objeto a ser contratado** (bens e serviços especiais, obras, serviços comuns de engenharia e serviços especiais de engenharia). O procedimento da concorrência foi muito simplificado com a Lei 14.133/21. • Continua sendo utilizada para concessão de serviços públicos (comuns ou precedidas de obras públicas) e contratação de parcerias público-privadas, para as quais também se passou a admitir o diálogo competitivo. Da mesma forma, deve ser utilizada para concessão florestal (art. 13, § 1.º da Lei 11.284/06), sendo vedada declaração de inexigibilidade. • Podem ser adotados como critérios de julgamento o **menor preço, melhor técnica ou conteúdo artístico, técnica e preço, maior retorno econômico** e **maior desconto**.
Leilão	• Modalidade de licitação para alienação de bens imóveis ou de bens móveis inservíveis ou legalmente apreendidos a quem oferecer o maior lance. **Não será mais utilizada a concorrência para alienação de bens imóveis**, passando a ser utilizado o leilão para tal finalidade. Outrossim, alienação de bens móveis independe do valor. • Poderá ser realizado por leiloeiro oficial ou por servidor público designado.

Concurso	• Não houve alterações significativas que mereçam alguma atenção para o Exame de Ordem. O critério de julgamento será o de melhor técnica ou conteúdo artístico

Com relação ao pregão, a modalidade foi integrada pela Lei 14.133/21 e **passa a ser obrigatória para aquisição de bens e serviços comuns**, cujo critério de julgamento poderá ser o de menor preço ou de maior desconto.

A Lei 14.133/21 passou a prever o **diálogo competitivo** como nova modalidade. destinada à contratação de **obras**, **serviços** e **compras** em que a Administração Pública realiza **diálogos** com licitantes **previamente selecionados** mediante **critérios objetivos**, com o intuito de desenvolver **uma ou mais alternativas** capazes de atender às suas necessidades, devendo os licitantes **apresentar proposta final** após o encerramento dos diálogos. A nova modalidade se destina especialmente a contratações complexas, cujas condições são estabelecidas no art. 32.

MUITA ATENÇÃO!

No caso de **consórcios públicos**, os valores previstos para concorrência, tomada de preços e convite será o **dobro** quando formado por **até 3 (três) entes da Federação**, e o **triplo**, quando formado por **maior número** (art. 23, § 8º da Lei 8.666/93). Como Lei 14.133/21 não condiciona a escolha das modalidades de licitação ao valor do objeto a ser contratado, assim como extinguiu as modalidades convite e tomada de preços, não há na nova lei previsão de vantagem aos consórcios públicos semelhante a trazida no art. 23, § 8.º da Lei 8.666/93.

DICA IMPORTANTE

São recorrentes nos exames unificados questões que exigem o conhecimento puro e simples das modalidades de licitação e de seus significados. Vale a pena, portanto, um estudo atento deste tema.

? **QUESTÃO:** O que é o sistema de Registro de Preços? É uma modalidade de licitação?

RESPOSTA: O sistema de registro de preços, regulamentado pelo Decreto 7.892/13, **não é uma modalidade de licitação**. *Trata-se de um conjunto de procedimentos para registro formal de preços relativos à prestação de serviços e aquisição de bens, para contratações futuras. O resultado do procedimento será consolidado na ata de registro de preços, que é o documento vinculativo, obrigacional, com característica de compromisso para futura contratação, em que se registram os preços, fornecedores, órgãos participantes e condições a serem praticadas, conforme as disposições contidas no instrumento convocatório e propostas apresentadas. Assim, se o Poder Público decidir contratar os bens objeto do registro de preços, deverá se socorrer à ata resultante do procedimento. O sistema de registro de preços será adotado nas seguintes situações:* **I - quando, pelas características do bem ou serviço, houver necessidade de contratações frequentes; II - quando for conveniente a aquisição de bens com previsão de entregas parceladas ou contratação de serviços remunerados por unidade de medida ou em regime de tarefa; III - quando for conveniente a aquisição de bens ou a contratação de serviços para atendimento a mais de um órgão ou entidade, ou a programas de governo; ou IV - quando, pela natureza do objeto, não for possível definir previamente o quantitativo a ser demandado pela Administração.** *A licitação para registro de preços será realizada na modalidade de concorrência, do tipo menor preço, ou na modalidade de pregão, e será precedida de ampla pesquisa de mercado.*

5. TIPOS DE LICITAÇÃO

Tipos de licitação nada mais são do que os critérios utilizados pela Administração Pública para o julgamento das propostas. Por sinal, a Lei 14.133/21 adotou a terminologia "critérios de julgamento", que é mais precisa (art. 33). No quadro abaixo segue um breve resumo comparativo do tema:

Menor Preço	Por meio deste critério, mencionado em ambas as leis, busca-se obter o menor valor a ser pago pela Administração, relativamente aos preços praticados pelo mercado. Porém, a Lei 14.133/21 estabelece que devem ser atendidos parâmetros mínimos de qualidade definidos no edital da licitação, demonstrando que o menor preço não deve ser obtido a qualquer custo.
Maior desconto	Este critério também visa obter o menor dispêndio para a Administração, usando-se como referência como referência o preço global fixado no edital de licitação. O maior desconto, apresentado pelo licitante vencedor, será estendido aos eventuais termos aditivos do contrato. Apesar de ter sido integrado ao texto da Lei 14.133/21, não se trata propriamente de uma inovação, posto que este critério já era utilizado em licitações do RDC (art. 18, V), nas licitações das empresas estatais (art. 54, VII) e pregões (art. 7.º do Decreto 10.024/19).
Melhor Técnica ou Conteúdo Artístico	Na sistemática da Lei 8.666/93, o critério de julgamento melhor técnica era utilizado para a contratação de serviços de natureza preponderantemente intelectual, em especial na elaboração de projetos, cálculos, fiscalização, supervisão e gerenciamento e de engenharia consultiva em geral e, em particular, para a elaboração de estudos técnicos preliminares e projetos básicos e executivos (art. 46). A Lei 14.133/21 agregou o conteúdo artístico, prevendo, de modo mais sucinto, que este critério de julgamento pode ser adotado para a contratação de projetos e trabalhos de natureza técnica, científica ou artística, ampliando seu escopo. Vale ressaltar as seguintes especificidades: 1) deve ser a técnica de julgamento empregada na modalidade concurso (art. 6.º, XXXIX); 2) o edital definirá o prêmio ou a remuneração que será atribuída aos vencedores (art. 35 da Lei 14.133/21 e art. 46, § 1.º da Lei 8.666/93); 3) a Lei 14.133/21 estabelece a forma como deve ser apurada a melhor técnica e técnica e preço (art. 37, I a III), sendo que no caso de pontuação por capacitação técnico-profissional se exigirá que a execução do respectivo contrato tenha participação direta e pessoal do profissional correspondente (art. 38 da Lei 14.133/21).

DIREITO ADMINISTRATIVO

Técnica e Preço	Como o próprio título intui, trata-se de critério de julgamento, previsto em ambas as leis, que conjuga melhor técnica com o menor preço. O julgamento por técnica e preço considerará a maior pontuação obtida a partir da ponderação, segundo fatores objetivos previstos no edital, das notas atribuídas aos aspectos de técnica e de preço da proposta (art. 36, caput da Lei 14.133/21). No julgamento por técnica e preço, deverão ser avaliadas e ponderadas as propostas técnicas e, em seguida, as propostas de preço apresentadas pelos licitantes, na proporção máxima de 70% de valoração para a proposta técnica (art. 36, § 2.º). O art. 36, § 1.º da Lei 14.133/21 prevê que a adoção do critério técnica e preço deverá se basear em estudo técnico preliminar que demonstre a relevância da qualidade técnica das propostas para a contratação, segundo fins pretendidos pela Administração, e se comparada aos requisitos mínimos estabelecidos no edital, aplicando-se às hipóteses trazidas nos incisos I a V.
Maior Lance	A Lei 8.666/93 prevê o tipo de licitação "maior lance ou oferta" (art. 45, IV), utilizado nos casos de alienação de bens ou concessão de direito real de uso. A Lei 14.133/21 prevê apenas o critério de julgamento "maior lance", aplicável à modalidade de leilão.
Maior Retorno Econômico	Este critério de julgamento, utilizado exclusivamente para a celebração de contrato de eficiência, considerará a maior economia para a Administração, e a remuneração deverá ser fixada em percentual que incidirá de forma proporcional à economia efetivamente obtida na execução do contrato. Esta modalidade de julgamento, inserida expressamente no texto da Lei 14.133/21 (art. 39), já estava prevista na Lei do RDC (art. 18, V) e para as licitações das empresas estatais (art., VII da Lei 13.303/16). Para efeito de julgamento da proposta, o retorno econômico será o resultado da economia que se estima gerar com a execução da proposta de trabalho, deduzida a proposta de preço. A economia gerada é que servirá de base para a remuneração do contratado.

MUITA ATENÇÃO!

Não confunda **modalidades de licitação** com **tipos de licitação**. Esta pegadinha é recorrente em questões objetivas de concursos e no Exame de Ordem e acaba ludibriando os candidatos mais desatentos.

6. FASES DA LICITAÇÃO

Como se trata de um procedimento, a licitação deverá observar algumas fases ou etapas. Estas fases consistirão em uma **interna** e outra **externa**.

A **fase interna** compreende todos os atos preparatórios para que a Administração divulgue efetivamente a licitação para os interessados. Nesta fase ocorre a abertura e autuação do processo administrativo, contendo a autorização respectiva, a indicação sucinta de seu objeto e do recurso próprio para a despesa (art. 38, caput da Lei 8.666/93), dentre outros atos.

A Lei 14.133/21 trouxe disciplina mais detalhada da **fase interna ou preparatória** da licitação (arts. 18-52). O art. 18 estabelece as providências que devem ser tomadas na fase preparatória, como descrição da necessidade de contratação, a definição do objeto e condições de execução e pagamento, orçamento estimado, a modalidade de licitação, entre outras. Nesta fase são apresentados alguns estudos e projetos para subsidiar a definição da licitação, como o **estudo técnico preliminar** (art. 6.º, XX c/c art. 18, § 1.º), **termo de referência** (art. 6.º, XXIII), **anteprojeto** (art. 6.º, XXIV), **projeto básico** (art. 6.º, XXV) e **projeto executivo** (art. 6.º, XXVI). Podemos apontar, ainda, as seguintes inovações trazidas pela nova lei:

- Realização de licitações sob a **forma eletrônica**;
- Previsão do **agente de contratação**, que será o responsável pela condução da licitação (na sistemática da Lei 8.666/93, a licitação é conduzida por uma comissão, exceto na modalidade convite), salvo no pregão, que continuará sendo conduzido pelo **pregoeiro**, e quando se tratar da nova modalidade **diálogo competitivo**, que exigirá comissão de contratação formada por 3 membros;

Uma vez cumpridos os procedimentos internos, segue-se a **fase externa** que observará a as seguintes etapas:

MUITA ATENÇÃO!

A Lei 14.133/21 trouxe modificações quanto à sequência de atos da fase externa. A fim de que o candidato se habitue com a nova sistemática, procuramos trazer a sequência estabelecida pela nova lei, fazendo os comparativos necessários com o procedimento da Lei 8.666/93.

6.1 Publicação do Edital: o edital é o instrumento pelo qual a licitação é tornada pública, contendo todas as regras que direcionaram o seu andamento, bem como as condições de contratação, às quais estará vinculada a Administração (**princípio da vinculação ao instrumento convocatório**). Todas as modalidades de licitação utilizam o edital como ato convocatório, **exceto o convite**, em que é utilizada a chamada **carta-convite**.

Os temas que devem constar do edital estão previstos no art. 40 da Lei 8.666/93. A lei 14.133/21 não trouxe dispositivo enumerando os requisitos do edital.

A Administração Pública poderá, nos editais de licitação para a **contratação de serviços**, exigir da contratada que um **percentual mínimo** de sua mão de obra seja **oriundo ou egresso do sistema prisional**, com a finalidade de **ressocialização do reeducando**, na forma estabelecida em regulamento. A Lei 14.133/21 acrescentou a possibilidade de contratação de **mulheres vítimas de violência doméstica**.

O resumo do edital deverá ser publicado, no mínimo, por uma vez na imprensa oficial federal ou estadual, a depender dos entes, entidades ou recursos envolvidos, e em jornal de grande circulação no Estado e, se houver, em jornal de circulação no Município ou na região onde será executado o contrato, sem prejuízo de publicação em outros meios – especialmente eletrônicos – que garantam a máxima publicidade e que ampliem a competição (art. 21 da Lei 8.666/93).

A Lei 14.133/21 estabeleceu que a publicidade do edital de licitação será realizada mediante divulgação e manutenção de inteiro teor do ato convocatório e seus anexos no **Portal de Contratações Públicas (PNCP)**, facultando-se a publicação sítio eletrônico oficial do ente federativo do órgão ou entidade responsável pela licitação ou, no caso de consórcio público, do ente de maior nível entre eles, admitida, ainda, a divulgação direta a interessados devidamente cadastrados para esse fim (art. 54, *caput* e § 2.º).

MUITA ATENÇÃO!

A Lei 8.666/93 prevê em seu art. 39 a realização de audiência pública pelo menos em 15 dias úteis antes da publicação do edital, sempre que o valor para uma licitação ou para um conjunto de licitações simultâneas ou sucessivas for de grande vulto (100 vezes o valor limite previsto para a modalidade **concorrência**).

6.2. Apresentação de propostas e lances: De um modo geral, o edital designa data para apresentação das propostas e realização de lances. Enquanto na Lei 8.666/93 a oferta das propostas é feita após análise da habilitação dos candidatos, na Lei 14.133/21 a apresentação de propostas e lances é seguida do julgamento, com a análise de documentação feita posteriormente, como já é praxe no pregão, RDC e na licitação das empresas estatais.

Entre a publicação do edital e a apresentação de propostas e lances deverá ser observado um **prazo mínimo** (art. 21, § 2.º da Lei 8.666/93, art. 4.º, V da Lei 10.520/02 e art. 55 da Lei 14.133/21).

O modo de disputa poderá, isolada ou conjuntamente, ser **aberto** (os licitantes apresentam suas propostas por meio de lances públicos e sucessivos, crescentes ou decrescentes, cujo intervalo mínimo de diferença poderá ser estabelecido pelo edital) ou **fechado** (as propostas permanecem em sigilo, até a data e hora designadas para sua divulgação). Pela nova sistemática, não há previsão de apresentação das propostas em **envelopes**, como se dava na sistemática das Leis 8.666/93 (art. 43, II e III) e 10.520/02 (art. 4.º, VII).

Após a definição da **melhor proposta**, se a diferença em relação à proposta classificada em segundo lugar for de **pelo menos 5% (cinco por cento)**, a Administração poderá admitir o reinício da disputa aberta, nos termos estabelecidos no instrumento convocatório, para a definição das demais colocações (art. 56, § 4.º).

6.3 Julgamento: uma vez superada a fase de apresentação e classificação das propostas, a Administração realizará a verificação de conformidade **da proposta mais bem classificada** com os critérios estabelecidos no edital (art. 59, § 1.º da Lei 14.133/21).

Vale ressaltar, mais uma vez, que na sistemática da Lei 8.666/93, a apresentação das propostas e o julgamento somente ocorrem após a fase de **habilitação.** As propostas serão classificadas de acordo com o **tipo de licitação** adotado e os critérios postos no edital ou convite, principalmente no que se refere à viabilidade financeira da proposta (art. 44, § 3º da Lei 8.666/93).

A desclassificação ocorrerá para as propostas que (art. 59, da Lei 14.133/21): I – contiverem vícios insanáveis; II – não obedecerem às especificações técnicas pormenorizadas no edital; III – apresentarem preços inexequíveis ou permanecerem acima do orçamento estimado para a contratação; IV – não tiverem sua exequibilidade demonstrada, quando exigido pela Administração;V – apresentarem desconformidade com quaisquer outras exigências do edital, desde que insanável.

A Lei 8.666/93, por seu turno, estabelece que serão desclassificadas as propostas que **não atendam às exigências do ato convocatório** da licitação ou com **valor global superior ao limite estabelecido** ou com **preços manifestamente inexequíveis**, assim considerados aqueles que não venham a ter demonstrada sua viabilidade através de documentação que comprove que os custos dos insumos são coerentes com os de mercado e que os coeficientes de produtividade são compatíveis com a execução do objeto do contrato, condições estas necessariamente especificadas no ato convocatório da licitação (art. 48, I e II da Lei 8.666/93).

Ambas as leis mantêm previsões de constatação sobre a exequibilidade da proposta e sobrepreço (Lei 14.133/21, art. 59, §§ 2.º a 5.º: Lei 8.666/93, art. 48, §§ 1.º e 2.º).

Da decisão que julga as propostas caberá recurso administrativo no prazo de **5 (cinco) dias úteis**, se adotada a Lei 8.666/93 (art. 109, I, "a"), ou de **3 (três) dias úteis**, se adotada a Lei 14.133/21 (art. 165, I, "b") contados da intimação do ato ou da lavratura da ata, ambos recebidos com **efeito suspensivo.** Entretanto, na sistemática trazida pela Lei 14.133/21, a intenção de recorrer deve ser manifestada **imediatamente**, sob pena de preclusão.

? **QUESTÃO:** E se houver empate entre duas ou mais propostas?

RESPOSTA: *A Lei 8.666/93 traz a solução da questão em seu art. 3º, § 2º, devendo ser assegurada preferência, sucessivamente, aos bens e serviços: I – produzidos no País; II – produzidos ou prestados por empresas brasileiras; III – produzidos ou prestados por empresas que invistam em pesquisa e no desenvolvimento de tecnologia no País; IV produzidos ou prestados por empresas que comprovem cumprimento de reserva de cargos prevista em lei para pessoa com deficiência ou para reabilitado da Previdência Social e que atendam às regras de acessibilidade previstas na legislação. Por seu turno, a Lei 14.133/21 estabeleceu a seguinte ordem de preferência aos bens e serviços produzidos ou prestados: I – Por empresas estabelecidas no território do Estado ou do Distrito Federal do órgão ou entidade da Administração Pública estadual ou distrital licitante ou, no caso de licitação realizada por órgão ou entidade de Município, no território do Estado em que este se localize; II – Por empresas brasileiras. III – Por empresas que invistam em pesquisa e no desenvolvimento de tecnologia no País. IV – Empresas que comprovem a prática de mitigação, nos termos da Lei nº 12.187, de 29 de dezembro de 2009. Tais situações pressupõem que as empresas estejam em igualdade de condições. Porém, a LC 123/06 estabeleceu como critério de desempate a preferência de contratação de microempresas e empresas de pequeno porte (art. 44). Mas atenção: o empate não foi considerado pela lei apenas como a equivalência entre as propostas vencedoras, mas também a situação em que as propostas apresentadas pelas microempresas e empresas de pequeno porte sejam iguais ou até 10% (dez por cento) superiores à proposta mais bem classificada. Na modalidade de pregão, o intervalo percentual será de até 5% (cinco por cento) superior ao melhor preço.*

Ao fim do julgamento, a Administração ainda poderá negociar **condições mais vantajosas** com o primeiro colocado.

6.4 Habilitação: nesta fase, também chamada de qualificação, os licitantes apresentam a documentação exigida no edital, comprobatória de sua aptidão para o cumprimento futuro do objeto licitado.

Na sistemática da Lei 8.666/93, somente os licitantes habilitados terão suas propostas apreciadas. A fase de habilitação é típica da modalidade **concorrência**, em que não há pessoas previamente cadastradas. Na modalidade **tomada de preços**, os licitantes devem preencher os requisitos previamente, por meio de cadastramento, podendo ser feito até três dias da entrega da proposta. No **convite**, **concurso** e **leilão** a documentação relativa à habilitação prévia pode ser dispensada no todo ou em parte.

Todavia, a Lei 14.133/21 também admitiu que a habilitação ocorra antes da apresentação das propostas e julgamento, desde que isto ocorra por ato motivado, que explicite as vantagens da inversão de fases e esteja expressamente prevista no edital.

A habilitação destina-se à verificação dos seguintes aspectos:

A **Habilitação jurídica:** destina-se a verificar a regularidade de constituição e funcionamento, no caso de pessoas jurídicas, ou de simples registro, no caso de pessoas físicas, que levem à convicção de que o licitante está apto a contrair obrigações e adquirir direitos (art. 65 da Lei 14.133/21 e art. 28 da Lei 8.666/93).

B **Qualificação técnica:** refere-se à aferição da capacidade técnico-profissional do licitante para executar o objeto do futuro contrato (art. 67 da Lei 14.133/21 e art. 30 da Lei 8.666/93).

C **Qualificação econômico-financeira**: verifica-se a solvência e a capacidade financeira do licitante relativamente aos compromissos que terá que assumir caso lhe seja adjudicado o contrato (art. 69 da Lei 14.133/21 e art. 31 da Lei 8.666/93). Na sistemática da Lei 8.666/93, a Administração poderá até mesmo exigir imediatamente que o licitante preste garantia, limitada a 1% (um por cento) do valor estimado do objeto da contratação (garantia da proposta). Por seu turno, a Lei 14.133/21 permite que esta garantia seja solicitada por ocasião da apresentação das propostas.

D **Regularidade fiscal, social e trabalhista**: além de comprovar seu cadastro geral (CPF ou CNPJ) e como contribuinte, é necessário que o licitante esteja em dia com suas obrigações tributárias (art. 29 da Lei 8.666/93), relativamente às Fazendas Federal, Estadual e do Município em que o licitante estiver sediado ou domiciliado. Ainda, deverá comprovar regularidade relativa à Seguridade Social e ao Fundo de Garantia por Tempo de Serviço (FGTS) e juntar prova de inexistência de débitos inadimplidos perante a Justiça do Trabalho, mediante a apresentação de certidão negativa (art. 642-A da CLT). Além disso, o licitante deverá comprovar o cumprimento do o disposto no art. 7º, inciso XXXIII da CF/88, que proíbe trabalho noturno, perigoso ou insalubre a menores de dezoito anos, e de qualquer trabalho a menores de dezesseis anos, salvo na condição de aprendiz a partir dos quatorze anos. A LC 123/06 conferiu às Microempresas e Empresas de Pequeno Porte tratamento diferenciado no que se refere à comprovação de regularidade fiscal, de modo que esta somente será exigida para efeito de assinatura do contrato. A ME ou EPP deverá apresentar toda a documentação fiscal, mesmo que haja restrição. Se se sagrar vencedora, terá o prazo de 5 (cinco) dias úteis, prorrogáveis por igual período a critério da Administração, para a regularização da documentação, pagamento ou parcelamento do débito, e emissão de eventuais certidões negativas ou positivas com efeito de certidão negativa. A Lei 14.133/21 admite que a documentação seja substituída por **registro cadastral** emitido por órgão ou entidade pública, desde que previsto no edital e que o registro tenha sido realizado em conformidade com a referida Lei (arts. 87 e 88).

Da decisão que julga as propostas caberá recurso administrativo no prazo de **5 (cinco) dias úteis**, se adotada a Lei 8.666/93 (art. 109, I, "a"), ou de **3 (três) dias úteis**, se adotada a Lei 14.133/21 (art. 165, I, "c") contados da intimação do ato ou da lavratura da ata, ambos recebidos com **efeito suspensivo**. Entretanto, na sistemática trazida pela Lei 14.133/21, a intenção de recorrer deve ser manifestada **imediatamente**, sob pena de preclusão.

6.5 Encerramento da licitação: sendo conhecido o licitante vencedor, o processo será encaminhado à autoridade competente, sendo possível a(o):

A **Saneamento de irregularidades**: esta previsão foi trazida pela Lei 14.133/21 e visa permitir a correção de vícios sanáveis do procedimento. Apesar de esta possibilidade não estar expressa no art. 49 da Lei 8.666/93, nada impede que no procedimento licitatório fundado nesta lei, o Administrador adote a mesma postura.

B **revogação da licitação**: fundada na conveniência e na oportunidade da Administração Pública, ocorre quando há razões de interesse público decorrente de **fato superveniente devidamente comprovado**, pertinente e suficiente para justificar tal conduta (art. 71, § 2.º da Lei 14.133/21 e art. 49, *caput* da Lei 8.666/93). A revogação demandará a edição de ato administrativo **devidamente motivado**, com a oitiva do interessado;

C **anulação da licitação**: a autoridade detecta uma **ilegalidade insanável** no procedimento, devendo pronunciar-se mediante parecer escrito e devidamente fundamentado após ter sido observado o contraditório e a ampla defesa;

D **adjudicação e homologação**: a autoridade constata a **regularidade do procedimento** e **adjudica** (entrega, confere) o objeto ao licitante. No pregão e nos procedimentos submetidos às regras do Regime Diferenciado de Contratação (RDC), a adjudicação do objeto ocorrerá antes da homologação.

A adjudicação **não confere direito de contratação ao vencedor da licitação**, mas apenas o direito de não ser pretendido por outro classificado em caso de contratação.

> **MUITA ATENÇÃO!** **Contratação não é fase da licitação**, uma vez que o contrato poderá não ser firmado. Assim, pode existir licitação que não leve à contratação.

6.6. Peculiaridades do procedimento de Pregão: o pregão foi concebido para tornar mais céleres as contratações menos complexas feitas pela Administração. O pregão foi absorvido pela Lei 14.133/21.

No que se refere ao procedimento estabelecido pela Lei 10.520/02, que continua vigente pelo prazo de 2 anos, contados a partir de 1 de abril de 2021, podemos destacar as seguintes peculiaridades, se comparado ao regime da Lei 8.666/93:

A **Inversão das fases**: no pregão o julgamento das propostas é anterior à habilitação, que se restringirá ao licitante que ofertar o **menor preço** para o objeto licitado. Aberta a sessão, que será dirigida por um pregoeiro, os interessados ou seus representantes, apresentarão declaração dando ciência de que cumprem plenamente os requisitos de habilitação e entregarão os envelopes contendo as **propostas escritas**.

Abertos os envelopes e conhecidas as propostas, o autor da **oferta de valor mais baixo** e os das **ofertas com preços até 10% (dez por cento) superiores** àquela poderão fazer novos **lances verbais e sucessivos**, até a proclamação do vencedor. Vejamos um exemplo que ajuda a ilustrar como ocorre esta situação (Extraído de questão do XI Exame Unificado): Em um pregão presencial promovido pela União, foram abertas as propostas de preço, constatando-se que o licitante "M" ofereceu preço de R$ 10.000,00; "N", o preço de R$ 10.001,00; "O" ofertou R$ 10.150,00; "P", o preço de R$ 10.500,00; "Q" apresentou proposta de R$ 10.999,99 e "R", por fim, ofereceu R$ 12.000,00. Nesta situação, serão classificados para a fase de lances verbais os licitantes "M", "N", "O", "P" e "Q", uma vez que ofereceram a proposta mais baixa e as propostas com preço até dez por cento superiores àquela.

Depois de encerrada a etapa competitiva (com ou sem lances verbais) e ordenadas as ofertas, o pregoeiro procederá à abertura do envelope contendo os documentos de habilitação do licitante que apresentou a melhor proposta, para verificação do atendimento das condições fixadas no edital. Se o licitante for inabilitado, o pregoeiro examinará os envelopes dos demais licitantes em ordem de classificação, até que seja proclamado o vencedor.

B **Recursos:** a fase recursal será única, abrindo-se ao final da sessão pública o prazo de três dias para os licitantes que manifestarem imediata e motivadamente o desejo de recorrer apresentarem suas razões.

C **Vedações**: o art. 5º da Lei 10.520/02 veda expressamente que sejam feitas as seguintes exigências: **I** – garantia de proposta; **II** – aquisição do edital pelos licitantes, como condição para participação no certame; e **III** – pagamento de taxas e emolumentos, salvo os referentes a fornecimento do edital, que não serão superiores ao custo de sua reprodução gráfica, e aos custos de utilização de recursos de tecnologia da informação, quando for o caso.

6.7. Peculiaridades do Regime Diferenciado de Contratações Públicas (RDC): o RDC foi estabelecido pela Lei 12.642/12 e regulamentado pelo Decreto 7.581/11. Trata-se de procedimento facultativo para Administração. Conforme mencionado anteriormente, as disposições relativas ao RDC (arts. 1.º a 47-A) permanecerão vigentes por 2 (dois) anos após a publicação da Lei 14.133, de 01 de abril de 2021. Desta forma, será mantido o estudo de seus principais pontos, comparados com a sistemática da Lei 8.666/93.

A Objeto: O objeto do RDC está adstrito exclusivamente às hipóteses descritas no art. 1.º da Lei 12.462/11. Inicialmente, o RDC foi pensado para viabilizar as licitações e contratos necessários à realização dos jogos olímpicos e paraolímpicos de 2016, Copa das Confederações de 2013, Copa do Mundo de 2014 e de obras de infraestrutura e de contratação de serviços para os aeroportos das capitais dos Estados da Federação distantes até 350 km (trezentos e cinquenta quilômetros) das cidades sedes dos referidos eventos. Porém, aos poucos foi sendo estendido a outras situações.

B Inversão das fases: assim como ocorre no pregão, a regra no RDC é que as fases de apresentação de propostas e julgamento antecedam a de habilitação (art. 12). Porém, a habilitação poderá ser realizada antes se houver ato motivado e estiver expresso no edital (art. 12, parágrafo único).

C Critérios de julgamento: o julgamento das propostas no RDC poderá adotar um dos seguintes critérios (art. 18): I – menor preço ou **maior desconto**; II – técnica e preço; III – melhor técnica ou **conteúdo artístico**; IV – maior oferta de preço; ou V – **maior retorno econômico**. O julgamento das propostas será efetivado pelo emprego de parâmetros objetivos definidos no instrumento convocatório (art. 18, § 2.º).

? **QUESTÃO:** E se houver empate entre duas ou mais propostas no RDC?

➥ ***RESPOSTA:*** *A Lei do RDC estabelece no art. 25 alguns critérios de desempate entre duas ou mais propostas. Ocorre que, a par dos critérios estabelecidos nos incisos, o parágrafo único do referido artigo estabelece a necessidade de observância das regras de preferência aplicáveis às microempresas (ME) e empresas de pequeno porte (EPP), estabelecidas no art. 44, da LC 123/06. Coube, então, ao Decreto 7.581/11 organizar os critérios de desempate, o que foi feito da seguinte forma (arts. 38-39): 1) se houver ME ou EPP, aplicam-se as regras de preferência do art. 44 da LC 123/06, já estudadas no item 6.3 deste capítulo; 2) mantendo-se o empate após o exercício de tal preferência ou em caso de não ter sido exercida tal preferência (por ausência de ME e EPP, por exemplo), será realizada disputa final entre os licitantes empatados, que poderão apresentar* ***nova proposta fechada****, conforme estabelecido no instrumento convocatório. Persistindo o empate, serão utilizados os critérios de preferência estabelecidos no art. 3º da Lei no 8.248/91, e no § 2º do art. 3º da Lei 8.666/93. Por fim, mantendo-se o empate, será feito sorteio.*

D Procedimentos auxiliares: O art. 29 da Lei 12.462/11 estabelece alguns mecanismos, denominados, procedimentos auxiliares, aplicáveis às licitações regidas pelo RDC, que são os seguintes:

D.1 Pré-qualificação permanente: trata-se de procedimento anterior à licitação destinado a identificar fornecedores de bens e serviços nos prazos, locais e condições previamente estabelecidos que reúnam condições de habilitação exigidas e bens que atendam às exigências técnicas e de qualidade da administração pública (art. 30). A pré-qualificação terá validade de **1 (um) ano**, no máximo, podendo ser atualizada a qualquer tempo. A Administração poderá realizar licitação restrita aos pré-qualificados, nas condições estabelecidas no regulamento.

D.2 Cadastramento: os registros cadastrais poderão ser mantidos para efeito de habilitação dos inscritos em procedimentos licitatórios e serão válidos por **1 (um) ano**, no máximo, podendo ser atualizados a qualquer tempo (art. 31), devendo ser amplamente divulgados e abertos permanentemente para inscrição dos interessados, que serão admitidos conforme requisitos previstos em regulamento.

D.3 Sistema de registro de preços: o RDC possui uma sistemática própria para o sistema de registro de preços (arts. 87 a 108 do Decreto 7.581/11), que é definido como sendo o conjunto de procedimentos para registro formal de preços para contratações futuras, relativos à prestação de serviços, inclusive de engenharia, de aquisição de bens e de execução de obras com características padronizadas. Porém, a existência de preços registrados não obriga a administração pública a firmar os contratos que deles poderão advir.

D.4 Catálogo eletrônico de padronização: é o sistema informatizado destinado à padronização de bens, serviços e obras a serem adquiridos ou contratados pela administração pública. O Catálogo Eletrônico de Padronização será destinado especificamente a bens, serviços e obras que possam ser adquiridos ou contratados pela administração pública pelo critério de julgamento menor preço ou maior desconto.

E Possibilidade de instituição de remuneração variável: na contratação das obras e serviços, inclusive de engenharia, poderá ser estabelecida remuneração variável vinculada ao desempenho da contratada, com base em metas, padrões de qualidade, critérios de sustentabilidade ambiental e prazo de entrega definidos no instrumento convocatório e no contrato (art. 10). A utilização da remuneração variável será motivada e respeitará o limite orçamentário fixado pela administração pública para a contratação.

F **Contratação simultânea:** A administração pública poderá, mediante justificativa expressa, contratar mais de uma empresa ou instituição para executar o mesmo serviço, desde que não implique **perda de economia de escala** (que levam à redução dos custos de contratação), quando: I – o objeto da contratação puder ser executado de forma concorrente e simultânea por mais de um contratado; ou II – a múltipla execução for conveniente para atender à administração pública (art. 11). Se houver contratação simultânea, o controle de execução do objeto contratual deve ser individualizado para cada uma das contratadas.

7. LICITAÇÃO DAS EMPRESAS ESTATAIS: LEI 13.303/16

A Lei 13.303/16, dentre outras matérias, disciplinou o regime de licitação aplicável às empresas estatais. Logo, a aplicação da Lei 8.666/93 será aplicada nas situações em que o próprio estatuto determinar. Vale ressaltar que o pregão será adotado **preferencialmente** para a aquisição de bens e serviços comuns, observando-se o que dispõe a Lei 10.520/02 (art. 32, IV).

7.1 Objeto: o procedimento licitatório precederá a contratação com terceiros destinada prestação de serviços às empresas estatais, **inclusive de engenharia e de publicidade**, à aquisição e à locação de bens, à alienação de bens e ativos integrantes do respectivo patrimônio ou à execução de obras a serem integradas a esse patrimônio, bem como à implementação de ônus real sobre tais bens (art. 28).

A Lei 13.303/16 trouxe algumas peculiaridades para as empresas estatais no tocante ao objeto a ser contratado, como as possibilidades de: a) **indicar marca ou modelo** nas hipóteses de: i) justificada necessidade de padronização do objeto; ii) quando for o único capaz de atender o escopo do contrato, desde que comercializado por mais de um fornecedor; ou iii) para servir como referência para a contratação (seguida da expressão "ou similar ou de melhor qualidade"); b) **exigir amostra do bem no procedimento de pré-qualificação e na fase de julgamento das propostas ou de lances**, desde que justificada a necessidade de sua apresentação; c) - **solicitar a certificação da qualidade do produto ou do processo de fabricação**, inclusive sob o aspecto ambiental, por instituição previamente credenciada.

7.2 Contratação Direta: a contratação direta abrange as situações em que a licitação é **dispensada, dispensável** e **inexigível**.

As hipóteses de **contratação dispensada** (em que a licitação **não deve** ser realizada) estão previstas no art. 28, § 3.º e referem-se ao objeto explorado pela empresa estatal: I – comercialização, prestação ou execução, de forma direta, de produtos, serviços ou obras **especificamente relacionados com seus respectivos objetos sociais**; II – nos casos em que a escolha do parceiro esteja associada a suas características particulares, vinculada a **oportunidades de negócio definidas e específicas, justificada a inviabilidade de procedimento competitivo** (vide no art. 28, § 4.º a definição de oportunidades de negócio).

As hipóteses de **licitação dispensável** estão previstas no art. 29, referindo-se a situações em que a licitação **pode** ser realizada, mas fica a critério da autoridade realizá-la ou não. Merecem destaque os novos valores-limite para contratação direta, que são de **R$ 100.000,00** para obras e serviços de engenharia e de **R$ 50.000,00** para outros serviços e alienações, podendo tais valores motivadamente ser alterados, para refletir a variação de custos, por **deliberação do Conselho de Administração** da empresa pública ou sociedade de economia mista, admitindo-se valores diferenciados para cada sociedade (art. 29, § 3.º).

Por fim, as hipóteses de **inexigibilidade de contratação** estão previstas no art. 30 do Estatuto, referindo-se a aquisições de materiais de fornecedor exclusivo e de serviços técnicos especializados, com profissionais de notória especialização, vedada a inexigibilidade para serviços de publicidade e divulgação. Note que o Estatuto não repete a previsão de contratação de consagrado profissional de setor artístico, previsto no art. 25, III da Lei 8.666/93, o que não impede que a contratação seja feita pelas empresas estatais por meio de **inexigibilidade**, haja vista que as hipóteses trazidas no art. 30 do Estatuto são meramente enunciativas.

MUITA ATENÇÃO!

*O Estatuto usa o termo **contratação direta** para se referir às hipóteses de **inexigibilidade de licitação.** Para manter a sistemática do estudo e a terminologia já consagrada pela doutrina, preferimos manter a terminologia contratação direta como sendo um gênero. Mas recomendamos atenção ao leitor na leitura da questão, a fim de identificar se o termo foi adotado como gênero ou espécie.*

DICA IMPORTANTE

É possível que este tema seja cobrado no exame de ordem segundo a literalidade dos dispositivos. Mais do que isso, é provável que as bancas examinadoras intercalem situações de contratação direta da Lei 8.666/93 e do Estatuto, confundindo os candidatos que tenham estudado o tema apressadamente. Assim, recomendamos que candidato elabore um quadro comparativo em que transcreva literalmente as situações de licitação dispensada, dispensável e inexigível do Estatuto e da Lei 8.666/93, fazendo estudo comparativo das situações.

7.3 Procedimento

7.3.1 Fase preparatória

O Estatuto trouxe diversas normas atinentes à fase interna ou preparatória a partir de seu art. 31, valendo destacar os seguintes pontos:

a) **Adoção de medidas que prestigiem a sustentabilidade ambiental (licitações sustentáveis)**: a lei de estatais contém previsões que demonstram a preocupação do legislador com a proteção e preservação do meio ambiente, como se lê do art. 32, § 1.º, I a V. Tais valores devem estar contemplados desde o início, com a elaboração do edital e, principalmente, na descrição do objeto contratado.

b) **Orçamento sigiloso**: valor estimado do contrato a ser celebrado pela empresa pública ou pela sociedade de economia mista **será sigiloso**, facultando-se à contratante, mediante justificação na fase de preparação, conferir publicidade ao valor estimado do objeto da licitação, sem prejuízo da divulgação do detalhamento dos quantitativos e das demais informações necessárias para a elaboração das propostas (art. 34). Mesmo sendo sigiloso o orçamento, a informação será disponibilizada a órgãos de controle externo e interno, devendo a empresa pública ou a sociedade de economia mista registrar em documento formal sua disponibilização aos órgãos de controle, sempre que solicitado.

7.3.2 Fase externa

A fase externa inicia-se com a divulgação do edital. Analisemos as principais disposições pertinentes a esta fase:

a) **Prazos mínimos para apresentação de propostas ou lances:** o Estatuto fixa os prazos segundo o **critério de julgamento** (art. 39), diferindo da Lei 8.666/93 , que fixa os prazos segundo as **modalidades de licitação**, sendo o critério de julgamento um parâmetro secundário.

b) **Inversão das fases**: o art. 51 estabelece como **regra** a inversão das fases de **julgamento** e **habilitação**. Será excepcional modificação da ordem determinada na lei (art. 51, § 1.º), desde que haja previsão no edital.

c) **Modos de disputa**: o Estatuto inova ao prever a existência dos chamados **modos de disputa**, que podem ser **aberto** ou **fechado**, ou, quando o objeto da licitação puder ser parcelado, a combinação de ambos, observando-se a utilização de produtos, equipamentos e serviços que, comprovadamente, reduzam o consumo de energia e de recursos naturais (art. 52). No **modo de disputa aberto**, os licitantes apresentarão **lances públicos e sucessivos, crescentes ou decrescentes**, conforme o critério de julgamento adotado. No **modo de disputa fechado**, as propostas apresentadas pelos licitantes serão **sigilosas** até a data e a hora designadas para que sejam divulgadas. Quando for adotado o modo de disputa aberto, poderão ser admitidos a apresentação de **lances intermediários** e o **reinício da disputa aberta**, após a definição do **melhor lance**, para definição das demais colocações, quando existir diferença de pelo menos **10% (dez por cento) entre o melhor lance e o subsequente** (art. 53).

d) **Critérios de julgamento**: o Estatuto previu como critérios de julgamento o **menor preço**, **maior desconto**, **melhor combinação de técnica e preço**, **melhor técnica**, **melhor conteúdo artístico**, **maior oferta de preço**, **maior retorno econômico** e **melhor destinação de bens alienados** (art. 54). Os critérios de julgamento serão expressamente identificados no instrumento convocatório e poderão ser combinados na hipótese de parcelamento do objeto, observando-se a utilização de produtos, equipamentos e serviços que, comprovadamente, reduzam o consumo de energia e de recursos naturais.

e) **Verificação da efetividade dos lances ou propostas**: uma vez realizado o julgamento, os lances têm sua efetividade averiguada, sendo desclassificadas as propostas que se enquadrem nas situações arroladas no art. 56 do estatuto. A verificação da efetividade dos lances ou propostas poderá ser feita **exclusivamente** em relação aos lances e propostas mais bem classificados.

f) **Negociação**: confirmada a efetividade do lance ou proposta que obteve a primeira colocação na etapa de julgamento, ou que passe a ocupar essa posição em decorrência da desclassificação de outra que tenha obtido colocação superior, a empresa pública e a sociedade de economia mista deverão negociar condições mais vantajosas com quem o apresentou (art. 57). A negociação deverá ser feita com os demais licitantes, segundo a ordem inicialmente estabelecida, quando o preço do primeiro colocado, mesmo após a negociação, permanecer acima do orçamento estimado. Se mesmo assim não for obtido valor igual ou inferior ao orçamento estimado para a contratação, será revogada a licitação.

g) **Fase recursal única**: salvo no caso em que fase de habilitação for anterior ao julgamento, o procedimento licitatório terá **fase recursal única**, com recursos apresentados no prazo **de 5 (cinco) dias úteis após a habilitação**, sem previsão de atribuição de efeito suspensivo.

h) **Homologação e Adjudicação**: A homologação do resultado implica a constituição de direito relativo à celebração do contrato em favor do licitante vencedor.

EM RESUMO: Licitações	
Objeto	Nos termos do art. 2º da Lei 14.133/21, é obrigatória a realização de licitação para alienação e concessão de direito real de uso de bens; compra, inclusive por encomenda; locação; concessão e permissão de uso de bens públicos; prestação de serviços, inclusive os técnico-profissionais especializados; obras e serviços de arquitetura e engenharia; e contratações de tecnologia da informação e de comunicação
Princípios	Segundo previsão do art. 5.º da Lei 14.133/21, aplicam-se ao procedimento licitatório os seguintes princípios: legalidade, da impessoalidade, da moralidade, da publicidade, da eficiência, do interesse público, da probidade administrativa, da igualdade, do planejamento, da transparência, da eficácia, da segregação de funções, da motivação, da vinculação ao edital, do julgamento objetivo, da segurança jurídica, da razoabilidade, da competitividade, da proporcionalidade, da celeridade, da economicidade e do desenvolvimento nacional sustentável, assim como as disposições do Decreto-Lei nº 4.657, de 4 de setembro de 1942 (Lei de Introdução às Normas do Direito Brasileiro).
Contratação Direta	• **Licitação dispensada:** Refere-se à alienação de bens móveis e imóveis da Administração (art. 76, I, II e § 3.º da Lei 14.133/21 e art., 17, I, II e § 2.º da Lei 8.666/93). Não há possibilidade de competição e o rol de hipóteses é **taxativo**. • **Inexigibilidade de licitação:** Parte do pressuposto de que **não existe viabilidade de competição** (art. 74 da Lei 14.133/21 e art. 25 da Lei 8.666/93). O rol de hipóteses é enunciativo. • **Dispensa de licitação:** A licitação é possível, mas por razões diversas se permite que o Administrador contrate diretamente (art. 75 da Lei 14.133/21 e art. 24 da Lei 8.666/93). O rol é taxativo.
Modalidades de Licitação	**CONCORRÊNCIA** • Lei 8.666/93: destinada **obrigatoriamente** para transações de **maior vulto** (para obras e serviços de engenharia, **valores acima de R$ 3.330.000,00,** e para **compras e demais serviços, acima de R$ 1.430.000,00**), salvo as situações em que o pregão for cabível, e facultativamente para os demais casos. • Lei 14.133/21: destinada à contratação de bens e serviços especiais, obras, serviços comuns e especiais de engenharia. Não mais está atrelada a valores. **TOMADA DE PREÇOS** • Lei 8.666/93: destinada a transações de valor médio (para **obras e serviços de engenharia, valores de até R$ 3.330.000,00**; para **compras e demais serviços, até R$ 1.430.000,00**), e facultativamente para os casos de convite. • Lei 14.133/21: não prevê mais esta modalidade. **CONVITE** • Lei 8.666/93: destinada a transações de valor médio (para **obras e serviços de engenharia, valores de até R$ 3.330.000,00**; para **compras e demais serviços, até R$ 1.430.000,00**), e facultativamente para os casos de convite. • Lei 14.133/21: não prevê mais esta modalidade. **LEILÃO** • Lei 8.666/93: destina-se à venda de: a) **bens móveis inservíveis** para a Administração ou **produtos legalmente apreendidos ou penhorados**; b) **bens imóveis** cuja aquisição tenha derivado de **procedimentos judiciais** ou **dação em pagamento**. • Lei 14.133/21: destina-se à alienação de **bens imóveis** ou de **bens móveis inservíveis** ou **legalmente apreendidos** a quem oferecer o maior lance. Não será mais utilizada a concorrência para alienação de bens imóveis, passando a ser utilizado o leilão para tal finalidade. Outrossim, alienação de bens móveis independe do valor. **CONCURSO** • Lei 8.666/93: destina-se à disputa entre quaisquer interessados para escolha de **trabalho técnico, científico ou artístico**, mediante a instituição de **prêmio** ou **remuneração** aos vencedores, conforme critérios constantes do edital. • Lei 14.133/21: destina-se à escolha de **trabalho técnico**, **científico** ou **artístico**, cujo critério de julgamento será o de melhor técnica ou conteúdo artístico, e para concessão de prêmio ou remuneração ao vencedor. **PREGÃO** • Lei 10.520/02: Destinada à aquisição de **bens e serviços comuns**, ou seja, aqueles cujos padrões de desempenho e qualidade possam ser objetivamente definidos no edital por meio de especificações usuais no mercado. Segue o rito trazido na Lei 10.520/02 • Lei 14.133/21: obrigatória para aquisição de **bens e serviços comuns**, sendo adotado sempre que o objeto possuir padrões de desempenho e qualidade que possam ser objetivamente definidos pelo edital, por meio de especificações usuais de mercado. Segue o rito procedimental comum (art. 17).

EM RESUMO: Licitações	
	CONSULTA Modalidade reservada às **Agências Reguladoras** (Lei 9.472/97, arts. 54 a 59, e Lei 9.986/00, art. 37) para a contratação **de bens e serviços não abrangidos pela modalidade pregão**. O objeto da consulta é, assim, obtido residualmente: bens e serviços que não sejam de **engenharia** (cuja contratação observará as disposições da Lei 8.666/93, por força do disposto no art. 54, caput, da Lei 9.472/97) e não abrangidos pelo **pregão** (bens e serviços comuns, conforme disposto no art. 58, caput, da Lei 9.472/97). **DIÁLOGO COMPETITIVO** Inovação trazida pela Lei 14.133/21, destina-se à contratação de **obras**, **serviços** e **compras** em que a Administração Pública realiza **diálogos** com licitantes **previamente selecionados** mediante **critérios objetivos**, com o intuito de desenvolver **uma ou mais alternativas** capazes de atender às suas necessidades, devendo os licitantes **apresentar proposta final** após o encerramento dos diálogos.
Tipos de Licitação	• **Menor preço:** Busca-se obter o menor valor a ser pago pela Administração. Previsto nas Leis 8.666/93 e 14.133/21. • **Maior desconto:** também visa o obter o menor valor a ser pago pela Administração. Previsto nas Lei 14.133/21, RDC, nas licitações das empresas estatais e pregões. • **Melhor técnica ou conteúdo artístico:** utilizado para a contratação de **serviços de natureza preponderantemente intelectual. A lei 14.133/21 agregou o conteúdo artístico. É aplicável à modalidade de licitação concurso.** • **Técnica e Preço:** considerará a maior pontuação obtida a partir da ponderação, segundo fatores objetivos previstos no edital, das notas atribuídas aos aspectos de técnica e de preço da proposta. Previsto nas Leis 8.666/93 e 14.133/21. • **Maior Lance ou oferta:** A Lei 8.666/93 prevê o tipo de licitação "maior lance ou oferta" (art. 45, IV), utilizado nos casos de **alienação de bens** ou **concessão de direito real de uso.** A Lei 14.133/21 prevê apenas o critério de julgamento "maior lance", aplicável à modalidade de **leilão.** • **Maior retorno econômico:** utilizado exclusivamente para a celebração de **contrato de eficiência**, este critério considerará a maior economia para a Administração, e a remuneração deverá ser fixada em percentual que incidirá de forma proporcional à economia efetivamente obtida na execução do contrato.
Regime Diferenciado de Contratações Públicas (RDC)	• **Objeto**: está adstrito exclusivamente às hipóteses descritas no art. 1.º da Lei 12.462/11. • **Procedimento: a) Inversão de fases – em regra as fases de apresentação de propostas e julgamento antecedem a de habilitação, salvo quando houver ato motivado e estiver expresso no edital, hipóteses em que a habilitação poderá ser realizada antes. b) Critérios de julgamento** – menor preço ou **maior desconto**; técnica e preço; melhor técnica ou **conteúdo artístico**; maior oferta de preço; ou **maior retorno econômico**. c) Procedimentos auxiliares das Licitações – pré-qualificação permanente; cadastramento, sistema de registro de preços, catálogo eletrônico de padronização. d) Possibilidade de instituição de remuneração variável – Na contratação das obras e serviços, inclusive de engenharia, poderá ser estabelecida remuneração variável vinculada ao desempenho da contratada, com base em metas, padrões de qualidade, critérios de sustentabilidade ambiental e prazo de entrega definidos no instrumento convocatório e no contrato. e) Contratação Simultânea – A administração pública poderá, mediante justificativa expressa, contratar mais de uma empresa ou instituição para executar o mesmo serviço, desde que não implique **perda de economia de escala** (que levam à redução dos custos de contratação), quando: I – o objeto da contratação puder ser executado de forma concorrente e simultânea por mais de um contratado; ou II – a múltipla execução for conveniente para atender à administração pública.
Licitações das Empresas Estatais	• **Objeto:** O procedimento licitatório precederá a contratação com terceiros destinada prestação de serviços às empresas estatais, **inclusive de engenharia e de publicidade**, à aquisição e à locação de bens, à alienação de bens e ativos integrantes do respectivo patrimônio ou à execução de obras a serem integradas a esse patrimônio, bem como à implementação de ônus real sobre tais bens. • **Contratação Direta: a) Licitação Dispensada** (Art. 28, § 3.º da Lei 13.303/16); b) Licitação Dispensável (Art. 29 da Lei 13.303/16) e, c) Inexigibilidade de Licitação (art. 30 da Lei 13.303/16).

CAPÍTULO VII
CONTRATOS ADMINISTRATIVOS

1. NOÇÕES

A Administração Pública pode celebrar contratos regidos por regime de **direito público** ou de **direito privado**, sendo ambas as espécies incluídas no gênero **contratos da Administração.**

São considerados **contratos administrativos** os ajustes celebrados entre a **Administração** e **terceiro**, pessoa física ou jurídica, regidos por **normas de direito público**, cujo objeto busca atingir algum **interesse público**.

Diversos são os contratos administrativos existentes no ordenamento jurídico brasileiro, podendo-se citar como exemplos os contratos de obras públicas, de prestação de serviços, de fornecimento, de concessão e permissão de serviços públicos etc.

Conforme já mencionado, a Lei 14.133, de 01 de abril de 2021, estabeleceu nova sistemática para os contratos administrativos, mas manteve a vigência das Leis 8.666/93, 10.520/02 e 12.462/11 **por 2 (dois) anos**, contados a partir da publicação da nova lei. Os contratos celebrados sob a égide das referidas, seja antes da entrada em vigor da Lei 14.133/21, seja no prazo em que haverá vigência simultânea, permanecerão seguindo sua sistemática (arts. 190 e 191, parágrafo único). Desta forma, será feita análise comparativa dos temas, especialmente porque no exame de ordem anterior ao fechamento da presente edição (XXXIV), constou expressamente as Leis 8.666/93 e 14.133/21 no conteúdo programático de direito administrativo.

Ao fim, reservaremos alguns tópicos para tratar da sistemática específica estabelecida pela Lei 13.303/2016 para os contratos celebrados pelas empresas estatais.

2. CARACTERÍSTICAS

Diante do que foi exposto, podemos indicar como principais características dos contratos administrativos:

2.1 Participação da Administração Pública no ajuste: neste caso, a Administração Pública atuará valendo-se do seu poder de império (*ius imperii*). Há, portanto, um **desequilíbrio na relação contratual**. Esta posição de desigualdade justifica-se pelo princípio da **supremacia do interesse público sobre o privado**.

2.2 Busca de um interesse público: os contratos administrativos visam atingir um interesse público imediata e diretamente.

2.3 Regime jurídico de Direito Público: a existência de interesse público nos contratos administrativos permite a aplicação de regime jurídico próprio de contratação trazido pelas Leis 8.666/93 e 14.133/21, também aplicável, no que couber, aos convênios, acordos, ajustes e outros instrumentos congêneres celebrados por órgãos e entidades da Administração. Por este regime jurídico, o Poder Público impõe algumas condições e obrigações ao contratado. Podemos citar como exemplo a aplicação de multas por violação de cláusulas contratuais, rescisão unilateral etc.

Os **princípios da teoria geral dos contratos e as disposições de direito privado** têm aplicação apenas **supletiva** aos contratos administrativos (art. 54, da Lei 8.666/93 e art. 89, da Lei 14.133/21).

2.3.1 Cláusulas exorbitantes: estas cláusulas, também chamadas de "cláusulas de privilégio", conferem à Administração algumas prerrogativas exclusivas, assegurando-lhe posição de prevalência relativamente ao contratado. Estas cláusulas seriam consideradas abusivas nas relações de direito privado se fossem contratadas, porém, são admitidas no regime jurídico próprio dos contratos administrativos. Podemos arrolar as seguintes cláusulas exorbitantes (art. 58):

A Possibilidade de alteração unilateral: a Administração poderá modificar os contratos unilateralmente para melhor adequação às finalidades de interesse público, respeitados os direitos do contratado. No **exame unificado set/10** a banca examinadora denominou esta característica do contrato como "**instabilidade quanto ao seu objeto**", devido à possibilidade de alteração dada à Administração, mesmo depois de assinada a avença. Os arts. 65, I da Lei 8.666/93 e 124, I da Lei 14.133/21 autorizam a alteração unilateral do contrato nas seguintes situações: a) quando houver modificação do projeto ou das especificações, para melhor adequação técnica aos seus objetivos (**alteração qualitativa**). Mas o contrato não pode ter sua natureza alterada, no tocante ao seu objeto. Ex.: uma compra e venda não pode ser transformada em permuta (extraído de questão do **exame unificado jan/10**); b) quando for necessária a modificação do valor contratual em decorrência de acréscimo ou supressão quantitativa de seu objeto, nos limites permitidos, que são de até **25% (vinte e cinco por cento)** do valor inicial atualizado do contrato, para **obras, serviços** ou **compras**, e, no caso particular de **reforma de edifício** ou de **equipamento**, até o limite de **50% (cinquenta por cento)** para os seus acréscimos (**alteração quantitativa**). A novidade trazida pela Lei 14.133/21 fica por conta da extensão destes mesmos percentuais dos valores contratuais às **alterações qualitativas** (art. 125), o que era tema divergente na doutrina. É importante salientar que nestas situações as cláusulas econômico-financeiras do contrato deverão ser revistas para que se mantenha o equilíbrio contratual (art. 58, § 2º e art. 130 da Lei 14.133/21).

DICA IMPORTANTE

Algumas questões dos exames unificados exigiram do candidato o conhecimento dos percentuais de acréscimos e supressões permitidos nos contratos.

MUITA ATENÇÃO!

As alterações contratuais também podem ser feitas por acordo entre as partes, nos termos do art. 65, II da Lei 8.666/93. Se as partes convencionarem **alteração quantitativa** para que haja **supressão do objeto contratual**, esta poderá ser superior aos limites acima referidos (art. 65, § 2º). Apesar de esta previsão não ter sido repetida na Lei 14.133/21, acreditamos ser possível a alteração bilateral em tais condições em razão da aplicação ao caso do princípio da **autonomia da vontade**, aplicável aos contratos administrativos por força do art. 89 da referida lei, desde que mantidas as condições originais do contrato e mantido o equilíbrio econômico-financeiro inicial. Mas muita atenção: esta exceção só vale para as supressões. Este tema já foi exigido no exame unificado.

B Possibilidade de rescisão unilateral: Enquanto a Lei 8.666 optou por estabelecer as hipóteses que se enquadram nesta categoria de rescisão (art. 78, incisos I a XII e XVII), a Lei 14.133/21 trouxe previsão genérica de extinção do contrato pode ser por ato unilateral e escrito da Administração, exceto no caso de descumprimento decorrente da própria conduta (art. 138, I). Acreditamos que a referida disposição se refira às hipóteses elencadas nos incisos do art. 137. As situações de rescisão unilateral devem ser **motivadas**, sendo assegurada ao contratado a observância do **contraditório e da ampla defesa**.

C Fiscalização da execução do contrato: a execução do contrato deverá ser acompanhada e fiscalizada por um representante da Administração especialmente designado, permitida a contratação de terceiros para assisti-lo e subsidiá-lo de informações pertinentes a essa atribuição. A Lei 14.133/21 admite que seja designado mais de um fiscal para o contrato (art. 117). Por seu turno, o contratado deverá manter preposto, aceito pela Administração, no local da obra ou serviço, para representá-lo na execução do contrato (art. 68, Lei 8.666/93 e art. 118 da Lei 14.133/21).

D Aplicação de sanções: a Administração poderá aplicar e executar diretamente (sem intervenção do Judiciário) sanções legais e contratuais caso exista inexecução parcial ou integral do ajuste, assegurando-se o contraditório e a ampla defesa ao contratado. O art. 87 da Lei 8.666/93 prevê as seguintes sanções: 1) **advertência**; 2) **multa**, na forma prevista no instrumento convocatório ou no contrato; 3) **suspensão temporária** de participação em licitação e **impedimento** de contratar com a Administração, por **prazo não superior a 2 (dois) anos**; 4) **declaração de inidoneidade** para licitar ou contratar com a Administração Pública enquanto perdurarem os motivos determinantes da punição ou até que seja promovida a reabilitação perante a própria autoridade que aplicou a penalidade, que será concedida sempre que o contratado ressarcir a Administração pelos prejuízos resultantes e após decorrido o prazo da sanção anterior. O tema foi mais detalhado com a Lei 14.133/21, tendo sido previstas as seguintes sanções: a) **advertência**: será aplicada **exclusivamente** quando ocorrer **inexecução parcial** do contrato, quando não se justificar a aplicação de penalidade mais grave (art. 156, § 2.º); b) **multa:** poderá ser aplicada de modo isolado ou cumulativamente com as demais sanções (o valor da multa poderá ser deduzido da garantia contratual prestada e eventuais pagamentos devidos à contratada, podendo ser, ainda, cobrada judicialmente); c) **impedimento de licitar e contratar**: aplicável ao responsável pelas infrações previstas nos II, III, IV, V, VI e VII do *caput* do art. 155, quando não justificar a imposição de penalidade mais grave, e **impedirá** o responsável de licitar ou contratar pelo **prazo máximo de 3 (três) anos** (art. 156, § 4.º); d) **declaração de inidoneidade para licitar ou contratar**: aplicável ao responsável pelas infrações previstas nos VIII, IX, X, XI e XII do *caput* do art. 155, bem como nas infrações que ensejam a penalidade de impedimento de licitar e contratar, se a gravidade da conduta justificar sanção em estudo, e **impedirá** o responsável de licitar ou contratar pelo prazo **mínimo de 3 (três) anos e máximo de 6 (seis) anos.**

MUITA ATENÇÃO!

A Lei 12.846, de 01 de agosto de 2013, popularmente conhecida como lei anticorrupção, permitiu que a Administração Pública celebre acordo de leniência com a pessoa jurídica responsável pela prática de ilícitos previstos na Lei de Licitações e Contratos, com vistas à isenção ou atenuação das sanções administrativas estabelecidas em seus arts. 86 a 88. Para tanto, a pessoa jurídica deverá colaborar efetivamente com as investigações e o processo administrativo, devendo desta colaboração resultar a identificação dos demais envolvidos na infração, quando couber; e a obtenção célere de informações e documentos que comprovem o ilícito sob apuração (art. 16 c/c o art. 17).

E **Ocupação provisória**: os casos de serviços essenciais, a Administração poderá ocupar provisoriamente bens móveis, imóveis, pessoal e serviços vinculados ao objeto do contrato, na hipótese da necessidade de acautelar apuração administrativa de faltas contratuais pelo contratado, bem como na hipótese de rescisão do contrato administrativo (art. 58, V da Lei 8.666/93 e arts. 104, V e 139, II da Lei 14.133/21).

F **Exigência de garantias:** desde que **previsto no instrumento convocatório**, poderá ser exigida prestação de garantia nas contratações de obras, serviços e compras. Esta garantia poderá também ser exigida na fase licitatória de todos os licitantes, que poderão optar por uma das seguintes modalidades: a) **caução em dinheiro ou em títulos da dívida pública**; b) **seguro-garantia**; c) **fiança bancária**. A garantia não excederá a **cinco por cento do valor do contrato** e terá seu valor atualizado nas mesmas condições daquele. Para **obras**, **serviços** e **fornecimentos** de **grande vulto** envolvendo alta **complexidade técnica** e **riscos financeiros consideráveis**, demonstrados através de parecer tecnicamente aprovado pela autoridade competente, o limite de garantia poderá ser elevado para até **dez por cento do valor do contrato**. A Lei 14.133/21 trouxe previsão similar, admitido nas contratações de **obras**, **serviços** e **fornecimentos**, a garantia poderá ser de **até cinco por cento** do **valor inicial do contrato**, autorizada a majoração desse percentual para até **dez por cento**, desde que justificada mediante análise da complexidade técnica e dos riscos envolvidos (art. 98, *caput*). Nas contratações de **serviços** e **fornecimentos contínuos** com **vigência superior a um ano**, assim como nas prorrogações, será utilizado o valor anual para a definição dos referidos percentuais (art. 98, parágrafo único). Na nova lei estabeleceu a possibilidade de que a garantia seja de até **trinta por cento** do valor inicial do contrato para obras e serviços de engenharia de grande vulto, na modalidade **seguro-garantia**, no contrato com **cláusula de retomada**, que se refere à situação em que a seguradora assume a obrigação de assumir a execução e concluir o objeto do contrato, em caso de inadimplemento pelo contratado (art. 102).

A garantia prestada pelo contratado será liberada ou restituída após a execução do contrato e, quando em dinheiro, atualizada monetariamente. Além desta situação, a Lei 14.133/21 admitiu a liberação da garantia em mais uma hipótese: **extinção por culpa exclusiva da Administração.**

G **Restrição ao uso da exceção do contrato não cumprido (*exceptio non adimpleti contractus*):** caso a Administração suspenda a execução do contrato ou atrase no pagamento dos valores devidos ao contratado, este não poderá deixar de cumprir automaticamente suas obrigações. Para que isto ocorra, a suspensão da execução por ordem escrita da Administração e os atrasos nos pagamentos deverão ser superiores, sucessivamente, a 120 e 90 dias (art. 78, XIV e XV da Lei 8.666/93). A Lei 14.133/21 estabeleceu para as situações anteriores prazos menores, respectivamente, de **três meses** e **dois meses** e agregou mais uma situação: repetidas suspensões que totalizem **90 (noventa) dias úteis**, independentemente do pagamento obrigatório de indenização pelas sucessivas e contratualmente imprevistas desmobilizações e mobilizações e outras previstas.

Todavia, não se poderá o contratado invocar tais hipóteses em caso de **calamidade pública**, de **grave perturbação da ordem interna ou de guerra**, bem como quando decorrerem de **ato ou fato que o contratado tenha praticado**, do qual tenha **participado** ou para o qual tenha **contribuído**.

2.4 Formalismo: a Lei 8.666/93 estabelece uma série de formalidades que devem ser observadas nos contratos administrativos. O art. 55 da Lei 8.666/93 e o art. 92 da Lei 14.133/21 estabelecem as cláusulas necessárias aos contratos administrativos.

DICA IMPORTANTE

O conhecimento destas cláusulas já foi exigido no exame unificado. Vale a pena uma leitura bem atenta.

A minuta do futuro contrato deve integrar o edital da licitação. Os contratos administrativos são considerados, assim, **contratos de adesão.**

Para os contratos relativos a direitos reais sobre imóveis, a nova lei exigiu a elaboração de escritura pública, lavrada em notas de tabelião, cujo teor será divulgado e mantido à disposição do público em sítio eletrônico oficial (art. 91, § 3.º).

? QUESTÃO: O instrumento de contrato sempre será obrigatório?

RESPOSTA: *Não. De acordo com o art. 62, da Lei 8.666/93, o instrumento de contrato é obrigatório nos casos de concorrência e de tomada de preços, bem como nas dispensas e inexigibilidades cujos preços estejam compreendidos nos limites destas duas modalidades de licitação. O Art. 62, § 4º da Lei 8.666/93 autoriza a dispensa do "termo de contrato" e faculta a substituição por outros instrumentos hábeis, a critério da Administração e independentemente de seu valor, nos casos de compra com entrega imediata e integral dos bens adquiridos, dos quais não resultem obrigações futuras, inclusive assistência técnica. É facultativo o instrumento de contrato nos demais casos, em que a Administração puder substituí-lo por outros instrumentos hábeis, tais como carta-contrato, nota de empenho de despesa, autorização de compra ou ordem de execução de serviço. Na sistemática estabelecida pela Lei 14.133/21, o instrumento* *do contrato, em regra, continua sendo obrigatório (art. 95). Exceções: hipóteses de dispensa de licitação em razão do valor e compras com entrega imediata e integral dos bens adquiridos, inclusive quanto a assistência técnica, independentemente de seu valor.*

FIQUE POR DENTRO:

Contrato Verbal

De acordo com o art. 60, parágrafo único, "é nulo e de nenhum efeito o contrato verbal com a Administração, **salvo o de pequenas compras de pronto pagamento**, assim entendidas aquelas de valor não superior a 5% (cinco por cento) do limite estabelecido no art. 23, inciso II, alínea "a" desta Lei, feitas em regime de adiantamento". Mas é necessário atentar-se para o fato de que esta exceção se refere tão somente às **compras**, não sendo possível sua extensão para **serviços** e **obras**. Os contratos verbais continuam sendo considerados nulos na nova lei, salvo as **pequenas compras** ou o de **prestação de serviços** de pronto pagamento, assim entendidos aqueles de valor não superior a **R$ 10.000,00 (dez mil reais)**. Veja-se que a nova lei admite também prestação de serviços, o que não é admitido pela Lei 8.666/93.

2.5 Publicidade: o instrumento do contrato ou de seus aditamentos, qualquer que seja seu valor, ainda que sem ônus, deverão ser publicados resumidamente na Imprensa Oficial. O envio do resumo para publicação será providenciado pela Administração até o quinto dia útil do mês seguinte ao da sua assinatura, para que a publicação ocorra no prazo de 20 (vinte) dias daquela data. A publicação é condição de eficácia do contrato. Além dessa publicidade, qualquer licitante terá conhecimento do teor integral do contrato e do respectivo processo licitatório, e qualquer interessado, licitante ou não, poderá obter de cópia autenticada mediante o pagamento dos emolumentos devidos (art. 63).

2.6 Pessoalidade: os contratos administrativos são *intuito personae*, não podendo o contratado, em regra, transferir o objeto contratado a terceiros. A subcontratação ou outras formas de transferência indireta do objeto contratual são consideradas pela Lei 8.666/93 como **causas de rescisão do contrato** (art. 78, VI), salvo se houver **autorização expressa** da Administração no edital e desde que esta ocorra nos **limites fixados no contrato.** Todavia, há uma hipótese em que a Lei 8.666/93 expressamente **não admite subcontratação**, qual seja, a contratação de serviços técnicos especializados (art. 13, § 3º).

O caráter *intuito personae* dos contratos administrativos foi mantido na Lei 14.133/21. Todavia, a subcontratação passou a ser mais flexível, permitindo-se que o gestor analise pontualmente sua pertinência e necessidade, tendo em mira a dinâmica da execução contratual. A fim de que a questão não fique lançada em termos muito gerais, a Lei 14.133/21 prevê que o regulamento ou edital da licitação poderão **vedar**, **restringir** ou **estabelecer condições para a subcontratação** (art. 122, § 2.º). No mesmo sentido, o art. 67, § 9º estabelece que, para **aspectos técnicos específicos**, se exija demonstração de qualificação técnica de potencial subcontratado, limitando a 25% (vinte e cinco por cento) do objeto a ser licitado. O contratado deverá comprovar a capacidade técnica do subcontratado (art. 122, § 1.º), sendo-lhe vedada a subcontratação de pessoa física ou jurídica que possuam vínculo de proximidade com agente público ligado à contratação, nas situações previstas no art. 122, § 3.º. Por fim, continua sendo vedada a subcontratação de serviços técnicos especializados (art. 74, § 3.º), bem como a subcontratação de quem **responsável pela elaboração do projeto básico ou executivo** (art. 14.º).

2.7 Prazo determinado: Não se admite a existência de contratos administrativos por tempo indeterminado. A duração dos contratos deverá ficar adstrita à **vigência dos respectivos créditos orçamentários** (art. 57 da Lei 8.666/93). Os créditos orçamentários são fixados na lei orçamentária para determinado exercício financeiro, que equivale ao ano civil (art. 34 da Lei 4.320/64). Ou seja, a vigência do contrato, em regra, deve ser estabelecida entre 1º de janeiro de 31 de dezembro de um determinado ano. Esta regra admite, todavia, algumas **exceções:**

A os projetos cujos produtos estejam contemplados nas **metas estabelecidas no Plano Plurianual**, os quais poderão ser prorrogados se houver interesse da Administração e desde que isso tenha sido previsto no ato convocatório;

B prestação de **serviços a serem executados de forma contínua**, que poderão ter a sua **duração prorrogada por iguais e sucessivos períodos** com vistas à obtenção de preços e condições mais vantajosas para a administração, **limitada a sessenta meses;**

C **aluguel de equipamentos e a utilização de programas de informática**, podendo a duração estender-se pelo prazo de até **48 (quarenta e oito) meses após o início da vigência do contrato.**

Esta temática sofreu considerável alteração com a Lei 14.133/21. O art. 105 **não estabeleceu prazo específico** como regra geral, apenas indicando que a duração será prevista em edital e que deverão ser observadas, no momento da contratação e a cada exercício financeiro, a disponibilidade de créditos orçamentários, bem como previsão no plano plurianual, quando ultrapassar 1 (um) exercício financeiro.

Vale observar, ainda, as seguintes regras específicas estabelecidas pela Lei 14.133/21: a) contratação de **serviço público prestado em regime de monopólio**: prazo indeterminado; b) **serviços e fornecimentos contínuos**: até 5 anos, prorrogáveis sucessivamente por até 10 anos;

c) **Art. 75, IV, "f" e "g", V, VI, XII e XVI (hipóteses de licitação dispensável)**: até 10 anos; d) **Contratação que gere receita e no contrato de eficiência que gere economia**: até 10 anos, nos contratos sem investimento; até 35 anos, nos contratos com investimento; e) **escopo predefinido:** prazo estabelecido no edital; f) **contratos regidos por leis especiais**: prazo estabelecido na lei especial; g) **contrato de fornecimento e prestação de serviço associado**: prazo estabelecido para o fornecimento inicial ou entrega da obra somado ao prazo de até **5 anos** relativo ao serviço de e operação manutenção (contados da data do recebimento do objeto inicial), prorrogável sucessivamente por **até 10 anos**.

3. EXECUÇÃO DOS CONTRATOS

Conforme já tratado anteriormente, a Administração deverá fiscalizar a execução do contrato, inclusive determinando ao contratado os ajustes que entender necessários. Além disso, a execução do contrato traz algumas peculiaridades, a seguir discutidas.

3.1 Responsabilidades do contratado: O contratado é obrigado a reparar, corrigir, remover, reconstruir ou substituir, às suas expensas, no total ou em parte, o objeto do contrato em que se verificarem vícios, defeitos ou incorreções resultantes da execução ou de materiais empregados. O contratado é responsável pelos danos causados diretamente à Administração ou a terceiros, decorrentes de sua culpa ou dolo na execução do contrato (responsabilidade subjetiva), não excluindo ou reduzindo essa responsabilidade a fiscalização ou o acompanhamento pelo órgão interessado.

A Lei 14.133/21 manteve a responsabilidade do contratado quanto à correta execução do objeto contratual. Com relação aos danos causados a terceiros, a responsabilidade passou a ser **objetiva** (art. 120).

3.2 Encargos do contrato: o contratado é responsável pelos encargos **trabalhistas, previdenciários, fiscais** e **comerciais** resultantes da execução do contrato (art. 71, *caput* da Lei 8.666/93). A inadimplência do contratado, com referência aos encargos trabalhistas, fiscais e comerciais não transfere à Administração Pública a responsabilidade por seu pagamento, nem poderá onerar o objeto do contrato ou restringir a regularização e o uso das obras e edificações, inclusive perante o Registro de Imóveis (§ 1º). Relativamente aos débitos previdenciários resultantes do contrato, a Administração Pública responde solidariamente com o contratado (§ 2º).

A Lei 14.133/21 mantém as previsões da Lei 8.666/93 quanto aos variados encargos advindos do contrato, mantendo a responsabilidade do contratado por sua satisfação. Porém, a nova lei passou a prever em seu art. 121, § 2.º a responsabilidade **subsidiária** da Administração pelos encargos trabalhistas, se comprovada **falha na fiscalização** do cumprimento das obrigações do contrato. A fim de possibilitar à Administração instrumentos de prevenção quanto ao inadimplemento, o legislador autorizou a adoção de uma série de medidas que podem ser adotadas no art. 121, § 3.º, muitas das quais já vinham sendo adotadas na prática administrativa.

4. EQUILÍBRIO ECONÔMICO-FINANCEIRO DO CONTRATO

No contrato administrativo deve ser observado o chamado **equilíbrio econômico-financeiro**, que é assegurado no art. 37, XXI da CF/88 ("mantidas as condições efetivas da proposta"). O equilíbrio nada mais é do que a observância da **equação** econômico-financeira existente quando da assinatura do contrato, entre os **encargos assumidos pelo contratado** e a **retribuição da Administração**, mantendo-se o mais próximo possível o preço do objeto contratado durante todo o prazo de vigência do contrato.

Vale observar que o tema em estudo recebeu especial atenção da Lei 14.133/21, a ponto de ter estabelecido como obrigatórias nos contratos administrativos cláusulas que estabeleçam prazos para a administração pública responder pedidos de reequilíbrio econômico-financeiro (art. 92, X e XI).

A manutenção do equilíbrio econômico-financeiro do contrato se dá principalmente por meio das revisões e dos reajustes, a seguir estudados.

DICA IMPORTANTE

Não há na doutrina uma abordagem uniforme sobre este tema, de modo que procuramos trazer os pontos que são usualmente tratados pelos autores, bem como consideramos a forma como o tema foi exigido nos últimos exames unificados.

4.1 Reajuste: o reajuste visa manter atualizados os valores inicialmente contratados, protegendo o preço original das perdas inflacionárias ou mesmo de variações dos insumos utilizados ou fornecidos pelo contratado. Somente será cabível nos contratos com duração superior a um ano. O próprio contrato deve estabelecer a periodicidade e os índices de reajustamento dos preços que serão utilizados (art. 55, III da Lei 8.666/93). O reajuste não implica em alteração contratual, razão pela qual dispensa aditamento e pode ser feito por meio de **apostila** (art. 65, § 8º da Lei 8.666/93).

A Lei 14.133/21 trouxe regulamentação para o reajuste, que foi intitulado pela nova lei como **reajustamento em sentido estrito**. O art. 93, § 3.º prescreve que **independentemente do prazo de duração**, o contrato deverá conter cláusula que estabeleça o **índice de reajus-**

tamento de preço, com data-base vinculada à data do orçamento estimado, e poderá ser estabelecido mais de um índice específico ou setorial, em conformidade com a realidade de mercado dos respectivos insumos. Veja-se que não foi fixado prazo mínimo para o reajuste, salvo para os **contratos de serviços contínuos** em que não haja regime de dedicação exclusiva ou predominância de mão de obra (art. 93, § 4.º, I), para os quais deverá ser observado período mínimo de **1 ano**.

4.2. Repactuação: Apesar de inexistir uma disciplina específica na Lei 8.666/93 sobre o tema, a repactuação é um mecanismo que vem sendo empregado nos contratos de **prestação de serviços continuados sob regime de mão de obra exclusiva**, com vistas à readequação ao preço de mercado (art. 12 do Decreto 9.507/18). A Lei 14.133/21 segue nesta linha e conceitua repactuação como "(...) forma de manutenção do equilíbrio econômico-financeiro de contrato utilizada para **serviços contínuos com regime de dedicação exclusiva de mão de obra ou predominância de mão de obra**, por meio da análise da variação dos **custos contratuais**, devendo estar prevista no edital com data vinculada à apresentação das propostas, para os **custos decorrentes do mercado**, e com data vinculada ao acordo, à convenção coletiva ou ao dissídio coletivo ao qual o orçamento esteja vinculado, para os **custos decorrentes da mão de obra**".

Para que seja autorizada a **repactuação**, deverá ser observado prazo mínimo de **1 ano**, contado da data de apresentação da proposta ou da data da última repactuação (art. 135, § 3.º), devendo o contratado apresentar **demonstração analítica da variação de custos** (art. 92, § 4.º, II), por meio de apresentação da planilha de custos e formação de preços, ou do novo acordo, convenção ou sentença normativa que fundamenta a repactuação (art. 135, § 6.º). Todavia, não é toda e qualquer matéria contida em acordos, convenções e dissídios coletivos trabalhistas que poderão ser incluídos no pedido de repactuação. A Lei 14.133/21 fez ressalvas expressas neste sentido no art. 135, § 1.º, não admitindo, ainda, que tais instrumentos de negociação trabalhista tratem de obrigações e direitos aplicáveis exclusivamente à Administração Pública (§ 2.º). A Lei 14.133/21 passou a cobrar celeridade da Administração na análise do pedido feito, fixando preferencialmente prazo de 1 mês para apresentação de resposta ao pedido (art. 92, § 6.º).

4.3 Revisão: quando ocorre um fato extraordinário, a Lei 8.666/93 autoriza a **alteração contratual** "para restabelecer a relação que as partes pactuaram inicialmente entre os encargos do contratado e a retribuição da administração para a justa remuneração da obra, serviço ou fornecimento, objetivando a manutenção do equilíbrio econômico-financeiro inicial do contrato, na hipótese de sobrevirem **fatos imprevisíveis**, ou **previsíveis, porém de consequências incalculáveis**, retardadores ou impeditivos da execução do ajustado, ou, ainda, em caso de **força maior**, **caso fortuito** ou **fato do príncipe**, configurando álea econômica extraordinária e extracontratual" (art. 65, II, "d", §§ 5.º e 6.º da Lei 8.666/93 e art. 125, II, "d" da Lei 14.133/21). Terá aplicação a chamada **teoria da imprevisão**, que prega a necessidade de revisão de um contrato toda vez que um **fato externo ao contrato**, **imprevisível** ou, se previsível, de **consequências incalculáveis**, e **inevitável**, **estranho à vontade dos contratantes**, ocasionar **desequilíbrio contratual significativo**. Representa a aplicação da cláusula *rebus sic stantibus* aos contratos administrativos. Trazemos a seguir as **principais situações extraordinárias** que justificam a aplicação da **teoria da imprevisão**:

A **Força maior e caso fortuito**: são eventos externos ao contrato, resultantes de **condutas humanas** (Ex.: greve) ou **eventos da natureza** (Ex.: enchente catastrófica).

B **Fato do Príncipe**: é um **ato geral do Poder Público** que repercute consideravelmente no contrato, apesar de não se direcionar diretamente a tal fim. Ou seja, a entidade estatal atua como **autoridade pública**, não como parte do contrato. Exemplo desta situação é o aumento de algum tributo no curso do contrato.

C **Fato da Administração**: consiste em toda **ação ou omissão da Administração** que se dirige e incide direta e especificamente sobre o contrato, **retardando** ou **impedindo** sua execução. Ex.: demora em liberar um edifício para reforma do local.

D **Interferências imprevistas**: Hely Lopes Meirelles (2004, p. 236) propõe as chamadas interferências imprevistas, que consistem em elementos materiais que **surgem durante a execução do contrato**, dificultando extremamente a sua execução e tornando-a insuportavelmente onerosa. Segundo o autor, estas causas **antecedem** ao próprio ajuste, mas se mantêm desconhecidas até serem reveladas através de obras e serviços em andamento, citando como exemplo a descoberta de um terreno rochoso – em área informada como arenosa previamente pela Administração – durante a execução de contrato.

As alterações unilaterais promovidas pela Administração também demandam revisão (fato previsível, mas de consequências incalculáveis). Tanto a Lei 8.666/93 (art. 58, § 2.º), quanto a Lei 14.133/21 (art. 130) determinam o reequilíbrio contratual em tais situações, caso se constate alteração na relação econômico-financeira inicial.

Por fim, a Lei 14.133/21 previu expressamente a possibilidade de revisão se constatados **aumento** ou **diminuição** nos encargos do contratado. Logo, a revisão se torna uma **via de mão dupla**, podendo ou não favorecer o contratado.

4.4. Alocação de riscos: A Lei 14.133/21 inovou ao permitir que o contrato possa identificar os riscos contratuais previstos e presumíveis e prever **matriz de alocação de riscos**, alocando-os entre contratante e contratado, mediante indicação daqueles a serem assumidos pelo setor público ou pelo setor privado ou daqueles a serem compartilhados (art. 103).

5. EXTINÇÃO DOS CONTRATOS

A execução do contrato visa à sua regular **conclusão do objeto ou advento do termo**, que são as formas ordinárias de encerramento do vínculo. Todavia, o ajuste pode ser finalizado de modo prematuro, valendo destacar as seguintes hipóteses trazidas pelo texto legal:

A Ato unilateral e escrito da Administração: Trata-se de exercício de uma cláusula exorbitante. A Lei 8.666/93 estabeleceu que darão ensejo a esta modalidade de extinção as hipóteses dos incisos I a XII e XVII do art. 78 (art. 79, I). Também se aplica ao art. 78, XVIII, inserido posteriormente ao texto da Lei 8.666/93. A Lei 14.133/21 apenas previu genericamente que a extinção do contrato pode ser dar por ato unilateral e escrito da Administração, exceto no caso no caso de descumprimento decorrente de sua própria conduta. São situações das mais diversas, relacionadas com inexecução parcial ou total do contrato por parte do contratado, descumprimento de normas editalícias, caso fortuito e força maior, interesse público, entre outras.

B Rescisão bilateral: há um acordo entre as partes para consensualmente por termo ao contrato, devendo ser justificada por um **interesse público** (art. 79, II da Lei 8.666/93 e art. 138, II da Lei 14.133/21).

C Determinação judicial ou arbitragem: o particular não poderá rescindir o contrato unilateralmente em caso de descumprimento de cláusulas por parte da Administração Pública, razão pela qual deverá, caso queira, pleitear a extinção do contrato por meio de ação judicial, demonstrando as faltas cometidas durante a execução do contrato, como, por exemplo, omissão no pagamento pelo cumprimento do contrato (incisos XIII a XVI do art. 78, da Lei 8.666/93 e art. 137, § 2.º da Lei 14.133/21). A nova lei passou a admitir a possibilidade de extinção determinada por **decisão arbitral**, em decorrência de cláusula compromissória ou compromisso arbitral.

D anulação: a extinção opera-se em razão de uma nulidade no contrato. A declaração de nulidade do contrato administrativo opera retroativamente impedindo os efeitos jurídicos que ele, ordinariamente, deveria produzir, além de desconstituir os já produzidos (art. 59, *caput* da Lei 8.666/93). Todavia, este rigor já havia sido amenizado pelas previsões dos arts. 20, parágrafo único e 21 da LINDB, inseridos pela Lei 13.655/18. A Lei 14.133/21 se alinhou à LINDB e tornou a declaração de nulidade contratual algo excepcional, observando-se as prescrições dos artigos 147 e 148.

A nulidade não exonera a Administração do dever de indenizar o contratado pelo que este houver executado até a data em que ela for declarada e por outros prejuízos regularmente comprovados, contanto que não lhe seja imputável, promovendo-se a responsabilidade de quem lhe deu causa (art. 59, parágrafo único e art. 149 da Lei 14.133/21).

FIQUE POR DENTRO:

Meios Alternativos de solução de controvérsias

A nova lei valorizou os chamados meios extrajudiciais de solução de conflitos (conciliação, mediação, comitê de resolução de disputas e arbitragem), permitindo, inclusive, que os contratos em vigor sejam aditados para esta finalidade (art. 153). Isto será possível para discussões relacionadas a **direitos patrimoniais disponíveis**, como questões relacionadas ao restabelecimento do equilíbrio econômico-financeiro, adimplemento de obrigações contratuais e cálculo de indenizações (art. 151).

6. CONTRATOS CELEBRADOS PELAS EMPRESAS ESTATAIS: LEI 13.303/16

O Estatuto Jurídico das Empresas Estatais e suas subsidiárias (Lei 13.303/16), trouxe normas específicas aplicáveis aos contratos celebrados por tais entidades, afastando a incidência da Lei 8.666/93. Além disso, o art. 68 determina a aplicação supletiva das normas de **direito privado**.

Analisemos os principais temas trazidos pelo Estatuto referentes aos contratos celebrados pelas entidades estatais.

6.1 Formalização

Os contratos regidos pelo Estatuto também observarão o **formalismo**, devendo ser reduzidos a termo em um instrumento. Todavia, a redução a termo do contrato poderá ser dispensada no caso de **pequenas despesas de pronta entrega e pagamento** das quais não resultem obrigações futuras por parte da empresa pública ou da sociedade de economia mista, o que não prejudicará o registro contábil exaustivo dos valores despendidos e a exigência de recibo por parte dos respectivos destinatários (art. 73, da Lei 8.666/93).

A fim de dar transparência às contratações celebradas pelas empresas estatais, o Estatuto permite que qualquer interessado o conhecimento dos termos do contrato e a

DIREITO ADMINISTRATIVO

obtenção de cópia autenticada de seu inteiro teor ou de qualquer de suas partes, admitida a exigência de ressarcimento dos custos (art. 74).

6.1.1 Cláusulas essenciais

As cláusulas essenciais dos contratos celebrados pelas empresas estatais estão estabelecidas no art. 69 do Estatuto.

A novidade trazida pelo Estatuto está na previsão da chamada **matriz de risco**, que é a cláusula contratual definidora de **riscos e responsabilidades entre as partes e caracterizadora do equilíbrio econômico-financeiro inicial do contrato**, em termos de ônus financeiro decorrente de **eventos supervenientes à contratação**, contendo, no mínimo, as seguintes informações: a) listagem de possíveis eventos supervenientes à assinatura do contrato, impactantes no equilíbrio econômico-financeiro da avença, e previsão de eventual necessidade de prolação de termo aditivo quando de sua ocorrência; b) estabelecimento preciso das frações do objeto em que haverá liberdade das contratadas para inovar em soluções metodológicas ou tecnológicas, em obrigações de resultado, em termos de modificação das soluções previamente delineadas no anteprojeto ou no projeto básico da licitação; c) estabelecimento preciso das frações do objeto em que não haverá liberdade das contratadas para inovar em soluções metodológicas ou tecnológicas, em obrigações de meio, devendo haver obrigação de identidade entre a execução e a solução pré-definida no anteprojeto ou no projeto básico da licitação (art. 69, X c/c o art. 42, X).

6.1.2 Garantias

As empresas estatais também **poderão** exigir garantias dos contratados, que poderão optar por **caução em dinheiro**, **seguro-garantia** e **fiança bancária**.

No tocante ao percentual das garantias, aplicam-se as mesmas previsões da Lei 8.666/93 (5%, como regra e 10% para contratações de grande vulto. Da mesma forma, a garantia prestada pelo contratado será liberada ou restituída após a execução do contrato, valendo destacar que o Estatuto previu a atualização monetária apenas para a **caução em dinheiro**, o que faz sentido, uma vez que esta garantia é prestada com recursos do próprio contratado, que ficam depositados durante a vigência do contrato, ao passo que as outras duas decorrem de contratos celebrados com terceiros que atuam como garantidores do adimplemento contratual.

6.1.3 Prazo de duração

A duração dos contratos regulados pelo Estatuto, em regra, não excederá a **5 (cinco) anos**, contados a partir **de sua celebração**, sendo **expressamente vedado** o contrato **por prazo indeterminado** (art. 71, caput e parágrafo único).

Porém, tendo em vista as peculiaridades das empresas estatais e seu regime de direito privado, o Estatuto **excetuou** da regra geral do prazo de vigência as seguintes situações: I - Projetos contemplados no **plano de negócios e investimentos** da empresa pública ou da sociedade de economia mista; II - Nos casos em que a pactuação por prazo superior a 5 (cinco) anos seja **prática rotineira de mercado** e a imposição desse prazo **inviabilize ou onere excessivamente a realização do negócio**.

6.2 Alteração

As situações que ensejam a alteração dos contratos celebrados pelas empresas estatais vêm estabelecidas no art. 81 do Estatuto, incisos I a IV.

O contratado poderá aceitar, nas mesmas condições contratuais, os acréscimos ou supressões que se fizerem nas **obras, serviços ou compras, até 25% (vinte e cinco por cento)** do valor inicial atualizado do contrato, e, no caso particular de **reforma de edifício ou de equipamento,** até o limite de **50% (cinquenta por cento)** para os seus acréscimos (art. 84, § 1.º).

As **supressões**, se **acordadas** entre os contratantes, poderão exceder tais limites, mas se o contratado já houver adquirido os materiais e posto no local dos trabalhos, em caso de obras, bens ou serviços, esses materiais deverão ser pagos pelas empresas estatais pelos **custos de aquisição regularmente comprovados e monetariamente corrigidos**, podendo caber **indenização** por outros danos eventualmente decorrentes da supressão, desde que regularmente comprovados.

A lei de estatais trouxe a previsão do **fato do príncipe positivo** e **negativo** como aptos a promover a revisão contratual (art. 81, § 5.º). Logo, a alteração poderá decorrer de um ato normativo do Estado que prejudique ou beneficie o contratado.

É vedada a celebração de aditivos decorrentes de eventos supervenientes alocados, na matriz de riscos, como de responsabilidade da contratada (art. 81, § 8.º).

6.3 Execução

O contratado deverá atuar com zelo durante a execução do contrato, cumprindo fielmente as obrigações constantes do contrato, estando obrigado a reparar, corrigir, remover, reconstruir ou substituir, às suas expensas, no total ou em parte, o objeto do contrato em que se verificarem vícios, defeitos ou incorreções resultantes da execução ou de materiais empregados, e responderá por danos causados diretamente a terceiros ou às empresas estatais, independentemente da comprovação de sua culpa ou dolo na execução do contrato (art. 76), ou seja, responderá **objetivamente**.

O contratado é responsável pelos encargos trabalhistas, fiscais e comerciais resultantes da execução do contrato. A inadimplência do contratado quanto aos encargos trabalhistas, fiscais e comerciais não transfere à empresa pública ou à sociedade de economia mista a responsabilidade por seu pagamento, nem poderá onerar o objeto do contrato ou restringir a regularização e o uso das obras e edificações, inclusive perante o Registro de Imóveis (art. 77).

Estatuto admite a subcontratação de partes da obra, serviço ou fornecimento, até o limite admitido, em casa caso, pelas empresas estatais, conforme previsto no edital e sem prejuízo das responsabilidades contratuais e legais do contratado originário (art. 78, caput).

A empresa subcontratada deverá atender, em relação ao objeto da subcontratação, as exigências de qualificação técnica impostas ao licitante vencedor (art. 78, § 1.º).

É vedada a subcontratação de empresa ou consórcio que tenha participado: I - do procedimento licitatório do qual se originou a contratação; II - direta ou indiretamente, da elaboração de projeto básico ou executivo (art. 78, § 2.º).

Da mesma forma, as empresas de prestação de serviços técnicos especializados deverão garantir que os integrantes de seu corpo técnico executem pessoal e diretamente as obrigações a eles imputadas, quando a respectiva relação for apresentada em procedimento licitatório ou em contratação direta (art. 78, § 3.º), previsão muito próxima à capitulada pela Lei 8.666/93 (art. 13, § 3.º).

6.4 Sanções administrativas

Em caso de inexecução total ou parcial do contrato, as empresas estatais poderão aplicar as seguintes sanções, garantindo-se o direito de defesa à contratada (art. 83):

I – Advertência;

II – Multa, na forma prevista no instrumento convocatório ou no contrato;

III – Suspensão temporária de participação em licitação e **impedimento de contratar** com a entidade sancionadora, por prazo não superior a 2 (dois) anos. O art. 84 do Estatuto enumerou algumas situações em que esta sanção poderá ser aplicada.

> **MUITA ATENÇÃO!** Note que não há a previsão de aplicação da penalidade de inidoneidade para contratar com a Administração Públicas, prevista pela Lei 8.666/93.

Os contratos devem conter cláusulas com sanções administrativas a serem aplicadas em decorrência de atraso injustificado na execução do contrato, sujeitando o contratado a **multa de mora**, na forma prevista no instrumento convocatório ou no contrato, sem prejuízo da **rescisão** do contrato e a **aplicação de outras sanções** previstas no Estatuto (art. 82, caput, § 1.º).

A multa, aplicada após regular processo administrativo, será descontada da garantia do respectivo contratado. Se a multa for de valor superior ao valor da garantia prestada, além da perda desta, responderá o contratado pela sua diferença, a qual será descontada dos pagamentos eventualmente devidos pela empresa pública ou pela sociedade de economia mista ou, ainda, quando for o caso, cobrada judicialmente (art. 82 §§ 2.º e 3.º).

EM RESUMO: Contratos Administrativos	
Noções	São considerados **contratos administrativos** os ajustes celebrados entre a **Administração e terceiro**, pessoa física ou jurídica, regidos por **normas de direito público**, cujo objeto busca atingir algum **interesse público**.
Características	• **Participação da Administração Pública no ajuste:** neste caso, a Administração Pública atuará valendo-se do seu poder de império (*ius imperii*). Há, portanto, um **desequilíbrio na relação contratual**. Esta posição de desigualdade justifica-se pelo princípio da **supremacia do interesse público sobre o privado**. • **Busca de um interesse público:** os contratos administrativos visam atingir um interesse público imediata e diretamente. • **Regime jurídico de Direito Público:** a existência de interesse público nos contratos administrativos permite a aplicação de regime jurídico próprio de contratação trazido pela Lei 8.666/93 ou Lei 14.133/21, também aplicável, no que couber, aos convênios, acordos, ajustes e outros instrumentos congêneres celebrados por órgãos e entidades da Administração. Por este regime jurídico, o Poder Público impõe algumas condições e obrigações ao contratado. • **Cláusulas Exorbitantes: a)** Possibilidade de alteração unilateral; **b)** Possibilidade de rescisão unilateral; **c)** Fiscalização da execução do contrato; **d)** Aplicação de sanções; **e)** Ocupação provisória; **f)** Exigência de garantias; **g)** Restrição ao uso da exceção do contrato não cumprido (*exceptio non adimpleti contractus*). • **Formalismo:** as Leis 8.666/93 e 14.133/21 estabelecem uma série de formalidades que devem ser observadas nos contratos administrativos. • **Publicidade:** o instrumento do contrato ou de seus aditamentos, qualquer que seja seu valor, ainda que sem ônus, deverão ser publicados resumidamente na Imprensa Oficial. Na sistemática da Lei 14.133/21, a divulgação deverá ocorrer por meio do Portal Nacional de Contratações Públicas (PNCP).

EM RESUMO: Contratos Administrativos	
Características	• **Pessoalidade:** os contratos administrativos são *intuito personae*, não podendo o contratado, em regra, transferir o objeto contratado a terceiros. A subcontratação ou outras formas de transferência indireta do objeto contratual são consideradas **causas de rescisão do contrato** (art. 78, VI), salvo se houver **autorização expressa** da Administração no edital e desde que esta ocorra nos **limites fixados no contrato.** Todavia, há uma hipótese em que a Lei 8.666/93 expressamente **não admite subcontratação**, qual seja, a contratação de serviços técnicos especializados (art. 13, § 3º). A Lei 14.133/21 manteve a natureza *intuito personae* do contrato administrativo, mas admitiu a subcontratação de partes da obra, do serviço ou do fornecimento, até o limite autorizado pela Administração. • **Prazo determinado:** Não se admite a existência de contratos administrativos por tempo indeterminado. A duração dos contratos deverá ficar adstrita à **vigência dos respectivos créditos orçamentários** (art. 57 da Lei 8.666/93). A Lei 14.133/21 não estabeleceu prazo específico como regra geral, apenas indicando que a duração será prevista em edital e que deverão ser observadas, no momento da contratação e a cada exercício financeiro, a disponibilidade de créditos orçamentários, bem como previsão no plano plurianual, quando ultrapassar 1 (um) exercício financeiro.
Execução dos contratos	• **Responsabilidades do contratado:** O contratado é obrigado a reparar, corrigir, remover, reconstruir ou substituir, às suas expensas, no total ou em parte, o objeto do contrato em que se verificarem vícios, defeitos ou incorreções resultantes da execução ou de materiais empregados. O contratado é responsável pelos danos causados diretamente à Administração ou a terceiros, decorrentes de sua culpa ou dolo na execução do contrato (responsabilidade subjetiva), não excluindo ou reduzindo essa responsabilidade a fiscalização ou o acompanhamento pelo órgão interessado. A Lei 14.133/21 estabeleceu a responsabilidade objetiva do contratado. • **Encargos do contrato:** o contratado é responsável pelos encargos **trabalhistas, previdenciários**, **fiscais** e **comerciais** resultantes da execução do contrato. A inadimplência do contratado, com referência aos encargos trabalhistas, fiscais e comerciais não transfere à Administração Pública a responsabilidade por seu pagamento, nem poderá onerar o objeto do contrato ou restringir a regularização e o uso das obras e edificações, inclusive perante o Registro de Imóveis. Relativamente aos débitos previdenciários resultantes do contrato, a Administração Pública responde solidariamente com o contratado. Porém, a Lei 14.133/21 passou a prever em seu art. 121, § 2.º que a Administração poderá responder subsidiariamente pelos encargos trabalhistas se comprovada falha na fiscalização do cumprimento das obrigações do contrato.
Equilíbrio econômico-financeiro do contrato	• É a observância da **equivalência** existente quando da assinatura do contrato, entre os **encargos assumidos pelo contratado** e a **retribuição da Administração**, mantendo-se o mais próximo possível o preço do objeto contratado durante todo o prazo de vigência do contrato. • Cláusulas econômico-financeiras e monetárias dos contratos administrativos **não poderão ser alteradas sem prévia concordância do contratado.** • **Reajuste:** visa manter atualizados os valores inicialmente contratados, protegendo o preço original das perdas inflacionárias ou de variações dos insumos utilizados ou fornecidos pelo contratado. • **Repactuação:** que vem sendo empregada nos contratos de **prestação de serviços continuados sob regime de mão de obra exclusiva**, com vistas à readequação ao preço de mercado • **Revisão:** decorre de fatos supervenientes e imprevisíveis ou previsíveis, mas de consequências incalculáveis. Incide a teoria da imprevisão, tendo como principais fatos ensejadores: caso fortuito ou força maior, fato do príncipe, fato da Administração e as interferências imprevistas. • **Alocação de riscos:** a Lei 14.133/21 admitiu a previsão de o contrato identificar os riscos previstos e presumíveis e prever matriz de risco, repartindo-os entre os contratantes e definindo aqueles que serão compartilhados.
Extinção dos contratos	• Os contratos administrativos podem ser **extintos** através de: a) advento do termo ou conclusão do objeto; b) ato unilateral e escrito da Administração; c) consenso ou rescisão bilateral; d) rescisão judicial ou arbitragem; e) anulação.

CAPÍTULO VIII
SERVIÇOS PÚBLICOS

1. NOÇÕES

A disciplina constitucional dos serviços públicos é trazida pelo art. 175, da CF/88: "Incumbe ao Poder Público, na forma da lei, diretamente ou sob regime de concessão ou permissão, sempre através de licitação, a prestação de serviços públicos". Ou seja, a exploração de serviço público pode se dar **diretamente** pelo Estado ou ser delegada a um particular, sob os regimes de **concessão** ou **permissão**. Ao lado destas duas formas de delegação, o regime de **autorização** de serviços públicos é também previsto para a exploração dos serviços de telecomunicações (art. 21, XI, da CF), bem como os serviços enumerados no art. 21, XII, da CF.

O conceito de serviços públicos não possui consenso entre os doutrinadores. Podemos destacar os seguintes critérios mais utilizados:

Critério	Definição de Serviço Público	Críticas
Orgânico (escola subjetivista)	É aquele prestado pelo próprio Estado	Não contempla as hipóteses de delegação dos serviços a particulares
Formal (escola formalista)	É aquele disciplinado ou regulamentado por regime de direito público.	É incompleto, porque algumas regras de direito privado incidem sobre serviços delegados aos particulares ou mesmo os prestados pelas Empresas Públicas e Sociedades de Economia Mista.
Material (Materialista ou Essencialista)	Realça a natureza da atividade exercida, ou seja, serviço público deve atender diretamente as atividades essenciais para a vida em comunidade.	1) algumas atividades são prestadas indiretamente e são serviços públicos; 2) nem todas as atividades prestadas pelo Estado representam atividades essenciais para a vida em comunidade.

Os conceitos doutrinários, de um modo geral, promovem a junção destas três correntes, como faz JOSÉ DOS SANTOS CARVALHO FILHO (2012, p. 321) que define serviço público como "toda atividade prestada pelo Estado ou por seus delegados, basicamente sob regime de direito público, com vistas à satisfação de necessidades essenciais e secundárias da coletividade".

2. CLASSIFICAÇÃO

Dentre as diversas classificações doutrinárias existentes, destacamos as seguintes:

2.1 Quanto aos destinatários (serviços gerais e individuais): serviço geral (indivisível, coletivo ou *uti universi*) é o prestado a um número indeterminado de indivíduos, de modo que a remuneração pela sua utilização não pode ser feita por cobrança de taxa ou de preço público (geralmente são financiados por impostos e contribuições específicas). Ex.: campanha de prevenção à dengue desenvolvida em todo o território nacional pelo Ministério da Saúde. **Serviço individual** (divisível, singular ou *uti singuli*) é o prestado a um número determinado ou determinável de indivíduos, de modo que é possível separar e mensurar ou estimar sua utilização. Em razão disso, serão remunerados por taxa ou por tarifa. Ex.: água, luz, telefonia etc.

2.2 Quanto ao objeto (serviços administrativos, comerciais ou industriais e sociais): serviços administrativos, segundo HELY LOPES MEIRELLES (2004, p. 322), "são os que a Administração executa para atender as suas necessidades internas ou preparar outros serviços que serão prestados ao público, tais como os da imprensa oficial, das estações experimentais e outros dessa natureza"; **serviços comerciais** ou **industriais** são aqueles que a Administração executa, direta ou indiretamente, para atender necessidades coletivas de ordem econômica, com base no art. 175 da CF/88 (DI PIETRO, 2010, p. 110), sendo remunerados por tarifas ou preços públicos. Ex.: telecomunicações, energia elétrica etc.; **serviços sociais**, por fim, são os que visam atender necessidades coletivas, sendo prestados prioritariamente pelo Estado, mas sem a exclusão da atuação supletiva da iniciativa privada. Ex.: saúde, previdência, educação etc.

2.3 Quanto à essencialidade (serviços públicos propriamente ditos e serviços de utilidade pública): segundo HELY LOPES MEIRELLES (2004, p. 321), **serviços públicos propriamente ditos** são os que a Administração presta **diretamente** à comunidade, por reconhecer sua **essencialidade** e **necessidade** para a sobrevivência do grupo social e do próprio Estado. Assim, tais serviços são considerados **privativos** do Poder Público, inexistindo a possibilidade de delegação a terceiros. Ex.: defesa nacional, exercício do poder de polícia etc. **Serviços de utilidade pública** são os que a Administração presta diretamente ou aquiesce em que sejam prestados por terceiros delegatários, após reconhecida sua conveniência para a coletividade (MEIRELLES, 2004, pp. 321-322). A Administração regulamenta a forma de delegação e promove seu controle, mas o serviço é prestado por conta e risco dos delegatários, mediante remuneração dos usuários. Ex.: serviços de transporte coletivo. JOSÉ DOS SANTOS CARVALHO FILHO (2008, p. 295) utiliza, respectivamente, a terminologia **indelegáveis** e **delegáveis** quando discute estes serviços.

3. DELEGAÇÃO DE SERVIÇOS PÚBLICOS

Em algumas situações o Estado poderá **delegar** a outrem a **execução** de determinado serviço público de sua titularidade.

O regime de delegação de serviços públicos pode se dar da seguinte maneira:

Delegação de Serviços Públicos	**Legal**	A execução ou mesmo a titularidade do serviço é transferida por lei a entidades da Administração Pública Indireta.
	Negocial	A execução de um determinado serviço é transferida para pessoas da iniciativa privada por meio de contrato administrativo. Ocorre por meio de **concessão, permissão** e **autorização**.

As principais normas que tratam da delegação de serviços públicos são a **Lei 8.987/95**, que regulamentou os regimes de concessão e permissão previstos no art. 175 da CF/88, a **Lei 9.074/97**, que complementou a lei anterior, e a **Lei 11.079/04**, que estabeleceu normas gerais para licitação e contratação de parceria público-privada.

4. CONCESSÃO DE SERVIÇOS PÚBLICOS

4.1 Noções: a Lei 8.987/95 traz o conceito de concessão de serviço público em seu art. 2º, II, como sendo a **delegação** de sua **prestação**, feita pelo poder concedente, mediante **licitação**, na modalidade de **concorrência** ou **diálogo competitivo**, à **pessoa jurídica** ou **consórcio de empresas** (concessionárias) que demonstre capacidade para seu desempenho, por sua **conta e risco** e por **prazo determinado** (que será definido pelo poder concedente).

A concessão de serviço público poderá ser **precedida da execução de obra pública**, o que implicará na construção, total ou parcial, conservação, reforma, ampliação ou melhoramento de quaisquer obras de interesse público (Ex.: concessão de operação de rodovia estadual), observadas as demais disposições da concessão, de forma que o investimento da concessionária seja remunerado e amortizado mediante a exploração do serviço ou da obra por prazo determinado. Nesta situação, também poderá ser adotada como modalidade de licitação a **concorrência** ou **diálogo competitivo**.

A prestação do serviço público será remunerada por meio de **tarifa** paga pelos usuários, que será fixada pelo preço da proposta vencedora da licitação e terá preservado seu valor pelas regras de revisão previstas na referida lei, no edital e no contrato (manutenção do equilíbrio econômico-financeiro). Poderá o poder concedente prever, em favor da concessionária, no edital de licitação, a possibilidade de **outras fontes** provenientes de **receitas alternativas**, **complementares**, **acessórias** ou de **projetos associados**, com ou sem exclusividade, com vistas a favorecer a **modicidade das tarifas**.

Cumpre esclarecer que a outorga de concessão ou permissão **não terá caráter de exclusividade**, salvo no caso de inviabilidade técnica ou econômica devidamente justificada (art. 16 da **Lei 8.987/95**). Veja o seguinte exemplo, extraído de questão do **XVI Exame de Ordem (2015.1)**: O Estado X, após regular processo licitatório, celebrou contrato de concessão de serviço público de transporte intermunicipal de passageiros, por ônibus regular, com a sociedade empresária "F", vencedora do certame, com prazo de 10 (dez) anos. Entretanto, apenas 5 (cinco) anos depois da assinatura do contrato, o Estado publicou edital de licitação para a concessão de serviço de transporte de passageiros, por ônibus do tipo executivo, para o mesmo trecho. Nesta situação, aplica-se a previsão do art. 16 da Lei 8.987/95, sendo possível nova concessão.

MUITA ATENÇÃO! "O concessionário presta o serviço em nome próprio, mas a titularidade do serviço permanece em poder da administração pública" (assertiva **certa**, de questão do **exame unificado set/09**).

4.2 Serviço adequado: a Lei 8.987/95 estabelece que "toda **concessão** ou **permissão** pressupõe a prestação de serviço adequado ao pleno atendimento dos usuários, conforme estabelecido nesta Lei, nas normas pertinentes e no respectivo contrato" (art. 6º). Serviço adequado é o que satisfaz as condições de **regularidade**, **continuidade**, **eficiência**, **segurança**, **atualidade**, **generalidade**, **cortesia** na sua prestação e **modicidade** das tarifas. A atualidade compreende a modernidade das técnicas, do equipamento e das instalações e a sua conservação, bem como a melhoria e expansão do serviço, podendo ser ilustrada com o seguinte caso proposto no Exame de Ordem 2018.3: "A sociedade empresária Beta assinou, na década de 1990, contrato de concessão de serviço de transporte público. Desde então, vem utilizando os mesmos ônibus no transporte de passageiros, não se preocupando com a renovação da frota, tampouco com o conforto dos usuários ou com o nível de emissão de poluentes. Em paralelo, com a natural evolução tecnológica, sabe-se que os veículos atualmente estão mais bem equipados, são mais seguros e, naturalmente, emitem menos poluentes". Neste caso proposto, o gabarito oficial apontou que a renovação da frota atenderia ao princípio da atualidade, "que exige das concessionárias o emprego de equipamentos modernos".

4.3 Direitos e obrigações dos usuários: são direitos e obrigações dos usuários de serviços delegados, trazidos pela Lei 8.987/95: **I** – receber serviço adequado; **II** – receber do poder concedente e da concessionária informações para a defesa de interesses individuais ou coletivos; **III** – obter e utilizar o serviço, com liberdade de escolha, observadas as normas do poder concedente; **IV** – levar ao conhecimento do poder público e da concessionária as irregularidades de que tenham conhecimento, referentes ao serviço prestado; **V** – comunicar às autoridades competentes os atos ilícitos praticados pela concessionária na prestação do serviço; **VI** – contribuir para a permanência das boas condições dos bens públicos através dos quais lhes são prestados os serviços. Além dos direitos assegurados pela Lei 8.987/95, o usuário do serviço público tem à sua disposição, para a tutela de seus direitos, o Código de Defesa do Consumidor.

? **QUESTÃO:** Em quais situações se admite a suspensão de prestação de um serviço público?

➥ ***RESPOSTA:*** *Conforme estabelece o art. 6º, § 3º da Lei 8.987/95, não caracteriza descontinuidade do serviço a sua interrupção em situação de emergência ou após prévio aviso, quando:* ***I*** *– motivada por razões de ordem técnica ou de segurança das instalações (art. 6.º, VII da Lei 13.460/17, incluído pela Lei 14.015/20); e,* ***II*** *– por inadimplemento do usuário, considerado o interesse da coletividade. Na situação de* ***inadimplemento do usuário****, a Lei 14.015/20 promoveu a inclusão do inciso XVI no art. 5.º da Lei 13.460/17 para prever, além da necessidade comunicação prévia da desativação do serviço, que o consumidor seja informado da data em que será realizado o desligamento, necessariamente em horário comercial. Além de tal previsão, a aludida lei incluiu o § 4.º no art. 6.º da Lei 8987/95, bem como o parágrafo único ao art. 6.º da Lei 13.460/17, para vedar a suspensão da prestação de serviço em virtude de inadimplemento por parte do usuário que se inicie na sexta-feira, no sábado ou no domingo, bem como em feriado ou no dia anterior a feriado. A concessionária poderá cobrar taxa de religação do serviço, salvo se não cumprida a notificação prévia do consumidor, ocasião em que ainda estará sujeita a multa (art. 5.º, parágrafo único da Lei 13.460/17).*

4.4 Intervenção: o poder concedente poderá intervir na concessão, com o fim de assegurar a adequação na prestação do serviço, bem como o fiel cumprimento das normas contratuais, regulamentares e legais pertinentes. A intervenção far-se-á por **decreto do poder concedente**, que conterá a designação do interventor, o **prazo** da intervenção e os objetivos e limites da medida.

Após a declaração da intervenção, o poder concedente deverá, em **30 dias**, instaurar procedimento administrativo para comprovar as causas determinantes da medida e apurar responsabilidades, assegurando-se ao concessionário o direito de ampla defesa. Este procedimento deverá ser concluído em **180 dias**, sob pena de se considerar inválida a intervenção.

É importante ter muita atenção neste ponto: **o procedimento administrativo, em regra, se inicia quando a intervenção já foi declarada**, não sendo pressuposto para que esta ocorra. Por outro lado, apesar de ocorrer *a posteriori*, a instauração do procedimento administrativo **é obrigatória.**

Se ficar comprovado que a intervenção não observou os pressupostos legais e regulamentares será declarada sua **nulidade**, devendo o serviço ser **imediatamente** devolvido à concessionária, sem prejuízo de seu direito à indenização.

Cessada a intervenção, se não for extinta a concessão, a administração do serviço será devolvida à concessionária, precedida de prestação de contas pelo interventor, que responderá pelos atos praticados durante a sua gestão.

4.5 Extinção do contrato de concessão: trazemos abaixo um pequeno apanhado das formas de extinção do contrato de concessão de serviço público (arts. 35 a 39, da Lei 8.987/95):

A **Termo final do prazo**: a concessão pode se findar após o decurso do prazo estabelecido no contrato administrativo, ocasião em que o serviço retorna ao concedente.

B **Encampação**: também chamada de **resgate**, é a retomada do serviço pelo poder concedente durante o prazo da concessão, por **motivo de interesse público**, mediante lei autorizativa específica e após pagamento da indenização ao concessionário.

C **Caducidade**: é uma forma de **rescisão unilateral** do contrato por parte do Poder Público e decorre da **inexecução total** ou **parcial** do contrato por parte da concessionária. A Lei 8.987/95 enumera as hipóteses de caducidade no art. 38, § 1º. Outra hipótese de caducidade está prevista no art. 27 da Lei 8.987/95, qual seja, transferência de concessão ou do controle societário da concessionária sem prévia anuência do poder concedente. Destacamos, ainda, as seguintes regras sobre a caducidade: **1)** A declaração da caducidade da concessão deverá ser precedida da verificação da inadimplência da concessionária em processo administrativo, assegurado o direito de ampla defesa; **2)** É obrigatório que antes da instauração do procedimento administrativo, a concessionária seja notificada, detalhadamente, quanto aos descumprimentos contratuais que ensejariam a caducidade, dando-lhe um prazo para corrigir as falhas e transgressões apontadas e para o enquadramento, nos termos contratuais; **3)** Instaurado o processo administrativo e comprovada a inadimplência, a caducidade será declarada por decreto do poder concedente, independentemente de indenização prévia, calculada no decurso do processo; **4)** A indenização observará as disposições contratuais e contemplará as parcelas dos investimentos vinculados a bens reversíveis, ainda não amortizados ou depreciados, que tenham sido realizados com o objetivo de garantir a continuidade e atualidade do serviço concedido, descontado o valor das multas contratuais e dos danos causados pela concessionária; **5)** Dispõe a lei que, declarada a caducidade, não resultará para o poder concedente qualquer espécie de responsabilidade em relação aos encargos, ônus, obrigações ou compromissos com terceiros ou com empregados da concessionária.

> **MUITA ATENÇÃO!**
> Nas condições estabelecidas no contrato de concessão, o poder concedente autorizará a **assunção do controle ou da administração temporária da concessionária** por seus financiadores e garantidores com quem não mantenha vínculo societário direto, para promover sua reestruturação financeira e assegurar a continuidade da prestação dos serviços. Nesta situação, não se declarará a caducidade da concessão, desde que observadas as disposições do art. 27-A da Lei 8.987/95, inserido pela Lei 13.097/15. Esta sistemática se aplica também às parcerias público-privadas, estudadas mais a frente.

D **Rescisão**: é o meio que tem o concessionário de pôr termo ao vínculo contratual em razão de **descumprimento de normas contratuais** por parte do poder concedente, mediante ação judicial especialmente intentada para esse fim. Neste caso, os serviços prestados pela concessionária não poderão ser interrompidos ou paralisados, até a decisão judicial transitada em julgado.

E **Anulação**: decorre de um vício de legalidade que maculou alguma das fases do processo de concessão.

F **Falência ou extinção da empresa concessionária e falecimento ou incapacidade do titular, no caso de empresa individual**: a concessionária deixa de ter condições de cumprir o contrato firmado. Esta previsão também é trazida na Lei de Falências, em seu art. 195.

5. CONCESSÕES ESPECIAIS: PARCERIAS PÚBLICO-PRIVADAS

5.1 Noções: as parcerias público-privadas (PPP) são reguladas pela Lei 11.079/04 e consideradas uma espécie de concessão de serviços públicos. O art. 2º desta lei define parceria público-privada como sendo o **contrato administrativo de concessão**, na modalidade **patrocinada** ou **administrativa**. As definições dessas modalidades são trazidas nos §§ 1º e 2º do referido dispositivo, respectivamente (e literalmente): "a **concessão patrocinada** é a concessão de **serviços públicos ou de obras públicas** de que trata a Lei nº 8.987, de 13 de fevereiro de 1995, quando envolver, adicionalmente à tarifa cobrada dos usuários **contraprestação pecuniária do parceiro público ao parceiro privado**"; "**concessão administrativa** é o contrato de **prestação de serviços** de que a **Administração Pública** seja a **usuária direta** ou **indireta**, ainda que envolva execução de obra ou fornecimento e instalação de bens".

> **MUITA ATENÇÃO!**
> No contrato de PPP os riscos – inclusive os referentes a caso fortuito, força maior, fato do príncipe e álea econômica extraordinária – serão objetivamente compartilhados entre as partes (art. 4º, III c/c art. 5º, III da Lei 11.079/04).

5.2 Âmbito de incidência: Nos termos do art. 1º, parágrafo único da Lei 11.079/04, esta lei aplica-se aos órgãos da administração pública direta **dos Poderes Executivo e Legislativo**, aos fundos especiais, às autarquias, às fundações públicas, às empresas públicas, às sociedades de economia mista e às demais entidades controladas direta ou indiretamente pela União, Estados, Distrito Federal e Municípios.

5.3 Vedações: Não são todas as situações que comportam a contratação de uma PPP. Não se admite, por exemplo, a contratação de parceria público-privada que tenha como objeto único o **fornecimento de mão-de-obra**, o **fornecimento e instalação de equipamentos** ou a **execução de obra pública** (O art. 2º, § 4º, inciso III), de modo que não sejam burladas as normas constitucionais que determinam a realização de concurso público e licitações. A lei veda, ainda, a contratação de parceria público-privada: 1) cujo valor do **contrato** seja **inferior a R$ 10.000.000,00** (dez milhões de reais); 2) cujo período de **prestação do serviço** seja **inferior a 5 (cinco) anos** (o prazo máximo será de 35 anos).

5.4 Licitação: a contratação de uma PPP terá algumas peculiaridades. No tocante à licitação, está será precedida de **consulta pública**, observando-se a modalidade **concorrência** ou **diálogo competitivo**. Poderá ocorrer a inversão de fases da licitação, devendo ser observado o seguinte: **I** – encerrada a fase de classificação das propostas ou o oferecimento de lances, será aberto o invólucro com os documentos de habilitação do licitante mais bem classificado, para verificação do atendimento das condições fixadas no edital; **II** – verificado o atendimento das exigências do edital, o licitante será declarado vencedor; **III** – inabilitado o licitante melhor classificado, serão analisados os documentos habilitatórios do licitante com a proposta classificada em segundo lugar, e assim, sucessivamente, até que um licitante classificado atenda às condições fixadas no edital; **IV** – proclamado o resultado final do certame, o objeto será adjudicado ao vencedor nas condições técnicas e econômicas por ele ofertadas.

5.5 Contrato: a PPP será formalizada por meio de **contrato administrativo**. As cláusulas dos contratos das de PPP atenderão ao disposto no art. 23 da Lei 8.987/95 e às condições específicas previstas no art. 5º da Lei 11.079/04 (é importante a leitura destes dispositivos).

Antes da celebração do contrato, deverá ser constituída **sociedade de propósito específico**, incumbida de implantar e gerir o objeto da parceria.

A contraprestação da Administração Pública poderá ser feita por ordem bancária, cessão de créditos não tributários, outorga de direitos em face da Administração Pública, outorga de direitos sobre bens públicos dominicais e outros meios admitidos em lei.

O contrato poderá prever o pagamento ao parceiro privado de remuneração variável vinculada ao seu desempenho, conforme metas e padrões de qualidade e disponibilidade definidos no contrato. A contraprestação da Administração Pública será obrigatoriamente precedida da disponibilização do serviço objeto do contrato de parceria público-privada.

5.6 Garantias: as obrigações pecuniárias contraídas pela Administração Pública em contrato de parceria público-privada poderão ser garantidas mediante: a) vinculação de receitas; b) instituição ou utilização de fundos especiais previstos em lei; c) contratação de seguro-garantia com as companhias seguradoras que não sejam controladas pelo Poder Público; d) garantia prestada por organismos internacionais ou instituições financeiras que não sejam controladas pelo Poder Público; e) garantias prestadas por fundo garantidor ou empresa estatal criada para essa finalidade; f) outros mecanismos admitidos em lei.

5.7 Arbitragem: o art. 11, III, da Lei de PPP admite que o edital preveja o emprego dos mecanismos privados de resolução de disputas, inclusive a arbitragem, a ser realizada no Brasil e em língua portuguesa, para dirimir conflitos decorrentes ou relacionados ao contrato.

6. PERMISSÃO DE SERVIÇOS PÚBLICOS

6.1 Noções: A Lei 8.987/95 definiu a permissão de serviço público como sendo a **delegação**, a **título precário**, mediante **licitação** da prestação de serviços públicos, feita pelo poder concedente à **pessoa física** ou **jurídica** que demonstre capacidade para seu desempenho, por sua conta e risco. A permissão será formalizada por meio de **contrato de adesão**, aplicando-se as disposições relativas às concessões (art. 40).

6.2 Diferenças entre permissão e concessão: No julgamento da ADI 1491/DF (Inf. 117), consagrou-se no STF o entendimento do relator, Min. Carlos Veloso, de que o art. 175, parágrafo único, I da CF afastou qualquer distinção conceitual entre **permissão** e **concessão**, ao conferir àquela o caráter contratual próprio desta. Diante disso, **quais as características que diferenciariam concessão e permissão**? A doutrina elenca, basicamente, duas: 1) a **concessão** pode ser contratada com **pessoa jurídica** ou **consórcio de empresas**; a **permissão** só pode ser firmada com **pessoa física ou jurídica**; 2) A **permissão** é dotada do atributo da **precariedade** (art. 2º, IV e 40 da Lei 8.987/95), o que não ocorre com a concessão. Alguns autores elencam, ainda, o fato de a permissão instrumentalizar-se por meio de **contrato de adesão**, o que, a nosso ver, não traduz em uma diferença, vez que o contrato de concessão também será de adesão, já que sua minuta deverá integrar o edital de licitação, não havendo margem de negociabilidade entre o concedente e o concessionário.

DICA IMPORTANTE

Vale muito a pena fixar bem os conceitos de concessão e permissão e as principais características destas duas formas de delegação de serviços públicos. Foram muitas as questões do **exame unificado** que trabalharam com estes temas.

7. AUTORIZAÇÃO DE SERVIÇOS PÚBLICOS

Em geral, autorização de serviço público é definida pela doutrina como um **ato administrativo unilateral**, **precário**, por **prazo determinado ou não**, **revogável** a qualquer tempo pela Administração (discricionário), **sem direito à indenização**, em que a Administração consente na execução de **serviço de utilidade pública** por particular, **pessoa física** ou **jurídica**, em benefício predominantemente próprio ou da coletividade. Ex.: cuidado de praças por parte de moradores locais, serviços de taxi etc. Não há licitação prévia, em regra. Alguns autores não consideram a autorização como forma de delegação de serviços públicos.

DICA IMPORTANTE

Confira abaixo as principais súmulas pertinentes aos serviços públicos:

STF:

- **Súmula Vinculante 19:** A taxa cobrada exclusivamente em razão dos serviços públicos de coleta, remoção e tratamento ou destinação de lixo ou resíduos provenientes de imóveis, não viola o art. 145, II, da Constituição Federal;
- **Súmula Vinculante 27:** Compete à justiça estadual julgar causas entre consumidor e concessionária de serviço público de telefonia, quando a ANATEL não seja litisconsorte passiva necessária, assistente, nem opoente;
- **Súmula 545:** Preços de serviços públicos e taxas não se confundem, porque estas, diferentemente daqueles, são compulsórias e tem sua cobrança condicionada a prévia autorização orçamentária, em relação a lei que as instituiu;
- **Súmula 640:** O serviço de iluminação pública não pode ser remunerado mediante taxa.

STJ:

- **Súmula 356:** É legítima a cobrança da tarifa básica pelo uso dos serviços de telefonia fixa;
- **Súmula 407:** É legítima a cobrança da tarifa de água fixada de acordo com as categorias de usuários e as faixas de consumo;
- **Súmula 412:** A ação de repetição de indébito de tarifas de água e esgoto sujeita-se ao prazo prescricional estabelecido no Código Civil.

FIQUE POR DENTRO:

Participação, proteção e defesa dos direitos do usuário dos serviços públicos da administração pública (Lei 13.460)

O art. 37, § 3º, I, da CF prevê que os usuários dos serviços públicos devem ter meios de participação na Administração Pública. Este dispositivo foi regulamentado pela lei 13.460/17, aplicável administração pública direta e indireta da União, dos Estados, do Distrito Federal e dos Municípios. Sem pretensão de esgotar o tema, mas chamando atenção à sua importância, enumeraremos a seguir as principais novidades: 1) A aplicação da Lei nº 13.460/2017 não afasta a necessidade de que a Administração Pública continue tendo que cumprir outros deveres em normas regulamentadoras específicas (quando se tratar de serviço ou atividade sujeitos a regulação ou supervisão) e no Código de Defesa do Consumidor (quando caracterizada relação de consumo); 2) A lei 13.460/2017 aplica-se subsidiariamente aos serviços públicos prestados por particulares, como saúde; 3) Os serviços públicos e o atendimento do usuário serão realizados de forma adequada, observados os princípios da regularidade, continuidade, efetividade, segurança, atualidade, generalidade, transparência e cortesia; 4) o art. 5.º estabelece uma série de diretrizes a serem observadas pelos agentes públicos prestadores de serviço público, com destaque para autenticação de documentos pelo próprio agente público, à vista dos originais apresentados pelo usuário, vedada a exigência de reconhecimento de firma, salvo em caso de dúvida de autenticidade; 5) Além de diretrizes, a lei trouxe uma série de direitos (art. 6.º) e deveres (art. 8.º) dos usuários; 6) Necessidade de divulgação da **Carta de Serviços aos Usuários**, cujo objetivo informar o usuário sobre os serviços prestados pelo órgão ou entidade, as formas de acesso a esses serviços e seus compromissos e padrões de qualidade de atendimento ao público; 7) garantia de manifestações dos usuários perante a administração pública acerca da prestação de serviços públicos e visando à garantia de seus direitos, dirigidas à ouvidoria do órgão ou entidade responsável e conterá a identificação do requerente; 8) criação de **conselhos de usuários**, como mecanismos de acompanhamento da prestação e na avaliação dos serviços públicos; 9) A Lei 13.460/2017 (DOU de **27.6.2017**) estabeleceu prazos diferenciados de vacatio legis, quais sejam: I – **365 dias** para a **União**, os **Estados**, o **Distrito Federal** e os **Municípios com mais de 500 mil habitantes**; II – **540 dias** para os **Municípios entre 100 mil e 500 mil habitantes**; e III – **720 dias** para **os Municípios com menos de 100 mil habitantes.**

<table>
<tr><th colspan="2">EM RESUMO: Serviços Públicos</th></tr>
<tr><td>Classificação</td><td>
• QUANTO AOS DESTINATÁRIOS (SERVIÇOS GERAIS E INDIVIDUAIS):
a) serviço geral (indivisível, coletivo ou uti universi) – prestado a um número indeterminado de indivíduos, de modo que a remuneração pela sua utilização não pode ser feita por cobrança de taxa ou de preço público (geralmente são financiados por impostos e contribuições específicas).
b) Serviço individual (divisível, singular ou uti singuli) – prestado a um número determinado ou determinável de indivíduos, de modo que é possível separar e mensurar ou estimar sua utilização. Em razão disso, serão remunerados por taxa ou por tarifa.
• QUANTO AO OBJETO (SERVIÇOS ADMINISTRATIVOS, COMERCIAIS OU INDUSTRIAIS E SOCIAIS):
a) serviços administrativos, segundo HELY LOPES MEIRELLES, "são os que a Administração executa para atender as suas necessidades internas ou preparar outros serviços que serão prestados ao público, tais como os da imprensa oficial, das estações experimentais e outros dessa natureza";
b) serviços comerciais ou industriais são aqueles que a Administração executa, direta ou indiretamente, para atender necessidades coletivas de ordem econômica, com base no art. 175 da CF/88 (DI PIETRO), sendo remunerados por tarifas ou preços públicos.
c) serviços sociais, por fim, são os que visam atender necessidades coletivas, sendo prestados prioritariamente pelo Estado, mas sem a exclusão da atuação supletiva da iniciativa privada.
• QUANTO À ESSENCIALIDADE (SERVIÇOS PÚBLICOS PROPRIAMENTE DITOS E SERVIÇOS DE UTILIDADE PÚBLICA):
a) Segundo HELY LOPES MEIRELLES, serviços públicos propriamente ditos são os que a Administração presta diretamente à comunidade, por reconhecer sua essencialidade e necessidade para a sobrevivência do grupo social e do próprio Estado. Assim, tais serviços são considerados privativos do Poder Público, inexistindo a possibilidade de delegação a terceiros.
b) Serviços de utilidade pública são os que a Administração presta diretamente ou aquiesce em que sejam prestados por terceiros delegatários, após reconhecida sua conveniência para a coletividade (MEIRELLES). A Administração regulamenta a forma de delegação e promove seu controle, mas o serviço é prestado por conta e risco dos delegatários, mediante remuneração dos usuários.
</td></tr>
</table>

EM RESUMO: Serviços Públicos	
Delegação	• **Legal:** A execução ou mesmo a titularidade do serviço é transferida **por lei** a entidades da Administração Pública Indireta. Ex.: O INSS, autarquia federal, recebeu por lei a incumbência de fazer a gestão dos benefícios pagos pelo Regime Geral de Previdência Social. • **Negocial:** A execução de um determinado serviço é transferida para pessoas da iniciativa privada por meio de contrato administrativo. Ocorre por meio de **concessão, permissão e autorização**. Ex.: concessão da Rodovia Presidente Dutra, que liga SP ao RJ.
Concessão	• **Conceito:** é a **delegação** de sua **prestação**, feita pelo poder concedente, mediante **licitação**, na modalidade de **concorrência** ou **diálogo competitivo**, à **pessoa jurídica** ou **consórcio de empresas** (concessionárias) que demonstre capacidade para seu desempenho, por sua **conta e risco** e por **prazo determinado** (que será definido pelo poder concedente). (art. 2º, II da Lei 8.987/95) • **Serviço adequado:** a Lei 8.987/95 estabelece que "toda **concessão** ou **permissão** pressupõe a prestação de serviço adequado ao pleno atendimento dos usuários, conforme estabelecido nesta Lei, nas normas pertinentes e no respectivo contrato" (art. 6º). Serviço adequado é o que satisfaz as condições de **regularidade, continuidade, eficiência, segurança, atualidade, generalidade, cortesia** na sua prestação e **modicidade** das tarifas. A atualidade compreende a modernidade das técnicas, do equipamento e das instalações e a sua conservação, bem como a melhoria e expansão do serviço. • **Direitos e obrigações dos usuários:** são direitos e obrigações dos usuários de serviços delegados, trazidos pela Lei 8.987/95: **I** – receber serviço adequado; **II** – receber do poder concedente e da concessionária informações para a defesa de interesses individuais ou coletivos; **III** – obter e utilizar o serviço, com liberdade de escolha, observadas as normas do poder concedente; **IV** – levar ao conhecimento do poder público e da concessionária as irregularidades de que tenham conhecimento, referentes ao serviço prestado; **V** – comunicar às autoridades competentes os atos ilícitos praticados pela concessionária na prestação do serviço; **VI** – contribuir para a permanência das boas condições dos bens públicos através dos quais lhes são prestados os serviços. Além dos direitos assegurados pela Lei 8.987/95, o usuário do serviço público tem à sua disposição, para a tutela de seus direitos, o Código de Defesa do Consumidor. • **Intervenção:** o poder concedente poderá intervir na concessão, com o fim de assegurar a adequação na prestação do serviço, bem como o fiel cumprimento das normas contratuais, regulamentares e legais pertinentes. A intervenção far-se-á por **decreto do poder concedente**, que conterá a designação do interventor, o **prazo** da intervenção e os objetivos e limites da medida. Declarada a intervenção, o poder concedente deverá, em **30 dias**, instaurar procedimento administrativo para comprovar as causas determinantes da medida e apurar responsabilidades, assegurando-se ao concessionário o direito de ampla defesa. Este procedimento deverá ser concluído em **180 dias**, sob pena de se considerar inválida a intervenção. Se ficar comprovado que a intervenção não observou os pressupostos legais e regulamentares será declarada sua **nulidade**, devendo o serviço ser **imediatamente** devolvido à concessionária, sem prejuízo de seu direito à indenização. Cessada a intervenção, se não for extinta a concessão, a administração do serviço será devolvida à concessionária, precedida de prestação de contas pelo interventor, que responderá pelos atos praticados durante a sua gestão. • **Extinção do contrato de concessão** (arts. 35 a 39, da Lei 8.987/95): a) **Termo final do prazo:** a concessão pode se findar após o decurso do prazo estabelecido no contrato administrativo, ocasião em que o serviço retorna ao concedente. b) **Encampação:** também chamada de **resgate**, é a retomada do serviço pelo poder concedente durante o prazo da concessão, por **motivo de interesse público**, mediante **lei autorizativa específica** e após pagamento da indenização ao concessionário. c) **Caducidade:** é uma forma de **rescisão unilateral** do contrato por parte do Poder Público e decorre da **inexecução total** ou **parcial** do contrato por parte da concessionária. d) **Rescisão:** é o meio que tem o concessionário de pôr termo ao vínculo contratual em razão de **descumprimento de normas contratuais** por parte do poder concedente, mediante ação judicial especialmente intentada para esse fim. Neste caso, os serviços prestados pela concessionária não poderão ser interrompidos ou paralisados, até a decisão judicial transitada em julgado. e) **Anulação:** decorre de um vício de legalidade que maculou alguma das fases do processo de concessão. f) **Falência ou extinção da empresa concessionária e falecimento ou incapacidade do titular, no caso de empresa individual:** a concessionária deixa de ter condições de cumprir o contrato firmado. Esta previsão também é trazida na Lei de Falências, em seu art. 195. **CONCESSÕES ESPECIAIS: PARCERIAS PÚBLICO PRIVADAS** • **Âmbito de incidência:** Nos termos do art. 1º, parágrafo único da Lei 11.079/04, esta lei aplica-se aos órgãos da administração pública direta **dos Poderes Executivo e Legislativo**, aos fundos especiais, às autarquias, às fundações públicas, às empresas públicas, às sociedades de economia mista e às demais entidades controladas direta ou indiretamente pela União, Estados, Distrito Federal e Municípios.

<table>
<tr><th colspan="2">EM RESUMO: Serviços Públicos</th></tr>
<tr><td>Concessão</td><td>
• Vedações: Não são todas as situações que comportam a contratação de uma PPP. Não se admite, por exemplo, a contratação de parceria público-privada que tenha como objeto único o fornecimento de mão-de-obra, o fornecimento e instalação de equipamentos ou a execução de obra pública (art. 2º, § 4º, inciso III), de modo que não sejam burladas as normas constitucionais que determinam a realização de concurso público e licitações. A lei veda, ainda, a contratação de parceria público-privada: 1) cujo valor do contrato seja inferior a R$ 10.000.000,00 (dez milhões de reais); 2) cujo período de prestação do serviço seja inferior a 5 (cinco) anos (o prazo máximo será de 35 anos).
• Licitação: Será precedida de consulta pública, observando-se a modalidade concorrência ou diálogo competitivo. Poderá ocorrer a inversão de fases da licitação, devendo ser observado o seguinte: I - encerrada a fase de classificação das propostas ou o oferecimento de lances, será aberto o invólucro com os documentos de habilitação do licitante mais bem classificado, para verificação do atendimento das condições fixadas no edital; II - verificado o atendimento das exigências do edital, o licitante será declarado vencedor; III - inabilitado o licitante melhor classificado, serão analisados os documentos habilitatórios do licitante com a proposta classificada em segundo lugar, e assim, sucessivamente, até que um licitante classificado atenda às condições fixadas no edital; IV - proclamado o resultado final do certame, o objeto será adjudicado ao vencedor nas condições técnicas e econômicas por ele ofertadas.
• Contrato: Será formalizada por meio de contrato administrativo. As cláusulas dos contratos das de PPP atenderão ao disposto no art. 23 da Lei 8.987/95 e às condições específicas previstas no art. 5º da Lei 11.079/04 (é importante a leitura destes dispositivos).
• Garantias: as obrigações pecuniárias contraídas pela Administração Pública em contrato de parceria público-privada poderão ser garantidas mediante: a) vinculação de receitas; b) instituição ou utilização de fundos especiais previstos em lei; c) contratação de seguro-garantia com as companhias seguradoras que não sejam controladas pelo Poder Público; d) garantia prestada por organismos internacionais ou instituições financeiras que não sejam controladas pelo Poder Público; e) garantias prestadas por fundo garantidor ou empresa estatal criada para essa finalidade; f) outros mecanismos admitidos em lei.
• Arbitragem: o art. 11, III, da Lei de PPP admite que o edital preveja o emprego dos mecanismos privados de resolução de disputas, inclusive a arbitragem, a ser realizada no Brasil e em língua portuguesa, para dirimir conflitos decorrentes ou relacionados ao contrato.
</td></tr>
<tr><td>Permissão de serviços públicos</td><td>
• Definição: A Lei 8.987/95 definiu a permissão de serviço público como sendo a delegação, a título precário, mediante licitação da prestação de serviços públicos, feita pelo poder concedente à pessoa física ou jurídica que demonstre capacidade para seu desempenho, por sua conta e risco.
• Instrumentaliza-se por meio de contrato de adesão, aplicando-se as disposições relativas às concessões (art. 40).
</td></tr>
<tr><td>Autorização de serviços públicos</td><td>
• ato administrativo unilateral;
• precário;
• por prazo determinado ou não;
• revogável a qualquer tempo pela Administração (discricionário), sem direito à indenização, em que a Administração consente na execução de serviço de utilidade pública por particular, pessoa física ou jurídica, em benefício predominantemente próprio ou da coletividade.
Alguns autores não consideram a autorização como forma de delegação de serviços públicos.
</td></tr>
</table>

CAPÍTULO IX
RESPONSABILIDADE CIVIL EXTRACONTRATUAL DO ESTADO

1. NOÇÕES

A teoria responsabilidade civil clássica pressupõe a obrigação de ressarcir em razão da prática de um ato ilícito de alguém que cause prejuízo a outrem. A reparação dos danos ocorrerá na esfera patrimonial.

O Estado não está imune à responsabilização por danos causados a terceiros. Todavia, seu regime jurídico de responsabilidade civil guarda algumas peculiaridades, a seguir analisadas.

> **DICA IMPORTANTE**
>
> Nos últimos Exames de Ordem, observamos, em Direito Administrativo, questões que demandavam conhecimentos sobre posicionamentos do STF. Essa tem sido uma tendência, valendo um reforço desta dica em especial para tema em estudo, cuja orientação jurídica é muito sensível à jurisprudência. Portanto, vale a pena o candidato ficar bastante atento às principais decisões do STF que antecedem o exame de ordem.

2. EVOLUÇÃO HISTÓRICA DAS TEORIAS SOBRE A RESPONSABILIDADE DO ESTADO

A responsabilidade civil do Estado passou por vários estágios evolutivos. Vejamos os principais marcos:

A **Irresponsabilidade do Estado**: o Estado não respondia por prejuízos praticados a terceiros, prevalecendo a máxima "*The King can do no wrong*" (o rei nunca erra). Seu apogeu é identificado no período Absolutista Europeu, em que se defendia ser o rei o representante de Deus na terra.

B **Responsabilidade civil subjetiva ou com culpa**: surgiu a partir da aplicação ao Estado das teorias desenvolvidas pelos civilistas, defendendo-se que a responsabilização surgiria da constatação de cometimento de ato ilícito culposo (*lato sensu*) praticado por agente ou por falha na prestação dos serviços estatais (hipótese de culpa anônima, também conhecida por *faute du service*).

C **Responsabilidade objetiva**: deixou-se de lado a necessidade de comprovação de culpa, passando-se as discussões a recair sobre a ideia de nexo de causalidade: bastaria ao administrado a comprovação do fato danoso e as consequências dele advindas. Destas discussões, ramificaram-se outras duas teorias: a) **teoria do risco integral**: a obrigação de indenizar existiria mesmo nas hipóteses em que o Estado não deu causa ao dano. Neste aspecto, sequer poderia o Estado invocar as chamadas excludentes de responsabilidade; b) **teoria do risco administrativo**: o Estado só responde pelos riscos que tiver causado a terceiros, podendo, inclusive, invocar as causas excludentes de responsabilidade.

3. SISTEMAS DE RESPONSABILIDADE CIVIL ADOTADOS NO BRASIL

No Brasil se admite dois sistemas de responsabilidade civil para o Estado, conforme se trate de **atos comissivos ou omissivos**. No primeiro caso, a responsabilidade será objetiva, e no segundo, será subjetiva. Analisemos cada uma das situações.

3.1 Atos Comissivos: neste caso, há uma conduta positiva danosa praticada pelo agente público, uma ação, em desfavor de terceiro, o que implicará na **responsabilidade objetiva** do Estado, na modalidade **risco administrativo**. Segundo estabelece o art. 37, § 6º: As pessoas jurídicas de direito público e as de direito privado prestadoras de serviços públicos **responderão pelos danos que seus agentes, nessa qualidade, causarem a terceiros**, assegurado o direito de regresso contra o responsável nos casos de dolo ou culpa. Esta é a regra em nosso sistema de responsabilização do Estado. Assim, para que exista **responsabilidade objetiva**, deverão estar presentes os seguintes requisitos:

A **Ação**: deve existir uma **conduta concreta** ou **comissiva** de um agente estatal, atuando nesta condição. O **ato lesivo** praticado pelo agente, que gera a responsabilidade civil do Estado, não se confunde com o **ato ilícito** do Direito Civil (art. 186, do Código Civil). A ideia de **ato lesivo** é mais ampla, para abranger os atos ilícitos e, em algumas situações, atos lícitos que causam prejuízo a terceiro praticados pela Administração Pública. O STF possui semelhante entendimento, assentando que "(...) **para a configuração da responsabilidade objetiva**

do Estado não é necessário que o ato praticado seja ilícito" (RE 456.302-AgR, j. em 06.02.07). Por exemplo, a Administração promove uma obra de pavimentação de uma via, que causa prejuízos à estrutura de um determinado imóvel. A conduta da Administração é lícita, mas gerou prejuízo a terceiro e, portanto, deverá indenizá-lo.

B **Dano indenizável a terceiro**: o dano deve ser **certo** (real e concreto), **específico** ou **especial** (o sujeito ou sujeitos devem ser identificados) e **anormal** (deve ser mais grave do que um simples aborrecimento). O dano poderá ser moral ou material, inclusive podendo ambos decorrerem de uma mesma conduta.

C **Nexo de causalidade**: deve existir uma ligação entre a ação do Estado e o dano experimentado pelo terceiro. Em algumas situações o nexo de causalidade é rompido, o que afasta a responsabilidade do Estado. São as chamadas **causas excludentes de responsabilidade**, sendo comumente mencionadas pela doutrina as seguintes situações: **caso fortuito** ou **força maior** e **culpa exclusiva da vítima**. Incluímos neste rol também o **fato de terceiro** que tenha contribuído de maneira exclusiva para o dano.

MUITA ATENÇÃO!

A atuação culposa do particular pode ter contribuído para o dano causado pelo Estado (**concausa**). Neste caso, a culpa da vítima será observada na **fixação da indenização** devida, no sistema conhecido como compensação de culpas. Este sistema é disciplinado pelo art. 945, do CC: "Se a vítima tiver concorrido culposamente para o evento danoso, a sua indenização será fixada tendo-se em conta a gravidade de sua culpa em confronto com a do autor do dano". Sobre este tema, em questão do XX Exame de Ordem (jul/16), propôs-se a seguinte situação para o candidato analisar: "A fim de pegar um atalho em seu caminho para o trabalho, Maria atravessa uma área em obras, que está interditada pela empresa contratada pelo Município para a reforma de um viaduto. Entretanto, por desatenção de um dos funcionários que trabalhava no local naquele momento, um bloco de concreto se desprendeu da estrutura principal e atingiu o pé de Maria". A alternativa correta apontou que "a empresa contratada e o Município respondem de forma atenuada pelos danos causados, tendo em vista a culpa concorrente da vítima".

? **QUESTÃO:** Em alguma(s) hipótese(s) admite-se a responsabilidade objetiva na modalidade risco integral no Direito Brasileiro?

→ ***RESPOSTA:*** *O tema não é pacífico. Alguns doutrinadores defendem que para os danos nucleares adotou-se a teoria do risco integral, conclusão a que se chega a partir da análise do art. 21, XXIII, "d", da CF ("responsabilidade civil por danos nucleares independe da existência de culpa"). Da mesma forma, a Lei 10.744/04 disciplina a assunção, pela União, de responsabilidades civis perante terceiros no caso de atentados terroristas, atos de guerra ou eventos correlatos, contra aeronaves de matrícula brasileira operadas por empresas brasileiras de transporte aéreo público, excluídas as empresas de táxi aéreo.*

FIQUE POR DENTRO:

Prestadoras de serviços públicos e responsabilidade perante terceiros não usuários dos serviços

Durante algum tempo o STF sustentou entendimento de que a responsabilidade civil das pessoas jurídicas de direito privado prestadoras de serviço público era objetiva apenas com relação aos **usuários do serviço**, não se estendendo a terceiros que não ostentassem referida condição. Todavia, no julgamento do RE 591.874 (DJE de 18.12.2009), o Min. Ricardo Lewandowski entendeu aplicável a responsabilidade civil objetiva também àqueles que não são usuários do serviço público, entendimento este que tem sido o adotado pelo STF. Assim, se um ônibus de uma concessionária de transporte coletivo, por exemplo, atropelar um pedestre, a responsabilidade será **objetiva** neste caso.

3.2 Atos de Omissão: segundo doutrina majoritária, tratando-se de **ato omissivo** do poder público a responsabilidade civil do Estado será **subjetiva**, por **culpa anônima** ou "*faute du service*" (falta do serviço). Assim, se não houve prestação do serviço público, bem como na hipótese de a prestação ter sido tardia ou ineficiente, estará caracterizada a **culpa anônima** e a consequente responsabilização do ente estatal. Neste caso, deve-se observar se o Estado tinha ou não a obrigação de evitar o dano.

Exemplo de omissão estatal foi trazida em questão do XIX Exame de Ordem (abr/16): "Um paciente de um hospital psiquiátrico estadual conseguiu fugir da instituição em que estava internado, ao aproveitar um momento em que os servidores de plantão largaram seus postos para acompanhar um jogo de futebol na televisão. Na fuga, ao pular de um viaduto próximo ao hospital, sofreu uma queda e, em razão dos ferimentos, veio a falecer". O Estado era responsável pela custódia do paciente, de modo que a prestação ineficiente do serviço implicará na responsabilidade por sua morte, sem prejuízo de ajuizamento de ação de regresso contra os servidores omissos.

MUITA ATENÇÃO!

Não é tarefa das mais fáceis definir se a responsabilidade estatal decorreu de um ato comissivo ou omissivo do Estado. Exemplo de situação que fica nessa zona cinzenta é a **morte de detento** dentro de estabelecimento prisional. Neste caso, a orientação mais recente na jurisprudência do STF tem sido pela aplicação da **responsabilidade objetiva** do Estado, por se tratar de uma **omissão específica estatal**, uma vez que "(...) É dever do Estado e direito subjetivo do preso que a execução da pena se dê de forma humanizada, garantindo-se os direitos fundamentais do detento, e o de ter preservada a sua incolumidade física e moral (artigo 5º, inciso XLIX, da Constituição Federal). 4. O dever constitucional de proteção ao detento somente se considera violado quando possível a atuação estatal no sentido de garantir os seus direitos fundamentais, pressuposto inafastável para a configuração da responsabilidade civil objetiva estatal, na forma do artigo 37, § 6º,

MUITA ATENÇÃO!

da Constituição Federal" (RE 841526 / RS, Rel. Min. Luiz Fux, j. em 30.03.2016). A banca examinadora exigiu conhecimentos sobre este assunto no XXI Exame de Ordem (nov/16), ao propor a seguinte situação: "José, acusado por estupro de menores, foi condenado e preso em decorrência da execução de sentença penal transitada em julgado. Logo após seu recolhimento ao estabelecimento prisional, porém, foi assassinado por um colega de cela". A resposta apontada pelo gabarito, apesar de não ter entrado na discussão de tratar de responsabilidade objetiva ou subjetiva, possuía a seguinte redação: "Estão presentes os elementos configuradores da responsabilidade civil do Estado, porque o poder público tem o dever jurídico de proteger as pessoas submetidas à custódia de seus agentes e estabelecimentos".

FIQUE POR DENTRO:

Submissão do presidiário a condições degradantes

Vale atentar para recente julgado do STF (RE 580252) que atribuiu ao Estado responsabilidade por submissão do detento a condições degradantes, sob o argumento principal de que o Estado responde pela incolumidade física e psíquica daqueles que estão sob sua custódia (repercussão geral – tema 365). O Pleno do STF redigiu a seguinte tese: "Considerando que é dever do Estado, imposto pelo sistema normativo, manter em seus presídios os padrões mínimos de humanidade previstos no ordenamento jurídico, é de sua responsabilidade, nos termos do art. 37, § 6º da Constituição, a obrigação de ressarcir os danos, inclusive morais, comprovadamente causados aos detentos em decorrência da falta ou insuficiência das condições legais de encarceramento".

? **QUESTÃO:** As empresas estatais (sociedades de economia mista e empresas públicas) respondem objetiva ou subjetivamente?

➥ ***RESPOSTA:*** *Depende. As empresas estatais que exploram atividade econômica e que tenham participação do Estado estão sujeitas à* ***responsabilidade civil subjetiva do direito civil*** *(diferente da culpa anônima, aplicadas aos atos omissos do Estado), tendo-se que comprovar* ***dolo*** *(intenção) ou* ***culpa*** *(negligência, imprudência ou imperícia) para a ocorrência do evento danoso, salvo se se tratar de* ***relação de consumo****, em que a responsabilidade também é* ***objetiva****. Por seu turno, as empresas estatais que prestam serviços públicos observam a responsabilidade objetiva.*

4. RESPONSABILIDADE POR ATOS JUDICIAIS E LEGISLATIVOS

Os atos judiciais típicos, em regra, não implicam em responsabilização do Estado, porquanto o sistema processual dispõe de recursos e meios judiciais próprios para a reversão de grande parte das decisões judiciais. Exceções a esta regra são o **erro judicial** reconhecido em revisão criminal (art. 5º, LXXV da CF/88), condenado que **ficar preso além do tempo estabelecido em decisão judicial** (art. 5º, LXXV da CF/88) e quando o juiz proceder com **dolo ou fraude no exercício de suas funções** ou **recusar, omitir ou retardar, sem justo motivo, providência que deva ordenar de ofício, ou a requerimento da parte** (art. 143, I e II do CPC).

Os atos legislativos, em regra, também não geram responsabilização do Estado, exceto nas seguintes situações: a) **reedição de lei declarada inconstitucional pelo STF**; b) **leis que tenham efeitos concretos**.

5. PAGAMENTO DA INDENIZAÇÃO

O reconhecimento do dever de indenizar pode ser feito administrativa ou judicialmente.

Se o Estado voluntariamente concordar em pagar o prejuízo, o montante será quitado com recursos orçamentários específicos. Em algumas situações o Estado promove a contratação de seguros, principalmente de automóveis, hipótese em que o pagamento se dará com recursos da seguradora.

Caso a obrigação de indenizar advenha de sentença judicial, deverá ser observado o que dispõe o art. 100, da CF: "Os pagamentos devidos pelas Fazendas Públicas Federal, Estaduais, Distrital e Municipais, em virtude de sentença judiciária, far-se-ão exclusivamente na ordem cronológica de apresentação dos precatórios e à conta dos créditos respectivos, proibida a designação de casos ou de pessoas nas dotações orçamentárias e nos créditos adicionais abertos para este fim".

A jurisprudência e doutrina majoritárias têm entendido que prazo prescricional para a pretensão de obter pagamento indenização do Estado é de **5 (cinco) anos** (Decreto 20.910/32, art. 1º e art. 1-C da Lei 9.494/97). Há quem defenda, porém, a aplicação do prazo de **3 (três) anos** previsto no Código Civil (art. 206, § 3º, V).

6. AÇÃO DE REGRESSO DA ADMINISTRAÇÃO CONTRA O AGENTE CAUSADOR DO DANO

O direito de regresso da Administração Pública contra o servidor causador do dano é tratado genericamente pelo art. 37, § 6º, da CF, que exige a configuração de **dolo** ou **culpa** para o ressarcimento do prejuízo. A ação de regresso contra o servidor "em regra deverá ser exercida, sob pena de afronta ao princípio da indisponibilidade" (afirmativa extraída em questão do **exame unificado out/11**).

Vale ressaltar que o art. 28 da LINDB, incluído pela Lei 13.655/18, atenuou a previsão do art. 37, § 6.º ao estabelecer que o agente público responderá pessoalmente por suas decisões ou opiniões técnicas em caso de **dolo ou erro grosseiro**. Dessa forma, o legislador inova a estabelecer que somente **culpa grave** ensejará a responsabilização do agente.

6.1 Ingresso com ação contra o próprio agente e denunciação da lide: por algum tempo sustentou-se que a vítima poderia ingressar com ação contra o Estado ou contra o próprio agente causador do dano. Neste último caso, não poderia incidir responsabilidade civil objetiva, tendo em vista que o direito de regresso da Administração Pública contra o agente demanda a comprovação da existência de dolo ou culpa. Todavia, tanto o STF quanto o STJ vêm adotando entendimento de que o agente causador do dano não possui legitimidade passiva *ad causam*. O Min. Ayres Brito, no julgamento do RE 327.904, ocorrido em 15.08.2006, consignou que o art. 37, § 6º consagra uma dupla garantia: "uma, em favor do particular, possibilitando-lhe ação indenizatória contra a pessoa jurídica de direito público, ou de direito privado que preste serviço público, dado que bem maior, praticamente certa, a possibilidade de pagamento do dano objetivamente sofrido. Outra garantia, no entanto, em prol do servidor estatal, que somente responde administrativa e civilmente perante a pessoa jurídica a cujo quadro funcional se vincular".

A **denunciação à lide** (Art. 125, II, do CPC) do servidor que causou o dano é tema bastante polêmico. Parte da doutrina não admite esta forma de intervenção de terceiro, porquanto se traria para a lide discussão sobre a **culpa do agente** (condição para o direito de regresso), o que prejudicaria o ofendido pelo ato danoso. A jurisprudência dominante do STJ vem inadmitindo a denunciação da lide do agente causador do dano, em observância aos princípios da economia e celeridade processuais.

EM RESUMO: Responsabilidade Civil Extracontratual do Estado	
Sistemas de responsabilidade civil adotados no Brasil	**Atos Comissivos:** neste caso, há uma conduta positiva danosa praticada pelo agente público, uma ação, em desfavor de terceiro, o que implicará na **responsabilidade objetiva** do Estado, na modalidade **risco administrativo**. Segundo estabelece o art. 37, § 6º: As pessoas jurídicas de direito público e as de direito privado prestadoras de serviços públicos **responderão pelos danos que seus agentes, nessa qualidade, causarem a terceiros**, assegurado o direito de regresso contra o responsável nos casos de dolo ou culpa. Esta é a regra em nosso sistema de responsabilização do Estado. Assim, para que exista **responsabilidade objetiva**, deverão estar presentes os seguintes requisitos: **a) Ação:** deve existir uma **conduta concreta** ou **comissiva** de um agente estatal, atuando nesta condição. O **ato lesivo** praticado pelo agente, que gera a responsabilidade civil do Estado, não se confunde com o **ato ilícito** do Direito Civil (art. 186, do Código Civil). A ideia de **ato lesivo** é mais ampla, para abranger os atos ilícitos e, em algumas situações, atos lícitos que causam prejuízo a terceiro praticados pela Administração Pública. O STF possui semelhante entendimento, assentando que "(...) **para a configuração da responsabilidade objetiva do Estado não é necessário que o ato praticado seja ilícito**" (RE 456.302-AgR, j. em 06.02.07). **b) Dano indenizável a terceiro:** o dano deve ser **certo** (real e concreto), **específico** ou **especial** (o sujeito ou sujeitos devem ser identificados) e **anormal** (deve ser mais grave do que um simples aborrecimento). O dano poderá ser moral ou material, inclusive podendo ambos decorrerem de uma mesma conduta. **c) Nexo de causalidade:** deve existir uma ligação entre a ação do Estado e o dano experimentado pelo terceiro. Em algumas situações o nexo de causalidade é rompido, o que afasta a responsabilidade do Estado. São as chamadas **causas excludentes de responsabilidade**, sendo comumente mencionadas pela doutrina as seguintes situações: **caso fortuito** ou **força maior** e **culpa exclusiva da vítima**. Incluímos neste rol também o **fato de terceiro** que tenha contribuído de maneira exclusiva para o dano. **Atos de Omissão:** segundo doutrina majoritária, tratando-se de **ato omissivo** do poder público a responsabilidade civil do Estado será **subjetiva**, por **culpa anônima** ou *"faute du service"* (falta do serviço). Assim, se não houve prestação do serviço público, bem como na hipótese de a prestação ter sido tardia ou ineficiente, estará caracterizada a **culpa anônima** e a consequente responsabilização do ente estatal. Neste caso, deve-se observar se o Estado tinha ou não a obrigação de evitar o dano.
Responsabilidade por atos judiciais e legislativos	Os atos judiciais típicos, em regra, não implicam em responsabilização do Estado, porquanto o sistema processual dispõe de recursos e meios judiciais próprios para a reversão de grande parte das decisões judiciais. Exceções a esta regra são o **erro judicial** reconhecido em revisão criminal (art. 5º, LXXV da CF/88), condenado que **ficar preso além do tempo estabelecido em decisão judicial** (art. 5º, LXXV da CF/88) e quando o juiz proceder com **dolo ou fraude no exercício de suas funções** ou **recusar, omitir ou retardar, sem justo motivo, providência que deva ordenar de ofício, ou a requerimento da parte** (art. 133, I e II do CPC). Os atos legislativos, em regra, também não geram responsabilização do Estado, exceto nas seguintes situações: a) **reedição de lei declarada inconstitucional pelo STF**; b) **leis que tenham efeitos concretos**.

<table>
<tr><th colspan="2">EM RESUMO: Responsabilidade Civil Extracontratual do Estado</th></tr>
<tr><td>Pagamento da indenização</td><td>O reconhecimento do dever de indenizar pode ser feito administrativa ou judicialmente.

Se o Estado voluntariamente concordar em pagar o prejuízo, o montante será quitado com recursos orçamentários específicos.

Em algumas situações o Estado promove a contratação de seguros, principalmente de automóveis, hipótese em que o pagamento se dará com recursos da seguradora.

Caso a obrigação de indenizar advenha de sentença judicial, deverá ser observado o que dispõe o art. 100, da CF: "Os pagamentos devidos pelas Fazendas Públicas Federal, Estaduais, Distrital e Municipais, em virtude de sentença judiciária, far-se-ão exclusivamente na ordem cronológica de apresentação dos precatórios e à conta dos créditos respectivos, proibida a designação de casos ou de pessoas nas dotações orçamentárias e nos créditos adicionais abertos para este fim".</td></tr>
<tr><td>Ação de regresso da administração contra o agente causador do dano</td><td>Ingresso com ação contra o próprio agente e denunciação da lide: por algum tempo sustentou-se que a vítima poderia ingressar com ação contra o Estado ou contra o próprio agente causador do dano. Neste último caso, não poderia incidir responsabilidade civil objetiva, tendo em vista que o direito de regresso da Administração Pública contra o agente demanda a comprovação da existência de dolo ou culpa. Todavia, tanto o STF quanto o STJ vêm adotando entendimento de que o agente causador do dano não possui legitimidade passiva ad causam. O Min. Ayres Brito, no julgamento do RE 327.904, ocorrido em 15.08.2006, consignou que o art. 37, § 6º consagra uma dupla garantia: "uma, em favor do particular, possibilitando-lhe ação indenizatória contra a pessoa jurídica de direito público, ou de direito privado que preste serviço público, dado que bem maior, praticamente certa, a possibilidade de pagamento do dano objetivamente sofrido. Outra garantia, no entanto, em prol do servidor estatal, que somente responde administrativa e civilmente perante a pessoa jurídica a cujo quadro funcional se vincular".

A denunciação à lide (Art. 125, II, do CPC) do servidor que causou o dano é tema bastante polêmico. Parte da doutrina não admite esta forma de intervenção de terceiro, porquanto se traria para a lide discussão sobre a culpa do agente (condição para o direito de regresso), o que prejudicaria o ofendido pelo ato danoso. A jurisprudência dominante do STJ vem inadmitindo a denunciação da lide do agente causador do dano, em observância aos princípios da economia e celeridade processuais.</td></tr>
</table>

CAPÍTULO X

AGENTES PÚBLICOS

1. NOÇÕES

Em um sentido amplo, pode-se definir agente público como "todo aquele que exerce, ainda que transitoriamente ou sem remuneração, por eleição, nomeação, designação, contratação ou qualquer forma de investidura ou vínculo, mandato, cargo emprego ou função pública" (ALEXANDRINO, PAULO, 2007, p. 73).

O tema em estudo encontra-se disciplinado principalmente nos **arts. 37 a 41 e 169 da CF/88** e na **Lei 8.112/90** (regime jurídico dos servidores públicos civis da União, das autarquias e das fundações públicas federais). Podemos destacar também as Leis **8.745/93** (dispõe sobre a contratação por tempo determinado para atender a necessidade temporária de excepcional interesse público) e **9.962/00** (disciplina o regime de emprego público do pessoal da Administração federal direta, autárquica e fundacional).

DICA IMPORTANTE

O tema agentes públicos foi, dentre as questões de Direito Administrativo, o mais exigido nos últimos exames unificados da OAB. Vale a pena estudá-lo com cuidado, pois é grande a probabilidade de ser exigido novamente. Vale lembrar também que cada ente pode estabelecer as normas relativas ao regime jurídico de seus servidores. Porém, indicamos apenas o estudo da Lei 8.112/90, aplicável aos servidores federais, já que esta foi a exigida nos exames da OAB.

2. CLASSIFICAÇÃO

Dentre as variadas classificações de **agentes públicos** existentes, destacamos a seguinte:

2.1 Agentes políticos: recebem suas atribuições diretamente da CF/88 (funções típicas de governo) e são responsáveis pela definição e direcionamento das políticas públicas estatais. Possuem uma relação jurídico-institucional **transitória** com o Estado, diversa dos demais agentes públicos, e geralmente são investidos em seus cargos por meio de **eleição**, **nomeação** ou **designação**. Exemplo: presidente, governadores, prefeitos, ministros, etc.

2.2 Servidores públicos: em **sentido amplo**, são todas as pessoas físicas que prestam serviços ao Estado em decorrência de algum vínculo de trabalho e mediante remuneração paga pelos cofres públicos (DI PIETRO, p. 513). Subdividem-se em: a) **servidores estatutários:** regidos por um regime estatutário, são titulares de cargos públicos. Ex.: servidores da União. No presente estudo utilizaremos a expressão **servidores públicos** como sinônimo de **servidores estatutários**, por se tratar de nomenclatura mais usual; b) **empregados públicos**: a relação é contratual e regida pela CLT, tendo natureza de emprego público. Ex.: empregados da Caixa Econômica Federal; c) **servidores temporários**: estão submetidos a regime jurídico especial, desempenhando uma mera função. A contratação desses agentes está prevista no art. 37, IX da CF/88, será por tempo determinado e visa atender a necessidade temporária de excepcional interesse público. Cada ente federativo deverá editar lei para disciplinar as situações que ensejarão essa contratação. Ex.: "O Município Beta verificou grave comprometimento dos serviços de educação das escolas municipais, considerando o grande número de professoras gozando licença maternidade e de profissionais em licença de saúde, razão pela qual fez editar uma lei que autoriza a contratação de professores, por tempo determinado, sem a realização de concurso, em situações devidamente especificadas na norma local" (adaptado de questão do XXI Exame de Ordem).

2.3 Militares: neste grupo se enquadram as pessoas físicas que prestam serviços às **Forças Armadas** – Marinha, Exército e Aeronáutica (art. 142, *caput*, e § 3º, da Constituição) – e às **Polícias Militares** e **Corpos de Bombeiros Militares dos Estados, Distrito Federal e dos Territórios** (art. 42), com vínculo estatutário sujeito a regime jurídico próprio, mediante remuneração paga pelos cofres públicos (DI PIETRO, p. 517).

2.4 Particulares em colaboração com o poder público: Compreendem as pessoas físicas que prestam serviço ao Estado, sem vínculo empregatício, com ou sem remuneração. Podem atuar por: a) **delegação do Poder Público**: exercem função em nome próprio, sob fiscalização do Poder Público, e recebem remuneração de terceiros usuários do serviço público. Ex.: delegatários, cartorários, leiloeiros, tradutores etc.; b) **requisição**, **nomeação** ou **designação**: exercício de funções públicas relevantes, não tem vínculo empregatício e em geral não recebem remuneração. Ex.: jurados, mesários, comissários de menores, etc.; c) **gestores de negócios**: espontaneamente assumem função pública em momento de emergência, como epidemia, enchente, etc. Hely Lopes Meirelles arrola como particulares em colaboração com o poder Público os: a) **agentes honoríficos**: prestam, transitoriamente e normalmente sem remuneração, um *múnus público* ou um *serviço público relevante*. Ex.: jurados, mesários, etc.; b) **agentes delegados** (já discutidos acima) c) **agentes credenciados**: representam a Administração em determinado ato ou praticam determinada atividade específica.

3. CARGOS, EMPREGOS E FUNÇÕES

3.1 Regime jurídico: quando a CF/88 foi promulgada, havia a exigência de que União, Estados, Distrito Federal e Municípios adotassem um regime jurídico único para regular a situação funcional de seus agentes (art. 39, caput). A União, por exemplo, desde o início adotou o regime estatutário (regido pela Lei 8.112/90). Com a EC 19/98, deixou de existir o regime jurídico único, permitindo-se que os entes adotassem concomitantemente mais de um regime. No âmbito federal o regime de emprego público chegou a ser regulamentado pela Lei 9.962/00. Todavia, foi proposta ação direta de inconstitucionalidade questionando, principalmente, a validade formal da EC 19/98 (ADI 2135). O plenário do STF, em 02.08.2007, concedeu liminar, suspendendo a nova redação dada ao art. 39, caput da CF/88, restabelecendo-se, assim, a redação original do dispositivo e, logicamente, a previsão do regime jurídico único. Entretanto, a medida liminar foi concedida **com efeitos *ex nunc***, esclarecendo a Ministra Ellen Gracie que, por ora, a suspensão valeria a partir do julgamento plenário que apreciou o pedido de liminar, ou seja, toda a legislação editada durante a vigência do artigo 39, *caput*, com a redação da EC 19/98, permanece ainda válida. Desta forma, o STF resguardou as situações consolidadas após a alteração constitucional, até que haja o julgamento do mérito da ADI, o que ainda não ocorreu.

3.2 Diferenças entre cargos, empregos e funções: é importante estabelecer uma diferenciação entre estas três expressões citadas constantemente no texto da CF/88:

Cargos	Representam um conjunto de atribuições e responsabilidades, criadas por lei ou resolução (só para o Poder Legislativo), previstas na estrutura organizacional de determinado ente e regidas por um regime jurídico estatutário, para que sejam exercidas por um agente público legalmente investido e mediante remuneração. O provimento dos cargos pode se dar em caráter efetivo - mediante concurso público - ou em comissão. As ações envolvendo os servidores e a Administração serão processadas perante a Justiça Comum federal ou estadual, conforme o ente que figure na lide.
Empregos	Há um vínculo contratual entre o agente e a Administração, que será regido pela Consolidação das Leis do Trabalho (CLT). O provimento será obrigatoriamente por concurso público. O regime de emprego público é obrigatório para as empresas estatais e suas subsidiárias que explorem atividade econômica (art. 173, § 1º da CF/88). As ações envolvendo os empregados públicos e Administração serão processadas perante a Justiça do Trabalho.
Funções	São as atribuições ou competências conferidas a um órgão, cargo, emprego ou diretamente ao agente. Todo cargo ou emprego possui uma função, mas nem toda função equivale a um cargo ou emprego. As funções podem ser **autônomas**, como ocorre nas funções **temporárias** ou **gratificadas**, pelas quais o agente público, mesmo sem vínculo permanente, percebe remuneração pelo desempenho de atividade (ex.: servidores temporários contratados nos termos do art. 37, IX da CF/88), e **de confiança** (art. 37, V), que é uma modalidade de gratificação paga a servidores de cargo efetivo pelo exercício de atribuições de direção, chefia e assessoramento (ex.: chefia de secretaria judicial). Não há obrigatoriedade de realização de concurso público nestes casos. As ações envolvendo os agentes que exerçam função e a Administração serão processadas perante a Justiça Comum federal ou estadual, conforme o ente que figure na lide.

3.2.1 Principais classificações dos cargos públicos

Podemos utilizar dois critérios principais para classificar os cargos públicos:

Quanto à Organização	**cargos de carreira**: são distribuídos e organizados em classes (agrupamentos de cargos), em sentido de progressão (carreira);
	cargos isolados: são os que não são organizados em classes. O conjunto de **cargos de carreira** e **isolados** é chamado de **quadro funcional**.
Quanto ao Provimento	**efetivos**: dependem de prévia aprovação em concurso público e garantem estabilidade aos seus ocupantes após três anos, se aprovados no estágio probatório;
	em comissão: são de livre nomeação e exoneração e reservados às funções de **direção**, **chefia** e **assessoramento**. Não é cabível a criação de cargos em comissão fora destas situações;
	vitalícios: nesta modalidade, o elemento permanência é ainda mais intenso, uma vez que seus ocupantes só podem perdê-lo por meio de **sentença transitada em julgado**. São privativos da **Magistratura**, **Ministério Público** e **Ministros dos Tribunais de Contas**. Seu provimento pode ou não depender de concurso público. A vitaliciedade ocorre após dois anos de exercício, se o ingresso foi por concurso (juízes e promotores), ou logo após a posse, se por indicação (Ministros dos Tribunais Superiores, p. ex.).

3.3 Acesso: De acordo com o art. 37, I da CF/88 "os cargos, empregos e funções públicas são acessíveis aos brasileiros que preencham os requisitos estabelecidos em lei, assim como aos estrangeiros, na forma da lei". Apesar da clara previsão constitucional, o acesso aos cargos públicos sempre foi tema recorrente na jurisprudência, o que fez com o STF editasse várias súmulas sobre a matéria, das quais destacamos: Súmula 686: "Só por lei se pode sujeitar a exame psicotécnico a habilitação de candidato a cargo público" (entendimento consolidado na súmula vinculante 44, que possui a mesma redação); Súmula 683: "O limite de idade para a inscrição em concurso público só se legitima em face do art. 7º, XXX, da Constituição, quando possa ser justificado pela natureza das atribuições do cargo a ser preenchido"; Súmula 14: "Não é admissível, por ato administrativo, restringir, em razão da idade, inscrição em concurso para cargo público". O STJ também editou súmula pertinente ao assunto: Súmula 266: "O diploma ou habilitação legal para o exercício do cargo deve ser exigido na posse e não na inscrição para o concurso público".

3.4 Concurso público: a necessidade de realização de concurso público como regra para preenchimento de cargos e empregos públicos é estabelecida pelo art. 37, II da CF/88: "a investidura em cargo ou emprego público depende de aprovação prévia em concurso público de provas ou de provas e títulos, de acordo com a natureza e a complexidade do cargo ou emprego, na forma prevista em lei, ressalvadas as nomeações para cargo em comissão declarado em lei de livre nomeação e exoneração".

Neste contexto, as restrições de acesso a cargos públicos deverão ser "excepcionais em razão de conteúdo que viole valores constitucionais" (RE 898450/SP, j. 17/08/2016 – inf. 835). A partir desta premissa, o STF firmou entendimento de que editais de concurso não podem estabelecer, por exemplo, restrição a pessoas com tatuagem.

Ferem o art. 37, II da CF os chamados **concursos internos**, muitas vezes previstos nos próprios estatutos de servidores públicos. Exemplo desta situação foi trazido em questão do **XV Exame de Ordem (2014.3)**: "Em determinado estado da Federação, o Estatuto dos Servidores Públicos, lei ordinária estadual, prevê a realização de concurso interno para a promoção de servidores de nível médio aos cargos de nível superior, desde que preencham todos os requisitos para investidura no cargo, inclusive a obtenção do bacharelado". Tal previsão é flagrantemente inconstitucional.

O prazo de validade do concurso público será de **até dois anos**, prorrogável uma vez, por igual período (art. 37, III da CF/88). A prorrogação do prazo de validade do concurso público é ato discricionário da administração.

> **MUITA ATENÇÃO!**
>
> O prazo de validade do concurso poderá ser fixado por qualquer período, desde que não extrapole dois anos. O período que for inicialmente fixado servirá de base também para a prorrogação. Assim, por exemplo, se um concurso teve sua data de validade fixada em 6 meses, sua prorrogação, se acontecer, somente poderá ser por outros 6 meses.

Durante o prazo improrrogável previsto no edital de convocação, aquele aprovado em concurso público de provas ou de provas e títulos será convocado com prioridade sobre novos concursados para assumir cargo ou emprego, na carreira (art. 37, IV da CF/88).

A CF/88 garante a reserva de percentual dos cargos e empregos públicos para as **pessoas portadoras de deficiência** por meio de lei reguladora, que definirá ainda os critérios de sua admissão. A Lei 8.112/90 assegura aos portadores de deficiência o direito de se inscrever em concurso público para provimento de cargo cujas atribuições sejam compatíveis com a deficiência de que são portadoras; a estes serão reservadas até **20% (vinte por cento)** das vagas oferecidas no concurso (art. 5º, § 2º). O recente Decreto 9.508/2018 estabeleceu que **no mínimo 5% das vagas dos concursos** promovidos pela administração pública federal direta, autárquica e fundacional para o provimento de cargos efetivos e para a contratação por tempo determinado para atender necessidade temporária de excepcional interesse público serão destinadas às pessoas com deficiência. Para os concursos promovidos pelas empresas públicas e sociedades de economia mista, deverão ser observados os percentuais do art. 93, da Lei 8.213/91.

Cumpre lembrar que a Lei 12.990/14 determinou a **reserva aos negros de 20% (vinte por cento) das vagas oferecidas nos concursos públicos** para provimento de cargos efetivos e empregos públicos no âmbito da administração pública federal, das autarquias, das fundações públicas, das empresas públicas e das sociedades de economia mista controladas pela União.

> **FIQUE POR DENTRO:**
>
> **Concurso Público e Nomeação de Candidatos Fora das Vagas Previstas no Edital**
>
> Este tema sempre despertou bastante polêmica, o que levou o STF a fixar tese em sede de repercussão geral. No julgamento do RE 837311 (em 14.10.2015), que discutiu a nomeação de candidatos classificados fora das vagas previstas em edital, antes da convocação dos aprovados em concurso posterior, o STF entendeu que o candidato terá direito subjetivo à nomeação nas seguintes situações: 1 – Quando a aprovação ocorrer dentro do número de vagas dentro do edital; 2 – Quando houver preterição na nomeação por não observância da ordem de classificação; 3 – Quando surgirem novas vagas, ou for aberto novo concurso durante a validade do certame anterior, e ocorrer a preterição de candidatos de forma arbitrária e imotivada por parte da administração nos termos acima.

3.5 Acumulação remunerada de cargos, empregos e funções: em regra, é vedada a acumulação remunerada de cargos e empregos públicos. Em algumas situações, todavia, a CF/88 admite a acumulação:

A de dois cargos de professor (art. 37, XVI, "a");

B de um cargo de professor com outro técnico ou científico (art. 37, XVI, "b");

C de dois cargos ou empregos privativos de profissionais de saúde, com profissões regulamentadas (art. 37, XVI, "c");

D de um cargo, emprego ou função pública com a função de vereador (art. 38, III);

E de um cargo de magistrado com outro de magistério (art. 95, parágrafo único, I);

F de um cargo de membro do ministério público com outro de magistério (art. 128, § 5º, II, "d").

A Emenda Constitucional 77/2014 permitiu que os militares das **Forças Armadas** possam cumular, **na forma da lei** e com **prevalência da atividade militar**, dois cargos ou empregos **privativos de profissionais de saúde**, com profissões regulamentadas (art. 142, § 3.º, VIII da CF/88).

MUITA ATENÇÃO!

A Emenda Constitucional n.º 101/19 inseriu o § 3.º ao art. 42 da CF/88, para permitir que os militares dos Estados, Distrito Federal e Territórios possam acumular cargos na forma do art. 37, inciso XVI, com prevalência da atividade militar. Atente-se que o dispositivo não fez distinção dentre as hipóteses de acumulação de cargos previstas no art. 37, VI da CF/88, como a existente para os militares das Forças Armadas, que só podem acumular cargos privativos de profissionais de saúde, com profissões regulamentadas. É um tema que demanda atenção e que pode ser explorado em questões objetivas.

Vale lembrar que "as exceções à regra de vedação de acumulação de cargos públicos, previstas na Constituição Federal, são **taxativas**" (afirmativa correta extraída de questão do **exame unificado mai/08**).

MUITA ATENÇÃO!

1) A acumulação somente será possível se houver **compatibilidade de horários**;

2) o art. 37, XVI também determina a observância do inciso XI deste mesmo dispositivo, que trata do teto aplicável à remuneração e subsídios dos agentes;

3) as regras sobre acumulação estendem-se à **Administração Pública Direta e Indireta**.

4) a disciplina da acumulação de cargos, empregos e funções dos militares vem trazida no art. 142, II e III da CF, com as alterações trazidas pela EC 77/2014. Recomendamos a leitura atenta destes dispositivos.

5) a EC 103/2019 previu que o servidor público que exerça mandato eletivo, na forma do art. 38 da CF, na hipótese de ser segurado de regime próprio de previdência social, permanecerá filiado a esse regime, no ente federativo de origem.

4. PROVIMENTO

4.1 Provimento e investidura: o **provimento** é o ato administrativo da autoridade competente de cada Poder que designa alguém para titularizar um **cargo público**. A **investidura**, por outro lado, ocorre com a posse (o agente investe-se em suas funções).

Os requisitos básicos para **investidura** em cargo público são estabelecidos no art. 5º da Lei 8.212/90:

A a nacionalidade brasileira;

B o gozo dos direitos políticos;

C a quitação com as obrigações militares e eleitorais;

D o nível de escolaridade exigido para o exercício do cargo;

E a idade mínima de dezoito anos;

F aptidão física e mental.

Cumpre ressaltar que as atribuições do cargo podem justificar a exigência de outros requisitos estabelecidos em lei.

4.2 Modalidades de provimentos: o ato de provimento pode ser classificado em:

A **Provimento originário**: ocorre com a **nomeação** do agente para o cargo. Não há, neste caso, um vínculo anterior ativo entre o sujeito e o Estado, pelo menos com relação ao cargo para o qual foi nomeado. Pressupõe a realização concurso público, salvo os cargos em comissão de livre nomeação e exoneração. A única forma de provimento originário reconhecida é a **nomeação.**

B **Provimento derivado**: pressupõe um vínculo anterior (ou um provimento originário) entre o agente e a Administração. O provimento derivado pode ser subdividido em:

B.1 **Vertical**: consiste na atribuição de um **novo cargo** ao servidor dentro da **carreira** em que está inserido. Atualmente se admite como forma de provimento derivado vertical a **promoção**, que ocorre em cargos organizados em carreira, alçando-se o servidor ao cargo de uma classe superior à que ocupava.

MUITA ATENÇÃO!

Originalmente a Lei 8.112/90 previa outra forma provimento derivado vertical: a **ascenção**. A **ascenção**, também chamada de **transposição** ou **acesso**, permitia ao servidor ocupar cargo de carreira distinta da de seu cargo e sem prévia aprovação em concurso público, o que feria a CF/88. Por esta razão, esta espécie foi retirada do texto Lei 8.112/90 a partir da edição da Lei 9.527/97. Sobre o tema, o **STF** editou a **súmula 685**: "É inconstitucional toda modalidade de provimento que propicie ao servidor investir-se, sem prévia aprovação em concurso público destinado ao seu provimento, em cargo que não integra a carreira na qual anteriormente investido" (foi editada a súmula vinculante 43, com idêntica redação). É preciso ter atenção, porque o examinador pode inserir esta forma de provimento, que não existe mais, entre as alternativas das questões objetivas. Ou, então, pode ser proposto um caso concreto, como foi feito em questão do XXII Exame de Ordem: "O Município Beta procedeu ao recadastramento de seus servidores efetivos e constatou que 6 (seis) bacharéis em contabilidade exerciam variados cargos na estrutura administrativa, todos providos mediante concurso público. Verificou também que existiam 10 (dez) cargos vagos de auditores fiscais de tributos, decorrentes de aposentadorias havidas nos últimos anos. O Município, considerando a necessidade de incrementar receitas, editou lei reorganizando sua estrutura funcional de modo a reenquadrar aqueles servidores como auditores fiscais de tributos". O gabarito oficial constou a seguinte resposta como correta: "A medida é inválida, porque o provimento originário de cargo efetivo em uma determinada carreira exige concurso público específico". Portanto, fique atento!

B.2 **Horizontal**: não há elevação funcional, mas o servidor passa a ocupar outro cargo. Atualmente admite-se como espécie desta modalidade a **readaptação**, que é a modalidade de investidura do servidor em **cargo de atribuições e responsabilidades compatíveis** com a limitação que o mesmo tenha sofrido em sua **capacidade física ou mental**, verificada em inspeção médica, devendo ser respeitada a habilitação exigida, o nível de escolaridade e a equivalência dos vencimentos.

A readaptação ganhou especial relevo com a Reforma da Previdência (EC 103/2019), que a inseriu no texto constitucional (art. 37, § 13). O novo texto constitucional é bastante parecido com a previsão da lei 8.112/90 e demonstra a preocupação do legislador constituinte em promover apenas em último caso a aposentadoria por incapacidade do servidor, buscando todos os meios hábeis para que possa ser aproveitado em outro cargo.

MUITA ATENÇÃO!

A Lei 8.112/90 previa também a **transferência**, que consistia na passagem do servidor estável de um cargo efetivo para outro de igual denominação, pertencente a quadro de pessoal diverso, de órgão ou instituição do mesmo Poder. Esta forma de provimento era flagrantemente inconstitucional, o que foi confirmado pelo STF no julgamento do MS 22148/DF, em 19/12/1995, tendo sido posteriormente retirada do texto da Lei 8.112/90 pela Lei 9.527/97. Vale a mesma dica dada no tópico anterior, pois esta modalidade também poderá ser incluída em questões objetivas!

B.3 **Por reingresso**: o servidor retorna ao cargo que não mais ocupava. A Lei 8.112/90 prevê quatro espécies: **reversão, aproveitamento, reintegração** e **recondução. Reversão** é o retorno do servidor **aposentado** à ativa, no **interesse da administração.** Este retorno pode acontecer **de ofício** ou **a pedido**. O **aproveitamento** consiste no **retorno** à atividade de servidor estável, que estava em disponibilidade, sendo obrigatório que ocorra em cargo de atribuições e vencimentos compatíveis com o anteriormente ocupado. **Reintegração** é a reinvestidura do **servidor estável** no cargo anteriormente ocupado, ou no cargo resultante de sua transformação, quando invalidada a sua demissão por decisão administrativa ou judicial, com ressarcimento de todas as vantagens. Por fim, a **recondução** configura-se quando o servidor estável retorna ao cargo que antes titularizava, por ter sido **inabilitado em estágio probatório de outro cargo** ou por ter sido **desconstituído do exercício de cargo em virtude da reintegração** do titular do mesmo. Além destas hipóteses legais, o STF entende que a **desistência**, durante o estágio probatório, do exercício das funções do novo cargo ocupado também dá ao servidor direito a ser reconduzido ao cargo ocupado anteriormente no serviço público (Confira: MS 22.933-DF, rel. Min. Octavio Gallotti, 26.6.98, inf. 117; MS 23.577-DF, rel. Min. Carlos Velloso, 15.5.2002, inf. 268).

4.3 Quadro comparativo das diversas modalidades de provimentos previstos na Lei 8.112/90: dada a importância de fixação do tema, elaboramos o quadro abaixo contendo as principais características das espécies de provimento trazidas pela Lei 8.112/90:

Modalidade	Previsão	Significado
Nomeação	Arts. 8º, I, 9 e 10	Ato administrativo que materializa o provimento originário. Pode ser em **comissão** ou em caráter **efetivo**, dependendo, neste último caso, de prévia habilitação em concurso público de provas ou de provas e títulos, obedecidos a ordem de classificação e o prazo de sua validade.
Promoção	Arts. 8º, II, 10, p. u.	Passagem para um cargo de classe mais elevada.
Readaptação	Arts. 8º, V, e 24	Investidura do servidor em cargo de atribuições e responsabilidades compatíveis com a limitação que tenha sofrido em sua capacidade física ou mental verificada em inspeção médica.
Reversão	Arts. 8º, VI, e 25-27	Retorno à atividade de servidor aposentado, nas situações previstas nos incisos I e II do art. 25 (leitura obrigatória).
Aproveitamento	Arts. 8º, VII, e 30-32	Ocorre com o retorno à atividade de servidor em disponibilidade em cargo de atribuições e vencimentos compatíveis com o anteriormente ocupado.
Reintegração	Arts. 8º, VIII, e 28	Reinvestidura do servidor estável no cargo anteriormente ocupado, ou no cargo resultante de sua transformação, quando invalidada a sua demissão por decisão administrativa ou judicial, com ressarcimento de todas as vantagens.
Recondução	Arts. 8º, IX, e 29	Retorno do servidor estável ao cargo anteriormente ocupado, nas hipóteses de inabilitação ou desistência em estágio probatório relativo a outro cargo ou reintegração do anterior ocupante.

5. ESTÁGIO PROBATÓRIO, EFETIVIDADE, ESTABILIDADE E DISPONIBILIDADE

5.1 Estágio probatório: após ser aprovado em concurso público, ser investido e entrar em exercício, o servidor público deve cumprir o chamado estágio probatório, visando conquistar a estabilidade no cargo ocupado. Estágio probatório é o período de **três anos** dentro do qual o servidor é avaliado quanto à sua **aptidão** e **capacidade** para o desempenho do cargo, observando-se sua **assiduidade**, **disciplina**, **capacidade de iniciativa**, **produtividade** e **responsabilidade**. Caso não cumpra os requisitos estabelecidos no estágio probatório após o cumprimento das formalidades legais de apuração de sua capacidade (o que inclui a abertura de oportunidade para que o mesmo apresente sua defesa em caso de avaliação negativa), o servidor poderá (no sentido de poder-dever) ser **exonerado** (STF, Súmula 21).

Questão trazida no exame de ordem 2018.1 ilustra bem esse quadro e ajuda na compreensão do tema: "João foi aprovado em concurso público para ocupar um cargo federal. Depois de nomeado, tomou posse e entrou em exercício imediatamente. Porém, em razão da sua baixa produtividade, o órgão ao qual João estava vinculado entendeu que o servidor não satisfez as condições do estágio probatório". A alternativa correta considerou que a Administração Pública deve exonerar João, após o devido processo legal, visto que ele não mostrou aptidão e capacidade para o exercício do cargo.

MUITA ATENÇÃO!

O art. 20 da Lei 8.112/90 informa o prazo de **dois anos** para a duração do estágio probatório. Todavia, o art. 41, *caput* da CF/88, alterado pela EC 19/98, estabeleceu o prazo de **três anos** para que o servidor pudesse ser considerado estável no cargo. O STF pacificou a divergência existente, decidindo que "(...) a EC 19/1998, que alterou o art. 41 da CF, elevou para três anos o prazo para a aquisição da estabilidade no serviço público e, por interpretação lógica, o prazo do estágio probatório." (**STA 263-AgR**, Rel. Min. Presidente **Gilmar Mendes**, julgamento em 4-2-2010, Plenário, *DJE* de 26-2-2010)

5.2 Efetividade: é um **atributo do cargo**, relacionada à **forma de provimento**. Diz-se, assim, que **o cargo é efetivo**, e não o servidor. Os **cargos efetivos** pressupõem a realização de **concurso público** e partem do princípio ou expectativa de que o servidor terá um vínculo duradouro, diferentemente dos **cargos em comissão**, que não exigem concurso público para ingresso e cujo vínculo do agente é eminentemente transitório.

5.3 Estabilidade: está prevista no art. 41, *caput* da CF/88. A estabilidade é um **atributo pessoal** do ocupante do cargo, ou seja, configurando-se numa **garantia** de permanência no serviço público adquirida após **três anos** de efetivo exercício e aprovação do servidor em avaliação especial de desempenho por comissão instituída para essa finalidade.

É importante ressaltar que a estabilidade não gera direito adquirido ao servidor de permanecer eternamente no cargo, podendo perdê-lo nas seguintes situações: 1) em virtude de **sentença judicial transitada em julgado** (art. 41, § 1º, I); 2) mediante **processo administrativo** em que lhe seja assegurada ampla defesa (art. 41, § 1º, II); 3) mediante **procedimento de avaliação periódica de desempenho**, na forma de lei complementar, assegurada ampla defesa (art. 41, § 1º, III); 4) **adequação dos gastos da Administração com pessoal**, se insuficientes as providências determinadas no art. 169, § 3º, da CF (§ 4º).

? **QUESTÃO:** Existe alguma estabilidade conferida a agentes não concursados?

__RESPOSTA:__ Sim. O art. 19 ADCT conferiu estabilidade no serviço público aos servidores públicos civis da União, dos Estados, do Distrito Federal e dos Municípios, da administração direta, autárquica e das fundações públicas, em exercício na data da promulgação da Constituição, há pelo menos cinco anos continuados. O constituinte, todavia, determinou que a estabilidade não se aplicaria a duas situações: a) aos ocupantes de cargos, funções e empregos de confiança ou em comissão, nem aos que a lei declare de livre exoneração, exceto se o ocupante já era servidor (§ 2º); b) professores de nível superior, nos termos da lei (§ 3º).

DICA IMPORTANTE

Não confundir **estabilidade** com **vitaliciedade**. Confira o estudo feito sobre os **cargos vitalícios** nos tópicos anteriores e compare as diferenças.

5.4 Disponibilidade: de acordo com o art. 41, § 3º, **extinto o cargo ou declarada a sua desnecessidade**, o servidor estável ficará em **disponibilidade**, com remuneração proporcional ao tempo de serviço, até seu adequado aproveitamento em outro cargo.

6. VACÂNCIA

Ocorre vacância quando determinado cargo público se encontrar sem um agente regulamente investido (o cargo fica vago). Diversas situações podem ocasionar a vacância de um cargo público, sendo as mais comuns a **exoneração** e a **demissão**. Há outras situações que também implicam na vacância de um cargo, como a **promoção**, a **readaptação**, a **aposentadoria**, a **posse em outro cargo inacumulável** e o **falecimento** do servidor.

? **QUESTÃO:** Quais são as principais diferenças entre demissão e exoneração?

__RESPOSTA:__ Em ambas as situações ocorre a extinção do vínculo existente entre o servidor e a Administração. Demissão: é ato de caráter punitivo, representado uma penalidade aplicada ao servidor, após regular processo administrativo disciplinar, em razão do cometimento de uma infração funcional grave. Exoneração: é a dispensa por interesse do próprio servidor ou da Administração, sem intenção punitiva. Assim, a exoneração de cargo efetivo poderá ocorrer a pedido do servidor ou de ofício. A exoneração de ofício ocorrerá (art. 34, p. u., da Lei 8.112/90): a) *quando não satisfeitas as condições do estágio probatório; b) quando, tendo tomado posse, o servidor não entrar em exercício no prazo estabelecido.* ***EM SÍNTESE****: "a demissão do servidor público tem natureza punitiva, enquanto a exoneração não" (alternativa* ***correta*** *extraída de questão do* ***exame unificado abr/07****).*

7. SISTEMA REMUNERATÓRIO

7.1 Remuneração e subsídio: em regra, não se admite a prestação de serviços gratuitos, salvo os casos previstos em lei (art. 4º da Lei 8.112/90), como os mesários e os jurados.

Atualmente existem dois regimes de pagamento dos agentes públicos pelos serviços prestados: **remuneração** ou **vencimentos** (no plural) e **subsídio**.

A **remuneração** é o **vencimento** do cargo efetivo, acrescido das **vantagens pecuniárias permanentes** estabelecidas em lei. **Vencimento** é a retribuição pecuniária pelo exercício de cargo público, com valor fixado em lei. As **vantagens pecuniárias** permanentes são acréscimos fixados em lei, geralmente pagos por meio de indenizações, gratificações ou adicionais. Em resumo temos:

VENCIMENTO + **VANTAGENS** = **REMUNERAÇÃO**

O art. 37, IV da CF expressamente veda que os acréscimos percebidos por servidor público sejam computados nem acumulados para fins de concessão de acréscimos ulteriores. No mesmo sentido, a Súmula Vinculante 15 do STF dispõe que o cálculo de gratificações e outras vantagens do servidor público não incide sobre o abono utilizado para se atingir o salário-mínimo. Esta temática foi exigida no XXXIV exame de ordem (2022.1) com o seguinte caso proposto para análise: Ataulfo é servidor público estável de um pequeno Município, ocupante de cargo administrativo de carreira junto ao Poder Executivo, cuja remuneração era composta pelas seguintes rubricas, determinadas por lei do mencionado ente federativo: (I) vencimento- base, de valor inferior ao salário-mínimo; (II) abono salarial, utilizado para alcançar o salário-mínimo; (III) adicional de tempo de serviço. O Município editou, recentemente, a Lei XYZ, que conferiu à carreira de Ataulfo nova gratificação, estipulada em 10% (dez por cento) sobre o total da remuneração até então percebida pelo mencionado servidor (somatório das rubricas (I), (II) e (III)). Observando o disposto no art. 37, IV da CF e a Súmula 15 do STF, a alternativa correta considerou inconstitucional a Lei XYZ.

MUITA ATENÇÃO! A Emenda Constitucional 103/2019 inseriu o § 19 ao art. 39 para passar a **vedar** a incorporação de **vantagens de caráter temporário** ou vinculadas ao exercício de **função de confiança ou de cargo em comissão** à remuneração do cargo efetivo.

Os **subsídios**, por seu turno, são pagos em **parcela única**, vedado o acréscimo de qualquer gratificação, adicional, abono, prêmio, verba de representação ou outra espécie remuneratória (art. 39, § 4º da CF/88).

Os agentes que devem receber por subsídios são fixados pela própria CF/88 e são:

- Chefes do Executivo (Presidente, Governadores e Prefeitos) e seus vices;
- Membros do Judiciário (Ministros de Tribunais Superiores, Desembargadores e Juízes);
- Detentores de mandato eletivo (senadores, deputados federais, estaduais e distritais e vereadores);
- Ministros de Estado e os Secretários Estaduais e Municipais;
- Membros do Ministério Público;
- Membros da Advocacia-Geral da União, das Procuradorias dos Estados e do Distrito Federal (**Atenção:** as Procuradorias dos Municípios não foram incluídas neste rol) e das Defensorias Públicas;
- Membros das polícias federal, rodoviária federal, ferroviária federal, civis, militares e corpo de bombeiros militares;
- Membros dos Tribunais de Contas.

A CF/88 admite que a remuneração dos **servidores públicos organizados em carreira** seja fixada em regime de **subsídios.**

Os agentes públicos regidos pela CLT recebem **salários.**

7.2 Peculiaridades relacionadas à remuneração e ao subsídio: o sistema remuneratório (em sentido amplo) possui algumas peculiaridades, das quais destacamos:

- A remuneração dos servidores públicos e o subsídio dos agentes que recebem por este regime somente poderão ser fixados ou alterados por **lei específica**, assegurada revisão geral anual, **sempre na mesma data e sem distinção de índices** (art. 37, X da CF/88). O STF, apreciando o tema 624 da repercussão geral, fixou entendimento de que não cabe ao Poder Judiciário determinar ao Poder Executivo a apresentação de projeto de lei que vise a promover a revisão geral anual da remuneração dos servidores públicos, tampouco fixar o respectivo índice de correção.

> MUITA ATENÇÃO!
>
> **Súmula Vinculante 37:** Não cabe ao Poder Judiciário, que não tem função legislativa, aumentar vencimentos de servidores públicos sob o fundamento de isonomia.
>
> **Súmula Vinculante 42:** É inconstitucional a vinculação do reajuste de vencimentos de servidores estaduais ou municipais a índices federais de correção monetária.

- Os vencimentos dos cargos do Poder Legislativo e do Poder Judiciário não poderão ser superiores aos pagos pelo Poder Executivo (art. 37, XII da CF/88).
- É vedada a vinculação ou equiparação de quaisquer espécies remuneratórias para o efeito de remuneração de pessoal do serviço público (art. 37, XIII da CF/88).
- O subsídio e os vencimentos dos ocupantes de cargos e empregos públicos são irredutíveis, ressalvado o disposto nos incisos XI e XIV do art. 37 e nos arts. 39, § 4º, 150, II, 153, III, e 153, § 2º, I da CF/88. Inclusive, não se admite a redução dos subsídios e vencimentos dos servidores públicos para adequação de limites com gasto de pessoal para atender ao disposto na Lei de Responsabilidade Fiscal, devendo o gestor se ater às medidas previstas no art. 169, § 3.º da CF/88 (assunto trazido em questão do XXII do Exame de Ordem).

7.3 **Teto remuneratório**: a **remuneração** e os **subsídios** dos ocupantes de **cargos**, **funções** e **empregos públicos** da administração **direta**, **autárquica** e **fundacional**, dos **membros de qualquer dos Poderes** da União, dos Estados, do Distrito Federal e dos Municípios, dos **detentores de mandato eletivo** e dos demais **agentes políticos** e os **proventos**, **pensões** ou **outra espécie remuneratória**, percebidos cumulativamente ou não, incluídas as vantagens pessoais ou de qualquer outra natureza e os proventos dos agentes públicos respeitarão um limite máximo, conhecido como teto (art. 37, XI da CF/88). O **teto geral** ou **nacional**, que será observado por todos os agentes públicos é o **subsídio dos Ministros do Supremo Tribunal Federal**. Todos os subsídios e remunerações não poderão extravasar este valor. Além deste teto geral, a CF/88 estabeleceu outros **tetos específicos** ou **subtetos** que devem ser observados no âmbito de outros Poderes: a) **Municípios**: subsídios do Prefeito; b) **Estados e Distrito Federal**: b.1) **Poder Executivo**: o subsídio mensal do Governador; b.2) **Poder Legislativo**: subsídio dos Deputados Estaduais e Distritais; b.3) **Poder Judiciário, Ministério Público, Procuradores e Defensores**: subsídio dos Desembargadores do Tribunal de Justiça, limitado a 90,25% do subsídio mensal, em espécie, dos Ministros do Supremo Tribunal Federal.

> MUITA ATENÇÃO!
>
> 1) O teto remuneratório aplica-se apenas às **empresas públicas** e às **sociedades de economia mista**, e suas **subsidiárias**, que **receberem recursos** da União, dos Estados, do Distrito Federal ou dos Municípios para pagamento de **despesas de pessoal** ou de **custeio em geral**. Este tema já foi cobrado no Exame Unificado;
>
> 2) Não serão computadas, para efeito dos limites remuneratórios, as parcelas de **caráter indenizatório** previstas em lei. Podemos citar como exemplos de verbas indenizatórias a ajuda de custo, as diárias, indenização de transporte e auxílio-moradia (Cf. arts. 51 a 60-E da Lei 8.112/90).
>
> 3) havendo acumulação lícita de cargos públicos, o teto será considerado para cada cargo, e não para a somatória de ambos os cargos (STF, RE 612975/MG e 602043/MT)

8. DIREITOS SOCIAIS ASSEGURADOS AOS SERVIDORES PÚBLICOS

8.1 Extensão de direitos próprios dos trabalhadores (art. 7º da CF/88): o art. 39, § 3º da CF estende aos servidores públicos alguns dos direitos sociais previstos no art. 7º, quais sejam:

- Percepção de **salário mínimo** (art. 7º, IV e VII). Exceção: Súmula Vinculante 6 do STF (Não viola a Constituição da República o estabelecimento de remuneração inferior ao salário mínimo para os praças prestadores de serviço militar inicial).

> MUITA ATENÇÃO!
>
> Conforme já visto, a maioria dos servidores públicos percebe **remuneração**, que é composta pelo **vencimento** e por eventuais **vantagens pecuniárias** permanentes. Vale ressaltar que a garantia de percepção de salário mínimo refere-se à remuneração, e não ao vencimento. Este assunto foi exigido no XXI Exame de Ordem em questão com o seguinte enunciado: "João foi aprovado em concurso público para o cargo de agente administrativo do Estado Alfa. Após regular investidura, recebeu sua primeira remuneração. Contudo, os valores apontados na folha de pagamento causaram estranheza, considerando que a rubrica de seu vencimento-base se mostrava inferior ao salário mínimo vigente, montante que só era alcançado se considerados os demais valores (adicionais e gratificações) que compunham a sua remuneração total". A resposta apontada como correta pelo gabarito considerava que "A remuneração de João é constitucional, porque a garantia do salário mínimo se refere ao total da remuneração percebida".

- **Décimo terceiro salário** com base na remuneração integral ou no valor da aposentadoria (art. 7.º, VIII).

- Remuneração do trabalho noturno superior à do diurno (art. 7º, IX).
- Salário-família pago em razão do dependente do trabalhador de baixa renda nos termos da lei (art. 7º, XII).
- Duração do trabalho normal não superior a **oito horas diárias** e **quarenta e quatro semanais**, facultada a compensação de horários e a redução da jornada, mediante acordo ou convenção coletiva de trabalho (art. 7º, XIII).
- **Repouso semanal remunerado**, preferencialmente aos domingos (art. 7º, XV).
- Remuneração do **serviço extraordinário** superior, no mínimo, em cinquenta por cento à do normal (art. 7º, XVII).
- Gozo de **férias anuais remuneradas** com, pelo menos, um terço a mais do que o salário normal (art. 7º, XVI).
- **Licença à gestante**, sem prejuízo do emprego e do salário, com a duração de cento e vinte dias (art. 7º, XVIII).
- **Licença-paternidade**, nos termos fixados em lei (art. 7º, XIX).
- **Proteção do mercado de trabalho da mulher**, mediante incentivos específicos, nos termos da lei (art. 7º, XX).
- **Redução dos riscos inerentes ao trabalho**, por meio de normas de saúde, higiene e segurança (art. 7º, XXII).
- **Proibição de diferença de salários**, de exercício de funções e de critério de admissão por motivo de sexo, idade, cor ou estado civil (art. 7º, XXX).

> **MUITA ATENÇÃO!**
>
> 1) Este rol de direitos significa um **conteúdo mínimo** que é assegurado aos servidores públicos. Nada impede, assim, que outros direitos previstos no art. 7º da CF/88 sejam assegurados aos servidores por seus estatutos, como o uso do nome social e o reconhecimento da identidade de gênero de pessoas travestis e transexuais no âmbito da administração pública federal direta, autárquica e fundacional, regulamentado pelo Decreto 8.727/16.
>
> 2) A licença gestante para as servidoras públicas federais lotadas ou em exercício nos órgãos e entidades integrantes da Administração Pública federal direta, autárquica e fundacional poderá ser de até **180 dias** consecutivos, conforme previsão do art. 2º do **Decreto 6.690/08**, que regulamentou a **Lei 11.770/08**. A regra dos **120 dias** consecutivos de afastamento continua vigendo (art. 207 da Lei 8.112/90), podendo este prazo ser prorrogado em **sessenta dias** se houver requerimento da interessada até o final do primeiro mês após o parto.

8.2 Sindicalização e greve (art. 37, VI e VII da CF/88): há outros direitos assegurados ao trabalhador que são expressamente estendidos ao servidor público, como os direitos de sindicalização (art. 37, VI) e greve (art. 37, VI). Como neste último caso a norma constitucional condiciona sua regulamentação à lei específica, que ainda não foi editada, o STF no julgamento dos Mandados de Injunção 670/ES, 708/DF e 712/PA declarou a omissão legislativa quanto ao dever constitucional em editar lei que regulamente o exercício do direito de greve no setor público e, por maioria, determinou a aplicação, no que couber, da lei de greve vigente no setor privado (Lei 7.783/1989). Este tem sido o entendimento atualmente adotado pela jurisprudência.

> **MUITA ATENÇÃO!**
>
> Apesar de ser assegurado o direito de sindicalização do servidor público, as negociações feitas entre o sindicato e a Administração para fins de aumento na remuneração somente terão eficácia após a edição de lei. Desta forma, o STF editou a Súmula 679: "A fixação de vencimentos dos servidores públicos não pode ser objeto de convenção coletiva".

> **FIQUE POR DENTRO:**
>
> **Desconto dos dias de paralisação**
>
> O STF decidiu de que a administração pública pode descontar os dias de paralisação decorrentes do exercício do direito de greve, admitindo-se acordo entre as partes para compensação dos dias parados. Todavia, ressaltou o STF que o desconto será incabível se ficar demonstrado que a greve foi provocada por conduta ilícita do Poder Público (RE 693456/RJ, Rel. Min. Dias Toffoli, julgado em 27/10/2016, inf. 845).

9. REGIME DE PREVIDÊNCIA DOS AGENTES PÚBLICOS

9.1 Noções Gerais: os agentes públicos podem estar submetidos a dois regimes públicos de previdência:

A Regime Geral de Previdência Social (RGPS): aberto aos trabalhadores de um modo geral, é regido pela Lei 8.213/91. A este regime estarão vinculados os **empregados públicos**, os ocupantes de **cargos em comissão de livre nomeação e exoneração**, de **outro cargo temporário**, inclusive **mandato eletivo** (art. 40, § 13 da CF/88) e os **servidores efetivos que não estejam vinculados a regime próprio de previdência**.

B Regime Próprio de Previdência Social (RPPS): foram criados pelos entes federativos para beneficiar os servidores titulares de cargos efetivos da Administração Pública Direta ou Indireta.

O **RGPS** é objeto de estudos do Direito Previdenciário e está previsto no art. 201 da CF/88, de modo que faremos breves considerações apenas sobre o **RPPS**, que possui suas principais diretrizes estabelecidas no art. 40 da CF/88. Estudaremos os principais benefícios assegurados constitucionalmente aos servidores e a seus dependentes, que são a **aposentadoria** e a **pensão por morte**.

DICA IMPORTANTE

O RPPS sofreu profundas mudanças com a edição da Emenda Constitucional 103/2019 (Reforma da Previdência). Buscamos neste capítulo sintetizar as principais alterações efetuadas no texto da Constituição, assim como das regras de transição mais relevantes, atendendo a proposta de síntese desta obra.

A redação do art. 40, *caput* da CF, dada pela EC 41/03, previa que aos servidores titulares de cargos efetivos da União, dos Estados, do Distrito Federal e dos Municípios, incluídas suas autarquias e fundações, seria assegurado regime de previdência de caráter **contributivo** e **solidário**, mediante contribuição do **respectivo ente público**, dos **servidores ativos e inativos e dos pensionistas**, observados critérios que preservem o **equilíbrio financeiro e atuarial**.

Com a promulgação da EC 103/2019, este dispositivo passou a ter a seguinte redação: "O regime próprio de previdência social dos servidores titulares de cargos efetivos terá caráter contributivo e solidário, mediante contribuição do respectivo ente federativo, de servidores ativos, de aposentados e de pensionistas, observados critérios que preservem o equilíbrio financeiro e atuarial".

Uma das razões da alteração decorreu da **vedação para instituição de novos regimes próprios de previdência**, estabelecida no § 22, também inserido no art. 40 pela EC 103/19, sendo que lei complementar disciplinará, para os que já existam, normas gerais de organização, de funcionamento e de responsabilidade em sua gestão, assim como sobre os temas arrolados nos incisos que acompanham o § 22.

A Emenda Constitucional 103/2019 vedou igualmente a existência de mais de um regime de previdência social e de mais de um órgão ou entidade gestora desse regime em cada ente federativo, **abrangidos todos os poderes**, órgãos e entidades autárquicas e fundacionais, que serão responsáveis pelo seu financiamento (art. 40, § 20). Além disso, estabeleceu regras para a extinção dos Regimes Próprios de Previdência (art. 33).

Para os regimes próprios de previdência aplicável a titulares de mandato eletivo da União, dos Estados, do Distrito Federal e dos Municípios, a Emenda Constitucional foi ainda mais radical: além de vedar sua instituição, **proibiu a adesão de novos segurados**, que passarão a integrar o RGPS. Para os regimes já instituídos e com titulares de mandato eletivo ainda filiados, a EC 103/2019 estabeleceu normas de transição e disposições transitórias em seu art. 14.

O equilíbrio financeiro e atuarial permanece como alvo de preocupação do legislador constituinte, que promoveu alterações no art. 149, § 1.º da CF e inseriu no mesmo dispositivo os §§ 1.º-A a 1.º-C, a fim de permitir a adoção de medidas para sanar o déficit do regime próprio de previdência dos servidores públicos, admitindo, inclusive, a instituição de **contribuição extraordinária**, no âmbito da União, dos servidores públicos ativos, dos aposentados e dos pensionistas.

Observados critérios a serem estabelecidos em lei do respectivo ente federativo, o servidor titular de cargo efetivo que tenha completado as exigências para a aposentadoria voluntária e que opte por permanecer em atividade **poderá fazer jus a um abono de permanência** equivalente, **no máximo**, ao valor da sua contribuição previdenciária, até completar a idade para aposentadoria compulsória, que será estudada mais adiante. Até que seja editada a referida lei, o abono de permanência será equivalente ao valor da contribuição previdenciária.

Depois que se aposenta, o servidor deixa de receber remuneração ou subsídio e passa a receber proventos de aposentadoria. Estes não poderão ser inferiores ao **salário mínimo** ou **superiores ao limite máximo estabelecido para o Regime Geral de Previdência Social**, observado o disposto nos §§ 14 a 16 do art. 40, que disciplinam o regime complementar de previdência do servidor público. Observadas estas previsões, cada ente deverá editar lei prevendo as regras de cálculo dos proventos de aposentadoria (art. 40, § 3.º, com a redação dada pela EC 103/2019).

Por fim, vale ressaltar que mesmo depois de aposentado, o servidor continua a contribuir com o RPPS, juntamente com os pensionistas. Prescreve o § 18 do art. 40 da CF que incidirá contribuição sobre os proventos de aposentadorias e pensões concedidas pelo RPPS que superem o limite máximo estabelecido para os benefícios do RGPS, com percentual igual ao estabelecido para os servidores titulares de cargos efetivos. Todavia, quando o beneficiário da aposentadoria ou pensão for portador de **doença incapacitante**, a contribuição em estudo incidirá, na forma da lei, apenas sobre as parcelas de proventos de aposentadoria e de pensão que superem o dobro do limite máximo estabelecido para o teto do RGPS (§ 20).

MUITA ATENÇÃO!

A EC 103/2019 (Reforma da Previdência) incluiu o § 14 no art. 37 para prever que a aposentadoria concedida com a utilização de tempo de contribuição decorrente de cargo, emprego ou função pública, inclusive do Regime Geral de Previdência Social, acarretará o rompimento do vínculo que gerou o referido tempo de contribuição. Esta previsão, que já era aplicável aos servidores públicos, acabou por atingir os **empregados públicos** que comumente permaneciam em seus empregos após a aposentadoria perante o RGPS, o que passa a não ser possível. Esta modificação, todavia, não se aplica a aposentadorias concedidas pelo RGPS até a data de entrada em vigor da EC 103/2019.

DIREITO ADMINISTRATIVO

C **Regime de Previdência Complementar (RPC):** a redação originária do § 14 do art. 40 da CF, incluído pela EC 20/98, previa que União, Estados, Distrito Federal e Municípios, desde que instituíssem regime de previdência complementar para os seus respectivos servidores titulares de cargo efetivo, poderiam fixar, para o valor das aposentadorias e pensões a serem concedidas pelo regime de que trata este artigo, o limite máximo aplicado ao RGPS.

O regime de previdência complementar é organizado de forma autônoma em relação aos regimes obrigatórios de previdência social, sendo de adesão **facultativa** e baseado na constituição de reservas que garantam o benefício contratado. No caso da previdência complementar dos servidores públicos, o ente federativo pode assumir a qualidade de patrocinador, situação na qual, em hipótese alguma, sua contribuição normal poderá exceder a do segurado.

Um dos objetivos da previdência complementar é permitir que o servidor ou seus dependentes possam auferir valores superiores ao limite máximo aplicado ao RGPS por ocasião de pagamento de seus benefícios.

Porém, o que se observou foram tímidas iniciativas por parte dos entes federativos com RPPS visando à criação de regimes de previdência complementar desde a alteração no texto constitucional.

A EC 103/2019 alterou a redação do **§ 14 do art. 40 da CF e determinou** aos entes federativos a instituição de regime de previdência complementar para servidores públicos ocupantes de cargo efetivo, por lei de iniciativa do respectivo Poder Executivo.

Este regime de previdência complementar oferecerá plano de benefícios somente na modalidade contribuição definida, observará o disposto no art. 202 da CF e será efetivado por intermédio de entidade fechada ou aberta de previdência. No âmbito federal, este regime foi criado pela Lei 12.618/2012 e é gerido por entidade fechada de previdência complementar (FUNPRESP).

Para os servidores que ingressaram no serviço público **antes da criação** do regime complementar, é assegurado o direito de opção.

9.2 Aposentadorias: As aposentadorias são devidas ao próprio servidor. O art. 41, § 1º da Constituição estabelece as seguintes modalidades:

A **Aposentadoria por incapacidade permanente para o trabalho**: este é o novo nome dado pela EC 103/2019 à antiga **aposentadoria por invalidez** prevista no art. 40, § 1.º, da CF/88. Segundo o novo regime jurídico estabelecido, a aposentadoria será devida ao servidor quando constatada incapacidade permanente para o trabalho, no cargo em que estiver investido, quando insuscetível de readaptação, hipótese em que será obrigatória a realização de avaliações periódicas para verificação da continuidade das condições que ensejaram a concessão da aposentadoria, na forma de lei do respectivo ente federativo.

B **Aposentadoria compulsória:** nos termos do art. 40, § 1.º, II, da CF/88, com redação alterada pela EC 88/2015, o servidor público se aposenta compulsoriamente, com proventos proporcionais ao tempo de contribuição, aos 70 (setenta) anos de idade, ou aos 75 (setenta e cinco) anos de idade, na forma de lei complementar. A Lei Complementar 152/2015 estabeleceu a aposentadoria compulsória aos **75 anos**, em qualquer esfera federativa, aos seguintes agentes públicos: I - os servidores titulares de cargos efetivos da União, dos Estados, do Distrito Federal e dos Municípios, incluídas suas autarquias e fundações; II - os membros do Poder Judiciário; III - os membros do Ministério Público; IV - os membros das Defensorias Públicas; V - os membros dos Tribunais e dos Conselhos de Contas. Os servidores do Serviço Exterior Brasileiro receberam tratamento específico, com o estabelecimento de norma de transição no art. 2.º, parágrafo único, da LC 152/2015.

A EC 103/2019 promoveu a inclusão do § 16 no art. 201, para aplicar aos empregados dos consórcios públicos, das empresas públicas, das sociedades de economia mista e das suas subsidiárias as regras de **aposentadoria compulsória** dos servidores públicos estabelecidas no art. 40, § 1.º II da CF/88, observado o cumprimento do tempo mínimo de contribuição e na forma estabelecida em lei. Ocorre que não há ainda lei que regule a aposentadoria compulsória de tais agentes, o que leva à conclusão de que será aplicada a regra de geral de **70 anos** até que seja editada tal lei.

MUITA ATENÇÃO!

O STF decidiu que a regra da aposentadoria compulsória não se aplica aos cargos em comissão de livre nomeação e exoneração, de modo que não há impedimento para que servidores efetivos que tenham sido aposentados compulsoriamente ocupem tais cargos (RE 786540, Rel. Min. Dias Toffoli, j. em 15/12/2016). O conhecimento deste entendimento foi exigido no exame de ordem 2018.3 na análise do seguinte caso concreto: "Desde 1980, Jorge é docente em determinada universidade federal, ocupando o cargo efetivo de professor titular na Faculdade de Direito. No início do ano 2000, foi designado para ocupar a chefia de patrimônio da mesma instituição de ensino, cargo comissionado que exerce cumulativamente com o de professor. Mesmo tendo cumprido os requisitos para a aposentadoria voluntária do cargo efetivo, decide permanecer em atividade, até atingir a idade-limite para a aposentadoria compulsória". A resposta correta possuía o seguinte enunciado: "A aposentadoria compulsória, que ocorrerá aos 75 (setenta e cinco) anos de idade, só atingirá o cargo de professor. Neste caso, inexistindo impedimentos infraconstitucionais, Jorge poderá continuar exercendo a chefia de patrimônio".

C **Aposentadoria voluntária**: segundo a nova redação do art. 40, § 1.º, III, estabelecida pela EC 103/2019,

no âmbito da União, a aposentadoria voluntária será concedida ao servidor público aos **62 (sessenta e dois) anos de idade**, se **mulher**, e aos **65 (sessenta e cinco) anos de idade**, se **homem**, e, no âmbito dos Estados, do Distrito Federal e dos Municípios, na idade mínima estabelecida mediante emenda às respectivas Constituições e Leis Orgânicas, observados o **tempo de contribuição e os demais requisitos** estabelecidos em **lei complementar** do respectivo ente federativo.

Ou seja, apenas a **idade mínima** foi estabelecida no texto constitucional, tendo sido **desconstitucionalizados** os temas **tempo de contribuição e demais requisitos** (como tempo de efetivo exercício no serviço público e no cargo efetivo em que se dará a aposentadoria), remetendo-se à **lei complementar do respectivo ente** a sua disciplina.

Até que seja editada lei complementar que estabeleça os requisitos de tempo de contribuição e demais requisitos da aposentadoria voluntária **dos servidores da União**, o art. 10.º da EC 103/2019 estabeleceu que serão exigidos **25 (vinte e cinco) anos de contribuição**, desde que cumprido o tempo mínimo de **10 (dez) anos de efetivo exercício no serviço público** e de **5 (cinco) anos no cargo efetivo em que for concedida a aposentadoria.**

MUITA ATENÇÃO!

A EC 103/19 determinou a aplicação às aposentadorias dos **servidores dos Estados, do Distrito Federal e dos Municípios** das normas constitucionais e infraconstitucionais **anteriores à data de sua entrada em vigor** (13.11.2019), **enquanto não promovidas alterações na legislação interna** relacionada ao respectivo regime próprio de previdência social (art. 10, § 7.º).

Vale ressaltar que a EC 103/2019 estabeleceu algumas regras de transição para os servidores que ingressaram **antes de sua promulgação**, resumidas no quadro a seguir:

Regra dos pontos: homem e mulher, que completarem **20 anos de efetivo exercício no serviço público** e **5 anos no cargo efetivo em que se der a aposentadoria** (requisitos em comum a ambos os sexos), obterão a aposentadoria se atingirem determinada pontuação obtida a partir da soma da **idade** com o **tempo de contribuição**.	**Mulher:** - idade mínima: **56 anos** - tempo de contribuição mínimo: **30 anos** - somatório: **86 pontos**
	Homem: - idade mínima: **61 anos** - tempo de contribuição mínimo: **35 anos** - somatório: **96 pontos**
	Observações: **1)** A partir de **01/01/2022**, a idade mínima será de **57 anos**, se mulher, e **62 anos**, se homem; **2)** A partir de 01/01/2020, a pontuação será acrescida a cada ano de 1 (um) ponto, até atingir o limite de 100 (cem) pontos, se mulher, e de 105 (cento e cinco) pontos, se homem.

Regra do pedágio (100%): homem e mulher, que completarem **20 anos de efetivo exercício no serviço público** e **5 anos no cargo efetivo em que se der a aposentadoria** (requisitos em comum a ambos os sexos), deverão cumprir **período adicional de contribuição** correspondente ao tempo que, na data de entrada em vigor da EC 103/2019, **faltaria para atingir o tempo mínimo de contribuição** ao lado.	**Mulher:** - idade mínima: **57 anos** - tempo de contribuição mínimo: **30 anos**
	Homem: - idade mínima: **60 anos** - tempo de contribuição mínimo: **35 anos**

D **Aposentadorias diferenciadas:** em regra, a Constituição veda a adoção de requisitos e critérios diferenciados para a concessão de aposentadoria aos servidores abrangidos pelo RPPS, ressalvados, ressalvando, todavia, as seguintes situações, já com as alterações promovidas pela EC 103/2019:

- **Aposentadoria dos servidores com deficiência:** poderão ser estabelecidos por **lei complementar** do respectivo ente federativo idade e tempo de contribuição diferenciados para aposentadoria de servidores com deficiência, previamente submetidos a avaliação biopsicossocial realizada por equipe multiprofissional e interdisciplinar. No caso do **servidor público federal**, até que seja editada a aludida lei complementar, o art. 22 da Emenda Constitucional 103/2019 determinou a observância do tempo mínimo de **10 (dez) anos de efetivo exercício no serviço público** e de **5 (cinco) anos no cargo efetivo em que for concedida a aposentadoria**, assim como as regras estabelecidas pela **Lei Complementar 142/2013**, inclusive quanto aos **critérios de cálculo do benefício.**

- **Aposentadoria dos agentes de segurança pública:** Poderão ser estabelecidos por **lei complementar** do respectivo ente federativo idade e tempo de contribuição diferenciados para aposentadoria de ocupantes do cargo de agente penitenciário, de agente socioeducativo ou de policial dos órgãos de que tratam o inciso IV do caput do art. 51, o inciso XIII do caput do art. 52 e os incisos I a IV do caput do art. 144. Até que seja editada a lei complementar, estes agentes observarão os seguintes requisitos: **55 (cinquenta e cinco) anos de idade**, com **30 (trinta) anos de contribuição** e **25 (vinte e cinco) anos de efetivo exercício em cargo dessas carreiras**, para **ambos os sexos.**

- **Aposentadoria especial**: Poderão ser estabelecidos por **lei complementar** do respectivo

DIREITO ADMINISTRATIVO

ente federativo idade e tempo de contribuição diferenciados para aposentadoria de servidores cujas atividades sejam exercidas com **efetiva exposição a agentes químicos, físicos e biológicos prejudiciais à saúde**, ou associação desses agentes, vedada a caracterização por categoria profissional ou ocupação. Até que seja editada a lei complementar, estes agentes observarão os seguintes requisitos: **60 (sessenta) anos de idade**, com **25 (vinte e cinco) anos de efetiva exposição e contribuição, 10 (dez) anos de efetivo exercício** de serviço público e **5 (cinco) anos no cargo efetivo** em que for concedida a aposentadoria. Além disso, as regras de transição da EC 103/2019 estabeleceram que a aposentadoria especial observará adicionalmente as condições e os requisitos estabelecidos para o benefício equivalente pago pelo RGPS, naquilo em que não conflitarem com as regras específicas aplicáveis ao regime próprio de previdência social da União, vedada a conversão de tempo especial em comum.

- **Aposentadoria do professor**: O art. 40, § 5.º estabelece que ocupantes do cargo de professor terão sua **idade mínima reduzida em 5 (cinco) anos**, desde que comprovem tempo de efetivo exercício das funções de **magistério na educação infantil** e no **ensino fundamental e médio** fixado em **lei complementar** do respectivo ente federativo. Para o titular do cargo federal de professor, até que seja editada **lei complementar**, deverá observar os seguintes requisitos: aos **60 (sessenta) anos de idade**, se **homem**, aos **57 (cinquenta e sete) anos**, se **mulher**, com **25 (vinte e cinco) anos de contribuição** exclusivamente em efetivo exercício das funções de **magistério na educação infantil e no ensino fundamental e médio, 10 (dez) anos de efetivo exercício de serviço público** e **5 (cinco) anos no cargo efetivo em que for concedida a aposentadoria**, para **ambos os sexos.**

9.2.1 Vedações constitucionais em matéria de aposentadoria: o texto constitucional trouxe algumas vedações em matéria de aposentadoria, a seguir destacadas:

- Os proventos de aposentadoria não poderão ser inferiores ao valor mínimo a que se refere o § 2º do art. 201 ou superiores ao limite máximo estabelecido para o Regime Geral de Previdência Social, observado o disposto nos §§ 14 a 16 (art. 40, § 2º).
- Ressalvadas as aposentadorias decorrentes dos cargos acumuláveis na forma desta Constituição, é vedada a percepção de mais de uma aposentadoria à conta do RPPS, aplicando-se outras vedações, regras e condições para a acumulação de benefícios previdenciários estabelecidas no Regime Geral de Previdência Social. (art. 40, § 6º).
- A lei não poderá estabelecer qualquer forma de contagem de tempo de contribuição fictício (art. 40, § 10). Por muito tempo se admitiu a chamada contagem em dobro ou mesmo a conversão de licenças não gozadas em tempo de serviço para fins de aposentadoria, o que não é mais admitido.
- É vedada a complementação de aposentadorias de servidores públicos e de pensões por morte a seus dependentes que não seja decorrente do disposto nos §§ 14 a 16 do art. 40 ou que não seja prevista em lei que extinga regime próprio de previdência social (art. 37, § 15). Todavia, esta previsão não se aplica às complementações de aposentadorias e pensões concedidas até a data de entrada em vigor da EC 103/2019.
- A soma total dos proventos de inatividade, inclusive quando decorrentes da acumulação de cargos ou empregos públicos, bem como de outras atividades sujeitas a contribuição para o regime geral de previdência social, e o montante resultante da adição de proventos de inatividade com remuneração de cargo acumulável na forma da CF/88, cargo em comissão declarado em lei de livre nomeação e exoneração, e de cargo eletivo, não poderão ser superiores ao limite fixado no art. 37, XI (art. 40, § 11).

> **MUITA ATENÇÃO!**
>
> Na situação de acumulação de cargos, o STF reinterpretou a redação do art. 40, § 11 da CF, passando a admitir que o teto constitucional para fins de proventos de inatividade deva ser considerado para cada cargo acumulável quando o servidor estava na ativa, e não para a soma dos proventos, sob pena de se criar situação desigual entre ativos e inativos. Assim, se o servidor se aposentar em dois cargos acumuláveis, cada cargo será considerado individualmente, de modo que a soma dos proventos poderá ultrapassar o teto constitucional (RE 612975/MT e RE 602043/MT).

9.2.2 Contagem recíproca: se antes de ingressar no serviço público o servidor tiver desempenhado alguma atividade remunerada abrangida pelo RGPS, poderá contar este tempo e ter incluído no cálculo de seus proventos as remunerações utilizadas como base para as contribuições para aquele regime (art. 40, § 9º e art. 201, §§ 9.º e 9.º-A). É o que se denomina **contagem recíproca**. Bastará que o servidor apresente a chamada **certidão de tempo de contribuição** (CTC), que permitirá também que haja uma compensação financeira entre o RGPS e o RPPS, relativamente às contribuições vertidas ao primeiro regime.

9.3 Pensão por morte: este é um benefício próprio dos **dependentes do servidor**, aposentado ou não, que falecer, constante de uma prestação pecuniária mensal e periódica. Nos últimos anos, a pensão por morte foi um dos benefícios que mais sofreu alterações, sendo que recentemente a EC 103/2019 mais uma vez alterou a redação do art. 40, § 7.º da CF. Segundo a nova previsão, garantido o piso do **salário mínimo**, quando se tratar da única fonte de renda formal auferida pelo dependente, o benefício de pensão por morte será concedido nos termos de **lei do respectivo ente federativo**, a qual tratará de forma diferenciada a hipótese de morte dos **agentes de segurança pública** (art. 40, § 4º-B) decorrente de agressão sofrida no exercício ou em razão da função.

Segundo previsão do art. 23, § 4.º da EC 103/2019, serão aplicadas as regras previstas na **Lei 8.213/91** (RGPS) à pensão por morte do servidor público, relativamente aos seguintes temas: **tempo de duração da pensão por morte e das cotas individuais por dependente** até a perda dessa qualidade, o **rol de dependentes e sua qualificação** e as **condições necessárias para enquadramento**.

Vale ressaltar que nos últimos anos a legislação ordinária já vinha buscando aproximar os benefícios de pensão por morte pagos pelo RPPS federal e pelo RGPS, orientação esta que foi seguida pelo constituinte.

Nesta toada, analisemos as principais regras da pensão por morte previstas na Lei 8.213/91 e que passam a ser aplicadas aos servidores públicos do RPPS federal.

A Lei 8.213/91 estabelece **três classes ou categorias de dependentes** (art. 16). A existência de dependente de qualquer das classes **exclui do direito às prestações** os das classes seguintes.

Na **primeira classe** estão o **cônjuge**, a **companheira**, o **companheiro** e o **filho não emancipado**, de qualquer condição, **menor de 21 (vinte e um) anos ou inválido** ou que tenha **deficiência intelectual ou mental grave**. Estes dependentes não precisam comprovar dependência econômica, que é presumida pela norma.

O **cônjuge divorciado** ou **separado judicialmente ou de fato** que recebia **pensão de alimentos** concorrerá em igualdade de condições com os dependentes desta classe.

O **enteado** e o **menor tutelado** equiparam-se a filho mediante **declaração do segurado**, mas necessitam comprovar **dependência econômica** na forma estabelecida no Regulamento. Ou seja, apesar de estarem equiparados aos filhos, necessitam comprovar dependência econômica.

Na **segunda classe** encontram-se os pais do servidor falecido, desde que comprovem a **dependência econômica** com relação ao instituidor da pensão por morte.

Por fim, na **terceira classe** encontra-se o **irmão não emancipado**, de qualquer condição, **menor de 21 (vinte e um) anos ou inválido** ou que tenha **deficiência intelectual ou mental** que o torne absoluta ou relativamente incapaz, assim declarado judicialmente, desde que comprove **dependência econômica** com relação ao servidor falecido.

Para o **dependente inválido** ou com **deficiência intelectual, mental ou grave**, sua condição pode ser **reconhecida previamente ao óbito do servidor**, por meio de avaliação biopsicossocial realizada por equipe multiprofissional e interdisciplinar, observada revisão periódica na forma da legislação (EC 103/2019, art. 23, § 5.º).

Será excluído definitivamente da condição de dependente quem tiver sido condenado criminalmente por sentença com trânsito em julgado, como autor, coautor ou partícipe de homicídio doloso, ou de tentativa desse crime, cometido contra a pessoa do servidor público, ressalvados os absolutamente incapazes e os inimputáveis.

Ocorrendo habilitação de mais de um dependente beneficiário à pensão, o seu valor será distribuído em **partes iguais** entre os beneficiários habilitados.

A concessão da pensão por morte **não será protelada** pela falta de habilitação de outro possível dependente, e qualquer inscrição ou habilitação posterior que importe em exclusão ou inclusão de dependente só produzirá efeito a contar da **data da inscrição ou habilitação.**

A Medida Provisória 871/2019, convertida na Lei 13.846/2019, já havia aproximado as regras do benefício de pensão por morte devido aos dependentes do servidor público àquelas do benefício similar previsto para os segurados do RGPS, sendo as principais alterações a seguir estudadas.

A pensão por morte será devida:

I – do **óbito**, quando requerida em **até cento e oitenta dias após o óbito**, para os **filhos menores de dezesseis anos**, ou em até **noventa dias após o óbito**, para os **demais dependentes**;

II – do **requerimento**, quando requerida após o prazo previsto no inciso I; ou

III – da **decisão judicial**, na hipótese de morte presumida.

A pensão por morte não será protelada pela falta de habilitação de outro possível dependente e a habilitação posterior que importe em exclusão ou inclusão de dependente só produzirá efeito a partir da data da publicação da portaria de concessão da pensão ao dependente habilitado.

Se houver ajuizamento de ação judicial para reconhecimento da condição de dependente, este poderá requerer a sua habilitação provisória ao benefício de pensão por morte, exclusivamente para fins de rateio dos valores com outros dependentes, vedado o pagamento da respectiva cota até o trânsito em julgado da decisão judicial que reconhecer a qualidade de dependente do autor da ação, ressalvada a existência de decisão judicial em contrário. Se o ente público responsável pela concessão da pensão por morte for parte o processo, este poderá proceder de ofício à habilitação excepcional da referida pensão, apenas para efeitos de rateio, descontando-se os valores referentes a esta habilitação das demais cotas, vedado o pagamento da respectiva cota até o trânsito em julgado da respectiva ação, ressalvada a existência de decisão judicial em contrário.

Se a ação for julgada improcedente, o valor retido será corrigido pelos índices legais de reajustamento e será pago de forma proporcional aos demais dependentes, de acordo com as suas cotas e o tempo de duração de seus benefícios. Em qualquer hipótese, fica assegurada ao órgão concessor da pensão por morte a cobrança dos valores indevidamente pagos em função de nova habilitação.

Por fim, haverá pagamento de pensão por morte por tempo determinado para a situação de o servidor falecido estar, na data de seu falecimento, obrigado por determinação judicial a pagar **alimentos temporários** a **ex-cônjuge**, **ex-companheiro** ou **ex-companheira**. Neste caso, a pensão será devida apenas pelo período que restava para finalizar o pagamento da pensão alimentícia, salvo se acontecer antes outra hipótese de cancelamento do benefício. Evita-se, assim, que a Administração assuma obrigação superior à que foi contraída pelo servidor ainda em vida.

A pensão por morte é um **benefício temporário** (em regra) e intransferível.

A Lei 8.213/91, aplicável neste ponto à pensão por morte por força de determinação da EC 103/2019, estabelece que o benefício será cessado segundo as seguintes condições:

a) pela **morte** do último pensionista;

b) ao completar **21 anos de idade**, para o dependente **menor** (filho, enteado, tutelado ou irmão), salvo se for inválido ou tiver deficiência intelectual ou mental ou deficiência grave;

c) para **filho** ou **irmão** que tenha **deficiência intelectual ou mental ou deficiência grave**, pelo **afastamento da deficiência**, nos termos do regulamento;

d) para cônjuge ou companheiro:

1) se inválido ou com deficiência, pela cessação da invalidez ou pelo afastamento da deficiência, respeitados os períodos mínimos decorrentes da aplicação dos itens "2" e "3" abaixo;

2) em **4 (quatro) meses**, se o óbito ocorrer sem que o servidor tenha vertido 18 (dezoito) contribuições mensais ou se o casamento ou a união estável tiverem sido iniciados **em menos de 2 (dois) anos** antes do óbito do segurado;

3) transcorridos os seguintes períodos, estabelecidos de acordo com a idade do beneficiário na data de óbito do segurado, se o óbito ocorrer **depois de vertidas 18 (dezoito) contribuições mensais** e **pelo menos 2 (dois) anos após o início do casamento ou da união estável:**

DURAÇÃO	IDADE
3 (três) anos	Menos de 21 (vinte e um) anos de idade
6 (seis) anos	Entre 21 (vinte e um) e 26 (vinte e seis) anos de idade
10 (dez) anos	Entre 27 (vinte e sete) e 29 (vinte e nove) anos de idade
15 (quinze) anos	Entre 30 (trinta) e 40 (quarenta) anos de idade
20 (vinte) anos	Entre 41 (quarenta e um) e 43 (quarenta e três) anos de idade
Vitalícia	Com 44 (quarenta e quatro) ou mais anos de idade

Serão aplicados, conforme o caso, a regra contida no item "1" ou os prazos previstos no item "3", se o óbito do segurado decorrer de acidente de qualquer natureza ou de doença profissional ou do trabalho, independentemente do recolhimento de 18 (dezoito) contribuições mensais ou da comprovação de 2 (dois) anos de casamento ou de união estável.

e) ser o pensionista condenado criminalmente por sentença com trânsito em julgado, como autor, coautor ou partícipe de homicídio doloso, ou de tentativa desse crime, cometido contra a pessoa do servidor, ressalvados os absolutamente incapazes e os inimputáveis.

A Emenda Constitucional 103/2019 estabeleceu uma sistemática nova de cálculos para a pensão por morte. Segundo previsão do art. 23, será equivalente a uma cota familiar de **50% (cinquenta por cento) do valor da aposentadoria** recebida pelo segurado ou servidor ou **daquela a que teria direito se fosse aposentado por incapacidade permanente** na data do óbito, acrescida de cotas de **10 (dez) pontos percentuais por dependente**, até o máximo de 100% (cem por cento).

Por outro lado, se o servidor estava na ativa, deverá ser realizado o cálculo do valor de uma hipotética aposentadoria por incapacidade permanente que faria jus na data do óbito. A partir deste valor obtido, aplica-se a alíquota de 50% e se agrega outros 10% a cada dependente habilitado para se obter a quantia que será paga a título de pensão por morte.

As cotas por dependente **cessarão com a perda dessa qualidade e não serão reversíveis aos demais dependentes**, preservado o valor de 100% (cem por cento) da pensão por morte quando o número de dependentes remanescente for igual ou superior a 5 (cinco).

Na hipótese de existir dependente inválido ou com deficiência intelectual, mental ou grave, o valor da pensão por morte, a Emenda Constitucional 103/2019 estabeleceu algumas regras diferenciadas de cálculo. Verificando-se tal situação, o valor do benefício equivalente a:

I – 100% (cem por cento) da aposentadoria recebida pelo segurado ou servidor ou daquela a que teria direito se fosse aposentado por incapacidade permanente na data do óbito, **até o limite máximo de benefícios do Regime Geral de Previdência Social**; e

II – uma cota familiar de 50% (cinquenta por cento) acrescida de cotas de 10 (dez) pontos percentuais por dependente, até o máximo de 100% (cem por cento), **para o valor que supere o limite máximo de benefícios do Regime Geral de Previdência Social**.

Nesta situação excepcional, apesar de o cálculo ser diferenciado, o benefício permanecerá sendo dividido igualmente entre os dependentes. Em razão disso, a Emenda Constitucional 103/2019 estabeleceu que quando não houver mais dependente inválido ou com deficiência intelectual, mental ou grave, o valor da pensão será recalculado pela regra geral.

Por fim, cumpre observar regra excepcional estabelecida para os dependentes dos **agentes de segurança pública**. Segundo previsão do art. 10, § 6.º, a pensão por morte devida aos dependentes do policial civil do órgão a que se refere o inciso XIV do caput do art. 21 da Constituição Federal, do policial dos órgãos a que se referem o inciso IV do caput do art. 51, o inciso XIII do caput do art. 52 e os incisos I a III do caput do art. 144 da Constituição Federal e dos ocupantes dos cargos de agente federal penitenciário ou socioeducativo **decorrente de agressão sofrida no exercício ou em razão da função** será **vitalícia para o cônjuge ou companheiro** e equivalente à **remuneração do cargo.**

10. SISTEMA DE RESPONSABILIZAÇÃO

10.1 Noções gerais: no exercício de suas funções, os agentes públicos podem ser responsabilizados por eventuais falhas cometidas. Esta responsabilização pode ocorrer nas searas cível, penal e administrativa.

10.2 Responsabilidade civil: a responsabilidade civil decorre da regra segundo a qual todo aquele que causa dano a outrem é obrigado a repará-lo (art. 186 do CC).

A responsabilidade civil decorre de ato omissivo ou comissivo, doloso ou culposo, que resulte em prejuízo ao erário ou a terceiros. Este prejuízo poderá ser apurado administrativamente, mediante processo administrativo próprio. Alguns estatutos funcionais permitem, mediante autorização do servidor, o parcelamento do débito e a consequente dedução em sua remuneração ou subsídio, respeitado um limite máximo diante do caráter alimentar da remuneração ou subsídio. No caso do empregado público, o art. 562, § 1º da CLT autoriza o desconto somente com a anuência do empregado ou em caso de dolo. A obrigação de reparar o dano estende-se aos sucessores e contra eles será executada, até o limite do valor da herança recebida.

Vale ressaltar que o art. 28 da LINDB, incluído pela Lei 13.655/18, estabeleceu que o agente público responderá pessoalmente por suas decisões ou opiniões técnicas em caso de **dolo ou erro grosseiro,** dispositivo que se aplica tanto à responsabilidade civil quanto administrativa do agente público. O legislador inova a estabelecer que somente **culpa grave** ensejará a responsabilidade do agente.

10.3 Responsabilidade penal: o agente público responde penalmente ao praticar um crime ou contravenção que se relacione direta ou diretamente com suas funções. O Código Penal disciplina os chamados crimes contra a Administração Pública a partir do art. 312, sem se desconsiderar os demais crimes previstos na legislação especial. A responsabilidade criminal do servidor é apurada em processo judicial. Para fins criminais, o conceito de servidor público é bastante amplo (art. 327, CP).

10.4 Responsabilidade administrativa: os estatutos funcionais estabelecem deveres e responsabilidades dos servidores que, se violados, configuram infrações administrativas, que podem acarretar a aplicação de penalidades como advertência, suspensão e até mesmo demissão.

A própria Administração promoverá a apuração da infração administrativa, instaurando o procedimento adequado e assegurando ao servidor o **contraditório** e a **ampla defesa.** Não se admite, assim, o sistema da **verdade sabida**, presente ainda em alguns estatutos funcionais, em que a penalidade é aplicada pela autoridade competente que tenha conhecimento da infração notória, independentemente de se franquear defesa ao infrator.

A descrição das infrações administrativas é mais aberta, de modo que a Administração possui certa margem de apreciação do caso concreto e seu enquadramento dentre os ilícitos previstos em lei.

A Lei 8.112/90 prevê como espécies de penalidades disciplinares (art. 127 da Lei 8.112/90): a) **advertência**; b) **suspensão**; c) **demissão**; d) **cassação de aposentadoria ou disponibilidade**; e) **destituição de cargo em comissão**; f) **destituição de função comissionada**. Focaremos o estudo nas três primeiras penalidades.

Na aplicação das penalidades serão consideradas a natureza e a gravidade da infração cometida, os danos que dela provierem para o serviço público, as circunstâncias agravantes ou atenuantes e os antecedentes funcionais.

A **advertência** será aplicada por escrito, nos casos de violação de proibição constante do art. 117, incisos I a VIII e XIX da Lei 8.112/90, e de inobservância de dever funcional previsto em lei, regulamentação ou norma interna, que não justifique imposição de penalidade mais grave.

A **suspensão** será aplicada em caso de reincidência das faltas punidas com advertência e de violação das demais proibições que não tipifiquem infração sujeita a penalidade de demissão, não podendo exceder de **90 (noventa) dias.** Também será punido com suspensão de **até 15 (quinze) dias** o servidor que, injustificadamente, recusar-se a ser submetido a inspeção médica determinada pela autoridade competente, cessando os efeitos da penalidade uma vez cumprida a determinação.

Quando houver conveniência para o serviço, a penalidade de suspensão poderá ser convertida em multa, na base de 50% (cinquenta por cento) por dia de vencimento ou remuneração, ficando o servidor obrigado a permanecer em serviço.

As penalidades de advertência e de suspensão terão seus registros cancelados, após o decurso de 3 (três) e 5 (cinco) anos de efetivo exercício, respectivamente, se o servidor não houver, nesse período, praticado nova infração disciplinar.

A pena de **demissão** será aplicada nas situações previstas no art. 132 da Lei 8.112/90. A pena de demissão também pode estar prevista em legislação esparsa, como ocorre com a Lei de Improbidade Administrativa (Lei 8.429/92), que impõe a penalidade ao agente público que se recusar a prestar a declaração dos bens ou prestar informação falsa por ocasião da posse e exercício de mandato, cargo, emprego ou função.

A Administração possui alguns prazos para responsabilizar o servidor público faltoso, sob pena de prescrever sua pretensão punitiva. Vejamos os prazos trazidos pela Lei 8.112/90:

Penalidade	Prazo
Advertência	**180 dias**
Suspensão	**2 anos**
Demissão	**5 anos**
Cassação de aposentadoria ou disponibilidade	
Destituição de cargo em comissão	
Infrações Disciplinares também capituladas como crimes	Prazos de prescrição previstos na lei penal

Sobre o tema da prescrição da pretensão punitiva, o STJ sintetizou o tema por meio da Súmula 636: "Os prazos prescricionais previstos no art. 142 da Lei n. 8.112/1990 iniciam-se na data em que a autoridade competente para a abertura do procedimento administrativo toma conhecimento do fato, interrompem-se com o primeiro ato de instauração válido – sindicância de caráter punitivo ou processo disciplinar – e voltam a fluir por inteiro, após decorridos 140 dias desde a interrupção". Este prazo de 140 dias foi obtido por meio do seguinte raciocínio: O prazo para a conclusão do processo disciplinar não excederá 60 (sessenta) dias, contados da data de publicação do ato que constituir a comissão, admitida a sua prorrogação por igual prazo, quando as circunstâncias o exigirem (art. 152, da Lei 8.112). A esses 120 (cento e vinte) dias (60 de prazo ordinário + 60 de prorrogação), somam-se outros 20 (vinte) dias para julgamento (art. 167).

10.5 (In)Comunicabilidade entre as instâncias de responsabilização: em regra, vige o princípio da **incomunicabilidade ou independência entre as instâncias**, de modo que o servidor pode sofrer condenações concomitantemente nas esferas cível, criminal e administrativa. Esta regra, todavia, comporta **exceção**, uma vez que o art. 126 da Lei 8.112/90 dispõe que a responsabilidade administrativa do servidor será afastada no caso de **absolvição criminal** que **negue a existência do fato** ou **sua autoria**.

> MUITA ATENÇÃO! A absolvição no Juízo Criminal por **insuficiência de provas** não afasta a possibilidade de responsabilização administrativa e cível do servidor. Assim, se servidor público foi acusado de corrupção passiva e peculato, respondeu a processo criminal e foi absolvido por ausência de provas, Administração Pública, no caso, permanece livre para punir o funcionário, desde que verifique haver desvios na conduta funcional do servidor (exemplo adaptado de questão do X Exame Unificado). Esta é uma pegadinha recorrente no Exame da OAB e em concursos públicos.

10.6 Apuração da Infração Funcional: A própria Administração promoverá a apuração da infração administrativa, instaurando o procedimento adequado e assegurando ao servidor o contraditório e a ampla defesa, quando for o caso. As possíveis irregularidades cometidas pelo agente são apuradas por meio dos seguintes instrumentos a **investigação preliminar**, a **sindicância** e o **processo administrativo disciplinar.**

A **investigação preliminar** é um procedimento preparatório, sigiloso, que objetiva recolher indícios de materialidade e autoria da infração suficientes para a instauração de sindicância, de processo administrativo disciplinar ou para o arquivamento de eventual denúncia.

Sindicância é o **procedimento investigativo**, que poderá implicar no **arquivamento do processo**, na aplicação da **penalidade de advertência ou suspensão até 30 dias**, assegurada ampla defesa, ou poderá implicar **na instauração de processo administrativo disciplinar**, o qual é obrigatório sempre que ilícito praticado ensejar sanção mais grave. Neste último caso, os autos da sindicância integrarão o processo disciplinar, como peça informativa da instrução.

Vejamos uma aplicação prática, proposta no exame de ordem 2018.1: "Ricardo, servidor público federal, especializou-se no mercado imobiliário, tornando-se corretor de imóveis. Em razão do aumento da demanda, passou a atender seus clientes durante o horário de expediente, ausentando-se da repartição pública sem prévia autorização do chefe imediato. Instaurada sindicância, Ricardo foi punido com uma advertência. A despeito disso, ele passou a reincidir na mesma falta que ensejou sua punição. Nova sindicância foi aberta". Apesar do enunciado extenso, alternativa correta exigia que o candidato soubesse que a sindicância pode dar ensejo à aplicação da pena de suspensão, desde que a sanção seja de até 30 (trinta dias).

O **processo administrativo disciplinar (PAD)** é o instrumento destinado a apurar responsabilidade de servidor por infração praticada no exercício de suas atribuições, ou que tenha relação com as atribuições do cargo em que se encontre investido, sendo sua instauração obrigatória sempre que o ilícito objeto da apuração ensejar a imposição de penalidade de **suspensão por mais de 30 (trinta) dias**, de **demissão**, **cassação de aposentadoria ou disponibilidade**, ou **destituição de cargo em comissão.** O procedimento do PAD está disciplinado entre os artigos 148 e 173 da Lei 8.112/90.

O **procedimento administrativo ordinário** (comum), previsto no art. 151 da Lei 8.112/90, desenvolve-se observando as seguintes fases: (i) instauração, com a publicação do ato que constituir a comissão; (ii) inquérito administrativo, que compreende instrução, defesa e relatório; (iii) julgamento. O prazo para a conclusão do processo disciplinar não excederá 60 (sessenta) dias, contados da data de publicação do ato que constituir a comissão, admitida a sua prorrogação por igual prazo, quando as circunstâncias o exigirem.

Todavia, admite-se a adoção do **procedimento administrativo pelo rito sumário** aplicável acumulação ilegal de cargos, empregos ou funções públicas, de abandono de cargo e de inassiduidade habitual, sendo a todas cabível a pena de demissão. Em tais situações, a autoria e materialidade estão mais evidenciadas, o que impõe tratamento mais célere na tramitação do PAD.

Segundo o art. 133 da Lei 8.112/90, o rito sumário compreende as seguintes fases: (i) instauração com a publicação do ato que constituir a comissão, a ser composta por dois servidores estáveis, e simultaneamente indicar a autoria e a materialidade da transgressão objeto da apuração; (ii) instrução sumária, que compreende indiciação, defesa e relatório; (iii) julgamento. O prazo para a conclusão do processo administrativo disciplinar submetido ao rito sumário não excederá trinta dias, contados da data de publicação do ato que constituir a comissão, admitida a sua prorrogação por até quinze dias, quando as circunstâncias o exigirem.

O processo disciplinar poderá ser revisto, a **qualquer tempo**, **a pedido** ou **de ofício**, quando se aduzirem **fatos novos** ou **circunstâncias suscetíveis de justificar a inocência do punido** ou a **inadequação da penalidade aplicada**. No processo revisional, o ônus da prova cabe ao requerente, diferentemente do que ocorre no PAD, no qual a Administração deverá comprovar a responsabilidade do agente na prática da infração administrativa.

? **QUESTÃO:** A sindicância constitui etapa obrigatória do procedimento administrativo disciplinar (PAD)?

➥ ***RESPOSTA: Não. No tocante ao PAD, a sindicância representa apenas uma fase facultativa e preparatória, e, portanto, dispensável nos casos em que suficientes os elementos de prova levantados pela Administração Pública. Esse tema foi objeto de questão no XXIII Exame de Ordem (jul/2017) com a proposta do seguinte problema:*** *Após a Polícia Federal colher farto material*

DIREITO ADMINISTRATIVO

probatório, o Ministério Público denunciou Ricardo, servidor público federal estável, por crime funcional e comunicou o fato às autoridades competentes para eventual apuração administrativa. Antes do recebimento da denúncia, diante da vasta documentação que demonstrava a materialidade de violação de dever funcional remetida para a Administração, foi instaurado o processo administrativo disciplinar, sem a realização de sindicância, que, mediante regular processamento do inquérito administrativo, culminou na aplicação da pena de demissão de Ricardo. A resposta apontada pelo gabarito oficial considerou que não houve qualquer nulidade que contaminasse o processo administrativo disciplinar instaurado contra Ricardo, haja vista que a substância dos elementos de prova dispensava nova apuração por meio de sindicância.

FIQUE POR DENTRO:

Processo Administrativo Disciplinar e Denúncia Anônima

Sempre foram intensos os debates sobre a validade de processos administrativos disciplinares motivados por **denúncia anônima**. Ao mesmo tempo em que a Constituição Federal assegura a livre manifestação do pensamento, mas proibindo o anonimato (art. 5º, IV), a Administração Pública deve obediência aos princípios administrativos, especialmente a indisponibilidade do interesse público, que obrigaria a apuração de eventuais ilegalidades levadas a conhecimento do administrador. O STJ adotou posicionamento intermediário sobre o tema, editando a súmula 611 que contém a seguinte redação: "**Desde que devidamente motivada e com amparo em investigação ou sindicância**, é permitida a instauração de processo administrativo disciplinar com base em denúncia anônima, em face do poder-dever de autotutela imposto à administração".

EM RESUMO: Agentes Públicos		
Definição	Em um sentido amplo, pode-se definir **agente público** como "todo aquele que exerce, ainda que transitoriamente ou sem remuneração, por eleição, nomeação, designação, contratação ou qualquer forma de investidura ou vínculo, mandato, cargo emprego ou função pública" (PAULO ALEXANDRINO).	
Classificação	• **Agentes políticos**: Possuem uma relação jurídico-institucional **transitória** com o Estado, diversa dos demais agentes públicos, e geralmente são investidos em seus cargos por meio de **eleição**, **nomeação** ou **designação**. • **Servidores públicos**: em **sentido amplo**, são todas as pessoas físicas que prestam serviços ao Estado em decorrência de algum vínculo de trabalho e mediante remuneração paga pelos cofres públicos (Maria Sylvia Z. Di Pietro). Subdividem-se em: a) **servidores estatutários:** regidos por um **regime estatutário** estabelecido em lei (no âmbito federal, Lei 8.112/90), são titulares de **cargos públicos**. b) **empregados públicos**: a relação é **contratual** e regida pela **CLT** e pela **Lei 9.962/00**, tendo natureza de **emprego público**. c) **servidores temporários**: estão submetidos a regime jurídico especial (Lei 8.745/93), desempenhando uma mera função. • **Militares**: se enquadram as pessoas físicas que prestam serviços às **Forças Armadas** – Marinha, Exército e Aeronáutica (art. 142, *caput*, e § 3º, da Constituição) – e às **Polícias Militares** e **Corpos de Bombeiros Militares dos Estados, Distrito Federal e dos Territórios** (art. 42), com **vínculo estatutário** sujeito a **regime jurídico próprio**, mediante remuneração paga pelos cofres públicos (Maria Sylvia Z. Di Pietro). • **Particulares em colaboração com o poder público**: pessoas físicas que prestam serviço ao Estado, sem vínculo empregatício, com ou sem remuneração. Podem atuar por: a) **delegação do Poder Público**: exercem função em nome próprio, sob fiscalização do Poder Público, e recebem remuneração de terceiros usuários do serviço público. b) **requisição, nomeação** ou **designação**: exercem funções públicas relevantes, não tem vínculo empregatício e em geral não recebem remuneração. c) **gestores de negócios**: espontaneamente assumem função pública em momento de emergência, como epidemia, enchente, etc. • **Classificação de particulares em colaboração segundo Hely Lopes Meirelles:** a) **agentes honoríficos**: prestam, transitoriamente e normalmente sem remuneração, um *múnus público* ou um *serviço público relevante*. b) **agentes delegados** c) **agentes credenciados**: representam a Administração em determinado ato ou praticam determinada atividade específica.	
Cargos, empregos e funções	**Cargo**	• Representam um **conjunto de atribuições e responsabilidades**, criadas por **lei ou resolução** (só para o Poder Legislativo), previstas na estrutura organizacional de determinado ente e regidas por um **regime jurídico estatutário**, para que sejam exercidas por um **agente público** legalmente investido e **mediante remuneração.** • O provimento pode se dar em caráter **efetivo** – mediante **concurso público** – ou em **comissão.** • As ações envolvendo os servidores e a Administração serão processadas perante a Justiça Comum federal ou estadual, conforme o ente que figure na lide.
	Emprego	• Há um **vínculo contratual** entre o agente e a Administração, que será regido pela **CLT.** • O provimento será obrigatoriamente por **concurso público.** • O regime de emprego público é obrigatório para as empresas estatais e suas subsidiárias que explorem atividade econômica (art. 173, § 1º da CF/88). • As ações envolvendo os empregados públicos e Administração serão processadas perante a Justiça do Trabalho.

<table>
<tr><th colspan="3">EM RESUMO: Agentes Públicos</th></tr>
<tr><td rowspan="4">Cargos, empregos e funções</td><td>Função</td><td>• São as atribuições ou competências conferidas a um órgão, cargo, emprego ou diretamente ao agente.
• Todo cargo ou emprego possui uma função, mas nem toda função equivale a um cargo ou emprego.
• As funções podem ser autônomas, como ocorre nas funções temporárias ou gratificadas, pelas quais o agente público, mesmo sem vínculo permanente, percebe remuneração pelo desempenho de atividade (ex.: servidores temporários contratados nos termos do art. 37, IX da CF/88), e de confiança (art. 37, V), que é uma modalidade de gratificação paga a servidores de cargo efetivo pelo exercício de atribuições de direção, chefia e assessoramento (ex.: chefia de secretaria judicial).
• Não há obrigatoriedade de realização de concurso público nestes casos.
• As ações envolvendo os agentes que exerçam função e a Administração serão processadas perante a Justiça Comum federal ou estadual, conforme o ente que figure na lide.</td></tr>
<tr><th colspan="2">Acesso</th></tr>
<tr><td colspan="2">De acordo com o art. 37, I da CF/88 "os cargos, empregos e funções públicas são acessíveis aos brasileiros que preencham os requisitos estabelecidos em lei, assim como aos estrangeiros, na forma da lei".
Apesar da clara previsão constitucional, o acesso aos cargos públicos sempre foi tema recorrente na jurisprudência, o que fez com o STF editasse várias súmulas sobre a matéria, das quais destacamos:
Súmula 686: "Só por lei se pode sujeitar a exame psicotécnico a habilitação de candidato a cargo público" (entendimento consolidado na súmula vinculante 44, que possui a mesma redação);</td></tr>
<tr><td colspan="2"></td></tr>
<tr><td rowspan="6">Cargos, empregos e funções</td><td colspan="2">Súmula 683: "O limite de idade para a inscrição em concurso público só se legitima em face do art. 7º, XXX, da Constituição, quando possa ser justificado pela natureza das atribuições do cargo a ser preenchido";
Súmula 14: "Não é admissível, por ato administrativo, restringir, em razão da idade, inscrição em concurso para cargo público".
O STJ também editou súmula pertinente ao assunto: Súmula 266: "O diploma ou habilitação legal para o exercício do cargo deve ser exigido na posse e não na inscrição para o concurso público".
A necessidade de realização de concurso público como regra para preenchimento de cargos e empregos públicos é estabelecida pelo art. 37, II da CF/88: "a investidura em cargo ou emprego público depende de aprovação prévia em concurso público de provas ou de provas e títulos, de acordo com a natureza e a complexidade do cargo ou emprego, na forma prevista em lei, ressalvadas as nomeações para cargo em comissão declarado em lei de livre nomeação e exoneração".
Fere o art. 37, II da CF os chamados concursos internos, muitas vezes previstos nos próprios estatutos de servidores públicos.</td></tr>
<tr><th colspan="2">Concurso Público</th></tr>
<tr><td colspan="2">Prazo de Validade: de até dois anos, prorrogável uma vez, por igual período (art. 37, III da CF/88).
A CF/88 garante a reserva de percentual dos cargos e empregos públicos para as pessoas portadoras de deficiência por meio de lei reguladora, que definirá ainda os critérios de sua admissão.
O Decreto 3.298/99, que regulamentou a Lei 7.853/89, estabeleceu que serão reservados aos portadores de deficiência 5% (cinco por cento) das vagas oferecidas no concurso (art. 37, § 1º).
A Lei 8.112/90, assegura aos portadores de deficiência o direito de se inscrever em concurso público para provimento de cargo cujas atribuições sejam compatíveis com a deficiência de que são portadoras; a estes serão reservadas até 20% (vinte por cento) das vagas oferecidas no concurso (art. 5º, § 2º).
Lei 12.990/14 determinou a reserva aos negros de 20% (vinte por cento) das vagas oferecidas nos concursos públicos para provimento de cargos efetivos e empregos públicos no âmbito da administração pública federal, das autarquias, das fundações públicas, das empresas públicas e das sociedades de economia mista controladas pela União.</td></tr>
<tr><th colspan="2">Acumulação Remunerada de Cargos, Empregos e Funções</th></tr>
<tr><td colspan="2">Em regra, é vedada a acumulação remunerada de cargos e empregos públicos. Em algumas situações, todavia, a CF/88 admite a acumulação:
a) de dois cargos de professor (art. 37, XVI, "a");
b) de um cargo de professor com outro técnico ou científico (art. 37, XVI, "b");
c) de dois cargos ou empregos privativos de profissionais de saúde, com profissões regulamentadas (art. 37, XVI, "c");
d) de um cargo, emprego ou função pública com a função de vereador (art. 38, III);
e) de um cargo de magistrado com outro de magistério (art. 95, parágrafo único, I);
f) de um cargo de membro do ministério público com outro de magistério (art. 128, § 5º, II, "d").
As exceções à regra de vedação de acumulação de cargos públicos, previstas na Constituição Federal, são taxativas.</td></tr>
</table>

EM RESUMO: Agentes Públicos	
Provimento	**Provimento e investidura:** o **provimento** é o ato administrativo da autoridade competente de cada Poder que designa alguém para titularizar um **cargo público**. A **investidura**, por outro lado, ocorre com a posse (o agente investe-se em suas funções). Requisitos para **investidura** em cargo público (art. 5º da Lei 8.212/90: **a)** a nacionalidade brasileira; **b)** o gozo dos direitos políticos; **c)** a quitação com as obrigações militares e eleitorais; **d)** o nível de escolaridade exigido para o exercício do cargo; **e)** a idade mínima de dezoito anos; **f)** aptidão física e mental. **Nomeação:** Ato administrativo que materializa o provimento originário. Pode ser em **comissão** ou em caráter **efetivo**, dependendo, neste último caso, de prévia habilitação em concurso público de provas ou de provas e títulos, obedecidos a ordem de classificação e o prazo de sua validade. **Promoção:** Passagem para um cargo de classe mais elevada.
	Modalidades de Provimento
	Readaptação: Investidura do servidor em cargo de atribuições e responsabilidades compatíveis com a limitação que tenha sofrido em sua capacidade física ou mental verificada em inspeção médica. **Reversão:** Retorno à atividade de servidor aposentado, nas situações previstas nos incisos I e II do art. 25 (leitura obrigatória). **Aproveitamento:** Ocorre com o retorno à atividade de servidor em disponibilidade em cargo de atribuições e vencimentos compatíveis com o anteriormente ocupado. **Reintegração:** Reinvestidura do servidor estável no cargo anteriormente ocupado, ou no cargo resultante de sua transformação, quando invalidada a sua demissão por decisão administrativa ou judicial, com ressarcimento de todas as vantagens. **Recondução:** Retorno do servidor estável ao cargo anteriormente ocupado, nas hipóteses de inabilitação ou desistência em estágio probatório relativo a outro cargo ou reintegração do anterior ocupante.
Estágio probatório, efetividade, estabilidade e disponibilidade	**Estágio probatório:** é o período de **três anos** dentro do qual o servidor é avaliado quanto à sua **aptidão** e **capacidade** para o desempenho do cargo, observando-se sua **assiduidade**, **disciplina**, **capacidade de iniciativa**, **produtividade** e **responsabilidade**. Caso não cumpra os requisitos estabelecidos no estágio probatório após o cumprimento das formalidades legais de apuração de sua capacidade (o que inclui a abertura de oportunidade para que o mesmo apresente sua defesa em caso de avaliação negativa), o servidor poderá ser **exonerado** (STF, Súmula 21). **Efetividade:** é um **atributo do cargo**, relacionada à **forma de provimento**. Os **cargos efetivos** pressupõem a realização de **concurso público** e partem do princípio ou expectativa de que o servidor terá um vínculo duradouro. **Estabilidade:** é um **atributo pessoal** do ocupante do cargo, ou seja, configurando-se numa **garantia** de permanência no serviço público adquirida após **três anos** de efetivo exercício e aprovação do servidor em avaliação especial de desempenho por comissão instituída para essa finalidade. Não gera direito adquirido ao servidor de permanecer eternamente no cargo, podendo perdê-lo nas seguintes situações: 1) em virtude de **sentença judicial transitada em julgado** (art. 41, § 1º, I); 2) mediante **processo administrativo** em que lhe seja assegurada ampla defesa (art. 41, § 1º, II); 3) mediante **procedimento de avaliação periódica de desempenho**, na forma de lei complementar, assegurada ampla defesa (art. 41, § 1º, III); 4) **adequação dos gastos da Administração com pessoal**, se insuficientes as providências determinadas no art. 169, § 3º, da CF (§ 4º). **Disponibilidade: extinto o cargo ou declarada a sua desnecessidade**, o servidor estável ficará em **disponibilidade**, com remuneração proporcional ao tempo de serviço, até seu adequado aproveitamento em outro cargo.
Vacância	Ocorre quando determinado cargo público se encontrar sem um agente regulamente investido (o cargo fica vago). Diversas situações podem ocasionar a vacância de um cargo público, sendo as mais comuns a **exoneração** e a **demissão**. Há outras situações que também implicam na vacância de um cargo, como a **promoção**, a **readaptação**, a **aposentadoria**, a **posse em outro cargo inacumulável** e o **falecimento** do servidor.
Sistema remuneratório	**Remuneração e Subsídio: a) Remuneração:** é o **vencimento** do cargo efetivo, acrescido das **vantagens pecuniárias permanentes** estabelecidas em lei. Vencimento é a retribuição pecuniária pelo exercício de cargo público, com valor fixado em lei. As vantagens pecuniárias permanentes são acréscimos fixados em lei, geralmente pagos por meio de indenizações, gratificações ou adicionais. **b) Subsídio:** são pagos em **parcela única**, vedado o acréscimo de qualquer gratificação, adicional, abono, prêmio, verba de representação ou outra espécie remuneratória (art. 39, § 4º da CF/88).
	Teto remuneratório: O **teto geral** ou **nacional**, que será observado por todos os agentes públicos é o **subsídio dos Ministros do STF**. Todos os subsídios e remunerações não poderão extravasar este valor. Além deste teto geral, a CF/88 estabeleceu outros **tetos específicos** ou **subtetos** que devem ser observados no âmbito de outros Poderes: a) **Municípios**: subsídios do Prefeito; b) **Estados e Distrito Federal**: b.1) **Poder Executivo**: o subsídio mensal do Governador; b.2) **Poder Legislativo**: subsídio dos Deputados Estaduais e Distritais; b.3) **Poder Judiciário, Ministério Público, Procuradores e Defensores**: subsídio dos Desembargadores do Tribunal de Justiça, limitado a 90,25% do subsídio mensal, em espécie, dos Ministros do STF.

EM RESUMO: Agentes Públicos	
Direitos sociais assegurados aos servidores públicos	**Extensão de direitos próprios dos trabalhadores (art. 7º da CF/88)**: o art. 39, § 3º da CF estende aos servidores públicos alguns dos direitos sociais previstos no art. 7º, quais sejam: • Percepção de **salário mínimo** (art. 7º IV e VIII). **Exceção:** Súmula Vinculante 6 do STF (Não viola a Constituição da República o estabelecimento de remuneração inferior ao salário mínimo para os praças prestadores de serviço militar inicial). • **Décimo terceiro salário** com base na remuneração integral ou no valor da aposentadoria (art. 7.º, VIII). • Remuneração do trabalho noturno superior à do diurno (art. 7º, IX). • Salário-família pago em razão do dependente do trabalhador de baixa renda nos termos da lei (art. 7º, XII). • Duração do trabalho normal não superior a **oito horas diárias** e **quarenta e quatro semanais**, facultada a compensação de horários e a redução da jornada, mediante acordo ou convenção coletiva de trabalho (art. 7º, XIII). • **Repouso semanal remunerado**, preferencialmente aos domingos (art. 7º, XV). • Remuneração do **serviço extraordinário** superior, no mínimo, em cinquenta por cento à do normal (art. 7º, XVII). • Gozo de **férias anuais remuneradas** com, pelo menos, um terço a mais do que o salário normal (art. 7º, XVI). • **Licença à gestante**, sem prejuízo do emprego e do salário, com a duração de cento e vinte dias (art. 7º, XVIII). • **Licença-paternidade**, nos termos fixados em lei (art. 7º, XIX). • **Proteção do mercado de trabalho da mulher**, mediante incentivos específicos, nos termos da lei (art. 7º, XX). • **Redução dos riscos inerentes ao trab**alho, por meio de normas de saúde, higiene e segurança (art. 7º, XXII). • **Proibição de diferença de salários**, de exercício de funções e de critério de admissão por motivo de sexo, idade, cor ou estado civil (art. 7º, XXX). **Sindicalização e greve (art. 37, VI e VII da CF/88):** outros direitos assegurados aos trabalhadores, expressamente estendidos ao servidor público, são os direitos de sindicalização (art. 37, VI) e greve (art. 37, VI). Como neste último caso a norma constitucional condiciona sua regulamentação à lei específica, que ainda não foi editada, o STF no julgamento dos Mandados de Injunção 670/ES, 708/DF e 712/PA declarou a omissão legislativa quanto ao dever constitucional em editar lei que regulamente o exercício do direito de greve no setor público e, por maioria, determinou a aplicação, no que couber, da lei de greve vigente no setor privado (Lei 7.783/1989). Este tem sido o entendimento atualmente adotado pela jurisprudência.
Regime de previdência dos agentes públicos	**Regime Geral de Previdência Social (RGPS):** • Aberto aos trabalhadores de um modo geral, é regido pela Lei 8.213/91. • A este regime estarão vinculados os empregados públicos, os servidores temporários, os ocupantes de cargos em comissão de livre nomeação e exoneração e os servidores efetivos que não estiverem vinculados a regime próprio de previdência; **Regime Próprio de Previdência Social (RPPS):** • Criados pelos entes federativos para beneficiar os servidores titulares de cargos efetivos da Administração Pública Direta ou Indireta. A partir da edição da EC 103/2019, não é mais possível a instituição de novos RPPS. Prevê o art. 40, da CF, com a nova redação trazida pela EC 103/2019, que o regime próprio de previdência social dos servidores titulares de cargos efetivos terá caráter contributivo e solidário, mediante contribuição do respectivo ente federativo, de servidores ativos, de aposentados e de pensionistas, observados critérios que preservem o equilíbrio financeiro e atuarial. **Aposentadorias:** devidas ao próprio servidor e estabelecidas no art. 41, § 1º da CF. • **Aposentadoria por incapacidade permanente para o trabalho**: será devida ao servidor quando constatada **incapacidade permanente para o trabalho**, no cargo em que estiver investido, quando **insuscetível de readaptação**, hipótese em que será **obrigatória** a realização de **avaliações periódicas** para verificação da continuidade das condições que ensejaram a concessão da aposentadoria, na forma de lei do respectivo ente federativo. • **Aposentadoria compulsória**: dá-se quando o agente completa **70 anos de idade**, ou aos **75 anos de idade**, na forma de lei complementar, conforme alteração promovida pela EC 88/2015. Em ambas as situações os proventos serão proporcionais ao tempo de contribuição. Aplica-se também aos empregados dos consórcios públicos, das empresas públicas, das sociedades de economia mista e das suas subsidiárias, observado o cumprimento do tempo mínimo de contribuição e na forma estabelecida em lei. • **Aposentadoria voluntária**: Segundo a nova previsão do art. 40, § 1.º, III, **no âmbito da União**, a aposentadoria voluntária será concedida ao servidor público **aos 62 (sessenta e dois) anos de idade**, se **mulher**, e aos **65 (sessenta e cinco) anos de idade**, se **homem**, e, no âmbito dos Estados, do Distrito Federal e dos Municípios, na idade mínima estabelecida mediante emenda às respectivas Constituições e Leis Orgânicas, observados o **tempo de contribuição e os demais requisitos** estabelecidos em **lei complementar** do respectivo ente federativo. Aos servidores dos **Estados, do Distrito Federal e dos Municípios** permanecem aplicáveis as normas constitucionais e infraconstitucionais **anteriores à data da entrada em vigor da EC 103/2019** (13.11.2019), **enquanto não promovidas alterações na legislação interna** relacionada ao respectivo regime próprio de previdência social.

<table>
<tr><th colspan="2">EM RESUMO: Agentes Públicos</th></tr>
<tr><td>Regime de previdência dos agentes públicos</td><td>
• Aposentadorias diferenciadas: em regra, a CF veda a adoção de requisitos e critérios diferenciados para a concessão de aposentadorias a servidores abrangidos pelo RPPS, ressalvando expressamente as seguintes situações: a) aposentadoria dos servidores com deficiência; b) aposentadoria dos agentes de segurança pública; c) Aposentadoria especial; d) aposentadoria do professor. Todas terão seus requisitos estabelecidos em lei complementar do respectivo ente federativo.
Vedações constitucionais em matéria de aposentadoria:
• Os proventos de aposentadoria não poderão ser inferiores ao valor mínimo a que se refere o § 2º do art. 201 ou superiores ao limite máximo estabelecido para o Regime Geral de Previdência Social, observado o disposto nos §§ 14 a 16 (art. 40, § 2º).
• Ressalvadas as aposentadorias decorrentes dos cargos acumuláveis na forma desta Constituição, é vedada a percepção de mais de uma aposentadoria à conta do RPPS, aplicando-se outras vedações, regras e condições para a acumulação de benefícios previdenciários estabelecidas no Regime Geral de Previdência Social. (art. 40, § 6º).
• A lei não poderá estabelecer qualquer forma de contagem de tempo de contribuição fictício (art. 40, § 10). Por muito tempo se admitiu a chamada contagem em dobro ou mesmo a conversão de licenças não gozadas em tempo de serviço para fins de aposentadoria, o que não é mais admitido.
• É vedada a complementação de aposentadorias de servidores públicos e de pensões por morte a seus dependentes que não seja decorrente do disposto nos §§ 14 a 16 do art. 40 ou que não seja prevista em lei que extinga regime próprio de previdência social (art. 37, § 15).
• A soma total dos proventos de inatividade, inclusive quando decorrentes da acumulação de cargos ou empregos públicos, bem como de outras atividades sujeitas a contribuição para o regime geral de previdência social, e o montante resultante da adição de proventos de inatividade com remuneração de cargo acumulável na forma da CF/88, cargo em comissão declarado em lei de livre nomeação e exoneração, e de cargo eletivo, não poderão ser superiores ao limite fixado no art. 37, XI (art. 40, § 11).
Contagem Recíproca: se antes de ingressar no serviço público o servidor tiver desempenhado alguma atividade remunerada abrangida pelo RGPS, poderá contar este tempo e ter incluído no cálculo de seus proventos as remunerações utilizadas como base para as contribuições para aquele regime (art. 40, § 3º).
Pensão por morte: segundo a sistemática trazida pela EC 103/2019, garantido o piso do salário mínimo, quando se tratar da única fonte de renda formal auferida pelo dependente, o benefício de pensão por morte será concedido nos termos de lei do respectivo ente federativo, a qual tratará de forma diferenciada a hipótese de morte dos agentes de segurança pública (art. 40, § 4º-B) decorrente de agressão sofrida no exercício ou em razão da função.
</td></tr>
<tr><td>Sistema de responsabilização</td><td>
No exercício de suas funções, os agentes públicos podem ser responsabilizados por eventuais falhas cometidas. Esta responsabilização pode ocorrer nas searas cível, penal e administrativa.
Responsabilidade civil: decorre de ato omissivo ou comissivo, doloso ou culposo, que resulte em prejuízo ao erário ou a terceiros. Este prejuízo poderá ser apurado administrativamente, mediante processo administrativo próprio.
Responsabilidade penal: o agente público responde penalmente ao praticar um crime ou contravenção que se relacione direta ou diretamente com suas funções. A responsabilidade criminal do servidor é apurada em processo judicial.
Responsabilidade administrativa: os estatutos funcionais estabelecem deveres e responsabilidades dos servidores que, se violados, configuram infrações administrativas, que podem acarretar a aplicação de penalidades como advertência, suspensão e até mesmo demissão. A própria Administração promoverá a apuração da infração administrativa, instaurando o procedimento adequado e assegurando ao servidor o contraditório e a ampla defesa.
Espécies de penalidades disciplinares (art. 127 da Lei 8.112/90): a) advertência; b) suspensão; c) demissão; d) cassação de aposentadoria ou disponibilidade; e) destituição de cargo em comissão; f) destituição de função comissionada.
Prazos que a Administração possui para responsabilizar o servidor público faltoso (Lei 8.112/90: (sob pena de prescrição da pretensão punitiva)
a) Advertência – 180 dias
b) Suspensão – 2 anos
c) Demissão; Cassação de aposentadoria ou disponibilidade; Destituição de cargo em comissão – 5 anos
d) Infrações Disciplinares também capituladas como crimes – Prazos de prescrição previstos na lei penal.
Apuração da infração: a própria Administração fará a apuração, por meio de sindicância e procedimento administrativo disciplinar. A sindicância tem natureza de procedimento investigativo, mas que também pode acarretar na aplicação de sanção, observado o contraditório e ampla defesa, e caso de aplicação de penalidade de advertência ou suspensão por até 30 dias. Se a penalidade apurada for mais grave, implicando em aplicação das penas de suspensão por mais de 30 (trinta) dias, demissão, cassação de aposentadoria ou disponibilidade, ou destituição de cargo em comissão, instaura-se o procedimento administrativo disciplinar (PAD), cujo procedimento está disciplinado entre os artigos 148 e 173 da Lei 8.112/90. Neste caso, a sindicância, quando existir, integrará o PAD como peça informativa de instrução. Por fim, o processo disciplinar poderá ser revisto, a qualquer tempo, a pedido ou de ofício, quando se aduzirem fatos novos ou circunstâncias suscetíveis de justificar a inocência do punido ou a inadequação da penalidade aplicada, cabendo ao interessado o ônus da prova.
</td></tr>
</table>

CAPÍTULO XI
IMPROBIDADE ADMINISTRATIVA

1. NOÇÕES

O agente público deve agir de forma honesta, honrada, imparcial, ética e sempre zelando para o fiel cumprimento de suas atribuições legais, buscando a satisfação do interesse público, e não seu próprio interesse ou de terceiro. Agindo assim, o agente observará o princípio da **probidade administrativa**.

Por outro lado, a atuação desconforme a este princípio pode implicar na prática de um ato de **improbidade administrativa**. Os atos de improbidade violam a probidade na organização do Estado e no exercício de suas funções e a integridade do patrimônio público e social dos Poderes Executivo, Legislativo e Judiciário, bem como da administração direta e indireta, no âmbito da União, dos Estados, dos Municípios e do Distrito Federal (art. 1.º, § 5.º da Lei 8.429/92).

Os atos de improbidade administrativa estão previstos na CF/88 como passíveis de punição, destacando-se os arts. 14, § 9º, 15, V, 37, § 4º e 85, V. O tema é disciplinado principalmente pela **Lei 8.429/92 (LIA)**, com as modificações introduzidas pela Lei **14.230/21**.

Cumpre ressaltar que os atos de improbidade são considerados **ilícitos civis** para fins de responsabilização.

> **MUITA ATENÇÃO!**
>
> A Lei 14.230/21 modificou significativamente o sistema de responsabilização pela prática de ato de improbidade administrativa. As discussões sobre seu efetivo alcance ainda estão ocorrendo, inclusive na seara judicial, com o ingresso de ações diretas de inconstitucionalidade. Por ora, recomenda-se que o candidato se atenha ao texto legal para a primeira fase do exame de ordem.

2. SUJEITOS

A prática de um ato de improbidade faz surgir as figuras do **sujeito passivo** (ofendido, que é prejudicado pelo ato) e do **sujeito ativo** (ofensor, que pratica o ato).

Podem figurar como **sujeitos passivos** do ato de improbidade:

- A Administração Pública direta e indireta de todas as esferas federativas;
- Ato praticado contra entidade privada que receba subvenção, benefício, incentivo fiscal ou de crédito de entes públicos ou governamentais ou de cuja criação ou custeio o erário haja concorrido ou concorra no seu patrimônio ou receita anual, limitado o ressarcimento dos prejuízos, neste caso, à repercussão do ilícito sobre a contribuição dos cofres públicos. Não há mais necessidade de se verificar o percentual de contribuição do patrimônio ou receita, como se dava na sistemática anterior à Lei 14.230/21.

O **sujeito ativo** é um agente público, que é definido como o **agente político**, o **servidor público** e todo aquele que exerce, ainda que **transitoriamente ou sem remuneração**, por **eleição, nomeação, designação, contratação ou qualquer outra forma de investidura ou vínculo, mandato, cargo, emprego** ou **função** nas entidades que podem ser reconhecidas como sujeitos passivos.

Também está sujeito à aplicação da LIA o particular, pessoa física ou jurídica, que celebra com a administração pública convênio, contrato de repasse, contrato de gestão, termo de parceria, termo de cooperação ou ajuste administrativo equivalente, relativamente aos **recursos de origem pública**.

Ainda, aplica-se a LIA, no que couber, àquele que, mesmo não sendo agente público, induza ou concorra dolosamente para a prática do ato de improbidade. A Lei 14.230/21 não mais prevê o terceiro que se beneficia direta ou indiretamente do ato.

O STJ possui jurisprudência no sentido de que não é possível o ajuizamento de ação de improbidade administrativa diretamente contra o terceiro, **sem a presença do agente público no polo passivo da demanda** (RESP 1171017-PA). Apesar de o julgamento ser anterior à Lei 14.230/21, acreditamos que este entendimento não foi modificado pela nova lei.

Os sócios, cotistas, diretores e colaboradores de pessoas jurídicas, em regra, não respondem pelo ato de improbidade praticado pela pessoa jurídica, salvo se, comprovadamente, houverem participado da infração e auferido benefícios diretos, caso em que responderão no limite de sua participação.

Os sucessores e herdeiros do ímprobo respondem apenas pela reparação do dano até o limite da herança ou do patrimônio.

3. ELEMENTO SUBJETIVO

Com as modificações trazidas pela Lei 14.230/21, somente se configuram como atos de improbidade as **condutas dolosas**, considerando-se dolo como a vontade livre e consciente de alcançar o resultado ilícito tipificado na lei, não bastando a voluntariedade do agente (art. 1.º, § 2.º).

O novo texto legal estabeleceu que o mero exercício da função ou desempenho de competências públicas, sem comprovação de ato doloso com fim ilícito, afasta a responsabilidade por ato de improbidade administrativa (art. 1.º, § 3.º), o que realça que apenas atos dolosos podem ser enquadrados como improbidade administrativa.

4. MODALIDADES DE ATOS DE IMPROBIDADE ADMINISTRATIVA

A LIA prevê basicamente três modalidades de atos de improbidade, a seguir estudadas. A Lei 14.230/21 revogou o art. 10-A da LIA, que disciplina a prática de atos de improbidade administrativa decorrentes de concessão ou aplicação indevida de benefício financeiro ou tributário.

> **DICA IMPORTANTE**
> Devido ao caráter objetivo e resumido da obra, procuramos não transcrever os incisos do art. 9.º, 10 e 11. Todavia, algumas questões do exame de ordem exigiram o conhecimento puro e simples do texto legal. Recomendamos, assim, uma leitura atenta das situações trazidas em lei, com a sugestão de elaboração de um quadro comparativo de cada uma das modalidades.

A **Atos que importam em enriquecimento ilícito do agente**: previstos no **art. 9º da LIA**, são considerados os atos de improbidade mais graves, com as sanções mais rigorosas. O agente aproveita-se de sua condição para auferir, mediante a prática de ato doloso, qualquer tipo de vantagem patrimonial indevida. Ex.: recebimento de propina para fazer "vista grossa" a uma situação ilegal.

B **Atos que importam em prejuízo ao erário**: previstos no **art. 10 da LIA**, ocorrerão quando, por uma ação ou omissão dolosa do agente, efetiva e comprovadamente houver perda patrimonial, desvio, apropriação, malbaratamento ou dilapidação de bens ou haveres do sujeito passivo. Não é necessário que o agente tenha se enriquecido ilicitamente para a configuração do ato de improbidade, basta que sua conduta tenha gerado um prejuízo ao erário. Ex.: Recebimento de uma obra inacabada.

> **MUITA ATENÇÃO!**
> Esta modalidade admitia a modalidade culposa na sistemática anterior à Lei 14.230/21.

C **Atos que atentam contra princípios da Administração**: previstos no **art. 11 da LIA**, conferem um grau de abstração maior aos atos de improbidade, consagrando a grande importância desempenhada pelos princípios no ordenamento jurídico. Estabelece o texto legal que se considera ato de improbidade administrativa que atenta contra os princípios da administração pública a ação ou omissão dolosa que viole os deveres de honestidade, de imparcialidade e de legalidade, enquadráveis em uma das hipóteses trazidas pelos incisos I a XII.

A Lei 14.230/21 ainda estabeleceu para esta modalidade uma série de outras exigências para a configuração do ato de improbidade, como a necessidade de demonstração de fim específico de obter proveito ou benefício indevido para si ou para outra pessoa ou entidade (§ 1.º), demonstração objetiva da prática de ilegalidade no exercício da função pública, com indicação das normas constitucionais, legais ou infralegais violadas (§ 2.º) e lesividade relevante ao bem jurídico tutelado (§ 4.º).

? QUESTÃO: O rol de condutas trazido nos incisos dos arts. 9º, 10 e 11 da LIA é taxativo?

RESPOSTA: *O entendimento pacífico anterior às modificações processadas pela Lei 14.230/21 era no sentido de que o rol de condutas trazido nos referidos dispositivos da LIA é **meramente exemplificativo**, permitindo que o intérprete, no caso concreto, possa enquadrar outras condutas, desde que se amoldem em uma das situações genéricas descritas no caput dos artigos 9.º, 10 e 11. Para os arts. 9.º e 10, este entendimento permanece válido, porquanto no caput de ambos os dispositivos consta a expressão "e notadamente", o que revela o caráter enunciativo dos incisos. Todavia, no tocante ao art. 11, a referida expressão foi retirada do texto legal, o que induz o entendimento de que a tipificação seria taxativa às hipóteses estabelecidas nos incisos. Desta forma, é importante que o candidato busque me memorizar ao menos as situações previstas no art. 11 da LIA.*

5. SANÇÕES

A LIA prevê sanções **civis** (ex.: perda de bens e valores acrescidos ilicitamente), **administrativas** (ex.: proibição de contratar com o Poder Público) e **políticas** (suspensão dos direitos políticos), mas **não** cuida de **sanções penais** para o ímprobo.

Transcrevemos a seguir quadro comparativo das diversas sanções trazidas pelo art. 12, que podem ser aplicadas **isolada** ou **cumulativamente**, de acordo com a **gravidade do fato**:

	Enriquecimento Ilícito (art. 9º)	Prejuízo ao Erário (art. 10)	Violação de Princípios (art. 11)
Perda dos Bens ou Valores Acrescidos Ilicitamente	Sim	Sim, se concorrer esta circunstância	Não
Ressarcimento Integral do Dano Patrimonial	Sim, se efetivo	Sim, se efetivo	Sim, se efetivo
Perda da Função Pública	Sim	Sim	Não
Suspensão dos Direitos Políticos	Até 14 anos	Até 12 anos	Não
Multa Civil	equivalente ao valor do acréscimo patrimonial	equivalente ao valor do dano	Até 24 vezes o valor da remuneração percebida pelo agente
Proibição de Contratar com o Poder Público ou Receber Incentivos Fiscais ou Creditícios	Até 14 anos	Até 12 anos	Até 4 anos

A Lei 14.230/21 promoveu significativa alteração na sistemática de aplicação das sanções, valendo destacar os seguintes pontos:

- A aplicação das sanções independe da efetiva ocorrência de dano ao patrimônio público, salvo quanto à pena de ressarcimento e às condutas previstas no art. 10 e da aprovação ou rejeição das contas pelo órgão de controle interno ou pelo Tribunal ou Conselho de Contas.
- A menção ao ressarcimento integral do dano patrimonial – que deve ser efetivo – foi retirada dos incisos, que especificam as sanções aplicáveis a cada modalidade, e passou a constar do *caput* do art. 12. De fato, não se trata de uma sanção que caracterize o sistema de responsabilização por prática de ato de improbidade, mas sim de uma regra de responsabilidade civil, que pode ser obtida por outros meios. Outrossim, se o dano patrimonial já foi ressarcido em outras esferas, nada impede que o agente seja processado pela prática de improbidade, a fim de que sejam aplicadas as demais sanções. Para fins didáticos, mantivemos o ressarcimento integral do dano patrimonial no quadro de sanções, porquanto a condenação pode ser igualmente buscada na ação de improbidade administrativa.
- Permanece vigente o princípio da independência das instâncias penal, civil e administrativa. Logo, pode o agente sofrer sanção por prática de ato de improbidade, mesmo que já tenha sido responsabilizado em outra esfera pela prática da mesma infração. Todavia, eventual pedido de reparação de danos deverá deduzir o que já foi ressarcido em outras instâncias, se decorrentes dos mesmos fatos. Da mesma forma, se a pessoa jurídica tiver sido sancionada pelo mesmo fato no âmbito da Lei 12.846/13 (lei anticorrupção), deverá o julgador observar o princípio *non bis in idem*. Por fim, a própria lei estabelece que as sentenças civis e penais produzirão efeitos em relação à ação de improbidade quando concluírem pela inexistência da conduta ou pela negativa da autoria, excetuando o princípio da independência das instâncias. A lei também fala em absolvição criminal em ação que discuta os mesmos fatos, confirmada por decisão colegiada, que implica no impedimento do trâmite da ação de improbidade administrativa pelos mesmos fatos, havendo a comunicação de todos os fundamentos de absolvição previstos no art. 386 do CPP.
- A modalidade "violação de princípios" foi a mais modificada, não lhe sendo mais aplicável as sanções de perda da função pública e proibição de contratar com o poder público.
- A perda da função pública atinge apenas o vínculo de mesma qualidade e natureza que o agente público ou político detinha com o poder público na época do cometimento da infração. Em caráter excepcional e em se tratando de infração que importe enriquecimento ilícito, o magistrado pode estender a sanção aos demais vínculos, consideras as circunstâncias do caso e a gravidade da infração.
- A multa pode ser aumentada até o dobro se, em virtude da condição econômica do réu, o juiz considerar que o valor atribuído é ineficaz para reprovação e prevenção do ato de improbidade.

- Houve uma preocupação do legislador para que a imposição de sanções à pessoa jurídica não inviabilize a manutenção de suas atividades, no tocante aos efeitos econômicos e sociais.
- Excepcionalmente e por motivos relevantes devidamente justificados, a sanção de proibição de contratação com o poder público pode extrapolar o ente público lesado pelo ato de improbidade, mas se deve observar os impactos econômicos e sociais das sanções, de forma a preservar a função social da pessoa jurídica.
- A lesividade da conduta do agente foi considerada pelo legislador. Em atos de menor repercussão, a sanção pode se limitar à multa, sem prejuízo do ressarcimento do dano e da perda dos valores obtidos, quando for o caso.
- As sanções somente poderão ser executadas após o trânsito em julgado da sentença condenatória. Eventuais sanções aplicadas em outras esferas deverão ser compensadas com as sanções aplicadas pela prática de ato de improbidade.
- Para efeitos de contagem do prazo da sanção de suspensão dos direitos políticos, computar-se-á retroativamente o intervalo de tempo entre a decisão colegiada e o trânsito em julgado da sentença condenatória.

6. PRESCRIÇÃO

A Lei 14.230/21 alterou o art. 23 da LIA para prever que a ação para a aplicação das sanções prescreve em **8 anos**, contados a partir da ocorrência do fato ou, no caso de infrações permanentes, do dia em que cessou a permanência.

São hipóteses de interrupção do prazo prescricional: I) ajuizamento da ação de improbidade; II) publicação da sentença condenatória; III) publicação de decisão ou acórdão de Tribunal de Justiça ou Tribunal Regional Federal que confirma sentença condenatória ou que reforma sentença de improcedência; IV) pela publicação de decisão ou acórdão do Superior Tribunal de Justiça que confirma acórdão condenatório ou que reforma acórdão de improcedência; V) pela publicação de decisão ou acórdão do Supremo Tribunal Federal que confirma acórdão condenatório ou que reforma acórdão de improcedência.

Interrompida a prescrição, o prazo recomeça a correr do dia da interrupção, **pela metade** do prazo previsto na LIA. O juiz ou o tribunal, depois de ouvido o Ministério Público, deverá, de ofício ou a requerimento da parte interessada, reconhecer a prescrição intercorrente da pretensão sancionadora e decretá-la de imediato, caso, entre os marcos interruptivos supra referidos, transcorra o prazo reduzido pela metade.

Quanto à suspensão do prazo, estabelece a LIA que a instauração de inquérito civil ou processo administrativo para apuração dos possíveis atos de improbidade suspende o curso do prazo prescricional por, no máximo, **180 dias** corridos, recomeçando a correr após a sua conclusão ou, caso não concluído o processo, esgotado o prazo de suspensão.

A suspensão e a interrupção da prescrição produzem efeitos relativamente a todos os que concorreram para a prática do ato de improbidade. Nos atos de improbidade conexos que sejam objeto do mesmo processo, a suspensão e a interrupção relativas a qualquer deles estendem-se aos demais.

> **MUITA ATENÇÃO!**
>
> O entendimento corrente até recentemente era de que pretensão de reparação do **dano causado ao erário seria imprescritível** (art. 37, § 5º da CF/88), ou seja, a ação de improbidade visando ao ressarcimento de prejuízo aos cofres públicos poderia ser proposta a qualquer tempo, ainda que as demais sanções já estivessem prescritas. O STF, porém, mitigou esse entendimento, adotando a tese de que imprescritibilidade de reparação de dano ao erário em razão da prática de ato de improbidade vale apenas para os **atos dolosos** (Plenário, RE 852475/SP, Rel. Ministro Alexandre de Moraes, j. em 08.08.2018). Acreditamos que este entendimento não seja alterado após a edição da Lei 14.230/21, especialmente porque não há mais previsão de sancionamento por atos culposos. Este é um tema que merece ser acompanhado pelo candidato.

7. AÇÃO CIVIL DE IMPROBIDADE ADMINISTRATIVA

A ação de improbidade pode decorrer de prévio procedimento administrativo, conforme estabelecido pelos arts. 14 e 15 da LIA. Devido à gravidade da infração, houve um cuidado para a instauração do procedimento de apuração, exigindo-se representação escrita ou reduzida a termo e assinada, assim como a qualificação do representante, informações sobre o fato e sua autoria e a indicação das provas de que tenha conhecimento. A rejeição administrativa ao pedido de apuração da infração não impede representação ao Ministério Público.

Se instaurado o procedimento, a comissão processante dará ciência ao Ministério Público e ao Tribunal de Contas, que poderão, a requerimento, designar representante para acompanhar o procedimento.

O art. 17 da LIA destaca algumas peculiaridades da ação civil de improbidade administrativa. No mais, serão aplicáveis as prescrições do Código de Processo Civil.

O art. 17-D da LIA, inserido pela Lei 14.230/21, estabeleceu que se trata de uma **ação repressiva**, de **caráter sancionatório**, destinada à aplicação de sanções de caráter pessoal previstas na LIA, e não constitui ação civil, vedado seu ajuizamento para controle de legalidade de políticas públicas e para a proteção do patrimônio público e social, do meio ambiente e de outros interesses difusos, coletivos e individuais homogêneos. Vê-se que o legislador quis distinguir a ação de improbidade da ação civil pública (Lei 7.347/95), especialmente porque na sistemática anterior e no silêncio da legislação era muito comum, na prática, buscar-se a responsabilização do agente público por ato de improbidade por meio de ação civil pública.

A Lei 14.230/21 alterou a legitimidade para a propositura da ação de improbidade, atribuindo-a exclusivamente ao **Ministério Público**. Todavia, em razão de liminar concedida nos autos da **ADI 7043**, o Ministro Alexandre de Moraes restabeleceu a **legitimidade da pessoa jurídica interessada**, estando pendente de julgamento até a data de fechamento desta edição.

A nova lei resolveu a questão do foro competente para o ajuizamento da ação: **local onde ocorrer o dano** ou da **pessoa jurídica prejudicada**. O ajuizamento da ação prevenirá a competência do juízo para todas as ações posteriormente propostas e que tenham a mesma causa de pedir ou objeto.

Além dos requisitos estabelecidos no CPC, a petição inicial da ação de improbidade deverá conter a individualização da conduta do réu e apontar elementos probatórios mínimos que demonstrem a prática do ato e sua autoria, salvo impossibilidade devidamente fundamentada. A ação será igualmente instruída com documentos ou justificação que contenham indícios suficientes da veracidade dos fatos e do dolo imputado ou com razões fundamentadas da impossibilidade de apresentação de qualquer dessas provas.

Se os requisitos gerais do art. 330 do CPC ou os específicos acima mencionados, a petição inicial será rejeitada. Há também previsão de rejeição da petição inicial quando manifestamente inexistente o ato de improbidade imputado.

Estando em ordem a petição inicial, o juiz mandará autuá-la e ordenará a citação dos requeridos para que a contestem no prazo comum de 30 (trinta) dias. Admite-se a interrupção do prazo de contestação, pelo prazo de 90 dias, caso as partes vislumbrem a possibilidade de solução consensual, podendo ser celebrado **acordo de não persecução civil**, desde que observadas as prescrições do art. 17-B da LIA.

Oferecida a contestação, o juiz poderá promover o julgamento conforme o estado do processo, se constar manifesta inexistência do ato de improbidade, bem como desmembrar eventual litisconsórcio, para otimizar a instrução processual. Caberá agravo de instrumento contra decisão que rejeitar preliminares suscitadas pelo réu.

A lei exige que, após a oitiva do autor da ação, o juiz profira decisão na qual indicará com precisão a tipificação do ato de improbidade administrativa imputável ao réu, não podendo modificar o fato principal e capitulação apresentada na inicial.

O julgador poderá, em decisão motivada, converter a ação de improbidade em ação civil pública, caso identifique a existência de ilegalidades ou de irregularidades administrativas a serem sanadas sem que estejam presentes todos os requisitos para a imposição das sanções aos agentes incluídos no polo passivo da demanda. Desta decisão cabe agravo de instrumento.

Vale destacar, ainda, os seguintes pontos quanto à fase instrutória:

- A pessoa jurídica interessada poderá intervir do feito. Conforme ordem liminar concedida na ADI 7043, poderá igualmente ingressar com a ação de improbidade administrativa.
- A desconsideração da personalidade jurídica deverá observar as normas do CPC.
- O réu tem direito de ser interrogado. Sua recusa ou silêncio não implicam confissão.
- Não se aplicam os efeitos da revelia e não é cabível a imposição de ônus da prova ao réu.

A propósito da sentença, além de observar o disposto no art. 489 do CPC, deverá cumprir as exigências do art. 17-C, introduzido no LIA pela Lei 14.230/21. Basicamente, se traz mais salvaguardas ao agente processado. Não há reexame necessário da sentença.

A Lei 14.230/21 estabeleceu duas causas de nulidade da sentença condenatória: a) que conste condenação por tipo diverso daquele definido na petição inicial; b) sem que tenha havido produção de provas tempestivamente especificadas. Por outro lado, permitiu que o magistrado julgue em qualquer momento do processo improcedente o processo, se verificada a inexistência do ato de improbidade.

A sentença de procedência fundada nos arts. 9.º e 10 condenará ao ressarcimento dos danos e à perda ou reversão dos bens e valores referentes ao ressarcimento do patrimônio público ou à perda ou à reversão dos bens.

Na fase de cumprimento de sentença poderá haver a unificação das penas, caso o agente tenha sido condenado em outro processo, tendo em vista eventual continuidade de ilícito ou a prática de diversas ilicitudes, observados os critérios estabelecidos nos incisos do art. 18-A.

7.1. Indisponibilidade de bens

Na ação de improbidade poderá ser formulado, em caráter antecedente ou incidente, pedido de indisponibilidade de bens dos réus, a fim de se garantir a integral recomposição do erário ou do acréscimo patrimonial resultante de enriquecimento ilícito. Este pedido pode ser formulado independentemente de representação ao Ministério Público e poderá abranger bens localizados no exterior, nos termos da lei de tratados internacionais.

Para eu seja decretada a indisponibilidade, deverá necessária a demonstração no caso concreto de perigo de dano irreparável ou de risco ao resultado útil do processo, desde que o juiz se convença da probabilidade da ocorrência dos atos descritos na petição inicial com fundamento nos respectivos elementos de instrução, após a oitiva do réu em 5 dias. Mas a indisponibilidade poderá ser decretada sem oitiva prévia do réu, sempre que o contraditório prévio puder comprovadamente frustrar a efetividade da medida ou houver outras circunstâncias que recomendem a proteção liminar, não podendo a urgência ser presumida.

O valor da indisponibilidade considerará a estimativa de dano indicada na petição inicial, permitida a sua substituição por caução idônea, por fiança bancária ou por seguro-garantia judicial, a requerimento do réu, bem como a sua readequação durante a instrução do processo.

A indisponibilidade recairá sobre bens que assegurem exclusivamente o integral ressarcimento do dano ao erário, sem incidir sobre os valores a serem eventualmente aplicados a título de multa civil ou sobre acréscimo patrimonial decorrente de atividade lícita.

É veda a decretação de indisponibilidade da quantia de até 40 salários-mínimos depositados em caderneta de poupança, em outras aplicações financeiras ou em conta corrente, bem como do bem de família do réu, salvo se comprovado que o imóvel seja fruto de vantagem patrimonial indevida.

Contra a decisão que decreta indisponibilidade cabe agravo de instrumento.

EM RESUMO: Improbidade Administrativa	
Sujeitos	• **Sujeito passivo**: Administração direta e indireta; Ato praticado contra entidade privada que receba subvenção, benefício, incentivo fiscal ou de crédito de entes públicos ou governamentais ou de cuja criação ou custeio o erário haja concorrido ou concorra no seu patrimônio ou receita anual. • **Sujeito ativo**: é um agente público, que é definido como o agente político, o servidor público e todo aquele que exerce, ainda que transitoriamente ou sem remuneração, por eleição, nomeação, designação, contratação ou qualquer outra forma de investidura ou vínculo, mandato, cargo, emprego ou função nas entidades que podem ser reconhecidas como sujeitos passivos.
Modalidades de atos de improbidade administrativa	• **Atos que importam em enriquecimento ilícito do agente (art. 9.º)**: Constitui ato de improbidade administrativa importando em enriquecimento ilícito auferir, mediante a prática de ato doloso, qualquer tipo de vantagem patrimonial indevida em razão do exercício de cargo, de mandato, de função, de emprego ou de atividade nas entidades referidas no art. 1º da LIA. O rol de hipóteses é enunciativo. • **Atos que importam em prejuízo ao erário (art. 10)**: Constitui ato de improbidade administrativa que causa lesão ao erário qualquer ação ou omissão dolosa, que enseje, efetiva e comprovadamente, perda patrimonial, desvio, apropriação, malbaratamento ou dilapidação dos bens ou haveres das entidades referidas no art. 1º da LIA. O rol de hipóteses é enunciativo.
Modalidades de atos de improbidade administrativa	• **Atos que atentam contra princípios da Administração (art. 11)**: constitui ato de improbidade administrativa que atenta contra os princípios da administração pública a ação ou omissão dolosa que viole os deveres de honestidade, de imparcialidade e de legalidade. Os primeiros entendimentos dão conta de que se trata de rol taxativo.
Sanções	• A LIA prevê sanções **civis** (ex.: perda de bens e valores acrescidos ilicitamente), **administrativas** (ex.: proibição de contratar com o Poder Público) e **políticas** (suspensão dos direitos políticos), mas **não** cuida de **sanções penais** para o ímprobo. • As sanções previstas nos incisos do art. 12 podem ser aplicadas **isolada ou cumulativamente**, devendo ser aferida pelo aplicador da norma, no caso concreto, a gravidade do ato.
Prescrição	• A ação para a aplicação das sanções prescreve em 8 anos, contados a partir da ocorrência do fato ou, no caso de infrações permanentes, do dia em que cessou a permanência. Interrompida a prescrição, o prazo recomeça a correr do dia da interrupção, pela metade do prazo.

CAPÍTULO XII
BENS PÚBLICOS

1. NOÇÕES

Bens públicos são todos aqueles pertencentes às **pessoas jurídicas de direito público interno**, podendo ser de uso próprio ou por toda a coletividade, e regidos por regime de direito público; todos os outros são particulares, seja qual for a pessoa a que pertencerem. O Código Civil reservou um capítulo próprio para os bens públicos (arts. 98 a 103), definindo-os no art. 98 como sendo "aqueles bens do domínio nacional pertencentes às pessoas jurídicas de direito público interno".

? **QUESTÃO:** Qual é a natureza jurídica dos bens das empresas estatais?

↳ ***RESPOSTA:*** *Esta questão é controversa. José dos Santos Carvalho Filho (2012, p. 1125) entende que os bens de tais pessoas administrativas seriam privados, face à previsão do art. 98 do Código Civil. Entretanto, para Maria Sylvia Zanella Di Pietro (2012, p. 461) e Celso Antônio Bandeira de Mello (2012, p. 929), serão considerados públicos os bens das sociedades de economia mista e empresas públicas destinados à execução de algum serviço público (por exclusão, os bens das empresas estatais exploradoras de atividade econômica seriam privados). Este tem sido o entendimento adotado pelo STF e pela FGV, que já exigiu o tema em questão objetiva.*

2. CLASSIFICAÇÃO

Existem diversos critérios utilizados para se classificar os bens públicos. Analisemos os principais.

2.1 Quanto à destinação: O CC utilizou este critério e em seu art. 99 classificou os bens públicos em três categorias:

A Os de uso comum do povo (I): como o próprio nome diz, destinam-se ao uso geral das pessoas, tais como rios, mares, estradas, ruas e praças. Não possuem um caráter tipicamente patrimonial.

B Os de uso especial (II): são edifícios ou terrenos destinados ou afetados a serviço ou estabelecimento da administração federal, estadual, territorial ou municipal, inclusive os de suas autarquias.

C Os dominicais ou dominiais (III): nesta categoria enquadram-se os bens que não são classificados como de uso comum do povo ou de uso especial (é residual). São os que constituem o patrimônio das pessoas jurídicas de direito público, como objeto de direito pessoal ou real, de cada uma dessas entidades. Não dispondo a lei em contrário, consideram-se dominicais os bens pertencentes às pessoas jurídicas de direito público a que se tenha dado estrutura de direito privado (art. 99, parágrafo único do CC).

2.2 Quanto à titularidade: por esta classificação, os bens públicos podem ser **federais**, **estaduais**, **distritais** ou **municipais.** A CF/88 define a titularidade dos bens públicos da seguinte forma:

Federais ou pertencentes à União (art. 20)	I – os que atualmente lhe pertencem e os que lhe vierem a ser atribuídos; II – as terras devolutas indispensáveis à defesa das fronteiras, das fortificações e construções militares, das vias federais de comunicação e à preservação ambiental, definidas em lei; III – os lagos, rios e quaisquer correntes de água em terrenos de seu domínio, ou que banhem mais de um Estado, sirvam de limites com outros países, ou se estendam a território estrangeiro ou dele provenham, bem como os terrenos marginais e as praias fluviais; IV as ilhas fluviais e lacustres nas zonas limítrofes com outros países; as praias marítimas; as ilhas oceânicas e as costeiras, excluídas, destas, as que contenham a sede de Municípios, exceto aquelas áreas afetadas ao serviço público e a unidade ambiental federal, e as referidas no art. 26, II; V – os recursos naturais da plataforma continental e da zona econômica exclusiva; VI – o mar territorial; VII – os terrenos de marinha e seus acrescidos;
Federais ou pertencentes à União (art. 20)	VIII – os potenciais de energia hidráulica; IX – os recursos minerais, inclusive os do subsolo; X – as cavidades naturais subterrâneas e os sítios arqueológicos e pré-históricos; XI – as terras tradicionalmente ocupadas pelos índios.
Estaduais (art. 26)	I – as águas superficiais ou subterrâneas, fluentes, emergentes e em depósito, ressalvadas, neste caso, na forma da lei, as decorrentes de obras da União; II – as áreas, nas ilhas oceânicas e costeiras, que estiverem no seu domínio, excluídas aquelas sob domínio da União, Municípios ou terceiros; III – as ilhas fluviais e lacustres não pertencentes à União; IV – as terras devolutas não compreendidas entre as da União.

Distritais	Não foram discriminados na CF/88. São todos aqueles que estejam sob o domínio do Distrito Federal, principalmente as espécies que são previstas para os Estados e Municípios.
Municipais	Não foram discriminados na CF/88. São todos aqueles que estejam sob o domínio do Município e que não sejam de titularidade dos demais entes federativos.

> **MUITA ATENÇÃO!** As ilhas poderão pertencer à União, Estados, Municípios e até mesmo a particulares. Este tema já foi objeto de questão no **exame unificado**.

2.3 Quanto à disponibilidade:

A Indisponíveis: não podem ser alienados, salvo se desafetados. São exemplos de bens públicos indisponíveis as terras devolutas ou arrecadadas pelos Estados, por ações discriminatórias, necessárias à proteção dos ecossistemas naturais (art. 225, § 5º da CF/88).

B Disponíveis: podem ser alienados conforme condições estabelecidas em lei. Os bens dominicais são considerados disponíveis.

3. REGIME JURÍDICO DOS BENS PÚBLICOS

De acordo com a sistemática trazida pela CF/88 e pelo CC, podemos extrair as seguintes regras jurídicas que regem os bens públicos:

A Alienabilidade Condicionada (art. 100 e 101 do CC): os **bens públicos de uso comum do povo e os de uso especial** são inalienáveis enquanto conservarem a sua qualificação. Ou seja, para que possam ser alienados, os bens de uso comum e de uso especial devem ser previamente **desafetados.** Os bens dominicais ou dominiais podem ser alienados. Em ambos os casos devem ser observados os ditames da lei geral de licitações.

B Impenhorabilidade (art. 100 da CF): o pagamento das dívidas da Fazenda Pública deverá observar o sistema de **precatórios**, não se admitindo, assim, a penhora de bens públicos para a satisfação de tais dívidas. Admite-se, excepcionalmente, o sequestro de determinada quantia, caso sejam observadas as situações previstas no art. 100, § 6º, da CF/88.

C Imprescritibilidade (art. 102 do CC; arts. 183, § 3º 191 da CF): os bens públicos **não podem ser usucapidos**, ainda que se enquadrem na categoria de **bens dominicais.**

D Impossibilidade de oneração: os bens públicos **não podem ser oferecidos como garantia**, o que decorre da ideia de impenhorabilidade e inalienabilidade. Veja-se que mesmo quando se admite a alienabilidade, há que se respeitar diversos procedimentos legais preestabelecidos.

4. AFETAÇÃO E DESAFETAÇÃO

A **afetação** é o meio utilizado para atribuir ao bem público uma **destinação específica** de interesse direto ou indireto da Administração, ou seja, um determinado bem é alçado para categoria de **uso especial** ou **uso comum do povo**.

A **desafetação**, ao contrário, é meio pelo qual se declara que um bem público não mais serve à finalidade pública anterior. É como se houvesse uma "desclassificação" do bem, que faz o caminho inverso ao da afetação.

> **MUITA ATENÇÃO!** Existe alguma divergência doutrinária sobre a **forma** como deve exteriorizar-se os institutos da **afetação** e **desafetação**. Há autores que defendem a necessidade de **lei** ou de um **ato administrativo.** Outros, como José dos Santos Carvalho Filho, defendem que podem ocorrer **afetação** e **desafetação** são **fatos administrativos** dinâmicos que indicam a alteração das finalidades de um bem público, prescindindo-se de maiores formalismos para que ocorram. Aparentemente, a FGV valeu-se deste segundo entendimento em questão do **XVI Exame de Ordem (2015.1)**, que continha o seguinte enunciado: "O prédio que abrigava a Biblioteca Pública do Município de Molhadinho foi parcialmente destruído em um incêndio, que arruinou quase metade do acervo e prejudicou gravemente a estrutura do prédio. Os livros restantes já foram transferidos para uma nova sede. O Prefeito de Molhadinho pretende alienar o prédio antigo, ainda cheio de entulho e escombros". O gabarito oficial e definitivo apontou alternativa com a seguinte redação: "É possível a alienação do antigo prédio da biblioteca, por se tratar de bem público dominical". A banca examinadora admitiu que um **fato jurídico** (incêndio) transmudou a natureza do bem público de **uso especial** para **dominical**, tendo em vista sua imprestabilidade para a finalidade pública para a qual estava anteriormente afetado. Se ao invés de alienar o bem, o prefeito decidisse reconstruir o prédio para ali instalar a biblioteca ou outra repartição pública, o bem retomaria sua condição de **uso especial**. Mas, repise-se, o tema não é tranquilo na doutrina, tanto é que foram inúmeros os recursos interpostos contra o gabarito oficial apontado para a questão.

5. UTILIZAÇÃO DE BENS PÚBLICOS

O uso de bens poderá ser gratuito ou oneroso, conforme for estabelecido legalmente pela entidade aos quais pertencerem (art. 103 do CC).

As principais formas de utilização de bens públicos apontadas pela doutrina são as seguintes:

A Autorização de uso: ato administrativo **unilateral**, **discricionário** e **precário**, pelo qual a Administração permite que o particular utilize determinado bem público de modo **privativo** e em **seu próprio interesse**. A autorização de uso **não exige licitação prévia**, pode se dar por prazo certo ou não e ser gratuita ou onerosa. Ex.: utilização de calçadas para colocação de mesas de um bar. Em princípio, a revogação da autorização de uso **não dá direito à indenização para o particular**, salvo se concedida por prazo certo e encerrada antes do termo final.

B **Permissão de uso**: ato administrativo também **discricionário** e **precário**, pelo qual a Administração permite que o particular utilize determinado bem público de modo **privativo** e com uma **finalidade predeterminada**, de modo a atender **interesses próprios e públicos simultaneamente**. Em regra, exige-se a **realização de licitação** para que haja a permissão (principalmente quando hipoteticamente existir mais de um interessado), que poderá ser **gratuita** ou **onerosa**. A permissão de uso pode ser ainda **simples** (por prazo indeterminado) ou **qualificada** (com prazo determinado). Neste último caso, se retomada antes do termo final, gera direito à indenização para o particular. Ex.: funcionamento de bancas de jornal em espaços públicos.

> **MUITA ATENÇÃO!**
>
> A Lei 13.311/16 estabeleceu normas gerais para a ocupação e utilização de área pública urbana por equipamentos urbanos do **tipo quiosque, trailer, feira e banca de venda de jornais e de revistas**. Nestes casos, a lei permite a transferência da outorga, pelo prazo restante, a terceiros que atendam aos requisitos exigidos em legislação municipal. Da mesma forma, a outorga poderá ser transferida, ao **cônjuge** ou **companheiro**, ou aos **ascendentes** e **descendentes** do titular, pelo prazo restante, em caso de falecimento do titular ou de enfermidade física ou mental que o impeça de gerir seus próprios atos. Entre os parentes de mesma classe, terão preferência os parentes de grau mais próximo. Deverá haver requerimento no prazo de **60 dias e** o interessado deverá preencher os requisitos legais para a outorga. A outorga extinguir-se-á: I - pelo advento do termo; II - pelo descumprimento das obrigações assumidas; III - por revogação do ato pelo poder público municipal, desde que demonstrado o interesse público de forma motivada.

C **Concessão de uso**: possui natureza jurídica de **contrato administrativo** (dotada de bilateralidade e *intuito personae*), no qual a Administração Pública faculta a terceiro interessado o **uso privativo** de determinado bem público, por **prazo determinado**, observando-se a destinação dada ao bem. Pode ser **remunerada** ou **gratuita** e demanda a **realização de licitação**. A rescisão imotivada do contrato gera direito de indenização para o particular. Ex.: restaurantes em rodoviárias.

D **Concessão de direito real de uso**: O Decreto-Lei 271/67, traz em seus arts. 7º e 8º, o delineamento da concessão de direito real de uso, dos quais podemos extrair as seguintes características: **contrato administrativo**, por **prazo certo** ou **indeterminado**, em que o Poder Público concede ao particular, **remunerada** ou **gratuitamente**, o direito real resolúvel de **uso de terreno público** ou **espaço aéreo** correspondente para fins específicos de regularização fundiária de interesse social, urbanização, industrialização, edificação, cultivo da terra, aproveitamento sustentável das várzeas, preservação das comunidades tradicionais e seus meios de subsistência ou outras modalidades de interesse social em áreas urbanas. Pode ser instrumentalizado por escritura pública ou termo administrativo, devendo o direito real ser inscrito no competente registro de imóveis. Trata-se de um direito real, podendo ser transmitido por ato *inter vivos* ou *causa mortis*.

E **Concessão de uso especial para fins de moradia (MP 2.220/01)**: Trata-se de um **ato administrativo vinculado**, por meio do qual se confere gratuitamente direito real de **concessão de uso especial para fins de moradia** àquele que, até 22 de dezembro de 2016 (novo prazo estabelecido pela Medida Provisória 759/16, convertida na Lei 13.465/17), possuiu como seu, por **cinco anos**, ininterruptamente e sem oposição, até **duzentos e cinquenta metros quadrados de imóvel público situado em área urbana**, utilizando-o para sua **moradia** ou **de sua família**, desde que não seja proprietário ou concessionário, a qualquer título, de outro imóvel urbano ou rural. Por se tratar de um direito real, pode ser transmitido por ato *inter vivos* ou *causa mortis*. Extingue-se por duas formas: a) se houver desvio de finalidade, ou seja, o imóvel não estiver sendo utilizado para fins de moradia do concessionário ou de sua família; b) no caso de o beneficiário adquirir a propriedade de outro imóvel urbano ou rural. Esta modalidade também poderá ser conferida de forma coletiva, quando se tratar de imóveis com mais de duzentos e cinquenta metros quadrados, ocupados até 22 de dezembro de 2016, por população de baixa renda para sua moradia, por cinco anos, ininterruptamente e sem oposição, cuja área total dividida pelo número de possuidores seja inferior a duzentos e cinquenta metros quadrados por possuidor.

F **Autorização de uso para fins comerciais (MP 2.220/01)**: Trata-se de um **ato administrativo discricionário** (art. 9º), por meio do qual se confere gratuitamente direito real de **concessão de uso especial para fins comerciais** àquele que, até 22 de dezembro de 2016 (novo prazo estabelecido pela Medida Provisória 759/16, convertida na Lei 13.465/17), possuiu como seu, por cinco anos, ininterruptamente e sem oposição, até duzentos e cinquenta metros quadrados de imóvel público situado em área urbana, utilizando-o para fins comerciais.

G **Aforamento de bens públicos (Decreto-Lei 9.760/46; Lei 9.636/98):** é o **contrato administrativo** por meio do qual o Estado outorga ao particular o **uso privativo de domínio útil de bem público**, situado em zonas sujeitas ao regime enfitêutico, mediante a obrigação de pagar ao proprietário pensão ou foro anual, certo ou variável. No âmbito da União, o aforamento se dá após a realização de leilão ou concorrência pública, respeitado, como preço mínimo, o valor de mercado do respectivo domínio útil, estabelecido em avaliação de precisão (art. 12, da Lei 9.636/98). A Medida Provisória 759/16, convertida na Lei 13.465/17, inseriu o art. 11-A na Lei 9.636/98, que estabelece diretrizes para esta avaliação.

H **Cessão de uso:** trata-se de um **ato bilateral** em que a Administração transfere **gratuitamente** a **outro órgão público**, de mesmo nível de governo ou não, a **posse de bem público**, com o objetivo de que o segundo possa atingir determinados **interesses coletivos** (institucionais ou gerais). Nada impede que seja feita cessão de bem público a entidades sem fins lucrativos das áreas de educação, cultura, assistência social ou saúde. Ex.: cessão de imóvel do Município para funcionamento de um fórum.

I **Autorização de uso sustentável**: a Medida Provisória 759/16, convertida na Lei 13.465/17, inseriu o art. 10-A na Lei 9.636/98, a fim de prever a possibilidade de outorga de autorização de uso sustentável, ato administrativo excepcional, transitório e precário, às comunidades tradicionais, mediante termo, quando houver necessidade de reconhecimento de ocupação em área da União. A outorga e o reconhecimento da ocupação são incumbência da Secretaria de Patrimônio da União (SPU). Esta modalidade de utilização de bem público visa possibilitar a ordenação do uso racional e sustentável dos recursos naturais disponíveis na orla marítima e fluvial, destinados à subsistência da população tradicional, de maneira a possibilitar o início do processo de regularização fundiária que culminará na concessão de título definitivo, quando cabível.

MUITA ATENÇÃO!

O STJ editou no ano de 2018 Súmula versando sobre a ocupação indevida de bens públicos, nos seguintes termos: Súmula 619 – A ocupação indevida de bem público configura mera detenção, de natureza precária, insuscetível de retenção ou indenização por acessões e benfeitorias. O tema foi exigido no XXXII Exame Unificado de Ordem (2021.1), com a propositura do seguinte caso para análise do candidato: "Há muitos anos, Bruno invadiu sorrateiramente uma terra devoluta indispensável à defesa de fronteira, que já havia sido devidamente discriminada. Como não houve oposição, Bruno construiu uma casa, na qual passou a residir com sua família, além de usar o terreno subjacente para a agricultura de subsistência. A União, muitos anos depois do início da utilização do bem por Bruno, promoveu a sua notificação para desocupar o imóvel, em decorrência de sua finalidade de interesse público". A resposta apontada pelo gabarito oficial alinhou-se ao verbete da Súmula 619 do STJ e considerou que Bruno terá que desocupar o bem em questão e não terá direito à indenização pelas acessões e benfeitorias realizadas, pois era mero detentor do bem da União.

6. AQUISIÇÃO E ALIENAÇÃO DE BENS PÚBLICOS

Elaboramos a seguir um pequeno quadro contendo as principais formas de aquisição – ingresso no domínio público – e alienação – transferência a terceiros – de bens públicos enumeradas por JOSÉ DOS SANTOS CARVALHO FILHO (Cf. 2008, p. 1012 a 1017; 1044 a 1052) e seu respectivo fundamento legal:

	Formas	Fundamentos
Aquisição	Contrato	Lei 8.666/93; Lei 14.133/21
	Usucapião	Art. 1.238 do CC
	Desapropriação	Art. 5º, XXIV da CF/88
	Acessão	Art. 1.248 do CC
	Aquisição *causa mortis*	Art. 1.822 e 1.844 do CC
	Arrematação	Art. 895 do CPC
	Adjudicação	Art. 876 do CPC
	Resgate na Enfiteuse	Art. 693 do CC de 1916 c/c art. 2.038 do CC de 2002
	Dação em Pagamento	Art. 156, XI do CTN
	Por força de Lei (*ex vi legis*)	Ex.: loteamentos: Lei 6.766/79; perdimento de bens: art. 91, I e II, CP; Lei 8.429/92, art. 18; reversão: Lei 8.987/95, art. 35 § 1º; abandono: art. 1.275, III, 1276, § 2º do CC.
Alienação	Venda	Art. 17 da Lei 8.666/93 e art. 76 da Lei 14.133/21
	Doação	Art. 538 e seguintes do CC
	Permuta	Art. 17, I, "c" da Lei 8.666/93 e art. 76, I, "c" da Lei 14.133/21
	Dação em Pagamento	Art. 356 do CC.
	Concessão de Domínio	Art. 17, § 2º da Lei 8.666/93 e art. 76, § 3.º da Lei 14.133/21
	Investidura	Art. 17, § 3º da Lei 8.666/93 e art. 76, § 5.º da Lei 14.133/21
	Incorporação	Art. 167, I da Lei 6.015/73
	Retrocessão	Art. 519 do CC
	Legitimação de Posse	Art. 1º da Lei 6.383/76
	Legitimação Fundiária	Art. 23, da Lei 13.465/17

O regulamento básico para a alienação de bens públicos está previsto nos arts. 17 a 19 da Lei 8.666/93 ou Lei 14.133/21 (art. 76, observando-se os procedimentos abaixo:

Bens imóveis	• Existência de interesse público devidamente justificado. • Avaliação prévia. • Autorização legislativa. • Sistemática da Lei 8.666/93: Licitação na modalidade **concorrência**, exceto nos casos de licitação dispensada trazidos no art. 17, I. Os bens imóveis da Administração Pública, cuja aquisição haja derivado de procedimentos judiciais ou de dação em pagamento, poderão ser alienados por meio de **concorrência** ou **leilão**. Sistemática da Lei 14.133/21: licitação na modalidade leilão, exceto nos casos de licitação dispensada (art. 76, I). A alienação dos bens imóveis da Administração Pública, cuja aquisição haja derivado de procedimentos judiciais ou de dação em pagamento, dispensará autorização legislativa, exigindo-se apenas avaliação prévia e licitação na modalidade leilão. • No caso da União, a Lei 9.636/98 permite a alienação por meio de **concorrência** ou **leilão** (art. 24). A MP 759/16, convertida na Lei 13.465/17, inseriu o § 3.º-A no art. 24 para permitir que ocupantes regulares de imóveis funcionais da União possam adquiri-los, com direito de preferência, excluídos aqueles considerados indispensáveis ao serviço público, em condições de igualdade com o vencedor da licitação. Na hipótese de concorrência ou leilão público deserto ou fracassado na venda de bens imóveis da União, poderão esses imóveis ser disponibilizados para venda direta, observando-se as prescrições do art. 24-A da Lei 9.636/98, inserido pela Lei 13.813/19 e alterado pela Medida Provisória 915/2019 (convertida na Lei 14.011, de 10 de junho de 2020). A propósito, as alterações realizadas a partir de 2019 conferiram uma dinâmica diferenciada e mais simplificada para alienação de imóveis da União, cuja análise pormenorizada escapa ao escopo desta obra, mas que devem ser analisadas por aqueles que prestam concursos federais, caso conste do edital menção a bens públicos ou mesmo a licitação dispensada. • Existência de interesse público devidamente justificado. • Avaliação prévia. • Licitação, exceto nos casos de licitação dispensada trazidos no art. 17, II da Lei 8.666/93 ou art. 76, II da Lei 14.133/21. **ATENÇÃO**: a LEI 8.666/93 não informa a modalidade de licitação que será utilizada. Alguns autores, como MARÇAL JUSTEN FILHO, defendem que seriam cabíveis apenas a **concorrência** e o **leilão**, uma vez que a o convite e a tomada de preços restringem a participação dos interessados. Por seu turno a Lei 14.133/21 estabeleceu que será observada a modalidade **leilão**.

Por fim, vale mencionar recente alteração feita pela **Medida Provisória 759/16, convertida na Lei 13.465/17**, no que se refere à **regularização fundiária urbana (REURB)**, a qual abrange medidas jurídicas, urbanísticas, ambientais e sociais que visam à regularização de núcleos urbanos informais. Dentre os variados temas tratados, de grande impacto e interesse social, interessa ao nosso estudo da regularização fundiária de áreas públicas, somente aplicável para os núcleos urbanos informais comprovadamente existentes até 22 de dezembro de 2016.

O art. 23 da Lei 13.465/17 prevê que a legitimação fundiária constitui **forma originária de aquisição do direito real de propriedade**, conferido por **ato do Poder Público** àquele que detiver **área pública** ou possuir área privada, como sua, unidade imobiliária com destinação urbana, integrante de núcleo urbano informal consolidado. Na Reurb de interesse social (Reurb-S) - aplicável a núcleos urbanos informais ocupados predominantemente por **população de baixa renda** de imóveis públicos, a União, os Estados, o Distrito Federal e os Municípios, e as suas entidades vinculadas, quando titulares do domínio, ficam autorizados a conceder o **direito de propriedade** aos ocupantes do núcleo urbano informal regularizado por meio da **legitimação fundiária**, observadas as demais exigências trazidas pelo art. 23.

As áreas públicas que forem objeto do REURB não necessitam ser desafetadas e tampouco observar as prescrições do art. 17, I da Lei 8.666/93 e art. 76, I da Lei 14.133/21 (art. 71 da Lei 13.465/17).

CAPÍTULO XIII

INTERVENÇÃO DO ESTADO NA PROPRIEDADE

1. NOÇÕES

Em algumas situações o Estado deve intervir na propriedade privada, restringido seu uso, impondo algum dever ao proprietário ou mesmo transferindo-a para seu domínio, por razões de interesse público. São basicamente dois os fundamentos da intervenção do Estado na propriedade: a **função social da propriedade** e a **supremacia do interesse público sobre o particular**. Não se pode esquecer também que a intervenção do Estado na propriedade advém do chamado **domínio eminente** que representa a possibilidade de o Estado submeter à sua vontade os bens que se encontram em seu território, sejam públicos ou privados.

A competência para **legislar** sobre direito de propriedade, desapropriação e requisição é **privativa da União** (art. 22, I, II e III da CF/88). Mas os demais entes federativos possuem **competência material** para promover as diversas modalidades de intervenção na propriedade.

A doutrina arrola como meios de intervenção na propriedade a **limitação administrativa**, **servidão administrativa**, **requisição**, **ocupação temporária**, **tombamento** e **desapropriação**.

2. LIMITAÇÃO ADMINISTRATIVA

É uma determinação estabelecida por **lei** ou **ato administrativo**, de **caráter geral** e voltada para **proprietários indeterminados**, através da qual o Poder Público condiciona o exercício do direito propriedade à observância de determinadas exigências legais, que podem implicar em obrigações **positivas** (Ex.: limpeza de terrenos) ou **negativas** (Ex.: construção de edifícios até determinada altura), em benefício do bem-estar social. É possível observar que as limitações administrativas afastam o **caráter absoluto** do direito de propriedade e decorrem do **poder de polícia** conferido à Administração Pública.

Conforme alternativa considerada **correta** no **exame unificado de ago/07**, as limitações administrativas "têm efeito geral e, em regra, não geram direito à indenização".

3. SERVIDÃO ADMINISTRATIVA

É um **direito real público** imposto pela **Administração** ou **delegados**, que impõe algumas **restrições ao uso e gozo de determinada propriedade imóvel** alheia (limita a **exclusividade** do direito de propriedade), para assegurar um **fim público específico** (geralmente relacionado à execução de obras ou execução de algum serviço público), mediante **indenização** dos prejuízos efetivamente suportados pelo proprietário. Podemos citar como exemplo de servidão administrativa a passagem de fios elétricos de alta tensão em terrenos particulares.

Não há uma norma específica regulamentando a instituição de servidões, razão pela qual se usa como principal dispositivo o **art. 40 do Decreto-Lei 3365/41** ("o expropriante poderá constituir servidões, mediante indenização na forma desta lei"). Assim como ocorre com a desapropriação, deverá existir uma **declaração de utilidade pública** do bem que será gravado.

De um modo geral, admite-se a instituição de servidões por meio de **lei**, **acordo** e **sentença judicial**. As servidões legais não precisam ser registradas, porque o ônus real se constitui a partir da promulgação da lei. Nas demais, torna-se necessária a inscrição para que se tornem oponíveis *erga omnes*.

A servidão administrativa pode incidir sobre bem público, desde que observada a hierarquia aplicada à desapropriação (União ➔ Estados ➔ Municípios. O contrário não pode).

Será cabível indenização se comprovado efetivo prejuízo ao bem imóvel. A depender da magnitude do prejuízo, o proprietário pode requerer a declaração de desapropriação indireta do bem. Se a servidão não trouxer prejuízo para a utilização do bem, não caberá indenização. Um bom exemplo sobre o tema pode ser extraído de questão objetiva do X Exame Unificado: "A fim de permitir o escoamento da produção até uma refinaria, uma empresa pública federal, que explora a prospecção de petróleo em um campo terrestre, inicia a construção de um oleoduto. O único caminho possível para essa construção atravessa a propriedade rural de Josenildo que, em razão do oleoduto, teve que diminuir o espaço de plantio de mamão e, com isso, viu sua renda mensal cair pela metade". A resposta apontada como correta previa que não haveria óbice à constituição da servidão administrativa no caso, mas caberia indenização pelos danos decorrentes dessa forma de intervenção na propriedade.

Em regra, as servidões administrativas são **perpétuas** ou **permanentes**. Todavia, uma vez cessada a necessidade do Poder Público (cessação do interesse público) ou a utilidade do prédio serviente, a servidão será extinta. Podemos enumerar, também, as seguintes causas extintivas da servidão: o **desaparecimento da coisa gravada**, a **transformação do bem gravado** por fato que o torne incompatível com o seu destino e a **incorporação do imóvel serviente ao patrimônio público (consolidação)** da entidade que instituiu a servidão.

MUITA ATENÇÃO!

Não se deve confundir as servidões administrativas com as servidões previstas nos arts. 1.378 a 1389 do Código Civil. As principais diferenças se situam na **finalidade** da instituição da servidão (interesse público x interesse privado) e no **regime jurídico** que as regulamentam (Direito Público x Direito Privado).

4. REQUISIÇÃO

É a forma de intervenção do estado em que há a **utilização compulsória** de **bens móveis**, **imóveis** ou de **serviços** particulares direta e imediatamente pelo Poder Público, visando proteger a sociedade de situação **transitória** de **emergência** ou de **iminente perigo público**, com pagamento de **indenização posterior** ao particular, se houver dano. Trata-se de um ato administrativo autoexecutório. Ex.: "O Município Beta foi assolado por chuvas que provocaram o desabamento de várias encostas, que abalaram a estrutura de diversos imóveis, os quais ameaçam ruir, especialmente se não houver imediata limpeza dos terrenos comprometidos. Diante do iminente perigo público a residências e à vida de pessoas, o Poder Público deve, prontamente, utilizar maquinário, que não consta de seu patrimônio, para realizar as medidas de contenção pertinentes" (extraído de questão do XXII Exame de Ordem).

Compete à União legislar sobre requisições civis e militares (art. 22, III da CF/88).

A requisição encontra seu principal fundamento no **art. 5º, XXV da CF/88**. No plano infraconstitucional podemos mencionar o **Decreto-lei 4.812/42** (requisições militares, visando garantir a segurança da população) e a **Lei Delegada 4/62** (reaquisição de bens ou serviços para garantir a distribuição de produtos necessários ao consumo do povo).

Se a requisição recair sobre **bens fungíveis**, o proprietário será indenizado pela integralidade do bem, como se fosse uma desapropriação, mas com indenização posterior.

5. OCUPAÇÃO TEMPORÁRIA

É a forma de intervenção do estado em que há a **utilização temporária e compulsória** pela Administração de **bens imóveis** privados, **com ou sem remuneração**, como local de apoio para a execução de **obras** ou **serviços públicos** em áreas vizinhas. Ex.: utilização de terreno para alocação de maquinário durante obras em uma estrada.

O art. 36 do Decreto-Lei 3.365/41 permite a "a ocupação temporária, que será indenizada, afinal, por ação própria, de terrenos não edificados, vizinhos às obras e necessários à sua realização". Neste caso específico, que pode ocorrer durante o processo de desapropriação, será devida indenização, porque se pressupõe que o imóvel vizinho ao que foi desapropriado ficará ocupado por longo período. Nos demais casos de ocupação temporária, a indenização somente será devida pelos prejuízos efetivamente comprovados pelo proprietário.

6. TOMBAMENTO

6.1 Definição: É a forma de intervenção do Estado na propriedade que visa proteger e conservar o patrimônio cultural brasileiro, tutelado pelo art. 216 da CF/88, impondo ao proprietário obrigações positivas (ex.: promover reformas e outras obras de conservação), negativas (ex.: não alterar determinadas características do bem) ou permissivas (deverá permitir a fiscalização do órgão responsável) com relação ao bem tombado.

O **patrimônio cultural brasileiro** compõe o chamado **Meio Ambiente Cultural**, que será estudado no capítulo de Direito Ambiental. Por ora, utilizemos as noções trazidas no **art. 1º do Decreto-Lei 25/37** (regulamenta o tombamento), que conceitua patrimônio histórico e artístico nacional como "o conjunto dos bens móveis e imóveis existentes no país cuja conservação seja de interesse público, quer por sua vinculação a fatos memoráveis da história do Brasil, quer por seu excepcional valor arqueológico ou etnográfico, bibliográfico ou artístico". Lembramos, apenas, que conceito de patrimônio cultural brasileiro trazido pela CF/88 é mais amplo.

6.2 Competência: Conforme disposto no art. 24, VII, da CF/88, **a competência para legislar** sobre proteção ao patrimônio histórico, cultural, artístico, turístico e paisagístico é **concorrente** entre a União, os Estados e o Distrito Federal. Mas a **competência material** para instituir o tombamento é **comum** dos entes federados (o art. 23, III c/c art. 30, IX da CF/88).

6.3 Objeto: podem ser tombados bens móveis ou imóveis, de natureza material (tangíveis) ou imaterial (intangíveis), públicos ou particulares, de interesse cultural ou ambiental. É muito amplo o espectro de bens que podem ser tombados, como obras de arte, objetos de coleções particulares, fotografias, móveis, estilos musicais, florestas etc.

> **MUITA ATENÇÃO!**
>
> O **art. 3º, número 1, do Decreto 25/37**, estabelece que **NÃO** se incluem no conceito de patrimônio histórico e artístico nacional e, portanto, **NÃO** podem ser objeto de tombamento, as **obras de origem estrangeira que pertençam às representações diplomáticas ou consulares acreditadas no país.**

6.4 Características: o tombamento não retira do proprietário o domínio do bem – que pode inclusive ser vendido –, mas apenas limita o direito de usar, gozar e dispor da coisa tombada. Tratando-se de bens imóveis, o proprietário não poderá fazer alterações, como reformas, reparos, pinturas etc., sem antes buscar a assistência e autorização dos órgãos responsáveis. Deverá também promover diversas medidas de conservação do bem, estabelecidas por ocasião do tombamento, devendo comunicar o órgão responsável caso não tenha condições financeiras de suportar o custo de tais medidas, sob pena de ser multado, cabendo ao Poder Público seu custeio. Além disso, os proprietários são obrigados a suportar a **fiscalização** dos órgãos administrativos competentes.

> **FIQUE POR DENTRO:**
>
> **Direito de Preferência e o CPC/2015**
>
> O art. 22 do Decreto 25/37, que trata do direito de preferência em matéria de tombamento, foi expressamente revogado pela Lei 13.105/15 (Novo CPC), produzindo efeitos a partir da vigência desta lei. O CPC/2015 trata do direito de preferência dos entes públicos nos **artigos 889, VIII e 892, § 3º**, mas apenas no que se refere às **alienações judiciais** de bens tombados. Na prática, **o direito material de preferência** do Poder Público deixará de existir após a entrada em vigor do CPC/2015, diante da revogação expressa da norma reguladora sem a correspondente disciplina em outro diploma. Assim, em caso de alienação onerosa de bens tombados, o proprietário não necessitará mais notificar a União, Estado e Município para exercerem o direito de preferência, em igualdade de condições, para a aquisição do bem tombado, reputando-se válido o negócio jurídico celebrado entre as partes.

6.5 Indenização: em regra, o tombamento não gera direito à indenização. Não se pode esquecer que, de acordo com o STJ, "(...) é possível, contudo, que o tombamento de determinados bens, ou mesmo a imposição de limitações administrativas, traga prejuízos aos seus proprietários, gerando, a partir de então, a obrigação de indenizar" (REsp 1100563/RS, Rel. Ministra DENISE ARRUDA, DJE 01/07/2009).

6.6 Constituição do tombamento: o procedimento varia de acordo com a modalidade de tombamento e culmina com o registro do bem no **Livro do Tombo**. O tombamento poderá ocorrer das seguintes formas:

A De ofício: ocorre para os **bens públicos**. O ente ou entidade proprietários do bem deverão ser notificados.

B Voluntário: o próprio dono do bem requer o seu tombamento. O requerimento será submetido ao órgão competente para a emissão de parecer quanto ao valor cultural do bem. Pode ocorrer também quando o proprietário, notificado do tombamento compulsório, concordar, por manifestação escrita, com a inscrição do bem no **Livro do Tombo**.

C Compulsório: o Poder Público promove o tombamento independentemente da vontade do proprietário, após avaliação positiva sobre o valor cultural do bem. No procedimento estabelecido no âmbito federal, o proprietário será notificado para, querendo, impugnar a avaliação feita e oferecer suas razões no prazo de 15 dias. O órgão que iniciou o tombamento, então, manifestar-se-á quanto à impugnação feita. A seguir, o processo será encaminhado ao **Instituto do Patrimônio Histórico e Artístico Nacional – IPHAN**, que proferirá decisão a respeito, no prazo de 60 dias a contar do recebimento, determinando a inscrição no Livro do Tombo ou arquivando o processo (caso entenda que não é caso de tombamento). O processo de tombamento será ainda examinado pelo Ministro da Cultura, que poderá manifestar-se pela homologação, anulação ou revogação do ato.

Poderá haver o tombamento provisório de bens (art. 10 do Decreto-Lei 25/1937), medida acautelatória que visa assegurar a preservação do bem até a conclusão dos pareceres técnicos e de sua inscrição no **Livro de Tombo**.

O tombamento será, ao fim, registrado no **Ofício de Registro de Imóveis**, conferindo-se efeitos *erga omnes* ao ato, resguardando a boa-fé de terceiros que pretendam adquirir o bem tombado.

7. DESAPROPRIAÇÃO

7.1 Definição: é o procedimento pelo qual o Poder Público, fundado em **necessidade pública**, **utilidade pública** ou **interesse social**, compulsoriamente retira de alguém a propriedade de um bem certo, adquirindo-o para si, em caráter **originário** e **mediante indenização**.

A desapropriação possui como principais fundamentos os **arts. 5º, XXIV, 182, § 4º, III**, e **184 da CF/88**. No plano infraconstitucional, podemos destacar o **Decreto-lei 3.365/41** (desapropriação por necessidade e utilidade pública), a **Lei 4.132/62** (desapropriação por interesse social), **Decreto-Lei 1.075/70** (imissão provisória na posse de imóveis urbanos), **Lei 8.629/93** (regulamenta dispositivos constitucionais da reforma agrária), **Lei Complementar 76/93** (procedimento especial para desapropriação de imóveis rurais, visando à reforma agrária) e **Lei 10.257/01** (Estatuto das Cidades).

A desapropriação é uma **forma originária de aquisição** da propriedade. Isso significa dizer que a desapropriação independe de títulos e proprietários anteriores (não há sucessão dominial), ônus reais deixam de existir e perdem o sentido as discussões sobre a titularidade do domínio (o bem expropriado torna-se **insuscetível de reivindicação**). Eventuais credores reais teriam que buscar sua indenização pelo valor da indenização paga pelo Estado ao expropriado.

7.2 **Objeto:** em regra todos bens e direitos patrimoniais podem ser desapropriados, o que inclui também o espaço aéreo e o subsolo (Decreto-Lei 3.365/41, art. 3º). Não são suscetíveis de desapropriação os chamados bens "inexpropriáveis" ou "inalienáveis", como **direitos personalíssimos, direito pessoal do autor, direito à vida**, à **imagem** e aos **alimentos**.

? **QUESTÃO:** Bens Públicos podem ser desapropriados?

RESPOSTA: *Sim, mediante* ***autorização legislativa*** *admite-se a desapropriação de bens públicos, desde que observada a "hierarquia constitucional". A União pode desapropriar bens dos Estados, DF e Municípios; os Estados podem desapropriar bens dos Municípios. O caminho inverso, todavia, não é possível, conforme entendimento dominante, independentemente do motivo invocado pelo ente que pretende a desapropriação. Além disso, o art. 2.º, § 3.º do Decreto-Lei 3.365/41 veda a desapropriação, pelos Estados, Distrito Federal, Territórios e Municípios de ações, cotas e direitos representativos do capital de instituições e empresas cujo funcionamento dependa de autorização do Governo Federal e se subordine à sua fiscalização,* ***salvo mediante prévia autorização, por decreto do Presidente da República****. O conhecimento sobre esta exceção foi exigido no XXXI Exame de Ordem (2020.1), em que se propôs o seguinte caso para análise: "Diante da necessidade de construção de uma barragem no Município Alfa, a ser efetuada em terreno rural de propriedade de certa sociedade de economia mista federal, o Poder Legislativo local fez editar uma lei para declarar a desapropriação por utilidade pública, após a autorização por decreto do Presidente da República, sendo certo que, diante do sucesso das tratativas entre os chefes do Executivo dos entes federativos em questão, foi realizado acordo na via administrativa para ultimar tal intervenção do Estado na propriedade". Este procedimento é válido, tendo se posicionado a resposta do gabarito oficial neste sentido.*

7.3 **Competência:** podemos dividir a competência em matéria de desapropriação em ***legislativa*** (quem pode legislar sobre o tema), ***declaratória*** (quem pode deflagrar o procedimento, declarando o bem de necessidade pública, utilidade pública ou interesse social) e ***executória*** (quem efetivamente promove a desapropriação, praticando os atos materiais para a transferência do bem para o domínio público). Vejamos o seguinte quadro comparativo:

Modalidade	Sujeito Competente	Especificidades
Legislativa	Privativa da União (art. 22, II)	O art. 22, parágrafo único da CF/88 admite que lei complementar autorize os **Estados** a legislar sobre **questões específicas** das matérias de competência privativa da União.
Declaratória	**Exceções**: a) **interesse social para fins de reforma agrária**: competência exclusiva da União (art. 184); b) **desapropriação-confisco**: competência exclusiva da União; c) **desapropriação-sanção urbanística:** competência exclusiva do Município (art. 182, § 4.º).	A **ANEEL** (Lei 9.074/99, art. 10) e o **DNIT** (Lei 10.233/01, art. 82, IX) e **ANP** (Lei 9478/97, art. 8.º, VIII, incluído pela Lei 14.134/21) podem declarar áreas para fins de desapropriação, visando à consecução **de seus objetivos específicos.**
Executória	União, os Estados-membros, o Distrito Federal e os Municípios.	**Concessionários** e **permissionários** de serviços públicos também podem, mediante autorização expressa, constante de lei ou contrato

7.4 **Modalidades de desapropriação:** podemos separar as desapropriações em dois grupos, organizados de acordo com o regime de pagamento da indenização:

7.4.1 **Desapropriações Ordinárias ou Comuns**: estão previstas e seguem a regra geral estabelecida pelo **art. 5º, XXIV da CF/88**. A **indenização** nestes casos será **prévia, justa** e em **dinheiro**. Podem ser divididas em:

A Desapropriação por necessidade ou utilidade pública: É regulada pelo Decreto-Lei 3.365/41. Na clássica e precisa lição de HELY LOPES MEIRELLES (2004, p. 584), **utilidade pública** "apresenta-se quando a transferência de bens de terceiros para a Administração é conveniente, embora não seja imprescindível" e a **necessidade pública** "surge quando a Administração defronta situações de emergência, que, para serem resolvidas satisfatoriamente, exigem a transferência urgente de bens de terceiros para o seu domínio e uso imediato". O Decreto-Lei 3.365/41 não faz, contudo, diferenciação entre as situações, englobando ambas sob a designação "utilidade pública".

B Desapropriação por interesse social: É regulada pela Lei 4.132/62. Tem por objetivo promover a justa distribuição da propriedade urbana ou rural ou condicionar o seu uso ao bem-estar social. Consideram-se de interesse social, para fins desta modalidade de desapropriação, as situações arroladas no art. 2º da Lei 4.132/62, dentre as quais podemos citar a construção de casa populares, a proteção do solo e a preservação de cursos e mananciais

DIREITO ADMINISTRATIVO

de água e de reservas florestais etc. Os bens desapropriados serão objeto de venda ou locação, a quem estiver em condições de dar-lhes a destinação social prevista.

7.4.2 Desapropriações-sanção ou sancionatórias: estão previstas nos **arts. 182, § 4º, III e 184 da CF/88**. Possuem como fundamento um interesse social, qual seja, o cumprimento da **função social da propriedade** e o **bem-estar social**. Por não cumprir este princípio, a indenização será paga em **títulos especiais da dívida pública**. Podem ser divididas em:

A **Desapropriação-sanção urbanística**: Está prevista no Art. 182, § 4º, III, CF/88 e regulamentada pela Lei 10.357/01 (estatuto das cidades). É de **competência do Município e do Distrito Federal** e voltada às **propriedades urbanas não edificadas, subutilizadas** ou **não utilizadas**, incluídas no plano diretor do Município. Este ente poderá, mediante lei específica, determinar que o proprietário promova o adequado aproveitamento da propriedade, sob pena, sucessivamente, de: 1) determinação de **parcelamento**, **edificação** ou **utilização compulsórios** do solo urbano não edificado, subutilizado ou não utilizado, sendo que esta determinação acompanha o imóvel, ainda que haja sua transmissão por ato *inter vivos* ou *causa mortis*, posterior à data da notificação (obrigação *propter rem*); 2) aplicação do imposto sobre a propriedade predial e territorial urbana (IPTU) progressivo no tempo; 3) proceder à **desapropriação** com pagamento mediante **títulos da dívida pública** de emissão previamente aprovada pelo Senado Federal, com **prazo de resgate de até dez anos**, em parcelas anuais, iguais e sucessivas, assegurados o valor real da indenização e os juros legais. Veja que a desapropriação somente será feita em último caso, quando as outras medidas não tiverem se mostrado eficientes.

B **Desapropriação-sanção rural**: esta modalidade de desapropriação é de competência da União, está prevista no art. 184 da CF e é regulamentado pela Lei 8.629/93 (reforma agrária) e Lei Complementar 76/93 (procedimento especial). É voltada para as propriedades rurais que não estejam atendendo sua função social, sendo os imóveis desapropriados destinados à **reforma agrária**. Não se sujeitam a esta desapropriação a **propriedade produtiva** e a **pequena e média propriedade rural**, assim definida em lei, desde que seu proprietário não possua outra. A função social é cumprida quando a propriedade rural atende, simultaneamente, segundo critérios e graus de exigência estabelecidos em lei, aos seguintes requisitos: **I** – aproveitamento racional e adequado; **II** – utilização adequada dos recursos naturais disponíveis e preservação do meio ambiente; **III** – observância das disposições que regulam as relações de trabalho; **IV** – exploração que favoreça o bem-estar dos proprietários e dos trabalhadores. A indenização será **prévia** e **justa**, mas paga em **títulos da dívida agrária**, com cláusula de preservação do valor real, **resgatáveis no prazo de até vinte anos**, a partir do segundo ano de sua emissão, e cuja utilização será definida em lei, **exceto as benfeitorias úteis e necessárias**, que serão pagas em **dinheiro**. Neste último caso, se a decisão judicial transitada em julgado fixar a indenização da terra nua ou das benfeitorias indenizáveis em valor superior ao ofertado pelo expropriante, corrigido monetariamente, a diferença será paga na forma do art. 100 da Constituição (art. 5.º, § 8.º, incluído na Lei 8.629/93 pela Medida Provisória 759/16, convertida na Lei 13.465/17).

A Medida Provisória 759/16, convertida na Lei 13.465/17, alterou a Lei 8.629/93 para permitir que a aquisição por compra e venda ou a arrematação judicial de imóveis rurais destinados à implementação de projetos integrantes do Programa Nacional de Reforma Agrária sejam pagas **em dinheiro**, na forma estabelecida em regulamento (art. 5.º, § 7.º). O objetivo é acelerar e facilitar a desapropriação de imóveis com o objetivo de promover a reforma agrária.

7.5 Desapropriação-confisco: alguns autores incluem esta categoria dentre as espécies de desapropriação-sanção. A desapropriação-confisco está prevista no art. 243 da CF/88 e tem por objeto as glebas de qualquer região do País onde forem localizadas culturas ilegais de plantas psicotrópicas ou a exploração de trabalho escravo. O proprietário das terras desapropriadas, na forma da lei, **não receberá qualquer indenização** do Poder Público expropriante e sem prejuízo de outras sanções previstas em lei, observado, no que couber, o disposto no art. 5º da CF. Por faltar um elemento essencial das desapropriações (indenização) e por não haver sequer uma fase declaratória prévia, alguns autores não a consideram uma modalidade de desapropriação. Estas terras serão destinadas ao destinadas à reforma agrária e a programas de habitação popular, conforme nova redação dada pela EC 81/2014.

O STF, em sede de repercussão geral, firmou a seguinte tese sobre este tema: "A expropriação prevista no art. 243 da Constituição Federal pode ser afastada, desde que o proprietário comprove que não incorreu em culpa, ainda que *in vigilando* ou *in eligendo*" (RE 635336/PE, Rel. Min. Gilmar Mendes, j. em 14/12/2016, inf. 851).

7.6 Desapropriação por zona ou extensiva: Está prevista no art. 4º do Decreto 3.365/41: "A desapropriação poderá abranger a **área contígua necessária ao desenvolvimento da obra** a que se destina, e as **zonas que se valorizarem extraordinariamente**, em consequência da realização do serviço. Em qualquer caso, **a declaração de utilidade pública deverá compreendê-las**, mencionando-se quais as indispensáveis à continuação da obra e as que se destinam à revenda".

> **MUITA ATENÇÃO!** Não confundir **desapropriação extensiva** com **direito de extensão**, que é a possibilidade de o proprietário exigir que o Poder Público desaproprie todo o imóvel, quando a desapropriação abranger apenas em parte do bem e deixar o restante inaproveitável. Em princípio, o direito de extensão está previsto no art. 4º da Lei Complementar 76/93 (procedimento especial da desapropriação-sanção rural), mas se tem admitido seu exercício também nas demais modalidades de desapropriação.

7.7 **Desapropriação indireta**: não se trata de uma modalidade de desapropriação, mas de uma ação ordinária de ressarcimento de danos. Neste caso, o Estado se apossa do bem particular sem a observância dos requisitos procedimentais e da prévia e justa indenização. É um verdadeiro esbulho praticado pelo Estado. Nestes casos, restará para o particular a ação ordinária de ressarcimento pela desapropriação indireta, **salvo se já tiver transcorrido o prazo para a usucapião do bem** por parte do Poder Público. O pagamento da indenização, se decorrente de ação judicial, deverá respeitar o regime de precatórios. Em suma, a desapropriação indireta, segundo o STJ (EREsp 933786, DJ 15.09.09), pressupõe três situações: 1) apossamento do bem pelo Estado sem prévia observância do devido processo legal; 2) afetação do bem, ou seja, destiná-lo à utilização pública; 3) irreversibilidade da situação fática a tornar ineficaz a tutela judicial específica. Pode ocorrer também desapropriação indireta na hipótese de o Estado promover alguma outra forma de intervenção que inviabilize a utilização normal do bem por parte do proprietário. Um bom exemplo de desapropriação indireta foi trazido em questão do XXXIII exame de ordem (2021.2): "Luciano, proprietário de um terreno localizado no Município Ômega, viajou para o exterior, pelo período de 8 meses, para realizar curso de especialização profissional. Quando retornou de viagem, verificou que o Município, sem expedir qualquer notificação, de forma irregular e ilícita, invadiu sua propriedade e construiu uma escola, em verdadeiro apossamento administrativo. As aulas na nova escola municipal já se iniciaram há dois meses e verifica-se a evidente impossibilidade de se reverter a situação sem ensejar prejuízos aos interesses da coletividade". Veja-se que o examinador teve o cuidado de moldar o caso proposto ao entendimento do STJ, apontando a alternativa correta a necessidade de Luciano pleitear ingressar com ação de indenização por desapropriação indireta, a fim de pleitear a justa e posterior indenização, a ser paga por meio de precatório.

7.8 **Procedimento administrativo**: é composto basicamente de duas fases:

7.8.1 **Fase declaratória**: nesta fase é que se identifica o bem e seu proprietário e se declara, por meio de **decreto** ou **lei de efeitos concretos**, o bem como de utilidade pública, necessidade pública ou interesse social, informando o Poder Público qual será sua destinação. A fase declaratória "importa no início do prazo para a ocorrência da caducidade do ato declaratório e gera, para a Administração, o direito de penetrar no bem objeto da desapropriação" (extraído de questão do **IX exame unificado**).

O decreto declaratório não valerá indefinidamente, existindo para o expropriante um prazo para adotar medidas concretas (acordo com o desapropriado ou ação judicial). A **caducidade da declaração** observará os seguintes prazos:

Modalidade de Desapropriação	Prazo de Caducidade
Necessidade ou Utilidade Pública	5 anos da data de expedição do decreto
Interesse Social	2 anos a partir da decretação da desapropriação
Desapropriação-Sanção Urbana	Não há previsão (tem-se aplicado o prazo da desapropriação por interesse social)
Desapropriação-Sanção Rural	2 anos contados da publicação do decreto declaratório

7.8.2 **Fase executiva ou executória**: nesta fase ocorrem as providências para haja a efetiva transferência do bem desapropriado para o domínio do expropriante. O expropriante oferecerá ao proprietário o valor que entende ser o do bem.

Segundo previsão do art. 10-A, inserido no Decreto-Lei 3.365/41 pela Lei 13.867/19, o Poder Público notificará o expropriado e apresentará oferta de indenização. A notificação conterá cópia do ato de declaração de utilidade pública, planta ou descrição dos bens e suas confrontações, valor da oferta e informação de que o prazo para aceitar ou rejeitar a oferta é de 15 (quinze) dias, sendo que silêncio será considerado rejeição.

Se o proprietário aceitar a oferta de indenização, ocorrerá um acordo entre as partes e o valor apurado será depositado, após o qual o bem será transferido para o domínio do expropriante.

Rejeitada a oferta, o expropriante deverá buscar as vias judiciais.

Por seu turno, o art. 10-B, também inserido pela Lei 13.867/19, permitiu que as partes optem por **mediação** ou pela **via arbitral**. Neste caso, o particular indicará um dos órgãos ou instituições especializados em mediação ou arbitragem previamente cadastrados pelo órgão responsável pela desapropriação, seguindo-se os ritos das Leis 13.140/15 ou 9.307/97.

7.9 **Procedimento judicial:** a ação de desapropriação obedecerá procedimento especial e será regida pelo Decreto-Lei 3.365/41 (utilidade pública, necessidade pública e interesse social) e Lei Complementar 76/93 (desapropriação-sanção rural). Vejamos as principais fases:

A **Petição inicial**: além dos requisitos do CPC, deverá conter a **oferta do preço** e será instruída com um **exemplar do contrato**, ou do jornal oficial que houver publicado o **decreto de desapropriação**, ou cópia autenticada dos mesmos, e a **planta ou descrição dos bens** e suas **confrontações**.

B **Contestação**: na contestação, o expropriado somente poderá alegar **vício do processo judicial** ou **impugnar o preço ofertado**; qualquer outra questão deverá ser decidida por ação direta (art. 20 do Decreto-Lei 3.365/41). Isso ocorre porque o juiz não poderá entrar no mérito da declaração de utilidade pública, necessidade pública ou interesse social. Alguns doutrinadores, todavia, acrescentam que o desapropriado poderia também discutir se a desapropriação está dentro das hipóteses que a autorizam. Esta orientação não é pacífica, de modo que, se o tema for cobrado em questão de múltipla escolha no exame de ordem, é recomendável sustentar apenas o que dispõe a lei.

C **Instrução**: quando despachar a petição inicial o juiz designará um perito para proceder à avaliação dos bens, podendo as partes indicar assistentes técnicos. O laudo será apresentado pelo perito, caso o expropriado não concorde com o preço ofertado pelo expropriante. Será realizada audiência de instrução e julgamento, finda a qual o juiz proferirá sentença fixando o preço da indenização.

D **Sentença**: o juiz indicará na sentença os fatos que motivaram o seu convencimento e deverá atender, especialmente, à estimação dos bens para efeitos fiscais; ao preço de aquisição e interesse que deles aufere o proprietário; à sua situação, estado de conservação e segurança; ao valor venal dos bens da mesma espécie, nos últimos cinco anos, e à valorização ou depreciação de área remanescente, pertencente ao réu. Da sentença que fixar o preço da indenização caberá apelação com efeito simplesmente devolutivo, quando interposta pelo expropriado, e com ambos os efeitos, quando o for pelo expropriante. Efetuado o pagamento ou a consignação judicial, expedir-se-á, em favor do expropriante, mandado de imissão de posse, valendo a sentença como título hábil para o registro da transferência do imóvel junto ao registro de imóveis.

7.9.1 Imissão provisória na posse: se o expropriante alegar urgência e depositar quantia arbitrada, o juiz mandará imiti-lo provisoriamente na posse dos bens, ficando o desapropriado impossibilitado de usufruir a propriedade. Esta medida poderá ser requerida em qualquer uma das modalidades de desapropriação. O desapropriado, ainda que discorde do preço oferecido, do arbitrado ou do fixado pela sentença, poderá levantar até 80% (oitenta por cento) do depósito feito. Se houver concordância, reduzida a termo, do expropriado, a decisão concessiva da imissão provisória na posse implicará a aquisição da propriedade pelo expropriante com o consequente registro da propriedade na matrícula do imóvel, podendo levantar 100% (cem por cento) do depósito feito e continuar a discutir o preço depositado em Juízo. Com ou sem concordância do expropriado com a imissão provisória na posse, do valor depositado levantado deverão ser deduzidas as dívidas fiscais inscritas e ajuizadas, das multas decorrentes de inadimplemento e de obrigações fiscais, assim como, a critério do juiz, de valores tidos como necessários para o custeio das despesas processuais.

? **QUESTÃO:** O Expropriante pode desistir da desapropriação?

↳ ***RESPOSTA:*** *Sim, não há impedimento para que haja a revogação do decreto expropriatório e a consequente desistência da desapropriação. Se já tiver ingressado com ação judicial, conforme orientação do STF, o desapropriante poderá desistir do feito, sem a anuência do desapropriado, antes de terminado o processo expropriatório com o recebimento do preço, mas terá que indenizar o expropriado dos prejuízos decorrentes da declaração, da ação judicial e da imissão provisória na posse, se houver.*

7.10 Indenização: conforme já dito, a indenização será **prévia** (antes da transferência definitiva da propriedade), **justa** (deverá refletir o real valor do bem e as perdas materiais experimentadas pelo expropriado) e em **dinheiro**, exceto para as desapropriações-sanção.

Sobre o valor da indenização incidirá **correção monetária**, calculada a partir do laudo de avaliação.

Incidirão sobre o valor da indenização juros **moratórios** e **compensatórios**, conforme tabela a seguir:

	Moratórios	Compensatórios
Finalidade	Recompor a perda decorrente do atraso no pagamento da indenização	Compensar o proprietário pela perda antecipada da posse do imóvel (imissão provisória na posse ou desapropriação indireta)
Alíquota	6% ao ano	6% ao ano
Base de Incidência	Valor da Indenização fixada na decisão final de mérito	Diferença entre 80% do preço ofertado (art. 33, § 2º) e o valor fixado na sentença (vide ADI 2.332) ou o valor da indenização, em caso de desapropriação indireta. No caso da **desapropriação-sanção rural**, incidirão sobre a diferença entre o preço ofertado em juízo para a imissão prévia na posse e o valor do bem fixado em sentença, em percentual correspondente ao fixado para os títulos da dívida agrária depositados como oferta inicial para a terra nua

Termo Inicial	A partir de 1º de janeiro do exercício seguinte àquele em que o pagamento deveria ser feito, nos termos do artigo 100 da CF/88. Não incidem juros durante o período de tramitação de precatórios judiciais (Súmula Vinculante 17)	Desde a imissão provisória na posse ou do apossamento administrativo. É vedado o cálculo de juros compostos

MUITA ATENÇÃO!

O STF julgou em 17/05/2018 a ADI 2.332, que questionava os arts. 15-A e 27 do DL 3.365/41, introduzido pelo artigo 1º da Medida Provisória nº 2.027-43, de 27 de setembro de 2000, consignando os seguintes entendimentos: a) é **constitucional** percentual de juros compensatórios de 6% (seis por cento) ao ano para remuneração do proprietário pela imissão provisória do ente público na posse de seu bem; b) é **inconstitucional** o vocábulo "até", constante do art. 15-A (os juros serão de 6% e não de "até 6%"); c) interpretar conforme a Constituição o caput do art. 15-A do Decreto-Lei 3.365/41, de maneira a incidir juros compensatórios sobre a diferença entre 80% (oitenta por cento) do preço ofertado em juízo pelo ente público e o valor do bem fixado na sentença; d) é **inconstitucional** o § 4º do art. 15-A; e) são **constitucionais** os §§ 1.º a 3.º do art. 15-A; f) é **constitucional** a estipulação de parâmetros mínimo e máximo para a concessão de honorários advocatícios previstos no § 1º do artigo 27; g) é **inconstitucional** a expressão "não podendo os honorários ultrapassar R$ 151.000,00 (cento e cinquenta e um mil reais)". Dessa forma, **não vigem mais as Súmulas 618 do STF e 408 do STJ.**

Os entendimentos mais recentes do STJ não admitem a cumulação de juros moratórios e compensatórios, eis que se trata de encargos que incidem em períodos diferentes: os juros compensatórios têm incidência até a data da expedição do precatório original, enquanto que os moratórios somente incidirão se o precatório expedido não for pago no prazo constitucional. Está superado, portanto, o enunciado da Súmula 12.

7.11 Retrocessão: é o direito de o expropriado reaver o bem desapropriado que não tiver sido utilizado ou tiver sido empregado em finalidade diversa da que foi inicialmente prevista (**tredestinação**). Neste último caso, somente dará ensejo à retrocessão a chamada **tredestinação ilícita**, em que a utilização do imóvel não atingiu um interesse público (Ex.: o Poder Público desapropria o imóvel para, a seguir, vendê-lo a um terceiro). A **tredestinação lícita** ocorre quando o bem é empregado em finalidade diversa da inicialmente prevista no decreto de declaração, mas em atendimento a um interesse público (Ex.: Poder Público desapropria um terreno para instalar uma escola, mas decide construir um hospital), permanecendo válida a desapropriação.

EM RESUMO: Intervenção do Estado na Propriedade	
Limitação administrativa	• É uma determinação estabelecida por **lei** ou **ato administrativo**, de **caráter geral** e voltada para **proprietários indeterminados**, através da qual o Poder Público condiciona o exercício do direito propriedade à observância de determinadas exigências legais, que podem implicar em obrigações **positivas** ou **negativas**, em benefício do bem-estar social. • É possível observar que as limitações administrativas afastam o **caráter absoluto** do direito de propriedade e decorrem do **poder de polícia** conferido à Administração Pública.
Servidão administrativa	• É um **direito real público** imposto pela **Administração** ou **delegados**, que impõe algumas **restrições ao uso e gozo de determinada propriedade imóvel** alheia (limita a **exclusividade** do direito de propriedade), para assegurar um **fim público específico** (geralmente relacionado à execução de obras ou execução de algum serviço público), mediante **indenização** dos prejuízos efetivamente suportados pelo proprietário. Podemos citar como exemplo de servidão administrativa a passagem de fios elétricos de alta tensão em terrenos particulares. • Não há uma norma específica regulamentando a instituição de servidões, razão pela qual se usa como principal dispositivo o **art. 40 do Decreto-Lei 3365/41** ("o expropriante poderá constituir servidões, mediante indenização na forma desta lei"). Assim como ocorre com a desapropriação, deverá existir uma **declaração de utilidade pública** do bem que será gravado. • De um modo geral, admite-se a instituição de servidões por meio de **lei**, **acordo** e **sentença judicial**. As servidões legais não precisam ser registradas, porque o ônus real se constitui a partir da promulgação da lei. Nas demais, torna-se necessária a inscrição para que se tornem oponíveis *erga omnes*. • A servidão administrativa pode incidir sobre bem público, desde que observada a hierarquia aplicada à desapropriação (União ➔ Estados ➔ Municípios. O contrário não pode). • **Indenização:** Será cabível se comprovado efetivo prejuízo ao bem imóvel. A depender da magnitude do prejuízo, o proprietário pode requerer a declaração de desapropriação indireta do bem. Se a servidão não trouxer prejuízo para a utilização do bem, não caberá indenização. • Em regra, as servidões administrativas são **perpétuas** ou **permanentes**. Todavia, uma vez cessada a necessidade do Poder Público (cessação do interesse público) ou a utilidade do prédio serviente, a servidão será extinta. Podemos enumerar, também, as seguintes causas extintivas da servidão: o **desaparecimento da coisa gravada**, a **transformação do bem gravado** por fato que o torne incompatível com o seu destino e a **incorporação do imóvel serviente ao patrimônio público** (**consolidação**) da entidade que instituiu a servidão.

EM RESUMO: Intervenção do Estado na Propriedade	
Requisição	• Forma de intervenção do estado em que há a **utilização compulsória** de **bens móveis**, **imóveis** ou de **serviços** particulares direta e imediatamente pelo Poder Público, visando proteger a sociedade de situação **transitória** de **emergência** ou de **iminente perigo público**, com pagamento de **indenização posterior** ao particular, se houver dano. Trata-se de um ato administrativo autoexecutório. • Compete à União legislar sobre requisições civis e militares (art. 22, III da CF/88). • **Principal fundamento: art. 5º, XXV da CF/88**. No plano infraconstitucional podemos mencionar o **Decreto-lei 4.812/42** e a **Lei Delegada 4/62**. • **Indenização:** Se a requisição recair sobre **bens fungíveis**, o proprietário será indenizado pela integralidade do bem, como se fosse uma desapropriação, mas com indenização posterior.
Ocupação temporária	• Forma de intervenção do estado em que há a **utilização temporária e compulsória** pela Administração de **bens imóveis** privados, **com ou sem remuneração**, como local de apoio para a execução de **obras** ou **serviços públicos** em áreas vizinhas. • O art. 36 do Decreto-Lei 3.365/41 permite a "a ocupação temporária, que será indenizada, afinal, por ação própria, de terrenos não edificados, vizinhos às obras e necessários à sua realização". Neste caso específico, que pode ocorrer durante o processo de desapropriação, será devida indenização, porque se pressupõe que o imóvel vizinho ao que foi desapropriado ficará ocupado por longo período. Nos demais casos de ocupação temporária, a indenização somente será devida pelos prejuízos efetivamente comprovados pelo proprietário.
Tombamento	• **Definição:** É a forma de intervenção do Estado na propriedade que visa proteger e conservar o patrimônio cultural brasileiro, tutelado pelo art. 216 da CF/88, impondo ao proprietário obrigações positivas, negativas ou permissivas com relação ao bem tombado. • **Competência: a competência para legislar** sobre proteção ao patrimônio histórico, cultural, artístico, turístico e paisagístico é **concorrente** entre a União, os Estados e o Distrito Federal (art. 24, VII, da CF/88). Mas a **competência material** para instituir o tombamento é **comum** dos entes federados (o art. 23, III c/c art. 30, IX da CF/88). • **Objeto:** podem ser tombados bens móveis ou imóveis, de natureza material (tangíveis) ou imaterial (intangíveis), públicos ou particulares, de interesse cultural ou ambiental. É muito amplo o espectro de bens que podem ser tombados, como obras de arte, objetos de coleções particulares, fotografias, móveis, estilos musicais, florestas etc.
Tombamento	• **Características:** o tombamento não retira do proprietário o domínio do bem – que pode inclusive ser vendido –, mas apenas limita o direito de usar, gozar e dispor da coisa tombada. Tratando-se de bens imóveis, o proprietário não poderá fazer alterações, como reformas, reparos, pinturas etc., sem antes buscar a assistência e autorização dos órgãos responsáveis. Deverá também promover diversas medidas de conservação do bem, estabelecidas por ocasião do tombamento, devendo comunicar o órgão responsável caso não tenha condições financeiras de suportar o custo de tais medidas, sob pena de ser multado. Além disso, os proprietários são obrigados a suportar a **fiscalização** dos órgãos administrativos competentes. • **Indenização:** em regra, o tombamento não gera direito à indenização. Não se pode esquecer que, de acordo com o STJ, "(...) é possível, contudo, que o tombamento de determinados bens, ou mesmo a imposição de limitações administrativas, traga prejuízos aos seus proprietários, gerando, a partir de então, a obrigação de indenizar" (REsp 1100563/RS, Rel. Ministra DENISE ARRUDA, DJE 01/07/2009). • **Constituição do tombamento:** o procedimento varia de acordo com a modalidade de tombamento e culmina com o registro do bem no **Livro do Tombo**. O tombamento poderá ocorrer das seguintes formas: a) De ofício; b) Voluntário; c) Compulsório.
Desapropriação	• **Definição:** é o procedimento pelo qual o Poder Público, fundado em **necessidade pública**, **utilidade pública** ou **interesse social**, compulsoriamente retira de alguém a propriedade de um bem certo, adquirindo-o para si, em caráter **originário** e **mediante indenização**. • **Principais fundamentos**: **arts. 5º, XXIV, 182, § 4º, III,** e **184 da CF/88**. No plano infraconstitucional, podemos destacar o **Decreto-lei 3.365/41** (desapropriação por necessidade e utilidade pública), a **Lei 4.132/62** (desapropriação por interesse social), **Decreto-Lei 1.075/70** (imissão provisória na posse de imóveis urbanos), **Lei 8.629/93** (regulamenta dispositivos constitucionais da reforma agrária), **Lei Complementar 76/93** (procedimento especial para desapropriação de imóveis rurais, visando à reforma agrária) e **Lei 10.257/01** (Estatuto das Cidades). • É uma **forma originária de aquisição** da propriedade. • **Objeto:** em regra todos bens e direitos patrimoniais podem ser desapropriados, o que inclui também o espaço aéreo e o subsolo (Decreto-Lei 3.365/41, art. 3º). Não são suscetíveis de desapropriação os chamados bens "inexpropriáveis" ou "inalienáveis", como **direitos personalíssimos**, **direito pessoal do autor**, **direito à vida**, à **imagem** e aos **alimentos**. • **Competência:** podemos dividir a competência em matéria de desapropriação em ***legislativa*** (quem pode legislar sobre o tema), ***declaratória*** (quem pode deflagrar o procedimento, declarando o bem de necessidade pública, utilidade pública ou interesse social) e ***executória*** (quem efetivamente promove a desapropriação, praticando os atos materiais para a transferência do bem para o domínio público)

<table>
<tr><th colspan="2">EM RESUMO: Intervenção do Estado na Propriedade</th></tr>
<tr><td>Desapropriação</td><td>• Modalidades de Desapropriação:
– Desapropriações Ordinárias ou Comuns: estão previstas e seguem a regra geral estabelecida pelo art. 5º, XXIV da CF/88. Podem ser divididas em: a) Desapropriação por necessidade ou utilidade pública: regulada pelo Decreto-Lei 3.365/41. b) Desapropriação por interesse social: regulada pela Lei 4.132/62.
– Desapropriações-sanção ou sancionatórias: estão previstas nos arts. 182, § 4º, III e 184 da CF/88. Possuem como fundamento um interesse social, qual seja, o cumprimento da função social da propriedade e o bem-estar social. Por não cumprir este princípio, a indenização será paga em títulos especiais da dívida pública. Podem ser divididas em: a) Desapropriação-sanção urbanística: prevista no Art. 182, § 4º, III, CF/88 e regulamentada pela Lei 10.257/01 (estatuto das cidades). b) Desapropriação-sanção rural: esta modalidade de desapropriação é de competência da União, está prevista no art. 184 da CF e é regulamentado pela Lei 8.629/93 (reforma agrária) e Lei Complementar 76/93 (procedimento especial).</td></tr>
<tr><td>Desapropriação</td><td>• Desapropriação-confisco: está prevista no art. 243 da CF/88 e tem por objeto as glebas de qualquer região do País onde forem localizadas culturas ilegais de plantas psicotrópicas ou a exploração de trabalho escravo. O proprietário das terras desapropriadas, na forma da lei, não receberá qualquer indenização do Poder Público expropriante e sem prejuízo de outras sanções previstas em lei, observado, no que couber, o disposto no art. 5º da CF. Estas terras serão destinadas ao destinadas à reforma agrária e a programas de habitação popular, conforme nova redação dada pela EC 81/2014.
• Desapropriação por zona ou extensiva: prevista no art. 4º do Decreto 3.365/41: "A desapropriação poderá abranger a área contígua necessária ao desenvolvimento da obra a que se destina, e as zonas que se valorizarem extraordinariamente, em consequência da realização do serviço. Em qualquer caso, a declaração de utilidade pública deverá compreendê-las, mencionando-se quais as indispensáveis à continuação da obra e as que se destinam à revenda".
• Desapropriação indireta: segundo o STJ (EREsp 933786, DJ 15.09.09), pressupõe três situações: 1) apossamento do bem pelo Estado sem prévia observância do devido processo legal; 2) afetação do bem, ou seja, destiná-lo à utilização pública; 3) irreversibilidade da situação fática a tornar ineficaz a tutela judicial específica. Pode ocorrer também desapropriação indireta na hipótese de o Estado promover alguma outra forma de intervenção que inviabilize a utilização normal do bem por parte do proprietário.
• Procedimento administrativo: a) Fase declaratória: nesta fase é que se identifica o bem e seu proprietário e se declara, por meio de decreto ou lei de efeitos concretos, o bem como de utilidade pública, necessidade pública ou interesse social, informando o Poder Público qual será sua destinação. b) Fase executiva ou executória: nesta fase ocorrem as providências para haja a efetiva transferência do bem desapropriado para o domínio do expropriante. O expropriante oferecerá ao proprietário o valor que entende ser o do bem. Se o proprietário aceitar a avaliação, ocorrerá um acordo entre as partes e o valor apurado será depositado e o bem transferido para o domínio do expropriante. Do contrário, o expropriante deverá buscar as vias judiciais.
• Procedimento Judicial: a ação de desapropriação obedecerá procedimento especial e será regida pelo Decreto-Lei 3.365/41 (utilidade pública, necessidade pública e interesse social) e Lei Complementar 76/93 (desapropriação-sanção rural).
– Fases: a) Petição inicial; b) Contestação; c) Instrução; d) Sentença.
– Imissão provisória na posse: se o expropriante alegar urgência e depositar quantia arbitrada, o juiz mandará imiti-lo provisoriamente na posse dos bens, ficando o desapropriado impossibilitado de usufruir a propriedade. Esta medida poderá ser requerida em qualquer uma das modalidades de desapropriação. O desapropriado, ainda que discorde do preço oferecido, do arbitrado ou do fixado pela sentença, poderá levantar até 80% (oitenta por cento) do depósito feito.
• Indenização: a indenização será prévia (antes da transferência definitiva da propriedade), justa (deverá refletir o real valor do bem e as perdas materiais experimentadas pelo expropriado) e em dinheiro, exceto para as desapropriações-sanção.
• Retrocessão: é o direito de o expropriado reaver o bem desapropriado que não tiver sido utilizado ou tiver sido empregado em finalidade diversa da que foi inicialmente prevista (tredestinação). Neste último caso, somente dará ensejo à retrocessão à chamada tredestinação ilícita, em que a utilização do imóvel não atingiu um interesse público. A tredestinação lícita ocorre quando o bem é empregado em finalidade diversa da inicialmente prevista no decreto de declaração, mas em atendimento a um interesse.</td></tr>
</table>

CAPÍTULO XIV

ATUAÇÃO DO ESTADO NO DOMÍNIO ECONÔMICO

1. NOÇÕES

A CF/88 reserva um título inteiro para a disciplina da ordem econômica e financeira, que se fundamenta na **valorização do trabalho humano** e na **livre-iniciativa**, tendo por fim assegurar a todos existência digna, conforme ditames da justiça social (art. 170, *caput*). O constituinte buscou, dessa forma, conciliar capital e trabalho.

Segundo previsão do art. 170 da CF/88, são princípios da ordem econômica: I - soberania nacional; II - propriedade privada; III - função social da propriedade; IV - livre concorrência; V - defesa do consumidor; VI - defesa do meio ambiente, inclusive mediante tratamento diferenciado conforme o impacto ambiental dos produtos e serviços e de seus processos de elaboração e prestação; VII - redução das desigualdades regionais e sociais; VIII - busca do pleno emprego; IX - tratamento favorecido para as empresas de pequeno porte constituídas sob as leis brasileiras e que tenham sua sede e administração no País.

O Estado atua no domínio econômico de duas formas precípuas: na **regulação** das atividades exercidas pelos particulares (Estado Regulador) e na **exploração** de atividades econômicas (Estado Executor), o que se dá excepcionalmente, conforme já estudado no capítulo reservado à organização da Administração Pública, ao qual remetemos o leitor. Neste capítulo nos ocuparemos do estudo do **Estado Regulador**.

2. REGULAÇÃO DA ATIVIDADE ECONÔMICA

As diretrizes para a regulação da atividade econômica estão estabelecidas no art. 174 da CF/88: "Como agente **normativo** e **regulador** da atividade econômica, o Estado exercerá, na forma da lei, as funções de **fiscalização**, **incentivo** e **planejamento**, sendo este determinante para o setor público e indicativo para o setor privado".

Por meio da **fiscalização**, o Estado evita formas abusivas de comportamento por meio da verificação de setores econômicos. Por meio do **incentivo** o Estado visa estimular, por meio de políticas oficiais, o desenvolvimento econômico e social do país, valendo-se de incentivos fiscais, subsídios, assistência técnica etc. Por fim, o **planejamento** visa estabelecer metas e objetivos específicos para a transformação da realidade existente.

Atuando dessas formas, **preventiva** e **repressivamente**, o Estado visa proteger a sociedade de **abuso de poder econômico**, amoldando a atuação dos particulares aos ditames da justiça social.

3. REPRESSÃO AO ABUSO DO PODER ECONÔMICO

A repressão ao abuso do poder econômico representa uma série de medidas legais utilizadas pelo Estado para corrigir e neutralizar comportamentos causadores de distorções nas condições normais de mercado em decorrência da acumulação de riquezas, como as condutas que visem a **dominação dos mercados**, à **eliminação da concorrência** e ao **aumento arbitrário dos lucros** (art. 173, § 4.º da CF/88).

Atualmente, as principais normas que regulam a repressão ao abuso do poder econômico são as Leis 12.529/11 (estrutura o **Sistema Brasileiro de Defesa da Concorrência**), 8.137/90 (**Define crimes contra a ordem tributária, econômica e contra as relações de consumo**), 8.078/90 (**Código de Defesa do Consumidor**) e Lei Delegada 4/62 (**Dispõe sobre a livre distribuição de produtos necessários ao consumo do povo**).

Podemos arrolar como principais formas de abuso de poder econômico:

A **Truste**: Uma grande empresa domina o mercado e afasta seus concorrentes, ou os obriga a seguir a estratégia econômica que adota.

B **Cartel**: Conjugação de interesses entre grandes empresas com o objetivo de eliminar a concorrência e aumentar arbitrariamente seus lucros. Exemplo desta situação foi trazido em questão do XIV Exame de Ordem (ago./14): "Cinco empresas que, somadas, dominam 90% (noventa por cento) da produção metalúrgica nacional acordam, secretamente, a redução da oferta de bens por elas produzidos, a fim de elevar o preço dos seus produtos". O tema foi novamente explorado no XXI Exame de Ordem (nov./16), propondo o examinador a seguinte situação: "As duas maiores empresas do ramo de produção de componentes eletrônicos para máquinas industriais dominam mais de 50% (cinquenta por cento) do mercado. A fim de garantir determinada margem de lucro, elas resolveram acordar um mesmo preço para os bens que elas produzem". Em ambas as situações, o gabarito oficial considerou que a atuação das empresas configura infração da ordem econômica, sujeitando-as à intervenção do Estado.

C **Dumping**: É uma espécie de abuso internacional, em que uma empresa recebe subsídio oficial de seu país de modo a baratear excessivamente o custo do produto.

A Lei 12.529/11, em seus artigos 37-45, estabelece uma série de sanções aos responsáveis pela prática de infração da ordem econômica, como a aplicação de multas, publicação de extrato da decisão condenatória, às expensas do infrator, a cisão de sociedade, transferência de controle societário, venda de ativos ou cessação parcial de atividade, dentre outros, sem prejuízo de qualquer outro ato ou providência necessários para a eliminação dos efeitos nocivos à ordem econômica.

Além de tais sanções, podemos mencionar como medidas de repressão de abuso do poder econômico o **controle de abastecimento**, que objetiva manter no mercado consumidor produtos e serviços suficientes para atender à demanda da coletividade, e o **tabelamento de preços**, que é a fixação dos preços privados de bens e produtos pelo Estado quando a iniciativa privada se revela sem condições de mantê-los nas regulares condições de mercados.

EM RESUMO: ATUAÇÃO DO ESTADO NO DOMÍNIO ECONÔMICO	
Noções	O Estado atua no domínio econômico de duas formas precípuas: na **regulação** das atividades exercidas pelos particulares (**Estado Regulador**) e na **exploração** de atividades econômicas (**Estado Executor**)
Regulação da Atividade Econômica	As diretrizes para a regulação da atividade econômica estão estabelecidas no art. 174 da CF/88: "Como agente normativo e regulador da atividade econômica, o Estado exercerá, na forma da lei, as funções de fiscalização, incentivo e planejamento, sendo este determinante para o setor público e indicativo para o setor privado".
Repressão ao Abuso do Poder Econômico	Segundo o art. 173, § 4.º da CF, a lei reprimirá o abuso do poder econômico que vise à **dominação dos mercados**, à **eliminação da concorrência** e ao **aumento arbitrário dos lucros**. As principais formas de abuso de poder econômico são: a) **Truste**: Uma grande empresa domina o mercado e afasta seus concorrentes, ou os obriga a seguir a estratégia econômica que adota; b) **Cartel**: Conjugação de interesses entre grandes empresas com o objetivo de eliminar a concorrência e aumentar arbitrariamente seus lucros; c) É uma espécie de abuso internacional, em que uma empresa recebe subsídio oficial de seu país de modo a baratear excessivamente o custo do produto.

CAPÍTULO XV

PROCESSO ADMINISTRATIVO FEDERAL

1. NOÇÕES

De acordo com JOSÉ DOS SANTOS CARVALHO FILHO (2008, p. 864), processo administrativo é "o **instrumento** que formaliza a **sequência ordenada de atos** e de **atividades** do Estado e dos particulares a fim de ser produzida uma **vontade final da Administração**" (g.n.).

Todos os entes federativos possuem competência para legislar sobre processo administrativo, vinculando a administração pública direta e indireta à observância de tais normas. No âmbito federal o processo administrativo é regido pela **Lei 9.784/99**, que também traz importantes contribuições para o estudo de outros temas do Direito Administrativo.

Importa salientar, sobre o tema, o teor da Súmula 633 do STJ: "A Lei n. 9.784/1999, especialmente no que diz respeito ao prazo decadencial para a revisão de atos administrativos no âmbito da Administração Pública federal, pode ser aplicada, de forma subsidiária, aos estados e municípios, se inexistente norma local e específica que regule a matéria".

Vale lembrar que o CPC/2015 (Lei 13.105/15), estabelece que na ausência de normas que regulem processos administrativos, suas disposições serão aplicadas supletiva e subsidiariamente.

? QUESTÃO: Processo e procedimento administrativo são expressões sinônimas?

➥ ***RESPOSTA:*** *Não. O procedimento é o modo de realização do processo, ou seja, o rito processual. É importante observar, todavia, que alguns autores usam as expressões como se fossem sinônimas. Em suma:*

- *Processo Administrativo ➔ Instrumento para que a Administração expresse uma manifestação de vontade.*
- *Procedimento Administrativo ➔ corresponde ao rito seguido pelo processo.*

2. PRINCÍPIOS

O processo administrativo fundamenta-se nos princípios do **contraditório** e da **ampla defesa**. Além destes, a Lei 9.784/99 estabelece que deverão ser obedecidos, dentre outros, aos princípios da **legalidade**, **finalidade**, **motivação**, **razoabilidade**, **proporcionalidade**, **moralidade**, **ampla defesa**, **contraditório**, **segurança jurídica**, **interesse público** e **eficiência** (art. 2º).

A doutrina costuma apontar também os princípios do **informalismo** (só será exigida forma específica para o ato se a lei determinar), **oficialidade** ou **impulso oficial** (uma vez iniciado, o processo será conduzido de ofício pela autoridade competente), **verdade real** (deve-se sempre buscar a verdade dos fatos), **gratuidade** (em regra, não haverá cobrança de taxas para a prática de atos) e **motivação** (os atos processuais decisórios devem ser motivados).

3. DIREITOS E DEVERES DO ADMINISTRADO

A Lei 9.784/99 estabelece direitos e deveres do administrado, que podem ser resumidos no seguinte quadro comparativo:

Direitos	Deveres
I. ser tratado com respeito pelas autoridades e servidores, que deverão facilitar o exercício de seus direitos e o cumprimento de suas obrigações.	I. expor os fatos conforme a verdade.
II. ter ciência da tramitação dos processos administrativos em que tenha a condição de interessado, ter vista dos autos, obter cópias de documentos neles contidos e conhecer as decisões proferidas.	II. proceder com lealdade, urbanidade e boa-fé.
III. formular alegações e apresentar documentos antes da decisão, os quais serão objeto de consideração pelo órgão competente.	III. não agir de modo temerário.
IV. fazer-se assistir, facultativamente, por advogado, salvo quando obrigatória a representação, por força de lei.	IV. prestar as informações que lhe forem solicitadas e colaborar para o esclarecimento dos fatos.
V. direitos assegurados outras normas.	V. deveres estabelecidos em outras normas.

4. INÍCIO DO PROCESSO

O processo administrativo pode iniciar-se **de ofício** – por determinação da própria Administração – ou a **pedido de interessado**. Neste último caso, o requerimento inicial do interessado, salvo casos em que for admitida solicitação oral, deve ser formulado por escrito e conter os seguintes dados:

1	2	3	4	5
órgão ou autoridade a que se dirige;	identificação do interessado ou de quem o represente;	domicílio do requerente ou local para recebimento de comunicações;	formulação do pedido, com exposição dos fatos e de seus fundamentos;	data e assinatura do requerente ou de seu representante.

A Administração não pode recursar sem motivo justo o recebimento de documentos, devendo o servidor orientar o interessado quanto ao suprimento de eventuais falhas. A propósito do tema, os órgãos e entidades administrativas deverão elaborar modelos ou formulários padronizados para assuntos que importem pretensões equivalentes.

? **QUESTÃO:** Quem são os legitimados para dar início ao processo administrativo?

➥ ***RESPOSTA:*** *Além da própria Administração Pública, que pode iniciar o processo de ofício, são também considerados interessados para tal fim:* **I** *– pessoas físicas ou jurídicas que o iniciem como titulares de direitos ou interesses individuais ou no exercício do direito de representação;* **II** *– aqueles que, sem terem iniciado o processo, têm direitos ou interesses que possam ser afetados pela decisão a ser adotada;* **III** *– as organizações e associações representativas, no tocante a direitos e interesses coletivos;* **IV** *– as pessoas ou as associações legalmente constituídas quanto a direitos ou interesses difusos.*

5. IMPEDIMENTO E SUSPEIÇÃO

No processo administrativo é necessário que o(s) agente(s) responsável(is) por sua condução e decisão seja(m) absolutamente imparcial(is). Por isso, a Lei 9.784/99 estabeleceu hipóteses **impedimento** (é **vedada** a participação do agente) e **suspeição** (**não é recomendável** a participação do agente).

Para facilitar a comparação, no quadro abaixo colocamos lado a lado as hipóteses de impedimento e de suspeição

Impedimento	Suspeição
• Tenha interesse direto ou indireto na matéria; • Tenha participado ou venha a participar como perito, testemunha ou representante, ou se tais situações ocorrem quanto ao cônjuge, companheiro ou parente e afins até o terceiro grau; • Esteja litigando judicial ou administrativamente com o interessado ou respectivo cônjuge ou companheiro.	• Amizade íntima ou inimizade notória com algum dos interessados ou com os respectivos cônjuges, companheiros, parentes e afins até o terceiro grau.

O agente que se enquadre em alguma das situações de **impedimento** deverá comunicar o fato à autoridade competente, abstendo-se de atuar, **sob pena de responsabilização**, configurando a omissão **falta grave**.

A **suspeição** de autoridade ou servidor deverá ser arguida pela **parte interessada**. Caso seja **indeferida** a alegação de suspeição, o interessado poderá apresentar **recurso**, mas **sem efeito suspensivo**.

6. DOS ATOS DO PROCESSO ADMINISTRATIVO

6.1 Forma, tempo e lugar dos atos: a) **forma**: em regra, os atos no PA **não dependem de forma determinada**, salvo disposição legal em contrário, devem ser **escritos**, em vernáculo (língua portuguesa), com a **data** e o **local** de sua realização e a **assinatura** da autoridade responsável. Os atos do processo devem realizar-se em **dias úteis**, no horário normal de funcionamento da repartição na qual tramitar o processo; b) **tempo**: Em regra, o prazo para a prática do ato pela autoridade pública ou pelo administrado é de **5 dias**, mas poderá ser dilatado até o dobro, mediante comprovada justificação. Os prazos começam a correr a partir da **data da cientificação oficial**, excluindo-se da contagem o dia do começo e incluindo-se o do vencimento. Os prazos expressos em dias contam-se de modo contínuo e os fixados em meses ou anos contam-se de data a data. Considera-se prorrogado o prazo até o primeiro dia útil seguinte se o vencimento cair em dia em que não houver expediente ou este for encerrado antes da hora normal; c) **local**: realizar-se-ão preferencialmente na sede do órgão, cientificando-se o interessado se outro for o local de realização.

6.2 Comunicação dos atos: A ciência de decisão ou para a efetivação de diligências ocorrerá por meio de **intimação** do interessado, observando antecedência mínima de **três dias úteis** quanto à data de comparecimento. Devem ser objeto de intimação os atos do processo que resultem para o interessado em imposição de deveres, ônus, sanções ou restrição ao exercício de direitos e atividades e os atos de outra natureza, de seu interesse. A intimação pode ser efetuada por ciência no processo, por **via postal** com aviso de recebimento, por **telegrama** ou **outro meio** que assegure a certeza da ciência do interessado. Se os interessados forem **indeterminados**, **desconhecidos** ou

com domicílio indefinido, a intimação deve ser efetuada por meio de **publicação oficial**. As intimações serão nulas quando feitas sem observância das prescrições legais, mas o comparecimento do administrado supre sua falta ou irregularidade, porque não terá prejuízo.

> **MUITA ATENÇÃO!** Nos processos administrativos não existe a aplicação dos efeitos da **revelia**. Assim, o desatendimento da intimação não importa o reconhecimento da verdade dos fatos, nem a renúncia a direito pelo administrado, devendo inclusive este ser intimado dos atos subsequentes.

7. DA INSTRUÇÃO

A instrução será feita de ofício ou mediante impulsão do órgão responsável pelo processo, sem prejuízo do direito dos interessados de propor atuações probatórias. De modo a facilitar a compreensão e atuação dos interessados, o órgão competente para a instrução fará constar dos autos quais são os dados necessários para a decisão do processo e buscará facilitar a prática dos atos de instrução a cargo dos administrados, que devem realizar-se do modo menos oneroso para estes.

Caberá ao interessado o ônus da prova dos fatos que tenha alegado, sem prejuízo da condução de ofício do processo, o que inclui a juntada de documentos ou cópias destes existentes na própria Administração responsável pelo processo ou em outro órgão administrativo, caso o interessado os tenha indicado como prova. O interessado poderá, na fase instrutória e antes da tomada da decisão, juntar documentos e pareceres, requerer diligências e perícias, que deverão ser considerados na motivação do relatório e da decisão (salvo se **ilícitas**, **impertinentes**, **desnecessárias** ou **protelatórias**), bem como aduzir alegações referentes à matéria objeto do processo. Atente-se que, assim como ocorre nos processos civil e penal, no processo administrativo não são admissíveis provas ilícitas.

7.1 Prazos específicos da instrução: elaboramos a tabela abaixo a respeito do tema:

Ato	Prazo
Atendimento pelo interessado de diligências necessárias à apreciação de pedido formulado ou de produção de provas.	No mínimo **três dias úteis** de antecedência.
Oitiva obrigatória de órgão consultivo, para elaboração de parecer.	**Quinze dias**, salvo norma especial ou comprovada necessidade de maior prazo.
Alegações finais do interessado, após encerrada a instrução	**Dez dias**, salvo se outro prazo for legalmente fixado.
Decisão da Administração, após a conclusão da instrução	**Trinta dias**, salvo prorrogação motivada por igual período.

O órgão poderá fixar outros prazos, desde que não represente prejuízo ao administrado. Na ausência de prazo específico ou fixado, aplicar-se-á a regra geral (5 dias).

8. DA DECISÃO

A Administração tem o **dever de decidir** os processos administrativos e sobre solicitações ou reclamações, em matéria de sua competência. A decisão deverá ser **motivada**, com indicação dos fatos e dos fundamentos jurídicos, quando:

I – neguem, limitem ou afetem direitos ou interesses; **II** – imponham ou agravem deveres, encargos ou sanções; **III** – decidam processos administrativos de concurso ou seleção pública; **IV** – dispensem ou declarem a inexigibilidade de processo licitatório; **V** – decidam recursos administrativos; **VI** – decorram de reexame de ofício; **VII** – deixem de aplicar jurisprudência firmada sobre a questão ou discrepem de pareceres, laudos, propostas e relatórios oficiais; **VIII** – importem anulação, revogação, suspensão ou convalidação de ato administrativo.

A motivação deve ser explícita, clara e congruente, podendo consistir em declaração de concordância com fundamentos de anteriores pareceres, informações, decisões ou propostas, que, neste caso, serão parte integrante do ato. Se o assunto for recorrente no órgão, poderá ser utilizado meio mecânico que reproduza os fundamentos das decisões, desde que não prejudique direito ou garantia dos interessados. A motivação das decisões de órgãos colegiados e comissões ou de decisões orais constará da respectiva ata ou de termo escrito.

O art. 27 da LINDB, incluído pela Lei 13.655/18, passou a prever que a decisão do processo, nas esferas administrativa, controladora e judicial, poderá impor compensação por benefícios indevidos ou prejuízos anormais ou injustos resultantes do processo ou da conduta dos envolvidos. Esta decisão será motivada, ouvidas previamente as partes sobre seu cabimento, sua forma e, se for o caso, seu valor, admitindo-se que seja realizado compromisso processual entre os envolvidos para prevenir ou regular a compensação.

8.1 Desistência e outros casos de extinção: é possível que o interessado, mediante manifestação escrita, desista total ou parcialmente do pedido formulado ou, ainda, renuncie a direitos disponíveis. O processo será **extinto** nestas situações, salvo se a Administração quiser dar prosseguimento, caso considere que o interesse público assim o exige. Por fim, importa dizer que o órgão competente poderá declarar **extinto** o processo quando **exaurida sua finalidade** ou o **objeto da decisão se tornar impossível**, **inútil** ou **prejudicado** por fato superveniente.

FIQUE POR DENTRO:

Decisão Coordenada (Lei 14.210/21)

A Lei 14.210/21 incluiu os arts. 49-A a 49-G na Lei 9.784/99, para disciplinar a decisão coordenada. Em poucas palavras, trata-se de um expediente no âmbito da Administração Pública federal que permite que as decisões administrativas que exijam participação de três ou mais setores, órgãos ou entidades sejam tomadas por meio de decisão coordenada, sempre que for justificável pela relevância da matéria e houver discordância que justifique a celeridade do processo decisório. Trata-se de um importante mecanismo de consensualidade administrativa no âmbito federal, que pode inspirar sua aplicação no âmbito estadual e municipal.

9. DO RECURSO ADMINISTRATIVO E DA REVISÃO

Das decisões administrativas total ou parcialmente contrárias ao pedido do interessado caberá recurso no prazo de **dez dias** (salvo se houver outro prazo em lei específica), contado a partir da ciência ou divulgação oficial da decisão recorrida. O recurso, que poderá abordar questões razões de legalidade e de mérito, **será dirigido à autoridade que proferiu a decisão** (muita atenção para este detalhe!), a qual, se não a reconsiderar no prazo de **cinco dias**, o encaminhará à autoridade superior.

Em regra, o recurso terá **efeito devolutivo**. Mas a autoridade recorrida ou a imediatamente superior poderá, de ofício ou a pedido, dar **efeito suspensivo** ao recurso, quando houver **justo receio** de **prejuízo de difícil ou incerta reparação** decorrente da execução.

A interposição de recurso administrativo **independe de caução**, salvo exigência legal.

Cumpre relembrar que **não cabe mandado de segurança** contra ato do qual caiba recurso administrativo **com efeito suspensivo**, independentemente de caução (Art. 5.º, I, da Lei 12.016/09). Este tema foi cobrado no XXXI Exame de Ordem (2020.1) com a seguinte proposição: "A autoridade competente, em âmbito federal, no regular exercício do poder de polícia, aplicou à sociedade empresária Soneca S/A multa em razão do descumprimento das normas administrativas pertinentes. Inconformada, a sociedade Soneca S/A apresentou recurso administrativo, ao qual foi conferido efeito suspensivo, sendo certo que não sobreveio qualquer manifestação do superior hierárquico responsável pelo julgamento, após o transcurso do prazo de oitenta dias". A alternativa considerada correta pela banca examinadora apontava para o não cabimento de mandado de segurança nesta situação, uma vez que a decisão estava submetida a recurso administrativo provido de efeito suspensivo.

Quando a lei não fixar prazo diferente, o recurso administrativo deverá ser decidido no prazo máximo de **trinta dias**, a partir do recebimento dos autos pelo órgão competente, podendo o prazo ser prorrogado por igual período, ante justificativa explícita.

? **QUESTÃO:** O não conhecimento do recurso do interessado impede a Administração de revisar o ato ilegal?

RESPOSTA: *Não. As hipóteses de não reconhecimento do recurso administrativo estão previstas no art. 63 da Lei 9.784/99, quais sejam:* **I** *– intempestividade;* **II** *– interposto perante órgão incompetente (neste caso, será indicada a autoridade competente, sendo devolvido o prazo para recurso);* **III** *– ilegitimidade do recorrente;* **IV** *– após exaurimento da esfera administrativa. Segundo previsão do § 2º do referido dispositivo, o não conhecimento do recurso não impede a Administração de rever de ofício o ato ilegal, desde que não ocorrida preclusão administrativa.*

O órgão competente para decidir o recurso poderá confirmar, modificar, anular ou revogar, total ou parcialmente, a decisão recorrida, se a matéria for de sua competência. Admite-se no processo administrativo a chamada ***reformatio in pejus***, ou seja, a situação do administrado pode ser **agravada** na decisão do recurso interposto, desde que o mesmo seja cientificado para que formule suas alegações antes da decisão.

Os processos administrativos de que **resultem sanções** poderão ser **revistos**, a qualquer tempo, a pedido ou de ofício, quando surgirem **fatos novos** ou **circunstâncias relevantes** suscetíveis de justificar a inadequação da sanção aplicada. Da revisão do processo, todavia, não poderá resultar agravamento da sanção.

10. PRESCRIÇÃO ADMINISTRATIVA

Prescrição é um tema de **direito material**. Porém, tendo em vista as nuances que tema ganha no processo administrativo, necessário tratá-lo brevemente.

Segundo CARVALHO FILHO (2010, p. 859), prescrição administrativa é "a situação jurídica pela qual o administrado ou a própria Administração perdem o direito de formular pedidos ou firmar manifestações em virtude de não o terem feito no prazo adequado".

Em regra, o prazo para o particular exercer sua pretensão contra o Estado é de **5 (cinco) anos** contados da data do ato ou fato do qual se originarem (art. 1.º do Decreto 20.910/32).

O Decreto 20.910/32 prevê que não corre a prescrição durante a demora que, no estudo, ao reconhecimento ou no pagamento da dívida, considerada líquida, tiverem as repartições ou funcionários encarregados de estudar e apurá-la. A suspensão da prescrição, neste caso, verificar-se-á pela entrada do requerimento do titular do direito ou do credor no protocolo administrativo, que conterá indicação de dia, mês e ano.

Este tema já foi cobrado no XX Exame de Ordem (jul./16), tendo sido proposto o seguinte caso para julgamento: "Um servidor público federal em São Paulo viajou a serviço para Brasília, para uma inspeção, e cobriu todas as despesas com recursos próprios. Passados exatos 3 anos e 10 meses, o servidor formulou pedido na esfera administrativa de reembolso de despesas e pagamento das diárias de viagem. A decisão final no processo administrativo somente foi proferida 1 (um) ano e 6 (seis) meses após a formalização do pedido, negando o pleito. Diante desse fato, ele pretende ingressar com demanda para cobrar o referido valor". A resposta apontada pelo gabarito apontou o seguinte: "O prazo prescricional é de 5 (cinco) anos e este foi suspenso pelo pedido administrativo. Com a decisão negativa, volta a correr a prescrição contra o servidor".

Em caso de interrupção da prescrição, o Decreto 20.910/32 prevê que o prazo prescricional recomeça a correr, **pela metade do prazo**, da data do ato que a interrompeu ou do último ato ou termo do respectivo processo.

MUITA ATENÇÃO!

Este raciocínio só é valido se a interrupção tiver ocorrido na segunda metade do prazo prescricional, pois, interpretação contrária poderia gerar prejuízos ao administrado. Ex.: se a prescrição for interrompida logo no primeiro ano, a aplicação literal do dispositivo levaria a um encurtamento do prazo prescricional, que seria de apenas 3,5 anos. Logo, nesta situação será respeitado, no mínimo, o prazo geral, que é de 5 anos.

FIQUE POR DENTRO:

Lei da Desburocratização (Lei 13.726/18)

Conforme dito em linha anteriores, foi editada a Lei 13.726/18, que visa racionalizar atos e procedimentos administrativos dos Poderes da União, dos Estados, do Distrito Federal e dos Municípios. A chamada "Lei da Desburocratização" terá como efeitos principais a supressão ou simplificação de formalidades ou exigências desnecessárias ou sobrepostas, como a dispensa de **reconhecimento de firma** (o próprio agente público confrontará a assinatura com a que consta de documento de identidade do signatário ou, estando este presente e assinando o documento diante do agente, este lavrará sua autenticidade no próprio documento), **autenticação de cópia de documento** (o agente público comparará o original e a cópia e atestará sua autenticidade), **juntada de documento pessoal do usuário** (que poderá ser substituído por cópia autenticada pelo próprio agente administrativo), **apresentação de certidão de nascimento** (que poderá ser substituída por outro documento oficial) etc. Além disso, a lei simplificou a comunicação entre o Poder Público e o cidadão, que poderá ser feita por qualquer meio, inclusive comunicação verbal, direta ou telefônica, e correio eletrônico, devendo a circunstância ser registrada quando necessário. A lei não encerra essas louváveis iniciativas apenas em seu texto, incumbindo ao Poder Público o dever de identificar dispositivos legais ou regulamentares que prevejam exigências descabidas ou exageradas ou procedimentos desnecessários ou redundantes, bem como sugerir medidas legais ou regulamentares que visem eliminar o excesso de burocracia.

EM RESUMO: Processo Administrativo Federal		
Noções	• Processo administrativo é "o **instrumento** que formaliza a **sequência ordenada de atos** e de **atividades** do Estado e dos particulares a fim de ser produzida uma **vontade final da Administração**". (José dos Santos Carvalho Filho)	
Princípios	• O processo administrativo fundamenta-se nos princípios do **contraditório** e da **ampla defesa**. Além destes, a Lei 9.784/99 estabelece que deverão ser obedecidos, dentre outros, aos princípios da **legalidade, finalidade, motivação, razoabilidade, proporcionalidade, moralidade, ampla defesa, contraditório, segurança jurídica, interesse público** e **eficiência** (art. 2º).	
Direitos e deveres do administrado	**DIREITOS**	**DEVERES**
	I. ser tratado com respeito pelas autoridades e servidores, que deverão facilitar o exercício de seus direitos e o cumprimento de suas obrigações. II. ter ciência da tramitação dos processos administrativos em que tenha a condição de interessado, ter vista dos autos, obter cópias de documentos neles contidos e conhecer as decisões proferidas. III. formular alegações e apresentar documentos antes da decisão, os quais serão objeto de consideração pelo órgão competente. IV. fazer-se assistir, facultativamente, por advogado, salvo quando obrigatória a representação, por força de lei. V. direitos assegurados outras normas.	I. expor os fatos conforme a verdade. II. proceder com lealdade, urbanidade e boa-fé. III. não agir de modo temerário. IV. prestar as informações que lhe forem solicitadas e colaborar para o esclarecimento dos fatos. V. deveres estabelecidos em outras normas.

<table>
<tr><th colspan="3">EM RESUMO: Processo Administrativo Federal</th></tr>
<tr><td>Início do processo</td><td colspan="2">• Inicia-se de ofício – por determinação da própria Administração – ou a pedido de interessado.
• Além da própria Administração Pública, que pode iniciar o processo de ofício, são também considerados interessados para tal fim: I – pessoas físicas ou jurídicas que o iniciem como titulares de direitos ou interesses individuais ou no exercício do direito de representação; II – aqueles que, sem terem iniciado o processo, têm direitos ou interesses que possam ser afetados pela decisão a ser adotada; III – as organizações e associações representativas, no tocante a direitos e interesses coletivos; IV – as pessoas ou as associações legalmente constituídas quanto a direitos ou interesses difusos.</td></tr>
<tr><td rowspan="2">Impedimento e suspeição</td><td>IMPEDIMENTO</td><td>SUSPEIÇÃO</td></tr>
<tr><td>• Tenha interesse direto ou indireto na matéria;
• Tenha participado ou venha a participar como perito, testemunha ou representante, ou se tais situações ocorrem quanto ao cônjuge, companheiro ou parente e afins até o terceiro grau;
• Esteja litigando judicial ou administrativamente com o interessado ou respectivo cônjuge ou companheiro.</td><td>• Amizade íntima ou inimizade notória com algum dos interessados ou com os respectivos cônjuges, companheiros, parentes e afins até o terceiro grau.</td></tr>
<tr><td>Dos atos do processo administrativo</td><td colspan="2">• Forma: os atos processuais devem ser escritos, em vernáculo (língua portuguesa), com a data e o local de sua realização e a assinatura da autoridade responsável, bem como serem realizados em dias úteis, no horário normal de funcionamento da repartição na qual tramitar o processo;
• Tempo: Em regra, o prazo para a prática do ato pela autoridade pública ou pelo administrado é de 5 dias, mas poderá ser dilatado até o dobro, mediante comprovada justificação. Os prazos começam a correr a partir da data da cientificação oficial, excluindo-se da contagem o dia do começo e incluindo-se o do vencimento.
• Local: realizar-se-ão preferencialmente na sede do órgão, cientificando-se o interessado se outro for o local de realização.
• Comunicação dos atos: A ciência de decisão ou para a efetivação de diligências ocorrerá por meio de intimação do interessado, observando antecedência mínima de três dias úteis quanto à data de comparecimento. A intimação pode ser efetuada por ciência no processo, por via postal com aviso de recebimento, por telegrama ou outro meio que assegure a certeza da ciência do interessado. Se os interessados forem indeterminados, desconhecidos ou com domicílio indefinido, a intimação deve ser efetuada por meio de publicação oficial. As intimações serão nulas quando feitas sem observância das prescrições legais, mas o comparecimento do administrado supre sua falta ou irregularidade, porque não terá prejuízo.</td></tr>
<tr><td>Instrução e decisão</td><td colspan="2">• Caberá ao interessado o ônus da prova dos fatos que tenha alegado;
• O interessado poderá, na fase instrutória e antes da tomada da decisão, juntar documentos e pareceres, requerer diligências e perícias, que deverão ser considerados na motivação do relatório e da decisão (salvo se ilícitas, impertinentes, desnecessárias ou protelatórias), bem como aduzir alegações referentes à matéria objeto do processo.
• Não são admissíveis provas ilícitas.
• Decisão da Administração, após a conclusão da instrução: Trinta dias, salvo prorrogação motivada por igual período.
• Desistência e outros casos de extinção: é possível que o interessado, mediante manifestação escrita, desista total ou parcialmente do pedido formulado ou, ainda, renuncie a direitos disponíveis. O processo será extinto nestas situações, salvo se a Administração quiser dar prosseguimento, caso considere que o interesse público assim o exige. Por fim, importa dizer que o órgão competente poderá declarar extinto o processo quando exaurida sua finalidade ou o objeto da decisão se tornar impossível, inútil ou prejudicado por fato superveniente.</td></tr>
<tr><td>Recurso administrativo e revisão</td><td colspan="2">• Das decisões administrativas total ou parcialmente contrárias ao pedido do interessado caberá recurso no prazo de dez dias (salvo se houver outro prazo em lei específica), contado a partir da ciência ou divulgação oficial da decisão recorrida.
• O recurso, que poderá abordar questões razões de legalidade e de mérito, será dirigido à autoridade que proferiu a decisão, a qual, se não a reconsiderar no prazo de cinco dias, o encaminhará à autoridade superior.
• Quando a lei não fixar prazo diferente, o recurso administrativo deverá ser decidido no prazo máximo de trinta dias, a partir do recebimento dos autos pelo órgão competente, podendo o prazo ser prorrogado por igual período, ante justificativa explícita.</td></tr>
<tr><td>Prescrição Administrativa</td><td colspan="2">• Regra: 5 anos contados da data do ato ou fato do qual se originarem
• Suspende-se a prescrição durante o trâmite do procedimento administrativo, voltado o prazo a correr após a resposta da Administração.
• Se houver interrupção, o prazo prescricional recomeça a correr, pela metade do prazo, da data do ato que a interrompeu ou do último ato ou termo do respectivo processo.</td></tr>
</table>

CAPÍTULO XVI

CONTROLE DA ADMINISTRAÇÃO PÚBLICA

1. NOÇÕES

Em decorrência da própria noção de Estado Democrático de Direito, a Constituição criou alguns mecanismos de controle para a atuação da Administração Pública. Façamos, então, uma análise destes mecanismos.

Sintetizamos na tabela a seguir a classificações proposta por JOSÉ DOS SANTOS CARVALHO FILHO (2008, pp. 838-841):

Quanto à Natureza do Controlador	**Administrativo**	Realizado pela própria Administração, normalmente no exercício da **autotutela**.
	Legislativo	Realizado pelo Poder Legislativo, em alguns casos com auxílio do Tribunal de Contas.
	Judicial	Realizado pelo Poder Judiciário, no tocante à **legalidade dos atos** praticados.
Quanto à Extensão do Controle	**Interno**	Exercido por órgãos de um Poder sobre condutas administrativas produzidas dentro de sua esfera.
	Externo	Quando o órgão fiscalizador se situa fora da estrutura organizacional da Administração fiscalizada.
Quanto à Natureza do Controle	**De Legalidade**	Verifica se a atuação da Administração está de acordo com as previsões normativas pertinentes.
	De Mérito	Ingressa no mérito administrativo e acaba por avaliar as razões de **conveniência** e **oportunidade** do ato.
Quanto à Oportunidade	**Prévio**	Exercido antes da consumação da conduta administrativa.
	Concomitante	Exercido na medida em que se desenvolve a atuação administrativa.
	Posterior	Objetiva a **revisão** dos atos já praticados, confirmando-os ou corrigindo-os.
Quanto à Iniciativa	**De Ofício**	Executado pela própria Administração no exercício de suas funções.
	Provocado	Deflagrado por terceiro, que postula a revisão de conduta administrativa

2. CONTROLE ADMINISTRATIVO

O **controle administrativo** é feito **internamente** e está vinculado ao exercício da **função administrativa.** Pode ser prévio, concomitante ou posterior.

Decorre do **poder de autotutela**, permite que a própria Administração **de ofício** reveja seus atos, **anulando-os**, quando eivados de **vício de legalidade**, ou **revogando-os**, se **inconvenientes** ou **inoportunos**. Basicamente, a doutrina arrola os seguintes meios de controle administrativo: **fiscalização hierárquica**, **supervisão ministerial**, **exercício do direito de petição**, **processo administrativo** e os **recursos administrativos**. Pode ser realizado pelo Judiciário e Legislativo, desde que estejam no exercício da **função administrativa.**

2.1. Responsabilização de pessoas jurídicas por atos de corrupção (lei anticorrupção)

A Lei 12.846, de 01/08/2013, surgiu como mais um mecanismo de combate à corrupção, voltando-se para a **responsabilização objetiva** administrativa e civil das **pessoas jurídicas** que praticam atos contra a administração pública (art. 5º), nacional ou estrangeira, independentemente da responsabilização de seus dirigentes, administradores ou de qualquer outra pessoa natural, autora, coautora ou partícipe do ato ilícito.

A lei trouxe como novidade a apuração administrativa do ilícito, com a aplicação de multa e publicação extraordinária da decisão condenatória, após regular processo administrativo, assim como a possibilidade de celebração de **acordo de leniência** com os envolvidos que efetivamente colaborarem com as investigações e o processo administrativo (art. 16), em troca de alguns benefícios na aplicação das sanções (§ 2º). Para que seja admitido o acordo de leniência, a pessoa jurídica deve ser a primeira a manifestar sobre seu interesse em cooperar para a apuração do ato ilícito e deve cessar completamente seu envolvimento na infração investigada a partir da data de propositura do acordo.

A desconsideração da personalidade jurídica será aplicada, caso haja abuso de direito para facilitar, encobrir ou dissimular a prática de atos ilícitos, recaindo a responsabilidade sobre os administradores e sócios com poderes de administração.

Além da apuração administrativa da infração, a pessoa jurídica poderá ser sofrer **responsabilização na esfera judicial**, cuja legitimidade para ajuizamento caberá à **União, Estados, Distrito Federal** e **Municípios**, bem como ao **Ministério Público**, com aplicação das sanções previstas no art. 19, entre as quais podemos citar a suspensão ou interdição parcial de atividades e a própria dissolução da pessoa jurídica.

Apesar de a Lei 12.846/13 mencionar que a aplicação de suas sanções não afasta a incidência da Lei de Improbidade Administrativa (art. 30, I), haverá a necessidade de uma maior discussão quanto à compatibilização dos diplomas legais, haja vista a similitude de algumas condutas e sanções – o que poderia levar à configuração de *bis in idem* –, sem contar, ainda, que a responsabilidade prevista na LIA é **subjetiva**.

3. CONTROLE LEGISLATIVO

É uma modalidade de **controle externo** realizado pelo Poder Legislativo com relação aos atos da Administração Pública. Pode ser de **fiscalização** da atuação administrativa ou **político**.

De acordo com o estatuído no **art. 70, *caput*, da CF** "a **fiscalização** contábil, financeira, orçamentária, operacional e patrimonial da **União** e das entidades da administração direta e indireta, quanto à legalidade, legitimidade, economicidade, aplicação das subvenções e renúncia de receitas, será exercida pelo **Congresso Nacional**, mediante **controle externo**, e pelo sistema de controle interno de cada Poder".

No âmbito estadual e municipal esta fiscalização será realizada respectivamente pelas assembleias legislativas e pelas câmaras de vereadores. O Poder Judiciário também será fiscalizado pelo Legislativo **relativamente àquelas matérias** (não há controle externo do Legislativo relativamente aos atos judiciais!).

O **controle político** está relacionado à própria gestão do Estado, discutindo-se questões de legalidade e mérito das decisões tomadas pelo governante. Ex.: a apuração de irregularidades por meio de CPI, convocação de Ministro de Estado etc. Alguns autores consideram a fiscalização uma decorrência do poder político.

3.1 Tribunal de Contas: O **controle externo** da Administração Pública será exercido pelo Congresso Nacional, com o auxílio do **Tribunal de Contas da União (TCU)**, ao qual são reservadas as competências enumeradas no **art. 71 da CF/88**, de leitura necessária! No âmbito estadual, cabe ao **Tribunal de Contas do Estado (TCE)** semelhantes atribuições.

A CF/88 prevê que o controle externo da Câmara Municipal será exercido com o auxílio dos Tribunais de Contas dos Estados ou do Município ou dos Conselhos ou Tribunais de Contas dos Municípios, onde houver, sendo que o parecer prévio, emitido pelo órgão competente sobre as contas que o Prefeito deve anualmente prestar, só deixará de prevalecer por decisão de dois terços dos membros da Câmara Municipal (art. 31, §§ 2º e 3º).

Alguns municípios possuem seus próprios Tribunais de Contas (como São Paulo e Rio de Janeiro) com atuação local. Estes órgãos, criados antes do advento da CF/88, foram recepcionados pela nova ordem constitucional, que vedou, todavia, a criação de outros semelhantes (art. 31, § 4º da CF/88).

? **QUESTÃO:** O Tribunal de Contas da União pode exercer fiscalização sobre Estados, Distrito Federal e Municípios?

*RESPOSTA: Sim, uma das competências do TCU é exatamente a de "fiscalizar a aplicação de quaisquer recursos repassados pela União mediante convênio, acordo, ajuste ou outros instrumentos congêneres, a **Estado,** ao **Distrito Federal** ou a **Município**" (art. 71, VI da CF). Nesta situação, o TCU poderá fiscalizar a aplicação da verba federal, utilizando-se dos vários mecanismos trazidos nos incisos do art. 71 da CF, como assinar prazo para que o órgão ou entidade adote as providências necessárias ao exato cumprimento da lei, se verificada ilegalidade.*

4. CONTROLE JUDICIAL

É a modalidade de controle externo realizado pelo **Poder Judiciário** relativamente à **legalidade** dos atos administrativos. Para um estudo mais detalhado dos principais meios de realização deste controle, remetemos o leitor à disciplina Direito Constitucional no capítulo reservado ao estudo dos Remédios Constitucionais.

FIQUE POR DENTRO:

Sistemas de controle da administração

O Brasil adota o **sistema da unidade de jurisdição**, que tem sua origem no direito inglês e se caracteriza pelo exercício da jurisdição por um único órgão, que possui competência para o conhecimento de quaisquer demandas, sejam elas comuns ou administrativas (art. 5º XXXV, da CF/88). Existe também o **sistema de contencioso administrativo**, que tem sua origem no direito francês – daí também ser conhecido como **sistema francês** – e admite a coexistência ou dualidade de jurisdições, uma comum (Justiça Judiciária) e a outra administrativa (Justiça Administrativa).

EM RESUMO: Controle da Administração Pública	
Controle administrativo	• É feito **internamente** e está vinculado ao exercício da **função administrativa**. Pode ser prévio, concomitante ou posterior. • Decorre do **poder de autotutela**, permite que a própria Administração **de ofício** reveja seus atos, **anulando-os**, quando eivados de **vício de legalidade**, ou **revogando-os**, se **inconvenientes** ou **inoportunos**.

EM RESUMO: Controle da Administração Pública	
	• **Meios de controle administrativo arrolados pela doutrina: fiscalização hierárquica, supervisão ministerial, exercício do direito de petição, processo administrativo** e os **recursos administrativos.** Pode ser realizado pelo Judiciário e Legislativo, desde que estejam no exercício da **função administrativa.**
Controle legislativo	• Modalidade de **controle externo** realizado pelo Poder Legislativo com relação aos atos da Administração Pública. Pode ser de **fiscalização** da atuação administrativa ou **político.** • De acordo com o estatuído no **art. 70, *caput*, da CF** "a **fiscalização** contábil, financeira, orçamentária, operacional e patrimonial da **União** e das entidades da administração direta e indireta, quanto à legalidade, legitimidade, economicidade, aplicação das subvenções e renúncia de receitas, será exercida pelo **Congresso Nacional**, mediante **controle externo**, e pelo sistema de controle interno de cada Poder". • No âmbito estadual e municipal esta fiscalização será realizada respectivamente pelas assembleias legislativas e pelas câmaras de vereadores. • O Poder Judiciário também será fiscalizado pelo Legislativo **relativamente àquelas matérias** (não há controle externo do Legislativo relativamente aos atos judiciais!). • O **controle político** está relacionado à própria gestão do Estado, discutindo-se questões de legalidade e mérito das decisões tomadas pelo governante. • **Tribunal de Contas:** O **controle externo** da Administração Pública será exercido pelo Congresso Nacional, com o auxílio do **Tribunal de Contas da União (TCU)**, ao qual são reservadas as competências enumeradas no **art. 71 da CF/88.** No âmbito estadual, cabe ao **Tribunal de Contas do Estado (TCE)** semelhantes atribuições. • A CF/88 prevê que o controle externo da Câmara Municipal será exercido com o auxílio dos Tribunais de Contas dos Estados ou do Município ou dos Conselhos ou Tribunais de Contas dos Municípios, onde houver, sendo que o parecer prévio, emitido pelo órgão competente sobre as contas que o Prefeito deve anualmente prestar, só deixará de prevalecer por decisão de dois terços dos membros da Câmara Municipal (art. 31, §§ 2º e 3º). • Alguns municípios possuem seus próprios Tribunais de Contas (como São Paulo e Rio de Janeiro) com atuação local. Estes órgãos, criados antes do advento da CF/88, foram recepcionados pela nova ordem constitucional, que vedou, todavia, a criação de outros semelhantes (art. 31, § 4º da CF/88).
Controle judicial	• Modalidade de controle externo realizado pelo **Poder Judiciário** relativamente à **legalidade** dos atos administrativos.

BIBLIOGRAFIA RECOMENDADA

LEITURA BÁSICA

- PAVIONE, Lucas dos Santos. **Direito Administrativo. Coleção Resumos para Concursos.** V. 2. Salvador: Juspodivm.

OBRAS PARA APROFUNDAMENTO

- CARVALHO FILHO, José dos Santos. **Manual de Direito Administrativo**. Rio de Janeiro: Lumen Juris.
- DI PIETRO, Maria Sylvia Zanella. **Direito Administrativo.** São Paulo: Atlas.
- MEIRELLES, Hely Lopes. **Direito Administrativo Brasileiro**. São Paulo: Malheiros.
- MELLO, Celso Antônio Bandeira de. **Curso de Direito Administrativo**. São Paulo: Malheiros.

DIREITO CIVIL

Wagner Inácio Dias

CAPÍTULO PRELIMINAR

ANÁLISE BÁSICA DA LEI DE INTRODUÇÃO ÀS NORMAS DO DIREITO BRASILEIRO

1. NOÇÕES

A Lei de Introdução às normas do Direito Brasileiro (Lei 4.657/42) trata da aplicabilidade das normas no Brasil, contendo disposições de **natureza material interna** e de **natureza de Direito Internacional Privado**. Desde 1998, com o advento da Lei Complementar 95 (e as alterações promovidas pela LC 107/01), deve-se atentar que a matéria de vigência e estruturação de normas foi modificada.

2. ASPECTOS FUNDAMENTAIS

A A norma pode iniciar a produção de efeitos de forma **imediata** ou **aguardar prazo**, em *vacatio legis*, para que seus destinatários possam conhecer dela o conteúdo e se adequar às determinações. **Para que tenha vigência imediata é necessário que o corpo da lei regulamente expressamente tal situação** (esta lei entre em vigor na data da sua publicação). Do mesmo modo, **poderá dispor o legislador que a norma-regra entre em vigor em prazo diferente**, bastando que se assinale qual a duração deste, no texto da lei (esta lei entra em vigor 120 após sua publicação). O Código Civil aguardou um ano antes de entrar em vigor.

Não havendo prazo fixado na lei, a *vacatio* será de **45** (quarenta e cinco) dias, dentro do território nacional e, nos Estados estrangeiros, a obrigatoriedade da lei brasileira, quando admitida, se inicia três meses depois de oficialmente publicada. Silvio Rodrigues recorda que a *vacatio legis é o intervalo entre a data da publicação da lei e a de sua entrada em vigor* (2000: 19). A lei no tempo e sua estruturação serão aprofundadas à frente.

B Os prazos assinalados em uma norma para seu início de vigência **incluem o dia de início** e **o dia de término**, passando a lei a ter plena vigência no dia subsequente ao do cômputo total do prazo.

O **Exame Unificado de Julho de 2011** trouxe interessante questão envolvendo o conhecimento da contagem do prazo de vigência, em que era solicitado ao candidato supor *"que tenha sido publicada no Diário Oficial da União, do dia 26 de abril de 2011 (terça-feira), uma lei federal, com o seguinte teor: "Lei GTI, de 25 de abril de 2011. Define o alcance dos direitos da personalidade previstos no Código Civil. O Presidente da República... Faço saber que o Congresso Nacional decreta e eu sanciono a seguinte Lei: Art. 1º: Os direitos da personalidade previstos no Código Civil aplicáveis aos nascituros são estendidos aos embriões laboratoriais (in vitro), ainda não implantados no corpo humano. Art. 2º: Esta lei entra em vigor no prazo de 45 dias. Brasília, 25 de abril 2011, 190º da Independência da República e 123º da República". Indagava como deveria ser contado o prazo e apresenta como resposta correta "pela inclusão da data de publicação e do último dia do prazo, entrando em vigor no dia subsequente à sua consumação integral, passando a vigorar no dia 10/06/2011."*

C A repristinação tácita é vedada no sistema nacional, pois a revogação de uma lei que revogou outra norma não faz desta última vigente novamente. Se a lei A revogou a lei B o surgimento da lei C que revoga B, não retoma a vigência de A.

Atente-se que é possível a **repristinação expressa**, pois uma lei pode determinar que outra, já revogada, tenha, novamente, efeitos.

D Da norma que foi retirada por **completo** do sistema legal se diz **ab-rogada**; da que teve apenas **parcialmente** seu conteúdo normativo revogado se diz **derrogada**. Esta temática foi abordada pelo **Exame Unificado de Junho de 2010**, que indagou o candidato acerca de "vigência, eficácia e interpretação da lei", apresentando como resposta correta a alternativa que dizia *"derrogação torna sem efeito uma parte de determinada norma, não perdendo esta sua vigência"*.

Teorias sobre o direito subjetivo			
	Teoria	**Características**	**Limitações ou contrapontos**
Teorias afirmativas	*Da vontade* *Windscheid*	Entende que o direito subjetivo se estrutura a partir da possibilidade dada pelo ordenamento jurídico para que determinada pessoa possa QUERER agir, submetendo o sistema à sua vontade.	Falha ao esquecer que há pessoas que detêm direitos subjetivos, mas não podem exprimir ou mesmo estruturar sua vontade (como alguns dos absolutamente incapazes).

Teorias afirmativas	*Do interesse* *Ihering*	Nesta teoria o direito subjetivo se concebe como um interesse juridicamente tutelado ou protegido.	Direitos há que não podem ser concebidos dentro da limitada noção de interesse (visto que o titular os tem mesmo contra o seu interesse – como a condição de incapaz) e de outro lado há interesses que não são tutelados (como o que deseja ser proprietário, legalmente, de substâncias entorpecentes ilícitas).
Teorias afirmativas	*Mista* *Ruggiero* *Jellinek* *Michoud* *Ferrara*	Aqui se reúne a disposição do sistema em proteger o interesse e a vontade do agente em realizá-lo.	Na visão de Caio Mário, por conjugar ação, interesse e submissão ao direito subjetivo, apresenta o melhor conjunto de componentes.
Teorias negativas	*Duguit*	Substitui o conceito de direito subjetivo pelo de situação jurídica. Nas situações jurídicas, diferencia as que são gerais e permanentes (como o parentesco entre pai e filho, que asseguram aos titulares um conjunto de prerrogativas) e as que são especiais e temporárias (como as decorrentes de um contrato). Esta teoria apenas substitui o conceito, mantendo os problemas, visto que não apresenta o real fundamento para solucionar a dúvida.	
	Kelsen	Seguindo sua visão de um sistema fechado e completo, o autor compreende que o direito subjetivo nada mais é do que o direito objetivo, a norma jurídica vista do comportamento por ela determinado.	

Seguindo ainda pelo direito subjetivo, vê-se a terminologia facultas (de origem latina), significa capacidade, possibilidade, como bem explica o Dicionário Jurídico Acquaviva[1]*, "no direito, a faculdade é a capacidade fática de assumir ou não uma conduta (...) quando o exercício de uma faculdade é autorizado, explícita ou implicitamente, pela lei, configura-se o direito subjetivo". De outro lado, há certos direitos que não são apenas uma faculdade de agir, mas sim o poder efetivo de fazer submeter a esfera pessoal alheia aos nossos desejos. Isto é fundamental para que se compreenda a diferença entre o direito subjetivo e o direito potestativo.*

Enquanto o subjetivo determina-se sempre sobre um sujeito, especificando o poder de uma pessoa sobre a esfera jurídica de outra (como nas obrigações de dar, fazer e não fazer) o direito potestativo, que se faz realizar sem a necessidade de submissão da esfera alheia, concretizando-se a partir da simples vontade do agente (sendo ou não necessária a intervenção do Estado-juiz). Tenha como exemplo o direito de obter o divórcio (seja judicial ou extrajudicialmente). Não há imposição de obrigação de conduta à outra parte, mas sim simples utilização de um poder, um direito que não necessita da vontade de terceiro (podendo esta estar ou não presente). Da mesma classe é o direito de divisão de coisa comum, que é exercido quando um dos condôminos (coproprietário de coisa comum) deseja o fim do condomínio, efetuando-se o fracionamento jurídico da coisa.

> *CC, Art. 1.320. A todo tempo será lícito ao condômino exigir a divisão da coisa comum, respondendo o quinhão de cada um pela sua parte nas despesas da divisão. (...)*

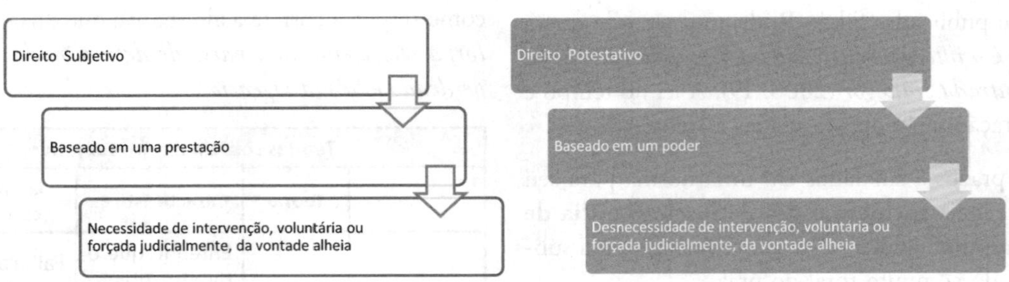

Fontes do Direito

O Direito, como ciência que é, necessita de fontes que além de viabilizarem sua criação (**fontes de produção**), sejam meios de se fazer conhecer, canais para escoar o que foi produzido (**fontes de cognição**). Esta visão, baseada nas lições de Carlos Cossio[2], jurista argentino de grande relevo para o direito mundial, exprime a importância de que as normas cheguem até o sujeito, podendo, assim, determinar condutas (ponto este fundamental da sua

1. Verbete Faculdade. p.399.
2 Para mais informações, leia DINIZ, Maria Helena. op. Cit. pp.284 e ss.

Teoria Egológica, que coloca conduta como o elemento basilar do Direito).

Pode-se ainda, com Caio Mário[3], **definir** fonte de direito como o "meio técnico de realização do direito objetivo". Alinhando este pensamento ao fato de que o direito brasileiro segue, ainda e essencialmente, o ***civil law*** (sistema europeu-continental em que a lei é a fonte primária) percebe-se que a **norma escrita**, conformada em lei, **é a fonte de Direito por excelência**. Contudo, gradativamente caminha-se para um sistema em que a ***common law*** (sistema europeu-insular, de origem bretã, em que o precedente julgado é fonte de grande relevância) ganha destaque como se pode notar nas **súmulas impeditivas de recurso** (CPC, art. 1.011, II c/c 932, IV) e, com mais força, nas **Súmulas Vinculantes** (CF, art. 103-A). Estas novas experiências, frutos de avanços da última década, sinalizam que em um futuro (talvez próximo) o Direito será estabelecido, **em tema de sua fonte primária (principal fonte)**, através de um **equilíbrio entre a lei e os precedentes jurisdicionais.**

As fontes do Direito, na atualidade, podem se apresentar em **três** classes: as **materiais**, as **formais** e as **não formais**.

Materiais são as fontes que trazem clara a estrutura fática do Direito, a sua base sociológica. Já de longa data se entende que *ex facto ius oritur* (do fato se origina o Direito), e desta forma é necessário compreender que a gama legislativa de um país, além de seu caminho interpretativo, advém da base social que precede o próprio Direito. Há um substrato fático sobre o qual se apoia todo o direito. Assim, quando se cria o Direito, este encontra base em todo o conjunto de elementos sociais que estruturam o pensamento dos viventes em determinado lugar e tempo.

Assim, do texto ao intérprete, o Direito está fundado em fontes materiais, como as **históricas, filosóficas, sociológicas** etc. Não apenas o Direito nasce de uma estrutura sociológica, mas a influência social permeia todo sistema dando a ele um fundamento de interpretação e aplicação.

Seguindo na análise das fontes, chega-se às **fontes formais**, estruturadas no art. 4º da LINDB, seguindo excelente divisão de Carlos Roberto Gonçalves:

> *Art. 4º Quando a lei for omissa, o juiz decidirá o caso de acordo com a analogia, os costumes e os princípios gerais de direito.*

Este artigo determina que o magistrado não pode se furtar de solucionar a lide a ele apresentada, dando suporte aos princípios **da proibição do *non liquet*** (CPC, art. 140) e da **inafastabilidade – ou indeclinabilidade – da apreciação jurisdicional** (CF, art. 5º, XXXV). Não pode, portanto, o magistrado deixar de julgar sob a alegação de que a lei não está clara ou não contempla o caso, devendo valer-se das demais fontes para apresentar uma solução. O rol apresentado, deve ser acrescido pela equidade, pois, "na linha, ainda, da generalização dos princípios jurídicos, coloca-se equidade(...)".[4] **Contudo, ela não se apresenta como um método de integração, mas sim como um sistema de apoio, quando autorizado por lei, para a decisão do magistrado.**

> ***Non liquet***
>
> Esta expressão de origem latina, que pode ser traduzida como "o que não está claro" é a base do princípio de igual nome que impede ao magistrado escusar-se de julgar alegando que não há regra ou que a disposição legal não é clara. Conforme art. 140 do CPC:
>
> Art. 140. O juiz não se exime de decidir sob a alegação de lacuna ou obscuridade do ordenamento jurídico.

Fontes formais seriam, então: a **lei** (fonte formal por excelência, também denominada fonte principal ou direta), a **analogia**, os **costumes** e os **princípios gerais do Direito** (estas denominadas acessórias ou indiretas), acrescendo-se ao rol, conforme lição de Caio Mário, a **equidade. Frise-se que o atual sistema jurídico brasileiro ainda se encontra profundamente atrelado à Lei como sua principal fonte**. Contudo, mesmo que de forma lenta, a força do precedente judicial, do "já decidido", vem ganhando espaço, não apenas através das Súmulas Vinculantes e Súmulas impeditivas de recurso, como também por um maior apelo hermenêutico para causas não tipificadas na lei (como as ações de indenização por abandono afetivo). A permeabilidade do sistema está diretamente ligada ao fato de ser ele um **sistema aberto**, que reconhece e aceita elementos que lhe **sejam externos** para manter-se **atual e aplicável**. Desta forma, o "além da lei" vem se tornando, cada vez mais, usual e caminho para que eventuais injustiças legalísticas sejam sanadas. Esta situação, que pode se desencadear em pernicioso ativismo jurisdicional é tema de profundo debate na atualidade.

Sendo este sistema aberto, tem-se uma aparência de lacunas ou vazios legais, que podem ser supridos por **meios interpretativos e integrativos** (LINDB, art. 4º), pois, como recorda Maria Helena Diniz, *"em caso de lacuna, o juiz deverá constatar, na própria legislação, se há semelhança entre fatos diferentes, fazendo juízo de valor de que esta semelhança se sobrepõe às diferenças. E se não encontrar casos análogos, deve recorrer ao costume e ao princípio geral de direito; não podendo contar com*

3 Instituições de Direito Civil. 20.ed. Rio de Janeiro: Forense, 2004. p.55 (718).

4 PEREIRA, Caio Mário da Silva. Instituições de Direito Civil. v.1. p.76.

essas alternativas, é-lhe permitido, ainda, socorrer-se da equidade"[5]. Estes fundamentos, assim, são encontrados nas fontes formais já mencionadas (analogia, no costume e nos princípios gerais) e na equidade.

A função deles é desvendar **o sentido da norma--regra**, quando esta não se apresenta clara, quando há contradição entre disposições ou quando o legislador não dispôs de forma direta sobre o caso. Assim, havendo todo este aparato para a solução das lacunas e conflitos, pode-se afirmar que o sistema jurídico não apresenta lacunas reais, mas sim virtuais, pois com a aplicação dos mecanismos de solução o magistrado terá a possibilidade de, sempre, apaziguar o meio social com a manifestação do judiciário (retrato do princípio do *non liquet*, já mencionado), assim também, deve-se falar em conflito aparente de normas, vistos que a solução para a aplicação encontra-se no próprio sistema legal, pelos elementos de integração.

Antes que se possa passar à análise de cada um destes elementos, necessário compreender o que se tem por "sistema jurídico". Vale recordar a lição de PERLINGIERI, ao afirmar que *por sistema jurídico entende-se a percepção do conjunto das fontes dentro de um esquema conceptual que, por um lado, represente o sentido profundo de cada norma através de suas conexões com outros e das conexões destas com os princípios; por outro, que exprima a unidade entre a construção jurídica e sua aplicabilidade social, através da radicação do direito na cultura entendida em sentido amplo*[6]. A partir deste conceito, tem-se claro que a função precípua de um sistema é revelar o **sentido** da norma, logrando isto por dar ao todo uma estrutura de **unidade**. Compreendido isto, passam-se em revista os **elementos de integração da lei**.

Elementos de integração da lei.	
Analogia	Método de integração do sistema, que visa a aplicação de uma regra a uma situação por ela não prevista diretamente, em razão da similaridade básica entre as situações fáticas. Como bem lembra Tércio Sampaio, existem duas formas de analogia: **a)** ***legis*** – quando se parte de um preceito legal para aplicá-lo a um caso não previsto; **b)** ***iuris*** – quando se têm vários preceitos que, juntando-se os princípios que os inspiram, são utilizados para a criação de uma nova normal aplicável ao caso.
Costumes	Conjunto de práticas reiteradas na sociedade, derivadas do que os Romanos chamavam de *more*, **uma conduta generalizada e dotada de força cogente social**. O costume deve reunir duas qualidades, (a) a repetição da conduta pela sociedade e (b) a compreensão de que esta conduta se faz necessária, obrigatória. Pode ser ***praeter legem*** (quando disciplina matéria ainda não regulada em lei), ***secundum legem*** (quando suas disposições são coincidentes com as da lei) e ***contra legem*** (que dispõe contrariamente ao que regula a lei, não sendo aceito, por maioria doutrinária, no Brasil). O costume pode também estar referenciado pela própria lei, como um elemento integrador, como no art. 596, do Código Civil.
Princípios gerais do Direito	O sistema, partindo de um repertório base composto pelas normas, **necessita de elementos de conexão que deem a ele a noção de inteireza**. Estes elementos, nascidos da concepção lógica do ser humano são os princípios gerais de direito.
Equidade	**Apesar de repudiada, por parte da doutrina, a equidade deve ser considerada, conforme lições de Caio Mário e Maria Helena Diniz, um método de integração, mesmo de não constar do art. 4º da LINDB.** A ideia de que *dura lex sed lex* (a lei é dura, mas é a lei – dura lei, mas lei), aplicação rígida e fria da lei, pode levar a injustiças absurdas. Desconsiderar a plausibilidade, a temperança, e o bom senso, tanto na interpretação quando na aplicação (desde que autorizado o uso em lei), pode levar o caso a decisões que neguem o próprio sentido de justiça. Desta forma, a equidade é a autorização legal para que o magistrado, de forma ampla ou mais restrita, possa utilizar seu bom senso, sua experiência e sagacidade para apresentar a melhor solução para o caso, como bem prevê o art. 127 do CPC (Em um sentido muito amplo, equivale a decidir com justiça, decidir com equidade). Apesar de não ser considerada como meio supletivo de lacuna da lei, como bem recorda Carlos Roberto Gonçalves[7], deve-se ter claro que a equidade, sendo parte da atuação decisória do magistrado, concretizando o sentido da lei, deve ser tratada, como meio de integração. Apresenta duas espécies: a) **equidade legal** – quando a lei autoriza que o juiz escolha dentre possibilidades legalmente previstas; **b) equidade judicial** – estampada, como exemplo, pelo art. 1.740, II do CC, ocorre quando a lei autoriza que o juiz faça uso de seu bom alvitre (na letra do artigo,"como houver por bem").

5 DINIZ, Maria Helena. Compêndio de introdução à ciência do Direito. p.474.

6 Perfis do Direito Civil – introdução ao Direito Civil Constitucional. 2.ed. Rio de Janeiro: Renovar, 2002. pp 57-58.

7 GONÇALVES, Carlos Roberto. Direito Civil Esquematizado. V.1 p.76.

Ainda em sua missão de concretizar o Direito, o magistrado deve buscar atender aos fins sociais que a norma almeja e ter como objetivo o bem comum (LINDB, art. 5º). Isto não faz do magistrado um "vingador escarlate" que, deixando de lado a letra da lei, aplica o direito que lhe aprouver. Pelo contrário, o que está a lei a autorizar (e, na realidade, necessita) é que se faça uso da riqueza de suas fontes, viabilizando a construção do melhor desfecho para o caso concreto.

Por fim, **doutrina** e **jurisprudência são fontes não-formais**. Atente-se para a clara diferença entre fontes não-formais e fontes materiais. Enquanto estas são externas ao mundo jurídico, promanando efeitos sobre ele, aquelas são categorias jurídicas que representam a compreensão dos doutos ou dos magistrados acerca da norma. Portanto, fontes não-formais encontram-se em um processo de ***autopoiesis***, *autoconstrução,* para com todo o sistema jurídico, de dentro dele criam influência sobre ele próprio.

Neste ponto vale destacar que Caio Mário compreende que a jurisprudência é fonte **informativa ou intelectual** (op cit. p.58). Nas palavras do eterno mestre civilista, *"não negamos à jurisprudência o valor de fonte informativa ou intelectual do direito. Na sua função específica, os tribunais, aplicando e interpretando a lei, vivificam-na e adaptam-na às transformações econômicas e sociais".*

Esquematicamente, apresenta-se um **quadro de fontes**:

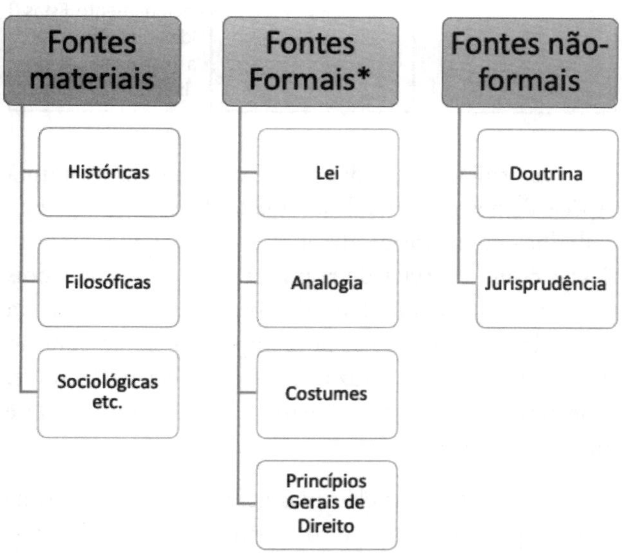

*A equidade, apesar de não estar listada no art. 4º da LINDB tem função de integração da lei, similar à desenvolvida pelas demais fontes formais.

Por fim, retomando o estudo da **lei como fonte formal primordial**, percebe-se que ela tem duas características fundamentais: a **generalidade** e a **imperatividade** (a doutrina diverge na existência de outras, mas estas duas são constantes). **Geral**, por que não pode conter preceitos individualistas, devendo se direcionar à coletividade. Mesmo leis que regulem questões profissionais ou pontuais, referem-se à sociedade como um todo, pois todos devem a ela respeito e são por ela afetados. De outro lado, a lei contém um **imperativo** (condicional ou não) que impõe, determina uma conduta, seja ela positiva ou negativa.

O cumprimento da lei

Dois pontos da LINDB dão destaque à temática do cumprimento das leis, ou seja, na **necessidade de observação de suas determinações.**

O **primeiro** deles, cria a **regra geral de que não se pode alegar a ignorância da lei para justificar seu descumprimento** (princípio da obrigatoriedade das leis). Isto dá destaque para a diferenciação entre o **erro de fato e o erro de direito.**

O erro que envolve as circunstâncias fáticas de um acontecimento e é reconhecido em nosso sistema, **é o erro de fato**, que se pode ver, a título de exemplo, no erro enquanto vício do consentimento. Quando A realiza negócio em razão de compreensão errônea de elementos essenciais (a potência do motor do automóvel, por exemplo) do bem ou fato envolvido, será possível a anulação do negócio realizado. Trata-se de erro de fato, erro em relação às circunstâncias fática que envolvem o negócio jurídico.

Já o **erro de direito**, refutado enquanto meio de escusa pelo art. 3º da LINDB, seria o **desconhecimento ou a má-compreensão de uma regra legal**. Em busca da estabilidade das relações e da segurança jurídica, o sistema jurídico impõe presunção de conhecimento sobre os conteúdos legais. Contudo, **abre exceções**, como bem se pode ver em situações que envolvam **credor putativo** (em que o Direito reconhece o pagamento feito a quem não é credor, mesmo que este fato se dê em razão de uma não compreensão da lei – como aquele que paga ao herdeiro quando deveria pagar ao espólio), **casamento putativo** (quando se casa entendendo que determinada situação não é óbice à validade do matrimônio, e, na realidade, é), dentre outros.

Além disso, o art. 139, III do Código Civil dá ao **erro de direito** a capacidade de invalidar o negócio jurídico, sendo necessário que seja, ao mesmo tempo, o **(I)** motivo único ou principal do negócio e **(II)** não seja meio de desobediência à lei. Como exemplo de erro de direito pode-se apresentar o julgado do TJSP (25ª Câmara de Direito Privado), na Apelação 990092528149, publicado em 02.08.2010:

CADERNETA DE POUPANÇA. Ação de condenação a diferenças de correção monetária, relativamente aos planos econômicos de 1989, 1990 e 1991.Responsabilidade da instituição financeira depositária reconhecida. Ofensa ao princípio da irretroatividade das leis e medida provisória não referendada que tornam devido o direito do autor. Erro de direito inescusável. Procedência parcial. Apelação da ré denegada, provida parcialmente a do autor.

E, **como segunda decorrência do cumprimento da lei**, os sistemas criam para o magistrado o dever de julgar, seja o mérito ou a estrutura formal do processo, não podendo este omitir-se nesta missão pela simples alegação de que não há norma que contemple o caso. Ocorrendo isto, deve ele valer-se da analogia, dos costumes ou dos princípios gerais de Direito, e da equidade, como já demonstrado quando do comentário anterior ao princípio da proibição do ***non liquet.***

Normas-regra, normas-princípio e cláusulas gerais.

Em primeiro lugar, para que se bem compreenda a diferença entre normas-regra e normas-princípio é necessário que se entenda o que é norma. Afinal, é norma é o signo raiz destas duas espécies.

De acordo com Humberto Ávila, normas "não são textos nem o conjunto deles, mas os sentidos construídos a partir da interpretação sistemática de textos normativos"[8]. Assim, resta claro que o dispositivo legal (texto) não se confunde com a norma (conteúdo). Situações apontam um dispositivo correspondendo a uma norma.

Pode haver, contudo, norma sem dispositivo (como o princípio do duplo grau de jurisdição) e, por outro lado, haver normas que nasçam da conjunção de vários dispositivos (como a indenizabilidade mesmo em casos de atos lícitos – CC, arts. 930 c/c 188, II).

Dentro da característica desta obra, pode-se compreender que os princípios são mandados de otimização, que modulam toda a estrutura do sistema, otimizam a aplicação das regras e de outros princípios, e a interação deles (além de útil para demonstrar seu alcance real) ocorre por ponderação. As regras, por sua vez, aplicam diretamente determinações, criando direitos e deveres, interagindo entre si por um sistema de "tudo ou nada".

Para diferenciá-los, pode-se utilizar o quadro abaixo, ressalvando ao leitor que as críticas às diferenciações, que existem, não cabem no espectro de alcance do presente trabalho.

8 Teoria dos Princípios. São Paulo: Malheiros. 2.ed. p. 22 (127p.).

Diferenças entre normas-regra e normas-princípio		
Critério	**Princípios**	**Regras**
Subsunção (a subsunção está ligada à correspondência entre um acontecimento e a previsão legal – será mais forte a subsunção quanto mais restrita for a determinação)	Abrem um leque de alcance, cabendo ao intérprete determinar sua aplicação concreta, valendo-se, ainda, de subprincípios e/ou normas-regra.	Especificam seu campo de alcance, através de um sistema "se ocorre o fato A, então deve ser aplicada a regra B", estruturando-se por um imperativo condicional, não se aplicando sempre, mas somente quando satisfeita a condição.
Aplicação	Podem ser graduados para aplicarem-se com maior ou menor efeito a uma determinada situação concreta.	A aplicação de uma regra ocorre ou não, ou seja, dá-se pelo sistema tudo ou nada (*all or nothing*). Não há a gradação percebida nos princípios.
Interrelacionamento	Como podem ser graduados, aplicam-se através da ponderação entre eles, viabilizando a compreensão de seu real alcance.	Quando uma regra vai de encontro a outra uma delas irá se sobrepor, excluindo a aplicação da outra; no embate entre duas (ou mais) normas-regra, uma delas irá ser aplicada e excluirá a outra. Não há, efetivamente, um inter-relacionamento. Estas ideias, contudo, são abrandadas pelo diálogo das fontes.

Os princípios, ainda, não se confundem com uma espécie de norma-regra, denominada cláusula geral. Neste trabalho, como forma de encaixe no sistema, trata-se destas como espécies de regras. Elas são especiais pois trazem uma possibilidade de abertura do sistema, na visão de *Claus Canaris*, pois impedem a não solução de controvérsias em razão da existência de lacunas. Contudo, não têm as cláusulas gerais a amplitude e alcance dos princípios.

Na realidade, as cláusulas gerais, trazem dentro de si não regramentos diretos de conduta, mas sim valores, fundamentos especiais ou preceitos de interpretação (a leitura do art. 422 do Código Civil deixa claro este conteúdo valorativo).

Por fim, vale ser mencionado o pensamento de Humberto Ávila que, apesar de não ser de pacífico reconhecimento na doutrina, tem rigor técnico e qualidade que merecem ser destacados. Para o autor, ao lado das normas-regra e das normas-princípio haveria os postulados, que não se situam nas classes já apresentadas, mas sim são normas de segundo grau, visto que são "deveres estruturantes da aplicação de outras normas"[9]. Nesta classe, podem ser apresentadas a proporcionalidade e a razoabilidade.

9 Teoria dos Princípios. p.81.

CAPÍTULO I
PARTE GERAL DO CÓDIGO CIVIL

1. NOÇÕES

A **A relação jurídica – os direitos enquanto vinculados a um titular:** Todo o Código Civil é construído sobre a ideia de **direito subjetivo** (daí a existência de um capítulo sobre pessoa, um sobre bens e um sobre a relação jurídica – sendo estes os elementos que criam o Direito Subjetivo). **Direito Subjetivo** se contrapõe ao **Direito Objetivo**. Enquanto este abarca a norma prevista abstratamente, aquele necessita de um titular que se agregue à norma, seja porque o direito lhe pertence, seja porque seu direito foi lesado.

Esta visão do direito subjetivo possibilita que se tenha direito potestativo ou um direito subjetivo de prestação. É muito importante frisar esta diferença, pois tanto o direito potestativo quanto o direito subjetivo de prestação estão abarcados pela noção de direito subjetivo.

? **QUESTÃO:** Qual seria a diferença entre um direito subjetivo de prestação e um direito potestativo?

➥ ***RESPOSTA:*** *De um lado, o direito subjetivo de prestação necessita de um realizar humano, seja contemplado por um dar, um fazer ou um não fazer. De outro, o direito potestativo não requer um realizar humano ou ele é meramente potencial. Veja-se melhor:*

Direito subjetivo de prestação	Direito potestativo
Ao nascer para o titular, passa o sujeito a ter direito de exigir algo de alguém, devendo a outra parte prestar (fazer, não fazer ou dar) em favor deste titular. São os mais comuns direitos, como os direitos de crédito, que, no vencimento dão ao seu titular o direito de exigir a prestação. Se a parte devedora não realizar a prestação deverá o credor buscar o Poder Judiciário para que determine a entrega do bem (dar), imponha multas para que se realize a prestação específica (fazer) ou que se desenrole o processo no pagamento do equivalente mais perdas e danos.	Seu titular pode impor sua vontade contra a parte contrária, não necessitando da vontade deste para que se realize (por exemplo, revogação do mandato); sendo a participação do Estado supletiva da vontade das partes quando elas não conseguem entrar em acordo e, este mesmo Estado, ao final do processo entregará ao vencedor o que ele desejava substituindo a vontade do perdedor (por exemplo, dissolução de condomínio); ou ainda, por fim, quando o Estado intervém obrigatoriamente para poder garantir a lei, a ordem ou interesse de pessoas protegidas (por exemplo, divórcio, quando existe interesse de menores, pois deverá correr judicialmente, mas o Estado decretará o divórcio mesmo que uma das partes não concorde, desde que satisfeitos os requisitos legais).

O Direito Subjetivo envolve três pontos importantes que acabam por configurar toda a parte geral do Código Civil: o sujeito, o objeto e a relação jurídica. A parte geral do código é a síntese do Direito Subjetivo, em qualquer de suas manifestações.

B **Constitucionalização do Direito Civil:** Este Direito Civil, que acompanha a humanidade desde seu mais jovem momento, fundado, para nós, nas colunas romanas com retoques germânicos, sofreu fortes modificações no século XX.

A partir das grandes guerras mundiais, foi necessário reconhecer que o capital sozinho não seria capaz de levar a humanidade a um futuro melhor, sequer se poderia afirmar que haveria futuro para um mundo dividido.

A solidariedade, o social, iniciou um processo de inserção no sistema privado, de modo que, especialmente no Brasil, se pode afirmar seja a Constituição Federal marco fundamental neste processo que acabou por determinar a "**constitucionalização do Direito Civil**", onde conceitos individualistas e privatísticos deram lugar a uma visão mais ampla, de proteção ao hipossuficiente e de concretização da igualdade material (note-se que a igualdade formal é aquela que dá **direitos** iguais a todos, enquanto a igualdade material dá **condições** iguais a todos, resumindo-se, nas palavras, de raízes aristotélicas, de Rui Barbosa: *tratar igualmente os iguais e desigualmente os desiguais, na medida de sua desigualdade).*

C **Fundamentos do Código Civil (Pilares):** Por influência desta visão, o Código Civil de 2002 trocou as figuras individualistas do contratante, do pai, do proprietário e do testador, por três grandes fundamentos ou esteios.

Eles são a **eticidade, a operabilidade e a socialidade.** Da **eticidade** extrai-se a ideia de que toda relação privada deve estar em acordo com o respeito, com o cuidado, o bem agir; da **operabilidade** tem-se que o Código deve ser aplicável, prático, necessário, útil e não apresentar textos desnecessários, inúteis ou contraditórios; por fim, a **socialidade** trouxe a função social para as relações do Direito Civil, determinando que cada ação do contrato ao testamento, da obrigação à propriedade, deve atender ao fim social que lhe é predestinado, proibindo-se, assim, acordos "de gaveta" ou a utilização da propriedade/contrato com o simples intuito de especulação.

Todo este sistema deve ser posto em funcionamento, deve estar ligado a um sujeito que possa exercer os direitos e cumprir os deveres.

2. O SUJEITO DE DIREITO

É aquele que pode ser titular de direitos e obrigações na órbita civil. A ele o sistema atribui a qualidade de contrair obrigações, além de poder exigir o cumprimento de créditos que possua. Ele pode ser proprietário, poderá, portanto, figurar nas mais diferentes relações jurídicas.

Não se pode, contudo, confundir sujeito com pessoa. Toda pessoa é um sujeito de direito, mas nem todo sujeito de direito é pessoa. Personalidade é um atributo entregue pelo Direito a certos entes que passam não apenas poder exercer direitos e obrigações na órbita civil, mas se apresentam como pessoas, titulares especiais do universo privado.

MUITA ATENÇÃO!

Espécies de sujeito de direito

Os **sujeitos de direito personalizados** (pessoas) podem ser físicos ou jurídicos. Este ponto será melhor abordado mais à frente. Por outro lado, os **sujeitos de direito não personalizados** podem ser humanos e não humanos.

Os entes **despersonalizados humanos** são os **nascituros**, visto que, apesar de ainda não serem pessoas (uma vez que a personalidade da pessoa natural só se inicia com o nascimento com vida), já têm eles direitos e até mesmo obrigações (de exigibilidade suspensa) na órbita civil.

Por sua vez, os **não humanos** abrangem a **massa falida**, o **espólio**, as **sociedades em comum** (designação do Código Civil para as sociedades de fato – que não possuem registro sequer iniciado – e para as sociedades irregulares – sociedades que não concluíram o trâmite registral apesar de já o ter iniciado), o **condomínio**, dentre outros. Estes entes, no mais das vezes, terão obrigações no contexto civil, mas muitos direitos lhes são proibidos (não podem solicitar falência, por exemplo).

FIQUE POR DENTRO:

"Pessoa X sujeito"

Pessoa X Sujeito: qual a qualidade, o que os sujeitos de direito possuem para poderem ser titulares no sistema civil mesmo que alguns não possuam personalidade? Se o Código Civil afirma que "toda pessoa é capaz de direitos e obrigações na ordem civil" não haveria um contrassenso? Eis mais um ponto de grande importância nesta caminhada pelo direito privado. **O fato de a pessoa ser titular não impede que outros entes o sejam também.** Isto se dá por que o que qualifica um sujeito de direito não é a **personalidade,** mas sim a **capacidade de direito**, a aptidão genérica de ser titular de direitos e obrigações na órbita civil. Quando se é pessoa já se tem, **automaticamente**, capacidade de direito. Mas esta capacidade pode ser dada pelo Direito a quem ele assim aprouver.

MUITA ATENÇÃO!

Capacidade de direito é sempre absoluta e sem gradação.

Quando se a tem, ela existe em sua plenitude. Não existe restrição à capacidade de direito. Todos os casos de restrições ou limitações de poderes ocorrem na esfera da capacidade de fato, que não se confunde com a primeira. Já a capacidade de fato é a possibilidade de se exercer "por si só" direitos e obrigações no espaço civil. Veja-se, enquanto a capacidade de direito é um atributo estático, a capacidade de fato é dinâmica, vinculada à concretização de direitos e obrigações. Esta sim poderá ser específica (no caso das pessoas jurídicas que só possuem direitos e obrigações que sejam atrelados à sua função – não podem se casar ou testar, por exemplo) ou sofrer restrições (como veremos na teoria das incapacidades).

3. TEORIA DAS INCAPACIDADES E SEU FUNDAMENTO

O Direito deve se ocupar em proteger certas pessoas. Pessoas que, apesar de possuírem em sua totalidade a capacidade de direito, não têm, de forma temporária ou definitiva, meios físico-mentais para gerir sua existência sem que corram graves riscos.

Às pessoas que não podem, pelas razões reconhecidas pela lei, gerir sua existência jurídica, o Direito formulou a Teoria das Incapacidades, que regulamenta como reconhecer tais impossibilidades, como classificá-las e quais meios de realização de direitos por partes de tais pessoas. O ano de 2015, **com a publicação da Lei 13.146/15 (Estatuto da Pessoa com Deficiência – EPD), marcou uma guinada em tal teoria**, expressando uma nova visão acerca dos incapazes. Dentro deste contexto, em que várias e profundas modificações foram estabelecidas, duas se destacam: a) a restrição da figura dos absolutamente incapazes aos menores de 16 anos e b) o fim da figura da interdição, com a adoção excepcional da curatela e criação da tomada de decisão apoiada. Estas e outras modificações de maior relevo serão vistas aqui e ao longo deste capítulo dedicado ao Direito Civil. De antemão, destaca-se que até mesmo em matéria probatória avançou o EPD, ao determinar *que a pessoa com deficiência poderá testemunhar em igualdade de condições com as demais pessoas, sendo-lhe assegurados todos os recursos de tecnologia assistiva.*

3.1 Fontes das incapacidades: Primeiramente, ao se observar como o Direito regulamenta as incapacidades, nota-se que elas só podem ser oriundas de **duas fontes diretas: a sentença ou a lei**. Veja-se que a lei sempre é fonte indireta, mas aqui se está a tratar de qual instrumento concreto que reconhece a existência da incapacidade. Para os **indígenas,** na forma da Lei 6.001, de 19.12.1973 (Estatuto do Índio), o sistema civil reconhece a necessidade de tutela sem qualquer intervenção prévia do Poder Judiciário.

Assim, todo índio é considerado incapaz, sendo tutelado pelo órgão competente federal (FUNAI). Atos pelos silvícolas praticados sem a devida assistência são considerados nulos – art. 8º – (a nulidade derivada da não assistência cria um problema sério ao se classificar o tipo de incapacidade do indígena, como se verá à frente). Para que o índio deixe de ser incapaz será necessária uma decisão do Judiciário que reconheça sua possibilidade de liberação do regime tutelar.

A outra forma de reconhecimento da incapacidade diretamente pela lei se dá em relação aos menores que, **até os 16 anos são considerados absolutamente incapazes e dos 16 aos 18 anos são tratados como relativamente incapazes.** Neste ponto não é necessária legislação especial que cubra o assunto, pois os absolutamente incapazes se encontram no art. 3º do Código Civil, enquanto os relativamente incapazes estão no art. 4º. Destaque-se que, na redação do Código Reale, alterada pelo EPD, os menores de 16 anos se tornaram os únicos componentes da classe dos absolutamente incapazes. Assim, a partir do início de vigência do EPD, tem o art. 3º do CC, a seguinte redação: "Art. 3º São absolutamente incapazes de exercer pessoalmente os atos da vida civil os menores de 16 (dezesseis) anos".

Aos menores a lei reserva um tratamento especial, pois eles são automaticamente inseridos e retirados do sistema de proteção. Inseridos ao nascerem, retirados ao completarem as respectivas idades (**16 para deixarem de ser absolutamente incapazes e 18 para se tornarem plenamente capazes**). Além disso, somente eles podem se beneficiar de um atalho para a plena capacidade, o instituto da emancipação (que será visto mais à frente).

A partir deste ponto, passa-se em análise das demais formas de incapacidades relativas, previstas no novo art. 4º do Código Civil:

> "Art. 4º São incapazes, relativamente a certos atos ou à maneira de os exercer:
>
> I – os maiores de dezesseis e menores de dezoito anos;
>
> II – os ébrios habituais e os viciados em tóxico;
>
> III – aqueles que, por causa transitória ou permanente, não puderem exprimir sua vontade;
>
> IV – os pródigos.
>
> Parágrafo único. A capacidade dos indígenas será regulada por legislação especial". (NR)

A curatela e a tomada de decisão apoiada se apresentam como os mecanismos de proteção dos relativamente incapazes (excetuados os assim considerados em razão da idade).

A curatela é processo judicial, com participação necessária do Ministério Público (art. 752, §1º, CPC), que altera o estado da pessoa, logo, não pode correr à revelia, sendo obrigatória a nomeação de um curador do incapaz durante o processo, se não houver procurador que o defenda (art. 752, §2º, CPC).

As causas de curatela podem originar a incapacidade relativa (CC, art. 4º, II, III e IV), quando a condição da pessoa não tornar viável a tomada de decisão apoiada. Desta forma, o que antes se tratava como regra (interdição) passa a ser medida excepcional (curatela) e, mormente em relação às pessoas com deficiência, *constitui medida protetiva extraordinária, proporcional às necessidades e às circunstâncias de cada caso, e durará o menor tempo possível.*

3.2 Relativamente incapazes: O primeiro grupo de pessoas que pode ser submetida à curatela e perder sua capacidade parcialmente são ***os ébrios habituais e os viciados em tóxico.*** Os dependentes químicos, o sejam em relação a drogas lícitas ou ilícitas, podem atingir tal grau de dependência que suas decisões e suas vidas civis encontrem-se ameaçadas. Não havendo um comprometimento tamanho o sistema civil apresenta como alternativa a tomada de decisão apoiada, que será vista em quadro abaixo.

Ao lado destes, estão ***os que, mesmo por causa transitória, não puderem exprimir sua vontade.*** O Código Civil possibilita que alguém que, por uma causa transitória ou não, esteja privado de sua consciência, possa ser curatelado. É o caso patente do que se encontre em estado de coma. Ele poderá ser protegido pela atuação de um curador que o assistirá nos atos da vida civil, realizando direitos e cumprindo obrigações. Tal causa deixou de ser fundamento para a incapacidade absoluta, tornando-se meio de retirada parcial da capacidade de exercício. Neste conceito passam a ser abrangidas outras causas que venham a gerar impossibilidade de expressão da vontade, sempre recordando que a submissão à curatela se apresenta como medida última e extrema.

MUITA ATENÇÃO!

Como ficam os excepcionais?

Logicamente, cabia ao Direito reconhecer os avanços não apenas nas terapias e intervenções em relação às pessoas acometidas com a Síndrome de Down, alterações no espectro Autista além de todas as demais Síndromes que afetam a cognição e/ou a capacidade de interação humana, mas também, compreender e se tornar um agente facilitador para a erradicação das barreiras sociais em relação a tais pessoas. Desta forma, com a vigência do Estatuto da Pessoa com Deficiência, passam os excepcionais (além de várias outras pessoas acometidas por doenças mentais) a receberam um tratamento mais digno do Direito Civil. A interdição, palavra abolida do sistema, dá lugar à curatela (tomando-se o instrumento como nome de categoria), passando a

MUITA ATENÇÃO!

ser exceção no sistema legal. Ao lado disso, podem as pessoas acometidas com quadros de limitação mental se casar, com o fim da causa de nulidade do art. 1.548, I, CC.

Logo, os excepcionais ganham um conjunto protetivo mais bem estruturado do que a vetusta teoria das incapacidades, em que ao invés de limitar, passa-se em vislumbrar a mais plena liberdade (sem descuidar da segurança jurídica) para tais pessoas.

Por fim, chega-se aos mais relativos dos relativamente incapazes, **os pródigos**. Pródigo é aquele que gasta seu patrimônio de forma desregrada, pondo em risco seu sustento e o de sua família. Aqui o Estado intervém na vida privada para evitar problemas de cunho social. O pródigo somente será incapaz para assuntos de ordem patrimonial, podendo realizar todos os outros atos que não criem diretamente efeitos patrimoniais.

Temos também os **relativamente incapazes**, que são limitados à realização de certos atos ou às formas de os exercer. Muitas vezes poderão eles praticar atos sozinhos, como ser mandatários (CC, art. 666) ou testar (CC, art. 1.816, parágrafo único – somente os relativamente incapazes por idade). Para os atos que a lei não dispuser esta possibilidade eles deverão ser acompanhados por um assistente. Com isto, percebemos que os meios de realização dos direitos e obrigações dos incapazes são a representação (para absolutamente incapazes) e a assistência (relativamente incapazes). Se um relativamente incapaz realiza um ato sem a devida assistência, será tal situação eivada de anulabilidade.

3.3. Absolutamente incapazes: Quanto à classificação das incapacidades, podemos afirmar que existem os **absolutamente incapazes**, quem tem sua vontade desconsiderada pelo sistema jurídico e deverão ser representados pelos que assim a lei ou a sentença (para tutores) reconhecerem (pais, tutores etc.) e se não o forem verão o ato praticado ser taxado, normalmente, como nulo.

Logo, pode-se alinhar o seguinte pensamento: para os absolutamente incapazes (os menores de 16 anos) tem-se a representação e os atos por eles celebrados sem tal intervenção são eivados de nulidade.

Os efeitos da condição de incapacidade foram objeto de interessante indagação no **Exame Unificado de Novembro de 2016**, nos seguintes termos: *"André possui um transtorno psiquiátrico grave, que demanda uso contínuo de medicamentos, graças aos quais ele leva vida normal. No entanto, em razão do consumo de remédios que se revelaram ineficazes, por causa de um defeito de fabricação naquele lote, André foi acometido de um surto que, ao privá-lo de discernimento, o levou a comprar diversos produtos caros de que não precisava. Para desfazer os efeitos desses negócios, André deve pleitear:"* Como resposta, *temos que ele deverá pleitear a anulação do negócio, por causa transitória impeditiva de expressão da vontade. O destaque para a questão é a construção da alternativa, que leva o examinando a refletir sobre a possibilidade de anulação posterior do ato, em razão da causa pontual de incapacidade, que não irá gerar o pedido de curatela mas terá como efeito o desfazimento do ato.*

FIQUE POR DENTRO:

O surgimento de um novo instrumento de segurança jurídica – a **tomada de decisão apoiada**.

A presente temática, afeita ao universo da curatela, apresenta-se cabível de explanação neste momento como forma de um mais claro e profundo entendimento.

Este novo instituto, **mecanismo que é servível a suprir especiais limitações da pessoa não curatelada**, é definido no art. 1.783-A, do Código Civil, com redação dada pelo EPD, nos seguintes termos: "a tomada de decisão apoiada é o processo pelo qual a pessoa com deficiência elege pelo menos 2 (duas) pessoas idôneas, com as quais mantenha vínculos e que gozem de sua confiança, para prestar-lhe apoio na tomada de decisão sobre atos da vida civil, fornecendo-lhes os elementos e informações necessários para que possa exercer sua capacidade".

Alguns pontos, já de destaque neste conceito, chamam a atenção. Primeiramente, não há que se falar em tomada de decisão apoiada para a pessoa curatelada, visto que a medida de apoio serve, justamente, **para se evitar a perda da capacidade da pessoa que possui algum tipo de deficiência,** mas mantém parcialmente, a compreensão dos atos da vida civil. De outro tanto, deve-se perceber que os dois apoiadores não necessitam ser da família da pessoa, mas tampouco podem ser estranhos à vida desta. **Devem ser escolhidos do círculo de amizades próximas (e de vida idônea) da pessoa com deficiência, podendo ou não ser parentes.**

A tomada de decisão apoiada surge de pedido formulado pela pessoa interessada e seus apoiadores, constando:

a) os limites do apoio a ser oferecido e os compromissos dos apoiadores;
b) o prazo de vigência do acordo;
c) e o respeito à vontade, aos direitos e aos interesses da pessoa que devem apoiar.

Desta forma, o apoio à decisão está limitado a um conjunto específico de atos, tomados aqui pela qualidade e não pela ocorrência. Logo, o pedido pode estabelecer que a tomada será utilizada em todas as alienações realizadas pela pessoa com deficiência. Ainda, não é possível que se estabeleça a tomada por prazo incerto ou mesmo que seja este prazo limitador desarrazoadamente extenso. Como meio interpretativo e nos limites deste trabalho, recomenda-se o prazo de 2 anos para a vigência, devendo a tomada ser renovada ao final do período. O que agora se defende parte do período de prestação de contas da tutela e da curatela e busca evitar o abusa da condição da pessoa com deficiência. Isto porque *a decisão tomada por pessoa apoiada terá validade e efeitos sobre terceiros, sem restrições, desde que esteja inserida nos limites do apoio acordado* (art. 1.783-A, § 4º, CC).

FIQUE POR DENTRO:

A qualquer tempo as partes da tomada de decisão apoiada podem requerer o fim do acordo, sendo que se o pedido partir dos apoiadores está condicionado à decisão do magistrado (art. 1.783-A, § 10). Por outro lado, agindo em prejuízo do apoiado, pode o apoiador ser denunciado (por qualquer pessoa) ao MP ou ao Magistrado.

Por fim, havendo divergência entre a pessoa apoiada e um dos apoiadores e sendo de risco o negócio, decidirá o Magistrado, ouvido o MP.

Teste seus conhecimentos!

(FGV – Exame de Ordem/2022.1) Júlia, 22 anos, com espectro autista, tem, em razão de sua deficiência, impedimento de longo prazo de natureza mental que pode, em algumas atividades cotidianas, obstruir sua participação plena e efetiva na sociedade em igualdade de condições com as demais pessoas.

Júlia, apaixona-se por Rodrigo, 19 anos, também com espectro autista, com quem quer se casar. Mas Rita, mãe de Júlia, temendo que Júlia não tenha o discernimento adequado para tomar as decisões certas em sua vida, e no intuito de proteger o melhor interesse de sua filha, impede o casamento. Sobre a hipótese apresentada, assinale a afirmativa correta.

A) Júlia é relativamente incapaz e, assim o sendo, precisará de anuência de sua mãe, Rita, para celebrar o ato, em prol da proteção de sua dignidade.

B) A deficiência não afeta a plena capacidade civil da pessoa para casar-se, de modo que Rita não poderá impedir o casamento de Júlia.

C) Júlia é plenamente capaz em razão de sua idade, mas, em razão da deficiência que a acomete, deverá confirmar sua vontade com o curador que deverá ser instituído.

D) Rita, ainda que esteja atuando no melhor interesse de Júlia, na qualidade de mãe, não pode impedir o casamento podendo, contudo, impor à Júlia, sua curatela.

Resposta no rodapé[10].

3.4 Emancipação é instituto jurídico de concessão da plena capacidade civil antes da maioridade. Só se aplica aos que possuem incapacidade derivada do elemento temporal (menores). As causas estão elencadas no art. 5º (por vontade dos pais, mediante escritura pública – **forma voluntária**; por decisão do magistrado, ouvido o tutor, desde que conte o menor com pelo menos 16 anos – **forma judicial**; **seguidas das formas legais de emancipação** que são pelo casamento, pelo exercício de emprego público efetivo; por colação de grau em curso superior; pelo estabelecimento civil, empresarial ou em razão de relação de emprego que viabilizem ao menor com 16 anos completo ter economia própria), devendo-se fazer as seguintes observações:

– Os pais podem (emancipação voluntária) emancipar os menores de 18 anos e maiores de 16 anos apenas se dirigindo ao Ofício Cartorial, mediante extração de certidão de emancipação. Mesmo emancipado, o menor ainda cria vínculo de responsabilidade civil para seus pais, que responderão subsidiariamente pelos prejuízos causados por aquele, segundo entendimento do STJ. Muita atenção! Somente a emancipação voluntária não é capaz de afastar a responsabilidade civil dos pais, pois as formas legais e judicial afastam completamente tal responsabilidade.

– Os tutores apenas solicitam a emancipação, que será determinada pelo juiz.

– A emancipação, em qualquer de suas formas, é irrevogável. Mas isto não quer dizer que o ato que lhe deu origem não seja anulável. Sendo determinada a anulação do ato, **salvo o casamento putativo**, desfaz-se a emancipação, por ausência de causa. Atenção leitor! A emancipação é **IRREVOGÁVEL**, mas é **ANULÁVEL!**

A irrevogabilidade da emancipação foi objeto de indagação no Exame Unificado 2019.3, da forma seguinte: *Alberto, adolescente, obteve autorização de seus pais para casar-se aos dezesseis anos de idade com sua namorada Gabriela. O casal viveu feliz nos primeiros meses de casamento, mas, após certo tempo de convivência, começaram a ter constantes desavenças. Assim, a despeito dos esforços de ambos para que o relacionamento progredisse, os dois se divorciaram pouco mais de um ano após o casamento. Muito frustrado, Alberto decidiu reunir algumas economias e adquiriu um pacote turístico para viajar pelo mundo e tentar esquecer o ocorrido. Considerando que Alberto tinha dezessete anos quando celebrou o contrato com a agência de turismo e que o fez sem qualquer participação de seus pais, o contrato é (...) válido, pois Alberto é plenamente capaz.*

EM RESUMO: Teoria das Incapacidades	
Incapazes absolutamente	Art. 3º CC – os menores de dezesseis anos.
Relativamente incapazes	Art. 4º CC: I – os maiores de dezesseis e menores de dezoito anos; II – os ébrios habituais e os viciados em tóxico; III – aqueles que, por causa transitória ou permanente, não puderem exprimir sua vontade; IV – os pródigos.
Emancipação	**Só pode alcançar incapacidades derivadas da idade.** Suas causas estão previstas no parágrafo único do art. 5º. É o alcance da plena capacidade de fato, antes da maioridade.
Pessoa	É todo ser dotado de personalidade jurídica, podendo ser física ou jurídica.
Sujeito de Direito	É qualquer ente que pode ser titular de direitos e obrigações na órbita civil, podendo ou não ser pessoa.

10 Alternativa correta – b

4. DIREITOS DA PERSONALIDADE

Com o surgimento de um sistema civil pautado na Constituição, era necessário que se criasse uma rede protetiva completa, alcançando não apenas os direitos de caráter patrimonial como também todos os que extrapolavam esta esfera. **Atente que o STJ compreende que o dano moral à pessoa jurídica deve ser comprovado, não podendo ser presumido.** O STJ aprovou o enunciado da **Súmula 642** trazendo a possibilidade de herdeiros serem indenizados por danos morais sofridos pelo familiar falecido:

> O direito à indenização por danos morais transmite-se com o falecimento do titular, possuindo os herdeiros da vítima legitimidade ativa para ajuizar ou prosseguir a ação indenizatória.

Era necessária uma **proteção total** ao sujeito de direito. Era necessário envolver corpo, mente e espírito. Esta proteção total veio a lume com a consagração pelo Código Civil dos **direitos da personalidade**, que, embora de denominação confusa (pois existem até mesmo para sujeitos de direito que **não possuem personalidade** – como os **nascituros**), aplicam-se de forma limitada, naquilo que couber, às **pessoas jurídicas** (art. 52 CC). Atente que o STJ compreende que o dano moral à pessoa jurídica deve ser comprovado, não podendo ser presumido.

São atributos destes direitos (estes atributos não se aplicam aos efeitos dos direitos da personalidade*):	
Absolutismo	Assim como os direitos reais, estas formas de direitos de natureza pessoal (ou personalíssima) são **oponíveis *erga omnes***, contra todos
Irrenunciabilidade	Não é possível a renúncia ou o abandono dos direitos da personalidade, mesmo que isto seja objeto de declaração (particular ou pública) nenhum efeito terá em direito, por se tratar de caso de impossibilidade jurídica do objeto da declaração.
Intransmissibilidade	Não há como alienar um direito da personalidade. Alienar, lembre-se, é transferir para terceiro, seja de forma onerosa (compra e venda, permuta, cessão) ou gratuita (doação, cessão) – mas os **efeitos** decorrentes destes direitos podem ser objeto de transferência, como o uso **econômico** do nome como marca – grife de roupas do artista X, sapatos do piloto Y etc.; Sendo intransmissível, é também **impenhorável.**
Imprescritibilidade	Corolário da irrenunciabilidade, o uso por parte de terceiro ou a aceitação de lesões reiteradas não cria para outrem qualquer direito a reivindicar a prescrição aquisitiva (usucapião) de um direito da personalidade – mesmo a(o) mulher/homem casada(o) não tem prescrição sobre o nome do parceiro, apenas ocorre que a modificação passa a ser reconhecida como parte de sua personalidade.

* vários efeitos ou reflexos dos direitos da personalidade, como o uso comercial do nome ou da imagem são plenamente possíveis, já que não afetam o direito em si e possibilitam proveito prático ao seu titular. Do mesmo modo, a limitação voluntária e limitada temporalmente de alguns direitos da personalidade (como se dá na participação em programas de TV conhecidos como *reality shows*) é reconhecida em nosso sistema legal.

A sistemática do Código Civil estabelece que os direitos da personalidade podem ser protegidos tanto de maneira **repressiva** (após o dano) ou de forma **preventiva** (sempre que houver fundado receio de dano). Rosenvald e Chaves defendem, com base na mais ampla devolução do lesado ao estado anterior (ou seja, que fique o lesado sem qualquer dano), a existência da tutela **reintegratória.** Nas palavras dos autores, *a solução in natura, por si só, é insuficiente para a ampla e irrestrita proteção dos direitos da personalidade, não afastando os mecanismos preventivo e reparatório. Na verdade, apresenta-se o mecanismo de tutela específica como um* plus *na proteção da personalidade, que possui a interessante potencialidade de desestimular a conduta do ofensor (teoria do valor do desestímulo), sem a necessidade de se atribuir à vítima uma determinada quantia de natureza jurídica e estimativa duvidosas.*

Assim é porque em tema de direitos que envolvam aspectos não materiais da pessoa a indenização é impossível, sendo, no máximo, factível a minoração do dano.

Podem-se destacar como principais direitos da personalidade:

A Direito à vida e à integridade física: envolve toda a relação da pessoa com seu corpo, tendo por moderador a dignidade humana. Ninguém pode dispor onerosamente de seu corpo ou de parte dele, do que se vê claramente a proibição de exploração econômica do sangue humano (CF art. 199, § 4º).

Envolve este tópico a doação de órgãos, autorizados no corpo vivo sempre que se tratar de tecidos e órgãos que estejam em duplicidade (cuja duplicidade não seja essencial – assim, rins podem, pulmões não), não causem mutilação (como dedos) ou deformação (como seria a doação de pele).

Em relação ao **corpo morto**, pode-se dele dispor em vida tanto através de testamento (e como se trata de questão meramente pessoal, até mesmo por codicilo) ou por outro ato intervivos (declaração em cartório, por exemplo).

Esta disposição é revogável a qualquer tempo, **não cabendo à família dispor acerca do destino de todo o**

DIREITO CIVIL

corpo (o cadáver não é propriedade da família e não é pessoa, trata-se de terceiro gênero, que se utiliza de um reflexo da proteção à personalidade para que não ocorra qualquer lesão a ele), somente há legitimidade dos parentes mais próximos em relação à doação de órgãos, fórmula antiquada adotada pelo Brasil, que apenas prejudica o volume de doações.

Não estando o enfermo em condições de autorizar o tratamento e não havendo risco efetivo de morte (visto que se houver, a autorização é pressuposta), a família deverá autorizar a intervenção.

> **FIQUE POR DENTRO:**
>
> **"Testamento vital"**
>
> Atualmente a eutanásia vem se tornando tema forte em concursos e exames. Neste tema, vale lembrar o conceito de **testamento de vida** (ou **testamento vital**) em que a pessoa determina ordem de não ressuscitar e diretivas antecipadas acerca de utilização de tratamentos invasivos ou agressivos, vedação à aplicação de métodos paliativos (que provocam a distanásia – ou prolongamento desnecessário, ultrajante ou doloroso da vida).

B Direito à integridade moral: este direito tutela toda a esfera de intimidade e privacidade da pessoa. Aqui, a noção de prevenção ao dano é fundamental, pois os danos ao núcleo íntimo da pessoa são de impossível reparação.

O alcance desta tutela é **amplo e diversificado**, protegendo tanto **a imagem, as criações intelectuais, quanto a voz da pessoa**. Em se tratando de tutela da imagem, vale destacar que tanto a **imagem retrato** (fotografia ou qualquer outro modo de identificação direta da pessoa) quanto a **imagem reputação** (conjunto de atributos pelos quais a pessoa é reconhecida na sociedade) são tutelados.

Já em se tratando de voz, deve-se perceber que a tutela somente é possível se o trecho transmitido puder identificar a pessoa diretamente.

Expressões ou jargões não possuem tutela autônoma, sendo de tutela indireta por similaridade com marcas e criações intelectuais. Qualquer proteção ao universo da intimidade e da privacidade não subsiste frente à **necessidade de funcionamento da Justiça e da manutenção da ordem pública** (p.ex.: divulgação de fotos de criminosos).

C Direito à identidade: este direito possui dois reflexos básicos. A faculdade de conhecer sua **ascendência genética** e o **nome civil**. A possibilidade de se conhecer a ascendência mitiga hoje as restrições do Direito de Família, principalmente criando a possibilidade jurisprudencial de investigação avoenga (conhecer quem são seus avós biológicos).

Por outro lado, o nome civil é um dos principais direitos da personalidade atualmente compreendidos no sistema. Ele **é o elemento capaz de possibilitar o direito à identidade**, a que um indivíduo tenha sua singularidade reconhecida por todos. Determina a denominação um critério de identificação do indivíduo, tanto na sociedade quanto em sua família.

Assim, não apenas se tem um nome, mas um direito ao nome, de modo que ninguém pode nascer sem que posteriormente se lhe atribua uma identificação, gerando o uso indevido do mesmo direito à indenização. O nome civil é composto por vários elementos, tanto essenciais quanto não essenciais, quais sejam:

Elementos essenciais	**Prenome** – (ou nome individual ou nome próprio) – identifica o indivíduo na família; **Nome** – (ou patronímico, cognome, sobrenome ou apelido de família) – identifica o indivíduo na sociedade.
Elementos secundários (podem ou não compor o nome)	**Agnome** – partícula, componente do nome, utilizada para diferenciar parentes com mesmo nome, possibilitando que o nome completo seja diferente: Júnior, Filho, Sobrinho, Neto etc. **Alcunha ou Epíteto** – é o que vulgarmente se denomina apelido, baseado em características singulares ou especiais da pessoa, não se deve confundi-lo com os apelidos de família, que são o cognome ou sobrenome.
Nome vocatório	É uma denominação estabelecida sobre uma relação metonímica qualitativa, parte pelo todo, e que uma parcela do nome vem a qualificar e identificar a pessoa, no mais das vezes se desconhecendo o real nome do indivíduo: Pontes de Miranda (Francisco Cavalcante Pontes de Miranda) etc.
Títulos	Títulos nobiliárquicos ou honoríficos (barão, duque etc.); Títulos eclesiásticos (padre, bispo, pastor, missionário, etc.); identidades oficiais (Promotor, Defensor Público, Juiz, Delegado etc.); Títulos acadêmicos ou estudantis (doutor, mestre, especialista etc.)

> **MUITA ATENÇÃO!**
>
> **Alteração do nome**: o nome pode também, pela grande população que se tem no mundo atual, causar contratempos ao seu titular, de modo que venha ele a ser exposto ao ridículo, à humilhação etc. Assim, o Direito determina, primeiramente, ser o nome (nome completo) imutável, mas abre possibilidades de **alterações tanto do prenome quanto dos apelidos de família**, como as que se seguem:
>
> a) Prenome ou nome completo jocoso;
> b) Substituição (ou acréscimo) do prenome por apelidos públicos notórios (Xuxa, Lula etc.); Este pseudônimo recebe a mesma proteção deferida ao nome civil.
> c) Participação de programa de proteção de vítimas e testemunhas;
> d) Caso irmãos tenham o mesmo nome;

MUITA ATENÇÃO!

e) No primeiro ano após a maioridade, sem necessidade de qualquer justificativa, desde que não prejudique interesse de terceiros, não podendo haver prejuízo aos apelidos de família;

f) Quando do casamento, o cônjuge pode acrescentar aos seus o patronímico do outro;

g) O enteado pode acrescentar o patronímico do(a) padrasto/madrasta;

h) Adoção (possibilidade de se trocar todo o nome do adotando).

5. DOMICÍLIO

Trata-se de um vínculo jurídico especial estabelecido em relação ao local em que se estabelece a residência habitual. **Abrange as relações sociais e jurídicas** de uma pessoa, do que decorre a possibilidade de que se tenha mais de um domicílio. Não existe, no Brasil, **possibilidade de que uma pessoa não possua domicílio, pois mesmo o que não possui pouso certo será considerado domiciliado onde for localizado.**

MUITA ATENÇÃO!

Devem-se diferenciar os seguintes conceitos:

a) **Domicílio**: local jurídico e social da pessoa. É a fusão do requisito objetivo (**residência**) e o requisito **subjetivo** (desejo de se fixar no local – *animus manendi*) – sempre será necessária esta soma, assim, para que se possa mudar do domicílio é necessário exteriorizar tal desejo, comunicando as autoridades locais seu intento.

MUITA ATENÇÃO!

b) **Habitação**: localização temporária e esporádica da pessoa (um quarto de hotel para determinado período).

c) **Residência**: local em que a pessoa se encontra diuturnamente, tratando-se do suporte físico do domicílio.

5.1 Espécies de domicílio:

A **Domicílio de origem:** primeiro domicílio de uma pessoa; coincide com o domicílio dos pais, visto que o incapaz recebe, legalmente, o domicílio de seus representantes;

B **Domicílio legal ou necessário**: são formas especiais de domicílios apontadas por art. 7º, § 7º da LINDB e 76 CC – podendo ser resumidos nas seguintes formas, nos termos da lei, "domicílio do incapaz é o do seu representante ou assistente; o do servidor público, o lugar em que exercer permanentemente suas funções; o do militar, onde servir, e, sendo da Marinha ou da Aeronáutica, a sede do comando a que se encontrar imediatamente subordinado; o do marítimo, onde o navio estiver matriculado; e o do preso, o lugar em que cumprir a sentença" (CC, art. 76, parágrafo único).

Também possuem **domicílio legal** as pessoas jurídicas de direito público interno, pois o Distrito Federal é domicílio da União; as capitais, dos Estados; e em relação aos Municípios, o local onde funcionar sua administração;

C **Domicílio voluntário:** trata-se do domicílio escolhido pela pessoa, não havendo impedimento mesmo que se trate de caso de domicílio legal. Assim, um funcionário público pode ter domicílio legal e um ou mais domicílios voluntários.

O domicílio voluntário, por vezes, é subsidiariamente substituído por um legal, como no caso do agente diplomático, que, "citado no estrangeiro, alegar extraterritorialidade sem designar onde tem, no país, o seu domicílio, poderá ser demandado no Distrito Federal ou no último ponto do território brasileiro onde o teve" (art. 77, CC);

D **Domicílio de eleição:** trata-se do local designado pelas partes para que se discutam questões advindas de uma relação contratual (art. 78, CC).

6. DO FIM DA PESSOA FÍSICA

A existência da **pessoa física termina com a morte**, eis o que determina o art. 6º do Código Civil. Contudo, deve-se indagar o que o Direito Civil entende como morte; quais os elementos caracterizadores deste evento.

Em um primeiro momento, deve-se ter claro que morte possui um sentido jurídico próprio: ocorre na **morte encefálica, na morte real (com cadáver)**. Isto se dá com base na legislação que regulamenta o transplante de órgãos (Lei 9.434/97) e Resolução CFM 2.173/2017. **Para a constatação da morte encefálica é necessário laudo de dois médicos** que não participem das equipes de remoção e transplantes.

Note-se, assim, que a morte é declarada de acordo com a regra médica, não cabendo ao universo do Direito esta discussão. Com base na declaração de óbito, apontada por médico (ou médicos, no caso da morte constatada para transplante) é lavrada a certidão de óbito, em Cartório de Registro Civil de Pessoas Naturais. Pode ocorrer, também, na ausência de médico, através de declaração de 2 (duas) testemunhas que tenham presenciado ou verificado a morte. Mesmo após o sepultamento será possível realizar o assento de óbito desde que haja 2 (duas) testemunhas que tenham presenciado o falecimento ou ao funeral e possam atestar a identidade do cadáver (art. 83, LRP).

Há um antigo brocardo latino que atribui à morte o poder de tudo solucionar, de resolver todas as questões (*mors omnia solvit*). Contudo, não se pode assim pensar, pois as relações jurídicas iniciadas em vida, ressalvadas as personalíssimas, permanecerão e deverão ser cumpridas pelos herdeiros. Do mesmo modo, com a morte não se extinguem as dívidas, visto que caberá às forças da herança solver todo o passivo existente (art. 1.792, CC).

Pode ocorrer que duas pessoas, parentes entre si, venham a falecer na mesma ocasião tornando-se impossível averiguar, dentre eles, quem faleceu primeiro. Nestas circunstâncias o sistema civil brasileiro presume que morreram elas no mesmo instante, não havendo sucessão entre elas. É a **comoriência** que, assim, impede que pessoas que morreram na mesma ocasião, herdem uma da outra. Se pai e filho vierem a falecer, por exemplo, nesta situação, haverá a sucessão do pai (sem contar com o filho como herdeiro) e a do filho (sem contar com o pai como herdeiro).

MUITA ATENÇÃO! Quando é possível determinar quem faleceu antes, tem-se um premoriente.

Nem sempre será possível tal declaração, por, por exemplo, não se ter um cadáver para confirmar a morte, nestas situações surgem os casos de morte presumida. Esta pode ocorrer com ou sem a declaração de ausência.

a) **Morte presumida sem a decretação de ausência** – o art. 88 da Lei de Registros Públicos (Lei 6.015/73) e art. 7º do Código Civil viabilizam que se declare judicialmente o óbito, por ação de justificação, e, em fusão das disposições, percebe-se a autorização legal do pedido quando se tratar de

MUITA ATENÇÃO! Pessoas desaparecidas em naufrágio, inundação, incêndio, terremoto ou qualquer outra catástrofe, quando estiver provada a sua presença no local do desastre e não for possível encontrar o cadáver para exame ou ainda se for extremamente provável a morte de quem estava em perigo de vida ou se alguém, desaparecido em campanha ou feito prisioneiro, não for encontrado até dois anos após o término da guerra.

A previsão legal busca solucionar casos **que envolvam desastres**, naufrágios etc., em que não se tem corpos para exames de necropsia. Depois de todas as buscas necessárias e somente com a frustração destas ter-se-á autorizado o **pedido de justificação de óbito**. Como a probabilidade da morte é alta o legislador não exige um lapso temporal, concedendo ao magistrado a possibilidade de apreciar a situação e determinar a expedição de mandado de averbação que substituiria a declaração de óbito. Será o mandado levado ao Registro Civil de Pessoas Naturais.

A justificação de óbito também pode ocorrer em razão de **desaparecimento no período ditatorial brasileiro**, compreendido entre 02/09/61 e 05/10/1988. Esta previsão se encontra no art. 1º da Lei 9.140/95. Neste caso, contudo, o pedido pode ser **consubstanciado pela via cartorial**, somente se aplicando o caminho judicial em caso de dúvida.

b) **Morte presumida com a decretação de ausência** – A ausência pode ser definida como o desaparecimento, voluntário ou não, do sujeito de seu domicílio, não havendo mais notícias do mesmo. Assim, o simples desaparecimento do domicílio não caracteriza ausência, sendo necessário que não haja qualquer notícia acerca da pessoa. A ela passamos agora.

6.1 Ausência

A ausência é, talvez, um dos temas mais assustadores para os concursandos. Isto se dá pelo conjunto de prazos e fases que apresenta, disto resulta que será ela apresentada sob a forma de quadro, facilitando a compreensão do leitor.

O simples desaparecimento do domicílio não caracteriza ausência, sendo necessário que não haja **qualquer notícia acerca da pessoa**. Se um indivíduo "A" desaparece de seu domicílio, mantendo constante comunicação com a família, mas não informando seu paradeiro, não se trata de ausência, mas de abandono do lar. Deve-se lembrar de que **ausente é uma figura jurídica**, somente existindo **após a decretação em sentença.**

A ausência produz um efeito pessoal básico, pois o ausente será, **desde que aberta sua sucessão definitiva**, morto por **presunção**, e deste modo, cessará o laço conjugal que acaso ele possua.

Vale, ainda, destacar que não é o ausente incapaz, nem relativa, nem absolutamente. Eis aí um ponto interessante, pois, se já houver sido decretada a abertura da sucessão definitiva e ocorrendo a presunção de morte, não há outro meio de classificar o negócio jurídico por ele realizado senão como sendo **inexistente** (trata-se de questão acadêmica, que, sendo tratada em concurso, só poderá apresentar esta resposta).

	Fase: Curadoria dos bens
Tempo de duração	1 ou 3 anos. O período maior (3 anos) ocorrerá se o desaparecido houver deixado procurador e este não puder ou não quiser mais exercer sua função.
Vínculo com os bens	Mero curador (administrador). Detenção.
Obs.	Se a pessoa desapareceu deixando representante, que não pode, não quer ou não tem poderes para bem administrar o patrimônio, o prazo será de **três anos** de curadoria após a declaração de ausência. Do contrário, não deixando ninguém, será de **1 ano**. São legitimados para requerer a declaração de ausência: **qualquer interessado** ou o **Ministério Público**. São aplicáveis ao curador as disposições referentes à tutela e à curatela, no que forem cabíveis.

	Fase: Curadoria dos bens
Obs.	**ATENÇÃO:** Esta curadoria (sobre bens) não se confunde com curatela (sobre pessoas), apenas se aproveitando seus dispositivos legais. Tem o cônjuge do ausente preferência em ser curador, salvo se separado judicialmente ou de fato (neste caso, por mais de 2 anos). Não havendo tal pessoa, será deferida aos pais (**pais, não ascendentes!**) ou aos descendentes, sempre seguindo esta ordem legal, e respeitando o fato de que os mais próximos excluem os mais remotos. Não havendo ninguém que preencha tais requisitos, será nomeado um terceiro pelo juiz.

	Fase: Sucessão provisória
Tempo de duração	**10 anos** (podendo ser abreviada).
Vínculo com os bens	**Possuidor provisório**: os bens ficam sob a posse provisória dos herdeiros, e, havendo o retorno do ausente, serão a ele devolvidos.
	O tempo de duração desta fase é, regra, 10 anos. **Pode, contudo, ser aberta a próxima etapa**, findando esta se, cumulativamente, o ausente tiver mais de oitenta anos de idade e a última notícia dele já tiver, pelo menos, cinco anos. Também poderá ocorrer a **certeza da morte**, sendo o processo de ausência findado para a abertura do inventário.
Obs.	São legitimados a requerer a abertura da sucessão provisória: o cônjuge não separado judicialmente (a mera separação de fato não retira a legitimidade – e, cuidado, não trata o Código do divórcio, pois, neste caso, não é mais a pessoa "cônjuge"); os presumidos herdeiros, sejam eles legítimos ou testamentários (inclusos os legatários); os que tiverem qualquer direito legalmente vinculado à morte do ausente (como os antigos fideicomissários); os credores de obrigações vencidas e não pagas; o Ministério Público (subsidiariamente). Para resguardar o patrimônio, o juiz poderá, antes de efetivada a partilha, converter os bens móveis de fácil extravio ou deterioração em imóveis ou títulos da União. **Os herdeiros legítimos que não forem necessários deverão caucionar para ingressar na posse.** Dentre os herdeiros havendo quem não possa prestar a caução, será entregue o bem (ou bens) ao administrador ou a herdeiro que puder caucionar. Metade dos frutos que seriam recebidos pelo herdeiro, **que não caucionou**, será entregue ao novo herdeiro imitido (e o outro receberá a outra metade – lembre-se que é metade da metade, logo, um quarto). Os demais frutos deverão ser capitalizados para aguardar o retorno do ausente, se este for culpado pela ausência perderá os frutos em favor dos herdeiros. Os **imóveis do ausente são inalienáveis** durante este prazo, ressalvada desapropriação ou autorização judicial para que se evite a ruína.

	Fase: Sucessão definitiva
Tempo de duração	10 anos.
Vínculo com os bens	**Proprietário resolúvel**: os potenciais herdeiros receberão os bens a título de propriedade resolúvel. Havendo o retorno do ausente será resolvida a propriedade, recebendo o que retornou os bens no estado em que deixou.
Obs.	Conforme art. 39 do CC – Regressando o ausente nos dez anos seguintes à abertura da sucessão definitiva, ou algum de seus descendentes ou ascendentes, aquele ou estes receberão só os bens existentes no estado em que se acharem, os sub-rogados em seu lugar, ou o preço que os herdeiros e demais interessados houverem recebido pelos bens alienados depois daquele tempo. Passando o referido prazo sem qualquer manifestação de um eventual interessado os bens serão entregues à **Fazenda Pública** (lembrando-se que sempre se incorporam ao **Município ou DF**, dependendo da localização dos mesmos). Pode ocorrer, contudo, que o bem estando em **Território (se voltar a existir um)** deverá ser agregado ao patrimônio da **União.**

7. DAS PESSOAS JURÍDICAS

A Conceito: As pessoas jurídicas são grupamentos de bens ou pessoas que servem ao Direito para que se possam alcançar fins de difícil ou impossível concretização pelos homens de forma singular.

São pessoas jurídicas de direito privado – I – as associações; II – as sociedades; III – as fundações; IV – as organizações religiosas; V – os partidos políticos.

São pessoas jurídicas de direito público interno: I – a União; II – os Estados, o Distrito Federal e os Territórios; III – os Municípios; IV – as autarquias, inclusive as associações públicas; V – as demais entidades de caráter público criadas por lei.

São pessoas jurídicas de direito público externo as pessoas jurídicas de direito público externo os Estados estrangeiros e todas as pessoas que forem regidas pelo direito internacional público.

B Classificação: Várias são as formas de se classificar as pessoas jurídicas. Assim, segundo o **critério:**

Material (ou de composição)	***Universitas personarum:*** associações e sociedades (são pessoas jurídicas formadas a partir da comunhão de pessoas físicas ou jurídicas, tendo ou não a busca do lucro); ***Universitas bonorum:*** fundações (são agrupamentos patrimoniais, ou, de forma técnica, **bens afetados** em prol da criação de uma

DIREITO CIVIL

Material (ou de composição)	personalidade). Fique atento para ampliação do conteúdo de escopo das fundações, que passam a poder ser constituídas para fins de: assistência social, cultura, defesa e conservação do patrimônio histórico e artístico, educação, saúde, segurança alimentar e nutricional, defesa, preservação e conservação do meio ambiente e promoção do desenvolvimento sustentável, pesquisa científica, desenvolvimento de tecnologias alternativas, modernização de sistemas de gestão, produção e divulgação de informações e conhecimentos técnicos e científicos, promoção da ética, da cidadania, da democracia e dos direitos humanos, e atividades religiosas. Valendo destacar que tal rol é meramente exemplificativo, como bem entende o Enunciado 9 das Jornadas de Direito Civil do CJF, que estabelece que o art. 62, parágrafo único do Código Civil, *deve ser interpretado de modo a excluir apenas as fundações com fins lucrativos.*
Segundo sua formação	**Direito Público** (quando a formação e atuação estão subordinadas aos preceitos do Direito Público, podendo estar vinculadas ao **Direito Público Interno ou Externo**); e **Direito Privado** (se a formação e a atuação estão atreladas aos interesses diretos dos sujeitos privados).
Segundo seu objeto e estrutura	**Sociedades simples** (nas quais não há uma estrutura empresarial) – As cooperativas, por determinação legal, serão sempre sociedades simples. **Empresariais** (quando a estrutura é complexa, ocorrendo o manejo dos bens e forças de produção em prol da obtenção de lucro) – as sociedades por ações (comanditas por ações e S.A.s) são, por força de lei, sociedades empresariais.

O nascimento das pessoas jurídicas dá-se pelo **registro** (ou, no caso de algumas pessoas jurídicas de direito público, pela lei), sendo a morte o cancelamento deste registro. Ainda quanto à formação, deve-se atentar para o art. 53 CC, visto que pode existir pessoa jurídica sem patrimônio, desde que sejam associações, uma vez que estas surgem da mera união de pessoas em torno de uma causa comum.

Por outro lado, a extinção pode se dar pelas mais variadas formas. Enquanto as **sociedades** terão o residual de seu patrimônio (já pagos os débitos) para os sócios, nas **associações** o remanescente seguirá para outra associação apontada em seu estatuto ou, na omissão deste, para instituição municipal, estadual ou federal de fins idênticos, mediante deliberação dos associados. Lembre-se que podem as cotas dos associados ser a eles devolvidas, reajustadas. Por fim, as **fundações** enfrentam duas possibilidades quanto à sua não existência: podem elas sequer ser formadas (por insuficiência de patrimônio para alcançar a causa) ou quando seu fim se tornar ilícito ou inútil, o residual de seu patrimônio, salvo disposição em contrário no ato constitutivo, ou no estatuto, será incorporado em outra fundação, designada pelo juiz, que se proponha a fim igual ou semelhante.

Tenha atenção, pois nas Fundações, a alteração em seus Estatutos deve ser *aprovada pelo órgão do Ministério Público no prazo máximo de 45 (quarenta e cinco) dias, findo o qual ou no caso de o Ministério Público a denegar, poderá o juiz supri-la, a requerimento do interessado.*

As pessoas jurídicas de direito privado podem, por permissivo legal geral, realizar assembleias virtuais, devendo ser respeitado o direito de participação e manifestação. É possível adotar tal forma mesmo nos casos do art. 59, CC, que envolvem a destituição do administrador e alteração de estatuto.

C Desconsideração da personalidade jurídica:

A pessoa jurídica pode sofrer despersonalização ou despersonificação. Começando pela segunda, deve-se perceber que a pessoa jurídica pode encontrar seu fim de forma natural ou de maneira abrupta. Naturalmente, a pessoa jurídica findará com o alcance de sua finalidade, o término do seu prazo predefinido de existência ou por mútuo acordo de seus sócios ou associados. Nestas circunstâncias a personalidade extinguir-se-á por completo, gerando a despersonificação (ou despersonalização), colocando fim na pessoa que havia sido criada. O destino de seu patrimônio seguirá o que for determinado em estatuto ou em lei, conforme analisado em cada um dos tipos possíveis.

Já a desconsideração se consubstancia em técnica processual que visa afastar, de maneira eventual e específica a personalidade, possibilitando que se alcance o patrimônio dos seus sócios ou associados. Conforme Caio Mário da Silva Pereira (atualizado por Maria Celina Bodin de Moraes) *direito norte-americano engendrou a doutrina da disregard of legal entity, segundo a qual se deve desconsiderar a pessoa jurídica quando, em prejuízo de terceiros, houver por parte dos órgãos dirigentes a prática de ato ilícito, ou abuso de poder, ou violação de norma estatutária ou, genericamente, infração da disposição legal.*[11]

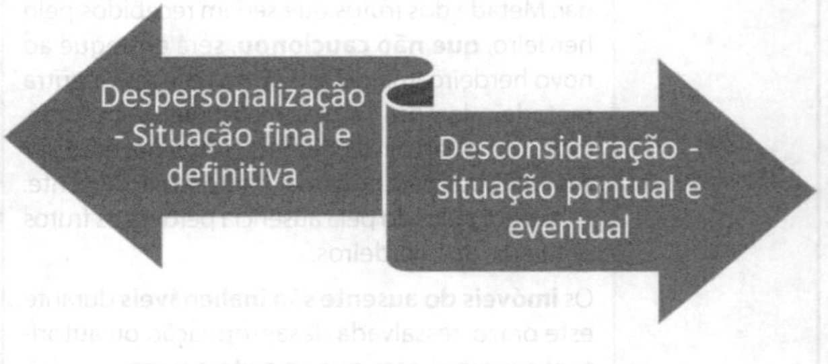

11 Op.cit. p.334.

A teoria da desconsideração inversa passou a ocupar espaço específico no novo regramento, com as definições de desvio de finalidade e confusão patrimonial estabelecidas nos dois parágrafos anteriores do mesmo artigo. Segundo a teoria da desconsideração inversa, é possível, uma vez solicitar que a parcela patrimonial que toque ao sócio, respeitada a pessoalidade de tal condição, seja direcionada em favor dos credores dele. Assim, imagine que o sócio A possua um conjunto de cotas no valor de 50 mil reais, refletidas e mensuradas no patrimônio da pessoa jurídica. Seus credores, ao detectarem a insuficiência patrimonial do devedor podem requerer a responsabilização da pessoa jurídica, como meio de satisfazer o seu crédito. O Enunciado 283 das Jornadas de Direito Civil contempla a desconsideração inversa nos seguintes termos: É cabível a desconsideração da personalidade jurídica denominada "inversa" para alcançar bens de sócio que se valeu da pessoa jurídica para ocultar ou desviar bens pessoais, com prejuízo a terceiros.

Ingressando nas conceituações estabelecidas nos parágrafos primeiro e segundo do art. 50, insta debater a especial finalidade estabelecida na expressão "desvio de finalidade é a utilização dolosa da pessoa jurídica com o propósito de lesar credores e para a prática de atos ilícitos de qualquer natureza." Há, claramente, dois momentos diversos de análise do desvio de finalidade. O melhor caminho é compreender que há uma disjuntiva ao invés de uma aglutinativa, desta forma não há a cumulação, mas sim duas possibilidades. Uma primeira, específica, mais restritiva, firmada sobre o conceito finalístico do dolo de lesar, pauta-se na ação direcionada com o fim de lesar. Entendo validar, inclusive, antecipações por tutela da evidência, dado o claro agir contrário à lei. Um segundo, geral e subsidiário, firmado sobre o cometimento de atos ilícitos de qualquer natureza. Os ilícitos civis são pautados no agir que lesiona terceiros, tanto dolosos quanto culposos. Mas em assim pensando haveria a desnecessidade da primeira possibilidade de desvio, que estaria compreendida na segunda? Não. A segunda está pautada na demonstração do dano por parte dos prejudicados, enquanto na primeira o dano seria presumido, devendo o sócio que se pretende atingir (ou sociedade), demonstrar que a personalidade que se pretende demonstrar é provida de patrimônio suficiente para arcar com os débitos (podendo este apresentar bens desconhecidos do processo). Desta forma, tem-se dois caminhos para a desconsideração (seja ela expansiva, indireta, direta ou inversa): um *finalístico* em que cabe ao requerente fazer a prova do dolo (demonstrado pelo agir do que desviou a personalidade) e um *genérico*, tocando ao requerente demonstrar a ocorrência do ato ilícito e, ainda, a inexistência de bens, que deveria ser aguardada ao longo do feito. A desconsideração, assim, poderia ser tomada como medida preventiva em sua forma finalística e como medida final unicamente em sua forma genérica. Em qualquer situação, não deve o magistrado tornar a desconsideração uma regra, mas, sempre exceção. A variação encontra-se no quê de excepcional se tem a considerar. Se provas há de que a personalidade foi objeto de manobras vis e dolosamente fraudulentas, compreendo ser dado ao magistrado, antecipadamente, efetivar medidas de proteção ao direito do credor, penhorando bens específicos (sem concretização das medidas executórias-alienativas) enquanto ainda são rastreados o bem do devedor.

O novel art. 50 trata ainda da desconsideração indireta, dada no bojo dos grupos econômicos e conglomerados. Estabelece o parágrafo quarto que *a mera existência de grupo econômico sem a presença dos requisitos de que trata o* caput não autoriza a desconsideração da personalidade da pessoa jurídica. Este novo regramento poderá ter, por força do art. 1º, §1º da Lei 13.874/19, efeitos profundos na aplicação desta forma de desconsideração em tema de relações de trabalho. Neste sentido, qual seria o real alcance da normativa mencionada? (*O disposto nesta Lei será observado na aplicação e na interpretação do direito civil, empresarial, econômico, urbanístico e do trabalho nas relações jurídicas que se encontrem no seu âmbito de aplicação e na ordenação pública, inclusive sobre exercício das profissões, comércio, juntas comerciais, registros públicos, trânsito, transporte e proteção ao meio ambiente*). Seria esta disposição o fim das teorias maior e menor da desconsideração? Antes, um pequeno escorço sobre as teorias.

A **desconsideração pode se dar de duas formas**, de acordo com a teoria adotada pelo legislador. De um lado, a teoria maior da desconsideração, baseia-se, como justificador do afastamento da personalidade, em ato fraudulento ou contrário à lei realizado pelos sócios. É o caminho definido pelo Código Civil, em seu art. 50.

Na teoria maior, na forma adotada na antiga redação do art. 50, é primordial que ocorra abuso da personalidade jurídica. Este se caracteriza pelo uso da personalidade como elemento de transgressão da lei, apontado pelo artigo como o desvio de finalidade ou confusão patrimonial. O desvio de finalidade ocorre quando a pessoa jurídica é utilizada não para alcançar seu fim natural (econômico ou não) mas sim para obter, de alguma forma, vantagem não prevista em lei ou como elemento de fraude a terceiros. De outro lado, a confusão patrimonial ocorre quando não se pode diferençar o patrimônio da pessoa jurídica e o patrimônio de seus sócios, através da compra de bens em nome da pessoa jurídica que serão de uso particular dos sócios ou quando esta quita débitos particulares de seus associados ou sócios através do patrimônio comum. Só se aplica a desconsideração da personalidade jurídica quando houver a prática de ato irregular e, limitadamente, aos administradores ou sócios que nela hajam incorrido. Esta visão restritiva, mas justa, encontra-se no Enunciado 7 das Jornadas de Direito Civil do CJF.

> Enunciado 07
>
> Só se aplica a desconsideração da personalidade jurídica quando houver a prática de ato irregular e, limitadamente, aos administradores ou sócios que nela hajam incorrido.

O novo texto legal exemplifica dois mecanismos demonstradores da confusão patrimonial: (I) cumprimento repetitivo pela sociedade de obrigações do sócio ou do administrador ou vice-versa; (II) transferência de ativos ou de passivos sem efetivas contraprestações, exceto o de valor proporcionalmente insignificante. No mesmo art. 50, §2º, tratou o legislador de colocar dispositivo genérico, viabilizando a despersonalização pautada em qualquer outro ato que venha a ferir autonomia patrimonial, ou seja, em que o patrimônio do sócio e o da pessoa jurídica tenham se confundido em um só.

Ao lado da teoria maior, pode-se destacar **a teoria menor**, que viabiliza o afastamento da personalidade sempre que esta for empecilho para a satisfação dos credores. Trata-se de uma visão extremada, que coloca de lado a personalidade jurídica sempre que esta se apresenta como um obstáculo à maior tutela do consumidor. Esta é a teoria adotada pelo § 5º do art. 28 do Código de Defesa do Consumidor. Pode-se ler que:

> *Também poderá ser desconsiderada a pessoa jurídica sempre que sua personalidade for, de alguma forma, obstáculo ao ressarcimento de prejuízos causados aos consumidores.*

Não há necessidade de comprovação de qualquer ato fraudulento ou contrário à lei, apenas se faz necessário demonstrar que a personalidade se apresenta como um obstáculo ao pagamento dos prejuízos sofridos pelos consumidores. Estas eram as duas teorias vigentes antes da Lei 13.874/19/19. Teriam elas encontrado seus fins, reunindo-se sob o signo da teoria maior? Entendo que não.

Observe que o primeiro parágrafo do art. 1º da LLE (Lei da Liberdade Econômica) divide o alcance da mesma de duas formas: primeiro, de forma direta, aplicando as suas regras *na aplicação e na interpretação do direito civil, empresarial, econômico, urbanístico e do trabalho nas relações jurídicas que se encontrem no seu âmbito de aplicação e na ordenação pública, inclusive sobre exercício das profissões, comércio, juntas comerciais, registros públicos, trânsito, transporte e proteção ao meio ambiente.* Desta forma, para afastar a aplicação da teoria menor da desconsideração, entendo que tocará ao legislador fazer regrar de forma diversa a desconsideração no âmbito do direito do consumo. Em razão disto, enquanto será aplicada a nova lei para as desconsiderações antes regradas pelo art. 2º, §2º da CLT o mesmo não se dará com o art. 28 do CDC, e, especificamente em tema de coligadas, previsto no art. 28, §2º do CDC. Assim, o art. 28 continua regendo, por agora, as desconsiderações de natureza consumeristas (assim também os regramentos relativos ao meio ambiente, com suas normativas próprias permanecem), enquanto as desconsiderações civis, empresariais e trabalhistas passam a ser regidas pela Lei 13.874/19/19.

Importante destacar que *não constitui desvio de finalidade a mera expansão ou a alteração da finalidade original da atividade econômica específica da pessoa jurídica.*

Por fim, apenas esgotando as variadas teorias que analisam a desconsideração da personalidade, há que se considerar não haver maiores efeitos sobre a teoria expansiva, que reconhece a possibilidade de afastamento do véu personalístico em busca do sócio oculto que se vale de laranjas, este sim sócio da pessoa jurídica, para praticar atos ilícitos.

8. TEORIA DOS BENS

8.1 Generalidades: as relações humanas têm por objeto mediato um bem da vida, um bem jurídico. Para que algo se qualifique a ser um bem jurídico deve possuir **valor econômico** (não há, portanto, bem jurídico sem valor econômico).

O conjunto de todos os **bens**, **direitos** e **deveres** (atenção – os deveres também fazem parte do patrimônio) de uma pessoa é o patrimônio, do que se percebe ser de extrema dificuldade imaginar alguém (pessoa) que não tenha patrimônio (atente-se, contudo, que não existe dispositivo legal que imponha a todos um patrimônio). Existe, por outro lado, uma série de dispositivos (como a Lei 8.009/90 e o art. 833, CPC) que **garantem** proteção a um **patrimônio mínimo** (teoria esta muito bem apresentada na obra do Prof. Luiz Edson Fachin, Estatuto Jurídico do Patrimônio Mínimo).

8.2 Classificação dos bens: para o exame da Ordem e demais concursos, é fundamental conhecer as diversas classificações dos bens. Podem eles ser:

A Móveis ou imóveis: esta classificação se subdivide. Primeiramente deve-se ter em mente o critério econômico-funcional. Se um bem pode ser deslocado de seu atual local sem prejuízo ao seu valor econômico ou à sua função, trata-se de um bem móvel. Do contrário, será imóvel. Existem, contudo:

- **Bens móveis por determinação legal**: são presunções legais; neste aspecto são móveis as energias, os direitos pessoais e as ações que lhes asseguram (uma ação de indenização é, assim, móvel)

> **MUITA ATENÇÃO!**
> Qualquer bem ou direito pode ser classificado como móvel ou imóvel e todos os direitos e ações que recaiam sobre bens móveis (uma bicicleta é móvel, o direito de propriedade sobre ela é móvel e a ação reivindicatória é móvel também).
> Atente-se que não perdem a qualidade de imóvel os materiais provisoriamente removidos de uma construção para nela serem reempregados. Perdem tal qualidade os que se destinarem à demolição.

- **Bens móveis por antecipação**: todo imóvel objeto de uma relação jurídica obrigacional (contrato, por exemplo) que vise este bem num futuro quando ele for mobilizado (uma floresta cujo objeto de contrato é a madeira) será considerado, para o contrato, móvel. Logo, não há necessidade de escritura pública ou de outorga conjugal (se não houver outro requisito legal).
- **Bens imóveis por determinação legal**: assim como existem móveis presumidos por lei, também há imóveis oriundos de presunção. A herança (e o direito à sucessão aberta) e os direitos e ações que recaem sobre bens imóveis (uma casa, o direito de posse sobre ela e a ação possessória são imóveis) constituem esta classe.
- **Bens imóveis por acessão física**: qualquer bem que se agregar a um imóvel principal será imóvel também (mesmo que transitoriamente). Assim, as estátuas de um jardim são imóveis por acessão física.

B **Fungíveis ou infungíveis**: classe baseada na possibilidade de troca/substituição – se um bem possui características naturais, históricas, sentimentais ou obrigacionais que o tornam único, trata-se de um bem infungível. A infungibilidade, assim, pode decorrer: **da natureza e da volição (vontade).** É assim que bens aparentemente não infungíveis passam a apresentar esta característica. Uma nota de 10 reais não é infungível, mas a nota de 10 reais dada a você por seu avô no leito de morte torna-se infungível pela vontade.

> **DICA IMPORTANTE**
> É possível também a ocorrência do conhecido **comodato** *ad pompam*, em que se empresta algo normalmente fungível – um cesto de flores – apenas para enfeite, devendo ser devolvido o mesmo cesto com as mesmas flores.

Esta classe é essencial para que se diferenciem alguns institutos do Direito Civil: **Comodato** (empréstimo de bem infungível) e **Mútuo** (empréstimo de bem fungível; os objetos dos contratos de locação e de usufruto são bens infungíveis etc.).

C **Divisíveis ou indivisíveis:** fracionamento sem perda da função socioeconômica; a indivisibilidade pode decorrer da vontade ou da lei e não somente da natureza do objeto.

D **Consumíveis ou inconsumíveis**: a primeira noção que nos passa é a da consuntibilidade de fato ou natural, em que o uso normal do bem importa em sua destruição imediata. Existe, porém, a consuntibilidade jurídica em que um bem é disponibilizado para alienação, o que o torna consumível durante este período.

E **Singulares e coletivos** – existem bens que, ocupando ou não uma coletividade, podem ser **considerados de forma independente, sendo objeto de relações jurídicas em apartado.** Considere uma boiada, em que cada um dos elementos pode ser alienado de forma individual (temos, assim, **bens singulares**). De outro lado, podemos ter bens que passam a compor uma coletividade e são negociáveis de tal forma unificada, estabelecendo-se, assim, **relações jurídicas sobre eles de forma una**. São as **universalidades de direito e as universalidades de fato**. As **universalidades de fato** são constituídas por bens que estão vinculados por pertencerem a uma mesma pessoa e esta lhes atribuir um destino unitário. Como exemplo, temos uma biblioteca, ou uma coleção de *cards*, que apesar de poderem ser objeto de relações de forma individual, são tratados de maneira coletiva por seu proprietário. De outro lado, as **universalidades de direito** são coletividades que reúnem relações jurídicas de uma mesma pessoa que possuam valor econômico sendo tratadas pela lei como um único bem, como a herança.

Bens relativamente considerados: até aqui, foram estudados os bens individualmente. É possível, contudo, classificá-los de forma **relativa** (vinculando um bem a outro). Portanto, esta classificação somente poderá ser indagada se houver mais um bem, apresentado de forma vinculada a outro.

F **Principais e acessórios** (*"o acessório segue o principal"*): um bem que não necessite do outro para sua existência funcional é um bem principal ("bem cuja existência não pressupõe a existência de nenhum outro)". Se, do contrário, necessitar do outro bem para sua existência funcional, existirá um bem acessório ("cuja existência pressupõe a do principal").

Institutos decorrentes desta classificação (frequentes nos exames da OAB):

Frutos	São todos os acessórios que surgem do bem principal e a sua percepção (colheita), não afeta a substância do bem a que se vincula – são, assim, energias renováveis produzidas pelo principal. São espécies de frutos:

Frutos	**1. Frutos colhidos ou percebidos** (já foram separados do principal); **2. Frutos pendentes** (ainda não percebidos por que não estão preparados para tanto); **3. Frutos percipiendos** (não foram ainda colhidos, mas já estão prontos para serem); **4. Frutos antecipados** (foram colhidos antes do momento correto) e **5. Frutos estantes** (frutos colhidos e armazenados, levando-se em consideração que armazenar é um termo físico, os juros agregados ao capital e mantidos na conta poupança são frutos estantes).
Produto	Diferentemente dos frutos, são acessórios provenientes do bem principal que, **uma vez colhidos, provocam a redução do mesmo**. O principal sofre constante redução (ou se desfaz de imediato). Existem produtos naturais (como os recursos minerais, ouro, petróleo etc.) e civis (como a antiga correção monetária).
Pertenças	(Antigamente conhecidos como imóveis por acessão intelectual – que não existem na sistemática do CC/02): é a classe mais interessante, pois está destinada ao aformoseamento, utilidade e melhoria do bem principal. Observe que é uma espécie determinada de bens, que não segue o principal (se houver negócio jurídico que envolva o bem principal, deverão ser englobadas pontualmente as pertenças, sob pena de, em relação a elas, não produzir efeitos o referido negócio).
Partes integrantes	São uma especial classe de acessórios, que não possuam qualquer utilidade se desmembrados do bem principal. Tenha como exemplo a lâmpada em relação ao lustre.

Teste seus conhecimentos!

(FGV – Exame de Ordem – 2021.2) Bruna visitou a mansão neoclássica que André herdara de seu tio e cuja venda estava anunciando. Bruna ficou fascinada com a sala principal, decorada com um piano do século XIX e dois quadros do conhecido pintor Monet, e com os banheiros, ornados com torneiras desenhadas pelos melhores profissionais da época. Diante disso, decidiu comprá-la.

Na ausência de acordo específico entre Bruna e André, por ocasião da transferência da propriedade, Bruna receberá

A) a mansão com os quadros, o piano e as torneiras, pois todos esses bens são classificados como benfeitorias, que seguem o destino do bem principal vendido.

B) apenas a mansão, eis que o princípio da gravitação jurídica não é aplicável aos demais bens citados no caso.

C) a mansão juntamente com as torneiras dos banheiros, consideradas partes integrantes, mas não os quadros e o piano, considerados pertenças.

D) a mansão e os quadros, pois, sendo considerados pertenças, impõe-se a regra de que o acessório deve seguir o destino do principal, mas o piano e as torneiras poderão ser removidos por André antes da transferência.

Resposta no rodapé[12].

9. TEORIA DO FATO JURÍDICO

A Conceito: O fato é o **fundamento original do Direito**. É do fato que nasce o Direito, como **fenômeno social** que é. Fato jurídico é todo acontecimento relevante para o Direito. É aquele que gera a **aquisição, modificação, extinção ou manutenção de direitos.**

? QUESTÃO: Não haveria Direito se não houvesse fatos e atos. Mas como diferenciar uns dos outros?

➥ **Resposta:** *O elemento básico está na* ***vontade****. Se existir vontade direcionada ao acontecimento,* ***ocorrerá um ato. Do contrário, teremos um fato.*** *O registro de um filho necessita da vontade (aqui se menciona o ato de perfilhar, que é sempre voluntário – o reconhecimento judicial possui vontade também, mas em substituição – o juiz substitui a vontade do pai desidioso). Se não houver vontade ou se não for ela vinculada ao ato (como no achado de tesouro em terreno alheio, que deve ocorrer por caso fortuito, não podendo haver vontade direcionada para tal acontecimento), teremos um fato.*

Contudo, esta é a diferenciação básica, pois os atos e fatos jurídicos são objeto de muitas outras divisões.

CATEGORIAS DE ATOS E FATOS JURÍDICOS		
Fatos jurídicos *lato sensu*	**Fatos jurídicos** *stricto sensu*	
	Ato-fato	
	Atos jurídicos *lato sensu*	Negócios jurídicos
		Atos jurídicos *stricto sensu*
Fatos materiais		

Na esfera dos **fatos jurídicos em sentido estrito** (*stricto sensu*) estão os acontecimentos **que não possuam nenhuma intervenção humana**, como o nascimento de um bezerro proveniente de inseminação natural não forçada. Com o nascimento, o direito de propriedade que antes existia sobre a matriz da cria passará a viger sobre ela, em razão da **regra da acessoriedade (princípio da gravitação)**.

Questão que sempre atormentou a doutrina é a dos acontecimentos em que, a par de existir uma vontade que lhes seja base, esta se aproxima de uma vontade natural, de uma forma limitada de vontade, em que se não discute validade, liberdade ou clareza da mesma. **Ela apenas existe (ou não)**. Buscando solucionar tal imbróglio, Pontes de Miranda concebeu a **teoria do ato-fato**. De acordo com esta teoria certos atos existem sem que seja necessário apurar a validade da vontade que lhes subjaz ou mesmo tal vontade é limitada pela lei (como no achado de tesouro, em que não pode haver vontade direcionada para a descoberta, devendo **esta se**

12 Alternativa correta – c.

dar por fato eventual). Neste esteio estariam para o mestre o achado de tesouro, a compra de uma bala por uma criança, a entrega de um bem em pagamento (ato real), dentre muitos outros.

Já **os atos jurídicos em sentido amplo** reúnem os acontecimentos que dependem, **de forma direta**, da vontade humana. **A vontade é o fundamento necessário e legal** para que o ato produza efeitos no mundo jurídico e, de outro tanto, os vícios ou máculas desta vontade poderão prejudicar (em maior ou menor extensão) **a existência, validade ou eficácia do ato**.

Desta forma percebe-se que a diferença essencial entre ato e fato reside em que neste a vontade pode ou não estar presente (não sendo de essencial relevância), enquanto naquele a vontade é elemento, sempre, fundamental.

Adentrando a esfera dos atos jurídicos, estes se dividirão em atos **jurídicos em sentido estrito e negócios jurídicos**. Já que ambas as espécies possuem a vontade como um pressuposto, indaga-se em que eles se diferenciam? Para esta resposta necessário que se perceba o papel desempenhado pela nas categorias mencionadas.

Nos atos jurídicos em sentido estrito a vontade é elemento de formação, mas não alcança toda a extensão de efeitos do ato. Ela se faz necessária para dar início, para formar o ato, **mas não se fará sentir na escolha dos efeitos do mesmo**. O reconhecimento voluntário de filiação (perfilhar) é um exemplo de ato jurídico.

Já nos **negócios jurídicos** a vontade vai se apresentar não apenas no início do ato como sua impulsionadora, **mas também como elemento de definição dos efeitos do ato** (com maior ou menor limitação).

Passa-se, agora, a uma detalhada análise do negócio jurídico, figura à qual o Código Civil deu especial tratamento, aplicando parte das disposições a ele inerentes aos atos jurídicos lícitos, na forma do art. 185, sempre com a salvaguarda de "no que couber" pois, como visto, não se pode esquecer que o ato jurídico não aceita modulação em seus efeitos (não sendo a ele aplicáveis, por exemplo o termo, o encargo e a condição).

Já os negócios jurídicos, podem eles ser conceituados, tendo em vista a sua **manifestação em ato jurídico concreto** (e na eterna lição de José Abreu), como *um fato jurídico consistente numa declaração de vontade, a que o ordenamento jurídico atribuiria efeitos jurídicos desejados* (1997:27).

Neste caminho, segue-se que eles são **classificados** da seguinte forma:

Quanto à declaração formadora	**Unilaterais**	Nestes, a vontade de apenas uma única pessoa **terá o poder de constituir o negócio**, como ocorre nos testamentos, que somente serão válidos se envolverem declarações de uma única pessoa (dada a vedação do testamento conjuntivo).
	Bilaterais	Para a formação destes negócios será necessária a **atuação conjunta de duas vontades**. Há um sentido de **complementação**, para que A consiga seu objetivo (dinheiro) é necessário que a conduta de B, que deseja um bem (coisa). Juntos, darão origem a uma compra e venda.
Quanto à declaração formadora	**Plurilaterais**	Manifestação oriunda das relações associativas e societárias, envolve mais de duas partes (polos) **que atuam em busca de um objetivo comum**. Aqui as vontades **não são apenas complementares, mas atuam mutuamente em reforço uma das outras**. Todos almejam, juridicamente, o mesmo fim, sendo suas condutas somadas para tal desiderato.
Quanto à influência sobre o patrimônio	**Gratuitos**	Há negócios que implicam em uma redução patrimonial para uma das partes e um acréscimo patrimonial para a outra. Desta forma**, uma parte suporta a perda financeira sem prestação que a contrabalance**, o que ocorre nas liberalidades, como as doações e os testamentos.
Quanto à influência sobre o patrimônio	**Onerosos**	Quando um negócio gera **alterações patrimoniais**, tanto positivas quanto negativas, **para ambas as partes**, está-se diante de um negócio oneroso.
	Neutros	Trata-se de uma classificação controversa, entendendo-se que há negócios que não geram alteração patrimonial, como a renúncia e a clausulação (inalienabilidade, incomunicabilidade e impenhorabilidade).
	Bifrontes	Certos negócios gratuitos aceitam ter alterada sua qualidade, **passando a onerosos**, sem que com isso percam sua natureza. O mandato e o mútuo são exemplos. Tenha atenção, pois muitos negócios não suportam tal modificação, como o comodato que, se convertido em oneroso, perde sua natureza, tornando-se uma locação.

Quanto ao momento eficacial	**Inter vivos**	Quando o negócio é criado para produzir efeitos **quando ainda vivas as partes**, tem-se um negócio intervivos. Trata-se da regra do sistema.
Quanto ao momento eficacial	***Causa mortis***	**Somente os testamentos e os codicilos** se caracterizam como negócios jurídicos *causa mortis*. Não pode a parte tentar criar uma nova forma de deixa *post mortem*, sendo vedadas, por exemplo, as doações para depois da vida.
Quanto à autonomia	**Principal**	É o negócio que **subsiste por si mesmo**, sem depender, em sua existência, validade ou eficácia, de outro. Uma compra e venda, um mútuo são exemplos.
Quanto à autonomia	**Acessório**	Trata-se de um negócio **que está vinculado**, em qualquer de seus planos (existência, validade ou eficácia) **a outro**. Uma fiança, por exemplo, é acessória de um contrato de mútuo. Extinguindo-se o empréstimo, extingue-se a garantia. Sendo inválido o empréstimo, será inválida a garantia. **Mas o negócio acessório não prejudica o principal**.
Quanto à forma	**Consensual**	Nestes negócios é necessária a simples vontade das partes, não havendo exigência de uma forma específica. A regra do sistema civil brasileiro é esta, somente se exigindo forma específica quando a lei assim dispuser.
Quanto à forma	**Real**	Há negócios que, apesar de não exigirem uma forma para sua especificação, somente se aperfeiçoam **com a tradição do bem**, como ocorre nos contratos de comodato, formados apenas quando uma das partes entrega o bem à outra.
Quanto à forma	**Formal**	Aqui o **sistema exige forma específica** para o negócio, como se pode notar no art. 108 do Código Civil, em que se exige a forma pública nos negócios que envolve bens imóveis com valor superior a 30 salários mínimos.
Quanto à causa	**Causal**	Um negócio causal está **diretamente ligado a um fato ou acontecimento que lhe é causa.** Sem este fundamento que lhe é determinante, não poderá subsistir tal negócio. Imagine uma compra e venda: sem a transmissão interpatrimonial, não há negócio jurídico.
Quanto à causa	**Abstrato**	Os títulos de crédito, em sua maioria, não necessitam de uma causa para existirem, sendo, assim, abstratos. Neles **não há uma relação base obrigatória como lastro.**
Quanto ao tempo de produção dos efeitos	**Instantâneos**	Quando as partes solucionam, cumprem o negócio **no mesmo momento em que o formam**, tem-se um negócio instantâneo.
Quanto ao tempo de produção dos efeitos	**Parcelares**	Uma ou todas as partes de um negócio podem executá-lo de maneira parcelada, em etapas. Podem as prestações se encontrarem vinculadas umas às outras ou podem ser independentes. Estando vinculadas, a quitação das posteriores indica a solução das anteriores.
Quanto ao tempo de produção dos efeitos	**Trato Sucessivo**	Quando um negócio envolve as partes de maneira perene, sem necessidade de se fixar um prazo final para a relação, tem-se um negócio de trato sucessivo. Uma locação, por exemplo, se enquadra nesta classe de negócios.
Quanto à vinculação pessoal	**Personalíssimos**	As características pessoais dos envolvidos são essenciais, e a impossibilidade destes em cumprir o acordado leva à resolução (com ou sem averiguação de culpa, a depender do caso) da relação.
Quanto à vinculação pessoal	**Impessoais**	Há negócios em que a qualidade das partes **em nada importa para a efetivação do pagamento.**
Quanto à produção de efeitos	**Constitutivos**	São **constitutivos positivos** os negócios que têm por finalidade criar ou modificar direitos entre as partes. **Constitutivos negativos**, os que têm por finalidade extinguir direitos entre as partes.
Quanto à produção de efeitos	**Declaratórios**	Aqui as partes apenas almejam estabelecer, juridicamente, **certeza sobre algo**, como na transação.

B Interpretação do Negócio Jurídico: Mesmo na clareza das disposições, é necessário compreender cada uma delas no momento de sua aplicação. Desta forma, **é essencial que se analise toda a estrutura de um negócio jurídico**, que foi formulado pelas partes e buscar avaliar esta estrutura diante do sistema de regras estabelecido pelo Código Civil, para a perfeita execução de seus efeitos.

O art. 111 **qualifica o silêncio como anuência**, sempre que neste sentido caminharem as circunstâncias e seja parte do costume, sendo que não poderá haver limitação de forma na lei. Desta forma, para que o silêncio importe em concordância é **necessário**:

a) O conjunto de fatos que cercam o negócio jurídico devem **corroborar com a intenção das partes**, como forma de limitar o que pretendiam estas;

b) O negócio deve ser daqueles em que, **pelos usos gerais ou locais**, se pratiquem pela concordância com o simples silêncio;

c) **Não pode haver disposição legal** determinando que a aceitação deva se dar pela vontade expressa.

Importante divisar que o silêncio pode ser considerado aceitação na forma do art. 111, CC, ou seja, do silêncio se presume uma aceitação tácita.

A função do silêncio na formação do negócio jurídico	
Silêncio autorizativo	É o silêncio agora tratado, que, na forma do art. 111, CC, implica em aceitação.
Silêncio que presume aceitação	Decorre de determinação da lei que faz do silêncio forma específica de aceitação, como se pode notar no art. 539 do Código Civil.
Aceitação tácita	Decorre de um conjunto de ações por parte do sujeito de fazem presumir a aceitação, como no caso dos herdeiros que passam a fazer uso dos bens da herança como se fossem seus.

Reserva mental: De acordo com o art. 110 do Código Civil, *a manifestação de vontade subsiste ainda que o seu autor haja feito a reserva mental de não querer o que manifestou, salvo se dela o destinatário tinha conhecimento.* A reserva mental pode ser conceituada como **o resguardo, por parte do declarante, de intenção contrária ao que expressou**. Trata-se, assim, de uma manobra da vida social, cuja manutenção deva ser discutida no atual sistema jurídico.

Ainda neste universo da interpretação, percebe-se que a forma pela qual se estabelecerá a interpretação do negócio deverá variar de acordo com a estrutura deste. Nas palavras diretas do legislador, *os negócios jurídicos benéficos e a renúncia interpretam-se estritamente.* Nas liberalidades ou negócios benéficos o realizador do ato de benignidade já recebe considerável redução patrimonial, tendo como retorno a satisfação pessoal no ato. Desta forma, o ato deve ser interpretado de forma restrita, como meio de não mais agravar a condição dele. Da mesma forma, a renúncia, por se tratar de um ato abdicativo, deve ser interpretada de forma a restringir seus efeitos, impedindo-se que mais do que se deseja seja pedido.

Por fim, em fecho deste capítulo, merece especial atenção o art. 113 do Código Civil. Segundo o artigo,

> Os negócios jurídicos devem ser interpretados conforme a boa-fé e os usos do lugar de sua celebração.

Sabe-se que a boa-fé aqui tratada é a objetiva, que envolve, primordial, um conjunto de deveres a serem cumpridos pelas partes em uma relação. Respeito, cuidado, atenção, sigilo se tornam elementos determinados pelo Direito para concretizar sua missão de pacificação social.

C Planos do negócio jurídico: o primeiro plano, que está plantado no mundo dos fatos (logo, não requer qualquer qualificativo jurídico) é o **plano da existência**. Neste plano deve-se identificar o **VOA** (presença de **Vontade, Objeto** e **Agente**).

Se houver uma **vontade manifestada** que tenha interesse sobre um objeto (material ou imaterial, não importa) e que tudo envolva agentes, pessoas, ocorrerá a plena satisfação deste plano. Não importa, deve-se gravar, **que o objeto seja ou não lícito**, que as **pessoas envolvidas tenham ou não capacidade ou que a vontade não tenha seguido uma fórmula aceita pelo sistema**, pois aqui **não há, ainda, sistema jurídico.**

Ainda se está no plano da existência, no **plano dos fatos**. Para que não exista basta que o objeto seja completamente indeterminável, que não exista agente envolvido ou que não se tenha a manifestação de vontade. Se um terceiro (não a noiva) manifesta o sim em uma cerimônia de casamento, não se trata de ato nulo ou anulável, mas sim de **casamento inexistente.**

Uma vez reunidos os **elementos de existência**, deve-se passar ao **segundo momento**. Agora, o acordo ou acontecimento **deverá passar pelo portal do mundo jurídico, onde será ou não recebido**. São os requisitos de validade, **qualificação** dos elementos de existência.

A vontade deverá ter **a forma prescrita ou não proibida em lei**; o agente deverá ser **capaz**; e, por fim, o objeto deverá ser **lícito, possível e determinado (ou, ao menos, determinável)**. Importante observar que se ele não for recebido, será destruído, para que se evitem atos sem efeitos – daí muitos acharem que os requisitos de validade se confundem com os elementos de existência. Há situações em que a forma é da essência do ato (*ad solemnitatem*) e outras em que a forma é usada como meio de prova (*ad probationem tantum*). A invalidade é oriunda da frustração à primeira situação, sendo que a segunda apenas implicará na impossibilidade de realização de prova do ato. Normalmente o Código segue a liberdade das formas, mas quando exigida esta e não respeitada, será inquinado de nulidade o ato (vide, como exemplo, o art. 108).

Se os **requisitos de validade** forem satisfeitos, o negócio jurídico **estará apto à produção de efeitos**. Estes efeitos, contudo, podem não ocorrer se houver um fator que interfira na eficácia, modulando os efeitos do negócio jurídico.

Superadas a **existência e validade**, chega-se ao único plano que, em regra, é **negativo, pressuposto a partir dos demais**. Isto porque, grande parte dos fatores de eficácia são moduladores (modulam efeitos) que, se apostos ao negócio jurídico implicarão **na suspensão ou na resolução dos seus efeitos**. Assim é porque uma vez aperfeiçoados os dois planos anteriores, o negócio está preparado para produzir efeitos. Tanto assim que **não podem ser apostos tais moduladores**, denominados modalidades do negócio jurídico, **aos atos jurídicos**, que devem produzir efeitos de forma livre, como se pode notar no registro espontâneo de paternidade. Não á cabível ser pai sob certas condições ou de forma limitada, seja em tempo ou em alcance. Uma vez manifestada a vontade positiva, o sujeito se torna pai por completo.

As partes envolvidas, contudo, podem modular os efeitos do negócio, colocando sobre ele algum dos seguintes **fatores de eficácia**:

Termo: quando a modulação dos efeitos se dá com base em evento futuro cuja existência é certa, tem-se um termo. Não há necessidade de a certeza do evento envolver também o momento em que ele ocorrerá. Assim, tem-se dois tipos de termo quanto à certeza do momento de ocorrência, segundo o inolvidável mestre Caio Mário: a) **termo certo** – em que a certeza alcança não apenas a ocorrência, como também o momento do evento (como uma data); b) **termo incerto** – quando a ocorrência é certa (pois todo termo tem de ser certo quanto à sua ocorrência – ***certus an***) mas o momento em que se dará não é certo (como melhor exemplo, a morte, que, apesar de certa quanto à sua existência, é incerta quanto ao seu momento, caracterizando termo incerto). Já quanto ao efeito sobre o negócio jurídico pode o termo ser: i) **inicial** – quando é o ponto de partida dos efeitos; ii) **final** – quando se apresenta como fecho dos efeitos de um negócio. Não havendo aposição de um termo, o negócio jurídico produzirá seus efeitos imediatamente e sem limitação temporal, ressalvada outra forma de modulação (como a condição ou o encargo). Por fim, tem-se a última classificação dos termos, derivada da origem do mesmo: i) **legal** – quando a aposição do termo se dá por força da lei, como os prazos processuais preclusivos; ii) **convencional**–oriundo da vontade das partes, sendo a figura de maior relevo para o direito material civil.

Adentrando às especificidades dos termos, vê-se que a forma de contagem, regra do sistema civil, **é a da exclusão do dia do começo e da inclusão do dia final**. Isto funciona **alongando** o prazo e, por isso, se fixado o dia inicial X, somente terá início a contagem (primeiro dia do prazo) em X+1, esta regra pode, contudo, ser afasta por determinação específica da lei ou por vontade das partes. Ainda, a parte terá o dia final para completar sua atividade (devendo-se ter especial atenção para detalhes como o funcionamento bancário, para prazos que envolvam pagamento por este meio – que, hoje, em boa parte dos bancos, se estende até as 22h pelos canais eletrônicos). Não pode o prazo, contudo, terminar em dia não útil, entendendo-se como vencido no primeiro dia útil subsequente. Vale destacar que os prazos civis materiais continuam a ser contados **em dias corridos**, não se aplicando a eles a regra do art. 219, CPC. Do mesmo modo, em se tratando de prazos civis materiais, não há incidência do recesso forense estabelecido no art. 220, CPC.

A contagem apresentada se perfaz para prazos diários, pois que se foram mensais ou ânuos, os prazos vencerão no dia correspondente ao mesmo do início e, se este não existir (como se dá em fevereiro), no dia subsequente. Já os prazos em horas são contados minuto a minuto, não se aplicando a regra da exclusão do dia do início. Desta forma, em prazos minuto a minuto, mensais ou ânuos, não há que se falar em supressão do dia do início para a contagem do mesmo.

Condição: As condições **são eventos futuros que se submetem a uma maior ou menor casualidade**, mas que, fundamentalmente, **são de ocorrência incerta**. Desta forma, pode ser que a incerteza seja inerente ao próprio evento (como a vitória de um time no campeonato) ou que o evento poderia ser certo, mas lhe foi anteposta alguma circunstância que gerará incerteza (a morte de um animal dentro do período de um ano, por exemplo). As condições são nascidas das vontades das partes (CC, art. 121). Caio Mário, contudo, afirma que existem condições legais:

> "numa terceira variação do significado, alia-se a palavra condição a um pressuposto do negócio, ou uma cláusula que ao direito acede naturalmente, e que é dele inseparável. É o que os autores denominam de condição legal (conditio iuris), a que se dá também o nome de condição imprópria, porque ainda que aposta ao negócio sob a forma condicional, implica repetir apenas a exigência da lei, não passando a declaração de vontade de pura e simples. Se o adquirente declara que faz o contrato de compra e venda sob a condição de o alienante

ser maior, não se cogita de condição, mas de requisito do negócio." (2004: 555)

As duas espécies básicas de condições são as **resolutivas** e as **suspensivas**. As resolutivas, em ocorrendo, estabelecem o fim do negócio jurídico, deixando este de existir. Até este momento, contudo, poderão ser praticados atos normalmente, visto que o negócio é perfeito, ou seja, **não impedem (as condições resolutivas) a aquisição e o exercício do direito enquanto não se implementarem**. Eventualmente, resolvendo-se este, os direitos constituídos **sobre ele cessarão**, ressalvados os negócios de trato sucessivo, em que os atos já praticados serão mantidos (art. 128, CC).

Já as **condições suspensivas impedem** a aquisição do direito derivado do negócio até que se implementem. Frustrando-se a ocorrência do evento, **nenhum direito gerou o negócio**. Apesar de impedir a aquisição do direito, pode o titular do negócio **valer-se de meios de proteção de seu direito eventual** (art. 130, CC). Desta forma, pode o titular do direito condicional tomar medidas protetivas que assegurem a plena realização do mesmo quando do implemento do evento futuro e incerto.

FIQUE POR DENTRO: As condições **causais**, tradicionalmente as mais comuns, que têm sua ocorrência diretamente ligada ao simples e puro acaso ("em chovendo", "se o time A vencer o campeonato"); e as **potestativas**, que se dividem em **puramente potestativas** – atreladas unicamente à vontade da parte ("se eu acenar com a cabeça"), sendo consideradas ilícitas – e as **simplesmente potestativas** – que ligam a vontade de uma das partes a uma situação casual ("se eu viajar", o que envolve não apenas a vontade como as condições necessárias para tanto), sendo permitidas pela legislação.

As condições impossíveis, são as que não se apresentam factíveis seja para o mundo do direito (juridicamente impossíveis) seja para o mundo dos fatos (fisicamente impossíveis). A diferenciação não irá influenciar no efeito da condição, visto que o tratamento dispensado a elas pelo Código é o mesmo.

Se as condições impossíveis, não importando a espécie, forem resolutivas, **apenas serão consideradas inexistentes,** não interferindo na existência do negócio. Assim também **as de não fazer coisa impossível**. Já se as condições impossíveis forem suspensivas, por denotarem uma insensatez das partes em relação à produção de efeitos do negócio, **irão invalidá-lo**. Neste mesmo caminho as condições incompreensíveis e as contraditórias, que representam falta de seriedade das partes para com o negócio entabulado. Incompreensível é a condição que não faz qualquer sentido, como eventual alusão a situações ficcionais; já as contraditórias envolvem a ocorrência de absurdos, como chover e não chover; vencer e perder etc.

A seu lado estão as condições ilícitas ou de fazer coisa ilícita, **que envolvem atuações que contrariam a lei** (e não apenas estão à margem desta, como as impossíveis juridicamente). Seria a questão de, por exemplo, condicionar a eficácia do negócio jurídico à realização de um assassinato. Tal condição, tanto faz positiva ou negativa, suspensiva ou resolutiva, importará na invalidade do negócio, por atentar diretamente à lei.

Desta forma, pode-se apresentar o seguinte quadro:

Condições defesas ou proibidas (art. 122, in fine, CC)	As que privarem de todos os efeitos o negócio.	As que se sujeitarem ao puro arbítrio de uma das partes.
Condições consideradas inexistentes – não alteram o negócio jurídico (art. 124, CC)	Condições resolutória se forem impossíveis.	Condições de não fazer coisa impossível, não importando resolutiva ou suspensiva.
Condições que invalidam o negócio jurídico (art. 123, CC)	As condições física ou juridicamente impossíveis, quando suspensivas.	As condições ilícitas, ou de fazer coisa ilícita.
	As condições incompreensíveis ou contraditórias.	

Encargo: as liberalidades podem ser moduladas através de uma especial prestação a ser desempenhada pelo beneficiário. Esta prestação, que pode ser um dar, fazer ou não fazer e que não pode se configurar em uma contraprestação (sob pena de desconfigurar a doação ou deixar *post mortem*). O encargo não suspende aquisição do direito e nem altera o seu exercício (art. 136, CC), podendo o instituidor determinar de forma diferente, criando um **encargo suspensivo (na realidade um encargo que traz consigo uma condição suspensiva)**. Desta forma, o efeito modulatório do encargo (regra) se apresenta em razão de seu não cumprimento, provocando a resolução do negócio jurídico. Mas somente o instituidor (ou seus herdeiros em continuidade de ação) pode requerer a revogação da doação realizada. Tal diferenciação é importante, pois aos beneficiários não interessa revogar a doação, mas sim o cumprimento do encargo. Logo, enquanto **o instituidor pode promover tanto a ação para cumprimento de encargo quanto a revocatória**, aos **beneficiários** (e o MP, quando a coletividade o é), **somente** toca o pedido de cumprimento do encargo.

Diferentemente das condições, os encargos, tanto ilícitos quanto impossíveis, **são tidos como não escritos**, mantendo-se o negócio intacto. Somente gerarão expansão em sua nulidade, **afetando o negócio**, se forem dele o motivo determinante. Tal se dá, porque qualquer finalidade ilícita, elevada a motivo determinante de um negócio (art. 166, III, CC), corrompendo a causa negocial, que sempre deve ser lícita, em uma atentando à lei.

D **Patologia do negócio jurídico**: Como manifestação humana, o negócio jurídico pode não corresponder, em sua formação, aos requisitos que a lei erige como fundamentais para a perfeita validade, **seja por força de um descompasso da vontade e a realidade sobre a qual ela se manifesta; seja porque a vontade, condizente com a realidade, não se alinha com os ditames legais**. De tais circunstâncias nascem vícios que maculam o negócio jurídico, constituindo o **conjunto de patologias do negócio**.

Essa categoria reúne **o erro, o dolo, a coação, a lesão, o estado de perigo e a fraude contra credores**. Fundamental que se compreenda bem tais conceitos, uma vez que eles se espraiam para outros ramos do Direito, não estando limitados ao Direito Civil. Podem eles ser classificados em vícios do consentimento e vícios sociais, sendo este o panorama mais aceito: **(Vícios do consentimento)** – erro, dolo, coação, estado de perigo e lesão; **(Vício social)** – fraude contra credores.

? QUESTÃO: E a simulação?

➥ **RESPOSTA:** *O negócio jurídico simulado, ou seja, o que se realiza para produzir efeito diverso do declarado ou mesmo nenhum efeito, está eivado de nulidade e não de anulabilidade.*

Adentrando especificamente em cada uma das categorias, tem-se primeiramente o **ERRO**. Ele é a compreensão falha da realidade (fática ou jurídica), que faz com que o sujeito realize o ato e que se compreendesse plenamente esta situação não realizaria. Para alguns, pode-se afastar o erro da ignorância, sendo esta a total escuridão, o total desconhecimento dos fatos que rondam o negócio, enquanto o primeiro é uma compreensão errada. Mas tanto um quanto o outro desencadeariam a mesma consequência, a anulabilidade do ato ou negócio.

Para que provoque a anulabilidade do negócio, o erro deve ser **substancial** – sem o erro o negócio não aconteceria, logo, o erro é determinante para a ocorrência do negócio jurídico. Deve, portanto, recair sobre qualidade essencial do bem, objeto da relação. Sendo meramente acidental tal qualidade, não há que se falar em efeito prático sobre o negócio. Para ser considerado substancial o erro deve:

- interessar à natureza do negócio, ao objeto principal da declaração, ou a alguma das qualidades a ele essenciais;
- Ser concernente à identidade ou à qualidade essencial da pessoa a quem se refira a declaração de vontade, desde que tenha influído nesta de modo relevante;
- sendo de direito e não implicando recusa à aplicação da lei, for o motivo único ou principal do negócio jurídico.

Escusabilidade – o erro, na sistemática do Código de 1916, deveria ser capaz de ocorrer ao homem com diligência normal, mediana. Se somente ocorreria com o homem desatento, leviano, estar-se-ia diante de um erro inescusável, que não viabilizaria a anulação. Defende-se que, à vista do alinhamento do Código Civil de 2002 para com a **teoria da confiança (ou princípio da confiança),** reconhecido no **Enunciado 12** das Jornadas de Direito Civil, não importar mais seja o erro escusável ou não, mas sim ressalta detectar a expectativa criada na outra parte, que não pode ser prejudicada pela atuação de outrem. Isto merece destaque uma vez que o art. 138, CC não atribui como necessário seja o erro escusável ou não.

Não importa se a vontade viciada se apresentou diretamente ou se esta foi realizada por interposta pessoa, e qualquer hipótese pode ela ser anulada (art. 141, CC). Deve-se atentar, contudo, que há erros mais simples que não geram a anulabilidade, como o **erro de cálculo** que somente viabiliza a correção da vontade e eventual ajuste de valores.

Se a não correspondência entre a realidade e a vontade do agente implica em **erro de fato**, deve-se reconhecer que a imperfeita compreensão do substrato legal que guarnece um negócio, **a interpretação errônea da lei** (que é conhecida pelo agente), pode desencadear o **erro de direito**, com aplicabilidade prevista no art. 138, III, CC. Este erro, para resultar na anulabilidade do ato, deve **(I)** ser a compreensão equivocada da regra e não se tratar de ignorância completa sobre o regramento (o que caracterizaria *ignorantia legis*, vedada pela LINDB, art. 3º); **(II)** fundar-se como motivo determinante do negócio encetado, sendo, assim, essencial; e **(III)** não pode se referir a norma de aplicação cogente, mas sobre regramento que aceita a disposição das partes acerca de sua aplicabilidade.

O **falso motivo** somente poderá ser invocado como fundamento da anulação se for a razão determinante da realização do negócio (como a doação feita para aquele que se acredita ser um filho não reconhecido ou o valor que se paga a maior por entender que o veículo pertenceu a uma celebridade).

De outro lado, e alargando o espectro para todas as formas de erro, se a parte que foi acionada em razão **do**

pedido de anulação se prontificar em restabelecer o equilíbrio fático da relação, realizando, por exemplo, desconto no valor pago ou ajustando o objeto para corresponder ao desejo original da parte (com a troca do bem, por exemplo), não há que se falar em desconstituição do negócio. Por fim, caso ocorra a indicação errônea da pessoa ou do bem, **mas em se podendo realizar o negócio da forma correta, graças a outras informações existentes**, não haverá mácula para o ato (art. 142, CC). O sistema, assim, torna o erro medida excepcionalíssima enquanto razão de anulação, buscando, pelas mais diferentes vias, a manutenção do negócio encetado entre as partes.

Enquanto o erro é a incidência espontânea em viciada compreensão dos fatos ou direitos que envolvem o negócio jurídico, **o DOLO é a provocação, intencional, do erro, seja pela ação, seja pela omissão da parte**. Assim, em uma alegoria, "se o erro é o tropeço, o dolo é o empurrão"! Como o erro, **o dolo que autoriza a anulação deve ser essencial**. Sendo apenas **acidental**, envolvendo características secundárias não determinantes do bem, apenas gerará direito a pedido de ressarcimento de perdas e danos (art. 145, CC).

Dentre as formas de dolo, pode-se destacar:

a) **Dolo por omissão** – nasce do silêncio intencional (art. 147, CC) de uma das partes que, consciente do erro em que incide a outra não alerta esta do fato. O dolo por omissão ganhou relevância com o atual sistema civil pautado na boa-fé objetiva, vez que toca a cada uma das partes o dever de informação à outra. Quando uma parte percebe (toma ciência ou deveria tomar) que a outra incorre em manifestação errônea, deve ela, sob pena de cometer omissão dolosa, informar-lhe o engano.

b) **Dolo do representante** – ocorre quando o autor do dolo não é a parte, mas sim o seu representante. Como existem duas formas de representação, a **legal e a convencional**, há efeitos diversos delas provenientes. Se o dolo for do representante convencional, **o representado responderá solidariamente pelas perdas e danos**. Por outro lado, sendo o dolo proveniente do representante legal, **somente será responsável o representado até o limite do que reverter em seu favor**.

c) **Dolo de terceiro**– quando a atuação dolosa parte de terceiro, somente poderá ser anulado o negócio se a parte a quem ele aproveita sabia (o que é dolo por omissão) ou devia saber de tal situação. Se, do contrário, não sabia a parte (ou não devia saber) o negócio será mantido, **tendo a parte prejudicada direito de buscar junto ao terceiro eventuais perdas e danos**. Infelizmente, a estrutura do dolo de terceiro em muito o aproxima do dolo por omissão, sendo, melhor caminho, que o legislador houvesse unificado as figuras.

d) **Dolo bilateral** – não cabe a ninguém alegar a própria torpeza, assim como não é dado ao sujeito obter benefício a partir da contradição em seu comportamento. Desta forma, **se ambas as partes procederem com dolo**, estarão proibidas de alegar tanto o dolo próprio quanto o dolo alheio, de forma que o dolo bilateral (art. 150, CC) não afeta nem a validade do ato nem autoriza a obtenção de indenização.

Seguindo pelos vícios do consentimento, chega-se à **COAÇÃO**. Nela a vontade do agente é originalmente viciada e, seguindo caminho diametralmente oposto ao já visto no erro e no dolo, não há compreensão errônea da realidade (art. 151, CC). O que ocorre **na coação é a manifestação de uma vontade que não se coaduna com o desejo interno agente**, que somente o faz para evitar **dano iminente e considerável à sua pessoa, a alguém de sua família ou a seus bens**. Pode mesmo se referir a pessoa que não pertença à família do manifestante da vontade, sendo neste caso decidida a relevância da influência sobre a vontade do agente pelo magistrado (art. 151, pu, CC).

A coação que importa em vício do negócio é a **moral (vis compulsiva)**, uma vez que a **coação física (vis absoluta)** importa em inexistência de ato ou negócio, por faltar vontade ao agente.

Deve-se atentar que **não se considera coação** o temor frente ao **exercício regular de um direito**. Do mesmo modo, não é coação o mero **temor reverencial** (a filha que celebra um negócio jurídico para não ser admoestada ou levar à cólera o seu pai, não está sendo coagida).

Fechando o tema coação, deve-se analisar a **coação exercida por terceiro**. Neste ponto, para que se discuta a eventual anulação do negócio, deve-se ter claro que a parte a quem aproveitou a coação sabia ou devia saber desta, tornando-se também solidariamente responsável pelos danos causados (art. 154, CC). De outro lado, não havendo o conhecimento, sequer em potencialidade (devia saber) não haverá possibilidade de anulação do negócio, mas o terceiro responderá pelos prejuízos a que der causa (art. 155, CC).

Passa-se agora, não mais a uma **divergência entre a vontade e a realidade**, de forma inocente ou determinada por terceiro para se passar a situações em que o agente atua deliberadamente em seu próprio desfavor em razão de uma **necessidade** pessoal ou patrimonial. Tem-se a **lesão e o estado de perigo** trazidos para análise.

O **ESTADO DE PERIGO** envolve a assunção de relação excessivamente onerosa em razão de premente necessidade *de salvar-se, ou a pessoa de sua família, de grave dano conhecido pela outra parte*. Tal patologia, assim, se estrutura sobre a aceitação de preço (vil ou excessivo) que prejudica claramente uma das partes, sendo que esta somente **aceita a relação por necessitar sanar fato de origem pessoal**, consigo mesmo, com alguém de sua família ou outra pessoa (se assim compreender cabível o magistrado – art. 156, parágrafo único, CC).

Em resumo, para caracterização do estado de perigo, são necessários:

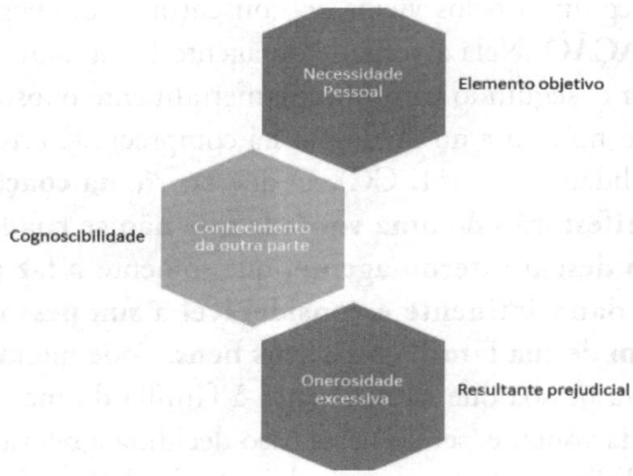

A **LESÃO** não se fundamenta em uma premência pessoal, mas sim patrimonial. O Código ainda viabiliza a configuração da lesão quando a parte, **por inexperiência**, se obriga a uma relação que seja para ela desfavoravelmente desproporcional. Note-se que não há necessidade da certeza de que a outra parte tenha conhecimento, em nenhuma das hipóteses, da situação que está levando a outra a realizar o ato.

Para que se possa avaliar se realmente ocorreu desproporção entre os valores pagos e os valores reais que envolvem o bem, **deverá ser considerado o valor de mercado e o valor pago pelo bem vigente ao tempo do negócio** (art. 157, CC). Note-se, ainda, que tanto pode ocorrer a compra quanto a venda do bem, não interferindo isto na existência da lesão.

A lesão foi objeto de indagação no Exame de Ordem 2020.1, em questão com o seguinte enunciado: *João, único herdeiro de seu avô Leonardo, recebeu, por ocasião da abertura da sucessão deste último, todos os seus bens, inclusive uma casa repleta de antiguidades. Necessitando de dinheiro para quitar suas dívidas, uma das primeiras providências de João foi alienar uma pintura antiga que sempre estivera exposta na sala da casa, por um valor módico, ao primeiro comprador que encontrou. João, semanas depois, leu nos jornais a notícia de que reaparecera no mercado de arte uma pintura valiosíssima de um célebre artista plástico. Sua surpresa foi enorme ao descobrir que se tratava da pintura que ele alienara, com valor milhares de vezes maior do que o por ela cobrado. Por isso, pretende pleitear a invalidação da alienação. A respeito do caso narrado, assinale a afirmativa correta.* No caso em tela, podemos notar que a afirmativa correta seria *o negócio jurídico de alienação da pintura celebrado por João está viciado por lesão e chegou a produzir seus efeitos regulares, no momento de sua celebração.*

Na busca pela manutenção do negócio jurídico, o Código determina em seu art. 157, §2º, que não haverá anulação se a parte que se beneficiou concordar em reequilibrar o negócio, seja suplementando o pagamento seja devolvendo o excesso recebido.

Para fechar esta teoria dos vícios, não mais envolvendo o simples consentimento, mas sim um vício social, tem-se **a FRAUDE CONTRA CREDORES,** única forma a trazer consigo um prejuízo a terceiros, tutelando, desta forma, **terceiros que possam ser alcançados pela atuação das partes**. Pode ela ocorrer tanto nos atos gratuitos quanto no onerosos, tendo, contudo, requisitos diferentes.

Iniciando pelos atos gratuitos, a fraude ocorre em *negócios de transmissão gratuita de bens ou remissão de dívida*, que são praticados por quem já esteja em insolvência ou que seja reduzido a tal condição em razão destes atos, mesmo com a ignorância das partes envolvidas sobre o prejuízo que será criado (art. 158, CC). Basta, portanto, que o ato gere a insolvência do devedor (*eventus damni*). De outro tanto, esta situação gera para os **credores quirografários** (que não possuem garantia especial ou real de seu crédito) o direito de promover a anulação destes atos, **através da ação paulina ou revocatória,** de natureza **desconstitutiva** (ou constitutiva negativa). O STJ, contudo, entendeu no **REsp 971.884-PR** que a pauliana tem efeito apenas em relação ao crédito fraudado, fazendo o valor retornar para a excussão apenas quanto ao valor necessário.

A restrição de legitimidade face aos quirografários se dá por que estes não possuem uma garantia especial ou real sobre bens específicos do devedor, na realidade, possuem apenas a garantia direta de se ver satisfeitos com base no patrimônio do devedor e sendo tal conjunto patrimonial deficitário, nada receberão. Com base neste raciocínio, **mesmo os credores reais que somente possuem garantida parte do crédito** (mas não a totalidade), também têm legitimidade para promover a ação revocatória ou pauliana (CC, art. 158, §1º). A fundamental limitação em relação a qualquer tipo de credor está em que somente podem titularizar a pauliana os que forem credores ao tempo da realização do negócio. **Se já embarcaram em uma**

relação jurídica quando da insolvência da outra parte, não lhes assistirá direito em requerer anulação dos atos.

De outro lado, **quando envolve atos onerosos**, deverá a outra parte ter conhecimento da condição de insolvência em que está (ou em que cairá) a outra parte para que se caracterize a fraude e que, por óbvio, o patrimônio seja desfalcado ou fragilizado, podendo o adquirente de bens evitar a anulação se depositar o valor recebido em favor dos credores do insolvente. Interessante notar que se o depósito for de valor aproximado do de mercado, restará o adquirente totalmente desobrigado; de outro lado, se for inferior o valor por ele recebido, para conservar os bens, deverá depositar o valor real (CC, art. 160 e parágrafo único). Aqui tem-se uma necessária fusão de ***eventus damni* e do *consilium fraudis***, ou seja, a reunir dos envolvidos para causar prejuízo a terceiros. Neste esteio, também poderá ver o negócio anulado o credor que receber crédito ainda não vencido, devendo recompor o conjunto patrimônio de seu devedor, quando solicitado (art. 162, CC). Esta situação somente se aplica ao quirografário, já que o credor com, por exemplo, garantia real, não causará dano ao patrimônio se receber antecipadamente o valor que lhe é devido (uma vez que garantida está a dívida e quitação dela liberará um bem no patrimônio do devedor).

Interessante notar que há atos que, mesmo não gerando diretamente uma redução patrimonial, importarão em grave prejuízo aos credores quirografários. É o caso da concessão fraudatória de garantias em favor de um credor (CC, art. 163), não importando o tipo de garantia (se real ou especial). Nestes casos, porém, **a anulabilidade somente alcançará a garantia concedida** (art. 165, parágrafo único, CC).

Todos estes vícios inquinam o ato com **anulabilidade**. Há, contudo, situações mais sérias, em que o vício é tal que não se trata apenas um de interesse privado a ser atingido, mas sim a própria ordem jurídica se vê afetada. Nestas situações, ocorre a nulidade, vício que se passa, agora, em revista. Vale destacar que os atos inquinados de anulabilidade podem ser confirmados por suas partes, sendo tal confirmação irrevogável (art. 175, CC). Com a **confirmação**, o ato passa a contar com plena validade. De outro lado, os atos meramente anuláveis estão subordinados, quanto à alegação de vícios, a prazo decadencial. Uma vez transcorrido tal prazo, consolida-se (**convalida-se**) o ato.

Ação de anulação	
Prazo	**Contagem**
4 anos	Se for coação, a contagem se inicia do dia em que ela cessar
4 anos	Sendo qualquer outro dos vícios do negócio (erro, dolo, fraude contra credores, estado de perigo e lesão), a contagem parte do dia em que o negócio se realizou
	No de atos de incapazes, do dia em que cessar a incapacidade.

A simulação

Os vícios já estudados demonstram **um prejuízo para uma das partes ou para um terceiro, prejuízo este nascido do negócio jurídico realizado**. Na simulação a principal agressão **se dá à lei**, visto que as partes realizam um negócio que, ou não visa produzir qualquer efeito, ou tem como único mister alcançar o que a lei lhe proíbe. Como bem leciona Francisco Amaral, "concepção mais moderna, no âmbito da teoria objetiva do negócio jurídico, apresenta a simulação como vício da própria causa do negócio, resultado na incompatibilidade entre esta e a finalidade prática do negócio" (2003: 531).

A simulação pode ser **absoluta** (quando nenhum negócio subjaz ao simulado) ou **relativa**, também chamada **dissimulação** (quando há o negócio simulado e o negócio dissimulado, este sim com efeitos desejados pelas partes).

Segundo a legislação, o negócio se tem por simulado quando (CC, art. 167, parágrafo único):

> I – aparentarem conferir ou transmitir direitos a pessoas diversas daquelas às quais realmente se conferem, ou transmitem;
>
> II – contiverem declaração, confissão, condição ou cláusula não verdadeira;
>
> III – os instrumentos particulares forem antedatados, ou pós-datados.

Mesmo gerando nulidade para o ato, **a simulação não afetará eventuais direitos de terceiros de boa-fé que tiverem negociado com os envolvidos**, ressalva esta fundamental para que se garanta o trânsito jurídico em uma sociedade plural, digital e dinâmica como se tem hoje.

Na forma do art. 168, do Código Civil, podem *ser alegadas por qualquer interessado, ou pelo Ministério Público*, quando o feito estiver vinculado às suas atribuições e contar com sua participação (enquanto parte ou enquanto *custos legis*).

Na linha de ampla legitimidade e voltando-se os olhos para todos os casos de nulidade, mesmo o Juiz pode conhecê-la, de ofício, com base nas provas que existirem nos autos (devendo ser elas suficientes), mas não poderá suprir o vício, com ou sem a aquiescência das partes, visto que a nulidade não é sanada com o tempo nem pode ser ratificada em novo ato pelas partes (art. 169, CC).

Contudo, vive-se um momento em que as relações jurídicas devem ser aproveitadas ao máximo, em que se busca fazer com que elas produzam efeitos. Neste esteio se apresenta a **teoria da conversão substancial do negócio jurídico**, estampada no art. 170 do Código Civil, em que se afirma que se *o negócio jurídico nulo contiver os requisitos de outro, subsistirá este quando o fim a que visavam as partes permitir supor que o teriam querido, se houvessem previsto a nulidade*. Como se pode notar, adotou-se a **visão substancial da conversão**, visto ser necessário que se presuma a vontade das partes a partir da estrutura negocial. Neste esteio, **fundamental perceber-se que há necessidade de consulta prévia às partes para análise da nulidade**, uma vez que há, no mesmo sentido da prescrição, forma de se superar tal vício. Logo, há caminho, ao ver destes escritos, para se aplicar analogicamente o art. 487, p.u., CPC, a tais casos, em que o magistrado, antes de decretar a nulidade, **ouviria as partes acerca da possibilidade de conversão**.

O Exame Unificado 2018.3 indagou sobre a simulação da seguinte forma: "Arnaldo foi procurado por sua irmã Zulmira, que lhe ofereceu R$ 1 milhão para adquirir o apartamento que ele possui na orla da praia. Receoso, no entanto, que João, o locatário que atualmente ocupa o imóvel e por quem Arnaldo nutre profunda antipatia, viesse a cobrir a oferta, exercendo seu direito de preferência, propôs a Zulmira que constasse da escritura o valor de R$ 2 milhões, ainda que a totalidade do preço não fosse totalmente paga". A imposição de valor falso ao negócio, com fito de prejudicar terceiro, deixa patente a ocorrência da simulação, gerando a nulidade do negócio realizado.

E Invalidade do negócio jurídico:

O plano da validade envolve a correspondência legal de determinado ato que, até o presente momento, se considera existente, ou seja, avalia-se se o ato que se **praticou corresponde ou não aos ditames legais que sobre ele pesam**, que se denominam **requisitos de validade**. Em razão disto, contempla tal plano a invalidade do negócio formulado. Apesar de a caminhada natural do negócio ser a manifestação plena de sua validade e consequente produção de efeitos, **pode ocorrer que o ato não satisfaça os requisitos de validade**, afetando-se, com isto, não apenas a eficácia, mas também a própria existência, **já que o negócio deverá ser expurgado do mundo**. Necessário é, assim, passar em revista a **Teoria das Invalidades**, englobando as **patologias** que afligem tal categoria jurídica.

O sistema conhece dois **grandes vetores patológicos**: um mais profundo, que maculará de forma dura o negócio, retirando-o do universo do dever ser (**a nulidade ou nulidade absoluta**) e outro, de menor alcance, que também poderá extirpar o negócio, mas que possui limitação em razão da pessoa e do tempo de sua eficácia destrutiva (**a anulabilidade ou nulidade relativa**).

Partindo-se da **anulabilidade** deve-se tratar, primeiramente, do alcance deste fato. **A anulabilidade decorre de uma mácula de menor alcance**, vinculada a um interesse **particular**, que, se não questionada no prazo legal irá se **convalidar.** Deriva de casos apontados especificamente em lei que serão vistos ao longo desta obra, além disso, são também anuláveis os atos realizados pelos relativamente incapazes sem a **devida assistência e os que decorrem dos vícios do negócio jurídico**, visto à frente (art. 171, CC). Do mesmo modo, o ato viciado pode ser mantido, através da ratificação das partes. A **ratificação se realiza através de novo ato** (art. 173, CC) em que se corrigirão os problemas e não pode prejudicar terceiros que eventualmente tenham direitos sobre bens envolvidos (art. 172, CC). Caso as partes não mencionem que realizam o ato em ratificação a um anterior esta não se dará, mas sim novo negócio entre as partes. A ratificação também pode se dar de forma tácita, em que a parte cumpre o que lhe caiba mesmo sabendo da possibilidade de anulação (art. 174, CC). Não se confunde ela com a inação da parte, que poderá gerar a decadência do direito de ver anulado o ato, convalidando-o. Nestas situações, ocorrendo a confirmação, seja de forma expressa ou tácita, não haverá qualquer direito derivado do ato, findando-se com isto o fundamento para eventual indenização ou ação de anulação.

Pode, contudo, ocorrer de a anulabilidade decorrer **da falta de autorização de terceiro** que deveria concedê-la para a plena validade do ato. Nesta situação, a concessão posterior tem efeitos retroativos sobre o ato, **convalidando-o** (art. 176, CC).

A **anulabilidade**, por envolver interesses limitados à esfera particular, também tem efeitos limitados entre as partes de um mesmo negócio. Tenta-se isolar a parcela anulável das demais, como forma de garantir o conjunto, devendo-se, contudo, analisar se com a anulação da parte e manutenção do restante ainda estará respeitada a vontade das partes (art. 184), visto que tal interpretação e manutenção não pode mudar a finalidade do ato. De outro lado, **a simples anulabilidade do instrumento não afetará o negócio se houver meios de se manter prova do mesmo** por outros mecanismos (CC, art. 183).

A **ação de anulação tem natureza desconstitutiva** (ou constitutiva negativa), gerando seus efeitos a partir da publicação da sentença (desconsiderando eventual recurso com efeito suspensivo). Logo, a anulabilidade será decretada sob efeitos *ex nunc*, "a partir de agora", não afetando direitos constituídos no interregno entre a formação do ato e anulação. De outro tanto, não pode ser apreciada ex officio pelo magistrado, devendo as partes provocar a sua observação. Isto se dá por que o interesse fundamental envolvido nas anulabilidades é particular, não se estendendo a toda a sociedade ou se tratando de grave agressão ao sistema jurídico. Neste mesmo ela somente aproveita aos que a alegarem, ressalvada solidariedade na relação ou indivisibilidade do objeto. **Uma vez que se dê a anulação, as partes deverão ser devolvidas ao *status quo ante*.**

O Código Reale, na busca de maior operabilidade, estabeleceu que se a lei determinar que certo vício causa a anulabilidade do ato e não fixar prazo para a atuação da parte, será este de 2 anos, contados a partir da conclusão do negócio (art. 179, CC).

Determina o Código que o *menor, entre dezesseis e dezoito anos, não pode, para eximir-se de uma obrigação, invocar a sua idade se dolosamente a ocultou quando inquirido pela outra parte, ou se, no ato de obrigar-se, declarou-se maior.*

As nulidades sempre se encontram em lei. São causas de nulidade (art. 166 c/c 167):

Causas de nulidade
I – celebrado por pessoa absolutamente incapaz.
II – for ilícito, impossível ou indeterminável o seu objeto.
III – o motivo determinante, comum a ambas as partes, for ilícito.
IV – não revestir a forma prescrita em lei.
V – for preterida alguma solenidade que a lei considere essencial para a sua validade.
VI – tiver por objetivo fraudar lei imperativa.
VII – a lei taxativamente o declarar nulo, ou proibir-lhe a prática, sem cominar sanção.
VIII – Simulação

As diferentes espécies de defeitos e vícios do negócio jurídico (gerando o que autores chamam de patologia do negócio jurídico) podem provocar, doutrinariamente, três níveis de efeitos nos negócios. São eles:

Em resumo: Nulidades		
Âmbito de alcance	**Nulidade**	**Anulabilidade**
Qual o interesse envolvido?	Público	Particular
Opera de pleno direito?	Sim	Não
Quem tem legitimidade para arguir?	Partes, terceiros, Ministério Público e o Juiz (*ex officio*)	Somente os interessados
Alcance temporal da sentença	*Ex tunc*	*Ex nunc*

Em resumo: Nulidades		
Âmbito de alcance	**Nulidade**	**Anulabilidade**
Prazo para propositura da ação	Não há prazo. O negócio jurídico nulo não convalesce com o tempo. Daí se afirmar que ele acaba provocando a inexistência do ato (pois ele nunca poderá produzir efeitos juridicamente aceitos). A impossibilidade de convalescimento foi objeto de análise do **Exame Unificado de Abril de 2014**, ao tratar de ato realizado por menor impúbere (menor antes dos 16 anos completos) sem a representação devida. Apresentava como alternativa incorreta a possibilidade de ratificação do representante. Tal ratificação é vedada por lei.	Sujeita-se a prazo. 4 anos – erro, dolo, coação, fraude contra credores, lesão e estado de perigo. (com diferentes momentos de início de contagem).
Causas	Arts. 166 e ss. (além do que estiver disposto na parte especial).	Art. 171 (além do que estiver disposto na parte especial).
Pode ser ratificado (confirmado) pelas partes? Na ratificação as partes fazem uma menção de que desejam os efeitos do negócio	Não	Sim
Pode ser aproveitado como outro negócio – Teoria da conversão – art. 170 do CC?	Sim	Não

10. PRESCRIÇÃO E DECADÊNCIA

A prescrição atinge a **pretensão**, obstando a eficácia desta (**gera um contradireito em favor do devedor**). Pode ser **interrompida** (despreza-se o tempo transcorrido e a contagem recomeça do início), **impedida** (o prazo não se inicia) **ou suspensa** (a contagem é paralisada e reinicia ao final da causa suspensiva – portanto não se perde o prazo já iniciado). **Pode haver renúncia** da prescrição, desde que **não prejudique terceiros** e **somente** após escoado o prazo prescricional. **Não podem os prazos de**

prescrição ser alterados pelas partes. Pode a prescrição ser alegada, por quem aproveite, em qualquer grau de jurisdição, além de poder ser apontada ex officio **pelo magistrado** (art. 332. §1º, CPC), somente aplicável de forma direta quando da detecção liminar (resultante em indeferimento) da prescrição. Ao longo do processo deverá o magistrado, conforme determinação do art. 487, p.u., CPC, **ouvir as partes acerca da prescrição**, momento em que o réu poderá renunciar à prescrição ocorrida.

O novel art. 206-A prevê a possibilidade de aplicação da prescrição intercorrente (na pendência do processo) às questões condenatórias civis. O STJ, nos autos do Resp 1.604.412/SC, fixou, através do IAC/Tema 1, as seguintes teses sobre o tema:

> "1.1. Incide a prescrição intercorrente, nas causas regidas pelo CPC/73, quando o exequente permanece inerte por prazo superior ao de prescrição do direito material vindicado, conforme interpretação extraída do art. 202, parágrafo único, do Código Civil de 2002.
>
> 1.2. O termo inicial do prazo prescricional, na vigência do CPC/1973, conta-se do fim do prazo judicial de suspensão do processo ou, inexistindo prazo fixado, do transcurso de 1 (um) ano (aplicação analógica do art. 40, § 2º, da Lei 6.830/1980).
>
> 1.3. O termo inicial do art. 1.056 do CPC/2015 tem incidência apenas nas hipóteses em que o processo se encontrava suspenso na data da entrada em vigor da novel lei processual, uma vez que não se pode extrair interpretação que viabilize o reinício ou a reabertura de prazo prescricional ocorridos na vigência do revogado CPC/1973 (aplicação irretroativa da norma processual).
>
> 1.4. O contraditório é princípio que deve ser respeitado em todas as manifestações do Poder Judiciário, que deve zelar pela sua observância, inclusive nas hipóteses de declaração de ofício da prescrição intercorrente, devendo o credor ser previamente intimado para opor algum fato impeditivo à incidência da prescrição."

A decadência atinge o próprio **DIREITO (a essência da relação jurídica)**. Não se aplicam, **salvo disposição legal**, as normas sobre interrupção, suspensão e impedimento existentes na prescrição (lembre-se que existem exceções legais, como a do absolutamente incapaz). **É nula a renúncia à decadência fixada em lei, mas é possível a renúncia à decadência convencional, como nos prazos de garantia contratuais.** Quando estabelecida em lei, o juiz deve reconhecer de ofício a decadência. Se for convencional, apenas a parte a quem aproveita pode alegá-la em qualquer grau de jurisdição; o juiz só pode reconhecer *ex officio* a decadência decorrente de lei.

FIQUE POR DENTRO:

O RJET (Regime Jurídico emergencial e transitório – instituído pela Lei 14.010 de 10 de junho de 2020) impediu/suspendeu, em seu art. 3º, tanto os prazos prescricionais quanto os decadenciais, durante os períodos compreendidos entre 20 de março de 2020 e 30 de outubro de 2020.

Quanto à eficácia da regra, devemos atentar que somente valerá o impedimento ou suspensão se o direito em questão não estiver, de qualquer forma, com prazo de exigibilidade/exercício suspenso, impedido ou interrompido. Assim, somente se aplica a regra aos prazos que efetivamente estejam em transcurso na data ou venham a ter início de contagem no interstício suspensório.

Da mesma forma, os prazos da usucapião, tanto a forma imobiliária quanto a mobiliária, permaneceram suspensos entre 20 de março de 2020 e 30 de outubro do mesmo ano. O examinando deve, ao analisar a questão, descontar o apontado período.

A propósito, o **Exame Unificado de Setembro de 2010** apresenta interessante questão acerca da prescrição e da decadência, afirmando que é correto que *"os prazos prescricionais podem ser suspensos e interrompidos, enquanto os prazos decadenciais legais não se suspendem ou interrompem, com exceção da hipótese de titular de direito absolutamente incapaz, contra o qual não corre nem prazo prescricional nem prazo decadencial."*

Teste seus conhecimentos!

(FGV – Exame de Ordem/2022.1) Jorge foi atropelado por Vitor, em 02/02/2016. Em razão desse evento, Jorge sofreu danos morais, materiais e estéticos, os quais surgiram e foram percebidos por ele imediatamente após o acidente. Tempos depois, em 31/01/2021, Jorge procurou você, como advogado(a), e disse que pretendia ajuizar uma ação de reparação contra Vitor.

Sobre a hipótese apresentada, você deverá informar para Jorge que

A) o prazo prescricional da pretensão de reparação civil extracontratual é de 10 (dez) anos.

B) a pretensão está prescrita, tendo em vista o prazo de 3 (três) anos ao qual se vincula a pretensão de reparação civil extracontratual.

C) a pretensão está prestes a ser fulminada pela prescrição, uma vez que a pretensão de reparação civil extracontratual prescreve em 5 (cinco) anos.

D) houve prescrição apenas da pretensão de demandar a seguradora da qual Vitor é segurado, mas que permanece viável a pretensão de reparação civil extracontratual, por seu prazo de 10 (dez) anos.

Resposta no rodapé[13].

13 Alternativa correta – b

CAPÍTULO II

DIREITO DAS OBRIGAÇÕES

1. NOÇÕES

A obrigação é a base da estrutura legal ou convencional que vincula um credor e um devedor. **A partir dela nascem débito, responsabilidade e vínculo jurídico.**

2. PARTES (ELEMENTO SUBJETIVO)

Sempre uma relação terá duas partes, que podem ser ocupadas por várias pessoas (como se tem nas obrigações solidárias e nas obrigações indivisíveis). Credor é quem exige a prestação, enquanto ao devedor cabe o dever de prestá-la.

3. PRESTAÇÃO (ELEMENTO OBJETIVO)

É um agir humano, uma conduta (tanto positiva, quanto negativa). **Não existe obrigação sem uma conduta humana como objeto imediato.** Este objeto imediato, a prestação, possui três espécies: **dar, fazer e não fazer.** Já o **objeto mediato**, objeto da prestação, pode ser variado, podendo ser ocupado por qualquer bem da vida. Seguindo um esquema mnemônico, temos:

EM RESUMO: Obrigações	
Objeto imediato da obrigação	**Objeto mediato da obrigação**
Prestação (dar, fazer ou não fazer)	Bem da vida

4. VÍNCULO OBRIGACIONAL (ELEMENTO JURÍDICO)

É o liame, o **nexo** que vincula uma parte à outra. É no vínculo obrigacional que reside a responsabilidade. Deve-se observar que a obrigação pode ter um **débito** (a dívida em si) que está ligado ao **objeto** ("eu sou devedor") e uma responsabilidade, que trata do dever de pagar, o poder que o credor tem de exigir judicialmente o pagamento, subordinando a vontade do devedor ("tenho de pagar"). Há **obrigações que possuem débito**, mas **não responsabilidade** (as obrigações naturais, como as prescritas) e **obrigações que possuem responsabilidade sem débito** (a obrigação do fiador, pois ele não é devedor).

5. MODALIDADES DAS OBRIGAÇÕES

Várias são as formas pelas quais as obrigações podem se apresentar, sendo que cada uma delas apresenta diferente interesse ao Direito. Aqui, serão estudadas as que apresentam maior relevância e que vêm sendo objeto de maiores discussões nos concursos públicos e Exames de Ordem.

5.1 Quanto ao objeto:

O foco está na **prestação**, ou seja, o objeto imediato da obrigação. A partir deste critério, a obrigação classifica-se em dar, fazer e não fazer.

A **Dar**: Abarca todas as obrigações em que a conduta humana não é relevante, **interessa apenas que a coisa chegue às mãos** (ao patrimônio) do credor. Assim, na obrigação **restituir e na obrigação de entregar** (espécies de obrigações de dar), a conduta do devedor estará de acordo com a lei quando a coisa estiver em posse do credor. Nas obrigações de dar a mora é regra, sendo a sua purgação possível na maioria das relações (mora é a demora, o atraso – purgar a mora é arcar com os custos do atraso).

Estas obrigações podem envolver **dar uma coisa certa** (que tem como objeto uma coisa determina – o boi "Bandido") ou **uma coisa incerta** (em que o objeto da obrigação envolve um gênero, e não uma coisa específica – um boi).

Aqui um recurso de memorização interessante. **Não existe diferença substancial** entre obrigações de dar coisa certa e incerta. Deve-se observar que a obrigação de dar coisa incerta apenas possui uma fase a mais, a **da escolha** (ou especificação), que evita a indeterminabilidade do objeto quando do adimplemento. A escolha **cabe, em regra, ao devedor**, se este não escolher, a escolha caberá ao credor.

Ambos, credor e devedor, estão vinculados à **regra do meio-termo**, não podem escolher nem o melhor nem o pior. Até este momento, lembre-se que não existe extinção da obrigação por perda do objeto, visto que o gênero nunca perece (art. 246). **Exceção: "gênero limitado"**- quando a obrigação envolve um universo limitado de coisas, como quando se vende um "boi de minha boiada – **se todos os bois da minha boiada vierem a perecer**, extinta estará a obrigação e as partes deverão ser devolvidas ao *status quo ante* – estado anterior).

Após esta fase, rege-se esta obrigação pelos **mesmos princípios da de dar coisa certa**. Até o momento da entrega do bem ao credor, os **riscos a que a coisa está exposta correm por conta do dono**.

Assim, a coisa, se vier a se perder, se perde para o dono. Vale destacar que este princípio comporta uma exceção, tratada pelo Código Civil no art. 524, em que na compra e venda com reserva de domínio, **enquanto não estiver paga, a coisa pertence ao vendedor**. Mas se ela vier a se **perder neste período, quem deverá arcar com a perda será o comprador**.

Se a coisa se perde, deve-se descobrir quem é o **responsável pela perda. Se não houve culpa de nenhuma das partes**, aplica-se a regra geral e a coisa **se perde para o dono** (resolve-se a obrigação, restituindo-se as partes ao estado anterior). Se houve culpa, deve-se **apreciar de quem**. Se do dono, para este a coisa irá se perder, desfazendo-se a obrigação e arcando com os prejuízos que causar ao não dono (se houver algum prejuízo a ser apurado). **Onde houver prejuízo, lá estarão as perdas e danos**. Se a culpa recair sobre o não dono, este deverá indenizar ao dono a coisa perdida, acrescendo ao valor desta as eventuais perdas e danos (observe que indenizar é pagar o bem do qual se provocou a perda).

Se o bem não mais existe ou não mais está acessível (como o diamante jogado ao mar), tem-se a **PERDA**; se o que ocorreu é apenas uma redução de qualidades e características do bem, ocorre a **DETERIORAÇÃO**. Sempre que detectar-se uma deterioração, resta ao credor receber a coisa no estado em que estiver, se assim desejar, provocando uma redução na indenização e no pagamento das perdas e danos (**ação estimatória**). Atente-se, contudo, que isto é uma opção, vez que a redução ou deterioração pode ter afetado característica fundamental para o credor, quando ele irá preferir a indenização e as perdas e danos por completo.

Do mesmo modo, como os riscos correm em desfavor do dono, também as melhorias que à coisa vierem se agregar beneficiam aquele que ainda é dela o proprietário. Atente-se com este caso, aplicado no Exame de Ordem 2018.1: "Arlindo, proprietário da vaca Malhada, vendeu-a a seu vizinho, Lauro. Celebraram, em 10 de janeiro de 2018, um contrato de compra e venda, pelo qual Arlindo deveria receber do comprador a quantia de R$ 2.500,00, no momento da entrega do animal, agendada para um mês após a celebração do contrato. Nesse interregno, contudo, para surpresa de Arlindo, Malhada pariu dois bezerros." Nesta conjuntura, os bezerros pertencem a Arlindo.

B **Fazer:** A obrigação de fazer envolve a **conduta humana diretamente**, assim, um realizar humano é fundamental. As obrigações de fazer, podem contemplar tanto **obrigações de meio quanto obrigações de resultado**, conforme a técnica desenvolvida para o cumprimento da obrigação seja ou não fundamental. Em sendo a técnica o elemento de destaque, teremos uma obrigação de meio; de outro lado, sendo de destaque o resultado final, haverá obrigação de fim (ou de resultado). **As obrigações de fazer comportam a noção de mora apenas de forma excepcional**. Se você contrata artistas para fazerem um show no dia do seu aniversário, não existe meio de cumprirem esta obrigação fora do prazo estipulado.

As mesmas ideias da indenização e das perdas e danos se aplicam a elas. Primeiro devolvem-se partes ao estado anterior (quem recebeu algo adiantado, devolve); depois se apura quem é culpado. Se ninguém o for, nada há que se pagar.

Se houver culpado, este deverá pagar as perdas e danos. **Perdas e danos** envolvem os **danos emergentes** (o que se perdeu de forma direta, excluída a indenização) e os **lucros cessantes** (o que, comprovadamente, se deixou se ganhar). Os gastos com hospital provenientes do abalroamento de um veículo são danos emergentes; o mês sem trabalhar do taxista compõe os lucros cessantes. Toda esta caminhada somente ocorrerá se não mais puder ser adimplida a obrigação. Se for possível e o credor desejar o cumprimento extemporâneo, deverá ocorrer o adimplemento retardado e apurar-se eventuais prejuízos decorrentes do atraso. Na hipótese de ser possível o cumprimento por terceiros o credor poderá desejar o cumprimento por outros, à custa do devedor (art. 249).

C **Não fazer:** Esta classificação envolve **o não fazer humano**, quando alguém se submete a não realizar algo. Como meio de se lembrar desta classe de obrigações, vale pensar que muitos direitos envolvem obrigações de não fazer, como o direito de propriedade, em que as demais pessoas devem se abster de prejudicar a propriedade alheia. **As obrigações de não fazer não comportam, não aceitam a mora**. Uma vez que o sujeito fez o que não devia fazer, ele já cairá, automaticamente em inadimplemento. **Não há mora (logo, não há purgação da mora) em obrigações de não fazer**. Só há indenização e eventuais perdas e danos por força do inadimplemento.

5.2. Quanto à divisibilidade do pagamento/responsabilidade dos devedores: As obrigações divisíveis e indivisíveis (assim como as solidárias e não solidárias) fazem parte de um grupo especial de obrigações. Isto porque **somente** haverá esta possibilidade (indivisibilidade ou solidariedade) **se houver pluralidade de sujeitos em pelo menos um dos polos da obrigação**.

Assim, se, e somente se, houver mais de um credor e/ou mais de um devedor é que se discutirá **se há ou não indivisibilidade ou solidariedade**. Esta lembrança é importante para que não se confunda estas situações com aquelas em que se faz um pagamento parcelado (dez vezes sem juros, por exemplo). Nestas, o que se tem é uma obrigação de parcelar.

A **Obrigações divisíveis e indivisíveis:** nelas, o foco se encontra no objeto da prestação, logo, bem da vida, e é ele que vai demonstrar se há possibilidade de divisão da obrigação. Ocorrendo mudança no objeto da prestação, deve-se reanalisar a (in)divisibilidade. Por esse motivo as **obrigações indivisíveis perdem esta qualidade quando se convertem em indenização** (dinheiro, modo natural de pagamento das indenizações e perdas e danos, é divisível). Só o culpado responderá pelos prejuízos advindos. Esta indivisão pode decorrer da vontade das partes, da natureza do objeto ou da determinação legal (como a área mínima de parcelamento urbano para edificação).

Nesta forma de obrigação, **ocorre uma fragmentação do débito em tantos quantos forem os credores ou devedores** (art. 257). Ocorre que o pagamento será apenas um, em razão de o objeto não poder ser fragmentado.

Não se podem confundir as **relações externas** (que envolvem a indivisibilidade) e as **relações internas**, que envolvem como os credores e/ou devedores fracionaram entre si o crédito/débito. O credor que se **apresentar para receber o pagamento** (e receberá tudo) passará a ser devedor dos demais credores, na proporção do direito de cada um, sendo a **divisão igualitária** se de forma diferente não se convencionou.

O devedor, para pagar a apenas um dos credores, **deve se resguardar**, exigindo comprovação por meio idôneo que o credor que se apresenta para receber o faz também em nome dos demais ou exigir uma caução de ratificação **por parte dos demais** (o credor que recebe, entrega caução ao devedor, como prova de que obterá a ratificação dos demais credores).

Por outro lado, o devedor que paga (e deverá pagar tudo) **passa a ser credor dos demais devedores** na proporção do direito de cada um, sendo a divisão igualitária se de forma diferente não se convencionou. Ocorre, assim, **sub-rogação.**

Se houver perdão por parte de um dos credores este perdão apenas alcançará a parte do crédito que toca ao credor que perdoou. Os outros não poderão cobrar sem descontar a parte do que perdoou. Isto é lógico, porque a indivisibilidade só existe no objeto.

B **Obrigações solidárias:** diferentemente das obrigações indivisíveis, as solidárias não recebem esta característica em razão do objeto da prestação. Pelo contrário, **é o próprio vínculo jurídico que cria a solidariedade e é nele que ela se manifesta.** Na solidariedade, os credores solidários são credores de tudo, enquanto os devedores solidários são titulares do débito em sua integralidade (ressalte-se que pode este débito somente interessar a um dos devedores solidários, o que será melhor visto à frente).

Assim como nas indivisíveis, só se discute solidariedade se houver pluralidade em um dos polos.

A solidariedade está no vínculo obrigacional. Assim **se se converter em perdas e danos, continua a solidariedade.** A solidariedade **nunca pode ser presumida, ela decorre da lei ou da vontade das partes** (art. 265 CC)! A solidariedade também é chamada **correalidade.**

- **Solidariedade ativa:** ocorre solidariedade ativa quando a relação possui, no polo ativo, **ao menos dois credores** que são titulares do crédito em sua integralidade (podem exigir tudo). Enquanto o devedor não for demandado, se livrará do débito pagando tudo a qualquer um credor.

A solidariedade não sobrevive ao seu titular. Se o credor morrer, o herdeiro só poderá exigir sua parcela hereditária, salvo se a dívida for indivisível. Mas, se todos os herdeiros **demandarem em nome do espólio, terão direito à solidariedade** (o espólio continua a personalidade do falecido). Pela mesma razão, as exceções pessoais que o devedor tiver em relação a um dos credores não podem ser opostas aos demais. Por outro lado, *o julgamento contrário a um dos credores solidários não atinge os demais, mas o julgamento favorável aproveita-lhes, sem prejuízo de exceção pessoal que o devedor tenha direito de invocar em relação a qualquer deles.*

- **Solidariedade passiva:** na solidariedade passiva o **conjunto de devedores está vinculado ao total** da dívida, assim, cada um deve o todo e pode ser obrigado judicialmente a pagar o todo, conforme melhor escolha do credor. Mesmo que o credor opte por executar apenas um dos devedores isto não implica em renúncia em relação ao demais, que poderão ser demandados posteriormente, havendo saldo a pagar.

Uma vez que o devedor pague, ele se sub-roga nos direitos do credor em relação aos demais devedores, podendo cobrá-los, mas de maneira *pro rata*, sem o benefício da solidariedade.

Se um dos devedores falecer, o herdeiro só responde por sua parte. Mas, atenção, o espólio responde no lugar do devedor, portanto, de forma solidária.

Qualquer acordo entre o credor e um dos devedores solidários **não pode agravar a situação dos demais.** Por outro lado, se houver a interrupção da prescrição em face de qualquer um dos devedores, ocorrerá esta também em relação aos demais (art. 204, § 1º). Contudo, se a interrupção se der contra um dos herdeiros dos devedores, somente operará contra os demais herdeiros e devedores se se tratar de obrigação indivisível.

Se houver culpa na extinção da obrigação, **todos continuam vinculados pela indenização**, mas as perdas e danos somente deverão ser pagas pelo culpado. Este assunto foi abordado em uma questão no **Exame Unificado de Novembro de 2017**, com o seguinte enunciado: *André, Mariana e Renata pegaram um automóvel emprestado com Flávio, comprometendo-se solidariamente a devolvê-lo em quinze dias. Ocorre que Renata, dirigindo acima do limite de velocidade, causou um acidente que levou à destruição total do veículo.* Ao final, indagava-se quais eram os direitos de Flávia em face de André, Mariana e Renata. Como a devolução do bem não se daria em natura, mas por conversão em equivalente e perdas e danos, pelo equivalente todos seriam responsáveis (em razão da solidariedade, que não finda com a perda do bem), somente podendo ser atribuída a Renata a responsabilidade pelas perdas e danos.

Não aplique este raciocínio à mora, pois, se houver atraso todos deverão arcar com os custos de juros e multa. Isto se deve ao fato de que o atraso não é algo subjetivo (como a culpa), mas sim objetivo.

Se um dos devedores se tornar insolvente, isso não implicará em qualquer modificação para o credor, que continuará tendo direito de receber integralmente seu crédito. Mas, entre os devedores, quando do rateio do que deve ser pago, todos deverão assumir proporcionalmente a cota do insolvente. Ainda se houver um insolvente, mesmo o que tenha sido exonerado pelo credor da solidariedade continuará respondendo pela cota do que não tem patrimônio para solver o débito.

FIQUE POR DENTRO:

Mas o que significa exonerar um devedor da solidariedade?

Significa que o credor não está mais imputando sobre aquele devedor a responsabilidade de solver a dívida por inteiro. Assim, ele permanece devedor, mas apenas pela cota parte que lhe toque. Não se confunde a exoneração (ou renúncia da solidariedade) com a renúncia em relação do débito. Neste segundo caso, em que ocorre remissão, o próprio débito é abatido parcialmente, descontando-se a cota do perdoado.

Vale destacar que as Jornadas do CJF, contudo, exararam Enunciado (de número 349) que diverge deste entendimento, ao estabelecer que a cobrança dos demais devedores (solidários) deverá ser feita abatendo-se a cota do que foi exonerado da solidariedade: *Com a renúncia da solidariedade quanto a apenas um dos devedores solidários, o credor só poderá cobrar do beneficiado a sua quota na dívida; permanecendo a solidariedade quanto aos demais devedores, abatida do débito a parte correspondente aos beneficiados pela renúncia.*

Um ponto que sempre deve estar na mente dos leitores é o fato de que, em situações excepcionais, **a dívida pode interessar somente a um dos devedores**. Neste caso, sendo outro o devedor que quitou a dívida, ele deverá integralmente contra o único interessado. Se foi o interessado quem pagou, nada pode pedir aos demais. É o caso da fiança, pois a dívida só interessa ao devedor, não aos fiadores. **Havendo vários fiadores, o que pagar deve cobrar a integralidade do devedor principal**.

MUITA ATENÇÃO!

Diferenciando obrigações facultativas e obrigações alternativas.

As obrigações que possibilitam a substituição previamente ajustada de seu objeto mediato se dividem em facultativas e alternativas. Não se confundem com a dação em pagamento ou com a transação, visto que nestas, a substituição do objeto se dá em momento posterior à formação da relação, sendo, portanto funcionais. Já as obrigações alternativas e facultativas, são geneticamente cambiáveis em seu elemento objetivo. Assim como as obrigações divisíveis, indivisíveis, facultativas e solidárias, faz parte das obrigações compostas, gênero de obrigações caracterizado pela pluralidade de objetos ou de partes.

Nas alternativas há duas coisas na obrigação e apenas uma na solução. Já as facultativas, comportam a regra inversa, existindo uma coisa na obrigação e duas na solução.

Em uma relação obrigacional alternativa, não há possibilidade de se cumprir parcialmente cada uma delas, pois isto iria de encontro com a regra de que aquilo que é devido limita o pagamento (identidade do pagamento). Há dois ou mais objetos devidos, mas o são em sua integralidade, em sua substância total, não parcialmente. Eventual quitação parcial em cada objeto somente será possível com a aquiescência do credor.

A escolha ou determinação sobre qual objeto recairá o adimplemento é direito do devedor, que pode ser delegado a terceiro ou mesmo ao credor. A cada pagamento deve corresponder uma escolha, assim, havendo prestações periódicas, em cada uma o terceiro ou o devedor exercitarão a determinação sobre os objetos envolvidos.

Também em quando da impossibilidade do objeto, divergem tais formas obrigacionais. Nas alternativas, pela essencial pluralidade de objetos, a perda ou impossibilidade de um não afetará a relação obrigacional, subsistindo esta quanto ao outro (ou aos demais, se forem mais de dois). Se dois forem os objetos, a obrigação se tornará comum, em relação ao outro, não se podendo falar em possibilidade de substituição do objeto perdido. Na facultativa, por sua vez, se a coisa devida se perder a faculdade não poderá ser utilizada, sendo considerada resolvida a obrigação. De outro lado, sendo perdida a coisa facultada, a obrigação se tornará simples, firmando-se sobre o objeto devido principal.

6. O FENÔMENO DA TRANSMISSÃO DAS OBRIGAÇÕES

É a transmissão de, ao menos, um dos polos da obrigação para terceiro, originariamente estranho à relação. Pode envolver o polo ativo (**cessão de crédito**) e/ou o polo passivo (**assunção de dívida**).

CESSÃO DE CRÉDITO	
Conceito	Negócio jurídico, oneroso ou gratuito, entre o credor e um terceiro, em que aquele transmite a este, **sem necessidade de consentimento do devedor**, o crédito de que é titular. Havendo mais de uma cessão (o cessionário cedeu a um terceiro o crédito que havia recebido) valerá a cessão que se completar com a tradição do título.
Partes	**Cedente** (credor – dono do crédito), **cessionário** (terceiro adquirente do crédito).
Figura especial	O devedor, muitas vezes chamado de **cedido** (confundido, assim, com o crédito), não é parte da cessão, mas deve ser comunicado para poder saber a quem pagar. Se não for comunicado, o pagamento ao credor errado que venha a fazer será considerado como certo.
Responsabilidade	O cedente, em regra, somente se responsabiliza pela existência do crédito, não havendo, por lei, obrigação de que suporte a insolvência do devedor. Ocorre que, excepcionalmente, pode ele se responsabilizar pela solvência, **caso em que sua responsabilidade será limitada ao que recebeu pelo crédito alienado**.
Alcance	A cessão do crédito principal engloba os seus acessórios, salvo disposição em contrário.

ASSUNÇÃO DE DÍVIDA	
Conceito	É a transmissão do débito feita **com interveniência ou não do devedor**, sendo sempre necessária a aceitação por parte do credor.
Espécies	**Delegação**: o devedor transmite a terceiro o ônus do débito; **Expromissão**: terceiro, mediante ajuste com o credor, ingressa no lugar do devedor na relação.
Garantias	Se não houver disposição expressa ressalvando-as, serão extintas. O fiador deve aquiescer na mudança de devedor.
Silêncio do credor	Se o credor for comunicado da delegação e não se manifestar, o silêncio será interpretado como discordância. Se a dívida tem relação com um **imóvel hipotecado** e a comunicação foi feita ao credor pelo adquirente do imóvel que está hipotecado, **a não manifestação do credor importará concordância** (art. 303).

7. ADIMPLEMENTO DAS OBRIGAÇÕES

O adimplemento é o **fim normal das obrigações**, e se realiza através do pagamento. Toda obrigação surge para ser adimplida, paga. O adimplemento não se resume ao dinheiro que é entregue. **Cada parte tem suas obrigações**. Em uma compra e venda, uma parte deve entregar a coisa vendida (paga entregando a coisa) e a outra deve entregar o valor ajustado (paga entregando o dinheiro).

A prova do pagamento deve ser feita através do instrumento de quitação que é o recibo. O recibo pode, em qualquer situação, **ser dado por instrumento particular** (art. 320). Assim, um contrato de compra e venda de imóvel acima de 30 salários mínimos, que necessita a forma pública, pode ser quitado por recibo particular.

> **MUITA ATENÇÃO!**
>
> **Requisitos do pagamento**
>
> Devem ser respondidas as seguintes perguntas:
>
> - Quem deve e/ou quem pode pagar?
> - A quem se deve pagar?
> - O que deve ser pago?
> - Onde se deve pagar?
> - Quando se deve pagar?

QUESTÃO: Quem deve e/ou quem pode pagar?

RESPOSTA: *Quem deve: devedor ou responsável. Quem pode: qualquer um. Mas qual a diferença? Quem deve pode ser chamado judicialmente a pagar; quem pode, somente em situações excepcionais.*

Para entender em quais casos excepcionais "quem pode pagar" poderá ser chamado judicialmente a efetuar o pagamento, é necessário entender a diferença entre **terceiro interessado e terceiro não interessado.**

Interesse, aqui, é o interesse jurídico. É a possibilidade de ter **seu patrimônio responsabilizado** por um pagamento. O cônjuge, em certas dívidas e dependendo do regime de bens, pode ser executado pelas dívidas de seu companheiro. Logo, o cônjuge, em certos débitos, é terceiro interessado. Os pais, pela simples razão de serem pais, não podem ser executados por dívidas de seus filhos. Logo, os pais são terceiros não interessados.

Regras de sub-rogação: o terceiro interessado sempre se sub-roga nos direitos do credor (sub-rogar-se é ocupar o mesmo espaço jurídico, ter o crédito com as mesmas vantagens e garantias que o credor tinha). Já o terceiro não interessado, em regra, não se sub-roga. A única exceção para que o terceiro não interessado se sub-rogue é quando ele paga em nome e à conta do devedor (art. 304). A condição do terceiro não interessado foi questionada no Exame de Ordem 2020.1: *Jacira mora em um apartamento alugado, sendo a locação garantida por fiança prestada por seu pai, José. Certa vez, Jacira conversava com sua irmã Laura acerca de suas dificuldades financeiras, e declarou que temia não ser capaz de pagar o próximo aluguel do imóvel. Compadecida da situação da irmã, Laura procurou o locador do imóvel e, na data de vencimento do aluguel, pagou, em nome próprio, o valor* *devido por Jacira, sem oposição desta*. É de se observar que como terceira não interessada, Laura poderá receber de volta o que pagou (regresso), mas não terá direito de se sub-rogar nos direitos do credor.

? QUESTÃO: A quem se deve pagar?

➥ ***RESPOSTA:*** *A resposta lógica é que o pagamento deve ser feito ao credor. Mas o Código Civil possibilita duas situações excepcionais, ao validar o pagamento feito a quem portar a quitação (ou o título de crédito ao portador, pois é credor presumido) e o feito ao credor putativo. Credor putativo, é o que "parece, mas não é"! Ele se apresenta como credor, mas não detém esta qualidade. Como exemplo tem-se o pagamento feito a um dos herdeiros, que não pode quitar em nome do monte de herança, mas que se apresenta como credor perante o devedor. O pagamento, neste caso, será eficaz.*

Quem paga mal: Aquele que pagar a uma pessoa que não se encaixe no que foi dito até agora, deverá pagar novamente, e novamente, e novamente, até que pague corretamente.

Crédito objeto de penhora: se o devedor perceber que o crédito que deve ser por ele satisfeito foi penhorado (porque foi notificado para não pagar), **deverá efetivar os pagamentos nos autos dos processos**, sob pena de pagar novamente. Mas se não foi cientificado da penhora, seu pagamento feito ao putativo credor, será considerado eficaz.

? QUESTÃO: O que deve ser pago?

➥ ***RESPOSTA:*** *O objeto prestacional, o que é devido e na quantidade devida. Nem mais, nem menos.*

Alteração do *quantum* devido: Quando, por motivos imprevisíveis, sobrevier desproporção manifesta entre o valor da prestação devida e o do momento de sua execução, poderá o juiz corrigi-lo, a pedido da parte, de modo que assegure, o quanto possível, o valor real da prestação. **É a aplicação da Teoria da Imprevisão às obrigações em geral**. No art. 317, imprevisível tanto pode ser o **acontecimento** (a causa – alta do dólar) quanto **a proporção do acontecimento** (alta abrupta e desproporcional do dólar). Isso é importante porque em certas situações o acontecimento não é inesperado ou imprevisível, mas ocorre em proporções completamente inesperadas, gerando a possibilidade de aplicação da **Teoria da Imprevisão.**

Curso forçado da moeda: no Brasil, por força do Decreto 23.501/33, todo pagamento deve ser feito em moeda nacional. Isto não determina que os contratos e obrigações devam ser assumidos em moeda nacional, mas que o pagamento deve, ao seu tempo, ser convertido em moeda nacional. **Os contratos de aluguel não podem sequer ser estipulados em moeda estrangeira**, somente em moeda nacional (art. 17, da 8245/91).

? QUESTÃO: Onde se deve pagar?

➥ ***RESPOSTA:*** *Em regra no domicílio do devedor. A regra, portanto, determina que o credor deve buscar o pagamento com o devedor (dívida quesível). Pode-se estipular que o devedor deverá levar (portar) a dívida até o credor (dívida portável).*

? QUESTÃO: Quando se deve pagar?

➥ ***RESPOSTA:*** *A regra é o pagamento imediato, se de outra não dispuseram as partes. Pode ocorrer, contudo, a antecipação do pagamento (sempre que houver risco de inadimplemento). Isto é contemplado pelo art. 333.*

Hipóteses de aplicação do art. 333:

A Sem necessidade de prazo para reforço: falência, insolvência ou qualquer outro procedimento concursal sobre o patrimônio do devedor; penhora, por outro credor, sobre os bens dados em hipoteca ou penhor.

B Com necessidade de prazo para reforço: cessação ou insuficiência das garantias dadas, sejam elas reais ou fidejussórias (pessoais, como a fiança).

EM RESUMO – REQUISITOS DO PAGAMENTO	
Quem deve e/ ou quem pode pagar?	Quem é obrigado a pagar, o devedor. Qualquer um pode quitar, sendo que o terceiro interessado tem direito de sub-rogar-se.
A quem se deve pagar?	Ao credor, seja ele putativo ou real. Aquele que porta a quitação ou o título de crédito, também valida o pagamento.
O que deve ser pago?	O que é devido, nem mais nem menos.
Onde se deve pagar?	No local avençado. Se nada o foi, a dívida é quesível e deve ser buscada pelo credor no domicílio do devedor. Pode-se, ainda, convencionar ser o devedor responsável por levar pagamento até o credor, em que a dívida será portável.
Quando se deve pagar?	Se nada se estipulou e não há determinação legal, será de vencimento imediato.

8. FORMAS ESPECIAIS DE PAGAMENTO

8.1 Pagamento em consignação: consignar o pagamento **é um direito do devedor**, que poderá se ver livre do vínculo obrigacional sempre que não for possível encontrar o credor, este for desconhecido ou, conhecido, não desejar dar quitação. **Pode ser tanto judicial quanto extrajudicial.**

DICA IMPORTANTE Utilizado em obrigações de dar ou de restituir.

Aplicabilidade: se houver dúvida quanto a quem seja o credor; se este estiver em lugar inacessível; incapacidade do credor; recusa injustificada em quitar; ou se a coisa estiver sob litígio. O **Exame Unificado de Agosto de 2014** indagou ao examinando: *João é locatário de um imóvel residencial de propriedade de Marcela, pagando mensalmente o aluguel por meio da entrega pessoal da quantia ajustada. O locatário tomou ciência do recente falecimento de Marcela ao ler "comunicação de falecimento" publicada pelos filhos maiores e capazes de Marcela, em jornal de grande circulação. Marcela, à época do falecimento, era viúva. Aproximando-se o dia de vencimento da obrigação contratual, João pretende quitar o valor ajustado. Todavia, não sabe a quem pagar e sequer tem conhecimento sobre a existência de inventário.* Nesta situação concreta *João estará autorizado a consignar em pagamento o valor do aluguel aos filhos de Marcela.*

A consignação deve respeitar **todos os requisitos do pagamento** (partes, tempo, local, quantidade).

8.2 Pagamento com sub-rogação: Sub-rogar é ocupar o **espaço jurídico** de outra coisa ou pessoa. O pagamento em sub-rogação trata especificamente da sub-rogação subjetiva.

Espécies: a sub-rogação pode ser legal ou convencional.

A Hipóteses de sub-rogação legal: do credor que paga a dívida do devedor comum; do adquirente do imóvel hipotecado, que paga a credor hipotecário, bem como do terceiro (como o locatário) que efetiva o pagamento para não ser privado de direito sobre imóvel; do terceiro interessado (lembrando que interesse aqui, é o interesse jurídico), que paga a dívida pela qual era ou podia ser obrigado, no todo ou em parte.

B Hipóteses de sub-rogação convencional: pode acontecer sempre que ajustada entre as partes, servindo o Código Civil, em seu art. 347, de simples exemplificação. Assim, se o credor transfere o direito ao terceiro que está pagando ou se é o devedor que o faz (para, por exemplo, a pessoa que lhe empresta dinheiro para pagar a dívida) temos situações de sub-rogação convencional.

DICA IMPORTANTE

- Na sub-rogação convencional efetuada pelo credor **aplicam-se as regras da cessão de crédito.**
- Entre credor originário e o sub-rogado, **o primeiro tem preferência**. Se não houver meios de que se pague aos dois, primeiro recebe o credor originário e o que sobrar do patrimônio servirá ao novo credor.

Como diferenciá-la da cessão? Na cessão ocorre a **transmissão** de uma obrigação. No pagamento com sub-rogação há **satisfação** do crédito.

8.3. Imputação do pagamento: a imputação é necessária para determinar, quando houver mais de uma dívida líquida e vencida e o pagamento não for suficiente para satisfazer todas, qual débito se está quitando. **Só se imputa se houver confusão entre os possíveis pagamentos.** Logo, entre um credor e um devedor há mais de um vínculo obrigacional, de mesma natureza. Se os vínculos envolvem objetos diferentes, arroz e feijão, por exemplo, e se pagou arroz, não há o que imputar.

Também se aplica **entre várias prestações de uma mesma obrigação.** Assim, se há várias parcelas vencidas, pode ser necessária a imputação.

? **QUESTÃO:** Quem imputa?

➥ ***RESPOSTA:*** *Em regra o devedor. Se este não imputar, poderá o credor, no instrumento de quitação (recibo), imputar. Se ninguém o fez, devem ser seguidas as regras legais.*

MUITA ATENÇÃO!

Imputação legal: a. Primeiro os juros, depois o capital; b. Primeiro nas líquidas e vencidas; c. Se todas forem líquidas e vencidas, imputa-se nas mais onerosas (mais onerosa não é a mais valiosa, é a que cria mais ônus, por exemplo, a que tem maiores juros).

9. MEIOS INDIRETOS DE SATISFAÇÃO DO CREDOR

O credor não recebe o que lhe é devido, mas está satisfeito (daí serem pagamentos ou adimplementos indiretos). Esta modificação pode se dar tanto no tempo quanto no objeto da relação obrigacional.

9.1 Dação em pagamento: ocorre dação quando credor e devedor, em ajuste posterior à formação do vínculo obrigacional, mas anterior ao pagamento, ajustam a possibilidade de adimplemento através de objeto diverso do que é devido. **Não é exceção à regra da identidade do pagamento**, pois é necessário o consentimento tanto do credor quanto do devedor.

Pode ocorrer quando se dá uma **coisa no lugar de um dinheiro, uma coisa no lugar de um fazer ou uma coisa no lugar de outra coisa.** (*rem pro pecunia, rem pro facere ou rem pro rem*). Sempre, então, ocorrerá a entrega de uma coisa no lugar do que é devido.

Uma vez estabelecido entre as partes qual coisa será entregue, a situação passa a ser regulada pela **compra e venda.** Se a coisa a ser dada for um título de crédito, a situação será regulada pelas regras da cessão de crédito.

MUITA ATENÇÃO!

A evicção, aqui, tem um efeito próprio, pois faz renascer a obrigação extinta, com todos os seus consectários.

9.2 Novação: é a criação de uma nova obrigação com o intuito de solver outra. Tem como requisitos:

DIREITO CIVIL

A Existência de uma dívida anterior: esta dívida não pode estar prescrita ou ser nula.

B Criação de uma nova obrigação: a nova obrigação deve ser válida, sob pena de ressurgimento da anterior.

C Elemento novo: deve existir algum ponto de diferença entre as relações, como o valor do principal, o bem a ser entregue.

D *Animus novandi:* é o ânimo de novar, sem ele não ocorrerá o efeito extintivo da novação.

E Legitimidade e capacidade: as partes envolvidas devem ter capacidade negocial e livre disposição dos bens envolvidos.

ESPÉCIES DE NOVAÇÃO	
Objetiva ou real	O objeto da nova obrigação é diferente do da antiga. A novação objetiva não se confunde com a dação, pois esta satisfaz o credor. Na novação objetiva, surge nova expectativa.
Subjetiva ou pessoal	As partes envolvidas são diferentes (lembrando-se que é necessário o consentimento dos novos envolvidos). Na novação subjetiva pode ocorrer tanto a **substituição** quanto o **acréscimo** de pessoa no polo ativo ou passivo. Pode ser uma novação subjetiva ativa ou uma novação subjetiva passiva. Para a subjetiva passiva se aplica a mesma ideia de expromissão ou delegação. A novação subjetiva não se confunde com as transmissões das obrigações. Pois fica claro que nestas não se forma uma nova obrigação.
Mista	Cumula-se a alteração do objeto e a modificação nos polos.

9.3 Compensação: esta forma caberia dentro das situações especiais de pagamento, visto que apenas não ocorre a transmissão de valores, mas há satisfação das partes. Na compensação, credor e devedor, o são um do outro simultaneamente. O credor deve ao devedor, e o devedor tem crédito com seu credor.

Apresenta as seguintes **espécies:**

A Legal: a lei estabelece requisitos específicos para a compensação, quais sejam a fungibilidade entre os créditos (mesma natureza), eles devem ser líquidos e vencidos (ou seja, os créditos devem ser exigíveis);

B Convencional: ocorrerá sempre que, não satisfeitos os requisitos legais, as partes desejarem promover voluntariamente a compensação. A e B se valem da compensação para descontar dívida de arroz em crédito de feijão.

MUITA ATENÇÃO!

Nem todas as obrigações são compensáveis, existindo **restrições legais** a tal intento. Assim, de acordo com o art. 373 CC, não são passíveis de compensação as obrigações provenientes de ato delituoso, originada de comodato, depósito ou alimentos e, por fim, que envolvam objetos impenhoráveis.

9.4 Confusão: dá-se confusão quando **as figuras de credor e devedor**, de uma mesma relação obrigacional, se **reúnem** em uma única pessoa. Segundo o Código Civil, isto irá provocar a extinção da relação obrigacional. Há, contudo, uma clara opção pela suspensão de efeitos, como afirma o art. 384 CC.

9.5 Remissão: a remissão é o perdão da dívida, seja através de verbalização, seja através da devolução do título em que se encontra consubstanciada a obrigação. A posse, por parte do devedor, do título de crédito de onde se originou a dívida, faz presunção relativa de perdão.

DICA IMPORTANTE

O perdão concedido à garantia dada (seja pessoal, seja real), não alcança a dívida em si, devendo haver menção expressa a ela.

10. INADIMPLEMENTO E MORA

Como o adimplemento é o resultado normal de uma obrigação, sempre que o resultado final não se coadunar com o esperado pagamento, **ter-se-á inadimplemento.** Vê-se que o inadimplemento pode ser **absoluto** (se não puder ser prestada a obrigação devida) ou **relativo** se a obrigação ainda puder ser cumprida, mesmo que com atraso. O inadimplemento absoluto pode decorrer não apenas da impossibilidade de execução, como também da inutilidade de execução, em razão da perda da utilidade da prestação (como no caso da não entrega de um bolo no dia da festa de aniversário ou da ausência de um cantor a um show que fora antecipadamente marcado para comemorar o aniversário de uma pessoa).

A mora, por sua vez, é o atraso, o **cumprimento tardio da obrigação.** Vale recordar que a mora apenas se dá nas obrigações de dar (regra) e nas de fazer (exceção). Não existe mora nas obrigações de não fazer. Quando se pode dar ou fazer o que é devido, chama-se a isso de "purgar a mora".

DICA IMPORTANTE

Desejando esquivar-se de responsabilidade, deverá a parte provar **caso fortuito ou força maior.** A diferenciação entre estes **elementos vem perdendo importância para a jurisprudência**, valendo mais a compreensão de que existem **fortuitos internos** à relação (comuns e coerentes com a realização das partes) e, portanto, que não possibilitam defesa ao culpado, mantendo o pagamento de indenização, perdas e danos, e **fortuitos externos** (incomuns, fora de qualquer lógica previsível, que servem de argumento de defesa, podendo destruir o vínculo de culpa, não restando à parte qualquer dever de indenizar ou pagar perdas e danos).

Quanto às pessoas envolvidas existem a ***mora accipiens*** (mora do credor) e a ***mora solvens*** (do devedor).

Se houver inadimplemento o devedor é presumido responsável. Para que ele demonstre a *mora accipiens* deve fazer uso do pagamento em consignação ou outro meio idôneo. Uma vez que se encontre em mora a parte deverá arcar com tudo o que vier a ocorrer com a coisa, **mesmo que o sobrevier por fortuitos internos**. Somente poderá se livrar destes deveres se provar que **não tem culpa no atraso** ou que mesmo que houvesse adimplido no prazo estipulado **a destruição da coisa ocorreria da mesma forma.**

- **Efeitos da *mora accipiens* (art. 400):** devedor não precisa conservar a coisa; credor pagará despesas de conservação se houver; o credor deverá receber a coisa pela estimação mais baixa.

Existem duas espécies de mora, **quanto à necessidade de notificação:**

Mora *ex re*:	Mora *ex personae*:
se houver prazo estipulado, estará em mora o atrasado desde este momento *(dies interpellat pro homine).*	deve ocorrer a interpelação.

Teste seu conhecimento!

(FGV – Exame de Ordem – 2021.1) Érico é amigo de Astolfo, famoso colecionador de obras de arte. Érico, que está abrindo uma galeria de arte, perguntou se Astolfo aceitaria locar uma das pinturas de seu acervo para ser exibida na grande noite de abertura, como forma de atrair mais visitantes. Astolfo prontamente aceitou a proposta, e ambos celebraram o contrato de locação da obra, tendo Érico se obrigado a restituí-la já no dia seguinte ao da inauguração. O aluguel, fixado em parcela única, foi pago imediatamente na data de celebração do contrato. A abertura da galeria foi um grande sucesso, e Érico, assoberbado de trabalho nos dias que se seguiram, não providenciou a devolução da obra de arte para Astolfo. Embora a galeria dispusesse de moderna estrutura de segurança, cerca de uma semana após a inauguração, Diego, estudante universitário, invadiu o local e vandalizou todas as obras de arte ali expostas, destruindo por completo a pintura que fora cedida por Astolfo. As câmeras de segurança possibilitaram a pronta identificação do vândalo.

De acordo com o caso narrado, assinale a afirmativa correta.

A) Érico tem o dever de indenizar Astolfo, integralmente, pelos prejuízos sofridos em decorrência da destruição da pintura.

B) Érico não pode ser obrigado a indenizar Astolfo pelos prejuízos decorrentes da destruição da pintura porque Diego, o causador do dano, foi prontamente identificado.

C) Érico não pode ser obrigado a indenizar Astolfo pelos prejuízos decorrentes da destruição da pintura porque adotou todas as medidas de segurança necessárias para proteger a obra de arte.

D) Érico somente estará obrigado a indenizar Astolfo se restar comprovado que colaborou, em alguma medida, para que Diego realizasse os atos de vandalismo.

Resposta no rodapé[14].

14 Alternativa correta – a.

11. CLÁUSULA PENAL

É uma obrigação acessória, pecuniária ou não, determinada pelos contratantes, caso ocorra inadimplemento.

? **QUESTÃO:** Quais são as espécies de cláusula penal?

➥ ***RESPOSTA:*** *Moratória (determina os valores pagos em razão do atraso, não consubstanciam perdas e danos, apenas uma forma de multa - podendo, assim, ser cumulada com eventual indenização) e compensatória (trata-se de uma antecipação de perdas e danos em caso de inadimplemento). A compensatória refere-se ao inadimplemento total e serve de alternativa ao credor, que, desejando, poderá recebê-la como satisfação dos prejuízos pelo não cumprimento.*

A cláusula penal foi objeto de inquirição no Exame de Ordem 2018.1, nos termos seguintes: "Em 05 de dezembro de 2016, Sérgio, mediante contrato de compra e venda, adquiriu de Fernando um computador seminovo (ano 2014) da marca Massa pelo valor de R$ 5.000,00. O pagamento foi integralizado à vista, no mesmo dia, e foi previsto no contrato que o bem seria entregue em até um mês, devendo Fernando contatar Sérgio, por telefone, para que este buscasse o computador em sua casa. No contrato, também foi prevista multa de R$ 500,00 caso o bem não fosse entregue no prazo combinado. Em 06 de janeiro de 2017, Sérgio, muito ansioso, ligou para Fernando perguntando pelo computador, mas teve como resposta que o atraso na entrega se deu porque a irmã de Fernando, Ana, que iria trazer um computador novo para ele do exterior, tinha perdido o voo e só chegaria após uma semana. Por tal razão, Fernando ainda dependia do computador antigo para trabalhar e não poderia entregá-lo de imediato a Sérgio." Diante deste caso, questionava-se a resposta correta, apontando-se como gabarito o fato de que "Sérgio poderá exigir de Fernando a execução específica da obrigação (entrega do bem) simultaneamente à multa de R$ 500,00, tendo em vista ser cláusula penal moratória."

12. ARRAS OU SINAL

Trata-se de um início de pagamento, entregue como meio de confirmação da proposta acordada. Pode ser entregue em pecúnia ou outro bem. Podem ser: **a) confirmatórias:** visam demonstrar a seriedade do acordo firmado, denotando que as partes desejam o cumprimento da obrigação. A parte lesada com o inadimplemento pode pedir indenização suplementar, e **b) penitenciais:** são antecipação das perdas e danos, logo, **não há indenização suplementar.**

Sobre as arras, observe a questão proposta pela banca examinadora no **Exame Unificado 2019.3:** *Lucas, interessado na aquisição de um carro seminovo, procurou Leonardo,* *que revende veículos usados. Ao final das tratativas, e para garantir que o negócio seria fechado, Lucas pagou a Leonardo um percentual do valor do veículo, a título de sinal. Após a celebração do contrato, porém, Leonardo informou a Lucas que, infelizmente, o carro que haviam negociado já havia sido prometido informalmente para um outro comprador, velho amigo de Leonardo, motivo pelo qual Leonardo não honraria a avença. Frustrado, diante do inadimplemento de Leonardo, Lucas procurou você, como advogado(a), para orientá-lo.* O examinando deveria apontar como correto que "Leonardo terá de restituir a Lucas o valor pago a título de sinal, mais o seu equivalente, com atualização monetária, juros e honorários de advogado".

CAPÍTULO III

DIREITO DOS CONTRATOS (PARTE ESPECIAL DAS OBRIGAÇÕES)

1. NOÇÕES

Conceito de contrato: convenção, **acordo** entre, pelo menos, duas partes, incluída entre os negócios jurídicos bilaterais e que visa constituir, modificar ou extinguir direitos. Um contrato é um **negócio jurídico** por que às partes é dada a possibilidade de buscar na lei os efeitos desejados para a efetivação satisfação dos envolvidos (as partes "negociam" com a lei, buscando os efeitos que desejam).

Os contratos possuem elementos subjetivos e objetivos:

Elemento subjetivo	Elemento objetivo
Toda relação contratual necessita, obrigatoriamente, de um mínimo de duas partes, daí se afirmar que todo contrato é bilateral em sua gênese – formação – (podendo ser bilateral ou unilateral em sua funcionalidade – efeitos).	O objeto imediato de um contrato, por ser este uma espécie de obrigação, envolve um dar, um fazer ou um não fazer. Mediatamente, os contratos terão por objeto os bens da vida (uma casa em uma compra e venda, um valor em dinheiro no contrato de seguro etc.).

2. PRINCÍPIOS CONTRATUAIS

Em razão da especificidade das relações contratuais, existem princípios próprios que a ela se aplicam. São eles:

2.1 Autonomia da vontade: as partes são livres para contratar, podendo, dentro da lei, estabelecer o que melhor lhe aprouver. Esta liberdade abrange o "contratar", o "com quem contratar" e o "o que e como contratar".

A **Contratar:** Não pode alguém ser obrigado a contratar. Nem nos contratos compulsórios (água, luz etc.) esta liberdade é suprimida, pois ainda resta a possibilidade de não querer contratar.

B **Com quem contratar:** A livre escolha das partes pode ser mitigada em certas situações, mas acaba sendo resguardada pela primeira liberdade.

C **O que e como contratar:** As condições de contratação estão a cargo das partes, ressalvadas disposições expressas da lei. Lembre-se que certos contratos possuem grande intervenção pública, como os seguros e planos de saúde.

2.2 Princípio da Força Obrigatória do Contrato (ou força vinculante): Este princípio está diretamente ligado ao da autonomia, visto que, para possibilitar que as partes exerçam com plenitude sua liberdade de contratar, é necessário que haja respeito às relações estabelecidas, com o devido cumprimento das avenças.

É através deste princípio que a parte provocada judicialmente a cumprir sua parte pode alegar que a outra parte ainda não cumpriu a que lhe tocava, ou seja, invocar a **exceção de contrato não cumprido.**

Esta exceção determina que, nos contratos bilaterais (art. 476 CC), uma parte só pode exigir da outra o cumprimento do acordado **se já houver realizado o que lhe cabia** (exceto nos casos em que já houve previsão de quem deveria cumprir antes). Esta exceção pode ser invocada tanto no caso de **não cumprimento integral** (*exceptio non adimpleti contractus*) **quanto parcial** (*exceptio non adimpleti rite contractus*).

2.3 Princípio da relatividade contratual: o contrato vincula unicamente as partes nele envolvidas, não havendo em se falar de efeitos *erga omnes*. Assim, o credor só pode exigir o cumprimento ao devedor.

Este princípio apresenta algumas especificidades, que são vistas a seguir:

	Conceito	Características
Estipulação em favor de terceiro (art. 436 CC)	A estipulação em favor de terceiro é relação entre o estipulante e o promitente, em favor do beneficiário. Este, somente passará a estar vinculado ao contrato quando aceitar a avença em sua integralidade.	1. o beneficiário ou o estipulante podem exigir o cumprimento; 2. ao aceitar a relação o beneficiário se torna parte dela.

DIREITO CIVIL

Promessa por fato de terceiro (art. 439 CC)	Nesta avença o promitente se compromete em obter a anuência de um terceiro para a realização de determinado fato. Veja que não há qualquer efeito em relação ao terceiro (que se vinculará a outra relação – a prometida). O promitente deverá obter a vinculação do terceiro e, uma vez conseguido isto, terá adimplido sua parte na avença, sendo, assim, uma obrigação de resultado.	1. o terceiro só ingressa na relação quando aceitar; 2. a inexecução (ou execução inadequada) por parte do terceiro não vincula o promitente. Tal conhecimento foi indagado ao examinando no **Exame Unificado de Agosto de 2014**.
Contrato com pessoa a declarar (art. 467 do CPC)	Esta forma contratual se estabelecerá quando na formação do contrato a parte estabelece a faculdade de se fazer substituir por outra pessoa.	1. cessão automática da posição contratual; 2. prazo legal de comunicação (pode ser modificado) – 5 dias da conclusão do contrato; 3. a aceitação da pessoa nomeada deverá revestir a forma do contrato; 4. se a pessoa nomeada não for aceita, não for indicada ou for insolvente no momento da nomeação, ou mesmo incapaz, não haverá modificação das partes originárias.

O Exame Unificado de Fevereiro de 2011 apresentou ao candidato interessante questão, que envolvia uma **promessa por fato de terceiro** e sua **natureza de obrigação de resultado**: *"Danilo celebrou contrato por instrumento particular com Sandro, por meio do qual aquele prometera que seu irmão, Reinaldo, famoso cantor popular, concederia uma entrevista exclusiva ao programa de rádio apresentado por Sandro, no domingo seguinte. Em contrapartida, caberia a Sandro efetuar o pagamento a Danilo de certa soma em dinheiro. Todavia, chegada a hora do programa, Reinaldo não compareceu à rádio. Dias depois, Danilo procurou Sandro, a fim de cobrar a quantia contratualmente prevista, ao argumento de que, embora não tenha obtido êxito, envidara todos os esforços no sentido de convencer o seu irmão a comparecer. A respeito da situação narrada, é correto afirmar que Sandro". Está correta, como analisado acima, é a que afirma que Sandro "não está obrigado a efetuar o pagamento a Danilo, pois a obrigação por este assumida é de resultado, sendo, ainda, autorizado a Sandro obter ressarcimento por perdas e danos de Danilo".*

2.4 **Função social**: é um dos novos princípios que passaram a plasmar a relação contratual a partir da segunda metade do século XX. Este princípio determina que o contrato **passa a importar para toda a sociedade**, de modo que os terceiros passam a influenciar e ser influenciados pela existência de um contrato.

Todo acordo deve objetivar a produção de efeitos, não sendo aceitos acordos meramente figurativos ou os, popularmente conhecidos, "**acordos de gaveta**". Através da função social, pode-se destacar importância do estudo do "**terceiro-vítima**" e do "**terceiro-agressor**".

Enquanto **agressor**, o terceiro pode ser responsabilizado sempre que a sua conduta vier a prejudicar a estrutura contratual já posta, como se dá com aquele que **aliciar pessoas que prestam serviços a outrem**, que são punidos com a obrigação de pagar o valor correspondente a dois anos de serviços do aliciado (art. 608).

O **terceiro-vítima** está protegido por todo o sistema de indenização e reparação do Código Civil, mas merece um destaque especial quando o Código de Defesa do Consumidor, em seu art. 17, determina que toda vítima de acidente de consumo deve ser tratada como consumidor.

A Lei 13.874/19 tenta se fazer como obstáculo, como objeto inamovível diante da função social, alterando a redação do art. 421, CC.

Primeiramente, a novel redação dada ao artigo pode levar o leitor à ideia de que a função social se contrapõe à liberdade de contratar, já que a mesma deveria estar ligada à Declaração de Direitos de Liberdade Econômica. Ledo engano. A função social é um reforço à liberdade, já que esta só é plena se houver segurança. Garantir liberdade plena, sem limites razoáveis para o querer e o estipular, é deixar de lado o erro, o engano, a tragédia, o desnível, enfim, dezenas de situações que se de um lado são nascidas do querer livre, estão distantes de um querer livre e consciente. Prover o abuso e a exploração sem medidas é colocar em xeque o futuro das negociações. A função social agrega expectativas e possibilidades em uma sinfonia que tem, por fim, ajustar a estrutura do acordo a uma fonética una, sem semitons, sem desacertos e, pasme, o parágrafo único deixa a entender que o caminho, há que a revisão é excepcional, seria impor como regra a decretação da rescisão ou anulação contratual... A revisão não é, nem nunca foi, uma alternativa à manutenção rígida do acordo feito (lembrando os antigos papéis impessoais do proprietário e do contratante), mas sim uma via plausível quando no horizonte da marcha houvesse como caminho a resolução ou rescisão contratual. A revisão não é alternativa à marcha natural, mas sim obstáculo ao cortejo fúnebre.

A par desta nova redação, o art. 421-A também vem em reforço a uma presuntiva paridade nas relações contratuais, determinando que *os contratos civis e empresariais presumem-se paritários e simétricos até a presença de elementos concretos que justifiquem o afastamento dessa presunção, ressalvados os regimes jurídicos previstos em leis especiais.*

2.5 Boa-fé: determina que as relações jurídicas obrigacionais ou contratuais devem ser pautadas nos **preceitos de respeito, cuidado, atenção e informação**. Enquanto a função social alarga os limites subjetivos do contrato para além das partes, a boa-fé estabelece um aprofundamento do vínculo entre as partes contratuais.

Há duas espécies de boa-fé:

a) Subjetiva: comum do Direito de Família, no Direito das Coisas e no Direito das Sucessões. É apenas um estado de ânimo. Vinculada a não consciência da ilicitude da conduta, ao agir acredita-se estar procedendo de forma correta;

b) Objetiva (comum no universo dos contratos), é aquela que exige uma conduta da parte, de que proceda da melhor maneira possível. A boa-fé objetiva deve estar presente na relação contratual, **na formação, execução e mesmo após o adimplemento, ou seja, na fase pós-contratual**. A boa-fé objetiva determina a existência da responsabilidade pré-contratual e pós-contratual, em razão de uma expectativa frustrada ou de um dever (de sigilo, por exemplo) descumprido. A transgressão às regras da boa-fé gera a **violação positiva do contrato**, que pode ser compreendida como a violação aos deveres de secundários à relação contratual, como o cuidado, o sigilo, a informação etc.; a violação positiva gera inadimplemento contratual.

? **QUESTÃO:** A infração à boa-fé, com desrespeito às tratativas anteriores ao contrato, pode gerar responsabilidade?

↳ ***RESPOSTA:*** *Sim. A responsabilidade pré-contratual é derivada da boa-fé.*

Também a boa-fé cria a responsabilidade pós-contratual, como a existente em caso de descumprimento de dever de sigilo.

Microdimensões da boa-fé objetiva]	
Abuso do direito	Ao exercer um direito o seu titular deve fazê-lo dentro dos limites determinados pelos costumes, pela função social e pela boa-fé. Uma conduta que, mesmo objetivamente, ultrapasse tais limites, gera responsabilidade para seu titular.
Exceptio doli	Ao lado do abuso do direito, se encontra a *exceptio doli*, aqui sob sua forma funcional, a *exceptio doli generalis*. Lembre-se a este ponto que o signo exceção, em direito processual, traz em si a compreensão de um meio de defesa e, em se tratando da *exceptio doli*, pode-se afirmar que se trata de defesa anteposta pelo réu em determinada ação para demonstrar que o simples fato de o autor exercer o direito que lhe assiste configura, de *per se stante* e dadas as condições que lhe cercam, uma agressão à boa-fé.
Supressio	Este instituto inflerte diretamente sobre o direito do titular, promovendo a sua extinção sempre que a utilização vier a ferir o equilíbrio estabelecido na relação, nascendo de uma inércia premeditada (ou não) do sujeito credor que retarda a cobrança para, com isso, promover uma ampliação do *quantum debeatur*, em detrimento da condição do devedor.
Surrectio	A *surrectio*, ao seu tempo, não tem por fito agredir o direito do autor, mas sim consolidar, no mundo jurídico, uma circunstância fática que, alongando-se no tempo, gerou para o devedor, através da boa-fé, certa expectativa.
Tu quoque	Interessante instrumento de repressão ao comportamento contraditório ou à velha regra de que *in equity come with clean hands*. Segundo ele a parte que sempre infringiu uma regra obrigacional não pode invocar esta mesma regra em seu favor. Aquele que despreza a norma não pode dela se aproveitar. Ou seja, não se pode vir clamar ao Tribunal com as mãos sujas.
Duty to mitigate the loss	Incumbe às partes, sem que se afastam dos deveres de respeito e colaboração, atuar de forma a mitigar o prejuízo da outra quando isto (o prejuízo) for inevitável. Tal microdimensão direciona-se, primordialmente, ao credor, que deve pautar sua conduta sempre de maneira a tornar menos custosa a situação do devedor.
***Venire contra factum* próprio**	Um sistema pautado no respeito e na informação não pode aceitar ou reconhecer o comportamento contraditório. A cláusula geral do *venire*, impede que o sujeito realize atos que, isoladamente são lícitos mas que, quando concatenados, denotam uma conduta imprópria, desajustada, contraditória.

O adimplemento substancial também se alinha entre as formas limitadoras do exercício de direitos da condição de credor, envolvendo o reconhecimento de limitação à postura resolutória do credor diante do adimplemento de grande parcela do débito. A doutrina e a jurisprudência, principalmente do STJ, buscam fixar os limites de aplicação (ou não) desta regra.

2.6 Equilíbrio contratual: também denominado de **Justiça Contratual**, determina que não pode haver desequilíbrio na **estrutura econômica contratual fora da previsão das partes**. Assim, se fatos futuros, supervenientes, determinam uma modificação do equilíbrio econômico do contrato, em que, por exemplo, uma parte está pagando mais do que está recebendo (e não se trata de um contrato aleatório), é necessário (re)equalizar a

DIREITO CIVIL

avença, dando aos envolvidos direito de permanecer no acordado, com a justiça reestabelecida.

Este princípio cria a possibilidade da **revisão contratual por desequilíbrio financeiro**, motivada pelas **Teorias da Imprevisão e da Quebra Objetiva da Base do Negócio Jurídico.**

3. TEORIA DA IMPREVISÃO

Estampada no art. 478, possibilita a revisão contratual e consequente equalização das prestações sempre que ocorrem os seguintes requisitos: **contrato de trato sucessivo ou de execução diferida** (o pagamento ocorrerá em determinado prazo); **onerosidade excessiva para uma das partes**; o contrato **não pode estar totalmente cumprido; causa imprevisível**; e esta **causa do desequilíbrio deve ser alheia à vontade das partes**, não podendo ser provocado por nenhuma delas.

4. TEORIA DA QUEBRA DA BASE DO NEGÓCIO JURÍDICO

Para esta teoria **não é necessário que o evento "causa da revisão" seja imprevisível**, bastando que não tenha o fato sido previsto pelas partes. É uma visão objetivada da ideia de *rebus sic stantibus*, adotada pelo Código de Defesa do Consumidor.

> DICA IMPORTANTE
>
> **Planos do Contrato:** em relação aos planos do contrato (existência, validade e eficácia) remete-se o leitor ao que foi tratado em relação às obrigações. Agregue-se, contudo, **informação de que há contratos que vão envolver elementos específicos**, como o contrato de compra e venda, que necessita, para sua existência, além dos já listados, **a especificação da coisa e do preço.**

5. CLASSIFICAÇÃO DOS CONTRATOS

5.1 Unilaterais e bilaterais: esta classificação se refere **à execução dos contratos** (ou fase funcional), pois, como já visto, os **contratos em sua origem só admitem ser bilaterais.** Quando de sua **funcionalidade**, o contrato pode apresentar **direitos e deveres para ambas ou para apenas uma das partes**. Se apresentar direitos e deveres para ambas as partes será **bilateral** (como o contrato de mandato); do contrário, será **unilateral** (como o mútuo comum).

Deve-se atentar que existem contratos que **normalmente devem se desenrolar como unilaterais**, mas podem ocorrer fatos que os tornem bilaterais imperfeitos, como o contrato de depósito na forma do art. 643. Logo, **bilateral imperfeito** é o contrato unilateral que, em razão de acontecimento extraordinário, se torna bilateral, criando direitos e deveres para ambas as partes.

5.2 Onerosos e gratuitos: gratuitos são os contratos em que a carga de ônus recai sobre apenas uma das partes, ficando a outra com todos os benefícios. Assim, existe uma redução patrimonial para um enquanto outro apenas aproveita um incremento econômico.

> MUITA ATENÇÃO!
>
> **Não existe relação entre as duas classificações apresentadas.** Sendo um contrato unilateral não se pode afirmar que sempre ele será gratuito (o mútuo feneratício – empréstimo com juros – é unilateral mas, é oneroso). Assim também, um contrato bilateral nem sempre será oneroso (o mandato é bilateral e, em regra, gratuito).

5.3 Comutativos e aleatórios: comutativo é o contrato em que **há correspondência entre o que paga e o que recebe** e **desta correspondência as partes já têm ciência desde o momento em que celebram o acordo.** Aleatório é **o contrato em que pode ocorrer variação no que se paga e/ou no que se recebe**. Assim, no início da avença as partes não sabem quanto irão receber ou quanto irão desembolsar.

Há duas formas de contratos aleatórios:

***Emptio spei* (compra da esperança): art. 458 CC.**	Nesta forma de contrato aleatório, **a parte que compra a esperança aceita que o bem adquirido venha em qualquer quantidade, mesmo que nada venha.** É o caso do seguro, quando se paga o prêmio aceita-se que nada se venha a receber, caso não ocorra sinistro. A álea recai sobre a existência da coisa.
***Emptio rei (spei) speratae* (compra da coisa esperada): art. 459 CC**	Já nesta forma há necessidade de que venha em favor do adquirente alguma quantidade (predeterminada) da coisa adquirida. Assim, haverá pagamento (e somente haverá) **se a coisa for entregue e, pelo menos, uma quantidade mínima estabelecida.** A álea recai sobre a quantidade da coisa adquirida.

5.4 Contratos de execução imediata, de execução diferida e de trato sucessivo: a normal execução de um contrato é a imediata ou instantânea. Uma vez ocorrido o acordo é normal que ele se solucione no mesmo instante (você vai a uma lanchonete, pede uma bala e paga).

Mas existem contratos que **podem prolongar sua execução no tempo**, porque envolvem **prestações que vão se repetir por determinado** (ou mesmo indeterminado) **prazo**, conhecidos como contratos de trato continuado. Há, ainda, contratos que **serão quitados em parcelas ou em pagamento único**, mas cujo **adimplemento deverá ocorrer em tempo distante em relação à formação contratual** (o famoso, 30, 60 e 90, como exemplo). Estes são contratos de execução diferida.

5.5 Contratos consensuais, formais e reais: os contratos podem se formar com a simples fusão de vontade, sendo assim contratos meramente consensuais – como temos na compra e venda, art. 481 CC; podem necessitar uma forma específica – como a doação, art. 541 CC –, tanto a escrita ou, em situações mais excepcionais, a escrita pública. Veja que os contratos formais que exigem forma pública são exceções, conforme se pode verificar no art. 108 do CC. Por fim, os contratos reais envolvem a entrega da coisa como necessária à sua formação. No contrato de mútuo, enquanto não for entregue a coisa fungível (dinheiro, por exemplo) não está formado o contrato. Daí estas espécies de contratos não admitirem promessas ou pré-contratos (veja-se, como exemplo desta espécie o comodato, art. 579 CC).

6. MOMENTO DE FORMAÇÃO

Os contratos necessitam, no mínimo, de duas fases para sua formação. Assim, nunca haverá contrato sem, pelo menos, oferta e aceitação. Tudo o que antecede a aceitação está vinculado à fase pré-contratual, gerando uma forma especial de responsabilidade por rompimento da expectativa criada ou por falsas informações, chamada responsabilidade pré-contratual. O que estiver além da aceitação, mas antes do total adimplemento, gera a responsabilidade contratual propriamente dita. E, ainda, tudo o que vier depois do adimplemento (e consequente término do contrato), rompendo com o dever de cuidado, sigilo etc., está afeito à responsabilidade pós-contratual.

Figuras	Aquele que faz a oferta é denominado Policitante ou Ofertante, já quem pode realizar a aceitação é chamado Oblato ou Aceitante.
Características da proposta	Uma proposta, para obrigar, deve reunir as seguintes características: seriedade, precisão e firmeza.
Momento exato da formação	Cada tipo contratual envolve um momento de formação, variando se o contrato é consensual (soma das vontades), formal (conclusão da forma exigida) ou real (entrega da coisa). Mas, não importando estas espécies, sempre será necessária a soma OFERTA + ACEITAÇÃO.
Oferta	A oferta, em regra, é vinculante a quem a policitou.
A oferta deixa de ser vinculante nos seguintes casos	1. **Entre presentes** (quem telefona está presente!!): se não foi aceita imediatamente. 2. **Entre ausentes:** a) sem prazo: já houve tempo razoável; b) se o prazo já se esgotou sem resposta; c) antes ou junto com a proposta chegou a retratação do proponente.

A aceitação pode ser expressa ou tácita. Expressa a que se manifesta, dependendo do caso concreto, por **palavras** (faladas ou escritas), **gestos** e **sinais**. Tácita, a que decorre de um **comportamento concludente**, um comportamento que transmita a ideia de aceitação (a inicia a realização de sua parte na avença). Haverá ainda silêncio concludente, na forma do art. 432, pois se o negócio for de costume praticado sem necessidade de aceitação expressa ou o proponente houver dispensado a aceitação, o silêncio da outra parte importará anuência.

Para a aceitação, para fixação do momento em que deve ser dada a aceitação, existem diversas teorias. O Brasil adotou a teoria da Agnição (cuidado, agnição significa conhecimento – existe em português a palavra agnação, que significa linha de parentesco masculina, não confunda) ou Declaração, na subteoria da Expedição. Assim, reputa-se formado o contrato quando o aceitante expede sua resposta.

A aceitação **fora do prazo** (ou com modificações) é uma **nova proposta**.

DICA IMPORTANTE

A proposta deve ser séria, precisa e firme. Use o seguinte recurso: "O **Sério Precisa** ser **Firme**".

7. GARANTIAS CONTRATUAIS

Todo contrato necessita garantias legais para que sua integridade seja mantida. Assim, existem garantias para os aspectos físico-contratuais e para os aspectos jurídico-contratuais.

7.1 Garantias físico-jurídicas: são as garantias que recaem sobre a estrutura física do bem envolvido no **contrato comutativo**. Os vícios redibitórios, principal classe destas garantias dentro do sistema civil, possibilitam à parte que venha a adquirir um bem com defeitos parciais ou totais, efetivar a redibição (desfazimento, anulação) do acordo.

À parte vitimada são dados dois caminhos possíveis: o da redibição, através da ação redibitória, ou pedir o abatimento no valor pago (e consequente devolução do quantum) através da ação estimatória ou *quanti minoris*, todas as ações aqui citadas têm prazo de 30 dias para coisas móveis e de um ano para os imóveis (sendo que o prazo para a **redibitória** tem natureza **decadencial** e para a ***quanti minoris*** é **prescricional**).

Se já estava na posse do bem os prazos se contam pela metade, a partir da alienação. Se os vícios forem de difícil constatação (um equipamento complexo, com vários comandos, por exemplo) os prazos serão, para móveis 180 dias, para os imóveis, continuam em 1 ano, mas estes prazos só começam a ser computados a partir da ciência do vício. A culpa do alienante **(em razão de conhecer o vício, por exemplo)** não interfere na existência da evicção, mas agrava a situação, gerando perdas e danos.

São requisitos para a caracterização dos vícios redibitórios:	• Contrato comutativo; • Defeito oculto; • Desconhecimento do vício quando da alienação por parte do adquirente; • Pré-existência do vício em relação à alienação • Redução ou extinção da eficiência

7.2 Garantias jurídicas: a legitimidade da alienação é garantida pela proteção da evicção. Sempre que alguém vier a perder a propriedade de um bem em razão de uma determinação judicial cuja causa é anterior à aquisição, o alienante deverá ressarcir os prejuízos advindos desta situação ao adquirente. Note, a **alienação** é o ponto determinante para este instituto. Se a causa for a ela **posterior** não haverá evicção, mas, mesmo sendo a sentença posterior à alienação, em sendo a causa **anterior**, haverá evicção. A evicção abrange, salvo disposição em contrário: indenização integral do que pagou; indenização dos frutos que tiver sido obrigado a restituir; indenização pelas despesas dos contratos e pelos prejuízos que diretamente resultarem da evicção; indenização das custas judiciais e dos honorários do advogado por ele constituído. O preço é sempre o do momento em que ocorreu a evicção.

São requisitos da evicção	• Contrato oneroso. • Perda por sentença. • Causa anterior.
Efeitos da evicção	• Se for perda total reclamar a o valor da coisa. • Se a perda for parcial poderá optar pelo desfazimento ou pelo abatimento.

MUITA ATENÇÃO!

Cuidado com o art. 449 CC. Ele pode nos levar a crer que é possível afastar a garantia contra a evicção. **O que se pode é apenas reduzi-la ao limite do valor da coisa, a parte irá afastá-la, mas haverá uma indenização residual.** Mas, isto só ocorrerá se o adquirente não tinha ciência do risco ou se sabendo dele, não o assumiu. Do contrário, continua havendo responsabilidade pela evicção. Este ponto foi objeto de indagação no **Exame Unificado de Dezembro de 2013**.

Isto foi contemplado pelo **Exame Unificado 2009.3**, em que se indagava, em matéria contratual, qual a alternativa correta. Apresenta-se como certa a que afirma se possível às partes inserir no contrato cláusula que exclua a responsabilidade do alienante pela evicção.

8. EXTINÇÃO DOS CONTRATOS

A forma normal de fim das relações contratuais é o adimplemento ou execução. Ocorre que é possível a sucessão de eventos que prejudiquem este adimplemento, gerando uma extinção anormal. São eles **as nulidades, a cláusula resolutiva tácita e a expressa, o direito de arrependimento, a resolução, a resilição e a morte.**

Nulidades	Sempre que ocorrer a nulidade (seja ela a anulabilidade ou nulidade absoluta) o contrato irá encontrar um fim não esperado, devendo as partes retornar ao status quo ante, excepcionando-se apenas a anulabilidade nos casos de convalescimento ou ratificação.
Cláusula resolutiva	Pode ser tácita ou expressa. A primordial diferença está na forma em que elas se manifestam, pois, "a cláusula resolutiva expressa opera de pleno direito; a tácita depende de interpelação judicial" (CC, art. 474). Deve-se atentar que a parte lesada poderá optar pelo cumprimento do contrato, sendo a ela dado, em qualquer situação, direito de exigir perdas e danos.
Direito de arrependimento	Pode se manifestar através da fixação de arras (art. 420 CC) ou na cláusula especial de compra e venda que crie uma venda a contento (art. 509 CC).
Resolução	Este termo, normalmente, é utilizado pelo Código Civil no sentido de impossibilidade de cumprimento.
Resilição	Nasce da vontade de uma (resilição unilateral – denúncia) ou de ambas as partes (resilição bilateral – distrato). Atente-se para a **aderência de forma do distrato**, que deve ser feito pela mesma forma do contrato se a lei não exigir uma forma especial.
Morte	Opera a extinção anormal nos contratos personalíssimos, devendo as partes retornar aos *status quo ante*. A parte não satisfeita deverá reaver o que pagou dos herdeiros do falecido, não havendo que se falar em perdas e danos.
Frustração do fim do contrato	Ocorre quando a finalidade útil do contrato se perde, não havendo mais uma razão ou causa para sua execução. Um exemplo que serve de bom recurso mnemônico é o cancelamento das festividades de carnaval em razão de falta de abastecimento de água, o que era a frustração do fim dos contratos de locação por temporada celebrados para o evento.

9. CONTRATOS EM ESPÉCIE

Para se tratar das diversas espécies contratuais tipificadas no Código Civil, será adotada a seguinte estrutura: **conceito** (onde serão apresentadas as partes contratuais e a prestação), **características** (onde se poderá ter contato com uma classificação sintética do contrato) e **detalhes** (momento em que situações pontuais e úteis do contrato serão discutidas).

9.1 Compra e Venda

A Conceito: Trata-se de avença em que uma parte deseja adquirir uma coisa*, denominada comprador, e outra, que deseja a obtenção de um valor, denominada vendedor.

* *bem tangível, de existência concreta – a aquisição de direitos se regula pela cessão de crédito*

B **Características:** Contrato bilateral funcional, em regra comutativo (podendo, excepcionalmente, ser aleatório) e oneroso.

C **Detalhes: i)** tem como principal efeito a transmissão da propriedade. Pode alcançar bens futuros ou que estejam na posse de terceiros, cabendo a estes a entrega determinada em título próprio; **ii)** envolve uma obrigação de dar; **iii)** se apenas uma das partes tiver domínio sobre a fixação do preço o contrato será nulo, contudo é possível que se estipule que o preço será determinado por terceira pessoa; **iv)** se não houver consentimento de todos os descendentes (e respectivos cônjuges), será anulável a compra e venda entre ascendente e descendente; **v)** é lícita a compra e venda entre cônjuge, desde que não se refira a bens que estão em comunhão; **vi)** os riscos da coisa correm por conta de seu proprietário, até que ocorra a transmissão (excetua-se o disposto no art. 524, pois na compra e venda com reserva de domínio os riscos não correm por conta do proprietário, mas sim por conta do adquirente, assim que ocorre a transferência de posse – veja que a propriedade, nesta forma de compra e venda, só será transmitida com o pagamento integral do preço); **vii) troca ou permuta** – é uma forma contratual derivada da compra e venda, aplicando-se a ela as disposições referentes à tal forma, ressalvados dois pontos: a troca entre ascendentes e descendentes, para ser anulável deve ser de valores desiguais e os custos (entrega e transferência) serão divididos igualmente, ressalvada disposição das partes em contrário; **viii) retrovenda** – esta cláusula dá ao vendedor de coisa imóvel o direito de recobrá-la (tendo a recompra efeito resolutivo sobre a anterior), dentro de um prazo máximo de 3 anos. O vendedor original tem direito de buscar judicialmente o bem, mesmo contra o terceiro adquirente, e o seu direito é cessível a terceiros e transmissível aos herdeiros. Sobre o tema retrovenda, a banca examinadora propôs a seguinte questão no **Exame Unificado de Julho de 2015**: *Flávia vendeu para Quitéria seu apartamento e incluiu, no contrato de compra e venda, cláusula pela qual se reservava o direito de recomprá-lo no prazo máximo de 2 (dois) anos. Antes de expirado o referido prazo, Flávia pretendeu exercer seu direito, mas Quitéria se recusou a receber o preço. Sobre o fato narrado, pode-se afirmar que: A disposição incluída no contrato é uma cláusula de retrovenda, entendida como o ajuste por meio do qual o vendedor se reserva o direito de resolver o contrato de compra e venda mediante pagamento do preço recebido e das despesas, recuperando a coisa imóvel*; **ix) preempção ou preferência** – esta cláusula dá direito ao vendedor original ter preferência no caso de o comprador original desejar vender a coisa. Perdura, para móveis, durante cento e oitenta dias e para imóveis, dois anos. Este direito não pode ser cedido nem se transmite por herança; **x) venda com reserva de domínio** – nesta modalidade, o comprador somente adquirirá a propriedade com o pagamento integral das parcelas, pois o vendedor, apesar de haver transferido a posse (entregou a coisa), reservou para si o domínio; **xi) venda sobre documentos** – aqui, apenas a tradição da coisa é simbolizada por um conjunto de documentos, o que se pode observar na entrega de um *ticket* que dê acesso à coisa depositada, por exemplo.

9.2. Doação

A doação é contrato unilateral funcional, gratuito (não perdendo esta qualidade o feito em contemplação de merecimento ou em retribuição a serviços prestados ou com encargo, no que exceder a estes) e, em regra, é formal. Está regulado entre os artigos 538 e 564 do Código Civil. Conceituada pelo art. 538, entende a lei que se considera doação o contrato em que uma pessoa, por liberalidade, transfere do seu patrimônio bens ou vantagens para o de outra. Por força do art. 541, caput, a doação deverá revestir forma pública ou particular, desde que escrita. A diferenciação estará a cargo da exigência da forma pública, como se dá para a doação de imóvel com valor acima de 30 salários mínimos. Contudo, o legislador ainda prevê a possibilidade de que a doação se faça de maneira verbal, desde que envolva bens móveis de pequeno valor e ocorra a tradição de forma imediata.

Pode mesmo o doador estabelecer prazo para que o donatário manifeste sua vontade (se aceita ou não), valendo o seu silêncio como aceitação, desde que se trate de doação não sujeita a encargo. A doação feita ao nascituro é válida, desde que seja aceita pelo seu representante legal. Já se o donatário for pessoa absolutamente incapaz dispensa-se (melhor seria o Código falar em presume-se) a aceitação, sendo a doação pura (ou seja, sem qualquer encargo). Até mesmo uma entidade futura pode ser agraciada com doação de bens, sendo que o contrato caducará se não vier a ser constituída a entidade no prazo de dois anos.

Quando a doação é feita pelo ascendente ao descendente ou por um cônjuge ao outro (companheiros também), presume-se tenha ela se realizado a título de antecipação de herança legítima. Contudo, pode o doador estipular que tal valor saia de sua parte disponível, eximindo o donatário da colação dos bens (art. 2.005, CC). Ainda, quando a doação extrapola o limite da legítima, o excedente deve ser reduzido, por se tratar de doação inoficiosa.

Algumas doações são acometidas, pelo Código Civil, por vícios que as tornam anuláveis ou mesmo nulas. Veja o quadro-síntese, a seguir:

DIREITO CIVIL

DOAÇÕES NULAS OU ANULÁVEIS	
Doação	**Pena**
De todos bens sem reserva de um mínimo existencial (como usufruto dos mesmos, por exemplo)	Nulidade
Doação oficiosa (doação além do que pode o doador transferir – em razão da existência da legítima)	Nulidade da parte que exceder ao limite legal
Doação pelo cônjuge adúltero ao seu cúmplice	Anulabilidade (prazo decadencial de 2 anos a contar da dissolução da sociedade conjugal) legitimados: cônjuge ou herdeiros

A doação afasta do regime de vícios redibitórios e de evicção (ressalvada a feita em razão de casamento). Da mesma forma, não se pode exigir do doador juros em razão de atraso na entrega do bem prometido (art. 552). Neste ponto, é importante observar que a promessa de doação não tem o condão de gerar qualquer exigibilidade, à exceção de um caso, apontado na seguinte decisão do STJ:

> AGRAVO REGIMENTAL NO RECURSO ESPECIAL. EMBARGOS À EXECUÇÃO. ACORDO CELEBRADO EM SEPARAÇÃO CONSENSUAL. HOMOLOGAÇÃO JUDICIAL. DOAÇÃO.ÚNICA FILHA. AUSÊNCIA DE VÍCIOS DE VALIDADE. EXIGIBILIDADE DAOBRIGAÇÃO. PRECEDENTES. 1. A jurisprudência desta eg. Corte já se manifestou no sentido de considerar que não se caracteriza como ato de mera liberalidade ou simples promessa de doação, passível de revogação posterior, a doação feita pelos genitores aos seus filhos estabelecida como condição para a obtenção de acordo em separação judicial. 2. Agravo regimental a que se nega provimento. (STJ - AgRg no REsp: 883232 MT 2006/0161574-0, Relator: Ministro RAUL ARAÚJO, Data de Julgamento: 19/02/2013, T4 - QUARTA TURMA, Data de Publicação: DJe 26/02/2013)

Importante também destacar que a doação pode ser feita com cláusula de reversão, estabelecendo o doador que o bem retorne ao seu patrimônio caso sobreviva ao donatário. Isto cria uma sucessão anômala sobre o bem doado, que não seguirá a linha de sucessão do donatário, mas sim retornará para o doador.

9.2.1 Revogação da doação

Como se trata de uma liberalidade, a doação possui característica especial, que possibilita ao doador revogar o contrato em situações especiais. Duas são as razões de revogação: a ingratidão e o descumprimento do encargo.

Encargo é uma modulação dos efeitos de um negócio jurídico que determina ao beneficiário determinada conduta, que pode reverter em benefício do doador, de terceiro ou da coletividade. O cumprimento deste fator está diretamente ligado à eficácia da doação. Podem exigir o cumprimento do encargo o doador ou, se em favor da coletividade, o Ministério Público, após o falecimento do autor da liberalidade, caso este não tenha iniciado a ação em vida. O direito de revogar é personalíssimo e intransmissível, mas uma vez iniciada a ação os herdeiros do doador poderão continuar a ação; assim também os do donatário passarão ao polo passivo da demanda. O donatário será notificado judicialmente para o cumprimento. Esta forma de revogação pode afetar o direito de terceiros, já que alinhada à propriedade resolúvel prevista no art. 1.359, CC.

Já a revogação por ingratidão tem natureza e efeitos diferentes. Aqui a causa não está prevista no título, pois decorre de ato posterior do donatário que infringe o regramento legal. São autorizativos de revogação por ingratidão: (1) se o donatário atentou contra a vida do doador ou cometeu crime de homicídio doloso contra ele; (2) se cometeu contra ele ofensa física; (3) se o injuriou gravemente ou o caluniou; (4) se, podendo ministrá-los, recusou ao doador os alimentos de que este necessitava.

O ofendido não precisa ser o doador, pois também há autorização para a revogação quando a vítima for cônjuge, ascendente, descendente ou irmão do doador. Neste ponto, duas observações sobre o artigo 558, CC: primeiro, também o companheiro deve ser reconhecido neste rol e, infelizmente, o artigo teima em mencionar que o descendente, "ainda que adotivo", poderá ser vítima da ofensa. Não há diferenciação entre descendentes, se adotivos ou biológicos, incorrendo o legislador em apontamento completamente desnecessário. O prazo para a promoção da ação de revogação de doação por ingratidão é de um ano a contar do momento em que teve ciência o doador do fato e de sua autoria.

Deve-se observar que nem toda doação pode ser objeto de revogação, estando as restrições legais apresentadas no art. 564, CC. Desta forma, não podem ser revogadas por ingratidão: as doações puramente remuneratórias; as oneradas com encargo já cumprido; as que se fizerem em cumprimento de obrigação natural; as feitas para determinado casamento (doações *propter nuptiae*). Os mecanismos de impedimento de revogação foram objeto de indagação no Exame de Ordem 2021.1.

Diferentemente da revogação por descumprimento de encargo, a revogação por ingratidão se alinha como caso de propriedade revogável, previsto no art. 1.360, CC, ficando os direitos de terceiros protegidos (art. 563, CC).

> Teste seus conhecimentos!
>
> (FGV – Exame de Ordem/2022.1) Joana e Mário são pais de Ricardo, atualmente com 8 anos, e que se encontra no início de sua vida escolar. Tércio, irmão de Joana, decide doar, ao sobrinho Ricardo, certa quantia em dinheiro. Para que esta doação seja válida, o contrato
>
> A) deve ser anuído pelo próprio sobrinho, Ricardo.
>
> B) precisa contar com o consentimento de Ricardo, expressado por Joana e Mário.
>
> C) dispensa a aceitação, por ser pura e realizada em favor de absolutamente incapaz.
>
> D) prescinde de consentimento de Ricardo, pois se trata de negócio jurídico unilateral.
>
> Resposta no rodapé[15].

9.3 Contrato Estimatório

A Conceito: Neste contrato o consignatário recebe bens do consignante para vender, tendo a possibilidade de devolvê-los. Para facilitar a compreensão, é comum em festas de fundos de formaturas o recebimento de bens (bebidas, por exemplo) que, se não forem vendidos, são restituídos.

B Características: Contrato bilateral, comutativo, oneroso.

C Detalhes: A coisa consignada se torna um patrimônio afetado, pois "o consignante não pode dispor da coisa antes de lhe ser restituída ou de lhe ser comunicada a restituição" e "a coisa consignada não pode ser objeto de penhora ou sequestro pelos credores do consignatário, enquanto não pago integralmente o preço" (arts. 536 e 537 CC).

9.4 Locação de Coisas

A Conceito: Na locação o locador se obriga ceder ao locatário, por tempo determinado ou indeterminado, o uso e a fruição de coisa infungível, de forma onerosa. Veja-se que este contrato não se aplica à locação de imóveis urbanos regulamentados pela lei de locação (Lei 8.245/91).

B Características: Contrato oneroso, bilateral, consensual, de trato sucessivo.

C Detalhes: i) neste contrato, de natureza consensual, a parte locadora se compromete à entrega do bem, logo é possível um contrato preliminar de locação; **ii)** se a locação for por tempo certo, o pedido antecipado do bem irá provocar por parte do locador o pagamento de perdas e danos, além da multa prevista no contrato. Enquanto isto não se der, tem direito de retenção o locatário; **iii)** esta forma contratual, se determinada a certo tempo, não necessita de notificação ao locatário para que restitua a coisa, o prazo "interpela o homem", mas se ele continuar na posse sem contestação do locador, entender-se-á prorrogada por tempo indeterminado a locação; **iv)** locador ou locatário vierem a falecer, será transmitido aos herdeiros este direito, se a locação for por tempo determinado; **v) Segundo entendimento do STJ, a cobrança de juros capitalizados nos contratos de mútuo é permitida quando houver expressa pactuação.**

9.5 Empréstimos: sob este signo, se reúnem duas formas contratuais. O comodato e o mútuo.

9.5.1 Comodato

A Conceito: É o empréstimo gratuito de coisa infungível. Quando um grupo de amigos obtém emprestada a casa de praia de um conhecido, sem pagamento de qualquer valor (exceto a manutenção do bem), tem-se um comodato.

B Características: Contrato gratuito, unilateral, personalíssimo e real. Atente, só há contrato depois da entrega da posse da coisa, pois é, como dito, um contrato real.

C Detalhes: i) o comodato, se não tiver prazo determinado, deve durar o tempo razoável para o proveito da coisa; **ii)** tutores, curadores e demais administradores de bem, não podem ceder bens em comodato sem autorização especial; **iii)** se o comodatário não restituir a coisa ao fim do prazo, ou cujo contrato for invocado em mora pelo comodante em razão de desvio ou mal-uso, deverá pagar o aluguel arbitrado pelo dono da coisa (veja que, aqui, o contrato se torna oneroso acidental) ou perdas e danos em razão da entrega extemporânea; **iv)** estando em risco bens próprios e bens recebidos em comodato, o comodatário deverá salvar primeiro estes, sob pena de responder pela perda ou destruição; **v)** as despesas feitas pelo comodatário para o bom uso e gozo da coisa, não podem ser cobradas (nunca) do comodante; **vi)** entre os comodatários de uma mesma coisa, há solidariedade (pelos danos na casa de praia emprestada responde todos os comodatários); **vii) na empreitada de lavor e materiais (mista), o empreiteiro responde pelos riscos de forma objetiva, até a entrega definitiva da coisa contratada.**

9.5.2 Mútuo

A Conceito: É o empréstimo de coisas fungíveis, em que pode o mutuário pagar pelo empréstimo ou não, ao mutuante. Como um bom exemplo, tem-se o empréstimo de dinheiro.

B Características: Contrato gratuito ou oneroso (chamado mútuo feneratício), unilateral, personalíssimo e real.

C Detalhes: i) esta forma de empréstimo transfere a propriedade da coisa ao mutuário, daí ser chamado

15 Alternativa correta – c.

de "empréstimo consumo", enquanto o comodato é um "empréstimo uso"; **ii)** o empréstimo feito a menor, sem autorização devida, não pode ser cobrado do mutuário ou dos fiadores, exceto se "**I** – se a pessoa, de cuja autorização necessitava o mutuário para contrair o empréstimo, o ratificar posteriormente; **II** – se o menor, estando ausente essa pessoa, se viu obrigado a contrair o empréstimo para os seus alimentos habituais; **III** – se o menor tiver bens ganhos com o seu trabalho. Mas, em tal caso, a execução do credor não lhes poderá ultrapassar as forças; **IV** – se o empréstimo reverteu em benefício do menor; **V** – se o menor obteve o empréstimo maliciosamente." (art. 589 CC); **iii)** se o empréstimo for a juros, denominado mútuo feneratício ou oneroso, os juros não podem extrapolar a taxa limite do art. 406, mas podem ser capitalizados (convertidos em capital) anualmente; **iv)** existem prazos subsidiários para os mútuos, se as partes nada ajustarem: se produtos agrícolas de consumo ou semeadura, até a próxima colheita ou, sendo dinheiro, trinta dias.

9.6 Prestação de Serviços

A Conceito: O prestador de serviço se compromete a realizar um fazer em favor do tomador de serviço, a preço certo. Não se confunde com contrato de trabalho, regulamentado pela CLT.

B Características: Contrato bilateral, consensual e oneroso.

C Detalhes: i) pode envolver qualquer tipo de serviço, material ou imaterial; **ii)** se a remuneração não houver sido estipulada será arbitrada conforme os costumes do lugar; **iii)** não pode ser estipulada por mais de 4 (quatro) anos.

> **MUITA ATENÇÃO!** Nesta forma contratual deve-se dar destaque à vedação de aliciar prestadores de serviços, pois terceiros não podem interferir na relação estabelecida. É o determina, *in verbis*, o art. 608 CC: "Aquele que aliciar pessoas obrigadas em contrato escrito a prestar serviço a outrem pagará a este a importância que ao prestador de serviço, pelo ajuste desfeito, houvesse de caber durante dois anos."

9.7 Empreitada

A Conceito: Pelo contrato de empreitada o empreiteiro se obriga a realizar certo trabalho, sem subordinação, ao dono da obra. O empreiteiro pode apenas realizar serviços ou prestar serviços e fornecer os materiais.

B Características: Contrato bilateral, comutativo (em regra, podendo ser aleatório se aceitar reajuste de preço conforme mercado), oneroso e consensual.

C Detalhes: i) a obrigação de fornecer materiais deve estar expressa no ajuste das partes ou decorrer de determinação legal; **ii)** a qualidade e os riscos dos materiais correrão por conta de quem os fornecer; **iii)** observe que há uma responsabilidade objetiva do empreiteiro, pois se a coisa perecer (em uma empreitada unicamente de lavor) sem mora do dono ou culpa do empreiteiro, este perderá sua retribuição, salvo se demonstrar que (cumulativamente) o dano adveio de defeito dos materiais e que reclamou em tempo ao dono da obra; **iv)** o dono da obra, se o empreiteiro se afastou do que foi determinado, pode rejeitar a obra, na forma do art. 615; **v)** a morte de qualquer das partes não extingue o contrato, salvo se ajustado em relação às qualidades pessoais do empreiteiro; **vi)** na empreitada de lavor e materiais (mista), o empreiteiro responde pelos riscos de forma objetiva, até a entrega definitiva da coisa contratada.

> **MUITA ATENÇÃO!** Quando a empreitada é contratada pela obra inteira (mesmo que os pagamentos sejam parciais) leva o nome de empreitada a **preço global ou forfaitário.**

9.8 Depósito

A Conceito: O depositário assume a responsabilidade de guardar um objeto móvel do depositante, até que este, *ad nutum*, requeira a devolução.

B Características: Contrato real e gratuito (em regra, pois se as partes ajustarem ou o depósito se praticar por profissão ou mercancia, poderá remunerado).

C Detalhes: i) existem duas formas de depósito – o de coisas infungíveis, denominado regular e o de coisas fungíveis, denominado irregular; **ii)** a embalagem ou receptáculo do bem dado em depósito não pode ser violada; **iii)** se o bem foi depositado em interesse de terceiro, é necessária a ciência deste para a entrega do bem; **iv)** se a coisa se tornar contenciosa (houver qualquer disputa sobre ela ou for de origem suspeita) o depositário deverá entregar a coisa em Depósito Público; **v)** o depósito pode ser voluntário se decorre da vontade das partes ou necessário se for oriundo de obrigação legal ou por época de calamidade pública; **vi)** interessante notar que a bagagem dos viajantes ou hóspedes que restarem são equiparadas a depósitos necessários; **vii)** o depósito necessário não é presumido gratuito.

> **MUITA ATENÇÃO!** Atente-se, em relação ao depósito, que não mais cabe a prisão estabelecida no art. 652 CC, pois, conforme determina a Súmula Vinculante (STF) 25, "É ilícita a prisão civil do depositário infiel, qualquer que seja a modalidade de depósito".

9.9 Mandato

A Conceito: Por este contrato uma parte (mandante) concede a outra (mandatário) poderes para realizar atos ou administrar interesses. Fisicamente, quem pratica o ato é o mandatário; juridicamente, o mandante.

B Características: Contrato personalíssimo, consensual (deve-se atentar para a aderência de forma, pois a procuração – instrumento do contrato de mandato – deve ter a forma do contrato final que será realizado – para celebrar uma escritura pública, mandato por instrumento público), em regra gratuito (admitindo a forma onerosa) e bilateral.

C Detalhes: i) o menor, relativamente incapaz (maior de 16, menor de 18), pode ser mandatário, mas não pode ser mandante (art. 666 CC); **ii)** não cabe mandato em atos personalíssimos ou existenciais, como testar; **iii)** os poderes de um mandato envolvem, em regra, apenas a administração. Para poder alienar, gravar de ônus, transigir ou realizar qualquer ato além da mera administração, é necessário que o instrumento contenha expressamente tais poderes; **iv)** o mandatário tem direito de retenção para obrigar ao mandante o pagamento do que é devido em razão do mandato; **v)** todos os atos praticados pelo mandatário além dos poderes que lhe forem conferidos, estarão subordinados à gestão de negócios, enquanto não ratificados pelo mandante; **vi)** é proibida a compensação, por parte do mandatário, dos prejuízos que causou com os lucros que obteve; **vii)** em regra é possível o substabelecimento (que gera responsabilidade para o procurador sempre que aquele que o substituiu proceder com culpa), salvo menção expressa de proibição; **viii)** muita atenção para o mandato "a meio caminho", conforme art. 674 CC, pois "embora ciente da morte, interdição ou mudança de estado do mandante, deve o mandatário concluir 5º negócio já começado, se houver perigo na demora"; **ix)** o mandato se extingue: "**I** – pela revogação ou pela renúncia; **II** – pela morte ou interdição de uma das partes; **III** – pela mudança de estado que inabilite o mandante a conferir os poderes, ou o mandatário para os exercer; **IV** – pelo término do prazo ou pela conclusão do negócio." Nas duas observações acima, melhor compreender-se, a bem da nova terminologia, interdição por curatela. **x)** Os atos realizados pelo mandatário sem saber da revogação do contrato ou da morte do mandante são válidos. Assim também pode ele (o mandatário) concluir o mandato a meio-caminho (já iniciados os atos de formalização do contrato final). Atente-se, ainda, que o mandato com cláusula "em causa própria" não poderá ser revogado nem mesmo se resolve com a morte do mandante.

9.10 Comissão

A Conceito: Por este contrato, o comissário contrata, em seu nome e por conta do comitente, a aquisição ou venda de bens.

B Características: Contrato bilateral, oneroso e consensual.

C Detalhes: i) esta forma contratual se aproxima do mandato, mas com ele não se confunde, porque o comissário age em nome próprio (atente-se que as regras do mandato são subsidiárias sempre que as disposições da comissão não bastarem para solucionar o caso – art. 709 CC); **ii)** em regra o comissário não responde pela insolvência dos com quem tratar. Mas será responsável se agir com culpa ou se assumir a cláusula *del credere*; **iii)** a cláusula *del credere* importa em ônus extra para o comissário (art. 698 CC), que passa a ser solidariamente responsável, para com o comitente, pelo adimplemento das pessoas com quem contratou. Por isso, deverá receber remuneração melhor, de modo a compensar o risco que assumiu.

9.11 Agencia e Distribuição

A Conceito: Pelo contrato de agência, o representante deverá, em nome e por conta de outro (agenciador ou representado), com habitualidade e sem subordinação, realizar negócios em determinada região geográfica. Se ele, o representante, também tiver à sua disposição os bens negociados, será um contrato de distribuição.

B Características: Contrato bilateral, oneroso e consensual.

C Detalhes: Este contrato denota importância pela cláusula de exclusividade imposta às partes (podendo por elas ser afastada): "Art. 711. Salvo ajuste, o proponente não pode constituir, ao mesmo tempo, mais de um agente, na mesma zona, com idêntica incumbência; nem pode o agente assumir o encargo de nela tratar de negócios do mesmo gênero, à conta de outros proponentes".

9.12 Corretagem

A Conceito: Trata-se de forma subsidiária aplicada sempre que não houver contrato de mandato, prestação de serviços ou qualquer outra relação de dependência e uma das partes se obrigar a obter um ou mais negócios para a outra, conforme instruções recebidas.

B Características: Contrato bilateral, oneroso, aleatório e consensual.

C Detalhes: i) não havendo restrição expressa, é possível a designação de subcorretor; **ii)** a prestação do corretor pode envolver tanto intermediar a venda/compra de um bem, quanto colocar possíveis compradores/vendedores em simples contato. **iii)** A remuneração é devida ao corretor uma vez que tenha conseguido o resultado previsto no contrato de mediação, ou ainda que este não se efetive em virtude de arrependimento das partes.

> Teste seu conhecimento!
>
> (FGV – Exame de Ordem – 2021.1) Hugo, corretor de imóveis, recebe oferta de contrato, por prazo indeterminado, para intermediar a realização de negócios sobre novo empreendimento imobiliário, cujo lançamento ocorrerá em data próxima, obtendo as seguintes informações: (i) as características gerais do empreendimento, com a descrição da planta, da área e do valor de cada unidade autônoma projetada, em condomínio edilício; (ii) o valor oferecido em remuneração pelos serviços de corretagem correspondente a 4% sobre o valor da venda.

Entusiasmado, Hugo entra em contato com diversos clientes (potenciais compradores), a fim de mediar a celebração de compromissos de compra e venda com o dono do negócio. Nesse ínterim, consegue marcar uma reunião entre o incorporador (dono do negócio) e seu melhor cliente, sócio de uma grande rede de farmácias, pretendendo adquirir a loja principal do empreendimento. Após a reunião, em que as partes se mostraram interessadas em prosseguir com as negociações, nenhum dos futuros contratantes tornou a responder ao corretor, que não mais atuou nesse empreendimento, ante a sua dispensa. Soube, meses depois, que o negócio havia sido fechado entre o incorporador e o comprador, em negociação direta, ao valor de R$ 5.000.000,00 (cinco milhões de reais).

Diante do exposto, assinale a afirmativa correta.

A) A dispensa do corretor não ilide o dever de pagar a remuneração que lhe era devida, pois o negócio se realizou posteriormente, como fruto de sua mediação.

B) Ainda que tenha iniciado a negociação com a atuação do corretor, uma vez concluído o negócio diretamente entre as partes, nenhuma remuneração será devida.

C) A ausência do corretor na negociação que resultou no acordo de venda evidencia o descumprimento do dever de diligência e prudência, motivo pelo qual perde o direito à remuneração.

D) O corretor tem direito à remuneração parcial e proporcional, pois, apesar de dispensado, iniciou a intermediação, e o negócio ao final se concretizou.

Resposta no rodapé[16].

9.13 Transporte

A Conceito: Neste contrato uma parte (o transportador) se obriga a levar o passageiro ou coisa de um a outro determinado lugar.

B Características: Contrato bilateral, oneroso e consensual.

C Detalhes: i) no transporte de pessoas, não chegando o viajante ao destino, inadimpliu o transportador com o que lhe cabia; **ii)** o contrato pode (não é requisito de validade) ser **instrumentalizado** – modo mais comum, **bilhete de passagem**; **iii)** é ineficaz cláusula que afaste a responsabilidade do transportador; **iv)** a conduta culposa de terceiro não elide a responsabilidade do transportador (atente-se para a discussão jurisprudencial acerca do fortuito interno e externo), que deverá indenizar o passageiro-vítima e regredir contra o terceiro-agressor; **v)** quando a coisa é enviada, o contratante é chamado expedidor ou remetente na visão de Caio Mário; **vi)** a coisa transportada deve ser especificamente discriminada, de modo a não se confundir com outras; **vii)** esta forma contratual possibilita ao transportador emitir um título denominado "conhecimento de transporte" estudado na teoria dos títulos de crédito; **viii)** as bagagens estão atreladas ao transporte de pessoas, pois seguem com elas.

MUITA ATENÇÃO! Carona não gera contrato de transporte (conforme se observa do art. 736 CC). Qualquer dano provocado ao caroneiro, estará submetido à responsabilidade extracontratual.

9.14 Seguro

A Conceito: Pelo contrato de seguro, o segurador se obriga, mediante o pagamento do prêmio, a garantir interesse legítimo do segurado, relativo a pessoa ou a coisa, contra riscos predeterminados (art. 757 CC).

B Características: Contrato bilateral, oneroso, aleatório e consensual.

C Detalhes:

- **Generalidades: i)** o segurador necessita de uma qualidade especial, deve ser uma entidade autorizada, pelas autoridades competentes, a figurar como tal; **ii)** a apólice de seguro é apenas um meio de prova da existência do contrato, não requisito de validade; **iii)** os contratos de seguros não podem garantir atos dolosos; **iv)** o valor pago pelo segurado é o prêmio, o valor pago pela seguradora é o "pagamento do sinistro" ou indenização; **v)** o valor pago a título de ocorrência do sinistro pode ser efetivado em dinheiro ou coisa; **vi)** se o segurado agravar o risco perderá direito ao valor do sinistro; **vii)** se o segurador sabe que não mais existe risco sobre o que está segurado, deverá pagar em dobro o valor do prêmio.

- **Seguro de Dano: i)** não pode haver seguro que supere o valor da coisa segurada; **ii)** o interesse segurado abrange "todos os prejuízos resultantes ou consequentes, como sejam os estragos ocasionados para evitar o sinistro, minorar o dano, ou salvar a coisa" (art. 779 CC); **iii)** após pagar a indenização o segurador se sub-roga nos direitos do segurado para cobrar os custos do autor do dano; **iv)**os seguros de responsabilidade civil (forma de seguro em que se cobrem os prejuízos causados a terceiros pelo segurado) criam situação especial pois é "defeso ao segurado reconhecer sua responsabilidade ou confessar a ação, bem como transigir com o terceiro prejudicado, ou indenizá-lo diretamente, sem anuência expressa do segurador" (art. 787, § 2º).

- **Seguro de Pessoas: i)** no seguro de pessoas a apólice não pode ser ao portador; **ii)** é possível fazer seguro sobre a vida de outrem, desde que se declare estimar tal vida (esta declaração é presumida em caso de cônjuge, descendente

16 Alternativa correta – a.

e ascendente); **iii)** se não houver indicação de beneficiários, a metade será paga ao cônjuge não separado judicialmente (não importando o regime) e a outra entregue à ordem de vocação do art. 1829; **iv)** é totalmente nulo transigir com o pagamento do seguro de pessoas, no sentido de reduzir o que deve ser pago em caso de sinistro; **v)** a concubina não pode ser beneficiária de seguro de pessoa; **vi)** o seguro recebido pelos beneficiários não é considerado herança (logo, não necessita ser colacionado), nem responde pelas dívidas do falecido.

MUITA ATENÇÃO!

No caso de suicídio, o art. 798 CC, estabelece a obrigatoriedade de cobertura se o contrato já tiver mais de 2 (dois) anos. Este artigo não pode ser interpretado sem se lembrar das súmulas 105 STF (Salvo se tiver havido premeditação, o suicídio do segurado no período contratual de carência não exime o segurador do pagamento do seguro) e 61 STJ (O seguro de vida cobre o suicídio não premeditado). Assim, mesmo em prazo inferior a dois anos, é necessário à Seguradora provar a má-fé ou premeditação do segurado em caso de suicídio.

Atenção, também, para os prazos de prescrição vinculados aos seguros: 1 ano: "II – a pretensão do segurado contra o segurador, ou a deste contra aquele, contado o prazo: a) para o segurado, no caso de seguro de responsabilidade civil, da data em que é citado para responder à ação de indenização proposta pelo terceiro prejudicado, ou da data que a este indeniza, com a anuência do segurador; b) quanto aos demais seguros, da ciência do fato gerador da pretensão".

Em 3 anos: "a pretensão do beneficiário contra o segurador, e a do terceiro prejudicado, no caso de seguro de responsabilidade civil obrigatório".

9.15 Constituição de Renda

A Conceito: No sistema do Código de 1916 gerava um direito real, mas hoje está vinculado apenas ao universo dos contratos. Envolve uma liberalidade ou a entrega de bens de modo que o devedor fique obrigado a dar certa renda ao credor por tempo determinado.

B Características: Duas possibilidades: **i)** se for gratuito, será unilateral e formal; **ii)** se for oneroso, será bilateral e real.

Nas duas hipóteses poderá ser comutativo (já é sabido o número de prestações) ou aleatório (será paga a renda durante a vida do credor).

C Detalhes: **i)** é nula a constituição de renda em favor de pessoa morta ou que, "nos trinta dias seguintes, vier a falecer de moléstia que já sofria, quando foi celebrado o contrato" (art. 808 CC); **ii)** este contrato não pode extrapolar a vida do credor, mas continua com o falecimento do devedor, em face de seus herdeiros; **iii)** o direito à renda vence a cada dia, assim, pode haver pagamento proporcional; **iv)** a renda constituída por liberalidade pode, se assim desejar o seu instituidor, se tornar impenhorável; **v)** rendas constituídas em favor de duas ou mais pessoas simultaneamente não têm direito de acrescer, salvo se previsto pelas partes (assim, quando um morre, esta parte proporcional deixa de existir, não acrescentando na dos demais).

9.16 Jogo e Aposta

A Conceito: Esta forma contratual, baseada em sorte, é válida no Brasil, apesar de não possuir exigibilidade. Assim, um contrato de jogo e aposta existe, é válido e eficaz, mas não tem meios de exigência judicial (é um débito sem responsabilidade).

B Características: Contrato oneroso, consensual, bilateral e aleatório.

C Detalhes: **i)** se a dívida for paga voluntariamente por pessoa maior e capaz, não será possível repetir o pagamento a título de ser indevido (lembre-se: repetir é pedir de volta); **ii)** para os jogos e apostas aplica-se o princípio de que o que não está expressamente permitido está proibido. Assim, no Brasil, somente tem exigibilidade os jogos e apostas regulamentados (Mega-sena, Quina etc.).

9.17 Fiança

A Conceito: Neste contrato um terceiro se compromete a arcar com o pagamento de determinada obrigação contraída pelo devedor (assume uma responsabilidade sem débito).

B Características: Contrato unilateral, em regra gratuito, formal (tem de ser escrito, sempre), personalíssimo e acessório (está vinculado a um mútuo ou outro contrato que necessite de uma garantia – como a locação). A interpretação desta forma contratual é restritiva, não fugindo ao que se encontra escrito.

C Detalhes: **i)** na fiança, garantia pessoal, a garantia dada alcança todo o patrimônio do fiador, mas não vincula nenhum bem de forma real ou gera privilégio de execução; **ii)** não se pode interpretar extensivamente uma fiança dada; **iii)** a fiança não requer participação do devedor, podendo ser estipulada entre credor e fiador, diretamente; **iv)** se não houver limitação, a fiança abrange todos os acessórios da dívida principal; **v)** em regra, tem o fiador o "benefício de ordem", pois primeiro deve-se buscar o pagamento no patrimônio do devedor, e só depois no do fiador – logo a fiança cria responsabilidade subsidiária; **vi)** uma fiança sobre uma obrigação nula é nula também, exceto se a nulidade decorrer apenas da incapacidade do devedor; **vii)** a fiança gera solidariedade entre os fiadores, salvo adoção do "benefício da divisão"; **viii)** se um dos fiadores for insolvente, sua cota será redistribuída aos demais; **ix)** se o credor paralisar injustamente a execução já iniciada contra o devedor, o fiador pode dar nela andamento; **x)** em fianças por prazo indeterminado o fiador pode se exonerar, ficando responsável durante 60 (sessenta) dias após a notificação de retirada feita ao credor. Em se tratando de fiança locatícia, o fiador poderá exonerar-se das suas responsabilidades no prazo de 30 (trinta) dias contado do recebimento da comunicação oferecida pelo sub-rogado, ficando responsável pelos efeitos da fiança durante 120 (cento e vinte) dias após a notificação ao locador; **xi) O STJ entende, com o enunciado 332 de sua Súmula, que A fiança prestada sem autorização de um dos cônjuges implica a ineficácia total da garantia. Assim, será ela NULA. xii)** a obrigação decorrente da fiança passa aos herdeiros, dentro das forças da herança; **xiii)** o fiador pode opor suas exceções pessoais ao credor, além das que forem do devedor e puderem promover a extinção do débito/responsabilidade; **xiv)** o fiador fica exonerado se o atraso na execução (depois de requerido o benefício de ordem – neste caso, benefício de excussão), sempre que o atraso possibilitar a insolvência do devedor; **xv)** é anulável a fiança prestada sem consentimento conjugal, na forma do art. 1.647 CC – recorde-se que o consentimento não é exigido no regime de separação total), sendo o prazo de 2 (dois) anos, contados a partir da dissolução da sociedade conjugal (separação – note-se que apesar de o posicionamento majoritário advogar o fim da separação, ainda há pessoa separadas judicialmente –, anulação, divórcio ou morte).

9.18 Transação

A **Conceito:** As partes resolvem, por mútuo acordo, por fim, ou prevenir, um litígio.

B **Características:** É contrato bilateral e formal.

C **Detalhes: i)** só é possível em relação a direitos pessoais; **ii)** pode ser feito por escritura particular, pública ou por termo nos autos, dependendo do direito envolvido (se vinculado a acordo de forma pública ou se contestado em juízo); **iii)** a transação não serve para a transmissão de direitos; **iv)** a nulidade de qualquer das cláusulas da transação, anula todo o acordo; **v)** é nula a transação sobre direito já reconhecido em juízo se uma das partes não tiver conhecimento da sentença; **vi)** a transação só pode ser anulada por dolo, coação ou erro essencial quanto à pessoa ou à coisa sobre a qual se faz o acordo.

> **MUITA ATENÇÃO!**
>
> Atenção para o art. 844 CC: "A transação não aproveita, nem prejudica senão aos que nela intervierem, ainda que diga respeito a coisa indivisível. § 1º Se for concluída entre o credor e o devedor, desobrigará o fiador. § 2º Se entre um dos credores solidários e o devedor, extingue a obrigação deste para com os outros credores. § 3º Se entre um dos devedores solidários e seu credor, extingue a dívida em relação aos co-devedores".

9.19 Compromisso

A **Conceito:** Através da cláusula compromissória as partes acordam levar ao juízo arbitral uma eventual disputa entre elas em determinado tema.

B **Características:** É contrato bilateral.

C **Detalhes:** Não podem ser objeto de compromisso questões de estado, de direito pessoal de família e todas as demais de não tenham caráter estritamente patrimonial.

10. DOS ATOS E DISPOSIÇÕES UNILATERAIS

São formas especiais de negócios jurídicos unilaterais que visam à produção de efeitos quando seu instituidor ainda está em vida.

10.1 Promessa de recompensa: ocorre quando um sujeito se compromete por anúncios direcionados ao público em geral a efetivar pagamento de determinada quantia ou a gratificar sob qualquer forma, aquele que realizar determinada prestação ou preencher determinada condição. É situação comum, quando, por exemplo, perde-se um animal e colocam-se cartazes pelas ruas informando a existência de uma gratificação para aquele que localizar dito mascote.

A promessa feita ao público sem prazo pode ser a qualquer tempo retirada, desde que se faça pelo mesmo modo e publicidade da promessa. Esta situação é complexa, pois quem houver realizado despesas na intenção de corresponder ao pedido, poderá requerer indenização (art. 856, parágrafo único CC).

Interessante notar que se a promessa ao público for um concurso, as obras apresentadas somente serão de propriedade do promitente se isso estiver estipulado quando da promessa.

10.2 Gestão de negócios: nesta forma de ato unilateral, um terceiro, sem autorização do titular do interesse, gere negócio alheio. Tudo deve ser feito de acordo com a vontade presumível do titular do interesse (pois, do contrário, responderá o gestor pelo fortuito que ocorrer).

Sendo vários os gestores, haverá entre eles solidariedade. Deve-se observar que o gestor, ao assumir operações arriscadas (mesmo que sejam de comum realização por parte do gerido) responderá pelo fortuito. Assim também de colocar em primeiro lugar seus interesses.

O dono do negócio gerido desejando se aproveitar da gestão deverá indenizar completamente o gestor. Mesmo que o dono do negócio não ratifique deverá reembolsar o gestor que pagou alimentos devidos por aquele a terceiros.

10.3 Pagamento indevido: ocorre esta forma especial de ato unilateral sempre que alguém efetiva um pagamento que não tem causa (já pago, a obrigação originária é nula etc.). Observe-se que não haverá pagamento indevido quando a obrigação for ineficaz (exemplo, jogo e aposta, prescrição), pois nesse caso haverá débito (sem responsabilidade), dando causa ao pagamento. Havendo pagamento indevido, fica obrigado quem recebeu a restituir. Aplica-se a noção de pagamento indevido ao ato de quitar um débito ainda pendente de condição suspensiva, antes de ocorrida a condição. Não terá direito a receber o que pagou se o adimplente indevido provocou (com seu ato), a prescrição da pretensão do credor, conforme art. 880 CC.

10.4 Enriquecimento sem causa: sempre que o aumento do patrimônio de uma pessoa **não tiver um suporte legal**, deve ela restituir ao legítimo credor/proprietário o valor indevidamente recebido. Aplica-se ao pagamento indevido e a todas as outras formas de enriquecimento sem fundamento. A mesma ideia se aplica aos casos de pagamentos sucessivos, quando a causa deixou de existir (imagine o caso do seguro, em que a seguradora sabe do fim do risco devendo restituir o prêmio indevidamente pago pelo outro contratante). **A ação de enriquecimento sem causa é subsidiária, somente se aplicando se alternativa não houver e requer a inexistência de título que justifique o aumento patrimonial**. (PEREIRA, 2003. p. 604).

DIREITO CIVIL

CAPÍTULO IV
RESPONSABILIDADE CIVIL

1. NOÇÕES

Toda manifestação humana traz em si o problema da responsabilidade civil. Qualquer ato consciente implica em resposta, em dever de se responder por ele. Tem-se, com isto, uma noção sociológica de responsabilidade, que é diferente de se conceber um reflexo psicológico de responsabilidade, que, legado da religião, resultou na concepção de pecado. Mesmo mote, a responsabilidade é um conceito ligado à ideia de personalidade, pois quando se busca a responsabilidade, busca-se a responsabilidade de alguém.

A responsabilidade, para o Direito, contudo, só importa quando se coaduna com a noção de infração a uma norma jurídica. Daí dizer-se que culpa, como mais detalhadamente se verá, é a infração a um dever objetivo.

Neste sentido, enquanto violação a um dever de conduta, a responsabilidade acaba por se alinhar como um ponto de contato entre Direito e Moral, do mesmo modo em que se apresenta como elemento de diferenciação entre estes campos, vez que a responsabilidade Moral prescinde do elemento **prejuízo**, ao passo que a jurídica não. Não pode haver responsabilidade sem prejuízo. Hoje, nos acidentes nucleares é possível que se presuma o nexo causal.

2. HISTÓRICO

Mister se faz, neste ponto, uma retratação da evolução histórica da responsabilidade civil. Saiba-se que o será feito em apertada síntese, perquirindo-se das mais importantes fases.

Em seus primórdios, viveu o mundo uma necessária fase de **vingança privada**, em que cada um buscava sua reposição, a recomposição da honra. Esta reparação pessoal e imediata levava a descompassos, quando a vítima avocava o direito de fazer sofrer o ofensor em grau maior que o mal sofrido. Disto, resultou um plexo de medidas conformadas de modo a se estabelecer simetria, reciprocidade, equilíbrio na barbárie. A lei maior deste momento pode ser resumida na expressão "olho por olho, dente por dente".

O **Talião**, ou a lei do talionato, criou as bases da proporcionalidade, determinando que aquilo que se havia sofrido só podia ser reprimido até o limite ponderável e aceitável. Este limite nada mais era do que o volume da agressão sofrida. Como bem nos lembra a Bíblia, "quebradura por quebradura, olho por olho, dente por dente; como ele tiver desfigurado a algum homem, assim se lhe fará. (Levítico 24: 20)".

Caminharam os antigos para uma conclusão óbvia. Se fosse aceito reparar o mal com outro mal, mesmo que de mesma proporção, ter-se-ia um problema, não para as partes envolvidas, mas para a sociedade, que correria o risco de sofrer duplo dano. Assim, para que se pudesse solver o problema, determinou-se que ao culpado deveria ser dado o direito de recompor sua falha, resgatando sua culpa, mediante o pagamento de uma indenização. O acordo determinava a equalização da culpa, e este se tornou o ponto fraco do sistema. Os mais fortes passaram a se lastrear na impunidade sustentada pela força econômica/militar. Vivia-se o período da composição, ainda em nível privado e voluntário.

O próximo passo levou a humanidade a um sistema de composição forçada, que determinava uma indenização, mesmo que simbólica. Com o avançar da sociedade, observou o mundo uma cisão entre o público e o privado, mediante a assunção, por parte do Estado, da responsabilidade de punir.

Neste sentido, destaque-se a concepção por parte de Justiniano da *lex Aquilia*, em que se podia responsabilizar um autor por um acontecimento que não decorria diretamente de sua conduta, ou mesmo quando não havia uma relação contratual entre autor e vítima. Eis que eram fontes das obrigações os delitos, os quase-delitos, os contratos e os quase-contratos.

3. INDENIZAÇÃO PAGA PELO INCAPAZ

A responsabilidade civil tem por objetivo principal estabelecer um vínculo de indenizabilidade, tanto é que mesmo sendo o autor incapaz responderá, a título **condicional (mitigada), subsidiário e equitativo** pela lesão causada, como demonstra o art. 928 CC. Atente-se que o **Exame Unificado de Dezembro de 2013**, apresentou o seguinte caso: *Pedro, dezessete anos de idade, mora com seus pais no edifício Clareira do Bosque e, certa manhã, se desentendeu com seu vizinho Manoel, dezoito anos. O desentendimento ocorreu logo após Manoel, por equívoco* *do porteiro, ter recebido e lido o jornal pertencente aos pais do adolescente. Manoel, percebido o equívoco, promoveu a imediata devolução do periódico, momento no qual foi surpreendido com atitude inesperada de Pedro que, revoltado com o desalinho das páginas, o agrediu com um soco no rosto, provocando a quebra de três dentes. Como Manoel é modelo profissional, pretende ser indenizado pelos custos com implantes dentários, bem como pelo cancelamento de sua participação em um comercial de televisão.* A questão teve como gabarito, coadunando com nossa observação acerca da responsabilidade do incapaz: *se os pais de Pedro não dispuserem de recursos suficientes para pagar a indenização, e Pedro tiver recursos, este responderá subsidiária e equitativamente pelos danos causados a Manoel.*

MUITA ATENÇÃO!

Porque condicional – mitigada -, subsidiária e equitativa?

Primeiro vamos à redação do art. 928, CC, tanto em seu caput quanto o parágrafo único:

Art. 928. O incapaz responde pelos prejuízos que causar, se as pessoas por ele responsáveis não tiverem obrigação de fazê-lo ou não dispuserem de meios suficientes.

Parágrafo único. A indenização prevista neste artigo, que deverá ser eqüitativa, não terá lugar se privar do necessário o incapaz ou as pessoas que dele dependem.

A responsabilidade é **subsidiária**, porque o incapaz somente responderá civilmente (arcando com a indenização) se os seus responsáveis (como os pais, por exemplo), não tiverem a obrigação de fazê-lo ou não dispuserem de meios suficientes para custear os valores. Desta forma, não se pode afirmar que entre o responsável e o incapaz haja solidariedade, mas sim uma responsabilidade substitutiva (o responsável legal responde no lugar do incapaz, "não com o incapaz").

É **condicional (e mitigada)** porque não pode ultrapassar os limites humanitários do incapaz (como bem explanou o voto do Min. Luis Felipe Salomão, no REsp 1436401) e também **equitativa**, por poder ser reduzida de forma a não privar do necessário tanto o incapaz quanto as pessoas que dele dependem.

4. RESPONSABILIDADE CIVIL E PENAL

Por fim, vale recordar que apesar de independentes, como ressalta o art. 935 CC/02, as decisões no juízo criminal podem influenciar no juízo cível, caracterizando a *actio civile ex delicto*. Desta forma, a propositura da ação penal antecede e suspende, em regra, o transcurso da demanda cível.

- **Dano causado x dano sofrido:** Vale ainda destacar que se pode conceber responsabilidade por dois vetores. Um partindo do resultado (dano como pressuposto) outro do autor (culpa como pressuposto). Assim, se se concebe a Teoria Geral da Responsabilidade Civil como um meio de construção e instrumentalização de fatores de reparação, tem-se um sistema pautado na figura da vítima; lado outro, se se pauta na discussão de quem será ordenado a indenizar, foca-se o autor.

5. TEORIAS DA RESPONSABILIDADE CIVIL

Prima facie, deve-se observar que o dano é a base da responsabilidade civil, sendo seu fundamento a reparação. Quem sofre a injúria deve ser reparado, é a cláusula geral estampada no art. 186 do CC/02 (antigo art. 159 CC/16), a determinação global do *neminem laedere* (não lesar).

A **Teoria da Culpa:** A culpa pode ser compreendida como a inobservância de um dever objetivo de cuidado. Em fórmula consagrada, mas de compreensão duvidosa, muitos definem culpa como negligência, imprudência e imperícia.

B **Doutrina do Risco ou da Responsabilidade Objetiva:** Como reação para as concepções subjetivas da responsabilidade e a instabilidade criada pela incerteza da definição de culpa, surgem as ideias objetivas da responsabilidade, em que se parte de uma conduta que causa um dano, sem se perquirir culpa. Atente-se que um dos meios de defesa que pode ser alegado em juízo é a culpa exclusiva da vítima. Nesta situação o que ocorre é que a conduta da vítima criou o dano e não a conduta do suposto agressor. Outras formas de defesa são a alegação de caso fortuito ou conduta de terceiro. Importante destacar que a diferenciação entre **caso fortuito ou força maior vem perdendo importância para a jurisprudência**, valendo mais a compreensão de que existem **fortuitos internos** à relação (comuns e coerentes com a realização das partes) e, portanto, que não possibilitam defesa ao culpado, mantendo o pagamento de indenização, perdas e danos, e **fortuitos externos** (incomuns, fora de qualquer lógica previsível, que servem de argumento de defesa, podendo destruir o vínculo de culpa, não restando à parte qualquer dever de indenizar ou pagar perdas e danos).

6. ELEMENTOS DE RESPONSABILIDADE CIVIL

A base de todo o sistema de responsabilidade civil, seja ele subjetivista ou objetivista fixa-se sobre a tríade **conduta-nexo-dano**. Apesar de existirem teorias em que a responsabilidade objetiva aceita a discussão da indenização sem a comprovação do nexo causal (como visto em caso de acidentes nucleares – todos que desenvolverem câncer em determinada área, se foram expostos, deverão ser indenizados), não se pode olvidar que o trio supramencionado é a base **genérica** de toda a responsabilidade civil moderna.

6.1 Conduta: Os atos de vontade são a base estrutural da **conduta**, valendo diferenciar esta da **ação** e do **fato**. A ação traz em si a noção de atitude positiva, fazer, realizar algo, tendo como antônimo a omissão. Já o fato é um acontecimento que foge à expectativa humana, não é algo desejado ou determinado pela vontade humana. A conduta, por sua vez, **nasce da vontade direcionada (ou não) a um fim específico**, e pode se resumir em um fazer ou em um não fazer. Conduta, além de abarcar a ação e a omissão, necessita, sempre, de uma vontade direcionada a um resultado, seja este querido ou não. Atente-se, leitor, querer o resultado não importa para o Direito Civil, importante é que haja liberdade de vontade, haja conduta. Quando desejo ir a uma festa com meu veículo (fim desejado), se atropelo alguém (fim não desejado), tenho de indenizar. Ainda, se saio de casa com meu veículo para atropelar meu desafeto (fim desejado) também haverá dever de indenizar.

Veja-se que, com isto, que o **dolo e a culpa são diferentes, mas geram o mesmo dever de indenizar (que não quer dizer mesma quantidade de indenização)**. Enquanto em um tem-se uma vontade direcionada um fim lesivo, na outra, o que ocorre é a inobservância de um dever de cuidado. Quanto menor a culpa, menor poderá ser a indenização (art. 944, parágrafo único CC).

A conduta não precisa ser ilícita: Cuidado, não é a ação ilícita pressuposto da responsabilidade civil, mas apenas um de seus tipos, pois o Código Civil está farto de afirmações de responsabilidade em que se destaca a licitude do ato. Veja-se que o Código Civil afirma não serem ilícitos atos praticados em estado de necessidade (art. 188, I), mas determina o dever de indenizar (arts. 929 e 930). Isto se dá porque se ao indivíduo que causou o dano para se salvar de perigo iminente é complexo imputar responsabilidade, *a fortiori*, àquele que nada tinha a ver com a situação, é injusto determinar que suporte o prejuízo decorrente, sem ter contra quem promover ação. Mesmo mote, este, que no mais das vezes não estará presente ao acontecimento, teria sua pretensão dificultada, pelo fato de não conhecer o real criador do perigo, ou mesmo podendo este não existir.

Teste seus conhecimentos!

(FGV – Exame de Ordem – 2021.2) Daniel, habilitado e dentro do limite de velocidade, dirigia seu carro na BR 101 quando uma criança atravessou a pista, à sua frente. Daniel, para evitar o atropelamento da criança, saiu de sua faixa de rolamento e colidiu com o carro de Mário, taxista, que estava a serviço e não teve nenhuma culpa no acidente. Daniel se nega ao pagamento de qualquer valor a Mário por alegar que a responsabilidade, em verdade, seria de José, pai da criança.

A respeito da responsabilidade de Daniel pelos danos causados no acidente em análise, assinale a afirmativa correta.

A) Ele não praticou ato ilícito mas, ainda assim, terá que indenizar Mário.

B) Ele praticou ato ilícito ao causar danos a Mario, violando o princípio do *neminem laedere*.

C) Ele não praticou ato ilícito e não terá que indenizar Mario por atuar em estado de necessidade.

D) Ele praticou ato ilícito ao causar danos a Mário e responderá objetivamente pelos danos a que der causa.

Resposta no rodapé[17].

MUITA ATENÇÃO! A conduta culposa sempre é ilícita, pois a simples culpa já lhe torna ilícita, na forma do art. 186 CC.

Por vezes o Código Civil constrói o que se denomina de **nexo pessoal de imputação**, como se vê no art. 932, em que se afirma que, por exemplo, os patrões são responsáveis pelos danos causados por seus funcionários, ocorridos em razão da função desempenhada. Neste caso ocorrem duas relações: o funcionário tem sua culpa avaliada (aqui, não se está discutindo responsabilidade advinda do Código de Defesa do Consumidor, mas danos civis comuns, como um abalroamento com o "carro da empresa") e depois, uma vez determinada a culpa, o patrão (comitente) responderá objetivamente. **Culpa do preposto, objetiva responsabilidade do comitente. A compreensão desta responsabilidade foi abordada no Exame 2018.1, em interessante questão:** "João, empresário individual, é titular de um estabelecimento comercial que funciona em loja alugada em um shopping- center movimentado. No estabelecimento, trabalham o próprio João, como gerente, sua esposa, como caixa, e Márcia, uma funcionária contratada para atuar como vendedora. Certo dia, Miguel, um fornecedor de produtos da loja, quando da entrega de uma encomenda feita por João, foi recebido por Márcia e sentiu-se ofendido por comentários preconceituosos e discriminatórios realizados pela vendedora. Assim, Miguel ingressou com ação indenizatória por danos morais em face de João." A banca indagava qual a extensão da responsabilidade de João, apontando, corretamente, a resposta que afirmava que "João deve responder pelos danos causados, não lhe assistindo alegar culpa exclusiva de terceiro." Tenha em mente que a responsabilidade não é automaticamente atribuída a todas as situações. Veja, por exemplo, os provedores de internet. Dispõe o Marco Civil da Internet (Lei 12.965/14), em seu art. 19, que, *com o intuito de assegurar a liberdade de expressão e impedir a censura, o provedor de aplicações de internet somente poderá ser responsabilizado civilmente por danos decorrentes de conteúdo gerado por terceiros se, após ordem judicial específica, não tomar as providências para, no âmbito e nos limites técnicos do seu serviço e dentro do prazo assinalado, tornar indisponível o conteúdo apontado como infringente, ressalvadas as disposições legais em contrário.*

17 Alternativa correta – a.

6.2 Dano: Não há como se discutir o liame de indenização sem que haja dano. Sem o prejuízo, seja moral ou material, não há importância em se discutir a responsabilidade civil. Não se olvide que responsabilidade pode existir sem dano, pois a conduta humana traz em si esta ideia, mas a responsabilidade civil, esta, só se apresenta na ocorrência de dano.

O **dano indenizável** surge da infração voluntária ou não a uma norma preexistente, decorrendo, sempre, de uma conduta, seja ilícita ou, em casos excepcionais, lícita.

Outro ponto de destaque é o fato de que não necessita ser o dano proveniente de uma agressão ao patrimônio, em sentido econômico, pois mesmo uma infração aos direitos da personalidade (arts. 11 a 21 do CC/02) gera o direito a se requerer reparação ou indenização civil, e ainda há que se destacar a existência de danos à imagem-retrato da pessoa, que são os **danos estéticos**. Lado outro, não divergem **dano moral e material** pelo bem alcançado ou atingido, mas sim o efeito provocado pelo dano. Veja-se que de uma batida em um veículo, que é direito de propriedade, vinculado ao patrimônio, pode decorrer um dano tanto material quanto moral, ou mesmo os dois.

Tem-se, por fim, que o dano deve existir, não importando o seu volume, pois mesmo o menor dos prejuízos importa no dever de indenizar.

- **São requisitos do dano:** o interesse jurídico legítimo e a subsistência do dano, que não pode haver sido reparado pelo autor.

Perdas e danos: O dano material é classicamente restrito à noção de perdas e danos. Termo célebre, que se especifica sobre dois pilares	
Dano Emergente	Os danos efetivamente sofridos, demonstráveis por mera prestação de contas, os prejuízos que surgem, que flagram do ato; são também conhecidos como danos positivos.
Lucros Cessantes	Apurados mediante técnicas periciais e de projeção, avaliando-se o que a vítima presumivelmente deixou de ganhar. Não se trata de dano eventual. São denominados danos negativos.

EM RESUMO: Elementos de responsabilidade civil	
Conduta	Pode ser necessário demonstrar a culpa (responsabilidade subjetiva) ou não, bastando a mera conduta (responsabilidade objetiva).
Dano	Pode ser atual ou futuro, desde que certo.
Nexo Causal	É o liame fático entre a conduta e o dano.

MUITA ATENÇÃO! A exata configuração de ambos será de suma importância para que se especifique o valor da causa, ou seja, *o quantum* a ser requerido, em juízo, da outra parte. Vale lembrar que a impossibilidade inicial de se mensurar o real alcance dos danos, não impede que se proponha a ação. Deve-se avaliar, neste ponto, o dano em **ricochete** ou **indireto**. Isto por inspiração do art. 948, II CC. Observe-se que o dano foi causado a um, e o fato repercutiu na esfera de outro. E mais, se discute se aquele que ainda não requereu alimentos pode fazer uso do dano em ricochete.

FIQUE POR DENTRO:

"Perda de uma chance"

Hoje, muito se discute acerca da perda de uma chance. Nestes casos, a indenização não recai sobre o dano total, mas sim sobre o percentual de chance perdido. Imagine que você atropelou um lutador de UFC (*Ultimate Fight Championship* – lutas marciais) no dia de sua luta. Ele não poderá competir e, logo, não poderá obter o sonhado prêmio em dinheiro. De acordo com a Teoria da Perda de uma chance, será necessário apurar quais eram as chances de vitória e aplicar-se este percentual ao prêmio, em cálculo complexo. **Responsabiliza-se não pelo prêmio perdido, mas pela chance perdida de ganhar o prêmio.**

Para saber mais: SILVA, Rafael Peteffi da. **Responsabilidade Civil Pela Perda** de uma Chance. São Paulo: Atlas.

O STJ definiu em 2012 um conjunto de situações em **que o dano moral é presumido**, sendo elas:

- Inscrição indevida em serviços de proteção ao crédito (cadastro de inadimplentes).
- Inscrição em cadastro de inadimplentes em razão de cheque extraviado quando do envio pelo Banco (roubo de malote).
- Atraso de voo.
- Não reconhecimento de diploma.
- Equívoco administrativo – quando a Administração Pública causa dano ao cidadão em razão de falha organizacional (como uma multa indevida).
- Credibilidade desviada – quando alguém faz uso do nome alheio para atrair a credibilidade desta pessoa para seu empreendimento.

6.3 Nexo causal: Não basta, para a Teoria Geral da Responsabilidade Civil, contudo, avaliar apenas a existência de uma conduta e de um dano. **Necessário que se possa vincular a conduta ao dano**, ou seja, é necessário referenciar a conduta frente ao dano.

Não é qualquer vínculo de atribuição que satisfaz o requisito do nexo de causalidade. É preciso que se esteja certo de que sem o fato, o dano não teria ocorrido. Neste sentido, não basta uma mera coincidência tempo-espaço entre dano e conduta.

E, mesmo que esta conduta tivesse o sincero desejo de produzir o resultado, não há como se determinar a causalidade físico-jurídica, fazendo com que o elemento volitivo se torne de menos importância. Assim, se se ministra veneno a alguém, *cum animus necandi*, e ao mesmo tempo, o prédio em que a pessoa está desaba, causando-lhe a morte, não há como se atribuir àquela conduta (envenenamento) o dano ocorrido (morte).

Muitas das vezes é fácil vincular-se uma conduta a um dano, vez que apenas uma conduta se avalia e apenas um dano se tem. Mas há casos outros em que os acontecimentos fáticos são muitos, havendo vários nexos possíveis ou a construção de um único, a partir de vários laços fáticos. São os complicados casos de **causalidade múltipla.**

Nestes casos, deve o operador jurídico determinar qual, dentre todos os acontecimentos tem a marca da causalidade, determina o surgimento do dano ou aqueles fatos que importam para o Direito.

Importante não confundir a causalidade múltipla apontada acima com a teoria da causalidade alternativa, firmada no art. 938, CC, que estabelece que "Aquele que habitar prédio, ou parte dele, responde pelo dano proveniente das coisas que dele caírem ou forem lançadas em lugar indevido." Esta teoria, focada na necessidade de resposta indenizatória à vítima, imputa responsabilidade sobre um conjunto de pessoas, considerando todas elas responsáveis solidárias pelo dano causado, sempre que não for possível apontar o autor específico da conduta.

MUITA ATENÇÃO!

- **Solidariedade dos corresponsáveis:** havendo mais de um autor, todos responderão solidariamente pelo ato. Em casos como este, todos os corresponsáveis serão solidariamente chamados a ressarcir o dano, como está regulamentado no art. 942 e parágrafo único do CC/02. Isto faz com que o autor da ação de indenização não tenha de estabelecer o grau de concorrência de cada autor/partícipe no resultado danoso final, podendo apenas requerer de quaisquer deles o montante estimado de danos. Entre si, os autores farão uso da *actio in rem verso*, para se reconstituírem ao estado anterior. Tem-se, aqui, um caso de **nexo causal plúrimo ou complexo**.

MUITA ATENÇÃO!

- **Concorrência de culpa ou participação da vítima:** Trata-se de instrumento utilizado pelo réu, a quem incumbe ou se possibilita provar que a vítima teve coparticipação ou responsabilidade total pelo acontecimento. Vale destacar que no caso de participação exclusiva da vítima, o réu terá seu dever indenizatório completamente retirado, enquanto na participação parcial, apenas se terá uma redução no *quantum* indenizatório atribuído ao mesmo. Note-se que a vítima ou contribui para a formação do nexo causal ou determina, com a exclusividade de sua conduta, a formação do mesmo.
- **Teoria da Imputação Objetiva:** Preliminarmente desenvolvida pelos penalistas, tendo com um dos seus expoentes Günther Jakobs, vem despertando grande interesse por parte dos civilistas, mormente por se apresentar como uma forma de retirar da pessoa a suposta responsabilidade que se lhe imputa, de modo que, na realidade, serve esta teoria como um caminho de "desimputar" a responsabilidade, ao revés de ser um meio cruel de imputação insensata.

Teste seus conhecimentos!

(FGV - Exame de Ordem - 2021.1) Carlos, motorista de táxi, estava parado em um cruzamento devido ao sinal vermelho. De repente, de um prédio em péssimo estado de conservação, de propriedade da sociedade empresária XYZ e alugado para a sociedade ABC, caiu um bloco de mármore da fachada e atingiu seu carro.

Sobre o fato narrado, assinale a afirmativa correta.

A) Carlos pode pleitear, da sociedade XYZ, indenização pelos danos sofridos.

B) Carlos pode pleitear indenização pelos danos sofridos apenas da sociedade ABC.

C) A sociedade XYZ pode se eximir de responsabilidade alegando culpa da sociedade ABC.

D) A sociedade ABC pode se eximir de responsabilidade alegando culpa exclusiva da vítima.

Resposta no rodapé[18].

18 Alternativa certa - a

CAPÍTULO V
TEORIA GERAL DO DIREITO DAS COISAS

1. NOÇÕES

1.1 Diferença entre bens e coisas: bem é gênero que abarca tanto direitos quanto objetos tangíveis. Coisas são apenas os bens tangíveis (que podem ser tocados, de existência concreta).

1.2 Características dos Direito Reais:

A Absolutismo: denota uma relação imediata sobre a coisa (inflexão). Não necessitando de intervenção humana para seu exercício (veja, se quero a execução de uma obrigação necessito da conduta do devedor; se desejo usar coisa de minha propriedade, não preciso de ninguém). Os direitos reais, por outro lado, são oponíveis contra todos.

B Sequela: pode-se buscar a coisa em si, sem necessidade de uma ação para se discutir qualquer fato, apenas se promove a ação de busca e apreensão. Desnecessidade de ação pauliana (que é necessária nas obrigações, art. 158 CC).

C Preferência: estabelecida uma ordem prioritária em favor do credor com direito real sobre o valor da coisa dada em garantia. Veja-se que não se tem direito sobre a coisa, mas sobre o seu valor. Isto é porque se veda o pacto comissório (art. 1.428 CC) nos direitos reais de garantia.

DICA IMPORTANTE

Não confunda: Pacto comissório nos Direito Reais é proibido, e significa o direito de o credor ficar com o bem como forma de pagamento. Já no Direito dos Contratos é permitido e significa cláusula resolutiva expressa.

MUITA ATENÇÃO!

A preferência não vai tão longe – Enunciado 219 da Súmula do STJ. Os créditos decorrentes de serviços prestados à massa falida, inclusive a remuneração do síndico, gozam dos privilégios próprios dos trabalhistas.

D Tipicidade: só existem direitos reais se previstos em lei. Não podem nascer da simples vontade das partes. As principais alterações no elenco dos direitos reais foram: **a)** acréscimo da Superfície, do Direito do Promitente Comprador, da concessão de uso especial para fins de moradia e da concessão de direito real de uso; **b)** retirada da Enfiteuse (art. 2038) e das rendas constituídas sobre imóveis.

FIQUE POR DENTRO:

"Obrigações *propter rem* e obrigações com efeito real"

Direitos reais não se confundem com as obrigações *propter rem* – *Propter rem, ob rem,* obrigações ambulatórias ou reipersecutórias são relações de natureza obrigacional que apenas se manifestam se houver vinculação de um sujeito a um bem determinado. Só haverá IPTU se houver alguém na posse ou propriedade do bem. Uma vez constituída a relação, ela permanece pendente sobre o bem e qualquer um que ocupe a titularidade da posse ou da propriedade, por exemplo, no caso do IPTU, será devedor, mesmo das parcelas vencidas. **Também os direitos reais não se confundem com as obrigações com eficácia real.** Aqui, o que se tem é uma relação de natureza obrigacional que produz um efeito (eficácia) próprio dos direitos reais, como é o caso do direito de preferência (comum aos direitos reais) dado ao locatário na forma do art. 33 da Lei 8.245/91.

Art. 33 – O locatário preterido no seu direito de preferência poderá reclamar do alienante as perdas e danos ou, depositando o preço e demais despesas do ato de transferência, haver para si o imóvel locado, se o requerer no prazo de seis meses, a contar do registro do ato no cartório de imóveis, desde que o contrato de locação esteja averbado pelo menos trinta dias antes da alienação junto à matrícula do imóvel.

O **Exame Unificado de Abril de 2014** cobrou do examinando o conhecimento de que as cotas condominiais são obrigações *propter rem.*

2. CLASSIFICAÇÃO

Ius in re propria	São direitos reais que recaem sobre coisa do próprio titular do direito.	• Propriedade; • A Laje*
Ius in re aliena	Aqui o titular do direito real não é proprietário do bem sobre o qual recai o referido direito.	
	De gozo e fruição: Nesta classificação o titular da propriedade transfere ao titular do direito real a possibilita de usar e/ou gozar a coisa, de forma que possa se aproveitar dos frutos e produtos provenientes do bem.	A concessão de uso especial para fins de moradia, a concessão de direito real de uso, usufruto, servidões, uso e habitação. E também, para a doutrina majoritária, o direito de superfície (propriedade superficiária).

Ius in re aliena	**De garantia:** Para esta classe de direitos reais, acessórios de uma relação que envolve débitos e créditos (locação, mútuo etc.), o proprietário ou alguém em favor dele, entrega ou resguarda um bem cujo valor poderá servir de pagamento, se necessário.	• Penhor; • Hipoteca; e • Anticrese.
	De aquisição: Trata-se de classificação especial, em que o titular do direito real tem a possibilidade de converter seu direito em propriedade.	Promessa irrevogável de compra e venda. Propriedade fiduciária, uma vez que a lei 13.043/14 pôs fim à discussão, atribuindo a tal propriedade natureza de direito real de aquisição.

* importante destacar que parte da doutrina (Pablo Stolze, Flávio Tartuce, dentre outros) alinham a laje aos direitos reais sobre coisas alheias (especificamente nos direitos de gozo e fruição). Contudo, o posicionamento deste trabalho, seguindo Loureiro, é pela localização da laje como direito real sobre coisa própria, ao lado da propriedade.

3. A PROPRIEDADE

3.1 Generalidades: é o mais sólido dos direitos reais, apresentando-se como o centro do direito das coisas.

A propriedade no CC/02 refere-se basicamente às coisas corpóreas, vez que as incorpóreas estão abrangidas pelas Leis 9.279/96 (Lei de Patentes e Marcas), 9.609/98 (Programas de Computador) e 9.610/98 (Direitos autorais).

3.2 Elementos componentes (art. 1228 e parágrafos do CC): não existe um conceito coerente de propriedade, daí o Código Civil optar por delinear seus componentes, também chamados "faculdades".

Usar Gozar Dispor	Elementos internos ou econômicos (conteúdo material da propriedade)
Reivindicar	Elemento jurídico interno
Função Social	Elemento jurídico externo

A **Direito de usar (*ius utendi*)**: o direito de **utilizar-se da coisa** ocorre de duas formas básicas: através do uso **direto** (o titular exerce o direito por si mesmo) ou através do uso **indireto** (quando o titular, ao invés de se valer diretamente do bem, cede este a terceiro, ficando com valores desta transação advindos). Esta forma indireta pode ser confundida com a fruição.

O uso pode, também, ser **meramente potencial**. Assim, o proprietário de uma casa de praia, que a utiliza durante um período determinado do ano (janeiro, por exemplo), mas que não deixa de ter o uso potencial no restante do ano.

Em havendo ausência de uso, o Código Civil permite a arrecadação do bem e, após três anos, será o bem transferido à propriedade do Município ou Distrito Federal.

O não cumprimento dos encargos fiscais, somado à cessação da posse, **são presunções absolutas de abandono** (art. 1.276, § 2º, CC).

FIQUE POR DENTRO:

Regulamentação do art. 1.276 do Código Civil

Desde a chegada do Código Civil de 2002 era patente a limitação do art. 1.276 que, a par de tratar de importante situação envolvendo o abandono (inclusive com cláusula de presunção absoluta) de imóveis urbanos, carecia de uma melhor estrutura que definisse o procedimento a ser realizado e a manifestação do direito de contraditório para a apuração do abandono. A Lei 13.465/17, convertida a partir da MPV-759/16, regulamenta em seus arts. 64 e 65 o procedimento para a arrecadação de imóveis abandonados, aplicando-se aos imóveis urbanos. Dada especificidade da temática, que engloba o procedimento administrativo de transmissão, andou bem o legislador ao legar a norma própria a estrutura, deixando a cabo do Código Civil apenas a definição geral da forma de perda da propriedade. A regra parte da definição de **bem vago**, compreendendo estes como os que não mais recebam de seus proprietários desejo de manutenção. Os proprietários, assim, externalizam, através do abandono, a intenção de não os conservar em seus respectivos patrimônios. Restou mantida a presunção de abandono em caso de não adimplemento das obrigações fiscais (devendo esta ser cumulada com o abandono fático). Não trata a norma da natureza da presunção, devendo ela ser considerada absoluta desde que seja impossível provar o proprietário que jamais abandonou o imóvel. Aqui, frise-se, tem importância perceber que não há presunção que supere o fato; se não há fato material de abandono, não se pode presumir qualquer intenção. O prazo de abandono permanece de 5 anos, quando terá início o triênio de transmissão do bem vago (arrecadação) em favor do Município ou do Distrito Federal.

O procedimento. A estrutura procedimental é simples, **partindo da abertura de processo administrativo de arrecadação.** Entende-se que a regulamentação deste procedimento (regras de operacionalização, competência para instauração etc.). Nos autos, deverá ser comprovado o tempo de abandono (recomendável que isto se dê através de informações coletadas no local e de vistorias habituais) e de inadimplência fiscal. Com base nestes elementos, que se compreender ser a justa causa para a comprovação do abandono, deverá ser notificado o titular do domínio para tomar ciência do processado e, se assim desejar, apresentar defesa. O prazo de defesa é de 30 dias. Transcorrendo *in albis* o prazo, presumir-se-á o consentimento do proprietário na arrecadação.

Dos investimentos realizados pelo Município ou Distrito Federal. Visando atender à plena função social, poderá o Município ou Distrito

Federal realizar, na pendência do triênio (conforme se depreende dos §§ 5º e 6º do art. 65), obras e melhorias para que o imóvel urbano atinja de pronto os objetivos sociais a que se destina. Nota-se, portanto, que iniciado o procedimento de arrecadação, o ente público terá **posse provisória** sobre o imóvel, sendo de presumida boa-fé, gerando o dever de indenizar caso o proprietário, no triênio legal, venha a impugnar a transmissão, reivindicando a posse (o que, não se engane, deverá ocorrer através de ação de tutela petitória, visto que a possessória não encontraria – se real o abandono – lastro para sua promoção), deverá ele ressarcir o Município ou Distrito Federal pelos valores despendidos com a adequação do imóvel.

FIQUE POR DENTRO:

Destinação dos imóveis. O art. 65 da Lei 13.465/17, assim dispõe: "Os imóveis arrecadados pelos Municípios ou pelo Distrito Federal poderão ser destinados aos programas habitacionais, à prestação de serviços públicos, ao fomento da Reurb-S ou serão objeto de concessão de direito real de uso a entidades civis que comprovadamente tenham fins filantrópicos, assistenciais, educativos, esportivos ou outros, no interesse do Município ou do Distrito Federal. O Legislador perdeu um excelente momento de destinar de forma vinculada os imóveis arrecadados para fins sociais específicos, principalmente voltados para o apoio ao terceiro setor. Contudo, não se pode olvidar que a destinação estabelecida no art. 65 da Lei de Regularização fundiária não é obrigatória, mas apenas programática. Trata-se de finalidades preferenciais, podendo o Município ou Distrito Federal dar ao bem o fim que melhor se coadunar com sua estrutura e versatilidade.

Reurb-S e Reurb-E. O sistema Reurb foi criado também pela Lei 13.465/17, fracionando-se em Reueb-S e Ruerb-E:

- Reur-S – (Reurbe de Interesse Social): regularização fundiária aplicável aos núcleos urbanos informais ocupados predominantemente por população de baixa renda, assim declarados em ato do Poder Executivo Municipal.
- Reurb-E – (Reurb de Interesse Especial): regularização fundiária aplicável aos núcleos informais ocupados por população não qualificada no Reurb-S.

Na atual sistemática, em que se dá grande valor à **função social da propriedade** (o que se verá de forma mais detida adiante), atenção especial para as sanções estabelecidas pela Lei 10.257/01 (Estatuto da Cidade), que do art. 5º ao 8º estabelece um *iter* que pode desembocar na perda da propriedade:

Passo 1	**Parcelamento, edificação ou utilização compulsórios** – se a municipalidade detecta um imóvel não utilizado em área demarcada pelo plano diretor (veja que é necessária a existência de um plano diretor), publicará lei específica determinando a utilização compulsória do bem, seja através de parcelamento ou de edificação, estabelecendo prazos para cumprimento da obrigação. Será efetivada notificação ao proprietário, averbada na matrícula do imóvel (no Cartório de Registro de Imóveis). O proprietário terá prazo de, no mínimo, 1 (um) ano para protocolar plano de utilização e de, no mínimo, 2 (dois) anos para iniciar o plano, após sua aprovação. Se houver alienação do bem após a notificação, o novo proprietário ficará vinculado aos deveres estabelecidos, sem nova contagem de prazo (continuará o prazo já iniciado), tratando-se, assim, de obrigação ***propter rem***.
Passo 2	Se houver descumprimento do que foi determinado (tanto dos prazos quanto do que foi apresentado no plano) será aplicado sobre o imóvel **IPTU progressivo no tempo**, por um período de cinco anos consecutivos. Esta alíquota progressiva pode, no máximo, dobrar de um ano para o outro, até um limite de 15%. Após os cinco anos, não havendo qualquer atendimento por parte do proprietário, o município irá manter a alíquota máxima até que seja cumprida a obrigação. É ainda possível que se adote o passo 3.
Passo 3	Em permanecendo a inércia do proprietário o Município poderá desapropriar o imóvel efetuando o pagamento através de **títulos da dívida pública**, com resgate em até 10 anos. Isto é uma sanção rígida, visto que a desapropriação normal é feita com pagamento prévio em moeda. Daí ser chamada esta forma de desapropriação estabelecida pelo Estatuto da Cidade de desapropriação-sanção.

EM RESUMO Medidas do Estatuto da Cidade em face da subutilização da propriedade	
Primeira Medida	Lei específica que obriga ao parcelamento do solo.
Segunda Medida	IPTU progressivo no tempo (por, no mínimo, 5 anos), não podendo a alíquota mais que dobrar de um exercício para o outro.
Terceira Medida	Desapropriação sanção – em títulos da dívida municipal, resgatáveis em 10 anos.

B Direito de Gozar (*ius fruendi*): o direito de usar envolve o aproveitamento dos frutos e produtos do bem.

Frutos são energias renováveis produzidas pela coisa. Podem ser **naturais** (como as **frutas**) ou **civis** (os **juros** são exemplo).

Já os **produtos** são energias não renováveis produzidas pela coisa. Uma vez colhidos, o principal (a coisa) é parcialmente deteriorado, reduzido. Como exemplo, têm-se as minas de ouro, que dão como resultado o produto ouro. Também a antiga **correção monetária**, valor acrescido ao principal para que este não perca seu poder de compra, é um exemplo de produto.

C Direito de Dispor (*ius abutendi*): o direito de dispor envolve a faculdade de **transferir a terceiro a titularidade da coisa** ou de **abdicar de uma das demais faculdades inerentes à propriedade** (o que se denomina "gravar de ônus real"). Quando se transfere um usufruto ou um direito de uso, ou quando se constitui uma garantia sobre o bem o que se está fazendo é exercer o direito de dispor.

A disposição pode ser **material**, através da **perda** ou do **abandono**. Também pode ser **jurídica**, realizada pela alienação do bem (**disposição jurídica total**) ou pelo gravar de ônus (**disposição jurídica parcial**).

D Direito de reivindicar (*actio reivindicandi – ius persequendi*): não se trata de direito de reaver, pois isto é impossível (imagine que você teve sua bicicleta furtada, se tivesse o direito de reaver era apenas desejar, para que o bem retornasse ao seu poder). O que se tem é o direito de **reivindicar** ("chamar pela coisa").

Quando se é esbulhado em sua posse, tendo seu bem surrupiado, o Direito cria a faculdade de buscar pela coisa, chamando juridicamente por ela, **através das mais variadas ações** (tanto de cunho petitório – baseada na propriedade – quanto possessório). Apenas como exemplo, pode-se citar a **ação reivindicatória, promovida pelo proprietário não possuidor contra o possuidor que não é proprietário.**

E Função social da propriedade: com a Constituição Federal de 1988 ganhou relevo, sobre todos os direitos subjetivos, a função social. Função social não significa que cada um deve utilizar sua propriedade em favor dos demais, ou que se deve doar parte dos bens para o público.

Na realidade, função social é corresponder às expectativas da sociedade sobre um determinado direito. **O que se espera de uma propriedade urbana?** Que ela atenda à moradia ou ao comércio local. **E da propriedade rural?** Que ela seja produtiva ou sirva ao lazer. Logo, sendo estas situações satisfeitas, tem-se uma indicação de função social sendo cumprida.

A função social **permeia todas as demais faculdades.** Ela mesma não é uma faculdade, mas um elemento obrigatório. Assim, para que eu possa usar, gozar, dispor ou reivindicar devo demonstrar que faço isto com função social.

Quando se exerce um direito sem se atentar para a função social pode-se cometer ato ilícito, como destacado pelo art. 187 do Código Civil que inseriu no sistema nacional a Teoria dos Atos Emulativos ou Teoria do Abuso do Direito. O titular de um direito pode, então, ao exercer um direito exceder os limites deste (determinado pelos costumes sociais, pela boa-fé e pela função social) e cometer, deste modo, um ato ilícito. Esta teoria, a dos atos emulativos ou do abuso do direito, **é de natureza objetiva**, não sendo necessário apurar culpa ou dolo da parte. A compreensão de que o exercício de um direito subjetivo para além dos limites legais foi objeto de indagação no Exame Unificado 2018.3: "Perpétua e Joaquim resolveram mover ação de indenização por danos morais contra um jornal de grande circulação. Eles argumentam que o jornal, ao noticiar que o filho dos autores da ação fora morto em confronto com policiais militares, em 21/01/2015, publicou o nome completo do menor e sua foto sem a tarja preta nos olhos, o que caracteriza afronta aos artigos 17, 18, 143 e 247 do Estatuto da Criança e do Adolescente. Esses artigos do ECA proíbem a divulgação da imagem e da identidade de menor envolvido em ato infracional".

Destaque-se que a propriedade rural, por sua essência, tem uma função social mais complexa, devendo atender, além dos fins econômicos e sociais, aos fins ambientais. Veja-se que, hoje, esta situação já pode ser examinada na propriedade urbana, uma vez que se reconhece a existência de um meio ambiente urbano.

3.3. Características da propriedade

A Exclusividade: não pode um mesmo bem-estar ser submetido a duas titularidades integrais ao mesmo tempo. Portanto, duas pessoas não podem ser proprietárias de um mesmo bem no mesmo momento.

? **QUESTÃO:** Seria o condomínio uma exceção ao princípio da exclusividade?

↳ ***RESPOSTA:*** *Não. Tanto no condomínio edilício quanto no normal (seja ele voluntário ou necessário) os proprietários têm suas respectivas titularidades sobre cotas-partes do bem. Como ilustração, basta ver que o art. 1.314 CC determina que o direito de alienar dado ao condômino só pode ser exercido sobre sua fração ideal.*

B Perpetuidade: a propriedade é, hoje, o único direito real perpétuo, que pode ser integralmente transferido aos herdeiros. A perpetuidade determina que a propriedade é, regra, irrevogável e não limitável no tempo. Detectam-se duas exceções:

- **Propriedade resolúvel** (art. 1.359 CC): forma de propriedade que possui, em seu título constitutivo prazo ou condição de sua extinção. Os direitos constituídos durante o período em que pendia a condição ou termo serão desfeitos, **não havendo em se falar de proteção aos terceiros** (que, no caso, sabiam desta possibilidade).

- **Propriedade revogável ou *ad tempus* ou temporária** (art. 1.360 CC): aqui, a causa de extinção da propriedade não consta do título (como a revogação da doação por ingratidão, a perda de um bem da herança por petição de um novo herdeiro), **e os terceiros de boa-fé estarão protegidos. A especial natureza da propriedade revogável e a proteção ao terceiro de boa-fé foi indagada aos participantes do**

Exame Unificado 2019.3: "Lucas, um grande industrial do ramo de couro, decidiu ajudar Pablo, seu amigo de infância, na abertura do seu primeiro negócio: uma pequena fábrica de sapatos. Lucas doou 50 prensas para a fábrica, mas Pablo achou pouco e passou a constantemente importunar o amigo com novas solicitações. Após sucessivos e infrutíferos pedidos de empréstimos de toda ordem, a relação entre os dois se desgasta a tal ponto que Pablo, totalmente fora de controle, atenta contra a vida de Lucas. Este, porém, sobrevive ao atentado e decide revogar a doação feita a Pablo. Ocorre que Pablo havia constituído penhor sobre as prensas, doadas por Lucas, para obter um empréstimo junto ao Banco XPTO, mas, para não interromper a produção, manteve as prensas em sua fábrica". No caso, como causa superveniente (propriedade *ad tempus*), a revogação da doação não prejudica a garantia concedida ao Banco XPTO.

C **Elasticidade**: através desta característica percebe-se que a propriedade é capaz de se comprimir e se estender, de acordo com o número de faculdades que nela se encontrem. Quando se cede o usufruto de um bem a um terceiro, a propriedade perde, temporariamente, as faculdades de uso e gozo (na realidade elas estão comprimidas). Quando a força de compressão cessa, a **propriedade limitada** volta a se tornar **plena** (ou **alodial**).

DICA IMPORTANTE

Não se esqueça: propriedade limitada é propriedade em que ao menos uma das faculdades está comprimida (**se limita, comprime**). Se não houver limitação nas faculdades, ela será **plena ou alodial**. A máxima compressão sobre uma propriedade se dá em casos como o da insolvência civil ou da falência.

3.4. Formas de aquisição da propriedade imóvel: os direitos obrigacionais têm forma múltipla e não prefixada para sua aquisição. Decorrem da vontade, de modo iminente. Os direitos reais decorrem da lei e só do que consta da lei. O antigo Código listava, em seu art. 530, as formas de aquisição. O CC/02 procedeu de maneira diversa, vez que há vários modos, todos listados na lei, que extravasam os lindes de um artigo.

Registro	
Conceito	É sistema baseado em um órgão público ou privado sob coordenação pública (é o caso do Brasil, em que os cartórios são privados vinculados às Corregedorias de Justiça).
Sistemas	Existem três sistemas principais acerca do registro: **Romano** (soma entre título e registro (força bivalente). Existem nulidades do título e do registro e ambas podem ser alegadas. É o sistema que mais se aproxima do brasileiro); **Francês** (registro é mero instrumento de publicidade); **Alemão** (independência entre registro e título. Há necessidade de uma segunda convenção, denominada convenção jurídico-real).
Atributos	1. **Constitutividade**: é o registro que constitui o direito real. Enquanto não houver registro, haverá apenas direito na esfera obrigacional. 2. **Prioridade** ou **preferência** (protocolo): a ordem de notação nasce quando da apresentação do título ao oficial registrador, em que ele receberá um assento no livro de prenotação. Mesmo que a análise seja concluída depois de outros títulos referentes ao mesmo bem imóvel. 3. **Força probante**: o registro serve de meio de prova, valendo destacar que esta força é meramente relativa, admitindo prova em contrário. A única forma de registro que não admite prova em contrário é o Registro Torrens (forma registral especial efetivada mediante processo). 4. **Continuidade**: há uma cadeia de eventos que deve ser respeitada para que não ocorram vícios no registro. Se A é proprietário, ele deve transferir a B seu título e este para C. Se C apresenta um título que lhe foi transferido por D e este não pertencia à cadeia de proprietário ou titulares, não haverá continuidade, logo não poderá o título de C ser registrado, sob pena de nulidade/ineficácia. 5. **Publicidade:** além de constituir os direitos reais, o registro possibilita que terceiros tenham acesso ao seu conteúdo, podendo se informar sobre quais as verdades jurídicas existentes em relação a determinado bem. Disto resulta um dos porquês de o penhor, hoje, ter em todas as suas formas obrigatoriedade de registro. 6. **Legalidade**: recai sobre a conduta do notário, assim como do oficial de registro, estrita legalidade, não podendo eles agir fora dos mandamentos da lei. É a partir do princípio da legalidade que se pode instaurar o procedimento de **dúvida**, sempre que não se concordar com a conduta do tabelião ou registrador. 7. **Especialidade**: a descrição do imóvel deve ser perfeita para ser assentada no registro, com isto evitam-se dúvidas ou possibilidades de ambiguidades.

MUITA ATENÇÃO!

Os vícios originários do título são insanáveis, mesmo pelas sucessivas alienações recobertas pela boa-fé. Não se pode, contudo, confundir a impossibilidade de sanatório dos títulos com vícios graves e a possibilidade de usucapião. Se houver a anulação de um título aquisitivo e a parte prejudicada por esta anulação alegar usucapião, não haverá convalescimento do título originário, mas sim formação de um novo título, decorrente do usucapião.

Usucapião	
Conceito	É a mais complexa das formas de aquisição, sendo, na realidade, causa do nascimento de um novo título, de uma nova titularidade, daí aceitar-se, para os limites desta obra o usucapião como **forma originária** de aquisição (assim, não há qualquer vínculo ou vício entre o antigo e o novo proprietário, além de a nova propriedade não ser atingida por ônus que pendiam sobre a antiga). O fato de ser uma forma originária não dispensa o usucapiente de pagar os impostos referentes ao imóvel, pois, no caso do IPTU, um dos componentes da hipótese de incidência é a posse do bem. A natureza de aquisição originária da usucapião foi objeto de inquirição em interessante questão do Exame de Ordem 2018.2, a saber: "Diante da crise que se abateu sobre seus negócios, Eriberto contrai empréstimo junto ao seu amigo Jorge, no valor de R$ 200.000,00, constituindo, como garantia, hipoteca do seu sítio, com vencimento em 20 anos. Esgotado o prazo estipulado e diante do não pagamento da dívida, Jorge decide executar a hipoteca, mas vem a saber que o imóvel foi judicialmente declarado usucapido por Jonathan, que o ocupava de forma mansa e pacífica para sua moradia durante o tempo necessário para ser reconhecido como o novo proprietário do bem. " Nesta situação, "Sendo a usucapião um modo de aquisição originária da propriedade, Jonathan pode adquirir a propriedade do imóvel livre da hipoteca que Eriberto constituíra em favor de Jorge". O foco central do usucapião (ou da usucapião, pois também é aceita a forma feminina) é a soma de tempo e posse. Não havendo tempo suficiente, não há usucapião; se o que se tem sobre o bem imóvel não é posse, também não haverá usucapião. Se o pretenso usucapiente for apenas um detentor, não logrará sucesso em seu intento (recomenda-se a leitura do item Posse, à frente nesta obra).
Requisitos	**1. Subjetivos:** a) Não podem existir, por força do art. 1244, as causas suspensivas do arts. 197 e 201, pois se houver tais causas não será possível usucapir. Assim entre marido e mulher, na constância da sociedade conjugal, não corre usucapião (lembre-se que a sociedade conjugal finda com a separação, divórcio, anulação ou morte). b) Não correm prazos contra os absolutamente incapazes – art. 198. Como aplicação prática, veja-se que enquanto um menor for absolutamente incapaz não correrá contra ele prazo de usucapião (se já iniciado contra seu pai, ao receber o bem, por exemplo, por herança, haverá suspensão do prazo até que passe a ser relativamente incapaz aos 16 anos). c) Vale a pena conferir – formas interessantes de interrupção do prazo – pela citação (art. 202, I); pela interpelação (art. 202, V) e por reconhecimento por parte do possuidor (art. 202, VI). **2. Objetivos:** a) Só podem ser usucapidas as coisas *in commercium*. Está no comércio o bem que pode ser transferido legitimamente a terceiro. b) Não recai sobre bens públicos (arts. 183, § 3º e 191, parágrafo único da CF/88). Deve-se ter atenção para a celeuma doutrinária acerca dos bens dominicais (que, para alguns autores podem ser usucapidos), além da possibilidade de se discutir a inexistência de função social, o que descaracterizaria o bem como materialmente público. Acerca desta discussão dos bens dominicais e sua usucapibilidade, vale sempre lembrar o Enunciado 340 da súmula do STF, *in verbis*: "Desde a vigência do Código Civil, os bens dominicais, como os demais bens públicos, não podem ser adquiridos por usucapião". c) **Terras devolutas** podem ser usucapidas. Assim também as terras **sem dono ou adéspotas**, uma vez que não estando registradas não pertencem ao Estado, mas sim a ninguém. d) São usucapíveis os bens das Sociedades de Economia Mista e das Empresas Públicas, desde que estejam desempenhando atividades de mercado. e) Não podem ser usucapidos os bens gravados com cláusula de inalienabilidade. Este posicionamento não é unânime, havendo precedente do STJ que dá pela possibilidade de usucapião: **USUCAPIÃO – Bem com cláusula de inalienabilidade. Testamento. Art. 1676 do CC. O bem objeto de legado com cláusula de inalienabilidade pode ser usucapido. Peculiaridade do caso. Recurso não conhecido** (STJ – RESP 418945/SP, DJU 30.09.2002). Já o STF tem posicionamento contrário, avaliando ser impossível usucapir bem impenhorável, uma vez que isto poderia possibilitar fraudes. f) O bem de família voluntário é impenhorável, logo se remete à discussão acima. Já o bem de família legal não admite diversificação de fim, o que primeiro descaracterizaria o bem como sendo de família, para depois possibilitar o usucapião. g) Vaga de garagem, tendo matrícula própria pode ser usucapida. Isto se depreende do Enunciado 449 da súmula do STJ: "A vaga de garagem que possui matrícula própria no registro de imóveis não constitui bem de família para efeito de penhora." Se é passível de penhora, é usucapível também. Entre condôminos é possível o usucapião nas formas seguintes: se se tratar de condomínio pro diviso (com divisão física e possibilidade de divisão jurídica), poderá o condômino exercer atos de posse sobre diversas partes e usucapi-las pelo prazo máximo; se for um condomínio pro indiviso (sem divisão física e sem possibilidade de fragmentação jurídica) deverá usucapir todo o bem, pelo prazo máximo. Em se tratando de condomínio edilício ou horizontal, as unidades autônomas podem ser usucapidas. Já as partes comuns (corredores, escadas, playground etc.) não são usucapíveis (arts. 1.331 c/c 1.335, II CC). **3. Formais:** **a) Genéricos:** • Tempo;

Usucapião	
Requisitos	• *Animus domini*: é ter a coisa como sua. É a única situação em que a teoria de Savigny foi adotada no Brasil; • Posse mansa e pacífica. **b) Específicos:** Apenas aplicam-se a algumas formas de usucapião. • **Justo título**: é o título que tem a capacidade de incutir no agente a certeza de ser proprietário, de ter direito sobre determinado bem. Se o documento puder ser levado a registro e transferir a propriedade deixará de ser justo título, passando a ser título aquisitivo. Aparenta ser legítimo e válido. • **Boa-fé**: é o estado exculpante em que se encontra o indivíduo, acreditando estar procedendo legitimamente.
Não podem usucapir	1. **Fâmulos da posse** (art. 1.198 CC): fâmulo é aquele que detém bem em nome de terceiro, como o empregado rural que guarda a casa da família. 2. **Permissionários, tolerados**: aqueles que estão com o bem por mera liberalidade do legítimo possuidor. 3. **Violentos e clandestinos**: os que fizeram uso da violência ou da ocultação para obter sua posse.
Espécies de usucapião	Vale lembrar: O usucapião pode ser alegado em defesa, não apenas em exordial, conforme enunciado 237 da Súmula do STF: "O usucapião pode ser arguido em defesa". **1. Extraordinário:** **a) Forma simples**: requer apenas o tempo (15 anos) sem se discutir a boa-fé do requerente. **b) Forma qualificada**: encontra-se no parágrafo único do art. 1.238 CC e reduz o prazo temporal para 10 anos sempre que o requerente, mesmo estando de má-fé haja utilizado o imóvel para sua residência **ou** nele tenha realizado obras ou serviços de caráter produtivo. **2. Ordinário:** **a) Forma simples**: requer prazo de 10 anos de posse contínua em que o requerente tenha justo título e esteja em boa-fé. Deve-se destacar que a boa-fé é presumida no sistema civil, devendo a parte interessada (que possa sofrer a perda do imóvel) provar a má-fé do usucapiente. **b) Forma qualificada**: o Código Civil inseriu sub forma do usucapião ordinário imóvel, ao determinar prazo de apenas cinco anos quando o requerente era proprietário e teve seu título de propriedade anulado. **c) Esta forma especial requer**: a) **aquisição onerosa**; b) **devido registro em cartório**; c) **cancelamento posterior do registro**; estabelecimento no imóvel da **moradia** do requerente **ou** realização de **investimento** de relevância social ou econômica.

Usucapião	
Efeitos da usucapião	**3. Especiais ou Constitucionais:** estas formas encontram guarida tanto no Código Civil quanto na Constituição. **a) Urbano ou *pro moradia***: pode ser requerido se satisfeitos os seguintes requisitos: **1.** Imóvel com área de superfície de até 250 m^2, não importando a metragem de pisos (um sobrado de três andares, somente se computa a superfície do solo, e não de cada andar) – logo, conta-se a superfície do terreno e não a superfície construída; **2.** Cinco anos ininterruptos de posse – não pode haver *acessio possessionis*, só *sucessio possessionis*, se o sucessor houver residido no imóvel junto com seus pais e, com o falecimento destes, ele continuou na posse; **3.** O imóvel deve servir de moradia do requerente ou da família; **4.** O requerente não pode ser proprietário de outro imóvel no período aquisitivo e só pode se valer deste pedido uma vez; **5.** O prazo somente se iniciou em 1988, a partir da Constituição Federal, não podendo ser considerado período a ela anterior. **b) Rural ou *pro labore*: 1.** Imóvel localizado na zona rural com até 50 hectares; **2.** Prazo de 5 anos, contado (se possível) a partir da Lei 6969/81 (que criou esta forma de usucapião); **3.** Destinação do imóvel para trabalho **e** moradia pessoal ou da família. **4. Usucapião da Lei 12.424, de 16 de junho de 2011** – esta forma, que vem recebendo os mais diversos nomes (usucapião relâmpago, sumaríssimo, conjugal, por abandono do lar ou familiar), **é o menor prazo de prescrição aquisitiva (2 anos)**, fincado no novel art. 1.240-A do CC: "Art. 1.240-A. Aquele que exercer, por 2 (dois) anos ininterruptamente e sem oposição, posse direta, com exclusividade, sobre imóvel urbano de até 250m^2 (duzentos e cinquenta metros quadrados) cuja propriedade divida com ex-cônjuge ou ex-companheiro que abandonou o lar, utilizando-o para sua moradia ou de sua família, adquirir-lhe-á o domínio integral, desde que não seja proprietário de outro imóvel urbano ou rural". A sentença é meramente declaratória (não sendo pacífico em doutrina); Possibilita a Ação Publiciana, forma especial de ação que tem conteúdo possessório, mas tem natureza petitória, sendo, assim, a "reivindicatória do usucapiente"; Sentença retroage à data do início da posse; Uma vez alcançado o prazo para usucapião, o usucapiente pode se retirar do imóvel, pois a posse deve ser contínua apenas durante o prazo para a aquisição. Assim, não é necessário estar no imóvel para efetivar o pedido de usucapião. Para tanto, veja-se o enunciado 263 da súmula do STF: "O possuidor deve ser citado, pessoalmente, para a ação de usucapião."

DICA IMPORTANTE

Recorde-se do **TAP – tempo, *animus* e posse**. São os requisitos formais genéricos do usucapião.

FIQUE LIGADO

O STJ, no REsp 1.361.226-MG, reconheceu a possibilidade de contagem do tempo de aquisição para a usucapião durante o feito que aprecia este pedido, o que a doutrina chama de "usucapião intercorrente". Muita atenção, pois ainda não é matéria Sumulada, mas é uma importante mudança de posicionamento.

FIQUE POR DENTRO:

"Usucapião familiar"

A **Lei 12.424/11** criou subforma do usucapião urbano, em que um cônjuge ou companheiro pode requerer em face do outro a propriedade integral de imóvel que tenha em condomínio com ele, desde que o requerido tenha abandonado o lar e o requerente tenha feito do imóvel residência para si ou para a sua família, reduzindo o prazo para apenas **2 anos**. Este artigo, utilizado para evitar pendências no Programa Minha Casa, Minha Vida, ainda terá sua constitucionalidade discutida em doutrina e, talvez, no Pretório Excelso. Deve-se atentar para a **redução** do prazo de usucapião (para 2 anos) e que é a **ÚNICA** situação em que **corre prescrição entre cônjuges na constância da sociedade conjugal** (visto que a separação de fato não finda com esta sociedade).

O Exame Unificado 2019.1 questionou os participantes sobre a usucapião familiar: "Aline manteve união estável com Marcos durante 5 (cinco) anos, época em que adquiriram o apartamento de 80 m² onde residiam, único bem imóvel no patrimônio de ambos.

Influenciado por tormentosas discussões, Marcos abandonou o apartamento e a cidade, permanecendo Aline sozinha no imóvel, sustentando todas as despesas deste. Após 3 (três) anos sem notícias de seu paradeiro, Marcos retornou à cidade e exigiu sua meação no imóvel". No caso em tela, Aline adquiriu, pela usucapião familiar, a totalidade do imóvel. O tema voltou a ser objeto de indagação no Exame de Ordem 2021.1.

ACESSÃO: Esta forma se fragmenta em outras, que são a formação de ilhas, aluvião, avulsão, abandono de álveo e plantações ou construções. Esta última é considerada uma acessão de móvel a imóvel, as demais são acessões de imóvel a imóvel.	
Formação de ilhas	Só terá interesse ao Direito Civil se ocorrer em rio não navegável (pois os navegáveis são públicos). A ilha será de propriedade dos ribeirinhos, na proporção das testadas (faixa de propriedade que margeia o rio) de cada um, tomando-se o meio geométrico do rio como referencial limite das propriedades.
Aluvião	Ocorre pelo deslocamento lento e gradual de terras de um trecho do rio para outro, provocando um depósito e consequente aumento da propriedade em favor de determinada pessoa. Não há como se determinar quem perdeu terra, logo, não há indenização. **Existe a aluvião imprópria, que é a parte do álveo (leito do rio) que se descobre, pelo afastamento das águas.**

ACESSÃO: Esta forma se fragmenta em outras, que são a formação de ilhas, aluvião, avulsão, abandono de álveo e plantações ou construções. Esta última é considerada uma acessão de móvel a imóvel, as demais são acessões de imóvel a imóvel.	
	A aluvião foi objeto de indagação no **Exame Unificado de Abril de 2014**, nos termos de uma curiosa historinha: *Jeremias e Antônio moram cada um em uma margem do rio Tatuapé. Com o passar do tempo, as chuvas, as estiagens e a erosão do rio alteraram a área da propriedade de cada um. Dessa forma, Jeremias começou a se questionar sobre o tamanho atual de sua propriedade (se houve aquisição/diminuição), o que deixou Antônio enfurecido, pois nada havia feito para prejudicar Jeremias. Ao mesmo tempo, Antônio também começou a notar diferenças em seu terreno na margem do rio. Ambos questionam se não deveriam receber alguma indenização do outro.* Logicamente, a banca apresentou como alternativa correta: *trata-se de aquisição por aluvião, uma vez que corresponde a acréscimos trazidos pelo rio de forma sucessiva e imperceptível, não gerando indenização a ninguém.*
Avulsão	Deslocamento abrupto de terras (sem intervenção humana), ficando caracterizado quem perde e quem ganha terreno. O proprietário que perdeu terreno terá o prazo de **um ano**, para poder requerer indenização.
Abandono do álveo (leito)	Ocorre quando um rio se desloca de seu leito, deixando um trecho descoberto e cobrindo outro trecho. Aqui não importa se o rio é público ou particular. Não pode ocorrer o abandono por obra ou intervenção humana. Não há indenização, pois um **ganha terra e perde água, o outro, ganha água e perde terra.**
Construções e plantações	Ocorre sempre que não há coincidência entre a titularidade do terreno e a titularidade das sementes ou materiais. Em regra, aplica-se o art. 1.255, *caput*, que determina que o acessório seguirá o principal (o dono do terreno se tornará também do que foi plantado ou construído). Envolve as seguintes hipóteses: **1. Construir ou plantar em terreno próprio com material alheio** – art. 1254: se quem construiu/plantou estiver de **boa-fé** – ficará com a plantação/construção, mas deverá indenização ao proprietário dos materiais/sementes; se quem construiu/plantou estiver de **má-fé**, ficará com o que foi plantado/construído, mas deverá indenização e perdas e danos ao titular dos materiais/sementes; **2. Construir em terreno alheio com materiais próprios** – art. 1255: se quem construiu/plantou estiver de **boa-fé** receberá indenização do dono do terreno pelos materiais/sementes utilizados; se estiver de **má-fé**, perderá o que foi plantado/construído em favor do dono do imóvel, a título de perdas e danos

MUITA ATENÇÃO!

Princípio da acessão inversa: sempre que o valor da plantação ou da construção exceder manifestamente o valor do terreno, o plantador ou construtor adquirirá a propriedade do imóvel, mediante pagamento de indenização acordada ou determinada judicialmente. Veja-se que é um direito potestativo, pois mesmo que o proprietário do terreno não deseje, ocorrerá a transmissão do bem imóvel.

3.5 Aquisição da propriedade móvel: a propriedade móvel possui formas especiais de aquisição, que envolvem a ocupação, o achado de tesouro, a especificação, comissão, confusão, adjunção, usucapião e tradição.

A Achado de tesouro: esta forma ocorre pela localização de depósito antigo de bens de valor, pelo proprietário do terreno (ou equipe sob seu comando) ou por terceiro, sendo que, neste caso, deve se dar por forma acidental. Será dividido igualmente entre proprietário do terreno e o descobridor. Se ocorrer por ordem do proprietário ou por terceiro não autorizado, pertencerá integralmente ao proprietário do terreno.

B Especificação: ocorre quando um especificador trabalha sobre matéria-prima alheia transformando-a em outro bem. Quando de boa-fé, será do especificador a matéria nova; se de má-fé, do proprietário da matéria-prima. Esta regra não se aplica quando a matéria nova exceder em muito o valor do bem modificado, pois nesta situação o resultado será sempre do especificador. Pagará indenização (é o equivalente) mais perdas e danos ao dono da matéria-prima.

Tem como requisitos: matéria-prima não pertença ao especificador (ao menos em parte) e transformação.

C Comissão, confusão e adjunção: trata-se de acessão de móvel a móvel, podendo ou não formar coisa nova. Surgirá um condomínio forçado, se não se puder considerar uma das coisas como principal (pois nesta hipótese o dono da principal será dono de tudo, mediante indenização aos demais). Se alguém procedeu de má-fé, deverá pagar as devidas perdas e danos aos prejudicados.

Comissão	Confusão	Adjunção
é a mistura de coisas secas ou sólidas pertencentes a diferentes donos, sem que se possam separar e sem que se produza coisa nova.	é a mistura de coisas líquidas de diferentes pessoas.	é a justaposição de uma coisa sólida a outra, de tal modo que não possam mais ser separadas sem deterioração do bem formado (anel de brilhantes).

D Usucapião: as regras são, basicamente as mesmas do usucapião de imóveis, atentando-se que aqui não há qualquer menção à função social. Assim, lembre-se, a letra da lei não menciona função social como redutor de prazo para o usucapião de coisas móveis, pois os prazos são fixos.

Usucapião ordinário	Usucapião extraordinário
prazo de 3 anos.	prazo de 5 anos.

MUITA ATENÇÃO!

É possível o usucapião de linha telefônica, conforme Enunciado 193 da súmula do STJ: "O direito de uso de linha telefônica pode ser adquirido por usucapião".

E Tradição: é a entrega da coisa efetiva pelo *tradens* (transmitente) ao *accipiens* (adquirente) com a intenção de transferir a propriedade móvel de um bem. Trata-se de ato complexo, reunindo um ato material (entrega) e um elemento anímico (intenção de transmissão da propriedade). O **Exame Unificado de Abril de 2017** perquiriu sobre o tema da seguinte forma: *"Antônio, vendedor, celebrou contrato de compra e venda com Joaquim, comprador, no dia 1° de setembro de 2016, cujo objeto era um carro da marca X no valor de R$ 20.000,00, sendo o pagamento efetuado à vista na data de assinatura do contrato. Ficou estabelecido ainda que a entrega do bem seria feita 30 dias depois, em 1° de outubro de 2016, na cidade do Rio de Janeiro, domicílio do vendedor. Contudo, no dia 25 de setembro, uma chuva torrencial inundou diversos bairros da cidade e o carro foi destruído pela enchente, com perda total." No caso em tela, a devolução do valor pago a Joaquim deveria ser integral, vez que ainda não tinha ocorrido a transmissão da propriedade, correndo os riscos do bem à conta do devedor (Antônio).*

Modalidades de tradição	
Real	Dá-se com a entrega efetiva do bem.
Simbólica	Ocorre mediante a entrega de um símbolo que substitui o bem, como a chave que simboliza o veículo.
Ficta ou consensual	Pode se dar pela *brevi manu* (quando o adquirente já está na posse do bem, sendo-lhe transferida a propriedade – como o locatário que compra o apartamento onde reside) ou *longa manu* (quando se demonstra o bem, sem que seja necessário exercer atos de posse sobre todo ele, como na compra de uma fazenda).
Constituto possessório	Em sua essência se aproxima da perda da propriedade, pois é o inverso da tradição *brevi manu*, uma vez que o proprietário aliena seu domínio sobre o bem, permanecendo na posse (vendo meu apartamento, mas continuo nele a título de locação).

MUITA ATENÇÃO!

No tema transferência de automóveis, a entrega do bem, mesmo sem registro isenta o antigo proprietário em relação a danos causados pelo novo proprietário (Enunciado 132 da súmula do STJ), mas a alienação em si não prevalece contra terceiros de boa-fé se não foi registrada no Cartório de Títulos e Documentos (Enunciado 489 da súmula do STF).

F Ocupação: trata-se de modo originário de aquisição da propriedade bens móveis que nunca foram

DIREITO CIVIL

apropriados (*res nullius*) ou que foram abandonados (*res derelictae*). Se a coisa foi perdida (*res desperdita*) não ocorrerá ocupação, mas sim descoberta (art. 1.233 CC), devendo o descobridor devolver o bem ao legítimo proprietário ou entregar às autoridades locais.

3.6 Perda da propriedade: em regra a propriedade é perpétua, mas podem ocorrer situações de perda **voluntária** (alienação, abandono e renúncia) ou **involuntária** (perecimento e desapropriação). Pela estrutura da presente obra, não se tratará da desapropriação, tema afeito ao Direito Administrativo, parte esta a que se remete o leitor.

Alienação	É ato de disposição voluntário em que o proprietário legítimo transfere a outrem seu direito, mediante pagamento (alienação onerosa) ou por simples liberalidade (gratuita). Gera vínculo entre o antigo e o novo proprietário, sendo assim, um modo derivado de aquisição.
Renúncia	Trata-se de declaração não receptícia da vontade, unilateral, em que o proprietário explicita não mais desejar seu direito de propriedade sobre determinado bem. Pode-se citar como exemplo a renúncia à herança, visto que esta é bem imóvel, na forma do art. **80, II CC.**
Abandono	O proprietário através deste ato complexo (conduta material somada ao desejo de não mais se dono) se desfaz do bem. Frise-se tratar de um ato complexo, pois se não houver intenção, será mera coisa perdida, devendo ser restituída a seu legítimo proprietário. Em havendo o *animus* de se desfazer (abandonar), a coisa se converterá em *res derelictae*.
Perecimento	Surge da máxima "perecendo o objeto, perece o direito". Deve-se ter atenção, pois se a coisa estiver segura ocorre sub-rogação, o mesmo raciocínio que se deve aplicar se a perda se der por culpa de terceiro que deverá indenizar o proprietário.

4. CONDOMÍNIO

Seguindo a proposta da presente obra, a disciplina dos condomínios será estudada focando-se o que de mais relevante se tem na matéria, bem como a temática com maior probabilidade de ser cobrada. Neste sentido, no condomínio tem-se uma pluralidade de titulares cotistas sobre um mesmo bem ou direito. Pode haver fracionamento físico, mas juridicamente ele se compreende como um todo uno.

Cada condômino é um cotista (cota ou fração ideal) do todo, que é a propriedade integral. Externamente qualquer um se apresenta como proprietário (do que se pode concluir que a proteção do bem se fragmenta sobre cada um, dando legitimidade individual e conjunta aos condôminos). Internamente eles se fragmentam, devendo um respeitar os limites próprios e alheios de cada cota/fração.

4.1 Espécies

A Condomínio ordinário ou geral: é a regra comum do Código Civil, servindo de regulamentação sempre que não houver norma especial. Só conhece uma classe de bens, os comuns, sendo que podem os condôminos fracionar o bem fisicamente para melhor conveniência em seu uso.

Pode se apresentar na forma de condomínio *pro indiviso* (indivisão jurídica e física) ou *pro diviso* (indivisão jurídica, divisão física).

Esta forma de condomínio pode se originar da vontade das partes (condomínio voluntário) ou decorrer da lei (condomínio legal, necessário ou forçado – arts. 1.327 a 1.330 CC), como nos casos de muros e cercas de divisa.

Direitos e deveres dos condôminos no condomínio ordinário ou geral
1. Usar a coisa, sem atrapalhar ou impedir o uso dos demais – 1314, parágrafo único e 1319 CC.
2. Alienar sua cota parte (dando preferência aos demais) – art. 504 CC.
3. Gravar de ônus sua cota ideal – 1.314 CC.
4. Reivindicar toda a coisa de quem quer que perturbe a propriedade ou a posse do bem – art. 1314 CC.
5. Concorrer com as despesas comuns – arts. 1.315 e 1.316 CC.
6. Rateio das dívidas – as dívidas que forem comuns devem ser rateadas, mas se uma dívida foi contraída por apenas um dos condôminos, em proveito geral, só a ele obrigará. Ao pagar, ele poderá regredir em face dos demais. Observe, caro leitor, que as despesas de manutenção das áreas comuns também são rateadas, mesmo que o condômino não deseje fazer uso delas (como no caso da piscina, mesmo que eu não vá, por gosto pessoal, deverei fazer parte do rateio da manutenção). Por outro lado, áreas comuns de acesso exclusivo de um (ou alguns) condômino(s) somente por este será bancada.
7. Administração – a maioria (maior valor de quinhões somados) decidirá quem será o administrador, podendo ser, inclusive um estranho.

? QUESTÃO: E se, ao dar preferência aos demais condôminos, vários manifestarem interesse?

➥ ***RESPOSTA:*** *O Código Civil, em seu art. 504, parágrafo único, determina uma sequência: primeiro os de benfeitorias de maior valor; na ausência de benfeitorias, o de maior quinhão e se, além de não haver benfeitorias, todos os quinhões forem iguais, os interessados depositarão o valor e se tornarão coproprietários da cota.*

B Condomínio edilício ou horizontal: nesta categoria ocorre uma fragmentação da propriedade, pois existem áreas comuns (como o terreno sobre o qual foi construído o prédio, corredores, elevadores, playgrounds etc.) que estão em estado de indivisão. Por outro lado, existem áreas individuais, chamadas unidades autônomas (os apartamentos) que estão submetidas à propriedade exclusiva do condômino.

Direitos e deveres dos condôminos no condomínio edilício ou horizontal

1. Votar nas reuniões, se estiver quite com o condomínio;
2. Usar livremente (respeitados os limites de convivência) de sua unidade autônoma – **atente o leitor ao art. 1.331, § 1º, que determina não ser possível ao condômino alugar ou vender garagem (abrigo de veículos) para estranhos ao condomínio, salvo se houver autorização expressa na convenção;**
3. Usar das partes comuns conforme a destinação de cada uma delas;
4. Salvo disposição em contrário, deverá contribuir em razão de sua fração, para o pagamento das despesas gerais;
5. Deve respeitar a segurança estrutural do prédio, além da integridade visual do edifício (não se pode fazer modificações no exterior do edifício, que afetem a estrutura física ou visual do prédio);
6. As despesas com a unidade autônoma são exclusivas do condômino a quem ela serve.

Detalhes: A) a instituição pode ser dar por ato inter-vivos ou por testamento; B) convenção condominial deve ser subscrita por titulares de, no mínimo, 2/3 das frações ideias (atenção, não se calcula sobre a área, mas pelo número de frações); C) o registro da convenção do Cartório de Registro de Imóveis cria oponibilidade *erga omnes*; D) a convenção é negócio formal, sendo realizada por escrito público ou particular.

Principais alterações decorrentes da Lei 14.309/22 (lei sobre reuniões virtuais)

- possibilidade de conversão de assembleia em presenciais em virtual quando, em segunda chamada, não houver quórum – Requisitos: indicação no ato de data e hora da sessão em seguimento, que não poderá ser superior a 60 dias; ata presencial parcial, com transcrição circunstanciada dos argumentos dos presentes, a enviar para os ausentes; convocação expressa dos presentes e convocação de todos os ausentes para a continuação; seguimento no dia e hora apontados, com ata em continuidade e unificação posterior.
- não poderá haver deliberação se não houver convocação de todos os condôminos
- a assembleia permanente poderá ser convocada quantas vezes necessário, desde que seja concluída em até 90 dias a contada da ABERTURA INICIAL.
- a utilização da forma virtual de reunião poderá ser vedada na convenção de condomínio.

Importante – *A administração do condomínio não poderá ser responsabilizada por problemas decorrentes dos equipamentos de informática ou da conexão à internet dos condôminos ou de seus representantes nem por quaisquer outras situações que não estejam sob o seu controle.*

FIQUE POR DENTRO: Enquanto o condomínio caracteriza-se pela fragmentação espacial da propriedade, vem crescendo em nosso país uma figura jurídica (atípica) que se caracteriza pela fragmentação da propriedade no tempo: **a multipropriedade (ou *time-sharing*).** Nela, os coproprietários exercem seus direitos em momentos diferentes ao longo de determinado período temporal, seja pela fragmentação de uso entre os sócios de uma unidade de lazer, do exercício temporário do direito de habitação, compartilhamento de quartos de hotéis etc.

A multipropriedade foi objeto do Enunciado 89 das Jornadas de Direito Civil do CJF: O disposto nos arts. 1.331 a 1.358 do novo Código Civil aplica-se, no que couber, aos condomínios assemelhados, tais como loteamentos fechados, multipropriedade imobiliária e clubes de campo.

4.2 Regulamentação dos condomínios de lotes

Os condomínios de lotes envolvem o fracionamento, por desmembramento, de terrenos e o estabelecimento de uma relação condominial, **sem que se faça necessária a construção ou incorporação do mesmo**. Trata-se de situação, agora reconhecida em lei, que, em momento anterior, era considerada irregular por muitos doutrinadores da área. Isto porque, envolve a formação de uma relação condominial edilícia sem qualquer tipo de construção (nem mesmo destinação de áreas públicas), além do que, **pode-se indagar que tal situação contrasta com a função social da propriedade (sendo de duvidosa constitucionalidade)**, visto se destinar, em primeiro momento, à simples acumulação patrimonial focada na especulação imobiliária.

Antes da atual legislação, escreveu-se que: "No Estado de São Paulo, em decisão da Corregedoria Geral da Justiça em 1996, de relatoria do Dr. Francisco Loureiro, ficou assentado que "condomínio de lotes" era burla aos requisitos da Lei 6.766/79. No caso, o empreendedor, da Comarca de Campos do Jordão, obteve registro de "condomínio edilício", na forma da Lei 4.591/64, mas, na realidade, não se propunha a vender unidades habitacionais prontas, mas tão somente os lotes. Na fundamentação de tal acórdão, afirmou o relator que admitir o registro do loteamento como se condomínio fosse, significaria aniquilar a Lei do Parcelamento do Solo Urbano. Não mais haveria controle urbanístico e ver-se-ia privada a Municipalidade de expressivo espaço público. A médio prazo, estaria comprometido o próprio sistema viário, uma vez que as cidades estariam totalmente tomadas e cercadas por grandes "guetos" privados. Na mesma decisão (em 1996), Francisco Loureiro citou Kiotsi Chicuta e José Afonso da Silva: Em 1989, dizia Kiotsi Chicuta que não se admite a implantação de tais loteamentos sob o rótulo de "condomínios especiais", em manifesta fraude à Lei do Parcelamento do Solo. Não há previsão em nosso direito positivo, de um *tertum genus* entre "loteamento fechado" e "condomínio deitado". Não se admite que, ao sabor dos interesses do momento, crie-se uma figura jurídica híbrida de loteamento e condomínio, aplicando, tão-só, a parte de cada lei que atenda à conveniência do empreendedor (cf. parecer do Juiz Kioitsi Chicuta, in Decisões Administrativas da Corregedoria Geral da Justiça do Estado de São Paulo, ano de 1989, verbete 78)." (GRUBER, Rafael Ricardo. Loteamento fechado, condomínio de lotes e condomínio deitado mutável. Disponível em http://www.notariado.org.br/index.php?pG=X19leGliZV9ub3RpY2lhcw==&in=NTczOQ==, acesso em 02.06.2017). Interessante também informação prestada pelo IRIB (Instituto de Registro Imobiliário do

DIREITO CIVIL

Brasil), em sua página oficial: "Do Proc. 001536/96 cita-se o seguinte: (...) 3. Não se admite a possibilidade de construção e incorporação de "condomínio deitado", quando não exista vinculação do terreno à construção, ainda que esta seja apenas projetada ou licenciada na forma da lei. Mas em alguns Estados esses condomínios têm sido aceitos. Há municípios que têm editado legislação específica, autorizando a aprovação de condomínios, nos quais a unidade autônoma é o lote, desvinculado de construção. Existe discussão sobre a possibilidade de o município aprovar legislação nesse sentido; se teria competência para tal. Contudo, há entendimento segundo o qual a Constituição Federal e o Estatuto da Cidade lhe deram o poder de ordenar urbanisticamente o seu território podendo adotar lei específica, autorizando este tipo de condomínio." (Coluna IRIB responde. http://www.irib.org.br/noticias/detalhes/irib-responde-condominio-horizontal-de-lotes-requisitos-procedimentos, acesso em 02.06.2017)

O art. 1.358-A surge exclusivamente para tornar legal a forma de Condomínio em Lotes, visto que se vale da normatização dos condomínios edilícios para regular a matéria. Vale destacar que, em razão de não haver construção sobre o terreno, a fração ideal pode ser baseada **ou** na área do solo ocupada pela unidade autônoma, **ou** pelo potencial de construção (o que, por exemplo, pode gerar frações ideais diversas para lotes planos e lotes em terrenos acidentados) **ou**, ainda, com fundamento em outro elemento que escolherem os instituidores. Atente que o parágrafo segundo foi modificado pela MPV 1.085/21, ainda não convertida.

> Art. 1.358-A. Pode haver, em terrenos, partes designadas de lotes que são propriedade exclusiva e partes que são propriedade comum dos condôminos.
>
> § 1º A fração ideal de cada condômino poderá ser proporcional à área do solo de cada unidade autônoma, ao respectivo potencial construtivo ou a outros critérios indicados no ato de instituição.
>
> § 2º Aplica-se, no que couber, ao condomínio de lotes:
>
> I – o disposto sobre condomínio edilício neste Capítulo, respeitada a legislação urbanística; e
>
> II – o regime jurídico das incorporações imobiliárias de que trata o Capítulo I do Título II da Lei nº 4.591, de 16 de dezembro de 1964, equiparando-se o empreendedor ao incorporador quanto aos aspectos civis e registrários.
>
> § 3º Para fins de incorporação imobiliária, a implantação de toda a infraestrutura ficará a cargo do empreendedor.

MULTIPROPRIEDADE

Instituída pela lei 13.777/18, de 20 de dezembro de 2018, com 45 dias de *vacatio*.

A lei a conceitua como "o regime de condomínio em que cada um dos proprietários de um mesmo imóvel é titular de uma fração de tempo, à qual corresponde a faculdade de uso e gozo, com exclusividade, da totalidade do imóvel, a ser exercida pelos proprietários de forma alternada."

Trata-se de uma ampliação do conceito de condomínio, que passa a alcançar, também, o parcelamento ou fracionamento individual do tempo. A propriedade, agora plena, passa a ser fracionada no tempo em favor de cada um dos condôminos.

FIQUE POR DENTRO:

Diferentemente do condomínio espacial, a multipropriedade (condomínio temporal) não se extingue automaticamente se todas as frações de tempo forem do mesmo multiproprietário.

Podemos apontar que o imóvel sobre o qual recai a multipropriedade é indivisível não sendo possível a ação de divisão ou de extinção de condomínio, já que todos os multiproprietários podem usar e gozar o bem em sua plenitude, dentro do espaço temporal que lhes caiba.

Cada fração de tempo deve ter, no mínimo, 7 (dias) podendo ser seguidos ou intercalados. Este período pode ser fixo e determinado (recaindo sobre o mesmo período de cada ano), flutuante (sendo decidido cada período, de forma isonômica e prévia, entre os multiproprietários) ou misto (reunindo os dois sistemas).

Não havendo aquisição de tempo ou disposição original diversa, cada um dos multiproprietários dispõe do mesmo intervalo de tempo a cada ano. O uso da fração é passível de cessão a terceiros (art. 1.358-I, II, CC)

FIQUE POR DENTRO:

Institui-se a multipropriedade por ato entre vivos ou testamento, registrado no competente cartório de registro de imóveis, devendo constar daquele ato a duração dos períodos correspondentes a cada fração de tempo.

Teste seu conhecimento!

(FGV – Exame de Ordem – 2021.1) Liz e seu marido Hélio adquirem uma fração de tempo em regime de multipropriedade imobiliária no hotel-fazenda Cidade Linda, no estado de Goiás. Pelos termos do negócio, eles têm direito a ocupar uma das unidades do empreendimento durante os meses de dezembro e janeiro, em regime fixo.

No ano seguinte à realização do negócio, as filhas do casal, Samantha e Laura, ficam doentes exatamente em dezembro, o que os impede de viajar. Para contornar a situação, Liz oferece à sua mãe, Alda, o direito de ir para o Cidade Linda no lugar deles. Ao chegar ao local, porém, Alda é barrada pela administração do hotel, sob o fundamento de que somente a família proprietária poderia ocupar as instalações da unidade.

Você, como advogado(a), deve esclarecer se o ato é legal, assinalando a opção que indica sua orientação.

A) O ato é legal, pois o regime de multipropriedade, ao contrário do condominial, é personalíssimo.

B) O ato é ilegal, pois, como hipótese de condomínio necessário, a multipropriedade admite o uso das unidades por terceiros.

C) O ato é ilegal, pois a possibilidade de cessão da fração de tempo do multiproprietário em comodato é expressamente prevista no Código Civil.

D) O ato é legal, pois o multiproprietário tem apenas o direito de doar ou vender a sua fração de tempo, mas nunca cedê-la em comodato.

Resposta no rodapé[19].

4.3. Os Fundos de investimentos e a Lei 13.874/19

A Lei 13.874/19 inseriu os artigos 1.368-C, 1.368-D, 1.368-E e 1.368-F no Código Civil, tratando do fundo de investimento. Apesar de tecer apenas linhas gerais, delegando à CVM expedir normatização abrangente e competente, alguns pontos merecem comentário. Primeiramente, no atual momento, a CVM regula o tema através da IN 555/14, atualizada pelas INSTRUÇÕES CVM Nº 563/15, 564/15, 572/15, 582/16, 587/17, 604/18, 605/19 E 606/19, atentando-se que esta última é anterior à Lei 13.874/19.

Os fundos de investimentos nascem da reunião de investidores, através de Administrador, que irão atuar no mercado de derivativos, do ouro, de títulos da dívida pública, imóveis etc. Visto que para maximização dos lucros, são necessários aportes de grande monta. Trata-se de operação de risco que, até o momento, pode, inclusive, gerar resultado negativo (perder-se além do que se investiu). Contudo, a Lei 13.874/19 estabelece a possibilidade de responsabilidade limitada ao valor da cota, o que será regulamento pela CVM (art. 1.368-D, I), para os cotistas e também para os administradores perante os cotistas e entre si (art. 1.368-D, II). Nota-se, mormente da leitura da IN 555/14 CVM e do caput do novel art. 1.368-C, que os fundos de investimento possuem natureza condominial, sendo baseados em um negócio fiduciário (*trust*), já que os condôminos confiam a administração dos valores ao agente Administrador. Vale notar que o fundo constitui bem separado do patrimônio do Administrador, afetado, não podendo ser objeto de penhora em caso de insolvência deste.

Segundo a IN 555/14 CVM, *o fundo de investimento é uma comunhão de recursos, constituído sob a forma de condomínio, destinado à aplicação em ativos financeiros*, e em seu art. 4º reconhece a Instrução Normativa a natureza condominial dos fundos: *o fundo pode ser constituído sob a forma de condomínio aberto, em que os cotistas podem solicitar o resgate de suas cotas conforme estabelecido em seu regulamento, ou fechado, em que as cotas somente são resgatadas ao término do prazo de duração do fundo.*

As cotas do fundo correspondem a frações ideais de seu patrimônio, são escriturais, nominativas, e conferem iguais direitos e obrigações aos cotistas e são, se se tratar de fundo aberto, em regra, incessíveis, exceto: I – decisão judicial ou arbitral; II – operações de cessão fiduciária; III – execução de garantia; IV – sucessão universal; V – dissolução de sociedade conjugal ou união estável por via judicial ou escritura pública que disponha sobre a partilha de bens; e VI – transferência de administração ou portabilidade de planos de previdência.

Já as cotas de grupos fechados (e os direitos de subscrição) podem ser transferidos, mediante termo de cessão e transferência, assinado pelo cedente e pelo cessionário, ou por meio de negociação em mercado organizado em que as cotas do fundo sejam admitidas à negociação.

Note-se que a mudança de regime não afetará os fatos pretéritos, mantendo a responsabilidade solidária. Do mesmo modo, cada espectro de responsabilidade se esvai dentro de sua classe respectiva. Com isto, cada patrimônio segregado estende sua garantia à respectiva classe. Não havendo bens suficientes para honrar suas dívidas, terá declarada sua insolvência, na forma dos art. 955 a 965, CC.

5. POSSE

Define-se pelo exercício de uma **das faculdades inerentes à propriedade.** É considerado no Brasil tanto um direito quanto um fato. Pode ser resumida, aproveitando-se clássica lição de Ihering como a "exteriorização do domínio".

5.1 Teorias sobre a posse: várias são as ideias sobre o conceito e requisitos da posse. Duas, contudo, se tornaram famosas. **A subjetivista de Frederich Carl von Savigny e a objetivista de Rudolf von Ihering.**

Posse	Savigny	Jhering
***Corpus* ou elemento material**	é o contato direto com a coisa, tanto para utilizá-la quanto para protegê-la. Sem este contato direto haveria, para Savigny um "nada jurídico", não sendo, para ele, possível ser possuidor sem ter o contato direto com a coisa	o *corpus* exterioriza a ação daquele que procede como se dono fosse. Se você é visto ao volante de um automóvel, procede como se dono fosse, e é, para Ihering, até que se demonstre uma causa impeditiva, possuidor.
***Animus* ou elemento psíquico**	é a vontade de ser dono da coisa, de ter a coisa como sua, denominada pelo autor *animus domini*. Se faltar este *animus*, tem-se mera detenção. Assim, o locatário, o comodatário e outros, para Savigny, por não terem *animus*, não são possuidores.	vontade de proceder para com a coisa como se dono fosse, *affectio tenendi*, independentemente de se querer ser dono. Importante destacar que o *animus* pode ser extraído do *corpus*, pois o modo como procede o sujeito denota, para Ihering, esta vontade de proceder como se proprietário fosse.

19 Alternativa correta – c.

Na teoria de Ihering (teoria objetiva), não haverá posse quando se houver limitações legais, que, no caso brasileiro são: a) fâmulo da posse (aquele que cuida, guarda posse alheia); b) o violento ou o clandestino; c) o permitido e o tolerado (quem recebeu autorização especial, que não visa transmitir posse, para se valer do bem). Todos estes casos serão **detenção** para o Código Civil. Vale destacar que há contratos que tem por objeto a transferência da posse, como a locação e o comodato.

DICA IMPORTANTE Para Savigny a **posse** é a **exceção** no sistema, já para Ihering, a **regra.**

5.2 Terminologia

A ***Ius possidendi*** **(direito de possuir)**: aquele que é proprietário pode requerer sua posse (é o fundamento da ação de imissão na posse – que, apesar do nome, pertence à tutela petitória, baseada na propriedade).

B ***Ius possessionis*** **(direito de posse)**: é o direito de manter sua posse, por sua própria razão. Não é necessário provar outro direito. É o fundamento das possessórias. **"Posso possuir porque possuo"**.

C **Posse direta e posse indireta:** esse desdobramento só é possível graças à Teoria de Ihering. Aquele que tem direito ao bem, mas cede seu uso direto a outrem, resguarda a posse indireta. Quem recebe o bem, terá posse direta. Este pode manejar os interditos contra aquele. Só é possível o desdobramento na teoria de Ihering.

5.3 Aquisição da posse: a posse pode ser adquirida por ato inter-vivos (sentença, contrato etc.) ou mortis causa (*saisine*, testamento etc.).

Esta aquisição pode ser **originária** (quando pela primeira vez alguém vai se assenhorear do bem) ou **derivada** (quando a posse foi transferida de uma pessoa a outra).

Sempre que se tiver uma aquisição derivada da posse, deve-se atentar para a possibilidade de ocorrência de ***acessio possessionis*** (faculdade de soma de posse – tanto o tempo quanto o fato de ser justa ou injusta – adquirida por sucessão singular, como na compra e venda ou no legado) ou ***sucessio possessionis*** (soma obrigatória de posse – e suas qualidades – adquirida por sucessão universal, como na herança e no casamento com comunhão universal de bens).

5.4 Perda da posse: Perde-se a posse pela inexistência de *corpus* ou de *animus*, lembrando-se que estes elementos recebem as qualificações dadas acima, com base em Ihering.

Causas:						
Pela perda da própria coisa	Pela destruição	Posse de outrem	Abandono	Tradição	Constituto possessório	Ficar a coisa fora do comércio

5.5 Efeitos da posse: são efeitos da posse:

A Usucapião;

B Presunção de propriedade;

C Percepção de frutos se de boa-fé o possuidor;

D Direito de retenção nas hipóteses contempladas pelo Código Civil – o possuidor de má-fé não tem direito de retenção;

E Indenização pelas benfeitorias: (i) necessárias – despesas ou obras realizadas na coisa, com o fito de conservá-la, evitando o seu perecimento ou danificação; (ii) úteis – as que aumentam o cômodo da coisa; (iii) voluptuárias – mero aformoseamento.

Pequeno quadro de direitos dos possuidores		
Qualidade	**Frutos/Produtos**	**Despesas**
Má-fé	Responde por todos os frutos colhidos e percebidos, bem como pelos que, por culpa sua, deixou de perceber, desde o momento em que se constituiu de má-fé	Tem direito às despesas da produção e custeio.
Boa-fé	Tem direito, enquanto ela durar, aos frutos percebidos	Os frutos pendentes ao tempo em que cessar a boa-fé devem ser restituídos, depois de deduzidas as despesas da produção e custeio; devem ser também restituídos os frutos colhidos com antecipação.

F Autodefesa – é a "legítima defesa" da posse, onde o possuidor exerce a autotutela de seu patrimônio respeitados dois requisitos: imediatismo e proporcionalidade.

5.6 Ações possessórias: serão vistos alguns aspectos materiais das ações possessórias, evitando-se pontuá-las processualmente, disciplina própria em que serão tratadas. São meios de proteção ao possuidor ameaçado, esbulhado ou molestados, denotando seu aspecto célere. São ações reais.

Manutenção de posse	É o *interdicto retinendae possessionis*, que possui típica finalidade defensiva. Combate qualquer embaraço ao bem usar a posse, desde que o seu titular ainda não a tenha perdido. Pode até mesmo ser usado contra o proprietário da coisa.
Reintegração de posse	É o *interdicto recuperandae possessionis*, em que se deseja obter de volta a posse perdida, tendo natureza repressiva (dá-se depois de ocorrido o dano).
Interdito proibitório	É defesa preventiva da posse, antes da efetivação da ameaça (desde que iminente e possível). É de se destacar a utilização da multa diária (***astreintes***), de modo a fazer cessar a ameaça.
Dano infecto	Também tem natureza preventiva, possível contra o proprietário ou possuidor de prédio vizinho cuja ruína ou vício em sua construção possa causar prejuízos ao possuidor.
Nunciação de obra nova	É útil quando obra recente possa, por sua estrutura ou construção, ameaçar a posse, causando moléstia ao possuidor.

6. DIREITOS DE VIZINHANÇA

Serão vistas aqui as sete manifestações dos direitos de vizinhança:

A **Uso anormal da propriedade:** ninguém pode, ao exercer seu direito, perturbar o bom uso alheio. As interferências no âmbito do direito de vizinhança devem ser consideradas de acordo com o zoneamento urbano e horário, mas não há autorização legal para que se possa, em determinado horário, perturbar os vizinhos. Neste mesmo sentido, o proprietário pode requerer a destruição do prédio (vale lembrar que prédio, em Direito Civil, também tem o significado de bem imóvel) ou embargar a construção da obra que gerar perigo para seus bens;

B **Árvores limítrofes:** nesta temática deve-se lembrar da ideia de que o acessório segue o principal. Se a árvore está na divisa, pertencerá aos dois proprietários do terreno. Já os frutos, caso a árvore se projete sobre o terreno alheio, enquanto a elas ligadas seguem o principal, sendo, portanto do proprietário do terreno onde a árvore se encontra. Quando caídos, poderão ser colhidos pelo proprietário do terreno vizinho onde caíram. Também os galhos e raízes não podem incomodar o bom uso do terreno alheio, logo, podem ser cortados na extrema da divisa;

C **Passagem forçada:** o proprietário do prédio encravado tem direito a passar pelo prédio alheio de modo a que possa ter acesso à via pública, nascente ou porto. Este direito necessita de indenização ao que sofrer constrangimento. Nada tem a ver com as servidões, pois estas são nascidas, em regra, da vontade em acordo das partes;

D **Passagem de tubos e cabos:** observe-se que esta situação nada tem de igualdade com a construção de posteamentos, pois aqui se trata de condutos subterrâneos. Deverá haver indenização ao proprietário que sofrer a constrição e sempre será realizada do modo menos gravoso, com todas as medidas de segurança necessárias;

E **Águas:** primeiramente, deve-se perceber que as águas podem ser **naturais** (chuvas, por exemplo) ou **artificiais** (águas de serviço, por exemplo). Se se tratarem de águas naturais o prédio inferior (inferior e superior, aqui, fazem referência a um plano íngreme em que os prédios (imóveis) estão em subida (ou descida) um em relação ao outro) tem o dever de suportá-las, salvo se o prédio preexistir ao superior e este realizar obras para agravar a situação. Em relação às águas artificiais, poderá o dono do prédio inferior solicitar que sejam desviadas ou que lhe seja pago valor a título de indenização para que suporte o ônus. Importante destacar que desta indenização será descontado o proveito que o prédio inferior teve com a água (por exemplo, serviu de irrigação);

F **Limites e direito de tapagem:** o proprietário pode exigir do vizinho divisão de gastos para realizar obras necessárias a marcar e bem definir o limite entre prédios. A exceção a esta obrigatoriedade de divisão de gastos ocorre quando um dos proprietários tem de fazer tapagem para evitar ingresso de animais pequenos de seu vizinho. Neste caso, **somente o vizinho que deu causa à necessidade de tapagem (dono dos animais) será responsável pelo custeio das obras.**

Acerca do direito de tapagem foi indagado ao candidato que se submeteu ao **Exame Unificado de Fevereiro de 2011**, pois se apresentou a seguinte situação hipotética: *"Félix e Joaquim são proprietários de casas vizinhas há cinco anos e, de comum acordo, haviam regularmente delimitado as suas propriedades pela instalação de uma singela cerca viva. Recentemente, Félix adquiriu um cachorro e, por essa razão, o seu vizinho, Joaquim, solicitou-lhe que substituísse a cerca viva por um tapume que impedisse a entrada do cachorro em sua propriedade. Surpreso, Félix negou-se a atender ao pedido do vizinho, argumentando que o seu cachorro era adestrado e inofensivo e, por isso, jamais lhe causaria qualquer dano. Com base na situação narrada, é correto afirmar que Joaquim". Como visto acima, a resposta correta é que "poderá exigir que Félix instale o tapume, a fim de evitar que o cachorro ingresse em sua propriedade, cabendo a Félix arcar integralmente com as despesas de instalação".*

G **Direito de construir:** aqui vale a regra do "não incomodar". O proprietário que deseje construir não pode projetar águas (como as calhas) no prédio vizinho. Mesmo mote, as janelas não podem ser abertas, seguindo-se as seguintes regras: a) se perpendiculares deverão estar afastadas 75 cm da divisa; b) se frontais devem respeitar 1,5 metros; c) estas limitações não se aplicam a aberturas até 10 cm x 20cm, se colocadas a mais de 2 metros de altura (como os basculantes de banheiro). Se o proprietário prejudicado reclamar no prazo de **ano e dia**, não mais poderá fazê-lo, e deverá respeitar a distância quando for construir. Na zona rural o limite de distância é de 3 metros.

DICA IMPORTANTE

Na temática de direitos de vizinhança deve-se ter em mente que tudo sempre seguirá o caminho "menos gravoso" ou que possibilite a "maior eficiência". Os prejuízos causados devem ser os menores possíveis. **Assim, quanto menos problemas, melhor!**

7. SUPERFÍCIE

Trata-se, no entendimento deste autor, de um **direito sobre coisa própria**, pois a propriedade será fragmentada em duas, **separadas por uma lâmina imaginária. Frise-se, contudo, que a doutrina majoritária compreende tal direito como sendo DIREITO REAL SOBRE COISA ALHEIA.**

Existe a propriedade do solo, que remanesce no patrimônio do proprietário original, ao mesmo tempo em que a propriedade da superfície (e de tudo que se acomodar sobre ela) passa ao superficiário.

Este direito **deve ser concedido por tempo determinado**, sem que o Código Civil lhe fixe um limite (já o Estatuto da Cidade – Lei 10.257/01 – possibilita em seu art. 21 que seja esse direito concedido por tempo indeterminado).

Pode ser oneroso (mediante o pagamento de uma prestação denominada ***solarium***) ou **gratuito. É um direito transferível**. Uma vez que finde o prazo de concessão, tudo o que foi construído passa à propriedade do dono do solo, pois não mais existirá lâmina de superfície. Não é permitida a constituição de direito de superfície para realização de obras no subsolo. Mesmo mote, é nula a cláusula que determina recolhimento, em favor do proprietário, de parte do valor obtido com a venda da superfície a terceiros (art. 1.372, p.u., CC).

8. PROPRIEDADE FIDUCIÁRIA

É conhecida por sua forma contratual, a alienação fiduciária em garantia. A propriedade resolúvel entregue pelo devedor ao credor, **em garantia da dívida**, é a propriedade fiduciária (fidúcia remete à ideia de confiança).

Alguns autores a classificam como direito real de garantia. Aqui é tratado de forma especial, por se entender que a propriedade em si não é a garantia, mas está a ela atrelada.

O devedor continuará com o bem, **a título de possuidor direto.** Deve ser oriunda de um contrato escrito, registrado no Cartório de Títulos e documentos ou, no caso de veículos, no órgão regulador competente. Importante destacar que não há direito de o credor ficar com o bem se a dívida não for paga, logo, a esta situação se aplica, portanto, a vedação de pacto comissório.

FIQUE POR DENTRO:

O novo direito real sobre a laje!

A partir de uma declarada perspectiva de regularização fundiária e implementação da proteção ao direito de moradia (garantia social reconhecida pelo art. 6º do Texto Constitucional), o direito da laje foi reconhecido como um direito real. A dicção do art. 1.225 foi alterada, passando a constar, expressamente, que é direito real: "XIII – a laje".

Prática comum em várias localidades brasileiras, era necessário que o legislador reconhecesse o direito da laje enquanto um direito real registrável, podendo recair sobre a superfície superior ou inferior do imóvel inicial, que passa a se chamar **construção-base**.

Anteriormente tratado como uma projeção do direito de superfície, um verdadeiro direito de sobrelevação ou de "infrapartição", o direito da laje, que já se constituía em direito (mesmo que não passível de registro), passa a figurar, pela Lei 13.465, de 11 de julho de 2017, convertida da LPV 759/16, como um direito real, fazendo corresponder sua existência no rol legal de tais direitos (art. 1.225, CC).

Sanando qualquer dúvida acerca de tal independência, o novel art. 1.510-A, § 3º. Em razão de tal independência, não há que se falar em vinculação de finalidade, ressalvada restrição no ato de cessão (se que constituiria em limitação ao uso da propriedade), podendo a construção inferior ter finalidade comercial e a superior (devidamente calçada em sustentação física, vez que necessário o respeito às normas de postura – §§ 5º e 6º) pode ser destinada à habitação.

O direito de laje, além de poder abranger a superfície superior ou inferior (quando o conceito de laje se apresentaria um tanto quanto modificado), pode dar origem a outras sobrelevações, com a criação de propriedades sobrepostas à laje (sempre se respeitando os códigos de posturas e as regras de edificação), sendo necessário, contudo, o consentimento de todos os titulares de direitos da edificação (todos os proprietários e todos os *lajeários*). A exigência de tal autorização nos parece de duvidosa constitucionalidade, já que ou bem o legislador impediria a constituição de sobrelajes ou ele reconheceria a possibilidade de tal situação, em nada havendo se falar de consentimento de outrem. Isto envolve indevida intervenção de um particular na esfera de direitos de outro. Não se confunda com o direito de preferência, visto que este não impede o lajeário de transferir seu direito, mas sim de estabelecer que determinado proprietário/lajeário teria direito de aquisição em preferência a estranhos. No primeiro caso há castração de um direito, no segundo caso direcionamento da alienação.

De um lado, os condomínios edilícios, figuras que mesclam propriedade comum e propriedade exclusiva, e de outro, a laje, categoria de direito real sobre coisa alheia. Contudo, o Legislador, vislumbrando risco de um vazio normativo, estabeleceu que as regras pertinentes a esta forma condominial sirvam de substrato axiológico e normativas subsidiárias para eventuais conflitos decorrentes da Laje. Isto restou patente no presente artigo e no subsequente (art. 1.510-C). O respeito à linha arquitetônica impede que a edificação a se erguer na laje acabe por desarranjar o desenho da construção-base, o que poderia gerar uma quebra de padrão entre as construções. Ressalte-se que a análise da linha arquitetônica (e o arranjo estético) não se dá com base em suposições ou subjetivismos, mas sim a partir de visão técnica respeitando os ditames da práxis profissional. Por outro lado, a segurança tem como sustentáculo a estrutura, os materiais e a execução da obra na laje, pautando-se tanto nas regras básicas da engenharia quanto nas determinações específicas das legislações de posturas locais. Em complementação ao art. 1.510-B, o presente artigo deixa clara a aplicação subsidiária das regras atinentes aos Condomínios edilícios para fins de rateio das despesas, determinando a concorrência de todos os proprietários e *lajeários* para a satisfação das dívidas oriundas da conservação e fruição das partes que sirvam a todo o edifício (destacando que melhor nome seria "complexo de propriedades") e também que são eles responsáveis pela satisfação de débitos originados de serviços de interesse comum. A lei, de forma sábia, evita valer-se da denominação "áreas comuns", visto que isto geraria a errônea compreensão de projeções da propriedade da laje sobre o terreno da construção-base (o que atentaria contra o disposto no art. 1.510-A, §4º, CC), mas sim toma por base a noção de partes que servem a todo o edifício, sem adentrar na problemática questão de a quem atribuir tais propriedades. Alguns pontos merecem destaque: a) os alicerces, colunas e pilares, além de paredes mestras, tanto podem ser da construção-base quanto da laje (em infrapartição), o que se conclui a partir da regra ao final do inciso II, que deve ser aplicada, por extensão ao inciso I; b) a conservação de telhado ou terraço, mesmo que apenas sirva à laje, não pode decorrer de formação de benfeitoria (como uma piscina) que venha a apresentar desgaste (como vazamento) – deve ser oriunda, unicamente, do processo de tapagem, proteção e impermeabilização da estrutura; c) qualquer das instalações do inciso III que tenha funcionalidade para um ou alguns pavimentos (propriedades) somente a estes serão atribuídos para custeio e manutenção. O parágrafo segundo traça mínimo interpretativo para se compreender que obras necessárias podem ser realizadas mesmo sem o prévio consentimento de todos os proprietários e *lajeários*, não apenas envolvendo reparações, como também obras que se fizerem emergenciais em razão de circunstâncias extraordinárias (como melhoria do sistema de captação de água diante de grave crise de abastecimento).

FIQUE POR DENTRO:

A laje que se pretender alienar onerosamente, gera preferência em favor do proprietário da construção-base e dos lajeários, em caso de alienação de uma das lajes sobrepostas (sobrelajes). Nota-se que o proprietário da construção-base tem preferência especial sobre todos os lajeários. Desta forma, desejando ele adquirir, não haverá licitação para que se detecte melhor lanço, mas sim, em igualdade de condições, deverá ele ser chamado à aquisição. A preferência é medida lógica que já se asseverava como necessária? "Assim, cada um dos titulares de direitos reais sobre as unidades independentes pode, a qualquer tempo, aliená-la onerosamente (vender) para terceiros, estranhos à relação jurídica originária que terminou por caracterizar a laje. Parece-nos, ao revés, que a solução mais apropriada seria a exigência, sim, do respeito à preferência recíproca. Isso porque se um dos titulares aliena onerosamente o seu direito sobre a coisa, deveria o outro ter preferência para consolidar a titularidade. Até mesmo para evitar que um terceiro, estranho, venha a adquirir a coisa. Ademais, muitos dos casos de laje, em nosso país, são constituídos entre pessoas de uma mesma família, o que contribui, ainda mais, para justificar a necessidade de garantia de preferência. O exercício da preferência, se desrespeitado, desencadeará possibilidade de pedido de adjudicação por parte do proprietário da construção-base ou *lajeário* que não for devidamente notificado (notificação esta que deve assinar prazo mínimo de 30 dias), desde que exerça tal direito no prazo de 180 dias a contar da alienação (prazo este de natureza decadencial, atente-se).

Com base na preferência estabelecida, procedeu bem o legislador ao reconhecer o dever de o exequente requerer a intimação do titular da construção-base (e eventuais titulares das diversas lajes), se a penhora recair sobre o direito real de laje. Além disso, devem ser intimados os titulares das lajes, se a penhora se der sobre a construção-base (art. 799, X e XI, CPC, incluídos pela Lei 13.465/17)

FIQUE POR DENTRO:

A par da preferência especial do proprietário da construção-base, entre os lajeários o Código Civil estabelece uma regra própria de preferência. A leitura direta do parágrafo segundo leva-nos à conclusão de que: Primeiro, tomando-se por base a sobrelaje que se pretende alienar, têm preferência os lajeários ascendentes em relação aos lajeários descendentes. Havendo mais de um lajeário de mesma linha (ou ascendente ou descendente) terá preferência o que tiver laje mais próxima à unidade sobreposta a ser alienada. Contudo, chama atenção um detalhe: e se uma laje descendente for mais próxima do que a laje ascendente (ambas pretendentes da aquisição)? Entendemos que a prioridade deva ser dada sempre para a laje mais próxima, por se tratar de medida que possibilitará, em situação futura, a consolidação das propriedades. Desta forma, a prioridade estabelecida na parte final do parágrafo segundo deve se sobrepor à regra da linha, quando houver linhas diferentes com interesse sobre a aquisição.

A laje tem por natureza a sua perpetuidade. Assim sendo, tratou o Legislador de regular sua extinção. De lado falou mais do que necessitava (ao asseverar regra lógica de direito de indenização por parte do lajeários face à conduta do responsável pela ruína – parágrafo único). Por outro, contudo, disse menos do que deveria, ao não regular situações como, por exemplo, a eventual consolidação em caso de aquisição da laje pelo proprietário da construção-base. A prevalecer a natureza de direito real sobre coisa alheia, imperativo será reconhecer que consolidada estará propriedade em razão da confusão de propriedades (sendo o titular da construção-base o mesmo titular da laje). São pontos que ainda merecerão reconhecimento pela doutrina e, quiçá, pelo legislador.

DIREITO CIVIL

9. DIREITOS REAIS SOBRE COISAS ALHEIAS

9.1 Servidão: é direito real de fruição ou gozo, que vincula, excepcionalmente, um bem **imóvel** a outro bem **imóvel** (através de seus titulares). Há um bem dominante (que se serve da melhoria) e um serviente (que sofre o ônus). Constitui-se mediante declaração expressa dos proprietários, ou por testamento, e subsequente registro no Cartório de Registro de Imóveis. Ela é tutelada com força *erga omnes*, através da proteção possessória, sendo que o direito de seu titular é denominado de quase-posse, já que a extensão dos efeitos da servidão é limitada perante a propriedade. Mesmo as servidões de trânsito não tituladas podem ter proteção possessória, a teor do que determina o Enunciado 415 da Súmula do STF: Servidão de trânsito não titulada, mas tornada permanente, sobretudo pela natureza das obras realizadas, considera-se aparente, conferindo direito à proteção possessória.

É **perpétua**, pois está ligada aos bens. Deve-se destacar um ponto curioso, pois quando os prazos de usucapião do Código Civil foram reduzidos, **não houve diminuição no prazo de usucapião de servidão**, que se tornou o maior prazo de prescrição aquisitiva do sistema civil (20 anos, conforme art. 1.379, parágrafo único CC).

Exige a servidão a **diferença** nas **titularidades** dos bens envolvidos, pois se o proprietário for o mesmo será uma **serventia**. Deve-se respeitar a ideia de menor prejuízo ao prédio serviente.

Alterações de local da servidão não podem agravar o prejuízo do prédio serviente e são custeadas por quem lhes der causa. Vale destacar que as servidões podem ser extintas se forem **canceladas** no registro (o cancelamento é autorizado – pela via judicial – em três hipóteses: **renúncia** do dominante, **término da utilidade** da servidão ou **resgate** (resgatar um direito real é, em termos diretos, comprá-lo de volta) por parte do serviente; e pela simples via cartorial em mais três: conversão em **serventia**, não realização de **obras necessárias** e pelo **não uso** durante 10 anos) e pela **desapropriação** (pois não podem pender servidões sobre os prédios públicos).

9.2 Usufruto: é direito real de fruição ou gozo, em que o **nu-proprietário** transfere ao **usufrutuário**, pelo prazo máximo da vida deste, os proveitos de um determinado bem, **móvel ou imóvel**. Se concedido em favor de **pessoa jurídica**, durará, no máximo, **30 anos**.

É direito de **natureza personalíssima**, logo, **intransferível** (onerosa ou gratuitamente). Atente-se, contudo, que o seu exercício é cessível, podendo, o seu titular, por exemplo, alugar o bem. Findo o usufruto em relação ao usufrutuário, todos os direitos sobre ele constituídos serão extintos. Mas, como meio de proteção ao nu-proprietário, cabe ao usufrutuário alertá-lo de qualquer risco ou lesão que possa alcançar a coisa.

O usufruto pode se originar da **lei**, da **vontade** das partes ou de **usucapião** (hipótese teórica, de complexa realização, visto que seria necessário um *animus* específico de apenas usufruir o bem). Por outro lado, ele se **extingue** pela **morte** (no caso das pessoas jurídicas por sua extinção) ou **renúncia do usufrutuário**, pelo **termo** de sua **duração**, pela **cessação do motivo do usufruto** (por exemplo, usufruto concedido para instalação de uma fábrica que foi fechada), pela **destruição** da coisa, pela **consolidação** (fusão, em um mesmo titular, da nua-propriedade e do usufruto), por **ação culposa do usufrutuário** quando deixa os bens se arruinarem ou não lhes dá a correta destinação e, por fim, pelo **não uso ou fruição do bem**.

Acerca das formas de extinção do usufruto viu-se que pode ocorrer por **destruição da coisa**, questão esta objeto do **Exame Unificado de Julho de 2011**, em que foi apresentado o seguinte caso: *"Noêmia, proprietária de uma casa litorânea, regularmente constituiu usufruto sobre o aludido imóvel em favor de Luísa, mantendo, contudo, a sua propriedade. Inesperadamente, sobreveio uma severa ressaca marítima, que destruiu por completo o imóvel. Ciente do ocorrido, Noêmia decidiu reconstruir integralmente a casa às suas expensas, tendo em vista que o imóvel não se encontrava segurado. A respeito da situação narrada, assinale a alternativa correta."* *À indagação, a resposta é "O usufruto será extinto, consolidando-se a propriedade em favor de Noêmia, independentemente do pagamento de indenização a Luísa, tendo em vista que Noêmia arcou com as despesas de reconstrução do imóvel."*

9.3 Uso: direito real de fruição ou gozo, que recai sobre bens **móveis** ou **imóveis**, em que o direito do usuário se limita a se valer do bem (direta ou indiretamente), limitado ao bem seu e/ou de sua família.

9.4 Concessão do direito real de uso: recai sobre imóveis **públicos** ou **particulares**, podendo ser **onerosa** ou **gratuita**, devendo atender a "fins específicos de regularização fundiária de interesse social, urbanização, industrialização, edificação, cultivo da terra, aproveitamento sustentável das várzeas, preservação das comunidades tradicionais e seus meios de subsistência ou outras modalidades de interesse social em áreas urbanas" (art. 7º do Decreto-Lei 271/67). **Pode** abarcar **imóveis** das **forças armadas**.

9.5 Habitação: direito real de fruição ou gozo extremamente limitado, em que seu titular somente pode se valer de um uso específico (habitar) um **imóvel**, não podendo transferir seu exercício a terceiro (logo, não pode ceder em comodato nem alugar).

9.6 Concessão de uso especial para fins de moradia: regulamentada pela Lei 11.481/07, possibilita que bens públicos **não funcionais** (como um imóvel dominical de um ente público não utilizado por uma repartição pública) sejam concedidos aos que já o estiverem ocupando, dede que **não** se tratem de **prédios** das **forças armadas**. Pode, inclusive, recair sobre terreno de marinha. Pode ser **gratuita** ou **onerosa**.

9.7 Direito do promitente comprador: é direito real de aquisição, pois concede ao seu titular (promitente comprador) adquirir a propriedade de bem imóvel, em face do promissário vendedor, desde que oriundo de **promessa** de compra e venda, **sem** direito de **arrependimento**, **escrita** e **registrada** no **Cartório de Registro de Imóveis**.

Este direito pode ser exercido **contra terceiros** e, não havendo em qualquer hipótese satisfação voluntária, pode o promitente comprador buscar a **adjudicação judicial do imóvel**.

FIQUE POR DENTRO:

A Lei 13.786, de 27 de dezembro de 2018, estabeleceu alguns regramentos para a promessa de compra e venda de imóvel. O novo art. 35-A estabelece um quadro sinótico inicial que deve fazer parte do contrato, deixando patente as condições gerais de negocial (preço total, parcela, corretagem etc.).

O atraso até 180 dias corridos do prazo final de entrega não enseja resolução por parte do adquirente nem implica em qualquer multa para o incorporador.

Sendo o atraso superior a 180 dias e não se tratando de resolução do contrato, será devida ao adquirente adimplente, por ocasião da entrega da unidade, indenização de 1% (um por cento) do valor efetivamente pago à incorporadora, para cada mês de atraso, pro rata die, corrigido monetariamente conforme índice estipulado em contrato.

A pena convencional não pode ser superior a 25% das quantias pagas, em caso de distrato ou inadimplemento absoluto por parte do adquirente. Se o regime de construção for o de patrimônio de afetação, a pena poderá ser de até 50% das quantias pagas.

10. DIREITOS REAIS DE GARANTIA

Por sua natureza especial e larga utilização, é necessário fazer alguns apontamentos acerca destes direitos.

Primeiramente, não é possível ao credor ficar com o bem dado em garantia, o que, como já visto, se qualifica como "**vedação do pacto comissório em direitos reais de garantia**". Contudo, podem credor e devedor, após vencida a dívida, determinar a entrega do bem em pagamento.

Para que se possa dar em garantia é necessário ter **legitimidade para alienar**, sendo que se faz necessário (exceto no regime da separação total) a **anuência do cônjuge** para a constituição deste ônus. Pode-se dar em garantia em favor próprio ou em favor de terceiro.

10.1 Hipoteca: pode recair este direito de garantia sobre bens **móveis ou imóveis**, sendo necessário seu registro junto ao Cartório de Registro de Imóveis ou órgão específico de matrícula (como se dá no caso de aeronaves e navios).

Abrange três espécies: a **voluntária** ou **convencional**; a **legal**, que é concedida pela lei em casos específicos (art. 1.489 CC – "às **pessoas de direito público** interno sobre os imóveis pertencentes aos encarregados da cobrança, guarda ou administração dos respectivos fundos e rendas; aos **filhos**, sobre os imóveis do pai ou da mãe que passar a outras núpcias, antes de fazer o inventário do casal anterior; ao **ofendido**, ou aos seus herdeiros, sobre os imóveis do delinquente, para satisfação do dano causado pelo delito e pagamento das despesas judiciais; ao **coerdeiro**, para garantia do seu quinhão ou torna da partilha, sobre o imóvel adjudicado ao herdeiro reponente; ao **credor** sobre o imóvel arrematado, para garantia do pagamento do restante do preço da arrematação"); e a **judicial**, estabelecida na forma do **art. 495, CPC**, pois a **sentença condenatória** de pagamento de prestação serve como **título** para constituição de hipoteca.

Não pode o devedor ser proibido de vender o imóvel hipotecado (se houver esta cláusula será ela nula), sendo que o adquirente poderá quitar a dívida tendo direito a se sub-rogar nos direitos do credor. Deve-se, contudo, atentar que as partes podem estipular o vencimento antecipado da dívida garantida em caso de alienação do imóvel.

A hipoteca dura enquanto durar a obrigação, **mas pode garantir dívida futura ou condicional**, desde que o seu título especifique o limite máximo da dívida.

Extingue-se nas seguintes hipóteses: com a **extinção da obrigação**, pelo **perecimento** da coisa ou **resolução da propriedade**, pela **renúncia do credor** (que não importa perdão da dívida, apenas renúncia da garantia), pelo **perdão da dívida** e pela **arrematação** ou adjudicação judiciais.

10.2 Penhor: este direito real de garantia recai apenas sobre **móveis**, mas cuidado, pois os penhores especiais recaem sobre móveis vinculados a imóveis. Disto resulta que **todo penhor deve ser registrado**, os comuns, no **Cartório de Títulos e Documentos**, os especiais, por vezes, no **Cartório de Registro de Imóveis** em que estiver assentado o imóvel vinculado aos bens dados em garantia.

Extingue-se nas seguintes hipóteses: com a extinção da dívida, com o perecimento da coisa, pela renúncia do credor à dívida ou à garantia, pela **confusão** (lembre-se que confusão é a junção, em uma mesma pessoa, de duas qualidades. No caso, o credor se torna dono da coisa – ele a comprou, por exemplo) entre **credor** e **dono da coisa** ou pela adjudicação judicial ou venda coisa autorizada pelo credor.

Espécies de Penhor	
Penhor rural	Abrange o agrícola (plantações, máquinas e implementos) e o pecuário (sobre o rebanho, não importando a espécie). Não há tradição da coisa. Estas formas não podem ser convencionadas além do prazo da obrigação garantida.
Penhor industrial ou mercantil	Alcança os parques industriais com todo seu maquinário, e também abrange as coisas em armazéns gerais. Não há tradição da coisa.
Penhor de direitos e títulos de crédito	Deve ser notificada ao devedor, para contra ele ter eficácia. Será registrado no Cartório de Títulos e Documentos. O título deve ser entregue ao credor.
Penhor de veículos	Pode recair sobre um só veículo ou uma frota inteira. Será registrado no Cartório de Títulos e Documentos e anotado no certificado de propriedade. Não há tradição do bem. Atenção: não há mais necessidade de prévio seguro para a realização do penhor de veículos.
Penhor legal	É dado aos que hospedam ou que alugam imóveis, em relação à bagagem e/ou móveis e utensílios dos hóspedes e locatários. Assim que o credor apreender os bens (tomar o penhor) deverá requerer, imediatamente, a homologação judicial.

10.3 Anticrese: trata-se da entrega dos **frutos** e **rendimentos** de um bem **imóvel** como forma de garantia e pagamento de uma dívida. O imóvel será **entregue** ao credor e a cada colheita dos frutos (sejam naturais ou civis), a dívida será reduzida mediante **compensação.** É a única forma de garantia que é também **forma de pagamento**.

CAPÍTULO VI
DIREITO DE FAMÍLIA

1. NOÇÕES

Existem princípios constitucionais que incidem diretamente sobre as relações familiares:

A Igualdade de direitos e deveres entre os cônjuges (226, § 5º);

B Paternidade responsável (226, § 7º);

C Melhor interesse da criança e do adolescente (227);

D Plena igualdade entre os filhos (227 § 6º).

2. NATUREZA JURÍDICA DO DIREITO DE FAMÍLIA

O direito de família é ramo do Direito Civil, mas com forte influência do Estado, em razão da especial proteção que requer.

3. ESTADO DE FAMÍLIA

O estado familiar (conjunto de qualificativos que se agregam ao titular em razão de sua inserção em uma família – casado, solteiro, pai, mãe, filho, etc.) possui as seguintes características:

Intransmissibilidade	Não se pode transmitir a terceiro seu estado familiar, pois ele é personalíssimo.
Irrenunciabilidade	Não existe meio de se renunciar a um estado determinado, apenas podendo ocorrer sua modificação em outro (de solteiro a casado, por exemplo).
Imprescritibilidade	O não uso das atribuições inerentes ao estado familiar, ao longo do tempo, não provoca a perda ou a aquisição de determinada situação jurídica. Atente-se, contudo, que há possibilidade de nascimento fático de estado, como na união estável e na filiação socioafetiva.
Universalidade	O estado familiar estende-se a todos que preencham seus requisitos.
Indivisibilidade	O estado não pode ser fragmentado, não pode haver dupla figura de marido ou de pai.
Correlatividade	Cada figura tem um correspectivo, ao pai é dado um filho, ao marido, uma esposa.
Oponibilidade	Apesar de sua natureza pessoal (e não real) ele é dotado de oponibilidade *erga omnes*.

4. CASAMENTO

A **Conceito:** é contrato de direito de família (seguindo a conhecida lição de Silvio Rodrigues), que estabelece o estado de casado entre as partes (vínculo conjugal), instituindo a sociedade conjugal.

B **Características:** o casamento é ato solene e dissolúvel.

> **FIQUE POR DENTRO:**
>
> **"CASAMENTO HOMOAFETIVO X UNIÃO HOMOAFETIVA"**
>
> A partir da ADIN 4277 e ADPF 132, com o reconhecimento da união estável homoafetiva, vem ocorrendo decisões que possibilitam a conversão desta em casamento, do que resulta, hoje, atenção ao se afirmar que a diversidade sexual perdura como característica do matrimônio.
>
> No REsp 1183378, o STJ decidiu, por maioria, que é possível o casamento entre pessoas do mesmo sexo.

C **Finalidades:** o matrimônio tem por fim (fim não é requisito, atente-se): a procriação e criação mútua da prole, ajuda entre os cônjuges (*affectio maritalis*) e a legitimação das relações sexuais.

D **Formas:** tecnicamente somente existe o **matrimônio civil**. Este, contudo, pode **ser civil puro** ou derivar de um **casamento religioso com efeitos civis**. No **casamento religioso** deve-se atentar que a habilitação (imprescindível para esta forma matrimonial) pode ser anterior ou posterior à celebração civil. As partes irão solicitar que se estendam os efeitos da cerimônia (que já ocorreu ou que vá ocorrer), para o âmbito civil. Pode ser celebrado em qualquer religião. Se houver habilitação prévia, deve ser celebrado em 90 dias, sob pena de nova habilitação.

E **Procedimento:** o casamento é ato complexo, envolvendo a habilitação e a celebração.

F **Capacidade para casar:** a capacidade para casar é especial e se dá a partir dos 16 anos (idade núbil). O nubente com tal idade deverá ter autorização dos pais ou do tutor, lembrando que esta não é considerada uma assistência, visto se tratar de ato personalíssimo. Antes da idade núbil o casamento é **PROIBIDO**. Com o EPD (Estatuto da Pessoa com Deficiência) passam os excepcionais a poderem se casar, com ou sem autorização, visto que podem não ser curateladas.

A **autorização dos pais ou tutores** é revogável até a celebração do casamento (art. 1518). A expressão celebração deve ser compreendida até o início da mesma, visto transparecer absurdo e agressivo à dignidade aceitar que durante a celebração possam os pais ou tutores revogar sua autorização. Se a revogação for injusta, aplicar-se-á o art. 1519. Se não houver concordância entre os pais ou se for injustamente negada a autorização, o caso será solucionado pelo juiz.

G Requerimento dos nubentes: o casal de nubentes deverá firmar conjuntamente (de próprio punho ou mediante procurador) requerimento ao Cartório. A habilitação correrá perante Cartório de Registro Civil de Pessoas Naturais e será ouvido o Ministério Público. Desde a Lei 12.133/09 a participação do Judiciário só ocorrerá se houver impugnação.

O referido requerimento deve ser acompanhado por todos os documentos que estão listados no art. 1525.

H Proclamas (editais matrimoniais): se tudo estiver correto com a documentação, o oficial afixará edital de proclamas por 15 dias nas circunscrições do Registro Civil de ambos os nubentes e publicará na imprensa local. Esta publicação poderá, em caso de urgência, ser dispensada pelo oficial (mas a afixação não).

I Certidão de habilitação: se não houver oposição de impedimentos e/ou causas suspensivas, o oficial irá entregar aos nubentes a certidão de habilitação que tem eficácia de 90 dias. Expirado o prazo sem celebração de casamento será necessária nova habilitação.

A habilitação, o registro e a primeira certidão são gratuitos para as pessoas que se declararem pobres, sob as penas da lei. (art. 1.512, parágrafo único CC)

J Celebração: a celebração pode ocorrer fora do cartório, se assim possibilitar o Oficial. Deverá o local estar com as portas abertas, franqueado aos que ainda desejarem apresentar **causas impeditivas**. Se for celebrado no Cartório são necessárias **2 testemunhas**, mas se a celebração foi em outro local ou se ao menos um dos contraentes não souber ou não puder escrever, deverão ser **4 testemunhas. Elas podem ser parentes ou não dos nubentes**. Esta regra de 4 testemunhas não se aplica se um dos nubentes estiver doente, pois o celebrante poderá ir ao local e celebrar o casamento na presença de **2 testemunhas** (art. 1539).

Existe forma especial de matrimônio, o **nuncupativo** (esta palavra significa oral, oralizado, feito através da voz) que exige **6 testemunhas**. Esta forma especial possui **habilitação posterior**, que terá início com a participação das testemunhas.

A celebração somente se encerra, sendo perfeito o casamento, com a manifestação do oficial declarando que os contraentes estão casados (art. 1.514 CC).

K Causas suspensivas do matrimônio: as situações delineadas pelo Código Civil não suspendem a cerimônia, o que ocorre é a imposição do regime da separação total (que passa a se chamar regime da separação obrigatória).

Envolve situações em que há risco de confusão patrimonial, sendo elas:

> "I – o viúvo ou a viúva que tiver filho do cônjuge falecido, enquanto não fizer inventário dos bens do casal e der partilha aos herdeiros;
>
> II – a viúva, ou a mulher cujo casamento se desfez por ser nulo ou ter sido anulado, até dez meses depois do começo da viuvez, ou da dissolução da sociedade conjugal;
>
> III – o divorciado, enquanto não houver sido homologada ou decidida a partilha dos bens do casal;
>
> IV – o tutor ou o curador e os seus descendentes, ascendentes, irmãos, cunhados ou sobrinhos, com a pessoa tutelada ou curatelada, enquanto não cessar a tutela ou curatela, e não estiverem saldadas as respectivas contas."

Estas hipóteses, contempladas pelo art. 1.523 podem ser afastadas se houver prova de que não há prejuízo a ninguém (nos casos dos incisos I, III e IV) ou que já nasceu filho ou não há gravidez, na situação do inciso II.

São causas de legitimidade para arguição restrita, somente podendo fazê-lo os parentes em linha reta dos nubentes ou os colaterais até o segundo grau.

L Causas impeditivas: são situações especiais em que a agressão ao sistema civil e social é grave, sendo o casamento fulminado pela nulidade (art. 1.548, II). Envolve os incestos e relações de concupiscência familiar, em que o sexo aflora entre os componentes do núcleo básico do lar (pais e filhos, cônjuges de adotante e adotados, cônjuge de adotado e adotante, por exemplo). Além disso, também estão proibidas de casar as pessoas já casadas, demonstrando a aversão social quanto a bigamia. Os impedimentos podem ser opostos por qualquer pessoa capaz, mesmo no momento da celebração, ou ainda serem detectados *ex officio*.

Se houver oposição de impedimentos não haverá expedição de certidão de habilitação. Primeiramente o oficial deve esclarecer aos nubentes acerca das causas que geram invalidade além dos diversos regimes de bens (art. 1.528).

DICA IMPORTANTE A oposição, tanto dos impedimentos quanto das causas suspensivas deve ser feita por escrito (art. 1529 CC).

M **Invalidade do Casamento:** a ação de **nulidade** pode ser promovida por **qualquer interessado** e pelo **Ministério Público**. Atente-se que o exemplo do **casamento homoafetivo** como causa de inexistência e não de nulidade (visto que só existe nulidade se houver texto expresso determinando-a), não mais é pacífico, dadas as decisões que reconhecem a **união homoafetiva** e sua conversão em casamento.

MUITA ATENÇÃO! Em tema de casamento, muitos dos preceitos da parte geral podem ser contrariados. Aprende-se que o ato nulo não pode ser ratificado, mas é possível a ratificação de casamento de menor que não completou idade núbil e como ele é menor de 16 anos, este ato é nulo (mas pode ser corrigido).

A coabitação valida o casamento celebrado com erro ou coação, exceto no caso do art. 1.557, III. Somente quem sofreu coação ou agiu em erro pode requerer a anulação.

Atente-se para a nova redação do inciso III do art. 1.557, CC:
III – a ignorância, anterior ao casamento, de defeito físico irremediável que não caracterize deficiência ou de moléstia grave e transmissível, por contágio ou por herança, capaz de pôr em risco a saúde do outro cônjuge ou de sua descendência.

Para esclarecer os prazos em relação à anulabilidade do casamento, segue quadro sintético:

Em resumo – Prazos para pedido de anulação de casamento	
Artigo 1550	**Prazo**
I – ausência de idade núbil;	2 anos – 179 do CC;
II – menor em idade núbil, sem autorização;	180 dias – art. 1.555;
III – vício da vontade – erro (conforme o art. 1.557) e coação;	3 anos para o erro e 4 anos para a coação (aqui é contada da celebração) – art. 1.560, III e IV;
IV – incapacidade para consentir;	180 dias – art. 1.560, I;
V – com revogação do mandato, sem ciência dos envolvidos;	180 dias art. 1.560, § 2º;
VI – incompetência relativa da autoridade celebrante.	2 anos art. 1.560, II.

N **Casamento putativo:** putativo é aquilo que **parece, mas não é**. O casamento putativo é o casamento **nulo ou anulável** em que ao menos um dos cônjuges está de boa-fé (subjetiva). Se isto ocorrer, o casamento produz todos os seus efeitos (pessoais – v.g., emancipação – e patrimoniais – v.g., sucessão), em relação ao cônjuge que estiver de boa-fé.

O **Exame Unificado 2010.1** trouxe questão acerca deste tema, sendo o candidato questionado sobre a assertiva correta em temática de Direito de Família. Dentre as possíveis, apresentou-se como certa a que determinava que *"o casamento inexistente não pode ser declarado putativo"*. Como visto acima, a putatividade só alcança o casamento nulo ou anulável.

MUITA ATENÇÃO! Para a proteção do cônjuge que pretende a anulação do casamento ou o divórcio é possível a concessão de uma medida de separação de corpos.

O cônjuge responsável pela causa da anulação perderá todos os direitos que por acaso tiver sobre o patrimônio do inocente e ainda deverá cumprir tudo o que prometeu no pacto antenupcial. Os terceiros de boa-fé que adquirirem um bem que venha a ser questionado entre os nubentes estará protegido, visto se tratar de caso de propriedade revogável.

Questão interessante ilustra o **Exame Unificado de Fevereiro de 2011**, em que se apresenta que: *João foi registrado ao nascer com o gênero masculino. Em 2008, aos 18 anos, fez cirurgia para correção de anomalia genética e teve seu registro retificado para o gênero feminino, conforme sentença judicial. No registro não constou textualmente a indicação de retificação, apenas foi lavrado um novo termo, passando a adotar o nome de Joana. Em julho de 2010, casou-se com Antônio, homem religioso e de família tradicional interiorana, que conheceu em janeiro de 2010, por quem teve uma paixão fulminante e correspondida. Joana omitiu sua história registral por medo de não ser aceita e perdê-lo. Em dezembro de 2010, na noite de Natal, a tia de Joana revela a Antônio a verdade sobre o registro de Joana/João. Antônio, não suportando ter sido enganado, deseja a anulação do casamento. Diante desta história, apresentadas foram as opções. Uma delas afirmava que a anulação por erro tem prazo de 90 dias, o que, como se viu acima, está errado. Outra afirmava tratar-se de casamento inexistente, por estar viciada a aceitação, o que é causa de anulabilidade e não de inexistência (houve vontade). Ainda, afirmou-se ser o casamento nulo (o que também não está correto), mas, como se percebe, o erro é causa de anulabilidade, podendo o casamento ser anulado em razão da situação de insuportabilidade criada, sendo esta a alternativa correta.*

5. UNIÃO ESTÁVEL

Trata-se de relação necessariamente fática, que pode ser formada a partir de um contrato, **em que duas pessoas estabelecem uma comunhão de vida** (atente-se que não mais se exige a diversidade de sexos, a partir da ADIN 4277 e ADPF 132). Tem como **requisito único a possibilidade de se casarem**, e vale recordar que aquele que for casado poderá manter união estável, desde que **esteja separado de fato ou judicialmente**. Esta possibilidade foi objeto de indagação no **Exame Unificado de Novembro de 2016**, nos termos seguintes: *"João e Maria casaram-se, no regime de comunhão parcial de bens, em 2004. Contudo, em 2008, João conheceu Vânia e eles passaram a ter um relacionamento amoroso. Separando- se de fato de Maria, João saiu da casa em que morava com Maria e foi viver com Vânia, apesar de continuar casado com Maria. Em 2016, João, muito feliz em seu novo relacionamento, resolve dar de presente um carro 0 km da marca X para Vânia. Considerando a narrativa apresentada, sobre o contrato de doação celebrado entre João, doador, e Vânia, donatária, assinale a afirmativa correta."* No caso, *a alternativa correta afastava a anulabilidade de doação para a concubina (art. 550, CC), reconhecendo que Vânia era companheira, conforme art. 1.723, §1º, segunda parte.*

O regime subsidiário da união estável é o mesmo do casamento, ou seja, regime de comunhão parcial de bens. Os companheiros poderão, em contrato escrito, seja pela forma pública ou particular, estipular de forma diversa.

QUESTÃO: Aplica-se à união estável a imposição do regime da separação obrigatória de bens se houver entre os companheiros as causas suspensivas do matrimônio?

RESPOSTA: *O tema ainda não é pacífico, valendo destacar decisão da Terceira Turma do STJ, em que se entendeu que "a não extensão do regime da separação obrigatória de bens, em razão da senilidade do de cujus, constante do art. 1641, II, do Código Civil, à união estável equivaleria, em tais situações, ao desestímulo ao casamento, o que, certamente, discrepa da finalidade arraigada no ordenamento jurídico nacional, o qual se propõe a facilitar a convolação da união estável em casamento, e não o contrário." (STJ, RESP 1090722/SP, DJe 30/08/2010).*

DICA IMPORTANTE

A união entre duas pessoas que não podem se casar (incestos ou adultério) é denominada concubinato e não gera nenhum direito no sistema de família.

6. DIREITO PATRIMONIAL DAS UNIÕES

O sistema de **regimes patrimoniais nas uniões** (visto que se aplicam os regimes tanto ao casamento quanto à união estável) gira ao redor de um instrumento-chave denominado **pacto antenupcial** (**na união estável** será realizada a escolha **através do contrato que a criar**, ou será determinado o regime subsidiário se não houver contrato), que é realizado por **escrito público** tendo sua eficácia suspensa até a celebração do matrimônio. Se não for realizado em **escrito público** será **inválido** e se não ocorrer matrimônio será **ineficaz**.

Pode conter disposições de natureza **pessoal e patrimonial**, mas nenhuma delas pode contrapor-se a determinações de ordem pública (v.g., mínimo de vezes por semana em que se vai praticar sexo).

Apesar de ser um escrito público, sua eficácia está restrita, em regra, aos nubentes, para que **possa valer contra terceiros** será necessário que ocorra o seu registro no **Cartório de Registro de Imóveis**.

A **fixação** do regime pode se dar: a) Por **obrigação legal** – na forma do art. 1.641 CC (maior de 70 anos, casamento com necessidade de autorização judicial ou infração a qualquer das causas suspensivas); b) Por **omissão** ou **subsidiariedade** – uma vez que na ausência de manifestação será determinado o regime da comunhão parcial de bens (também chamado de **regime de comunhão de aquestos** ou **regime legal**); c) Por **vontade das partes** – através do pacto antenupcial (casamento) ou contrato escrito (união estável), sendo as partes livres para adotar qualquer regime preestabelecido na lei ou criar situações novas.

O regime de bens só começa a vigorar a partir da data do casamento (art. 1.653). Interessante, pois com isto o pacto antenupcial (contrato pessoal, formal – sempre por escritura pública –, nominado e típico) se apresenta como o **único** elemento de Direito de Família submetido às **modalidades (modalidades são fatores que alteram a eficácia do ato jurídico – modulando os efeitos – como o termo, o encargo e a condição).** Sabe-se que o Direito de Família, por ser ramo vinculado aos atos jurídicos, normalmente não reconhece a possibilidade de modalidades (modulação de efeitos), mas o pacto antenupcial já é modulado por sua essência.

FIQUE POR DENTRO:

"Pedido de alteração de regime obrigatório"

O Código Civil contempla a possibilidade de alteração do regime de bens, desde que mediante pedido motivado ao juiz e ressalvados os direitos de terceiros (que não poderão, com a alteração, ser prejudicados). Há uma omissão quanto à possibilidade de pedido de alteração do regime da Separação Obrigatória de Bens, do que vem surgindo posicionamento a ela favorável, desde que cessada a causa da imposição.

A outorga uxória ou marital se aplica exclusivamente, para o Código Civil, **ao casamento**, não sendo **necessária no caso de adoção do regime da Separação Total de Bens**. Sempre que houver recusa injustificada (ou o cônjuge não puder autorizar), poderá a parte prejudicada requerer o suprimento judicial de autorização.

QUESTÃO: Qual a pena aplicável ao que não cumprir o requisito da outorga?

RESPOSTA: *Anulabilidade. Prazo de 2 anos, a contar da dissolução da sociedade conjugal, para que se requeira a anulação. Note-se que se trata de matéria exclusivamente* *privada, visto que é possível a aprovação posterior (ratificação). Tanto assim que somente o cônjuge prejudicado ou seus herdeiros poderão demandar a anulação.*

Regime da comunhão parcial: é o regime subsidiário brasileiro, em que podem ser criados até três complexos patrimoniais – dois das partes e um comum, formado por bens onerosamente adquiridos após a união, que ficam em comunhão, sendo denominados aquestos. Sobre estes será extraída a eventual meação. O Código, após traçar a regra cria **duas exceções** uma de **exclusão** e uma de **comunhão.**

O que é excluído da comunhão?

A bens provenientes de liberalidades/sucessão;

B bens sub-rogados de bens particulares;

C obrigações anteriores ao matrimônio que com ele não tenham vínculo;

D obrigações de atos ilícitos – ressalvado proveito mútuo;

E todos os bens da esfera íntima e profissional;

F os proventos salariais ou de natureza previdenciária.

O que entra na comunhão de forma excepcional?

A qualquer bem adquirido de forma onerosa, não importando se em nome de apenas um dos cônjuges;

B bens provenientes de fato eventual – se uma das partes da união ganha na loteria, este prêmio entra na comunhão. Mas se a parte é vencedora de um concurso de monografias (em que as qualidades pessoais são importantes), não há comunhão;

C bens provenientes de sucessão/liberalidade em favor de ambos os cônjuges/companheiro;

D benfeitorias em bens particulares;

E frutos de bens comuns ou particulares.

O Exame Unificado 2020.1 apresentou o seguinte questionamento ao examinando: *Aldo e Mariane são casados sob o regime da comunhão parcial de bens, desde setembro de 2013. Em momento anterior ao casamento, Rubens, pai de Mariane, realizou a doação de um imóvel à filha. Desde então, a nova proprietária acumula os valores que lhe foram pagos pelos locatários do imóvel. No ano corrente, alguns desentendimentos fizeram com que Mariane pretendesse se divorciar de Aldo. Para tal finalidade, procurou um advogado, informando que a soma dos aluguéis que lhe foram pagos desde a doação do imóvel totalizava R$ 150.000,00 (cento e cinquenta mil reais), sendo que R$ 50.000,00 (cinquenta mil reais) foram auferidos antes do casamento e o restante, após. Mariane relatou, ainda, que atualmente o imóvel se encontra vazio, sem locatários.* Cotejando a explicação dada ao tema, com a proposta de questão, é de se responder que os valores percebidos a título de alugueres (frutos civis) na constância do casamento, em que pese o imóvel ser bem particular, comunicam-se.

Se houver dúvida quanto ao momento de aquisição de um bem móvel, ele será presumido comum. Em relação ao **patrimônio comum**, a **administração compete a qualquer um dos cônjuges/companheiros.** Se dessa administração houver dívidas sobre o patrimônio do administrador recairão tais deveres. O patrimônio do outro somente será responsável se houver proveito de sua parte. As obrigações que se estabelecem em favor da família sempre são comuns, assim também as decorrentes de lei ou de gastos com os bens comuns.

O STJ, em julgado de março de 2016, reconheceu o direito à partilha dos valores constantes no Fundo de Garantia por Tempo de Serviço (FGTS) obtidos na constância do matrimônio, tenham sido sacados ou não, devem ser partilhados quando do divórcio. Cabe à Caixa Econômica Federal abrir conta específica no Fundo, em nome do cônjuge, para acolher sua meação, que poderá ser sacada quando se suceder uma das hipóteses autorizativas legais.

Regime da Comunhão Universal	Regime da Participação Final nos Aquestos
Nele, em regra, tem-se um único complexo patrimonial, mas pode ocorrer a formação de até três complexos. De acordo com a regra geral comunicam-se todos os bens presentes e futuros. Deve-se atentar para as exceções, que aqui, são **efetivamente excepcionais.**	É regime inserido no sistema civil pelo Código de 2002, **funciona como separação total mitigada e se resolve como comunhão parcial.** Ao longo da união os bens estarão em patrimônios separados, sem comunhão. Quando da dissolução da união, serão apurados os aquestos e devidamente divididos.
O que é excluído da comunhão? 1. bens clausulados com incomunicabilidade; 2. bens em fideicomisso; 3. dívidas anteriores ao matrimônio; 4. todos os bens da esfera íntima e profissional; 5. os proventos salariais ou de natureza previdenciária. **Os frutos dos bens incomunicáveis não possuem esta mesma característica**, logo, o aluguel de um imóvel clausulado com a incomunicabilidade será comum, apesar de o bem em si não ter esta característica.	**A mitigação citada vem da alienação dos imóveis**, pois só será livre **se houver disposição expressa no pacto antenupcial**, não havendo, necessária será a outorga. A Administração dos bens móveis é livre e sua alienação também. **O que é excluído da comunhão?** **As dívidas contraídas na constância do regime**, em regra, **não se comunicam.** Existe a possibilidade de prova em contrário, **determinando-se que o outro auferiu benefício com a referida dívida.** Qualquer pagamento em sub-rogação será resolvido quando da dissolução.

DIREITO CIVIL

? QUESTÃO: Qual o termo final para a delimitação dos aquestos na Participação Final?

RESPOSTA: *A cessação da convivência é o limite para a divisão dos bens – dies ad quem.*

Separação total: Neste regime vige a livre administração e disposição de bens. Se as partes não convencionarem de forma diferente, as despesas serão de responsabilidade comum, sendo divididas entre elas. Neste regime não há exigência de outorga conjugal.

DICA IMPORTANTE

Na separação total não há comunhão, logo, não há meação. Mas na Separação Obrigatória, forma impositiva do regime em comento, por força do enunciado 377 da Súmula do STF há comunicação de aquestos, *in verbis*, "no regime de separação legal de bens, comunicam-se os adquiridos na constância do casamento".

MUITA ATENÇÃO!

STJ Resp 1.367.343 – DF, rel. Min. RICARDO VILLAS BÔAS CUEVA, j. 13/12/2016. RECURSO ESPECIAL. PROCESSUAL CIVIL. DIREITO DE FAMÍLIA. EXECUÇÃO. PENHORA SOBRE IMÓVEL. INTIMAÇÃO DO EX-CÔNJUGE. DESNECESSIDADE. ART. 1.647 DO CÓDIGO CIVIL DE 2002. REGIME DE BENS. SEPARAÇÃO CONVENCIONAL. ART. 73 DO CÓDIGO DE PROCESSO CIVIL DE 2015. 1. A pessoa casada sob o regime da separação convencional de bens pode alienar bem imóvel sem a outorga conjugal (art. 1.647, caput, e I, do CC/2002 e 73 do CPC/2015). 2. É dispensável a intimação do ex-cônjuge casado sob o regime de separação convencional de bens da penhora sobre bem imóvel de propriedade particular, sobre o qual não tem direito de meação. 3. Na hipótese, não subsiste interesse jurídico do ex-cônjuge em defender o patrimônio a que não faz jus, devendo ser afastado eventual litisconsórcio passivo. 4. Recurso especial não provido.

7. PARENTESCO

É vínculo especial que pode gerar efeitos sucessórios e de alimentos. Podendo ser:

A **Civil**: em decorrência, por exemplo, da adoção.

B **Consanguíneo (ou natural)**: quando há vínculo de sangue (também chamado natural).

C **Por afinidade**: decorrente do casamento ou da união estável, unindo o marido/companheiro aos parentes da esposa/companheiro. É ilimitado na linha reta (tanto ascendente quanto descendente), mas na linha colateral só vai até os irmãos (logo, somente há este tipo de parentes na linha colateral no cunhadio). Não gera efeitos sucessórios nem dever alimentar.

DICA IMPORTANTE

Não se deve esquecer que, com o fim do matrimônio ou da união estável, cessa o parentesco por afinidade na linha colateral, permanecendo na linha reta (assim, não existe ex-sogra ou ex-enteada).

D **Por socioafetividade**: esta forma de parentesco é de construção doutrinária e jurisprudencial, nascida de uma evolução da teoria da posse de estado, em que uma pessoa recebe o tratamento, o nome e a fama de ser parente de outra, sendo que não há vínculo civil ou natural entre elas. O provimento 63/17 do CNJ reconheceu em seu art. 10 que *o reconhecimento voluntário da paternidade ou da maternidade socioafetiva de pessoa de qualquer idade será autorizado perante os oficiais de registro civil das pessoas naturais.*

7.1 Linhas de parentesco

A **Reta**: quando as pessoas envolvidas pertencem a um mesmo tronco familiar **e** descendem umas das outras. Pode ser uma **linha reta ascendente** (pais, avós etc.) ou **descendente** (netos, bisnetos etc.). Na linha reta ascendente, tem-se a **linha reta materna** e a **linha reta paterna**. Na linha reta descendente tem-se a subdivisão em **estirpes**. Esta linha, para todos os efeitos, é **ilimitada.**

B **Colateral**: é a linha que reúne entre indivíduos que, sem descenderem uns dos outros, têm todavia um ascendente comum. Esta linha sofre limitação para **o parentesco, para a sucessão e para o dever de alimentos**. É a regra do **4-4-2**; a) são parentes colaterais até o **4º grau**; b) sucedem os colaterais até o **4º grau** e; c) são devidos alimentos entre os colaterais até o **2º grau.**

As linhas são preenchidas por **graus de parentesco,** que são o **número de gerações** que separam os parentes. A cada parente que se passa para chegar ao outro, tem-se um grau. Assim, entre netos e avós há dois graus, o pai e o avô. Logo, neto e avô são parentes em linha reta (porque um descende do outro) de 2º grau.

Entre colaterais, **aplica-se a mesma regra**. Para detectar o parentesco entre irmãos, conta-se o pai e o irmão, dois graus, logo, irmãos são colaterais (não descendem um do outro) de 2º grau.

Importante salientar que **companheiros e cônjuges não são, entre si, parentes, mas sim contratantes.**

8. FILIAÇÃO

É forma especial de parentesco, pois reúne a mais próxima das relações sóciojurídicas. Sobre ela pende a necessária igualdade constitucional dos filhos, estampada no art. 226, § 6º CF/88.

A filiação pode ser advinda da relação **biológica**, da **socioafetividade** (ainda em construção pelos Tribunais) e da **presunção legal**.

Quanto à **maternidade**, o parto faz presumi-la, já em relação à **paternidade**, necessário que se demonstre relações com a mãe da criança (denominada presunção *pater is est quem nuptiae desmontrat)*, determinando o Código que se presumem "concebidos na constância do casamento os filhos: **I** – nascidos cento e oitenta dias, pelo menos, depois de estabelecida a convivência conjugal; **II** – nascidos nos trezentos dias subsequentes à dissolução da sociedade conjugal, por morte, separação judicial, nulidade e anulação do casamento; **III** – havidos por fecundação artificial homóloga, mesmo que falecido o marido; **IV** – havidos, a qualquer tempo, quando se tratar de embriões excedentários, decorrentes de concepção artificial homóloga; **V** – havidos por inseminação artificial heteróloga, desde que tenha prévia autorização do marido." (art. 1.597 CC). Atente-se que estas **presunções não se aplicam à união estável**.

A **inseminação homóloga** é a feita com os gametas dos envolvidos, já na **heteróloga** um dos gametas não pertence ao par andrógino. No Brasil não é aceita a adoção embrionária, em que o casal adota um embrião de outro par.

Já a **barriga de aluguel** (denominada **Gravidez em Substituição**) é permitida desde que mulher que empresta o ventre (o termo aluguel não se aplica, visto não poder ser onerosa a relação) seja parente colateral até o **segundo grau** da **mãe genética**.

8.1 Análise do conteúdo material das ações vinculadas à filiação

A **Negatória de paternidade e de maternidade:** destina-se a excluir a presunção legal de paternidade. Só o presumido pai pode promover esta ação, sendo que uma vez encetada, podem os herdeiros nela continuar. O próprio filho também pode buscar a negatória, através do cancelamento do registro. É imprescritível. Esta ação também é dada à mãe, visto que podem ocorrer trocas de bebês, necessitando-se realinhar as maternidades.

B **Investigação de paternidade e de maternidade:** trata-se de ação imprescritível, que retroage seus efeitos pessoais à data da concepção do filho. Mas os efeitos patrimoniais não são retroativos.

> **MUITA ATENÇÃO!**
>
> O STJ reconheceu a legitimidade da viúva, mesmo não sendo herdeira, em contestar a ação de investigação de paternidade *post mortem* (AGREsp 114.794/SP)

C **Efeitos do reconhecimento de filhos:** o reconhecimento voluntário de filhos é possível e se denomina **perfilhação** (ato jurídico estrito senso, formal, não passível de modulação – não pode sofrer encargo, termo ou condição –, personalíssimo e irretratável, ou seja, irrevogável). Tem como **efeitos**: (i) estabelecer a filiação; (ii) se menor, gerará o poder familiar em favor do(s) pai(s); (iii) cria o dever recíproco de alimentos e o direito de sucessão. O CNJ exarou o Provimento 63/2017, regulamentando o registro de filiação advinda de técnicas assistivas da reprodução (seja homóloga, seja heteróloga), igualando em condições casais homo e heteroafetivos. Nestes termos, o casal poderá realizar o registro, sem necessidade de autorização judicial, sendo possível a solicitação por apenas um deles se forem casados ou conviverem em união estável. E, por fim, distancia o direito fundamental de conhecimento da ascendência genética do reconhecimento jurídico da ascendência, uma vez que não atribui aos doadores de gametas a qualidade de pais/mães.

D **Adoção:** trata-se de **ato jurídico em sentido estrito** que cria o **vínculo da filiação. Mesmo a adoção bilateral é ato jurídico**, não se conformando como negócio jurídico, visto que os efeitos decorrentes dela estão já previstos e pré-fixados na lei.

> **MUITA ATENÇÃO!**
>
> - o adotante deve ser maior de 18 anos, se for um casal, ao menos um deles deve preencher este requisito;
> - diferença de idade entre o adotando e ao menos um dos adotantes de, no mínimo, 16 anos;
> - se o adotando tiver mais de 12 anos deverá consentir na adoção e se ainda estiver sob o poder familiar deverá haver consentimento dos pais naturais;
> - se duas pessoas desejarem adotar uma mesma criança deverão ao menos iniciar o período de conhecimento (estágio de convivência) estando casadas ou em união estável;
> - é ação constitutiva, que possui também efeitos desconstitutivos em relação à anterior família.

9. PODER FAMILIAR

Reúne um **conjunto de direitos e deveres dos pais** em relação aos filhos. Se os pais forem desconhecidos ou falecidos, os filhos menores serão entregues à tutela de alguém.

Tem como características ser **irrenunciável, intransferível, inalienável e imprescritível**. Gera obrigações de natureza personalíssima e não tem vínculo com o estado civil dos genitores (no início do século XX, com o advento do Código Civil de 1916, o casamento dos pais tinha efeito legitimatório sobre a prole, o que não mais existe).

A guarda é um dos reflexos do poder familiar. Ela é passível de ser destacada, sendo transferida para apenas um dos cônjuges ou para terceiros. Hoje o Código Civil reconhece, como regra, em seu art. 1.584, a guarda compartilhada. Nesta forma, os pais irão desenvolver um **regime de parceria** para guarda, somente sendo aplicável quando houver clara possibilidade de realização, levando-se em conta a distância das residências e mobilidade até à escola, dentre outros fatores. Com ela o menor terá um domicílio fixo, sendo que ao longo do dia terá convívio com os dois genitores (irá almoçar com o pai/mãe ou passará com este/esta o fim das tardes) (para as espécies de guarda, vide o capítulo sobre o Estatuto da Criança e do Adolescente, neste livro).

A guarda compartilhada tornou-se regra com o advento da Lei 13.058/14, não importando qualquer consenso entre os genitores e somente não se aplicando nas seguintes situações: (a) um dos genitores abrir mão da guarda do menor; (b) um deles não puder exercer a guarda por estar destituído do poder familiar. Nem mesmo o fato de residirem os genitores em cidades diversas pode ser obstáculo à guarda compartilhada, devendo-se fixar como cidade base da criança aquela que melhor atender aos seus interesses (aplicação do princípio do melhor interesse da criança). São ainda alterações trazidas pela lei:

Lei 13.058/14 Lei da guarda compartilhada	Livre acesso pelos pais às informações pertinentes aos filhos menores não emancipados, inclusive fixando multa (de 200 a 500 reais) para os órgãos, pessoas jurídicas ou físicas que negarem ou impedirem tal acesso;
	Dever de o genitor que não possua a guarda de zelar pelos interesses do filho;
	Possibilidade de concessão da guarda a terceiro, tendo em vista critérios de parentesco e afetividade, quando nenhum dos genitores apresentar condições de exercer tal função.
	Em sede de medida liminar ou antecipatória deve o magistrado, preferencialmente e dentro de um juízo de viabilidade, ouvir o outro genitor antes da concessão.

Atente-se que os avós, mesmo não possuindo poder familiar sobre seus netos, podem ter regulamentado o direito de visita (art. 1.589, p.u) ou o direito de guarda (lembrando que este – de guarda – pode ser concedido a terceiros), sempre no sentido de resguardar e proteger o melhor interesse da criança.

O poder familiar pode ser suspenso (como medida de proteção aos filhos) ou pode se extinguir, seja por acontecimento natural (morte e maioridade) ou jurídico (adoção, emancipação ou sentença de perda do poder familiar). A transmissão da guarda não extingue o poder familiar.

Os poderes dos pais sobre os filhos encontram-se no art. 1.634, CC:

Art. 1634, do Código Civil – Poderes dos pais sobre os filhos
Art. 1.634. Compete a ambos os pais, qualquer que seja a sua situação conjugal, o pleno exercício do poder familiar, que consiste em, quanto aos filhos:
I - dirigir-lhes a criação e a educação;
II - exercer a guarda unilateral ou compartilhada nos termos do art. 1.584;
III - conceder-lhes ou negar-lhes consentimento para casarem;
IV - conceder-lhes ou negar-lhes consentimento para viajarem ao exterior;
V - conceder-lhes ou negar-lhes consentimento para mudarem sua residência permanente para outro Município;
VI - nomear-lhes tutor por testamento ou documento autêntico, se o outro dos pais não lhe sobreviver, ou o sobrevivo não puder exercer o poder familiar;
VII - representá-los judicial e extrajudicialmente até os 16 (dezesseis) anos, nos atos da vida civil, e assisti-los, após essa idade, nos atos em que forem partes, suprindo-lhes o consentimento;
VIII - reclamá-los de quem ilegalmente os detenha
IX - exigir que lhes prestem obediência, respeito e os serviços próprios de sua idade e condição.

Como já mencionado acima, o presente artigo é puramente exemplificativo, mas é fundamental que se perceba a vontade do legislador em aproximar o Código Civil e o Estatuto da Criança e do Adolescente, com a inserção de novo conteúdo para os incisos IV e V.

10. DISSOLUÇÃO DO CASAMENTO

Enquanto a união estável pode ter uma dissolução judicial ou contratual simplificada, o matrimônio ainda sofre com a forte intervenção estatal, seja no âmbito judicial, seja através das formas cartorárias de separação e divórcio. Deve-se perceber que, segundo a atual redação da Resolução 35/07 CNJ e demais legislações aplicáveis, não é possível a opção pela via cartorária quando houver interesses de incapazes ou estando a mulher grávida. Recorde-se que é pressuposto da adoção de tal caminho o consenso entre as partes e a intervenção de advogado.

Vale destacar que mesmo com a Emenda Constitucional 66, que instituiu o **divórcio imediato**, passando a doutrina majoritária (e também os Tribunais, em sua maioria) a defender o fim do instituto da separação. Contudo, a Quarta Turma do STJ entendeu que, dentro da liberdade e autonomia privadas, pode o **casal optar pela separação ou pelo divórcio**. Desta forma, reconheceu a turma que a EC 66/10 não extinguiu a separação consensual. Em nosso livro Direito de Família e Sucessões – Coleção Resumos, editado pela Editora Juspodivm, já asseverávamos que: Com a Emenda Constitucional 66/10 o divórcio passou a não mais contar com prazo para sua propositura (extinguindo os divórcios por conversão e direto, fazendo nascer o divórcio imediato). Não se requer prazo mínimo de casamento nem de separação de fato. Isto, contudo, defende parte da doutrina, não pôs fim ao instituto da separação, como bem afirma o Enunciado 514 da V Jornada de Direito Civil do CJF. É o posicionamento desta obra, uma vez que a separação tem como pedido a extinção da sociedade conjugal, enquanto o divórcio possui pedido mais amplo, que envolve o fim do próprio vínculo conjugal. Por vezes, o casal necessita um tempo de reflexão, tempo este que a separação acaba por viabilizar e, desejando os cônjuges (já separados) se reconciliar, basta pedido a ser formulado nos autos originários da separação. Já no divórcio, a única medida viável será novo enlace. Como mencionado acima, tal posicionamento se pôs em condição minoritária, sendo afastado por larga doutrina e jurisprudência, sendo, entretanto, reconhecido agora pelo STJ.

Atente-se **somente se pode casar novamente após o divórcio**. As outras formas extintivas do vínculo conjugal são a anulação e a morte.

Divórcio	Como visto, trata-se de forma de extinção do vínculo conjugal, existindo, hoje, apenas o divórcio imediato, sem requisito de tempo, sem necessidade de partilha ou discussão de culpa.
Efeitos Patrimoniais do Divórcio	Extingue o regime matrimonial; Faz cessar o direito sucessório.
Efeitos Pessoais do Divórcio	Extinção do vínculo conjugal ➔ logo, pode ocorrer um novo casamento; Põe fim aos deveres conjugais; Põe fim ao parentesco por afinidade com os colaterais; Não é possível reconciliação, apenas novo casamento.

11. BEM DE FAMÍLIA: ESPÉCIES

11.1 Legal: a Lei 8.009/90 trata da impenhorabilidade do imóvel residencial, alcançando, também os móveis que guarnecem a residência. Tem as seguintes **características:**

A Decorre da lei, não sendo necessária qualquer forma de registro;

B Segundo jurisprudência, podem se valer desta lei os irmãos que coabitem e mesmo pessoas solteiras;

C Não protege o imóvel das seguintes dívidas: a) provenientes de financiamento para compra ou reforma do imóvel; b) decorrentes de créditos alimentícios, resguardados os direitos, sobre o bem, do seu coproprietário que, com o devedor, integre união estável ou conjugal, observadas as hipóteses em que ambos responderão pela dívida; c) para cobrança de impostos, predial ou territorial, taxas e contribuições devidas em função do imóvel familiar; d) garantidas por hipoteca do imóvel; e) provenientes de crime, que possibilitou a aquisição do bem ou para pagamento de débito proveniente de sentença condenatória penal; f) decorrentes de fiança dada em contrato de locação; e g) para cobrança de crédito constituído pela Procuradoria-Geral Federal em decorrência de benefício previdenciário ou assistencial recebido indevidamente por dolo, fraude ou coação, inclusive por terceiro que sabia ou deveria saber da origem ilícita dos recursos.

11.2 Convencional: é regulado pelo Código Civil e pode ser instituído pelo proprietário, a entidade familiar ou um terceiro (mediante testamento ou doação). Não precisa mais ser apenas imóvel, podendo recair sobre valores mobiliários que visem garantir a dignidade da família. Tem como **requisitos:**

A **Vontade dos instituidores;**

B **Titularidade dos bens** – os beneficiados devem ser ou se tornar (no caso de instituição por terceiro) proprietários do bem;

C **Solvência ao tempo da instituição** – as dívidas pendentes não serão obstadas pela constituição do bem de família e deve a entidade familiar possuir higidez patrimonial quando da instituição;

D **Limite legal de 1/3 (um terço) do patrimônio líquido da família;**

E **Imutabilidade da destinação** – se o imóvel deixar de ser a residência da família, perderá a qualidade de bem de família – notam-se decisões no sentido de possibilitar a locação do bem de família como meio de ampliar ou criar renda para a família;

F **Inalienabilidade** – deverá ser desafetado (mediante autorização do Ministério Público) para que se possa vender o bem;

G **Publicidade** – deve ser levado a registro no Cartório de Imóveis.

12. ALIMENTOS

O conceito não se limita à comida, abrangendo lazer, educação, vestuário, ou seja, tudo o que se faz necessário para a manutenção da dignidade pessoal e de sua colocação social. São regidos por alguns princípios específicos:

DIREITO CIVIL

Reciprocidade	Aquele que é credor de alimentos de outrem, é também dele devedor. A necessidade e a possibilidade irão definir quem ocupará qual lugar (art. 1.696 CC). A reciprocidade foi tema do **Exame Unificado 2010.1**, sendo solicitado ao candidato que apontasse dentre as apresentadas, qual assertiva estava correta. A resposta correta trouxe em seu bojo a afirmação de que "o direito de alimentos é recíproco entre pais e filhos".
Preferência	Os parentes mais próximos têm preferência quando do pagamento dos alimentos; havendo uma classe, a de grau maior está excluída, exceto se aplicável o **princípio da complementaridade** – uma classe paga o pouco que pode, sendo complementada pela outra. (art. 1.697 CC).
Complementaridade	Se o primeiro que for convocado não puder arcar com a necessidade, parte-se para o próximo grau, pelo que faltar (art. 1.698 CC), o que se dá, por exemplo, nos alimentos avoengos (pedidos pelo neto aos avós, na ausência, impossibilidade ou incapacidade de seu genitor). Neste sentido, o STJ editou o Enunciado 596 de sua Súmula, afirmando que *a obrigação alimentar dos avós tem natureza complementar e subsidiária, somente se configurando no caso de impossibilidade total ou parcial de seu cumprimento pelos pais.*
Mutabilidade	O binômio que sustenta o quantum dos alimentos (**necessidade** do alimentando e **possibilidade** do alimentante) se modificado, dá razão à revisão judicial. (art. 1.699 CC). Entre necessidade e possibilidade deve haver, por lógica, **proporcionalidade**. Importante frisar que o simples alcance da maioridade (18 anos) **não é causa automática para a cessação dos alimentos**, devendo o alimentante ingressar com a ação da a desoneração e comprovar o fim da necessidade do alimentando.
Transmissibilidade	Se o herdeiro puder ser chamado a pagar alimentos ele receberá a obrigação que cabia ao *de cujus*.
Alternatividade	Qualquer bem (desde que não atentatório contra a moral e os bons costumes) pode ser dado como alimentos.
Irrenunciabilidade	O credor pode deixar de exercer, mas não é possível abrir mão do direito a alimentos.

12.1 Origem dos alimentos:

A **Voluntários**: podem ocorrer, por exemplo, em um acordo no divórcio ou através de disposição testamentária.

B **Parentesco**: são os comumente conhecidos, como os devidos entre pais e filhos. São limitados, na linha colateral ao 2º grau. Somente se pode passar a uma classe posterior se a anterior não houver ou se não tiverem seus componentes capacidade financeira para poder satisfazer a necessidade do requerente. O STJ reconheceu no enunciado 594 de sua Súmula que *o Ministério Público tem legitimidade ativa para ajuizar ação de alimentos em proveito de criança ou adolescente independentemente do exercício do poder familiar dos pais, ou do fato de o menor se encontrar nas situações de risco descritas no art. 98 do Estatuto da Criança e do Adolescente, ou de quaisquer outros questionamentos acerca da existência ou eficiência da Defensoria Pública na comarca.*

C **Casamento ou união estável**: observe-se que não são alimentos decorrentes de parentesco, visto não haver tal relação entre os companheiros e entre os cônjuges. Hoje os Tribunais constroem pensamento no sentido de que tendo o cônjuge requerente meios de se adaptar ao mercado (em razão de idade, qualificação etc.), serão determinados alimentos **transitórios** ou ***pro tempore***.

D **Ato ilícito**: uma vez que o juiz, ao determinar a indenização e as perdas e danos, pode mandar que o montante seja pago em parcelas periódicas, dotadas da qualidade de alimentos. Aqui também deve ser observada a necessidade do alimentando, uma vez que a morte do provedor da família (comprovado ou presumido) faz nascer tal obrigação para o autor do dano.

A **indignidade do alimentando** é **causa de exoneração**, assim como se **não houver pedido** de **alimentos** até o **divórcio**, não mais haverá razão para a fixação deles.

Observe que na linha colateral, os alimentos são devidos até o segundo grau (irmãos). Isto foi objeto de questionamento no Exame de Ordem 2020.1: *Salomão, solteiro, sem filhos, 65 anos, é filho de Lígia e Célio, que faleceram recentemente e eram divorciados. Ele é irmão de Bernardo, 35 anos, médico bem-sucedido, filho único do segundo casamento de Lígia. Salomão, por circunstâncias sociais, não mantinha contato com Bernardo. Em razão de uma deficiência física, Salomão nunca exerceu atividade laborativa e sempre morou com o pai, Célio, até o falecimento deste. Com frequência, seu primo Marcos, comerciante e grande amigo, o visita. Com base no caso apresentado, assinale a opção que indica quem tem obrigação de pagar alimento a Salomão.* A partir do caso, é possível concluir que o irmão de Salomão, Bernardo, é quem tem o dever de prestar alimentos.

Teste seus conhecimentos!

(FGV – Exame de Ordem – 2021.2) Antônio, advogado, passou a residir com sua namorada Lorena, em 2012, com objetivo declarado, pelo próprio casal, de constituir uma união estável, ainda que não guarnecida por escritura pública. A partir de então, Antônio começou a participar do cotidiano de Lucas, filho de Lorena, cuja identidade do pai biológico a própria mãe desconhecia. No início de 2018, Antônio procedeu ao reconhecimento voluntário de paternidade socioafetiva de Lucas, com base no Provimento n° 63/2017 CNJ.

Em meados de agosto de 2020, a convivência de Antônio e Lorena chegou ao fim. Diante deste cenário, Antônio comprometeu-se a pagar alimentos para Lucas, que estava com 13 anos de idade, até os 21 anos de idade do filho, no valor de R$ 2.500,00 (dois mil e quinhentos reais), mediante acordo homologado judicialmente. Porém, no final de 2020, Antônio recebeu a notícia de que o escritório de que ele é sócio perdeu um de seus principais clientes, fato cujo impacto financeiro gerou a redução de 30% dos seus rendimentos mensais.

Quando soube de tal notícia, Antônio procurou Lorena, como representante legal de Lucas, para fixar um valor mais baixo de pensão a ser pago, ao menos durante um período, mas ela recusou-se a estabelecer um novo acordo.

Conforme este contexto, assinale a afirmativa correta.

A) A redução do encargo alimentar apenas poderá acontecer caso Lucas, por meio de sua representante legal, Lorena, concorde com ela.

B) Os filhos socioafetivos não tem o direito de pleitear alimentos frente aos seus pais.

C) Diante da mudança de sua situação financeira, Antônio poderá requerer ao juiz a redução do encargo alimentar.

D) Caso eventual pedido de redução do valor pago a título de obrigação alimentar seja procedente, Lucas nunca mais poderá pleitear a majoração do encargo, nem mesmo se a situação financeira de Antônio melhorar.

Resposta no rodapé[20].

13. TUTELA E CURATELA

São institutos protetivos que criam grave encargo para o tutor ou curador. Assim é, que o Código Civil prevê causas específicas de **escusa** (mulheres casadas, maiores de 70 anos, enfermos, os que tiverem mais de 3 filhos, os que morarem longe do local de exercício da tutela, os que já forem tutores ou curadores e os militares). Ao lado das escusas, existem os **impedidos** ao exercício da tutela: aqueles que não tiverem a livre administração de seus bens; aqueles que, no momento de lhes ser deferida a tutela, se acharem constituídos em obrigação para com o menor, ou tiverem que fazer valer direitos contra este, e aqueles cujos pais, filhos ou cônjuges tiverem demanda contra o menor; os inimigos do menor, ou de seus pais, ou que tiverem sido por estes expressamente excluídos da tutela; os condenados por crime de furto, roubo, estelionato, falsidade, contra a família ou os costumes, tenham ou não cumprido pena; as pessoas de mau procedimento, ou falhas em probidade, e as culpadas de abuso em tutorias anteriores; aqueles que exercerem função pública incompatível com a boa administração da tutela.

13.1 Tutela: tem por finalidades cuidar da pessoa menor, administrar seus bens e representá-lo/assisti-lo em seus atos da vida civil. Tem como espécies: **testamentária** (quando, na forma do art. 1.729, os pais nomeiam um tutor); **legítima** (seguindo a ordem – primeiro os ascendentes e na falta destes, os colaterais até o terceiro grau e, em havendo mais de um no mesmo grau, os mais moços preferem aos mais velhos) e **dativa** (quando, na falta dos demais legitimados, um terceiro é nomeado tutor). O tutor deverá prestar contas da tutela a cada dois anos ou quando for deixar o seu exercício. Poderá o judiciário, ainda, determinar a prestação de contas sempre que necessário.

DICA IMPORTANTE

O tutor tem direito a ser remunerado pelos seus serviços e pelo que despender, salvo se se tratar de criança ou adolescente cujos pais forem desconhecidos, de acordo com o art. 1.734 CC. Para a **fiscalização** dos atos do tutor, pode o juiz nomear um **protutor**.

Sempre que o exercício da tutela **envolver capacidades especiais**, conhecimentos técnicos complexos, poderá o tutor, com **autorização do juiz,** transferir parte de seus deveres a um **tutor sub-rogado.**

O tutor está obrigado a prestar contas, mesmo que os pais do tutelado tenham autorizado o contrário, realizando balancete anual a ser informado ao juiz. O juiz ainda poderá nomear um fiscal dos atos do tutor, denominado **Protutor**.

A tutela pode cessar em razão da condição do tutor ou do tutelado. Cessará em razão do tutor se este for removido, se surgir causa de escusa ou terminar o prazo da tutela. Por outro lado, em relação ao tutelado cessará a tutela, por sua emancipação ou se ele voltar a estar submetido ao poder familiar (sendo, v.g., adotado).

13.2 Curatela: tem regulamentação similar à tutela, com algumas pontuais diferenças como:

FIQUE POR DENTRO:

A controversa vigência das alterações do Estatuto da pessoa com deficiência frente ao Novo Código de Processo Civil.

Antes da leitura dos itens a seguir, tenha em vista estas observações.

A intensa produção legislativa brasileira sem, por vezes, o necessário zelo, cria situações que se podem chamar de, no mínimo, curiosas. Nesta classe encontra-se a relação entre o CPC, Lei 13.105, de 16.03.2015 (*vacatio legis* de 1 ano) e o EPD, Lei 13.146 de 06.07.2015 (*vacatio* de 180 dias). Como se pode notar, o Novo Código Processual é anterior no tempo, mas entrará em vigor depois do Estatuto da Pessoa com deficiência. E, disto, resultou um aparente conflito normativo, que poderia por em risco os avanços advindos com o EPD. Tentando solucionar tal controvérsia, alguns doutrinadores, com destaque para Fredie Didier (http://www.frediedidier.com.br/editorial/editorial-187/) que apresentou um interessante conjunto de soluções, base destes escritos. Não há, contudo, até o momento da publicação deste livro, um posicionamento majoritário acerca do tema, inclusive merece destaque que o Estatuto da Pessoa com Deficiência não foi objeto de análise na VII Jornada de Direito Civil do CJF em razão da necessidade de amadurecimento dos debates.

20 Alternativa correta – c.

FIQUE POR DENTRO:

O EPD, ao alterar alguns dispositivos do Código Civil, olvidou em repristiná-los expressamente, visto que tais dispositivos foram modificados pelo CPC. Desta forma, a se compreender que o início de vigência anterior do EPD estará subordinado à revogação realizada pelo CPC (quando este entrar em vigor), algumas modificações oriundas de tal Estatuto vigeriam apenas entre janeiro e março de 2016.

Os artigos afetados são: 1.768, 1.769, 1.771 e 1.772, todos do Código Civil. Restariam vigentes, com revogação tácita do CPC os seguintes dispositivos do CC: art. 1.768 (mantendo-se a possibilidade de pedido do próprio curatelado); art. 1.769 e art. 1.771 (neste ponto divergimos do mestre processualista, por entender que deve ser obrigatória a assistência por equipe especializada e multidisciplinar).

Já o art. 1.772 apresenta-se em consonância com o disposto no CPC, não havendo em se falar em modificação do mesmo, sendo mantida a gradação dos efeitos da curatela.

A somente alcança os maiores de idade;

B a ação de pedido de curatela deve ser promovida pelos pais, tutores, cônjuge, **qualquer parente, pelo Ministério Público** (este somente estará obrigado se se tratar de doença mental grave ou se as pessoas anteriormente listadas não promoverem ou não puderem promover o pedido de curatela) ou **pela própria pessoa (vide quadro anterior)**;

C **o cônjuge e o companheiro são curadores preferenciais** de seus respectivos parceiros, contudo, sempre se deve ter em mente que *para a escolha do curador, o juiz levará em conta a vontade e as preferências do interditando, a ausência de conflito de interesses e de influência indevida, a proporcionalidade e a adequação às circunstâncias da pessoa*. Sendo que, *na nomeação de curador para a pessoa com deficiência, o juiz poderá estabelecer curatela compartilhada a mais de uma pessoa.*

D não havendo parceiro, **serão os pais** (atente que o Código não fala ascendentes, mas apenas pais, o que restringe uma parte daquela classe) e, na falta destes os descendentes;

E apesar de ainda não nascido, **o nascituro terá curador e não tutor**, sempre que necessário à proteção de seus interesses;

F O juiz determinará a produção de prova pericial para avaliação da capacidade do interditando para praticar atos da vida civil. A perícia pode ser realizada por equipe composta por expertos com formação multidisciplinar.

CAPÍTULO VII
DIREITO DAS SUCESSÕES

1. NOÇÕES

Sucessão é a **continuação** de **direitos** e/ou **deveres** de uma determinada pessoa. Pode ocorrer por ato **intervivos** (como na compra e venda, o casamento com comunhão etc.) ou por **causa mortis** (em razão do falecimento de alguém).

Pode uma **sucessão** se dar por **título singular** (continuação da figuração jurídica em relação a um bem específico – compra de uma bicicleta, recebimento de uma casa em legado) ou por **título universal** (casamento com comunhão universal, ser herdeiro).

A sucessão *causa mortis*, interesse desta parte do Direito Civil, possui duas figuras primordiais: o **autor da herança** (*de cujus* ou falecido) e os **sucessores**. Estes últimos podem ser classificados da seguinte forma:

A **Herdeiro** – **sucessor** que recebe uma cota parte patrimonial. Não há especificação de bens para um herdeiro, ele sempre estará vinculado a um **percentual abstrato da herança**. Pode ser um **herdeiro legítimo** (decorrente da lei – art. 1.829 CC) ou **testamentário** (criado pela vontade do testador);

B **Legatário** – sucessor que recebe um bem específico ou a cota parte de um bem específico (20% da casa de praia, por exemplo);

C **Prelegatário** (ou **legatário precípuo**) – trata-se da conformação, em um mesmo sucessor das qualidades de **herdeiros** e **legatário**;

D **Estado** – trata-se de um sucessor que não tem qualquer qualidade de herdeiro ou legatário, não podendo renunciar, ser excluído da sucessão e recebe apenas a parte líquida da herança.

Os **herdeiros** e **legatários** recebem, no momento da **abertura da sucessão** (morte do autor da herança) a **propriedade** dos bens que compõe a **herança**. Esta transmissão imediata é decorrência do **princípio da *saisine***. A posse somente será dada aos herdeiros, pois os legatários buscarão a posse de seus bens quando do pagamento dos **legados** pelos **herdeiros**.

Importante observar que se houver entre o autor da herança e o suposto sucessor um caso de **comoriência** (morte em que não se pode precisar quem veio a falecer primeiro, sendo presumida simultânea), não haverá, entre eles, sucessão.

A **sucessão hereditária tem por objeto** todos os direitos e obrigações que não tenham natureza personalíssima.

2. CAPACIDADE E VOCAÇÃO SUCESSÓRIA

A capacidade sucessória haverá se não se tratar de pessoa excluída da sucessão (**indignidade, deserdação** ou **renúncia**). Para suceder deverá o pretenso sucessor respeitar a regra da coexistência (estar vivo quando da abertura da sucessão). Caso não mais esteja vivo, poderá, em havendo quem possa e deseje **representar**, ser considerado **herdeiro pré-morto.**

Já a possibilidade de vocação sucessória está atrelada à ordem estabelecida pelo art. 1.829 do CC, sendo que dentro de uma mesma classe (**descendentes, ascendentes** ou **colaterais**) os de grau mais próximo serão chamados e, em havendo quem se **habilite**, serão afastados os demais graus.

2.1 Deserdação: única forma voluntária e heterônoma de se afastar herdeiro necessário, tratando-se de disposição testamentária que exclui os herdeiros necessários (art. 1.845, CC) de sua legítima. Lembre-se que são **herdeiros necessários os ascendentes, os descendentes e o cônjuge sobrevivente (não importando o regime).** Não pode ser utilizada em face de herdeiro meramente legítimo (não necessário), hoje, os colaterais, pois em relação a estes basta efetivar disposição integral do patrimônio para que não recebem qualquer bem do monte.

Deve haver promoção de ação específica para se detectar se está presente, ao menos, uma das causas autorizadas em lei (arts. 1.961, 1.962 e 1.814, CC). Em sendo o testamento nulo ou revogado, a deserdação seguirá o mesmo destino. O deserdado poderá ser **representado.**

Deserdação do descendente pelo ascendente	Deserdação do ascendente pelo descendente	Causas aplicáveis a ambos os casos, derivadas da indignidade
I - ofensa física; II - injúria grave; III - relações ilícitas com a madrasta ou com o padrasto; IV - desamparo do ascendente em alienação mental ou grave enfermidade.	I - ofensa física; II - injúria grave; III - relações ilícitas com a mulher ou companheira do filho ou a do neto, ou com o marido ou companheiro da filha ou o da neta; IV - desamparo do filho ou neto com deficiência mental ou grave enfermidade.	I - que houverem sido autores, coautores ou partícipes de homicídio doloso, ou tentativa deste, contra a pessoa de cuja sucessão se tratar, seu cônjuge, companheiro, ascendente ou descendente; II - que houverem acusado caluniosamente em juízo o autor da herança ou incorrerem em crime contra a sua honra, ou de seu cônjuge ou companheiro; III - que, por violência ou meios fraudulentos, inibirem ou obstarem o autor da herança de dispor livremente de seus bens por ato de última vontade.

2.2 Indignidade: trata-se de forma de exclusão legal da sucessão, não sendo necessária qualquer manifestação por parte do autor da herança (quando em vida). Pode, no entanto, ocorrer o perdão pelo ato, através de testamento. É necessário, assim como na deserdação, que se proceda a ação específica para apuração da suposta causa legal, com prazo de decadência de 4 anos. **Esta ação não pode ser requerida pelos credores de quem se beneficia com a exclusão.** A Lei 13.532/17, acolheu antiga reivindicação doutrinária, ao legitimar o Ministério Público para a promoção da ação de indignidade, na hipótese abrangida pelo inciso primeiro do art. 1.814, CC (São excluídos da sucessão os herdeiros ou legatários...I – que houverem sido autores, coautores ou partícipes de homicídio doloso, ou tentativa deste, contra a pessoa de cuja sucessão se tratar, seu cônjuge, companheiro, ascendente ou descendente)

As causas são, em síntese do que prevê o art. 1.814 do CC, atentado contra vida, contra a honra ou contra a liberdade de testar. Pode atingir tanto os herdeiros legítimos, quanto os testamentários. Assim como os legatários.

Quando ocorre a exclusão por indignidade, o que for assim reconhecido não poderá mais receber nestes bens, mesmo que em uma futura sucessão (imagine que a filha é excluída da sucessão de sua mãe, a neta – filha da filha – recebe os bens, na futura sucessão da neta não poderá a filha excluída receber os bens). Os bens não entregues aos excluídos ficam marcados e são chamados de **bens ereptícios**. Mesmo a administração destes bens está vedada ao indigno.

O indigno pode, contudo, representar o auto da herança em que foi excluído em outra sucessão.

2.3 Renúncia: o herdeiro deve aceitar a herança para poder dela participar. A aceitação pode ser expressa ou tácita (comportamento concludente, como utilizar bens deixados pelo *de cujus*). Uma vez aceita, a propriedade retroage seus efeitos ao momento da abertura da sucessão, em razão do princípio da saisine.

Pode ser fixado prazo para que ocorra a aceitação (tanto a pedido dos credores do possível herdeiro, quanto pelos demais herdeiros), neste caso, se não se manifestar em 30 dias, presume-se que o herdeiro aceitou. Se o herdeiro falecer antes de aceitar, este direito passa aos seus sucessores por direito de transmissão (art. 1.809, CC).

Já a renúncia é o ato jurídico consistente em repudiar a herança aberta, não possibilitando, também, aos seus próprios herdeiros direito de representação. Só existe **renúncia expressa**, por termo nos autos ou por escrito público. A doutrina estabelece **duas espécies de renúncia**, uma chamada **propriamente dita** (que é, efetivamente, renúncia) e outra, **renúncia translatícia** (que é misto de aceitação com cessão de direitos hereditários). A renúncia à herança de uma pessoa não impede que se represente tal pessoa em outra sucessão.

É necessária a outorga do cônjuge por cotejo entre os arts. 80, I e 1.647, I do CC. Caso a renúncia prejudique os credores do renunciante, podem estes solicitar ao juiz do inventário que lhes possibilite a aceitação em substituição (isto não faz deles herdeiros, tendo apenas direitos patrimoniais). Esta aceitação é, logicamente, limitada ao crédito que toca a cada credor. Este tema foi arguido no Exame de Ordem 2020.1, na interessante questão: *Arnaldo faleceu e deixou os filhos Roberto e Álvaro. No inventário judicial de Arnaldo, Roberto, devedor contumaz na praça, renunciou à herança, em 05/11/2019, conforme declaração nos autos. Considerando que o falecido não deixou testamento e nem dívidas a serem pagas, o valor líquido do monte a ser partilhado era de R$ 100.000,00 (cem mil reais). Bruno é primo de Roberto e também seu credor no valor de R$ 30.000,00 (trinta mil reais). No dia 09/11/2019, Bruno tomou conhecimento da manifestação de renúncia supracitada e, no dia 29/11/2019, procurou um advogado para tomar as medidas cabíveis.* Neste contexto, o credor Bruno poderá aceitar a herança no limite de seu crédito.

O **Exame Unificado 2009.3**, trouxe questão acerca das sucessões, em que o candidato era instado a apresentar a alternativa correta. Uma, incorreta, afirmava ser impossível a cessão do quinhão hereditário (que, será visto abaixo, é possível); outra, determinava que a renúncia somente pode se dar por instrumento público, o que se viu, não é verdade, uma vez que também pode se dar por termo nos autos. Ainda, afirmava-se que, na ausência do direito de acrescer entre os contemplados em deixa testamentária, não seria a cota entregue aos herdeiros legítimos (o que está errado, visto que, não sendo possível contemplar por testamento, será o bem ou cota entregue aos herdeiros legítimos). Por fim, afirmava-se **que tanto renúncia quanto aceitação são irrevogáveis**, alternativa correta.

3. CESSÃO DE DIREITO HEREDITÁRIOS

A transmissão dos direitos provenientes da partilha pode ocorrer depois de aberta a sucessão e antes da partilha, não sendo necessário aguardar-se a abertura do inventário. Esta cessão, feita por escritura pública, não transmite a qualidade de herdeiro para o terceiro, pois aquele continua vinculado à sucessão em matéria pessoal.

4. FORMAS DE VOCAÇÃO: ALÉM DA CAPACIDADE

FIQUE POR DENTRO:

Recursos Extraordinários (REs) 646721 e 878694 – Repercussão Geral

Os comentários aqui feitos acerca do Direito Sucessório levam em consideração a decisão do STF nos REs 646721 e 878694, em que se entendeu que "É inconstitucional a distinção de regimes sucessórios entre cônjuges e companheiros prevista no art. 1.790 do CC/2002, devendo ser aplicado, tanto nas hipóteses de casamento quanto nas de união estável, o regime do art. 1.829 do CC/2002". Desta forma, foi suprimido o comentário ao art. 1.790 e nos pontos em que se mencionava o cônjuge passou-se a mencionar cônjuge/companheiro.

Vale destacar que na modulação de efeitos, o relator, Ministro Roberto Barroso, entendeu que esta decisão somente se aplica para os processos e procedimentos sem partilha ou escritura pública de partilha, ou seja, não pode ter ocorrido a partilha para sua aplicação.

Tenha muita atenção, pois a decisão do STF **não incluiu o companheiro no rol dos herdeiros legitimatários (ou herdeiros necessários)**, sendo esta visão defendida por parte da doutrina.

É necessário que se seja convocado para a sucessão. Isto se dá através da vocação hereditária. Sempre que se falar em herança, deve-se ter em mente o direito (**título**) e a **forma de partilha**.

Os descendentes podem ser chamados a uma sucessão por direito próprio (em que irão partilhar por cabeça – cada um significando um sucessor) ou por direito de representação (em que irão partilhar por estirpe). Na partilha por estirpe o representante não vale um sucessor, pois serão reunidos todos os representantes de um mesmo representado para equivaler a um sucessor. Os três filhos representarão o pai e ocuparão o lugar deste na sucessão (não três lugares).

Os **ascendentes** somente sucedem por direito próprio (não existe representação na linha ascendente). Mas a herança será fragmentada por linhas (se houver herdeiros em um mesmo grau na linha materna e paterna). Se só houver herdeiros de um lado da sucessão (só o pai ou só a mãe), não haverá esta divisão, tudo irá para a linha em que há herdeiros. Achando-se um sucessor de grau menor, não se procuram outros (não havendo pais, achado um avô, não se procuram bisavós).

O cônjuge/companheiro sempre partilha por cabeça e sempre participa por direito próprio (não há representação de cônjuge/companheiro).

Os colaterais (**limitados ao 4º grau**) podem ser chamados por direito próprio (quando partilharão por cabeça) ou por direito de representação (realizando partilha por estirpe). Na linha colateral a única hipótese de representação é para os filhos de irmãos. Um irmão falece, sendo que um de seus irmãos é pré-morto. Os filhos deste serão chamados a representá-lo na sucessão daquele.

Sobre o tema sucessão dos colaterais, o **Exame Unificado de Novembro de 2017** trouxe interessante questão, com o seguinte enunciado: *Lúcia, sem ascendentes e sem descendentes, faleceu solteira e não deixou testamento. O pai de Lúcia tinha dois irmãos, que tiveram, cada qual, dois filhos, sendo, portanto, primos dela. Quando do falecimento de Lúcia, seus tios já haviam morrido. Ela deixou ainda um sobrinho, filho de seu único irmão, que também falecera antes dela. Note-se que Lúcia não tinha, ao tempo da abertura da sucessão (falecimento) cônjuge, companheiro, ascendente ou descendente. Restaria à sua sucessão a entrega aos colaterais. E ela tinha quatro primos (filhos dos tios já falecidos) e um sobrinho. Como o sobrinho é parente em terceiro grau e os primos o seriam em quarto grau, toda a herança de Lúcia seria deferida ao sobrinho, por direito próprio.*

EM RESUMO Direitos e partilha na sucessão legítima

Classe	Título do direito que será convocado	Forma da partilha
Descendente	Direito próprio	Por cabeça
Descendente	Direito de representação	Por estirpe
Ascendente	Direito próprio (sempre)	Por linhas
Cônjuge/ companheiro	Direito próprio (sempre)	Por cabeça
Colaterais	Direito próprio	Por cabeça
Colaterais	Direito de representação (**único caso** – filhos de irmãos)	Por estirpe

MUITA ATENÇÃO!

Regra básica da vocação: havendo a classe de grau menor ela prefere às demais. O grau mais próximo exclui o mais remoto. Não se representa quem renúncia, mas se representa quem é indigno/deserdado (a pena civil não pode ultrapassar a figura do apenado). Para ser representante de alguém é necessário ser descendente dele, não descendente do *de cujus*.

DIREITO CIVIL

> **Teste seus conhecimentos!**
>
> (FGV – Exame de Ordem/2022.1) Luiz, sem filhos, é casado com Aline sob o regime da comunhão universal. No ano de 2018, Luiz perdeu o pai, Mário. Como seu irmão, Rogério, morava em outra cidade e sua mãe, Catarina, precisava de cuidados diários, Luiz levou-a para morar junto dele e de Aline. Durante à pandemia de Covid-19, tanto Luiz, quanto Catarina contraíram a doença e foram internados. Ambos não resistiram e no dia 30 de junho, Luiz faleceu, sem deixar testamento. Catarina morreu no dia 15 de agosto, também sem deixar testamento.
>
> Tendo em vista a hipótese apresentada, assinale a afirmativa correta.
>
> A) A herança de Catarina deve dividir-se entre Luiz (seu herdeiro de direito receberá o quinhão) e Rogério.
>
> B) Rogério será herdeiro de Catarina e, na sucessão de Luiz, serão chamadas Aline e Catarina (seu herdeiro, Rogério, receberá o quinhão como parte da herança deixada pela mãe).
>
> C) Aline não será herdeira de Rogério, em razão do casamento reger-se pela comunhão universal de bens.
>
> D) Rogério será herdeiro de Catarina e apenas Aline será herdeira de Luiz.
>
> Resposta no rodapé[21].

5. PERCENTUAIS DE PARTICIPAÇÃO HEREDITÁRIA

Descendentes	Não pode haver diferença entre os descendentes em relação à legítima, sempre recebendo cada um deles o mesmo percentual. Pode, contudo, o testador retirar de sua parte disponível bens para contemplar os filhos de forma diferente.
Ascendentes	Cada ascendente recebe em igualdade de condições dentro de sua linha. Assim, ascendentes de linhas diferentes podem receber percentuais diferentes.
Cônjuge/ companheiro	Primeiramente, deve-se verificar se ele terá direito a herdar, pois não participará da vocação se for separado judicialmente (que não se aplica ao companheiro) ou separado de fato a mais de dois anos (nesta situação poderá ele provar ser inocente na separação, por meio de ação autônoma). Note-se que apesar de o posicionamento majoritário advogar o fim da separação, ainda há pessoas separadas judicialmente. Se for possível sua participação, poderá apresentar-se em três situações diversas: 1. **Em concorrência com os descendentes**: não poderá herdar se for casado/convivente com o autor da herança no regime da comunhão universal, separação obrigatória de bens e no da comunhão parcial de bens se não houver bens particulares do autor da herança. Partilhará com os descendentes por cabeça, tendo direito a uma cota reserva de ¼ se for ascendente dos com quem concorrer. Se houver filhos comuns e filhos só do autor da herança não terá reserva, recebendo em igualdade de condições; O STJ, em julgado de 2015, definiu-se pela concorrência do cônjuge quando este for casado com o autor da herança no regime da separação voluntária, trazendo luz sobre a temática: CIVIL. DIREITO DAS SUCESSÕES. CÔNJUGE. HERDEIRO NECESSÁRIO. ART. 1.845 DO CC. REGIME DE SEPARAÇÃO CONVENCIONAL DE BENS. CONCORRÊNCIA COM DESCENDENTE. POSSIBILIDADE. ART. 1.829, I, DO CC. 1. O cônjuge, qualquer que seja o regime de bens adotado pelo casal, é herdeiro necessário (art. 1.845 do Código Civil). 2. No regime de separação convencional de bens, o cônjuge sobrevivente concorre com os descendentes do falecido. A lei afasta a concorrência apenas quanto ao regime da separação legal de bens prevista no art. 1.641 do Código Civil. Interpretação do art. 1.829, I, do Código Civil. 3. Recurso especial desprovido. (STJ – REsp: 1382170 SP 2013/0131197-7, Relator: Ministro MOURA RIBEIRO, Data de Julgamento: 22/04/2015, S2 – SEGUNDA SEÇÃO, Data de Publicação: DJe 26/05/2015) 2. **Em concorrência com os ascendentes**: nesta situação não importará o regime de bens, herdando o cônjuge /companheiro em igualdade de condições quando concorrer com ascendentes de primeiro grau e tendo reserva de 50% em concorrência com ascendentes de grau superior; 3. **Sem concorrentes**: não havendo descendentes ou ascendentes, o cônjuge / companheiro sobrevivente, em qualquer regime, herdará a integralidade dos bens.

> **FIQUE POR DENTRO:**
>
> **Sucessão dos colaterais**
>
> Tanto o cônjuge quanto o companheiro (por força da Lei 9.278/96, art. 7º, § 2º) têm direito real de habitação em relação ao imóvel residencial da família.
>
> **A sucessão, como se viu, é deferida (legitimamente) em último lugar aos colaterais.** Esta percepção foi cobrada do participante do **Exame Unificado 2010.2**, em que se apresentou o seguinte caso: "*Em 2004, Joaquim, que não tinha herdeiros necessários, lavrou um testamento contemplando como sua herdeira universal Ana. Em 2006, arrependido, Joaquim revogou o testamento de 2004, nomeando como seu herdeiro universal Sérgio. Em 2008, Sérgio faleceu, deixando uma filha Catarina. No mês de julho de 2010, faleceu Joaquim. O único parente vivo de Joaquim era seu irmão, Rubens." A quem deveria ser entregue a herança? Veja-se que não há direito de representação em testamento (***existindo apenas substituição, que deve ser expressa***). Como o segundo testamento revogou a deixa para Ana, não há quem possa adir a herança por via testamentária, sendo os bens entregues ao único parente sucessível** *(o colateral, Rubens).*

6. HERANÇA JACENTE E VACANTE

Se não houver herdeiros ou legatários a se apresentarem (configurando herança jacente – porque jaz inerte sem ter quem lhe reclame), o juiz determinará que se

21 Alternativa correta – b

arrecadem os bens e sejam eles entregues a um curador (após devida liquidação com o pagamento das dívidas do *de cujus*), até que apareça herdeiro para se habilitar.

Será **publicado edital** convocando que se apresentem os interessados e, **não havendo quem o faça no período de um ano após a publicação do primeiro edital**, será a herança **declarada vacante. Esta declaração retira qualquer possibilidade de apresentação posterior de colaterais.**

Após **cinco anos** da declaração de vacância os **bens passarão** (sem aplicação do **princípio da *saisine***) à propriedade do Município, do Distrito Federal ou da União, se se encontra em Território. Pode ocorrer declaração imediata de vacância, caso todos os herdeiros chamados renunciem (não havendo testamento).

7. PETIÇÃO DE HERANÇA

Em até 10 anos após a abertura da sucessão poderá o herdeiro requerer que lhe seja deferida sua parte na herança. Para tanto deverá ele possuir prova efetiva de sua condição. Só o herdeiro mais próximo pode se habilitar, não tendo este direito herdeiros que, em razão de seu grau mais afastado, não seriam chamados a suceder. Será necessário ocorrer uma sobrepartilha, com a redistribuição das cotas, sendo protegidos os direitos de terceiros de boa-fé.

8. SUCESSÕES IRREGULARES (ANÔMALAS)

Em certas situações a lei determina que os bens sigam outro destino que não o estabelecido no art. 1.829 do CC. Como exemplos tem-se a cláusula de reversão em doação (art. 547, CC) em que o doador determina que o bem volte ao seu patrimônio se sobreviver ao donatário. Esta forma de doação não pode criar uma cadeia infinita, assim, não se pode estipular que o bem passe a um terceiro, somente que ele reverta ao doador.

9. SUCESSÃO TESTAMENTÁRIA

9.1 Testamento: é negócio jurídico personalíssimo, unilateral e gratuito em que uma pessoa realiza disposições de caráter patrimonial e pessoal para depois de sua vida. Não é declaração receptícia da vontade, sendo válida mesmo que o herdeiro ou legatário não aceite a deixa. Serve, além de disposições de natureza pessoal, para a disposição dos bens do testador quando da morte deste, sendo que, se existentes herdeiros necessários (art. 1.845, CC – cônjuge, descendentes e ascendentes) deverá respeitar o limite legal (50%) da legítima. Sobre o tema, a banca examinadora propôs a seguinte questão no **Exame Unificado de Julho de 2015**: *Ester, viúva, tinha duas filhas muito ricas, Marina e Carina. Como as filhas não necessitam de seus bens, Ester deseja beneficiar sua irmã, Ruth, por ocasião de sua morte, destinando-lhe toda a sua herança, bens que vieram de seus pais, também pais de Ruth. Ester o(a) procura como advogado(a), indagando se é possível deixar todos os seus bens para sua irmã. Deseja fazê-lo por meio de testamento público, devidamente lavrado em Cartório de Notas, porque suas filhas estão de acordo com esse seu desejo. Perceba que os colaterais (como os irmãos, sobrinhos, tios, primos, tios-avós e sobrinhos-netos) não são herdeiros necessários, mas apenas herdeiros legítimos. Dessa forma, Ester pode dispor de 50% de seu patrimônio em favor de Ruth, cabendo os outros 50% necessariamente às suas filhas, Marina e Carina, na proporção de 25% para cada uma.*

Mesmo que contenha **apenas disposições de natureza pessoal**, será um testamento válido.

Lembre-se que a clausulação da legítima (impenhorabilidade, incomunicabilidade e/ou inalienabilidade) deve ser justificada para que seja considerada válida, conforme art. 1.848, CC, *caput*.

Existe uma **capacidade especial para testar**, se aproximando da noção de legitimidade, pois a pessoa que deseje testar deverá ter pleno discernimento para fazê-lo, não bastando ser capaz. **Podem testar, todavia, os maiores de 16 de menores de 18 anos.**

Deve-se atentar **que os cegos só podem testar pela forma pública** (art. 1.867, CC). Se a pessoa vier a perder a capacidade **após a confecção do testamento não haverá invalidade para o mesmo**, visto que a capacidade se apura no momento de realização do ato e não de sua eficácia.

Em relação aos vícios da vontade, a anulabilidade pode ser parcial ou total, enquanto a nulidade é sempre total.

9.2 Capacidade para adquirir por testamento: certas pessoas estão proibidas de receber por testamento, sendo que esta inaptidão pode alcançar a todos ou a apenas algumas pessoas, de forma específica.

Casos genéricos de incapacidade	Casos específicos de incapacidades (art. 1801, CC)
Coisas e animais.	I. a pessoa que, a rogo, escreveu o testamento, nem o seu cônjuge ou companheiro, ou os seus ascendentes e irmãos.
Pessoas jurídicas não existentes, ressalvadas as fundações criadas pelo próprio testador.	II. as testemunhas do testamento.
Pessoas não concebidas, exceto se se tratar de filhos futuros de pessoas indicadas pelo testador, limitada a concepção a 2 anos após a abertura da sucessão.	III. o concubino do testador casado, salvo se este, sem culpa sua, estiver separado de fato do cônjuge há mais de cinco anos.

Seres indeterminados.	IV. o tabelião, civil ou militar, ou o comandante ou escrivão, perante quem se fizer, assim como o que fizer ou aprovar o testamento.

9.3 Testemunhas testamentárias: segue-se a regra do art. 228 (atentando com cuidado para os incisos IV e V) e art. 1.801. Para que seja uma testemunha é necessário que goze dos sentidos necessários à compreensão do ato. As testemunhas, como visto, não podem ser contempladas com bens no testamento. O testamento particular contempla uma forma sem a presença de testemunhas, em que o testador assinala na cártula o motivo da urgência e a impossibilidade de fazer testar sua vontade sem a presença de qualquer pessoa.

9.4 Formas de testamento: não é permitida a criação de forma híbrida ou nova, somente sendo aceitas as previstas em lei. Existem formas ordinárias (art. 1.862 – Público, cerrado e particular) e especiais (art. 1.886 – Marítimo, aeronáutico e militar).

É proibida a confecção de testamento conjuntivo (duas ou mais pessoas testam juntas), seja ele simultâneo (duas pessoas testam no mesmo momento, no mesmo termo, em favor de uma terceira), recíproco (uma pessoa testa em favor da outra, sob a condição de esta também teste em favor daquela) ou correspectivo (no mesmo termo um testador testa em favor do outro).

Testamento público	**Confeccionado** pelo oficial do Cartório de Notas, com a presença de **duas testemunhas,** sendo franqueado ao **mudo** e ao **surdo** testarem. É a **única** forma aceita de testamento ordinário para o **cego** e para o **analfabeto.**
Testamento cerrado	**Redigido** pelo testador (que sempre deve assinar a cártula) ou por **outra pessoa a seu pedido,** levado para a aprovação do oficial cartorial, na presença de **duas testemunhas.** Só é permitido a **quem saiba ler, não sendo necessário que possa ler** (o **mudo** pode testar sob esta forma). O surdo-mudo pode testar de forma cerrada, desde que aponha, no momento da entrega e diante do notário e das duas testemunhas, que aquele é seu testamento para aprovação.
Testamento particular	Também denominado **holográfico,** é **redigido** à mão ou por processo mecânico, **sem apresentação ou aprovação cartorial,** pelo **próprio testador,** na presença de **3 testemunhas.** Pode ser redigido em língua estrangeira desde que as testemunhas a compreendam. Será levado a juízo após a morte do testador, para sua efetivação. Se restar ao menos uma das testemunhas e o juiz compreender que há provas bastantes, poderá confirmar o testamento.
Testamento particular	**DICA IMPORTANTE:** Nesta forma de testamento existe uma subforma, denominado **testamento *in extremis vitae*,** em que o testador assinala na cártula os motivos de sua urgência em testar, podendo fazê-lo sem a presença de testemunhas. O juiz irá apreciar se há motivos efetivos e se os detectar, irá confirmar o testamento.
Testamentos marítimo e aeronáutico	São formas equivalentes do público e do cerrado, em que aquele que estiver em navio ou aeronave, pode testar perante o comandante (no caso das aeronaves, perante quem ele indicar), na presença de 2 testemunhas. Se o navio, no momento de sua confecção, estava em porto por tempo suficiente para que o testador pudesse testar pelas formas ordinárias, **o testamento caducará** (perderá a eficácia). Da mesma forma se, com desembarque (navios ou aeronaves), o testador morreu **após noventa dias** sem testar pelas formas ordinárias (se o pudesse fazer).
Testamento militar	Aquele que se encontra em zona de guerra em serviço militar, poderá testar perante **2 testemunhas** ou **3 testemunhas** (se não puder ou não souber assinar). Se o militar souber escrever também poderá redigir o testamento e o entregar a **oficial de patente** com a presença de **2 testemunhas.**
Testamento militar	Em cessando a guerra ou estando o testador em local em que possa testar, **caducará** o testamento militar se não testar pela forma ordinária em noventa dias. **DICA IMPORTANTE:** Aqui tem-se uma subforma especial de testamento, denominada **testamento nuncupativo,** pois se as pessoas a **serviço militar estiverem em campo de batalha ou feridas** podem **testar oralmente,** na presença de **2 testemunhas.**

9.5 Codicilo: não é forma testamentária, mas sim forma de deixa *post mortem*. Por ele é possível realizar pequenas deixas, dispor sobre o próprio enterro ou nomear e substituir inventariantes (nesta última hipótese um codicilo pode revogar um testamento, se lhe for posterior).

9.6 Disposições testamentárias: em matéria de conteúdo, vige a noção de "em dúvida, em favor da vontade presumida do testador". A **ineficácia** de uma disposição **não prejudica as que não lhe forem vinculadas.** É nula a disposição (art. 1.900, CC): "**I** – que institua herdeiro ou legatário sob a condição captatória de que este disponha, também por testamento, em benefício do testador, ou de terceiro; **II** – que se refira a pessoa incerta, cuja identidade não se possa averiguar; **III** – que favoreça a pessoa incerta, cometendo a determinação de sua identidade a terceiro; **IV** – que deixe a arbítrio do herdeiro, ou de outrem, fixar o valor do legado; **V** – que favoreça as pessoas a que se referem os arts. 1.801 e 1.802."

Qualquer disposição que **ultrapasse a parte disponível deverá ser reduzida**, perdendo eficácia apenas em relação ao seu ***quantum***.

Ter-se-á por **rompido** o testamento (em todas as suas disposições) se sobrevier ao momento da confecção do testamento, **herdeiro necessário do testador (que não o tinha ou não o conhecia)**, sendo fundamental que o herdeiro posterior **sobreviva** ao testador.

9.7 Legados: trata-se de deixa de bem individualizado ou de percentual de bem individualizado, que pertença ao testador no tempo da abertura da sucessão, exceto se este determinar a um dos seus sucessores a aquisição de bem, sob a forma de encargo.

Perda da eficácia do legado: **a)** pela modificação da coisa; **b)** alienação da coisa; **c)** perecimento ou evicção da coisa; **d)** pela indignidade ou pela pré-morte do legatário (não há, portanto, direito de representação para legatários – existindo apenas as substituições, que serão vistas a seguir).

9.8 Substituições testamentárias: o testador pode prever substituição quando não puder ou não quiser o herdeiro ou legatário participar da sucessão.

A Substituição vulgar: Quando o herdeiro ou legatário é substituído por uma (singular) ou por várias pessoas (coletiva ou plural).

B Substituição recíproca: Os herdeiros são **substitutos uns dos outros**. Será geral se indeterminada, ou particular se cada herdeiro tiver seu correspondente.

C Substituição fideicomissária: Trata-se de uma substituição concomitante e sucessiva. O fideicomitente testa em favor do fiduciário que deverá entregar ao fideicomissário o bem, sob certa condição. No atual sistema civil só é possível em favor da prole eventual de alguém. Não pode haver fideicomisso de terceiro grau (só se pode fazer uma substituição).

9.9 Sonegados: tudo o que deveria ser levado à partilha, mas não o foi de forma consciente pelo sucessor ou inventariante, é configurado como **sonegado**, recebendo aquele que ocultou o bem a **pena de perdimento de direitos sobre o referido bem**. Caso o sonegador seja o inventariante, será removido.

9.10 Colação: é o ato de conferir todos os bens recebidos pelo sucessor durante a vida do *de cujus*, por liberalidade. Não necessitam ser colacionadas as doações recebidas do autor da herança se ele houver determinado que elas saíram de sua parte disponível e não houve excesso.

Para se ter a obrigação de colacionar é necessário: **1)** Sucessão legítima; **2)** Coerdeiros descendentes; **3)** Liberalidade feita em vida, não retirada da parte disponível ou que o tenha sido com excesso sobre a legítima.

BIBLIOGRAFIA RECOMENDADA

LEITURA BÁSICA

- DIAS, Wagner Inácio & FRANCESCHET, Júlio. **Resumos para Concursos – v.3 – Direito Civil – Parte Geral** – 2ª ed. Salvador: Juspodivm. 2015.
- DIAS, Wagner Inácio. **Resumos para Concursos – v.6 – Direito Civil – Família e Sucessões** – 2ª edição Salvador: Juspodivm. 2015.
- GONÇALVES, Carlos Roberto. **Direito Civil Brasileiro (Coleção).** São Paulo: Saraiva.
- GAGLIANO, Pablo Stolze; PAMPLONA FILHO, Rodolfo. **Novo Curso de Direito Civil (Coleção).** São Paulo: Saraiva.
- RODRIGUES, Silvio. **Direito Civil – Parte Geral.** São Paulo: Saraiva. v. I. 31.ed. 2000, p. 19 (350).

BIBLIOGRAFIA CONSULTADA E RECOMENDADA

- ABREU, José de. **O Negócio Jurídico e sua Teoria Geral.** 4. ed. São Paulo: Saraiva, 1997.
- BEVILÁQUA, Clóvis. **Teoria geral do Direito Civil.** Campinas: RED Livros, 2001. 434p.
- FRANCISCO, Amaral. **Direito Civil – Introdução.** Rio de Janeiro: Renovar. 5.ed. 2003.
- GONÇALVES, Carlos Roberto. **Direito civil brasileiro, volume 1: parte geral,** *13ª edição*. Saraiva, 10/2014. VitalSource Bookshelf Online. p.419.
- PEREIRA, Caio Mário da Silva. **Instituições de Direito Civil.** v. I. Rio de Janeiro: Forense, 2004.
- ROSENVALD, Nelson; FARIAS, Cristiano Chaves de. **Direito Civil (coleção com Teoria Geral, Obrigações, Contratos e Direito das Famílias)**. Salvador: Editora Juspodivm, 2017.
- SILVA FILHO, Artur Marques da. **Da coação *in* Teoria Geral do Direito Civil.** São Paulo: Atlas, 2008.

DIREITO PROCESSUAL CIVIL

FERNANDO HENRIQUE CORRÊA CUSTODIO
E ANAMARIA DE ARAUJO PASCOTTO

CAPÍTULO I
JURISDIÇÃO E COMPETÊNCIA

1. JURISDIÇÃO

1.1 Conceito e espécies

Deve-se entender por **"Jurisdição"** a **parcela do poder do Estado** entregue aos diversos **Órgãos do Poder Judiciário**, pela qual lhes compete **dizer o direito**, dando a adequada interpretação às normas jurídicas e, por consequência, a **solução ao conflito** trazido pelas partes (Administração Pública ou particulares) bem como fazendo valer, pela **força**, a solução dada ao caso concreto (execução das decisões proferidas).

Assim, a atividade desenvolvida pelo Poder Judiciário de **solução de conflitos** é chamada de **"jurisdição contenciosa"** e pressupõe que as partes envolvidas não consigam chegar a um acordo por si próprias. As soluções finais apresentadas pelo Poder Judiciário fazem coisa julgada material.

Já a denominada "jurisdição voluntária" corresponde à atividade atípica do Poder Judiciário de **administração pública de interesses particulares** para a **preservação do interesse público**, apresentada no Código de Processo Civil sob o Título de **"Procedimentos Especiais"**. São seus exemplos, as alienações judiciais (art. 730), o divórcio e a separação consensuais, a extinção consensual de união estável e a alteração do regime de bens do matrimônio (arts. 731 a 734), os testamentos e codicilos (arts. 735 a 737). As decisões apresentadas a estas espécies de procedimentos não fazem coisa julgada material.

1.2 Exceção à jurisdição estatal: a arbitragem

Como espécie de composição de conflitos mediante a atuação de terceiros existe a figura da arbitragem a qual representa **meio heterogêneo de resolução dos conflitos**.

Porém, diversamente do que ocorre com a jurisdição estatal, exercida por pessoas previamente escolhidas mediante concurso público de provas e títulos, integrantes de uma estrutura estatal inserida no Poder Judiciário, a **arbitragem** é **presidida por pessoas escolhidas pelas próprias partes em litígio** (art. 13, da Lei 9.307/96).

Outra grande diferença entre as duas figuras é o poder de coerção, de execução da decisão proferida, existente unicamente no Poder Judiciário (monopólio da coerção), embora a sentença arbitral constitua **título executivo** (art. 31, da Lei 9.307/96).

Por isso mesmo, o CPC passou a prever expressamente hipótese de cooperação jurisdicional entre Tribunal Arbitral e Poder Judiciário, para cumprimento, dentre outros, de "efetivação de tutela provisória" deferida pelo juízo arbitral e objeto de expedição de "carta arbitral" (art. 69, §§1º e 2º, inc. III). Isso para a efetivação da decisão proferida pelo juízo arbitral, cujo poder coercitivo continua sendo monopólio do Poder Judiciário.

EM RESUMO: I) Jurisdição	
Conceito	Parcela do Poder Estatal responsável pela interpretação e aplicação das normas jurídicas para solução dos conflitos apresentados pelas partes interessadas, bem como pela efetivação das decisões produzidas (monopólio da coerção).
Espécies	Contenciosa e voluntária (esta mera atividade de administração de interesses particulares em razão do interesse público).
Arbitragem	Integrante dos "meios heterogêneos de solução de conflitos", disciplinada na Lei 9.307/96, pela qual as partes convencionam e elegem terceiros, não integrantes do Poder Judiciário, para a solução de determinado conflito, cuja decisão proferida constitui título executivo para o Judiciário, o qual detém o monopólio da coerção.

2. COMPETÊNCIA

2.1. Conceito

Definição clássica de competência, dada por Carnelutti, é a de **"medida da jurisdição"**.

Na prática, é necessária a existência de toda uma **estrutura voltada à composição dos conflitos**, sendo que a **cada Órgão**, composto de pessoas físicas, **será concedida parcela do Poder estatal chamado "jurisdição"** (vide art. 16, do CPC). Esta parcela é a chamada "competência".

É a **Constituição Federal** o **primeiro e mais importante diploma normativo** a fixar os **Órgãos componentes do Poder Judiciário** e, por decorrência lógica, a lhes fixar a **competência** para o processo e julgamento dos conflitos existentes.

Tal divisão acabou por gerar uma classificação das diversas "Justiças" existentes: **i) "Justiças Especiais"**, onde a fixação das competências se dá exatamente em função das **matérias elencadas pela**

Constituição Federal, composta pelas Justiças do Trabalho, Eleitoral e Militar; **ii) "Justiça Comum"**, que possui competência residual, sendo composta pela Justiça Federal e pelas Justiças Estaduais e do Distrito Federal e Territórios.

Internamente à chamada "Justiça Comum", há também divisão das competências fixadas constitucionalmente: a Justiça Federal possui rol expresso de competências fixado nos arts. 108 e 109, da CF, enquanto que às Justiças Estaduais compete tudo aquilo que não esteja inserido em qualquer das outras "Justiças".

2.2 Da competência internacional

O Código de Processo Civil possui um capítulo afeito ao Direito Internacional Privado onde prescreve as hipóteses nas quais a **autoridade judiciária brasileira** é competente para o processo e julgamento das ações (art. 21): **i)** quando o réu, independente de sua nacionalidade, estiver domiciliado no Brasil; **ii)** quando a obrigação tiver que ser cumprida no Brasil; **iii)** quando a ação se originar de fato ocorrido ou ato praticado no Brasil.

O artigo acima trata da **"competência internacional concorrente"**, pois, não exclui a competência de Estado Estrangeiro, diversamente das hipóteses arroladas no art. 23, quando se fala em competência **absoluta** do Estado brasileiro (ações relativas a imóveis situados no Brasil e, em matéria de sucessão hereditária, as ações relativas à confirmação de testamento particular e de inventário e partilha de bens situados no Brasil).

MUITA ATENÇÃO!

"A ação proposta perante tribunal estrangeiro não induz litispendência e não obsta a que a autoridade judiciária brasileira conheça da mesma causa e das que lhe são conexas, ressalvadas as disposições em contrário de tratados internacionais e acordos bilaterais em vigor no Brasil." (art. 24) – no caso da **competência internacional concorrente.**

2.3 Da competência interna e sua classificação

A fixação da competência para o processo e julgamento de ações dentro do território nacional, nos termos do Código de Processo Civil, secundariamente às competências fixadas diretamente na Constituição Federal, é baseada em quatro elementos de discriminação: **i) valor da causa**; **ii) território**; **iii) matéria debatida**; **iv) função do juiz.**

O Código de Processo Civil, com base em tais elementos, classifica a competência em duas categorias:

i) competência **absoluta**;

ii) competência **relativa**.

Entende-se por **competência absoluta** aquela que **não admite modificação**, mesmo que as partes concordem com o processamento perante juízo incompetente ou na ausência de alegação pelo réu.

Por isso a incompetência absoluta pode ser reconhecida a **qualquer tempo e grau de jurisdição**, inclusive, **de ofício pelo juiz.** Não obstante, não mais gera a **nulidade** dos **atos decisórios** praticados, uma vez que, "salvo decisão judicial em sentido contrário, conservar-se-ão os efeitos de decisão proferida pelo juízo incompetente até que outra seja proferida, se for o caso, pelo juízo competente" (art. 64, § 4º).

Estão inseridas no conceito de competência absoluta as fixadas com base: **i)** na **matéria debatida**, ***p.e.***, os processos de divórcio, separação, anulação de casamento e reconhecimento ou dissolução de união estável (art. 53, I) e os fundados em direito real sobre bens imóveis (art. 47); **ii)** na **função** (***p.e.***, competência originária dos Tribunais Superiores, fixada nos arts. 102 e 105, da CF, e competência originária dos Tribunais, fixada nos arts. 108 e 125, § 1º, da CF).

Já a **competência relativa** é **concorrente**, ou seja, admite que outro juízo, inicialmente incompetente para a causa, possa processá-la e julgá-la, fenômeno conhecido como **prorrogação da competência** (art. 65). É ônus do réu sua alegação.

Não obstante, segundo o CPC **tanto a incompetência absoluta quanto a relativa devem ser arguidas em preliminar de contestação**, unificando-se a via processual de alegação, não subsistindo mais a figura da exceção de incompetência (arts. 64 e 337, II).

Permanece válido, não obstante, o teor da Súmula n. 33, do STJ: **"a incompetência relativa não pode ser declarada de ofício"**.

Caso alegada a preliminar de incompetência antes da data designada para a realização da audiência de conciliação, a mesma será **suspensa**, conforme regra do artigo 340, §3º, do CPC.

Estão consideradas competência relativa as fixadas com base: **i)** no **valor da causa** (art. 63); **ii)** no **território** (***p.e.***, foro do domicílio do réu para as causas fundadas em direito pessoal e direito real sobre bens móveis (art. 46); foro do domicílio do autor da herança nas ações de inventário, partilha, arrecadação, cumprimento de disposições de última vontade, impugnação ou anulação de partilha extrajudicial e todas aquelas em que o espólio for réu (art. 48); – hipótese cobrada em banca examinadora da OAB; 2019.1); foro de domicílio do guardião do filho incapaz para as ações de separação, de divórcio, anulação de casamento ou dissolução de união estável (art. 53, I, a) ou, na ausência de filho incapaz, e de forma subsidiária, o foro do último domicílio do casal (art. 53, I, b) ou do domicílio do réu (art. 53, I, c); foro do domicílio da vítima de violência doméstica e familiar (art. 53, I, *d*, incluído pela Lei 13.894/19); foro do domicílio ou residência do alimentando, para a ação de alimentos (art. 53, II); foro do lugar onde está a sede, para a ação em que for ré a pessoa jurídica (art. 53, III, *a*); foro do lugar da agência ou sucursal, especificamente quanto às obrigações contraídas (art. 53, III, ***b***); foro onde a obrigação deve ser satisfeita, para a ação voltada a lhe exigir o cumprimento (art. 53, III, ***d***); foro do lugar do ato ou fato para as ações de reparação de dano (art. 53, IV, ***a***), exceto quanto a acidentes de veículos, quando será competente o foro do domicílio do autor de forma concorrente ao do local do fato (art. 53, V).

MUITA ATENÇÃO!

1. Competência absoluta X competência relativa:

	Competência absoluta	Competência relativa
Critérios	Funcional e material	Valor da causa e território
Tempo de alegação	Qualquer tempo e grau de jurisdição, inclusive de ofício pelo juiz (mat. ordem pública)	Até a contestação, vedada a declaração de ofício
Nulidade dos atos decisórios	Não	Não
Forma de arguição	Preliminar de mérito na contestação	Preliminar de mérito na contestação

2. O Código de Processo Civil considera competência relativa a **"cláusula de eleição de foro", instituída em contrato** para dirimir conflitos decorrentes da execução do contrato (art. 63).
3. Embora seja relativa a competência fixada para os Juizados Especiais Cíveis (art. 3º, Lei 9.099/95), é absoluta a fixada para os **Juizados Especiais Federais** (art. 3º, Lei 10.259/01) e **Juizados Especiais da Fazenda Pública** (art. 2º, § 4º, Lei 12.153/09).
4. De acordo com o CPC: i) **a arguição de incompetência absoluta e relativa** pelo réu deve ser apresentada, em ambos os casos, como **preliminar da contestação** (art. 64), ii) a **declaração de incompetência absoluta não importa na nulidade dos atos decisórios**, a depender de decisão judicial expressa (art. 64, § 4º: "salvo decisão judicial em sentido contrário, conservar-se-ão os efeitos de decisão proferida pelo juízo incompetente...").

2.4 Hipóteses de modificação de competência

Conforme o princípio da **"perpetuação da jurisdição"** (***perpetuatio jurisdictionis***), a competência é fixada no **momento do registro ou da distribuição da petição inicial**, sendo "irrelevantes as modificações do estado de fato ou de direito ocorridas posteriormente, salvo quando suprimirem o órgão judiciário ou alterarem a competência absoluta" (art. 43, do CPC).

Não obstante, o art. 54 do CPC traz a **conexão** e a **continência** como duas hipóteses de modificação da competência relativa (valor da causa e território), quando houver ação concomitante, objetivando reunir o julgamento de feitos no mesmo juízo para evitar decisões conflitantes (art. 57).

"Reputam-se **conexas** 2 (duas) ou mais ações quando lhes for **comum o pedido ou a causa de pedir**" (art. 55).

"Dá-se a **continência** entre 2 (duas) ou mais ações quando houver **identidade quanto às partes e à causa de pedir**, mas o pedido **de uma, por ser mais amplo, abrange o das demais**" (art. 56). Ambas só podem ser reconhecidas **até o julgamento de uma das ações propostas (súmula 235, STJ)**, sendo que o **critério de prevenção restou unificado no** da seguinte forma: "o registro ou a distribuição da petição inicial torna prevento o juízo" (art. 59).

Quando houver continência e a ação continente tiver sido proposta anteriormente, no **processo relativo à ação contida será proferida sentença sem resolução de mérito**, caso contrário, as ações serão necessariamente reunidas (art. 57).

Já no caso do art. 60, para o imóvel que se achar situado em mais de um Estado ou comarca estender-se-á a competência do juízo prevento sobre a totalidade do imóvel, sendo hipótese de **prevenção.**

Por fim, "a ação acessória será proposta perante o juiz competente para a ação principal" (art. 61).

2.5 Das formas de arguição da incompetência

Conforme já visto, o CPC **unificou a forma de impugnação da incompetência absoluta e relativa por meio de preliminar em contestação** (vide arts. 64, 65, 337 II, 340 e 952).

Não obstante, **continuam válidas as seguintes afirmações**: i) a **incompetência absoluta independe de arguição para seu reconhecimento** (corresponde a **"matéria de ordem pública"**), sendo que as partes podem reclamá-la em **qualquer tempo ou grau de jurisdição; ii)** a **incompetência relativa não pode ser decretada de ofício pelo magistrado**, e somente pode ser arguida por meio de preliminar em contestação, dentro do prazo para sua apresentação, sob pena de prorrogação pelo juízo processante.

2.6 Dos conflitos de competência

Malgrado a existência das regras apresentadas para fixação do juízo competente para o processo e julgamento de cada ação judicial, pode ocorrer conflito entre os diversos juízos concorrentemente competentes para o processo e julgamento das ações.

Tais conflitos podem surgir tanto no caso de competência absoluta, quanto relativa, gerando decisões conflitantes (art. 66).

Quando dois magistrados declaram-se competentes para o processo e julgamento da causa, fala-se em **"conflito positivo de competência"** e, quando ambos se dizem incompetentes, em **"conflito negativo de competência"**.

O conflito sempre será suscitado em nome do presidente do Tribunal competente, pelas partes, pelo próprio juiz ou pelo Ministério Público (que deverá se pronunciar nos casos em que sua manifestação é obrigatória, art. 951).

"Ao decidir o conflito, o tribunal declarará qual o juízo competente, pronunciando-se também sobre a **validade dos atos do juízo incompetente**" (art. 957).

DICA IMPORTANTE

É importante o estudo dos arts. 102 a 126 da Constituição Federal, pois disciplinam a principal parte da distribuição de competências ao Poder Judiciário. Atenção especial aos arts. 102, 105 e 109 referentes ao STF, STJ e Justiça Federal.

O tema é frequente no STJ e vale ser aprofundado. Conflito de competência: súmulas 59, 170, 180, 206, 236, 367, 383, 428. Distribuição entre as "diversas Justiças": Súmulas 11, 32, 42, 66, 82, 137, 161, 218, 222, 349, 363.

Cuidado com a hipótese de distribuição do processo por dependência prescrita pelo art. 286, II, do CPC ("quando, tendo sido extinto o processo sem resolução de mérito, for reiterado o pedido, ainda que em litisconsórcio com outros autores ou que sejam parcialmente alterados os réus da demanda").

EM RESUMO: II) Competência	
Conceito	• "Medida da jurisdição" conferida a cada Órgão integrante de cada estrutura do Poder Judiciário, criada pela Constituição Federal.
Classificação e Critérios	• **Competência absoluta:** improrrogável, reconhecida de ofício pelo juiz ou alegável a qualquer tempo e grau de jurisdição pelas partes, sem gerar nulidade dos atos decisórios praticados, via de regra. Critérios: matéria e funcional. • **Competência relativa:** prorrogável, alegável somente via preliminar em contestação, sem gerar nulidade dos atos decisórios praticados. Critérios: valor da causa e território.
Hipóteses de Modificação	• **Conexão:** ações ajuizadas com mesmo objeto ou causa de pedir. • **Continência:** ações ajuizadas com mesmas partes e causa de pedir, e o objeto de uma engloba o da outra. • **Solução:** "o registro ou a distribuição da petição inicial torna prevento o juízo" (art. 59).

CAPÍTULO II
SUJEITOS DO PROCESSO

1. NOÇÕES GERAIS

Dois são os possíveis significados da expressão "processo" dentro da doutrina processualista pátria: **i)** conjunto de atos concatenados produzidos com vistas a um fim principal, ou seja, **"processo como procedimento"**; **ii)** conjunto de pessoas envolvidas em uma relação jurídica com vistas à obtenção de um resultado (solução do conflito), ou seja, como **"relação jurídica processual"**.

O presente capítulo abordará os sujeitos envolvidos nesta "relação jurídica processual": o **juiz**, as **partes (autor e réu)**, o **Ministério Público**, o **terceiro interveniente** e os **auxiliares da justiça**.

A O **juiz** como agente estatal imparcial, dotado de poder para solucionar o conflito e fazer valer sua decisão pela força, se necessário e, para tanto, deve ter sido aprovado em concurso de provas e títulos, e devidamente empossado pelo respectivo Tribunal, conforme disciplinado pelo art. 93, I, da CF.

Para que o juiz consiga orientar o processo de forma retilínea, a lei prevê instrumentos de poder e limitações à sua atuação.

Exemplos de poderes e deveres conferidos ao juiz: **i)** de ofício ou a requerimento do ofendido, o juiz determinará que as expressões ofensivas sejam riscadas e, a requerimento do ofendido, determinará a expedição de certidão com inteiro teor das expressões ofensivas e a colocará à disposição da parte interessada (art. 78, §2º); **ii)** assegurar às partes igualdade de tratamento (art. 139, I); **iii)** velar pela duração razoável do processo (art. 139, II); **iv)** prevenir ou reprimir qualquer ato contrário à dignidade da justiça e indeferir postulações meramente protelatórias (art. 139, III); **v)** determinar todas as medidas indutivas, coercitivas, mandamentais ou sub-rogatórias necessárias para assegurar o cumprimento de ordem judicial, inclusive nas ações que tenham por objeto prestação pecuniária (art. 139, IV); **vi)** promover, a qualquer tempo, a autocomposição, preferencialmente com auxílio de conciliadores e mediadores judiciais (art. 139, V); **vii)** dilatar os prazos processuais e alterar a ordem de produção dos meios de prova, adequando-os às necessidades do conflito de modo a conferir maior efetividade à tutela do direito (art. 139, VI); **viii)** exercer o poder de polícia, requisitando, quando necessário, força policial, além da segurança interna dos fóruns e tribunais (art. 139, VII); **ix)** determinar, a qualquer tempo, o comparecimento pessoal das partes, para inquiri-las sobre os fatos da causa, hipótese em que não incidirá a pena de confesso (art. 139, VIII); **x)** determinar o suprimento de pressupostos processuais e o saneamento de outros vícios processuais (art. 139, IX).

Também compete ao juiz apreciar livremente a prova, indicando, porém, os motivos que lhe formaram o convencimento (princípio da **livre convicção motivada**; art. 371, do CPC). A motivação é a forma como a lei prevê o controle dos poderes e observância das limitações aos atos do juiz.

Também existem as regras de **impedimento e suspeição** do magistrado para exercer suas funções jurisdicionais (arts. 144 a 148).

São regras de **impedimento** para processo e julgamento de ação (art. 144): **i)** quando for parte do processo; **ii)** quando tiver acionado no processo como mandatário da parte, perito, membro do Ministério Público ou testemunha; **iii)** quando conheceu do processo em outro grau de jurisdição, tendo proferido decisão; **iv)** quando for mandatário no processo seu cônjuge, companheiro ou qualquer parente, consanguíneo ou afim, em linha reta, ou colateral até terceiro grau, inclusive; **v)** quando for cônjuge, companheiro ou parente, consanguíneo ou afim, de qualquer das partes, em linha reta, ou na colateral até o terceiro grau, inclusive; **vi)** quando for sócio ou membro de administração ou de direção de pessoa jurídica parte na causa; **vii)** quando for herdeiro presuntivo, donatário ou empregador de qualquer das partes; **viii)** quando for parte do processo instituição de ensino com a qual tenha relação de emprego ou decorrente de contrato de prestação de serviços; **ix)** quando for parte cliente de escritório de advocacia de seu cônjuge, companheiro ou parente, consanguíneo ou afim, em linha reta ou colateral, até o terceiro grau, inclusive, mesmo que patrocinado por advogado de outro escritório; **x)** quando promover ação contra a parte ou seu advogado.

Já as regras de **suspeição** são as seguintes (art. 145): **i)** quando for amigo íntimo ou inimigo capital de qualquer das partes ou de seus advogados; **ii)** quando alguma das partes for sua credora ou devedora, de seu cônjuge, companheiro ou parentes de ambos, em linha reta ou na colateral até o terceiro grau, inclusive; **iii)** quando receber presentes de pessoas que tiverem interesse na causa antes ou depois de iniciado o processo, aconselhar alguma das partes sobre o objeto da causa ou subministrar meios para atender às despesas do litígio; **iv)** quando for interessado no julgamento da causa em favor de uma das partes; **v)** por **motivo de foro íntimo**, sem necessidade de declarar suas razões.

B **As partes**, nos polos ativo e passivo da ação, como as pessoas responsáveis: **i)** por apresentar o conflito perante o Poder Judiciário (autor), e **ii)** em face de quem a ação é ajuizada, indicada como resistente à pretensão deduzida em juízo (réu).

C O **Ministério Público** foi alçado com a Constituição Federal à categoria de **"Função essencial à Justiça"**, cumprindo-lhe as competências arroladas pelos arts. 127 a 130, da CF como **"fiscal da ordem jurídica"** e de defensor das tutelas coletivas, além da tradicional "titular da ação penal".

São hipóteses de intervenção do Ministério Público em ações (art. 178): **i) em que há interesses de incapazes**; **ii)** que envolvam interesse público ou social; **iii)** que envolvam litígios coletivos pela posse de terra rural ou urbana.

"A participação da Fazenda Pública não configura, por si só, hipótese de intervenção do Ministério Público" (art. 178, § único).

Quando sua intervenção for obrigatória, deverá a parte promover-lhe a intimação sob pena de **nulidade** do feito (art. 279), a qual "só pode ser decretada após a intimação do Ministério Público, que se manifestará sobre a existência ou inexistência de prejuízo" (§2º).

Nos casos de **intervenção como fiscal da ordem jurídica**, o Ministério Público (art. 179): **i)** terá vista dos autos depois das partes, sendo intimado de todos os atos do processo; **ii)** poderá juntar documentos e certidões, produzir prova em audiência **e requerer medidas ou diligências** necessárias ao descobrimento da verdade. O CPC prevê expressamente o **poder de recorrer** no seu art. 179, II, *in fine.*

Além disso, o art. 180 do CPC prevê o benefício do prazo em dobro para se manifestar nos autos.

Por fim, aplicam-se ao Ministério Público as mesmas causas de suspeição e impedimento dos magistrados (art. 148, I).

D O **terceiro interveniente** como qualquer pessoa que, não figurando como parte do processo (autor ou réu), tenha **interesse jurídico no deslinde da causa.**

E Os **auxiliares da justiça** são terceiros necessários ao desenvolvimento do processo, sem qualquer interesse no deslinde da causa.

2. DAS PARTES DO PROCESSO (AUTOR E RÉU)

2.1 Capacidade para ser parte do processo:

Quanto às **partes**, "toda pessoa que se encontre no exercício de seus direitos tem capacidade para estar em juízo" (art. 70), o que inclui todos os que possuam personalidade, em interpretação sistemática com os arts. 1º e 3º a 5º do Código Civil.

Os **incapazes** serão representados ou assistidos por seus representantes legais, na forma da lei (art. 71) e, no caso de não o possuírem ou havendo conflito de interesses, o juiz nomeará **curador especial** para a sua defesa (art. 72, I), o mesmo se dando quanto ao **réu preso** e ao **revel citado por edital ou com hora certa** (art. 72, II). A não nomeação de curador apenas importará em nulidade se comprovado o efetivo prejuízo ao incapaz.

Por fim, caso o juiz constate a incapacidade processual da parte, deverá suspender o curso do processo, marcando "prazo razoável para que seja sanado o vício", sob pena de: **i)** no caso do autor, extinção do processo; **ii)** no caso do réu, decretação da revelia; **iii)** no caso de terceiro, decretação da revelia ou sua exclusão do processo, dependendo do polo em que se encontre (art. 76).

No caso de **cônjuges**, inicialmente não dependem do consentimento do outro para ajuizamento, exceto nas ações que versem sobre direitos reais imobiliários, "salvo quando casados sob o regime de separação absoluta de bens" (art. 73), tudo sob pena de nulidade (art. 74, parágrafo único). Tal consentimento pode ser suprido judicialmente (art. 74) quando negado sem justo motivo ou lhe seja impossível a concessão.

Já como réus, deverão ambos ser necessariamente citados nos casos de ações: **i)** que versem sobre direitos reais imobiliários, "salvo quando casados sob o regime de separação absoluta de bens"; **ii)** resultantes de fatos que digam respeito a ambos os cônjuges ou de atos praticados por eles; **iii)** fundadas em dívidas contraídas por um dos cônjuges a bem da família; **iv)** que tenham por objeto o reconhecimento, a constituição ou a extinção de ônus sobre imóveis de um ou de ambos os cônjuges (art. 73, § 1º, I a IV).

MUITA ATENÇÃO!

Não confundir capacidade para ser parte do processo com capacidade processual: para figurar no polo ativo ou passivo da ação basta ter personalidade jurídica (arts. 2º e 45, do CC), enquanto que para deter capacidade processual é necessária a existência de capacidade de exercício de seus direitos (arts. 3º e 4º, do CC, a *contrario sensu*).

2.2 Capacidade para postular em juízo

No tocante às partes, por regra, devem **se fazer representar em juízo por meio de advogado devidamente habilitado**.

À **exceção**, podem postular em juízo diretamente nos casos prescritos em lei: os autores trabalhadores na Justiça do Trabalho; autores nos Juizados Especiais Cíveis Estaduais e Federais; os advogados que litigam em causa própria (art. 103).

Para que possa atuar em juízo, deverá o advogado apresentar instrumento de **mandato**, exceto "para praticar ato considerado urgente", ou "para evitar preclusão, decadência ou prescrição" (art. 104), quando se obrigará a apresentar tal instrumento no prazo de 15 (quinze) dias, prorrogáveis por igual período (art. 104, §1º).

Nos termos do art. 105, a procuração geral habilita o advogado para a prática de todos os atos do processo, "exceto receber citação, confessar, reconhecer a procedência do pedido, transigir, desistir, renunciar ao direito sobre o qual se funda a ação, receber, dar quitação, firmar compromisso e assinar declaração de hipossuficiência econômica", poderes estes que deverão estar expressos e por escrito no instrumento de mandato, sendo comumente conhecidos como **"cláusula** *ad judicia et extra*". "Salvo disposição expressa em sentido contrário constante do próprio instrumento, a **procuração outorgada na fase de conhecimento é eficaz para todas as fases do processo, inclusive para o cumprimento de sentença**" (art. 105, §4º).

Além da Lei 8.906/94 (Estatuto da Advocacia), o art. 107 traz direitos do advogado: **i)** examinar autos de qualquer processo, mesmo sem procuração, independentemente da fase de tramitação, assegurados a obtenção de cópias e o registro de anotações, salvo na hipótese de segredo de justiça, nas quais apenas o advogado constituído terá acesso aos autos (inclusive no tocante a processos eletrônicos, conforme art. 107, §5º, incluído pela Lei 13.793/19); **ii)** requerer vista dos autos de qualquer processo, por 05 (cinco) dias; **iii)** retirar os autos de cartório ou secretaria, pelo prazo legal, quando lhe competir falar neles por determinação do juiz.

2.3 Deveres e responsabilidades das partes e de seus procuradores

São deveres das partes, dos seus procuradores e de todos aqueles que de qualquer forma participem do processo (art. 77): **i)** "expor os fatos em juízo conforme a verdade"; **ii)** "não formular pretensão ou de apresentar defesa quando cientes de que são destituídas de fundamento"; **iii)** "não produzir provas e não praticar atos inúteis ou desnecessários à declaração ou à defesa do direito"; **iv)** "cumprir com exatidão as decisões jurisdicionais, de natureza provisória ou final, e não criar embaraços à sua efetivação"; **v)** "declinar, no primeiro momento que lhes couber falar nos autos, o endereço residencial ou profissional onde receberão intimações, atualizando essa informação sempre que ocorrer qualquer modificação temporária ou definitiva"; **vi)** "não praticar inovação ilegal no estado de fato de bem ou direito litigioso"; **vii)** "informar e manter atualizados seus dados cadastrais perante os órgãos do Poder Judiciário e, no caso do § 6º do art. 246 deste Código, da Administração Tributária, para recebimento de citações e intimações" (novidade introduzida pela Lei nº 14.195/21).

A **violação aos deveres contidos nos itens "iv" e "vi" constitui ato atentatório à dignidade da justiça,** "devendo o juiz, sem prejuízo das sanções criminais, civis e processuais cabíveis, aplicar ao responsável multa de até vinte por cento do valor da causa, de acordo com a gravidade da conduta" (§2º), sendo que tal multa **não poderá ser imposta aos advogados, públicos ou privados, tampouco aos Membros do Ministério Público e da Defensoria Pública**, hipótese na qual "eventual responsabilidade disciplinar ser apurada pelo respectivo órgão de classe ou corregedoria, ao qual o juiz oficiará" (§6º).

Já o art. 80 do CPC disciplina a responsabilidade "do autor, réu ou interveniente" por dano processual, trazendo o rol das condutas de **"litigância de má fé"** (***p.e.***, deduzir pretensão ou defesa contra texto expresso de lei ou fato incontroverso, interpor recurso com intuito manifestamente protelatório), cuja constatação leva à condenação a **multa** a ser fixada entre 1% (um por cento) e 10% (dez por cento) sobre o valor da causa e **responsabilização pelas perdas e danos** sofridos pela parte contrária, além dos honorários advocatícios e despesas (art. 81).

Em interessante questão sobre a litigância de má fé, a **banca examinadora da OAB** deu como resposta correta o seguinte: "havendo **mais de um litigante de má-fé**, o juiz deverá condená-los na **proporção de seus interesses** ou **solidariamente, caso tenham se coligado para lesar o adversário**".

O art. 82 disciplina que cada parte arcará com as custas dos atos que realizam ou requerem, exceto na gratuidade da justiça (arts. 98 a 102 e Lei 1.060/50, na parte não revogada pelo CPC), competindo ao autor, o adiantamento das despesas relativas a atos, determinados de ofício ou a requerimento do Ministério Público, "quando sua intervenção se ocorrer como fiscal da ordem jurídica" (§ 1º).

Já o art. 83, do CPC exige "caução suficiente ao pagamento das custas e dos honorários de advogado da parte contrária" nos casos de "autor, brasileiro ou estrangeiro, que residir fora do Brasil ou deixar de residir no país ao longo da tramitação do processo".

Especificamente no tocante às **despesas com perito e assistentes técnicos** e condenação judicial pela sucumbência, veja a resposta considerada correta pela **banca examinadora da OAB**: **"ambas devem integrar a condenação do vencido nos ônus sucumbenciais"** (arts. 82 e 84).

O art. 85 trata do princípio da **"sucumbência"** (parte vencida paga ao vencedor as despesas antecipadas e honorários advocatícios, como que "indenizando-o dos custos" despendidos), regra que se aplica não apenas ao procedimento de conhecimento, mas também "na reconvenção, no cumprimento de sentença, provisório ou definitivo, na execução, resistida ou não, e nos recursos interpostos, cumulativamente" (§1º).

Havendo **"sucumbência recíproca"** (cada parte sai vencedora e vencida, em parte, na ação), os **honorários e as despesas processuais serão proporcionalmente distribuídos** entre eles (art. 86), porém, no caso dos **honorários advocatícios**, "sendo **vedada a compensação** em caso de sucumbência parcial" (art. 85, § 14).

Não obstante o nítido caráter punitivo de uma parte e indenizatório à outra, a partir da edição da Lei 8.906/94 (Estatuto da Advocacia), a **verba honorária** passou a pertencer "ao **advogado, tendo este direito autônomo para executar a sentença nesta parte, podendo requerer que o precatório, quando necessário, seja expedido em seu favor**" (art. 24; também art. 85, §§ 14 e 15, do CPC).

A regra geral para fixação da verba honorária é a variável entre 10% (dez por cento) e 20% (vinte por cento) sobre o valor da condenação, com base em quatro critérios: **i)** grau de zelo do profissional; **ii)** lugar da prestação do serviço; **iii)** natureza e importância da causa; **iv)** o trabalho realizado pelo advogado e o tempo exigido para seu serviço (art. 85, § 2º, I a IV).

O § 8º, aplicável aos casos de "causas em que inestimável ou irrisório o proveito econômico ou, ainda, quando o valor da causa for muito baixo", define que os honorários serão fixados conforme apreciação equitativa do juiz, porém, atendidos os mesmos quatro critérios supra arrolados.

Já os §§ 3º a 5º trazem os critérios para fixação dos honorários advocatícios "nas causas em que a Fazenda Pública for parte", em percentuais variáveis de acordo com o valor da condenação ou do proveito econômico obtido ou, na sua ausência, sobre o valor atualizado da causa (§ 4º, III), aplicáveis, "inclusive aos casos de improcedência ou de sentença sem resolução de mérito (§ 6º), sendo que "não serão devidos honorários no cumprimento de sentença contra a Fazenda Pública que enseje expedição de precatório, desde que não tenha sido impugnada" (§ 7º).

"Nos casos de perda do objeto, os honorários serão devidos por quem deu causa ao processo" (§ 10).

"O tribunal, ao julgar recurso, majorará os honorários fixados anteriormente levando em conta o trabalho adicional realizado em grau recursal, observando, conforme o caso, o disposto nos §§ 2º a 6º, sendo vedado ao tribunal, no cômputo geral da fixação de honorários devidos ao advogado do vencedor, ultrapassar os respectivos limites estabelecidos nos §§ 2º e 3º para a fase de conhecimento" (§11), sendo que tais honorários "são cumuláveis com multas e outras sanções processuais, inclusive as previstas no art. 77" (§ 12). Trata-se do regime cumulativo de condenação em honorários em caso de interposição de recurso pela parte, inaugurado pelo CPC/15.

Por fim, e em relevante inovação, o CPC garantiu expressamente a **inclusão da condenação em honorários dentre os pedidos implícitos**, nos termos do art. 322, §1º, sendo que, conforme art. 85, §18: "caso a decisão transitada em julgado seja omissa quanto ao direito aos honorários ou ao seu valor, é cabível ação autônoma para sua definição e cobrança". Ou seja, trata-se de pedido implícito, porém, a ser definido em **ação autônoma** no caso de sua não fixação no título executivo judicial.

O art. 92 fixa que o **autor não poderá intentar novamente ação judicial extinta anteriormente sem julgamento de mérito enquanto não pagar as despesas e honorários em que foi condenada.**

Especificamente no tocante às despesas com a realização de perícia judicial, bancas examinadoras da OAB (2019.1) já cobrou o conhecimento da parte final do artigo 95, a saber: "cada parte adiantará a remuneração do assistente técnico que houver indicado, sendo **a do perito** adiantada pela parte que houver requerido a perícia ou **rateada quando a perícia for determinada de ofício** ou **requerida por ambas as partes**".

Atenção à Lei nº 12.016/09 que é expressa quanto à não condenação em honorários advocatícios no rito do Mandado de Segurança. Esta questão já foi objeto de exame da banca examinadora da OAB.

MUITA ATENÇÃO! Quanto à verba honorária, o STJ possui as seguintes Súmulas: 14, 110, 111, 131, 141, 201, 303, 306, 345, 421, 453.

2.4 Substituição das partes e dos procuradores

A **regra geral veda** a **substituição das partes**, pois, ninguém poderá pleitear, em nome próprio, direito alheio, salvo quando autorizado pelo ordenamento jurídico (art.18). Logo, só é lícita, no curso do processo, a sucessão voluntária das partes nos casos expressos em lei" (art. 108).

As autorizações legais para tanto figuram nos arts. 109 a 112 e em disposições esparsas, ***p.e.***: **i)** o ingresso do adquirente ou cessionário da coisa ou de direito litigioso, a título particular, por ato entre vivos, no lugar do alienante ou cedente, desde que haja consentimento da parte contrária (art. 109, § 1º); **ii)** o ingresso do espólio ou dos sucessores no caso de morte de qualquer das partes (art. 110); **iii)** o ingresso do nomeado no caso de nomeação à autoria, quando o mesmo aceita tal condição (arts. 338 e 339).

Haverá **substituição de procuradores**: **i)** no caso de revogação do mandato anterior pela parte (art. 111); **ii)** no caso de renúncia ao mandato pelo advogado, comprovada a cientificação do mandante para que constitua novo advogado nos autos (**se necessário** para lhe evitar prejuízo, **continuará a representá-lo durante os 10 dias seguintes**), dispensada "quando a procuração tiver sido outorgada a vários advogados e a parte continuar representada por outro, apesar da renúncia" (art. 112, *caput* e §2º).

2.5. Pluralidade de pessoas como partes no processo

Não obstante a relação jurídica processual possua unicamente dois polos para composição de partes diretamente interessadas e afetadas pela decisão proferida, o fato é que, em cada um deles podem figurar uma só ou várias pessoas ao mesmo tempo, ligadas por interesses comuns. Pelo CPC, apenas o **litisconsórcio** é arrolado como hipótese, tendo a assistência sido deslocada para o capítulo que trata da "intervenção de terceiros" no processo, já que, a rigor, o assistente não é parte.

2.5.1 Do litisconsórcio

O litisconsórcio pode ser **ativo** (vários autores) ou **passivo** (vários réus), sendo que as hipóteses de ocorrência encontram-se arroladas no art. 113: **i)** quando entre eles houver **comunhão de direitos ou de obrigações** relativamente à lide; **ii)** quando entre as causas houver **conexão** pelo pedido ou pela causa de pedir; **iii)** quando ocorrer afinidade de questões por **ponto comum de fato ou de direito**.

A doutrina classifica o litisconsórcio como: **i) necessário ou facultativo**, a depender da necessidade (ou não) de integração da lide por todas as pessoas interessadas na sua solução, o que é fixado por lei ou pela própria natureza da relação jurídica conflituosa; **ii) unitário ou simples**, cujo critério de diferenciação se encontra na necessidade ou não de o juiz decidir a lide de modo uniforme para todas as partes integrantes de um dos polos.

O **litisconsórcio facultativo**, tendo em vista seu caráter **opcional**, pode ter seu número de litigantes limitado pelo juiz, "quando este comprometer a rápida solução do litígio ou dificultar a defesa ou o cumprimento da sentença" (art. 113, § 1º).

As classificações acima podem ser conjugadas para se complementar, a exemplo do art. 115, parágrafo único, que traz a figura **do litisconsórcio necessário unitário**, em que a eficácia da sentença "uniforme" dependerá da citação de todos os litisconsortes.

Os litisconsortes "serão considerados, em suas relações com a parte adversa, como litigantes distintos, exceto no litisconsórcio unitário, caso em que os atos e as omissões de um não prejudicarão os outros, mas os poderão beneficiar" (art. 117. Outras exceções legais ***p.e.***: **i)** revelia, que não produzirá o efeito de considerar como verdadeiros os fatos afirmados pelo autor quando um deles contestar a ação, art. 345, I; **ii)** recurso, que interposto por um dos litisconsortes a todos aproveita (art. 1.005).

Os efeitos jurídicos da sentença proferida sem a citação dos litisconsortes ("sem a integração do contraditório") são disciplinados pelo art. 115: **i)** nulidade, "se a decisão deveria ser uniforme em relação a todos que deveriam ter integrado o processo" (litisconsórcio necessário unitário); **ii)** ineficaz, "nos outros casos, apenas para os que não foram citados".

Exemplo de **litisconsórcio passivo necessário e unitário** foi trazido pela **banca examinadora da OAB**: "O Ministério Público ajuizou **ação rescisória** a fim de desconstituir sentença transitada em julgado, ao argumento de que teria havido **colusão entre ambas as partes do processo originário** no intuito de fraudar a lei. Diante disso, requereu, na petição inicial da ação rescisória, a **citação tanto da parte autora quanto da parte ré do processo originário**".

3. DA INTERVENÇÃO DE TERCEIROS

O Código de Processo Civil disciplina cinco modalidades de intervenção de terceiros no processo: **i) assistência** (arts. 119 a 124); **ii) denunciação da lide** (arts. 125 a 129); **iii) chamamento ao processo** (arts. 130 a 132); **iv) incidente de desconsideração da personalidade jurídica** (arts. 133 a 137); **v)** ***amicus curiae*** (art. 138).

3.1 Da assistência

Considera-se assistente qualquer terceiro que, não sendo parte do processo (autor ou réu), tiver interesse jurídico em que a sentença seja favorável a uma delas, podendo para tanto intervir no processo para auxiliá-la (art. 119).

O interesse jurídico é imprescindível para a configuração da assistência e de todas as outras formas de intervenção de terceiro, conforme reconhecido em questão da **banca examinadora da OAB**, cuja alternativa correta constava: "O **terceiro deve demonstrar que possui interesse jurídico** que a sentença seja favorável a uma das partes, para ser admitido como assistente".

A figura da assistência se divide entre: **i) assistência simples**, quando houver relação jurídica entre assistente e assistido (art. 121); **ii) assistência litisconsorcial**, "sempre que a sentença **influir** na relação jurídica entre ele e o adversário do assistido" (art. 124).

Exemplo de **assistência litisconsorcial** foi trazido pela **banca examinadora da OAB**: "Neves empresta R$ 500,00 para Sílvio e Sandro, sócios em uma empresa que fabrica sapatos, e a quantia deixa de ser paga a Neves na data estipulada no contrato de empréstimo, razão pela qual **Neves opta por cobrar toda a quantia apenas de Sílvio**, cujo patrimônio é maior. **Sandro resolve, então, requerer sua intervenção no processo** por temer que Sílvio venha a sucumbir e que, ato contínuo, **venha a agir regressivamente contra ele**, após ter pagado toda a quantia devida a Neves, com a **finalidade de obter de Sandro a sua quota-parte da dívida**".

O assistente pode intervir "em qualquer procedimento e em todos os graus de jurisdição, recebendo o assistente o processo no estado em que se encontre" (art. 119, § único).

O assistente "exercerá os mesmos poderes e sujeitar-se-á aos mesmos ônus processuais que o assistido" e, em caso de revelia do assistido, "será considerado seu substituto processual" (art. 121).

Por isso, "transitada em julgado a sentença no processo em que interveio o assistente, este não poderá, em processo posterior, discutir a justiça da decisão" (art. 123), com as exceções legais (impossibilidade de produção de provas em razão do estado em que recebeu o processo ou desconhecimento de alegações de que o assistido não se valeu).

Por não ser autêntica parte do processo, "a assistência simples não obsta a que a parte principal reconheça a procedência do pedido, desista da ação, renuncie ao direito sobre o que se funda a ação ou transija sobre direitos controvertidos" (art. 122), prejudicando a insurgência em face do comportamento do assistido.

Porém, tal regra da assistência simples **não se aplica à litisconsorcial** quando, por sofrer consequências jurídicas desfavoráveis perante a parte contrária em razão da sentença proferida, haverá liberdade de atuação como **autêntico litisconsorte** (arts. 117 e 118).

3.2 Denunciação da lide

É admissível a denunciação da lide, por qualquer das partes: **i)** ao alienante imediato, no processo relativo à coisa cujo domínio foi transferido ao denunciante, para que possa exercer os direitos que da evicção lhe resultam; **ii)** àquele que estiver obrigado, por lei ou contrato, a indenizar o prejuízo de quem perder a demanda em ação regressiva (art. 125).

A ideia é chamar o terceiro responsável pelos prejuízos advindos da sentença a ser proferida contra a parte constante dos autos para integrar o processo, resolvendo-se tal obrigação nos próprios autos, evitando-se, o ajuizamento de nova ação de conhecimento para tal solução.

O CPC **não impede o ajuizamento da ação autônoma**, conferindo-se, a propósito, a redação do art. 125, §1º: "o direito regressivo será exercido por ação autônoma quando a denunciação da lide for indeferida, deixar de ser promovida ou não for permitida". Não há que se falar mais, portanto, no caráter **obrigatório** da denunciação da lide.

Não obstante, o CPC **veda expressamente a realização de denunciações sucessivas** em seu artigo 125, § 2º ("admite-se uma única denunciação sucessiva, promovida pelo denunciado, contra seu antecessor imediato na cadeia dominial ou quem seja responsável por indenizá-lo, não podendo o denunciado sucessivo promover nova denunciação, hipótese em que eventual direito de regresso será exercido por ação autônoma").

A citação do denunciado deve ser requerida juntamente com a do réu, no caso de denunciante autor da ação, caso em que assumirá a posição de seu litisconsorte, podendo aditar a petição inicial (art. 127).

Será requerida no prazo para contestar, quando o denunciante é o réu (art. 126), havendo três alternativas: **i)** denunciado contesta o pedido, passando a figurar nos autos como litisconsorte do denunciante; **ii)** denunciado fica revel, o denunciante pode deixar de prosseguir na defesa, eventualmente oferecida, e abster-se de recorrer, restringindo sua atuação à ação regressiva; **iii)** denunciado confessa os fatos alegados, pode o denunciante prosseguir na defesa ou, aderindo a tal reconhecimento, pedir apenas a procedência da ação de regresso (art. 128).

"Procedente o pedido da ação principal, pode o autor, se for o caso, requerer o cumprimento da sentença também contra o denunciado, nos limites da condenação deste na ação regressiva" (art. 128, § único).

Por fim, a relação de prejudicialidade entre ação principal e a ação de denunciação da lide se dá da seguinte forma (art. 129): **i)** denunciante vencido na ação principal, passa-se ao julgamento da denunciação da lide; **ii)** denunciante vencedor na ação principal, a ação de denunciação não terá o seu pedido examinado, "sem prejuízo da condenação do denunciante ao pagamento das verbas de sucumbência em favor do denunciado".

3.3 Chamamento ao processo

É figura prevista em favor do **fiador ou devedor** solidário que conste inicialmente do polo passivo da *ação* (réus), para que os demais fiadores ou o devedor principal ou solidário não arrolados pelo autor passem a integrar a lide (art. 130).

O objetivo de tal medida é o de fixar na própria ação a responsabilidade de cada um dos devedores, inclusive em eventual direito de regresso, evitando-se o ajuizamento de nova ação para tanto (art. 78).

Não obstante, **não possui caráter obrigatório**, conforme teor do art. 131, que exige que a citação de todos os litisconsortes passivos seja requerida pelo réu e realizada no prazo de 30 (trinta) dias, "sob pena de ficar sem efeito o chamamento".

Por fim, **"a sentença de procedência valerá como título executivo** em favor do réu que satisfizer a dívida, a fim de que possa exigi-la, por inteiro, do devedor principal, ou de cada um dos codevedores, a sua cota, na proporção que lhes tocar" (art. 132).

MUITA ATENÇÃO!

A figura do chamamento ao processo já foi **cobrada em duas oportunidades por bancas examinadoras da OAB**, ao tratarem da figura do fiador (2019.1 e 2019.3).

Também a figura da **denunciação da lide** é tema cobrado de forma recorrente em bancas examinadoras da OAB.

3.4 Incidente de desconsideração de personalidade jurídica

Trata-se de incidente processual criado para a efetivação do comando contido no art. 50, do CC/02: "Em caso de abuso da personalidade jurídica, caracterizado pelo desvio de finalidade ou pela confusão patrimonial, pode o juiz, a requerimento da parte, ou do Ministério Público quando lhe couber intervir no processo, desconsiderá-la para que os efeitos de certas e determinadas relações de obrigações sejam estendidos aos bens particulares de administradores ou de sócios da pessoa jurídica beneficiados direta ou indiretamente pelo abuso".

Os legitimados continuam os mesmos (parte ou MP; art. 133), sendo "cabível em todas as fases do processo de conhecimento, no cumprimento de sentença e na execução fundada em título executivo extrajudicial" (art. 134), com suspensão do processo, via de regra (§3º).

Haverá citação do sócio ou da pessoa jurídica para manifestação, em 15 (quinze) dias (art. 135), resolvendo-se mediante prolação de decisão interlocutória (art. 136), recorrível pela via do agravo interno no caso de ter sido proferida pelo relator (§ único).

Ou seja, **não cabe o seu reconhecimento de ofício, tampouco antes de prévia citação daqueles a serem atingidos pela medida**, o que restou cobrado por banca examinadora da OAB (2019.1).

"Acolhido o pedido de desconsideração, a alienação ou a oneração de bens, havida em fraude de execução, será ineficaz em relação ao requerente" (art. 137).

3.5 *Amicus curiae*

Trata-se de figura criada para possibilitar "a participação de pessoa natural ou jurídica, órgão ou entidade especializada, com representatividade adequada", "considerando a relevância da matéria, a especificidade do tema objeto da demanda ou a repercussão social da controvérsia", a ser solicitada pela parte interessada e admitida, a pedido ou de ofício, pelo juiz ou relator da causa (art. 138).

Caberá ao juiz ou relator definir os poderes do *amicus curiae* (§2º), sendo que tal intervenção "não implica alteração de competência nem autoriza a interposição de recursos", ressalvadas duas hipóteses: **i)** oposição de embargos declaratórios; **ii)** interposição de recurso em face do julgamento de resolução de demandas repetitivas (§3º).

4. DOS AUXILIARES DA JUSTIÇA

O art. 149 traz o rol dos chamados **"auxiliares da justiça"**, quais sejam, o escrivão, o chefe de secretaria, o oficial de justiça, o perito, o depositário, o administrador, o intérprete, o tradutor, o mediador, o conciliador judicial, o partidor, o distribuidor, o contabilista e o regulador de avarias, como meros intervenientes sem qualquer interesse pessoal na solução do litígio.

As hipóteses de impedimento e suspeição dos juízes se aplicam a todos os auxiliares da justiça e aos demais sujeitos imparciais do processo (art. 148, II e III).

MUITA ATENÇÃO! O CPC instituiu novo dever aos juízes (art. 12) e aos escrivães e chefes de secretaria (art. 153), de observar a ordem cronológica dos feitos para a prática dos atos processuais que lhes caibam, porém, como mera recomendação ("preferencialmente").

? **QUESTÃO:** Os Advogados Públicos devem apresentar instrumento de procuração em cumprimento ao disposto pelo art. 104, do CPC?

➥ ***RESPOSTA****: "Ao titular do cargo de procurador de autarquia não se exige a apresentação de instrumento de mandato para representá-la em juízo" (súmula nº 644, do STF). No caso dos advogados públicos na esfera federal a lei orgânica da Advocacia da União (art. 38, LC 73/93) é dispensada a apresentação de procuração nos autos.*

? **QUESTÃO:** Cabe condenação de advogado em litigância de má-fé?

➥ ***RESPOSTA****: O STJ decidiu que não cabe a condenação do advogado por litigância de má fé (art. 17) (REsp 1.247.820/AL), o que também se verifica no prescrito pelo artigo 77, §6º, do CPC, segundo o qual "aos advogados públicos ou privados e aos membros da Defensoria Pública e do Ministério Público não se aplica o disposto nos §§2º a 5º, devendo eventual responsabilidade disciplinar ser apurada pelo respectivo órgão de classe ou corregedoria, ao qual o juiz oficiará".*

EM RESUMO: Sujeitos do Processo	
Figuras	Juiz, partes (autor e réu), Ministério Público, terceiros intervenientes e auxiliares da Justiça.
Capacidade das partes	Capacidade para figurar nos polos da ação = personalidade jurídica. Capacidade processual = capacidade de exercício e gozo dos direitos. Capacidade postulatória = capacidade para postular em juízo, exclusiva dos advogados habilitados perante a OAB.
Características das partes do processo	**I** – deveres e responsabilidades (litigância de má fé e sucumbência); **II** – possibilidade excepcional de substituição das partes e procuradores; **III** – pluralidade de partes: litisconsórcio ou assistência.
Intervenção de terceiros	**I** – assistência; **II** – denunciação da lide; **III** – chamamento ao processo; **IV** – incidente de desconsideração de personalidade jurídica; **V** – *amicus curiae*.

CAPÍTULO III

ATOS PROCESSUAIS

1. NOÇÕES GERAIS

O "processo" pressupõe a prática de uma série de atos voltados a um objetivo, qual seja, a prolação da sentença, como ato solucionador do conflito apresentado pelas partes.

Tais atos (arts. 284 a 293), sua forma (arts. 188 a 211), tempo (arts. 212 a 216), lugar (art. 217) e prazos (arts. 218 a 232), além do seu controle (arts. 233 a 235) e forma de comunicação (arts. 236 a 275) devem ser padronizados, possibilitando aos sujeitos o conhecimento prévio dos procedimentos adotados, cumprindo-se os primados constitucionais do devido processo legal (art. 5º, LIV), do contraditório e da ampla defesa (art. 5º, LV).

Porém, há que se ter em mente o princípio da **instrumentalidade das formas** (DINAMARCO, GRINOVER), pelo qual não há que se falar em nulidade caso o ato praticado tenha **atingido sua finalidade**, **sem causar efetivo prejuízo** (arts. 277 e 282). Também em decorrência, declarada a nulidade do ato, **não se afetará os demais**, desde que **aproveitáveis** e **não contaminados** pelo ato originário nulo (arts. 281 e 283).

2. DA FORMA DOS ATOS PROCESSUAIS

O Código de Processo Civil traz um padrão geral para a prática dos atos processuais e fixa que "os atos e os termos processuais independem de forma determinada, salvo quando a lei expressamente a exigir, considerando-se válidos os que, realizados de outro modo, lhe preencham a finalidade essencial" (art. 188) – princípio da **instrumentalidade**.

A regra é de que os atos processuais são **públicos**, exceto nos casos de **"segredo de justiça"**: **i)** quando o interesse público ou social assim exigir; **ii)** nas causas relacionadas a casamento, filiação, separação de corpos, divórcio, separação, união estável, alimentos e guarda de crianças e adolescentes; **iii)** nas quais constem dados protegidos pelo direito constitucional à intimidade; **iv)** nas causam que versem sobre arbitragem, inclusive sobre cumprimento de carta arbitral, desde que a confidencialidade estipulada na mesma seja comprovada perante o juízo. Hipóteses nas quais o acesso aos autos fica restrito "às partes e a seus procuradores" (art. 189).

Regras relevantes constantes do CPC são as seguintes: **i)** poderes conferidos "às partes plenamente capazes" para "estipular mudanças no procedimento para ajustá-lo às especificidades da causa e convencionar sobre os seus ônus, poderes, faculdades e deveres processuais, antes ou durante o processo", "versando o processo sobre direitos que admitam autocomposição", caso em que "de ofício ou a requerimento, o juiz controlará a validade das convenções previstas neste artigo, recusando-lhes aplicação somente nos casos de nulidade ou de inserção abusiva em contrato de adesão ou em que alguma parte se encontre em manifesta situação de vulnerabilidade" (art. 190); **ii)** possibilidade conferida ao juiz e às partes de, em comum acordo, "fixar calendário para a prática dos atos processuais", de caráter vinculante, caso em que "dispensa-se a intimação das partes para a prática de ato processual ou a realização de audiência cujas datas tiverem sido designadas no calendário" (art. 191).

A propósito das convenções entre partes capazes e versando sobre objeto disponível, de modo a alterar o procedimento geral previsto no CPC, foi cobrada a seguinte questão pela **banca examinadora da OAB**: Rafael e Paulo, maiores e capazes, devidamente representados por seus advogados, celebraram um contrato, no qual, dentre outras obrigações, havia a previsão de que, em eventual ação judicial, os prazos processuais relativamente aos atos a serem praticados por ambos seriam, em todas as hipóteses, dobrados. Por conta de desavenças surgidas um ano após a celebração da avença, Rafael ajuizou uma demanda com o objetivo de rescindir o contrato e, ainda, receber indenização por dano material. Regularmente distribuída para o juízo da 10ª Vara Cível da comarca de Porto Alegre/RS, o magistrado houve por reconhecer, de ofício, a nulidade da cláusula que previa a dobra do prazo. (...) Foi considerada como correta a seguinte assertiva: "o magistrado agiu incorretamente, uma vez que, tratando-se de objeto disponível, realizado por partes capazes, eventual negócio processual, que ajuste o procedimento às especificidades da causa, deve ser respeitado" (art. 190, do CPC).

A prática dos atos processuais deverá se dar em língua portuguesa (art. 192), somente se autorizando a juntada de documento em língua estrangeira "quando acompanhado de versão para a língua portuguesa tramitada por via diplomática ou pela autoridade central, ou firmada por tradutor juramentado" (art. 192).

Os arts. 193 a 199 do CPC passam a disciplinar a realização de atos processuais pela via eletrônica, sendo que, "nos casos de problema técnico do sistema e de erro ou omissão do auxiliar da justiça responsável pelo registro dos andamentos, poderá ser configurada a justa causa prevista no art. 223, *caput* e §1º" – que trata das hipóteses de prorrogação do prazo processual (art. 197, § único).

Também se institui o dever, pelas unidades do Poder Judiciário, de instalação e manutenção gratuitas de equipamentos, à disposição dos interessados, "necessários à prática de atos processuais e à consulta e ao acesso ao sistema e aos documentos dele constantes" (art. 198), sendo "admitida a prática de atos por meio não eletrônico no local onde não estiverem disponibilizados os equipamentos previstos no *caput*" (§ único).

São **atos do juiz**: **i) sentença**, ato que implica nas situações dos arts. 485 (põe fim ao processo de forma prematura, sem resolver o mérito da causa) ou 487 (resolve os conflitos apresentados pelas partes) do CPC, "ressalvadas as disposições expressas dos procedimentos especiais"; **ii) decisão interlocutória**, "todo pronunciamento judicial de natureza decisória que não se enquadre no §1º" (não classificado como sentença); **iii) despachos**, todos os demais pronunciamentos praticados pelo juiz, de ofício ou a requerimento da parte (art. 203, §§s 1º a 3º).

3. TEMPO E LUGAR DOS ATOS PROCESSUAIS

"Os atos processuais serão realizados em **dias úteis**, das **6 (seis) às 20 (vinte) horas**" (art. 212), porém, podendo ser concluídos posteriormente a tais horários quando iniciados antes, "quando o adiamento prejudicar a diligência ou causar grave dano" (§ 1º).

Já os atos processuais de **penhora, citação e intimação** poderão ser praticados no período de férias forenses, nos feriados ou fora do horário de expediente forense "independentemente de autorização judicial" (§ 2º), observando-se, de qualquer forma, a garantia constitucional da inviolabilidade do domicílio (art. 5º, XI). "A prática eletrônica de ato processual pode ocorrer em qualquer horário até as 24 (vinte e quatro) horas do último dia do prazo", sendo considerado, para tanto, "o horário vigente no juízo perante o qual o ato deve ser praticado" (art. 213).

"Durante as férias forenses e nos feriados, não se praticarão atos processuais", exceto: **i)** a tutela de urgência; **ii)** citações, intimações e penhoras (art. 214).

"Além dos declarados em lei, são feriados, para efeito forense, os sábados, os domingos e os dias em que não haja expediente forense" (art. 216).

4. DOS PRAZOS PROCESSUAIS

Os arts. 218 a 232 do CPC traçam as regras gerais acerca dos prazos processuais.

Os prazos são classificados da seguinte forma: **i) legais** – determinados pela legislação processual (art. 218); **ii) judiciais** – fixados pelo juiz da causa (art. 218, §1º); **iii) convencionais** – acordados entre as partes (art. 191); **iv) dilatórios** – podem ser dilatados ou reduzidos por meio de acordo entre as partes (art. 190); **v) peremptórios** – não comportam alteração por vontade das partes (art. 222, §1º); **vi) próprios** – impostos às partes. O seu termo final (***dies ad quem***) gera preclusão (art. 223); **vii) impróprios** – não geram consequências processuais. Estabelecidos ao juiz e seus auxiliares.

"Na contagem de prazo em dias, estabelecido por lei ou pelo juiz, computar-se-ão somente os dias úteis" (art. 219), porém, tratando-se de regra aplicável "**somente aos prazos processuais**" (§ único).

Ademais, seu fluxo é **suspenso "nos dias compreendidos entre 20 de dezembro e 20 de janeiro, inclusive"** (art. 220), o mesmo ocorrendo na hipótese de "obstáculo criado em detrimento da parte ou ocorrendo qualquer das hipóteses do art. 313 (hipóteses de suspensão do processo); casos em que o prazo será restituído por tempo igual ao que faltava para a sua complementação" (art. 221). Também ocorre a suspensão "durante a execução de programa instituído pelo Poder Judiciário para promover a autocomposição, incumbindo aos tribunais especificar, com antecedência, a duração dos trabalhos" (§ único). "Salvo disposição em contrário, os prazos serão contados **excluindo o dia do começo e incluindo o dia do vencimento**" (art. 224), considerando-se prorrogado o prazo até o primeiro dia útil seguinte "se coincidirem com dia em que o expediente forense for encerrado antes ou iniciado depois da hora normal ou houver indisponibilidade da comunicação eletrônica".

"Considera-se como data de publicação o primeiro dia útil seguinte ao da disponibilização da informação no Diário da Justiça eletrônico" (§2º), sendo que "a contagem do prazo terá início no primeiro dia útil que seguir ao da publicação" (§3º).

"A parte poderá renunciar ao prazo estabelecido exclusivamente em seu favor, desde que **o faça de maneira expressa**" (art. 225). Quando a parte for a **Fazenda Pública ou o Ministério Público**, computa-se em **dobro o prazo para se manifestar nos autos** (arts. 180 e 183).

Por fim, no caso de **litisconsortes com diferentes procuradores**, conta-se em **dobro os prazos processuais** (art. 229), porém, somente quando forem de "**escritórios de advocacia distintos**".

Em se tratando de comunicação eletrônica dos atos processuais (art. 4º, da Lei 11.419/06), **é certo que: i) tal comunicação "substitui qualquer outro meio e publicação oficial (...), à exceção dos casos que, por lei, exigem intimação ou vista pessoal** (§ 2º); **ii) "considera-se como data da publicação o primeiro dia útil seguinte ao da disponibilização da informação no diário da Justiça eletrônico** (§ 3º); **iii) "os prazos processuais terão início no primeiro dia útil que seguir ao considerado como data da publicação"** (§ 4º). São regras mantidas pelo CPC/15 (Lei 13.105/15; arts. 224, §§ 2º e 3º e 270).

MUITA ATENÇÃO!

1. A regra do prazo em dobro no caso de litisconsortes com diferentes procuradores somente tem aplicação quando a todos competir falar nos autos, razão pela qual a súmula 641 do STF dispõe que "Não se conta em dobro o prazo para recorrer, quando só um dos litisconsortes haja sucumbido". A regra geral do prazo em dobro já foi objeto de indagação pela **banca examinadora da OAB**.

2. Os advogados, representantes da Fazenda Pública e membros do Ministério Público e da Defensoria Pública devem restituir os autos no prazo legal. Caso devidamente intimado não os devolva em cartório, "perderá o direito à vista fora de cartório e incorrerá em multa correspondente à metade do salário mínimo", além de responder por infração disciplinar (art. 234).

5. DAS COMUNICAÇÕES DOS ATOS

Duas são as formas básicas de comunicação: **i) ordem judicial**, quando dentro do território de atuação do juiz competente; **ii) requisição por carta**, quando fora do território de atuação do juiz competente (art. 236).

As cartas podem ser: **i) de ordem**, "pelo tribunal", "para juízo a ele vinculado, se o ato houver de se realizar fora dos limites territoriais do local de sua sede"; **ii) rogatória**, "para que órgão jurisdicional estrangeiro pratique ato de cooperação jurídica internacional"; **iii) precatória**, "para que órgão jurisdicional brasileiro pratique ou determine o cumprimento, na área de sua competência territorial, de ato relativo a pedido de cooperação judiciária formulado por órgão jurisdicional de competência territorial diversa"); **iv) arbitral**, "para que órgão do Poder Judiciário pratique ou determine o cumprimento, na área de sua competência territorial, de ato objeto de pedido de cooperação judiciária formulado por juízo arbitral, inclusive os que importem efetivação de tutela provisória" (art. 237).

"A carta tem **caráter itinerante,** podendo, antes ou depois de lhe ser ordenado o cumprimento, ser encaminhada a juízo diverso do que dela consta, a fim de se praticar o ato" (art. 262).

Por fim, atualmente é competência constitucional do Superior Tribunal de Justiça conceder ***exequatur*** às cartas rogatórias estrangeiras (art. 105, I, *i*, da CF), sendo da Justiça Federal a competência para sua efetiva execução (art. 109, X, da CF), tratando-se, nos termos do CPC, de "jurisdição contenciosa", que "deve assegurar às partes as garantias do devido processo legal" (art. 36).

No tocante à **finalidade**, duas são as formas de que se revestem os atos de comunicação processual: **i) citação; ii) intimação.**

5.1 Das citações

Entende-se por **citação** "o ato pelo qual são convocados o réu, o executado ou o interessado para integrar a relação processual" (art. 238), sendo **indispensável para a validade do processo** (art. 239), já que estamos diante de formalidade necessária ao cumprimento dos primados constitucionais do devido processo legal (art. 5º, LIV) e da ampla defesa (art. 5º, LV). Exceções são os casos de "indeferimento da petição inicial ou de improcedência liminar do pedido", praticados antes da citação. Não obstante, "o comparecimento espontâneo do réu ou do executado supre a falta ou a nulidade da citação" (art. 239, § 1º).

Novidade recente introduzida pela Lei nº 14.195/21 é a de que a **"citação será efetivada em até 45 (quarenta e cinco) dias a partir da propositura da ação" (§ único incluído no art. 238).**

A citação deverá ser praticada de forma pessoal ou, no caso de sua incapacidade, perante seu representante legal ou curador legalmente autorizado (art. 242).

A regra geral é a de que "a citação poderá ser feita em qualquer lugar em que se encontre o réu, o executado ou o interessado" (art. 243), porém, o art. 244 prevê exceções, quando não caberá a prática da citação, salvo para evitar perecimento de direito: **i)** a quem estiver participando de ato de culto religioso; **ii)** ao cônjuge, companheiro ou qualquer parente de morto, consanguíneo ou afim, em linha reta, ou na colateral em segundo grau, no dia do falecimento e nos 7 (sete) dias seguintes; **iii)** aos noivos, nos 3 (três) primeiros dias seguintes ao casamento; **iv)** aos doentes graves.

O art. 219 traz o efeito **processual** remanescente da citação (induzir litispendência) e os **materiais** (fazer litigiosa a coisa, constituir em mora o devedor e interromper a prescrição, retroagindo à data da propositura), sendo que **todos eles ocorrem mesmo que ordenada por juiz incompetente**.

Já o momento de ocorrência da prevenção do juízo (outro efeito processual) passou a ser o do "registro ou a distribuição da petição inicial" (art. 59).

A prescrição, por seu turno, deixa de ser cognoscível de plano pelo magistrado, conforme regra do art. 487, § único: "(...) a prescrição e a decadência não serão reconhecidas sem que antes seja dada às partes oportunidade de manifestar-se". Exceção feita ao caso de improcedência liminar do pedido (art. 332, §1º). O conhecimento de ofício independente de alegação pelas partes, continua sendo possível (art. 487, II). Por fim, o CPC deixa expresso que também se aplica à decadência o efeito de interrupção pela citação operado sobre a prescrição (art. 240, §4º).

São formas de citação, em **ordem de preferência** (art. 246): **i) correio**; **ii) oficial de justiça**; **iii) escrivão ou chefe de secretaria**, se o citando comparecer em cartório; **iv) hora certa; v) edital**; **vi) meio eletrônico**, a depender de lei específica.

Embora a citação pelo **correio** seja a preferencial do CPC (arts. 247 a 248), **excepcionalmente** deverá ser feita por **oficial de justiça**: **i)** nas ações de estado; **ii) quando o citando for incapaz**; **iii)** quando o citando for pessoa de direito público; **iv)** quando o citando residir em local não atendido pela entrega domiciliar de correspondência; **v)** quando o autor, justificadamente, a requerer de outra forma ou quando frustrada a citação por correio (art. 249).

As três primeiras formas de citação (correio, oficial de justiça e escrivão ou chefe de secretaria) são chamadas de **"reais"**, pois, realizadas em nome próprio do citando ou de seu representante legal. Por razão inversa, as citações por **hora certa** e por **edital** constituem as modalidades de **citação "ficta"**.

A citação por **hora certa** pressupõe que o oficial de justiça tenha procurado o citando por duas vezes em seu domicílio ou residência, sem o encontrar, gerando suspeita de ocultação (art. 252). Neste caso, informará a qualquer pessoa da família ou vizinho que retornará no dia útil imediato na hora designada, quando se terá por feita a citação, cuja ocorrência certificará a qualquer deles (art. 253).

Realizada tal modalidade de citação, a secretaria da vara enviará carta, telegrama ou radiograma ao réu dando-lhe ciência de todo o ocorrido (art. 254), sob pena de nulidade (REsp 687115/GO).

Em **relevantíssima e profunda alteração ao regime da citação**, a Lei nº 14.195/21 alterou o art. 246 do CPC para fixar que a **citação "será feita preferencialmente por meio eletrônico**, no prazo de até 2 (dois) dias úteis, contado da decisão que a determinar, **por meio dos endereços eletrônicos indicados pelo citando no banco de dados do Poder Judiciário, conforme regulamento do Conselho Nacional de Justiça**".

Ademais, modificou o §1º para **estender a todas as empresas** o dever de "manter cadastro nos sistemas de processo em autos eletrônicos, para efeito de recebimento de citações e intimações, as quais serão efetuadas preferencialmente por esse meio".

Não obstante, a citação eletrônica somente produzirá efeitos quando confirmada pelo(a) citado(a) em até 03 (três) dias úteis, contados do recebimento da mesma, conforme regra introduzida no §1º-A.

Não confirmada, ocorrerá na ordem até então fixada no art. 246, ainda vigente, pois, o **banco de dados do Poder Judiciário ainda não foi regulamentado pelo CNJ**.

Demais regras relevantes a disciplinar a **nova modalidade de citação eletrônica**, introduzidas pela Lei nº 14.195/21: **i)** "Na **primeira oportunidade de falar nos autos**, o réu citado nas formas previstas nos incisos I, II, III e IV do § 1º-A deste artigo **deverá apresentar justa causa para a ausência de confirmação do recebimento da citação enviada eletronicamente**" (§1º-B); ii) "Considera-se **ato atentatório à dignidade da justiça, passível de multa de até 5% (cinco por cento) do valor da causa, deixar de confirmar no prazo legal, sem justa causa, o recebimento da citação recebida por meio eletrônico**" (§1º-C); iii) "As citações por correio eletrônico serão **acompanhadas das orientações para realização da confirmação de recebimento e de código identificador que permitirá a sua identificação na página eletrônica do órgão judicial citante**"; iv) "As microempresas e as pequenas empresas somente se sujeitam ao disposto no § 1º deste artigo quando não possuírem endereço eletrônico cadastrado no sistema integrado da Rede Nacional para a Simplificação do Registro e da Legalização de Empresas e Negócios (Redesim)" (§5º); v) "Para os fins do § 5º deste artigo, deverá haver compartilhamento de cadastro com o órgão do Poder Judiciário, incluído o endereço eletrônico constante do sistema integrado da Redesim, nos termos da legislação aplicável ao sigilo fiscal e ao tratamento de dados pessoais"; vi) "o **quinto dia útil seguinte à confirmação**, na forma prevista na mensagem de citação, do recebimento da citação realizada por meio eletrônico" (inc. IX acrescido ao art. 231 e que fixa o **dia do início do prazo**).

Importante salientar, também, que as **hipóteses excepcionais de citação do art. 247 permanecem iguais, não prevalecendo a citação eletrônica**, além do que as alterações introduzidas pela Lei nº 14.195/21 na parte da citação foram questionadas no STF (ADIN nº 7.005).

Outras regras relevantes referentes à citação no CPC: **i)** "nos condomínios edilícios ou nos loteamentos com controle de acesso, será válida a intimação a que se refere o *caput* feita a funcionário da portaria responsável pelo recebimento de correspondência (art. 252, § único); **ii)** a citação com hora certa será efetivada mesmo que a pessoa da família ou o vizinho que houver sido intimado esteja ausente, ou se, embora presente, a pessoa da família ou o vizinho se recusar a receber o mandado" (art. 253, §2º); **iii)** "com exceção das microempresas e das empresas de pequeno porte, as empresas públicas e privadas são obrigadas a manter cadastro nos sistemas de processo em autos eletrônicos, para efeito de recebimento de citações e intimações, as quais serão efetuadas preferencialmente por esse meio", sendo que tal regra "aplica-se à União, aos Estados, ao Distrito Federal, aos Municípios e às entidades da administração indireta" (art. 246, §§1º e 2º).

Já a citação por **edital** (residual e excepcional), cujo prazo de vigência variará entre 20 (vinte) e 60 (sessenta) dias, fixados pelo juiz e contados da data da primeira ou única publicação (art. 257, III), somente poderá ser realizada: **i)** quando desconhecido ou incerto o citando; **ii)** quando ignorado, incerto ou inacessível o lugar em que se encontre; **iii)** nos demais casos expressos em lei (art. 256).

5.2 Das intimações

"Intimação é o ato pelo qual se dá ciência a alguém dos atos e dos termos do processo" (art. 269).

A **regra** é de que sejam feitas "sempre que possível, **por meio eletrônico"** (art. 270) ou, quando não realizadas por tal forma, "**pela publicação dos atos no órgão oficial**" (art. 272), sendo "indispensável que da publicação constem os nomes das partes e de seus advogados, com o respectivo número de inscrição na Ordem dos Advogados do Brasil, ou, se assim requerido, da sociedade de advogados", "sob pena de nulidade" (art. 272, § 2º)

Regras relevantes referentes às intimações no CPC: **i)** "é facultado aos advogados promover a intimação do advogado da outra parte por meio do correio, juntando aos autos, a seguir, cópia do ofício de intimação e do aviso de recebimento" (art. 269, §1º); **ii)** o dever de se cadastrar em sistema de recebimento de citações e intimações em autos eletrônicos (art. 246, §1º) "aplica-se ao Ministério Público, à Defensoria Pública e à Advocacia Pública" (art. 270, § único).

Já as intimações pessoais às partes, aos representantes legais, aos advogados e aos demais sujeitos do processo serão realizadas "pelo correio ou, se presentes em cartório, diretamente pelo escrivão ou chefe de secretaria" (art. 274), competindo a estes atualizar o respectivo endereço sempre que houver modificação temporária ou definitiva, sob pena de "presumem-se válidas as intimações dirigidas ao endereço constante dos autos, ainda que não recebidas pessoalmente pelo interessado". Caso frustrada por meio eletrônico ou pelo correio, será realizada por oficial de justiça (art. 275).

O art. 230 explica que o prazo para as partes, procuradores, Advocacia Pública, Defensoria Pública e Ministério Público "será contado da citação, da intimação ou da notificação" Por regra do art. 231, as diversas formas de citação e intimação permitem o início da contagem dos prazos da data da juntada aos autos dos respectivos comprovantes de efetivação (mandados, avisos de recebimento cumpridos), ressalvas feitas: **i)** ao edital, cujo prazo se finda no dia útil seguinte ao fim da data fixada pelo juiz no próprio edital; **ii)** às citações e intimações eletrônicas, cujo prazo se finda no dia útil seguinte à consulta ou ao término do prazo para que a consulta ocorra; **iii)** às intimações realizadas por meio de publicação no Diário da Justiça, impresso ou eletrônico, cujo prazo se inicia na data de publicação; **iv)** às intimações realizadas mediante carga dos autos, cujo prazo se inicia do dia da carga.

Por fim, o art. 1.003 fixa o início da contagem dos prazos para interposição de recursos a data da intimação da decisão, com as seguintes exceções: **i)** data da audiência, quando nesta é proferida a decisão (art. 1.003, §1º); **ii)** havendo antecipação da audiência, o juiz mandará, de ofício ou a requerimento da parte, intimar pessoalmente os advogados ou a sociedade de advogados para ciência da nova designação (art. 363); **iii)** no caso de decisões proferidas anteriormente à citação, aplicam-se as regras gerais do art. 231 em favor do citando (art. 1.003, §2º).

6. DAS NULIDADES

Pelo princípio geral da instrumentalidade do processo (DINAMARCO, GRINOVER), não há que se falar em nulidade processual caso o ato praticado atinja sua finalidade (art. 277) e não haja prejuízo à parte (art. 282, § 1º) ou à defesa (art. 283, parágrafo único), logo, as hipóteses de decretação da **nulidade** encontram-se **expressamente prescritas** pela lei (arts. 276 e 277).

São suas hipóteses previstas no CPC: **i)** quando o Ministério Público não for intimado a acompanhar o feito em que deva intervir (art. 279); **ii)** quando as citações e intimações forem feitas sem observância das prescrições legais (art. 280).

O CPC alterou parcialmente a sistemática da nulidade no caso de intimação do Ministério Público em caso no qual deva intervir, passando a exigir sua manifestação prévia, nos seguintes termos: "A nulidade só pode ser decretada após a intimação do Ministério Público, que se manifestará sobre a existência ou a inexistência de prejuízo" (art. 279, § 2º). Logo, deixou de ser hipótese automática de nulidade processual.

Mesmo nestas situações, a nulidade não será decretada caso: **i)** a parte que a alegou tenha sido a mesma que lhe deu causa (art. 276, ***in fine***); **ii) a parte não alegue a nulidade na primeira oportunidade em que lhe couber falar nos autos (preclusão), salvo se cognoscíveis de ofício e de plano pelo juiz** (arts. 485, IV a VI e 337, § 5º) (art. 278); **iii)** o juiz possa decidir a lide em favor da parte a quem aproveite a declaração da nulidade (art. 282, § 2º), esta última hipótese cobrada em **banca examinadora da OAB (2021.1)**.

Por fim, e em nome do princípio da máxima efetividade do processo, o juiz deverá anular **unicamente os atos eivados de vício insanável**, e **unicamente na parte viciada**, aproveitando-se todos os demais atos produzidos (arts. 281 e 283).

7. DE OUTROS ATOS PROCESSUAIS

Os arts. 284 a 293 disciplinam, finalmente, dois atos processuais específicos: **i)** distribuição e registro do processo (arts. 284 a 290); **ii)** valor da causa (arts. 291 a 293).

7.1 Distribuição e registro

Para evitar burla do juízo sorteado, o art. 286 traz o rol de casos em que a distribuição se dará por **dependência** ao mesmo juízo: **i)** quando as causas se relacionarem, por conexão ou continência, com outra já ajuizada; **ii)** quando, extinto o processo sem resolução de mérito (art. 485), for reiterado o pedido, "ainda que em litisconsórcio com outros autores ou que sejam parcialmente alterados os réus da demanda" (hipótese cobrada no exame da ordem de julho/2017); **iii)** quando houver o ajuizamento de ações "que possam gerar risco de prolação de decisões conflitantes ou contraditórias caso decididos separadamente, mesmo sem conexão entre eles" (art. 55, §3º), ao juízo prevento.

7.2 Do valor da causa

O art. 291 institui o dever de se atribuir valor certo a toda causa, "ainda que não tenha conteúdo econômico imediatamente aferível", isso porque serve de **base de cálculo das custas judiciais** e, também para a **base de cálculo da verba honorária**.

O art. 292 traz as **regras sobre o valor da causa** de acordo com cada demanda: **i)** na ação de cobrança de dívida, a soma monetariamente corrigida do principal, dos juros de mora vencidos e de outras penalidades, se houver, até a data de propositura da ação; **ii)** no caso de cumulação de pedidos, o valor de sua soma; **iii)** no caso de **pedidos alternativos, o equivalente ao de maior valor**; **iv)** no caso de pedido subsidiário, o equivalente unicamente ao pedido principal; **v)** quando o objeto da ação for a existência, validade, cumprimento, modificação, resolução, resilição ou rescisão de ato jurídico, o valor do ato ou de sua parte controvertida; **vi)** na ação de alimentos, a soma de doze prestações mensais pedidas pelo autor; **vii)** nas ações de divisão, demarcação e reivindicação, o valor de avaliação da área ou do bem objeto do pedido; **viii)** na ação indenizatória, inclusive a fundada em dano moral, o valor pretendido.

Já os §§2º e 3º disciplinam o caso de pedido de condenação em prestações vencidas e vincendas, quando o valor da causa será o valor das vencidas acrescidas do valor de: **i)** uma prestação anual, caso o período vincendo seja indeterminado ou superior a 01 (um) ano; **ii)** o valor integral das vincendas, caso o período seja igual ou inferior a 01 (um) ano.

O §3º, por seu turno, dá ao juiz o poder expresso de corrigir "de ofício e por arbitramento, o valor da causa quando verificar que não corresponde ao conteúdo patrimonial em discussão ou ao proveito econômico perseguido pelo autor, caso em que se procederá ao recolhimento das custas correspondentes".

Por fim, pode o réu questionar o valor atribuído à causa mediante "preliminar da contestação", "sob pena de preclusão" (art. 293).

EM RESUMO: Atos Processuais	
Características	**I. Forma:** livre, salvo prescrição legal, com possibilidade de realização de atos eletrônicos (Lei 11.419/06), inclusive, sendo a forma preferencial no tocante às citações e intimações (arts. 246, §1º e 270); **II. Legitimados:** juiz (sentença, decisão interlocutória ou despacho de mero expediente) ou partes (declarações unilaterais ou bilaterais de vontade); **III. Tempo e lugar:** via de regra, nos dias úteis, das 6 às 20 horas, salvo exceções legais expressas.
Formas de Comunicação	**I. Critério territorial:** ordem judicial (mesmo foro) ou cartas (foros diversos), podendo ser precatória (entre juízos de primeiro grau de jurisdição), de ordem (entre Tribunal e juízo) ou rogatória (entre autoridade internacional e interna); **II. Finalidade:** citações (chamar réu ou terceiro interveniente ao processo) ou intimações (comunicação de atos às partes ou terceiros).
Nulidades	Excepcionais, devendo prevalecer a forma livre e o máximo aproveitamento dos atos praticados, somente se decretando nas hipóteses expressamente previstas em lei e caso haja efetivo prejuízo à parte ou à defesa.

Outros Atos	**I. Distribuição e registro:** sorteio do processo para o juízo onde será processado e julgado, com distribuição por dependência; **II. Valor da causa:** requisito da petição inicial, hipóteses de sua fixação, como base de cálculo das custas judiciais e verba honorária.

EM RESUMO: Prazos Processuais	
Classificação	**I. legais** (instituídos por lei), **judiciais** (fixados pelo juiz) ou **convencionais** (fixados pelas partes); **II. dilatórios** (passíveis de serem estendidos ou diminuídos) ou **peremptórios** (não podem ser modificados pelo juiz ou pelas partes); **III. próprios** (a lei fixa sanção processual pelo seu descumprimento, ou seja, a perda do direito ou faculdade processual; aplicam-se às partes e terceiros intervenientes) ou **impróprios** (a lei não fixa sanção processual para seu descumprimento; prazos dos juízes).

CAPÍTULO IV

FORMAÇÃO, SUSPENSÃO E EXTINÇÃO DO PROCESSO

Estudaremos os três principais fenômenos influenciadores de seu surgimento e término: (1) a formação; (2) a suspensão; (3) a extinção do processo.

1. FORMAÇÃO DO PROCESSO

É inegável que o processo passa a existir juridicamente desde o momento do protocolo da petição inicial pelo autor, ato inicial de provocação do Poder Judiciário (arts. 2º e 312, do CPC). Não obstante, a relação jurídica processual depende da integração de três partes principais ao processo: **i)** o juiz; **ii)** o autor; **iii)** o réu.

Com o ajuizamento da petição inicial e sua imediata distribuição, passam a integrar a lide o autor e juiz da causa. Porém, o réu somente é devidamente integrado por meio do ato de citação, aperfeiçoando a relação jurídica processual e gerando todos os efeitos jurídicos prescritos pelo art. 240, do CPC (art. 312, parte final).

Até a citação, é permitido ao autor "aditar ou alterar o pedido ou a causa de pedir, independentemente de consentimento do réu" (art. 329, I), fenômeno conhecido como "estabilização da lide".

A estabilização atinge seu auge no momento do **saneamento do processo** (art. 357, do CPC), quando o juiz fixa os pontos de fato e de direito controvertidos, determinando as provas a serem produzidas, a partir do qual não se admite a modificação do pedido ou da causa de pedir pelo autor (art. 329, II).

"Aplica-se o disposto neste artigo à reconvenção e à respectiva causa de pedir" (art. 329, § único).

2. SUSPENSÃO DO PROCESSO

Evento externo ou ocorrido em face de uma das partes ou de seus procuradores pode gerar a suspensão do curso normal do processo (art. 313), quando é defeso praticar qualquer ato processual. "Podendo o juiz, todavia, determinar a realização de atos urgentes, a fim de evitar dano irreparável, salvo no caso de arguição de impedimento e de suspeição" (art. 314).

No caso de morte, perda da capacidade processual das partes ou de seu representante legal, o juiz suspenderá o processo.

Já no caso de morte do advogado, o juiz concederá à parte o prazo de 15 (quinze) dias para constituir novo procurador, sob pena de: **i)** extinguir o processo sem julgamento de mérito, no caso do autor; **ii)** determinar o prosseguimento do feito à revelia do réu (art. 313, § 3º).

A hipótese de suspensão do feito por convenção das partes jamais poderá superar 06 (seis) meses (art. 313, § 4º).

Os eventos externos causadores da suspensão do processo são: **i)** arguição de impedimento ou de suspeição do juiz; **ii)** quando a sentença de mérito: a) depender do julgamento de outra causa, ou da declaração de existência ou inexistência da relação jurídica, que constitua objeto principal de outro processo pendente; b) tiver de ser proferida após verificado determinado fato, ou produzida certa prova requisitada a outro juízo; **iii)** motivo de força maior; **iv)** admissão de incidente de resolução de demandas repetitivas; **v)** quando se discutir em juízo questão decorrente de acidentes e fatos da navegação de competência do Tribunal Marítimo; **vi)** pelo parto ou concessão de adoção, quando a advogada responsável pelo processo for a única patrona da causa (prazo de 30 dias), o mesmo se dando quando o advogado tornar-se pai (prazo de 08 dias) (novidades trazidas pela Lei n. 13.363/16); **vii)** demais casos regulados pelo CPC (arts. 76, 678, 685, 921 e 922); **viii)** pelo parto ou concessão de adoção, quando a advogada responsável pelo processo for a única patrona da causa (por 30 dias); **ix)** quando o advogado responsável pelo processo constituir o único patrono da causa e tornar-se pai (por 08 dias).

Nas "prejudiciais externas" (item ii – a e b), quando o juiz suspender o curso do processo para aguardar algum desfecho externo do qual dependa a prolação da sentença, "o prazo de suspensão do processo nunca poderá exceder 1 (um) ano" (art. 313, § 4º).

3. EXTINÇÃO DO PROCESSO

Por fim, vamos analisar as hipóteses de extinção do processo, que deve ocorrer por meio do ato de "sentença", praticado pelo juiz (art. 203, § 3º) e classificado em: **i)** terminativas (art. 485); **ii)** extintivas ou definitivas (art. 487).

3.1 Sentenças terminativas

Arroladas pelo art. 485 do CPC, representam hipóteses nas quais o processo não tem condições de prosseguir, em face de irregularidade insanável, de ausência de algum requisito ou pressuposto imprescindível. Ocorrem quando:

i) o juiz indeferir a petição inicial (art. 330): 1) for inepta, ou seja: a) lhe faltar pedido ou causa de pedir; b) da narração dos fatos não decorrer logicamente a conclusão; c) o pedido for indeterminado, ressalvadas as hipóteses legais em que se permite o pedido genérico; d) contiver pedidos incompatíveis entre si; 2) a parte for manifestamente ilegítima; 3) o autor carecer de interesse processual; 4) desrespeitado pela parte o disposto nos arts. 106 e 321, ambos do CPC.

A verificação da decadência ou prescrição é corretamente arrolada como hipótese de julgamento liminar do pedido pela improcedência (art. 332, §1º), já que se trata de julgamento com resolução de mérito do processo (art. 487, II).

"Nas ações que tenham por objeto a revisão de obrigação decorrente de empréstimo, de financiamento ou de alienação de bens, o autor terá de, sob pena de inépcia, discriminar na petição inicial, dentre as obrigações contratuais, aquelas que pretende controverter, além de quantificar o valor incontroverso do débito" (art. 330, § 2º).

ii) o processo ficar parado por mais de 01 (um) ano, por negligência das partes;

iii) o autor abandonar a causa por mais de 30 (trinta) dias, deixando de promover os atos e diligências que lhe incumbir; sendo que "oferecida a contestação, a extinção do processo por abandono da causa pelo autor depende de requerimento do réu" (§6º).

Nestes dois casos, "a parte será intimada pessoalmente para suprir a falta no prazo de 5 (cinco) dias" (§ 1º).

Recente banca examinadora da OAB (2022.1) cobrou conhecimento acerca do **caráter pessoal** da prévia intimação da parte autora para extinção do processo por abandono.

iv) verificada a ausência de pressupostos de constituição e desenvolvimento válido e regular do processo. São pressupostos de constituição do processo: ***a) subjetivos*** – partes (juiz, autor e réu); ***b) objetivos*** – petição inicial, com causa de pedir (razões de fato e de direito) e pedido, e citação. Já os ***pressupostos de desenvolvimento válido e regular do processo*** são: a) autor e réu capazes e legitimados, juiz competente e não impedido; b) petição inicial apta; c) citação regular; d) inexistência de perempção, litispendência, coisa julgada ou convenção de arbitragem (pressupostos negativos).

v) o juiz reconhecer a existência de perempção, litispendência ou coisa julgada. O conceito de ***perempção*** é dado pelo art. 486, § 3º: "se o autor der causa, por 3 (três) vezes, a sentença fundada em abandono da causa, não poderá propor nova ação contra o réu com o mesmo objeto, ficando-lhe ressalvada, entretanto, a possibilidade de alegar em defesa o seu direito". Outrossim, "há ***litispendência*** quando se repete ação que está em curso"; "há ***coisa julgada*** quando se repete ação que já foi decidida por decisão transitada em julgado" (art. 337, §§ 3º e 4º).

vi) inexistir alguma das condições da ação, quais sejam, legitimidade das partes e interesse processual. Ou seja, (a) existência de conflito entre as partes; (b) binômio "necessidade da busca da via judicial para a solução da controvérsia" e "adequação da via processual escolhida" (DINAMARCO), respectivamente.

vii) o juiz acolher a alegação de existência de convenção de arbitragem ou quando o juízo arbitral reconhecer sua competência: encontra disciplina na Lei 9.307/96 e representa modalidade heterogênea de solução de controvérsias, em que se firma compromisso escrito de submeter eventual controvérsia à solução de um terceiro escolhido de comum acordo (árbitro), fora do Poder Judiciário (art. 3º).

viii) o juiz homologar a desistência da ação. O que dependerá do consentimento do réu "depois de decorrido o prazo para resposta" (art. 485, § 4º), sendo que "pode ser apresentada até a sentença" (§5º).

ix) em caso de morte da parte, a ação for considerada intransmissível por disposição legal, ou seja, nos casos de direitos personalíssimos (***p.e.***, ações de estado, a envolver direitos da personalidade, ações concessórias de benefícios previdenciários ou acidentários em favor de segurado da Previdência Social, etc.);

x) nos demais casos prescritos pelo CPC (*p.e.*, arts. 354 e 1.009).

Por fim, dispõe o art. 486 que "o pronunciamento judicial que não resolve o mérito **não obsta a que a parte proponha de novo a ação**", dependendo, porém, da **prova do pagamento ou do depósito das custas e honorários**

DIREITO PROCESSUAL CIVIL

de advogado (§2º). Exceções feitas aos casos de "extinção em razão de litispendência e nos casos dos incisos I, IV, VI e VII do art. 485", quando "a propositura da nova ação depende da correção do vício que levou à sentença sem resolução do mérito" (§1º). Isso porque fazem apenas coisa julgada formal e não material.

MUITA ATENÇÃO!

São **matérias de ordem pública**, portanto, cognoscíveis de ofício pelo magistrado, em qualquer tempo e grau de jurisdição, enquanto não ocorrer o trânsito em julgado (§ 3º):

i) pressupostos de constituição e de desenvolvimento válido e regular do processo;

ii) perempção, litispendência e coisa julgada;

iii) condições da ação (legitimidade e interesse);

iv) em caso de morte da parte, a ação for considerada intransmissível por disposição legal.

3.2 Sentenças extintivas ou definitivas

Arroladas pelo art. 487, representam as **sentenças que põem termo à controvérsia**, solucionando-a. Por decorrência, **fazem coisa julgada material**, ou seja, possuem a característica da **imutabilidade** e **cristalização da relação jurídica resolvida**, não se podendo mais discutir a questão em outra ação judicial (art. 502).

Porém, das cinco hipóteses do art. 487, apenas uma cuida da autêntica sentença de mérito, qual seja, **quando o juiz "acolher ou rejeitar o pedido formulado na ação ou na reconvenção" (inc. I),** solucionando a controvérsia e exercendo o poder estatal decorrente da Jurisdição.

Os demais casos tratam das **"falsas sentenças de mérito"** (DINAMARCO), as quais representam mero **reconhecimento e homologação, pelo juiz,** de: **i)** transação, **ii)** extinção do direito **ou** de seu exercício pelo decurso do prazo (decadência ou prescrição), **iii)** renúncia praticada por uma delas, **iv)** reconhecimento da procedência do pedido formulado na ação ou reconvenção; aos quais o legislador reconheceu o poder de fazer coisa julgada material para que não se discuta mais a questão em juízo.

De qualquer sorte, nestas situações poder-se-á dizer que o processo atingiu seu fim principal, de pacificação social.

EM RESUMO: Formação, Suspensão e Extinção do Processo	
Noções Gerais	Momentos cruciais, de surgimento (formação), paralisação por crise processual (suspensão) ou finalização (extinção) do processo mediante a prática de seu ato final (sentença).
Formação	O processo surge com a distribuição da petição inicial, porém, a relação jurídica processual se aperfeiçoa com a citação válida do réu. Até a citação, o autor pode modificar causa de pedir ou pedido. Após esta, precisa de consentimento do réu. Saneado o processo, veda-se a modificação da causa de pedir ou do pedido.
Suspensão	Representa "crise processual" geradora da paralisação do fluxo normal do processo, em razão de eventos envolvendo partes, representantes ou procuradores (perda da capacidade processual, morte, convenção), ou de eventos externos a atingir o processo (prejudiciais externas, oposição de "exceções", força maior, etc.). Gera vedação da prática de atos processuais, exceto para evitar dano irreparável. Possuem prazo máximo de suspensão, após o que deve ter regular prosseguimento.
Extinção	Ato final do processo, praticado pelo juiz mediante prolação de "sentença". Pode ser terminativa, extinguindo o processo por ausência de condições mínimas para o julgamento da controvérsia em si (art. 485), ou resolver o mérito da controvérsia posta perante o Poder Judiciário (art. 487), quando é chamada de extintiva ou definitiva. Somente as sentenças extintivas ou definitivas possuem a característica da imutabilidade decorrente da coisa julgada material, embora ambas extingam o processo (coisa julgada formal).

CAPÍTULO V
PROCESSO E PROCEDIMENTO

1. NOÇÕES GERAIS

O CPC prevê as seguintes espécies de "processos", cada qual com seu objetivo próprio e inconfundível: **i)** processo de **conhecimento** (arts. 318 a 538); **ii)** processo de **execução** (arts. 771 a 925); **iii) procedimentos especiais** (arts. 539 a 770). O processo cautelar é banido, sendo que a tutela cautelar passa a ser disciplinada, juntamente com a tutela antecipada, nos arts. 300 a 310, como espécies de "tutelas de urgência".

Confira-se quadro elucidativo dando conta das distinções entre os diversos "processos":

	Processo de conhecimento	Processo de execução	Procedimentos especiais
Objetivos	Solucionar os conflitos trazidos pelas partes.	Dar efetividade ao título executivo judicial (sentença) ou extrajudicial, entregando o bem da vida a quem de direito.	Solucionar conflitos em casos específicos, arrolados pela lei.

Dentro do processo de conhecimento, existe o procedimento padrão a ser seguido, chamado **"comum"** (art. 318), e os procedimentos ditos **"especiais"** (arts. 539 a 770), de aplicação restrita às hipóteses arroladas pelo CPC.

A relação existente entre os procedimentos é de prejudicialidade no tocante à sua utilização, da seguinte forma: **1)** Procedimentos especiais; **2)** Procedimento comum ordinário.

Há também procedimentos especiais regulados por leis específicas, como é o caso dos Juizados Especiais Cíveis (Lei 9.099/95), dos Juizados Especiais Federais (Lei 10.259/01) e dos Juizados Especiais da Fazenda Pública (Lei 12.153/09).

2. PROCESSO DE CONHECIMENTO

2.1 Procedimento comum

É o **procedimento padrão prescrito pelo Código de Processo Civil** (arts. 318 a 512), aplicável sempre que não se preveja procedimento especial a ser seguido. Além disso, possui **caráter subsidiário**, devendo-se **aplicar suas regras de forma supletiva aos procedimentos especiais e ao processo de execução, no caso de lacuna (art. 318, § único)**.

3. PROCEDIMENTO COMUM – DIVISÃO EM FASES

Tal procedimento encontra-se basicamente subdividido da seguinte forma sequencial: **1)** Petição inicial; **2)** Respostas do réu; **3)** Revelia e seus efeitos; **4)** Julgamento conforme o estado do processo; **5)** Provas; **6)** Audiência.

3.1 Petição inicial

Tal manifestação precisa preencher **requisitos mínimos**, indicando (art. 319): **i)** juízo a que é dirigida; **ii)** nomes, prenomes, estado civil, existência de união estável, profissão, número do CPF ou CNPJ, endereço eletrônico, domicílio e residência do autor e do réu; **iii)** fatos e fundamentos jurídicos do pedido (causa de pedir); **iv)** pedido, com suas especificações; **v)** valor da causa; **vi)** provas com que o autor pretende demonstrar a verdade dos fatos alegados; **vii)** opção do autor pela realização ou não de audiência de conciliação ou de mediação. Além de estar "instruída com os documentos indispensáveis à propositura da ação" (art. 320).

"Caso não disponha das informações previstas no inciso II, poderá o autor, na petição inicial, requerer ao juiz diligências necessárias a sua obtenção" (art. 319, §1º), sendo que a petição inicial não será indeferida pelo não cumprimento de tal exigência caso: **i)** "for possível a citação do réu a despeito da falta de informações" (§2º); **ii)** "a obtenção de tais informações tornar impossível ou excessivamente oneroso o acesso à justiça" (§3º).

Ausente alguma das características acima, o juiz **intimará o autor para que emende a petição inicial**, sanando **irregularidades em 15 (quinze) dias** (conhecimento cobrado em **banca examinadora da OAB – 2021.2)**, "**indicando com precisão o que deve ser corrigido ou completado**", **sob pena de indeferimento** (arts. 321 e 485, I c.c. 295). Quanto aos pedidos formulados pelo autor, o CPC traz regras nos artigos 322 a 329. Dentre elas, "o **pedido deve ser certo**" (art. 322) e "determinado" (art. 324), com raras exceções legais, para que o réu possa exercer de forma ampla seu direito de defesa consagrado constitucionalmente (art. 5º, LV). Como consequência, é vedada a prolação de sentença condicional (art. 492, parágrafo único), sob pena de gerar insegurança jurídica e sua própria inexequibilidade.

Os artigos 325 a 329 dizem respeito à **cumulação de pedidos** e suas diversas configurações: **i)** pedidos **alternativos**, "quando, pela natureza da obrigação, o devedor puder cumprir a prestação de mais de um modo" (art. 325); **ii)** pedidos **sucessivos** ou **subsidiários**, "a fim de que o juiz conheça do posterior, quando não acolher o anterior" (art. 326); **iii) cumulação simples de pedidos**, quando há a formulação de mais de um pedido na petição inicial contra o réu, sem que um influencie no desfecho do outro (art. 327).

Porém, há condições para que seja possível a veiculação de pedidos cumulados: **i)** os pedidos devem ser compatíveis entre si; **ii)** o mesmo juízo deve ser competente para conhecer de todos; **iii)** o mesmo tipo de procedimento deve ser o adequado para todos os pedidos, facultada a opção pelo procedimento ordinário, no caso de discrepância, "sem prejuízo do emprego das técnicas processuais diferenciadas previstas nos procedimentos especiais a que se sujeitam um ou mais pedidos cumulados, que não forem incompatíveis com as disposições sobre o procedimento comum" (art. 327, §§ 1º e 2º).

Sobre este assunto, a **banca examinadora da OAB** lançou indagação sobre qual seria a hipótese de cumulação de pedidos originados em "condenação em danos materiais, morais e pensão alimentícia em decorrência da morte de João, marido da autora, em acidente de trânsito provocado pela ré", dando como correta a assertiva "cumulação de pedidos simples".

O artigo 322, §2º avisa que "a interpretação do pedido considerará o conjunto da postulação e observará o princípio da boa fé", abarcando, mesmo na ausência de requerimento expresso: **i)** "os **juros legais**, a **correção monetária** e as **verbas de sucumbência, inclusive os honorários advocatícios**" (art. 322, §1º); **ii)** as **prestações vincendas** no caso de "**prestações sucessivas**" (art. 323). Por fim, o art. 328 prevê que "na obrigação indivisível com pluralidade de credores, aquele que não participou do processo receberá sua parte, deduzidas as despesas na proporção de seu crédito". Não se trata de litisconsórcio ativo necessário, mas de mera destinação proporcional do bem da vida ao terceiro credor não participante do processo, a ser realizada pelo juiz da causa.

MUITA ATENÇÃO!

1. **Segue representação gráfica das hipóteses de cumulação de pedidos:**

Tipo de cumulação	Cumulação simples	Pedidos alternativos	Pedidos subsidiários ou sucessivos
Representação gráfica	Pedido "a" + pedido "b" + pedido "c"	Pedido "a" **ou** pedido "b" **ou** pedido "c"	Pedido "a", **senão** pedido "b", **senão** pedido "c"

2. No tocante à **causa de pedir**, o CPC adotou a teoria da **"substanciação"**, pela qual o **autor deve indicar** na causa de pedir **tanto os fatos dos quais decorre seu suposto direito quanto os dispositivos legais que sustentam sua pretensão** (respectivamente, causa de pedir **remota** e **próxima**). Tal teoria contrasta com a teoria da "individualização", pela qual bastaria ao autor arrolar os fundamentos jurídicos de sua pretensão (causa de pedir próxima).
3. Não obstante as provas devam ser genericamente requeridas pelo autor na petição inicial, o momento processual oportuno para seu desenvolvimento é o do **saneamento do processo** (art. 357), após a resposta do réu, quando o juiz fixará os pontos controvertidos e delimitará as provas necessárias ao deslinde da controvérsia. Logo, **não há que se falar em preclusão da produção da prova pelo autor por ausência de requerimento na petição inicial** (STJ: REsp 329034/MG).

3.2 Respostas do réu – generalidade e espécies

Os arts. 335 a 343 passam a disciplinar as respostas passíveis de serem apresentadas pelo réu: **i) contestação**, como peça de defesa dos fatos e direitos alegados na petição inicial; **ii) reconvenção**, destinada a formular pedidos contra o autor na própria ação. Novidade no CPC/15 é o fato de cada resposta ser tratada de forma individualizada, não mais sob um regime unificador.

O prazo para o oferecimento das respostas é único de 15 (quinze) dias (arts. 335 e 343, §1º), sendo que, no caso de litisconsórcio passivo, o prazo será contado: **i)** pela regra geral, da audiência de conciliação ou de mediação, ou da última sessão, quando qualquer parte não comparecer ou, comparecendo, não houver autocomposição (art. 335, I); **ii)** a data de apresentação de seu respectivo pedido de cancelamento da audiência, no caso de manifestação expressa pela não realização da audiência (art. 335, §1º).

3.2.1 Contestação

"Incumbe ao réu alegar, na contestação, toda a matéria de defesa, expondo as razões de fato e de direito com que impugna o pedido do autor e especificando as provas que pretende produzir" (art. 336).

"Incumbe também ao réu manifestar-se precisamente sobre as alegações de fato constantes da petição inicial, presumindo-se verdadeiras as não impugnadas" (art. 341), Trata-se do **ônus da impugnação específica dos fatos pelo réu**, sob pena de lhe ser aplicado o efeito material da revelia, com as seguintes **exceções**: **i)** se não for admissível, a seu respeito, a confissão (***p.e.,*** fatos relativos a direitos indisponíveis, art. 351); **ii)** petição inicial desacompanhada do instrumento público que a lei considerar da substância do ato; **iii)** se os fatos estiverem em contradição com a defesa, considerada em seu conjunto.

O ônus da impugnação específica dos fatos "não se aplica ao defensor público, ao advogado dativo e ao curador especial" (art. 341, parágrafo único), os quais podem contestar por **negativa geral**, sem especificar as razões da defesa.

Importante lembrar que, teoricamente, após a contestação opera-se a preclusão quanto à apresentação de novas alegações de defesa, bem como no tocante à produção de provas não requeridas, com três exceções (art. 342): **i)** relativas a direito superveniente; **ii)** quando competir ao juiz conhecer delas de ofício (matérias de ordem pública); **iii)** quando, por expressa autorização legal, puderem ser formuladas em qualquer tempo e grau de jurisdição.

O art. 337 do CPC traz as **"matérias de ordem pública"**, a serem alegadas pelo réu antes de adentrar no mérito da demanda, cognoscíveis de ofício pelo magistrado (§ 5º), à exceção da convenção de arbitragem e da incompetência relativa: **i)** inexistência ou nulidade da citação; **ii)** incompetência absoluta; **iii)** inépcia da petição inicial; **iv)** perempção; **v)** litispendência; **vi)** coisa julgada; **vii)** conexão; **viii)** incapacidade da parte, defeito de representação ou falta de autorização; **ix)** convenção de arbitragem; **x)** ausência de legitimidade ou de interesse processual; **xi)** falta de caução ou de outra prestação que a lei exige como preliminar; **xii)** incorreção do valor da causa; **xiii)** indevida concessão do benefício de gratuidade de justiça.

De se recordar que a impugnação ao deferimento dos benefícios da justiça gratuita deve ser apresentada em preliminar de contestação.

Quanto ao mérito da ação, pode o réu, na contestação, reconhecer ou não o fato em que se fundou a ação. Mesmo reconhecendo, pode requerer a improcedência da ação opondo outro fato que seja impeditivo, modificativo ou extintivo do direito do autor, conforme orienta o art. 350 do CPC.

Regras relevantes a versar sobre a contestação no CPC: **i)** a nomeação à autoria, antes classificada como espécie de intervenção de terceiros no processo, é absorvida como alegação a ser formulada na contestação, ("parte ilegítima ou não ser o responsável pelo prejuízo invocado"; art. 338), com disciplina pelos arts. 338 e 339 , exigindo-se a indicação, desde já, do "sujeito passivo da relação jurídica discutida sempre que tiver conhecimento, sob pena de arcar com as despesas processuais e de indenizar o autor pelos prejuízos decorrentes da falta de indicação"; **ii)** no caso de alegação de incompetência absoluta ou relativa como preliminar em contestação, "poderá ser protocolada no foro de domicílio do réu, fato que será imediatamente comunicado ao juiz da causa, preferencialmente por meio eletrônico" (art. 340).

3.2.2 Reconvenção

Representa a **formulação pelo réu, nos próprios autos, de "pretensão própria, conexa com a ação principal ou com o fundamento da defesa**" (art. 343). Requisitos cobrados em recente banca examinadora da OAB (2019.3), conforme a seguinte resposta apresentada como correta: "informar-lhe que poderá, na contestação, propor reconvenção para manifestar pretensão própria, desde que conexa com a ação principal ou com o fundamento da defesa".

Oferecida a reconvenção, o autor será intimado "na pessoa de seu advogado, para apresentar resposta no prazo de 15 (quinze) dias" (art. 343, §1º). Por possuir caráter de **autonomia**, a reconvenção não se extingue com eventual desistência da ação pelo autor originário ou extinção dos pedidos inicialmente formulados (§2º).

Observe a indagação feita pela **banca examinadora:** Na ação proposta por Jofre em face de Catarina, em trâmite sob o rito comum ordinário, devidamente citada, a ré oferece contestação e reconvenção. Em preliminar de contestação, Catarina informa a existência de causa que poderá produzir a extinção do processo sem resolução do mérito. Intimado o reconvindo para se manifestar, ele deverá: ***"apresentar contestação à reconvenção no prazo de 15 dias, visto que a extinção da ação proposta por Jofre não obsta o prosseguimento da reconvenção aforada por Catarina".***

Regras relevantes a versar sobre a reconvenção no CPC: **i)** possibilidade de **apresentação independente de contestação** (art. 343, §6º) (conhecimento cobrado em **banca examinadora da OAB**; **ii)** possibilidade de proposição contra autor e terceiro (§3º); **iii)** possibilidade de apresentação pelo réu em litisconsórcio com terceiro

(§4º); **iv)** "se o autor for substituto processual, o reconvinte deverá afirmar ser titular de direito em face do substituído e a reconvenção deverá ser proposta em face do autor, também na qualidade de substituto processual" (§5º).

> **MUITA ATENÇÃO!** A figura da **reconvenção** é **comumente cobrada em bancas examinadoras da OAB.**

3.3 Revelia

O termo "revelia" diz respeito às **consequências jurídicas decorrentes da não apresentação de defesa pelo réu**, quando devidamente citado.

Dois são os efeitos da revelia: **i)** o efeito **processual,** prescrito pelo art. 346 do CPC, "**os prazos** contra o revel que não tenha patrono nos autos **fluirão da data de publicação do ato decisório no órgão oficial**"; **ii)** o efeito **material,** no qual "**presumir-se-ão verdadeiras as alegações de fato formuladas pelo autor**" (art. 344).

Não se aplica o efeito material da revelia quando (art. 345): **i)** havendo pluralidade de réus, um deles contestar a ação; **ii)** o litígio versar sobre direitos indisponíveis; **iii)** a petição inicial não estiver acompanhada do instrumento público, que a lei considere indispensável à prova do ato; **iv)** as alegações de fato formuladas pelo autor forem inverossímeis ou estiverem em contradição com prova constante dos autos.

A **banca examinadora da OAB**, ao perguntar sobre situação hipotética inserida dentro da "**ação de interdição**" atinente a não apresentação de resposta pelo réu, deu como correta a seguinte assertiva: "não poderá aplicar os efeitos da revelia, pois a ação versa sobre direito **indisponível**".

> ? **QUESTÃO:** Novamente, ao indagar sobre as consequências jurídicas da não regularização da incapacidade ou vício de representação pelas partes, **em procedimento comum**, deu como correta a seguinte assertiva:
>
> ➡ ***RESPOSTA****: "se o vício se referir ao réu, deve o juiz reputá-lo revel".*

"Ao réu revel será lícita a produção de provas, contrapostas às alegações do autor, desde que se faça representar nos autos a tempo de praticar os atos processuais indispensáveis a essa produção" (art. 349).

> **MUITA ATENÇÃO!** A presunção de veracidade decorrente do efeito material da revelia é meramente relativa, portanto, pode ser afastada dentro do princípio do livre convencimento motivado do magistrado (art. 131), conforme entendimento do STJ (AgRg no Ag 1.211.527/RS).

DICA IMPORTANTE

Segue quadro resumido sobre o conceito de revelia e seus efeitos:

	CONCEITO	**EXCEÇÕES**
REVELIA	Ausência de apresentação de defesa pelo réu devidamente citado para integrar o polo passivo da ação.	–
EFEITO MATERIAL	Considerar verdadeiros os fatos narrados pelo autor.	i) direitos indisponíveis; ii) apresentação de defesa por um dos vários réus; iii) petição inicial sem instrumento público, quando indispensável à prova do ato. iv) alegações de fato inverossímeis ou contrárias às provas dos autos.
EFEITO PROCESSUAL	Os prazos correrão independente de intimação, quando o réu não possuir procurador nos autos.	O réu pode intervir no processo em qualquer fase, recebendo o feito no estado em que se encontra.

3.4 Julgamento conforme o estado do processo

Por uma questão de **economia processual e eficiência**, o CPC determina que, finalizada a etapa das "providências preliminares" ou, quando desnecessárias, decorrido o prazo para apresentação de defesa pelo réu, o **juiz profira desde logo sentença**, com ou sem julgamento de mérito da ação (art. 354), quando (art. 355): **i)** não houver necessidade de produzir outras provas além daquelas já anexadas ao processo; **ii)** o réu for revel, ocorrer o efeito material da revelia e não houver requerimento de prova.

O CPC trouxe a figura do "julgamento antecipado parcial do mérito" (art. 356), a ocorrer quando "um ou mais dos pedidos formulados ou parcela deles": **i)** mostrar-se incontroverso; **ii)** estiver em condições de imediato julgamento. "A decisão proferida com base neste artigo é impugnável por agravo de instrumento (§5º), sendo que a parte vencedora poderá, desde logo, liquidá-la ou executá-la, "ainda que haja recurso contra essa interposto"

(§2º), podendo "ser processados em autos suplementares, a requerimento da parte ou a critério do juiz" (§4º).

Caso não seja hipótese de julgamento do processo no estado em que se encontra, "deverá o juiz, em decisão de saneamento e de organização do processo" (art. 357): **i)** resolver as questões processuais pendentes; **ii)** delimitar as questões de fato sobre as quais recairá a atividade probatória, especificando os meios de prova admitidos; **iii)** definir a distribuição do ônus da prova, "observado o art. 373 (distribuição dinâmica do ônus da prova)"; **iv)** delimitar as questões de direito relevantes para a decisão do mérito; **v)** designar, se necessário, audiência de instrução e julgamento.

Regras relevantes trazidas pelo CPC (art. 357): **i)** "as partes têm o direito de pedir esclarecimentos ou solicitar ajustes, no prazo comum de 5 (cinco) dias, findo o qual a decisão se torna estável" (§1º); **ii)** "as partes podem apresentar ao juiz, para homologação, delimitação consensual das questões de fato e de direito a que se referem os incisos II e IV, a qual, se homologada, vincula as partes e o juiz" (§2º) (hipótese cobrada em banca examinadora da OAB; 2019.3); **iii)** se a causa apresentar complexidade em matéria de fato ou de direito, deverá o juiz designar audiência para que o saneamento seja feito em cooperação com as partes, oportunidade em que o juiz, se for o caso, convidará as partes a integrar ou esclarecer suas alegações" (§3º).

3.5 Das provas

3.5.1 Aspectos gerais

As **alegações formuladas** (fatos e direitos) **devem ter suporte em provas**, em **elementos que, trazidos aos autos, comprovem a sua veracidade**, para serem atendidos pelo Poder Judiciário.

Para tanto, o CPC adotou o princípio da **"livre produção da prova"**, ou seja, "as partes têm o direito de empregar todos os meios legais, bem como os moralmente legítimos, ainda que não especificados neste Código, são hábeis para provar a verdade dos fatos em que se funda o pedido ou a defesa e influir eficazmente na convicção do juiz" (art. 369), contrapondo-se ao sistema das provas tarifadas, pelo qual somente se admitem as provas arroladas em lei. Prioriza a **ampla defesa** e a **busca da verdade real**.

Não obstante, traz os seguintes meios de prova em seus artigos: **i)** depoimento pessoal; **ii)** confissão; **iii)** exibição de documento ou coisa; **iv)** prova documental; **v)** prova testemunhal; **vi)** prova pericial; **vii)** inspeção judicial; **viii)** ata notarial.

Somente serão objeto de prova os **fatos controvertidos pelas partes e desconhecidos perante a sociedade** e, **independem de prova** os fatos: **i)** notórios; **ii)** afirmados por uma parte e confessados pela parte contrária; **iii)** admitidos no processo como incontroversos; **iv)** em cujo favor milita presunção legal de existência ou veracidade (art. 374).

Também vigem em nosso sistema os princípios da **"aquisição da prova"**, ou seja, a prova será valorada pelo juiz independente de quem a tenha produzido e a quem beneficiará, e da **"livre apreciação motivada"**, em que o juiz é livre para dar a cada elemento de prova peso próprio dentro do contexto, porém, devendo expressar as razões, para que as partes tenham conhecimento e possam eventualmente recorrer (art. 371). O **princípio da "aquisição da prova" foi cobrado em recente banca examinadora da OAB** (Exame de Ordem 2020.1), ao dar como correta a seguinte assertiva: "O advogado da demandante está correto, porque a prova, uma vez produzida, pode beneficiar parte distinta da que a requereu".

Trata-se de sistema intermediário entre os sistemas da "livre apreciação íntima", quando o juiz não precisa fundamentar a valoração das provas, e da "prova legal", em que o peso de cada elemento é fixado por lei.

"O juiz poderá admitir a utilização de prova produzida em outro processo, atribuindo-lhe o valor que considerar adequado, observado o contraditório" (art. 372; disciplina da prova emprestada).

O art. 373 disciplina a distribuição para as partes do **"ônus da prova"**. Sob pena de arcar com as consequências jurídicas negativas de sua não produção: **i)** ao autor compete provar os fatos constitutivos de seu alegado direito; **ii)** ao réu compete provar a existência de fatos impeditivos, modificativos ou extintivos do direito do autor. O CPC **confere poderes ao juiz para distribuir de forma diversa o ônus da prova, nos termos de seu artigo 373, § 1º, "nos casos previstos em lei ou diante de peculiaridades da causa relacionadas à impossibilidade ou à excessiva dificuldade de cumprir o encargo nos termos do *caput* ou à maior facilidade de obtenção da prova do fato contrário, (...) desde que o faça por decisão fundamentada, caso em que deverá dar à parte a oportunidade de se desincumbir do ônus que lhe foi atribuído".**

A distribuição do ônus da prova pode ser objeto de convenção entre as partes, porém, sendo nula quando: **i)** recair sobre direito indisponível; **ii)** tornar excessivamente difícil a uma parte o exercício do direito (***p.e.***, prova de fatos negativos). Busca-se proteger a **"paridade de armas"**, ou o equilíbrio entre as partes do processo.

Pelo CPC, tal convenção "pode ser celebrada antes ou durante o processo" (art. 373, §4º).

O art. 375 confere ao juiz, dentro do chamado princípio da "livre apreciação motivada das provas", o poder de utilizar "regras de experiência comum" no caso de lacuna normativa.

Já o art. 376 exige que a parte prove o teor e a vigência de "direito municipal, estadual estrangeiro ou consuetudinário", se o juiz assim determinar.

Por fim, "ninguém se exime do dever de colaborar com o Poder Judiciário para o descobrimento da verdade" (art. 378), razão pela qual compete às partes (art. 379), "preservado o direito de não produzir prova contra si própria", "comparecer em juízo, respondendo ao que lhe for interrogado", "colaborar com o juízo na realização de inspeção judicial que for considerada necessária" e "praticar o ato que lhe for determinado", bem como aos terceiros (art. 380) "informar ao juiz os fatos e as circunstâncias, de que tenha conhecimento" e "exibir coisa ou documento que esteja em seu poder".

Em artigos inseridos na parte geral (381 a 383), o CPC disciplina a **ação judicial voltada à produção antecipada de prova**, cujas hipóteses de cabimento são as seguintes: **i)** haja fundado receio de que venha a tornar-se impossível ou muito difícil a verificação de certos fatos na pendência da ação (art. 381, I); **ii)** a prova a ser produzida seja suscetível de viabilizar a autocomposição ou outro meio adequado de solução de conflito (art. 381, II); **iii)** o prévio conhecimento dos fatos possa justificar ou evitar o ajuizamento de ação (art. 381, III).

"A produção antecipada da prova é da competência do juízo do foro onde esta deva ser produzida ou do foro de domicílio do réu" (art. 381, §2º) e "não previne a competência do juízo para a ação que venha a ser proposta" (§3º).

Por fim, é certo que "o juiz não se pronunciará sobre a ocorrência ou a inocorrência do fato, nem sobre as respectivas consequências jurídicas" (art. 382, §2º), sendo que "não se admitirá defesa ou recurso, salvo contra decisão que indeferir totalmente a produção da prova pleiteada pelo requerente originário" (§4º), além do que "os interessados poderão requerer a produção de qualquer prova no mesmo procedimento, desde que relacionada ao mesmo fato, salvo se a sua produção conjunta acarretar excessiva demora" (§3º).

3.5.2 Depoimento pessoal

Disciplinado pelos arts. 385 a 388, representa o **interrogatório das partes sobre os fatos da causa** (art. 385), podendo ser determinado de ofício pelo magistrado ou requerido pelas partes (art. 385), que deverão ser **intimadas pessoalmente** e **alertadas sobre os efeitos da confissão caso não compareçam** (§1º).

À parte intimada a depor somente é autorizada a recusa quanto aos fatos (art. 388): **i)** criminosos ou torpes, que lhe forem imputados, uma vez que "ninguém pode ser obrigado a se auto incriminar"; **ii)** a cujo respeito, por estado ou profissão, deva guardar sigilo; **iii)** acerca dos quais não possa responder sem desonra própria, de seu cônjuge, companheiro ou parente em grau sucessível; **iv)** que coloquem em perigo sua vida ou das pessoas referidas no inciso III.

"A parte responderá pessoalmente sobre os fatos articulados, não podendo servir-se de escritos anteriormente preparados, **permitindo-lhe o juiz, todavia, a consulta a notas breves, desde que objetivem completar esclarecimentos**" (art. 387).

3.5.3 Confissão

"Há confissão, judicial ou extrajudicial, quando a parte **admite a verdade de um fato, contrário ao seu interesse e favorável ao do adversário**" (art. 389). Consequentemente, tem-se, da **incontrovérsia dos fatos confessados,** a desnecessidade da prova.

Duas são as modalidades de confissão (art. 389): **i) judicial**, quando feita perante o juízo; **ii) extrajudicial**, quando feita fora do processo.

A confissão **judicial** se subdivide em (art. 390): **i) espontânea**, feita pela própria parte ou por mandatário com poderes especiais, independente de provocação da parte contrária; **ii) provocada**, por via do **depoimento pessoal** prestado com base no requerimento da parte contrária ou determinada pelo juiz da causa.

O tema foi objeto de questão da **banca examinadora,** sendo correta a assertiva: "nas ações que versem sobre **bens imóveis** ou direitos sobre imóveis alheios, a confissão só terá valia se ambos os **cônjuges** confessarem", como **exceção** à regra do art. 391 de que "a confissão judicial faz prova contra o confitente, não prejudicando, todavia, aos litisconsortes".

"A confissão extrajudicial, quando feita oralmente, só terá eficácia nos casos em que a lei não exija prova literal" (art. 394).

O CPC unifica a via de ataque à confissão, por meio **unicamente de ação anulatória** (art. 393).

Por fim, a confissão é, via de regra, **indivisível**, pelo que a parte que a quiser invocar como prova deve aceitá-la de forma integral, salvo "quando o confitente a ela aduzir fatos novos, capazes de constituir fundamento de defesa de direito material ou de reconvenção" (art. 395).

3.5.4 Exibição de documento ou coisa

"O juiz pode ordenar que a **parte** exiba documento ou coisa que se encontre em seu poder" (art. 396), dependendo de pedido prévio expresso, devidamente justificado e individualizado pela parte contrária (art. 397), com oitiva da parte atingida e faculdade de produção de provas em homenagem ao contraditório (art. 398).

O juiz não admitirá a recusa (art. 399): **i)** se o requerido tiver obrigação legal de exibir; **ii)** se o requerido aludiu ao documento ou à coisa no processo, com o intuito de constituir prova; **iii)** se o documento, por seu conteúdo, for comum às partes.

Caso o requerido se recuse a exibir o documento ou a coisa de forma injustificada, ou não se insurja contra o requerimento formulado, "o juiz **admitirá como verdadeiros os fatos** que, por meio do documento ou da coisa, a parte pretendia provar" (art. 400).

Também é possível a exigência perante **terceiro** não integrante do processo, que será citado para responder em 15 (quinze) dias (art. 401), instaurando-se incidente processual no caso de recusa à exibição ou à posse do documento ou coisa (art. 402). A recusa injustificada pode gerar busca e apreensão, com uso de força policial e crime de desobediência, "pagamento de multa e outras medidas indutivas, coercitivas, mandamentais ou sub-rogatórias necessárias para assegurar a efetivação da decisão" (art. 403).

Por fim, o art. 404 admite a **justa recusa** na exibição do documento ou da coisa pela parte ou terceiro: **i)** se concernente a negócios da própria vida da família; **ii)** se a sua apresentação puder violar dever de honra; **iii)** se a publicidade do documento redundar em desonra à parte ou ao terceiro, bem como a seus parentes consanguíneos ou afins até terceiro grau; ou lhes representar perigo de ação penal; **iv)** se a exibição acarretar a divulgação de fatos, a cujo respeito, por estado ou profissão, devam guardar segredo; **v)** se subsistirem outros motivos graves que, segundo o prudente arbítrio do juiz, justifiquem a recusa da exibição (poderes instrutórios do juiz); **vi)** se houver disposição legal que justifique a recusa da exibição.

3.5.5 Prova documental

O CPC não traz um conceito fechado de "documento", mas meramente exemplificativo. Um conceito possível é o seguinte: **"qualquer registro de fato ou de manifestação de vontades"**, a abarcar a gravação de áudio e vídeo, o meio eletrônico e a fotografia, além de quaisquer outros suportes de gravação de manifestações de vontade.

O CPC trata do: **i) documento público**, feito por oficial público competente e com observância das formalidades legais (art. 405), com vasto poder probatório – "faz prova não só da sua formação, mas também dos fatos que o escrivão, o chefe de secretaria, o tabelião ou o servidor declarar que ocorreram em sua presença"; **ii) documento particular**, como todos os demais trazidos aos autos, com poder probatório mais restrito (arts. 407 e 408).

O art. 406 traz exceção ao sistema da liberdade de provas quando o instrumento público é essencial ao ato, caso em que "nenhuma outra prova, por mais especial que seja, pode suprir-lhe a falta".

Quanto aos **documentos particulares**, as declarações constantes de documento escrito e assinado presumem-se verdadeiras em relação ao signatário (art. 408). Considera-se autêntico o documento quando: **i)** o tabelião reconhecer a firma do signatário; **ii)** a autoria estiver identificada por qualquer outro meio legal de certificação, inclusive eletrônico, nos termos da lei; **iii)** não houver impugnação da parte contra quem foi produzido o documento (art. 411).

Pelo CPC, "a falsidade deve ser suscitada na contestação, na réplica ou no prazo de 15 (quinze) dias, contado a partir da intimação da juntada do documento aos autos" (art. 430), devendo ser "resolvida como questão incidental, salvo se a parte requerer que o juiz a decida como questão principal, nos termos do inciso II do art. 19" (§ único).

Logo, trata-se de mera questão incidental, porém, com possibilidade de que seja resolvida como questão principal, caso a parte assim requeira, caso em que "constará da parte dispositiva da sentença e sobre ela incidirá também a autoridade da coisa julgada" (art. 433).

O art. 432, § único, afirma que "não se procederá ao exame pericial se a parte que produziu o documento concordar em retirá-lo".

O art. 434 traz como meios adequados à **produção** da prova documental a petição inicial e a contestação, salvo a hipótese de "documentos novos, quando destinados a fazer prova de fatos ocorridos depois dos articulados ou para contrapô-los aos que foram produzidos nos autos" (art. 435).

Não obstante, o art. 437, §1º **autoriza a juntada de documentos aos autos de forma livre, bastando observar a intimação da parte contrária para o contraditório e ampla defesa** (posição adotada pelo STJ no REsp 592888/MG e AgRg do REsp 1.069.580/ES).

A parte intimada a se manifestar sobre documento constante dos autos poderá: **i)** impugnar a admissibilidade da prova documental; **ii)** impugnar sua autenticidade; **iii)** suscitar sua falsidade, com ou sem deflagração do incidente de arguição de falsidade; **iv)** manifestar-se sobre seu conteúdo (art. 436); sendo que "nas hipóteses dos incisos II e III, a impugnação deverá basear-se em argumentação específica, não se admitindo alegação genérica de falsidade" (§ único).

3.5.6 Prova testemunhal

Regulada pelos arts. 442 a 463 do CPC, é sempre admissível (art. 442), salvo vedação legal expressa (***p.e.***, prova de contratos superiores a 10 salários mínimos; art. 227, do CC), sendo que, "nos casos em que a lei exigir prova escrita da obrigação, é admissível a prova testemunhal quando houver começo de prova por escrito, emanado da parte contra a qual se pretende produzir a prova (art. 444), ou "quando o credor não pode ou não podia, moral ou materialmente, obter a prova escrita da obrigação, em casos como o de parentesco, de depósito necessário ou de hospedagem em hotel ou em razão das práticas comerciais do local onde contraída a obrigação" (art. 445).

A regra é a de que **todas as pessoas podem depor** (art. 447), **exceto as incapazes** (interditadas; enfermas mentais; menores de 16 anos e cegos e surdos, quando a ciência do fato depender dos sentidos que lhes faltam; § 1º), **impedidas** (cônjuge, companheiro, ascendente ou descendente em qualquer grau e colateral até o terceiro grau de alguma das partes, salvo nos casos de interesse público ou nas ações de estado da pessoa nas quais não haja como se comprovar a situação por outro meio de prova; pessoa parte na causa; pessoa que intervém em nome de uma das partes como tutor, representante legal, juiz, advogado e outros que assistam ou tenham assistido as partes; § 2º) ou **suspeitas** (pessoa inimiga ou amiga íntima de uma das partes; pessoa que tiver interesse no litígio; § 3º).

O art. 447, § 4º, traz a figura do **"informante"**, como **terceiro ouvido em juízo estando impedido ou suspeito de depor como testemunha**, quando os depoimentos "serão prestados independentemente de compromisso, e o juiz lhes atribuirá o valor que possam merecer" (§5º), tudo em atendimento aos princípios da livre produção das provas e livre apreciação das provas pelo juiz.

A banca examinadora, ao indagar sobre o procedimento do advogado no caso em que "a testemunha arrolada pela parte contrária mantém com esse vínculo estreito de amizade e que seu depoimento pode ser tendencioso", apontou como solução "contraditar a testemunha, que mesmo assim poderá ser ouvida como informante do juízo, desde que o magistrado fundamente sua decisão de ouvi-la".

Regras do CPC sobre o **regime de intimação das testemunhas: i)** "cabe ao advogado da parte informar ou intimar a testemunha por ele arrolada do dia, da hora e do local da audiência designada, dispensando-se a intimação do juízo" (art. 455), "por carta com aviso de recebimento" (§1º), sob pena de "desistência da inquirição da testemunha" (§3º), sendo que "a parte pode comprometer-se a levar a testemunha à audiência, independentemente da intimação de que trata o §1º, presumindo-se, caso a testemunha não compareça, que a parte desistiu de sua inquirição" (§2º); **ii)** apenas excepcionalmente ocorrerá a intimação pela via judicial (§4º), quando: a) for frustrada a intimação realizada pelo advogado; b) sua necessidade for devidamente demonstrada pela parte ao juiz; c) figurar no rol de testemunhas servidor público ou militar, hipótese em que o juiz o requisitará ao chefe da repartição ou ao comando do corpo em que servir; d) a testemunha houver sido arrolada pelo Ministério Público ou pela Defensoria Pública; e) a testemunha for uma daquelas com prerrogativa (art. 454).

O art. 448 arrola hipóteses excepcionais nas quais a testemunha não é obrigada a depor: **i)** sobre fatos que lhe acarretem grave dano, bem como ao seu cônjuge, companheiro e parentes consanguíneos ou afins, em linha reta ou na colateral até o terceiro grau; **ii)** a cujo respeito deva guardar sigilo por estado ou profissão.

Apresentado o rol, a parte **somente poderá substituir a testemunha** (art. 451): **i)** que falecer; **ii)** que não estiver em condições de depor por enfermidade; **iii)** que, tendo mudado de residência ou de local de trabalho, não for encontrada.

O art. 454 traz as autoridades que devem ser ouvidas em sua residência ou no local onde exercem sua função: **i)** Presidente e Vice-Presidente da República; **ii)** Governadores dos Estados, Territórios e do Distrito Federal; **iii)** Senadores; **iv)** Deputados Federais, Estaduais e Distritais; **v)** Ministros de Estado e dos Tribunais Superiores; **vi)** Conselheiros do Conselho Nacional de Justiça e do Ministério Público **vii)** Procurador-geral da República e de Justiça, Advogado-geral da União, Procurador-geral do Estado e do Município, Defensor público-geral federal e do Estado; **viii)** Desembargadores; **ix)** Embaixadores, em caso de existência de reciprocidade, e **x)** Prefeitos.

"O juiz inquirirá as testemunhas separada e sucessivamente, primeiro as do autor e depois as do réu, e providenciará para que uma não ouça o depoimento das outras" (art. 456), sendo que "o juiz poderá alterar a ordem estabelecida no *caput* se as partes concordarem" (§ único). Toda testemunha, antes de depor, será devidamente qualificada (art. 457), facultando-se à parte contrária a formulação de contradita, sob pena de preclusão (§§ 1º a 3º), tomando-se em seguida seu compromisso de dizer a verdade, sob pena de incidir em crime (art. 458).

O CPC adota o sistema da *cross examination*, pelo qual "as perguntas serão formuladas pelas partes diretamente à testemunha, começando pela que a arrolou" (art. 459, *caput*). **Não obstante, "o juiz poderá inquirir a testemunha tanto antes quanto depois da inquirição feita pelas partes"** (§ 1º).

3.5.7 Prova pericial

Cabe a produção de prova pericial sempre que **"a prova do fato depender de conhecimento técnico ou científico"** (art. 156), desde que não jurídico, cabendo seu indeferimento caso seja "desnecessária em vista de outras provas produzidas" ou quando a "verificação for impraticável" (art. 464).

Três são as espécies de perícia (art. 464): **i) exame** – "inspeção sobre pessoas, coisas móveis ou animais"; **ii) vistoria** – "inspeção sobre bens imóveis"; **iii) avaliação** – "estimativa do valor, em moeda corrente, de coisas, direitos e obrigações, pelos conhecimentos técnicos do avaliador".

Regras relevantes do CPC acerca da forma de escolha do perito, bem como suas exigências profissionais: **i)** "os peritos serão nomeados entre os profissionais legalmente habilitados e os órgãos técnicos ou científicos devidamente inscritos em cadastro mantido pelo tribunal ao qual o juiz está vinculado" (art. 156, §1º); **ii)** "os tribunais realizarão avaliações e reavaliações periódicas para manutenção do cadastro, considerando a formação profissional, a atualização do conhecimento e a experiência dos peritos interessados" (art. 156, §3º); **iii)** será organizada lista de peritos na vara ou na secretaria, com disponibilização dos documentos exigidos para habilitação à consulta de interessados, para que a nomeação seja distribuída de modo equitativo, observadas a capacidade técnica e a área de conhecimento" (art. 157, §2º). A livre nomeação pelo juiz passa a ser excepcional, nos termos do art. 156, §5º, apenas "na localidade onde não houver inscrito no cadastro disponibilizado pelo tribunal", mas "deverá recair sobre profissional ou órgão técnico ou científico comprovadamente detentor do conhecimento necessário à realização da perícia".

O perito está sujeito às hipóteses de impedimento ou suspeição (art. 148, III), devendo o juiz fixar "de imediato o prazo para a entrega do laudo" (art. 465), prorrogável uma vez "pela metade do prazo originalmente fixado" (art. 476), cabendo às partes, em 15 (quinze) dias, arguir o impedimento ou a suspeição do perito, apresentar quesitos e indicar assistentes técnicos (art. 465, §1º).

A prova pericial poderá ser substituída, "de ofício ou a requerimento das partes", por "prova técnica simplificada, quando o ponto controvertido for de menor complexidade" (art. 464, §2º), a qual "consistirá apenas na inquirição de especialista, pelo juiz, sobre ponto controvertido da causa que demande especial conhecimento científico ou técnico" (§3º).

O perito pode ser **substituído** quando (art. 468): **i)** faltar-lhe conhecimento técnico ou científico; **ii)** sem motivo legítimo, deixar de cumprir o encargo no prazo fixado pelo juiz, caso em que o magistrado poderá lhe impor multa, além de comunicar o fato ao órgão de classe.

Confira os requisitos do laudo pericial (art. 473): **i)** exposição do objeto da perícia; **ii)** análise técnica ou científica realizada pelo perito; **iii)** indicação do método utilizado, esclarecendo-o e demonstrando ser predominantemente aceito pelos especialistas da área do conhecimento da qual se originou; **iv)** resposta conclusiva a todos os quesitos apresentados pelo juiz, pelas partes e pelo órgão do Ministério Público.

O artigo 475 trata das **"perícias complexas"**, que abranjam **"mais de uma área de conhecimento especializado"**, quando "o juiz poderá nomear mais de um perito, e a parte, indicar mais de um assistente técnico".

Os artigos 479 e 480 lembram que "o juiz apreciará a prova pericial de acordo com o disposto no art. 371, indicando na sentença os motivos que o levaram a considerar ou a deixar de considerar as conclusões do laudo, levando em conta o método utilizado pelo perito", bem como que "o juiz determinará, de ofício ou a requerimento da parte, a realização de nova perícia quando a matéria não estiver suficientemente esclarecida".

"A segunda perícia **não substitui a primeira**, cabendo ao juiz apreciar livremente o valor de uma e outra" (art. 480, §3º), mas antes "tem por **objeto os mesmos fatos sobre os quais recaiu a primeira**" (art. 480, §1º), pois, "destina-se a **corrigir eventual omissão ou inexatidão dos resultados a que esta** (primeira perícia) **conduziu**".

3.5.8 Inspeção judicial

Por fim, tem-se a inspeção judicial (pelo juiz) de "pessoas ou coisas, a fim de se esclarecer sobre fato que interesse à decisão da causa" (art. 481).

O tema foi trazido pela **banca examinadora**, em evidente alusão **aos artigos 482 e 483, § único**, na assertiva: "O juiz poderá ser assistido de um ou de mais peritos quando realizar a inspeção direta, assim como as partes podem assistir ao ato, prestar esclarecimentos e fazer observações que reputem de interesse para a causa".

"O juiz irá ao local, onde se encontre a pessoa ou a coisa, quando" (art. 483): **i)** reputar necessário para a melhor verificação ou interpretação dos fatos que deva observar; **ii)** a coisa não puder ser apresentada em juízo, sem consideráveis despesas ou graves dificuldades; **iii)** determinar a reconstituição dos fatos.

3.5.9 Ata notarial

É disciplinada pelo art. 384, da seguinte forma: "a existência e o modo de existir de algum fato podem ser atestados ou documentados, a requerimento do interessado, mediante ata lavrada por tabelião", sendo que "dados representados por imagem ou som gravados em arquivos eletrônicos poderão constar da ata notarial".

3.6 Audiências – aspectos gerais

O CPC as prevê em duas modalidades: **i)** audiência de **conciliação** ou de **mediação**, onde se tenta encontrar uma solução de comum acordo pelas partes, sem julgamento da causa; **ii)** audiência de **instrução e julgamento**, voltada ao colhimento das provas orais e julgamento da causa.

3.6.1 Audiência de conciliação ou de mediação

Estando a petição inicial apta, e não sendo hipótese de improcedência preliminar do pedido, "o juiz designará audiência de conciliação ou de mediação com antecedência mínima de 30 (trinta) dias, devendo ser citado o réu com pelo menos 20 (vinte) dias de antecedência (art. 334), a qual não será realizada somente (§4º): **i)** "se ambas as partes manifestarem, expressamente, desinteresse na composição consensual"; **ii)** "quando não se admitir a autocomposição". O autor deve manifestar seu desinteresse logo na petição inicial, sendo que "o réu deverá fazê-lo, por petição, apresentada com 10 (dez) dias de antecedência, contados da data de audiência" (§5º).

"As partes devem estar acompanhadas por seus advogados ou defensores públicos" (§9º).

Por fim, como medida voltada a garantir a efetividade na realização de tais audiências, o CPC prescreve que "o não comparecimento injustificado do autor ou do réu à audiência de conciliação é considerado ato atentatório à dignidade da justiça e será sancionado com multa de até dois por cento da vantagem econômica pretendida ou do valor da causa, revertida em favor da União ou do Estado" (§8º). Trata-se de **assunto abordado em diversos exames da OAB** (julho/2016; novembro/2017; 2018.1 e 2019.2).

Também a **possibilidade de designação de mais de uma sessão voltada à conciliação e à mediação**, desde que observado o prazo máximo de 02 (dois) meses entre as sessões (art. 334, §2º), foi conhecimento cobrado por recente banca examinadora da OAB (2019.3).

3.6.2 Audiência de instrução e julgamento

Compete ao magistrado a condução da audiência, procedendo à colheita das provas de forma direta e pessoal, advertindo as partes dos deveres de urbanidade, sendo certo que "enquanto depuserem o perito, os assistentes técnicos, as partes e as testemunhas, não poderão os advogados e o Ministério Público intervir ou apartear, sem licença do juiz" (art. 361, §único). Em decorrência, cabe-lhe o poder de polícia, ordenando a retirada dos que se comportarem se forma inconveniente e requisitando, quando necessário, força policial (art. 360, III), embora as audiências sejam públicas, "ressalvadas as exceções legais" (art. 368).

Necessária a prova oral, o juiz designará audiência de instrução e julgamento (art. 357, V e 361), colhendo-as na seguinte ordem (art. 361): **i)** o perito e os assistentes técnicos responderão aos quesitos de esclarecimentos, se existentes; **ii)** tomada dos depoimentos pessoais do autor e depois do réu; **iii)** oitiva das testemunhas arroladas pelo autor e pelo réu.

A audiência de instrução e julgamento somente pode ser adiada em três hipóteses (art. 362): **i)** por convenção das partes; **ii)** se não puder comparecer, por motivo justificado, qualquer pessoa que dela deva necessariamente participar, incumbindo a estes o ônus da prova do impedimento até o momento da abertura da audiência, sob pena de preclusão (§ 1º); **iii)** por atraso injustificado de seu início em tempo superior a 30 (trinta) minutos do horário marcado.

"O juiz poderá dispensar a produção das provas requeridas pela parte cujo advogado ou defensor público não tenha comparecido à audiência, aplicando-se a mesma regra ao Ministério Público" (art. 362, §2º).

O art. 365 traz o **princípio da continuidade** da audiência de instrução e julgamento, ou seja, deve ser iniciada e finalizada no mesmo dia. Realizados os debates ou apresentados os memoriais o juiz deve decidir a causa em 30 (trinta) dias (art. 366), tratando-se de prazo impróprio.

? **QUESTÃO:** É cabível a decretação da revelia em face da Fazenda Pública?

➥ ***RESPOSTA:*** *Não há que se falar em decretação da revelia contra a Fazenda Pública, uma vez que seus interesses são indisponíveis por natureza (STJ: AgRg no REsp 1.137.177/SP e EDcl no REsp 724111/RJ).*

EM RESUMO: Processo e Procedimento	
Divisão no CPC	i) processo de conhecimento; ii) processo de execução; iii) procedimentos especiais.

EM RESUMO: Processo e Procedimento	
Procedimento Comum Ordinário	Fases, em ordem sequencial: i) petição inicial; ii) respostas do réu; iii) revelia; iv) providências preliminares; v) julgamento conforme o estado do processo; vi) produção de provas; vii) audiências.
Respostas do Réu	Espécies: i) contestação, peça onde devem constar todas as matérias de defesa, inclusive as chamadas "matérias de ordem pública"; ii) reconvenção.
Revelia	Fenômeno processual decorrente da não apresentação de defesa não obstante regularmente citado. Aplicado em disputa de interesses e direitos disponíveis, sendo dois os seus efeitos: i) material (reputar-se-ão verdadeiros os fatos narrados na petição inicial); ii) processual (prosseguimento do feito independente de intimação do réu).
Provas	Regra geral: i) princípio da livre produção de provas pelas partes; ii) princípio da aquisição das provas pelo processo; iii) princípio da livre apreciação motivada das provas pelo juiz.

EM RESUMO: Processo e Procedimento	
Espécies	O CPC traz o princípio da liberdade dos meios de produção de prova, porém, disciplinando algumas modalidades: i) depoimento pessoal das partes, sob pena de confissão; ii) confissão (reconhecimento da verdade dos fatos narrados por uma das partes pela outra, o que torna o fato incontroverso, podendo ser judicial ou extrajudicial); iii) exibição de documento ou coisa ao juízo pela parte ou terceiro; iv) provas documentais; v) provas testemunhais; vi) provas periciais (exame, vistoria ou avaliação); vii) inspeção judicial de pessoa ou coisa pelo juiz; viii) ata notarial.
Audiências	i) audiência de conciliação ou mediação, estímulo à busca de solução amigável ao litígio, a qual deve ser realizada logo após a apresentação da petição inicial apta, e não sendo o caso de improcedência liminar do pedido; ii) audiência de instrução e julgamento, designada nos casos em que necessária a produção de prova oral (oitiva de perito e assistentes técnicos, depoimento das partes e/ou oitiva de testemunhas).

CAPÍTULO VI

TUTELA, SENTENÇA E COISA JULGADA

1. ASPECTOS GERAIS

O presente Capítulo tem por escopo o estudo das decisões judiciais proferidas com o objetivo de solucionar o conflito apresentado, decidindo sobre o bem da vida controvertido.

Tais decisões recebem o nome de "tutelas jurisdicionais", e podem ser de duas ordens, a saber:

i) tutelas provisórias – proferidas em caráter precário, durante o trâmite processual, inclusive, logo após o recebimento da petição inicial e independente de intimação prévia do réu ou de citação (art. 300, §2º), em juízo de cognição sumária;

ii) tutelas de mérito – sentenças proferidas ao final da instrução processual e que decidem os conflitos apresentados pelas partes, entregando o bem da vida a quem de direito, em juízo de cognição exauriente.

As tutelas provisórias podem ser proferidas de ofício pelo juiz, já que têm por escopo garantir a integridade do bem da vida até o julgamento final da ação ou antecipar a entrega do próprio bem da vida postulado. Possuem três variações:

i) tutela antecipada;

ii) tutela mandamental liminar;

iii) tutela cautelar liminar.

MUITA ATENÇÃO!

O CPC **unifica as tutelas de urgência** (arts. 300 a 310) dentro do **regime geral das tutelas provisórias** (arts. 294 a 311). A divisão, com o novo Código, passa a ser a seguinte:

<table>
<tr><td rowspan="3">TUTELAS PROVISÓRIAS (arts. 294 a 311)</td><td rowspan="2">Tutelas de urgência (arts. 300 a 302)</td><td>tutela antecipada (arts. 303 e 304)</td></tr>
<tr><td>tutela cautelar (arts. 305 a 310)</td></tr>
<tr><td>Tutela da evidência (art. 311)</td><td></td></tr>
</table>

Já as tutelas de mérito, proferidas com o objetivo de solucionar definitivamente a controvérsia são divididas, pela maioria dos processualistas pátrios (inobstante a existência de resquício de celeuma entre as teorias trinária e quinária) em cinco espécies (teoria quinária): **i)** declaratória, reconhece a existência ou inexistência de relação jurídica processual (art. 19); **ii)** (des)constitutiva, (des)constitui certa relação ou situação jurídica; **iii)** condenatória, impõe à parte vencida um dever jurídico de pagamento; **iv)** mandamental, impõe à parte vencida um dever jurídico de fazer ou deixar de fazer algo (caso do mandado de segurança); **v)** executiva "lato sensu", impõe deveres jurídicos ao vencido de fazer, deixar de fazer ou dar algo, executada sem necessidade de ação própria (arts. 497 a 501).

Também se estudará o conceito de "coisa julgada", garantia constitucional prescrita pelo art. 5º, XXXV, da CF e regulamentada pelos artigos 502 a 508 do CPC.

MUITA ATENÇÃO!

1. Vamos diferenciar as diversas modalidades de tutelas de urgência:

	Objetivo	Exceções
Tutela antecipada	Antecipar, no todo ou em parte, os efeitos da sentença.	–
Liminar mandamental	Suspender o ato que deu motivo à impetração do mandado de segurança.	i) direitos indisponíveis; ii) apresentação de defesa por um dos vários réus; iii) petição inicial sem instrumento público, quando indispensável à prova do ato.
Liminar cautelar	Garantir a existência e a integridade do bem da vida objeto do pedido principal formulado.	O réu pode intervir no processo em qualquer fase, recebendo o feito no estado em que se encontra.

2. Vamos diferenciar as diversas modalidades de tutelas jurisdicionais de mérito:

	Objetivo
Declaratória	Declarar a existência ou inexistência de relação jurídica.
(Des)constitutiva	Constituir ou desconstituir relação ou situação jurídica.
Condenatória	Condenar a parte vencida em obrigação de pagar.
Mandamental	Condenar a parte vencida em fazer ou não fazer algo.
Executiva "lato sensu"	Condenar a parte vencida em fazer, não fazer ou dar algo, cuja execução independe de processo autônomo

2. TUTELAS PROVISÓRIAS

Previstas nos artigos 294 a 311 do CPC, subdividem-se em: **i)** tutelas de urgência (antecipada e cautelar); **ii)** tutela da evidência.

No concernente às disposições gerais, é certo que: **i)** a tutela provisória de urgência, cautelar ou antecipada, pode ser concedida em caráter antecedente ou incidental (art. 294, §único); **ii)** possui caráter precário, pelo que "pode, a qualquer tempo, ser revogada ou modificada" (art. 296); **iii)** exige-se do juiz que "motivará seu convencimento de modo claro e preciso (art. 298).

Especificamente no tocante às tutelas de urgência, são requisitos para sua concessão: "elementos que evidenciem a probabilidade do direito e o perigo de dano ou o risco ao resultado útil do processo" (art. 300), sendo que o juiz poderá exigir caução real ou fidejussória para sua concessão (§1º) – hipótese cobrada em **banca examinadora da OAB (2021.2)**, além do que "pode ser concedida liminarmente ou após justificação prévia" (§2º). Vedação relevante à sua concessão é a hipótese de "perigo de irreversibilidade dos efeitos da decisão" (§3º).

O poder geral de cautela do juiz vem previsto no art. 301, da seguinte forma: "A tutela de urgência de natureza cautelar pode ser efetivada mediante arresto, sequestro, arrolamento de bens, registro de protesto contra alienação de bem e qualquer outra medida idônea para asseguração do direito".

As hipóteses de responsabilização da parte "pelo prejuízo que a efetivação da tutela de urgência causar à parte adversa" são as seguintes (art. 302): **i)** se a sentença lhe for desfavorável; **ii)** se a parte favorecida pela concessão da tutela não fornecer os meios necessários para a citação do requerido em 5 (cinco) dias; **iii)** se ocorrer a cessação da eficácia da medida em qualquer hipótese legal; **iv)** se o juiz acolher a alegação de decadência ou prescrição da pretensão do autor.

Já o procedimento da tutela antecipada requerida em caráter antecedente ("nos casos em que a urgência for contemporânea à propositura da ação") é disciplinado pelos arts. 303 e 304, caso em que "a petição inicial pode limitar-se ao requerimento da tutela antecipada e à indicação do pedido de tutela final, com a exposição da lide, do direito que se busca realizar e do perigo de dano ou do risco ao resultado útil do processo" (art. 303), sendo que, concedida a tutela antecipada, "o autor deverá aditar a petição inicial, com a complementação de sua argumentação, a juntada de novos documentos e a confirmação do pedido de tutela final" (§1º), "nos mesmos autos, sem incidência de novas custas processuais" (§3º), sob pena de extinção do feito sem resolução do mérito (§2º).

MUITA ATENÇÃO! A figura da tutela antecipada requerida em caráter antecedente é **comumente cobrada por bancas examinadoras da OAB** (2016.3, 2017.3 e 2018.3).

"Caso entenda que não há elementos para a concessão da tutela antecipada, o órgão jurisdicional determinará a emenda da petição inicial em até 5 (cinco) dias, sob pena de ser indeferida e de o processo ser extinto sem resolução de mérito" (§6º).

Em relevante inovação, o art. 304 fixa que "a tutela antecipada, concedida nos termos do art. 303, torna-se estável se da decisão que a conceder não for interposto o respectivo recurso", caso em que "o processo será extinto" (§1º), porém, possibilitada a qualquer das partes o ajuizamento de nova ação judicial "com o intuito de rever, reformar ou invalidar a tutela antecipada estabilizada" (§2º), no prazo de "2 (dois) anos, contados da ciência da decisão que extinguiu o processo" (§5º). Tal estabilidade não implica em coisa julgada material, conforme expressamente prescrito pelo art. 304, §6º.

Por outro lado, o procedimento da tutela cautelar requerida em caráter antecedente é disciplinado pelos arts. 305 a 310, caso em que a petição inicial "indicará a lide e seu fundamento, a exposição sumária do direito que se objetiva assegurar e o perigo de dano ou o risco ao resultado útil do processo" (art. 305).

Sedimentando importante corrente doutrinária, o art. 305, §único cristalizou a noção de fungibilidade entre as diversas tutelas de urgência existentes: "caso entenda que o pedido a que se refere o *caput* tem natureza antecipada, o juiz observará o disposto no art. 303". Tal caráter bifronte restou consagrado pelo STJ no REsp 1.150.334/MG e REsp 686209/RS.

O réu será citado para contestar o pedido e indicar as provas que pretende produzir (art. 306), sendo que: **i)** não contestado o pedido, presumir-se-ão aceitos pelo réu como ocorridos os fatos alegados pelo autor, devendo o juiz decidir, em 5 (cinco) dias (art. 307); **ii)** contestado o pedido, "observar-se-á o procedimento comum" (art. 307, §único).

"Efetivada a tutela cautelar, o pedido principal terá de ser formulado pelo autor no prazo de 30 (trinta) dias, caso em que será apresentado nos mesmos autos em que deduzido o pedido de tutela cautelar, não dependendo do adiantamento de novas custas processuais" (art. 308), sendo que "o pedido principal pode ser formulado conjuntamente com o pedido de tutela cautelar" (§1º), além do que "a causa de pedir poderá ser aditada no momento de formulação do pedido principal" (§2º).

A eficácia da tutela cautelar concedida em caráter antecedente cessará quando: **i)** o autor não deduzir o pedido principal no prazo legal; **ii)** não for efetivada em 30 (trinta) dias; **iii)** o juiz julgar improcedente o pedido principal formulado pelo autor ou extinguir o processo sem resolução de mérito (art. 309).

Reconhecendo o caráter meramente instrumental da tutela cautelar, o art. 310 do CPC prescreve que: "O indeferimento da tutela cautelar não obsta a que a parte formule o pedido principal, nem influi no julgamento desse, salvo se o motivo do indeferimento for o reconhecimento de decadência ou de prescrição".

Por fim, o art. 311 prevê a concessão de tutela da evidência, "independentemente da demonstração de perigo de dano ou de risco ao resultado útil do processo, quando": **i)** ficar caracterizado abuso do direito de defesa ou manifesto propósito protelatório da parte; **ii)** as alegações de fato puderem ser comprovadas apenas documentalmente e houver tese firmada em julgamento de casos repetitivos ou em súmula vinculante (hipótese cobrada por recentes bancas examinadoras da OAB, 2018.3 e 2019.2); **iii)** se tratar de pedido reipersecutório fundado em prova documental adequada do contrato de depósito, caso em que será decretada a ordem de entrega do objeto custodiado, sob cominação de multa; **iv)** a petição inicial for instruída com prova documental suficiente dos fatos constitutivos do direito do autor, a que o réu não oponha prova capaz de gerar dúvida razoável.

Não obstante, não poderá deferir tal tutela sem a oitiva da parte contrária nas hipóteses arroladas nos itens "i" e "iv" (art. 311, § único).

3. SENTENÇA

A sentença "é o pronunciamento por meio do qual o juiz, com fundamento nos arts. 485 e 487, põe fim à fase cognitiva do procedimento comum, bem como extingue a execução" (art. 203, §1º).

São **requisitos essenciais** de conteúdo (art. 489): **i) relatório**, que conterá os nomes das partes, a identificação do caso, com a suma do pedido e da contestação do réu, além do registro das principais ocorrências ao longo da instrução; **ii) fundamentos**, em que o juiz analisará as questões de fato e de direito, observando-se a garantia constitucional da motivação das decisões judiciais (art. 93, X); **iii) dispositivo**, em que o juiz resolverá as questões principais apresentadas pelas partes, ou seja, a ordem final de acolhimento ou não dos pedidos formulados.

Novidade de enorme relevo trazida pelo CPC é o rol de hipóteses nas quais “não se considera fundamentada qualquer decisão judicial” (art. 489, §1º), quando: **i)** se limitar à indicação, à reprodução ou à paráfrase de ato normativo, sem explicar sua relação com a causa ou a questão decidida; **ii)** empregar conceitos jurídicos indeterminados, sem explicar o motivo concreto de sua incidência no caso; **iii)** invocar motivos que se prestariam a justificar qualquer outra decisão; **iv)** não enfrentar todos os argumentos deduzidos no processo capazes de, em tese, infirmar a conclusão adotada pelo julgador; **v)** se limitar a invocar precedente ou enunciado de súmula, sem identificar seus fundamentos determinantes nem demonstrar que o caso sob julgamento se ajusta àqueles fundamentos; **vi)** deixar de seguir enunciado de súmula, jurisprudência ou precedente invocado pela parte, sem demonstrar a existência de distinção no caso em julgamento ou a superação do entendimento.

Já em se tratando de **sentença arbitral**, o artigo 26, da Lei nº 9.307/96 traz seus **requisitos essenciais, sob pena de nulidade** (art. 32, inc. III): **i) relatório**, contendo nomes das partes e um resumo do litígio; **ii) fundamentos da decisão**, onde serão analisadas as questões de fato e de direito, mencionando-se, expressamente, se os árbitros decidiram por equidade; **iii) dispositivo**, onde os árbitros resolverão as questões que lhes forem submetidas; **iv) data e lugar** em que foi proferida (conhecimento cobrado em **banca examinadora da OAB – 2022.1**).

“No caso de colisão entre normas, o juiz deve justificar o objeto e os critérios gerais da ponderação efetuada, enunciando as razões que autorizam a interferência na norma afastada e as premissas fáticas que fundamentam a conclusão” (§2º).

“A decisão judicial deve ser interpretada a partir da conjugação de todos os seus elementos e em conformidade com o princípio da boa-fé” (§3º).

Quanto às suas **características e vedações**, são as seguintes: **i)** a sentença proferida sempre deve conceder a tutela específica de acordo com o pedido formulado (obrigação de dar, de fazer ou não fazer algo, de pagar – arts. 497 e 498), contando o juiz, com uma série de poderes de coerção e indução, tais como fixação de multa diária pelo descumprimento (***astreintes***), busca e apreensão e remoção de pessoas ou coisas, desfazimento de obras (art. 500); **ii)** formulado pedido certo, é vedada a prolação de sentença ilíquida, sendo que “a decisão definirá desde logo a extensão da obrigação, o índice de correção monetária, a taxa de juros, o termo inicial de ambos e a periodicidade da capitalização dos juros, se for o caso” (art. 491); **iii)** é vedado ao juiz proferir sentença de natureza diversa da pedida (***extra petita***), bem como condenar o réu em quantidade superior ou em objeto diverso do que lhe foi demandado (***ultra petita***) (art. 492), além de deixar de analisar um ou mais pedidos formulados (***citra petita***); **iv)** é vedada a prolação de sentença condicional (art. 492, § único).

Embora o Código de Processo Civil adote um sistema de preclusões que impede a reanálise de certas questões pelo juiz, além do princípio dispositivo, pelo qual o juiz não deve atuar de ofício na produção de provas, o **artigo 493 traz situações que devem ser apreciadas pelo magistrado independente de provocação das partes**: “Se, depois da propositura da ação, algum fato constitutivo, modificativo ou extintivo do direito influir no julgamento do mérito, caberá ao juiz tomá-lo em consideração, de ofício ou a requerimento da parte, no momento de proferir a decisão”, sendo que “se constatar de ofício o fato novo, o juiz ouvirá as partes sobre ele antes de decidir” (§único).

Já o artigo 494 explicita o **“esgotamento da prestação jurisdicional pelo magistrado”**, que impede a apreciação de qualquer outro ponto ou requerimento formulado posteriormente à prolação da sentença, salvo: **i)** “para corrigir-lhe, de ofício ou a requerimento da parte, inexatidões materiais ou erros de cálculo”; **ii)** “por meio de embargos de declaração”.

O artigo 495 confere à sentença condenatória do réu “ao pagamento de prestação consistente em dinheiro e a que determinar a conversão de prestação de fazer, de não fazer ou de dar coisa em prestação pecuniária”, o efeito de garantia real de hipoteca judiciária. Assunto cobrado em **banca examinadora da OAB** (Exame de Ordem 2020.1) ao apontar como correta a seguinte assertiva: “Júlio poderá levar a registro a sentença, e, uma vez constituída a hipoteca judiciária, esta conferirá a Júlio o direito de preferência em relação a outros credores, observada a prioridade do registro”.

O artigo 501 traz peculiaridade das sentenças executivas ***lato sensu,*** visando dar-lhes maior efetividade: caso a condenação diga respeito à emissão de mera declaração de vontade pelo réu, a sentença transitada em julgado “produzirá todos os efeitos da declaração não emitida”.

Por fim, restou introduzido pelo CPC/15 o julgamento de “improcedência liminar do pedido”, a ocorrer “nas **causas que dispensem a fase instrutória**”, “independentemente da citação do réu”, logo após a verificação da aptidão da petição inicial (art. 332), quando se “julgará liminarmente improcedente o pedido que contrariar” (incs. I a IV) e §1º): **i)** enunciado de súmula do Supremo Tribunal Federal ou do Superior Tribunal de Justiça; **ii)** acórdão proferido pelo Supremo Tribunal

Federal ou pelo Superior Tribunal de Justiça em julgamento de recursos repetitivos; **iii)** entendimento firmado em incidente de resolução de demandas repetitivas ou de assunção de competência; **iv)** enunciado de súmula de tribunal de justiça sobre direito local; **v)** se verificar, desde logo, a ocorrência de decadência ou de prescrição.

Trata-se de tema pedido em **banca examinadora da OAB** (Exame de Ordem 2020.1) ao apontar como correta a seguinte assertiva: "Nas hipóteses em que há necessidade de dilação probatória, não cabe improcedência liminar do pedido".

MUITA ATENÇÃO!

1. Doutrina processualista de relevo divide a sentença em capítulos (DINAMARCO), correspondendo cada capítulo à solução de um dos pedidos formulados pelas partes, razão pela qual seria possível a concessão de tutela antecipada na própria sentença, posição abalizada pelo STJ (MC 11402/MT e RMS 14160/RJ).

2. A superveniência de sentença de improcedência em sede de cognição exauriente, com o encerramento da atividade jurisdicional, torna prejudicada a decisão proferida em sede de cognição meramente sumária a título de antecipação da tutela, logo, com a perda de todos os seus efeitos jurídicos, inclusive, com a perda de objeto de recurso eventualmente interposto (STJ, REsp 1.016.375/RS e EDcl no REsp 1.162.239/PR).

4. COISA JULGADA

"Denomina-se coisa julgada material a autoridade que torna imutável e indiscutível a decisão de mérito não mais sujeita a recurso" (art. 502).

Na verdade, a indiscutibilidade da sentença, como preclusão máxima, é conceito inerente à **"coisa julgada formal"**, de conteúdo nitidamente **processual**, presente em toda e qualquer sentença proferida, com ou sem resolução de mérito da controvérsia.

Já a **"coisa julgada material"** diz respeito à **imutabilidade dos efeitos materiais,** ou extraprocessuais da sentença, para que a relação jurídica de direito material solucionada fique albergada sob o manto da cristalização, garantia constitucional (art. 5º, XXXVI), presente unicamente nas sentenças resolutórias do mérito (art. 487).

Porém, o fenômeno da coisa julgada material possui duas ordens de limites: **i) subjetivos** – (art. 506) "a sentença faz coisa julgada às partes entre as quais é dada, não prejudicando terceiros"; **ii) objetivos** – (arts. 503 e 504) a sentença "tem força de lei nos limites da questão principal expressamente decidida", não fazendo coisa julgada "os motivos" e "a verdade dos fatos, estabelecida como fundamento da sentença"

O CPC **possibilita que a parte peça o julgamento expresso sobre questão prejudicial**, de modo que **sobre a mesma recaia a autoridade da coisa julgada material**, desde que: **i)** dessa resolução dependa o julgamento do mérito; **ii)** a seu respeito tenha havido contraditório prévio e efetivo, não se aplicando no caso de revelia; **iii)** o juízo tenha competência em razão da matéria e da pessoa para resolvê-la, como questão principal (art. 503, §1º). Tal hipótese, porém, resta expressamente vedada "se no processo houver restrições probatórias ou limitações à cognição que impeçam o aprofundamento da análise da questão prejudicial" (§2º).

Por isso está correta a assertiva indicada pela **banca examinadora da OAB** que trata dos limites objetivos da coisa julgada: "**Somente a parte dispositiva da sentença** é imutável, razão por que **faz coisa julgada"**.

Outrossim, o artigo 505 permite que o **juiz decida novamente**, mediante pedido de revisão da sentença, quando disser respeito à "relação jurídica de trato continuado" em que "sobreveio modificação no estado de fato ou de direito" e "demais casos prescritos em lei".

O **sistema de preclusões** restou consagrado no artigo 507, pelo qual "é vedado à parte discutir no curso do processo as questões já decididas a cujo respeito se operou a preclusão".

Já a **"eficácia preclusiva da coisa julgada"** é disciplinada no artigo 508, pelo qual "transitada em julgado a decisão de mérito, considerar-se-ão deduzidas e repelidas todas as alegações e as defesas que a parte poderia opor tanto ao acolhimento quanto à rejeição do pedido", ficando vedada, em um primeiro momento, a propositura de nova ação para rediscussão dos mesmos pedidos, mesmo que fundada em novas alegações de fato e de direito.

Por fim, o artigo 496 traz o **"reexame necessário"** que, como figura anômala não inserida dentre as espécies recursais, torna obrigatória a reanálise da sentença em segundo grau de jurisdição, esgotando-se o duplo grau: **i)** quando proferida "contra a União, os Estados, o Distrito Federal, os Municípios e suas respectivas autarquias e fundações de direito público"; **ii)** "que julgar procedentes, no todo ou em parte, os embargos à execução fiscal".

Há **exceções** ao reexame necessário nos §§ 3º e 4º: **i)** condenações ou proveito econômico obtido for de valor certo e líquido não inferior a: a) 1.000 salários mínimos no caso da União e respectivas autarquias e fundações de direito público; b) 500 salários mínimos para os Estados, Distrito Federal e respectivas autarquias e fundações de direito público e Municípios que constituam capitais dos Estados (hipótese abordada pela banca examinadora da OAB, de novembro/2017); c) 100 salários mínimos para os demais Municípios e respectivas autarquias e fundações de direito público; **ii)** sentença fundada em: a) súmula de Tribunal Superior; b) acórdão proferido pelo Supremo Tribunal Federal ou pelo Superior Tribunal de Justiça em julgamento de recursos repetitivos; c) entendimento firmado em incidente de resolução de demandas repetitivas ou de assunção de competência; d) entendimento coincidente com orientação vinculante firmada no âmbito administrativo do próprio ente público, consolidada em manifestação, parecer ou súmula administrativa.

MUITA ATENÇÃO!

1. A "coisa julgada material" não possui valor e alcance absolutos, sendo exemplos de sua mitigação a "ação rescisória", que tem por escopo a desconstituição dos efeitos materiais da sentença de mérito proferida em hipóteses graves e de relevo arroladas de forma restrita pelo CPC (art. 966), e a *querela nullitatis insanabilis* (DINAMARCO), que representa a ação ordinária de conhecimento declaratória da inexistência da sentença proferida em dado processo por vício grave e crasso ocorrido em seu bojo, como a ausência de citação do réu ou a sentença proferida por pessoa não investida dos poderes de juiz.

? **QUESTÃO:** Qual o alcance da chamada "eficácia preclusiva da coisa julgada material"?

RESPOSTA: *Já visto que tal fenômeno se encontra prescrito pelo art. 474, e que o mesmo diz respeito à vedação da propositura de nova ação, com os mesmos pedidos, mesmo que existente nova causa de pedir – seja em relação aos fatos, fundamentos de direito ou ambos – seu real sentido e alcance deve ser fixado em face dos limites objetivos e subjetivos da coisa julgada (arts. 468, 469 e 472). Ou seja, não há que se falar em eficácia preclusiva fora dos próprios limites objetivos e subjetivos da coisa julgada (art. 468, 469 e 472).*

Logo, não há que se falar em eficácia preclusiva em face de terceiros não integrantes da lide originária (limites subjetivos), os quais possuem legitimidade para ajuizar outra ação discutindo, se o caso, os mesmos fatos já decididos, posto que não integraram a lide principal.

Neste mesmo sentido, não se fala em eficácia preclusiva quanto às razões de fato e de direito utilizados como fundamentos para o julgamento da ação (limites objetivos), logo, a parte pode ajuizar outra ação para resolver estas mesmas razões de fato e de direito integrando, agora, o próprio pedido. Por exemplo, o reconhecimento de vínculo laboral como fundamento ao acolhimento de pretensão previdenciária na Justiça Federal, que não inviabiliza a ação na seara Trabalhista cujo pedido seja unicamente o reconhecimento deste mesmo vínculo laboral.

Por fim, tenho que o próprio art. 474 deve ser interpretado de forma restritiva, abarcando-se no conceito de "todas as alegações e defesas deduzidas e repelidas" unicamente as conexas com os pedidos formulados e entre si, ou seja, ligadas entre si por algum elo de fato ou de direito, excluindo-se, assim, as alegações independentes, que não guardem relação com as afastadas na ação anterior, hipótese em que restará cabível o ajuizamento de nova ação, mesmo que com pedidos idênticos à anterior (STJ, REsp 1.264.894/PR e RMS 32280/MG). A problemática permanece em face do CPC, já que os novos arts. 503, 504, 506 e 508 ***não modificaram o regime jurídico da coisa julgada material e sua eficácia preclusiva****.*

EM RESUMO: Tutela, Sentença e Coisa Julgada	
Tutelas provisórias	Atividade precária, proferida em sede de juízo de cognição sumária, pela qual o juiz: i) antecipada total ou parcialmente os próprios efeitos da tutela jurisdicional de mérito (**tutela antecipada e tutela da evidência**), ii) suspende o ato que deu origem à impetração (**liminar em mandado de segurança**) ou iii) busca garantir a integridade do bem da vida até o julgamento final de mérito da ação principal (**liminar de natureza cautelar**). Pelo regime do CPC as tutelas provisórias foram divididas da seguinte forma: i) tutelas de urgência (antecipada e cautelar); ii) tutela da evidência. As tutelas de urgência podem ser requeridas no bojo da ação que trata do pedido principal ou de forma antecedente.
Sentença	Ato judicial (art. 203, §1º) pelo qual o juiz extingue o processo sem julgamento de mérito (art. 485) ou resolve a lide (art. 487), dividido em cinco diferentes espécies: i) declaratória; ii) (des)constitutiva; iii) condenatória; iv) executiva *lato sensu*; v) mandamental.
Requisitos, características e vedações	– As sentenças de mérito (art. 487, I) devem conter três partes: relatório, fundamentação e dispositivo; podendo as demais ser proferidas de modo conciso. – As sentenças devem ser líquidas e específicas, não podem ser condicionais, e devem decidir a lide nos limites em que propostas, vedada a prolação de sentenças *ultra*, *extra* e *citra petitas*.
Coisa Julgada	– Formal: preclusão máxima endoprocessual, ou seja, a sentença não é mais sujeita a recursos. Atinge as sentenças terminativas (art. 485) e extintivas (art. 487). – Material: qualidade de imutabilidade dos efeitos materiais da sentença proferida, cristalizando a situação ou relação jurídica de direito material decidida de forma definitiva. Atinge unicamente as sentenças extintivas (art. 487).
Limites da Coisa Julgada Material	Subjetivos: atinge somente as partes do processo, com exceções. Objetivos: abarca unicamente a parte dispositiva da sentença e os pedidos formulados.
Reexame Necessário	Condição de exequibilidade da sentença proferida, a qual fica sujeita à confirmação pelo Tribunal competente, nos casos exigidos em lei.

DIREITO PROCESSUAL CIVIL

CAPÍTULO VII

INCIDENTES, AÇÃO RESCISÓRIA E RECURSOS

1. DOS INCIDENTES

1.1. Incidente de assunção de competência

Trata-se de mecanismo previsto no artigo 947 do CPC, cabível "quando o julgamento de recurso, de remessa necessária ou de processo de competência originária envolver relevante questão de direito, com grande repercussão social, sem repetição em múltiplos processos", hipótese na qual "o relator proporá, de ofício ou a requerimento da parte, do Ministério Público ou da Defensoria Pública, que seja o recurso, a remessa necessária ou o processo de competência originária julgado pelo órgão colegiado que o regimento indicar" (§1º), competindo ao órgão colegiado decidir acerca da existência (ou não) de "interesse público na assunção de competência" (§2º).

"O acórdão proferido em assunção de competência vinculará todos os juízes e órgãos fracionários, exceto se houver revisão de tese" (§3º).

1.2 Incidente de arguição de inconstitucionalidade

Trata-se de procedimento disciplinado pelo CPC nos artigos 948 a 950 em atendimento à regra constitucional da "cláusula de reserva de plenário" (art. 97, da CF), pela qual "Somente pelo voto da maioria absoluta de seus membros ou dos membros do respectivo órgão especial poderão os tribunais declarar a inconstitucionalidade de lei ou ato normativo do Poder Público".

Logo, não pode o relator, turma ou câmara, declarar a inconstitucionalidade de lei ou ato normativo, devendo ser convocado o Plenário ou Órgão Especial para análise, salvo se "já houver pronunciamento destes ou do plenário do Supremo Tribunal Federal sobre a questão" (art. 949, § único).

A Súmula Vinculante nº 10 do STF diz que: "viola a cláusula de reserva de plenário (cf. art. 97) a decisão de órgão fracionário de tribunal que, embora não declare expressamente a inconstitucionalidade de lei ou ato normativo do poder público, afasta sua incidência, no todo ou em parte."

No caso de arguição de inconstitucionalidade, o relator, após ouvir o Ministério Público e as partes, deverá submeter o caso à Turma ou Câmara (art. 948), que apreciará o requerimento, prosseguindo no julgamento no caso de rejeição do pedido (art. 949, I). Porém, no caso de acolhimento da arguição, "a questão será submetida ao plenário do tribunal ou ao seu órgão especial, onde houver" (inc. II).

O art. 950 assegura às pessoas jurídicas de direito público responsáveis pela edição do ato questionado legitimidade para se manifestar no incidente (§ 1º), o mesmo se dando com os titulares para a propositura de ação direta de inconstitucionalidade (§ 2º) e com "outros órgãos ou entidades", a critério do relator (figura do ***amicus curiae***) (§ 3º).

> **MUITA ATENÇÃO!**
>
> Medida prevista no art. 103-A da CF, introduzido pela EC nº 45/04, na busca da uniformização de jurisprudência, são as "súmulas vinculantes", de competência do Supremo Tribunal Federal, aprovadas "mediante decisão de dois terços dos seus membros, após reiteradas decisões sobre matéria constitucional", terão "efeito vinculante em relação aos demais órgãos do Poder Judiciário e à administração pública direta e indireta, nas esferas federal, estadual e municipal" e "por objetivo a validade, a interpretação e a eficácia de normas determinadas, acerca das quais haja controvérsia atual entre órgãos judiciários ou entre esses e a administração pública que acarrete grave insegurança jurídica e relevante multiplicação de processos sobre questão idêntica".

1.3 Homologação de decisão estrangeira e concessão do *exequatur* à carta rogatória

O CPC traz todo um regime jurídico dedicado à homologação de decisão estrangeira e concessão de *exequatur* às rogatórias, conforme artigos 960 a 965.

As principais regras trazidas no tocante à homologação das decisões estrangeiras são as seguintes: **i)** deve ser requerida via "ação de homologação de decisão estrangeira, salvo disposição especial em sentido contrário prevista em tratado" (art. 960); **ii)** possibilita a execução de decisão interlocutória estrangeira, inclusive a "concessiva de medida de urgência" (art. 962), ambas por meio de carta rogatória (arts. 960, §1º e 962, §1º); **iii)** pode ocorrer apenas parcialmente (art. 961, §2º); **iv)** poderá se dar "para fins de execução fiscal quando prevista em tratado ou em promessa de reciprocidade apresentada à autoridade brasileira" (art. 961, §4º).

São "requisitos indispensáveis à homologação da decisão" (art. 963): **i)** ser proferida por autoridade competente; **ii)** ser precedida de citação regular, ainda que verificada a revelia; **iii)** ser eficaz no país em que foi proferida; **iv)** não ofender a coisa julgada brasileira; **v)** estar acompanhada de tradução oficial, salvo disposição que a dispense prevista em tratado; **vi)** não conter manifesta ofensa à ordem pública.

"O cumprimento de decisão estrangeira far-se-á perante o juízo federal competente, a requerimento da parte, conforme as normas estabelecidas para o cumprimento de decisão nacional" (art. 965).

Por fim, tanto a homologação de decisão estrangeira quanto o *exequatur* à carta rogatória: **i)** são requisitos indispensáveis à eficácia da decisão estrangeira no Brasil (art. 961); **ii)** estão vedadas "na hipótese de competência exclusiva da autoridade judiciária brasileira" (art. 964). Quanto ao órgão competente para a homologação de sentença estrangeira e concessão de *exequatur* às cartas rogatórias, é o STJ, conforme regra do art. 105, I, *i*, da CF/88.

1.4 Incidente de resolução de demandas repetitivas

Cabível "quando houver, simultaneamente" (art. 976): **i)** efetiva repetição de processos que contenham controvérsia sobre a mesma questão unicamente de direito; **ii)** risco de ofensa à isonomia e à segurança jurídica. Não obstante, "é incabível (...) quando um dos tribunais superiores, no âmbito de sua respectiva competência, já tiver afetado recurso para definição de tese sobre questão de direito material ou processual repetitiva" (§4º).

A **impossibilidade de instauração do incidente de resolução de demandas repetitivas (IRDR) quando a controvérsia envolver questão fática** foi conhecimento cobrado em banca examinadora da OAB (2021.2).

"A desistência ou o abandono do processo não impede o exame de mérito do incidente" (§1º), devendo o Ministério Público intervir obrigatoriamente no incidente "e deverá assumir sua titularidade em caso de desistência ou de abandono" (§2º).

Sua inadmissão "não impede que, uma vez satisfeito o requisito, seja o incidente novamente suscitado" (§3º).

Pode ser proposto (art. 977): **i)** pelo juiz ou relator, por ofício; **ii)** pelas partes, por petição; **iii)** pelo Ministério Público ou pela Defensoria Pública, por petição.

"O julgamento do incidente caberá ao órgão indicado pelo regimento interno dentre aqueles responsáveis pela uniformização de jurisprudência do tribunal" (art. 978), o qual "julgará igualmente o recurso, a remessa necessária ou o processo de competência originária de onde se originou o incidente" (§único).

Admitido o incidente, caberá ao relator, dentre outras providências, suspender os processos pendentes, individuais ou coletivos, que tramitam no Estado ou na região (art. 982, I), cabendo seu julgamento no prazo de 1 (um) ano (art. 980), após o qual "cessa a suspensão dos processos (...), salvo decisão fundamentada do relator em sentido contrário" (§único), o mesmo ocorrendo "se não for interposto recurso especial ou recurso extraordinário contra a decisão proferida no incidente" (art. 982, §5º).

Qualquer dos legitimados para a propositura do incidente "poderá requerer, ao tribunal competente para conhecer do recurso extraordinário ou especial, a suspensão de todos os processos individuais ou coletivos em curso no território nacional que versem sobre a questão objeto do incidente já instaurado" (art. 982, §3º).

"Julgado o incidente, a tese jurídica será aplicada" (art. 985"): **i)** a todos os processos individuais ou coletivos que versem sobre idêntica questão de direito e que tramitem na área de jurisdição do respectivo tribunal, inclusive àqueles que tramitem nos juizados especiais do respectivo Estado ou região; **ii)** "aos casos futuros que versem idêntica questão de direito e que venham a tramitar no território de competência do tribunal, salvo revisão na forma do art. 986", sendo cabível reclamação no caso de decisão que afronte a tese adotada no incidente (§1º).

O art. 986 garante a possibilidade de revisão da tese jurídica firmada no incidente, com os seguintes legitimados: **i)** pelo mesmo tribunal, de ofício; **ii)** pelo ministério Público ou pela Defensoria Pública, por petição.

Do julgamento de mérito do incidente, caberá recurso especial ou extraordinário (art. 987), sendo que: **i)** "o recurso tem efeito suspensivo, presumindo-se a repercussão geral de questão constitucional eventualmente discutida" (§1º); **ii)** "apreciado o mérito do recurso, a tese jurídica adotada pelo Supremo Tribunal Federal ou pelo Superior Tribunal de Justiça será aplicada no território nacional a todos os processos individuais ou coletivos que versem sobre idêntica questão de direito" (§2º).

2. AÇÃO RESCISÓRIA

Excetuando a regra que impede a reanálise de sentença transitada em julgado por qualquer Órgão Judiciário, o CPC prevê, em casos específicos, uma válvula de escape para sua anulação, com desconstituição de efeitos, permitindo um novo julgamento da causa desde já ou após nova instrução processual, a depender do caso.

Trata-se da **"ação rescisória", via excepcional** prevista para as hipóteses **taxativas** do artigo 966, nas decisões de mérito: **i)** proferidas por força de prevaricação, concussão ou corrupção do juiz; **ii)** proferidas por juiz impedido ou juízo absolutamente incompetente; **iii)** resultantes de dolo ou coação da parte vencedora em detrimento da parte vencida, ou de simulação ou colusão entre as partes, a fim de fraudar a lei; **iv)** ofensivas à coisa julgada; **v)** que violarem manifestamente norma jurídica; **vi)** fundadas em **prova, cuja falsidade tenha sido apurada em processo criminal** ou venha a ser demonstrada na própria ação rescisória (assunto cobrado em **banca examinadora da OAB** – 2020.1); **vii)** "ultrapassadas" pela obtenção de documento novo pela parte, cuja existência ignorava, ou que não pôde fazer uso, mas capaz, por si só, de lhe assegurar pronunciamento favorável; **viii)** fundadas em erro de fato verificável do exame dos autos, sendo que "há erro de fato quando a decisão rescindenda admitir fato inexistente ou quando considerar inexistente um fato efetivamente ocorrido, sendo indispensável, em ambos os casos, que o fato não represente ponto controvertido sobre o qual o juiz deveria ter se pronunciado" (§ 1º).

Também cabe a rescisão de "decisão transitada em julgado que, embora não seja de mérito, impeça": **i)** "nova propositura de demanda"; **ii)** "admissibilidade do recurso correspondente" (§2º).

Das hipóteses arroladas, a mais controversa é de **"violação à literal disposição de lei"**, cujo alcance é objeto de **súmula do STF (n. 343)**: "Não cabe ação rescisória por ofensa a literal disposição de lei, quando a decisão rescindenda se tiver baseado em texto legal de interpretação controvertida nos tribunais".

Como novidade trazida pelo CPC, considera-se hipótese de cabimento da rescisória por violação manifesta a norma jurídica "contra decisão baseada em enunciado de súmula ou acórdão proferido em julgamento de casos repetitivos que não tenha considerado a existência de distinção entre a questão discutida no processo e o padrão decisório que lhe deu fundamento" (art. 966, §5º), caso em que "caberá ao autor, sob pena de inépcia, demonstrar, fundamentadamente, tratar-se de situação particularizada por hipótese fática distinta ou de questão jurídica não examinada, a impor outra solução jurídica" (§6º).

Outra hipótese de cabimento de ação rescisória introduzida pelo CPC/15 é aquela arrolada no artigo 525, §15: "Se a **decisão referida no § 12 – controle concentrado ou difuso de constitucionalidade pelo STF – for proferida após o trânsito em julgado da decisão exequenda, caberá ação rescisória**, cujo prazo será contado do trânsito em julgado da decisão proferida pelo Supremo Tribunal Federal". Trata-se de hipótese cobrada por **banca examinadora da OAB (2021.2)**.

Importante estabelecermos a distinção entre **ação rescisória** (art. 966), via estreita e excepcional voltada às sentenças qualificadas pelo caráter da "coisa julgada material" e **ação anulatória** (art. 966, §4º), como processo de conhecimento sob o rito comum ordinário destinado à anulação de **outros atos judiciais** que não possuam a característica da "coisa julgada material" ("os atos de disposição de direitos, praticados pelas partes ou por outros participantes do processo e homologados pelo juízo, bem como os atos homologatórios praticados no curso da execução, estão sujeitos à anulação, nos termos da lei") (STJ, REsp 962350/RS e REsp 591668/DF).

"A ação rescisória pode ter por objeto apenas 1 (um) capítulo da decisão" (art. 966, §3º).

São pressupostos e requisitos legais adicionais necessários à veiculação da ação rescisória: **i)** legitimidade (art. 967) – partes, sucessor a título universal ou singular, terceiro juridicamente interessado, Ministério Público; **ii)** necessidade de prévio depósito da quantia de 5% (cinco por cento) sobre o valor da causa conversível em multa, "caso a ação seja, por unanimidade de votos, declarada inadmissível ou improcedente" (art. 968, II), exigência dispensada "à União, aos Estados, ao Distrito Federal, aos Municípios, às suas respectivas autarquias e fundações de direito público, ao Ministério Público, à Defensoria Pública e aos que tenham obtido o benefício de gratuidade de justiça" (§1}); **iii)** eventual necessidade de cumulação, na petição inicial, do pedido de rescisão (***iudicium rescindens***) com o de novo julgamento (***iudicium rescissorium***) (art. 968, I); **iv)** prazo para ajuizamento de 2 (dois) anos, "contados do trânsito em julgado da última decisão proferida no processo" (art. 975) ou, na hipótese de rescisória fundada em nova prova, a partir da "data de descoberta da prova nova, observado o prazo máximo de 5 (cinco) anos, contados do trânsito em julgado da última decisão proferida no processo" (§2º), sendo que: **i)** "prorroga-se até o primeiro dia útil imediatamente subsequente o prazo (...), quando expirar durante férias forenses, recesso, feriados ou em dia em que não houver expediente forense" (§1º); **ii)** "nas hipóteses de simulação ou de colusão das partes, o prazo começa a contar, para o terceiro prejudicado e para o Ministério Público, que não interveio no processo, a partir do momento em que têm ciência da simulação ou da colusão" (§3º).

"A propositura da ação rescisória não impede o cumprimento da decisão rescindenda, ressalvada a concessão de tutela provisória" (art. 969).

"Julgando procedente o pedido, o tribunal rescindirá a decisão, proferirá, se for o caso, novo julgamento e determinará a restituição do depósito"; "considerando, por unanimidade, inadmissível ou improcedente o pedido, o tribunal determinará a reversão, em favor do réu, da importância do depósito, sem prejuízo do disposto no §2º do art. 82" (art. 974).

	Decisões judiciais abrangidas	Hipóteses	Efeitos
Ação rescisória	Decisões de mérito ou, mesmo sem resolução do mérito, quando impeça a propositura de nova ação ou a admissibilidade do recurso correspondente.	Restritas àquelas arroladas pelo art. 966, *numerus clausus.*	Rescinde os efeitos materiais da sentença de mérito, com ou sem novo julgamento de mérito.
Ação anulatória	Demais atos judiciais.	Abrangentes, sem hipóteses específicas arroladas em lei.	Anula a decisão proferida, sem novo julgamento da causa.

? **QUESTÃO:** O prazo para ajuizamento da ação rescisória é prescricional ou decadencial?

➥ **RESPOSTA**: *Não obstante a banca examinadora tenha considerado que a ação rescisória "deverá ser ajuizada até dois anos após o trânsito em julgado da última decisão, sob pena de prescrição", afirma corretamente a súmula 401 do STJ que "O prazo decadencial da ação rescisória só se inicia quando não for cabível recurso do último pronunciamento judicial".*

? **QUESTÃO:** É cabível o ajuizamento de ação rescisória com fundamento em ofensa à jurisprudência?

➥ ***RESPOSTA**: Os Tribunais Superiores tem aplicado ao art. 966 do CPC (violação de lei) a seguinte interpretação: cabe ação rescisória quando a decisão rescindenda decidiu de forma contrária à decisão proferida pelo plenário do STF em sede de controle de constitucionalidade, seja difuso ou concentrado, por representar violação qualificada à Constituição Federal (STJ, REsp 762938/PR e Resp 946970/RJ)*

Ou seja, por ser o STF o guardião da Constituição Federal, sentença ou acórdão posterior que afronte decisão de plenário orientadora de interpretação de norma constitucional representa violação à própria norma constitucional.

Tal hipótese foi objeto de arguição pela **banca examinadora da OAB** (2019.2), que deu como correta a seguinte assertiva: "Na vigência do Código de Processo Civil de 2015, José ajuizou ação contra Luíza, postulando uma indenização de R$ 100.000,00 (cem mil reais), tendo o pedido formulado sido julgado integralmente procedente, por meio de sentença transitada em julgado. Diante disso, José deu início ao procedimento de cumprimento de sentença, tendo Luíza (executada) apresentado impugnação, a qual, no entanto, foi rejeitada pelo respectivo juízo, por meio de decisão contra a qual não foi interposto recurso no prazo legal. Prosseguiu-se ao procedimento do cumprimento de sentença para satisfação do crédito reconhecido em favor de José. Ocorre que, após o trânsito em julgado da sentença exequenda e a rejeição da impugnação, o Supremo Tribunal Federal proferiu acórdão, em sede de controle de constitucionalidade concentrado, reconhecendo a inconstitucionalidade da lei que fundamentou o título executivo judicial que havia condenado Luíza na fase de conhecimento. Diante da decisão do Supremo Tribunal Federal sobre a situação hipotética, Luíza poderá: (...) ajuizar ação rescisória, em virtude de a sentença estar fundada em lei julgada inconstitucional pelo Supremo Tribunal Federal, em sede de controle concentrado de constitucionalidade".

3. RECLAMAÇÃO

O CPC traz toda uma disciplina jurídica sobre a via de impugnação da reclamação nos seus artigos 988 a 993.

Suas hipóteses de cabimento, pela "parte interessada ou Ministério Público", são voltadas a (art. 988): **i)** preservar a competência do tribunal; **ii)** garantir a autoridade das decisões do tribunal; **iii)** garantir a observância de enunciado de súmula vinculante e de decisão do Supremo Tribunal Federal em controle concentrado de constitucionalidade; **iv)** garantir a observância de acórdão proferido em julgamento de incidente de resolução de demandas repetitivas ou de incidente de assunção de competência, sendo que "as hipóteses dos incisos III e IV compreendem a aplicação indevida da tese jurídica e sua não aplicação aos casos que a ela correspondam" (§4º).

"A reclamação pode ser proposta perante qualquer tribunal, e seu julgamento compete ao órgão jurisdicional cuja competência se busca preservar ou cuja autoridade se pretenda garantir" (art. 988, §1º), sendo que "é inadmissível a reclamação proposta: **i)** após o trânsito em julgado da decisão; **ii)** para garantir a observância de acórdão de recurso extraordinário com repercussão geral reconhecida ou de acórdão proferido em julgamento de recursos extraordinário ou especial repetitivos, quando não esgotadas as instâncias ordinárias" (§5º), bem como "a inadmissibilidade ou o julgamento do recurso interposto contra a decisão proferida pelo órgão reclamado não prejudica a reclamação" (§6º).

"Qualquer interessado poderá impugnar o pedido do reclamante" (art. 990), não apenas o beneficiário da decisão impugnada, que será citado (art. 989, III).

"Julgando procedente a reclamação, o tribunal cassará a decisão exorbitante de seu julgado ou deter-

minará medida adequada à solução da controvérsia" (art. 992).

4. RECURSOS

4.1 Conceito, espécies, princípios e efeitos

Trata-se de **instrumento previsto dentro do próprio processo** pelo qual a **pessoa prejudicada** (uma das partes, o terceiro prejudicado ou o Ministério Público, como parte ou fiscal da ordem jurídica – art. 996) busca a **reanálise da decisão judicial por um Órgão jurisdicional hierarquicamente superior**, com vistas à **prolação de uma nova decisão, agora favorável às suas pretensões.** É mecanismo viabilizador da garantia constitucional do **duplo grau de jurisdição.**

O CPC elenca várias espécies, adotando o **princípio da unirrecorribilidade**, em que para **cada tipo de decisão judicial proferida** (interlocutórias, sentenças e acórdãos – excluídos os meros despachos), conforme sua função, **cabe uma única espécie de recurso.**

Assim, a regra geral está na correlação abaixo:

DECISÃO JUDICIAL PROFERIDA (arts. 203 e 204)	RECURSO CABÍVEL (art. 994)
Decisão interlocutória	**Agravo de instrumento, unicamente nas hipóteses arroladas no art. 1.015 (art. 994, II)**
Sentença	**Apelação (art. 994, I)**
Acórdão*	**Recurso Especial ou Recurso Extraordinário (art. 994, VI e VII)**

* Não obstante, há outros recursos previstos em razão de peculiaridades dos Tribunais:

i) embargos de divergência, art. 1.043 – para uniformização dos entendimentos nos Tribunais Superiores;

ii) recurso ordinário, art. 1.027 – ao STJ ou STF, nos Remédios Constitucionais originários dos Tribunais ou Tribunais Superiores, respectivamente, se denegatórias as decisões, além de causas cujas partes sejam Estado estrangeiro ou Organismo Internacional contra Município ou residente no país (STJ);

iii) agravo interno, art. 1.021 – recurso cabível "contra decisão proferida pelo relator (...) para o respectivo órgão colegiado".

iv) agravo em recurso especial ou extraordinário, art. 1.042 – "contra decisão de presidente ou vice-presidente que": a) indeferir pedido de inadmissão de recurso especial ou extraordinário intempestivo; b) inadmitir recurso especial ou extraordinário sob o fundamento de que o acórdão recorrido coincide com a orientação de tribunal superior; c) inadmitir recurso extraordinário sob o fundamento de que o STF reconheceu a inexistência de repercussão geral da questão constitucional discutida".

MUITA ATENÇÃO!

O CPC/15: **i)** acaba com a figura do agravo retido, voltando a prever a figura do **agravo de instrumento** (art. 994, II), porém, **cabível somente em face das decisões interlocutórias arroladas** *numerus clausus* **nos incisos I a XIII e § único, do art. 1015**; **ii)** no tocante às demais decisões interlocutórias, não agraváveis, deverão ser impugnadas como preliminar na apelação ou em contrarrazões, sob pena de preclusão (art. 1.009); **iii)** transforma a figura dos embargos infringentes em técnica de julgamento, que deve ser obrigatoriamente observada pelos tribunais, nos seguintes termos (art. 942): "quando o resultado da apelação for não unânime, o julgamento terá prosseguimento em sessão a ser designada com a presença de outros julgadores, (...), em número suficiente para garantir a possibilidade de inversão do resultado inicial.

Os recursos especial e extraordinário são dirigidos aos Tribunais Superiores (STJ e STF) e não representam exceção ao princípio da unirrecorribilidade, já que cada um deles é direcionado a capítulo próprio da decisão: **i)** o recurso especial se presta à uniformização da interpretação da legislação infraconstitucional; **ii)** o recurso extraordinário à uniformização da interpretação da legislação constitucional.

Por fim, os **"embargos de declaração"** (art. 994, IV), recurso peculiar voltado ao próprio julgador, com **finalidade integrativa de qualquer decisão** (interlocutória, monocrática de 1º ou 2º grau ou acórdão) para suprir eventual omissão, contradição ou obscuridade do julgado, ou corrigir erro material.

Os seguintes princípios disciplinam os recursos: **i)** duplo grau de jurisdição; **ii)** taxatividade (art. 994); **iii)** singularidade ou unirrecorribilidade; **iv)** fungibilidade recursal, limitada ao erro não grosseiro e respeitadas as formalidades e prazos do recurso correto, aproveitando-se um pelo outro em nome do princípio da instrumentalidade do processo (***p.e.***, recebimento de recurso de embargos de declaração como agravo regimental; STJ EDcl no REsp 1.256.239/MG); **v)** vedação da ***reformatio in pejus***, ou seja, o recurso interposto pela parte vencida não pode lhe ser prejudicial (art. 1.013).

Quanto aos **efeitos** dos recursos, são os seguintes: **i) obstativo** da formação da preclusão processual ou da coisa julgada; **ii) devolutivo** ao órgão recursal competente para reanálise das matérias (art. 1.013, ***caput***); **iii) suspensivo** da produção de efeitos jurídicos por parte da decisão proferida, vedando sua execução; **iv) translativo**, competência que o órgão revisor possui de analisar as chamadas "matérias de ordem pública", independente de provocação (art. 1.013, § 1º); **v) substitutivo**, da decisão judicial anteriormente proferida para todos os efeitos de direito nos limites do decidido em recurso (art. 1.008).

4.2 Regras gerais

Os **legitimados** para a interposição dos recursos são "parte vencida, terceiro prejudicado e Ministério Público, como parte ou fiscal da ordem jurídica" (art. 996), conforme a **Súmula 99 do STJ:** "O Ministério Público tem legitimidade para recorrer no processo em que oficiou como fiscal da lei, ainda que não haja recurso da parte".

Já o terceiro interessado deverá comprovar seu interesse jurídico em recorrer, ou seja, que a decisão proferida lhe causará prejuízos (art. 996, §único).

O art. 997 do CPC traz o **"recurso adesivo"** que pode ser interposto pela parte contrária àquela que recorreu da decisão judicial proferida, quando vencidas ambas, no prazo para resposta à apelação, recurso extraordinário e recurso especial. **"Fica subordinado ao recurso independente"** e não será conhecido nos casos de desistência ou inadmissibilidade deste.

Em geral, a parte pode **renunciar** ao direito de recorrer **independentemente de aceitação** pela parte contrária (art. 999), confirmando a assertiva apontada pela **banca examinadora**: "o recorrente pode desistir, parcial ou totalmente, do recurso interposto", independente de manifestação da outra parte (art. 998), sendo que "a desistência do recurso não impede a análise de questão cuja repercussão geral já tenha sido reconhecida e daquela objeto de julgamento de recursos extraordinários ou especiais repetitivos" (§ único).

A **banca examinadora da OAB** abordou o tema dos recursos afirmando que "o prazo será restituído em favor da parte, contra quem começará a correr novamente depois da intimação se, durante o prazo para interposição do recurso, falecer seu advogado e não houver outro advogado constituído nos autos", exatamente o enunciado do art. 1.004 do CPC.

Os prazos para a interposição dos recursos e suas respostas são unificados em 15 (quinze) dias, "excetuados os embargos e declaração" (art. 1.003, §5º), iniciada sua contagem "da data em que os advogados, a sociedade de advogados, a Advocacia Pública, a Defensoria Pública ou o Ministério Público são intimados da decisão" (art. 1.003), sendo que se consideram "intimados em audiência quando nesta for proferida a decisão" (§1º). Ademais, "o recorrente comprovará a ocorrência de feriado local no ato de interposição do recurso" (§6º).

É importante lembrar-se das regras que asseguram o prazo em dobro para recorrer pela Fazenda Pública (art. 183), Defensoria Pública (art. 186) e MP (art. 180), bem como para os litisconsortes com diferentes procuradores "de escritórios de advocacia distintos" (art. 229).

"O recurso interposto por um dos litisconsortes a todos aproveita, salvo se distintos ou opostos os seus interesses" (art. 1.005), sendo que "Havendo solidariedade passiva, o recurso interposto por um devedor aproveitará aos outros quando as defesas opostas ao credor lhes forem comuns" (§único), sendo esta última hipótese cobrada por banca examinadora da OAB (2019.1), ao tratar de defesa comum fundada em prescrição.

Há **requisitos** de imprescindível observância para a análise do recurso interposto:

São requisitos **intrínsecos**: **i)** cabimento – adequação entre a decisão proferida e o recurso cabível; **ii)** interesse recursal – a necessidade e a utilidade em recorrer; **iii)** legitimidade (art. 996); **iv)** inexistência de fato extintivo (arts. 999 e 1.000).

São requisitos **extrínsecos**: **i)** tempestividade; **ii)** regularidade formal dos requisitos exigidos por lei para cada recurso; **iii)** preparo, ou seja, recolhimento das custas e emolumentos exigidos em lei (art. 1.007), cuja não observação acarreta não análise do recurso por **"deserção"** (após previa intimação da parte a complementar o valor se insuficiente, art. 1.007, § 2º; ou após prévia intimação da parte para recolhimento em dobro do valor no caso de não comprovação no ato de interposição, vedada a complementação neste último caso, art. 1.007, §§4º e 5º). "O equívoco no preenchimento da guia de custas não implicará a aplicação da pena de deserção, cabendo ao relator, na hipótese de dúvida quanto ao recolhimento, intimar o recorrente para sanar o vício no prazo de 5 (cinco) dias" (§7º).

Tais requisitos somente devem ser analisados **pelo juízo responsável pelo julgamento em sede recursal** ("Tribunal ***ad quem***"), sendo que seu descumprimento gera o não conhecimento do recurso interposto (art. 1.010, §3º).

MUITA ATENÇÃO!

O CPC aboliu o recurso dos embargos infringentes. Não obstante, instituiu figura equivalente, mediante procedimento a ser adotado de ofício, nos seguintes termos (art. 942): "quando o resultado da apelação não for unânime, o julgamento terá prosseguimento em sessão a ser designada com a presença de outros julgadores, que serão convocados nos termos previamente definidos no regimento interno, em número suficiente para garantir a possibilidade de inversão do resultado inicial, assegurado às partes e a eventuais terceiros o direito de sustentar oralmente suas razões perante os novos julgadores". Tal procedimento também deverá ser aplicado nos casos de (§ 3º): i) ação rescisória julgada procedente por maioria (inc. I); ii) agravo de instrumento, quando houver reforma da decisão que julgar parcialmente o mérito (inc. II).

4.3 Espécies recursais

4.3.1 Recurso de apelação

Interposto contra as sentenças proferidas pelos juízes de primeiro grau de jurisdição (art. 1.009), perante o "juízo ***a quo***", "mesmo quando as questões mencionadas no art. 1.015 integrarem capítulo da sentença" (§3º), deve conter os seguintes **requisitos formais** (art. 1.010): **i)** nomes e qualificação das partes; **ii)** exposição

DIREITO PROCESSUAL CIVIL

do fato e do direito; **iii)** razões do pedido de reforma ou de decretação de nulidade; **iv)** pedido de nova decisão.

Pondo pá de cal em celeuma doutrinária, o CPC determina que: "O capítulo da sentença que confirma, concede ou revoga a tutela provisória é impugnável na apelação", o que foi abordado por **bancas examinadoras da OAB** (abril/2017 e 2021.2).

MUITA ATENÇÃO! O CPC prevê expressamente a possibilidade de interposição do recurso de apelação em face das decisões interlocutórias não albergadas pelo recurso de agravo de instrumento, como questão preliminar da apelação ou de contrarrazões (art. 1009, §§ 1º a 3º).

O § 3º do artigo 1.013 amplia consideravelmente as hipóteses de julgamento imediato pelo tribunal albergadas pela consagrada **"teoria da causa madura"**, abarcando: **i)** reforma da sentença sem resolução de mérito do processo; **ii)** decretação da nulidade da sentença por não ser ela congruente com os limites do pedido ou da causa de pedir; **iii)** constatação de omissão no exame de um dos pedidos, hipótese em que poderá julgá-lo; **iv)** decretação da nulidade da sentença por falta de fundamentação.

Outrossim, "quando reformar sentença que reconheça a decadência ou a prescrição, o tribunal, se possível, julgará o mérito, examinando as demais questões, sem determinar o retorno do processo ao juízo de primeiro grau" (§4º).

O artigo 1.012 traz a regra geral de recebimento do recurso de apelação nos efeitos devolutivo **e suspensivo, excluindo-se este último efeito** se a sentença: **i)** homologar a divisão ou a demarcação de terras; **ii)** condenar à **prestação de alimentos** (hipótese cobrada por **banca examinadora da OAB**; 2021.2); **iii)** extinguir o feito sem resolução do mérito ou **julgar improcedentes os embargos do executado** (hipótese cobrada por banca examinadora da OAB; 2019.3); **iv)** julgar procedente o pedido de instituição de arbitragem; **v)** confirmar, conceder ou revogar tutela provisória; **vi)** decretar a interdição. Casos em que "o **apelado poderá promover o pedido de cumprimento provisório depois de publicada a sentença**", o (§1º).

O pedido de concessão de efeito suspensivo será endereçado ao: **i)** tribunal, no período entre a interposição da apelação e sua distribuição, ficando o relator designado para seu exame prevento para julgá-la; **ii)** relator, se já distribuída a apelação (art. 1.012, §3º).

São hipóteses de processamento peculiar do recurso de apelação: **i)** sentença em **"improcedência liminar do pedido"** do art. 332 do CPC, em que **o juiz poderá realizar juízo de retratação em 5 (cinco) dias da interposição da apelação,** determinando o prosseguimento da ação ou, em caso negativo, determinando a citação do réu para responder ao recurso (§§ 3º e 4º); **ii)** art. 331 do CPC, no recurso de sentença de indeferimento da petição inicial, quando o **juiz poderá exercer juízo de retratação, no prazo de 5 (cinco) dias da interposição** ou, em caso negativo, citar o réu para responder ao recurso (art. 331, § 1º).

O tema é recorrente **nas bancas examinadoras da OAB,** valendo a pena dar enfoque a tais regras. Inclusive, foram **cobradas no exame de abril/2016 em duas questões**, bem como no **exame 2018.2**, todas elas tratando do juízo de retratação passível de ser exercido pelo magistrado.

4.3.2 Recurso de agravo de instrumento

O recurso de agravo de instrumento é cabível no prazo de 15 (quinze) dias em face da prolação de **decisões interlocutórias** que versarem sobre (art. 1.015): **i)** tutelas provisórias; **ii)** mérito do processo; **iii)** rejeição da alegação de convenção de arbitragem; **iv)** incidente de desconsideração da personalidade jurídica; **v)** rejeição do pedido de gratuidade da justiça ou acolhimento do pedido de sua revogação; **vi)** exibição ou posse de documento ou coisa; **vii)** exclusão de litisconsorte; **viii)** rejeição do pedido de limitação do litisconsórcio; **ix)** admissão ou inadmissão de intervenção de terceiros; **x)** concessão, modificação ou revogação do efeito suspensivo aos embargos à execução; **xi)** redistribuição do ônus da prova nos termos do art. 373, §1º; **xii)** outros casos expressamente referidos em lei; **xiii)** decisões interlocutórias proferidas na fase de liquidação de sentença ou de cumprimento de sentença, no processo de execução e no processo de inventário.

No tocante as demais decisões interlocutórias, há de se aplicar a regra do art. 1.009, §1º, do CPC: "as questões resolvidas na fase de conhecimento, se a decisão a seu respeito não comportar agravo de instrumento, não são cobertas pela preclusão e devem ser suscitadas em preliminar de apelação, eventualmente interposta contra a decisão final, ou nas contrarrazões". Trata-se das hipóteses: **i)** de decisão proferida em sede de impugnação ao valor da causa; **ii)** de indeferimento de produção de prova pericial em caso envolvendo o pedido de revisão de cláusulas contratuais.

O **agravo de instrumento deve ser dirigido ao tribunal competente**, por meio de petição com os seguintes **requisitos** (art. 1.016): **i)** nomes das partes; **ii)** exposição do fato e do direito; **iii)** razões do pedido de reforma ou de invalidação da decisão e o próprio pedido; **iv)** nome e endereço completo dos advogados constantes do processo.

Além de ser **instruído** (art. **1.017**): **i)** obrigatoriamente, sob pena de seu não conhecimento, com "cópias da petição inicial, da contestação, da petição que ensejou a decisão agravada, da própria decisão agravada, da certidão da respectiva intimação ou outro documento oficial que comprove a tempestividade e das procurações outorgadas aos advogados do agravante e do agravado" (inc. I); **ii)** com declaração de inexistência de qualquer dos documentos referidos no inciso I, feita pelo advogado do agravante, sob pena de sua responsabilidade pessoal (inc. II); **iii)** facultativamente, com outras peças que o agravante reputar úteis (inc. III).

A **banca examinadora da OAB** corretamente afirmou que "não será admitido o **agravo de instrumento**" quando o "agravante deixou de requerer a juntada, no prazo legal, aos autos do processo, de cópia da petição do agravo de instrumento e do comprovante de sua interposição, assim como a relação dos documentos que instruíram o recurso, fato que foi arguido e provado pelo agravado", em alusão indiscutível ao art. 1.018 que traz a necessidade do recorrente informar ao juízo sobre a interposição do recurso ao tribunal competente, no prazo de 3 dias. Importante salientar que, para que seja aplicada a pena de inadmissão, o **descumprimento da exigência deve ser "arguido e provado pelo agravado"** (§3º), conhecimento exigido por banca examinadora da OAB (2021.1).

"Na falta da cópia de qualquer peça ou no caso de algum outro vício que comprometa a admissibilidade do agravo de instrumento, deve o relator" conceder "o prazo de 5 (cinco) dias ao recorrente para que seja sanado vício ou complementada a documentação exigível" (arts. 1.017, §3º c.c. 932, §único).

4.3.3 Recurso de agravo interno

Recurso cabível "contra decisão proferida pelo relator (...) para o respectivo órgão colegiado" (art. 1.021), sendo que "o recorrente impugnará especificadamente os fundamentos da decisão agravada" (§1º), além do que "é vedado ao relator limitar-se à reprodução dos fundamentos da decisão agravada para julgar improcedente o agravo interno" (§3º).

4.3.4 Recurso de embargos de declaração

Arrolado no art. 994, está regulamentado nos arts. 1.022 a 1.026 para as seguintes hipóteses: **i)** quando houver obscuridade ou contradição; **ii)** quando for omitido ponto sobre o qual devia pronunciar-se o juiz, de ofício ou a requerimento; **iii)** para corrigir erro material

Também restou claro com o advento do CPC tratar-se de recurso cabível "contra qualquer decisão judicial" (art. 1.022), inclusive em face de decisões interlocutórias.

Já o §único traz duas hipóteses de decisão omissa: **i)** a que deixe de se manifestar sobre tese firmada em julgamento de casos repetitivos ou em incidente de assunção de competência aplicável ao caso sob julgamento; **ii)** a que incorra em qualquer das condutas arroladas pelo art. 489, §1º (hipóteses de decisões não fundamentadas).

Interposto no prazo de 5 (cinco) dias, "em petição dirigida ao juiz, com indicação do erro, obscuridade, contradição ou omissão, e não se sujeitam a preparo" (art. 1.023), "(...) não possuem efeito suspensivo e interrompem o prazo para a interposição de recurso" (art. 1.026, ***caput***).

Regras relevantes a versar sobre os embargos de declaração no CPC: **i)** aplica-se o benefício do prazo em dobro no caso de litisconsortes com diferentes procuradores, de escritórios de advocacia distintos (arts. 1.023, §1º e 229); **ii)** o embargado deverá ser intimado para se manifestar "caso seu eventual acolhimento implique a modificação da decisão embargada" (art. 1.023, §2º); **iii)** "quando os embargos de declaração forem opostos contra decisão de relator ou outra decisão unipessoal proferida em tribunal, o órgão prolator da decisão embargada decidi-los-á monocraticamente" (art. 1.024, §2º); **iv)** "o órgão julgador conhecerá dos embargos de declaração como agravo interno se entender ser este o recurso cabível, desde que determine previamente a intimação do recorrente para, no prazo de 5 (cinco) dias, complementar as razões recursais, de modo a ajustá-la às exigências do art. 1.021, §1º" (art. 1.024, §3º); **v)** garante-se ao embargado que já tenha interposto outro recurso a possibilidade de sua complementação, no caso de embargos acolhidos com efeitos modificativos (art. 1.024, §4º); **vi)** garante-se a tempestividade de recurso interposto antes da publicação do julgamento dos embargos de declaração (art. 1.024, §5º); **vii)** "consideram-se incluídos no acórdão os elementos que o embargante suscitou, para fins de prequestionamento, ainda que os embargos de declaração sejam inadmitidos ou rejeitados, caso o tribunal superior considere existentes erro, omissão, contradição ou obscuridade" (art. 1.025).

No caso de embargos **"manifestamente protelatórios"**, o artigo 1.026, §2º prevê aplicação de **multa** não excedente a 2% (dois por cento) sobre o valor atualizado da causa, podendo ser elevada a até 10% (dez por cento) no caso de reiteração, "e a interposição de qualquer recurso ficará condicionada ao depósito prévio do valor da multa, à exceção da Fazenda Pública e do beneficiário de gratuidade da justiça, que a recolherão ao final".

"Não serão admitidos novos embargos de declaração se os 2 (dois) anteriores houverem sido considerados protelatórios" (art. 1.026, §4º).

O CPC prevê expressamente a **possibilidade de atribuição de efeito suspensivo aos embargos de declaração**, "se demonstrada a probabilidade de provimento do recurso ou, sendo relevante a fundamentação, se houver risco de dano grave ou de difícil reparação" (art. 1.026, §1º).

? **QUESTÃO:** Cabem efeitos infringentes em sede de embargos declaratórios?

➥ ***RESPOSTA:*** *Não obstante as hipóteses de cabimento dos embargos declaratórios deixem claro o propósito meramente integrativo do julgado, o fato é que o STJ admite tal infringência, em hipóteses excepcionais (EDcl nos EDcl no REsp 1.237.322/MG e AgRg nos EDcl no REsp 904509/MG). A questão se encontra superada com o advento do CPC/15, que autoriza expressamente a atribuição de efeitos infringentes, exigindo apenas a intimação prévia do embargado para se manifestar sobre os embargos opostos, "caso seu eventual acolhimento implique a modificação da decisão embargada" (art. 1.023, §2º).*

4.3.5 Dos recursos para o STJ e para o STF

4.3.5.1 Do recurso ordinário

Previsto na Constituição Federal, é cabível: **i)** no STF, nos casos de decisão denegatória de mandados de segurança, *habeas data* e mandados de injunção julgados em única instância perante os Tribunais Superiores (art. 102, II, *a,* da CF e art. 1.027, I, do CPC) – conhecimento cobrado por **banca examinadora da OAB – 2021.1**; **ii)** no STJ, nos casos de decisão denegatória de mandados de segurança julgados em única instância perante os Tribunais Regionais Federais ou perante os Tribunais dos Estados e do Distrito Federal e Territórios (art. 105, II, *b,* da CF e art. 1.027, II, *a,* do CPC) (hipótese cobrada em recente banca examinadora da OAB; 2019.2); **iii)** no STJ, nas causas em que forem partes, de um lado, Estado estrangeiro ou organismo internacional e, do outro, Município ou pessoa residente ou domiciliada no País (art. 105, II, *c,* da CF e art. 1.027, II, *b,* do CPC).

4.3.5.2 Dos recursos especial e extraordinário

Trata-se de recursos interpostos perante os Tribunais Superiores (STF e STJ), tendo como finalidade a **interpretação da legislação constitucional (extraordinário)** e **infraconstitucional (especial)**, respectivamente. Logo, têm **admissibilidade restrita**, sujeita a requisitos próprios, mais rígidos, já que dirigidos a Tribunais de superposição (fora da garantia do duplo grau de jurisdição).

Ambos são interpostos face a acórdão, simultaneamente, no prazo comum de 15 (quinze) dias, "perante o presidente ou o vice-presidente do tribunal recorrido, em petições distintas que conterão" (art. 1.029): **i)** a exposição do fato e do direito; **ii)** a demonstração do cabimento do recurso interposto (chamado **"prequestionamento"**); **iii)** as razões do pedido de reforma ou de invalidação da decisão recorrida.

O requisito do **prequestionamento** diz respeito à **necessária e efetiva análise, pelas instâncias inferiores ordinárias, dos dispositivos legais e constitucionais arrolados pela parte como causa de pedir da ação,** cuja interpretação contrariou seus interesses.

O recurso extraordinário se destina à interpretação das normas constitucionais, com efeitos apenas entre as partes litigantes, nos casos em que a decisão recorrida (art. 102, III): **i)** contrariar dispositivo desta Constituição; **ii)** declarar a inconstitucionalidade de tratado ou lei federal; **iii)** julgar válida lei ou ato de governo local contestado em face desta Constituição; **iv)** julgar válida lei local contestada em face de lei federal (**"conflito federativo"**).

Em relação ao **STJ, os recursos especiais buscam dar interpretação à legislação infraconstitucional, uniformizando-a,** o que criou a figura do recurso especial fundado no **"dissídio jurisprudencial" comprovado** (art. 1.029, §1º) – conhecimento cobrado por **recente banca examinadora da OAB – 2022.1**, "quando a decisão recorrida der à lei federal interpretação divergente da que lhe haja atribuído outro tribunal" (art. 105, III, *c,* da CF), somada às hipóteses clássicas de "contrariedade ao tratado ou lei federal, ou negar-lhes vigência" e de "julgamento de validade de ato de governo local contestado em face de lei federal".

Regras relevantes a versar sobre os recursos extraordinário e especial no CPC (art. 1.029): **i)** o STF e o STJ poderão "desconsiderar vício formal de recurso tempestivo ou determinar sua correção, desde que não o repute grave" (§3º); **ii)** fica assegurado ao presidente do STF ou do STJ, "por ocasião do processamento do incidente de resolução de demandas repetitivas" e quando "receber requerimento de suspensão de processos em que se discuta questão federal constitucional ou infraconstitucional", "considerando razões de segurança jurídica ou de excepcional interesse social, estender a suspensão a todo o território nacional, até ulterior decisão do recurso extraordinário ou do recurso especial a ser interposto" (§4º); **iii)** pode ser formulado pedido de concessão de efeito suspensivo ao recurso especial e/ou extraordinário, em requerimento dirigido: a) ao tribunal superior competente, no período entre a publicação da decisão de admissão do recurso e sua distribuição; b) ao relator, se já distribuído o recurso; c) ao presidente ou vice do tribunal recorrido, no período entre a interposição do recurso e a publicação da decisão de sua admissão, ou no caso de recurso sobrestado (item cobrado pela **banca examinadora da OAB** – exame abril/2016).

Recebidas as petições, a parte contrária será intimada a apresentar as respostas (art. 1.030, *caput*), após, os autos irão conclusos para **"juízo de admissibilidade"**, a ser realizado pelo presidente ou vice-presidente do tribunal recorrido, o qual adotará uma das seguintes medidas: **i)** negará seguimento a recurso extraordinário que discuta questão constitucional sobre a qual o STF já tenha negado a existência de repercussão geral ou interposto contra acórdão em conformidade com entendimento do STF exarado no regime de repercussão geral, bem como a recurso extraordinário ou especial contra acórdão em conformidade com entendimento do STF ou STJ exarado no regime de julgamento de recursos repetitivos (inc. I); **ii)** encaminhará o processo ao órgão julgador para realizar juízo de retratação, se o acórdão divergir do entendimento do STF ou STJ exarado nos regimes de repercussão geral ou de recursos repetitivos (inc. II); **iii)** sobrestará o recurso que versar sobre controvérsia de caráter repetitivo ainda não decidido pelo STF ou STJ (inc. III); **iv)** selecionará recurso como representativo de controvérsia constitucional ou infraconstitucional (inc. IV); **v)** realizará o juízo de admissibilidade, remetendo o feito ao STF ou STJ, caso positivo, desde que: a) o recurso ainda não tenha sido submetido ao regime de repercussão geral ou dos recursos repetitivos; b) o recurso tenha sido selecionado como representativo da controvérsia; c) o tribunal recorrido tenha refutado juízo de retratação (inc. V).

Em face da decisão de inadmissão proferida em juízo de admissibilidade caberá agravo ao tribunal superior (§1º), cabendo agravo interno nos casos dos incisos I e III supra (§2º), sendo que a **hipótese de não admissão de recurso especial em razão da existência de precedente fixado pelo STJ em sede de recursos repetitivos e o cabimento de agravo interno foi abordada por bancas examinadoras da OAB** (novembro/2017 e 2018.3).

Caso admitidos ambos os recursos, "os autos serão remetidos ao Superior Tribunal de Justiça" (art. 1.031, ***caput***), para julgamento do recurso especial, com posterior remessa ao STF para análise do recurso extraordinário, caso não esteja prejudicado (§ 1º). Pode-se inverter a ordem "se o relator do recurso especial considerar prejudicial o recurso extraordinário, em decisão irrecorrível" (§ 2º). De qualquer forma, deve **prevalecer a decisão do relator do recurso no STF**, que poderá devolver os autos para julgamento prévio de recurso especial, também em decisão irrecorrível (§ 3º).

Em relevante regra, o CPC garante uma espécie de fungibilidade entre os recursos extraordinário e especial, de modo que o recurso interposto não deixe de ser apreciado pelo Tribunal Superior competente, valendo conferir as seguintes regras: **i)** se o relator no STJ "entender que o recurso especial versa sobre questão constitucional, deverá conceder o prazo de 15 (quinze) dias para que o recorrente demonstre a existência de repercussão geral e se manifeste sobre a questão constitucional", após o que remeterá o recurso STF, "que, em juízo de admissibilidade, poderá devolvê-lo ao Superior Tribunal de Justiça" (art. 1.032); **ii)** se o STF considerar como reflexa a ofensa à constituição, "por pressupor a revisão da interpretação de lei federal ou de tratado, remetê-lo-á ao Superior Tribunal de Justiça para julgamento como recurso especial" (art. 1.033).

Requisito específico do recurso extraordinário introduzido pela EC 45/04 no art. 102, § 3º, da CF, a **"repercussão geral"** considera "a **existência** ou não, de **questões relevantes do ponto de vista econômico, político, social ou jurídico que ultrapassem os interesses subjetivos do processo**" (art. 1.035, § 1º, do CPC), a ser comprovada no recurso (§ 2º). Permite-se a manifestação de terceiros interessados (§ 4º) já que a decisão que negar a sua existência será aplicada para todos os casos idênticos (§ 8º).

O CPC: **i)** fixa prazo de 1 (um) ano para julgamento do recurso com repercussão geral reconhecida (art. 1.035, §9º); **ii)** confere ao relator poderes para decretar a suspensão dos demais feitos que versem sobre questão idêntica, nos termos do §5º ("reconhecida a repercussão geral, o relator no STF determinará a suspensão do processamento de todos os processos pendentes, individuais ou coletivos, que versem sobre a questão e tramitem no território nacional").

O art. 1.035, §3º, traz hipóteses em que a repercussão geral é presumida: **i)** acórdão que contrarie súmula ou jurisprudência dominante do STF; **ii)** acórdão que tenha reconhecido a inconstitucionalidade de tratado ou lei federal, nos termos do art. 97, da CF. Por isso, conforme bem observado pela **banca examinadora da OAB**, "Sempre que o recurso impugnar **decisão contrária à súmula ou jurisprudência dominante do Supremo Tribunal Federal, haverá repercussão geral**".

Já os artigos 1.036 a 1.041 disciplinam os **"recursos extraordinário e especial repetitivos"**, "sempre que houver **multiplicidade de recursos extraordinários ou especiais com fundamento em idêntica questão de direito**" (art. 1.036), caso em que "o presidente ou vice-presidente de tribunal de justiça ou de tribunal regional federal selecionará 2 (dois) ou mais recursos representativos da controvérsia", suspendendo-se o processamento dos demais (§ 1º), escolha esta que "não vinculará o relator no tribunal superior, que poderá selecionar outros recursos representativos da controvérsia" (§4º) – conhecimento cobrado por **recente banca examinadora da OAB – 2022.1**. O mesmo pode se dar mediante determinação direta do próprio relator integrante do STJ, "independentemente da iniciativa do presidente ou do vice-presidente do tribunal de origem" (§ 5º).

"Somente podem ser selecionados recursos admissíveis que contenham abrangente argumentação e discussão a respeito da questão a ser decidida" (§6º).

DIREITO PROCESSUAL CIVIL

O relator do recurso especial: **i)** proferirá **decisão de afetação**, que deverá identificar "com precisão a questão a ser submetida a julgamento", determinar "a suspensão do processamento de todos os processos pendentes, individuais ou coletivos, que versem sobre a questão e tramitem no território nacional", podendo "requisitar aos presidentes ou aos vice-presidentes dos tribunais de justiça ou dos tribunais regionais federais a remessa de um recurso representativo da controvérsia" (art. 1.037, incs. I a III); **ii)** poderá pedir informações aos tribunais de origem, bem como admitir a intervenção de terceiros interessados (***amicus curiae***), dando vista ao Ministério Público para elaboração de parecer (art. 1.038, incs. I e III), além de fixar data para a realização de audiência pública (inc. II), após o que será julgado (§ 2º), no prazo de 1 (um) ano (art. 1.037, §4º).

As partes deverão ser intimadas da decisão de suspensão de seu processo (art. 1.037, §8º), para que possam demonstrar, eventualmente, a distinção entre a questão a ser decidida no processo e aquela a ser julgada no recurso especial ou extraordinário, caso em que o feito deverá ter prosseguimento (§§9º a 13). Trata-se de conhecimento cobrado da seguinte forma por banca examinadora da OAB (2019.1): "Mariana ajuizou ação de cobrança em face do Banco Racional S/A, para buscar a restituição de valores pagos a título de "Tarifa de Manutenção de Conta", cobrados durante o período em que era titular de conta corrente perante tal Banco. O juízo de primeiro grau, após a apresentação de contestação pelo Banco Racional S/A, determinou que, em razão de o Superior Tribunal de Justiça ter afetado para julgamento, sob o rito de "Recursos Especiais Repetitivos", a questão concernente à legalidade da "Tarifa de Abertura de Conta", o processo ajuizado por Mariana deveria ficar suspenso até a publicação do acórdão paradigma. Após ser intimado da decisão de suspensão, o(a) advogado(a) de Mariana analisou o processo afetado para julgamento pelo STJ, e entendeu que a questão debatida sob o rito de Recursos Repetitivos não era a mesma debatida no processo ajuizado por Mariana, porque discutia outra tarifa bancária. Diante disso, pretende insurgir-se contra a suspensão do processo, para que ele volte a tramitar regularmente. Sobre o procedimento a ser adotado por Mariana, assinale a afirmativa correta: (...) Deverá peticionar ao juízo de primeiro grau, demonstrando a distinção de seu caso e requerendo o prosseguimento; caso seja negado o pedido, poderá interpor Agravo de Instrumento" (art. 1.037, §§s 9º, 10, inc. I e 13, inc. I, do CPC).

Chama-se "recurso repetitivo" pelo fato de que **seus efeitos irradiarão sobre os demais processos suspensos nos Tribunais de origem**, devendo estes dar aos feitos suspensos a mesma solução atribuída pelo STF e STJ aos recursos representativos da controvérsia (arts. 1.039 a 1.041).

Novidade relevante trazida pelo CPC: "a parte poderá desistir da ação em curso no primeiro grau de jurisdição, antes de proferida a sentença, se a questão nela discutida for idêntica à resolvida pelo recurso representativo da controvérsia" (art. 1.040, §1º), independente de consentimento do réu, ainda que apresentada contestação (§3º), caso em que "se a desistência ocorrer antes de oferecida contestação, a parte ficará isenta do pagamento de custas e de honorários de sucumbência" (§2º).

"Cabe agravo contra decisão do presidente ou do vice-presidente do tribunal recorrido que inadmitir recurso extraordinário ou recurso especial, salvo quando fundada na aplicação de entendimento firmado em regime de repercussão geral ou em julgamento de recursos repetitivos" (art. 1.042), sendo que "o agravante deverá interpor um agravo para cada recurso não admitido" (§6º), podendo ser julgado "conjuntamente com o recurso especial ou extraordinário, assegurada, neste caso, sustentação oral" (§5º).

4.3.5.3 Dos embargos de divergência

Trata-se de recurso voltado à **uniformização da interpretação das normas constitucionais e infraconstitucionais dentro do STF e STJ**, respectivamente (recurso ***interna corporis***). Por isso, é cabível em face "acórdão de órgão fracionário que" (art. 1.043): **i)** em recurso extraordinário ou em recurso especial, divergir do julgamento de qualquer outro órgão do mesmo tribunal, sendo os acórdãos, embargado e paradigma, de mérito Inc. I); **ii)** em recurso extraordinário ou em recurso especial, divergir do julgamento de qualquer outro órgão do mesmo tribunal, sendo um acórdão de mérito e outro que não tenha conhecido do recurso, embora tenha apreciado a controvérsia (inc. III).

Regras relevantes trazidas pelo CPC: **i)** "poderão ser confrontadas teses jurídicas contidas em julgamentos de recursos e de ações de competência originária" (§1º); **ii)** " a divergência que autoriza a interposição de embargos de divergência pode verificar-se na aplicação do direito material ou do direito processual" (§2º); **iii)** "cabem embargos de divergência quando o acórdão paradigma for da mesma turma que proferiu a decisão embargada, desde que sua composição tenha sofrido alteração em mais de metade de seus membros" (§3º).

5. ORDEM DOS PROCESSOS NO TRIBUNAL

Trata-se de regras operacionalizadoras dos julgamentos dos recursos nos Tribunais. Seguem as principais.

O artigo 932 traz as atribuições do relator, sendo as principais: **i)** "apreciar o pedido de tutela provisória nos recursos e nos processos de competência originária do tribunal" (inc. II); **ii)** "não conhecer de recurso inadmissível, prejudicado ou que não tenha impugnado especificamente os fundamentos da decisão recorrida" (inc. III); **iii)** negar provimento a recurso contrário a: a) súmula do STF, do STJ ou do próprio tribunal; b) acórdão proferido pelo STF ou STJ em julgamento de recursos repetitivos; c) entendimento firmado em incidente de resolução de demandas repetitivas ou de assunção de competência (inc. iv); **iv)** "depois de facultada a apresentação de contrarrazões, dar provimento ao recurso se a decisão recorrida for contrária a": a) súmula do STF, do STJ ou do próprio tribunal; b) acórdão proferido pelo STF ou STJ em julgamento de recursos repetitivos; c) entendimento firmado em incidente de resolução de demandas repetitivas ou de assunção de competência (inc. v); **v)** decidir o incidente de desconsideração da personalidade jurídica, quando este for instaurado originariamente perante o tribunal (inc. VI). "Antes de considerar inadmissível o recurso, o relator concederá o prazo de 5 (cinco) dias ao recorrente para que seja sanado vício ou complementada a documentação exigível" (§único).

"Se o relator constatar a ocorrência de fato superveniente à decisão recorrida ou a existência de questão apreciável de ofício ainda não examinada que devam ser considerados no julgamento do recurso, intimará as partes para que se manifestem no prazo de 5 (cinco) dias" (art. 933), sendo que, "se a constatação ocorrer durante a sessão de julgamento, esse será imediatamente suspenso a fim de que as partes se manifestem especificamente" (§1º).

As hipóteses de sustentação são as seguintes (art. 937, I a IX): **i)** no recurso de apelação; **ii)** no recurso ordinário; **iii)** no recurso especial; **iv)** no recurso extraordinário; **v)** nos embargos de divergência; **vi)** na ação rescisória, no mandado de segurança e na reclamação; **vii)** no agravo de instrumento interposto contra decisões interlocutórias que versem sobre tutelas provisórias de urgência ou da evidência; **viii)** em outras hipóteses previstas em lei ou no regimento interno do tribunal; podendo ser requerida "até o início da sessão" (§2º). Ademais, "nos processos de competência originária previstos no inciso VI, caberá sustentação oral no agravo interno interposto contra decisão de relator que o extinga" (§3º).

"Constatada a ocorrência de vício sanável, inclusive aquele que possa ser conhecido de ofício, o relator determinará a realização ou a renovação do ato processual, no próprio tribunal ou em primeiro grau de jurisdição, intimadas as partes" (art. 938, §1º), sendo que, cumprida a diligência, "o relator, sempre que possível, prosseguirá no julgamento do recurso" (§2º), o mesmo se aplicando no caso de reconhecimento da "necessidade de produção de prova", quando o julgamento será convertido em diligência, com sua realização "no tribunal ou em primeiro grau de jurisdição, decidindo-se o recurso após a conclusão da instrução" (§3º). Providências determináveis pelo relator ou "pelo órgão competente para julgamento do recurso" (§4º).

Ademais, resta expresso que "o voto poderá ser alterado até o momento da proclamação do resultado pelo presidente, salvo aquele já proferido por juiz afastado ou substituído" (art. 941, §1º), bem como que "o voto vencido será necessariamente declarado e considerado parte integrante do acórdão para todos os fins legais, inclusive de pré-questionamento" (§3º).

O CPC instituiu técnica ampliada de julgamento em seu artigo 942: "quando o resultado da apelação for não unânime, o julgamento terá prosseguimento em sessão a ser designada com a presença de outros julgadores, que serão convocados nos termos previamente definidos no regime interno, em número suficiente para garantir a possibilidade de inversão do resultado inicial, assegurado às partes e a eventuais terceiros o direito de sustentar oralmente suas razões perante os novos julgadores", facultada a revisão dos votos já proferidos (§2º). Tal técnica se aplica ao julgamento não unânime proferido em (§3º): **i)** ação rescisória, quando o resultado for a rescisão da sentença, devendo, neste caso, seu prosseguimento ocorrer em órgão de maior composição previsto no regimento interno; **ii)** agravo de instrumento, quando houver reforma da decisão que julgar parcialmente o mérito. Vedada expressamente a aplicação de tal técnica nos casos de (§4º): **i)** incidente de assunção de competência e ao de resolução de demandas repetitivas; **ii)** remessa necessária; **iii)** julgamento não unânime proferido, nos tribunais, pelo plenário ou pela corte especial.

"Não publicado o acórdão no prazo de 30 (trinta) dias, contado da data da sessão de julgamento, as notas taquigráficas o substituirão, para todos os fins legais, independentemente de revisão" (art. 944).

Por fim, interessantes as balizas passadas pelos artigos 926 e 927, trazendo importante preocupação do CPC com a estabilidade dos precedentes judiciais.

Assim é que: **i)** "os tribunais devem uniformizar sua jurisprudência e mantê-la estável, íntegra e coerente" (art. 926), mediante edição de "enunciados de súmula correspondentes a sua jurisprudência dominante" (§1º), sendo que, na sua edição, "os tribunais devem ater-se às circunstâncias fáticas dos precedentes que motivaram sua criação" (§2º); **ii)** "os juízes e tribunais observarão" (art. 927): a) as decisões do STF em controle concentrado de constitucionalidade; b) os enunciados de súmula vinculante; c) os acórdãos em incidente de assunção de competência ou de resolução de demandas repetitivas ou em julgamento de recursos extraordinário e especial repetitivos; d) os enunciados das súmulas do STF e do STJ; e) a orientação do plenário ou do órgão especial aos quais estiverem vinculados.

Já a alteração de entendimento dominante deverá observar as seguintes regras (art. 927): **i)** "poderá ser precedida de audiências públicas e da participação de pessoas, órgãos ou entidades que possam contribuir para a rediscussão da tese" (§2º); **ii)** "pode haver modulação dos efeitos da alteração no interesse social e no da segurança jurídica" (§3º); **iii)** "observará a necessidade de fundamentação adequada e específica, considerando os princípios da segurança jurídica, da proteção da confiança e da isonomia" (§4º).

Por fim, o artigo 928 traz o conceito de "julgamento de casos repetitivos", tratando-se da decisão proferida em: **i)** incidente de resolução de demandas repetitivas (inc. I); **ii)** recursos especial e extraordinário repetitivos (inc. II), os quais "tem por objeto questão de direito material ou processual" (§único).

EM RESUMO: Incidentes, Ação Rescisória e Recursos	
Incidentes	I. incidente de assunção de competência – voltado à unificação de entendimento sobre "relevante questão de direito, com grande repercussão social, sem repetição em múltiplos processos", dentro do próprio tribunal, que "vinculará todos os juízes e órgãos fracionários, exceto se houver revisão de tese". II. incidente de arguição de inconstitucionalidade – mecanismo operacionalizador da cláusula constitucional da reserva de plenário, pela qual o julgador monocrático ou o órgão fracionário de Tribunal não podem declarar a inconstitucionalidade de lei ou ato normativo, salvo se já houver pronunciamento anterior pelo plenário ou órgão especial do Tribunal ou no caso de precedente do plenário do STF. III. Homologação de decisão estrangeira e concessão do *exequatur* à carta rogatória – ação judicial voltada à homologação de decisão estrangeira, para cumprimento no Brasil. IV. Incidente de resolução de demandas repetitivas – mecanismo voltado à unificação da jurisprudência nos casos de "efetiva repetição de processos que contenham controvérsia sobre a mesma questão unicamente de direito" ou de "risco de ofensa à isonomia e à segurança jurídica".

EM RESUMO: Incidentes, Ação Rescisória e Recursos	
Ação rescisória	Ação específica para rescindir os efeitos jurídicos da sentença de mérito proferida, como exceção à garantia da coisa julgada material (art. 966, do CPC). Possui rol taxativo. Possui prazo decadencial de 2 (dois) anos para seu ajuizamento e exigência de depósito prévio a ser convertido à parte contrária no caso de julgamento unânime de improcedência ou inadmissão. A competência para processo e julgamento, via de regra, é do Tribunal Superior prolator da decisão de mérito ou do Tribunal revisor competente, já que sua análise importa sempre na rescisão da decisão de mérito originária (*iudicium rescindens*), não obstante nem sempre leve a novo julgamento imediato da causa (*iudicium rescissorium*). Diverge da ação anulatória, já que esta não possui rol taxativo de cabimento, além do que não ataca a coisa julgada material, razão pela qual é cabível para a anulação de todos os atos judiciais que não as sentenças de mérito (art. 485, do CPC). Pelo CPC, cabe ação rescisória contra decisão transitada em julgado que, embora não seja de mérito, impeça: i) propositura de nova ação; ii) admissibilidade do recurso correspondente.
Reclamação	Mecanismo garantidor: i) da competência do tribunal; ii) da autoridade das decisões do tribunal; iii) da observância de enunciado de súmula vinculante e de decisão do STF em controle concentrado de constitucionalidade; iv) da observância de acórdão proferido em julgamento de incidente de resolução de demandas repetitivas ou de incidente de assunção de competência. Pode ser proposta perante qualquer tribunal, cujo julgamento compete ao órgão jurisdicional cuja competência se busca preservar ou cuja autoridade se pretenda garantir, sendo inadmissível após o trânsito em julgado da decisão reclamada ou quando proposta para garantir a observância de acórdão de recurso extraordinário com repercussão geral reconhecida ou de acórdão proferido em julgamento de recursos extraordinário ou especial repetitivos, quando não esgotadas as instâncias ordinárias. Qualquer interessado pode impugnar o pedido do reclamante, sendo que, julgada procedente a reclamação, o tribunal cassará a decisão combatida ou determinará medida adequada à solução da controvérsia.

EM RESUMO: Incidentes, Ação Rescisória e Recursos	
Recursos	Espécies: i) apelação; ii) agravo de instrumento; iii) agravo interno; iv) embargos de declaração; v) recursos para o STF e STJ (recursos ordinários, recurso especial, recurso extraordinário, agravo em recurso especial ou extraordinário e embargos de divergência). Princípios: i) duplo grau de jurisdição; ii) unirrecorribilidade ou singularidade; iii) taxatividade; iv) fungibilidade recursal; v) vedação da *reformatio in pejus*. Efeitos: i) obstativo da preclusão ou da coisa julgada; ii) devolutivo; iii) suspensivo; iv) translativo; v) substitutivo. Legitimados: parte vencida, terceiro prejudicado ou Ministério Público. Recurso adesivo: interposto pela parte contrária àquela que recorreu originariamente, dentro do prazo para resposta ao recurso, e que fica dependente da sorte do recurso originário, inclusive, ficando prejudicado no caso de desistência.
Ordem dos processos no Tribunal	Ordem cronológica: i) distribuição ao relator – ii) remessa ao revisor, se o caso – iii) pauta para julgamento pelo presidente do órgão fracionário – iv) pedido de sustentação oral pelos advogados das partes – v) pedido de vista pelos julgadores – vi) declaração do resultado do julgamento. Poderes do Relator: i) decretação das chamadas "tutelas de provisórias"; ii) julgamento monocrático nas hipóteses legais (art. 932, II a V, do CPC).

CAPÍTULO VIII

CUMPRIMENTO DE SENTENÇA

1. LIQUIDAÇÃO DA SENTENÇA

"Quando a sentença condenar ao pagamento de quantia ilíquida, proceder-se-á à sua liquidação, a requerimento do credor ou do devedor" (art. 509, *caput*), com mera intimação das partes (modalidade arbitramento) ou da parte contrária (modalidade procedimento comum) na pessoa de seu advogado (arts. 510 e 511) e expressa possibilidade de requerimento na pendência de recurso, independente dos efeitos em que recebido, sendo processada "em autos apartados no juízo de origem, cumprindo ao liquidante instruir o pedido com cópias das peças processuais pertinentes" (art. 512).

Segundo o CPC, **duas** são as formas de liquidação do título executivo judicial, quando necessárias: **i)** por arbitramento, "quando determinado pela sentença, convencionado pelas partes ou exigido pela natureza do objeto da liquidação" (art. 509, I), em casos nos quais resta necessária a presença de conhecimentos técnicos específicos para a realização dos cálculos em virtude de sua complexidade, sendo as partes intimadas "para a apresentação de pareceres ou documentos elucidativos, no prazo que fixar, e, caso não possa decidir de plano, nomeará perito, observando-se, no que couber, o procedimento da prova pericial" (art. 510); **ii)** pelo procedimento comum, "quando houver necessidade de alegar e provar fato novo" (art. 509, II), caso em que o requerido será intimado, na pessoa de seu advogado, para apresentar contestação, em 15 (quinze) dias, "observando-se, a seguir, no que couber, o disposto no Livro I da Parte Especial deste Código (processo de conhecimento)" (art. 511).

Quanto à liquidação por meros cálculos aritméticos, deixou de ser arrolada como modalidade de liquidação pelo CPC, o qual, por meio de seu artigo 509, § 2º passou a garantir que "o credor poderá promover, desde logo, o cumprimento da sentença".

O artigo 509, §1º autoriza expressamente o requerimento simultâneo de execução da parte líquida de sentença proferida e liquidação da parte ilíquida pelo credor, esta em "autos apartados".

Especificamente no tocante à sentença arbitral, a **banca examinadora da OAB** afirmou: "Para que a **sentença arbitral seja liquidada**, será necessária a **instauração de processo judicial, com a citação da parte sucumbente**".

2. CUMPRIMENTO DA SENTENÇA

Finda a fase de liquidação ou, se desnecessária, após a prolação da sentença sem pendência de efeito suspensivo de recurso (**execução provisória**) ou com o seu trânsito em julgado (**execução definitiva**), passa-se à sua fase de cumprimento "segundo as regras deste Título, observando-se, no que couber e conforme a natureza da obrigação, o disposto no Livro II da Parte Especial desde Código (do processo de execução)" (art. 513), sempre "a requerimento do exequente" (§1º) – conhecimento cobrado por **banca examinadora da OAB (2021.1)**.

Já o §2º determina a **intimação do devedor**, pelas seguintes modalidades: **i)** Diário da Justiça, na pessoa de seu advogado constituído nos autos; **ii)** carta com aviso de recebimento, quando representado pela Defensoria Pública ou quando não tiver procurador constituído nos autos, ressalvada a hipótese do inciso IV; **iii)** meio eletrônico, quando, no caso do §1º do art. 246 (cadastro eletrônico), não tiver procurador constituído nos autos; **iv)** edital, quando, citado na forma do art. 256, tiver sido revel na fase de conhecimento.

Regras especiais do CPC (art. 513): **i)** caso o requerimento de cumprimento da sentença seja formulado após 1 (um) ano do seu trânsito em julgado, "a intimação será feita na pessoa do devedor, por meio de carta com aviso de recebimento encaminhada ao endereço constante dos autos", considerando-se efetivada a intimação no caso de mudança de endereço não informada nos autos (§4º); **ii)** "o cumprimento da sentença não poderá ser promovido em face do fiador, do coobrigado ou do corresponsável que não tiver participado da fase de conhecimento" (§5º).

O executado terá o prazo de 15 (quinze) dias para pagar o débito, acrescido de custas, se houver (art. 523), sendo que o não pagamento voluntário, no prazo, implicará no acréscimo "de multa de dez por cento e, também, de honorários de advogado de dez por cento" (§1º), incidentes **apenas sobre a parcela remanescente no caso de**

pagamento parcial (§2º), bem como na expedição, desde logo, do "mandado de penhora e avaliação, seguindo-se os atos de expropriação" (§3º).

A petição na qual se pede o cumprimento definitivo da sentença deve vir instruída "com demonstrativo discriminado e atualizado do crédito" (art. 524), devendo conter os seguintes itens (incs. I a VII): **i)** nome completo e CPF ou CNPJ do exequente e executado, **ii)** índice de correção monetária adotado; **iii)** juros aplicados e respectivas taxas; **iv)** termo inicial e final dos juros e da correção monetária utilizados; **v)** periodicidade da capitalização dos juros, se for o caso; vi) especificação dos eventuais descontos obrigatórios realizados; **vii)** indicação dos bens passíveis de penhora, sempre que possível.

Quando o valor apontado no demonstrativo aparentemente exceder os limites da condenação, "a execução será iniciada pelo valor pretendido, mas a penhora terá por base a importância que o juiz entender adequada" (art. 524, §1º), podendo o juiz: **i)** valer-se de contabilista do juízo para a verificação dos cálculos (§2º); **ii)** requisitar dados em poder do executado ou de terceiros, quando necessários à elaboração do demonstrativo, "sob cominação do crime de desobediência" (§3º); **iii)** requisitar dados adicionais em poder do executado, necessários à complementação do demonstrativo, sendo que, no caso de não apresentação, "reputar-se-ão corretos os cálculos apresentados pelo exequente apenas com base nos dados de que dispõe" (§§4º e 5º).

"Quando o juiz decidir relação jurídica sujeita a condição ou termo, o cumprimento da sentença dependerá de demonstração de que se realizou a condição ou de que ocorreu o termo" (art. 514).

O cumprimento da sentença se dará perante (art. 516): **i)** os tribunais, nas causas de sua competência originária; **ii)** o juízo que decidiu a causa no primeiro grau de jurisdição; **iii)** o juízo cível competente, quando se tratar de sentença penal condenatória, arbitral, estrangeira ou acórdão proferido pelo Tribunal Marítimo. No caso dos itens i e ii, "o exequente poderá optar pelo juízo do atual domicílio do executado, pelo juízo do local onde se encontrem os bens sujeitos à execução ou pelo juízo do local onde deva ser executada a obrigação de fazer ou de não fazer, casos em que a remessa dos autos do processo será solicitada ao juízo de origem" (§único).

Em importante novidade trazida pelo CPC, "a decisão judicial transitada em julgado **poderá ser levada a protesto**, nos termos da lei, depois de transcorrido o prazo para pagamento voluntário" (art. 517), cabendo ao exequente apresentar "certidão de teor da decisão" (§1º), cabendo o cancelamento via requerimento do executado, mediante prova da satisfação integral da obrigação, perante o juízo, que expedirá ofício ao cartório (§4º).

Outra novidade trazida pelo CPC é a garantia de que "todas as questões relativas à validade do procedimento de cumprimento da sentença e dos atos executivos subsequentes poderão ser arguidas pelo executado nos próprios autos e nestes serão decididas pelo juiz" (art. 518).

O CPC também inova no tocante à impugnação ao cumprimento da sentença, que deverá ser apresentada no prazo de 15 (quinze) dias, a contar a partir do transcurso do prazo fixado para pagamento voluntário (art. 523; 15 dias), "independentemente de penhora ou nova intimação, (...) nos próprios autos" (art. 525), aplicando-se em seu favor a regra do prazo em dobro no caso de litisconsortes com procuradores de escritórios de advocacia diferentes (art. 525, §3º).

A impugnação somente poderá versar sobre os seguintes temas (art. 525, §1º): **i)** falta ou nulidade da citação se, na fase de conhecimento, o processo correu à revelia; **ii)** inexequibilidade do título ou inexigibilidade da obrigação, inclusive, se "fundado em lei ou ato normativo considerado inconstitucional pelo Supremo Tribunal Federal, ou fundado em aplicação ou interpretação da lei ou do ato normativo tido pelo Supremo Tribunal Federal como incompatível com a Constituição Federal, em controle de constitucionalidade concentrado ou difuso" (§12), desde que "anterior ao trânsito em julgado da decisão exequenda" (§14), cabendo ação rescisória se a decisão do STF for posterior, "cujo prazo será contado do trânsito em julgado da decisão proferida pelo Supremo Tribunal Federal" (§15); decisão esta que poderá ter seus efeitos "modulados no tempo, em atenção à segurança jurídica" (§13); **iii)** penhora incorreta ou avaliação errônea; **iv)** ilegitimidade de parte; **v)** excesso de execução ou cumulação indevida de execuções, sendo que, nesta hipótese, cumprirá ao executado "declarar de imediato o valor que entende correto, apresentando demonstrativo discriminado e atualizado de seu cálculo" (§4º), sob pena de, "não apontado o valor correto ou não apresentado o demonstrativo, a impugnação será liminarmente rejeitada, se o excesso de execução for o seu único fundamento, ou, se houver outro, a impugnação será processada, mas o juiz não examinará a alegação de excesso de execução" (§5º); **vi)** incompetência absoluta ou relativa do juízo da execução; **vii)** qualquer causa modificativa ou extintiva da obrigação, como pagamento, novação, compensação, transação ou prescrição, desde que supervenientes à sentença.

"A apresentação de **impugnação não impede a prática dos atos executivos, inclusive os de expropriação,** podendo o juiz, a **requerimento do executado e desde que garantido o juízo com penhora, caução ou depósito suficientes, atribuir-lhe efeito suspensivo**, se seus fundamentos forem relevantes e se o prosseguimento da execução for manifestamente suscetível de causar ao executado grave dano de difícil ou incerta reparação" (art. 525, §6º).

Não obstante, a atribuição de efeito suspensivo ao cumprimento da sentença (art. 525): **i)** "não impedirá a efetivação dos atos de substituição, de reforço ou de redução da penhora e de avaliação dos bens" (§7º); **ii)** quando "disser respeito apenas a parte do objeto da execução, esta prosseguirá quanto à parte restante" (§8º); **iii)** "deduzida por um dos executados não suspenderá a execução contra os que não impugnaram, quando o respectivo fundamento disser respeito exclusivamente apo impugnante" (§9º); **iv)** "é lícito ao exequente requerer o prosseguimento da execução, oferecendo e prestando, nos próprios autos, caução suficiente e idônea a ser arbitrada pelo juiz" (§10).

"As questões relativas a fato superveniente ao término do prazo para apresentação da impugnação, assim como aquelas relativas à validade e à adequação da penhora, da avaliação e dos atos executivos subsequentes, podem ser arguidas por simples petição, tendo o executado, em qualquer dos casos, o prazo de 15 (quinze) dias para formular esta arguição, contado da comprovada ciência do fato ou da intimação do ato" (art. 525, §11).

O réu poderá "comparecer em juízo e oferecer em pagamento o valor que entender devido, apresentando memória discriminada do cálculo" "antes de ser intimado para o cumprimento da sentença" (art. 526), caso em que o autor será ouvido, "podendo impugnar o valor depositado, sem prejuízo do levantamento do depósito a título de parcela incontroversa" (§1º).

Em caso de não impugnação pelo autor, "o juiz declarará satisfeita a obrigação e extinguirá o processo" (§3º). Já no caso de o juiz concluir pela insuficiência do valor depositado pelo réu, "sobre a diferença incidirão multa de dez por cento e honorários advocatícios, também fixados em dez por cento, seguindo-se a execução com penhora e atos subsequentes" (§2º).

Mas, **quais são os títulos executivos judiciais**? A resposta é dada pelo rol do art. 515, do CPC, a saber: **i)** "as decisões proferidas no processo civil que reconheçam a exigibilidade de obrigação de pagar quantia, de fazer, de não fazer ou de entregar coisa"; **ii)** "a sentença penal condenatória transitada em julgado"; **iii)** "a decisão homologatória de autocomposição judicial"; **iv)** "a decisão homologatória de autocomposição extrajudicial de qualquer natureza"; **v)** "a sentença arbitral"; **vi)** "a sentença estrangeira homologada pelo Superior Tribunal de Justiça"; **vii)** "o formal e a certidão de partilha, exclusivamente em relação ao inventariante, aos herdeiros e aos sucessores a título singular ou universal"; **viii)** "o crédito de auxiliar da justiça, quando as custas, emolumentos ou honorários tiverem sido aprovados por decisão judicial"; **ix)** "a decisão interlocutória estrangeira, após a concessão do *exequatur* à carta rogatória pelo Superior Tribunal de Justiça".

Os artigos 520 a 522 tratam da **execução provisória**, que "corre por iniciativa e responsabilidade do exequente (art. 520, inc. I), ficando "sem efeito, sobrevindo decisão que modifique ou anule a sentença objeto da execução (...), liquidando-se eventuais prejuízos nos mesmos autos" (inc. II), e condicionando a prática dos atos expropriatórios (levantamento de dinheiro e transferência de posse ou alienação de bens) à efetiva "caução suficiente e idônea, arbitrada de plano pelo juiz e prestada (pelo credor) nos próprios autos" (inc. IV), salvo (art. 521): **i)** se o crédito for de natureza alimentar, independentemente de sua origem (inc. I); **ii)** se o exequente demonstrar situação de necessidade (inc. II); **iii)** nos casos de execução provisória em que penda agravo perante o Supremo Tribunal Federal ou o Superior Tribunal de Justiça (inc. III); **iv)** se a sentença a ser provisoriamente cumprida "estiver em consonância com súmula da jurisprudência do Supremo Tribunal Federal ou do Superior Tribunal de Justiça ou em conformidade com acórdão proferido no julgamento de casos repetitivos" (inc. IV).

Já os artigos 528 a 533 tratam do cumprimento da sentença "que reconheça a exigibilidade de obrigação de prestar alimentos", caso em que "o juiz, a requerimento do exequente, mandará intimar o executado pessoalmente para, em 3 (três) dias, pagar o débito, provar que o fez ou justificar a impossibilidade de efetuá-lo" (art. 528), sob pena de: **i)** protesto do pronunciamento judicial (§1º); **ii)** decretação da prisão "pelo prazo de 1 (um) a 3 (três) meses" (§3º), a ser "cumprida em regime fechado, devendo o preso ficar separado dos presos comuns" (§4º), sendo que "o cumprimento da pena não exime o executado do pagamento das prestações vencidas e vincendas" (§5º).

"Somente a comprovação de fato que gere a impossibilidade absoluta de pagar justificará o inadimplemento" (§2º), sendo que "paga a prestação alimentícia, o juiz suspenderá o cumprimento da ordem de prisão" (§6º).

O CPC deixa claro, em seu artigo 528, §7º, que "o débito alimentar que autoriza a prisão civil do alimentante é o que compreende até as 3 (três) prestações anteriores ao ajuizamento da execução e as que se vencerem no curso do processo".

"Quando o executado for funcionário público, militar, diretor ou gerente de empresa ou empregado sujeito à legislação do trabalho, o exequente poderá requerer o desconto em folha de pagamento da importância da prestação alimentícia" (art. 529), oficiando a autoridade, empresa ou empregador para que efetive o desconto, "sob pena de crime de desobediência" (§1º).

Também o artigo 531 do CPC deixa claro que as regras atinentes à execução de alimentos "aplica-se aos alimentos definitivos ou provisórios".

Por fim, o artigo 533 prescreve que "quando a indenização por ato ilícito incluir prestação de alimentos, caberá ao executado, a requerimento do exequente, constituir capital cuja renda assegure o pagamento do valor mensal da pensão", capital este "inalienável e impenhorável enquanto durar a obrigação do executado, além de constituir-se em patrimônio de afetação" (§1º), sendo possível sua fixação "tomando por base o salário mínimo" (§4º), bem como a redução ou o aumento da prestação em caso de "modificação nas condições econômicas", a requerimento da parte interessada (§3º).

Por seu turno, os artigos 534 e 535 estabelecem a modalidade de cumprimento de sentença "que reconheça a exigibilidade de obrigação de **pagar quantia certa pela Fazenda Pública**", caso em que não cabe mais se falar em sua citação, mas em mera intimação, "na pessoa de seu representante judicial, por carga, remessa ou meio eletrônico, para, querendo, no prazo de 30 (trinta) dias e nos próprios autos, impugnar a execução, podendo arguir (art. 535): **i)** falta ou nulidade da citação se, na fase de conhecimento, o processo correu à revelia; **ii)** inexequibilidade do título ou inexigibilidade da obrigação, inclusive, se "fundado em lei ou ato normativo considerado inconstitucional pelo Supremo Tribunal Federal, ou fundado em aplicação ou interpretação da lei ou do ato normativo tido pelo Supremo Tribunal Federal como incompatível com a Constituição Federal, em controle de constitucionalidade concentrado ou difuso" (§5º), desde que "anterior ao trânsito em julgado da decisão exequenda" (§7º), cabendo ação rescisória se a decisão do STF for posterior, "cujo prazo será contado do trânsito em julgado da decisão proferida pelo Supremo Tribunal Federal" (§8º); decisão esta que poderá ter seus efeitos "modulados no tempo, em atenção à segurança jurídica" (§6º); **iii)** ilegitimidade de parte; **iv)** excesso de execução ou cumulação indevida de execuções, sendo que, nesta hipótese, cumprirá ao executado "declarar de imediato o valor que entende correto, sob pena de não conhecimento da arguição" (§2º); **v)** incompetência absoluta ou relativa do juízo da execução; **vi)** qualquer causa modificativa ou extintiva da obrigação, como pagamento, novação, compensação, transação ou prescrição, desde que supervenientes ao trânsito em julgado da sentença.

Regra importante é a que diz respeito ao §4º: "Tratando-se de **impugnação parcial**, a **parte não questionada pela executada será, desde logo, objeto de cumprimento**". Conhecimento cobrado por banca examinadora da OAB (2021.1), valendo ressaltar que, conforme julgamento da ADIN nº 5534, "para efeito de determinação do **regime de pagamento do valor incontroverso, deve ser observado o valor total da condenação**, conforme tese firmada no RE com repercussão geral nº 1.205.530 (Tema nº 28)".

O artigo 534 traz os requisitos necessários à apresentação do "demonstrativo discriminado e atualizado do crédito": **i)** nome completo e CPF ou CNPJ do exequente; **ii)** índice de correção monetária adotado; **iii)** juros aplicados e respectivas taxas; **iv)** termo inicial e final dos juros e correção monetária utilizados; **v)** periodicidade da capitalização dos juros, se o caso; **vi)** especificação dos eventuais descontos obrigatórios realizados.

Não impugnada a execução ou rejeitas as alegações da executada (art. 535, §3º): **i)** expedir-se-á, por intermédio do presidente do tribunal competente, precatório em favor do exequente; **ii)** a determinação de pagamento de obrigação de pequeno valor, por ordem do juiz, com prazo de 2 (dois) meses contados da entrega da requisição, "mediante depósito na agência de banco oficial mais próxima da residência do exequente".

Por fim, os artigos 536 a 538 do CPC disciplinam o cumprimento de sentença "que reconheça a exigibilidade de obrigação de fazer, de não fazer ou de entregar coisa", casos em que "o juiz poderá, de ofício ou a requerimento, para a efetivação da tutela específica ou a obtenção de tutela pelo resultado prático equivalente, determinar as medidas necessárias à satisfação do exequente" (art. 536), podendo determinar, "entre outras medidas, a imposição de multa, a busca e apreensão, a remoção de pessoas e coisas, o desfazimento de obras e o impedimento de atividade nociva, podendo, caos necessário, requisitar o auxílio de força policial" (§1º), sendo que "o executado incidirá nas penas de litigância de má-fé quando injustificadamente descumprir a ordem judicial, sem prejuízo de sua responsabilização por crime de desobediência" (§3º).

"A multa independe de requerimento da parte e poderá ser aplicada na fase conhecimento, em tutela provisória ou na sentença, ou na fase de execução, desde que seja suficiente e compatível com a obrigação e que se determine prazo razoável para cumprimento do preceito" (art. 537), será revertida em favor do exequente (§2º) e "será devida desde o dia em que se configurar o descumprimento da decisão e incidirá enquanto não for cumprida a decisão que a tiver cominado" (§4º), podendo o juiz, "de ofício ou a requerimento, modificar o valor ou a periodicidade da multa vincenda ou excluí-la, caso verifique que" (§1º): **i)** se tornou insuficiente ou excessiva; **ii)** o obrigado demonstrou cumprimento parcial superveniente da obrigação ou justa causa para o descumprimento.

"Não cumprida a obrigação de entregar coisa no prazo estabelecido na sentença, será expedido mandado de busca e apreensão, ou de imissão na posse em favor do credor, conforme se tratar de coisa móvel ou imóvel" (art. 538), sendo que: **i)** a existência de benfeitorias deve ser alegada na fase de conhecimento, em contestação, de forma discriminada e com atribuição, sempre que possível e justificadamente, do respectivo valor; **ii)** o direito de retenção por benfeitorias deve ser exercido na fase de conhecimento, em contestação.

? **QUESTÃO:** Qual o termo inicial da contagem do prazo para impugnação no caso de depósito judicial da quantia devida em sede de cumprimento de sentença?

➥ ***RESPOSTA***: *O caso de depósito judicial da quantia devida não denota omissão do devedor, mas sim prática de ato inequívoco de questionamento do montante cobrado, o que pressupõe o seu conhecimento prévio da cobrança judicial levada a efeito. Assim, o termo inicial do prazo para a apresentação de impugnação pelo devedor é a data do depósito, conforme precedentes do STJ (AgRg no Ag 1.185.526/RS e AgRg no Resp 1.124.770/RS).*

EM RESUMO: Cumprimento de sentença	
Liquidação da sentença	**Apresenta duas modalidades:** i) por arbitramento, quando necessária a nomeação de perito; ii) pelo procedimento comum.
Cumprimento da sentença	**Características:** i) intimação do devedor para pagamento, via de regra na pessoa de seu advogado constituído nos autos, no prazo de 15 (quinze) dias, sob pena de incidência de multa de 10% (dez por cento) sobre o valor da condenação, de honorários advocatícios de 10% (dez por cento) e expedição de mandado de penhora e avaliação; ii) possibilidade de apresentação de impugnação pelo devedor, com rol taxativo de matérias passíveis de alegação, sem efeito suspensivo, salvo casos específicos, devidamente fundamentados; iii) julgamento por decisão interlocutória, salvo no caso de extinção da execução, quando se fará por sentença; iv) possibilidade de execução provisória, dependente de caução para a efetivação dos atos expropriatórios, salvo exceções legais.

CAPÍTULO IX

PROCESSO DE EXECUÇÃO

1. ASPECTOS GERAIS

Embora as execuções de títulos **judiciais** sejam objeto de mera **fase executiva**, o processo de execução ainda existe e é disciplinado pelos artigos 771 a 925 do CPC, voltado principalmente aos títulos executivos **extrajudiciais.**

Seu caráter subsidiário resta cristalino já no artigo 771, ao prescrever que "suas disposições aplicam-se, também, no que couber, aos procedimentos especiais de execução, aos atos executivos realizados no procedimento de cumprimento de sentença, bem como aos efeitos de atos ou fatos processuais a que a lei atribuir força executiva".

São **legitimados ativos** ao processo de execução (art. 778): **i)** o credor a quem a lei confere título executivo; **ii)** o Ministério Público, nos casos prescritos em lei; **iii)** o espólio, os herdeiros ou os sucessores do credor, no caso de direitos transmissíveis; **iv)** o cessionário, no caso de transmissão dos direitos; **v)** o sub-rogado.

São **sujeitos passivos** da execução (art. 779): **i)** o devedor, reconhecido como tal no título executivo; **ii)** o espólio, os herdeiros ou os sucessores do devedor, até os limites da herança; **iii)** o novo devedor, que assumiu a obrigação com o consentimento do credor; **iv)** o fiador do débito constante do título extrajudicial; **v)** o responsável tributário; **vi)** o responsável titular do bem vinculado por garantia real ao pagamento do débito.

É possível ao exequente desistir da execução toda ou apenas de algumas medidas, conforme regra do artigo 775, mesmo após citado o executado.

Além disso, é lícito ao exequente cumular diversas execuções perante o mesmo devedor, "ainda que fundadas em títulos diferentes, quando o executado for o mesmo e desde que para todas ela seja competente o mesmo juízo e idêntico o procedimento" (art. 780 e súmula 27 do STJ).

O processo de execução será ajuizado perante o juízo competente, facultando-se sua propositura (art. 781): **i)** no foro do domicílio do executado, de eleição constante do título ou, ainda, de situação dos bens a ela sujeitos; **ii)** no foro de qualquer dos domicílios do executado, quando possuir mais de um; **iii)** no lugar onde o executado for encontrado ou no foro de domicílio do exequente, quando for incerto ou desconhecido o domicílio do executado; **iv)** no foro de qualquer dos executados, à escolha do exequente, quando se tratar de mais de um devedor, com diferentes domicílios; **v)** no foro do lugar em que se praticou o ato ou em que ocorreu o fato que deu origem ao título, mesmo que o executado não resida mais nele.

O artigo 782 do CPC autoriza "a inclusão do nome do executado no cadastro de inadimplentes" "a requerimento da parte" (§3º), devendo ser cancelada "imediatamente se for efetuado o pagamento, se for garantida a execução ou se a execução for extinta por qualquer outro motivo" (§4º), procedimento este que se aplica "à execução definitiva de título judicial" (§5º).

São **requisitos necessários** para qualquer execução: **i)** o inadimplemento do devedor (arts. 786 a 788); **ii)** a existência de título executivo extrajudicial, sempre "de **obrigação certa, líquida e exigível**" (arts. 783 e 784).

São **títulos executivos extrajudiciais** (art. 784): **i)** a letra de câmbio, a nota promissória, a duplicata, a debênture e o cheque; **ii)** a escritura pública ou outro documento público assinado pelo devedor; **iii)** o documento particular assinado pelo devedor e por duas testemunhas; **iv)** o instrumento de transação referendado pelo Ministério Público, pela Defensoria Pública, pela Advocacia Pública, pelos advogados dos transatores ou por conciliado ou mediador credenciado por tribunal; **v)** os contratos garantidos por hipoteca, penhor, anticrese ou outro direito real de garantia e aquele garantido por caução; **vi)** o contrato de seguro de vida em caso de morte; **vii)** o crédito decorrente de foro e laudêmio; **viii)** o crédito, documentalmente comprovado, decorrente de aluguel de imóvel, bem como de encargos acessórios, tais como taxas e despesas de condomínio; **ix)** a certidão de dívida ativa da Fazenda Pública da União, dos Estados, do Distrito Federal, dos Territórios e dos Municípios, correspondente aos créditos inscritos na forma da lei; **x)** o crédito referente às contribuições ordinárias ou extraordinárias de condomínio edilício, previstas na respectiva convenção ou aprovadas em Assembleia-Geral, desde que documentalmente comprovadas; **xi)** a certidão expedida por serventia notarial ou de registro, relativa a valores de emolumentos e demais despesas devidas pelos atos por ela praticados, fixados nas tabelas estabelecidas em lei; **xii)** todos os demais títulos aos quais, por disposição expressa, a lei atribuir força executiva.

De acordo com o artigo 786, a execução pode ser instaurada caso o devedor não cumpra a obrigação consubstanciada em título executivo, em sua exata forma.

Quanto à **responsabilidade patrimonial do devedor**, inclui "todos os seus bens presentes e futuros (...), salvo as restrições estabelecidas em lei (basicamente os bens de família e os impenhoráveis)" (art. 789).

O instituto da **fraude à execução** encontra-se regulado no artigo 792, sendo caracterizada no caso de alienação ou oneração de bens: **i)** se sobre eles pender ação fundada em direito real ou com pretensão reipersecutória, "desde que a pendência do processo tenha sido averbada no respectivo registro público, se houver"; **ii)** se, ao tempo da alienação ou oneração, tramitava contra o devedor ação capaz de reduzi-lo à insolvência; **iii)** quando tiver sido averbada, no registro do bem, a pendência do processo de execução, na forma do art. 828; **iv)** quando tiver sido averbado, no registro do bem, hipoteca judiciária ou outro ato de constrição judicial originário do processo onde for arguida a fraude; **v)** nos demais casos expressos em lei.

Relevantes regras do CPC relacionadas ao instituto da fraude à execução (art. 792): **i)** "no caso de aquisição de bem não sujeito a registro, o terceiro adquirente tem o ônus de provar que adotou as cautelas necessárias para a aquisição, mediante a exibição das certidões pertinentes, obtidas no domicílio do vendedor e no local onde se encontra o bem" (§2º); **ii)** "nos casos de desconsideração da personalidade jurídica, a fraude à execução verifica-se a partir da citação da parte cuja personalidade se pretende desconsiderar" (§4º); **iii)** "antes de declarar a fraude à execução, o juiz deverá intimar o terceiro adquirente, que, se quiser, poderá opor embargos de terceiro, no prazo de 15 (quinze) dias" (§5º).

O instituto da fraude à execução foi cobrado de forma minuciosa por banca examinadora da OAB (2019.3), da seguinte forma: "O edifício Vila Real ajuizou ação de execução das contribuições de condomínio em atraso em face de Paper & Paper Ltda., proprietária da unidade 101. Citada a ré em janeiro de 2018, não houve o pagamento da dívida e, preenchidos os requisitos legais para tanto, houve a desconsideração da personalidade jurídica da devedora, a fim de que seus sócios Ana e Guilherme, casados, fossem citados, o que ocorreu em dezembro de 2018. Posteriormente, o condomínio exequente identificou que Ana e Guilherme venderam a Consuelo um imóvel de sua propriedade, em julho de 2018. Considerando que a execução em tela é capaz de reduzir à insolvência de Paper & Paper Ltda. e que não foram localizados bens penhoráveis de Ana e Guilherme, assinale a afirmativa correta: (...) A alienação realizada por Ana e Guilherme configura fraude à execução e seu reconhecimento não pode se dar antes da intimação de Consuelo, que poderá opor embargos de terceiro".

Dentre os **poderes executórios do juiz** estão (art. 772): **i)** ordenar o comparecimento das partes; **ii)** advertir o executado de que seu procedimento constitui ato atentatório à dignidade da justiça, o que se configura quando o executado pratica conduta comissiva ou omissiva que (art. 774): ***a)*** frauda a execução; ***b)*** se opõe maliciosamente à execução, empregando ardis e meios artificiosos; ***c)*** resiste injustificadamente às ordens judiciais; ***d)*** intimado, não indica ao juiz quais são e onde estão os bens sujeitos à penhora e seus respectivos valores, nem exibe prova de sua propriedade e, se for o caso, certidão negativa de ônus; ***e)*** dificulta ou embaraça a realização da penhora; ***f)*** a suscitação infundada de vício com o objetivo de ensejar a desistência do arrematante (art. 903, §6º); **iii)** determinar que sujeitos indicados pelo exequente forneçam informações em geral relacionadas ao objeto da execução, tais como documentos e dados que tenham em seu poder, assinando-lhes prazo razoável.

Verificada a ocorrência de **"ato atentatório à dignidade da justiça"**, o juiz deverá **impor multa ao executado**, até o limite de 20% (vinte por cento) do valor atualizado do débito em execução, a ser revertida em favor do exequente, nos próprios autos do processo, sem prejuízo de outras sanções de natureza processual ou material (art. 774, §único).

2. ESPÉCIES DE EXECUÇÃO

2.1 Aspectos gerais

Embora existentes regras gerais nos artigos 797 a 805, aplicáveis a todas as modalidades, o processo de execução se divide entre as seguintes espécies: **i)** execução das obrigações de fazer e de não fazer; **ii)** execução para entrega de coisa; **iii)** execução por quantia certa; **iv)** execução contra a Fazenda Pública; **v)** execução de alimentos.

Preocupado com o necessário equilíbrio entre a eficácia da execução e as garantias individuais do devedor, pondera o legislador: "realiza-se a execução no interesse do exequente que adquire, pela penhora o direito de preferência sobre os bens penhorados" (art. 797), não obstante "o juiz mandará que se faça pelo modo menos gravoso para o executado" (art. 805), sendo que "ao executado que alegar ser a medida executiva mais gravosa incumbe indicar outros meios mais eficazes e menos onerosos, sob pena de manutenção dos atos executivos já determinados" (§único).

A **petição inicial da execução** deverá (art. 798): **i)** estar instruída com: ***a)*** o título executivo extrajudicial; ***b)*** o demonstrativo do débito atualizado até a data da propositura da ação, quando se tratar de execução por quantia certa; ***c)*** a prova de que se verificou a condição ou ocorreu o termo, se o caso; ***d)*** a prova, se for o caso, de que adimpliu a contraprestação que lhe corresponde ou que lhe assegura o cumprimento, se o executado não for obrigado a satisfazer a sua prestação senão mediante a contraprestação do exequente; **ii)** indicar: ***a)*** a espécie de execução de sua preferência, quando por mais de um modo puder ser realizada; ***b)*** os nomes completos e CPF ou CNPJ do exequente e executado; ***c)*** os bens suscetíveis de penhora, sempre que possível.

Já o §único traz os requisitos do demonstrativo de débito, que deverá conter: **i)** índice de correção monetária adotado; **ii)** taxa de juros aplicada; **iii)** termos inicial e final de incidência da correção monetária e dos juros utilizados; **iv)** periodicidade da capitalização dos juros, se o caso; **v)** especificação ode desconto obrigatório realizado.

Também compete ao exequente requerer, se for o caso de penhora de bens ou direitos sobre os quais recaia direito real, a intimação (art. 799): **i)** do credor pignoratício, hipotecário, anticrético ou fiduciário; **ii)** do titular de usufruto, uso ou habitação; **iii)** do promitente comprador; **iv)** do promitente vendedor; v) do superficiário, enfiteuta ou comissionário; **vi)** do proprietário de terreno com regime de direito de superfície, enfiteuse, concessão de uso especial para fins de moradia ou concessão de direito real de uso; **vii)** da sociedade, no caso de penhora de quota social ou de ação de sociedade anônima fechada; **viii)** do titular da construção-base, bem como das lajes anteriores (se o caso), quando a penhora recair sobre o direito real de laje; **ix)** do titular das lajes, quando a penhora recair sobre a construção-base.

É **nula a execução** (art. 803): **i)** se o título executivo extrajudicial não corresponder a obrigação certa, líquida e exigível; **ii)** se o executado não for regularmente citado; **iii)** se instaurada antes de se verificar a condição ou de ocorrido o termo.

"A alienação de bem gravado por penhor, hipoteca ou anticrese será ineficaz em relação ao credor pignoratício, hipotecário ou anticrético não intimado" (art. 804). O CPC **amplia as hipóteses de ineficácia** também para os casos de alienação de (art. 804): **i)** bem ou direito aquisitivo de bem objeto de promessa de compra e venda, de cessão ou de alienação fiduciária registrada (§§ 1º e 3º); **ii)** bem sobre o qual tenha sido instituído direito de superfície (§ 2º); **iii)** imóvel sobre o qual tenha sido instituída enfiteuse, concessão de uso especial para fins de moradia ou de direito real de uso (§ 4º); **iv)** de direitos do enfiteuta, do concessionário de direito real de uso ou de uso especial para fins de moradia (§ 5º); **v)** de bem sobre o qual tenha sido instituído usufruto, uso ou habitação (§ 6º).

3. DA EXECUÇÃO PARA ENTREGA DE COISA (ARTS. 806 A 813)

No caso de coisa certa, o devedor será citado para, em 15 (quinze) dias, satisfazer a obrigação (art. 806), sendo que o juiz poderá desde o início e de ofício fixar ***astreintes*** (§1º).

Na inércia do devedor, expedir-se-á, em favor do credor, mandado de imissão na posse ou de busca e apreensão, conforme se tratar de imóvel ou de móvel (§2º), inclusive, contra o terceiro adquirente, caso "alienada a coisa quando já litigiosa" (art. 808), sendo que o valor das benfeitorias indenizáveis será resolvido na própria ação executiva (art. 810). No caso de não localização da coisa, a ação se resolverá em perdas e danos (art. 809).

No caso de coisa incerta, "o executado será citado para entregá-la individualizada, se lhe couber a escolha" (art. 811); mas, se essa couber ao credor, "esse deverá indicá-la na petição inicial" (§único), sendo que eventual impugnação deverá ser apresentada em 15 (quinze) dias (art. 812), seguindo-se, no mais, o procedimento da entrega de coisa certa (art. 813).

O CPC extingue a figura dos embargos, concentrando a defesa do executado, em todas as espécies de execução, na figura dos embargos à execução (arts. 914 a 920).

4. DA EXECUÇÃO DAS OBRIGAÇÕES DE FAZER E DE NÃO FAZER (ARTS. 814 A 823)

No caso das obrigações de fazer, o devedor será citado para cumpri-la (art. 815), sendo facultado ao credor, na inércia, "requerer a satisfação da obrigação à custa do executado ou perdas e danos, hipótese em que se converterá em indenização" (art. 816), sendo que o juiz poderá desde o início e de ofício fixar ***astreintes*** (art. 814).

A execução da obrigação poderá ser feita por terceiro (arts. 817 a 819), ou pelo próprio credor, o qual "terá preferência, em igualdade de condições de oferta, em relação ao terceiro" (art. 820), a ser exercida no prazo de 5 (cinco) dias (parágrafo único). No caso de obrigação de caráter personalíssimo (art. 821), a recusa de realização pelo devedor importará na conversão em perdas e danos (§único).

Quanto às obrigações de não fazer, o magistrado fixará prazo para o seu desfazimento (art. 822), podendo prescrever, desde o início e de ofício ***astreintes***, se o caso. Se desobedecido, "o exequente requererá ao juiz que mande desfazer o ato à custa daquele, que responderá por perdas e danos" (art. 823) ou, na impossibilidade, simplesmente "resolve-se em perdas e danos" (parágrafo único), "caso em que, após a liquidação, se observará o procedimento de execução por quantia certa".

5. DA EXECUÇÃO POR QUANTIA CERTA (ARTS. 824 A 909)

Tal execução tem por objetivo a "expropriação de bens do executado, ressalvadas as execuções especiais" (art. 824), por meio de (art. 825): **i)** adjudicação; **ii)** alienação; **iii)** apropriação de frutos e rendimentos de empresa ou de estabelecimentos e de outros bens.

Não obstante, alguns bens não estão sujeitos à execução (art. 832), sendo **impenhoráveis** (art. 833): **i)** os bens inalienáveis e os declarados, por ato voluntário, não sujeitos à execução; **ii)** os móveis, pertences e utilidades domésticas que guarnecem a residência do executado, salvo os de elevado valor ou que ultrapassem as necessidades comuns correspondentes a um médio padrão de vida; **iii)** os vestuários e pertences de uso pessoal do executado, salvo se de elevado valor; **iv)** os vencimentos, subsídios, soldos, salários, remunerações, proventos de aposentadoria, pensões, pecúlios e montepios; as quantias recebidas por liberalidade de terceiro e destinadas ao sustento do devedor e sua família, os ganhos de trabalhador autônomo e os honorários de profissional liberal; **v)** os livros, as máquinas, as ferramentas, os utensílios, os instrumentos ou outros bens móveis necessários ou úteis ao exercício de qualquer profissão; **vi)** o seguro de vida; **vii)** os materiais necessários para obras em andamento, salvo se essas forem penhoradas; **viii)** a pequena propriedade rural, assim definida em lei, desde que trabalhada pela família; **ix)** os recursos públicos recebidos por instituições privadas para aplicação compulsória em educação, saúde ou assistência social; **x)** até o limite de 40 (quarenta) salários mínimos, a quantia depositada em caderneta de poupança; **xi)** os recursos públicos do fundo partidário recebidos, nos termos da lei, por partido político; **xii)** os créditos oriundos de alienação de unidades imobiliárias, sob regime de incorporação imobiliária, vinculados à execução da obra. Outro caso de impenhorabilidade diz respeito ao **"bem de família"**, tal qual conceituado pela Lei 8.009/90.

Há **limites para a impenhorabilidade** decretada pelo art. 833: **i)** "não é oponível à execução de dívida relativa ao próprio bem, inclusive àquela contraída para sua aquisição" (§1º); **ii)** as hipóteses de verbas de sustento do executado (item iv) e os depósitos em caderneta de poupança de sua titularidade até 40 salários mínimos (item x), "não se aplica(m) à hipótese de penhora para pagamento de prestação alimentícia, independentemente de sua origem, bem como às importâncias excedentes a 50 (cinquenta) salários mínimos mensais" (§2º) (**hipótese da pensão alimentícia cobrada em exame da OAB**; 2019.1).

O executado será citado para pagar a dívida em 3 (três) dias, contados da citação (art. 829), sob pena de penhora de bens e sua avaliação pelo oficial de justiça (§ 1º), facultado ao credor a indicação de bens do devedor para a realização da penhora, "salvo se outros forem indicados pelo executado e aceitos pelo juiz, mediante demonstração de que a constrição proposta lhe será menos onerosa e não trará prejuízo ao exequente" (§ 2º). O art. 826 prevê a possibilidade de o devedor remir a execução (quitá-la) antes da adjudicação ou alienação dos bens penhorados.

Também resta garantida a fixação, pelo juiz, "de plano, (d)os honorários advocatícios de dez por cento, a serem pagos pelo executado" (art. 827), quantia esta que: **i)** será reduzida pela metade no caso de pagamento integral do débito no prazo de 3 (três) dias (§1º); **ii)** poderá ser elevada até vinte por cento, "quando rejeitados os embargos à execução, podendo a majoração, caso não opostos os embargos ocorrer ao final do procedimento executivo, levando-se em conta o trabalho realizado pelo advogado do exequente" (§2º).

Também resta assegurada a possibilidade de obtenção, pelo exequente, de "certidão de que a execução foi admitida pelo juiz, com identificação das partes e do valor da causa, para fins de averbação no registro de imóveis, de veículos ou de outros bens sujeitos a penhora, arresto ou indisponibilidade" (art. 828), sendo que: **i)** "presume-se em fraude à execução a alienação ou a oneração de bens efetuada após a averbação" (§4º); **ii)** "o exequente que promover averbação manifestamente indevida ou não cancelar as averbações nos termos do §2º indenizará a parte contrária, processando-se o incidente em autos apartados" (§5º).

No caso de **não localização do devedor**, porém, **localizados bens penhoráveis**, o art. 830 determina o **arresto dos bens pelo oficial de justiça**, com posterior conversão em penhora, após "aperfeiçoada a citação e transcorrido o prazo de pagamento" (§§1º a 3º).

A **ordem preferencial de penhora** é a seguinte (art. 835): **i)** dinheiro, em espécie ou em depósito, ou aplicação em instituição financeira; **ii)** títulos da dívida pública da União, Estados e Distrito Federal com cotação em mercado; **iii)** títulos e valores mobiliários com cotação em mercado; **iv)** veículos de via terrestre; **v)** bens imóveis; **vi)** bens móveis em geral; **vii)** semoventes; **viii)** navios e aeronaves; **ix)** ações e quotas de sociedades simples e empresárias; **x)** percentual do faturamento de empresa devedora; **xi)** pedras e metais preciosos; **ix)**; **xii)** direitos aquisitivos derivados de promessa de compra e venda e de alienação fiduciária em garantia; **xiii)** outros direitos. No tocante à rigidez de tal ordem de preferência, o §1º prescreve que "é prioritária a penhora em dinheiro, podendo o juiz, nas demais hipóteses, alterar a ordem prevista no *caput* de acordo com as circunstâncias do caso concreto".

Na **penhora em dinheiro,** a utilização do **meio eletrônico** pelo juiz encontra guarida expressa no art. 854, caso em que "**incumbe ao executado, no prazo de 5 (cinco) dias, comprovar que: i) as quantias tornadas indisponíveis são impenhoráveis; ii) ainda remanesce indisponibilidade excessiva de ativos financeiros**" (§ 3º).

Regras relevantes do CPC em matéria de penhora de dinheiro por meio eletrônico (art. 854): **i)** fica expressa tal possibilidade "sem dar ciência prévia do ato ao executado" (*caput*); **ii)** o juiz deverá determinar o cancelamento, de ofício, da indisponibilidade de eventual quantia excessiva em 24 (vinte e quatro) horas, devendo a instituição financeira cumprir a ordem em igual prazo (§1º); **iii)** após a indisponibilidade, o executado "será intimado na pessoa de seu advogado ou, não o tendo, pessoalmente" (§2º), para que apresente eventual impugnação, em 5 (cinco) dias; **iv)** no silêncio do executado, ou rejeitada eventual impugnação, "converter-se-á a indisponibilidade em penhora, sem necessidade de lavratura de termo" (§5º); **v)** "a instituição financeira será responsável pelos prejuízos causados ao executado em decorrência da indisponibilidade de ativos financeiros em valor superior ao indicado na execução ou pelo juiz, bem como na hipótese de não cancelamento da indisponibilidade no prazo de 24 (vinte e quatro) horas, quando assim determinar o juiz" (§8º).

Por outro lado, a **penhora sobre percentual do faturamento da empresa** deverá observar as seguintes regras (art. 866): **i)** o "juiz fixará percentual que propicie a satisfação do crédito exequendo em tempo razoável, mas que **não torne inviável o exercício da atividade empresarial**" (§1º) – conhecimento cobrado por **banca examinadora da OAB (2021.1)**; ii) o "juiz nomeará administrador-depositário, o qual submeterá à aprovação judicial a forma de sua atuação e prestará contas mensalmente, entregando em juízo as quantias recebidas, com os respectivos balancetes mensais, a fim de serem imputadas no pagamento da dívida" (§2º).

"As partes poderão requerer a **substituição da penhora**", se (art. 848): **i)** não obedecer à ordem legal; **ii)** não incidir sobre os bens designados em lei, contrato ou ato judicial para o pagamento; **iii)** havendo bens no foro da execução, outros houverem sido penhorados; **iv)** havendo bens livres, a penhora houver recaído sobre bens já penhorados ou objeto de gravame; **v)** incidir sobre bens de baixa liquidez; **vi)** fracassar a tentativa de alienação judicial do bem; **vii)** o devedor não indicar o valor dos bens ou omitir qualquer das indicações previstas em lei.

"A penhora pode ser substituída por fiança bancária ou seguro garantia judicial, em valor não inferior ao do débito constante da inicial, acrescido de trinta por cento" (§único).

Já o artigo 847 garante ao **executado** pedir a substituição do bem penhorado, no prazo de 10 (dez) dias contados da intimação da penhora, "desde que comprove que lhe será menos onerosa e não trará prejuízo ao exequente", exigindo do mesmo em seu §1º que: **i)** comprove as respectivas matrículas e os registros por certidão do correspondente ofício, quanto aos bens imóveis; **ii)** descrever os bens móveis, com todas as suas propriedades e características, bem como o estado deles e o lugar onde se encontram; **iii)** descrever os semoventes, com indicação de espécie, número, marca ou sinal e do local onde se encontram; **iv)** identificar os créditos, indicando quem seja o devedor, a origem da dívida, o título que a representa e a data do vencimento; **v)** atribuir, em qualquer caso, valor aos bens indicados à penhora, além de especificar os ônus e encargos a que estejam sujeitos. Também "deve indicar onde se encontram os bens sujeitos à execução, exibir a prova de sua propriedade e a certidão negativa ou positiva de ônus, bem como abster-se de qualquer atitude que dificulte ou embarace a realização da penhora" (§2º).

O artigo 836 prevê que "**não se levará a efeito a penhora quando ficar evidente que o produto da execução dos bens encontrados será totalmente absorvido pelo pagamento das custas da execução**", em total observância ao primado da eficácia da execução.

A penhora realizar-se-á mediante auto ou termo (art. 838), podendo ser realizada por meio eletrônico "a penhora de dinheiro e as averbações de penhoras de bens imóveis e móveis" (art. 837), **cabendo ao exequente**, sem prejuízo da imediata intimação do executado (art. 841), na pessoa de seu advogado ou da sociedade de advogados a que ele pertença (§1º) ou por via postal (§2º), **providenciar, para presunção absoluta de conhecimento por terceiros, a respectiva averbação no ofício imobiliário**, mediante a apresentação de cópia do auto ou do termo, independentemente de mandado judicial (art. 844).

"O **auto ou termo de penhora conterá**" (art. 838): **i)** a indicação do dia, mês, ano e lugar em que foi feita; **ii)** os nomes do exequente e do executado; **iii)** a descrição dos bens penhorados, com suas características; **iv)** a nomeação do depositário dos bens.

"**Não se procede à segunda penhora, salvo se**" (art. 851): **i)** a primeira for anulada; **ii)** executados os bens, o produto da alienação não bastar para o pagamento do exequente; **iii)** o exequente desistir da primeira penhora, por serem litigiosos os bens, ou por estarem submetidos a constrição judicial.

Já o art. 852 possibilita ao juiz a **alienação antecipada de bens**, quando: **i)** se tratar de veículos automotores, pedras e metais preciosos e outros bens móveis sujeitos a deterioração ou depreciação; **ii)** houver manifesta vantagem, o que já foi objeto de indagação pela **banca examinadora da OAB**.

A avaliação dos bens será feita pelo próprio oficial de justiça (art. 870), podendo ser nomeado avaliador pelo juiz "se forem necessários conhecimentos especializados e o valor da execução o comportar" (§único). Será "**admitida nova avaliação** quando" (art. 873): **i)** qualquer das partes arguir, fundamentadamente, a ocorrência de erro na avaliação ou dolo do avaliador; **ii)** se verificar, posteriormente à avaliação, que houve majoração ou diminuição no valor do bem; **iii)** o juiz tiver fundada dúvida sobre o valor atribuído ao bem na primeira avaliação.

Por outro lado, "não se procederá à avaliação quando" (art. 871): **i)** uma das partes aceitar a estimativa feita pela outra, com possibilidade de realização de avaliação quando "houver fundada dúvida do juiz quanto ao real valor do bem" (§único); **ii)** se tratar de títulos ou mercadorias que tenham cotação em bolsa, comprovada por certidão ou publicação no órgão oficial; **iii)** se tratar de títulos da dívida pública, de ações de sociedades e de títulos de crédito negociáveis em bolsa, cujo valor será o da cotação oficial do dia, comprovada por certidão ou publicação no órgão oficial; **iv)** se tratar de veículos automotores ou outros bens cujo preço médio de mercado possa ser conhecido por meio de pesquisas realizadas por órgãos oficiais ou de anúncios de venda divulgados em meios de comunicação, caso em que caberá a quem fizer a nomeação o encargo de comprovar a cotação de mercado.

Após a avaliação, o juiz poderá adequar a penhora realizada ao montante do débito executado (art. 874), passando à realização dos seguintes **atos de expropriação**: **i) adjudicação** (arts. 876 a 878), observado o valor da avaliação, com depósito imediato em juízo de eventual diferença apurada em favor do devedor; **ii) alienação** (arts. 879 a 903), por iniciativa particular (diretamente ou por intermédio de corretor ou leiloeiro público credenciado perante o órgão judiciário) ou em leilão judicial eletrônico ou presencial (art. 879), cumprindo ao juiz a fixação das condições a serem seguidas no caso da iniciativa particular (art. 880, § 1º); e, no caso de leilão judicial, precedido de expedição de edital (arts. 886 a 889), devendo ser realizado preferencialmente pelo meio virtual (art. 882); **iii) apropriação de frutos e rendimentos de empresa ou de estabelecimentos e de outros bens** (arts. 867 a 869), "quando a considerar mais eficiente para o recebimento do crédito e menos gravosa ao executado" (art. 867), com efeitos "em relação a terceiros a partir da publicação da decisão que a conceda ou de sua averbação no ofício imobiliário, em caso de imóveis" (art. 868, §1º), com nomeação de administrador-depositário para o bem (art. 868), podendo ser o próprio exequente ou o executado (art. 869).

A **arrematação dos bens em hasta pública** far-se-á mediante o pagamento imediato do preço pelo arrematante, "por depósito judicial ou por meio eletrônico" (art. 892). Previu-se também a arrematação parcelada (art. 895), limitada ao valor da avaliação em se tratando de primeiro leilão e em valor que não seja considerado vil em segundo leilão (incs. I e II) e cujo pagamento à vista será de no mínimo 25% (vinte e cinco por cento) sobre o valor do lance à vista "e o restante parcelado em até 30 (trinta) meses" (§1º), com incidência de multa de 10% (dez por cento) no caso de atraso no pagamento de qualquer das prestações (§4º).

O artigo 890 traz como **legitimado a lançar** "quem estiver na livre administração de seus bens, com exceção": **i)** dos tutores, curadores, testamenteiros, administradores, síndicos ou liquidantes, quanto aos bens confiados a sua guarda e responsabilidade; **ii)** dos mandatários, quanto aos bens de cuja administração ou alienação estejam encarregados; **iii)** do juiz, membro do Ministério Público e da Defensoria Pública, escrivão, chefe de secretaria e demais servidores e auxiliares da Justiça, em relação aos bens e direitos objeto de alienação na localidade onde servirem ou a que se estender a sua autoridade; **iv)** os servidores públicos em geral, quanto aos bens ou direitos da pessoa jurídica a que servirem ou que estejam sob sua administração direta ou indireta; **v)** os leiloeiros e seus prepostos, quanto aos bens de cuja venda estejam encarregados; **vi)** os advogados de qualquer das partes.

"Não será aceito lanço que ofereça **preço vil**" (art. 891), assim entendido pelo CPC (§único): "considera-se vil o preço inferior ao mínimo estipulado pelo juiz e constante do edital, e, não tendo sido fixado preço mínimo, considera-se vil o preço inferior a cinquenta por cento do valor da avaliação".

"Qualquer que seja a modalidade de leilão, assinado o auto pelo juiz, pelo arrematante e pelo leiloeiro, a arrematação será considerada perfeita, acabada e irretratável, ainda que venham a ser julgados procedentes os embargos do executado ou a ação autônoma de que trata o §4º deste artigo, assegurada a possibilidade de reparação pelos prejuízos sofridos" (art. 903).

"A **arrematação poderá**, no entanto, **ser**" (§ 1º): **i) invalidada**, quando realizada por preço vil ou com outro vício; **ii) considerada ineficaz**, se não observado o disposto no art. 804 (casos de bens penhorados sobre os quais recaia direito real e o dever de intimação do titular de tal direito); **iii) resolvida**, se não for pago o preço ou se não for prestada a caução. Tais questões deverão ser arguidas "em até 10 (dez) dias após o aperfeiçoamento da arrematação" (§2º), sendo que, "após a expedição da carta de arrematação ou da ordem de entrega, a invalidação da arrematação poderá ser pleiteada por ação autônoma, em cujo processo o arrematante figurará como litisconsorte necessário" (§4º).

"Cumpre ao **leiloeiro público**" (art. 884): **i)** publicar o edital, anunciando a alienação; **ii)** realizar o leilão onde se encontrem os bens, ou no lugar designado pelo juiz; **iii)** expor aos pretendentes os bens ou as amostras das mercadorias; **iv)** receber do arrematante a comissão estabelecida em lei ou arbitrada pelo juiz; **v)** receber e depositar, dentro de 01 (um) dia, à ordem do juízo, o produto da alienação; **vi)** prestar contas nos 02 (dois) dias subsequentes ao depósito.

Importante atentar para o teor da **Súmula Vinculante nº 25**: "**É ilícita a prisão civil de depositário infiel, qualquer que seja a modalidade do depósito**".

6. DA EXECUÇÃO CONTRA A FAZENDA PÚBLICA (ART. 910)

Ainda sujeita a processo autônomo, por força da regra do art. 100, da CF, que exige o pagamento dos valores objeto de condenação judicial por parte das Fazendas Públicas "exclusivamente na ordem cronológica de apresentação dos precatórios e à conta dos créditos respectivos".

Para tanto, o artigo 910 do CPC exige a **citação** da Fazenda Pública devedora "para opor embargos em 30 (trinta) dias", nos quais "poderá alegar qualquer matéria que lhe seria lícito deduzir como defesa no processo de conhecimento" (§1º).

No caso de quebra da ordem de expedição dos precatórios, o Presidente do respectivo Tribunal poderá sequestrar a verba necessária ao pagamento dos créditos preteridos, conforme art. 100, § 6º, da CF.

Apenas lembrando que, dentro da ordem cronológica de pagamento dos precatórios, existe uma **preferência constitucional** em favor dos **créditos de natureza alimentícia** (§ 1º), e **dentre estes uma preferência superior no caso de credores maiores de 60 (sessenta) anos ou portadores de doença grave**, conforme nova redação do § 2º dada pela Emenda Constitucional 62/09.

Ademais, existem as **"requisições de pequeno valor"** (§§ 3º e 4º), que correspondem aos débitos das Fazendas Públicas até valor limite definido por Estado e que deverão ser pagos dentro de prazo fixado em lei, sob pena de sequestro do numerário – ***p.e.,*** valores até 60 (sessenta) salários mínimos, a serem pagos em até 90 (noventa) dias, em se tratando da Fazenda Pública Federal.

MUITA ATENÇÃO!

O CPC mantém o processo de execução contra a Fazenda Pública unicamente em relação aos títulos executivos extrajudiciais (art. 910). Já os **títulos executivos judiciais passam a ser cobrados mediante fase de cumprimento de sentença pela Fazenda Pública** (arts. 534 e 535), com sua **intimação**, "na pessoa de seu representante judicial, por carga, remessa ou meio eletrônico" (art. 535, *caput*), podendo apresentar, no prazo de 30 (trinta) dias, **impugnação**. Mantém-se, evidentemente, a determinação constitucional de pagamento via requisição de pequeno valor ou precatório (art. 535, § 3º, I e II).

7. DA EXECUÇÃO DE ALIMENTOS (ARTS. 911 A 913)

Em verdade, tal execução se dá da mesma forma que a execução de quantia certa (art. 913), porém, com grande carga de coerção decorrente da **possibilidade de decretação da prisão do devedor de alimentos** (art. 5º, LXVII, da CF), pelo prazo de 1 (um) a 3 (três) meses (art. 911, §único c.c. art. 528, §§2º a 7º), a qual não importa em cumprimento da obrigação, mas em mero poder concedido ao juiz para "forçar" o adimplemento.

É utilizada para **execução dos alimentos** fixados tanto no **rito especial da Lei 5.478/68** (mais célere, pois exige prova pré-constituída da dependência alimentar), quanto no **rito ordinário**. No caso de trabalhadores formais, públicos ou celetistas, "o exequente poderá requerer o desconto em folha de pagamento de pessoal da importância da prestação alimentícia" (art. 912).

MUITA ATENÇÃO!

O procedimento fixado para o cumprimento da sentença que fixa obrigação de prestar alimentos deve ser aplicado também na ação de execução, conforme regra do artigo 911, §único.

8. DOS EMBARGOS À EXECUÇÃO (ARTS. 914 A 920)

O CPC unifica a defesa do executado no **instrumento processual dos embargos à execução**, como processo de conhecimento voltado à discussão do título executivo extrajudicial, buscando sua desconstituição, cabível em qualquer das execuções de título executivo extrajudicial previstas pelo Código.

Assim é que "o executado, independentemente de penhora, depósito ou caução, poderá se opor à execução por meio de embargos" (art. 914), que "serão oferecidos no prazo de 15 (quinze) dias" (art. 915).

"Na execução por carta, os embargos serão oferecidos no juízo deprecante ou no juízo deprecado, mas a competência para julgá-los é do juízo deprecante, salvo se versarem unicamente sobre vícios ou defeitos da penhora, da avaliação ou da alienação dos bens efetuadas no juízo deprecado" (art. 914, §2º).

Tais embargos **não terão efeito suspensivo** (art. 919), salvo "quando verificados os requisitos para a concessão da tutela provisória e desde que a execução já esteja garantida por penhora, depósito ou caução suficientes" (§ 1º). Trata-se de decisão precária, pois "cessando as circunstâncias que a motivaram, a decisão relativa aos efeitos dos embargos poderá, a requerimento da parte, ser modificada ou revogada a qualquer tempo, em decisão fundamentada" (§2º).

"A **concessão de efeito suspensivo não impedirá a efetivação dos atos de substituição, de reforço ou de redução da penhora e de avaliação dos bens**" (§ 5º).

Somente as seguintes matérias poderão ser discutidas (art. 917): **i)** inexequibilidade do título ou inexigibilidade da obrigação; **ii)** penhora incorreta ou avaliação errônea; **iii)** excesso de execução ou cumulação indevida de execuções; **iv)** retenção por benfeitorias necessárias ou úteis, nos casos de execução para entrega de coisa certa (também chamados de **"embargos de retenção por benfeitorias"**); **v)** qualquer matéria que lhe seria lícito deduzir como defesa em processo de conhecimento"; **vi)** incompetência absoluta ou relativa do juízo da execução.

Especificidades de relevo no tocante às alegações cabíveis em sede de embargos: **i)** a incorreção da penhora ou da avaliação poderá ser impugnada por **simples petição**, no prazo de 15 (quinze) dias, contado da ciência do ato (art. 917, §1º); **ii)** há excesso de execução quando: *a)* o exequente pleiteia quantia superior à do título; *b)* ela recai sobre coisa diversa daquela declarada no título; *c)* ela se processa de modo diferente do que foi determinado no título; *d)* o exequente, sem cumprir a prestação que lhe corresponde, exige o adimplemento da prestação do executado; *e)* o exequente não prova que a condição se realizou (§2º); **iii)** quando alegar que o exequente, em excesso de execução, pleiteia quantia superior à do título, o embargante declarará na petição inicial o valor que entende correto, **apresentando demonstrativo discriminado e atualizado de seu cálculo** (§3º), sob **pena de** (§4º): *a)* serem os embargos liminarmente rejeitados, se o excesso de execução for o seu único fundamento; *b)* **serem processados, se houver outro fundamento, mas o juiz não examinará a alegação de excesso de execução** (conhecimento do assunto cobrado pela **banca examinadora da OAB – 2020.1**).

MUITA ATENÇÃO!

O CPC **extingue a figura dos embargos à arrematação**, prevendo, em seu lugar: **i)** que "a incorreção da penhora ou da avaliação poderá ser impugnada por **simples petição**, no prazo de 15 (quinze) dias, contado da ciência do ato" (art. 917, § 1º); **ii)** o prazo de "10 (dez) dias após o aperfeiçoamento da arrematação" (art. 903, § 2º) para alegar qualquer das hipóteses de nulidade da arrematação (art. 903, § 1º, I a III), após o que "a invalidação da arrematação poderá ser pleiteada por **ação autônoma**, em cujo processo o arrematante figurará como litisconsorte necessário (art. 903, § 4º) (última hipótese cobrada por banca examinadora da OAB; 2019.2).

"No prazo para embargos, reconhecendo o crédito do exequente e comprovando o depósito de trinta por cento do valor em execução, acrescido de custas e de honorários de advogado, o executado poderá requerer que lhe seja permitido pagar o restante em até 6 (seis) parcelas mensais, acrescidas de correção monetária e de juros de um por cento ao mês" (art. 916), sendo que "a opção pelo parcelamento de que trata este artigo importa renúncia ao direito de opor embargos" (§6º), restando expressamente prescrito que "o disposto neste artigo não se aplica o cumprimento da sentença" (§7º).

O juiz rejeitará liminarmente os embargos (art. 918): **i)** quando intempestivos; **ii)** nos casos de indeferimento da petição inicial e de improcedência liminar do pedido; **iii)** manifestamente protelatórios, hipótese inserida dentre as condutas atentatórias à dignidade da justiça (§único).

Recebidos os embargos (art. 920): **i)** o exequente será ouvido no prazo de 15 (quinze) dias; **ii)** a seguir, o juiz julgará imediatamente o pedido ou designará audiência; **iii)** encerrada a instrução, o juiz proferirá sentença.

9. DA SUSPENSÃO E DA EXTINÇÃO DA EXECUÇÃO (ARTS. 921 A 925)

"**Suspende-se a execução**" (art. 921): **i)** no todo ou em parte, quando recebidos com efeito suspensivo os embargos à execução; **ii)** nas hipóteses previstas nos arts. 313 e 315, no que couber; **iii)** quando o executado não possuir bens penhoráveis, caso em que o juiz suspenderá a execução por 1 (um) ano, com suspensão do fluxo do prazo prescricional (§1º), após o que os autos serão arquivados (§2º), iniciando-se a contagem do prazo de prescrição intercorrente (§4º), que poderá ser reconhecida de ofício "depois de ouvidas as partes, no prazo de 15 (quinze) dias" (§5º); **iv)** se a alienação dos bens penhorados não se realizar por falta de licitantes e o exequente, em 15 (quinze) dias, não requerer a adjudicação nem indicar outros bens penhoráveis; **v)** quando concedido o parcelamento de que trata o art. 916.

"**Suspensa a execução, não serão praticados atos processuais, podendo o juiz, entretanto, salvo no caso de arguição de impedimento ou de suspeição, ordenar providências urgentes**" (art. 923).

A **Lei nº 14.195/21 promoveu importantes e profundas modificações no regime de suspensão da execução** (art. 921), na **mesma linha da disciplina dos executivos fiscais** (art. 40, da Lei nº 6830/80), a conferir: **i)** modificou o inc. III para determinar a suspensão da execução quando "**não for localizado o executado ou bens penhoráveis**"; **ii)** modificou o termo inicial da prescrição no curso do processo (=prescrição intercorrente) para "a **ciência da primeira tentativa infrutífera de localização do devedor ou de bens penhoráveis**, e será suspensa, por uma única vez, pelo prazo máximo previsto no § 1º deste artigo" (nova redação do §4º); **iii)** deixou expressa a interrupção da prescrição nos casos de efetiva citação, intimação do devedor ou constrição de bens penhoráveis, "que **não corre pelo tempo necessário à citação e à intimação do devedor, bem como para as formalidades da constrição patrimonial**, se necessária, **desde que o credor cumpra os prazos previstos na lei processual ou fixados pelo juiz**" (§4º-A) – hipóteses nas quais o processo depende da prática de atos pelo juízo, e não pelo credor; **iv)** restringiu sobremaneira as hipóteses de alegação de nulidade quanto ao procedimento de suspensão da execução, que "**somente será conhecida caso demonstrada a ocorrência de efetivo prejuízo**, que será **presumido apenas em caso de inexistência da intimação de que trata o § 4º deste artigo**" (§6º); **v)** deixou expressa a **aplicação da disciplina da suspensão da execução nos casos de cumprimento de sentença de obrigação de pagar quantia certa** (§7º).

"**Extingue-se a execução** quando" (art. 924): **i)** a obrigação for satisfeita; **ii)** o executado obtiver, por qualquer outro meio, a extinção total da dívida; **iii)** o exequente renunciar ao crédito; **iv)** pelo indeferimento da petição inicial; **v)** pela prescrição intercorrente.

"**A extinção só produz efeito quando declarada por sentença**" (art. 925).

EM RESUMO: Processo de Execução	
Aspectos gerais	i) legitimados ativos: a) credor; b) Ministério Público; c) espólio, herdeiros ou sucessores do credor; d) sub-rogado; e) cessionário. ii) legitimados passivos: a) devedor; b) espólio, herdeiros ou sucessores do devedor; c) novo devedor; d) fiador; e) responsável tributário; f) responsável titular do bem vinculado por garantia real ao pagamento do débito. iii) juízo competente, podendo ser: a) foro do domicílio do executado, de eleição constante do título ou da situação dos bens a ela sujeitos; b) tendo o executado mais de um domicílio, em qualquer deles; c) no caso de domicílio incerto ou desconhecido, no lugar onde o executado for encontrado ou no foro de domicílio do exequente; d) no caso de devedores com diferentes domicílios, no foro de qualquer deles, à escolha do exequente; e) no foro do lugar em que se praticou o ato ou em que ocorreu o fato que deu origem ao título, mesmo que o executado não resida mais nele. iv) requisitos: a) título executivo extrajudicial, de obrigação líquida, certa e exigível; b) exigibilidade da obrigação.
Espécies	i) execução de obrigações de fazer e de não fazer, com caráter específico, inclusive, se necessário, com cumprimento por terceiros, e resolução em perdas e danos em caso de impossibilidade. ii) execução de obrigações de entrega de coisa, também com caráter específico, inclusive, se necessário, com cumprimento por terceiros, e resolução em perdas e danos em caso de impossibilidade. iii) execução por quantia certa, mediante a expropriação de bens do devedor por meio de: a) adjudicação; b) alienação; c) apropriação de frutos e rendimentos de empresa ou de estabelecimentos e de outros bens.. iv) execução contra a Fazenda Pública. v) execução de alimentos, como única espécie na qual resta possível a decretação da prisão do devedor como medida de coerção para o adimplemento da obrigação.
Defesas dos executados	Sempre por meio de embargos.
Suspensão e Extinção da Execução	i) suspensão: hipóteses legais; uma vez decretada, obsta a prática de atos processuais, salvo as medidas urgentes pelo juiz. ii) extinção: hipóteses legais; somente produz efeitos se declarada por sentença.

CAPÍTULO X

AÇÕES E PROCEDIMENTOS ESPECIAIS

1. PROCEDIMENTOS ESPECIAIS: ASPECTOS GERAIS

Neste capítulo, analisaremos alguns procedimentos especiais previstos em lei. A ideia é a da **especialização para uma melhor resposta jurisdicional**.

Quanto aos previstos pelo CPC, duas são as modalidades: **i)** de jurisdição **contenciosa**, ou seja, procedimentos específicos para uma melhor resposta jurisdicional das demandas propostas; **ii)** de jurisdição **voluntária**, entendidos como a "administração pública de interesses privados".

2. PROCEDIMENTOS ESPECIAIS DE JURISDIÇÃO CONTENCIOSA NO CPC

2.1 Oposição (arts. 682 a 686)

É cabível a "quem pretender, no todo ou em parte, a coisa ou o direito sobre que controvertem autor e réu", podendo ser oferecida, contra ambos, "até ser proferida a sentença" (art. 682).

Com distribuição por dependência ao feito principal, os opostos serão citados, na pessoa de seus respectivos advogados, para contestar o pedido no prazo de 15 (quinze) dias (art. 683). Admitido o processamento, "será apensada aos autos e tramitará simultaneamente à ação originária, sendo ambas julgadas pela mesma sentença" (art. 685) – conhecimento cobrado por **banca examinadora da OAB (2021.2)** –, sendo que, caso proposta após iniciada a audiência de instrução, "o juiz suspenderá o curso do processo ao fim da produção das provas, salvo se concluir que a unidade da instrução atende melhor ao princípio da duração razoável do processo" (§único).

Caso um dos opostos reconheça a procedência do pedido, a oposição prosseguirá contra o outro (art. 684). No caso de decisão simultânea da ação e da oposição, o **juiz conhecerá da oposição em primeiro lugar**, em face de seu caráter prejudicial (art. 686).

2.2 Da ação de consignação em pagamento (arts. 539 a 549)

Trata-se de medida judicial prevista em favor do **devedor** de obrigação ou de **terceiro interessado**, nas hipóteses legalmente previstas, voltada à **"consignação da quantia ou da coisa devida", "com efeito de pagamento"** (art. 539).

No caso específico de "obrigação em dinheiro", **é facultado o depósito extrajudicial da quantia devida, em "estabelecimento bancário, oficial onde houver, situado no lugar do pagamento, cientificando-se o credor por carta com aviso de recebimento"** (§ 1º), sendo que, na inércia do credor no prazo de 10 dias "contado do retorno do aviso de recebimento", "considerar-se-á o devedor liberado da obrigação" (§ 2º).

Contra a recusa escrita pelo credor, "poderá ser proposta, dentro de 1 (um) mês, a ação de consignação, instruindo-se a inicial com a prova do depósito e da recusa" (§ 3º), caso contrário, "ficará sem efeito o depósito, podendo levantá-lo o depositante" (§ 4º).

O juízo competente para o processo e julgamento da causa é o do **lugar do pagamento** (art. 540), e o depósito tem o efeito de **cessar a incidência dos juros e riscos**, desconstituindo eventual mora do devedor, "salvo se a demanda for julgada improcedente".

São **requisitos da petição inicial** (art. 542): **i)** o requerimento de depósito da quantia ou da coisa devida, em 05 (cinco) dias a contar do seu deferimento; **ii)** o requerimento de citação do réu para levantar o depósito ou oferecer contestação, ou dos réus, no caso de dúvida de quem seja o credor (art. 547). "Não realizado o depósito no prazo do inciso I, o processo será extinto sem resolução do mérito" (§único).

A **defesa do réu** somente pode versar sobre (art. 544): **i)** a inexistência de recusa ou mora em receber a quantia ou coisa devida; **ii)** a existência de recusa justa; **iii)** a não realização do depósito, pelo autor, no lugar ou no prazo para pagamento; **iv)** a não integralidade do depósito.

No caso de dúvida sobre quem deva levantar o depósito (art. 548), "não comparecendo pretendente algum, converter-se-á o depósito em arrecadação de coisas vagas"; "comparecendo apenas um, o juiz decidirá de plano"; "comparecendo mais de um, o juiz declarará efetuado o depósito e extinta a obrigação, continuando o processo a correr unicamente entre os presuntivos credores, observado o procedimento comum".

No caso de alegação de insuficiência de depósito (art. 545), "é lícito ao autor completá-lo, em 10 (dez) dias, salvo se corresponder a prestação cujo inadimplemento acarrete a rescisão do contrato", podendo "o réu levantar, desde logo, a quantia ou a coisa depositada, com a consequente liberação parcial do autor, prosseguindo o processo quanto à parcela controvertida" (§ 1º), sendo que a sentença que concluir pela insuficiência do depósito "determinará, sempre que possível, o montante devido e valerá como título executivo, facultado ao credor promover-lhe o cumprimento nos mesmos autos, após liquidação, se necessária" (§ 2º).

2.3 Da ação de exigir contas (arts. 550 a 553)

"Aquele que afirmar ser titular do direito de exigir contas requererá a citação do réu para que as preste ou ofereça contestação no prazo de 15 (quinze) dias" (art. 550), sendo que: i) o autor especificará, detalhadamente, as razões pelas quais exige as contas, instruindo-a com documentos comprobatórios dessa necessidade, se existirem (§1º); ii) a impugnação das contas apresentadas pelo réu deverá ser fundamentada e específica, com referência expressa ao lançamento questionado (§3º).

"As contas do réu serão apresentadas na forma adequada, especificando-se as receitas, a aplicação das despesas e os investimentos, se houver" (art. 551).

A sentença que julgar procedente o pedido condenará o réu a prestar as contas no prazo de 15 (quinze) dias, "sob pena de não lhe ser lícito impugnar as que o autor apresentar" (art. 550, §5º).

Caso não prestadas as contas pelo réu, "o autor apresentá-las-á no prazo de 15 (quinze) dias, podendo o juiz determinar a realização de exame pericial, se necessário" (§6º), devendo ser "apresentadas na forma adequada, já instruídas com os documentos justificativos, especificando-se as receitas, a aplicação das despesas e os investimentos, se houver, bem como o respectivo saldo" (art. 551, §2º).

"A sentença apurará o saldo e constituirá título executivo judicial" (art. 552).

MUITA ATENÇÃO! O CPC **transforma a figura da ação de prestação de contas unicamente em ação de exigir contas**, abolindo a legitimidade ativa de quem tem o dever de prestá-las (art. 550, *caput*). Ademais, não há que se falar mais em um procedimento de duas etapas.

2.4 Das ações possessórias (arts. 554 a 568)

Trata-se da estipulação de meios processuais necessários à **garantia da posse**, prevista no Código Civil (arts. 1196 a 1224) e tutelada juridicamente, especialmente, por demonstrar **"a aparência da propriedade"**.

Dividem-se em três modalidades: **i) interdito proibitório**, quando a parte tenha receio de ser molestada na sua posse (1º estágio – caráter preventivo); **ii) ação de manutenção da posse**, quando a mesma ainda não foi esbulhada, mas meramente turbada (2º estágio, já com caráter repressivo); **iii) ação de reintegração da posse**, quando a mesma já foi tomada indevidamente por terceiro (3º estágio).

Por serem intercambiáveis, fala-se na **fungibilidade das tutelas possessórias,** expressamente prevista no art. 554: "A propositura de uma ação possessória em vez de outra não obstará a que o juiz conheça do pedido e outorgue a proteção legal correspondente àquela cujos pressupostos estejam provados". Trata-se de conhecimento cobrado por **recente banca examinadora da OAB (2022.1)**.

Em interessante novidade, os §§1º a 3º trazem regras específicas no caso de "ação possessória em que figure no polo passivo grande número de pessoas", caso em que: **i)** "serão feitas a citação pessoal dos ocupantes que forem encontrados no local e a citação por edital dos demais", com intimação do Ministério Público e da Defensoria Pública (§1º); **ii)** "o oficial de justiça procurará os ocupantes no local por uma vez, citando-se por edital os que não forem encontrados" (§2º); **iii)** deverá ser dada ampla publicidade da existência da ação possessória, "podendo, para tanto, valer-se de anúncios em jornal ou rádio locais, da publicação de cartazes na região do conflito e de outros meios" (§3º).

O autor poderá cumular, outrossim, o pedido possessório com (art. 555): **i)** condenação em perdas e danos; **ii)** indenização dos frutos; **iii)** cominação de pena para caso de nova turbação ou esbulho; **iv)** cumprir-se a tutela provisória ou final.

O artigo 556 abriga o **caráter dúplice da proteção possessória**, razão pela qual a **banca examinadora** deu como correta a assertiva: "Na ação possessória, o réu pode, em sede de contestação, pedir a proteção possessória e a indenização por perdas e danos resultantes da turbação ou esbulho cometido pelo autor".

Não obstante, é **vedado às partes discutir judicialmente o direito real de propriedade enquanto pendente o processo possessório** (art. 557), "exceto se a pretensão for deduzida em face de terceira pessoa". Trata-se de conhecimento **cobrado de forma reiterada pelas bancas examinadoras da OAB.**

Nos casos das ações de **manutenção** e de **reintegração de posse**, incumbe ao autor provar (art. 561): **i)** a sua posse; **ii)** a turbação ou o esbulho praticado pelo réu; **iii)** a data da turbação ou do esbulho; **iv)** a continuação da posse, embora turbada, na ação de manutenção; a perda da posse, na ação de reintegração.

Preenchidos tais requisitos, o juiz deverá lhe conceder o "mandado liminar de manutenção ou de reintegração" na posse (art. 562). No entanto, "contra as pessoas jurídicas de direito público não será deferida a manutenção ou a reintegração liminar sem prévia audiência dos respectivos representantes judiciais" (§único). No mais, aplica-se o procedimento comum (art. 566).

Neste sentido, a **banca examinadora da OAB** entende que, quanto à liminar especial nas possessórias de "força nova" (esbulho a menos de ano e dia), o juiz "deve **deferir de plano**, sem ouvir o réu, se a **petição inicial** estiver **devidamente instruída e** sendo a **ação entre particulares**".

Já o **interdito proibitório** deve ser impetrado por quem "tenha justo receio de ser molestado na posse", destinando-se à obtenção de "mandado proibitório em que se comine ao réu determinada pena pecuniária, caso transgredido o preceito" (art. 567), seguindo-se, no mais, o procedimento comum (art. 568).

Saliento, porém, que a discussão judicial do conflito possessório segue o procedimento especial **apenas** "quando a ação for proposta **dentro de ano e dia da turbação ou do esbulho**" ("posse nova"), nos termos do art. 558, seguindo-se, nos **demais casos**, o rito ordinário desde o seu início ("posse velha").

Embora ambas discutam situações relacionadas à posse, **é importante não confundir as 3 (três) espécies de ações possessórias, trazidas nos arts. 554 a 568 do CPC, com a ação de usucapião.**

> **MUITA ATENÇÃO!** O tema das ações possessórias é muito cobrado nos exames da OAB, demandando **atenção especial por parte do examinado.**

2.5 Do inventário e da partilha (arts. 610 a 673)

O artigo 610 permite a realização do inventário e da partilha por "**escritura pública**, a qual constituirá documento hábil para qualquer ato de registro, bem como para levantamento de importância depositada em instituições financeiras" quando "todos (herdeiros e interessados) forem *capazes e concordes*".

Havendo testamento ou interessado incapaz, proceder-se-á ao inventário judicial onde "o juiz decidirá todas as questões de direito desde que os fatos relevantes estejam provados por documento, só **remetendo para as vias ordinárias as questões que dependerem de outras provas**" (art. 612).

São **legitimados para requerer o inventário** (arts. 615 e 616): **i)** quem estiver na posse e administração do espólio; **ii)** o cônjuge ou companheiro supérstite; **iii)** o herdeiro; **iv)** o legatário; **v)** o testamenteiro; **vi)** o cessionário do herdeiro ou do legatário; **vii)** o credor do herdeiro, do legatário ou do autor da herança; **viii)** o administrador judicial da falência do herdeiro, do legatário, do autor da herança ou do cônjuge ou companheiro supérstite; **ix)** o Ministério Público, havendo herdeiros incapazes; **x)** a Fazenda Pública.

O juiz nomeará um **"inventariante"** dentre os legitimados (art. 617), que será responsável por **representar e administrar o espólio**, apresentar as primeiras e últimas declarações, trazer bens à colação e prestar contas (arts. 618 e 619), podendo ser removido nas hipóteses previstas em lei (arts. 621 a 625), sendo que "o **incidente da remoção correrá em apenso aos autos do inventário**" (art. 623, § único), além do que "será **intimado o inventariante para, no prazo de 15 (quinze) dias, defender-se e produzir provas**" (art. 623, *caput*, parte final). A necessidade de se assegurar o direito de defesa ao inventariante, bem como sua tramitação como incidente, foram **conhecimentos exigidos em recente exame da OAB (2022.1)**.

Devem ser citados para a ação "o cônjuge, o companheiro, os herdeiros e os legatários e intimar a Fazenda Pública, o Ministério Público, se houver herdeiro incapaz ou ausente, e o testamenteiro, se houver testamento" (art. 626), para que se manifestem sobre as primeiras declarações (arts. 627 a 629).

Antes da partilha, deverão ser pagas as dívidas do espólio, podendo os credores formular requerimento (arts. 642 a 646). Após, realiza-se a partilha dos bens arrecadados (arts. 647 a 658), levada a efeito por meio de sentença (art. 654), sendo que "a existência de dívida para com a Fazenda Pública não impedirá o julgamento da partilha, desde que o seu pagamento esteja devidamente garantido" (§único).

Sobre os credores do espólio, importante salientar a regra do artigo 642, §4º): "se o credor requerer que, em vez de dinheiro, lhe sejam adjudicados, para o seu pagamento, os bens já reservados, o juiz deferir-lhe-á o pedido, concordando todas as partes".

Regras relevantes acerca da partilha: **i)** o juiz poderá deferir antecipadamente o exercício dos direitos de usar e fruir de determinado bem, em decisão fundamentada, "com a condição de que, ao término do inventário, tal bem integre a cota desse herdeiro, cabendo a este, desde o deferimento, todos os ônus e bônus decorrentes do exercício daqueles direitos" (art. 647, §único); **ii)** o art. 648 traz regras gerais a serem observadas: *a)* a máxima igualdade possível quanto ao valor, natureza e qualidade dos bens; *b)* a prevenção de litígios futuros; *c)* a máxima comodidade dos coerdeiros, do cônjuge ou do companheiro, se for o caso; **iii)** "os bens insuscetíveis de divisão cômoda que não couberem na parte do cônjuge ou companheiro supérstite ou no quinhão de um só herdeiro serão licitados entre os interessados ou vendidos judicialmente, partilhando-se o valor apurado, salvo se houver acordo para que sejam adjudicados a todos" (art. 649).

O artigo 658 traz hipóteses de **rescindibilidade da sentença proferida em sede de partilha** de bens: **i)** nos casos mencionados no artigo antecedente (dolo, coação, erro essencial ou intervenção de incapaz); **ii)** se feita com preterição de formalidades legais; **iii)** se preteriu herdeiro ou incluiu quem não o seja.

Procedimento judicial mais célere é o **"arrolamento"**, previsto nos artigos 659 a 667: "A **partilha amigável, celebrada entre partes capazes**, nos termos da lei, será homologada de plano pelo juiz, com observância dos arts. 660 a 663" (art. 659), sendo que "transitada em julgado a sentença de homologação de partilha ou de adjudicação, será lavrado o formal de partilha ou elaborada a carta de adjudicação e, em seguida, serão expedidos os alvarás referentes aos bens e às rendas por ele abrangidos, intimando-se o fisco para lançamento administrativo do imposto de transmissão e de outros tributos porventura incidentes, conforme dispuser a legislação tributária, nos termos do §2º do art. 662" (§2º).

O artigo 671, nas disposições comuns, prescreve que o juiz nomeará curador especial: **i)** ao ausente, se não o tiver; **ii)** ao incapaz, se concorrer na partilha com o seu representante, desde que exista colisão de interesses.

Por fim, o artigo 672 traz hipóteses de cabimento de cumulação de inventários, quando houver: **i)** identidade de pessoas entre as quais devam ser repartidos os bens; **ii)** heranças deixadas pelos dois cônjuges ou companheiros; **iii)** dependência de uma das partilhas em relação à outra.

2.6 Dos embargos de terceiro (arts. 674 a 681)

O terceiro que, não sendo parte do processo, **"sofrer constrição ou ameaça de constrição sobre bens que possua ou sobre os quais tenha direito incompatível com o ato constritivo,** poderá requerer seu desfazimento ou sua inibição por meio de embargos de terceiro" (art. 674). Tanto a propriedade, inclusive fiduciária, como a mera posse são protegidas pela figura dos embargos de terceiro, nas figuras do terceiro senhor e possuidor, ou apenas possuidor (§ 1º).

Hipótese de cabimento de embargos de terceiro, a envolver imóvel adquirido de construtora mediante escritura pública não levada a registro, com pagamento integral do preço, penhorado judicialmente por credor da construtora, "buscando atacar a medida constritiva em face do imóvel adquirido", foi cobrada em **recente exame da OAB (2022.1)**.

Considera-se "terceiro", autorizando o ajuizamento dos embargos (art. 674, §2º): **i)** o cônjuge ou companheiro, quando defende a posse de bens próprios ou de sua meação, ressalvado o disposto no art. 843; **ii)** o adquirente de bens cuja constrição decorreu de decisão que declara a ineficácia da alienação realizada em fraude à execução; **iii)** quem sofre constrição judicial de seus bens por força de desconsideração da personalidade jurídica, de cujo incidente não fez parte; **iv)** o credor com garantia real para obstar expropriação judicial do objeto de direito real de garantia, caso não tenha sido intimado, nos termos legais dos atos expropriatórios respectivos.

"Os embargos podem ser opostos a qualquer tempo no processo de conhecimento enquanto não transitada em julgado a sentença e, no cumprimento de sentença ou no processo de execução, até 5 (cinco) dias depois da adjudicação, da alienação por iniciativa particular ou da arrematação, mas sempre antes da assinatura da respectiva carta" (art. 675). Serão distribuídos por dependência "ao juízo que ordenou a constrição" (art. 676), com citação na pessoa do advogado, caso o embargado tenha defensor constituído nos autos principais (art. 677, § 3º), sendo que "a decisão que reconhecer suficientemente provado o domínio ou a posse determinará a suspensão das medidas constritivas sobre os bens litigiosos objeto dos embargos, bem como a manutenção ou a reintegração provisória da posse, se o embargante a houver requerido" (art. 678). Já "nos casos de ato de constrição realizado por carta, os embargos serão oferecidos no juízo deprecado, salvo se indicado pelo juízo deprecante o bem constrito ou se já devolvida a carta" (art. 676, §único).

A defesa a ser apresentada pelo embargado não sofre limitações (art. 679), exceto no caso de **embargos opostos pelo credor com garantia real**, quando o embargado somente poderá alegar (art. 680): **i)** que o devedor comum é insolvente; **ii)** que o título é nulo ou não obriga a terceiro; **iii)** que outra é a coisa dada em garantia.

"Acolhido o pedido inicial, o ato de constrição judicial indevida será cancelado, com o reconhecimento do domínio, da manutenção da posse ou da reintegração definitiva do bem ou do direito ao embargante" (art. 681).

2.7 Ação monitória (arts. 700 a 702)

"A ação monitória pode ser proposta por aquele que **afirmar**, com base em **prova escrita sem eficácia de título executivo**, ter direito de exigir do **devedor capaz:** **i)** pagamento de **quantia em dinheiro**; **ii) entrega de**

DIREITO PROCESSUAL CIVIL

coisa fungível ou infungível ou de bem móvel ou imóvel; **iii)** o adimplemento de **obrigação de fazer ou de não fazer**" (art. 700).

Regras relevantes em matéria de ação monitória: **i)** "a prova escrita pode consistir em prova oral documentada, produzida antecipadamente nos termos do art. 381" (art. 700, §1º); **ii)** o autor deverá explicitar na petição inicial: *a)* a importância devida, instruindo-a com memória de cálculo; *b)* o valor atual da coisa reclamada; *c)* o conteúdo patrimonial em discussão ou o proveito econômico perseguido (art. 700, §2º); **iii)** "é admissível ação monitória em face da Fazenda Pública" (art. 700, §6º); **iv)** é cabível ação rescisória da decisão que recebe a ação monitória, no caso de inércia do devedor em pagar ou opor embargos (art. 701, §3º); **v)** "os embargos podem se fundar em matéria passível de alegação como defesa no procedimento comum" (art. 702, §1º); **vi)** "quando o réu alegar que o autor pleiteia quantia superior à devida, cumprir-lhe-á declarar de imediato o valor que entende correto, apresentando demonstrativo discriminado e atualizado da dívida" (art. 702, §2º), sob pena de "os embargos serão liminarmente rejeitados, se esse for o seu único fundamento, e, se houver outro fundamento, os embargos serão processados, mas o juiz deixará de examinar a alegação de excesso" (art. 702, §3º); **vii)** resta expressamente admitida a reconvenção, "sendo vedado o oferecimento de reconvenção à reconvenção" (art. 702, §6º); **viii)** "cabe a apelação contra a sentença que acolhe ou rejeita os embargos" (art. 702, §9º); **ix)** resta fixada expressamente multa de até dez por cento sobre o valor da causa: *a)* em face do autor, no caso de ação monitória proposta indevidamente (art. 702, §10); *b)* em face do réu, no caso de oposição de má-fé de embargos à ação monitória (art. 702, §11).

"Sendo evidente o direito do autor, o juiz deferirá a expedição de mandado de pagamento, de entrega de coisa ou para execução de obrigação de fazer ou de não fazer, concedendo ao réu prazo de 15 (quinze) dias para o cumprimento e o pagamento de honorários advocatícios de cinco por cento do valor atribuído à causa" (art. 701), podendo ocorrer: **i)** oposição de defesa pelo réu, os "embargos à ação monitória" "independentemente de prévia segurança do juízo", que "suspende a eficácia da decisão referida no *caput* do art. 701 até o julgamento em primeiro grau" (art. 702, *caput* e §4º); **ii)** decurso do prazo sem manifestação do réu, quando "constituir-se-á de pleno direito o título executivo judicial, independentemente de qualquer formalidade" (§2º). A ação monitória representa, na verdade, um **sistema híbrido entre o processo de conhecimento e o executivo**, buscando, com base em robusta prova escrita demonstrativa do direito do autor (embora não classificada como título executivo extrajudicial) "encurtar o caminho" para a obtenção do bem da vida pretendido, em homenagem aos primados da celeridade e da efetividade.

> **MUITA ATENÇÃO!**
>
> Confiram-se súmulas do STJ a respeito da ação monitória: 384, 299, 282, 247.
>
> O CPC **amplia as hipóteses de cabimento da ação monitória** (art. 700, I a III), abarcando também os casos de: **i)** entrega de coisa infungível e imóvel (inc. II); **ii)** adimplemento de obrigação de fazer ou de não fazer (inc. III). Também prescreve que "a prova escrita pode consistir em prova oral documentada, produzida antecipadamente nos termos do art. 381" (art. 700, § 1º). Por outro lado, confere poderes ao juiz para determinar ao autor a emenda da petição inicial, adaptando-a ao procedimento ordinário, "havendo dúvida quanto à idoneidade de prova documental apresentada" (art. 700, § 5º). Também passa a ser prevista multa de 10% (dez por cento) sobre o valor da causa: i) em face do autor, no caso de "ação monitória proposta indevidamente e de má-fé" (art. 702, § 10); ii) em face do "réu que de má-fé opuser embargos à ação monitória" (art. 702, § 11).

3. PROCEDIMENTOS ESPECIAIS DE JURISDIÇÃO VOLUNTÁRIA PREVISTOS NO CPC

Tratando-se da **"administração pública de interesses privados"**, pode ser iniciada "por provocação do interessado, do Ministério Público ou da Defensoria Pública" (art. 720), devendo ser citados "todos os interessados, bem como intimado o Ministério Público, nos casos do art. 178" (art. 721).

"A Fazenda Pública será sempre ouvida nos casos em que tiver interesse" (art. 722), sendo que a **sentença** prolatada não precisa necessariamente "observar critério de legalidade estrita, **podendo adotar em cada caso a solução que considerar mais conveniente ou oportuna**" (art. 723, §único).

Processam-se de acordo com estas disposições gerais os seguintes requerimentos (art. 725): **i)** emancipação; **ii)** sub-rogação; **iii)** alienação, arrendamento ou oneração de bens de crianças ou adolescentes, de órfãos e de interditos; **iv)** alienação, locação e administração da coisa comum; **v)** alienação de quinhão em coisa comum; **vi)** extinção de usufruto, quando não decorrer da morte do usufrutuário, do termo da sua duração ou da consolidação, e de fideicomisso, quando decorrer de renúncia ou quando ocorrer antes do evento que caracterizar a condição resolutória; **vii)** expedição de alvará judicial; **viii)** homologação de autocomposição extrajudicial, de qualquer natureza ou valor.

4. DOS PROCEDIMENTOS ESPECIAIS EXTRAVAGANTES

Passaremos, agora, a estudar os mais importantes procedimentos especiais previstos em legislação extravagante: **i)** mandado de segurança (Lei 12.016/09); **ii)** ação civil pública (Lei 7.347/85); **iii)** ação popular (Lei 4.717/65); **iv)** desapropriação (Lei 4.132/62 e Decreto-lei 3.365/41); **v)** execução fiscal (Lei 6.830/80); **vi)** juizados especiais cíveis (Lei 9.099/95); **vii)** recuperação judicial e falência (Lei 11.101/05).

4.1. Mandado de segurança (Lei 12.016/09)

Previsto como remédio constitucional no art. 5º, LXIX (mandado de segurança individual) e LXX (mandado de segurança coletivo), tem por objetivo a **proteção de "direito líquido e certo, não amparado por** ***habeas corpus*** **ou** ***habeas data,*** **quando o responsável pela ilegalidade ou abuso de poder for autoridade pública ou agente de pessoa jurídica no exercício de atribuições do Poder Público**".

Inicialmente disciplinado pela Lei nº 1.533/51, renovou-se na Lei nº 12.016/09 e, seu art. 1º especifica melhor os **sujeitos ativo e passivo** da ação ao dispor que caberá a medida "sempre que, ilegalmente ou com abuso de poder, **qualquer pessoa física ou jurídica** sofrer violação ou houver justo receio de sofrê-la por parte da autoridade, seja de que categoria for e sejam quais forem as funções que exerça", sendo que "equiparam-se às autoridades, para os efeitos desta Lei, os representantes ou órgãos de partidos políticos e os administradores de entidades autárquicas, bem como os dirigentes de pessoas jurídicas ou as pessoas naturais no exercício de atribuições do poder público, somente no que disser respeito a essas atribuições" (§ 1º). Logo, **excluem-se** "os atos de gestão comercial praticados pelos administradores de empresas públicas, de sociedade de economia mista e de concessionárias de serviço público" (§ 2º). Quanto à legitimidade ativa, o § 3º resguarda a individual na lesão coletiva.

"Considera-se a **autoridade coatora** aquela que **tenha praticado o ato impugnado ou da qual emane a ordem para a sua prática**" (art. 6º, § 3º).

Quanto à consagrada vedação da utilização do mandado de segurança "contra lei em tese" (súmula 266 do STF), sem a narração de fatos concretos, a súmula 625 do STF a diferenciou da matéria única de direito: "Controvérsia sobre matéria de direito não impede concessão de mandado de segurança".

Outrossim, a legitimidade ativa conferida ao terceiro interessado como substituto processual para ajuizar mandado de segurança encontra-se prevista no art. 3º, que exige, antes, notificação judicial do titular originário para fazê-lo em 30 (trinta) dias.

É admitida expressamente pelo art. 4º a impetração, em caso de urgência, por telegrama, fax ou outro meio eletrônico de autenticidade comprovada.

Não caberá o mandado de segurança (art. 5º): **i)** de ato do qual caiba recurso administrativo com efeito suspensivo, independentemente de caução; **ii)** de decisão judicial da qual caiba recurso com efeito suspensivo (súmula 267 do STF); **iii)** de decisão judicial transitada em julgado (súmula 268 do STF).

A petição inicial indicará a autoridade coatora e a pessoa jurídica da qual esta faz parte (art. 6º) para que, cientificada, ingresse no feito, caso haja interesse (art. 7º, II).

A possibilidade de deferimento de medida liminar, como tutela de urgência, para que se "suspenda o ato que deu motivo ao pedido", encontra-se no art. 7º, III, com os seguintes requisitos: **i)** quando houver fundamento relevante, e **ii)** do ato impugnado puder resultar a ineficácia da medida, e, caso seja deferida, faculta-se "exigir do impetrante caução, fiança ou depósito, com o objetivo de assegurar o ressarcimento à pessoa jurídica".

"Não será concedida medida liminar que tenha por objeto a compensação de créditos tributários, a entrega de mercadorias e bens provenientes do exterior, a reclassificação ou equiparação de servidores públicos e a concessão de aumento ou a extensão de vantagens ou pagamento de qualquer natureza" (§ 2º).

"Os efeitos da medida liminar, salvo se revogada ou cassada, persistirão até a prolação da sentença" (§ 3º e súmula 626, do STF). O art. 7º, § 1 passou a garantir a interposição do recurso de agravo de instrumento em face da decisão proferida em sede de liminar.

Não obstante, a medida liminar deferida caducará quando "o impetrante criar obstáculo ao normal andamento do processo por deixar de promover, por mais de 3 (três) dias úteis, os atos e as diligências que lhe cumprirem" (art. 8º).

Tanto da sentença de indeferimento da inicial pelo juiz de primeiro grau quanto das sentenças denegando ou concedendo a segurança, cabe apelação (arts. 10 § 1º e 14).

O § 2º, do art. 10 não admite ingresso de litisconsorte ativo após o despacho da petição inicial.

Ouvido o Ministério Público (art. 12), o juiz proferirá sentença, podendo ser executada provisoriamente (§ 3º), porém, sujeita à remessa de ofício em caso de concessão da segurança (§ 1º). O § 2º, em inovação legal, estendeu expressamente à autoridade coatora o direito de recorrer da sentença concessiva da segurança.

Já o § 4º, positivando entendimento jurisprudencial, passou a fixar o pagamento de vencimentos e/ou vantagens pecuniárias aos servidores públicos a partir da data do ajuizamento da ação do mandado de segurança, e não somente a partir da data da implementação da tutela jurisdicional.

A chamada "suspensão liminar da segurança", em decisão judicial de motivação extrajurídica ("lesão à ordem, à saúde, à segurança e à economia públicas") proferida pelo presidente do tribunal competente, encontra-se regulada pelo art. 15, com expressa possibilidade de interposição do recurso de agravo e "novo pedido de suspensão ao presidente do tribunal competente para conhecer de eventual recurso especial ou extraordinário", no caso de seu indeferimento (§ 1º).

"A sentença ou o acórdão que denegar mandado de segurança, sem decidir o mérito, não impedirá que o requerente, por ação própria, pleiteie os seus direitos e os respectivos efeitos patrimoniais" (art. 19; súmula 304 do STF).

Já o **mandado de segurança coletivo** encontra-se regulado pelos art. 21 (legitimados a impetrá-lo) e 22 (sentença), sendo certo que "a **sentença fará coisa julgada limitadamente aos membros do grupo ou categoria substituídos pelo impetrante**" (art. 22, ***caput***), além do que "não induz litispendência para as ações individuais, mas os **efeitos da coisa julgada não beneficiarão o impetrante a título individual se não requerer a desistência de seu mandado de segurança no prazo de 30 (trinta) dias a contar da ciência comprovada da impetração da segurança coletiva**" (§ 1º).

O tema do mandado de segurança coletivo é recorrente nos **exames da OAB**. A **banca examinadora** afirmou a assertiva: "a sentença fará coisa julgada limitadamente aos membros do grupo substituído pelo impetrante". Também, adotou a súmula 630 do STF: "pode ser impetrado em defesa de direitos líquidos e certos que pertençam a apenas parte dos membros de uma categoria ou associação, substituídos pelo impetrante".

O prazo decadencial para a impetração do mandado de segurança continua a ser de 120 (cento e vinte) dias, "contados da ciência, pelo interessado, do ato impugnado" (art. 23), declarado constitucional pela súmula 632 do STF.

Já a vedação da interposição de embargos infringentes (súmula 169 do STJ) e condenação na verba honorária (súmulas 513 do STF e 105 do STJ) seguem expressos no art. 25, ressalvada a possibilidade de fixação de multa em função da litigância de má fé.

Por fim, a configuração do crime de desobediência em razão do "não cumprimento das decisões proferidas em mandado de segurança" restou indiscutível no art. 26.

4.2. Ação civil pública (Lei 7.347/85)

Inicialmente prevista na Lei nº 7.347/85, foi "constitucionalizada" pelo art. 129 da CF quando mencionada dentre as funções do Ministério Público. Além disso, com a entrada em vigor do Código de Defesa do Consumidor (Lei nº 8.078/90) teve seu rol de objetos ligeiramente ampliado, assim como uma série de dispositivos alterados pelas Leis nºs 8.884/94, 9.494/97, 10.257/01 e MP 2180-35/01.

Trata-se de ação voltada à **tutela de interesses transindividuais (difusos, coletivos e individuais homogêneos)** relacionados à "responsabilidade por danos morais e patrimoniais causados" (art. 1º): **i)** ao meio ambiente (hipótese cobrada por recente banca examinadora da OAB (**2018.2**); **ii)** ao consumidor; **iii)** aos bens e direitos de valor artístico, estético, histórico, turístico e paisagístico; **iv)** a qualquer outro interesse difuso ou coletivo; **v)** por infração da ordem econômica; **vi)** à ordem urbanística; **vii)** à honra e à dignidade de grupos raciais, étnicos ou religiosos; **viii)** ao patrimônio público e social.

No entanto, o parágrafo único do art. 1º da LACP afirma expressamente que "**Não será cabível ação civil pública** para veicular pretensões que envolvam **tributos, contribuições previdenciárias, o Fundo de Garantia por Tempo de Serviço – FGTS ou outros fundos de natureza institucional cujos beneficiários podem ser individualmente determinados**".

São **legitimados** a propor a ação civil pública (art. 5º) e a ação cautelar (art. 4º): **i)** o Ministério Público; **ii) a Defensoria Pública**; **iii)** a União, os Estados, o Distrito Federal e os Municípios; **iv)** a autarquia, empresa pública, fundação ou sociedade de economia mista; **v)** a associação que, concomitantemente, esteja constituída há pelo menos 01 (um) ano e inclua, entre suas finalidades institucionais, a proteção ao patrimônio público e social, ao meio ambiente, ao consumidor, à ordem econômica, à livre concorrência, aos direitos de grupos raciais, étnicos ou religiosos ou ao patrimônio artístico, estético, histórico, turístico e paisagístico.

Importante guardar os incisos do art. 5º, pois, já foram objeto de análise por **bancas examinadoras da OAB**, que cobraram, em suas questões, conhecimentos sobre **prazo mínimo de constituição** da associação **em 01 ano** e **finalidade institucional** de **defesa do meio ambiente** e do **consumidor**.

A possibilidade de o Ministério Público instaurar "inquéritos civis", com caráter administrativo, para a apuração de responsabilidades encontra arrimo expresso no art. 8º, § 1º e disciplina no art. 9º. Além disso, intervirá nas ações dos demais titulares, como fiscal da lei (§ 1º), sendo que todos os legitimados podem figurar como litisconsortes facultativos de qualquer das partes (§ 2º), além de deterem a faculdade de assumir a legitimidade ativa da ação "em caso de desistência infundada ou abandono da ação por associação legitimada" (§ 3º).

"Os órgãos públicos legitimados poderão tomar dos interessados **compromisso de ajustamento de sua conduta às exigências legais**, mediante cominações, que terá eficácia de **título executivo extrajudicial**" (§ 6º).

A tutela jurisdicional específica (dar, fazer ou não fazer) encontra preferência expressa no art. 11, sendo que a de natureza condenatória representa exceção ao sistema, utilizada apenas de forma subsidiária.

Já a possibilidade de concessão de medida liminar encontra guarida no art. 12, com decisão sujeita ao recurso de agravo e possibilidade de ajuizamento da "suspensão de liminar" (fundamentos: "lesão à ordem, à saúde, à segurança e à economia pública") junto ao presidente do tribunal competente (§ 1º).

O art. 2º traz que a ação deve ser proposta no "local onde ocorrer o dano, cujo juízo terá **competência funcional**". Consequentemente, "a sentença civil fará **coisa julgada *erga omnes*, nos limites da competência territorial do órgão prolator, exceto se o pedido for julgado improcedente por insuficiência de provas**, hipótese em que qualquer legitimado poderá intentar outra ação com idêntico fundamento, valendo-se de nova prova" (art. 16).

O recurso de apelação é recebido, via de regra, no efeito devolutivo, podendo o juiz "conferir efeito suspensivo aos recursos, para evitar dano irreparável à parte" (art. 14).

A possibilidade de outros legitimados iniciarem a execução da sentença proferida em sede de ação civil pública na inércia do autor encontra guarida expressa no art. 15.

Banca examinadora da OAB (2019.3) cobrou conhecimento sobre a regra do artigo 17: "Em caso de **litigância de má-fé**, a **associação autora e os diretores responsáveis pela propositura da ação serão solidariamente condenados em honorários advocatícios e ao décuplo das custas**, sem prejuízo da responsabilidade por perdas e danos".

O art. 19 traz a aplicação supletiva do Código de Processo Civil à ação civil pública, bem como o art. 21 traz a aplicação supletiva dos "dispositivos do Título III da lei que instituiu o Código de Defesa do Consumidor", sendo que o teor do prescrito pelo art. 97, do CDC ("A **liquidação e a execução de sentença poderão ser promovidas pela vítima e seus sucessores**, assim como pelos legitimados de que trata o art. 82") foi cobrado em **banca examinadora da OAB** (2019.2) da seguinte forma: "Em virtude do rompimento de uma represa, o Ministério Público do Estado do Acre ajuizou ação em face da empresa responsável pela sua construção, buscando a condenação pelos danos materiais e morais sofridos pelos habitantes da região atingida pelo incidente. O pedido foi julgado procedente, tendo sido fixada a responsabilidade da ré pelos danos causados, mas sem a especificação dos valores indenizatórios. Em virtude dos fatos narrados, Ana Clara teve sua casa destruída, de modo que possui interesse em buscar a indenização pelos prejuízos sofridos. Na qualidade de advogado(a) de Ana Clara, assinale a orientação correta a ser dada à sua cliente: (...) Ana Clara e seus sucessores poderão promover a liquidação e a execução da sentença condenatória".

? **QUESTÃO:** Qual o juízo competente para a ação civil pública no caso de danos regionais e nacionais?

➥ ***RESPOSTA:*** *A solução para tal indagação encontra-se no art. 93, II, da Lei 8.078/90: "no foro da Capital do Estado ou no do Distrito Federal, para os danos de âmbito nacional ou regional, aplicando-se as regras do Código de Processo Civil aos casos de competência concorrente". Tal, ademais, é o entendimento do STJ (REsp 448470/RS).*

? **QUESTÃO:** Qual a natureza da competência em sede de ação civil pública?

➥ ***RESPOSTA:*** *Não obstante o art. 2º, caput mencione o caráter "funcional" à competência para processar e julgar ações civis públicas, no que poderia se entender pelo seu caráter absoluto, o fato é que o art. 16, ao mencionar a competência "territorial" do órgão julgador, bem como o art. 93, da Lei 8.078/90, ao criar opções de foros competentes, acabam por tornar a competência em sede de ação civil pública inegavelmente relativa, conforme, ademais, entendimento do STJ (REsp 712006/DF).*

4.3 Ação popular (Lei 4.717/65)

Trata-se de poderoso instrumento existente em favor de **qualquer cidadão** para "pleitear a **anulação ou a declaração de nulidade de atos lesivos ao patrimônio** da **União**, do **Distrito Federal**, dos **Estados** e dos **Municípios**, de **entidades autárquicas**, de **sociedades de economia mista**, de **sociedades mútuas de seguro nas quais a União represente os segurados ausentes**, de **empresas públicas**, de **serviços sociais autônomos**, de **instituições ou fundações** para cuja criação ou **custeio** o tesouro público haja concorrido ou concorra com **mais de 50%** (cinquenta por cento) do patrimônio ou da receita anual de empresas incorporadas ao patrimônio da União, do Distrito Federal, dos Estados e dos Municípios, e de quaisquer pessoas jurídicas ou entidades subvencionadas pelos cofres públicos" (art. 1º).

"A prova da cidadania, para ingresso em juízo, será feita com o título eleitoral, ou com documento que a

DIREITO PROCESSUAL CIVIL

ele corresponda" (§ 3º), ou seja, a partir dos 16 anos, sem necessidade de representante legal para ajuizamento.

O art. 2º traz um rol **taxativo** de hipóteses de atos lesivos ao patrimônio público considerados **nulos**, com vícios de maior gravidade: casos de **i) incompetência**, "quando o ato não se incluir nas atribuições legais do agente que o praticou"; **ii) vício de forma**, "omissão ou observância incompleta ou irregular de formalidades indispensáveis à existência ou seriedade do ato"; **iii) ilegalidade do objeto**, "o resultado do ato importa em violação de lei, regulamento ou outro ato normativo"; **iv) inexistência dos motivos**, "a matéria de fato ou de direito, em que se fundamenta o ato, é materialmente inexistente ou juridicamente inadequada ao resultado obtido"; **v) desvio de finalidade**, "o agente pratica o ato visando a fim diverso daquele previsto, explícita ou implicitamente, na regra de competência".

Nos demais casos de lesão, o art. 3º expressamente remete à figura da **anulabilidade**, ou seja, em seu grau menos grave.

Quanto aos **sujeitos passivos**, são (art. 6º): "pessoas públicas ou privadas e as entidades referidas no art. 1º, contra as autoridades, funcionários ou administradores que houverem autorizado, aprovado, ratificado ou praticado o ato impugnado, ou que, por omissão, tiverem dado oportunidade à lesão, e contra os beneficiários diretos do mesmo".

Quanto ao procedimento, será basicamente o comum ordinário do CPC (art. 7º), com pequenas modificações, como a necessária intimação do Ministério Público (inc. I, *a*) e a **possibilidade de qualquer cidadão prosseguir no feito em caso de desistência ou inércia do sujeito ativo originário** (art. 9º).

"A sentença que julgando procedente a ação popular decretar a invalidade do ato impugnado, condenará ao pagamento de perdas e danos os responsáveis pela sua prática e os beneficiários dele, ressalvada a ação regressiva contra os funcionários causadores de dano, quando incorrerem em culpa" (art. 11). "Se o valor da lesão ficar provado no curso da causa, será indicado na sentença; se depender de avaliação ou perícia, será apurado na execução" (art. 14).

A **banca examinadora** afirmou a alternativa: "a produção de efeitos ***erga omnes*** não ocorre se o pedido for julgado improcedente por insuficiência de provas", aludindo ao art. 18: "A **sentença terá coisa julgada oponível** *erga omnes*, **exceto no caso de haver sido a ação julgada improcedente por deficiência de prova**, neste caso, qualquer cidadão poderá intentar outra ação com idêntico fundamento, valendo-se de nova prova".

"A sentença que concluir pela carência ou pela improcedência da ação está sujeita ao duplo grau de jurisdição, não produzindo efeito senão depois de confirmada pelo tribunal; da que julgar a ação procedente, caberá apelação, com efeito suspensivo" (art. 19), sendo que, "das decisões interlocutórias cabe agravo de instrumento" (§ 1º).

O art. 16 garante a **legitimidade subsidiária do Ministério Público para promover a execução do julgado, no caso de inércia do sujeito ativo**. E, por fim, tem-se que "a ação prevista nesta Lei prescreve em 5 (cinco) anos" (art. 21).

O Código de Processo Civil poderá ser utilizado subsidiariamente à Lei de Ação Popular, conforme também expresso no art. 22 da lei 4717/65.

4.4 Desapropriação (Lei 4.132/62 e Decreto-lei 3.365/41)

Vamos tratar aqui de duas espécies de desapropriação previstas em lei extravagante: **i)** a por **interesse social** (Lei nº 4.132/62) e **ii)** a por **utilidade pública** (Decreto-lei nº 3.365/41).

O **interesse social** necessário à desapropriação resta configurado (art. 2º, da Lei 4.132/62): **i)** para aproveitamento de todo bem improdutivo ou explorado sem correspondência com as necessidades de habitação, trabalho e consumo dos centros de população a que deve ou possa suprir por seu destino econômico; **ii)** para instalação ou intensificação das culturas nas áreas em cuja exploração não se obedeça a plano de zoneamento agrícola; **iii)** para estabelecimento e manutenção de colônias ou cooperativas de povoamento e trabalho agrícola; **iv)** para manutenção de posseiros em terrenos urbanos onde, com a tolerância expressa ou tácita do proprietário, tenham construído sua habitação, formando núcleos residenciais de mais de dez famílias; **v)** para construção de casas populares; **vi)** para terras e águas suscetíveis de valorização extraordinária, pela conclusão de obras e serviços públicos, notadamente de saneamento, portos, transporte, eletrificação, armazenamento de água e irrigação, no caso em que não sejam ditas áreas socialmente aproveitadas; **vii)** para proteção do solo e preservação de cursos e mananciais de águas e de reservas florestais; **viii)** para utilização de áreas, locais ou bens que, por suas características, sejam apropriados ao desenvolvimento de atividades turísticas.

O expropriante possui o prazo de 2 (dois) anos, a partir da decretação, para efetivá-la (art. 3º), sendo que "os bens expropriados serão objeto de venda ou locação, a quem estiver em condições de dar-lhes a destinação social prevista" (art. 4º).

Já o processo de **desapropriação por utilidade pública** encontra-se disciplinado pelos arts. 11 a 30, do

Decreto-lei 3.365/41, ato normativo também aplicado de forma subsidiária à desapropriação por interesse social (art. 6º, Lei 4.132/62).

"A petição inicial, além dos requisitos previstos no Código de Processo Civil, conterá a oferta do preço e será instruída com um exemplar do contrato, ou do jornal oficial que houver publicado o decreto de desapropriação, ou cópia autenticada dos mesmos, e a planta ou descrição dos bens e suas confrontações" (art. 13).

O juiz, ao despachar a inicial, nomeará perito judicial (art. 14), sendo possível a concessão de imissão provisória na posse liminarmente no caso de comprovada urgência e depósito de quantia arbitrada judicialmente (art. 15). "Feita a citação, a causa seguirá com o rito ordinário" (art. 19).

"A **contestação só poderá versar sobre vício do processo judicial ou impugnação do preço; qualquer outra questão deverá ser decidida por ação direta**" (art. 20). Havendo concordância pelo(s) réu(s), o juiz homologará desde já por sentença (art. 22). Caso contrário, o perito será intimado a apresentar o competente laudo (art. 23).

"O juiz indicará na sentença os fatos que motivaram o seu convencimento e deverá atender, especialmente, à estimação dos bens para efeitos fiscais; ao preço de aquisição e interesse que deles aufere o proprietário; à sua situação, estado de conservação e segurança; ao valor venal dos da mesma espécie, nos últimos 5 (cinco) anos, à valorização ou depreciação de área remanescente, pertencente ao réu" (art. 27).

"Da sentença que fixar o preço da indenização caberá apelação com efeito meramente devolutivo, quando interposta pelo expropriado, e com ambos os efeitos, quando o for pelo expropriante" (art. 28), sendo que "a sentença que condenar a Fazenda Pública em quantia superior ao dobro da oferecida fica sujeita ao duplo grau de jurisdição" (§ 1º).

4.5. Execução fiscal (Lei 6.830/80)

Trata-se de procedimento de "**execução judicial para cobrança da Dívida Ativa da União, dos Estados, do Distrito Federal, dos Municípios e respectivas autarquias**" (art. 1º). Lembrando que se inserem no conceito de "dívida ativa" aquelas de **natureza tributária e não tributária** (art. 2º).

"Até a decisão de primeira instância, a Certidão de Dívida Ativa poderá ser emendada ou substituída, assegurada ao executado a devolução do prazo para embargos" (§ 8º). "A Dívida Ativa regularmente inscrita goza da presunção de certeza e liquidez", obviamente **relativa** (parágrafo único).

O executado será citado para pagar a dívida em 5 (cinco) dias ou para garantir a execução (art. 8º), mediante carta com aviso de recebimento (incs. I e II) ou, no seu não retorno, por oficial de justiça. Excepcionalmente, se dará por edital (incs. III e IV). "O despacho do juiz, que ordenar a citação, interrompe a prescrição" (§ 2º).

A **garantia** poderá ser feita da seguinte forma (art. 9º): **i)** mediante depósito judicial em dinheiro em estabelecimento oficial; **ii)** mediante fiança bancária; **iii)** por meio de oferecimento de bens à penhora, observada a ordem legal. **A lei 13.043/14 também incluiu o seguro garantia como modalidade de garantia da execução fiscal (nova redação aos arts. 7º, II, 9º, II e §§ 2º e 3º, 15, I e 16, II).**

No caso de inércia do executado, "a penhora poderá recair em qualquer bem do executado, exceto os que a lei declare absolutamente impenhoráveis" (art. 10), observada a seguinte **ordem de preferência** (art. 11): **i)** dinheiro; **ii)** título da dívida pública, bem como título de crédito, que tenham cotação em Bolsa; **iii)** pedras e metais preciosos; **iv)** imóveis; **v)** navios e aeronaves; **vi)** veículos; **vii)** móveis ou semoventes; **viii)** direitos e ações.

"O termo ou auto de penhora conterá, também, a avaliação dos bens penhorados, efetuada por quem o lavrar" (art. 13), sendo possível a impugnação pelo executado, em incidente sujeito ao crivo do contraditório e realização de prova pericial (§§ 1º e 2º).

"Em qualquer fase do processo, será deferida pelo juiz" (art. 15): **i) ao executado**, a substituição da penhora por depósito em dinheiro ou fiança bancária; **ii) à Fazenda Pública**, a substituição dos bens penhorados por outros, independentemente da ordem enumerada no art. 11, bem como o reforço da penhora insuficiente.

O executado poderá oferecer embargos, no prazo de 30 (trinta) dias (art. 16), sendo que "não são admissíveis embargos do executado antes de garantida a execução" (§ 1º), podendo alegar "toda matéria útil à defesa" (§ 2º), porém, não admitida "reconvenção, nem compensação, e as exceções, salvo as de suspeição, incompetência e impedimento, serão arguidas como matéria preliminar" (§ 3º).

Prosseguindo na execução será designada a realização de leilão público (arts. 21 a 23), facultada a adjudicação dos bens pela Fazenda Pública (art. 24).

"Se, antes da decisão de primeira instância, a inscrição de Dívida Ativa for, a qualquer título, cancelada, a execução fiscal será extinta, sem qualquer ônus para as partes".

O art. 34 traz o recurso de "embargos infringentes", cabível "das sentenças de primeira instância proferidas em execuções fiscais de valor igual ou inferior a 50 (cinquenta) Obrigações do Tesouro Nacional – OTN", endereçado ao juiz prolator da sentença (§ 3º).

A "prescrição intercorrente" é expressa no art. 40, objeto da edição da **súmula 314 do STJ**: "Em execução fiscal, não localizados bens penhoráveis, suspende-se o processo por um ano, findo o qual se inicia o prazo da prescrição quinquenal intercorrente".

? **QUESTÃO:** Cabe a oposição de embargos antes da garantia integral do juízo em sede de execução fiscal?

*➥ **RESPOSTA:** Inobstante o art. 16, § 1º, da Lei 6.830/80 exija a garantia integral do juízo para a propositura dos embargos à execução (a nosso ver, requisito da petição inicial) é fato que o STJ tem aplicado a nova redação do art. 736, do CPC (pela Lei 11.382/06), que possibilita tal ajuizamento sem a garantia do juízo, aos argumentos de que: i) a lei especial não conteria regramento específico acerca do assunto, e ii) a redação do art. 736, do CPC seria favorável à Fazenda Pública, logo, atendendo-se ao espírito da Lei 6.830/80 (REsp 1.233.190/SC), embora haja precedente no sentido contrário (AgRg no REsp 1.257.434/RS).*

4.6 Juizados especiais cíveis (Lei 9.099/95)

Procedimento criado para o julgamento das chamadas **"causas de menor complexidade"**, "orientar-se-á pelos critérios da **oralidade, simplicidade, informalidade, economia processual e celeridade, buscando, sempre que possível, a conciliação ou a transação**" (art. 2º).

São causas de sua competência (art. 3º): **i)** as cujo valor não exceda a quarenta vezes o salário mínimo; **ii)** as enumeradas no art. 275, II, do revogado CPC/73 (arrendamento rural e parceria agrícola, ressarcimento de danos de acidente de veículo, dívidas condominiais, dentre outras); **iii)** ação de despejo para uso próprio; **iv)** ações possessórias sobre bens imóveis de valor não excedente a quarenta salários mínimos. Além da execução (§ 1º): **i)** de seus julgados; **ii)** dos títulos executivos extrajudiciais no valor de até quarenta salários mínimos.

Não obstante o vigente CPC tenha extinguido o procedimento comum sumário, garantiu em seu art. 1.063 que "até a edição de lei específica, os juizados especiais cíveis previstos na Lei nº 9.099, de 26 de setembro de 1995, continuam competentes para o processamento e julgamento das causas previstas no art. 275, inciso II, da Lei nº 5.869, de 11 de janeiro de 1973".

"Ficam **excluídas** da competência do Juizado Especial as causas de natureza alimentar, fiscal e de interesse da Fazenda Pública (estas duas últimas revogadas pela criação dos chamados "juizados especiais da Fazenda Pública" com o advento da Lei 12.153/09), e também as relativas a acidentes do trabalho, a resíduos e ao estado e capacidade das pessoas, ainda que de cunho patrimonial" (§ 2º).

"O juiz adotará em cada caso a decisão que reputar mais justa e equânime, atendendo aos fins sociais da lei e às exigências do bem comum" (art. 6º). Nas **causas de valor de até vinte salários mínimos**, fica **expressamente dispensada a representação por advogado** (art. 9º).

"**Não poderão ser partes**, no processo instituído por esta Lei, o **incapaz**, o **preso**, as **pessoas jurídicas de direito público**, as **empresas públicas da União**, a **massa falida** e o **insolvente civil**" (art. 8º).

"**Não se admitirá**, no processo, **qualquer forma de intervenção de terceiro nem de assistência. Admitir-se-á o litisconsórcio**" (art. 10), razão pela qual a **banca examinadora**, ao indagar sobre os Juizados Especiais Cíveis, deu como correta a seguinte assertiva: "Não é cabível nenhuma forma de intervenção de terceiros nem de assistência".

Em relevante alteração trazida pela Lei nº 13.728/18, passou a constar expressamente que os prazos serão contados **em dias úteis**.

"O acesso ao Juizado Especial independerá, em primeiro grau de jurisdição, do pagamento de custas, taxas ou despesas" (art. 54). E, quanto aos pedidos, podem ser formulados verbalmente (art. 14), de forma simples (§ 1º), podendo ser alternativos ou cumulados, desde que não excedentes a quarenta salários mínimos (art. 15).

É expressamente vedada a realização de citação por edital em sede dos Juizados Especiais Cíveis (art. 18, § 2º), podendo ser decretada, se o caso, a revelia do réu (art. 20).

Será designada uma primeira audiência, de conciliação (arts. 21 a 26), a qual, uma vez infrutífera, dará passo à imediata instalação da audiência de instrução e julgamento, se possível (art. 27), para a colheita das provas (art. 28).

Quanto à **resposta do réu**, "oral ou escrita" (art. 30), "**não se admitirá a reconvenção**" (art. 31) – conhecimento cobrado em **recente banca examinadora da OAB (2022.1)**, sendo lícito, porém, "formular pedido em seu favor, nos limites do art. 3º desta Lei, desde que fundado nos mesmos fatos que constituem objeto da controvérsia".

A sentença proferida deverá ser sucinta, dispensado o relatório (art. 38), vedada sentença ilíquida (parágrafo único). Desta caberá recurso (inominado) para o próprio Juizado (art. 41), a ser "julgado por uma turma composta por três juízes togados, em exercício no primeiro grau de jurisdição, reunidos na sede do Juizado" (§ 2º).

"O recurso terá somente efeito devolutivo, podendo o juiz dar-lhe efeito suspensivo, para evitar dano irreparável para a parte" (art. 43). É cabível a oposição de embargos declaratórios, os quais **interrompem** o prazo para recurso (art. 50, na nova redação dada pelo art. 1065, do CPC).

O processo será **extinto sem julgamento do mérito**, dentre outras hipóteses (art. 51), quando "o **autor deixar de comparecer a qualquer das audiências do processo**".

"A sentença de primeiro grau não condenará o vencido em custas e honorários de advogado, ressalvados os casos de litigância de má fé. Em segundo grau, o **recorrente, vencido**, **pagará** as custas e **honorários de advogado**, que serão fixados entre 10% (dez por cento) e 20% (vinte por cento) do valor da condenação ou, não havendo condenação, do valor corrigido da causa" (art. 55).

"**Valerá como título extrajudicial o acordo celebrado pelas partes, por instrumento escrito, referendado pelo órgão competente do Ministério Público**" (art. 57, parágrafo único).

"Não se admitirá ação rescisória nas causas sujeitas ao procedimento instituído por esta Lei" (art. 59).

MUITA ATENÇÃO!

Tanto o art. 9º da Lei 10.259/01, dos Juizados Especiais Federais, quanto o art. 7º da Lei 12.153/09, dos Juizados da Fazenda Pública, possuem a mesma previsão: "Não haverá prazo diferenciado para a prática de qualquer ato processual pelas pessoas jurídicas de direito público, inclusive a interposição de recursos, devendo a citação para audiência de conciliação ser efetuada com antecedência mínima de 30 (trinta) dias. O tema foi utilizado pela **banca examinadora** que assinalou correta a **questão:** "O Município não gozará de prazo em dobro para recorrer na demanda proposta por Ronaldo".

O CPC determinou, em seu art. 1062, que "o incidente de desconsideração da personalidade jurídica aplica-se ao processo de competência dos juizados especiais".

Os Juizados Especiais Federais são disciplinados pela Lei 10.259/01, sendo de sua competência "processar, conciliar e julgar causas de competência da Justiça Federal até o valor de sessenta salários mínimos, bem como executar as suas sentenças" (art. 3º), com as seguintes exceções: i) causas "referidas no art. 109, incisos II, III e XI, da Constituição Federal, as ações de mandado de segurança, de desapropriação, de divisão e demarcação, populares, execuções fiscais e por improbidade administrativa e as demandas sobre direitos ou interesses difusos, coletivos ou individuais homogêneos"; ii) "sobre bens imóveis da União, autarquias e fundações públicas federais"; iii) "para a anulação ou cancelamento de ato administrativo federal, salvo o de natureza previdenciária e o de lançamento fiscal"; iv) "que tenham como objeto a impugnação da pena de demissão imposta a servidores públicos civis ou de sanções disciplinares aplicadas a militares" (hipótese cobrada por recente banca examinadora da OAB; 2019.2).

4.7. Recuperação judicial e falência (Lei 11.101/05)

Recuperação judicial: "A **recuperação judicial tem por objetivo viabilizar a superação da situação de crise econômico-financeira do devedor**, a fim de **permitir a manutenção da fonte produtora, do emprego dos trabalhadores e dos interesses dos credores, promovendo, assim, a preservação da empresa, sua função social e o estímulo à atividade econômica**" (art. 47).

Falência: "A **falência** é **mecanismo de preservação de benefícios econômicos e sociais decorrentes da atividade empresarial, por meio da liquidação imediata do devedor e da rápida realocação útil de ativos na economia**" (art. 75, §2º).

Juízo competente "para homologar o plano de recuperação extrajudicial, deferir a recuperação judicial ou decretar a falência": "juízo do **local do principal estabelecimento do devedor ou da filial de empresa que tenha sede fora do Brasil**" (art. 3º).

"O **juízo da falência é indivisível** e competente para conhecer todas as ações sobre bens, interesses e negócios do falido, ressalvadas as causas trabalhistas, fiscais e aquelas não reguladas nesta Lei em que o falido figurar como autor ou litisconsorte ativo" (art. 76).

Consequências da decretação da falência ou do deferimento do processamento da recuperação judicial (art. 6º): **i) suspensão do curso da prescrição** das obrigações do devedor sujeitas ao regime desta Lei; **ii) suspensão das execuções ajuizadas contra o devedor**, inclusive daquelas dos credores particulares do sócio solidário, **relativas a créditos ou obrigações sujeitos à recuperação judicial ou à falência; iii) proibição de qualquer forma de retenção, arresto, penhora, sequestro, busca e apreensão e constrição judicial ou extrajudicial sobre os bens do devedor**, oriunda de demandas judiciais ou extrajudiciais cujos **créditos ou obrigações sujeitem-se à recuperação judicial ou à falência**.

Outras regras importantes: **i)** "Na **recuperação judicial**, as suspensões e a proibição de que tratam os incisos I, II e III do *caput* deste artigo perdurarão pelo **prazo de 180 (cento e oitenta) dias, contado do deferimento do processamento da recuperação**, prorrogável por igual período, uma única vez, em caráter excepcional, desde que o devedor não haja concorrido com a superação do lapso temporal" (§4º); **ii)** "O decurso do prazo previsto no § 4º deste artigo **sem a deliberação a respeito do plano de recuperação judicial proposto pelo devedor faculta aos credores a propositura de plano alternativo**, na forma dos §§ 4º, 5º, 6º e 7º do art. 56 desta Lei (...)" (§4º-A); **iii)** "O disposto nos incisos I, II e III do *caput* deste artigo **não se aplica às execuções fiscais, admitida, todavia, a competência do juízo da recuperação judicial para determinar a substituição dos atos de constrição que recaiam sobre bens de capital essenciais à manutenção da atividade empresarial até**

o encerramento da recuperação judicial, a qual será **implementada mediante a cooperação jurisdicional**, na forma do art. 69 da Lei nº 13.105, de 16 de março de 2015 (Código de Processo Civil), observado o disposto no art. 805 do referido Código" (§7º-B); **iv)** "A distribuição do pedido de falência ou de recuperação judicial ou a homologação de recuperação extrajudicial **previne a jurisdição para qualquer outro pedido de falência, de recuperação judicial ou de homologação de recuperação extrajudicial relativo ao mesmo devedor**" (§8º); **v)** "O processamento da recuperação judicial ou a decretação da falência **não autoriza o administrador judicial a recusar a eficácia da convenção de arbitragem, não impedindo ou suspendendo a instauração de procedimento arbitral**" (§9º).

"O **administrador judicial**, com base nas informações e documentos colhidos na forma do *caput* e do § 1º deste artigo, fará **publicar edital contendo a relação de credores no prazo de 45 (quarenta e cinco) dias**, contado do fim do prazo do § 1º deste artigo, devendo indicar o local, o horário e o prazo comum em que as pessoas indicadas no art. 8º desta Lei terão acesso aos documentos que fundamentaram a elaboração dessa relação" (art. 7º, §2º), sendo que "No **prazo de 10 (dez) dias**, contado da publicação da relação referida no art. 7º , § 2º , desta Lei, o **Comitê, qualquer credor, o devedor ou seus sócios ou o Ministério Público podem apresentar ao juiz impugnação contra a relação de credores, apontando a ausência de qualquer crédito ou manifestando-se contra a legitimidade, importância ou classificação de crédito relacionado**" (art. 8º).

"Publicado o edital previsto no art. 52, § 1º, ou no parágrafo único do art. 99 desta Lei, os **credores terão o prazo de 15 (quinze) dias para apresentar ao administrador judicial suas habilitações ou suas divergências quanto aos créditos relacionados**" (art. 7º, §1º), sendo que, **após o decurso de tal prazo, "as habilitações de crédito serão recebidas como retardatárias**" (art. 10).

Consequências legais das **habilitações realizadas de forma retardatária: i)** "Na **recuperação judicial**, os **titulares de créditos retardatários**, excetuados os titulares de créditos derivados da relação de trabalho, **não terão direito a voto nas deliberações da assembleia-geral de credores**" (§1º), o mesmo se aplicando no caso de **falência, "salvo se, na data da realização da assembleia-geral, já houver sido homologado o quadro-geral de credores contendo o crédito retardatário**" (§2º); **ii)** "As **habilitações de crédito retardatárias**, se **apresentadas antes da homologação do quadro-geral de credores, serão recebidas como impugnação e processadas na forma dos arts. 13 a 15 desta Lei**" (§5º); **iii)** "Após a homologação do quadro-geral de credores, aqueles que não habilitaram seu crédito poderão, observado, no que couber, o procedimento ordinário previsto no Código de Processo Civil, requerer ao juízo da falência ou da recuperação judicial a retificação do quadro-geral para inclusão do respectivo crédito" (§6º); **iv)** "O quadro-geral de credores será formado com o julgamento das impugnações tempestivas e com as habilitações e as impugnações retardatárias decididas até o momento da sua formação" (§7º); **v)** "A recuperação judicial poderá ser encerrada ainda que não tenha havido a consolidação definitiva do quadro-geral de credores, hipótese em que as ações incidentais de habilitação e de impugnação retardatárias serão redistribuídas ao juízo da recuperação judicial como ações autônomas e observarão o rito comum" (§9º); **vi)** "O **credor deverá apresentar pedido de habilitação ou de reserva de crédito em, no máximo, 3 (três) anos**, contados da data de publicação da sentença que decretar a falência, sob **pena de decadência**" (§10).

"Os **credores cujos créditos forem impugnados serão intimados para contestar a impugnação, no prazo de 5 (cinco) dias**, juntando os documentos que tiverem e indicando outras provas que reputem necessárias" (art. 11). Após, "o **devedor e o Comitê, se houver, serão intimados pelo juiz para se manifestar sobre ela no prazo comum de 5 (cinco) dias**" (art. 12).

"A **impugnação será dirigida ao juiz por meio de petição, instruída com os documentos que tiver o impugnante**, o qual indicará as provas consideradas necessárias" (art. 13), sendo que "cada impugnação será autuada em separado, com os documentos a ela relativos, mas **terão uma só autuação as diversas impugnações versando sobre o mesmo crédito**" (§ único).

Ao final, "os **autos de impugnação serão conclusos ao juiz**, que" 9art. 15): **i)** "determinará a inclusão no quadro-geral de credores das habilitações de créditos não impugnadas, no valor constante da relação referida no § 2º do art. 7º desta Lei" (inc. I); **ii)** "julgará as impugnações que entender suficientemente esclarecidas pelas alegações e provas apresentadas pelas partes, mencionando, de cada crédito, o valor e a classificação" (inc. II); **iii)** "fixará, em cada uma das restantes impugnações, os aspectos controvertidos e decidirá as questões processuais pendentes" (inc. III); **iv)** "determinará as provas a serem produzidas, designando audiência de instrução e julgamento, se necessário" (inc. IV).

"Da **decisão judicial sobre a impugnação caberá agravo**" (art. 17).

"O **administrador judicial será responsável pela consolidação do quadro-geral de credores**, a ser **homologado pelo juiz**, com base na relação dos credores a que se refere o art. 7º, § 2º, desta Lei e nas decisões proferidas nas impugnações oferecidas" (art.18), sendo que "o **quadro-geral, assinado pelo juiz e pelo administrador judicial**, mencionará a importância e a classificação de cada crédito na data do requerimento da recuperação judicial ou da decretação da falência, será juntado aos autos e publicado no órgão oficial, no prazo de 5 (cinco) dias, contado da data da sentença que houver julgado as impugnações" (§ único).

"**O administrador judicial, o Comitê, qualquer credor ou o representante do Ministério Público poderá, até o encerramento da recuperação judicial ou da falência**, observado, no que couber, o procedimento ordinário previsto no Código de Processo Civil, **pedir a exclusão, outra classificação ou a retificação de qualquer crédito, nos casos de descoberta de falsidade, dolo, simulação, fraude, erro essencial ou, ainda, documentos ignorados na época do julgamento do crédito ou da inclusão no quadro-geral de credores**" (art. 19), cuja **ação "será proposta exclusivamente perante o juízo da recuperação judicial ou da falência** ou, nas hipóteses previstas no art. 6º , §§ 1º e 2º , desta Lei, perante o juízo que tenha originariamente reconhecido o crédito" (§1º). Caso em que "o **pagamento ao titular do crédito por ela atingido somente poderá ser realizado mediante a prestação de caução no mesmo valor do crédito questionado**" (§2º).

Já a Lei nº 14.112/20 introduziu os artigos 20-A a 20-D, buscando incentivar conciliações e mediações no âmbito da recuperação judicial.

Assim é que a "**conciliação e a mediação deverão ser incentivadas em qualquer grau de jurisdição, inclusive no âmbito de recursos em segundo grau de jurisdição e nos Tribunais Superiores**, e **não implicarão a suspensão dos prazos previstos nesta Lei, salvo se houver consenso entre as partes em sentido contrário ou determinação judicial**" (art. 20-A), podendo ser "**antecedentes ou incidentais aos processos de recuperação judicial**" (art. 20-B).

Não obstante, "São **vedadas a conciliação e a mediação sobre a natureza jurídica e a classificação de créditos, bem como sobre critérios de votação em assembleia-geral de credores**".

EM RESUMO: Ações e Procedimentos Especiais	
Espécies	i) procedimentos especiais de jurisdição contenciosa; ii) procedimentos especiais de jurisdição voluntária ("administração pública de interesses privados").

EM RESUMO: Ações e Procedimentos Especiais	
Procedimentos especiais de jurisdição contenciosa (mais importantes)	i) Ação de consignação em pagamento: instrumento de que dispõe o devedor ou terceiro interessado para a consignação da quantia ou coisa devida em juízo, com efeito de pagamento. ii) Ação de exigir contas: medida judicial prevista pelo CPC/15 unicamente em favor daquele que possui o direito de exigi-las. Fase única, com prolação de uma única sentença que apreciará a existência (ou não) do dever de prestar contas e as próprias contas apresentadas. iii) Ações possessórias: voltadas à proteção da posse contra a ocorrência de ameaça (interdito proibitório), turbação (manutenção da posse) ou esbulho (reintegração da posse). Características: fungibilidade entre elas, caráter dúplice e vedação da discussão da propriedade. iv) Inventário e partilha: caráter específico, vedada a discussão, em seu bojo, de matérias que demandem dilação probatória. v) Embargos de terceiro: ação voltada à anulação de ato judicial que importe em constrição ou ameaça de constrição a bens que possua ou sobre os quais tenha direito incompatível com o ato constritivo, de propriedade de terceiro não integrante da lide. vi) Ação monitória: cabível para se buscar o pagamento em dinheiro, a entrega de coisa fungível ou infungível ou de bem móvel ou imóvel ou o adimplemento de obrigação de fazer ou de não fazer por parte de quem tenha prova escrita do direito, porém, sem eficácia de título executivo. Caráter híbrido, entre o processo de conhecimento e o processo executivo.
Procedimentos especiais de jurisdição voluntária	Mera administração pública de interesses privados, logo, sem resolução de conflitos entre partes. Faculta-se ao juiz decidir por equidade, sem formação de coisa julgada material.
Procedimentos especiais extravagantes (mais importantes)	i) Mandado de segurança: procedimento sumário voltado à defesa de direito líquido e certo – provado de plano e expressamente prescrito em lei – não amparado por *habeas corpus* ou *habeas data*, contra ilegalidade ou abuso de poder por parte de autoridade pública ou de agente de pessoa jurídica no exercício de atribuições do Poder Público. A tutela jurisdicional concedida possui caráter mandamental. ii) Ação civil pública: voltada à defesa de interesses transindividuais. A sentença proferida faz coisa julgada *erga omnes* limitada, porém, à área territorial de competência do órgão prolator. Não faz coisa julgada no caso de improcedência por falta de provas.

EM RESUMO: Ações e Procedimentos Especiais	
Procedimentos especiais extravagantes (mais importantes)	iii) Ação popular: voltada à anulação ou declaração de nulidade de quaisquer atos lesivos ao patrimônio público em seu sentido lato. É instrumento colocado à disposição de qualquer cidadão, mediante prova da condição de eleitor. iv) Desapropriação: duas modalidades – por interesse social ou por utilidade pública. A contestação somente poderá versar sobre vícios do processo judicial ou impugnação do preço, remetendo-se as demais questões às vias ordinárias. v) Execução fiscal: procedimento voltado à execução judicial da dívida ativa (tributária e não tributária) da União, Estados, Distrito Federal, Municípios e respectivas autarquias. vi) Juizados especiais cíveis: procedimento mais informal, célere e simples, voltado às chamadas "causas de menor complexidade" – basicamente, aquelas de valor até 40 (quarenta) salários mínimos. Pauta-se pelos seguintes caracteres: oralidade, simplicidade, informalidade, economia processual e celeridade. Não admite as figuras da intervenção de terceiros e da assistência, mas somente a do litisconsórcio. vii) Recuperação judicial e falência: a **primeira** tem por objetivo "viabilizar a superação da situação de crise econômico-financeira do devedor, a fim de permitir a manutenção da fonte produtora, do emprego dos trabalhadores e dos interesses dos credores, promovendo, assim, a preservação da empresa, sua função social e o estímulo à atividade econômica", enquanto a **segunda** é "mecanismo de preservação de benefícios econômicos e sociais decorrentes da atividade empresarial, por meio da liquidação imediata do devedor e da rápida realocação útil de ativos na economia".

BIBLIOGRAFIA RECOMENDADA

LEITURA BÁSICA

- FUX, Luiz (Coord.). **Novo CPC Comparado. 2. ed., revista.** São Paulo: Método, 2015.
- MEIRELLES, Hely Lopes. **Mandado de Segurança.** São Paulo: Malheiros, 2005.
- NERY JR., Nelson. **Código de Processo Civil e Legislação Extravagante.** 13. ed. São Paulo: RT, 2013.
- NEGRÃO, Theotônio. **Código de Processo Civil e Legislação Processual em Vigor**. 39. ed. São Paulo: Saraiva, 2007.
- THEODORO JR., Humberto. **Curso de Direito Processual Civil.** 37. ed. Rio de Janeiro: Forense, 2005.

OBRAS PARA APROFUNDAMENTO

- CARNEIRO, Athos Gusmão. **Jurisdição e Competência.** 14. ed. São Paulo: Saraiva, 2005.
- CARREIRA ALVIM, José Eduardo. **Juizados Especiais Federais.** Rio de Janeiro: Forense, 2002.
- DIDIER JR., Fredie e CUNHA, Leonardo José Carneiro da. **Curso de Direito Processual Civil.** 7ª ed. Salvador: Juspodivm, 2009.
- DINAMARCO, Cândido Rangel. **Instituições de Direito Processual Civil.** Vols. I a IV. São Paulo: Malheiros, 2005.
- MAIA FILHO, Napoleão Nunes; ROCHA, Caio César Vieira; LIMA, Tiago Asfor Rocha. **Comentários à Nova Lei do Mandado de Segurança**. São Paulo: RT, 2010.
- MARCATO, Antonio Carlos. **Procedimentos Especiais.** 14. ed. São Paulo: Atlas, 2010.
- MOREIRA, José Carlos Barbosa. **Comentários ao Código de Processo Civil.** Rio de Janeiro: Forense, 2009.
- MOREIRA, José Carlos Barbosa. **O Juízo de Admissibilidade no Sistema dos Recursos Civis.** RDPGEG. vol. 19. Rio de Janeiro. 1968.
- NEGRÃO, Theotônio e GOUVÊA, José Roberto Ferreira. **Código de Processo Civil e legislação processual em vigor.** 39. ed. São Paulo: Saraiva, 2007.
- NEVES, Murilo Sechieri Costa. **Direito Civil 1. Parte Geral.** São Paulo: Saraiva, 2005.
- PACHECO, José da Silva. **Comentários à Lei de Execução Fiscal.** 12. ed. São Paulo: Saraiva, 2009.
- RIBEIRO, Marco Antônio Mendes. **O Novo Perfil da Execução de Sentença por Quantia Certa Contra a Fazenda Pública. Breves Considerações**. RTJE 150/77.
- THEODORO JR., Humberto. **Processo Cautelar**. 22. ed. São Paulo: LEUD, 2004.
- ZAVASCKI, Teori Albino. **Antecipação da Tutela**. São Paulo: Saraiva, 1997.

DIREITO DO CONSUMIDOR

NATHÁLIA STIVALLE GOMES

DIREITO DO CONSUMIDOR

1. NOÇÕES INICIAIS

O **Código de Defesa do Consumidor** (Lei nº 8.078/90) protege o consumidor, que é a parte vulnerável na relação de consumo, objetivando, assim, o reequilíbrio da relação jurídica entre fornecedor e consumidor, invariavelmente desigual.

O CDC constitui um **microssistema jurídico**, de **natureza principiológica**, de **ordem pública e interesse social**, que estabelece **normas de proteção e defesa do consumidor**, nos termos dos arts. 5º, inciso XXXII, 170, inciso V, da Constituição Federal/1988 e art. 48 de suas Disposições Transitórias.

Como dito, o CDC é um microssistema jurídico que disciplina as relações de consumo, o que não impede, no entanto, de o julgador se socorrer de outras fontes legislativas, que dialogam entre si, para solução mais justa do conflito. Essa técnica é denominada pela doutrina como diálogo das fontes.

Nas lições de Nelson Nery Junior, o CDC é uma **lei principiológica** porque contém preceitos gerais, que fixa os princípios fundamentais das relações de consumo (NERY JUNIOR, 1999, p. 432).

Segundo o doutrinador, todas as demais leis que se destinarem, de forma específica, a regular determinado setor das relações de consumo, deverão submeter-se aos preceitos gerais do CDC.

Exemplifica: "sobrevindo lei que regula, v.g., transportes aéreos, deve obedecer aos princípios gerais estabelecidos no CDC. Não pode, por exemplo, essa lei específica, setorizada, posterior, estabelecer responsabilidade subjetiva para acidentes aéreos de consumo, contrariando o sistema principiológico do CDC. Como a regra da lei principiológica (CDC), no que toca à reparação de danos, é a da responsabilidade objetiva pelo risco da atividade (art. 6º, VI, CDC), essa regra se impõe a todos os setores da economia nacional, quando se tratar de relação de consumo. Destarte, o princípio de que a lei especial derroga a geral não se aplica ao caso em análise, porquanto o CDC não é apenas lei geral das relações de consumo, mas, sim, lei principiológica das relações de consumo".

O CDC estabelece que as normas de proteção e defesa do consumidor são de ordem pública e interesse social, sobrepondo-se à vontade das partes.

As normas de ordem pública são indisponíveis e inderrogáveis por convenção das partes, sob pena de nulidade absoluta. Em razão da natureza pública das normas, o juiz deve agir de ofício na apreciação das questões consumeristas.

A ressalva a ser feita diz respeito aos contratos bancários, nos quais, segundo entendimento do STJ, é vedado ao juiz apreciar a abusividade das cláusulas sem pedido expresso do consumidor (Súmula 381 do STJ).

As normas do CDC são de interesse social porque destinadas a tutelar toda uma coletividade de consumidores.

Para Sergio Cavalieri Filho, "normas de interesse social são aquelas que disciplinam um campo de relações sociais marcado pela desigualdade, razão pela qual têm por finalidade interesse que transcende o interesse meramente particular; são normas que interessam mais diretamente à sociedade que aos particulares" (CAVALIERI FILHO, 2011, p. 13).

2. RELAÇÃO DE CONSUMO

Para que uma relação jurídica seja identificada como de consumo, atraindo a aplicação do Código de Defesa do Consumidor, devem estar presentes todos os seguintes elementos: **1)** subjetivo: são os sujeitos da relação, isto é, consumidor e fornecedor; **2)** objetivo: diz respeito ao objeto sobre o qual recai a relação jurídica, isto é, produto ou serviço; **3)** finalístico: refere-se à finalidade com a qual o consumidor adquire produto ou contrata serviço, isto é, como destinatário final.

2.1 Consumidor: definido pelo art. 2º do CDC como: "toda **pessoa física ou jurídica** que **adquire ou utiliza produto ou serviço** como **destinatário final**".

A definição legal de consumidor ensejou muitas discussões entre os doutrinadores em razão de o CDC ter contemplado expressamente a pessoa jurídica como consumidora de produtos e serviços.

Parcela da doutrina sustenta que o CDC se destina à proteção da pessoa física, presumivelmente vulnerável, frágil frente ao fornecedor, e não da pessoa jurídica detentora de maiores condições para defender-se.

Mas, como veremos a seguir, a pessoa jurídica, em determinadas situações, pode sim ser enquadrada como consumidora.

A doutrina e jurisprudência também se preocuparam em compreender o alcance do termo "destinatário final" utilizado pelo CDC na definição do conceito de consumidor. Sobre o tema surgiram as seguintes teorias:

A) Teoria Maximalista: considera consumidor toda pessoa física ou jurídica que se apresente como **destinatário fático,** isto é, que retira do mercado de consumo (da cadeia produtiva) o bem ou o serviço, independentemente se para o atendimento de necessidades próprias ou profissionais.

Por exemplo, de acordo com essa teoria, o contador que adquire um computador para seu escritório ou a sociedade empresária que contrata com outra empresa serviços de software para controle interno de sua produção são consumidores ainda que a retirada do produto ou serviço da cadeia produtiva tenha se destinado a atender as necessidades profissionais da pessoa física ou jurídica.

Essa teoria interpreta de forma ampla o termo destinatário final, estendendo a aplicação do CDC para alcançar, assim, um número maior de relações jurídicas e agentes do mercado.

B) Teoria Finalista ou Subjetiva: considera consumidor toda pessoa física ou jurídica que se apresente como **destinatário fático e econômico**, isto é, que retira de circulação do mercado o bem ou o serviço para consumi-lo, suprindo uma necessidade própria, não havendo, portanto, a reutilização ou reingresso dele no processo produtivo, seja na revenda, no uso profissional ou em outra forma indireta. (REsp 1.352.419-SP, DJ 19/08/2014 – Informativo 548).

Para essa teoria não há relação de consumo a ensejar a aplicação do CDC quando a empresa adquire computador, móveis ou outros bens que venham a compor o estabelecimento comercial, uma vez que estes prosseguem inseridos na cadeia produtiva. Fica, portanto, excluído da proteção do CDC o consumo intermediário.

Essa teoria interpreta de forma restritiva o termo destinatário final, reduzindo o alcance de aplicação do CDC para beneficiar tão somente os efetivamente vulneráveis na relação contratual.

C) Teoria Finalista Aprofundada, Temperada ou Mitigada: é a posição dominante na jurisprudência do STJ, que tem admitido em seus julgados o temperamento da teoria finalista, isto é, tem aplicado a lei consumerista quando a pessoa jurídica adquire produto ou serviço no curso do desenvolvimento de uma atividade empresarial, ampliando, assim, a incidência do CDC nas relações jurídicas.

Frise-se que a vulnerabilidade da pessoa jurídica deve ser comprovada no caso concreto para que ocorra a aplicação do CDC, mitigando os rigores da teoria finalista e autorizando a equiparação da pessoa jurídica compradora à condição de consumidora.

A propósito, o Exame da OAB 2019.3 apresentou a seguinte situação hipotética: "Durante período de intenso calor, o Condomínio do Edifício X, por seu representante, adquiriu, junto à sociedade empresária Equipamentos Aquáticos, peças plásticas recreativas próprias para uso em piscinas, produzidas com material atóxico. Na primeira semana de uso, os produtos soltaram gradualmente sua tinta na vestimenta dos usuários, o que gerou apenas problema estético, na medida em que a pigmentação era atóxica e podia ser removida facilmente das roupas dos usuários por meio de uso de sabão. O Condomínio do Edifício X, por seu representante, procurou você, como advogado(a), buscando orientação para receber de volta o valor pago e ser indenizado pelos danos morais suportados". Resposta correta: "vício do produto, sendo solidária a responsabilidade da sociedade empresária e do fabricante das peças; o Condomínio do Edifício X é parte legítima para ingressar individualmente com a medida judicial por ser consumidor, segundo a teoria finalista mitigada."

Nesse sentido o entendimento do STJ:

> "(...) Considera-se destinatário final aquele que, no ato de consumir, retira o bem do mercado. Seguindo nessa linha de raciocínio, a Segunda Seção acabou por firmar entendimento centrado na teoria subjetiva ou finalista (REsp 541.867-BA, DJe 16/5/2005), posição hoje consolidada no âmbito deste STJ. **Porém, a jurisprudência, posteriormente, evoluiu para admitir uma certa mitigação da teoria finalista** na hipótese em que, embora não verificada a condição de destinatário final, **constata-se a vulnerabilidade do consumidor profissional ante o fornecedor. No caso, não se aplica a referida mitigação da teoria finalista, pois a contratante do serviço de transporte sequer alegou a sua vulnerabilidade perante a empresa contratada.** Portanto, sob a ótica da teoria finalista, seria o caso de analisar se a contratante do serviço de transporte de carga é destinatária final fática e econômica desse serviço. Contudo, uma vez que a carga transportada é insumo, o contrato celebrado para o transporte desse insumo fica vinculado a essa destinação, não havendo necessidade de se perquirir acerca da destinação econômica do serviço de transporte". (REsp 1.442.674-PR, DJe 30/3/2017 – Informativo 600).

Assim, o STJ tem adotado em seus julgados uma teoria intermediária – teoria finalista atenuada, temperada ou mitigada – para enquadrar como consumidora a pessoa jurídica quando comprovada sua vulnerabilidade no caso concreto.

CLAUDIA LIMA MARQUES (2016, p. 108) pontua: "É uma interpretação finalista mais aprofundada e madura, que deve ser saudada. Em casos difíceis envolvendo pequenas empresas que utilizam insumos para a sua produção, mas não em sua área de expertise ou com uma utilização mista, principalmente na área dos serviços, provada a vulnerabilidade, concluiu-se pela destinação final de consumo prevalente (...). O conceito-chave aqui é o de vulnerabilidade".

2.1.1 Consumidor por equiparação: de acordo com o CDC são equiparados a consumidores, independentemente da realização concreta de um ato de consumo: **1)** a **coletividade de pessoas**, ainda que **indetermináveis**, que haja intervindo nas relações de consumo (parágrafo único, art. 2º). Ex-coletividade de pessoas que adquire ou que esteja exposta a aquisição de produto alimentício nocivo à saúde; **2) todas as vítimas do evento, do acidente de consumo** (art. 17). São os bystanders, isto é, os terceiros estranhos à relação de consumo, mas afetados pelo evento danoso. Ex: amigo que aceita carona e sofre lesões em razão de defeito no cinto de segurança do veículo ou ainda moradores de casas atingidas pela queda de aeronave ou ainda convidados de casamento que sofreram infecção gastrointestinal em razão de ingestão de quitute estragado (Exame Unificado 2015.2) e **3) todas as pessoas, determináveis ou não, expostas às práticas comerciais e contratuais abusivas** (art. 29). Ex: toda pessoa que se sentir prejudicada por publicidade enganosa, mesmo que não tenha contratado nenhum serviço.

A propósito, no Exame Unificado 2013.3 foi apresentada uma situação hipotética sobre consumidor equiparado cuja alternativa correta foi a seguinte: "A pessoa exposta a uma prática abusiva, como na hipótese do envio de produto não solicitado, é equiparada a consumidor (...)", de modo a permitir ao interessado postular indenização com base no CDC.

O tema "consumidor por equiparação" novamente foi objeto de questão no Exame de Ordem – Julho/2017 com a seguinte situação hipotética: "Heitor foi surpreendido pelo recebimento de informação de anotação de seu nome no cadastro restritivo de crédito, em decorrência de suposta contratação de serviços de telefonia e Internet. Heitor não havia celebrado tal contrato, sendo o mesmo fruto de fraude (...)." A alternativa correta é a seguinte: "Heitor é consumidor por equiparação, aplicando-se a teoria do risco da atividade e devendo a operadora suportar os riscos do contrato fruto de fraude, caso não consiga comprovar a regularidade da contratação e a consequente reparação pelos danos extrapatrimoniais *in re ipsa*, além da declaração de inexistência da dívida e da exclusão da anotação indevida."

2.2 Fornecedor: definido pelo art. 3º do CDC como: "toda pessoa física ou jurídica, pública ou privada, nacional ou estrangeira, bem como os entes despersonalizados, que desenvolvem atividade de produção, montagem, criação, construção, transformação, importação, exportação, distribuição ou comercialização de produtos ou prestação de serviços".

Sobre o fornecedor importa saber que: **1)** é todo aquele que **de forma direta ou indireta coloca produtos ou presta serviços no mercado de consumo; 2)** fornecedor é **gênero**, do qual são espécies o produtor, montador, criador, construtor, transformador, importador, exportador, distribuidor, comerciante e prestador de serviços; **3)** a expressão **"desenvolve"** utilizada pela lei deve ser entendida como **habitualidade** no desempenho da atividade. Assim, se uma empresa, cujo objeto social é a prestação de serviços de língua estrangeira, decide vender seus computadores para substituí-los por outros mais novos, não será fornecedora nessa relação jurídica, que, na verdade, trata-se de típica relação civil de compra e venda. A habitualidade está na prestação de serviços de língua estrangeira e não de comercialização de computadores; **4) o rol das atividades** enumeradas no art. 3º é **exemplificativo.**

2.2.1 Fornecedor por equiparação: Cláudia Lima Marques define o fornecedor equiparado como sendo "aquele terceiro na relação de consumo, um terceiro apenas intermediário ou ajudante da relação de consumo principal, mas que atua frente a um consumidor (aquele que tem seus dados cadastrados como mau pagador e não efetuou sequer um compra) ou a um grupo de consumidores (por exemplo, um grupo formado por uma relação de consumo principal, como a de seguro de vida em grupo organizado pelo empregador e pago por este), como se fornecedor fosse (comunica o registro no banco de dados, comunica que é estipulante no seguro de vida em grupo, etc.)" (MARQUES,2016, p.129).

Destaca-se o entendimento do STJ sobre a figura do fornecedor por equiparação: "O legislador, com o propósito de conferir proteção mais efetiva às vítimas de acidentes de consumo, ampliou o conceito de fornecedor previsto no art. 3º do CDC, imputando os danos causados pelo defeito a todos os envolvidos na prestação do serviço (art. 14 do CDC). Ou seja, ao valer-se do vocábulo fornecedor, pretendeu-se viabilizar a responsabilização do terceiro que, embora não tenha prestado o serviço diretamente, integrou a cadeia de consumo. Cuida-se do fornecedor indireto ou mediato. Porém, para ser considerado integrante da cadeia de consumo, o terceiro deve ter contribuído com produtos ou serviços para o fornecimento do serviço final."

E, no caso apreciado, o STJ manifestou o seguinte entendimento: "Ocorre que, a empresa patrocinadora não participou da organização do evento, mas apenas o patrocinou mediante a aquisição de quota de patrocínio. Dito de outro modo, a empresa não contribuiu com seus produtos ou serviços para a organização do evento. Nem mesmo há indícios de que a exposição da sua marca tenha passado a impressão de que atuou como intermediária na cadeia de consumo. Sendo o terceiro mero patrocinador do evento, que não participou da sua organização e, assim, não assumiu a garantia de segurança dos participantes, não pode ser enquadrado no conceito de "fornecedor" para fins de responsabilização pelo acidente de consumo" (REsp 1.955.083-BA – DJe 18/02/2022 – Informativo n. 727)

MUITA ATENÇÃO!

Segundo o STJ, "a empresa que utiliza marca internacionalmente reconhecida, ainda que não tenha sido a fabricante direta do produto defeituoso, enquadra-se na categoria de **fornecedor aparente**."

O fornecedor aparente não se confunde com o fornecedor por equiparação. Para o STJ, "(...) o fornecedor aparente, que compreende aquele que, embora não tendo participado do processo de fabricação, apresenta-se como tal pela colocação do seu nome, marca ou outro sinal de identificação no produto que foi fabricado por um terceiro. É nessa aparência que reside o fundamento para a responsabilização deste fornecedor, não sendo exigida para o consumidor, vítima de evento lesivo, a investigação da identidade do fabricante real (...)." (REsp 1.580.432-SP, DJe 04/02/2019 – Informativo n. 642).

2.3 Produto: definido pelo § 1º do art. 3º do CDC como: qualquer bem, móvel (veículos, livros, objetos) ou imóvel (terrenos, casas), material ou imaterial (programas de computador).

Sobre o produto importa saber que: **1)** tem **valor econômico** e é **suscetível de apropriação; 2) não exige a contraprestação em dinheiro**. Assim, o produto que for entregue ao consumidor como amostra grátis está submetido à proteção e a todas as garantias do CDC. Isso significa dizer que, se do consumo da amostra grátis resultar algum dano ao consumidor, o fornecedor será responsabilizado pelo evento danoso; **3) pode ser durável ou não durável**, nos termos do art. 26, incisos I e II do CDC.

Nos termos do art. 39, parágrafo único, do CDC, os serviços prestados e os produtos remetidos ou entregues ao consumidor, sem solicitação prévia, equiparam-se às amostras grátis, inexistindo obrigação de pagamento.

2.4 Serviço: definido pelo § 2º do art. 3º do CDC como: "qualquer atividade fornecida no mercado de consumo, mediante remuneração, inclusive as de natureza bancária, financeira, de crédito e securitária, salvo as decorrentes das relações de caráter trabalhista".

Sobre o serviço importa saber que: **1)** o conceito de serviço apresentado pelo legislador é amplo, agasalhando qualquer atividade fornecida no mercado de consumo, salvo as atividades decorrentes das relações de caráter trabalhista; **2)** o serviço prestado deve ser remunerado direta ou indiretamente, entendido este último como o custo embutido na atividade e repassado ao consumidor, como por exemplo a sobremesa ou café grátis oferecido pelo restaurante ou ainda o estacionamento gratuito dos shoppings. Isso porque parte-se do pressuposto de que toda atuação do fornecedor no mercado de consumo visa a obtenção de vantagem econômica; **3)** o rol das atividades enumeradas no § 2º do art. 3º é exemplificativo.

MUITA ATENÇÃO!

Os serviços prestados pelas instituições financeiras – bancos, seguradoras, financeiras – foramincluídos na tutela especial do CDC, tendo sido objeto de ação direta de inconstitucionalidade por parte das instituições financeiras (ADI 2591/DF, julgada improcedente em 07.06.2006) sob o argumento de que suas atividades já eram reguladas por lei específica: Lei nº 4.595/64, não se aplicando, portanto, o CDC. O STJ posicionou-se sobre o assunto com a Súmula 297.

Súmula 297: "O CDC é aplicável às instituições financeiras".

O STJ também se posicionou com relação a outros serviços para enquadrá-los na tutela do CDC. Exemplificamos alguns deles a seguir.

Súmula 563: "O Código de Defesa do Consumidor é aplicável às entidades abertas de previdência complementar, não incidindo nos contratos previdenciários celebrados com entidades fechadas".

Súmula 608: "Aplica-se o Código de Defesa do Consumidor aos contratos de plano de saúde, salvo os administrados por entidades de autogestão."

Súmula 602: "O Código de Defesa do Consumidor é aplicável aos empreendimentos habitacionais promovidos pelas sociedades cooperativas".

Não se aplica o CDC nas seguintes relações: **a)** locação de imóveis – entre locador e locatário; **b)** condomínio e seus condôminos; **c)** franqueador e franqueado nos contratos de franquia.

MUITA ATENÇÃO!

O Exame da OAB – abril/2017 apresentou uma situação hipotética que, se não observada com cuidado, pode induzir em erro o candidato.

O caso: "Alvina, condômina de um edifício residencial, ingressou com ação para reparação de danos, aduzindo falha na prestação dos serviços de modernização dos elevadores. Narrou ser moradora do 10° andar e que hospedou parentes durante o período dos festejos de fim de ano. Alegou que o serviço nos elevadores estava previsto para ser concluído em duas semanas, mas atrasou mais de seis semanas, o que implicou falta de elevadores durante o período em que recebeu seus hóspedes, fazendo com que seus convidados, todos idosos, tivessem que utilizar as escadas, o que gerou transtornos e dificuldades, já que os hóspedes deixaram de fazer passeios e outras atividades turísticas diante das dificuldades de

MUITA ATENÇÃO!

acesso. Sentindo-se constrangida e tendo que alterar todo o planejamento de atividades para o período, Alvina afirmou ter sofrido danos extrapatrimoniais decorrentes da mora do fornecedor de serviço, que, ainda que regularmente notificado pelo condomínio, quedou-se inerte e não apresentou qualquer justificativa que impedisse o cumprimento da obrigação de forma tempestiva.

Diante da situação apresentada, assinale a afirmativa correta".

Resposta: "Existe relação de consumo entre a condômina e o fornecedor, com base da teoria finalista, podendo Alvina ingressar individualmente com a ação indenizatória, já que é destinatária final e quem sofreu os danos narrados.

O candidato deve identificar as relações existentes: a) relação entre o condomínio e a condômina Alvina não é de consumo; b) relação entre o condomínio e o fornecedor (prestador de serviços para modernização dos elevadores) é relação de consumo; c) relação entre a condômina Alvina e o fornecedor (prestador de serviços para modernização dos elevadores) é de consumo, sendo justamente essa relação objeto da questão da OAB.

A condômina Alvina enquadra-se na condição de consumidora prevista no art. 2º, CDC, sendo destinatária final do serviço. E, sentindo-se lesada por ter sofrido danos extrapatrimoniais decorrentes da mora do fornecedor de serviço, tem legitimidade para ajuizar ação indenizatória individual para proteção do direito que entende fazer jus.

? **QUESTÃO:** A relação cliente-advogado é tutelada pelo Código de Defesa do Consumidor?

➥ ***RESPOSTA:*** *Na linha da jurisprudência do STJ não se aplica o Código de Defesa do Consumidor à relação contratual entre advogados e clientes, a qual é regida por norma específica - Lei n. 8.906/94 (STJ - REsp 1134709 / MG - Relator(a) Ministra MARIA ISABEL GALLOTTI (1145) - DJe 03/06/2015)*

2.4.1 Serviço público: submete-se à tutela do CDC o serviço público prestado pelo órgão público, por si ou suas empresas, concessionárias, permissionárias ou sob qualquer outra forma de empreendimento e remunerado por **tarifa/preço público**, "quer em razão de se tratar de uma remuneração facultativa, quer em razão da natureza contratual em que imperam a manifestação da vontade e a possibilidade da interrupção deste contrato a qualquer tempo pelo consumidor usuário" (BOLZAN, Fabrício, 2018, p. 189), excluindo-se, assim os impostos (taxas, contribuição de melhoria). Ex: serviços de fornecimento de água, energia elétrica, transporte coletivo, telefonia, etc.

A propósito, no Exame 2022.1 foi apresentada a seguinte situação hipotética entre usuário de rodovia e concessionária: "Eleonora passeava de motocicleta por uma rodovia federal quando foi surpreendida por um buraco na estrada, em um trecho sob exploração por concessionária. Não tendo tempo de desviar, ainda que atenta ao limite de velocidade, passou pelo buraco do asfalto, desequilibrou-se e caiu, vindo a sofrer várias escoriações e danos materiais na moto. Os danos físicos exigiram longo período de internação, diversas cirurgias e revelaram reflexos de ordem estética. Você, como advogado(a), foi procurado(a) por Eleonora para ingressar com a medida judicial cabível diante do evento (...). A resposta correta é a seguinte: "há relação de consumo entre Eleonora e a concessionária, cuja responsabilidade é objetiva." Isso porque a relação entre usuário e concessionária de serviços rodoviários configura relação de consumo e a empresa fornecedora do serviço responde pelos danos, independentemente de culpa.

O entendimento do STJ também é no sentido da caracterização da relação de consumo nos casos em que o serviço público é remunerado mediante tarifa ou preço público.

Essa relação de consumo não se confunde com a relação tributária, a qual prevê para o contribuinte o pagamento de impostos, taxas e contribuição de melhoria a título de prestação pecuniária compulsória (art. 3º do CTN).

Na relação de consumo, o consumidor remunera o Poder Público mediante tarifa ou preço público porque contratou, facultativamente, o serviço por ele prestado.

O **serviço público** fornecido ao usuário deve ser **adequado**, **eficiente**, **seguro** e, quanto ao **serviço essencial**, **contínuo**. E, no caso de descumprimento, total ou parcial, dessas obrigações, o Poder Público será compelido a cumpri-las e a reparar os danos causados, na forma prevista pelo CDC.

MUITA ATENÇÃO!

De acordo com o art. 6º, § 3º da Lei nº 8.987/95, que dispõe sobre o regime de concessão e permissão da prestação de serviços públicos, não se caracteriza como descontinuidade do serviço a sua interrupção em situação de emergência ou após prévio aviso, quando: **I** – motivada por razões de ordem técnica ou de segurança das instalações; e, **II** – por inadimplemento do usuário, considerado o interesse da coletividade.

Segundo entendimento do STJ, "A concessionária de fornecimento de energia elétrica não pode exigir de órgão público, usuário do serviço, multa por inadimplemento no pagamento de fatura, fundamentada no parágrafo único do artigo 4º do Decreto-Lei n.2.432/1988" (REsp 1.396.808-AM, DJe 06/09/2018 – Informativo 632)

2.4.2 Lei nº 13.460/2017: estabelece normas básicas para participação, proteção e defesa dos direitos do usuário dos serviços públicos prestados direta ou indiretamente pela administração pública.

Sobre a **Lei nº 13.460/2017**, alterada pela Lei nº 14.015, de 15 de junho de 2020 e pela Lei nº 14.129, de 29 de março de 2021, **importa saber que: a)** é aplicada à administração pública direta e indireta da União, dos

Estados, do Distrito Federal e dos Municípios; **b)** não afasta a aplicação do CDC, quando caraterizada relação de consumo, nem tampouco as normas regulamentadoras específicas, quando se tratar de serviço ou atividade sujeitos a regulação ou supervisão; **c)** é aplicada subsidiariamente aos serviços públicos prestados por particular, que estão regulamentados pela Lei nº 8.987/1995 (dispõe sobre o regime de concessão e permissão da prestação de serviços públicos); **d)** tem como princípios: regularidade, continuidade, efetividade, segurança, atualidade, generalidade, transparência e cortesia; **e)** as diretrizes estão enumeradas no art. 5º; **f)** os direitos básicos dos usuários estão previstos no art. 6º e os deveres elencados no art. 8º; **g)** determina que os órgãos e entidades abrangidos pela lei divulgarão Carta de Serviços ao Usuário cujo objetivo é informar o usuário sobre os serviços prestados pelo órgão ou entidade, as formas de acesso a esses serviços e seus compromissos e padrões de qualidade de atendimento ao público; **h)** a Carta de Serviços ao Usuário deverá trazer informações claras e precisas em relação a cada um dos serviços prestados bem como deverá detalhar os compromissos e padrões de qualidade do atendimento; **i)** para garantir seus direitos, o usuário poderá apresentar manifestações perante a administração pública acerca da prestação de serviços públicos. A manifestação será dirigida à ouvidoria do órgão ou entidade responsável pela execução do serviço e conterá a identificação do requerente; **j)** as atribuições das ouvidorias estão estabelecidas no art. 13; **l)** a participação dos usuários no acompanhamento da prestação e na avaliação dos serviços públicos será feita por meio de conselhos de usuários (órgãos consultivos) cujas atribuições estão previstas no art. 18; **m)** estabelece avaliação continuada dos serviços públicos pelos órgãos e entidades públicos abrangidos pela lei em questão.

MUITA ATENÇÃO!

A Lei nº 13.673/2018 alterou as Leis nºs 8.987/1995, 9.427/1996 e 9.472/1997, para tornar obrigatória a divulgação de tabela com a evolução do valor da tarifa e do preço praticados pelas concessionárias e prestadoras de serviços públicos.

3. PRINCÍPIOS

O art. 4º do CDC estabelece os objetivos da Política Nacional de Relações de Consumo, que são os seguintes: **a)** atendimento das necessidades dos consumidores; **b)** respeito à dignidade, saúde e segurança dos consumidores; **c)** proteção dos interesses econômicos dos consumidores; **d)** melhoria da qualidade de vida dos consumidores; **e)** transparência e harmonia das relações de consumo.

A propósito, o Exame da OAB 2018.1 apresentou a seguinte situação hipotética: "Petrônio, servidor público estadual aposentado, firmou, em um intervalo de seis meses, três contratos de empréstimo consignado com duas instituições bancárias diferentes, comprometendo 70% (setenta por cento) do valor de aposentadoria recebido mensalmente, o que está prejudicando seu sustento, já que não possui outra fonte de renda. Petrônio procura orientação de um advogado para saber se há possibilidade de corrigir o que alega ter sido um engano de contratação de empréstimos sucessivos. Partindo dessa situação, à luz do entendimento do Superior Tribunal de Justiça, assinale a afirmativa correta". Resposta: "Os descontos a título de crédito consignado, incidentes sobre os proventos de servidores, como é o caso de Petrônio, devem ser limitados a 30% (trinta por cento) da remuneração, em razão da sua natureza alimentar e do mínimo existencial."

Para o STJ, em que pese ter a celebração do contrato contado com a anuência do consumidor, o princípio da autonomia da vontade não é absoluto, devendo, em situações como esta, prevalecer a função social do contrato, a boa-fé objetiva e, principalmente, a dignidade da pessoa humana.

Para se alcançar os objetivos estabelecidos na Política Nacional de Relações de Consumo devem ser observados os seguintes princípios norteadores do CDC (art. 4º, CDC):

3.1 Vulnerabilidade: o consumidor é a parte mais frágil na relação de consumo, uma vez que o fornecedor é o detentor dos meios de produção. Esse desequilíbrio de forças entre consumidor e fornecedor justifica a tutela especial de proteção e defesa do consumidor para garantia de uma adequada igualdade material. A presunção de vulnerabilidade do consumidor pessoa física é absoluta, de modo a não necessitar de comprovação do desequilíbrio entre consumidor e fornecedor.

Por sua vez, a vulnerabilidade do consumidor pessoa jurídica deve ser comprovada no caso concreto para que ocorra a aplicação do CDC, mitigando os rigores da teoria finalista e autorizando a equiparação da pessoa jurídica compradora à condição de consumidora, conforme exposto no item 2.1.

A vulnerabilidade do consumidor pode ser: **1) técnica:** o consumidor não detém conhecimento técnico ou exato do produto ou serviço ofertado; **2) jurídica ou científica:** o consumidor não detém conhecimentos jurídicos para compreender os termos do contrato e suas implicações ou conhecimento de contabilidade e economia para conferir, por exemplo, os juros fixados nos produtos ou serviços; **3) fática ou socioeconômica:** o consumidor não é o detentor de poder econômico no mercado de consumo e sim o fornecedor; **4) informacional:** o consumidor não detém toda informação dos produtos e serviços ofertados no mercado consumo.

Sobre o princípio da vulnerabilidade, o Exame Unificado 2013.3 apresentou a seguinte situação hipotética: "Maria e Manoel, casados, pais dos gêmeos Gabriel e Thiago que têm apenas três meses de vida, residem há seis meses no Condomínio Vila Feliz. O fornecimento do serviço de energia elétrica na cidade onde moram é prestado por uma única concessionária, a Companhia de Eletricidade Luz S.A. Há uma semana, o casal vem sofrendo com as contínuas e injustificadas interrupções na prestação do serviço pela concessionária, o que já acarretou a queima do aparelho de televisão e da geladeira, com a perda de todos os alimentos nela contidos. O casal pretende ser indenizado". A alternativa correta é a seguinte: "A doutrina consumerista dominante considera a vulnerabilidade um conceito jurídico indeterminado, plurissignificativo, sendo correto afirmar que, no caso em questão, está configurada a vulnerabilidade fática do casal diante da concessionária, havendo direito básico à indenização pela interrupção imotivada do serviço público essencial".

MUITA ATENÇÃO!

Vulnerabilidade não se confunde com hipossuficiência!

Explica Fabrício Bolzan: "(...) vulnerabilidade é fenômeno de direito material – com presunção absoluta – e a hipossuficiência é fenômeno de direito processual – com presunção relativa. Desta forma, no plano de direito material, todos os consumidores pessoas físicas são considerados vulneráveis, mas na via processual nem todos são hipossuficientes, devendo a fragilidade ser demonstrada no caso concreto. É o que ocorre com a inversão do ônus da prova". (BOLZAN, 2018, p. 239)

Ao lado dos consumidores vulneráveis, a doutrina e a jurisprudência também vêm admitindo a figura dos **consumidores hipervulneráveis**, representados pelos idosos, crianças, gestantes, pessoas portadoras de necessidades especiais, enfermos.

3.2 Intervenção do Estado: consiste na **ação governamental de proteger efetivamente o consumidor** por iniciativa direta, por incentivos à criação e desenvolvimento de associações representativas, pela presença do Estado no mercado de consumo e pela garantia dos produtos e serviços com padrões adequados de qualidade, segurança, durabilidade e desempenho, observados os princípios previstos no art. 170 da CF que norteiam a ordem econômica.

3.3 Harmonia dos interesses: consiste em equilibrar a relação de consumo e compatibilizar a proteção do consumidor com a necessidade de desenvolvimento econômico e tecnológico, de modo a viabilizar os princípios nos quais se funda a ordem econômica (art. 170, CF), sempre com base na boa-fé.

3.4 Boa-fé objetiva: consiste em uma regra de comportamento na qual as partes devem agir com lealdade, honestidade, cooperação mútua para obterem equilíbrio na relação de consumo e verem atendidos seus legítimos interesses e expectativas decorrentes da relação jurídica firmada.

O princípio da boa-fé objetiva "(...) importa em **reconhecimento de um direito a cumprir em favor do titular passivo da obrigação**". (Exame Unificado 2011)

Nas lições de Rizzato Nunes, "(...) quando se fala em boa-fé objetiva, pensa-se em comportamento fiel, leal. Na atuação de cada uma das partes contratantes a fim de garantir respeito à outra. É um princípio que visa garantir a ação sem abuso, sem obstrução, sem causar lesão a ninguém, cooperando sempre para atingir o fim colimado no contrato, realizando o interesse das partes". (NUNES, 2011, p. 659)

A boa-fé objetiva possui tríplice função, as quais se encontram consagradas no Código Civil de 2002, a saber: **a) interpretativa** (art. 113 e §§1º e 2º, incluídos pela Lei nº 13.874/2019): utilizada como parâmetro para orientar o julgador na interpretação dos negócios jurídicos celebrados entre consumidores e fornecedores; **b) de controle/limitativa** (art. 187): utilizada para impor limites ao exercício abusivo do direito subjetivo das partes contratantes quando, por exemplo, reconhece uma conduta ou uma cláusula contratual como sendo abusiva e **c) criadora/integrativa** (art. 422): utilizada para impor novos deveres aos contratantes, chamados de deveres anexos laterais, anexos ou acessórios, que devem ser observados durante o vínculo obrigacional. São deveres anexos o dever de informação, de cooperação ou lealdade e de proteção ou cuidado.

MUITA ATENÇÃO!

O descumprimento dos deveres anexos de conduta é chamado pela doutrina de violação positiva do contrato ou adimplemento ruim.

FIQUE POR DENTRO:

O STJ tem admitido em suas decisões o princípio do ***duty to mitigate the loss***, que significa o **dever de mitigar o próprio dano** como corolário do princípio da boa-fé. Vejamos a aplicação prática desse princípio:

"Assim, aplica-se magistério de doutrina de vanguarda e a jurisprudência que têm reconhecido como decorrência da boa-fé objetiva o princípio do ***duty to mitigate the loss***, um dever de mitigar o próprio dano, segundo o qual a parte que invoca violações a um dever legal ou contratual deve proceder a medidas possíveis e razoáveis para limitar seu prejuízo. **É consectário direto dos deveres conexos à boa-fé o encargo de que a parte a quem a perda aproveita não se mantenha inerte diante da possibilidade de agravamento desnecessário do próprio dano,** na esperança de se ressarcir posteriormente com uma ação indenizatória, comportamento esse que afronta, a toda evidência, os deveres de cooperação e de eticidade. (STJ, REsp 1325862, Min. Relator Luís Felipe Salomão, Quarta Turma, DJe 10/12/2013)

3.5 Educação e informação: consiste na conscientização dos fornecedores e consumidores quanto aos seus direitos e deveres, reduzindo, por consequência, os conflitos entre as partes e contribuindo para a melhora da relação de consumo.

Merecem destaque:

- **Lei nº 12.291/2010**: que tornou obrigatória a manutenção de exemplar do Código de Defesa do Consumidor nos estabelecimentos comerciais e de prestação de serviços;
- **Lei nº 12.741/ 2012**: que estabelece ao fornecedor o dever de informar o consumidor do valor aproximado correspondente à totalidade dos tributos federais, estaduais e municipais, cuja incidência influi na formação dos respectivos preços de venda e
- **Lei nº 13.455/2017**: que estabelece ao fornecedor o dever de informar o consumidor, em local e formato visíveis, eventuais descontos oferecidos em função do prazo ou do instrumento de pagamento utilizado.
- **Lei nº 13.543/2017:** acrescentou o inciso III ao art. 2º da Lei nº 10.962/2004, que dispõe sobre a oferta e as formas de afixação de preços de produtos e serviços para o consumidor, para estabelecer no comércio eletrônico a divulgação ostensiva do preço à vista, junto à imagem do produto ou descrição do serviço, em caracteres facilmente legíveis com tamanho de fonte não inferior a doze;
- **Lei nº 13.486/2017:** alterou o CDC para acrescer o §2º do art. 8º com a seguinte redação: "O fornecedor deverá higienizar os equipamentos e utensílios utilizados no fornecimento de produtos ou serviços, ou colocados à disposição do consumidor, e informar, de maneira ostensiva e adequada, quando for o caso, sobre o risco de contaminação.

3.6 Controle de qualidade e segurança e solução de conflitos como mecanismos alternativos: consiste no incentivo à criação pelos fornecedores de meios eficientes de controle de qualidade e segurança de produtos e serviços como o SAC (Serviço de Atendimento ao Consumidor), assim como de mecanismos alternativos de solução de conflitos de consumo, como por exemplo os Juizados Especiais Cíveis ou a arbitragem.

3.7 Coibição e repressão dos abusos: diz respeito à preocupação do legislador ordinário em coibir e reprimir de forma eficiente todos os abusos praticados no mercado de consumo, inclusive a concorrência desleal e utilização indevida de inventos e criações industriais das marcas e nomes comerciais e signos distintivos, que possam causar prejuízos aos consumidores.

3.8 Racionalização e melhoria dos serviços públicos: consiste no dever do Estado de racionalizar e melhorar os serviços públicos prestados, tais como água, energia elétrica, telefonia, gás, etc.

3.9 Estudo constante das modificações do mercado de consumo: consiste na avaliação permanente do mercado de consumo e suas alterações para que a lei consumerista esteja sempre atual e acompanhe a evolução social.

Merece destaque o **Decreto 7.962, de 15 de março de 2013**, que regulamentou o CDC para dispor sobre a contratação no comércio eletrônico, tão comum nos dias atuais.

3.10 Fomento de ações direcionadas à educação financeira e ambiental dos consumidores: incluído pela Lei nº 14.181, de 1º de julho de 2021, para aperfeiçoar a disciplina de crédito ao consumidor.

3.11 Prevenção e tratamento do superendividamento como forma de evitar a exclusão social do consumidor: incluído pela Lei nº 14.181, de 1º de julho de 2021, para aperfeiçoar a disciplina de crédito ao consumidor.

3.12 Execução da Política Nacional das Relações de Consumo: o Poder Público contará com os seguintes instrumentos, entre outros, para execução da política nacional das relações de consumo: **I** – manutenção de assistência jurídica, integral e gratuita para o consumidor carente **II** – instituição de Promotorias de Justiça de Defesa do Consumidor, no âmbito do Ministério Público **III** – criação de delegacias de polícia especializadas no atendimento de consumidores vítimas de infrações penais de consumo; **IV** – criação de Juizados Especiais de Pequenas Causas e Varas Especializadas para a solução de litígios de consumo; **V** – concessão de estímulos à criação e desenvolvimento das Associações de Defesa do Consumidor; **VI** – instituição de mecanismos de prevenção e tratamento extrajudicial e judicial do superendividamento e de proteção do consumidor pessoa natural, incluído pela Lei nº 14.181, de 1º de julho de 2021 e **VII** – instituição de núcleos de conciliação e mediação de conflitos oriundos de superendividamento, incluído pela Lei nº 14.181, de 1º de julho de 2021.

4. DIREITOS BÁSICOS DO CONSUMIDOR

A seguir estão sintetizados os **direitos básicos do consumidor** (art. 6º, CDC), ressaltando que há outros decorrentes de tratados ou convenções internacionais de que o Brasil seja signatário, da legislação interna ordinária, de regulamentos expedidos pelas autoridades administrativas competentes, bem como dos que derivem dos princípios gerais do direito, analogia, costumes e equidade.

4.1 Direito à proteção da vida, saúde e segurança: ao consumidor é garantida a proteção da vida, saúde e segurança contra os riscos provocados por práticas no fornecimento de produtos e serviços considerados perigosos ou nocivos.

A proteção do consumidor ocorre não apenas quando houver danos efetivos a sua incolumidade física, mas também quando exposto aos riscos decorrentes das práticas comerciais (arts. 8º, 9º e 10 do CDC).

MUITA ATENÇÃO!

A **periculosidade inerente,** isto é, aquela que é própria do produto, não se confunde com a **periculosidade adquirida,** cujo perigo existe porque o produto ou serviço apresenta algum defeito. O defeito pode ser de fabricação, de concepção (projeto) e de comercialização.

No caso de **produtos industrializados**, o **FABRICANTE deve prestar as informações** necessárias e adequadas através de impressos apropriados que devam acompanhar o produto (art. 8º, § 1º, CDC).

Lembre-se que fornecedor é gênero, do qual são espécies o produtor, montador, criador, construtor, transformador, importador, exportador, distribuidor, comerciante e prestador de serviços.

Assim, é o fabricante (espécie) que deve prestar as informações no caso de produto industrializado e não o fornecedor (gênero).

? QUESTÃO: Como se classificam os riscos dos produtos e serviços?

RESPOSTA: *Os riscos dos produtos ou serviços podem ser compreendidos da seguinte forma:* **a) normais ou previsíveis** *em decorrência de sua natureza e fruição, como por exemplo a fabricação de facas, competindo ao fornecedor dar informações necessárias e adequadas a seu respeito. E, em se tratando de produto industrial, cabe ao fabricante prestar as informações através de impressos apropriados que devem acompanhar o produto;* **b) potencialmente nocivo ou perigoso** *que obriga o fornecedor a informar, de maneira ostensiva e adequada a respeito da sua nocividade ou periculosidade, sem prejuízo da adoção de outras medidas cabíveis em cada caso concreto. Como exemplo podemos citar o fornecimento de bebidas alcoólicas, cigarro, serviço de dedetização;* **c) de alto grau de nocividade ou periculosidade** *e, nesta hipótese, o produto ou serviço não deve ser colocado no mercado de consumo pelo fornecedor. Se o fornecedor, posteriormente à introdução do produto ou serviço no mercado de consumo, tiver conhecimento da periculosidade que apresente, deverá comunicar o fato imediatamente às autoridades competentes e aos consumidores mediante anúncios publicitários (imprensa, rádio, televisão), prática essa conhecida como recall (chamar de volta), para a retirada do produto ou serviço do mercado, evitando ou tentando evitar, assim, danos ao consumidor.*

Frise-se: o recall efetuado pelo fornecedor não afasta a sua obrigação de reparar o consumidor na hipótese de dano decorrente do defeito do produto.

Importa destacar que se ocorrer um acidente de consumo por culpa exclusiva do consumidor, o fornecedor se eximirá de responder pelos danos experimentados pelo consumidor.

No entanto, se o acidente de consumo ocorrer em razão da inobservância pelo fornecedor do princípio da informação, isto é, se o fornecedor não prestar as informações de forma adequada com relação aos riscos e nocividade do produto ou serviço e, em razão dessa desinformação o consumidor sofrer danos, o fornecedor será responsabilizado.

A propósito, o Exame da OAB 2019.1 abordou o tema com a seguinte situação hipotética: "Mara adquiriu, diretamente pelo site da fabricante, o creme depilatório Belle et Belle, da empresa Bela Cosméticos Ltda. Antes de iniciar o uso, Mara leu atentamente o rótulo e as instruções, essas unicamente voltadas para a forma de aplicação do produto. Assim que iniciou a aplicação, Mara sentiu queimação na pele e removeu imediatamente o produto, mas, ainda assim, sofreu lesões nos locais de aplicação. A adquirente entrou em contato com a central de atendimento da fornecedora, que lhe explicou ter sido a reação alérgica provocada por uma característica do organismo da consumidora, o que poderia acontecer pela própria natureza química do produto. Não se dando por satisfeita, Mara procurou você, como advogado(a), a fim de saber se é possível buscar a compensação pelos danos sofridos". Resposta correta: "Cuida-se da hipótese de violação ao dever de oferecer informações claras ao consumidor, na medida em que a periculosidade do uso de produto químico, quando composto por substâncias com potenciais alergênicos, deve ser apresentada em destaque ao consumidor".

4.2 Direito à educação e divulgação sobre o consumo adequado, assegurando ao consumidor a liberdade de escolha e a igualdade nas contratações.

Doutrinadores como Fabrício Bolzan (BOLZAN, 2018, p. 275) e Sergio Cavalieri Filho (CAVALIERI FILHO, 2011, p. 94) interpretam esse direito básico do consumidor da seguinte forma: a educação e divulgação sobre o consumo aumentam o conhecimento e a informação que o consumidor tem a respeito do produto ou serviço, o que lhe permite melhor reflexão e análise da oportunidade e conveniência da contratação, o que, sem dúvida, representa a liberdade de escolha do consumidor e, consequentemente, concretiza a igualdade material entre consumidor e fornecedor na relação de consumo.

4.3 Direito à informação: é assegurada ao consumidor a informação adequada e clara sobre os diferentes produtos e serviços, com especificação correta de quantidade, características, composição, qualidade, tributos incidentes e preço, bem como sobre os riscos que apresentem.

O parágrafo único do art. 6º do CDC estabelece que a informação deve ser acessível à pessoa com deficiência, observado o disposto em regulamento, isto é, a informação será disponibilizada de modo a respeitar a deficiência do consumidor.

> **MUITA ATENÇÃO!**
>
> O inciso III do art. 6º do CDC ganhou nova redação com o advento da Lei nº 12.741, de 08 de dezembro de 2012, que dispôs sobre a obrigatoriedade, em todo território nacional, de se informar ao consumidor o valor aproximado correspondente à totalidade dos tributos federais, estaduais e municipais nos documentos fiscais emitidos por ocasião da venda de mercadorias e serviços.
>
> Essa regra vale para os seguintes tributos: ICMS, ISS, IPI, IOF, PIS/PASEP, Cofins e CIDE.
>
> Não se aplica ao IR e CSLL!!

No entendimento do STJ, "o direito à informação confere ao consumidor uma escolha consciente, permitindo que suas expectativas em relação ao produto ou serviço sejam de fato atingidas, manifestando o que vem sendo denominado de **consentimento informado ou vontade qualificada**. Diante disso, o comando legal somente será efetivamente cumprido quando a informação for prestada de maneira adequada, assim entendida aquela que se apresenta simultaneamente completa, gratuita e útil, vedada, no último caso, a diluição da comunicação relevante pelo uso de informações soltas, redundantes ou destituídas de qualquer serventia". (REsp 1.364.915-MG, DJ 14/05/2013 – Informativo 524)

O STJ, em observância ao direito à informação, posicionou-se sobre os dizeres "contém glúten" ou "não contém glúten" contidas nas embalagens de alimentos industrializados e os prejuízos à saúde dos doentes celíacos da seguinte forma: "O fornecedor de alimentos deve complementar a informação-conteúdo "contém glúten" com a informação-advertência de que o glúten é prejudicial à saúde dos consumidores com doença celíaca". Segundo entendimento do STJ, "Ao cuidar da oferta nas práticas comerciais, o CDC traz, em seu art. 31, pelo menos quatro categoriais de informação, intimamente relacionadas: i) informação-conteúdo - correspondente às características intrínsecas do produto ou serviço; ii) informação-utilização - relativa às instruções para o uso do produto ou serviço; iii) informação-preço - atinente ao custo, formas e condições de pagamento; e iv) informação-advertência - relacionada aos riscos do produto ou serviço. Perante as exigências do art. 37, §§ 1º e 3º do CDC, a expressão "contém glúten" é uma informação-conteúdo e como tal, é omissa e incompleta, devendo ser complementada por uma informação-advertência". (EREsp 1.515.895-MS, DJe 27/09/2017)

4.4 Direito à proteção contra práticas abusivas: é assegurada ao consumidor a proteção contra a publicidade enganosa e abusiva, métodos comerciais coercitivos ou desleais, bem como contra práticas e cláusulas abusivas ou impostas no fornecimento de produtos e serviços.

4.5 Direito à modificação ou revisão de cláusulas contratuais desproporcionais: é direito do consumidor a modificação das cláusulas contratuais que estabeleçam prestações desproporcionais ou sua revisão em razão de fatos supervenientes que as tornem excessivamente onerosas, de modo a conservar o contrato de consumo.

> **MUITA ATENÇÃO!**
>
> Esse dispositivo legal deve ser analisado em duas partes:
>
> **1ª parte: instituto da lesão** → a primeira parte do inciso V do art. 6º do CDC assegura ao consumidor à modificação das cláusulas contratuais que estabeleçam prestações desproporcionais no momento da formação do contrato, caracterizando o instituto da lesão devido à vulnerabilidade do consumidor na relação de consumo.
>
> Para configuração da lesão no CDC é suficiente apenas o elemento objetivo, qual seja, a prestação desproporcional. E para o contrato ser preservado, o CDC prevê a possibilidade de modificação dessa cláusula que estabelece a prestação desproporcional.
>
> Importa destacar que não se confunde com o instituto da lesão previsto no art. 157 do CC, que além do elemento objetivo, qual seja, a prestação desproporcional, prevê também o elemento subjetivo consubstanciado na premente necessidade ou inexperiência de uma das partes contratantes.
>
> **MUITA ATENÇÃO!**
>
> **2ª parte: onerosidade excessiva** → a segunda parte do inciso V do art. 6º do CDC assegura ao consumidor à revisão das cláusulas contratuais em razão de fatos supervenientes que as tornem excessivamente onerosas O **CDC** adotou a **teoria da base objetiva do negócio jurídico**, que dispensa a imprevisibilidade do fato para revisão do contrato.
>
> Não se confunde com a **teoria da imprevisão** adotada pelo art. 478 do CC, que tem como requisito fato imprevisível e extraordinário que torne a prestação excessivamente onerosa à parte contratante e exige extrema vantagem ao credor.
>
> Além disso, no CC a ocorrência da onerosidade excessiva pode resultar na resolução do contrato, enquanto no CDC prioriza-se a conservação do contrato de consumo com o equilíbrio na relação entre consumidor e fornecedor.
>
> **ATENÇÃO:** O CDC não adotou a teoria da imprevisão e sim a teoria da base objetiva do negócio jurídico!

4.6 Direito à efetiva prevenção e reparação de danos: é direito do consumidor a efetiva prevenção e a reparação integral de danos patrimoniais e morais, individuais, coletivos, difusos e individuais homogêneos.

O direito à efetiva prevenção do dano garante ao consumidor que o fornecedor adote providências a fim de evitar a concretização de qualquer prejuízo que a ele possa ser causado pelo serviço ou produto ofertado no mercado de consumo.

Uma dessas providências é o procedimento conhecido como recall, definido por JOSÉ GERALDO BRITO FILOMENO (2007, p. 148) como "aquele pelo qual o próprio fabricante de produtos de consumo duráveis conclama seus consumidores a comparecerem geralmente às agências concessionárias, de modo a trocarem peças defeituosas".

O consumidor faz jus à reparação integral do dano patrimonial e moral.

Com relação aos danos patrimoniais, o consumidor será reparado integralmente pelos danos emergentes (o que efetivamente perdeu) e pelos lucros cessantes (o que deixou de lucrar), não se admitindo qualquer tipo de tarifação, tabelamento, valores fixos previstos em lei, contrato, jurisprudência, etc., para limitar o valor da indenização.

Com relação aos danos morais, o consumidor é tutelado em seus bens personalíssimos. (Exame da OAB 2018.2)

"Sobre tema, a orientação adotada pela jurisprudência desta Corte é a de que "a recusa indevida de cobertura, pela operadora de plano de saúde, nos casos de urgência ou emergência, enseja reparação a título de dano moral, em razão do agravamento ou aflição psicológica ao beneficiário, ante a situação vulnerável em que se encontra" (AgInt no AgInt no REsp 1.804.520-SP, Quarta Turma, DJe de 02/04/2020). O CDC estabelece a responsabilidade solidária daqueles que participam da introdução do serviço no mercado por eventuais prejuízos causados ao consumidor (art. 7º, parágrafo único e art. 14). Desse modo, no caso, existe responsabilidade solidária entre a operadora de plano de saúde e o hospital conveniado, pela reparação dos prejuízos sofridos em decorrência da má prestação dos serviços, configurada, na espécie, pela negativa indevida de cobertura e não realização do atendimento médico-hospitalar de urgência de que necessitava a beneficiária" (REsp 1.947.757-RJ – DJe 11/03/2022 – Informativo n. 728).

? **QUESTÃO:** Para configurar dano moral basta encontrar corpo estranho em alimento industrializado ou é necessária sua ingestão?

➥ ***RESPOSTA:*** *"A simples comercialização de alimento industrializado contendo corpo estranho é suficiente para configuração do dano moral."*

*"A jurisprudência do STJ está consolidada no sentido de que há dano moral na hipótese em que o produto de gênero alimentício é consumido, ainda que parcialmente, em condições impróprias. Além disso, **a aquisição de produto de gênero alimentício contendo em seu interior corpo estranho, expondo o consumidor a risco concreto de lesão à sua saúde e segurança, ainda que não ocorra a ingestão de seu conteúdo, também dá direito à compensação por dano moral**, dada a ofensa ao direito fundamental à alimentação adequada, corolário do princípio da dignidade da pessoa humana. No caso, a simples comercialização de produto contendo corpo estranho possui as mesmas consequências negativas à saúde e à integridade física do consumidor que sua ingestão propriamente dita" REsp 1.828.026-SP, DJe 12/09/2019– Informativo n. 656).*

No mesmo sentido:

"na hipótese analisada, há a peculiaridade de não ter havido ingestão, ainda que parcial, do produto contaminado, visto que, conforme estabelecido no acórdão recorrido, o corpo estranho - um anel indevidamente contido em uma bolacha recheada - esteve prestes a ser engolido por criança de 8 anos, sendo cuspido no último instante. (...) o que aconteceu no caso em tela, pois o corpo estranho contido no recheio de um biscoito expôs o consumidor a risco, na medida em que, levando-o à boca por estar encoberto pelo produto adquirido, sujeitou-se à ocorrência de diversos tipos de dano, seja à sua saúde física, seja à sua integridade psíquica. O consumidor foi, portanto, exposto a grave risco, o que torna ipso facto defeituoso o produto. (...) inafastável é o dever do fornecedor de reparar também o dano extrapatrimonial causado ao consumidor, fruto da exposição de sua saúde e segurança à risco concreto." (REsp 1.644.405-RS, DJe 17/11/2017 – Informativo n. 616).

De acordo com o entendimento sumulado do STJ, é possível cumular as indenizações por dano moral e dano material oriundos do mesmo fato (Súmula 37) e também cumular as indenizações por dano moral e dano estético (Súmula 387). Demais disso, a pessoa jurídica também pode sofrer dano moral (Súmula 227).

Nas lições de Flavio Tartuce (TARTUCE, 2014, p. 56), o CDC admite expressamente o dano moral coletivo, entendido este como "modalidade de dano que atinge, ao mesmo tempo, vários direitos da personalidade, de pessoas determinadas ou determináveis (danos morais somados ou acrescido)".

Ainda segundo o doutrinador, o dano moral coletivo atinge direitos individuais homogêneos e coletivos em sentido estrito, em que as vítimas são determinadas ou determináveis, de modo que as indenizações são para elas destinadas.

Para o STJ, "a exploração de jogo de azar ilegal configura, em si mesma, dano moral coletivo". Prossegue: "no Código de Defesa do Consumidor, a responsabilidade civil é objetiva e solidária. O dano moral coletivo não depende de prova da dor do sofrimento ou do abalo psicológico. Demonstrá-los, embora possível, em tese, na esfera individual, é completamente inviável no campo dos interesses difusos e coletivos, razão pela qual dispensado, principalmente quando incontestável a ilegalidade da atividade econômica ou da prática comercial em questão. Trata-se, portanto, de dano *in re ipsa*" (REsp 1.567.123-RS, DJe 28/08/2020, Informativo n.678).

"O descumprimento de normas municipais e federais que estabelecem parâmetros para a adequada prestação do serviço de atendimento presencial em agências bancárias, gerando a **perda do tempo útil do consumidor**, é capaz de configurar dano moral de natureza coletiva."

Segundo posicionamento do STJ "(...). A proteção à perda do tempo útil do consumidor deve ser, portanto, realizada sob a vertente coletiva, a qual, por possuir finalidades precípuas de sanção, inibição e reparação indireta, permite seja aplicada a teoria do desvio produtivo do consumidor e a responsabilidade civil pela perda do tempo. No caso, a violação aos deveres de qualidade do atendimento presencial, exigindo do consumidor tempo muito superior aos limites fixados pela legislação municipal pertinente, infringe valores essenciais da sociedade e possui os atributos da gravidade e intolerabilidade, não configurando mera infringência à lei ou ao contrato. (...)." (REsp 1.737.412-SE, DJe 08/02/2019 – Informativo 641).

No mesmo sentido: "(...) a inadequada prestação de serviços bancários, caracterizada pela reiterada existência de caixas eletrônicos inoperantes, sobretudo por falta de numerário, e pelo consequente excesso de espera em filas por tempo superior ao estabelecido em legislação municipal, é apta a caracterizar danos morais coletivos" (REsp 1.929.288-TO – DJe 24/02/2022 – (Informativo n. 726)

O dano difuso ou social atinge vítimas indeterminadas ou indetermináveis, titulares de interesses difusos, de natureza indivisível, de modo que as indenizações devem ser destinadas a um fundo de proteção.

FIQUE POR DENTRO:

REPARAÇÃO DO DANO POR PERDA DE UMA CHANCE: já reconhecida pela doutrina e jurisprudência, é caracterizada, segundo ensinamentos de Flavio Tartuce (TARTUCE, 2014, p. 62) "quando a pessoa vê frustrada uma expectativa, uma oportunidade futura, que, dentro da lógica do razoável, ocorreria se as coisas seguissem o seu curso normal". A chance deve ser séria e real!

Ex.: perda de chance de cura por tratamento malsucedido escolhido por profissional da saúde, perda de chance de disputa em concurso público em razão de falha no serviço de transporte assumido por curso preparatório para concursos públicos. **Principal ressalva dessa modalidade de dano apontada pelo doutrinador:** os prejuízos são hipotéticos ou eventuais, sendo que a teoria da responsabilidade civil exige dano presente e efetivo (arts. 403 e 186 do CC). Além disso, pode ser resolvido em sede de danos materiais e morais.

4.7 Direito ao acesso à ordem jurídica: é direito do consumidor o acesso aos órgãos judiciários e administrativos com vistas à prevenção ou reparação de danos patrimoniais e morais, individuais, coletivos ou difusos, assegurada a proteção jurídica, administrativa e técnica aos necessitados.

Esse dispositivo reforça o direito do consumidor de utilizar as vias judiciais (Juizados Especiais e Varas Especializadas, por exemplo) e administrativas (Procon, por exemplo) para prevenção ou reparação dos danos decorrentes da relação de consumo.

4.8 Direito à facilitação da defesa dos direitos: inclusive com a inversão do ônus da prova, a favor do consumidor, no processo civil, quando, a critério do juiz, for verossímil a alegação ou quando for ele hipossuficiente, segundo as regras ordinárias de experiências.

Sobre a **inversão do ônus da prova** no CDC importa saber que: **a)** não é automática, **depende de decisão judicial**; (*inversão ope judicis*) **b)** sempre aplicada **a favor do consumidor**; **c)** é aplicada quando o juiz vislumbrar a **verossimilhança da alegação ou a hipossuficiência do consumidor,** segundo as regras ordinárias de experiência; **d) alegação verossímil** é aquela **plausível**, que pode ser admitida como razoável, aceitável**; e) hipossuficiência do consumidor** é entendida como a **dificuldade técnica, fática e também econômica do consumidor em produzir as provas dos fatos constitutivos do seu direito.**

Segundo questão extraída do Exame Unificado 2012.1, a inversão do *onus probandi* "ocorrerá em casos excepcionais em que o juiz verifique ser verossímil a alegação do consumidor ou for ele hipossuficiente". A inversão do ônus da prova também foi objeto de questionamento no Exame OAB – Agosto/2016 – Prova reaplicada Salvador-BA.

? **QUESTÃO:** Qual é o momento processual de inversão do ônus da prova?

RESPOSTA: A questão é controvertida. Os entendimentos esposados pela doutrina e pelos tribunais são: a) no recebimento da inicial; b) na fase de saneamento; c) no julgamento; d) depende do caso concreto. O STJ consolidou o entendimento no sentido de que **a inversão do ônus da prova prevista no art. 6º, VIII do CDC é regra de instrução e não regra de julgamento**, *sendo que a decisão que a determinar deve – preferencialmente –* **ocorrer durante o saneamento do processo** *ou – quando proferida em momento posterior – garantir a parte a quem incumbia esse ônus a oportunidade de apresentar suas provas.*

Frise-se: o STJ consolidou o entendimento no sentido de que a inversão do ônus da prova prevista no art. 6º, VIII do CDC é regra de instrução e não regra de julgamento, motivo pelo qual a decisão judicial que a determina deve ocorrer antes da etapa instrutória, ou quando proferida em momento posterior, garantir a parte a quem foi imposto o ônus a oportunidade de apresentar suas provas, sob pena de absoluto cerceamento de defesa. (REsp 1.286.273-SP – DJe 08/06/2021 – Informativo n. 701)

FIQUE POR DENTRO:

O CPC positivou no art. 373, § 1° a denominada técnica **de dinamização do ônus probatório ou carga dinâmica da prova**, isto é, o ônus da prova recai sobre quem está em melhores condições de esclarecer os fatos. Segundo o dispositivo: "Nos casos previstos em lei ou diante de peculiaridades da causa relacionadas à impossibilidade ou à excessiva dificuldade de cumprir

FIQUE POR DENTRO: o encargo nos termos do caput ou à maior facilidade de obtenção da prova do fato contrário, poderá o juiz atribuir o ônus da prova de modo diverso, desde que o faça por decisão fundamentada, caso em que deverá dar à parte a oportunidade de se desincumbir do ônus que lhe foi atribuído".
Importante destacar também que o CPC é expresso no art. 357, inciso III, quanto à fase processual em que se deve definir a regra de distribuição do ônus da prova: na **decisão de saneamento**!

Além da inversão do ônus da prova, podemos citar outros mecanismos de facilitação de defesa dos direitos do consumidor como a previsão de ajuizamento da ação no domicílio do consumidor, a vedação da denunciação da lide, a regra da responsabilidade objetiva do fornecedor, etc.

4.9 Direito ao serviço público adequado e eficaz: é direito do consumidor a prestação dos serviços públicos em geral de forma adequada e eficaz.

O Poder Público, diretamente, por seu permissionário ou concessionário, quando presta serviço público remunerado mediante tarifa ou preço público, é fornecedor enquadrado pelo CDC e deve prestá-lo de forma adequada e eficiente.

4.10 Direito a garantia de práticas de crédito responsável, de educação financeira e de prevenção e tratamento de situações de superendividamento, preservado o mínimo existencial, por meio da revisão e da repactuação da dívida, entre outras medidas: foi incluído pela Lei nº 14.181, de 1º de julho de 2021.

4.11 Direito à preservação do mínimo existencial: foi incluído pela Lei nº 14.181, de 1º de julho de 2021, e consiste no direito do consumidor na repactuação de dívidas e na concessão de crédito, respeitados os direitos fundamentais sociais mínimos para se garantir a dignidade humana.

4.12 Direito a informação dos preços: foi incluído pela Lei nº 14.181, de 1º de julho de 2021, e consiste no direito do consumidor a informação sobre os preços dos produtos por unidade de medida, tal como por quilo, por litro, por metro ou por outra unidade, conforme o caso, para cada produto fracionado ou em embalagem com mais de uma unidade. Essa prática facilita a identificação do valor real do produto e a comparação entre as marcas.

Assim, as etiquetas de preço devem conter informações sobre o preço total do produto e o preço por unidade de medida. Ex: queijo fatiado embalagem com 150 g: preço total – R$5,50 e o preço por Kg – R$36,67; embalagem com 04 sabonetes: preço total: R$18,00 e o preço por unidade: R$4,50.

A Lei nº 10.962/2004, no art. 2º, incluído pela Lei nº 13.175/2015, já previa que "na venda a varejo de produtos fracionados em pequenas quantidades, o comerciante deverá informar, na etiqueta contendo o preço ou junto aos itens expostos, além do preço do produto à vista, o preço correspondente a uma das seguintes unidades fundamentais de medida: capacidade, massa, volume, comprimento ou área, de acordo com a forma habitual de comercialização de cada tipo de produto."

5. RESPONSABILIDADE PELO FATO DO PRODUTO E DO SERVIÇO

Sobre a responsabilidade pelo fato do produto e do serviço importa saber que:

A **Fato do produto ou fato do serviço:** defeito ou acidente de consumo, que expõe a risco ou cause dano à incolumidade físico-psíquica do consumidor ou de terceiros. Por exemplo, o mau funcionamento de aquecedor que provoque um incêndio na casa do consumidor, atingindo-o em sua integridade física, ou ainda supermercado que não sinaliza adequadamente piso escorregadio, que ocasiona queda do consumidor.

A responsabilidade pelo fato (defeito) do produto ou serviço está ligada ao risco à segurança do consumidor ou de terceiros, que pode ocasionar o acidente de consumo.

B **A responsabilidade é objetiva** (independe de demonstração de culpa) e **solidária** (todos aqueles que participaram da introdução do produto ou serviço no mercado de consumo responderão solidariamente pela reparação dos danos causados ao consumidor). A existência da solidariedade, no entanto, não impede que seja apurado, no caso concreto, o nexo de causalidade entre as condutas dos supostos responsáveis para concluir-se pela responsabilidade de apenas um deles.

Exceção: responsabilidade do **profissional liberal**, que é subjetiva, isto é, será apurada mediante a verificação de **culpa.**

C **Prescreve em 05 anos** a pretensão à reparação pelos danos causados por fato do produto ou do serviço, **iniciando-se a contagem do prazo a partir do conhecimento do dano e de sua autoria**.

Vale ressaltar que as regras estabelecidas nos arts. 197 a 204 do CC, que tratam das causas de suspensão e interrupção da prescrição, são aplicáveis aos prazos prescricionais do CDC.

5.1 Responsabilidade pelo fato do produto: de acordo com o art. 12 do CDC, "o **fabricante**, o **produtor**, o **construtor**, nacional ou estrangeiro, e o **importador**

respondem, independentemente da existência de culpa, pela reparação dos danos causados aos consumidores por defeitos decorrentes de projeto, fabricação, construção, montagem, fórmulas, manipulação, apresentação ou acondicionamento de seus produtos, bem como por informações insuficientes ou inadequadas sobre sua utilização e riscos". (Exame Unificado 2015.1)

Para o STJ, "o laboratório tem responsabilidade objetiva na ausência de prévia informação qualificada quanto aos possíveis efeitos colaterais da medicação, ainda que se trate do chamado risco de desenvolvimento." Prossegue: "o fato de o uso de um medicamento causar efeitos colaterais ou reações adversas, por si só, não configura defeito do produto, se o usuário foi prévia e devidamente informado e advertido sobre tais riscos inerentes, de modo a poder decidir, de forma livre, refletida e consciente, sobre o tratamento que lhe é prescrito, além de ter a possibilidade de mitigar eventuais danos que viessem a ocorrer em função dele. Por sua vez, o risco do desenvolvimento, entendido como aquele que não podia ser conhecido ou evitado no momento em que o medicamento foi colocado em circulação, constitui **defeito existente desde o momento da concepção do produto**, embora não perceptível a priori, caracterizando hipótese de fortuito interno" (REsp 1.774.372-RS, DJe 18/05/2020, Informativo n. 671).

MUITA ATENÇÃO!

Observe que o comerciante não integra esse rol de responsáveis solidários do art. 12 do CDC. Na verdade, a **responsabilidade do comerciante é subsidiária** e está prevista no art. 13 do CDC, que dispõe: "O comerciante é igualmente responsável, nos termos do artigo anterior, quando: **I** – o fabricante, o construtor, o produtor ou o importador não puderem ser identificados; **II** – o produto for fornecido sem identificação clara do seu fabricante, produtor, construtor ou importador; **III** – não conservar adequadamente os produtos perecíveis".

5.1.1 Direito de regresso: tendo em vista que o consumidor pode escolher contra quem irá propor a sua ação, aquele que efetivar o pagamento ao prejudicado poderá exercer o direito de regresso contra os demais responsáveis, segundo sua participação na causação do evento danoso.

O direito de regresso pode ser exercido em processo autônomo ou nos mesmos autos, após a satisfação do consumidor, uma vez que **o CDC veda a denunciação da lide** nas ações de consumo.

A vedação da denunciação da lide decorre do fato de que **a responsabilidade do terceiro interveniente é subjetiva**, dependendo da comprovação de dolo ou culpa, enquanto que a **responsabilidade do fornecedor em face do consumidor é objetiva**, de modo que se admitida a denunciação da lide haveria um comprometimento à célere e eficaz proteção do consumidor, contrariando, assim, os princípios basilares do CDC.

A seguir o posicionamento do STJ sobre a vedação da denunciação da lide nas relações de consumo:

"(...). 1. É pacífico o entendimento no Superior Tribunal de Justiça segundo o qual, em se tratando de relação de consumo, descabe a denunciação da lide, nos termos do art. 88 do Código de Defesa do Consumidor. 2. **O STJ entende que "a vedação à denunciação da lide nas relações de consumo refere-se tanto à responsabilidade pelo fato do serviço quanto pelo fato do produto** (...)." (AgInt no REsp 1635254 / SP, Relator(a) Ministro MARCO AURÉLIO BELLIZZE (1150), DJe 30/03/2017).

A propósito, o Exame 2021.1 tratou da temática da denunciação da lide na relação de consumo apresentando a situação hipotética: "Maria compareceu à loja Bela, que integra rede de franquias de produtos de beleza e cuidados com a pele. A vendedora ofereceu a Maria a possibilidade de experimentar gratuitamente o produto na própria loja, sendo questionada pela cliente se esta poderia fazer uso com quadro de acne em erupção e inflamada, oportunidade em que a funcionária afirmou que sim. Porém, imediatamente após a aplicação do produto, Maria sentiu ardência e vermelhidão intensas, não o comprando. Logo após sair da loja, a situação agravou-se, e Maria buscou imediato atendimento médico de emergência, onde se constataram graves lesões na pele. Da leitura do rótulo obtido através do site da loja, evidenciou-se erro da vendedora, que utilizou no rosto da cliente produto contraindicado para o seu caso. Nessa situação, à luz do Código de Defesa do Consumidor e do entendimento do Superior Tribunal de Justiça, é correto afirmar que (...)." A afirmativa correta é a seguinte: "se a franqueadora for demandada judicialmente, não poderá invocar denunciação da lide à franqueada, por se tratar de acidente de consumo."

Frise-se que "(...). Foi propósito do legislador não permitir a denunciação da lide de modo a não retardar a tutela jurídica do consumidor, dando celeridade ao seu pleito indenizatório, evitando a multiplicação de teses e argumentos de defesa que dificultem a identificação da responsabilidade do fornecedor do serviço. Assim, se, de um lado, a denunciação da lide (CPC/1973, art. 70) é modalidade de intervenção de terceiros que favorece apenas o réu denunciante (fornecedor, no caso), na medida em que este objetiva a responsabilização regressiva do denunciado, de outro lado, a norma do art. 88 do CDC consubstancia-se em regra insculpida totalmente em benefício do consumidor, atuando em prol do ressarcimento de seus prejuízos o mais rapidamente possível, em face da responsabilidade objetiva do fornecedor. (...)". (REsp 913.687-SP, Rel. Min. Raul Araújo, por unanimidade, DJe 4/11/2016 – Informativo 592).

5.1.2 Produto defeituoso: entendido como **aquele que não oferece a segurança que dele legitimamente se espera,** levando-se em consideração as circunstâncias relevantes, dentre as quais **1)** sua apresentação, **2)** uso e os riscos que razoavelmente dele se esperam, **3)** época em que foi colocado em circulação (§ 1º, art. 12, CDC). (Exame Unificado 2014.3)

Segundo entendimento do STJ, "a comprovação de graves lesões decorrentes da abertura de *airbag* em acidente automobilístico em baixíssima velocidade, que extrapolam as expectativas que razoavelmente se espera do mecanismo de segurança, ainda que de periculosidade inerente, configura a responsabilidade objetiva da montadora de veículos pela reparação dos danos ao consumidor". (REsp 1.656.614-SC, DJe 2/6/2017 – Informativo 605).

Por outro lado, o STJ entende que "em se tratando de produto de periculosidade inerente (medicamento), cujos riscos são normais à sua natureza e previsíveis, eventual dano por ele causado ao consumidor não enseja a responsabilização do fornecedor" (REsp 1.599.405-SP, DJe 17/4/2017 – Informativo 603)

Parcela da doutrina classifica o defeito do produto em: **a) defeito de concepção ou criação:** é o defeito de projeto, da fórmula do produto; **b) defeito de produção:** é o defeito de fabricação, construção, montagem, manipulação, acondicionamento do produto; **c) defeito de informação ou comercialização:** é o defeito de apresentação do produto, seja no rótulo ou seja na publicidade, contendo informações insuficientes ou inadequadas sobre sua utilização e riscos.

Não é considerado defeituoso o produto pelo fato de outro de melhor qualidade ter sido colocado no mercado (§ 2º, art. 12, CDC).

Podemos citar como exemplo a aquisição de um celular pelo consumidor. Assim, se o fornecedor aprimora a qualidade do seu produto, no caso o celular, em razão dos avanços tecnológicos disponíveis, o consumidor não faz jus a indenização por danos materiais ou morais nem mesmo ao direito de substituição do celular por outro mais moderno, uma vez que, nesta hipótese, o CDC não considera o produto com defeito.

5.1.3 Excludentes de responsabilidade: o fabricante, o construtor, o produtor ou importador só não será responsabilizado quando provar: **a)** a não colocação do produto no mercado; **b)** a inexistência do defeito; **c)** a culpa exclusiva do consumidor ou de terceiro. A doutrina aponta ainda uma quarta causa: caso fortuito e força maior em razão da quebra do nexo causal. No entanto, para que essa quarta hipótese seja excludente de responsabilidade, o caso fortuito e a força maior devem ser posteriores à colocação do produto no mercado.

5.2 Responsabilidade pelo fato do serviço: de acordo com o art. 14 do CDC, "o **fornecedor de serviços responde**, independentemente da existência de culpa, pela reparação dos danos causados aos consumidores **por defeitos relativos à prestação dos serviços, bem como por informações insuficientes ou inadequadas sobre sua fruição e riscos**".

A propósito, no Exame Unificado 2014.2 foi apresentada a seguinte situação hipotética: "Um homem foi submetido a cirurgia para remoção de cálculos renais em hospital privado. A intervenção foi realizada por equipe médica não integrante dos quadros de funcionários do referido hospital, apesar de ter sido indicada por esse mesmo hospital. Durante o procedimento, houve perfuração do fígado do paciente, verificada somente três dias após a cirurgia, motivo pelo qual o homem teve que se submeter a novo procedimento cirúrgico, que lhe deixou uma grande cicatriz na região abdominal. O paciente ingressou com ação judicial em face do hospital, visando a indenização por danos morais e estéticos". A alternativa correta é a seguinte: "O hospital responde objetivamente pelos danos morais e estéticos decorrentes do erro médico, tendo em vista que ele indicou a equipe médica".

Diz o STJ que "os estabelecimentos hospitalares são fornecedores de serviços, respondendo objetivamente pela reparação de danos causados aos consumidores por defeitos dos serviços". (REsp 1.322.387-RS, DJ 20/08/2013 – Informativo 532)

Para o STJ, "a operadora de plano de saúde tem responsabilidade solidária por defeito na prestação de serviço médico, quando o presta por meio de hospital próprio e médicos contratados, ou por meio de médicos e hospitais credenciados" (...) **Essa responsabilidade é objetiva e solidária em relação ao consumidor, mas, na relação interna, respondem o hospital, o médico e a operadora do plano de saúde, nos limites de sua culpa** (REsp 866.371/RS, Rel. Ministro Raul Araújo, Quarta Turma, julgado em 27/03/2012, DJe de 20/08/2012).No caso, a demora para a autorização da cirurgia indicada como urgente pela equipe médica do hospital, sem justificativa plausível, caracteriza defeito na prestação do serviço da operadora do plano de saúde, resultando na sua responsabilização" (AgInt no AREsp 1.414.776-SP, DJe 04/03/2020, Informativo n. 666).

O tema da responsabilidade pelo fato do serviço foi novamente objeto de questão de prova no Exame da OAB 2018.1.

A situação hipotética foi a seguinte: "Eloá procurou o renomado Estúdio Max para tratamento de restauração dos fios do cabelo, que entendia muito danificados pelo uso de químicas capilares. A proposta do profissional empregado do estabelecimento foi a aplicação de determinado produto que acabara de chegar ao mercado, da marca mundialmente conhecida Ops, que promovia uma amostragem inaugural do produto em questão no próprio Estúdio Max.

Eloá ficou satisfeita com o resultado da aplicação pelo profissional no estabelecimento, mas, nos dias que se seguiram, observou a queda e a quebra de muitos fios de cabelo, o que foi aumentando progressivamente. Retornando ao Estúdio, o funcionário que a havia atendido informou-lhe que poderia ter ocorrido reação química com outro produto utilizado por Eloá anteriormente ao tratamento, levando aos efeitos descritos pela consumidora, embora o produto da marca Ops não apontasse contraindicações. Eloá procurou você como advogado(a), narrando essa situação."

A resposta assinalada como correta foi "Há evidente fato do serviço executado pelo profissional, cabendo ao Estúdio Max e ao fabricante do produto da marca Ops, em responsabilidade solidária, responderem pelos danos suportados pela consumidora."

Referida questão foi objeto de discussão por ter dado margem ao entendimento de tratar-se de fato do produto, isto é, que o dano seria decorrente de uma falha na fabricação do produto, o que corresponderia a outra alternativa.

Apesar da redação problemática, a questão não foi anulada.

> **FIQUE POR DENTRO:**
>
> Súmula 595 do STJ: "As instituições de ensino superior respondem objetivamente pelos danos suportados pelo aluno/consumidor pela realização de curso não reconhecido pelo Ministério da Educação, sobre o qual não lhe tenha sido dada prévia e adequada informação".

5.2.1 Serviço defeituoso: entendido como **aquele que não fornece a segurança que o consumidor dele pode esperar,** levando-se em consideração as circunstâncias relevantes, entre as quais **1)** modo de seu fornecimento, **2)** resultados e riscos que razoavelmente dele se esperam, **3)** época em que foi fornecido (§ 1º, art. 14, CDC).

> **FIQUE POR DENTRO:**
>
> Segundo posicionamento do STJ, "O laboratório responde objetivamente pelos danos morais causados à genitora por falso resultado negativo de exame de DNA, realizado para fins de averiguação de paternidade."
>
> Afirma que: "em se tratando da realização de exames médicos laboratoriais, tem-se por legítima a expectativa do consumidor quanto à exatidão das conclusões lançadas nos laudos respectivos, de modo que eventual erro de diagnóstico de patologia ou equívoco no atestado de determinada condição biológica implica defeito na prestação do serviço, a atrair a responsabilidade objetiva do laboratório, com base no art. 14, caput e § 1º, do CDC. Seguindo esta linha de pensamento, esta Corte consolidou o entendimento de que os laboratórios possuem, **na realização de exames médicos**, verdadeira **obrigação de resultado**, e não de meio, restando caracterizada sua responsabilidade civil na hipótese de falso diagnóstico" (REsp 1.700.827-PR, DJe 08/11/2019– Informativo 660).
>
> Para o STJ, "Companhia aérea é civilmente responsável por não promover condições dignas de acessibilidade de pessoa cadeirante ao interior da aeronave" (REsp 1.611.915-RS, DJe 04/02/2019– Informativo 642).

Não é considerado defeituoso o serviço pela adoção de novas técnicas (§ 2º, art. 14, CDC).

5.2.2 Excludentes de responsabilidade: o fornecedor de serviços só não será responsabilizado quando provar: **a)** a inexistência do defeito; **b)** a culpa exclusiva do consumidor ou de terceiro (Exame Unificado 2009). A doutrina aponta ainda o caso fortuito ou força maior ocorrido durante ou após a prestação da atividade no mercado de consumo.

> **MUITA ATENÇÃO!**
>
> Com relação ao caso fortuito, importa destacar o posicionamento do STJ no sentido de que somente o **fortuito externo**, isto é, aquele evento estranho à atividade do fornecedor, é que se enquadra como excludente de responsabilidade.
>
> O transportador não pode ser responsabilizado pelos danos decorrentes de fatos de terceiros, como por exemplo a colocação de artefato explosivo em composição ferroviária, por se tratar de evento que não está relacionado com os riscos inerentes à atividade explorada.
>
> De outro lado, o caso do **fortuito interno**, isto é, aquele evento relacionado à atividade do fornecedor, que faz parte do risco do empreendimento, não se enquadra como excludente de responsabilidade, incumbindo ao fornecedor responder pela reparação de danos ao consumidor.

> **FIQUE POR DENTRO:**
>
> Súmula 479 do STJ: "As instituições financeiras respondem objetivamente pelos danos gerados por fortuito interno relativo a fraudes e delitos praticados por terceiros no âmbito de operações bancárias".
>
> No entanto, o STJ destaca que "o banco não é responsável por fraude em compra on-line paga via boleto quando não se verificar qualquer falha na prestação do serviço bancário".
>
> No caso objeto de apreciação pelo STJ, "o comprador foi vítima de suposto estelionato, pois adquiriu um bem de consumo que nunca recebeu, nem iria receber se outro fosse o meio de pagamento empregado, como cartão de crédito ou transferência bancária. Em outras palavras, o banco não pode ser considerado um "fornecedor" da relação de consumo que causou

FIQUE POR DENTRO: prejuízos ao consumidor, pois não se verifica qualquer falha na prestação de seu serviço bancário, apenas por ter emitido o boleto utilizado para pagamento. Assim, não pertencendo à cadeia de fornecimento, não há como responsabilizar o banco pelos produtos não recebidos. Ademais, não se pode considerar esse suposto estelionato como uma falha no dever de segurança dos serviços bancários prestados." (REsp 1.786.157-SP, DJe 05/09/2019 - Informativo 656)

Importante observar nos julgados do STJ quando incide a excludente de responsabilidade e quando o fornecedor deve responder pelo fato do serviço:

1) "O restaurante que ofereça serviço de manobrista (*valet parking*) prestado em via pública não poderá ser civilmente responsabilizado na hipótese de roubo de veículo de cliente deixado sob sua responsabilidade, caso não tenha concorrido para o evento danoso. O roubo, embora previsível, é inevitável, caracterizando, nessa hipótese, fato de terceiro apto a romper o nexo de causalidade entre o dano (perda patrimonial). Ressalte-se que, na situação em análise, inexiste exploração de estacionamento cercado com grades, mas simples comodidade posta à disposição do cliente". (REsp 1.321.739-SP, DJ 05/09/2013 – Informativo 530)

2) "O shopping center deve reparar o cliente pelos danos morais decorrentes de tentativa de roubo, não consumado apenas em razão de comportamento do próprio cliente, ocorrida nas proximidades da cancela de saída de seu estacionamento, mas ainda em seu interior. (...). A sociedade empresária que forneça serviço de estacionamento aos seus clientes deve responder por furtos, roubos ou latrocínios ocorridos no interior do seu estabelecimento; pois em troca dos benefícios financeiros indiretos decorrentes desse acréscimo de conforto aos consumidores, assume-se o dever – implícito na relação contratual – de lealdade e segurança, com aplicação concreta do princípio da confiança". (REsp 1.269.691-PB, DJ 21/11/2013 – Informativo 534)

Nesse sentido a Súmula 130 do STJ: "A empresa responde, perante o cliente, pela reparação de dano ou furto de veículo ocorridos em seu estacionamento".

3) "A lanchonete responde pela reparação de danos sofridos pelo consumidor que foi vítima de crime ocorrido no *drive-thru* do estabelecimento comercial. (...) a responsabilidade em questão se assemelha muito àquelas situações dos empreendimentos comerciais, como shoppings e hipermercados, que colocam o estacionamento à disponibilização de sua freguesia, respondendo pelos danos sofridos nesse local (inteligência da Súmula n. 130 do STJ)." (REsp 1.450.434-SP, DJe 09/11/2018 – Informativo 637)

5.3 Responsabilidade do profissional liberal: de acordo com o § 4º, do art. 14 do CDC, a responsabilidade do profissional liberal na prestação de serviços **é subjetiva**, isto é, será apurada mediante **verificação de culpa** (Exame Unificado 2013.2). Constitui exceção ao sistema de responsabilidade civil objetiva que prepondera na legislação consumerista.

MUITA ATENÇÃO!

As obrigações contratuais dos profissionais liberais (advogados, engenheiros, dentistas, médicos), no mais das vezes, são consideradas como **"obrigações de meio"**, sendo suficiente que o profissional atue com a diligência e técnica necessárias, buscando a obtenção do resultado esperado, sem, no entanto, obrigar-se por ele.

Sendo obrigação de meio, a responsabilidade do profissional liberal é subjetiva, ficando o consumidor com o ônus probatório da ação ou omissão, dano experimentado, nexo causal e culpa do profissional liberal pelo serviço prestado para que seja indenizado.

Todavia, há algumas obrigações contratuais dos profissionais liberais que são consideradas **"obrigações de resultado"**, como por exemplo os procedimentos odontológicos, principalmente os ortodônticos, cirurgias plásticas, cujo compromisso é com o "resultado", tornando-se necessário o alcance do objetivo almejado para que se possa considerar cumprido o contrato.

Em sendo obrigação de resultado, a responsabilidade do profissional liberal também é subjetiva, mas há presunção de culpa do profissional, com a respectiva **inversão do ônus da prova.** O profissional liberal tem o ônus de provar que não agiu com culpa.

Por exemplo, nos procedimentos ortodônticos, os profissionais da saúde, em regra, comprometem-se pelo resultado, visto que os objetivos relativos aos tratamentos, de cunho estético e funcional, podem ser atingidos com previsibilidade. Tendo o consumidor demonstrado não ter sido atingida a meta avençada, há presunção de culpa do profissional, com a consequente inversão do ônus da prova, cabendo ao dentista demonstrar que não agiu com negligência, imprudência ou imperícia, ou mesmo que o insucesso se deu em decorrência de culpa exclusiva do consumidor.

Segundo o STJ, a inobservância do dever de informar e de obter o consentimento informado do paciente viola o direito à autodeterminação e caracteriza responsabilidade extracontratual. "(...). A controvérsia consiste em definir a responsabilidade civil decorrente da inobservância do dever de informação (falta ou deficiência) acerca de procedimento cirúrgico implementado em tratamento neurocirúrgico, que compromete o denominado consentimento informado – manifestação do direito fundamental de autodeterminação do paciente. (...) o dano indenizável, não é o dano físico, a piora nas condições físicas ou neurológicas do paciente. Todavia, este dano, embora não possa ser atribuído à falha técnica do médico, poderia ter sido evitado diante da informação sobre o risco de sua ocorrência, que permitiria que o paciente não se submetesse ao procedimento. O dano indenizável é, na verdade, a violação da autodeterminação do paciente que não pôde escolher livremente submeter-se ou não ao risco previsível. Deste modo, pelos critérios tradicionais dos regimes de responsabilidade civil, a violação dos deveres informativos dos médicos seria caracterizada como responsabilidade extracontratual." (REsp 1.540.580-DF, DJe 04/09/2018 – Informativo 632)

6. RESPONSABILIDADE POR VÍCIO DO PRODUTO E DO SERVIÇO

Sobre a responsabilidade por vício do produto e do serviço importa saber que:

A **Vício do produto e do serviço:** relacionado com a qualidade ou quantidade que torna os produtos ou serviços impróprios ou inadequados ao consumo a que se destinam ou lhes diminuam o valor, não expondo a risco o consumidor.

A responsabilidade por vício do produto ou serviço está ligada à inadequação para o consumo.

B **A responsabilidade é objetiva** (independe de demonstração de culpa) e **solidária** (tendo mais de um autor a ofensa, todos responderão solidariamente pela reparação dos danos causados ao consumidor), dispondo inclusive o art. 23 do CDC que "A ignorância do fornecedor sobre os vícios de qualidade por inadequação dos produtos e serviços não o exime de responsabilidade".

Exceção: responsabilidade do **profissional liberal**, que é subjetiva, isto é, será apurada mediante a verificação de **culpa.**

C Os critérios legais para a fixação do prazo decadencial para reclamação de vícios aparentes ou de fácil constatação leva em consideração a durabilidade ou não do produto ou serviço. Há também os vícios ocultos. Antes, porém, vamos as seguintes conceituações:

C.1 **Vício aparente ou de fácil constatação:** é aquele cuja constatação é verificável de plano e não exige do consumidor médio nenhum conhecimento especializado ou apreciação técnica (perícia) por decorrer de análise superficial, isto é, pela simples visualização do produto ou fruição do serviço.

C.1.1 **Produto durável:** é aquele que não se extingue pelo uso, levando certo tempo para se desgastar, que variará conforme a qualidade da mercadoria, os cuidados que lhe são emprestados pelo usuário, o grau de utilização e o meio ambiente no qual inserido. Ex.: eletrodoméstico, automóvel, livro, etc.

C.1.2 **Produto não durável:** é aquele que se extingue em um único ato de consumo ou vai-se extinguindo conforme utilizado. Ex.: alimento, remédio, combustível, etc.

C.2 **Vício oculto:** é aquele cuja constatação não é verificável de plano, sendo perceptível pelo consumidor depois de algum tempo da aquisição e uso do produto. Ex.: consumidor adquire um multiprocessador de alimentos e, depois de certo tempo, quando vai utilizar determinada função do equipamento, constata o mau funcionamento dela.

A seguir os prazos decadenciais:

EM RESUMO – Prazos decadenciais:	
Vícios aparentes ou de fácil constatação nos serviços e produtos não duráveis	caduca em **30 dias**, contados a partir da entrega efetiva do produto ou do término da execução dos serviços.
Vícios aparentes ou de fácil constatação nos serviços e produtos duráveis	caduca em **90 dias**, contados a partir da entrega efetiva do produto ou do término da execução dos serviços.
Vícios ocultos	o prazo decadencial inicia-se no momento em que ficar evidenciado o defeito.
OBS: Obstam a decadência	1) a reclamação comprovadamente formulada pelo consumidor perante o fornecedor de produtos e serviços até a resposta negativa correspondente, que deve ser transmitida de forma inequívoca e 2) a instauração de inquérito civil, até seu encerramento. Segundo entendimento do STJ, "a reclamação obstativa da decadência pode ser feita documentalmente - por meio físico ou eletrônico - ou mesmo verbalmente - pessoalmente ou por telefone - e, consequentemente, a sua comprovação pode dar-se por todos os meios admitidos em direito." (REsp 1.442.597-DF, DJe 30/10/2017 - Informativo n. 614)

FIQUE POR DENTRO:

Segundo o STJ, "é possível a convenção de prazo decadencial para a utilização de diárias adquiridas em clube de turismo."

A justificativa é esclarecedora: "(...) embora o Código de Defesa do Consumidor regule as relações jurídicas entre as partes, **uma vez que não se trata de fato ou defeito do serviço, não há regramento especial que discipline os prazos decadenciais relativos às prestações voluntariamente contratadas**, devendo-se observar as regras gerais do Código Civil para o deslinde da controvérsia. Assim, **é possível a convenção de prazos decadenciais, desde que respeitados os deveres anexos à contratação: informação clara e redação expressa, ostensiva e legível** (...)." (REsp 1.778.574-DF, DJe 28/06/2019 – Informativo 651)

Sobre o tema, no Exame Unificado 2012.1 foi proposto um caso concreto relatando a ocorrência de um vício oculto em veículo automotor cuja resposta assinalada como correta foi: "o direito de reclamar judicialmente se iniciou no momento em que ficou evidenciado o defeito, e o prazo decadencial é de noventa dias".

Para o STJ, "Não tem direito à reparação de perdas e danos decorrentes do vício do produto o consumidor que, no prazo decadencial, não provocou o fornecedor para que este pudesse sanar o vício". (REsp 1.520.500-SP, DJe 13/11/2015 - Informativo 573)

6.1 Responsabilidade por vício de qualidade do produto: de acordo com o art. 18 do CDC, a responsabilidade é dos **fornecedores** de produtos de consumo duráveis ou não duráveis, **de forma solidária.**

FIQUE POR DENTRO:

Mudança de entendimento do STJ!

Posicionamento atual do STJ, "O comerciante tem a obrigação de intermediar a reparação ou a substituição de produtos nele adquiridos e que apresentem defeitos de fabricação (vício oculto de inadequação), com a coleta em suas lojas e remessa ao fabricante e posterior devolução."

A justificativa é esclarecedora: "Esta Corte possui firme posicionamento no sentido da responsabilidade solidária de toda a cadeia de fornecimento pela garantia de qualidade e adequação do produto perante o consumidor. Assim, é necessário se perquirir se essa solidariedade de que trata o art. 18 do CDC impõe ao comerciante a obrigação de coletar e reparar os produtos nele adquiridos e que apresentem defeitos de fabricação (vício oculto de inadequação).Sobre esse tema, não se desconhece o entendimento que vinha sendo adotado por esta Corte no sentido de que existindo assistência técnica especializada e disponível na localidade de estabelecimento do comerciante (leia-se, no mesmo município), não é razoável a imposição ao comerciante da obrigação de intermediar o relacionamento entre seu cliente e o serviço disponibilizado. Mesmo porque essa exigência apenas dilataria o prazo para efetiva solução e acrescentaria custos ao consumidor, sem agregar-lhe qualquer benefício. (...). Contudo, esse posicionamento deve ser revisto (...).Do mesmo modo que o comerciante recebeu o produto do fabricante para o comercializar no mercado, em sobrevindo defeito nele, o comerciante deve devolvê-lo ao respectivo produtor, para a sanação do vício oculto. Impedir que o consumidor retorne ao vendedor para que ele encaminhe o produto defeituoso para o fabricante reparar o defeito representa imposição de dificuldades ao exercício de seu direito de possuir um bem que sirva aos fins a que se destina. Ademais, é até intuitivo que o comerciante tenha muito mais acesso ao fabricante do bem viciado por ela comercializado do que o consumidor, sendo que, em assim se decidindo, até os custos (de tempo e de transporte) inerentes à busca da solução do defeito serão menores para o comerciante do que para o consumidor. Desse modo, por estar incluído na cadeia de fornecimento do produto, quem o comercializa, ainda que não seja seu fabricante, fica responsável, perante o consumidor, por receber o item que apresentar defeito e o encaminhá-lo à assistência técnica, independente do prazo de 72 horas da compra, sempre observado o prazo decadencial do art. 26 do CDC" (REsp 1.568.938-RS, DJe 03/09/2020, Informativo n. 678).

6.1.1 Espécies de vícios de qualidade do produto: a) os que tornam os produtos impróprios ou inadequados ao consumo; b) aqueles que lhes diminuam o valor e c) aqueles que apresentam falha na informação. Por exemplo, o mau funcionamento de eletrodomésticos ou mau funcionamento de itens do veículo, como ar condicionado.

6.1.2 Prazo para o fornecedor sanar o vício: 30 dias, com a **ressalva** de que as partes poderão convencionar a **redução ou ampliação** desse prazo de 30 dias, não podendo ser inferior a **07** nem superior a **180 dias.**

Segundo entendimento do STJ, "(...) não há no CDC norma cogente que confira ao consumidor um direito potestativo de ter o produto trocado antes do prazo legal de 30 (trinta) dias. A troca imediata do produto viciado, portanto, embora prática sempre recomendável, não é imposta ao fornecedor. O prazo de 3 (três) dias para a troca da mercadoria é um *plus* oferecido pela empresa, um benefício concedido ao consumidor diligente, que, porém, não é obrigatório. Ademais, verifica-se que essa política de troca não exclui a possibilidade de o consumidor realizar a troca, na forma do art. 18 do CDC". (REsp 1.459.555-RJ, DJe 20/2/2017 – Informativo n. 598)

Nos **contratos de adesão**, a cláusula de prazo deverá ser **convencionada em separado**, por meio de **manifestação expressa do consumidor.**

? QUESTÃO: Quais são as alternativas de que dispõe o consumidor caso o vício não seja sanado em 30 dias?

RESPOSTA: *Se o fornecedor não sanar o vício no prazo máximo de 30 dias, o consumidor pode exigir, alternativamente e à sua escolha: a) a substituição do produto por outro da mesma espécie, em perfeitas condições de uso; b) a restituição imediata da quantia paga, monetariamente atualizada, sem prejuízo de eventuais perdas e danos; c) o abatimento proporcional do preço.*

A propósito, no Exame Unificado da OAB de 2009 considerou-se correta a seguinte alternativa: "Caso o vício do produto ou do serviço não seja sanado no prazo legal, pode o consumidor exigir o abatimento proporcional do preço".

No exame da OAB de novembro/2017 foi apresentado um caso hipotético no qual o consumidor adquiriu um veículo zero quilômetro e, ao chegar em casa, constatou um problema no nível de óleo em razão de uma rachadura na estrutura do motor. A concessionário recomendou a troca do motor, negando-se a trocar o veículo ou devolver o dinheiro, alegando que isso não descaracterizaria o veículo como novo e que o custo financeiro de faturamento e outras medidas administrativas eram altas, não justificando, por aquele motivo, o desfazimento do negócio. A alternativa assinalada como correta foi a seguinte: "Cuida-se de vício do produto, e a concessionária dispõe de até trinta dias para providenciar o reparo, fase que, ordinariamente, deve preceder o direito do consumidor de pleitear a troca do veículo."

OBS.: *Tendo o consumidor optado pela substituição do produto por outro da mesma espécie e não sendo possível a substituição do bem, poderá haver substituição por outro de espécie, marca ou modelo diversos, mediante complementação ou restituição de eventual diferença de preço.*

O CDC, no entanto, possibilita ao consumidor fazer uso imediato das alternativas tratadas anteriormente sempre que: **a)** em razão da extensão do vício, a substituição das partes viciadas puder comprometer a qualidade ou características do produto, **b)** diminuir-lhe o valor ou **c)** se tratar de produto essencial.

Sobre este tema, no Exame Unificado 2015.3 foi proposto o seguinte caso concreto: "Dulce, cinquenta e oito anos de idade, fumante há três décadas, foi diagnosticada como portadora de enfisema pulmonar. (...). Em razão do avançado estágio da doença, **foi prescrito como essencial o tratamento de suplementação de oxigênio**. Para tanto, Joana, filha de Dulce, adquiriu para sua mãe um aparelho respiratório na loja Saúde e Bem-Estar. Porém, com uma semana de uso, o produto parou de funcionar. Joana procurou imediatamente a loja para substituição do aparelho, oportunidade na qual foi informada pela gerente que deveria aguardar o prazo legal de trinta dias para conserto do produto pelo fabricante". A resposta assinalada como correta foi a seguinte: "Joana não precisa aguardar o prazo legal de trinta dias para conserto, pois tem direito de exigir a substituição imediata do produto, **em razão de sua essencialidade**".

6.1.3 Produto *in natura*: será responsável perante o consumidor o fornecedor imediato, exceto quando identificado claramente seu produtor. Como exemplo, podemos citar as frutas e verduras adquiridas pelo consumidor em feiras livres. Se os produtos estiverem estragados, a responsabilidade, em regra, será do feirante, exceto se no produto constar a identificação do produtor, quando então este será o responsável pelo vício do produto perante o consumidor.

6.2 Responsabilidade por vício de quantidade do produto: de acordo com o art. 19 do CDC, "os **fornecedores** respondem **solidariamente** pelos **vícios de quantidade do produto sempre** que, respeitadas as variações decorrentes de sua natureza, seu conteúdo líquido for inferior às indicações constantes do recipiente, da embalagem, rotulagem ou de mensagem publicitária (...)". (Exame Unificado 2013.2)

"Ainda que haja abatimento no preço do produto, o fornecedor responderá por vício de quantidade na hipótese em que reduzir o volume da mercadoria para quantidade diversa da que habitualmente fornecia no mercado, sem informar na embalagem, de forma clara, precisa e ostensiva, a diminuição do conteúdo". (REsp 1.364.915-MG, DJ 14/5/2013 – Informativo 524)

MUITA ATENÇÃO! No que diz respeito ao **vício de quantidade do produto não há previsão legal do prazo de 30 dias para saná-lo** conforme preceituado no art. 18 do CDC, que trata do vício de qualidade do produto.

? **QUESTÃO:** Quais são as alternativas de que dispõe o consumidor em caso de vício de quantidade do produto?

➥ ***RESPOSTA:*** *O consumidor pode exigir, alternativamente e à sua escolha: a) o abatimento proporcional do preço; b) complementação do peso ou medida; c) a substituição do produto por outro da mesma espécie, marca ou modelo, sem os aludidos vícios; d) a restituição imediata da quantia paga, monetariamente atualizada, sem prejuízo de eventuais perdas e danos.*

OBS.: *Tendo o consumidor optado pela substituição do produto por outro da mesma espécie e não sendo possível a substituição do bem, poderá haver substituição por outro de espécie, marca ou modelo diversos, mediante complementação ou restituição de eventual diferença de preço.*

6.2.1 Fornecedor imediato: será responsável quando fizer a pesagem ou a medição e o instrumento utilizado não estiver aferido segundo os padrões oficiais.

No Exame da OAB – abril/2016 foi apresentado um caso no qual a partir de uma denúncia de uma consumidora, o Órgão Oficial de Fiscalização constatou que o instrumento de medição do comerciante estava com problemas de calibragem e não estava aferido segundo padrões oficiais, gerando prejuízo aos consumidores. A resposta correta foi a seguinte: trata-se de responsabilidade civil exclusiva do comerciante, na qualidade de fornecedor imediato.

6.3 Responsabilidade por vício de qualidade do serviço: de acordo com o art. 20 do CDC, o fornecedor de serviços responde pelos vícios de qualidade quando: **a)** os tornem impróprios ao consumo; **b)** lhes diminuem o valor ou **c)** apresentem falha na informação decorrentes da disparidade com as indicações constantes da oferta ou da mensagem publicitária. Por exemplo, o consumidor adquire pacote turístico com roteiro predefinido, que não é observado pela fornecedora do serviço.

A propósito, no Exame da OAB de novembro/2017 foi apresentada uma situação hipotética na qual os consumidores foram impedidos de embarcar por não terem sido avisados pela agência de turismo sobre a necessidade de visto de trânsito para conexão internacional prevista no trajeto. A resposta assinalada como correta foi a seguinte: "Cabe ação de reparação por danos extrapatrimoniais, em razão da insuficiência de informação clara e precisa, que deveria ter sido prestada pela agência de turismo, no tocante à necessidade de visto de trânsito para a conexão internacional prevista no trajeto". A prova da FGV –

Exame de Ordem 2020.1 apresentou a seguinte situação hipotética: "Adriano, por meio de um site especializado, efetuou reserva de hotel para estada com sua família em praia caribenha. A reserva foi imediatamente confirmada pelo site, um mês antes das suas férias, quando fariam a viagem. Ocorre que, dez dias antes do embarque, o site especializado comunicou a Adriano que o hotel havia informado o cancelamento da contratação por erro no parcelamento com o cartão de crédito. Adriano, então, buscou nova compra do serviço, mas os valores estavam cerca de 30% mais caros do que na contratação inicial, com o qual anuiu por não ser mais possível alterar a data de suas férias. (...)" Resposta correta: "Neste caso, é correto afirmar que o ressarcimento da diferença arcada pelo consumidor poderá ser buscado em face do site de viagens e do hotel, que respondem **solidariamente,** por comporem a cadeia de fornecimento do serviço."

6.3.1 Serviços impróprios: são aqueles que se mostram inadequados para os fins que razoavelmente deles se esperam, bem como aqueles que não atendam as normas regulamentares de prestabilidade.

? **QUESTÃO:** Quais são as alternativas de que dispõe o consumidor em caso de vício de qualidade do serviço?

↳ ***RESPOSTA:*** *O consumidor pode exigir, alternativamente e à sua escolha: a) a reexecução dos serviços, sem custo adicional e quando cabível; b) a restituição imediata da quantia paga, monetariamente atualizada, sem prejuízo de eventuais perdas e danos; c) o abatimento proporcional do preço.*

A propósito, o Exame Unificado 2015.3 apresentou o seguinte caso concreto: "Hugo colidiu com seu veículo e necessitou de reparos na lataria e na pintura. Para tanto, procurou, por indicação de um amigo, os serviços da Oficina Mecânica M, oportunidade na qual lhe foi ofertado orçamento escrito, válido por 15 (quinze) dias, com o valor da mão de obra e dos materiais a serem utilizados na realização do conserto do automóvel. Hugo, na certeza da boa indicação, contratou pela primeira vez com a Oficina". A resposta assinalada como correta foi a seguinte: **"Se o serviço de pintura contratado por Hugo apresentar vícios de qualidade,** *é correto afirmar que ele terá tríplice opção, à sua escolha, de exigir da oficina mecânica: a reexecução do serviço sem custo adicional; a devolução de eventual quantia já paga, corrigida monetariamente, ou o abatimento do preço de forma proporcional".*

OBS.: *A reexecução dos serviços poderá ser confiada a terceiros devidamente capacitados, por conta e risco do fornecedor (§ 1º, art. 20, CDC).*

6.3.2 Serviços de reparo: é **implícita a obrigação do fornecedor**, no caso de fornecimento de serviços que tenham por objetivo a reparação de qualquer produto, de empregar componentes de reposição originais adequados e novos, ou que mantenham as especificações técnicas do fabricante, salvo, quanto a estes últimos, autorização em contrário do consumidor.

6.4 Importa ainda saber que:

A A adequação do produto ou serviço é uma garantia legal ao consumidor, independente de termo expresso, sendo vedada a exoneração contratual do fornecedor.

B É vedada a estipulação contratual de cláusula que impossibilite, exonere ou atenue a obrigação de indenizar prevista no CDC. Por exemplo, considera-se não escrita a cláusula exonerativa que dispõe que o estacionamento não se responsabiliza pelos pertences deixados no veículo.

C De acordo com o § 2º, art. 25 do CDC, "Sendo o dano causado por componente ou peça incorporada ao produto ou serviço, são responsáveis solidários seu fabricante, construtor ou importador e o que realizou a incorporação."

7. DESCONSIDERAÇÃO DA PERSONALIDADE JURÍDICA

A sociedade, ao adquirir personalidade jurídica com o registro dos seus atos constitutivos no órgão competente, passa a ter **autonomia patrimonial**, isto é, a **sociedade responde com seu patrimônio próprio** pelas obrigações que assumir, patrimônio este que é inconfundível e incomunicável com o patrimônio dos sócios, associados, instituidores ou administradores que a compõem, nos termos do art. 49-A do CC, incluído pela. Lei 13.874, de 20 de setembro de 2019.

No entanto, é possível que os efeitos da personalidade jurídica da sociedade sejam afastados para alcançar os bens dos sócios quando houver a prática de atos ilícitos ou abusos ou para fins diversos daqueles para os quais foi constituída. É o que se entende por desconsideração da personalidade jurídica (*disregard doctrine*).

A desconsideração da personalidade jurídica visa responsabilizar diretamente os administradores ou sócios quando estes utilizam a pessoa jurídica, com a prática de atos aparentemente lícitos, para manipulação fraudulenta ou abusiva do princípio da autonomia patrimonial. Como a fraude se encontra oculta, atrás da pessoa jurídica, justifica-se a desconsideração para operar a mudança na imputação, isto é, da sociedade para os sócios ou administradores responsáveis pelos atos fraudulentos. Por isso é comum na doutrina a expressão 'levantar o véu da pessoa jurídica'.

? **QUESTÃO:** Quando deve o juiz decretar a desconsideração da personalidade jurídica?

↳ ***RESPOSTA:*** *Será desconsiderada a personalidade jurídica nas seguintes hipóteses: a) abuso de direito; b) excesso de poder; c) infração da lei, fato ou ato ilícito; d) violação dos estatutos ou contrato social; e) falência; f) estado de insolvência; g) encerramento ou inatividade da pessoa jurídica* *provocados por má administração; h) sempre que a personalidade da pessoa jurídica for, de alguma forma, obstáculo ao ressarcimento de prejuízos causados aos consumidores.*

MUITA ATENÇÃO!

As hipóteses autorizadoras para a decretação da desconsideração da personalidade jurídica no âmbito da relação de consumo, previstas no art. 28 do CDC, são mais abrangentes do que as hipóteses previstas no art. 50 do CC. De acordo com o CC/2002, a teoria da desconsideração é aplicada quando restar comprovada a manipulação fraudulenta ou abusiva da personalidade jurídica da sociedade.

A **Lei nº 13.874, de 20 de setembro de 2019, alterou a redação do art. 50 do CC** e incluiu dispositivos para definir expressamente o que se entende por desvio de finalidade e confusão patrimonial.

7.1 Quanto aos **aspectos processuais**, importa dizer sobre a desconsideração da personalidade jurídica que: a) é eficaz tão somente ao caso concreto em que foi requerida, permanecendo os efeitos da personalização para as demais relações firmadas com a pessoa jurídica; b) independe de requerimento da parte ou do Ministério Público, podendo o juiz reconhecê-la de ofício; c) presentes as hipóteses autorizadoras na lei para a desconsideração da personalidade jurídica, o juiz tem o dever de decretá-la e não mera faculdade; d) o STJ tem decidido pela possibilidade da aplicação da teoria da desconsideração nos próprios autos da execução, dispensando a propositura da ação autônoma para tal; e) a decisão da desconsideração deve ser devidamente justificada dada a excepcionalidade da medida.

FIQUE POR DENTRO:

O CPC disciplinou nos arts. 133 a 137 o incidente de desconsideração da personalidade jurídica com o objetivo de assegurar o contraditório entre os sócios ou os administradores da pessoa jurídica que podem sofrer os efeitos da desconsideração e o requerente da medida.

Assim como previsto no art. 50 do CC, a desconsideração da personalidade jurídica não pode ser decretada de ofício. Depende, portanto, de requerimento da parte ou do Ministério Público.

O pedido de desconsideração da personalidade jurídica observará os pressupostos previstos em lei específica (art. 50, CC; art. 28, CDC; art. 4°, Lei do Meio Ambiente, etc.).

O § 2° do art. 133 prevê a desconsideração inversa da personalidade jurídica.

O incidente de desconsideração é cabível em todas as fases do processo de conhecimento, no cumprimento de sentença e na execução fundada em título executivo extrajudicial (art. 134). Aplica-se ao processo de competência dos juizados especiais (art. 1.062).

Não será instaurado o incidente se a desconsideração da personalidade jurídica for requerida na petição inicial, hipótese em que serão citados o sócio e a pessoa jurídica.

A instauração do incidente suspende o processo. O sócio ou a pessoa jurídica será citada para manifestar-se e requerer as provas cabíveis no prazo de 15 dias.

FIQUE POR DENTRO:

O incidente será resolvido por decisão interlocutória e dela cabe agravo de instrumento. Se decidido pelo relator, cabe agravo interno.

Acolhido o pedido de desconsideração, a alienação ou a oneração de bens, havida em fraude de execução, será ineficaz em relação ao requerente.

7.2 **Desconsideração inversa da personalidade jurídica:** é manejada para executar bens da sociedade por dívidas pessoais dos sócios quando estes se valem da pessoa jurídica para ocultar ou desviar bens pessoais, causando prejuízos a terceiros.

A doutrina e a jurisprudência, ao tratarem da desconsideração, de regra, fazem referência às teorias maior e menor da desconsideração da personalidade jurídica:

A) Teoria Maior da Desconsideração: a desconsideração é aplicada quando restar provado o desvio de finalidade ou a confusão patrimonial.

A.1) Concepção subjetivista da teoria maior: deve existir o desvio de finalidade praticado pelos sócios ou administradores em detrimento dos credores da sociedade;

A.2) Concepção objetivista da teoria maior: deve-se demonstrar a confusão patrimonial, isto é, a não separação do patrimônio da pessoa jurídica e dos sócios.

B) Teoria Menor da Desconsideração: a desconsideração é aplicada quando restar comprovada a insolvência da pessoa jurídica. O risco empresarial deve ser suportado pelos sócios e não por aquele que contratou com a pessoa jurídica.

O CDC adotou a teoria menor da desconsideração da personalidade jurídica, sendo suficiente a prova de insolvência da pessoa jurídica, independentemente da ocorrência de desvio de finalidade ou de confusão patrimonial.

O CC, diferentemente, adotou a teoria maior da desconsideração, na qual deve ser provado o desvio de finalidade ou a confusão patrimonial para a aplicação da desconsideração da personalidade jurídica da sociedade.

7.3 **Responsabilidade dos grupos societários:** as disposições, a despeito de tratarem de regras gerais de responsabilidade dos grupos societários, estão previstas na seção da desconsideração da personalidade jurídica, podendo ser assim sintetizadas: **a)** as **sociedades integrantes dos grupos societários** e as **sociedades controladas respondem objetiva e subsidiariamente** pelas obrigações decorrentes do CDC; **b)** as **sociedades consorciadas respondem objetiva e solidariamente** pelas obrigações decorrentes do CDC; **c) as sociedades coligadas só responderão por culpa.**

> **MUITA ATENÇÃO!**
>
> Afirma o STJ: "a solidariedade entre os integrantes do consórcio quanto a obrigação decorrente de uma relação de consumo não significa a desconsideração da personalidade jurídica das consorciadas, mas sim a atribuição de responsabilidade a terceiros em razão do vínculo jurídico mantido com o fornecedor causador do dano. Outrossim, é certo que, por se tratar de exceção à regra, a previsão de solidariedade contida no art. 28, § 3º, do CDC deve ser interpretada restritivamente, de maneira a abarcar apenas as obrigações resultantes do objeto do consórcio, e não quaisquer obrigações assumidas pelas consorciadas em suas atividades empresariais gerais. Ademais, a exceção em comento não alcança o próprio consórcio, que apenas responderá solidariamente com suas integrantes se houver previsão contratual nesse sentido." (REsp 1.635.637-RJ, DJe 21/09/2018 – Informativo 633)

8. PRÁTICAS COMERCIAIS

A seguir serão tratadas as principais considerações sobre as seguintes práticas comerciais: oferta, publicidade, práticas abusivas, cobrança de dívidas, bancos de dados e cadastros de consumidores.

8.1 Oferta: compreendida como sendo toda informação ou publicidade, suficientemente precisa, veiculada por qualquer forma ou meio de comunicação com relação a produtos e serviços oferecidos ou apresentados (art. 30, CDC). **A oferta vincula o fornecedor** que a fizer veicular ou dela se utilizar, inclusive integrando o contrato que vier a ser celebrado.

Prevalece na doutrina o entendimento de que a alegação de erro na oferta veiculada não tem o condão de eximir o fornecedor de cumprir aquilo que foi ofertado. Se assim não fosse, possibilitaria ao fornecedor sempre invocar a seu favor o erro ou equívoco na formulação da oferta, afastando, assim, sua responsabilidade do cumprimento daquilo que foi prometido.

> **MUITA ATENÇÃO!**
>
> A oferta veiculada com exagero (*puffing*), como por exemplo, "o melhor", "o mais gostoso", não obriga o fornecedor, uma vez que é desprovida de informação suficientemente precisa.
>
> ANTONIO HERMAN V. BENJAMIN (2017, p. 264) faz uma ressalva: "contudo, até essas expressões, em alguns contextos, podem ganhar precisão, vinculando, então, o anunciante – por exemplo, quando o fornecedor afirma ter "o melhor preço da capital" ou "a garantia mais completa do mercado". A utilização do *puffing* em relação ao preço impõe, em regra, a vinculação".
>
> De igual modo, a oferta veiculada com erro grosseiro, com flagrante equívoco, não vincula o fornecedor, como por exemplo, geladeira de R$ 2.000,00 anunciada por R$ 20,00, em respeito aos princípios da boa-fé e equilíbrio que devem pautar a conduta das partes.
>
> Nesse sentido o seguinte julgado do STJ: "(...) os consumidores promoveram a reserva de bilhetes aéreos com destino internacional **a preço muito aquém do praticado por outras empresas aéreas**, não tendo sequer havido a emissão dos bilhetes eletrônicos (e-tickets) que pudessem formalizar a compra. Agrega-se o fato de que os valores sequer foram debitados do cartão de crédito e, em curto período, os consumidores receberam e-mail informando a não conclusão da operação. Nesse contexto, é inadmissível que, diante de inegável erro sistêmico grosseiro no carregamento de preços, possa se reconhecer a falha da prestação dos serviços das empresas, que prontamente impediram o lançamento de valores na fatura do cartão de crédito utilizado, informando, ainda, com antecedência necessária ao voo, o cancelamento da operação. Por conseguinte, **não há que se falar em violação do princípio da vinculação da oferta** (art. 30 do CDC)" (REsp 1.794.991-SE, DJe 11/05/2020, Informativo n. 671).

Sobre a oferta importa saber que:

A Informação suficientemente precisa: as informações constantes na oferta e na apresentação de produtos ou serviços devem ser corretas, claras, precisas, ostensivas e em língua portuguesa sobre suas características, qualidades, quantidade, composição, preço, garantia, prazos de validade e origem, etc., bem como sobre os riscos que apresentam à saúde e segurança dos consumidores (art. 31, CDC). Tais informações serão gravadas de forma indelével nos produtos refrigerados oferecidos ao consumidor (parágrafo único, art. 31, CDC).

Segundo entendimento do STJ, a oferta publicitária tem sua origem no princípio da transparência (art. 4º, caput) e é decorrência do princípio da boa-fé objetiva. (...). Assim, observe-se que o dever de informar não é tratado como mera obrigação anexa, e sim como dever básico, essencial e intrínseco à relação de consumo, não podendo afastar a índole enganosa da informação que seja parcialmente falsa ou omissa a ponto de induzir o consumidor a erro, uma vez que não é válida a meia informação ou a informação incompleta". (REsp 1.364.915-MG, DJ 14/05/2013 – Informativo 524)

> **FIQUE POR DENTRO:**
>
> A Lei nº 10.962/2004 dispõe sobre a oferta e as formas de afixação de preços de produtos e serviços para o consumidor e é regulamentada pelo Decreto nº 5.903/2006.
>
> A Lei nº 13.455/2017, no art. 1º, autoriza a diferenciação de preços de bens e serviços oferecidos ao público em função do prazo ou do instrumento de pagamento utilizado.
>
> O parágrafo único do art. 1º dispõe: "É nula a cláusula contratual, estabelecida no âmbito de arranjos de pagamento ou de outros acordos para prestação de serviço de pagamento, que proíba ou restrinja a diferenciação de preços facultada no caput deste artigo".
>
> A referida lei altera a Lei nº 10.962/2004 para acrescer o artigo 5º-A, com a seguinte redação: "O fornecedor

DIREITO DO CONSUMIDOR

FIQUE POR DENTRO:

deve informar, em local e formato visíveis ao consumidor, eventuais descontos oferecidos em função do prazo ou do instrumento de pagamento utilizado". E parágrafo único: aplicam-se às infrações a este artigo as sanções previstas no CDC.

A Lei nº 13.486/2017 altera o CDC para acrescer o §2º do art. 8º com a seguinte redação: "O fornecedor deverá higienizar os equipamentos e utensílios utilizados no fornecimento de produtos ou serviços, ou colocados à disposição do consumidor, e informar, de maneira ostensiva e adequada, quando for o caso, sobre o risco de contaminação".

B **Peças de reposição:** os **fabricantes e importadores** deverão **assegurar a oferta de componentes e peças de reposição** enquanto não cessar a fabricação ou importação do produto, devendo a oferta ser mantida por período razoável de tempo após cessadas a produção ou importação (art. 32, CDC).

A propósito, no Exame Unificado 2014.1 foi apresentada uma situação hipotética sobre o assunto cuja resposta assinalada como correta foi a seguinte: "Havendo necessidade de reposição de peças ou componentes no veículo de Mauro, a fabricante Surreal deverá, ainda que cessada a fabricação no país, efetuar o reparo com peças originais por um período razoável de tempo, fixado por lei. A reposição com peças usadas só é admitida pelo Código do Consumidor quando houver autorização do consumidor".

C **Venda por telefone ou reembolso postal:** na oferta ou venda por telefone ou reembolso postal deve constar o nome do fabricante e endereço na embalagem, publicidade e em todos os impressos utilizados na transação comercial, sendo vedada a publicidade de bens e serviços por telefone quando a chamada for onerosa ao consumidor que a origina (art. 33, CDC).

Os doutrinadores defendem a aplicabilidade desse dispositivo legal nas relações de consumo oriundas do comércio eletrônico.

D **Ato de preposto ou representante autônomo:** o fornecedor do produto ou serviço é solidariamente responsável pelos atos de seus prepostos ou representantes autônomos (art. 34, CDC). A doutrina denomina de responsabilidade solidária por pressuposição.

E **Recusa no cumprimento da oferta** (Exame Unificado 2014.1): o consumidor poderá, alternativamente e à sua livre escolha: **a)** exigir o cumprimento forçado da obrigação, nos termos da oferta, apresentação ou publicidade; **b)** aceitar outro produto ou prestação de serviço equivalente; **c)** rescindir o contrato, com direito à restituição de quantia eventualmente antecipada, monetariamente atualizada, e a perdas e danos (art. 35, CDC).

Segundo entendimento do STJ, "O mero fato de o fornecedor do produto não o possuir em estoque no momento da contratação não é condição suficiente para eximi-lo do cumprimento forçado da obrigação." Prossegue: "A impossibilidade do cumprimento da obrigação de entregar coisa, no contrato de compra e venda, que é consensual, deve ser restringida exclusivamente à inexistência absoluta do produto, na hipótese em que não há estoque e não haverá mais, pois aquela espécie, marca e modelo não é mais fabricada. Assim, a possibilidade ou não do cumprimento da escolha formulada livremente pelo consumidor deve ser aferida à luz da boa-fé objetiva, de forma que, sendo possível ao fornecedor cumprir com a obrigação, entregando ao consumidor o produto anunciado, ainda que obtendo-o por outros meios, como o adquirindo de outros revendedores, não há razão para se eliminar a opção pelo cumprimento forçado da obrigação." (REsp 1.872.048-RS – Dje 23/02/2021 – Informativo n.686)

8.2 Publicidade: deve ser ostensiva, de modo que o consumidor a identifique como tal de forma fácil e imediata.

Mas, em alguns tipos de publicidade, o consumidor não identifica de forma clara e imediata a oferta dos produtos e serviços. São elas, segundo classificação de FABRÍCIO BOLZAN (2018, p. 527):

1) **publicidade dissimulada:** aquela com conotação jornalística sob a forma de reportagem, artigo, nota-legenda ou qualquer outra que se veicule mediante pagamento. Deve ser apropriadamente identificada, com acompanhamento de aviso, por exemplo de "informe publicitário";

2) **publicidade subliminar: aquela captada pelo inconsciente do consumidor. É de difícil constatação,** mas se comprovada a utilização da técnica, estará em desacordo com o princípio da identificação da publicidade;

3) **publicidade clandestina:** merchandising. Consiste na inserção indireta de produto, serviço ou marca em filmes, novelas, programas de televisão em geral, teatro, rádio. Ex.: consumo de bebida de determinada marca nas novelas. Embora o CDC não vede o merchandising, deve se submeter aos princípios de ostensividade e identificação publicitária.

É **proibida toda publicidade enganosa ou abusiva:**

A **Publicidade enganosa:** compreendida como "qualquer modalidade de informação ou comunicação de caráter publicitário, inteira ou parcialmente falsa, ou, por qualquer outro modo, mesmo por omissão, **capaz de induzir em erro o consumidor** a respeito da natureza, características, qualidade, quantidade, propriedades, origem, preço e quaisquer outros dados sobre produtos e serviços" (§ 1º, art. 37, CDC).

Segundo entendimento do STJ, "a obrigação de informação, com maior razão a que possa atingir pessoas de baixa renda, exige, do fornecedor, comportamento eficaz, proativo e leal. O Código rejeita tanto a regra *caveat emptor* como a subinformação, as patologias do silêncio total e parcial. No exame da enganosidade de oferta, publicitária ou não, o que vale - inclusive para fins de exercício do poder de polícia de consumo - é a capacidade de indução do consumidor em erro acerca de quaisquer "dados /sobre produtos e serviços", dados esses que, na hipótese de omissão (mas não na de oferta enganosa comissiva) reclamam a qualidade da essencialidade (CDC, art. 37, §§ 1º e 3º). **Esclarecimentos posteriores ou complementares desconectados do conteúdo principal da oferta (informação disjuntiva, material ou temporalmente) não servem para exonerar ou mitigar a enganosidade ou abusividade.** Viola os princípios da vulnerabilidade, da boa-fé objetiva, da transparência e da confiança prestar informação por etapas e, assim, compelir o consumidor à tarefa impossível de juntar pedaços informativos esparramados em mídias, documentos e momentos diferentes (REsp 1.802.787-SP, DJe 11/09/2020, Informativo n. 679).

"A loja faz publicidade enganosa, que se configura, basicamente, pela falsidade, total ou parcial, da informação veiculada" (extraído do Exame Unificado 2012.4). É enganosa por omissão quando deixar de informar sobre dado essencial do produto ou serviço.

A expressão "dado essencial" deve ser entendida como aquela informação relevante que, se conhecida pelo consumidor, poderia fazer com que não adquirisse o produto ou contratasse o serviço.

De acordo com o STJ é considerada publicidade enganosa por omissão a publicidade televisiva que omite o preço e a forma de pagamento do produto, condicionando a obtenção dessas informações à realização de ligação telefônica tarifada. "(...). Isso porque a informação deficiente frustra as legítimas expectativas do consumidor, maculando sua confiança. Na hipótese aqui analisada, a falta de informação suprime a liberdade do consumidor de, previamente, recusar o produto e escolher outro, levando-o, ainda que não venha a comprar, a fazer uma ligação tarifada para, só então, obter informações essenciais atinentes ao preço e à forma do pagamento, burlando-lhe a confiança e onerando-o". (REsp 1.428.801-RJ, DJ 13/11/2015 – Informativo 573)

O julgado acima foi objeto do Exame da OAB – agosto/2016 – Prova reaplicada Salvador-BA.

Sobre o tema, o Exame da OAB 2018.2 apresentou a seguinte situação hipotética: "A Construtora X instalou um estande de vendas em um shopping center da cidade, apresentando folder de empreendimento imobiliário de dez edifícios residenciais com área comum que incluía churrasqueira, espaço gourmet, salão de festas, parquinho infantil, academia e piscina. A proposta fez tanto sucesso que, em apenas um mês, foram firmados contratos de compra e venda da integralidade das unidades. A Construtora X somente realizou a entrega dois anos após o prazo originário de entrega dos imóveis e sem pagamento de qualquer verba pela mora, visto que o contrato previa exclusão de cláusula penal, e também deixou de entregar a área comum de lazer que constava do folder. Nesse caso, à luz do Código de Defesa do Consumidor, cabe (...)." Resposta correta: "ação individual ou coletiva, em razão da propaganda enganosa evidenciada pela ausência da entrega da parte comum indicada no folder de venda."

Referida questão foi objeto de discussão por falta de técnica na redação. Publicidade não se confunde com propaganda, embora muitas vezes sejam tratadas como sinônimos. Enquanto a publicidade destina-se a difundir um produto ou serviço específico junto aos consumidores, com intuito de lucro, a propaganda destina-se a difundir ideias e conceitos.

Antonio Herman e Vasconcellos e Benjamin faz a seguinte distinção: "A publicidade tem um objetivo comercial (...), enquanto a propaganda visa a um fim ideológico, religioso, político, econômico ou social". (BENJAMIN, 1999, p. 266).

Como exemplo de publicidade tem-se a difusão nos veículos de comunicação de incontáveis produtos do gênero alimentício. E como exemplo de propaganda tem-se a difusão, também nos veículos de comunicação, da propaganda política.

Em que pese o posicionamento de alguns profissionais do direito no sentido de o caso cuidar de inadimplemento contratual e não de publicidade enganosa, a questão não foi anulada.

B Publicidade abusiva: "é abusiva, dentre outras, a **publicidade discriminatória de qualquer natureza**, a que **incite à violência**, **explore o medo ou a superstição**, **se aproveite da deficiência de julgamento e experiência da criança**, **desrespeita valores ambientais**, ou que **seja capaz de induzir o consumidor a se comportar de forma prejudicial ou perigosa à sua saúde ou segurança"** (§ 2º, art. 37, CDC).

"É abusiva a publicidade que desrespeita valores ambientais". (extraído do Exame Unificado 2010).

Para o STJ, "é abusiva a publicidade de alimentos direcionada, de forma explícita ou implícita, a crianças." Entende a Corte Superior que "Na ótica do Direito do Consumidor, publicidade é oferta e, como tal, ato precursor da celebração de contrato de consumo, negócio jurídico cuja validade depende da existência de sujeito capaz (art. 104, I, do Código Civil). Em outras palavras, se criança, no mercado de consumo, não exerce atos jurídicos em seu nome e por vontade própria, por lhe faltar poder de consentimento, tampouco deve ser destinatária de publicidade que, fazendo tábula rasa da realidade notória, a incita a agir como se plenamente capaz fosse" (REsp 1.613.561-SP, DJe 01/09/2020, Informativo n. 679).

A propósito, o Exame 2021.2 apresentou a seguinte situação hipotética: "A era digital vem revolucionando o Direito, que busca se adequar aos mais diversos canais de realização da vida inserida ou tangenciada por elementos virtuais. Nesse cenário, consagram-se avanços normativos a fim de atender às situações jurídicas que se apresentam, sendo ponto importante a recorrência dos chamados youtubers, atividade não rara realizada por crianças e destinada ao público infantil. Nesse contexto, os youtubers mirins vêm desenvolvendo atividades que necessitam de intervenção jurídica, notadamente quando se mostram portadores de prática publicitária. A esse respeito, instrumentos normativos que visam a salvaguardar interesses na publicidade infantil estão em vigor e outros previstos em projetos de lei. Sobre o fato narrado, de acordo com o CDC, assinale a afirmativa correta." Alternativa correta: "A publicidade que se aproveita da deficiência de julgamento e experiência da criança ou se prevaleça da sua idade e conhecimento imaturo para lhe impingir produtos ou serviços é considerada abusiva."

Ficar atento com a diferença entre publicidade enganosa e publicidade abusiva pois são recorrentes as questões no Exame da Ordem sobre o assunto.

8.2.1 Ônus da prova: cabe ao patrocinador da publicidade o ônus da prova da veracidade e correção da informação ou comunicação publicitária **por expressa determinação legal do art. 38 do CDC.**

> **MUITA ATENÇÃO!**
>
> Em se tratando de matéria publicitária, o ônus da prova da veracidade e correção da informação ou comunicação publicitária cabe a quem as patrocina. A inversão do ônus da prova é *ope legis*, isto é, determinada pela lei, e, portanto, obrigatória. A inversão *ope legis* não está na esfera de discricionariedade do juiz.
>
> Não se confunde com a inversão *ope judicis* prevista no art. 6º, inciso VIII, do CDC, que depende de decisão judicial com base nos requisitos da verossimilhança das alegações e hipossuficiência.

8.2.2 Contrapropaganda: sanção administrativa cominada quando o fornecedor incorrer na prática de publicidade enganosa ou abusiva, sempre às expensas do infrator. Será divulgada pelo responsável da mesma forma, frequência e dimensão e, preferencialmente no mesmo veículo, local, espaço e horário, de forma capaz de desfazer o malefício da publicidade enganosa ou abusiva.

8.3 Práticas abusivas: Nas lições de Rizzato Nunes, práticas abusivas "são ações e/ou condutas que, uma vez existentes, caracterizam-se como ilícitas, independentemente de se encontrar ou não algum consumidor lesado ou que se sinta lesado. São ilícitas em si, apenas por existirem de fato no mundo fenomênico". (NUNES, 2011, p. 588)

Sobre prática abusiva merece registro o entendimento do STJ no que diz respeito ao cancelamento de voos pelas concessionárias de serviço público de transporte aéreo sem razões técnicas ou de segurança. Entende o STJ que: "(...) o cancelamento e a interrupção de voos, sem razões de ordem técnica e de segurança intransponíveis, é prática abusiva contra o consumidor e, portanto, deve ser prevenida e punida. Também é prática abusiva não informar o consumidor, por escrito e justificadamente, quando tais cancelamentos vierem a ocorrer. A malha aérea concedida pela ANAC é uma oferta que vincula a concessionária a prestar o serviço concedido nos termos dos arts. 30 e 31 do CDC. Independentemente da maior ou da menor demanda, a oferta obriga o fornecedor a cumprir o que ofereceu, a agir com transparência e a informar o consumidor (REsp 1.469.087-AC, DJe 17/11/2016 – Informativo n. 593).

São consideradas práticas abusivas aquelas enumeradas no art. 39 do CDC, tratadas a seguir, dentre outras, tendo em vista que o dispositivo legal é meramente exemplificativo. São elas:

A Venda casada e limitação quantitativa sem justa causa: é vedado ao fornecedor condicionar o fornecimento de produto ou de serviço ao fornecimento de outro produto ou serviço não pretendido pelo consumidor, como ocorre quando um cliente pretende fazer um empréstimo e o banco exige que se contrate um seguro ou outro serviço.

Segundo o STJ, "É abusiva a venda de ingressos em meio virtual (internet) vinculada a uma única intermediadora e mediante o pagamento de taxa de conveniência por se tratar de **"venda casada "às avessas", indireta ou dissimulada** consistente em se admitir uma conduta de consumo intimamente relacionada a um produto ou serviço, mas cujo exercício, é restringido à única opção oferecida pelo próprio fornecedor, limitando, assim, a liberdade de escolha do consumidor".

Para o STJ "(...) deve ser reconhecida a abusividade da prática da venda casada imposta ao consumidor em prestação manifestamente desproporcional, devendo ser admitido que a remuneração da intermediadora da venda, mediante a taxa de conveniência, deveria ser de responsabilidade dos promotores e produtores de espetáculos culturais, verdadeiros beneficiários do modelo de negócio escolhido. (REsp 1.737.428, DJe 15/03/2019 – Informativo 644)

É proibido também o condicionamento quantitativo, a maior ou a menor, sem justa causa. Assim, o fornecedor não pode impor ao consumidor a aquisição de produto ou serviço em quantidade maior ou menor do que aquela que ele pretende adquirir. Por exemplo, o fornecedor não pode impor ao consumidor a aquisição de três produtos de limpeza, ofertados em embalagens promocionais. Se o consumidor quiser, pode adquirir apenas um dos produtos, com o pagamento do preço sem o desconto válido para a promoção.

MUITA ATENÇÃO! Há justa causa para limitação quantitativa do produto, não configurando prática abusiva, nas seguintes hipóteses, não excluindo outras: a) em razão da natureza do produto, a venda fique economicamente inviável. Ex: venda de um palito de fósforo; b) em razão do ramo de comércio. Ex: atacadista; c) limitação de estoque, etc.

B Recusa no atendimento à demanda do consumidor: é vedado ao fornecedor recusar atendimento às demandas dos consumidores na exata medida de suas disponibilidades de estoque e, ainda, de conformidade com os usos e costumes. Ex.: o taxista não pode recusar uma corrida em razão da curta distância a ser percorrida, sendo este o exemplo clássico citado pela doutrina consumerista.

C Envio ou entrega de produto ou fornecimento de serviço sem solicitação prévia: é vedado ao fornecedor enviar ou entregar qualquer produto, ou fornecer qualquer serviço ao consumidor sem que este tenha solicitado previamente. Os produtos remetidos ou entregues e serviços prestados sem solicitação prévia do consumidor **equiparam-se às amostras grátis**, inexistindo obrigação de pagamento.

Diz o STJ: "É vedado o envio de cartão de crédito, ainda que bloqueado, à residência do consumidor sem prévia e expressa solicitação. Essa prática comercial é considerada abusiva nos moldes do art. 39, III, do CDC, contrariando a boa-fé objetiva. O referido dispositivo legal tutela os interesses dos consumidores até mesmo no período pré-contratual, não sendo válido o argumento de que o simples envio do cartão de crédito à residência do consumidor não configuraria ilícito por não implicar contratação, mas mera proposta de serviço". (REsp 1.199.117-SP, DJ 18/12/2012 – Informativo 511)

Nesse sentido a Súmula 532 do STJ: "Constitui prática comercial abusiva o envio de cartão de crédito sem prévia e expressa solicitação do consumidor, configurando-se ato ilícito indenizável e sujeito à aplicação de multa administrativa".

A propósito, o Exame da OAB – novembro/2016 exigiu do candidato o conhecimento da Súmula 532 do STJ ao apresentar a seguinte situação hipotética: "O Banco X enviou um cartão de crédito para Jeremias, com limite de R$ 10.000,00 (dez mil reais), para uso em território nacional e no exterior, incluindo seguro de vida e acidentes pessoais, bem como seguro contra roubo e furto, no importe total de R$ 5,00 (cinco reais) na fatura mensal, além da anuidade de R$ 400,00 (quatrocentos reais), parcelada em cinco vezes. Jeremias recebeu a correspondência contendo um cartão bloqueado, o contrato e o informativo de benefícios e ônus. Ocorre que Jeremias não é cliente do Banco X e sequer solicitou o cartão de crédito.

Sobre a conduta da instituição bancária, considerando a situação narrada e o entendimento do STJ expresso em Súmula, assinale a afirmativa correta." A resposta correta indicada foi a seguinte: "Foi abusiva e constitui ilícito indenizável em favor de Jeremias, mesmo sem prejuízo comprovado, em razão da configuração de dano moral *in re ipsa* na hipótese, que pode ser cumulada com a aplicação de multa administrativa, que não será fixada em favor do consumidor".

Para o STJ, "é ilícita a conduta da casa bancária que transfere, sem autorização expressa, recursos do correntista para modalidade de investimento incompatível com o perfil do investidor".

Segundo entendimento do STJ, "(...) a jurisprudência desta Corte reconhece a responsabilidade das entidades bancárias por prejuízos advindos de investimentos malsucedidos quando houver defeito na prestação do serviço de conscientização dos riscos envolvidos na operação (...). Se o correntista tem hábito de autorizar investimentos sem nenhum risco de perda (como é o caso do CDB – título de renda fixa com baixo grau de risco) e o banco, **por iniciativa própria e sem respaldo em autorização expressa do consumidor**, realiza aplicação em fundo de risco incompatível com o perfil conservador de seu cliente, a ocorrência de eventuais prejuízos deve, sim, ser suportada, exclusivamente, pela instituição financeira, que, notadamente, não se desincumbiu do seu dever de esclarecer de forma adequada e clara sobre os riscos da operação (...)." (REsp 1.326.592-GO, DJ 06/08/2019– Informativo 653)

? **QUESTÃO:** Como deve então proceder o fornecedor antes de iniciar o serviço?

➥ ***RESPOSTA:*** *O procedimento correto a ser adotado pelo fornecedor, de acordo com o art. 40 do CDC, é entregar ao consumidor orçamento prévio discriminando o valor da mão de obra, dos materiais e equipamentos a serem empregados, as condições de pagamento, bem como as datas de início e término dos serviços.*

OBS.: Sobre o orçamento importa saber que: *a) prazo de validade é de 10 dias contado de seu recebimento pelo consumidor, salvo acordo entre as partes em sentido contrário (§ 1º); b) obriga os contraentes quando aprovado pelo consumidor e somente pode ser alterado mediante livre negociação das partes (§ 2º); c) o consumidor não responde por quaisquer ônus ou acréscimos decorrentes da contratação de serviços de terceiros não previstos no orçamento prévio (§ 3º).*

D Prevalecimento sobre a fraqueza ou ignorância do consumidor: é vedado ao fornecedor aproveitar-se da fraqueza ou ignorância do consumidor, tendo em vista sua idade, saúde, conhecimento ou condição social, para impingir-lhe seus produtos ou serviços.

É por essa razão que os hospitais não podem exigir do consumidor, que se encontra com seu estado de saúde debilitado, o cheque caução.

E Exigência de vantagem manifestamente excessiva: é vedado ao fornecedor exigir do consumidor vantagem manifestamente excessiva, devendo esta ser aferida no caso concreto pelo julgador.

Considera-se vantagem manifestamente excessiva aquela que (art. 51, § 1º, CDC): **a)** ofende os princípios fundamentais do sistema jurídico a que pertence; **b)** restringe direitos ou obrigações fundamentais inerentes à natureza do contrato, de tal modo a ameaçar seu objeto ou equilíbrio contratual; **c)** se mostra excessivamente onerosa para o consumidor, considerando-se a natureza e conteúdo do contrato, o interesse das partes e outras circunstâncias peculiares ao caso.

F Execução de serviço sem orçamento prévio e autorização expressa: é vedado ao fornecedor executar serviços sem a prévia elaboração de orçamento e autorização expressa do consumidor, ressalvadas as decorrentes de práticas anteriores entre as partes.

G Repasse de informação depreciativa: é vedado ao fornecedor repassar informação depreciativa referente a ato praticado pelo consumidor no exercício de seus direitos. **Duas considerações a fazer: 1)** embora o dispositivo somente se refira à informação depreciativa, vale lembrar que também configura prática abusiva do fornecedor o repasse de informação positiva do consumidor a outros fornecedores por configurar direito de personalidade os dados cadastrais do consumidor; **2)** os serviços de proteção ao crédito que negativam o nome do consumidor estão previstos no art. 43 do CDC e não configuram prática abusiva.

H Não observância das normas técnicas: é vedado ao fornecedor colocar no mercado de consumo qualquer produto ou serviço em desacordo com as normas expedidas pelos órgãos oficiais competentes ou, se normas específicas não existirem, pela ABNT ou outra entidade credenciada pelo Conmetro.

I Recusa de venda mediante pronto pagamento: é vedado ao fornecedor recusar a venda de bens ou a prestação de serviços diretamente a quem se disponha a adquiri-los mediante pronto pagamento, ressalvados os casos de intermediação regulados em leis especiais.

Pronto pagamento deve ser entendido como sendo pagamento em dinheiro ou no cartão de débito. Já o pagamento em cheque pode ser recusado pelo fornecedor, mas essa informação deve estar clara ao consumidor.

J Elevação do preço sem justificativa: via de regra, o fornecedor é livre para determinar os preços antes da contratação. No entanto, é vedado ao fornecedor elevar sem justa causa o preço de produtos ou serviços após a contratação.

O art. 41 do CDC trata de fornecimento de produtos ou de serviços sujeitos ao regime de controle ou de tabelamento de preços, de modo que os fornecedores deverão respeitar os limites oficiais sob pena de não o fazendo responderem pela restituição da quantia recebida em excesso, monetariamente atualizada, podendo o consumidor exigir à sua escolha o desfazimento do negócio, sem prejuízo de outras sanções cabíveis.

Cumpre registrar que a prática de controle ou de tabelamento de preço está ligada à época do período de inflação no país, sendo que na atualidade prevalece a regra de fixação dos preços segundo as leis de mercado.

K Aplicação de reajuste diverso do legal ou contratual: é vedado ao fornecedor aplicar fórmula ou índice de reajuste diverso do legal ou contratualmente estabelecido.

L Ausência ou discricionariedade na determinação de prazo: é vedado ao fornecedor deixar de estipular prazo para o cumprimento de sua obrigação ou deixar a fixação de seu termo inicial a seu exclusivo critério.

M Permissão em estabelecimentos de um número maior de consumidores que o fixado pela autoridade administrativa: a Lei nº 13.425, de 30 de março de 2017, alterou o CDC para acrescer o inciso XIV ao art. 39 com a seguinte redação: é vedado ao fornecedor "permitir o ingresso em estabelecimentos comerciais ou de serviços de um número maior de consumidores que o fixado pela autoridade administrativa como máximo".

Para contextualizar a redação do inciso XIV do art. 39, cumpre esclarecer que a Lei nº 13.425/2017 estabelece diretrizes gerais sobre medidas de prevenção e combate a incêndio e a desastres em estabelecimentos, edificações e áreas de reunião de público.

8.4 Cobrança de dívidas: configura prática regular no mercado de consumo o fornecedor cobrar uma dívida do consumidor inadimplente, devendo constar nos documentos de cobrança apresentados ao consumidor o nome, o endereço e o número de CPF ou CNPJ do fornecedor do produto ou serviço correspondente. A prática vedada pelo CDC é a cobrança abusiva desse débito, ou seja, aquela cobrança que expõe o consumidor inadimplente ao ridículo ou o submete a qualquer tipo de constrangimento ou ameaça, que deve ser analisado no caso concreto.

8.4.1 Repetição de indébito: o consumidor que for cobrado indevidamente terá direito à repetição de indébito por valor igual ao dobro do que pagou em excesso, acrescido de correção monetária e juros legais, salvo hipótese de engano justificável. (Exame Unificado 2009).

Importa ressaltar que a devolução em dobro é exigida pela lei consumerista quando do pagamento pelo consumidor do valor indevidamente cobrado. A cobrança indevida, sem o pagamento correspondente pelo consumidor, não enseja a devolução em dobro!

8.4.2 Engano justificável: compreendido como aquele que não decorre de culpa ou dolo do fornecedor. Nesta situação, a devolução do valor se dá na forma simples e não em dobro. O ônus da prova é do fornecedor, que deve se incumbir de comprovar que, mesmo cumpridas as diligências e observados os cuidados necessários, o engano subsiste.

8.5 Banco de dados e cadastros dos consumidores: importa saber que: **a)** o consumidor tem **direito ao acesso às informações** existentes em cadastros, fichas, registros e dados pessoais e de consumo arquivados sobre ele, bem como sobre as suas respectivas fontes, devendo essas informações ser objetivas, claras, verdadeiras e de fácil compreensão. Tais informações devem ser disponibilizadas em formatos acessíveis, inclusive para a pessoa com deficiência, mediante solicitação do consumidor; **b)** o consumidor deve ser **informado por escrito** sobre a abertura de cadastro, ficha, registro e dados pessoais e de consumo, quando não solicitada por ele; **c)** essa comunicação deve ser feita previamente pelo órgão mantenedor do Cadastro de Proteção ao Crédito, isto é, antes da inscrição do nome do consumidor no cadastro de devedores inadimplentes, sob pena de configurar dano moral (Súmula 359, STJ); **d)** em caso de **inexatidão nos dados e cadastros**, o consumidor pode exigir **sua imediata correção**, devendo o arquivista, no prazo de 05 úteis, comunicar a alteração aos eventuais destinatários das informações incorretas; **e)** a despeito de o CDC admitir a negativação do consumidor inadimplente, os cadastros e dados dos consumidores não podem conter informações negativas referentes a período superior a 05 anos ou antes disso, se consumada a prescrição relativa à cobrança de débitos do consumidor. Para o STJ, o termo inicial do prazo máximo de cinco anos que o nome de devedor pode ficar inscrito em órgão de proteção ao crédito é o dia seguinte à data de vencimento da dívida (REsp 1.630.889-DF, DJe 21/09/2018 – Informativo 633); **f)** os bancos de dados e cadastros dos consumidores, os serviços de proteção ao crédito e congêneres são considerados **entidades de caráter público**, de modo a comportar, se preenchidos os requisitos constitucionais, o ajuizamento do *habeas data*.

FIQUE POR DENTRO:

Súmula 385 do STJ: "Da anotação irregular em cadastro de proteção ao crédito, não cabe indenização por dano moral quando preexistente legítima inscrição, ressalvado o direito ao cancelamento".

Súmula 550 do STJ: "A utilização de escore de crédito, método estatístico de avaliação de risco que não constitui banco de dados, dispensa o consentimento do consumidor, que terá o direito de solicitar esclarecimentos sobre as informações pessoais valoradas e as fontes dos dados considerados no respectivo cálculo".

Súmula 548 do STJ: "Incumbe ao credor a exclusão do registro da dívida em nome do devedor no cadastro de inadimplentes no prazo de cinco dias úteis, a partir do integral e efetivo pagamento do débito". (Exame da OAB – julho/2016)

Sobre banco de dados e cadastros dos consumidores, no Exame Unificado de 2009 considerou-se correta a seguinte alternativa: "O consumidor, sempre que encontrar inexatidão nos seus dados e cadastros, poderá exigir imediata correção".

Negar as informações que constam no banco de dados e cadastros sobre o consumidor configura infração penal punível com pena de detenção ou multa, nos termos tipificados no Código de Defesa do Consumidor. (Extraído do Exame Unificado 2014.3)

MUITA ATENÇÃO!

A responsabilidade do fornecedor e a responsabilidade do órgão mantenedor do Cadastro de Proteção ao Crédito são definidas da seguinte forma: a) fornecedor: negativação do nome do consumidor e retirada do nome do consumidor do cadastro após quitação da dívida; b) órgão mantenedor do cadastro: notificação do consumidor antes de proceder à inscrição no cadastro.

MUITA ATENÇÃO!

Segundo entendimento do STJ, "as entidades mantenedoras de cadastros de proteção ao crédito não devem incluir em sua base de dados informações coletadas dos cartórios de protestos sem a informação do prazo de vencimento da dívida, sendo responsáveis pelo controle de ambos os limites temporais estabelecidos no art. 43 da Lei n. 8.078/1990."

"Como reflexo do princípio da veracidade, o CDC cuidou de estabelecer limites temporais objetivos para que a informação negativa a respeito dos débitos do consumidor conste na base dos bancos de dados de proteção ao crédito. Previu, assim, em seu art. 43, dois prazos, quais sejam: a) o prazo genérico de 5 (cinco) anos, do § 1º; e b) o prazo específico da ação de cobrança, do § 5º. Esses prazos são conciliados, de modo que uma dívida não pode estar sujeita a registro em cadastro de proteção ao crédito por período superior a cinco anos. Assim, os arquivistas devem adotar a posição que evite o dano potencial ao direito da personalidade do consumidor, razão pela qual é legítima a imposição da obrigação de não-fazer, consistente em não incluir em sua base de dados informações coletadas dos cartórios de protestos, sem a informação do prazo de vencimento da dívida, para controle de ambos os limites temporais estabelecidos no art. 43 da Lei n. 8.078/1990." (REsp 1.630.889-DF, DJe 21/09/2018 – Informativo 633)

Para o STJ, "(...) tanto sob a enfoque do registro de informações negativas como também para o registro de informações positivas, tem o consumidor o direito de tomar conhecimento de que informações a seu respeito estão sendo arquivadas/comercializadas por terceiro, sem a sua autorização, porque desse direito decorrem outros dois que lhe são assegurados pelo ordenamento jurídico: o direito de acesso aos dados armazenados e o direito à retificação das informações incorretas. A inobservância dos deveres associados ao tratamento (que inclui a coleta, o armazenamento e a transferência a terceiros) dos dados do consumidor - dentre os quais se inclui o dever de informar - faz nascer para este a pretensão de indenização pelos danos causados e a de fazer cessar, imediatamente, a ofensa aos direitos da personalidade (...)"(REsp 1.758.799-MG – DJe 19/11/2019– Informativo 660).

8.5.1 Cadastro de reclamações contra fornecedores: o CDC prevê a existência de cadastros atualizados de reclamações fundamentadas contra fornecedores de produtos e serviços a serem mantidos e divulgados anualmente pelos órgãos públicos de defesa do consumidor, devendo, inclusive a divulgação indicar se a reclamação foi atendida ou não pelo fornecedor.

9. PROTEÇÃO CONTRATUAL

O CDC dedica um capítulo à proteção contratual do consumidor com o objetivo de garantir transparência, lealdade e equilíbrio nas relações de consumo.

Cumpre ressaltar que, além dos princípios contratuais específicos disciplinados pelo CDC (princípios da transparência; da interpretação mais favorável ao consumidor e da vinculação à oferta), os princípios gerais que regem os contratos e estão previstos no CC (boa-fé objetiva; autonomia da vontade; função social do contrato, etc.) também são aplicáveis aos contratos de consumo desde que em consonância com as disposições do CDC.

Sobre as **disposições gerais** previstas nos arts. 46 e 50 do CDC importa saber que:

A O CDC estabelece que os contratos de consumo **NÃO** obrigarão os consumidores: **a)** se não tiverem conhecimento prévio de seu conteúdo; **b)** se as cláusulas contratuais forem redigidas de modo a dificultar ou mesmo impossibilitar a compreensão de seu sentido e alcance.

A propósito, o Exame da OAB – abril/2017 apresentou a seguinte situação hipotética: "Mário firmou contrato de seguro de vida e acidentes pessoais, apontando como beneficiários sua esposa e seu filho. O negócio foi feito via telemarketing, com áudio gravado, recebendo informações superficiais a respeito da cobertura completa a partir do momento da contratação, atendido pequeno prazo de carência em caso de morte ou invalidez parcial e total, além do envio de brindes em caso de contratação imediata. Mário contratou o serviço na mesma oportunidade por via telefônica, com posterior envio de contrato escrito para a residência do segurado. Mário veio a óbito noventa dias após a contratação. Os beneficiários de Mário, ao entrarem em contato com a seguradora, foram informados de que não poderiam receber a indenização securitária contratada, que ainda estaria no período de carência, ainda que a operadora de telemarketing, que vendeu o seguro para Mário, garantisse a cobertura. Verificando o contrato, os beneficiários perceberam o engano de compreensão da informação, já que estava descrito haver período de carência para o evento morte "nos termos da lei civil". Com base na hipótese apresentada, assinale a afirmativa correta". Resposta correta: "A fixação do período de carência é lícita, mesmo nas relações de consumo. Todavia, a informação prestada quanto ao prazo de carência, embora descrita no contrato, não foi clara o suficiente, evidenciando, portanto, a vulnerabilidade do consumidor."

É assegurado ao consumidor o direito de saber o que efetivamente está contratando e as consequências daí advindas, não bastando o conhecimento formal do contrato. O consumidor deve ter o conhecimento prévio a respeito das taxas de juros exigidas no contrato bancário, por exemplo, sob pena de sua não vinculação ao consumidor.

B De acordo com o CDC, a **interpretação das cláusulas contratuais**, sejam elas claras, obscuras ou contraditórias, **será sempre da forma mais favorável ao consumidor**, parte mais fraca da relação, em observância ao princípio da isonomia.

C **O fornecedor fica vinculado às declarações de vontade constantes de escritos particulares, recibos e pré-contratos relativos** às relações de consumo, como por exemplo "cobre-se qualquer oferta", "manutenção gratuita", ensejando inclusive **execução específica** em caso de descumprimento da obrigação, nos termos do art. 84 e parágrafos do CDC e não a resolução em perdas e danos como ocorre no CC.

? QUESTÃO: No que consiste o direito de arrependimento?

➡ ***RESPOSTA:*** *Também chamado de denúncia vazia do contrato de consumo, consiste no direito conferido ao consumidor de desistir do contrato, no* **prazo de 07 dias** *(prazo de reflexão), a contar de sua assinatura ou do ato de recebimento do produto ou serviço, sempre que a contratação de fornecimento de produtos e serviços ocorrer* **fora do estabelecimento comercial** *(telefone, domicílio, internet, catálogo),* **sem a necessidade de o consumidor apresentar justificativa da desistência.**

OBS.: *Exercido o direito de arrependimento, os valores eventualmente pagos pelo consumidor, a qualquer título, durante o prazo de reflexão, serão devolvidos, de imediato, monetariamente atualizados. "O Procon pode aplicar multa a fornecedor em razão do repasse aos consumidores, efetivado com base em cláusula contratual, do ônus de arcar com as despesas postais decorrentes do exercício do direito de arrependimento. (...) Aceitar o contrário significaria criar limitação ao direito de arrependimento legalmente não prevista, de modo a desestimular o comércio fora do estabelecimento comercial". (REsp 1.340.604 – RJ, DJ 15/08/2013 – Informativo 528)*

É nula de pleno direito a cláusula que afasta o reembolso da quantia já paga quando o consumidor exercer seu direito de arrependimento.

Pergunta elaborada no Exame Unificado 2011.2: "Quando a contratação ocorre por site da internet, o consumidor pode desistir da compra?" Resposta correta: "SIM. Quando a compra é feita fora do estabelecimento comercial, o consumidor pode desistir do contrato no prazo de sete dias, mesmo sem apresentar seus motivos para a desistência".

Sobre os **contratos firmados no interior do estabelecimento**, pondera Fabrício Bolzan (BOLZAN, 2018, p. 700): "É prática comum no comércio a possibilidade de trocar determinado produto, em especial peça de vestuário, dentro do prazo de 30 dias, desde que não seja retirada a etiqueta de referência da roupa, por exemplo. Trata-se de mera liberalidade, e não de obrigação do fornecedor. Assim, uma vez ofertada a possibilidade de troca nesses casos, obrigado está o fornecedor a cumprir o prometido, em razão do princípio da vinculação da oferta. Desta forma, caso o fornecedor não oferte tal possibilidade de troca, somente estará obrigado a substituir o bem por outro ou a devolver o valor eventualmente pago diante da existência de algum vício".

D A **garantia contratual**, decorrente da **mera faculdade do fornecedor**, é **complementar à garantia legal, que é obrigatória**, e será conferida mediante **termo escrito,** que deve ser padronizado e esclarecer adequadamente em que consiste a garantia, bem como a forma, o prazo e o lugar em que pode ser exercitada e os ônus a cargo do consumidor, devendo ser-lhe entregue, devidamente preenchido pelo fornecedor, no ato do fornecimento, acompanhado de manual de instrução, de instalação e uso do produto em linguagem didática, com ilustrações.

Também é prática comum na relação de consumo a **garantia estendida**, que não tem previsão expressa no CDC. A garantia estendida é, na verdade, um contrato de seguro que o consumidor tem a opção, se quiser, de contratar. Se o fornecedor exigir a contratação dessa garantia estará incorrendo em prática comercial abusiva (art. 39, I). É prática de venda casada.

No Exame Unificado de 2009 foi formulada a seguinte questão sobre o direito de garantia: "Joana adquiriu um aparelho de telefone em loja de eletrodomésticos e, juntamente com o manual de instruções, foi lhe entregue o termo de garantia do produto, que assegurava ao consumidor um ano de garantia, a contar da efetiva entrega do produto. Cerca de um ano e um mês após a data da compra, o aparelho de telefone apresentou comprovadamente um defeito de fabricação. Em face dessa situação hipotética, assinale a opção correta acerca dos direitos do consumidor (...) Joana poderá reclamar eventuais defeitos de fabricação até o prazo de noventa dias após o final da garantia contratual conferida pelo fornecedor". **Isso porque, segundo doutrina prevalecente, o prazo da garantia legal deve ser somado ao prazo da garantia contratual.**

9.1 Cláusulas abusivas: Nas lições de Nelson Nery Júnior, "cláusula abusiva é aquela que é notoriamente desfavorável à parte mais fraca na relação contratual, que, no caso de nossa análise, é o consumidor (...)". (NERY JUNIOR, 2007, p. 569)

MUITA ATENÇÃO!

Toda cláusula abusiva é nula de pleno direito, podendo ser alegada a qualquer tempo e grau de jurisdição e reconhecida judicialmente a requerimento das partes ou de ofício.

Mas é importante frisar que, em se tratando de contratos bancários, é vedado ao julgador conhecer, de ofício, da abusividade das cláusulas (Súmula 381 do STJ).

A decisão que reconhece a nulidade da cláusula abusiva tem natureza constitutiva negativa e efeito *"ex tunc"*, ou seja, retroage à data da celebração do contrato.

Por força do **princípio da conservação do contrato de consumo, a nulidade de uma cláusula contratual**

abusiva não invalida todo o contrato, exceto se, a despeito dessa nulidade, ainda persistir no contrato ônus excessivo a qualquer das partes.

São consideradas **cláusulas abusivas** àquelas enumeradas no **art. 51 do CDC**, tratadas a seguir, **dentre outras**, tendo em vista que o dispositivo legal é meramente exemplificativo. São elas:

1) cláusula de não indenizar, entendida como aquela que impossibilita, exonera ou atenua a responsabilidade do fornecedor por vícios de qualquer natureza dos produtos e serviços ou cláusula que implique renúncia ou disposição de direitos, admitindo-se a limitação da indenização nas relações de consumo entre o fornecedor e o consumidor pessoa jurídica, em situações justificáveis;

FIQUE POR DENTRO:

Súmula 638 do STJ: "É abusiva a cláusula contratual que restringe a responsabilidade de instituição financeira pelos danos decorrentes de roubo, furto ou extravio de bem entregue em garantia no âmbito de contrato de penhor civil".

A Súmula 638 do STJ foi objeto de questão no Exame 2022.1 com o seguinte caso hipotético: "José procurou a instituição financeira Banco Bom com o objetivo de firmar contrato de penhor. Para tanto, depositou um colar de pérolas raras, adquirido por seus ascendentes e que passara por gerações até tornar-se sua pertença através de herança. O negócio deu-se na modalidade contrato de adesão, contendo cláusulas claras a respeito das obrigações pactuadas, inclusive com redação em destaque quanto à limitação do valor da indenização em caso de furto ou roubo, o que foi compreendido por José. Posteriormente, José procurou você, como advogado(a), apresentando dúvidas a respeito de diferentes pontos. Sobre os temas indagados, de acordo com o Código de Defesa do Consumidor, assinale a afirmativa correta (...)". Alternativa correta: "A cláusula que limita o valor da indenização pelo furto ou roubo do bem empenhado é abusiva e nula, ainda que redigida com redação clara e compreensível por José e em destaque no texto, pois o que a vicia não é a compreensão redacional e sim o direito material indevidamente limitado."

2) cláusula que subtraia ao consumidor a opção de reembolso da quantia já paga, nos casos previstos no CDC;

"É abusiva a cláusula penal de contrato de pacote turístico que estabeleça, para hipótese de desistência do consumidor, a perda integral dos valores pagos antecipadamente". (REsp 1.321.655 – MG, DJ 22/10/2013 – Informativo 533)

3) cláusula que transfira responsabilidades a terceiros;

4) cláusula que estabeleça obrigações consideradas iníquas, abusivas, que seja incompatível com a boa-fé ou a equidade ou que coloque o consumidor em desvantagem exagerada, presumindo-se exagerada, entre outros casos, a vantagem que: "**I** – ofende os princípios fundamentais do sistema jurídico a que pertence; **II** – restringe direitos ou obrigações fundamentais inerentes à natureza do contrato, de tal modo a ameaçar seu objeto ou equilíbrio contratual; **III** – se mostra excessivamente onerosa para o consumidor, considerando-se a natureza e conteúdo do contrato, o interesse das partes e outras circunstâncias peculiares ao caso (§ 1º, art. 51, CDC)";

De acordo com as teses firmadas no Tema (Recurso Repetitivo) 952/STJ, o reajuste de mensalidade de plano de saúde individual ou familiar fundado na mudança de faixa etária do beneficiário é válido desde que (I) haja previsão contratual, (II) sejam observadas as normas expedidas pelos órgãos governamentais reguladores e (III) não sejam aplicados percentuais desarrazoados ou aleatórios que, concretamente e sem base atuarial idônea, onerem excessivamente o consumidor ou discriminem o idoso.

Atenção: apesar de o Tema 952/STJ ter sido firmado para os planos individuais e familiares, as teses firmadas no referido tema passaram a ser aplicadas, **por analogia, aos planos coletivos**, com exceção dos planos operados na modalidade de autogestão aos quais não se aplica o Código de Defesa do Consumidor (Súmula 608/STJ) (REsp 1.716.113-DF, DJe m 23/03/2022 – Informativo 730)

No Exame da OAB – abril/2016 foi apresentado um caso no qual um aposentado aderiu ao plano de saúde ofertado pelo sindicato e, ao completar 60 anos, o valor da mensalidade foi reajustado em 400%. A alternativa correta considerou o aumento de preço abusivo. Isso porque a jurisprudência do STJ entende válida a cláusula prevista em contrato de seguro-saúde que autoriza o aumento das mensalidades do seguro quando o usuário completar 60 anos de idade, desde que haja respeito aos limites e requisitos estabelecidos na Lei 9.656/1998 e, ainda, que não se apliquem índices de reajuste desarrazoados ou aleatórios, que onerem em demasia o segurado. (REsp 1.381.606-DF – DJ 7/10/2014 – Informativo 551)

Alinhada ao entendimento do STJ acima exposto foi apresentada a seguinte situação hipotética no Exame da OAB 2019.1: "João da Silva, idoso, ingressou com ação judicial para revisão de valores de reajuste do plano de saúde, contratado na modalidade individual. Alega que houve alteração do valor em decorrência da mudança de faixa etária, o que entende abusivo. Ao entrar em contato com a fornecedora, foi informado que o reajuste atendeu ao disposto pela agência reguladora, que é um órgão governamental, e que o reajuste seria adequado". Resposta: "Sobre o reajuste da mensalidade do plano de saúde de João, de acordo com entendimento do STJ firmado em Tema de Recurso Repetitivo, poderia ser alterado por se tratar de plano individual, mesmo que em razão da faixa etária, desde que previsto em contrato, observasse as normas dos órgãos governamentais reguladores e o percentual não fosse desarrazoado, o que tornaria a prática abusiva".

No exame da OAB – julho/2017 foi apresentada uma situação hipotética envolvendo consumidor e plano de saúde cuja resposta correta foi a seguinte: "O contrato de plano de saúde é regido pelo Código de Defesa do Consumidor e os planos de saúde apenas podem estabelecer para quais moléstias oferecerão cobertura, não lhes cabendo limitar o tipo de tratamento que será prescrito, incumbência essa que pertence ao profissional que assiste o paciente."

Na Prova (FGV – Exame de Ordem 2020.1) também foi formulada questão sobre consumidor e plano de saúde, nos seguintes termos: "O médico de João indicou a necessidade de realizar a cirurgia de gastroplastia (bariátrica) como tratamento de obesidade mórbida, com a finalidade de reduzir peso. Posteriormente, o profissional de saúde explicou a necessidade de realizar a cirurgia plástica pós-gastroplastia, visando à remoção de excesso epitelial que comumente acomete os pacientes nessas condições, impactando a qualidade de vida daquele que deixou de ser obeso mórbido". Resposta correta: "Nesse caso, nos termos do Código de Defesa do Consumidor e do entendimento do STJ, o plano de saúde de João terá que custear ambas as cirurgias, porque configuram tratamentos, sendo a cirurgia plástica medida reparadora; portanto, terapêutica."

O STJ sumulou: "É abusiva a cláusula contratual de plano de saúde que limita no tempo a internação hospitalar do segurado" (Súmula 302, STJ).

Segundo entendimento do STJ, "não é abusiva a exigência de indicação da CID (Classificação Internacional de Doenças), como condição de deferimento, nas requisições de exames e serviços oferecidos pelas prestadoras de plano de saúde, bem como para o pagamento de honorários médicos (...). pois a indicação da enfermidade objeto de tratamento constitui elemento intrínseco à relação estabelecida entre o paciente, o médico e a própria operadora". (REsp 1.509.055-RJ, DJe 25/8/2017 – Informativo 610)

Para o STJ "Nos contratos de plano de saúde não é abusiva a cláusula de coparticipação expressamente ajustada e informada ao consumidor, à razão máxima de 50% (cinquenta por cento) do valor das despesas, nos casos de internação superior a 30 (trinta) dias por ano, decorrente de transtornos psiquiátricos, preservada a manutenção do equilíbrio financeiro" (REsp 1.809.486/SP, DJe 16/12/2020 e REsp 1.755.866/SP, 2ª Seção, DJe 16/12/2020 – tema 1032)" (REsp 1.947.036-DF – DJe 24/02/2022 – Informativo n. 727).

Para o STJ "É decenal o prazo prescricional aplicável ao exercício da pretensão de reembolso de despesas médico-hospitalares alegadamente cobertas pelo contrato de plano de saúde (ou de seguro saúde), mas que não foram adimplidas pela operadora." Segundo entendimento da Corte Superior, "diante da inexistência de norma prescricional específica que abranja o exercício da pretensão de reembolso de despesas médico-hospitalares supostamente cobertas pelo contrato de plano de saúde (que não se confunde com a pretensão de ressarcimento de enriquecimento sem causa), deve incidir a regra da prescrição decenal estabelecida no art. 205 do Código Civil de 2002" (REsp 1.756.283-SP, DJe 03/06/2020, Informativo n. 673).

FIQUE POR DENTRO:

Súmula 597 do STJ: "A cláusula contratual de plano de saúde que prevê carência para utilização dos serviços de assistência médica nas situações de emergência ou de urgência é considerada abusiva se ultrapassado o prazo máximo de 24 horas contado da data da contratação."

A propósito, o Exame da OAB/2018.3 exigiu do candidato o conhecimento da Súmula 597 do STJ, apresentando a seguinte situação hipotética: "Dias atrás, Elisa, portadora de doença grave e sob risco imediato de morte, foi levada para atendimento na

FIQUE POR DENTRO:

emergência do hospital X, onde necessitou realizar exame de imagem e fazer uso de medicamentos. Ocorre que o seu plano de saúde, contratado dois meses antes, negou a cobertura de alguns desses fármacos e do exame de imagem, pelo fato de o plano de Elisa ainda estar no período de carência, obrigando a consumidora a custear parcela dos medicamentos e o valor integral do exame de imagem. Nesse caso, à luz do Código de Defesa do Consumidor (CDC) e da Lei nº 9.656/98, que dispõe sobre os planos e seguros privados de assistência à saúde, assinale a afirmativa correta".

A alternativa correta assinalada foi a seguinte: "O plano de saúde deve cobrir integralmente o atendimento de Elisa, por se tratar de situação de emergência e por, pelo tempo de contratação do plano, não poder haver carência para esse tipo de atendimento, ainda que lícitas as cláusulas que limitem o direito da consumidora."

Súmula 609 do STJ: "A recusa de cobertura securitária, sob a alegação de doença preexistente, é ilícita se não houve a exigência de exames médicos prévios à contratação ou a demonstração de má-fé do segurado".

MUITA ATENÇÃO!

Súmula 620 do STJ: "A embriaguez do segurado não exime a seguradora do pagamento da indenização prevista em contrato de seguro de vida.".

5) cláusula que estabeleça inversão do ônus da prova em prejuízo do consumidor;

6) cláusula que determine a utilização compulsória de arbitragem;

O CDC não veda a utilização da arbitragem pelas partes interessadas (consumidor e fornecedor) para solução alternativa dos seus litígios, disciplinada pela Lei de Arbitragem (Lei nº 9.307/1996).

Na verdade, o CDC protege o consumidor da imposição pelo fornecedor da utilização compulsória de arbitragem, sendo nula cláusula nesse sentido.

7) cláusula que imponha representante para concluir ou realizar outro negócio jurídico pelo consumidor;

8) cláusula que permita ao fornecedor a opção de concluir ou não o contrato, embora obrigando o consumidor;

9) cláusula que permita ao fornecedor alterar unilateralmente o preço, direta ou indiretamente;

A Lei nº 13.455/2017, no art. 1º, autoriza a diferenciação de preços de bens e serviços oferecidos ao público em função do prazo ou do instrumento de pagamento utilizado.

O parágrafo único do art. 1º dispõe: "É nula a cláusula contratual, estabelecida no âmbito de arranjos de pagamento ou de outros acordos para prestação de serviço de pagamento, que proíba ou restrinja a diferenciação de preços facultada no caput deste artigo".

10) cláusula que autorize o fornecedor a cancelar o contrato unilateralmente, sem que igual direito seja conferido ao consumidor;

11) cláusula que obrigue o consumidor a ressarcir os custos de cobrança de sua obrigação, sem que igual direito lhe seja conferido contra o fornecedor;

Entende o STJ que "Não é abusiva a cláusula prevista em contrato de adesão que impõe ao consumidor em mora a obrigação de pagar honorários advocatícios decorrentes de cobrança extrajudicial".

E explica: "(...) não há dúvidas acerca da responsabilidade do devedor inadimplente pelos honorários advocatícios do profissional contratado pelo credor para a cobrança extrajudicial de débito em atraso, obrigação essa que decorre da lei, e independe, pois, de previsão contratual. Estabelecido isso, tem-se que, no caso de existir cláusula expressa em contrato de adesão acerca da incidência de honorários advocatícios extrajudiciais na hipótese de cobrança de consumidor em mora, é necessário compatibilizar as referidas disposições da legislação civil com o disposto no art. 51, XII, do CDC ("Art. 51. São nulas de pleno direito, entre outras, as cláusulas contratuais relativas ao fornecimento de produtos e serviços que: [...] XII – obriguem o consumidor a ressarcir os custos de cobrança de sua obrigação, sem que igual direito lhe seja conferido contra o fornecedor"), **de modo a assegurar ao consumidor, independentemente de previsão contratual, o mesmo direito a cobrança de honorários advocatícios extrajudiciais conferido ao credor".** (REsp 1.002.445-DF, DJ 14/12/2015 – Informativo 574)

12) cláusula que autorize o fornecedor a modificar unilateralmente o conteúdo ou a qualidade do contrato, após sua celebração;

13) cláusula que infrinja ou possibilite a violação de normas ambientais (Exame Unificado 2010);

14) cláusula que esteja em desacordo com o sistema de proteção ao consumidor;

Para o STJ "É abusiva a prática comercial consistente no cancelamento unilateral e automático de um dos trechos da passagem aérea, sob a justificativa de não ter o passageiro se apresentado para embarque no voo antecedente".

Tal prática comercial, segundo o STJ, revela-se abusiva por afrontar direitos básicos do consumidor, tais como a vedação ao enriquecimento ilícito, a falta de razoabilidade nas sanções impostas e, ainda, a deficiência na informação sobre os produtos e serviços prestado.

Prossegue: "(...) é cediço que a ausência de qualquer destaque ou visibilidade, em contrato de adesão, sobre as cláusulas restritivas dos direitos do consumidor, configura afronta ao princípio da transparência (CDC, art. 4º, caput) - o que resulta a nulidade da respectiva cláusula contratual, com fundamento no art. 51, inciso XV, do CDC. Conclui-se, desse modo, que a conduta da companhia de cancelar o bilhete de volta, por não ter sido utilizado pela parte o bilhete de ida, configura ato ilícito, gerando para o consumidor o direito de ser ressarcido por eventuais danos morais que suportar, dependendo das circunstâncias de cada caso." (REsp 1.595.731-RO, DJe 01/02/2018 – Informativo n. 618)

15) cláusula que possibilite a renúncia do direito de indenização por benfeitorias necessárias;

16) cláusula que condicione ou limite de qualquer forma o acesso aos órgãos do Poder Judiciário (incluída pela Lei nº 14.181, de 1º de julho de 2021);

17) cláusula que estabeleça prazo de carência em caso de impontualidade das prestações mensais ou impeça o restabelecimento integral dos direitos do consumidor e de seus meios de pagamento a partir da purgação da mora ou do acordo com os credores (incluída pela Lei nº 14.181, de 1º de julho de 2021).

9.2 Outorga de crédito ou concessão de financiamento: o consumidor deve ser prévia e adequadamente informado sobre o preço do produto ou serviço em moeda corrente nacional, montante dos juros de mora e da taxa efetiva anual de juros, acréscimos legalmente previstos, número e periodicidade das prestações e soma total a pagar, com e sem financiamento. (Exame Unificado 2014.2)

9.3 Multa de mora: não poderá ser superior a 2% do valor da prestação.

Segundo entendimento do STJ, esse percentual deve ser calculado sobre o valor das prestações vencidas e não sobre o total do financiamento.

9.4 Liquidação antecipada: total ou parcial, garantindo ao consumidor a redução proporcional dos juros e demais acréscimos.

9.5 Compra e venda a prestação de bens móveis ou imóveis e alienação fiduciária em garantia: de acordo como art. 53 do CDC: "(...) consideram-se nulas de pleno direito as cláusulas que estabeleçam a perda total das prestações pagas em benefício do credor que, em razão do inadimplemento, pleitear a resolução do contrato e a retomada do produto alienado".

"É abusiva a cláusula de distrato – fixada no contexto de compra e venda imobiliária mediante pagamento em prestações – que estabeleça a possibilidade de a construtora vendedora promover a retenção integral ou a devolução ínfima do valor das parcelas adimplidas pelo consumidor distratante" (REsp 1.132.943-PE, DJ 27/8/2013 – Informativo 530).

FIQUE POR DENTRO: **Súmula 543 do STJ:** "Na hipótese de resolução de contrato de promessa de compra e venda de imóvel submetido ao Código de Defesa do Consumidor, deve ocorrer a imediata restituição das parcelas pagas pelo promitente comprador - integralmente, em caso de culpa exclusiva do promitente vendedor/construtor, ou parcialmente, caso tenha sido o comprador quem deu causa ao desfazimento".

9.6 Consórcio de produtos duráveis: a compensação ou a restituição das parcelas quitadas terá descontada, além da vantagem econômica auferida com a fruição, os prejuízos que o desistente ou inadimplente causar ao grupo.

9.7 Contrato de adesão: é definido pelo art. 54 do CDC como "aquele cujas cláusulas tenham sido aprovadas pela autoridade competente ou estabelecidas unilateralmente pelo fornecedor de produtos ou serviços, sem que o consumidor possa discutir ou modificar substancialmente seu conteúdo". De igual modo é contrato de adesão formulário no qual se insere uma ou outra cláusula contratual sem que se modifique substancialmente o conteúdo do contrato.

No contrato de adesão o consumidor não discute ou modifica as cláusulas e condições preestabelecidas pelo fornecedor e sim adere ao que é imposto no contrato.

"Serão redigidos com caracteres ostensivos, cujo tamanho da fonte não seja inferior ao corpo doze, e as cláusulas que limitem direito do consumidor deverão ser redigidas com destaque". (extraído de questão do Exame Unificado 2012.1).

A **cláusula resolutória** é admitida no contrato de adesão desde que **alternativa**, cabendo a escolha ao con-

DIREITO DO CONSUMIDOR

sumidor, ou seja, é o **consumidor quem escolhe pela manutenção ou pela resolução do contrato.**

Se for aplicada a cláusula resolutória, serão restituídas ao consumidor as parcelas quitadas, com desconto da vantagem econômica auferida com a fruição bem como os prejuízos que o desistente causar ao fornecedor.

10. PREVENÇÃO, TRATAMENTO E CONCILIAÇÃO NO SUPERENDIVIDAMENTO

A **Lei nº 14.181, de 1º de julho de 2021** alterou o CDC e o Estatuto do Idoso para aperfeiçoar a disciplina do crédito ao consumidor e dispor sobre a **prevenção e o tratamento do superendividamento**.

As regras foram inseridas no CDC com o objetivo de aumentar a proteção dos consumidores superendividados e que se encontram impossibilitados de pagar a totalidade de suas dívidas sem comprometimento do mínimo existencial.

Sobre a novel normativa importa saber que:

A **Superendividamento**: impossibilidade manifesta de o consumidor **pessoa natural, de boa-fé**, pagar a totalidade de suas **dívidas de consumo**, exigíveis e vincendas, **sem comprometer seu mínimo existencial** (§1º, art. 54-A, CDC);

B As dívidas englobam quaisquer compromissos financeiros assumidos decorrentes de relação de consumo, inclusive operações de crédito, compras a prazo e serviços de prestação continuada (§2º, art. 54-A, CDC);

C **Não** há amparo do CDC às dívidas contraídas pelo consumidor nas seguintes situações: **I)** contraídas mediante fraude ou má-fé; **II)** oriundas de contratos celebrados dolosamente com o propósito de não realizar o pagamento; **III)** decorram da aquisição ou contratação de produtos e serviços de luxo de alto valor (§3º, art. 54-A, CDC);

D No **fornecimento de crédito e na venda a prazo**, além das informações obrigatórias previstas no art. 52 do CDC e na legislação aplicável à matéria, o fornecedor ou o intermediário deverá informar o consumidor, prévia e adequadamente, no **momento da oferta**, sobre: I – custo efetivo total e descrição dos elementos que o compõem; II – taxa efetiva mensal de juros bem como a taxa dos juros de mora e o total de encargos, de qualquer natureza, previstos para o atraso no pagamento; III – montante das prestações e o prazo de validade da oferta, que deve ser, no mínimo, de 2 (dois) dias; IV – nome e endereço, inclusive o eletrônico, do fornecedor; V – direito do consumidor à liquidação antecipada e não onerosa do débito, nos termos do § 2º do art. 52 do CDC (art. 54-B, CDC);

E É vedado, expressa ou implicitamente, na oferta de crédito ao consumidor, publicitária ou não: **a)** indicar que a operação de crédito poderá ser concluída sem consulta a serviços de proteção ao crédito ou sem avaliação da situação financeira do consumidor; **b)** ocultar ou dificultar a compreensão sobre os ônus e os riscos da contratação do crédito ou da venda a prazo; **c)** assediar ou pressionar o consumidor para contratar o fornecimento de produto, serviço ou crédito, principalmente se se tratar de consumidor idoso, analfabeto, doente ou em estado de vulnerabilidade agravada ou se a contratação envolver prêmio; **d)** condicionar o atendimento de pretensões do consumidor ou o início de tratativas à renúncia ou à desistência de demandas judiciais, ao pagamento de honorários advocatícios ou a depósitos judiciais (art. 54-C, CDC);

F O art. 54-D, CDC exemplifica as condutas a serem adotadas pelo fornecedor ou intermediário quando da oferta de crédito, previamente à contratação;

G O art. 54-G, CDC exemplifica condutas vedadas ao fornecedor de produto ou serviço que envolva crédito, sem prejuízo do disposto no art. 39 (práticas abusivas) do CDC.

Cumpre destacar ainda que Lei nº 14.181, de 1º de julho de 2021 trata da **conciliação no superendividamento**, dispondo sobre o **processo de repactuação de dívidas** (art. 104-A, CDC) e o **processo por superendividamento** (art. 104-B, CDC).

Atenção: São excluídas do processo de repactuação as dívidas, ainda que decorrentes de relações de consumo: **I)** oriundas de contratos celebrados dolosamente sem o propósito de realizar pagamento, **II)** dívidas provenientes de contratos de crédito com garantia real, de financiamentos imobiliários e de crédito rural (§1º, art. 104-A, CDC)

O art. 104-C, CDC dispõe sobre **conciliação administrativa**, facultando aos órgãos públicos integrantes do Sistema Nacional de Defesa do Consumidor a fase conciliatória e preventiva do processo de repactuação de dívidas.

11. DEFESA DO CONSUMIDOR EM JUÍZO

O CDC trata das normas processuais que regem a defesa individual e coletiva do consumidor em juízo distribuídas em quatro capítulos, a saber: **1)** disposições gerais; **2)** ações coletivas para a defesa de interesses individuais homogêneos; **3)** ações de responsabilidade do fornecedor de produtos e serviços e **4)** coisa julgada.

A seguir serão tratadas as principais questões sobre cada um dos capítulos acima mencionados, ressaltando que neste estudo não se tem a pretensão de aprofundar nas polêmicas existentes nem tampouco levantar todas as discussões que envolvem a tutela coletiva. O Exame Unificado da OAB é objetivo e, por isso, não aborda temas ainda não consolidados pela doutrina ou pela jurisprudência ou que sejam passíveis de controvérsias.

11.1 Disposições gerais: A defesa dos interesses e direitos dos consumidores e das vítimas poderá ser exercida em juízo por meio de uma ação individual ou de uma ação coletiva.

A **ação individual** é regida pelas **normas processuais do CDC** e, **subsidiariamente**, pelo **CPC**, naquilo que não contrariar as disposições do CDC.

E a **ação coletiva** é regida pelas **normas processuais do CDC**, da **Lei de Ação Civil Pública** (Lei 7.347/85) e, **subsidiariamente**, pelo **CPC**, naquilo que não contrariar as disposições do CDC.

Interessa concentrar esforços para compreender a **tutela coletiva**, que será exercida quando se tratar de:

A **Interesses ou direitos difusos**: compreendidos como os transindividuais, de natureza indivisível de que sejam titulares pessoas indeterminadas e ligadas por circunstâncias de fato. Ex.: direito ao meio ambiente saudável; direito a veiculação de publicidade não enganosa.

B **Interesses ou direitos coletivos**: compreendidos como os transindividuais, de natureza indivisível de que seja titular grupo, categoria ou classe de pessoas ligadas entre si ou com a parte contrária por uma relação jurídica base decorrente de lei ou contrato. Ex.: direito dos alunos a qualidade de ensino oferecida por uma escola; direito à nulidade de cláusula abusiva em contrato de adesão.

C **Interesses ou direitos individuais homogêneos:** assim entendidos os de natureza divisível de que sejam titulares pessoas determináveis e decorrentes de origem comum. Ex.: direito ao recall de um veículo com problemas nos freios; direito à indenização decorrente de um acidente aéreo.

> **MUITA ATENÇÃO!**
> A doutrina costuma afirmar que os direitos e interesses individuais homogêneos são "acidentalmente coletivos", uma vez que são direitos subjetivos individuais (e NÃO transindividuais), de natureza divisível. São objetos da tutela coletiva por força de disposição legal, que confere uniformidade aos interesses individuais em razão da origem comum.
> Inclusive, o STJ entendeu não ser cabível a remessa necessária, tal como prevista na lei de ação popular, nas ações coletivas que versem sobre direitos individuais homogêneos, ao argumento de que são apenas direitos acidentalmente coletivos e que essa coletivização tem um sentido meramente instrumental, com a finalidade de permitir uma tutela mais efetiva em juízo. (REsp 1.374.232-ES, DJe 02/10/2017 – Informativo 612)

EM RESUMO: Principais características dos direitos difusos, coletivos e individuais homogêneos frequentemente apresentadas pela doutrina			
Direitos	**Sujeitos**	**Objeto**	**Origem**
Difusos	indetermináveis	indivisível	circunstância de fato
Coletivos	determináveis	indivisível	relação jurídica base
Individuais Homogêneos	determináveis	divisível	origem comum

11.1.1 Legitimidade para ajuizamento da ação coletiva: antes de enumerar os legitimados ativos, cumpre ressaltar que essa **legitimação é concorrente,** de modo que todos os legitimados arrolados legalmente podem ajuizar ação coletiva, isoladamente, e **disjuntiva**, isto é, sem depender de prévia anuência dos demais ou em litisconsórcio, que, na espécie, será facultativo. São os legitimados:

> **FIQUE POR DENTRO:**
> **Segundo o STJ**, o Ministério Público possui legitimidade ativa para postular em juízo a defesa de direitos transindividuais de consumidores que celebram contratos de compra e venda de imóveis com cláusulas pretensamente abusivas.
> "Nos termos da jurisprudência desta Corte, a finalidade do Ministério Público é lida à luz do preceito constante do caput do art. 127 da Constituição, segundo o qual incumbe ao Ministério Público "a defesa da ordem jurídica, do regime democrático e dos interesses sociais e individuais indisponíveis". Daí porque se firmou a compreensão de que, para haver legitimidade ativa do Ministério Público para a defesa de direitos **transindividuais não é preciso que se trate de direitos indisponíveis, havendo de se verificar, isso sim, se há "interesse social"** (expressão contida no art. 127 da Constituição) capaz de autorizar a legitimidade do Ministério Público" (EREsp 1.378.938-SP, DJe 27/06/2018 – Informativo 629)

A **Ministério Público**: tem legitimidade para a propositura de ações coletivas voltadas a tutela dos direitos difusos e coletivos por expressa previsão constitucional (art. 129, III, CF).

Com relação à defesa do direito individual homogêneo, prevalece na doutrina e na jurisprudência que o Ministério Público é legitimado quando se tratar de: **a)** direito indisponível; **b)** direito disponível, mas o bem jurídico tutelado for dotado de relevância social objetiva (dignidade da pessoa humana, a qualidade ambiental, a saúde, a educação, para citar alguns exemplos).

> **FIQUE POR DENTRO:** **Súmula 601 do STJ:** "O Ministério Público tem legitimidade ativa para atuar na defesa de direitos difusos, coletivos e individuais homogêneos dos consumidores, ainda que decorrentes da prestação de serviço público".

A propósito, o Exame 2021.2 apresentou a seguinte situação hipotética para abordar a legitimidade do Ministério Público para ajuizamento de ação coletiva para defesa de direito individual homogêneo: "Godofredo procurou a Seguradora X para contratar seguro residencial, mas a venda direta foi-lhe negada, ao argumento de que o proponente possuía restrição financeira junto aos órgãos de proteção ao crédito. Godofredo explicou que pagaria o seguro à vista, mas, ainda assim, a Seguradora negou a contratação. Indignado, Godofredo registrou sua reclamação no Ministério Público, que verificou significativo número de pessoas na mesma situação, merecendo melhor análise quanto ao cabimento ou não de medida para a defesa de interesses e direitos de consumidores a título coletivo. Sobre a hipótese apresentada, à luz do Código de Defesa do Consumidor, assinale a afirmativa correta". Alternativa correta: "A matéria consagra hipótese de direito individual homogêneo, podendo ser objeto de ação coletiva para a defesa dos interesses e direitos dos consumidores, e a recusa à contratação somente pode ser posta se o pagamento do prêmio for parcelado."

B União, Estados, Municípios e Distrito Federal.

Segundo entendimento do STJ, o Município tem legitimidade ativa para ajuizar ação civil pública em defesa do direito do consumidor questionando a cobrança de tarifas bancárias.

Para o STJ "(...) a legitimação dos entes políticos para a defesa de interesses metaindividuais é justificada pela qualidade de sua estrutura, capaz de conferir maior probabilidade de êxito na implementação da tutela coletiva, bem como não se questiona sua pertinência temática ou representatividade adequada, por serem presumidas. Deste modo, no que se refere especificamente à defesa de interesses individuais homogêneos dos consumidores, o Município é o ente político que terá maior contato com as eventuais lesões cometidas contra esses interesses (...)." (REsp 1.509.586-SC, DJe 18/05/2018 – Informativo n. 626)

C Entidades e órgãos da Administração Pública, direta ou indireta, ainda que sem personalidade jurídica, especificamente destinados à defesa dos interesses e direitos protegidos pelo CDC.

O Procon é legitimado ativo para ações coletivas com fundamento nessa previsão legal.

D As associações legalmente constituídas há pelo menos 01 ano e que incluam entre seus **fins institucionais a defesa dos interesses e direitos protegidos pelo CDC (pertinência temática), dispensada a autorização assemblear,** ressaltando que o requisito da pré-constituição pode ser dispensado pelo juiz, nas ações previstas nos arts. 91 e seguintes quando haja manifesto interesse social evidenciado pela dimensão ou característica do dano ou pela relevância do bem jurídico a ser protegido.

E Defensoria Pública: foi incluída como um dos legitimados do art. 5º da LACP por força da Lei 11.448/07.

11.1.2 Ações judiciais: para a defesa dos direitos protegidos pelo CDC **são admissíveis todas as espécies de ações**, ou seja, de conhecimento (declaratória, constitutiva, condenatória), de execução, mandamental, cautelares, ação civil pública, mandado de segurança, etc., **capazes de propiciar sua adequada e efetiva tutela.**

> **FIQUE POR DENTRO:** Segundo recente entendimento do STJ, o prazo de 5 anos para o ajuizamento da **ação popular não se aplica às ações coletivas de consumo.**
>
> **Mudança de entendimento:** "(...). As ações coletivas de consumo, por sua vez, atendem a um espectro de prestações de direito material muito mais amplo, podendo não só anular ou declarar a nulidade de atos, como também quaisquer outras providências ou ações capazes de propiciar a adequada e efetiva tutela dos consumidores, nos termos do art. 83 do CDC. É, assim, necessária a superação (*overruling*) da atual orientação jurisprudencial desta Corte, pois não há razão para se limitar o uso da ação coletiva ou desse especial procedimento coletivo de enfrentamento de interesses individuais homogêneos, coletivos em sentido estrito e difusos, sobretudo porque o escopo desse instrumento processual é o tratamento isonômico e concentrado de lides de massa relacionadas a questões de direito material que afetem uma coletividade de consumidores, tendo como resultado imediato beneficiar a economia processual. (REsp 1.736.091-PE, DJe 16/05/2019– Informativo 648)

De acordo com o art. 102 do CDC, os legitimados acima referidos "poderão propor ação visando compelir o Poder Público competente a proibir, em todo o território nacional, a produção, divulgação distribuição ou venda, ou a determinar a alteração na composição, estrutura, fórmula ou acondicionamento de produto, cujo uso ou consumo regular se revele nocivo ou perigoso à saúde pública e à incolumidade pessoal".

11.1.3 Obrigação de fazer ou não fazer: o CDC assegura ao consumidor a **tutela específica**, isto é, a satisfação da obrigação tal qual foi contratada, o cumprimento da oferta pelo fornecedor. Na impossibilidade da tutela específica, o juiz determinará providências que assegurem o resultado prático equivalente ao do adimplemento. Tanto para assegurar a tutela específica como para obtenção do resultado prático equivalente, o juiz poderá determinar as medidas necessárias para tanto, tais como busca e apreensão, remoção de coisas e pessoas, desfazimento de obra, impedimento de atividade nociva, requisição de força policial ou outras medidas que entender adequadas e efetivas para o caso concreto.

11.1.4 Perdas e danos: tendo em conta que o CDC prioriza a tutela específica, a obrigação de fazer ou não fazer do fornecedor somente se converterá em perdas e danos quando: **1)** optar o consumidor pela conversão em perdas e danos ou **2)** tornar-se impossível a tutela específica ou a obtenção do resultado prático correspondente.

Ainda de acordo com o CDC, a conversão da obrigação em perdas e danos faz-se independentemente de eventual aplicação de multa ao fornecedor a fim de compeli-lo ao cumprimento da obrigação (art. 84, § 2º, CDC). Isso porque a multa não tem caráter reparatório e sim coercitivo. Assim, "a conversão da obrigação em perdas e danos faz-se independentemente de eventual aplicação de multa" (Exame Unificado 2013.1).

11.1.5 Tutela liminar: é lícito ao juiz conceder a tutela liminarmente ou após justificação prévia, citado o réu, quando presente os seguintes requisitos: **1) for relevante o fundamento da demanda**, compreendido este como *"fumus boni iuris"* e **2) havendo justificado receio de ineficácia do provimento final.**

11.1.6 Multa diária: também conhecida como ***astreinte***, pode ser aplicada pelo juiz**, independentemente de pedido do autor**, quando da **concessão da tutela liminar ou na sentença,** com o **objetivo de compelir o réu a cumprir a ordem judicial** consistente na obrigação de fazer ou não fazer, se **for suficiente ou compatível com a obrigação**, fixando **prazo razoável para o cumprimento** do preceito.

A aplicação da multa diária não afasta o direito do consumidor de obter a tutela específica ou o resultado prático equivalente ao adimplemento ou ainda a indenização por perdas e danos.

> **MUITA ATENÇÃO!**
> O juiz deve fixar a multa num montante tal que exerça pressão coercitiva sobre o réu para que ele cumpra a obrigação, devendo o juiz, no entanto, zelar pela **proporcionalidade entre o valor da multa e a obrigação a ser adimplida.** Na verdade, a imposição da multa deve ser efetiva para o fim a que se destina, não devendo ser irrisória nem tampouco excessiva.

11.1.7 Honorários, custas e despesas processuais: em respeito ao direito do consumidor ao acesso à justiça, o CDC prevê que nas ações coletivas "não haverá adiantamento de custas, emolumentos, honorários periciais e quaisquer outras despesas, nem condenação da associação autora, salvo comprovada má-fé, em honorários de advogados, custas e despesas processuais".

Em se provando a litigância de má-fé, tanto a associação autora como os diretores responsáveis pela propositura da ação serão solidariamente condenados em honorários advocatícios e ao décuplo das custas, sem prejuízo da responsabilidade por perdas e danos.

> **MUITA ATENÇÃO!**
> A prerrogativa do não adiantamento de custas, emolumentos, honorários periciais e quaisquer outras despesas é exclusiva das ações coletivas, não se estendendo para as ações individuais propostas pelo consumidor, salvo se ele for beneficiário da assistência judiciária.

11.1.8 Intervenção do Ministério Público: é obrigatória a intervenção do Ministério Público nas ações de natureza coletiva seja enquanto autor da ação seja na qualidade de fiscal da ordem jurídica.

11.1.9 Competência: a despeito de a **regra sobre competência** estar prevista no capítulo "Das ações coletivas para a defesa de interesses individuais homogêneos", **o art. 93 do CDC regula as ações coletivas de modo geral.** A propósito leciona Rizzatto Nunes: "(...). Na medida em que a lei pôs a regra para a ação coletiva de proteção ao direito individual homogêneo, no claro intuito de proteger o consumidor, o intérprete deve estender o benefício à hipótese das ações coletivas de proteção ao direito difuso e coletivo". (NUNES, 2011, p.850)

Reza o art. 93 do CDC que "Ressalvada a competência da Justiça Federal, é competente para a causa a justiça local:
I. no **foro do lugar onde ocorreu ou deva ocorrer o dano,** quando de **âmbito local;**
II. no **foro da Capital do Estado ou no do Distrito Federal,** para os **danos de âmbito nacional ou regional,** aplicando-se as regras do Código de Processo Civil aos casos de competência concorrente".

11.2 Ações coletivas para a defesa de interesses individuais homogêneos: importa saber, além das disposições gerais acima tratadas que também são aplicáveis à tutela dos direitos individuais homogêneos, que:

A Os artigos 91 a 100 do CDC foram reservados para regular especificamente as ações coletivas para a defesa de interesses individuais homogêneos. As regras para defesa dos direitos difusos e coletivos estão na Lei de Ação Civil Pública (Lei nº 7.347/85).

B **Julgado procedente o pedido, a condenação será genérica, fixando a responsabilidade do réu pelos danos causados**. Estando decidido o *an debeatur,* os prejuízos decorrentes do evento danoso serão apurados em liquidação com o fim de se fixar o *quantum debeatur.*

C A vítima e seus sucessores, valendo-se de uma verdadeira habilitação de interessados, poderão promover a liquidação por artigos da sentença condenatória em razão da necessidade de se provar fato novo (comprovação do dano sofrido pela vítima, o nexo causal com o dano reconhecido na sentença bem como sua quantificação) e, posteriormente, poderão promover a execução da sentença.

A propósito, o Exame da OAB 2019.2 abordou o tema da seguinte forma: "O Ministério Público ajuizou ação coletiva em face de Vaquinha Laticínios, em função do descumprimento de normas para o transporte de alimentos lácteos. A sentença condenou a ré ao pagamento de indenização a ser revertida em favor de um fundo específico, bem como a indenizar os consumidores genericamente considerados, além de determinar a publicação da parte dispositiva da sentença em jornais de grande circulação, a fim de que os consumidores tomassem ciência do ato judicial. João, leitor de um dos jornais, procurou você como advogado(a) para saber de seus direitos, uma vez que era consumidor daqueles produtos". Resposta correta: "Nesse caso, à luz do Código do Consumidor, trata-se de hipótese de interesses individuais homogêneos; João pode, em legitimidade originária ou por seus sucessores, por meio de processo de liquidação, provar a existência do seu dano pessoal e do nexo causal, a fim de quantificá-lo e promover a execução".

D Além da execução individual acima referida, a execução de sentença poderá ser coletiva, sendo promovida pelos legitimados de que trata o art. 82 do CDC (enumerados no item 10.1.1), abrangendo as vítimas cujas indenizações já tiveram sido fixadas em sentença de liquidação, sem prejuízo do ajuizamento de outras execuções, ou seja, os danos já devem ter sido individualmente liquidados. Daí a necessidade de a execução coletiva ser embasada em certidão das sentenças de liquidação, devendo nelas constar a ocorrência ou não do trânsito em julgado. A propósito, o Exame da OAB 2018.3 apresentou o seguinte caso hipotético: "O posto de gasolina X foi demandado pelo Ministério Público devido à venda de óleo diesel com adulterações em sua fórmula, em desacordo com as especificações da Agência Nacional de Petróleo (ANP). Trata-se de relação de consumo e de dano coletivo, que gerou sentença condenatória. Você foi procurado(a), como advogado(a), por um consumidor que adquiriu óleo diesel adulterado no posto de gasolina X, para orientá-lo". A alternativa correta assinalada foi: "Cuida-se de interesse individual homogêneo, bastando que, diante da sentença condenatória genérica, o consumidor liquide e execute individualmente, ou, ainda, habilite-se em execução coletiva, para definir o *quantum debeatur*."

MUITA ATENÇÃO! De acordo com o art. 100 e seu parágrafo único do CDC, decorrido o prazo de 01 ano sem habilitação de interessados em número compatível com a gravidade do dano, os legitimados do art. 82 poderão promover tanto a liquidação como a execução da indenização devida, sendo o produto da indenização devida revertida para o Fundo criado pela LACP. (*"fluid recovery"*).

E É competente para a execução o juízo: **1)** da liquidação da sentença ou da ação condenatória, no caso de execução individual e **2)** da ação condenatória, quando coletiva a execução.

F Em caso de concurso de créditos resultantes do mesmo evento danoso, o pagamento de indenizações pelos prejuízos individuais tem preferência sobre o pagamento de indenização a título coletivo.

11.3 Ações de responsabilidade do fornecedor de produtos e serviços: importa saber que:

A tratando-se de **ação individual** em face do fornecedor de produtos e serviços, o **consumidor pode ajuizar a ação no foro do seu domicílio ou optar por foro eleito em contrato;**

B o **fornecedor pode chamar ao processo o segurador na hipótese de ter contratado seguro de responsabilidade**, mas não na condição de garante da obrigação e sim **na qualidade de corresponsável**, ampliando a legitimação passiva em favor do consumidor;

A propósito, no Exame Unificado 2013.1 foi formulada questão sobre a responsabilidade do fornecedor quando a falha do serviço é da seguradora cuja alternativa correta é do seguinte teor: "O casal poderá acionar judicialmente a operadora de turismo, mesmo que a falha do serviço tenha sido da seguradora, em razão da responsabilidade solidária aplicável ao caso".

C permite-se o ajuizamento de ação de indenização diretamente contra o segurador na hipótese de ter o fornecedor sido declarado falido, vedada a denunciação da lide ao Instituto de Resseguro do Brasil e dispensado o litisconsórcio obrigatório com este, a fim de evitar o retardamento do feito.

11.4 Coisa julgada nas ações coletivas: é formada conforme a natureza do interesse (difuso, coletivo ou individual homogêneo) e conforme o resultado do processo e das provas (coisa julgada *secundum eventum litis* e *secundum eventum probationis,* respectivamente).

A seguir estão sintetizadas as principais regras sobre coisa julgada nas ações coletivas de modo geral que tratam de direitos difusos, coletivos e individuais homogêneos e não apenas àquelas ajuizadas com fundamento nas relações de consumo.

Efeito da coisa julgada nas ações coletivas que tutelam os direitos difusos	**Nas sentenças de procedência**	*erga omnes*, para beneficiar toda a coletividade.

Efeito da coisa julgada nas ações coletivas que tutelam os direitos difusos	**Nas sentenças de improcedência por qualquer fundamento que não seja a insuficiência de provas**	*erga omnes*, sem, no entanto, prejudicar os direitos individuais dos integrantes da coletividade (§ 1º, art. 103, CDC), sendo que estes podem ajuizar ações individuais com o mesmo fundamento. Na hipótese não se admite nova ação coletiva com idêntico fundamento.
	Nas sentenças de improcedência por insuficiência de provas	sem eficácia *erga omnes*, de modo que qualquer legitimado do art. 82 do CDC, inclusive aquele que ajuizou anteriormente a ação, poderá intentar outra ação, com idêntico fundamento valendo-se de nova prova.
Efeito da coisa julgada nas ações coletivas que tutelam os direitos coletivos	**Nas sentenças de procedência**	ultra partes, mas limitadamente ao grupo, categoria ou classe.
	Nas sentenças de improcedência por qualquer fundamento que não seja a insuficiência de provas	ultra partes, sem, no entanto, prejudicar os direitos individuais dos integrantes do grupo, categoria ou classe (§ 1º, art. 103, CDC), sendo que estes podem ajuizar ações individuais com o mesmo fundamento. Na hipótese não se admite nova ação coletiva com idêntico fundamento.
	Nas sentenças de improcedência por insuficiência de provas	sem eficácia ultra partes, de modo que qualquer legitimado do art. 82 do CDC, inclusive aquele que ajuizou anteriormente a ação, poderá intentar outra ação, com idêntico fundamento valendo-se de nova prova.
Efeito da coisa julgada nas ações coletivas que tutelam os direitos individuais homogêneos	**Nas sentenças de procedência**	*erga omnes*, para beneficiar todas as vítimas e seus sucessores. OBS: Embora o CDC tenha feito referência ao efeito *erga omnes*, o correto seria efeito ultra partes em razão de a sentença beneficiar titulares determináveis (vítimas e seus sucessores)
Efeito da coisa julgada nas ações coletivas que tutelam os direitos individuais homogêneos	**Nas sentenças de improcedência**	sem eficácia *erga omnes*, alcançando somente os interessados que ingressaram como litisconsorte (assistente litisconsorcial) na ação ajuizada pelo legitimado do art. 82 do CDC. OBS: Os interessados que não tiverem intervindo no processo como litisconsortes poderão propor ação de indenização a título individual (§ 2º, art. 103, CDC).
	Nas sentenças de improcedência por insuficiência de provas	nas lições de Ada Pellegrinni Grinover (1999, p. 825), o critério da inexistência de coisa julgada na hipótese da improcedência por insuficiência de provas é adotado somente para os interesses difusos e coletivos. Explica: "ou seja, a coisa julgada
Efeito da coisa julgada nas ações coletivas que tutelam os direitos individuais homogêneos	**Nas sentenças de improcedência por insuficiência de provas**	atua *erga omnes*, com o temperamento de só poder beneficiar todas as vítimas e seus sucessores, sem prejudicar os terceiros que não tenham intervindo no processo como litisconsortes". (GRINOVER, 1999, p. 825)

Sobre coisa julgada, o Exame Unificado de 2010 formulou a seguinte questão: "Nas ações coletivas, o efeito da coisa julgada material será: tratando-se de direitos difusos, no caso de improcedência por insuficiência de provas, não faz coisa julgada material, podendo, qualquer prejudicado, intentar nova ação com os mesmos fundamentos, valendo-se de novas provas".

? **QUESTÃO:** A ação coletiva induz litispendência em relação à ação individual?

➥ ***RESPOSTA:*** *Não, por expressa disposição do art. 104 do CDC. Ainda de acordo com o art. 104 do CDC, o demandante individual somente se beneficiará dos efeitos da coisa julgada da ação coletiva se requerer a suspensão da ação individual no prazo de 30 dias, a contar da ciência nos autos do ajuizamento da ação coletiva. Assim, ciente do ajuizamento da ação coletiva, o autor individual terá as seguintes opções:*

a) *requerer a suspensão da ação individual e beneficiar-se dos os efeitos da ação coletiva, caso seja ela julgada procedente;*

b) *retomar a ação individual caso tenha requerido a sua suspensão e a ação coletiva tenha sido julgada improcedente;*

c) *prosseguir com a ação individual e ser excluído dos efeitos da ação coletiva, ainda que seja julgada procedente. [Exame Unificado de 2010]*

DICA IMPORTANTE

A leitura da Lei 8.078/90 mostra-se imprescindível, uma vez que as questões do Exame da OAB sobre direito do consumidor abrangem os capítulos do CDC como um todo. A maioria delas demanda conhecimento literal da lei, mas é importante que o candidato conheça a principiologia do regramento consumerista e seus principais institutos, em especial os direitos básicos do consumidor, responsabilidade civil, prescrição e decadência, práticas comerciais, proteção contratual e cláusulas abusivas e, principalmente, o capítulo que trata sobre a defesa do consumidor em juízo.

12. PLANO NACIONAL DE CONSUMO E CIDADANIA – (PLANDEC)

O **Decreto 7.963**, de 15 de março de 2013, instituiu o **Plano Nacional de Consumo e Cidadania** (PLANDEC) com o objetivo de ampliar as medidas de proteção ao consumidor e melhorar a qualidade dos produtos e serviços.

O PLANDEC envolve temas como comércio eletrônico; assuntos financeiros; PROCONs e telecomunicações.

Quanto ao **Plano Nacional de Consumo e Cidadania** importa saber que:

A 1) transformou a proteção do consumidor em política de Estado; 2) priorizou o direito à informação, a qualidade e atendimento ao consumidor e 3) promoveu a melhoria da qualidade de produtos e serviços.

B tem como diretriz: (art. 2º): "**I** – educação para o consumo **II** – adequada e eficaz prestação dos serviços públicos **III** – garantia do acesso do consumidor à justiça; **IV** – garantia de produtos e serviços com padrões adequados de qualidade, segurança, durabilidade, desempenho e acessibilidade; **V** – fortalecimento da participação social na defesa dos consumidores; **VI** – prevenção e repressão de condutas que violem direitos do consumidor; e **VII** – autodeterminação, privacidade, confidencialidade e segurança das informações e dados pessoais prestados ou coletados, inclusive por meio eletrônico".

O parágrafo único do art. 2º define acessibilidade: "a possibilidade e a condição de alcance para utilização, com segurança e autonomia, de espaços, mobiliários, equipamentos urbanos, edificações, transportes, informação e comunicação, inclusive seus sistemas e suas tecnologias, e de outros serviços e instalações abertos ao público, de uso público ou privados de uso coletivo, tanto na zona urbana como na rural, por pessoa com deficiência ou com mobilidade reduzida" (Incluído pelo Decreto nº 8.953, de 2017)

C tem como objetivo (art. 3º): "**I** – garantir o atendimento das necessidades dos consumidores **II** – assegurar o respeito à dignidade, saúde e segurança do consumidor **III** estimular a melhoria da qualidade e o desenho universal de produtos e serviços disponibilizados no mercado de consumo; **IV** – assegurar a prevenção e a repressão de condutas que violem direitos do consumidor; **V** – promover o acesso a padrões de produção e consumo sustentáveis; e **VI** – promover a transparência e harmonia das relações de consumo".

O Decreto nº 8.953/2017 incluiu o parágrafo único ao art. 3º para dispor sobre desenho universal e tecnologia assistiva, nos seguintes termos:

"I - desenho universal - concepção de produtos, ambientes, programas e serviços a serem usados por todas as pessoas, sem necessidade de adaptação ou de projeto específico, incluídos os recursos de tecnologia assistiva; e

II - tecnologia assistiva - produtos, equipamentos, dispositivos, recursos, metodologias, estratégias, práticas e serviços que objetivem promover a funcionalidade, relacionada à atividade e à participação da pessoa com deficiência ou com mobilidade reduzida, visando à sua autonomia, independência, qualidade de vida e inclusão social."

D São eixos de atuação do PLANDEC: **I** – prevenção e redução de conflitos (art. 5º) **II** – regulação e fiscalização (art. 6º); e **III** – fortalecimento do Sistema Nacional de Defesa do Consumidor (art. 7º).

MUITA ATENÇÃO!

O Decreto nº 10.087, de 05 de novembro de 2019, revogou do art. 9º ao art. 12 do Decreto nº 7.963/2013; que havia criado a Câmara Nacional das Relações de Consumo.

Dentre as medidas de proteção ao consumidor implementadas, merece destaque também o **Decreto 7.962**, de 15 de março de 2013, que regulamentou o Código do Consumidor para dispor sobre a **contratação no comércio eletrônico.**

Quanto ao **comércio eletrônico** importa saber que:

A Ao consumidor que adquirir produtos ou serviços pela internet serão garantidos:

1) informações claras a respeito do produto, serviço e do fornecedor (arts. 2º e 3º);
2) melhora na relação de consumo pela criação dos canais de atendimento ao consumidor (art. 4º); e
3) respeito ao direito de arrependimento (art. 5º).

B O fornecedor deve informar ao consumidor, de forma clara e ostensiva, os meios adequados e eficazes para o exercício do direito de arrependimento, sendo que este direito poderá ser exercido pela mesma ferramenta utilizada para a contratação, sem prejuízo de outros meios disponibilizados (art. 5º e § 1º).

C O exercício do direito de arrependimento implica a rescisão dos contratos acessórios, sem qualquer ônus para o consumidor (§ 2º, art. 5º).

D O fornecedor deverá comunicar imediatamente à instituição financeira ou à administradora do cartão de crédito ou similar o exercício do direito de arrependimento, para que: 1) a transação não seja lançada na fatura do consumidor; ou 2) seja efetivado o estorno do valor, caso o lançamento na fatura já tenha sido realizado (§ 3º, art. 5º).

E também o Conselho Monetário Nacional (CMN) editou as **Resoluções 4.196/13, 4.197/13, 4.198/13** para que as instituições financeiras garantam aos consumidores transparência na contratação e divulgação de pacotes de serviços.

Tais Resoluções obrigam as instituições financeiras a informar ao consumidor a diferença de custo nas tarifas bancárias individualizadas ou contido nos pacotes bem como a adotar medidas de transparência na contratação das operações de créditos e de câmbio.

O Conselho Diretor da Agência Nacional de Telecomunicações (ANATEL) aprovou a **Resolução nº 623/2013**, que trata do **Regulamento de Conselho de Usuários** voltado para a avaliação dos serviços e da qualidade do atendimento, bem como para a formulação de sugestões e de propostas de melhoria dos serviços de telecomunicações e também a **Resolução nº 632/2014**, que trata do **Regulamento Geral de Direitos do Consumidor de Serviços de Telecomunicações** cujo objetivo é estabelecer regras sobre atendimento, cobrança e oferta de serviços relativos ao Serviço Telefônico Fixo Comutado – STFC, ao Serviço Móvel Pessoal – SMP, ao Serviço de Comunicação Multimídia – SCM e aos Serviços de Televisão por Assinatura.

Em fase de implementação	
Procons	Tramita no Congresso Nacional Projeto de Lei (PL nº 5.196/13) com vista ao fortalecimento e maior autonomia dos PROCONs. Nesse Projeto confere-se ao acordo realizado no PROCON o status de título executivo judicial. E mais, permite ao PROCON determinar medidas corretivas, tais como: 1) restituição de cobranças indevidas; 2) substituição ou reparação do produto; 3) prestação adequada de informações.

BIBLIOGRAFIA RECOMENDADA

LEITURA BÁSICA

- BENJAMIN, Antônio Herman de Vasconcelos; MARQUES, Claudia Lima; BESSA, Leonardo Roscoe. **Manual de direito do consumidor**. 7 ed. São Paulo: RT, 2016.
- BOLZAN, Fabrício. **Direito do consumidor esquematizado**. 6 ed. São Paulo: Saraiva, 2018.
- DENSA, Roberta. **Direito do consumidor**. São Paulo: Atlas, 2006.
- GARCIA, Leonardo de Medeiros. **Direito do consumidor**. São Paulo: Juspodivm, 2014.
- GOMES, Nathália Stivalle Gomes. Coleção resumos para concursos. **Direito do consumidor**. 3ª ed. São Paulo: Juspodivm, 2019.
- NERY JUNIOR, Nelson; ANDRADE; Rosa Maria de. **Código civil anotado e legislação civil extravagante em vigor**. São Paulo: RT, 2003.
- NUNES, Rizzatto. **Curso de direito do consumidor**. São Paulo: Saraiva, 2011.
- RAGAZZI, José Luiz; HONESKO, Raquel. **Direito do consumidor**. Coleção Estudos Direcionados: perguntas e respostas. São Paulo: Saraiva, 2010.

OBRAS PARA APROFUNDAMENTO

- CAVALIERI FILHO, Sergio. **Programa de direito do consumidor.** 3 ed. São Paulo: Atlas, 2011.
- GRINOVER, Ada Pellegrini; BENJAMIN, Antônio Herman de Vasconcellos e; FINK, Daniel Roberto; FILOMENO, José Geraldo Brito; WATANABE, Kazuo; NERY JUNIOR, Nelson; DENARI, Zelmo. **Código brasileiro de defesa do consumidor: comentado pelos autores do anteprojeto**. Rio de Janeiro: Forense Universitária, 1999.
- MARQUES, Claudia Lima; MIRAGEM, Bruno. **Coleção doutrinas essenciais. Direito do consumidor: tutela das relações de consumo**. São Paulo: RT.
- MAZZILLI, Hugo Nigro. **A defesa dos interesses difusos em juízo.** São Paulo: Saraiva, 2004.
- MIRAGEM, Bruno. **Curso de direito do consumidor**. São Paulo: RT, 2010.

DIREITO EMPRESARIAL

NATHÁLIA STIVALLE GOMES

CAPÍTULO I
TEORIA GERAL DO DIREITO DE EMPRESA

1. NOÇÕES INICIAIS SOBRE O DIREITO COMERCIAL

A evolução das atividades comerciais pode ser sintetizada a partir das seguintes teorias:

A **Teoria dos atos de comércio:** é considerado **comerciante** e, portanto, submetido à legislação comercial, **aquele que exerce**, de forma habitual e profissional, atividades consideradas como **'atos de comércio'** (mercancia). Foi adotada pelo CCom de 1850, ficando a cargo do Regulamento 737/1850 (revogado) elencar os tais atos do comércio. Fora desse rol ficaram importantes atividades econômicas como a prestação de serviços, atividades agrícolas e negociação imobiliária, favorecendo, assim, o surgimento da teoria da empresa.

B **Teoria da empresa:** o que importa é **identificar o empresário,** não se ocupando apenas com alguns atos de comércio e sim com uma **forma específica de exercer a atividade econômica, qual seja, a forma empresarial.** Foi **incorporada definitivamente pelo CC/02**, mas, antes disso, textos legislativos esparsos foram gradualmente surgindo para o fim de ampliar a incidência normativo-comercial e abranger novas atividades mercantis e agentes econômicos, tais como: LSA, CDC, Lei de Locação Predial Urbana, entre outras.

O direito comercial contemporâneo pode ser definido como o ramo do direito privado que regula a atividade econômica organizada para a produção ou circulação de bens ou serviços, isto é, a atividade empresarial. **O direito comercial contemporâneo é o direito de empresa.**

A **Lei 10.406/02**, que instituiu o novo Código Civil em nosso ordenamento jurídico, na tentativa de unificação formal do direito privado, derrogou expressamente a primeira parte do CCom de 1850 (art. 2.045), reestruturando a sistemática do direito empresarial no seu **Livro II "Do Direito de Empresa" (arts. 966 a 1.195).** Do CCom resta hoje vigente a parte referente ao comércio marítimo (arts. 457 a 730 e 740 a 796). No entanto, **a unificação legislativa do direito privado não comprometeu a autonomia do direito comercial.**

2. EMPRESA

O **art. 966 do CC define o empresário** e **não a empresa**, nos seguintes termos: "Considera-se empresário quem exerce profissionalmente atividade econômica organizada para a produção ou circulação de bens ou de serviços". Extrai-se do texto legal que **empresa é a atividade econômica organizada, exercida pelo empresário, em caráter profissional, para a produção ou circulação de bens e serviços.**

Por ser clássico e constante nos Manuais de Direito Comercial, vale mencionar o **conceito de empresa,** concebido por **Alberto Asquini,** como um **fenômeno econômico poliédrico.** Segundo esta definição, a empresa apresenta quatros perfis distintos: **1) Perfil Objetivo:** a empresa seria o estabelecimento comercial, ou seja, o conjunto de bens (corpóreos e incorpóreos) afetados para o desenvolvimento da atividade empresarial; **2) Perfil Subjetivo:** a empresa seria o empresário, aquele que organiza e desenvolve a atividade econômica, com assunção de risco; **3) Perfil Corporativo:** a empresa seria a reunião do empresário e dos empregados em função de um fim econômico comum; **4) Perfil Funcional:** a empresa seria a atividade econômica organizada dirigida a um determinado escopo produtivo.

O **Código Civil** adotou o **perfil funcional** para definir empresa.

3. EMPRESÁRIO

Conforme dito anteriormente, o conceito de empresário está estabelecido no art. 966 do CC e traz a ideia de que **empresário é a pessoa (física ou jurídica) que exerce, com profissionalismo, uma atividade econômica organizada para a produção ou a circulação de bens ou de serviços.** A empresa é a atividade empresarial cuja organização é feita pelo **empresário**, sendo, ele, portanto, o **sujeito do direito comercial** (Exame Unificado 2015.2).

Os requisitos para ser considerado empresário são:

a) Profissionalismo: é entendido sob três aspectos: **habitualidade** (não se considera profissional quem exerce a atividade em caráter eventual), **pessoalidade** (o empresário deve contratar mão de obra (empregados) para consecução da atividade empresarial porque, nas lições de Fábio Ulhoa Coelho ,"são eles que, materialmente falando, produzem ou fazem circular bens ou serviços" (COELHO, 2010, p.11) e **monopólio de informações** (o empresário deve ter conhecimento das técnicas de produção das mercadorias ou dos serviços prestados, da qualidade exigida pelo mercado, dos insumos empregados, dos defeitos de fabricação, do dever de informação ao consumidor);

b) Atividade econômica: a atividade empresarial é exercida com intuito de obtenção de lucro;

c) **Organizada:** empresário é quem articula os fatores de produção, que são: capital, insumos, mão de obra e tecnologia;

d) Produção ou circulação de bens ou serviços: comprova a abrangência da teoria da empresa que, a princípio, submete qualquer atividade econômica ao regime jurídico empresarial.

3.1 Obrigações do empresário: **1)** Arquivar seus atos constitutivos na Junta Comercial (art. 967, CC); **2)** Escriturar os livros empresariais obrigatórios; **3)** Levantar, periodicamente, o balanço patrimonial e de resultado econômico da empresa (art. 1.179, *in fine,* CC).

A propósito, no Exame da OAB 2019.2, foi abordada a seguinte questão sobre as obrigações do empresário: "Luzia Betim pretende iniciar uma sociedade empresária em nome próprio. Para tanto, procura assessoria jurídica quanto à necessidade de inscrição no Registro Empresarial para regularidade de exercício da empresa". A resposta assinalada como correta foi a seguinte: a inscrição do empresário individual é obrigatória antes do início da atividade, conforme previsão expressa do art. 967, CC.

3.2 Atividades econômicas de natureza civil: não se confundem com as atividades empresariais e **não se submetem à legislação comercial**, sendo reguladas pelas regras do direito civil. São elas:

A Atividades intelectuais, de natureza científica, literária ou artística, ainda que contem com o concurso de auxiliares ou colaboradores. Ex.: advogados, médicos, professores, músicos, atores, etc.

> **MUITA ATENÇÃO!** De acordo com os art. 15 do Estatuto da OAB, os advogados podem reunir-se em sociedade simples de prestação de serviços de advocacia ou constituir sociedade unipessoal de advocacia com o registro aprovado dos seus atos constitutivos no Conselho Seccional da OAB em cuja base territorial tiver sede.

Exceção: parágrafo único do art. 966 do CC. **Será empresário o profissional intelectual que conferir forma empresarial ao exercício de sua atividade (elemento de empresa). A atividade intelectual, neste caso, será um dos fatores da organização empresarial.**

Ex.: o médico que instala um hospital, organizando fatores de produção como capital, mão de obra, equipamentos, é empresário. De igual modo, é empresário o ator que se torna dono de um empreendimento de caça talentos ou o professor que se torna dono de cursinho preparatório para vestibulares.

B Atividade explorada pelos produtores rurais não registrados na Junta Comercial: o **art. 971 do CC** confere aos produtores rurais a faculdade de se registrarem na Junta Comercial da respectiva sede, hipótese em que ficarão equiparados ao empresário e submetidos à legislação comercial. Se optarem por não requerer a inscrição junto ao registro de empresa, não serão considerados empresários e o regime será o do direito civil. **O registro do empreendedor rural na Junta Comercial é facultativo.**

Esclarece o STJ: "A constituição do empresário rural dá-se a partir do exercício profissional da atividade econômica rural organizada para a produção e circulação de bens ou de serviços, sendo irrelevante, à sua caracterização, a efetivação de sua inscrição na Junta Comercial. Todavia, sua submissão ao regime empresarial apresenta-se como faculdade, que será exercida, caso assim repute conveniente, por meio da inscrição no Registro Público de Empresas Mercantis. Tal como se dá com o empresário comum, a inscrição do produtor rural na Junta Comercial não o transforma em empresário. Perfilha-se o entendimento de que, também no caso do empresário rural, a inscrição assume natureza meramente declaratória, a autorizar, tecnicamente, a produção de efeitos retroativos (ex tunc). A própria redação do art. 971 do Código Civil traz, em si, a assertiva de que o empresário rural poderá proceder à inscrição. Ou seja, antes mesmo do ato registral, a qualificação jurídica de empresário - que decorre do modo profissional pelo qual a atividade econômica é exercida - já se faz presente. Desse modo, a inscrição do empresário rural na Junta Comercial apenas declara, formaliza a qualificação jurídica de empresário, presente em momento anterior ao registro. **O empresário rural que objetiva se valer dos benefícios do processo recuperacional, instituto próprio do regime jurídico empresarial, há de proceder à inscrição no Registro Público de Empresas Mercantis, não porque o registro o transforma em empresário, mas sim porque, ao assim proceder, passou a voluntariamente se submeter ao aludido regime jurídico**" (REsp 1.811.953-MT, DJe 15/10/2020, Informativo n. 681).

No Exame da OAB – agosto/2016 – prova reaplicada Salvador – BA foi apresentado o seguinte caso: "O engenheiro agrônomo Zacarias é proprietário de quatro fazendas onde ele realiza, em nome próprio, a exploração de culturas de soja e milho, bem como criação intensiva de gado. A atividade em todas as fazendas é voltada para exportação, com emprego intenso de tecnologia e insumos de alto custo. Zacarias não está registrado na Junta Comercial". A resposta assinalada como correta foi a seguinte: "Zacarias, mesmo que exerça uma empresa, não será considerado empresário pelo fato de não ter realizado seu registro na Junta Comercial".

FIQUE POR DENTRO: A Lei nº 14.193, de 06 de agosto de 2021, instituiu a sociedade anônima de futebol e, dentre outras providências, **incluiu o parágrafo único do art. 971 do CC** para dispor que a associação que desenvolva atividade futebolística em caráter habitual e profissional, quando inscrita no Registro Público de Empresas Mercantis da respectiva sede, será considerada empresária, para todos os efeitos, tendo em vista ser aplicável a ela o caput do art. 971 do CC.

C A cooperativa será sempre sociedades simples, independentemente de seu objeto. Submete-se à inscrição no Registro Público de Empresas Mercantis por força do art. 18, § 6º, da Lei nº 5.764/71 (Lei Especial das Cooperativas) e do art. 32, II, *a*, da Lei nº 8.934/94 (Lei do Registro Público das Empresas Mercantis e Atividades Afins).

4. CAPACIDADE DO EMPRESÁRIO INDIVIDUAL

Podem exercer atividade de empresário os que estiverem em **pleno gozo da capacidade civil** e **não** forem **legalmente impedidos (art. 972 do CC).** São impedidos legalmente de exercerem atividade própria de empresário: o falido não reabilitado; aqueles condenados pela prática de crime cuja pena vede o acesso à atividade empresarial; servidores públicos; magistrados, membros do Ministério Público; deputados e senadores; militares da ativa. **As obrigações assumidas pelo legalmente impedido NÃO SÃO NULAS, ao contrário, têm plena validade em relação a terceiro que com ele contrate.**

Sobre este tema, no Exame Unificado 2011.2 considerou-se correta a seguinte alternativa: "Caso a pessoa proibida de exercer a atividade de empresário praticar tal atividade, deverá responder pelas obrigações contraídas, podendo até ser declarada falida".

Também foi objeto de questão no Exame Unificado 2014.1, com o seguinte caso: "Olímpio Noronha é servidor público militar ativo e, concomitantemente, exerce pessoalmente atividade econômica organizada sem ter sua firma inscrita na Junta Comercial. Em relação às obrigações assumidas por Olímpio Noronha, assinale a alternativa correta. Resposta: são válidas tanto as obrigações assumidas no exercício da empresa quanto estranhas a essa atividade e por elas Olímpio Noronha responderá ilimitadamente".

No caso da **incapacidade superveniente do empresário individual,** o **art. 974 do CC** admite tão somente a **continuidade do exercício de empresa pelo incapaz antes de declarada sua incapacidade,** não permitindo que o incapaz inicie o exercício de uma atividade empresarial.

A propósito, no Exame Unificado de janeiro de 2010, foi apresentada a seguinte situação hipotética: "Afrânio, empresário individual, foi submetido a exame por junta médica que atestou ser ele portador de grave esquizofrenia, qualificando-o como permanentemente incapaz de gerir os próprios negócios. Por essa razão, o pai do empresário ajuizou pedido de interdição, com o pleito de ser nomeado seu curador e gerir seus negócios da vida civil". Neste caso, tendo em vista que o civilmente incapaz poderá, por representação (se absolutamente incapaz) ou assistência (se relativamente incapaz), continuar a atividade empresarial exercida por ele antes de declarada sua incapacidade, o pai de Afrânio, se nomeado judicialmente curador, poderá exercer atividade empresária em nome do filho interditado.

Os bens que o incapaz já possuía, ao tempo da sucessão ou da interdição, desde que não afetados ao exercício da atividade empresarial, não ficarão sujeitos ao resultado da empresa, isto é, não poderão ser executados em decorrência das obrigações assumidas no exercício de empresa. Em razão disso, no alvará judicial que conceder a autorização para que o incapaz continue o exercício de empresa deve constar a relação de bens do incapaz.

Ainda sobre incapacidade superveniente do empresário individual, o Exame da OAB – julho de 2016 apresentou o seguinte caso: "Maria, empresária individual, teve sua interdição decretada pelo juiz a pedido de seu pai, José, em razão de causa permanente que a impede de exprimir sua vontade para os atos da vida civil. Sabendo-se que José, servidor público federal na ativa, foi nomeado curador de Maria", a alternativa correta assinalada foi a seguinte: "É possível a concessão de autorização judicial para o prosseguimento da empresa de Maria; porém, diante do impedimento de José para exercer atividade de empresário, este nomeará, com a aprovação do juiz, um ou mais gerentes" (aplicação dos arts. 974 e 975, CC).

MUITA ATENÇÃO!

"SÓCIO INCAPAZ"

A Lei 12.399, de 1º de abril de 2011, acresceu o § 3º ao art. 974 do CC para dispor que o Registro Público de Empresas Mercantis a cargo das Juntas Comerciais deverá registrar contratos ou alterações contratuais de sociedade que envolva sócio incapaz, desde que atendidos, de forma conjunta, os seguintes pressupostos:

I. o sócio incapaz não pode exercer a administração da sociedade;
II. o capital social deve ser totalmente integralizado;
III. o sócio relativamente incapaz deve ser assistido e o absolutamente incapaz deve ser representado por seus representantes legais.

A propósito, o Exame da OAB 2019.2 abordou o tema do sócio incapaz, indicando como correta a seguinte assertiva: "é permitido o ingresso do relativamente incapaz na sociedade, desde que esteja assistido no instrumento de alteração contratual, devendo constar a vedação do exercício da administração da sociedade por ele".

DIREITO EMPRESARIAL

? **QUESTÃO:** Marido e mulher podem contratar sociedade entre si ou com terceiros?

➥ ***RESPOSTA:*** *Depende. Marido e mulher podem contratar sociedade comercial se casados nos seguintes regimes de bens: a) comunhão parcial (CC 1.658); b) participação final nos aquestos (CC 1.672) e c) separação convencional (CC 1.687). A contrario sensu, de acordo com o art. 977 do CC, há vedação de contratação de sociedade entre marido e mulher ou ambos com terceiro na mesma sociedade se forem casados: a) no regime da comunhão universal (CC 1.667) ou b) no da separação obrigatória (CC 1.641).*

? **QUESTÃO:** O empresário casado necessita de outorga conjugal para alienar os imóveis que integram o patrimônio da empresa ou para gravá-los de ônus real?

➥ ***RESPOSTA:*** *De acordo com o art. 978 do CC, o empresário casado pode, sem necessidade de outorga conjugal, qualquer que seja o regime de bens, alienar os imóveis que integrem o patrimônio da empresa ou gravá-los de ônus real. Sobre este tema, no Exame Unificado 2015.2 considerou-se correta a seguinte alternativa: "Paulo pode, sem necessidade de outorga conjugal, qualquer que seja o regime de bens, gravar com hipoteca os imóveis que integram o seu estabelecimento".*

MUITA ATENÇÃO!

EMPRESA INDIVIDUAL DE RESPONSABILIDADE LIMITADA – EIRELI FOI REVOGADA!!!

A **empresa individual de responsabilidade limitada**, prevista no art. 980-A do CC, criada pela Lei nº 12.441, de 11 de julho de 2011, para permitir a constituição de empresa por uma única pessoa titular da totalidade do capital social, devidamente integralizado, com a responsabilidade limitada ao valor do capital social, foi expressamente revogada com a Medida Provisória n.º 1.085/2021

O empresário que queira empreender sem que para isso tenha que contar com um sócio pode se valer da **sociedade limitada unipessoal** prevista no **§1º, art. 1.052, CC** que possibilita que as sociedades limitadas sejam constituídas por um único sócio.

O art. 41 da Lei nº 14.195/2021 estabelece que as empresas individuais de responsabilidade limitada existentes na data da entrada em vigor da referida Lei serão transformadas em sociedades limitadas unipessoais independentemente de qualquer alteração em seu ato constitutivo.

5. REGISTRO PÚBLICO DO EMPRESÁRIO E DA SOCIEDADE EMPRESÁRIA

Sobre o registro do empresário e da sociedade empresária importa saber que:

A Sem prejuízo do disposto nos arts. 1.150 a 1.195 do CC, o registro de empresas e atividades afins está regulado pela Lei nº 8.934/1994, com as **alterações da Lei nº 14.195, de 26 de agosto de 2021**.

FIQUE POR DENTRO:

A Medida Provisória nº 1.085, de 27 de dezembro de 2021, dispõe sobre o **Sistema Eletrônico dos Registros Públicos – SERP** e, dentre outras alterações legislativas, modifica a Lei nº 6.015/73 (Lei sobre os Registros Públicos) e o Código Civil.

Moderniza e simplifica os procedimentos relativos aos registros públicos de atos e negócios jurídicos de que trata a Lei nº 6.015/73 e a Lei nº 4.591/64 (incorporações imobiliárias).

O Sistema Eletrônico dos Registros Públicos – SERP tem o objetivo de viabilizar o acesso eletrônico dos usuários – cidadãos e empresas – aos serviços de registros públicos.

B A inscrição de empresário no Registro Público de Empresas Mercantis, embora obrigatória, não é constitutiva para fins de sua caracterização, isto é, não é da essência do conceito de empresário, mas permite usufruir das prerrogativas legais concedidas aos empresários regulares.

O Exame Unificado 2014.3 abordou este tema, considerando correta a seguinte alternativa: "Alfredo Chaves é empresário, independentemente da falta de inscrição na Junta Comercial".

A propósito, o Exame da OAB de 2018.3 apresentou a seguinte situação hipotética: "Roberto desligou-se de seu emprego e decidiu investir na construção de uma hospedagem do tipo pousada no terreno que possuía em Matinhos. Roberto contratou um arquiteto para mobiliar a pousada, fez cursos de hotelaria e, com os ensinamentos recebidos, contratou empregados e os treinou. Ele também contratou um desenvolvedor de sites de Internet e um profissional de marketing para divulgar sua pousada. Desde então, Roberto dedica-se exclusivamente à pousada, e os resultados são promissores. A pousada está sempre cheia de hóspedes, renovando suas estratégias de fidelização; em breve, será ampliada em sua capacidade." Considerando a descrição da atividade econômica explorada por Roberto, a afirmativa assinalada correta foi a seguinte: "A atividade pode ser considerada empresa e seu titular, empresário, independentemente de registro na Junta Comercial."

C Aquele que não registra seus atos constitutivos na Junta Comercial é considerado **EMPRESÁRIO IRREGULAR**, no entanto, reúne os elementos do art. 966 do CC, sujeitando-se às normas do Código Civil e da legislação comercial, salvo naquilo em que forem incompatíveis com a sua condição ou diante de expressa disposição em contrário. A seguir estão enumeradas algumas restrições do empresário irregular no exercício de sua atividade empresarial:

1) Não tem legitimidade ativa para requerer a falência de seu devedor, embora possa ter a

sua falência requerida e decretada. Pode ainda requerer sua autofalência;

2) Não pode ser beneficiado pelo instituto da recuperação judicial;

3) Os livros comerciais não poderão ser autenticados no Registro de Empresa e, consequentemente, não gozarão da eficácia probatória que a legislação processual atribui a esses instrumentos. E, ainda, se decretada a falência, esta será fraudulenta, incorrendo o empresário no crime falimentar previsto no art. 178, Lei Falimentar;

4) Impossibilidade de participar de licitações e contratar com o Poder Público;

5) Os sócios responderão solidária e ilimitadamente pelas obrigações da empresa;

6) Não poderá ter o CNPJ, respondendo pelo descumprimento dessa obrigação tributária;

7) Não será matriculado junto ao INSS, devendo responder pela sanção decorrente dessa irregularidade;

8) Não haverá autonomia entre o patrimônio da sociedade e dos sócios, de modo que os bens de ambos responderão ilimitadamente pelas obrigações sociais;

9) Os sócios, nas relações entre si ou com terceiros, somente podem provar a existência da sociedade por escrito;

10) Impossibilidade de adoção da forma de microempresa.

D Os serviços do Registro Público de Empresas Mercantis e Atividades Afins serão exercidos, em todo o território nacional, de maneira uniforme, harmônica e interdependente, pelo SINREM.

O **SINREM** (Sistema Nacional de Registro de Empresas Mercantis e Atividades Afins) é composto por dois órgãos:

1) Departamento Nacional de Registro Empresarial e Integração: órgão com atuação no **âmbito federal,** com as funções supervisora, orientadora, coordenadora e normativa, na área técnica, e supletiva, na área administrativa.

2) Juntas Comerciais: órgão com atuação no **âmbito estadual**, com as funções executora e administradora dos serviços de registro.

As **Juntas Comerciais** têm **subordinação hierárquica híbrida**: **no plano técnico**, submetem-se ao Departamento Nacional de Registro Empresarial e Integração e, no **âmbito administrativo**, submetem-se ao governo do respectivo ente federativo.

Atenção: A Lei nº 13.833, de 4 de junho de 2019, no art. 1º, dispôs sobre a transferência, da União para o Distrito Federal, da Junta Comercial do Distrito Federal e das atividades de registro público de empresas mercantis e atividades afins no Distrito Federal.

E São, basicamente, três os **atos de registro de empresa praticados pela Junta Comercial:**

1) Matrícula: é o ato de inscrição dos chamados auxiliares do comércio: leiloeiros, tradutores públicos, intérpretes comerciais, trapicheiros e administradores de armazéns-gerais (art. 32, I, LRE).

2) Arquivamento: é o ato de inscrição do empresário individual bem como o ato de registro de constituição, alteração e dissolução das sociedades empresárias, grupos de sociedades, consórcios e empresas mercantis autorizadas a funcionar no Brasil. O arquivamento é feito conforme o art. 32, inciso II, da LRE. Quaisquer modificações da inscrição do empresário são feitas através de Averbação (§ 2º, art. 968, CC).

No Exame da OAB – abril/2016 foi apresentada a seguinte situação hipotética: "Servidor da Junta Comercial verificou que o requerimento de alteração contratual de uma sociedade limitada com vinte e dois sócios e sede no município de Solidão não foi assinado pelo administrador, mas por mandatário da sociedade, com poderes específicos. O requerimento foi instruído com uma nova versão do contrato social desacompanhada da ata da deliberação que a aprovou. O referido servidor determinou que fosse sanada a pretensa irregularidade". Resposta correta: "O servidor agiu corretamente porque cumpre à autoridade competente, antes de efetivar o registro, fiscalizar a observância das prescrições legais concernentes ao ato ou aos documentos apresentados; havendo irregularidades, deve ser notificado o requerente para saná-las". (aplicação dos arts. 37, I, LRE e 1.153, CC)

3) Autenticação: é o ato de registro das escriturações – livros comerciais e fichas escriturais – das empresas mercantis e dos agentes auxiliares do comércio, conferindo regularidade ao documento (requisito extrínseco de validade da escrituração mercantil). São autenticadas também pela Junta Comercial as cópias dos documentos assentados.

De acordo com o § 2º do art. 1º do Estatuto da OAB, os atos e contratos constitutivos de pessoas jurídicas, sob pena de nulidade, só podem ser admitidos a registro, nos órgãos competentes, quando visados por advogados.

F **Os documentos necessários ao registro na Junta Comercial deverão ser apresentados no prazo de 30 dias, contado da lavratura dos atos respectivos.** Se **observado o prazo legal**, o registro opera **efeito *ex tunc***, isto é, retroage à data da lavratura do respectivo ato constitutivo. *A contrario sensu*, **se os documentos forem levados a registro após os 30 dias da lavratura do ato constitutivo**, o registro opera **efeito *ex nunc***, somente produzindo efeito a partir da data de sua concessão.

G **Inatividade da empresa**: empresário individual e sociedade empresária que não procedem a qualquer arquivamento na Junta Comercial no período de 10 anos e não comunicam o órgão que ainda se encontram em atividade. **Consequência: cancelamento do registro** e **perda da proteção do nome empresarial.**

6. ESCRITURAÇÃO MERCANTIL

Além de arquivarem seus atos constitutivos na Junta Comercial, o empresário e a sociedade empresária devem também seguir um sistema de contabilidade, mecanizado ou não, com base na escrituração uniforme de seus livros, em correspondência com a documentação respectiva, bem como levantar, periodicamente, o balanço patrimonial e de resultado econômico da empresa.

ESPÉCIES DE LIVROS COMERCIAIS	
Obrigatórios	São aqueles livros cuja escrituração é imposta a todos empresários e sociedades empresárias sob pena de sanção. Subdividem-se em: **a) Comuns:** são adotados pelos empresários e sociedades empresárias indistintamente. O único exemplo desse tipo de livro é o **Livro Diário**, por força do que dispõe o **art. 1.180, CC**. **b) Especiais:** são adotados pelos empresários e sociedades empresárias de categorias específicas. Exemplos: Livro de Registro de Duplicata (empresários que emitem duplicatas), Livro de Ata de Assembleias Gerais, Livro de Transferência de Ações Nominativas (ambos os Livros das sociedades anônimas); Livro de Entrada e Saída de Mercadoria (empresário que explora Armazém-Geral), etc.
Facultativos	São aqueles livros cuja escrituração auxilia o empresário e a sociedade empresária no controle do exercício da atividade empresarial, não lhes sendo aplicável sanção em caso de não escrituração. Exemplos: Livro Caixa; Livro Conta-Corrente, Livro Razão, etc.

7. ESTABELECIMENTO COMERCIAL

Pode ser definido como todo complexo de bens corpóreos e incorpóreos organizado pelo empresário ou sociedade empresária para o exercício da empresa, isto é, para o desenvolvimento da atividade econômica (art. 1.142 do CC).

Atenção: A **Medida Provisória nº 1.085/2021** acrescentou 03 parágrafos ao art. 1.142, CC. São eles: **1)** o **estabelecimento não se confunde com o local onde se exerce a atividade empresarial**, que **poderá ser físico ou virtual** (§1º, art. 1.142); **2)** quando o **local onde se exerce a atividade empresarial for virtual**, o endereço informado para fins de registro poderá ser, conforme o caso, o **endereço do empresário** individual ou **de um dos sócios** da sociedade empresária **(§2º, art. 1.142); 3)** quando o **local** onde se exerce a atividade empresarial **for físico**, a fixação do **horário de funcionamento competirá ao Município** (§3º, art. 1.142), conforme Súmula Vinculante 38 do STF.

O estabelecimento constitui uma **UNIVERSALIDADE DE FATO** por se tratar de um complexo de bens voltado à atividade econômica pelo **exercício da vontade do empresário e não em virtude de disposição legal**, como **ocorre na universalidade de direito.**

"Por ser o estabelecimento uma universalidade de fato, seus elementos podem ser objeto de negócios jurídicos próprios, translativos ou constitutivos, separadamente dos demais" (**art. 1.143, CC**). (extraído de questão do Exame da OAB – julho/2016)

MUITA ATENÇÃO! Estabelecimento é um elemento indissociável da empresa, mas com ela não se confunde, uma vez que esta é a atividade econômica desenvolvida no estabelecimento. Da mesma forma que não se confunde com o empresário, que é pessoa física ou jurídica, que explora a atividade econômica e é titular dos direitos e obrigações dela decorrentes. Estabelecimento também não se confunde com patrimônio do empresário. São bens do estabelecimento aqueles relacionados com o exercício-fim da atividade empresarial.

Para o STJ, "É legítima a penhora da sede do estabelecimento comercial". (Súmula 451, STJ).

? **QUESTÃO:** O que se entende por aviamento do estabelecimento comercial (*goodwill*)?

➥ ***RESPOSTA:*** *"Aptidão para produzir bons resultados futuros e que leva em conta diversos fatores e qualidades que o estabelecimento pode apresentar, tornando-o mais valioso do que a simples somatória do valor do conjunto dos bens que o compõem" (NETO GONÇALVES, 2008, 574).*

*Entenda como a aptidão que o estabelecimento tem de produzir lucros em razão dos atributos pessoais do empresário, do local do ponto, marca, **etc.**, sendo levado em conta para aferir o valor do estabelecimento comercial.*

O empresário ou sociedade empresária pode alienar livremente o estabelecimento a terceiro, sem notificar os credores, se possuir em seu patrimônio bens suficientes para solver seu passivo. Todavia, se **ao alienante não restarem bens suficientes para solver o seu passivo, a eficácia da alienação do estabelecimento depende do pagamento**

de todos os credores, ou do consentimento destes, de modo expresso ou tácito, em 30 dias a partir de sua notificação **(art. 1.145, CC).** Se não observadas essas cautelas (pagamento ou consentimento dos credores), poderá ser decretada a falência do alienante do estabelecimento com fundamento no art. 94, III, c, da Lei 11.101/2005.

A propósito, no Exame da OAB 2018.1, foi apresentada a seguinte situação hipotética: "O empresário individual José de Freitas alienou seu estabelecimento a outro empresário mediante os termos de um contrato escrito, averbado à margem de sua inscrição no Registro Público de Empresas Mercantis, publicado na imprensa oficial, mas não lhe restaram bens suficientes para solver o seu passivo. Em relação à alienação do estabelecimento empresarial nessas condições, sua eficácia depende (...)." Resposta correta: "do pagamento a todos os credores, ou do consentimento destes, de modo expresso ou tácito, em trinta dias a partir de sua notificação". (aplicação do art. 1.145, CC)

7.1 Sucessão empresarial (art. 1.146, CC): após a ocorrência do trespasse (alienação do estabelecimento comercial), o adquirente do estabelecimento responde pelo pagamento dos débitos anteriores à transferência, desde que regularmente contabilizados**,** continuando o devedor primitivo solidariamente obrigado pelo prazo de 01 ano, a partir, quanto aos créditos vencidos, da publicação, e, quanto aos outros (vincendos), da data do vencimento.

O adquirente só não assumirá o passivo do alienante se assim ficar estabelecido no contrato de trespasse por meio da **cláusula de não transferência do passivo**. Nesta hipótese, caso um credor venha demandar seu crédito perante o adquirente, fica o alienante obrigado a indenizá-lo em regresso.

O credor, no entanto, perde o direito de cobrar seu crédito diretamente do adquirente caso tenha renunciado expressamente a esse direito quando da concordância do trespasse (alienação do estabelecimento).

A propósito, na prova da FGV – Exame de Ordem 2020.1 foi abordada a sucessão empresarial com a seguinte situação hipotética: "As sociedades empresárias Y e J celebraram contrato tendo por objeto a alienação do estabelecimento da primeira, situado em Antônio Dias/MG. Na data da assinatura do contrato, dentre outros débitos regularmente contabilizados, constava uma nota promissória vencida havia três meses no valor de R$ 25.000,00 (vinte e cinco mil reais). O contrato não tem nenhuma cláusula quanto à existência de solidariedade entre as partes, tanto pelos débitos vencidos quanto pelos vincendos. Sabendo-se que, em 15/10/2018, após averbação na Junta Comercial competente, houve publicação do contrato na imprensa oficial e, tomando por base comparativa o dia 15/01/2020, o alienante (...).". A resposta assinalada como correta foi a seguinte: "não responderá pelo débito vencido com o adquirente diante do decurso de mais de 1 (um) ano da publicação do contrato na imprensa oficial."

7.2 Cláusula de não restabelecimento ou não concorrência (art. 1.147, CC): o alienante fica impedido de fazer concorrência com o adquirente pelo prazo de 05 anos subsequentes à transferência, salvo autorização expressa no contrato de trespasse. Essa cláusula visa coibir a concorrência desleal, caracterizada pelo desvio de clientela, e impedir o enriquecimento indevido do alienante (Exame Unificado 2013.1).

Com relação a essa cláusula de não concorrência, o STJ tem entendido que o limite temporal de vigência por 05 anos contados da data do contrato é um critério razoável adotado pelo CC, devendo ser afastada a limitação por tempo indeterminado, ainda que convencionada entre as partes, por ser abusiva.

Registra o STJ que "se mostra abusiva a vigência por prazo indeterminado da cláusula de 'não restabelecimento', pois o ordenamento jurídico pátrio, salvo expressas exceções, não se coaduna com a ausência de limitações temporais em cláusulas restritivas ou de vedação do exercício de direitos. Assim, deve-se afastar a limitação por tempo indeterminado, fixando-se o limite temporal de vigência por cinco anos contados da data do contrato, critério razoável adotado no art. 1.147 do CC/2002 (REsp 680.815-PR, DJ 3/2/2015 – Informativo 554).

7.3 Sub-rogação do adquirente nos contratos (art. 1.148, CC): em regra, o trespasse importa a sub-rogação do adquirente nos contratos estipulados para exploração do estabelecimento, respondendo este pelos débitos anteriores à aquisição, se regularmente contabilizados (art. 1.146 do CC).

Não é todo e qualquer contrato que se submete à regra geral da sub-rogação prevista no início do *caput* do art. 1.148 do CC. Os contratos de caráter pessoal (*intuitu personae*), como o contrato estabelecido com escritório de advocacia ou de prestação de serviços específicos, não se transmitem automaticamente ao adquirente do estabelecimento trespassado justamente em razão do caráter pessoal no seu cumprimento.

A propósito, o Exame Unificado 2013.3 tratou do assunto, indicando como resposta correta a seguinte assertiva: "(...) o contrato de alienação do estabelecimento pode afastar a sub-rogação do adquirente nos contratos celebrados anteriormente para sua exploração".

7.4 Ponto empresarial: é o local onde o empresário se estabelece para o exercício de sua atividade econômica e, em razão de sua relevância para o sucesso do empreendimento, goza de proteção pelo ordenamento jurídico. Se se tratar **de imóvel próprio do empresário**, a **proteção jurídica** é conferida pelas regras de **direito civil** que tutelam a propriedade; se o **imóvel** onde o empresário explora sua atividade econômica for **locado**, a **proteção jurídica** se dará pelas regras da **locação não residencial da Lei de Locações** (Lei 8.245/91), caracterizada, basicamente, pelo **direito à renovação compulsória do contrato de aluguel**.

A propósito, uma das regras da locação não residencial prevista na Lei nº 8.245/91 foi objeto do Exame 2021.2 na seguinte situação hipotética: "Farmácias Mundo Novo Ltda é locatária de um imóvel não residencial onde funciona uma de suas filiais. No curso da vigência do contrato, que se encontra sob a égide do direito à renovação, faleceu um dos sócios, Sr. Deodato. Diante deste acontecimento, os sócios remanescentes deliberaram dissolver a sociedade. A sócia Angélica, prima de Deodato, gostaria de continuar a locação, aproveitando a localização excelente do ponto e a manutenção do aviamento objetivo da empresa. Angélica consulta um advogado especializado para saber se teria direito à renovação, mesmo não sendo a locatária do imóvel." Alternativa correta: "Angélica tem direito à renovação da locação como sub-rogatária da sociedade dissolvida, mas deve continuar a explorar o mesmo ramo de atividade que a sociedade dissolvida", conforme previsão expressa do §3º, art. 51 da Lei nº 8.245/91.

7.5 Clientela: é o conjunto de pessoas que habitualmente se vale dos serviços ou adquire os produtos de um mesmo empresário e agrega valores à atividade empresarial.

7.6 Título do estabelecimento: nome ou símbolo dado ao estabelecimento para identificá-lo.

Considerações sobre o título do estabelecimento:
O título que identifica o estabelecimento não se confunde com o nome empresarial adotado pelo empresário individual ou sociedade empresária nem com a marca que identifica o produto ou serviço.
Por conveniência, pode o empresário utilizar o mesmo nome para o título de estabelecimento e para o nome empresarial.
O título pode ser composto por **nome fantasia e/ou insígnia** (representação gráfica do título).
A proteção jurídica se dá com o arquivamento dos atos constitutivos da empresa na Junta Comercial.
Tem evidente **valor econômico** e pode ser alienado independentemente da alienação do próprio estabelecimento, salvo se tiver como base um nome civil, quando não poderá ser alienado para outro empresário para que este o utilize em seu próprio estabelecimento o nome civil de outrem, por força do **princípio da veracidade**.
Embora não seja submetido ao registro, eventual **uso indevido** do título do estabelecimento, que cause confusão à clientela, caracteriza **concorrência desleal.**

8. NOME EMPRESARIAL

É o elemento de identificação do empresário e da sociedade empresária perante terceiros no exercício de sua atividade econômica. Não pode ser objeto de alienação **(art. 1.164, CC)**.

Pode ser de três espécies:

A **Firma (razão social):** constituída pelo **nome civil do empresário individual ou dos sócios da sociedade empresária**. Além de identidade do empresário, é também sua assinatura.

O Exame da OAB 2018.2 abordou o tema "nome empresarial" por meio da seguinte situação hipotética: "Cruz Machado pretende iniciar o exercício individual de empresa e adotar como firma, exclusivamente, o nome pelo qual é conhecido pela população de sua cidade - "Monsenhor". De acordo com as informações acima e as regras legais de formação de nome empresarial para o empresário individual, assinale a afirmativa correta". Resposta correta: "A pretensão de Cruz Machado não é possível, pois o empresário individual opera sob firma constituída por seu nome, completo ou abreviado."

A questão da OAB se enquadra no art. 1.156 do CC cuja redação é a seguinte: "O empresário opera sob firma constituída por seu nome, completo ou abreviado, aditando-lhe, se quiser, designação mais precisa da sua pessoa ou do gênero de atividade".

O quadro do item 8.1 sintetiza como se dá a formação do nome empresarial para o empresário individual e para cada tipo societário.

B **Denominação:** constituída pelo **nome civil dos sócios ou um elemento fantasia**.

ATENÇÃO: A sociedade limitada pode adotar firma ou denominação, integradas pela palavra final "limitada" ou a sua abreviatura. **Na denominação da sociedade limitada é obrigatória a designação do objeto da sociedade**, sendo permitido nela figurar o nome de um ou mais sócios.

Por sua vez, com o advento da Medida Provisória nº 1.085/2021, os arts. 1.160 e 1.161 do CC foram alterados de forma que na **denominação da sociedade anônima e da sociedade por comandita em ações** (quando adotar a denominação) é **facultativa a designação do objeto social**.

É exclusivamente elemento de identificação do exercente da atividade empresarial. O representante legal da empresa assina com sua assinatura civil, não podendo assinar a denominação.

CNPJ: a Lei nº 14.195/2021 incluiu o **art. 35-A na Lei nº 8.934/94** para dispor que o empresário ou a pessoa jurídica poderá **optar por utilizar o número de inscrição no Cadastro Nacional da Pessoa Jurídica (CNPJ) como nome empresarial, seguido da partícula identificadora do tipo societário ou jurídico**, quando exigida por lei. Ex:29345287122 LTDA

8.1 Formação do nome empresarial em cada tipo societário:

Empresário individual	**FIRMA** - nome completo ou abreviado. - se quiser, pode aditar designação mais precisa da sua pessoa ou do gênero de atividade.	Ex.: nome civil do empresário Antônio de Souza: - "Antônio de Souza Roupas e Calçados"; - "A.S. Roupas e Calçados"; - "Antônio de Souza", etc.
Sociedade em nome coletivo	**FIRMA** - nomes dos sócios: de um, alguns ou de todos. - se a firma não contiver o nome de todos os sócios, deverá ser seguida da expressão 'e companhia' ou sua abreviatura. - o objeto da empresa é facultativo.	Ex.: sócios Antônio de Souza, Fabiana de Melo e Pedro Siqueira: - "Antônio de Souza, Fabiana de Melo & Pedro Siqueira"; - "Souza, Melo & Siqueira Roupas e Calçados"; - "Antônio de Souza & Cia"; - "A. Souza, F. Melo & P. Siqueira Roupas e Calçados", etc.
Sociedade em comandita simples	**FIRMA** - **nomes dos sócios comanditados:** de um, alguns ou todos, por extenso ou abreviado (responsabilidade ilimitada). - nomes dos sócios comanditários não podem compor o nome empresarial (responsabilidade limitada). - deve ser acrescida a expressão "companhia" ou "cia" no nome empresarial para fazer referência aos sócios comanditários. - o objeto da empresa é facultativo.	Ex.: são sócios comanditados Antônio de Souza e Fabiana de Melo: - "Antônio de Souza, Fabiana de Melo & Companhia", - "A. Souza & Cia Roupas e Calçados", - "A. Souza & Cia.", etc.
Sociedade limitada	**FIRMA OU DENOMINAÇÃO** - seguida pela expressão 'limitada' ou sua abreviatura. - **Firma**: nome civil de um ou mais sócios, pessoas físicas, de modo indicativo da relação social. Pode ou não designar o objeto da sociedade. - **Denominação:** deve designar o objeto da sociedade. É permitido figurar o nome de um ou mais sócios ou uma expressão fantasia.	**FIRMA** - "Antônio de Souza, Fabiana de Melo & Pedro Siqueira Limitada", - "A. Souza, F. Melo & P. Siqueira Roupas e Calçados Ltda", - "Antônio de Souza, Fabiana de Melo & Cia. Ltda". **DENOMINAÇÃO** - "Antônio de Souza, Fabiana de Melo & Pedro Siqueira Roupas e Calçados Limitada", - "Capitólio Roupas e Calçados Ltda."
Sociedade anônima	**DENOMINAÇÃO** - **facultativo** constar o objeto social da empresa, seguida das expressões "sociedade anônima" (usada no início, meio ou fim da denominação) ou "companhia" (usada no início ou no meio da denominação), por extenso ou abreviado. - pode constar o nome do fundador, acionista ou pessoa que haja concorrido para o bom êxito da formação da empresa. - pode constituir-se de elemento fantasia.	Ex.: "S/A Capitólio Roupas e Calçados", - "Capitólio S/A – Roupas e Calçados", - "Capitólio Roupas e Calçados S/A", - Companhia Capitólio Roupas e Calçados", - "Capitólio Cia – Roupas e Calçados", - "Antônio de Souza Roupas e Calçados Sociedade Anônima".
Sociedade em comandita por ações	**FIRMA OU DENOMINAÇÃO** - acrescida da expressão "comandita por ações" por extenso ou abreviado. - **Firma**: nome civil dos administradores ou sócios diretores que respondem ilimitadamente, abreviado ou por extenso. Neste caso, a menção ao objeto da empresa é facultativa. - **Denominação: facultativo** fazer referência ao objeto social da empresa, podendo ser composta pelo nome dos sócios ou por expressão fantasia.	Ex.: "Antônio de Souza, Fabiana de Melo & Pedro Siqueira C/A", - "Antônio de Souza & Cia. C/A", "Capitólio Roupas e Calçados C/A".

8.2 Proteção jurídica do nome empresarial: decorre do arquivamento dos atos constitutivos do empresário, ou das respectivas averbações, na Junta Comercial. A proteção é restrita aos limites territoriais do Estado de registro. Para se obter a proteção do nome empresarial estendida a todo território nacional, o registro deve ser feito na forma de lei especial (art. 1.166 e parágrafo único, CC).

EM RESUMO: Algumas diferenciações relevantes no estudo do direito de empresa:	
Estabelecimento	todo **complexo de bens corpóreos e incorpóreos** reunidos pelo empresário ou sociedade empresária para o desenvolvimento da atividade econômica (art. 1.142, CC).
Empresa	**atividade econômica** organizada para a produção ou circulação de bens e serviços.
Aviamento	**atributo do estabelecimento empresarial,** consistindo na aptidão que o estabelecimento tem de produzir lucros em razão de diversos fatores e qualidades que podem o mesmo apresentar.
Ponto Comercial	**local onde o empresário desenvolve atividade econômica.** É dotado de valor econômico e protegido juridicamente.

Marca	Nome Empresarial	Título do Estabelecimento
Identifica os produtos e serviços.	Identifica a empresa.	Identifica o estabelecimento.

DICA IMPORTANTE

A leitura dos arts. 966 a 980 e 1.150 a 1.195 do CC mostra-se imprescindível. Também é fundamental ficar atento às alterações legislativas. Além disso, compreender a diferença entre estabelecimento, empresa, aviamento, ponto comercial, nome empresarial, título do estabelecimento, marca, etc., é essencial para resolver as questões formuladas no Exame da Ordem. **Merece atenção especial o item sobre estabelecimento,** que tem sido objeto de questões pela banca examinadora.

CAPÍTULO II
PROPRIEDADE INDUSTRIAL

1. NOÇÕES INICIAIS

A Lei 9.279/96 (LPI) regula os direitos e obrigações relativos à propriedade industrial, que por sua vez protege os seguintes bens incorpóreos (imateriais):

A **Invenção**: **produto original da inteligência humana** suscetível de aplicação industrial.

B **Modelo de utilidade:** objeto de uso prático, ou parte deste, suscetível de aplicação industrial, que apresente nova forma ou disposição, envolvendo ato inventivo, que resulte em **melhoria funcional no seu uso ou em sua fabricação** (art. 9º, LPI).

C **Desenho industrial:** forma plástica ornamental de um objeto ou o conjunto ornamental de linhas e cores que possa ser aplicado a um produto, proporcionando **resultado visual novo e original na sua configuração externa** e que possa servir de tipo de fabricação industrial (art. 95, LPI).

D **Marca:** designativo nominal ou simbólico, visualmente perceptível, que **identifica produtos e serviços.**

Os **direitos de propriedade industrial,** para os efeitos legais, são considerados **bens móveis.**

Para que o empresário explore economicamente e com exclusividade os direitos sobre esses bens incorpóreos deve obter junto ao Instituto Nacional da Propriedade Industrial – INPI a concessão de **carta-patente** quando se tratar de **invenção e de modelo de utilidade** e **certificado de registro** quando se tratar de **desenho industrial e marca.**

A patente poderá ser requerida em nome do próprio autor, pelos herdeiros ou sucessores do autor, pelo cessionário ou por aquele a quem a lei ou o contrato de trabalho ou de prestação de serviços determinar que pertença a titularidade (art. 6º, § 2º, LPI). Esse dispositivo é aplicado também ao registro de desenho industrial (art. 94, parágrafo único, LPI) (Exame Unificado 2015.1).

O registro de marca pode ser requerido por pessoas físicas ou jurídicas de direito público ou de direito privado (art. 128, LPI).

As pessoas de direito privado só podem requerer registro de marca relativo à atividade que exerçam efetiva e licitamente, de modo direto ou através de empresas que controlem direta ou indiretamente, declarando, no próprio requerimento, esta condição, sob as penas da lei (art. 128, § 1º LPI).

O registro de marca coletiva só poderá ser requerido por pessoa jurídica representativa de coletividade, a qual poderá exercer atividade distinta da de seus membros (art. 128, § 2º LPI).

MUITA ATENÇÃO!

Prescreve em 05 anos a ação para reparação de dano causado ao direito de propriedade industrial (art. 225, LPI).

A propósito, o Exame da OAB 2019.3 abordou o tema apresentando a seguinte situação hipotética: "Amambaí Inovação e Engenharia S/A obteve, junto ao Instituto Nacional da Propriedade Industrial (INPI), patente de invenção no ano de 2013. Dois anos após, chegou ao conhecimento dos administradores a prática de atos violadores de direitos de patente. No entanto, a ação para reparação de dano causado ao direito de propriedade industrial só foi intentada no ano de 2019". Resposta correta: "A pretensão indenizatória, na data da propositura da ação, não se encontrava prescrita porque o prazo de 5 (cinco) anos não havia se esgotado".

FIQUE POR DENTRO:

O que é *trade dress*?

Segundo o STJ, "o **conjunto-imagem (*trade dress*) é a soma de elementos visuais e sensitivos que traduzem uma forma peculiar e suficientemente distintiva, vinculando-se à sua identidade visual, de apresentação do bem no mercado consumidor. Não se confunde com a patente, o desenho industrial ou a marca**, apesar de poder ser constituído por elementos passíveis de registro. Embora não disciplinado na Lei n. 9.279/1996, o conjunto-imagem de bens e produtos é passível de proteção judicial quando a utilização de conjunto similar resulte em ato de concorrência desleal, em razão de confusão ou associação com bens e produtos concorrentes (art. 209 da LPI). Cabe destacar que o diálogo entre concorrência e direitos exclusivos decorrentes de propriedades industriais é limitado e somente justificará a intervenção do Judiciário para afastar as condutas concorrenciais que desbordem a razoabilidade da disputa legítima, encontrando suas balizas ora na confusão do consumidor decorrente de imitação desleal (hipótese em análise), ora na usurpação de vantagem alheia decorrente da associação de seu

FIQUE POR DENTRO: produto ou serviço com a prestação de seu concorrente, situação em que é notório o intuito de "pegar carona" no sucesso obtido pelo investimento de outrem, e não para meramente assegurar um direito de exploração exclusiva a bem não registrado na forma legalmente exigida (...)." REsp 1.353.451-MG, DJe 28/09/2017 – Informativo 612).

2. PATENTES

Para que **a invenção ou o modelo de utilidade sejam patenteáveis** devem ser cumpridos alguns requisitos. São eles:

A **Novidade:** a invenção e o modelo de utilidade são considerados novos quando não compreendidos no estado da técnica (art. 11, LPI), isto é, quando a criação for desconhecida pelos especialistas da respectiva área de conhecimento (Exame Unificado 2012.1);

B **Atividade inventiva:** a invenção é dotada de atividade inventiva sempre que, para um técnico no assunto, não decorra de maneira evidente ou óbvia do estado da técnica (art. 13, LPI). E o modelo de utilidade é dotado de ato inventivo sempre que, para um técnico no assunto, não decorra de maneira comum ou vulgar do estado da técnica (art. 14, LPI);

C **Aplicação industrial:** a invenção e o modelo de utilidade são considerados suscetíveis de aplicação industrial quando possam ser utilizados ou produzidos em qualquer tipo de indústria (art. 15, LPI);

D **Desimpedimento:** não são patenteáveis: **I** – o que for contrário à moral, aos bons costumes e à segurança, à ordem e à saúde públicas; **II** – as substâncias, matérias, misturas, elementos ou produtos de qualquer espécie, bem como a modificação de suas propriedades físico-químicas e os respectivos processos de obtenção ou modificação, quando resultantes de transformação do núcleo atômico; e **III** – o todo ou parte dos seres vivos, exceto os micro-organismos transgênicos que atendam aos três requisitos de patenteabilidade – novidade, atividade inventiva e aplicação industrial – previstos no art. 8º e que não sejam mera descoberta (art. 18, LPI).

De acordo com o art. 10 da LPI, "**Não se considera invenção nem modelo de utilidade**: **I** – descobertas, teorias científicas e métodos matemáticos; **II** – concepções puramente abstratas; **III** – esquemas, planos, princípios ou métodos comerciais, contábeis, financeiros, educativos, publicitários, de sorteio e de fiscalização; **IV** – as obras literárias, arquitetônicas, artísticas e científicas ou qualquer criação estética; **V** – programas de computador em si; **VI** – apresentação de informações; **VII** – regras de jogo; **VIII** – técnicas e métodos operatórios ou cirúrgicos, bem como métodos terapêuticos ou de diagnóstico, para aplicação no corpo humano ou animal; e **IX** – o todo ou parte de seres vivos naturais e materiais biológicos encontrados na natureza, ou ainda que dela isolados, inclusive o genoma ou germoplasma de qualquer ser vivo natural e os processos biológicos naturais."

2.1 Prazos de vigência: 1) Invenção: prazo **máximo de 20 anos** contados do depósito do pedido da patente; **2) Modelo de Utilidade**: prazo **máximo de 15 anos** contados do depósito do pedido da patente.

2.2 Extinção da patente: 1) pela expiração do prazo de vigência; **2)** pela renúncia de seu titular, ressalvado o direito de terceiros; **3)** pela caducidade; **4)** pela falta de pagamento da retribuição anual; **5)** pela falta de representante legal no Brasil quando o titular for domiciliado no exterior.

Com relação à extinção da patente em razão da falta de pagamento da retribuição anual, o STJ entende ser obrigatória a notificação prévia do respectivo depositante ou titular.

Segundo o STJ: "(...) De acordo com o art. 84 da Lei de Propriedade Industrial (Lei n. 9.279/96), a retribuição anual é devida a partir do início do terceiro ano do depósito e deve ser paga nos três primeiros meses de cada período anual. Nesse contexto, a falta do pagamento da retribuição acarreta, como regra, o arquivamento do pedido de patente, ou, caso já concedida, a sua extinção. Porém, a regra do art. 87 do referido diploma legal prevê, como forma de preservar o direito do titular da patente, o instituto da restauração. Estabelece o dispositivo aludido que, notificado do arquivamento do pedido ou da extinção da patente em razão do não pagamento da retribuição anual, o depositante ou o titular pode, no prazo de três meses contados dessa notificação, restaurar o pedido ou a patente, por meio do pagamento de retribuição específica. Infere-se desse dispositivo legal que, na hipótese de inadimplemento da retribuição anual, a notificação do arquivamento do pedido ou da extinção da patente é obrigatória, porquanto necessária para o exercício do direito à restauração (REsp 1.669.131-RJ, DJe 1/8/2017 – Informativo 608).

Questão interessante diz respeito à titularidade da patente quando a invenção ou modelo de utilidade seja de criação do empregado da empresa e pode ser sintetizada conforme quadro a seguir:

Invenção e modelo de utilidade realizados por empregado ou prestador de serviço pertencem	
Exclusivamente ao empregador	quando decorrerem de contrato de trabalho cuja execução ocorra no Brasil e que tenha por objeto a pesquisa ou a atividade inventiva, ou resulte esta da natureza dos serviços para os quais foi o empregado contratado.

Exclusivamente ao empregador	A propósito, no Exame Unificado de 2008, a banca examinadora abordou esse tema da seguinte forma: "Assinale a opção correta no que diz respeito a invenção e modelo de utilidade realizado por empregado ou prestador de serviço: (...) A invenção pertence exclusivamente ao empregador quando decorrer de contrato de trabalho cuja execução ocorra no Brasil e que tenha por objeto a pesquisa ou atividade inventiva".
Exclusivamente ao empregado	desde que desvinculado do contrato de trabalho e não decorrente da utilização de recursos, meios, dados, materiais, instalações ou equipamentos do empregador.
Ao empregado e ao empregador	isto é, será comum, em partes iguais, quando resultar da contribuição pessoal do empregado e de recursos, dados, meios, materiais, instalações ou equipamentos do empregador, ressalvada expressa disposição contratual em contrário.

FIQUE POR DENTRO:

LICENÇA COMPULSÓRIA

O titular ficará sujeito a ter a patente licenciada compulsoriamente se exercer os direitos dela decorrentes de forma abusiva, ou por meio dela praticar abuso de poder econômico, comprovado nos termos da lei, por decisão administrativa ou judicial. (art. 68, LPI).

Cumpre destacar que a **Lei nº 14.200, de 02 de setembro de 2021**, alterou a LPI para dispor sobre a licença compulsória de patentes ou de pedidos de patente nos casos de declaração de emergência nacional ou internacional ou de interesse público, ou de reconhecimento de estado de calamidade pública de âmbito nacional.

3. REGISTRO INDUSTRIAL

Confere proteção jurídica ao desenho industrial e à marca.

Para que o **desenho industrial** seja registrado devem ser cumpridos alguns **requisitos**. São eles:

A Novidade: o desenho industrial é considerado novo quando não compreendido no estado da técnica, isto é, o resultado visual deve ser inédito;

B Originalidade: o desenho industrial é considerado original quando dele resulte uma configuração visual distintiva, em relação a outros objetos anteriores. O resultado visual original poderá ser decorrente da combinação de elementos conhecidos. E não se considera desenho industrial qualquer obra de caráter puramente artístico;

C Desimpedimento: não é registrável como desenho industrial: **I** – o que for contrário à moral e aos bons costumes ou que ofenda a honra ou imagem de pessoas, ou atente contra liberdade de consciência, crença, culto religioso ou ideia e sentimentos dignos de respeito e veneração; **II** – a forma necessária comum ou vulgar do objeto ou, ainda, aquela determinada essencialmente por considerações técnicas ou funcionais.

Para que a **marca** seja registrada devem ser cumpridos alguns **requisitos**. São eles:

A Novidade relativa: o empresário não precisa criar um signo ou uma expressão linguística e sim lhes dar uma nova utilidade na identificação do produto ou do serviço prestado. O registro da marca encontra limite no princípio da especificidade, que restringe a exclusividade de utilização do signo a um mesmo nicho de produtos ou serviços, podendo, assim, ser utilizada por titulares distintos se não houver qualquer possibilidade de se confundir o consumidor.

B Não colidência com marca notória: isso porque a marca notoriamente conhecida em seu ramo de atividade goza de proteção especial, independentemente de estar previamente depositada ou registrada no Brasil;

C Desimpedimento: não é registrável como marca os signos enumerados no **art. 124 da LPI.** "De acordo com a Lei da Propriedade Industrial, poderá ser registrado como marca: símbolo ou sinal específico formado por cores e denominações que estejam dispostas ou combinadas de modo peculiar e distintivo" (Exame Unificado 2010).

MUITA ATENÇÃO!

Proteção ao nome empresarial é diferente da proteção à marca!!

A **proteção ao nome empresarial** se **circunscreve à unidade federativa de competência da Junta Comercial** em que registrados os atos constitutivos da empresa, podendo ser estendida a todo território nacional na forma da lei especial. Por sua vez, a **proteção à marca** obedece ao sistema atributivo, sendo adquirida pelo registro validamente expedido pelo INPI, que **assegura ao titular seu uso exclusivo em todo o território nacional**, nos termos do art. 129, caput e § 1º da Lei 9.279/96. (REsp 1.184.867-SC, DJ 15/05/2014 – Informativo 548)

3.1 Prazos de vigência: 1) Desenho industrial: 10 anos, contados da data do depósito e pode ser **prorrogável por até 03 períodos sucessivos de 05 anos cada; 2) Marca: 10 anos** a partir de sua concessão, **prorrogável por períodos iguais e sucessivos.**

Espécies de Marca (art. 123, LPI):	
I - marca de produto ou serviço:	aquela usada para distinguir produto ou serviço de outro idêntico, semelhante ou afim, de origem diversa;
II - marca de certificação:	aquela usada para atestar a conformidade de um produto ou serviço com determinadas normas ou especificações técnicas, notadamente quanto à qualidade, natureza, material utilizado e metodologia empregada;
III - marca coletiva:	aquela usada para identificar produtos ou serviços provindos de membros de uma determinada entidade.

Caducará o registro da marca, a requerimento de qualquer pessoa com legítimo interesse se, **decorridos 05 anos da sua concessão**, na data do requerimento: **1) o uso da marca não tiver sido iniciado no Brasil**; ou **2) o uso da marca tiver sido interrompido por mais de 05 anos** consecutivos, ou se, no mesmo prazo, a **marca tiver sido usada com modificação que implique alteração de seu caráter distintivo original.**

MUITA ATENÇÃO!

Marca de alto renome é sinônimo de marca notoriamente conhecida? NÃO!!! (Exame Unificado 2012.2)

À marca registrada no Brasil considerada de **alto renome** será assegurada proteção especial, em todos os ramos de atividade, enquanto a marca **notoriamente conhecida** goza de proteção especial no seu ramo de atividade, independentemente de estar previamente depositada ou registrada no Brasil.

MUITA ATENÇÃO!

1) "Ainda que já tenha sido registrada no INPI, a marca que constitui vocábulo de uso comum no segmento mercadológico em que se insere – associado ao produto ou serviço que se pretende assinalar – pode ser utilizada por terceiros de boa-fé. Com efeito, **marcas evocativas, que constituem expressão de uso comum, de pouca originalidade, atraem a mitigação da regra de exclusividade decorrente do registro, possuindo um âmbito de proteção limitado (...)"**. (REsp 1.315.621-SP, DJ 4/6/2013 – Informativo 526)

2) "O termo inicial do prazo prescricional de cinco anos (ar. 225 da Lei 9.279/1996) para pleitear indenização pelos prejuízos decorrentes do uso de marca industrial que imite outra preexistente, suscetível de causar confusão ou associação com marca alheia registrada (art. 124, XIX), é a data da violação do direito à propriedade industrial e se renova enquanto houver o indevido uso (...)". (REsp 1.320.842-PR, DJ 14/05/203 – Informativo 525)

3) " (...) o dano moral por uso indevido da marca é aferível *in re ipsa*, ou seja, sua configuração decorre da mera comprovação da prática de conduta ilícita - contrafação -, revelando-se despicienda a demonstração de prejuízos concretos ou a comprovação probatória do efetivo abalo moral, haja vista que o vilipêndio do sinal, uma vez demonstrado, acarretará, por consectário lógico, a vulneração do seu bom nome, reputação ou imagem." (REsp 1.327.773, DJe 15/02/2018 – Informativo 619).

4. CONVENÇÃO DA UNIÃO DE PARIS

E, por fim, vale lembrar que o Brasil é signatário da **Convenção da União de Paris**, que é uma convenção internacional referente à propriedade industrial. O **Brasil** é, assim, **um país unionista.** Em razão desse acordo internacional, a Lei 9.279/96 (LPI) adotou, no art. 3º, dois importantes princípios aplicáveis aos países signatários da Convenção de Paris. São eles:

Princípio da Prioridade	Princípio da Assimilação
A proteção dos direitos relativos à propriedade industrial é aplicável ao pedido de patente ou de registro proveniente do exterior e depositado no País por quem tenha proteção assegurada por tratado ou convenção em vigor no Brasil.	A proteção dos direitos relativos à propriedade industrial é aplicável aos nacionais ou pessoas domiciliadas em país que assegure aos brasileiros ou pessoas domiciliadas no Brasil a reciprocidade de direitos iguais ou equivalentes.

EM RESUMO: Patentes	
Proteção jurídica	- invenção; - modelo de utilidade.
Requisitos	- novidade; - atividade inventiva; - aplicação industrial; - não impedimento.
Prazo de duração	- **invenção: 20 anos** contados do depósito do pedido da patente; - **modelo de utilidade: 15 anos** contados do depósito do pedido da patente;
Licenças	- voluntária: arts. 61 a 67, LPI; - compulsória: arts. 68 a 74, LPI (Exame Unificado 2013.3).
Extinção da patente	- arts. 78 a 83, LPI.

EM RESUMO: Registro Industrial	
Proteção jurídica	- marca; - desenho industrial.
Requisitos	- para concessão de **registro de desenho industrial**: - novidade; - originalidade; e - desimpedimento. - para concessão de **registro de marca**: - novidade relativa; - não colidência com marca notória; e - não impedimento.
Prazo de duração	- **desenho industrial: 10 anos**, contados da data do depósito e pode ser prorrogável por até 03 períodos sucessivos de 05 anos cada. - **marca: 10 anos** a partir de sua concessão, prorrogável por períodos iguais e sucessivos.

DICA IMPORTANTE

No Exame da OAB as questões sobre propriedade industrial traduzem a literalidade da lei, e, por ser um tema extremamente técnico e com muitas minúcias, mostra-se imprescindível a **leitura atenta da Lei 9.279/96 (LPI).**

CAPÍTULO III
DIREITO SOCIETÁRIO

1. NOÇÕES INICIAIS

A sociedade pode ser empresária ou simples. Mas, atenção, embora ambas objetivem atividade lucrativa, a sociedade simples diferencia-se da sociedade empresária pelo modo como organiza suas atividades. Se a sociedade tem por objeto o exercício de atividade própria de empresário sujeito a registro, caracteriza-se como sociedade empresária. Se o objeto social for explorado sem empresarialidade, ainda que conte com o concurso de auxiliares ou colaboradores, será enquadrada como sociedade simples. A propósito, no Exame Unificado de janeiro de 2009, foi objeto de questão a **diferença entre sociedade simples e sociedade empresária,** tendo sido considerada **correta** a seguinte afirmativa "(...) àquela não exerce atividade própria de empresário sujeito a registro, ao contrário do que ocorre nesta".

Exceção: parágrafo único do art. 982 do CC. Independentemente de seu objeto, considera-se empresária a sociedade por ações e simples a cooperativa.

2. SOCIEDADES NÃO PERSONIFICADAS

São aquelas que não possuem seus atos constitutivos arquivados junto ao órgão competente, isto é, na Junta Comercial, em se tratando de sociedade empresária, e no Ofício do Registro Civil de Pessoa Jurídica, em se tratando de sociedade simples. São elas:

A **Sociedade em comum:** pelas regras do CC trata-se tanto da **sociedade irregular** quanto da **sociedade de fato**. Grande parte da doutrina defende ser a sociedade irregular aquela que possui ato constitutivo não registrado no órgão competente ou aquela que deixou expirar seu prazo de existência sem proceder à renovação de seu registro junto ao órgão competente. E a sociedade de fato aquela que nem sequer possui ato constitutivo.

A responsabilidade dos sócios se dá da seguinte forma:

1) Sócios em geral: respondem ilimitada e subsidiariamente pelas obrigações sociais;

2) Sócio que contratou pela sociedade: isto é, que praticou atos de gestão em nome da sociedade, responde ilimitada e diretamente com seus bens pessoais pelas obrigações sociais, sendo assim, excluído do benefício de ordem.

A propósito, nos Exames Unificados de 2007 e depois em 2011.2 foram formuladas questões sobre a responsabilidade dos sócios na sociedade em comum cuja resposta correta encontra-se no art. 990 do CC, devendo o candidato saber que "todos os sócios respondem solidária e ilimitadamente pelas obrigações sociais, excluído do benefício de ordem aquele que contratou pela sociedade".

Os **sócios**, nas relações entre si ou com terceiros, **somente podem provar a existência da sociedade por escrito, ao passo que os terceiros podem prová-la de qualquer forma**. Essa questão da prova da existência da sociedade em comum foi alvo do Exame Unificado 2011.2 e do Exame da OAB – agosto/2016 – prova reaplicada Salvador – BA).

Para o STJ, "A prova documental é o único meio apto a demonstrar a existência da sociedade de fato entre os sócios." (REsp 1.706.812-DF, DJe 06/09/2019 – Informativo 656)

Os sócios são titulares em comum dos bens e dívidas sociais.

Os bens sociais respondem pelos atos de gestão praticados por qualquer dos sócios, salvo pacto expresso limitativo de poderes, que somente terá eficácia contra o terceiro que o conheça ou deva conhecer (art. 989, CC).

B **Sociedade em conta de participação:** é aquela dotada de **natureza secreta**, razão pela qual não é registrada no órgão competente. **O fato de ser oculta não significa que seja irregular ou ilícita**. É constituída por duas categorias de sócios: sócio ostensivo e sócio participante (sócio oculto), sendo que a atividade constitutiva do objeto social é exercida unicamente pelo sócio ostensivo (Exames Unificados 2012.2 e 2012.3), em seu nome individual e sob sua própria e exclusiva responsabilidade, participando os sócios ocultos dos resultados correspondentes.

Somente o sócio ostensivo obriga-se perante terceiro. O sócio participante obriga-se exclusivamente perante o sócio ostensivo, limitada ou ilimitadamente, nos termos do contrato social. Mas, lembre-se, se o sócio participante tomar parte nas relações do sócio ostensivo com terceiros, responderá solidariamente com este pelas obrigações em que intervier.

Apresenta a seguintes características:

- **Não possui nome empresarial;**
- Pode provar-se por todos os meios de direito;
- O contrato social produz efeitos somente entre os sócios e a **eventual inscrição de seu instrumento em qualquer registro não confere personalidade à sociedade**;
- Exige-se apenas do sócio ostensivo a qualidade de empresário;
- O sócio participante tem o direito de fiscalizar a gestão dos negócios sociais (Exame Unificado 2014.2);
- A **falência do sócio ostensivo acarreta a dissolução da sociedade e a liquidação da respectiva conta**, cujo saldo constituirá crédito quirografário. Se ocorrer a **falência do sócio participante, o contrato ficará sujeito às regras que regulam os efeitos da falência nos contratos bilaterais do falido;**
- O sócio ostensivo não pode admitir novo sócio sem o consentimento expresso dos demais, salvo estipulação em contrário;
- É disciplinada em capítulo próprio do CC (arts. 991 a 996) e regida subsidiariamente pelas disposições da sociedade simples no que com ela forem compatíveis.
- Aplica-se subsidiariamente o art. 1.034 do CC, o qual define de forma taxativa as hipóteses pelas quais se admite a dissolução judicial das sociedades. Segundo o STJ, "não há diferença ontológica entre as sociedades em conta de participação e os demais tipos societários personificados, distinguindo-se quanto aos efeitos jurídicos unicamente em razão da dispensa de formalidades legais para sua constituição". (REsp 1.230.981-RJ, DJ 5/2/2014 – Informativo 554)
- A liquidação dessas sociedades deve seguir o procedimento relativo às prestações de contas, na forma da lei processual.

3. SOCIEDADES PERSONIFICADAS

São aquelas que adquirem personalidade jurídica com a inscrição, no registro próprio e na forma da lei, dos seus atos constitutivos e não se confundem com a personalidade jurídica dos sócios que a compõem. São elas: sociedade simples e sociedade empresária.

A **sociedade simples** é disciplinada pelos **arts. 997 a 1.038 do CC** (Exames Unificados 2015.2 e 2015.3).

No exame da OAB de julho de 2017 foi apresentada a seguinte situação hipotética abordando sociedade simples: "Em 11 de setembro de 2016, ocorreu o falecimento de Pedro, sócio de uma sociedade simples. Nessa situação, o contrato prevê a resolução da sociedade em relação a um sócio. Na alteração contratual ficou estabelecida a redução do capital no valor das quotas titularizadas pelo ex-sócio, sendo o documento arquivado no Registro Civil de Pessoas Jurídicas, em 22 de outubro de 2016. Diante da narrativa, os herdeiros de Pedro são responsáveis pelas obrigações sociais anteriores à data do falecimento, até dois anos após (...)". Alternativa correta: "a data do arquivamento da resolução da sociedade (22 de outubro de 2016)", nos termos do que dispõe expressamente o art. 1.032 do CC.

As **sociedades empresárias personificadas** são disciplinadas pelos **arts. 1.039 a 1.092 do CC** e serão detalhadas ao longo deste capítulo.

A sociedade empresária deve constituir-se de acordo com um dos seguintes tipos societários: 1) Sociedade em nome coletivo; 2) Sociedade em comandita simples; 3) Sociedade limitada; 4) Sociedade anônima; 5) Sociedade em comandita por ações.

Com a **personalização jurídica**, as sociedades empresárias gozam de:

A **Titularidade negocial:** a sociedade, em nome próprio, desenvolve a atividade econômica, assumindo obrigações e adquirindo direitos e não os sócios que a compõem;

B **Titularidade processual:** a sociedade tem legitimidade para estar em juízo em relação aos assuntos de seu interesse e não os sócios que a compõem;

C **Titularidade patrimonial:** a sociedade empresária responde com seu patrimônio próprio pelas obrigações que assumir, patrimônio este que é inconfundível e incomunicável com o patrimônio dos sócios que a compõem. O sócio responde limitada ou ilimitadamente apenas em caráter subsidiário.

3.1 Classificação das sociedades empresárias: a doutrina costuma classificar as sociedades empresárias quanto ao regime de constituição e dissolução; quanto às condições para alienação da participação societária e quanto à responsabilidade dos sócios. Os quadros a seguir sintetizam essa classificação.

Quanto ao regime de constituição e dissolução das sociedades	**Contratuais**	são constituídas a partir de um **contrato social e o capital social é dividido em cotas**, sendo denominado **sócio** o titular dessas cotas. Os sócios mantêm relação com a pessoa jurídica e entre si. A **constituição e dissolução** são reguladas pelo **Código Civil**. Integram esta categoria as **sociedades em nome coletivo, em comandita simples e a limitada**.
	Institucionais	são constituídas a partir de um **estatuto social e o capital social é dividido em ações**, sendo denominado **acionista** o titular dessas ações. A relação é estabelecida entre os sócios e a sociedade, não havendo relação dos sócios entre si. A **constituição e dissolução** são reguladas pela **Lei 6.404/76**. Integram esta categoria as **sociedades anônimas e as em comandita por ações.**
Quanto às condições para alienação da participação societária	**Sociedades de pessoas**	os **atributos pessoais dos sócios** são importantes para a constituição e desenvolvimento da sociedade. Os sócios podem vetar o ingresso de terceiro estranho no quadro social. Integram esta categoria as **sociedades em nome coletivo e as em comandita simples.**
	Sociedades de capital	importa a **contribuição financeira do acionista** em favor da sociedade, sendo irrelevante o vínculo pessoal entre os sócios. A participação societária é livremente alienável e os acionistas não podem se opor ao ingresso de outros acionistas na sociedade. Integram esta categoria as **sociedades anônimas** e as **em comandita por ações.**
	MUITA ATENÇÃO!	**Sociedades limitadas são híbridas**, podendo ser **de pessoa ou de capital**, dependendo do que constar no contrato social. Se o contrato for omisso, presume-se que a sociedade limitada é essencialmente sociedade de pessoas (art. 1.057, CC).

Quanto à responsabilidade dos sócios ou acionistas pelas obrigações da sociedade	**Ilimitada**	os **sócios respondem com seu patrimônio pessoal**, de forma **subsidiária e ilimitada**, pelas obrigações sociais, como na **sociedade em nome coletivo.**
	Limitada	os **sócios respondem com seu patrimônio pessoal**, de forma **subsidiária e limitada**, pelas obrigações sociais, **dependendo a limitação do tipo societário e da subscrição feita pelo sócio**. Ex.: **sociedade limitada e sociedade anônima.**
	Mista	**parte dos sócios responde de forma limitada e outra parte responde ilimitadamente pelas obrigações sociais**. Ex.: **sociedades em comandita simples** cujos sócios **comanditados** possuem responsabilidade **ilimitada**, enquanto os sócios **comanditários** possuem responsabilidade **limitada**. Também se dá nas **sociedades em comandita por ações** cujos **acionistas comuns** respondem de forma **limitada** e aqueles que ocupam **cargo de administração** respondem **ilimitadamente** pelas obrigações sociais.

? **QUESTÃO:** Como funciona a responsabilidade limitada dos sócios?

↳ *RESPOSTA:* *Nas sociedades contratuais os sócios respondem com seu patrimônio pessoal, solidariamente, pelas obrigações sociais até o limite do valor total do capital social subscrito e não integralizado. E nas sociedades institucionais os acionistas respondem com seu patrimônio pessoal pelas obrigações sociais até o limite do valor do capital individualmente subscrito e não integralizado.*

MUITA ATENÇÃO! Subscrição é o ato através do qual os sócios ou acionistas se comprometem a contribuir para formação do capital da sociedade e integralização é o ato através do qual os sócios ou acionistas efetivamente contribuem para o capital da sociedade.

FIQUE POR DENTRO:

SOCIEDADE UNIPESSOAL

Embora a pluralidade de sócios seja pressuposto de existência da própria sociedade, no sentido de que esta representa uma conjugação de esforços de diferentes pessoas, que colaboram entre si, para atingir um fim comum, essa regra comporta exceções e limitações:

FIQUE POR DENTRO:

1) **Sociedade Subsidiária Integral (art. 251 da LSA):** "companhia cuja totalidade das ações em que se divide o capital pertence a uma sociedade brasileira." (extraído de questão do Exame Unificado 2012.4). Tem como único sócio uma outra sociedade.
2) **Empresa Pública Unipessoal (Decreto-Lei 200/67)**
3) **Sociedade Limitada (art. 1052, §§1º e 2º):** dispositivos incluídos pela **Lei nº 13.874, de 20 de setembro de 2019.** De acordo com a nova regra, a sociedade limitada pode ser constituída por 1 (uma) ou mais pessoas. Se for unipessoal, serão aplicados ao documento de constituição do sócio único, no que couber, as disposições sobre o contrato social.

4. DESCONSIDERAÇÃO DA PERSONALIDADE JURÍDICA

A sociedade, ao adquirir personalidade jurídica com o registro dos seus atos constitutivos no órgão competente, passa a ter **autonomia patrimonial**, isto é, a **sociedade empresária responde com seu patrimônio próprio** pelas obrigações que assumir, patrimônio este que é inconfundível e incomunicável com o patrimônio dos sócios, associados, instituidores ou administradores, nos termos do art. 49-A do CC, incluído pela Lei 13.874, de 20 de setembro de 2019.

No entanto, **é possível que os efeitos da personalidade jurídica da sociedade sejam afastados quando utilizada de forma abusiva em detrimento dos interesses dos credores, causando-lhes prejuízos.**

? **QUESTÃO:** Quando deve ser decretada a desconsideração da personalidade jurídica?

➥ ***RESPOSTA:*** *Quando ocorrer abuso da personalidade jurídica, caracterizado pelo desvio de finalidade ou pela confusão patrimonial (art. 50, CC).*

FIQUE POR DENTRO:

A **Lei nº 13.874, de 20 de setembro de 2019, alterou a redação do art. 50 do CC** e incluiu dispositivos para definir expressamente o que se entende por desvio de finalidade e confusão patrimonial:

Art. 50. Em caso de abuso da personalidade jurídica, caracterizado pelo desvio de finalidade ou pela confusão patrimonial, pode o juiz, a requerimento da parte, ou do Ministério Público quando lhe couber intervir no processo, desconsiderá-la para que os efeitos de certas e determinadas relações de obrigações sejam estendidos aos bens particulares de administradores ou de sócios da pessoa jurídica **beneficiados direta ou indiretamente pelo abuso.**

§ 1º Para os fins do disposto neste artigo, **desvio de finalidade** é a utilização da pessoa jurídica com o propósito de lesar credores e para a prática de atos ilícitos de qualquer natureza.

§ 2º Entende-se por **confusão patrimonial** a ausência de separação de fato entre os patrimônios, caracterizada por:

I - cumprimento repetitivo pela sociedade de obrigações do sócio ou do administrador ou vice-versa;

II - transferência de ativos ou de passivos sem efetivas contraprestações, exceto os de valor proporcionalmente insignificante; e

III - outros atos de descumprimento da autonomia patrimonial.

§ 3º O disposto no caput e nos §§ 1º e 2º deste artigo também se aplica à extensão das obrigações de sócios ou de administradores à pessoa jurídica.

§ 4º A mera existência de grupo econômico sem a presença dos requisitos de que trata o caput deste artigo não autoriza a desconsideração da personalidade da pessoa jurídica.

§ 5º Não constitui desvio de finalidade a mera expansão ou a alteração da finalidade original da atividade econômica específica da pessoa jurídica.

A propósito, o Exame de 2021.1 abordou o tema do abuso da personalidade jurídica caracterizado pela confusão patrimonial no seguinte caso hipotético: "Moema, Madalena e Carmen são sócias em uma sociedade empresária administrada por Antônio Cardoso. O objeto social é a distribuição de artigos de limpeza e asseio. Moema tem 90% do capital, Madalena tem 9% e Carmen, 1%. Ficando caracterizada confusão patrimonial pelo cumprimento repetitivo pela sociedade de obrigações pessoais das sócias por ação do administrador e a mando delas, o juiz poderá desconsiderar a personalidade jurídica da sociedade, para atingir os bens particulares de (...)." Alternativa correta: Moema, Madalena, Carmen e Antônio, com fundamento no inciso I, §2º, art. 50, CC.

A desconsideração da personalidade jurídica visa responsabilizar diretamente os administradores ou sócios quando estes utilizam a pessoa jurídica, com a prática de atos aparentemente lícitos, para manipulação fraudulenta ou abusiva do princípio da autonomia patrimonial. A gestão fraudulenta ou abusiva deve ser comprovada no caso concreto.

A propósito, no Exame Unificado de 2009, foi apresentada a seguinte situação hipotética: "Os sócios da Frente e Verso Tecidos Ltda. praticaram atos desvirtuados da função da pessoa jurídica, constatando-se fraude relativa à sua autonomia patrimonial. Os credores propuseram a ação judicial competente e o juízo *a quo* decretou a desconsideração da personalidade jurídica da referida sociedade". Alternativa correta: "a desconsideração da personalidade jurídica importará na retirada momentânea da autonomia patrimonial da Frente e Verso Tecidos Ltda., para estender os efeitos de suas obrigações aos bens particulares de seus sócios". Na hipótese, como a **fraude se encontra oculta**, atrás da pessoa jurídica, **justifica-se a desconsideração para operar a mudança na imputação**, isto é, da sociedade para os sócios ou administradores responsáveis pelos atos fraudulentos. Por isso é comum na doutrina a expressão **"levantar o véu da pessoa jurídica"**.

MUITA ATENÇÃO!

Quando os **sócios ou administradores extrapolam seus poderes**, violando a lei ou o contrato social, **eles respondem por ato ilícito próprio**, ou seja, embora tais atos estejam relacionados com a pessoa jurídica, o ato gerador da responsabilidade, nesses casos, pode ser imputado diretamente ao sócio ou administrador, **não representando a personalidade jurídica própria da sociedade nenhum obstáculo a essa imputação, razão pela qual não se aplica a desconsideração da personalidade jurídica.**

A desconsideração da personalidade jurídica é **eficaz tão somente ao caso concreto em que foi requerida**, permanecendo os efeitos da personalização para as demais relações firmadas com a pessoa jurídica. Lembrar também que a desconsideração **atinge** aqueles **administradores** ou **sócios** da pessoa jurídica **beneficiados direta ou indiretamente pelo abuso** e **não aqueles que têm apenas o status de acionista ou sócio.**

FIQUE POR DENTRO:

O CPC disciplinou nos arts. 133 a 137 o incidente de desconsideração da personalidade jurídica com o objetivo de assegurar o contraditório entre os sócios ou os administradores da pessoa jurídica que podem sofrer os efeitos da desconsideração e o requerente da medida.

Assim como previsto no art. 50 do CC, a desconsideração da personalidade jurídica não pode ser decretada de ofício. Depende, portanto, de requerimento da parte ou do Ministério Público.

O pedido de desconsideração da personalidade jurídica observará os pressupostos previstos em lei específica (art. 50, CC; art. 28, CDC; art. 4°, Lei do Meio Ambiente, etc.).

O § 2° do art. 133 prevê a desconsideração inversa da personalidade jurídica.

O incidente de desconsideração é cabível em todas as fases do processo de conhecimento, no cumprimento de sentença e na execução fundada em título executivo extrajudicial (art. 134) (Exame da OAB – abril/2017). Aplica-se ao processo de competência dos juizados especiais (art. 1.062).

Não será instaurado o incidente se a desconsideração da personalidade jurídica for requerida na petição inicial, hipótese em que serão citados o sócio e a pessoa jurídica.

A instauração do incidente suspende o processo. O sócio ou a pessoa jurídica será citado para manifestar-se e requerer as provas cabíveis no prazo de 15 dias.

O incidente será resolvido por decisão interlocutória e dela cabe agravo de instrumento. Se decidido pelo relator, cabe agravo interno.

Acolhido o pedido de desconsideração, a alienação ou a oneração de bens, havida em fraude de execução, será ineficaz em relação ao requerente.

FIQUE POR DENTRO:

"DESCONSIDERAÇÃO INVERSA"

De acordo com André Luiz Santa Cruz Ramos "(...) consiste, como a própria expressão indica, aplicar os fundamentos da *disregard doctrine* para permitir que a pessoa jurídica, eventualmente, responda por obrigações pessoais de um ou mais de seus integrantes". (RAMOS, 2010, p. 348).

FIQUE POR DENTRO:

É manejada para executar bens da sociedade por dívidas pessoais dos sócios quando estes se valem da pessoa jurídica para ocultar ou desviar bens pessoais, causando prejuízos a terceiros.

Conforme já tratado anteriormente, a **sociedade empresária** deve constituir-se de acordo com um dos seguintes tipos societários: **1) Sociedade em nome coletivo; 2) Sociedade em comandita simples; 3) Sociedade limitada; 4) Sociedade anônima; 5) Sociedade em comandita por ações.** A seguir trataremos de cada um deles.

5. SOCIEDADE EM NOME COLETIVO

Está disciplinada nos **arts. 1.039 a 1.044 do CC** e é regida, **subsidiariamente**, pelas **regras da sociedade simples** (art. 1.040, CC). Importa saber que:

A Os sócios são obrigatoriamente pessoas físicas e todos respondem, de forma subsidiária, solidária e ilimitadamente pelas obrigações sociais;

B Perante os credores a responsabilidade é ilimitada, mas pode ser limitada por convenção contratual entre os sócios, sendo que os efeitos desse acordo não repercutem externamente, ensejando, se o caso, o direito de regresso de um sócio em face de outro;

C A administração da sociedade compete exclusivamente aos sócios, sendo o uso da firma, nos limites do contrato, privativo dos que tenham os necessários poderes (art. 1.042, CC);

D Dissolve-se de pleno direito quando: 1) ocorrer qualquer das causas previstas no art. 1.033, CC (vencimento do prazo de duração da sociedade, consenso unânime dos sócios, deliberação dos sócios, por maioria absoluta, na sociedade de prazo indeterminado e extinção de autorização para funcionar); 2) pela declaração de sua falência, se for empresária.

6. SOCIEDADE EM COMANDITA SIMPLES

Está disciplinada nos **arts. 1.045 a 1.051 do CC** e é regida, **subsidiariamente**, pelas **regras da sociedade em nome coletivo** no que forem compatíveis (art. 1.046, CC). Importa saber que:

A A sociedade é constituída por duas categorias de sócios: os comanditados, pessoas físicas, responsáveis solidária e ilimitadamente pelas obrigações sociais e os comanditários, pessoas físicas ou jurídicas, obrigados somente pelo valor de suas cotas, isto é, limitadamente. Daí a obrigação legal de discriminar no contrato social quem são os comanditados e quem são os comanditários;

B Aos sócios comanditados cabem os mesmos direitos e obrigações dos sócios da sociedade em nome coletivo (vide tópico anterior). E compete somente aos sócios comanditados a administração da sociedade;

C Embora seja facultado ao sócio comanditário participar das deliberações da sociedade e fiscalizar as operações, não pode praticar qualquer ato de gestão, nem ter o nome na firma social, sob pena de ficar sujeito às responsabilidades de sócio comanditado. A lei, no entanto, faz uma ressalva no sentido de que pode o comanditário ser constituído procurador da sociedade para negócio determinado e com poderes especiais (art.1047, CC);

D Os sócios comanditários têm direito aos lucros da empresa proporcionalmente às suas cotas;

E No caso de morte de sócio comanditário, a sociedade, salvo disposição do contrato, continuará com os seus sucessores, que designarão quem os represente (art. 1.050, CC). E, no caso de morte de sócio comanditado, ocorrerá a dissolução parcial da sociedade, salvo se o contrato expressamente estabelecer o ingresso dos sucessores;

F Dissolve-se de pleno direito quando: 1) ocorrer qualquer das causas previstas no art. 1.033, CC; 2) pela declaração de sua falência, se for empresária; 3) por mais de 180 dias perdurar a falta de uma das categorias de sócio, lembrando que na falta de sócio comanditado, os comanditários nomearão administrador provisório para praticar nesse período e, sem assumir a condição de sócio, os atos de administração (art. 1051, CC).

7. SOCIEDADE LIMITADA

Nos **exames da OAB são frequentes as questões sobre sociedade limitada**, daí a importância do estudo atento deste ponto.

A sociedade limitada é disciplinada em **capítulo próprio do CC**, especificamente nos **arts. 1.052 a 1.087**. Nas **omissões do Capítulo referente à limitada**, são aplicadas as **disposições da sociedade simples** ou, **se previsto expressamente no contrato social**, poderá ser **regida supletivamente pelas normas da sociedade anônima,** no que forem compatíveis com o regime contratual da sociedade limitada (Exame Unificado 2009).

> **A Sociedade Limitada** pode ser constituída por 1 (uma) ou mais pessoas.
>
> Se for unipessoal, serão aplicados ao documento de constituição do sócio único, no que couber, as disposições sobre o contrato social, conforme previsto no **art. 1052, §§1º e 2º do CC,** incluídos pela **Lei nº 13.874, de 20 de setembro de 2019.**

> **MUITA ATENÇÃO!**
>
> A propósito, o Exame 2021.1 tratou da sociedade unipessoal na seguinte situação hipotética: "Alexandre Larocque pretende constituir sociedade do tipo limitada sem se reunir a nenhuma outra pessoa e consulta sua advogada para saber a possibilidade de efetivar sua pretensão." Resposta correta: "É possível. A sociedade limitada pode ser constituída por uma pessoa, hipótese em que se aplicarão ao ato de instituição, no que couberem, as disposições sobre o contrato social."

A sociedade limitada tem como principais características: **contratualidade e responsabilidade limitada dos sócios.**

7.1 Responsabilidade dos sócios: A responsabilidade de cada sócio é **restrita ao valor de suas cotas, mas todos respondem solidariamente pela integralização do capital social (art. 1.052, CC) (Exame da OAB de novembro/2017).**

? QUESTÃO: Em quais situações os sócios da sociedade limitada responderão ilimitadamente pelas obrigações sociais?

➥ ***RESPOSTA:*** *Somente em situações excepcionais, quais sejam: 1) quando os sócios expressamente aprovarem deliberações infringentes do contrato social ou da lei; 2) por obrigação de natureza trabalhista; 3) em caso de desconsideração da personalidade jurídica; 4) por dolo do administrador no não pagamento de impostos (a inadimplência por falta de recursos suficientes não enseja responsabilização do administrador).*

7.2 Direitos dos sócios: 1) participação nos resultados sociais e no acervo em caso de partilha; **2)** participação nas deliberações sociais; **3)** fiscalização da administração e escrituração dos livros; **4)** retirar-se da sociedade nas condições estabelecidas no contrato; **5)** preferência na subscrição de novas cotas; **6)** exigir prestação de contas dos administradores.

7.3 Deveres dos sócios: 1) integralização do capital subscrito (o sócio que descumpre tal dever é considerado **remisso**); **2)** observância do estabelecido no contrato social; **3)** participação nos resultados negativos nos limites de sua responsabilidade.

7.4 Cotas: sobre as cotas importa saber que:

A Aquisição de cotas do sócio pela própria sociedade: o CC não prevê essa possibilidade, o que, no entanto, não pode ser interpretado como uma proibição. Tendo em vista que a lei da S/A contempla expressamente a possibilidade de a companhia adquirir suas próprias ações, desde que preenchidos certos requisitos (art. 30), tal dispositivo legal **pode ser aplicado à sociedade limitada que prevê no seu contrato social a aplicação supletiva das leis da sociedade anônima;**

B Cessão de cotas: aos demais sócios é livre. Por outro lado, a cessão de cotas a estranho somente

é permitida se não houver oposição de sócios representando 25% do capital. É lícito aos sócios dispor no contrato sobre as regras a serem observadas na cessão de cota (Exame Unificado 2014.3).

No Exame Unificado de 2010 foi formulada a seguinte questão sobre o assunto: "No que se refere à cessão de quotas de sociedade empresária limitada, assinale a alternativa correta. (...) Na omissão do contrato, o sócio pode ceder sua quota, total ou parcialmente, a quem já seja sócio, independentemente da audiência dos demais". **O sócio cedente responde solidariamente com o adquirente, pelo prazo de 2 anos, pelas obrigações por ele assumidas perante a sociedade e terceiros;**

C **Penhora de cotas**: é possível a penhora de cotas sociais de sócio por dívida particular por ele contraída, ainda que de sociedade empresária em recuperação judicial (REsp 1.803.250-SP, DJe 01/07/2020, Informativo n. 675).

> **FIQUE POR DENTRO:** O CPC disciplinou no art. 861 o processamento da penhora de quotas ou ações das sociedades personificadas.

D **A integralização da cota pode ser realizada em dinheiro, bens ou créditos**, sendo expressamente vedada a contribuição em prestação de serviços. E a cota é indivisível em relação à sociedade e divisível para efeito de transferência (art. 1.056, CC).

No caso de condomínio de cota, os direitos a ela inerentes somente podem ser exercidos pelo condômino representante, ou pelo inventariante do espólio de sócio falecido (§1º, art. 1056, CC).

Os condôminos de cota indivisa respondem solidariamente pelas prestações necessárias à sua integralização (§2, art. 1056, CC).

A prova da FGV – Exame de Ordem 2020.1 apresentou situação hipotética abordando a integralização do capital social para os condôminos de cotas. A questão foi a seguinte: "Anadia e Deodoro são condôminos de uma quota de sociedade limitada no valor de R$ 13.000,00 (treze mil reais). Nem a quota nem o capital da sociedade – fixado em R$ 50.000,00 (cinquenta mil reais) – se encontram integralizados. Você é consultado(a), como advogado(a), sobre a possibilidade de a sociedade demandar os condôminos para que integralizem a referida quota" A resposta correta assinalada foi: "Eles são obrigados à integralização, porque todos os sócios, mesmo os condôminos, devem integralizar o capital".

E **O contrato social poderá instituir cotas preferenciais**, atribuindo aos seus titulares determinadas vantagens, dentre elas a participação maior nos lucros. No entanto, é nula a estipulação que excluir qualquer dos sócios dos lucros e das perdas.

7.5 Administração: a sociedade limitada é administrada por uma ou mais **pessoas físicas, sócios ou terceiros, designadas no contrato ou em ato separado** (art. 1.060, CC). A administração atribuída no contrato a todos os sócios não se estende de pleno direito aos que posteriormente adquiram essa qualidade.

Se o administrador for designado em ato separado, deve requerer, nos 10 dias seguintes ao da investidura, seja averbada sua nomeação na Junta Comercial, sob pena de responder **pessoal e solidariamente com a sociedade** por atos praticados antes do arquivamento.

O exercício do cargo de administrador cessa pela destituição, em qualquer tempo, do titular, ou pelo término do prazo se, fixado no contrato ou em ato separado, não houver recondução (art. 1.063, CC).

De acordo com a redação dada pela **Lei nº 13.792/2019**, tratando-se de sócio nomeado administrador no contrato, sua **destituição** somente se opera pela aprovação de titulares de quotas correspondentes a **mais da metade do capital social**, salvo disposição contratual diversa.

A cessação do exercício do cargo de administrador deve ser averbada no registro competente, mediante requerimento apresentado nos 10 dias seguintes ao da ocorrência (§ 2º, art. 1.063, CC).

A renúncia de administrador torna-se eficaz, em relação à sociedade, desde o momento em que esta toma conhecimento da comunicação escrita do renunciante; e, em relação a terceiros, após a averbação e publicação (§ 3º, art. 1.063, CC).

Com relação à renúncia do administrador, o Exame da OAB – julho/2016 apresentou o seguinte caso: "Na sociedade Apuí Veículos Ltda., a sócia Eva foi eleita administradora, pela unanimidade dos sócios, para um mandato de três anos. Em razão de insuperáveis divergências com os demais administradores sobre a condução dos negócios, Eva renunciou ao cargo após um ano de sua investidura. A eficácia da renúncia de Eva se dará, em relação à sociedade, desde o momento em que (...)". Resposta correta: "esta toma conhecimento da comunicação escrita de Eva; e, em relação a terceiros, após a averbação e publicação da renúncia".

7.5.1 Responsabilidades dos administradores: se o administrador for diligente no desempenho de suas funções não responderá pessoalmente pelas obrigações que resultarem dessa atuação e sim a sociedade. Mas, se o administrador agir com culpa no desempenho de suas funções, responderá pessoal e solidariamente perante a sociedade e os terceiros prejudicados. E, se agir com dolo, poderá ser pessoal e ilimitadamente responsabilizado pelos atos praticados.

No silêncio do contrato, os administradores podem praticar todos os atos pertinentes à gestão da sociedade, exceto a oneração ou a venda de bens imóveis se não constituírem o próprio objeto da sociedade (art. 1.015 do CC).

7.5.2 Excesso de poderes do administrador: de regra, a sociedade responde por todos os atos dos seus administradores, ainda que os mesmos tenham atuado com excesso de poderes, extrapolando suas atribuições, podendo voltar-se contra eles em ação regressiva.

MUITA ATENÇÃO!

A Lei nº 14.195/2021 REVOGOU o parágrafo único do art. 1.015 do CC que excepcionava a regra do caput, isto é, **foram revogadas as hipóteses em que a sociedade não respondia pelos excessos cometidos por parte do administrador**, a saber: 1) se a limitação de poderes estivesse inscrita ou averbada no registro próprio da sociedade; 2) provando-se que a limitação de poderes era conhecida de terceiros; 3) tratando-se de operação evidentemente estranha aos negócios da sociedade (teoria ultra vires).

Atenção: Para melhor resguardar as relações jurídicas, prestigiar a boa-fé e a segurança jurídica, as exceções em que a sociedade não responderia por atos de seus administradores foram revogadas, **inclusive a aplicação da teoria ultra vires.**

7.6 Conselho Fiscal: Importa saber que: 1) é um órgão de existência facultativa composto por sócios ou não, eleitos na assembleia anual da sociedade limitada; 2) tem como função fiscalizar a sociedade e apreciar as contas dos administradores a fim de coibir eventuais abusos; 3) estão impedidos fazer parte do conselho fiscal, além dos inelegíveis enumerados no § 1º do art. 1.011, os membros dos demais órgãos da sociedade ou de outra por ela controlada, os empregados de quaisquer delas ou dos respectivos administradores, o cônjuge ou parente destes até o terceiro grau; 4) é assegurado aos sócios minoritários, que representarem pelo menos 1/5 do capital social, o direito de eleger, separadamente, um dos membros do conselho fiscal e o respectivo suplente (§ 2º, art. 1.066, CC).

7.7 Deliberações dos sócios: Importa saber que: 1) dependem da deliberação dos sócios, além de outras matérias indicadas na lei ou no contrato: I – a aprovação das contas da administração; II – a designação dos administradores, quando feita em ato separado; III – a destituição dos administradores; IV – o modo de sua remuneração, quando não estabelecido no contrato; V – a modificação do contrato social; VI – a incorporação, a fusão e a dissolução da sociedade, ou a cessação do estado de liquidação; VII – a nomeação e destituição dos liquidantes e o julgamento das suas contas; VIII – o pedido de recuperação judicial; 2) serão tomadas em reunião ou em assembleia, conforme previsto no contrato social, devendo ser convocadas pelos administradores nos casos previstos em lei ou no contrato; 3) deliberação em assembleia será obrigatória se o número dos sócios for superior a dez; 4)"as formalidades legais de convocação são dispensadas quando todos os sócios se declararem, por escrito, cientes do local, data, hora e ordem do dia". (extraído de questão do Exame Unificado 2011.2); 5) as deliberações tomadas de conformidade com a lei e o contrato vinculam todos os sócios, ainda que ausentes ou dissidente; 6) as deliberações infringentes do contrato ou da lei tornam ilimitada a responsabilidade dos que expressamente as aprovaram.

FIQUE POR DENTRO:

A **Lei nº 14.030, de 28 de julho de 2020**, inseriu o **art. 1.080-A e parágrafo único** no Código Civil para estabelecer que:

Art. 1.080-A. O sócio poderá participar e votar a distância em reunião ou em assembleia, nos termos do regulamento do órgão competente do Poder Executivo federal.

Parágrafo único. A reunião ou a assembleia poderá ser realizada de forma digital, respeitados os direitos legalmente previstos de participação e de manifestação dos sócios e os demais requisitos regulamentares.

A propósito, o Exame 2021.2 abordou o tema com a seguinte situação hipotética: "Em razão das medidas de isolamento social propagadas nos anos de 2020 e 2021, muitos administradores precisaram de orientação quanto à licitude da realização de reuniões ou assembleias de sócios nas sociedades limitadas, de forma digital, ou à possibilidade do modelo híbrido, ou seja, o conclave é presencial, mas com a possibilidade de participação remota de sócio, inclusive proferindo voto." Resposta correta: **"Na sociedade limitada é possível tanto a reunião ou a assembleia de sócios, de forma digital, quanto a participação do sócio e o voto à distância."**

Na tabela a seguir estão elencados alguns quóruns importantes previstos em lei.

EM RESUMO: Importante memorizar o *quórum* deliberativo para as seguintes situações	
Designação de administrador não sócio nomeado no contrato	**enquanto o capital social não estiver integralizado,** a aprovação depende da **unanimidade** dos sócios (art. 1.061, CC) (alvo de questão no Exame da OAB – novembro/2016). **após a integralização do capital social,** a eleição dependerá da aprovação de **2/3 dos sócios**, no mínimo (art. 1.061, CC).
Designação de administrador nomeado em ato separado do contrato social	dependerá dos votos correspondentes a **mais da metade do capital social** (art. 1.076, II, CC).

EM RESUMO: Importante memorizar o *quórum* deliberativo para as seguintes situações	
Modo de remuneração do administrador quando não estabelecido no contrato	dependerá dos votos correspondentes a **mais da metade do capital social** (art. 1.076, II, CC).
Destituição de administrador não sócio	dependerá dos votos correspondentes a **mais da metade do capital social** (art. 1.076, II, CC).
Destituição de administrador sócio nomeado no contrato	dependerá dos votos correspondentes a **mais da metade do capital social**, salvo disposição contratual diversa (§ 1º, art. 1.063, CC, com a redação dada pela Lei nº 13.792/2019).
Destituição de administrador sócio designado em ato separado do contrato social	dependerá dos votos correspondentes a **mais da metade do capital social** (art. 1.076, II, CC).
Modificação do contrato social	dependerá dos votos de, no mínimo, **3/4 do capital social** (art. 1.076, I, CC).
Incorporação, fusão, dissolução da sociedade ou cessação do estado de liquidação	dependerá dos votos de, no mínimo, **3/4 do capital social** (art. 1.076, I, CC).
Aprovação das contas da administração	dependerá da **maioria dos votos dos presentes** na reunião ou assembleia (art.1.076, III, CC).
Nomeação e destituição dos liquidantes e julgamento de suas contas	dependerá da **maioria dos votos dos presentes** na reunião ou assembleia (art.1.076, III, CC).

A **Lei nº 13.792, de 03 de janeiro de 2019**, alterou dispositivos do Código Civil para **modificar o quórum de deliberação no âmbito das sociedades limitadas.**

As alterações legislativas foram as seguintes:

FIQUE POR DENTRO:

Art. 1.063 (...).

§ 1º Tratando-se de sócio nomeado administrador no contrato, sua destituição somente se opera pela aprovação de titulares de quotas correspondentes a mais da metade do capital social, salvo disposição contratual diversa.

Art. 1.076 Ressalvado o disposto no art. 1.061, as deliberações dos sócios serão tomadas:

FIQUE POR DENTRO:

Art. 1.085 (...)

Parágrafo único. Ressalvado o caso em que haja apenas dois sócios na sociedade, a exclusão de um sócio somente poderá ser determinada em reunião ou assembleia especialmente convocada para esse fim, ciente o acusado em tempo hábil para permitir seu comparecimento e o exercício do direito de defesa.

7.8 Aumento do capital social: poderá ocorrer quando todas as cotas subscritas estiverem sido integralizadas. Os sócios poderão exercer o direito de preferência na subscrição das novas cotas, no prazo de 30 dias contados da deliberação, na proporção das cotas de que sejam titulares.

7.9 Redução do capital social: o capital social poderá ser reduzido: **A)** depois de integralizado, se houver perdas irreparáveis; **B)** se excessivo em relação ao objeto da sociedade.

Sobre a redução do capital foi formulada a seguinte questão no Exame Unificado de julho de 2011: "Em relação à modificação do capital social das sociedades limitadas, assinale a alternativa correta. (...) Uma das hipóteses para que haja diminuição do capital social é que a sociedade tenha tido prejuízos que não serão mais recuperados, devendo-se, nesse caso, haver diminuição proporcional do valor das quotas, tornando-se efetiva essa diminuição a partir do momento em que for feita a averbação no cartório competente da ata da assembleia que a aprovou".

? **QUESTÃO:** Quais são as causas de dissolução parcial da sociedade limitada?

RESPOSTA: *São elas: 1) morte do sócio, salvo se o contrato dispuser diferentemente, se os sócios remanescentes optarem pela dissolução da sociedade ou, se por acordo com os herdeiros, regular-se a substituição do sócio falecido; 2) retirada de sócio; 3) exclusão de sócio.*

A propósito, na prova da FGV – Exame de Ordem 2020.1 foi formulada questão sobre dissolução parcial da sociedade limitada pela morte do sócio: "No contrato da sociedade empresária Arealva Calçados Finos Ltda., não consta cláusula de regência supletiva pelas disposições de outro tipo societário. Ademais, tanto no contrato social quanto nas disposições legais relativas ao tipo adotado pela sociedade não há norma regulando a sucessão por morte de sócio." Resposta correta: "Haverá resolução da sociedade em relação ao sócio em caso de morte."

Segundo o STJ, "é indevida a nomeação de liquidante em ação de dissolução parcial de sociedade empresária, bastando, para a apuração dos haveres do sócio falecido, a nomeação de perito técnico habilitado (...). Nesse contexto, a doutrina e a jurisprudência mais recente do STJ entendem que, somente nos casos de dissolução total da sociedade, faz-se necessária a figura do liquidante, porquanto suas atribuições estão relacionadas com a gestão do patrimônio social de modo a regularizar a sociedade que se pretende dissolver. Por sua vez, na dissolução parcial, em que se pretende apurar exclusivamente os haveres de sócio falecido ou retirante, com a preservação da atividade, é adequada simplesmente a nomeação de perito técnico habilitado a realizar perícia contábil, a fim de determinar o valor da quota-parte devida aos herdeiros ou ao ex-sócio (...) (REsp 1.557.989-MG, DJ 31/3/2016 - Informativo n. 580).

7.10 Direito de retirada: consiste no direito do sócio de retirar-se da sociedade, observado os casos previstos no contrato e na lei. Se **de prazo indeterminado, mediante notificação aos demais sócios**, com antecedência mínima de 60 dias. Se de **prazo determinado, provando judicialmente a justa causa**. Também pode exercer esse direito o **sócio que dissentir da modificação do contrato, da fusão ou incorporação da sociedade.**

7.11 Causas de exclusão do sócio:

A falta grave no cumprimento de suas obrigações;

Segundo o STJ, "O quorum deliberativo para **exclusão judicial do sócio majoritário** por falta grave no cumprimento de suas obrigações deve levar em conta **a maioria do capital social de sociedade limitada, excluindo-se do cálculo o sócio que se pretende jubilar**." Prossegue: "Se o sócio a ser excluído detém a maioria do capital social da sociedade, a sua exclusão poderá, em tese, se dar por decisão dos sócios restantes, ou seja, por decisão dos sócios minoritários". Frise-se que interpretação diversa redundaria na impossibilidade de exclusão judicial do quotista majoritário, por mais nocivos que fossem os seus atos em relação aos interesses e objetivos da sociedade, o que, em determinados aspectos, não se coaduna com o princípio da preservação da empresa." (REsp 1.653.421-MG, DJe 13/11/2017 – Informativo 616)

B incapacidade superveniente;

C sócio declarado falido ou aquele cuja cota tenha sido liquidada pelo credor;

D quando a maioria dos sócios, representativa de mais 1/2 do capital social, entender que um ou mais sócios estão pondo em risco a continuidade da empresa, em virtude de atos de inegável gravidade, mediante alteração do contrato social, desde que prevista neste a exclusão por justa causa;

E ressalvado o caso em que haja apenas dois sócios na sociedade, a exclusão de um sócio somente poderá ser determinada em reunião ou assembleia especialmente convocada para esse fim, ciente o acusado em tempo hábil para permitir seu comparecimento e o exercício do direito de defesa, com a redação dada pela Lei nº 13.792/2019;

F sócio remisso, isto é, "aquele que não integraliza sua quota na forma e prazo previstos, podendo, por esse fato, ser excluído da sociedade." (extraído de questão do Exame Unificado 2012.4)

A retirada, exclusão ou morte do sócio, não o exime, ou a seus herdeiros, da responsabilidade pelas obrigações sociais anteriores, até dois anos após averbada a resolução da sociedade; nem nos dois primeiros casos, pelas posteriores e em igual prazo, enquanto não se requerer a averbação (art. 1.032, CC). (Exame Unificado 2015.1)

? **QUESTÃO:** Quais são as causas de dissolução total da sociedade limitada?

➥ ***RESPOSTA:*** *São causas de* ***dissolução extrajudicial****: 1) o vencimento do prazo de duração, salvo se, vencido este e sem oposição de sócio, não entrar a sociedade em liquidação, caso em que se prorrogará por tempo indeterminado; 2) o consenso unânime dos sócios; 3) a deliberação dos sócios, por maioria absoluta, na sociedade de prazo indeterminado; 4) a extinção, na forma da lei, de autorização para funcionar (art. 1.033, CC);*

São causas de ***dissolução judicial****, a requerimento de qualquer dos sócios, quando: 1) anulada a sua constituição; 2) exaurido o fim social, ou verificada a sua inexequibilidade.*

E poderá também ser dissolvida pela decretação da falência, se empresária.

8. SOCIEDADE ANÔNIMA

Assim como ocorre com a sociedade limitada, nos **exames da OAB são muito frequentes questões sobre sociedade anônima**, daí a importância do estudo atento deste ponto.

A sociedade anônima, também denominada de companhia, é regida por lei especial – **Lei nº 6.404/76**, aplicando-se-lhe, nos **casos omissos**, as **disposições do CC** naquilo que forem compatíveis com o sistema da lei de sociedade anônima.

A sociedade anônima tem como principais características:

A **sociedade estatutária,** isto é, constituída a partir de um estatuto social;

B **capital social é dividido em ações;**

C **sociedade de capital,** o que importa é a contribuição financeira do acionista em favor da sociedade e, por consequência, a participação societária é livremente alienável e os acionistas não podem se opor ao ingresso de outros acionistas na sociedade;

D **responsabilidade dos sócios ou acionistas será limitada ao preço de emissão das ações subscritas ou adquiridas;**

A propósito, o Exame da OAB 2018.2 apresentou a situação hipotética: "Leandro, Alcides e Inácio pretendem investir recursos oriundos de investimentos no mercado de capitais para constituir uma companhia fechada por subscrição particular do capital. A sociedade será administrada por Inácio e sua irmã, que não será sócia." Resposta correta: "Leandro, Alcides e Inácio responderão limitadamente até o preço de emissão das ações por eles subscritas."

A questão é resolvida com a aplicação do art. 1º da Lei nº 6.404/76 cuja redação é a seguinte: "A companhia ou sociedade anônima terá o capital dividido em ações, e a responsabilidade dos sócios ou acionistas será limitada ao preço de emissão das ações subscritas ou adquiridas."

MUITA ATENÇÃO!

A responsabilidade do acionista na sociedade anônima será limitada à integralização do preço da emissão das ações por ele subscrita, não havendo neste tipo societário a responsabilidade solidária entre os acionistas pela integralização do valor das ações subscritas e não integralizadas pelos outros acionistas, diferentemente do que acontece na sociedade limitada em que a responsabilidade de cada sócio é restrita ao valor de suas cotas, mas todos respondem solidariamente pela integralização do capital social.

E **será sempre empresária.**

8.1 Classificação das sociedades anônimas: 1) abertas: aquelas cujos valores mobiliários de sua emissão são admitidos à negociação na Bolsa de Valores ou no Mercado de Balcão, dependendo para tanto de prévia autorização da CVM (Comissão de Valores Mobiliários), autarquia federal incumbida de controlar e fiscalizar as operações efetuadas no mercado de capitais; **2) fechadas:** aquelas cujos valores mobiliários de sua emissão não são admitidos à negociação na Bolsa de Valores ou no Mercado de Balcão (Exame Unificado 2013.1). **8.2 Valores mobiliários:** nas lições de Fábio Ulhoa Coelho, valores mobiliários "são instrumentos de captação de recursos pelas sociedades anônimas emissoras e representam, para quem os subscreve ou adquire, um investimento" (COELHO, 2010, p.141). "Concedem a seu titular certos direitos em relação à companhia" (Exame Unificado 2011.2). Dentre os principais estão: **1) ações; 2) debêntures; 3) *commercial papers*; 4) partes beneficiárias; 5) bônus de subscrição.**

A seguir os quadros sintetizam as características de cada um deles.

EM RESUMO: Ações
a) São bens móveis representativos da unidade do capital social de uma SA e conferem ao seu titular a qualidade de acionista da sociedade, além de um complexo de direitos e deveres patrimoniais e políticos (voto, direito de fiscalização, etc.). Diferem-se dos outros valores mobiliários em decorrência do direito político a elas conferidos.
b) De acordo com **a forma como são transferidas** podem ser: **1) nominativas**: a **transferência depende da escrituração em livro próprio** da sociedade anônima emissora ou **2) escriturais:** embora não deixem de ser nominativas, a **transferência opera-se pelo lançamento efetuado pela instituição financeira depositária em seus livros**, a débito da conta de ações do alienante e a crédito da conta de ações do adquirente. A propósito, no Exame da OAB – novembro/2016 foi apresentada a seguinte situação hipotética: "Bernardino adquiriu de Lorena ações preferenciais escriturais da companhia Campos Logística S/A e recebeu do(a) advogado(a) orientação de como se dará a formalização da transferência da propriedade. A resposta do(a) advogado(a) é a de que a transferência das ações se opera pelo lançamento efetuado pela instituição depositária em seus livros, a débito da conta de ações de Lorena e a crédito da conta de ações de Bernardino." (art. 35, §1º, LSA)
c) De acordo com a **natureza dos direitos** que conferem podem ser: **1) ordinárias:** conferem **direitos comuns aos seus titulares**, como o direito ao voto e participação nos lucros e perdas da companhia; **2) preferenciais**: **podem conferir ao titular alguma vantagem** como por exemplo prioridade na distribuição de dividendo, fixo ou mínimo, ou prioridade no reembolso do capital, com prêmio ou sem ele**, podendo por outro lado estabelecer restrição ao seu titular** como a supressão do direito de voto. Sobre este tema, no Exame Unificado de 2013.3, considerou-se correta a seguinte alternativa: "A vantagem das ações preferenciais de companhia fechada pode consistir exclusivamente em prioridade no reembolso do capital"; **3) de fruição:** atribuídas aos acionistas titulares de ações ordinárias ou preferenciais em substituição a essas ações que foram amortizadas. Sobre este tema, no Exame Unificado de 2010, considerou-se correta a seguinte alternativa: "As **ações de fruição constituem títulos que podem ser atribuídos aos acionistas após suas ações serem integralmente amortizadas**".

Outros Valores Mobiliários
1. Debêntures: são valores mobiliários representativos de parcelas de **contrato de mútuo em que a SA emitente é a mutuária e o debenturista é o mutuante**. O debenturista tem um direito de crédito em face da sociedade. Podem ser de 04 espécies: **com garantia real; com garantia flutuante** (confere ao titular um privilégio geral sobre o ativo da companhia)**; quirografária; subquirografária ou subordinada.** No Exame Unificado 2012.3 considerou-se correta alternativa que afirmou ser possível à Assembleia Geral delegar ao Conselho de Administração a deliberação sobre a oportunidade de emissão, época e condições de vencimento de debêntures conversíveis em ações (**§ 4º, art. 59, da LSA, incluído pela Lei 12.431/11**), exigindo do candidato o conhecimento sobre as novas regras referentes às debêntures.
2. Partes beneficiárias: são valores mobiliários que conferem ao seu titular direito de crédito eventual consistente na participação de até 10% nos lucros anuais da SA emissora e somente podem ser emitidas por companhias fechadas.
3. Bônus de subscrição: são valores mobiliários que conferem ao seu titular direito de preferência na subscrição de novas ações por ocasião do aumento do capital social autorizado no estatuto.
4. *Commercial paper ou Nota Comercial:* é título de crédito não conversível em ações, de livre negociação, representativo de promessa de pagamento em dinheiro, emitido exclusivamente sob a forma escritural por meio de instituições autorizadas a prestar o serviço de escrituração pela Comissão de Valores Mobiliários (art. 45, Lei 14.195/2021). Pode ser emitida por sociedades anônimas, sociedades limitadas e sociedades cooperativas. ATENÇÃO: **A Lei nº 14.195/2021 apresentou regramento próprio para a nota comercial.** Mostra-se imprescindível a leitura da legislação para conhecer as questões específicas sobre esse título.

8.2 São órgãos da companhia:

A **Assembleia Geral**: órgão máximo de deliberação da SA, que reúne todos os acionistas, com ou sem direito a voto, convocada e instalada de acordo com a lei e o estatuto, com poderes para decidir todos os negócios relativos ao objeto da companhia e tomar as resoluções que julgar convenientes à sua defesa e desenvolvimento e também com competência privativa para deliberar sobre os assuntos elencados no art. 122, da LSA. De regra as deliberações serão tomadas por maioria absoluta de votos dos presentes, existindo, no entanto, as exceções:

1) quórum qualificado para deliberação dos assuntos enumerados no art. 136 da LSA e

Com a redação dada pela Lei nº 14.195/2021 ao caput do art. 136 da LSA, "É necessária a aprovação de acionistas que representem metade, no mínimo, do total de votos conferidos pelas ações com direito a voto, se maior quórum não for exigido pelo estatuto da companhia cujas ações não estejam admitidas à negociação em bolsa ou no mercado de balcão, para deliberação sobre: **I** – criação de ações preferenciais ou aumento de classe de ações preferenciais existentes, sem guardar proporção com as demais classes de ações preferenciais, salvo se já previstos ou autorizados pelo estatuto; **II** – alteração nas preferências, vantagens e condições de resgate ou amortização de uma ou mais classes de ações preferenciais, ou criação de nova classe mais favorecida; **III** – redução do dividendo obrigatório; **IV** – fusão da companhia, ou sua incorporação em outra; **V** – participação em grupo de sociedades (art. 265); **VI** – mudança do objeto da companhia; **VII** – cessação do estado de liquidação da companhia; **VIII** – criação de partes beneficiárias; **IX** – cisão da companhia; **X** – dissolução da companhia.

2) quórum estatutário exigido pelo estatuto da companhia fechada para certas deliberações, desde que especificadas as matérias.

FIQUE POR DENTRO:

A **Lei nº 14.030, de 28 de julho de 2020**, alterou o parágrafo único, art. 121, o §2º e inseriu o §2º-A, art. 124, da LSA para estabelecer que:

Art. 121. A assembleia-geral, convocada e instalada de acordo com a lei e o estatuto, tem poderes para decidir todos os negócios relativos ao objeto da companhia e tomar as resoluções que julgar convenientes à sua defesa e desenvolvimento.

Parágrafo único. Nas companhias, abertas e fechadas, o acionista poderá participar e votar a distância em assembleia geral, nos termos do regulamento da Comissão de Valores Mobiliários e do órgão competente do Poder Executivo federal, respectivamente.

(...).

Art. 124. (...)

§ 2º A assembleia geral deverá ser realizada, preferencialmente, no edifício onde a companhia tiver sede ou, por motivo de força maior, em outro lugar, desde que seja no mesmo Município da sede e seja indicado com clareza nos anúncios.

§ 2º-A. Sem prejuízo do disposto no § 2º deste artigo, as companhias, abertas e fechadas, poderão realizar assembleia digital, nos termos do regulamento da Comissão de Valores Mobiliários e do órgão competente do Poder Executivo federal, respectivamente.

B Conselho de Administração: órgão de deliberação colegiada sobre assuntos de interesse da companhia, exceto os de competência privativa da Assembleia Geral e fiscalizador dos atos dos diretores. É de existência obrigatória nas companhias abertas, de capital autorizado e sociedade de economia mista.

Atenção: A Lei nº 14.195/2021 incluiu o §3º ao art. 138 da LSA para dispor que "é vedada, nas companhias abertas, a acumulação do cargo de presidente do conselho de administração e do cargo de diretor-presidente ou de principal executivo da companhia."

C Diretoria: órgão incumbido de administrar a companhia junto com o Conselho de Administração ou sozinho, além de representar legalmente a companhia e praticar atos necessários ao seu funcionamento regular (órgão de execução). É de existência obrigatória em todas as companhias.

FIQUE POR DENTRO:

A **Lei nº 14.195/2021**, alterou o art. 146 da LSA para estabelecer que: "Apenas pessoas naturais poderão ser eleitas para membros dos órgãos de administração", **excluindo** a previsão de que os Diretores devem residir no País.

Assim, **os Diretores podem ser residentes ou domiciliados no exterior,** conforme expressamente previsto no §2º do art. 146, LSA.

D Conselho Fiscal: órgão colegiado incumbido de fiscalização dos atos dos administradores e do cumprimento dos seus deveres legais e estatutários bem como das demais atribuições indicadas no art. 163 da LSA. É de existência obrigatória nas companhias, mas o estatuto disporá sobre seu funcionamento, de modo permanente ou nos exercícios sociais em que for instalado a pedido de acionistas.

8.3 São **deveres dos administradores (membros do Conselho de Administração e da Diretoria): 1) de diligência; 2) de lealdade e 3) de informar (*desclosure*).** Especificamente sobre o *desclosure*, no Exame Unificado de fevereiro de 2011, considerou-se correta a alternativa que o definiu como: "o dever que os administradores têm para com o mercado de informar todas as operações em que a companhia estiver envolvida e que possam influir na cotação das suas ações, das debêntures e dos valores mobiliários".

8.4 Responsabilidade dos administradores: O administrador não é pessoalmente responsável pelas obrigações que contrair em nome da sociedade e em virtude de ato regular de gestão; **responde, porém, civilmente, pelos prejuízos que causar**, quando proceder:

1) dentro de suas atribuições ou poderes, com **culpa ou dolo**;

2) com **violação da lei ou do estatuto**.

Compete à companhia, **mediante prévia deliberação da Assembleia Geral**, a ação de responsabilidade civil contra o administrador, pelos prejuízos causados ao seu patrimônio. Todavia, acionistas e companhia podem litigar em litisconsórcio facultativo ativo em ação de responsabilidade civil contra o administrador pelos prejuízos causados ao patrimônio da sociedade anônima (art. 159 da Lei 6.404/1976), quando não proposta a ação pela companhia no prazo de três meses após a deliberação da assembleia geral (§ 3º).

DICA IMPORTANTE

Mostra-se imprescindível a leitura da Lei 6.404/76 (LSA) para o exame da OAB. São exigidas muitas questões sobre sociedade anônima e o nível de detalhe é alto, o que requer do candidato o conhecimento da literalidade da lei. Como exemplo, citamos uma questão que cuida da responsabilidade dos administradores formulada no Exame Unificado de fevereiro de 2011 que, para ser bem resolvida, exige a **conjugação dos §§ 2º e 3º, art. 158, LSA**. A questão: "A Lei das Sociedades por Ações estabelece responsabilidades para os administradores, membros do Conselho Fiscal e para o acionista controlador. A violação a tais deveres pode causar responsabilidade civil, administrativa e penal. Em relação aos deveres e responsabilidades dos administradores, conselheiros e acionistas, assinale a alternativa correta. (...) Somente nas companhias fechadas é que todos os administradores são responsáveis pelos prejuízos que causarem pelo não cumprimento dos deveres impostos pela lei para assegurar o funcionamento normal da companhia, ainda que, de acordo com o estatuto, tais deveres não sejam de competência de todos eles".

8.5 Direitos dos acionistas: 1) participação nos lucros sociais; **2)** participação do acervo da companhia, em caso de liquidação; **3)** fiscalização da gestão dos negócios sociais "sendo titular de mais de 5% do capital poderá requerer judicialmente a exibição dos livros da companhia, caso haja suspeita de irregularidades dos administradores" (extraído de questão do Exame Unificado 2012.2); **4)** retirar-se da sociedade nas condições estabelecidas em lei; **5)** preferência na subscrição de ações, partes beneficiárias conversíveis em ações, debêntures conversíveis em ações e bônus de subscrição.

MUITA ATENÇÃO!

O direito de voto não é um direito essencial do acionista e pode ser suprimido pelo estatuto em duas situações: 1. ações preferenciais e 2. acionista em mora.

Ainda sobre o direito de voto é preciso lembrar que cada ação ordinária corresponde 1 (um) voto nas deliberações da assembleia-geral e que o estatuto pode estabelecer limitação ao número de votos de cada acionista (art. 110 e §1º, LSA).

E mais, a Lei nº 14.195/2021 acrescentou o **art. 110-A e parágrafos** à LSA para admitir a criação de uma ou mais classes de ações ordinárias com atribuição de **voto plural**, não superior a 10 (dez) votos por ação ordinária, entendido o voto plural como mais de um voto a uma mesma ação.

8.6 Deveres dos acionistas: 1) integralização das ações subscritas (o acionista que descumpre tal dever é considerado **remisso**); **2)** observância do estabelecido no estatuto e na lei, etc.

? **QUESTÃO:** Quais são as causas de dissolução da sociedade anônima?

RESPOSTA:

1) **de pleno direito:** *A) pelo término do prazo de duração; B) nos casos previstos no estatuto; C) por deliberação da Assembleia Geral; D) pela existência de 1 único acionista, verificada em Assembleia Geral Ordinária, se o mínimo de 2 não for reconstituído até à do ano seguinte, ressalvado o disposto no art. 251; E) pela extinção, na forma da lei, da autorização para funcionar.*
2) **por decisão judicial:** *A) quando anulada a sua constituição, em ação proposta por qualquer acionista; B) quando provado que não pode preencher o seu fim, em ação proposta por acionistas que representem 5% ou mais do capital social; C) em caso de falência, na forma prevista na respectiva lei;*
3) **por decisão de autoridade administrativa competente**, *nos casos e na forma previstos em lei especial.*

9. SOCIEDADE EM COMANDITA POR AÇÕES

É disciplinada pelas regras da **sociedade anônima** e também pelos **arts. 1.090 a 1.092 do CC.** Importa saber que:

A A sociedade é constituída por duas categorias de sócios: acionistas comuns, que respondem de forma limitada e aqueles que ocupam cargo de administração (também chamados de diretores), que respondem ilimitadamente pelas obrigações sociais;

B Se houver mais de um diretor, serão solidariamente responsáveis, depois de esgotados os bens sociais;

C Somente o acionista tem qualidade para administrar a sociedade;

D O diretor destituído ou exonerado continua, durante 02 anos, responsável pelas obrigações sociais contraídas sob sua administração;

E A Assembleia Geral não pode, sem o consentimento dos diretores, mudar o objeto essencial da sociedade, prorrogar-lhe o prazo de duração, aumentar ou diminuir o capital social, criar debêntures ou partes beneficiárias.

10. OPERAÇÕES SOCIETÁRIAS

Importa saber as definições legais das seguintes operações societárias**:**

A Transformação: é a operação pela qual a sociedade passa, independentemente de dissolução ou liquidação, de um tipo para outro (art. 220, LSA e art. 1.113, CC);

DIREITO EMPRESARIAL

B **Incorporação:** é a operação pela qual uma ou mais sociedades são absorvidas por outra, que lhes sucede em todos os direitos e obrigações (art. 227, LSA e art. 1.116, CC).

"Por este instituto, em linhas gerais, determinada sociedade empresarial, a incorporadora, engloba outra, a incorporada, integrando ao seu patrimônio tanto o ativo quanto o passivo da incorporada, a qual terá extinta sua personalidade, conforme se extrai dos enunciados normativos dos art. 219 e 227, § 3º, da Lei 6.404/1976 e do art. 1.118 do CC. Dessa forma, fica claro que a incorporação caracteriza-se, essencialmente, por dois requisitos: a) a absorção total do patrimônio da incorporada pela incorporadora (todos os direitos e obrigações) e a extinção da personalidade jurídica da incorporada." (REsp 1.322.624-SC, DJ 12/06/2013 – Informativo 522)

C **Fusão:** é a operação pela qual se unem duas ou mais sociedades para formar uma sociedade nova, que lhes sucederá em todos os direitos e obrigações (art. 228, LSA e art. 1.119, CC);

D **Cisão:** é a operação pela qual a companhia transfere parcelas de seu patrimônio para uma ou mais sociedades, constituídas para esse fim ou já existentes, extinguindo-se a companhia cindida, se houver versão de todo o seu patrimônio, ou dividindo-se o seu capital, se parcial a versão (art. 229, LSA).

As **operações societárias** são disciplinadas pela **LSA quando há participação de uma sociedade anônima**. E são disciplinadas pelo **CC quando não há participação de sociedade anônima** (o que é muito raro). De qualquer forma, **as disposições da LSA, no que diz respeito às operações societárias, aplicam-se por analogia às demais sociedades naquilo em que o CC for omisso.**

11. SOCIEDADE COOPERATIVA

É disciplinada pelos **arts. 1.093 a 1.096 do CC** e pela **Lei nº 5.764/71,** aplicando-se-lhe, nos casos omissos, as disposições referentes às **sociedades simples**, naquilo que forem compatíveis. Importa saber:

A Sociedade de pessoas, que reciprocamente se obrigam a contribuir com bens ou serviços para o exercício de uma atividade econômica, de proveito comum, sem objetivo de lucro, **de natureza civil**, não sujeita a falência (arts. 3º e 4º da Lei nº 5.764/71);

B As características próprias estão elencadas no art. 1.094, CC , a saber: I - variabilidade ou dispensa do capital social; II - concurso de sócios em número mínimo necessário a compor a administração da sociedade, sem limitação de número máximo; III - limitação do valor da soma de quotas do capital social que cada sócio poderá tomar; IV - intransferibilidade das quotas do capital a terceiros estranhos à sociedade, ainda que por herança; V - *quorum*, para a assembleia geral funcionar e deliberar, fundado no número de sócios presentes à reunião, e não no capital social representado; VI - direito de cada sócio a um só voto nas deliberações, tenha ou não capital a sociedade, e qualquer que seja o valor de sua participação; VII - distribuição dos resultados, proporcionalmente ao valor das operações efetuadas pelo sócio com a sociedade, podendo ser atribuído juro fixo ao capital realizado; VIII - indivisibilidade do fundo de reserva entre os sócios, ainda que em caso de dissolução da sociedade.

FIQUE POR DENTRO:

A **Lei nº 14.030, de 28 de julho de 2020**, incluiu o art. 43-A e parágrafo único, Lei nº 5.764/71, para estabelecer que:

Art. 43-A. O associado poderá participar e votar a distância em reunião ou em assembleia, que poderão ser realizadas em meio digital, nos termos do regulamento do órgão competente do Poder Executivo federal.

Parágrafo único. A assembleia geral poderá ser realizada de forma digital, respeitados os direitos legalmente previstos de participação e de manifestação dos associados e os demais requisitos regulamentares.

Os Exames da OAB 2013.2 e 2018.3 formularam questões referentes ao art. 1.094 do CC que enumera as características da sociedade cooperativa.

C A responsabilidade dos sócios pode ser limitada ou ilimitada (art. 1.095, CC).

CAPÍTULO IV

TÍTULOS DE CRÉDITO

1. CONCEITO

De acordo com o art. 887 do CC, título de crédito é o documento necessário ao exercício do direito literal e autônomo nele contido e que somente produz efeito quando preencher os requisitos da lei. Ou na definição clássica de **Vivante**, como o **"documento necessário para o exercício do direito, literal e autônomo, nele mencionado".**

2. PRINCÍPIOS GERAIS

Da definição de título de crédito são extraídos os seguintes princípios:

A Cartularidade: o direito encontra-se incorporado, materializado no título, isto é, para que o titular do crédito exerça o direito representado no título deve estar de posse da cártula (título), fisicamente considerada. Inclusive para a instrução da inicial da execução exige-se a exibição original do título, não sendo suficiente a cópia autenticada.

> **MUITA ATENÇÃO!**
>
> **DESMATERIALIZAÇÃO DO TÍTULO DE CRÉDITO**
>
> Em razão do avanço tecnológico e da intensificação das transações comerciais virtuais, a doutrina tem falado em desmaterialização do título de crédito, isto é, títulos de créditos não cartularizados, como os títulos de créditos eletrônicos e as duplicatas virtuais, excepcionando, assim, em algumas situações, o princípio da cartularidade.
>
> Nesse sentido, a Lei nº 13.775, de 20 de dezembro de 2018, dispôs sobre a emissão de duplicata sob a forma escritural ou eletrônica, isto é, aquela que não existe fisicamente.
>
> O §3º, art. 889, CC se refere aos títulos de crédito eletrônicos ao estabelecer que o título poderá ser emitido a partir dos caracteres criados em computador ou meio técnico equivalente e que constem da escrituração do emitente, observados os requisitos mínimos previstos no caput do art. 899, CC, a saber: data da emissão, a indicação precisa dos direitos que confere e a assinatura do emitente.

B Literalidade: somente o que consta expressamente consignado no título produz efeito jurídico-cambial perante o seu legítimo possuidor. Desse modo, a quitação parcial, o aval, o endosso, por exemplo, devem estar expressos no próprio título para gerarem seus respectivos efeitos jurídico-cambiais.

C Autonomia: as obrigações consubstanciadas em um determinado título de crédito são autônomas e independentes entre si, de modo que o vício de uma delas não atinge as demais. Exemplo: "A" compra uma mercadoria de "B" e lhe paga com um cheque. "B" quita uma dívida com "C" com o cheque que recebeu de "A". "A" não pode deixar de pagar o cheque a "C" sob o fundamento de que o produto adquirido de "B" foi devolvido por apresentar defeito. As obrigações são independentes e o vício de uma não contamina as outras obrigações. Assim, "A" deve honrar o título perante "C" e, posteriormente, postular em face de "B" o pedido de ressarcimento.

Este princípio se desdobra nos seguintes **subprincípios:**

C.1 Abstração: o título de crédito pode circular como documento abstrato, ou seja, sem qualquer ligação com a relação jurídica subjacente que lhe deu origem. A abstração tem por pressuposto a circulação do título de crédito porque, enquanto não circula, o título permanece vinculado à causa que originou sua emissão.

C.2 Inoponibilidade das exceções pessoais ao terceiro de boa-fé: não pode o devedor do título de crédito deixar de cumprir sua obrigação de pagar o valor nele mencionado ao credor de boa-fé, alegando como motivo exceções (defesas) oponíveis a credor anterior. Assim, são inoponíveis a terceiros exceções não fundadas no título.

> **MUITA ATENÇÃO!**
>
> O princípio da autonomia do título de crédito é afastado pelo STJ no caso de contrato de abertura de crédito. Nesse sentido a Súmula 258, STJ: "A nota promissória vinculada a contrato de abertura de crédito não goza de autonomia em razão da iliquidez do título que a originou" (Exame da OAB – abril/2016).
>
> A referida Súmula 258, STJ foi novamente objeto de questão no Exame da OAB 2018.1.
>
> A seguinte situação hipotética foi apresentada: "Borba Eletrônicos Ltda. celebrou contrato de abertura de crédito em conta corrente com o Banco Humaitá S/A, lastreado em nota promissória emitida em garantia da dívida. Sobre a nota promissória e o contrato de abertura de crédito em conta corrente, diante do inadimplemento do mutuário, assinale a afirmativa correta." Resposta correta: "O contrato, ainda que acompanhado de extrato da conta corrente e assinado por duas testemunhas, não é título executivo extrajudicial, e a nota promissória a ele vinculada não goza de autonomia, em razão da iliquidez do título que a originou."
>
> Por oportuno, destaca-se também a Súmula 233, STJ: "O contrato de abertura de crédito, ainda que acompanhado de extrato da conta-corrente, não é título executivo."

3. PRINCIPAIS CARACTERÍSTICAS

São características do título de crédito: **1)** negociabilidade: facilidade com que o crédito circula, com a negociação do direito nele expresso. Se o título for ao portador, circula pela simples tradição e, se for nominal, circula através de endosso ou cessão civil; **2)** título executivo extrajudicial; **3)** bem móvel; **4)** formal: somente produz efeito quando preencher os requisitos da lei; **5)** representa obrigação quesível: o credor deve procurar o devedor para receber o valor constante no título.

4. CLASSIFICAÇÃO

A doutrina costuma classificar os títulos de crédito quanto ao modelo; quanto à estrutura; quanto às hipóteses de emissão e quanto à circulação. Os quadros a seguir sintetizam essa classificação.

Quanto ao modelo	**Livre:** a legislação cambiária não estabelece uma forma específica para os títulos de crédito, devendo, no entanto, observarem os requisitos legais para sua constituição. Ex.: letra de câmbio e nota promissória.
	Vinculado: a legislação cambiária estabelece uma forma específica para que os títulos sejam considerados válidos. Ex.: cheque e duplicata mercantil.
Quanto à estrutura	**Ordem de pagamento: o saque (emissão do título) gera três situações jurídicas distintas,** quais sejam: **1. a do sacador ou emitente**: quem ordena o pagamento; **2. a do sacado:** quem recebe a ordem do pagamento e deve cumpri-la se atendidas às condições para tanto; **3. a do tomador:** que é o beneficiário da ordem. Ex.: letra de câmbio, cheque e duplicata.
	Promessa de pagamento: o saque gera duas situações jurídicas distintas: **1. a do promitente/ sacador**, que promete pagar e **2. a do beneficiário**, que é quem receberá o valor prometido. Ex.: nota promissória.
Quanto às hipóteses de emissão	**Causal:** somente pode ser emitido nas hipóteses que a lei autoriza sua emissão. Ex.: duplicata mercantil ou de serviços.
	Não causal ou abstrato: não há causa preestabelecida para sua emissão, podendo ser criado por qualquer motivo. Ex.: cheque, letra de câmbio, nota promissória.
Quanto à circulação	**Ao portador:** são transmissíveis por mera tradição, uma vez que neles não há identificação expressa do credor.
	Nominais: há identificação do credor e depende da prática de um ato formal para que se dê a transferência da titularidade do crédito. Nos títulos nominais com **cláusula "à ordem"**, o ato formal é o **endosso.** Nos títulos nominais com **cláusula "não à ordem"**, o ato formal é a **cessão civil.**
Quanto à circulação	**Nominativos:** são aqueles emitidos em favor de pessoa cujo nome conste no registro do emitente. Circulam através de documento de transferência ou registro em livro do emitente (art. 921, CC).

5. NOÇÕES SOBRE OS ATOS CAMBIÁRIOS

A seguir estão elencadas as noções básicas sobre os principais atos cambiários que envolvem os títulos de crédito. São eles: **1) saque; 2) aceite; 3) endosso; 4) aval e 5) protesto.**

5.1 Saque: quer dizer emissão do título de crédito.

Os títulos de créditos podem ser sacados (emitidos) incompletos e circularem incompletos. Os requisitos devem ser preenchidos antes da cobrança ou do protesto do título.

No Exame Unificado 2015.2 foi apresentado o seguinte caso hipotético: "Lauro emitiu uma nota promissória com vencimento a dia certo em favor da sociedade empresária W Corretora de Imóveis Ltda. Embora o título esteja assinado pelo emitente, nele não constam a data e o lugar de emissão. Há cláusula de juros remuneratórios, com fixação de taxa anual de 12%. Antes do vencimento, o título recebeu aval em branco prestado por Pedro, irmão de Lauro. **Sendo certo que os dados omitidos na nota promissória não foram preenchidos pela sociedade empresária antes da cobrança judicial**, assinale a afirmativa correta". Foi assinalada a seguinte alternativa: "O avalista em branco poderá alegar **vício de forma como exceção ao pagamento** perante a sociedade empresária".

Segundo entendimento predominante, a lei não proíbe a emissão de cambial indexada ou cláusula de correção monetária desde que o índice ou a atualização sejam de amplo conhecimento do comércio.

5.2 Aceite: é o ato cambial próprio dos títulos de crédito estruturados como ordem de pagamento por meio do qual o sacado concorda em pagar ao beneficiário o valor constante do título.

O sacado pode aceitar total ou parcialmente a ordem de pagamento dada pelo sacador.

? **QUESTÃO:** Quais são as espécies de aceite parcial? E suas consequências?

➥ ***RESPOSTA:*** *O aceite parcial pode ser: 1) Limitativo: aquele em que o sacado aceita apenas parte do valor do título; ou 2) Modificativo: aquele em que o sacado altera as condições de pagamento do título. O aceite parcial, assim como a recusa total do aceite, implica vencimento antecipado do título e a responsabilização do sacador na forma do saque. O possuidor deve protestar o título por falta de aceite para poder cobrá-lo dos coobrigados, a saber: sacador e avalista, endossantes e avalistas.*

? QUESTÃO: Em que consiste a cláusula não aceitável?

RESPOSTA: *É a cláusula estabelecida no título que veda o tomador a apresentar o título ao sacado para aceite. Ele somente poderá apresentar o título ao sacado no seu vencimento e, portanto, para pagamento, evitando, assim, o vencimento antecipado do título em razão de recusa do aceite, parcial ou total.*

5.3 Endosso: é o ato cambial por meio do qual se opera a transferência do crédito representado por um **título à ordem**. Por força do princípio da cartularidade, a transferência do crédito fica condicionada à tradição do título.

A **cláusula à ordem**, que **permite a circulação** da letra de câmbio, da nota promissória, do cheque e da duplicata **por meio do endosso**, é implícita. Por sua vez, a **cláusula não à ordem** deve estar expressa no título e, neste caso, a **transferência do título se dá por cessão civil.**

A propósito, o Exame da OAB 2018.1 apresentou questão sobre nota promissória com cláusula à ordem. Segue o enunciado: "Para realizar o pagamento de uma dívida contraída pelo sócio M. Paraguaçu em favor da sociedade Iguape, Cananeia & Cia Ltda., o primeiro emitiu uma nota promissória à vista, com cláusula à ordem no valor de R$ 50.000,00 (cinquenta mil reais). De acordo com essas informações e a respeito da cláusula à ordem, é correto afirmar que (...)." Resposta correta: "a cláusula implica a possibilidade de transferência do título por endosso, sendo o endossante responsável pelo pagamento, salvo cláusula sem garantia."

O Exame 2021.1 abordou novamente o tema da nota promissória emitida com cláusula à ordem apresentando a seguinte situação hipotética: "Bonfim emitiu nota promissória à ordem em favor de Normandia, com vencimento em 15 de março de 2020 e pagamento na cidade de Alto Alegre/RR. O título de crédito passou por três endossos antes de seu vencimento. O primeiro endosso foi em favor de Iracema, com proibição de novo endosso; o segundo endosso, sem garantia, se deu em favor de Moura; no terceiro e último endosso, o endossante indicou Cantá como endossatário. Vencido o título sem pagamento, o portador poderá promover a ação de cobrança em face de (...)." Resposta correta: "Bonfim, o emitente e obrigado principal, e do endossante e coobrigado Moura, observado o aponte tempestivo do título a protesto por falta de pagamento para o exercício do direito de ação em face do coobrigado"

Como visto, a cláusula à ordem permite a transferência do título por endosso. Como regra, o endossante é responsável pelo pagamento do título, salvo cláusula sem garantia no título.

Endosso não se confunde com cessão civil. As diferenças entre eles foram objeto de questionamento no Exame Unificado 2014.3. São elas:

EM RESUMO	
Endosso	**Cessão Civil**
• é ato unilateral, abstrato e formal;	• é contrato bilateral, podendo revestir-se de qualquer forma;
• não pode ser parcial, sob pena de ser considerado nulo;	• pode ser parcial;
• endossatário adquire direito próprio e autônomo;	• cessionário adquire o próprio direito do cedente;
• o endossante, em regra, responde tanto pela existência do crédito quanto pela solvência do devedor;	• o cedente, em regra, responde apenas pela existência do crédito e não pela solvência do devedor;
• o devedor não pode alegar como motivo exceções (defesas) oponíveis ao endossante;	• o devedor pode alegar como motivo exceções (defesas) oponíveis ao cedente;
• submete-se ao regime jurídico-cambial.	• submete-se ao regime jurídico civil.

MUITA ATENÇÃO! Fábio Ulhoa Coelho enumera duas hipóteses de **endossos com efeitos de cessão civil de crédito** (o endossante não responde, em regra, pela solvência do devedor e o endossatário não adquire obrigação autônoma), a saber: **1) endosso praticado após o protesto por falta de pagamento ou do transcurso do prazo legal para a extração desse protesto** (art. 20, LUG) e **2) endosso de letra de câmbio com cláusula "não à ordem"** (art. 11, LUG). (COELHO, 2010, p. 254)

E, ainda, importante destacar que, **enquanto o endosso parcial é nulo, o endosso condicional (subordinado a qualquer condição) é tido como não escrito, ineficaz.**

São **efeitos do endosso**: **1)** transferir a titularidade do crédito representado no título do endossante para o endossatário e **2)** vincular o endossante ao pagamento do título na qualidade de coobrigado.

? QUESTÃO: Em que consiste a cláusula sem garantia?

RESPOSTA: *É a cláusula prevista no título que permite ao endossante transferir a titularidade da letra sem se obrigar ao seu pagamento.*

Espécies de Endosso:

A em preto: é aquele que identifica o endossatário.

B em branco: é aquele que não identifica o endossatário, tornando o título ao portador.

C impróprio: não transfere a titularidade do crédito representado no documento, mas legitima a posse sobre o título exercida pelo seu detentor. Há 02 modalidades: **1) endosso-caução, endosso-pignoratício ou endosso-garantia:** transfere-se somente a posse do título para garantia de um negócio jurídico, incumbindo ao endossatário o dever de não negligenciar o direito daquele que lhe entregou o título em penhor e **2) endosso-mandato:** transfere-se tão somente a posse do título cambial, incumbindo ao endossatário à cobrança e recebimento do valor do título.

O endosso mandato foi alvo de questão no Exame da OAB 2019.1 com a seguinte situação hipotética: "Filadélfia emitiu nota promissória à vista em favor de Palmas. Antes da apresentação a pagamento, Palmas realizou endosso-mandato da cártula para Sampaio." Resposta: De posse do título, Sampaio somente poderá transferir a nota promissória, por meio de novo endosso, na condição de procurador da endossante, conforme estabelecido expressamente no §1º do art. 917 do CC.

D póstumo ou tardio: é aquele posterior ao protesto por falta de pagamento ou ao decurso do seu prazo e gera os efeitos de uma cessão civil de crédito.

A propósito, o Exame da OAB de julho de 2017 apresentou o seguinte caso hipotético: "Pedrinho emitiu quatro cheques em 26 de março de 2017, mas esqueceu de depositar um deles. Tendo um débito a honrar com Kennedy e sendo beneficiário desse quarto cheque, Pedrinho o endossou em preto, datando no verso "dia 20 de maio de 2017". Sabe-se que o lugar de emissão do quarto cheque é o mesmo do de pagamento" A alternativa assinalada como correta foi: "O endosso do cheque tem efeito de cessão de crédito por ter sido realizado após o decurso do prazo de apresentação".

No caso em questão deve-se observar que se trata de cheque emitido na praça de pagamento (lugar de emissão do cheque é o mesmo do de pagamento) e por essa razão deveria ter sido **apresentado ao sacado para pagamento nos 30 dias seguintes ao da emissão, isto é, até 25 de abril. Tendo em vista que o endosso foi feito após** o decurso do prazo de apresentação, isto é, em 20 de maio, é denominado de endosso póstumo ou tardio e gera os efeitos de uma cessão civil de crédito.

5.4 Aval: é o ato cambial por meio do qual uma determinada pessoa, o avalista, garante o pagamento do valor mencionado no título, seja em favor do devedor principal ou de um coobrigado. O avalista assume as mesmas responsabilidades do avalizado, sem benefício de ordem. A responsabilidade é solidária.

Segundo questão extraída do Exame Unificado 2012.2, "a obrigação do avalista se mantém, mesmo no caso de a obrigação que ele garantiu ser nula, exceto se essa nulidade for decorrente de vício de forma", nos termos do que dispõe a segunda alínea do art. 32 da Lei Uniforme de Genebra (Decreto 57.663/66).

Espécies de Aval:	
a) em preto	é aquele que identifica o avalizado.
b) em branco	é aquele que não identifica o avalizado. A lei presume que ele foi dado a favor do sacador. A propósito, no Exame Unificado de fevereiro de 2011, foi formulada a seguinte questão sobre o aval em branco: "Em relação aos Títulos de Crédito, é correto afirmar que, quando (...) **firmado em branco, o aval na nota promissória é entendido como dado em favor do sacador**". No Exame da OAB de novembro de 2017 o aval em branco foi novamente objeto de questão. A situação hipotética foi a seguinte: "Um cliente apresenta a você um cheque nominal à ordem com as assinaturas do emitente no anverso e do endossante no verso. No verso da cártula, também consta uma terceira assinatura, identificada apenas como aval pelo signatário". A alternativa assinalada como correta foi a seguinte: "O aval dado no título foi na modalidade em branco, sendo avalizado o emitente".
c) antecipado	é aquele prestado pelo avalista antes da data do aceite do título. Ainda que o avalizado recuse-o aceite, por força do princípio da autonomia das obrigações cambiais, o avalista responde na medida em que se obrigou pelo valor do título.
d) póstumo	é aquele prestado pelo avalista após o vencimento do título. O aval posterior ao vencimento produz os mesmos efeitos do anteriormente dado (art. 900, CC). O Exame da OAB 2018.2 apresentou a seguinte situação hipotética sobre o aval póstumo: "Três Coroas Comércio de Artigos Eletrônicos Ltda. subscreveu nota promissória em favor do Banco Dois Irmãos S.A. com vencimento a dia certo. Após o vencimento, foi aceita uma proposta de moratória feita pelo devedor por 120 (cento e vinte) dias, sem alteração da data de vencimento indicada no título. O beneficiário exigiu dois avalistas simultâneos, e o devedor apresentou Montenegro e Bento, que firmaram avais em preto no título. Sobre esses avais e a responsabilidade dos avalistas simultâneos, assinale a afirmativa correta". Resposta correta: "O aval póstumo produz os mesmos efeitos do anteriormente dado, respondendo os avalistas solidariamente e autonomamente perante o portador."
e) simultâneo	mais de um avalista garante a obrigação de pagar do avalizado e respondem solidariamente.
f) sucessivo	uma pessoa avaliza a obrigação de pagar de outra e tem sua própria obrigação de pagar avalizada. O Exame 2021.2 apresentou a seguinte situação hipotética sobre avais sucessivos: "Antenor subscreveu nota promissória no valor de R$ 12.000,00 (doze mil reais) pagável em 16 de

Espécies de Aval:	
f) sucessivo	setembro de 2021. A obrigação do subscritor foi avalizada por Belizário, que tem como avalista Miguel, e esse tem, como avalista, Antônio. Após o vencimento, caso o avalista Miguel venha a pagar o valor da nota promissória ao credor, assinale a opção que indica a(s) pessoa(s) que poderá(ão) ser demandada(s) em ação de regresso". Resposta correta: "Antenor e Belizário, podendo Miguel cobrar de ambos o valor integral do título." Tratando-se de avais sucessivos, Antenor e Belizário podem ser cobrados por Miguel – que é avalista do avalista – de forma que o pagamento efetuado por Miguel não desonera Belizário.

FIQUE POR DENTRO:

A Terceira Turma do STJ modificou seu entendimento, alinhando-se à Quarta Turma, ao sustentar que o aval dado aos títulos de créditos nominados (típicos) prescinde de outorga uxória ou marital, não obstante a literalidade dos artigos 1.647, inciso II e 1.649 do Código Civil levar ao entendimento no sentido da nulidade do aval prestado sem a devida outorga conjugal.

Segundo o STJ: "(...).a submissão da validade do aval à outorga do cônjuge do avalista compromete, sobremaneira, a garantia que decorre do instituto, enfraquecendo os próprios títulos de crédito, tão aptos à circulação em face de sua tranquila aceitação no mercado, tranquilidade essa a decorrer das garantias que dimanam de suas características e dos institutos cambiários que os 197 coadjuvam, como o aval. Assim, a interpretação do art. 1647, inciso III, do CCB que mais se concilia com o instituto cambiário do aval e, pois, às peculiaridades dos títulos de crédito é aquela em que as disposições contidas no referido dispositivo hão de se aplicar aos avais prestados nos títulos de crédito regidos pelo próprio Código Civil (atípicos), não se aplicando aos títulos de crédito nominados (típicos) regrados pelas leis especiais, que, atentas às características do direito cambiário, não preveem semelhante disposição, pelo contrário, estabelecem a sua independência e autonomia em relação aos negócios subjacentes. Por fim, salienta-se que a presente modificação de entendimento resulta na pacificação do tema perante a Terceira e Quarta Turmas do Superior Tribunal de Justiça" (REsp 1.526.560-MG, DJe 16/5/2017 – Informativo 604).

Embora aval e fiança correspondam à garantia pessoal, ambos não se confundem. Eis as diferenças enumeradas por Victor Eduardo Rios Gonçalves (GONÇALVES, 2010, p.22):

EM RESUMO	
Aval	**Fiança**
a) garantia cambial;	a) garantia civil;
b) a obrigação do avalista é autônoma em relação à do avalizado, de modo que o avalista não tem o benefício de ordem;	b) a obrigação do fiador é acessória em relação à do afiançado, de modo que o fiador tem o benefício de ordem, só podendo ser cobrado em segundo lugar;
c) o aval deve ser lançado no título;	c) a fiança pode ser aposta no próprio contrato ou em instrumento apartado;
d) em razão do princípio da autonomia, o aval não admite a alegação de exceções pessoais do avalizado.	d) admite a alegação de exceções pessoais do afiançado.

Ressalte-se que o art. 1647, inciso III, do CC estabelece que um cônjuge não pode prestar aval ou fiança sem autorização do outro, exceto se forem casados no regime de separação absoluta de bens.

5.5 Protesto: é o ato formal e solene pelo qual se prova a inadimplência e o descumprimento de obrigação originada em títulos e outros documentos de dívida.

O protesto é necessário para o exercício do direito de crédito em face dos coobrigados e endossantes e facultativo para o exercício do direito de crédito em face de devedor principal e seu avalista. Há uma **exceção**: quando for estabelecida no título a **'cláusula sem despesas'**, o protesto é dispensado para o exercício do direito de crédito contra qualquer devedor do título. **Transforma o protesto obrigatório em facultativo.**

Ônus do cancelamento do protesto: "(...) conforme entendimento consolidado no STJ, no tocante ao cancelamento do protesto regularmente efetuado, não obstante o art. 26 da Lei de Protestos faça referência a 'qualquer interessado', a melhor interpretação é a de que este é o devedor, de modo a pesar, ordinariamente, sobre sua pessoa o ônus do cancelamento. (...) não está a se dizer que não possam as partes pactuar que o cancelamento do protesto incumbirá ao credor (que passará a ter essa obrigação, não por decorrência da lei de regência, mas contratual)." (REsp 1.339.436-SP, DJ 10/09/2014 – Informativo 549)

O **protesto interrompe a prescrição** da ação cambiária (CC, art. 202, III).

São **modalidades de protesto**:

A Protesto por falta de aceite: quando ocorrer a recusa do aceite pelo sacado. Neste caso, o protestado é o sacador e não o sacado que recusou o título.

B Protesto por falta de data do aceite: se dá em relação aos títulos de crédito a certo termo de vista nos quais não conste a data em que ocorreu o aceite. O protesto é para determinar o termo inicial. Neste caso o protestado é o aceitante;

C Protesto por falta de pagamento: incumbe ao tomador levar o título a protesto por falta de pagamento para ver assegurado os seus direitos. Neste caso o protestado é o aceitante.

6. PRINCIPAIS TÍTULOS DE CRÉDITO

Os **títulos de créditos típicos ou nominados** mais estudados são: **1) letra de câmbio; 2) nota promissória; 3) cheque e 4) duplicata.** A seguir estão as principais características de cada um deles.

6.1 Letra de Câmbio (Decreto 57.663/66 e Decreto-Lei 2.044/1908): ordem de pagamento dada pelo **sacador ou emitente** ao **sacado** para que efetue o pagamento do valor constante no título ao **tomador ou beneficiário, à vista ou a prazo.**

Sobre a letra de câmbio importa saber que:

A É transferível mediante endosso, é completada pelo aceite e garantida pelo aval;

B O aceite torna o sacado devedor direto do título;

C Embora o aceitante seja o devedor principal, o sacador é garante tanto da aceitação como do pagamento de letra, sendo, portanto, um coobrigado desde a emissão do título. Lembre-se, no entanto, que o sacador é o devedor principal na falta do aceite.

D O aceite é facultativo, mas irretratável;

E O endossante, salvo cláusula em contrário, é garante tanto da aceitação como do pagamento da letra. O endossante pode proibir um novo endosso, e, neste caso, não garante o pagamento às pessoas a quem a letra for posteriormente endossada (art. 15, LUG).

A propósito, o Exame da OAB – julho/2016 apresentou a seguinte situação hipotética: "Cícero sacou uma letra de câmbio em favor de Amélia, tendo designado como sacado Elísio, que acatou a ordem de pagamento. A primeira endossante realizou um endosso em preto para Dario, com proibição de novo endosso". Diante do efeito legal da cláusula de proibição de novo endosso, a alternativa assinalada como correta foi a seguinte: "Amélia, embora coobrigada, não responde pelo pagamento da letra de câmbio perante os endossatários posteriores a Dario".

F Admite os seguintes protestos: 1) por falta de aceite; 2) por falta de data de aceite; 3) por falta de pagamento. O protesto por falta de aceite deve ser feito nos prazos fixados para a apresentação ao aceite e o protesto por falta de pagamento deve ser feito nos 02 dias úteis seguintes à data do vencimento;

G O protesto é obrigatório perante o sacador, endossantes e avalistas. É facultativo perante o aceitante e respectivo avalista;

H A letra pode ser sacada: 1) à vista: cujo vencimento se dá com a apresentação do título ao sacado, que poderá ser feita dentro do prazo de 01 ano, a contar da emissão; 2) a dia certo: cujo vencimento se dá em dia predeterminado pelo calendário; 3) a um certo termo de data: cujo vencimento se dá após decorrido o período de tempo em que a contagem se inicia na data do saque e 4) a um certo termo de vista: cujo vencimento se dá após decorrido período de tempo em que a contagem se inicia na data do aceite.

O ajuizamento da ação cambial deve observar os seguintes prazos prescricionais:

3 anos	a contar do vencimento, se em face do aceitante e seu avalista
1 ano	a contar da data do protesto, se em face dos coobrigados, a saber: sacador, endossantes e avalistas
6 meses	a contar do pagamento, para o exercício do direito de regresso por qualquer dos coobrigados

6.2 Nota Promissória (Decreto 57.663/66 e Decreto-Lei 2.044/1908): é uma **promessa de pagamento do valor representado no título** feita pelo **emitente ou sacador** ao **tomador,** que é o beneficiário do título.

Sobre a nota promissória importa saber que:

A Aplicam-se às notas promissórias todas as regras referentes às letras de câmbio, exceto naquilo que for incompatível com sua natureza de promessa de pagamento;

B Estendem-se às notas promissórias as considerações feitas para letra de câmbio no que diz respeito a endosso, aval, vencimento, pagamento e protesto. Não se cogita de aceite nem de sacado;

C Admite apenas o protesto por falta de pagamento, que deve ser feito nos 02 dias úteis seguintes à data do vencimento;

D O protesto é **obrigatório** perante os **endossantes e respectivos avalistas.** É **facultativo** perante **o emitente (devedor principal) e respectivo avalista**.

E Pode conter os seguintes vencimentos: 1) à vista; 2) a dia certo e 3) a tempo certo da data e 4) a tempo certo da vista, caso que o título deve ser levado ao visto do subscritor no prazo de um ano a contar do saque da nota, sendo a data deste visto o termo *a quo* do lapso temporal de vencimento (art. 78 LUG).

Para o STJ, "diante da divergência entre as expressões numérica e por extenso da data de vencimento de nota promissória, deve-se presumir que a efetiva vontade do emitente das notas era a de que o vencimento se desse após a emissão, prevalecendo, assim, a segunda e mais futura data de vencimento." Isso porque "A nota promissória é um título de crédito próprio, e, como tal, se propõe à concessão de um prazo para o pagamento, distinto da data da emissão da cártula, de forma que não faz sentido a emissão de uma nota promissória com data de vencimento coincidente com a data de emissão" (REsp 1.730.682-SP, DJe 11/05/2020, Informativo n. 671).

O ajuizamento da ação cambial deve observar os seguintes prazos prescricionais:

3 anos	a contar do vencimento, do portador em face do emitente e seu avalista
1 ano	a contar da data do protesto ou da data do vencimento (cláusula sem despesa), se em face dos coobrigados dos endossantes e avalistas
6 meses	a contar do pagamento, para o exercício do direito de regresso por qualquer dos coobrigados

FIQUE POR DENTRO: Súmula 504 do STJ: "O prazo para ajuizamento de ação monitória em face do emitente de nota promissória sem força executiva é quinquenal, a contar do dia seguinte ao vencimento do título".

6.3 Cheque (Lei 7357/85): ordem de pagamento à vista dada pelo **sacador ou emitente** contra o **sacado,** que é sempre um banco, com base em suficiente provisão de fundos, **em favor próprio ou de terceiros.**

Sobre o cheque importa saber que:

A Não admite o aceite, mas admite o aval total ou parcial. Pode ser emitido como ao portador (valor não superior a R$100,00 e circula por simples tradição), com cláusula à ordem (circula por endosso) ou cláusula não à ordem (circula por cessão civil).

B O banco não é garante do pagamento do cheque, de modo que só paga o título se o sacador tiver fundos junto a ele. **Também não endossa nem avaliza o título**. A propósito, foi formulada a seguinte questão no Exame Unificado da OAB de 2010: "Acerca da disciplina normativa do cheque, assinale a opção correta. (...) **A lei veda ao banco sacado a prestação de aval para garantir o pagamento do cheque**".

C Prazo para apresentação do cheque ao banco para liquidação e pagamento: se coincidente o **município do local do saque e o da agência pagadora**, o cheque é denominado da **'mesma praça'** e deve ser apresentado ao sacado para pagamento nos **30 dias** seguintes ao da emissão. Se não houver tal coincidência, o cheque é denominado de **'praças diferentes'**, alargando-se o prazo para apresentação, que será de **60 dias.**

D A inobservância do prazo de apresentação do cheque implica em: **1) perda do direito de crédito** em face dos **coobrigados (endossantes e avalistas)** e **2) perda do direito de crédito** em face do **sacador e seus avalistas** se, durante o prazo de apresentação havia fundos e, após esse prazo, deixaram de existir por fato que independa da vontade do emitente.

E Admite apenas o protesto por falta de pagamento, que deve ser feito durante o prazo de apresentação do cheque.

A propósito, o Exame Unificado 2013.2 apresentou uma questão propensa a induzir a erro o candidato. Diz o enunciado: "Um cheque no valor de R$ 3.000,00 (três mil reais) foi sacado em 15 de agosto de 2012, na praça de Santana, Estado do Amapá, para pagamento no mesmo local de emissão. Dez dias após o saque, o beneficiário endossou o título para Ferreira Gomes. Este, no mesmo dia, apresentou o cheque ao sacado para pagamento, mas houve devolução ao apresentante por insuficiência de fundos, **mediante declaração do sacado no verso do cheque.** Com base nas informações contidas no enunciado e nas disposições da Lei nº 7.357/85 (Lei do Cheque), assinale a afirmativa **incorreta:** A) O apresentante, diante da devolução do cheque, deverá levar o título a protesto por falta de pagamento, requisito essencial à propositura da ação executiva em face do endossante". **Esta é a assertiva incorreta a ser assinalada.**

Explicação: Para que se vincule o endossante à responsabilidade solidária decorrente da cadeia de endosso é indispensável o protesto do título. Isso vale para a letra de câmbio, nota promissória e duplicata. Com o cheque é diferente em razão do que dispõe o **art. 47, inciso II, da Lei do Cheque**, que, além do protesto por falta de pagamento, excepcionalmente, admite o ajuizamento da ação cambial pelo portador em face dos endossantes e avalista independentemente de protesto se o cheque, apresentado em tempo hábil, tem seu **pagamento recusado por declaração do sacado, escrita e datada sobre o cheque,** com indicação do dia de apresentação, **ou, ainda, por declaração escrita e datada por câmara de compensação.** Este foi o ponto objeto da questão.

F Cheque pós-datado: embora a pós-datação não produza efeitos perante o banco sacado, já que o cheque é ordem de pagamento à vista e o acordo de prazo mínimo para apresentação do cheque à liquidação se dá entre o emitente e o credor, este, se descumprir tal obrigação contratual, poderá ser responsabilizado ao pagamento de indenização por danos materiais e morais **(súmula 370 do STJ).**

A Súmula 370 do STJ cuja redação é no sentido de que a apresentação antecipada de cheque pré-datado caracteriza dano moral foi alvo de questão no Exame da OAB 2019.1.

"A pós-datação de cheque não modifica o prazo de apresentação nem o prazo de prescrição do título. Isso porque conferir eficácia à referida pactuação extracartular

DIREITO EMPRESARIAL

em relação aos prazos de apresentação e de prescrição descaracterizaria o cheque como ordem de pagamento à vista. Além disso, configuraria infringência ao disposto no art. 192 do CC, de acordo com o qual os prazos de prescrição não podem ser alterados por acordo das partes(...).". (REsp 1.124.709-TO, DJ 18/6/2013 – Informativo 528).

Modalidades de Cheque		
	cheque visado	é aquele que, a pedido do emitente ou do portador legitimado, o banco sacado atesta a existência de fundos suficientes para a liquidação. O sacado deve reservar, da conta corrente do sacador, quantia equivalente ao valor do cheque, durante o prazo de apresentação. Essa modalidade é admitida somente em cheque nominal ainda não endossado.
	cheque administrativo	é aquele emitido pelo banco contra si mesmo, de modo que sacador e sacado se identificam. Somente pode ser emitido sob a forma nominal.
	cheque cruzado	é aquele que possibilita a identificação da pessoa em favor de quem o cheque foi liquidado. Possui dois traços paralelos e transversais no anverso do título. Se entre as linhas paralelas houver indicação de determinado banco, fala-se em **cruzamento em preto ou especial**. Em não havendo qualquer indicação, fala-se em **cruzamento em branco ou geral**.
	cheque cruzado	A propósito, no Exame Unificado 2015.3 foi apresentada a seguinte situação hipotética: "Feijó recebeu de Moura um cheque com cruzamento especial no valor de R$ 2.300,00 (dois mil e trezentos reais". Resposta correta: "O cruzamento especial não pode ser convertido em geral e a inutilização do cruzamento ou a do nome do banco é reputada como não existente".
	cheque para se levar em conta	é aquele que não pode ser pago em dinheiro, devendo seu valor ser creditado na conta do beneficiário. Deve constar no anverso do título, na transversal, a cláusula 'para ser creditado em conta'.

São duas as modalidades de sustação do cheque:

A Revogação ou contraordem: objetiva desconstituir a ordem contida no cheque, razão pela qual se trata de ato exclusivo do emitente, praticado por aviso epistolar, ou por via judicial ou extrajudicial, com as razões motivadoras do ato. Somente produz efeitos depois de expirado o prazo de apresentação, desde que antes do prazo prescricional;

B Oposição: objetiva evitar que a ordem seja cumprida em favor de quem não é seu legítimo beneficiário. Pode ser de iniciativa do emitente e do portador legitimado, mediante aviso escrito, desde que fundado em razão relevante (furto, roubo, extravio, falência do credor). Produz efeitos mesmo durante o prazo de apresentação e desde que anterior à liquidação do título.

A propósito, foi apresentada a seguinte situação no Exame Unificado 2013.1: "Laurentino recebeu um cheque nominal sacado na praça de "Z" no valor de R$ 20.000,00 (vinte mil reais) e pagável na praça de "A". Vinte dias após a emissão e antes da apresentação ao sacado foram furtados vários documentos da residência do tomador, dentre eles o referido cheque. Com base nestas informações, assinale a afirmativa correta", qual seja: "A medida extrajudicial cabível para impedir o pagamento do cheque pelo sacado é a sustação ou oposição, que está fundada em relevante razão de direito".

O ajuizamento da ação cambial deve observar os seguintes prazos prescricionais:

A 06 meses, a contar do prazo de apresentação, do portador contra o sacador, endossantes e avalistas;

B 06 meses, a contar do dia em que pagou o cheque ou do dia em que foi demandado, de um obrigado ao pagamento do cheque em face do outro;

FIQUE POR DENTRO:

Súmula 503 do STJ: "O prazo para ajuizamento de ação monitória em face do emitente de cheque sem força executiva é quinquenal, a contar do dia seguinte à emissão estampada na cártula".

Súmula 531 do STJ: "Em ação monitória fundada em cheque prescrito ajuizada contra o emitente, é dispensável a menção ao negócio jurídico subjacente à emissão da cártula".

6.4 Duplicata (Lei 5.474/1968): ordem de pagamento emitida pelo credor com o objetivo de documentar o crédito oriundo de prestação de serviço ou compra e venda mercantil. Nas lições de Victor Eduardo Rios Gonçalves, "o sacador (vendedor ou prestador de serviço) dá uma ordem de pagamento baseado na fatura (relação de mercadorias ou serviços) para que o sacado pague a quantia ao beneficiário". (GONÇALVES, 2010, p.93)

O STJ esclarece que: "na duplicata o beneficiário da ordem de pagamento é o próprio sacador/emitente, que também é o vendedor da mercadoria ou prestador do serviço que serve de causa ao nascimento desse título de crédito. Ademais, mesmo que a assinatura seja, em tese, essencial e suficiente para o nascimento do título de crédito, por consistir na representação material da declaração unilateral de vontade criadora do título, deve-se observar que a função da assinatura do emitente é a de garantir a sua responsabilização perante terceiros, o que somente ocorre de maneira eventual, na hipótese de circulação do título de crédito." Nesse contexto, o STJ conclui que a assinatura do sacador/emitente da duplicata é requisito que pode ser suprido por outro meio, sobretudo quando não ocorre sua circulação (REsp 1.790.004-PR, DJE 19/10/2020, Informativo n. 681)

Sobre a duplicata importa saber que:

A **Causalidade da duplicata: 1)** compra e venda mercantil e **2)** prestação de serviços;

B A **emissão de duplicata sem causa configura crime** previsto no art. 172 do CP (duplicata simulada);

C A emissão da duplicata é facultativa. Mas, se emitida, deve ser escriturada no Livro de Registro de Duplicatas (obrigatório);

D É necessariamente emitida a partir de uma fatura;

"Todavia, apesar de a duplicata só poder espelhar uma fatura, esta pode corresponder à soma de diversas notas parciais. A nota parcial é o documento representativo de uma venda parcial ou de venda realizada dentro do lapso de um mês, que poderá ser agrupada a outras vendas efetivadas nesse período pelo mesmo comprador" (REsp 1.356.541-MG, DJ 13/4/2016 -Informativo n. 581).

MUITA ATENÇÃO!

O STJ, no julgamento acima indicado, esclarece que: "A nota fiscal é o documento comprobatório da realização de um negócio jurídico sujeito à fiscalização tributária relativo a bens móveis ou semoventes. Assim, faz prova da entrada e saída de mercadorias de estabelecimentos empresariais, acompanhando a sua entrega aos destinatários. A fatura, por outro lado, consiste em nota representativa de contratos de compra e venda mercantis ou de prestação de serviços, devendo haver, entre outras identificações, a discriminação das mercadorias vendidas e dos preços negociados e a menção à natureza dos serviços prestados. Pode, ainda, conter somente a indicação dos números e valores das notas parciais expedidas por ocasião das vendas, despachos ou entregas das mercadorias (arts. 1º, caput e § 1º, e 20 da Lei n. 5.474/1968). Nas vendas a prazo, ou seja, naquelas cujo pagamento é feito após 30 (trinta) dias, a extração da fatura é obrigatória, sendo o termo inicial do prazo a data da entrega ou do despacho das mercadorias. Já a duplicata é de extração facultativa, podendo ser materializada no ato da emissão da fatura, constituindo o título de crédito genuíno para documentar o saque do vendedor pela importância faturada ao comprador (art. 2º da Lei n. 5.474/1968) (...)".

Ainda sobre o tema da fatura na duplicata, o STJ ressalta que, conforme estabelecido no inciso II, §1º, art. 2º, da Lei das Duplicatas, a data da fatura é requisito legal da duplicata. E prossegue: "com efeito, a incorreção no preenchimento desse campo específico no título de crédito torna-o inválido e inexigível no que se refere, especialmente, ao atributo da executoriedade, disposto no art. 15 da Lei das Duplicatas, visto que ferido o princípio da literalidade" (REsp 1.601.552-PE, DJe 08/11/2019, Informativo n. 660).

E É transmissível por endosso e garantida por aval;

A propósito, no Exame da OAB – novembro/2016 foi apresentada a seguinte situação hipotética sobre duplicata garantida por aval: "Humaitá Comércio e Distribuição de Defensivos Agrícolas Ltda. sacou 4 (quatro) duplicatas de compra e venda em face de Cooperativa dos Produtores Rurais de Coari Ltda., em razão da venda de insumos para as plantações dos cooperados." A resposta correta foi a seguinte: "Sendo o pagamento das duplicatas garantido por aval, o avalista é equiparado àquele cujo nome indicar; na falta da indicação, àquele abaixo de cuja firma lançar a sua; fora desses casos, ao sacado", nos termos do que dispõe o art. 12 da Lei das Duplicatas.

F Pode conter os seguintes **vencimentos: 1) à vista e 2) a dia certo.**

G A remessa de duplicata poderá ser feita diretamente pelo vendedor ou por seus representantes, por intermédio de instituições financeiras, procuradores ou correspondentes que se incumbam de apresentá-la ao comprador na praça ou no lugar de seu estabelecimento. A propósito, no Exame Unificado 2012.4, considerou-se correta a seguinte alternativa: "A duplicata pode ser apresentada para aceite do sacado pelo próprio sacador ou por instituição financeira".

H O prazo para remessa da duplicata será de **30 dias**, contado da data de sua emissão. A duplicata, **quando não for à vista, deverá ser devolvida pelo comprador ao apresentante dentro do prazo de 10 dias**, contado da data de sua apresentação, devidamente assinada ou acompanhada de declaração, por escrito, contendo as razões da falta do aceite.

6.4.1 Aceite: é obrigatório, não podendo ser recusado por simples vontade do sacado, mas tão somente diante de hipótese legalmente previstas, a saber: **1) avaria ou não recebimento das mercadorias**, quando não expedidas ou não entregues por sua conta e risco; **2) vícios, defeitos e diferenças na qualidade ou quantidade das mercadorias**, devidamente comprovados e **3) divergência nos prazos ou nos preços ajustados.**

O STJ esclarece que "o **aceite promovido na duplicata mercantil** corresponde ao reconhecimento, pelo sacado (comprador), da legitimidade do ato de saque feito pelo sacador (vendedor), a desvincular o título do componente causal de sua emissão (compra e venda mercantil a prazo). Após o aceite, não é permitido ao sacado reclamar de vícios do negócio causal realizado, sobretudo porque os princípios da abstração e da autonomia passam a reger as relações, doravante cambiárias. Assim, na duplicata, quando o sacado promover o aceite no título, a dívida, que era somente obrigacional, passará também a ser cambiária, permitindo o acesso à via executiva, na medida em que nascerá um legítimo título executivo extrajudicial (...). Cumpre ressaltar, ademais, que mesmo as **duplicatas sem aceite** podem possuir força executiva se protestadas e acompanhadas dos comprovantes de entrega de mercadorias, em não havendo recusa do aceite pelo sacado (...)" (REsp 1.334.464-RS, DJ 28/3/2016 - Informativo n. 580).

Ainda nesse julgamento, o STJ reforça a aplicação do art. 25 da LUG no qual o aceite é escrito na própria letra, de modo que o **aceite lançado em separado** da duplicata mercantil **não imprime eficácia cambiária ao título.**

6.4.2 Modalidades de aceite: 1) ordinário: resulta da assinatura do devedor na própria duplicata; **2) por comunicação:** se dá a retenção do título pelo devedor e o envio de comunicação escrita ao credor transmitindo o seu aceite e **3) por presunção:** resulta do recebimento da mercadoria, sem que tenha havido recusa formal, com ou sem devolução do título.

MUITA ATENÇÃO!

A formação do título executivo a partir de uma duplicata depende da modalidade de aceite:

1) aceite ordinário: o título executivo se consubstancia na própria duplicata;

2) aceite por comunicação: o título executivo se consubstancia na própria comunicação do aceite; e

3) aceite por presunção: o título executivo depende de dois fatores para sua formação: protesto e comprovante da entrega das mercadorias.

6.4.3 Protesto: a duplicata pode ser protestada por **1) falta de aceite, 2) de devolução do título ou 3) falta de pagamento.**

O **prazo para protesto é de 30 dias** seguintes ao vencimento da duplicata. O **protesto** é **obrigatório** perante o **sacado e seus avalistas.** É **facultativo** perante **os endossantes e respectivos avalistas.**

A propósito, o Exame da OAB 2018.3 apresentou o seguinte caso hipotético: "Resende & Piraí Ltda. sacou duplicata de serviço em face de Italva Louças e Metais S/A, que a aceitou. Antes do vencimento, o título foi endossado para Walter. Há um aval em preto no título dado por Casimiro Cantagalo em favor do sacador. Após o vencimento, ocorrido em 11 de setembro de 2018, a duplicata foi levada a protesto por falta de pagamento, em 28 de setembro do mesmo ano. Com base nas informações dadas, assinale a opção que indica contra quem Walter, endossatário da duplicata, poderá promover a ação de execução." A afirmativa assinalada como correta foi a seguinte: "Resende & Piraí Ltda., Italva Louças e Metais S/A e Casimiro Cantagalo, pois a duplicata foi apresentada a protesto tempestivamente, assegurando o portador seu direito de ação em face dos coobrigados e do aceitante."

O tema protesto de duplicata por falta de pagamento também foi objeto de questionamento no Exame 2021.2 com a seguinte situação hipotética: "Socorro, empresária individual, sacou duplicata de venda na forma cartular, em face de Laticínios Aguaí Ltda. com vencimento para o dia 11 de setembro de 2020. Antes do vencimento, no dia 31 de agosto de 2020, a duplicata, já aceita, foi endossada para a sociedade Bariri & Piraju Ltda. Considerando-se que, no dia 9 de outubro de 2020, a duplicata foi apresentada ao tabelionato de protestos para ser protestada por falta de pagamento, é correto afirmar que o endossatário." Resposta correta: "poderá promover a execução da duplicata em face do aceitante e do endossante, pelo fato de o título ter sido apresentado a protesto em tempo hábil e por ser o aceitante o obrigado principal", conforme se extrai do §4º, art. 13, Lei nº 5.474/68.

? **QUESTÃO:** Quando se dá o protesto por indicações (Exame Unificado 2014.2)?

➥ ***RESPOSTA:*** *Quando há retenção da duplicata pelo comprador, isto é, quando o sacado retiver a duplicata enviada para aceite e não proceder à devolução dentro do prazo legal. Neste caso, para efetivação do protesto, o credor, valendo-se das informações do Livro de Registro de Duplicatas, informa o cartório os elementos que identificam o título.*

Ressalta-se que a doutrina tem destacado que a prática comercial tem preferido, nessas hipóteses, a emissão de triplicata, a despeito do art. 23 da Lei de Duplicatas autorizar o saque da triplicata apenas para as hipóteses de perda ou extravio da duplicata.

Uma vez protestado o título, o portador pode acionar o sacado mesmo sem aceite. Deve juntar para tanto o comprovante da entrega da mercadoria ou efetiva prestação do serviço.

Prescreve a pretensão à execução da duplicata em:

3 anos	a contar do vencimento, em face do sacado e seu avalista
1 ano	a contar do protesto, em face dos endossantes e seus avalistas Para o STJ "não é possível nova interrupção do prazo prescricional em razão do ajuizamento de ação declaratória de inexigibilidade dos débitos pelo devedor quando já tiver havido anterior interrupção do prazo prescricional pelo protesto das duplicatas." (REsp 1.963.067-MS – DJe 24/02/2022 – (Informativo n. 727)
1 ano	a partir do pagamento, o exercício do direito de regresso em face de qualquer coobrigado

6.5 Duplicata Eletrônica (Lei 13.775/2018): a Lei 13.775/2018 dispôs sobre a emissão de duplicata sob a forma escritural ou eletrônica, isto é, aquela que não existe fisicamente.

Sobre a duplicata eletrônica importa saber:

A A duplicata de que trata a Lei nº 5.474/1968 pode ser emitida sob a forma escritural, para circulação como efeito comercial, mediante lançamento em sistema eletrônico de escrituração gerido por quaisquer das entidades que exerçam a atividade de escrituração de duplicatas escriturais;

B As entidades deverão ser autorizadas por órgão ou entidade da administração federal direta ou indireta a exercer a atividade de escrituração de duplicatas;

C A escrituração feita por Central Nacional de Registro de Títulos e Documentos caberá ao oficial de registro do domicílio do emissor da duplicata. Se o oficial de registro não estiver integrado ao sistema central, a competência será transferida para a Capital da respectiva entidade federativa.

D Deverá ocorrer no sistema eletrônico, relativamente à duplicata emitida sob a forma escritural, a escrituração, no mínimo, dos seguintes aspectos: I- apresentação, aceite, devolução e formalização da prova do pagamento; II- controle e transferência da titularidade; III- prática de atos cambiais sob a forma escritural, tais como endosso e aval; IV- inclusão de indicações, informações ou de declarações referentes à operação com base na qual a duplicata foi emitida ou ao próprio título; e V- inclusão de informações a respeito de ônus e gravames constituídos sobre as duplicatas;

E O sistema eletrônico de escrituração disporá de mecanismos que permitam ao sacador e ao sacado comprovarem, por quaisquer meios de prova admitidos em direito, a entrega e o recebimento das mercadorias ou a prestação do serviço, devendo a apresentação das provas ser efetuada em meio eletrônico;

F Os endossantes e avalistas indicados pelo apresentante ou credor como garantidores do cumprimento da obrigação constarão dos extratos do registro eletrônico da duplicata;

G A prova de pagamento deverá ser informada no sistema eletrônico de escrituração, com referência expressa à duplicata amortizada ou liquidada;

H Os gestores dos sistemas eletrônicos de escrituração expedirão, a pedido de qualquer solicitante, extrato do registro eletrônico da duplicata;

I A duplicata emitida sob a forma escritural e o extrato são títulos executivos extrajudiciais, devendo-se observar, para sua cobrança judicial, o disposto no art. 15 da Lei da Duplicata;

J Os lançamentos no sistema eletrônico substituem o Livro de Registro de Duplicatas, previsto no art. 19 da Lei da Duplicata;

L São nulas de pleno direito as cláusulas contratuais que vedam, limitam ou oneram, de forma direta ou indireta, a emissão ou a circulação de duplicatas emitidas sob a forma cartular ou escritural;

M Às duplicatas escriturais são aplicáveis, de forma subsidiária, as disposições da Lei da Duplicata;

N A apresentação da duplicata escritural será efetuada por meio eletrônico, observados os prazos determinados pelo órgão ou entidade da administração federal ou, na ausência dessa determinação, o prazo de 2 (dois) dias úteis contados de sua emissão;

O O devedor poderá, por meio eletrônico, recusar, no prazo, nas condições e pelos motivos previstos nos arts. 7º e 8º da Lei da Duplicata, a duplicata escritural apresentada ou, no mesmo prazo acrescido de sua metade, aceitá-la;

P Para fins de protesto, a praça de pagamento das duplicatas escriturais deverá coincidir com o domicílio do devedor, salvo convenção expressa entre as partes que demonstre a concordância inequívoca do devedor.

DIREITO EMPRESARIAL

7. TÍTULOS DE CRÉDITOS E O CC/2002

O **CC/2002** reservou o Título VIII do Livro I da Parte Especial, **arts. 887 a 926,** para tratar dos títulos de crédito, com aplicação nos seguintes casos: **1) títulos de crédito típicos, não regulados completamente por leis especiais** (*warrant* agropecuário, o conhecimento de depósito agropecuário e a letra de arrendamento mercantil); **2) títulos de crédito inominados ou atípicos**: oriundos da prática empresarial e sem lei específica que os regule; **3) supletivamente (art. 903 do CC):** quando não houver disposição em sentido contrário na lei especial.

As regras do Código Civil, em princípio, não se aplicam aos títulos de crédito típicos (letra de câmbio, nota promissória, duplicata e cheque) disciplinados exaustivamente por legislação especial.

Dentre as disposições legais constantes no CC acerca dos títulos de créditos, importa destacar algumas que regem a matéria diferentemente das leis especiais cambiárias:

Art. 890	considera não escrita no título a cláusula de juros. A lei uniforme admite a cláusula de juros na letra de câmbio pagável à vista ou a um certo termo de vista desde que indicada no título.

Art. 897, parágrafo único	veda o aval parcial. A letra de câmbio, a nota promissória e o cheque admitem o aval parcial, conforme lei especial que os regulam. A propósito, foi formulada questão sobre aval parcial na nota promissória no Exame Unificado de julho de 2011: "Em relação ao Direito Cambiário, é correto afirmar que (...) o aval dado em uma nota promissória pode ser parcial, ainda que sucessivo".
Art. 914	o endossante não responde pelo cumprimento da prestação constante no título, salvo cláusula expressa sem sentido contrário. Na legislação cambiária, o endossante, em regra, responde tanto pela existência do crédito quanto pela solvência do devedor.

DICA IMPORTANTE

No Exame da OAB as questões sobre títulos de crédito demandam conhecimento da literalidade da lei, e, por ser um tema extremamente técnico e com muitas minúcias, mostra-se imprescindível a **leitura da legislação cambiária e do CC**, em especial nos pontos anteriormente tratados.

CAPÍTULO V
DIREITO FALIMENTAR

1. CONSIDERAÇÕES INICIAIS SOBRE A LEI DE RECUPERAÇÃO DE EMPRESAS E FALÊNCIAS

A **Lei 11.101/05** revogou a antiga lei de falência consubstanciada no Decreto 7.661/45, trouxe inovações legislativas e, dentre outras finalidades, destinou-se a: **1)** dar proteção ao crédito; **2)** assegurar mecanismos de recuperação da empresa em crise; **3)** retirar do mercado as empresas irrecuperáveis.

> **MUITA ATENÇÃO!**
>
> **A Lei 11.101/05 sofreu inúmeras alterações legislativas – tanto de caráter formal como de impacto substancial – com a recente vigência da Lei 14.112, de 24 de dezembro de 2020.**
>
> A Lei 11.101/05 cuida essencialmente da recuperação judicial, da falência e da recuperação extrajudicial. A seguir serão feitas as principais considerações sobre estes institutos, destacando o que eles têm em comum e também suas peculiaridades, já incluída a novel alteração legislativa. A metodologia adotada foi a própria sequência da Lei, em seus principais pontos.

2. DISPOSIÇÕES PRELIMINARES (ARTS. 1º A 4º)

No que diz respeito às disposições preliminares, importa saber:

A Sujeitam-se à Lei 11.101/05 o empresário e a sociedade empresária. São denominados devedores.

B Estão excluídos da Lei 11.101/05: **1)** empresa pública; **2)** sociedade de economia mista; **3)** instituição financeira pública ou privada; **4)** cooperativa de crédito; **5)** consórcio; **6)** entidade de previdência complementar; **7)** sociedade operadora de plano de assistência à saúde; **8)** sociedade seguradora; **9)** sociedade de capitalização; e **10)** outras entidades legalmente equiparadas às anteriores.

C É competente para homologar o plano de recuperação extrajudicial, deferir a recuperação judicial ou decretar a falência o juízo do local do principal estabelecimento do devedor ou da filial de empresa que tenha sede fora do Brasil (art. 3º, LRE).

A propósito, no Exame Unificado da OAB de 2010 foi formulada a seguinte questão: "Suponha que Maria tenha ajuizado ação de cobrança contra a pessoa jurídica Y, a qual, no curso da referida ação de conhecimento, teve sua falência decretada pelo juízo competente. Considerando essa situação hipotética, assinale a opção correta com base na legislação de regência. (...) Caso a sede de Y esteja localizada fora do país, o juízo competente para a decretação da falência será o do local de sua filial no Brasil".

No Exame da OAB de julho de 2017 foi apresentada a seguinte situação hipotética: "Você participou da elaboração, apresentação e negociação do plano de recuperação extrajudicial de devedor sociedade empresária. Tendo sido o plano assinado por todos os credores por ele atingidos, seu cliente o contratou para requerer a homologação judicial. Assinale a opção que indica o juízo em que deverá ser apresentado o pedido de homologação do plano de recuperação extrajudicial". Alternativa correta: "O juízo do principal estabelecimento do devedor", com fundamento no art. 3º da LRE.

> **MUITA ATENÇÃO!**
>
> De acordo com a **jurisprudência do STJ**, é considerado **principal estabelecimento aquele que é o centro vital das principais atividades do devedor, o economicamente mais relevante.**
>
> Ainda segundo o STJ, "é absoluta a competência do local em que se encontra o principal estabelecimento para processar e julgar pedido de recuperação judicial, que deve ser aferido no momento de propositura da demanda, sendo irrelevantes para esse fim modificações posteriores de volume negocial" (CC 163.818-ES, DJe 29/09/2020, Informativo n.679).

3. DISPOSIÇÕES COMUNS À RECUPERAÇÃO JUDICIAL E À FALÊNCIA (ARTS. 5º A 46)

3.1 No que diz respeito às **disposições gerais**, importa saber:

A Não são exigíveis do devedor as obrigações a título gratuito e as despesas que os credores fizerem para tomar parte na recuperação judicial ou na falência, salvo as custas judiciais decorrentes de litígio com o devedor;

B A decretação da falência ou o deferimento do processamento da recuperação judicial suspende o curso da prescrição das obrigações do devedor sujeitas ao regime da lei falimentar. Importa salientar que a prescrição das obrigações não se suspende quando o falido ou o titular da empresa em recuperação é o credor. Não se suspendem também os prazos decadenciais, mesmo das obrigações devidas pelo falido ou pelo titular da empresa em recuperação.

C A decretação da falência ou o deferimento do processamento da recuperação judicial suspende as execuções ajuizadas contra o devedor, inclusive aquelas dos credores particulares do sócio solidário, relativas a créditos ou obrigações sujeitos à recuperação judicial ou à falência.

> **FIQUE POR DENTRO:** A Lei 14.112/2020 modificou a redação do §4º do art. 6º da Lei 11.101/2005 para estabelecer que na recuperação judicial, as suspensões e a proibição de que tratam os itens B, C e D anteriores **perdurarão pelo prazo de 180 (cento e oitenta) dias, contado do deferimento do processamento da recuperação, prorrogável por igual período, uma única vez, em caráter excepcional, desde que o devedor não haja concorrido com a superação do lapso temporal.**

D A decretação da falência ou o deferimento do processamento da recuperação judicial proíbe qualquer forma de retenção, arresto, penhora, sequestro, busca e apreensão e constrição judicial ou extrajudicial sobre os bens do devedor, oriunda de demandas judiciais ou extrajudiciais cujos créditos ou obrigações sujeitem-se à recuperação judicial ou à falência. (incluído pela Lei 14.112/2020)

> **FIQUE POR DENTRO:** Súmula 581 do STJ: "A recuperação judicial do devedor principal não impede o prosseguimento das ações e execuções ajuizadas contra terceiros devedores solidários ou coobrigados em geral, por garantia cambial, real ou fidejussória."

E A distribuição do pedido de falência ou de recuperação judicial ou a homologação de recuperação extrajudicial previne a jurisdição para qualquer outro pedido de falência, de recuperação judicial ou de homologação de recuperação extrajudicial, relativo ao mesmo devedor.

A propósito, o Exame 2021.2 apresentou a seguinte situação hipotética: "Na Comarca de Imperatriz/MA funcionam 4 (quatro) Varas Cíveis, com competência concorrente para o julgamento de causas de falência e recuperação judicial. Em 22 de agosto de 2019, foi apresentado requerimento de falência de uma sociedade empresária enquadrada como empresa de pequeno porte, com principal estabelecimento naquele município. O requerimento foi distribuído para a Vara Cível. Tendo sido determinada a citação do devedor, no prazo da contestação, Coelho Dutra, administrador e representante legal da sociedade, requereu sua recuperação judicial, devidamente autorizado por deliberação dos sócios." Resposta correta: "A distribuição do pedido de falência previne a jurisdição para o pedido de recuperação judicial formulado pelo devedor, de modo que será competente o juízo da 33 Vara Cível."

F O processamento da recuperação judicial ou a decretação da falência **não** autoriza o administrador judicial a recusar a eficácia da convenção de arbitragem, não impedindo ou suspendendo a instauração de procedimento arbitral. (incluído pela Lei 14.112/2020)

G O juiz poderá antecipar total ou parcialmente os efeitos do deferimento do processamento da recuperação judicial quando concedida a tutela de urgência, nos termos do art. 300 do CPC. (incluído pela Lei 14.112/2020)

H É vedado ao devedor, até a aprovação do plano de recuperação judicial, distribuir lucros ou dividendos a sócios e acionista. (incluído pela Lei 14.112/2020)

3.2 Quanto à **verificação e habilitação dos créditos** importa saber:

1) a verificação dos créditos é realizada pelo **administrador judicial**;

2) o procedimento é detalhado nos art. 7º ao 20 da LRE.

3.3 A Lei 14.112/2020 incluiu na LRE os arts. 20-A a 20-D que tratam das **Conciliações e das Mediações Antecedentes ou Incidentais aos Processos de Recuperação Judicial.**

Sobre o assunto importa saber que: **1)** a conciliação e a mediação deverão ser incentivadas em qualquer grau de jurisdição e não implicarão a suspensão dos prazos, salvo se houver consenso entre as partes em sentido contrário ou determinação judicial; **2)** as conciliações e mediações serão admitidas: **I)** nas fases pré-processual e processual de disputas entre os sócios e acionistas de sociedade em dificuldade ou em recuperação judicial, bem como nos litígios que envolverem credores não sujeitos à recuperação judicial ou credores extraconcursais; **II)** em conflitos que envolverem concessionárias ou permissionárias de serviços públicos em recuperação judicial e órgãos reguladores ou entes públicos municipais, distritais, estaduais ou federais; **III)** na hipótese de haver créditos extraconcursais contra empresas em recuperação judicial durante período de vigência de estado de calamidade pública, a fim de permitir a continuidade da prestação de serviços essenciais; **IV)** na hipótese de negociação de dívidas e respectivas formas de pagamento entre a empresa em dificuldade e seus credores, em caráter antecedente ao ajuizamento de pedido de recuperação judicial; **3)** são vedadas a conciliação e a mediação sobre a natureza jurídica e a classificação de créditos, bem como sobre critérios de votação em assembleia-geral de credores; **4)** requerida a recuperação judicial ou extrajudicial em até 360 dias contados do acordo firmado durante o período da conciliação ou de mediação pré-processual, o credor terá reconstituídos seus direitos e garantias nas condições originalmente contratadas, deduzidos os valores eventualmente pagos e ressalvados os atos validamente praticados.

3.4 Sobre o **administrador judicial** importa saber: **1) substituiu a figura do síndico; 2) será escolhido pelo juiz; 3) será profissional idôneo**, preferencialmente advogado, economista, administrador de empresas ou contador, **ou pessoa jurídica especializada.** "O administrador judicial, pessoa física, pode ser formado em Engenharia" (extraído de questão do Exame Unificado 2011.2); **4)** suas **atribuições** estão elencadas no **art. 22** da LRE, dentre elas auxiliar o juiz na administração da massa falida e fiscalizar o devedor; **5)** o administrador judicial que não apresentar, no prazo estabelecido, suas contas ou qualquer dos relatórios previstos na LRE, será intimado pessoalmente a fazê-lo no prazo de 5 dias, sob pena de desobediência. Decorrido esse prazo, o juiz destituirá o administrador judicial e nomeará substituto para elaborar relatórios ou organizar as contas, explicitando as responsabilidades de seu antecessor; **6)** o juiz fixará o valor e a forma de pagamento da **remuneração do administrador judicial**, observados a capacidade de pagamento do devedor, o grau de complexidade do trabalho e os valores praticados no mercado para o desempenho de atividades semelhantes; 7) **o total pago ao administrador judicial não excederá 5% do valor devido aos credores** submetidos à recuperação judicial ou **do valor de venda dos bens na falência; 8) a remuneração do administrador judicial fica reduzida ao limite de 2%, no caso de microempresas e empresas de pequeno porte, bem como na hipótese do produtor rural de que trata o art. 70-A da LRE. (redação dada pela Lei 14.112/2020); 9) não terá direito a remuneração o administrador que tiver suas contas desaprovadas; 10)** caberá ao devedor ou à massa falida arcar com as despesas relativas à remuneração do administrador judicial e das pessoas eventualmente contratadas para auxiliá-lo (Exame da OAB – julho/2016).

De acordo com o entendimento do STJ, é possível impor ao credor que requereu a falência da sociedade empresária a obrigação de **adiantar** as despesas relativas à remuneração do administrador judicial quanto aos atos por ele requeridos, para tentar reaver seu crédito, quando houver possibilidade de não se arrecadar bens suficientes para a remuneração do administrador. No entanto, ressalta o STJ que prosseguindo a ação e arrecadando-se bens suficientes para a remuneração do administrador, a **massa falida deverá restituir o valor despendido pelo credor antecipadamente**, obedecendo ao art. 25 da LRE (REsp 1.526.790-SP, DJ 28/3/2016 -Informativo n. 580).

3.5 Sobre o **comitê de credores** importa saber: **1)** composição se encontra no art. 26 da LRE; **2)** as **atribuições** estão elencadas no **art. 27** da LRE, dentre elas auxiliar o juiz na administração da massa falida e fiscalizar o administrador judicial (Exame Unificado 2013.1); **3) os membros do comitê não terão sua remuneração custeada pelo devedor ou pela massa falida**, mas as despesas, se devidamente comprovadas e com a autorização do juiz, serão ressarcidas atendendo às disponibilidades de caixa; **4)** não havendo comitê de credores, caberá ao administrador judicial ou, na incompatibilidade deste, ao juiz exercer suas atribuições.

3.6 Sobre a **assembleia geral de credores** importa saber: **1)** composição se encontra no **art. 41** da LRE; **2)** as **atribuições** estão elencadas no **art. 35** da LRE.

No Exame Unificado 2013.2 foi formulada uma questão sobre a assembleia geral de credores e o direito de voto. Eis o teor do enunciado: "Uma sociedade empresária atuante no mercado imobiliário, com sede e principal estabelecimento na cidade de Pedro Afonso, obteve concessão de sua recuperação judicial. Diante da necessidade de alienação de bens do ativo permanente, não relacionados previamente no plano de recuperação, foi convocada assembleia geral de credores. A proposta de alienação foi aprovada em razão do voto decisivo da credora Tuntum Imperatriz Representações Ltda., cujo sócio majoritário tem participação de 25% no capital da sociedade recuperanda". A alternativa correta é a que dispõe: "O voto de Tuntum Imperatriz Representações Ltda. não poderia ter sido considerado para fins de verificação do quorum de instalação e de deliberação da assembleia geral." O fundamento é o art. 43 da LRE, que é claro no sentido de que sendo a Tuntum Imperatriz Representações Ltda. credora, cujo sócio majoritário tem participação de 25% no capital da sociedade recuperanda, pode participar da assembleia, mas não tem direito a voto, sendo a decisão assemblear nula de pleno direito.

O Exame da OAB 2018.1 formulou novamente questão sobre a assembleia geral de credores e o direito de voto, exigindo do candidato o conhecimento do disposto no art. 43 da LRE, assim como cobrado no Exame em 2013 tratado acima.

No exame da OAB 2018.1 foi apresentado o seguinte caso: "Concessionária de Veículos Primeira Cruz Ltda. obteve concessão de sua recuperação judicial. Diante da necessidade de alienação de bens do ativo permanente, não relacionados previamente no plano de recuperação, foi convocada assembleia geral de credores. A proposta de alienação foi aprovada em razão do voto decisivo da credora Dutra & Corda Representações Ltda., cujo sócio majoritário P. Dutra tem participação de 32% (trinta e dois por cento) no capital da sociedade recuperanda. Com base nesses dados, é correto afirmar que (...)." Resposta correta: "o voto da sociedade Dutra & Corda Representações Ltda. não poderia ter sido considerado para fins de verificação do quórum de instalação e de deliberação da assembleia geral."

A questão se refere à aplicação do art. 43, LRE cuja redação é a seguinte: "Os **sócios do devedor**, bem como as sociedades coligadas, controladoras, controladas ou as que **tenham sócio ou acionista com participação superior a 10% (dez por cento) do capital social do devedor ou em que o devedor ou algum de seus sócios detenham participação superior a 10% (dez por cento) do capital social, poderão participar da assembleia-geral de credores, sem ter direito a voto** e não serão considerados para fins de verificação do quorum de instalação e de deliberação."

Ainda sobre o direito de voto, o Exame Unificado 2015.3 apresentou o seguinte caso: "Calçados Machadinho Ltda. requereu sua recuperação judicial e o pedido foi devidamente processado. O devedor não alterou, no plano de recuperação, o valor ou as condições originais de pagamento do crédito de Curtume Arroio do Sal Ltda. EPP, referentes ao contrato de fornecimento de couro sintético, no valor de R$ 288.000,00 (duzentos e oitenta e oito mil reais)." A alternativa assinalada como correta foi: "A credora não terá direito a voto nas assembleias de credores realizadas durante a recuperação judicial e o crédito não será considerado para fins de verificação de quórum de deliberação". O fundamento é § 3º do art. 45 da LRE, de seguinte teor: "O credor não terá direito a voto e não será considerado para fins de verificação de *quorum* de deliberação se o plano de recuperação judicial não alterar o valor ou as condições originais de pagamento de seu crédito".

4. RECUPERAÇÃO JUDICIAL (ARTS. 47 A 72)

Sobre a recuperação judicial importa saber:

A **Substituiu a concordata.** Victor Eduardo Rios Gonçalves apresenta as seguintes diferenças entre a extinta concordata e a recuperação judicial (GONÇALVES, 2010, p.57):

EM RESUMO	
Recuperação Judicial	**Concordata**
a) Prevê um verdadeiro plano de reestruturação, com diversas medidas de ordem financeira, jurídica, econômica e comercial, as quais conferem efetivas chances para a superação da crise;	**a)** Restringia-se à remissão de dívidas e dilação de prazos para pagamento dos credores;
b) Há intensa participação dos credores, responsáveis pela aprovação ou rejeição do plano de recuperação escolhido pelo devedor, bem como pela fiscalização de seu cumprimento;	**b)** Credores eram meros espectadores que deveriam contentar-se com a remissão e/ou moratória impostas;
Além das diferenças acima apontadas, podemos citar também: **c) Poder decisório transferido aos credores:** na concordata era o juiz quem decidia se deveria ser concedida ou não. Na LRE são os credores quem decidem se deve haver ou não a recuperação da empresa; **d) Fortalecimento do credor com garantia real e financeiro e diminuição das garantias do credor trabalhista e fiscal.** **Obs.:** A LRE dá ênfase à recuperação e depois é que trata da falência.	

B Objetiva viabilizar a superação da situação de crise econômico-financeira do devedor e a preservação da empresa, sua função social e o estímulo à atividade econômica.

O STJ destaca três princípios na recuperação judicial: a relevância dos interesses dos credores; a *par conditio creditorum*; e a preservação da empresa (art. 47, LRE). Diz o Tribunal Superior: "(...). A propósito dos dois primeiros princípios – relevância dos interesses dos credores e *par conditio creditorum* –, observa-se que a legislação recuperacional procurou sobrelevar por meio deles, como dito acima, a função social da empresa, encartada, sobretudo, na Constituição Federal de 1988. Diante desse macrossistema principiológico, o devedor, ao se enquadrar no benefício da recuperação judicial, deve ter em mente a prevalência do interesse de seus credores, visando mais à coletividade do que à singularidade de cada detentor de crédito. Além disso, deve também o devedor se atentar ao fato de que, independentemente das condições e das peculiaridades de cada crédito, seus credores devem ser tratados de forma equitativa, sem que se busque a celeridade das deduções antes das considerações do mérito de cada pretensão. (...) Nesse cenário, a **doutrina recente acena com a "teoria dos jogos" na recuperação judicial.** Por meio dela, pode-se perceber uma **interação estratégica entre o devedor e os credores, capaz de pressupor um consenso mínimo de ambos a respeito dos termos delineados no plano de recuperação judicial**. Tais negociações demonstram o abandono de um olhar individualizado de cada crédito e um apego maior à interação coletiva e organizada, já que isso evitaria consequências mais drásticas, como a quebra da empresa (...)" (REsp 1.302.735-SP, DJ 5/4/2016 -Informativo n. 580).

FIQUE POR DENTRO:

Segundo entendimento do STJ, sociedade empresária em recuperação judicial pode participar de licitação, desde que demonstre, na fase de habilitação, a sua viabilidade econômica.

"Importa ressaltar que a licitação pública se norteia, entre outros princípios, pelo da indisponibilidade do interesse público e que o escopo primordial da Lei n.11.101/2005, nos termos do art. 47, é viabilizar a superação da situação de crise econômico-financeira do devedor, prevendo em seu art. 52, I, a possibilidade de contratação com o poder público, o que, em regra geral, pressupõe a participação prévia em licitação. Todavia, não se deve olvidar a exigência contida no art. 27, III, da Lei n. 8.666/1993 de demonstração da qualificação econômico-financeira como condicionante para a participação no certame. Dessa forma, a interpretação sistemática dos dispositivos das Leis n. 8.666/1993 e n. 11.101/2005 leva à conclusão de que é possível uma ponderação equilibrada entre os princípios nelas imbuídos, pois a preservação da empresa, a sua função social e o estímulo à atividade econômica atendem também, em última análise, ao interesse da coletividade, uma vez que se busca a manutenção da fonte produtora, dos postos de trabalho e dos interesses dos credores. Assim, a apresentação de certidão positiva de recuperação não implica a imediata inabilitação, cabendo ao pregoeiro ou à comissão de licitação diligenciar a fim de avaliar a real situação de capacidade econômico-financeira da empresa licitante". (AREsp 309.867-ES, DJe 08/08/2018 - Informativo n. 631)

C São legitimados para o requerimento da recuperação judicial: **1)** empresário e a sociedade empresária; **2)** cônjuge sobrevivente; **3)** herdeiros do devedor; **4)** inventariante ou **5)** sócio remanescente.

Para o STJ, em que pese o entendimento dividido tanto da doutrina especializada como da jurisprudência, "as associações civis sem fins lucrativos com finalidade e atividades econômicas detêm legitimidade para requerer recuperação judicial."

A Corte Superior esclarecer que "(...). Deveras, apesar de não se enquadrarem literalmente nos conceitos de empresário e sociedade empresária do art. 1º da Lei n. 11.101/2005 para fins de recuperação judicial, as associações civis também não estão inseridas no rol dos agentes econômicos excluídos de sua sujeição (art. 2º). Em diversas circunstâncias as associações civis sem fins lucrativos acabam se estruturando como verdadeiras empresas do ponto de vista econômico, em que, apesar de não distribuírem o lucro entre os sócios, exercem atividade econômica organizada para a produção e/ou a circulação de bens ou serviços, empenhando-se em obter superávit financeiro e crescimento patrimonial a ser revertido em prol da própria entidade e mantença de todas as benesses sociais das quais vinculada. (...) É justamente em razão de sua relevância econômica e social que se tem autorizado a recuperação judicial de diversas associações civis sem fins lucrativos e com fins econômicos, garantindo a manutenção da fonte produtiva, dos empregos, da renda, o pagamento de tributos e todos os benefícios sociais e econômicos decorrentes de sua exploração (...)." (AgInt no TP 3.654-RS – DJe 15/03/2022 – Informativo n. 729)

D Os requisitos para o devedor requerer a recuperação judicial são: **1)** exercer regularmente suas atividades há mais de 02 anos; **2)** não ser falido; **3)** não ter, há menos de 05 anos, obtido concessão de recuperação judicial; **4)** não ter, há menos de 05 anos**,** obtido concessão de recuperação judicial com base no plano especial para microempresas e empresas de pequeno porte; **5)** não ter sido condenado ou não ter, como administrador ou sócio controlador, pessoa condenada por qualquer dos crimes previstos na Lei.

A propósito, no Exame da OAB de novembro de 2017 foi formulada a seguinte questão: "A sociedade empresária Pará de Minas Veículos Ltda. pretende requerer sua recuperação judicial. Ao analisar a minuta de petição inicial, o gerente administrativo listou os impedimentos ao pedido de recuperação. Assinale a opção que apresenta um desses impedimentos". Alternativa correta: "O devedor ter, há menos de 5 (cinco) anos, obtido concessão de recuperação judicial".

E Estão sujeitos à recuperação judicial todos os créditos existentes na data do pedido, ainda que não vencidos, com as **seguintes exceções:** **1)** créditos fiscais; **2)** créditos decorrentes da relação fiduciária, arrendamento mercantil, promessa de venda de imóvel cujos respectivos contratos contenham cláusula de irrevogabilidade ou irretratabilidade e contrato de venda com reserva de domínio (nestas hipóteses prevalecem os direitos de propriedade sobre a coisa e as condições contratuais); **3)** créditos decorrentes de adiantamento a contrato de câmbio para exportação.

O Exame da OAB - agosto/2016 apresentou situação hipotética tratando de arrendamento mercantil, uma das exceções legais que afasta o crédito dos efeitos da recuperação judicial. Eis o enunciado: "O estatuto de uma sociedade empresária do tipo anônima estabelece que seu objeto social é a exploração de serviços aéreos públicos de transporte regular e não regular. Diante do processamento da recuperação judicial da referida sociedade empresária, o exercício dos direitos derivados de contratos de arrendamento de aeronaves ou de seus motores pelos credores (...)". Alternativa correta: "não ficará suspenso em nenhuma hipótese e os créditos decorrentes dos contratos de arrendamento não se submeterão aos efeitos da recuperação judicial, prevalecendo os direitos de propriedade sobre a coisa e as condições contratuais". (aplicação do art. 49, § 3º, LRE)

Importa destacar que segundo o STJ "**O crédito derivado de fato ocorrido em momento anterior àquele em que requerida a recuperação judicial deve sujeitar-se ao**

plano de soerguimento da sociedade devedora. (...). O ponto central da controvérsia consiste em decidir se créditos decorrentes de condenação transitada em julgado em momento posterior ao pedido de recuperação judicial devem ou não ser incluídos no plano de soerguimento do devedor. De acordo com o disposto no art. 49 da Lei 11.101/05 (Lei de Falência e Recuperação de Empresas - LFRE), estão sujeitos aos efeitos da recuperação judicial todos os créditos existentes na data do pedido, ainda que não vencidos. Consoante assentado no voto condutor da maioria, proferido por ocasião do julgamento do REsp 1.634.046-RS (Rel. Min. Nancy Andrighi, Rel. para acórdão Min. Marco Aurélio Bellizze, Terceira Turma, DJe 18/05/2017), **"a constituição de um crédito pressupõe a existência de um vínculo jurídico entre as partes e não se encontra condicionada a uma decisão judicial que simplesmente o declare"**. (REsp 1.727.771-RS, DJe 18/05/2018 – Informativo 626)

MUITA ATENÇÃO!

O STJ entende que a consolidação do crédito trabalhista (ainda que inexigível e ilíquido) não depende de provimento judicial que o declare — e muito menos do transcurso de seu trânsito em julgado —, para efeito de sua sujeição aos efeitos da recuperação judicial, conforme julgado a seguir transcrito:

"A controvérsia cinge-se a determinar se os créditos trabalhistas litigiosos, não consolidados ao tempo do pedido da recuperação judicial, estão a ela sujeitos, na forma do art. 49, da Lei n. 11.101/05. Para tanto, faz-se necessário determinar o exato momento em que o crédito trabalhista é constituído. Em princípio, a constituição de um crédito pressupõe a existência de um vínculo jurídico entre as partes e não se encontra condicionada a uma decisão judicial que simplesmente o declare. Nesse sentido, pode-se afirmar que no bojo de um contrato trabalhista, a partir do momento em que o empregado presta seu labor, assume a condição de credor (em relação às correlatas verbas trabalhistas) de seu empregador, que, no final do respectivo mês, deve efetivar sua contraprestação. Assim, uma sentença que reconheça o direito do trabalhador em relação à aludida verba trabalhista certamente não constitui este crédito, apenas o declara. E, se este crédito foi constituído em momento anterior ao pedido de recuperação judicial, aos seus efeitos se encontra submetido, inarredavelmente. Outrossim, extrai-se da própria lei de falência e recuperação judicial a conclusão de que a consolidação do crédito (ainda que inexigível e ilíquido) não depende de provimento judicial que o declare — e muito menos do transcurso de seu trânsito em julgado —, para efeito de sua sujeição aos efeitos da recuperação judicial. Veja-se que o crédito trabalhista anterior ao pedido de recuperação judicial pode ser incluído, de forma extrajudicial, inclusive, consoante o disposto no art. 7º, da Lei n. 11.101/05. Dessa forma, é possível ao próprio administrador judicial, quando da confecção do plano, relacionar os créditos trabalhistas pendentes, a despeito de o trabalhador sequer ter promovido a respectiva reclamação. O art. 6º, §§ 1º, 2º e 3º, da Lei n. 11.1.01/2005, por sua vez, permite o prosseguimento das ações trabalhistas na própria Justiça Laboral, que decidirá as impugnações ao crédito postulado na recuperação, bem como apurará o crédito a ser inscrito quando de sua definição no quadro geral de credores, sendo possível inclusive determinar a reserva de importância que "estimar" devida na recuperação judicial. Com base nessas premissas, há que se analisar a origem do crédito em discussão e inferir se se trata de verbas trabalhistas relacionadas à prestação de serviço em momento anterior ao pedido de recuperação judicial, a ela se sujeitando, ou se são posteriores, a serem concebidas como crédito extraconcursal (REsp 1.634.046-RS, DJe 18/5/2017 - Informativo 604).

Especificamente com relação aos honorários advocatícios ressalta-se que "A Corte Especial do STJ, no julgamento do EAREsp 1.255.986/PR em decisão unânime, concluiu que a sentença (ou o ato jurisdicional equivalente, na competência originária dos tribunais) é o ato processual que qualifica o nascedouro do direito à percepção dos honorários advocatícios sucumbenciais. Dessarte, em exegese lógica e sistemática, se a sentença que arbitrou os honorários sucumbenciais se deu posteriormente ao pedido de recuperação judicial, o crédito que dali emana, necessariamente, nascerá com natureza extraconcursal, já que, nos termos do art. 49, caput, da Lei n. 11.101/2005, sujeitam-se ao plano de soerguimento os créditos existentes na data do pedido de recuperação judicial, ainda que não vencidos, e não os posteriores. Por outro lado, se a sentença que arbitrou os honorários advocatícios for anterior ao pedido recuperacional, o crédito dali decorrente deverá ser tido como concursal, devendo ser habilitado e pago nos termos do plano de recuperação judicial" (REsp 1.841.960-SP, DJe 13/04/2020, Informativo 669).

F O processo da recuperação judicial se desdobra em: 1) pedido e processamento da recuperação; 2) plano de recuperação e 3) procedimento de recuperação. A seguir estão as principais considerações sobre cada uma dessas etapas:

4.1 Pedido e processamento da recuperação judicial: o devedor deve observar os requisitos previstos no art. 51 da LRE e do art. 319 do CPC, demonstrando desde logo por meio de documentos as causas concretas da sua situação patrimonial e das razões da crise econômico-financeira da empresa.

MUITA ATENÇÃO!

A **Lei n 14.112/2020 incluiu o art. 51-A e parágrafos na LRE** para estabelecer, dentre outras disposições, que, após a distribuição do pedido de recuperação judicial, poderá o juiz, quando reputar necessário, nomear profissional de sua confiança, com capacidade técnica e idoneidade, para promover a constatação exclusivamente das reais condições de funcionamento da requerente e da regularidade e da completude da documentação apresentada com a petição inicial.

MUITA ATENÇÃO!

Os §§3º a 7º, do art. 51-A, LRE dispõem:

"Art. 51-A.

(...)

§ 3º A constatação prévia será determinada sem que seja ouvida a outra parte e sem apresentação de quesitos por qualquer das partes, com a possibilidade de o juiz determinar a realização da diligência sem a prévia ciência do devedor, quando entender que esta poderá frustrar os seus objetivos.

§ 4º O devedor será intimado do resultado da constatação prévia concomitantemente à sua intimação da decisão que deferir ou indeferir o processamento da recuperação judicial, ou que determinar a emenda da petição inicial, e poderá impugná-la mediante interposição do recurso cabível.

§ 5º A constatação prévia consistirá, objetivamente, na verificação das reais condições de funcionamento da empresa e da regularidade documental, vedado o indeferimento do processamento da recuperação judicial baseado na análise de viabilidade econômica do devedor.

§ 6º Caso a constatação prévia detecte indícios contundentes de utilização fraudulenta da ação de recuperação judicial, o juiz poderá indeferir a petição inicial, sem prejuízo de oficiar ao Ministério Público para tomada das providências criminais eventualmente cabíveis.

§ 7º Caso a constatação prévia demonstre que o principal estabelecimento do devedor não se situa na área de competência do juízo, o juiz deverá determinar a remessa dos autos, com urgência, ao juízo competente".

Observados os requisitos legais e a documentação exigida, o juiz deferirá o processamento da recuperação judicial e no mesmo ato: **1)** nomeará administrador judicial; **2)** dispensará a apresentação de certidões negativas para que o devedor exerça suas atividades; **3)** ordenará a suspensão de todas as ações ou execuções contra o devedor, na forma do art. 6º da LRE; **4)** determinará ao devedor a apresentação de contas demonstrativas mensais; **5)** ordenará a intimação eletrônica do Ministério Público e das Fazendas Públicas Federal e de todos os Estados e Municípios em que o devedor tiver estabelecimento, a fim de que tomem conhecimento da recuperação judicial e informem eventuais créditos perante o devedor, para divulgação aos demais interessados. (Redação dada pela Lei nº 14.112/2020).

O devedor não poderá desistir do pedido de recuperação judicial após o deferimento de seu processamento, salvo se obtiver aprovação da desistência na assembleia geral de credores.

4.2 Plano de recuperação judicial: o plano será apresentado pelo devedor em juízo no prazo improrrogável de 60 dias da publicação da decisão que deferir o processamento da recuperação judicial, **sob pena de convolação (transformação) em falência.**

Sobre este tema, no Exame Unificado 2012.3, considerou-se correta a seguinte alternativa: "O juiz decretará falência, caso o devedor não apresente o plano de recuperação no prazo de 60 (sessenta) dias da publicação da decisão que deferir o processamento da recuperação".

O plano não poderá prever prazo superior a 01 ano para pagamento dos créditos derivados da legislação do trabalho ou decorrentes de acidentes de trabalho vencidos até a data do pedido de recuperação judicial nem prever prazo superior a 30 dias para o pagamento, até o limite de 05 salários-mínimos por trabalhador, dos créditos de natureza estritamente salarial vencidos nos 03 meses anteriores ao pedido de recuperação judicial.

MUITA ATENÇÃO!

De acordo com o §2º, art. 54 da LRE, incluído pela Lei 14.112/2020, o **prazo de 01 ano** previsto no plano de recuperação judicial para pagamento dos créditos derivados da legislação do trabalho ou decorrentes de acidentes de trabalho vencidos até a data do pedido de recuperação judicial **poderá ser estendido em até 02 anos**, se o plano de recuperação judicial atender aos seguintes requisitos, **cumulativamente: I** – apresentação de garantias julgadas suficientes pelo juiz; **II** – aprovação pelos credores titulares de créditos derivados da legislação trabalhista ou decorrentes de acidentes de trabalho, na forma do § 2º do art. 45 desta Lei; e **III** – garantia da integralidade do pagamento dos créditos trabalhistas.

4.3 Quanto ao **procedimento de recuperação judicial,** importa saber que:

A Qualquer credor poderá manifestar ao juiz sua objeção ao plano no **prazo de 30 dias** contados da publicação da relação de credores apresentada pelo administrador judicial ou da publicação do edital de aviso aos credores sobre o recebimento do plano de recuperação.

B Havendo objeção de qualquer credor ao plano de recuperação judicial, o juiz convocará a assembleia geral de credores para deliberar sobre o plano de recuperação, que pode resultar em: **1) aprovação do plano; 2) alteração do plano com a concordância do devedor; 3) rejeição do plano, ocasião em que o administrador judicial submeterá, no ato, à votação da assembleia-geral de credores a concessão de prazo de 30 dias para que seja apresentado plano de recuperação judicial pelos credores.** (redação dada pela Lei 14.112/2020)

C Cumpridas as exigências legais, **o juiz deve conceder a recuperação judicial do devedor** cujo plano não tenha sofrido objeção de credor ou tenha sido aprovado pela assembleia geral de credores.

Lembre-se: "O magistrado deve exercer o controle de legalidade do plano de recuperação – no que se insere o repúdio à fraude e ao abuso de direito –, mas não o controle de sua viabilidade econômica". (REsp 1.319.311-SP, DJ 09/09/2014 – Informativo 549)

D A aprovação do plano de recuperação judicial opera novação dos créditos, e a decisão homologatória constitui, ela própria, novo título executivo judicial, impugnável por meio de agravo interposto por qualquer credor ou pelo Ministério Público.

> **MUITA ATENÇÃO!**
>
> O STJ enfatiza no seu julgado que a novação prevista no CC é bem diversa daquela disciplinada na LRE. Assim se manifesta: "Se a novação civil faz, como regra, extinguir as garantias da dívida, inclusive as reais prestadas por terceiros estranhos ao pacto (art. 364 do CC), a novação decorrente do plano de recuperação traz, como regra, ao reverso, a manutenção das garantias (art. 59, *caput*, da Lei 11.101/2005), as quais só serão suprimidas ou substituídas 'mediante aprovação expressa do credor titular da respectiva garantia', por ocasião da alienação do bem gravado (art. 50, § 1º). Além disso, a novação específica da recuperação desfaz-se na hipótese de falência, quando então os 'credores terão reconstituídos seus direitos e garantias nas condições originalmente contratadas' (art. 61, § 2º)". (REsp 1.333.349-SP, DJ 2/2/2015 – Informativo 554)
>
> Para o STJ, "no plano de recuperação judicial é possível suspender tão somente o protesto contra a recuperanda e manter ativo o protesto tirado contra o coobrigado". Explica-se: "(...)uma vez efetivada a novação dos créditos prevista no art. 59 da Lei n. 11.101/2005, não há falar em inadimplemento por parte da empresa recuperanda, sendo cabível, portanto, o cancelamento dos protestos tirados em face desta, sob a condição resolutiva do cumprimento do plano de recuperação. Por outro lado, tendo em vista a norma do art. 49, § 1º, da Lei n. 11.101/2005, segundo a qual "os credores do devedor em recuperação judicial conservam seus direitos e privilégios contra os coobrigados, fiadores e obrigados de regresso", consolidou-se entendimento nesta Corte Superior no sentido de que o deferimento ou até mesmo a concessão da recuperação judicial não impede o prosseguimento das ações ou execuções ajuizadas em face dos coobrigados da empresa recuperanda. E, ainda, a obrigação contraída pelos coobrigados não se submete aos efeitos da novação especial prevista no art. 59, caput, da Lei n. 11.101/2005". (REsp 1.630.932-SP, DJe 01/07/2019 – Informativo 651)

E É cabível a homologação pelo juízo do plano de recuperação judicial rejeitado pelos credores em assembleia (*cram down*), cumpridos os requisitos legais previstos no art. 58 da LRE.O STJ se apoia na doutrina para explicar o instituto do ***cram down*** nos seguintes termos: "terá o juiz, no entanto, a faculdade de impor a aceitação de um plano não aprovado pelos credores, desde que os demais requisitos tenham sido atendidos e seja '*fair and equitable*' (justo e equitativo) em relação a cada uma das classes que o tiverem rejeitado. O plano deve obedecer à regra '*in the best interest of creditors*' (no melhor interesse dos credores), ou seja, deve proporcioná-lhes pelo menos o que lhes caberia na hipótese de liquidação (falência) da empresa. Ao juiz competirá homologar *(confirm)* o plano." (REsp 1.788.216-PR – DJe 22/03/2022 – Informativo n. 730)

F O juiz poderá determinar a manutenção do devedor em recuperação judicial até que sejam cumpridas todas as obrigações previstas no plano que vencerem até, no máximo, 02 anos depois da concessão da recuperação judicial, independentemente do eventual período de carência.

Durante o período de 02 anos, o descumprimento de qualquer obrigação prevista no plano acarretará a convolação da recuperação em falência. Por outro lado, se cumpridas as obrigações no referido prazo, o juiz decretará por sentença o encerramento da recuperação judicial.

? **QUESTÃO:** Quais são as hipóteses em que se dá a convolação da recuperação judicial em falência?

➥ ***RESPOSTA:*** *O juiz decretará a falência durante o processo de recuperação judicial: 1) por deliberação da assembleia geral de credores; 2) pela não apresentação, pelo devedor, do plano de recuperação no prazo improrrogável de 60 dias da publicação da decisão que deferir o processamento da recuperação judicial; 3) quando não aplicado o disposto nos §§ 4º, 5º e 6º do art. 56 da LRE ou rejeitado o plano de recuperação judicial proposto pelos credores; 4) por descumprimento de qualquer obrigação assumida no plano de recuperação ; 5) por descumprimento dos parcelamentos junto às Fazendas Públicas ou INSS ou da transação relativa a créditos inscritos em dívida ativa da União; e 6) quando identificado o esvaziamento patrimonial da devedora que implique liquidação substancial da empresa, em prejuízo de credores não sujeitos à recuperação judicial, inclusive as Fazendas Públicas. (alterações decorrentes da Lei 14.112/2020)*

5. FALÊNCIA (ARTS. 75 A 160)

Sobre a falência, importa saber:

A A falência, ao promover o afastamento do devedor de suas atividades, visa a: **I** – preservar e a otimizar a utilização produtiva dos bens, dos ativos e dos recursos produtivos, inclusive os intangíveis, da empresa; **II** – permitir a liquidação célere das empresas inviáveis, com vistas à realocação eficiente de recursos na economia; e **III** – fomentar o empreendedorismo, inclusive por meio da viabilização do retorno célere do empreendedor falido à atividade econômica. (incluído pela Lei 14.112/2020)

B A falência é mecanismo de preservação de benefícios econômicos e sociais decorrentes da atividade empresarial, por meio da liquidação imediata do devedor e da rápida realocação útil de ativos na economia. (incluído pela Lei 14.112/2020)

C O **juízo da falência é indivisível** e competente para conhecer todas as ações sobre bens, interesses e negócios do falido. "O objetivo da *vis atractiva* do juízo falimentar é submeter a universalidade dos bens do devedor comum a um regime único, evitando que apareçam duas ou mais falências paralelas em juízos diferentes, para que, assim, haja paridade no tratamento de créditos." (REsp 702.417-SP, DJ 11/03/2014 – Informativo 539)

Fábio Ulhoa Coelho enumera **cinco exceções ao juízo universal da falência**, a saber: **1)** ações não reguladas pela Lei de Falências em que a massa falimentar for autora ou litisconsorte ativa; **2)** ações que demandam quantia ilíquida, independentemente da posição da massa falida na relação processual; **3)** reclamações trabalhistas, para as quais é competente a Justiça do Trabalho; **4)** execuções tributárias; **5)** ações de conhecimento de que é parte ou interessada a União, entidade autárquica ou empresa pública federal, hipótese em que a competência é da Justiça Federal (COELHO, 2010, p. 323).

D A decretação da falência determina o **vencimento antecipado das dívidas do devedor e dos sócios ilimitada e solidariamente responsáveis**.

E Os **créditos remanescentes da recuperação judicial** serão considerados habilitados quando definitivamente incluídos no quadro-geral de credores, tendo prosseguimento as habilitações que estiverem em curso **(FGV – Exame de Ordem 2020.1)**.

F A **classificação dos créditos:** o princípio norteador na falência é o da *par condition creditorum,* segundo o qual os credores do falido devem ser tratados em igualdade de condições, salvo quando a lei expressamente dispuser de forma contrária, elegendo alguns créditos como dignos de prioridade no pagamento. Vejamos a ordem de preferência estabelecida pela lei: **1) créditos trabalhistas**, limitados a 150 salários-mínimos por credor e aqueles decorrentes **de acidentes de trabalho; 2) créditos gravados com direito real de garantia** até o limite do valor do bem gravado; **3) créditos tributários**, independentemente da sua natureza e do tempo de constituição, exceto os créditos extraconcursais e as multas tributárias; **4) créditos quirografários**, a saber: a) aqueles não previstos nos demais incisos do art. 83 da LRE; b) os saldos dos créditos não cobertos pelo produto da alienação dos bens vinculados ao seu pagamento; c) os saldos dos créditos derivados da legislação trabalhista que excederem o limite estabelecido no inciso I do caput do art. 83 da LRE; **5) as multas contratuais e as penas pecuniárias por infração das leis penais ou administrativas, inclusive as multas tributárias; 6) créditos subordinados**, a saber: a) os previstos em lei ou em contrato; b) os créditos dos sócios e dos administradores sem vínculo empregatício cuja contratação não tenha observado as condições estritamente comutativas e as práticas de mercado; **7) os juros vencidos após a decretação da falência.** (alterado pela Lei 14.112/2020)

Os créditos cedidos a qualquer título manterão sua natureza e classificação. E os créditos que disponham de privilégio especial ou geral em outras normas integrarão a classe dos créditos quirografários.

A classificação dos créditos na falência foi objeto de questionamento no Exame da OAB de abril/2016 e agosto/2016, exigindo do candidato conhecimento do teor do art. 83, LRE. Recomenda-se a leitura atenta do referido dispositivo legal!

Segundo entendimento do STJ, os créditos decorrentes de condenação por danos morais imposta à empresa recuperanda na Justiça do Trabalho são classificados como trabalhistas (REsp 1.869.964-SP, DJe 19/06/2020, Informativo n. 676).

MUITA ATENÇÃO!

Os créditos extraconcursais são aqueles surgidos após a decretação da falência e decorrentes das dívidas adquiridas pela massa e serão pagos com precedência sobre os mencionados anteriormente, na ordem a seguir:

1) às quantias referidas nos arts. 150 e 151 da LRE;

2) ao valor efetivamente entregue ao devedor em recuperação judicial pelo financiador;

3) aos créditos em dinheiro objeto de restituição;

4) às remunerações devidas ao administrador judicial e aos seus auxiliares, aos reembolsos devidos a membros do Comitê de Credores, e aos créditos derivados da legislação trabalhista ou decorrentes de acidentes de trabalho relativos a serviços prestados após a decretação da falência;

MUITA ATENÇÃO!

5) às obrigações resultantes de atos jurídicos válidos praticados durante a recuperação judicial ou após a decretação da falência;

6) às quantias fornecidas à massa falida pelos credores;

7) às despesas com arrecadação, administração, realização do ativo, distribuição do seu produto e custas do processo de falência;

8) às custas judiciais relativas às ações e às execuções em que a massa falida tenha sido vencida;

9) aos tributos relativos a fatos geradores ocorridos após a decretação da falência, respeitada a ordem estabelecida no art. 83 desta Lei. (alterações decorrentes da Lei 14.112/2020)

No Exame Unificado da OAB de julho de 2011 foi formulada a seguinte questão sobre crédito extraconcursal: "A sociedade empresária XYZ Computação Gráfica S.A. teve sua falência decretada. Na correspondente sentença, foi autorizada a continuação provisória das atividades da falida com o administrador judicial, fato esse que perdurou por um período de 10 (dez) meses. Como são juridicamente qualificados os titulares dos créditos trabalhistas relativos a serviços prestados durante esse interregno posterior à decretação da falência? (...) Credores extraconcursais".

G **Pedido de restituição:** o proprietário de bem arrecadado no processo de falência ou que se encontre em poder do devedor na data da decretação da falência poderá pedir sua restituição. Também pode ser pedida a restituição de coisa vendida a crédito e entregue ao devedor nos 15 dias anteriores ao requerimento de sua falência, se ainda não alienada.

A restituição será feita em dinheiro: **1)** se a coisa não mais existir ao tempo do pedido de restituição. Neste caso, o requerente receberá o valor da avaliação do bem ou o valor de venda, em ambos os casos no valor atualizado; **2)** da importância entregue ao devedor, em moeda corrente nacional, decorrente de adiantamento a contrato de câmbio para exportação; **3)** dos valores entregues ao devedor pelo contratante de boa-fé na hipótese de revogação ou ineficácia do contrato; **4)** às Fazendas Públicas, relativamente a tributos passíveis de retenção na fonte, de descontos de terceiros ou de sub-rogação e a valores recebidos pelos agentes arrecadadores e não recolhidos aos cofres públicos. (incluído pela Lei 14.112/2020)

A propósito, sobre o pedido de restituição, o Exame da OAB – abril/2017 formulou a seguinte questão: "Mauriti & Cia Ltda. celebrou contrato de alienação fiduciária em garantia com a sociedade empresária Gama. Com a decretação de falência da fiduciante, o advogado da fiduciária pleiteou a restituição do bem alienado, sendo informado pelo administrador judicial que o bem se encontrava na posse do falido na época da decretação da falência, porém não foi encontrado para ser arrecadado. Considerando os fatos narrados, o credor fiduciário terá direito à restituição em dinheiro do valor da avaliação do bem atualizado? Resposta: Sim, mesmo que o bem alienado não mais exista ao tempo do pedido de restituição ou que não tenha sido arrecadado."

O tema também foi abordado no Exame da OAB 2019.1 com a seguinte situação hipotética: "Jacinto Almenara EIRELI teve um bem de sua propriedade arrecadado pelo administrador judicial na falência de Rubim & Divisa Ltda., mas foi informado que o referido bem já tinha sido alienado pela massa." Resposta correta: Jacinto poderá pleitear a restituição em dinheiro, recebendo o preço obtido com a venda do bem arrecadado, devidamente atualizado, nos termos dos art. 85 e 86 da LRE.

Importante destacar ainda que a sentença que reconhecer o direito do requerente determinará a entrega da coisa no prazo de 48 (quarenta e oito) horas.

5.1 Quanto ao **procedimento para decretação da falência,** importa saber que:

A A falência do devedor será decretada nas seguintes hipóteses:

Impontualidade injustificada	Quando o devedor, **sem relevante razão de direito, não paga**, no vencimento, **obrigação líquida materializada em título executivo protestado** cuja **soma ultrapasse o equivalente a 40 salários-mínimos na data do pedido de falência.** O STJ entende que não são necessários indícios ou provas da situação de insolvência, bastando, assim, a impontualidade do devedor no pagamento de dívida de valor superior a quarenta salários mínimo (REsp 1.532.154-SC, DJe 3/2/2017 – Informativo 596).
Impontualidade injustificada	A propósito, o Exame Unificado 2015.3 apresentou a seguinte situação hipotética: "São João da Baliza Transporte Rodoviário Ltda. sacou duplicata de prestação de serviços no valor de R$ 32.000,00 (trinta e dois mil reais) para recebimento do frete decorrente do transporte de cargas entre ela e Supermercados Caracaraí Ltda. EPP. Diante do inadimplemento do pagamento do frete, a sacadora levou a duplicata a protesto, sem aceite, com vistas a instruir pedido de falência do sacado". Foi assinalada como sendo a resposta correta: "Essa duplicata não aceita, mas protestada, é título hábil para instruir pedido de falência, comprovada a prestação dos serviços". Lembre-se que o **protesto para fins falimentares é obrigatório e visa a comprovar a impontualidade injustificada do devedor empresário**, tornando o título hábil a instruir o pedido de falência.
Execução frustrada	**Executado** por qualquer **quantia líquida**, o devedor **não paga, não deposita e não nomeia à penhora bens suficientes dentro do prazo legal.**
Prática de atos de falência	Exceto se fizer parte de plano de recuperação judicial. O rol é taxativo, a saber: **1)** liquidação precipitada do ativo ou utilização de meio ruinoso ou fraudulento para realizar pagamentos; **2)** realização ou tentativa de realização, por atos inequívocos, com o objetivo de retardar pagamentos ou fraudar credores, negócio simulado ou alienação de parte ou da totalidade de seu ativo a terceiro, credor ou não; **3)** transferência do estabelecimento a terceiro, credor ou não, sem o consentimento de todos os credores e sem ficar com bens suficientes para solver seu passivo; **4)** simulação da transferência de seu principal estabelecimento com o objetivo de burlar a legislação ou a fiscalização ou para prejudicar credor; **5)** dar ou reforçar garantia a credor por dívida contraída anteriormente sem ficar com bens livres e desembaraçados suficientes para saldar seu passivo; **6)** ausentar-se sem deixar representante habilitado e com recursos suficientes para pagar os credores, abandonar estabelecimento ou tentar ocultar-se de seu domicílio, do local de sua sede ou de seu principal estabelecimento; **7)** deixar de cumprir, no prazo estabelecido, obrigação assumida no plano de recuperação judicial (Exame da OAB 2019.3).

MUITA ATENÇÃO!

Segundo STJ, "O sistema falimentar não tem alicerce na insolvência econômica. **O pressuposto para a instauração de processo de falência é a insolvência jurídica, que é caracterizada a partir de situações objetivamente apontadas pelo ordenamento jurídico.** No direito brasileiro, caracteriza a insolvência jurídica, nos termos do art. 94 da Lei 11.101/2005, a impontualidade injustificada (inciso I), execução frustrada (inciso II) e a prática de atos de falência (inciso III). Nesse

MUITA ATENÇÃO! sentido, a insolvência que autoriza a decretação de falência é presumida, uma vez que a lei decanta a insolvência econômica de atos caracterizadores da insolvência jurídica, pois se presume que o empresário individual ou a sociedade empresária que se encontram em uma das situações apontadas pela norma estão em estado pré-falimentar. É bem por isso que se mostra possível a decretação de falência independentemente de comprovação da insolvência econômica. (REsp 1.433.652-RJ, DJ 18/9/2014 – Informativo 550).

B **São legitimados para o requerimento da falência: 1)** o próprio devedor (autofalência); **2)** o cônjuge sobrevivente, qualquer herdeiro do devedor ou o inventariante; **3)** o cotista ou o acionista do devedor na forma da lei ou do ato constitutivo da sociedade; **4)** qualquer credor.

Segundo entendimento do STJ, a expressão **"qualquer credor"** significa que o legislador conferiu ampla legitimidade ativa para o requerimento de decretação de falência do devedor, de modo que, em princípio, estarão todos os credores aptos a fazê-lo. Assim, o STJ adota corrente doutrinária que sustenta que "credores trabalhistas, fiscais, acidentários podem em tese requerer a falência do devedor desde que possuam o título executivo pertinente, seja ele judicial ou extrajudicial e esteja protestado para fins falimentares". (REsp 1.544.267-DF, DJe 6/9/2016 - Informativo n. 589).

C Uma vez **citado o devedor**, ele poderá: **1) contestar** no prazo de **10 dias**; **2)** efetuar o **depósito elisivo** nos pedidos baseados na **impontualidade injustificada e na execução frustrada**, isto é, depositar o valor correspondente ao total do crédito, acrescido de correção monetária, juros e honorários advocatícios, **hipótese em que a falência não será decretada** e **3)** formular **pedido de recuperação judicial**.

D **Sobre a sentença que decreta a falência importa saber que:**

EM RESUMO
a) **com a sentença instaura-se a execução concursal do devedor**, inicia-se o processo falimentar, submetendo a regime jurídico próprio o devedor, seus bens, os atos jurídicos e os credores. Daí possuir essa sentença **natureza constitutiva**.
b) deverá conter os **requisitos gerais** de qualquer sentença (relatório, fundamentação e dispositivo) e os **requisitos específicos** elencados no art. 99 da Lei 11.101/05.
c) **da decisão que decreta a falência cabe agravo de instrumento no prazo de 10 dias. E da sentença que julga a improcedência do pedido cabe apelação.**   Atenção: Segundo entendimento do STJ, é cabível a interposição de agravo de instrumento contra decisões interlocutórias em processo falimentar e recuperacional, ainda que não haja previsão específica de recurso na LRE.   "Apesar da taxatividade, o STJ vem reconhecendo a possibilidade de interpretação extensiva ou analógica das hipóteses dispostas no rol do agravo de instrumento. Deveras, nas interlocutórias sem previsão específica de recurso incidirá o parágrafo único do art. 1.015 do CPC/2015, justamente porque, em razão das características próprias do processo falimentar e recuperacional, haverá tipificação com a *ratio* do dispositivo - qual seja, falta de interesse/utilidade de revisão da decisão apenas no momento do julgamento da apelação -, permitindo a impugnação imediata dos provimentos judiciais." (REsp 1.722.866-MT, DJe 19/10/2018 - Informativo 635)

MUITA ATENÇÃO! Segundo entendimento do STJ, **"o falido tem capacidade para propor ação rescisória para desconstituir a sentença transitada em julgado que decretou a sua falência.** Com a decretação da falência, o falido sofre uma *capitis diminutio* referente aos direitos patrimoniais envolvidos na falência, sendo afastado da administração dos seus bens. Sendo assim, num processo em que se discuta, por exemplo, a venda desses bens, o falido apenas poderia acompanhá-lo como assistente. Ele não poderia, portanto, tomar a iniciativa das ações com relação a bens da massa. Entretanto, no caso em que se pretenda rescindir a m decisão que decreta a falência, a situação é diferente. Nesse caso, nem a massa nem os credores têm interesse na desconstituição da decretação da falência. Realmente, o falido é o único interessado. Por isso, se a legitimidade deste para propor a rescisão do decreto falimentar fosse retirada, ele ficaria eternamente falido, ainda que injustamente, ainda que contrariamente à ordem legal". (REsp 1.126.521-MT, DJ 26/3/2015 – Informativo 558)

? **QUESTÃO:** O que se entende por termo legal da falência?

➥ ***RESPOSTA:*** *Consiste no período de tempo imediatamente anterior à decretação da falência, também chamado de período suspeito, cujos atos praticados pelo falido podem ser declarados ineficazes em relação à massa. O juiz não pode retrotrair o termo legal por mais de 90 dias contados: 1) do pedido de falência; 2) do pedido de recuperação judicial ou 3) do 1º protesto por falta de pagamento, excluindo-se, para esta finalidade, os protestos que tenham sido cancelados.*

E Lembre-se, no entanto, que **o juiz pode proferir sentença denegatória da falência** com base nos seguintes **fundamentos: 1) improcedência do pedido** (hipóteses do art. 96, LRE, tais como prescrição, falsidade do título, nulidade do título, etc.) ou **2) realização do depósito elisivo**.

Da sentença que julga a improcedência do pedido cabe apelação no prazo de 15 dias.

MUITA ATENÇÃO! Em caso de sentença denegatória da falência, se o requerente da falência tiver agido com dolo manifesto, será condenado na própria sentença que julgar improcedente o pedido, a indenizar o devedor. Se, todavia, o requerente da falência tiver agido com culpa, de forma abusiva ou se o dolo não for manifesto, o requerido pode, por ação própria, reclamar indenização em face do requerente da falência.

DIREITO EMPRESARIAL

5.2 Quanto aos **efeitos da decretação da falência** importa saber que:

Principais efeitos da decretação da falência quanto:	
à pessoa do falido	1) fica **inabilitado para exercer qualquer atividade empresarial** a partir da decretação da falência e até a sentença que extingue suas obrigações; 2) **perda do direito de administrar os seus bens ou deles dispor**; 3) **não se ausentar do lugar onde se processa a falência**; 4) **comparecer a todos os atos da falência;** 5) **prestar as informações** reclamadas pelo juiz, administrador judicial, credor ou MP sobre circunstâncias e fatos que interessem à falência;
à pessoa do falido	6) **auxiliar o administrador judicial** com zelo e presteza; 7) observância das **demais obrigações elencadas no art. 104 da LRE**; etc.
aos bens do falido	são **arrecadados pelo administrador judicial**, com exceção dos absolutamente impenhoráveis, constituindo, assim, a **massa falida objetiva**.
aos credores do falido	1) constituição da **massa falida subjetiva**, formada por aqueles que integram o quadro geral de credores; 2) **suspensão das execuções ajuizadas contra o devedor**, inclusive daquelas dos credores particulares do sócio solidário, relativas a créditos ou obrigações sujeitos à recuperação judicial ou à falência. A propósito, no Exame da OAB 2018.2 foi apresentado o seguinte caso hipotético: "Antes da decretação de falência da sociedade Talismã & Sandolândia Ltda., foi ajuizada ação de execução por título extrajudicial por Frigorífico Rio Sono Ltda., esta enquadrada como empresa de pequeno porte. Com a notícia da decretação da falência pela publicação da sentença no Diário da Justiça, o advogado da exequente tomará ciência de que a execução do título extrajudicial (...)." Resposta correta: "está suspensa, devendo o credor se submeter às regras do processo falimentar e ter seu crédito verificado e classificado" (aplicação do art. 99, LRE).
às obrigações do falido	1) **vencimento antecipado das dívidas** do devedor e dos sócios ilimitada e solidariamente responsáveis; 2) **suspensão** do exercício do **direito de retenção** sobre os bens sujeitos à arrecadação; 3) **suspensão** do exercício do **direito de retirada ou de recebimento do valor** de suas cotas ou ações, por parte dos sócios da sociedade falida; A propósito, o Exame da OAB 2019.2 abordou o tema da seguinte forma: "Ribamar é sócio da sociedade empresária Junco, Fiquene & Cia. Ltda. Após uma infrutífera negociação de plano de recuperação judicial, a assembleia de credores rejeitou o plano, acarretando a decretação de falência da sociedade. O desgaste, que já existia entre Ribamar e os demais sócios, intensificou-se com a decretação da falência, ensejando pedido de retirada da sociedade, com base nas disposições reguladoras da sociedade limitada". Resposta correta: "A decretação da falência suspende o exercício do direito de retirada do sócio Ribamar."

Principais efeitos da decretação da falência quanto:	
às obrigações do falido	4) **cumprimento do contrato bilateral e do contrato unilateral** pelo administrador judicial, mediante autorização do Comitê, **se esse cumprimento reduzir ou evitar o aumento do passivo da massa falida ou for necessário à manutenção e preservação dos seus ativos**, salvo se houver previsão contratual da **cláusula de resolução por falência;** 5) observância das **regras específicas estabelecidas nos arts. 119 a 121 da LRE** aplicáveis a algumas categorias de contratos bilaterais; etc. (Exame Unificado 2014.3). A título exemplificativo, o inciso III do art. 119 estabelece a seguinte regra: "não tendo o devedor entregue coisa móvel ou prestado serviço que vendera ou contratara a prestações, e resolvendo o administrador judicial não executar o contrato, o crédito relativo ao valor pago será habilitado na classe própria".
às obrigações do falido	Sobre essa regra específica, o Exame Unificado 2015.2 apresentou o seguinte caso: "José adquiriu dois refrigeradores a prazo numa das filiais de Comércio de Eletrodomésticos Ltda., tendo efetuado pagamento de entrada no valor de 50% do preço. Foi decretada a falência da vendedora e esta não entregou a mercadoria. Interpelado o administrador judicial, este resolveu não executar o contrato". A alternativa assinalada como sendo a correta foi: O comprador terá seu crédito relativo ao valor pago habilitado como quirografário na falência.
aos atos do falido	O legislador enumerou no **art. 129 da LRE os atos ineficazes** em relação à massa e os **atos revogáveis no art. 130 da LRE**. Embora cada um deles tenha suas peculiaridades, **a verdade é que tanto o ato ineficaz como o ato revogável não produz efeitos perante a massa**. Vejamos: **1) Atos ineficazes: I.** pagamento de dívidas não vencidas realizado pelo devedor dentro do termo legal; **II.** pagamento de dívidas vencidas e exigíveis realizado dentro do termo legal; **III.** constituição de direito real de garantia, inclusive a retenção, dentro do termo legal, tratando-se de dívida contraída anteriormente; se os bens dados em hipoteca forem objeto de outras posteriores, a massa falida receberá a parte que devia caber ao credor da hipoteca revogada; **IV.** prática de atos a título gratuito, desde 02 anos antes da decretação da falência; **V.** renúncia à herança ou a legado, até 02 anos antes da decretação da falência; **VI.** venda ou transferência de estabelecimento feita sem o consentimento expresso ou o pagamento de todos os credores, a esse tempo existentes, não tendo restado ao devedor bens suficientes para solver o seu passivo, salvo se, no prazo de 30 dias, não houver oposição dos credores; **VII.** os registros de direitos reais e de transferência de propriedade entre vivos, por título oneroso ou gratuito, ou a averbação relativa a imóveis realizados após a decretação da falência, salvo se tiver havido prenotação anterior. **OBS: A ineficácia poderá ser declarada de ofício pelo juiz, alegada em defesa ou pleiteada mediante ação própria ou incidentalmente no curso do processo. Independe da caracterização da fraude.** A propósito, confira a questão formulada no Exame Unificado da OAB de fevereiro de 2011: "A sociedade empresária denominada KLM Fábrica de Móveis Ltda. teve a sua falência decretada. No curso do processo, restou apurado que a sociedade, pouco

Principais efeitos da decretação da falência quanto:	
aos atos do falido	antes do ajuizamento do requerimento que resultou na decretação de sua quebra, havia promovido a **venda de seu estabelecimento, independentemente do pagamento de todos os credores ao tempo existentes, ou do consentimento destes**, de modo expresso ou tácito, e sem que lhe restassem bens suficientes para solver o seu passivo. Diante desse quadro, é correto afirmar que a alienação é: (...) **ineficaz em relação à massa falida**." **2) Atos revogáveis:** são os atos praticados com a intenção de prejudicar credores, provando-se o conluio fraudulento entre o devedor e o terceiro que com ele contratar e o efetivo prejuízo sofrido pela massa falida, dependendo para tanto do ajuizamento da ação revocatória.

5.2.1 Quanto à ação revocatória importa saber: 1) cabível na hipótese do art. 130 da LRE, isto é, contra os atos praticados com a intenção de prejudicar credores, provando-se o conluio fraudulento entre o devedor e o terceiro que com ele contratar e o efetivo prejuízo sofrido pela massa falida.; **2)** legitimidade ativa: administrador judicial, por qualquer credor ou pelo MP no prazo de 03 anos contados da decretação da falência; **3)** legitimidade passiva: contra todos os que figuraram no ato ou que por efeito dele foram pagos, garantidos ou beneficiados; contra os terceiros adquirentes, se tiveram conhecimento, ao se criar o direito, da intenção do devedor de prejudicar os credores; contra os herdeiros ou legatários das pessoas indicadas anteriormente; **4)** a ação revocatória correrá perante o juízo da falência e obedecerá ao procedimento ordinário previsto no CPC; **5)** da sentença cabe apelação.

A propósito, foi formulada a seguinte questão no Exame da OAB de novembro de 2017: "O empresário individual Ives Diniz, em conluio com seus dois primos, realizou empréstimos simulados a fim de obter crédito para si; por esse e outros motivos, foi decretada sua falência. No curso do processo falimentar, o administrador judicial verificou a prática de outros atos praticados pelo devedor e seus primos, antes da falência; entre eles, a transferência de bens do estabelecimento a terceiros lastreados em pagamentos de dívidas fictícias, com nítido prejuízo à massa. De acordo com o enunciado e as disposições da Lei de Falência e Recuperação de Empresas, o advogado contratado pelo administrador judicial para defender os direitos e interesses da massa deverá (...)". Alternativa correta: "ajuizar ação revocatória em nome da massa falida no juízo da falência".

5.2.2 Considerações finais: Arrecadados os bens, inicia-se a realização do ativo, que consiste na alienação destes pelo administrador judicial, na forma dos arts. 139 a 148 da LRE.

MUITA ATENÇÃO!

Os pagamentos aos credores serão feitos na seguinte ordem:

1) os créditos trabalhistas de natureza estritamente salarial vencidos nos 03 meses anteriores à decretação da falência, até o limite de 5 salários-mínimos por trabalhador;

2) as restituições de que trata o parágrafo único do art. 86 da LRE;

3) os créditos extraconcursais na ordem do art. 84 da LRE; e

4) os créditos concursais na ordem do art. 83 da LRE.

5.2.3 Encerramento da falência e extinção das obrigações do falido: 1) após a apresentação do relatório final pelo administrador judicial, o juiz encerrará a falência por sentença e ordenará a intimação eletrônica às Fazendas Públicas federal e de todos os Estados, Distrito Federal e Municípios em que o devedor tiver estabelecimento e determinará a baixa da falida no CNPJ; **2)** o prazo prescricional relativo às obrigações do falido recomeça a correr a partir do dia em que transitar em julgado a sentença do encerramento da falência; **3)** extingue as obrigações do falido com: I – o pagamento de todos os créditos; II – o pagamento, após realizado todo o ativo, de mais de 25% dos créditos quirografários, facultado ao falido o depósito da quantia necessária para atingir a referida porcentagem se para isso não tiver sido suficiente a integral liquidação do ativo; III – o decurso do prazo de 03 anos, contado da decretação da falência, ressalvada a utilização dos bens arrecadados anteriormente, que serão destinados à liquidação para a satisfação dos credores habilitados ou com pedido de reserva realizado; IV – o encerramento da falência nos termos dos arts. 114-A ou 156 da LRE. (alterações decorrentes da Lei 14.112/2020)

6. RECUPERAÇÃO EXTRAJUDICIAL (ARTS. 161 A 167)

Sobre a recuperação extrajudicial importa saber:

A É um **instituto facultativo** e pode o devedor escolher os credores que pretende incluir no plano de recuperação, sendo que estes credores poderão ou não aderir ao plano.

B Créditos excluídos da recuperação extrajudicial: créditos de natureza tributária e aqueles previstos no § 3º do art. 49 e no inciso II do caput do art. 86 da LRE, e a sujeição dos créditos de natureza trabalhista e por acidentes de trabalho exige negociação coletiva com o sindicato da respectiva categoria profissional. (redação dada pela Lei 14.112/2020).

C Requisitos para homologação do plano de recuperação: **1) subjetivos**: art. 161, § 3º, LRE e **2) objetivos**: arts. 161, § 2º, 163, § 1º, in fine, 163, § 4º e 163, § 5º, LRE.

D Pedido de homologação não suspende ações nem pedidos de falência.

Após a distribuição do pedido de homologação, os credores não poderão desistir da adesão ao plano, salvo com a anuência expressa dos demais signatários, nos termos do §5º, art. 161 da LRE (Exame da OAB 2019.2).

E O plano de recuperação extrajudicial produz efeitos após sua homologação judicial. É lícito, contudo, que o plano estabeleça a produção de efeitos anteriores à homologação, desde que exclusivamente em relação à modificação do valor ou da forma de pagamento dos credores signatários (Exame Unificado 2014.2).

F Procedimento: art. 164 da LRE. O pedido de homologação pode ser impugnado e é decidido por sentença recorrível por meio de apelação.

DICA IMPORTANTE

Nos exames da OAB invariavelmente há pelo menos uma questão tratando do direito falimentar, razão pela qual se mostra imprescindível a leitura da Lei nº 11.101/2005 (LRE), especialmente com as alterações e acréscimos significativos trazidos pela Lei 14.112/2020. De novo reforça-se que o nível de detalhe é alto e requer do candidato o conhecimento da literalidade da lei.

BIBLIOGRAFIA RECOMENDADA

LEITURA BÁSICA

- CHAGAS, Edilson Enedino das. **Direito Empresarial Esquematizado.** 5ª ed. São Paulo: Saraiva Educação.
- COELHO, Fábio Ulhoa. **Manual de Direito Comercial.** São Paulo: Saraiva.
- GONÇALVES, Maria Gabriela V.P Rios; GONÇALVES, Victor Eduardo Rios. **Direito Comercial: direito de empresa e sociedades empresárias**. Sinopses Jurídicas (volumes 21, 22 e 23). São Paulo: Saraiva.
- MARTINS, Fran. **Curso de Direito Comercial.** Rio de Janeiro: Forense.
- NERY JUNIOR, Nelson; NERY, Rosa Maria de Andrade. **Código civil anotado e legislação civil extravagante em vigor**. São Paulo: RT.
- PROENÇA, José Marcelo Martins. **Direito Comercial** (volumes 1 e 2). Coleção Curso & Concurso. São Paulo: Saraiva.
- RAMOS, André Luiz Santa Cruz. **Direito Empresarial Esquematizado**. São Paulo: Método.
- TOMAZETTE, Marlon. Curso de **Direito Empresarial**. 9 ed. São Paulo: Saraiva Educação.

OBRAS PARA APROFUNDAMENTO

- CARVALHOSA, Modesto. **Comentários à Lei de Sociedades Anônimas (4 volumes).** São Paulo: Saraiva.
- COELHO, Fábio Ulhoa. **Comentários à Nova Lei de Falências e de Recuperação de Empresas (Lei nº 11.101, de 9-2-2005)**. São Paulo: Saraiva.
- COSTA, Wille Duarte. **Títulos de Crédito**. Belo Horizonte: Del Rey.
- FAZZIO JÚNIOR, Waldo. **Lei de Falência e Recuperação de Empresas**. São Paulo: Atlas.
- GONÇALVES NETO, Alfredo de Assis. **Direito de Empresa: comentários aos artigos 966 a 1.195 do Código Civil**. São Paulo: RT.
- NEGRÃO, Ricardo. **Manual de Direito Comercial e de Empresa (3 volumes).** São Paulo: Saraiva.
- REQUIÃO, Rubens. **Curso de Direito Comercial** (2 volumes). São Paulo: Saraiva.

DIREITO TRIBUTÁRIO

MILTON BANDEIRA NETO

CAPÍTULO I
NOÇÕES INTRODUTÓRIAS

1. CONCEITO DE DIREITO TRIBUTÁRIO

Direito Tributário é o ramo do **direito público** que regula as **relações jurídicas** concernentes à instituição e exigência dos **tributos** e **outras obrigações** a eles relacionadas, com o fim de **assegurar ao Estado** a obtenção de **recursos** necessários à consecução dos **fins** que o ordenamento jurídico lhe impõe (Alexandrino; Paulo, 2007, p. 03).

A **Ramo do direito público:** do conceito, verificamos ser o Direito Tributário ramo do direito público, sendo, com efeito, balizado pelos **princípios da supremacia do interesse público** e **da indisponibilidade do interesse público**. Dessa forma, a obrigação de pagar o tributo não depende da vontade do contribuinte, esse é compelido pela lei a fazê-lo.

B **Relação jurídica tributária:** ainda do conceito, verificamos tratar-se o vínculo entre o sujeito ativo (Estado) e o sujeito passivo (contribuinte ou responsável) **de relação nitidamente obrigacional**, imposta unilateralmente pelo Estado através de lei, com caráter eminentemente patrimonial. Nessa relação, sempre teremos no **polo ativo** uma pessoa jurídica de direito público e no **polo passivo** um devedor (pessoa física ou jurídica).

C **Atividade financeira do estado:** cumpre ressaltar, a necessidade de o Estado **carrear recursos financeiros** aos cofres públicos, com a finalidade de desempenhar suas **funções típicas**, isto é, manutenção da máquina estatal (Executivo, Legislativo e Judiciário) e promoção do bem comum (saúde, educação, segurança, infraestrutura etc.). Para esse fim, pode tanto **explorar seu próprio patrimônio** (**receita originária**), como também instituir **tributos** a serem cobrados dos administrados (**receita derivada**). No que toca aos tributos, esses têm seu fundamento na solidariedade fiscal, ou seja, se vivemos em um Estado Democrático de Direito, cabe a cada um, na medida de sua capacidade econômica/contributiva, contribuir para o sustento desse Estado.

2. CONCEITO DE TRIBUTO

O art. 3º do CTN prevê o conceito legal de tributo: "Tributo é toda **prestação pecuniária compulsória**, em **moeda ou cujo valor nela se possa exprimir**, que **não constitua sanção de ato ilícito**, instituída em **lei** e cobrada mediante **atividade administrativa plenamente vinculada**".

A **Prestação pecuniária compulsória: pecúnia** quer dizer **dinheiro**, sendo a "obrigação de dar" dinheiro ao Fisco obrigação tributária principal; **compulsória** quer dizer **obrigatória**, não cabe cogitar autonomia da vontade, o devedor é obrigado pela lei a recolher o tributo devido aos cofres públicos.

B **Em moeda ou cujo valor nela se possa exprimir:** a referência à **moeda** é **redundante**, pois, conforme visto acima, **prestação pecuniária** tem que ser em moeda. Em relação à expressão **"ou cujo valor possa nela se exprimir"**, alguns autores entendem estar aqui autorização para que os contribuintes paguem tributos através de dação de bens (ex.: dação de bens imóveis); outros entendem estar autorizado o uso de indexadores facilitando a atualização do valor monetário dos tributos (ex.: UFIR); outros, ainda, entendem estar autorizado o pagamento de tributos com títulos da dívida pública, embora nesse caso seria necessária lei específica autorizando tal procedimento, como ocorre com os títulos da dívida agrária (TDA).

C **Não constitua sanção de ato ilícito:** os conceitos de tributo e multa se confundiriam sem esse elemento fundamental. A obrigação de pagar a multa também é uma obrigação pecuniária compulsória instituída em lei e cobrada mediante atividade administrativa vinculada, entretanto, sua aplicação pressupõe a ocorrência de um **ato ilícito**. O **tributo incide sobre um fato econômico neutro** (ex.: compra e venda; auferir renda; operação financeira etc.). Posteriormente, veremos que não importa se esse fato econômico foi decorrente de atividade lícita ou ilícita, **princípio da** *pecunia non olet* – dinheiro não tem cheiro-, pouco importando se os rendimentos tiveram origem lícita ou ilícita. A **multa**, entre elas a multa tributária, **constitui essencialmente sanção de ato ilícito**, justamente o que o tributo **não** pode ser conforme art. 3º do CTN acima transcrito.

D **Instituída em lei:** reflexo do **princípio da legalidade**, sendo a obrigação tributária imposta unilateralmente pelo poder público, somente através de **lei** pode-se obrigar alguém a cumpri-la. Em teoria, somente pagamos tributos que concordamos em pagar. Ocorre da seguinte forma: vivemos em uma democracia representativa, votamos em representantes (deputados, senadores, vereadores etc.) que nos "representam" nas respectivas casas legislativas, onde são propostos, votados e aprovados projetos de lei que instituem tributos que somos obrigados a pagar. Simples assim!

E Atividade administrativa plenamente vinculada: reflexo do **princípio da indisponibilidade do interesse público**, não há margem de decisão para a autoridade fazendária. Se ela tomar conhecimento da ocorrência do fato gerador do tributo, deve ser o crédito tributário devidamente constituído e cobrado.

3. NATUREZA JURÍDICA DO TRIBUTO – CLASSIFICAÇÃO

A **natureza jurídica específica do tributo** é determinada pelo **fato gerador** da respectiva obrigação, sendo **irrelevantes** para qualificá-la a **denominação** e demais características formais adotadas pela lei, bem como a **destinação** legal do **produto da arrecadação** (art. 4º, do CTN). Com efeito, para o CTN, o que importa para a definição da natureza jurídica do tributo é seu fato gerador, não importando qualquer outra característica.

A Tributos vinculados e não vinculados:

Da definição legal, podemos classificar, juntamente com a doutrina tradicional, os tributos em **vinculados** e **não vinculados**.

Tributos **vinculados** seriam aqueles cujo fato gerador faria referência a alguma atividade estatal para com o contribuinte (contraprestação/referibilidade), a exemplo das **taxas** e **contribuições de melhoria**. Na primeira (**taxa**), o fato gerador pode ser o **exercício do poder de polícia** ou **utilização**, efetiva ou potencial, de **serviços públicos** específicos e divisíveis, prestados ao contribuinte ou postos à sua disposição (art. 77, do CTN e 145, II, da CF); no segundo (**contribuição de melhoria**), o fato gerador é o **acréscimo patrimonial decorrente de obra pública**.

Tributos **não vinculados** seriam aqueles cujo fato gerador **não decorre de nenhuma atividade estatal específica** (não há contraprestação/referibilidade), o **fato gerador será um fato econômico**, uma **demonstração de riqueza do contribuinte**, sobre a qual incidirá uma alíquota, a exemplo do que ocorre com o **imposto de renda** (fato econômico = auferir renda), **IPVA** (fato econômico = propriedade de veículo automotor), **ISS** (fato econômico = prestação de serviços) etc. Por definição, os **impostos são tributos NÃO VINCULADOS** (art. 16, do CTN).

B Tributos fiscais, extrafiscais e parafiscais:

Outra famosa classificação leva em conta a finalidade principal do tributo, dividindo-os em fiscal, extrafiscal e parafiscal.

Se a finalidade principal do tributo é carrear recursos aos cofres públicos, este tributo será classificado como **fiscal**.

Se a finalidade principal do tributo **não** for carrear recursos aos cofres do Estado, mas sim **intervir numa situação econômica ou social,** estaremos diante de um tributo precipuamente **extrafiscal**.

Se por outro lado, a finalidade do tributo é **arrecadar recursos**, mas o **destino do produto da arrecadação** não for o próprio Estado e sim **uma entidade que desempenhe uma atividade de interesse do Estado**, como é o caso do SENAI, SEBRAE, SESC entre outras, estaremos diante de um tributo tipicamente **parafiscal**.

C Tributos reais e pessoais:

Há ainda outra classificação que divide os tributos em **reais** e **pessoais**.

Reais seriam aqueles tributos que incidiriam sobre bens ou outro fato econômico **sem levar em conta as características pessoais do contribuinte**, seriam exemplos o **IPTU** (incide sobre o valor venal do bem imóvel sem levar em conta as características pessoais do proprietário) e da mesma forma o **IPVA**.

Pessoais, ao contrário, seriam aqueles que levariam em conta as características individuais do contribuinte, a exemplo do imposto de renda com suas alíquotas progressivas e possibilidade de dedução de despesas com saúde, educação, ensino etc.

4. ESPÉCIES TRIBUTÁRIAS

Nos termos do art. 5º do CTN, os tributos são: **impostos, taxas** e **contribuições de melhoria.** Desta forma, para o CTN, os tributos se restringiriam às três espécies citadas – teoria tripartida ou tricotômica dos tributos – teoria esta que por muito tempo gozou de primazia na doutrina brasileira.

Ocorre que o Código Tributário Nacional foi editado em 25 de outubro de 1966, muito anteriormente à Constituição Federal de 1988. Com o advento desta, cada vez mais ganhou força o movimento que defendia não estarem os tributos restritos às três espécies previstas no art. 5º do CTN.

A seu turno, a CF/88 trouxe pelo menos mais duas espécies com natureza inequivocamente tributárias –

empréstimos compulsórios e as **contribuições especiais**, tendo tratado delas na Seção referente ao Sistema Tributário Nacional.

Ao se deparar com o tema, o **STF reconheceu no ordenamento jurídico brasileiro cinco espécies tributárias** (teoria pentapartida ou quinquipartida): **impostos, taxas, contribuições de melhorias, empréstimos compulsórios e contribuições especiais.**

Portanto, prevalece hoje a teoria pentapartida ou quinquipartida das espécies tributárias.

EM RESUMO: Principais teorias das espécies tributárias	
Teoria Tripartida (CTN)	Impostos
	Taxas
	Contribuições de melhoria
Teoria Pentapartida (STF)	Impostos
	Taxas
	Contribuições de melhoria
	Empréstimos Compulsórios
	Contribuições Especiais

Registre-se ainda, embora de menor relevância, a existência de duas outras teorias: a **bipartida** ou bipartite que afirma existirem apenas duas espécies de tributos (impostos e taxas); e a **quadripartida** ou tetrapartite, sendo esta praticamente igual à pentapartida (STF), porém juntando todas as contribuições em uma só espécie.

Fiquemos, portanto, com a teoria majoritária e encampada pelo STF, qual seja, a **pentapartida**.

A Imposto: é o tributo cuja obrigação tem por **fato gerador** uma **situação independente de qualquer atividade estatal específica**, relativa ao contribuinte (art. 16, do CTN). Portanto, o imposto é tributo **NÃO VINCULADO** a nenhuma atividade estatal para com o contribuinte (não há contraprestação/referibilidade), seu fato gerador será um fato econômico, uma manifestação de riqueza, demonstrando a capacidade contributiva do sujeito passivo, exemplo: auferir renda (IR), ser proprietário de um imóvel urbano (IPTU), importar produtos (Imposto de Importação) etc.

Nos termos do art. 145, § 1º, da CF, "**sempre que possível**, os **IMPOSTOS** terão **caráter pessoal** e serão **graduados** segundo a **capacidade econômica do contribuinte**, facultado à administração tributária, especialmente para conferir efetividade a esses objetivos, identificar, respeitados os direitos individuais e nos termos da lei, o patrimônio, os rendimentos e as atividades econômicas do contribuinte".

Aí está o famoso **princípio da capacidade contributiva**, aplicável aos **impostos**, sempre que possível. Entretanto, conforme já decidiu o STF, embora previsto para os impostos, nada impede a aplicação do princípio da capacidade contributiva às demais espécies tributárias (ex.: taxa – RE 232.393).

Ponto interessante é a destinação das receitas decorrentes dos impostos. Essas são destinadas às despesas gerais/universais do Estado (*uti universi*), havendo inclusive proibição constitucional de vinculação de sua destinação a fundo, órgão ou despesa específica, salvo exceções previstas no corpo da própria Constituição (art. 167, IV, da CF).

B Taxa: a União, os Estados, o Distrito Federal e os Municípios poderão instituir **taxas**, em razão do **exercício regular do poder de polícia** ou pela **utilização, efetiva ou potencial**, de **serviços públicos específicos e divisíveis, prestados** ao contribuinte **ou postos à sua disposição** (art. 145, II, da CF). Destarte, dois são os fatos geradores que dão ensejo à instituição de taxas: **o exercício do poder de polícia**; e a **utilização, efetiva ou potencial, de serviço público**. Com efeito, trata-se de **tributo vinculado.**

MUITA ATENÇÃO!

A Constituição em seu art. 145, § 2º, determina que: "As taxas não poderão ter base de cálculo própria de impostos". Entretanto, a Súmula Vinculante nº 29 do STF prevê: "É constitucional a adoção, no cálculo do valor de taxa, de um ou mais elementos da base de cálculo própria de determinado imposto, desde que não haja integral identidade entre uma base e outra".

B.1 Taxa de polícia: seu **fato gerador** é o **exercício regular do poder de polícia**. O art. 78 do CTN define poder de polícia: "considera-se **poder de polícia** atividade da Administração Pública que, **limitando** ou **disciplinando direito**, **interesse** ou **liberdade**, regula a **prática de ato ou abstenção de fato**, **em razão de interesse público** concernente à segurança, à higiene, à ordem, aos costumes, à disciplina da produção e do mercado, ao exercício de atividades econômicas dependentes de concessão ou autorização do Poder Público, à tranquilidade pública ou ao respeito à propriedade e aos direitos individuais ou coletivos".

O STF considera regular exercício de poder de polícia quando existir **órgão de fiscalização estruturado**, em **efetivo funcionamento**, não havendo necessidade de que todos os sujeitos passivos tenham sido um a um fiscalizados (RE 416.601). Exemplo de taxas de polícia consideradas constitucionais pelo STF: taxa de fiscalização de mercados mobiliários; taxa de localização e funcionamento; taxa de fiscalização dos serviços notariais; taxa de controle e fiscalização ambiental – TCFA, taxa de fiscalização de anúncios entre outras.

B.2 **Taxa de serviço público:** seu **fato gerador** é a **utilização**, **efetiva** ou **potencial**, de **serviços públicos** específicos e divisíveis. **Específicos** são aqueles que podem ser destacados em unidades autônomas – o usuário sabe por qual serviço está recolhendo a taxa (art. 79, I, do CTN). **Divisíveis** são aqueles suscetíveis de utilização, separadamente, por cada um dos usuários – possibilidade de identificar os usuários do serviço (art. 79, II, do CTN).

Ressalte-se que a utilização pode ser **potencial**, desde que o serviço seja de **utilização compulsória**, por exemplo, serviço de coleta de lixo. Desta forma, autorizada estará a cobrança da taxa mesmo que o contribuinte **não o utilize efetivamente** – ex.: apartamento fechado. Exemplo de taxa de serviço considerada **constitucional** pelo STF: taxa de coleta de lixo. Por outro lado, o STF declarou **inconstitucional** (Súmula 670 e Súmula Vinculante nº 41) a **antiga** taxa de iluminação pública (TIP), substituída pela atual contribuição para custeio do serviço de iluminação pública – COSIP – (art. 149-A da CF), que até o momento é considerada constitucional.

? **QUESTÃO:** Suponha que uma unidade federativa tenha instituído uma taxa pela utilização do serviço público. Para que essa taxa atenda aos requisitos constitucionais mínimos, é indispensável que a utilização desse serviço seja: **efetiva** ou **potencial** (**exame unificado de set./08**).

No exame unificado de nov/13 foi cobrada a seguinte **QUESTÃO:** Segundo o entendimento do STF, a taxa cobrada exclusivamente em razão dos serviços públicos de coleta, remoção e tratamento ou destinação de lixo ou resíduos provenientes de imóveis, é: **constitucional, por não violar o conceito constitucional de taxa** (resposta correta).

Já no exame unificado de ago/18 foi cobrada a seguinte **QUESTÃO**: "José, preocupado com o meio ambiente, faz uso de um processo caseiro de transformação do lixo orgânico em adubo, bem como separa o lixo inorgânico, destinando-o à reciclagem. Por isso, sempre que os caminhões que prestam o serviço público de coleta de lixo passam por sua casa, não encontram lixo a ser recolhido. José, então, se insurge contra a cobrança da taxa municipal de coleta de lixo proveniente de imóveis, alegando que, como não faz uso do serviço, a cobrança em relação a ele é indevida". A resposta correta era: "A cobrança é devida, pois o serviço está sendo potencialmente colocado à disposição do contribuinte".

C **Contribuição de melhoria:** a União, os Estados, o Distrito Federal e os Municípios poderão instituir contribuição de melhoria, **decorrente de obras públicas** (art. 145, III, da CF). Trata-se de **tributo vinculado**, isto é, sua instituição depende de alguma atividade estatal para com o contribuinte, no caso, obra pública da qual decorra valorização dos imóveis dos potenciais contribuintes. Importante ressaltar, ao contrário do que possa parecer, o **fato gerador** deste tributo **não** é a obra pública; na verdade, **o fato gerador é valorização imobiliária**, conforme já decidiu o STF – a melhoria é a valorização imobiliária (RE 114.069).

No **exame unificado de set/08** foi proposta a seguinte **QUESTÃO:** "Se o governo criar um tributo sobre a utilização dos serviços públicos de defesa nacional destinado a cobrir os custos de manutenção das forças armadas, nesse caso, a natureza jurídica de tal exação". A resposta correta era "**não será de contribuição de melhoria, porque não haverá obra envolvida**".

A contribuição de melhoria possui dois limites para sua cobrança (art. 81 do CTN): um total e outro individual: a) O **limite total** é o valor da obra pública, isto é, o ente público não pode cobrar mais do que gastou com a obra (vedação ao enriquecimento sem causa); b) O **limite individual** é o próprio acréscimo ao valor do imóvel ocasionado pela obra pública, ou seja, é a diferença entre os valores iniciais e finais dos imóveis beneficiados.

No exame unificado de abr./17 foi cobrada a seguinte questão: "O Município Alfa realizou obras nas praças públicas de determinado bairro, incluindo iluminação e arborização. Tais obras acarretaram a valorização imobiliária de dezenas de residências daquela região. Em decorrência disso, o município instituiu contribuição de melhoria". A resposta correta era: "É válida, porque foi instituída para fazer face ao custo de obra pública da qual decorre a valorização imobiliária".

Por fim, o STF entende que o mero recapeamento de via pública já asfaltada, sem configurar a valorização do imóvel, não pode ensejar a cobrança da contribuição de melhoria (RE 116.148). Entretanto, a pavimentação nova pode vir a ocasionar benefício direto a imóvel determinado ensejando a cobrança da contribuição de melhoria.

D **Empréstimos compulsórios:** a União, mediante **lei complementar**, poderá instituir empréstimos compulsórios: **para atender a despesas extraordinárias, decorrentes de calamidade pública, de guerra externa ou sua iminência**; no **caso de investimento público de caráter urgente e de relevante interesse nacional**, observado o disposto no art. 150, III, "b" (art. 148 da CF). É tributo da competência exclusiva da União, tendo a particularidade de ser **restituível**, estando seus **recursos vinculados à despesa que fundamentou sua instituição** (art. 148, parágrafo único, da CF).

No exame unificado de 2021.2 foi cobrada a seguinte QUESTÃO: A Assembleia Legislativa do Estado Alfa, castigado por chuvas torrenciais que causaram graves enchentes, aprovou lei complementar estadual de iniciativa parlamentar que instituiu empréstimo compulsório sobre a aquisição de veículos automotores no território estadual, vinculando os recursos obtidos ao combate dos efeitos das enchentes. Diante desse cenário, assinale a afirmativa correta. A resposta correta era: O Estado não pode instituir empréstimos compulsórios. **Atenção:** sua instituição **somente** será possível por **lei complementar** (questão recorrente nas provas para OAB e concursos em geral). No caso de sua instituição para **atender a despesas extraordinárias, decorrentes de calamidade pública, de guerra externa ou sua iminência,** não precisa respeitar os princípios da anterioridade e noventena (serão vistos no próximo capítulo); já no caso de **investimento público de caráter urgente e de relevante interesse nacional,** o tributo estará **sujeito** aos princípios da **anterioridade e da noventena**.

No **exame unificado de fev/19** foi proposta a seguinte QUESTÃO: A União, diante de grave desastre natural que atingiu todos os estados da Região Norte, e considerando ainda a severa crise econômica e financeira do país, edita Medida Provisória, que institui Empréstimo Compulsório, para que as medidas cabíveis e necessárias à reorganização das localidades atingidas sejam adotadas. A resposta correta era: O Empréstimo Compulsório deve ser instituído por meio de Lei Complementar, sendo vedado pela CRFB/88 que Medida Provisória trate desse assunto.

Vale ressaltar que as situações descritas no art. 148 da CF (despesas extraordinárias, guerra externa, investimento público urgente etc.) **não são fatos geradores do tributo**, são, na verdade, hipóteses autorizativas de sua instituição; o **fato gerador será um fato econômico a ser descrito pelo legislador** quando da instituição do tributo. O STF entende que a devolução dos valores deve ser em moeda, não podendo ser entregues títulos da dívida pública ou qualquer outra coisa que não dinheiro.

? **QUESTÃO:** José recebeu auto de infração pelo inadimplemento de determinado tributo instituído por lei ordinária. José contesta a exigência fiscal sob o argumento, correto, de que o tributo em questão deveria ter sido instituído por lei complementar. A resposta correta era: Empréstimo Compulsório (exame unificado abr/14).

E **Contribuições especiais:** dizemos especiais para diferenciá-las da contribuição de melhoria. Tais contribuições possuem regra matriz no art. 149 da CF, nos seguintes termos: "compete **exclusivamente à União** instituir **contribuições sociais**, de **intervenção no domínio econômico** e de **interesse das categorias profissionais** ou **econômicas**, como **instrumento** de sua **atuação** nas **respectivas áreas**, observado o disposto nos arts. 146, III, e 150, I e III, e sem prejuízo do previsto no art. 195, § 6º, relativamente às contribuições a que alude o dispositivo".

Analisando o dispositivo constitucional, vemos que o legislador constituinte previu **três espécies** de contribuições, a saber: **1. Contribuições sociais**; **2. Contribuição de Intervenção no Domínio Econômico (CIDE)**; e **3. Contribuição de interesse das categorias profissionais** ou **econômicas (contribuições corporativas)**.

A outro giro, verificamos que a competência para instituir as contribuições especiais é **exclusiva da União.** Contudo, o § 1º do próprio art. 149 traz uma **exceção,** qual seja: "os **Estados**, o **Distrito Federal** e os **Municípios instituirão contribuição**, cobrada de seus **servidores**, para o **custeio**, em benefício destes, do **regime previdenciário** de que trata o art. 40, cuja **alíquota não será inferior** à da contribuição dos **servidores titulares de cargos efetivos da União**. Destarte, os demais entes políticos (estados, DF e municípios) deverão (obrigatoriamente) instituir contribuição para o custeio de seu **regime próprio de previdência de seus servidores,** não podendo a alíquota ser inferior à cobrada pela União de seus servidores efetivos.

Existe ainda a **Contribuição para o custeio do serviço de Iluminação Pública**, introduzida no ordenamento jurídico brasileiro pela EC 39/2002, a ser instituída pelos municípios e DF, com a finalidade específica de custear este serviço público.

DICA IMPORTANTE

Muitas questões sobre contribuições especiais, como a abaixo transcrita, são retiradas do **"texto seco" da Constituição**, especialmente dos arts. 149; 194; e 195.

MUITA ATENÇÃO!

As contribuições são tributos de arrecadação vinculada, isto é, o produto da arrecadação desses tributos será sempre destinado uma finalidade específica, por exemplo, seguridade social. Não confundir arrecadação vinculada com tributo vinculado a uma atividade estatal específica – como as taxas e contribuições de melhoria, por exemplo.

E.1 Contribuições sociais

Segundo o **STF** (RE 138.284), as **contribuições sociais** se subdividem em:

- Contribuições de seguridade social (art. 195 da CF);
- Outras contribuições sociais (art. 195, § 4º, da CF, contribuições residuais);
- Contribuições sociais gerais (ex.: salário-educação e contribuição SESC).

Além do multicitado art. 149, as **contribuições de seguridade social** têm ainda disciplina no **art. 195 da CF**, onde são previstas as bases econômicas sobre as quais elas irão incidir – por exemplo: folha de salário, rendimentos do trabalho, receita, lucro etc.

O produto da arrecadação destas contribuições é destinado ao custeio dos serviços de **SAÚDE, PREVIDÊNCIA** e **ASSITÊNCIA SOCIAL** (que conjuntamente formam a SEGURIDADE SOCIAL), podendo elas, segundo o STF, ser instituídas por **LEI ORDINÁRIA**, eis que suas bases econômicas já constam da Constituição (por isso são chamadas contribuições de seguridade social discriminadas).

Atentar as alterações decorrentes da EC 103/19 no art. 149 da CF com a possibilidade da cobrança de contribuições para custeio de regime próprio de previdência social, além dos servidores ativos, também dos aposentados e dos pensionistas, (art. 149, § 1º), inclusive com possibilidade de instituição de contribuição extraordinária em caso de déficit (§ 1º-C).

Outras contribuições sociais são as contribuições **residuais** a que faz referência o art. 194, § 4º, da CF, nos seguintes termos: "A lei poderá instituir **outras fontes** destinadas a garantir a manutenção ou expansão da seguridade social, obedecido o disposto no art. 154, I". Interpretando o dispositivo, vemos que a União poderá criar novas fontes (contribuições) para a seguridade social desde que por meio de **LEI COMPLEMENTAR**, sejam **NÃO CUMULATIVAS** e **INOVEM** quanto a **BASE DE CÁLCULO** e **HIPÓTESE DE INCIDÊNCIA** (art. 154, I, da CF).

No exame unificado de abr./17 foi cobrada a seguinte questão: "Por meio da Lei Ordinária nº 123, a União instituiu contribuição não cumulativa destinada a garantir a expansão da seguridade social, utilizando, para tanto, fato gerador e base de cálculo distintos dos discriminados na Constituição da República. A referida lei foi publicada em 1º de setembro de 2015, com entrada em vigor em 2 de janeiro de 2016, determinando o dia 1º de fevereiro do mesmo ano como data de pagamento. Por considerar indevida a contribuição criada pela União, a pessoa jurídica A, atuante no ramo de supermercados, não realizou o seu pagamento, razão pela qual, em 5 de julho de 2016, foi lavrado auto de infração para a sua cobrança. Considerando a situação em comento, assinale a opção que indica o argumento que poderá ser alegado pela contribuinte para impugnar a referida cobrança". A resposta correta era: "A nova contribuição somente poderia ser instituída por meio de lei complementar" (enunciado longo mas com uma resposta simples já na primeira linha).

Com relação às **contribuições sociais gerais**, entende o STF que estariam nesse grupo as contribuições para o **salário-educação** (art. 212, § 5º, da CF) e as **contribuições para os serviços sociais autônomos**, também chamado de sistema "S", a exemplo das contribuições para o SESC, SENAC, SENAI, SESI etc. No caso destas últimas contribuições (serviços sociais autônomos), estamos diante de um típico caso de **PARAFISCALIDADE**, tendo em vista que o produto da arrecadação da contribuição instituída por meio de lei pela União é destinado a entidade que desempenhe atividade de interesse do Estado.

E.2 Contribuições de intervenção no domínio econômico (CIDE)

As CIDE são **tributos** essencialmente **EXTRAFISCAIS**, sua finalidade precípua não é arrecadar recursos aos cofres públicos, mas sim intervir no domínio econômico. A **competência para instituição das CIDE é exclusiva** da União. A única CIDE que tem sua base econômica (hipótese de incidência) definida na Constituição é a CIDE-combustíveis (art. 177, § 4º, da CF).

Sendo assim, a União tem certa liberdade para determinar as hipóteses de incidência das CIDEs, desde que respeitados os princípios da ordem econômica (art. 170 da CF). Sua instituição poderá ser feita por **lei ordinária** ou **medida provisória** (possui força de lei).

As CIDE **não** incidirão sobre as receitas decorrentes de **exportação**, mas **incidirão** sobre a **importação** de produtos estrangeiros e poderão ter alíquotas específicas ou *ad valorem* (art. 149, § 2º, III, a e b, da CF).

Quanto à **CIDE – combustíveis**, o § 4º do art. 177 da CF prevê suas bases econômicas, quais sejam: atividades de **importação** ou **comercialização** de **petróleo** e seus derivados, **gás natural** e seus derivados e **álcool** combustível. Sua **alíquota** pode ser **diferenciada** em razão do **produto** ou do **uso** e seus **recursos serão destinados**: ao **pagamento de subsídios** a preços ou transporte de álcool combustível, gás natural e seus derivados e derivados de petróleo; **financiamento** de **projetos ambientais** relacionados com a **indústria do petróleo** e do **gás**; e **financiamento** de **programas de infraestrutura de transportes**

> **MUITA ATENÇÃO!**
>
> A CIDE-combustíveis (somente ela) pode ter suas alíquotas restabelecidas quando tenham sido reduzidas por ato do Poder Executivo, sendo, portanto, **exceção parcial ao princípio da legalidade** e **anterioridade do exercício financeiro** (que serão abordados no próximo capítulo), conforme art. 177, § 4º, I, b, da CF).

E.3 Contribuição de interesse das categorias profissionais ou econômicas (Contribuições corporativas)

São contribuições eminentemente **PARAFISCAIS**, destinadas a financiar atividades de instituições representativas ou fiscalizatórias de categorias profissionais ou econômicas (ALEXANDRE, 2010, p. 90).

MUITA ATENÇÃO! A natureza jurídica das contribuições destinadas aos conselhos profissionais não está pacificada. Em 2012, o STF reconheceu a repercussão geral do tema no ARE 641243, até o fechamento desta edição, ainda pendente de julgamento.

São instituídas **exclusivamente** pela **União**, **devidas** por **todos os trabalhadores** ou **membros** das profissões regulamentadas.

Desta forma, podemos dividi-las em: **contribuições sindicais** e **contribuições a instituições de fiscalização de exercício de profissões regulamentadas** (ex.: CRM, CRO, CREA etc.). Tais contribuições são **instituídas por lei ordinária** e estão sujeitas a **todos os princípios tributários.**

A contribuição para a OAB é um caso à parte. Tendo em vista a função institucional da Ordem dos Advogados do Brasil, que não se resume à fiscalização e representação de seus membros, e que possui atribuição de defender a Constituição, a ordem jurídica, o Estado Democrático de Direito, os direitos humanos entre outros. Por esses motivos, a OAB foi considerada pelo STF pessoa jurídica *sui generis*, possuindo autonomia e independência, assim como finalidade institucional (STF, ADI 3.026, DJ 07/06/2006). Conforme decidiu o STJ, suas contribuições **não têm natureza jurídica tributária** (STJ, REsp 495.918, DJ 22/06/2005).

E.4 Contribuição de iluminação pública (CIP ou COSIP)

Dispõe o art. 149-A da CF: "os Municípios e o Distrito Federal poderão instituir contribuição, na forma das respectivas leis, para o custeio do serviço de iluminação pública, observado o disposto no art. 150, I e III".

A referência que se faz aos incisos do art. 150 corresponde aos princípios da **LEGALIDADE**, **IRRETROATIVIDADE**, **ANTERIORIDADE** E **NOVENTENA**, devendo **todos** eles **serem respeitados** quando da instituição ou aumento do tributo (contribuição).

No exame unificado de mar/14 foi cobrada a seguinte **QUESTÃO**: Determinado Estado, localizado na Região Norte do país, instituiu, mediante lei específica, a contribuição para o custeio do serviço de iluminação pública. Nessa linha, com base na competência tributária prevista nas normas constitucionais em vigor, tal contribuição instituída pelo respectivo estado – membro da Federação é: **inconstitucional, por ser o referido tributo de competência do Distrito Federal e dos Municípios** (resposta correta).

No mesmo sentido, o exame unificado de jan/19 cobrou a seguinte QUESTÃO: O Distrito Federal instituiu, por lei distrital, a contribuição para o custeio do serviço de iluminação pública. Um contribuinte insurgiu-se judicialmente contra tal cobrança, alegando que a instituição pelo Distrito Federal seria inconstitucional. A resposta correta era: O contribuinte não tem razão, pois o Distrito Federal pode instituir a contribuição para o custeio do serviço de iluminação pública, assim como os Municípios

A instituição da COSIP deverá ser feita por **LEI ORDINÁRIA** do ente que a instituir (município ou DF), é **tributo vinculado** a uma atividade estatal específica (prestação de serviço de iluminação pública), sendo também tributo de **arrecadação vinculada** (custeio do serviço de iluminação).

Vale dizer, a contribuição de iluminação pública veio substituir a antiga taxa de iluminação pública (TIP), declarada e sumulada inconstitucional pelo STF (Súmula Vinculante nº 41 – "o serviço de iluminação pública não pode ser remunerado mediante taxa"), diante da **ausência** dos atributos da **divisibilidade** e **especificidade** necessários à instituição de taxas, conforme visto anteriormente.

O **STF**, quando instado a se manifestar sobre a natureza jurídica do tributo, entendeu que a **CIP** é um **tributo** *sui generis*, com peculiaridades próprias que o individualizam, que não se confunde com um imposto porque sua receita se destina a finalidade específica, nem com taxa por não exigir contraprestação individualizada de um serviço ao contribuinte, **podendo** suas **alíquotas** ser **progressivas**, **não** ofendendo ao princípio da isonomia, **nem** da capacidade contributiva (RE 573.675). Portanto, para Corte Suprema, é constitucional.

Por fim, é **facultada a cobrança** da contribuição de iluminação pública **na fatura de consumo de energia elétrica** (art. 149-A, parágrafo único, da CF).

No exame unificado de 2022.2 foi cobrada a seguinte QUESTÃO: Projeto de lei ordinária municipal deseja criar tributo para custear a prestação do serviço público de iluminação das vias e logradouros públicos do Município Alfa. O projeto prevê também que o tributo será cobrado na fatura de consumo de energia elétrica. Diante deste cenário, o tributo a ser criado poderá ser. A resposta correta era: a contribuição de iluminação pública e sua arrecadação pode ser feita na fatura de consumo de energia elétrica.

CAPÍTULO II
LIMITAÇÕES AO PODER DE TRIBUTAR

1. CONCEITO

As limitações ao poder de tributar consistem em instrumentos voltados a conter a competência tributária. Seria uma espécie de estatuto do contribuinte. Esses instrumentos são materializados em **princípios** e **regras** trazidos pela própria Constituição, com o fim de proteger o contribuinte da ação estatal.

Dividem-se, basicamente, em princípios e imunidades.

2. PRINCÍPIOS

2.1 Princípio da legalidade

O princípio da legalidade (tributária), nos termos do art. 150, I, da CF, **veda** (proíbe) à União, aos Estados, ao Distrito Federal e os Municípios, **exigir ou aumentar tributo sem lei que o estabeleça**.

Ressalte-se que o princípio da legalidade já estava previsto no art. 5º, II, da CF, segundo o qual "ninguém será obrigado a fazer ou deixar de fazer alguma coisa senão em virtude de lei".

Parece que o constituinte originário entendeu por bem reforçar a garantia com princípio da legalidade tributária.

As **medidas provisórias** (MP), por possuírem força de lei, podem tanto instituir como aumentar tributo (lembrar que MP **não** pode tratar de matéria reservada à lei complementar, nos termos do art. 62, § 1º, III, da CF).

Por outro lado, o art. 97 do CTN elenca as matérias em Direito Tributário que somente a **lei** pode disciplinar (princípio da reserva legal).

Interpretando o dispositivo, o **STF** entendeu que as matérias **não** constantes do rol do art. 97 do CTN não estariam abrangidas pelo princípio da legalidade.

Desta forma, por exemplo, **não há óbice para fixação de prazo para recolhimento de tributo em regulamento** (jurisprudência pacífica no **STF** e **STJ**).

DICA IMPORTANTE

Fundamental a leitura atenta do art. 97 do CTN, dele são retiradas recorrentes questões para exames de Ordem e concursos públicos.

A **Exceções ao princípio da legalidade:** em regra, as **alíquotas** dos **impostos** só podem ser **aumentadas por lei ou ato normativo com força de lei,** a exemplo das **medidas provisórias,** nos termos do art. 150, I, da CF. **Entretanto**, quanto ao **II** e **IE**, bem como **IPI** e **IOF**, o art. 153, § 1º, excepciona **o princípio da legalidade**, permitindo que **ato do Poder Executivo** (**decreto** ou **portaria**) altere as alíquotas dos referidos impostos.

No **exame unificado de ago/13** foi cobrada a seguinte questão: Assinale a alternativa que indica os impostos cujas alíquotas podem ser majoradas por ato do Poder Executivo, observados os parâmetros legais. A resposta correta era: Imposto sobre Produtos Industrializados (IPI), Imposto sobre Operações Financeiras (IOF) e Imposto sobre a Importação (II).

Outras exceções ao princípio da legalidade: **redução** ou **restabelecimento** das alíquotas da **CIDE-combustíveis** (art. 177, § 4º, da CF); **fixação de alíquota** do **ICMS monofásico** incidente sobre **combustíveis** e lubrificantes por **convênio celebrado** entre os Estados e DF (art. 155, § 4º, IV, da CF).

Com relação à CIDE-combustíveis, nos termos do art. 177, § 4º, I, b, da CF, poderá ter sua alíquota **reduzida** ou **restabelecida** por ato infralegal (decreto, por exemplo), sendo desta forma exceção parcial ao princípio da legalidade (para sua instituição é necessária lei em sentido formal). No caso do **ICMS monofásico** sobre **combustíveis, a fixação das alíquotas se dá** por **convênio** no âmbito do **CONFAZ – Conselho Nacional de Política Fazendária** (art. 155 § 4º, IV, da CF).

Exceções ao princípio da Legalidade	
	II – Imposto de Importação
	IE – Imposto de Exportação
	IPI – Imposto sobre Produtos Industrializados
	IOF – Imposto sobre Operações Financeiras
	CIDE-combustíveis – redução ou restabelecimento das alíquotas
	ICMS monofásico combustíveis – fixação de alíquotas por convênio

> **MUITA ATENÇÃO!** São **exceções clássicas** ao princípio da legalidade: **II, IE, IPI e IOF**. Essas exceções têm de ser repetidas como um mantra (II, IE, IPI e IOF), pois são reiteradamente cobradas nos exames de Ordem bem como em concursos públicos.

B Princípio da legalidade e medidas provisórias: em razão da rigidez que permeia a seara tributária, havia certa controvérsia sobre a possibilidade de utilização de medidas provisórias para tratamento dos tributos, especialmente no que toca à sua instituição ou majoração.

Contudo, o **STF** pacificou a questão no sentido de que **estaria autorizado uso de medidas provisórias** – que têm força de lei – **para todas as matérias cuja disciplina pode-se dar por meio de lei ordinária**. Isto porque, nos termos do art. 62, § 1º, III, da CF, é **vedada** a **utilização** de **medidas provisórias** para disciplinar matéria reservada à **lei complementar** (art. 62, § 1º, III, da CF).

Ponto importante foi o advento da EC 32/2001, quando a Constituição passou a prever que, ressalvados II, IE, IPI, IOF e os impostos extraordinários de guerra, **medida provisória que implique instituição ou majoração** de **IMPOSTOS só** produzirá **efeitos no exercício financeiro seguinte** se houver sido **convertida em lei** até o **último dia** daquele em que foi editada (art. 62, § 2º).

No **exame unificado de abr/13**, foi cobrada a seguinte questão: Suponha que determinada Medida Provisória editada pela Presidenta da República, em 29/09/2012, estabeleça, entre outras providências, o aumento para as diversas faixas de alíquotas previstas na legislação aplicável ao imposto de renda das pessoas físicas. A resposta correta era: tal Medida Provisória não violaria o princípio da legalidade e só produzirá efeitos a partir do primeiro dia do exercício financeiro subsequente à data de sua conversão em lei.

A *contrario sensu*, a regra relativa à necessidade de conversão da MP em lei para produção de efeitos no exercício financeiro seguinte é exclusiva para IMPOSTOS, sendo que para as demais espécies tributárias a regra da anterioridade (que será vista nos próximos tópicos) deve ser observada a partir da publicação da MP e não da sua conversão em lei.

Por fim, nos termos do art. 246 da CF, **vedada** a adoção de medida provisória na regulamentação de artigo da Constituição cuja redação tenha sido alterada por meio de emenda promulgada entre 1º de janeiro de 1995 até a promulgação desta emenda (EC 32/2001), inclusive.

2.2 Princípio da isonomia

Prescreve o art. 5º, caput, da CF, "todos são iguais perante a lei, sem distinção de qualquer natureza".

Vez outra, o legislador constituinte entendeu por bem reforçar a garantia constitucional, fazendo-o, no que toca à isonomia, no art. 150, II, da CF: "é **vedado** aos entes federativos **instituir tratamento desigual** entre **contribuintes** que **se encontrem em situação equivalente**, **proibida** qualquer **distinção** em razão de **ocupação profissional** ou **função** por eles exercida, **independentemente** da **denominação jurídica** dos rendimentos".

Registre-se que o princípio da isonomia possui duas vertentes: **formal** e **material**, ou, como preferem alguns doutrinadores modernos, **horizontal** e **vertical**.

Na acepção **formal** ou horizontal, estariam pessoas em **situações semelhantes** devendo a elas ser dado mesmo tratamento.

Na acepção **material** ou vertical, estariam pessoas **desniveladas** pelas circunstâncias naturais ou de fato, devendo a elas ser dado tratamento diferenciado de acordo com sua diferença.

Exemplo de aplicação da igualdade material ou vertical é o tratamento diferenciado que é dado às micro e pequenas empresas (art. 179 da CF) visando incentivá-las, simplificando suas obrigações.

Por outro lado, nos termos do art. 145, § 1º, da CF, **"sempre que possível**, os **IMPOSTOS** terão caráter pessoal e serão graduados segundo a **capacidade econômica do contribuinte**, facultado à administração tributária, especialmente para conferir efetividade a esses objetivos, identificar, respeitados os direitos individuais e nos termos da lei, o patrimônio, os rendimentos e as atividades econômicas do contribuinte".

EM RESUMO: devem ser tratados os iguais de forma equivalente e os desiguais desigualmente, na medida em que se desigualam.

2.3 Princípio da irretroatividade

O princípio da irretroatividade informa que é vedada a cobrança de tributo em relação a fatos geradores ocorridos **antes da vigência da lei** que os **instituiu** ou **aumentou** (art. 150, III, a, da CF).

Desta forma, **não** basta que a lei tenha sido publicada, necessário que ela esteja vigente para alcançar os fatos geradores ocorridos a partir de então.

A seu turno, o CTN no art. 105 dispõe: "a **legislação tributária** aplica-se imediatamente aos fatos geradores **futuros** e aos **pendentes** assim entendidos aqueles cuja ocorrência tenha tido início mas não esteja completa".

Pendentes seriam aqueles fatos geradores **periódicos** (não instantâneos), podendo ser considerados ocorridos

DIREITO TRIBUTÁRIO

em determinado momento legalmente previsto (**periódico simples**), a exemplo do IPVA em 1ª de janeiro de cada ano; **ou** dentro de determinado período de tempo (**periódico composto ou complexivo**), a exemplo do IR.

Cabe ressaltar que o próprio CTN traz algumas exceções ao princípio da irretroatividade (art. 106): a) **leis interpretativas** (art. 106, I); e b) para **fatos não definitivamente julgados** quando a lei for **mais benéfica** ao contribuinte com relação às **infrações e penalidades** (art. 106, II).

No **exame unificado de mai/09** foi proposta esta **QUESTÃO:** "Constitui hipótese de lei tributária irretroativa." A resposta correta era: "lei que majore as alíquotas do imposto sobre serviços". As demais opções (lei instrumental que regule formalidades aplicáveis ao lançamento; lei expressamente interpretativa; lei que deixe de definir certo ato como infração, desde que se trate de ato não definitivamente julgado) eram hipóteses de leis retroativas.

Já no exame unificado de fev/19 foi cobrada a seguinte QUESTÃO: A sociedade empresária ABC Ltda. foi autuada pelo Fisco do Estado Z apenas pelo descumprimento de uma determinada obrigação tributária acessória, referente à fiscalização do ICMS prevista em lei estadual (mas sem deixar de recolher o tributo devido). Inconformada, realiza a impugnação administrativa por meio do auto de infração. Antes que sobreviesse a decisão administrativa da impugnação, outra lei estadual extingue a previsão da obrigação acessória que havia sido descumprida. A resposta correta era: A superveniência da extinção da previsão dessa obrigação acessória, desde que não tenha havido fraude, nem ausência de pagamento de tributo, constitui hipótese de aplicação da legislação tributária a ato pretérito.

2.4 Princípio da anterioridade do exercício financeiro (ou geral)

O princípio da anterioridade geral – também chamado de anterioridade do exercício financeiro para diferenciá-lo da anterioridade nonagesimal ou noventena – determina que "**é vedado** à União, aos Estados, ao Distrito Federal e aos Municípios **cobrar tributos no mesmo exercício financeiro em que haja sido publicada a lei que os instituiu ou aumentou** (art. 150, III, b da CF)".

Repare que o dispositivo legal se refere à **publicação da lei**, não à vigência como ocorre com a irretroatividade.

Desta forma, a lei que criar ou aumentar determinado tributo somente poderá ser aplicada aos fatos geradores do ano corrente caso tenha sido publicada ao menos no ano anterior.

Assim, se alíquota do IPVA do Estado de Minas Gerais tiver sido aumentada no ano de 2012, somente alcançará os fatos geradores ocorridos em 2013, é isso que quer dizer "vedado cobrar tributos no mesmo exercício financeiro que haja sido publicada a lei que os instituiu ou aumentou."

Atentar à **Súmula Vinculante nº 50 do STF**: "Norma legal que altera o prazo de recolhimento de obrigação tributária não se sujeita ao princípio da anterioridade".

No exame unificado de fev/19 foi cobrada a seguinte QUESTÃO: O Município X, na tentativa de fazer com que os cofres municipais pudessem receber determinado tributo com mais celeridade, publicou, em maio de 2017, uma lei que alterava a data de recolhimento daquela exação. A lei dispunha que os efeitos das suas determinações seriam imediatos. A resposta correta era: A lei é constitucional, uma vez que, nessa hipótese, não se sujeita ao princípio da anterioridade.

Não confundir o princípio da anterioridade com o **princípio da anualidade**. O princípio da anualidade **não mais vige** em nosso ordenamento jurídico, segundo tal princípio para que um tributo fosse cobrado no exercício posterior era necessária sua prévia e específica autorização orçamentária.

EM RESUMO: o princípio da anterioridade veda cobrança de tributo no mesmo exercício financeiro (mesmo ano no Brasil) em que tiver sido **publicada a lei** que o instituiu ou aumentou.

? **QUESTÃO:** Uma lei que aumente a alíquota do IR publicada em 30 de setembro de 2011 quando será válida, vigente e produzirá efeitos?

➥ ***RESPOSTA:*** *As normas jurídicas instituidoras de tributos, sendo compatíveis com a CF e não havendo vício no seu processo de produção, são consideradas válidas. Para ser considerada vigente, basta o transcuro do prazo de vacatio legis. Entretanto, para produzir efeitos, deve-se respeitar o disposto no art. 150, I, b da CF, ou seja, o princípio da anterioridade do exercício financeiro, no sentido de se aguardar o primeiro dia do exercício seguinte, salvo as exceções contidas na própria Constituição conforme veremos adiante.*

2.4.1 Exceções ao princípio da anterioridade

O art. 150, § 1º, da CF, prevê a maior parte das exceções ao princípio da anterioridade, casos em que o tributo poderá ser cobrado no mesmo exercício financeiro (ano no Brasil) que tiver sido publicada a lei que o instituiu ou aumentou.

Some-se a exceção prevista para as Contribuições para o financiamento da Seguridade Social (art. 195, § 6º, da CF), o ICMS monofásico sobre combustíveis (art. 155, § 4º, da CF) e a CIDE-combustíveis (art. 177, § 4º, I, b, da CF).

Importante dizer que há uma razão para cada uma das exceções ao princípio. Os quatro primeiros tributos (II, IE, IPI e IOF) são tributos essencialmente extrafiscais, tendo por função primordial **intervir numa situação econômica ou social** que, se precisasse esperar o exercício financeiro seguinte, poderia a medida (instituição ou aumento) não surtir os efeitos esperados.

O mesmo poderia ser dito para os empréstimos compulsórios e impostos extraordinários de guerra.

Um exemplo: caso houvesse um grande aumento das importações de carros vindos do exterior, a União, com a finalidade de proteger a indústria nacional, poderia aumentar as alíquotas do Imposto de Importação (II) sobre veículos automotores.

No exame unificado de 2021.2 foi cobrada a seguinte QUESTÃO: Em 10/11/2020, foi publicada lei ordinária federal que majorava a alíquota de contribuição previdenciária a ser cobrada do empregador, incidente sobre a folha de salários e demais rendimentos do trabalho pagos ou creditados, a qualquer título, à pessoa física que lhe preste serviço, mesmo sem vínculo empregatício. Diante desse cenário, a nova alíquota poderá ser aplicada ... A resposta correta era: noventa dias a contar da data da publicação da lei (às contribuições de seguridade social, dentre as quais estão as previdenciárias, não se aplica o princípio da anterioridade do exercício, somente se aplica a noventena – prazo de 90 dias após a publicação da lei para instituir ou majorar tributo).

Para facilitar a memorização, segue o quadro com todas as exceções ao princípio da anterioridade.

EM RESUMO	
Exceções ao princípio da anterioridade do exercício financeiro	**II**
	IE
	IPI
	IOF
	Empréstimo compulsório guerra externa ou calamidade – art. 148, I, da CF
	Impostos extraordinários de guerra – art. 154, II, da CF
	Contribuições de seguridade social – art. 195, § 6º, da CF
	CIDE-combustíveis – no caso de **restabelecimento** de alíquota – art. 177, § 4º, I, b, da CF
	ICMS monofásico sobre combustíveis e lubrificantes por convênio (CONFAZ) – também no caso de restabelecimento de alíquota – art. 155, § 4, IV, c, da CF

2.5. Princípio da noventena ou anterioridade nonagesimal

A EC 42/2003 acrescentou a alínea "c" ao art. 150, III, da CF, determinando ser **vedada** a cobrança de **tributos "antes de decorridos noventa dias da data em que haja sido publicada a lei que os instituiu ou aumentou, observado o disposto na alínea** b" (princípio da anterioridade do exercício financeiro).

Está aí o famoso princípio da noventena ou anterioridade nonagesimal que, em regra, deve ser conjugado com o princípio da anterioridade do exercício financeiro (art. 150, III, b, da CF).

Suponha que uma determinada lei que aumente certo tributo seja publicada em 28 de dezembro, **anteriormente à EC 42/2003**, isto é, antes da inclusão da alínea c ao art. 150, III, da CF, esse tributo poderia ser cobrado normalmente no dia 1º de janeiro seguinte.

Neste caso, a proteção dada pelo princípio da anterioridade do exercício financeiro restaria praticamente anulada.

Portanto, o princípio da noventena prevê um **prazo mínimo de noventa dias** para a cobrança do tributo instituído ou aumentado, reforçando, com efeito, a proteção da anterioridade do exercício financeiro.

No ponto, importante lembrar, tanto o princípio da anterioridade do exercício quanto da noventena, assim também o da irretroatividade, tem como pano de fundo o **princípio maior da não surpresa** (decorrente por sua vez da segurança jurídica) segundo o qual **o contribuinte deve ter um tempo razoável para se preparar para a nova tributação ou aumento da mesma.**

A seguir, as exceções ao princípio da noventena previstas no art. 150, § 1º, da CF, acrescentando pela já citada EC 42/2003, conhecida como "reforma tributária".

Exceções ao princípio da noventena	II
	IE
	IOF
	IR
	Empréstimo compulsório nos casos de guerra externa ou calamidade – art. 148, I, da CF
	Impostos extraordinários de guerra – art. 154, II, da CF
	Fixação da base de cálculo do IPVA
	Fixação da base de cálculo do IPTU

DIREITO TRIBUTÁRIO

Do quadro acima apresentado, verificamos que **não há** coincidência total entre as exceções ao princípio da anterioridade do exercício financeiro e da noventena.

No **exame unificado de fev/11** foi proposta esta **QUESTÃO:** "Visando fomentar a indústria brasileira, uma nova lei, publicada em 18/02/2010, majorou a alíquota do Imposto sobre Produtos Industrializados (IPI), bem como majorou a alíquota do Imposto sobre Exportação (IE). A partir de que data a nova alíquota poderá ser exigida para o IPI e para o IE?" A resposta correta era: "90 dias após a publicação da lei para o IPI e imediatamente para o IE".

Para aclarar a situação, faremos um quadro com os tributos que **excepcionam tanto o princípio da anterioridade do exercício financeiro quanto da noventena**.

Exceções aos princípios da anterioridade do exercício financeiro e da noventena	II
	IE
	IOF
	Empréstimo compulsório nos casos de guerra externa ou calamidade – art. 148, I, da CF
	Impostos extraordinários de guerra – art. 154, II, da CF

2.6 Princípio do não confisco

É vedado à União, aos Estados, ao Distrito Federal e aos Municípios utilizar tributo com efeito de confisco (art. 150, IV, da CF)

Leandro Paulsen define confisco "como a tomada compulsória da propriedade privada pelo Estado, sem indenização. O inciso comentado (IV) refere-se à forma velada, indireta, de confisco, que pode ocorrer por tributação excessiva, (...) ensejando atentado ao próprio direito de propriedade. (...) Se tornar inviável a manutenção da propriedade, o tributo será confiscatório" (PAULSEN, 2010, p. 223).

MUITA ATENÇÃO!

O STF entende que "(...) a identificação do efeito confiscatório deve ser feita em função da totalidade da carga tributária, mediante a verificação da capacidade de que dispõe o contribuinte para suportar e sofrer a incidência de todos os tributos que ele deverá pagar, dentro de determinado período, à mesma pessoa política que os houver instituído" (STF, ADI 2.010-2/DF, DJ 12/04/2002). Dessa forma, para o STF, deve-se analisar o montante de todos os tributos exigidos pela **mesma** pessoa jurídica de direito público (União, Estado, DF ou Município) para verificar se há (ou não) caráter confiscatório na tributação.

O STF, no julgamento da ADI 551, considerou igualmente aplicável às multas tributarias o princípio do não confisco, sejam elas moratórias (aplicadas em decorrência da impontualidade) ou punitivas (aplicadas em razão do descumprimento de normas previstas na legislação tributária).

2.7 Princípio da liberdade de tráfego

É vedado à União, aos Estados, ao Distrito Federal e aos Municípios estabelecer limitações ao tráfego de pessoas ou bens, por **meio de tributos interestaduais** ou **intermunicipais, ressalvada** a cobrança de **pedágio** pela utilização de vias conservadas pelo Poder Público (art. 151, I, da CF).

O princípio da liberdade de tráfego, possuindo fundamento no direito de ir e vir, **não** impede a cobrança de tributos sobre a circulação de bens e serviços entre estados ou municípios, nem os incidentes sobre comércio exterior (II e IE), **impede somente que tributos interestaduais ou intermunicipais limitem o tráfego de pessoas ou bens.**

Com relação ao pedágio, exceção expressa ao princípio, este pode ter tanto **natureza de tributo (taxa)** quando cobrado por pessoa jurídica de direito público (ex.: Estado conserva rodovia) como **natureza não tributária (tarifa ou preço público**) quando cobrado por concessionária de serviço público (ex.: estradas "privatizadas").

2.8 Princípio da uniformidade geográfica

É vedado à **União** instituir tributo que **não** seja **uniforme** em **todo o território nacional** ou que implique distinção ou preferência em relação a Estado, ao Distrito Federal ou a Município, em detrimento de outro, **admitida a concessão de incentivos fiscais** destinados a **promover o equilíbrio do desenvolvimento socioeconômico entre as diferentes regiões** do País (art. 151, I, da CF).

Este princípio, destinado especificamente à União, possui dois fundamentos: princípio da isonomia e princípio do pacto federativo.

A parte final do dispositivo permite a concessão de incentivos fiscais (ex.: isenção de IPI) visando promover o equilíbrio do desenvolvimento socioeconômico entre as diferentes regiões do país (ex.: Zona Franca de Manaus).

Por fim, o STF entende que a concessão de benefícios fiscais encontra-se no juízo de **conveniência** e **oportunidade** do poder público, **não** podendo o Poder Judiciário se substituir ao legislador para **estender** isenção de tributo (STF, RE 344.332/PR, DJ /02/2003).

2.9 Princípio da vedação às isenções heterônomas

É vedado à União **instituir isenções** de tributos da competência dos Estados, do Distrito Federal ou dos Municípios (art. 151, III, da CF).

O princípio, decorrente do princípio federativo, impede que a União conceda isenções de tributos que são da competência de outros entes federativos. Isto porque, quem tem o poder de tributar tem o poder de isentar, não sendo plausível que determinado ente da federação institua isenção de tributo que não é de sua competência.

Por outro lado, o princípio não impede que a República Federativa do Brasil, pessoa jurídica de direito público internacional, em suas relações externas como Estado soberano, firme tratados internacionais prevendo isenções de tributos estaduais e municipais (STF, RE 229.096, DJ 10/04/2008).

A Constituição ainda prevê **duas exceções** ao princípio: a possibilidade da União, por meio de lei complementar, excluir a incidência de **ICMS** e **ISS nas exportações de produtos para o exterior** (art. 155, § 2º, XII, e art. 156, § 3º, II). No caso do ICMS, esta permissão perdeu sentido, eis que as exportações são imunes a sua incidência (art. 155, § 2º, X, a, da CF), estando inclusive imunes, nos termos da jurisprudência do STJ, o transporte interestadual de mercadorias destinadas ao exterior (Súmula 649 do STJ).

2.10 Princípio da não discriminação tributária

"É **vedado** aos Estados, ao Distrito Federal e aos Municípios **estabelecer diferença tributária entre bens e serviços**, de qualquer natureza, em razão de sua procedência ou destino" (art. 152, da CF).

Este princípio nada mais é do que o desdobramento do princípio da uniformidade geográfica aplicado aos demais entes federativos (Estados, DF e Municípios), com a finalidade de se evitar a famosa guerra fiscal, possuindo os mesmos dois fundamentos: **princípio da isonomia** e **princípio do pacto federativo**.

Desta forma, não poderia um estado estabelecer uma alíquota maior de imposto em razão da procedência ou destino de determinado bem.

2.11 Princípio da capacidade contributiva

O princípio da capacidade contributiva vem previsto no art. 145, § 1º, da CF: "**Sempre que possível**, os **IMPOSTOS** terão **caráter pessoal** e serão **graduados** segundo a **capacidade econômica do contribuinte**, facultado à administração tributária, especialmente para conferir efetividade a esses objetivos, identificar, respeitados os direitos individuais e nos termos da lei, o patrimônio, os rendimentos e as atividades econômicas do contribuinte".

Tal princípio decorre do princípio da isonomia, especialmente de sua feição material ou substancial (tratar os desiguais desigualmente na medida de sua desigualdade).

Dissecando o dispositivo, podemos extrair dois comandos distintos:

A o primeiro determina que, sempre que possível, os impostos terão caráter pessoal, ou seja, levam-se em conta as características individuais do contribuinte, a exemplo do **IR** com suas alíquotas progressivas;

B o segundo determina que, sempre que possível, os impostos serão graduados segundo a capacidade econômica do contribuinte, ou seja, quem ganha mais – manifesta mais riqueza – paga mais, quem ganha menos não paga ou paga pouco.

No exame unificado de abril/18 foi cobrada a seguinte QUESTÃO: "Em 2015, o Município X estabeleceu, por meio da Lei nº 123, alíquotas progressivas do Imposto sobre propriedade Predial e Territorial Urbana (IPTU), tendo em conta o valor do imóvel". A reposta correta era: "A lei está de acordo com a Constituição da República, que estabelece a possibilidade de o IPTU ser progressivo em razão do valor do imóvel" (art. 156, § 1º, I da CF).

MUITA ATENÇÃO! De acordo com a jurisprudência do STF, **apesar do princípio da capacidade contributiva ter sido previsto apenas para os impostos, nada impede sua aplicação às demais espécies tributárias** (STF, RE 232.393/CE, DJ 04/04/02).

2.12 Exigência de lei específica para concessão de benefícios fiscais

Nos termos do art. 150, § 6º, da CF: "**Qualquer subsídio ou isenção**, **redução** de base de cálculo, **concessão** de crédito presumido, **anistia ou remissão**, relativos a **impostos, taxas ou contribuições**, **só poderá ser concedido mediante lei específica**, federal, estadual ou municipal, que **regule exclusivamente** as matérias acima enumeradas **ou o correspondente tributo ou contribuição**, sem prejuízo do disposto no art. 155, § 2º, XII, g".

A lei específica, no caso, é aquela que trata somente do benefício fiscal. Pode ainda o benefício fiscal ser previsto na lei que disciplina o respectivo tributo.

O que aqui se quer evitar é a inserção de benefícios fiscais em leis que não tratam dessas matérias, aproveitando a oportunidade e inserindo uma isenção por exemplo.

A menção que se faz ao art. 155, § 2º, XII, g, refere-se ao ICMS e a necessidade de deliberação dos estados no âmbito do CONFAZ (convênio) para concessão de benefícios fiscais para este tributo.

No exame unificado de fev/19 foi cobrada a seguinte QUESTÃO: O Estado Y concedeu, em 2018, por iniciativa própria e isoladamente, mediante uma lei ordinária estadual, isenção fiscal do Imposto sobre Circulação de Mercadorias e Serviços (ICMS) a um determinado setor de atividade econômica, como forma de atrair investimentos para aquele Estado. A resposta correta era: Apesar de se tratar de tributo de competência estadual,

DIREITO TRIBUTÁRIO

a concessão de tal isenção de ICMS pelo Estado deve ser precedida de deliberação dos Estados e do Distrito Federal (CONFAZ).

3. IMUNIDADES

As imunidades são limitações à competência tributária previstas diretamente na CF.

São dividas pela doutrina em: **objetivas** (incidentes sobre objetos determinados, ex.: livros); **subjetivas** (pessoas determinadas, ex.: imunidade tributária recíproca – art. 150, VI, a, da CF); ou **mistas** (levam-se em conta os dois parâmetros anteriores, por exemplo, do ITR sobre pequenas glebas rurais cujo proprietário não possua outra).

Não confundir imunidades com isenções apesar da falta de técnica da Constituição Federal: **imunidade** é prevista diretamente na **CF**, impede a atuação do legislador; já a **isenção** é prevista na **lei** (aprofundaremos esta questão no tópico sobre exclusão do crédito tributário).

Dessa forma, muitas vezes a Constituição usa o termo "é isenta" quando na verdade deveria dizer é "imune".

3.1 Imunidade recíproca:

"É vedado à União, aos Estados, ao Distrito Federal e aos Municípios instituir **IMPOSTOS** sobre **patrimônio, renda** ou **serviços, uns dos outros"** (art. 150, VI, a, da CF).

A seu turno, o art. 150, § 2º, da CF, estende a imunidade às autarquias e fundações públicas nos seguintes termos: "é extensiva às **autarquias** e às **fundações instituídas e mantidas pelo Poder Público**, no que se refere ao **patrimônio**, à **renda** e aos **serviços, vinculados a suas finalidades essenciais ou às delas decorrentes**"

É imunidade tipicamente **subjetiva**, alcançando as pessoas jurídicas de direito público (União, Estados, DF e Municípios). Com relação às autarquias e fundações públicas, vale frisar, a imunidade abrange somente os **IMPOSTOS** incidentes sobre o **patrimônio** (ex.: IPTU), **renda** (ex.: IR) e **serviços** (ex.: ISS), desde que **vinculados** às suas **finalidades essenciais** ou às **delas decorrentes.**

No **exame unificado de abr./13**, foi cobrada a seguinte questão: Uma autarquia federal, proprietária de veículos automotores adquiridos recentemente, foi surpreendida com a cobrança de IPVA pelo Estado responsável pelos respectivos licenciamentos, não obstante vincular a utilização desses veículos às suas finalidades essenciais. A resposta correta era: A cobrança é inconstitucional, por tratar de hipótese de imunidade tributária.

MUITA ATENÇÃO!

A imunidade aqui tratada aplica-se **exclusivamente** a **IMPOSTOS**, não impede a cobrança de taxas, contribuições e outros tributos incidentes sobre as pessoas políticas, suas autarquias e fundações públicas.

No **exame unificado de mai/09** foi apresentada a seguinte **questão:** "O princípio constitucional da imunidade recíproca". A resposta correta era "é extensivo às autarquias e às fundações instituídas e mantidas pelo poder público, no que se refere ao patrimônio, à renda e aos serviços, vinculados a suas finalidades essenciais ou às delas decorrentes".

FIQUE POR DENTRO:

Interpretação ampliativa do STF

O STF tem entendido que a imunidade tributária recíproca alcança também as **empresas públicas** e as **sociedades de economia mista** (pessoas jurídicas de direito privado) **prestadoras de serviços públicos obrigatórios**, tendo reconhecido a imunidade dos Correios (ECT), da INFRAERO, da CAERD (Companhia de Água e Esgoto de Rondônia, sociedade de economia mista). O STF também reconheceu que a **imunidade tributária** gozada pela **Ordem dos Advogados do Brasil** é da **espécie recíproca**, na medida em que a OAB desempenha **atividade própria de Estado**, alcançando apensas suas **finalidades essenciais** (STF, RE 259.976, DJ 30/04/2010). Da mesma forma, foi reconhecido em 2018 (RE 405.267), imunidade tributária recíproca às Caixas de Assistência dos Advogados, órgãos integrantes da estrutura da OAB.

Atentar à decisão do STF que, em 2020, decidiu que a sociedade de economia mista, cuja participação acionária é negociada em Bolsas de Valores, e que, inequivocamente, está voltada à remuneração do capital de seus controladores ou acionistas, não está abrangida pela regra de imunidade tributária prevista no art. 150, VI, "a", da Constituição, unicamente em razão das atividades desempenhadas (RE 600867). No caso, tratava-se de empresa de saneamento e abastecimento de água (SABESP).

3.2 Imunidade religiosa: "É vedado à União, Estados, DF e Municípios instituir **IMPOSTOS** sobre templos de qualquer culto" (art. 150, VI, b, da CF). Nos termos do art. 150, § 4º, esta imunidade **somente abrange** o **patrimônio, renda** e **serviços** relacionados às **finalidades essenciais** da entidade religiosa. Esta imunidade tem fundamento na liberdade de culto (art. 5º, VI, da CF).

Conforme destacado, a imunidade somente abrange **IMPOSTOS, mesmo assim desde que o patrimônio, a renda ou serviço a ser imunizado esteja vinculado à finalidade essencial da entidade.**

No exame unificado de abr./17 foi cobrada a seguinte questão: "O Município X instituiu taxa a ser cobrada, exclusivamente, sobre o serviço público de coleta, remoção e tratamento de lixo e resíduos provenientes de imóveis. A igreja ABC, com sede no Município X, foi notificada da cobrança da referida taxa". A resposta correta era: "A taxa é constitucional e as Igrejas não são imunes".

No entanto, o **STF** tem dado interpretação bastante ampliativa à expressão "relacionados às finalidades essenciais", considerando imunes: imóveis alugados, lotes vagos, prédios comerciais e cemitérios de entidades religiosas, **desde que os rendimentos sejam aplicados nas finalidades essenciais**.

3.3 Imunidade dos partidos políticos, sindicatos de trabalhadores e entidades educacionais e assistenciais sem fins lucrativos: "É vedado à União, Estados, DF e Municípios instituir **IMPOSTOS** sobre o patrimônio, a renda e os serviços, relacionados às **finalidades essenciais** dos **partidos políticos, inclusive** suas **fundações**, e das **entidades sindicais dos trabalhadores**, das **instituições de educação** e de **assistência social**, **sem fins lucrativos**, atendidos os requisitos da lei" (art. 150, VI, c, da CF).

Nos termos do dispositivo, a imunidade somente abrange os **IMPOSTOS**, imunizando somente o patrimônio, renda e serviços vinculados às suas finalidades essenciais.

É imunidade tipicamente subjetiva.

Entretanto, em interpretação ampliativa, o **STF** na **Súmula Vinculante nº 52** afirma que: "**Ainda quando alugado a terceiros, permanece imune ao IPTU o imóvel** pertencente a qualquer das **entidades referidas pelo art. 150, VI, c, da Constituição**, desde que o **valor dos aluguéis** seja **aplicado** nas **atividades para as quais tais entidades foram constituídas**".

Nesse sentido, a Corte Suprema entendeu ainda imune: serviço de estacionamento, venda de ingresso de cinema, livraria em imóvel de sua propriedade, venda de bens sobre a qual recairia ICMS.

Importante dizer não ser vedada às entidades imunes ter superávit financeiro, situação salutar para a viabilidade da própria instituição. O que não pode ocorrer, sob pena de afronta à constituição, é a distribuição de lucros entre os membros da instituição.

No exame unificado de jul/17, foi cobrada a questão seguinte: O reitor de uma faculdade privada sem fins lucrativos (cujas receitas, inclusive seus eventuais superávits, são integralmente reinvestidas no estabelecimento de ensino) deseja saber se está correta a cobrança de impostos efetuada pelo fisco, que negou a pretendida imunidade tributária, sob o argumento de que a instituição de ensino privada auferia lucros. A resposta correta era: O fisco não agiu corretamente, pois, para que seja concedida tal imunidade, a instituição não precisa ser deficitária, desde que o superávit seja revertido para suas finalidades.

Destarte, o dispositivo constitucional imuniza quatro entidades			
Partidos políticos e suas fundações;	Entidades sindicais de trabalhadores;	Instituições de educação (sem fins lucrativos);	Instituições de assistência social (sem fins lucrativos).

MUITA ATENÇÃO!

Os **sindicatos patronais não são imunes**, somente os sindicatos de empregados.

Súmula 730 do STF: "A **imunidade tributária** conferida a **instituições de assistência** social **sem fins lucrativos** pelo art. 150, VI, c, da Constituição, **somente** alcança as **entidades fechadas** de previdência social privada **se não houver contribuição dos beneficiários**".

No **exame unificado de maio/09** foi apresentada a seguinte **questão:** "Entidade beneficente de assistência social sem fins lucrativos pode gozar, desde que atenda aos requisitos legais, de imunidade de". A resposta correta era: "impostos sobre o patrimônio, renda e serviços e de contribuições para a seguridade social". A imunidade quanto às contribuições sociais vem prevista no art. 195, § 7º, da Constituição, no sentido de que **são** isentas de contribuição para a seguridade social as entidades beneficentes de assistência social que atendam às exigências estabelecidas em lei.

FIQUE POR DENTRO:

Súmula 612 do STJ: O certificado de entidade beneficente de assistência social (CEBAS), no prazo de sua validade, possui natureza declaratória para fins tributários, retroagindo seus efeitos à data em que demonstrado o cumprimento dos requisitos estabelecidos por lei complementar para a fruição da imunidade.

3.4 Imunidade cultural: "É vedado à União, Estados, DF e Municípios instituir **IMPOSTOS** sobre livros, jornais, periódicos e o papel destinado a sua impressão" (art. 150, VI, d, da CF).

Do dispositivo, verifica tratar-se de imunidade tipicamente **objetiva,** somente abrangendo os **IMPOSTOS** incidentes **diretamente** sobre livros, jornais, periódicos e papel destinado a sua impressão, possibilitando um barateamento dos mesmos, incentivando a cultura e a livre manifestação do pensamento (art. 5º, IV, da CF).

Entretanto, **não** está imune a renda auferida pelas empresas (ex.: livraria) que comercializarem tais produtos (incide IR), somente estão imunizadas as operações de importação, produção ou circulação desses bens (**não** há cobrança de II, IPI e ICMS).

O **STF**, mais uma vez, dando interpretação ampliativa à imunidade, editou a **súmula 657**: "A **imunidade** prevista no art. 150, VI, d, da CF **abrange** os **filmes e papéis fotográficos necessários à publicação de jornais e periódicos**".

Em 2020, o STF editou a **SÚMULA VINCULANTE 57** nos seguintes termos: "A imunidade tributária constante do art. 150, VI, d, da CF/88 aplica-se à importação e comercialização, no mercado interno, do livro eletrônico (e-book) e dos suportes exclusivamente utilizados para fixá-los, como leitores de livros eletrônicos (*e-readers*), ainda que possuam funcionalidades acessórias.

A Corte Suprema considera ainda imune: apostilas, álbuns de figurinhas e listas telefônicas.

No **exame unificado de ago/13** foi cobrada a seguinte questão: Determinada editora de livros, revistas e outras publicações foi autuada pela fiscalização de certo Estado, onde mantém a sede da sua indústria gráfica, pela falta de recolhimento de ICMS incidente sobre álbum de figurinhas. A resposta correta era: inconstitucional, por força da aplicação da imunidade tributária.

MUITA ATENÇÃO!

Nova hipótese de imunidade trazida pela EC 75/2013:

É vedado à União, Estados, DF e Municípios instituir IMPOSTOS sobre fonogramas e videofonogramas musicais produzidos no Brasil contendo obras musicais ou literomusicais de autores brasileiros e/ou obras em geral interpretadas por artistas brasileiros bem como os suportes materiais ou arquivos digitais que os contenham, salvo na etapa de replicação industrial de mídias ópticas de leitura a laser (art. 150, VI, e, da CF).

Livros Eletrônicos – imunidade reconhecida pela STF:

O Supremo Tribunal Federal (STF) decidiu que livros eletrônicos e os suportes próprios para sua leitura são alcançados pela imunidade tributária do artigo 150, inciso VI, alínea "d", da Constituição Federal (RE 330817)

No exame unificado de jan/19 foi cobrada a seguinte questão: O Estado Y lavrou auto de infração em face da pessoa jurídica PJ para cobrança de créditos de Impostos sobre a Circulação de Mercadorias e Prestação de Serviços (ICMS), decorrentes da produção e venda de livros eletrônicos. Adicionalmente aos créditos de ICMS, o Estado Y cobrou o pagamento de multa em decorrência do descumprimento de obrigação acessória legalmente prevista. A resposta correta era: Há imunidade tributária em relação aos livros eletrônicos; no entanto, tendo em vista a previsão legal, é correta a cobrança de multa pelo descumprimento da obrigação acessória.

3.5 Outras imunidades previstas no texto constitucional

- São imunes às **contribuições sociais** e de **intervenção no domínio econômico** as receitas decorrentes de **exportação** – CIDE (art. 149, § 2º);
- São imunes às **contribuições para seguridade social**: entidades beneficentes de assistência social que atendem às exigências estabelecidas em lei (art. 195, § 7º);
- São imunes ao **IPI** as receitas decorrentes de **exportação** (art. 153, § 3º);
- São imunes ao **ITR** as pequenas glebas rurais, definidas em lei, exploradas pelo proprietário que não possui outro imóvel (art. 153, § 4º, II);
- São imunes ao **ICMS:** operações que destinem a outros estados **petróleo**, inclusive lubrificantes, combustíveis líquidos ou gasosos dele derivados e **energia elétrica** (art. 153, § 4º, X, b, da CF);
- São imunes ao **ICMS: exportações de mercadorias** (art. 153, § 4º, X, a, da CF);
- São imunes ao **ICMS:** prestação de serviços de comunicação nas modalidades **radiodifusão** sonora e de som e imagens de **recepção livre e gratuita** (TV a cabo incide) (art. 153, § 4º, X, d da CF);
- São imunes aos impostos em geral: transferência de imóveis desapropriados para fins de reforma agrária (art. 184, § 5º);
- São imunes aos impostos em geral: as operações relativas à energia elétrica, serviços de telecomunicações, derivados de petróleo, combustíveis e minerais do país, exceto quanto ao II, IE e ICMS (art. 155, § 3º);
- Imunidade do **ouro**, quando definido em lei como ativo financeiro ou instrumento cambial, **somente incidindo o IOF** (art. 153, § 5º, da CF);
- São imunes ao **ITBI** as operações previstas no art. 156, § 2º, I, da CF, especialmente: transmissão de bens e direitos a pessoa jurídica para realização de capital, assim como no caso de fusão, incorporação, cisão ou extinção de pessoa jurídica.

CAPÍTULO III
COMPETÊNCIA TRIBUTÁRIA

1. DISTINÇÃO

Competência tributária é o **poder** atribuído pela Constituição a cada ente federativo (União, Estados, DF e Municípios) para instituir tributos. Não confundir com **competência para legislar sobre direito tributário**, que é competência **legislativa**.

2. COMPETÊNCIA PARA LEGISLAR SOBRE DIREITO TRIBUTÁRIO

Conforme entrevisto acima, a **competência** para **legislar sobre direito tributário** é competência legislativa, atribuição para editar leis que tratam de tributos, esta vem prevista no art. 24, I, da CF: "Compete à União, aos Estados e ao Distrito Federal **legislar concorrentemente** sobre: Direito Tributário".

É competência **concorrente** – art. 24 da CF, estando ela repartida entre entes políticos (União, Estados e DF), cabendo à União legislar, por **lei complementar**, sobre normas gerais (art. 146 da CF).

O Código Tributário Nacional, instituído pela União no ano de 1966, desempenha este papel de norma geral, possuindo status de lei complementar.

Dizemos possuir status de lei complementar porque o Código Tributário Nacional **não** foi editado como lei complementar, ao tempo em que foi editado, quando ainda em vigor a Constituição de 1946, nem existia essa espécie normativa.

Ocorre que, diante do **fenômeno da recepção,** o **CTN adquiriu** status **de lei complementar**, isto é, foi recepcionado já pela Constituição de 1967 com status de lei complementar, mantendo-o sob a égide da Constituição de 1988.

Nos termos do art. 24, § 1º: "No âmbito da legislação concorrente, a competência da União limitar-se-á a estabelecer normas gerais". Essa competência da União para legislar sobre normas gerais "**não exclui** a **competência suplementar** dos Estados" (§ 2º). **Não existindo lei federal** sobre normas gerais, "os **Estados** exercerão a **competência legislativa plena**, para atender a suas peculiaridades" (§ 3º). Por fim, no caso de **superveniência de lei federal** sobre normas gerais, **suspende-se** a **eficácia da lei estadual** no que for contrário à lei federal (§ 4º).

Diz-se **suspende a eficácia** porque, caso a **lei federal** superveniente seja **revogada**, a **lei estadual** que havia tido sua eficácia suspensa, **voltará a produzir efeitos**.

No **exame unificado nov./14** foi cobrada a seguinte **QUESTÃO:** O art. 146, III, a, da Constituição Federal estabelece que lei complementar deve trazer a definição dos fatos geradores, da base de cálculo e dos contribuintes dos impostos previstos na Constituição. Caso não exista lei complementar prevendo tais definições relativamente aos impostos estaduais, os estados. A **resposta correta** era: podem instituir e cobrar seus impostos, pois possuem competência legislativa plena até que a lei complementar venha a ser editada.

A outro giro, o art. 146, III, da CF, disciplina que "**cabe** à **LEI COMPLEMENTAR** estabelecer **normas gerais** em matéria de **legislação tributária,** especialmente sobre:

1) **definição de tributos** e de suas espécies, bem como, em relação aos **impostos discriminados nesta Constituição**, a dos respectivos **fatos geradores, bases de cálculo** e **contribuintes**;
2) **obrigação, lançamento, crédito, prescrição** e **decadência** tributários;
3) **adequado tratamento tributário** ao **ato cooperativo** praticado pelas sociedades cooperativas;
4) definição de **tratamento diferenciado** e **favorecido** para as **microempresas** e para as **empresas de pequeno porte**, inclusive **regimes especiais** ou **simplificados** no caso do imposto previsto no art. 155, II, das contribuições previstas no art. 195, I e §§ 12 e 13, e da contribuição a que se refere o art. 239".

Conforme já ressaltado, o **Código Tributário Nacional**, tendo status **de lei complementar**, desempenha este **papel de norma geral** em matéria de legislação tributária previsto pelo art. 146 da CF.

No **exame unificado de fev./11** foi proposta a seguinte assertiva (correta): "Conforme a Constituição

Federal, o veículo legislativo adequado para dispor sobre conflitos de competência entre os entes políticos em matéria tributária é a **lei complementar**". A resposta (lei complementar) decorre do disposto no art. 146, I, da CF, "cabe à **lei complementar dispor sobre conflitos de competência, em matéria tributária**, entre a União, os Estados, o Distrito Federal e os Municípios".

Já no exame unificado de jan/20 foi cobrada a seguinte questão: Uma lei ordinária federal tratava de direitos do beneficiário de pensão previdenciária e também previa norma que ampliava, para 10 anos, o prazo decadencial para o lançamento dos créditos tributários referentes a uma contribuição previdenciária federal. A resposta correta era: É inválida, pois somente poderia ser veiculada por Lei Complementar (art. 146, III, da CF).

Por fim, a EC 42/2003 introduziu o art. 146-A da CF com a finalidade explícita de proteger a livre concorrência, dispondo que: "**Lei complementar** poderá **estabelecer critérios especiais de tributação**, com o **objetivo** de **prevenir desequilíbrios da concorrência**, sem prejuízo da competência de a União, por lei, estabelecer normas de igual objetivo". Trata-se de comando destinado ao legislador, facultando a edição de lei complementar para proteção da livre concorrência, princípio fundamental da ordem econômica brasileira (art. 170, IV, da CF).

3. COMPETÊNCIA TRIBUTÁRIA

3.1 Competência Tributária X Capacidade Tributária Ativa

Competência tributária é o poder conferido pela Constituição aos entes políticos para instituir e dispor sobre tributos.

Nos termos do art. 6º do CTN: "A atribuição constitucional de competência tributária compreende a competência legislativa plena, ressalvadas as limitações contidas na Constituição Federal, nas Constituições dos Estados e nas Leis Orgânicas do Distrito Federal e dos Municípios, e observado o disposto nesta Lei."

A **competência tributária** é **absolutamente indelegável**, não sendo exercida por determinado ente federativo não pode outro ente exercê-la, é o que se extrai do art. 8º do CTN: "**O não exercício da competência tributária não a defere a pessoa jurídica de direito público diversa daquela a que a Constituição a tenha atribuído**".

Se por um lado a **competência tributária é indelegável**, por outro as **funções de arrecadar** ou **fiscalizar** tributos, **executar leis**, serviços, atos ou decisões administrativas **podem ser delegadas** por uma **pessoa jurídica de direito público a outra** (art. 7º do CTN). É o que a doutrina chama de **delegação da capacidade tributária ativa**.

Portanto, **delegação da capacidade tributária ativa** é a atribuição administrativa conferida a outra pessoa jurídica de direito público para arrecadar, fiscalizar ou mesmo executar leis, serviços, atos ou decisões administrativas. Exemplo mais comum é a atribuição aos conselhos de profissão (CRM, CRO, CRECI etc.) para arrecadar as contribuições de seus membros.

Importante dizer que na maioria das vezes a competência tributária (poder de instituir o tributo) e a capacidade tributária ativa (atribuição administrativa) estarão reunidas na mesma pessoa, por exemplo, os Municípios instituem e cobram o IPTU, os Estados o IPVA e a União o IR.

Com efeito, não devemos confundir: **competência tributária** – poder conferido pela Constituição ao ente político para instituir e dispor sobre tributos, absolutamente indelegável – e **delegação da capacidade tributária ativa** – atribuição administrativa conferida a outra pessoa jurídica de direito público para arrecadar, fiscalizar ou mesmo executar leis, serviços, atos ou decisões administrativas, delegável.

Eventualmente, quando estivermos diante de delegação da capacidade tributária ativa, poderá ser verificado o fenômeno da **PARAFISCALIDADE**. A doutrina tradicional entende por parafiscalidade a **delegação da capacidade tributária ativa a ente diverso daquele competente para instituir o tributo, atribuindo-lhe a disponibilidade dos recursos arrecadados**. Exemplo de tributos parafiscais: contribuições para os serviços sociais autônomos (SEBRAE, SESC, SESI etc.).

? **QUESTÃO:** O exercício da competência tributária é uma faculdade ou uma obrigação?

↳ *RESPOSTA:* *A doutrina majoritária sempre foi no sentido de que o exercício da competência tributária seria uma FACULDADE. Entretanto, a Lei de Responsabilidade Fiscal (LC 101/2000) trouxe entre suas disposições a obrigatoriedade da instituição, previsão e efetiva cobrança de todos os tributos da competência conferida pela Constituição, proibindo as chamadas transferências voluntárias aos entes que descumprirem esse comando (art. 11 da LC 101/2000). Mesmo assim, nas provas é mais seguro seguir o posicionamento tradicional – FACULDADE. Somente se a questão se referir expressamente à Lei de Responsabilidade Fiscal (LRF), no sentido de que se o ente político deixar de instituir e arrecadar todos os tributos de sua competência poderá ser declarado irresponsável, nesse caso, deverão ser utilizadas as disposições da LRF.*

DICA IMPORTANTE

A leitura atenta do art. 146 da CF, dele são retiradas diversas questões cobradas nos exames de ordem e concursos públicos

Ponto de interesse é saber que, **quem tem o poder de instituir o tributo** (Competência Tributária) **também tem o poder de isentar**, assunto que será retomado quando tratarmos da exclusão do crédito tributário.

3.2 Repartição constitucional da competência tributária

A Constituição, no que tange à repartição das competências tributárias, optou por reparti-las de maneira diversa tratando-se de tributos vinculados e tributos não vinculados.

Em se tratando de **tributos vinculados,** por haver uma atuação estatal específica em relação ao contribuinte (ex.: taxas e contribuição de melhoria), a Constituição atribui a competência ao ente político que desenvolve a atividade fato gerador do tributo (competência comum).

Com relação aos **tributos não vinculados,** por não haver uma atividade estatal específica (ex.: impostos), a Constituição optou por repartir a competência de forma privativa a cada ente político.

3.2.1 Competência tributária privativa

A competência para instituição dos **impostos** é repartida de forma **privativa** pela Constituição a cada ente político. Desta forma, a Constituição confere privativamente à União, Estados, DF e Municípios o poder de instituir os impostos de sua respectiva competência.

Tendo em vista ser indelegável, rigorosamente seria melhor dizer que a competência para instituição de impostos seria **exclusiva.**

Entretanto, a terminologia **"privativa"** é amplamente utilizada tanto pela Constituição quanto em provas de exame de ordem e concursos públicos.

Nos termos do art. 153 da CF, compete à União instituir impostos sobre:

I – importação de produtos estrangeiros; **(II)**

II – exportação, para o exterior, de produtos nacionais ou nacionalizados; **(IE)**

III – renda e proventos de qualquer natureza; **(IR)**

IV – produtos industrializados; **(IPI)**

V – operações de crédito, câmbio e seguro, ou relativas a títulos ou valores mobiliários; **(IOF)**

VI – propriedade territorial rural; **(ITR)**

VII – grandes fortunas, nos termos de lei complementar. **(IGF)**

A seu turno, de acordo com o art. 155 da CF, compete aos **Estados** e ao **Distrito Federal** instituir impostos sobre:

I – transmissão *causa mortis* e doação, de quaisquer bens ou direitos; **(ITCMD ou ITCD)**

II – operações relativas à circulação de mercadorias e sobre prestações de serviços de transporte interestadual e intermunicipal e de comunicação, ainda que as operações e as prestações se iniciem no exterior; **(ICMS)**

III – propriedade de veículos automotores. **(IPVA)**.

Por fim, conforme o art. 156 da CF, compete aos **Municípios** instituir impostos sobre:

I – propriedade predial e territorial urbana; **(IPTU)**

II – transmissão "inter vivos", a qualquer título, por ato oneroso, de bens imóveis, por natureza ou acessão física, e de direitos reais sobre imóveis, exceto os de garantia, bem como cessão de direitos a sua aquisição; **(ITBI)**

III – serviços de qualquer natureza, não compreendidos no art. 155, II, definidos em lei complementar. **(ISS)**

3.2.2 Competência cumulativa

Em razão de o **Distrito Federal** reunir as atribuições de Estado e Município, cabe a ele instituir os impostos estaduais e municipais em seu território. O art. 32 da CF **veda** a divisão do Distrito Federal em municípios.

Fato semelhante ocorre com os **Territórios**: caso o território **não** seja dividido em municípios, cabem à União os impostos estaduais e municipais; caso seja dividido em municípios, caberão somente os estaduais e, é claro, os federais por competência própria.

Nesse sentido, o art. 147 da CF: "**Competem à União**, em **Território Federal**, os **impostos estaduais** e, se o Território **não** for dividido em Municípios, **cumulativamente**, os impostos **municipais**; ao **Distrito Federal cabem os impostos municipais**".

No exame unificado de ago/18 foi cobrada a seguinte QUESTÃO: "Admita que, em 2016, foi criado um Território Federal no Brasil, dividido em municípios. Joaquim reside nesse Território e recebeu da União, no presente ano, uma guia para o pagamento do Imposto sobre a Propriedade Predial e Territorial Urbana (IPTU) do seu imóvel. Na semana seguinte, recebeu também uma guia do município em que mora. Levando em conta a situação descrita, assinale a afirmativa correta". A resposta correta era: "Apenas o Município onde Joaquim reside é competente para exigir o IPTU".

3.2.3 Competência comum

Conforme acima referido, em se tratando de **tributos vinculados** a alguma atividade estatal, a Constituição optou por atribuir a competência ao ente que desempenhar a atividade que deu ensejo à instituição do tributo.

Por isso se convencionou dizer que a competência para instituição de **taxas** e **contribuição de melhoria** é competência tributária **comum**.

Assim, o ente que prestar o serviço público específico e divisível (ex.: coleta domiciliar de lixo) ou exercer o poder de polícia (ex.: fiscalização ambiental) poderá cobrar a respectiva taxa.

3.2.4 Competência residual

A Constituição prevê **duas hipóteses** de competência tributária residual, uma para **instituição de impostos** (impostos residuais) e outra para **contribuições para a seguridade social** (contribuições residuais).

A União, somente ela, **possui competência residual** para instituir, mediante **lei complementar, impostos, não** previstos na Constituição, desde que sejam **não cumulativos** e **não** tenham **fato gerador** ou **base de cálculo** próprios dos (impostos) discriminados na Constituição (art. 154, I, da CF).

Com relação à competência residual para instituição de **contribuições**, com fulcro no art. 195, § 4º, da CF, somente cabe sua instituição **se a finalidade** – leia-se vinculação de receita – **for para financiar a seguridade social.** Seus **fatos geradores** e **base de cálculo devem ser diferentes das contribuições já discriminadas nos incisos I a IV do art. 195 da CF** (inovar quanto a fato gerador e base de cálculo). Tais contribuições devem ser ainda não cumulativas (art. 195, § 4º c/c art. 154, I, ambos da CF).

No **exame unificado de abr./13** foi cobrada a seguinte questão: A União criou um novo imposto não previsto na CRFB mediante lei complementar sobre a propriedade de veículos de duas rodas não motorizados, que adota fato gerador e base de cálculo diferente dos demais discriminados na Constituição. A resposta correta: a União terá feito uso de competência **residual.**

Já no exame de abr./16 de foi cobrada a questão: O Estado X, visando aumentar a sua arrecadação, instituiu novo imposto, não previsto na Constituição Federal. A resposta correta era: o Estado X não pode instituir o imposto novo, tendo em vista que a competência residual para a instituição de novos impostos é somente da União.

Também no exame de abr./16 foi cobrada a questão: Determinado ente da Federação instituiu um tributo incidente sobre a folha de salários e demais rendimentos do trabalho pagos ou creditados, a qualquer título, à pessoa física que preste serviço a empregador privado, ainda que sem vínculo empregatício, com o objetivo de financiar a seguridade social. Em sintonia com a CRFB/88, assinale a opção que indica o ente da federação competente para a instituição do tributo descrito e o nome do tributo em questão. A resposta correta era: União, Contribuição Social.

Já no exame unificado de jan/19 foi cobrada a seguinte QUESTÃO: A União, por meio de lei ordinária, instituiu nova contribuição social (nova fonte de custeio) para financiamento da seguridade social. Para tanto, adotou, além da não cumulatividade, fato gerador e base de cálculo distintos dos discriminados na Constituição da República. A resposta correta era: Ela somente poderia ser instituída por meio de Lei Complementar.

MUITA ATENÇÃO! O **STF entende** ser legítima a coincidência da base de cálculo (também do fato gerador) de contribuição social residual e imposto discriminado na Constituição, deixando de aplicar a parte final do art. 154, I, da CF às contribuições sociais, conforme determina o art. 195, § 4º, da CF (RE 228.321).

3.2.5 Competência extraordinária

A competência extraordinária também é **exclusiva da União.** Nos termos do art. 154, II, da CF: "a **União** poderá instituir, na **iminência** ou **no caso** de **guerra externa**, **impostos** extraordinários, **compreendidos ou não em sua competência tributária**, os quais **serão suprimidos**, gradativamente, **cessadas as causas** de sua criação".

São os chamados impostos extraordinários de guerra (IEG). Como a Constituição não faz qualquer ressalva, eles poderão ser instituídos por lei ordinária, como também medida provisória (MP) que possui força de lei (se instituída por MP **produzirá efeitos imediatos** – art. 150, § 1º, da CF –, não se sujeitando ao disposto no art. 62, § 2º, da CF).

No exame unificado de 2021.1 foi cobrada a seguinte QUESTÃO: Decretado estado de calamidade pública financeira, o Presidente da República edita Medida Provisória (MP), instituindo, temporariamente, imposto extraordinário, incidente sobre os serviços de qualquer natureza, a ser suprimido, gradativamente, no prazo máximo de 5 (cinco) anos. Em seu último parágrafo, a MP prevê que entra em vigor e passa a gerar efeitos a partir da sua publicação, o que se dá em 20/12/2019. Assinale a opção que apresenta o vício da referida Medida Provisória, tal como editada. A resposta correta era: A instituição de impostos extraordinários só é permitida na iminência ou no caso de guerra externa.

Em resumo: sua instituição deve ser motivada por guerra externa ou sua iminência, não exige a não cumulatividade, são impostos temporários, não se sujeitam aos princípios da anterioridade do exercício financeiro e da noventena, produzindo efeitos imediatos se instituídos por MP.

3.3 Bitributação e *bis in idem*

Bitributação ocorre quando entes tributantes **diversos** exigem do mesmo contribuinte tributos relacionados ao mesmo fato gerador, por exemplo, se o Município cobrasse ISS sobre determinado serviço e o Estado, entendendo que esse serviço estaria dentro de sua competência, cobrasse também ICMS sobre o mesmo fato gerador.

No *bis in idem*, o **mesmo ente tributante** exige do **mesmo** contribuinte **mais de um tributo sobre o mesmo fato gerador**, isso ocorreria, por exemplo, se a União cobrasse dois impostos sobre o fato gerador renda e proventos de qualquer natureza.

No exame unificado de ago/14 foi cobrada a **QUESTÃO:** Empresa X, constituída em 1980, entrou com ação na Justiça Federal impugnando a cobrança da Contribuição Sobre o Lucro – CSLL, alegando que, apesar de prevista no art. 195, I, c, da Constituição Federal, trata-se de um tributo que tem o lucro como fato gerador. Dessa forma, haveria um *bis in idem* em relação ao Imposto Sobre a Renda das Pessoas Jurídicas (art. 153, III da CRFB), o que é vedado pelo próprio texto constitucional. A partir do caso narrado e considerando a jurisprudência dominante do Supremo Tribunal Federal, assinale a afirmativa correta. A alternativa correta era: **A empresa não tem razão, porque ambos os tributos estão previstos na CRFB.**

No caso, temos dois tributos incidindo sobre o lucro das empresas – a CSLL e IR – (...) e não há impedimento a que tal aconteça, pois é constitucionalmente vedado o *bis in idem* entre impostos (art. 154, I, da CF) e o *bis in idem* entre contribuições de seguridade social (art. 195, § 4º c/c art. 154, I, ambos da CF), mas não entre impostos e contribuições (Leandro Paulsen).

EM RESUMO: Bitributação e *bis in idem*
Não confundir **bitributação** com *bis in idem*: (a) **bitributação** ocorre quando **entes** tributantes **diversos** (ex.: Estado e Município) exigem do mesmo contribuinte tributos relacionados ao mesmo fato gerador; (b) *bis in idem* ocorre quando o **mesmo ente** exige do **mesmo contribuinte mais de um tributo** decorrente do **mesmo fato gerador.**

CAPÍTULO IV
LEGISLAÇÃO TRIBUTÁRIA

1. LEGISLAÇÃO TRIBUTÁRIA

Nos termos do art. 96 do CTN: "A expressão "legislação tributária" compreende as **leis**, os **tratados** e as **convenções internacionais**, os **decretos** e as **normas complementares** que versem, no todo ou em parte, sobre tributos e relações jurídicas a eles pertinentes".

A seu turno, o art. 100 do CTN nos informa o que são **normas complementares** das leis, dos tratados e das convenções internacionais e dos decretos são:

I – os **atos normativos** expedidos pelas autoridades administrativas;

II – as **decisões** dos órgãos singulares ou coletivos de jurisdição administrativa, a que a lei atribua eficácia normativa;

III – as **práticas reiteradamente observadas** pelas autoridades administrativas;

IV – os **convênios** que entre si celebrem a União, os Estados, o Distrito Federal e os Municípios.

> **MUITA ATENÇÃO!**
>
> A observância das normas referidas no art. 100 do CTN - normas complementares - exclui a imposição de penalidades, a cobrança de juros de mora e a atualização do valor monetário da base de cálculo do tributo. Entretanto, o tributo continua sendo devido.

Desta forma, verificamos que a expressão **LEGISLAÇÃO TRIBUTÁRIA** abarca "**todas as normas gerais e abstratas integrantes do ordenamento jurídico nacional que versem sobre tributos** e **relações jurídicas** a eles pertinentes" (ALEXANDRE, 2010, p. 216).

A expressão "legislação tributária" engloba tantos atos **normativos primários** (aqueles que inovam o ornamento jurídico – ex.: leis) como **atos normativos secundários** (aqueles que não inovam o ordenamento jurídico, apenas regulamentam as disciplinas legais, detalhando comandos e procedimentos – ex.: decretos e normas complementares).

Importante ressaltar que, no vocábulo "**lei**", estão incluídos todos aqueles atos normativos que possuem força de lei, isto é, aqueles que tem o poder de inovar o ordenamento jurídico, como: leis ordinárias e complementares, medidas provisórias, leis delegadas, decretos legislativos. Estariam incluídos também os tratados e convenções internacionais que, em matéria tributária, segundo o STF, possuem força de lei ordinária, mas quanto a eles o CTN faz referência específica no art. 96.

> **MUITA ATENÇÃO!**
>
> Algumas matérias o CTN **reserva sua disciplina à lei em sentido estrito.** Nos termos do art. 97, **somente a lei pode estabelecer**:
>
> I. a **instituição** de **tributos**, ou a sua **extinção**;
>
> II. a **majoração** de **tributos**, ou sua **redução**, ressalvado o disposto nos arts. 21, 26, 39, 57 e 65;
>
> III. a **definição** do **fato gerador** da obrigação tributária principal, ressalvado o disposto no inciso I do § 3º do art. 52, e do seu sujeito passivo;
>
> IV. a **fixação de alíquota** do tributo e da sua **base de cálculo**, ressalvado o disposto nos arts. 21, 26, 39, 57 e 65;
>
> V. a **cominação** de **penalidades** para as ações ou omissões contrárias a seus dispositivos, ou para outras infrações nela definidas;
>
> VI. as hipóteses de **exclusão, suspensão** e **extinção** de **créditos tributários**, ou de **dispensa** ou **redução** de **penalidades**.

> **FIQUE POR DENTRO:**
>
> **"MEDIDA PROVISÓRIA EM MATÉRIA TRIBUTÁRIA"**
>
> **O STF há muito pacificou o entendimento de que medidas provisórias podem regular matéria tributária, ressalvadas, é claro, aquelas matérias reservadas pela Constituição à lei complementar (art. 62, § 1º, III, da CF). Recomenda-se ler atentamente o art. 97 do CTN**, de grande incidência em Exame de Ordem e provas de concurso.

Outro ponto importante é a função das **leis complementares** em matéria tributária, nos termos do citado art. 146 da CF, cabe a essa espécie normativa: a) dispor sobre **conflitos de competência** entre os entes federativos; b) **regular as limitações constitucionais ao poder de tributar**; c) estabelecer **normas gerais em matéria de legislação tributária.**

> **MUITA ATENÇÃO!**
>
> Determina o art. 146, III, da CF que **lei complementar** deverá estabelecer normas gerais sobre direito tributário. Essa necessidade é suprida hoje pelo **Código Tributário Nacional** que, apesar de editado como lei ordinária (não existia a espécie normativa "lei complementar" quando de sua edição) foi recepcionado pelas constituições posteriores, inclusive a CF/88, sob o status de lei complementar.

Quanto aos **tratados** e **convenções internacionais**, o CTN determina que eles **revogam ou modificam a legislação tributária interna**, e **serão observados pela que lhes sobrevenha** (art. 98 do CTN). No ponto, é importante lembrar que o **STF** entende que os **tratados internacionais** (que **não** versem sobre direitos humanos), após regularmente incorporados ao nosso ordenamento jurídico, passam a possuir status de lei ordinária.

No exame de abr./16 foi cobrada a seguinte questão: O Estado Alfa institui, por meio de lei complementar, uma taxa pela prestação de serviço público específico e divisível. Posteriormente a alíquota e a base de cálculo da taxa vêm a ser modificadas por meio de lei ordinária, que as mantém em patamares compatíveis com a natureza do tributo e do serviço público prestado. A lei ordinária em questão é ... A resposta correta era: integralmente válida, pois a matéria por ela disciplinada não é constitucionalmente reservada à lei complementar.

<table>
<tr><th colspan="2">EM RESUMO</th></tr>
<tr><td rowspan="4">LEGISLAÇÃO TRIBUTÁRIA</td><td>Leis</td></tr>
<tr><td>Tratados e as Convenções Internacionais</td></tr>
<tr><td>Decretos</td></tr>
<tr><td>Normas complementares:
I. os atos normativos expedidos pelas autoridades administrativas;
II. as decisões dos órgãos singulares ou coletivos de jurisdição administrativa, a que a lei atribua eficácia normativa;
III. as práticas reiteradamente observadas pelas autoridades administrativas;
IV. os convênios que entre si celebrem a União, os Estados, o Distrito Federal e os Municípios.</td></tr>
</table>

DICA IMPORTANTE

São frequentes as questões sobre os arts. 146 da CF e 97 do CTN, sendo indispensável a leitura atenta e reiterada dos mesmos.

2. VIGÊNCIA DA LEGISLAÇÃO TRIBUTÁRIA

2.1 Vigência espacial

Em matéria tributária a regra para vigência espacial é o **princípio da territorialidade** que nos informa que a norma jurídica tributária terá vigência no território do ente político que a editou.

Nos termos do art. 101 do CTN: "A vigência, no espaço e no tempo, da legislação tributária rege-se pelas disposições legais aplicáveis às normas jurídicas em geral, ressalvado o previsto neste Capítulo."

Assim, caso a União edite determinado ato normativo, este ato terá vigência em todo território nacional. Caso o Estado de Minas Gerais edite uma lei ou outro ato normativo em matéria tributária, terá vigência neste Estado. Simples assim.

Entretanto, o art. 102 do CTN versa hipótese de extraterritorialidade, permitindo, excepcionalmente, que uma norma de determinado ente político seja aplicada a outro(s), dispondo:

> "A **legislação tributária** dos **Estados**, do **Distrito Federal** e dos **Municípios** vigora, no País, **fora dos respectivos territórios, nos limites** em que lhe reconheçam **extraterritorialidade** os **convênios de que participem, ou** do que disponham esta ou outras **leis de normas gerais expedidas pela União**".

Ainda no que toca à vigência espacial da norma tributária, o art. 120 do CTN dispõe que: "Salvo disposição de lei em contrário, a **pessoa jurídica de direito público**, que se constituir pelo **desmembramento territorial de outra**, sub-roga-se nos direitos desta, cuja **legislação tributária aplicará até que entre em vigor a sua própria**".

Para aclarar, um exemplo: caso o município de Viçosa-MG se desmembre em dois municípios, criando o novo município de São Bartolomeu, as normas jurídicas tributárias do município de Viçosa valerão para o novo município criado até que sobrevenha sua legislação própria.

Destarte, a **regra** sobre vigência **espacial** da norma tributária é o princípio da **territorialidade**, excepcionalmente se admite a **extraterritorialidade** desde que exista **convênio** ou **leis de normas gerais** expedidas pela União.

2.2. Vigência temporal

Nos termos do citado art. 101 do CTN, a "vigência temporal da legislação tributária rege-se pelas disposições legais aplicáveis às normas jurídicas em geral, ressalvado o previsto neste Capítulo".

Portanto, caso o CTN não disponha de maneira diversa, aplicável a Lei de Introdução às normas do Direito Brasileiro – Decreto-Lei 4657/1942 (antiga Lei de Introdução ao Código Civil) que prevê em seu art. 1º: "**Salvo disposição contrária**, a **lei começa a vigorar** em todo o país **quarenta e cinco dias** depois de oficialmente **publicada**".

Nos **Estados estrangeiros** a obrigatoriedade da lei brasileira, quando admitida, se inicia **três meses** depois de oficialmente publicada (art. 1º, § 1º, do Decreto-Lei 4657/1942).

As regras específicas sobre vigência temporal da legislação tributária foram previstas nos art. 103 e 104 do CTN, conforme o quadro abaixo:

Art. 103	Art. 104
Art. 103. Salvo disposição de lei em contrário, entram em vigor:	**Art. 104. Entram em vigor no primeiro dia do exercício seguinte àquele em que ocorra a sua publicação os dispositivos de lei, referentes a impostos sobre patrimônio ou renda:**
I – os **atos administrativos** a que se refere o inciso I do art. 100, na **data da sua publicação;**	I – que **instituem** ou **majoram** tais **impostos;**
II – as **decisões** a que se refere o inciso II do art. 100, quanto a seus efeitos normativos, **30 (trinta) dias após a data da sua publicação;**	II – que **definem novas hipóteses de incidência;**
III – os **convênios** a que se refere o inciso IV do art. 100, na **data neles prevista**	III – que **extinguem** ou **reduzem isenções**, salvo se a lei dispuser de maneira mais favorável ao contribuinte, e observado o disposto no art. 178.

FIQUE POR DENTRO:

"PRINCÍPIO DA ANTERIORIDADE E REVOGAÇÃO DE ISENÇÃO"

A **doutrina**, majoritariamente, entende que os incisos I e II do art. 104 do CTN **não foram recepcionados** pela CF/88, sendo, desta forma, inúteis ou mera repetição do art. 150, III, b, da CF (princípio da anterioridade).

O inciso III do art. 104 versa hipótese de **revogação de isenção** que entrariam em vigor no primeiro dia do exercício seguinte àquele em que ocorra a publicação da lei, referentes a **impostos** sobre **patrimônio** ou **renda**. Entretanto, devemos lembrar que o **STF** entende que, **revogada a isenção**, o **tributo torna-se imediatamente exigível**, não havendo que se respeitar o princípio da anterioridade eis que o tributo já existe (RE 204.062-2/ES).

Assim se a questão se referir às disposições do CTN com relação à revogação de isenções, o candidato deverá responder de acordo com o art. 104, III, da CTN (exigível no primeiro dia do exercício seguinte àquele em que ocorra a sua publicação da lei), caso se refira ao entendimento do STF, responder de acordo com a jurisprudência referida acima (exigível imediatamente).

3. APLICAÇÃO DA LEGISLAÇÃO TRIBUTÁRIA

Dispõe o art. 105 do CTN: "a legislação tributária aplica-se imediatamente aos **fatos geradores futuros** e **aos pendentes**, assim entendidos aqueles cuja ocorrência tenha tido início mas não esteja completa nos termos do art. 116".

Apesar da redação confusa, o art. 105 do CTN nos informa que a **legislação tributária**, em regra, aplica-se aos fatos geradores **futuros** e **aos que ainda não estão completos** (pendentes), tendo em vista o **princípio da irretroatividade** referido no capítulo segundo.

Assim, o art. 105 determina que a legislação tributária tenha aplicação **imediata** e **prospectiva**.

No exame unificado de nov./16 foi proposta a seguinte questão: "Determinado Estado da Federação publicou, em julho de 2015, a Lei nº 123/2015, que majorou o valor das multas e das alíquotas de ICMS. Em fevereiro de 2016, em procedimento de fiscalização, aquele Estado constatou que determinado contribuinte, em operações realizadas em outubro de 2014, não recolheu o ICMS devido. Por conta disso, foi efetuado o lançamento tributário contra o contribuinte, exigindo-lhe o ICMS não pago e a multa decorrente do inadimplemento". A resposta correta era: "O lançamento só estará correto se as multas e as alíquotas forem as previstas na lei vigente ao tempo do fato gerador".

Excepcionalmente, a legislação tributária poderá ter **aplicação retroativa**, aplicando-se ao ato ou fato pretérito, em duas situações, conforme determina o art. 106 do CTN.

Primeiro, a lei aplica-se a ato ou fato pretérito: **em qualquer caso**, quando seja **expressamente interpretativa**, excluída a aplicação de penalidade à infração dos dispositivos interpretados (art. 106, I, do CTN).

A lei interpretativa **não** altera o **ordenamento jurídico**, somente tem efeitos declaratórios, por isso sua aplicação poderá ser retroativa. **Entretanto**, se uma lei, a pretexto de ser interpretativa, promover alteração inovando o plano normativo, só poderá ter **eficácia prospectiva** – para frente (**STJ**, AI no EREsp 644.736, DJ 27/08/2007).

Segundo, a lei aplica-se a ato ou fato pretérito, tratando-se de **ato não definitivamente** julgado: **a)** quando **deixe de defini-lo como infração**; **b)** quando **deixe de tratá-lo como contrário a qualquer exigência de ação ou omissão**, desde que não tenha sido fraudulento e não tenha implicado em falta de pagamento de tributo; e **c)** quando lhe **comine penalidade menos severa** que a prevista na lei vigente ao tempo da sua prática. **Essa é a famosa retroatividade da lei tributária benigna sobre infrações e penalidades.**

Note-se que o disposto na alínea "b" estaria compreendido na alínea "a", deixe de defini-lo como infração.

No **exame unificado 2011.2** foi proposta a seguinte questão: No exercício de 1995, um contribuinte deixou de recolher determinado tributo. Na ocasião, a lei impunha a multa moratória de 30% do valor do débito. Em 1997, houve alteração legislativa, que reduziu a multa moratória para 20%. O contribuinte recebeu, em 1998, notificação para pagamento do débito, acrescido da multa moratória de 30%. A resposta era: A exigência está **errada**, pois aplica-se retroativamente a lei que defina penalidade menos severa ao contribuinte.

Portanto, regra geral: a legislação tributária aplica-se aos fatos geradores futuros e pendentes. A aplicação retroativa (exceções) vem disciplinada no art. 106 do CTN.

EM RESUMO: Retroatividade da Lei Tributária	
A lei aplica-se a ato ou fato pretérito	I. em qualquer caso, quando seja **expressamente interpretativa**, excluída a aplicação de penalidade à infração dos dispositivos interpretados. II. tratando-se de **ato não definitivamente julgado**: a) quando deixe de defini-lo como infração;
A lei aplica-se a ato ou fato pretérito	b) quando deixe de tratá-lo como contrário a qualquer exigência de ação ou omissão, desde que não tenha sido fraudulento e não tenha implicado em falta de pagamento de tributo; c) quando lhe comine penalidade menos severa que a prevista na lei vigente ao tempo da sua prática.

4. INTERPRETAÇÃO DA LEGISLAÇÃO TRIBUTÁRIA

Interpretar é buscar o **conteúdo** e o **alcance** das normas. Não devemos confundir interpretação com integração que é o suprimento de eventuais lacunas.

O art. 107 do CTN dispõe que a legislação tributária será interpretada conforme o disposto neste capítulo e traz algumas regras específicas aplicáveis à matéria tributária.

A A **primeira** regra é a de que "a lei tributária **não** pode **alterar a definição**, o **conteúdo** e o **alcance** de institutos, conceitos e formas de **direito privado**, utilizados, expressa ou implicitamente, pela **Constituição Federal**, pelas **Constituições dos Estados**, ou pelas **Leis Orgânicas do Distrito Federal** ou dos **Municípios**, para **definir** ou **limitar competências tributárias** (art. 110 do CTN). Desta forma, por exemplo, a lei tributária não poderia alterar a definição de "propriedade" para definir ou limitar a competência tributária.

B A **segunda** regra se refere a determinadas matérias devem ser **interpretadas literalmente** (art. 111 do CTN). Nesse caso, quando o CTN diz literalmente, leia-se **estrita**, **não** comportando **interpretação ampliativa** ou **restritiva**.

Desta forma, interpretam-se **literalmente** a legislação tributária sobre: **suspensão** ou **exclusão** do crédito tributário; outorga de **isenção;** e **dispensa do cumprimento de obrigações acessórias.** Atente-se à redundância quanto à isenção que constitui causa de exclusão do crédito tributário (como será visto em tópico próximo).

No exame de ago./16 foi cobrada a seguinte questão: A pessoa jurídica XX, procurando compreender os métodos de interpretação da legislação tributária a respeito dos casos de extinção, suspensão e exclusão do crédito tributário, consulta você, como advogado. À luz do Código Tributário Nacional, assinale a alternativa que veicula tema sobre o qual é imperiosa a interpretação literal de norma tributária. A resposta correta era: Anistia – que constitui uma das hipóteses de exclusão do crédito tributário.

C A **terceira** regra diz que a lei tributária que define infrações, ou lhe comina penalidades, interpreta-se da maneira mais favorável ao acusado, em caso de dúvida quanto: a) à capitulação legal do fato; b) à natureza ou às circunstâncias materiais do fato, ou à natureza ou extensão dos seus efeitos; c) à autoria, imputabilidade ou punibilidade; d) à **natureza da penalidade** aplicável, ou à sua graduação (art. 112 do CTN).

Portanto, a regra da **interpretação benigna em caso de dúvida** na interpretação da legislação tributária **só vale para infrações e penalidades.**

D Uma **quarta** regra é prevista no art. 118 do CTN, nos remetendo ao princípio do *pecunia non olet* (o dinheiro não tem cheiro). Nos termos do citado artigo, o "fato gerador deve ser interpretado abstraindo-se da validade jurídica dos atos praticados e dos efeitos dos fatos efetivamente ocorridos".

Desta forma, se uma pessoa auferir renda, mesmo que ilegalmente, haverá incidência de Imposto de Renda (IR) sobre seus rendimentos. Até porque seria injusto o Estado tributar quem auferiu renda legalmente e não o fazer com relação àquele que a auferiu ilegalmente. Por outro lado, a questão da ilegalidade da renda auferida é alheia à seara tributária, devendo ser resolvida, caso for, pela seara penal.

No **exame unificado de nov./13** foi cobrada a seguinte **QUESTÃO:** Em procedimento de fiscalização, a Secretaria da Receita Federal do Brasil identificou lucro não declarado por três sociedades empresárias, que o obtiveram em conluio, fruto do tráfico de entorpecentes. A resposta correta era: O imposto sobre a renda é devido face ao princípio da interpretação objetiva do fato gerador, também conhecido como o princípio do *pecunia non olet.*

5. INTEGRAÇÃO DA LEGISLAÇÃO TRIBUTÁRIA

Conforme entrevisto, **integração** é o **suprimento de eventuais lacunas** existentes nas normas jurídicas.

Assim, nos termos do art. 108 do CTN, **na ausência de disposição expressa**, a **autoridade** competente para **aplicar** a legislação tributária utilizará **sucessivamente,** na ordem indicada: a **analogia**; os **princípios gerais** de **direito tributário**; os **princípios gerais** de **direito público**; a **equidade**.

Adverte o dispositivo, que o emprego da **analogia não poderá** resultar na exigência de **tributo não previsto** em lei; e que o emprego da **equidade não poderá resultar** na **dispensa** do **pagamento de tributo devido** (§§ 1º e 2º).

No **exame unificado de set/10** foi cobrada a seguinte **QUESTÃO:** "O emprego da analogia, em matéria tributária, resultará na" (...). A resposta correta, como vimos acima, era "impossibilidade de exigência de tributo não previsto em lei".

Integrar mediante **Analogia** significa aplicar ao **caso concreto, não** previsto na legislação tributária, **um dispositivo** de **outra norma** referente a **casos semelhantes** (Alexandrino; Paulo, 2007, p. 197 – grifou-se). Conforme ressaltado, o emprego da analogia não poderá resultar exigência de tributo não previsto em lei.

Não sendo o caso de integração por analogia, passa-se a integrar mediante aplicação dos **Princípios Gerais do Direito Tributário**, referidos no capítulo segundo, como o princípio da legalidade, irretroatividade, anterioridade, vedação de confisco etc. O art. 109 do CTN prevê que os princípios gerais de direito privado se utilizam para pesquisa da definição, do conteúdo e do alcance de seus institutos, conceitos e formas, **mas não para definição dos respectivos efeitos tributários.**

Tendo falhado o segundo, cabe agora tentar integrar utilizando-se dos **Princípios Gerais do Direito Público**, especialmente os princípios da supremacia do interesse público e o da indisponibilidade do interesse público.

Ainda não suprida a lacuna pelos métodos anteriores, passa-se então à integração pela **Equidade,** podendo essa ser definida como a justiça do caso concreto, dando a solução mais justa à questão a ser resolvida, não podendo, entretanto, resultar na dispensa de tributo devido (art. 108, § 2º, do CTN).

CAPÍTULO V
OBRIGAÇÃO TRIBUTÁRIA

1. RELAÇÃO JURÍDICA TRIBUTÁRIA

Primeiramente, cumpre ressaltar que a obrigação tributária nada mais é do que uma relação jurídica obrigacional. Como todas as obrigações, é formada por três elementos: sujeito, objeto (prestação) e vínculo jurídico.

Os **sujeitos** da relação jurídica tributária são: o **credor** (sujeito ativo/ente público) e o **devedor** (sujeito passivo).

O **objeto** desta relação será **uma prestação** de **dar**, **fazer** ou **não fazer**.

Já o **vínculo jurídico** advém da própria lei que institui ou disciplina os tributos, determinando que o particular recolha aos cofres públicos determinada quantia em dinheiro (obrigação de dar) ou faça alguma coisa em favor do fisco (obrigação de fazer – ex.: entregar declarações) ou ainda se abstenha de determinadas condutas (obrigação de não fazer – ex.: deixar examinar livros fiscais).

A obrigação tributária pode ser **principal** ou **acessória** (art. 113 do CTN).

A **obrigação principal surge** com a ocorrência do fato gerador, tem por objeto o pagamento de tributo ou penalidade pecuniária e extingue-se juntamente com o crédito dela decorrente (art. 113, § 1º). Desta forma, **a obrigação principal é sempre uma obrigação de dar dinheiro ao Fisco**, seja para pagamento do tributo, seja para pagar a penalidade pecuniária (multa).

A **obrigação acessória** decorre da legislação tributária e tem por objeto as prestações, positivas ou negativas, nela previstas no interesse da arrecadação ou da fiscalização dos tributos (art. 113, § 2º). Com efeito, as obrigações acessórias são aquelas **obrigações instrumentais, de fazer ou não fazer**, diversas da obrigação de entregar dinheiro.

Nos termos do art. 113, § 3º, do CTN: a **obrigação acessória**, pelo simples fato da sua inobservância, **converte-se** em **obrigação principal** relativamente à **penalidade pecuniária**.

A doutrina em massa entende que o CTN cometeu uma impropriedade quando disse que a obrigação acessória converte-se em principal. Na realidade, ocorre que o descumprimento da obrigação acessória é fato gerador da obrigação tributária de pagar a multa (penalidade pecuniária). O dever de pagá-la tem natureza de obrigação tributária principal. Simples assim.

Portanto, a **obrigação tributária principal** tanto pode ser obrigação de **pagar um tributo** como de **pagar a multa tributária**. O mesmo ocorre com os **juros** que também terão natureza de obrigação tributária principal.

No Direito Tributário, diversamente do que ocorre no Direito Civil, pode existir obrigação acessória sem que exista a obrigação principal (ex.: obrigação de escriturar livros ou de submeter-se à fiscalização das pessoas imunes). Assim, a **pessoa imune** (ex.: templo de qualquer culto – imunidade religiosa), embora não tendo obrigação de recolher o tributo, **possui obrigação acessória de escriturar livros, podendo ser esses examinados pela autoridade fiscal.**

No **exame unificado mar./15** foi cobrada a seguinte **QUESTÃO:** A União concedeu isenção, pelo prazo de cinco anos, da Contribuição para o Financiamento da Seguridade Social (COFINS) para as indústrias de veículos automotores terrestres que cumprissem determinadas condições. Sobre a isenção tributária, é possível afirmar que. A **resposta correta** era: as indústrias de veículos automotores terrestres não estão dispensadas do cumprimento das obrigações acessórias, pois elas são independentes da existência da obrigação principal.

2. FATO GERADOR

Fato gerador da **obrigação principal** é a **situação definida em lei** como necessária e suficiente à sua ocorrência (art. 114 do CTN).

Melhor seria dizer que a situação definida em lei consubstancia uma **hipótese de incidência**, isso porque, o vocábulo "fato" dá a impressão de algo concreto, não abstrato como uma definição legal deve ser.

Por isso, a doutrina prefere o termo **hipótese de incidência**. Contudo, o termo "fato gerador" é amplamente utilizado nos Exames de Ordem e concursos públicos.

O CTN define o **fato gerador da obrigação acessória** como sendo qualquer situação que, na forma da **legislação aplicável**, impõe a prática ou a abstenção de ato que não configure obrigação principal. Conforme ressalta a doutrina, seriam obrigações instrumentais (ex.: entregar declarações, escriturar livros, emitir notas fiscais etc.).

Note-se, ainda, que quando o CTN se refere ao fato gerador da obrigação principal, ele faz alusão à situação definida em **lei**; quando se refere a fato gerador da obrigação acessória, faz alusão à **legislação aplicável**.

A outro giro, quanto ao **momento em que se considera ocorrido o fato gerador**, o art. 116, I e II, do CTN traz duas regras específicas.

A primeira, tratando-se de **situação de fato**, considera-se ocorrido o fato gerador, desde o momento em que se verifiquem as circunstâncias materiais necessárias a que produza os efeitos que normalmente lhe são próprios (I). Regra mais do que óbvia, cumprida as circunstâncias, o fato gerador considera-se ocorrido.

A segunda, tratando-se de **situação jurídica**, considera-se ocorrido o fato gerador, desde o momento em que esteja definitivamente constituída, nos termos de direito aplicável (II). No caso da situação jurídica, cumpridos seus requisitos e exigências legais, o fato gerador será considerado ocorrido.

O art. 117 do CTN, por outro lado, se refere especificamente a **fatos geradores que são situações jurídicas condicionais**, isto é, a **atos** e **negócios jurídicos condicionais,** dispondo que se consideram perfeitos e acabados quando: **a)** sendo **suspensiva a condição**, desde o **momento** de seu **implemento; b)** sendo **resolutória a condição**, desde **o momento da prática do ato** ou da **celebração do negócio.**

Assim, caso o negócio jurídico seja submetido a **condição suspensiva**, somente será considerado ocorrido o fato gerador **quando do implemento da condição**. Se for submetido a **condição resolutória**, o fato gerador será considerado ocorrido **desde a prática do ato ou celebração do contrato**, não importando que o mesmo seja extinto posteriormente (implemento da condição resolutória).

No exame unificado de 2022.1 foi cobrada a seguinte QUESTÃO: Maria recebeu de seu tio, em 2019, a posse de um automóvel de alto valor para facilitar seu transporte até a faculdade. Em 2020, seu tio resolveu realizar, em favor de Maria, a doação do automóvel, sob condição suspensiva, por escritura pública. O evento previsto na condição era o de que Maria se formasse na faculdade até o fim do ano de 2021. Contudo, ela abandona a faculdade, escoando o ano de 2021 sem que se formasse. Diante desse cenário, à luz do CTN, o Imposto sobre a Transmissão Causa Mortis e Doação (ITCMD). A resposta correta era: não é devido, pois a doação não se tornou perfeita e acabada em virtude da ausência do implemento do evento previsto na condição.

MUITA ATENÇÃO!

Ocorrendo o fato gerador surge automaticamente a obrigação tributária, ou seja, obrigação do contribuinte recolher o tributo ou penalidade pecuniária.

MUITA ATENÇÃO!

O fenômeno é o seguinte: **o legislador**, utilizando-se da **competência tributária** conferida pela **Constituição, descreve** na **lei uma hipótese** (hipótese de incidência – ex.: compra e venda) que **se ocorrida no mundo real** será considerada **fato gerador** (ou fato gerador concreto) de um tributo (ex.: ICMS). Neste momento, **surge a obrigação tributária** (obrigação de recolher o tributo), independentemente de qualquer outra atividade. Pode até ocorrer que o Fisco nunca venha saber da ocorrência daquele fato gerador, mesmo assim terá por surgida a obrigação tributária.

No exame de ago./16 foi cobrada a seguinte questão: A pessoa jurídica XYZ celebra contrato de locação de automóveis com a pessoa jurídica ABC, proprietária dos veículos, pelo prazo de 5 (cinco) anos. Os automóveis serão utilizados pelos diretores da pessoa jurídica XYZ. Segundo o contrato, a locatária XYZ é a responsável pelo pagamento do Imposto sobre Propriedade de Veículos Automotores – IPVA de todos os automóveis durante o prazo contratual. A resposta correta era: O contrato é válido e eficaz entre as partes, porém não produzirá efeito contra a Fazenda Pública, que poderá exigir o IPVA do proprietário dos veículos, a pessoa jurídica ABC.

3. SUJEITO ATIVO E SUJEITO PASSIVO

A Sujeito Ativo: sujeito ativo da obrigação é a **pessoa jurídica de direito público**, titular da competência para exigir o seu cumprimento. Desta forma, o sujeito ativo da obrigação tributária será o detentor da **capacidade tributária ativa**.

Em regra, o sujeito ativo é a própria pessoa jurídica de direito público que instituiu o tributo, sendo ela responsável pela fiscalização, arrecadação, executar leis, atos e decisões administrativas (art. 7º do CTN).

Entrementes, conforme ressaltado no capítulo primeiro, poderá ocorrer **delegação da capacidade tributária ativa, sendo atribuída a pessoa jurídica de direito público diversa as funções de arrecadar**, **fiscalizar** ou mesmo **executar leis**, serviços, atos ou decisões administrativas (art. 7º, *in fine*, do CTN).

Nesse caso, poderemos estar diante do fenômeno da **PARAFISCALIDADE**, entendida como a **delegação da capacidade tributária ativa a ente diverso daquele competente para instituir o tributo, atribuindo-lhe a disponibilidade dos recursos arrecadados.**

Em síntese: sujeito ativo é a pessoa jurídica de direito público que possui capacidade tributária ativa, podendo exigir o cumprimento da obrigação tributária, independentemente de tê-la instituído.

B Sujeito Passivo: sujeito passivo da **obrigação principal** é a pessoa obrigada ao pagamento de **tributo** ou **penalidade pecuniária** (art. 121 do CTN). O sujeito passivo da **obrigação acessória** é a pessoa obrigada às prestações que constituam o seu objeto (art. 122 do CTN).

O sujeito passivo pode ser **contribuinte**, quando tenha **relação pessoal e direta** com a situação que constitua o respectivo **fato gerador,** a exemplo do proprietário que é contribuinte do IPTU, o fato gerador é a própria propriedade.

O sujeito passivo pode ser **responsável,** quando, **sem** revestir a condição de contribuinte, sua **obrigação decorra** de **disposição expressa de lei**, a exemplo da fonte pagadora que é responsável pela retenção do Imposto de Renda Retido na Fonte (IRRF). Atente-se ao fato de que o **responsável** (como visto no exemplo do IRRF) **possui uma certa relação com o fato gerador, entretanto, essa relação não é pessoal e direta, decorrendo de expressa disposição legal.**

No **exame unificado de set./08** foi cobrada a seguinte **QUESTÃO:** "O indivíduo a quem a lei atribua dever de pagar determinado tributo é considerado, segundo o CTN" (...). A resposta certa era "sujeito passivo, independentemente de ter ou não relação pessoal e direta com a situação que constitua o fato gerador". Isso porque, segundo o art. 121 do CTN, sujeito passivo é aquele obrigado ao pagamento do tributo ou penalidade pecuniária, podendo ser contribuinte ou responsável.

Lembrar que a obrigação tributária pode ter por objeto (prestação) um **dar**, **fazer** ou **não fazer**. O dar se refere à obrigação de dar dinheiro ao fisco – obrigação principal, o **fazer** e **não fazer** se referem às obrigações instrumentais – obrigações acessórias, como o dever de escriturar livros e não os rasurar.

MUITA ATENÇÃO!

Alto índice de incidência nos Exames de Ordem e concursos públicos. Salvo disposição de lei em contrário, **os contratos entre particulares,** mesmo respeitadas todas as formalidades legais, relativos à responsabilidade tributária, **não podem ser opostos ao Fisco** (art. 123 do CTN), isto é, **perante a Fazenda Pública não têm eficácia**. Entretanto, o **contrato continua válido e eficaz entre as partes** contratantes, sendo ineficaz contra o Fisco.

No exame unificado de nov/17 foi cobrada a seguinte questão: João e Maria celebraram entre si contrato de locação, sendo João o locador e proprietário do imóvel. No contrato, eles estipularam que a responsabilidade pelo pagamento do Imposto sobre a Propriedade Predial e Territorial Urbana (IPTU) do imóvel será de Maria, locatária. A resposta correta era: O contrato firmado entre particulares não poderá se opor ao fisco municipal, no que tange à alteração do sujeito passivo do tributo.

Súmula 624 do STJ: O locatário não possui legitimidade ativa para discutir a relação jurídico-tributária de IPTU e de taxas referentes ao imóvel alugado nem para repetir indébito desses tributos.

Em resumo: sujeito passivo é aquele obrigado ao pagamento do tributo ou penalidade pecuniária (art. 121 do CTN), pode ser o **contribuinte** que possui relação **direta** e **pessoal** com o **fato gerador ou** o **responsável** que, **sem** ser contribuinte, tenha sua **obrigação** decorrente **expressamente da lei.**

4. SOLIDARIEDADE

São **solidariamente obrigadas** as pessoas que tenham **interesse comum** na situação que constitua o fato gerador da obrigação principal **e** as pessoas expressamente **designadas na lei** (art. 124 do CTN).

Assim se duas ou mais pessoas forem proprietárias do mesmo imóvel serão solidariamente obrigadas ao pagamento do IPTU.

Por outro lado, a lei pode prevê que determinadas pessoas sejam solidariamente obrigadas ao recolhimento de determinado tributo, como no caso do recolhimento de contribuição para a seguridade social, cuja obrigação de recolher o tributo recai sobre o proprietário, incorporador, o dono da obra, o construtor etc. (art. 30 da Lei 9528/97).

A solidariedade **não** comporta benefício de ordem (art. 124, parágrafo único do CTN). Regra mais do que lógica: quando duas ou mais pessoas são obrigadas solidariamente por uma dívida, pode-se exigir de qualquer delas o pagamento total da dívida, sem que a mesma possa alegar benefício de ordem.

No **exame unificado de abr/13** foi cobrada a seguinte questão: Três irmãos são donos de um imóvel, em proporções iguais. Em relação ao IPTU, cada irmão. A resposta correta era: é devedor solidário em relação ao todo do imposto.

O art. 125 do CTN prevê ainda outros efeitos da solidariedade, com a ressalva "salvo disposição de lei em contrário". Desta forma, caso a lei específica não disponha de forma diferente, serão estes os efeitos da solidariedade: **a)** o pagamento efetuado por um dos obrigados aproveita aos demais; **b)** isenção ou remissão (perdão) de crédito exonera todos os obrigados, salvo se outorgada pessoalmente a um deles, subsistindo, nesse caso, a solidariedade quanto aos demais pelo saldo; **c)** a interrupção da prescrição, em favor ou contra um dos obrigados, favorece ou prejudica aos demais.

No exame unificado de 7/16 foi cobrada a seguinte questão: "João e Pedro são, por lei, contribuintes obrigados solidariamente a pagar determinado tributo. Foi publicada lei que isenta os ex-combatentes do pagamento de tal tributo, sendo este o caso pessoal somente de João. Tendo em vista essa situação, assinale a afirmativa correta". A resposta correta era: "Sendo um caso de isenção pessoal, a lei não exonera Pedro, que permanece obrigado a pagar o saldo remanescente, descontada a parcela isenta em favor de João".

Já no exame unificado de ago./14 foi cobrada: "Lei municipal que dispõe sobre o Imposto sobre a Propriedade Predial e Territorial Urbana – IPTU – estabelece a solidariedade entre os proprietários de um mesmo imóvel. Os efeitos da solidariedade estão listados nas opções a seguir, à **exceção de uma**: A interrupção da **decadência**, em favor ou contra um dos obrigados, favorece ou prejudica os demais (**exame unificado ago/14**)". O **correto** seria afirmar que: **"A interrupção da prescrição, em favor ou contra um dos obrigados, favorece ou prejudica aos demais"**.

5. CAPACIDADE TRIBUTÁRIA ATIVA E PASSIVA

Capacidade tributária ativa: atribuição administrativa conferida às **pessoas jurídicas de direito público** para **arrecadar**, **fiscalizar** ou mesmo **executar leis**, **serviços**, **atos** ou **decisões administrativas** relativas a tributos. Exemplo: a União possui capacidade tributária ativa para arrecadar e fiscalizar o Imposto de Renda (IR).

Capacidade tributária passiva: é a própria aptidão para realizar o fato gerador, aptidão para ser sujeito passivo da obrigação tributária. Na seara tributária, **são irrelevantes** as **regras** sobre a **capacidade** determinadas pelo **direito civil**.

Nos termos do art. 126 do CTN, a capacidade tributária passiva **independe**: a) da capacidade civil das pessoas naturais; b) de achar-se a pessoa natural sujeita a medidas que importem privação ou limitação do exercício de atividades civis, comerciais ou profissionais, ou da administração direta de seus bens ou negócios; c) de estar a pessoa jurídica regularmente constituída, bastando que configure uma unidade econômica ou profissional.

A enumeração é exemplificativa, na realidade, qualquer pessoa (menor ou maior, capaz ou incapaz, física ou jurídica, mesmo sociedade irregular ou de fato) possui capacidade tributária passiva, podendo realizar o fato gerador de obrigação tributária.

Por fim, afirma-se em doutrina que "somente as coisas, os animais e os mortos não tem capacidade tributária passiva" (Alexandrino; Paulo, 2007, p. 210).

EM RESUMO: capacidade tributária **ativa** é atribuição administrativa para arrecadar e fiscalizar tributos; já a capacidade tributária **passiva** é a aptidão para ser sujeito passivo da obrigação tributária, aptidão para realizar o fato gerador, sendo irrelevantes as regras sobre capacidade ditadas pelo Direito Civil.

6. NORMA GERAL ANTIELISÃO

A norma geral antielisão fiscal prevê que a **autoridade administrativa poderá desconsiderar atos ou negócios jurídicos praticados com a finalidade de dissimular a ocorrência do fato gerador do tributo** ou a natureza dos elementos constitutivos da obrigação tributária, observados os procedimentos a serem estabelecidos em lei ordinária (art. 116, parágrafo único, do CTN).

Cumpre ressaltar que, na parte final do parágrafo único do art. 116, faz-se referência a **procedimentos a serem estabelecidos em lei ordinária**, denotando necessidade de que uma lei ordinária superveniente regulamente a aplicação da norma geral antielisão.

Desta forma, enquanto não editada a lei regulamentadora, a norma geral antielisão **não poderia ser aplicada.**

Neste ponto, importante atentar para a **diferença** entre **elisão, evasão** e **elusão** fiscal.

Elisão é conduta lícita do contribuinte, normalmente anterior ao fato gerador, que visa reduzir a carga tributária sobre a operação desejada (planejamento tributário).

Evasão é a conduta ilícita do contribuinte, normalmente posterior ao fato gerador, que visa ocultar a ocorrência do fato gerador.

Elusão, também chamada de elisão ineficaz, é a conduta do contribuinte que simula negócio jurídico, aparentemente lícito, para ocultar a ocorrência do fato gerador.

> **MUITA ATENÇÃO!**
> A nomeada norma geral antielisão fiscal, prevista no parágrafo único do art. 116 do CTN, **não** autoriza de forma alguma a desconstituição do negócio jurídico celebrado entre os particulares (permanece válido e eficaz perante os particulares). A autoridade administrativa poderá **desconsiderar** os atos ou negócios praticados entre as partes, lançando o tributo que entender devido.

Em resumo: a norma geral antielisão é instrumento colocado à disposição da administração tributária com a finalidade de combater procedimentos de planejamento tributário praticados com abuso de forma e de direito, podendo o Fisco desconsiderar atos e negócios praticados com a finalidade de dissimular a ocorrência do fato gerador.

7. DOMICÍLIO TRIBUTÁRIO

Domicílio é o centro ou a sede das atividades de uma pessoa, lugar que mantém seu estabelecimento ou fixa sua residência com ânimo definitivo.

Em matéria tributária, a regra é a eleição pelo sujeito passivo de seu domicílio (art. 127 do CTN).

Na falta de eleição pelo sujeito passivo, serão aplicadas as regras supletivas trazidas pelos diversos incisos do art. 127 do CTN.

Nos termos do citado art. 127, na falta de eleição, pelo contribuinte ou responsável, de domicílio tributário, na forma da legislação aplicável, considera-se como tal:

A quanto às **pessoas naturais**, a sua residência habitual, ou, sendo esta incerta ou desconhecida, o centro habitual de sua atividade;

B quanto às **pessoas jurídicas** de direito privado ou às firmas individuais, o lugar da sua sede, ou, em relação aos atos ou fatos que derem origem à obrigação, o de cada estabelecimento;

C quanto às **pessoas jurídicas de direito público**, qualquer de suas repartições no território da entidade tributante.

Quando as regras anteriores **não forem suficientes**, "considerar-se-á como domicílio tributário do contribuinte ou responsável o **lugar da situação dos bens** ou da **ocorrência dos atos** ou **fatos** que deram **origem à obrigação**" (§ 2º do art. 127).

No exame unificado nov/17 foi cobrada a seguinte questão: Considere que Luís é um andarilho civilmente capaz que não elegeu nenhum lugar como seu domicílio tributário, não tem domicílio civil, nem residência fixa, e não desempenha habitualmente atividades em endereço certo. A resposta correta era: O domicílio tributário de Luís será o lugar da situação de seus bens ou da ocorrência do fato gerador.

Ademais, mesmo que o contribuinte ou responsável tenha elegido seu domicílio fiscal, **a autoridade fiscal poderá rejeitar a eleição do domicílio** quando esta impossibilite ou dificulte a arrecadação ou fiscalização, sendo considerado domicílio tributário o lugar da situação dos bens ou do fato gerador (art. 127, § 2º, do CTN).

Em resumo: a regra é a eleição do domicílio tributário pelo sujeito passivo, as regras trazidas pelo art. 127 do CTN **são supletivas.**

FIQUE POR DENTRO:

"Súmula 435 do STJ – domicílio fiscal"

Presume-se dissolvida irregularmente a empresa que **deixar de funcionar no seu domicílio fiscal**, sem comunicação aos órgãos competentes, legitimando o redirecionamento da execução fiscal para o sócio-gerente.

CAPÍTULO VI

RESPONSABILIDADE TRIBUTÁRIA

1. NOÇÕES GERAIS E MODALIDADES

Nos termos do art. 121 do CTN, o **sujeito passivo** da obrigação tributária pode ser **contribuinte** ou **responsável**.

Será um **contribuinte** quando tenha **relação pessoal** e **direta** com a situação que constitua o respectivo **fato gerador** (art. 121, I, do CTN).

Será um **responsável** quando, sem revestir a condição de contribuinte, sua obrigação decorra de **disposição expressa de lei** (art. 121, II, do CTN).

Apesar do art. 121, II, do CTN nos informar que o responsável será aquele que a lei determinar, dando a impressão de qualquer pessoa poderia ser considerada responsável, não é o que ocorre na realidade.

Nos termos do art. 128 do CTN, "a **lei** pode **atribuir responsabilidade** pelo crédito tributário **a terceira pessoa, vinculada ao fato gerador** da respectiva obrigação, **excluindo** a responsabilidade do **contribuinte** ou **atribuindo-a a este** em caráter **supletivo** do cumprimento total ou parcial da referida obrigação".

Com efeito, o **responsável** será **vinculado ao fato gerador**, mas não de forma pessoal e direita. Caso fosse, seria considerado contribuinte nos termos do art. 121, I, do CTN. Destarte, o responsável tributário possui um vínculo de menor intensidade com o fato gerador que o contribuinte.

O **CTN** divide as hipóteses de responsabilidade tributária em **três modalidades**: responsabilidade de sucessores (arts. 129 a 133); responsabilidade de terceiros (arts. 134 e 135); e responsabilidade por infrações (art. 136 a 138).

DIVISÃO DAS MODALIDADES DE RESPONSABILIDADE NO CTN		
Responsabilidade de sucessores (arts. 129 a 133)	Responsabilidade de terceiros (arts. 134 e 135)	Responsabilidade por infrações (art. 136 a 138)

Não obstante a divisão trazida pelo CTN, a **doutrina** divide as hipóteses de responsabilidade tributária em **duas modalidades**: responsabilidade por transferência e responsabilidade por substituição.

DIVISÃO DAS MODALIDADES DE RESPONSABILIDADE NA DOUTRINA	
Responsabilidade por transferência	Responsabilidade por substituição

A **Responsabilidade por transferência:** seria aquela que no **momento da ocorrência do fato gerador** somente o **contribuinte seria obrigado ao pagamento do tributo**. Entretanto, **um evento posterior,** definido em lei como causa de modificação da pessoa que ocupa o polo passivo, **confere a terceira pessoa responsabilidade pelo cumprimento da obrigação tributária.**

Exemplo de responsabilidade por transferência: quando um bem imóvel é alienado, sem que o alienante (contribuinte original) tenha pago os tributos referentes ao bem (ex.: IPTU), **surgirá**, nos termos do art. 131, I, do CTN, a responsabilidade do adquirente (pessoalmente responsável) com relação aos tributos relativos ao bem adquirido.

No exame unificado de jul./16 foi cobrada a seguinte questão: Fulano de Tal prometeu adquirir de uma autarquia federal um imóvel residencial urbano. O sinal e parte substancial do preço são pagos no momento da lavratura da escritura pública de promessa de compra e venda, que é prontamente registrada no Registro Geral de Imóveis (RGI) competente. O saldo do preço será pago em várias parcelas. Após o registro da promessa de compra e venda ... A resposta correta era: passa a incidir o IPTU, a ser pago por Fulano de Tal, uma vez que registrada no RGI a promessa de compra e venda do imóvel. Vide art. 150, § 3º, da CF e Súmula 583 do STF.

B **Responsabilidade por substituição:** seria aquela que **já no momento da ocorrência do fato gerador o sujeito passivo da obrigação tributária é o responsável**, sendo que a responsabilidade tributária surge **simultaneamente** com a ocorrência do fato gerador.

É um **mecanismo de arrecadação** utilizado pelo fisco em **cadeias produtivas longas**, de tributos plurifásicos (ex.: ICMS e IPI), **atribuindo por lei a responsabilidade** pelo recolhimento do tributo a **terceira pessoa** vinculada **não** diretamente ao fato gerador.

Sua finalidade é **facilitar a fiscalização e arrecadação tributária**, promovendo a cobrança dos tributos na etapa onde houver **menor** número de **sujeitos passivos**.

A responsabilidade por substituição ainda admite uma subdivisão: **substituição tributária progressiva** (para frente) e **substituição tributária regressiva** (para trás).

B.1 Substituição tributária progressiva (para frente ou subsequente): nesta hipótese a **lei antecipa o surgimento da obrigação tributária** – os fatos geradores ainda não ocorreram. O responsável tributário deverá promover o recolhimento do tributo com relação a fatos geradores que ocorrerão no futuro e serão realizados por outras pessoas. Por isso se fala em "**fato gerador presumido**".

A substituição tributária progressiva goza de tratamento constitucional expresso, nos termos do art. 150, § 7º: "A **lei** poderá atribuir a **sujeito passivo** de **obrigação tributária** a **condição de responsável pelo pagamento de imposto ou contribuição**, cujo fato gerador deva ocorrer **posteriormente**, assegurada a imediata e preferencial restituição da quantia paga, caso não se realize o fato gerador presumido".

A título de **exemplo**, ocorre substituição tributária progressiva quando cervejarias recolhem não só o ICMS sobre suas operações como também com relação às operações posteriores, realizadas pelas distribuidoras e demais estabelecimentos comerciais, concentrando a tributação em um mesmo sujeito passivo (cervejaria).

Neste ponto, importante atentar o disposto na parte final do arts. 150, § 7º, da CF, quando prevê a **restituição da quantia paga caso o fato gerador não se realize**. Assim, caso o fato gerador presumido não se realize, cabe restituição do valor pago.

No caso de o fato gerador ocorrer, mas com o **valor diverso** do que foi presumido, o STF tinha entendimento no sentido de que **não havia "que se falar em tributo pago a maior ou a menor** por parte do contribuinte substituído" (RE 373.011. Entretanto, **o STF mudou seu entendimento (ADI 2675) reconhecendo a possibilidade de restituição parcial quando a quantia paga em razão do fato gerador presumido foi realizada a maior**. Nas palavras da Corte: "Com base no § 7° do art. 150 da Constituição Federal, é constitucional exigir-se a restituição de quantia cobrada a maior, nas hipóteses de substituição tributária para frente em que a operação final resultou em valores inferiores àqueles utilizados para efeito de incidência do ICMS".

B.2 Substituição tributária regressiva (para trás ou diferida): nesta hipótese a **lei adia o surgimento da obrigação tributária – os fatos geradores ocorreram no passado** (acontece justamente o contrário que na substituição para frente). O responsável tributário deverá promover o recolhimento do tributo com relação a fatos geradores ocorridos no passado realizados por outras pessoas.

Há na verdade um adiamento do recolhimento do tributo, concentrando este (recolhimento do tributo) na etapa da cadeia produtiva que houver menor número de sujeitos passivos (melhor ainda quando há um só).

A título de **exemplo**, ocorre substituição tributária regressiva quando as montadoras de veículos têm o dever de recolher o IPI das etapas anteriores, isto é, são responsáveis tributárias pelo recolhimento do IPI dos fornecedores de peças dos automóveis montados por ela (Lei 9.826/99).

No exame unificado de 2022.2 foi cobrada a seguinte QUESTÃO: Pequenos produtores rurais do interior do Estado Alfa vendem sua produção de leite para uma indústria de laticínios localizada no Município Beta, no mesmo Estado. Por determinação em lei do Estado Alfa, fica atribuída a tal indústria a responsabilidade tributária pelo pagamento do ICMS vinculado ao fato gerador da etapa de circulação da mercadoria dos pequenos produtores rurais para a indústria (excluindo-se a responsabilidade dos contribuintes produtores rurais). Diante desse cenário, assinale a afirmativa correta. A resposta correta era: A indústria é substituta tributária no âmbito de uma substituição tributária regressiva (substituição "para trás").

Passemos agora às hipóteses de responsabilidade previstas no CTN.

1.1 Responsabilidade dos sucessores

A responsabilidade dos sucessores é uma das hipóteses de **responsabilidade por transferência**, isto é, surge em um momento posterior à ocorrência do fato gerador, modificando o sujeito passivo da obrigação tributária.

Os casos de responsabilidade dos sucessores são previstos pelos arts. 129 a 133 do CTN.

O art. 129 do CTN, numa redação extremamente confusa, afirma, "no final das contas", que **a responsabilidade dos sucessores se aplica aos fatos geradores ocorridos até o momento do evento que deu origem à responsabilidade tributária**.

Esta é a redação do citado art. 129: "O disposto nesta Seção aplica-se por igual aos créditos tributários definitivamente constituídos ou em curso de constituição à data dos atos nela referidos, e aos constituídos posteriormente aos mesmos atos, desde que relativos a obrigações tributárias surgidas até a referida data".

Dessa forma, por exemplo, o adquirente de um imóvel sobre o qual havia IPTU em aberto (não pago) será responsável por sucessão pelo referido imposto incidente até o momento da aquisição do imóvel (com relação ao IPTU posterior a aquisição será, evidentemente, contribuinte).

> MUITA ATENÇÃO!
>
> A **responsabilidade por sucessão** prevista nos art. 129 a 133 do CTN **refere-se somente a TRIBUTOS**, não havendo previsão de responsabilidade quanto a penalidades (multa)*.
>
> Podemos dividir a responsabilidade por sucessão em cinco hipóteses:
>
> a) responsabilidade dos adquirentes de bens imóveis;
>
> b) responsabilidade dos adquirentes e remitentes de bens móveis;
>
> c) responsabilidade na sucessão *causa mortis*;
>
> d) responsabilidade na fusão, incorporação, transformação e extinção das pessoas jurídicas; e
>
> e) responsabilidade do adquirente de fundo de comércio ou estabelecimento.
>
> *Atente-se à Súmula 554 do STJ: Na hipótese de sucessão empresarial, a responsabilidade da sucessora abrange não apenas os tributos devidos pela sucedida, mas também as multas moratórias ou punitivas referentes a fatos geradores ocorridos até a data da sucessão.

> MUITA ATENÇÃO!
>
> No exame unificado de jul/17 foi cobrada a questão: A pessoa jurídica XYZ, prestadora de serviços contábeis, é devedora de Imposto sobre a Renda Pessoa Jurídica (IRPJ), além de multa moratória e punitiva, dos anos-calendário de 2014e2015. No ano de 2016, a pessoa jurídica XYZ foi incorporada pela pessoa jurídica ABC, também prestadora de serviços contábeis. Sobre a responsabilidade tributária da pessoa jurídica ABC, assinale a afirmativa correta. A resposta correta era: Ela é responsável integral, tanto pelo pagamento do IRPJ devido quanto pelas multas moratória e punitiva (S. 554 do STJ).
>
> Questão semelhante foi cobrada no exame unificado de abril/18: "A pessoa jurídica XXX é devedora de Contribuição Social sobre o Lucro Líquido (CSLL), além de multa de ofício e de juros moratórios (taxa Selic), relativamente ao exercício de 2014. O referido crédito tributário foi devidamente constituído por meio de lançamento de ofício, e sua exigibilidade se encontra suspensa por força de recurso administrativo. No ano de 2015, a pessoa jurídica XXX foi incorporada pela pessoa jurídica ZZZ". A resposta correta era: "A incorporadora ZZZ é integralmente responsável tanto pelo pagamento da CSLL quanto pelo pagamento da multa e dos juros moratórios".

Vejamos agora, sucintamente, cada uma delas.

A Responsabilidade dos adquirentes de bens imóveis

Os **créditos tributários** relativos a **impostos** cujo **fato gerador seja a propriedade**, o **domínio útil** ou a **posse** de **bens imóveis**, e bem assim os relativos a **taxas** pela prestação de serviços referentes a tais bens, ou a **contribuições de melhoria**, **sub-rogam-se na pessoa dos respectivos adquirentes**, **salvo** quando conste do título a **prova de sua quitação** (art. 130 do CTN).

É importante destacar que a responsabilidade aqui tratada (art. 130 do CTN) somente se aplica à aquisição de **bens imóveis**, para bens móveis a regra é a do art. 131, I, do CTN.

Do acordo com art. 130 do CTN, aquele que **adquire um imóvel passa a ser responsável pelos tributos que recaiam sobre o bem**. Entretanto, o próprio CTN trouxe **duas exceções.**

A **primeira** é quando do **título de aquisição** (título de transmissão/registro imobiliário) do bem **conste prova da quitação dos tributos**. Nesse passo, o adquirente **não** se torna responsável pelos tributos que recaiam sobre o imóvel. Caso seja apurado algum débito anterior ao momento da alienação, este somente poderá ser cobrado do proprietário anterior.

A **segunda**, consta do parágrafo único do art. 130 para o caso de **arrematação em hasta pública**, isto é, quando o bem imóvel é alienado em um processo judicial, quando o arrematante (aquele que ofereceu maior preço) recebe o bem livre de qualquer ônus. Nesse caso, sub-rogação **não** se dá na pessoa do adquirente e **sim no respectivo preço** (valor da arrematação).

Uma **terceira** exceção, não prevista no CTN, seriam os casos de aquisição originária, a exemplo do usucapião e da desapropriação, hipóteses em que não haveria sub-rogação dos créditos tributários na pessoa do adquirente, foi o que reconheceu o STJ no REsp 1.668.058 referente à desapropriação de imóvel.

Por fim, importante ressaltar que o STJ tem precedente emanado por sua Segunda Turma no sentido de que a "Interpretação sistemática do art. 130 com os demais dispositivos que tratam da responsabilidade tributária no CTN corrobora a conclusão de que a **sub-rogação ali prevista tem caráter solidário**, aditivo, cumulativo, reforçativo e não excludente da responsabilidade do alienante, cabendo ao credor escolher o acervo patrimonial que melhor satisfaça o débito cobrado a partir dos vínculos distintos" (AREsp 942.940).

Em resumo: afora as duas exceções previstas no CTN (prova da quitação no título e arrematação em hasta pública) e a aquisição originária reconhecida pelo STJ,, o adquirente de bens imóveis torna-se responsável pelos tributos que recaiam sobre bem, atentando-se ao entendimento da Segunda Turma do STJ no sentido de que a responsabilidade do adquirente não exclui a responsabilidade do alienante reconhecendo-se o caráter solidário da obrigação.

B Responsabilidade dos adquirentes e remitentes de bens móveis

São **pessoalmente responsáveis** o **adquirente** ou **remitente**, pelos tributos relativos aos bens adquiridos ou remidos (art. 131, I, do CTN).

Essa regra só vale para **bens móveis**. A diferença com relação ao tratamento dado aos adquirentes de bens imóveis é que para bens móveis não há previsão das exceções acima referidas.

Remição é forma de aquisição de bem por parente do executado quando se resgatavam bens em processo de execução, bens esses que haviam sido levados à hasta pública. Atualmente, a remição é tratada pelos §§ 5º e 6º do art. 876 do Novo CPC. De qualquer sorte, a disciplina da responsabilidade será a mesma dos adquirentes de bens móveis em geral.

Atenção: não confundir a remição aqui tratada com **remissão,** essa última é perdão concedido por lei – causa de extinção do crédito tributário.

Em resumo: tanto adquirente quanto remitente de bens móveis no momento da aquisição dos bens passam a ser responsáveis pelos tributos incidentes sobre os mesmos.

C Responsabilidade na sucessão *causa mortis*

São **pessoalmente responsáveis** os **sucessores** a qualquer título e o **cônjuge meeiro**, pelos **tributos devidos** pelo *de cujus* **até a data da partilha ou adjudicação, limitada** esta responsabilidade ao montante do **quinhão** do legado ou da **meação** (art. 131, II, do CTN).

Na expressão tributos devidos, à luz da jurisprudência do STJ, devem ser incluídas também as multas moratórias (REsp 295.222).

Atentar ao limite da responsabilidade trazida pela parte final do art. 131, II: limite do quinhão ou meação. Em termos mais simples, **a regra quer dizer que ninguém será obrigado a pagar mais do recebeu.**

Como sabido, com a morte dá-se o início da abertura da sucessão, transferindo-se imediatamente os bens do *de cujus* aos respectivos herdeiros e legatários, dando origem ao processo de inventário ou arrolamento.

Entretanto, os bens, direitos e obrigações do falecido ainda não estão individualizados, assim, durante o processo de inventário ou arrolamento, chama-se esse conjunto de **espólio.**

Enquanto durar o processo de inventário (ou arrolamento) a responsabilidade pelo pagamento dos tributos devidos pelo falecido até a data da abertura da sucessão (morte) será do **espólio**, nos termos do art. 130, III, do CTN.

O espólio será responsável pelos tributos devidos pelo *de cujus* até a data da abertura da sucessão (art. 131, III, do CTN). Com relação aos tributos surgidos durante o processo de inventário ou arrolamento, o espólio será contribuinte.

A partir da partilha (final do processo de inventário ou arrolamento), a responsabilidade passa aos sucessores a qualquer título e ao cônjuge meeiro (art. 131, II, do CTN).

A outro giro, cabe fazer menção à **responsabilidade do inventariante**, pelos atos em que intervier ou pelas omissões de que for responsável, **pelos tributos devidos pelo espólio** (art. 134, IV, do CTN). Inventariante é aquele que representa o espólio durante o processo de inventário.

EM RESUMO: Responsabilidade na sucessão causa mortis	
Antes da morte	responde pelos tributos o próprio contribuinte (futuro *de cujus*)
Com a morte/ abertura da sucessão	responderá o **espólio** pelos **tributos devidos até a data do óbito**; já os tributos cujos fatos geradores surgirem **durante o processo de inventário** o **espólio será contribuinte**
Com a partilha/ final do processo de inventário	**os sucessores** – herdeiros e legatários – serão **responsáveis** pelos tributos devidos **tanto pelo** de cujus **quanto pelo espólio**, por isso o art. 131, II, fala em responsabilidade **até a data da partilha ou adjudicação**
Após a partilha	cada herdeiro ou legatário será contribuinte dos tributos originados após este momento (partilha) com relação ao respectivo bem recebido.

D Responsabilidade na fusão, incorporação, transformação e extinção das pessoas jurídicas

A **pessoa jurídica de direito privado** que resultar de fusão, transformação ou incorporação de outra ou em outra é responsável pelos tributos devidos até à data do ato pelas pessoas jurídicas de direito privado fusionadas, transformadas ou incorporadas (art. 132 do CTN).

A **fusão** ocorre quando duas ou mais pessoas jurídicas resolvem se unir para formar uma nova sociedade, deixando de existir as anteriores.

Na **incorporação** uma pessoa jurídica absorve outra, continuando a existir somente a primeira (incorporadora).

Na **transformação**, há somente mudança da forma da pessoa jurídica, continuando ela a existir sob outra forma.

A regra é simples: em todos esses casos, após o ato de fusão, transformação ou incorporação, a pessoa jurídica resultante do negócio **será responsável** pelos tributos devidos até à data dos referidos atos.

Na **extinção**, a pessoa jurídica "deixa de existir", o parágrafo único do art. 132 determina que se aplica a regra da responsabilidade acima referida somente "**quando a exploração da respectiva atividade seja continuada por qualquer sócio remanescente, ou seu espólio, sob a mesma ou outra razão social, ou sob firma individual**".

Destarte, caso algum sócio ou mesmo seu espólio continuar a atividade empresarial explorada pela pessoa jurídica extinta, será responsável pelos tributos devidos até à data do ato de extinção.

Por fim, após os eventos de fusão, transformação ou incorporação, a pessoa jurídica resultante do negócio será contribuinte dos tributos que surgirem, uma vez que as pessoas anteriores não mais existem.

Em resumo: após o ato de fusão, transformação ou incorporação, a pessoa jurídica resultante do negócio será responsável pelos tributos gerados até a data do referido ato. No caso de extinção, somente haverá responsabilidade se um dos sócios ou seu espólio continuar a explorar a mesma atividade da pessoa jurídica extinta.

E Responsabilidade do adquirente de fundo de comércio ou estabelecimento

A pessoa natural ou jurídica de direito privado que adquirir de outra, por qualquer título, **fundo de comércio ou estabelecimento comercial**, industrial ou profissional, **e continuar a respectiva exploração, sob a mesma ou outra razão social ou sob firma ou nome individual, responde pelos tributos**, relativos ao fundo ou estabelecimento adquirido. (art. 133 do CTN).

Responderá **integralmente** o **sucessor** (adquirente) se o alienante (vendedor) **cessar** a exploração do comércio, indústria ou atividade (art. 133, I).

Responderá **subsidiariamente** o **sucessor** (adquirente) com o alienante (vendedor), caso este (vendedor) **prosseguir na exploração ou iniciar dentro de 6 meses**, a contar da data da alienação, **nova atividade no mesmo ou outro ramo do comércio** (art. 133, II).

No exame de ago./16 foi cobrada a seguinte questão: XYZ é um estabelecimento empresarial que foi alienado e cujo adquirente continuou a explorar a mesma atividade. Considerando que também o alienante de XYZ continuou a exercer atividade empresarial no mesmo ramo de negócio, assinale a afirmativa correta. A resposta correta era: Como o alienante continuou a explorar atividade empresarial, a responsabilidade do adquirente pelos tributos devidos até a data da alienação é subsidiária com o alienante.

Já no exame unificado de 2021.2, foi cobrada a seguinte QUESTÃO: Panificadora Pães Fofos Ltda., tendo como sócio- administrador José, alienou seu fundo de comércio à Panificadora Flor de Lisboa Ltda., deixando de atuar comercialmente. Contudo, 9 meses após a alienação do fundo de comércio, a Panificadora Pães Fofos Ltda. alugou um novo ponto comercial e retornou às atividades de panificação. A resposta correta era: A Panificadora Flor de Lisboa Ltda. responde, integralmente, pelos tributos relativos ao fundo adquirido, devidos até à data do ato de aquisição.

Importante ressaltar que a responsabilidade tratada pelo art. 133 do CTN recai somente sobre os tributos relativos ao fundo de comércio ou estabelecimento adquirido, **não** sobre todos os tributos da pessoa jurídica (uma pessoa jurídica pode ter muitos estabelecimentos).

Fundo de comércio compreende a "integralidade de bens patrimoniais, inclusive os de natureza pessoal e de valor imaterial, expressa sempre um sentido de universalidade" (Ives Gandra da Silva Martins), "é todo ativo e passivo que engloba a empresa" (Rubens Requião). **Estabelecimento** é "o complexo de bens organizados, para o exercício da empresa, por empresário ou sociedade empresária" (art. 1.142 do CC). **Razão social** é espécie de nome empresarial para sociedades empresárias.

No **exame unificado de set/10** foi cobrada a seguinte **QUESTÃO:** "Pizza Aqui Ltda., empresa do ramo dos restaurantes, adquiriu o estabelecimento empresarial Pizza Já Ltda., continuando a exploração deste estabelecimento, porém sob razão social diferente – Pizza Aqui Ltda. Neste caso, é correto afirmar que (...). A resposta correta era: "caso a Pizza Já prossiga na exploração da mesma atividade dentro de 6 (seis) meses contados da data de alienação, a Pizza Aqui responde subsidiariamente pelos tributos devidos pela Pizza Já Ltda. até a data do ato de aquisição do estabelecimento".

Com efeito, a palavra chave é: **continuar a respectiva exploração**. Caso o **adquirente não** continue a respectiva exploração (ex.: compra uma fábrica de artefatos de borracha e passa a fabricar fraudas), **não** haverá responsabilidade. Se o adquirente continuasse a fabricar artefatos de borracha, haveria responsabilidade.

E.1 Alienação em processo judicial

Entretanto, se a alienação se der em processo judicial (falência ou recuperação judicial), nos termos do art. 133, § 1º, do CTN, **em regra** não haverá responsabilidade pelos tributos ao fundo de comércio ou estabelecimento.

Essa ressalva tem a finalidade de fomentar a alienação em processos de falência e recuperação judicial, impedindo que os eventuais adquirentes sejam responsabilizados pelos tributos anteriores à aquisição no âmbito judicial.

Dizemos "em regra não haverá responsabilidade" porque, conforme determina o § 2º do próprio art. 133, **caso o adquirente seja identificado como agende do**

falido (assim também sócio ou familiar), serão estes responsabilizados pelos tributos devidos pelo fundo ou estabelecimento, nos moldes do art. 133, caput. Nesses casos, o objetivo do agente é fraudar a sucessão tributária.

Por outro lado, o § 3º do art. 133, prevê que "em processo da falência, o produto da alienação judicial de empresa, filial ou unidade produtiva isolada permanecerá em conta de depósito à disposição do juízo de falência pelo prazo de 1 (um) ano, contado da data de alienação, somente podendo ser utilizado para o pagamento de créditos extraconcursais ou de créditos que preferem ao tributário".

Isto ocorre porque, em processos de falência, há créditos que preferem os créditos tributários, tais como os com garantia real até o limite da garantia (art. 186, parágrafo único, I, do CTN).

1.2 Responsabilidade de terceiros

O Código Tributário Nacional trata da responsabilidade de terceiros em dois arts. (134 e 135).

A diferença essencial entre os dois remonta ao fato de que na responsabilidade tributária prevista no **art. 134 do CTN o terceiro age de forma regular** – nos atos que intervierem ou pelas suas omissões; já na responsabilidade trazida pelo **art. 135 o terceiro age irregularmente** – com excesso de poderes ou violação da lei, contrato social ou estatuto.

A Responsabilidade decorrente de atuação regular

Nos termos do art. 134 do CTN,

> "**nos casos de impossibilidade** de exigência do cumprimento da obrigação principal pelo contribuinte, **respondem solidariamente** com este nos atos em que intervierem ou pelas omissões de que forem responsáveis:
>
> I – os **pais**, pelos tributos devidos por seus filhos menores;
>
> II – os **tutores** e **curadores**, pelos tributos devidos por seus tutelados ou curatelados;
>
> III – os **administradores** de bens de terceiros, pelos tributos devidos por estes;
>
> IV – o **inventariante**, pelos tributos devidos pelo espólio;
>
> V – o **síndico** e o **comissário**, pelos tributos devidos pela massa falida ou pelo concordatário (atualmente no lugar do síndico existe a figura do administrador judicial);
>
> VI – os **tabeliães**, **escrivães** e demais **serventuários de ofício**, pelos tributos devidos sobre os atos praticados por eles, ou perante eles, em razão do seu ofício;
>
> VII – os **sócios**, no caso de liquidação de **sociedade de pessoas**.
>
> Parágrafo único. O disposto neste artigo só se aplica, em matéria de penalidades, às de caráter moratório."

Ressalte-se a **imprecisão** do CTN quando fala que os terceiros que atuam regularmente respondem **solidariamente** no caso de **impossibilidade** da exigência da obrigação do contribuinte. Esse artigo acaba por criar uma espécie de benefício de ordem na solidariedade.

Como se sabe, das lições de Direito Civil, a solidariedade não comporta benefício de ordem, podendo a dívida ser exigida em sua totalidade de qualquer um dos devedores solidários.

Melhor seria se o CTN tivesse disposto que o terceiro que atua regularmente responde subsidiariamente nos atos em que intervierem ou pelas omissões de que forem responsáveis.

De qualquer forma, o artigo determina que o terceiro que atua regularmente responde solidariamente, mas com benefício de ordem (nos casos de impossibilidade de exigência do cumprimento da obrigação principal pelo contribuinte).

No exame unificado de jan/19 foi cobrada a seguinte QUESTÃO: Pedro tem três anos de idade e é proprietário de um apartamento. Em janeiro deste ano, o Fisco notificou Pedro para o pagamento do Imposto Predial e Territorial Urbano (IPTU), por meio do envio do carnê de cobrança ao seu endereço. Os pais de Pedro, recebendo a correspondência, decidiram não pagar o tributo, mesmo possuindo recursos suficientes para tanto. A resposta correta era: Os pais de Pedro responderão pelo pagamento do tributo, uma vez que são responsáveis tributários na condição de terceiros.

MUITA ATENÇÃO!

Atentar ao parágrafo único do art. 134 do CTN, no sentido de que a responsabilidade dos terceiros que **atuam regularmente** somente se aplica em matéria de **penalidades** às de **caráter moratório**. Assim, o terceiro que atua regularmente somente responde pelos **tributos** e pelas **penalidades de caráter moratório** decorrente de atos em que intervier ou pelas omissões de que for responsável. **Ficaram excluídas da responsabilidade as multas punitivas, também chamadas de multas ofício.**

B Responsabilidade decorrente de atuação irregular

Nos termos do art. 135 do CTN, são **pessoalmente** responsáveis pelos créditos correspondentes a **obrigações tributárias resultantes de atos praticados** com **excesso de poderes** ou **infração de lei**, **contrato social** ou **estatutos**:

I – as **pessoas referidas no artigo anterior** (isto é, todas as pessoas previstas no art. 134);

II – os **mandatários**, **prepostos** e **empregados**;

DIREITO TRIBUTÁRIO

III – os **diretores**, **gerentes** ou **representantes de pessoas jurídicas de direito privado**.

Atentar ao fato de que o dispositivo fala em **responsabilidade pessoal**, indicando responder o terceiro sozinho com todo o seu patrimônio.

Desta forma, a princípio, estaria excluída a obrigação do contribuinte pelos tributos advindos de atos **praticados por terceiros** com **excesso de poderes** ou **infração de lei, contrato social** ou **estatutos.**

No exame unificado de jan/20 foi cobrada a seguinte questão. João da Silva, servidor da Administração Tributária do Município Y, recebeu propina de José Pereira, adquirente de um imóvel, para, em conluio com este, emitir uma certidão que atestava falsamente a quitação de débito do Imposto de Transmissão de Bens Imóveis (ITBI) incidente sobre a transferência de propriedade. A certidão seria apresentada ao tabelião para lavrar-se a escritura pública de compra e venda imobiliária e para posterior registro. Considerando-se que, nesse Município, o contribuinte de ITBI é o adquirente de imóvel, assinale a afirmativa correta. A resposta correta era: O servidor João da Silva poderá ser responsabilizado pessoalmente pelo crédito tributário e juros de mora acrescidos.

Dizemos a princípio porque, caso tais atos beneficiem a própria pessoa jurídica, não nos parece crível que lhe seja subtraída a obrigação, devendo a pessoa jurídica responder conjuntamente com os responsáveis.

Entretanto, numa prova objetiva, deve-se ter em mente o disposto explicitamente no artigo que nos informa ser a **responsabilidade pessoal**.

No exame unificado de mar/2018 foi cobrado a seguinte questão: A pessoa jurídica Sigma teve lavrado contra si um auto de infração. A autuação fiscal lhe impôs multa pela falta de exibição de notas fiscais durante um determinado período. Após ser citada em sede de execução fiscal, a pessoa jurídica Sigma alegou, em embargos à execução, que não apresentou as notas fiscais porque elas haviam sido furtadas por seu antigo gerente geral, que, com elas, praticara ilícito criminal, tendo sido, por isso, condenado na esfera penal por sonegação fiscal e furto daquelas notas. Com base nessa narrativa, no que tange ao pagamento da multa tributária, assinale a afirmativa correta. A resposta correta era: A responsabilidade é pessoal do antigo gerente por ter cometido infração conceituada na lei como crime.

"Inadimplemento dos tributos – Súmula 430 do STJ – não configura responsabilidade"

FIQUE POR DENTRO: Nos termos da súmula 430 do STJ: "O **inadimplemento** da **obrigação tributária** pela sociedade **não gera, por si só**, a **responsabilidade** solidária do **sócio-gerente**".

Já no exame unificado de 2022.2 foi cobrada a seguinte QUESTÃO: José e João eram sócios da Sociedade Empresária XYZ Ltda. entre os anos de 2017 e 2019, cada um com 50% do capital social e poderes de administração. Em janeiro de 2020, João se retira regularmente da sociedade, alienando suas cotas sociais para Joaquim, passando este a exercer a gestão juntamente com José. Em novembro de 2021 é ajuizada uma ação de execução fiscal contra a Sociedade Empresarial XYZ Ltda. para a cobrança de um crédito tributário relativo a fato gerador ocorrido no ano de 2018. No momento da citação, verifica-se que a empresa havia sido dissolvida irregularmente poucos meses antes, não possuindo mais bens. O procurador responsável pela ação decide requerer o redirecionamento da execução fiscal. Diante deste cenário e à Luz do CTN, assinale a afirmativa correta. A resposta correta era: Apenas José e Joaquim respondem pessoalmente em caso de redirecionamento da execução fiscal por dissolução irregular.

1.3 Responsabilidade por infrações

A responsabilidade por infrações é tratada pelos arts. 136 e 137 do CTN.

Nos termos do art. 136 do CTN, salvo disposição de lei em contrário, a **responsabilidade por infrações** da legislação tributária **independe da intenção** do agente ou do responsável e da efetividade, natureza e extensão dos efeitos do ato.

Portanto, para o CTN, salvo disposição de lei em contrário, a responsabilidade por infrações independe da existência de dolo ou culpa por parte do infrator, **sendo a responsabilidade por infrações tributárias, em regra, objetiva.**

A outro giro, o art. 137 do CTN disciplina hipótese em que a responsabilidade pelas infrações será pessoal do agente, isto é, a obrigação de pagar a multa será exclusiva daquele que praticou o ato, vejamos o artigo.

> "Art. 137: A **responsabilidade é pessoal ao agente**:
>
> I – quanto às **infrações** conceituadas por lei como **crimes** ou **contravenções**, **salvo quando praticadas no exercício regular** de administração, mandato, função, cargo ou emprego, ou **no cumprimento de ordem expressa emitida por quem de direito;**
>
> II – quanto às **infrações** em cuja definição o **dolo específico** do agente seja elementar;
>
> III – quanto às **infrações** que decorram **direta** e **exclusivamente** de **dolo específico**:
>
> a) das **pessoas** referidas **no artigo 134**, contra aquelas por quem respondem;

b) dos **mandatários**, **prepostos** ou **empregados**, contra seus mandantes, preponentes ou empregadores;

c) dos **diretores**, **gerentes** ou **representantes** de pessoas jurídicas de direito privado, contra estas."

Destarte, o art. 137 disciplina hipóteses em que o agente atua em nome de outrem (ex.: atua em nome da empresa, do filho, do curatelado, da massa falida etc.), recaindo sobre ele (agente) a responsabilidade pela multa (responsabilidade pessoal)

Nesses casos, a pessoa jurídica ou física cujo agente atuou em seu nome é prejudicada pela atuação. Caso haja **tributo a recolher**, este deverá ser feito pela **pessoa jurídica ou física** que continua sendo **sujeito passivo** (contribuinte) dos tributos, **devendo o agente infrator responsável somente pelo recolhimento da multa (penalidade)**.

Por fim, cumpre destacar a ressalva trazida pelo art. 137, I, do CTN, no sentido de que se o agente praticar a infração no **exercício regular de suas funções** ou **no cumprimento de ordem emitida por quem de direito**, **não** será responsável pessoalmente. Nestas hipóteses, o agente age como *longa manus* (executor) da própria pessoa física ou jurídica, não devendo ser responsabilizado pessoalmente.

MUITA ATENÇÃO!

Em Direito Tributário, **a regra é que a responsabilidade por infrações independe** da **intenção do agente ou responsável**, da **efetividade**, ou **extensão dos efeitos do ato**. Não se perquire a culpa do infrator.

1.3.1 Denúncia espontânea de infrações

A denúncia espontânea de infrações vem prevista no art. 138 do CTN, nos seguintes termos: "A **responsabilidade é excluída** pela **denúncia espontânea da infração**, **acompanhada**, se for o caso, do **pagamento do tributo devido** e dos **juros de mora**, ou do **depósito da importância arbitrada** pela autoridade administrativa, quando o montante do tributo dependa de apuração".

A denúncia espontânea é uma espécie de confissão de infração acompanhada do recolhimento do tributo e seus consectários legais (como juros de mora).

Nos termos do art. 138 do CTN, a denúncia espontânea **afasta a responsabilidade quanto à penalidade (multa)**, entretanto, o sujeito passivo deve recolher o tributo ou diferença devida, assim como arcar com os juros de mora.

Contudo, o parágrafo único do próprio art. 138 nos traz hipótese em que **não se considera** a denúncia espontânea: "**não se considera espontânea a denúncia apresentada após o início de qualquer procedimento administrativo ou medida de fiscalização, relacionados com a infração**".

MUITA ATENÇÃO!

A denúncia espontânea não afasta a obrigação de recolher o tributo e seus consectários legais (ex.: juros), somente será afastada a responsabilidade pela infração (multa).

FIQUE POR DENTRO:

"Denúncia espontânea e tributos sujeitos a lançamento por homologação e pedido de parcelamento – STJ"

Nos termos da **súmula 360 do STJ**: "O benefício da denúncia espontânea não se aplica aos tributos sujeitos a lançamento por homologação regularmente declarados, mas pagos a destempo".

Firmou-se ainda, no âmbito da 1ª Seção do STJ, o entendimento no sentido de que a simples confissão de dívida, seguida de **pedido** de **parcelamento,** não caracteriza **denúncia espontânea** (REsp 1.070.246).

EM RESUMO: a denúncia espontânea afasta a responsabilidade com relação à infração (multa), devendo o sujeito passivo recolher o tributo devido e juros de mora, entretanto, não se considera espontânea a denúncia apresentada após o início de qualquer procedimento administrativo ou medida de fiscalização relacionada à infração (ex.: notificação).

CAPÍTULO VII
CRÉDITO TRIBUTÁRIO

1. CRÉDITO TRIBUTÁRIO – NOÇÕES GERAIS

Na lição de Hugo de Brito Machado, "Crédito tributário é o vínculo jurídico, de natureza obrigacional, por força do qual o Estado (sujeito ativo) pode exigir do particular, o contribuinte ou responsável (sujeito passivo), o pagamento do tributo ou da penalidade pecuniária (objeto da relação obrigacional)" (MACHADO, 2002, p. 151).

O crédito tributário **decorre da obrigação principal** e **tem a mesma natureza desta** (art. 139 do CTN).

No que toca à obrigação tributária, ficou assentado linhas atrás que essa nasce no momento da ocorrência do fato gerador (art. 113, § 1º, do CTN), independentemente de qualquer atividade do Fisco. **Entretanto, essa obrigação ainda não é líquida e certa.**

Conforme preleciona o Prof. Ricardo Alexandre, "quando verificada no mundo dos fatos a situação definida em lei como fato gerador, nasce a obrigação tributária (dever de pagar o tributo). (...) Ocorrido o fato gerador, é necessário definir, com precisão, o montante do tributo ou penalidade, o devedor e o prazo para pagamento, de forma a conferir certeza (quanto à existência) e liquidez (quanto ao valor) à obrigação tributária. (...) Daí a existência de um procedimento oficial (...) denominado lançamento (ALEXANDRE, 2010, p. 365)".

Destarte, com a constituição do crédito tributário a obrigação tributária torna-se líquida e certa, possibilitando ao Estado (sujeito ativo) exigir o tributo.

> **MUITA ATENÇÃO!**
>
> **Importante: não só pelo lançamento o crédito tributário é constituído**, existem outras formas de constituição, como a **entrega de declarações** (ex.: Declaração de Débitos e Créditos Tributários Federais – DCTF) e até mesmo por **ato judicial** (ex.: sentença trabalhista que formaliza créditos relativos às contribuições previdenciárias).
>
> **Súmula 436 do STJ:** "A **entrega de declaração pelo contribuinte** reconhecendo débito fiscal **constitui o crédito tributário**, dispensada qualquer outra providência por parte do fisco".

Por outro lado, determina o autoexplicativo art. 141 que: "O crédito tributário regularmente constituído somente se modifica ou extingue, ou tem sua exigibilidade suspensa ou excluída, **nos casos previstos nesta Lei** (Código Tributário Nacional), **fora dos quais não podem ser dispensadas, sob pena de responsabilidade funcional** na forma da lei, a sua efetivação ou as respectivas garantias".

A seu turno, determina o art. 140 do CTN: "As circunstâncias que modificam o crédito tributário, sua extensão ou seus efeitos, ou as garantias ou os privilégios a ele atribuídos, ou que excluem sua exigibilidade **não afetam a obrigação tributária que lhe deu origem**".

Comentando esse último artigo, José Eduardo Soares de Melo afirma que em regra, "a obrigação tributária não sofre qualquer modificação após a ocorrência do fato gerador" (MELO, 2007). Alguns doutrinadores, a exemplo de Paulo de Barros Carvalho, criticam o citado dispositivo afirmando que "modificações de vulto como a exclusão de exigibilidade do crédito extingue a própria obrigação tributária" (CARVALHO, 2011).

EM RESUMO: crédito tributário é o vínculo jurídico obrigacional que liga o sujeito ativo ao sujeito passivo, momento em que a obrigação tributária se torna líquida e certa, permitindo ao primeiro (sujeito ativo) cobrar o pagamento do tributo ou penalidade do segundo (sujeito passivo).

2. LANÇAMENTO

Nos termos do art. 142 do CTN: "Compete **privativamente à autoridade administrativa constituir o crédito tributário pelo lançamento**, assim entendido o **procedimento administrativo** tendente a **verificar a ocorrência do fato gerador** da obrigação correspondente, **determinar a matéria tributável, calcular o montante do tributo devido, identificar o sujeito passivo** e, sendo caso, propor a **aplicação da penalidade cabível**".

Portanto, para o CTN, **lançamento é procedimento administrativo** com **objetivo** de **verificar** a ocorrência do **fato gerador** e **constituir** o **crédito tributário**. Ressalta-se, por oportuno, que a **maioria da doutrina** entende que o lançamento é **ato administrativo**.

Tal procedimento (lançamento) possui **natureza jurídica mista (declaratória e constitutiva)**; isso porque, **declara a ocorrência do fato gerador** (verifica sua ocorrência) e **constitui o crédito tributário**, tornando a obrigação tributária líquida e certa.

Nos termos do art. 142, a **competência** para o lançamento é **privativa da autoridade administrativa**. Apesar de dizer privativa (se é privativa, em tese, poderia ser delegada), a competência para lançar é indelegável, melhor seria dizer que é exclusiva (nas provas a terminologia "privativa" é largamente utilizada, além de ser a referida pelo CTN).

Em resumo: lançamento é atividade vinculada e privativa do Fisco (procedimento administrativo segundo o CTN ou ato administrativo como prefere a doutrina) com **objetivo** de **verificar** a ocorrência do **fato gerador** e **constituir** o **crédito tributário**. Contudo, conforme visto no item anterior, o lançamento não é a única forma de constituição do crédito tributário; outra forma bastante comum de constituição do crédito tributário é a entrega de declarações (ex.: DCTF, GIFP, declaração de rendimentos).

2.1 Alteração do lançamento regularmente notificado

O procedimento de lançamento regulamente notificado somente poderá ser alterado nos seguintes casos (art. 145 do CTN):

A impugnação do sujeito passivo;

B recurso de ofício;

C iniciativa de ofício da autoridade administrativa, nos casos previstos no artigo 149 do CTN.

O **primeiro** caso trata da **impugnação do sujeito passivo** ao lançamento efetuado. Pode o sujeito passivo, após notificado a recolher o tributo e dentro do prazo para pagamento, impugnar o lançamento. Nesse caso, a autoridade administrativa poderá rever o lançamento ou mantê-lo; nesse último caso, o sujeito passivo será novamente notificado para recolher o tributo.

Cumpre ressaltar, na seara tributária, não se aplica o princípio que veda a *reformatio in pejus* (reforma para pior), podendo a situação do sujeito passivo ser piorada após seu recurso (ex.: lançamento suplementar).

O **segundo** caso trata do **recurso de ofício**, também denominado remessa necessária ou duplo grau obrigatório. Esse ocorre quando a autoridade administrativa, após a impugnação, concorda com as alegações do sujeito passivo e altera ou desconstitui o próprio lançamento.

Nos casos em que essa alteração ou desconstituição supere determinado valor (valor de alçada), o processo administrativo fiscal será enviado à superior instância administrativa para reexame da matéria.

O **terceiro** caso trata da **iniciativa de ofício da autoridade administrativa** (art. 149 do CTN), entre eles: quando a lei assim o determine; quando a declaração não seja prestada, por quem de direito, no prazo e na forma da legislação tributária; quando se comprove falsidade, erro ou omissão; quando se comprove omissão ou inexatidão; quando se comprove que o sujeito passivo, ou terceiro em benefício daquele, agiu com dolo, fraude ou simulação, entre outros (recomenda-se a leitura do extenso art. 149 do CTN, eis que suas disposições podem ser cobradas nas provas).

A iniciativa de ofício decorre do **poder de autotutela da administração pública**, segundo o qual a própria administração pode rever seus atos que estejam em desconformidade com a lei, seja para corrigi-los ou mesmo para anulá-los.

O **parágrafo único do art. 149** disciplina que "a **revisão do lançamento só pode ser iniciada enquanto não extinto o direito da Fazenda Pública**". Desta forma, se por qualquer motivo o crédito tributário estiver extinto, não há que se falar em revisão do lançamento.

EM RESUMO: o **lançamento** regularmente **notificado** pode **ser alterado**: por **impugnação do sujeito passivo**; por **recurso de ofício**; e por **iniciativa de ofício** da autoridade administrativa, nos casos previstos no art. 149 do CTN (art. 145 e incisos do CTN).

2.2 Legislação aplicável ao lançamento

O **lançamento** reporta-se **à data da ocorrência do fato gerador** da obrigação e **rege-se pela lei então vigente**, **ainda que posteriormente modificada ou revogada** (art. 144 do CTN).

Desta forma, **no lançamento**, salvo disposição de lei em sentido contrário, é **considerada a lei então vigente à época da ocorrência do fato gerador**. Lembrar que no lançamento a autoridade fiscal declara a ocorrência de um fato pretérito (fato gerador).

A título de exemplo, se determinado sujeito passivo é devedor de ICMS cuja alíquota na época do fato gerador era 15%, se quando da constituição do crédito tributário (via lançamento) essa alíquota subiu para 22%, a alíquota que deverá ser utilizada para o cálculo do tributo é de 15% (a da época da ocorrência do fato gerador).

A **exceção** à esta regra vem prevista no art. 144, § 1º, do CTN: "**Aplica-se ao lançamento** a **legislação** que, **posteriormente à ocorrência do fato gerador** da obrigação, **tenha instituído novos critérios de apuração** ou **processos de fiscalização, ampliado os poderes** de **investigação** das autoridades administrativas, ou **outorgado ao crédito maiores garantias** ou **privilégios, exceto**, neste último caso, **para o efeito de atribuir responsabilidade tributária** a terceiros". É regra eminentemente processual, cuja aplicação é imediata.

No exame unificado de ago/18 foi cobrada a seguinte QUESTÃO: "Em março de 2016, o Município X publicou lei instituindo novos critérios de apuração e ampliando os poderes de investigação das autoridades administrativas. Com base nessa nova orientação, em outubro do mesmo ano, o fisco municipal verificou a ausência de declaração e recolhimento de valores do Imposto Sobre Serviços de Qualquer Natureza - ISSQN devidos pela pessoa jurídica Y, referentes ao ano-calendário 2014; diante dessa constatação, lavrou auto de infração para cobrança dos valores inadimplidos. No que tange à possibilidade de aplicação da nova legislação ao presente caso, assinale a afirmativa correta". A resposta correta era: "É aplicável, pois a legislação que institui novos critérios de apuração e amplia poderes de investigação das autoridades administrativas aplica-se aos lançamentos referentes a fatos geradores ocorridos antes de sua vigência".

A seu turno, o CTN (art. 146) traz regra que veda a alteração de critérios jurídicos, ou seja, critérios de interpretação da legislação tributária: "A **modificação introduzida**, de ofício ou em consequência de decisão administrativa ou judicial, **nos critérios jurídicos adotados pela autoridade administrativa** no exercício do lançamento **somente pode ser efetivada**, em relação a um mesmo sujeito passivo, **quanto a fato gerador ocorrido posteriormente à sua introdução**".

Simplificadamente: **as alterações nos critérios jurídicos só podem ser aplicadas a fatos geradores ocorridos posteriormente à sua introdução**.

EM RESUMO: aplica-se ao lançamento a lei vigente na época do fato gerador, salvo se se tratar de critérios de apuração ou fiscalização ou maiores garantias ao crédito, sendo vedada a aplicação de alteração de critérios jurídicos a fatos geradores ocorridos anteriormente à sua introdução.

2.3 Taxa de câmbio aplicável ao lançamento

A regra aplicável à taxa de câmbio no lançamento é muito simples: **salvo disposição de lei em contrário**, quando o **valor tributário esteja expresso em moeda estrangeira**, no lançamento **far-se-á sua conversão em moeda nacional** ao **câmbio do dia** da ocorrência do **fato gerador** da obrigação (art. 143 do CTN).

Regra mais do que lógica, sendo **o lançamento procedimento** administrativo (segundo o CTN) ou ato administrativo (maioria da doutrina) **cuja função é declarar o fato gerador** (fato que já ocorreu) e **constituir a obrigação tributária**, nos termos do art. 144, **reporta-se à data da ocorrência do fato gerador** e rege-se pela lei então vigente.

EM RESUMO: se o valor tributário estiver expresso em moeda estrangeira utiliza-se para a conversão em moeda nacional o **câmbio do dia da ocorrência do fato gerador**.

2.4 Modalidades de lançamento

Segundo o Código Tributário Nacional são três as modalidades de lançamento: de **ofício**, por **declaração** e por **homologação**.

Recorde-se que o lançamento é procedimento administrativo com objetivo de verificar a ocorrência do fato gerador e constituir o crédito tributário.

Não obstante, o próprio CTN permite que o **sujeito passivo participe desse procedimento**.

Assim, as modalidades de lançamento estão elencadas da hipótese onde se verifica **menor** participação do sujeito passivo (lançamento de ofício) para a hipótese onde há **maior** participação (lançamento por homologação).

Vamos a elas.

2.4.1 Lançamento de ofício

Nesta modalidade o sujeito passivo não participa do procedimento de lançamento, **cabendo ao Fisco a tarefa de verificar a ocorrência do fato gerador da obrigação** correspondente, **determinar a matéria tributável**, **calcular o montante do tributo devido**, **identificar o sujeito passivo** e, **sendo o caso**, propor a aplicação da **penalidade cabível**.

As hipóteses de lançamento de ofício (ou revisão) estão previstas no art. 149 do CTN, nos seguintes termos:

> "Art. 149. O lançamento é **efetuado e revisto de ofício** pela autoridade administrativa nos seguintes casos:
>
> I – quando a lei assim o determine;
>
> II – quando a declaração não seja prestada, por quem de direito, no prazo e na forma da legislação tributária;
>
> III – quando a pessoa legalmente obrigada, embora tenha prestado declaração nos termos do inciso anterior, deixe de atender, no prazo e na forma da legislação tributária, a pedido de esclarecimento formulado pela autoridade administrativa, recuse-se a prestá-lo ou não o preste satisfatoriamente, a juízo daquela autoridade;
>
> IV – quando se comprove falsidade, erro ou omissão quanto a qualquer elemento definido na legislação tributária como sendo de declaração obrigatória;
>
> V – quando se comprove omissão ou inexatidão, por parte da pessoa legalmente obrigada, no exercício da atividade a que se refere o artigo seguinte;
>
> VI – quando se comprove ação ou omissão do sujeito passivo, ou de terceiro legalmente obrigado, que dê lugar à aplicação de penalidade pecuniária;

> VII – quando se comprove que o sujeito passivo, ou terceiro em benefício daquele, agiu com dolo, fraude ou simulação;
>
> VIII – quando deva ser apreciado fato não conhecido ou não provado por ocasião do lançamento anterior;
>
> IX – quando se comprove que, no lançamento anterior, ocorreu fraude ou falta funcional da autoridade que o efetuou, ou omissão, pela mesma autoridade, de ato ou formalidade especial."

Conforme visto anteriormente, o **parágrafo único do art. 149 do CTN** disciplina que "a **revisão do lançamento só pode ser iniciada enquanto não extinto o direito da Fazenda Pública,** ou seja, se o crédito tributário estiver extinto não cabe revisão do lançamento.

> MUITA ATENÇÃO!
>
> **Importante:** a qualquer modalidade de lançamento é possível ao Fisco proceder ao lançamento de ofício, desta forma, não importa a modalidade em que o crédito tributário tenha sido originalmente constituído, se incidir em alguma das hipóteses do art. 149, poderá a autoridade administrativa rever de ofício o lançamento.

O **auto de infração** constitui **espécie de lançamento de ofício**, aplicável principalmente nas hipóteses previstas pelos incisos II a IX do art. 149 (omissão, fraude, dolo, simulação etc.). Nesses casos, haverá aplicação da penalidade pecuniária denominada multa de ofício.

No **exame unificado de jan/09** foi cobrada a seguinte QUESTÃO: "Supondo que seja lavrado o auto de infração e constituído o crédito tributário em decorrência da autuação, pelo fisco, de contribuinte que deixou de emitir nota fiscal e recolher o ICMS, assinale a opção correta". A opção correta era: "Nessa situação, em que se constata conduta ilícita do não recolhimento pelo contribuinte, deve ser realizado o lançamento de ofício."

Em resumo: no lançamento de **ofício** o sujeito passivo praticamente não participa do procedimento, cabendo toda tarefa de constituição do crédito tributário ao Fisco, podendo ser aplicado a qualquer modalidade de lançamento, desde que não extinto o crédito tributário (direito da Fazenda Pública).

2.4.2 Lançamento por declaração

O lançamento por declaração é aquele efetuado com base nas **informações prestada** pelo **sujeito passivo** (ou por **terceiro),** na forma da legislação tributária, **à autoridade administrativa sobre MATÉRIA DE FATO**, indispensável à sua efetivação.

No lançamento por **declaração** (também chamado por alguns de misto) o contribuinte ou terceiro presta informações (declaração) à autoridade administrativa sobre **matéria de fato** indispensável ao lançamento (art. 147 do CTN).

A partir das informações prestadas, o **Fisco procederá ao lançamento e notificará o sujeito passivo do lançamento efetuado.** Verifica-se aqui atuação relevante do sujeito passivo ou terceiro no que toca ao fornecimento da matéria de fato.

> MUITA ATENÇÃO!
>
> O Imposto de Renda Pessoa Física **(IRPF)**, apesar de existir uma declaração, **não** é **tributo sujeito a lançamento por declaração;** na realidade, **é tributo sujeito à sistemática do lançamento por homologação.** Isso porque, o sujeito passivo além de fornecer a matéria de fato, também aplica o direito e recolhe o tributo, restando ao Fisco homologar ou não seu procedimento.

Hoje em dia poucos tributos estão sujeitos ao lançamento por declaração (pela maior facilidade, a maioria segue a sistemática do lançamento por homologação), entretanto, o **ITBI** (impostos de transmissão de bens imóveis) segue a sistemática da declaração, sendo que os municípios utilizam as declarações de fato dos sujeitos passivos para constituir o crédito tributário.

Outro exemplo era o imposto de importação (II) incidente sobre bagagem acompanhada, onde a Receita Federal utilizava a declaração do sujeito passivo (declaração de bagagem acompanhada) para realizar o lançamento do crédito tributário. Entretanto, tal declaração foi substituída pela Declaração Eletrônica de Bens de Viajante (e-DBV), na qual o sujeito passivo fornece os dados e faz o recolhimento antecipado caso seja necessário, procedimento esse mais assemelhando à sistemática do lançamento por homologação.

EM RESUMO: no lançamento por **declaração** o contribuinte ou terceiro presta informações (declaração) à autoridade administrativa sobre **matéria de fato** indispensável ao lançamento (art. 147 do CTN), a partir dessas informações, o **Fisco procederá ao lançamento.**

2.4.2.1 Retificação da declaração

Com relação à retificação da declaração por iniciativa própria do sujeito passivo, **quando vise** a **reduzir** ou a **excluir tributo, só** é **admissível mediante comprovação** do **erro em que se funde**, e **antes de notificado o lançamento** (art. 147, § 1º, do CTN).

Desta forma, caso o sujeito passivo verifique inexatidão em sua declaração que, caso corrigida, poderá reduzir ou excluir o tributo, poderá este (sujeito passivo) retificá-la (corrigi-la) **desde que ainda não notificado do lançamento.**

Como vimos linhas atrás, no lançamento por declaração o contribuinte ou terceiro presta informações (declaração) à autoridade administrativa sobre **matéria de fato.** A partir dessas informações prestadas, o **Fisco procederá ao lançamento** e **notificará o sujeito passivo do lançamento efetuado.**

Assim, **notificação** é ato formal por meio do qual o Fisco comunica ao sujeito passivo o lançamento efetuado, possibilitando que o mesmo pague ou impugne o crédito constituído.

Somente antes deste ato formal (notificação) **poderá o sujeito passivo retificar sua declaração com o fito de reduzir ou excluir tributo.**

Em resumo: o sujeito passivo somente poderá retificar sua declaração com a finalidade de reduzir ou excluir o tributo, comprovando o erro em que se funde, **antes** de **notificado** do lançamento efetuado.

2.4.2.2 Arbitramento da base de cálculo

Nos casos em que "o cálculo do tributo tenha por base, ou tome em consideração, o valor ou o preço de bens, direitos, serviços ou atos jurídicos, a autoridade lançadora, mediante processo regular, arbitrará aquele valor ou preço, **sempre que sejam omissos** ou **não mereçam fé as declarações** ou os **esclarecimentos prestados**, ou os **documentos** expedidos pelo sujeito passivo ou pelo terceiro legalmente obrigado, **ressalvada**, em caso de **contestação**, **avaliação contraditória**, **administrativa** ou **judicial** (art. 148 do CTN)".

Desta forma, o procedimento de arbitramento é forma pela qual a administração tributária poderá obter o valor correto ou compatível da base de cálculo quanto a bens, direitos, serviços ou atos jurídicos, quando as informações fornecidas não mereçam fé, com a finalidade de calcular corretamente o tributo.

O arbitramento será um juízo prudente e razoável do valor dos bens, direitos, serviços ou atos jurídicos (que será base de cálculo do tributo). Não se trata de nova espécie de lançamento, constitui, a bem da verdade, técnica de valoração da base de cálculo que possibilita o **lançamento de ofício** do tributo.

A parte final do dispositivo nos informa **a possibilidade de o sujeito passivo contestar, administrativa ou judicialmente, o valor arbitrado** (avaliação contraditória).

Em resumo: ocorrerá arbitramento (do valor dos bens, direitos, serviços e atos jurídicos) no caso das informações prestadas pelo sujeito passivo (ou na sua ausência) não merecerem fé, ressalvada a possibilidade de impugnação (avaliação contraditória).

2.4.3 Lançamento por homologação

Nos termos do art. 150 do CTN: "O lançamento **por homologação**, que ocorre quanto aos tributos cuja **legislação atribua ao sujeito passivo o dever de antecipar o pagamento sem prévio exame da autoridade administrativa**, opera-se pelo ato em que a referida autoridade, **tomando conhecimento da atividade** assim exercida pelo obrigado (contribuinte ou responsável), **expressamente a homologa**".

A principal característica desse tipo de lançamento é que o sujeito passivo (contribuinte ou responsável) realiza o pagamento antes de qualquer atividade do Fisco.

Na sistemática do lançamento por homologação, o **sujeito passivo apura o montante devido** e **recolhe aos cofres públicos os respectivos valores**, demonstrando ser essa a hipótese de lançamento com **maior participação** do sujeito passivo.

Após a atividade do sujeito passivo, caberá ao Fisco: a) **homologar expressamente a atividade do sujeito passivo**; b) **apurar a diferença e lançá-la de ofício**; ou c) **deixar transcorrer o prazo para homologação,** momento em que ocorrerá a chamada homologação tácita (art. 150, § 4º, do CTN).

Quanto ao prazo, "**se a lei não fixar prazo,** a homologação será de **cinco anos**, **a contar da ocorrência do fato gerador**; **expirado esse prazo** sem que a Fazenda Pública se tenha pronunciado, **considera-se homologado o lançamento** (homologação tácita) e **definitivamente extinto o crédito tributário**, **salvo** se comprovada a ocorrência de **dolo**, **fraude** ou **simulação**".

Nos termos do § 1º do art. 150 do CTN, **o pagamento antecipado extingue o crédito tributário, sob condição resolutória da ulterior homologação do lançamento**. Destarte, o prazo decadencial é para que o Fisco proceda ao lançamento de ofício da eventual diferença do tributo devido e não pago.

Ademais, os §§ 2º e 3º do art. 150 nos informam que "**não influem** sobre a obrigação tributária quaisquer **atos anteriores à homologação**, praticados pelo sujeito passivo ou por terceiro, **visando à extinção** total ou parcial **do crédito**", sendo que esses atos poderão ser "**considerados na apuração do saldo** porventura **devido** e, sendo o caso, na **imposição de penalidade**, ou sua **graduação**".

MUITA ATENÇÃO!

A principal **diferença** entre o **lançamento** por **homologação** e por **declaração** é que nesse último o contribuinte ou responsável somente fornece a **matéria de fato** para que o Fisco proceda ao lançamento do crédito tributário. Na sistemática do **lançamento por homologação**, o contribuinte ou responsável não apenas fornece a matéria de fato, **mas também calcula o tributo** (aplica matéria de direito) **e realiza o recolhimento.**

Importante dizer que hoje, por sua praticidade, a maioria dos tributos segue a sistemática do lançamento por homologação.

Em resumo: no lançamento por homologação o sujeito passivo (contribuinte ou responsável) apura o montante devido e recolhe aos cofres públicos os respectivos valores, cabendo ao Fisco: homologar expressamente; apurar a diferença e lançá-la de ofício; ou deixar transcorrer o prazo – homologação tácita (art. 150 do CTN).

CAPÍTULO VIII

SUSPENSÃO, EXTINÇÃO E EXCLUSÃO DO CRÉDITO TRIBUTÁRIO

1. NOÇÕES COMUNS AOS INSTITUTOS

Dispõe o art. 141 do CTN que "o **crédito tributário** regularmente constituído **somente** se **modifica** ou **extingue**, ou tem sua **exigibilidade suspensa** ou **excluída**, **nos casos previstos nesta Lei** (CTN), fora dos quais não podem ser dispensadas, sob pena de responsabilidade funcional na forma da lei, a sua efetivação ou as respectivas garantias".

Portanto, nos termos do Código Tributário Nacional, as hipóteses de **suspensão**, **exclusão** e **extinção** do crédito tributário **estão taxativamente enumeradas no CTN**.

Não obstante, o STF na ADI 2.405 decidiu que os entes federados poderiam instituir outras formas de extinção e suspensão. No entendimento da Corte, se podem os entes federados por lei própria conceder remissão (perdão), podem também estabelecer novas formas de extinção e suspensão do crédito tributário, utilizando-se do princípio de "quem pode o mais pode o menos".

As causas de suspensão, extinção e exclusão do crédito tributário estão previstas nos arts. **151**, **156** e **175** do CTN, respectivamente. Nas provas, tanto da OAB quanto de concursos públicos, são reiteradamente cobradas as disposições desses artigos em uma mesma questão para que o candidato aponte a resposta correta, daí a necessidade de fixação desse conteúdo.

Lembrar: as causas de suspensão, extinção e exclusão do crédito tributário estão submetidas à **reserva legal**, devendo ser disciplinadas por lei, nos termos do art. 97, VI, do CTN.

DICA IMPORTANTE

Não confundir os institutos:

a) isenção e anistia são as únicas hipóteses de exclusão do crédito tributário;

b) as hipóteses de suspensão e extinção decorrem da lógica, por exemplo: parcelamento = ou moratória = suspensão; pagamento = extinção; deposito do montante integral = suspensão; conversão do depósito em renda = extinção; liminar ou tutela antecipada = suspensão; compensação = extinção; remissão (perdão) = extinção; reclamações e recursos = suspensão; decisão judicial passada em julgado = extinção; decisão administrativa irreformável = extinção; prescrição e decadência = extinção; transação = extinção.

No **exame unificado de jan./08** foi cobrada a seguinte **QUESTÃO:** "Suponha-se que determinada sociedade limitada, estando em débito com a fazenda pública estadual em razão do não recolhimento do imposto sobre operações referentes à circulação de mercadorias relativas aos dois últimos anos, promova o parcelamento do valor devido. Nessa situação, o parcelamento" (...). A resposta correta era "suspende a exigibilidade do crédito tributário".

2. SUSPENSÃO DA EXIGIBILIDADE DO CRÉDITO TRIBUTÁRIO

As causas de suspensão da exigibilidade dos créditos tributários estão previstas no art. 151 do CTN:

> "Suspendem a exigibilidade do crédito tributário:
>
> I – **moratória**;
>
> II – o **depósito do seu montante integral**;
>
> III – as **reclamações** e os **recursos**, nos termos das leis reguladoras do processo tributário **administrativo**;
>
> IV – a concessão de medida **liminar** em **mandado de segurança**;
>
> V – a concessão de medida **liminar** ou de **tutela antecipada**, em **outras** espécies de **ação judicial**;
>
> VI – o **parcelamento**.
>
> Parágrafo único. O disposto neste artigo não dispensa o cumprimento das obrigações assessórios dependentes da obrigação principal cujo crédito seja suspenso, ou dela conseqüentes."

Conforme visto na introdução, as causas de suspensão da exigibilidade do crédito tributário decorrem da lógica, são situações em que a administração tributária se vê impedida de iniciar ou prosseguir na cobrança do crédito.

Cumpre ressaltar, que as causas suspensivas **não impedem que seja realizado o lançamento** (constituição do crédito tributário), **somente impedem a exigibilidade do crédito**, ou seja, o **início** ou **prosseguimento** da **cobrança**.

Nos termos do art. 140 do CTN, as causas suspensivas não afetam a obrigação tributária que lhe deu origem.

Por outro lado, a existência de causa suspensiva "**não dispensa o cumprimento das obrigações assessórias** dependentes da obrigação principal **cujo crédito seja suspenso**, ou dela consequentes" (art. 151, parágrafo único, do CTN).

EM RESUMO: as causas de suspensão da exigibilidade do crédito tributário estão **taxativamente** previstas no art. 151 do CTN, são situações que **impedem** o início ou prosseguimento da **cobrança** do tributo (exigibilidade), **não** impedem o **lançamento**, **não** afetam a **obrigação tributária** e **não** dispensam o cumprimento das **obrigações acessórias**.

Vejamos, sucintamente, cada espécie.

A Moratória: é a concessão de prazo ao contribuinte para que ele pague à vista ou em parcelas sua dívida para com o Fisco, podendo ser em caráter **geral** ou **individual** (art. 152 do CTN). Em ambos os casos, a moratória deverá ser instituída por lei, estando submetido à reserva legal (art. 97, VI, do CTN).

A moratória é disciplinada pelos arts. 152 a 155 do CTN.

A moratória pode ser concedida em **caráter geral** (art. 152, I): **a)** pela **pessoa jurídica** de **direito público competente** para **instituir o tributo** a que se refira (moratória autônoma); **ou b)** pela **União**, quanto a **tributos** de **competência dos Estados**, do **Distrito Federal** ou dos **Municípios**, quando **simultaneamente** concedida quanto aos **tributos** de competência **federal** e às obrigações de direito privado (**moratória heterônoma**).

Quanto à segunda hipótese, isto é, **moratória heterônoma**, apesar de pairar suspeita de inconstitucionalidade, fato é que até o presente momento não há qualquer pronunciamento dos tribunais superiores quanto à sua inconstitucionalidade, não havendo também notícia de que a União tenha utilizado o instituto, presumindo-se então sua constitucionalidade.

No exame unificado de fev/19 foi cobrada a seguinte QUESTÃO: No final do ano de 2018, o Município X foi gravemente afetado por fortes chuvas que causaram grandes estragos na localidade. Em razão disso, a Assembleia Legislativa do Estado Y, em que está localizado o Município X, aprovou lei estadual ordinária concedendo moratória quanto ao pagamento do Imposto Predial e Territorial Urbano (IPTU) do ano subsequente, em favor de todos os contribuintes desse imposto situados no Município X. A resposta correta era: Lei estadual não pode, em nenhuma hipótese, conceder moratória de IPTU.

A moratória pode ser ainda concedida em **caráter individual** (art. 152, II): por despacho da autoridade administrativa, desde que **autorizada por lei** nas condições do inciso anterior.

No caso da moratória em **caráter individual**, a **lei autoriza** a concessão do benefício fiscal e a **autoridade administrativa**, através de **despacho**, declara que o sujeito passivo preenche os requisitos da lei, concedendo o favor fiscal.

A outro giro, a moratória (geral ou individual), nos termos do parágrafo único do art. 152, "**pode circunscrever** expressamente a sua aplicabilidade à **determinada região do território da pessoa jurídica** de direito público que a expedir, **ou** a **determinada classe** ou **categoria** de **sujeitos passivos**".

Portanto, a moratória **pode** tanto **abranger** todo território da pessoa jurídica (ex.: todo o Estado de Minas Gerais), a determinada região (ex.: Zona da Mata Mineira) ou mesmo determinada classe ou categoria de sujeitos passivos (ex.: pecuaristas atingidos pela febre aftosa).

Os requisitos para concessão da moratória (geral ou individual) estão previstos no art. 153 do CTN, são eles:

> "I – o **prazo** de duração **do favor**;
>
> II – as **condições** da concessão do favor em caráter individual;
>
> III – **sendo caso**:
>
> a) os **tributos** a que se aplica;
>
> b) o **número** de **prestações** e seus vencimentos, dentro do prazo a que se refere o inciso I, podendo atribuir a fixação de uns e de outros à autoridade administrativa, para cada caso de concessão em caráter individual;
>
> c) as **garantias** que devem ser fornecidas pelo beneficiado no caso de concessão em caráter individual."

Ademais, o art. 155 disciplina que "a **concessão** da **moratória** em **caráter individual não gera direito adquirido** e **será revogado de ofício**, sempre que se apure que o beneficiado **não satisfazia** ou **deixou de satisfazer as condições** ou **não cumprira** ou **deixou de cumprir** os **requisitos** para a concessão do favor, **cobrando-se o crédito acrescido de juros de mora: I – com imposição da penalidade cabível**, nos casos de **dolo** ou **simulação** do beneficiado, ou de terceiro em benefício daquele; **II – sem imposição de penalidade**, nos demais casos".

O parágrafo único do art. 155 dispõe que: nos casos de **dolo** ou **simulação**, "o **tempo decorrido** entre a **concessão da moratória e sua revogação não** se **computa para efeito da prescrição** do direito à cobrança do crédito;

nos outros casos, **sem dolo ou simulação**, a **revogação só pode ocorrer antes de prescrito** o referido **direito**".

EM RESUMO: moratória é a concessão de prazo para pagamento do tributo à vista ou de forma parcelada, instituída por lei, pode ser geral ou individual, podendo ainda circunscrever-se a determinada região, classe ou categoria de sujeitos passivos, não aproveitando aos casos de dolo, fraude ou simulação.

B Parcelamento: é benefício fiscal **facultado** pelo credor (Fisco) ao devedor (sujeito passivo) prorrogando o prazo para pagamento da dívida em mais de uma prestação. Nos termos do art. 155-A do CTN, o parcelamento **será concedido na forma e condições estabelecidas por lei específica**.

Estamos com os professores Vicente Paulo e Marcelo Alexandrino quando afirmam que "não conseguimos imaginar diferença entre moratória em prestações e o parcelamento".

Entretanto, para efeitos de provas e nos termos do art. 155-A do CTN, o parcelamento é modalidade autônoma de suspensão de exigibilidade do crédito tributário.

No exame unificado de nov./16 foi cobrada a seguinte questão: (**FGV – Exame de Ordem – nov./2016**) "A Pessoa Jurídica ABC verificou que possuía débitos de Imposto sobre a Renda ("IRPJ") e decidiu aderir ao parcelamento por necessitar de certidão de regularidade fiscal para participar de licitação. Após regular adesão ao parcelamento e diante da inexistência de quaisquer outros débitos, a contribuinte apresentou requerimento para emissão da certidão. Com base nessas informações, o Fisco deverá...". A resposta correta era: "deferir o pedido, já que o parcelamento é causa de suspensão da exigibilidade do crédito tributário".

Como entrevisto, a disciplina do parcelamento vem prevista pelo art. 155-A do CTN: "**O parcelamento será concedido na forma e condição estabelecidas em lei específica.**"

Portanto, o parcelamento somente pode ser concedido por lei específica do ente político com competência para a instituição do tributo; por exemplo, parcelamento de IPVA no Estado de Minas Gerais depende de lei estadual específica (mineira é claro).

Nos termos do § 1º do art. 155-A, "salvo disposição de lei em contrário, o **parcelamento** do crédito tributário **não exclui a incidência** de **juros** e **multas**". Desta forma, em regra, no parcelamento são devidos os juros e a multa, porém, caso a lei que conceder o parcelamento expressamente excluir a multa e/ou juros, os mesmos estarão afastados.

> MUITA ATENÇÃO!
> **Importante:** conforme ressaltado linhas atrás, firmou-se no STJ entendimento no sentido de que a **simples confissão de dívida, seguida de pedido de parcelamento, não caracteriza denúncia espontânea** (REsp 1.070.246).

Ademais nos termos do § 2º do art. 155-A do CTN, aplicam-se, subsidiariamente, ao parcelamento as disposições desta Lei (CTN), relativas à moratória. O art. 154, parágrafo único, do CTN dispõe: "**a moratória não aproveita** aos casos de **dolo**, **fraude** ou **simulação** do sujeito passivo ou de terceiro". Com efeito, **não aproveitará também no caso de parcelamento.**

Atente-se, ainda, aos §§ 3º e 4º do art. 155-A, que disciplinam casos de parcelamento para **devedores em recuperação judicial**, dispondo que: "**lei específica disporá** sobre as **condições de parcelamento** dos créditos tributários do devedor em recuperação judicial"; e, na **inexistência de tal lei**, aplicam-se as "**leis gerais de parcelamento do ente da Federação ao devedor em recuperação judicial**, **não podendo**, neste caso, **ser o prazo de parcelamento inferior** ao concedido pela **lei federal** específica".

Simplificando, caso o **ente federado** (ex.: Espírito Santo) **não** edite **lei específica** prevendo modalidade de **parcelamento** específica **para devedores** em **recuperação judicial**, deverá ser **aplicada a lei geral do mesmo ente** (Espírito Santo) **sobre parcelamento**. Entretanto, o **prazo** para parcelamento **não** poderá ser **inferior** ao previsto por **lei federal**.

No exame unificado de jan/20 foi cobrada a seguinte questão. Uma sociedade empresária em recuperação judicial requereu, perante a Secretaria Estadual de Fazenda do Estado X, o parcelamento de suas dívidas tributárias estaduais. O Estado X dispunha de uma lei geral de parcelamento tributário, mas não de uma lei específica para parcelamento de débitos tributários de devedor em recuperação judicial. A resposta correta era: O prazo de parcelamento a ser concedido ao devedor em recuperação judicial quanto a tais débitos para com o Estado X não pode ser inferior ao concedido por lei federal específica de parcelamento dos créditos tributários do devedor em recuperação judicial (art. 155-A, do CTN).

Em resumo: parcelamento é benefício fiscal que suspende a exigibilidade do crédito tributário, concedido por lei específica, em regra não excluindo juros e multas (salvo disposição de lei em contrário), aplicando-se a ele subsidiariamente as regras da moratória (não aproveitando casos de fraude, dolo ou simulação).

C Depósito do montante integral: é mais uma hipótese de suspensão da exigibilidade do crédito tributário. Pressupõe a existência de um processo contencioso instaurado, seja administrativo ou judicial.

Ao final do processo (administrativo ou judicial), caso o sujeito passivo tenha seu direito reconhecido, poderá levantar o depósito; caso seja o Fisco vencedor do litígio, o depósito será convertido em renda.

> MUITA ATENÇÃO!
>
> **Importante**: O depósito do montante integral é causa de suspensão do crédito tributário, mas a conversão desse depósito em renda é causa de extinção do crédito.

O deposito tem de ser do **montante total exigido** pelo Fisco. Nos termos da súmula 112 do STJ: "O **depósito** somente suspende a exigibilidade do crédito tributário **se for integral e em dinheiro**".

> MUITA ATENÇÃO!
>
> **Súmula Vinculante 21 do STF**: "**É inconstitucional** a exigência de **depósito** ou **arrolamento** prévios de dinheiro ou bens **para admissibilidade de recurso administrativo**". Destarte, para que se tenha admissível o recurso administrativo não mais é necessário depósito ou arrolamento de bens. Entretanto, o depósito do montante integral não perdeu sua razão de ser, tanto nos processos judiciais (a súmula remete somente ao recurso administrativo), como também nos processos administrativos quando evitará a fluência de juros.

D Reclamações e recursos no processo administrativo fiscal: como assentado, trata-se de mais uma hipótese de suspensão da exigibilidade do crédito tributário.

A própria Constituição determina que "aos litigantes, em processo judicial ou **administrativo**, e aos acusados em geral são assegurados o contraditório e ampla defesa, com os meios e recursos a ela inerentes" (art. 5º, LV da CF).

A fase contenciosa do processo administrativo fiscal inicia-se com impugnação feita pelo sujeito passivo ao lançamento efetuado. **A suspensão da exigibilidade do crédito durará até o término do processo administrativo fiscal.**

Conforme ressaltado no item anterior, não mais se faz necessário depósito como condição para admissibilidade de recursos em processos administrativos (Súmula Vinculante 21 do STF). No mesmo sentido a Súmula 373 do STJ: "**É ilegítima** a exigência de **deposito prévio** para **admissibilidade de recurso administrativo**".

No **exame unificado nov/14** foi cobrada a seguinte **QUESTÃO:** Um empresário consulta um escritório de advocacia sobre a possibilidade de a sociedade da qual é administrador participar de uma licitação, sendo certo que, para tal, terá que apresentar uma certidão demonstrando a inexistência de débitos fiscais com o governo federal. Ele informa que a sociedade foi autuada pelo não recolhimento do Imposto sobre a Renda e Proventos de Qualquer Natureza (IR), e a defesa administrativa, apresentada no prazo, ainda não foi apreciada pelo órgão competente. Considerando apenas os dados apresentados, é correto afirmar que a sociedade. A **resposta correta** era: poderá participar da licitação, pois o crédito tributário está com a exigibilidade suspensa.

E Liminar em mandado de segurança, concessão de medida liminar ou de tutela antecipada em outras espécies de ação: são mais uma das formas de suspensão de exigibilidade do crédito tributário.

Trocando em miúdos, qualquer provimento judicial liminar ou antecipatório tem o condão de suspender a exigibilidade do crédito tributário.

Note-se que, antes da LC 104/2001, o CTN somente previa como causa de suspensão a liminar em mandado de segurança. Não obstante a doutrina majoritariamente entendia que liminares em quaisquer ações ou medidas antecipatórias em ações relacionadas a tributos tinham o condão de suspender a exigibilidade do crédito.

Com o avento da LC 104/2001, incluindo a **concessão de medida liminar ou de tutela antecipada em outras espécies de ação** no art. 151 do CTN, a controvérsia deixou de existir.

No exame unificado nov/14 foi cobrada a seguinte **QUESTÃO:** O Fisco do estado "X" lavrou auto de infração contra a pessoa jurídica "Y" para cobrar ICMS sobre a remessa de mercadorias entre a matriz e a filial dessa empresa, ambas localizadas no referido estado. A empresa "Y" impetrou, então, mandado de segurança objetivando ver reconhecido seu direito líquido e certo ao não recolhimento do ICMS naquela operação. Pleiteou também medida liminar. Assinale a opção que pode, validamente, ser objeto do pedido de liminar formulado pela pessoa jurídica Y. A resposta correta era: Suspensão da exigibilidade do crédito tributário.

3. EXTINÇÃO DO CRÉDITO TRIBUTÁRIO

As causas de extinção dos créditos tributários estão previstas no art. 156 do CTN:

> "Extinguem o crédito tributário:
>
> I – o **pagamento**;
>
> II – a **compensação**;
>
> III – a **transação**;
>
> IV – **remissão**;
>
> V – a **prescrição** e a **decadência**;
>
> VI – a **conversão** de **depósito em renda**;

VII – o **pagamento antecipado** e a **homologação do lançamento** nos termos do disposto no art. 150 e seus §§ 1º e 4º;

VIII – a **consignação em pagamento**, nos termos do disposto no § 2º do art. 164;

IX – a **decisão administrativa irreformável**, assim entendida a definitiva na órbita administrativa, que não mais possa ser objeto de ação anulatória;

X – a **decisão judicial passada em julgado**;

XI – a **dação em pagamento em bens imóveis**, na forma e condições estabelecidas em lei.

Parágrafo único. A lei disporá quanto aos efeitos da extinção total ou parcial do crédito sobre a ulterior verificação da irregularidade da sua constituição, observado o disposto nos arts. 144 e 149."

Veremos, especificamente, cada uma delas.

A **Pagamento:** forma mais comum de extinção do crédito tributário. É tratado pelos arts. 157 a 169 do CTN. Vamos aos pontos essenciais (recomenda-se a leitura dos dispositivos, pois, pode ser cobrada a literalidade de seu conteúdo).

A **imposição de penalidade não ilide o pagamento integral do crédito tributário** (art. 157 do CTN). Desta forma, mesmo que o contribuinte **pague a multa**, por mais alta que seja, **continuará obrigado** ao recolhimento do **tributo**.

O pagamento de um crédito **não importa em presunção** de pagamento das demais prestações ou mesmo de outros créditos referentes ao mesmo ou outros tributos. Portanto, paga a última parcela não se presume que as anteriores estejam pagas (art. 158 do CTN). Destarte, em Direito Tributário, **pagamento não se presume**.

Quanto ao **lugar do pagamento**, o art. 159 do CTN algumas traz regras específicas: quando a legislação tributária não dispuser a respeito, o pagamento é efetuado na repartição competente do domicílio do sujeito passivo. **Trata-se então de dívida portável** (*portable*), ou seja, o devedor deve procurar o credor até o vencimento da obrigação. Atualmente, os tributos são pagos via rede bancária, não havendo muita utilidade prática à referida regra.

Quando a legislação tributária não fixar o **tempo do pagamento**, o vencimento do crédito ocorre trinta dias depois da data em que se considera o sujeito passivo notificado do lançamento (art. 160 do CTN).

A legislação tributária pode conceder desconto pela **antecipação do pagamento**, nas condições que estabeleça (art. 160, parágrafo único, do CTN). Assim, nos termos do CTN, é possível a **legislação tributária** conceder descontos pela antecipação de pagamento, muito comum no IPVA e IPTU.

O crédito não integralmente pago no vencimento é acrescido de **juros de mora,** seja qual for o motivo determinante da falta, sem prejuízo da imposição das penalidades cabíveis e da aplicação de quaisquer medidas de garantia previstas nesta Lei (CTN) ou em lei tributária (art. 161, do CTN). **Se a lei não dispuser de modo diverso**, os juros de mora são calculados à **taxa de 1%** (um por cento) **ao mês** (§ 1º).

Formas de pagamento (art. 162 do CTN): moeda corrente, cheque ou vale postal, nos casos previstos em lei, também em estampilhas, papel selado ou processo mecânico. No caso de cheque, somente se considera extinto o crédito com resgate pelo sacado (compensação bancária). Na estampilha, espécie de selo, o crédito considera-se extinto com a inutilização regular dela (§ 3º), sendo que sua perda, erro ou inutilização não dá direito à restituição (§ 4º).

Ponto importante são as regras de imputação de pagamento trazidas pelo art. 163 do CTN, conforme quadro abaixo.

REGRAS DE IMPUTAÇÃO DE PAGAMENTO
Art. 163. Existindo simultaneamente dois ou mais débitos vencidos do mesmo sujeito passivo para com a mesma pessoa jurídica de direito público, relativos ao mesmo ou a diferentes tributos ou provenientes de penalidade pecuniária ou juros de mora, a autoridade administrativa competente para receber o pagamento determinará a respectiva imputação, obedecidas as seguintes regras, na ordem em que enumeradas:
I. em primeiro lugar, aos débitos por obrigação própria, e em segundo lugar aos decorrentes de responsabilidade tributária;
II. primeiramente, às contribuições de melhoria, depois às taxas e por fim aos impostos;
III. na ordem crescente dos prazos de prescrição;
IV. na ordem decrescente dos montantes.

Assim, imputa-se o pagamento em primeiro lugar aos débitos de obrigação própria e em segundo aos decorrentes de responsabilidade tributária; não resolvido por esse critério, imputa-se o pagamento primeiro a contribuições de melhoria, em segundo taxas e, em seguida, aos impostos; não resolvido ainda, imputa-se na ordem crescente dos prazos de prescrição (os que prescrevem antes primeiro); se ainda não foram suficientes esses três critérios, utiliza-se o quarto que é o da ordem decrescente dos montantes (os maiores primeiro).

No **exame unificado de mar./15** foi cobrada a seguinte **QUESTÃO:** Determinado contribuinte verificou a existência de débitos vencidos de Imposto sobre a Propriedade Predial e Territorial Urbana (IPTU) e da taxa de coleta de lixo com o Município M. Os dois tributos são relativos ao ano-calendário de 2012 e se referem ao imóvel onde reside. O contribuinte pagou ao Município M montante insuficiente para a quitação de ambos os tributos. Diante de tais débitos, a autoridade administrativa municipal que recebeu o pagamento... A **resposta correta** era: determinará, primeiramente, a imputação do pagamento à taxa e, posteriormente, ao imposto.

A outro giro, o Código Tributário Nacional prevê nos arts. 165 a 169 regras para **restituição no caso de pagamento indevido**, facultado ao sujeito passivo o direito, independentemente de prévio protesto, à restituição total ou parcial do tributo.

Quanto ao **prazo para o pedido de restituição**, nos termos do art. 168 do CTN, o direito de pleitear a restituição extingue-se com o decurso do **prazo de 5 (cinco anos)** contados da **extinção do crédito** tributário **ou** da **data** em que se **tornar definitiva a decisão administrativa** ou **passar em julgado a decisão judicial** que tenha reformado, anulado, revogado ou rescindido a decisão condenatória.

Súmula 625 do STJ: o pedido administrativo de compensação ou de restituição não interrompe o prazo prescricional para a ação de repetição de indébito tributário de que trata o art. 168 do CTN nem o da execução de título judicial contra a Fazenda Pública.

MUITA ATENÇÃO!

Restituição de pagamento indevido de tributos indiretos - *aqueles que permitem a translação do seu encargo econômico para uma pessoa diferente daquela definida em lei como sujeito passivo, ex., ICMS*. O **art. 166, do CTN** dispõe que a restituição de tributos que comportem, por sua natureza, transferência do respectivo encargo financeiro somente será feita a quem **prove haver assumido o referido encargo**, ou, no caso de **tê-lo transferido a terceiro, estar por este expressamente autorizado a recebê-la**. Nesse sentido, vale a diferenciação entre **contribuinte de fato** e **de direito**. O **STJ**, decidiu, com base em julgamento sob o rito dos recursos repetitivos, que o **contribuinte de fato,** por **não** fazer parte, **formalmente**, da **relação jurídico-tributária, não** está autorizado a pleitear judicialmente a restituição de tributo pago pelo contribuinte de direito, este sim, legitimado a fazê-lo (REsp 1299954/RS).

Por fim, o art. 169 prevê o prazo de **dois anos** para a ação anulatória da decisão administrativa que denegar a restituição. Portanto, caso o sujeito passivo faça pedido administrativo de restituição de pagamento indevido e o Fisco negar seu pedido, terá o sujeito passivo **dois anos** para promover ação anulatória contra essa decisão.

No exame unificado de abr/14 foi cobrada a **QUESTÃO**: A pessoa jurídica XYZ Participações S.A., ao verificar que havia recolhido a maior o Imposto sobre a Renda de Pessoas Jurídicas – IRPJ – dos últimos dois anos, peticionou administrativamente, requerendo a repetição do indébito. No entanto, a Receita Federal do Brasil negou o pedido administrativo. A resposta correta era: **O prazo para o contribuinte ajuizar ação anulatória é de 2 (dois) anos, a contar da data da decisão administrativa que indeferiu o pedido de repetição.**

Já no exame unificado de jul/16 foi cobrada a seguinte QUESTÃO: "Após verificar que realizou o pagamento indevido de Imposto sobre Circulação de Mercadorias e Serviços - ICMS, determinado contribuinte requer administrativamente a restituição do valor recolhido. O órgão administrativo competente denega o pedido de restituição. Qual o prazo, bem como o marco inicial, para o contribuinte ajuizar ação anulatória da decisão administrativa que denega a restituição?". A resposta correta era: "2 (dois) anos contados da notificação do contribuinte da decisão administrativa".

B **Compensação:** "**a lei pode**, nas condições e sob as garantias que estipular, ou cuja estipulação em cada caso atribuir à autoridade administrativa, **autorizar a compensação de créditos tributários com créditos líquidos e certos, vencidos ou vincendos**, do **sujeito passivo contra a Fazenda pública**" (art. 170 do CTN).

A compensação pressupõe a existência de duas pessoas que ao mesmo tempo sejam devedores e credores um do outro.

Na compensação tributária, os créditos a compensar pelo sujeito ativo devem ser líquidos, certos, em dinheiro, **vencidos** ou **vincendos.**

MUITA ATENÇÃO!

Importante: o que pode ser **vincendo** é o **crédito do sujeito passivo com a Fazenda Pública**, jamais o crédito tributário (pois este deve necessariamente estar **vencido**);

Por outro lado, "**é vedada** a compensação mediante o aproveitamento de tributo, objeto de contestação judicial pelo sujeito passivo, **antes do trânsito em julgado** da respectiva decisão judicial" (art. 170-A do CTN).

C **Transação:** a "**lei** pode facultar, nas condições que estabeleça, aos sujeitos ativo e passivo da obrigação tributária **celebrar transação** que, mediante **concessões mútuas**, importe em determinação de litígio e consequente extinção de crédito tributário" (art. 171 do CTN).

A transação seria uma espécie de acordo entre devedor e Fazenda Pública com a finalidade de **pôr fim a um litígio, extinguindo-se o crédito tributário** através de **concessões mútuas**. Nos termos do CTN, a transação **depende de lei** para ser implementada, não sendo comum seu uso para fins de extinção do crédito tributário.

D **Remissão:** é o **perdão** da dívida, dispensa legal de pagamento do tributo, ocorre o fato gerador e surge a obrigação tributária, contudo o sujeito passivo é dispensado pela lei específica de recolher o tributo.

Da mesma forma que qualquer outro benefício fiscal, a remissão **depende de lei**. Nos termos do art. 150, § 6º, da CF, **a remissão somente pode ser concedida por lei específica**.

Dispõe o art. 172, a "**lei** pode autorizar a **autoridade administrativa a conceder, por despacho fundamentado, remissão total ou parcial** do crédito tributário, atendido:

> I – à situação econômica do sujeito passivo;
>
> II – ao erro ou ignorância escusáveis do sujeito passivo, quanto a matéria de fato;
>
> III – à diminuta importância do crédito tributário;
>
> IV – a considerações de eqüidade, em relação com as características pessoais ou materiais do caso;
>
> V – a condições peculiares a determinada região do território da entidade tributante.
>
> Parágrafo único. O despacho referido neste artigo não gera direito adquirido, aplicando-se, quando cabível, o disposto no artigo 155."

Atentar ao parágrafo único do art. 172 que informa que o despacho referido neste artigo **não gera direito adquirido**, mandando aplicar as disposições concernentes à moratória (art. 155). Assim, se posteriormente se provar que o sujeito passivo não tinha direito à remissão, cobrar-se-á o tributo e seus acréscimos, conforme o art. 172 c/c 155 do CTN.

No exame unificado de abril/18 foi cobrada a seguinte questão: "Devido à crise que vem atingindo o Estado Y, seu governador, após examinar as principais reclamações dos contribuintes, decidiu estabelecer medidas que facilitassem o pagamento do Imposto sobre a Propriedade de Veículos Automotores (IPVA). Por meio de despacho administrativo, autorizado por lei, perdoou débitos de IPVA iguais ou inferiores a R$ 300,00 (trezentos reais) na época da publicação. Além disso, sancionou lei prorrogando o prazo para pagamento dos débitos de IPVA já vencidos. Com base no caso apresentado, assinale a opção que indica os institutos tributários utilizados pelo governo, respectivamente". A resposta correta era: "remissão e moratória".

Não devemos confundir remissão com anistia: a) **remissão é dispensa legal de pagamento de tributo** (causa de **extinção** do crédito tributário); b) **anistia é o perdão legal das infrações já praticadas** (causa de **exclusão** do crédito tributário), desta forma o **crédito tributário relativo à penalidade pecuniária é excluído**, não podendo o Fisco cobrar a multa.

EM RESUMO: remissão é dispensa legal de pagamento de tributo, perdão da dívida, somente pode ser concedido por lei específica, pode ser total ou parcial e não gera direito adquirido.

E **Decadência:** se refere à perda do direito do Fisco constituir o crédito tributário através do lançamento. Não sendo constituído o crédito tributário no prazo trazido pela lei, extinto estará o mesmo (art. 156, V, do CTN).

Assim, o mais correto seria dizer que o direito da Fazenda Pública de constituir o crédito tributário se extingue pelo decurso do prazo decadencial.

Os prazos de decadência estão disciplinados por dois dispositivos no CTN: art. 173 e art. 150, § 4º.

Nos termos do art. 173, "O **direito** de a Fazenda Pública **constituir** o **crédito tributário extingue-se** após **5 (cinco) anos**, contados:

> **I** – do primeiro dia do exercício seguinte àquele em que o lançamento poderia ter sido efetuado;
>
> **II** – da data em que se tornar definitiva a decisão que houver anulado, por vício formal, o lançamento anteriormente efetuado.
>
> Parágrafo único. O direito a que se refere este artigo **extingue-se definitivamente** com o decurso do prazo nele previsto, **contado da data** em que tenha sido iniciada a constituição do crédito tributário pela **notificação**, ao sujeito passivo, de **qualquer medida preparatória** indispensável **ao lançamento.**"

Regra geral: o prazo da decadência (perda do direito de constituir o crédito tributário) é **cinco anos** contados do **primeiro dia** do **exercício seguinte** àquele em que o lançamento poderia ter sido efetuado.

Para aclarar, um exemplo: caso o fato gerador de um imposto tenha ocorrido no ano de 2011, em tese, neste mesmo ano de 2011 o lançamento poderia ter sido efetuado. Entretanto, para dar um prazo maior ao Fisco, o Código Tributário Nacional determina que o prazo de decadência (para constituir o crédito) **só começa a correr** do **primeiro dia** do **exercício seguinte** (1º de janeiro de 2012). No caso, haveria consumação da decadência em 1º de janeiro de 2017.

Anulação do lançamento: o inciso II do art. 173 traz regra específica para o caso de anulação do lançamento. Da dicção legal, verifica-se que o prazo para que o Fisco **proceda a novo lançamento** será de **cinco**

anos contados da data em que se **tornar definitiva** a **decisão** de **anulação**.

Notificação ato tendente a lançar: já o parágrafo único do art. 173 traz regras que **antecipam** a contagem do prazo decadencial. Caso o sujeito passivo seja notificado de algum ato tendente a lançar, por exemplo um Termo de Início de Fiscalização, o prazo de **cinco anos** será contado da **data da notificação.**

Lançamento por homologação: o art. 150, § 4º, do CTN traz regra específica para os tributos que seguem a sistemática do lançamento por homologação:

> "**Se a lei não fixar prazo** à homologação, será ele de **cinco anos**, a **contar da ocorrência do fato gerador**; expirado esse prazo sem que a Fazenda Pública se tenha pronunciado, considera-se homologado o lançamento e definitivamente extinto o crédito, salvo se comprovada a ocorrência de dolo, fraude ou simulação."

Conforme ressaltamos linhas atrás, na sistemática do lançamento por homologação, o sujeito passivo apura o montante devido e recolhe aos cofres públicos os respectivos valores, restando ao Fisco três opções: (a) homologar expressamente; (b) apurar a diferença e lançá-la de ofício; ou (c) deixar transcorrer o prazo – homologação tácita.

Dito isso, interpretando o art. 150, § 4º, se a lei não fixar outro prazo, **será de cinco anos contados do fato gerador o prazo** para:

A o Fisco fiscalizar o procedimento realizado pelo sujeito passivo e homologar expressamente sua atividade (**homologação expressa**);

B o Fisco fiscalizar o procedimento realizado pelo sujeito passivo e, verificando sua **incorreção**, lançar de ofício o tributo ou sua diferença (**não homologa** – lança de ofício);

C Caso **ultrapassado o prazo** de cinco anos do fato gerador, **considera-se homologado o lançamento** (**homologação tácita**) e extinto definitivamente o crédito tributário.

Atentar à parte final do § 4º do art. 150: "salvo se comprovada a ocorrência de dolo, fraude ou simulação". Nesse caso, a **maioria da doutrina** entende que **aplica-se o art. 173, I, do CTN**, ou seja, a regra geral que traz **prazo de cinco anos contados do primeiro dia do exercício seguinte** àquele em que o lançamento poderia ter sido efetuado.

Atente-se, ainda, à **Súmula 555 do STJ**: "quando não houver declaração do débito, o prazo decadencial quinquenal para o Fisco constituir o crédito tributário conta-se exclusivamente na forma do art. 173, I, do CTN, nos casos em que a legislação atribui ao sujeito passivo o dever de antecipar o pagamento sem prévio exame da autoridade administrativa. Isto é, caso não haja declaração do débito, o prazo decadencial quinquenal tem início no primeiro dia do exercício seguinte àquele em o tributo poderia ter sido lançado nos termos do art. 173, I, do CTN.

Por fim, a Súmula 436 do STJ dispõe que "A entrega de declaração pelo contribuinte reconhecendo o débito fiscal constitui o crédito tributário, dispensada qualquer outra providência do fisco".

MUITA ATENÇÃO!

Só se fala em **decadência antes da constituição definitiva** do crédito tributário (perda do direito do Fisco constituir o crédito tributário). **Após a constituição definitiva**, só se perquire acerca da **prescrição** (perda do direito de promover a ação de execução fiscal).

Súmula 622 do STJ: A notificação do auto de infração faz cessar a contagem da decadência para a constituição do crédito tributário; exaurida a instância administrativa com o decurso do prazo para a impugnação ou com a notificação de seu julgamento definitivo e esgotado o prazo concedido pela Administração para o pagamento voluntário, inicia-se o prazo prescricional para a cobrança judicial.

Em resumo: decadência é a perda do direito da Fazenda Pública de constituir o crédito tributário através do lançamento. **Prazos: regra geral – cinco anos** contados do **primeiro dia** do exercício seguinte àquele em que poderia ter sido efetuado o lançamento (art. 173, I do CTN). **Exceções: a) cinco anos** da data em que se tornar definitiva a decisão que houver anulado por vício formal o lançamento (art. 173, II,); **b) cinco anos** da data da notificação de ato tendente a lançar o tributo (parágrafo único do art. 173 do CTN); **c)** para os tributos que seguem a sistemática do lançamento por homologação, **salvo disposição de lei em contrário, considera-se feita a homologação e definitivamente extinto o crédito tributário em cinco anos, contados do fato gerador, salvo ocorrência de dolo, fraude ou simulação** (art. 150, § 4º do CTN).

E **Prescrição:** ao lado da decadência, a prescrição é a outra forma de extinção do crédito tributário pelo decurso do tempo. Nos termos do art. 174; "**a ação para a cobrança do crédito tributário prescreve em cinco anos**, **contados** da data da sua **constituição definitiva**".

Cumpre ressaltar que, em Direito Tributário **a prescrição extingue,** além da possibilidade do Fisco manejar de forma útil a ação para cobrança, **o próprio crédito tributário** (art. 156, V, do CTN). Por essa razão, a prescrição tributária difere da prescrição do Direito Civil, onde a prescrição é somente a perda da pretensão (art. 189 do CC).

Outro ponto importante é a possibilidade de tanto a **prescrição** quanto a **decadência** serem reconhecidas de ofício pelo juiz. Nesse sentido, a **Súmula 409 do STJ:** Em execução fiscal, a prescrição ocorrida antes da propositura da ação pode ser decretada de ofício (art. 219, § 5º, do CPC).

No **exame unificado de mar/15** foi cobrada a seguinte **QUESTÃO:** Em 2007, a pessoa jurídica Y recebeu notificação para pagamento de débitos de Imposto sobre a Propriedade Predial e Territorial Urbana (IPTU). Em 2014, diante da constatação de que a contribuinte não havia apresentado qualquer impugnação e nem realizado o pagamento, o Município X ajuizou execução fiscal para a cobrança destes créditos. Considerando os fatos narrados e as disposições da Lei nº 6.830/80, o juiz, ao analisar a inicial da execução fiscal proposta pelo Fisco ... A **resposta correta** era: poderá decretar a prescrição de ofício, independentemente da prévia oitiva da Fazenda Pública.

Conforme já ressaltado, só se fala em **decadência antes da constituição definitiva** do crédito tributário. **Após a constituição definitiva**, só se perquire (discute) acerca da **prescrição** – perda do direito de promover a ação de execução fiscal.

Constituição definitiva do crédito tributário: necessário saber quando é considerada a **constituição definitiva** do crédito tributário com vista a identificar o **termo inicial** do prazo prescricional.

Notificado o sujeito passivo do lançamento efetuado, constituído estará o **crédito tributário.** Essa notificação, todavia, é para **pagar** ou **impugnar** o lançamento.

Transcorrido o prazo para pagar ou impugnar, quedando-se **inerte** o **sujeito passivo**, considera-se constituído definitivamente o crédito tributário e tem aí início o prazo prescricional.

No exame unificado de abril/18 foi cobrada a seguinte QUESTÃO: "João, no final de janeiro de 2016, foi citado em execução fiscal, proposta no início do mesmo mês, para pagamento de valores do Imposto sobre a Propriedade Predial e Territorial Urbana (IPTU) referente aos anos de 2009 e 2010. Sabe-se que o IPTU em referência aos dois exercícios foi lançado e notificado ao sujeito passivo, respectivamente, em janeiro de 2009 e em janeiro de 2010. Após a ciência dos lançamentos, João não tomou qualquer providência em relação aos débitos. O município não adotou qualquer medida judicial entre a notificação dos lançamentos ao sujeito passivo e o ajuizamento da execução fiscal. Com base na hipótese apresentada, assinale a opção que indica o argumento apto a afastar a exigência fiscal". A resposta correta era: "O crédito tributário está extinto em virtude de prescrição".

Já no exame unificado de fev/19, foi cobrada a seguinte QUESTÃO: A Fazenda Pública apurou que fato gerador, ocorrido em 12/10/2007, referente a um imposto sujeito a lançamento por declaração, não havia sido comunicado pelo contribuinte ao Fisco. Por isso, efetuou o lançamento de ofício do tributo em 05/11/2012, tendo sido o contribuinte notificado desse lançamento em 09/11/2012, para pagamento em 30 dias. Não sendo a dívida paga, nem tendo o contribuinte impugnado o lançamento, a Fazenda Pública inscreveu, em 05/10/2017, o débito em dívida ativa, tendo ajuizado a ação de execução fiscal em 08/01/2018. A resposta correta era: A cobrança é indevida, pois já teria se consumado o prazo prescricional para propor a ação de execução fiscal (Veja que transcorreu prazo superior a cinco anos da constituição definitiva do crédito tributário – transcurso do prazo para pagar ou impugnar – até o ajuizamento da execução fiscal).

Por outro lado, **caso o sujeito passivo impugne o lançamento**, terá início a fase litigiosa do processo administrativo tributário e o **prazo prescricional somente começará a correr** da **notificação da decisão final** sobre o lançamento impugnado.

Interrupção do prazo prescricional: nos termos do art. 174, parágrafo único, do CTN, a prescrição se interrompe:

> I – pelo **despacho do juiz que ordenar a citação em execução fiscal**;
>
> II – pelo **protesto judicial**;
>
> III – por **qualquer ato judicial** que **constitua em mora** o devedor;
>
> IV – por **qualquer ato inequívoco** ainda que extrajudicial, que importe em **reconhecimento do débito pelo devedor**.

Súmula 653 do STJ: O pedido de parcelamento fiscal, ainda que indeferido, interrompe o prazo prescricional, pois caracteriza confissão extrajudicial do débito.

> **MUITA ATENÇÃO!**
>
> Atentar para o inciso I do parágrafo único do art. 174 do CTN que prevê que o **despacho do juiz que ordenar a citação em execução fiscal interrompe a prescrição.** Esse inciso foi alterado pela LC 118/05, na redação anterior, o que interrompia a prescrição era a citação pessoal feita ao devedor.
>
> Os três primeiros incisos (I a III) do art. 174 referem-se a atos judiciais que interrompem a prescrição. O último, isto é, inciso IV, prevê "**qualquer ato inequívoco** ainda que extrajudicial, que importe em **reconhecimento do débito pelo devedor"**. Exemplo dessa última hipótese é a confissão do débito seguida de **pedido de parcelamento.**

Suspensão do prazo prescricional: apesar de não haver regra específica no CTN sobre a suspensão do prazo prescricional, entende-se que toda vez que por algum motivo a exigibilidade do crédito tributário estiver suspensa (art. 151 do CTN), o prazo prescricional não fluirá.

Assim, se crédito estiver parcelado, por exemplo, o prazo prescricional não fluirá enquanto o parcelamento estiver em dia.

Prescrição intercorrente: é prescrição que surge no curso do processo judicial, em Direito Tributário, no curso da execução fiscal.

O art. 40 da Lei de Execução Fiscal (Lei 6.830/80) versa sobre a prescrição intercorrente, prevendo, ainda, um caso de suspensão da prescrição: "o Juiz suspenderá o curso da execução, enquanto não for localizado o devedor ou encontrados bens sobre os quais possa recair a penhora, e, nesses casos, **não correrá o prazo de prescrição**".

Nos termos do dispositivo (art. 40 da LEF), enquanto **não** for localizado o devedor ou encontrados bens sobre os quais possa recair a penhora, o juiz suspenderá o curso da execução.

Decorrido o prazo máximo de **1 (um) ano**, sem que seja localizado o devedor ou encontrados bens penhoráveis, o **juiz ordenará o arquivamento dos autos** (art. 40, § 1º).

Se da decisão que ordenar o arquivamento tiver decorrido o prazo prescricional (**cinco anos**), o juiz, **depois de ouvida a Fazenda Pública, poderá, de ofício, reconhecer a prescrição intercorrente** e decretá-la de imediato (art. 40, § 4º)

Dessa forma, antes de decretar a prescrição intercorrente do crédito tributário, o juiz deverá ouvir a Fazenda Pública. Tal providência possibilita ao ente público arguir alguma hipótese de interrupção ou suspensão do prazo prescricional.

O STJ no REsp 1.340.553 decidiu: "Havendo ou não petição da Fazenda Pública e havendo ou não pronunciamento judicial nesse sentido, findo o prazo de 1 (um) ano de suspensão, inicia-se automaticamente o prazo prescricional aplicável (de acordo com a natureza do crédito exequendo), durante o qual o processo deveria estar arquivado sem baixa na distribuição, na forma do art. 40, §§ 2º, 3º e 4º da Lei n. 6.830/1980 – LEF, findo o qual o Juiz, depois de ouvida a Fazenda Pública, poderá, de ofício, reconhecer a prescrição intercorrente e decretá-la de imediato".

FIQUE POR DENTRO: **Súmula Vinculante nº 8 do STF**: "São inconstitucionais o parágrafo único do artigo 5º do Decreto-Lei 1.569/1977 e os artigos 45 e 46 da Lei nº 8.212/1991, que tratam de prescrição e decadência de crédito tributário." **Simplificando:** com a edição deste verbete vinculante, **os prazos decadenciais e prescricionais das contribuições previdenciárias que haviam sido ampliados para 10 (dez) anos, voltaram à regra geral do CTN, isto é, 5 (cinco) anos.**

F Dação de bens imóveis: esta modalidade de extinção do crédito tributário foi introduzida no ordenamento jurídico brasileiro pela LC 104/01. Pode ser definida como a possibilidade do Fisco consentir em receber prestação diversa da que lhe é devida, no caso, bens imóveis.

Ao falarmos do conceito de tributo, no capítulo primeiro, alertamos que parte da doutrina entende que, quando o art. 3º do CTN afirma ser o tributo "prestação pecuniária compulsória, em moeda ou cujo valor nela se possa exprimir", nesta parte final estaria a possibilidade do pagamento de tributo em coisa que não dinheiro.

MUITA ATENÇÃO! Somente cabe falar em pagamento de tributo por dação de bens imóveis. A dação de bens móveis continua vedada.

Por outro lado, nos termos do art. 156, IX, do CTN, a dação em pagamento em bens imóveis extingue o crédito tributário, na forma e condições estabelecidas em lei, demonstrando a necessidade de edição de lei disciplinando a forma e as condições em que poderá ser feita a extinção do crédito tributário por dação de bem imóvel, destarte, é **norma não autoaplicável**.

A Lei 13.259/16, disciplinando o art. 156, IX, veio justamente para supri essa necessidade, dispondo que o crédito tributário inscrito em dívida ativa da União poderá ser extinto, nos termos do CTN, mediante dação em pagamento de bens imóveis, a critério do credor, na forma desta Lei, desde que atendidas as seguintes condições: i) seja precedida de avaliação do bem ou dos bens ofertados, que devem estar livres e desembaraçados de quaisquer ônus; e ii) abranja a totalidade do crédito ou créditos que se pretende liquidar com atualização, juros, multa e encargos legais, sem desconto de qualquer natureza, assegurando-se ao devedor a possibilidade de complementação em dinheiro de eventual diferença entre os valores da totalidade da dívida e o valor do bem ou dos bens ofertados em dação.

No **exame unificado de mar/2018** foi cobrado a seguinte questão: A sociedade empresária ABC, atuante na área de prestação de serviços de limpeza, em dificuldades financeiras, não estava conseguindo realizar o pagamento dos tributos federais. Diante disso, ela se ofereceu à Administração Pública Federal para realizar o pagamento dos tributos mediante prestação direta de serviços de limpeza em prédios públicos ou, alternativamente, transferir para o Fisco um imóvel de sua propriedade. **A resposta correta era:** A proposta de transferência de imóvel do contribuinte para a Fazenda Pública Federal para pagamento de tributo é admissível por expressa permissão legal.

G Conversão do depósito em renda: o sujeito passivo não obtendo sucesso no processo administrativo ou judicial no qual tenha realizado o depósito, a importância será convertida em renda e extinto estará o crédito tributário respectivo.

H **Consignação em pagamento:** nas hipóteses do art. 164 do CTN, poderá ser manejada pelo sujeito passivo com a finalidade de exercer seu direito de pagar e obter quitação do tributo, evitando a incidência de juros e multa.

– Aqui o consignante deposita o valor que entende devido e não aquele exigido pelo Fisco (diferença para o depósito do montante integral).

– Caso o consignante saia vencedor, extinto estará o crédito tributário.

– Caso o Fisco saia vencedor, o consignante deverá arcar com a diferença (acrescida de juros e multa).

I **Decisão administrativa irreformável:** com a impugnação do sujeito passivo, instaura-se o litigio administrativo, ao final, se a decisão for pela improcedência do lançamento, por vício **material**, extinto estará o crédito tributário. Por vício **formal** (ex.: incompetência da autoridade lançadora), poderá o Fisco lançar novamente, com devolução do prazo decadência (art. 173, II).

J **Decisão judicial passada em julgado**: da mesma forma que a decisão administrativa irreformável, a decisão judicial transitada em julgado favorável ao sujeito passivo extingue o crédito tributário, valendo aqui também a diferenciação da anulação por vício **formal** ou **material**.

4. EXCLUSÃO DO CRÉDITO TRIBUTÁRIO

A exclusão do crédito tributário vem disciplinada pelos arts. 175 a 182 do CTN.

Existem **apenas** duas hipóteses de **exclusão** do crédito tributário: **isenção** e **anistia** (art. 175 do CTN).

Para a doutrina, exclusão do crédito representa o impedimento legal de constituição do crédito, ou seja, hipóteses em que a lei impede que seja feito o lançamento (Alexandrino; Paulo, 2007, p. 329).

Dessa forma, na exclusão do crédito tributário, ocorre o fato gerador e surge a obrigação tributária, **entretanto, o lançamento é impedido pela lei** (não surge o crédito tributário).

Com efeito, só seria possível a exclusão do crédito tributário antes do lançamento ser efetuado. Depois de efetuado, já não mais seria possível a exclusão, somente por remissão (extinção do crédito tributário) poderia o sujeito passivo ser dispensado do recolhimento do tributo.

Vale lembrar, que tanto a isenção quanto a anistia são matérias submetidas à reserva legal, nos termos do art. 97 do CTN (hipóteses de exclusão do crédito tributário). A seu turno, o art. 150, § 6º, da CF, também exige que somente por lei específica pode se conceder a exclusão do crédito.

Por fim, a exclusão do crédito tributário (isenção ou anistia) **não dispensa o cumprimento das obrigações acessórias** dependentes da obrigação principal cujo crédito seja excluído, ou dela consequente (art. 175, parágrafo único, do CTN). Vale lembrar que, em Direito Tributário, as obrigações acessórias muitas vezes independem da obrigação principal.

Em resumo: na exclusão do crédito tributário (isenção ou anistia), ocorre o fato gerador e surge a obrigação tributária, entretanto, o lançamento é impedido pela lei (não surge o crédito tributário).

A **Isenção:** a doutrina conceitua **isenção** como **a dispensa legal** de pagamento do tributo devido. As **isenções** são previstas diretamente em leis, decorrem do poder de tributar, isto é, **quem tem o poder de tributar também tem o poder de isentar.**

Nos termos do art. 176 do CTN: "a isenção, ainda quando prevista em contrato, é sempre decorrente de lei que especifique as condições e requisitos exigidos para a sua concessão, os tributos a que se aplica e, sendo caso, o prazo de sua duração".

A instituição de isenção só pode ser feita através de lei específica (art. 150, § 6º, da CF e 176 do CTN).

Na isenção **ocorre o fato gerador**, **surge a obrigação tributária**, **mas a lei impede que o lançamento seja feito**, assim não surge o crédito tributário, daí ser hipótese de exclusão do crédito tributário.

Da mesma forma que para a moratória, "isenção pode ser restrita a determinada região do território da entidade tributante, em função de condições a ela peculiares" (art. 176, parágrafo único).

Salvo disposição de lei em contrário, isenção **não é extensiva** a **taxas**, **contribuições de melhoria** e aos **tributos instituídos** posteriormente à sua concessão.

No exame unificado de nov./17 foi cobrada a questão: O Município X, graças a uma lei municipal publicada no ano de 2014, concedeu isenção de IPTU aos proprietários de imóveis cujas áreas não ultrapassassem 70m2. João possui um imóvel nessa condição e procura seus serviços, como advogado(a), para saber se deve pagar a taxa de coleta de resíduos sólidos urbanos, instituída pelo município por meio de lei publicada em junho de 2017, a ser exigida a partir do exercício financeiro seguinte. A resposta correta era: João deve pagar a taxa de coleta, porque, salvo disposição de lei em contrário, a isenção não é extensiva às taxas.

MUITA ATENÇÃO!

Importante: "a isenção, **salvo** se concedida por **prazo certo** e em função de **determinadas condições**, pode ser revogada ou modificada por lei, a qualquer tempo, observado o disposto no inciso III do art. 104" (art. 178 do CTN). Esse artigo nos permite dividir as isenções entre onerosas e não onerosas. As **isenções onerosas** seriam aquelas concedidas por período certo de tempo e em função de determinadas condições, não podendo ser suprimidas a qualquer momento. Assim, se o sujeito passivo cumpre as condições preestabelecidas, no período de tempo previsto para a isenção, esta não poderá lhe ser suprimida.

Nesse sentido, **Súmula 544 do STF**: "**Isenções tributárias concedidas, sob condições onerosas, não podem ser livremente suprimidas**".

Por outro lado, as **isenções não onerosas** (não submetidas a prazo e condições) podem ser revogadas a qualquer tempo, observado o disposto no art. 104, III, do CTN.

O art. 104, III, do CTN, informa que **entra em vigor no primeiro dia do exercício seguinte ao da sua publicação a lei que extingue ou reduz as isenções de impostos sobre patrimônio ou renda**.

Digno ainda de nota, são as disposições do art. 179 do CTN: "A isenção, quando não concedida em **caráter geral**, é efetivada, em cada caso, por despacho da autoridade administrativa, em requerimento com o qual o interessado faça prova do preenchimento das condições e do cumprimento dos requisitos previstos em lei ou contrato para concessão".

Nos termos de seu § 1º, "tratando-se de tributo lançado por período certo de tempo, o despacho referido neste artigo será renovado antes da expiração de cada período, cessando automaticamente os seus efeitos a partir do primeiro dia do período para o qual o interessado deixar de promover a continuidade do reconhecimento da isenção".

Verifica-se, dessa forma, que o despacho a que se refere o art. 179 possui feições eminentemente declaratórias, pois na realidade é lei que concede a isenção (art. 150, § 6º, da CF).

MUITA ATENÇÃO!

O **despacho que concede a isenção não gera direito adquirido** (art. 179, § 2º), se posteriormente ficar comprovado que o beneficiário da isenção não satisfazia ou deixou de satisfazer as condições para sua concessão, fato que implicará a **cobrança do crédito acrescido de juros de mora**. Caso o sujeito passivo tenha agido com **dolo** ou **simulação**, além da cobrança do crédito acrescido de juros de mora, terá que arcar **também** com a **multa de ofício** (art. 179, § 2ª c/c art. 155, ambos do CTN).

Em resumo: na isenção **ocorre o fato gerador, surge a obrigação tributária, mas a lei impede que o lançamento seja feito**, assim não surge o crédito tributário, podendo ela ser em caráter geral ou limitada, podendo ainda ser onerosas e não onerosas.

B Anistia: a doutrina conceitua a anistia como sendo o perdão legal de infrações já praticadas. A **anistia**, assim como qualquer outro benefício fiscal, somente pode ser concedida por **lei específica** que regule exclusivamente a matéria ou trate do correspondente tributo (art. 150, § 6º, da CF).

Dessa forma, na anistia, o crédito tributário **relativo à penalidade pecuniária** é **excluído**, restando impedido pela lei que concede a anistia o lançamento da penalidade pecuniária (multa) decorrente da infração praticada.

Mesmo na hipótese de haver anistia quanto à penalidade pecuniária, permanecerá a obrigação/crédito quanto ao pagamento do tributo.

A anistia vem tratada pelos arts. 175, 180, 181 e 182 do CTN.

Lembre-se que a **exclusão do crédito tributário** (por isenção ou anistia) **não dispensa o cumprimento das obrigações acessórias** dependentes da obrigação principal cujo crédito seja excluído, ou dela consequente (art. 175, parágrafo único, do CTN).

Nos termos do art. 180 do CTN, "a **anistia abrange exclusivamente** as **infrações cometidas anteriormente à vigência da lei** que a concede". Não seria razoável que houvesse previsão para anistia para infrações futuras, assim, a anistia só vale para as infrações já praticadas.

Ricardo Alexandre alerta que existem dois marcos temporais que delimitam a anistia: **primeiro** é que o benefício somente pode ser concedido **após o cometimento da infração** (sob pena de servir de incentivo à prática de atos ilícitos); e **segundo**, somente pode ser concedido **antes do lançamento da penalidade pecuniária**, pois se o crédito já está constituído a dispensa somente pode ser realizada por remissão (ALEXANDRE, 2010, p. 493)

Por outro lado, a anistia **não abrange** atos qualificados em lei como **crimes** ou **contravenções** e aos que, mesmo sem essa qualificação, sejam praticados com **dolo**, **fraude** ou **simulação** pelo sujeito passivo ou por terceiro em benefício daquele (art. 180, I, do CTN).

Não abrange, salvo disposição de lei em contrário, às infrações resultantes de **conluio** entre duas ou mais pessoas naturais ou jurídicas (art. 180, II, do CTN).

A anistia pode ser concedida: em caráter **geral** ou **limitadamente** nos termos do art. 181 do CTN:

> "Art. 181. A anistia pode ser concedida:
>
> I – em caráter geral;
>
> II – limitadamente:
>
> a) às infrações da legislação relativa a determinado tributo;
>
> b) às infrações punidas com penalidades pecuniárias até determinado montante, conjugadas ou não com penalidades de outra natureza;
>
> c) a determinada região do território da entidade tributante, em função de condições a ela peculiares;
>
> d) sob condição do pagamento de tributo no prazo fixado pela lei que a conceder, ou cuja fixação seja atribuída pela mesma lei à autoridade administrativa."

A seu turno, o art. 182 do CTN prevê que "a anistia, quando **não** concedida em **caráter geral**, é **efetivada**, em cada caso, por **despacho** da autoridade administrativa, em requerimento com a qual o interessado faça prova do preenchimento das condições e do cumprimento dos requisitos previstos em lei para sua concessão".

Da mesma forma que para a isenção, tal **despacho não gera direito adquirido** (art. 182, parágrafo único), se posteriormente ficar comprovado que o beneficiário da anistia não satisfazia ou deixou de satisfazer as condições para sua concessão, implicará na **cobrança do crédito acrescido dos consectários legais** (juros de mora e multa conforme o caso).

No exame unificado de jul/17 foi cobrada a seguinte questão: O Estado E publicou a Lei nº 123, instituindo anistia relativa às infrações cometidas em determinada região de seu território, em função de condições a ela peculiares. Diante desse fato, o contribuinte C apresentou requerimento para a concessão da anistia, comprovando o preenchimento das condições e o cumprimento dos requisitos previstos em lei. Efetivada a anistia por despacho da autoridade administrativa, verificou-se o descumprimento, por parte do contribuinte, das condições estabelecidas em lei, gerando a revogação da anistia de ofício. A resposta correta era: É possível a revogação da anistia, pois o despacho da autoridade administrativa efetivando a anistia não gera direito adquirido.

A **anistia** exclui o crédito relativo à **penalidade pecuniária** já a **isenção** exclui o crédito relativo ao **tributo** (art. 175 do CTN).

> **MUITA ATENÇÃO!**
>
> **Não confundir** isenção, anistia e imunidades: **isenção** é dispensa **legal** de pagamento do tributo devido; **anistia** é perdão **legal** de infrações já praticadas; já a **imunidade** é prevista diretamente na **Constituição, não** ocorre o fato gerador nem surge a respectiva obrigação tributária.
>
> Por fim, lembrar que o CTN determina que se interpreta literalmente a legislação tributária que disponha sobre: suspensão ou **exclusão do crédito tributário** (isenção e anistia); e dispensa do cumprimento de obrigações tributárias acessórias (art. 111 do CTN).

EM RESUMO: na anistia ocorre o fato gerador e surge a obrigação tributária, entretanto o lançamento é impedido pela lei, não surge o crédito tributário (exclusão do crédito), podendo ser em caráter geral ou limitada, **não** abrangendo atos qualificados em lei como **crimes** ou **contravenções**, **dolo**, **fraude** ou **simulação**.

CAPÍTULO IX
IMPOSTOS EM ESPÉCIE

1. IMPOSTOS FEDERAIS

Nos termos do art. 133 da CF/88, compete à União instituir os impostos sobre: importação de produtos estrangeiros (**II**); exportação, para o exterior, de produtos nacionais ou nacionalizados (**IE**); renda e proventos de qualquer natureza (**IR**); produtos industrializados (**IPI**); operações de crédito, câmbio e seguro, ou relativas a títulos ou valores mobiliários (**IOF**); propriedade territorial rural (**ITR**); grandes fortunas (**IGF**).

IMPOSTOS FEDERAIS:	
II	IMPOSTO DE IMPORTAÇÃO
IE	IMPOSTO DE EXPORTAÇÃO
IR	IMPOSTO SOBRE A RENDA E PROVENTOS DE QUALQUER NATUREZA
IPI	IMPOSTO SOBRE PRODUTOS INDUSTRIALIZADOS
IOF	IMPOSTO SOBRE OPERAÇÕES FINANCEIRAS
ITR	IMPOSTO SOBRE A PROPRIEDADE TERRITORIAL RURAL
IGF	IMPOSTO SOBRE GRANDES FORTUNAS

1.1 Imposto de Importação - II

O Imposto de Importação, de competência da União, tem função predominantemente **extrafiscal**, isto é, intervir no controle das importações protegendo o mercado nacional.

Fato gerador: a entrada de produtos estrangeiros no território nacional (art. 19 do CTN).

Base de cálculo: depende do **tipo de alíquota** aplicada ao produto, podendo ser ela **específica** ou ***ad valorem***.

Alíquota específica: é aquela expressa em **moeda** e multiplicada por uma unidade (ex.: R$ 1,00 para cada pacote de cigarros com 20 unidade).

Alíquota *ad valorem*: corresponde a um percentual que incide sobre o valor do produto importado (ex.: 20% sobre o valor do produto), ou nos ter termos do CTN "preço normal que o produto, ou seu similar, alcançaria, ao tempo da importação, em uma venda em condições de livre concorrência, para entrega no porto ou lugar de entrada do produto no País" (art. 20, II).

Quando se tratar de **produto apreendido** ou **abandonado**, levado a leilão, a base de cálculo corresponderá ao **preço da arrematação** (art. 20, III, do CTN).

No exame unificado de 2021.2 foi cobrada a seguinte QUESTÃO: Um carregamento de computadores foi abandonado no porto pelo importador, que não chegou a realizar o desembaraço aduaneiro dentro do prazo previsto na legislação tributária. Por isso, a autoridade tributária, após o devido processo legal, aplicou a pena de perdimento e realizou leilão para alienação dos computadores. Diante dessa situação, a base de cálculo do imposto sobre a importação incidente na hipótese será o valor ... A resposta correta era: da arrematação.

Contribuinte: será o importador ou quem a lei o equiparar, ou ainda o arrematante nos casos de produtos apreendidos ou abandonados (art. 22 do CTN).

Lançamento: em regra por **homologação**, salvo no caso de Declaração de Bagagem Acompanhada – DBA quando, como o próprio nome explicita, é lançado por **declaração**.

Princípios: em razão de sua função extrafiscal, é **exceção aos princípios** da **legalidade** – podendo ser suas alíquotas alteradas por ato do Poder Executivo, decreto ou portaria (art. 153, § 1º, da CF), não se aplicando também os **princípios da anterioridade** e da **noventena** (art. 150, § 1º, da CF), podendo os aumentos serem cobrados imediatamente.

IMPOSTO DE IMPORTAÇÃO - II:	
FATO GERADOR	entrada de produtos estrangeiros no território nacional
BASE DE CÁLCULO	I - quando a alíquota seja específica, a unidade de medida adotada pela lei tributária; II - quando a alíquota seja *ad valorem*, o preço normal que o produto, ou seu similar, alcançaria, ao tempo da importação, em uma venda em condições de livre concorrência, para entrega no porto ou lugar de entrada do produto no País; III - quando se trate de produto apreendido ou abandonado, levado a leilão, o preço da arrematação.
CONTRIBUINTES	importador ou quem a lei o equiparar, ou ainda o arrematante nos casos de produtos apreendidos ou abandonados

LANÇAMENTO	por homologação, salvo Declaração de Bagagem Acompanhada – DBA quando é lançado por **declaração**
PRINCÍPIOS	exceção ao princípio da legalidade (alíquotas podem ser alterados por decreto ou portaria), não se sujeitando também aos princípios da anterioridade e da noventena.

1.2 Imposto de Exportação - IE

O Imposto de Exportação, de competência da União, tem também função predominantemente **extrafiscal**, com efeito, com o objetivo de intervir no controle das exportações.

Fato gerador: a saída para o estrangeiro de produtos nacionais ou nacionalizados (art. 23 do CTN), ou a data do registro de exportação no Sistema Integrado de Comércio Exterior – SISCOMEX (art. 213 do Regulamento Aduaneiro – Decreto nº 6.759/2009).

Base de cálculo: depende do **tipo de alíquota** aplicada ao produto, podendo ser ela **específica** ou ***ad valorem.***

Alíquota específica: é aquela expressa em **moeda** e multiplicada por uma unidade, ou nos termos do CTN quando a alíquota for específica, a base de cálculo será a unidade de medida adotada pela lei tributária (art. 24, I).

Alíquota *ad valorem*: corresponde a um percentual que incide sobre o valor do produto importado, ou nos ter termos do CTN "quando a alíquota seja *ad valorem*, o preço normal que o produto, ou seu similar, alcançaria, ao tempo da exportação, em uma venda em condições de livre concorrência. (art. 24, II).

Contribuinte: será o exportador ou quem a lei a ele equiparar (art. 25 do CTN).

Lançamento: por **homologação**.

Princípios: em razão de sua função extrafiscal, é **exceção aos princípios** da **legalidade** – podendo ser suas alíquotas alteradas por ato do Poder Executivo, decreto ou portaria (art. 153, § 1º, da CF), não se aplicando também os **princípios da anterioridade** e da **noventena** (art. 150, § 1º, da CF), podendo os aumentos serem cobrados imediatamente.

IMPOSTO DE EXPORTAÇÃO - IE:	
FATO GERADOR	saída para o estrangeiro de produtos nacionais ou nacionalizados (ou a data do registro de exportação no Sistema Integrado de Comércio Exterior – SISCOMEX)
BASE DE CÁLCULO	I - quando a alíquota seja específica, a unidade de medida adotada pela lei tributária; II - quando a alíquota seja ad valorem, o preço normal que o produto, ou seu similar, alcançaria, ao tempo da exportação, em uma venda em condições de livre concorrência.
CONTRIBUINTES	exportador ou quem a lei a ele equiparar

LANÇAMENTO	por homologação
PRINCÍPIOS	exceção ao princípio da legalidade (alíquotas podem ser alterados por decreto ou portaria), não se sujeitando também aos princípio da anterioridade e da noventena.

1.3 Imposto de Renda - IR

O Imposto, de competência da União, sobre a renda e proventos de qualquer natureza, tem também função predominantemente **fiscal**, isto é, de arrecadar recursos financeiros.

Fato gerador: a aquisição da disponibilidade econômica ou jurídica de **renda**, assim entendido o produto do capital, do trabalho ou da combinação de ambos; ou de **proventos de qualquer natureza**, assim entendidos os acréscimos patrimoniais não compreendidos no inciso anterior (art. 43, I e II, do CTN).

A incidência do imposto independe da denominação da receita ou do rendimento, da localização, condição jurídica ou nacionalidade da fonte, da origem e da forma de percepção (art. 43, §1º, do CTN).

Na hipótese de receita ou de rendimento oriundos do exterior, a lei estabelecerá as condições e o momento em que se dará sua disponibilidade, para fins de incidência do imposto referido neste artigo (art. 43, §2º, do CTN).

Base de cálculo: é o montante, **real, arbitrado ou presumido**, da renda ou dos proventos tributáveis (art. 43, §2º, do CTN).

Contribuinte: é o titular da disponibilidade econômica ou jurídica de renda ou proventos, sem prejuízo de atribuir a lei essa condição ao possuidor, a qualquer título, dos bens produtores de renda ou dos proventos tributáveis (art. 45 do CTN), ou seja, qualquer pessoa que detenha a disponibilidade de renda ou provento.

A lei pode atribuir à fonte pagadora da renda ou dos proventos tributáveis a condição de **responsável** pelo imposto cuja retenção e recolhimento lhe caibam (art. 45, parágrafo único, do CTN).

Lançamento: por **homologação**, apesar de existir a famosa declaração de Imposto de Renda, o que leva alguns menos avisados a presumir que seria por declaração.

Princípios: está **sujeito** aos **princípios** da **legalidade** e da **anterioridade**, **não** se aplicando o **princípio da noventena** (art. 150, § 1º, da CF).

O Imposto de Renda será informado pelos critérios da **generalidade**, da **universalidade** e da **progressividade**, na forma da lei (art. 153, § 2º, I, da CF), que decorrem do princípio da isonomia.

Generalidade e **universalidade:** significa que o Imposto de Renda "impõe a tributação de **todas** as **pessoas** titulares de disponibilidade econômica ou jurídica (salvo as imunes) de **quaisquer rendas** e **proventos** (ALEXANDRE, 2014, p.556).

Progressividade: as alíquotas do Imposto de Renda são progressivas, ou seja, quanto maior a base de cálculo, maior deverá ser a alíquota.

Súmula 627 do STJ: O contribuinte faz jus à concessão ou à manutenção da isenção do imposto de renda, não se lhe exigindo a demonstração da contemporaneidade dos sintomas da doença nem da recidiva da enfermidade. Ou seja, os portadores de doenças graves que possuem isenção fiscal (Lei 7.713/88, art. 6º, XIV) não necessitam comprovar a contemporaneidade dos sintomas nem a recidiva da doença para a manutenção do benefício fiscal.

Lei aplicável ao IR: essa era a redação da Súmula 584 do STF (cancelada): Ao imposto de renda calculado sobre os rendimentos do ano-base, aplica-se a lei vigente no exercício financeiro em que deve ser apresentada a declaração.

Em 2020, o STF decidiu cancelar a Súmula 584 (RE 159.180), ao argumento de que a lei nova não poderia ser aplicada a fatos geradores já verificados (ocorridos), em clara violação ao princípio da não surpresa.

Ressalte-se que o fato gerador do Imposto de Renda é considerado completo no dia 31 de dezembro de cada ano, o que a doutrina chama de fato gerador periódico composto ou complexivo, pois é formado por diversos eventos ocorridos ao longo do exercício, como o recebimento mensal de renda.

De acordo com a súmula cancelada pelo STF, poderia se aplicar aos fatos ocorridos no exercício anterior (ano-base) a lei vigente no exercício financeiro em que deveria ser entregue a declaração (ano-exercício) em clara violação ao princípio da irretroatividade.

No exame unificado de 2021.1 foi cobrada a seguinte QUESTÃO: Rodrigo, em janeiro de 2018, objetivando melhorar o seu inglês, mudou-se para a Austrália para realizar um intercâmbio de 5 (cinco) meses, sem, contudo, prestar qualquer tipo de informação à Secretaria da Receita Federal do Brasil. Durante o seu intercâmbio, precisando aumentar sua renda, Rodrigo prestou alguns serviços no exterior, recebendo por mês o equivalente a R$ 20.000,00 (vinte mil reais), totalizando R$ 100.000,00 (cem mil reais) ao longo dos cinco meses. Tais valores foram tributados na Austrália. Em abril do ano seguinte, Rodrigo questiona você sobre se deve declarar tais rendimentos à Secretaria da Receita Federal do Brasil, para fins de apuração do Imposto sobre a Renda de Pessoa Física (IRPF). Sobre a hipótese formulada e considerando que o Brasil não possui convenção internacional com a Austrália para evitar a bitributação, assinale a afirmativa correta. A resposta correta era: Os rendimentos de Rodrigo deverão ser declarados e tributados, uma vez que, tratando-se de residente fiscal no Brasil, a tributação do imposto sobre a renda independe da origem dos rendimentos. Os tratados ou convenções internacionais para evitar a bitributação tem por finalidade evitar, reduzir ou eliminar a pluritributação internacional, bem como prevenir e combater a evasão e elusão internacional (Heleno Torres). Não havendo instrumento entre o Brasil e o país no qual a renda foi auferida, os rendimentos serão tributados ainda que já tenha o sido no país de origem.

IMPOSTO DE RENDA – IR:	
FATO GERADOR	aquisição da disponibilidade econômica ou jurídica: I - de renda, assim entendido o produto do capital, do trabalho ou da combinação de ambos; II - de proventos de qualquer natureza, assim entendidos os acréscimos patrimoniais não compreendidos no inciso anterior.
BASE DE CÁLCULO	o montante, real, arbitrado ou presumido, da renda ou dos proventos tributáveis
CONTRIBUINTES	o titular da disponibilidade econômica ou jurídica de renda ou proventos, sem prejuízo de atribuir a lei essa condição ao possuidor, a qualquer título, dos bens produtores de renda ou dos proventos tributáveis.
LANÇAMENTO	por homologação
PRINCÍPIOS	está sujeito aos princípios da legalidade e da anterioridade, não se aplicando o princípio da noventena (art. 150, § 1º, da CF), Incide também os critérios da generalidade, universalidade e progressividade.

1.4 Imposto sobre Produtos Industrializados - IPI

O Imposto, de competência da União, sobre produtos industrializados por muito tempo foi considerado **extrafiscal**, ou seja, utilizado para fins de controle da economia, mas em razão do seu volume na arrecadação federal, sua face fiscal tem sido considerada relevante pela doutrina.

Fato gerador: o desembaraço aduaneiro, quando o produto for de procedência estrangeira; a saída do produto dos estabelecimentos a que se refere o parágrafo único do artigo 51 (qualquer estabelecimento de importador, industrial, comerciante ou arrematante); ou a arrematação, quando apreendido ou abandonado e levado a leilão (art. 46 do CTN).

Para efeitos do IPI, considera-se industrializado o produto que tenha sido submetido a qualquer operação que lhe modifique a natureza ou a finalidade, ou o aperfeiçoe para o consumo (art. 46, parágrafo único, do CTN).

Base de cálculo: vem prevista no art. 47 do CTN:

> I - no **desembaraço aduaneiro**: o preço normal acrescido do Imposto de Importação, taxas e encargos cambiais;
>
> II - na **saída do produto industrializado** do estabelecimento industrial ou equiparado: o valor da operação;
>
> III – na **arrematação**: o preço da arrematação.

Contribuinte: é o **importador** ou quem a lei a ele equiparar; o **industrial** ou quem a lei a ele equiparar; o **comerciante** de produtos sujeitos ao imposto; o **arrematante** (art. 51 do CTN);

Lançamento: por **homologação**.

Princípios: em razão da sua função extrafiscal, é **exceção ao princípio** da **legalidade** – podendo suas alíquotas alteradas por ato do Poder Executivo (decreto), **não** se aplicando também o **princípio da anterioridade** (art. 150, § 1º, da CF), entretanto **se sujeita ao princípio da noventena**.

Seletividade: o IPI será seletivo em função da essencialidade do produto, isto é, suas alíquotas devem ser menores para os produtos essenciais e maiores para os produtos supérfluos (art. 153, § 3º, II, da CF).

Não cumulativo: o IPI será não-cumulativo, compensando-se o que for devido em cada operação com o montante cobrado nas anteriores (art. 153, § 3º, II, da CF).

STJ: A aquisição de bens integrantes do ativo permanente da empresa não gera direito a creditamento de IPI (Súmula 495).

Súmula Vinculante 58 do STF: Inexiste direito a crédito presumido de IPI relativamente à entrada de insumos isentos, sujeitos à alíquota zero ou não tributáveis, o que não contraria o princípio da não cumulatividade.

Exportações: o IPI **não incidirá sobre produtos** industrializados **destinados ao exterior** (art. 153, § 3º, II, da CF).

IMPOSTO SOBRE PRODUTOS INDUSTRIALIZADOS - IPI:	
FATO GERADOR	I - o seu desembaraço aduaneiro, quando de procedência estrangeira; II - a sua saída dos estabelecimentos a que se refere o parágrafo único do artigo 51; III - a sua arrematação, quando apreendido ou abandonado e levado a leilão.
BASE DE CÁLCULO	I - no caso do inciso I do artigo anterior, o preço normal, como definido no inciso II do artigo 20, acrescido do montante: a) do imposto sobre a importação; b) das taxas exigidas para entrada do produto no País; c) dos encargos cambiais efetivamente pagos pelo importador ou dele exigíveis; II - no caso do inciso II do artigo anterior: a) o valor da operação de que decorrer a saída da mercadoria; b) na falta do valor a que se refere a alínea anterior, o preço corrente da mercadoria, ou sua similar, no mercado atacadista da praça do remetente; III - no caso do inciso III do artigo anterior, o preço da arrematação.
CONTRIBUINTES	I - o importador ou quem a lei a ele equiparar; II - o industrial ou quem a lei a ele equiparar; III - o comerciante de produtos sujeitos ao imposto, que os forneça aos contribuintes definidos no inciso anterior; IV - o arrematante de produtos apreendidos ou abandonados, levados a leilão.
LANÇAMENTO	por homologação
PRINCÍPIOS	exceção aos princípios da legalidade e da anterioridade, entretanto se sujeita ao princípio da noventena. É seletivo e não cumulativo, não incidindo nas exportações.

1.5 Imposto sobre Operações Financeiras - IOF

O Imposto sobre operações de crédito, câmbio e seguro, e sobre operações relativas a títulos e valores mobiliários, de competência da União possui feições nitidamente **extrafiscal**, ou seja, utilizado para fins de intervir no mercado financeiro.

Fato gerador: são as operações de crédito; de câmbio; de seguro; e as relativas a títulos e valores mobiliários (art. 63 do CTN)

Base de cálculo: o valor das operações financeiras de acordo com art. 64 do CTN.

Contribuinte: qualquer das partes na operação tributada, como dispuser a lei.

Lançamento: por **homologação**.

Princípios: em razão da sua função extrafiscal, é **exceção ao princípio** da **legalidade** – podendo suas alíquotas alteradas por ato do Poder Executivo (decreto), **não** se aplicando também os **princípios da anterioridade** e **da noventena** (art. 150, § 1º, da CF).

O ouro quando definido em lei como ativo financeiro ou instrumento cambial se sujeita exclusivamente à incidência do IOF (art. 153, § 5º, da CF).

Não incide IOF nos saques realizados na caderneta de poupança (Súmula 664 do STF).

IMPOSTO SOBRE OPERAÇÕES FINANCEIRAS - IOF:	
FATO GERADOR	I - quanto às operações de crédito, a sua efetivação pela entrega total ou parcial do montante ou do valor que constitua o objeto da obrigação, ou sua colocação à disposição do interessado; II - quanto às operações de câmbio, a sua efetivação pela entrega de moeda nacional ou estrangeira, ou de documento que a represente, ou sua colocação à disposição do interessado em montante equivalente à moeda estrangeira ou nacional entregue ou posta à disposição por este; III - quanto às operações de seguro, a sua efetivação pela emissão da apólice ou do documento equivalente, ou recebimento do prêmio, na forma da lei aplicável; IV - quanto às operações relativas a títulos e valores mobiliários, a emissão, transmissão, pagamento ou resgate destes, na forma da lei aplicável. Parágrafo único. A incidência definida no inciso I exclui a definida no inciso IV, e reciprocamente, quanto à emissão, ao pagamento ou resgate do título representativo de uma mesma operação de crédito.
BASE DE CÁLCULO	I - quanto às operações de crédito, o montante da obrigação, compreendendo o principal e os juros; II - quanto às operações de câmbio, o respectivo montante em moeda nacional, recebido, entregue ou posto à disposição; III - quanto às operações de seguro, o montante do prêmio; IV - quanto às operações relativas a títulos e valores mobiliários: a) na emissão, o valor nominal mais o ágio, se houver; b) na transmissão, o preço ou o valor nominal, ou o valor da cotação em Bolsa, como determinar a lei; c) no pagamento ou resgate, o preço.
CONTRIBUINTES	qualquer das partes na operação tributada, como dispuser a lei.
LANÇAMENTO	por homologação.
PRINCÍPIOS	exceção ao princípio da legalidade – podendo suas alíquotas alteradas por ato do Poder Executivo (decreto), não se aplicando também os princípios da anterioridade e da noventena.

1.6 Imposto sobre a Propriedade Territorial Rural - ITR

O Imposto sobre a propriedade territorial rural, de competência da União, tem finalidade nitidamente **extrafiscal**, tendo suas alíquotas fixadas de forma a desestimular a manutenção de propriedades improdutivas (art. 153, §4º, da CF).

Fato gerador: a propriedade, o domínio útil ou a posse de imóvel por natureza, como definido na lei civil, localização fora da zona urbana do Município (art. 29 do CTN)

Base de cálculo: o valor fundiário. A lei ordinária utiliza a expressão terra nua (art. 10, §1º, I, da Lei 9.393/1996). O valor fundiário seria então "o valor de terra nua tributável, que é o valor do imóvel excluídos os valores relativos a construções, instalações, benfeitorias, culturas, pastagens e florestas plantadas" (ALEXANDRE, 2014, p. 582).

Contribuinte: proprietário do imóvel, o titular do seu domínio útil, ou o seu possuidor a qualquer título (art. 34 do CTN).

Lançamento: por **homologação**, apesar de existir uma declaração como no Imposto de Renda.

Princípios: está sujeito aos princípios da legalidade, da anterioridade e da noventena.

Progressividade: será progressivo e terá suas alíquotas fixadas de forma a desestimular a manutenção de propriedades improdutivas (art. 153, §4º, I, da CF).

Pequenas glebas rurais: não incidirá sobre pequenas glebas rurais, definidas em lei, quando as explore o proprietário que não possua outro imóvel (art. 153, §4º, II, da CF).

Delegação para Municípios: poderá ser fiscalizado e cobrado pelos Municípios que assim optarem, na forma da lei, desde que não implique redução do imposto ou qualquer outra forma de renúncia fiscal (art. 153, §4º, II, da CF). Caso opte pela fiscalização e cobrança, o Município ficará com 100% do produto da arrecadação; caso não, o Município ficará com 50% do valor arrecadado sobre os imóveis situados no seu território.

No exame unificado de mar/2018 foi cobrada a seguinte questão: O Município M resolve ele mesmo fiscalizar e cobrar o Imposto sobre a Propriedade Territorial Rural (ITR) dos imóveis rurais localizados em seu território. A resposta correta era: O Município M poderá optar, na forma da lei, por fiscalizar e cobrar diretamente o ITR.

O STJ decidiu, na sistemática dos recursos repetitivos, que não incide IPTU, mas ITR, sobre imóvel localizado na área urbana do Município, desde que comprovadamente utilizado em exploração extrativa, vegetal, agrícola, pecuária ou agroindústria (REsp. 1.112.646)

IMPOSTO SOBRE A PROPRIEDADE TERRITORIAL RURAL - ITR:	
FATO GERADOR	a propriedade, o domínio útil ou a posse de imóvel por natureza, como definido na lei civil, localização fora da zona urbana do Município

BASE DE CÁLCULO	o valor fundiário entendido como o valor da terra nua tributável excluídos construções, instalações, benfeitorias, culturas, pastagens e florestas plantadas
CONTRIBUINTES	proprietário do imóvel, o titular do seu domínio útil, ou o seu possuidor a qualquer título
LANÇAMENTO	por homologação
PRINCÍPIOS	está sujeito aos princípios da legalidade, da anterioridade e da noventena

1.7 Imposto sobre Grandes Fortunas - IGF

O art. 153, II, da CF prevê que compete à União instituir o Imposto sobre grandes fortunas na forma de lei complementar.

Sendo assim, cabe à lei complementar estabelecer a disciplina do IGF, em especial os respectivos fatos geradores, base de cálculo e contribuintes.

Ocorre que a União, até o presente momento, não exerceu essa competência, de sorte que o tributo ainda não foi criado.

Alguns doutrinadores afirmam que caso criado as grandes fortunas poderiam se retirar do país.

2. IMPOSTOS ESTADUAIS

Nos termos do art. 155 da CF, compete aos Estados instituir os impostos sobre: transmissão *causa mortis* e doação, de quaisquer bens ou direitos (**ITCMD**); operações relativas à circulação de mercadorias e sobre prestações de serviços de transporte interestadual e intermunicipal e de comunicação (**ICMS**); e propriedade de veículos automotores (**IPVA**).

IMPOSTOS ESTADUAIS:	
ITCMD	IMPOSTO SOBRE A TRANSMISSÃO *CAUSA MORTIS* E DOAÇÃO
ICMS	IMPOSTO SOBRE OPERAÇÕES RELATIVAS À CIRCULAÇÃO DE MERCADORIAS E PRESTAÇÕES DE SERVIÇOS DE TRANSPORTE INTERESTADUAL E INTERMUNICIPAL E DE COMUNICAÇÃO
IPVA	IMPOSTO SOBRE A PROPRIEDADE DE VEÍCULOS AUTOMOTORES

2.1 Imposto sobre a Transmissão Causa Mortis e Doação - ITCMD

O Imposto sobre a transmissão causa mortis e doação de quaisquer bens ou direitos, de competência dos Estados e do Distrito Federal, tem também função nitidamente **fiscal**, isto é, arrecadar recursos financeiros.

Fato gerador: transmissão, por *causa mortis* ou doação, de quaisquer bens e direitos (art. 35 do CTN).

Nas transmissões *causa mortis*, ocorrem tantos fatos geradores distintos quantos sejam os herdeiros ou legatários (art. 35, parágrafo único, do CTN), isto é, para cada sujeito passivo existe uma obrigação tributária.

Base de cálculo: é o valor venal dos bens ou direitos transmitidos (art. 38 do CTN).

Contribuinte: qualquer das partes na operação tributada, como a lei dispuser (art. 42 do CTN).

Dessa forma, ficou a cargo do legislador estadual a definição legal do contribuinte do ITCMD. Normalmente para a transmissão *causa mortis* é contribuinte o herdeiro ou legatário, já para doação o contribuinte seria o doador ou o donatário.

No exame unificado de fev/19 foi cobrada a seguinte QUESTÃO: Otávio, domiciliado no Estado X, possui ações representativas do capital social da Sociedade BETA S/A, com sede no Estado Y, e decide doar parte da sua participação acionária a Mário, seu filho, então domiciliado no Estado Z. Com dúvidas quanto ao Estado para o qual deverá ser recolhido o imposto sobre a Transmissão Causa Mortis e Doação (ITCD) incidente nessa operação, Mário consulta seu escritório, destacando que o Estado Z estabelece alíquotas inferiores às praticadas pelos demais Estados. A resposta correta era: O ente competente para exigir o ITCD na operação em análise é o Estado X, onde tem domicílio o doador.

Lançamento: por **declaração**.

Princípios: está sujeito aos princípios da legalidade, da anterioridade e da noventena.

Compete a Senado Federal estabelecer alíquotas máximas do ITCMD.

Sobre a transmissão de bens imóveis e respectivos direitos, o ITCMD compete ao Estado da situação do bem ou ao DF (art. 155, CF)

Já na transmissão de bens móveis, títulos e créditos, se for por sucessão *causa mortis* compete ao Estado ou DF em que se processar o inventário/arrolamento; se decorrer de doação, compete ao Estado ou DF em que tiver domicílio o doador.

No exame unificado de 2021.1 foi cobrada a seguinte QUESTÃO: Maria Silva, que, durante sua vida, foi domiciliada no Distrito Federal, faleceu deixando um apartamento no Rio de Janeiro e um automóvel que, embora registrado no DETRAN do Amazonas, atualmente está em uso por um de seus herdeiros no Ceará. O inventário está em curso no Distrito Federal. Quanto ao Imposto de Transmissão Causa Mortis e Doação – ITCMD devido, assinale a afirmativa correta. A resposta correta era: O

ITCMD referente ao automóvel compete ao Distrito Federal, local onde o inventário está sendo processado.

ITMCD e a progressividade para os impostos reais: O STF tinha entendimento consolidado no sentido de que a progressividade dos impostos reais dependeria de expressa autorização constitucional. Entretanto, em 2013, no julgamento do RE 562.045, após longa discussão sobre a matéria, a Corte alterou seu posicionamento, seguindo divergência aberta pelo Ministro Eros Grau, no sentido de que **todos os impostos estão sujeitos ao princípio da capacidade contributiva, especialmente os diretos, independentemente de sua classificação como real ou pessoal.** Desta forma, entendeu o STF que **a progressividade do ITCMD não é incompatível com a Constituição Federal** nem fere o princípio da capacidade contributiva.

IMPOSTO SOBRE A TRANSMISSÃO CAUSA MORTIS E DOAÇÃO - ITCMD:	
FATO GERADOR	transmissão, por *causa mortis* ou doação, de quaisquer bens e direitos
BASE DE CÁLCULO	I - a transmissão, a qualquer título, da propriedade ou do domínio útil de bens imóveis por natureza ou por acessão física, como definidos na lei civil; II - a transmissão, a qualquer título, de direitos reais sobre imóveis, exceto os direitos reais de garantia; III - a cessão de direitos relativos às transmissões referidas nos incisos I e II.
CONTRIBUINTES	qualquer das partes na operação tributada. Usualmente para a transmissão *causa mortis*: o herdeiro ou legatária; para doação: doador ou o donatário.
LANÇAMENTO	por declaração
PRINCÍPIOS	está sujeito aos princípios da legalidade, da anterioridade e da noventena

2.2 Imposto sobre a Circulação de Mercadorias e Prestações de Serviços - ICMS

O Imposto, de competência dos Estados e do Distrito Federal, sobre operações relativas à circulação de mercadorias e sobre prestações de serviços de transporte interestadual e intermunicipal e de comunicação, ainda que as operações e as prestações se iniciem no exterior, tem também função nitidamente **fiscal**, isto é, de arrecadar recursos financeiros.

Fato gerador: o art. 2º da Lei Complementar 87/96 prevê que o ICMS incide sobre:

> I - operações relativas à circulação de mercadorias, inclusive o fornecimento de alimentação e bebidas em bares, restaurantes e estabelecimentos similares;
>
> II - prestações de serviços de transporte interestadual e intermunicipal, por qualquer via, de pessoas, bens, mercadorias ou valores;
>
> III - prestações onerosas de serviços de comunicação, por qualquer meio, inclusive a geração, a emissão, a recepção, a transmissão, a retransmissão, a repetição e a ampliação de comunicação de qualquer natureza;
>
> IV - fornecimento de mercadorias com prestação de serviços não compreendidos na competência tributária dos Municípios;
>
> V - fornecimento de mercadorias com prestação de serviços sujeitos ao imposto sobre serviços, de competência dos Municípios, quando a lei complementar aplicável expressamente o sujeitar à incidência do imposto estadual.
>
> § 1º O imposto incide também:
>
> I – sobre a entrada de mercadoria ou bem importados do exterior, por pessoa física ou jurídica, ainda que não seja contribuinte habitual do imposto, qualquer que seja a sua finalidade;
>
> II - sobre o serviço prestado no exterior ou cuja prestação se tenha iniciado no exterior;
>
> III - sobre a entrada, no território do Estado destinatário, de petróleo, inclusive lubrificantes e combustíveis líquidos e gasosos dele derivados, e de energia elétrica, quando não destinados à comercialização ou à industrialização, decorrentes de operações interestaduais, cabendo o imposto ao Estado onde estiver localizado o adquirente.
>
> § 2º A caracterização do fato gerador independe da natureza jurídica da operação que o constitua.

No exame unificado de jan/20 foi aplicada a seguinte questão. A sociedade empresária ABC, concessionária de serviço de transporte público coletivo de passageiros, opera a linha de ônibus 123, que inicia seu trajeto no Município X e completa seu percurso no Município Y, ambos localizados no Estado Z. Sobre a prestação onerosa desse serviço de transporte, deve incidir. A resposta correta era: o ICMS, a ser recolhido para o Estado em que se localizam o Município X e o Município Y.

Base de cálculo: é o montante da operação de circulação de mercadoria ou preço do serviço respectivo. (art. 8º da LC 87/96).

Contribuinte: é qualquer pessoa, física ou jurídica, que realize, **com habitualidade ou** em **volume** que caracterize intuito comercial, operações de circulação de mercadoria ou prestações de serviços de transporte interestadual e intermunicipal e de comunicação, ainda que as operações e as prestações se iniciem no exterior (art. 4º da LC 87/96).

É também contribuinte a pessoa física ou jurídica que, mesmo sem habitualidade ou intuito comercial: I – importe mercadorias ou bens do exterior, qualquer que seja a sua finalidade; II - seja destinatária de serviço prestado no exterior ou cuja prestação se tenha iniciado no exterior; III – adquira em licitação mercadorias ou bens apreendidos ou abandonados; IV – adquira lubrificantes e combustíveis líquidos e gasosos derivados de petróleo e energia elétrica oriundos de outro Estado, quando não destinados à comercialização ou à industrialização (art. 4º, parágrafo único, da LC 87/96).

Lançamento: por **homologação.**

Princípios: exceção parcial ao princípio da legalidade – na incidência monofásica sobre combustíveis (alíquota fixada por convênio), está sujeito aos princípios da anterioridade (salvo o restabelecimento das alíquotas monofásicas sobre combustíveis) e também sujeito ao princípio da noventena.

Seletividade: poderá (não é obrigatório) ser **seletivo,** em função da essencialidade das mercadorias e dos serviços (art. 155, § 2º, III, da CF).

Não cumulatividade: será não-cumulativo, compensando-se o que for devido em cada operação relativa à circulação de mercadorias ou prestação de serviços com o montante cobrado nas anteriores pelo mesmo ou outro Estado ou pelo Distrito Federal (art. 155, § 2º, I, da CF).

O ICMS **não** incide sobre os produtos e serviços destinados ao exterior, não incide também sobre livros, jornais, periódicos e papel destinado à sua impressão, bem como não incide sobre o ouro definido em lei como ativo financeiro ou instrumento cambial.

Súmula 649 do STJ: Não incide ICMS sobre o serviço de transporte interestadual de mercadorias destinadas ao exterior.

Súmula Vinculante nº 48 do STF: Na entrada de mercadoria importada do exterior é legítima a cobrança do ICMS por ocasião do desembaraço aduaneiro.

No exame unificado de nov/16 foi cobrado enunciado da Súmula Vinculante 48 do STF: João, advogado tributarista, é procurado para orientar a empresa L a respeito do comportamento da jurisprudência do Supremo Tribunal Federal sobre matéria tributária. Como assistente de João, assinale a opção que veicula enunciado com efeito vinculante em relação aos órgãos do Poder Judiciário e à Administração Pública direta e indireta, nas esferas federal, estadual e municipal. A resposta correta era: Na entrada de mercadoria importada do exterior é legítima a cobrança do ICMS por ocasião do desembaraço aduaneiro.

IMPOSTO SOBRE A CIRCULAÇÃO DE MERCADORIAS E PRESTAÇÕES DE SERVIÇOS - ICMS:	
FATO GERADOR	I- operações relativas à circulação de mercadorias, inclusive o fornecimento de alimentação e bebidas em bares, restaurantes e estabelecimentos similares; II - prestações de serviços de transporte interestadual e intermunicipal, por qualquer via, de pessoas, bens, mercadorias ou valores; III - prestações onerosas de serviços de comunicação, por qualquer meio, inclusive a geração, a emissão, a recepção, a transmissão,
FATO GERADOR	a retransmissão, a repetição e a ampliação de comunicação de qualquer natureza; IV - fornecimento de mercadorias com prestação de serviços não compreendidos na competência tributária dos Municípios; V - fornecimento de mercadorias com prestação de serviços sujeitos ao imposto sobre serviços, de competência dos Municípios, quando a lei complementar aplicável expressamente o sujeitar à incidência do imposto estadual. V I – sobre a entrada de mercadoria ou bem importados do exterior, por pessoa física ou jurídica, ainda que não seja contribuinte habitual do imposto, qualquer que seja a sua finalidade; (Redação dada pela Lcp 114, de 16.12.2002) VII - sobre o serviço prestado no exterior ou cuja prestação se tenha iniciado no exterior; VIII - sobre a entrada, no território do Estado destinatário, de petróleo, inclusive lubrificantes e combustíveis líquidos e gasosos dele derivados, e de energia elétrica, quando não destinados à comercialização ou à industrialização, decorrentes de operações interestaduais, cabendo o imposto ao Estado onde estiver localizado o adquirente.
BASE DE CÁLCULO	é o montante da operação de circulação de mercadoria ou preço do serviço respectivo ou nos termos do art. 8º da LC 87/96: I - em relação às operações ou prestações antecedentes ou concomitantes, o valor da operação ou prestação praticado pelo contribuinte substituído; II - em relação às operações ou prestações subsequentes, obtida pelo somatório das parcelas seguintes: a) o valor da operação ou prestação própria realizada pelo substituto tributário ou pelo substituído intermediário; b) o montante dos valores de seguro, de frete e de outros encargos cobrados ou transferíveis aos adquirentes ou tomadores de serviço; c) a margem de valor agregado, inclusive lucro, relativa às operações ou prestações subsequentes.

CONTRIBUINTES	É qualquer pessoa, física ou jurídica, que realize, **com habitualidade ou em volume** que caracterize intuito comercial, operações de circulação de mercadoria ou prestações de serviços de transporte interestadual e intermunicipal e de comunicação, ainda que as operações e as prestações se iniciem no exterior. É também contribuinte a pessoa física ou jurídica que, mesmo sem habitualidade ou intuito comercial: I – importe mercadorias ou bens do exterior, qualquer que seja a sua finalidade; II - seja destinatária de serviço prestado no exterior ou cuja prestação se tenha iniciado no exterior; III – adquira em licitação mercadorias ou bens apreendidos ou abandonados; IV – adquira lubrificantes e combustíveis líquidos e gasosos derivados de petróleo e energia elétrica oriundos de outro Estado, quando não destinados à comercialização ou à industrialização.
LANÇAMENTO	por homologação
PRINCÍPIOS	exceção parcial ao princípio da legalidade – incidência monofásica sobre combustíveis (alíquota fixada por convenio), está sujeito ao princípio da anterioridade (salvo o restabelecimento das alíquotas monofásicas sobre combustíveis) e também sujeito ao princípio da noventena.

2.3 Imposto sobre a Propriedade de Veículo Automotor - IPVA

O Imposto sobre a propriedade de veículo automotor, de competência dos Estados de Distrito Federal, tem finalidade nitidamente **fiscal**, arrecadando recursos para os cofres estaduais e distrital.

Fato gerador: a propriedade de veículo automotor. Ressalte-se que o STF entendeu por mais de uma vez que não incide o IPVA sobre embarcações e aeronaves (RE 379.572/RJ), restringindo o campo de incidência do imposto aos **veículos terrestres.**

Base de cálculo: o valor venal do veículo. Atente-se que as **alterações da base de cálculo** do IPVA **não** estão sujeitas ao **princípio da noventena** (art. 150, §1º, da CF).

Contribuinte: proprietário do veículo automotor.

Lançamento: de **ofício**, pois o contribuinte não participa do lançamento, sendo notificado para seu pagamento.

Princípios: está sujeito aos princípios da legalidade e da anterioridade. Exceção parcial ao princípio da noventena quanto a alteração da base de cálculo.

Alíquotas mínimas: o IPVA **terá** (obrigatoriedade) alíquotas mínimas fixadas pelo **Senado Federal** (art. 156, §6º, I, da CF).

No exame unificado de fev/19 foi cobrada a seguinte QUESTÃO: Projeto de Resolução do Senado Federal pretende fixar nacionalmente as alíquotas mínimas do Imposto sobre a Propriedade de Veículos Automotores (IPVA), tributo de competência estadual. Um Senador, membro da Comissão de Constituição, Justiça e Cidadania do Senado Federal, que terá de elaborar parecer sobre o tema, consulta você sobre sua opinião jurídica acerca desse projeto de Resolução. A resposta correta era: É lícito ao Senado instituir a referida Resolução, pois existe autorização expressa na Constituição para tal fixação por Resolução do Senado.

Alíquotas diferenciadas: o IPVA **poderá** (faculdade) ter alíquotas diferenciadas em **função** do **tipo** e **utilização** (art. 156, §6º, II, da CF).

IMPOSTO SOBRE A DE VEÍCULO AUTOMOTOR - IPVA:	
FATO GERADOR	a propriedade de veículo automotor (terrestre)
BASE DE CÁLCULO	o valor venal do veículo
CONTRIBUINTES	proprietário do veículo automotor
LANÇAMENTO	de ofício
PRINCÍPIOS	está sujeito aos princípios da legalidade e da anterioridade, exceção parcial ao princípio da noventena quanto a alteração da base de cálculo.
ALÍQUOTAS	terá alíquotas mínimas fixadas pelo Senado Federal poderá ter alíquotas diferenciadas em função do tipo e utilização

3. IMPOSTOS MUNICIPAIS

Nos termos do art. 156 da CF, compete aos Municípios instituir os impostos sobre: propriedade predial e territorial urbana (**IPTU**); transmissão *inter vivos*, a qualquer título, por ato oneroso, de bens imóveis, por natureza ou acessão física, e de direitos reais sobre imóveis, exceto os de garantia, bem como cessão de direitos a sua aquisição (**ITBI**); serviços de qualquer natureza, não compreendidos no art. 155, II, definidos em lei complementar (**ISS**).

IMPOSTOS ESTADUAIS:	
IPTU	IMPOSTO SOBRE A PROPRIEDADE PREDIAL E TERRITORIAL URBANA
ITBI	IMPOSTRO SOBRE A TRANSMISSÃO "INTER VIVOS", A QUALQUER TÍTULO, POR ATO ONEROSO, DE BENS IMÓVEIS, POR NATUREZA OU ACESSÃO FÍSICA, E DE DIREITOS REAIS SOBRE IMÓVEIS, EXCETO OS DE GARANTIA, BEM COMO CESSÃO DE DIREITOS A SUA AQUISIÇÃO
ISS	IMPOSTO SOBRE SERVIÇOS DE QUALQUER NATUREZA, NÃO COMPREENDIDOS NO ART. 155, II, DEFINIDOS EM LEI COMPLEMENTAR

3.1 Imposto sobre a Propriedade Predial e Territorial Urbana - IPTU

O Imposto sobre a propriedade predial e territorial urbana, de competência dos Municípios e do Distrito Federal, tem finalidade predominante **fiscal**, embora possua também características **extrafiscais** (art. 182, § 4º, da CF).

Fato gerador: a propriedade, o domínio útil ou a posse de bem imóvel por natureza ou por acessão física, como definido na lei civil, localizado na zona urbana do Município (art. 32 do CTN).

No exame unificado de mar/2018 foi cobrada a seguinte questão: Em dezembro de 2017, João adquiriu o domínio útil de um terreno de marinha. No ano de 2018, foi surpreendido com a chegada de duas notificações: uma da Secretaria de Patrimônio da União (SPU), para pagamento do foro anual à União; outra do Município, contendo a cobrança do IPTU do imóvel. A resposta correta era: A cobrança do IPTU é devida, pois o titular do domínio útil também é contribuinte do IPTU (Nesse mesmo sentido, STF 1.055.240-SE).

Base de cálculo: o valor venal do imóvel (art. 33 do CTN).

Não se considera na determinação da base de cálculo o valor dos bens **móveis** mantidos, em caráter permanente ou temporário, no imóvel, para efeito de sua utilização, exploração, aformoseamento ou comodidade (art. 33, parágrafo único, do CTN).

Atente-se que as **alterações da base de cálculo** do **IPTU não** estão sujeitas ao **princípio da noventena** (art. 150, §1º, da CF).

No exame unificado de fev/19 foi cobrada a seguinte QUESTÃO: O Chefe do Executivo do Município X editou o Decreto 123, em que corrige o valor venal dos imóveis para efeito de cobrança do Imposto Predial e Territorial Urbano (IPTU), de acordo com os índices inflacionários anuais de correção monetária. A resposta correta era: está de acordo com o princípio da legalidade, pois a atualização monetária da base de cálculo do IPTU pode ser realizada por meio de decreto.

MUITA ATENÇÃO! Súmula 626 do STJ: A incidência do IPTU sobre imóvel situado em área considerada pela lei local como urbanizável ou de expansão urbana não está condicionada à existência dos melhoramentos elencados no art. 32, § 1º, do CTN..

Contribuinte: o proprietário do imóvel, o titular do seu domínio útil, ou o seu possuidor a qualquer título (34 do CTN).

Lançamento: de **ofício**, pois o contribuinte não participa do lançamento, sendo notificado para seu pagamento.

Princípios: está sujeito aos princípios da legalidade e da anterioridade. Exceção parcial ao princípio da noventena quanto a alteração da base de cálculo.

Progressividade fiscal: o IPTU **poderá** (faculdade) ser progressivo em razão do valor do imóvel (art. 156. §1º, I, da CF).

Progressividade extrafiscal: é facultado ao Poder Público municipal, mediante lei específica para área incluída no plano diretor, exigir, nos termos da lei federal, do proprietário do solo urbano não edificado, subutilizado ou não utilizado, que promova seu adequado aproveitamento, sob pena, de (...) **IPTU progressivo no tempo** (art. 182. 41º, II, da CF).

Alíquotas diferenciadas: o IPTU **poderá** (faculdade) ter alíquotas diferentes de acordo com a localização e o uso do imóvel (art. 156. §1º, II, da CF).

IMPOSTO SOBRE A PROPRIEDADE PREDIAL E TERRITORIAL URBANA - IPTU:	
FATO GERADOR	a propriedade, o domínio útil ou a posse de bem imóvel por natureza ou por acessão física, como definido na lei civil, localizado na zona urbana do Município
BASE DE CÁLCULO	o valor venal do imóvel
CONTRIBUINTES	o proprietário do imóvel, o titular do seu domínio útil, ou o seu possuidor a qualquer título
LANÇAMENTO	de ofício
PRINCÍPIOS	está sujeito aos princípios da legalidade e da anterioridade, exceção parcial ao princípio da noventena quanto a alteração da base de cálculo.

3.2 Imposto sobre a Transmissão de Bens Imóveis - ITBI

O Imposto sobre a transmissão "inter vivos", a qualquer título, por ato oneroso, de bens imóveis, por natureza ou acessão física, e de direitos reais sobre imóveis, exceto os de garantia, bem como cessão de direitos a sua aquisição, de competência dos Municípios e do Distrito Federal, tem finalidade essencialmente **fiscal**, arrecadando recursos aos cofres municipais e distrital.

Fato gerador: vem previsto no art. 35 do CTN:

> I - a transmissão, a qualquer título, da propriedade ou do domínio útil de bens imóveis por natureza ou por acessão física, como definidos na lei civil;

> II - a transmissão, a qualquer título, de direitos reais sobre imóveis, exceto os direitos reais de garantia;
>
> III - a cessão de direitos relativos às transmissões referidas nos incisos I e II.

No exame unificado de jan/20 foi cobrada a seguinte questão. Maria dos Santos, querendo constituir hipoteca sobre imóvel de sua propriedade em garantia de empréstimo bancário a ser por ela contraído, vai a um tabelionato para lavrar a escritura pública da referida garantia real. Ali, é informada que o Município Z, onde se situa o bem, cobra o Imposto de Transmissão de Bens Imóveis (ITBI) sobre a constituição de direitos reais de garantia. A resposta correta era: Não é possível exigir ITBI sobre direitos reais de garantia sobre imóveis (art. 35, II, do CTN, parte final).

Base de cálculo: o valor venal dos bens ou direitos transmitidos (art. 38 do CTN).

Contribuinte: é qualquer das partes na operação tributada, como dispuser a lei (42 do CTN), normalmente é o adquirente do bem ou direito transmitido.

Lançamento: por **declaração.**

Princípios: está sujeito aos princípios da legalidade, da anterioridade e da noventena.

O ITBI não incide sobre a transmissão de bens ou direitos incorporados ao patrimônio de pessoa jurídica em realização de capital, nem sobre a transmissão de bens ou direitos decorrentes de fusão, incorporação, cisão ou extinção de pessoa jurídica, salvo se, nesses casos, a atividade preponderante do adquirente for a compra e venda desses bens ou direitos, locação de bens imóveis ou arrendamento mercantil (art. 156, §2º, I, da CF).

IMPOSTO SOBRE A TRANSMISSÃO DE BENS IMÓVEIS - ITBI:	
FATO GERADOR	I - a transmissão, a qualquer título, da propriedade ou do domínio útil de bens imóveis por natureza ou por acessão física, como definidos na lei civil; II - a transmissão, a qualquer título, de direitos reais sobre imóveis, exceto os direitos reais de garantia; III - a cessão de direitos relativos às transmissões referidas nos incisos I e II.
BASE DE CÁLCULO	o valor venal dos bens ou direitos transmitidos
CONTRIBUINTES	é qualquer das partes na operação tributada, como dispuser a lei
LANÇAMENTO	por declaração
PRINCÍPIOS	está sujeito aos princípios da legalidade, da anterioridade e da noventena

3.3 Imposto sobre a Serviços de Qualquer Natureza - ISS

O Imposto sobre serviços de qualquer natureza, não compreendidos no art. 155, II, definidos em lei complementar, de competência dos Municípios e do Distrito Federal, tem finalidade essencialmente **fiscal**, arrecadando recursos aos cofres municipais e distrital.

Atente-se que, ressalvados os serviços que incidem ICMS (comunicação e transporte interestadual e intermunicipal) qualquer outro serviço, desde que definido em lei complementar, pode ser tributado pelo ISS.

Fato gerador: vem previsto no art. 1º da Lei Complementar 116/2003:

> Art. 1º O Imposto Sobre Serviços de Qualquer Natureza, de competência dos Municípios e do Distrito Federal, tem como fato gerador a prestação de serviços constantes da lista anexa, ainda que esses não se constituam como atividade preponderante do prestador.
>
> § 1º O imposto incide também sobre o serviço proveniente do exterior do País ou cuja prestação se tenha iniciado no exterior do País.
>
> § 2º Ressalvadas as exceções expressas na lista anexa, os serviços nela mencionados não ficam sujeitos ao Imposto Sobre Operações Relativas à Circulação de Mercadorias e Prestações de Serviços de Transporte Interestadual e Intermunicipal e de Comunicação – ICMS, ainda que sua prestação envolva fornecimento de mercadorias.
>
> § 3º O imposto de que trata esta Lei Complementar incide ainda sobre os serviços prestados mediante a utilização de bens e serviços públicos explorados economicamente mediante autorização, permissão ou concessão, com o pagamento de tarifa, preço ou pedágio pelo usuário final do serviço.
>
> § 4º A incidência do imposto não depende da denominação dada ao serviço prestado.

Base de cálculo: preço do serviço (art. 7º da LC 116/2003).

Contribuinte: é o prestador do serviço (art. 5º da LC 116/2003).

Lançamento: por **homologação.**

Princípios: está sujeito aos princípios da legalidade, da anterioridade e da noventena.

Alíquotas máximas e mínimas: cabe à lei complementar fixar as alíquotas máximas e mínimas para o ISS (art. 156, §3º, I, da CF). A Lei Complementar 116/2003 prevê alíquota máxima de 5% (art. 8º) e mínima de 2% (art. 8º-A).

No exame unificado de 2022.1 foi cobrada a seguinte QUESTÃO: O Município X, desejando fomentar os pequenos negócios de tinturaria e lavanderia na cidade (item 14.10 da lista anexa à Lei Complementar 116/2003), editou, em 2018, Lei Ordinária que fixou a alíquota do Imposto sobre Serviços (ISS) em 1,5% sobre o preço desses serviços. A resposta correta era: A referida alíquota de ISS viola a alíquota mínima geral de ISS estabelecida em lei complementar federal.

Isenção heterônoma nas exportações: cabe à lei complementar excluir da incidência do ISS as exportações de serviços para o exterior. (art. 156, §3º, II, da CF). Foi o que fez a LC 116/2003, no seu art. 2º, no sentido de que **não** incide ISS nas exportações de serviços para o exterior.

Incentivos, benefícios e isenções: cabe à lei complementar regular a forma e as condições como isenções, incentivos e benefícios fiscais serão concedidos e revogados. (art. 156, §3º, II, da CF).

O STF decidiu que incide ISS sobre as operações envolvendo o preparo e o fornecimento de medicamentos encomendados para posterior entrega aos fregueses, em caráter pessoal, para consumo; mas incide ICMS sobre os medicamentos de prateleira por elas produzidos, ofertados ao público consumidor (RE 605.552).

Já no RE 651.703 o STF decidiu que: "As operadoras de planos de saúde realizam prestação de serviço sujeita ao Imposto Sobre Serviços de Qualquer Natureza – ISSQN (...)" mas não incide sobre as seguradoras de saúde. Sendo assim, incide ISS sobre os planos de saúde mas não incide sobre o seguro saúde.

IMPOSTO SOBRE A SERVIÇOS DE QUALQUER NATUREZA - ISS:	
FATO GERADOR	I- a prestação de serviços constantes da lista anexa, ainda que esses não se constituam como atividade preponderante do prestador. II - o serviço proveniente do exterior do País ou cuja prestação se tenha iniciado no exterior do País. III - os serviços prestados mediante a utilização de bens e serviços públicos explorados economicamente mediante autorização, permissão ou concessão, com o pagamento de tarifa, preço ou pedágio pelo usuário final do serviço.
BASE DE CÁLCULO	preço do serviço
CONTRIBUINTES	é o prestador do serviço
LANÇAMENTO	por homologação
PRINCÍPIOS	está sujeito aos princípios da legalidade, da anterioridade e da noventena

CAPÍTULO X

GARANTIAS E PRIVILÉGIOS, ADMINISTRAÇÃO TRIBUTÁRIA E OUTROS TEMAS

1. GARANTIAS DO CRÉDITO TRIBUTÁRIO

As garantias e privilégios do crédito tributário estão previstas nos arts. 183 a 193 do CTN.

Nos termos do art. 183 do CTN, as garantias previstas não excluem "outras que sejam expressamente previstas em lei", arrematando que "a natureza das garantias atribuídas ao crédito tributário **não altera a natureza deste** nem a da obrigação tributária a que corresponda".

Assim, nada impede que a **lei** (reserva legal) estabeleça outras garantias para o crédito tributário, não sendo essas capazes de alterar a natureza do mesmo.

Por outro lado, uma das regras mais importante em termos de garantias e privilégios é a de que **o devedor responde pelo crédito tributário com todos os seus bens e rendas, ressalvado apenas os bens que a lei declare absolutamente impenhoráveis"**. Devedor aqui entendido como contribuinte, responsável, espólio ou massa falida.

Este é o comando que emana do art. 184 do CTN: "sem prejuízo dos privilégios especiais sobre determinados bens, que sejam previstos em lei, **responde** pelo pagamento do **crédito tributário** a **totalidade dos bens** e das **rendas**, de **qualquer origem ou natureza**, do **sujeito passivo**, seu **espólio** ou sua **massa falida**, **inclusive** os **gravados por ônus real** ou **cláusula de inalienabilidade** ou **impenhorabilidade**, **seja qual for** a **data** da constituição do ônus ou da cláusula, **excetuados unicamente** os bens e rendas que a **lei** declare **absolutamente impenhoráveis.**

FIQUE POR DENTRO: **Súmula 449 do STJ: "A vaga de garagem que possui matrícula própria no registro de imóveis não constitui bem de família para efeito de penhora".**

Portanto, excetuados os bens e rendas que a lei considere absolutamente impenhoráveis, todos os demais bens do devedor respondem pelos créditos tributários.

1.1 Presunção de fraude

O art. 185 do CTN traz outra importante regra no que toca às garantias do crédito tributário, presumindo fraudulenta a oneração de bens ou rendas quando existem débitos para com a Fazenda Pública.

Nos termos do dispositivo: "Presume-se fraudulenta a alienação ou oneração de bens ou rendas, ou seu começo, por sujeito passivo em débito para com a Fazenda Pública, **por crédito tributário regularmente inscrito como dívida ativa".**

Sendo assim, somente será reconhecida a fraude de que trata o art. 185 quando o **crédito tributário estiver regularmente inscrito em dívida ativa**, sendo a inscrição em dívida o termo inicial da presunção.

Entretanto, a presunção de fraude **não** se aplica na hipótese de **terem sido reservados, pelo devedor, bens ou rendas suficientes ao total pagamento da dívida inscrita** (art. 185, parágrafo único, do CTN).

Um exemplo para aclarar: suponha que um devedor de Imposto de Renda, cuja dívida esteja regularmente inscrita em Dívida Ativa da União (DAU), possua um único imóvel e resolva dá-lo em garantia de um empréstimo bancário. Caso esse devedor não pague sua dívida fiscal, a Fazenda Pública poderá ir a juízo informando que a oneração do imóvel é presumidamente fraudulenta em razão do devedor não possuir nenhum outro bem penhorável.

No **exame unificado de ago/14** foi cobrada a **QUESTÃO**: "Presume-se fraudulenta a alienação ou oneração de bens ou rendas por sujeito passivo em débito para com a Fazenda Pública". A resposta correta era: **"por crédito tributário regularmente inscrito em dívida ativa, desde que não tenham sido reservados pelo devedor bens ou rendas suficientes ao total pagamento da dívida inscrita".**

Já no **exame unificado de mar/15** foi cobrado a seguinte **QUESTÃO**: "Uma obrigação tributária referente ao Imposto sobre Circulação de Mercadorias e Serviços (ICMS) teve seu fato gerador ocorrido em 1° de junho de 2012. O débito foi objeto de lançamento em 21 de janeiro de 2014. A inscrição em dívida ativa ocorreu em 02 de junho de 2014. A execução fiscal foi ajuizada em 21 de outubro de 2014 e, em 02 de março de 2015, o juiz proferiu despacho citatório nos autos da execução fiscal. Considerando que o contribuinte devedor alienou todos os seus bens sem reservar montante suficiente para o pagamento do tributo devido, assinale a opção que indica o marco temporal, segundo o CTN, caracterizador da fraude à execução fiscal, em termos de data de alienação". A **resposta correta** era: "02 de junho de 2014 (data da inscrição em dívida ativa)".

EM RESUMO: caso o sujeito passivo, cujo crédito tributário esteja regularmente inscrito em dívida ativa, onere bens ou rendas, não reservando bens suficientes para o pagamento total da dívida, essa oneração será considerada fraudulenta, sendo a data da inscrição o termo inicial da presunção.

1.2 Indisponibilidade de bens do devedor

Novidade trazida pela LC 118/2005, o art. 185-A do CTN prevê hipótese em que poderá ser decretada a indisponibilidade de bens e direitos do devedor tributário.

O instituto previsto no art. 185-A do CTN possibilita à Fazenda Pública requerer ao juízo da execução a **determinação da indisponibilidade de bens e direitos do devedor tributário**, devidamente citado, que não pagou ou não apresentou bens à penhora e não foram encontrados outros bens penhoráveis, **até o limite do total da dívida executada**.

Nos termos do art. 185-A, "na hipótese de o **devedor tributário**, **devidamente citado**, **não pagar** nem **apresentar bens** à penhora **no prazo legal** e **não forem encontrados** bens penhoráveis, o **juiz** determinará a **indisponibilidade de seus bens e direitos**, comunicando a decisão, **preferencialmente por meio eletrônico**, aos **órgãos e entidades** que promovem **registros de transferência de bens**, especialmente ao registro público de imóveis e às autoridades supervisoras do mercado bancário e do mercado de capitais, a fim de que, no âmbito de suas atribuições, façam cumprir a ordem judicial".

Importante dizer que a indisponibilidade se **limita ao montante total da dívida**, devendo o juiz determinar o levantamento dos valores ou bens que excederem (art. 185-A, § 1º).

Atente-se à Súmula 560 do STJ: "A decretação da indisponibilidade de bens e direitos, na forma do art. 185-A do CTN, pressupõe o exaurimento das diligências na busca por bens penhoráveis, o qual fica caracterizado quando infrutíferos o pedido de constrição sobre ativos financeiros e a expedição de ofícios aos registros públicos do domicílio do executado, ao Denatran ou Detran".

No exame unificado de nov/17 foi cobrada a seguinte QUESTÃO: "O Estado A ajuizou execução fiscal em face da pessoa jurídica B, com o objetivo de cobrar crédito referente ao Imposto sobre a Circulação de Mercadorias e Prestação de Serviços (ICMS). Nesse sentido, requereu, em sua petição inicial, que, após a citação, fosse determinada a imediata indisponibilidade de bens e direitos da contribuinte. Nesse caso, o juiz deve indeferir o pedido, porque a decretação da indisponibilidade de bens e direitos". A resposta correta era: "ocorre somente após o exaurimento das diligências na busca por bens penhoráveis".

EM RESUMO: para ser decretada a indisponibilidade do art. 185-A do CTN, necessário estarmos diante de execução de crédito de natureza tributária, com devedor devidamente citado que deixou transcorrer o prazo para pagamento ou garantir a execução e não terem sido encontrados bens penhoráveis, limitando-se a indisponibilidade ao montante total da dívida.

2. PRIVILÉGIOS DO CRÉDITO TRIBUTÁRIO

O crédito tributário **prefere a qualquer outro**, seja qual for sua natureza ou o tempo de sua constituição, **ressalvados** os créditos decorrentes da **legislação do trabalho** ou de **acidente de trabalho** (art. 186 do CTN).

Regra geral: o crédito tributário prefere a qualquer outro, salvo os créditos trabalhistas e de acidentes do trabalho (também chamados de superprivilegiados).

No exame unificado de 2021.1 foi cobrada a seguinte QUESTÃO: A sociedade empresária Quitutes da Vó Ltda. teve sua falência decretada, tendo dívidas de obrigação tributária principal relativas a tributos e multas, dívida de R$ 300.000,00 decorrente de acidente de trabalho, bem como dívidas civis com garantia real. A resposta correta era: A dívida decorrente de acidente de trabalho tem preferência sobre o crédito tributário de obrigação principal.

Nos termos do art. 187 do CTN, a "**cobrança judicial do crédito tributário não é sujeita** a concurso de credores ou habilitação em **falência**, **recuperação judicial**, **concordata**, **inventário** ou **arrolamento**". Apesar da cobrança do crédito tributário **não** estar sujeita aos juízos universais citados, existem créditos que, nessas condições, devem **ser pagos antes** do tributário, vejamos.

A LC 118/2005 acrescentou um parágrafo único ao art. 186, trazendo **regras específicas** para os casos de **decretação de falência**.

Nos termos do parágrafo único do art. 186 do CTN:

"Na falência:

I – o crédito tributário **não** prefere aos **créditos extraconcursais** ou às importâncias passíveis de restituição, nos termos da lei falimentar, **nem aos créditos com garantia real**, no **limite** do valor do **bem gravado**;

II – a lei poderá estabelecer limites e condições para a preferência dos créditos decorrentes da legislação do trabalho; e

III – a multa tributária prefere apenas aos créditos subordinados."

Com efeito, no caso de ser **decretada a falência** do devedor, o crédito tributário **não** prefere aos **créditos extraconcursais** ou às **importâncias passíveis de restituição**, nos termos da lei falimentar, **nem aos créditos com garantia real, no limite do valor do bem gravado** (art. 186, parágrafo único, I, do CTN)

Este dispositivo foi exigido no exame unificado de abr/16: A falência da sociedade XYZ Ltda. foi decretada em 5/6/2014. Nessa data, a pessoa jurídica já possuía dois imóveis hipotecados para garantia de dívidas diversas. A União tem créditos tributários a receber da sociedade, inscritos em dívida ativa em abril de 2013. A resposta correta era: a União tem de respeitar a preferência dos credores hipotecários, no limite do valor dos bens gravados.

Por outro lado, são **extraconcursais** os créditos tributários decorrentes de fatos geradores **ocorridos no curso do processo de falência** (art. 188 do CTN).

O parágrafo único do art. 186 precisa ser lido com e de acordo com os arts. 83 e 84 da Lei de Falências (Lei 11.101/05) que tratam da classificação dos créditos na falência:

"Art. 83. A classificação dos créditos na falência obedece à seguinte ordem:

I – os créditos derivados da **legislação do trabalho**, **limitados a 150** (cento e cinquenta) salários-mínimos por credor, e os decorrentes de **acidentes de trabalho**;

II – créditos com **garantia real** até o **limite do valor do bem gravado**;

III – créditos **tributários**, independentemente da sua natureza e tempo de constituição, **excetuadas as multas tributárias**;

IV – créditos com privilégio especial, a saber:

(...)

V – créditos com privilégio geral, a saber:

VI – créditos quirografários, a saber:

(...)

VII – as multas contratuais e as penas pecuniárias por infração das leis penais ou administrativas, inclusive as **multas tributárias**;

VIII – **créditos subordinados**, a saber:

(...)

Art. 84. **Serão considerados créditos extraconcursais** e serão pagos com precedência sobre os mencionados no art. 83 desta Lei, na ordem a seguir, os relativos a:

I – remunerações devidas ao administrador judicial e seus auxiliares, e créditos derivados da legislação do trabalho ou decorrentes de acidentes de trabalho relativos a serviços prestados após a decretação da falência;

II – quantias fornecidas à massa pelos credores;

III – despesas com arrecadação, administração, realização do ativo e distribuição do seu produto, bem como custas do processo de falência;

IV – custas judiciais relativas às ações e execuções em que a massa falida tenha sido vencida;

V – obrigações resultantes de atos jurídicos válidos praticados durante a recuperação judicial, nos termos do art. 67 desta Lei, ou após a decretação da falência, e tributos relativos a fatos geradores ocorridos após a decretação da falência, respeitada a ordem estabelecida no art. 83 desta Lei."

Ponto importante é a classificação da **multa tributária** que **prefere apenas aos créditos subordinados** (art. 186, parágrafo único, III, do CTN).

Dessa forma, na falência, a **multa tributária** não tem a mesma preferência dos demais créditos tributários, vindo ela abaixo até mesmo dos créditos quirografários (art. 83 da Lei 11.101/05).

No exame unificado de jul/17 foi cobrada a seguinte QUESTÃO: "A massa falida X possui (i) débitos tributários vencidos de Imposto sobre Circulação de Mercadorias e Serviços - ICMS; (ii) débitos decorrentes da legislação do trabalho, no valor de 30 salários mínimos; (iii) débitos com os sócios da massa falida X; e (iv) remuneração devida ao administrador da massa". A resposta correta era: "O débito de natureza tributária será pago em terceiro lugar".

Por fim, o art. 189 do CTN traz regra específica para os **casos de inventário e arrolamento** no sentido de que "**são pagos preferencialmente** a quaisquer créditos habilitados em inventário ou arrolamento, ou a outros encargos do monte, **os créditos tributários vencidos** ou vincendos, a cargo do *de cujus* ou de seu espólio, exigíveis no decurso do processo de inventário ou arrolamento".

Em resumo: regra geral o crédito tributário vem em segundo lugar, atrás somente dos trabalhistas e acidentários do trabalho; **Já na falência, preferem ao crédito tributário:** as importâncias passíveis de restituição, os créditos extraconcursais (incluídos tributários cujos fatos geradores tenham ocorrido no curso da falência), trabalhistas (até 150 salários mínimos) e acidente do trabalho (sem limite), bem como créditos com garantia real até o limite do valor do bem gravado. Somente após esses créditos vem o crédito tributário, mesmo assim, sem a multa tributária que só prefere aos créditos subordinados.

3. CONCURSO DE PREFERÊNCIAS ENTRE PESSOAS JURÍDICAS DE DIREITO PÚBLICO

As regras acerca da concorrência entre pessoas jurídicas de direito público no que toca aos créditos tributários eram previstas no parágrafo único do art. 187 do CTN.

Nos termos do dispositivo, "o concurso de preferência somente se verifica entre pessoas jurídicas de direito público, na seguinte ordem:

I – União;

II – Estados, Distrito Federal e Territórios, conjuntamente e *pro rata*;

III – Municípios, conjuntamente e *pro rata*".

Essa regra sobre preferência é repetida no art. 29 da Lei de Execuções Fiscais (Lei 6830/80), mas com um detalhe quanto às autarquias, "o concurso de preferência somente se verifica entre pessoas jurídicas de direito público, na seguinte ordem:

I – União e suas autarquias;

II – Estados, Distrito Federal e Territórios e suas autarquias, conjuntamente e *pro rata*;

III – Municípios e suas autarquias, conjuntamente e *pro rata*.

Pro rata significa divisão proporcional.

Tratando do dispositivo em comento, o STJ emitiu a Súmula 497: "Os créditos das autarquias federais preferem aos créditos da Fazenda estadual desde que coexistam penhoras sobre o mesmo bem".

Desta forma, o concurso de preferência entre pessoas jurídicas de direito público se dava da seguinte forma: a) recebe **primeiro a União e suas autarquias**; b) sobrando saldo, em segundo lugar, **os Estados, DF, Territórios e suas autarquias conjuntamente e** *pro rata*; c) por fim, se ainda sobrar saldo, **os Municípios e suas autarquias**, também conjuntamente e *pro rata*.

O STF decidiu em 2021 que a preferência da União em relação a estados, municípios e Distrito Federal na cobrança judicial de créditos da dívida ativa, prevista no art. 187 do CTN e no art. 29 da Lei de Execuções Fiscais (Lei 6.830/1980), não foi recepcionada pela Constituição Federal, por afrontar o pacto federativo.

A Ministra Cármen *Lúcia, relatora, concluiu que o estabelecimento de hierarquia entre pessoas jurídicas de direito público interno para crédito de tributos contraria o artigo 19, inciso III, da Constituição de 1988, que veda à União e aos demais entes federativos criar preferências entre si (ADPF 357).*

Sendo assim, o concurso de preferência entre as pessoas jurídicas de direito público previsto tanto no CTN quanto na Lei de Execução Fiscais foi declarado inconstitucional.

4. ADMINISTRAÇÃO TRIBUTÁRIA

O Código Tributário Nacional trata da Administração Tributária nos arts. 194 a 208, vamos aos pontos mais importantes.

Nos termos do art. 195 do CTN, "para os efeitos da legislação tributária, **não têm aplicação quaisquer disposições legais excludentes** ou **limitativas do direito de examinar** mercadorias, livros, arquivos, documentos, papéis e efeitos comerciais ou fiscais, dos comerciantes industriais ou produtores, ou da obrigação destes de exibi-los".

Complementando o dispositivo, seu parágrafo único dispõe: "os livros obrigatórios de escrituração comercial e fiscal e os comprovantes dos lançamentos neles efetuados serão conservados até que ocorra a prescrição dos créditos tributários decorrentes das operações a que se refiram".

Sendo assim, **o sigilo comercial não pode ser oposto à Administração Tributária**. Entretanto, isso **não** significa que os direitos e garantias individuais poderão ser desrespeitados, como já bem afirmou o STF no HC 82.788-8 no sentido de que: "a Administração Tributária pode muito, mas não pode tudo".

Súmula 439 do STF: Estão sujeitos à fiscalização tributária ou previdenciária quaisquer livros comerciais, limitado o exame aos pontos objeto da investigação.

A seu turno, o art. 197 do CTN traz a possibilidade de intimação de uma série de pessoas e instituições que, no âmbito de suas atribuições, são obrigadas a prestar informações ao Fisco, nos seus termos: "mediante intimação escrita, são obrigados a prestar à autoridade administrativa todas as informações de que disponham com relação aos bens, negócios ou atividades de terceiros".

A lista do art. 197 é grande, inclui, dentre outros: tabeliães, bancos, empresas de administração de bens, corretores, síndicos e quaisquer outras pessoas que a lei designe. Entretanto, seu parágrafo único informa que: "a obrigação prevista neste artigo **não** abrange a prestação de informações quanto a fatos sobre os quais o informante esteja legalmente obrigado a observar segredo em razão de cargo, ofício, função, ministério, atividade ou profissão".

STF: é constitucional o art. 6º da LC 105/2001 que autoriza os agentes fiscais, sem necessidade de intervenіência judicial, examinar os documentos das instituições financeiras, quando houver processo administrativo instaurado ou procedimento fiscal em curso e tais exames sejam considerados indispensáveis pela autoridade administrativa competente (ADIs 2390/02386/2397/2859).

Por outro lado, é vedada a divulgação por parte da Fazenda Pública de informações obtidas em razão de seu ofício, especialmente sobre a situação econômica ou financeira do sujeito passivo, é o que prevê o art. 198 do CTN.

No exame unificado de ago/18 foi cobrada a seguinte questão: "João, empresário, inconformado com a notificação de que a Administração Pública Fazendária teria acesso às informações de sua movimentação bancária para instruir processo administrativo fiscal, decidiu procurar o Escritório Alfa de advocacia para uma consulta a respeito do caso. João busca saber se a medida configura quebra de sigilo fiscal e se o procedimento da Administração Pública está correto. Com base na hipótese apresentada, assinale a opção que indica a orientação a ser dada pelo Escritório Alfa, considerando a jurisprudência do Supremo Tribunal Federal (STF) acerca do acesso a dados bancários sigilosos pela Administração Pública Fazendária". A resposta correta era: "Não se trata de quebra de sigilo, mas de transferência de sigilo para finalidades de natureza eminentemente fiscal, pois a legislação aplicável garante a preservação da confidencialidade dos dados, vedado seu repasse a terceiros estranhos ao próprio Estado, sob pena de responsabilização dos agentes que eventualmente pratiquem essa infração".

Entretanto, existem algumas situações que autorizam o Fisco a divulgar (não há sigilo) ou repassar (mantido o sigilo) informações que obteve em razão de seu ofício, são elas:

A requisição de **autoridade judiciária** no interesse da justiça (art. 198, § 1º, I, do CTN);

B solicitações de **autoridade administrativa** no **interesse da Administração Pública**, desde que seja comprovada a **instauração regular de processo administrativo**, no órgão ou na entidade respectiva, com o objetivo de investigar o sujeito passivo a que se refere a informação, **por prática de infração administrativa** (art. 198, § 1º, II, do CTN);

C **divulgação** de representações fiscais para fins penais (art. 198, § 3º, I, do CTN);

D **divulgação** de inscrições na Dívida Ativa da Fazenda Pública (art. 198, § 3º, II, do CTN);

E **divulgação** de parcelamento ou moratória: e (art. 198, § 3º, III, do CTN);

F **divulgação** incentivo, renúncia, benefício ou imunidade de natureza tributária cujo beneficiário seja pessoa jurídica. (art. 198, § 3º, IV, do CTN, incluído pela LC 187/2021).

Nas duas primeiras situações (A e B), o sigilo é mantido, sendo transmitida as informações ora para a autoridade judiciária ora para a autoridade administrativa.

Aqui vale a advertência trazida pelo art. 198, § 2º, no sentido de que o "**intercâmbio de informação sigilosa**, no âmbito da **Administração Pública**, será realizado mediante **processo regularmente instaurado**, e a **entrega será feita pessoalmente à autoridade solicitante**, mediante **recibo**, que formalize a transferência e assegure a **preservação do sigilo**".

No exame unificado de fev/19 foi cobrada a seguinte QUESTÃO: A União lavrou auto de infração para a cobrança de créditos de Imposto sobre a Renda, devidos pela pessoa jurídica PJ. A cobrança foi baseada no exame, considerado indispensável por parte da autoridade administrativa, de documentos, livros e registros de instituições financeiras, incluindo os referentes a contas de depósitos e aplicações financeiras de titularidade da pessoa jurídica PJ, após a regular instauração de processo administrativo. Não houve, neste caso, qualquer autorização do Poder Judiciário. A resposta correta era: É expressamente prevista em lei, sendo indispensável a existência de processo administrativo instaurado.

Com relação às **três últimas** situações (C, D e E), o CTN deixa claro que essas informações **não estão sujeitas a sigilo**, podendo ser normalmente divulgadas.

MUITA ATENÇÃO! Informações **não** abrangidas pelo sigilo fiscal: representações fiscais para fins penais; inscrições na Dívida Ativa da Fazenda Pública; e parcelamento ou moratória (art. 183, § 3º, do CTN).

A outro giro, o CTN informa que **as Fazendas Públicas prestar-se-ão assistência mútua para fiscalização de tributos e permuta de informações**, a forma como essa assistência deverá ser prestada deverá ser prevista em lei ou convênio entre os entes da federação (art. 199 do CTN). A Fazenda Pública da União poderá ainda

permutar informações com Estados estrangeiros, na forma estabelecida em acordos, convênios ou tratados internacionais (parágrafo único do art. 199 do CTN).

No **exame unificado nov/14** foi cobrada a seguinte **QUESTÃO:** "Em dezembro de 2006, foi publicada a Lei Complementar nº 123, que instituiu o Estatuto Nacional da Microempresa e da Empresa de Pequeno Porte, e criou novo regime de tributação simplificada, abrangendo, além dos impostos e contribuições federais, o Imposto sobre Operações Relativas à Circulação de Mercadorias e sobre Prestações de Serviços de Transporte Interestadual e Intermunicipal e de Comunicação (ICMS), bem como o Imposto sobre Serviços de Qualquer Natureza (ISS). Sobre a hipótese, assinale a afirmativa correta". A **resposta correta** era: "Segundo a Constituição Federal, a fiscalização do cumprimento das obrigações principais e acessórias do regime único de arrecadação poderá ser compartilhada pelos entes da Federação" (art. 146, parágrafo único, IV, da CF).

Em arremate, o art. 200 do CTN permite às autoridades fiscais de todos os entes da federação **requisitar auxílio da força policial de qualquer das esferas da federação (União, Estados, Municípios e DF)** quando vítimas de embaraço ou desacato no exercício de suas funções, mesmo que o fato não configure crime ou contravenção (ex.: um agente fiscal de rendas do Estado de São Paulo poderia requisitar auxílio da Polícia Federal caso esteja sendo vítima de embaraço ou desacato no seu ofício de fiscalização).

5. DÍVIDA ATIVA E EXECUÇÃO FISCAL

Constitui dívida ativa tributária a proveniente de crédito dessa natureza, regularmente inscrita na repartição administrativa competente, depois de esgotado o prazo fixado, para pagamento, pela lei ou por decisão final proferida em processo regular (art. 201 do CTN).

Nos termos do parágrafo único do art. 201, a "fluência de juros de mora **não** exclui, para os efeitos deste artigo, a liquidez do crédito".

O art. 202 do CTN traz os requisitos para a inscrição em dívida ativa, dispondo que "o termo de inscrição da dívida ativa, autenticado pela autoridade competente, **indicará obrigatoriamente**:

> I – o **nome do devedor** e, sendo caso, o dos **corresponsáveis**, bem como, sempre que possível, o domicílio ou a residência de um e de outros;
>
> II – a **quantia devida** e a **maneira de calcular os juros de mora** acrescidos;
>
> III – a **origem** e **natureza** do crédito, mencionada especificamente a **disposição da lei em que seja fundado**;
>
> IV – a **data** em que foi **inscrita**;
>
> V – sendo caso, o **número do processo administrativo** de que se originar o crédito.
>
> Parágrafo único. A **certidão conterá**, além dos requisitos deste artigo, a **indicação** do **livro** e da **folha** da inscrição".

A **omissão de quaisquer desses requisitos será causa de nulidade da inscrição** e da respectiva cobrança (art. 203 do CTN). **Entretanto**, a **nulidade poderá ser sanada até** a **decisão de primeira instância**, mediante substituição da certidão nula, devolvido ao sujeito passivo, acusado ou interessado o prazo para defesa (art. 203, *in fine*, do CTN).

No exame unificado de 2021.1 foi cobrada a seguinte QUESTÃO: José está sendo executado por dívida tributária municipal não paga. Na Certidão de Dívida Ativa (CDA) que instrui a execução fiscal, constam o nome do devedor e seu domicílio; a quantia devida e a maneira de calcular os juros de mora; a origem e natureza do crédito, com menção do decreto municipal em que está fundado; e a data em que foi inscrito. José oferece embargos à execução, atacando a CDA, que reputa incorreta. Diante desse cenário, José ... A resposta correta era: tem razão, pois a CDA deve mencionar dispositivo de lei em que o crédito tributário está fundado (art. 202, III, do CTN).

Neste ponto, registre-se a **Súmula 392 do STJ**: "A Fazenda Pública pode substituir a certidão da dívida ativa (CDA) até a prolação da sentença dos embargos, quando se tratar de correção de erro material ou formal, vedada a modificação do sujeito passivo da execução".

Por outro lado, a Dívida Ativa regularmente inscrita **goza da presunção de certeza e liquidez**. Essa presunção é **relativa** e **pode ser ilidida por prova inequívoca**, a cargo **do executado** ou de **terceiro**, a quem aproveite (art. 3º da Lei 6.830/80 – Lei de Execução Fiscal - LEF).

Registre-se, por oportuno, que a **certidão da dívida ativa é o título executivo extrajudicial** que autoriza o Ente Público ingressar com a **execução fiscal** em face do sujeito passivo que deixou de recolher a tempo e a modo seu débito para com a respectiva Fazenda Pública.

No exame unificado de jan/19 foi cobrada a seguinte questão: O médico João da Silva está há 4 (quatro) anos sem pagar a anuidade cobrada pelo Conselho Regional de Medicina (CRM). Diante desse cenário, o CRM poderá (...) A resposta correta era: inscrever o débito em dívida ativa de natureza tributária, depois promovendo a competente ação de execução fiscal, regida pela Lei nº 6.830/80, para cobrança.

Importante destacar que o sujeito passivo poderá se defender da imposição tributária tanto administrativa quanto judicialmente. Entretanto, as duas não podem seguir concomitantemente, nos termos do art. 38, parágrafo único, da LEF.

A discussão **judicial** da Dívida Ativa da Fazenda Pública só é admissível em execução, na forma desta Lei, salvo as hipóteses de mandado de segurança, ação de repetição do indébito ou ação anulatória do ato declarativo da dívida, esta precedida do depósito preparatório do valor do débito, monetariamente corrigido e acrescido dos juros e multa de mora e demais encargos (art. 38 da LEF). Nos termos do parágrafo único do art. 38 da LEF, **a propositura, pelo contribuinte, da ação prevista neste artigo importa em renúncia ao poder de recorrer na esfera administrativa e desistência do recurso acaso interposto**.

No exame unificado de nov./16 foi cobrada a seguinte QUESTÃO: "João deixou de pagar o Imposto de Importação sobre mercadoria trazida do exterior, sendo notificado pelo fisco federal. Ao receber a notificação, logo impugnou administrativamente a cobrança. Percebendo que seu recurso administrativo demoraria longo tempo para ser apreciado e querendo resolver a questão o mais rápido possível, propõe ação anulatória para discutir matéria idêntica àquela demandada administrativamente". A resposta correta era: "A concomitância de defesa administrativa com medida judicial versando sobre matérias idênticas implica desistência do recurso administrativo interposto".

Por outro lado, o sujeito passivo poderá defender-se da ação de execução fiscal por intermédio de embargos à execução, nos termos do art. 16 da LEF, no prazo de trinta dias contados: do depósito; da juntada da prova da fiança bancaria ou seguro garantia; ou da intimação da penhora.

No exame de abr/16 foi cobrada a seguinte QUESTÃO: "João foi citado, em execução fiscal, para pagamento do Imposto sobre a Propriedade Predial e Territorial Urbana ("IPTU") relativo ao imóvel em que reside e do qual é proprietário. Ocorre que o contribuinte pretende impugnar tal cobrança por meio de embargos à execução. Tendo em vista a disciplina da Lei nº 6.830/80, tais embargos poderão ser apresentados no prazo de 30 dias, contados a partir ..." A resposta correta era: "da data da intimação da penhora".

> **MUITA ATENÇÃO!**
> O STF decidiu na que ADI 5153/DF: O protesto das certidões de dívida ativa constitui mecanismo constitucional e legítimo por não restringir de forma desproporcional quaisquer direitos fundamentais garantidos aos contribuintes e, assim, não constituir sanção política

No exame unificado de nov/17 foi cobrada a seguinte QUESTÃO: "A pessoa jurídica A declarou débitos de Imposto sobre a Renda (IRPJ) que, no entanto, deixaram de ser quitados. Diante do inadimplemento da contribuinte, a União promoveu o protesto da Certidão de Dívida Ativa (CDA) decorrente da regular constituição definitiva do crédito tributário inadimplido. Com base em tais informações, no que tange à possibilidade de questionamento por parte da contribuinte em relação ao protesto realizado pela União, assinale a afirmativa correta". A resposta correta era: O protesto da CDA é regular, por se tratar de instrumento extrajudicial de cobrança com expressa previsão legal.

De se ressaltar ainda que qualquer intimação do representante da Fazenda Pública em execução fiscal há de ser sempre pessoal a teor do art. 25 da Lei 6.830/80.

No exame unificado de ago/18 foi cobrada a seguinte QUESTÃO: "Em execução fiscal ajuizada pela União, a contribuinte ABC ofereceu seguro-garantia para garantir a execução, correspondente ao valor da dívida, acrescido de juros, multa de mora e encargos indicados na Certidão de Dívida Ativa. Por meio de publicação no órgão oficial, a União foi instada a se manifestar quanto à garantia oferecida pela executada, deixando de se manifestar no prazo que lhe foi assinalado. Diante disso, assinale a afirmativa correta". A resposta correta era: "É possível o oferecimento de seguro-garantia para garantir a execução fiscal, porém, na execução fiscal, qualquer intimação ao representante judicial da Fazenda Pública será feita pessoalmente".

Execução fiscal: é a via processual para o sujeito ativo da relação tributária (Fazenda Pública), munido da Certidão da Dívida Ativa (CDA) como título executivo extrajudicial, obter do sujeito passivo (contribuinte, substituto processual ou responsável), a satisfação compulsória de seu crédito.

Ressalte-se que a execução fiscal também se presta à execução de dívida ativa não tributária. É regrada pela Lei 6830/80 (Lei de Execução Fiscal), aplicando-se subsidiariamente o CPC, especialmente os dispositivos que regulam a execução (PAULSEN).

Embargos à execução: o sujeito passivo ou mesmo terceiro prejudicado poderá defender-se da ação de execução fiscal por intermédio de embargos à execução, nos termos do art. 16 da LEF, no prazo de trinta dias contados: do depósito; da juntada da prova da fiança bancaria ou seguro garantia; ou da intimação da penhora.

Dessa forma, os embargos à execução dependem de garantia prévia. Leandro Paulsen adverte que **não** há suspenção automática da execução fiscal pela propositura dos embargos, dependendo não apenas da garantia do juízo, como também sendo necessário a verificação da relevância dos fundamentos e de que o prosseguimento da execução possa causar risco de dano de difícil ou incerta reparação (art. 919 do CPC).

> **MUITA ATENÇÃO!** O STF decidiu na que ADI 5153/DF: O protesto das certidões de dívida ativa constitui mecanismo constitucional e legítimo por não restringir de forma desproporcional quaisquer direitos fundamentais garantidos aos contribuintes e, assim, não constituir sanção política.

De se ressaltar ainda que qualquer intimação do representante da Fazenda Pública em execução fiscal há de ser sempre pessoal a teor do art. 25 da Lei 6.830/80. Não obstante, a jurisprudência do STJ, ao interpretar o artigo 25 da LEF, já havia uniformizado o entendimento segundo o qual a Fazenda Nacional, em regra, possui a prerrogativa da intimação pessoal, mediante entrega dos autos, fixou a tese de que "é válida a intimação do representante da Fazenda Nacional por carta com aviso de recebimento (artigo 237, II, do Código de Processo Civil – CPC) quando o respectivo órgão não possui sede na comarca de tramitação do feito" (REsp 1.352.882).

Exceção de pré-executividade: o sujeito passivo poderá se defender por intermédio de exceção de pré-executividade (simples petição apresentada nos autos da execução fiscal).

De construção doutrinária-jurisprudencial, a exceção de pré-executividade se viabiliza apenas nas situações em que não se faz necessária dilação probatória ou possam ser conhecidas de ofício pelo magistrado, como as condições da ação, os pressupostos processuais, o pagamento, a decadência, a **prescrição**, entre outras, não tendo prazo para sua oposição.

STJ: "a exceção de pré-executividade tem caráter excepcional, sendo cabível quando atendidos simultaneamente dois requisitos, um de ordem material e outro de ordem formal, a saber: (i) a matéria invocada deve ser suscetível de conhecimento de ofício pelo juiz; e (ii) é indispensável que a decisão possa ser tomada sem necessidade de dilação probatória" (REsp 1.912.277).

Mandado de segurança: é o remédio constitucional voltado a amparar direito líquido e certo não amparado por habeas corpus ou habeas data (art. 5º, LXIX, da CF).

O mandado de segurança é muito utilizado em matéria tributária, quando não há necessidade de dilação probatória, podendo ser preventivo (antes da formalização do crédito tributário), contra o lançamento já realizado, que visa a compensação (Súmulas 212 e 213 do STJ), para obtenção de certidão de regularidade fiscal (no caso de negativa do Fisco) ou qualquer outro ato de autoridade fiscal (Paulsen, 2015, p. 439-440).

Ação declaratória: ação pela qual o sujeito passivo visa obter do Poder Judiciário declaração de existência ou inexistência de um direito, ou seja, o reconhecimento da não existência da obrigação tributária ou de que seu valor é menor do que alegado pelo Fisco.

A principal diferença entre a ação declaratória e o mandado de segurança é que na declaratória é possível dilação probatória. Esta poderá ser manejada antes ou depois do lançamento. Ademais, a declaração no bojo da ação declaratória valerá para os atos por ela impugnados e para os futuros com relação ao contribuinte. Poderá ser utilizada ainda de forma cumulada com pedido de repetição de indébito e também para os casos de pagamento indevido com pedido de compensação.

Ação anulatória: notificado para pagar o tributo, o sujeito passivo tem a possibilidade de requerer administrativamente, com efeito suspensivo, o não recolhimento da exação (art. 151, III, do CTN).

Caso não tenha sido atendido no seu requerimento, poderá ir a juízo por intermédio de ação anulatória para contestar o crédito cobrado.

Poderá também ir direto à via judicial, mas neste caso haverá renúncia ao recurso administrativo (art. 38 da Lei 6830/80).

Prescreve em dois anos a ação anulatória da decisão administrativa que denegar a restituição (art. 169 do CTN). O prazo de prescrição é interrompido pelo início da ação judicial, recomeçando o seu curso, por metade, a partir da data da intimação validamente feita ao representante judicial da Fazenda Pública interessada (art. 169, par. único, do CTN).

Assim, o prazo prescricional de 2 anos é para a ação anulatória da decisão administrativa que **negou a restituição**, não para pleitear a repetição que continua seguindo a regra do art. 168 do CTN, ou seja, prazo de cinco anos da extinção do crédito ou da decisão administrativa definitiva ou do trânsito em julgado da decisão judicial.

Ressalte-se que o STF reconheceu a inconstitucionalidade da exigência de depósito prévio para ação declaratória.

Por outro lado, ação anulatória poderá fazer as vezes de embargos quando já exista ou sobrevenha execução fiscal garantida por penhora, assim poderá haver a reunião da ação de execução fiscal com a anulatória no juízo da execução.

Ação cautelar de caução: tem por finalidade a obtenção de certidão de débitos com efeitos negativos (art. 206 do CTN).

Registre-se que não há suspensão do crédito tributário em razão da oferta de caução, desta forma deve a Fazenda Pública ajuizar a competente execução fiscal.

Por outro lado, o oferecimento da caução implica interrupção da prescrição (art. 174, p. único, IV, do CTN), podendo ainda o sujeito passivo discutir a exigência tributária em ação anulatória, ou mesmo em embargos à execução.

Ação consignatória: cabe nos casos de recusa de recebimento, ou subordinação deste ao pagamento de outro tributo ou de penalidade, ou ao cumprimento de obrigação acessória; subordinação do recebimento ao cumprimento de exigências administrativas sem fundamento legal; exigência, por mais de uma pessoa jurídica de direito público, de tributo idêntico sobre um mesmo fato gerador (art. 164 do CTN).

O depósito deve ser quanto a totalidade da exigência tributária.

Julgada procedente a consignação, o pagamento se reputa efetuado e a importância consignada é convertida em renda; julgada improcedente a consignação no todo ou em parte, cobra-se o crédito acrescido de juros de mora, sem prejuízo das penalidades cabíveis.

Ação de repetição de indébito: cabe nos casos em que houve pagamento indevido ou a maior. O direito de pleitear a restituição extingue-se com o decurso do prazo de 5 anos, contados da data da extinção do crédito tributário (art. 168 do CTN).

No caso dos tributos indiretos, aqueles cujo encargo econômico é transferido para pessoa diferente daquela definida com sujeito passivo, o art. 166 do CTN prevê que: a restituição de tributos que comportem, por sua natureza, transferência do respectivo encargo financeiro somente será feita a quem prove haver assumido o referido encargo, ou, no caso de tê-lo transferido a terceiro, estar por este expressamente autorizado a recebê-la.

Caso o contribuinte tenha optado pela via administrativa, o prazo de prescrição será de dois anos para a ação anulatória da decisão administrativa que denegar a restituição (art. 169 do CTN).

Poderá haver cumulação de pedidos de repetição de indébito e declaração do direito à compensação.

Medida cautelar fiscal (MCF): ao contrário das outras, a MCF é ação proposta pela Fazenda Pública que traz consigo a possibilidade de obter a indisponibilidade dos bens do sujeito passivo de crédito tributário ou não tributário, mesmo antes do ajuizamento da execução, até o limite da obrigação, desde que haja prova literal do crédito (*fumus boni juris*) e comprovação documental de algum dos requisitos mencionados no artigo 2º da Lei 8.397/92 (*periculum in mora*).

Entre os casos, destacamos: devedor sem domicílio certo ou ausente, insolvente que aliena bens, possui débitos que ultrapassem 30% do seu patrimônio conhecido, aliena bens sem comunicar ao Fisco quando obrigado por lei, tem sua inscrição no cadastro de contribuintes declarada inapta, entre outros.

Decretada a cautelar fiscal, produzirá esta, de imediato, a indisponibilidade dos bens do requerido, até o limite para a satisfação da obrigação.

Conexão entre ações tributárias: reputam-se conexas 2 (duas) ou mais ações quando lhes for comum o pedido ou a causa de pedir, devendo os processos conexos serem reunidos para decisão conjunta, salvo se um deles já houver sido sentenciado (art. 55 do CPC).

Súmula 515 do STJ: A reunião de execuções fiscais contra o mesmo devedor constitui faculdade do Juiz.

Havendo conexão entre execução fiscal e ação anulatória, impõe-se a reunião dos processos no juízo da execução fiscal para evitar decisões conflitantes (STJ).

Ademais, há conexão entre ação anulatória e embargos à execução fiscal.

6. CERTIDÕES NEGATIVAS

A lei poderá exigir que a prova da quitação de determinado tributo, quando exigível, seja feita por certidão negativa, expedida à vista de requerimento do interessado, que contenha todas as informações necessárias à identificação de sua pessoa, domicílio fiscal e ramo de negócio ou atividade e indique o período a que se refere o pedido (art. 205 do CTN).

STJ: é válida a recusa de expedição de CND por descumprimento de obrigações acessórias (REsp 1.042.585).

O prazo para expedição da certidão é de 10 dias contados da data requerimento.

Tem os mesmos efeitos da certidão negativa a certidão que conste **créditos não vencidos**, em **cobrança executiva com penhora** e cuja **exigibilidade esteja suspensa** (ex.: parcelamento). Aqui o sujeito passivo está em situação regular - será expedida certidão positiva com efeitos de negativa (art. 206 do CTN).

Dispensa da certidão (art. 207 do CTN): independentemente de disposição legal permissiva, será dispensada a prova de quitação de tributos, ou o seu suprimento, quando se tratar de prática de ato indispensável para evitar a caducidade de direito, respondendo, porém, todos os participantes no ato pelo tributo porventura devido, juros de mora e penalidades cabíveis, exceto as relativas a infrações cuja responsabilidade seja pessoal ao infrator (ex.: licitação e não expedição da CND a tempo).

Responsabilidade na expedição: A certidão negativa expedida com dolo ou fraude, que contenha erro contra a Fazenda Pública, responsabiliza pessoalmente o funcionário que a expedir, pelo crédito tributário e juros de mora (art. 208 do CTN). Essa responsabilidade não afasta responsabilidade criminal ou funcional agente.

7. REPARTIÇÃO DAS RECEITAS TRIBUTÁRIAS

A repartição das receitas tributárias é regulada pelos arts. 157 a 162 da CF.

A **Constituição Federal** utiliza basicamente **duas formas** de **repartição** (ou participação) das **receitas tributárias**.

A primeira é a forma **direta** (arts. 157 e 158 da CF), onde a União ou o Estado (sempre do ente político maior para o menor) sem qualquer intermediação reparte a receita tributária (ex.: quando o Estado entrega ao município 50% do valor do IPVA arrecadado dos veículos licenciados no respectivo município).

No exame **unificado de ago./13** foi cobrada a seguinte QUESTÃO: Com relação ao Imposto sobre a Propriedade de Veículos Automotores (IPVA), assinale a afirmativa correta". A resposta correta era: "É instituído pelo Estado e repartido com o Município em que tenha sido licenciado o veículo".

A segunda é a forma **indireta** (art. 159 da CF), quando a repartição se dá por intermédio de **fundos constitucionais** a exemplo do Fundo de Participação dos Estados e Fundo de Participação dos Municípios.

Em regra, é **vedada** a retenção das receitas a serem repartidas pela União e Estados (art. 160 da CF); as únicas **exceções** são trazidas pelo art. 160, parágrafo único, da CF, que condicionam a entrega ao pagamento de seus créditos, inclusive de suas autarquias e ao cumprimento da destinação de recursos mínimos para a saúde (art. 198, § 2º, da CF).

MUITA ATENÇÃO!

ITR: sendo tributo da competência tributária da União, cabe aos municípios 50% do valor da arrecadação sobre imóveis situados no respectivo município. Caso o município opte por fiscalizar e arrecadar o tributo (delegação da capacidade tributária ativa) caberá a ele 100% do valor da arrecadação.

MUITA ATENÇÃO!

No exame unificado de abril/18 foi cobrado a seguinte QUESTÃO: "O Município M, ao realizar a opção constitucionalmente prevista, fiscalizou e cobrou Imposto sobre Propriedade Territorial Rural (ITR), incidente sobre as propriedades rurais localizadas fora da sua área urbana. Em função desse fato, o Município M recebeu 50% (cinquenta por cento) do produto do imposto da União sobre a propriedade rural, relativo aos imóveis nele situados". A reposta correta era: "São possíveis, porém, nesse caso, a totalidade do produto da arrecadação do imposto pertence ao Município".

Caso interessante é o do **Imposto de Renda Retido na Fonte (IRRF) sobre os rendimentos pagos pelos Estados e Municípios**, a qualquer título, por eles, suas autarquias e pelas fundações que instituírem e mantiverem, pois, nos termos dos arts. 157, I e art. 158, I, ambos da CF, **pertencem aos respectivos Estados ou Municípios** o produto de sua arrecadação.

No **exame unificado de ago/13** foi cobrada a seguinte QUESTÃO: "A remuneração que os Municípios pagam a seus servidores está sujeita à incidência do Imposto sobre a Renda retido na fonte (IR-Fonte). Assinale a alternativa que indica o ente público ao qual pertence o produto da arrecadação do IR - Fonte nesse caso específico". A resposta correta era: "Ao Município que efetua o pagamento da remuneração".

Já no **exame unificado de mar/2018** foi cobrada a seguinte questão: A União concedeu isenção de Imposto sobre a Renda aos portadores da doença Beta. João e Maria são portadores da referida doença, sendo João servidor público do Estado ABC e Maria, servidora pública do Município XYZ. Em razão de retenção indevida do tributo, João e Maria desejam propor ação de restituição de Imposto sobre a Renda retido na fonte. A resposta correta era: João deve ajuizar ação em face do Estado ABC, enquanto Maria deve ajuizar ação em face do Município XYZ, sendo a competência da Justiça Estadual.

Com relação ainda aos fundos constitucionais, 30% da arrecadação do IOF incidente sobre a extração de ouro, quando definido em lei como ativo financeiro ou instrumento cambial, cabem aos Estados (art. 153, § 5º, I, da CF) e 70% cabem aos Municípios (art. 153, § 5º, II, da CF).

Os Estados participam da arrecadação do **IPI** através de dois fundos (forma indireta): a) **primeiro** através do Fundo de Participação dos Estados, formado por 21,5% da arrecadação do imposto (art. 159, I, a, da CF); b) **segundo** através do Fundo de compensação à desoneração das exportações, formado por 10% do valor arrecadado pelo imposto (art. 159, II, da CF).

Por fim, cabe ressaltar que o **Fundo de Participação dos Estados** é formado por 21,5% da arrecadação do Imposto de Renda e do IPI. Já o **Fundo de Participação dos Municípios** é formado por 22,5% da arrecadação dos mesmos tributos (IR e IPI). O Distrito Federal, por não ser dividido em Municípios, participa somente do

Fundo de Participação dos Estados (bem como do Fundo de compensação à desoneração das exportações – FCDE).

> **DICA IMPORTANTE**
> Recomenda-se a leitura atenta dos arts. 157 a 162 da CF, pois, praticamente todas as questões cobradas quanto ao tema nos Exames de Ordem, até o presente momento, transcreveram a literalidade de suas disposições.

BIBLIOGRAFIA RECOMENDADA

LEITURA BÁSICA

- ALEXANDRE, Ricardo. **Direito Tributário Esquematizado.** 16. ed. atual. ampl. São Paulo: Método, 2022.
- ANDRADE, Flávia Cristina Moura de; PAVIONE, Lucas dos Santos. Carreiras Específicas - **OAB: 1ª fase: questões comentadas.** 2ª ed. São Paulo: Saraiva, 2015. (Coleção: Carreiras Específicas)
- PAULSEN, Leandro. **Curso de Direito Tributário**. 13. ed. ver. e atual. São Paulo: Saraiva, 2022.

OBRAS PARA APROFUNDAMENTO

- MOURA, Arthur. **Lei de Execução Fiscal – comentada e anotada.** 3ª ed., rev. , atl., e ampl. Salvador: Juspodivm, 2019.
- **Principais Julgamentos STF e STJ.** Salvador: Juspodivm.

DIREITO AMBIENTAL

Lucas dos Santos Pavione

CAPÍTULO I
PRINCÍPIOS DO DIREITO AMBIENTAL

1. NOÇÕES

O estudo dos princípios tem grande importância para o Direito Ambiental, sendo possível a correlação de mais de um princípio na análise de um determinado caso concreto (dano ambiental, por exemplo). Ademais, tendo em vista que a legislação ambiental é esparsa, o estudo dos princípios revela-se importante para se formar um raciocínio coeso e sistemático sobre os diversos assuntos tratados pelo Direito Ambiental.

De um modo geral, os princípios de Direito Ambiental estão previstos na Constituição Federal (art. 225), na legislação ordinária e em Declarações Internacionais relacionadas ao tema, sendo os mais comuns e exigidos no Exame de Ordem analisados a seguir.

> **DICA IMPORTANTE**
> **Somente prossiga no estudo depois de ter a Constituição Federal em mãos.** Além de facilitar a compreensão dos temas, o leitor poderá se familiarizar com os dispositivos pertinentes ao Meio Ambiente, que têm grande incidência no exame de ordem.

2. PRINCÍPIO DO DESENVOLVIMENTO SUSTENTÁVEL

De acordo com este princípio – também chamado de *prima principium* por reger todos os outros –, a utilização de recursos naturais, visando ao desenvolvimento social, deve-se dar de modo racional, sem comprometer a qualidade do meio ambiente e o equilíbrio ecológico e garantindo-se sua disponibilidade permanente para as presentes e futuras gerações. Para que isto ocorra, deverá haver a compatibilização e equilíbrio das seguintes vertentes: **crescimento econômico**, **preservação ambiental** e **equidade social**. Merecem destaque como importantes marcos teóricos a **Conferência de Estocolmo (1972)**, o **Relatório Brundtland (1987)** e a **Conferência Sobre Meio Ambiente e Desenvolvimento (Rio/92, princípios 4 e 5)**.

O principal fundamento normativo deste princípio é o **art. 225 da CF/88**, sem se esquecer do art. 170, incisos III e VI da CF/88, que estabelece a compatibilização entre a **ordem econômica**, a **função social da propriedade** e a **defesa do meio ambiente**. Por seu turno, na legislação infralegal pode ser mencionado o art. 4.º da Lei 6.938/81, incisos I e VI.

3. PRINCÍPIO DO MEIO AMBIENTE ECOLOGICAMENTE EQUILIBRADO COMO DIREITO FUNDAMENTAL

Este princípio preceitua que o **meio ambiente ecologicamente equilibrado** é um **direito fundamental** – típico de terceira geração – assegurado a todos e está atrelado ao princípio da **dignidade da pessoa humana.** Está previsto no **princípio 1** da **Conferência de Estocolmo (1972)**, no **princípio 1** da **Conferência Sobre Meio Ambiente e Desenvolvimento** e no **princípio 4** da **Carta da Terra (1997)**.

A principal base normativa deste princípio está parte inicial do **art. 225, *caput* e § 1º, VII da CF.**

4. PRINCÍPIO DA FUNÇÃO SOCIOAMBIENTAL DA PROPRIEDADE

O princípio da função socioambiental da propriedade – tanto urbana quanto rural – implica reconhecer a proibição do uso abusivo da propriedade (**dimensão negativa**), bem como a possibilidade de se exigir que o proprietário adote **condutas concretas** para que a propriedade efetivamente se adeque à preservação do meio ambiente (**dimensão positiva**).

Podemos citar como principais fundamentos deste princípio os **arts. 5º, XXII e XXIII, 170, III, 182 e 186 da CF/88** e **art. 1228, do CC.**

5. PRINCÍPIO DA PREVENÇÃO

Este princípio determina a **atuação preventiva**, de modo a se evitar o risco de uma atividade humana que se sabe ser danosa ao meio ambiente (**risco conhecido** e **dano previsível**). Em síntese: sendo possível prever que certa atividade causará um dano, deve ela ser evitada. E como se pode saber se uma a atividade criará ou não riscos? Para tanto, deverão ser utilizadas pesquisas e informações ambientais sobre o risco ou sobre danos ocorridos em uma situação parecida.

O primeiro marco teórico deste princípio foi o **NEPA – National Environmental Policy Act 69**. Está previsto também na **Declaração de Estocolmo (1972)**. O principal exemplo de aplicação deste princípio é o estudo prévio de impacto ambiental (EIA/RIMA), previsto no **art. 225, § 1º, IV da CF/88**. Por sinal, um caso prático de aplicação do princípio da prevenção foi trazido em questão do XXXIII exame de ordem: "Determinado empreendedor requereu ao órgão ambiental competente licença ambiental para indústria geradora de significativa poluição atmosférica, que seria instalada em zona industrial que, contudo, já está saturada. Após a análise técnica necessária, feita com base nos riscos e impactos já de antemão conhecidos em razão de certeza científica, concluiu-se que os impactos negativos decorrentes da atividade não poderiam sequer ser mitigados a contento, diante da sinergia e cumulatividades com as atividades das demais fábricas já existentes na localidade. Assim, o órgão ambiental indeferiu o pedido de licença, com objetivo de impedir a ocorrência de danos ambientais, já que sabidamente a atividade comprometeria a capacidade de suporte dos ecossistemas locais". O gabarito oficial considerou que o indeferimento estaria fundado no princípio da prevenção, eis que a operação do empreendimento pretendido causaria perigo certo, com riscos previamente conhecidos.

DICA IMPORTANTE

Não confundir os princípios da prevenção e da precaução! Em algumas situações os examinadores trocam os significados, levando a erro os candidatos desatentos. Veja o esquema abaixo que facilita a memorização:

Prevenção ➔ o **dano** é **certo** e de **consequências conhecidas**

Precaução ➔ o **dano** é **incerto** e de **consequências desconhecidas**

6. PRINCÍPIO DA PRECAUÇÃO

Este princípio pressupõe a **ausência de informações** ou a existência de **incertezas científicas** sobre a potencialidade de danos **sérios** e **irreversíveis** de uma intervenção no meio ambiente (**perigo abstrato**). Assim, na dúvida deve-se adotar uma **postura mais conservadora**, a favor da conservação do meio ambiente (*in dubio pro ambiente*). No campo processual tem-se adotado a **inversão do ônus da prova** nestes casos, de modo que o interessado deverá comprovar que sua intervenção não trará prejuízos ao ambiente. Os principais marcos teóricos são a **Conferência do Mar do Norte (1987)** e o **princípio 15** da **Conferência Sobre Meio Ambiente e Desenvolvimento (Rio/92)**.

Entende-se que este princípio está implícito no **art. 225, *caput* e § 1º, V da CF/88**. Podemos citar ainda a **Lei de Biossegurança** (Lei 11.105/05, art. 1º).

? **QUESTÃO:** O que se entende por prognose negativa?

➥ ***RESPOSTA:*** *Significa dizer que, se no caso concreto houver dúvida entre bons argumentos a favor ou contra um determinado empreendimento e existir incerteza científica sobre os possíveis danos causados, deve ser privilegiada a conservação do meio ambiente (in dubio contra projectum), não se autorizando o empreendimento.*

7. PRINCÍPIO DO POLUIDOR-PAGADOR

De acordo com este princípio, aquela pessoa (física ou jurídica) que causa direta ou indiretamente degradação ao meio ambiente (**externalidades negativas**) deve arcar com as despesas de **prevenção**, **reparação** ou **indenização** dos prejuízos causados. É um princípio de **natureza econômica**, porque faz o empreendedor arcar com os custos ambientais decorrentes de sua atividade, inclusive com a imposição de adotar medidas para evitar os prejuízos (como emissão gases, efluentes etc.). E se mesmo assim o dano ocorrer será o empreendedor obrigado a repará-lo, preferencialmente "**in natura**" e restabelecendo-se o "**status quo ante**".

Podemos citar como principais marcos teóricos a **Organização para a cooperação do desenvolvimento econômico (1972)** e o **princípio 16** da **Conferência Sobre Meio Ambiente e Desenvolvimento (Rio/92)**.

Este princípio está implícito no **art. 225, § 3º CF**. No plano infraconstitucional, possui como base o **art. 4º, VII, da Lei 6.938/81**.

? **QUESTÃO:** O que significa a expressão "internalização das externalidades negativas"?

➥ ***RESPOSTA:*** *Externalidades negativas são consequências do processo produtivo que acabam sendo suportadas por toda a sociedade, inclusive por quem não consumiu o produto (Ex.: siderúrgica emite poluentes que serão suportados até por quem não comprou o aço produzido). A internalização das externalidades negativas significa a incorporação da recomposição do dano ambiental ao custo da produção, ou seja, internalizando os gastos com a prevenção, monitoramento e reparação dos impactos ambientais que a atividade potencialmente degradadora possa gerar. Não significa que se compra o "direito de poluir", internalizando o custo social e o embutindo no preço, mas sim que as externalidades negativas serão redistribuídas equitativamente a quem lhes deu causa. Inclusive se admite a proibição de comercialização do produto, se a socialização do custo de produção for insuportável para a coletividade.*

MUITA ATENÇÃO!

Este princípio não admite a tolerância à degradação ambiental. Ao contrário, a finalidade principal buscada é **evitar a degradação**. Esta continua proibida e deve ser prevenida, mas, se acontecer, deverá ocorrer a **recomposição** ou **indenização** do dano.

Mercado de Carbono

FIQUE POR DENTRO:

O protocolo de Kyoto (1997) fixou como objetivo reduzir a concentração dos gases causadores do efeito estufa (GEE) na atmosfera, fixando-se metas diferenciadas de redução para os países signatários. Nos mais industrializados, e consequentemente com metas mais ousadas, a forma mais eficaz de atingir este objetivo foi demonstrar para o agente produtor o custo financeiro de emissão de GEE para a sociedade (precificação de carbono), usando-se a **tonelada de carbono** como medida de referência. Assim, são emitidas **permissões de emissão**, que são distribuídas às empresas participantes observando-se as metas de redução de emissão de GEE fixadas e o histórico de esforços feitos para o atingimento desta meta. Se determinada empresa emitir menos GEE do que as permissões que percebeu, poderá comercializar as permissões excedentes com outras que não conseguiram atingir o objetivo fixado. Desta forma, as permissões excedentes se tornam um crédito, valores mobiliários representativos de emissões de gases de efeito estufa evitadas, sendo negociadas no **mercado de carbono**, ao qual se incumbe a precificação de tais títulos. Este é o mecanismo mais comum adotado no mercado de carbono, sendo que os títulos são geralmente negociados em bolsa de valores.

8. PRINCÍPIO DO USUÁRIO-PAGADOR

Decorre do princípio anterior. Parte do pressuposto de que os recursos naturais são escassos e que possuem valoração econômica, admitindo, portanto, a cobrança pela sua utilização. Evita-se, assim, o enriquecimento ilícito de quem deles se utiliza com grande frequência, ao mesmo tempo em que busca racionalizar o uso e evitar desperdícios de tais recursos. **Não há uma punição** neste caso, pois a cobrança existirá ainda que o comportamento do usuário seja plenamente lícito. Exemplo deste princípio é a cobrança pelo **uso da água** (arts. 19 e 20 da Lei 9.433/97).

Este princípio está previsto no **art. 4º, inciso VII, da Lei 6.938/81**.

9. PRINCÍPIO DO LIMITE

Este princípio é voltado essencialmente para a **Administração Pública**, que, no exercício do poder de polícia, tem o dever de fixar parâmetros ou limites para o exercício de determinadas atividades potencialmente nocivas ao meio ambiente, levando em conta a proteção da vida e a manutenção, preservação e restauração dos recursos ambientais. Além disso, deverá orientar os cidadãos e efetivamente fiscalizar o cumprimento daqueles parâmetros. Exemplos deste princípio são alguns padrões de **qualidade ambiental**, como a fixação limites de ruído, emissão de poluentes, etc. Possui como principais fundamentos o **art. 225, § 1º, III e V da CF**. No plano infraconstitucional, podemos citar o **art. 4º, III, da Lei 6.938/81** entre outros.

10. PRINCÍPIO DA INFORMAÇÃO AMBIENTAL

As informações sobre os procedimentos, públicos ou privados, que intervenham no meio ambiente, em regra, devem ser tornadas públicas, democratizando-se as discussões sobre o tema e permitindo a participação popular na tomada de decisões sobre o meio ambiente. A publicidade deve se dar de maneira ampla, abrangendo veículos de imprensa, campanhas publicitárias, audiências públicas etc. São **exceções** a este princípio **informações cujo sigilo seja imprescindível à segurança da sociedade e do Estado** (art. 5º, XXXIII, *in fine* da CF) e **segredo industrial.** Podemos mencionar como principal marco teórico o **princípio 10** da **Conferência Sobre Meio Ambiente e Desenvolvimento (Rio/92)**.

Este princípio está implícito no **art. 225, § 1º, VI da CF**.

11. PRINCÍPIO DA PARTICIPAÇÃO COMUNITÁRIA

A participação comunitária se dá basicamente com três tipos de medidas: (a) **administrativas:** influenciando e opinando nas políticas públicas ambientais (Ex.: audiências públicas, conselhos de Meio Ambiente, recursos administrativos, direito de petição etc.); (b) **judiciais:** propondo ações judiciais no Poder Judiciário (Ex.: ação popular ambiental); ou (c) **legislativas**: votando através dos meios legislativos previstos no art. 14 da CF (plebiscito, referendo e iniciativa popular de lei).

Este princípio está previsto no **art. 225, *caput* da CF**. Este princípio também está previsto no **princípio 10** da **Conferência Sobre Meio Ambiente e Desenvolvimento (Rio/92)**.

12. PRINCÍPIO DA EDUCAÇÃO AMBIENTAL

Possui basicamente dois aspectos: a) a educação ambiental deve existir em todos os níveis de ensino; b) além disso, o poder público deverá promover políticas de conscientização da população sobre questões ambientais. No **exame unificado de set/09** este princípio foi resumido na seguinte afirmativa: "Além de buscar a conscientização pública para a preservação do meio ambiente, o poder público tem o encargo de promover a educação ambiental em todos os níveis de ensino".

Possui como principal base o **art. 225, § 1º, VI da CF**. A política nacional de educação ambiental é regulamentada pela **Lei 9.795/99**. O art. 7º, XI da Lei Complementar 140/11 estabelece como ação administrativa da União "promover e orientar a educação ambiental em todos os níveis de ensino e a conscientização pública para a proteção do meio ambiente".

> **DICA IMPORTANTE**
>
> Alguns autores tratam os princípios da **informação ambiental**, da **participação comunitária** e da **educação ambiental** como facetas do **princípio democrático**, dada a grande afinidade e interligação existente entre aqueles princípios.

13. PRINCÍPIO DA COOPERAÇÃO

A todos é dado o dever de preservar o meio ambiente, e isso deve ocorrer por meio de cooperação no âmbito **internacional** e **nacional** para atingir este objetivo. No âmbito internacional deve haver atuação conjunta dos Estados, prevista em Tratados e Convenções internacionais. Internamente, a defesa do meio é de competência de todos os entes federativos (União, Estados, Distrito Federal e Municípios). Por fim, não se pode esquecer que a cooperação deve se dar também entre Estado e sociedade, permitindo-se a participação dos diferentes segmentos sociais. Este princípio possui como marcos teóricos os **princípios 2, 9, 12, 13 e 24** da **Conferência Sobre Meio Ambiente e Desenvolvimento (Rio/92)**.

O princípio da cooperação possui como principal fundamento o **art. 23, VI, VII, IX e XI da CF** (competência comum para tratar sobre meio ambiente), regulamentados pela Lei Complementar 140/11. Está previsto também em outros dispositivos legais, como o art. 77 da Lei 9.605/98.

> **FIQUE POR DENTRO:**
>
> **Fique por dentro – Ética Ambiental: ANTROPOCENTRISMO X ECOCENTRISMO**
>
> Estas duas visões sobre o meio ambiente são relevantes, principalmente, no estudo do **princípio do desenvolvimento sustentável**. Segundo o **antropocentrismo**, o homem é o centro do universo, de modo que a conservação do meio ambiente, que é um bem coletivo, tem por objetivo assegurar sobrevivência e bem-estar da espécie humana. Por seu turno, o **ecocentrismo** (ou **biocentrismo**) prega que o homem é apenas mais um integrante do ecossistema, com direitos iguais ao dos demais, como a flora e fauna. A Constituição Federal adota a **visão antropocêntrica,** que também está consagrada nos **princípios 1 e 4** da **Conferência Sobre Meio Ambiente e Desenvolvimento (Rio/92).**
>
> **Para saber mais**: Cf. THOMÉ, Romeu. **Manual de Direito Ambiental**. Salvador: Juspodivm, 2011. pp. 60-62.

EM RESUMO: PRINCÍPIOS DO DIREITO AMBIENTAL	
Princípio do Desenvolvimento Sustentável	• Também chamado de *prima principium* por reger todos os outros. • Segundo este princípio, a utilização de recursos naturais, visando ao desenvolvimento social, deve-se dar de modo racional, sem comprometer a qualidade do meio ambiente e o equilíbrio ecológico e garantindo-se sua disponibilidade permanente para as presentes e futuras gerações. Para que isto ocorra, deverá haver a compatibilização das seguintes vertentes: crescimento econômico, preservação ambiental e equidade social. • **Principal fundamento:** art. 225 da CF/88, bem como o art. 170, incisos III e VI da CF/88.
Princípio do Meio Ambiente Ecologicamente Equilibrado como Direito Fundamental	• Preceitua que o meio ambiente ecologicamente equilibrado é um direito fundamental – típico de terceira geração – assegurado a todos e está atrelado ao princípio da dignidade da pessoa humana. • Previsto no princípio 1 da Conferência de Estocolmo (1972), no princípio 1 da Conferência Sobre Meio Ambiente e Desenvolvimento e no princípio 4 da Carta da Terra (1997). • **Principal base normativa:** parte inicial do art. 225, *caput* e § 1º, VII da CF.
Princípio da Função Socioambiental da Propriedade	• Implica reconhecer a proibição do uso abusivo da propriedade (dimensão negativa), bem como a possibilidade de se exigir que o proprietário adote condutas concretas para que a propriedade efetivamente se adeque à preservação do meio ambiente (dimensão positiva). • **Principais fundamentos:** os arts. 5º, XXII e XXIII, 170, III, 182 e 186 da CF/88 e art. 1228, do CC.
Princípio da Prevenção	• Determina a atuação preventiva, de modo a se evitar o risco de uma atividade humana que se sabe ser danosa ao meio ambiente (risco conhecido e dano previsível). • **Primeiro marco teórico:** NEPA – National Environmental Policy Act 69. • Previsto também na Declaração de Estocolmo (1972). • **Exemplo de aplicação do princípio da prevenção:** o estudo prévio de impacto ambiental (EIA/RIMA), previsto no art. 225, § 1º, IV da CF/88.

EM RESUMO: PRINCÍPIOS DO DIREITO AMBIENTAL	
Princípio da Precaução	• Pressupõe a ausência de informações ou a existência de incertezas científicas sobre a potencialidade de danos sérios e irreversíveis de uma intervenção no meio ambiente (perigo abstrato). Assim, na dúvida deve-se adotar uma postura mais conservadora, a favor da conservação do meio ambiente (*in dubio pro ambiente*). • **Campo processual:** tem-se adotado a inversão do ônus da prova nestes casos, de modo que o interessado deverá comprovar que sua intervenção não trará prejuízos ao ambiente. • **Principais marcos teóricos:** Conferência do Mar do Norte (1987) e o princípio 15 da Conferência Sobre Meio Ambiente e Desenvolvimento (Rio/92) • Está implícito no art. 225, *caput* e § 1º, V da CF/88, podendo citar ainda a Lei de Biossegurança (Lei 11.105/05, art. 1º). • **Prognose Negativa:** se no caso concreto houver dúvida entre bons argumentos a favor ou contra um determinado empreendimento e existir incerteza científica sobre os possíveis danos causados, deve ser privilegiada a conservação do meio ambiente (*in dubio contra projectum*), não se autorizando o empreendimento.
Princípio do Poluidor-Pagador	• Conforme este princípio, aquela pessoa (física ou jurídica) que causa direta ou indiretamente degradação ao meio ambiente (externalidades negativas) deve arcar com as despesas de prevenção, reparação ou indenização dos prejuízos causados. • É um **princípio de natureza econômica**, porque faz o empreendedor arcar com os custos ambientais decorrentes de sua atividade, inclusive com a imposição de adotar medidas para evitar os prejuízos (como emissão gases, efluentes etc.). E se mesmo assim o dano ocorrer será o empreendedor obrigado a repará-lo, preferencialmente "in natura" e restabelecendo-se o "status quo ante".
Princípio do Poluidor-Pagador	• **Principais marcos teóricos:** Organização para a cooperação do desenvolvimento econômico (1972) e o princípio 16 da Conferência Sobre Meio Ambiente e Desenvolvimento (Rio/92). • Está implícito no art. 225, § 3º CF. No plano infraconstitucional, possui como base o art. 4º, VII, da Lei 6.938/81. • **Internalização das externalidades negativas:** Significa a incorporação da recomposição do dano ambiental ao custo da produção, ou seja, internalizando os gastos com a prevenção, monitoramento e reparação dos impactos ambientais que sua atividade possa gerar.
Princípio do Usuário-Pagador	• Decorre do princípio do poluidor-pagador. • Parte do pressuposto de que os recursos naturais são escassos e que possuem valoração econômica, admitindo, portanto, a cobrança pela sua utilização. Evita-se, assim, o enriquecimento ilícito de quem deles se utiliza com grande frequência, ao mesmo tempo em que busca racionalizar o uso e evitar desperdícios de tais recursos. Não há uma punição neste caso, pois a cobrança existirá ainda que o comportamento do usuário seja plenamente lícito. • Exemplo deste princípio é a cobrança pelo uso da água (arts. 19 e 20 da Lei 9.433/97). • **Previsão Legal:** art. 4º, inciso VII, da Lei 6.938/81.
Princípio do Limite	• Voltado essencialmente para a Administração Pública, que, no exercício do poder de polícia, tem o dever de fixar parâmetros ou limites para o exercício de determinadas atividades potencialmente nocivas ao meio ambiente, levando em conta a proteção da vida e a manutenção, preservação e restauração dos recursos ambientais. Além disso, deverá orientar os cidadãos e efetivamente fiscalizar o cumprimento daqueles parâmetros. • **Exemplos deste princípio** são alguns padrões de qualidade ambiental, como a fixação limites de ruído, emissão de poluentes, etc. • **Principais fundamentos:** art. 225, § 1º, III e V da CF. No plano infraconstitucional, podemos citar o art. 4º, III, da Lei 6.938/81 entre outros.
Princípio da Informação Ambiental	• As informações sobre os procedimentos, públicos ou privados, que intervenham no meio ambiente, em regra, devem ser tornadas públicas, democratizando-se as discussões sobre o tema e permitindo a participação popular na tomada de decisões sobre o meio ambiente. • A publicidade deve se dar de maneira ampla, abrangendo veículos de imprensa, campanhas publicitárias, audiências públicas etc. • **Exceções a este princípio:** informações cujo sigilo seja imprescindível à segurança da sociedade e do Estado (art. 5º, XXXIII, *in fine* da CF) e segredo industrial. • **Principal marco teórico:** princípio 10 da Conferência Sobre Meio Ambiente e Desenvolvimento (Rio/92). • Este princípio está implícito no art. 225, § 1º, VI da CF.
Princípio da Participação Comunitária	• A participação comunitária se dá basicamente com três tipos de medidas: **(a) administrativas:** influenciando e opinando nas políticas públicas ambientais (Ex.: audiências públicas, conselhos de Meio Ambiente, recursos administrativos, direito de petição etc.); **(b) judiciais:** propondo ações judiciais no Poder Judiciário (Ex.: ação popular ambiental); ou **(c) legislativas:** votando através dos meios legislativos previstos no art. 14 da CF (plebiscito, referendo e iniciativa popular de lei). • Este princípio está previsto no art. 225, *caput* da CF e também no princípio 10 da Conferência Sobre Meio Ambiente e Desenvolvimento (Rio/92).

EM RESUMO: PRINCÍPIOS DO DIREITO AMBIENTAL	
Princípio da Educação Ambiental	• Possui basicamente dois aspectos: **a)** a educação ambiental deve existir em todos os níveis de ensino; **b)** além disso, o poder público deverá promover políticas de conscientização da população sobre questões ambientais. • Possui como principal base o art. 225, § 1º, VI da CF. A política nacional de educação ambiental é regulamentada pela Lei 9.795/99. O art. 7º, XI da Lei Complementar 140/11 estabelece como ação administrativa da União "promover e orientar a educação ambiental em todos os níveis de ensino e a conscientização pública para a proteção do meio ambiente".
Princípio da Cooperação	• A todos é dado o dever de preservar o meio ambiente, e isso deve ocorrer por meio de cooperação no âmbito internacional e nacional para atingir este objetivo. No âmbito **internacional** deve haver atuação conjunta dos Estados, prevista em Tratados e Convenções internacionais. **Internamente**, a defesa do meio é de competência de todos os entes federativos (União, Estados, Distrito Federal e Municípios). • A cooperação deve se dar também entre Estado e sociedade, permitindo-se a participação dos diferentes segmentos sociais. • **Marcos teóricos:** os princípios 2, 9, 12, 13 e 24 da Conferência Sobre Meio Ambiente e Desenvolvimento (Rio/92). • **Principal fundamento:** art. 23, VI, VII, IX e XI da CF, regulamentados pela Lei Complementar 140/11. Previsto também no art. 77 da Lei 9.605/98.

CAPÍTULO II
O MEIO AMBIENTE E A CONSTITUIÇÃO FEDERAL

1. INTRODUÇÃO

A Constituição Federal de 1988 foi a primeira a dedicar um capítulo específico ao Meio Ambiente. Segundo prescrição do art. 225, *caput*, "Todos têm direito ao meio ambiente ecologicamente equilibrado, bem de uso comum do povo e essencial à sadia qualidade de vida, impondo-se ao Poder Público e à coletividade o dever de defendê-lo e preservá-lo para as presentes e futuras gerações".

2. CONCEITO DE MEIO AMBIENTE

Antes de se iniciar o estudo da disciplina constitucional sobre a matéria, é preciso trazer um conceito de meio ambiente e as principais classificações existentes.

O art. 225 da CF/88 adota uma acepção ampla, para considerar o meio ambiente como **bem de uso comum do povo** e **essencial e essencial à sadia qualidade de vida do homem**.

3. CLASSIFICAÇÃO DE MEIO AMBIENTE

Tendo em vista a acepção ampla trazida no texto constitucional, podemos classificar o meio ambiente em quatro categorias:

3.1 Meio ambiente natural: é o que vem previsto no **art. 225 da CF** e engloba os elementos **bióticos** (que tem vida – fauna e flora) e **abióticos** (que não tem vida – recursos hídricos, a atmosfera, o solo, o subsolo, mar territorial, etc.). De acordo com a Lei da Política Nacional de Meio Ambiente (art. 3º, inciso I da Lei 6.938/81), meio ambiente natural é "o conjunto de condições, leis, influências e interações de ordem física, química e biológica, que permite, abriga e rege a vida em todas as suas formas".

3.2 Meio ambiente cultural: é patrimônio cultural brasileiro, cuja proteção está prevista no **arts. 215, 216** e **216-A da CF**. Compreende os bens de natureza **material** (obras de arte, imóveis históricos, museus etc.) e **imaterial** (danças, festas religiosas, etc.), tomados individualmente ou em conjunto, portadores de referência à identidade, à ação, à memória dos diferentes grupos formadores da sociedade brasileira, nos quais se incluem: a) as formas de expressão, b) os modos de criar, fazer e viver, c) as criações científicas, artísticas e tecnológicas, d) as obras, objetos, documentos, edificações e demais espaços destinados às manifestações artístico-culturais, e) os conjuntos urbanos e sítios de valor histórico, paisagístico, artístico, arqueológico, paleontológico, ecológico e científico.

3.2.1 Proteção ao meio ambiente cultural: o **art. 216, § 1º** da CF arrola as seguintes medidas protetivas: a) **inventários**: levantamento dos bens culturais existentes, visando à respectiva identificação e proteção; b) **registros:** catalogação que assegura a preservação do patrimônio cultural imaterial (Decreto 3.551/00); c) **vigilância**; d) **tombamento:** restrição administrativa imposta ao direito de propriedade (Decreto-Lei 25/37); e) **desapropriação:** há a transferência do bem para o Poder Público (Decreto-Lei 3.365/41); f) **outras formas de acautelamento e preservação**: podemos citar aqui as medidas judiciais (ação civil pública e ação popular), instrumentos fiscais (como incentivos), planos de salvaguarda (apoiar a continuidade de modo sustentável) etc.

DICA IMPORTANTE

A EC 71/2012 instituiu o Sistema Nacional de Cultura, organizado em regime de colaboração, de forma descentralizada e participativa, que consiste em um processo de gestão e promoção conjunta de políticas públicas de cultura, democráticas e permanentes, pactuadas entre os entes da Federação e a sociedade, tendo por objetivo promover o desenvolvimento humano, social e econômico com pleno exercício dos direitos culturais. Por se tratar de alteração relativamente recente, sugerimos a leitura do art. 216-A da CF.

3.3 Meio ambiente artificial: vem disciplinado principalmente nos **arts. 182 e 183 da CF**, e compreende o **espaço urbano construído**, englobando o conjunto de edificações (espaço urbano fechado) e os equipamentos públicos (espaço urbano aberto), incorporados pelo homem e essenciais para a qualidade de vida individual e da coletividade.

Segundo preveem os §§ 1.º e 2.º do art. 182 da CF/88, o plano diretor, aprovado pela Câmara Municipal, obrigatório para cidades com mais de **vinte mil habitantes**, é o instrumento básico da política de desenvolvimento e de expansão urbana, sendo de observância obrigatória para que as propriedades atendam à sua função social.

O tema foi regulamentado pelo Estatuto das Cidades (Lei 10.257/01), em seus artigos 39 a 42-B, cuja leitura é recomendável.

> **MUITA ATENÇÃO!**
>
> O plano diretor será único para todo o território do município (art. 40, § 2.º do Estatuto das Cidades). Esta observação é importante porque foi cobrada no XX Exame de Ordem (jul/16), com o seguinte enunciado: "O prefeito do Município Alfa, que conta hoje com 30 (trinta) mil habitantes e tem mais de 30% de sua área constituída por cobertura vegetal, consulta o Procurador Geral do Município para verificar a necessidade de edição de Plano Diretor, em atendimento às disposições constitucionais e ao Estatuto da Cidade (Lei nº 10.257/01)". A resposta apontada correta pelo gabarito foi a seguinte: "Será necessária a edição de Plano Diretor, aprovado por lei municipal, que abrangerá todo o território do Município Alfa, em razão do seu número de habitantes".

3.4 Meio ambiente laboral ou do trabalho: tem previsão no **arts. 7º, XXII e 200, inciso VIII da CF** e está relacionado diretamente às condições de saúde e segurança do local em que trabalhador exerce seu ofício, independentemente de relação empregatícia, de modo que o mesmo tenha uma saudável qualidade de vida.

4. TUTELA CONSTITUCIONAL DO MEIO AMBIENTE: ESTUDO DO ART. 225

4.1 Noções

O termo **meio ambiente** foi utilizado no texto constitucional pela primeira vez na CF/88, que reservou um capítulo inteiro para a disciplina da matéria, além de tantos outros artigos. O **art. 225 da CF** é, sem dúvidas, o principal dispositivo constitucional sobre o meio ambiente.

Adotaremos aqui a divisão feita por JOSÉ AFONSO DA SILVA (2004, p. 52), que divide o dispositivo em três partes principais: **norma matriz (*caput*)**, **normas de efetivação (§ 1º)** e **normas específicas ou particulares (§§ 2º ao 6º).**

4.2 Norma matriz: o *caput* do art. 225 dispõe que "Todos têm direito ao meio ambiente ecologicamente equilibrado, bem de uso comum do povo e essencial à sadia qualidade de vida, impondo-se ao Poder Público e à coletividade o dever de defendê-lo e preservá-lo para as presentes e futuras gerações". A **garantia do meio ambiente ecologicamente equilibrado a todos** é a norma principal, um **direito fundamental** e **indisponível** que dá dinâmica e sentido a todas as demais.

A garantia prevista neste artigo representa um direito subjetivo oponível *erga omnes*, ou seja, poderá ser exigido do Estado e de todas as pessoas físicas e jurídicas. Meio ambiente ecologicamente equilibrado é o que harmoniza os fatores naturais, culturais, artificiais e laborais, garantindo plenas condições à sadia qualidade de vida.

O meio ambiente é um **bem de caráter difuso**, de modo que o direito de exigir sua integralidade pertence a toda à coletividade (**bem de uso comum do povo**). Para definir os bens ambientais, são utilizadas basicamente duas expressões: **a) macrobem**: considerado de maneira ampla como bem incorpóreo, imaterial, indisponível e inapropriável; b) **microbem**: são os bens ambientais em espécie (rios, florestas, montanhas, mares etc.).

A todos, sem exceção, cumpre a defesa e preservação do meio ambiente, garantindo-se que futuras gerações também possam gozá-lo (ética ou solidariedade intergeracional).

4.3 Normas de efetivação: são as normas de garantia previstas no § 1º que visam dar plena efetividade à norma matriz, criando para o Poder Público **deveres constitucionais**, representados por **obrigações de fazer**, consistentes em:

A **Preservar e restaurar os processos ecológicos essenciais e prover o manejo ecológico das espécies e ecossistemas (art. 225, § 1º, I)**: deve-se buscar manter ou preservar o que se encontra em boas condições originais e recuperar o que foi degradado. Segundo EDIS MILARÉ (2007, p. 152), **processos ecológicos essenciais** são aqueles que garantem o funcionamento dos ecossistemas e contribuem para a salubridade e higidez do meio ambiente. Já o **manejo ecológico de espécies e ecossistemas** representa lidar de maneira sustentável com as espécies, de maneira a conservá-las e, se possível, recuperá-las, e cuidar do equilíbrio das relações entre a comunidade biótica (biota é o conjunto de seres vivos de uma determinada região) e seu habitat.

B **Preservar a diversidade e a integridade do patrimônio genético do País e fiscalizar as entidades dedicadas à pesquisa e manipulação de material genético (art. 225, § 1º, II)**: preservar a biodiversidade significa adotar medidas para identificar e manter a diversidade de organismos vivos existentes. O patrimônio genético pode ser considerado como sendo o conjunto de seres que habitam o planeta (os animais – inclusive seres humanos –, os vegetais e os micro-organismos). Há uma preocupação da preservação do patrimônio genético por conta do crescente desaparecimento de espécies. Com relação à fiscalização das entidades dedicadas à pesquisa e manipulação de material genético, este tema é regulamentado pela Lei 11.105/05.

C **Definir, em todas as unidades da Federação, espaços territoriais e seus componentes a serem especialmente protegidos, sendo a alteração e a supressão permitidas somente através de lei, vedada qualquer utilização que comprometa a integridade dos atributos que justifiquem sua proteção (art. 225, § 1º, III)**: o tema será debatido no capítulo IV.

D Exigir, na forma da lei, para instalação de obra ou atividade potencialmente causadora de significativa degradação do meio ambiente, estudo prévio de impacto ambiental, a que se dará publicidade (art. 225, § 1º, IV): o dispositivo trata do Estudo Prévio de Impacto Ambiental (EPIA/RIMA ou EIA/RIMA), que é um instrumento típico de prevenção do dano ambiental e que parte do pressuposto de que a instalação de obra ou atividade viável economicamente pode causar degradação ambiental. A publicidade visa propiciar a participação popular. O tema merecerá atenção no capítulo III.

E Controlar a produção, a comercialização e o emprego de técnicas, métodos e substâncias que comportem risco para a vida, a qualidade de vida e o meio ambiente (art. 225, § 1º, V): prevê o dispositivo o **princípio do controle sobre o poluidor pelo Poder Público**, pelo qual este pode intervir em atividades privadas para impedir práticas potencialmente danosas à saúde da população e ao meio ambiente. Exemplo disso é o controle exercido sobre as atividades nucleares.

F Promover a educação ambiental em todos os níveis de ensino e a conscientização pública para a preservação do meio ambiente (art. 225, § 1º, VI): remetemos o leitor ao estudo feito no capítulo I sobre o princípio da educação ambiental.

G Proteger a fauna e a flora, vedadas, na forma da lei, as práticas que coloquem em risco sua função ecológica, provoquem a extinção de espécies ou submetam os animais a crueldade (art. 225, § 1º, VII): a função ecológica diz respeito às inter-relações da flora e da fauna com demais formas de vida que constituem um ecossistema. Podemos citar como exemplos de prevenção de práticas que provoquem a extinção de espécies, a vedação à caça profissional e o crime de introdução de espécies exóticas ou alienígenas; já com relação às práticas que submetem os animais à crueldade, podemos citar a proibição às rinhas de galo e à chamada "farra do boi".

> **MUITA ATENÇÃO!**
>
> A Emenda Constitucional 96/2017 inseriu o § 7.º no art. 225 para prever que "não se consideram cruéis as práticas desportivas que utilizem animais, desde que sejam manifestações culturais, conforme o § 1º do art. 215 desta Constituição Federal, registradas como bem de natureza imaterial integrante do patrimônio cultural brasileiro, devendo ser regulamentadas por lei específica que assegure o bem-estar dos animais envolvidos". A alteração do texto constitucional se deu após o STF considerar inconstitucional da prática da "vaquejada" (ADI 4893/CE), que contraria o art. 225, § 1.º, VII da CF/88, sendo permissiva de outras atividades, como o rodeio. Houve ajuizamento de ADI por parte da PGR (ADI 5772) e do Fórum Nacional de Proteção e Defesa Animal (ADI 5728) contra a EC 96/2017, ainda não julgadas até o fechamento desta edição. Em 2019 foi editada a Lei 13.873 para incluir o "laço" como manifestação cultural nacional, além de dispor sobre as modalidades esportivas equestres tradicionais e sobre a proteção ao bem-estar animal.

4.4 Normas específicas ou particulares: os §§ 2º a 6º tratam de áreas de grande relevância ecológica e de situações e temas de interesse para o meio ambiente, de modo que receberam proteção e previsão constitucionais específicas. Passemos, assim, à análise de cada um dos dispositivos:

A O meio ambiente e os reflexos da mineração (art. 225, § 2º): De acordo com esta previsão, "aquele que explorar recursos minerais fica obrigado a recuperar o meio ambiente degradado, de acordo com solução técnica exigida pelo órgão público competente, na forma da lei". Veja que o dano ambiental já é pressuposto na mineração, devendo ser reparado de acordo com orientações e diretrizes técnicas traçadas pelo Poder Público. Antes da CF/88, a Lei 6.938/81 já previa a recuperação de áreas degradadas como um dos princípios da Política Nacional do Meio Ambiente (art. 2º, VIII).

B Responsabilidade por dano ambiental (art. 225, § 3º): De acordo com esta previsão, "as condutas e atividades consideradas lesivas ao meio ambiente sujeitarão os infratores, pessoas físicas ou jurídicas, a sanções penais e administrativas, independentemente da obrigação de reparar os danos causados". O tema será debatido em capítulo específico.

C Proteção de microrregiões relevantes (art. 225, § 4º): A constituição expressamente estabeleceu proteção especial a cinco microrregiões, devido à importância de seus ecossistemas: "A **Floresta Amazônica brasileira**, a **Mata Atlântica**, a **Serra do Mar**, o **Pantanal Mato-Grossense** e a **Zona Costeira** são **patrimônio nacional**, e sua utilização far-se-á, na forma da lei, dentro de condições que assegurem a preservação do meio ambiente, inclusive quanto ao uso dos recursos naturais". A ideia de patrimônio nacional é bem mais ampla que o de mera propriedade do Estado, pois houve a preocupação de que toda a riqueza destes sistemas fosse repassada também às futuras gerações.

> **MUITA ATENÇÃO!**
>
> Em algumas provas a banca examinadora inseriu em alternativas de questões outras regiões relevantes, mas que não estão mencionadas no art. 225, § 4º da CF/88, como Atol das Rocas, caatinga, cerrado etc., o que tornou incorretos os enunciados. É bom, então, memorizar cinco microrregiões protegidas pelo art. 225, § 4º da CF/88.

? **QUESTÃO:** Qual é o regime jurídico das propriedades inseridas nestas áreas?

➥ ***RESPOSTA:*** *Este tema foi objeto de uma questão inteira no exame unificado de jan/10. É um erro pensar que as áreas inseridas nestas cinco microrregiões são necessariamente públicas e, portanto, bens da União. As propriedades privadas que foram abrangidas pela proteção do art. 225, § 4º não foram convertidas em bens públicos após a promulgação da CF/88. Na ocasião, foi considerada correta a seguinte assertiva: "Os proprietários dos imó-*

DIREITO AMBIENTAL

veis particulares inseridos nas florestas e matas referidas nesse dispositivo constitucional podem utilizar os recursos naturais existentes nessas áreas, desde que observadas as prescrições legais e respeitadas as condições necessárias à preservação ambiental".

D Indisponibilidade de terras devolutas necessárias à proteção de ecossistemas naturais (art. 225, § 5º): Estabelece o texto constitucional que "são indisponíveis as terras devolutas ou arrecadadas pelos Estados, por ações discriminatórias, necessárias à proteção dos ecossistemas naturais". As terras devolutas indispensáveis à preservação ambiental são bens públicos da União (art. 20, II da CF/88). Ainda que não exista ação de discriminação (processo identificação e incorporação ao patrimônio da União) das terras devolutas necessárias à proteção de ecossistemas naturais, estas serão consideradas indisponíveis e passíveis de proteção.

E Restrições à instalação de usinas nucleares (art. 225, § 6º): Estabelece o texto constitucional que "as usinas que operem com reator nuclear deverão ter sua **localização definida em lei federal**, sem o que não poderão ser instaladas". Quando o constituinte vincula o estabelecimento da localização da usina nucelar que opere reator nuclear à edição de lei, acaba por tornar a discussão também política, pois a própria viabilidade de instalação do empreendimento acabará sendo discutida também. Além da localização, que será definida em lei federal, a instalação de usina nuclear deverá observar todas as demais condicionantes ambientais, como o prévio licenciamento ambiental. É bom relembrar que é competência privativa da União legislar sobre atividades nucleares de qualquer natureza (art. 22, XXVI), de modo que o Município que receber a usina nuclear não poderá disciplinar o tema em sua legislação local.

5. COMPETÊNCIAS CONSTITUCIONAIS EM MATÉRIA AMBIENTAL

5.1 Noções

A Constituição determina no **art. 225** que o Poder Público tem o dever de defender e preservar o meio ambiente ecologicamente equilibrado. Partindo-se de tal pressuposto, a competência em matéria ambiental está fixada nos **arts. 21 a 25 e 30 da CF/88.**

Conforme entendimento da doutrina dominante, o sistema de proteção adotado no Brasil é o do **federalismo cooperativo**, em que todos os entes possuem em alguma medida competência para legislar sobre meio ambiente e atuar diretamente em sua proteção. Pode ocorrer, assim, a sobreposição de competências e eventual conflito de normas. Neste caso, valerá a **norma mais protetiva** e que **tenha relação com o bem ou interesse discutido.**

DICA IMPORTANTE

É importante uma leitura bem atenta dos itens seguintes porque **este tema é muito recorrente nos exames da ordem.** Em alguns pequenos detalhes tornavam incorretos os itens, levando a erro os candidatos desatentos. Portanto, leia com calma os temas e tente principalmente diferenciar a competência legislativa da competência material.

5.2 Competência Legislativa: é o poder outorgado aos entes federativos de produzirem leis e outros atos normativos em matéria ambiental. É de grande importância o estudo do tema, diante do que já foi dito sobre a possibilidade de "superposição legislativa".

A Competência Privativa da União: de acordo com o **art. 22, incisos IV, XII, XIV, XVIII e XXVI da CF** compete privativamente à União legislar sobre **águas, energia, jazidas, minas, outros recursos minerais, metalurgia, populações indígenas** e **atividades nucleares de qualquer natureza.** Não há a possibilidade de os Estados e Municípios suplementarem a legislação federal nestas matérias (princípio da prevalência do interesse), salvo se lei complementar autorizar **apenas os Estados** a legislar sobre questões específicas (é vedada a delegação genérica) conforme dispõe o art. 22, parágrafo único da CF/88.

MUITA ATENÇÃO!

O **art. 26, inciso I da CF** fixou como **bens dos Estados as águas superficiais ou subterrâneas, fluentes, emergentes** e **em depósito**. Assim, os Estados terão sob seu domínio estes bens, mas deverão administrá-los de acordo com legislação estabelecida pela União.

B Competência Própria dos Estados e Distrito Federal: apresenta-se de maneira bastante difusa e pode ser dividida em:

B.1 Competência Exclusiva: É chamada assim porque exclui dos outros entes a possibilidade de legislar sobre determinado tema. Em matéria ambiental, a competência exclusiva dos Estados está prevista no **art. 25, §§ 2º e 3º da CF:**

> § 2º – Cabe aos Estados explorar diretamente, ou mediante concessão, os serviços locais de gás canalizado, na forma da lei, vedada a edição de medida provisória para a sua regulamentação.
>
> § 3º – Os Estados poderão, mediante lei complementar, instituir regiões metropolitanas, aglomerações urbanas e microrregiões, constituídas por agrupamentos de municípios limítrofes, para integrar a organização, o planejamento e a execução de funções públicas de interesse comum.

MUITA ATENÇÃO!

Alguns autores tratam os conceitos de **competência privativa** e **exclusiva** como sendo **sinônimos**. Mas em geral são tratados como conceitos distintos, tendo como principal diferença a possibilidade de delegação da competência privativa, o que não é permitido para a exclusiva.

B.2 **Competência suplementar**: está prevista no **art. 24, § 2º da CF/88**. Os Estados podem **complementar** a legislação ambiental já existente. Exemplo do exercício desta competência é a previsão do art. 6º, § 1º da Lei 6.938/81: "Os Estados, na esfera de suas competências e nas áreas de sua jurisdição, **elaborarão normas supletivas e complementares e padrões relacionados com o meio ambiente**, observados os que forem estabelecidos pelo CONAMA".

B.3 **Competência remanescente**: está prevista no **art. 25, § 1º da CF**. Em síntese, são reservadas aos Estados as competências para legislar em matéria ambiental que não lhes sejam vedadas pela Constituição.

C **Competência concorrente da União, Estados e Distrito Federal**: na competência concorrente, as normas gerais serão fixadas pela União (**mínimo de proteção ambiental**). Com base em tais normas gerais, os Estados e Distrito Federal poderão apresentar **legislações mais restritivas no que se refere à proteção do meio ambiente**. A competência concorrente em matéria ambiental está prevista nos seguintes incisos do art. 24:

> I – direito tributário, financeiro, penitenciário, econômico e ***urbanístico***.

O dispositivo trata da tutela e regulação do **meio ambiente artificial**.

> VI – florestas, caça, pesca, fauna, conservação da natureza, defesa do solo e dos recursos naturais, proteção do meio ambiente e controle da poluição.

Observe que todos estes temas dizem respeito à **proteção do meio ambiente natural**.

> VII – proteção ao patrimônio histórico, cultural, artístico, turístico e paisagístico.

Todas as situações descritas estão inseridas no conceito de **proteção ao meio ambiente cultural**.

> VIII – responsabilidade por dano ao meio ambiente, ao consumidor, a bens e direitos de valor artístico, estético, histórico, turístico e paisagístico.

Este inciso consagra a ideia de **responsabilidade por dano ao meio ambiente em sentido amplo**.

Caso a União não legisle, estes temas poderão ser disciplinados por Estados e Distrito Federal (**competência concorrente plena ou supletiva**), lembrando que a superveniência de lei federal sobre normas gerais suspende a eficácia da lei estadual no que lhe for contrário.

DICA IMPORTANTE

Se ficar em dúvida na hora da prova sobre quais os temas são de competência concorrente, faça associação com as seguintes ideias: meio ambiente artificial (direito urbanístico), proteção do meio ambiente natural, proteção ao meio ambiente cultural e responsabilidade por dano ao meio ambiente em sentido amplo.

D **Competência dos Municípios**: os Municípios poderão legislar em **assuntos de interesse local** e **suplementar a legislação da União e Estados**, inclusive nas matérias previstas no art. 24. O STF decidiu, em sede de repercussão geral (RE 586.224), que "o Município é competente para legislar sobre meio ambiente com União e Estado, no limite de seu interesse local e desde que tal regramento seja harmônico com a disciplina estabelecida pelos demais entes federados (art. 24, VI c/c 30, I e II da CRFB)".

Podemos destacar, ainda, as seguintes competências trazidas no art. 30:

> VIII – promover, no que couber, o adequado ordenamento territorial, mediante planejamento e controle do uso, do parcelamento e da ocupação do solo urbano.
>
> IX – promover a proteção do patrimônio histórico-cultural local, observada a legislação e a ação fiscalizadora federal e estadual.

O conhecimento deste tema foi exigido no XXIII Exame de Ordem, com a proposição da seguinte questão: A Lei Federal nº 123, de iniciativa parlamentar, estabelece regras gerais acerca do parcelamento do solo urbano. Em seguida, a Lei Municipal nº 147 fixa área que será objeto do parcelamento, em função da subutilização de imóveis. Inconformado com a nova regra, que atinge seu imóvel, Carlos procura seu advogado para que o oriente sobre uma possível irregularidade nas novas regras". A resposta apontada como correta pelo gabarito considerou que nenhuma das leis possuía vício de competência, sendo ainda de competência dos municípios a execução de política urbana.

5.3 Competência material, administrativa ou executiva: atribui aos entes competentes o direito de **fiscalizar** e **impor sanções** em caso de descumprimento da norma ambiental. Ou seja, a competência material ou administrativa está relacionada ao exercício do **poder de polícia**.

A **Competência exclusiva da União**: as matérias inseridas na competência exclusiva da União dizem respeito a temas de **interesse nacional** e estão previstas nos seguintes incisos do **art. 21 da CF/88**:

IX – elaborar e executar planos nacionais e regionais de ordenação do território e de desenvolvimento econômico e social.

XII – explorar, diretamente ou mediante autorização, concessão ou permissão:

b) os serviços e instalações de energia elétrica e o aproveitamento energético dos cursos de água, em articulação com os Estados onde se situam os potenciais hidroenergéticos.

XV – organizar e manter os serviços oficiais de estatística, geografia, geologia e cartografia de âmbito nacional.

XIX – instituir sistema nacional de gerenciamento de recursos hídricos e definir critérios de outorga de direitos de seu uso.

XX – instituir diretrizes para o desenvolvimento urbano, inclusive habitação, saneamento básico e transportes urbanos.

XXII – executar os serviços de polícia marítima, aeroportuária e de fronteiras.

XXIII – explorar os serviços e instalações nucleares de qualquer natureza e exercer monopólio estatal sobre a pesquisa, a lavra, o enriquecimento e reprocessamento, a industrialização e o comércio de minérios nucleares e seus derivados, atendidos os seguintes princípios e condições:

a) toda atividade nuclear em território nacional somente será admitida para fins pacíficos e mediante aprovação do Congresso Nacional.

b) sob regime de permissão, são autorizadas a comercialização e a utilização de radioisótopos para a pesquisa e usos médicos, agrícolas e industriais;

c) sob regime de permissão, são autorizadas a produção, comercialização e utilização de radioisótopos de meia-vida igual ou inferior a duas horas;

d) a responsabilidade civil por danos nucleares independe da existência de culpa.

XXV – estabelecer as áreas e as condições para o exercício da atividade de garimpagem, em forma associativa.

b) Competência comum da União, Estados, Distrito Federal e Municípios: nesta situação todos os entes federativos se unem na defesa do meio ambiente e no exercício do poder de polícia. Está prevista nos seguintes incisos do **art. 23 da CF/88:**

III – proteger os documentos, as obras e outros bens de valor histórico, artístico e cultural, os monumentos, as paisagens naturais notáveis e os sítios arqueológicos.

IV – impedir a evasão, a destruição e a descaracterização de obras de arte e de outros bens de valor histórico, artístico ou cultural.

VI – proteger o meio ambiente e combater a poluição em qualquer de suas formas.

VII – preservar as florestas, a fauna e a flora.

VIII – fomentar a produção agropecuária e organizar o abastecimento alimentar.

IX – promover programas de construção de moradias e a melhoria das condições habitacionais e de saneamento básico.

XI – registrar, acompanhar e fiscalizar as concessões de direitos de pesquisa e exploração de recursos hídricos e minerais em seus territórios.

O parágrafo único do art. 23 estabelece que "**leis complementares** fixarão normas para a cooperação entre a União e os Estados, o Distrito Federal e os Municípios, tendo em vista o equilíbrio do desenvolvimento e do bem-estar em âmbito nacional". Sobre o tema, foi editada a **Lei Complementar 140, de 08 de dezembro de 2011**, que fixou normas, nos termos dos incisos III, VI e VII do *caput* e do parágrafo único do art. 23 da Constituição Federal, para a cooperação entre a União, os Estados, o Distrito Federal e os Municípios nas ações administrativas decorrentes do exercício da competência comum relativas à proteção das paisagens naturais notáveis, à proteção do meio ambiente, ao combate à poluição em qualquer de suas formas e à preservação das florestas, da fauna e da flora.

Dentre os instrumentos de cooperação institucional podemos destacar, entre outros, a formação da **Comissão Tripartite Nacional**, das **Comissões Tripartites Estaduais** e da **Comissão Bipartite do Distrito Federal** (art. 4º, III e §§ 2º a 5º).

Referida lei estabeleceu em seu art. 7º as ações da União, no art. 8º as ações administrativas dos Estados, no art. 9º as ações dos Municípios e no art. 10 as ações de competência do Distrito Federal, observando-se, entre outros critérios, a **predominância do interesse ambiental** envolvido. A título de exemplo, vale a pena a análise da seguinte questão, trazida no **XV Exame de Ordem (2014.3)**: "Antes de dar início à instalação de unidade industrial de produção de roupas no Município X, Júlio Cesar consulta seu advogado acerca dos procedimentos prévios ao começo da construção e produção". A alternativa correta indicou que, na hipótese de o impacto ser apenas **local**, a competência para o licenciamento ambiental seria do Município.

DICA IMPORTANTE

Desde que foi editada, a Lei Complementar 140/11 vem caindo com alguma frequência no Exame de Ordem. Basicamente, são dois os temas mais recorrentes: i) o conhecimento das competências de cada ente federativo (arts. 7º a 10); ii) competência para o licenciamento ambiental x exercício do poder de polícia (art. 17).

EM RESUMO: O MEIO AMBIENTE E A CONSTITUIÇÃO FEDERAL	
Conceito de Meio Ambiente	• Conjunto de condições, leis, influências e interações de ordem física, química, biológica, social, cultural e urbanística, que permite, abriga e rege a vida em todas as suas formas" (Resolução 306/2002, Anexo I, XII).
Classificação de Meio Ambiente	• **Meio ambiente natural:** previsto no **art. 225 da CF**. Engloba os elementos **bióticos** (que tem vida – fauna e flora) e **abióticos** (que não tem vida – recursos hídricos, a atmosfera, o solo, o subsolo, mar territorial, etc.). De acordo com a Lei da Política Nacional de Meio Ambiente (art. 3º, inciso I da Lei 6.938/81), meio ambiente natural é "o conjunto de condições, leis, influências e interações de ordem física, química e biológica, que permite, abriga e rege a vida em todas as suas formas". • **Meio ambiente cultural:** é patrimônio cultural brasileiro, cuja proteção está prevista no **arts. 215, 216 e 216-A da CF**. Compreende os bens de natureza **material** (obras de arte, imóveis históricos, museus etc.) e **imaterial** (danças, festas religiosas, etc.), tomados individualmente ou em conjunto, portadores de referência à identidade, à ação, à memória dos diferentes grupos formadores da sociedade brasileira, nos quais se incluem: a) as formas de expressão, b) os modos de criar, fazer e viver, c) as criações científicas, artísticas e tecnológicas, d) as obras, objetos, documentos, edificações e demais espaços destinados às manifestações artístico-culturais, e) os conjuntos urbanos e sítios de valor histórico, paisagístico, artístico, arqueológico, paleontológico, ecológico e científico. • **Proteção ao meio ambiente cultural:** o **art. 216, § 1º** da CF arrola as seguintes medidas protetivas: a) **inventários:** levantamento dos bens culturais existentes, visando à respectiva identificação e proteção; b) **registros:** catalogação que assegura a preservação do patrimônio cultural imaterial (Decreto 3.551/00); c) **vigilância**; d) **tombamento:** restrição administrativa imposta ao direito de propriedade (Decreto-Lei 25/37); e) **desapropriação:** há a transferência do bem para o Poder Público (Decreto-Lei 3.365/41); f) **outras formas de acautelamento e preservação:** podemos citar aqui as medidas judiciais (ação civil pública e ação popular), instrumentos fiscais (como incentivos), planos de salvaguarda (apoiar a continuidade de modo sustentável) etc. • **Meio ambiente artificial:** vem disciplinado principalmente nos **arts. 182 e 183 da CF**, e compreende o **espaço urbano construído**, englobando o conjunto de edificações (espaço urbano fechado) e os equipamentos públicos (espaço urbano aberto). • **Meio ambiente laboral:** tem previsão no **arts. 7º, XXII e 200, inciso VIII da CF** e está relacionado diretamente às condições de saúde e segurança do local em que trabalhador exerce seu ofício. • **Art. 225 da CF:** JOSÉ AFONSO DA SILVA (2004, p. 52), divide o dispositivo em três partes principais: **norma matriz (caput), normas de efetivação (§ 1º) e normas específicas ou particulares (§§ 2º ao 6º).** • **Norma matriz:** o *caput* do art. 225 dispõe que "Todos têm direito ao meio ambiente ecologicamente equilibrado, bem de uso comum do povo e essencial à sadia qualidade de vida, impondo-se ao Poder Público e à coletividade o dever de defendê-lo e preservá-lo para as presentes e futuras gerações". A **garantia do meio ambiente ecologicamente equilibrado a todos** é a norma principal, um **direito fundamental e indisponível** que dá dinâmica e sentido a todas as demais. Essa garantia representa um direito subjetivo oponível *erga omnes*, ou seja, poderá ser exigido do Estado e de todas as pessoas físicas e jurídicas. Meio ambiente ecologicamente equilibrado é o que harmoniza os fatores naturais, culturais, artificiais e laborais, garantindo plenas condições à sadia qualidade de vida. O meio ambiente é um **bem de caráter difuso**, de modo que o direito de exigir sua integralidade pertence a toda à coletividade (**bem de uso comum do povo**). Para definir os bens ambientais, são utilizadas basicamente duas expressões: **a) macrobem**: considerado de maneira ampla como bem incorpóreo, imaterial, indisponível e inapropriável; b) **microbem**: são os bens ambientais em espécie (rios, florestas, montanhas, mares etc.). A todos, sem exceção, cumpre a defesa e preservação do meio ambiente, garantindo-se que futuras gerações também possam gozá-lo (ética ou solidariedade intergeracional). • **Normas de efetivação:** são as normas de garantia previstas no § 1º que visam dar plena efetividade à norma matriz, criando para o Poder Público **deveres constitucionais**, representados por **obrigações de fazer**, consistentes em: **a)** Preservar e restaurar os processos ecológicos essenciais e prover o manejo ecológico das espécies e ecossistemas (art. 225, § 1º, I)**; b)** Preservar a diversidade e a integridade do patrimônio genético do País e fiscalizar as entidades dedicadas à pesquisa e manipulação de material genético (art. 225, § 1º, II); **c)** Definir, em todas as unidades da Federação, espaços territoriais e seus componentes a serem especialmente protegidos, sendo a alteração e a supressão permitidas somente através de lei, vedada qualquer utilização que comprometa a integridade dos atributos que justifiquem sua proteção (art. 225, § 1º, III); **d)** Exigir, na forma da lei, para instalação de obra ou atividade potencialmente causadora de significativa degradação do meio ambiente, estudo prévio de impacto ambiental, a que se dará publicidade (art. 225, § 1º, IV); **e)** Controlar a produção, a comercialização e o emprego de técnicas, métodos e substâncias que comportem risco para a vida, a qualidade de vida e o meio ambiente (art. 225, § 1º, V); **f)** Promover a educação ambiental em todos os níveis de ensino e a conscientização pública para a preservação do meio ambiente (art. 225, § 1º, VI); **g)** Proteger a fauna e a flora, vedadas, na forma da lei, as práticas que coloquem em risco sua função ecológica, provoquem a extinção de espécies ou submetam os animais a crueldade (art. 225, § 1º, VII); h)

EM RESUMO: O MEIO AMBIENTE E A CONSTITUIÇÃO FEDERAL	
Tutela Constitucional do Meio Ambiente	• **Normas específicas ou particulares:** os §§ 2º a 6º tratam de áreas de grande relevância ecológica e de situações e temas de interesse para o meio ambiente, de modo que receberam proteção e previsão constitucionais específicas. **a) O meio ambiente e os reflexos da mineração (art. 225, § 2º):** "aquele que explorar recursos minerais fica obrigado a recuperar o meio ambiente degradado, de acordo com solução técnica exigida pelo órgão público competente, na forma da lei". **b) Responsabilidade por dano ambiental (art. 225, § 3º):** "as condutas e atividades consideradas lesivas ao meio ambiente sujeitarão os infratores, pessoas físicas ou jurídicas, a sanções penais e administrativas, independentemente da obrigação de reparar os danos causados". **c) Proteção de microrregiões relevantes (art. 225, § 4º):** "A **Floresta Amazônica brasileira**, a **Mata Atlântica**, a **Serra do Mar**, o **Pantanal Mato-Grossense** e a **Zona Costeira** são **patrimônio nacional**, e sua utilização far-se-á, na forma da lei, dentro de condições que assegurem a preservação do meio ambiente, inclusive quanto ao uso dos recursos naturais". **d) Indisponibilidade de terras devolutas necessárias à proteção de ecossistemas naturais (art. 225, § 5º):** "são indisponíveis as terras devolutas ou arrecadadas pelos Estados, por ações discriminatórias, necessárias à proteção dos ecossistemas naturais". **e) Restrições à instalação de usinas nucleares (art. 225, § 6º):** Estabelece o texto constitucional que "as usinas que operem com reator nuclear deverão ter sua **localização definida em lei federal**, sem o que não poderão ser instaladas".
Competências Constitucionais em Matéria Ambiental	• **Competência Legislativa:** é o poder outorgado aos entes federativos de produzirem leis e outros atos normativos em matéria ambiental. **a) Competência Privativa da União:** de acordo com o **art. 22, incisos IV, XII, XIV, XVIII e XXVI da CF** compete privativamente à União legislar sobre **águas, energia, jazidas, minas, outros recursos minerais, metalurgia, populações indígenas** e **atividades nucleares de qualquer natureza**. Não há a possibilidade de os Estados e Municípios suplementarem a legislação federal nestas matérias (princípio da prevalência do interesse), salvo se lei complementar autorizar **apenas os Estados** a legislar sobre questões específicas (é vedada a delegação genérica) conforme dispõe o art. 22, parágrafo único da CF/88. **b) Competência Própria dos Estados e Distrito Federal:** **Competência Exclusiva:** exclui dos outros entes a possibilidade de legislar sobre determinado tema. Em matéria ambiental, a competência exclusiva dos Estados está prevista no **art. 25, §§ 2º e 3º da CF.** **Competência suplementar**: prevista no **art. 24, § 2º da CF/88.** Os Estados podem **complementar** a legislação ambiental já existente. **Competência remanescente**: prevista no **art. 25, § 1º da CF**. Em síntese, são reservadas aos Estados as competências para legislar em matéria ambiental que não lhes sejam vedadas pela Constituição. **c) Competência concorrente da União, Estados e Distrito Federal**: na competência concorrente, as normas gerais serão fixadas pela União (**mínimo de proteção ambiental**). Com base em tais normas gerais, os Estados e Distrito Federal poderão apresentar legislações mais restritivas no que se refere à proteção do meio ambiente. A competência concorrente em matéria ambiental está prevista nos incisos I, VI, VII e VIII do art. 24. *Caso a União não legisle, estes temas poderão ser disciplinados por Estados e Distrito Federal (**competência concorrente plena ou supletiva**), lembrando que a superveniência de lei federal sobre normas gerais suspende a eficácia da lei estadual no que lhe for contrário.* **d) Competência dos Municípios**: os Municípios poderão legislar em **assuntos de interesse local e suplementar a legislação da União e Estados**, inclusive nas matérias previstas no art. 24. Destaca-se, ainda, as competências trazidas no art. 30, incisos VIII e IX. • **Competência material, administrativa ou executiva**: atribui aos entes competentes o direito de **fiscalizar** e **impor sanções** em caso de descumprimento da norma ambiental. Ou seja, a competência material ou administrativa está relacionada ao exercício do **poder de polícia.** a) **Competência exclusiva da União**: as matérias inseridas na competência exclusiva da União dizem respeito a temas de **interesse nacional** e estão previstas nos incisos IX, XII, XV, XIX, XX, XXII, XXIII e XXV do **art. 21 da CF/88.** b) **Competência comum da União, Estados, Distrito Federal e Municípios:** nesta situação todos os entes federativos se unem na defesa do meio ambiente e no exercício do poder de polícia. Está prevista nos incisos III, IV, VI, VII, VIII, IX e XI do **art. 23 da CF/88.** **O parágrafo único do art. 23** estabelece que "**leis complementares** fixarão normas para a cooperação entre a União e os Estados, o Distrito Federal e os Municípios, tendo em vista o equilíbrio do desenvolvimento e do bem-estar em âmbito nacional". Sobre o tema, foi editada a **Lei Complementar 140, de 08 de dezembro de 2011**, que fixou normas, nos termos dos incisos III, VI e VII do *caput* e do parágrafo único do art. 23 da CF, para a cooperação entre a União, os Estados, o Distrito Federal e os Municípios nas ações administrativas decorrentes do exercício da competência comum relativas à proteção das paisagens naturais notáveis, à proteção do meio ambiente, ao combate à poluição em qualquer de suas formas e à preservação das florestas, da fauna e da flora. Dentre os instrumentos de cooperação institucional destaca-se, entre outros, a formação da **Comissão Tripartite Nacional**, das **Comissões Tripartites Estaduais** e da **Comissão Bipartite do Distrito Federal** (art. 4º, III e §§ 2º a 5º). Referida lei estabeleceu em seu art. 7º as ações da União, no art. 8º as ações administrativas dos Estados, no art. 9º as ações dos Municípios e no art. 10 as ações de competência do Distrito Federal, observando-se, entre outros critérios, a **predominância do interesse ambiental** envolvido.

CAPÍTULO III

POLÍTICA NACIONAL DO MEIO AMBIENTE (PNMA)

1. NOÇÕES

A **Política Nacional de Meio Ambiente (PNMA)** foi inaugurada no Brasil pela **Lei 6.938/81**, que atualmente ainda é considerada a principal norma geral para a proteção do meio ambiente.

Em apertada síntese, a PNMA reúne uma série de **objetivos**, **princípios** e **instrumentos** (como exercício do poder de polícia ambiental, estabelecimento de padrões ambientais, exigência prévia de EIA etc.) que têm por principal objetivo compatibilizar a preservação da qualidade do meio ambiente e do equilíbrio ecológico com o desenvolvimento da sociedade, e que devem ser observados pela União, Estados, Distrito Federal e Municípios.

Dentre as principais matérias tratadas pela Lei 6.938/81, podemos destacar a criação do **Sistema Nacional do Meio Ambiente** e de **instrumentos garantidores** da PNMA.

Faremos também análise pontual da Lei 12.305/2010, que institui a Política Nacional de Resíduos Sólidos. Este tem já foi cobrado no Exame de Ordem.

2. CONCEITOS BÁSICOS RELEVANTES

Além da definição de meio ambiente, já transcrita no capítulo II, a Lei 6.938/81, em seu art. 3º, trouxe alguns conceitos importantes que merecem ser transcritos:

A **degradação da qualidade ambiental**: a alteração adversa das características do meio ambiente.

B **poluição:** a degradação da qualidade ambiental resultante de atividades que direta ou indiretamente:

- prejudiquem a saúde, a segurança e o bem-estar da população;
- criem condições adversas às atividades sociais e econômicas;
- afetem desfavoravelmente a biota;
- afetem as condições estéticas ou sanitárias do meio ambiente;
- lancem matérias ou energia em desacordo com os padrões ambientais estabelecidos.

C **poluidor:** a pessoa física ou jurídica, de direito público ou privado, responsável, direta ou indiretamente, por atividade causadora de degradação ambiental.

D **recursos ambientais**: a atmosfera, as águas interiores, superficiais e subterrâneas, os estuários, o mar territorial, o solo, o subsolo, os elementos da biosfera, a fauna e a flora.

3. SISTEMA NACIONAL DO MEIO AMBIENTE – SISNAMA

Visando à implementação da PNMA, a Lei 6.938/81 criou o **Sistema Nacional de Meio Ambiente (SISNAMA)**, que engloba uma série de órgãos e entidades no âmbito federal, estadual e municipal. Cada um dos órgãos possui sua própria esfera de atribuições e são, em seu conjunto, responsáveis pela proteção e melhoria da qualidade ambiental.

O **SISNAMA** possui a seguinte composição:

A **Conselho de Governo**: é um órgão superior, com a função de assessorar o Presidente da República na formulação da política nacional e nas diretrizes governamentais para o meio ambiente e os recursos ambientais. É composto pelos Ministros de Estado, pelos titulares essenciais da Presidência da República e pelo Advogado-Geral da União e será presidido pelo Presidente da República ou, por sua determinação, pelo Ministro da Casa Civil.

B **Conselho Nacional do Meio Ambiente (CONAMA)**: é um órgão consultivo e deliberativo, com a finalidade de assessorar, estudar e propor ao Conselho de Governo, diretrizes de políticas governamentais para o meio ambiente e os recursos naturais e deliberar, no âmbito de sua competência, sobre normas e padrões compatíveis com o meio ambiente ecologicamente equilibrado e essencial à sadia qualidade de vida (art. 6º, II da Lei 6.938/81). Em síntese, o **CONAMA assessora o Conselho de Governo** e **possui competência normativa (meramente regulamentar) nos assuntos de sua**

competência (art. 8º da Lei 6.938/81), principalmente na complementação da legislação federal ambiental. O CONAMA é composto dos seguintes órgãos: 1) **Plenário** (instância máxima); 2) **Comitê de Integração de Políticas Ambientais** – CIPAM (é a Secretaria Executiva do CONAMA); 3) **Câmaras Técnicas** (câmaras temáticas); 4) **Grupos Assessores**; 5) **Grupos de Trabalho**; 6) **Câmara Especial Recursal** (última instância recursal).

C **Ministério do Meio Ambiente**: é o **órgão central**, que substituiu a Secretaria do Meio Ambiente da Presidência da República (SEMA), com a finalidade de planejar, coordenar, supervisionar e controlar, como órgão federal, a política nacional e as diretrizes governamentais fixadas para o meio ambiente.

D **Instituto Brasileiro do Meio Ambiente e dos Recursos Naturais Renováveis – IBAMA:** é um órgão de execução, com a finalidade de executar e fazer executar, como órgão federal, a política e diretrizes governamentais fixadas para o meio ambiente. O IBAMA é uma autarquia federal em regime especial, vinculada ao Ministério do Meio Ambiente. Como exemplo das atribuições do IBAMA podemos citar o exercício do poder de polícia ambiental.

E **Instituto Chico Mendes de Conservação da Biodiversidade – ICMBio**: apesar de não constar expressamente na Lei 6.938/81, o ICMBio, que também é uma autarquia federal, pode ser considerado um órgão de execução (vide art. 3º, IV do Decreto 99.274/90). Basicamente, a atuação do ICMBio ocorrerá nas **unidades de conservação** previstas na Lei 9.985/00. O que não está na competência executiva do ICMBio permanece com o IBAMA que conservará, ainda, o exercício supletivo do poder de polícia ambiental nas unidades de conservação.

F **Órgãos Seccionais**: os órgãos ou entidades estaduais responsáveis pela execução de programas, projetos e pelo controle e fiscalização de atividades capazes de provocar a degradação ambiental. Cada estrutura estadual se organizará e criará seus próprios órgãos e instituições.

G **Órgãos Locais**: os órgãos ou entidades municipais, responsáveis pelo controle e fiscalização dessas atividades, nas suas respectivas jurisdições.

EM RESUMO: Composição do SISNAMA	
Órgão superior	Conselho do Governo
Órgão consultivo e deliberativo	CONAMA
Órgão central	Ministério do Meio Ambiente
Órgãos executores	IBAMA e ICMBio
Órgãos seccionais	Órgãos ambientais estaduais
Órgão local	Órgão ambiental municipal

4. INSTRUMENTOS DA PNMA

O **art. 9º da Lei 6.938/81** estabelece diversas ações concretas para a efetivação da PNMA, chamadas de **instrumentos**, enumeradas a seguir e com algumas considerações às mais importantes.

O rol é **meramente exemplificativo**, existindo outros instrumentos esparsos pela legislação. Um exemplo é o chamado "ICMS Ecológico" em que, a partir da previsão do art. 158, IV, c/c parágrafo único, II, da CF/88, **lei estadual** estabelece critérios ambientais para distribuição de até 25% do ICMS arrecadado pelo Estado aos seus Municípios que adotarem políticas de preservação do meio ambiente em seu território. O **exame unificado 2013.3** trouxe questão com um bom exemplo de aplicação do "ICMS Ecológico": "O estado Y pretende melhorar a qualidade do ar e da água em certa região que compõe o seu território, a qual é abrangida por quatro municípios". O examinador pediu que o candidato assinalasse a alternativa que indicasse a medida que o estado Y deveria adotar, tendo o gabarito apontado a seguinte alternativa: "Incentivar os municípios que atingirem as metas ambientais estipuladas em lei estadual, por meio de distribuição de parte do ICMS arrecadado, nos limites constitucionalmente autorizados".

> **DICA IMPORTANTE**
> Em algumas questões do exame de ordem foi exigido conhecimento literal dos incisos do art. 9º. Vale a pena, então, uma leitura atenta.

4.1 Estabelecimento de padrões de qualidade ambiental (I): são os limites toleráveis de utilização dos bens naturais, permitindo-se a fixação de um padrão de qualidade de acordo com determinado recurso natural (Ex.: ar, água etc.). Em regra, estes padrões são estabelecidos pelas Resoluções do CONAMA, mas nada impede que outros órgãos ambientais estaduais e municipais, observando interesses regionais e locais, respectivamente, fixem seus próprios padrões, que podem até ser mais rigorosos. O que estiver acima dos padrões fixados, será considerado nocivo. Ex.: Resolução CONAMA 05/89, que instituiu o Programa Nacional de Controle da Qualidade do Ar – PRONAR.

4.2 Zoneamento ambiental (II): zoneamento é um instrumento urbanístico de regulação do uso e ocupação dos espaços urbanos, que pode ser de três espécies: **urbano**, **industrial** e **ambiental**. Por seu turno, o **zoneamento ambiental** é um instrumento de organização do território que consiste na delimitação de zonas ambientais e a definição de quais planos, obras e atividades públicas ou privadas podem ser implantadas em determinada na região em que aqueles espaços estão inseridos, observando-se as características do meio ambiente existente, garantindo-se o desenvolvimento sustentável, com o uso racional dos recursos naturais disponíveis, e a melhoria das condições de vida da população. O levantamento e delimitação destas zonas ambientais devem observar conhecimentos multidisciplinares (biológicos, urbanistas, de engenharia etc.). É também chamado de **Zoneamento Ecológico-Econômico – ZEE** e é regulamentado pelo Decreto 4.297/02.

4.3 A avaliação de impactos ambientais (III): a Avaliação de Impactos Ambientais (AIA) será obrigatória para os empreendimentos considerados efetiva ou potencialmente causadores de modificações no meio ambiente e auxiliará os órgãos ambientais no processo de **licenciamento ambiental**. Quando o empreendedor iniciar o processo de licenciamento ambiental de seu empreendimento (assunto tratado no tópico 4.4), será informado sobre quais avaliações de impactos ambientais deverá elaborar, devendo arcar com suas despesas. A AIA compreende uma série de medidas, dentre quais destacamos o **estudo prévio de impacto ambiental**, o **relatório ambiental**, o **plano e projeto de controle ambiental**, o **relatório preliminar ambiental (RAP)**, etc. Não podemos deixar de mencionar também o **Estudo de Impacto de Vizinhança**, previsto no Estatuto das Cidades (Lei 10.257/01). Estudaremos as principais espécies de AIA nos tópicos que se seguem.

A Estudo Prévio de Impacto Ambiental (EIA/RIMA): previsto também no texto constitucional (art. 225, § 1º, IV), é regulamentado pela **Resolução CONAMA 01/86** e consiste em um **estudo prévio e multidisciplinar** realizado por uma equipe composta das mais variadas áreas do conhecimento e cujo objetivo é apontar, sob a ótica ambiental, os pontos favoráveis e desfavoráveis de um empreendimento que tenha **grande potencial de degradação ambiental**, indicando, ainda, as medidas cabíveis para se evitar ou minorar os impactos ambientais. Em síntese, no **EIA ou EPIA (Estudo Prévio de Impacto Ambiental)** são feitos detalhamentos técnico-científicos do projeto (diagnóstico ambiental e análise do impacto causado), além de contemplar todas alternativas de minoração do dano e de acompanhamento e monitoramento de sua execução ou mesmo concluindo pela não execução do empreendimento; no **RIMA (Relatório de Impacto ao Meio Ambiente)** é feita uma espécie de "tradução" das conclusões do EIA, apresentando-as de forma clara e acessível à compreensão da população, ressalvando-se o **segredo industrial**. Podemos destacar, ainda, sobre o EIA/RIMA:

A.1 Se houver dúvida quanto à necessidade do estudo, o mesmo deverá ser feito (*in dubio pro ambiente*).

A.2 A equipe multidisciplinar que realizará os estudos **será contratada pelo próprio empreendedor** e deverá estar **cadastrada junto ao IBAMA**. Os profissionais poderão responder civilmente pelas conclusões do estudo.

A.3 Há a possibilidade de realização de uma ou mais **audiências públicas**, cujo objetivo é expor as conclusões dos estudos, principalmente o RIMA, dirimindo dúvidas e recolhendo dos presentes as críticas e sugestões a respeito. A ata elaborada desta reunião fará parte do licenciamento e poderá ser considerada na decisão final do órgão de aprovar ou não o projeto. A audiência não é etapa obrigatória do licenciamento ambiental e poderá ser convocada em quatro situações:

- **quando o órgão ambiental entender necessário;**
- **quando solicitada por entidade civil;**
- **a pedido de 50 ou mais cidadãos;**
- **a pedido do Ministério Público.**

Mas se for solicitada a audiência pública, será obrigatória sua realização, sob pena de invalidação da licença concedida sem este ato.

? **QUESTÃO:** Quais são as atividades que ensejam a elaboração do EIA/RIMA?

➥ ***RESPOSTA:*** *A Resolução CONAMA 01/86 enumera em seu art. 2º diversas atividades cujo licenciamento exige a elaboração de EIA/RIMA (o dano, nestes casos, é presumido), não existindo discricionariedade do órgão ambiental nestas situações. Podemos citar como exemplo a construção de estradas de rodagem, ferrovias, oleodutos, linhas de transmissão de energia etc. O rol é meramente exemplificativo, já que a própria CF/88 fixou o pressuposto para a realização do estudo: obra ou atividade causadora de significativa degradação ambiental.*

B Estudo de Impacto de Vizinhança (EIV): o EIV é um importante instrumento de política urbana (art. 4º, VI da Lei 10.257/01). O EIV será previsto em Lei Municipal, que definirá os empreendimentos e atividades privados ou públicos em área urbana que dependerão de sua elaboração para obter as licenças ou autorizações de construção, ampliação ou funcionamento a cargo do Poder Público municipal. O EIV tem por principal objetivo avaliar os efeitos positivos e negativos do empreendimento ou atividade quanto à qualidade de vida da população residente na área e suas proximidades, abordando-se necessariamente as seguintes questões:

- adensamento populacional;
- equipamentos urbanos e comunitários;
- uso e ocupação do solo;
- valorização imobiliária;
- geração de tráfego e demanda por transporte público;
- ventilação e iluminação e;
- paisagem urbana e patrimônio natural e cultural. Será dada publicidade aos documentos integrantes do EIV, que ficarão disponíveis para consulta, no órgão competente do Poder Público municipal, por qualquer interessado.

MUITA ATENÇÃO! A realização do **EIV** não exclui a necessidade de elaboração do **EIA/RIMA** se o empreendimento se enquadrar como atividade causadora de significativa degradação ambiental, nos termos da legislação ambiental.

4.4 O licenciamento e a revisão de atividades efetiva ou potencialmente poluidoras (IV): o dispositivo realça o exercício do **poder de polícia** por parte dos órgãos ambientais, ao exigir prévio licenciamento ambiental para determinadas atividades. O licenciamento é também condição para a concessão de benefícios aos empreendedores por parte de entidades e órgãos de financiamento e incentivos governamentais (art. 12 da Lei 6.938/81). A **Resolução CONAMA 237/97** é considerada a **norma geral sobre licenciamento ambiental**. Mas há diversas outras resoluções do CONAMA disciplinando o processo de licenciamento de atividades específicas, como a 05/88 (obras de saneamento), 08/88, (atividade mineral, uso de mercúrio metálico e de cianeto), 377/06 (Sistemas de Esgotamento Sanitário) etc. A Lei Complementar 140/11 trouxe algumas normas definidoras de **competência para licenciamento de atividades e empreendimentos** por parte da **União** (art. 7º, XIV), **Estados** (art. 8º, XV), **Municípios** (art. 9º, XIV) e Distrito Federal (art. 10). Os empreendimentos e atividades serão licenciados ou autorizados por um único ente federativo (art. 13).

Todavia, a referida lei admite a delegação, mediante convênio, de ações administrativas de um ente competente a outro, desde que o destinatário da delegação disponha de órgão ambiental capacitado a executar as ações delegadas e de conselho do meio ambiente (art. 5.º). Esta possibilidade de delegação foi explorada no XXXII exame de ordem (2021.1), com a proposta do seguinte caso: "A sociedade empresária Alfa opera, com regular licença ambiental expedida pelo órgão federal competente, empreendimento da área de refino de petróleo que está instalado nos limites do território do Estado da Federação Beta e localizado no interior de unidade de conservação instituída pela União. Durante o prazo de validade da licença de operação, o órgão federal competente, com a aquiescência do órgão estadual competente do Estado Beta, deseja delegar a execução de ações administrativas a ele atribuídas, consistente na fiscalização do cumprimento de condicionantes da licença ambiental para o Estado Beta". Sobre a delegação pretendida pelo órgão federal, consoante dispõe a Lei Complementar 140/2011, a resposta apontada no gabarito indicou que é possível, desde que o Estado Beta disponha de órgão ambiental capacitado a executar as ações administrativas a serem delegadas e de conselho de meio ambiente.

A **Definição de licenciamento ambiental:** De acordo com a Resolução CONAMA 237/97, **licenciamento ambiental** é o "**procedimento administrativo** pelo qual o órgão ambiental competente licencia a localização, instalação, ampliação e a operação de empreendimentos e atividades utilizadoras de recursos ambientais, consideradas **efetiva ou potencialmente poluidoras** ou daquelas que, sob qualquer forma, possam causar **degradação ambiental**, considerando as disposições legais e regulamentares e as normas técnicas aplicáveis ao caso". É por meio do licenciamento que o particular, cuja atividade se enquadre em uma destas situações descritas, obtém do Poder Público o consentimento para a utilização de determinado recurso natural, o que geralmente se dará pela concessão de uma ou mais licenças. É importante lembrar que no Direito Ambiental o termo licenciamento é usado de maneira ampla, para abranger, além das licenças, as autorizações ambientais, que têm caráter precário e não vinculado (Cf. AMADO, 2011, p. 102).

? **QUESTÃO:** O que é uma licença ambiental?

RESPOSTA: *A Resolução CONAMA 237/97 conceitua licença ambiental como sendo o "ato administrativo pelo qual o órgão ambiental competente, estabelece as condições, restrições e medidas de controle ambiental que deverão ser obedecidas pelo empreendedor, pessoa física ou jurídica, para localizar, instalar, ampliar e operar empreendimentos ou atividades utilizadoras dos recursos ambientais consideradas efetiva ou potencialmente poluidoras ou aquelas que, sob qualquer forma, possam causar degradação ambiental" (art. 2º, II).*

MUITA ATENÇÃO!

O **EIA/RIMA** somente será exigido no licenciamento ambiental para as atividades consideradas efetiva ou potencialmente causadoras de significativa degradação do meio ambiente. Para as outras atividades, que não se enquadram nesta situação, o órgão ambiental competente definirá os estudos ambientais pertinentes ao respectivo processo de licenciamento (art. 3º da Resolução CONAMA 237/97).

B Espécies de licença ambiental: As licenças ambientais poderão ser expedidas **isolada** ou **sucessivamente**, de acordo com a natureza, características e fase do empreendimento ou atividade, contemplando as espécies resumidas no seguinte quadro:

Quadro Comparativo: Espécies de Licença Ambiental

Espécie	Hipótese de Cabimento	Prazo de Validade	
		Máx.	Mín.
Licença Prévia (LP)	Concedida na fase preliminar do planejamento do empreendimento ou atividade, aprovando sua localização e concepção, atestando a viabilidade ambiental e estabelecendo os requisitos básicos e condicionantes a serem atendidos nas próximas fases de sua implementação.	5 anos	Necessário para o tempo estabelecido pelo cronograma de elaboração dos planos, programas e projetos relativos ao empreendimento ou atividade.
Licença de Instalação (LI)	Autoriza a instalação do empreendimento ou atividade de acordo com as especificações constantes dos planos, programas e projetos aprovados, incluindo as medidas de controle ambiental e demais condicionantes, da qual constituem motivo determinante.	6 anos	O estabelecido pelo cronograma de instalação do empreendimento ou atividade.
Licença de Operação (LO)	Autoriza a operação da atividade ou empreendimento, após a verificação do efetivo cumprimento do que consta das licenças anteriores, com as medidas de controle ambiental e condicionantes determinados para a operação.	10 anos	4 anos

? **QUESTÃO:** A licença concedida pode ser suspensa, cancelada ou revogada?

RESPOSTA: *O art. 19 da Resolução CONAMA 237/97 estabelece que, mediante decisão motivada, poderão ser modificados as condicionantes e as medidas de controle e adequação, suspendendo ou cancelando uma licença expedida, quando ocorrer:* **I** *– Violação ou inadequação de quaisquer condicionantes ou normas legais;* **II** *– Omissão ou falsa descrição de informações relevantes que subsidiaram a expedição da licença;* **III** *- superveniência de graves riscos ambientais e de saúde. A revogação da licença, que diz respeito a motivos conveniência e oportunidade do órgão ambiental, tem sido admitida, gerando alguma discussão sobre a necessidade ou não de indenizar o empreendedor. Ex.: em uma área em que foi concedida licença para extração de determinado mineral, o Poder Público decide criar uma unidade de conservação ambiental. Haverá a revogação da licença inicialmente concedida.*

FIQUE POR DENTRO:

LICENÇAS ESPECÍFICAS

Além das licenças acima previstas, há outras previstas para algumas atividades específicas. Exemplo disso é o **licenciamento petrolífero**, regulamentado pela Resolução CONAMA 23/1994, que previu duas licenças prévias: a de **Licença de Perfuração (LPer)** e a **Licença de Produção para Pesquisa (LPro)**.

C Procedimento do licenciamento: são trazidas pelo art. 10 da Resolução CONAMA 237/97 e seguem o seguinte esquema sintético:

4.5 Os incentivos à produção e instalação de equipamentos e a criação ou absorção de tecnologia, voltados para a melhoria da qualidade ambiental (V): podemos citar como exemplo deste instrumento os processos de certificação da **ISO 9.000** e **ISO 14.001**, rotulagem ambiental etc. Ainda podemos mencionar a possibilidade de concessão de incentivos fiscais, subsídios governamentais entre outros.

4.6 A criação de espaços territoriais especialmente protegidos pelo Poder Público federal, estadual e municipal, tais como áreas de proteção ambiental, de relevante interesse ecológico e reservas extrativistas (VI): este tema será estudado no capítulo reservado aos Espaços Territoriais Especialmente Protegidos.

4.7 O sistema nacional de informações sobre o meio ambiente (VII): conhecido pela sigla SINIMA. Podemos citar também como importante ferramenta de informações sobre o meio ambiente o CNIA – Centro Nacional de Informação Ambiental.

4.8 O Cadastro Técnico Federal de Atividades e Instrumentos de Defesa Ambiental (VIII).

4.9 As penalidades disciplinares ou compensatórias ao não cumprimento das medidas necessárias à preservação ou correção da degradação ambiental (IX): o tema está previsto no art. 225, § 3º da CF/88 e é regulamentado principalmente pela Lei 9.605/98 e pelo Decreto 6.514/08.

4.10 A instituição do Relatório de Qualidade do Meio Ambiente, a ser divulgado anualmente pelo Instituto Brasileiro do Meio Ambiente e Recursos Naturais Renováveis – IBAMA (X): ainda está pendente de regulamentação. Tem por objetivo fornecer à sociedade um diagnóstico da qualidade ambiental dos diversos ecossistemas brasileiros.

4.11 A garantia da prestação de informações relativas ao Meio Ambiente, obrigando-se o Poder Público a produzi-las, quando inexistentes (XI): esta previsão decorre dos princípios da publicidade e da informação. O acesso público aos dados e informações ambientais existentes nos órgãos e entidades integrantes do SISNAMA é regulamentado pela Lei 10.650/03. Por esta lei, qualquer indivíduo (**não necessariamente cidadão! MUITA ATENÇÃO!**), **independentemente da comprovação de interesse específico**, terá acesso às informações referidas no art. 1º da referida lei, mediante **requerimento escrito**, no qual assumirá a obrigação de não utilizar as informações colhidas para fins comerciais, sob as penas da lei civil, penal, de direito autoral e de propriedade industrial, assim como de citar as fontes, caso, por qualquer meio, venha a divulgar os aludidos dados. Fica ressalvado deste acesso o sigilo comercial, industrial, financeiro ou qualquer outro sigilo protegido por lei, bem como o relativo às comunicações internas dos órgãos e entidades governamentais. Com base nestas premissas, foi considerada **correta** a seguinte assertiva, retirada de questão do **exame unificado de jul/11**: "Uma pessoa jurídica com sede na França poderá solicitar, aos órgãos integrantes do Sisnama, mediante requerimento escrito, mesmo sem comprovação de interesse específico, informações sobre resultados de monitoramento e auditoria nos sistemas de controle de poluição e de atividades potencialmente poluidoras das empresas brasileiras".

4.12 O Cadastro Técnico Federal de atividades potencialmente poluidoras e/ou utilizadoras dos recursos ambientais (XII).

4.13 Instrumentos econômicos, como concessão florestal, servidão ambiental, seguro ambiental e outros: busca-se, por meio de incentivos econômicos, fomentar a preservação do meio ambiente. O rol dos instrumentos apresentado é meramente exemplificativo. A **concessão florestal** está prevista na Lei 11.284/06 e representa delegação onerosa, feita pelo poder concedente, do direito de praticar manejo florestal sustentável para exploração de produtos e serviços numa unidade de manejo, mediante licitação, à pessoa jurídica, em consórcio ou não, que atenda às exigências do respectivo edital de licitação e demonstre capacidade para seu desempenho, por sua conta e risco e por prazo determinado. A **servidão ambiental** está prevista no art. 9º-A da Lei 6.938/81 e é instituída quando o proprietário ou possuidor de imóvel, pessoa natural ou jurídica, por instrumento público ou particular ou por termo administrativo firmado perante órgão integrante do SISNAMA, limita o uso de toda a sua propriedade ou de parte dela para preservar, conservar ou recuperar os recursos ambientais existentes. A servidão ambiental poderá ser onerosa ou gratuita, temporária ou perpétua. Por fim, o **seguro ambiental** parte do princípio da reparação integral do dano ambiental e viabiliza o cumprimento das obrigações reparatórias mesmo que o responsável não tenha condições financeiras. Além destas medidas, podemos citar como a concessão de incentivos fiscais, concessão de subsídios etc.

5. POLÍTICA NACIONAL DE RESÍDUOS SÓLIDOS

A Lei 12.305/10 disciplinou a **Política Nacional de Resíduos Sólidos**, estabelecendo diretrizes relativas à gestão integrada e ao gerenciamento de resíduos sólidos, incluídos os perigosos, às responsabilidades dos gestores e do poder público e aos instrumentos econômicos aplicáveis. Não se aplica, todavia, aos resíduos radioativos, que são tratados por legislação específica.

Estabelece referida lei que na gestão e gerenciamento de resíduos sólidos, deve ser observada a seguinte ordem de prioridade das ações: **não geração, redução, reutilização, reciclagem, tratamento dos resíduos sólidos** e **disposição final ambientalmente adequada dos rejeitos.**

Além disso, há uma série de incentivos voltados à implementação do PNRS, como a facilitação de acesso a recursos da União para os Municípios que optarem por **soluções consorciadas intermunicipais** para a gestão dos resíduos sólidos, incluída a elaboração e implementação de plano intermunicipal, ou que se inserirem de forma voluntária nos planos microrregionais de resíduos sólidos, e que implantarem a coleta seletiva com a participação de cooperativas ou outras formas de associação de catadores de materiais reutilizáveis e recicláveis formadas por pessoas físicas de baixa renda.

Outro ponto de destaque é a adoção da chamada **logística reversa**, que se caracteriza por um conjunto de ações, procedimentos e meios destinados a viabilizar a coleta e a restituição dos resíduos sólidos ao setor empresarial, para reaproveitamento, em seu ciclo ou em outros ciclos produtivos, ou outra destinação final ambientalmente adequada, sendo de obrigatória observância por parte dos distribuidores e comerciantes de: I) agrotóxicos, seus resíduos e embalagens; II) pilhas e baterias; III) pneus; IV) óleos lubrificantes, seus resíduos e embalagens; lâmpadas fluorescentes, de vapor de sódio e mercúrio e de luz mista; V) lâmpadas fluorescentes, de vapor de sódio e mercúrio e de luz mista VI) produtos eletroeletrônicos e seus componentes.

> **DICA IMPORTANTE**
>
> Nos exames de Ordem de números XXIII e XXIV foram exigidas questões envolvendo a Lei 12.305/10, cujos temas foram acima abordados. Em face da necessidade de concisão do presente trabalho e da impossibilidade de análise exaustiva da lei, remetemos o leitor ao texto legal, com especial destaque para as normas que contenham definições e que fixem objetivos, princípios e instrumentos.

CAPÍTULO IV
ESPAÇOS TERRITORIAIS ESPECIALMENTE PROTEGIDOS

1. NOÇÕES

A delimitação, em todas as unidades da Federação, dos espaços territoriais e seus componentes a serem especialmente protegidos é um dever do Poder Público, estabelecido no **art. 225, § 1º, III da CF**. Está previsto, também, no **art. 9º, VI da Lei 6.938/81.**

Espaços territoriais especialmente protegidos são os espaços geográficos, públicos ou privados, dotados de **consideráveis atributos ambientais**, ou seja, de grande relevância ecológica, e que por isso devem ser preservados. Busca-se tutelar principalmente a biota existente nestes espaços.

Em algumas situações, admite-se a criação ou ampliação de uma área ambientalmente protegida até mesmo por **ato administrativo**. Entretanto, a **alteração** e **supressão** destes espaços somente pode ocorrer por meio de **lei**. Tem-se por trás deste raciocínio a **tutela do meio ambiente**, privilegiando-se formas simples quando se visa à ampliação da proteção ambiental e formas mais difíceis quando essa proteção é diminuída.

MUITA ATENÇÃO!

O STF fixou entendimento de que não se admite a supressão de espaços territoriais especialmente protegidos por meio de **medida provisória**, por violar o art. 225, § 1.º da CF/88. Esta previsão constitucional representaria, segundo o STF, um limite material implícito à edição de medidas provisórias, mesmo que não previsto no art. 62, § 1.º da CF/88. Assim, somente por meio de lei em sentido estrito se pode admitir a supressão de espaços territoriais especialmente protegidos (ADI 4717/DF, Rel. Min. Cármen Lúcia, julgado em 5/4/2018).

Não há consenso na doutrina e até mesmo na legislação sobre quais são os espaços territoriais especialmente protegidos. Por esta razão, faremos o estudo mais detalhado das três modalidades mais mencionadas, quais sejam, as **áreas de preservação permanente**, **reserva legal** e as **unidades de conservação**. Destinaremos, também, um tópico especial para discutirmos o **Bioma Mata Atlântica** e a **Gestão de Florestas Públicas**.

2. ÁREAS DE PRESERVAÇÃO PERMANENTE (APP)

2.1 Definição: O **Código Florestal** (Lei 12.651/12) conceitua área de preservação permanente como sendo a "área protegida, coberta ou não por vegetação nativa, com a função ambiental de preservar os recursos hídricos, a paisagem, a estabilidade geológica e a biodiversidade, facilitar o fluxo gênico de fauna e flora, proteger o solo e assegurar o bem-estar das populações humanas" (art. 3º, II).

A vegetação situada em Área de Preservação Permanente deverá ser mantida intocável pelo proprietário da área, possuidor ou ocupante a qualquer título, pessoa física ou jurídica, de direito público ou privado, sendo vedado seu uso econômico direto, exceto na situação prevista no art. 61-A do Novo Código Florestal. Tem-se, assim, que a imposição legal de conservação da APP representa uma **limitação** ao direito de propriedade.

2.2 Classificação das APP

A APP por imposição Legal (art. 4º do Código Florestal): são consideradas APP as seguintes áreas enumeradas no Código Florestal, situadas em zonas urbanas ou rurais:

- as faixas marginais de qualquer curso d'água natural perene e intermitente, excluídos os efêmeros, desde a borda da calha do leito regular, conforme esquema abaixo:

Largura Mínima do Curso D'água	Faixa de APP
Menos de 10 (dez) metros	30 (trinta) metros
10 (dez) a 50 (cinquenta) metros	50 (cinquenta) metros
50 (cinquenta) a 200 (duzentos) metros	100 (cem) metros
200 (duzentos) a 600 (seiscentos) metros	200 (duzentos) metros
Superior a 600 (seiscentos) metros	500 (quinhentos) metros

- as áreas no entorno dos lagos e lagoas naturais, em faixa com largura mínima de: a) 100 (cem) metros, em zonas rurais, exceto para o corpo d'água com até 20 (vinte) hectares de superfície, cuja faixa marginal será de 50 (cinquenta) metros; b) 30 (trinta) metros, em zonas urbanas.
- as áreas no entorno dos reservatórios d'água artificiais, decorrentes de barramento ou represamento de cursos d'água naturais, na faixa definida na licença ambiental do empreendimento.
- as áreas no entorno das nascentes e dos olhos d'água perenes, qualquer que seja sua situação topográfica, no raio mínimo de 50 (cinquenta) metros.

  No julgamento conjunto da Ação Declaratória de Constitucionalidade (ADC) 42 e das Ações Diretas de Inconstitucionalidade (ADIs) 4901, 4902, 4903 e 4937, o STF decidiu que se deve dar interpretação conforme a Constituição ao art. 3º, XVII e ao art. 4º, IV, para fixar a interpretação de que os entornos das nascentes e dos olhos d'água **intermitentes**, além dos perenes, configuram área de preservação permanente.
- as encostas ou partes destas com declividade superior a 45º, equivalente a 100% (cem por cento) na linha de maior declive.
- as restingas, como fixadoras de dunas ou estabilizadoras de mangues.
- os manguezais, em toda a sua extensão.
- as bordas dos tabuleiros ou chapadas, até a linha de ruptura do relevo, em faixa nunca inferior a 100 (cem) metros em projeções horizontais.
- no topo de morros, montes, montanhas e serras, com altura mínima de 100 (cem) metros e inclinação média maior que 25º, as áreas delimitadas a partir da curva de nível correspondente a 2/3 (dois terços) da altura mínima da elevação sempre em relação à base, sendo esta definida pelo plano horizontal determinado por planície ou espelho d'água adjacente ou, nos relevos ondulados, pela cota do ponto de sela mais próximo da elevação.
- em altitude superior a 1.800 (mil e oitocentos) metros, qualquer que seja a vegetação.
- em veredas, a faixa marginal, em projeção horizontal, com largura mínima de 50 (cinquenta) metros, a partir do espaço permanentemente brejoso e encharcado.

B APP instituídas por ato do Poder Público (art. 6º do Código Florestal): são áreas cobertas de florestas ou outras formas de vegetação, declaradas de interesse social por ato do Chefe do Poder Executivo (Decreto) federal, estadual, distrital ou municipal, destinadas a uma ou mais das seguintes finalidades:

- conter a erosão do solo e mitigar riscos de enchentes e deslizamentos de terra e de rocha.
- proteger as restingas ou veredas.
- proteger várzeas.
- abrigar exemplares da fauna ou da flora ameaçados de extinção.
- proteger sítios de excepcional beleza ou de valor científico ou histórico.
- formar faixas de proteção ao longo de rodovias e ferrovias.
- a assegurar condições de bem-estar público.
- a auxiliar a defesa do território nacional, a critério das autoridades militares.
- proteger áreas úmidas, especialmente as de importância internacional.

2.3 Intervenção ou supressão de vegetação nativa em APP: somente poderá ser autorizada em caso de **utilidade pública** (art. 3º, VIII), **interesse social** (art. 3º, IX) ou de **baixo impacto ambiental** (art. 3º, X), mediante prévia autorização do órgão competente. O proprietário da área, possuidor ou ocupante a qualquer título é obrigado a promover a recomposição da vegetação **ilegalmente** suprimida de APP. Esta obrigação tem natureza real *(propter rem)* e é transmitida ao sucessor no caso de transferência de domínio ou posse do imóvel rural (art. 7.º, § 2.º do Código Florestal). Exemplificando o tema, veja a situação que foi proposta em questão do exame unificado de out/11: "João adquiriu em maio de 2000 um imóvel em área rural, banhado pelo Rio Formoso. Em 2010, foi citado para responder a uma ação civil pública proposta pelo Município de Belas Veredas, que o responsabiliza civilmente por ter cometido corte raso na mata ciliar da propriedade. João alega que o desmatamento foi cometido pelo antigo proprietário da fazenda, que já praticava o plantio de milho no local". A alternativa correta considerou que "a manutenção de área de mata ciliar é obrigação *propter rem*; sendo obrigação de conservação, é automaticamente transferida do alienante ao adquirente. Logo, João terá que reparar a área".

O STJ editou em 2018 súmula a respeito deste tema: **Súmula 623** – As obrigações ambientais possuem natureza *propter rem*, sendo admissível cobrá-las do proprietário ou possuidor atual e/ou dos anteriores, à escolha do credor.

Vale ressaltar que no julgamento conjunto da Ação Declaratória de Constitucionalidade (ADC) 42 e das Ações Diretas de Inconstitucionalidade (ADIs) 4901, 4902, 4903 e 4937, o STF decidiu que são inconstitucionais as expressões "gestão de resíduos" e "instalações necessárias à realização de competições esportivas estaduais, nacionais ou internacionais", contidas no art. 3º, VIII, b, do Código Florestal. Ou seja, tais situações **não podem ser enquadradas como de utilidade pública**.

Além disso, entendeu o STF que se deve dar interpretação conforme a Constituição ao art. 3º, VIII e IX, da Lei, de modo a se condicionar a intervenção excepcional em APP, por interesse social ou utilidade pública, à **inexistência de alternativa técnica e/ou locacional à atividade proposta**.

MUITA ATENÇÃO!

Não se pode confundir **intervenção ou supressão de vegetação nativa em APP** com **alteração ou supressão da APP**. Esta somente pode ocorrer por meio de **lei**, conforme estabelece o **art. 225, § 1º, III da CF**, ao passo que a primeira pode ser autorizada por ato administrativo do órgão ambiental competente, desde que observados os requisitos legais. O STF adotou este entendimento no julgamento da ADI 3.540.

3. RESERVA LEGAL (RL)

3.1 Definição: O **Código Florestal** define **reserva legal** como "área localizada no interior de uma **propriedade ou posse rural**, delimitada nos termos do art. 12, com a função de assegurar o uso econômico de modo sustentável dos recursos naturais do imóvel rural, auxiliar a conservação e a reabilitação dos processos ecológicos e promover a conservação da biodiversidade, bem como o abrigo e a proteção de fauna silvestre e da flora nativa" (art. 3º, III).

A Reserva Legal deve ser conservada com cobertura de vegetação nativa pelo proprietário do **imóvel rural**, possuidor ou ocupante a qualquer título, pessoa física ou jurídica, de direito público ou privado, tendo tal imposição natureza de **limitação** ao direito de propriedade. Admite-se, entretanto, a exploração econômica da Reserva Legal mediante manejo sustentável, previamente aprovado pelo órgão competente do Sisnama.

A área de reserva legal deve ser mantida sem prejuízo da aplicação das normas sobre as Áreas de Preservação Permanente (extraído de questão do Exame de Ordem 2014.2). A propósito, conquanto APP e RL sejam espécies de espaços territoriais especialmente protegidos e, igualmente, tenham suas áreas excluídas da base tributável do Imposto sobre a Propriedade Territorial Rural (ITR), vale esclarecer algumas diferenças entre as mesmas:

APP	RL
Áreas urbanas ou rurais	Somente em áreas rurais
Lei ou ato do poder público estabelece o local	Localização pode ser sugerida pelo proprietário ou possuidor, submetida à aprovação do órgão ambiental
Não necessita inscrição em cadastro de órgão ambiental ou na matrícula do imóvel	Inscrição obrigatória no Cadastro Ambiental Rural (CAR) e averbação facultativa na matrícula do imóvel
Pode ou não existir em imóvel rural	É obrigatória nos imóveis rurais (regra)
Pode ou não ser coberta por vegetação nativa	Deve ser composta de vegetação nativa
Hipóteses restritas de intervenção e supressão (utilidade pública, interesse social ou atividade de baixo impacto ambiental)	Admite exploração econômica, por meio de manejo florestal sustentável

? **QUESTÃO:** Todos os imóveis rurais devem possuir Reserva Legal?

__RESPOSTA:__ Em regra, __todos__ os imóveis rurais devem possuir área de Reserva Legal. Ocorre que o Código Florestal estabeleceu algumas __exceções__ a esta obrigatoriedade:

a) empreendimentos de abastecimento público de água e tratamento de esgoto;

b) áreas adquiridas ou desapropriadas por detentor de concessão, permissão ou autorização para exploração de potencial de energia hidráulica, nas quais funcionem empreendimentos de geração de energia elétrica, subestações ou sejam instaladas linhas de transmissão e de distribuição de energia elétrica;

c) áreas adquiridas ou desapropriadas com o objetivo de implantação e ampliação de capacidade de rodovias e ferrovias.

3.2 Extensão da RL: dependerá da área em que a propriedade rural estiver localizada:

A Amazônia Legal: entende-se por Amazônia Legal os Estados do Acre, Pará, Amazonas, Roraima, Rondônia, Amapá e Mato Grosso e as regiões situadas ao norte do paralelo 13º S, dos Estados de Tocantins e Goiás, e ao oeste do meridiano de 44º W, do Estado do Maranhão (art. 3º, I do Código Florestal). Haverá um percentual diferenciado de Reserva Legal conforme a área da Amazônia Legal em que se situe a propriedade, de acordo com o quadro abaixo:

Ecossistema	Percentual da Propriedade Reservado para RL
Área de **Florestas***	80%
Área de **Cerrado**	35%
Área de **campos gerais**	20%

*A Reserva Legal poderá ser reduzida para até 50% nas hipóteses dos §§ 4º e 5º do art. 12 do Novo Código Florestal.

DIREITO AMBIENTAL

B **Demais regiões do país**: deverá ser observado o índice de 20% da propriedade.

> **MUITA ATENÇÃO!** Nos imóveis rurais que detinham, em 22 de julho de 2008, área de **até 4 (quatro) módulos fiscais** e que possuam remanescente de vegetação nativa em percentuais inferiores aos mencionados em A e B, a Reserva Legal será constituída com a área ocupada com a vegetação nativa existente em 22 de julho de 2008, vedadas novas conversões para uso alternativo do solo.

? **QUESTÃO: Área de Preservação Permanente** pode ser computada para se atingir o percentual de **Reserva Legal**?

↳ ***RESPOSTA:*** *O Código Florestal (art. 15) admite que APP integre o cálculo do percentual de Reserva legal desde que: a) não haja conversão de novas áreas para o uso alternativo do solo; b) a área a ser computada esteja conservada ou em processo de recuperação, conforme comprovação do proprietário ao órgão estadual integrante do Sisnama; e c) o proprietário ou possuidor tenha requerido inclusão do imóvel no Cadastro Ambiental Rural – CAR. Todavia, o aproveitamento da APP no cálculo não implica em fragilização de sua proteção, permanecendo válidas as restrições legais aplicáveis.*

3.3 Cadastro Ambiental Rural: o novo Código Florestal criou o Cadastro Ambiental Rural – CAR, no âmbito do Sistema Nacional de Informação sobre Meio Ambiente – SINIMA, registro público eletrônico de âmbito nacional, **obrigatório e por prazo indeterminado para todos os imóveis rurais**, com a finalidade de integrar as informações ambientais das propriedades e posses rurais, compondo base de dados para controle, monitoramento, planejamento ambiental e econômico e combate ao desmatamento. Não é mais necessária a averbação da RL à margem da matrícula do imóvel. Na sistemática do Novo Código Florestal, a RL será registrada no órgão ambiental competente por meio de inscrição no CAR.

A inscrição no CAR será obrigatória para todas as propriedades e posses rurais, devendo ser requerida até 31 de dezembro de 2020 (art. 29, § 4.º do Código Florestal), para que os proprietários e possuidores tenham direito a aderir ao Programa de Regularização Ambiental (PRA), previsto no art. 59 do Código Florestal. Além disso, as instituições financeiras só concederão crédito agrícola, em qualquer de suas modalidades, para proprietários de imóveis rurais que estejam inscritos no CAR (art. 78-A do Código Florestal.

> **MUITA ATENÇÃO!** O CAR não será considerado título para fins de reconhecimento do direito de propriedade ou posse.

3.4 Critérios para localização da RL: após a inclusão do imóvel rural no CAR, órgão estadual integrante do Sisnama ou instituição por ele habilitada deverá aprovar a localização da Reserva Legal para fins de registro, levando em consideração os seguintes estudos e critérios:

A o plano de bacia hidrográfica;

B o Zoneamento Ecológico-Econômico;

C a formação de corredores ecológicos com outra Reserva Legal, com Área de Preservação Permanente, com Unidade de Conservação ou com outra área legalmente protegida;

D as áreas de maior importância para a conservação da biodiversidade; e

E as áreas de maior fragilidade ambiental.

4. UNIDADES DE CONSERVAÇÃO (UC)

4.1 Sistema Nacional de Unidades de Conservação (SNUC): a **Lei 9.985/00 (LSNUC)** regulamentou o **art. 225, § 1º, I, II, III e VII da Constituição Federal** e criou o **Sistema Nacional de Unidades de Conservação (SNUC).**

O **SNUC** é constituído pelo conjunto das **unidades de conservação federais, estaduais e municipais** e tem por **objetivos** (art. 4º):

> *I* – contribuir para a manutenção da diversidade biológica e dos recursos genéticos no território nacional e nas águas jurisdicionais;
>
> *II* – proteger as espécies ameaçadas de extinção no âmbito regional e nacional;
>
> *III* – contribuir para a preservação e a restauração da diversidade de ecossistemas naturais;
>
> *IV* – promover o desenvolvimento sustentável a partir dos recursos naturais;
>
> *V* – promover a utilização dos princípios e práticas de conservação da natureza no processo de desenvolvimento;
>
> *VI* – proteger paisagens naturais e pouco alteradas de notável beleza cênica;
>
> *VII* – proteger as características relevantes de natureza geológica, geomorfológica, espeleológica, arqueológica, paleontológica e cultural;
>
> *VIII* – proteger e recuperar recursos hídricos e edáficos;
>
> *IX* – recuperar ou restaurar ecossistemas degradados;
>
> *X* – proporcionar meios e incentivos para atividades de pesquisa científica, estudos e monitoramento ambiental;
>
> *XI* – valorizar econômica e socialmente a diversidade biológica;
>
> *XII* – favorecer condições e promover a educação e interpretação ambiental, a re-

creação em contato com a natureza e o turismo ecológico;

XIII – proteger os recursos naturais necessários à subsistência de populações tradicionais, respeitando e valorizando seu conhecimento e sua cultura e promovendo-as social e economicamente.

O SNUC será gerido pelos seguintes órgãos:

Órgão consultivo e deliberativo	Órgão central	Órgãos executores
CONAMA.	Ministério do Meio Ambiente.	Instituto Chico Mendes de Conservação da Biodiversidade – ICMBio, IBAMA, em caráter supletivo, órgãos estaduais e municipais.

Podem ainda integrar o SNUC, excepcionalmente e a critério do CONAMA, unidades de conservação estaduais e municipais que, **concebidas para atender a peculiaridades regionais ou locais**, possuam objetivos de manejo que não possam ser satisfatoriamente atendidos por nenhuma categoria prevista na LSNUC e cujas características permitam, em relação a estas, uma clara distinção.

MUITA ATENÇÃO! **A LSNUC não criou unidades de conservação,** mas sim um sistema com regras bem definidas para que os entes integrantes do SNUC identifiquem e estabeleçam suas próprias unidades de conservação.

4.1 Conceito de Unidade de Conservação: de acordo com o art. 2º, I da LSNUC, **unidade de conservação** é o "espaço territorial e seus recursos ambientais, incluindo as águas jurisdicionais, com características naturais relevantes, legalmente instituído pelo Poder Público, com objetivos de conservação e limites definidos, sob regime especial de administração, ao qual se aplicam garantias adequadas de proteção".

4.2 Regras para a criação: as UC possuem algumas regras específicas para sua criação, previstas no art. 22 da LSNUC e regulamentadas pelo **Decreto 4.340/02**:

A Necessidade de ato do Poder Público (art. 22, *caput*, da LSNUC): **lei** ou **decreto do Chefe do Poder Executivo Federal, Estadual ou Municipal, salvo no** caso de **Reserva Particular do Patrimônio Nacional**, que prescinde de lei ou decreto e tem o procedimento para criação mais simplificado (trâmite perante o ICMBio). Este tema é regulamentado pelo **Decreto 4.340/02**.

? **QUESTÃO:** A UC pode ser ampliada ou mudada de categoria por meio de decreto?

➧ ***RESPOSTA:*** *Depende. A ampliação pode ser feita via decreto, desde que a UC tenha sido também criada por decreto, não haja modificação dos seus limites originais (ex: diminuição de uma parte, para aumentar outra) e seja realizada consulta pública (art. 22, § 6º da LSNUC). Com relação à mudança de categoria, uma UC do grupo de unidade de uso sustentável pode ser transformada total ou parcialmente, por meio de decreto, para a categoria de unidade de proteção integral, desde que tenha sido também criada por decreto e seja realizada consulta pública (art. 22, § 5º da LSNUC). Todavia, o caminho inverso (unidade de proteção integral à unidade de uso sustentável)* ***somente é permitido por lei*** *(art. 22, § 7º da LSNUC). O domínio deste tema foi exigido no exame unificado de set/09, tendo sido considerada incorreta a seguinte alternativa: "Incumbe ao poder público definir, em todas as unidades da Federação, espaços territoriais a serem especialmente protegidos, sendo a alteração e a supressão permitidas somente por meio de ato do Poder Executivo no exercício do poder de polícia administrativa". Na dúvida, é só fazer o seguinte raciocínio: se vai aumentar proteção → formas e meios mais simples / se vai diminuir proteção → somente por meio de lei.*

B Realização de Estudos Técnicos e de Consulta Pública (art. 22, §§ 2º a 4º da LSNUC): a intenção é identificar a localização, a dimensão e os limites mais adequados para a unidade, conforme se dispuser em regulamento. Além disso, a unidade de conservação deve ter um **plano de manejo**, que é o documento técnico mediante o qual, com fundamento nos objetivos gerais de uma unidade de conservação, se estabelece o seu zoneamento e as normas que devem presidir o uso da área e o manejo dos recursos naturais, inclusive a implantação das estruturas físicas necessárias à gestão da unidade. No processo de **consulta**, o Poder Público é obrigado a fornecer informações adequadas e inteligíveis à população local e a outras partes interessadas. Não deixa de ser também uma forma de viabilizar o princípio da participação. **Exceção quanto à consulta pública**: estação biológica e reserva biológica.

C Existência de Zonas de Amortecimento e Corredores Ecológicos (art. 25 da LSNUC): as UC devem possuir uma **zona de amortecimento** e, **quando conveniente, corredores ecológicos.** As **zonas de amortecimento** são o **entorno de uma unidade de conservação,** onde as atividades humanas estão sujeitas a normas e restrições específicas, com o propósito de minimizar os impactos negativos sobre a unidade. **Corredores Ecológicos** são porções de ecossistemas naturais ou seminaturais, ligando unidades de conservação, que possibilitam entre elas o fluxo de genes e o movimento da biota, facilitando a dispersão de espécies e a recolonização de áreas degradadas, bem como a manutenção de populações que demandam para sua sobrevivência áreas com extensão maior do que aquela das unidades individuais. Os limites da zona de amortecimento e dos corredores ecológicos, bem como normas específicas regulamentando a ocupação e o uso dos recursos das respectivas estas áreas (art. 25, § 1º da

LSNUC), poderão ser definidas no **ato de criação da unidade** ou **posteriormente** (art. 25, § 2º da LSNUC). Exceções: **áreas de proteção ambiental** e **reservas particulares do patrimônio natural** não necessitam de zonas de amortecimento ou corredores ecológicos.

4.3 Classificação: as unidades de conservação são subdividas basicamente em dois grandes grupos:

A **Unidades de Proteção Integral:** nas UC que integram esta categoria, há a necessidade de manutenção dos ecossistemas **livres de alterações causadas por interferência humana**, admitido apenas o **uso indireto** dos seus atributos naturais (aquele que não envolve consumo, coleta, dano ou destruição dos recursos naturais).

B **Unidades de Uso Sustentável**: estas unidades não são intocáveis, de modo que se admite o seu **uso sustentável** dos recursos naturais disponíveis (pela exploração do ambiente de maneira a garantir a perenidade dos recursos ambientais renováveis e dos processos ecológicos, mantendo a biodiversidade e os demais atributos ecológicos, de forma socialmente justa e economicamente viável).

De modo a facilitar o aprendizado e a comparação entre as diversas categorias destes dois grupos, elaboramos os quadros-resumo a seguir:

<table>
<tr><th colspan="3">Quadro Resumo – Categorias de Unidades de Proteção Integral</th></tr>
<tr><td rowspan="4">Estação Ecológica (art. 9º da LSNUC)</td><td>Objetivo</td><td>Preservação da natureza e a realização de pesquisas científicas.</td></tr>
<tr><td>Posse e Domínio</td><td>São de posse e domínio público. As áreas particulares incluídas em seus limites serão desapropriadas.</td></tr>
<tr><td>Pesquisa Científica</td><td>Depende de autorização prévia do órgão responsável pela administração da unidade e está sujeita às condições e restrições por este estabelecidas, bem como àquelas previstas em regulamento.</td></tr>
<tr><td>Visitação Pública, Restrições e Intervenções Admitidas</td><td>Só é possível a visitação pública se tiver objetivo educacional. Estes ecossistemas só podem ser alterados para atender às seguintes situações:
I – medidas que visem à restauração de ecossistemas modificados;
II – manejo de espécies com o fim de preservar a diversidade biológica;
III – coleta de componentes dos ecossistemas com finalidades científicas;
IV – pesquisas científicas cujo impacto sobre o ambiente seja maior do que aquele causado pela simples observação ou pela coleta controlada de componentes dos ecossistemas, em uma área correspondente a no máximo três por cento da extensão total da unidade e até o limite de um mil e quinhentos hectares.</td></tr>
<tr><td rowspan="4">Reserva Biológica (art. 10 da LSNUC)</td><td>Objetivo</td><td>Preservação integral da biota e demais atributos naturais existentes em seus limites, sem interferência humana direta ou modificações ambientais.</td></tr>
<tr><td>Posse e Domínio</td><td>São de posse e domínio público. As áreas particulares incluídas em seus limites serão desapropriadas.</td></tr>
<tr><td>Pesquisa Científica</td><td>A pesquisa científica depende de autorização prévia do órgão responsável pela administração da unidade e está sujeita às condições e restrições por este estabelecidas, bem como àquelas previstas em regulamento</td></tr>
<tr><td>Visitação Pública, Restrições e Intervenções Admitidas</td><td>Só é possível a visitação pública se tiver objetivo educacional. Estes ecossistemas só podem ser alterados para atender às seguintes situações:
I. medidas de recuperação de seus ecossistemas alterados;
II. ações de manejo necessárias para recuperar e preservar o equilíbrio natural, a diversidade biológica e os processos ecológicos naturais</td></tr>
<tr><td rowspan="4">Parque Nacional (art. 11 da LSNUC)</td><td>Objetivo</td><td>Preservação de ecossistemas naturais de grande relevância ecológica e beleza cênica, possibilitando a realização de pesquisas científicas e o desenvolvimento de atividades de educação e interpretação ambiental, de recreação em contato com a natureza e de turismo ecológico.</td></tr>
<tr><td>Posse e Domínio</td><td>São de posse e domínio público. As áreas particulares incluídas em seus limites serão desapropriadas. Caso o poder público não promova a desapropriação, o particular poderá ingressar com ação de desapropriação indireta.</td></tr>
<tr><td>Pesquisa Científica</td><td>Depende de autorização prévia do órgão responsável pela administração da unidade e está sujeita às condições e restrições por este estabelecidas, bem como àquelas previstas em regulamento.</td></tr>
<tr><td>Visitação Pública, Restrições e Intervenções Admitidas</td><td>A visitação pública é permitida, estando sujeita às normas e restrições estabelecidas no Plano de Manejo da unidade, às normas estabelecidas pelo órgão responsável por sua administração, e àquelas previstas em regulamento.</td></tr>
</table>

Quadro Resumo – Categorias de Unidades de Proteção Integral		
Monumento Natural (art. 12 da LSNUC)	**Objetivo**	Preservar sítios naturais raros, singulares ou de grande beleza cênica.
	Posse e Domínio	Pode ser constituído em áreas públicas ou particulares, desde que, neste último caso, seja possível compatibilizar os objetivos da unidade com a utilização da terra e dos recursos naturais do local pelos proprietários. Não havendo tal compatibilidade ou não havendo aquiescência do proprietário às condições propostas pelo órgão responsável pela administração da unidade para a coexistência do Monumento Natural com o uso da propriedade, a área deve ser desapropriada.
	Pesquisa Científica	Depende de aprovação prévia e está sujeita à fiscalização do órgão responsável por sua administração (art. 32, § 2º).
Monumento Natural (art. 12 da LSNUC)	**Visitação Pública, Restrições e Intervenções Admitidas**	É permitida visitação pública, estando sujeita às normas e restrições estabelecidas no Plano de Manejo da unidade, às normas estabelecidas pelo órgão responsável por sua administração, e àquelas previstas em regulamento.
Refúgio de Vida Silvestre (art. 13 da LSNUC)	**Objetivo**	Proteger ambientes naturais onde se asseguram condições para a existência ou reprodução de espécies ou comunidades da flora local e da fauna residente ou migratória.
	Posse e Domínio	Pode ser constituído em áreas públicas ou particulares, desde que, neste último caso, seja possível compatibilizar os objetivos da unidade com a utilização da terra e dos recursos naturais do local pelos proprietários. Não havendo tal compatibilidade ou não havendo aquiescência do proprietário às condições propostas pelo órgão responsável pela administração da unidade para a coexistência do Refúgio da Vida Silvestre com o uso da propriedade, a área deve ser desapropriada.
	Pesquisa Científica	A pesquisa científica depende de autorização prévia do órgão responsável pela administração da unidade e está sujeita às condições e restrições por este estabelecidas, bem como àquelas previstas em regulamento.
	Visitação Pública, Restrições e Intervenções Admitidas	É permitida, estando sujeita às normas e restrições estabelecidas no Plano de Manejo da unidade, às normas estabelecidas pelo órgão responsável por sua administração, e àquelas previstas em regulamento.

Quadro Resumo – Categorias de Unidades de Uso Sustentável		
Área de Proteção Ambiental (art. 15 da LSNUC)	**Conceito e Objetivos**	A Área de Proteção Ambiental é uma área em geral extensa, com certo grau de ocupação humana, dotada de atributos abióticos, bióticos, estéticos ou culturais especialmente importantes para a qualidade de vida e o bem-estar das populações humanas, e tem como objetivos básicos proteger a diversidade biológica, disciplinar o processo de ocupação e assegurar a sustentabilidade do uso dos recursos naturais.
	Posse e Domínio	É constituída por terras públicas ou privadas.
	Pesquisa Científica	As condições para a pesquisa científica serão estabelecidas pelo órgão gestor da unidade (em áreas públicas) e pelo proprietário (terras particulares), respeitadas neste último caso as exigências e restrições legais.
	Visitação Pública, Restrições e Intervenções Admitidas	As condições para a visitação pública serão estabelecidas pelo órgão gestor da unidade (em áreas públicas) e pelo proprietário (terras particulares), respeitadas neste último caso as exigências e restrições legais. Respeitados os limites constitucionais, podem ser estabelecidas normas e restrições para a utilização de uma propriedade privada localizada em uma Área de Proteção Ambiental.
Área de Relevante Interesse Ecológico (art. 16 da LSNUC)	**Conceito e Objetivos**	Área em geral de pequena extensão, com pouca ou nenhuma ocupação humana, com características naturais extraordinárias ou que abriga exemplares raros da biota regional, e tem como objetivo manter os ecossistemas naturais de importância regional ou local e regular o uso admissível dessas áreas, de modo a compatibilizá-lo com os objetivos de conservação da natureza.
	Posse e Domínio	É constituída por terras públicas ou privadas.
	Pesquisa Científica	É permitida, apesar de não existir previsão legal. Em algumas ARIE a pesquisa científica é a única atividade humana permitida.
	Visitação Pública, Restrições e Intervenções Admitidas	Respeitados os limites constitucionais, podem ser estabelecidas normas e restrições para a utilização de uma propriedade privada localizada em uma Área de Relevante Interesse Ecológico.

Quadro Resumo – Categorias de Unidades de Uso Sustentável		
Floresta Nacional (art. 17 da LSNUC)	**Objetivo e Conceito**	É uma área com cobertura florestal de espécies predominantemente nativas e tem como objetivo básico o uso múltiplo sustentável dos recursos florestais e a pesquisa científica, com ênfase em métodos para exploração sustentável de florestas nativas.
	Posse e Domínio	É de posse e domínio públicos, sendo que as áreas particulares incluídas em seus limites devem ser desapropriadas.
	Pesquisa Científica	A pesquisa é permitida e incentivada, sujeitando-se à prévia autorização do órgão responsável pela administração da unidade, às condições e restrições por este estabelecidas e àquelas previstas em regulamento.
	Visitação Pública, Restrições e Intervenções Admitidas	A visitação pública é permitida, condicionada às normas estabelecidas para o manejo da unidade pelo órgão responsável. É admitida a permanência de populações tradicionais que a habitam quando de sua criação, em conformidade com o disposto em regulamento e no Plano de Manejo da unidade.
Reserva Extrativista (art. 18 da LSNUC)	**Conceito e Objetivos**	É uma área utilizada por populações extrativistas tradicionais, cuja subsistência baseia-se no extrativismo e, complementarmente, na agricultura de subsistência e na criação de animais de pequeno porte, e tem como objetivos básicos proteger os meios de vida e a cultura dessas populações, e assegurar o uso sustentável dos recursos naturais da unidade.
	Posse e Domínio	É de domínio público, com uso concedido às populações extrativistas tradicionais, sendo que as áreas particulares incluídas em seus limites devem ser desapropriadas.
	Pesquisa Científica	A pesquisa é permitida e incentivada, sujeitando-se à prévia autorização do órgão responsável pela administração da unidade, às condições e restrições por este estabelecidas e àquelas previstas em regulamento.
	Visitação Pública, Restrições e Intervenções Admitidas	A visitação pública é permitida, desde que compatível com os interesses locais e de acordo com o disposto no Plano de Manejo da área. São proibidas a exploração de recursos minerais e a caça amadorística ou profissional. A exploração comercial de recursos madeireiros só será admitida em bases sustentáveis e em situações especiais e complementares às demais atividades desenvolvidas na Reserva Extrativista, conforme o disposto em regulamento e no Plano de Manejo da unidade.
Reserva de Fauna (art. 19 da LSNUC)	**Conceito e Objetivos**	É uma área natural com populações animais de espécies nativas, terrestres ou aquáticas, residentes ou migratórias, adequadas para estudos técnico-científicos sobre o manejo econômico sustentável de recursos faunísticos.
	Posse e Domínio	É de posse e domínio públicos, sendo que as áreas particulares incluídas em seus limites devem ser desapropriadas.
	Pesquisa Científica	Depende de aprovação prévia e está sujeita à fiscalização do órgão responsável por sua administração (art. 32, § 2º da LSNUC).
	Visitação Pública, Restrições e Intervenções Admitidas	A visitação pública pode ser permitida, desde que compatível com o manejo da unidade e de acordo com as normas estabelecidas pelo órgão responsável por sua administração. É proibido o exercício da caça amadorística ou profissional. A comercialização dos produtos e subprodutos resultantes das pesquisas obedecerá ao disposto nas leis sobre fauna e regulamentos.
Reserva de Desenvolvimento Sustentável (art. 20 da LSNUC)	**Conceito e Objetivos**	É uma área natural que abriga populações tradicionais, cuja existência baseia-se em sistemas sustentáveis de exploração dos recursos naturais, desenvolvidos ao longo de gerações e adaptados às condições ecológicas locais e que desempenham um papel fundamental na proteção da natureza e na manutenção da diversidade biológica. Tem como objetivo básico preservar a natureza e, ao mesmo tempo, assegurar as condições e os meios necessários para a reprodução e a melhoria dos modos e da qualidade de vida e exploração dos recursos naturais das populações tradicionais, bem como valorizar, conservar e aperfeiçoar o conhecimento e as técnicas de manejo do ambiente, desenvolvido por estas populações.
	Posse e Domínio	É de domínio público, sendo que as áreas particulares incluídas em seus limites devem ser, quando necessário, desapropriadas.
	Pesquisa Científica	É permitida e incentivada a pesquisa científica voltada à conservação da natureza, à melhor relação das populações residentes com seu meio e à educação ambiental, sujeitando-se à prévia autorização do órgão responsável pela administração da unidade, às condições e restrições por este estabelecidas e às normas previstas em regulamento.
	Visitação Pública, Restrições e Intervenções Admitidas	É permitida e incentivada a visitação pública, desde que compatível com os interesses locais e de acordo com o disposto no Plano de Manejo da área. Deve ser sempre considerado o equilíbrio dinâmico entre o tamanho da população e a conservação. É admitida a exploração de componentes dos ecossistemas naturais em regime de manejo sustentável e a substituição da cobertura vegetal por espécies cultiváveis, desde que sujeitas ao zoneamento, às limitações legais e ao Plano de Manejo da área.

Quadro Resumo – Categorias de Unidades de Uso Sustentável		
Reserva Particular do Patrimônio Natural (art. 21 da LSNUC)	**Conceito e Objetivos**	É uma área privada, gravada com **perpetuidade**, com o objetivo de conservar a diversidade biológica.
	Posse e Domínio	Posse e domínio particulares.
	Pesquisa Científica	Será permitida, conforme regulamento.
	Visitação Pública, Restrições e Intervenções Admitidas	A visitação com objetivos turísticos, recreativos e educacionais é uma das intervenções admitidas. O gravame de perpetuidade constará de termo de compromisso assinado perante o órgão ambiental, que verificará a existência de interesse público, e será averbado à margem da inscrição no Registro Público de Imóveis.

MUITA ATENÇÃO!

A Lei 13.668/18 inseriu o art. 14-C na Lei 11.516/07 para a admitir a concessão de serviços, áreas ou instalações em unidades de conservação federais para a exploração de atividades de visitação voltadas à educação ambiental, à preservação e conservação do meio ambiente, ao turismo ecológico, à preservação e conservação do meio ambiente, ao turismo ecológico, à interpretação ambiental e à recreação em contato com a natureza, precedidos ou não da execução de obras de infraestrutura, mediante procedimento licitatório regido pela Lei nº 8.987/95. Poderão também ser celebradas parcerias com associações representativas das populações tradicionais beneficiárias de unidades de conservação, **dispensado o chamamento público**, para a exploração de atividades relacionadas ao uso público, cujos recursos auferidos terão sua repartição definida no instrumento de parceria.

? **QUESTÃO:** O que se entende por mosaico de unidades de conservação?

RESPOSTA: *O tema é disciplinado no art. 26 da LSNUC. O mosaico é o conjunto de unidades de conservação de categorias diferentes ou não, próximas, justapostas ou sobrepostas, e outras áreas protegidas públicas ou privadas. Estas unidades juntas formam uma grande área de considerável importância ambiental (daí a ideia do mosaico: várias partes diferentes formam um único quadro). A gestão destes espaços deverá ser feita de forma integrada e participativa.*

FIQUE POR DENTRO:

Reserva de biosfera

É um modelo de conservação criado pela UNESCO (Programa Intergovernamental "O Homem e a Biosfera – MAB") e adotado internacionalmente, previsto no art. 41 da LSNUC, que tem por objetivo estabelecer uma espécie de **unidade de conservação ambiental mundial,** assegurando, assim, a conservação dos principais ecossistemas mundiais (GARCIA: 2011, p. 259). São exemplos de reserva de biosfera o **Pantanal Mato-Grossense**, o **Cerrado**, o **Cinturão Verde da Cidade de São Paulo** e a **Mata Atlântica.**

4.4 Compensação ambiental: o art. 36 da LSNUC prevê como forma de compensação ambiental em licenciamento ambiental de empreendimentos de significativo impacto ambiental, a possibilidade de se exigir apoio financeiro do empreendedor para implantação e manutenção de unidades de conservação de proteção integral, definidas pelo órgão ambiental licenciador, salvo se afetar unidade de conservação específica ou sua zona de amortecimento, ocasião em que estas serão as beneficiadas, ainda que não sejam de proteção integral. A Lei 13.668/18 admitiu que, em virtude de interesse público, a compensação pode se destinar a unidades de conservação de posse e domínio públicos do grupo de uso sustentável, especialmente se localizadas na Amazônia Legal.

5. BIOMA MATA ATLÂNTICA: LEI 11.428/06

5.1 Noções

Conforme vimos, a Mata Atlântica é um dos biomas considerados pela CF/88 (art. 225, § 4º) como patrimônio nacional. Diante desta importância, foi editada a Lei **11.428/06 (LBMA)**, que dispõe sobre a utilização e proteção da vegetação nativa do **Bioma Mata Atlântica.** Este bioma é integrado pelas seguintes formações florestais nativas e ecossistemas associados: Floresta Ombrófila Densa; Floresta Ombrófila Mista, também denominada de Mata de Araucárias; Floresta Ombrófila Aberta; Floresta Estacional Semidecidual; e Floresta Estacional Decidual, bem como os manguezais, as vegetações de restingas, campos de altitude, brejos interioranos e encraves florestais do Nordeste.

A proteção e a utilização do Bioma Mata Atlântica têm por **objetivo geral** o **desenvolvimento sustentável** e, por **objetivos específicos**, a **salvaguarda da biodiversidade**, da **saúde humana**, dos **valores paisagísticos, estéticos** e **turísticos**, do **regime hídrico** e da **estabilidade social**.

5.2 Objeto de proteção: vegetações primária e secundária

A LBMA regulará o uso e conservação apenas dos remanescentes de vegetação nativa no estágio primário e nos estágios secundário inicial, médio e avançado de regeneração nas áreas mencionadas anteriormente. A definição de vegetação primária, de vegetação secundária e seus estágios de regeneração foram deixadas a cargo do Conselho Nacional do Meio Ambiente que, por seu turno, editou a Resolução 388/07, ratificando várias outras resoluções que versavam sobre estes temas (grande parte com definições específicas para cada Estado). Estas vegetações não perderão esta classificação nos casos de incêndio, desmatamento ou qualquer outro tipo de intervenção não autorizada ou não licenciada.

5.1 Corte, supressão e exploração de vegetação

O corte, a supressão e a exploração da vegetação do Bioma Mata Atlântica far-se-ão de maneira diferenciada, conforme se trate de vegetação primária ou secundária, nesta última levando-se em conta o estágio de regeneração.

A exploração eventual, sem propósito comercial direto ou indireto, de espécies da flora nativa, para consumo nas propriedades ou posses das populações tradicionais ou de pequenos produtores rurais, independe de autorização dos órgãos competentes, conforme regulamento.

O corte e a supressão de vegetação primária ou nos estágios avançado e médio de regeneração do Bioma Mata Atlântica ficam **vedados** quando: I) a vegetação: a) abrigar espécies da flora e da fauna silvestres ameaçadas de extinção, em território nacional ou em âmbito estadual, assim declaradas pela União ou pelos Estados, e a intervenção ou o parcelamento puserem em risco a sobrevivência dessas espécies; b) exercer a função de proteção de mananciais ou de prevenção e controle de erosão; c) formar corredores entre remanescentes de vegetação primária ou secundária em estágio avançado de regeneração; d) proteger o entorno das unidades de conservação; ou e) possuir excepcional valor paisagístico, reconhecido pelos órgãos executivos competentes do Sistema Nacional do Meio Ambiente – SISNAMA; II) o proprietário ou posseiro não cumprir os dispositivos da legislação ambiental, em especial as exigências do Código Florestal, no que respeita às Áreas de Preservação Permanente e à Reserva Legal.

No que se refere à **possibilidade** de corte, supressão e exploração, vejamos as hipóteses admitidas pela LBMA:

A **Vegetação primária:** serão autorizados em caráter excepcional, quando necessários à realização de obras, projetos ou atividades de utilidade pública, pesquisas científicas e práticas preservacionistas. Deverá ser feito EIA/RIMA.

B **Vegetação secundária em estado avançado de regeneração**: serão autorizados em caráter excepcional, quando necessários à execução de obras, atividades ou projetos de utilidade pública, pesquisa científica e práticas preservacionistas. Nas áreas urbanas e regiões metropolitanas, deverá ser observado o que dispõe o art. 30, I e para as atividades de mineração, o que dispõe o art. 32. Deverá ser feito EIA/RIMA.

C **Vegetação secundária em estado médio de regeneração**: serão autorizados: a) em caráter excepcional, quando necessários à execução de obras, atividades ou projetos de utilidade pública ou de interesse social, pesquisa científica e práticas preservacionistas, observando-se nestas hipóteses o que dispõe o art. 14; b) quando necessários ao pequeno produtor rural e populações tradicionais para o exercício de atividades ou usos agrícolas, pecuários ou silviculturais imprescindíveis à sua subsistência e de sua família, ressalvadas as áreas de preservação permanente e, quando for o caso, após averbação da reserva legal; c) nos casos previstos nos §§ 1º e 2º do art. 31. Para as atividades de mineração deverá ser observado o que dispõe o art. 32.

D **Vegetação secundária em estado inicial de regeneração:** serão autorizados mediante licenciamento/autorização do órgão estadual. A ressalva feita refere-se aos Estados em que a vegetação primária e secundária remanescente do Bioma Mata Atlântica for inferior a 5% (cinco por cento) da área original, ocasião em que submeter-se-ão ao regime jurídico aplicável à vegetação secundária em estágio médio de regeneração, ressalvadas as áreas urbanas e regiões metropolitanas.

6. GESTÃO DE FLORESTAS PÚBLICAS – LEI 11.284/06

6.1 Noções

A disciplina da **gestão de florestas públicas para a produção sustentável** é estabelecida pela **Lei 11.284/06**. A sistemática traçada por esta lei é de grande importância para os espaços territoriais especialmente protegidos, daí porque decidimos tratar o tema neste capítulo.

As **florestas públicas** compreendem as florestas, naturais ou plantadas, localizadas nos diversos biomas brasileiros, em bens sob o domínio da União, dos Estados, dos Municípios, do Distrito Federal ou das entidades da administração indireta. De acordo com PAULO AFFONSO LEME MACHADO (2010, p. 896-897), as florestas públicas compreendem as **florestas nacionais**, as **florestas estaduais** e **florestas municipais**, as **reservas extrativistas** e as **reservas de desenvolvimento sustentável**.

A gestão de florestas públicas compreende basicamente: **I** – a criação de florestas nacionais, estaduais e municipais e sua gestão direta; **II** – a destinação de florestas públicas às comunidades locais; **III** – a concessão florestal, incluindo florestas naturais ou plantadas e as unidades de manejo das áreas protegidas.

6.2 Gestão

A gestão das florestas públicas poderá se dar das seguintes maneiras:

A **Gestão direta:** o próprio Poder Público faz a gestão, sendo-lhe facultado, para execução de atividades subsidiárias, **firmar convênios, termos de parceria, contratos ou instrumentos similares com terceiros**, observados os procedimentos licitatórios e demais exigências legais pertinentes (art. 5º).

B **Destinação às comunidades locais:** antes da realização das concessões florestais, as florestas públicas ocupadas ou utilizadas por **comunidades locais** deverão ser identificadas para a destinação **não onerosa** e **por ato administrativo** destas áreas a tais comunidades, por meio da criação de reservas extrativistas e reservas de desenvolvimento sustentável, concessão de uso e outras formas previstas em lei. Comunidades locais são populações tradicionais e outros grupos humanos, organizados por gerações sucessivas, com estilo de vida relevante à conservação e à utilização sustentável da diversidade biológica.

C **Concessão florestal:** é a **delegação onerosa**, feita pelo poder concedente, do direito de **praticar manejo florestal sustentável** para **exploração de produtos e serviços** numa unidade de manejo, mediante **licitação**, à pessoa jurídica, em consórcio ou não, que atenda às exigências do respectivo edital de licitação e demonstre capacidade para seu desempenho, por sua conta e risco e por prazo determinado. **Unidade de manejo** é o perímetro definido a partir de critérios técnicos, socioculturais, econômicos e ambientais, localizado em florestas públicas, objeto de um Plano de Manejo Florestal Sustentável – PMFS, podendo conter áreas degradadas para fins de recuperação por meio de plantios florestais.

C.1 **Formalização:** a concessão florestal será autorizada em **ato do poder concedente** e **formalizada mediante contrato**, que deverá observar a Lei 11.284/06, as normas pertinentes e o edital de licitação. Antes de publicar o edital, o poder concedente publicará ato **justificando a conveniência da concessão florestal, caracterizando seu objeto** e a **unidade de manejo.** Ainda, a publicação do edital de licitação de cada lote de concessão florestal deverá ser precedida de **audiência pública**, sem prejuízo de outras consultas públicas. As licitações para concessão florestal serão realizadas na **modalidade concorrência** e **outorgadas a título oneroso**, sendo **vedada** a declaração de **inexigibilidade de licitação.**

C.2 **Objeto da concessão:** será a exploração de produtos e serviços florestais, contratualmente especificados, em unidade de manejo de floresta pública, com perímetro georreferenciado, registrada no respectivo cadastro de florestas públicas e incluída no lote de concessão florestal.

C.3 **Licenciamento ambiental:** o processo de licenciamento ambiental para uso sustentável da unidade de manejo compreende a **licença prévia** e a **licença de operação**, não se lhe aplicando a exigência de licença de instalação. Nos casos de **potencialmente causadores de significativa degradação do meio ambiente**, será exigido o **EIA/RIMA** para a concessão da licença prévia.

CAPÍTULO V

RESPONSABILIDADE POR DANO AMBIENTAL

1. NOÇÕES

O art. 225, § 3º da CF/88 estabeleceu uma espécie de **responsabilidade cumulativa para as condutas e atividades lesivas**, de modo que o infrator/poluidor poderá sofrer isolada ou concomitantemente **sanções administrativas, penais** e **civis**. Assim, em matéria ambiental vigora **o princípio da independência das instâncias.**

Ilustra bem o raciocínio a seguinte questão trazida no XIX Exame de Ordem (abr/16): "Pedro, em visita a determinado Município do interior do Estado do Rio de Janeiro, decide pichar e deteriorar a fachada de uma Igreja local tombada, por seu valor histórico e cultural, pelo Instituto Estadual do Patrimônio Histórico-Cultural – INEPAC, autarquia estadual". Nesta situação, Pedro, por ter causado danos ao meio ambiente cultural, poderá ser responsabilizado administrativa, penal e civilmente, sendo admissível o manejo de ação civil pública pelo Ministério Público, demandando a condenação em dinheiro e o cumprimento de obrigação de fazer.

Para fins de responsabilização, **dano ambiental** representa o **prejuízo anormal e intolerável** causado ao meio ambiente por qualquer **conduta comissiva ou omissiva** praticada por **pessoa física** ou **jurídica**. Em geral, a doutrina adota também o conceito de poluição trazido no art. 3º, inciso III da Lei 6.938/81.

? **QUESTÃO:** Aplica-se a teoria do fato consumado em matéria de responsabilidade ambiental?

➥ ***RESPOSTA:*** *NÃO. A teoria do fato consumado prega que situações jurídicas consolidadas pelo decurso do tempo e amparadas por decisão judicial ou administrativa não devem ser desconstituídas em razão do princípio da segurança jurídica e da estabilidade das relações sociais (STJ, REsp 709.934). Traduzindo esta teoria para o âmbito do direito ambiental, um dano contra o meio ambiente cometido e consolidado há muito tempo, mas produzindo efeitos até os dias atuais, não deveria ser reparado (Ex.: construção de residência em área de preservação permanente), em nome da segurança jurídica. O STJ pacificou o tema, editando em 2018 a Súmula 613, que possui a seguinte redação: Não se admite a aplicação da teoria do fato consumado em tema de direito ambiental. O STJ ponderou que o direito meio ambiente equilibrado como bem de uso comum do povo essencial à sadia qualidade de vida deve ser prestigiado em face de situação de degradação ambiental consolidada pelo decurso do tempo, fazendo-se necessária a reparação do dano.*

2. RESPONSABILIDADE ADMINISTRATIVA

As **infrações administrativas ambientais** estão previstas na **Lei 9.605/98**, a partir do **art. 70**, e são regulamentadas pelo **Decreto 6.514/08**.

Considera-se **infração administrativa ambiental** toda **ação** ou **omissão** que viole as regras jurídicas de **uso, gozo, promoção, proteção** e **recuperação do meio ambiente** (art. 70). A violação destas regras traz para o infrator **sanções de natureza administrativa**, que decorrem do exercício do **poder de polícia ambiental.**

A Lei Complementar 140/11 trouxe algumas novidades no tocante ao exercício do poder de polícia por parte dos entes federativos. Segundo o art. 17, *caput* "compete ao órgão responsável pelo licenciamento ou autorização, conforme o caso, de um empreendimento ou atividade, lavrar auto de infração ambiental e instaurar processo administrativo para a apuração de infrações à legislação ambiental cometidas pelo empreendimento ou atividade licenciada ou autorizada". Todavia, nos casos de iminência ou ocorrência de degradação da qualidade ambiental, o ente federativo que tiver conhecimento do fato deverá determinar medidas para evitá-la, fazer cessá-la ou mitigá-la, comunicando imediatamente ao órgão competente para as providências cabíveis (§ 2º). Todavia, a previsão do art. 17, *caput* não impede o exercício pelos entes federativos da atribuição comum de fiscalização da conformidade de empreendimentos e atividades efetiva ou potencialmente poluidores ou utilizadores de recursos naturais com a legislação ambiental em vigor, prevalecendo o auto de infração ambiental lavrado por órgão que detenha a atribuição de licenciamento ou autorização a que se refere o *caput* (§ 3º).

MUITA ATENÇÃO! O **dano ambiental** não é por si só gerador de responsabilidade administrativa, mas apenas o que é previsto como **infração administrativa**. É possível que uma determinada empresa, pela própria natureza de sua atividade, provoque dano ambiental previsto e aceito quando da realização do licenciamento ambiental, e não cometa qualquer ilícito administrativo.

2.2 Procedimento para apuração: qualquer pessoa pode representar às **autoridades competentes** (funcionários dos órgãos integrantes do SISNAMA e agentes das Capitanias dos Portos), para efeito do exercício do poder de polícia, que deverão, **sob pena de corresponsabilidade**, promover a apuração da possível infração administrativa imediatamente, mediante **processo administrativo próprio** em que será assegurado o contraditório e ampla defesa.

Sendo constatada a infração, o procedimento inicia-se com a **lavratura do auto de infração**. A partir de então, observaremos os seguintes atos e prazos:

ATOS	PRAZO
Defesa ou **impugnação** contra o auto de infração	**20 dias** contados da **ciência da autuação.**
Julgamento do auto de infração pela autoridade competente, com ou sem defesa do infrator	**30 dias** contados da **lavratura** do auto de infração.
Recurso do infrator contra a **decisão condenatória** à instância superior do SISNAMA ou à Diretoria de Portos e Costas, do Ministério da Marinha, de acordo com o tipo de autuação	**20 dias.**
Pagamento da Multa	**5 dias,** contados do **recebimento da notificação.**

2.3 Espécies de sanções: são trazidas pelo art. 72 e consistem em:

A **Advertência:** é aplicada a **infrações leves** (em que a multa máxima cominada não ultrapasse o valor de R$ 1.000,00) e cometidas com **infratores primários.** É utilizada geralmente quando ocorre a não observância de uma norma ou regulamento ambiental. A própria autoridade concede um prazo para o infrator corrigir sua conduta, caso constate a existência de irregularidades a serem sanadas.

B **Multa simples:** será aplicada quando o agente, por **negligência ou dolo**, não sanar irregularidades no prazo fixado ou embaraçar fiscalização. No caso de cometimento de infração ambiental é possível a aplicação de pena de multa sem a necessidade de imposição depena de advertência (art. 72 da Lei 9.605/98). A multa paga a Estado ou Municípios substituirá a multa aplicada pela União (**atividade supletiva**). A multa simples pode ser convertida em serviços de preservação, melhoria e recuperação da qualidade do meio ambiente.

C **Multa diária:** será aplicada sempre que o cometimento da infração se prolongar no tempo.

D **Apreensão dos animais, produtos e subprodutos da fauna e flora, instrumentos, petrechos, equipamentos ou veículos de qualquer natureza utilizados na infração;**

E **Destruição ou inutilização do produto;**

F **Suspensão de venda e fabricação do produto;**

G **Embargo de obra ou atividade**: restringe-se aos locais onde efetivamente se caracterizou a infração ambiental, não alcançando as demais atividades realizadas em áreas não embargadas da propriedade ou posse ou não correlacionadas com a infração.

H **Demolição de obra:** "A demolição de obra só poderá ser aplicada em edificações não residenciais e sua execução deverá ocorrer às custas do infrator" (trecho extraído de questão do **IX Exame Unificado**).

I **Suspensão parcial ou total de atividades;**

J **Restritiva de direitos:** tem caráter acessório e estão sempre vinculadas às sanções anteriores: i – suspensão ou cancelamento de registro, licença, permissão ou autorização; ii – perda ou restrição de incentivos e benefícios fiscais; iii – perda ou suspensão da participação em linhas de financiamento de estabelecimentos oficiais de crédito; iv – proibição de contratar com a Administração Pública por até 3 anos.

Devem ser observados os seguintes critérios para aplicação das sanções administrativas: **gravidade do fato**, **motivos**, **consequências da infração**, **antecedentes do infrator** e, no caso da multa, **situação econômica do infrator**. Se o infrator simultaneamente praticar **mais de uma infração**, as sanções deverão ser aplicadas **cumulativamente**.

Prescreve em **cinco anos** a ação da administração objetivando apurar a prática de infrações contra o meio ambiente, **contada da data da prática do ato**, ou, no caso de **infração permanente ou continuada**, do **dia em que esta tiver cessado**. No mesmo sentido é a Súmula 467 do STJ: Prescreve em cinco anos, contados do término do processo administrativo, a pretensão da Administração Pública de promover a execução da multa por infração ambiental.

A prescrição administrativa, todavia, **não elide a obrigação de reparar o dano ambiental** (art. 21, § 4.º do Decreto 6.514/08).

? **QUESTÃO:** A responsabilidade administrativa é objetiva ou subjetiva?

➥ ***RESPOSTA:*** *Entre os doutrinadores e parte da jurisprudência vem prevalecendo entendimento de que, em regra, a responsabilidade é objetiva, exceto na multa simples que será subjetiva (negligência ou dolo). Porém, o STJ vem entendendo que a responsabilidade administrativa ambiental, como regra, apresenta caráter subjetivo, exigindo dolo ou culpa para sua configuração (RESP 1640243, j. em 07/03/2017). Ou seja, o tema é controverso.*

3. RESPONSABILIDADE CIVIL

A responsabilidade civil por danos ao meio ambiente é **objetiva**, ou seja, é desnecessário comprovar o dolo ou culpa do infrator. É o que dispõe o **art. 14, § 1º da Lei 6.938/81**, quando impõe ao poluidor, **independentemente da existência de culpa**, a obrigação de **indenizar** ou **reparar** os danos causados ao meio ambiente e terceiros, afetados por sua atividade.

Dentro desta perspectiva, prevalece na jurisprudência e na doutrina o entendimento de que foi adotada a **teoria do risco integral**, que seria uma espécie de responsabilidade objetiva ainda mais grave, em que o causador do dano sequer poderia invocar as chamadas excludentes de ilicitude (**culpa exclusiva da vítima**, **fato de terceiro**, **caso fortuito** ou **força maior**), bastando que se comprove o dano ao meio ambiente.

Em sede de julgamento de recursos repetitivos, o STJ firmou o seguinte posicionamento a respeito do tema (REsp 1374284/MG, j. em 27/08/2014): "1. Para fins do art. 543-C do Código de Processo Civil: a) a responsabilidade por dano ambiental é objetiva, informada pela teoria do risco integral, sendo o nexo de causalidade o fator aglutinante que permite que o risco se integre na unidade do ato, sendo descabida a invocação, pela empresa responsável pelo dano ambiental, de excludentes de responsabilidade civil para afastar sua obrigação de indenizar; b) em decorrência do acidente, a empresa deve recompor os danos materiais e morais causados e c) na fixação da indenização por danos morais, recomendável que o arbitramento seja feito caso a caso e com moderação, proporcionalmente ao grau de culpa, ao nível socioeconômico do autor, e, ainda, ao porte da empresa, orientando-se o juiz pelos critérios sugeridos pela doutrina e jurisprudência, com razoabilidade, valendo-se de sua experiência e bom senso, atento à realidade da vida e às peculiaridades de cada caso, de modo que, de um lado, não haja enriquecimento sem causa de quem recebe a indenização e, de outro, haja efetiva compensação pelos danos morais experimentados por aquele que fora lesado".

3.1 Classificação do dano ambiental

A Quanto aos sujeitos prejudicados: O dano ambiental poderá ser considerado em **sentido amplo** (prejudica a todos, por prejudicar o meio ambiente enquanto bem imaterial e difuso); **individual ou reflexo** (determinado indivíduo ou grupo experimentam um prejuízo específico. Ex.: rompimento de barragem com produtos tóxicos de uma empresa, que contamina rio utilizado por comunidade de pescadores). Neste último caso, os indivíduos também poderão pleitear a indenização pelos prejuízos sofridos.

B Quanto à extensão: esta classificação foi exigida no **exame unificado de jan/08** e pode ser resumida na alternativa considerada correta: "Quanto à extensão, o dano ambiental pode ser **patrimonial**, quando disser respeito à perda material do bem ambiental, ou **extrapatrimonial**, quando ofender valores imateriais, reduzindo o bem-estar do indivíduo ou da coletividade ou atingindo o valor intrínseco do bem" (g.n.).

3.2 Reparação do dano: a reparação será **integral** e sempre deve ser priorizada a **restauração** in natura ou **em espécie**. Não sendo esta possível é que se pensará na **indenização pecuniária**, mas nada impede que esta compensação financeira seja cumulada com restauração. A propósito do tema, o STJ editou em 2018 a **Súmula 629**, que possui o seguinte enunciado: "Quanto ao dano ambiental, é admitida a condenação do réu à obrigação de fazer ou à de não fazer cumulada com a de indenizar". Um bom exemplo de aplicação desta súmula foi trazido em questão do Exame de Ordem (2019.2): "Em decorrência de grave dano ambiental em uma Unidade de Conservação, devido ao rompimento de barragem de contenção de sedimentos minerais, a Defensoria Pública estadual ingressa com Ação Civil Pública em face do causador do dano". O gabarito oficial considerou como correta a afirmação de que a Defensoria Pública pode pedir a recomposição do meio ambiente cumulativamente ao pedido de indenizar, sem que isso configure bis in idem.

É importante, também, salientar que a responsabilidade civil ambiental se baseia na ideia de **solidariedade**. Assim, se existir um dano ambiental e vários infratores que contribuíram direta ou indiretamente para o mesmo, todos serão **solidariamente responsáveis pela reparação dano**.

É possível a fixação de **dano moral coletivo** a ser suportado pelo responsável por dano ambiental em sentença que julga ação civil pública, cumulativamente com a obrigação de recompor o meio ambiente degradado (REsp 1.328.743/MG, j. em 28.05.2013).

No âmbito judicial, a reparação do dano geralmente é buscada por dois meios**: ação popular ambiental** e **ação civil pública ambiental**. Enquanto a primeira pode ser ajuizada por qualquer cidadão, nos termos da Lei 4.717/65, a segunda possui seus legitimados informados no art. 5.º da Lei 7.347/85 (LACP).

Vale ressaltar que o art. 5º, § 6º da LACP permite que os legitimados para o ingresso de ação civil pública poderão tomar dos interessados compromisso de ajustamento de sua conduta às exigências legais, mediante cominações, que terá eficácia de título executivo extrajudicial. O termo de ajustamento de conduta (TAC) tem se mostrado como importante instrumento de reparação de danos ambientais.

O STJ editou em 2018 a Súmula 618, para permitir a aplicação da **inversão do ônus da prova** às ações de degradação ambiental.

> **MUITA ATENÇÃO!** Tendo a indisponibilidade do direito ao meio ambiente equilibrado, não cabe transação quanto ao conteúdo das normas ambientais violadas ou sobre a restauração e recuperação de ecossistema degradado, mas apenas no tocante aos prazos e modo de cumprimento das obrigações acordadas em eventual termo de ajustamento de conduta celebrado. Este tema já foi exigido no exame de ordem.

3.3 Desconsideração da personalidade jurídica: o art. 4º da Lei 9.605/98 permite a desconsideração da personalidade jurídica **sempre que esta for obstáculo ao ressarcimento de prejuízos causados à qualidade do meio ambiente**.

? **QUESTÃO:** E quando o próprio Estado é o causador do dano ambiental ou concorre para sua ocorrência por ausência de fiscalização?

➥ ***RESPOSTA:*** *O tema é polêmico. A responsabilidade civil do Estado possui disciplina própria no art. 37, § 6º da CF/88. Tratando-se de conduta comissiva, a responsabilidade será objetiva, mas na modalidade do risco administrativo, e não do risco integral. Se o dano decorreu de uma omissão do Estado, em tese, sua responsabilidade seria subjetiva, conforme vinham se posicionando os Tribunais. Mas o STJ, no julgamento do RESP 1071741/SP, decidiu que a responsabilidade será* ***objetiva*** *mesmo em caso de omissão no exercício do poder de polícia, mas na execução seria subsidiária (primeiro se executa o devedor principal; se este solver, aí que se volta contra o Estado). Esta tem sido a posição prevalente atualmente. O entendimento do STJ foi ratificado para as situações em que o Estado concorre com o dano ambiental, em razão da omissão do dever de fiscalização e em* ***solidariedade*** *com o causador do dano, mas igualmente de execução subsidiária. Sobre o tema, foi editada a Súmula 652, com a seguinte redação: "A responsabilidade civil da administração pública por danos ao meio ambiente, decorrente de sua omissão no dever de fiscalização, é de caráter* ***solidário****, mas de execução subsidiária".*

3.4 Prescrição da pretensão reparatória: o Código Civil estabelece prazos de prescrição da pretensão de reparação civil, que, em regra, é de 3 anos (art. 206, § 3.º, v). Todavia, a jurisprudência sempre se inclinou no sentido da imprescritibilidade da pretensão de reparação de dano ambiental, o que foi pacificado pelo STF no julgamento do Tema 999, em sede de repercussão geral, com a fixação da seguinte tese: "É imprescritível a pretensão de reparação civil de dano ambiental".

4. RESPONSABILIDADE PENAL

A responsabilidade penal em matéria ambiental revela a grande relevância que o meio ambiente alcançou após a promulgação da CF/88. Lembremos que o princípio da intervenção mínima determina que somente os bens juridicamente relevantes merecem a tutela do Direito Penal.

No plano infraconstitucional, o principal diploma é a **Lei 9.605/98**, que disciplinou os crimes ambientais e prevê regras relativas à aplicação da pena, à apreensão dos produtos e instrumentos da infração, à ação e ao processo penal, entre outras matérias.

> **MUITA ATENÇÃO!** Não há que se falar em responsabilidade objetiva em matéria penal, nem mesmo para a pessoa jurídica. A **responsabilidade penal** é, portanto, **subjetiva**. Este tema é muito recorrente no exame de ordem e nos diversos concursos.

4.1 Dos crimes contra o meio ambiente: Os crimes contra o meio ambiente são divididos em: a) **crimes contra a fauna** (arts. 29 a 37); b) **crimes contra a flora** (arts. 38 a 53); c) **poluição e outros crimes ambientais** (art. 54 a 61); d) **crimes contra o ordenamento urbano e o patrimônio cultural** (arts. 62 a 65) e; e) **crimes contra a administração ambiental** (arts. 66 a 69-A).

"Os tipos penais ambientais, em regra, descrevem **crimes de perigo abstrato**, que se consumam com a própria **criação do risco**, **efetivo** ou **presumido**, independentemente de qualquer resultado danoso" (**exame unificado de set/10**).

> **DICA IMPORTANTE** Devido à proposta de síntese desta obra não será possível a análise dos tipos penais, razão pela qual recomendamos a mera leitura dos dispositivos acima indicados, pois em todas as vezes que o tema foi cobrado o examinador exigiu apenas o "texto seco" da lei.

> **MUITA ATENÇÃO!** A **Lei 12.408**, de 25 de maio 2011, **descriminalizou o ato de grafitar**, alterando a redação do art. 65 da Lei 9.605/98. A intenção foi prestigiar a prática de grafite como uma forma de manifestação artística, desde que o ato tenha o objetivo de valorizar o patrimônio público ou privado, seja consentido pelo proprietário e, quando couber, pelo locatário ou arrendatário do bem privado e, no caso de bem público, haja a autorização do órgão competente e a observância das posturas municipais e das normas editadas pelos órgãos governamentais responsáveis pela preservação e conservação do patrimônio histórico e artístico nacional.

4.2 Responsabilidade penal da pessoa jurídica: o **art. 225, § 3º da CF/88** trouxe como grande inovação a possibilidade de **penalização da pessoa jurídica**. Isso se deu porque na prática grande parte dos danos ambientais – principalmente os de maior impacto – era cometida por pessoas jurídicas.

O dispositivo constitucional foi confirmado pela legislação infraconstitucional, estando a responsabilidade penal da pessoa jurídica prevista no art. 3º da Lei 9.605/98, *in verbis*: "As pessoas jurídicas serão responsabilizadas

DIREITO AMBIENTAL

administrativa, civil e **penalmente** conforme o disposto nesta a Lei, nos casos em que a infração seja cometida por decisão de seu representante legal ou contratual, ou de seu órgão colegiado no interesse ou benefício da sua entidade". Por seu turno, o art. 21 prevê como aplicáveis às pessoas jurídicas, isolada ou cumulativamente, as penas de **multa**, **restritivas de direito** e **prestação de serviços à comunidade**. Dentre as **penas restritivas** de direito destacam-se a **suspensão parcial ou total de atividades, interdição temporária de estabelecimento, obra ou atividade** e **proibição de contratar com o Poder Público, bem como dele obter subsídios, subvenções ou doações.**

? **QUESTÃO:** As pessoas físicas que de alguma forma colaboraram para o fato delituoso serão responsabilizadas?

➥ ***RESPOSTA:*** *O STJ vinha entendendo não ser possível a responsabilização penal da pessoa jurídica dissociada da pessoa física, que age com elemento subjetivo próprio, no que se denominou sistema da dupla imputação, de modo que, o representante legal e demais prepostos da empresa que contribuíram para a prática delituosa (coautoria ou participação) também deveriam ser responsabilizados criminalmente. Entretanto, o STF tem admitido a possibilidade de responsabilização da pessoa jurídica independentemente da ação penal contra a pessoa física, entendendo que a simultaneidade da imputação não foi exigida pela Constituição Federal (Cf. RE 548181 e RE 628582), o que fez com que o STJ passasse a adotar o mesmo entendimento (RMS 39.173-BA, informativo 0566).*

BIBLIOGRAFIA RECOMENDADA

LEITURA BÁSICA

- AMADO, Frederico Augusto Di Trindade. **Direito Ambiental.** Coleção Resumos Para Concursos. Salvador: Juspodivm, 2013.
- AMADO, Frederico Augusto Di Trindade. **Direito Ambiental Esquematizado**. 2. ed. rev. atual. e ref. São Paulo: Método, 2011.
- ANDRADE, Flávia Cristina, PAVIONE, Lucas dos Santos (org.). **OAB 1ª FASE: Questões Comentadas, Estratégias de Estudo.** Coleção Carreiras Específicas. São Paulo: Saraiva, 2013.
- BELTRÃO, Antônio F. G. **Direito Ambiental**. 3. ed. rev. atual. e amp. São Paulo: Método, 2011.
- GARCIA, Leonardo de Medeiros; THOMÉ, Romeu. **Direito Ambiental**. Coleção Leis Especiais para Concursos. 2. ed. rev. amp. e atual. Salvador: Juspodivm, 2010.

OBRAS PARA APROFUNDAMENTO

- ANTUNES, Paulo de Bessa. **Direito Ambiental**. 12. ed. Rio de Janeiro: Lumen Juris, 2010.
- MACHADO, Paulo Affonso Leme Machado. **Direito Ambiental Brasileiro**. 18. ed. rev. atual. e amp. São Paulo: Malheiros, 2010.
- MILARÉ, Édis. **Direito do Ambiente**: a gestão Ambiental em Foco. 5. ed. reform., atual. e amp. São Paulo: RT, 2007.
- SILVA, José Afonso da. **Direito Ambiental Constitucional**. 5. ed. São Paulo: Malheiros, 2004.
- THOMÉ, Romeu. **Manual de Direito Ambiental**. Salvador.

DIREITO PENAL

Reinaldo Daniel Moreira

CAPÍTULO I
PRINCÍPIOS DO DIREITO PENAL

1. NOÇÕES

Os princípios do Direito Penal são as **garantias que limitam o exercício do poder punitivo do Estado**, o chamado *jus puniendi* estatal. Derivam, implícita ou explicitamente, do texto constitucional. Dentre outros, podem ser mencionados os seguintes princípios:

A **Princípio da legalidade**: está previsto no art. 1º do Código Penal, e no art. 5º, XXXIX da Constituição da República. Segundo o art. 1º do Código Penal: "Não há crime sem lei anterior que o defina. Não há pena sem prévia cominação legal". Constitui limite à intervenção do Direito Penal, que somente deve atuar dentro dos ditames da lei. A lei penal deve ser **clara, taxativa, escrita e certa**, evitando margem de dúvidas em sua interpretação (TOLEDO, 2001, p. 21-29).

? **QUESTÃO**: Medida provisória pode tratar de matéria penal?

RESPOSTA: *De acordo com o art. 62, § 1º, I, "b" da Constituição da República, medida provisória não pode tratar de Direito Penal. Todavia, a doutrina tem limitado, dizendo que medida provisória somente não poderia tratar de direito penal incriminador, ou seja, estabelecer crimes e penas (GOMES; PABLOS DE MOLINA, 2007, p. 57-63). A questão foi alvo de indagação no* ***Exame Unificado da OAB de agosto de 2014****, na seguinte situação: "O Presidente da República, diante da nova onda de protestos, decide, por meio de medida provisória, criar um novo tipo penal para coibir os atos de vandalismo. A medida provisória foi convertida em lei, sem impugnações". No caso narrado, "há ofensa ao princípio da reserva legal, pois não é possível a criação de tipos penais por meio de medida provisória".*

A lei penal que estatui um crime deve, ainda, ser anterior ao fato (**princípio da anterioridade**). Assim, a lei penal **não pode retroagir**, alcançando fatos anteriores à sua entrada em vigor, **salvo se for para beneficiar o réu**, como prevê o art. 5º, XL, da Constituição da República. Desta forma, é errada a alternativa apresentada no **Exame Unificado da OAB de dezembro de 2006**, de que "o sistema constitucional brasileiro autoriza que se apliquem leis penais supervenientes mais gravosas a fatos delituosos cometidos em momento anterior ao da edição da *lex gravior*". Como já dito, a *lex gravior*, ou seja, a lei penal prejudicial ao réu, não se aplica a fatos anteriores à sua entrada em vigor. **A lei penal que beneficia o réu**, ao contrário, **retroage** e aplica-se aos fatos, **inclusive, após o trânsito em julgado da decisão que os julgar.**

Decorre, ainda, do princípio da legalidade a **proibição do costume incriminador**, ou seja, um costume não pode criar um delito. Também **não se admite a analogia para incriminar**, ou, de qualquer outra forma, prejudicar o réu (a chamada analogia *in malam partem*), pois "segundo o princípio da legalidade, a elaboração das normas incriminadoras e das respectivas sanções constitui função exclusiva da lei" (alternativa extraída do **Exame Unificado da OAB de dezembro de 2006**).

MUITA ATENÇÃO! Foi apresentada como alternativa em uma questão do **Exame Unificado da OAB de janeiro de 2008** que "o dispositivo constitucional que estabelece que a lei não retroagirá, salvo para beneficiar o réu, aplica-se à lei penal e à lei processual penal". Cuidado! Essa afirmativa está incorreta, pois prevalece o entendimento de que a vedação de retroagir para prejudicar o réu somente se aplica à lei penal, e não à norma processual, que tem aplicação imediata (**princípio da imediatidade ou aplicabilidade imediata da lei processual**).

Chama-se de **norma penal em branco** aquela que necessita de um complemento em seu preceito primário, ou seja, na descrição da conduta que é prevista como crime. Tal norma depende do complemento de outra norma ou ato administrativo. Aquelas que dependem do complemento de um ato normativo da mesma natureza são chamadas de **normas penais em branco homogêneas** (por exemplo, quando a lei necessita do complemento de outra lei). As que dependem do complemento de uma norma de natureza diversa são chamadas de **normas penais em branco heterogêneas** (por exemplo, a lei que depende do complemento de uma portaria ou de uma resolução).

B **Princípio da exclusiva proteção de bens jurídicos**: a função do Direito Penal é tutelar os bens jurídicos mais importantes para a vida em sociedade, e não valores exclusivamente morais ou ideológicos.

C **Princípio da intervenção mínima**: o Direito Penal somente deve intervir na medida do que for **estritamente necessário**. É comum a doutrina dividir tal princípio em dois subprincípios, a saber: **a) fragmentariedade**: somente os bens jurídicos mais relevantes merecem a tutela penal, e ainda assim diante de ataques intoleráveis; **b) subsidiariedade**: somente deve ser tutelado um bem pela intervenção penal quando os demais ramos do direito, como o civil ou administrativo, se revelarem insuficientes. Assim, está correta a afirmação feita no **Exame Unificado da OAB de dezembro de 2006**, de que "a missão do direito penal moderno consiste em tutelar os bens jurídicos mais relevantes. Em decorrência disso, a intervenção penal deve ter o caráter fragmentário, protegendo apenas os bens jurídicos mais importantes e em caso de lesões de maior gravidade". Correta, também, a alternativa apresentada no **Exame Unificado da OAB de maio de 2009**, ao afirmar que "o princípio da intervenção mínima, que estabelece a atuação do direito penal como *ultima ratio*, orienta e limita o poder incriminador do Estado, preconizando que a criminalização de uma conduta só se legitima se constituir meio necessário para a proteção de determinado bem jurídico".

D **Princípio da ofensividade**: não há crime sem ofensa a bens jurídicos (*nullum crimen sine injuria*). Assim, a conduta, para ter relevância para o Direito Penal, deve expor o bem jurídico protegido pelo Direito Penal a uma **efetiva lesão, ou a um perigo concreto de lesão**. Fala-se na existência de duas espécies de perigo em matéria penal: **a) perigo concreto**, em que o perigo, a potencialidade para lesão ao bem jurídico, deve ser **provado**, e **b) perigo abstrato**, em que há **presunção absoluta** de lesão ao bem jurídico, não necessitando, assim, de prova do perigo.

E **Princípio da responsabilidade pessoal do agente**: cada agente deve responder pela conduta que efetivamente praticou. A responsabilidade penal é **pessoal, e não se estende a terceiros**. No **Exame Unificado da OAB de agosto de 2006** foi afirmado que "é cediço que a pena não pode passar da pessoa do condenado". A seguir, foi indagado do candidato a qual princípio corresponderia esse entendimento. Trata-se do **princípio da intranscendência**. Por ser pessoal a responsabilidade penal, nenhum reflexo dela pode transcender da pessoa que praticou a conduta criminosa. Todavia, não se pode confundir a responsabilidade penal com a civil. Os aspectos cíveis de um crime podem passar da pessoa do condenado, obrigando seus herdeiros, por exemplo, nos limites de uma herança recebida, a indenizar a vítima.

F **Princípio da culpabilidade**: para ser penalmente responsabilizado, o autor da conduta deve ter atuado com **dolo ou culpa**. Tal **princípio inibe a responsabilidade penal objetiva**, ou seja, aquela que se funda na mera ocorrência do resultado, independente de dolo ou culpa. **A culpabilidade, ainda, é um dos fundamentos para a aplicação da pena**. E, como será visto adiante, somente há responsabilidade penal se o agente for imputável, possuir potencial consciência da ilicitude, sendo dele exigível conduta diversa.

G **Princípio da adequação social**: condutas que são historicamente aceitas, **tidas como adequadas pela sociedade**, não mereceriam a intervenção penal punitiva. Tais condutas não seriam abrangidas pelos tipos penais (**são atípicas**). A propósito, no **Exame Unificado da OAB de maio de 2009** foi apresentada a seguinte alternativa: "Segundo o princípio da ofensividade, no direito penal somente se consideram típicas as condutas que tenham certa relevância social, pois as consideradas socialmente adequadas não podem constituir delito e, por isso, não se revestem de tipicidade". Está correto? Não! Na verdade, o princípio que levaria à não incriminação de condutas socialmente adequadas seria o da adequação social, e não o princípio da ofensividade.

H **Princípio da insignificância ou bagatela**: somente devem ser alvo da intervenção penal as **lesões mais relevantes**, aos bens mais importantes da sociedade. Condutas que ofendem de maneira pouco significativa o bem jurídico penalmente tutelado não teriam a chamada **tipicidade material**. Conforme questões formuladas nos **Exames Unificados da OAB de dezembro de 2006 e de setembro de 2012**, de acordo com entendimento do STF, constituem vetores para a aplicação do princípio da insignificância: **a)** a mínima ofensividade da conduta do agente; **b)** nenhuma periculosidade social da ação e **c)** reduzidíssimo grau de reprovabilidade do comportamento (STF, HC 84.412/SP).

MUITA ATENÇÃO!

O STJ, recentemente, editou súmulas a respeito da aplicação do princípio da insignificância no Direito Penal. De acordo com a Súmula 589, do STJ, "É inaplicável o princípio da insignificância nos crimes ou contravenções penais praticados contra a mulher no âmbito das relações domésticas". Ainda de acordo com a Súmula 599, do STJ, "O princípio da insignificância é inaplicável aos crimes contra a administração pública". Por fim, de acordo com a Súmula 606, do STJ, "Não se aplica o princípio da insignificância a casos de transmissão clandestina de sinal de internet via radiofrequência, que caracteriza o fato típico previsto no art. 183 da Lei n. 9.472/1997".

I **Princípio da humanidade da pena**: como decorrência **da dignidade da pessoa humana**, tal princípio proíbe que a pena seja usada como meio de violência, com tratamento cruel, desumano ou degradante. Veja a seguinte alternativa apresentada no **Exame Unificado da OAB de maio de 2009**: "De acordo com o princípio da fragmentariedade, o poder punitivo estatal não pode aplicar sanções que atinjam a dignidade da pessoa humana ou que lesionem a constituição físico-psíquica dos condenados por sentença transitada em julgado". Na verdade, a afirmação está equivocada, pois se refere ao princípio da humanidade da pena, e não ao princípio da fragmentariedade.

<table>
<tr><th colspan="2">EM RESUMO</th></tr>
<tr><td>Princípios do Direito Penal</td><td>a) Princípio da legalidade
b) Princípio da exclusiva proteção de bens jurídicos
c) Princípio da intervenção mínima
d) Princípio da ofensividade
e) Princípio da responsabilidade pessoal do agente
f) Princípio da culpabilidade
g) Princípio da adequação social
h) Princípio da insignificância ou bagatela
i) Princípio da humanidade da pena
Para saber mais, conferir: BIANCHINI, Alice; GARCÍA-PABLOS DE MOLINA, Antonio; GOMES, Luiz Flávio. Direito penal: introdução e princípios fundamentais. 2. ed. São Paulo: Revista dos Tribunais, 2009.</td></tr>
</table>

CAPÍTULO II

EFICÁCIA DA LEI PENAL NO TEMPO E NO ESPAÇO

1. EFICÁCIA DA LEI PENAL NO TEMPO – O TEMPO DO CRIME

Em relação ao tempo do crime, a doutrina aponta para a existência de três teorias:

A **teoria da atividade**, segundo a qual o tempo do crime é o momento da conduta;

B **teoria do resultado**, que tem como referência o momento em que se produz o resultado da infração penal;

C **teoria mista ou da ubiquidade**, que tem em consideração tanto o tempo da conduta quanto o da produção do resultado.

O Direito Penal brasileiro adotou como regra a **teoria da conduta ou da atividade**, conforme prevê o art. 4º do Código Penal: "Considera-se praticado o crime no momento da ação ou omissão, ainda que outro seja o momento do resultado". Assim, por exemplo, se o agente praticou a conduta antes de completar 18 (dezoito) anos de idade, não importa se já era penalmente responsável no momento em que ocorrer o resultado: será penalmente inimputável, vez que não tinha alcançado a maioridade penal no momento da conduta.

> **MUITA ATENÇÃO!**
>
> Considere a seguinte situação, extraída de questão do **Exame Unificado da OAB de fevereiro de 2020**: "André, nascido em 21/11/2001, adquiriu de Francisco, em 18/11/2019, grande quantidade de droga, com o fim de vendê-la aos convidados de seu aniversário, que seria celebrado em 24/11/2019. Imediatamente após a compra, guardou a droga no armário de seu quarto. Em 23/11/2019, a partir de uma denúncia anônima e munidos do respectivo mandado de busca e apreensão deferido judicialmente, policiais compareceram à residência de André, onde encontraram e apreenderam a droga que era por ele armazenada. De imediato, a mãe de André entrou em contato com o advogado da família [...]".
>
> Para solução da questão, deve-se atentar para o fato de que o crime de tráfico ilícito de entorpecentes (art. 33, da Lei 11.343/06) é um **crime permanente**. Ou seja, a consumação da infração penal se prolonga no tempo. Desse modo, embora o agente fosse menor quando iniciada a conduta, **o crime permanece em consumação** durante todo o período em que André tem a droga em depósito, armazenada no armário de seu quarto. Logo, se o agente completa a maioridade penal durante a prática da infração penal permanente, responde pelo crime, pelo que André é considerado imputável, podendo responder pelo delito.

Como já mencionado no estudo do princípio da legalidade, a regra no Brasil é a **irretroatividade da lei penal**. Todavia, excepcionalmente, pode ocorrer o fenômeno da **extratividade**, que envolve a **retroatividade** e a **ultratividade** da lei penal. Como prevê o art. 5º, XL, da Constituição da República, a lei penal somente pode retroagir para beneficiar o réu. Também pode ocorrer a **ultratividade da lei penal benéfica**. Significa que uma lei, mesmo depois de revogada, pode continuar regulando fatos anteriores, que ocorreram durante seu período de vigência, desde que, também, para beneficiar o réu.

? QUESTÃO: O que é *abolitio criminis*?

RESPOSTA: *O art. 2º do Código Penal estabelece que "ninguém pode ser punido por fato que lei posterior deixa de considerar crime, cessando em virtude dela a execução e os efeitos penais da sentença condenatória. Parágrafo único. A lei posterior, que de qualquer modo favorecer o agente, aplica-se aos fatos anteriores, ainda que decididos por sentença condenatória transitada em julgado". Trata-se da figura da "abolitio criminis", quando a lei deixa de considerar uma conduta infração penal e que, segundo o art. 107, III, do Código Penal, configura causa de extinção de punibilidade. É importante notar que a "abolitio criminis" se aplica mesmo àqueles casos já decididos por sentença transitada em julgado, beneficiando, assim, o agente.*

> **DICA IMPORTANTE**
>
> É fundamental que o candidato ao Exame da OAB tenha conhecimento das súmulas dos tribunais superiores (STJ e STF). Na matéria aqui estudada, duas súmulas devem ser conhecidas:
>
> - **Súmula 711, do STF:** "A lei penal mais grave aplica-se ao crime continuado ou ao crime permanente, se a sua vigência é anterior à cessação da continuidade ou da permanência". Observe a seguinte situação, extraída **do Exame Unificado da OAB de abril de 2014**: "Considere que determinado agente tenha em depósito, durante o período de um ano, 300 kg de cocaína. Considere também que, durante o referido período, tenha entrado em vigor uma nova lei elevando a pena relativa ao crime de tráfico de entorpecentes". O crime de tráfico ilícito de entorpecentes, na modalidade "ter em depósito", é um **crime permanente**, ou seja, a consumação do delito se prolonga no tempo. Assim, é aplicável ao caso

DICA IMPORTANTE

a lei mais severa, aquela que passou a vigorar durante o período em que o agente mantinha droga em depósito.

- **Súmula 611, do STF:** "Transitada em julgado a sentença condenatória, compete ao juízo das execuções a aplicação de lei mais benigna".

O art. 3º do Código Penal traz a disciplina da matéria em relação às leis excepcionais ou temporárias. **Lei excepcional** é aquela editada em situações de emergência, que fogem à normalidade. **Lei temporária** é aquela que já prevê em seu texto o tempo de sua vigência. Segundo o dispositivo: "A lei excepcional ou temporária, embora decorrido o período de sua duração ou cessadas as circunstâncias que a determinaram, aplica-se ao fato praticado durante sua vigência".

Assim, o dispositivo permite, em exceção à regra, a ultratividade da lei para prejudicar o réu (**ultratividade maléfica**). Aqueles que praticam crime durante o período de vigência de uma lei temporária ou excepcional poderão ser processados pela conduta, mesmo após o término do período de vigência dessas leis (PRADO, 2010, p. 45-46).

2. EFICÁCIA DA LEI PENAL NO ESPAÇO

Em relação à aplicação da lei penal no espaço, o direito brasileiro adotou como regra o **princípio da territorialidade,** pelo qual se aplica a lei brasileira ao crime cometido no território nacional.

Todavia, o Direito Penal brasileiro não adota a territorialidade absoluta, mas sim a **territorialidade temperada**, vez que faz expressa ressalva a convenções, tratados e regras de direito internacional, como, por exemplo, as que tratam de imunidades diplomáticas (art. 5º, *caput*, do Código Penal).

Para efeito de territorialidade, o território nacional não engloba apenas o espaço terrestre. De acordo com o § 1º do art. 5º do Código Penal, embarcações ou aeronaves públicas ou a serviço do governo são consideradas **extensão do território brasileiro**, onde quer que se encontrem. Já as embarcações ou aeronaves privadas somente são consideradas extensão do território brasileiro se em alto-mar ou no espaço aéreo correspondente ao alto-mar, local onde outro país não exerce soberania.

Considere o seguinte enunciado de questão, extraído do **Exame Unificado da OAB de novembro de 2016**: "Revoltado com a conduta de um Ministro de Estado, Mário se esconde no interior de uma aeronave pública brasileira, que estava a serviço do governo, e, no meio da viagem, já no espaço aéreo equivalente ao Uruguai, desfere 05 facadas no Ministro com o qual estava insatisfeito, vindo a causar-lhe lesão corporal gravíssima".

Nessa situação, Mário poderá ser responsabilizado de acordo com a lei brasileira, com base no princípio da **territorialidade**. Isso porque, na forma do art. 5º, § 1º, do Código Penal, as embarcações e aeronaves brasileiras, **de natureza pública ou a serviço do governo brasileiro**, onde quer que se encontrem, são consideradas extensão do território nacional.

Ainda de acordo com o § 2º do art. 5º do Código Penal, é aplicável a lei brasileira aos crimes praticados a bordo de aeronaves ou embarcações estrangeiras de propriedade privada, que estejam em pouso no território nacional ou em voo no espaço aéreo correspondente, e embarcações privadas em porto ou mar territorial do Brasil. Assim, é aplicável a legislação penal brasileira na situação narrada no **Exame Unificado da OAB de maio de 2012**, em que "John, cidadão inglês, capitão de uma embarcação particular de bandeira americana, é assassinado por José, cidadão brasileiro, dentro do aludido barco, que se encontrava atracado no Porto de Santos, no Estado de São Paulo".

Se é praticada em alto-mar uma conduta que no território brasileiro seria crime, deve-se analisar a legislação do país de matrícula da embarcação. Caso a conduta, no país da matrícula, não seja crime, não haverá delito algum a ser punido. Trata-se do chamado **princípio do pavilhão ou da bandeira**, segundo o qual a lei penal brasileira aplica-se a embarcações ou aeronaves privadas, quando se encontram no estrangeiro e nesse local não são julgadas. Ainda por esse princípio, se um crime é praticado no interior de uma embarcação privada brasileira, em alto-mar, o fato está sujeito à legislação penal brasileira (TOLEDO, 2001, p. 45-46).

O art. 6º do Código Penal, por sua vez, consagra a **teoria mista ou da ubiquidade**, pois "considera-se praticado o crime no lugar em que ocorreu a ação ou omissão, no todo ou em parte, bem como onde se produziu ou deveria produzir-se o resultado". Tal regra se aplica aos chamados **crimes à distância ou de espaço máximo**. São as infrações penais que envolvem mais de um país (por exemplo, Brasil e Paraguai), ocorrendo a conduta e o resultado em países distintos. Nestes casos, tanto o local da conduta quanto o local onde se produziu ou deveria se produzir o resultado são competentes para julgamento. A doutrina normalmente afirma que se o crime "toca" o território brasileiro, o Brasil é competente para o seu julgamento.

O art. 7º do Código Penal prevê, excepcionalmente, hipóteses de extraterritorialidade, ou seja, situações em que a legislação penal se aplica para além do território nacional. Recomendamos a leitura atenta do dispositivo.

? **QUESTÃO:** É possível que o agente seja punido duas vezes pelo mesmo fato?

➥ ***RESPOSTA:*** *Não! A fim de evitar que o agente seja punido duas vezes pelo mesmo fato (bis in idem), o art. 8º do Código Penal prescreve que "a pena cumprida no estrangeiro atenua a pena imposta no Brasil pelo mesmo crime, quando diversas, ou nela é computada, quando idênticas". Considere o seguinte enunciado de questão, extraído do* ***Exame Unificado da OAB de abril de 2018****: "Francisco, brasileiro, é funcionário do Banco do Brasil, sociedade de economia mista, e trabalha na agência de Lisboa, em Portugal. Passando por dificuldades financeiras, acaba desviando dinheiro do banco para uma conta particular, sendo o fato descoberto e julgado em Portugal. Francisco é condenado pela infração praticada. Extinta a pena, ele retorna ao seu país de origem e é surpreendido ao ser citado, em processo no Brasil, para responder pelo mesmo fato, razão pela qual procura seu advogado". No caso, Francisco poderá ser julgado também no Brasil pelo crime. Todavia, em caso de condenação* ***a pena cumprida em Portugal atenua ou será computada na pena imposta no Brasil****, nos moldes do art. 8º do Código Penal.*

Para saber mais, recomenda-se a leitura dos comentários aos arts. 1º ao 8º do Código Penal, em: CUNHA, Rogério Sanches. **Código penal para concursos**. 2. ed. Salvador: Juspodivm, 2009.

3. CONFLITO APARENTE DE NORMAS

3.1 Noções

Fala-se em conflito aparente de normas quando a um só fato, aparentemente, duas ou mais normas em vigor parecem aplicáveis. O conflito aparente pode ser solucionado com a aplicação dos seguintes princípios (PRADO, 2005, p. 228-233):

Princípio da Especialidade	Dispõe que **lei especial derroga lei geral**. Por exemplo, o crime de homicídio culposo está previsto no art. 121, § 3º, do Código Penal. Todavia, se o homicídio culposo ocorre no trânsito, deve ser aplicada a lei especial, o Código de Trânsito Brasileiro (Lei 9.503/97), que tipifica a conduta no seu art. 302, e não o Código Penal.
Princípio da Subsidiariedade	Fala-se de subsidiariedade quando o fato é regulado de forma menos grave por uma lei (chamada subsidiária) em relação a outra (chamada principal). A relação entre as normas é de maior gravidade (norma principal) e menor gravidade (norma subsidiária). A incidência da norma principal afasta a aplicação da subsidiária. Há duas formas de subsidiariedade: **a)** expressa ou explícita (quando a lei determina, expressamente, a subsidiariedade, como faz, por exemplo, o art. 132 do Código Penal), e **b)** tácita ou implícita (quando um delito de menor gravidade integra a descrição típica de um delito de maior gravidade, como, por exemplo, o constrangimento ilegal – art. 146 do Código Penal, que é subsidiário do sequestro – art. 148 do Código Penal).
Princípio da Consunção ou da Absorção	Verifica-se quando uma norma descreve um crime que é uma fase de realização de outro crime, previsto em outra norma, ou então é uma forma normal de transição para o outro delito. É o que ocorre, por exemplo, com o crime de lesões corporais, em relação ao homicídio (**crime-meio** e **crime-fim**). A lesão corporal que a vítima sofre (com um golpe de faca, por exemplo) é absorvida pelo homicídio praticado contra ela no mesmo contexto. Considere o seguinte trecho de enunciado de questão, extraída do **Exame Unificado da OAB de junho de 2019:** "Inconformado com o comportamento de seu vizinho, que insistia em importunar sua filha de 15 anos, Mário resolve dar-lhe uma 'lição' e desfere dois socos no rosto do importunador, nesse momento com o escopo de nele causar diversas lesões. Durante o ato, entendendo que o vizinho ainda não havia sofrido na mesma intensidade do constrangimento de sua filha, decide matá-lo com uma barra de ferro, o que vem efetivamente a acontecer. Descobertos os fatos, o Ministério Público oferece denúncia em face de Mário, imputando-lhe a prática dos crimes de lesão corporal dolosa e homicídio, em concurso material. Durante toda a instrução, Mário confirma os fatos descritos na denúncia [...]". Na situação descrita acima, aplicando-se o **princípio da consunção**, Mário deve ser responsabilizado, apenas, pelo delito de homicídio. De acordo com o princípio da consunção, o **crime-meio é absorvido pelo crime-fim**, sendo as lesões corporais praticadas absorvidas pelo crime de homicídio doloso. Na questão analisada ocorreu a chamada **progressão criminosa**, ou seja, o agente atua inicialmente com dolo de cometer um delito e, após o início da conduta, resolve praticar um outro crime mais grave.

4. CONTAGEM DE PRAZOS

O art. 10 do Código Penal estabelece a regra para contagem de prazos penais. De acordo com o dispositivo legal, deve ser computado o dia de início da contagem, independentemente da hora em que esta começou.

Assim, por exemplo, se o agente é condenado a 2 (dois) meses e inicia o cumprimento da pena às 23 horas de 07 de outubro, o prazo terminará às 24 horas do dia 06 de dezembro do mesmo ano. Ainda de acordo com o art. 11 do Código Penal, as frações de dia, como as horas e minutos, devem ser desprezadas. Deste modo, o dia 07 de outubro, no exemplo, já é contado já como o primeiro dia do prazo, mesmo tendo o agente começado a cumprir pena às 23 horas. O prazo não se prorroga quando termina em sábado, domingo ou feriado, portanto, não se estende até o dia útil seguinte.

MUITA ATENÇÃO!

Não confunda a contagem de **prazo penal**, tratada neste tópico, com a contagem de **prazo processual penal**. No caso de **prazo processual penal**, a regra a ser observada é a do art. 798, § 1º do Código de Processo Penal, segundo a qual não se computa o dia do começo do prazo, ou seja, o primeiro dia do prazo será o dia útil seguinte à data do início (Súmula 310, do Supremo Tribunal Federal).

EM RESUMO: Lei penal no tempo e no espaço	
Eficácia da lei penal no tempo	Regra geral: teoria da atividade (art. 4º do Código Penal)
Eficácia da lei penal no espaço	Regra geral: princípio da territorialidade (art. 2º do Código Penal) Exceções: art. 7º do Código Penal (extraterritorialidade) Teoria mista ou da ubiquidade: crimes a distância ou de espaço máximo – art. 6º do Código Penal
Conflito aparente de normas	Princípios: a) Princípio da especialidade b) Princípio da subsidiariedade c) Princípio da consunção ou da absorção
Contagem de prazos	Regra: art. 10 do Código Penal

CAPÍTULO III
TEORIA DO CRIME – TIPICIDADE

1. NOÇÕES

No sistema brasileiro, há duas espécies de **infrações penais**, a saber: **a) crimes** ou **delitos** e **b) contravenções**.

O que nos interessa para o exame da OAB é a análise do conceito analítico da infração penal. Tal conceito considera os elementos estruturais que compõem o delito. Apesar de significativa divergência doutrinária quanto ao tema, prevalece que o conceito analítico de crime (ou contravenção) é composto por: **a) fato típico; b) ilicitude ou antijuridicidade;** e **c) culpabilidade** (BITENCOURT, 2008, p. 210-212).

2. FATO TÍPICO

2.1 Breve evolução histórica do fato típico

O fato típico é aquele descrito na lei como infração penal. De maneira sintética, as principais teorias que se voltaram para seu estudo são (GOMES; PABLOS DE MOLINA, 2007, p. 229-233):

A **Causalismo**: nessa concepção, o fato típico é **objetivo, valorativamente neutro**, e integrado por quatro requisitos: **a)** conduta (ação ou omissão); **b)** resultado naturalístico (ou seja, alteração no mundo exterior); **c)** nexo de causalidade entre a conduta e o resultado, e **d)** adequação típica (a conduta se enquadra no que dispõe a lei).

B **Neokantismo**: distingue-se da concepção causalista porque o fato típico deixa de ser considerado valorativamente neutro, sendo ao mesmo tempo **objetivo e valorativo**.

C **Finalismo**: tem por referência o nome de Hans Welzel. Segundo essa visão, o fato típico comporta duas dimensões, a saber, a objetiva e a subjetiva. A **dimensão objetiva** é integrada por quatro requisitos: **a) conduta; b) resultado; c) nexo de causalidade;** e **d) adequação típica ou tipicidade.** A **dimensão subjetiva** comporta **o dolo e a culpa.** Antes do finalismo, o dolo e a culpa eram analisados como formas de culpabilidade. **Com o finalismo, o dolo e a culpa passam a integrar o tipo penal.**

2.2 Sujeitos e objeto do fato típico

A **Sujeito ativo**: é a pessoa que pratica a conduta descrita no tipo penal.

? **QUESTÃO**: A pessoa jurídica pode praticar crimes?

RESPOSTA: *Embora seja alvo de grande discussão, de acordo com o art. 3º da Lei 9.605/98, a pessoa jurídica pode ser sujeito ativo, porém, somente em relação a crimes contra o meio ambiente.* **Para saber mais:** *PRADO, Luiz Regis.* **Curso de direito penal brasileiro: parte geral.** *5. ed. São Paulo: Revista dos Tribunais, 2005. p. 278-310.*

B **Sujeito passivo**: a doutrina costuma distinguir entre: **a)** sujeito passivo constante ou formal: é o Estado, titular do *jus puniendi* (direito de punir); **b)** sujeito passivo eventual ou material: é a pessoa física ou jurídica sobre a qual recaem as consequências do delito (vítima).

Tem-se um **sujeito passivo próprio quando a lei exige qualidade ou condição especial da vítima.** Exemplificativamente, no crime de infanticídio (art. 123 do Código Penal), o sujeito passivo é o próprio filho.

? **QUESTÃO**: A pessoa jurídica pode ser sujeito passivo de crimes contra a honra?

RESPOSTA: *Apesar da grande polêmica que envolve o tema, predomina o entendimento de que a pessoa jurídica pode ser vítima, porém, somente do crime de difamação, crime este que atinge a honra objetiva (reputação, ou seja, a forma como a vítima é vista na sociedade). Todavia, não pode ser vítima de calúnia nem de injúria, visto que tais infrações atingem a honra subjetiva, ou seja, o juízo de valor que a vítima faz de si própria, o que não é compatível com a pessoa jurídica.* **Para saber mais, vale conferir:** *CUNHA, Rogério Sanches; GOMES, Luiz Flávio.* **Direito penal: parte especial.** *v. 3. ed. São Paulo: Revista dos Tribunais, 2008. p. 82.*

C **Objeto material do crime**: é a pessoa ou coisa sobre a qual incide a conduta praticada pelo sujeito ativo.

D **Objeto jurídico**: é o **interesse tutelado** pela norma penal, por exemplo, a vida no homicídio, o patrimônio, no furto. Não existe crime sem objeto jurídico. Existem crimes classificados como **pluriofensivos**. São aqueles que tutelam pluralidade de bens jurídicos, como, por exemplo, o roubo, que protege ao mesmo tempo a integridade física (violência) ou psíquica (grave ameaça) da vítima e o patrimônio.

2.3 Elementos do fato típico

Os elementos do fato típico são:

conduta	resultado	nexo causal	tipicidade

Cada um desses elementos será objeto de estudo a partir de agora.

2.3.1 Conduta

A conduta integra o fato típico. Com o advento da teoria finalista da ação, a conduta passa a ser analisada como **exercício de uma atividade finalista**, ou seja, dirigida pela vontade. Na concepção finalista, **o dolo e a culpa migram da culpabilidade para a conduta**. No finalismo, dolo e culpa integram o fato típico.

Para caracterização do crime, a conduta, dolosa ou culposa, tem que ser **voluntária**. Assim, segundo a doutrina, por ausência de voluntariedade, a conduta penalmente relevante estaria excluída nos seguintes casos (GRECO, 2009, p. 153):

- **Caso fortuito ou força maior**;
- **Coação física irresistível** (**Atenção**: a coação **moral** irresistível exclui a **culpabilidade**);
- **Atos reflexos** (são atos em que o movimento não é dominado pela vontade);
- **Estado de inconsciência** (por exemplo, casos de sonambulismo e hipnose).

A Espécies de conduta

A conduta pode ser dolosa ou culposa. Pode ainda ser de ação (comissiva) ou de omissão (omissiva).

A.1 Crime doloso

De acordo com o art. 18, I, do Código Penal: "Diz-se o crime: [...] **I** – **doloso**, quando o agente **quis** o resultado ou **assumiu o risco** de produzi-lo".

A doutrina conceitua o dolo como sendo a vontade livre e consciente, dirigida à realização da conduta descrita como infração no tipo penal, a conduta criminosa. O dolo é constituído de dois elementos: **1) elemento volitivo** (vontade) e **2) elemento intelectivo** (consciência).

Há três teorias principais acerca do dolo (GRECO, 2010, p. 52-53):

Teoria da vontade	Teoria da representação	Teoria do consentimento ou assentimento
O dolo tem por base a vontade livre e consciente, ou seja, querer praticar a infração penal.	O agente prevê o resultado como possível e, ainda assim, decide continuar a conduta.	O agente prevê o resultado como possível e assume o risco de produzi-lo.

Segundo a doutrina, o Código Penal adotou a **teoria da vontade** para o **dolo direto** (o agente **quis** o resultado), e a **teoria do assentimento** para o **dolo eventual** (o agente **assumiu o risco** de produzir o resultado), conforme art. 18, I, do Código Penal.

A seguir, listamos algumas espécies de dolo (GOMES; PABLOS DE MOLINA, 2007, p. 377-381):

Dolo direto	Configura-se quando o agente dirige sua conduta para a realização do resultado – o agente **quis** o resultado.
Dolo indireto ou indeterminado	O agente não busca resultado certo e determinado. Pode ser de dois tipos: – **dolo alternativo**: o agente prevê uma pluralidade de resultados e dirige sua conduta para realizar um ou outro (por exemplo, quer matar **ou** lesionar a vítima). – **dolo eventual:** o agente **assume o risco** de produzir o resultado.
Dolo de dano	A vontade do agente é causar efetiva **lesão** ao bem jurídico.
Dolo de perigo	A vontade do agente é apenas de **expor a risco** o bem jurídico tutelado.
Dolo genérico	O agente tem vontade de realizar a conduta **sem um fim específico.**
Dolo específico	O agente tem vontade de realizar a conduta típica, **buscando um fim especial de agir.**
Dolo direto de primeiro grau	É sinônimo de dolo direto.
Dolo direto de segundo grau	**O agente, para alcançar o resultado querido, realiza outro que não pretende diretamente, mas necessário para alcançar seu fim último.** Por exemplo, pretende a morte de uma pessoa que está a bordo de avião. Para isso, coloca uma bomba no avião. Sua conduta implicará necessariamente a morte de outros passageiros. A morte destes é decorrente de dolo de segundo grau.

A.2 Crime culposo

De acordo com o art. 18, II, do Código Penal: "Diz-se o crime: [...] **II** – culposo, quando o agente deu causa ao resultado por imprudência, negligência ou imperícia".

Culpa é a **inobservância do dever objetivo de cuidado**, do cuidado exigido de todos na vida em sociedade.

A regra é que o agente seja punido a título de dolo. Como determina o art. 18, parágrafo único, do Código Penal, **o fato somente é punido como crime culposo quando a lei expressamente prevê a modalidade culposa do delito.**

Os **elementos do crime culposo** são:

Conduta humana voluntária	Ação ou omissão **(Atenção! A conduta, mesmo no crime culposo, é voluntária. O resultado, todavia, é involuntário);**
Violação de um dever objetivo de cuidado	O agente atua em desacordo com o cuidado exigido;

Resultado naturalístico	Alteração no mundo exterior. Não há crime culposo sem esse resultado;
Nexo de causalidade	Elo entre a conduta e o resultado;
Previsibilidade	O resultado deve ter sido abrangido pela previsibilidade do agente, ou seja, a possibilidade de se prever que o fato poderia ocorrer **(Atenção! Na culpa consciente, há efetiva previsão, e não mera previsibilidade, ou seja, a possibilidade de prever)**;
Tipicidade	Tem necessariamente que estar prevista em lei a modalidade culposa do delito (art. 18, parágrafo único, do Código Penal). Assim, está incorreta a alternativa apresentada no **Exame Unificado da OAB de setembro de 2009**, segundo a qual "a conduta culposa poderá ser punida ainda que sem previsão expressa na lei".

Considere a seguinte questão extraída do **Exame Unificado da OAB de fevereiro de 2011**: "Pedro, não observando o seu dever objetivo de cuidado na condução de uma bicicleta, choca-se com um telefone público e o destrói totalmente. Nesse caso, é correto afirmar que Pedro: A) deverá ser responsabilizado pelo crime de dano simples, somente; B) deverá ser responsabilizado pelo crime de dano qualificado, somente; C) deverá ser responsabilizado pelo crime de dano qualificado, sem prejuízo da obrigação de reparar o dano causado; D) não será responsabilizado penalmente". Qual das alternativas responde a questão? A alternativa "D". Isso porque não há previsão no Código Penal da figura do dano culposo, mas somente doloso. Logo, o agente não pode ser responsabilizado penalmente pela conduta.

Foi ainda objeto de uma questão do **Exame Unificado da OAB de janeiro de 2008**: "É elemento do crime culposo: A) a observância do dever objetivo de cuidado; B) o resultado lesivo não querido, mas assumido, pelo agente; C) a conduta humana voluntária, sempre comissiva; D) a previsibilidade". Qual alternativa está correta? A alternativa "D". Vamos analisar as demais alternativas. A alternativa "A" está incorreta porque é elemento do crime culposo **a inobservância** do dever objetivo de cuidado, e não a **observância**. A alternativa "B" está errada porque no crime culposo o agente **não assume** a possibilidade de ocorrer o resultado lesivo. Por fim, a alternativa "C" está incorreta porque a conduta, no delito culposo, **pode ser tanto comissiva (ação) quanto omissiva (omissão)**.

As **modalidades de culpa** são:

Imprudência	Conduta **ativa**. O sujeito **age** sem observar o dever de cuidado (por exemplo, avança o sinal vermelho);
Negligência	Conduta **negativa**. O sujeito, por falta de precaução, **deixa de observar** o dever de cuidado (por exemplo, deixar uma arma ao alcance de crianças);
Imperícia	**Falta de aptidão técnica** para o exercício de arte, ofício ou profissão (por exemplo, realização de cirurgia por um médico que não detém conhecimento suficiente para tal).

As **espécies de culpa** são:

- **Culpa consciente**: o agente **prevê** o resultado, mas decide prosseguir com sua conduta, acreditando que este não irá ocorrer, ou que pode evitá-lo com suas **habilidades** (**culpa com previsão**).

Analise a seguinte alternativa extraída do **Exame Unificado da OAB de setembro de 2009**: "Caracteriza-se a culpa consciente caso o agente preveja e aceite o resultado do delito, embora imagine que sua habilidade possa impedir a ocorrência do evento lesivo previsto". A afirmação está correta? Evidentemente não! **Isso porque o agente não aceita o resultado**. Ao contrário, por confiar em sua habilidade, acredita que o resultado não ocorrerá.

Considere ainda a seguinte questão, extraída do **Exame Unificado da OAB de dezembro de 2013**: "Wilson, competente professor de uma autoescola, guia seu carro por uma avenida à beira-mar. No banco do carona está sua noiva, Ivana. No meio do percurso, Wilson e Ivana começam a discutir: a moça reclama da alta velocidade empreendida. Assustada, Ivana grita com Wilson, dizendo que, se ele continuasse naquela velocidade, poderia facilmente perder o controle do carro e atropelar alguém. Wilson, por sua vez, responde que Ivana deveria deixar de ser medrosa e que nada aconteceria, pois se sua profissão era ensinar os outros a dirigir, ninguém poderia ser mais competente do que ele na condução de um veículo. Todavia, ao fazer uma curva, o automóvel derrapa na areia trazida para o asfalto por conta dos ventos do litoral, o carro fica desgovernado e acaba ocorrendo o atropelamento de uma pessoa que passava pelo local. A vítima do atropelamento falece instantaneamente. Wilson e Ivana sofrem pequenas escoriações. Cumpre destacar que a perícia feita no local constatou excesso de velocidade. Nesse sentido, com base no caso narrado, é correto afirmar que, em relação à vítima do atropelamento, Wilson agiu com: A) dolo direto. B) dolo eventual. C) culpa consciente. D) culpa inconsciente". A situação narrada na questão evidencia um caso de culpa consciente, pois o agente confia em sua habilidade, acreditando que o resultado não irá ocorrer (alternativa "C").

- **Culpa inconsciente**: nesse caso, o agente não antevê o resultado que, no entanto, era previsível nas circunstâncias (**culpa sem previsão**).

> **MUITA ATENÇÃO!** No Direito Penal **não existe compensação de culpas**. Assim, a culpa concorrente da vítima não exclui a do agente. Se dois motoristas, em excesso de velocidade, colidem e um lesiona o outro, a princípio, ambos responderão por lesões corporais culposas.

? **QUESTÃO**: Por que o tipo culposo é chamado de "tipo aberto"?

➥ ***RESPOSTA**: Porque a ação do tipo não está determinada legalmente, dependendo da análise do caso para se constatar a atuação culposa do agente. Por exemplo, é através da análise pelo juiz, no caso concreto, da conduta de um motorista que avançou o sinal vermelho ou estava em excesso de velocidade, causando um acidente, que se poderá concluir se ele atuou culposamente (GRECO, 2010, p. 54).*

A.3 Crime preterdoloso: Caracteriza-se o crime preterdoloso quando o agente atua com **dolo no antecedente e culpa no consequente**. Por exemplo, no delito de lesão corporal seguida de morte (art. 129, § 3º, do Código Penal), o agente tem dolo de lesionar a vítima (antecedente), mas, por culpa, acaba por causar-lhe a morte (consequente).

DICA IMPORTANTE

É fundamental que o candidato ao Exame da OAB saiba diferenciar as hipóteses de dolo eventual daquelas que seriam culpa consciente, sobretudo para a segunda etapa. Para uma análise mais aprofundada das distinções, recomendamos a leitura de: SANTOS, Juarez Cirino dos. **Manual de direito penal: parte geral**. São Paulo: Conceito, 2011. p. 59-98.

B Erro de tipo: De acordo com o art. 20 do Código Penal, "O erro sobre elemento constitutivo do tipo legal de crime exclui o dolo, mas permite a punição por crime culposo, se previsto em lei".

Erro é a falsa percepção da realidade. Entende-se por **erro de tipo** aquele que **recai sobre elementares, os dados que integram a definição típica do delito**. Por exemplo, a pessoa vê um chapéu semelhante ao seu e o leva, acreditando que se trata daquele que o pertence. Nesse caso, o erro incide sobre a elementar "alheia", do tipo penal de furto (art. 155, *caput*, do Código Penal). A pessoa ignora que o chapéu é alheio, acreditando ser seu próprio chapéu.

? **QUESTÃO**: Qual a diferença de erro de tipo para erro de proibição?

➥ ***RESPOSTA**: O erro de tipo é a falsa percepção da realidade, ou seja, o agente não tem conhecimento do que faz. No exemplo dado logo acima, não sabe que o chapéu que está levando consigo é de outra pessoa. Já no erro de proibição, o agente tem conhecimento do que está fazendo, mas não da proibição. Ou seja, ele sabe o que faz, mas não tem conhecimento de que se trata de um ilícito. Atente-se para a seguinte questão, extraída do **Exame Unificado da OAB de abril de 2017**: "Tony, a pedido de um colega, está transportando uma caixa com cápsulas que acredita ser de remédios, sem ter conhecimento que estas, na verdade, continham Cloridrato de Cocaína em seu interior. Por outro lado, José transporta em seu veículo 50 g de Cannabis Sativa L. (maconha), pois acreditava que poderia ter pequena quantidade do material em sua posse para fins medicinais. Ambos foram abordados por policiais e, diante da apreensão das drogas, denunciados pela prática do crime de tráfico de entorpecentes. Considerando apenas as informações narradas, o advogado de Tony e José deverá alegar em favor dos clientes, respectivamente, a ocorrência de: [...]". A resposta correta é: "erro de tipo e erro de proibição. Tony incidiu em erro de tipo (art. 20, do Código Penal), **por desconhecer que transportava substância entorpecente**. José, por sua vez, incorreu em erro de proibição (art. 21, do Código Penal), **por acreditar que sua conduta era lícita perante o Direito Penal**".*

Há duas espécies de erro de tipo: o **erro de tipo essencial** e o **erro de tipo acidental**.

O **erro de tipo essencial** recai sobre **dados principais** da conduta prevista no tipo. O erro essencial se divide em: **a) inevitável ou escusável** e **b) evitável ou inescusável**. Somente a análise do caso permite dizer se o erro em que incidiu a pessoa era evitável ou não.

No caso de erro **inevitável**, aquele em que qualquer pessoa no contexto a princípio incidiria, **há exclusão tanto do dolo quanto da culpa**, ou seja, o agente não responde pela conduta, que se torna **atípica**. Em se tratando de **erro evitável**, aquele em que, se observasse o devido **cuidado,** não incorreria o agente, **há exclusão do dolo, mas o agente pode responder a título de culpa, se a conduta é descrita em lei como delito culposo** (art. 20, *caput*, do Código Penal).

O **erro de tipo acidental** recai sobre **dados secundários**, de menor importância, do tipo. As principais espécies são:

1) Erro sobre o objeto: trata-se da hipótese em que o agente quer atingir determinada coisa, mas acaba atingindo outra. Por exemplo, quer subtrair vinho, mas acaba subtraindo cachaça. Tal erro não exclui o dolo e nem a culpa. Assim, não isenta o agente de pena, respondendo pelo crime, considerando-se a coisa efetivamente atingida.

2) Erro quanto à pessoa: segundo o art. 20, § 3º, do Código Penal: "O erro quanto à pessoa contra a qual o crime é praticado não isenta de pena. Não se consideram, neste caso, as condições ou qualidades da vítima, senão as da pessoa contra quem o agente queria praticar o crime". Ou seja, o agente quer atingir uma determinada pessoa, porém, em razão de erro, acaba por atingir outra. Por exemplo, quer matar seu próprio pai, mas por erro acaba atingindo seu avô. Tal erro não exclui dolo e nem culpa. Não isenta de pena o agente, que **responde pelo crime, como se tivesse atingido a vítima pretendida e não a vítima efetivamente atingida**. No exemplo, responderia como se tivesse efetivamente matado seu próprio pai.

A propósito, veja o enunciado seguinte, extraído do **Exame Unificado da OAB de fevereiro de 2011**: "Joaquim, desejoso de tirar a vida da própria mãe, acaba causando a morte de uma tia (por confundi-la com aquela)". Qual a solução jurídica para o caso? A resposta é que Joaquim incorreu em um erro de tipo acidental, em erro sobre a pessoa. Nesse caso, ele responderá por homicídio, sendo que ainda terá incidência a agravante relativa à prática do delito contra ascendente (art. 61, II, "e", do CP), pois se leva em consideração as características da pessoa pretendida, no caso, a mãe do agente.

Considere ainda o enunciado seguinte, extraído do **Exame Unificado da OAB de julho de 2016**: "Wellington pretendia matar Ronaldo, camisa 10 e melhor jogador de futebol do time Bola Cheia, seu adversário no campeonato do bairro. No dia de um jogo do Bola Cheia, Wellington vê, de costas, um jogador com a camisa 10 do time rival. Acreditando ser Ronaldo, efetua diversos disparos de arma de fogo, mas, na verdade, aquele que vestia a camisa 10 era Rodrigo, adolescente que substituiria Ronaldo naquele jogo. Em virtude dos disparos, Rodrigo faleceu". Nesse caso, Wellington incidiu em erro sobre a pessoa e cometeu o crime de homicídio consumado, devendo ser consideradas as características de Ronaldo, pessoa pretendida pelo agente.

3) Erro na execução (*aberratio ictus*): dispõe o art. 73 do Código Penal que "Quando, por acidente ou erro no uso dos meios de execução, o agente, ao invés de atingir a pessoa que pretendia ofender, atinge pessoa diversa, responde como se tivesse praticado o crime contra aquela, atendendo-se ao disposto no § 3º do art. 20 deste Código. No caso de ser também atingida a pessoa que o agente pretendia ofender, aplica-se a regra do art. 70 deste Código".

Trata-se da hipótese em que o agente incide em erro, atingindo pessoa diversa da pretendida. Por exemplo, o agente mira o pai, mas, por erro na execução, atinge uma terceira pessoa, que estava ao lado de seu pai.

No seguinte enunciado de questão extraída do **Exame Unificado da OAB de abril de 2016** fora narrada uma situação de *aberratio ictus*: "Pedro e Paulo bebiam em um bar da cidade quando teve início uma discussão sobre futebol. Pedro, objetivando atingir Paulo, desfere contra ele um disparo que atingiu o alvo desejado e também terceira pessoa que se encontrava no local, certo que ambas as vítimas faleceram, inclusive aquela cuja morte não era querida pelo agente".

Ainda em questão do **Exame Unificado da OAB de fevereiro de 2022** fora trazida novamente situação exemplificativa de erro na execução: "Joana, sob influência do estado puerperal, levanta da cama do quarto do hospital, onde estava internada após o parto, com o propósito de matar seu filho recém-nascido, que se encontrava no berçário. Aproveitando-se da distração do segurança que, ao sair para ir ao banheiro, deixara sua arma sobre a mesa no corredor, Joana pega a arma e se dirige até o vidro do berçário. Lá chegando, identifica o berço de seu filho, aponta a arma e efetua o disparo. Ocorre que, devido ao tranco da arma, Joana erra o disparo e atinge o berço onde estava o filho de Maria [...]".

Este erro não exclui dolo e nem culpa. **Responde o agente pelo crime, considerando-se as qualidades da vítima pretendida, e não da vítima efetivamente atingida.** No caso de serem atingidas as duas pessoas, está-se diante de um concurso formal de delitos, que será analisado adiante.

4) Resultado diverso do pretendido (*aberratio criminis*): de acordo com o art. 74, do Código Penal, "Fora dos casos do artigo anterior, quando, por acidente ou erro na execução do crime, sobrevém resultado diverso do pretendido, o agente responde por culpa, se o fato é previsto como crime culposo; se ocorre também o resultado pretendido, aplica-se a regra do art. 70 deste Código".

Trata-se, também, de uma espécie de erro na execução. O agente, por acidente ou erro no uso dos meios de execução, provoca resultado diverso daquele que queria, ofendendo bem jurídico diverso do pretendido. Por exemplo, quer danificar o patrimônio de uma pessoa, quebrando a vidraça de sua casa com uma pedra, mas, por erro na execução, acaba por atingir a pessoa, matando-a. Tal erro não isenta de pena. O agente responde pelo resultado morte a título de culpa, e pelo dano a título de dolo. Se ambos os resultados ocorrerem, está-se diante de um concurso formal de crimes.

Considere o enunciado seguinte, extraído do **Exame Unificado da OAB de agosto de 2018**: "Pretendendo causar unicamente um crime de dano em determinado estabelecimento comercial, após discussão com o gerente do local, Bruno, influenciado pela ingestão de bebida alcoólica, arremessa uma grande pedra em direção às janelas do estabelecimento. Todavia, sua conduta imprudente fez com que a pedra acertasse a cabeça de Vitor, que estava jantando no local com sua esposa, causando sua morte. Por outro lado, a janela do estabelecimento não foi atingida, permanecendo intacta". A questão narra típica situação de **erro na execução, com resultado diverso do pretendido, no caso, a morte de Vitor**. De acordo com o art. 74, do Código Penal, Bruno poderá ser responsabilizado, apenas, por homicídio culposo, pois não fora atingida a janela do estabelecimento.

Por fim, deve ser analisada a figura do **erro provocado por terceiro**. Segundo o art. 20, § 2º, do Código Penal, "Responde pelo crime o terceiro que determina o erro". Nesse caso, o agente é induzido a erro por outra pessoa.

? **QUESTÃO**: O que é delito putativo por erro de tipo?

↳ ***RESPOSTA***: *É a situação em que o agente pratica uma conduta, acreditando que está agindo ilicitamente. Todavia, ignora a ausência de uma elementar do tipo penal. Por exemplo, atira em um arbusto em movimento, acreditando que atrás do mesmo encontra-se uma pessoa. Todavia, atrás do arbusto havia um animal. No exemplo, o agente ignora que não havia "alguém", uma pessoa. Assim, a conduta é atípica. Outro exemplo seria a mulher que, erroneamente, acredita estar grávida e ingere substância abortiva. Por não estar de fato grávida, não há crime a ser punido na situação.*

C Ação e omissão

Nos delitos de ação (**crime comissivo**), o Direito Penal tutela bens jurídicos proibindo algumas condutas. **O agente pratica o crime quando realiza a conduta que é proibida pelo tipo penal.**

Nos **delitos omissivos**, o Direito Penal protege bens jurídicos determinando a realização de dados comportamentos. Nesse caso, o agente pratica o delito **deixando de agir conforme a lei determina.**

Crime Omissivo	**Próprio ou puro**	Quando o próprio tipo penal descreve a omissão. Por exemplo, o crime de omissão de socorro (art. 135, do Código Penal), em que a conduta incriminada é "**Deixar de** prestar assistência...". **O crime omissivo próprio não admite tentativa.**
Crime Omissivo	**Impróprio ou impuro**	Quando o dever de agir deriva da cláusula geral do art. 13, § 2º, do Código Penal. Segundo prevê o dispositivo: "A omissão é penalmente relevante quando o omitente devia e podia agir para evitar o resultado. O dever de agir incumbe a quem: a) tenha por lei obrigação de cuidado, proteção ou vigilância; b) de outra forma, assumiu a responsabilidade de impedir o resultado; c) com seu comportamento anterior, criou o risco da ocorrência do resultado". O art. 13, § 2º, do Código Penal, trata das situações em que a pessoa está na condição de **garantidor** ou **garante**, tendo o dever específico de agir para impedir o resultado. É o caso, por exemplo, de um salva-vidas, diante de uma pessoa afogando. **O crime omissivo impróprio admite tentativa** (PRADO, 2010, p. 78-79).

Considere o seguinte enunciado de questão, extraído do **Exame Unificado da OAB de novembro de 2016**: "Carlos presta serviço informal como salva-vidas de um clube, não sendo regularmente contratado, apesar de receber uma gorjeta para observar os sócios do clube na piscina, durante toda a semana. Em seu horário de 'serviço', com várias crianças brincando na piscina, fica observando a beleza física da mãe de uma das crianças e, ao mesmo tempo, falando no celular com um amigo, acabando por ficar de costas para a piscina. Nesse momento, uma criança vem a falecer por afogamento, fato que não foi notado por Carlos". No caso, Carlos violou seu dever de **garantidor**, sendo penalmente relevante sua omissão. Diante de sua omissão culposa, deve responder pelo crime de **homicídio culposo.**

Observe ainda a seguinte situação, extraída de enunciado do **Exame Unificado da OAB de março de 2019**: "David, em dia de sol, levou sua filha, Vivi, de 03 anos, para a piscina do clube. Enquanto a filha brincava na piscina infantil, David precisou ir ao banheiro, solicitando, então, que sua amiga Carla, que estava no local, ficasse atenta para que nada de mal ocorresse com Vivi. Carla se comprometeu a cuidar da filha de David. Naquele momento, Vitor assumiu o posto de salva-vidas da piscina. Carla, que sempre fora apaixonada por Vitor, começou a conversar com ele e ambos ficam de costas para a piscina, não atentando para as crianças que lá estavam. Vivi começa a brincar com o filtro da piscina e acaba sofrendo uma sucção que a deixa embaixo da água por tempo suficiente para causar seu afogamento. David vê quando o ato acontece através de pequena janela no banheiro do local, mas o fecho da porta fica emperrado e ele não consegue sair. Vitor e Carla não veem o ato de afogamento da criança porque estavam de costas para a piscina conversando. Diante do resultado morte, David, Carla e Vitor ficam preocupados com sua responsabilização penal e procuram um advogado, esclarecendo que nenhum deles adotou comportamento positivo para gerar o resultado [...]". No caso narrado, houve violação ao dever de **garantidor**, sendo penalmente relevante a omissão. Diante da omissão culposa, Carla e Vitor poderão responder pelo crime de homicídio culposo, posto que podiam e deviam atuar na situação.

MUITA ATENÇÃO! Conforme prevê o art. 13, § 2º, do Código Penal, a omissão somente é relevante se o omitente **devia e podia agir**. Assim, não basta o dever. Deve-se analisar, também, se na situação a pessoa tinha possibilidade de agir para impedir o resultado.

2.3.2 Resultado

Há duas espécies de resultado:

A **naturalístico** (ou material), e

B **normativo.**

Tem-se um **resultado naturalístico quando da conduta resulta efetiva alteração física no mundo exterior** (por exemplo, a morte da vítima em um homicídio). Fala-se em **resultado normativo quando da conduta resulta lesão ou perigo de lesão ao bem jurídico** (por exemplo, a ameaça, em que não há alteração no mundo exterior).

O crime, quanto ao resultado, costuma ser classificado em (BITENCOURT, 2008, p. 213-214):

Material	O tipo penal descreve uma conduta e um resultado naturalístico, sendo este resultado indispensável para a consumação. Por exemplo, a morte no crime de homicídio.
Formal	O tipo penal descreve uma conduta e um resultado naturalístico, mas este resultado é dispensável. O crime se consuma no momento da conduta, independentemente do resultado naturalístico. Por exemplo, no delito de extorsão mediante sequestro (art. 159, do Código Penal), o agente sequestra a vítima com pretensão de receber o resgate, mas basta a mera exigência da vantagem, independentemente do recebimento, para a consumação.
De mera conduta	O tipo penal descreve uma conduta, sem descrever um resultado naturalístico. Por exemplo, o crime de falso testemunho (art. 342, do Código Penal).

MUITA ATENÇÃO!

Nem todo crime produz um resultado naturalístico, mas todo crime tem resultado normativo. **Não há crime sem lesão ou perigo de lesão a um bem jurídico.**

2.3.3 Nexo de causalidade

O art. 13 do Código Penal disciplina a relação de causalidade em matéria penal. Relação de causalidade é o nexo, o vínculo entre conduta e resultado. O nexo causal integra o fato típico.

De acordo com o *caput* do art. 13 do Código Penal, "considera-se causa a ação ou omissão sem a qual o resultado não teria ocorrido". Assim, nossa legislação adotou a chamada teoria da equivalência dos antecedentes causais ou teoria da *conditio sine qua non*. Para essa teoria, causa é a condição sem a qual o crime não teria ocorrido.

A esta teoria deve ainda ser agregada a "teoria da eliminação hipotética dos antecedentes causais". Segundo esta teoria, para analisar se uma conduta deu causa a um resultado deve-se proceder, hipoteticamente, à eliminação desta conduta. Caso o resultado persista, mesmo eliminada a conduta, é porque ela não é causa do resultado. Do contrário, se eliminada a conduta desaparecer o resultado, aquela é causa do evento.

FIQUE POR DENTRO:

"Teoria da imputação objetiva no direito penal"

Uma teoria bastante em voga na atualidade é a teoria da imputação objetiva no Direito Penal. Essa teoria é voltada ao estudo da imputação do resultado de um delito, e tem grandes repercussões sobre o estudo da relação de causalidade. A concepção mais difundida atualmente é a apresentada pelo penalista alemão Claus Roxin, que tem por base o chamado princípio do incremento do risco. De acordo com tal vertente teórica, apenas devem ser imputadas as condutas que signifiquem um incremento, um aumento do risco ao bem jurídico penalmente tutelado.

Observe a seguinte questão, extraída do **Exame da OAB, prova reaplicada em Duque de Caxias/RJ, em fevereiro de 2012**: "Maquiavel, industrial dono de uma fábrica de pincéis feitos de pelos de cabra, sabia ser essencial a desinfecção dos pelos para que os funcionários pudessem manuseá-los, sob pena de contração de grave enfermidade. Ocorre que Maquiavel, querendo cortar custos e acreditando piamente que nenhum de seus funcionários padeceria de qualquer moléstia, pois eram todos 'homens de bem', resolveu por bem não proceder ao tratamento com desinfetante. Ao manusearem os pelos de cabra que não haviam passado pela limpeza, quatro funcionários da empresa de Maquiavel faleceram. Maquiavel, então, foi denunciado e consequentemente processado pela prática de homicídio culposo, na modalidade culpa consciente. No curso do processo, entretanto, restou provado que ainda que os pelos de cabra tivessem passado pela ação do desinfetante, os quatro funcionários morreriam, porque os microrganismos já estavam resistentes à ação do desinfetante que devia ter sido utilizado. Com base na situação descrita e tendo por base os estudos acerca da imputação objetiva, é corretor afirmar que Maquiavel [...] não pode ter o fato imputado a si, pois, com sua conduta, não incrementou risco já existente".

A teoria foi novamente cobrada no **Exame Unificado da OAB de setembro de 2012**: "José conversava com Antônio em frente a um prédio. Durante a conversa, José percebe que João, do alto do edifício, jogara um vaso mirando a cabeça de seu interlocutor. Assustado, e com o fim de evitar a possível morte de Antônio, José o empurra com força. Antônio cai e, na queda, fratura o braço. Do alto do prédio, João vê a cena e fica irritado ao perceber que, pela atuação rápida de José, não conseguira acertar o vaso na cabeça de Antônio". De acordo com a teoria da imputação objetiva, José não responde por ter empurrado Antônio, causando-lhe lesão no braço, pois, com sua conduta, na verdade, reduziu a exposição da integridade de Antônio a um risco, representado pela queda do vaso. Ou seja, não houve incremento do risco.

Para saber mais: GRECO, Luís. **Um panorama da teoria da imputação objetiva**. Rio de Janeiro: Renovar, 2005.

Há duas espécies de causas:

Dependentes	Independentes
É uma causa que decorre logicamente da conduta, como algo previsível e esperado (por exemplo, um disparo, que leva ao um ferimento, e que por sua vez conduz à morte). **As causas dependentes não rompem o nexo causal.**	São aquelas que se encontram fora da linha normal de desdobramento causal da conduta. Ou seja, decorre da conduta algo inesperado e imprevisível.

As causas independentes podem ser absolutamente ou relativamente independentes (GRECO, 2009, p. 224-231).

A causa **absolutamente** independente é aquela que **é capaz de produzir sozinha o resultado.** Ela tem uma origem diversa da conduta. O resultado ocorreria ainda que a conduta não tivesse sido praticada. Podem ser:

Absolutamente Independente		
Preexistentes	**Concomitantes**	**Supervenientes**
Atuam **antes** da conduta. Por exemplo: o genro, com intenção de envenenar a sogra, ministra veneno no jantar servido à vítima. Ao terminar o jantar, a vítima morre. Todavia, através de perícia, descobre-se que a causa da morte da pessoa foi o envenenamento produzido pela nora no café da manhã. Nesse caso, não há, portanto, nexo causal, e o genro responderá por tentativa de homicídio.	Atuam **ao mesmo tempo da conduta.** Por exemplo: durante o almoço, assaltantes invadem a residência de uma pessoa que está sendo envenenada. Esta pessoa reage ao roubo e é morta. Não há nexo causal entre a morte pela reação ao roubo e o envenenamento.	Atuam **após** a conduta. Por exemplo: após ser envenenada, mas ainda viva, uma parede desmorona sobre a cabeça da vítima, matando-a. Não há nexo causal entre o envenenamento e a morte.

Nos casos acima citados, **as causas rompem totalmente o nexo causal.** Assim, **o agente só responderá pelos atos até então praticados.**

A causa relativamente independente é aquela que produz, por si só, o resultado. Trata-se de uma causa que se origina da conduta e, inesperadamente, produz o resultado. Podem ser:

Relativamente Independente		
Preexistentes	**Concomitantes**	**Supervenientes**
Atuam **antes** da conduta. Por exemplo: o agente corta o braço da vítima, que é hemofílica (causa preexistente), e esta morre em decorrência da hemorragia. Neste caso, há nexo causal, mas o agente responderá por lesão corporal, diante da ausência de dolo de matar (isto se o agente não tinha conhecimento de que a vítima era hemofílica).	Atuam **ao mesmo tempo da conduta.** Por exemplo: o ladrão anuncia o roubo, apontando uma faca para a vítima, que, diante do susto, morre de infarto. Há nexo causal, mas não houve dolo nem culpa em matar. Nesse caso, o agente responderá por tentativa de roubo.	Atuam **após** a conduta. Por exemplo: uma pessoa ferida em uma briga está sendo levada ao hospital, quando a ambulância que a transporta capota, fazendo com que a vítima morra em decorrência do acidente no veículo.

As causas relativamente independentes **não rompem o nexo causal.** No caso das causas preexistentes e concomitantes, como existe nexo causal, o agente responderá pelo resultado, a menos que não tenha concorrido para o mesmo com dolo ou culpa.

Na hipótese das supervenientes, embora exista nexo causal, o Código Penal, por expressa disposição do art. 13, § 1º, excepcionando a regra geral, determina que o agente não responde pelo resultado. De acordo com o dispositivo: "A superveniência de causa relativamente independente exclui a imputação quando, por si só, produziu o resultado; os fatos anteriores, entretanto, imputam-se a quem os praticou".

Veja a seguinte questão, extraída do **Exame Unificado da OAB de maio de 2009**: "Ana e Bruna desentenderam-se em uma festividade na cidade onde moram e Ana, sem intenção de matar, mas apenas de lesionar, atingiu levemente, com uma faca, o braço esquerdo de Bruna, a qual, ao ser conduzida ao hospital para tratar o ferimento, foi vítima de acidente de automóvel, vindo a falecer exclusivamente em razão de traumatismo craniano". Qual a solução da questão? O acidente de automóvel é uma causa relativamente independente, capaz de romper o nexo causal. Dessa forma, Ana somente deve responder pelas lesões corporais causadas.

Observe agora a seguinte situação, extraída do **Exame Unificado da OAB de abril de 2013**: "João, com intenção de matar, efetua vários disparos de arma de fogo contra Antônio, seu desafeto. Ferido, Antônio é internado em um hospital, no qual vem a falecer, não em razão dos ferimentos, mas queimado em um incêndio que destrói a enfermaria em que se encontrava". No caso, João responderá apenas por tentativa de homicídio, posto que o incêndio no hospital é uma causa relativamente independente, capaz de romper o nexo causal. Dessa forma, João somente deve responder pela conduta anteriormente praticada.

Por fim, considere a situação narrada em questão do **Exame Unificado da OAB de junho de 2019**: "Após discussão em uma casa noturna, Jonas, com a intenção de causar lesão, aplicou um golpe de arte marcial em Leonardo, causando fratura em seu braço. Leonardo, então, foi encaminhado ao hospital, onde constatou-se a desnecessidade de intervenção cirúrgica e optou-se por um tratamento mais conservador com analgésicos para dor, o que permitiria que ele retornasse às suas atividades normais em 15 dias. A equipe médica, sem observar os devidos cuidados exigidos, ministrou o remédio a Leonardo sem observar que era composto por substância à qual o paciente informara ser alérgico em sua ficha de internação. Em razão da medicação aplicada, Leonardo sofreu choque anafilático, evoluindo a óbito, conforme demonstrado em seu laudo de exame cadavérico. Recebidos os autos do inquérito, o Ministério Público ofereceu denúncia em face de Jonas, imputando-lhe o crime de homicídio doloso [...]". Aplica-se ao caso o art. 13, § 1º, do Código Penal. Deve ocorrer a desclassificação da conduta de Jonas para o crime de lesão corporal. A ministração do medicamento que a vítima era alérgica constitui causa superveniente relativamente independente à conduta do agente, mas que por si só causou o resultado morte, que não pode ser imputado a Jonas.

2.3.4 Tipicidade

O tipo penal é o modelo que descreve a conduta penalmente relevante, aquela que é alvo da incriminação. Quando o fato praticado pelo agente se enquadra no tipo, ocorre a tipicidade. Em um primeiro momento, a tipicidade era analisada somente sob o aspecto **formal**, como enquadramento da conduta à norma. Atualmente, analisa-se também a dimensão **material** da tipicidade, ou seja, a relevância da lesão ou perigo de lesão ao bem jurídico tutelado. Fala-se, assim, em **tipicidade formal** e em **tipicidade material.**

Para saber mais, vale conferir: GOMES, Luiz Flávio; PABLOS DE MOLINA, Antonio García. **Direito penal: parte geral**. v. 2. São Paulo: Revista dos Tribunais, 2007. p. 250-297.

EM RESUMO: Fato típico	
Elementos do fato típico doloso	a) a conduta b) o resultado c) o nexo causal, e d) a tipicidade
Principais espécies de dolo	a) dolo direto: o agente quis o resultado b) dolo indireto ou indeterminado: • dolo alternativo: o agente prevê uma pluralidade de resultados e dirige sua conduta para realizar um ou outro • dolo eventual: o agente assume o risco de produzir o resultado
Crimes omissivos	a) Crime omissivo próprio ou puro: o próprio tipo penal descreve a omissão b) Crimes omissivos impróprios ou impuros: o dever de agir deriva da cláusula geral do art. 13, § 2º, do Código Penal
Elementos do fato típico culposo	a) Conduta humana voluntária b) Violação de um dever objetivo de cuidado c) Resultado naturalístico d) Nexo de causalidade e) Previsibilidade f) Tipicidade
Modalidades de culpa	a) Imprudência: conduta ativa b) Negligência: conduta negativa c) Imperícia: falta de aptidão técnica para o exercício de arte, ofício ou profissão
Espécies de culpa	a) Culpa consciente (culpa com previsão) b) Culpa inconsciente (culpa sem previsão)
Crime preterdoloso	a) Dolo no antecedente + b) Culpa no consequente

CAPÍTULO IV

CONSUMAÇÃO E TENTATIVA

1. NOÇÕES

Chama-se de *iter criminis* o caminho percorrido na prática de uma infração penal. **É o conjunto de fases que se sucedem, até a consumação do crime.** Pode-se apontar para as seguintes fases (PRADO, 2010, p. 83-84):

A **Primeira fase**: cogitação. É o **pensamento** do agente, quando este cogita praticar a infração penal. É **impunível**.

B **Segunda fase**: atos preparatórios. Regra geral, é **impunível**. Todavia, há exceções em que a lei pune atos preparatórios. Por exemplo, no caso do crime de **associação criminosa** (art. 288, do Código Penal), o tipo penal pune ato preparatório, ou seja, a reunião de **três ou mais pessoas** com o fim de praticar crimes.

C **Terceira fase**: atos executórios. Nessa fase, o agente começa a realizar o fato definido na lei como infração penal. Prevalece no Brasil a **teoria objetivo-formal**, que aponta como ato **executório aquele que inicia a realização do núcleo do tipo** (do verbo, por exemplo, o "matar" no homicídio).

D **Consumação**: de acordo com o art. 14, I, do Código Penal, "Diz-se o crime: **I** – consumado, quando nele se reúnem todos os elementos de sua definição legal". Desta forma, ocorre a consumação quando se chega à fase final do *iter criminis*, com realização de todos os elementos do tipo penal. É a última fase do *iter criminis*. **Retrata o instante em que se realizam todos os elementos do tipo penal** (por exemplo, a pessoa é morta, no caso do homicídio).

2. TENTATIVA

2.1 Noções

De acordo com o art. 14, II, do Código Penal, "Diz-se o crime: **II** – tentado, quando, iniciada a execução, não se consuma por circunstâncias alheias à vontade do agente". Ou seja, o *iter criminis* é **interrompido, por uma circunstância alheia à vontade do agente**.

A norma do art. 14, II, do Código Penal, que prevê a tentativa, é um **tipo penal ampliado**, que possibilita a ampliação temporal da figura típica para abranger fatos humanos realizados de forma incompleta. Se não houvesse esta norma, tentar furtar não seria crime (BITENCOURT, 2008, p. 403-404).

Para caracterização da tentativa, é necessário:

A que haja início da execução;

B que não ocorra a consumação por circunstâncias alheias à vontade do agente (o *iter criminis* é interrompido, por exemplo, pela chegada da vítima, quando o ladrão tenta furtá-la).

De acordo com o parágrafo único do art. 14, do Código Penal, a tentativa leva à diminuição da pena, de 1/3 (um terço) a 2/3 (dois terços). A diminuição da pena depende da proximidade de alcance do bem jurídico: quanto mais perto chega o agente de atingir o bem, menor deve ser a redução da pena. Assim, o entendimento jurisprudencial é de que o critério de diminuição da pena no crime tentado se opera de forma inversamente proporcional à aproximação do resultado. Ou seja, quanto maior o *iter criminis* percorrido pelo agente, menor será a fração da diminuição de pena.

? QUESTÃO: O que são crimes de atentado ou de empreendimento?

RESPOSTA: *Em dados casos, a pena do crime tentado é a mesma do delito consumado. São os chamados crimes de empreendimento ou de atentado. É o caso, por exemplo, do art. 352, do Código Penal, que tipifica a conduta de "Evadir-se ou tentar evadir-se o preso ou o indivíduo submetido a medida de segurança detentiva, usando de violência contra a pessoa" (GRECO, 2009, p. 264).*

MUITA ATENÇÃO!

Nem todas as infrações penais admitem tentativa. Regra geral, os crimes que admitem tentativa são chamados de crimes plurissubsistentes. São os crimes em que a conduta é praticada mediante a realização de mais de um ato. Nesses crimes, é possível a interrupção do *iter criminis* e, por conseguinte, a tentativa. Todavia, não admitem tentativa, por exemplo, os crimes culposos e os preterdolosos. No caso das contravenções penais, o art. 4º da Lei das Contravenções Penais dispõe que não se pune a tentativa. Ou seja, a tentativa de contravenção penal é possível, mas não é punida. Assim, está correta a alternativa apresentada no **Exame Unificado da OAB de setembro de 2009**, de que "as contravenções penais não admitem punição por tentativa" (PRADO, 2010, p. 84).

2.2 Principais classificações doutrinárias da tentativa

Podem ser mencionadas as seguintes classificações doutrinárias da tentativa (GOMES; PABLOS DE MOLINA, 2007, p. 478-479):

A **Perfeita, acabada ou crime falho**: o agente pratica todos os atos executórios que estão à sua disposição, mas ainda assim não consegue consumar o crime, por circunstâncias alheias à sua vontade.

B **Imperfeita ou inacabada**: o agente é impedido de prosseguir na prática do delito, não esgotando os atos executórios à sua disposição.

C **Cruenta ou vermelha**: a vítima é efetivamente atingida.

D **Não cruenta ou branca**: a vítima não é atingida.

E **Idônea**: nesse caso, apesar de não alcançado o resultado pretendido, por circunstâncias alheias à vontade do agente, era possível que este resultado fosse alcançado. Tal tentativa é punível.

F **Inidônea (ou crime impossível)**: o resultado pretendido pelo agente é absolutamente impossível de ser alcançado. Não é punível.

Analise a seguinte questão, extraída do **Exame Unificado da OAB de dezembro de 2006**: "O ato em que o sujeito esgota, segundo seu entendimento, todos os meios, a seu alcance, de consumar a infração penal, que somente deixa de ocorrer por circunstâncias alheias à sua vontade, é denominado: A) tentativa imperfeita; B) Crime consumado; C) crime falho; D) tentativa branca". Qual das alternativas corresponde à situação? Resposta: alternativa "C" – o crime falho, também chamado de tentativa acabada ou perfeita, visto que o agente usou de todos os meios que dispunha, e ainda assim o crime não se consumou, por circunstâncias alheias à sua vontade.

3. DESISTÊNCIA VOLUNTÁRIA (ART. 15, PRIMEIRA PARTE, DO CÓDIGO PENAL)

A desistência voluntária, segundo o art. 15, primeira parte, do Código Penal, se configura quando o agente, voluntariamente, desiste de prosseguir na execução do crime. Ou seja, o agente poderia prosseguir, mas resolve não levar adiante a empreitada criminosa.

Nessa hipótese, tem início a execução do crime. Todavia, a consumação não ocorre, em decorrência da própria vontade do agente.

É comum, no caso, se invocar a **fórmula de Frank: A. na tentativa, o agente quer prosseguir, mas não pode; B. na desistência voluntária, o agente pode prosseguir, mas não quer.** Por exemplo, a agente possui seis balas no revólver, em condições de disparar contra a vítima. Todavia, após o terceiro disparo, decide não continuar atirando, embora possa (GRECO, 2010, p. 45).

Assim, ocorre a desistência voluntária "se, durante os atos de execução do crime, mas sem esgotar todo o processo executivo do delito, o agente desiste, voluntariamente, de nele prosseguir [...]" (**Exame Unificado da OAB de agosto de 2006**).

Em caso de desistência voluntária, **o agente somente responde pelos atos já praticados.**

Veja a seguinte situação, apresentada no **Exame Unificado da OAB de fevereiro de 2011**: "Marcus, visando roubar Maria, a agride, causando-lhe lesões corporais de natureza leve. Antes, contudo, de subtrair qualquer pertence, Marcus decide abandonar a empreitada criminosa, pedindo desculpas à vítima e se evadindo do local". Qual a solução jurídica para esse caso? Trata-se de nítida desistência voluntária. Assim, Marcus deve responder somente pelos atos já praticados, no caso, as lesões leves contra Maria. Pela pena cominada, o crime de lesões corporais leves (art. 129, *caput*, do Código Penal) é delito de menor potencial ofensivo, de competência dos juizados especiais criminais.

O instituto da desistência voluntária fora novamente abordado em questão do **Exame Unificado da OAB de abril de 2016**: "Durante uma discussão, Theodoro, inimigo declarado de Valentim, seu cunhado, golpeou a barriga de seu rival com uma faca, com intenção de matá-lo. Ocorre que, após o primeiro golpe, pensando em seus sobrinhos, Theodoro percebeu a incorreção de seus atos e optou por não mais continuar golpeando Valentim, apesar de saber que aquela única facada não seria suficiente para matá-lo". Nesse caso, o agente responderá apenas pelo crime de lesão corporal, em virtude de sua desistência voluntária.

> **MUITA ATENÇÃO!** A desistência tem que ser **voluntária**, mas não necessariamente **espontânea**. Significa que mesmo que a desistência seja por influência de outras pessoas, ela continua sendo voluntária, embora não seja espontânea.

4. ARREPENDIMENTO EFICAZ (ART. 15, SEGUNDA PARTE, DO CÓDIGO PENAL)

O arrependimento eficaz ocorre quando o agente se arrepende, desejando retroceder, "voltar atrás", na atividade delituosa que praticou. Para isso, pratica nova conduta, após terminada a execução do crime, para impedir que o resultado se produza. Nesse caso, tem início a execução. Todavia, o crime não se consuma em decorrência da vontade do agente. É o exemplo da pessoa que, pretendendo matar alguém, ministra um veneno à vítima. Mas, posteriormente, se arrepende e ministra o antídoto contra o veneno à vítima, salvando-a. O arrependimento deve ser **voluntário** (não precisa ser espontâneo) e **eficaz** (deve surtir efeito prático, no exemplo dado, deve salvar a vida da vítima). Tal como na desistência voluntária, **o agente responde somente pelos atos já praticados** (GRECO, 2010, p. 46).

Assim, o arrependimento eficaz se configura na situação em que, "[...] depois de esgotar todos os meios disponíveis para chegar à consumação da infração penal, o agente se arrepende e atue no sentido contrário, evitando a produção do resultado inicialmente por ele pretendido" (**Exame Unificado da OAB de agosto de 2006**).

5. ARREPENDIMENTO POSTERIOR (ART. 16 DO CÓDIGO PENAL)

O arrependimento posterior é uma causa geral **de diminuição de pena**, que autoriza a diminuição da sanção penal de 1/3 (um terço) a 2/3 (dois terços). São requisitos cumulativos para sua aplicação:

- que se trate de crime cometido sem violência ou grave ameaça à pessoa;
- restituição ou reparação integral do dano;
- tem que ocorrer até o recebimento da denúncia;
- voluntariedade.

MUITA ATENÇÃO! Não confunda arrependimento eficaz com arrependimento posterior. No primeiro, evita-se a consumação. No segundo, a consumação já ocorreu.

Considere o seguinte enunciado de questão, extraído do **Exame Unificado da OAB de novembro de 2015**: "Mário subtraiu uma TV do seu local de trabalho. Ao chegar em casa com a coisa subtraída, é convencido pela esposa a devolvê-la, o que efetivamente vem a fazer no dia seguinte, quando o fato já havia sido registrado na delegacia". A situação retrata hipótese de **arrependimento posterior**.

Todavia, atente-se para a seguinte questão, do **Exame Unificado da OAB de junho de 2019**: "Durante a madrugada, Lucas ingressou em uma residência e subtraiu um computador. Quando se preparava para sair da residência, ainda dentro da casa, foi surpreendido pela chegada do proprietário. Assustado, ele o empurrou e conseguiu fugir com a coisa subtraída. Na manhã seguinte, arrependeu-se e resolveu devolver a coisa subtraída ao legítimo dono, o que efetivamente veio a ocorrer. O proprietário, revoltado com a conduta anterior de Lucas, compareceu em sede policial e narrou o ocorrido. Intimado pelo Delegado para comparecer em sede policial, Lucas, preocupado com uma possível responsabilização penal, procura o advogado da família e solicita esclarecimentos sobre a sua situação jurídica, reiterando que já no dia seguinte devolvera o bem subtraído. Na ocasião da assistência jurídica, o(a) advogado(a) deverá informar a Lucas que poderá ser reconhecido(a): a) a desistência voluntária, havendo exclusão da tipicidade de sua conduta. b) o arrependimento eficaz, respondendo o agente apenas pelos atos até então praticados. c) o arrependimento posterior, não sendo afastada a tipicidade da conduta, mas gerando aplicação de causa de diminuição de pena. d) a atenuante da reparação do dano, apenas, não sendo, porém, afastada a tipicidade da conduta".

A resposta correta para a questão acima é a alternativa "d". O enunciado narra um roubo impróprio, pois houve emprego de violência (empurrão) pelo agente após a subtração do bem, com o intuito de garantir a detenção da coisa ou de assegurar a impunidade do crime (art. 157, § 1º, do Código Penal). Não se aplica ao caso o instituto do arrependimento posterior, nos moldes do art. 16, do Código Penal, que **não é admitido em crimes praticados com violência ou grave ameaça à pessoa**. Assim, aplica-se ao caso apenas a atenuante pela reparação do dano (art. 65 III, "b" do Código Penal).

6. CRIME IMPOSSÍVEL OU TENTATIVA INIDÔNEA (ART. 17 DO CÓDIGO PENAL)

De acordo com o art. 17 do Código Penal, tem-se a figura do crime impossível quando não há condições do delito se consumar, seja por **ineficácia absoluta do meio** empregado pelo agente, ou por **absoluta impropriedade do objeto material** do crime. A conduta é considerada **atípica**.

Exemplo de impropriedade absoluta do meio: acionar uma arma desmuniciada, com intenção de matar alguém.

Exemplo de impropriedade do objeto material: tentar matar um cadáver. É a situação narrada em questão extraída do **Exame Unificado da OAB de novembro de 2015**: "Cristiane, revoltada com a traição de seu marido, Pedro, decide matá-lo. Para tanto, resolve esperar que ele adormeça para, durante a madrugada, acabar com sua vida. Por volta das 22h, Pedro deita para ver futebol na sala da residência do casal. Quando chega à sala, Cristiane percebe que Pedro estava deitado sem se mexer no sofá. Acreditando estar dormindo, desfere 10 facadas em seu peito. Nervosa e arrependida, liga para o hospital e, com a chegada dos médicos, é informada que o marido faleceu. O laudo de exame cadavérico, porém, constatou que **Pedro havia falecido momentos antes das facadas em razão de um infarto fulminante**". Trata-se de **absoluta impropriedade do objeto**, posto que Pedro falecera anteriormente à conduta de Cristiane.

Outra situação de crime impossível, por **absoluta impropriedade do objeto**, foi narrada em enunciado de questão do **Exame Unificado da OAB de abril de 2017**: "Acreditando estar grávida, Pâmela, 18 anos, desesperada porque ainda morava com os pais e eles sequer a deixavam namorar, utilizando um instrumento próprio, procura eliminar o feto sozinha no banheiro de sua casa, vindo a sofrer, em razão de tal comportamento, lesão corporal de natureza grave. Encaminhada ao hospital para atendimento médico, fica constatado que, na verdade, ela não se achava e nunca esteve grávida [...]". Como Pâmela não está grávida (crime impossível) e a autolesão não é punível, a conduta é **atípica**.

Podem, ainda, ser mencionados os seguintes exemplos de crime impossível: **a)** furto de dinheiro guardado, com cédulas marcadas, para descoberta de quem iria tentar a subtração; **b)** apresentação de cheque ao banco, com objetivo de sacar valor, quando a vítima já havia determinado a sustação do cheque em vista de furto; **c)** quando o agente pretende furtar um bem protegido por aparelho de alarme que torne absolutamente ineficaz o meio empregado para a subtração.

? **QUESTÃO**: O sistema de vigilância de supermercados torna o furto um crime impossível?

RESPOSTA: *A jurisprudência majoritária entende que o sistema de vigilância, por si só, não torna o crime impossível. É fundamental a análise do caso, para ver se era possível a consumação do delito. Nesse sentido, é a Sumula 567, do STJ: "Sistema de vigilância realizado por monitoramento eletrônico ou por existência de segurança no interior de estabelecimento comercial, por si só, não torna impossível a configuração do crime de furto".*

DICA IMPORTANTE

São muito comuns em Exames da OAB questões envolvendo os temas tratados neste capítulo. Recomendamos ao candidato a leitura atenta dos arts. 14 a 17 do Código Penal, para que perceba a distinção entre os institutos da tentativa, desistência voluntária, arrependimento eficaz, arrependimento posterior e crime impossível.

Para saber mais, recomenda-se a leitura dos comentários aos arts. 14 a 17 do Código Penal, em: CUNHA, Rogério Sanches. **Código penal para concursos**. 2. ed. Salvador: Juspodivm, 2009.

EM RESUMO: Consumação e tentativa	
Crime consumado	Art. 14, I, do Código Penal
Crime tentado	Art. 14, II, do Código Penal
Desistência voluntária	Art. 15, primeira parte, do Código Penal
Arrependimento eficaz	Art. 15, segunda parte, do Código Penal
Arrependimento posterior	Art. 16, do Código Penal
Crime impossível	Art. 17, do Código Penal

CAPÍTULO V
ILICITUDE OU ANTIJURIDICIDADE

1. NOÇÕES

A ilicitude é o segundo elemento do conceito analítico de crime. Entende-se por ilicitude (ou antijuridicidade) a relação de contrariedade entre o fato típico e o ordenamento jurídico como um todo (TOLEDO, 2001, p. 161).

? **QUESTÃO**: Qual a relação entre a tipicidade e a ilicitude?

➥ ***RESPOSTA:*** Há duas correntes principais sobre o assunto: a) Teoria da indiciariedade (ou da *ratio cognoscendi*): para essa visão, a tipicidade gera indício de que a conduta é ilícita. Ou seja, se o fato é típico, presume-se que é ilícito. b) Teoria da *ratio essendi*: defende que a ilicitude é a essência da tipicidade. O fato típico só permanece típico se for, também, ilícito. Tem maioria de adeptos na doutrina a teoria da indiciariedade ou da *ratio cognoscendi*. **Para saber mais**: SANTOS, Juarez Cirino dos. **Direito penal: parte geral**. 2. ed. Rio de Janeiro: Lumen Juris, 2007. p. 104-106.

2. EXCLUDENTES DA ILICITUDE (OU JUSTIFICANTES)

As causas legais de exclusão da ilicitude estão enumeradas no art. 23, *caput*, do Código Penal. Segundo o dispositivo: "Não há crime quando o agente pratica o fato: **I** – em estado de necessidade; **II** – em legítima defesa; **III** – em estrito cumprimento de dever legal ou no exercício regular de direito". Cada uma delas será analisada mais detidamente a partir de agora.

2.1 Estado de necessidade (art. 24 do Código Penal)

2.1.1 Noções

De acordo com o art. 24, *caput*, do Código Penal: "Considera-se em estado de necessidade quem pratica o fato para salvar de perigo atual, que não provocou por sua vontade, nem podia de outro modo evitar, direito próprio ou alheio, cujo sacrifício, nas circunstâncias, não era razoável exigir-se".

O estado de necessidade é caracterizado por um **conflito de bens jurídicos**. O agente, para salvar um bem, próprio ou de terceiros, sacrifica outro bem jurídico. É o exemplo clássico do art. 128, I, do Código Penal, que estabelece: "Não se pune o aborto praticado por médico: **I** – se não há outro meio de salvar a vida da gestante". Nesse caso, encontram-se duas vidas em conflito, estando autorizado o sacrifício de uma para salvar outra.

São requisitos objetivos para o reconhecimento do estado de necessidade (BITENCOURT, 2008, p. 315-318)	• Uma situação de perigo atual e inevitável;
	• que a situação de perigo não tenha sido provocada voluntariamente pelo agente;
	• que a pessoa aja para salvar direito próprio (estado de necessidade próprio) ou alheio (estado de necessidade de terceiro);
	• que a pessoa não tenha o dever legal de enfrentar o perigo. Assim, "um bombeiro em serviço não pode alegar estado de necessidade para eximir-se de seu ofício, visto que tem o dever legal de enfrentar o perigo" (**Exame Unificado da OAB de maio de 2009**);
	• que não seja exigível o sacrifício do direito ameaçado.

Para reconhecimento da excludente de ilicitude, deve-se analisar a **relação de proporcionalidade** entre o direito protegido e o direito sacrificado. Em relação ao tema, há duas teorias (PRADO, 2010, p. 126):

A **Teoria diferenciadora**: essa teoria reconhece duas espécies de estado de necessidade: o estado de necessidade justificante (excludente de ilicitude) e o estado de necessidade exculpante (excludente de culpabilidade). O **estado de necessidade justificante** ocorre quando o bem protegido tem valor **maior** que o bem sacrificado (por exemplo, a pessoa sacrifica um carro para salvar uma vida), e o estado de necessidade exculpante se caracteriza quando o bem protegido por quem está em estado de necessidade é de **igual ou menor** valor do que o bem sacrificado (sacrifica uma vida para salvar outra, ou sacrifica uma vida para salvar um carro).

B **Teoria unitária**: só reconhece o estado de necessidade justificante, que ocorrerá quando o bem protegido tem valor **maior ou igual** ao bem jurídico sacrificado.

Segundo a doutrina, **o Código Penal brasileiro adota a teoria unitária**.

Ainda de acordo com o art. 24, § 2º do Código Penal, "Embora seja razoável exigir-se o sacrifício do direito ameaçado, a pena poderá ser reduzida de 1 (um) a 2/3 (dois terços)".

Além dos requisitos objetivos acima descritos, o estado de necessidade exige um **requisito subjetivo**: o agente deve ter conhecimento, ciência de que se está diante de uma situação de perigo atual, agindo com finalidade de salvar o bem jurídico do perigo.

Classificação doutrinária do estado de necessidade (GRECO, 2010, p. 67-68)		
Quanto à titularidade do bem defendido	**Quanto ao elemento subjetivo**	**Quanto ao sujeito atingido pela ofensa**
Estado de necessidade próprio	Estado de necessidade real: o perigo existe de fato (excludente da ilicitude)	Estado de necessidade defensivo: o agente, para salvar o bem jurídico, sacrifica um bem jurídico do próprio causador do perigo
Estado de necessidade de terceiro	Estado de necessidade putativo: o perigo é imaginado pelo agente (não exclui a ilicitude da conduta)	Estado de necessidade agressivo: o agente, para salvar o bem jurídico, sacrifica um bem jurídico de pessoa alheia, distinta da que provocou o perigo

2.2 Legítima defesa (art. 23, II, e 25 do Código Penal)

A Noções: De acordo com o art. 25 do Código Penal: "Entende-se em legítima defesa quem, usando moderadamente dos meios necessários, repele injusta agressão, atual ou iminente, a direito seu ou de outrem".

? QUESTÃO: Qual a diferença entre a legítima defesa e o estado de necessidade?

➥ ***RESPOSTA:*** *Dentre outras diferenças, pode ser mencionado que no estado de necessidade há um conflito de bens jurídicos em uma situação de perigo. Já na legítima defesa há um ataque efetivo ou uma ameaça ao bem jurídico.*

A legítima defesa pressupõe a presença dos seguintes requisitos objetivos (BITENCOURT, 2008, p. 320-323)	• Agressão injusta;
	• Agressão atual (está ocorrendo) ou iminente (está prestes a ocorrer);
	• Uso moderado dos meios necessários (proporcionalidade, ou seja, atuação defensiva sem excesso);
	• O agente deve atuar para salvar direito próprio ou alheio.

Além desses requisitos objetivos, é necessária a presença do **requisito subjetivo**: o agente deve ter conhecimento do estado de agressão injusta que está sofrendo ou prestes a sofrer, atuando para se defender.

A Lei 13.964/19 acrescentou o parágrafo único ao art. 25, do Código Penal, explicitando que, observados os requisitos previstos no *caput* do dispositivo, considera-se também em legítima defesa o agente de segurança pública que repele agressão ou risco de agressão a vítima mantida refém durante a prática de crimes. A previsão contempla típica situação de legítima defesa de terceiro, em que o agente atua para a defesa de direto alheio.

B Principais classificações doutrinárias da legítima defesa

- Legítima defesa defensiva: o agente atinge seu ofensor ao se defender.
- Legítima defesa agressiva: o agente atinge terceiros ao se defender.
- Legítima defesa sucessiva: ocorre na repulsa contra o excesso abusivo do agente que foi inicialmente agredido (BITENCOURT, 2010, p. 323-324).

Considere a seguinte questão do **Exame Unificado da OAB de outubro de 2019**: "Enquanto assistia a um jogo de futebol em um bar, Francisco começou a provocar Raul, dizendo que seu clube, que perdia a partida, seria rebaixado. Inconformado com a indevida provocação, Raul, que estava acompanhado de um cachorro de grande porte, atiça o animal a atacar Francisco, o que efetivamente acontece. Na tentativa de se defender, Francisco desfere uma facada no cachorro de Raul, o qual vem a falecer. O fato foi levado à autoridade policial, que instaurou inquérito para apuração. Francisco, então, contrata você, na condição de advogado(a), para patrocinar seus interesses. Considerando os fatos narrados, com relação à conduta praticada por Francisco, você, como advogado(a), deverá esclarecer que seu cliente: A) não poderá alegar qualquer excludente de ilicitude, em razão de sua provocação anterior. B) atuou escorado na excludente de ilicitude da legítima defesa. C) praticou conduta atípica, pois a vida do animal não é protegida penalmente. D) atuou escorado na excludente de ilicitude do estado de necessidade". A alternativa que responde à questão é a "B". Francisco atuou em legítima defesa, sendo o animal utilizado como instrumento para a agressão humana. Caso, todavia, o animal tivesse agido sem determinação humana para tal, a situação poderia configurar um contexto de perigo, caracterizando o estado de necessidade.

2.3 Estrito cumprimento de um dever legal (art. 23, III, primeira parte, do Código Penal)

O estrito cumprimento do dever legal engloba as situações em que os agentes públicos, no desempenho de suas funções, cumprem o determinado pelo ordenamento jurídico, realizando, desse modo, uma conduta lícita (PRADO, 2010, p. 121). É o caso, por exemplo, do policial que prende alguém em flagrante, ou do oficial de justiça que, cumprindo ordem judicial, penhora um bem.

São **requisitos objetivos** para a caracterização do estrito cumprimento do dever legal (GRECO, 2010, p. 65):

A É necessário que haja um dever legal, imposto ao agente público.

B O agente deve atuar nos exatos termos impostos pela lei (ou seja, sem excesso, com razoabilidade e proporcionalidade). Assim, devido ao excesso, não é correto afirmar que "agem em estrito cumprimento do dever legal policiais que, ao terem de prender indiciado de má fama, atiram contra ele para dominá-lo" (**Exame Unificado da OAB de maio de 2008**).

Além disso, a excludente pressupõe o **requisito subjetivo:** o agente deve ter ciência de que atua no estrito cumprimento de um dever legal.

2.4 Exercício regular de um direito (art. 23, III, segunda parte, do Código Penal)

O exercício regular de um direito compreende as situações em que a pessoa exercita, de forma regular, uma faculdade de acordo com o direito (PRADO, 2010, p. 122). A doutrina costuma mencionar como exemplo a violência esportiva (golpes em lutas de boxe ou "entradas" no futebol, evidentemente, sem grande desproporcionalidade) e intervenções cirúrgicas normais.

Constitui **requisito objetivo** para reconhecimento da excludente de ilicitude a atuação efetiva no exercício regular de direitos. Além disso, a excludente pressupõe o **requisito subjetivo**: o agente deve ter ciência do direito e a vontade de exercitá-lo (PRADO, 2010, p. 122).

2.5 Ofendículos

Constituem-se em aparelhos predispostos para a defesa do patrimônio, ou de qualquer outro bem jurídico. São exemplos cacos de vidro em muros e cercas elétricas. Há divergência doutrinária quanto à natureza jurídica dos ofendículos. Prevalecem duas correntes: **a)** a corrente que defende tratar-se de exercício regular de direito (de defesa, por exemplo, do patrimônio), e **b)** a que entende tratar-se de hipótese de legítima defesa preordenada (GRECO, 2010, p. 71).

Considere a seguinte questão, extraída do **Exame Unificado da OAB de abril de 2014**: "Jaime, objetivando proteger sua residência, instala uma cerca elétrica no muro. Certo dia, Cláudio, com o intuito de furtar a casa de Jaime, resolve pular o referido muro, acreditando que conseguiria escapar da cerca elétrica ali instalada e bem visível para qualquer pessoa. Cláudio, entretanto, não obtém sucesso e acaba levando um choque, inerente à atuação do mecanismo de proteção. Ocorre que, por sofrer de doença cardiovascular, o referido ladrão falece quase instantaneamente. Após a análise pericial, ficou constatado que a descarga elétrica não era suficiente para matar uma pessoa em condições normais de saúde, mas suficiente para provocar o óbito de Cláudio, em virtude de sua cardiopatia. Nessa hipótese é correto afirmar que: A) Jaime deve responder por homicídio culposo, na modalidade culpa consciente. B) Jaime deve responder por homicídio doloso, na modalidade dolo eventual. C) Pode ser aplicado à hipótese o instituto do resultado diverso do pretendido. D) Pode ser aplicado à hipótese o instituto da legítima defesa preordenada." Pelo que fora acima estudado, a alternativa correta é a "D".

FIQUE POR DENTRO:

"O consentimento do ofendido como causa supralegal de exclusão da ilicitude e a teoria da tipicidade conglobante"

A doutrina mais moderna entende que o consentimento do titular de um bem jurídico, diante de uma situação de lesão a esse bem pode configurar uma causa de exclusão da ilicitude não prevista em lei (causa supralegal de exclusão da ilicitude). Para tanto, dentre outros requisitos, é necessário que o ofendido seja capaz de consentir e que o bem seja disponível.

Para saber mais: SANTOS, Juarez Cirino dos. **Manual de direito penal: parte geral**. São Paulo: Conceito, 2011. p. 140-148.

Um tema bastante em voga atualmente na ciência do direito penal é a chamada Teoria da Tipicidade Conglobante, elaborada por Eugenio Raúl Zaffaroni. Pela proposta da teoria da tipicidade conglobante, as situações que são tradicionalmente vistas pela doutrina como de exercício regular de direito ou de estrito cumprimento do dever legal seriam, na verdade, causas de exclusão da tipicidade da conduta.

Para saber mais: ZAFFARONI, Eugenio Raúl; PIERANGELI, José Henrique. **Manual de direito penal brasileiro: parte geral**. 3. ed. São Paulo: Revista dos Tribunais, 2001.

? **QUESTÃO**: O que são descriminantes putativas?

***RESPOSTA**: São casos em que o agente imagina estar diante de uma situação de exclusão da ilicitude, que na verdade não existe (por exemplo, uma legítima defesa imaginária ou um estado de necessidade imaginário). Assim, está-se diante de um erro em que o agente tem uma falsa percepção da realidade. Tal situação, a princípio, não exclui a ilicitude da conduta.*

Veja o enunciado de questão extraído do **Exame da OAB de outubro de 2011**, que narra uma situação de legítima defesa putativa: "Apolo foi ameaçado de morte por Hades, conhecido matador de aluguel. Tendo tido ciência, por fontes seguras, que Hades o mataria naquela noite e, com o intuito de defender-se, Apolo saiu de casa com uma faca no bolso de seu casaco. Naquela noite, ao encontrar Hades em uma rua vazia e escura e, vendo

DIREITO PENAL

que este colocava a mão no bolso, Apolo precipita-se e, objetivando impedir o ataque que imaginava iminente, esfaqueia Hades, provocando-lhe as lesões corporais que desejava. Todavia, após o ocorrido, o próprio Hades contou a Apolo que não ia matá-lo, pois havia desistido de seu intento e, naquela noite, foi ao seu encontro justamente para dar-lhe a notícia".

EM RESUMO: Ilicitude e causas de exclusão da ilicitude	
Ilicitude ou antijuridicidade	É a relação de contrariedade entre o fato típico e o ordenamento jurídico como um todo
Causas de extinção da ilicitude	a) Estado de necessidade b) Legítima defesa c) Exercício regular do direito d) Estrito cumprimento do dever legal
Causa supralegal de extinção da ilicitude	Consentimento do ofendido

CAPÍTULO VI
CULPABILIDADE

1. NOÇÕES

Como já analisado, predomina o entendimento de que a culpabilidade integra o conceito analítico de crime.

Sinteticamente, podem ser assim apresentadas as teorias que surgiram ao longo dos tempos acerca da culpabilidade:

Teoria psicológica da culpabilidade	Teoria normativa (ou psicológico-normativa) da culpabilidade	Teoria normativa pura da culpabilidade
A culpabilidade é vista como um elo, um **nexo psicológico** entre a conduta e o resultado criminoso, representado pelo dolo ou pela culpa. Dolo e culpa são espécies de culpabilidade.	Tal teoria aponta os seguintes pressupostos para a culpabilidade: **a)** imputabilidade; **b)** dolo ou culpa; **c)** exigibilidade de conduta diversa.	É a vertente dominante no Brasil, e surgiu com a teoria finalista da ação. De acordo com esse entendimento, a culpabilidade é composta por três elementos: **a)** imputabilidade; **b)** potencial consciência da ilicitude e **c)** exigibilidade de conduta diversa.

A culpabilidade é, na concepção da **teoria normativa pura**, **o juízo de reprovação, de censura penal, que incide sobre a conduta penalmente relevante.** A partir desse momento, serão analisados os três elementos que compõem a culpabilidade: imputabilidade, potencial consciência da ilicitude e exigibilidade de conduta diversa.

2. IMPUTABILIDADE

2.1 Noções

A imputabilidade é a possibilidade de ser atribuído, de ser imputado um fato típico e ilícito ao agente, a fim de que seja responsabilizado por seus atos. É constituída pela capacidade de discernimento e compreensão. Para ser imputável, o agente deve ser capaz de entender o caráter ilícito de seus atos e de agir de acordo com esse entendimento (GRECO, 2010, p. 73).

Há, fundamentalmente, três critérios para se averiguar a imputabilidade (BIERRENBACH, 2009, p. 203):

A **Critério biológico**: leva em conta apenas o desenvolvimento mental do agente, sem qualquer indagação de ordem psicológica;

B **Critério psicológico:** considera apenas as condições psicológicas do agente no momento da conduta;

C **Critério biopsicológico**: conjuga os critérios anteriores. Assim, pode-se dizer que é imputável o agente com desenvolvimento mental completo, que ao tempo da conduta tinha capacidade de entendimento e de autodeterminação.

O direito brasileiro adotou, como regra, o critério biopsicológico, mas, excepcionalmente, adota o critério biológico.

2.2 Hipóteses de inimputabilidade

A **Inimputabilidade em razão de doença mental ou de desenvolvimento mental incompleto ou retardado (art. 26, *caput*, do Código Penal)**: nesse caso, foi adotado o critério biopsicológico. É inimputável o portador de doença mental, **sem capacidade de entendimento ou de autodeterminação.**

O art. 26, parágrafo único, do Código Penal, traz hipótese de **imputabilidade com responsabilidade diminuída**, chamada por alguns de semi-imputabilidade. Neste caso, o agente não é inimputável, mas conta somente com uma **causa de diminuição de pena**, na fração de 1/3 (um terço) a 2/3 (dois terços).

Observe a seguinte questão, extraída do **Exame Unificado da OAB de agosto de 2013**: "Para aferição da inimputabilidade por doença mental ou desenvolvimento mental incompleto ou retardado, assinale a alternativa que indica o critério adotado pelo Código Penal vigente. A) Biológico. B) Psicológico. C) Psiquiátrico. D) Biopsicológico". A resposta correta é a alternativa "D".

B **Inimputabilidade em razão da idade do agente** (art. 27 do Código Penal e art. 228 da Constituição da República): foi adotado na hipótese o **critério biológico.** São inimputáveis os menores de 18 (dezoito) anos **na data da conduta.**

MUITA ATENÇÃO!

A emancipação somente tem reflexos cíveis. Não antecipa a idade para responsabilização penal.

? **QUESTÃO**: É possível a alteração da menoridade penal no Brasil?

↳ ***RESPOSTA:*** *Tudo vai depender de se considerar ou não o art. 228, da Constituição da República, uma cláusula pétrea. Caso se entenda que se trata de uma garantia individual, será uma cláusula pétrea, não podendo ser alvo de abolição por emenda constitucional. A questão é controvertida.*

De acordo com o art. 28, I, do Código Penal, a emoção e a paixão não excluem a imputabilidade penal. Todavia, dependendo do grau da paixão, ela pode ser equiparada a uma doença mental. A emoção pode gerar uma atenuante de pena ou uma causa de diminuição de pena no crime de homicídio (art. 65, III, "c" e art. 121, § 1º, do Código Penal, respectivamente) (PRADO, 2010, p. 140).

C Inimputabilidade em razão de embriaguez (art. 28, II, do Código Penal): embriaguez é a intoxicação causada pelo álcool, ou substâncias de efeitos análogos. O quadro a seguir sintetiza as espécies de embriaguez (PRADO, 2010, p. 140):

Espécies	Graus
Acidental (proveniente de caso fortuito ou força maior) – art. 28, §§ 1º e 2º do Código Penal.	Completa: isenta de pena (§ 1º)
	Incompleta: diminuição de pena (§ 2º)
Não acidental (pode ser voluntária ou culposa) – art. 28, II, do Código Penal	Completa: não exclui a imputabilidade
	Incompleta: não exclui a imputabilidade
Patológica ou doentia – equipara-se a uma doença mental.	Completa: tratada como doença mental
	Incompleta: tratada como doença mental
Preordenada – art. 61, II, "l", do Código Penal	Completa: não exclui a imputabilidade e gera agravante de pena
	Incompleta: não exclui a imputabilidade e gera agravante de pena

Assim, as hipóteses de embriaguez que excluem a imputabilidade são: **a)** a patológica, e **b)** a acidental e completa.

Analise a seguinte questão extraída do **Exame Unificado da OAB de agosto de 2006**: "As hipóteses excludentes de imputabilidade penal não incluem a: A) menoridade penal; B) emoção ou paixão; C) embriaguez fortuita completa; D) dependência toxicológica completa". Qual a resposta? A alternativa "B". Como mencionado acima, a emoção e a paixão não excluem a imputabilidade do agente. Em relação à alternativa "D", a resposta encontra-se no art. 45 da Lei de Drogas (Lei 11.343/06).

3. POTENCIAL CONSCIÊNCIA DA ILICITUDE

É a possibilidade de o agente conhecer a ilicitude do seu comportamento.

A exclusão da culpabilidade, por ausência de potencial consciência da ilicitude do fato, se caracteriza no **erro de proibição.**

O Código Penal disciplina a questão no seu art. 21. De acordo com o dispositivo: "O desconhecimento da lei é inescusável. O erro sobre a ilicitude do fato, se inevitável, isenta de pena; se evitável, poderá diminuí-la de 1/6 (um sexto) a 1/3 (um terço). Parágrafo único. Considera-se evitável o erro se o agente atua ou se omite sem a consciência da ilicitude do fato, quando lhe era possível, nas circunstâncias, ter ou atingir essa consciência".

No erro de proibição, **o agente tem consciência da conduta que pratica, mas não tem conhecimento de que ela é ilícita.** O erro de proibição pode ser **evitável** ou **inevitável. O erro de proibição inevitável isenta de pena, ou seja, exclui a culpabilidade. O erro de proibição evitável reduz a pena**, na fração de 1/6 (um sexto) a 1/3 (um terço) (art. 21, segunda parte, do Código Penal).

Considere a seguinte situação, extraída do **Exame Unificado da OAB de agosto de 2014**: "Eslow, holandês e usuário de maconha, que nunca antes havia feito uma viagem internacional, veio ao Brasil para a Copa do Mundo. Assistindo ao jogo Holanda x Brasil decidiu, diante da tensão, fumar um cigarro de maconha nas arquibancadas do estádio. Imediatamente, os policiais militares de plantão o prenderam e o conduziram à Delegacia de Polícia. Diante do Delegado de Polícia, Eslow, completamente assustado, afirma que não sabia que no Brasil a utilização de pequena quantidade de maconha era proibida, pois, no seu país, é um habito assistir a jogos de futebol fumando maconha". O contexto descrito na questão caracteriza erro de proibição direto inevitável, pois o agente tem consciência da conduta que pratica, mas não tem conhecimento de que ela é ilícita, isentando-o de pena.

4. EXIGIBILIDADE DE CONDUTA DIVERSA

4.1 Noções

Para que o agente seja culpável, é necessário que tenha atuado em situações normais, em que lhe seria possível agir de outro modo, de maneira diversa.

Assim, as situações de inexigibilidade de conduta diversa excluem a culpabilidade. São elas:

4.2 Coação moral irresistível (art. 22, primeira parte, do Código Penal)

Exclui a culpabilidade, desde que atendidos os seguintes requisitos:

A A coação deve ser moral (ou seja, psicológica, por exemplo, uma ameaça grave). A coação pode ser dirigida ao próprio agente ou a terceiros.

> **MUITA ATENÇÃO!**
>
> A coação **física** irresistível exclui a própria conduta, e, portanto, o próprio **fato típico.**
>
> Considere o seguinte enunciado de questão, extraído do **Exame da OAB de julho de 2015**: "Durante um assalto a uma instituição bancária, Antônio e Francisco, gerentes do estabelecimento, são feitos reféns. Tendo ciência da condição deles de gerentes e da necessidade de que suas digitais fossem inseridas em determinado sistema para abertura do cofre, os criminosos **colocam, à força, o dedo de Antônio no local necessário, abrindo, com isso, o cofre e subtraindo determinada quantia em dinheiro. Além disso, sob a ameaça de morte da esposa de Francisco**, exigem que este saia do banco, levando a sacola de dinheiro juntamente com eles, enquanto apontam uma arma de fogo para os policiais que tentavam efetuar a prisão dos agentes". Na situação, Antônio não responderá pelo crime por ausência de tipicidade (**coação física irresistível**). Francisco não responderá criminalmente por ausência de culpabilidade da conduta (**coação moral irresistível**).

B A coação deve ser irresistível (caso a coação seja resistível, não exclui a culpabilidade, mas pode configurar uma atenuante de pena – art. 65, III, "c", do Código Penal).

No caso de coação moral irresistível, somente responde o autor da coação, pois não se poderia exigir conduta diversa do coagido, excluindo-se, portanto, a culpabilidade em relação a ele (BITENCOURT, 2008, p. 362).

4.3 Obediência hierárquica (art. 22, segunda parte, do Código Penal)

Constitui causa de exclusão da culpabilidade, desde que atendidos os seguintes requisitos:

A A ordem não seja manifestamente ilegal;

B A ordem seja oriunda de superior hierárquico (ou seja, pressupõe que se esteja diante de uma função pública, em que a ordem parta de um superior hierárquico de quem a recebe).

Nos casos de obediência hierárquica, somente é punível o autor da ordem (BITENCOURT, 2008, p. 363-364).

Veja a seguinte questão, extraída do **Exame Unificado da OAB de setembro de 2012**: "Analise as hipóteses abaixo relacionadas e assinale a alternativa que apresenta somente causas excludentes de culpabilidade: A) Erro de proibição; embriaguez completa proveniente de caso fortuito ou força maior; coação moral irresistível; B) Embriaguez culposa; erro de tipo permissivo; inimputabilidade por doença mental ou por desenvolvimento mental incompleto ou retardado; C) Inimputabilidade por menoridade; estrito cumprimento do dever legal; embriaguez incompleta; D) Embriaguez incompleta proveniente de caso fortuito ou força maior; erro de proibição; obediência hierárquica". A correta é a alternativa "A".

? QUESTÃO: O que são causas supralegais de exclusão da culpabilidade?

RESPOSTA: São situações de exclusão da culpabilidade que não estão expressamente previstas na legislação. Alguns doutrinadores defendem que a inexigibilidade de conduta diversa seria uma cláusula geral, que autoriza o reconhecimento de causas supralegais (não previstas em lei) de exclusão de culpabilidade. A propósito, veja a seguinte alternativa extraída do ***Exame Unificado da OAB de maio de 2009****: "Considera-se causa supralegal de exclusão de exclusão de ilicitude a inexigibilidade de conduta diversa". Na verdade, a inexigibilidade de conduta diversa é causa supralegal de exclusão de culpabilidade, e não da ilicitude.* **Para saber mais:** *SANTOS, Juarez Cirino dos.* **Manual de direito penal: parte geral**. *São Paulo: Conceito, 2011. p. 175-187.*

EM RESUMO: Culpabilidade e causas de extinção da culpabilidade	
Culpabilidade	É o juízo de reprovação, de censura penal, que incide sobre a conduta penalmente relevante
Elementos da culpabilidade	a) Imputabilidade b) Potencial consciência da ilicitude c) Exigibilidade de conduta diversa
Causas legais de exclusão da culpabilidade	a) Inimputabilidade em razão de doença mental ou de desenvolvimento mental incompleto ou retardado (art. 26, *caput*, do Código Penal) b) Inimputabilidade em razão da idade do agente (art. 27 do Código Penal e art. 228 da Constituição da República) c) Inimputabilidade em razão de embriaguez (art. 28, II, do Código Penal) d) Erro de proibição (art. 21 do Código Penal) e) Coação moral irresistível (art. 22, primeira parte, do Código Penal) f) Obediência hierárquica (art. 22, segunda parte, do Código Penal)
Causa supralegal de exclusão da culpabilidade	Inexigibilidade de conduta diversa

CAPÍTULO VII
PUNIBILIDADE E CAUSAS DE SUA EXCLUSÃO

1. PUNIBILIDADE – NOÇÕES

Para a maioria da doutrina, a punibilidade não integra o conceito analítico de crime. É a **consequência** jurídica da infração penal, o direito que tem o Estado de aplicar a pena cominada contra quem praticou a ação ou omissão descrita no tipo penal.

2. CAUSAS EXTINTIVAS DA PUNIBILIDADE

O art. 107 do Código Penal traz um rol não exaustivo de hipóteses de extinção da punibilidade, que serão a seguir analisadas.

A **Morte do agente**: a morte do agente é comprovada somente com original da certidão de óbito (art. 62 do Código de Processo Penal).

B **Anistia, graça e indulto**: a **anistia,** de regra, é dirigida a crimes políticos, embora possa ser concedida a crimes comuns. A concessão de anistia é de competência da União (art. 21, XVII, da Constituição da República), figurando dentre as atribuições do Congresso Nacional (art. 48, VIII, da Constituição). A anistia é "causa extintiva da punibilidade consistente na exclusão, por lei ordinária com efeitos retroativos, de um ou mais fatos criminosos do campo de incidência do Direito Penal" (**Exame Unificado da OAB de setembro de 2012**). Através da anistia, o Estado renuncia ao direito de punir, fazendo cessar os efeitos penais do fato. É possível anistia antes mesmo de que haja decisão com trânsito em julgado. A anistia não se aplica aos delitos previstos na Lei de Crimes Hediondos (art. 2º, I, da Lei 8.072/90).

A **graça** e o **indulto** são institutos extintivos da punibilidade de competência da Presidência da República (art. 84, XII, da Constituição da República). Atingem os efeitos executórios penais da condenação. Assim, pressupõem que haja condenação transitada em julgado (GRECO, 2010, p. 217). De acordo com a **Súmula 631, do STJ**: "O indulto extingue os efeitos primários da condenação (pretensão executória), mas não atinge os efeitos secundários, penais ou extrapenais".

? **QUESTÃO**: Quais as diferenças entre graça e indulto?

↳ ***RESPOSTA**: A graça é um benefício concedido **individualmente**, a uma pessoa específica, e depende de provocação. Já o indulto é um benefício **coletivo**, e pode ser concedido independentemente de provocação. Tais benefícios não se aplicam aos crimes previstos na Lei de Crimes Hediondos (art. 2º, I, da Lei 8.072/90).*

C ***Abolitio criminis***: é a situação em que **uma nova lei deixa de considerar o fato uma infração penal.** O instituto já foi analisado no capítulo II.

D **Prescrição, decadência e perempção**: a prescrição será estudada logo adiante. A decadência e a perempção são analisadas na matéria de Direito Processual Penal. **A decadência somente se aplica aos delitos de ação penal privada e pública condicionada à representação.** Assim, está **errada** a alternativa apresentada no **Exame Unificado da OAB de janeiro de 2008**, que afirmava que seria causa de extinção da punibilidade "a decadência, nos crimes de ação penal privada e pública incondicionada". Cabe ainda destacar que "A perempção é causa de extinção de punibilidade exclusiva da ação penal privada" (**Exame da OAB, prova reaplicada em Duque de Caxias/RJ, em fevereiro de 2012**).

E **Renúncia ao direito de queixa ou perdão aceito**, nos crimes de ação privada: a matéria será analisada em Direito Processual Penal. Todavia, é bom lembrar que **o perdão do ofendido, se for aceito, somente extingue a punibilidade em crimes de ação penal de iniciativa privada.** Assim, está **errada** a alternativa apresentada no **Exame Unificado da OAB de janeiro de 2008**, que afirma que seria causa de extinção da punibilidade "o perdão, nos crimes de ação penal pública condicionada à representação". Do mesmo modo, **a extinção de punibilidade pela renúncia ao direito de queixa somente se aplica aos crimes de ação penal de iniciativa exclusivamente privada.** Dessa forma, está **errada** a alternativa apresentada no mesmo **Exame Unificado da OAB de janeiro de 2008**, que afirma que seria causa de extinção da punibilidade "a renúncia, nos crimes de ação penal privada subsidiária da pública".

F **Retratação do agente nas causas em que a lei admite**, como, por exemplo, em alguns **delitos contra a honra**. A retratação somente extingue a punibilidade quando efetivada até a sentença de primeiro grau. É ato unilateral, dispensando a concordância do ofendido.

G **Perdão judicial**: é um instituto pelo qual a lei permite ao juiz deixar de aplicar a pena, diante de determinadas circunstâncias. A princípio, somente é cabível em casos expressamente previstos em lei. O perdão judicial é **direito subjetivo do agente**, devendo ser concedido quando preenchidos os requisitos legais (BITENCOURT, 2008, p. 726).

? **QUESTÃO**: Qual a natureza jurídica da sentença concessiva do perdão judicial?

➥ ***RESPOSTA**: De acordo com a Súmula 18 do STJ, é uma sentença declaratória de extinção da punibilidade.*

3. PRESCRIÇÃO

3.1 Noções:

Prescrição é uma **causa de extinção da punibilidade** do fato (art. 107, IV, do Código Penal). Trata-se da **perda do direito de punir pelo Estado, em face do decurso do tempo**. A prescrição envolve interesse público (**matéria de ordem pública**). Assim, o juiz pode reconhecê-la de ofício, a qualquer tempo (BITENCOURT, 2008, p. 728).

A regra é que todo crime se sujeita à prescrição, salvo duas exceções, que a Constituição da República considera **imprescritíveis**: a) **racismo, e** b) **ação de grupos armados contra a ordem constitucional e o Estado democrático (art. 5º, XLIV da Constituição da República)**.

3.2 Espécies de prescrição

A **prescrição da pretensão punitiva** ocorre **antes** do trânsito em julgado da condenação. Subdivide-se em quatro espécies:

- Prescrição da pretensão punitiva em abstrato.
- Prescrição da pretensão punitiva superveniente.
- Prescrição da pretensão punitiva retroativa.
- Prescrição da pretensão punitiva em perspectiva (ideal, hipotética, antecipada ou virtual).

A **prescrição da pretensão executória** ocorre **depois** do trânsito em julgado da condenação. Extingue apenas os efeitos executórios da condenação, subsistindo os demais efeitos (art. 110, *caput*, do Código Penal).

3.2.1 Prescrição da pretensão punitiva

A **Prescrição da pretensão punitiva em abstrato**

Encontra fundamento legal no art. 109 do Código Penal. Tem por base a pena máxima em abstrato prevista para o crime. Para se chegar à pena máxima, devem ser consideradas, inclusive, as causas de aumento e as de diminuição de pena. Se o aumento for variável, por exemplo, de 1/3 (um terço) a 2/3 (dois terços), considera-se o maior aumento (ou seja, 2/3). Se a diminuição for variável, por exemplo, de 1/3 (um terço) a 2/3 (dois terços), considera-se a menor diminuição (ou seja, 1/3).

MUITA ATENÇÃO! De acordo com o art. 119 do Código Penal, para efeitos de prescrição, não se considera aumento resultante do concurso de crimes. Também não se consideram agravantes nem atenuantes.

? **QUESTÃO**: Qual é o termo inicial da prescrição da pretensão punitiva em abstrato?

➥ ***RESPOSTA**: A resposta deve ser buscada no art. 111, do Código Penal. Em regra, o prazo tem início no dia em que se consumou o crime. No caso de tentativa, o prazo começa a fluir do último ato executório. Nos crimes permanentes, começa a fluir o prazo do dia que cessou a permanência (por exemplo, no crime de extorsão mediante sequestro, que é permanente, não tem curso a prescrição enquanto a vítima não é posta em liberdade). Nos crimes de bigamia ou de falsificação de registro civil, a prescrição começa a fluir a partir do dia em que o fato se tornou conhecido. Por fim, a Lei 12.650/12 acrescentou o inciso V ao art. 111 do Código Penal, dispondo que nos crimes contra a dignidade sexual de crianças e adolescentes, previstos neste Código ou em legislação especial, a prescrição começa a fluir da data em que a vítima completar 18 (dezoito) anos, salvo se a esse tempo já houver sido proposta a ação penal.*

B **Prescrição da pretensão punitiva superveniente ou intercorrente**

Considera a pena aplicada pelo juiz na sentença (pena em concreto), e para seu reconhecimento é necessário que a sentença tenha transitado em julgado para a acusação ou que tenha sido improvido o recurso por ela interposto (PRADO, 2010, p. 390).

Possui as seguintes características (GOMES; PABLOS DE MOLINA, 2007, p. 932): **A.** pressupõe sentença ou acórdão penal condenatória; **B.** os prazos prescricionais continuam regulados pelo art. 109 do Código Penal; **C.** conta-se da prescrição da publicação da sentença condenatória até o trânsito em julgado final; **D.** pressupõe trânsito em julgado para acusação no que diz respeito à pena aplicada.

C **Prescrição da pretensão punitiva retroativa**

Considera, igualmente, a pena em concreto, aplicada em sentença com trânsito em julgado para a acusação, com a diferença de que seu termo inicial é a data da publicação da decisão condenatória, tendo-se em conta o tempo passado, o período que já transcorreu (GOMES; PABLOS DE MOLINA, 2007, p. 931).

> **MUITA ATENÇÃO!**
>
> A Lei 12.234/10 alterou a redação do art. 110, § 1º, do Código Penal, **vedando expressamente que a prescrição da pretensão punitiva retroativa tenha por termo inicial data anterior ao recebimento da denúncia ou queixa.** Ou seja, a partir do advento desta lei, o período anterior ao recebimento da denúncia não pode ser considerado para fim de prescrição retroativa. Desse modo, está correta a alternativa apresentada no **Exame Unificado da OAB de setembro de 2010**, segundo a qual "a prescrição, depois da sentença condenatória com trânsito em julgado para a acusação, regula-se pela pena aplicada, não podendo, em nenhuma hipótese, ter por termo inicial data anterior à da denúncia ou queixa". A Lei 12.234/10 revogou, ainda o § 2º do art. 110 do Código Penal. E, por fim, elevou o prazo mínimo de prescrição, de 02 (dois) anos para 03 (três) anos. **Mas, como trata-se de lei penal prejudicial ao réu, ela somente se aplica a fatos posteriores à sua entrada em vigor.**

D Prescrição da pretensão punitiva em perspectiva (ideal, hipotética, antecipada ou virtual)

Não está prevista em lei. É uma criação jurisprudencial. Considera a provável pena aplicada ao agente, em caso de condenação, para reconhecimento antecipado da extinção da punibilidade.

Para saber mais: GRECO, Rogério. **Código Penal comentado**. 4. ed. Niterói: Impetus, 2010. p. 222-223.

> **MUITA ATENÇÃO!**
>
> A prescrição virtual não é aceita pelos Tribunais Superiores (STF e STJ). Nesse sentido, a Súmula 438, do STJ, prevê: "É inadmissível a extinção da punibilidade pela prescrição da pretensão punitiva com fundamento em pena hipotética, independentemente da existência ou sorte do processo penal".

3.2.2 Prescrição da pretensão executória

Trata-se do prazo que detém o Estado para executar, fazer cumprir a pena imposta ao agente. Ou seja, "ocorrendo a prescrição da pretensão executória, o título executório é formado com o trânsito em julgado; entretanto, o Estado perde o direito de executar a sentença penal condenatória" (**Exame Unificado da OAB de janeiro de 2008**). Tal espécie de prescrição está prevista no art. 110, *caput*, do Código Penal.

Tal modalidade de prescrição possui as seguintes características (GOMES; PABLOS DE MOLINA, 2007, p. 933): **A.** pressupõe trânsito em julgado definitivo tanto para a acusação como para a defesa; **B.** regula-se pela pena aplicada na sentença (pena em concreto); **C.** os prazos prescricionais são os previstos no art. 109 do Código Penal; **D.** estes prazos são aumentados de 1/3 (um terço) se o condenado é reincidente.

Reconhecida a prescrição da pretensão executória, extingue-se a punibilidade em relação à pena aplicada. **Todavia, o reconhecimento da prescrição nesse caso não rescinde a sentença condenatória, que produz seus efeitos penais e extrapenais.**

? **QUESTÃO:** Qual é o termo inicial da prescrição da pretensão executória?

➥ ***RESPOSTA:*** *Começa a correr a prescrição, regra geral, do trânsito em julgado para a acusação (art. 112, I, do Código Penal). Dessa forma, está equivocada a alternativa dada no Exame Unificado da OAB de maio de 2008, segundo a qual "a prescrição começa a correr a partir do dia em que transita em julgado, para a defesa, a sentença condenatória".*

O art. 117 do Código Penal traz duas hipóteses de interrupção do curso dessa modalidade de prescrição: início ou continuação do cumprimento da pena (V) e reincidência (VI).

De acordo com o art. 113 do Código Penal, é correto afirmar que "no caso de o condenado evadir-se, a prescrição da pretensão executória deve ser regulada pelo tempo que resta da pena" (**Exame Unificado da OAB de maio de 2008**).

Considere a seguinte questão, extraída do **Exame Unificado da OAB de novembro de 2014**: "Francisco foi condenado por homicídio simples, previsto no Art. 121 do Código Penal, devendo cumprir pena de seis anos de reclusão. A sentença penal condenatória transitou em julgado no dia 10 de agosto de 1984. Dias depois, Francisco foge para o interior do Estado, onde residia, ficando isolado num sítio. Após a fuga, as autoridades públicas nunca conseguiram capturá-lo. Francisco procura você como advogado(a) em 10 de janeiro de 2014. Com relação ao caso narrado, assinale a afirmativa correta:

A) Ainda não ocorreu prescrição do crime, tendo em vista que ainda não foi ultrapassado o prazo de trinta anos requerido pelo Código Penal.

B) Houve prescrição da pretensão executória.

C) Não houve prescrição, pois o crime de homicídio simples é imprescritível.

D) Houve prescrição da pretensão punitiva pela pena em abstrato, pois Francisco nunca foi capturado". No caso em consideração, pode-se dizer que ocorreu a prescrição da pretensão executória (alternativa "B"), pois, diante dos dados fornecidos na questão, conclui-se que transcorreu o prazo para o Estado executar, fazer cumprir a pena imposta ao agente.

3.3 Redução dos prazos prescricionais

De acordo com o art. 115, do Código Penal, o prazo prescricional é reduzido de metade:

A Se o agente é menor de 21 (vinte e um) anos na data da conduta.

B Se o agente é maior de 70 (setenta) anos na data da sentença.

3.4 Interrupção do prazo prescricional

As hipóteses de interrupção do prazo prescricional são previstas no art. 117, do Código Penal. **No caso de interrupção, o prazo prescricional "zera", ou seja, a contagem do prazo recomeça**. São as seguintes hipóteses:

A **Recebimento** da denúncia ou queixa;

B Pronúncia;

C Decisão confirmatória da pronúncia;

D Publicação da sentença ou acórdão condenatório recorríveis.

> **MUITA ATENÇÃO!**
> Veja a seguinte alternativa, extraída do **Exame Unificado da OAB de maio de 2008**: "o curso da prescrição interrompe-se pelo oferecimento da denúncia e pela sentença condenatória ou absolutória recorrível". Está correto? Evidentemente não! O que interrompe a prescrição é o **recebimento**, e não o oferecimento, da denúncia. Do mesmo modo, o que interrompe é a sentença ou o acórdão **condenatório** recorríveis, e não a sentença absolutória.

Considere o seguinte enunciado de questão, extraído do Exame Unificado da OAB de novembro de 2017: "No dia 28 de agosto de 2011, após uma discussão no trabalho quando todos comemoravam os 20 anos de João, este desfere uma facada no braço de Paulo, que fica revoltado e liga para a Polícia, sendo João preso em flagrante pela prática do injusto de homicídio tentado, obtendo liberdade provisória logo em seguida. O laudo de exame de delito constatou a existência de lesão leve. A denúncia foi oferecida em 23 de agosto de 2013 e recebida pelo juiz em 28 de agosto de 2013. Finda a primeira fase do procedimento do Tribunal do Júri, ocasião em que a vítima compareceu, confirmou os fatos, inclusive dizendo acreditar que a intenção do agente era efetivamente matá-la, e demonstrou todo seu inconformismo com a conduta do réu, João foi pronunciado, sendo a decisão publicada em 23 de agosto de 2015, não havendo impugnação pelas partes. Submetido a julgamento em sessão plenária em 18 de julho de 2017, os jurados afastaram a intenção de matar, ocorrendo em sentença, então, a desclassificação para o crime de lesão corporal simples, que tem a pena máxima prevista de 01 ano, sendo certo que o Código Penal prevê que a pena de 01 a 02 anos prescreve em 04 anos".

Vamos analisar as informações do enunciado. Observe, inicialmente, que João tinha menos de 21 (vinte e um) anos na data da conduta, o que reduz pela metade o prazo prescricional (art. 115, do Código Penal). Com a desclassificação em plenário do Tribunal do Júri da infração penal para o crime de lesão corporal simples, que tem a pena máxima abstrata de 01 (um) ano, a prescrição ocorreria em 04 (quatro) anos. Todavia, por ter o agente menos de 21 (vinte e um) anos na ocasião da conduta, o prazo é reduzido à metade, operando-se a prescrição em 02 (dois) anos. O prazo prescricional é contado na forma do art. 10, do Código Penal, computando-se o dia de início da contagem. Assim, entre a data do fato (28/08/2011) e a data de recebimento da denúncia (28/08/2013), transcorreu o prazo de 02 (dois) anos, necessário ao reconhecimento da prescrição da pretensão punitiva estatal, ocorrida em 27/08/2013. Desta forma, tem-se no caso a prescrição da pretensão punitiva estatal.

3.5 Suspensão dos prazos prescricionais

Nas hipóteses de suspensão do prazo prescricional, **é considerado o período anterior**, o tempo anteriormente transcorrido quando a prescrição volta a correr. Ou seja, o prazo "para" de correr por um período, e depois retoma o curso, de onde parou. O art. 116, do Código Penal, traz um rol exemplificativo de hipóteses de suspensão do curso da prescrição. São elas:

A Enquanto não resolvida, em outro processo, questão de que dependa o reconhecimento do crime (são as chamadas questões prejudiciais; por exemplo, no crime de bigamia, o processo pode ficar suspenso para decisão, no cível, sobre a validade de casamento anterior);

B Enquanto o agente cumpre pena no exterior(com redação da Lei 13.964/2019);

C Na pendência de embargos de declaração ou de recursos aos Tribunais Superiores, quando inadmissíveis. Trata-se de novidade trazida pela Lei 13.964/19, em vigor a partir de 23/01/2020;

D Enquanto não cumprido ou não rescindido o acordo de não persecução penal. Tal hipótese é novidade trazida pela Lei 13.964/19, em vigor a partir de 23/01/2020. O acordo de não persecução penal encontra-se disciplinado no art. 28-A, do CPP (com redação da Lei 13.964/2019).

3.6 Prescrição da pena de multa

A prescrição da pena de multa é disciplinada no art. 114 do Código Penal. De acordo com o dispositivo, a **prescrição da pretensão punitiva** tem o seguinte regramento:

A Quando a multa é a única pena cominada: prescreve no prazo de 2 (dois) anos.

B Quando a multa é cumulada com pena privativa de liberdade: prescreve juntamente com a pena privativa de liberdade.

C Quando a multa é alternativa com pena privativa de liberdade: prescreve juntamente com a pena privativa de liberdade.

Considere a seguinte afirmativa, extraída do **Exame Unificado da OAB de setembro de 2010**: "A prescrição da pena de multa ocorrerá em dois anos, independentemente do prazo estabelecido para a prescrição da pena privativa de liberdade aplicada cumulativamente". Está correto? Não! De acordo com o art. 114 do Código Penal, a prescrição da pena de multa ocorre em 2 (dois) anos, **quando a multa é a única pena cominada pela lei ou aplicada pelo juiz.** Se, todavia, a multa for alternativa ou cumulativamente cominada ou cumulativamente aplicada com pena privativa de liberdade, **a multa prescreve no prazo de prescrição da pena privativa de liberdade.**

DICA IMPORTANTE

São muito comuns em Exames da OAB questões envolvendo o tema prescrição. Assim, o tema merece um estudo mais aprofundado pelo candidato. Recomendamos a leitura de: BITENCOURT, Cezar Roberto. **Tratado de direito penal: parte geral.** v. 1. 13. ed. São Paulo: Saraiva, 2008.

EM RESUMO: Punibilidade e causas de extinção da punibilidade	
Punibilidade	É a consequência jurídica da infração penal, o direito que tem o Estado de aplicar a pena cominada contra quem praticou a ação ou omissão descrita no tipo penal.
Causas de extinção da punibilidade	a) Morte do agente b) Anistia, graça e indulto c) *Abolitio criminis* d) Prescrição, decadência e perempção e) Renúncia ao direito de queixa ou perdão aceito, nos crimes de ação privada f) Retratação do agente, nas causas em que a lei admite g) Perdão judicial

CAPÍTULO VIII

CONCURSO DE PESSOAS

1. NOÇÕES

Fala-se em concurso de pessoas (ou de agentes) quando duas ou mais pessoas concorrem para a prática da infração penal (GRECO, 2010, p. 80).

A doutrina apresenta a seguinte classificação dos delitos quanto ao concurso de agentes (BITENCOURT, 2008, p. 214):

A **Crimes monossubjetivos**: são os crimes que **podem** ser praticados por uma ou, **eventualmente**, mais pessoas (**crimes de concurso eventual**). É a regra do Código Penal. Por exemplo, um homicídio (art. 121, do Código Penal), pode ser praticado por uma ou mais pessoas.

B **Crimes plurissubjetivos**: tratam-se dos crimes que **somente podem ser praticados por número plural de pessoas** (**crimes de concurso necessário**). Os crimes plurissubjetivos se dividem em três espécies:

B.1 **Plurissubjetivo de condutas convergentes**: o tipo penal pressupõe o encontro das condutas. Exemplo: bigamia (art. 235, do Código Penal).

B.2 **Plurissubjetivo de condutas paralelas**: as condutas dos agentes auxiliam-se mutuamente. Exemplo: **associação criminosa** (art. 288, do Código Penal).

B.3 **Plurissubjetivo de condutas divergentes ou contrapostas**: as condutas voltam-se umas contra as outras. Exemplo: rixa (art. 137, do Código Penal).

2. REQUISITOS DO CONCURSO DE PESSOAS

Para reconhecimento do concurso de pessoas, é necessário (GRECO, 2010, p. 80):

A **Pluralidade de agentes**;

B **Relevância causal de cada conduta**;

C **Liame subjetivo entre os agentes** (adesão de vontades, ou seja, vontade de cooperar na conduta do autor, não sendo necessário acordo prévio);

D **Identidade de infração penal** (ou seja, todos respondem em regra pelo mesmo delito).

O Brasil adota como **regra** a **teoria monista ou unitária**, pela qual todos os agentes respondem pela mesma infração penal. Excepcionalmente, adota-se a **teoria pluralista**, que dispõe que os agentes podem responder por infrações diferentes. Por exemplo, se um médico pratica aborto com consentimento da gestante, o médico responde pelo delito do art. 126, do Código Penal, e a gestante pelo delito do art. 124, do mesmo código, em exceção à teoria monista.

3. AUTORIA, COAUTORIA E PARTICIPAÇÃO

3.1 Autoria

A **Teoria restritiva**: autor é aquele que **pratica a conduta descrita no tipo penal.** O autor pratica o núcleo do tipo, ou seja, o "verbo". Autor de furto, por exemplo, é quem "subtrai", assim como é autor de homicídio quem "mata". **Quem induz, instiga ou auxilia é partícipe** (BITENCOURT, 2008, p. 419-420).

B **Teoria extensiva (ou unitária)**: essa teoria não faz distinção entre autores e partícipes. Todos aqueles que de alguma forma colaboraram para a realização do resultado são considerados autores (BITENCOURT, 2008, p. 420-421).

C **Teoria do domínio do fato**: "autor é aquele que decide o se, o como e o quando da infração penal; é o senhor de suas decisões" (GRECO, 2010, p. 81). Não é necessário, para ser autor, que se pratique o verbo, o núcleo do tipo penal. **Tal teoria somente se aplica a infrações dolosas.**

Ao que parece, ainda prevalece no Brasil a adoção da teoria restritiva ou objetiva, embora a teoria do domínio do fato venha ganhando adeptos na doutrina e na jurisprudência.

3.1.1 Autoria mediata

Considera-se autor mediato aquele que não realiza diretamente a conduta prevista no tipo, mas comete o crime **por meio de outra pessoa**, que é usada como instrumento para realização da infração penal. É a situação daquele que se vale, por exemplo, de um inimputável (um menor ou deficiente mental) para a prática do fato definido como crime.

3.1.2 Autoria colateral

Quando dois ou mais agentes, embora convergindo suas condutas para a prática de determinado fato criminoso, não atuam unidos pelo liame subjetivo (GRECO, 2010, p. 84). Por exemplo, "A" e "B" querem a morte de "C". "A" desfere um tiro contra a vítima e "B" realiza outro disparo. Porém, "A" e "B" não estão unidos por vínculo subjetivo. "C" morre em razão do tiro de "A". "A" deve responder por homicídio consumado, enquanto "B" responderá por homicídio tentado. Se houvesse o liame subjetivo, ambos responderiam por homicídio consumado. Todavia, como não há o liame subjetivo, cada um responde pelo delito que praticou. Não é hipótese de concurso de pessoas, pois não há vínculo subjetivo.

3.1.3 Autoria incerta

Trata-se de uma espécie de autoria colateral, em que, todavia, **não é possível determinar qual dos comportamentos causou o resultado**. Por exemplo, "A" e "B" querem a morte de "C". "A" e "B" não estão unidos subjetivamente. "A" desfere um tiro e "B" também desfere um disparo. Todavia, não é possível determinar no caso se a morte de "C" foi em razão do tiro efetuado por "A" ou do tiro de "B". Nesse caso, **aplica-se o princípio *in dubio pro reo***, respondendo ambos por tentativa de homicídio.

3.1.4 Autoria desconhecida ou ignorada

É a situação em que **não é possível apurar a identidade dos autores do crime**.

3.2 Coautoria

É a hipótese em que há mais de um autor do delito.

3.3 Participação

Entende-se por partícipe aquele que atua induzindo, instigando ou auxiliando o autor. O partícipe não realiza o núcleo do tipo. A participação pode ser:

Material	Moral
Consiste no auxílio, em prestar assistência para o delito, por exemplo, emprestando a arma empregada na prática da infração penal.	Consiste no induzimento ou na instigação. Induzir significa faz nascer a ideia criminosa. Instigar é reforçar a ideia já existente de praticar o crime.

A conduta do partícipe é punida em vista da previsão do art. 29, *caput*, do Código Penal, segundo a qual "quem, de qualquer modo, concorre para o crime incide nas penas a este cominadas, na medida de sua culpabilidade". Assim, o partícipe tem um **comportamento acessório** em relação ao autor do crime (PRADO, 2010, p. 149).

Veja a questão que foi formulada no **Exame Unificado da OAB de fevereiro de 2011**: "Tomás decide matar seu pai, Joaquim. Sabendo da intenção de Tomás de executar o genitor, Pedro oferece, graciosamente, carona ao agente até o local em que ocorre o crime". E então, nesse caso, Pedro pode responder criminalmente? Sim. Pedro responderá como partícipe da conduta, pois prestou auxílio a Tomás.

Analisando a punibilidade do partícipe, há quatro teorias (GRECO, 2009, p. 453-455):

A **Teoria da acessoriedade mínima**: segundo tal teoria, para a punição do partícipe basta que a conduta principal seja típica.

B **Teoria da acessoriedade média ou limitada**: para punição da conduta do partícipe, é suficiente a que a conduta principal seja típica e ilícita, ainda que não culpável.

C **Teoria da acessoriedade máxima**: condiciona a punição do partícipe a que a conduta principal seja típica, ilícita e culpável.

D **Teoria da hiperacessoriedade**: para a punição da conduta praticada pelo partícipe, a conduta principal deve ser típica, ilícita, culpável e punível.

No **Exame Unificado da OAB de agosto de 2006** foi formulada a seguinte questão: "Relativamente à participação, a doutrina majoritária brasileira adotou a teoria da..." Qual a resposta? **No Brasil, prevalece a teoria da acessoriedade média ou limitada**, ou seja, para punir o partícipe, basta que o fato principal seja típico e ilícito, ainda que não culpável.

3.4 Participação de menor importância e cooperação dolosamente distinta

O art. 29, § 1º, do Código Penal trata da **participação de menor importância**, ou seja, com pequena eficiência para a execução do crime, prevendo que a pena pode ser reduzida de 1/6 (um sexto) a 1/3 (um terço). Esse dispositivo somente é aplicável ao partícipe, não existindo, assim, coautoria de menor importância (BITENCOURT, 2008, p. 434).

O art. 29, § 2º, do Código Penal, por sua vez, trata da **cooperação dolosamente distinta**. Neste caso, a conduta executada difere daquela inicialmente pensada pelos agentes. Por exemplo, "A" e "B" planejam um furto. No local, "A" fica na condição de vigia, do lado de fora, e "B" adentra a casa. No interior do imóvel, "B" se depara com a moradora e resolve, além de furtar, estuprá-la. Se

"A" previu o estupro, também responde pelo crime. Se "A" não previu o estupro, mas este crime era previsível, responde somente pelo delito de furto, com a pena majorada até metade. Mas, se o estupro era imprevisível, "A" responde apenas pelo furto, sem incidência do aumento de pena (BITENCOURT, 2008, p. 435).

Considere o seguinte trecho de enunciado de questão, extraído do **Exame Unificado da OAB de novembro de 2018**: "Pedro e Paulo combinam de praticar um crime de furto em determinada creche, com a intenção de subtrair computadores. Pedro, então, sugere que o ato seja praticado em um domingo, quando o local estaria totalmente vazio e nenhuma criança seria diretamente prejudicada. No momento da empreitada delitiva, Pedro auxilia Paulo a entrar por uma janela lateral e depois entra pela porta dos fundos da unidade. Já no interior do local, eles verificam que a creche estava cheia em razão de comemoração do 'Dia das Mães'; então, Pedro pega um *laptop* e sai, de imediato, pela porta dos fundos, mas Paulo, que estava armado sem que Pedro soubesse, anuncia o assalto e subtrai bens e joias de crianças, pais e funcionários. Captadas as imagens pelas câmeras de segurança, Pedro e Paulo são identificados e denunciados pelo crime de roubo duplamente majorado [...]". Na situação narrada, ficou evidenciada uma **cooperação dolosamente distinta**. A conduta executada difere daquela inicialmente pensada pelos agentes. Pedro pretendia apenas a prática de um crime de furto, não lhe sendo previsível a conduta mais grave, praticada por Paulo. Assim, no caso Pedro deverá ser responsabilizado apenas pelo crime menos grave.

3.5 Comunicabilidade das circunstâncias

De acordo com o art. 30, do Código Penal "não se comunicam as circunstâncias de caráter pessoal, salvo quando elementares do crime". **As elementares integram a descrição do tipo penal**. De acordo com o dispositivo legal, as elementares podem ser objetivas (se referem ao fato criminoso) e subjetivas (referem-se ao agente). As elementares do tipo penal são comunicáveis, pouco importando se são objetivas ou subjetivas, desde que ingressem no dolo do agente.

Observe o seguinte enunciado, extraído de questão do **Exame Unificado da OAB de agosto de 2013**: "Sofia decide matar sua mãe. Para tanto, pede ajuda a Lara, amiga de longa data, com quem debate a melhor maneira de executar o crime, o melhor horário, local etc. Após longas discussões de como poderia executar seu intento da forma mais eficiente possível, a fim de não deixar nenhuma pista, Sofia pede emprestado a Lara um facão. A amiga prontamente atende ao pedido. Sofia despede-se agradecendo a ajuda e diz que, se tudo correr conforme o planejado, executará o homicídio naquele mesmo dia e assim o faz. No entanto, apesar dos cuidados, tudo é descoberto pela polícia".

Nesse caso, de acordo com a teoria restritiva da autoria, Lara responderá como partícipe da conduta, pois prestou **auxílio** a Sofia. Assim, "Sofia é a autora do delito e deve responder por homicídio com a agravante de o crime ter sido praticado contra ascendente. Lara, por sua vez, é apenas partícipe do crime e deve responder por homicídio, sem a presença da circunstância agravante". Por que a agravante do art. 61, II, "e" do CP (prática do crime contra ascendente) não se comunica a Lara? Porque trata-se de **circunstância de caráter pessoal** de Sofia, filha da vítima, e **não é elementar do crime**, ou seja, **não faz parte da descrição da figura típica.** Assim, tal circunstância não se comunica à partícipe.

EM RESUMO: Concurso de pessoas	
Conceito	Fala-se em concurso de pessoas quando há número plural de agentes concorrendo para prática da infração penal
Requisitos do concurso de pessoas	a) Pluralidade de agentes b) Relevância causal das várias condutas c) Liame subjetivo entre os agentes d) Identidade de infração penal
Coautoria e participação	Prevalece a teoria restritiva (objetiva): autor é aquele que pratica a conduta descrita no tipo penal. Quem induz, instiga ou auxilia é partícipe
Comunicabilidade das circunstâncias	Art. 30 do Código Penal

CAPÍTULO IX
TEORIA DA PENA

1. NOÇÕES

A pena é a resposta estatal a uma infração penal.

De acordo com as **teorias absolutas ou retribucionistas**, a pena é vista como **uma resposta estatal ao delito, sem se preocupar com sua finalidade.** Seria a aplicação do mal justo da sanção ao mal injusto do crime. Para os adeptos da **teoria preventiva ou utilitarista**, a pena **possui um fim, ou seja, pretende combater a delinquência e a recuperação do condenado.** Por fim, a **teoria mista, eclética ou unificadora, como o nome indica, pretende conjugar as duas teorias acima mencionadas** (GRECO, 2010, p. 93-94).

De uma maneira geral, a doutrina entende que a pena tem três finalidades: retributiva, preventiva e ressocializadora. Desse modo, está correta a afirmação extraída do **Exame Unificado da OAB de maio de 2009**, de que "o ordenamento jurídico brasileiro não reconheceu somente a função de retribuição da pena, sendo certo que a denominada teoria mista ou unificadora da pena é a mais adequada ao regime adotado pelo CP".

A doutrina, no estudo da sanção penal, faz menção aos seguintes princípios (GOMES; PABLOS DE MOLINA, 2007, p. 709-724):

A Princípio da legalidade: não há pena sem previsão legal (art. 1º, do Código Penal).

B Princípio da anterioridade: não há pena sem prévia cominação legal (art. 1º do Código Penal).

C Princípio da pessoalidade ou intransmissibilidade da pena (art. 5º, XLV, CF): nenhuma pena passará da pessoa do condenado.

D Princípio da individualização da pena (art. 5º, XLVI, CR): a pena deve ser individualizada, considerando-se o fato e seu agente. Esse princípio deve ser observado:

- no momento de cominação da pena, pela lei, no tipo penal;
- no momento de aplicação ao caso pelo juiz, e
- no momento de execução penal (cumprimento da pena).

E Princípio da proporcionalidade: decorre do princípio de individualização da pena, e significa que a sanção penal deve ser proporcional à gravidade da infração praticada.

F Princípio da humanidade ou humanização das penas (art. 5º, XLVII, XLVIII e XLIX da Constituição da República): não se admite no Brasil pena desumana, degradante e cruel. Em decorrência deste princípio, são vedadas as penas: **a) de morte**, salvo no caso de guerra declarada (art. 5º, XLVII, "a", da CR); **b) de caráter perpétuo** (art. 5º, XLVII, "b", da CR); **c) de trabalhos forçados** (art. 5º, XLVII, "c", da CR); **d) de banimento** (art. 5º, XLVII, "d", da CR), e **e) cruéis** (art. 5º, XLVII, "e", da CR).

São as seguintes as penas que podem ser aplicadas no Brasil:	
Penas privativas de liberdade	Podem ser de três tipos: **a)** **reclusão**; **b)** **detenção**, e **c)** **prisão simples** (aplicável às contravenções penais). Podem ser apontadas as seguintes **diferenças entre as penas de reclusão e de detenção**: **a)** A pena de **reclusão** pode ter regime inicial de cumprimento de pena **fechado, semiaberto ou aberto**. A pena de **detenção** pode se iniciar no **regime semiaberto ou no aberto**. **b)** A medida de segurança, se o delito é punido com **reclusão**, de regra, é na modalidade **internação**. Se o crime é punido com **detenção**, a medida de segurança aplicada pode consistir em **tratamento ambulatorial**.
Penas restritivas de direitos	Há cinco espécies de penas restritivas de direitos: **a)** prestação de serviço à comunidade; **b)** limitação de fim de semana; **c)** interdição temporária de direitos (como, por exemplo, proibição de inscrever-se em concurso, avaliação ou exame públicos, prevista no art. 47, V, do Código Penal, com a redação da Lei 12.550/11); **d)** perda de bens e valores; e **e)** prestação pecuniária.
Pena pecuniária	É a pena de multa

? **QUESTÃO**: Qual o tempo limite de cumprimento de pena privativa de liberdade no direito brasileiro?

➥ ***RESPOSTA:*** *Até o advento da Lei 13.964/19, com entrada em vigor em 23/01/2020, o art. 75, do Código Penal, previa que "O tempo de cumprimento das penas privativas de liberdade não pode ser superior a 30 (trinta) anos. § 1º - Quando o agente for condenado a penas privativas de liberdade cuja soma seja superior a 30 (trinta) anos, devem elas ser unificadas para atender ao limite máximo deste artigo. § 2º - Sobrevindo condenação por fato posterior ao início do cumprimento da pena, far-se-á nova unificação, desprezando-se, para esse fim, o período de pena já cumprido". Todavia, com a entrada em vigor da Lei 13.964/19, houve alteração do dispositivo, com previsão no caput e no § 1º do art. 75 do Código Penal de que o tempo limite de cumprimento de pena privativa de liberdade doravante é de* **40 (quarenta) anos, a cada unificação das penas**.

2. APLICAÇÃO DA PENA

O art. 68, do Código Penal estabelece o **critério trifásico** de aplicação da pena. Assim, no Direito Penal brasileiro a aplicação da pena se dá, a princípio, em três fases.

2.1 Primeira fase

Nesta fase, o juiz fixa a **pena-base**. Para tanto, juiz observa as chamadas circunstâncias judiciais, previstas no art. 59 do Código Penal. São elas:

A **Culpabilidade**: é a análise do juízo de reprovação da conduta.

B **Antecedentes**: vida pregressa do agente.

C **Conduta social do agente**: comportamento do réu no ambiente social.

D **Personalidade**: é o perfil psíquico do agente.

E **Motivos do crime**

F **Circunstâncias do crime**

G **Consequências do crime**

H **Comportamento da vítima**

MUITA ATENÇÃO! Nos delitos tipificados na Lei de Drogas, também são consideradas circunstâncias judiciais a natureza e a quantidade do entorpecente envolvido no fato (art. 42, da Lei 11.343/06).

? **QUESTÃO**: Na fixação da pena-base, a pena pode ficar abaixo do mínimo ou acima do máximo previsto para o crime?

➥ ***RESPOSTA:*** *Não, o juiz está limitado pelo mínimo e pelo máximo da pena (art. 59, II, do Código Penal). Assim, está errada a afirmação extraída do* **Exame Unificado da OAB de julho de 2011**, *segundo a qual "é possível que o juiz, analisando as circunstâncias judiciais do art. 59 do Código Penal, fixe pena-base em patamar acima do máximo previsto".*

O juiz, na sentença, **deve analisar todas as circunstâncias judiciais do art. 59, do Código Penal**. Do contrário, a sentença será nula. Todavia, se a pena-base for fixada no mínimo legal, a jurisprudência entende que não há prejuízo para o réu, não sendo necessária, assim, a análise de todas as circunstâncias judiciais.

O art. 59 do Código Penal é utilizado, também, como parâmetro para o juiz estabelecer qual das penas será aplicada, qual será o regime inicial, e se a pena privativa de liberdade pode ser substituída por restritivas de direitos (PRADO, 2010, p. 239).

2.2 Segunda fase

Tem o objetivo de encontrar a **pena intermediária.** Para tanto, o juiz se vale das circunstâncias **agravantes**, previstas nos arts. 61 e 62, do Código Penal, e das **atenuantes**, previstas nos arts. 65 e 66 do mesmo Código. O juiz pode agravar ou atenuar a pena na quantidade que entender pertinente, não estando adstrito a limite previsto em lei. Todavia, não pode ultrapassar os limites mínimo e máxima da pena abstrata cominada ao crime.

MUITA ATENÇÃO! É necessária a leitura atenta dos dispositivos acima citados para conhecimento de todas as agravantes e atenuantes existentes no Código Penal. Isso porque já foi formulada a seguinte questão no **Exame Unificado da OAB de janeiro de 2008**: "Entre as circunstâncias que sempre atenuam a pena, não está incluído o fato de o agente: A) desconhecer a lei; B) ter cometido o crime sob coação a que pudesse resistir; C) ter cometido o crime sob influência de multidão em tumulto, se não o tiver provocado; D) ter cometido o crime em ocasião de incêndio, inundação ou qualquer calamidade pública". Para responder corretamente à questão, o candidato deveria ter conhecimento do art. 65, do Código Penal, que prevê as atenuantes. Não está incluída dentre as atenuantes o fato de ter o agente cometido o crime em ocasião de incêndio, inundação ou qualquer calamidade pública (alternativa "D"), que, na verdade, é uma agravante (art. 61, II, "j", do Código Penal).

Deve-se, ainda, atentar para o teor da Súmula 444 do STJ: "É vedada a utilização de inquéritos policiais e ações penais em curso para agravar a pena-base".

A agravante da reincidência, de acordo com o art. 63 do Código Penal, exige os seguintes requisitos: **a) cometimento de novo crime; b) trânsito em julgado de sentença condenatória por crime anterior.** Verifica-se, ainda, a reincidência quando o agente tem contra si condenação anterior por um crime e pratica uma contravenção penal. **Todavia, quando o agente tem uma condenação com trânsito em julgado por contravenção e pratica um crime, não se caracteriza reincidência.** Assim, por tal motivo, o agente não será considerado reincidente na seguinte situação, extraída do **Exame Unificado da OAB de dezembro de 2012**: "Guilherme praticou, em

18/02/2009, contravenção penal de vias de fato (art. 21 do Decreto Lei 3.688/41), tendo sido condenado à pena de multa. A sentença transitou definitivamente em julgado no dia 15/03/2010, mas Guilherme não pagou a multa. No dia 10/07/2010, Guilherme praticou crime de ato obsceno (art. 233 do CP)".

Não está correta a afirmação extraída do **Exame Unificado da OAB de janeiro de 2010**, segundo a qual "será reincidente o réu que possuir condenação por crime anterior, ainda que esta não tenha transitado em julgado". Ora, para se reconhecer a reincidência, é imprescindível que a condenação anterior tenha transitado em julgado.

Considere, ainda, a seguinte situação extraída do **Exame Unificado da OAB de novembro de 2014**: "José cometeu, em 10/11/2008, delito de roubo. Foi denunciado, processado e condenado, com sentença condenatória publicada em 18/10/2009. A referida sentença transitou definitivamente em julgado no dia 29/08/2010. No dia 15/05/2010, José cometeu novo delito, de furto, tendo sido condenado, por tal conduta, no dia 07/04/2012. Nesse sentido, levando em conta a situação narrada e a disciplina acerca da reincidência, assinale a afirmativa correta. A) Na sentença relativa ao delito de roubo, José deveria ser considerado reincidente. B) Na sentença relativa ao delito de furto, José deveria ser considerado reincidente. C) Na sentença relativa ao delito de furto, José deveria ser considerado primário. D) Considera-se reincidente aquele que pratica crime após publicação de sentença que, no Brasil ou no estrangeiro, o tenha condenado por crime anterior". No caso, a alternativa correta é a "C", pois, quando José cometeu o delito de furto, ainda não havia transitado em julgado a decisão condenatória por roubo, pelo que não se caracterizou a reincidência.

De acordo com o art. 64, I do Código Penal, decorridos 05 (cinco) anos entre a data do cumprimento ou extinção da pena e a infração posterior, computando-se o período de provas do *sursis* e do livramento condicional, não se reconhece a reincidência. Ainda de acordo com o art. 64, II, do Código Penal, não se consideram, para efeitos de reincidência, os crimes militares próprios e os crimes políticos.

Considere a seguinte situação, extraída do **Exame Unificado da OAB de julho de 2017**: "Caio, Mário e João são denunciados pela prática de um mesmo crime de estupro (Art. 213 do CP). Caio possuía uma condenação anterior definitiva pela prática de crime de deserção, delito militar próprio, ao cumprimento de pena privativa de liberdade. Já Mário possuía uma condenação anterior, com trânsito em julgado, pela prática de crime comum, com aplicação exclusiva de pena de multa. Por fim, João possuía condenação definitiva pela prática de contravenção penal à pena privativa de liberdade. No momento da sentença, o juiz reconhece agravante da reincidência em relação aos três denunciados. Considerando apenas as informações narradas, de acordo com o Código Penal, o advogado dos réus: A) não poderá buscar o afastamento da agravante, já que todos são reincidentes. B) poderá buscar o afastamento da agravante em relação a Mário, já que somente Caio e João são reincidentes. C) poderá buscar o afastamento da agravante em relação a João, já que somente Caio e Mário são reincidentes. D) poderá buscar o afastamento da agravante em relação a Caio e João, já que somente Mário é reincidente". A alternativa correta é a "D". Como acima estudado, a **condenação definitiva anterior por contravenção penal, por crime político e por crime militar próprio não implica reincidência.**

MUITA ATENÇÃO!

Se a agravante ou a atenuante já integrar a definição do crime, ou estiver prevista como qualificadora ou causa de diminuição de pena (privilégio) do delito, ela não deve incidir, para evitar o *bis in idem*, que poderia levar à dupla punição pela mesma razão.

Do mesmo modo, se a pena-base é fixada no máximo, não deve incidir a agravante, ou se for aplicada no mínimo legal, não incide a atenuante (Súmula 231, do STJ). Logo, está correta a afirmação extraída do **Exame Unificado da OAB de julho de 2011**, segundo a qual "é defeso [é proibido] ao juiz fixar a pena intermediária em patamar acima do máximo previsto, ainda que haja circunstância agravante a considerar".

De acordo com a **Súmula 630, do STJ**: "A incidência da atenuante da confissão espontânea no crime de tráfico ilícito de entorpecentes exige o reconhecimento da traficância pelo acusado, não bastando a mera admissão da posse ou propriedade para uso próprio".

Conforme dispõe a **Súmula 636, do STJ**: "A folha de antecedentes criminais é documento suficiente a comprovar os maus antecedentes e a reincidência".

Por fim, visando a pacificar divergência, o STF, no julgamento do RE593818/SC, com repercussão geral, entendeu que: "Não se aplica ao reconhecimento dos maus antecedentes o prazo quinquenal de prescrição da reincidência, previsto no art. 64, I, do Código Penal". Todavia, foram interpostos embargos de declaração contra a decisão.

De acordo com o art. 67 do Código Penal, são **preponderantes** as circunstâncias agravantes e atenuantes referentes: **a)** aos motivos do crime; **b)** à personalidade do agente; **c)** a reincidência.

MUITA ATENÇÃO!

As atenuantes incidem em qualquer espécie de crime, seja doloso, culposo ou preterdoloso. Todavia, as agravantes, de regra, somente se aplicam aos crimes dolosos, com exceção da reincidência, que se aplica a qualquer delito.

? **QUESTÃO**: O rol das circunstâncias agravantes e atenuantes é taxativo?

➥ ***RESPOSTA**: O rol das agravantes é taxativo. Contudo, o mesmo não vale para as atenuantes, cujo rol é exemplificativo. O art. 66 do Código Penal autoriza o juiz a reconhecer para a atenuação da pena qualquer outra circunstância, ainda que não prevista em lei. É a chamada atenuante inominada (GRECO, 2010, p. 152).*

DICA IMPORTANTE

Das agravantes previstas no Código Penal, a mais cobrada nos Exames da Ordem é a reincidência. Assim, recomendamos uma leitura mais aprofundada sobre a reincidência, e dos arts. 63 e 64 do Código Penal.

Para aprofundar: GRECO, Rogério. **Código penal comentado**. 4. ed. Niterói: Impetus, 2010. p. 150-151.

2.3 Terceira fase

O juiz, nesta última fase, busca a pena definitiva. Para tanto, se utiliza das **causas de aumento ou de diminuição de pena**.

MUITA ATENÇÃO!

A causa de aumento não se confunde com as agravantes, do mesmo modo que a causa de diminuição não se confunde com as atenuantes, pois: **a)** quando se está diante de uma agravante ou uma atenuante, fica a critério do juiz estabelecer o *quantum* de agravamento ou de diminuição da pena. Já em relação às causas de aumento ou de diminuição de pena, o *quantum* é predeterminado em lei; **b)** ao reconhecer uma agravante ou uma atenuante, o juiz não pode aplicar a pena além do máximo, ou abaixo do mínimo legal. **Já as causas de aumento ou diminuição de pena podem levar a pena a ser fixada acima do máximo ou abaixo do mínimo legal.**

Quando há mais de uma causa de aumento ou mais de uma causa de diminuição de pena, deve ser aplicada a regra do art. 68, parágrafo único, do Código Penal. De acordo com esse dispositivo legal, se há mais de uma causa de aumento ou de diminuição de pena previstas na parte especial do Código Penal, o juiz pode optar por aplicar somente uma causa de aumento, ou somente uma causa de diminuição, desde que opte por aplicar aquela que mais aumente ou mais diminua a pena. Do contrário, se uma das causas é prevista na parte geral e outra na parte especial, o juiz deve aplicar as duas.

2.4 Quarto momento – regime inicial de cumprimento de pena (art. 33 do Código Penal)

Embora se diga que o critério de aplicação da pena é trifásico, há outros aspectos que o juiz deve analisar. Em continuidade, o juiz deve fixar o regime para o início do cumprimento de pena. Assim, primeiramente deve verificar se o delito é punido com pena de reclusão ou de detenção. Também deve observar o *quantum* da pena, se o agente é reincidente, e ainda as circunstâncias judiciais. As regras para definição do regime inicial de cumprimento de pena estão previstas no art. 33 do Código Penal (PRADO, 2010, p. 164-165).

	Crime punido com reclusão	**Crime punido com detenção**
Fechado	Pena superior a 8 (oito) anos.	O agente não pode iniciar a pena em regime fechado, somente podendo por regressão vir a cumprir pena no regime fechado se a pena do delito é de detenção.
Semiaberto	Pena superior a 4 (quatro) anos e que não exceda 8 (oito) anos, desde que não reincidente (se for reincidente o regime é fechado).	Pena superior a 4 (quatro) anos.
Aberto	Pena igual ou inferior a 4 (quatro) anos, desde que o agente não seja reincidente. Se for reincidente, o regime inicial é fechado, de acordo com o Código Penal. Todavia, o STJ entende que poderia ser semiaberto, dependendo das circunstâncias judiciais (Súmula 269 do STJ).	Pena não superior a 4 (quatro) anos, desde que não reincidente (se for reincidente, será regime semiaberto).

É importante saber que o tema é tratado nas súmulas 718 e 719, do STF.

Súmula 718 do STF: "A opinião do julgador sobre a gravidade em abstrato do crime não constitui motivação idônea para a imposição de regime mais severo do que o permitido segundo a pena aplicada".

Súmula 719 do STF: "A imposição do regime de cumprimento mais severo do que a pena aplicada permitir exige motivação idônea".

Por fim, cabe mencionar que o STF editou a Súmula Vinculante 56, no sentido de que: "A falta de estabelecimento penal adequado não autoriza a manutenção do condenado em regime prisional mais gravoso, devendo-se observar, nesta hipótese, os parâmetros fixados no Recurso Extraordinário n. 641.320/RS". Recomenda-se a leitura do Recurso Extraordinário referido.

MUITA ATENÇÃO!

A Lei 12.736/12 previu no art. 387, § 2º, do CPP, que, ao proferir sentença condenatória, o juiz considere o tempo de prisão cautelar (provisória) para o fim de determinação do regime inicial de cumprimento da pena. Segundo o dispositivo: "O tempo de prisão provisória, de prisão administrativa ou de internação, no Brasil ou no estrangeiro, será computado para fins de determinação do regime inicial de pena privativa de liberdade".

DIREITO PENAL

2.5 Quinto momento

O juiz deve analisar se é caso de substituir a pena privativa de liberdade por penas alternativas, ou seja, penas restritivas de direitos e multa.

Pena restritiva de direito é a sanção que pode ser imposta em substituição à pena privativa de liberdade. Podem ser das seguintes espécies (art. 43 do Código Penal):

A Prestação de serviços à comunidade

B Interdição temporária de direitos

C Limitação de fim de semana

D Prestação pecuniária

E Perda de bens e valores

Analise a seguinte questão do **Exame Unificado da OAB de setembro de 2008**: "Entre as penas restritivas de direitos previstas no Código Penal, não está incluída: A) a interdição permanente de direitos; B) a prestação de serviço a entidades públicas; C) a prestação pecuniária; D) a perda de bens e valores". Responda: qual das hipóteses da questão não é uma pena restritiva de direitos? A alternativa "A". É pena restritiva de direitos a **interdição temporária**, e não **permanente** de direitos.

As penas restritivas de direitos são autônomas, e substituem as penas privativas de liberdade. Significa que, primeiramente, o juiz fixa a pena privativa de liberdade e, depois, na mesma sentença, a substitui pela pena restritiva de direitos.

? **QUESTÃO**: Qual a duração das penas restritivas de direitos?

RESPOSTA: *Em regra, a pena restritiva de direitos terá a mesma duração da privativa de liberdade substituída. Todavia, o art. 46, § 4º, do Código Penal autoriza que a prestação de serviço à comunidade seja cumprida na metade do tempo da duração da pena privativa de liberdade substituída (PRADO, 2010, p. 203).*

O Código Penal prevê no art. 44 os seguintes requisitos cumulativos para a substituição da pena privativa de liberdade por restritivas de direitos:

A Inciso I: crime **doloso, cometido sem violência ou grave ameaça à pessoa, com pena aplicada não superior a 4 (quatro) anos**. De acordo com a Súmula 588, do STJ, "A prática de crime ou contravenção penal contra a mulher com violência ou grave ameaça no ambiente doméstico impossibilita a substituição da pena privativa de liberdade por restritiva de direitos". Se o crime é **culposo, sempre** cabe a substituição por penas restritivas de direito, pouco importando o *quantum* de pena aplicada.

B Inciso II: que o agente não seja reincidente em crime doloso.

MUITA ATENÇÃO!

De acordo com o art. 44, § 3º, do Código Penal, mesmo sendo o agente reincidente o juiz pode substituir a pena privativa de liberdade por restritiva de direito, se a medida for socialmente recomendável e se a reincidência não for pela prática do mesmo crime (a chamada reincidência específica). Veja a seguinte situação, extraída de enunciado de questão do **Exame Unificado da OAB de novembro de 2017**: "Cássio foi denunciado pela prática de um crime de dano qualificado, por ter atingido bem municipal (Art. 163, parágrafo único, inciso III, do CP – pena: detenção de 6 meses a 3 anos e multa), merecendo destaque que, em sua Folha de Antecedentes Criminais, consta uma única condenação anterior, definitiva, oriunda de sentença publicada 4 anos antes, pela prática do crime de lesão corporal culposa praticada na direção de veículo automotor. Ao final da instrução, Cássio confessa integralmente os fatos, dizendo estar arrependido e esclarecendo que 'perdeu a cabeça' no momento do crime, sendo certo que está trabalhando e tem 03 filhos com menos de 10 anos de idade que são por ele sustentados". A questão envolve a prática de crime de dano qualificado, nos moldes do art. 163, parágrafo único, III, do Código Penal, dispositivo recentemente alterado pela Lei 13.531/17. Nesse caso, mesmo sendo Cássio reincidente, com base no art. 44, §3º, do Código Penal, seu advogado poderá pleitear a substituição da pena privativa de liberdade por restritiva de direitos.

C Inciso III: **que as circunstâncias judiciais demonstrem que a medida é suficiente para atingir os fins da pena.**

Por fim, de acordo com o art. 44, § 2º, do Código Penal, **se a pena aplicada ao crime não é superior a 1 (um) ano, ela pode ser substituída por uma pena restritiva de direito ou por multa. Se for superior a 1 (um) ano, a sanção privativa de liberdade pode ser substituída por duas restritivas de direito, ou por uma pena restritiva de direito e uma de multa.**

É incorreta a afirmativa extraída do **Exame Unificado da OAB de maio de 2009**, segundo o qual "as penas restritivas de direitos são autônomas e substituem as penas privativas de liberdade, podendo ser aplicadas em caso de crimes cometidos com grave ameaça, desde que não tenha havido violência contra a pessoa". Por quê? Porque se o crime envolve ou violência ou grave ameaça à pessoa, não é possível a substituição da pena por restritivas de direitos.

A pena restritiva de direito pode ser convertida em privativa de liberdade nas hipóteses do art. 44, §§ 4º e 5º do Código Penal, a saber:

1) **Descumprimento injustificado da pena restritiva de direito**: neste caso, a pena privativa de liberdade é restabelecida. Todavia, deduz-se

o período de pena restritiva de direito eventualmente cumprido pelo agente, respeitado o saldo mínimo de 30 (trinta) dias de detenção ou de reclusão (art. 44, § 4º, parte final, do CP).

2) **Condenação superveniente por outro crime, que seja incompatível com a pena restritiva de direitos que o agente está cumprindo.**

Por fim, cabe mencionar que a pena restritiva de direito de prestação de serviços à comunidade somente é aplicável a condenações superiores a 6 (seis) meses (art. 46 do Código Penal).

Veja a seguinte questão formulada no **Exame Unificado da OAB de julho de 2011**: "Com relação aos critérios para substituição da pena privativa de liberdade por restritiva de direitos, assinale a alternativa correta: A) A substituição nunca poderá ocorrer se o réu for reincidente em crime doloso; B) Somente fará jus à substituição o réu que for condenado a pena não superior a 4 (quatro) anos; C) Em caso de descumprimento injustificado da pena restritiva de direitos, esta será convertida em privativa de liberdade, reiniciando-se o cumprimento da integralidade da pena fixada na sentença; D) Se superior a um ano, a pena privativa de liberdade pode ser substituída por uma pena restritiva de direitos e multa ou por duas restritivas de direitos".

Vamos analisar cada alternativa da questão. A alternativa "A" assevera que a substituição de pena nunca poderá ocorrer se o réu for reincidente em crime doloso. Na verdade, é possível sim, dependendo da apreciação do juiz, se considerar que, em face da condenação anterior, a medida é recomendável e a reincidência não seja pela prática do mesmo crime (art. 44, § 3º, do Código Penal).

A alternativa "B" afirma que o réu somente terá direito à substituição se a pena for inferior a 4 (quatro) anos. Todavia, em relação ao crime culposo, sempre é possível a substituição, **independentemente** da quantidade da pena.

A alternativa "C" traz que no caso de descumprimento injustificado da pena substitutiva, haverá a conversão em privativa de liberdade, reiniciando-se a integralidade da pena fixada na sentença. O equívoco está na parte final. Segundo o art. 44, § 4º do Código Penal, o réu não cumpre toda a pena privativa de liberdade fixada na sentença, mas é deduzido tempo cumprido da pena restritiva de direitos, respeitado o saldo mínimo de 30 (trinta) dias de reclusão ou detenção.

Assim, a alternativa correta é a "D", que reproduz o art. 44, § 2º, do Código Penal.

MUITA ATENÇÃO! De acordo com a Súmula 643 do STJ: "A execução da pena restritiva de direitos depende do trânsito em julgado da condenação".

2.6 Pena de multa

A pena de multa, como sanção penal, tem disciplina nos arts. 49 a 52 do Código Penal. Como sanção substitutiva, a multa pode substituir a pena privativa de liberdade não superior a 1 (um) ano (art. 44, § 2º, do Código Penal).

? **QUESTÃO**: No caso do seu inadimplemento, a pena de multa pode ser convertida em privativa de liberdade?

RESPOSTA: *Prevalece o entendimento de que não é possível a conversão, visto que a Lei 9.714/98 revogou o art. 60, § 2º do Código Penal, onde tal possibilidade estava prevista.*

? **QUESTÃO**: No caso de não pagamento da pena de multa, quem é competente para ingressar com a execução?

RESPOSTA: **A questão era controvertida.** *Antes do advento da Lei 13.964/19, do Código Penal, previa que, transitada em julgado a sentença condenatória, a multa seria considerada* **dívida de valor***. Prevalecia até recentemente que a competência para a execução era da* **Fazenda Pública***, e não do Ministério Público (Súmula 521, do STJ). Porém, em 13/12/2018, no julgamento da ADI 3150 e da 12ª Questão de Ordem na Ação Penal 470, o plenário do STF, por maioria, definiu que* **o Ministério Público é o principal legitimado** *para a execução das multas fixadas em sentenças penais condenatórias. Entendeu-se que, dada a natureza de sanção penal da multa, a competência da Fazenda Pública para executar penas de multa se limita aos casos de inércia do Ministério Público. Assim, foi reconhecida a legitimidade do Ministério Público para a execução das penas de multa, com a possibilidade de execução* **subsidiária** *pela Fazenda Pública, caso o Ministério Público não proponha a execução em 90 (noventa) dias, após o trânsito em julgado da sentença. Na mesma linha do entendimento do STF, a Lei 13.964/19 alterou o art. 51, do Código Penal, prevendo em sua nova redação que "Transitada em julgado a sentença condenatória, a multa será executada* **perante o juiz da execução penal** *e será considerada dívida de valor, aplicáveis as normas relativas à dívida ativa da Fazenda Pública, inclusive no que concerne às causas interruptivas e suspensivas da prescrição". Assim, pela nova disciplina legislativa, a multa deve ser executada pelo Ministério Público, perante o juízo competente para a execução penal.*

3. SUSPENSÃO CONDICIONAL DA EXECUÇÃO DA PENA PRIVATIVA DE LIBERDADE – "SURSIS"

A suspensão condicional da execução da pena é medida que se destina a evitar o recolhimento à prisão do condenado, submetendo-o à observância de certos requisitos legais e condições (PRADO, 2010, p. 299). Cumpridas as condições, caso não seja revogado o benefício, considera-se **extinta a punibilidade do fato.**

O "sursis" é um **direito subjetivo do agente**. Preenchidos os requisitos previstos no art. 77 do Código Penal, o juiz tem o dever de concedê-lo. Pela legislação brasileira, o "sursis" pressupõe a condenação, sendo, todavia, suspensa a execução da pena privativa de liberdade imposta.

O art. 81 do Código Penal prevê hipóteses de revogação do "sursis". Elas podem ser:

Obrigatórias	**a)** Condenação definitiva por crime doloso (inciso I) **b)** Frustração do pagamento da multa (inciso II, primeira parte) **c)** Não reparação injustificada do dano (inciso II, segunda parte) **d)** Descumprimento injustificado das condições do art. 78, § 1º do Código Penal (inciso III)
Facultativas	**a)** Descumprimento de qualquer outra condição diversa do art. 78, § 1º do Código Penal **b)** Condenação definitiva por crime culposo ou contravenção penal a uma pena diversa da pena de multa

Nas hipóteses de revogação facultativa, caso o juiz opte por não revogar o "sursis", pode advertir o condenado, tornar mais rigorosas as condições impostas, ou ainda prorrogar o período de prova até o máximo (art. 81, § 3º, do Código Penal).

Cumprido o "sursis", **extingue-se a punibilidade** (art. 82 do Código Penal).

4. SISTEMAS DE EXECUÇÃO DA PENA PRIVATIVA DE LIBERDADE

A Sistema da Filadélfia: a pena era cumprida integralmente na cela isolada (solitária).

B Sistema Auburn ou Auburniano: durante o dia, o apenado trabalhava com os demais presos, em silêncio, pois era vedada a comunicação entre os presos. Durante a noite, era recolhido em cela isolada.

C Sistema progressivo ou inglês: adotado no Brasil. O apenado inicia o cumprimento de pena de regra em um regime mais gravoso, progredindo para um regime mais benéfico com o passar do tempo (GRECO, 2010, p. 94-96).

5. PROGRESSÃO DE REGIME – ART. 112, DA LEP (LEI 7.210/84)

Os requisitos para a progressão de regime encontram previsão no art. 112 da LEP. O dispositivo sofreu significativa alteração com a Lei 13.964/19, em vigor a partir de 23/01/2020. Como, de regra, a nova disciplina é prejudicial ao apenado, aplica-se apenas a situações anteriores à sua entrada em vigor.

Antes do advento da Lei 13.964/19, para progressão do regime fechado para o semiaberto, o apenado deveria: **a)** ter cumprido pelo menos 1/6 (um sexto) da pena no regime fechado, **b)** apresentar bom comportamento carcerário, atestado pelo diretor do estabelecimento prisional; **c)** oitiva do Ministério Público. Em se tratando de **crime contra a Administração Pública**, o art. 33, § 4º do Código Penal exige ainda a **reparação do dano e o ressarcimento aos cofres públicos do prejuízo.** Assim, é correta a afirmação apresentada em caso retirado do **Exame Unificado da OAB de setembro de 2009**, de que "Túlio, funcionário público, praticou crime de peculato doloso, vindo a ser definitivamente condenado à pena privativa de liberdade. Nessa situação, a progressão do regime de cumprimento de sua pena ficará condicionada à reparação do dano que causou ou à devolução do produto do crime, com os acréscimos legais".

Antes da entrada em vigor da Lei 13.964/19, em relação aos crimes hediondos e equiparados, a Lei 8.072/90 previa no art. 2º, § 2º, após o advento da Lei 11.464/07, que, se o agente é primário, a progressão teria lugar com o cumprimento de 2/5 (dois quintos) de pena e, para o reincidente, cabe a progressão com 3/5 (três quintos) de cumprimento de pena. Todavia, em se tratando de delito praticado antes da entrada em vigor da Lei 11.464/07, a progressão de regime prisional se daria com o cumprimento de 1/6 (um sexto) de pena. De acordo com a Súmula 471, do STJ: "Os condenados por crimes hediondos ou assemelhados cometidos antes da vigência da Lei nº 11.464/2007 sujeitam-se ao disposto no art. 112 da Lei nº 7.210/1984 (Lei de Execução Penal) para a progressão de regime prisional".

Após a entrada em vigor da Lei 13.964/19, o art. 112 da LEP disciplina a progressão de regime prisional para todos os delitos, inclusive hediondos e equiparados. De acordo com a nova redação do art. 112 da LEP, a progressão de regime depende do cumprimento de ao menos: **I** - 16% (dezesseis por cento) da pena, se o apenado for primário e o crime tiver sido cometido sem violência à pessoa ou grave ameaça; **II** - 20% (vinte por cento) da pena, se o apenado for reincidente em crime cometido sem violência à pessoa ou grave ameaça; **III** - 25% (vinte e cinco por cento) da pena, se o apenado for primário e o crime tiver sido cometido com violência à pessoa ou grave ameaça; **IV** - 30% (trinta por cento) da pena, se o apenado for reincidente em crime cometido com violência à pessoa ou grave ameaça; **V** - 40% (quarenta por cento) da pena, se o apenado for condenado pela prática de crime hediondo ou equiparado, se for primário; **VI** - 50% (cinquenta por cento) da pena, se o apenado for: a) condenado pela prática de crime hediondo ou equiparado, com resultado morte, se for primário, vedado o livramento condicional; b) condenado por exercer o comando, individual ou coletivo, de organização criminosa estruturada para a prática de crime hediondo ou equiparado; ou c) condenado pela prática do crime de constituição de milícia privada; **VII** - 60% (sessenta por cento) da pena, se o apenado for reincidente na prática de crime hediondo ou equiparado; **VIII** - 70% (setenta por cento) da pena, se o apenado for reincidente em crime hediondo ou equiparado com resultado morte, vedado o livramento condicional.

De acordo com o disposto no § 1º do art. 112 da LEP, com redação da Lei 13.964/19, o apenado apenas "terá direito à progressão de regime se ostentar boa conduta carcerária, comprovada pelo diretor do estabelecimento, respeitadas as normas que vedam a progressão". Ainda conforme prevê o § 2º do dispositivo, a decisão judicial que determinar a progressão de regime "será sempre motivada e precedida de manifestação do Ministério Público e do defensor, procedimento que também será adotado na concessão de livramento condicional, indulto e comutação de penas, respeitados os prazos previstos nas normas vigentes".

A Lei 13.769/18 previu, no § 3º do art. 112 da LEP, **requisitos menos rigorosos** para a progressão de regime de condenadas gestantes ou que sejam mães ou responsáveis por crianças ou pessoas com deficiência. Por se tratar de norma benéfica, alcança também as condenadas que estejam cumprindo pena por crimes praticados antes de sua entrada em vigor. De acordo com o art. 112, § 3º, da LEP, inserido pela Lei 13.769/18, **no caso de mulher gestante ou que for mãe ou responsável por crianças ou pessoas com deficiência**, os requisitos para a progressão especial de regime são, cumulativamente: I - não ter cometido crime com **violência ou grave ameaça à pessoa**; II - não ter cometido o crime contra seu filho ou dependente; III - ter cumprido ao menos **1/8 (um oitavo)** da pena no regime anterior; IV - ser **primária** e ter **bom comportamento carcerário**, comprovado pelo diretor do estabelecimento; V - não ter integrado organização criminosa. O § 4º do art. 112 da LEP, por sua vez, prevê que o cometimento de **novo crime doloso ou falta grave** implicará a **revogação** deste benefício.

A Lei 13.964/19 inseriu o § 5º no art. 112 da LEP, dispondo que "Não se considera hediondo ou equiparado, para os fins deste artigo, o crime de tráfico de drogas previsto no § 4º do art. 33 da Lei nº 11.343, de 23 de agosto de 2006". O STF, no julgamento do HC 118.533-MS, já havia decidido de que a causa de diminuição de pena do § 4º do art. 33, da Lei 11.343/06 afasta o caráter de equiparado a hediondo do crime de tráfico ilícito de entorpecentes.

A Lei 13.964/19 consignou no § 6º do art. 112 da LEP que "O cometimento de falta grave durante a execução da pena privativa de liberdade interrompe o prazo para a obtenção da progressão no regime de cumprimento da pena, caso em que o reinício da contagem do requisito objetivo terá como base a pena remanescente". Por fim, de acordo com o §7º do art. 112 da LEP, "O bom comportamento é readquirido após 1 (um) ano da ocorrência do fato, ou antes, após o cumprimento do requisito temporal exigível para a obtenção do direito" (dispositivo acrescido a partir da rejeição pelo Legislativo de veto à Lei 13.964/19).

No caso de progressão do regime semiaberto para o aberto, além dos requisitos anteriormente citados, o agente deve satisfazer às exigências dos arts. 113, 114 e 115 da LEP.

Veja a situação que foi apresentada ao candidato no **Exame Unificado da OAB de setembro de 2009**: "Paulo foi definitivamente condenado à pena privativa de liberdade em regime fechado. Nessa situação, Paulo deverá, necessariamente, ser submetido ao exame criminológico para a obtenção da progressão de regime". Está correta a afirmação? O art. 112 da Lei 7.210/84, anteriormente, exigia expressamente a realização do chamado exame criminológico para a progressão de regime nessa situação. Todavia, tal artigo foi alterado pela Lei 10.792/03, **não mais se exigindo a realização do exame para progressão de regime.** Desta forma, segundo prevalece, não é obrigatória sua realização. Contudo, se entender necessário, o juiz pode determinar a realização de exame criminológico (SANTOS, 2011, p. 289-290). De acordo com a súmula 439, do STJ: "Admite-se o exame criminológico pelas peculiaridades do caso, desde que em decisão motivada". É o que prevê, também, a Súmula Vinculante 26, do STF: "Para efeito de progressão de regime no cumprimento de pena por crime hediondo, ou equiparado, o juízo da execução observará a inconstitucionalidade do art. 2º da Lei nº 8.072, de 25 de julho de 1990, sem prejuízo de avaliar se o condenado preenche, ou não, os requisitos objetivos e subjetivos do benefício, podendo determinar, para tal fim, de modo fundamentado, a realização de exame criminológico".

A doutrina e a jurisprudência não admitem a chamada **progressão "por saltos"**, ou seja, a transferência do preso do regime fechado, direto, para o regime aberto (Súmula 491, do STJ). Analise a seguinte afirmação, do **Exame Unificado da OAB de agosto de 2006**: "Assim como a progressão de regime, a regressão não pode ser dar "por saltos", de forma que o apenado não pode regredir do regime prisional aberto diretamente para o regime prisional fechado". Está correto? Não! **É perfeitamente possível a regressão "por saltos", direto do regime aberto para o fechado. O que não se admite é a progressão "por saltos".**

O art. 118 da LEP prevê as hipóteses de regressão de regime. Pode-se afirmar que "a execução da pena privativa de liberdade ficará sujeita à forma regressiva, com a transferência para regimes mais rigorosos, quando o condenado, por exemplo, praticar fato definido como crime doloso ou falta grave" (afirmação extraída do **Exame Unificado da OAB de setembro de 2009**).

Veja a seguinte situação, extraída do **Exame Unificado da OAB de maio de 2012**: "Pitágoras foi definitivamente condenado, com sentença penal condenatória transitada em julgado, à pena de 6 (seis) anos de reclusão a ser cumprida, inicialmente, em regime semiaberto. Cerca de quatro meses após o início do cumprimento da pena privativa de liberdade, sobreveio nova condenação definitiva, desta vez a 3 (três) anos de reclusão no regime inicial aberto, em virtude da prática de crime anterior". A nova condenação ensejará a regressão de regime, para o regime fechado, em vista da previsão do art. 118, II, da LEP, que estabelece a regressão quando o apenado "sofrer condenação, por crime anterior, cuja pena, somada ao restante da pena em execução, torne incabível o regime". Assim, no caso, pela soma das penas, o apenado deve ter a pena regredida para cumprimento em regime fechado.

6. LIVRAMENTO CONDICIONAL

O livramento condicional permite ao condenado cumprir parte de sua pena em liberdade, desde que atendidos os requisitos legais (art. 85, do Código Penal). No caso do "sursis", o condenado não chega sequer a cumprir a pena, ficando sujeito a um período de prova de 2 (dois) a 4 (quatro) anos. No livramento, o condenado tem que cumprir parte da pena, ficando sob período de prova durante o restante da pena que tinha para cumprir. O livramento é um **direito subjetivo público**, não ficando a critério do juiz concedê-lo. Se preenchidos os requisitos, o agente faz jus ao livramento condicional.

A concessão do livramento condicional se sujeita ao atendimento dos seguintes requisitos, nos termos do art. 83 do Código Penal: **A)** que se trate de pena privativa de liberdade; **B)** que o *quantum* da pena seja maior ou igual a 2 (dois) anos; **C)** cumprimento de parcela da pena, ou seja: **1)** se for primário e de bons antecedentes, mais de 1/3 (um terço); **2)** se reincidente, mais de 1/2 (metade) da pena aplicada; **3)** no caso de crimes hediondos e equiparados, bem como do crime de tráfico de pessoas (Lei 13.344/16), cumprimento de 2/3 (dois terços) da pena aplicada (se o apenado for reincidente específico em tais delitos, não terá direito ao livramento); **D)** reparação do dano, salvo impossibilidade de fazê-lo.

> MUITA ATENÇÃO!
>
> A partir do advento da Lei 13.964/19, ainda que o apenado seja primário, em se tratando de condenado pela prática de crime hediondo ou equiparado com resultado morte, ou de apenado reincidente em crime hediondo ou equiparado com resultado morte, passa a ser vedado o livramento condicional (art. 112, VI, "a" e VII, da LEP, com redação da Lei 13.964/19).

Os requisitos subjetivos estão enumerados no art. 83, III, do Código Penal. De acordo com a redação conferida ao dispositivo pela Lei 13.964/19, o apenado deve comprovar: **A)** bom comportamento durante a execução da pena; **B)** não cometimento de falta grave nos últimos 12 (doze) meses (novidade trazida pela Lei 13.964/19); **C)** bom desempenho no trabalho que lhe foi atribuído; e **D)** aptidão para prover a própria subsistência mediante trabalho honesto.

O parágrafo único do art. 83 do Código Penal estabelece requisitos específicos para crimes dolosos, cometidos mediante violência ou grave ameaça à pessoa. De acordo com o dispositivo, no caso de condenado por crime doloso, cometido com violência ou grave ameaça à pessoa, a concessão do livramento ficará também subordinada à constatação de condições pessoais que façam presumir que o liberado não voltará a delinquir.

A revogação do livramento condicional ocorre nas hipóteses dos arts. 86 e 87, do Código Penal.

> MUITA ATENÇÃO!
>
> De acordo com a **Súmula 617, do STJ**: "A ausência de suspensão ou revogação do livramento condicional antes do término do período de prova enseja a extinção da punibilidade pelo integral cumprimento da pena". Assim, transcorrido o período de prova do livramento condicional sem suspensão ou revogação, deve ser declarada a extinção da punibilidade.
>
> A matéria foi objeto de questão do **Exame Unificado da OAB de março de 2019**: "Fabrício cumpria pena em livramento condicional, em razão de condenação pela prática de crime de lesão corporal grave. Em 10 de janeiro de 2018, quando restavam 06 meses de pena a serem cumpridos, ele descobre que foi novamente condenado, definitivamente, por crime de furto que teria praticado antes dos fatos que justificaram sua condenação pelo crime de lesão. A pena aplicada em razão da nova condenação foi de 02 anos e 06 meses de pena privativa de liberdade em regime inicial semiaberto. Apesar disso, somente procura seu(sua) advogado(a) em 05 de agosto de 2018, esclarecendo o ocorrido. Ao consultar os autos do processo de execução, o(a) advogado(a) verifica que, de fato, existe a nova condenação, mas que, até o momento, não houve revogação ou suspensão do livramento condicional". No caso, como já fora **ultrapassado o período de prova**, não poderá haver a revogação do livramento condicional.

7. REMIÇÃO – ART. 126 DA LEP

A remição tem cabimento nos **regimes fechado ou semiaberto**. Para a LEP, o trabalho do preso é um dever. Tanto que o não trabalho pode caracterizar falta grave.

Contudo, para a doutrina moderna o trabalho deve ser visto como uma faculdade (GRECO, 2010, p. 114-155).

Nos termos do art. 126 da LEP, é possível a **remição pelo trabalho ou pelo estudo**. Para cada 3 (três) dias trabalhados o preso faz jus ao abatimento de 1 (um) dia de cumprimento de pena. Da mesma forma, o preso faz jus ao abatimento de 1 (um) dia de cumprimento de pena para cada 12 (doze) horas de frequência escolar – atividade de ensino fundamental, médio (inclusive profissionalizante) ou superior, ou ainda de requalificação profissional – divididas, no mínimo, em 3 (três) dias. De acordo com o § 5º do art. 126 da LEP, o tempo a remir em função das horas de estudo será acrescido de 1/3 (um terço) no caso de conclusão do ensino fundamental, médio ou superior durante o cumprimento da pena, desde que certificada pelo órgão competente do sistema de educação.

Não existe no Brasil a **remição ficta**, ou seja, remição sem trabalho ou estudo, salvo no caso em que o preso sofrer acidente (art. 126, § 4º da LEP).

De acordo com o art. 127 da LEP, pela redação conferida pela Lei 12.433/11, **caso o preso cometa uma falta grave, o juiz poderá revogar até 1/3 (um terço) do tempo remido**. A **Súmula Vinculante 9 do STF**, prevê que "o disposto no artigo 127 da Lei nº 7.210/1984 (Lei de Execução Penal) foi recebido pela ordem constitucional vigente, e não se lhe aplica o limite temporal previsto no *caput* do artigo 58".

8. MEDIDA DE SEGURANÇA

Medida de segurança é uma **sanção penal**, aplicável diante da prática de uma conduta típica e ilícita por agente inimputável ou semi-imputável. A finalidade da medida de segurança é essencialmente **curativa**, com tratamento de saúde da pessoa em que é imposta. Se funda na análise da **periculosidade do agente** (GRECO, 2010, p. 202).

São pressupostos para aplicação da medida de segurança:

A **Prática de fato previsto como crime.**

B **Periculosidade do agente**: nesse aspecto, deve ser analisado se o agente é inimputável ou semi-imputável.

- **Inimputabilidade** (art. 26, *caput*, do Código Penal): o juiz absolve o agente, e lhe aplica a medida de segurança. É a chamada **absolvição imprópria**.
- **Semi-imputabilidade** (art. 26, parágrafo único, do Código Penal): o juiz condena o agente, podendo diminuir a pena ou substituir por medida de segurança.

De acordo com o art. 96 do Código Penal, há duas espécies de medidas de segurança:

A **Detentiva** (com privação da liberdade) – internação. Pelo Código Penal, é a regra.

B **Restritiva** (restrição da liberdade) – tratamento ambulatorial. Pelo Código Penal, é a exceção, sendo típica de crimes punidos com detenção (art. 97 do Código Penal).

Pela legislação vigente, a medida de segurança deve ser imposta por **prazo indeterminado**. Somente há previsão de um prazo mínimo, de um a três anos, conforme o grau de periculosidade do agente, para a realização da primeira perícia médica. Após o prazo mínimo para a realização da primeira perícia médica, as próximas devem ser realizadas ano a ano (art. 97, §§ 1º e 2º, do Código Penal).

Todavia, há defensores de que a medida de segurança deve contar com um prazo máximo de duração, pois, do contrário, violaria a Constituição da República (art. 5º, XLVII, "b"), tornando-se uma sanção penal de caráter perpétuo. **Assim, há entendimento de que o prazo máximo de duração da medida de segurança seria aquele previsto no art. 75, *caput*, do Código Penal** (GRECO, 2010, p. 204).

MUITA ATENÇÃO!

De acordo com a Súmula 527, do STJ: "O tempo de duração da medida de segurança não deve ultrapassar o limite máximo da pena abstratamente cominada ao delito praticado". Assim, no entendimento do STJ o limite de duração da medida de segurança seria **a pena máxima abstrata cominada à infração penal praticada pelo agente**.

A extinção da punibilidade do fato, por qualquer das hipóteses legais, veda a imposição de medida de segurança ao agente (art. 96, parágrafo único, do Código Penal).

? **QUESTÃO**: O que é detração?

*RESPOSTA: É um instituto previsto no art. 42 do Código Penal, segundo o qual computam-se, na pena privativa de liberdade e na medida de segurança, o tempo de prisão provisória, no Brasil ou no estrangeiro, o de prisão administrativa e o de internação em estabelecimento de internação psiquiátrica. A detração "não está subordinada a nenhuma condição, bastando apenas que o apenado tenha permanecido preso ou internado provisoriamente durante o curso do processo para que faça jus à detração penal" (**Exame Unificado da OAB de agosto de 2006**).*

9. REABILITAÇÃO (ART. 93 DO CÓDIGO PENAL)

A reabilitação é instituto que tem por finalidade garantir ao condenado certo grau de sigilo em relação a informações sobre o processo criminal a que respondeu e a suspensão de alguns efeitos extrapenais da condenação (PRADO, 2010, p. 334).

São requisitos para a reabilitação, de acordo com o art. 94 do Código Penal:

A Decurso do prazo de 2 (dois) anos do cumprimento ou extinção da pena (computado o período de prova do "sursis" e do livramento condicional).

B Ter o requerente domicílio no país no prazo de 2 (dois) anos.

C Apresentar o requerente bom comportamento público e privado.

D Ressarcimento do dano (salvo em casos de comprovada impossibilidade de fazê-lo ou novação ou renúncia da vítima).

Esses requisitos são **cumulativos**, ou seja, faltando qualquer deles, será negada a reabilitação. Todavia, negada a reabilitação, o condenado poderá voltar a requerê-la, a qualquer tempo, desde que comprove atendimento aos requisitos que faltam.

Pelo art. 95 do Código Penal, a reabilitação pode ser revogada. A revogação da reabilitação depende de condenação definitiva, com trânsito em julgado, a pena que não seja de multa, se o condenado for considerado reincidente.

Da decisão que nega reabilitação, cabe recurso de apelação. E da decisão que concede a reabilitação, cabe apelação e também o chamado "recurso de ofício" (art. 746 do Código de Processo Penal).

10. CONCURSO DE CRIMES

Fala-se em concurso de crimes quando uma pessoa, com uma ou mais condutas, pratica pluralidade de crimes. O concurso pode ser das seguintes espécies:

A Concurso material (art. 69 do Código Penal)

Ocorre quando há **pluralidade de condutas, gerando pluralidade de crimes.** Tem-se o **concurso material homogêneo** quando os crimes são **idênticos**, e o **concurso material heterogêneo** quando os crimes são **diversos**. No caso de concurso material, há aplicação da regra do **cúmulo material das penas**. Ou seja, as penas dos delitos são somadas. Se um dos crimes for punido com detenção e o outro com reclusão, de acordo com art. 69, *caput*, do Código Penal, a pena de reclusão deve ser cumprida primeiramente, e depois a de detenção.

B Concurso formal (art. 70 do Código Penal)

Caracteriza-se o concurso formal quando há **uma só conduta, ainda que fracionada em vários atos, e pluralidade de crimes**. É o que ocorre, por exemplo, quando há um roubo no interior de um ônibus, com diversas vítimas. Enunciado de questão extraída do **Exame Unificado da OAB de julho de 2017** narra uma situação de concurso formal de crimes: "Pedro, quando limpava sua arma de fogo, devidamente registrada em seu nome, que mantinha no interior da residência sem adotar os cuidados necessários, inclusive o de desmuniciá-la, acaba, acidentalmente, por dispará-la, vindo a atingir seu vizinho Júlio e a esposa deste, Maria. Júlio faleceu em razão da lesão causada pelo projétil e Maria sofreu lesão corporal e debilidade permanente de membro [...]". No contexto, Pedro poderá ser responsabilizado pelos crimes de homicídio culposo e de lesão corporal culposa, em concurso formal, visto que de uma conduta advieram os dois crimes mencionados.

Há o **concurso formal homogêneo** quando os crimes são **idênticos**, e o **concurso formal heterogêneo** quando são **distintos**. Tem-se, ainda, o **concurso forma perfeito** quando há **unidade de desígnios**, ou seja, não há pluralidade de vontades, e o **concurso formal imperfeito** quando há mais de uma vontade, **desígnios autônomos.**

No caso do concurso formal perfeito, ao aplicar a pena o juiz deve considerar a pena mais grave e proceder ao aumento da sanção, de 1/6 (um sexto) a 1/2 (metade) (**sistema da exasperação**), de acordo com a quantidade de crimes praticados. No caso de concurso formal imperfeito, o juiz deve aplicar o critério do **cúmulo material**, ou seja, proceder à soma das penas.

> **MUITA ATENÇÃO!**
>
> Chama-se de concurso material benéfico a hipótese em que "o sistema da exasperação for prejudicial ao acusado, e deverá prevalecer o sistema do cúmulo material (em que a soma das penas será mais vantajosa do que o aumento de uma delas com determinado percentual, ainda que no patamar mínimo)" (**Exame Unificado da OAB de outubro de 2011**).

C Crime Continuado (art. 71 do Código Penal)

Há duas espécies de crimes continuados:

C.1 Genérico (art. 71, *caput*, do Código Penal)

São requisitos desta modalidade de crime continuado: **a)** Pluralidade de condutas; **b)** Pluralidade de crimes da mesma espécie; **c)** Elo de continuidade: os crimes devem ser praticados em circunstâncias semelhantes de tempo, lugar e modo de execução.

Para fixação da pena, se o juiz estiver diante de penas iguais, escolherá qualquer delas, mas se estiver diante de penas diversas, deverá escolher a mais grave. Na terceira fase do sistema trifásico de aplicação da pena, o juiz deve aumentar a pena de 1/6 (um sexto) a 2/3 (dois terços) (**sistema da exasperação**), de acordo com o número de crimes praticados.

C.2 Específico (art. 71, parágrafo único, do Código Penal)

Além dos requisitos acima mencionados do crime continuado genérico, nesta modalidade os crimes são dolosos, cometidos com violência ou grave ameaça à pessoa, contra vítimas diferentes. Caso típico de crime continuado específico fora narrado na seguinte questão, extraída do Exame Unificado da OAB de agosto de 2018: "Cadu, com o objetivo de matar toda uma família de inimigos, pratica, durante cinco dias consecutivos, crimes de homicídio doloso, cada dia causando a morte de cada um dos cinco integrantes da família, sempre com o mesmo *modus operandi* e no mesmo local".

Para fixação da pena, adota-se, também o **critério da exasperação**. Todavia, neste caso a pena pode ser aumentada de 1/6 (um sexto) até o triplo.

Assim, está correta a afirmação extraída do **Exame Unificado da OAB de setembro de 2010**, de que "o Código Penal Brasileiro adotou o sistema de aplicação de pena do cúmulo material para os concursos material e formal imperfeito, e da exasperação para o concurso formal perfeito e crime continuado".

MUITA ATENÇÃO!

Não está correta a afirmação extraída do **Exame Unificado da OAB de setembro de 2010**, segundo a qual "no concurso de crimes as penas de multa são aplicadas distintamente, mas de forma reduzida". Por quê? Porque segundo art. 72 do Código Penal, "no concurso de crimes, as penas de multa são aplicadas distinta e integralmente".

DICA IMPORTANTE

Pode-se perceber através da análise dos últimos Exames Unificados da OAB que temas referentes à teoria da pena estão dentre os mais cobrados. Assim, recomendamos uma leitura mais aprofundada sobre a matéria. **Para aprofundar:** BITENCOURT, Cezar Roberto. **Tratado de direito penal: parte geral.** v. 1. 13 ed. São Paulo: Saraiva, 2008. E, ainda: CUNHA, Rogério Sanches. **Código penal para concursos.** 2. ed. Salvador: Juspodivm, 2009.

PARTE ESPECIAL

Vamos iniciar o estudo da parte especial do Código Penal, onde são analisados os crimes em espécie. Nesta parte da matéria, é fundamental que o candidato ao Exame da OAB faça a leitura atenta, e por diversas vezes, de todos os artigos da parte especial do Código Penal. O conhecimento de todos os tipos penais, sabendo a distinção de um para outro, é fundamental para o bom desempenho na prova.

Serão objeto de nosso estudo apenas os principais tipos penais, com maior incidência nas provas da OAB, a começar pelos crimes contra a pessoa. Serão, ainda, apontadas as principais questões doutrinárias envolvendo cada delito estudado.

Para um aprofundamento no estudo da parte especial do Código Penal, desde já se recomenda a leitura de: CUNHA, Rogério Sanches; GOMES, Luiz Flávio. **Direito penal: parte especial**. v. 3. ed. São Paulo: Revista dos Tribunais, 2008.

CAPÍTULO X

CRIMES CONTRA A PESSOA

1. HOMICÍDIO (ART. 121 DO CÓDIGO PENAL)

A **Sujeitos do delito:**

- **Sujeito ativo:** trata-se de um crime comum, pois pode ser praticado por qualquer pessoa, sem se exigir qualquer qualidade especial do agente.
- **Sujeito passivo:** o sujeito passivo do delito é qualquer pessoa, ser humano nascido de mulher com vida.

B **Elemento subjetivo do tipo**: de regra, é um crime doloso (dolo direto ou eventual).

C **Elementos objetivos do tipo**: a conduta incriminada é matar alguém. **Não se exige que a vida seja viável para caracterização do delito.**

D **Consumação e tentativa**: consuma-se com a morte da vítima. É admissível a tentativa do delito.

E **Homicídio privilegiado** (art. 121, § 1º do Código Penal): configura-se quando o agente atua movido por motivo de **relevante valor social (interesse da coletividade** – por exemplo, matar o traidor da pátria) ou **moral (interesse particular** – por exemplo, eutanásia), ou sob o domínio de violenta emoção, logo em seguida a injusta provocação da vítima. O privilégio não se comunica a coautores e partícipes. **A diminuição de pena neste caso, segundo prevalece, é um direito subjetivo do agente.**

F **Homicídio qualificado** (art. 121, § 2º do Código Penal): configura-se quando o delito é cometido: **a)** mediante paga ou promessa de recompensa, ou por outro motivo torpe; **b)** impelido por motivo fútil; **c)** com emprego de veneno, fogo, explosivo, asfixia, tortura ou outro meio insidioso ou cruel, ou de que possa resultar perigo comum; **d)** à traição, de emboscada, ou mediante dissimulação ou outro recurso que dificulte ou torne impossível a defesa da vítima; **e)** para assegurar a execução, a ocultação, a impunidade ou a vantagem de outro crime; **f)** contra a mulher por razões da condição de sexo feminino (o chamado feminicídio, que se caracteriza quando o crime envolve violência doméstica e familiar contra a mulher, bem como menosprezo ou discriminação à condição de mulher – art. 121, § 2º-A, I e II do Código Penal); **g)** contra autoridade ou agente descrito nos arts. 142 e 144 da Constituição Federal, integrantes do sistema prisional e da Força Nacional de Segurança Pública, no exercício da função ou em decorrência dela, ou contra seu cônjuge, companheiro ou parente consanguíneo até terceiro grau, em razão dessa condição; **h)** com emprego de arma de fogo de uso restrito ou proibido (dispositivo acrescido a partir da rejeição pelo Legislativo de veto à Lei 13.964/19). **O homicídio qualificado é crime hediondo** (Lei 8.072/90, art. 1º, I).

G **Homicídio culposo** (art. 121, § 3º do Código Penal). **Atenção:** o homicídio culposo na direção de veículo automotor é tipificado no art. 302 do CTB (Lei 9.503/97 – Código de Trânsito Brasileiro), e não no Código Penal.

H **Causas de aumento de pena** (art. 121, §§ 4º e 6º do Código Penal): o § 4º, primeira parte, do art. 121 do Código Penal prevê causas de aumento de pena para o homicídio culposo em 1/3 (um terço). São elas: **a)** inobservância de regra técnica de profissão, arte ou ofício (**Atenção! Na imperícia, o agente não domina a técnica; na hipótese aqui tratada, o agente domina, tem conhecimento, mas não observa a técnica**); **b)** omissão de socorro à vítima; **c)** o agente não procura diminuir as consequências de seu ato, ou **d)** foge para evitar o flagrante. No caso de homicídio doloso, a pena é aumentada em 1/3 (um terço) se o crime é praticado contra pessoa menor de 14 (quatorze) ou maior de 60 (sessenta) anos, desde que o agente tenha conhecimento de tal circunstância. O § 6º do art. 121 do Código Penal, com redação da Lei 12.720/12, prevê que "a pena é aumentada de 1/3 (um terço) até a metade se o crime for praticado por milícia privada, sob o pretexto de prestação de serviço de segurança, ou por grupo de extermínio". Por fim, o § 7º do art. 121 do Código Penal, com redação das Leis 13.104/15 e 13.771/18, prevê que "a pena do feminicídio é aumentada de 1/3 (um terço) até a metade se o crime for praticado: I – durante a gestação ou nos 3 (três) meses posteriores ao parto; II – contra pessoa menor de 14 (catorze) anos, maior de 60 (sessenta) anos ou com deficiência; III – na presença física ou virtual de descendente ou de ascendente da vítima"; IV – em descumprimento das medidas protetivas de urgência previstas nos incisos I, II e III do *caput* do art. 22 da Lei nº 11.340, de 7 de agosto de 2006".

I **Perdão judicial** (art. 121, § 5º, do Código Penal): no caso de homicídio culposo, pode ser concedido ao agente o perdão judicial, se constatado que as consequências do crime o atingiram de forma tal que a sanção penal se revele desnecessária. O perdão judicial, como já visto, é **causa de extinção da punibilidade do fato**. Embora não haja previsão expressa no CTB (Código de Trânsito Brasileiro), **prevalece que perdão judicial se aplica, também, ao homicídio culposo de trânsito**.

? **QUESTÃO**: É possível homicídio qualificado-privilegiado?

*RESPOSTA: Sim, desde que a qualificadora seja **objetiva**, porque é incompatível com o privilégio a qualificadora que tenha natureza subjetiva. São objetivas, por exemplo, as qualificadoras referentes ao meio de execução do crime (como meio cruel, fogo, asfixia) (CUNHA; GOMES, 2008, p. 23).*

MUITA ATENÇÃO! Apesar de divergências, prevalece o entendimento de que o homicídio qualificado-privilegiado não é delito hediondo.

2. INDUZIMENTO, INSTIGAÇÃO OU AUXÍLIO A SUICÍDIO OU A AUTOMUTILAÇÃO (ART. 122 DO CÓDIGO PENAL)

O crime em questão sofreu significativas alterações com a entrada em vigor da Lei 13.968/19, de 27/12/2019. As principais alterações promovidas serão analisadas na sequência.

A **Sujeitos do delito**:

- **Sujeito ativo:** trata-se de um crime comum, pois pode ser praticado por qualquer pessoa, sem se exigir qualidade especial do agente.
- **Sujeito passivo:** qualquer pessoa capaz. O sujeito passivo deve ter condições de discernimento e vontade. **Se a vítima é incapaz, aquele que induz por exemplo, ao suicídio pratica homicídio. A vítima deve, ainda, ser pessoa determinada**. Se a conduta tem por alvo pessoas indeterminadas, o fato é atípico.

B **Elemento subjetivo do tipo**: trata-se um crime doloso. A princípio, apenas o induzimento, instigação ou auxílio ao suicídio pode ser considerado crime doloso contra a vida, de competência do tribunal do júri. O induzimento, instigação ou auxílio à automutilação, incluída no tipo penal pela Lei 13.968/19, atinge a incolumidade pessoal da vítima, sua integridade corporal ou saúde, pelo que seu julgamento seria de competência do juiz singular. Todavia, pelo fato de se encontrar inserido no Código Penal no capítulo que trata "Dos crimes contra a vida", há controvérsia doutrinária se a competência para julgamento, no caso de induzimento, instigação ou auxílio à automutilação, também seria do tribunal do júri.

C **Elementos objetivos do tipo**: antes do advento da Lei 13.968/19, o tipo penal incriminava apenas o induzimento, instigação ou auxilio ao suicídio. A Lei 13.968/19 inseriu no tipo penal a incriminação do induzimento, instigação ou auxílio à automutilação. Induzir é **fazer nascer** a vontade de suicídio ou de automutilação na vítima. Instigar é **reforçar** a ideia de suicídio ou de automutilação **já existente. Auxiliar** é prestar **assistência material** para a conduta (por exemplo, emprestar a arma). **É possível auxílio por omissão**, desde que o omitente tenha o dever jurídico de evitar o resultado (omissão imprópria). A conduta deve ser sempre acessória, secundária. **Assim, por exemplo, quando o agente pratica atos executórios tendentes a que a vítima se mate, responderá por homicídio.**

Observe a seguinte situação, extraído de questão do **Exame Unificado da OAB de abril de 2013**: "José e Maria estavam enamorados, mas posteriormente vieram a descobrir que eram irmãos consanguíneos, separados na maternidade. Extremamente infelizes com a notícia recebida, que impedia por completo qualquer possibilidade de relacionamento, resolveram dar cabo à própria vida. Para tanto, combinaram e executaram o seguinte: no apartamento de Maria, com todas as portas e janelas trancadas, José abriu o registro do gás de cozinha. Ambos inspiraram o ar envenenado e desmaiaram, sendo certo que somente não vieram a falecer porque os vizinhos, assustados com o cheiro forte que vinha do apartamento de Maria, decidiram arrombar a porta e resgatá-los. Ocorre que, não obstante o socorro ter chegado a tempo, José e Maria sofreram lesões corporais de natureza grave". No caso, José responde por tentativa de homicídio, pois **praticou ato executório** ao abrir o registro do gás, e Maria por instigação ou auxílio ao suicídio.

D **Consumação e tentativa**: havia divergência doutrinária quanto ao momento de consumação do crime, antes do advento da Lei 13.968/19: **a)** para uma corrente, ocorria a consumação no momento em que o agente induz, instiga ou auxilia. A punibilidade, todavia, ficava dependendo da morte ou da lesão grave; **b)** para outra corrente, no momento em que o agente induz, instiga ou auxilia, não se consumaria o crime, mas estaria ocorrendo a prática de atos executórios. **A consumação dependia da morte ou da lesão grave**. Essa segunda era a corrente que prevalecia. (CUNHA; GOMES, 2008, p. 30-31).

A divergência se dava porque, na redação originária do art. 122, *caput*, do Código Penal, a conduta era punida apenas se ocorresse a morte ou a lesão corporal grave (e gravíssima, segundo defendia a doutrina). Caso a vítima sofresse lesão corporal leve ou não se lesionasse, a conduta não era punida. Com a entrada em vigor da Lei 13.968/19, todavia, o *caput* do art. 122 do Código Penal previu que, independente de resultado naturalístico, o induzimento, instigação ou auxílio ao suicídio ou à autolesão, por si só, já configura crime, punido com pena de 06 (seis) meses a 02 (dois) anos de reclusão. O § 1º do art. 122, do Código Penal, com redação da Lei 13.968/19, previu que se da automutilação ou da tentativa de suicídio resulta lesão corporal de natureza grave ou gravíssima, nos termos dos §§ 1º e 2º do art. 129 deste Código, a pena é de 01 (um) a 03 (três) anos de reclusão. O § 2º do art. 122 do Código Penal, com redação da Lei 13.968/19, por sua vez, dispõe que se o suicídio se consuma ou se da automutilação resulta morte, a pena é de 02 (dois) a 06 (seis) anos de reclusão.

Então, com a Lei 13.968/19, fora previsto expressamente que o crime se consuma com o induzimento, a instigação ou o auxílio ao suicídio ou à autolesão. Caso advenha lesão corporal de natureza grave, gravíssima ou morte, incidem as formas qualificadas previstas nos §§ 1º e 2º do art. 122, do Código Penal.

Prevalece que não é admissível a tentativa do delito.

E **Forma qualificada**: como acima referido, o § 1º do art. 122, do Código Penal, com redação da Lei 13.968/19, previu que se da automutilação ou da tentativa de suicídio resulta lesão corporal de natureza grave ou gravíssima, nos termos dos §§ 1º e 2º do art. 129 deste Código, a pena é de 01 (um) a 03 (três) anos de reclusão. O § 2º do art. 122 do Código Penal, com redação da Lei 13.968/19, por sua vez, dispõe que se o suicídio se consuma ou se da automutilação resulta morte, a pena é de 02 (dois) a 06 (seis) anos de reclusão.

F **Causas de aumento de pena**: antes da Lei 13.968/19, o art. 122, parágrafo único, do Código Penal previa que a pena do delito era duplicada: **a)** se o crime é praticado por motivo egoístico, ou seja, para atender a interesses pessoais, como ganância; **b)** se a vítima é menor ou tem diminuída, por qualquer causa, a capacidade de resistência. Para efeitos de aumento de pena, considera-se menor a vítima entre 14 (quatorze) e 18 (dezoito) anos de idade.

Após a entrada em vigor da Lei 13.968/19, o § 3º do art. 122, do Código Penal previu que a pena do delito é duplicada: **a)** se o crime é praticado por motivo egoístico, torpe ou fútil; **b)** se a vítima é menor ou tem diminuída, por qualquer causa, a capacidade de resistência. A nova lei incluiu como causas de aumento de pena o motivo torpe e o motivo fútil. Por serem prejudiciais ao agente, tais majorantes se aplicam apenas a fatos ocorridos após a entrada em vigor da Lei 13.968/19.

Prosseguindo, a Lei 13.968/19 trouxe no § 4º do art. 122, do Código Penal que a pena é aumentada até o dobro se a conduta é realizada por meio da rede de computadores, de rede social ou transmitida em tempo real. O § 5º do dispositivo, por sua vez, previu que a pena é aumentada em metade se o agente é líder ou coordenador de grupo ou de rede virtual.

MUITA ATENÇÃO!

Antes mesmo do advento da Lei 13.968/19, já se entendia que, **se o ofendido for menor de 14 (quatorze) anos, este é considerado incapaz de resistência, e o agente que o induziu, instigou ou auxiliou ao suicídio responde por homicídio.** Consagrando tal entendimento, a Lei 13.968/19 previu expressamente no § 6º do art. 122 do Código Penal que: "Se o crime de que trata o § 1º deste artigo resulta em lesão corporal de natureza gravíssima e é cometido contra menor de 14 (quatorze) anos ou contra quem, por enfermidade ou deficiência mental, não tem o necessário discernimento para a prática do ato, ou que, por qualquer outra causa, não pode oferecer resistência, responde o agente pelo crime descrito no § 2º do art. 129 deste Código". Trouxe, expressamente, no § 7º do mesmo dispositivo que "Se o crime de que trata o § 2º deste artigo é cometido contra menor de 14 (quatorze) anos ou contra quem não tem o necessário discernimento para a prática do ato, ou que, por qualquer outra causa, não pode oferecer resistência, responde o agente pelo crime de homicídio, nos termos do art. 121 deste Código".

3. INFANTICÍDIO (ART. 123 DO CÓDIGO PENAL)

A **Sujeitos do delito**:

- **Sujeito ativo:** é crime próprio, só podendo ser a parturiente, a mãe da vítima, sob a influência do estado puerperal. Prevalece em doutrina o entendimento de que o crime admite concurso de agentes, pois, embora exija que a parturiente esteja em estado puerperal, tal circunstância é elementar do tipo, e comunica-se, nos termos do art. 30 do Código Penal, a quem concorre para o delito.
- **Sujeito passivo:** também é próprio, só podendo ser o próprio filho, nascente ou neonato. Por isso, o infanticídio é chamado de **crime bipróprio** (sujeitos ativo e passivo próprios).

B **Elemento subjetivo do tipo**: é um crime doloso.

C **Elementos objetivos do tipo**: a conduta típica é matar. A caracterização do crime exige a circunstância temporal "durante ou logo após o parto". Assim, se a morte é provocada **antes** do parto, o crime é de **aborto.** Se é causada depois do parto, dependendo de quanto tempo depois, o crime praticado pode ser de homicídio. O delito exige ainda a condição psíquica "sob influência do **estado**

puerperal", momento de desequilíbrio fisiopsicológico que caracteriza o parto.

D **Consumação e tentativa**: o delito se consuma quando ocorre a morte do neonato ou recém-nascido. É admissível a tentativa do crime.

Veja o seguinte enunciado, extraído do **Exame Unificado da OAB de setembro de 2010**: "Arlete, em estado puerperal, manifesta a intenção de matar o próprio filho recém-nascido. Após receber a criança no seu quarto para amamentá-la, a criança é levada para o berçário. Durante a noite, Arlete vai até o berçário e, após conferir a identificação da criança, a asfixia, causando a sua morte. Na manhã seguinte, é constatada a morte por asfixia de um recém-nascido, que não era o filho de Arlete". Qual a solução jurídica para o caso? Arlete incorreu no erro sobre a pessoa, por nós já estudado, previsto no art. 20, § 3º, no Código Penal. Nesse caso, Arlete responde como se tivesse matado o próprio filho, ou seja, será responsabilizada por infanticídio.

A situação fora novamente abordada, no **Exame Unificado da OAB de outubro de 2019**: "Regina dá à luz seu primeiro filho, Davi. Logo após realizado o parto, ela, sob influência do estado puerperal, comparece ao berçário da maternidade, no intuito de matar Davi. No entanto, pensando tratar-se de seu filho, ela, com uma corda, asfixia Bruno, filho recém-nascido do casal Marta e Rogério, causando-lhe a morte. Descobertos os fatos, Regina é denunciada pelo crime de homicídio qualificado pela asfixia com causa de aumento de pena pela idade da vítima". Da mesma forma da questão anterior, Regina incorreu em erro sobre a pessoa (art. 20, § 3º, no Código Penal), respondendo criminalmente como se tivesse matado o próprio filho, ou seja, será responsabilizada por infanticídio. Por se tratar de infanticídio, não incide a agravante referente à prática do delito contra descendente (art. 61, II, "e", do Código Penal), pois tal aspecto constitui **elementar do crime, fazendo parte da descrição da figura típica**.

4. ABORTO (ARTS. 124 A 128 DO CÓDIGO PENAL)

4.1 Art. 124 do Código Penal – Aborto provocado pela gestante ou com seu consentimento

A **Sujeitos do delito**:

- **Sujeito ativo:** só pode ser praticado por gestante. É um crime de mão própria.

? **QUESTÃO**: O que é um crime de mão própria?

➥ ***RESPOSTA***: *É o delito que exige uma qualidade especial do agente, de modo que somente a pessoa detentora da qualidade especial pode praticá-lo. Esse tipo de delito somente admite participação, mas não coautoria.*

- **Sujeito passivo:** é o feto.

B **Tipicidade subjetiva**: é um crime doloso, configurando-se tanto mediante dolo direto quanto eventual.

Veja o seguinte enunciado, extraído de questão do **Exame Unificado da OAB de agosto de 2006**: "Considere que uma gestante, sóbria, estando na direção de seu veículo automotor, colida, culposamente, com um poste, causando, em razão do impacto sofrido, aborto". Em relação ao aborto, essa conduta é relevante para o Direito Penal? **Não, pois não há previsão de aborto culposo**. Logo, a conduta é atípica em relação ao aborto.

C **Tipicidade objetiva**: são punidas pelo tipo duas condutas: **provocar** aborto, ou **consentir** que terceiro provoque o aborto.

D **Consumação e tentativa**: consuma-se o crime do art. 124 do Código Penal com a morte do feto, em virtude das manobras abortivas. É possível a tentativa de aborto.

4.2 Art. 125 – Aborto provocado por terceiro sem consentimento da gestante

A **Sujeitos do delito**:

- **Sujeito ativo:** o crime é comum, podendo ser praticado por qualquer pessoa.
- **Sujeito passivo:** o crime é de **dupla subjetividade passiva**, ou seja, possui **duas vítimas, o feto e a gestante.**

B **Tipicidade subjetiva**: o delito somente é punido a título de dolo.

C **Tipicidade objetiva**: o tipo incrimina a prática do aborto sem o consentimento da gestante. A falta de consentimento pode ser: **a) real**, em que a gestante efetivamente não consente, ou **b) presumida**, nas hipóteses do art. 126, parágrafo único, do Código Penal (quando o agente tem ciência de que a gestante não é maior de 14 (quatorze) anos, ou é alienada ou débil mental, ou ainda quando o consenso é obtido mediante fraude, grave ameaça ou violência).

D **Consumação e tentativa**: o crime se consuma com a interrupção da gravidez e destruição do produto da concepção. Admite-se a tentativa.

4.3 Art. 126 do Código Penal – Aborto provocado por terceiro com o consentimento da gestante

A **Sujeitos do delito**

- **Sujeito ativo:** o crime é comum, podendo ser praticado por qualquer pessoa.
- **Sujeito passivo:** a vítima é o feto. A gestante não é vítima, pois consentiu no aborto.

B **Tipicidade subjetiva**: trata-se de um delito doloso.

DIREITO PENAL

C **Tipicidade objetiva**: a conduta incriminada é a prática do aborto, com o consentimento da gestante. Todavia, se em meio às manobras abortivas a gestante se arrepende do consentimento, e mesmo assim o agente prossegue, ele responde pelo crime do art. 125 do Código Penal. O provocador responde também pelo delito do art. 125 do Código Penal se a gestante não é maior de 14 (quatorze) anos ou se é alienada ou débil mental, ou se o consentimento é obtido mediante fraude, grave ameaça ou violência, pois a lei desconsidera o consentimento nessas hipóteses.

D **Consumação e tentativa**: o crime se consuma com a interrupção da gravidez e a consequente destruição do produto da concepção. Admite-se a tentativa.

4.4 Art. 127 do Código Penal – forma majorada

O dispositivo prevê uma causa de aumento de pena, para as hipóteses de aborto praticado com ou sem o consentimento da gestante (art. 125 e art. 126, do Código Penal). A pena é aumentada de 1/3 (um terço), se em consequência do aborto ou dos meios empregados para provocá-lo a gestante sofre lesão corporal de natureza grave. Ainda segundo o dispositivo, a pena é duplicada se em decorrência do aborto ou dos meios empregados para provocá-lo advém a morte da gestante.

Trata-se de uma **forma preterdolosa**: dolo no aborto e culpa na lesão grave ou morte.

4.5 Art. 128 do Código Penal – aborto permitido ou legal

De acordo com o art. 128, do Código Penal, o aborto não é punido: **a)** se não há outro meio para salvar a vida da gestante (**chamado de aborto necessário ou terapêutico**); ou **b)** se a gravidez resulta de estupro e o aborto é precedido de consentimento da gestante ou, quando incapaz, de seu representante legal (**o chamado aborto sentimental, humanitário ou ético**).

Quanto à natureza jurídica das hipóteses de aborto permitido, embora haja grande a divergência, prevalece que se trata de **forma especial de exclusão da ilicitude do fato**.

São requisitos do **aborto necessário ou terapêutico**:

A que seja praticado por médico;

B que tenha por objetivo salvar a vida da gestante, que está em risco;

C a inevitabilidade do comportamento abortivo, ou seja, a inexistência de outra forma de se salvar a vida da gestante.

São requisitos do **aborto sentimental, humanitário ou ético**:

A que seja praticado por médico;

B que a gravidez tenha resultado de estupro;

C é necessário o consentimento da gestante ou, se incapaz, de seu representante legal.

FIQUE POR DENTRO:

"Aborto em caso de anencefalia"

Um dos temas mais palpitantes em relação ao aborto envolve a questão de fetos com anencefalia. A situação foi apreciada pelo STF no julgamento da **ADPF nº 54**. Apesar da argumentação daqueles que defendiam a criminalização da conduta, afirmando que ainda em casos de anencefalia há vida a ser preservada, o STF manifestou que a tipificação penal da interrupção da gravidez de feto com anencefalia devidamente constatada não está em conformidade com a Constituição da República, notadamente com as garantias do Estado laico, da dignidade da pessoa humana, do direito à vida e a proteção da autonomia, da liberdade, da privacidade e da saúde. A decisão enfatizou também que a anencefalia seria incompatível com a vida extrauterina. Recomenda-se a leitura da decisão do STF.

5. LESÕES CORPORAIS (ART. 129 DO CÓDIGO PENAL)

5.1 Noções

A **Sujeitos do delito:**

- **Sujeito ativo:** é crime comum, podendo ser praticado por qualquer pessoa.
- **Sujeito passivo:** em regra, o sujeito passivo é comum. Todavia, há hipóteses em que o sujeito passivo é próprio: **a)** no art. 129, § 1º, IV e art. 129, § 2º, V, do Código Penal, em que a vítima é a gestante, e **b)** no art. 129, §§ 9º, 10 e 11, do Código Penal, que trata de violência doméstica.

B **Tipicidade subjetiva**: a lesão corporal pode ser punida a título de dolo, culpa ou ainda em modalidade preterdolosa. Essas situações serão analisadas mais adiante.

C **Tipicidade objetiva**: a conduta típica consiste em ofender a integridade corporal ou a saúde de alguém, que não seja o próprio autor da lesão. Pode ser praticada por ação ou por omissão.

D **Consumação e tentativa**: o crime se consuma com a efetiva ofensa à incolumidade pessoal de alguém. É possível tentativa em caso de lesões dolosas, mas não nas formas preterdolosa ou culposa.

5.2 Art. 129, *caput*, do Código Penal – Lesão corporal de natureza leve

Considera-se lesão corporal leve aquela que não for grave, gravíssima ou seguida de morte.

É uma infração penal de menor potencial ofensivo. **A ação penal depende de representação da vítima ou seu representante legal** (art. 88, da Lei 9.099/95).

5.3 Art. 129, § 1º, do Código Penal – lesão corporal de natureza grave

A lesão corporal é qualificada, com pena de reclusão, de 1 (um) a 5 (cinco) anos, se dela resulta:

A Incapacidade para as ocupações habituais, por mais de 30 (trinta) dias. No caso, a vítima fica impedida, por mais de trinta dias, de exercer as atividades rotineiras, do dia a dia. Para incidir essa qualificadora, no momento da lesão a vítima deve se submeter a uma perícia, e deverá ser realizada, depois de 30 (trinta) dias, uma segunda perícia, chamada de complementar (art. 168, § 2º, do CPP).

B Perigo de vida: a situação, também, deve ser comprovada por perícia. É uma lesão corporal necessariamente preterdolosa (dolo na lesão e culpa no perigo de vida).

C Debilidade permanente de membro, sentido ou função: "debilidade" é diminuição da capacidade funcional. "Permanente" significa que a debilidade é de recuperação incerta e por tempo indeterminado.

D Aceleração de parto.

> **MUITA ATENÇÃO!** Nesse caso, não há aborto, mas um parto prematuro em razão da lesão. O agente deve ter conhecimento de que a vítima está grávida.

5.4 Art. 129, § 2º, do Código Penal – lesão corporal gravíssima

A lesão corporal é gravíssima (qualificada), com pena de reclusão de 2 (dois) a 8 (oito) anos, se resulta em:

A Incapacidade permanente para o trabalho: prevalece o entendimento de que somente incide a agravante se a vítima ficar incapacitada para toda e qualquer espécie de trabalho.

B Enfermidade incurável.

C Perda ou inutilização de membro, sentido ou função.

> **MUITA ATENÇÃO!** A lesão corporal grave do art. 129, § 1º, III, ocorre em casos de **debilidade**. No caso da lesão gravíssima ocorre a **perda ou inutilização**, ou seja, a pessoa fica sem qualquer capacidade funcional.

D Deformidade permanente: consiste em dano estético, à aparência da pessoa, capaz de provocar impressão vexatória.

E Aborto: tal qualificadora se caracteriza, necessariamente, na forma **preterdolosa** (com dolo na lesão e culpa no aborto). Além disso, o agente deve ter conhecimento de que a vítima está grávida.

5.5 Art. 129, § 3º, do Código Penal – lesão corporal seguida de morte

Trata-se de crime preterdoloso, em que o agente tem dolo de lesionar, mas, a título de culpa, ocasiona a morte da vítima. A pena cominada é de 4 (quatro) e 12 (doze) anos de reclusão.

5.6 Art. 129, § 4º, do Código Penal – causa de diminuição de pena (lesão corporal privilegiada)

A pena de quaisquer das hipóteses de lesão corporal anteriormente tratadas pode ser reduzida de 1/6 (um sexto) a 1/3 (um terço) se o agente comete o crime impelido por motivo de relevante valor social ou moral, ou sob domínio de violenta emoção, logo em seguida a injusta provocação da vítima. **A redução da pena é um direito subjetivo do agente**. Preenchidos os requisitos, o juiz é obrigado a reduzir a pena, tendo discricionariedade apenas para determinar o *quantum* de redução.

5.7 Art. 129, § 5º, do Código Penal – substituição da pena

No caso de lesão corporal leve (art. 129, *caput*, do Código Penal), o juiz pode substituir a pena de detenção pela pena de multa, desde que: **a)** a lesão corporal seja privilegiada (art. 129, § 4º, do Código Penal); ou **b)** as lesões sejam recíprocas.

5.8 Art. 129, § 6º – lesão corporal culposa

A lesão corporal culposa tem pena cominada de detenção, de 2 (dois) meses a 1 (um) ano.

> **MUITA ATENÇÃO!** A lesão corporal praticada na condução de veículo automotor não é tipificada no Código Penal, mas sim no art. 303, do Código de Trânsito Brasileiro (Lei 9.503/97).

5.9 Art. 129, §§ 7º e 12 – Causas de aumento de pena

A lesão corporal tem a pena aumentada de 1/3 (um terço) se ocorrer qualquer das hipóteses do art. 121, §§ 4º e 6º, do Código Penal, já analisadas acima. O art. 129, § 12, do Código Penal, com redação da Lei 13.142/15, prevê que "se a lesão for praticada contra autoridade ou agente descrito nos artigos 142 e 144 da Constituição Federal, integrantes do sistema prisional e da Força Nacional de Segurança Pública, no exercício da função ou em decorrência dela, ou contra seu cônjuge, companheiro ou parente consanguíneo até terceiro grau, em razão dessa condição, a pena é aumentada de um a

DIREITO PENAL

dois terços. De acordo com o art. 1º, I-A da Lei 8.072/90, constituem crime hediondo a lesão corporal dolosa de natureza gravíssima (art. 129, § 2º) e a lesão corporal seguida de morte (art. 129, § 3º), quando praticadas contra autoridade ou agente descrito nos arts. 142 e 144 da Constituição Federal, integrantes do sistema prisional e da Força Nacional de Segurança Pública, no exercício da função ou em decorrência dela, ou contra seu cônjuge, companheiro ou parente consanguíneo até terceiro grau, em razão dessa condição.

5.10 Art. 129, § 8º do Código Penal – perdão judicial

É aplicável ao crime de lesão corporal culposa o perdão judicial, nas mesmas circunstâncias em que se aplica ao homicídio culposo (art. 121, § 5º do Código Penal).

5.11 Art. 129, §§ 9º, 10 e 11 – lesão corporal no contexto de violência doméstica

O art. 129, §§ 9º a 11 do Código Penal trata da lesão corporal dolosa praticada em contexto de violência doméstica.

> **MUITA ATENÇÃO!**
>
> Essa hipótese se aplica tanto à vítima do sexo masculino quanto à vítima do sexo feminino. **A lei que trata especificamente da violência doméstica contra a mulher é a Lei 11.340/06.**
>
> Vale lembrar que, de acordo com a Súmula 600, do STJ, "Para a configuração da violência doméstica e familiar prevista no artigo 5º da Lei n. 11.340/2006 (Lei Maria da Penha) não se exige a coabitação entre autor e vítima".

5.12 Art. 129, § 13 – lesão corporal contra a mulher, por razões da condição do sexo feminino

De acordo com o art. 129, § 13 do Código Penal, acrescido pela Lei 14.188/21, quando o delito é cometido em razão da condição do sexo feminino da vítima, nos termos do § 2º-A do art. 121 do Código Penal, a pena é de reclusão, de 1 (um) a 4 (quatro) anos.

6. OMISSÃO DE SOCORRO (ART. 135 DO CÓDIGO PENAL)

A Sujeitos do delito:

- **Sujeito ativo:** trata-se de um crime comum, pois pode ser praticado por qualquer pessoa. O delito não admite coautoria. Se mais de uma pessoa se omitir na prestação de socorro, cada uma delas responderá como autor pela sua omissão.
- **Sujeito passivo:** criança abandonada ou extraviada, ou pessoa inválida ou ferida, ao desamparo ou em grave e iminente perigo (ou seja, o **sujeito passivo é próprio**).

B Elemento subjetivo do tipo: é um crime doloso.

C Elementos objetivos do tipo: o tipo prevê duas formas diferentes de inação: **a)** deixar de prestar assistência pessoal; ou **b)** deixar de pedir socorro da autoridade pública. **Somente quando não for possível ao agente prestar diretamente o socorro é que deve pedi-lo à autoridade pública. Se houver risco pessoal, a conduta é atípica.** É imprescindível que o omitente não tenha sido o causador do perigo, pois, caso contrário, transforma-se em garante ou garantidor (art. 13, § 2º, "c", do Código Penal), e assim pode ser responsabilizado por infração penal mais grave.

D Consumação e tentativa: o crime se consuma com a mera conduta omissiva. Não é possível a tentativa do delito.

E Causa de aumento de pena (art. 135, parágrafo único, do Código Penal): de acordo com o art. 135, parágrafo único, do Código Penal, a pena é aumentada de metade, se em razão da omissão de socorro sobrevém ao sujeito passivo lesão corporal de natureza grave, e triplicada, se resulta em morte. Trata-se de forma preterdolosa, ou seja, a omissão de socorro se configura através de dolo, e o resultado lesão grave ou morte resulta de culpa.

> **MUITA ATENÇÃO!**
>
> A Lei 12.653/12 tipificou no art. 135-A do Código Penal o crime de condicionamento de atendimento médico-hospitalar emergência. De acordo com a descrição típica, a conduta de se exigir cheque-caução, nota promissória ou qualquer garantia, bem como o preenchimento prévio de formulários administrativos como condição para o atendimento médico-hospitalar emergencial sujeito a agente à pena de detenção, de 3 (três) meses a 1 (um) ano, e multa. O parágrafo único do artigo prevê que a pena é aumentada até o dobro, se da negativa de atendimento resulta lesão corporal de natureza grave, e até o triplo, se resultar em morte.

7. RIXA (ART. 137 DO CÓDIGO PENAL)

A Sujeitos do delito:

- **Sujeito ativo:** trata-se de um crime comum, pois pode ser praticado por qualquer pessoa.
- **Sujeito passivo:** qualquer pessoa. Neste delito, os envolvidos são ao mesmo tempo sujeitos ativos e sujeitos passivos, uns da conduta dos outros.

B Elemento subjetivo do tipo: trata-se de um crime doloso.

C Elementos objetivos do tipo: o crime consiste em participar da rixa. A rixa é uma confusão generalizada, em que pessoas se agridem mutuamente. **Trata-se de um crime plurissubjetivo, ou de concurso necessário, que exige um mínimo de três pessoas para se caracterizar.**

D **Consumação e tentativa**: o crime se consuma com a efetiva troca de agressões. Prevalece que não é possível a tentativa do delito.

E **Formas qualificadas** (art. 137, parágrafo único, do Código Penal): o delito tem sua forma qualificada, com pena de detenção de 6 (seis) meses a 2 (dois) anos, quando se participa da rixa na qual ocorra morte ou lesão corporal grave. **Independente de apuração do responsável pela morte ou pela lesão grave, todos respondem pela rixa qualificada, inclusive a pessoa que sofre a lesão grave.**

8. CRIMES CONTRA A HONRA (ARTS. 138 A 145 DO CÓDIGO PENAL)

8.1 Distinções

O quadro a seguir enumera as principais distinções entre os crimes contra a honra:

Calúnia (art. 138 do Código Penal)	Imputação de fato determinado, sabidamente falso, previsto como crime	Ofende a honra objetiva (é a reputação, como a pessoa é vista na sociedade)
Difamação (art. 139 do Código Penal)	Imputação de fato determinado, desonroso, não importando em regra se é verdadeiro ou falso	Ofende a honra objetiva (é a reputação, como a pessoa é vista na sociedade)
Injúria (art. 140 do Código Penal)	Atribuição de qualidade negativa	Ofende a honra subjetiva (é a autoestima, a dignidade ou decoro, o que a pessoa pensa dela própria)

8.2 Art. 138 do Código Penal – calúnia

A **Sujeitos do delito**:

- **Sujeito ativo:** trata-se de crime comum, podendo ser praticado por qualquer pessoa. Todavia, há pessoas que têm imunidade, não respondendo por crimes contra a honra.
- **Sujeito passivo:** qualquer pessoa.

? **QUESTÃO**: O advogado tem imunidade em relação a crimes contra a honra?

➥ ***RESPOSTA:*** *Depende. De acordo com o art. 7º, § 2º, do Estatuto da OAB (Lei 8.906/94) "O advogado tem imunidade profissional, não constituindo injúria, difamação [ou desacato] puníveis qualquer manifestação de sua parte, no exercício de sua atividade, em juízo ou fora dele, sem prejuízo das sanções disciplinares perante a OAB, pelos excessos que cometer". Este artigo foi alvo de ação direta de inconstitucionalidade (ADI 1.127-8), tendo o STF decidido que o advogado pode responder por desacato praticado no exercício da atividade profissional. Assim, além de poder responder por desacato, o advogado também não tem imunidade quanto ao crime de calúnia. Todavia, é imune se praticar difamação e injúria no exercício da advocacia (CUNHA; GOMES, 2008, p. 78).*

? **QUESTÃO**: Um inimputável (por exemplo, um menor ou um deficiente mental) pode ser vítima de calúnia? E o morto, pode ser vítima de calúnia?

➥ ***RESPOSTA:*** *Os inimputáveis, como menores e deficientes mentais, não praticam crime, pois não são culpáveis. Todavia, de acordo com o art. 138, do Código Penal, a calúnia se caracteriza por se imputar a alguém "fato definido como crime". Observe que o artigo não exige que se impute um crime à vítima da calúnia, mas sim um "fato definido como crime", ou seja, um fato típico. Assim, um inimputável pode praticar um fato típico. Logo, pode ser vítima de calúnia.*

Em relação ao morto, o único tipo penal dos crimes contra a honra que se aplica é a calúnia. De acordo com o art. 138, § 2º, do Código Penal "é punível a calúnia contra os mortos". Contudo, nesse caso a vítima evidentemente não é o falecido, mas sim a sua família.

B **Tipicidade subjetiva**: é um crime doloso. O *caput* do art. 138 do Código Penal admite tanto dolo direto quanto eventual. **Já o § 1º somente se caracteriza se o agente atua com dolo direto, pois se exige que ele saiba que a ofensa é falsa.** É indispensável que o agente tenha intenção de ofender a honra da vítima. Assim, se o agente, por exemplo, somente quer brincar (o chamado ***animus jocandi***), criticar (***animus criticandi***), aconselhar (***animus consulendi***) ou narrar (***animus narrandi***), sem objetivo de ofender, sua conduta não configura crime.

C **Tipicidade objetiva**: a conduta incriminada é imputar a alguém, falsamente, um fato definido como crime. Assim, como foi apresentado como alternativa no **Exame Unificado da OAB de setembro de 2008**, "o agente que atribui a alguém a autoria de um estupro, ciente da falsidade da imputação, comete o crime de calúnia". Contudo, **se a imputação é de uma contravenção penal, a conduta deixa de ser uma calúnia, mas pode configurar difamação.** Aquele que divulga ou propala ("espalha"), mesmo sabendo que é falsa, a imputação do fato definido como crime também responde pela calúnia (art. 138, § 1º, do Código Penal).

D **Consumação e tentativa**: o crime de calúnia atinge a **honra objetiva**, ou seja, a reputação, a forma como a vítima é vista na sociedade. Assim, o crime se consuma quando terceiros tomam conhecimento da calúnia.

A tentativa é possível quando a calúnia é praticada por escrito (por exemplo, uma carta, que é interceptada pela vítima, sem que chegue ao conhecimento de terceiros).

E **Art. 138, § 3º, do Código Penal – exceção da verdade**

É possível que o agente faça prova da verdade da imputação que fez à vítima. Trata-se da chamada exceção da verdade. Se o agente conseguir provar que a imputação é verdadeira, o fato torna-se atípico. Todavia, há casos em que a exceção da verdade não é cabível. Leia os incisos do art. 138, § 3º, do Código Penal.

8.3 Art. 139, do Código Penal – difamação

A Sujeitos do delito:

- **Sujeito ativo:** qualquer pessoa, salvo aquelas que desfrutam de imunidade, por exemplo, o advogado, como mencionado anteriormente.
- **Sujeito passivo:** qualquer pessoa, inclusive pessoa jurídica, pelo entendimento que prevalece, pois esta tem uma reputação a zelar.

B Tipicidade subjetiva: o delito é punido a título de dolo, sendo imprescindível a vontade de ofender a reputação da vítima.

C Tipicidade objetiva: a conduta incriminada é difamar, ofender a reputação da vítima.

D Consumação e tentativa: o crime de difamação atinge a **honra objetiva**, ou seja, a reputação, a forma como a vítima é vista na sociedade. Assim, o crime se consuma quando terceiros tomam conhecimento do fato.

A tentativa é possível quando a difamação é praticada por escrito (por exemplo, uma carta, que é interceptada pela vítima, sem que chegue ao conhecimento de terceiros).

E Art. 139, parágrafo único, do Código Penal – exceção da verdade

Somente é cabível nesse delito a exceção da verdade se a vítima é funcionário público e a ofensa é **relativa ao exercício de suas funções.**

Observe o seguinte enunciado de questão, extraído do **Exame Unificado da OAB de fevereiro de 2012**: "Ana Maria, aluna de uma Universidade Federal, afirma que José, professor concursado da instituição, trai a esposa todo dia com uma gerente bancária". Qual o crime contra a honra caracterizado no caso? Trata-se de difamação, pois foi atribuído a José fato desabonador, que, todavia, não constitui crime. Seria cabível na situação a exceção da verdade? Não, pois, apesar de José ser funcionário público, o fato narrado não tem relação com sua atividade funcional.

8.4 Art. 140, do Código Penal – injúria

A Sujeitos do delito:

- **Sujeito ativo:** qualquer pessoa, salvo aquelas que desfrutam de imunidade, por exemplo, o advogado, como mencionado anteriormente.
- **Sujeito passivo:** qualquer pessoa, desde que tenha capacidade de entender que está sendo injuriada.

B Tipicidade subjetiva: é punido a título de dolo, sendo imprescindível a vontade de ofender a honra da vítima.

C Tipicidade objetiva: a conduta incriminada é injuriar alguém, ofendendo sua dignidade ou decoro.

D Consumação e tentativa: o crime de injúria tutela a **honra subjetiva**, ou seja, a forma como a vítima vê a si própria, sua dignidade ou decoro. Assim, o delito se consuma quando a vítima toma conhecimento da injúria.

Prevalece o entendimento de que é possível a tentativa do delito.

E Exceção da verdade: não é cabível exceção da verdade no crime de injúria.

F Perdão judicial: de acordo com o art. 140, § 1º, do Código Penal, o juiz pode deixar de aplicar a pena no delito de injúria em duas hipóteses: **a)** quando a vítima provocou a injúria; **b)** quando há uma retorsão imediata da injúria com outra injúria (resposta a uma injúria com outra).

G Injúria real – art. 140, § 2º, do Código Penal: é a injúria praticada por meio de violência ou vias de fato.

H Injúria preconceituosa – art. 140, § 3º, do Código Penal: nesse caso, o agente, para ofender a vítima, se utiliza de elementos referentes a raça, cor, etnia, religião etc.

Considere, agora, o seguinte enunciado de questão, extraído do **Exame Unificado da OAB de julho de 2017**: "Roberta, enquanto conversava com Robson, afirmou categoricamente que presenciou quando Caio explorava jogo do bicho, no dia 03/03/2017. No dia seguinte, Roberta contou para João que Caio era um 'furtador'. Caio toma conhecimento dos fatos, procura você na condição de advogado(a) e nega tudo o que foi dito por Roberta, ressaltando que ela só queria atingir sua honra [...]". No caso, quando Roberta afirmou ter presenciado quando Caio explorava jogo do bicho, praticou, a princípio, um crime de **difamação**, ao imputar ao mesmo um fato determinado, definido como **contravenção penal** (jogo de azar). Como acima referido, a calúnia se caracteriza com a conduta de imputar a alguém, falsamente, fato definido como crime, e não fato definido como contravenção penal. Quanto Roberta afirmou que Caio era um "furtador", sem narrativa de fato certo e determinado, a princípio, praticou um crime de **injúria**, atribuindo-lhe uma qualidade negativa, ofendendo sua dignidade ou decoro.

? **QUESTÃO**: Qual o tipo de ação penal nos crimes contra a honra?

➥ ***RESPOSTA:** A disciplina encontra-se no art. 145, do Código Penal. De regra, os crimes contra a honra são de ação penal de iniciativa privada. Todavia, essa regra comporta exceções.*

No caso de crime contra a honra do Presidente da República ou de chefe de governo estrangeiro, a ação penal é de iniciativa pública condicionada à requisição do Ministro da Justiça (art. 145, parágrafo único, combinado com o art. 141, I, do Código Penal).

No caso de crime contra a honra de funcionário público em razão de suas funções, a ação penal é de iniciativa pública, condicionada à representação (art. 145, parágrafo único, combinado com art. 141, II, do Código Penal). Porém, de acordo com a Súmula 714, do STF, a ação no caso pode ser tanto de iniciativa pública condicionada à representação quanto privada.

Foi apresentada a seguinte situação no ***Exame Unificado da OAB de setembro de 2009****: "Paulo Ricardo, funcionário público federal, foi ofendido em razão do exercício de suas funções, por Ana Maria". Nesse caso, segundo a Súmula 714 do STF, a legitimidade para a propositura da ação penal será concorrente, de Paulo Ricardo, através de queixa-crime (ação penal de iniciativa privada), ou do Ministério Público, sendo a ação de iniciativa pública condicionada à representação.*

No caso de injúria preconceituosa (art. 140, § 3º do Código Penal), a ação penal é de iniciativa pública condicionada à representação (art. 145, parágrafo único combinado com o art. 140, § 3º do Código Penal).

DICA IMPORTANTE

Recomendamos a leitura das disposições finais dos crimes contra a honra (arts. 141 a 145, do Código Penal), onde são abordados temas de suma relevância, como as causas de aumento que incidem nestes delitos e as modalidades de ação penal nos crimes contra a honra.

9. AMEAÇA (ART. 147 DO CÓDIGO PENAL)

A **Sujeitos do delito**:

- **Sujeito ativo**: trata-se de um crime comum, pois pode ser praticado por qualquer pessoa.
- **Sujeito passivo**: qualquer pessoa **natural**, **certa e determinada**, **com capacidade para compreender a ameaça** e sentir-se intimidada.

B **Elemento subjetivo do tipo**: trata-se de crime doloso. Exige-se que a ameaça seja **idônea**, séria, capaz de intimidar a vítima.

MUITA ATENÇÃO!

Embora haja divergência a respeito da questão, parte da doutrina e da jurisprudência entende que o dolo do agente é excluído se a ameaça se dá em um contexto de **ânimo exaltado**, como ira ou cólera, por exemplo, após intensa discussão.

Igualmente controvertida é a ameaça proferida em estado de **embriaguez**. Há entendimento de parte da doutrina e da jurisprudência de que a situação excluiria o dolo do agente.

C **Elementos objetivos do tipo**: o crime consiste em ameaçar alguém de causar-lhe mal injusto e grave. Ameaçar é buscar intimidar alguém, prometendo-lhe um mal **futuro**, **injusto** (não permitido pelo ordenamento jurídico) e **revestido de gravidade**. A ameaça pode se concretizar através de palavras, escritos ou gestos, ou qualquer outro meio simbólico (delito de forma livre).

D **Consumação e tentativa**: o crime se consuma quando a vítima tem conhecimento da ameaça, independentemente de se sentir intimidada (**crime formal**). Doutrina e jurisprudência admitem a tentativa quando a ameaça se dá por escrito.

E **Ação penal** (art. 147, parágrafo único, do Código Penal): no delito de ameaça a ação penal é de iniciativa pública, condicionada à representação.

10. PERSEGUIÇÃO (ART. 147-A DO CÓDIGO PENAL)

O crime de perseguição (designado em inglês por *stalking*) foi inserido no art. 147-A do Código Penal pela Lei 14.132/21, revogando o art. 65, da Lei de Contravenções Penais (Decreto-Lei 3.688/41). O delito será analisado na sequência.

A **Sujeitos do delito**:

- **Sujeito ativo**: trata-se de um crime comum, pois pode ser praticado por qualquer pessoa.
- **Sujeito passivo**: qualquer pessoa pode ser vítima do delito.

B **Elemento subjetivo do tipo**: trata-se de crime doloso.

C **Elementos objetivos do tipo**: o crime consiste em perseguir alguém, reiteradamente e por qualquer meio, ameaçando-lhe a integridade física ou psicológica, restringindo-lhe a capacidade de locomoção ou, de qualquer forma, invadindo ou perturbando sua esfera de liberdade ou privacidade. O delito demanda, para sua caracterização, que a perseguição seja **reiterada**, ou seja, trata-se de **crime habitual**. Uma conduta isolada não configura o crime. A perseguição reiterada pode se concretizar através de qualquer meio (delito de forma livre). De acordo como art. 147-A, § 2º, do Código Penal, as penas são aplicáveis sem prejuízo daquelas correspondentes à violência eventualmente praticada pelo agente.

D **Consumação e tentativa**: o crime se consuma com a reiteração dos atos de perseguição. Tratando-se de **crime habitual**, não é inadmissível a tentativa, pois um ato isolado não caracteriza o delito.

E **Causas de aumento de pena**: de acordo com o § 1º do art. 147-A do Código Penal, a pena é aumentada de metade se o crime é cometido: I – contra criança, adolescente ou idoso; II – contra mulher por razões da condição de sexo feminino, nos termos do § 2º-A do art. 121 do Código Penal; III – mediante concurso de 2 (duas) ou mais pessoas ou com o emprego de arma.

F **Ação penal** (art. 147-A, § 3º, do Código Penal): a ação penal é de iniciativa pública, condicionada à representação.

11. VIOLÊNCIA PSICOLÓGICA CONTRA A MULHER (ART. 147-B DO CÓDIGO PENAL)

O crime em questão foi inserido no art. 147-B do Código Penal pela Lei 14.188/21. O delito será analisado na sequência.

A **Sujeitos do delito**:

- **Sujeito ativo**: trata-se de um crime comum, pois pode ser praticado por qualquer pessoa.
- **Sujeito passivo**: trata-se de crime é próprio, figurando como ofendida pessoa com identidade de gênero feminina.

B **Elemento subjetivo do tipo**: trata-se de crime doloso.

C **Elementos objetivos do tipo**: o crime consiste em causar dano emocional à mulher que a prejudique e perturbe seu pleno desenvolvimento ou que vise a degradar ou a controlar suas ações, comportamentos, crenças e decisões, mediante ameaça, constrangimento, humilhação, manipulação, isolamento, chantagem, ridicularização, limitação do direito de ir e vir ou qualquer outro meio que cause prejuízo à sua saúde psicológica e autodeterminação. O delito não se restringe às situações de violência de gênero contra a mulher contempladas pela Lei 11.340/06 (Lei Maria da Penha). Como se extrai do preceito secundário do tipo penal, trata-se de **crime subsidiário**, ou seja, se caracterizada desde que a conduta não constitua crime mais grave.

D **Consumação e tentativa**: o crime se consuma com a provocação do **dano emocional** à vítima. Trata-se de delito material. É possível a tentativa.

E **Ação penal**: a ação penal é de iniciativa pública incondicionada.

12. SEQUESTRO E CÁRCERE PRIVADO (ART. 148 DO CÓDIGO PENAL)

A **Sujeitos do delito:**

- **Sujeito ativo**: trata-se de um crime comum, pois pode ser praticado por qualquer pessoa, sem se exigir qualquer qualidade especial do agente.
- **Sujeito passivo**: qualquer pessoa.

B **Elemento subjetivo do tipo**: é um crime doloso. Se o agente atua com um fim especial de agir, pode-se configurar outro crime, por exemplo, extorsão mediante sequestro (art. 159 do Código Penal).

? QUESTÃO: Qual a distinção do crime de sequestro (art. 148, do Código Penal) para o crime de extorsão mediante sequestro (art. 159, do Código Penal)?

RESPOSTA: *O crime de sequestro é um delito contra a liberdade individual. A intenção do agente é privar a vítima da liberdade. Já o crime de extorsão mediante sequestro é um delito contra o patrimônio. O objetivo do agente com a privação da liberdade da vítima é receber uma vantagem como resgate.*

MUITA ATENÇÃO!

Como foi indagado no **Exame Unificado da OAB de junho de 2010**, o crime de extorsão mediante sequestro é um delito formal, consumando-se com a privação da liberdade da vítima, seguida da indevida exigência de resgate. O recebimento da vantagem é mero exaurimento, consumando-se o crime independentemente do agente receber o resgate pretendido.

A questão foi novamente abordada no **Exame Unificado da OAB de dezembro de 2013**, no seguinte enunciado de questão: "Lúcia, objetivando conseguir dinheiro, sequestra Marcos, jovem cego. Quando estava escrevendo um bilhete para a família de Marcos, estipulando o valor do resgate, Lúcia fica sabendo, pela própria vítima, que sua família não possui dinheiro algum. Assim, verificando que nunca conseguiria obter qualquer ganho, Lúcia desiste da empreitada criminosa e coloca Marcos dentro de um ônibus, orientando-o a descer do coletivo em determinado ponto". Na situação descrita, "Lúcia deve responder pelo delito de extorsão mediante sequestro em sua modalidade consumada". Como já assinalado, o recebimento da vantagem é mero exaurimento do crime de extorsão mediante sequestro, consumando-se o crime independentemente do agente receber o resgate pretendido.

Considere, agora, a seguinte situação, extraída de questão do **Exame Unificado da OAB de junho de 2019**: "Em 05/10/2018, Lúcio, com o intuito de obter dinheiro para adquirir uma moto em comemoração ao seu aniversário de 18 anos, que aconteceria em 09/10/2018, sequestra Danilo, com a ajuda de um amigo ainda não identificado. No mesmo dia, a dupla entra em contato com a família da vítima, exigindo o pagamento da quantia de R$ 50.000,00 (cinquenta mil reais) para sua liberação. Duas semanas após a restrição da liberdade da vítima, período durante o qual os autores permaneceram em constante contato com a família da vítima exigindo o pagamento do resgate, a polícia encontrou o local do cativeiro e conseguiu libertar Danilo, encaminhando, de imediato, Lúcio à Delegacia. Em sede policial, Lúcio entra em contato com o advogado da família [...]".

Para solução da questão, deve-se atentar para o fato de que se trata de **crime permanente**. Ou seja, a consumação da infração penal se prolonga no tempo. Desse modo, embora o agente fosse menor quando iniciada a conduta, o crime permanece em consumação durante todo o período de privação de liberdade da vítima. Logo, se o agente completa a maioridade penal durante a prática da infração

MUITA ATENÇÃO! penal permanente, responde pelo crime. Como acima referido, o delito de extorsão mediante sequestro é **crime formal**, consumando-se independentemente do recebimento da vantagem pretendida pelo agente.

C Elementos objetivos do tipo: o crime consiste em privar a liberdade de locomoção de alguém. O sequestro é uma privação sem confinamento, ficando a vítima presa em uma área maior (por exemplo, em um sítio); já o cárcere privado é uma privação com confinamento (a vítima é presa em ambiente restrito, por exemplo, um cômodo).

D Consumação e tentativa: o crime se consuma com a privação da liberdade da vítima. **É delito permanente, ou seja, enquanto privada a liberdade, a consumação se prolonga no tempo**. É admissível a tentativa do delito.

E Formas qualificadas (art. 148, §§ 1º e 2º do Código Penal): o delito tem sua forma qualificada, com pena de reclusão de 2 (dois) a 5 (cinco) anos quando: **a)** a vítima é ascendente, descendente, cônjuge ou companheiro do agente, ou é maior de 60 (sessenta) anos; **b)** o crime é praticado mediante internação da vítima em casa de saúde ou hospital; **c)** a privação de liberdade dura mais de 15 (quinze) dias; **d)** o crime é praticado contra menor de 18 (dezoito) anos; **e)** o crime é praticado para fins libidinosos. **De acordo com o § 2º do art. 148, a pena é de 2 (dois) a 8 (oito) anos de reclusão se resulta à vítima, em virtude de maus-tratos ou da natureza da detenção, grave sofrimento físico ou moral.**

DIREITO PENAL

CAPÍTULO XI

CRIMES CONTRA O PATRIMÔNIO

1. FURTO (ART. 155 DO CÓDIGO PENAL)

A **Bem jurídico tutelado**: o bem jurídico tutelado é o patrimônio.

B **Sujeitos do delito**:

- **Sujeito ativo:** pode ser sujeito ativo do delito qualquer pessoa, salvo o proprietário do bem furtado.
- **Sujeito passivo:** pode ser sujeito passivo do delito qualquer pessoa, inclusive pessoa jurídica.

C **Tipicidade subjetiva**: como regra nos crimes contra o patrimônio, o furto é punido a título de dolo. Exige o tipo o fim especial de apoderar-se da coisa subtraída para si ou para outrem para configuração do delito. Se o agente se apodera da coisa com o fim somente de usá-la, não se caracteriza o dolo e o fato é atípico (**é o chamado furto de uso**).

? **QUESTÃO**: Existe crime contra o patrimônio que é punível a título de culpa?

➥ ***RESPOSTA**: Sim. O crime de receptação é punível a título de culpa. De regra, a receptação é dolosa. Todavia, excepcionalmente, o art. 180, § 3º, do Código Penal prevê a modalidade culposa do crime de receptação, que será mais adiante analisada.*

D **Tipicidade objetiva**: a conduta incriminada é a de subtrair coisa alheia móvel. Há discussão na doutrina se a subtração de coisas com valor somente sentimental, sem valor econômico, configura furto. A coisa subtraída deve ser alheia. Entende-se que a subtração de semoventes, como, por exemplo, gado, também caracteriza furto. O furto de gado é chamado de ***abigeato***.

E **Consumação e tentativa**: há quem defenda que o crime se consuma somente quanto o agente tem a posse mansa e pacífica da coisa. Todavia, de acordo com o entendimento prevalente, a consumação do delito ocorre quando a coisa subtraída passa a estar à disposição do agente, mesmo que por curto espaço de tempo, dispensando-se o deslocamento ou posse mansa e pacífica (**é a chamada teoria da *amotio***). O delito de furto admite tentativa.

F **Causa de aumento de pena – furto noturno** (art. 155, § 1º, do Código Penal): de acordo com o dispositivo, a pena do furto é aumentada de 1/3 (um terço) se o delito é praticado durante o repouso noturno. Prevalece que mesmo não estando habitado o imóvel se aplica da causa de aumento se a subtração ocorre no período em que comumente as pessoas estão em repouso à noite. A causa de aumento somente se aplica ao *caput* do art. 155 do Código Penal.

G **Furto privilegiado** (art. 155, § 2º, do Código Penal): de acordo com o dispositivo, a pena do delito pode ser substituída, de reclusão para detenção, ou reduzida de 1/3 (um terço) a 2/3 (dois terços), ou ainda ser aplicada somente a pena de multa, se: **a)** o agente é primário, e **b)** a coisa é de pequeno valor. Os requisitos são cumulativos. De acordo com parte da jurisprudência, **é de pequeno valor a subtração que não ultrapassa um salário mínimo**.

? **QUESTÃO**: É possível o furto qualificado-privilegiado?

➥ ***RESPOSTA**: Há divergência na doutrina e na jurisprudência quanto ao tema.*

A) *Uma primeira posição defende que o privilégio é incompatível com a qualificadora. Assim, não se aplicaria a causa de diminuição de pena ao furto qualificado.*

B) *Uma segunda corrente defende que se pode aplicar o privilégio mesmo ao furto qualificado, para beneficiar ao réu. Todavia, de acordo com a Súmula 511, do STJ: "É possível o reconhecimento do privilégio previsto no § 2º. do art. 155 do CP nos casos de furto qualificado, se estiverem presentes a primariedade do agente, o pequeno valor da coisa e a qualificadora for de ordem objetiva".*

H **Furto de energia** (art. 155, § 3º, do Código Penal): conforme o dispositivo, equipara-se à coisa móvel a energia elétrica ou qualquer outra que tenha valor econômico.

I **Furto qualificado** (art. 155, § 4º, do Código Penal): a pena do furto passa a ser de reclusão de 2 (dois) a 8 (oito) anos, e multa, se o crime é cometido:

> I – com destruição ou rompimento de obstáculo à subtração da coisa (Atenção: não é a coisa subtraída que é destruída, mas sim um obstáculo à coisa. Por exemplo, o agente quebra o vidro do carro para atingir uma bolsa no interior do veículo).

II – com abuso de confiança, ou mediante fraude, escalada ou destreza. (Atenção: escalada é o uso de uma via anormal para ingressar no local em que se encontra a coisa, não necessariamente uma subida, podendo ser, por exemplo, através de túneis. A destreza exige uma peculiar habilidade do agente, que pratica o crime sem que a vítima perceba).

No **Exame Unificado da OAB de fevereiro de 2020** foi narrada a seguinte situação: "Inconformado por estar desempregado, Lúcio resolve se embriagar. Quando se encontrava no interior do coletivo retornando para casa, ele verifica que o passageiro sentado à sua frente estava dormindo, e o telefone celular deste estava solto em seu bolso. Aproveitando-se da situação, Lúcio subtrai o aparelho sem ser notado pelo lesado, que continuava dormindo profundamente. Ao tentar sair do coletivo, Lúcio foi interpelado por outro passageiro, que assistiu ao ocorrido, iniciando-se uma grande confusão, que fez com que o lesado acordasse e verificasse que seu aparelho fora subtraído. Após denúncia pelo crime de furto qualificado pela destreza e regular processamento do feito, Lúcio foi condenado nos termos da denúncia, sendo, ainda, aplicada a agravante da embriaguez preordenada, já que Lúcio teria se embriagado dolosamente. Considerando apenas as informações expostas e que os fatos foram confirmados, o(a) advogado(a) de Lúcio, no momento da apresentação de recurso de apelação, poderá requerer [...]".

No contexto descrito no enunciado, não deve incidir a qualificadora do furto referente à **destreza**. Como mencionado acima, a destreza exige uma **peculiar habilidade do agente**, que pratica o crime sem que a vítima perceba. E, no caso, segundo a questão, a vítima estava dormindo, com o telefone solto em seu bolso. Assim, como o contexto não exigiu uma habilidade especial do agente, o advogado deverá requerer que a qualificadora seja afastada, respondendo Lúcio por furto simples.

Deverá, ainda, pedir o afastamento da agravante referente à **embriaguez preordenada** (art.61, II, "l", do Código Penal). Afinal, o estado de embriaguez preordenada pressupõe que o agente voluntariamente se embriague **com a finalidade de cometer a infração penal**. No caso, Lúcio **não se embriagou para o cometimento do crime**.

? **QUESTÃO**: Qual a diferença do furto mediante fraude para o crime de estelionato?

➥ ***RESPOSTA***: *No furto praticado mediante fraude, o agente emprega uma fraude para facilitar a subtração da coisa. Ou seja, o agente tem que subtrair, retirar a coisa da vítima. É o caso de alguém que se faz passar por vendedor de produtos em domicílios, ingressa em uma casa a pretexto de oferecer produtos, e de lá subtrai algo.* ***Já no caso do estelionato, a vítima, enganada, entrega voluntariamente a coisa ao agente. Neste caso, não há subtração, mas entrega da coisa pela vítima.***

? **QUESTÃO**: Qual a distinção entre o crime de furto com abuso de confiança e o crime de apropriação indébita?

➥ ***RESPOSTA***: *Em relação ao crime de furto qualificado pelo abuso de confiança, o agente tem mero contato com a coisa, mas desde o início tem dolo de subtrair o bem. É o caso de uma empregada doméstica, que tem contato com os bens da casa, pela confiança nela depositada pelos patrões. Se ela decide subtrair um bem, pode caracterizar abuso de confiança.* ***Já no delito de apropriação indébita, o agente tem inicialmente a posse legítima do bem. Todavia, posteriormente, inverte a posse em propriedade, passando a agir como dono da coisa.***

? **QUESTÃO**: Qual a distinção entre o crime de estelionato para o crime de apropriação indébita?

➥ ***RESPOSTA***: *A diferença está no dolo do agente. No crime de estelionato, o agente tem o chamado* ***dolo ab initio***. *Ou seja, desde o início a intenção do agente é de enganar a vítima. Já no delito de apropriação indébita (art. 168, do Código Penal), inicialmente o agente detém a posse legítima da coisa. Apenas posteriormente é que surge o dolo de não restituir a coisa à vítima, agindo como se fosse dono.*

III – com emprego de chave falsa.

IV – mediante concurso de duas ou mais pessoas. Se o crime for cometido por associação criminosa (art. 288, do Código Penal) não incide esta qualificadora, para evitar *bis in idem*.

De acordo com o art. 155, § 4º-A, do Código Penal, incluído pela Lei 13.654/18, a pena do crime de furto é de 4 (quatro) a 10 (dez) anos de reclusão e multa, se houver emprego de explosivo ou de artefato análogo que cause perigo comum. Com o advento da Lei 13.964/19, tal crime passou a ser considerado hediondo (art. 1º, IX, da Lei 8.072/90).

O art. 155, § 4º-B, do Código Penal, incluído pela Lei 14.155/21, disciplina a forma qualificada do crime de furto, praticado mediante fraude, através de dispositivo eletrônico ou de informática. De acordo com o dispositivo, a pena do furto é de 4 (quatro) a 8 (oito) anos de reclusão e multa se o delito é cometido mediante fraude por meio de dispositivo eletrônico ou informático, conectado ou não à rede de computadores, com ou sem a violação de mecanismo de segurança ou a utilização de programa malicioso, ou por qualquer outro meio fraudulento análogo. O art. 155, § 4º-C, do Código Penal, incluído pela Lei 14.155/21, dispõe que a pena prevista no § 4º-B, considerada a relevância do resultado gravoso: I – aumenta-se de 1/3 (um terço) a 2/3 (dois terços), se o crime é praticado mediante a utilização de servidor mantido fora do território nacional; II – aumenta-se de 1/3 (um terço) ao dobro, se o crime é praticado contra idoso ou vulnerável. Deve-se considerar idosa a pessoa com idade igual ou superior a 60 (sessenta) anos (art. 1º da Lei 10.741/03). O conceito de vulnerável consta do art. 217-A, ou seja, trata-se do menor de quatorze anos e da pessoa que, por enfermidade ou deficiência mental, não tem condições de discernimento.

Outra forma qualificada do furto é prevista do art. 155, § 5º, do Código Penal, segundo a qual a pena é de reclusão de 3 (três) a 8 (oito) anos, se a subtração for de veículo automotor que venha a ser transportado para outro Estado ou para o exterior.

Ainda de acordo com o art. 155, § 6º, do Código Penal, a pena cominada ao delito é de reclusão de 2 (dois) a 5 (cinco) anos se a subtração for de semovente domesticável de produção, ainda que abatido ou dividido em partes no local da subtração. A forma qualificada envolve o furto de gado (também chamado de *abigeato*).

Por fim, conforme a redação do art. 155, §7º, do Código Penal, incluído pela Lei 13.654/18, a pena do furto é de 4 (quatro) a 10 (dez) anos de reclusão e multa, se a subtração for de substâncias explosivas ou de acessórios que, conjunta ou isoladamente, possibilitem sua fabricação, montagem ou emprego.

2. ROUBO (ART. 157, DO CÓDIGO PENAL)

A Sujeitos do delito:

- **Sujeito ativo:** qualquer pessoa, salvo o proprietário da coisa.
- **Sujeito passivo:** é o proprietário, possuidor, detentor ou qualquer pessoa contra quem se empregou a violência ou grave ameaça na subtração.

B Tipicidade subjetiva: como regra nos crimes contra o patrimônio, o roubo é punido a título de dolo. Exige-se o fim especial, de apoderar-se da coisa subtraída para si ou para outrem. Todavia, diferentemente do furto, **não se admite o "roubo de uso"**.

C Tipicidade objetiva: a conduta incriminada consiste na subtração de uma coisa alheia móvel, mediante violência ou grave ameaça à pessoa. O *caput* do art. 157 do Código Penal tipifica o chamado roubo próprio. O art. 157, § 1º, do Código Penal prevê a figura do denominado roubo impróprio. Este último, na verdade, é um furto que se transformou em roubo. Há, inicialmente, a subtração, e depois é empregada a violência ou grave ameaça, com o fim de assegurar o produto do crime. A subtração é antecedente à violência ou grave ameaça.

? **QUESTÃO**: Qual a diferença do crime de roubo (art. 157, do Código Penal) para o crime de extorsão (art. 158, do Código Penal)?

➥ ***RESPOSTA:*** *A diferença do roubo para a extorsão reside na conduta da vítima. Se a conduta da vítima é indispensável para o agente obter a vantagem pretendida, está-se diante de um crime de extorsão. Exemplo típico de extorsão é o chamado sequestro-relâmpago. A vítima é levada a uma agência bancária e, para que o agente obtenha a vantagem econômica, ele depende da conduta da vítima, por exemplo, para obter a senha bancária. Contudo, se o agente pode obter a vantagem econômica independentemente de comportamento da vítima, está-se diante de um crime de roubo.*

D Consumação e tentativa: o roubo próprio consuma-se, para uma primeira corrente, com o apoderamento da coisa, dispensando a posse mansa e pacífica. Para uma segunda corrente, consuma-se com a posse mansa e pacífica da coisa. O STJ editou a Súmula 582, dispondo que: "Consuma-se o crime de roubo com a inversão da posse do bem mediante emprego de violência ou grave ameaça, ainda que por breve tempo e em seguida à perseguição imediata ao agente e recuperação da coisa roubada, sendo prescindível a posse mansa e pacífica ou desvigiada." Ou seja, para o STJ a consumação não depende de posse mansa e pacífica da coisa. O roubo próprio admite tentativa. O roubo impróprio consuma-se com o apoderamento, seguido da violência ou grave ameaça. Quanto à tentativa, prevalece o entendimento de que ela não é possível no roubo impróprio.

E Causas de aumento de pena: de acordo com o art. 157, § 2º do Código Penal, com a redação da Lei 13.654/18, a pena do roubo é aumentada de 1/3 (um terço) até 1/2 (metade):

> I – (revogado pela Lei 13.654/18).
>
> II – se há o concurso de duas ou mais pessoas.
>
> III – se a vítima está em serviço de transporte de valores e o agente conhece tal circunstância.
>
> IV – se a subtração for de veículo automotor, que venha a ser transportado para outro Estado ou para o exterior.
>
> V – se o agente mantém a vítima em seu poder, restringindo a sua liberdade, quando for necessário para garantir o sucesso do delito.
>
> VI – se a subtração for de substâncias explosivas ou de acessórios que, conjunta ou isoladamente, possibilitem sua fabricação, montagem ou emprego.
>
> VII – se a violência ou grave ameaça é exercida com emprego de arma branca (redação da Lei 13.964/19, com entrada em vigor em 23/01/2020).

De acordo com o art. 157, § 2º-A do Código Penal, com a redação da Lei 13.654/18, a pena do roubo é aumentada de 2/3 (dois terços):

> I – se a violência ou ameaça é exercida com emprego de arma de fogo.

? **QUESTÃO**: O emprego de arma de fogo de brinquedo ou desmuniciada autoriza o aumento de pena?

➥ ***RESPOSTA***: *O emprego de arma de brinquedo não mais autoriza o aumento de pena. A Súmula 174, do STJ, que autorizava o aumento da pena nesse caso, foi cancelada. Segundo defende parte da doutrina, arma desmuniciada ou inapta para disparo também não faz incidir a causa de aumento de pena, por não apresentar capacidade de lesionar (GRECO, 2010, p. 410-411).*

II – se há destruição ou rompimento de obstáculo mediante o emprego de explosivo ou de artefato análogo que cause perigo comum.

MUITA ATENÇÃO!

A Lei 13.654/18 revogou o art. 157, §2º, I, do Código Penal, que previa o aumento da pena do crime de roubo de 1/3 (um terço) até 1/2 (metade) "se a violência ou grave ameaça é exercida com emprego de **arma**". Referida lei acrescentou ao art. 157, do Código Penal, o §2º-A, dispondo que a pena do crime de roubo é aumentada de 2/3 (dois terços) "se a violência ou ameaça é exercida com emprego de **arma de fogo**".

Prevalecia o entendimento de que, na redação revogada do art. 157, §2º, I, do Código Penal, o termo "arma" englobava, para majoração de pena, tanto a chamada "arma própria", ou seja, o instrumento destinado ao ataque ou à defesa, como uma arma de fogo ou uma arma branca, quando a chamada "arma imprópria", o instrumento que não fora concebido para utilização como arma, mas que possa servir de arma, como, por exemplo, uma faca de cozinha ou uma tesoura (GRECO, 2010, p. 410).

MUITA ATENÇÃO!

Todavia, a redação conferida pela Lei 13.654/18 ao art. 157, §2º-A, do Código Penal **previu apenas a incidência da causa de aumento de pena para o emprego de arma de fogo**. Dessa forma, com a alteração legislativa o emprego de outra modalidade de arma para a subtração poderia ser considerada como circunstância judicial, na primeira fase de aplicação da pena, e não causa de aumento de pena.

A Lei 13.964/19, com entrada em vigor em 23/01/2020, alterou o cenário. Fora acrescentado o inciso VII ao § 2º do art. 157, do Código Penal, prevendo que a pena do roubo é aumentada de 1/3 (um terço) até 1/2 (metade) se a violência ou grave ameaça é exercida com emprego de arma branca. Logo, **o emprego de arma branca voltou a configurar causa de aumento de pena no crime de roubo**. Por se tratar de norma prejudicial ao agente, somente se aplica a casos praticados após sua entrada em vigor.

Por fim, de acordo com o art. 157, § 2º-B do Código Penal, acrescido pela Lei 13.964/19, a pena prevista no *caput* do art. 157 do Código Penal é dobrada se a violência ou grave ameaça no crime de roubo é exercida com emprego de arma de fogo de uso restrito ou proibido.

F Forma qualificada (art. 157, § 3º, I e II, do Código Penal, com redação conferida pela Lei 13.654/18): o delito de roubo é qualificado se da violência empregada resulta lesão corporal grave ou morte. Se da violência empregada para a subtração resultar lesão corporal de natureza grave, a pena é de 7 (sete) a 18 (dezoito) anos de reclusão, e multa. Se resultar morte, a pena é de 20 (vinte) a 30 (trinta) anos de reclusão, e multa. Caso resulte morte, o delito é comumente chamado de latrocínio. O latrocínio se consuma com a subtração da coisa e a morte da vítima. **Todavia, de acordo com a Súmula 610 do STF, quando a subtração é consumada e a morte é tentada, o latrocínio é tentado. Se a subtração é tentada e a morte é consumada, o latrocínio é consumado.**

Desta forma, está correta a alternativa apresentada no **Exame Unificado da OAB de setembro de 2008**, que afirma que "pratica o crime de latrocínio o agente que subtrai uma bolsa mediante violência a pessoa, em face da qual resulta morte da vítima".

De acordo com o art. 1º, II, da Lei 8.072/90, com redação conferida pela Lei 13.964/19, são considerados crimes hediondos: **a)** o roubo com pena aumentada pela restrição de liberdade da vítima (art. 157, § 2º, inciso V); **b)** o roubo com aumento de pena pelo emprego de arma de fogo (art. 157, § 2º-A, I, do Código Penal) ou pelo emprego de arma de fogo de uso proibido ou restrito (art. 157, § 2º-B, do Código Penal) e **c)** o roubo qualificado pelo resultado lesão corporal grave ou morte (art. 157, § 3º, do Código Penal).

3. APROPRIAÇÃO INDÉBITA (ART. 168 DO CÓDIGO PENAL)

A Bem jurídico tutelado: o tipo penal tutela a posse e a propriedade.

B Sujeitos do delito:

- **Sujeito ativo**: é um crime comum, podendo ser praticado por qualquer pessoa, diversa do proprietário, que tenha a posse ou a detenção lícita de coisa alheia móvel.
- **Sujeito passivo**: é o proprietário do bem e, excepcionalmente, o possuidor.

C Tipicidade subjetiva: trata-se de um crime doloso. Exige, ainda, a caracterização do fim especial de agir, consistente na vontade obter proveito em benefício próprio ou de outra pessoa.

D Tipicidade objetiva: a conduta incriminada consiste em apropriar-se, ou seja, tomar para si, inverter a posse em propriedade, passando o possuidor a agir como se fosse dono da coisa alheia móvel. O agente tem a posse legítima do bem, sem ser vigiado (**posse desvigiada**), e inverte a posse em propriedade. Pode se caracterizar o delito inclusive por omissão, quando o agente se nega a restituir a coisa ao proprietário.

E **Consumação e tentativa**: o delito se consuma no momento em que o sujeito ativo inverte o título da posse ou da detenção, **passando a agir como se fosse dono da coisa** (ou seja, com o chamado *animus rem sibi habendi*).

A doutrina é controvertida acerca da possibilidade de tentativa do delito. Isto porque é difícil de se demarcar o momento em que o agente passa a atuar como se fosse dono da coisa, invertendo a posse ou detenção em propriedade. Todavia, prevalece que é possível a tentativa.

F **Causas de aumento de pena**: o art. 168, § 1º do Código Penal prevê que a pena do delito é aumentada de 1/3 (um terço) quando o agente recebeu a coisa: **I** – em depósito necessário; **II** – na qualidade de tutor, curador, síndico, liquidatário, inventariante, testamenteiro ou depositário judicial; **III** – em razão de ofício, emprego ou profissão.

> **MUITA ATENÇÃO!**
>
> O art. 168-A do Código Penal tipifica a chamada **apropriação indébita previdenciária.**
> Trata-se de uma **forma especial do delito de apropriação indébita**, que se configura quando o agente deixa de repassar à Previdência Social as contribuições previdenciárias recolhidas de contribuintes.

No **Exame Unificado da OAB de maio de 2008** foi narrada a seguinte situação: "Júlio, empresário, deixou de recolher, no prazo legal, contribuição destinada à previdência social que ele havia descontado de pagamento efetuado a segurado". Como se vê, trata-se de conduta típica de apropriação indébita previdenciária.

Se antes do início da execução fiscal o agente espontaneamente confessa e efetua o pagamento das verbas devidas, ocorrerá a extinção da punibilidade do fato (art. 168-A, § 2º, do Código Penal).

Observe a seguinte questão, extraída do **Exame Unificado da OAB de abril de 2007**: "No crime de apropriação indébita previdenciária, o pagamento integral dos débitos oriundos da falta de recolhimento de contribuições sociais, efetuado posteriormente ao recebimento da denúncia é: A) causa de exclusão da tipicidade; B) causa de extinção da punibilidade; C) indiferente penal; D) circunstância atenuante". Qual a resposta? Como já referido, ocorrerá a extinção da punibilidade do fato (alternativa "B").

Ainda de acordo com o art. 168-A, § 3º do Código Penal, no crime de apropriação indébita previdenciária é facultado ao juiz deixar de aplicar a pena, concedendo perdão judicial, ou aplicar somente a de multa se o agente for primário e de bons antecedentes, desde que: **I** – tenha promovido, após o início da ação fiscal e antes de oferecida a denúncia, o pagamento da contribuição social previdenciária, inclusive acessórios; ou **II** – o valor das contribuições devidas, inclusive acessórios, seja igual ou inferior àquele estabelecido pela previdência social, administrativamente, como sendo o mínimo para o ajuizamento de suas execuções fiscais. Todavia, de acordo com o §4º do art. 168-A, do Código Penal, incluído pela Lei 13.606/18, **"a faculdade prevista no § 3º deste artigo não se aplica aos casos de parcelamento de contribuições cujo valor, inclusive dos acessórios, seja superior àquele estabelecido, administrativamente, como sendo o mínimo para o ajuizamento de suas execuções fiscais".**

> **MUITA ATENÇÃO!**
>
> Como já mencionado, o crime de apropriação indébita exige o fim especial de agir, consistente na vontade obter proveito em benefício próprio ou de outra pessoa (o chamado *animus rem sibi habendi*). Todavia, o entendimento dominante na doutrina é no sentido de que **a apropriação indébita previdenciária não exige, para se configurar, o fim especial de agir – *animus rem sibi habendi.***

4. ESTELIONATO (ART. 171, DO CÓDIGO PENAL)

A **Sujeitos do delito:**

- **Sujeito ativo**: é crime comum, podendo ser praticado por qualquer pessoa.
- **Sujeito passivo**: pode ser qualquer pessoa. A vítima deve ser capaz, pois, se a vítima for incapaz, a conduta pode caracterizar o crime do art. 173 do Código Penal (abuso de incapaz). **A vítima deve ser certa e determinada** (se a vítima for incerta, pode configurar delito contra a economia popular, nos termos da Lei 1.521/51).

B **Tipicidade subjetiva**: trata-se de crime doloso, exigindo-se ainda o fim especial de agir, consistente na intenção de obter lucro ou proveito indevido.

Considere a seguinte situação, extraída de questão do **Exame Unificado da OAB de junho de 2021**: "Francisco foi vítima de uma contravenção penal de vias de fato, pois, enquanto estava de costas para o autor, recebeu um tapa em sua cabeça. Acreditando que a infração teria sido praticada por Roberto, seu desafeto que estava no local, compareceu em sede policial e narrou o ocorrido, apontando, de maneira precipitada, o rival como autor. Diante disso, foi instaurado procedimento investigatório em desfavor de Roberto, sendo, posteriormente, verificado em câmeras de segurança que, na verdade, um desconhecido teria praticado o ato. Ao tomar conhecimento dos fatos, antes mesmo de ouvir Roberto ou Francisco, o Ministério Público ofereceu denúncia em face deste, por denunciação caluniosa [...]". Pelo que foi narrado, Francisco, de forma precipitada, apontou seu desafeto Roberto como autor da infração penal. Logo, não se evidencia o **dolo direto**, ou seja, Francisco **não sabia** que Roberto era inocente. Assim, a conduta é **atípica** em relação à denunciação caluniosa.

C **Tipicidade objetiva**: a conduta incriminada é a de induzir ou manter alguém em erro, mediante emprego de fraude, visando o agente vantagem econômica indevida, em prejuízo de outrem.

? **QUESTÃO**: A fraude bilateral exclui o delito?

➥ ***RESPOSTA***: *A fraude bilateral ocorre quando a vítima também age com má-fé. Segundo entendimento dominante, não se exige que a vítima esteja de boa-fé. Mesmo que a vítima também esteja de má-fé, o agente responde por estelionato (PRADO, 2010, p. 579-580).*

D **Consumação e tentativa**: o delito se consuma com a obtenção de vantagem ilícita, com prejuízo alheio. A tentativa do crime é admissível.

E **Estelionato privilegiado**: de acordo com o art. 171, § 1º do Código Penal, se o agente é primário, e é de pequeno valor o prejuízo, o juiz pode aplicar a pena conforme o disposto no art. 155, § 2º dispositivo já analisado.

MUITA ATENÇÃO! O § 2º do art. 171 do Código Penal enumera condutas que também seriam tratadas com subtipos do estelionato. Recomendamos a leitura do dispositivo legal.

F **Estelionato qualificado**:

De acordo com o art. 171, § 2º-A, do Código Penal, incluído pela Lei 14.155/21, a pena do delito de estelionato é de reclusão, de 4 (quatro) a 8 (oito) anos, e multa, se a fraude é cometida com a utilização de informações fornecidas pela vítima ou por terceiro induzido a erro por meio de redes sociais, contatos telefônicos ou envio de correio eletrônico fraudulento, ou por qualquer outro meio fraudulento análogo.

O art. 171, § 2º-B, do Código Penal, incluído pela Lei 14.155/21, por sua vez, prevê a majoração da pena para tal modalidade de estelionato, dispondo que a pena prevista no § 2º-A, considerada a relevância do resultado gravoso, aumenta-se de 1/3 (um terço) a 2/3 (dois terços), se o crime é praticado mediante a utilização de servidor mantido fora do território nacional.

G **Causas de aumento de pena**: de acordo com o art. 171, § 3º, do Código Penal, a pena aumenta-se de um terço, se o crime é cometido em detrimento de entidade de direito público ou de instituto de economia popular, assistência social ou beneficência. Ainda de acordo com o §4º do art. 171, do Código Penal, com redação conferida pela Lei 14.155/21, a pena do delito é aumentada de 1/3 (um terço) ao dobro se o crime de estelionato é praticado contra idoso ou vulnerável, considerada a relevância do resultado gravoso. Deve-se considerar idosa a pessoa com idade igual ou superior a 60 (sessenta) anos (art. 1º da Lei 10.741/03). O conceito de vulnerável consta do art. 217-A, ou seja, trata-se do menor de quatorze anos e da pessoa que, por enfermidade ou deficiência mental, não tem condições de discernimento.

MUITA ATENÇÃO! Até a advento da Lei 13.964/19, com entrada em vigor em 23/01/2020, o estelionato, de regra, era delito de ação penal de iniciativa pública incondicionada. Todavia, com a entrada em vigor da Lei 13.964/19, fora acrescentado o § 5º ao at. 171, do Código Penal, prevendo que a ação penal no crime de estelionato "Somente se procede mediante representação, salvo se a vítima for: I - a Administração Pública, direta ou indireta; II - criança ou adolescente; III - pessoa com deficiência mental; ou IV - maior de 70 (setenta) anos de idade ou incapaz". Logo, com o advento da referida lei, **a regra passa a ser a ação penal de iniciativa pública condicionada à representação** para o delito de estelionato.

5. RECEPTAÇÃO (ART. 180, DO CÓDIGO PENAL)

A **Sujeitos do delito**:

- **Sujeito ativo**: trata-se de um crime comum, podendo ser praticado por qualquer pessoa.
- **Sujeito passivo**: a receptação pressupõe a prática de um crime anterior. Assim, a vítima do delito é a mesma do crime antecedente.

B **Tipicidade subjetiva**: trata-se de crime doloso. Exige ainda o fim especial de agir, consistente na vontade de obter proveito indevido, para si ou para outrem. Somente se configura o crime, na modalidade do *caput* do art. 180 do Código Penal, através de **dolo direto**, pois o tipo exige que o agente saiba que a coisa seja produto de crime anterior.

C **Tipicidade objetiva**: a chamada **receptação própria** se configura com a conduta de adquirir, receber, transportar, conduzir ou ocultar, em proveito próprio ou alheio, coisa que se sabe ser produto de crime. A **receptação imprópria** consiste em influir para que terceiro de boa-fé adquira, receba ou oculte coisa que sabe ser produto de crime.

? **QUESTÃO**: Se a coisa for produto de contravenção penal, caracteriza-se o delito de receptação?

➥ ***RESPOSTA***: *Como o tipo penal prevê somente a hipótese da coisa ser produto de crime, não está abrangida a prática de contravenção penal anterior. Logo, a conduta é atípica.*

? **QUESTÃO**: Caso o autor do fato anterior seja inimputável, ainda assim, o agente responde por receptação?

➥ ***RESPOSTA***: *Sim, pois segundo o art. 180, § 4º, do Código Penal, "a receptação é punível, ainda que desconhecido ou isento de pena o autor do crime de que proveio a coisa".*

DIREITO PENAL

D **Consumação e tentativa**: a receptação própria se consuma com a prática de qualquer das condutas descritas no tipo, incluída a coisa na esfera de disponibilidade do agente. Nas modalidades transportar, conduzir ou ocultar o delito é permanente e a consumação se prolonga no tempo. Admite-se a tentativa do crime.

A receptação imprópria se consuma com o ato de influir, pouco importando se o terceiro adquiriu, recebeu ou ocultou a coisa. A maioria da doutrina entende que não é possível a tentativa nesse caso.

E **Receptação qualificada**: o art. 180, § 1º, do Código Penal tipifica a forma qualificada do delito, consistente nas condutas de "adquirir, receber, transportar, conduzir, ocultar, ter em depósito, desmontar, montar, remontar, vender, expor à venda, ou de qualquer forma utilizar, em proveito próprio ou alheio, no exercício de atividade comercial ou industrial, coisa que deve saber ser produto de crime". O § 2º do dispositivo equipara a atividade comercial qualquer forma de comércio irregular ou clandestino, inclusive o exercido em residência.

A Lei 13.330/16 previu ainda no art. 180-A do Código Penal punição mais severa, de 2 (dois) a 5 (cinco) anos de reclusão e multa, para a conduta de adquirir, receber, transportar, conduzir, ocultar, ter em depósito ou vender, com a finalidade de produção ou de comercialização, semovente domesticável de produção, ainda que abatido ou dividido em partes, que deva o agente saber ser produto de crime.

F **Receptação culposa**: o § 3º do art. 180 do Código Penal tipifica a modalidade culposa da receptação, a saber, "adquirir ou receber coisa que, por sua natureza ou pela desproporção entre o valor e o preço, ou pela condição de quem a oferece, deve presumir-se obtida por meio criminoso".

De acordo com o art. 180, § 5º do Código Penal, é possível a aplicação de perdão judicial à receptação culposa se o criminoso é primário, e tendo-se em consideração as circunstâncias do caso. Em se tratando de receptação dolosa, aplica-se o disposto no § 2º do art. 155 do Código Penal.

G **Causa de aumento de pena**: de acordo com o art. 180, § 6º, do Código Penal, com a redação da Lei 13.531/17, tratando-se de bens integrantes do patrimônio da União, de Estado, do Distrito Federal, de Município ou de autarquia, fundação pública, empresa pública, sociedade de economia mista ou empresa concessionária de serviços públicos, a pena prevista no *caput* do artigo aplica-se em dobro.

MUITA ATENÇÃO!

A Lei 13.804/19 previu no art. 278-A da Lei 9.503/97 (Código de Trânsito Brasileiro) medidas de prevenção e repressão ao contrabando, ao descaminho, ao furto, ao roubo e à receptação. De acordo com o dispositivo: "Art. 278-A. O condutor que se utilize de veículo para a prática do crime de receptação, descaminho, contrabando, previstos nos arts. 180, 334 e 334-A do Decreto-Lei nº 2.848, de 7 de dezembro de 1940 (Código Penal), condenado por um desses crimes em decisão judicial transitada em julgado, terá cassado seu documento de habilitação ou será proibido de obter a habilitação para dirigir veículo automotor pelo prazo de 5 (cinco) anos. § 1º O condutor condenado poderá requerer sua reabilitação, submetendo-se a todos os exames necessários à habilitação, na forma deste Código. § 2º No caso do condutor preso em flagrante na prática dos crimes de que trata o caput deste artigo, poderá o juiz, em qualquer fase da investigação ou da ação penal, se houver necessidade para a garantia da ordem pública, como medida cautelar, de ofício, ou a requerimento do Ministério Público ou ainda mediante representação da autoridade policial, decretar, em decisão motivada, a suspensão da permissão ou da habilitação para dirigir veículo automotor, ou a proibição de sua obtenção".

6. DISPOSIÇÕES GERAIS DOS CRIMES CONTRA O PATRIMÔNIO (ART. 181-183 DO CÓDIGO PENAL)

6.1 Escusas absolutórias (art. 181 do Código Penal)

O art. 181, do Código Penal trata das escusas absolutórias ou imunidades patrimoniais absolutas. Segundo a doutrina, tratam-se de **causas especiais de exclusão da punibilidade do fato**. De acordo com o artigo, é isento de pena quem comete qualquer dos crimes contra o patrimônio em prejuízo:

> I – Do cônjuge, na constância da sociedade conjugal.

? QUESTÃO: O dispositivo se aplica em caso de união estável?

RESPOSTA: *A questão é controvertida na doutrina e na jurisprudência.* ***A.*** *Uma primeira corrente entende que não abrange o companheiro na união estável, pois é uma norma de exceção, cabendo interpretação restritiva.* ***B.*** *Uma segunda corrente entende que abrange o convivente na união estável, por analogia in bonam partem (GRECO, 2010, p. 543-544).*

> II – De ascendente ou descendente.

6.2 Imunidades relativas (art. 182 do Código Penal)

O art. 182 do Código Penal prevê hipóteses em que ocorre a alteração da natureza jurídica da ação penal nos crimes contra o patrimônio. Segundo o dispositivo, a ação penal nos crimes contra o patrimônio passa a ser condicionada à representação se o delito é cometido em prejuízo:

> I – do cônjuge separado judicialmente.
>
> II – de irmãos.

> III – de tio ou sobrinho com quem o agente coabita.

Por fim, o art. 183, do Código Penal estabelece que as imunidades absolutas ou relativas, nos crimes patrimoniais, não se aplicam:

> I – se o crime é de roubo, extorsão, ou qualquer outro em que haja violência ou grave ameaça à pessoa;
>
> II – ao estranho que participa do fato;
>
> III – se o crime é praticado contra pessoa com idade igual ou superior a 60 (sessenta) anos.

Considere o seguinte enunciado, extraído do **Exame Unificado da OAB de setembro de 2010**: "Paula Rita convenceu sua mãe adotiva, Maria Aparecida, de 50 anos de idade, a lhe outorgar um instrumento de mandato para movimentar sua conta bancária, ao argumento de que poderia ajudá-la a efetuar pagamento de contas, pequenos saques, pegar talões de cheques etc., evitando assim que a mesma tivesse que se deslocar para o banco no dia a dia. De posse da referida procuração, Paula Rita compareceu à agência bancária onde Maria Aparecida possuía conta e sacou todo o valor que a mesma possuía em aplicações financeiras, no total de R$150.000,00 (cento e cinquenta mil reais), apropriando-se do dinheiro antes pertencente a sua mãe".

Quais as implicações penais do caso? Primeiramente, vamos analisar qual seria a tipificação do fato. Seria um furto mediante fraude ou um estelionato? Como demonstramos ao analisar a distinção entre esses crimes, no furto mediante fraude o agente tem que subtrair efetivamente a coisa. Já no estelionato, a coisa é entregue pela vítima ao agente, sendo que para isso é enganada. Assim, a situação descrita seria um crime de estelionato (art. 171, do Código Penal).

Todavia, no caso quem pratica o delito é a filha adotiva da vítima. E, nessa situação, pelo art. 181, II, do Código Penal, a autora do delito seria isenta de pena.

Considere, agora, o seguinte enunciado de questão, extraído do **Exame Unificado da OAB de julho de 2015**: "Marcondes, necessitando de dinheiro para comparecer a uma festa no bairro em que residia, decide subtrair R$ 1.000,00 do caixa do açougue de propriedade de seu pai. Para isso, aproveita-se da ausência de seu genitor, que, naquele dia, **comemorava seu aniversário de 63 anos**, para arrombar a porta do estabelecimento e subtrair a quantia em espécie necessária". Nesse caso, **como o genitor do agente conta com idade superior a 60 (sessenta) anos**, nos termos do art. 183, III, do Código Penal, "Marcondes deverá responder pelo crime de furto qualificado".

A situação fora novamente abordada no **Exame Unificado da OAB de novembro de 2018. Considere o seguinte trecho enunciado de questão**: "Leonardo, nascido em 20/03/1976, estava em dificuldades financeiras em razão de gastos contínuos com entorpecente para consumo. Assim, em 05/07/2018, subtraiu, em comunhão de ações e desígnios com João, nascido em 01/01/1970, o aparelho de telefonia celular de seu pai, Gustavo, nascido em 05/11/1957, tendo João conhecimento de que Gustavo era genitor do comparsa. Após a descoberta dos fatos, Gustavo compareceu em sede policial, narrou o ocorrido e indicou os autores do fato, que vieram a ser denunciados pelo crime de furto qualificado pelo concurso de agentes. No momento da sentença, confirmados os fatos, o juiz reconheceu a causa de isenção de pena em relação aos denunciados, considerando a condição de a vítima ser pai de um dos autores do fato. Inconformado com o teor da sentença, Gustavo, na condição de assistente de acusação habilitado, demonstrou seu interesse em recorrer [...]". Observe que o enunciado da questão narra que a vítima Gustavo nasceu em 05/11/1957. Logo, na data da subtração, em 05/07/2018, **Gustavo contava com idade superior a 60 (sessenta) anos.** Assim, nos termos do art. 183, III, do Código Penal, Leonardo e João não fazem jus à causa de isenção de pena da escusa absolutória.

CAPÍTULO XII

CRIMES CONTRA A DIGNIDADE SEXUAL

1. ESTUPRO (ART. 213, DO CÓDIGO PENAL)

A Sujeitos do delito:

- **Sujeito ativo:** pode ser qualquer pessoa, por se tratar de um crime comum.
- **Sujeito passivo:** qualquer pessoa.

B Tipicidade subjetiva: o crime de estupro é um delito doloso.

C Tipicidade objetiva: a conduta incriminada é constranger, ou seja, forçar, obrigar, alguém, mediante violência ou grave ameaça, a ter **conjunção carnal**, ou a praticar ou permitir que com ela se pratique **outro ato libidinoso**. A conjunção carnal consiste na cópula entre homem e mulher, na cópula vagínica. O ato libidinoso consiste em qualquer outra conduta perpetrada pelo agente de cunho sexual (por exemplo, sexo oral, coito anal, masturbação). O delito pressupõe resistência da vítima, que se opõe à conjunção carnal ou ao ato libidinoso. O estupro, sempre, é um crime hediondo (art. 1º, V, da Lei 8.072/90).

D Consumação e tentativa: o delito se consuma com a cópula carnal (introdução do pênis na vagina), ainda que parcial, ou com a prática do ato libidinoso. O delito admite a tentativa.

E Forma qualificada (art. 213, §§ 1º e 2º do Código Penal): de acordo com o art. 213, § 1º, do Código Penal, o delito é qualificado, com pena de 8 (oito) a 12 (doze) anos de reclusão se da conduta resulta lesão corporal de natureza grave ou se a vítima é maior de 14 (quatorze) anos e menor de 18 (dezoito) anos de idade. Ainda de acordo com o § 2º do art. 213 do Código Penal, tem-se outra forma qualificada, com pena de 12 (doze) a 30 (trinta) anos de reclusão, se da conduta resulta morte. Trata-se de modalidade de crime **preterdoloso**, em que a lesão corporal grave ou a morte advêm a título de culpa.

Assim, considere as seguintes situações extraídas de questão do **Exame Unificado da OAB de abril de 2014**: "[...] I. João constrange Maria, por meios violentos, a ter com ele relação sexual. Em virtude da violência empregada para a consumação do ato, Maria sofre lesões corporais de natureza grave que a levam a óbito. II. Joaquim constrange Benedita, por meio de grave ameaça, a ter com ele relação sexual. Após o coito Benedita falece em decorrência de ataque cardíaco, pois padecia, desde criança, de cardiopatia grave, condição desconhecida por Joaquim". No primeiro caso, o agente responde por estupro qualificado pelo resultado morte. Na segunda situação, deve ser responsabilizado por estupro simples, pois o agente não atuou com dolo ou culpa para causar a morte da vítima, visto que não sabia que a mesma padecia de cardiopatia grave.

2. ESTUPRO DE VUNERÁVEL (ART. 217-A, DO CÓDIGO PENAL)

A Sujeitos do delito:

- **Sujeito ativo:** pode ser qualquer pessoa, por se tratar de um crime comum.
- **Sujeito passivo:** trata-se de pessoa vulnerável, ou seja, de menor de 14 (quatorze) anos de idade (*caput* do art. 217-A, do Código Penal) ou de pessoa portadora de enfermidade ou deficiência mental ou incapaz de discernimento para a prática do ato, ou que, por qualquer outra causa, não tem condições de resistência (§1º do art. 217-A, do Código Penal).

B Tipicidade subjetiva: o crime de estupro de vulnerável é um delito doloso, devendo o agente ter ciência de que atua em face de pessoa vulnerável.

C Tipicidade objetiva: a conduta incriminada é praticar ato libidinoso com vítima vulnerável, não importando o meio de execução. O crime se configura independentemente do consentimento da vítima ou do fato de ela ter mantido relações sexuais anteriormente (§5º do art. 217-A, do Código Penal, inserido pela Lei 13.718/18). O estupro de vulnerável é um crime hediondo (art. 1º, VI, da Lei 8.072/90).

D Consumação e tentativa: o delito se consuma com a prática do ato libidinoso. É possível a tentativa.

E **Forma qualificada** (art. 217-A, §§ 3º e 4º do Código Penal): de acordo com o art. 217-A, § 3º, do Código Penal, o delito é qualificado, com pena de 10 (dez) a 20 (vinte) anos de reclusão se da conduta resulta lesão corporal de natureza grave, a título de culpa. Ainda de acordo com o § 4º do art. 217-A do Código Penal, tem-se outra forma qualificada, com pena de 12 (doze) a 30 (trinta) anos de reclusão, se da conduta resulta morte, a título de culpa. Trata-se, portanto, de modalidade de crime **preterdoloso**, em que a lesão corporal grave ou a morte advêm a título de culpa.

? **QUESTÃO**: Qual a diferença do crime de estupro (art. 213 do Código Penal) para o delito de estupro de vulnerável (art. 217-A, do Código Penal)?

➥ ***RESPOSTA**: É a condição de vulnerável da vítima. De acordo com o art. 217-A, do Código Penal, são consideradas vulneráveis aquelas pessoas que não possuem suficiente capacidade de discernimento para consentir, de forma válida, com a prática do ato sexual. São vulneráveis os menores de 14 (quatorze) anos de idade, bem como aqueles que por enfermidade ou deficiência mental não têm discernimento para a prática do ato sexual, ou, por qualquer razão, não podem oferecer resistência. De acordo com a Súmula 593, do STJ: "O crime de estupro de vulnerável se configura com a conjunção carnal ou prática de ato libidinoso com menor de 14 anos, sendo irrelevante eventual consentimento da vítima para a prática do ato, sua experiência sexual anterior ou existência de relacionamento amoroso com o agente".*

Caso ocorra relação sexual **consentida** com pessoa **maior de 14 (quatorze) anos e com capacidade de discernimento**, a conduta é atípica. Veja a seguinte situação, extraída de enunciado de questão do **Exame Unificado da OAB de julho de 2016**: "Durante dois meses, Mário, 45 anos, e Joana, 14 anos, mantiveram relações sexuais em razão de relacionamento amoroso. Apesar do consentimento de ambas as partes, ao tomar conhecimento da situação, o pai de Joana, revoltado, comparece à Delegacia e narra o ocorrido para a autoridade policial, esclarecendo que o casal se conhecera no dia do aniversário de 14 anos de sua filha". Nesse caso, a conduta de Mário é **atípica**, em razão do consentimento de Joana.

A relação sexual **consentida** fora novamente abordada no seguinte enunciado de questão do **Exame Unificado da OAB de fevereiro de 2020**: "Yuri foi denunciado pela suposta prática de crime de estupro qualificado em razão da idade da vítima, porque teria praticado conjunção carnal contra a vontade de Luana, de 15 anos, mediante emprego de grave ameaça. No curso da instrução, Luana mudou sua versão e afirmou que, na realidade, havia consentido na prática do ato sexual, sendo a informação confirmada por Yuri em seu interrogatório [...]". No caso, ante o consentimento, não houve constrangimento à vítima, mediante violência ou grave ameaça, sendo, assim, **atípica** a conduta.

3. AÇÃO PENAL (ART. 225, DO CÓDIGO PENAL)

A regra acerca da ação penal nos crimes contra a liberdade sexual e nos crimes sexuais contra vulnerável encontra-se prevista no art. 225, do Código Penal. Até o advento da Lei 13.718/18, de regra, a ação penal era de iniciativa pública condicionada à representação (art. 225, *caput*, do Código Penal, com redação anterior à Lei 13.718/18). Excepcionalmente, a ação penal era pública incondicionada, tratando-se de vítima menor de 18 (dezoito) anos ou vulnerável (art. 225, parágrafo único, do Código Penal, com redação anterior à Lei 13.718/18).

Todavia, **a Lei 13.718/18 alterou a disciplina da matéria**, passando a prever no art. 225 do Código Penal que a regra em tais crimes é a **ação penal de iniciativa pública incondicionada**. Assim, a partir do advento de referida lei, a ação penal nos crimes contra a liberdade sexual e nos crimes sexuais contra vulnerável passou a ser de iniciativa pública incondicionada.

4. CAUSAS DE AUMENTO (ART. 226, I, II E IV E ART. 234-A, III E IV, DO CÓDIGO PENAL)

De acordo com o art. 226 do Código Penal, a pena dos delitos contra a liberdade sexual e dos crimes sexuais contra vulnerável é aumentada:

I. De quarta parte, se o crime é praticado mediante o concurso de 2 (duas) ou mais pessoas.

II. de metade, se o agente é ascendente, padrasto ou madrasta, tio, irmão, cônjuge, companheiro, tutor, curador, preceptor ou empregador da vítima ou por qualquer outro título tiver autoridade sobre ela.

A Lei 13.718/18 previu no art. 226, IV, do Código Penal, aumento de pena de 1/3 (um terço) a 2/3 (dois terços) no delito de estupro, se o crime é praticado mediante concurso de 2 (dois) ou mais agentes (estupro coletivo) ou para controlar o comportamento social ou sexual da vítima (estupro corretivo).

? **QUESTÃO**: Qual a diferença da causa de aumento prevista no art. 226, I, do Código Penal, para aquela do estupro coletivo (art. 226, IV, "a", do Código Penal)?

➥ ***RESPOSTA**: Segundo Rogério Sanches Cunha, embora ambas as hipóteses se refiram ao concurso de pessoas, com diferença na fração de aumento da pena, é possível compatibilizar os dispositivos. A causa de aumento do estupro coletivo prevista no inciso IV, "a", do art. 226 do Código Penal deve se restringir aos crimes de estupro e de estupro de vulnerável, ao passo que a causa de aumento do art. 226, I, do Código Penal se aplica aos demais delitos* *contra a liberdade sexual e crimes sexuais contra vulnerável. (CUNHA, Rogério Sanches.* **Atualização legislativa: Lei 13.718/2018**. *Salvador: Juspodivm, 2018. p. 18-19).*

Por fim, dispõe o art. 234-A, III e IV do Código Penal, com redação da Lei 13.718/18, que a pena nos delitos contra a dignidade sexual é aumentada: III - de metade a 2/3 (dois terços), se do crime resulta gravidez; IV - de 1/3 (um terço) a 2/3 (dois terços), se o agente transmite à vítima doença sexualmente transmissível de que sabe ou deveria saber ser portador, ou se a vítima é idosa ou pessoa com deficiência.

? **QUESTÃO**: Qual a solução jurídica se o agente pratica, em um mesmo contexto, conjunção carnal e outros atos libidinosos contra a vítima?

➥ ***RESPOSTA***: *Tem-se entendido que a prática de mais de um ato, no mesmo contexto, configura crime único. Assim, responde o agente por somente um estupro.*

MUITA ATENÇÃO!

A Lei 13.718/18 trouxe importantes modificações nos crimes contra a dignidade sexual, algumas delas acima analisadas.

Cabe ainda mencionar que a Lei tipificou no art. 215-A do Código Penal a importunação sexual, com revogação da contravenção penal do art. 61 do Decreto-lei 3.688/41 (importunação ofensiva ao pudor). Ou seja, a conduta que antes era punida através da contravenção penal referida passa agora a caracterizar o crime do art. 215-A, do Código Penal, com pena de reclusão, de 1 a 5 anos, se o ato não constitui crime mais grave. Como já mencionado, a lei penal prejudicial ao réu não se aplica a fatos anteriores à sua entrada em vigor. Logo, em caso de fatos praticados antes do advento da Lei 13.718/18, o agente deve ser responsabilizado pela contravenção penal do art. 61 do Decreto-lei 3.688/41.

Por fim, foi tipificada no art. 218-C, do Código Penal, a divulgação de cena de estupro e de estupro de vulnerável, e de sexo ou pornografia sem autorização dos envolvidos.

CAPÍTULO XIII

CRIMES CONTRA A PAZ PÚBLICA

1. ASSOCIAÇÃO CRIMINOSA (ART. 288 DO CÓDIGO PENAL)

O crime que merece maior atenção no título do Código Penal destinado à tutela da paz pública é o delito de associação criminosa. Antes do advento da Lei 12.850/13, tal infração penal tinha por *nomen juris* "quadrilha ou bando". As principais alterações promovidas pela Lei 12.850/13 serão analisadas na sequência.

A Sujeitos do delito:

- **Sujeito ativo:** trata-se de um crime comum, pois pode ser praticado por qualquer pessoa, sem se exigir qualidade especial do agente. É um **crime plurissubjetivo, exigindo um número mínimo de três pessoas para configurar-se a associação criminosa.** Atente-se para o fato de que, pela redação do art. 288 do Código Penal antes do advento da Lei 12.850/13, o crime de quadrilha ou bando exigia um mínimo de quatro pessoas para sua caracterização. Devem ser computados para integrar o número mínimo de três pessoas inclusive os inimputáveis, como os menores, e ainda indivíduos não identificados que atuaram na prática do delito.
- **Sujeito passivo:** o sujeito passivo do delito é a coletividade.

B Elemento subjetivo do tipo: trata-se de um crime doloso. Exige o fim especial de agir, consistente na finalidade de "cometer crimes".

C Elementos objetivos do tipo: o tipo penal exige que a associação criminosa tenha o fim especial de cometer crimes, **necessariamente dolosos. Não se configura o delito de associação criminosa se o fim dos agentes é o cometimento de contravenções penais**, sendo a associação para esta finalidade conduta atípica. Para a configuração do delito, **a doutrina e a jurisprudência exigem que a associação seja estável e permanente.** Associação eventual não configura a infração penal.

D Classificação: trata-se de um **crime plurissubjetivo** ou de concurso necessário (exige no mínimo **três** pessoas). É um crime permanente, pois a consumação se prolonga no tempo.

E Consumação e tentativa: consuma-se quando o grupo se torna estável e duradouro. Prevalece que não é possível a tentativa do delito.

F Causas de aumento de pena: de acordo com o parágrafo único do art. 288 do Código Penal, com a redação da Lei 12.850/13, se a associação é armada, a pena é aumentada de até metade. Antes do advento da Lei 12.850/13, a pena era aplicada em dobro. Logo, por se tratar de alteração benéfica para o réu, deve retroagir, alcançando fatos ocorridos antes de sua entrada em vigor, na forma do art. 2º, parágrafo único, do Código Penal. Prevalece o entendimento de que basta um dos integrantes estar armado para incidir o aumento de pena. A Lei 12.850/13 previu, ainda, que a pena do delito é aumentada de até metade se envolver a participação de criança ou adolescente. Nesse caso, o agente deve ter conhecimento de que o envolvido é criança ou adolescente, para se evitar a responsabilidade penal objetiva.

G Legislação penal especial: na disciplina da Lei 11.343/06 (Lei de Drogas), bastam duas pessoas para a caracterização da associação para o tráfico (art. 35). Pelo art. 8º, *caput*, da Lei 8.072/90 (Lei de Crimes Hediondos), se a associação criminosa tem por finalidade a prática de crimes definidos como hediondos e equiparados, a pena é de 3 (três) a 6 (seis) anos de reclusão. Também é importante atentar para as distinções do tipo penal da associação criminosa, nos moldes do art. 288 do Código Penal, para a definição de organização criminosa, trazida no art. 1º, § 1º, da Lei 12.850/13. De acordo com a disposição legal, "considera-se organização criminosa a associação de 4 (quatro) ou mais pessoas estruturalmente ordenada e caracterizada pela divisão de tarefas, ainda que informalmente, com objetivo de obter, direta ou indiretamente, vantagem de qualquer natureza, mediante a prática de infrações penais cujas penas máximas sejam superiores a 4 (quatro) anos, ou que sejam de caráter transnacional".

MUITA ATENÇÃO!

A Lei 12.720/12 tipificou no art. 288-A do Código Penal o crime de constituição de milícia privada. De acordo com a descrição típica, a conduta incriminada é "Constituir, organizar, integrar, manter ou custear organização paramilitar, milícia particular, grupo ou esquadrão com a finalidade de praticar qualquer dos crimes previstos neste Código. Pena – reclusão, de 4 (quatro) a 8 (oito) anos".

CAPÍTULO XIV

CRIMES CONTRA A FÉ PÚBLICA

1. FALSIFICAÇÃO DE DOCUMENTO PÚBLICO (ART. 297 DO CÓDIGO PENAL)

A Sujeitos do delito:

- **Sujeito ativo:** trata-se de um crime comum, pois pode ser praticado por qualquer pessoa, sem se exigir qualquer qualidade especial do agente.
- **Sujeito passivo:** o sujeito passivo do delito é o Estado e, eventualmente, um terceiro prejudicado pela conduta. Se o sujeito ativo do delito é um funcionário público e se vale do cargo para cometer o crime, a pena é aumentada de 1/6 (um sexto) (art. 297, § 1º, do Código Penal).

B Elemento subjetivo do tipo: trata-se de um crime doloso, caracterizando-se tanto por dolo direto quanto eventual.

C Elementos objetivos do tipo: são incriminadas duas condutas: **a) falsificar**, ou seja, o agente "monta", "cria" um documento público falso, e **b) alterar** um documento público verdadeiro, que é modificado em sua substância (por exemplo, rasurar, substituindo-se palavras). Nestes casos, tem-se a chamada **falsidade material**, pois o corpo do documento é alterado. Para que se caracterize o crime é necessário que a falsificação seja **apta a enganar**. Fala-se que o documento deve ser uma **imitação da verdade**. Se a falsificação é grosseira, facilmente perceptível, não se configura o crime. Para que o documento seja considerado público, são necessários dois requisitos: **a)** que seja elaborado por funcionário público no exercício da função, e **b)** que sejam cumpridas as formalidades legais a ele pertinentes. De acordo com o art. 297, do Código Penal, são equiparados a documento público: **a)** os emanados de entidade paraestatal; **b)** título ao portador ou transmissível por endosso; **c)** as ações de sociedade empresária; **d)** os livros mercantis; **e)** o testamento particular. A cópia autenticada de documento público é considerada documento público.

D Consumação e tentativa: consuma-se com a mera falsificação ou alteração do documento, mesmo que não seja utilizado. É possível a tentativa do delito.

MUITA ATENÇÃO!

Crime de falsidade e estelionato (Súmula 17, do STJ):

De acordo com a Súmula 17 do STJ, "Quando o falso se exaure no estelionato, sem mais potencialidade lesiva, é por este absorvido". **Assim, a falsidade do documento é absorvida, respondendo o sujeito ativo somente pelo estelionato, desde que o falso de esgote no estelionato praticado, não tendo aptidão para ser usado no cometimento de outra fraude.** Logo, está correta a seguinte afirmativa, extraída do **Exame Unificado da OAB de maio de 2009**: "Quem falsifica determinado documento exclusivamente para o fim de praticar um único estelionato não responderá pelos dois delitos, mas apenas pelo crime contra o patrimônio".

Considere, agora, a seguinte situação, extraída de questão do **Exame Unificado da OAB de fevereiro de 2020**: "Maria, em uma loja de departamento, apresentou roupas no valor de R$ 1.200 (mil e duzentos reais) ao caixa, buscando efetuar o pagamento por meio de um cheque de terceira pessoa, inclusive assinando como se fosse a titular da conta. Na ocasião, não foi exigido qualquer documento de identidade. Todavia, o caixa da loja desconfiou do seu nervosismo no preenchimento do cheque, apesar da assinatura perfeita, e consultou o banco sacado, constatando que aquele documento constava como furtado. Assim, Maria foi presa em flagrante naquele momento e, posteriormente, denunciada pelos crimes de estelionato e falsificação de documento público, em concurso material [...]". No caso, Maria praticou a falsificação visando à vantagem patrimonial do estelionato (**crime meio-crime fim**). Logo, aplica-se a **Súmula 17, do STJ**, a falsidade é absorvida pelo estelionato. No caso, houve **tentativa** de estelionato, pois Maria não obteve a vantagem patrimonial por **circunstâncias alheias à sua vontade**, quando descoberto tratar-se de cheque furtado. Assim, Maria deve ser responsabilizada apenas pelo crime de estelionato, na forma tentada, afastando-se o concurso de crimes.

2. FALSIFICAÇÃO DE DOCUMENTO PARTICULAR (ART. 298 DO CÓDIGO PENAL)

A Sujeitos do delito:

- **Sujeito ativo:** trata-se de um crime comum, pois pode ser praticado por qualquer pessoa, sem se exigir qualquer qualidade especial do agente.

- **Sujeito passivo:** o sujeito passivo do delito é o Estado e, eventualmente, um terceiro prejudicado pela conduta.

B **Elemento subjetivo do tipo**: trata-se de um crime doloso.

C **Elementos objetivos do tipo**: são incriminadas duas condutas: **a) falsificar**, ou seja, o agente "monta", "cria" um documento particular falso, e **b) alterar** um documento particular verdadeiro, que é modificado em sua substância (por exemplo, rasurar, substituindo-se palavras). Nestes casos, tem-se a chamada **falsidade material**, pois o corpo do documento é alterado. O conceito de documento particular é obtido por exclusão, ou seja, o documento que não é público é particular. Um documento público nulo é considerado documento particular. **Para que se caracterize o crime é necessário que a falsificação seja apta a enganar. Se a falsificação é grosseira, facilmente perceptível, não se configura o crime.**

Veja a seguinte questão formulada no **Exame Unificado da OAB de fevereiro de 2011**: "Ao concluir o curso de Engenharia, Arli, visando fazer uma brincadeira, inseriu à caneta, em seu diploma, declaração falsa sobre fato juridicamente relevante". Qual a solução jurídica para o caso? Segundo o enunciado da questão, a informação foi inserida a caneta e por brincadeira. Nesse caso, há indicativo de que a conduta não seria capaz de ofender a fé pública, vez que a falsidade seria grosseira. Assim, a conduta não constitui crime.

D **Consumação e tentativa**: consuma-se com a mera falsificação ou alteração do documento, mesmo que não seja utilizado. É possível a tentativa do delito.

3. FALSIDADE IDEOLÓGICA (ART. 299 DO CÓDIGO PENAL)

A **Sujeitos do delito**:

- **Sujeito ativo:** trata-se de um crime comum, pois pode ser praticado por qualquer pessoa, sem se exigir qualquer qualidade especial do agente.
- **Sujeito passivo:** o sujeito passivo do delito é o Estado e, eventualmente, um terceiro prejudicado pela conduta. Se o sujeito ativo do delito é um funcionário público e este se vale do cargo para cometer o delito, ou se a falsificação ou alteração é de assentamento de registro civil, a pena é aumentada de 1/6 (um sexto) (art. 299, parágrafo único, do Código Penal).

B **Elemento subjetivo do tipo**: trata-se de um crime doloso. Exige-se, ainda, o fim especial de agir, consistente no fim determinado de prejudicar direito, criar obrigação ou alterar a verdade de fato juridicamente relevante.

C **Elementos objetivos do tipo**: são incriminadas as condutas de omitir, inserir ou de fazer inserir declaração falsa ou diversa da que deveria constar no documento. **Omitir** é não fazer a declaração devida ou a fazer de forma incompleta. **Inserir** é introduzir diretamente o conteúdo. E **fazer inserir** é provocar a elaboração do documento. Assim, **o crime pode ser praticado na forma comissiva (ação) ou omissiva**. O documento pode ser público ou particular. **A diferença da falsidade ideológica para a falsidade material é que na falsidade ideológica o vício incide sobre o conteúdo das ideias, as informações que estão no documento**. Por isso, é também chamado de **falso ideal, moral ou intelectual**. A falsidade material envolve o corpo do documento. No caso da falsidade ideológica, o documento, em si, não é falso.

Veja o seguinte enunciado, extraído do **Exame Unificado da OAB de abril de 2007**: "O sujeito que empresta seu nome para terceiro abrir empresa de fachada, sabendo que não será a empresa estabelecida para realizar o objeto social declarado, pratica o crime de..." Qual a resposta? Trata-se de conduta típica de falsidade ideológica, pois somente a informação que vai consta do documento é falsa, mas o documento, em si, é verdadeiro.

Considere, ainda, o seguinte enunciado de questão, extraído do **Exame Unificado da OAB de julho de 2015**: "Paulo pretende adquirir um automóvel por meio de sistema de financiamento junto a uma instituição bancária. Para tanto, dirige-se ao estabelecimento comercial para verificar as condições de financiamento e é informado que, quanto maior a renda bruta familiar, maior a dilação do prazo para pagamento e menores os juros. Decide, então, fazer **falsa declaração** de parentesco ao preencher a ficha cadastral, a fim de aumentar a renda familiar informada, vindo, assim, a obter o financiamento nas condições pretendidas". Na situação narrada, Paulo cometeu o delito de falsidade ideológica, fazendo inserir informação falsa no documento, com o fim de alterar a verdade de fato juridicamente relevante.

D **Consumação e tentativa**: consuma-se na forma omissiva quando se deixa de fazer a declaração que deveria constar do documento. Na forma "fazer inserir", consuma-se quando quem produz o documento lança a declaração falsa feita pelo agente. Na forma inserir, quando se insere a informação falsa. É possível a tentativa do delito, exceto na modalidade omissiva.

> **MUITA ATENÇÃO!**
>
> Cheque em branco, assinado pelo titular e preenchido de forma abusiva pelo agente caracteriza falsidade ideológica (o documento já existe e não está sendo alterado). Mas o cheque em branco não assinado, se é todo preenchido pelo agente, configura o crime é de falsidade material, pois o documento foi criado.

4. USO DE DOCUMENTO FALSO (ART. 304 DO CÓDIGO PENAL)

A Sujeitos do delito:

- **Sujeito ativo:** trata-se de um crime comum, pois pode ser praticado por qualquer pessoa, sem se exigir qualquer qualidade especial do agente. Pode ser, inclusive, o próprio falsário, que, no caso, responderá, segundo prevalece, somente pela falsidade, e não pelo uso do documento.

- **Sujeito passivo:** o sujeito passivo do delito é o Estado e, eventualmente, um terceiro prejudicado pela conduta.

B Elemento subjetivo do tipo: trata-se de um crime doloso, caracterizando-se, segundo prevalece, tanto por dolo direto quanto eventual.

C Elementos objetivos do tipo: é incriminada a conduta de fazer uso de documento público ou particular falso.

D Consumação e tentativa: consuma-se com a mera utilização do documento. Não se admite a tentativa do delito.

MUITA ATENÇÃO!

Como foi objeto de indagação no Exame Unificado da OAB de dezembro de 2006: "a conduta do réu que, diante da autoridade policial, atribui a si mesmo falsa identidade, em atitude de autodefesa" caracteriza algum crime? A princípio a conduta poderia configurar o delito de falsa identidade (art. 307, do Código Penal). Alguns defendem que, em vista do princípio constitucional da ampla defesa e do direito fundamental à não autoincriminação, a conduta não configura crime. A Súmula 522, do STJ, porém, consagrou o entendimento de que "a conduta de atribuir-se falsa identidade perante autoridade policial é típica, ainda que em situação de alegada autodefesa".

CAPÍTULO XV
CRIMES CONTRA A ADMINISTRAÇÃO PÚBLICA

1. NOÇÕES – CONCEITO DE FUNCIONÁRIO PÚBLICO PARA FINS PENAIS

O Código Penal tipifica crimes praticados por funcionários públicos e por particulares contra a Administração Pública. Inicialmente, ao se tratar dos crimes praticados por funcionários públicos contra a Administração Pública, é necessário distinguir os **crimes funcionais próprios** (ou propriamente ditos) dos **crimes funcionais impróprios**.

No caso dos **crimes funcionais próprios**, se o agente não é funcionário público, o fato passa a ser um indiferente penal, não sendo crime (ocorre a chamada **atipicidade absoluta**). É o caso, por exemplo, do delito de prevaricação (art. 319, do Código Penal), pois "somente o funcionário público pode ser sujeito ativo de crime de prevaricação" (**Exame Unificado da OAB de setembro de 2009**).

Em se tratando dos **crimes funcionais impróprios**, caso o agente não seja um funcionário público, a conduta deixa de caracterizar um crime funcional, passando a caracterizar um crime comum. Ou seja, a conduta não é indiferente para o Direito Penal. Apenas deixa de ser um crime funcional (é a chamada **atipicidade relativa**). Constitui exemplo o peculato (art. 312, do Código Penal), em que, se o agente não é funcionário público, pode caracterizar uma apropriação indébita (art. 168, do Código Penal).

Para efeitos penais, o **conceito de funcionário público** é trazido no art. 327 do Código Penal. Segundo o *caput* do dispositivo, é funcionário público aquele que exerce, ainda que transitoriamente ou sem remuneração, cargo, emprego ou função pública.

Assim, "o médico de hospital credenciado pelo SUS que presta atendimento a segurado, por ser considerado funcionário público para efeitos penais, pode ser sujeito ativo do delito de concussão" (**Exame Unificado da OAB de abril de 2007**).

Trata-se de um **conceito amplo**, englobando, por exemplo, mesários e jurados, que exercem temporariamente uma função pública não remunerada.

> **MUITA ATENÇÃO!** Administrador judicial (no processo falimentar), inventariante dativo, tutor dativo e curador dativo exercem um encargo público, o que não se confunde com função pública, não sendo, portanto, funcionários públicos para fins penais. Por outro lado, o advogado dativo e o estagiário são considerados funcionários públicos para fins de direito penal.

O art. 327, § 1º, do Código Penal traz a figura do **funcionário público por equiparação**, ou seja, daquele que exerce cargo, emprego ou função em entidade paraestatal ou que trabalha para empresa prestadora de serviço contratada ou conveniada para a execução de **atividade típica** da Administração Pública.

O art. 327, § 2º, do Código Penal, a seu turno, prevê um aumento de pena, de 1/3 (um terço), nas hipóteses de ocupantes de cargo em comissão, função de direção ou assessoramento, em órgão da Administração direta, sociedade de economia mista, empresa pública ou fundação instituída pelo Poder Público.

> **MUITA ATENÇÃO!** Como art. 327, § 2º, do Código Penal não menciona, este não se aplica às autarquias, sob pena de caracterizar analogia *in malam partem*.

2. PECULATO (ART. 312, DO CÓDIGO PENAL)

2.1 Peculato próprio: está previsto no art. 312, *caput*, do Código Penal. Engloba o chamado peculato-apropriação e o chamado peculato-desvio.

A Sujeitos do delito:

- **Sujeito ativo:** o sujeito ativo do crime é necessariamente um funcionário público. É admissível o concurso do funcionário público com particular. Este, se souber que está atuando juntamente com um funcionário público, responde pelo crime, em virtude do art. 30 do Código Penal, visto que a qualidade de funcionário público é elementar do tipo.
- **Sujeito passivo:** são sujeitos passivos do delito a União, os Estados-membros, o Distrito Federal,

os municípios e as pessoas jurídicas mencionadas no art. 327, § 1º do Código Penal.

B **Elemento subjetivo do tipo**: trata-se de um crime doloso. Exige a presença do fim especial de agir, consistente na vontade de obter proveito próprio ou alheio.

C **Elementos objetivos do tipo**: é incriminada a conduta de apropriação ou desvio de bem móvel ou qualquer outro valor, público ou particular, do qual o agente detém a posse em razão do cargo.

Observe o seguinte enunciado, extraído do **Exame Unificado da OAB de junho de 2010**: "Considere que Charles, funcionário público no exercício de suas funções, tenha desviado dolosamente valores de que tinha a posse em razão do cargo". A conduta descrita caracteriza um típico peculato-desvio.

D **Consumação e tentativa**: consuma-se o peculato-apropriação quando o agente inverte a posse em propriedade, passando a agir como dono do bem ou valor. Consuma-se o peculato-desvio quando o agente confere à coisa destinação diversa da que deveria ser dada, independentemente da obtenção de proveito. É possível a tentativa do delito.

2.2 Peculato impróprio ou peculato-furto (art. 312, § 1º, do Código Penal)

Trata-se da subtração realizada pelo funcionário público. **A subtração tem que ser facilitada pela qualidade funcional do agente**. Se a subtração é não facilitada pela qualidade funcional, o crime será de furto comum (art. 155 do Código Penal). Exige-se o fim especial de se apoderar definitivamente (para si ou para outrem) do bem. Pelo entendimento prevalente, a consumação dispensa a posse mansa e pacífica do bem. Admite-se a tentativa.

2.3 Peculato culposo (art. 312, § 2º do Código Penal): trata-se da única hipótese de crime culposo contra a Administração Pública. A conduta incriminada é a de concorrer culposamente para o crime de outrem. Por se tratar de delito culposo, não se admite a tentativa.

2.3.1 Extinção de punibilidade e redução de pena no peculato culposo (art. 312, § 3º, do Código Penal): trata-se de benefício exclusivo do peculato culposo. Se a reparação do dano for **anterior à sentença condenatória irrecorrível**, extingue a punibilidade. Se a reparação do dano for **posterior à sentença condenatória irrecorrível**, a pena é reduzida de metade.

2.4 Peculato estelionato ou peculato mediante erro de outrem (art. 313 do Código Penal): é o peculato em que o funcionário público se apropria de dinheiro ou vantagem que recebeu em decorrência de erro de terceira pessoa. A posse do agente público sobre o bem é ilegítima, pois derivou de um erro de quem lhe permitiu a posse do bem. Consuma-se no momento em que o agente, percebendo o erro da pessoa, não o desfaz, apropriando-se da coisa. Admite-se a tentativa do delito.

2.5 Peculato eletrônico (art. 313-A e 313-B, do Código Penal): são punidas duas condutas praticadas por funcionário público: **a)** inserir ou facilitar a inserção de dados falsos ou alterar ou excluir indevidamente dados corretos nos sistemas da Administração Pública, com o fim de obter vantagem indevida, para si ou para outrem, ou causar dano; e **b)** modificar ou alterar o sistema ou programa de informática, sem autorização ou solicitação de autoridade competente.

Assim, é correta a afirmação extraída do **Exame Unificado da OAB de julho de 2011**, de que "Configura modalidade de peculato prevista no Código Penal [...] o peculato eletrônico, modalidade anômala de peculato, consistente em inserir dados falsos, alterar ou modificar dados no sistema de informações da administração pública".

3. CONCUSSÃO (ART. 316 DO CÓDIGO PENAL)

A **Sujeitos do delito**:

- **Sujeito ativo:** é o funcionário público, esteja ele no exercício da função ou fora dela, e ainda o particular, na iminência de assumir a função pública.
- **Sujeito passivo:** é a Administração Pública e o indivíduo constrangido pelo funcionário público.

B **Tipicidade subjetiva**: o crime de concussão é punido a título de dolo, com o fim especial de obtenção de vantagem indevida.

C **Tipicidade objetiva**: a conduta incriminada é a de exigir, para si ou para outrem, direta ou indiretamente, de forma expressa ou implícita, vantagem indevida, em razão da função pública que o agente ocupa ou irá ocupar. Em enunciado de questão extraído do **Exame Unificado da OAB de julho de 2017** foi narrada uma situação típica de concussão: "Catarina leva seu veículo para uma determinada entidade autárquica com o objetivo de realizar a fiscalização anual. Carlos, funcionário público que exerce suas funções no local, apesar de não encontrar irregularidades no veículo, verificando a inexperiência de Catarina, que tem apenas 19 anos de idade, **exige** R$ 5.000,00 para 'liberar' o automóvel sem pendências [...]". Na questão, o enunciado explicita a **exigência** de vantagem indevida, que caracteriza a concussão.

D **Consumação e tentativa**: é um **crime formal**, consumando-se com a mera exigência, dispensando-se a obtenção da vantagem indevida. A tentativa é admitida.

? **QUESTÃO**: Qual a diferença do crime de concussão (art. 316 do Código Penal) para o delito de corrupção passiva (art. 317 do Código Penal)?

➥ ***RESPOSTA**: No delito de concussão, o agente **exige** a vantagem indevida. No delito de corrupção passiva, o funcionário público **solicita ou recebe** a vantagem indevida. Situação típica de **corrupção passiva consumada** é narrada no seguinte enunciado de questão, extraído do **Exame Unificado da OAB de novembro de 2016**: "Alberto, policial civil, passando por dificuldades financeiras, resolve se valer de sua função para ampliar seus vencimentos. Para tanto, durante o registro de uma ocorrência na Delegacia onde está lotado, **solicita** à noticiante R$ 2.000,00 para realizar as investigações necessárias à elucidação do fato. Indignada com a proposta, a noticiante resolve gravar a conversa. Dizendo que iria pensar se aceitaria pagar o valor solicitado, a noticiante deixa o local e procura a Corregedoria de Polícia Civil, narrando a conduta do policial e apresentando a gravação para comprovação". A corrupção passiva (art. 317, do Código Penal), nas modalidades "solicitar" vantagem indevida e "aceitar" promessa de tal vantagem é **crime formal**, consumando-se independentemente do recebimento da vantagem pretendida pelo funcionário público. Na modalidade "receber", todavia, é **crime material**, exigindo o efetivo recebimento da vantagem indevida pelo funcionário público para a consumação do delito.*

? **QUESTÃO**: Se o funcionário público exige (concussão) ou solicita (corrupção passiva) vantagem indevida e o particular atende ao agente público, concedendo-lhe a vantagem, o particular pratica algum crime?

➥ ***RESPOSTA**: De acordo com o art. 333 do Código Penal, responde pelo delito de corrupção ativa o particular que oferece ou promete vantagem indevida a funcionário público, para determiná-lo a praticar, omitir ou retardar um ato. Logo, o particular somente responde criminalmente se a iniciativa parte dele, ou seja, se o particular oferece ou promete a vantagem. Assim, se o particular simplesmente atende à solicitação ou à exigência de vantagem do funcionário público, sua conduta é atípica.*

MUITA ATENÇÃO!

Após o advento da Lei 13.964/19, com entrada em vigor em 23/01/2020, a pena o crime de concussão, prevista no *caput* do art. 316 do Código Penal fora elevada de 02 (dois) a 08 (oito) anos de reclusão, e multa, para o patamar de 02 (dois) a 12 (doze) anos de reclusão, e multa. Por ser prejudicial ao agente, a alteração somente se aplica a crimes praticados após a entrada em vigor da norma.

4. DENUNCIAÇÃO CALUNIOSA (ART. 339 DO CÓDIGO PENAL)

A **Sujeitos do delito**:

- **Sujeito ativo:** é um crime comum, podendo ser praticado por qualquer pessoa.
- **Sujeito passivo:** é a Administração Pública e a vítima a quem o agente imputou a conduta de que o sabe inocente.

B **Tipicidade subjetiva**: a conduta é punida a título de dolo. Prevalece que não é admissível a punição a título de dolo eventual, pois o tipo penal exige que o agente **saiba** que a vítima é inocente. Assim, somente se configura por **dolo direto**.

Considere a seguinte situação, extraída de questão do **Exame Unificado da OAB de junho de 2021**: "Francisco foi vítima de uma contravenção penal de vias de fato, pois, enquanto estava de costas para o autor, recebeu um tapa em sua cabeça. Acreditando que a infração teria sido praticada por Roberto, seu desafeto que estava no local, compareceu em sede policial e narrou o ocorrido, apontando, de maneira precipitada, o rival como autor. Diante disso, foi instaurado procedimento investigatório em desfavor de Roberto, sendo, posteriormente, verificado em câmeras de segurança que, na verdade, um desconhecido teria praticado o ato. Ao tomar conhecimento dos fatos, antes mesmo de ouvir Roberto ou Francisco, o Ministério Público ofereceu denúncia em face deste, por denunciação caluniosa [...]". Pelo que foi narrado, Francisco, de forma precipitada, apontou seu desafeto Roberto como autor da infração penal. Logo, não se evidencia o **dolo direto**, ou seja, Francisco **não sabia** que Roberto era inocente. Assim, a conduta é **atípica** em relação à denunciação caluniosa.

C **Tipicidade objetiva**: a descrição da conduta típica foi alterada pela **Lei 14.110/20. Antes** do advento da referida Lei, a conduta incriminada consistia em provocar a instauração de investigação policial, ação penal, **investigação administrativa**, inquérito civil ou ação de improbidade, imputando a alguém crime de que o sabe inocente.

Com a entrada em vigor da Lei 14.110, publicada em 21/12/2020, o crime passou a se caracterizar com a conduta de provocar a instauração de inquérito policial, de procedimento investigatório criminal, de processo judicial, de processo administrativo disciplinar, de inquérito civil ou de ação de improbidade administrativa contra alguém, imputando-lhe **crime**, **infração ético-disciplinar** ou **ato ímprobo** de que o sabe inocente. Note que, com a alteração, fora **retirada** da descrição típica a expressão **investigação administrativa**, apontada por muitos como genérica e subjetiva. Assim, a caracterização do crime de denunciação caluniosa passou a exigir a **efetiva instauração** de processos, ações ou investigações policiais contra quem se imputa injustamente a prática de crime, de infração ético-disciplinar ou de ato de improbidade. Dar causa à instauração de procedimentos apuratórios administrativos, como sindicâncias, com a nova redação do tipo penal, não mais configura denunciação caluniosa.

Considere o seguinte enunciado do **Exame Unificado da OAB de outubro de 2012**: "Ao tomar conhecimento de um roubo ocorrido nas adjacências de sua residência, Caio compareceu à delegacia de polícia e noticiou o crime, alegando que vira Tício, seu inimigo capital, praticar o delito, mesmo sabendo que seu desafeto se encontrava na Europa na data do fato. Em decorrência do exposto, foi instaurado inquérito policial para apurar as circunstâncias do ocorrido. A esse respeito, é correto afirmar que Caio cometeu: (A) delito de calúnia; (B) delito de comunicação falsa de crime; (C) delito de denunciação caluniosa; (D) crime de falso testemunho". A resposta correta é a alternativa "C".

? **QUESTÃO**: E se é imputada uma contravenção, sabendo que a pessoa é inocente?

➥ ***RESPOSTA***: *Ainda assim será configurada a denunciação caluniosa, com base no art. 339, § 2º, do Código Penal, com uma causa de diminuição de pena.*

D **Consumação e tentativa**: se consuma com o início da investigação policial ou qualquer dos demais processos enumerados no tipo.

Admite-se a tentativa.

E **Causa de aumento de pena** (art. 339, § 1º, do Código Penal): a pena do delito é aumentada de 1/6 (um sexto) se o agente se vale de anonimato ou de nome suposto (ou seja, de nome falso).

? **QUESTÃO**: Qual a diferença do crime de denunciação caluniosa (art. 339 do Código Penal) para o delito de comunicação falsa de crime ou contravenção (art. 340, do Código Penal)? E para o crime de autoacusação falsa (art. 341, do Código Penal)?

➥ ***RESPOSTA***: *No delito de denunciação caluniosa, há imputação a alguém de uma conduta criminosa, de uma contravenção penal, de infração ético-disciplinar ou de ato de improbidade. Já no delito de falsa comunicação de crime ou contravenção, não há imputação de crime ou contravenção a ninguém. Simplesmente o agente comunica à autoridade um crime ou contravenção que não ocorreu, sem imputá-la a qualquer pessoa. No delito de autoacusação falsa (art. 341, do Código Penal), o agente atribui a si próprio, perante a autoridade, a prática de crime inexistente ou praticado por outra pessoa.*

5. FALSO TESTEMUNHO OU FALSA PERÍCIA (ART. 342 DO CÓDIGO PENAL)

A **Sujeitos do delito**:

- **Sujeito ativo:** é um crime de mão própria, também chamado de conduta infungível ou atuação pessoal. Somente pode ser praticado pela testemunha.
- **Sujeito passivo:** Administração Pública e eventualmente algum particular prejudicado.

? **QUESTÃO**: A vítima pode praticar falso testemunho?

➥ ***RESPOSTA***: *Não, pois a vítima não é uma testemunha. Sua conduta pode, dependendo do caso, tipificar o crime de denunciação caluniosa, mas não falso testemunho.*

B **Tipicidade subjetiva**: o crime é punido a título de dolo.

C **Tipicidade objetiva**: as condutas incriminadas são: **a)** fazer afirmação falsa; **b)** negar a verdade; **c)** calar a verdade. Deve ocorrer em processo judicial, processo administrativo, inquérito policial ou juízo arbitral. A pena do delito foi aumentada de 01 (um) a 03 (três) anos, e multa, para os patamares 02 (dois) a 04 (quatro) anos, e multa, com o advento da Lei 12.850/13.

D **Consumação e tentativa**: no momento em que a testemunha encerra seu depoimento. No caso de falsa perícia, o crime se consuma quando o laudo é entregue em cartório. O falso testemunho e a falsa perícia não precisam influir no julgamento, bastando a potencialidade de influência para que haja a consumação do crime. Admite-se a tentativa.

E **Causas de aumento** (art. 342, § 1º do Código Penal): a pena é aumentada de 1/6 (um sexto) a 1/3 (um terço) se o crime é praticado mediante suborno, ou se cometido com o fim de obter prova destinada a produzir efeito em processo penal ou, em processo civil, em que for parte entidade da Administração Pública direta ou indireta.

F **Retratação extintiva da punibilidade** (art. 342, § 2º, do Código Penal): ocorre a extinção da punibilidade do fato se o agente se retrata e declara a verdade **até a sentença que encerra o processo.**

MUITA ATENÇÃO!

Como referido no início do estudo da Parte Especial do Código Penal, nosso foco na obra se volta aos principais tipos penais, com maior incidência nas provas da OAB. Todavia, é importante destacar que houve recentes alterações na Parte Especial, em diversos tipos penais. Mencionamos a seguir algumas delas.

A Lei 14.155/21 promoveu alterações no art. 154-A do Código Penal, que trata do crime de invasão de dispositivo informático, inclusive com majoração da pena.

A Lei 14.133/21, também, promoveu significativas alterações do Código Penal, disciplinando os crimes em licitações e contratos administrativos (artigos 337-E a 337-P, do Código Penal.

A Lei 14.197/21 revogou a Lei de Segurança Nacional (Lei 7.170/83), disciplinando nos artigos 359-I e seguintes do Código Penal crimes contra o Estado Democrático de Direito.

MUITA ATENÇÃO!

Por fim, a Lei 14.326/22 alterou a Lei nº 7.210/84 (Lei de Execução Penal), para prever em seu art. 14, § 4.º que é assegurado à mulher presa gestante ou puérpera tratamento humanitário antes e durante o trabalho de parto e no período de puerpério, bem como assistência integral à sua saúde e à do recém-nascido.

Recomendamos a leitura da legislação referida.

DICA IMPORTANTE

É importante que o candidato ao Exame da OAB acompanhe as inovações legislativas. É o caso da recente Lei 13.964/19, chamado de "Pacote Anticrime", em vigor a partir de 23/01/2020, e que trouxe significativas alterações na legislação penal e processual penal, como analisado nesta obra. Recomenta-se a leitura da Lei 13.964/19, para conhecimento mais detido das diversas alterações que promoveu.

Assim, recomendamos ao candidato a leitura atenta das seguintes leis:

- Lei de Crimes Hediondos – Lei 8.072/90.
- Código de Trânsito Brasileiro – Lei 9.503/97 (principalmente a partir do artigo 291).
- Lei de Drogas – Lei 11.343/06.
- Lei de Combate à Violência Doméstica contra a Mulher (Lei "Maria da Penha") – Lei 11.340/2006.
- Estatuto da Criança e do Adolescente – Lei 8.069/90 (principalmente a partir do art. 225).
- Lei de Crimes Ambientais – Lei 9.605/98.
- Lei de Execução Penal – Lei 7.210/84.
- Lei de Lavagem de Capitais – Lei 9.613/98 (com alterações da Lei 12.683/12).
- Lei de Crimes Contra a Ordem Tributária, Econômica e Relações de Consumo – Lei 8.137/90.
- Lei de Crimes Contra o Sistema Financeiro Nacional – Lei 7.492/86.
- Estatuto do Desarmamento – Lei 10.826/03.
- Lei de Organizações Criminosas – Lei 12.850/13.
- Lei de Tortura – Lei 9.455/97.
- Lei de Terrorismo – Lei 13.260/16.
- Tráfico de Pessoas – Lei 13.344/16.
- Lei de Abuso de Autoridade – Lei 13.869/19, que revogou a Lei 4.898/65.

Teceremos alguns comentários em relação à Lei 11.343/06 (Lei de Drogas). Dos tipos mais importantes desta legislação, merecem destaque duas figuras: **a)** o art. 28, que tipifica a conduta de posse irregular de droga para uso próprio, e **b)** o art. 33, que tipifica o tráfico ilícito de entorpecentes.

Quando à figura da posse de drogas para uso próprio, o art. 28 da Lei 11.343/06 incrimina as condutas de "quem adquirir, guardar, tiver em depósito, transportar ou trouxer consigo, para consumo pessoal, drogas sem autorização ou em desacordo com determinação legal ou regulamentar". A lei prevê para a infração penal as seguintes sanções: **I** – advertência sobre os efeitos das drogas; **II** – prestação de serviços à comunidade; **III** – medida educativa de comparecimento a programa ou curso educativo.

Ainda segundo o § 1º do dispositivo legal, submetem-se às mesmas penas quem, para seu consumo pessoal, semeia, cultiva ou colhe plantas destinadas à preparação de pequena quantidade de substância ou produto capaz de causar dependência física ou psíquica.

As penas previstas nos incisos II e III do *caput* do art. 28 da Lei 11.343/06 serão aplicadas pelo prazo máximo de 5 (cinco) meses (art. 28, § 3º). O § 4º do artigo prescreve que, em caso de reincidência, as penas previstas nos incisos II e III do *caput* do dispositivo serão aplicadas pelo prazo máximo de 10 (dez) meses.

A Lei 11.343/2006 não previu pena de prisão para a posse ilícita de entorpecente para uso próprio. Assim, está equivocada a alternativa extraída do **Exame Unificado da OAB de janeiro de 2009**, segundo a qual "o agente que tiver em depósito, para consumo pessoal, drogas sem autorização poderá ser submetido à pena de reclusão". Também está errada a alternativa apresentada na mesma questão, segundo a qual "o agente que transportar, para consumo pessoal, drogas em desacordo com determinação legal poderá ser submetido à pena de detenção".

Por fim, o § 6º do art. 28 da Lei 11.343/06 estabelece que, para garantia do cumprimento das medidas educativas a que se refere o *caput*, nos incisos I, II e III, a que injustificadamente se recuse o agente, poderá o juiz submetê-lo, sucessivamente a: **I** – admoestação verbal; **II** – multa.

Segundo o art. 48, § 1º, da Lei 11.343/06, o procedimento criminal aplicável ao delito do art. 28 da Lei 11.343/06 é o da Lei 9.099/95 (Lei dos Juizados Especiais). Assim, está correta a alternativa apresentada no **Exame Unificado da OAB de janeiro de 2008**, no sentido de que "o porte de drogas tornou-se infração de menor potencial ofensivo, estando sujeito ao procedimento da Lei 9.099/95, que dispõe sobre os juizados especiais criminais".

FIQUE POR DENTRO:

Encontra-se pendente de julgamento perante o Supremo Tribunal Federal o Recurso Extraordinário nº 635.659, que diz respeito à constitucionalidade da criminalização da posse de drogas para uso próprio. A argumentação trazida no recurso, em síntese, é no sentido de que o art. 28 da Lei 11.343/06 violaria o direito individual à intimidade e à vida privada, previsto no art. 5º, X, da Constituição da República, bem como o princípio da lesividade.

O tráfico ilícito de entorpecentes é tipificado no art. 33 da Lei 11.343/06, da seguinte forma: "Importar, exportar, remeter, preparar, produzir, fabricar, adquirir, vender, expor à venda, oferecer, ter em depósito, transportar, trazer consigo, guardar, prescrever, ministrar, entregar a consumo ou fornecer drogas, ainda que gratuitamente, sem autorização ou em desacordo com determinação legal ou regulamentar".

Ainda de acordo com o § 1º do dispositivo, "nas mesmas penas incorre quem: **I** – importa, exporta, remete, produz, fabrica, adquire, vende, expõe à venda, oferece, fornece, tem em depósito, transporta, traz consigo ou guarda, ainda que gratuitamente, sem autorização ou em desacordo com determinação legal ou regulamentar, matéria-prima, insumo ou produto químico destinado à preparação de drogas; **II** – semeia, cultiva ou faz a colheita, sem autorização ou em desacordo com determinação legal ou regulamentar, de plantas que se constituam em matéria-prima para a preparação de drogas; **III** – utiliza local ou bem de qualquer natureza de que tem a propriedade, posse, administração, guarda ou vigilância, ou consente que outrem dele se utilize, ainda que gratuitamente, sem autorização ou em desacordo com determinação legal ou regulamentar, para o tráfico ilícito de drogas".

O § 3º do art. 33 da Lei 11.343/06 tipifica, como figura autônoma e com tratamento mais brando, a conduta daquele que oferecer droga, eventualmente e sem objetivo de lucro, a pessoa de seu relacionamento, para juntos a consumirem, com uma pena de detenção, de 6 (seis) meses a 1 (um) ano, e pagamento de 700 (setecentos) a 1.500 (mil e quinhentos) dias-multa, sem prejuízo das penas previstas no art. 28 da mesma lei.

Observe o seguinte enunciado de questão, extraído do **Exame Unificado da OAB de janeiro de 2010**: "Considere que Júlio, usuário de droga, tenha oferecido pela primeira vez, durante uma festa, a seu amigo Roberto, sem intuito de lucro, pequena quantidade de maconha para consumirem juntos". A situação narrada se amolda perfeitamente à previsão do chamado uso compartilhado, em conformidade com o art. 33, § 3º, da Lei 11.343/06.

Por fim, o § 4º do art. 33 da Lei 11.343/06 prevê uma causa de diminuição de pena para os delitos definidos no *caput* e no § 1º do dispositivo legal, de 1/6 (um sexto) a 2/3 (dois terços), vedada a conversão em penas restritivas de direitos, desde que o agente seja primário, detentor de bons antecedentes, não se dedique às atividades criminosas nem integre organização criminosa. Foi **cancelada** a Súmula 512, do STJ, que previa que "A aplicação da causa de diminuição de pena prevista no art. 33, § 4º, da Lei 11.343/2006 não afasta a hediondez do crime de tráfico de drogas". Nessa linha, o STF, julgando o HC 118.533-MS, por maioria, entendeu que a causa de diminuição de pena do § 4º do art. 33, da Lei 11.343/06 afasta o caráter de equiparado a hediondo do crime de tráfico ilícito de entorpecentes. Logo, o tráfico privilegiado, nos moldes do art. 33, § 4º, da Lei 11.343/06, **não é crime equiparado a hediondo.**

MUITA ATENÇÃO!

Os crimes hediondos são previstos nos incisos e no parágrafo único do art. 1º da Lei 8.072/90. Os crimes equiparados a hediondos, por sua vez, são previstos no art. 5º, XLIII da Constituição da República e no art. 2º, *caput*, da Lei 8.072/90. A Lei 13.964/19 ampliou o rol de crimes hediondos e equiparados, previstos no art. 1º e seu parágrafo único, da Lei 8.072/90.

Para um estudo mais aprofundado da legislação criminal especial, conferir: CUNHA, Rogério Sanches; GOMES, Luiz Flávio (coord.). **Legislação criminal especial.** São Paulo: Revista dos Tribunais, 2009; LIMA, Renato Brasileiro de. **Legislação criminal especial comentada.** 4. ed. Salvador: Juspodivm, 2016.

BIBLIOGRAFIA RECOMENDADA

LEITURA BÁSICA

- BITENCOURT, Cezar Roberto. **Tratado de direito penal: parte geral**. v. 1. 24. ed. São Paulo: Saraiva, 2018.
- CUNHA, Rogério Sanches. **Código penal para concursos**. 11. ed. Salvador: Juspodivm, 2018.
- CUNHA, Rogério Sanches; GOMES, Luiz Flávio. **Direito penal: parte especial**. v. 3. São Paulo: Revista dos Tribunais, 2008.
- GOMES, Luiz Flávio; PABLOS DE MOLINA, Antonio García. **Direito penal: parte geral**. v. 2. São Paulo: Revista dos Tribunais, 2007.
- GRECO, Rogério. **Código penal comentado**. 12. ed. Niterói: Impetus, 2018.
- GRECO, Rogério. **Curso de direito penal: parte geral**. v. 1. 20. ed. Niterói: Impetus, 2018.
- PRADO, Luiz Regis. **Comentários ao código penal**. 11. ed. São Paulo: Revista dos Tribunais, 2017.
- PRADO, Luiz Regis. **Curso de direito penal brasileiro: parte geral**. 16. ed. São Paulo: Revista dos Tribunais, 2018.

OBRAS PARA APROFUNDAMENTO

- BIANCHINI, Alice; GARCÍA-PABLOS DE MOLINA, Antonio; GOMES, Luiz Flávio. **Direito penal: introdução e princípios fundamentais**. 2. ed. São Paulo: Revista dos Tribunais, 2009.
- BIERRENBACH, Sheila. **Teoria do crime**. Rio de Janeiro: Lumen Juris, 2010.
- CUNHA, Rogério Sanches; GOMES, Luiz Flávio (coord.). **Legislação criminal especial**. São Paulo: Revista dos Tribunais, 2009.
- CUNHA, Rogério Sanches. **Atualização legislativa: Lei 13.718/2018**. Salvador: Juspodivm, 2018.
- GRECO, Luís. **Um panorama da teoria da imputação objetiva**. Rio de Janeiro: Renovar, 2005.
- SANTOS, Juarez Cirino dos. **Direito penal: parte geral**. 2. ed. Rio de Janeiro: Lumen Juris, 2007.
- SANTOS, Juarez Cirino dos. **Manual de direito penal: parte geral**. São Paulo: Conceito, 2011.
- TOLEDO, Francisco de Assis. **Princípios básicos de direito penal**. 5. ed. São Paulo: Saraiva, 2001.
- ZAFFARONI; Eugenio Raúl; PIERANGELI, José Henrique. **Manual de direito penal brasileiro: parte geral**. 3. ed. São Paulo: Revista dos Tribunais, 2001.

DIREITO PROCESSUAL PENAL

Reinaldo Daniel Moreira

CAPÍTULO I

PRINCÍPIOS. APLICAÇÃO DA LEI PROCESSUAL PENAL NO TEMPO E NO ESPAÇO. CONTAGEM DE PRAZOS

1. PRINCÍPIOS DO DIREITO PROCESSUAL PENAL

O termo princípio pode ser associado à ideia de início, base ou fundamento. A seguir, serão analisados alguns dos princípios fundamentais do processo penal brasileiro.

A **Ampla defesa**: tal princípio é consagrado no art. 5º, LV, da Constituição da República. A garantia fundamental da ampla defesa envolve: **1. Autodefesa**: é aquela realizada pelo próprio acusado ou investigado, que tem, como decorrência da autodefesa, o direito de ser ouvido pelo juiz, no interrogatório, ocasião em que poderá trazer sua versão dos fatos. Poderá, inclusive, permanecer em silêncio, como garante o art. 5º, LXIII, da Constituição, de onde se extrai o **direito à não autoincriminação** (ninguém é obrigado a produzir prova contra si – *nemo tenetur se detegere*). Assim, "o silêncio do acusado não importará confissão e não poderá ser interpretado em prejuízo da defesa, mesmo no caso de crimes hediondos" (enunciado extraído de questão do **Exame Unificado da OAB de maio de 2012**). O acusado tem, ainda, o direito de presença, devendo, de regra, ser intimado dos atos processuais, para, caso queira, se fazer presente. **2. Defesa técnica**: no processo penal, o acusado tem direito de defender-se por profissional habilitado, com formação jurídica, como um advogado ou um defensor público. Assim, a Constituição impõe ao Estado o dever de prestar assistência jurídica gratuita aos que dela necessitem (art. 5º, LXXIV, da Constituição da República). É **indispensável, sendo causa de nulidade absoluta do processo a ausência de defesa técnica**. Nos termos da Súmula 523 do STF, a falta de defesa, no processo penal, conduz à nulidade absoluta, sendo que a deficiência de defesa somente anulará o processo se daí decorrer prejuízo para o acusado (nulidade relativa). Por fim, como decorrência da ampla defesa, prevalece em doutrina e jurisprudência o entendimento de que são, de regra, admissíveis no processo penal as provas obtidas por meios ilícitos, desde que em favor do réu.

> **MUITA ATENÇÃO!**
>
> Uma questão recorrente envolve o acusado ou investigado que se atribui uma falsa identidade, omitindo sua real qualificação, visando a não ser responsabilizado criminalmente. Há entendimento de que, caso se atribua uma falsa identificação, o agente deveria ser responsabilizado pelo delito de falsa identidade, nos moldes do art. 307, do Código Penal. Outros, por sua vez, defendem que não deveria haver responsabilização, em vista da garantia de não autoincriminação, extraída do art. 5º, LIII da Constituição da República e do art. 8º do Pacto de São José de Costa Rica. A Súmula 522, do STJ, porém, consagrou o entendimento de que "a conduta de atribuir-se falsa identidade perante autoridade policial é típica, ainda que em situação de alegada autodefesa".

B **Contraditório:** também previsto no art. 5º, LV da Constituição da República, como condição necessária ao exercício da ampla defesa, o contraditório envolve duas ideias fundamentais: **ciência** e **participação**. As partes devem ter ciência e oportunidade de participação nos atos do processo. Em homenagem ao contraditório e à ampla defesa, prescreve o art. 366, do Código de Processo Penal que, caso o acusado, citado por edital, não compareça ao processo nem constitua advogado, ficam suspensos o curso do processo e da prescrição. Afinal, sem a citação pessoal não se garante um contraditório e uma defesa efetivos. Por fim, cumpre destacar que, em hipóteses excepcionais, há o chamado **contraditório diferido ou posterior**. Isso porque, em algumas situações não é possível que o envolvido tenha, de imediato, ciência de dado ato da persecução penal. Exemplo típico são as interceptações telefônicas. Nesses casos, para evitar que a providência seja frustrada, primeiramente se realiza a interceptação, e posteriormente se oportuniza o contraditório.

> **FIQUE POR DENTRO:**
>
> O CPC/15 consagrou em seu art. 10 o chamado "contraditório substancial", dispondo que o juiz não pode decidir, em grau algum de jurisdição, com base em fundamento a respeito do qual não se tenha dado às partes oportunidade de se manifestar, ainda que se trate de matéria sobre a qual deva decidir de ofício. Há entendimento doutrinário de que tal disposição se aplica subsidiariamente ao processo penal, visto que não existe disciplina própria sobre a matéria na legislação processual penal.

FIQUE POR DENTRO:

Para saber mais:

- LIMA, Renato Brasileiro de. **Manual de processo penal**. 3. ed. Salvador: Juspodivm, 2015. p. 1531-1532.

C ***Favor rei*:** trata-se de expressão de uma lógica inerente ao processo penal. De acordo com esse princípio, dentro das possibilidades interpretativas, deve-se sempre buscar aquela mais benéfica para o réu, tido como parte hipossuficiente, ou seja, mais fraca diante do aparato punitivo estatal. Manifestação nítida deste princípio é a premissa de que a dúvida deve militar em favor do réu (***in dubio pro reo***). Tal princípio se expressa, ainda, na existência, no processo penal, de **recurso privativo da defesa** – os embargos infringentes e de nulidade – recurso que, como será adiante referido, somente cabe em favor do réu. Como será oportunamente mencionado, não é admissível, em matéria de recursos, a ***reformatio in pejus*** (reforma da decisão que agrave, que piore a situação do réu). Todavia, tem sido admitida a ***reformatio in mellius*** (reforma que implique melhoria para o acusado), mesmo em recurso interposto apenas pela acusação. Por fim, no processo penal há **vedação da revisão *pro societate***. Significa que, como será adiante analisado, proferida decisão favorável ao acusado, de regra esta não poderá ser alterada após o trânsito em julgado.

D **Identidade física do juiz:** trata-se de princípio há muito consagrado no processo civil (art. 132, do CPC/73), mas que somente veio a ser previsto no processo penal com o advento da Lei 11.719/08, no art. 399, § 2º, do Código de Processo Penal. Significa que o juiz que presidiu a instrução, colhendo provas, deve ser o mesmo que irá sentenciar o processo. Tal determinação guarda direta vinculação com o princípio do juiz natural, vedando a substituição do juiz no momento de proferir a sentença, garantindo, assim, a **imparcialidade do julgamento**. Diante da simplicidade do dispositivo que trata do assunto no processo penal, a doutrina invocava a aplicação supletiva do CPC/73. Assim, para análise do princípio da identidade física do juiz era necessário ter em conta, também, o que prescreve o art. 132, *caput* e parágrafo único, do Código de Processo Civil de 1973, ou seja, que "o juiz, titular ou substituto, que concluir a audiência julgará a lide, salvo se estiver convocado, licenciado, afastado por qualquer motivo, promovido ou aposentado, caso em que passará os autos ao seu sucessor". Todavia, **o princípio da identidade física do juiz deixou de figurar expressamente no CPC/15**. Assim, cumprirá à doutrina e à jurisprudência definirem os contornos do princípio com a entrada em vigor do Novo CPC.

Considere a seguinte questão, extraída do **Exame Unificado da OAB de fevereiro de 2012**: "Trácio foi denunciado pela prática do delito descrito no artigo 333 do Código Penal. A peça inaugural foi recebida pelo Juiz Titular da Vara Única da Comarca X, que presidiu a Audiência de Instrução e Julgamento. Encerrada a instrução do feito, o processo foi concluso ao juiz substituto, que proferiu sentença condenatória, tendo em vista que o juiz titular havia sido promovido e estava, nesse momento, na 11ª Vara Criminal da Comarca da Capital. De acordo com a Lei Processual Penal, assinale a alternativa correta. (A) A sentença é nula, porque foi prolatada por juiz que não presidiu a instrução do feito, em desacordo com o princípio da identidade física do juiz. (B) A sentença é nula, porque ao juiz substituto é vedada a prolação de decisão definitiva ou terminativa. (C) Não há nulidade na sentença, porque não se faz exigível a identidade física do juiz diante das peculiaridades narradas no enunciado. (D) A sentença é nula, porque viola o princípio do juiz natural". A alternativa correta é a "C", pois, como relatado acima, nos casos de promoção do juiz que presidiu a instrução, excepciona-se o princípio da identidade física do juiz, tal como prevê o art. 132, *caput*, do Código de Processo Civil de 1973. Todavia, como destacado, não há previsão expressa da identidade física do juiz no CPC/15.

E **Publicidade:** está consagrada nos arts. 5º, LX e 93, IX, da Constituição da República. A regra no processo penal brasileiro é a **publicidade ampla**, estampada no art. 792, *caput*, do Código de Processo Penal, possibilitando a todos os interessados acesso ao processo. Todavia, como se extrai do art. 5º, LX e 93, IX, da Constituição e 792, § 1º, do Código de Processo Penal, **excepcionalmente, a publicidade pode ser restrita**, sendo acessível somente através de certidões ou informes sobre a realização e conteúdo de atos processuais. Em conformidade com o art. 792, § 1º, a publicidade dos atos processuais pode ser restringida por razões de interesse público, em hipóteses que possa causar escândalo, inconveniente grave ou perturbação da ordem. Há medidas, de natureza cautelar, em que o sigilo é de sua essência. Pode ser citado o caso da interceptação telefônica, em que a ciência da realização da providência somente será dada em momento posterior à sua efetivação. Outra hipótese de sigilo, previsto na Constituição, é o dos veredictos dos jurados, no procedimento do tribunal do júri (art. 5º, XXXVIII, "b", da Constituição da República). Houve discussões envolvendo o fato da votação, pelos jurados, ser realizada em uma sala secreta, conforme prevê o art. 485, *caput* e § 1º, do Código de Processo Penal. Todavia, prevaleceu o entendimento de que esta sala especial continua em vigor, como garantia dos jurados.

F **"Verdade real":** a doutrina processual tradicional sempre se manifestou no sentido de que o processo civil se contenta com uma **verdade formal ou processual**, ou seja, o que consta do processo, ao passo que o processo penal busca uma **verdade real**, efetiva. Assim, o art. 156, do Código de Processo Penal autoriza o julgador a colher provas de ofício, independente de provocação das partes. Todavia, este discurso vem sofrendo questionamentos por parte da doutrina mais moderna, ao fundamento de que nem sempre o processo refletirá a verdade dos fatos. O que se pode ter no processo, quando muito, é uma verdade aproximativa. Deve ser buscada, sempre, a **verdade processualmente possível**, mas consciente de seus limites.

G **Devido processo legal:** trata-se de garantia processual, expressa no art. 5º, LIV, da Constituição da República. Representa uma fórmula, da qual derivam todas as garantias processuais. Em sua **dimensão formal**, o devido processo legal implica a observância das formalidades e garantias processuais. Em seu **aspecto material**, o devido processo legal implica a busca de justiça e proporcionalidade. Fala-se, ainda, na existência de um devido processo legal clássico, a exemplo daquele disciplinado no Código de Processo Penal, e um devido processo legal consensual, inaugurado pelo procedimento da Lei 9.099/95, que disciplina os Juizados Especiais, e que será objeto de estudo mais adiante.

H **Juiz natural:** trata-se de garantia que pressupõe, primeiramente, a observância das regras de **competência** estabelecidas pelo ordenamento jurídico. Tem por fundamento a **garantia de imparcialidade no julgamento**. Nesse sentido, o art. 5º, LIII, da Constituição da República assegura que ninguém será processado ou julgado, senão pela autoridade competente. Decorre do princípio do juiz natural, ainda, **a vedação da existência de juízos ou tribunais de exceção** (ou seja, aqueles criados após o fato a ser julgado ou especificamente para o julgamento daquele fato – *ex post factum*), conforme prescreve o art. 5º, XXXVII, da Constituição da República. Discute-se acerca da existência de um princípio do "promotor natural". O princípio vedaria designações casuísticas de representantes do Ministério Público, ou seja, a escolha de um promotor para atuar em um caso específico, bem como a avocação de processos, garantindo a atuação no processo do representante da instituição com atribuição prevista em lei para aquela hipótese específica. A existência deste princípio não é de aceitação uniforme na jurisprudência. De regra, a tendência é de se negar a existência do princípio do "promotor natural".

I **Estado de inocência:** consagrado no art. 5º, LVII da Constituição da República, há divergência na doutrina, inclusive, quanto à nomenclatura ideal para designação deste princípio, sendo que alguns preferem falar em presunção de inocência, e outros em presunção de não culpabilidade. Tem diversas implicações no processo penal. Constitui, primeiramente, uma regra de tratamento, pela qual o investigado/acusado, por se encontrar em uma situação jurídica de inocência, **não pode ser considerado culpado, senão após o trânsito em julgado da sentença penal condenatória**. As prisões cautelares, como a preventiva e a temporária, não violam tal princípio, pois não se fundam na análise de culpa, mas apenas visam à garantia da persecução penal, ou seja, ao regular andamento das investigações e do processo. Outra decorrência do princípio em análise incide sobre a **distribuição do ônus da prova no processo penal**. Se o acusado no processo penal tem em seu favor o tratamento de inocente, incumbe ao acusador comprovar sua culpa para que haja condenação.

? **QUESTÃO**: A execução provisória de pena é compatível com a garantia constitucional do estado de inocência?

➥ ***RESPOSTA**: A questão foi alvo de recente enfrentamento pelo STF. No julgamento do HC 126.292/SP, em 2016, por maioria, o STF adotou o entendimento de que uma sentença penal condenatória confirmada em segunda instância é passível de execução provisória, inclusive com possibilidade de imediata prisão do réu, ainda que se possa interpor Recurso Especial ou Recurso Extraordinário. Logo, para o STF seria possível a execução provisória de acórdão penal condenatório proferido por tribunal de segunda instância, mesmo que ausentes os requisitos da prisão cautelar, o que não implicaria ofensa ao princípio do estado de inocência. A questão suscita controvérsias, posto que o art. 5º, LVII da Constituição da República estabelece que ninguém será considerado culpado até o trânsito em julgado de sentença penal condenatória, o que é reforçado no art. 283, caput, do Código de Processo Penal, que dispõe que não seria possível a prisão, senão em flagrante delito ou por ordem escrita e fundamentada da autoridade judiciária competente, em virtude de prisão cautelar ou em decorrência de sentença condenatória transitada em julgado. Foram ajuizadas as Ações Declaratórias de Constitucionalidade (ADC) 43, 44 e 54, pretendendo a declaração de constitucionalidade do art. 283, caput, do CPP. Em 07/11/2019 foi concluído o julgamento das ações, tendo, por maioria, o STF firmado o entendimento no sentido de que o art. 283, caput, do CPP é constitucional e seria necessário, pelo princípio do estado de inocência, o trânsito em julgado para a execução de decisão penal condenatória. Dessa forma, prevaleceu que, se não estiverem presentes os requisitos da prisão cautelar, a prisão deve ocorrer apenas após o trânsito em julgado da decisão condenatória.*

Para saber mais, consultar: LIMA, Renato Brasileiro de. **Manual de processo penal**. 3. ed. Salvador: Juspodivm, 2015. p. 42 e seguintes. E também: RANGEL, Paulo. **Direito processual penal**. 16. ed. Rio de Janeiro: Lumen Juris, 2009. p. 03 e seguintes.

2. LEI PROCESSUAL PENAL NO ESPAÇO – PRINCÍPIO DA TERRITORIALIDADE

De acordo com o que dispõe no seu art. 1º, o Código de Processo Penal é aplicável em todo o **território nacional – princípio da territorialidade**. O CPP disciplina, portanto, todos os processos que vierem a se desenvolver no território brasileiro, por infrações penais aqui cometidas, em observância ao princípio ***locus regit actum***. Assim, é correto afirmar que "no processo penal vigora o princípio da territorialidade, já que as normas processuais brasileiras só se aplicam no território nacional" (alternativa extraída do **Exame Unificado da OAB de agosto de 2013**).

Todavia, como dispõe o inciso I deste mesmo artigo, tal regra pode ser excepcionada por tratados e convenções de direito internacional. Outra exceção se dá quando há lei especial disciplinando a matéria, situação em que o Código de Processo Penal será de aplicação subsidiária (art. 1º, parágrafo único, do CPP).

3. APLICAÇÃO DA LEI PROCESSUAL NO TEMPO

O art. 2º do Código de Processo Penal consagra como regra a **aplicação imediata** das leis processuais penais, sem prejuízo de atos praticados sob a vigência da lei anterior. É o princípio ***tempus regit actum***. Entrando em vigor, a lei se aplica, desde logo, aos processos em curso, sem prejuízo dos atos praticados conforme a lei anterior. Ou seja, **a lei processual penal nova não retroage**.

Por essa razão, está errada a afirmativa extraída do **Exame Unificado da OAB de janeiro de 2010**, de que a lei processual penal "não retroagirá, salvo para beneficiar o réu, não vigorando, no direito processual penal, o princípio ***tempus regit actum***".

Também está equivocada a alternativa de questão do **Exame Unificado da OAB de janeiro de 2010**, no sentido de que a lei processual penal "tem aplicação imediata, devendo os atos praticados sob a égide de lei anterior revogada ser renovados e praticados sob a égide da nova lei, sob pena de nulidade absoluta". O que está errado na afirmativa? Ora, **os atos praticados sob a égide da lei antiga são válidos. Não necessitam ser repetidos**.

No mesmo sentido, ainda, está equivocada a afirmação constante do **Exame Unificado da OAB de janeiro de 2009**, de que "com a aplicação imediata da lei processual penal, os atos realizados sob a vigência da lei anterior perdem sua validade". **Os atos praticados conforme determinava a lei anterior continuam válidos**.

Considere, agora, o seguinte enunciado de questão, extraído do **Exame Unificado da OAB de abril de 2017**: "Em 23 de novembro de 2015 (segunda feira), sendo o dia seguinte dia útil em todo o país, Técio, advogado de defesa de réu em ação penal de natureza condenatória, é intimado da sentença condenatória de seu cliente. No curso do prazo recursal, porém, entrou em vigor nova lei de natureza puramente processual, que alterava o Código de Processo Penal e passava a prever que o prazo para apresentação de recurso de apelação seria de 03 dias e não mais de 05 dias. No dia 30 de novembro de 2015, dia útil, Técio apresenta recurso de apelação acompanhado das respectivas razões". No caso, o recurso é tempestivo, observando-se o prazo recursal antigo, de 05 dias, previsto na legislação anterior, devido ao princípio do *tempus regit actum*.

4. INTERPRETAÇÃO DA LEI PROCESSUAL PENAL

O art. 3º do Código de Processo Penal prevê que "a lei processual penal **admitirá interpretação extensiva e aplicação analógica**, bem como o suplemento dos **princípios gerais de direito**". **Com base nesse dispositivo, é possível a aplicação subsidiária do CPC ao processo penal**.

Portanto, está equivocada a alternativa apresentada no **Exame Unificado da OAB de janeiro de 2010**, segundo a qual a lei processual penal "não admite aplicação analógica, em obediência o princípio da legalidade estrita ou da tipicidade expressa". Por outro lado, está correta a alternativa apresentada na mesma questão, de que a lei processual "admite interpretação extensiva e o suplemento dos princípios gerais de direito, por expressa disposição legal".

MUITA ATENÇÃO!

É preciso que se considere as seguintes distinções:

- **Leis genuinamente processuais**: são leis que tratam de temas estritamente de direito processual, como, por exemplo, provas no processo penal. Estas normas, regra geral, são de aplicação imediata, respeitados os atos praticados anteriormente.
- **Leis processuais com efeitos materiais**: são leis que refletem diretamente na liberdade. Nestes casos, segundo parcela da doutrina, a lei pode retroagir, desde que para beneficiar o réu. Todavia, em uma prova objetiva, como é o caso da primeira fase da OAB, o candidato deve evitar ingressar em discussões doutrinárias. Prova disso é que no **Exame Unificado da OAB de janeiro de 2008** foi considerada errada alternativa em que se afirmava que "o dispositivo constitucional que estabelece que a lei não retroagirá, salvo para beneficiar o réu, aplica-se à lei penal e à lei processual penal". Segundo entendimento dominante, e de acordo com o art. 2º do CPP, **a nova lei processual penal se aplica a todos os processos em curso, independentemente de beneficiar ou prejudicar o réu**.
- **Leis mistas**: são leis que tratam, simultaneamente, de matéria penal e matéria processual penal. Nestes casos, segundo o entendimento dominante, **deve-se levar em conta a parte da norma que trata de direito penal material**. Se o aspecto de direito penal material for prejudicial ao réu, deve-se aplicar a regra do art. 2º do Código Penal, e a lei não pode retroagir, deixando, inclusive, de se aplicar a casos em curso na data de sua entrada em vigor.

5. CONTAGEM DE PRAZOS

Em relação à **contagem de prazos** no processo penal, vale a regra geral de contagem de prazos processuais: **não se computa o dia de início (*dies a quo*)**, mas **computa-se o dia do final (*dies ad quem*)**, consoante disposição expressa do art. 798, § 1º, do CPP. Quando o prazo termina em dia que não há expediente forense, prorroga-se para o dia útil seguinte (art. 798, § 3º, do CPP). Assim, a contagem se inicia no dia útil seguinte ao da intimação, desde que na data haja expediente forense (Súmula 310, do STF).

De regra, os prazos iniciam seu curso:

a) da intimação;

b) da audiência ou sessão de julgamento, em que for preferida a decisão e a parte estiver presente;

c) do dia em que a parte manifestar nos autos ciência inequívoca da decisão (art. 798, § 5º, CPP).

MUITA ATENÇÃO!

No processo penal, diversamente do processo civil, a contagem de prazo não se inicia da juntada aos autos do processo do mandado cumprido por oficial de justiça, ou de carta precatória, mas da própria data da intimação realizada, conforme dispõe a Súmula 710, do STF. Tal assunto fora objeto de questão do **Exame Unificado da OAB de outubro de 2019:** "Fred foi denunciado e condenado, em primeira instância, pela prática de crime de corrupção ativa, sendo ele e seu advogado intimados do teor da sentença no dia 05 de junho de 2018, terça-feira. A juntada do mandado de intimação do réu ao processo, todavia, somente ocorreu em 11 de junho de 2018, segunda-feira. Considerando as informações narradas, o prazo para interposição de recurso de apelação pelo advogado de Fred, de acordo com a jurisprudência dos Tribunais Superiores, será iniciado [...]". De acordo com a súmula mencionada, o prazo para interposição de recurso se inicia no dia seguinte à intimação, **independentemente da data da juntada do mandado.**

Não são aplicáveis ao processo penal as disposições do CPC/15 que contrariem a disciplina própria da legislação processual penal. Assim, não se aplica ao processo penal, por exemplo, a regra sobre contagem de prazos em dias úteis do art. 219 do CPC/15. Isso porque o Código de Processo Penal tem disciplina própria do tema. O art. 798, do CPP, no *caput* e em seus parágrafos, estabelece que no processo penal os prazos são contados continuamente, inclusive em dias não úteis, como sábados, domingos e feriados.

Ainda em respeito à disciplina própria da legislação processual penal, não se aplica ao juizado especial criminal a previsão incluída no art. 12-A, da Lei 9.099/95 pela Lei 13.728/18, no sentido de que a contagem de prazos se dê em dias úteis. Deve ser aplicada ao juizado especial criminal, subsidiariamente, a previsão do art. 798, do CPP, acima mencionada.

Para saber mais:

- LIMA, Renato Brasileiro de. **Manual de processo penal.** 3.ed. Salvador: Juspodivm, 2015. p. 105-107.

EM RESUMO: Aplicação da lei processual penal no tempo e no espaço. Contagem de prazos	
Eficácia da lei processual penal no espaço	Regra geral: **princípio da territorialidade** (art. 1º do Código de Processo Penal).
Eficácia da lei processual penal no tempo	O art. 2º do Código de Processo Penal estabelece a **aplicação imediata** das leis processuais penais, sem prejuízo de atos praticados sob a vigência da lei anterior. É a consagração do princípio ***tempus regit actum.***
Interpretação da lei processual penal	O art. 3º do Código de Processo Penal prevê que "a lei processual penal **admitirá interpretação extensiva e aplicação analógica**, bem como o suplemento dos princípios gerais de direito".
Contagem de prazos	Regra: art. 798, do Código de Processo Penal. Súmulas 310 e 710, do STF.

CAPÍTULO II

INQUÉRITO POLICIAL

1. NOÇÕES

No Brasil, de regra, a investigação criminal tem natureza administrativa, através do inquérito policial. Trata-se de um **procedimento administrativo**, que antecede à ação penal. É presidido por delegados de polícia de carreira, seja da polícia civil ou da polícia federal (art. 144, § 4º, da Constituição da República).

? **QUESTÃO**: As garantias do contraditório e da ampla defesa se aplicam ao inquérito policial?

↳ ***RESPOSTA**: Não! Não se aplicam ao inquérito policial as garantias do contraditório e da ampla defesa previstas no art. 5º, LV, da Constituição. Isso porque o inquérito **não é um processo**, e sim um **procedimento**. Também não está, ainda, sendo imputada qualquer prática criminosa ao investigado. **Assim, não há acusado na fase de inquérito, mas investigado ou, quando muito, indiciado**. Se não há acusação, não há razão para se garantir ampla defesa ou contraditório no inquérito.*

É direito do investigado estar acompanhado de advogado, conforme prevê o inciso XXI do art. 7º da Lei 8.906/94 (Estatuto da OAB), incluído pela Lei 13.245/16. **Contudo, não é indispensável a presença de advogado acompanhando o investigado durante a fase de inquérito.**

Considere a seguinte questão, extraída do **Exame Unificado da OAB de julho de 2017**: "Paulo foi preso em flagrante pela prática do crime de corrupção, sendo encaminhado para a Delegacia. Ao tomar conhecimento dos fatos, a mãe de Paulo entra, de imediato, em contato com o advogado, solicitando esclarecimentos e pedindo auxílio para seu filho. De acordo com a situação apresentada, com base na jurisprudência dos Tribunais Superiores, deverá o advogado esclarecer que: A) diante do caráter inquisitivo do inquérito policial, Paulo não poderá ser assistido pelo advogado na delegacia. B) a presença da defesa técnica, quando da lavratura do auto de prisão em flagrante, é sempre imprescindível, de modo que, caso não esteja presente, todo o procedimento será considerado nulo. C) decretado o sigilo do procedimento, o advogado não poderá ter acesso aos elementos informativos nele constantes, ainda que já documentados no procedimento. D) a Paulo deve ser garantida, na delegacia, a possibilidade de assistência de advogado, de modo que existe uma faculdade na contratação de seus serviços para acompanhamento do procedimento em sede policial". A alternativa correta é a letra "D". Há, na fase policial da persecução penal, apenas a **faculdade** de se contar com defesa técnica, patrocinada por advogado, **não sendo, todavia, indispensável**.

? **QUESTÃO**: A investigação criminal é exclusividade da polícia judiciária?

↳ ***RESPOSTA**: Tem prevalecido o entendimento de que não é exclusividade da polícia judiciária a investigação criminal. O art. 144, § 4º da Constituição da República em momento algum deixa antever que é exclusiva da polícia judiciária a atribuição de investigação. Ademais, há os chamados inquéritos extrapoliciais, ou seja, investigações que não são presididas por delegados de carreira, como, por exemplo, as CPIs (comissões parlamentares de inquérito), e o inquérito policial militar (IPM), que, apesar do termo "policial", é na verdade um inquérito extrapolicial, vez que não é presidido por um delegado de carreira, e sim por uma autoridade militar. Investigações em face de integrantes do Poder Judiciário e do Ministério Público, igualmente, não se desenvolvem através de inquérito policial. A propósito, o parágrafo único do art. 4º do CPP admite a investigação por outras autoridades que não integrem a polícia judiciária. Apesar de divergências, a jurisprudência, inclusive do STF, tem admitido a investigação criminal direta pelo Ministério Público.*

A finalidade do inquérito policial, conforme se extrai do art. 4º, *caput*, combinado com art. 12, ambos do CPP, é a apuração da materialidade e dos indícios de autoria de uma infração penal, o que pode ser designado por "**justa causa**". É com base nesta "justa causa" (**materialidade + indícios de autoria**) que se terá elementos para propor a ação penal.

Apesar de sua importância, o inquérito policial **não é indispensável**. Aliás, há casos em que é dispensável a investigação preliminar, seja através de inquérito ou qualquer outra forma de investigação penal. Por exemplo, se houver um procedimento administrativo tributário, visando a apurar uma sonegação, o inquérito policial pode ser dispensado. Indispensável é a justa causa, não o inquérito. Ainda literalmente prevendo a dispensabilidade do inquérito, pode-se mencionar os arts. 46, § 1º e 39, § 5º, ambos do CPP.

Assim, está correta a afirmação extraída do **Exame Unificado da OAB de maio de 2009**, segundo a qual "caso as informações obtidas por outros meios sejam suficientes para sustentar a inicial acusatória, o inquérito policial torna-se dispensável". Correta, ainda, a afirmação retirada de questão do

Exame Unificado da OAB de janeiro de 2008, no sentido de que "a instauração de inquérito policial é dispensável caso a acusação possua elementos suficientes para a propositura da ação penal". Por fim, a questão veio novamente cobrada no **Exame Unificado da OAB de setembro de 2012**: "Um Delegado de Polícia determina a instauração de inquérito policial para apurar a prática do crime de receptação, supostamente praticado por José. Com relação ao Inquérito Policial, assinale a afirmativa que **não** constitui sua característica: A) Escrito; B) Inquisitório; C) Indispensável; D) Formal". A resposta correta é a alternativa "C".

MUITA ATENÇÃO!

De regra, o Ministério Público é o destinatário do inquérito, nos casos de infrações penais de ação de iniciativa pública, ou o querelante, nos crimes que se processam por meio de ação penal de iniciativa privada (queixa). Todavia, há providências que, mesmo no curso da investigação, dependem de autorização judicial. São as chamadas **cláusulas de reserva de jurisdição.** São exemplos a interceptação de comunicações telefônicas e a busca domiciliar. Nestes casos, mesmo antes do início da ação, o Judiciário deve ser acionado para autorizar, por exemplo, uma interceptação telefônica.

Prevalece o entendimento de que **vícios no inquérito não contaminam a ação penal com base nele proposta**. Assim, uma ilegalidade no inquérito não se transmite para a ação penal.

FIQUE POR DENTRO:

"O juiz das garantias"

O juiz das garantias é novidade trazida pela Lei 13.964/19. Tal instituto encontra-se disciplinado na nova redação dos arts. 3º-A a 3º-F, do CPP. Segundo aponta a doutrina, sua finalidade seria a garantia da imparcialidade da jurisdição, atuando o juiz das garantias como garantidor dos direitos fundamentais do sujeito passivo e no controle da legalidade da persecução penal. O juiz, na investigação criminal, deve atuar excepcionalmente, diante das chamadas **cláusulas de reserva de jurisdição** acima mencionadas, ou seja, de providências que dependem de autorização judicial. Assim, o juiz das garantias atua apenas na investigação criminal, apreciando pedidos, por exemplo, de prisões cautelares, interceptações telefônicas, busca e apreensão e outras medidas que impliquem restrições a direitos fundamentais, como prevê o art. 3º-B, do Código de Processo Penal, com redação da Lei 13.964/19. Cabe ao juiz das garantias, ainda, manifestar-se acerca de pedidos de prorrogação de prazo para conclusão das investigações.

De acordo com a disciplina da Lei 13.964/19, o magistrado que atua na investigação criminal como juiz das garantias fica impedido de atuar no futuro processo criminal instaurado. A competência do juiz das garantias abrange todas as infrações penais, exceto as de menor potencial ofensivo, cessando com o recebimento da denúncia ou da queixa-crime.

Assim, na prática, funcionarão na persecução penal magistrados distintos na fase investigativa e na ação penal. Evita-se, dessa forma, uma aproximação do juiz responsável pelo julgamento com os elementos produzidos na investigação. Nas comarcas em que atua apenas um juiz, a nova disciplina legislativa prevê a implementação de um rodízio de juízes.

Os arts. 3º-A a 3º-F, do CPP, que disciplinam o juiz das garantias, tiveram sua constitucionalidade questionada no STF. Atualmente, a implementação da figura do juiz das garantias encontra-se suspensa, por decisão cautelar do Ministro Luiz Fux, relator das Ações Diretas de Inconstitucionalidade (ADIs) 6298, 6299, 6300 e 6305.

Para conhecimento mais detido da disciplina legislativa do juiz das garantias no processo penal brasileiro, recomenda-se a leitura dos arts. 3º-A a 3º-F, do Código de Processo Penal, com redação da Lei 13.964/19.

Para saber mais:

- LOPES JR., Aury. **Direito processual penal**. 9.ed. São Paulo: Saraiva, 2012. p. 293 e seguintes.

? **QUESTÃO**: É possível a condenação com base no inquérito policial?

RESPOSTA: *Não!* ***O valor probatório do inquérito é relativo****, pois não há no inquérito a incidência das garantias do contraditório e da ampla defesa. Há inclusive preferência terminológica para que se fale em "informações", em vez de "provas", para se referir aos elementos colhidos no inquérito.*

Assim, não se admite a condenação fundada, exclusivamente, nas informações colhidas no inquérito policial, como prevê expressamente o art. 155 do CPP. Todavia, as informações do inquérito podem servir de reforço à prova produzida no curso do processo.

MUITA ATENÇÃO!

Há que se fazer a distinção entre as informações da fase policial que são **repetíveis**, podendo ser produzidas novamente em juízo, como é de regra o caso da prova oral, daquelas informações que são **irrepetíveis.** As informações **repetíveis** devem ser produzidas novamente, em juízo, para terem valor de prova. Já as **irrepetíveis**, mesmo colhidas na fase policial, têm valor significativo, devendo apenas ser submetidas ao contraditório diferido (posterior). Exemplo típico de informações **irrepetíveis** são as perícias, que em muitos casos comprovam a materialidade da infração e de regra são produzidas no inquérito, imediatamente após a ocorrência da infração penal, sob pena de se perder elementos importantes com o passar do tempo.

? **QUESTÃO**: É possível o juiz decretar a incomunicabilidade do investigado durante o inquérito?

RESPOSTA: *Prevalece o entendimento de que não. O art. 21 do CPP prevê a possibilidade de que seja decretada a incomunicabilidade do indiciado, no curso do inquérito pelo prazo de até três dias. Todavia, tal artigo não fora recepcionado pela Constituição da República de 1988, que em seu art. 136, § 3º, IV, não admite a incomunicabilidade nem mesmo no período excepcional do estado de defesa. Assim, com maior razão não seria de se admitir a incomunicabilidade do preso em um contexto social de normalidade. De qualquer forma, tal previsão não alcança o advogado, que tem o direito de contato com o preso garantido pelo art. 7º, III, da Lei 8.906/94 (Estatuto da OAB).*

2. CARACTERÍSTICAS DO INQUÉRITO POLICIAL

As características do inquérito policial mais apontadas em doutrina são:

A **Formal**: nos termos do art. 9º do CPP, o inquérito deve ser escrito, constando em suas folhas a assinatura da autoridade.

B **Inquisitorial**: como o próprio termo inquérito indica, o inquérito tem natureza **inquisitiva, não contando com as garantias do contraditório e da ampla defesa.** A única providência que o delegado está obrigado a determinar é a feitura do exame de corpo de delito, no caso de infrações que deixam vestígios (art. 184, do CPP). Assim, a autoridade policial não está obrigada a atender a providências requeridas pelos envolvidos na investigação (art. 14 do CPP). Apesar de críticas, o art. 107 do CPP não admite que se alegue a suspeição da autoridade policial.

C **Indisponível**: uma vez instaurado o inquérito, **a autoridade policial não pode determinar seu arquivamento**, consoante prevê o art. 17 do CPP. A única autoridade legitimada a manifestar-se pelo arquivamento do inquérito é o Ministério Público. No **Exame Unificado da OAB de julho de 2011** foi indagado se "a autoridade policial poderá mandar arquivar autos de inquérito", sendo que a resposta é negativa.

Considere ainda o seguinte trecho de enunciado de questão, extraído do **Exame Unificado da OAB de agosto de 2018**: "Um Delegado de Polícia, ao tomar conhecimento de um suposto crime de ação penal pública incondicionada, determina, de ofício, a instauração de inquérito policial. Após adotar diligência, verifica que, na realidade, a conduta investigada era atípica". Na situação, em seu relatório de conclusão do inquérito a autoridade policial poderá até opinar pelo arquivamento das investigações, mas a autoridade legitimada a manifestar-se de fato pelo arquivamento é o Ministério Público.

D **Oficioso**: a oficiosidade significa que, diante da notícia de delitos de ação penal de iniciativa pública incondicionada, a autoridade policial deverá instaurar o inquérito policial de ofício, ou seja, sem provocação.

E **Oficial**: a oficialidade indica que o inquérito deve ser presidido por uma autoridade pública, um delegado de polícia de carreira.

F **Sigiloso**: estabelece o art. 20 do CPP que a autoridade policial deve assegurar no inquérito o sigilo necessário à apuração do fato ou exigido pelo interesse social. O parágrafo único do art. 20 do CPP, com a redação da Lei 12.681/12, prevê que "nos atestados de antecedentes que lhe forem solicitados, a autoridade policial não poderá mencionar quaisquer anotações referentes a instauração de inquérito contra os requerentes".

? **QUESTÃO**: O sigilo no inquérito alcança o advogado?

➥ ***RESPOSTA****: Já houve discussão se o sigilo poderia alcançar o advogado do investigado, mas o art. 7º, XIV da Lei 8.906/94 (Estatuto da OAB) assegura ao advogado acesso aos autos de inquérito, o que foi reafirmado com o advento da Lei 13.245/16. A questão, de certa forma, foi solucionada com a edição da* ***Súmula Vinculante 14 do Supremo Tribunal Federal****, que afirma ser direito do defensor, no interesse do representado, ter amplo acesso aos elementos já documentados no procedimento investigativo e que digam respeito ao direito de defesa. Observe a seguinte questão, extraída do* ***Exame Unificado da OAB de outubro de 2011****: "Tendo em vista o enunciado da súmula vinculante nº 14 do Supremo Tribunal Federal, quanto ao sigilo do inquérito policial, é correto afirmar que a autoridade policial poderá negar ao advogado: (A) a vista dos autos, sempre que entender pertinente; (B) a vista dos autos, somente quando o suspeito tiver sido indiciado formalmente; (C) do indiciado que esteja atuando com procuração o acesso aos depoimentos prestados pelas vítimas, se entender pertinente; (D) o acesso aos elementos de prova que ainda não tenham sido documentados no procedimento investigatório". Qual a resposta correta? A alternativa "D", pois, a teor da Súmula Vinculante, o advogado tem garantido o direito de acesso somente ao que já fora documentado no curso da investigação.*

3. INÍCIO DO INQUÉRITO POLICIAL

O inquérito policial tem início a partir do momento em que a autoridade policial tem ciência da ocorrência de um fato que seria infração penal, a chamada ***notitia criminis***. A instauração do inquérito pode se dar:

A **De ofício**: está prevista no art. 5º, I, do CPP, e tem lugar quando a autoridade policial toma conhecimento direto e pessoal da infração penal. Trata-se da chamada *notitia criminis* de cognição direta. Neste caso, é editada uma portaria, determinando as providências iniciais a serem tomadas. **Tal hipótese somente é possível em se tratando de infração de ação penal de iniciativa pública incondicionada.**

MUITA ATENÇÃO!

Considere a seguinte afirmação, retirada de alternativa apresentada no Exame Unificado da OAB de maio de 2009: "Nas hipóteses de ação penal pública, condicionada ou incondicionada, a autoridade policial deverá instaurar, de ofício, o inquérito, sem que seja necessária a provocação ou a representação". Está correta a afirmação? Não, pois **somente é permitido o início do inquérito de ofício nos crimes de ação penal de iniciativa pública incondicionada.**

B **Requisição do juiz ou do Ministério Público**: é a previsão do art. 5º, II, do CPP, tratando-se da chamada *notitia criminis* de cognição indireta. De acordo com a doutrina, é necessária a distinção entre requerimento e requisição. **Requerimento** tem a natureza de **pedido**, ao passo que **requisição** seria uma **ordem**, dirigida à autoridade.

C **Requerimento do ofendido ou de seu representante legal**: é a hipótese prevista no art. 5º, II, do CPP, tratando-se, igualmente, da chamada *notitia criminis* de cognição indireta. Diversamente da requisição (ordem), nos casos de requerimento, se não houver elementos suficientes, a autoridade policial pode indeferir o pedido de instauração do inquérito, caso em que, de acordo com o art. 5º, § 2º, do CPP, cabe recurso para o chefe de polícia.

D **Auto de prisão em flagrante**: é a chamada *notitia criminis* de cognição coercitiva. Com a apresentação do preso à autoridade policial, instaura-se o inquérito.

E ***"Delatio criminis"***: trata-se da *notitia criminis* oferecida por qualquer do povo, nos moldes do art. 5º, § 3º, do CPP.

? **QUESTÃO**: O inquérito pode ser iniciado a partir de "denúncia anônima"?

➥ ***RESPOSTA**: Há controvérsia acerca da admissibilidade da "delatio criminis" apócrifa, popularmente chamada "denúncia anônima". O STF já se manifestou pela impossibilidade de instauração de procedimento criminal baseado única e exclusivamente em denúncia anônima, ressaltando que a Constituição da República, no art. 5º, IV, veda o anonimato. Assim, antes de instaurar o inquérito, deve a autoridade policial verificar a procedência das informações. Em decisão recente, a 2ª Turma do STF admitiu a instauração de inquérito policial com base em "denúncia anônima", desde que a autoridade policial confirme, em apuração sumária e preliminar, a verossimilhança do crime supostamente cometido (STF, HC 106.664/SP). A doutrina, a seu turno, tem admitido a instauração de inquérito com base em "denúncia anônima", com recomendação, apenas, de que a autoridade policial proceda com cautela ao instaurar a investigação nesses casos.*

As hipóteses acima mencionadas são aplicáveis aos delitos de ação penal de iniciativa pública incondicionada. **Nos crimes de ação penal de iniciativa pública condicionada, a instauração da investigação se dá mediante representação do ofendido (art. 5º, § 4º, CPP), ou requisição do Ministro da Justiça. Na ação penal de iniciativa privada, a investigação somente se inicia mediante requerimento do ofendido ou seu representante legal (art. 5º, § 5º, CPP).**

No **Exame Unificado da OAB de julho de 2011** foi indagado se "nos crimes de ação privada, a autoridade policial poderá proceder a inquérito a requerimento de qualquer pessoa do povo que tiver conhecimento da existência de infração penal", sendo que a resposta é negativa, vez que a legitimidade é da vítima ou seu representante legal.

4. PROVIDÊNCIAS MAIS COMUNS NO CURSO DO INQUÉRITO POLICIAL

O Código de Processo Penal, de forma didática, trouxe no art. 6º as diligências mais comuns na investigação criminal, visando à apuração da materialidade e dos indícios de autoria da infração penal. São elas:

A dirigir-se ao local, providenciando para que não se alterem o estado e conservação das coisas, até a chegada dos peritos criminais;

B apreender os objetos que tiverem relação com o fato, após liberados pelos peritos criminais. Tais objetos devem acompanhar o inquérito (art. 11 do CPP). Alguns bens são, inclusive, passíveis de perdimento, como efeito da sentença penal condenatória (art. 91, II, "a" do Código Penal);

C colher todas as provas (informações) que servirem para o esclarecimento do fato e suas circunstâncias;

D ouvir o ofendido;

E ouvir o indiciado, com observância, no que for aplicável, das disposições pertinentes ao interrogatório judicial, devendo o respectivo termo ser assinado por duas testemunhas que tenham ouvido sua leitura;

F proceder ao reconhecimento de pessoas e coisas, e a acareações;

G determinar, se for caso, que se proceda a exame de corpo de delito e a quaisquer outras perícias. O exame de corpo de delito é indispensável em infrações penais que deixam vestígios, devendo necessariamente a autoridade policial determinar sua feitura, independente de requerimento (art. 184 do CPP);

H ordenar a identificação do indiciado pelo processo datiloscópico, se possível, e fazer juntar aos autos sua folha de antecedentes. Quanto à identificação datiloscópica, ou seja, colheita de impressão digital do investigado, a questão está disciplinada no **art. 5º, LVIII, da Constituição da República**, e na **Lei 12.037, de 2009**. Pelo dispositivo constitucional, o civilmente identificado somente pode ser submetido à identificação criminal nas hipóteses previstas em lei (atualmente, na **Lei 12.037/09,** que, em seu art. 3º, prevê as hipóteses em que o civilmente identificado pode ser submetido ao procedimento datiloscópico de identificação);

I averiguar a vida pregressa do indiciado, sob o ponto de vista individual, familiar e social, sua condição econômica, sua atitude e estado de ânimo antes e depois do crime e durante ele, e quaisquer outros elementos que contribuírem para a apreciação do seu temperamento e caráter.

J colher informações sobre a existência de filhos, respectivas idades e se possuem alguma deficiência e o nome e o contato de eventual responsável pelos cuidados dos filhos, indicado pela pessoa presa.

DICA IMPORTANTE

Recomenda-se a leitura da Lei 12.037/09, que disciplina a identificação criminal. Tal diploma, com o advento da Lei 12.654/12, passou a disciplinar a possibilidade de identificação de perfil genético.

Recomenda-se, também, a leitura da Lei 12.850/13, que versa sobre a criminalidade organizada, disciplinando mecanismos excepcionais de investigação, como a infiltração de agentes.

A Lei 13.441/17 também inseriu no Estatuto da Criança e do Adolescente (Lei 8.069/90) disposições acerca do mecanismo excepcional de investigação de infiltração de agentes de polícia, nos casos de crimes contra a dignidade sexual de crianças e adolescente (art. 190-A e seguintes da Lei 8.69/90).

A Lei 13.505/17, por sua vez, alterou a Lei 11.340/06 (Lei Maria da Penha), dispondo acerca de garantias conferidas no curso da investigação à mulher vítima de violência doméstica, e ainda determinando prioridade na criação de Delegacias Especializadas de Atendimento à Mulher, de Núcleos Investigativos de Feminicídio e de equipes especializadas para o atendimento e a investigação das violências graves contra a mulher.

Por fim, cabe apontar para a necessidade de conhecimento acerca da Lei 13.260/16, que versa sobre a prática de atos de terrorismo, tratando de disposições investigatórias e processuais.

É importante a leitura das leis acima referidas, que trazem aspectos relevantes em matéria de investigação criminal.

A autoridade policial tem, dentro da lei, ampla liberdade na condução das investigações. Assim, no **Exame Unificado da OAB de julho de 2011** foi perguntado se "para verificar a possibilidade de haver a infração sido praticada de determinado modo, a autoridade policial poderá proceder à reprodução simulada dos fatos, desde que esta não contrarie a moralidade ou a ordem pública", o que está correto, **não havendo qualquer impedimento à realização da providência.**

? **QUESTÃO**: O que é indiciamento?

➥ ***RESPOSTA**: Dá-se o nome de indiciamento ao ato privativo da autoridade policial, pelo qual se atribui a autoria de uma infração penal a determinada pessoa, a partir da convergência concreta de elementos. O indiciamento pode ser direto (quando presente o indiciado), ou indireto (quando o indiciado estiver ausente).*

5. PRAZO PARA CONCLUSÃO DAS INVESTIGAÇÕES

Quanto ao prazo para a conclusão das investigações, a regra é consagrada no art. 10, *caput*, do CPP. O inquérito deve terminar no prazo de **10 (dez) dias**, estando o investigado preso. Se estiver solto, o inquérito deverá terminar em **30 (trinta) dias**. No caso de investigado **solto**, o prazo para o término das investigações é impróprio, admitindo **prorrogações** (art. 10, § 3º, CPP). Em se tratando de investigado **preso, não se admitia prorrogação** e, em caso de excesso de prazo sem razoabilidade, caracterizava-se constrangimento ilegal, autorizando o relaxamento de prisão.

Todavia, a questão foi alterada com o advento da Lei 13.964/19, que previu no art. 3-B, § 2º do CPP que "Se o investigado estiver preso, o juiz das garantias poderá, mediante representação da autoridade policial e ouvido o Ministério Público, prorrogar, uma única vez, a duração do inquérito por até 15 (quinze) dias, após o que, se ainda assim a investigação não for concluída, a prisão será imediatamente relaxada". Logo, estando o investigado preso, o inquérito policial deve ser concluído no prazo de 10 (dez) dias, mas é permitida, mediante representação da autoridade policial e ouvido o Ministério Público, a prorrogação da duração do inquérito por 15 (quinze) dias, uma única vez. Ultrapassado este prazo sem conclusão das investigações, a prisão torna-se ilegal e deve ser relaxada.

Em casos de delitos de competência da Justiça Federal, o prazo para conclusão das investigações é de **15 (quinze) dias**, estando o investigado preso (art. 66, Lei 5.010/66), aplicando-se a regra geral de **30 (trinta) dias**, caso o investigado esteja solto.

Em se tratando de crime previsto na Lei 11.343/06 (Lei de Drogas), o prazo para conclusão das investigações é de **30 (trinta) dias**, caso esteja preso o investigado, e **90 (noventa) dias**, se estiver solto, admitindo-se, em ambas as hipóteses, prorrogação por uma vez, em igual período (art. 51 da Lei 11.343/06). Por fim, em crimes contra a economia popular, o prazo de conclusão das investigações é de **10 (dez) dias**, esteja preso ou solto o investigado (art. 10, § 1º, da Lei 1.521/51).

Concluídas as investigações, a autoridade policial deve elaborar um **relatório** (art. 10, § 1º, do CPP).

6. ARQUIVAMENTO E DESARQUIVAMENTO DO INQUÉRITO POLICIAL

Diante das informações trazidas pelo inquérito, o Ministério Público pode, fundamentalmente, adotar três posturas: **a) oferecer a denúncia**; **b) manifestar-se pelo arquivamento**; **c) requisitar diligências que entender imprescindíveis**.

Assim, é correto afirmar que "O MP, caso entenda serem necessárias novas diligências, por considerá-las imprescindíveis ao oferecimento da denúncia, poderá requerer a devolução do inquérito à autoridade policial" (**Exame Unificado da OAB de janeiro de 2009**).

O Ministério Público pode, ainda, manifestar-se pelo arquivamento do inquérito. O arquivamento do inquérito policial deve ser entendido como a paralisação das investigações.

As hipóteses autorizadoras do arquivamento são aquelas em que haveria a rejeição da denúncia. Como exemplos, podem ser mencionadas:

- **atipicidade** da conduta;
- hipótese evidente de **exclusão da ilicitude** da conduta ou da **culpabilidade** do agente (salvo inimputabilidade por doença mental, em que a persecução penal tem seu curso regular, para eventual aplicação de medida de segurança);
- **extinção de punibilidade** e
- **ausência de um mínimo de provas, suficiente para inaugurar a persecução criminal (justa causa).**

Considere a seguinte situação, extraída de questão do **Exame Unificado da OAB de abril de 2013**: "Na cidade 'A', o Delegado de Polícia instaurou inquérito policial para averiguar a possível ocorrência do delito de estelionato praticado por Márcio, tudo conforme minuciosamente narrado na requisição do Ministério Público Estadual. Ao final da apuração, o Delegado de Polícia enviou o inquérito devidamente relatado ao Promotor de Justiça. No entendimento do *parquet*, a conduta praticada por Márcio, embora típica, estaria prescrita". Nesse caso, o promotor deverá manifestar-se pelo arquivamento do inquérito, pois a prescrição implica a extinção de punibilidade do fato.

Se o fundamento para arquivamento das investigações for a ausência de provas suficientes (justa causa), o inquérito pode ser **desarquivado**, diante do surgimento de **novas provas** (Súmula 524, do STF e art. 18, do CPP). Nesse caso, "arquivado o inquérito a requerimento do Ministério Público, nova ação penal não pode ser iniciada sem novas provas" (**Exame Unificado da OAB de dezembro de 2006**). Prova nova, que autoriza o desarquivamento do inquérito, é aquela que altere de maneira significativa o contexto dos fatos e do procedimento.

Veja a seguinte situação, extraída de enunciado de questão do **Exame Unificado da OAB de junho de 2021**: "Após concluído inquérito policial para apurar a prática do crime de homicídio em desfavor de Jonas, o Ministério Público requereu o seu arquivamento por falta de justa causa, pois não conseguiu identificar o(s) autor(es) do delito, o que restou devidamente homologado pelo juiz competente. Um mês após o arquivamento do inquérito policial, uma testemunha, que não havia sido anteriormente identificada, compareceu à delegacia de polícia alegando possuir informações quanto ao autor do homicídio de Jonas. A família de Jonas, ao tomar conhecimento dos fatos, procura você, como advogado(a) da família, para esclarecimentos [...]". Note-se que, no caso, surgiu uma testemunha com informações acerca da autoria do delito. Esta **nova prova** surgida autoriza o desarquivamento do inquérito policial.

Assim a autoridade policial pode prosseguir nas investigações, buscando novas provas, mesmo depois de arquivado o inquérito.

O procedimento para arquivamento do inquérito, no âmbito da Justiça Estadual, encontra disciplina no art. 28 do CPP. De acordo com a redação original do dispositivo, cabe ao Ministério Público requerer ao juiz o arquivamento do inquérito policial. Caso o juiz discorde das razões para o arquivamento invocadas pelo Ministério Público, deve providenciar a remessa do inquérito ou demais peças de informação ao **Procurador-Geral de Justiça**, que, se entender ser caso de oferecer a denúncia, oferecer a peça acusatória, ou designar outro integrante do Ministério Público para oferecê-la. Prevalece que, por estar agindo por delegação, como *longa manus* do Procurador-Geral, o promotor designado estará obrigado a denunciar. Caso o Procurador-Geral de Justiça, ao receber o inquérito remetido pelo juiz, entender que seria caso de arquivamento, o juiz estará obrigado a atendê-lo, determinando o arquivamento do inquérito ou outras peças de informação. A decisão que determina o arquivamento do inquérito é, de regra, **irrecorrível**, salvo nos casos de crimes contra a economia popular (art. 7º, da Lei 1.521/51), e nas contravenções tipificadas nos art. 58 e 60 do Decreto-Lei 6.259/44.

Todavia, a disciplina do arquivamento do inquérito policial seria substancialmente alterada com o advento da Lei 13.964/19. Com a nova redação conferida ao art. 28, *caput*, do Código de Processo Penal pela referida lei, caso seja "ordenado o arquivamento do inquérito policial ou de quaisquer elementos informativos da mesma natureza, o órgão do Ministério Público comunicará à vítima, ao investigado e à autoridade policial e encaminhará os autos para a instância de revisão ministerial para fins de homologação, na forma da lei". Ou seja, a partir advento da Lei 13.964/19 o juiz não mais se manifesta acerca do arquivamento do procedimento investigativo, ficando a questão no âmbito do Ministério Público.

Ainda de acordo com o § 1º da nova redação do art. 28, do Código de Processo Penal, "se a vítima, ou seu representante legal, não concordar com o arquivamento do inquérito policial, poderá, no prazo de 30 (trinta) dias do recebimento da comunicação, submeter a matéria à revisão da instância competente do órgão ministerial, conforme dispuser a respectiva lei orgânica".

Por sua vez, dispõe o § 2º do art. 28 do Código de Processo Penal que "nas ações penais relativas a crimes praticados em detrimento da União, Estados e Municípios, a revisão do arquivamento do inquérito policial poderá ser provocada pela chefia do órgão a quem couber a sua representação judicial."

Todavia, atualmente a alteração do procedimento de arquivamento do inquérito pela Lei 13.964/19 encontra-se suspensa por decisão cautelar do Ministro do STF Luiz Fux, relator das Ações Diretas de Inconstitucionalidade (ADIs) 6298, 6299, 6300 e 6305.

FIQUE POR DENTRO:

"Acordo de não persecução penal"

Trata-se da possibilidade de que o Ministério Público firme acordo com o investigado, deixando de oferecer denúncia pelo crime praticado. O instituto era previsto na Resolução 181/17 do Conselho Nacional do Ministério Público (CNMP). Todavia, setor da doutrina criticava a previsão do acordo de não persecução penal em resolução, por entender que era necessária sua previsão em lei.

A matéria foi disciplinada no art. 28-A do CPP, com a redação da Lei 13.964/19. Nos moldes do dispositivo, o acordo de não persecução penal tem aplicação em infrações penais sem violência ou grave ameaça e com pena mínima privativa de liberdade inferior a 04 (quatro) anos, desde que não seja caso de arquivamento das investigações. Pressupõe que o investigado tenha confessado formal e circunstancialmente a prática de infração penal e que a medida se revele necessária e suficiente à reprovação e à prevenção do crime, e que haja aceitação das condições estabelecidas no acordo.

Conforme dispõe o art. 28-A, § 3º do CPP, o acordo de não persecução penal deve ser formalizado por escrito e firmado pelo membro do Ministério Público, pelo investigado e por seu defensor. O § 2º do art. 28-A do CPP, por sua vez, estabelece as hipóteses em que o acordo não se aplica.

Pela nova disciplina legal, o acordo de não persecução penal deve ser homologado judicialmente, em audiência, cabendo ao juiz verificar a sua voluntariedade, por meio da oitiva do investigado, na presença do seu defensor, bem como sua legalidade. Se o juiz considerar inadequadas, insuficientes ou abusivas as condições da proposta do acordo de não persecução penal, devolverá os autos ao Ministério Público para que seja reformulada a proposta de acordo, com concordância do investigado e seu defensor (art. 28-A, §§ 4º e 5º do CPP).

O juiz pode recusar a homologação de proposta que não atender aos requisitos legais ou quando não for realizada alguma adequação necessária. Recusada a homologação, o juiz devolverá os autos ao Ministério Público para a análise da necessidade de complementação das investigações ou o oferecimento da denúncia (art. 28-A, §§ 7º e 8º do CPP). No caso de recusa, por parte do Ministério Público, em propor o acordo de não persecução penal, o investigado poderá requerer a remessa dos autos ao órgão superior do Ministério Público, na forma do art. 28 do CPP, que trata do arquivamento do inquérito policial (art. 28-A, § 14, do CPP).

Uma vez homologado judicialmente o acordo de não persecução penal, o juiz devolverá os autos ao Ministério Público para que inicie sua execução perante o juízo de execução penal (art. 28-A, § 6º, do CPP). Descumpridas quaisquer das condições estipuladas no acordo de não persecução penal, o Ministério Público deverá comunicar ao juízo, para sua rescisão e posterior oferecimento de denúncia (art. 28-A, § 10, do CPP). Cumprido integralmente o acordo de não persecução penal, o juízo competente decretará a extinção de punibilidade (art. 28-A, § 13, do CPP).

Para conhecimento mais detido da disciplina legislativa do instituto, recomenda-se a leitura do art. 28-A, do Código de Processo Penal, com redação da Lei 13.964/19.

FIQUE POR DENTRO:

"Arquivamento implícito"

Arquivamento implícito: trata-se de construção doutrinária, segundo a qual ocorreria arquivamento das investigações quando o Ministério Público deixa de incluir corréu ou um fato delituoso na denúncia, e se mantém silente, não se manifestando pelo arquivamento. Essa hipótese de arquivamento não é admitida pela jurisprudência. Isso porque o art. 28 do CPP, em sua redação anterior, exigia que o Ministério Público expusesse as razões para pedir o arquivamento. Assim, nesse caso caberia ao juiz devolver os autos ao Ministério Público, para que se manifestasse de maneira expressa, sob pena de aplicação do art. 28 do CPP e remessa ao Procurador-Geral de Justiça. Com o advento da Lei 13.964/19, a manifestação do Ministério Público pelo arquivamento deve ser submetida a uma instância de revisão naquele órgão. Logo, a não inclusão de fato ou agente na denúncia e o silêncio a respeito não implicam, igualmente, arquivamento do inquérito policial.

Para saber mais:

- LIMA, Renato Brasileiro de. **Manual de processo penal**. 3.ed. Salvador: Juspodivm, 2015. p. 169-170.
- RANGEL, Paulo. **Direito processual penal.** 16 ed. Rio de Janeiro: Lumen Juris, 2009. p. 197-201.

CAPÍTULO III

DA AÇÃO PENAL. DENÚNCIA E QUEIXA. AÇÃO CIVIL *EX DELICTO*

1. NOÇÕES

A ação penal **é o direito de pedir ao Estado-juiz a aplicação do direito penal a um caso concreto**. Ou, ainda, é o direito de se pedir a tutela jurisdicional, com base em um fato concreto. Decorre da garantia fundamental de acesso ao Poder Judiciário, prevista no art. 5º, XXXV, da Constituição da República de 1988.

O direito de ação apresenta as seguintes **características**:

A é um direito **público**: a atividade jurisdicional que se pretende provocar é de natureza pública;

B é um direto **subjetivo**: o titular tem o direito de exigir do Estado a prestação jurisdicional;

C é um direito **autônomo**: o direito de ação penal não se confunde com o direito material que se pretende tutelar;

D é um direito **abstrato**: independe da procedência ou improcedência do pedido.

2. CONDIÇÕES PARA O EXERCÍCIO REGULAR DA AÇÃO PENAL

As condições para o exercício regular do direito de ação podem ser **genéricas** (comuns a todas as ações penais) ou **específicas** (também chamadas de condições de procedibilidade, que se aplicam a apenas alguns crimes).

As condições **genéricas** são:

A **Possibilidade jurídica do pedido**: o pedido de condenação deve ter por base um fato definido como infração penal, ou seja, típico.

> **MUITA ATENÇÃO!**
>
> **O CPC/15 deixou de fazer menção expressa à possibilidade jurídica do pedido.** Assim, há manifestações na doutrina de que, com entrada em vigor do CPC/15 tal condição para o exercício regular da ação também não mais se aplica ao processo penal, passando a questão a ser analisada no mérito, e não como uma das condições para o exercício regular da ação penal.
>
> **Para saber mais:**
>
> - LIMA, Renato Brasileiro de. **Manual de processo penal**. 3.ed. Salvador: Juspodivm, 2015. p. 196-199.

B **Legitimidade para a causa** (*ad causam*): é a pertinência subjetiva da ação. No processo penal, o polo ativo da ação deve ser ocupado pelo Ministério Público, em crimes de ação penal de iniciativa pública, ou, no caso de ação penal de iniciativa privada, pelo ofendido ou seu representante legal. No polo passivo, deve figurar o provável autor do delito.

> **? QUESTÃO**: O que é legitimidade extraordinária?
>
> **RESPOSTA**: *Fala-se em legitimidade ordinária quando alguém ingressa em juízo em nome próprio, pleiteando a defesa de interesse próprio. Já a legitimidade extraordinária tem lugar quando se ingressa em nome próprio, pleiteando a defesa de interesse alheio. A ação penal privada é exemplo de legitimação extraordinária, visto que o interesse e o direito de punir são de titularidade do Estado, mas o ofendido é legitimado para ingressar com a ação.*

Fala-se ainda em **legitimidade ativa concorrente** quando há mais de um legitimado para propor a ação. É a hipótese de crimes contra a honra de servidor público em razão de suas funções. Neste caso, conforme dispõe a Súmula 714, do STF, a ação penal pode ser de iniciativa privada, proposta pelo ofendido, ou de iniciativa pública, condicionada à representação da vítima. É a situação narrada em enunciado de questão, extraído do **Exame Unificado da OAB de novembro de 2017**: "Tiago, funcionário público, foi vítima de crime de difamação em razão de suas funções. Após Tiago narrar os fatos em sede policial e demonstrar interesse em ver o autor do fato responsabilizado, é instaurado inquérito policial para investigar a notícia de crime. Quando da elaboração do relatório conclusivo, a autoridade policial conclui pela prática delitiva da difamação, majorada por ser contra funcionário público em razão de suas funções, bem como identifica João como autor do delito. Tiago, então, procura seu advogado e informa a este as conclusões 1 (um) mês após os fatos. Considerando apenas as informações narradas, o advogado de Tiago, de acordo com a jurisprudência do Supremo Tribunal Federal, deverá esclarecer que [...]". A alternativa que responde a questão, de acordo com a **Súmula 714, do STF**, é que "Tiago poderá optar por oferecer queixa-crime, assistido por advogado, ou oferecer representação ao Ministério

Público, para que seja analisada a possibilidade de oferecimento de denúncia".

C **Interesse de agir**: é desdobrado em **necessidade** e **utilidade**. Quanto à **necessidade**, esta é presumida no processo penal, pois de regra não há pena sem processo, que é um pressuposto para aplicação da sanção penal. Em relação à **utilidade**, consiste na eficácia da atividade jurisdicional, que deve ter um resultado útil. Falta utilidade ao processo, por exemplo, quando a infração penal está prescrita.

D **Justa causa**: a doutrina, de regra, tem admitido a existência dessa quarta condição para o exercício regular da ação penal. Consiste, segundo entendimento majoritário, em um mínimo de provas, indispensável para que se dê início a um processo penal, ou seja, **prova da materialidade da infração e indícios de autoria**.

Como mencionado, há também **condições específicas ou de procedibilidade**, que se aplicam a apenas algumas situações. São exemplos a **representação** do ofendido, nas ações de iniciativa pública condicionada à representação, e a **requisição** do Ministro da Justiça, na ação penal de iniciativa pública condicionada à requisição.

A ausência de qualquer dessas condições implica **carência de ação**, levando à rejeição da denúncia ou da queixa.

3. CLASSIFICAÇÃO DAS AÇÕES PENAIS

No Brasil, a classificação mais comum da ação penal é a **subjetiva**, que tem em vista o sujeito com legitimidade para propor a ação. Por essa classificação, a ação pode ser:

A **Ação penal de iniciativa pública**: segundo o art. 129, I, da Constituição da República, o Ministério Público detém legitimidade **exclusiva** para a propositura desta ação. A ação de iniciativa pública pode ainda ser **condicionada** ou **incondicionada**.

B **Ação penal de iniciativa privada**: a legitimidade para a propositura da ação é do ofendido (vítima) ou seu representante legal. Em dadas hipóteses, a legitimidade pode ser também do cônjuge, ascendente, descendente ou irmão da vítima. A ação de iniciativa privada pode ser subdividida em ação penal **exclusivamente privada**, **privada subsidiária da pública** e **privada personalíssima**.

4. AÇÃO PENAL DE INICIATIVA PÚBLICA

Conforme prescreve o art. 100, do Código Penal, a regra é que a ação penal seja de iniciativa pública, salvo se houver disposição expressa no sentido de que se trata de caso de ação de iniciativa privada, ou seja, promovida mediante queixa.

4.1 Princípios reitores da ação penal de iniciativa pública

A **Oficialidade**: **a legitimidade para propositura da ação penal de iniciativa pública é privativa do Ministério Público, conforme preceitua o art. 129, I, da Constituição da República**. Exceção a essa regra é a ação penal privada subsidiária da pública, que será analisada oportunamente.

B **Obrigatoriedade ou legalidade processual**: **se presentes as condições da ação penal, o Ministério Público, em vista do interesse público, está obrigado a propor a ação penal**. **Exceção** a este princípio são as infrações penais de menor potencial ofensivo, em que, de acordo com o art. 76 da Lei 9.099/95, atendidos os requisitos legais, em vez de denunciar, o Ministério Público deve oferecer ao autor do fato a **transação penal**, consistente na proposta de aplicação imediata de pena não privativa de liberdade. A transação aceita e devidamente cumprida conduz à extinção da punibilidade do fato. O princípio da obrigatoriedade da ação penal fora, também, mitigado pela possibilidade de que o Ministério Público firme com o investigado o **acordo de não persecução penal**, previsto no art. 28-A do CPP a partir da Lei 13.964/19.

C **Indisponibilidade**: **o Ministério Público não pode desistir da ação penal pública, nem do recurso já interposto, por determinação expressa dos arts. 42 e 576 do CPP**. **Exceção** a este princípio é a **suspensão condicional do processo**, instituto previsto no art. 89, da Lei 9.099/95. Tal medida consiste na proposta feita pelo Ministério Público ao acusado, após oferecimento da denúncia, de suspensão do curso do processo, pelo prazo de 2 (dois) a 4 (quatro) anos, mediante condições que, se devidamente cumpridas, conduzem à extinção da punibilidade do fato.

Observe a seguinte questão, extraída do **Exame Unificado da OAB de abril de 2013**: "Um professor na aula de Processo Penal esclarece a um aluno que o Ministério Público, após ingressar com a ação penal, não poderá desistir dela, conforme expressa previsão do Art. 42 do CPP. O professor estava explicando ao aluno o princípio da: A) indivisibilidade. B) obrigatoriedade. C) indisponibilidade. D) intranscendência". A resposta correta é a alternativa "C".

MUITA ATENÇÃO! De acordo com a Súmula 536 do STJ: "A suspensão condicional do processo e a transação penal não se aplicam na hipótese de delitos sujeitos ao rito da Lei Maria da Penha".

D **(In)divisibilidade**: apesar de divergências em doutrina, o STF já se manifestou no sentido de que na ação penal pública vige a **divisibilidade**, porque o Ministério

Público pode propor a ação contra alguns dos autores ou partícipes do fato, sem prejuízo de posteriormente incluir outros na denúncia. Todavia, se presentes as condições da ação, pelo princípio da obrigatoriedade, o Ministério Público é obrigado a denunciar a todos os envolvidos no delito.

E **Intranscendência**: a Constituição da República prevê no art. 5º, XLV, que nenhuma pena passará da pessoa do condenado. Como decorrência, diz-se que **nenhum efeito da ação penal pode atingir terceiros não envolvidos na persecução penal**, pois a responsabilidade penal é pessoal.

4.2 Ação penal pública incondicionada

Como em toda ação de iniciativa pública, a titularidade para a propositura da ação é do Ministério Público. Os princípios acima analisados se aplicam a essa ação penal. Presentes as condições para o exercício da ação, o Ministério Público deve oferecer a denúncia, independentemente de provocação.

4.3 Ação penal pública condicionada

Como em toda ação de iniciativa pública, a titularidade para a propositura da ação é do Ministério Público. Todavia, além das condições genéricas para o exercício da ação acima referidas, tal ação deve atender, ainda, a condições específicas ou de procedibilidade: a **representação** da vítima ou seu representante legal, ou a **requisição** do Ministro da Justiça.

4.3.1 Ação penal pública condicionada à representação

A **Representação**: como referido, **é condição específica da ação ou condição de procedibilidade**, sendo exigida quando a lei expressamente prevê. Nada mais é do que a **manifestação da vítima ou seu representante legal**, em uma análise de conveniência e oportunidade, de que quer ver processado o autor da infração penal. Não exige maiores formalidades, sendo elaborada por escrito ou apresentada oralmente (neste caso, reduzida a termo). Pode ser apresentada pessoalmente ou por procurador. É dirigida à autoridade policial, ao Ministério Público ou ao juiz (art. 39, do CPP). A representação não vincula o Ministério Público, que pode entender que não estão presentes, por exemplo, condições da ação, e não denunciar.

B **Prazo**: a representação deve ser oferecida no prazo de **6 (seis) meses**, a contar da data do **conhecimento da autoria do fato** conforme preceituam o art. 38, do CPP e o art. 103, do Código Penal. Trata-se de prazo decadencial, que **não suspende nem interrompe**. Passado este prazo sem que haja representação, opera-se a **decadência**, com **extinção da punibilidade do fato**, nos termos do art. 107, IV, do Código Penal.

MUITA ATENÇÃO!

O prazo decadencial tem início a partir do **conhecimento da autoria** do fato, e não do fato em si.

C **Legitimidade**: a legitimidade para representar é conferida à **própria vítima**, a partir dos **18 (dezoito) anos de idade**. Se a vítima for menor de 18 (dezoito) anos, mentalmente enfermo ou retardado mental, a representação deve ser apresentada pelo **representante legal** da vítima (art. 24, do CPP).

Se o ofendido for menor de 18 anos, mentalmente enfermo ou retardado mental e não tenha representante legal, ou caso haja colisão de interesses entre a vítima e seu representante legal, deve ser nomeado um **curador especial** (art. 33 do CPP). Este curador decidirá sobre a conveniência da representação.

No caso de **morte** ou declaração de **ausência** da vítima, opera-se a **sucessão processual**, sendo legitimados para oferecer a representação, ou dar continuidade àquela já oferecida o **cônjuge, o ascendente, o descendente e o irmão do ofendido** (art. 24, § 1º, do CPP). Esse rol é **preferencial**, devendo ser observada esta ordem de preferência entre os legitimados. É, ainda, **taxativo**, embora haja quem admita a possibilidade de figurar o companheiro, em caso de união estável, como legitimado para oferecer a representação.

D **Retratação da representação**: é possível que o legitimado "volte atrás", retratando da representação, o que conduz à extinção de punibilidade do fato, **até o oferecimento da denúncia** (art. 25, do CPP e 102, do CP). Assim, é incorreta a alternativa apresentada no **Exame Unificado da OAB de dezembro de 2006**, segundo a qual "a representação será retratável depois de oferecida a denúncia". **Oferecida a denúncia, a representação é irretratável.**

Considere o seguinte enunciado de questão do **Exame Unificado da OAB de outubro de 2021**: "Durante uma festa em uma casa noturna, Michele se desentende com sua amiga Flávia e lhe desfere um tapa no rosto, causando-lhe lesão corporal de natureza leve. Flávia, então, se dirige à autoridade policial e registra o fato, manifestando expressamente seu interesse em representar contra Michele, tendo em vista a natureza de ação penal pública condicionada à representação. Findo o procedimento policial, os autos foram encaminhados ao Juizado Especial competente e o Ministério Público apresentou proposta de transação penal à Michele, que não a aceitou. Após o oferecimento de denúncia pelo *Parquet*, Flávia se diz arrependida e manifesta ao seu advogado interesse em se retratar da representação oferecida, destacando que ainda não foi recebida a inicial acusatória". Pelo narrado na questão, embora a vítima tenha interesse na retratação da representação, **a denúncia já fora oferecida, tornado a representação irretratável**. Logo, mesmo que não tenha sido recebida a denúncia, não cabe mais a retratação da representação.

> **MUITA ATENÇÃO!**
>
> Nos casos de **violência doméstica contra a mulher**, é possível a retratação da representação, até o **recebimento da denúncia**. Nesse caso, a retratação deverá ocorrer em audiência, perante o Juiz e ouvido o Ministério Público (art. 16, da Lei 11.340/06). Cumpre ainda destacar que, de regra, o delito de lesões corporais leves (art. 129, *caput*, do Código Penal) é de ação penal de iniciativa pública condicionada à representação, por força do art. 88 da Lei 9.099/95. Todavia, de acordo com a Súmula 542 do STJ, a ação penal relativa ao crime de lesão corporal em contexto de violência doméstica contra a mulher é pública incondicionada. Assim, "no âmbito da Lei Maria da Penha, nos crimes de lesão corporal leve, a ação penal é pública incondicionada, sendo impossível interromper as investigações e obstar o prosseguimento da ação penal" (enunciado extraído do **Exame Unificado da OAB de abril de 2014**).

E **Retratação da retratação**: prevalece que é **possível a retratação da retratação, podendo o legitimado se arrepender da retratação quantas vezes quiser, dentro do prazo decadencial de 6 (seis) meses**.

Considere a seguinte situação, extraída de questão do **Exame Unificado da OAB de julho de 2017**: "Silva foi vítima de um crime de ameaça por meio de uma ligação telefônica realizada em 02 de janeiro de 2016. Buscando identificar o autor, já que nenhum membro de sua família tinha tal informação, requereu, de imediato, junto à companhia telefônica, o número de origem da ligação, vindo a descobrir, no dia 03 de julho de 2016, que a linha utilizada era de propriedade do ex-namorado de sua filha, Carlos, razão pela qual foi até a residência deste, onde houve a confissão da prática do crime. Quando ia ao Ministério Público, na companhia de Marta, sua esposa, para oferecer representação, Silva sofreu um infarto e veio a falecer. Marta, no dia seguinte, afirmou oralmente, perante o Promotor de Justiça, que tinha interesse em representar em face do autor do fato, assim como seu falecido marido. Diante do apelo de sua filha, Marta retorna ao Ministério Público no dia 06 de julho de 2016 e diz que não mais tem interesse na representação. Ainda assim, considerando que a ação penal é pública condicionada, o Promotor de Justiça ofereceu denúncia, no dia 07 de julho de 2016, em face de Carlos, pela prática do crime de ameaça".

Diante do caso, primeiramente, deve-se ter em conta que, embora a ameaça tenha ocorrido em janeiro de 2016, o **conhecimento da autoria** da conduta se deu apenas quando a vítima requereu junto à companhia telefônica o número de origem da ligação e soube que a linha era utilizada por Carlos, obtendo a confissão de prática do crime por ele, em 03 de julho de 2016. Logo, considerando-se os dados da questão, não houve decadência quando fora formalizada a representação por Marta, esposa do falecido Silva. Porém, como Marta, diante do apelo de sua filha, retornou ao Ministério Público no dia 06 de julho de 2016 e disse que não mais tinha interesse na representação, **dentro do prazo decadencial de seis meses e antes do oferecimento da denúncia,** ocorreu retratação válida do direito de representação.

F **Eficácia objetiva da representação**: ainda que o legitimado deixe de incluir um ou alguns dos autores do delito na representação, é possível que o Ministério Público os denuncie. É a chamada eficácia objetiva da representação.

4.3.2 Ação pública condicionada à requisição do Ministro da Justiça

A requisição do Ministro da Justiça é outra **condição específica da ação ou de procedibilidade** (art. 24, do CPP). O exemplo mais comum em que se aplica é o caso de crime contra a honra do Presidente da República ou chefe de governo estrangeiro (art. 145, parágrafo único, do Código Penal). Trata-se de uma análise de conveniência e oportunidade da autoridade, que pode entender por não apresentar a requisição. Ainda assim, a requisição não é vinculativa, podendo o Ministério Público entender que não é caso de denunciar.

A requisição **não se sujeita ao prazo decadencial de 6 (seis) meses**. Por analogia, tem-se admitido a **retratação da requisição**.

A propósito, veja a seguinte alternativa, extraída do **Exame Unificado da OAB de maio de 2008**: "Nos crimes contra a honra do Presidente da República, a requisição do ministro da justiça é condição de procedibilidade para a ação penal, que deve ser providenciada no prazo legal de seis meses a contar da data do fato". Está correto? Não. Por quê? Porque a requisição **não** se sujeita ao prazo decadencial de 6 (seis) meses, a contar do conhecimento da autoria do fato.

5. AÇÃO PENAL DE INICIATIVA PRIVADA

5.1 Princípios reitores

A **Conveniência ou oportunidade**: nessa espécie de ação penal, o legitimado pode optar por não ingressar em juízo com a queixa contra o autor da infração penal. Nesse sentido, pode não propor a ação no prazo decadencial de seis meses, o que conduzirá à extinção da punibilidade do fato, por **decadência** (art. 107, IV, do

CP). O legitimado pode, ainda, **renunciar**, expressa ou tacitamente, ao direito de queixa, resultando na extinção da punibilidade do fato (art. 104 e 107, V, do CP).

B **Disponibilidade**: mesmo já proposta a ação penal privada, com oferecimento de queixa, o querelante pode desistir da ação penal, não desejando seu prosseguimento. Assim, pode ocorrer o fenômeno processual da **perempção.**

? QUESTÃO: O que é perempção?

➥ ***RESPOSTA**: A perempção ocorre quando o querelante deixa de dar andamento regular à ação, sendo negligente e caracterizando as situações descritas no art. 60, do CPP, ou seja:*

a) deixa de promover o andamento do processo por 30 dias seguidos;

b) falece o querelante e ninguém comparece para sucedê-lo no prazo de 60 dias;

c) deixa de comparecer, sem motivo justificado, a ato que deveria estar presente;

d) deixa de pedir a condenação nas alegações finais;

e) quando o querelante for pessoa jurídica que se extingue e não deixa sucessor.

*A perempção é causa de extinção da punibilidade do fato (art. 107, IV, do Código Penal), **aplicando-se somente à ação penal exclusivamente privada**. Observe a seguinte questão, extraída do **Exame Unificado da OAB de abril de 2014**: "Em determinada ação penal privada, na qual se apura a prática dos delitos de calúnia e difamação, a parte não apresenta, em alegações finais, pedido de condenação em relação ao delito de calúnia, fazendo-o tão somente em relação ao delito de difamação. Com relação ao caso apresentado, assinale a afirmativa correta. A) Ocorreu a perempção em relação ao delito de calúnia. B) Não ocorreu perempção em relação a nenhum delito. C) Ocorreu o perdão tácito em relação ao delito de calúnia. D) Não ocorreu perempção, mas, sim, renúncia em relação ao delito de calúnia". No caso, ocorreu a perempção em relação ao delito de calúnia, pois não fora formulado pedido de condenação pela infração penal em alegações finais (alternativa "A").*

Observe a seguinte situação, extraída de questão do **Exame Unificado da OAB de julho de 2016**: "Lúcio Flavio, advogado, ofereceu queixa-crime em face de Rosa, imputando-lhe a prática dos delitos de injúria simples e difamação. As partes não celebraram qualquer acordo e a querelada negava os fatos, não aceitando qualquer benefício. Após o regular processamento e a instrução probatória, em alegações finais, Lúcio Flávio requer a condenação de Rosa pela prática do crime de difamação, nada falando em sua manifestação derradeira sobre o crime de injúria". Nesse caso, deverá ser extinta a punibilidade do fato em relação a Rosa pelo crime de injúria, em razão da perempção, com fundamento no art. 60, III, parte final, do Código de Processo Penal, pois **não houve pedido de condenação por aquele delito em alegações finais.**

Por fim, considere a seguinte situação, extraída do **Exame Unificado da OAB de junho de 2019**: "João, por força de divergência ideológica, publicou, em 03 de fevereiro de 2019, artigo ofensivo à honra de Mário, dizendo que este, quando no exercício de função pública na Prefeitura do município de São Caetano, desviou verba da educação em benefício de empresa de familiares. Mário, inconformado com a falsa notícia, apresentou queixa-crime em face de João, sendo a inicial recebida em 02 de maio de 2019. Após observância do procedimento adequado, o juiz designou data para a realização da audiência de instrução e julgamento, sendo as partes regularmente intimadas. No dia da audiência, apenas o querelado João e sua defesa técnica compareceram. Diante da ausência injustificada do querelante, poderá a defesa de João requerer ao juiz o reconhecimento: a) da decadência, que é causa de extinção da punibilidade. b) do perdão do ofendido, que é causa de extinção da punibilidade. c) do perdão judicial, que é causa de exclusão da culpabilidade. d) da perempção, que é causa de extinção da punibilidade". A alternativa correta é a "d", caracterizando-se a **perempção**, na forma do art. 60, III, do CPP.

Há, ainda, o instituto do **perdão do ofendido**, previsto no art. 107, V, do Código Penal, como causa de extinção de punibilidade. Nos crimes de ação penal de iniciativa exclusivamente privada ou privada personalíssima, até o trânsito em julgado, a vítima ou seu representante legal pode perdoar o autor do delito. Porém, para conduzir à extinção de punibilidade, o perdão tem que ser **aceito** pelo querelado.

MUITA ATENÇÃO!

Não confundir o **perdão judicial** com o **perdão do ofendido**. São duas causas distintas de extinção de punibilidade. O perdão do ofendido tem lugar apenas na ação penal privada, sendo concedido pelo próprio querelante. O perdão judicial pode ser concedido pela autoridade judicial, tanto nas ações penais públicas quanto nas privadas, nos casos previstos em lei.

C **Indivisibilidade**: significa que o querelante, caso queira ingressar com a queixa, **deve promovê-la contra todos os autores da infração penal**. O processo de um obriga o processo de todos (art. 48 do CPP). Segundo o art. 48 do CPP, o Ministério Público deve atuar como fiscal do princípio da indivisibilidade, não podendo, todavia, aditar a queixa para incluir corréu, pois não tem legitimidade para figurar como autor da ação de iniciativa privada. Assim, **deve pedir a intimação do querelante para aditar a queixa, sob pena de renúncia, causa de**

extinção de punibilidade que, concedida a algum dos autores do delito, estende-se aos demais (art. 49 do CPP).

Considere a seguinte questão, extraída do **Exame Unificado da OAB de agosto de 2014**: "Fábio, vítima de calúnia realizada por Renato e Abel, decide mover ação penal privada em face de ambos. Após o ajuizamento da ação, os autos são encaminhados ao Ministério Público, pois Fábio pretende desistir da ação penal privada movida apenas em face de Renato para prosseguir em face de Abel. Diante dos fatos narrados, assinale a opção correta. A) A ação penal privada é divisível; logo, Fábio poderá desistir da ação penal apenas em face de Renato. B) A ação penal privada é indivisível; logo, Fábio não poderá desistir da ação penal apenas em face de Renato. C) A ação penal privada é obrigatória, por conta do princípio da obrigatoriedade da ação penal. D) A ação penal privada é indisponível; logo, Fábio não poderá desistir da ação penal apenas em face de Renato". Pelo que foi estudado acerca do princípio da indivisibilidade, a alternativa correta é a "B".

Observe, ainda, o seguinte enunciado de questão, extraído do **Exame Unificado da OAB de novembro de 2017**: "Lívia, insatisfeita com o fim do relacionamento amoroso com Pedro, vai até a casa deste na companhia da amiga Carla e ambas começam a quebrar todos os porta-retratos da residência nos quais estavam expostas fotos da nova namorada de Pedro. Quando descobre os fatos, Pedro procura um advogado, que esclarece a natureza privada da ação criminal pela prática do crime de dano. Diante disso, Pedro opta por propor queixa-crime em face de Carla pela prática do crime de dano (Art. 163, *caput*, do Código Penal), já que nunca mantiveram boa relação e ele tinha conhecimento de que ela era reincidente, mas, quanto a Lívia, liga para ela e diz que nada fará, pedindo, apenas, que o fato não se repita. Apesar da decisão de Pedro, Lívia fica preocupada quanto à possibilidade de ele mudar de opinião, razão pela qual contrata um advogado junto com Carla para consultoria jurídica". No caso, se caracterizou a **renúncia** ao direito de queixa em relação a Lívia, que, por sua vez, em vista do **princípio da indivisibilidade**, na forma do art. 49, do Código de Processo Penal, se estende a Carla, impedindo o recebimento da queixa-crime em relação a ela.

D **Intranscendência**: a Constituição da República prevê no art. 5º, XLV, que nenhuma pena passará da pessoa do condenado. Como decorrência, diz-se que **nenhum feito da ação penal pode atingir terceiros, não envolvidos na persecução penal, pois a responsabilidade penal é pessoal.**

5.2 Prazo para ingresso com a queixa

A queixa deve ser oferecida no prazo de **6 (seis) meses**, a contar do **conhecimento da autoria do fato** conforme preceituam o art. 38, do CPP e o art. 103, do Código Penal. Trata-se de prazo decadencial, que **não suspende nem interrompe**. Passado este prazo sem que haja formalização da queixa, opera-se a **decadência**, com **extinção da punibilidade do fato**, nos termos do art. 107, IV, do Código Penal.

> **MUITA ATENÇÃO!** O prazo decadencial tem início a partir do **conhecimento da autoria** do fato, e não do fato em si.

5.3 Legitimidade: a legitimidade para oferecer a queixa é conferida à **própria vítima**, a partir dos **18 (dezoito) anos de idade**. Se a vítima for menor de 18 (dezoito) anos, mentalmente enfermo ou retardado mental, a queixa deve ser apresentada pelo **representante legal**.

Se o ofendido for menor de 18 anos, mentalmente enfermo ou retardado mental e não tenha representante legal, ou haja colisão de interesses entre a vítima e seu representante legal, deve ser nomeado um **curador especial** (art. 33 do CPP). Este curador decidirá sobre a conveniência da queixa.

No caso de **morte** ou declaração de **ausência** da vítima, opera-se a **sucessão processual**, sendo legitimados para oferecer a queixa ou dar continuidade àquela já oferecida o **cônjuge, o ascendente, o descendente e o irmão do ofendido** (art. 31, do CPP). Esse rol é **preferencial**, devendo ser observada esta ordem de preferência entre os legitimados. É, ainda, **taxativo**, embora haja quem admita a possibilidade de ingresso com a queixa pelo companheiro em caso de união estável.

5.4 Ação penal de iniciativa exclusivamente privada

Trata-se da ação de iniciativa privada típica, à qual se aplicam os princípios acima referidos. No caso de morte ou ausência do legitimado para ingressar com a queixa, ocorre a **sucessão processual**, transferindo-se a legitimidade ao cônjuge (ou companheiro), ascendente, descendente ou irmão da vítima.

5.5 Ação penal de iniciativa privada personalíssima

A característica fundamental desta ação penal é que **não se aplica a ela a sucessão processual. No caso de morte da vítima, opera-se a extinção do processo.** A legitimidade para ingressar com a ação penal é da vítima, não cabendo nem mesmo a seu representante legal a propositura da ação. **Assim, o direito de queixa é intransmissível**. O único caso de ação privada personalíssima em vigor atualmente é o delito tipificado no **art. 236, do Código Penal**.

5.6 Ação penal de iniciativa privada subsidiária da pública

É a hipótese em que, embora se trate de um crime de ação penal de iniciativa pública, é cabível o ingresso com ação penal privada (a chamada queixa subsidiária), pelo ofendido ou seu representante legal, porque **o Ministério Público manteve-se inerte, deixando de oferecer denúncia no prazo legal. Está prevista no art. 5º, LIX da Constituição da República e no art. 29 do CPP.**

? QUESTÃO: É cabível a ação penal privada subsidiária da pública quando o Ministério Público pede arquivamento do inquérito?

➥ ***RESPOSTA:*** *Não é cabível a ação penal privada subsidiária da pública quando o Ministério Público pede arquivamento de inquérito, pois nesse caso o Ministério Público não se manteve* **inerte**. *Como foi objeto de questão no* ***Exame Unificado da OAB de fevereiro de 2012****: "Tício está sendo investigado pela prática do delito de roubo simples, tipificado no art. 157, caput, do Código Penal. Concluída a investigação, o Delegado Titular da 41ª Delegacia Policial envia os autos ao Ministério Público, a fim de que este tome as providências que entender cabíveis. O Parquet, após a análise dos autos, decide pelo arquivamento do feito, por faltas de provas de autoria. A vítima ingressou em juízo com uma ação penal privada subsidiária da pública, que foi rejeitada pelo juiz da causa, que, no caso acima, agiu: (A) erroneamente, tendo em vista a Lei Processual admite a ação privada nos crimes de ação pública quando esta não for intentada; (B) corretamente, pois a vítima não tem legitimidade para ajuizar ação penal privada subsidiária da pública; (C) corretamente, já que a Lei Processual não admite a ação penal privada subsidiária da pública nos casos em que o Ministério Público não se mantém inerte; (D) erroneamente, já que a Lei Processual admite, implicitamente, a ação penal privada subsidiária da pública". A alternativa que responde à questão é a "C".*

Essa ação deve ser proposta no prazo decadencial de **6 (seis) meses, a contar da data em que se escoar o prazo que teria o Ministério Público para oferecer denúncia** (art. 38, parte final, do CPP). O Ministério Público, mesmo perdendo o prazo para denúncia, continua podendo denunciar, até a prescrição do delito.

Conforme dispõe o art. 29 do CPP, na ação penal privada subsidiária da pública o Ministério Público pode:

- opinar pela rejeição da queixa, se for inepta;
- repudiar a queixa, oferecendo denúncia substitutiva;
- se não a repudiar, o Ministério Público funciona como fiscal da lei (*custos legis*), com poderes instrutórios, probatórios e processuais;
- no caso de negligência do querelante, o Mistério Público retoma a condução da ação.

Considere a seguinte questão, extraída do **Exame Unificado da OAB de dezembro de 2012**: "Tendo como base o instituto da ação penal, assinale a afirmativa correta: A) Na ação penal privada vigora o princípio da oportunidade ou conveniência; B) A ação penal privada subsidiária da pública fere dispositivo constitucional que atribui ao Ministério Público o direito exclusivo de iniciar a ação pública; C) Como o Código Penal é silente no tocante à natureza da ação penal no crime de lesão corporal culposa, verifica-se que a referida infração será de ação penal pública incondicionada; D) A legitimidade para ajuizamento da queixa-crime na ação penal exclusivamente privada (ou propriamente dita) é unicamente do ofendido". Pelo que já foi estudado neste capítulo, a resposta correta é a alternativa "A".

Questão semelhante pode ser extraída ainda do **Exame Unificado do OAB de julho de 2015**: "Carlos foi indiciado pela prática de um crime de lesão corporal grave, que teria como vítima Jorge. Após o prazo de 30 dias, a autoridade policial elaborou relatório conclusivo e encaminhou o procedimento para o Ministério Público. O promotor com atribuição concluiu que não existiam indícios de autoria e materialidade, razão pela qual requereu o arquivamento. Inconformado com a manifestação, Jorge contratou advogado e propôs ação penal privada subsidiária da pública". Nesse caso, "a queixa proposta deve ser rejeitada pelo magistrado, pois não houve inércia do Ministério Público".

FIQUE POR DENTRO:

"Ação penal pública subsidiária da pública e ação de prevenção penal"

Ação penal pública subsidiária da pública: trata-se da ação penal promovida pelo Ministério Público Federal, no caso de inércia do Ministério Público Estadual, quando este deixa de promover ação nos casos de crimes praticados por prefeitos, nos termos do Decreto-Lei.

201/1967 (art. 2º, § 2º). Todavia, é entendimento pacífico que esta ação não mais se encontra em vigor, não tendo sido recepcionada pela Constituição da República de 1988.

Ação de prevenção penal: é a ação penal intentada com o único objetivo de aplicação de uma medida de segurança a um inimputável.

Para saber mais: TÁVORA, Nestor; ALENCAR, Rosmar Rodrigues. **Curso de direito processual penal**. 4. ed. Salvador: Juspodivm, 2010. p. 168-169.

6. DENÚNCIA E QUEIXA NO PROCESSO PENAL

6.1 Conceito: a denúncia é a **peça acusatória** na ação penal de iniciativa pública. A queixa é a peça acusatória na ação penal de iniciativa privada.

6.2 Requisitos formais: encontram-se previstos no art. 41, do CPP. São eles:

A **Exposição do fato criminoso com todas as suas circunstâncias**: a denúncia ou queixa imputam (atribuem) a prática de uma infração penal a alguém. **O fato deve ser narrado na denúncia com as informações pertinentes a todas as suas circunstâncias, de modo a possibilitar o exercício da ampla defesa.** Do contrário, a denúncia ou a queixa é inepta, pois denúncia ou queixa genérica é nula, por impossibilitar ou dificultar o exercício da ampla defesa. **No caso de haver mais de um acusado, deve-se, na medida do possível, individualizar as condutas de cada um.**

Desta forma, está correta alternativa apresentada no **Exame Unificado da OAB de abril de 2007**, segundo a qual "é inepta a denúncia que, contendo narração incongruente dos fatos, impossibilita o exercício pleno do direito de defesa".

B **Identificação do denunciado ou querelado.**

C **Classificação jurídica do fato punível imputado**: no processo penal, **o acusado defende-se dos fatos que lhe são imputados**. Logo, eventual equívoco quanto à sua classificação (tipificação) não é causa de rejeição da peça acusatória. Fala-se que no processo penal o imputado se defende dos fatos, e não da tipificação trazida na denúncia ou na queixa. Nesse ponto, é importante mencionar dois institutos fundamentais do processo penal: a ***mutatio libelli*** e a ***emendatio libelli***.

Emendatio libelli	*Mutatio libelli*
Dispõe o art. 383, *caput*, do CPP que: "o juiz, sem modificar a descrição do fato contida na denúncia ou queixa, poderá atribuir-lhe definição jurídica diversa, ainda que, em consequência, tenha de aplicar pena mais grave". Nesse caso, a alteração é possível porque não há qualquer modificação do fato contido na peça acusatória, do qual o acusado se defende, mas tão somente correção da classificação formulada pelo autor da ação penal.	**Encontra previsão no art. 384, CPP:** "encerrada a instrução probatória, se entender cabível nova definição jurídica do fato, em consequência de prova existente nos autos de elemento ou circunstância da infração penal não contida na acusação, o Ministério Público deverá aditar a denúncia ou queixa, no prazo de 5 (cinco) dias, se em virtude desta houver sido instaurado o processo em crime de ação pública, reduzindo-se a termo o aditamento, quando feito oralmente".

MUITA ATENÇÃO!

Não existe *mutatio libeli* em segunda instância (Súmula 453, do STF).

É possível que haja aditamento da denúncia, para suprir eventuais omissões, até o momento da sentença, para agregar fato novo, ou para incluir novo acusado. Todavia, deve ser oportunizada manifestação da defesa em relação à alteração.

O CPC/15 consagrou em seu art. 10 o chamado "contraditório substancial", dispondo que o juiz não pode decidir sem antes oportunizar a manifestação das partes acerca do fundamento da decisão, ainda que se trate de matéria sobre a qual deva decidir de ofício. Segundo já mencionado, há entendimento doutrinário de que tal dispositivo se aplica subsidiariamente ao processo penal, visto que não existe disciplina própria da matéria na legislação processual penal. Assim, segundo tal entendimento, a partir da entrada em vigor do CPC/15 não é mais possível a aplicação da regra do art. 383, *caput*, do CPP, com a atribuição, pelo juiz, de definição jurídica diversa ao fato narrado na denúncia (*emendatio libeli*), sem que sejam previamente ouvidas a acusação e a defesa.

Para saber mais:

- LIMA, Renato Brasileiro de. **Manual de processo penal.** 3. ed. Salvador: Juspodivm, 2015. p. 1531-1532.

? **QUESTÃO**: O que é princípio da correlação?

➥ ***RESPOSTA***: *O princípio da correlação impõe que haja correspondência entre a sentença e a imputação contida na denúncia. Assim, se durante a instrução processual surgir prova de elementar ou circunstância não contida na peça acusatória, deve o juiz dar oportunidade ao Ministério Público para aditar a denúncia. Deve, em seguida, ser ouvida a defesa, que deve ter acesso ao processo pelo prazo de 5 (cinco) dias.*

D **Rol de testemunhas**: é na denúncia ou na queixa que a parte autora poderá arrolar testemunhas. Se não arrolar nesse momento processual, ocorrerá preclusão, perdendo a faculdade de arrolar testemunhas. Todavia, nada impede que o juiz queira ouvir alguma testemunha. Nesse caso, a testemunha será ouvida como **testemunha do juízo.**

Em relação à queixa, se aplicam de regra os requisitos acima mencionados. Acrescente-se, todavia, que o art. 44 do CPP estabelece que o advogado, representando seu constituinte, deverá estar munido de **procuração, com poderes especiais** para oferecer queixa, na qual deve haver, ainda, **expressa menção ao fato criminoso.**

Considere o seguinte enunciado de questão, extraído do **Exame Unificado da OAB de novembro de 2018**: "Flávio apresentou, por meio de advogado, queixa-crime em desfavor de Gabriel, vulgo 'Russinho', imputando-lhe a prática do crime de calúnia, pois Gabriel teria imputado falsamente a Flávio a prática de determinada contravenção penal. Na inicial acusatória, assinada exclusivamente pelo advogado, consta como querelado apenas o primeiro nome de Gabriel, o apelido pelo qual é conhecido, suas características físicas e seu local de trabalho, tendo em vista que Flávio e sua defesa técnica não identificaram a completa qualificação do suposto autor do fato. A peça inaugural não indicou rol de testemunhas, apenas acostando prova documental que confirmaria a existência do crime. Ademais, foi acostada ao procedimento a procuração de Flávio em favor de seu advogado, na qual consta apenas o nome completo de Flávio e seus dados qualificativos, além de poderes especiais para propor eventuais queixas-crime que se façam pertinentes. Após citação de Gabriel em seu local de trabalho para manifestação, considerando apenas as informações expostas, caberá à defesa técnica do querelado pleitear, sob o ponto de vista técnico, a rejeição da queixa-crime [...]". Pela narrativa do enunciado, não consta da procuração a síntese do fato criminoso, mas "apenas o nome completo de Flávio e seus dados qualificativos, além de poderes especiais para propor eventuais queixas-crime que se façam pertinentes". Logo, a queixa-crime deverá ser rejeitada, pois o art. 44 do CPP estabelece a necessidade de que na procuração, com poderes especiais para oferecer queixa, conste a **expressa menção ao fato criminoso.**

6.3 Prazo para a denúncia: se o réu está **preso**, em regra, o prazo para oferecimento é de **5 (cinco) dias**. Estando **solto**, o prazo é de **15 (quinze) dias** (art. 46, do CPP).

MUITA ATENÇÃO! Na Lei 11.343/06 (Lei de Drogas), o prazo para denúncia é de 10 dias, estando o acusado preso ou solto.

6.4 Rejeição da denúncia ou queixa: de acordo com o art. 395, do CPP, "a denúncia ou queixa será rejeitada quando: **I** – for manifestamente inepta; **II** – faltar pressuposto processual ou condição para o exercício da ação penal; ou **III** – faltar justa causa para o exercício da ação penal".

Não há recurso previsto em lei da decisão que recebe a denúncia ou queixa. Assim, dependendo o caso, é possível manejar *habeas corpus*. Da decisão que rejeita a denúncia ou a queixa cabe recurso em sentido estrito (art. 581, I, do CPP), ou, em se tratando de delito de menor potencial ofensivo, apelação (art. 82, da Lei 9.099/95).

7. SUJEITOS DO PROCESSO PENAL

Juiz	Sujeito imparcial, que tem a função de aplicar o direito através da jurisdição.
Ministério Público	É o titular da ação penal de iniciativa pública (art. 129, I, da Constituição da República). Nos crimes de ação penal de iniciativa privada, como já analisado, o autor da ação é o querelante, e o Ministério Público atua como *custos legis* (fiscal da lei), devendo sempre cuidar para que a legalidade seja observada no trâmite do processo.
Imputado (acusado ou querelado)	É o sujeito em face de quem se deduz a pretensão punitiva estatal, sendo o sujeito passivo do processo penal. Tecnicamente, o sujeito somente é acusado após a denúncia oferecida pelo Ministério Público. Nos crimes de ação penal de iniciativa privada, dá-se o nome de querelado ao sujeito passivo do processo penal. Na fase de investigação, fala-se em investigado ou indiciado.
Defensor	No processo penal, o acusado tem direito de defender-se por profissional habilitado, com formação jurídica, por exemplo, um advogado ou um defensor público. A fim de garantir a todos o direito à defesa técnica, a Constituição impõe ao Estado o dever de prestar assistência jurídica gratuita aos que dela necessitem (art. 5º, LXXIV, da Constituição da República). **A defesa técnica é indispensável, sob pena de nulidade.**
Assistente de acusação (ou assistente do Ministério Público)	É parte contingente (eventual) do processo, ou seja, não é necessária sua atuação no processo penal. Cuidam da figura do assistente de acusação os arts. 268 a 273, do Código de Processo Penal. O assistente atua conjuntamente com o Ministério Público, em casos de crimes de ação penal de iniciativa pública (**não se admite assistente de acusação em crimes de ação penal de iniciativa privada**). Os legitimados para atuar como assistentes de acusação encontram-se no rol do art. 268 do Código de Processo Penal. Em um primeiro momento, apenas a vítima (ofendido) pode figurar como assistente do Ministério Público. Em caso de impossibilidade de atuação da vítima, a legitimidade é repassada ao cônjuge, ascendente, descendente ou irmão do ofendido. O assistente deve se habilitar no processo, na forma dos arts. 268 e 269 do Código de Processo Penal. **Não é possível a habilitação do assistente na fase de inquérito policial, mas apenas no curso do processo.** De acordo com o art. 269, do CPP, o assistente poderá habilitar-se enquanto não transitar em julgado, recebendo o processo,
Assistente de acusação (ou assistente do Ministério Público)	todavia, na fase em que se encontrar. **O indeferimento do pedido de habilitação de assistente de acusação é caso típico de cabimento de mandado de segurança em matéria criminal.** A doutrina diverge quanto à natureza jurídica da figura do assistente de acusação. Para dado setor, o assistente atua, principalmente, na **defesa do interesse punitivo**, assistindo ao Ministério Público, e apenas secundariamente busca a reparação do dano causado pela infração penal. Para outros, por sua vez, o interesse que justifica a atuação do assistente seria a **reparação do dano causado pela infração penal**, e sua assistência ao Ministério Público tem por objetivo a reparação pelo dano sofrido diante do ilícito praticado.

8. AÇÃO CIVIL *EX DELICTO*

Trata-se da ação de natureza cível, proposta pela vítima, em razão de uma infração penal. A vítima não necessita aguardar o desfecho da ação penal para ingressar no juízo cível, pois vigora no Brasil o **princípio da independência das jurisdições**. Em dados casos é possível que se pleiteie a suspensão do curso da ação civil, pelo prazo de até 1 (um) ano, objetivando o julgamento na esfera penal (art. 313, V, "a", e § 4º, primeira parte, do CPC/15).

O art. 68 do Código de Processo Penal permite ao Ministério Público propor ação civil *ex delicto* em favor da vítima pobre. A constitucionalidade do dispositivo foi questionada, vez que a atribuição seria da Defensoria Pública, como instituição legitimada para defesa dos hipossuficientes. Contudo, o STF entende que **a norma é ainda constitucional**, vez que não há Defensoria estruturada em todas as localidades, podendo o Ministério Público, onde não há Defensoria, propor a ação.

A sentença penal condenatória é título executivo para reparação de danos no juízo cível (art. 63, do CPP). **Inovação interessante foi trazida pela Lei 11.719/08, que passou a prever inciso IV do *caput* do art. 387, do CPP, como um dos requisitos da sentença penal condenatória a fixação de um valor indenizatório mínimo em favor da vítima.**

Assim, está correta a alternativa apresentada no **Exame Unificado da OAB de junho de 2010**, segundo a qual "ao proferir sentença penal condenatória, o juiz fixará valor mínimo para a reparação dos danos causados pela infração, considerando os prejuízos sofridos pelo ofendido, sem prejuízo da liquidação para apuração do dano efetivamente sofrido".

Observe ainda a seguinte afirmativa, retirada do **Exame Unificado da OAB de setembro de 2010**: "sobrevindo sentença absolutória no juízo criminal, a ação civil não poderá ser proposta em nenhuma hipótese". Está correta? Não. **A absolvição criminal não necessariamente impede a propositura de ação cível.**

Embora haja independência das instâncias cível e penal, a decisão na esfera criminal pode influir no âmbito cível. O art. 65 do CPP prevê que exclui o dever de indenizar a decisão penal que reconhecer que o acusado atuou sob o manto de uma causa de exclusão da ilicitude, como a legítima defesa, o estado de necessidade, o exercício regular de direito ou o estrito cumprimento de dever legal. Todavia, mesmo nessas hipóteses, se for atingido um terceiro inocente, persiste o dever de indenizar, bem como se for reconhecido um excesso no emprego das causas de exclusão de ilicitude.

Os arts. 66 e 67 do CPP enumeram as hipóteses em que a decisão criminal não impede a pretensão indenizatória cível, quais sejam:

A **decisão em que não tiver sido reconhecida, categoricamente, a inexistência material do fato;**

B **decisão de arquivamento do inquérito policial ou outras peças de informação;**

C **decisão que julgar extinta a punibilidade do fato;**

D **sentença absolutória, reconhecendo que o fato não constitui infração penal.**

Conclui-se, portanto, que **em casos nos quais o juiz reconhece a inexistência do fato, ou que o acusado não participou do mesmo, não subsiste o dever de indenizar.**

DICA IMPORTANTE

Recomenda-se a leitura atenta dos arts. 63 a 68 do Código de Processo Penal, que tratam da ação civil *ex delicto*.

Para saber mais, consultar: LIMA, Renato Brasileiro de. **Manual de processo penal**. 3.ed. Salvador: Juspodivm, 2015. p. 281 e seguintes.

CAPÍTULO IV

JURISDIÇÃO E COMPETÊNCIA

1. JURISDIÇÃO

1.1 Características da jurisdição

A **definitividade**;

B **substitutividade** e

C **imperatividade**.

1.2 Princípios da jurisdição

A **Inafastabilidade da jurisdição**: art. 5º, XXXV, da Constituição da República.

B **Indeclinabilidade da jurisdição**: o juiz competente não pode recusar a exercer a atividade jurisdicional.

C **Inércia da jurisdição**: o juiz não inicia processo de ofício, dependendo de provocação das partes.

D **Unidade da jurisdição**: no Brasil, a jurisdição é única, **una**, embora possam ser estabelecidas competências distintas aos órgãos jurisdicionais.

E **Indelegabilidade da jurisdição**: o juiz competente não pode delegar a prática de atos decisórios.

F **Improrrogabilidade da jurisdição**: o juiz não pode invadir jurisdição alheia.

2. COMPETÊNCIA NO PROCESSO PENAL

2.1 Conceito de competência: competência é o limite e a medida da jurisdição.

2.2 Critérios para distribuição da competência: são, fundamentalmente, três: **a)** competência em razão do local (*ratione loci*); **b)** competência em razão da matéria (*ratione materiae*) e **c)** competência em razão da pessoa (*ratione personae* ou foro por prerrogativa de função).

2.3 Competência em razão do local ou *ratione loci*

Regra geral: encontra-se prevista no art. 70 do CPP: "A competência será, de regra, determinada pelo lugar em que se consumar a infração, ou, no caso de tentativa, pelo lugar em que for praticado o último ato de execução". Desta forma, o Código de Processo Penal adotou como regra o **local do resultado ou da consumação**.

Como aplicação desta regra, no caso de falso testemunho por precatória, é competente o juízo deprecado, ou seja, o local onde a testemunha foi ouvida, pois é lá que o delito se consumou.

No caso de estelionato envolvendo a emissão de cheques sem provisão de fundos, as Súmulas 244, do STJ e 521, do STF previam a competência do local onde houve a recusa de pagamento pelo banco. Porém, a Lei 14.155/21 dispôs no art. 70, § 4º, do CPP que quando o crime de estelionato é praticado através de depósito, mediante emissão de cheques sem suficiente provisão de fundos em poder do sacado ou com o pagamento frustrado ou mediante transferência de valores, a competência será definida pelo local do **domicílio da vítima**, e, em caso de **pluralidade de vítimas**, a competência será definida por **prevenção**.

? **QUESTÃO**: Como se define a competência em razão do local nas infrações penais de menor potencial ofensivo?

➥ ***RESPOSTA**: Quanto às infrações de menor potencial ofensivo, o art. 63 da Lei 9.099/95 estabelece que "a competência do Juizado será determinada pelo lugar em que foi **praticada** a infração penal". Segundo entendimento dominante, a lei adotou como critério o local da atividade ou da conduta (ação ou omissão), e não o local do resultado, como fez o CPP.*

*Assim, está equivocada a seguinte alternativa, extraída do **Exame Unificado da OAB de julho de 2011**: "A competência do juizado será determinada pelo lugar em que se consumar a infração penal". A regra de competência do juizado é o lugar da conduta, não do resultado.*

Questão que merece ser analisada envolve os chamados **crimes plurilocais**. Nesse caso, a conduta e o resultado ocorrerem dentro do território nacional, porém, em **locais distintos**. Por exemplo, ocorre um acidente envolvendo veículos em uma comarca "A". A vítima, ferida, mas ainda com vida, é levada para outra comarca "B". Nesta última comarca, a vítima morre. Pelo art. 70 do CPP, é competente para julgamento o local do **resultado** (ou seja, onde ocorreu a morte, no nosso exemplo). Todavia, há entendimento jurisprudencial, inclusive do STJ, que admite como competente o **local da conduta** (onde ocorreu o acidente, no exemplo), devido à facilidade para se colher provas nesta localidade.

Outra hipótese que merece análise envolve os **crimes à distância ou de espaço máximo**. São aqueles em que a conduta é praticada em território nacional e o resultado ocorre no exterior, ou vice-versa. Neste caso, aplica-se a **teoria da ubiquidade**, prevista do art. 6º do CP, sendo competente tanto o local da conduta quanto o local do resultado ou onde este deveria ter sido produzido. Se a execução se inicia no Brasil, será competente o local do último ato executório no território nacional. Se a execução se inicia no exterior, será competente o local em que ocorreu ou deveria ocorrer a consumação em território nacional (art. 70, §§ 1º e 2º do CPP).

Chamam-se **permanentes** os crimes cuja **consumação se prolonga no tempo**, por exemplo, o sequestro. Caso o crime envolva mais de uma comarca, segundo o art. 71 do CPP, a competência será determinada por **prevenção**, como será referido mais adiante. Também se determina a competência por prevenção quando o delito se consuma na divisa de duas comarcas (art. 70, § 3º, do CPP).

O art. 72 do CPP estabelece que, **não sendo conhecido o local da infração penal**, a competência regula-se pelo **domicílio ou residência do réu**. Caso este tenha mais de um domicílio, dispõe o art. 72, § 1º, do CPP, que a competência firmar-se-á pela **prevenção**. Se o réu não tem domicílio certo, será competente o juiz que primeiro tomou conhecimento do fato.

Por fim, estatui o art. 73 do CPP que na **ação penal de iniciativa privada**, o ofendido **poderá** preferir propor a ação no **foro do domicílio ou residência do réu**, mesmo quando conhecido o lugar da infração.

2.4 Competência em razão da matéria (*ratione materiae*)

Por esse critério, a determinação da justiça competente se dará de acordo com a **natureza da infração penal**.

2.4.1 Crimes dolosos contra a vida (tentados ou consumados)

São julgados pelo Tribunal do Júri (art. 5º, XXXVIII, "d", da Constituição da República). Por ser crime contra o patrimônio, o latrocínio não é julgado pelo Tribunal do Júri (Súmula 603, do STF).

? **QUESTÃO:** O Tribunal do Júri pode julgar crime que não seja doloso contra a vida?

➥ ***RESPOSTA:** Sim. Todo crime conexo ao crime doloso contra a vida é julgado, também, pelo Tribunal do Júri. Um furto, por exemplo, pode ir a júri, se for conexo a um crime doloso contra a vida.*

2.4.2 Juizados Especiais Criminais

Julga as **infrações penais de menor potencial ofensivo** (art. 98, I, da CR), ou seja, aquelas com pena cominada de até 2 (dois) anos, cumulada ou não com multa, além de todas as contravenções (art. 61 da Lei 9.099/95).

2.4.3 Justiça Comum Federal

O art. 109 da Constituição da República de 1988 estabelece os crimes de competência da Justiça Federal. São as seguintes hipóteses:

A crimes políticos (art. 109, IV, da Constituição da República): são delitos definidos nos artigos 359-I e seguintes do Código Penal, a partir da vigência da Lei 14.197/21, que revogou a Lei de Segurança Nacional (Lei 7.170/83).

B crimes praticados em detrimento de bens, serviços ou interesse da União ou de suas autarquias ou empresas públicas. De acordo com a Súmula 147 do STJ, os crimes praticados contra funcionário público federal, quando relacionados com o exercício da função, são julgados pela Justiça Federal.

? **QUESTÃO**: Qual a competência no caso de crime contra interesse de sociedade de economia mista federal?

➥ ***RESPOSTA**: Segundo a Súmula 42, do STJ, são de competência da Justiça Comum Estadual os crimes praticados contra sociedade de economia mista, por exemplo, o Banco do Brasil. Por outro lado, se o crime é praticado contra interesse direto de empresa pública federal (por exemplo, a Caixa Econômica Federal), ou autarquia federal (por exemplo, o INSS), a competência será da Justiça Federal.*

Segundo dispõe a Súmula 38 do Superior Tribunal de Justiça, as **contravenções penais** praticadas em detrimento de bens ou interesses da União serão julgadas pela **Justiça Comum Estadual**.

Considere o seguinte enunciado de questão, extraído do **Exame Unificado da OAB de março de 2015:** "Juan da Silva foi autor de uma contravenção penal, em detrimento dos interesses da Caixa Econômica Federal, empresa pública. Praticou, ainda, outra contravenção em conexão, dessa vez em detrimento dos bens do Banco do Brasil, sociedade de economia mista". Nesse caso, a Justiça Comum Estadual tem competência para julgar ambas as infrações penais, por se tratar de **contravenções, infrações penais não julgadas pela Justiça Federal**.

Analise agora a seguinte questão, do **Exame Unificado da OAB de março de 2019**: "Jucilei foi preso em flagrante quando praticava crime de estelionato (Art. 171 do CP), em desfavor da Petrobras, sociedade de economia mista federal. De acordo com os elementos informativos, a fraude teria sido realizada na cidade de Angra dos Reis, enquanto a obtenção da vantagem ilícita ocorreu na cidade do Rio de Janeiro, sendo Jucilei preso logo em seguida, mas já na cidade de Niterói. Ainda em sede policial, Jucilei entrou em contato com seu(sua) advogado(a), que compareceu à Delegacia para acompanhar seu cliente, que seria imediatamente encaminhado para a realização de audiência de custódia perante autoridade judicial. Considerando as informações narradas, o(a) advogado(a) deverá esclarecer ao seu cliente que será competente para processamento e julgamento de eventual ação penal pela prática do crime do Art. 171 do Código Penal, o juízo junto à: a) Vara Criminal Estadual da Comarca do Rio de Janeiro. b) Vara Criminal Estadual da Comarca de Angra dos Reis. c) Vara Criminal Federal com competência sobre a cidade do Rio de Janeiro. d) Vara Criminal Federal com competência sobre a cidade de Angra dos Reis". Como acima referido, segundo a Súmula 42, do STJ, são de competência da Justiça Comum Estadual os crimes praticados contra **sociedade de economia mista**, como é o caso. A **consumação** do delito ocorrera na cidade do Rio de Janeiro, sendo tal comarca competente (art. 70, do CPP). Logo, a alternativa correta é a "a", sendo a competência da Vara Criminal Estadual da Comarca do Rio de Janeiro.

São de competência da Justiça Comum Estadual os crimes praticados por indígena ou contra ele (Súmula 140, do STJ), salvo se a questão envolve **coletividade** indígena, quando então pode ser de competência da Justiça Federal.

C crimes previstos em tratado ou convenção internacional, quando, iniciada a execução no País, o resultado tenha ou devesse ter ocorrido no estrangeiro, ou reciprocamente (art. 109, V, Constituição da República). É o caso do tráfico internacional de drogas (consulte a Súmula 522, do STF e a Súmula 607, do STJ).

D crimes contra a organização do trabalho e, nos casos determinados por lei, contra o sistema financeiro e a ordem econômico-financeira (art. 109, VI, Constituição da República). Os crimes contra a organização do trabalho envolvem uma coletividade de trabalhadores. Quanto aos crimes contra o sistema econômico-financeiro, são de competência da Justiça Federal, por determinação legal, aqueles tipificados na Lei 7.492/86 (art. 26).

Está correta, assim, a seguinte alternativa de questão do **Exame Unificado da OAB de setembro de 2008**, de que "compete à justiça federal processar e julgar [...] crime contra a organização do trabalho".

E crimes praticados a bordo de navio ou aeronave, ressalvada a competência da Justiça Militar (art. 109, IX, Constituição da República). As embarcações de pequeno porte são de competência da Justiça Comum Estadual, vez que o dispositivo de refere somente a navio. Já o conceito de aeronave envolve, inclusive, helicóptero.

F crimes de ingresso ou permanência irregular de estrangeiro (art. 109, X, da Constituição da República).

? **QUESTÃO**: O que é incidente de deslocamento de competência (IDC)?

➥ ***RESPOSTA****: Trata-se de mecanismo trazido pela Emenda Constitucional 45/2004, previsto no art. 109, V-A, combinado com art. 109, § 5º da Constituição da República. Segundo os dispositivos mencionados, nas hipóteses de graves violações a direitos humanos, a fim de assegurar o cumprimento de obrigações decorrentes de tratados internacionais versando sobre direitos humanos que o Brasil seja parte, o Procurador-Geral da República, em qualquer fase da investigação ou da ação penal, poderá pleitear junto ao STJ o deslocamento da competência para julgamento do crime da Justiça Estadual para a Justiça Federal. É um instituto de aplicação em situações excepcionais.*

2.4.4 Justiça Comum Estadual

Tem competência residual, ou seja, sua competência é encontrada por exclusão. Assim, se o crime não for militar, eleitoral e não estiver inserido na competência da Justiça Comum Federal, será julgado pela Justiça Comum Estadual. A Súmula 122 do STJ prevê que, caso haja **conexão** entre crimes de competência da Justiça Estadual e da Justiça Federal, a competência para julgamento será da **Justiça Federal**. Aplicação desse entendimento pode ser observado em enunciado de questão, extraída do **Exame Unificado da OAB de junho de 2019**: "Anderson, Cláudio e Jorge arquitetam um plano para praticar crime contra a agência de um banco, empresa pública federal, onde Jorge trabalhava como segurança. Encerrado o expediente, em 03/12/2017, Jorge permite a entrada de Anderson e Cláudio no estabelecimento e, em conjunto, destroem um dos cofres da agência e subtraem todo o dinheiro que estava em seu interior. Após a subtração do dinheiro, os agentes roubam o carro de Júlia, que trafegava pelo local, e fogem, sendo, porém, presos dias depois, em decorrência da investigação realizada [...]". No caso, a Justiça Federal será competente para julgamento de ambos os delitos conexos, tanto do furto à agência quanto do roubo do veículo.

Considere, ainda, o seguinte enunciado de questão do **Exame Unificado da OAB de junho de 2021**: "Caio praticou um crime de furto (Art. 155 – pena: reclusão, de 1 a 4 anos, e multa) no interior da sede da Caixa Econômica Federal, empresa pública, em Vitória (ES), ocasião em que subtraiu dinheiro e diversos bens públicos. Ao sair do estabelecimento, para assegurar a fuga, subtraiu, mediante grave ameaça, o carro da vítima, Cláudia (Art. 157 – pena: reclusão, de 4 a 10 anos, e multa). Houve perseguição policial, somente vindo Caio a ser preso na cidade de Cariacica, onde foi encontrado em seu poder um celular produto de crime anterior (Art. 180 – pena: reclusão, de 1 a 4 anos, e multa). Considerando a conexão existente entre os crimes de furto simples, roubo simples e receptação, bem como a jurisprudência dos Tribunais Superiores, assinale a opção que indica a Vara Criminal competente para o julgamento de Caio [...]". Na situação narrada, houve o cometimento de crime contra uma empresa pública federal (Caixa Econômica Federal). De acordo com a **Súmula 122 do STJ**, tendo-se a **conexão** entre crimes de competência da Justiça Estadual e da Justiça Federal, como na referida questão, a competência para julgamento será da **Justiça Federal**. Logo, será a Justiça Federal a competente para o julgamento de todos os delitos.

2.5 Foro por prerrogativa de função (competência *ratione personae*)

O foro por prerrogativa de função não é um privilégio pessoal do agente público, mas sim uma **garantia inerente ao cargo ou função** que ele exerce. As hipóteses de foro por prerrogativa de função encontram-se previstas na **Constituição da República e nas Constituições Estaduais**.

? **QUESTÃO**: O que ocorre se a infração penal é praticada por agente detentor de prerrogativa de função em coautoria ou com participação de pessoa não detentora de foro especial?

➥ ***RESPOSTA***: *A regra é que ambos serão julgados pelo órgão jurisdicional com competência para julgamento do detentor da prerrogativa de função (Súmula 704, do STF). Desta maneira, está correta a alternativa extraída do* ***Exame Unificado da OAB de maio de 2008****, segundo a qual "não viola a garantia do juiz natural a atração por continência do processo do corréu ao foro especial do outro denunciado, razão pela qual um advogado e um juiz de direito que pratiquem crime contra o patrimônio devem ser processados perante o tribunal de justiça".*

Exceção à regra, todavia, é quando se trata de crime doloso contra a vida e agente público com prerrogativa de função prevista na Constituição da República. Nesse caso, o agente detentor da prerrogativa de função será julgado pelo tribunal perante qual detém prerrogativa de julgamento, e o não detentor de prerrogativa vai a julgamento perante o Tribunal do Júri.

Vamos analisar uma alternativa, extraída do **Exame Unificado da OAB de maio de 2008:** "Membro do Ministério Público estadual que pratica crime doloso contra a vida deve ser processado perante o Tribunal do Júri e, não no foro por prerrogativa de função ou especial, visto que a competência do Tribunal do Júri está expressa na Constituição Federal". Está correto? Não! No caso, o promotor de justiça deve ser julgado pelo órgão perante o qual detém a prerrogativa de função, no caso, o tribunal de justiça (art. 96, III da Constituição da República). Mesmo porque tanto a competência do Tribunal do Júri quanto a competência por prerrogativa de função do Tribunal de Justiça para julgamento de membros do Ministério Público estão previstas na Constituição da República. Nesse caso, prevalece a prerrogativa de função. Todavia, se no mesmo crime tivesse participação de um particular, não detentor de prerrogativa de função, este seria julgado perante o Tribunal do Júri.

MUITA ATENÇÃO!

O Supremo Tribunal Federal, no julgamento de questão de ordem na Ação Penal 937 (STF, AP 937 QO/RJ), em 03 de maio de 2018, por maioria de votos, limitou a incidência do foro por prerrogativa de função de parlamentares. De acordo com o novo entendimento, o foro por prerrogativa de função conferido aos deputados federais e senadores se aplica apenas a crimes cometidos no exercício do cargo e em razão dele. Com tal entendimento, se o agente comete um delito antes de ser diplomado, não haverá deslocamento de competência com sua posterior diplomação na função de parlamentar, mantendo-se a competência para julgamento do processo na primeira instância. O deputado ou senador também não contará com foro por prerrogativa de função em caso de crimes que, ainda que praticados após a diplomação, não tenham relação com o mandato parlamentar.

Ficou estabelecido, também, que após o final da instrução processual, com intimação das partes para apresentação de alegações finais, a competência para processar e julgar ações penais envolvendo parlamentares não será mais afetada em razão de o agente público vir a ocupar outro cargo ou deixar o cargo que ocupava, qualquer que seja o motivo.

A decisão envolveu apenas deputados e senadores. Todavia, embora recente, tal julgamento, por certo, terá desdobramentos e implicações práticas futuras sobre sua aplicação a outros agentes públicos detentores de foro por prerrogativa de função, que necessitará de melhor definição. Apenas para mencionar, em 12/06/2018 o Supremo Tribunal Federal, por maioria, se manifestou no sentido de que a limitação de foro por prerrogativa de função se aplica também a Ministros de Estado (STF, Inq. 4703 QO/DF). O Superior Tribunal de Justiça, por sua vez, decidiu, em 20/06/2018, que a restrição do foro deve alcançar também Governadores de Estado (STJ, APn 866/DF).

? **QUESTÃO**: Se um deputado Federal pratica um crime doloso contra a vida, perante qual órgão será julgado?

➥ ***RESPOSTA***: *Entende-se que a prerrogativa de função, prevista na Constituição da República, prevalece sobre a competência constitucional do Tribunal do Júri. E se um deputado estadual comete um crime doloso contra a vida, a quem competirá o julgamento? Segundo a Súmula 721 do STF e a Súmula Vinculante 45 do STF, a competência será do Tribunal do Júri. Isso porque a competência do Tribunal do Júri é definida na Constituição da República (art. 5º, XXXVIII, "d"), ao passo que o foro por prerrogativa de função de deputados estaduais é definida na Constituição Estadual. Deve, no caso, prevalecer a previsão da Constituição Federal.*

? **QUESTÃO**: E se o agente detentor do foro especial deixa de exercer a função pública?

➥ ***RESPOSTA:*** *Pelo entendimento prevalente, de regra a prerrogativa de função vigora enquanto perdurar o exercício do cargo ou função, independentemente do momento em que foi praticado o delito. Por exemplo, se uma pessoa pratica um crime, o processo se inicia perante o juiz de primeira instância. Se, a seguir, a pessoa é eleita prefeito municipal, o processo será remetido ao Tribunal de Justiça, pois é o órgão competente para julgamento de prefeitos (art. 29, X, da Constituição da República). Caso termine o mandato do agente, sem reeleição, e o processo criminal continue em curso,* *este será devolvido ao juiz de primeira instância, para seu prosseguimento. Em síntese: a prerrogativa perdura enquanto o agente ocupa a função pública. Deixando de exercê-la, perderá a prerrogativa. Considere o seguinte enunciado de questão extraído do* ***Exame Unificado da OAB de julho de 2015****: "Durante 35 anos, Ricardo exerceu a função de juiz de direito junto ao Tribunal de Justiça de Minas Gerais. Contudo, no ano de 2012, decidiu se aposentar e passou a morar em Florianópolis, Santa Catarina. No dia 22/01/2015, travou uma discussão com seu vizinho e acabou por ser autor de um crime de lesão corporal seguida de morte, consumado na cidade em que reside". Nesse caso, a competência será de uma das Varas Criminais de Florianópolis, posto que, ao se aposentar, o agente público perdeu o foro por prerrogativa de função.* ***Todavia, como acima referido, o STF, em maio de 2018, no julgamento de questão de ordem na Ação Penal 937 (STF, AP 937 QO/RJ), por maioria de votos, limitou a incidência do foro por prerrogativa de função de parlamentares aos crimes cometidos no exercício do cargo e em razão dele, bem como definiu que após o final da instrução processual a competência para processar e julgar ações penais envolvendo deputados e senadores não será mais afetada em razão de o agente público vir a ocupar outro cargo ou deixar o cargo que ocupava, qualquer que seja o motivo. Por se tratar de julgamento recente, falta ainda a definição das implicações desta decisão em relação a outros agentes detentores de foro por prerrogativa de função.***

? **QUESTÃO**: E se o crime é praticado em outra unidade da federação, distinta daquela onde exerce a função? Exemplificando, um promotor de justiça do Estado de São Paulo tem a prerrogativa de ser julgado perante o TJSP. E se ele pratica um delito no Rio de Janeiro?

➥ ***RESPOSTA****: Será julgado pelo TJSP, pois o local onde praticou o fato, nesse caso, é irrelevante.*

? **QUESTÃO**: Se um agente com prerrogativa de função perante o Tribunal de Justiça pratica um crime contra interesse da União, ou qualquer delito que a princípio seria de competência da Justiça Federal, qual o órgão jurisdicional competente para seu julgamento?

➥ ***RESPOSTA****: Nesse caso, segundo o entendimento dominante, será competente para julgamento o Tribunal Regional Federal (TRF).*

MUITA ATENÇÃO!

A competência pode ser classificada em absoluta e relativa. No processo penal, a inobservância das regras de competência territorial induz ao reconhecimento da incompetência relativa, ao passo que o não atendimento às regras de competência *ratione personae* e *ratione materiae*, que são previstas em texto constitucional, conduzem à incompetência absoluta, gerando a nulidade absoluta dos atos praticados. Observe a seguinte questão, extraída do **Exame Unificado da OAB de outubro de 2011**: "Aristóteles, juiz de uma vara criminal da justiça comum, profere sentença em processo-crime cuja competência era da justiça militar. Com base em tal afirmativa, pode-se dizer que a não observância de Aristóteles à matriz legal gerará a: A) inexistência do ato; B) nulidade relativa do ato; C) nulidade absoluta do ato; D) irregularidade do ato".

MUITA ATENÇÃO!

Qual a resposta correta? Trata-se da alternativa "C", sendo absolutamente nulos os atos praticados, pois a competência criminal da Justiça Militar é prevista nos arts. 124 e 125, §§ 4º e 5º, da Constituição da República, o que induz à incompetência absoluta do juízo da justiça comum.

Por fim, cabe mencionar que, diversamente do processo civil, **no processo penal prevalece o entendimento de que o juiz pode reconhecer de ofício tanto a incompetência absoluta quanto a relativa.**

2.6 Regras para fixação do juízo competente

2.6.1 Prevenção

Aplica-se o critério da prevenção quando concorrem dois juízes ou mais, igualmente competentes, em uma dada situação. **Ocorre a prevenção quando um dos juízes anteceder aos outros na prática de algum ato do processo ou de medida a ele referente, mesmo que em momento anterior ao oferecimento da denúncia ou queixa** (art. 83, do CPP). O juiz que pratica primeiramente o ato ou medida torna-se competente para o julgamento.

2.6.2 Distribuição

A distribuição consiste em um **sorteio** para a fixação do juiz que julgará processos, quando há mais de um juiz igualmente competente e não se trata de hipótese de prevenção (art. 75, do CPP).

2.6.3 Conexão e continência

A conexão e a continência não são critérios de fixação, mas sim de **modificação** da competência. Têm por finalidade o julgamento conjunto de processos, **por economia processual e para se evitar contradições.**

A conexão implica um **vínculo** entre os processos, que recomenda o **julgamento simultâneo**. As hipóteses em que a competência é determinada por conexão encontram previsão no art. 76 do CPP. A conexão pode ser:

Intersubjetiva	Por simultaneidade (art. 76, I, 1ª parte, do CPP): quando as infrações houverem sido praticadas por várias pessoas, ao mesmo tempo, sem vínculo subjetivo entre elas;
	Por concurso (art. 76, I, 2ª parte, do CPP): quando as infrações forem praticadas por várias pessoas, com vínculo subjetivo, embora diverso o tempo e o lugar;
	Por reciprocidade (art. 76, I, parte final, do CPP): quando as infrações houverem sido praticadas por várias pessoas, umas contra as outras.
Objetiva	Teleológica: quando as infrações houverem sido praticadas para assegurar a execução de outra;

Objetiva	Consequencial: quando as infrações houverem sido praticadas para garantir a ocultação de outra, para garantir a impunidade do delito, ou para assegurar a vantagem, o produto do crime.
Instrumental ou probatória	Quando a prova de uma infração ou qualquer de suas elementares influir na prova de outra infração.

O art. 77 do Código de Processo Penal estabelece os casos em que a competência será determinada pela continência. A continência pode ser:

Subjetiva (art. 77, I, do CPP)	Quando duas ou mais pessoas forem acusadas pela mesma infração. São os casos de concurso de agentes. (Observe que na conexão intersubjetiva são duas ou mais infrações, ao passo que na continência subjetiva há apenas uma infração penal).
Objetiva (art. 77, II, do CPP)	Concurso formal (art. 70, primeira parte, do Código Penal);
	Aberratio ictus – erro na execução, com resultado duplo (art. 73, parte final, do Código Penal);
	Aberratio criminis – resultado diverso do pretendido, com resultado duplo (art. 74, parte final, do Código Penal).

2.6.4 Foro prevalente

O art. 78 do Código de Processo Penal determina qual o foro deve prevalecer em caso de conexão e continência:

A Concurso entre jurisdições de categorias diversas (instâncias diferentes): prevalece a mais graduada.

B Concurso de jurisdições de mesma categoria:

- prepondera o local da infração mais grave;
- sendo iguais as penas, prevalece o local onde foi praticado o maior número de crimes;
- se nenhum desses casos fixar a competência, utiliza-se o critério da prevenção.

C competência do Júri e de outro órgão da jurisdição comum: prevalecerá a competência do Júri.

D concurso entre Jurisdição Comum e Jurisdição Especial: prevalecerá a Especial.

E concurso entre Jurisdição Eleitoral e Jurisdição Comum: prevalecerá a Jurisdição Eleitoral.

Segundo o art. 79 do CPP, ainda que se trate de hipótese de conexão ou continência, os processos não serão reunidos para julgamento em conjunto nos seguintes casos:

A concurso entre jurisdição comum e militar: segundo a Súmula 90 do Superior Tribunal de Justiça "Compete à Justiça Estadual Militar processar e julgar o policial militar pela prática de crime militar, e à Comum pela prática do crime comum simultâneo àquele".

B concurso entre Justiça Comum e Justiça da Infância e Juventude.

O art. 80 do Código de Processo Penal determina ainda casos em que a separação dos processos é facultativa, apesar da conexão e continência.

2.6.5 Perpetuação da competência (*perpetuatio jurisdicionis*)

Como já referido, a conexão e a continência conduzem ao julgamento dos processos por um único julgador. Todavia, de acordo com o art. 81 do CPP, se o juiz ou o Tribunal absolver ou desclassificar o crime de sua competência **continuará competente** para o julgamento das demais infrações.

De acordo com o parágrafo único do art. 81 do CPP, no rito do Tribunal do Júri, se o juiz monocrático desclassificar, impronunciar ou absolver sumariamente o acusado, excluindo a competência do júri, remeterá o processo ao juiz competente. Se a desclassificação é realizada **pelos jurados no julgamento em plenário**, contudo, a competência é deslocada para o **juiz-presidente do Tribunal do Júri**. É a situação narrada no seguinte enunciado de questão, extraído do **Exame Unificado da OAB de novembro de 2016**: "Victória e Bernadete entram em luta corporal em razão da disputa por um namorado, vindo Victória a desferir uma facada no pé da rival, que sofreu lesões graves. Bernadete compareceu em sede policial, narrou o ocorrido e disse ter intenção de ver a agente responsabilizada criminalmente. Em razão dos fatos, Victória é denunciada e pronunciada pela prática do crime de tentativa de homicídio. Em sessão plenária do Tribunal do Júri, os jurados entendem, no momento de responder aos quesitos, que Victória foi autora da facada, mas que não houve dolo de matar". Nesse caso, desloca-se a competência para o **juiz-presidente do Tribunal do Júri**, posto que a desclassificação foi operada pelos jurados, no julgamento em plenário, ao entenderem que não houve dolo de matar.

2.6.6 Avocação de processos

Conforme prevê o art. 82 do CPP, se, mesmo ocorrendo conexão ou continência, foram instaurados vários processos, a autoridade prevalente deve **avocar para si** a competência para julgar os processos que corram perante outros juízes, se ainda não foram julgados por sentença definitiva.

Para saber mais, consultar: LIMA, Renato Brasileiro de. **Manual de processo penal**. 3. ed. Salvador: Juspodivm, 2015. p. 319 e seguintes. E, também: CAPEZ, Fernando. **Curso de processo penal**. 16. ed. São Paulo: Saraiva, 2009. p. 206 e seguintes.

CAPÍTULO V

PRISÃO, MEDIDAS CAUTELARES E LIBERDADE NO PROCESSO PENAL

1. NOÇÕES

A Lei 12.403/11 trouxe profundas alterações no CPP, em relação às chamadas medidas cautelares pessoais. De início, a lei previu expressamente na nova redação do art. 282 do CPP os parâmetros que devem orientar o juiz na fixação das medidas cautelares, a saber: **A. Necessidade para aplicação da lei penal, para a investigação ou a instrução criminal e, nos casos expressamente previstos, para evitar a prática de infrações penais**; e **B. Adequação da medida à gravidade do crime, circunstâncias do fato e condições pessoais do indiciado ou acusado.**

A Lei 12.403/11 enumerou no art. 319 do CPP um rol de medidas cautelares diversas da prisão. São elas:

A comparecimento periódico em juízo, no prazo e nas condições fixadas pelo juiz, para informar e justificar atividades;

B proibição de acesso ou frequência a determinados lugares quando, por circunstâncias relacionadas ao fato, deva o indiciado ou acusado permanecer distante desses locais para evitar o risco de novas infrações;

C proibição de manter contato com pessoa determinada quando, por circunstâncias relacionadas ao fato, deva o indiciado ou acusado dela permanecer distante;

D proibição de ausentar-se da Comarca quando a permanência seja conveniente ou necessária para a investigação ou instrução;

E recolhimento domiciliar no período noturno e nos dias de folga quando o investigado ou acusado tenha residência e trabalho fixos;

F suspensão do exercício de função pública ou de atividade de natureza econômica ou financeira quando houver justo receio de sua utilização para a prática de infrações penais;

G internação provisória do acusado nas hipóteses de crimes praticados com violência ou grave ameaça, quando os peritos concluírem ser inimputável ou semi-imputável (art. 26 do Código Penal) e houver risco de reiteração;

H fiança, nas infrações que a admitem, para assegurar o comparecimento a atos do processo, evitar a obstrução do seu andamento ou em caso de resistência injustificada à ordem judicial;

I monitoração eletrônica.

O juiz, diante do caso, pode optar pela aplicação de uma ou mais destas medidas cautelares (art. 282, § 1º, do CPP).

? **QUESTÃO**: O juiz pode aplicar de ofício as medidas cautelares previstas no art. 319 do CPP?

➥ ***RESPOSTA**: Até o advento da Lei 13.964/19, o juiz podia aplicar as medidas cautelares, inclusive de ofício, durante o processo penal. Todavia, na fase de investigação, para imposição das medidas cautelares previstas no art. 319 do CPP, o juiz dependia de representação da autoridade policial ou de requerimento do Ministério Público. Assim, o juiz não podia aplicar de ofício tais medidas cautelares no curso do inquérito policial. Porém, a Lei 13.964/19 alterou o art. 282, § 2º, do CPP, excluindo a possibilidade de que o juiz decrete de ofício medidas cautelares. Assim, **o juiz não pode, a partir da Lei 13.964/19, decretar de ofício medidas cautelares**, dependendo de provocação para aplicá-las.*

Ao receber um pedido de aplicação de qualquer dessas medidas cautelares, o juiz deverá proceder à intimação do investigado ou do acusado, possibilitando, assim, que tome ciência e se manifeste, no prazo de 05 (cinco) dias. Todavia, excepcionalmente, tal regra não deve ser observada no caso de urgência ou de perigo de ineficácia da medida caso haja ciência prévia. Nessa situação, a não oportunidade de ciência prévia ao investigado ou acusado acerca da medida deve ser devidamente justificada e fundamentada em decisão que contenha elementos do caso concreto (art. 282, § 3º do CPP, com redação da Lei 13.964/19).

Se o acusado ou investigado descumprir a medida cautelar que lhe foi imposta, o juiz, **mediante requerimento** do Ministério Público, do assistente de acusação ou do querelante, poderá **substituir** a medida, **cumulá-la** com outra, ou, em último caso, **decretar a prisão preventiva**. É possível que o juiz, **de ofício ou a pedido das partes**, determine a revogação da medida cautelar ou sua substituição por outra, quando verificar a falta de motivo para que subsista, bem como voltar a decretá-la, se sobrevierem razões que a justifiquem (art. 282, §§ 4º e 5º do CPP, com redação da Lei 13.964/19).

Por fim, o art. 282, § 6º do CPP, consagrou a excepcionalidade da prisão, dispondo que "**a prisão preventiva será determinada quando não for cabível a sua substituição por outra medida cautelar**", sendo que a impossibilidade de substituição da prisão por outra medida cautelar deverá ser justificado de forma fundamentada, com base nos elementos presentes do caso concreto, de forma individualizada.

2. PRISÃO PROCESSUAL PENAL – NOÇÕES

Prisão é a constrição da liberdade ambulatória, ou seja, a restrição da liberdade de ir e vir. **Em matéria processual penal, a prisão é chamada de provisória ou cautelar. Esta prisão é decretada antes do trânsito em julgado, com o objetivo de assegurar a eficácia das investigações ou do processo criminal.**

A prisão processual deve ser **medida excepcional, necessária e devidamente fundamentada, em respeito à garantia constitucional da presunção de inocência.**

> **MUITA ATENÇÃO!** Reforçando a excepcionalidade da prisão, a **Súmula Vinculante 11 do STF** reserva o uso de algemas para hipóteses excepcionais, de resistência e de fundado receio de fuga ou de perigo à integridade física própria ou alheia, por parte do preso ou de terceiros. Ainda nessa linha, o art. 292, parágrafo único, do Código de Processo Penal, com a redação da Lei 13.434/17, dispõe que "É vedado o uso de algemas em mulheres grávidas durante os atos médico-hospitalares preparatórios para a realização do parto e durante o trabalho de parto, bem como em mulheres durante o período de puerpério imediato".

Com as reformas recentes, há três espécies de prisões cautelares no processo penal brasileiro: **a)** prisão em flagrante; **b)** prisão preventiva; e **c)** prisão temporária. A Lei 12.403/11 passou a prever, ainda, a possibilidade de prisão domiciliar, em substituição à prisão preventiva.

Toda prisão cautelar se funda na conjugação de dois pressupostos:

A ***fumus commissi delicti*** (prova da materialidade e indícios suficientes de autoria); e

B ***periculum libertatis*** (demonstração do perigo concreto que a liberdade do agente representa para a persecução penal).

3. PRISÕES CAUTELARES EM ESPÉCIE

3.1 Prisão em Flagrante

3.1.1 Espécies de flagrante

De acordo com o art. 302 do CPP, existem as seguintes espécies de flagrante:

A **Flagrante próprio (ou real)**: o agente **está cometendo** a infração penal ou **acabou de cometê-la** (inciso I e II).

B **Flagrante impróprio (irreal ou quase flagrante)**: o agente **é perseguido, logo após o fato**, em situação que faça presumir ser ele o autor da infração (inciso III). "Logo após" é o período de tempo transcorrido entre o acionamento da polícia, seu comparecimento ao local e a perseguição imediata ao autor da infração penal. Veja a questão extraída do **Exame da OAB de dezembro de 2012**: "O Código de Processo Penal pátrio menciona que também se considera em flagrante delito quem é perseguido, logo após o delito, pela autoridade, pelo ofendido ou por qualquer pessoa, em situação que faça presumir ser o perseguido autor da infração. A essa modalidade dá-se o nome de flagrante: A) impróprio; B) ficto; C) diferido ou retardado; D) esperado". A resposta correta é a alternativa "A".

> **MUITA ATENÇÃO!** A **perseguição**, para caracterização deste flagrante, deve ser **ininterrupta**.

? **QUESTÃO**: Existe um prazo para que o agente seja preso em flagrante?

➥ ***RESPOSTA**: A rigor, não! Se o agente for alvo de perseguição ininterrupta, a situação de flagrância pode perdurar por dias. Assim, não é correto afirmar, como em alternativa do **Exame Unificado da OAB de fevereiro de 2011** que "a prisão em flagrante delito somente poderá ser realizada dentro do período de vinte e quatro horas, contadas do momento em que se inicia a execução do crime".*

C **Flagrante presumido (ficto ou assimilado)**: o agente **é encontrado, logo depois**, com instrumentos, armas ou objetos que façam presumir ser ele o autor da infração (inciso IV).

A doutrina e a jurisprudência ainda acrescentam as seguintes espécies de flagrante:

D **Flagrante preparado (ou provocado)**: o agente atua sob a influência de um **agente provocador**, alguém que o leva a praticar a infração penal. Este flagrante é **ilegal**. Tal hipótese configura **crime impossível**, por ineficácia absoluta do meio (Súmula 145, do STF).

E **Flagrante esperado**: a autoridade policial limita-se a **aguardar** o momento da prática do delito. Não há qualquer indução (**não há agente provocador**). O flagrante é **legal**.

F **Flagrante prorrogado (retardado, postergado ou diferido)**: nessa modalidade de flagrante, a polícia **retarda** sua atuação, e aguarda o momento de prisão mais oportuno para a investigação ou colheita de provas. Tal modalidade de flagrante é **legal** e está prevista no art. 53, II, da Lei 11.343/06 (Lei de Drogas) e no art. 8º da Lei 12.850/13 (Lei sobre o Crime Organizado).

Situação típica de **flagrante retardado** (também chamado de **ação controlada**), previsto no art. 8º da Lei 12.850/13, fora narrada em enunciado de questão extraída do **Exame da OAB de fevereiro de 2020**: "Durante escuta telefônica devidamente deferida para investigar organização criminosa destinada ao contrabando de armas, policiais obtiveram a informação de que Marcelo receberia, naquele dia, grande quantidade de armamento, que seria depois repassada a Daniel, chefe de sua facção. Diante dessa informação, os policiais se dirigiram até o local combinado. Após informarem o fato à autoridade policial, que o comunicou ao juízo competente, eles acompanharam o recebimento do armamento por Marcelo, optando por não o prender naquele momento, pois aguardariam que ele se encontrasse com o chefe da sua organização para, então, prendê-los. De posse do armamento, Marcelo se dirigiu ao encontro de Daniel e lhe repassou as armas contrabandeadas, quando, então, ambos foram surpreendidos e presos em flagrante pelos policiais que monitoravam a operação".

3.1.2 Sujeitos do flagrante (art. 301 do CPP)

A Sujeito ativo

- **Flagrante facultativo**: qualquer do povo **pode** prender em flagrante.
- **Flagrante obrigatório**: a autoridade policial e seus agentes **devem** prender a pessoa que se encontre em flagrante.

B Sujeito passivo

Em regra, qualquer pessoa pode ser presa em flagrante. Todavia, há situações excepcionais em que não é possível a prisão em flagrante. É o caso, por exemplo, do Presidente da República, que não pode ser preso em flagrante (art. 86, § 3º, da Constituição da República).

3.1.3 Flagrante nas várias espécies de crimes

Crimes permanentes: são os crimes em que **a consumação se prolonga no tempo**, por exemplo, o sequestro. Nesse caso, de acordo com o art. 303 do CPP, é possível a prisão do agente em flagrante enquanto não cessar a permanência.

Crimes habituais: são crimes que exigem **reiteração de condutas** para se caracterizar. Exemplo seria o preceito do art. 282 do Código Penal, que tipifica o **exercício** irregular da medicina, arte dentária ou farmacêutica. Um ato isolado não caracteriza o crime, mas sim a prática de vários atos, o exercício. Por isso, há divergência na doutrina. Alguns defendem que é possível a prisão em flagrante, desde que se comprove a reiteração de condutas. Outros entendem que não é possível a prisão em flagrante, pois no momento da prisão o agente estaria praticando somente um ato, e um ato isolado não configura o crime.

Crime de ação penal privada ou ação penal pública condicionada à representação: é possível a prisão em flagrante, ficando a lavratura do auto de prisão em flagrante condicionada à manifestação do ofendido (vítima).

Crimes formais: é possível a prisão em flagrante, que deve ocorrer enquanto o agente estiver em situação de flagrância, **praticando a conduta**, e não no momento posterior, de exaurimento do delito (por exemplo, no crime de extorsão, a prisão em flagrante é possível no momento em que a pessoa exige a vantagem, e não quando irá recebê-la).

Infrações penais de menor potencial ofensivo: no caso das infrações de competência do juizado especial criminal, de acordo com o art. 69, parágrafo único, da Lei 9.099/95: "ao autor do fato que, após a lavratura do termo, for imediatamente encaminhado ao juizado ou assumir o compromisso de a ele comparecer, não se imporá prisão em flagrante, nem se exigirá fiança".

3.1.4 Formalização da prisão em flagrante

Após a captura do agente, tem início a formalização da prisão em flagrante, conforme preveem os arts. 304-306 do Código de Processo Penal. As providências que envolvem a formalização da prisão são as seguintes:

A Apresentação do preso à autoridade policial do local onde ocorrer a captura;

B Oitiva do condutor, ou seja, aquele que conduziu o preso até a autoridade policial;

C Oitiva de testemunhas (também é pertinente ouvir a vítima, embora a lei não preveja). São necessárias no mínimo duas testemunhas para formalização do flagrante;

? **QUESTÃO**: O condutor pode atuar como testemunha?

➥ ***RESPOSTA**: Sim, admite-se que o condutor seja considerado, também, testemunha para a formalização da prisão em flagrante.*

? **QUESTÃO**: E se não houver testemunhas do fato?

➥ ***RESPOSTA**: De acordo com o art. 304, § 2º, do CPP, deve-se providenciar duas testemunhas que tenham presenciado a apresentação do preso à autoridade policial.*

D Declarações da pessoa presa, que deve ser previamente cientificada de seus direitos, como o de comunicação da prisão à pessoa que indicar, de possibilidade de assistência de advogado, e de permanecer calada (art. 5º, LXII a LXIV da Constituição da República);

E Comunicação e remessa do auto de prisão em flagrante à autoridade judiciária competente, em 24 (vinte e quatro) horas;

F Caso o autuado não possua advogado, cópia do auto de prisão em flagrante deve ser remetida à defensoria pública (art. 306, § 1º, do CPP);

G Entrega da nota de culpa ao preso. Nota de culpa é o documento que informa os responsáveis pela sua prisão e o motivo desta. Deve ser entregue ao preso em até 24 (vinte e quatro) horas após a sua captura.

3.2. Prisão preventiva

3.2.1 Noções

A prisão preventiva é uma das prisões cautelares mais comuns na prática forense. De acordo com o art. 311 do CPP, a prisão preventiva **pode ser decretada tanto durante o processo quanto durante a fase de investigação.** Logo, é correto afirmar que "a prisão preventiva poderá ser decretada durante o inquérito policial" (**Exame Unificado da OAB de fevereiro de 2011**).

? **QUESTÃO**: É possível a decretação de prisão preventiva de ofício pelo juiz?

➥ ***RESPOSTA****: Até o advento da Lei 13.964/19, de acordo com a nova redação do art. 311 do CPP, o juiz somente poderia decretar a prisão preventiva na fase de investigação se houvesse requerimento do Ministério Público, do querelante ou do assistente, ou representação da autoridade policial. Assim, o juiz poderia decretar de ofício a prisão preventiva somente no curso do processo, não podendo decretá-la de ofício na fase de investigação. A Lei 13.964/19, por sua vez, alterou a redação do art. 311, do CPP, deixando de prever a possibilidade de decretação de ofício da prisão preventiva. Logo, seja no curso do inquérito ou da ação penal, a partir da Lei 13.964/19,* ***o juiz não pode decretar a prisão preventiva de ofício.*** *Porém, deve-se ficar atento às disposições de leis especiais. Seguindo a literalidade do art. 20, caput, da Lei 11.340/06, que prevê a possibilidade de decretação de prisão preventiva de ofício em crimes envolvendo violência doméstica contra a mulher, foi apresentada como correta alternativa no* ***Exame Unificado da OAB de dezembro de 2012*** *no sentido de que "Em qualquer fase do inquérito policial ou da instrução criminal, caberá a prisão preventiva do agressor, decretada pelo juiz, de ofício, a requerimento do Ministério Público ou mediante representação da autoridade policial".*

3.2.2 Pressupostos da prisão preventiva

De acordo com o art. 312, *caput*, do CPP, são pressupostos para a decretação da prisão preventiva:

A ***Fumus commissi delicti:*** prova da existência do crime e por indícios suficientes de autoria.

B ***Periculum libertatis:*** a liberdade do agente implica um prejuízo para o andamento das investigações ou do processo criminal. Nesse sentido, a Lei 13.964/19 incluiu no art. 312, *caput*, do CPP a necessidade de prova de perigo gerado pelo estado de liberdade do agente. Funda-se o *periculum libertatis*, de acordo com o art. 312, *caput*, do CPP, em qualquer uma das seguintes hipóteses:

- **Garantia da ordem pública**: trata-se de hipótese muito questionada, por sua amplitude e generalidade. Alguns defendem sua inconstitucionalidade, por ofensa à presunção de inocência. Normalmente, é associada **à gravidade do crime, à periculosidade do agente e à possibilidade de reiteração criminosa.** Todavia, a gravidade do crime, por si só, não é motivo para decretação da prisão preventiva;
- **Garantia da ordem econômica**: tal hipótese sofre as mesmas críticas referentes à garantia da ordem pública;
- **Garantia de aplicação da lei penal**: parte de dados concretos que indicam a **iminência de fuga** pelo investigado ou acusado, inviabilizando a futura execução da pena;
- **Conveniência da instrução criminal**: trata-se, na verdade, da **necessidade** da prisão, objetivando impedir que o agente traga algum **prejuízo à produção das provas**, por exemplo, ameaçando testemunhas, destruindo documentos etc.

Ainda de acordo com o § 1º do art. 312 do CPP, "a prisão preventiva também poderá ser decretada em caso de descumprimento de qualquer das obrigações impostas por força de outras medidas cautelares (art. 282, § 4º)". **Assim, no caso de descumprimento das medidas cautelares previstas no art. 319 do CPP que eventualmente lhe forem aplicadas, o agente pode vir a ser preso preventivamente.**

3.2.3 Hipóteses de cabimento da prisão preventiva

De acordo com o art. 313 do CPP, com a redação da Lei 12.403/11, a prisão preventiva é cabível:

A nos crimes dolosos punidos com pena privativa de liberdade máxima superior a 4 (quatro) anos;

B se tiver sido condenado por outro crime doloso, em sentença transitada em julgado, ressalvado o disposto no inciso I do *caput* do art. 64 do Código Penal;

C se o crime envolver violência doméstica e familiar contra a mulher, criança, adolescente, idoso, enfermo ou pessoa com deficiência, para garantir a execução das medidas protetivas de urgência;

MUITA ATENÇÃO!

A Lei 13.641/18 previu no art. 24-A da Lei 11.340/06 (Lei Maria da Penha) o crime de descumprimento de medidas protetivas de urgência. Tal previsão acabou com divergências na doutrina e na jurisprudência, se o descumprimento dessas medidas ensejaria ou não a responsabilização por crime de desobediência (art. 330, do Código Penal). Com a alteração legislativa, não há dúvidas de que, além da possibilidade de decretação de prisão preventiva, o investigado ou acusado que descumpre medidas protetivas também poderá ser responsabilizado pelo crime tipificado no art. 24-A da Lei 11.340/06.

D quando houver dúvida sobre a identidade civil da pessoa ou quando esta não fornecer elementos suficientes para esclarecê-la, devendo o preso ser colocado imediatamente em liberdade após a identificação, salvo se outra hipótese recomendar a manutenção da medida.

O art. 315, *caput*, do CPP exige que a decisão que decreta a prisão preventiva seja fundamentada. Ou seja, não basta citar um dos pressupostos do art. 312 do CPP. O juiz deve **demonstrar** a necessidade da prisão a partir de **elementos concretos**. Nesse sentido, a Lei 13.964/19 previu nos arts. 312, § 2º, do CPP que "A decisão que decretar a prisão preventiva deve ser motivada e fundamentada em receio de perigo e existência concreta de fatos novos ou contemporâneos que justifiquem a aplicação da medida adotada".

Ainda reforçando a necessária fundamentação, em elementos concretos, da decisão judicial, o art. 315, § 1º do CPP, acrescido pela Lei 13.964/19, dispõe que: "Na motivação da decretação da prisão preventiva ou de qualquer outra cautelar, o juiz deverá indicar concretamente a existência de fatos novos ou contemporâneos que justifiquem a aplicação da medida adotada".

MUITA ATENÇÃO!

Como acima referido, toda medida cautelar pessoal, como a prisão, deve ser fundamentada pelo julgador que a decretar. Assim, a Lei 12.736/12 previu expressamente no art. 387, § 1º do CPP que, ao proferir sentença condenatória, o juiz "decidirá, fundamentadamente, sobre a manutenção ou, se for o caso, a imposição de prisão preventiva ou de outra medida cautelar, sem prejuízo do conhecimento de apelação que vier a ser interposta".

Ainda de acordo com o art. 314 do CPP, se presente alguma das causas de exclusão da ilicitude (art. 23 do Código Penal), é vedada a decretação da prisão preventiva.

A Lei 12.403/11 previu na nova redação dos arts. 317 e 318 do CPP a **possibilidade de substituição da prisão preventiva por prisão domiciliar**. De acordo com o art. 317 do CPP, a prisão domiciliar "consiste no recolhimento do indiciado ou acusado em sua residência, só podendo dela ausentar-se com autorização judicial".

São requisitos para a substituição da prisão preventiva pela domiciliar, de acordo com o art. 318 do CPP, que o agente apresente prova idônea de alguma das seguintes situações: A. seja maior de 80 (oitenta) anos; B. esteja extremamente debilitado por motivo de doença grave; C. seja imprescindível aos cuidados especiais de pessoa menor de 6 (seis) anos de idade ou com deficiência; D. seja gestante; E. trate-se de mulher com filho de até 12 (doze) anos de idade incompletos; F. tratando-se de homem que seja o único responsável pelos cuidados do filho de até 12 (doze) anos de idade incompletos.

A Lei 13.769/18 previu no art. 318-A, do CPP, que a prisão preventiva imposta à **mulher gestante ou que for mãe ou responsável por crianças ou pessoas com deficiência** será substituída por prisão domiciliar, desde que: I - não tenha cometido crime com violência ou grave ameaça à pessoa; II - não tenha cometido o crime contra seu filho ou dependente.

O art. 318-B, do CPP, incluído pela Lei 13.769/18, por sua vez, prevê que a substituição de que tratam os arts. 318 e 318-A poderá ser efetuada sem prejuízo da aplicação concomitante das medidas alternativas previstas no art. 319 do CPP. Logo, além da substituição da prisão preventiva por prisão domiciliar, **poderá haver também a fixação de medidas cautelares diversas da prisão**, nos termos do art. 319 do CPP.

3.3 Prisão temporária

3.3.1 Noções

A prisão temporária surgiu com advento da Lei 7.960/89. De acordo com o art. 1º da mencionada lei, a prisão temporária é cabível:

> I – quando imprescindível para as investigações do inquérito policial;
>
> II – quando o indicado não tiver residência fixa ou não fornecer elementos necessários ao esclarecimento de sua identidade;
>
> III – quando houver fundadas razões, de acordo com qualquer prova admitida na legislação penal, de autoria ou participação do indiciado nos seguintes crimes:
>
> a) homicídio doloso (art. 121, *caput*, e seu § 2º, do CP);
>
> b) sequestro ou cárcere privado (art. 148, *caput*, e seus §§ 1º e 2º, do CP);
>
> c) roubo (art. 157, *caput*, e seus §§ 1º, 2º e 3º, do CP);
>
> d) extorsão (art. 158, *caput*, e seus §§ 1º e 2º do CP);
>
> e) extorsão mediante sequestro (art. 159, *caput*, e seus §§ 1º, 2º e 3º, do CP);
>
> f) estupro (art. 213, do CP);

g) atentado violento ao pudor (art. 214, do CP, delito já revogado);

h) rapto violento (art. 219, do CP, delito já revogado);

i) epidemia com resultado de morte (art. 267, § 1º, do CP);

j) envenenamento de água potável ou substância alimentícia ou medicinal qualificado pela morte (art. 270, *caput*, combinado com art. 285, do CP);

l) quadrilha ou bando (art. 288, do CP, tipo penal atualmente denominado "associação criminosa" com a entrada em vigor da Lei 12.850/13);

m) genocídio (arts. 1º, 2º e 3º da Lei nº 2.889, de 1º de outubro de 1956), em qualquer de suas formas típicas;

n) tráfico de drogas (art. 12 da Lei nº 6.368, de 21 de outubro de 1976, atualmente, art. 33 da Lei 11.343/2006);

o) crimes contra o sistema financeiro (Lei nº 7.492, de 16 de junho de 1986).

p) crimes previstos na Lei de Terrorismo (Lei 13.260/16).

De acordo com o entendimento dominante, para se decretar a prisão temporária é necessária a **conjugação do requisito do art. 1º, III, da Lei 7.960/89, com o requisito contido no inciso I ou com o requisito do inciso II do mesmo artigo.**

MUITA ATENÇÃO!

Observe os seguintes aspectos:

1) **somente é cabível a prisão temporária durante a fase de investigação.** Não é possível decretar a prisão temporária durante o processo. Assim, é incorreto afirmar que "a prisão temporária poderá ser decretada a qualquer tempo, desde que se mostre imprescindível para a produção da prova" (**Exame Unificado da OAB de fevereiro de 2011**).
2) **não é possível ao juiz decretar a prisão temporária de ofício.** De acordo com o art. 2º, da Lei 7.960/89, é necessário que haja requerimento do Ministério Público ou representação da autoridade policial para o juiz decretar tal prisão;
3) **somente é cabível a prisão temporária nos crimes previstos no art. 1º, III, da Lei 7.960/89.** Há, todavia, quem entenda que é possível a prisão temporária ser decretada em qualquer crime hediondo ou equiparado a hediondo.

A prisão temporária tem prazo de duração de até **5 (cinco) dias**, prorrogáveis por igual período, em caso de extrema e comprovada necessidade (art. 2º da Lei 7.960/1989). No caso de crimes hediondos e equiparados a hediondos, o prazo de duração da temporária é de até **30 (trinta) dias**, prorrogáveis por igual período, em caso de extrema e comprovada necessidade (art. 2º, § 4º da Lei 8.072/90). Logo, está correta a alternativa apresentada no **Exame Unificado da OAB de fevereiro de 2011**, segundo a qual "o prazo de duração da prisão temporária é de cinco dias, prorrogável por mais cinco em caso de extrema e comprovada necessidade. Em se tratando, todavia, de crime hediondo, a prisão temporária poderá ser decretada pelo prazo de trinta dias, prorrogável por igual período". **"Findo o prazo da temporária sem prorrogação, o preso deve ser imediatamente solto" (Exame Unificado da OAB de março de 2015).** Em reforço, a Lei 13.869/19 (Lei de Abuso de Autoridade), em vigor a partir de janeiro de 2020, previu no art. 2º, § 7º da Lei 7.960/89 que decorrido o prazo contido no mandado de prisão temporária, a autoridade responsável pela custódia deverá, independentemente de nova ordem da autoridade judicial, por imediatamente o preso em liberdade, salvo se já tiver sido comunicada da prorrogação da prisão temporária ou da decretação da prisão preventiva.

4. RELAXAMENTO DE PRISÃO, REVOGAÇÃO DE PRISÃO E LIBERDADE PROVISÓRIA

A partir de agora, serão estudados os institutos pelos quais é possível a concessão de liberdade ao preso em decorrência de uma prisão cautelar. São eles:

A **Relaxamento de prisão**: é cabível quando se está diante de uma **prisão ilegal**. Tem fundamento no art. 5º, LXV, da Constituição da República. **É possível o relaxamento de qualquer prisão cautelar ilegal, inclusive por crime considerado hediondo** (Súmula 697, do STF). Assim, está incorreta a alternativa do **Exame Unificado da OAB de dezembro de 2006**, no sentido de que "é impossível o relaxamento da prisão em flagrante nos crimes hediondos".

Considere o seguinte enunciado de questão, extraído do **Exame Unificado da OAB de abril de 2018**: "No dia 15 de maio de 2017, Caio, pai de um adolescente de 14 anos, conduzia um veículo automotor, em via pública, às 14h, quando foi solicitada sua parada em uma blitz. Após consultar a placa do automóvel, os policiais constataram que o veículo era produto de crime de roubo ocorrido no dia 13 de maio de 2017, às 09h. Diante da suposta prática do crime de receptação, realizaram a prisão e encaminharam Caio para a Delegacia. Em sede policial, a vítima do crime de roubo foi convidada a comparecer e, em observância a todas as formalidades legais, reconheceu Caio como o autor do crime que sofrera. A autoridade policial lavrou auto de prisão em flagrante pelo crime de roubo em detrimento de receptação. O Ministério Público, em audiência de custódia, manifesta-se pela conversão da prisão em flagrante em preventiva, valorizando o fato de Caio ser reincidente, conforme confirmação constante de sua Folha de Antecedentes Criminais".

Pelo que se verifica da narrativa acima, não há situação que caracterize flagrante. O caso não se enquadra em nenhuma das hipóteses previstas no art. 302 do CPP, acima analisado. Assim, a prisão em flagrante é ilegal, pelo que deve ser relaxada.

Agora, observe o seguinte enunciado de questão, extraído do **Exame Unificado da OAB de novembro de 2018**: "Após ser instaurado inquérito policial para apurar a prática de um crime de lesão corporal culposa praticada na direção de veículo automotor (Art. 303 da Lei nº 9.503/97 - pena: detenção de seis meses a dois anos), foi identificado que o autor dos fatos seria Carlos, que, em sua Folha de Antecedentes Criminais, possuía três anotações referentes a condenações, com trânsito em julgado, pela prática da mesma infração penal, todas aptas a configurar reincidência quando da prática do delito ora investigado. Encaminhados os autos ao Ministério Público, foi oferecida denúncia em face de Carlos pelo crime antes investigado; diante da reincidência específica do denunciado civilmente identificado, foi requerida a decretação da prisão preventiva. Recebidos os autos, o juiz competente decretou a prisão preventiva, reiterando a reincidência de Carlos e destacando que essa circunstância faria com que todos os requisitos legais estivessem preenchidos".

De acordo com a narrativa da questão, não se fazem presentes as hipóteses de cabimento da prisão preventiva, previstas no art. 313 do CPP, acima analisado. Ainda que se considere a reincidência de Carlos, trata-se de crime culposo, cuja pena máxima privativa de liberdade é inferior a quatro anos. Assim, a prisão é ilegal, pelo que deve ser relaxada.

B **Revogação de prisão**: está prevista no art. 316 do CPP. A revogação de prisão **é cabível quando deixa de existir o motivo que levou à decretação da prisão**. Ou seja, a prisão perdeu sua justificativa. Por exemplo, o acusado foi preso preventivamente por ameaçar testemunhas. Se já se encerrou a instrução, não tendo mais provas a produzir, sendo este o único motivo da prisão, ela pode ser revogada. **É possível a revogação de prisão preventiva e de prisão temporária.**

A Lei 13.964/19 alterou a redação do art. 316, do CPP, prevendo expressamente no *caput* do dispositivo que a revogação da prisão pode se dar de ofício pelo juiz ou a pedido das partes. Incluiu, ainda, o parágrafo único no art. 316 do CPP, prevendo que o juiz que decretou a prisão preventiva deverá revisar a necessidade de sua manutenção a cada 90 (noventa) dias, mediante decisão fundamentada, de ofício, sob pena de se tornar a prisão ilegal.

C **Liberdade provisória**: é instituto processual que substitui a prisão em flagrante, caso o agente preencha certos requisitos, ficando o mesmo sujeito ao cumprimento de certas condições. Está prevista no art. 5º, LXVI, da Constituição da República. **Somente é aplicável à prisão em flagrante.** De acordo com o art. 310, *caput*, do CPP, com a redação da Lei 13.964/19: "Após receber o auto de prisão em flagrante, no prazo máximo de **até 24 (vinte e quatro) horas** após a realização da prisão, o juiz deverá promover **audiência de custódia** com a presença do acusado, seu advogado constituído ou membro da Defensoria Pública e o membro do Ministério Público, e, nessa audiência, o juiz deverá, fundamentadamente: **I** – relaxar a prisão ilegal; ou **II** – converter a prisão em flagrante em preventiva, quando presentes os requisitos constantes do art. 312 deste Código, e se revelarem inadequadas ou insuficientes as medidas cautelares diversas da prisão; ou **III** – **conceder liberdade provisória, com ou sem fiança**".

A Lei 13.964/19 previu expressamente a necessidade de realização de uma **audiência de custódia**. Tal providência "pode ser conceituada como a realização de uma audiência *sem demora* após a prisão em flagrante, permitindo o contato imediato do preso com o juiz, com o defensor (público, dativo ou constituído) e com o Ministério Público" (LIMA, 2015. p. 927). Através da **audiência de custódia**, em contato com o preso, o juiz poderá analisar a legalidade da prisão, sua necessidade ou a suficiência da aplicação de medidas cautelares alternativas à prisão. A **audiência de custódia** não tem por finalidade a produção de provas para a instrução, mas apenas analisar questões referentes à prisão.

De acordo como o § 3º do art. 310, do CPP, com redação da Lei 13.964/19, "A autoridade que deu causa, sem motivação idônea, à não realização da audiência de custódia no prazo estabelecido no *caput* deste artigo responderá administrativa, civil e penalmente pela omissão". Ainda de acordo com o § 4º do mesmo dispositivo, "Transcorridas 24 (vinte e quatro) horas após o decurso do prazo estabelecido no *caput* deste artigo, a não realização de audiência de custódia sem motivação idônea ensejará também a ilegalidade da prisão, a ser relaxada pela autoridade competente, sem prejuízo da possibilidade de imediata decretação de prisão preventiva." Todavia, a eficácia do **§ 4º do art. 310, do CPP, encontra-se suspensa, por decisão cautelar do Ministro do STF Luiz Fux, proferida como relator das Ações Diretas de Inconstitucionalidade (ADIs) 6298, 6299, 6300 e 6305.**

De acordo com o art. 321 do CPP, com redação da Lei 12.403/11 "ausentes os requisitos que autorizam a decretação da prisão preventiva, o juiz deverá conceder liberdade provisória, impondo, se for o caso, as medidas cautelares previstas no art. 319 deste Código e observados os critérios constantes do art. 282 deste Código". Há duas espécies de liberdade provisória:

A Liberdade provisória mediante fiança, e

B Liberdade provisória independente de fiança (sem fiança). Para a concessão da liberdade provisória independente de fiança, é necessário somente: **a) que não estejam presentes os requisitos da prisão preventiva** (ou seja, o agente foi preso em flagrante, mas sua liberdade não ofende à garantia da ordem pública, à ordem econômica, à conveniência da instrução ou à aplicação da lei penal, não havendo prova de perigo gerado pela sua liberdade); ou **b) que esteja presente qualquer das causas de exclusão da ilicitude do art. 23 do Código Penal** (art. 310, § 1º, do CPP).

No caso de liberdade provisória mediante fiança, o agente deverá recolher um valor, que é fixado de acordo com os critérios do art. 325, do CPP. **Em crimes com pena cominada de até 4 (quatro) anos, a própria autoridade policial poderá conceder a fiança** (art. 322, do CPP). Se a pena for superior a este patamar, ou pretendendo o agente obter liberdade independente de fiança, o requerimento deverá ser dirigido ao juiz.

O CPP prevê nos arts. 323 e 324 casos de inafiançabilidade. De acordo com o art. 323 do CPP "não será concedida fiança: **I** – nos crimes de racismo; **II** – nos crimes de tortura, tráfico ilícito de entorpecentes e drogas afins, terrorismo e nos definidos como crimes hediondos; **III** – nos crimes cometidos por grupos armados, civis ou militares, contra a ordem constitucional e o Estado Democrático".

Ainda de acordo com o art. 324 do CPP: "não será, igualmente, concedida fiança: **I** – aos que, no mesmo processo, tiverem quebrado fiança anteriormente concedida ou infringido, sem motivo justo, qualquer das obrigações a que se referem os arts. 327 e 328 deste Código; **II** – em caso de prisão civil ou militar; **III** – (revogado); **IV** – quando presentes os motivos que autorizam a decretação da prisão preventiva (art. 312)."

MUITA ATENÇÃO!

De acordo com o § 2º do art. 310, do CPP, com redação da Lei 13.964/19: "Se o juiz verificar que o agente é reincidente ou que integra organização criminosa armada ou milícia, ou que porta arma de fogo de uso restrito, deverá denegar a liberdade provisória, com ou sem medidas cautelares".

? QUESTÃO: Qual o destino do valor da fiança?

RESPOSTA: *Conforme prevê o art. 336 do CPP, o valor da fiança servirá para o pagamento das custas, da indenização do dano causado pelo crime, da prestação pecuniária e da multa, se o réu for condenado. Caso o acusado seja absolvido, de acordo com o art. 337 do CPP, o valor da fiança será restituído e sem desconto.*

? QUESTÃO: E se ocorrer a prescrição da pretensão executória da pena?

RESPOSTA: *De acordo com o art. 336, parágrafo único, do CPP, ainda que ocorra a prescrição da execução da pena, o valor da fiança será destinado pagamento das custas, da indenização do dano, da prestação pecuniária e da multa.*

DICA IMPORTANTE

O tema tratado neste capítulo foi alvo de importante inovação legislativa, com a entrada em vigor das Leis 12.403/11 e 13.964/19.

Para uma leitura mais aprofundada, consultar: LIMA, Renato Brasileiro de. **Nova prisão cautelar: doutrina, jurisprudência e prática**. Niterói: Impetus, 2011.

MUITA ATENÇÃO!

As Leis 13.827/19 e 14.188/21 trouxeram significativas alterações na Lei 11.340/06 ("Lei Maria da Penha"). Dentre outras providências, a primeira determina o registro da medida protetiva de urgência em banco de dados mantido pelo Conselho Nacional de Justiça e veda a concessão de liberdade provisória nos casos de risco à integridade física da ofendida ou à efetividade da medida protetiva de urgência. Nessa linha, a Resolução 342 do CNJ criou o Banco Nacional de Medidas Protetivas de Urgência, para fiscalização, monitoramento e produção de dados estatísticos acerca das medidas aplicadas.

As Leis 13.827/2019 e 14.188/21 incluíram, ainda, no art. 12-C da Lei 11.340/06 a permissão para que, verificada a existência de risco atual ou iminente à vida ou à integridade física ou psicológica da mulher em situação de violência doméstica e familiar, ou de seus dependentes, a medida protetiva de afastamento do lar seja concedida pelo Delegado de Polícia, se o Município não for sede de comarca, ou por policial, caso também não haja Delegado de Polícia no momento. Nesse caso, o juiz será comunicado no prazo máximo de 24 horas e decidirá, em igual prazo, sobre a manutenção ou a revogação da medida aplicada, dando ciência ao Ministério Público.

A previsão, embora reforce a proteção à vítima de violência doméstica contra a mulher, teve sua constitucionalidade questionada na ADI 6138, em vista do princípio da jurisdicionalidade, segundo o qual as medidas cautelares somente podem ser deferidas pela autoridade judicial. Porém, no julgamento da referida ADI, em 23/03/2022, o STF entendeu que a previsão é constitucional. Mesmo porque haverá posterior controle jurisdicional, decidindo o juiz se mantém ou se revoga a medida excepcional em 24 (vinte e quatro) horas.

CAPÍTULO VI

PROVAS NO PROCESSO PENAL

1. TEORIA DA PROVA – NOÇÕES

As provas são os fatores que produzem o convencimento em um processo. A **finalidade** da prova é **formar o convencimento do julgador**. São **destinatários** da prova todas as pessoas que devem formar seu convencimento a partir das provas, sobretudo os juízes. Os **sujeitos da prova** são as pessoas responsáveis pela produção da prova, como, por exemplo, os peritos e as testemunhas. São **objeto de prova** as afirmações ou fatos que devem ser comprovados no processo (***thema probandum***).

No processo penal brasileiro, as provas são valoradas de acordo com o **livre convencimento motivado** do julgador, também chamado de **sistema da persuasão racional**. Assim, o art. 155, *caput*, do CPP estabelece que o juiz formará sua convicção pela livre apreciação da prova produzida em contraditório judicial. O art. 93, IX da Constituição da República, por sua vez, impõe que toda decisão judicial deve ser fundamentada, sob pena de nulidade.

FIQUE POR DENTRO:

O art. 489, § 1º, do CPC/15 reforça o dever de fundamentação de decisões judiciais, impondo que sejam apreciados na decisão todos os aspectos relevantes para o caso (a chamada "fundamentação analítica"). Há entendimento doutrinário de que, com a entrada em vigor do CPC/15, tal disposição será aplicável subsidiariamente ao processo penal, visto que não existe regramento próprio na legislação processual penal. Todavia, independente da entrada em vigor do CPC/15, a doutrina e a jurisprudência já adotam o entendimento de que a falta de apreciação de teses de defesa implica nulidade no processo penal, o que decorre do art. 93, IX, da Constituição da República. Todavia, antes mesmo da entrada em vigor do CPC/15, a doutrina e a jurisprudência já adotavam o entendimento de que a falta de apreciação de teses de defesa implica nulidade no processo penal, o que decorre do art. 93, IX, da Constituição da República.

Pondo em evidência a necessidade de adequada fundamentação das decisões judiciais, o § 2º do art. 315, do CPP, inserido pela Lei 13.964/19, estabelece que: "Não se considera fundamentada qualquer decisão judicial, seja ela interlocutória, sentença ou acórdão, que: **I** - limitar-se à indicação, à reprodução ou à paráfrase de ato normativo, sem explicar sua relação com a causa ou a questão decidida; **II** - empregar conceitos jurídicos indeterminados, sem explicar o motivo concreto de sua incidência no caso; **III** - invocar motivos que se prestariam a justificar qualquer outra decisão; **IV** - não enfrentar todos os argumentos deduzidos no processo capazes de, em tese, infirmar a conclusão adotada pelo julgador; **V** - limitar-se a invocar precedente ou enunciado de súmula, sem identificar seus fundamentos determinantes nem demonstrar que o caso sob julgamento se ajusta àqueles fundamentos; **VI** - deixar de seguir enunciado de súmula, jurisprudência ou precedente invocado pela parte, sem demonstrar a existência de distinção no caso em julgamento ou a superação do entendimento".

Para saber mais:

- LIMA, Renato Brasileiro de. **Manual de processo penal**. 3.ed. Salvador: Juspodivm, 2015. p. 1482-1485.

? QUESTÃO: O juiz está impedido de se valer dos elementos colhidos no inquérito para decidir?

RESPOSTA: *Não. De acordo com o art. 155, caput, do CPP, o juiz apenas não deve fundamentar sua decisão, exclusivamente, com base nas informações do inquérito. Todavia, não é vedada em absoluto a utilização do inquérito.*

De acordo com o parágrafo único do art. 155 do CPP, a prova quanto ao estado civil das pessoas sofre as limitações pertinentes à legislação civil. Por essa razão, dispõe a Súmula 74, do STJ que "para efeitos penais, o reconhecimento da menoridade do réu requer prova por documento hábil", por exemplo, certidão de nascimento.

O **ônus da prova**, de acordo com o art. 156, *caput*, do CPP, é da parte que faz a alegação (**quem alega tem que provar**). Todavia, embora muito criticados pela doutrina, os incisos I e II do art. 156 do CPP permitem ao juiz buscar provas de ofício, ou seja, sem provocação, antes mesmo do início da ação penal, ainda na fase de inquérito. Tal previsão, porém, deve ser analisada em conjunto com a previsão, pela Lei 13.964/19, no art. 3º-A, do CPP, no sentido de que "O processo penal terá estrutura acusatória, vedadas a iniciativa do juiz na fase de investigação e a substituição da atuação probatória do órgão de acusação". Em um sistema processual penal acusatório, o juiz não deve atuar de ofício, ou seja, sem provocação das partes, para garantia de sua imparcialidade.

2. INADMISSIBILIDADE DAS PROVAS OBTIDAS POR MEIO ILÍCITO NO PROCESSO PENAL

A inadmissibilidade processual da prova ilícita encontra-se prevista no art. 5º, LVI, da Constituição da

DIREITO PROCESSUAL PENAL

República de 1988, e no art. 157 do CPP. A disciplina da prova obtida ilicitamente foi detalhada com o advento da Lei 11.690/08, que reformou, dentre outros dispositivos, o art. 157 do CPP. Tal lei trouxe para o art. 157, *caput*, do Código de Processo Penal uma definição de provas ilícitas, "assim entendidas as obtidas em violação a normas constitucionais ou legais".

De acordo com a classificação doutrinária, as **provas ilícitas *lato sensu*** podem ser subdivididas em duas espécies: **a) provas ilícitas *stricto sensu*** e **b) provas ilegítimas**. As **provas ilícitas *stricto sensu*** são aquelas produzidas em violação a regras de **direito material** (por exemplo, violação ao Código Penal). São classificadas como **provas ilegítimas** aquelas que são produzidas em violação a **normas processuais** (por exemplo, violação ao CPP). Assim, está incorreta a alternativa extraída do **Exame Unificado da OAB de outubro de 2011**, segundo a qual "São consideradas provas ilícitas aquelas obtidas com a violação do direito processual. Por outro lado, são consideradas provas ilegítimas as obtidas com a violação das regras de direito material".

A doutrina e a jurisprudência, contudo, admitem a relativização da vedação da admissão processual da prova ilícita, com base no **princípio da proporcionalidade**, ponderando-se os interesses em conflito no caso. O entendimento que tem maior número de adeptos é o que advoga a admissão da prova ilícita, somente, *pro reo*, ou seja, admite excepcionalmente a prova ilícita, desde que **para beneficiar o réu**.

O § 1º do art. 157 do Código de Processo Penal dispõe sobre as chamadas **provas ilícitas por derivação**, assim entendidas as provas que, isoladamente analisadas, são lícitas, porém, foram obtidas a partir de uma prova ilícita. A lei brasileira adotou a "**teoria dos frutos da árvore envenenada**", desenvolvida pela Suprema Corte norte-americana, segundo a qual a ilicitude da prova contamina as que dela se originam. Ou seja, "a lei processual pátria prevê expressamente a inadmissibilidade da prova ilícita por derivação, perfilhando-se à 'teoria dos frutos da árvore envenenada' ('*fruits of poisonous tree*')" (**Exame Unificado da OAB de outubro de 2011**).

O tema foi objeto da seguinte questão, extraída do **Exame Unificado da OAB de agosto de 2014**: "O Delegado de Polícia, desconfiado de que Fabiano é o líder de uma quadrilha que realiza assaltos à mão armada na região, decide, com a sua equipe, realizar uma interceptação telefônica sem autorização judicial. Durante algumas semanas, escutaram diversas conversas, por meio das quais descobriram o local onde a *res furtiva* era armazenada para posterior revenda. Com essa informação, o Delegado de Polícia representou pela busca e apreensão a ser realizada na residência suspeita, sendo tal diligência autorizada pelo Juízo competente. Munidos do mandado de busca e apreensão, ingressam na residência encontrando diversos objetos fruto de roubo, como joias, celulares, documentos de identidade etc., tudo conforme indicou a interceptação telefônica. Assim, Fabiano foi conduzido à Delegacia, onde se registrou a ocorrência". Nesse caso, como o art. 5º, XII da Constituição da República exige ordem judicial para a quebra de sigilo das comunicações telefônicas, a interceptação levada a efeito sem ordem judicial constitui prova ilícita, contaminando todas as provas dela derivadas. Logo, "a realização da busca e apreensão não é admissível, pois derivou de uma interceptação telefônica ilícita, aplicando-se a teoria dos frutos da árvore envenenada, não existindo justa causa para o ajuizamento da ação penal".

MUITA ATENÇÃO!

Considere a seguinte alternativa de questão, extraída do **Exame Unificado da OAB de janeiro de 2010**: "De acordo com a CF, são inadmissíveis, sob pena de nulidade, as provas ilícitas e as derivadas das ilícitas, assim, entendidas as obtidas com violação de norma constitucional ou legal". Está correto? Não. Por quê? Porque a Constituição não prevê expressamente a nulidade como decorrência da prova ilícita, mas afirma somente que ela deve ser desentranhada do processo.

Acolhendo os avanços no tratamento da matéria a partir de decisões da Suprema Corte norte-americana, o art. 157, § 1º do Código de Processo Penal prevê que a inadmissibilidade da prova ilícita por derivação pode ser contornada, quando não evidenciado o nexo de causalidade entre a prova ilícita e a dela derivada, ou então as provas derivadas puderem ser obtidas "por uma fonte independente".

Com este temperamento, o legislador trouxe: **a)** a chamada "**teoria da fonte independente**" ***(independent source)*** e **b)** a "**teoria da descoberta inevitável**" ***(inevitable discovery)***. Pela primeira, a prova derivada seria admissível se pudesse ser descoberta independentemente da prova ilícita. Pela teoria da descoberta inevitável, se entende que a prova em princípio derivada da ilícita seria admissível, se o curso normal e regular da instrução conduzisse fatalmente à sua descoberta (redação do art. 157, § 2º, do CPP).

MUITA ATENÇÃO!

A fim de evitar a influência de uma prova inadmissível no convencimento do julgador, a Lei 13.964/19 previu no art. 157, § 5º do CPP, que "O juiz que conhecer do conteúdo da prova declarada inadmissível não poderá proferir a sentença ou acórdão". Todavia, atualmente, a eficácia do dispositivo encontra-se suspensa por decisão cautelar do Ministro do STF Luiz Fux, relator das Ações Diretas de Inconstitucionalidade (ADIs) 6298, 6299, 6300 e 6305.

3. PRINCIPAIS PROVAS EM ESPÉCIE

3.1 Prova pericial

A prova pericial é aquela cuja produção **exige uma formação técnica especializada**. Assim, os peritos são detentores de formação especializada, e trazem ao processo seus conhecimentos para auxiliar no julgamento.

Os peritos podem ser oficiais ou não oficiais. **Peritos oficiais são funcionários públicos de carreira, detentores de formação em curso superior**. De acordo com o art. 159, *caput*, do CPP, **basta um perito oficial para a produção do laudo pericial**. Os peritos não oficiais são aqueles que atuam no caso de não haver perito oficial. **Peritos não oficiais devem prestar compromisso para atuarem em processo criminal. Além disso, no caso de peritos não oficiais, exige-se que o laudo seja subscrito por 2 (dois) peritos.**

Chama-se corpo de delito o conjunto de vestígios materiais ou sensíveis deixados pela infração penal. **O exame do corpo de delito é a perícia realizada sobre esses vestígios, para comprovação da materialidade da infração penal nos crimes que deixam vestígios** (os chamados crimes não transeuntes).

De acordo com o art. 158 do CPP, se a infração deixar vestígios, é indispensável a realização do exame pericial. Todavia, se não for possível a realização do exame pericial, a prova testemunhal pode suprir a falta (art. 167, do CPP). Assim, a doutrina menciona a existência de duas espécies de exame de corpo de delito: a) **exame de corpo de delito direto**, quando a perícia é feita diretamente sobre o objeto da prova, e b) **exame de corpo de delito indireto**, que, segundo prevalece, seria produzido através de prova testemunhal ou documental, que comprove a materialidade da infração, no caso de impossibilidade de feitura do exame direto em virtude do desaparecimento de vestígios da infração. **A ausência do exame de corpo de delito, direto ou indireto, implica nulidade absoluta.**

Quanto à apreciação do laudo pericial, há dois sistemas: **a) sistema vinculatório**: o juiz não pode decidir contrariamente à conclusão do laudo; **b) sistema liberatório**: o juiz não está adstrito ao laudo, podendo rejeitar suas conclusões fundamentadamente. O sistema liberatório é o que vigora no Brasil.

A legislação vigente permite que a parte contrate um **assistente técnico** para atuação no processo (art. 159, § 3º, do CPP). Pelo art. 159, § 5º, do CPP, a intervenção do assistente somente é possível em juízo, após sua admissão pelo juiz e depois da conclusão da perícia oficial. Assim, não é possível a intervenção dos assistentes no inquérito.

MUITA ATENÇÃO! A Lei 13.721/18 alterou o CPP, estabelecendo no art. 158, parágrafo único, I e II, a prioridade de realização do exame de corpo de delito nos crimes de violência contra mulher, criança, adolescente, idoso ou pessoa com deficiência.

? **QUESTÃO**: Em que consiste a cadeia de custódia da prova?

RESPOSTA: *Trata-se, em síntese, do conjunto de procedimentos a serem adotados com o objetivo de proteger a prova penal, garantindo sua autenticidade e integridade. Sua disciplina no processo penal brasileiro veio com o advento da Lei 13.964/19, nos arts. 158-A a 158-F, do CPP. O instituto está vinculado aos princípios do devido processo legal, do contraditório e da ampla defesa, posto que sua finalidade é manter e documentar a história cronológica do vestígio, possibilitando rastrear o caminho percorrido pela prova, sua posse e manuseio, desde que o vestígio é coletado em locais ou em vítimas de crimes até o seu descarte.* **Para saber mais:** *PRADO, Geraldo.* **Prova penal e sistema de controles epistêmicos: a quebra da cadeia de custódia das provas obtidas por métodos ocultos.** *São Paulo: Marcial Pons, 2014.*

3.2 Interrogatório

O interrogatório é o ato processual pelo qual o acusado é ouvido pelo juiz sobre a imputação que lhe é feita. **Prevalece o entendimento de que o interrogatório tem natureza tanto de meio de prova como de meio de defesa (natureza mista)**. O interrogatório é a oportunidade que tem o acusado de apresentar sua versão dos fatos, ou exercer o direito de permanecer calado.

Como decorrência da ampla defesa, o denunciado tem: **a) o direito à defesa técnica, patrocinada por um advogado**; **b) o direito de autodefesa**, ou seja, o próprio réu pode se defender no processo penal. Assim, como manifestação da autodefesa, o acusado tem o direito de audiência, de ser ouvido pelo juiz.

A não realização do interrogatório, quando é possível fazê-lo, é causa de **nulidade absoluta**, pois viola a garantia constitucional da ampla defesa. **Todavia, a autodefesa é renunciável, de modo que, como já referido, o réu pode optar por ficar em silêncio.** Nada impede, ainda, que o réu seja submetido a um novo interrogatório, como prevê o art. 196 do CPP.

De acordo com o art. 186 do CPP, o interrogatório apresenta três fases: **a)** primeiramente, o juiz deve perguntar sobre a pessoa do acusado; **b)** em um segundo momento, deve indagar acerca da imputação da infração penal que lhe é feita; e **c)** finalmente, as partes podem formular reperguntas.

O art. 260 do CPP estabelece que é possível a condução coercitiva do acusado para seu interrogatório. Contudo, a doutrina tem questionado a constitucionalidade do dispositivo, diante do direito fundamental do acusado ao silêncio.

O interrogatório, de regra, é realizado perante o juiz competente para o julgamento do processo. Todavia, é perfeitamente admissível a realização do interrogatório por carta precatória. **No caso de acusado preso, com o advento da Lei 11.900/09, excepcionalmente, o art. 185, § 2º do CPP autoriza que o ato seja realizado até mesmo por teleconferência**, para atender a uma das seguintes finalidades: **I** – prevenir risco à segurança pública, quando exista fundada suspeita de que o preso integre organização criminosa ou de que, por outra razão, possa fugir durante o deslocamento; **II** – viabilizar a participação do réu no referido ato processual, quando haja relevante dificuldade para seu comparecimento em juízo, por enfermidade ou outra circunstância pessoal; **III** – impedir a influência do réu no ânimo de testemunha ou da vítima, desde que não seja possível colher o depoimento destas por videoconferência, nos termos do art. 217 do CPP; e **IV** – responder à gravíssima questão de ordem pública.

Por sua excepcionalidade, somente é possível o uso da videoconferência para interrogatório nos casos expressamente previstos, não sendo correto dizer que "O juiz, por decisão fundamentada, poderá realizar o interrogatório do réu preso por sistema de videoconferência, desde que a medida seja necessária para reduzir os custos para a Administração Pública" (**Exame Unificado da OAB de maio de 2012**).

Dentre as principais características do interrogatório citadas pela doutrina, cabe mencionar (GOMES, 2005, p. 192-193):

A **Ato personalíssimo**;

B **Ato privativo do juiz,** embora defesa e acusação participem do ato;

C **Ato contraditório,** vez que após o juiz as partes podem pedir esclarecimentos ao acusado;

D **Ato assistido tecnicamente**, pois deve ser garantida a presença de advogado no ato, e entrevista prévia do acusado com o defensor (art. 185, § 5º, do CPP);

E **Ato público**;

F **Ato oral**, salvo no caso de acusado surdo-mudo (art. 192, do CPP);

G **Ato individual**, ou seja, um acusado não pode assistir ao interrogatório do outro (art. 191, do CPP).

3.3 Confissão

Confissão é a aceitação formal pelo acusado da imputação da infração penal. A confissão, como todo meio de prova, **tem valor relativo**, devendo ser analisada em conjunto com os demais elementos do processo (art. 197, do CPP). **A confissão não supre a ausência do exame de corpo de delito.**

São características da confissão:

Retratabilidade	O acusado pode se retratar da confissão (art. 200, do CPP).
Divisibilidade	O acusado pode confessar a totalidade do fato que lhe foi imputado ou apenas em parte (art. 200, do CPP).
Personalíssima	Somente o próprio acusado, pessoalmente, pode confessar.

A doutrina apresenta as seguintes espécies de confissão (GOMES, 2005, p. 198-199):

Confissão simples	O acusado confessa a prática da infração penal, sem apresentar qualquer fato em sua defesa.
Confissão qualificada	O acusado confessa, mas opõe algum fato impeditivo, modificativo ou extintivo do direito de punir, invocando, por exemplo, uma causa de exclusão da ilicitude, como uma legítima defesa.
Confissão extrajudicial	Realizada fora de um o processo penal.
Confissão judicial	Ocorre no curso do processo penal.
Confissão delatória (ou delação)	É a confissão em que o acusado indica outro envolvido no fato. Em alguns casos, a delação pode trazer benefícios para o agente (a chamada "delação premiada"). Veja, por exemplo, os arts. 4º a 6º da Lei 12.850/13 e o art. 41, da Lei 11.343/06.

MUITA ATENÇÃO!

Não existe confissão ficta ou presumida no processo penal em decorrência do acusado ficar em silêncio. Ao contrário, o acusado tem o direito de permanecer em silêncio, sendo que sua opção por permanecer calado em nada pode prejudicá-lo.

3.4 Declarações do ofendido

A vítima ou ofendido, sempre que possível, deve ser ouvido sobre as circunstâncias da infração penal. O ofendido, por estar diretamente envolvido no fato, **não presta o compromisso de dizer a verdade**. Ainda que falte com a verdade, **não responde por falso testemunho**, mas, eventualmente, pode responder pelo crime de denunciação caluniosa.

O art. 201, § 1º, do CPP, prevê a possibilidade de condução coercitiva da vítima, caso seja devidamente intimada e deixe de comparecer para prestar declarações.

O valor probatório das declarações do ofendido é relativo, devendo ser analisada em conjunto com

os demais elementos do processo. Todavia, em crimes normalmente cometidos às escondidas, como os crimes contra a dignidade sexual, a jurisprudência confere um valor maior à palavra da vítima.

> MUITA ATENÇÃO!
>
> A Lei 14.245/21 previu expressamente nos artigos 400-A e 474-A do CPP e no art. 81, § 1º-A, da Lei 9.099/95, a possiblidade de responsabilização nas esferas cível, penal e administrativa nos casos de condutas durante a instrução criminal que impliquem desrespeito à **dignidade da vítima**. Ainda nesta mesma linha, a Lei 14.321/22 alterou a Lei de Abuso de Autoridade (Lei 13.869/19), tipificando o crime de violência institucional no art. 15-A da referida lei. Com o advento da Lei 13.321/22, caracterizam abuso de autoridade condutas de agentes públicos que submetam a vítima ou a testemunha de crimes violentos a procedimentos desnecessários, repetitivos ou invasivos, que a leve a reviver, sem estrita necessidade, a situação de violência ou outras situações potencialmente geradoras de sofrimento ou estigmatização.
>
> A Lei 14.321/22 alterou a Lei de Abuso de Autoridade (Lei 13.869/19), tipificando o crime de violência institucional no art. 15-A da referida lei.

3.5 Prova testemunhal

Testemunha é toda pessoa humana, estranha ao processo, e capaz de depor, chamada a prestar declarações a respeito de fato percebido por seus sentidos e relativo aos fatos tratados na persecução penal. De acordo com o art. 202 do CPP, toda pessoa pode ser testemunha.

O número de testemunhas a serem ouvidas a requerimento das partes varia de acordo com o procedimento. Segundo o art. 209 do CPP, é permitido ao juiz ouvir as testemunhas que entender pertinente, além das indicadas pelas partes (são as chamadas **testemunhas do juízo**). Assim, é equivocada a alternativa extraído do **Exame Unificado da OAB de agosto de 2007**, segundo a qual "ao juiz é vedado ouvir testemunhas, além das indicadas pelas partes".

São características da prova testemunhal (GOMES, 2005, p. 200-201):

A **Judicialidade**: deve ser produzida em juízo;

B **Oralidade**: não pode produzida, de regra, ser por escrito. Assim, está equivocada questão extraída do **Exame Unificado da OAB de agosto de 2007**, segundo o qual "a testemunha deve prestar o depoimento oralmente ou trazê-lo por escrito". Todavia, a testemunha pode consultar apontamentos (art. 204, *caput* e parágrafo único, do CPP). Como exceção à regra, o surdo-mudo (art. 223, parágrafo único, do CPP) e algumas autoridades podem prestar depoimento por escrito (art. 221, do CPP).

C **Individualidade**: cada testemunha é ouvida separadamente, devendo o juiz cuidar para que não haja comunicação entre elas (art. 210, do CPP). Assim, é errado afirmar, segundo alternativa extraída do **Exame Unificado da OAB de agosto de 2007**, que "as testemunhas da acusação e da defesa serão inquiridas umas na presença das outras".

D **Objetividade**: as testemunhas não podem emitir opiniões, salvo quando inseparáveis da narrativa do fato delituoso (art. 213, do CPP).

E **Retrospectividade**: as testemunhas depõem sobre fatos passados, jamais sobre fatos futuros.

F **Contraditoriedade**: durante a produção da prova, primeiramente a testemunha é inquirida pela parte que a arrolou. Em um segundo momento, a testemunha é inquirida pela parte contrária. Ao final, o juiz faz as perguntas que entender pertinentes à testemunha. **De acordo com o art. 212 do CPP, no processo penal as partes podem formular perguntas diretamente às testemunhas. É o sistema chamado de *cross-examination* ou de inquirição direta.**

As testemunhas têm alguns deveres. São eles (GOMES, 2005, p.203-204):

A **Dever de depor**: a regra é a obrigação de depor. Excepcionalmente, o art. 206 do CPP prevê que **poderão recusar a depor** o ascendente, o descendente, o afim em linha reta, o cônjuge, ainda que separado, o irmão e o pai, a mãe, ou o filho adotivo do acusado, salvo quando não for possível, por outro modo, obter-se ou integrar-se a prova do fato e de suas circunstâncias. O art. 207 do CPP, por sua vez, estabelece que **são proibidas de depor** as pessoas que, em razão de função, ministério, ofício ou profissão, devam guardar segredo (por exemplo, advogados ou padres), salvo se, desobrigadas pela parte interessada, quiserem prestar testemunho. Ainda de acordo como art. 53, § 6º da Constituição da República, os parlamentares não são obrigados a depor sobre fatos de que tiveram conhecimento em razão da função.

B **Dever de comparecimento**: a testemunha intimada tem que comparecer, sob pena de condução coercitiva, multa, pagamento das custas da diligência e responsabilização pelo crime de desobediência (arts. 218 e 219, do CPP). De acordo com o art. 220 do CPP, as pessoas impossibilitadas de comparecer para depor, por enfermidade ou velhice, serão ouvidas onde estiverem.

C **Dever de prestar o compromisso**: regra geral, as testemunhas têm o dever de prestar o compromisso de dizer a verdade (art. 203, do CPP). Como exceções, não prestam compromisso os elencados no art. 206 do CPP, os doentes ou deficientes mentais, e os menores de 14 anos (art. 208 do CPP). Prevalece o entendimento de que somente a testemunha que presta compromisso responde pelo crime de falso testemunho.

D Dever de comunicação de alteração de endereço por um ano (art. 224, CPP).

Se a presença do acusado na sala de audiências causar inconveniente à testemunha, não sendo possível sua inquirição por videoconferência, o réu pode ser retirado da sala (art. 217 do CPP).

MUITA ATENÇÃO!

Em relação às cartas precatórias expedidas para oitiva de testemunhas, é indispensável a intimação da parte quanto à expedição da carta precatória, sob pena de nulidade relativa. Todavia, compete à parte diligenciar junto ao juízo deprecado para se cientificar da data da oitiva das testemunhas (Súmula 155, do STF e 273, do STJ). Assim, "o advogado do acusado não precisa ser intimado pessoalmente da data designada para audiência a ser realizada no juízo deprecado" (**Exame Unificado da OAB de abril de 2016**).

3.6 Busca e apreensão

A busca e apreensão **é um meio cautelar de obtenção de prova, visando impedir o desaparecimento de coisas ou pessoas**. Encontra regulamentação nos arts. 240 e seguintes do CPP.

A realização de busca pessoal, de acordo com o art. 240, § 2º, do CPP, demanda que haja **fundada suspeita**, embasada em elementos concretos, de posse de arma ou de objetos de interesse criminal.

A busca domiciliar deve observar as disposições do art. 5º, XI, da Constituição da República, que garante a inviolabilidade de domicílio, como mecanismo de tutela da intimidade. De acordo com o art. 5º, XI da CR: "**A casa é asilo inviolável do indivíduo, ninguém nela podendo penetrar sem consentimento do morador, salvo em caso de flagrante delito ou desastre, ou para prestar socorro, ou, durante o dia, por determinação judicial**".

A regra em nosso ordenamento é que a busca e apreensão seja realizada **durante o dia**, e **com ordem judicial**. Assim, não é correto afirmar, segundo alternativa apresentada no **Exame Unificado da OAB de setembro de 2008**, que "a autoridade policial pode realizar imediatamente a busca e apreensão, visto que, quando realiza a diligência pessoalmente, não necessita de ordem judicial".

3.7 Da acareação

A acareação é disciplinada nos arts. 229 e 230 do CPP. Acarear significa confrontar depoimentos prestados, colocando frente a frente pessoas, para que esclareçam divergências relevantes em seus relatos. Qualquer pessoa envolvida no processo penal pode ser acareada.

3.8 Da prova documental

De acordo com o art. 232 do CPP "consideram-se documentos quaisquer escritos, instrumentos ou papéis, públicos ou particulares". Todavia, atualmente, a prova documental não se limita a escritos, estendendo-se o conceito de documentos a fotografias, vídeos, desenhos e pinturas.

No processo penal, como regra, de acordo com o art. 231 do CPP, os documentos podem ser apresentados a qualquer momento.

Para saber mais, consultar: LIMA, Renato Brasileiro de. **Manual de processo penal**. 3. ed. Salvador: Juspodivm, 2015. p. 571 e seguintes. E, também: GOMES, Luiz Flávio. **Direito processual penal**. São Paulo: Revista dos Tribunais, 2005. p. 177 e seguintes.

CAPÍTULO VII
PROCEDIMENTOS

1. NOÇÕES

De acordo com o art. 394, do CPP, em matéria processual penal há duas espécies de procedimentos: **a) procedimento comum**, e **b) procedimentos especiais**. O procedimento comum pode ser:

A **Procedimento comum ordinário**: aplicável aos crimes com pena máxima privativa de liberdade cominada **igual ou superior a 4 (quatro) anos.**

B **Procedimento comum sumário**: aplicável aos crimes com pena máxima privativa de liberdade cominada **inferior a 4 (quatro) e superior a 2 (dois) anos.**

C **Procedimento comum sumaríssimo**: aplicável às **infrações penais de menor potencial ofensivo**, que são todas as contravenções e os crimes cuja pena máxima privativa de liberdade não seja superior a 2 (dois) anos, cumulada ou não com multa, sujeitos ou não a procedimento especial (art. 61, da Lei 9.099/95).

As disposições do procedimento ordinário são aplicáveis, **subsidiariamente**, aos procedimentos sumário, sumaríssimo e especial (art. 394, § 5º, do Código de Processo Penal). Assim, se em algum ponto estes procedimentos forem omissos, a disciplina deve ser buscada no procedimento ordinário.

Dos procedimentos especiais, o mais importante é o procedimento do Tribunal do Júri, que será objeto de estudo mais adiante.

MUITA ATENÇÃO! De acordo com o art. 394-A, do Código de Processo Penal, com redação conferida pela Lei 13.285/2016, os processos que apurem a prática de crime hediondo terão prioridade de tramitação em todas as instâncias.

2. PROCEDIMENTO COMUM ORDINÁRIO

Os procedimentos se desenvolvem se acordo com uma sequência de atos, determinada pela lei. No quadro a seguir, buscamos sintetizar as principais fases e questões envolvendo o procedimento comum ordinário:

a) Oferecimento da denúncia ou queixa	**1)** No rito comum ordinário, podem ser arroladas até **8 (oito)** testemunhas na denúncia ou queixa, sob pena de preclusão.
b) Recebimento ou rejeição da denúncia ou queixa (art. 395 e 396, do CPP)	**1)** Logo a seguir ao oferecimento, a denúncia deve ser recebida ou rejeitada pelo juiz. **2)** Prevalece o entendimento de que não se exige fundamentação mais detida a decisão que recebe a denúncia ou queixa. Todavia, fundamentação deficiente enseja a nulidade das decisões judiciais, o que foi reforçado no art. 564, V, do CPP, com redação da Lei 13.964/19. **3)** A rejeição da denúncia ou queixa se dá nos casos do art. 395, do CPP, ou seja: **I** – se for manifestamente inepta; **II** – se faltar alguma das condições para o exercício regular da ação ou pressuposto processual; ou **III** – se faltar justa causa para o exercício da ação penal.
c) Citação do acusado (art. 396, do CPP)	**1)** Recebida a denúncia ou a queixa, o acusado ou querelado é citado para se defender. **2)** A citação pode ser real ou presumida (ficta). Regra geral, a citação é real, pessoal, por mandado. Todavia, há no processo penal duas hipóteses de citação ficta: a citação por edital e a citação por hora certa. **3)** A citação por edital tem lugar quando o réu não é encontrado (art. 361 do CPP). Neste caso, aplica-se a disposição do art. 366 do CPP: caso o acusado não compareça nem constitua advogado, serão suspensos o curso do processo e da prescrição. De acordo com a Súmula 415, do STJ: "O período de suspensão do prazo prescricional é regulado pelo máximo da pena cominada". **4)** Cabe, ainda a citação ficta por hora certa, quando o acusado é procurado em seu endereço, sem ser encontrado, com suspeita de que esteja se ocultando (art. 362, do CPP e art. 252 a 254, do CPC/15). A citação por hora certa é novidade, trazida pela Lei 11.719/08. Assim, é correto afirmar que "O Código de Processo Penal admite a figura da citação por hora certa, tal como ocorre no Código de Processo Civil" (**Exame Unificado da OAB de julho de 2011**). O CPC/73 previa que antes da citação por hora certa era necessário o comparecimento do oficial de justiça por três vezes ao endereço do acusado para tentativa de citação pessoal, ao passo que o CPC/15 reduz para duas tentativas de citação pessoal.

c) Citação do acusado (art. 396, do CPP)	**5)** Citado por hora certa, caso o acusado não compareça, será considerado revel e o juiz nomeará um defensor dativo, com andamento normal do processo. **6)** De acordo com o art. 363 do CPP, o processo completa a sua formação com a citação do acusado.
d) Apresentação de resposta à acusação (art. 396 e 396-A, do CPP)	**1)** Citado o acusado, começa a fluir o prazo de **10 (dez) dias** para a apresentação da resposta à acusação. **2)** A resposta deve ser apresentada por advogado. É peça indispensável, sob pena de nulidade absoluta. Se não for oferecida no prazo legal, o juiz deve nomear defensor público ou dativo para apresentá-la (art. 396-A, § 2º do CPP). **3)** Na resposta, o acusado pode arguir preliminares, oferecer documentos, justificações, especificar as provas pretendidas e apresentar rol de testemunhas, até o número de **8 (oito)**, sob pena de preclusão.
e) Possibilidade de absolvição sumária (art. 397, do CPP)	**1)** É possível, de acordo com o art. 397 do CPP, que o juiz absolva sumariamente o acusado, se reconhecer: I. a existência manifesta de uma causa de exclusão da ilicitude do fato; II. a existência de causa de exclusão da culpabilidade do agente, salvo inimputabilidade; III. que o fato narrado evidentemente não constitui crime; IV. a extinção da punibilidade.
f) Designação e realização de audiência una de instrução e julgamento (art. 399-401, do CPP)	**1)** Não sendo caso de absolvição sumária, o juiz deverá designar audiência una de instrução e julgamento, no prazo máximo de **60 (sessenta)** dias (art. 400 do CPP). **2)** O art. 399, § 2º do CPP, com o advento da Lei 11.719/08, consagrou o **princípio da identidade física do juiz**, pelo qual o juiz que presidiu a instrução, tendo contato com a prova, deverá julgar o processo. **3)** Na audiência una podem ser praticados, nesta ordem, os seguintes atos: tomada de declarações do ofendido; inquirição de testemunhas arroladas pela acusação; inquirição de testemunhas arroladas pela defesa; esclarecimentos de peritos; acareações; reconhecimento de pessoas e coisas; interrogatório do acusado. **4)** Com a Lei 11.719/08, o interrogatório passou a ser o último ato da instrução, o que é mais benéfico para a defesa do acusado.
g) Fase de diligências (art. 402, do CPP)	**1)** Ao final, poderá ser formulado pedido, na própria audiência, de diligências cuja necessidade originou de fatos surgidos na instrução.
h) Alegações finais (art. 403, do CPP)	**1)** A regra é a apresentação de alegações finais orais, pela acusação e pela defesa, no prazo de **20 (vinte) minutos** para cada parte. **2)** Caso haja mais de um acusado, o prazo será individual (art. 403, § 1º, do CPP). **3)** Se estiver habilitado no processo assistente de acusação, este terá o prazo de **10 (dez) minutos** para alegações orais, após a manifestação do Ministério Público. **4)** Em vista da complexidade da causa ou do número de acusados, o juiz pode conceder às partes o prazo sucessivo de **5 (cinco) dias** para apresentação de memoriais (art. 403, § 3º, do CPP).
i) Sentença	**1)** A regra é que a sentença seja proferida na própria audiência. Todavia, se as alegações orais forem convertidas em memoriais, o prazo para sentença é de **10 (dez) dias** (art. 403, § 3º, do CPP).

3. PROCEDIMENTO COMUM SUMÁRIO (ART. 531-538, DO CPP)

O procedimento sumário se assemelha ao ordinário, diferindo apenas nos seguintes aspectos:

A o número máximo de testemunhas arroladas pela acusação e defesa é de 5 (cinco) para cada parte (art. 532, do CPP).

B o prazo para designação da audiência una é de 30 (trinta) dias (art. 531, do CPP).

C não há previsão expressa na lei de substituição das alegações orais por memoriais (embora isso seja comum na prática).

4. PROCEDIMENTO SUMARÍSSIMO

Trata-se do procedimento aplicável às **infrações penais de menor potencial ofensivo** (art. 61 da Lei 9.099/95).

Inicialmente, a autoridade policial que tiver contato com o fato elabora um registro sumário, o termo circunstanciado de ocorrência (TCO), encaminhando-o ao juizado especial criminal, conforme prevê o art. 69 da Lei 9.099/95.

Perante o juizado especial, em resumo, pode-se dizer que o rito é dividido em duas fases: **A) fase preliminar**; e **B) procedimento sumaríssimo.**

A Fase preliminar

Desenvolve-se na chamada audiência preliminar, e tem por objeto as propostas de **transação penal e de**

composição dos danos civis (para conhecimento destes institutos, devem ser lidos os arts. 76 e 74 da Lei 9.099/95).

> MUITA ATENÇÃO!
>
> De acordo com a recente **Súmula Vinculante 35, do STF**: "A homologação da transação penal prevista no artigo 76 da Lei 9.099/1995 não faz coisa julgada material e, descumpridas suas cláusulas, retoma-se a situação anterior, possibilitando-se ao Ministério Público a continuidade da persecução penal mediante oferecimento de denúncia ou requisição de inquérito policial".

B Procedimento sumaríssimo

|B.1| O procedimento tem início com a denúncia ou queixa. De acordo com o art. 77 da Lei 9.099/95, a denúncia ou a queixa deve ser apresentada oralmente, na própria audiência preliminar.

|B.2| O autor do fato é citado para comparecimento à audiência de instrução e julgamento (art. 78 da Lei 9.099/95).

> MUITA ATENÇÃO!
>
> Se a causa for considerada complexa, ela não será processada pelo rito sumaríssimo (art. 77, § 2º da Lei 9.099/95). Nesse caso, o processo será remetido à justiça comum, e seguirá o rito sumário.

|B.3| É possível, caso não tenha havido oportunidade anterior, que sejam formuladas propostas de composição de danos civis e de transação penal (art. 79 da Lei 9.099/95).

|B.4| Realiza-se a audiência de instrução e julgamento (art. 81, da Lei 9.099/95), **onde se concentram todos os atos processuais**, ou seja:

- apresentação de defesa preliminar;
- recebimento ou rejeição da denúncia ou queixa;
- são colhidas as declarações da vítima;
- são ouvidas as testemunhas de acusação e de defesa (nesta ordem);
- realiza-se o interrogatório do acusado;
- ocorrem os debates orais;
- o juiz profere sentença na própria audiência.

Observe a seguinte questão, extraída do **Exame Unificado da OAB de dezembro de 2013**: "Segundo a Lei dos Juizados Especiais, assinale a alternativa que apresenta o procedimento correto. A) Aberta a audiência, será dada a palavra ao defensor para responder à acusação, após o que o Juiz receberá, ou não, a denúncia ou queixa; havendo recebimento, serão ouvidas a vítima e as testemunhas de acusação e defesa, interrogando-se a seguir o acusado, se presente, passando – se imediatamente aos debates orais e à prolação da sentença. B) Da decisão de rejeição da denúncia ou queixa caberá recurso em sentido estrito, que deverá ser interposto no prazo de cinco dias. C) Os embargos de declaração são cabíveis quando, em sentença ou acórdão, houver obscuridade, contradição, omissão ou dúvida, que deverão ser opostos em dois dias. D) Se a complexidade do caso não permitir a formulação da denúncia oral em audiência, o Ministério Público poderá requerer ao juiz dilação do prazo para apresentar denúncia escrita nas próximas 72 horas". A alternativa correta é a "A", pois descreve exatamente o procedimento previsto na Lei 9.099/95.

? **QUESTÃO**: É possível citação por edital no juizado especial?

➥ ***RESPOSTA**: Não! **Não há citação por edital no rito da Lei 9.099/95**. Logo, é incorreta a alternativa apresentada no **Exame Unificado da OAB de julho de 2011**, segundo a qual "a citação será pessoal e se fará no próprio juizado, sempre que possível, ou por edital". Assim, caso o acusado não seja encontrado para citação pessoal, deve ser aplicada a disposição do art. 66 da mencionada Lei, que determina a remessa do procedimento à justiça comum, onde o acusado será citado por edital (art. 66, parágrafo único, da Lei 9.099/95), com aplicação do art. 366 do CPP, se for o caso. Caso o acusado compareça, o processo na justiça comum tem seguimento, nos termos do rito sumário.*

5. PROCEDIMENTO ESCALONADO OU BIFÁSICO DO TRIBUNAL DO JÚRI

5.1 Noções

De acordo com o art. 5º, XXXVIII, "d" da Constituição da República, **o Tribunal do Júri tem competência para o julgamento dos crimes dolosos contra a vida, tentados ou consumados, e os crimes conexos aos dolosos contra a vida**. Segundo a doutrina, nada impede que uma lei futura amplie a competência do Tribunal do Júri, para julgar outros crimes. Todavia, pelo direito vigente sua competência é para o julgamento de crimes dolosos contra a vida, e os crimes a eles conexos.

> MUITA ATENÇÃO!
>
> Todo crime conexo ao crime doloso contra a vida também é julgado pelo Tribunal do Júri. Logo, é errado afirmar, como em alternativa do **Exame Unificado da OAB de fevereiro de 2011**, que "são princípios que informam o Tribunal do Júri: a plenitude de defesa, o sigilo das votações, a soberania dos veredictos e a competência **exclusiva** para julgamento dos crimes dolosos contra a vida". Por quê? Porque não são somente os crimes dolosos contra a vida que são julgados pelo Tribunal do Júri, mas também os a eles conexos.

A Constituição da República prevê, no art. 5º, XXXVIII, a aplicação das seguintes garantias ao Tribunal do Júri:

A Plenitude de defesa: no Tribunal do Júri há a plena defesa. Esta é **mais do que a ampla defesa**.

Perante o conselho de sentença, pode-se invocar, além de aspectos técnicos, questões de ordem moral, religiosa, filosófica etc.

B **Sigilo nas votações**: serve como garantia do jurado. A votação pelos jurados é feita em uma "sala secreta". É uma **exceção ao princípio constitucional da publicidade** (art. 5º, LX e 93, IX, da Constituição da República). Para evitar uma votação unânime, que acabaria quebrando a garantia do sigilo, quando forem atingidos **4 (quatro) votos no mesmo sentido, a votação será interrompida** (art. 483, § 1º, do CPP). Como decorrência do sigilo, **os jurados são incomunicáveis sobre o objeto do julgamento**, sob pena de nulidade absoluta (art. 466, § 1º, do CPP).

C **Soberania dos veredictos**: o jurado tem plena liberdade para apreciar o mérito da causa, de acordo com seu senso de justiça. O jurado não necessita de motivar seu voto ao julgar o caso. **Somente cabe recurso da decisão de mérito do jurado se esta for manifestamente contrária à prova dos autos** (art. 593, III, "d" do CPP).

? **QUESTÃO**: O que é desaforamento?

➥ ***RESPOSTA***: *É o deslocamento da competência para a realização do julgamento em plenário de uma comarca para outra. Somente é possível o desaforamento após a preclusão da decisão de pronúncia, a decisão que encaminha o acusado para ser julgado perante os jurados. De acordo com os arts. 427 e 428 do CPP, o desaforamento pode ser motivado: **a)** por interesse de ordem pública; **b)** por haver dúvida sobre a imparcialidade do júri; **c)** por dúvidas sobre a segurança pessoal do acusado; **d)** pelo fato do julgamento não ocorrer passados 6 (seis) meses da decisão de pronúncia, por excesso de serviço na comarca. Têm legitimidade para requerer o desaforamento o Ministério Público, o querelante, a defesa, o acusado, o juiz (salvo na hipótese de ter passados os 6 (seis) meses da pronúncia, caso em que o juiz deve ser provocado para realizar o desaforamento) e o assistente de acusação. A Súmula 712 do STF impõe que a defesa seja ouvida sobre o pedido de desaforamento.*

? **QUESTÃO**: Como é composto o Tribunal do Júri? Quais os requisitos para ser jurado?

➥ ***RESPOSTA***: *O Tribunal do Júri é composto por um juiz-presidente e mais vinte e cinco jurados. Sete destes jurados serão sorteados para compor o chamado conselho de sentença, que irá julgar o processo (art. 447 do CPP). Para ser jurado, o cidadão deve ser brasileiro com mais de 18 (dezoito) anos de idade, sendo que os maiores de 70 (setenta) anos estão dispensados do serviço do júri (art. 437, IX, do CPP). Além disso, a pessoa deve ser dotada de notória idoneidade.*

A consequência da recusa injustificada ao serviço do júri é a imposição de uma multa no valor de 1 (um) a 10 (dez) salários mínimos, a critério do juiz, de acordo com a condição econômica do jurado (art. 436, § 2º, CPP). Todavia, o jurado pode se valer de uma **escusa de consciência**, como, por exemplo, um impedimento religioso, para não prestar o serviço do júri. Neste caso, deve cumprir uma prestação social alternativa (art. 438 do CPP). Por fim, o art. 448 do CPP traz um rol de pessoas **impedidas** de servir como jurados no conselho de sentença.

5.2 Procedimento escalonado ou bifásico do Tribunal do Júri

O procedimento do Tribunal do Júri é **escalonado ou bifásico**. A primeira fase é chamada de ***judicium accusationis*** ou sumário de culpa. Nesta fase, é analisada a admissibilidade da acusação. A segunda fase é chamada de ***judicium causae***. É a fase de julgamento, perante os jurados.

5.2.1 Primeira fase do procedimento bifásico do Tribunal do Júri – *judicium accusationis*

Observe no quadro a seguir uma síntese da primeira fase do procedimento bifásico do Tribunal do Júri:

Oferecimento da denúncia ou queixa	**1)** Podem ser arroladas até **8 (oito)** testemunhas na denúncia (ou queixa, no caso de ação penal privada subsidiária da pública), sob pena de preclusão.
Recebimento ou rejeição da denúncia ou queixa (arts. 395 e 406, do CPP)	**1)** Logo a seguir ao oferecimento, a denúncia deve ser recebida ou rejeitada pelo juiz. **2)** Prevalece o entendimento que não se exige fundamentação mais detida a decisão que recebe a denúncia ou queixa. Todavia, fundamentação deficiente enseja a nulidade das decisões judiciais, o que foi reforçado no art. 564, V, do CPP, com redação da Lei 13.964/19. **3)** A rejeição da denúncia ou queixa se dá nos casos do art. 395, do CPP, ou seja: **I** – se for manifestamente inepta; **II** – se faltar alguma das condições para o exercício regular da ação ou pressuposto processual; ou **III** – se faltar justa causa para o exercício da ação penal.
Citação do acusado (art. 406, do CPP)	**1)** Recebida a denúncia ou a queixa, o acusado é citado para se defender. **2)** A citação pode ser real ou presumida (ficta), como no rito ordinário. **3)** A citação por edital tem lugar quando o réu não é encontrado (art. 361 do CPP). Neste caso, aplica-se a disposição do art. 366 do CPP: caso o acusado não compareça nem constitua advogado, serão suspensos o curso do processo e da prescrição. De acordo com a Súmula 415 do STJ: "O período de suspensão do prazo prescricional é regulado pelo máximo da pena cominada". **4)** Cabe, ainda a citação ficta por hora certa, como referido no estudo do procedimento ordinário.

Apresentação de resposta à acusação (arts. 406 – 408, do CPP)	**1)** Citado o acusado, começa a fluir o prazo de **10 (dez) dias** para a apresentação da resposta à acusação. **2)** A resposta deve ser apresentada por advogado. É peça indispensável, sob pena de nulidade absoluta. Se não for oferecida no prazo legal, o juiz deve nomear defensor público ou dativo para oferecê-la. **3** Na resposta o acusado pode arguir preliminares, oferecer documentos, justificações, especificar as provas pretendidas e apresentar rol de testemunhas, até o número de **8 (oito)**, sob pena de preclusão.
Oitiva do Ministério Público sobre preliminares suscitadas e documentos juntados (art. 409, do CPP)	**1)** Caso sejam juntados documentos, ou a parte apresente preliminares na resposta, a acusação deve ter a oportunidade de se manifestar, no prazo de **5 (cinco) dias** (art. 409 do CPP).
Designação e realização de audiência una de instrução e julgamento (arts. 410-411, do CPP)	**1)** A seguir, o juiz deverá designar audiência una de instrução e julgamento (art. 410 do CPP). **2)** Na audiência una podem ser praticados, nesta ordem, os seguintes atos: tomada de declarações do ofendido, se possível; inquirição de testemunhas arroladas pela acusação; inquirição de testemunhas arroladas pela defesa; esclarecimentos de peritos; acareações; reconhecimento de pessoas e coisas; interrogatório do acusado. **3)** O interrogatório é o último ato da instrução, o que é mais benéfico para a defesa do acusado.
Alegações finais (art. 411, § 4º a § 6º, do CPP)	**1)** A regra é a apresentação de alegações finais orais pela acusação e pela defesa, pelo prazo de **20 (vinte) minutos** para cada parte. **2)** Caso haja mais de um acusado, o prazo será individual. **3)** Se estiver habilitado no processo assistente de acusação, este terá o prazo de **10 (dez) minutos** para alegações orais, após o Ministério Público.
Fase de pronúncia (arts. 412 a 419, do CPP)	**1)** A regra é que seja proferida na própria audiência uma das seguintes decisões: **a) impronúncia; b) pronúncia; c) absolvição sumária; d) desclassificação.** **a) Impronúncia** (art. 414, do CPP): o juiz impronuncia o acusado **quando não estiver convencido da existência do crime ou de indícios de autoria**. Trata-se de uma **decisão interlocutória mista terminativa**. Essa decisão faz apenas coisa julgada formal. Ou seja, surgindo provas novas e não tendo ocorrido a extinção de punibilidade do fato, é possível o oferecimento de nova denúncia ou queixa contra o acusado. Havendo crime conexo ao crime doloso contra a vida, este deve ser remetido ao juízo competente.
Fase de pronúncia (arts. 412 a 419, do CPP)	**b) Pronúncia** (art. 413, do CPP): é uma **decisão interlocutória mista não terminativa, que põe fim à primeira fase do procedimento do júri**. Para a pronúncia, o juiz deve estar convencido da **existência do crime e de indícios suficientes de autoria**. Prevalece que nessa fase vigora o princípio ***in dubio pro societate***. Ou seja, na dúvida, o juiz deve pronunciar o réu. A jurisprudência e a doutrina recomendam que o juiz fundamente a decisão com moderação, **sem excessos de linguagem**, para não influenciar no convencimento dos jurados. Havendo **crime conexo**, com a pronúncia ele será, também, submetido ao conselho de sentença. Com o advento da Lei 11.689/08, **o acusado pode ser intimado da pronúncia inclusive por edital (art. 420 do CPP). A pronúncia limita a matéria levada a julgamento na segunda fase do júri**, não podendo a acusação sustentar perante os jurados, por exemplo, uma qualificadora que não seja reconhecida na pronúncia. **c) Absolvição sumária**: de acordo com o art. 415 do CPP, o acusado pode ser absolvido sumariamente quando: **a) estiver demonstrada a inexistência de fato delituoso; b) estiver provado que o acusado não foi autor ou partícipe do fato delituoso; c) o fato não constituir infração penal; d) estiver comprovada a presença de uma excludente de ilicitude ou da culpabilidade.** Todavia, de acordo com o parágrafo único do dispositivo, **não se absolve sumariamente quando é caso de inimputabilidade por doença mental, a menos que esta seja a única tese da defesa.** A absolvição sumária produz coisa julgada material. **Da decisão de absolvição sumária cabe apelação** (art. 416, do CPP). **d) Desclassificação** (art. 419, do CPP): é uma decisão interlocutória, em que **o juiz entende que não se trata de crime doloso contra a vida.** Decorrido prazo recursal, o juiz remete o processo ao juízo competente. O crime conexo, também, deverá ser remetido ao juízo competente.

5.2.2 Segunda fase do procedimento bifásico do Tribunal do Júri – *judicium causae*

Caso seja pronunciado, o acusado é levado a julgamento perante os jurados. Após a pronúncia, sinteticamente, se desenvolvem os seguintes atos:

A Intimação das partes, para apresentação, em **5 (cinco) dias**, do rol das testemunhas que irão depor em plenário, podendo ainda juntar documentos e requerer diligências (art. 422 do CPP).

B O juiz deve deliberar sobre os requerimentos de provas formulados pelas partes. Deve, ainda, sanar eventuais irregularidades existentes no processo, e elaborar um **relatório sucinto**, que será apresentado aos jurados no dia do julgamento (art. 423 do CPP).

C No dia da sessão de julgamento, para que sejam instalados os trabalhos do Tribunal do Júri, devem estar presentes pelo menos **15 (quinze)** dos 25 (vinte e cinco) jurados sorteados (art. 462 e 463 do CPP).

D Dos jurados presentes, 7 **(sete)** serão sorteados para compor o conselho de sentença, que irá julgar o processo. Para tanto, a defesa e a acusação poderão recusar jurados, motivada ou imotivadamente. Acusação e defesa podem fazer, cada qual, até **3 (três) recusas imotivadas** (art. 467 e 468 do CPP).

E De acordo com o art. 473, § 3º do CPP, somente se procederá à leitura em plenário das provas colhidas por carta precatória, das provas cautelares, das provas não repetíveis e das provas antecipadas.

F Conforme dispõe o art. 473, *caput*, do CPP, os atos de instrução em plenário devem ocorrer na seguinte ordem: tomada de declarações do ofendido (se possível); inquirição de testemunhas arroladas pela acusação; inquirição de testemunhas arroladas pela defesa; esclarecimentos de peritos; acareações; reconhecimento de pessoas e coisas; interrogatório do acusado.

MUITA ATENÇÃO! Diversamente dos demais ritos, na segunda fase do júri, pelo art. 473, *caput*, do CPP, o primeiro a fazer perguntas às testemunhas é o juiz.

G O art. 478 do CPP impede que se invoque como argumento de autoridade, sob pena de nulidade: **a) a decisão de pronúncia, ou decisões posteriores que tornem admissível a acusação; b) o uso de algemas pelo acusado; c) o exercício do direito de permanecer em silêncio pelo réu.** Da mesma forma, somente é permitido o uso de algemas em plenário em casos de comprovada necessidade, sob pena de nulidade (veja a **Súmula Vinculante 11 do STF**).

H Ocorrem os **debates em plenário** (art. 476 e 477 do CPP). De regra, o tempo será de uma hora e meia para cada parte. Caso entenda pertinente, a acusação poderá retornar em plenário, fazendo uso da palavra na réplica, por uma hora. Neste caso, a defesa terá uma hora para tréplica. Caso a acusação não deseje fazer uso da réplica, a defesa não terá direito à tréplica. De acordo com o § 2º do art. 477, se houver mais de um acusado, o tempo de fala será acrescido de uma hora e elevado ao dobro o da réplica e da tréplica.

? **QUESTÃO**: É possível que a defesa do acusado traga tese nova na tréplica?

RESPOSTA: *É majoritário o entendimento de que sim, a defesa pode trazer tese nova na tréplica, em nome da plenitude de defesa.*

? **QUESTÃO**: O que são apartes?

RESPOSTA: *Aparte é a manifestação de uma parte durante o momento de fala da outra. Por exemplo, a acusação intervém no momento de fala da defesa, ou vice-versa. O art. 497, XII, do CPP, disciplina o direito aos apartes.*

I De acordo com o art. 231 do CPP, documentos podem ser juntados ao processo em qualquer fase. Todavia, como exceção, **na segunda fase do procedimento do júri, a juntada deve se dar com no mínimo 3 (três) dias úteis de antecedência à sessão de julgamento, dando-se ciência à parte contrária (art. 479, *caput*, do CPP)**. Assim, está equivocada a parte final da alternativa extraída do **Exame Unificado da OAB de setembro de 2012**, segundo a qual "Durante o julgamento não será permitida a leitura de documento ou a exibição de objeto que não tiver sido juntado aos autos com a antecedência mínima de 3 (três) dias úteis, dando-se ciência à outra parte, **salvo jornais ou revistas**".

J Terminados os debates, o juiz deve indagar aos jurados se estão em condições de julgar o processo, ou se necessitam de outros esclarecimentos (art. 480, § 1º, do CPP).

L Devem ser elaborados **quesitos** pelo juiz-presidente do Tribunal do Júri, com observância das regras dos art. 482 e 483 do CPP. Estes quesitos serão votados pelos jurados em uma sala especial ("sala secreta" – art. 485, *caput*, do CPP).

M O juiz-presidente do Tribunal do Júri **prolata a sentença**, de acordo com a decisão dos jurados, lendo-a em plenário (arts. 492 e 493, do CPP).

MUITA ATENÇÃO!

A Lei 13.964/19 alterou o art. 492, do CPP, previu no art. 492, I, "e" do CPP que, no caso de condenação pelo tribunal do júri, a sentença "mandará o acusado recolher-se ou recomendá-lo-á à prisão em que se encontra, se presentes os requisitos da prisão preventiva, ou, no caso de condenação a uma pena igual ou superior a 15 (quinze) anos de reclusão, determinará a execução provisória das penas, com expedição do mandado de prisão, se for o caso, sem prejuízo do conhecimento de recursos que vierem a ser interpostos". Ou seja, no caso de condenação pelo tribunal do júri a pena privativa de liberdade pena igual ou superior a 15 (quinze) anos de reclusão, esta será executada imediatamente, com prisão do acusado.

Como regra, não terá efeito suspensivo a apelação interposta contra decisão condenatória do tribunal do júri a uma pena igual ou superior a 15 (quinze) anos de reclusão. Apenas excepcionalmente poderá ser atribuído efeito suspensivo à decisão condenatória (§§ 4º a 6º do art. 492, do CPP).

O §3º do dispositivo prevê que "O presidente poderá, excepcionalmente, deixar de autorizar a execução provisória das penas de que trata a alínea e do inciso I do *caput* deste artigo, se houver questão substancial cuja resolução pelo tribunal ao qual competir o julgamento possa plausivelmente levar à revisão da condenação".

MUITA ATENÇÃO!

Nos procedimentos penais, a partir das reformas implementadas no Código de Processo Penal no ano de 2008, o interrogatório do acusado passou a figurar como o último ato instrução. Antes da reforma, a regra era que o interrogatório fosse o primeiro ato da instrução processual.

Há ainda leis especiais, que continuam prevendo o interrogatório no início da instrução. É o caso da Lei de Drogas (Lei 11.343/06, art. 56). O STF já se manifestou no sentido de que, mesmo nesses procedimentos especiais, o interrogatório deveria ser o último ato da instrução, o que é mais condizente com o princípio da ampla defesa. Porém, seguindo a literalidade do art. 57, *caput*, da Lei 11.343/2006, foi apresentada como correta no **Exame Unificado da OAB de maio de 2012** alternativa segundo a qual "[...] De acordo com a Lei nº 11.343/06, na Audiência de Instrução e Julgamento [...] o juiz interrogará o acusado, promoverá a inquirição das testemunhas (acusação e defesa), dando a palavra, sucessivamente, para a acusação e para a defesa, para sustentação oral, proferindo, posteriormente, sentença". Da mesma maneira, em questão do **Exame Unificado da OAB de novembro de 2014**, em virtude do princípio da especialidade, fora apontada como correta a postura do juiz ao proceder ao interrogatório como primeiro ato da instrução em delito de tráfico ilícito de entorpecentes, na forma da Lei 11.343/06.

Para saber mais, consultar: OLIVEIRA, Eugênio Pacelli de. **Curso de processo penal**. 10. ed. Rio de Janeiro: Lumen Juris, 2008. p. 529 e seguintes. E também: LIMA, Renato Brasileiro de. **Manual de processo penal**. 3. ed. Salvador: Juspodivm, 2015. p. 1265 e seguintes.

CAPÍTULO VIII
NULIDADES NO PROCESSO PENAL

1. NOÇÕES

Os atos processuais podem ser:

A **Atos perfeitos**: são válidos e eficazes, pois praticados de acordo com o que determina a lei.

B **Atos meramente irregulares**: são atos que apresentam vício de pouca relevância, e continuam válidos e eficazes.

C **Atos nulos**: são aqueles em que a falta de adequação à lei pode conduzir ao reconhecimento de sua inaptidão para produzir efeitos no mundo jurídico, que seja declarada judicialmente sua invalidade.

D **Atos inexistentes**: são atos em que o vício é tão grave, que se está diante de um "não ato" processual. **Não é necessária a declaração judicial de inexistência.**

Nulidade é a sanção aplicada ao ato processual defeituoso, tornando-o ineficaz. Há duas espécies de nulidade: **a) nulidade absoluta** e **b) nulidade relativa.**

A **Nulidade absoluta**: caracteriza-se nos casos em que **o vício do ato processual atinge o interesse público.** Neste caso, diante da gravidade, **o prejuízo para a parte é presumido, não necessitando ser demonstrado.** Pode ser arguida em qualquer momento. Todavia, depois do trânsito em julgado, somente pode ser arguida em favor da defesa. Verificam-se as hipóteses de nulidade absoluta **quando há violação de garantias constitucionais**, e **quando a lei não prevê que o vício é sanável.**

B **Nulidade relativa**: neste caso, **ocorre lesão ao interesse preponderantemente das partes.** A nulidade relativa deve ser arguida no momento oportuno, previsto no art. 571, do CPP. Caso contrário, ocorre **preclusão,** e o vício é sanado. **A parte deve demonstrar que sofreu prejuízo para reconhecimento de nulidade relativa.** Sempre que a lei prevê a possibilidade de se sanar o vício processual, a nulidade é relativa.

MUITA ATENÇÃO! Prevalece na doutrina o entendimento de que toda nulidade em matéria processual penal, inclusive relativa, pode ser reconhecida de ofício pelo juiz.

Considere a seguinte situação, extraída de enunciado do **Exame Unificado da OAB de fevereiro de 2011**: "Ao proferir sentença, o magistrado, reputando irrelevantes os argumentos desenvolvidos pela defesa, deixa de apreciá-los, vindo a condenar o acusado". Qual a solução jurídica para essa questão, em termos de nulidade? **Trata-se de nulidade absoluta, por violação a garantias constitucionais.** A situação viola a garantia constitucional que impõe a **fundamentação de todas as decisões judiciais** (art. 93, IX, da Constituição da República). Além disso, deixar de apreciar argumento trazido pela defesa implica violação à garantia constitucional da **ampla defesa** (art. 5º, LV da Constituição da República). A nulidade absoluta pode ser reconhecida a qualquer momento, **inclusive de ofício.**

Analise, agora, outro enunciado de questão, extraído do **Exame Unificado da OAB de setembro de 2010**: "Ao final da audiência de instrução e julgamento, o advogado do réu requer a oitiva de testemunha inicialmente não arrolada na resposta escrita, mas referida por outra testemunha ouvida na audiência. O juiz indefere a diligência, alegando que o número máximo de testemunhas já havia sido atingido e que, além disso, a diligência era claramente protelatória, já que a prescrição estava em vias de se consumar se não fosse logo prolatada a sentença. A sentença é proferida em audiência, condenando-se o réu à pena de 6 anos em regime inicial semi-aberto".

O que poderia ser alegado, diante do caso, pela defesa, em relação a eventual nulidade? A defesa deve argumentar que se caracterizou nulidade absoluta, em vista de violação ao **princípio da ampla defesa.**

MUITA ATENÇÃO!

A Lei 13.964/19 acrescentou no art. 564, V, do CPP a previsão expressa de que enseja nulidade a decisão carente de fundamentação. Todavia, independentemente dessa previsão, não se pode negar a nulidade absoluta de decisão judicial com fundamentação deficiente, por violação ao art. 93, IX da Constituição da República.

O § 2º do art. 315, do CPP, inserido pela Lei 13.964/19, por sua vez, estabelece que: "Não se considera fundamentada qualquer decisão judicial, seja ela interlocutória, sentença ou acórdão, que: **I** - limitar-se à indicação, à reprodução ou à paráfrase de ato normativo, sem explicar sua relação com a causa ou a questão decidida; **II** - empregar conceitos jurídicos indeterminados, sem explicar o motivo concreto de sua incidência no caso; **III** - invocar motivos que se prestariam a justificar qualquer outra decisão; **IV** - não enfrentar todos os argumentos deduzidos no processo capazes de, em tese, infirmar a conclusão adotada pelo julgador; **V** - limitar-se a invocar precedente ou enunciado de súmula, sem identificar seus fundamentos determinantes nem demonstrar que o caso sob julgamento se ajusta àqueles fundamentos; **VI** - deixar de seguir enunciado de súmula, jurisprudência ou precedente invocado pela parte, sem demonstrar a existência de distinção no caso em julgamento ou a superação do entendimento".

2. PRINCÍPIOS EM MATÉRIA DE NULIDADES

2.1 Princípio da tipicidade das formas: todo ato processual possui uma forma, que caso não seja observada, pode gerar nulidade.

2.2 Princípio do prejuízo: aplica-se às **nulidades relativas, e significa que a declaração da nulidade do ato necessita da comprovação, pela parte, de prejuízo** (art. 563 do CPP). No caso de nulidade absoluta, o prejuízo é **presumido.**

2.3 Princípio da instrumentalidade das formas: se o ato processual defeituoso **atingiu sua finalidade**, não deve ser declarada a nulidade.

2.4 Princípio da eficácia dos atos processuais: o ato nulo continua a produzir efeitos enquanto uma decisão judicial não declarar sua nulidade.

2.5 Princípio da causalidade: declarada a nulidade do ato, os atos processuais que dele **dependam** ou sejam **consequência** também deverão ser anulados. "[...] o princípio da causalidade significa [...] a possibilidade do defeito do ato se estender aos atos que lhes são subsequentes e que deles dependam" (**Exame Unificado da OAB de maio de 2012**).

2.6 Princípio da conservação dos atos processuais: deve ser **preservado** o ato processual que não dependa do ato declarado inválido.

2.7 Princípio do interesse: ninguém pode arguir nulidade que só interesse à parte contrária (art. 565 do CPP). Somente se aplica às **nulidades relativas**, pois as **nulidades absolutas** atingem o **interesse público**, podendo ser alegadas por qualquer das partes. Da mesma forma, **nenhuma das partes pode arguir nulidade a que tenha dado causa, ou para a qual tenha concorrido.**

Assim, está correta a alternativa apresentada no **Exame Unificado da OAB de abril de 2007**, segundo a qual "nenhuma das partes pode arguir nulidade a que tenha dado causa, ou para a qual tenha concorrido, ou referente a formalidade cuja observância só à parte contrária interesse".

2.8 Princípio da convalidação: significa o saneamento, a remoção do vício processual, tornando-se o ato válido e eficaz. Somente se aplica a nulidades relativas, pois as **nulidades absolutas não são sanáveis.**

Observe a seguinte questão, extraída do **Exame Unificado da OAB de dezembro de 2013**: "A Teoria Geral das Nulidades determina que nulidade é a sanção aplicada pelo Poder Judiciário ao ato imperfeito, defeituoso. Tal teoria é regida pelos princípios relacionados a seguir, à exceção de um. Assinale-o. A) Princípio do Prejuízo. B) Princípio da Causalidade. C) Princípio do Interesse. D) Princípio da Voluntariedade". A alternativa "D" responde à questão, pois voluntariedade não é princípio em matéria de nulidades.

MUITA ATENÇÃO!

De acordo com a Súmula 160 do STF, não é possível reconhecer, em recurso exclusivo da defesa, nulidade que venha a prejudicá-la. No recurso da acusação, contudo, é possível reconhecer nulidade absoluta em favor da defesa.

DICA IMPORTANTE

Em matéria de nulidade no processo penal, é fundamental o conhecimento das súmulas dos tribunais superiores que tratam do assunto. Assim, é recomendável a leitura das seguintes súmulas do STF: 155, 156, 160, 162, 206, 351, 366, 431 e 523.

Para saber mais, consultar: CAPEZ, Fernando. **Curso de processo penal**. 16. ed. São Paulo: Saraiva, 2009. p. 624 e seguintes.

CAPÍTULO IX

RECURSOS NO PROCESSO PENAL

1. NOÇÕES

Recurso é o remédio voluntário de impugnação de decisão, utilizado antes do trânsito em julgado, na mesma relação jurídica processual, apto a propiciar ao recorrente resultado mais vantajoso, com a reforma, a invalidação, o esclarecimento ou a integração da decisão. O recurso possibilita o reexame da decisão por um órgão superior ou pelo próprio órgão que a proferiu. Para a doutrina majoritária, o recurso é um desdobramento do direito de ação.

2. PRINCÍPIOS RECURSAIS

A **Taxatividade**: os recursos devem ter previsão em lei.

B **Unirrecorribilidade, singularidade ou unicidade**: para cada decisão cabe, de regra, apenas um recurso.

C **Fungibilidade ou teoria do recurso indiferente** (art. 579, do CPP): o recurso interposto por outro será conhecido, **desde que não haja má-fé** de quem o interpôs. A jurisprudência tem exigido que o **recurso seja interposto no menor prazo** entre os que pareciam cabíveis no caso. Exige a jurisprudência, ainda, que **o erro do recorrente não seja grosseiro.**

D **Voluntariedade**: recurso, por definição, é um remédio voluntário. A parte recorre se quiser. De regra, ao juiz é vedado agir de ofício. Porém, algumas vezes o CPP faz menção a um "recurso de ofício". É o que ocorre, por exemplo, em relação à decisão que conceder a reabilitação (art. 746 do Código de Processo Penal). **Não se trata, tecnicamente, de um recurso, e sim de remessa necessária ou reexame necessário.** Todavia, a jurisprudência considera a confirmação da decisão pelo tribunal uma condição de eficácia da decisão (Súmula 423, do STF).

E **Conversão**: se a parte interpõe o recurso perante um órgão que não é o competente para conhecê-lo, este deve remetê-lo ao órgão jurisdicional competente.

F **Proibição da *reformatio in pejus*** (art. 617, do CPP): **o recurso interposto pelo réu não pode piorar sua situação jurídica, salvo se a acusação também recorrer.** Discute-se a possibilidade da chamada ***reformatio in pejus* indireta**, em caso de anulação pelo tribunal, em grau de recurso, da decisão prolatada pelo juiz de primeira instância. Ou seja, anulada uma decisão pelo tribunal, pode a pena de uma nova decisão proferida no processo ser maior, ou a situação do acusado ser agravada de qualquer outra forma? Prevalece na doutrina e na jurisprudência o entendimento que defende a impossibilidade. A decisão nula seria o limite da nova decisão. Assim, "o juiz está proibido de prolatar sentença com condenação superior à que foi dada no primeiro julgamento quando o Tribunal, ao julgar recurso interposto apenas pela defesa, anula a sentença proferida pelo juízo *a quo*" (alternativa extraída do **Exame Unificado da OAB de dezembro de 2013**). Porém, a doutrina majoritária faz duas ressalvas: **A. em caso de nulidade por incompetência absoluta do juízo, a decisão não poderia limitar a nova decisão; B. em caso de delito de competência do júri**, uma decisão nula dos jurados não impediria decisão diversa, ainda que mais gravosa, **proferida pelos jurados** em julgamento posterior, devido à soberania dos veredictos do Tribunal do Júri.

Vale lembrar que a Súmula 160 do STF dispõe que "é **nula** a decisão do tribunal de justiça que acolhe, contra o réu, nulidade não arguida no recurso da acusação, ressalvados os casos de recurso de ofício".

? **QUESTÃO**: Seria possível a ***reformatio in mellius?*** Ou seja, caso somente o Ministério Público recorra, a situação do acusado pode ser melhorada?

➥ ***RESPOSTA**: Prevalece na jurisprudência a possibilidade, podendo sempre o tribunal conhecer, independente de provocação, questões de ordem pública em favor do réu, como, por exemplo, uma prescrição.*

Veja o seguinte enunciado, extraído de questão do **Exame Unificado da OAB de setembro de 2010**: "Antônio Ribeiro foi denunciado pela prática de homicídio qualificado, pronunciado nos mesmos moldes da denúncia e submetido a julgamento pelo Tribunal do Júri em 25/05/2005, tendo sido condenado à pena de 15 anos de reclusão em regime integralmente fechado. A decisão transita em julgado para o Ministério Público, mas a defesa de Antônio apela, alegando que a decisão dos jurados é manifestamente contrária à prova dos autos. A apelação é provida, sendo o réu submetido a novo júri. Neste novo júri, Antônio é novamente condenado e **sua pena é agravada**, mas fixado regime mais vantajoso (inicial fechado)".

Analisando-se o enunciado, pode-se perceber que houve violação ao princípio da vedação da ***reformatio in pejus***. O juiz-presidente do júri, ao aplicar a pena no segundo julgamento, não poderia agravar a pena aplicada ao réu. Os jurados, em virtude da soberania dos veredictos, podem adotar entendimento diverso no segundo julgamento. O juiz-presidente, todavia, fica limitado no segundo júri, ao aplicar a pena, ao resultado do primeiro julgamento, que foi anulado, não podendo, por exemplo, reconhecer uma agravante que não incidiu no primeiro julgamento.

3. PRESSUPOSTOS RECURSAIS

São os requisitos de admissibilidade a que o recurso deve atender. Podem ser classificados em objetivos e subjetivos.

3.1 Objetivos

A Cabimento: o recurso deve estar **previsto em lei** como cabível para aquela situação.

B Adequação: é necessário que o recurso seja **adequado** à decisão que se deseja impugnar.

C Regularidade formal: são as **formalidades** a serem observadas. O Código de Processo Penal estabelece, por exemplo, a forma de interposição dos recursos (art. 578, do CPP), para que sejam recebidos. A apelação e o recurso em sentido estrito podem ser interpostos por petição ou termos nos autos (manifestação escrita da parte ou procurador nos autos do processo). Os demais recursos devem ser interpostos por petição. Outra formalidade essencial é a motivação (razões de recurso).

D Tempestividade: o recurso deve ser interposto **no prazo legal**.

E Ausência de fatos impeditivos do direito de recorrer: há fatos que impedem a interposição do recurso ou seu recebimento. Atualmente, o único fato impeditivo do direito de recorrer em vigor é a **renúncia**. Esta ocorre quando a **parte "abre mão" do seu direito de recorrer**.

Observe a seguinte questão, extraída do **Exame Unificado da OAB de agosto de 2013**: "De acordo com a doutrina, recurso é todo meio voluntário de impugnação apto a propiciar ao recorrente resultado mais vantajoso. Em alguns casos, fenômenos processuais impedem o caminho natural de um recurso. Quando a parte se manifesta, esclarecendo que não deseja recorrer, estamos diante do fenômeno processual conhecido como: A) preclusão. B) desistência. C) deserção. D) renúncia". A resposta correta é a alternativa "D".

? **QUESTÃO**: Qual a diferença da renúncia para a desistência?

➥ ***RESPOSTA**: A renúncia ocorre **antes** da parte interpor o recurso. Já a desistência tem lugar **após** o recurso ter sido interposto.*

? **QUESTÃO**: O que ocorre se houver divergência entre o acusado e seu defensor, um querendo recorrer e o outro renunciando ao direito de recurso?

➥ ***RESPOSTA**: Em virtude da ampla defesa, prevalece a vontade de quem quiser recorrer (súmulas 705 e 708 do STF). Mesmo porque o recurso interposto pelo acusado não poderá prejudicá-lo (vedação da reformatio in pejus).*

F Ausência de fatos extintivos do direito de recorrer: são fatos que geram a extinção do recurso:

- **Desistência**: é a manifestação da vontade de não prosseguir com o recurso já interposto. De acordo com o art. 576 do CPP, **o Ministério Público não pode desistir do recurso que interpôs**. Assim, é incorreto afirmar que "o MP poderá desistir de recurso que haja interposto, desde que se verifique que o fato evidentemente não constitui crime" (**Exame Unificado da OAB de janeiro de 2009**).
- **Deserção**: atualmente, pode se dar em virtude da **falta de preparo** do recurso do querelante nas ações penais exclusivamente privadas (art. 806, § 2º, do CPP).

3.2 Pressupostos subjetivos

A Legitimidade: a legitimidade refere-se às partes legítimas para interposição do recurso: Ministério Público, querelante, réu ou seu defensor (art. 577 do Código de Processo Penal). Devem ser intimados da sentença penal condenatória o réu e seu defensor, iniciando-se o prazo para interposição do recurso a partir da última intimação.

B Interesse jurídico: o interesse deriva da **sucumbência**, sempre que a parte tem frustrada alguma expectativa legítima. Estabelece o parágrafo único do art. 577 do Código de Processo Penal que "não se admitirá, entretanto, recurso da parte que não tiver interesse na reforma ou modificação da decisão".

? **QUESTÃO**: O acusado absolvido pode ter interesse em recorrer?

➥ ***RESPOSTA**: Sim. O acusado tem interesse recursal para apelar contra sentença absolutória, a fim de modificar do fundamento da absolvição. Por exemplo, foi absolvido por ausência de provas, mas pretendia ser absolvido porque está comprovado que ele não é o autor do crime.*

? **QUESTÃO:** O Ministério Público pode recorrer em favor do réu?

➥ ***RESPOSTA:*** *Sim. O Ministério Público é fiscal da lei (custos legis), devendo sempre cuidar para que a legalidade seja observada. Assim, nada impede que recorra em favor do acusado.*

4. EFEITOS DOS RECURSOS

A **Efeito devolutivo**: é devolvida à reapreciação do tribunal toda a matéria que foi objeto de um recurso (***tantum devolutum quantum apellatum***). **Todo recurso é dotado deste efeito.**

B **Efeito suspensivo**: a decisão do juiz não está apta a produzir seus efeitos enquanto o recurso não for julgado. No processo penal, a apelação contra decisão condenatória é dotada de efeito suspensivo. Todavia, a apelação contra sentença absolutória não detém efeito suspensivo.

C **Efeito regressivo (iterativo ou diferido)**: consiste na devolução da matéria tratada no recurso para reexame ao próprio órgão jurisdicional que proferiu a decisão. **É também chamado de juízo de retratação.**

D **Efeito extensivo (art. 580 do CPP)**: caso a decisão esteja baseada em fundamentos de **caráter objetivo** (ou seja, não pessoais), os efeitos dessa decisão se estendem aos demais acusados. Tal efeito foi alvo de indagação no **Exame Unificado da OAB de fevereiro de 2012**: "Caio, Mévio e Tício estão sendo acusados pela prática do crime de roubo majorado. No curso da instrução criminal, ficou comprovado que os três acusados agiram em concurso para a prática do crime. Os três acabaram condenados, e somente um deles recorreu da decisão. A decisão do recurso interposto por Caio: (A) aproveitará aos demais, sempre; (B) se fundado em motivos que não sejam de caráter exclusivamente pessoal, aproveitará aos outros; (C) sempre aproveitará apenas ao recorrente; (D) aproveitará aos demais, desde que eles tenham expressamente consentido nos autos com os termos do recurso interposto". A resposta correta é a alternativa "B".

Tal princípio recursal fora novamente abordado no **Exame Unificado da OAB de novembro de 2014**, na seguinte questão: "Tiago e Andrea agiram em concurso de agentes em determinado crime. O processo segue seu curso natural, culminando com sentença condenatória, na qual os dois são condenados. Quando da interposição do recurso, apenas Andrea apela. O recurso é julgado. Na decisão, fundada em motivos que não são de caráter exclusivamente pessoal, os julgadores decidem pela absolvição de Andrea. Nesse sentido, diante apenas das informações apresentadas pelo enunciado, assinale a afirmativa correta. A) Andrea será absolvida e Tiago continuará condenado, devido ao fato de a decisão ter sido fundada em motivos que não são de caráter exclusivamente pessoal. B) Andrea e Tiago serão absolvidos, pois os efeitos da decisão serão estendidos a este, devido ao fato de a decisão ter sido fundada em motivos que não são de caráter exclusivamente pessoal. C) Andrea e Tiago serão absolvidos, porém será necessário interpor Recurso Especial. D) Andrea será absolvida e Tiago continuará condenado, pois não interpôs recurso". A alternativa correta é a "B", em face do efeito extensivo dos recursos no processo penal.

E **Efeito substitutivo:** caso o recurso seja conhecido e provido, a decisão proferida pelo tribunal tem o condão de **substituir** a decisão recorrida no que tiver sido objeto de recurso.

Assim, de acordo com o CPP, "[...] todos os recursos têm efeito devolutivo, e alguns têm também os efeitos suspensivo e iterativo" (**Exame Unificado da OAB de fevereiro de 2012**).

5. RECURSOS EM ESPÉCIE

5.1 Recurso em sentido estrito

A **Noções**: O recurso em sentido estrito é o remédio utilizado no processo penal, de regra, em caso de decisões interlocutórias.

B **Hipóteses de cabimento**: O art. 581 traz o rol de hipóteses de cabimento deste recurso.

? **QUESTÃO:** Este rol de hipóteses de cabimento do recurso em sentido estrito é taxativo?

➥ ***RESPOSTA:*** *A doutrina e a jurisprudência tradicionais tendem a considerar esse rol como taxativo. Contudo, atualmente vem ocorrendo uma flexibilização na interpretação do rol do art. 581 do Código de Processo Penal, através de interpretação extensiva e a aplicação analógica. Exemplificando: o art. 581, I, do CPP prevê cabimento de recurso em sentido estrito somente para a decisão que não recebe denúncia ou queixa. Todavia, a jurisprudência majoritária entende ser cabível recurso em sentido estrito da decisão que não recebe aditamento à denúncia, por interpretação extensiva do art. 581, I, do CPP.*

De acordo com o art. 581, do CPP, caberá recurso, no sentido estrito, da decisão, despacho ou sentença:

I – Que não receber a denúncia ou a queixa. E se o juiz recebe a denúncia ou queixa? Nessa hipótese, dependendo do caso, a parte poderá ingressar com *habeas corpus.*

MUITA ATENÇÃO! Rejeitada denúncia ou queixa de infração penal de menor potencial ofensivo, cabe apelação, no prazo de dez dias (art. 82, § 1º, da Lei 9.099/1995).

II – Que concluir pela incompetência do juízo.

III – Que julgar procedentes as exceções, salvo a de suspeição. E se o juiz julgar improcedente uma exceção? Nessa hipótese, dependendo do caso, a parte poderá ingressar com *habeas corpus*.

IV – Que pronunciar o réu.

V – Que conceder, negar, arbitrar, cassar ou julgar inidônea a fiança, indeferir requerimento de prisão preventiva ou revogá-la, conceder liberdade provisória ou relaxar a prisão em flagrante.

VI – Revogado pela Lei 11.689/2008.

VII – Que julgar quebrada a fiança ou perdido o seu valor.

VIII – Que decretar a prescrição ou julgar, por outro modo, extinta a punibilidade.

IX – Que indeferir o pedido de reconhecimento da prescrição ou de outra causa extintiva da punibilidade.

MUITA ATENÇÃO!

Se o pedido ocorre na fase de execução, o recurso cabível contra a decisão será o agravo (art. 197 da Lei 7.210/84 – LEP).

X – Que conceder ou negar a ordem de *habeas corpus*.

MUITA ATENÇÃO!

O dispositivo se refere somente à decisão do juiz de primeiro grau que concede ou nega *habeas corpus*.

Considere o seguinte enunciado de questão, extraída do **Exame Unificado da OAB de julho de 2017**: "Vitor, corretor de imóveis, está sendo investigado em inquérito policial. Considerando que o delegado vem atuando com abuso e colocando em risco a liberdade de Vitor, o advogado do investigado apresenta *habeas corpus* perante o órgão competente. Quando da análise do *habeas corpus*, a autoridade competente entende por denegar a ordem. Considerando as informações narradas, o advogado de Vitor poderá recorrer da decisão que denegou a ordem por meio de [...]". Nesse caso, o juiz de primeiro grau é competente para decidir acerca do *habeas corpus*, pois a autoridade que deve ser apontada como coatora é um delegado de polícia. Então, o recurso cabível é o recurso em sentido estrito.

No caso de decisões de **tribunais** que **denegam** *habeas corpus*, cabe **recurso ordinário** (art. 102, II, "a" e art. 105, II, "a", da Constituição da República). Note que apenas cabe o recurso ordinário de decisões de **tribunais** (e não de juízes de primeiro grau), que **denegam** (e não de decisões que concedem) *habeas corpus*.

XI – Revogado pela Lei de Execução Penal. A partir da Lei 7.210/84, cabe agravo (art. 197, da LEP).

XII – Revogado pela Lei de Execução Penal. A partir da Lei 7.210/84, cabe agravo (art. 197, da LEP).

XIII – Que anular o processo da instrução criminal, no todo ou em parte.

XIV – Que incluir jurado na lista geral ou desta o excluir.

XV – Que denegar a apelação ou julgar deserta.

XVI – Que ordenar a suspensão do processo, em virtude de questão prejudicial.

XVII – Revogado pela Lei de Execução Penal.

XVIII – Que decidir o incidente de falsidade.

XIX ao XXIII – tais incisos foram revogados pela Lei de Execução Penal. Cabe de tais decisões recurso de agravo (art. 197, da Lei 7.210/84).

XXIV – Esse inciso já estava revogado pela Lei de Execução Penal. Atualmente, em virtude da Lei 9.268/1996 que alterou o art. 51 do Código Penal, não mais é possível a conversão da multa em prisão.

XXV – que recusar homologação à proposta de acordo de não persecução penal, previsto no art. 28-A do CPP (acrescido pela Lei 13.964/19).

Veja a seguinte situação, extraída de enunciado de questão do **Exame Unificado da OAB de abril de 2016**: "Antônio foi denunciado e condenado pela prática de um crime de roubo simples à pena privativa de liberdade de 4 anos de reclusão, a ser cumprido em regime fechado, e 10 dias-multa. Publicada a sentença no Diário Oficial, o advogado do réu se manteve inerte. Antônio, que estava preso, foi intimado pessoalmente, em momento posterior, manifestando interesse em recorrer do regime de pena aplicado. Diante disso, 2 dias após a intimação pessoal de Antônio, mas apenas 10 dias após a publicação no Diário Oficial, sua defesa técnica interpôs recurso de apelação. O juiz de primeira instância denegou a apelação, afirmando a intempestividade". Nesse caso, cabe recurso em sentido estrito, com fundamento no art. 581, XV do Código de Processo Penal, contra a decisão que denegou a apelação. Lembre-se de que, como mencionado anteriormente, devem ser intimados da sentença penal condenatória o réu e seu defensor, iniciando-se o prazo para interposição do recurso a partir da última intimação.

Situação típica de cabimento do recurso em sentido estrito, com base no art. 581, IX, do CPP, fora objeto de questão do **Exame Unificado da OAB de outubro de 2019**: "O advogado de Josefina, ré em processo criminal, entendendo que, entre o recebimento da denúncia e o término da instrução, ocorreu a prescrição da pretensão

DIREITO PROCESSUAL PENAL

punitiva estatal, apresentou requerimento, antes mesmo do oferecimento de alegações finais, de reconhecimento da extinção da punibilidade da agente, sendo o pedido imediatamente indeferido pelo magistrado [...]".

C Efeitos:

- **Devolutivo**: todos os recursos detêm esse efeito, com reapreciação da decisão.
- **Suspensivo**: em regra, o recurso em sentido estrito não possui efeito suspensivo, salvo nos hipóteses do art. 584 do Código de Processo Penal. Assim, o recurso em sentido estrito terá efeito suspensivo se interposto contra: **a)** decisão que denegue conhecimento à apelação ou a julgue deserta; **b)** decisão que declare perdido o valor da fiança; **c)** decisão de pronúncia apenas no tocante ao julgamento do réu pelo júri; **d)** decisão que determine quebra da fiança somente no tocante à perda da metade de seu valor.
- **Regressivo**: o recurso em sentido estrito permite ao juiz que se retrate da decisão proferida (art. 589, do CPP).
- **Extensivo**: todos os recursos são dotados desse efeito (art. 580, do CPP).

D Processamento:

O prazo para interposição do recurso em sentido estrito, em regra, é de **5 (cinco) dias** (art. 586 do CPP). **Exceção**: o prazo é de **20 (vinte) dias**, contra a decisão que inclui ou exclui jurado da lista-geral (art. 586, parágrafo único, do CPP).

Se o recurso em sentido estrito for recebido, intima-se o recorrente para apresentar as razões e o recorrido para apresentar as contrarrazões, no prazo de **2 (dois) dias.**

O juiz então reexamina sua decisão, podendo mantê-la ou se retratar (art. 589 do CPP). Caso mantenha a decisão, o recurso é encaminhado ao tribunal competente. Caso se retrate, as partes são intimadas da nova decisão.

O recurso em sentido estrito poderá "subir nos próprios autos do processo" (ou seja, o processo todo é encaminhado ao tribunal), ou em autos apartados. Nesse último caso, faz-se um instrumento, com cópia de peças do processo, que será examinado pelo tribunal. O recurso em sentido estrito "sobe nos próprios autos" nos casos do art. 583 do CPP.

5.2 Apelação

A Cabimento: a apelação é o recurso cabível em face de:

- decisões **definitivas** de condenação ou absolvição;
- decisões **definitivas, ou com força de definitivas** (terminativas), proferidas por juiz singular nos casos não previstos no art. 581 do Código de Processo Penal, pois a apelação tem caráter subsidiário em relação ao recurso em sentido estrito (art. 593, II, do CPP).

> **MUITA ATENÇÃO!** A apelação tem natureza residual, cabendo apenas quando não se está diante de hipótese de recurso em sentido estrito.

Nas decisões proferidas pelo júri, a apelação é cabível caso se enquadre em uma das hipóteses do inciso III do art. 593 do Código de Processo Penal:

- Nulidade posterior à pronúncia.
- Sentença do juiz-presidente contrária à letra expressa da lei ou à decisão dos jurados.
- Quando houver erro ou injustiça na aplicação da pena ou medida de segurança.
- Quando a decisão dos jurados for **manifestamente contrária** à prova dos autos. A decisão deve ser manifestamente contrária, não cabendo caso os jurados optem por uma das versões dos autos. Neste caso, cassa-se a decisão, enviando o acusado a novo júri, com novos jurados (Súmula 206, do STF).

> **MUITA ATENÇÃO!** Nos termos do art. 593, § 4º, do Código de Processo Penal, quando de parte da decisão for cabível apelação e de outra parte for cabível recurso em sentido estrito, o único recurso a ser interposto será a apelação, ainda que se recorra somente de parte da decisão.

Nos moldes do art. 416 do CPP, no rito do Tribunal do Júri o recurso cabível contra a decisão de impronúncia é a apelação. Ainda de acordo com o mesmo dispositivo legal, "da sentença que absolver sumariamente o réu caberá [...] apelação" **(Exame Unificado da OAB de outubro de 2011)**.

B Efeitos: os efeitos da apelação no Código de Processo Penal são:

- **Devolutivo:** aplica-se a regra do ***tantum devolutum quantum appellatum***, devolvendo-se o conhecimento da matéria ao tribunal.
- **Suspensivo**: a interposição da apelação retarda a execução da sentença condenatória. A apelação de sentença absolutória não tem efeito suspensivo.

- **Regressivo**: tal efeito permite ao próprio órgão que proferiu a decisão reexaminá-la, podendo exercer o juízo de retratação. A apelação do Código de Processo Penal não detém tal efeito.
- **Extensivo**: tal efeito constitui regra geral para todos os recursos no processo penal. Nos termos do art. 580 do Código de Processo Penal, a decisão proferida no recurso interposto por um corréu beneficia aos demais que não impugnaram a decisão, exceto quando o recurso é fundado em motivos de ordem pessoal, não extensivos aos demais.

MUITA ATENÇÃO!

A partir do advento da Lei 13.964/19, como regra, não terá efeito suspensivo a apelação interposta contra decisão condenatória do tribunal do júri a uma pena igual ou superior a 15 (quinze) anos de reclusão, cabendo a execução provisória da pena, com prisão do acusado. Apenas excepcionalmente poderá ser atribuído efeito suspensivo à decisão condenatória do tribunal do júri a uma pena igual ou superior a 15 (quinze) anos de reclusão (§§ 4º a 6º do art. 492, do CPP, com redação da Lei 13.964/19).

? **QUESTÃO**: O ofendido pode recorrer da sentença sem estar habilitado como assistente do Ministério Público?

➥ ***RESPOSTA***: *Sim. De acordo com o art. 598, caput, do Código de Processo Penal,* ***ainda que não esteja habilitado como assistente de acusação****, o ofendido ou qualquer dos mencionados no art. 31, do Código de Processo Penal, podem interpor apelação da sentença, mas* ***apenas caso o Ministério Público não recorra da sentença no prazo legal****. Trata-se da chamada* ***apelação secundária ou supletiva****, que não é dotada de efeito suspensivo. Nesse caso, o prazo de interposição da apelação é de 15 (quinze) dias, a contar do termino do prazo do Ministério Público (art. 598, parágrafo único, do Código de Processo Penal).*

C **Processamento**: o prazo para a interposição da apelação é de **5 (cinco) dias**.

Considere o seguinte enunciado de questão, extraído do **Exame Unificado da OAB de novembro de 2018**: "No âmbito de ação penal, foi proferida sentença condenatória em desfavor de Bernardo pela suposta prática de crime de uso de documento público falso, sendo aplicada pena privativa de liberdade de cinco anos. Durante toda a instrução, o réu foi assistido pela Defensoria Pública e respondeu ao processo em liberdade. Ocorre que Bernardo não foi localizado para ser intimado da sentença, tendo o oficial de justiça certificado que compareceu em todos os endereços identificados. Diante disso, foi publicado edital de intimação da sentença, com prazo de 90 dias. Bernardo, ao tomar conhecimento da intimação por edital 89 dias após sua publicação, descobre que a Defensoria se manteve inerte, razão pela qual procura, de imediato, um advogado para defender seus interesses, assegurando ser inocente".

Como mencionado anteriormente, devem ser intimados da sentença penal condenatória o réu e seu defensor, iniciando-se o prazo para interposição do recurso a partir da última intimação. Ainda de acordo com o art. 392, § 2º, do CPP, a regra é que, em casos de intimação da sentença por edital, o prazo para apelação correrá após o término do fixado no edital. Logo, o prazo de cinco dias para interposição de apelação pelo acusado Bernardo ainda não transcorreu.

A apelação é interposta por termo ou petição, no juízo que proferiu a decisão. Ele fará o exame do preenchimento dos pressupostos recursais. Na hipótese de o juiz denegar a apelação ou julgá-la deserta, caberá recurso em sentido estrito (art. 581, inciso XV, do Código de Processo Penal).

Interposta a apelação e admitida, intima-se o apelante e, depois, o apelado, para, no prazo de **8 (oito) dias**, oferecerem razões e contrarrazões (art. 600, do CPP).

MUITA ATENÇÃO!

Na Lei 9.099/95, art. 82, tem-se uma regulamentação especial para a apelação nos Juizados Especiais. Nesse caso, o prazo para interposição da apelação é de 10 (dez) dias, desde já com a apresentação das razões de apelação.

5.3 Embargos de declaração

O art. 382 do Código de Processo Penal trata dos embargos de declaração contra a sentença. Por sua vez, os arts. 619 e 620 do Código de Processo Penal tratam dos embargos de declaração contra acórdão. Toda decisão, seja definitiva, interlocutória, de primeiro ou segundo grau, pode ser impugnada por embargos de declaração, desde que se apresente **omissa, contraditória, ambígua ou obscura**. Tal recurso tem como destinatário o próprio órgão que proferiu a decisão.

O prazo para interposição dos embargos de declaração é de **2 (dois) dias**. Interposto o recurso de embargos de declaração, aplica-se subsidiariamente a disciplina deste recurso no Código de Processo Civil (art. 1.026, *caput*, CPC/15), **interrompendo-se o prazo para interposição de outros recursos**.

MUITA ATENÇÃO!

No caso de infrações penais de menor potencial ofensivo, nos termos do art. 83 da Lei 9.099/95, os embargos de declaração serão opostos no prazo de 05 (cinco) dias, por escrito ou oralmente, **em casos de obscuridade, contradição ou omissão**. Antes da entrada em vigor do Novo CPC, os embargos de declaração interpostos contra sentença **suspendiam** o prazo para interposição de outro recurso. Todavia, **com a entrada em vigor do CPC/15**, mesmo no rito da Lei 9.099/95, a interposição de embargos de declaração **interrompe** o prazo para interposição de outro recurso (art. 1.066, do CPC/15).

5.4 Embargos infringentes e embargos e nulidade

São recursos cabíveis contra **decisão não unânime de tribunais** (art. 609, parágrafo único, do CPP). Embargos de nulidade é o nome dado aos embargos infringentes quando a divergência for relativa a questão processual. **É necessário que o acórdão objeto do recurso seja proferido no julgamento de uma apelação ou um recurso em sentido estrito.** No processo penal, diversamente do cível, os embargos infringentes são **recurso exclusivo da defesa**, não podendo ser interpostos pela acusação.

Observe o seguinte enunciado de questão, extraído do **Exame Unificado da OAB de dezembro de 2012**: "Joel foi condenado pela prática do crime de extorsão mediante sequestro. A defesa interpôs recurso de Apelação, que foi recebido e processado, sendo certo que o tribunal, de forma não unânime, manteve a condenação imposta pelo juízo *a quo*. O advogado do réu verifica que o acórdão viola, de forma direta, dispositivos constitucionais, razão pela qual decide continuar recorrendo da decisão exarada pela Segunda Instância". Qual seria o recurso cabível na hipótese? Como restou claro no enunciado, está-se diante de uma **decisão não unânime, em julgamento de apelação**, caso típico de cabimento de embargos infringentes.

Considere, ainda, o seguinte enunciado de questão, extraído do **Exame Unificado da OAB de novembro de 2017**: "João foi denunciado pela prática do crime de furto qualificado previsto no Art. 155, § 4º, inciso I, do Código Penal. Em primeira instância, João foi absolvido. Em sede de recurso de apelação apresentado pelo Ministério Público, houve provimento parcial do recurso, sendo o agente condenado de maneira unânime. Apesar da unanimidade na condenação, o reconhecimento da qualificadora restou afastado por maioria de votos. Ademais, um dos desembargadores ainda votou pelo reconhecimento do privilégio do Art. 155, § 2º, do CP, mas restou isolado e vencido. Insatisfeito com a condenação pelo furto simples, o Ministério Público apresenta embargos infringentes em busca do reconhecimento da qualificadora. Considerando apenas as informações narradas, é correto afirmar que o advogado de João, sob o ponto de vista técnico, deverá defender [...]". Pelo que foi estudado, **os embargos infringentes são recurso exclusivo da defesa**, não podendo ser interpostos pela acusação. Assim, por não ser cabível, não deve ser conhecido o recurso interposto pelo Ministério Público. Logo, a resposta à questão é que o advogado deverá defender "o não conhecimento dos embargos infringentes apresentados pelo Ministério Público e apresentar embargos infringentes em busca do reconhecimento do privilégio".

Fora apresentada a seguinte questão no **Exame Unificado da OAB de março de 2019**: "Miguel foi denunciado pela prática de um crime de extorsão majorada pelo emprego de arma e concurso de agentes, sendo a pretensão punitiva do Estado julgada inteiramente procedente e aplicada sanção penal, em primeira instância, de 05 anos e 06 meses de reclusão e 14 dias multa. A defesa técnica de Miguel apresentou recurso alegando: (i) preliminar de nulidade em razão de violação ao princípio da correlação entre acusação e sentença; (ii) insuficiência probatória, já que as declarações da vítima, que não presta compromisso legal de dizer a verdade, não poderiam ser consideradas; (iii) que deveria ser afastada a causa de aumento do emprego de arma, uma vez que o instrumento utilizado era um simulacro de arma de fogo, conforme laudo acostado aos autos. A sentença foi integralmente mantida. Todos os desembargadores que participaram do julgamento votaram pelo não acolhimento da preliminar e pela manutenção da condenação. Houve voto vencido de um desembargador, que afastava apenas a causa de aumento do emprego de arma. Intimado do teor do acórdão, o(a) advogado(a) de Miguel deverá interpor: a) embargos infringentes e de nulidade, buscando o acolhimento da preliminar, sua absolvição e o afastamento da causa de aumento de pena reconhecida. b) embargos infringentes e de nulidade, buscando o acolhimento da preliminar e o afastamento da causa de aumento do emprego de arma, apenas. c) embargos de nulidade, buscando o acolhimento da preliminar, apenas. d) embargos infringentes, buscando o afastamento da causa de aumento do emprego de arma, apenas". A alternativa que responde à questão é a "d", devendo, assim, o advogado apresentar embargos infringentes, buscando o afastamento da causa de aumento do emprego de arma, ponto em que a **decisão não foi unânime**.

MUITA ATENÇÃO!

Não são cabíveis embargos infringentes contra decisão não unânime em julgamento de *habeas corpus*. Como será adiante mencionado, o *habeas corpus* não é um recurso, mas sim uma ação.

No processo civil, com a entrada em vigor do CPC/15, o recurso de embargos infringentes (art. 530-534, CPC/73) foi transformado em técnica de julgamento (art. 942, do CPC/15). Todavia, no processo penal os embargos infringentes continuam a figurar como recurso autônomo (art. 609, parágrafo único, do CPP).

Para saber mais:

- LIMA, Renato Brasileiro de. **Manual de processo penal.** 3. ed. Salvador: Juspodivm, 2015. p. 1717-1718.

5.5 Carta testemunhável

A carta testemunhável tem cabimento quando for **denegado seguimento a recurso**, não importando o motivo da denegação (arts. 639 a 646, do CPP). Trata-se de recurso de **caráter residual**, apenas sendo cabível se não existir nenhuma outra medida expressamente prevista.

Por exemplo, quando se tratar de decisão que não admitir apelação, o recurso cabível é o recurso em sentido estrito (art. 581, XV, do CPP). Assim, está incorreta a alternativa extraída do **Exame Unificado da OAB de fevereiro de 2012**, segundo a qual "A carta testemunhável tem o objetivo de provocar o reexame da decisão que denegar ou impedir seguimento de recurso em sentido estrito, agravo em execução e apelação". Por quê? Porque, em relação à denegação da apelação, como já referido, o recurso cabível é o recurso em sentido estrito.

O prazo para a interposição da carta testemunhável é de **48 (quarenta e oito) horas**.

Observe a seguinte questão, extraída do **Exame Unificado da OAB de abril de 2017**: "Daniel foi autor de um crime de homicídio doloso consumado em desfavor de William. Após a denúncia e ao fim da primeira fase do procedimento bifásico dos crimes dolosos contra a vida, Daniel foi pronunciado. Inconformado, o advogado do acusado interpôs o recurso cabível, mas o juiz de primeira instância, ao realizar o primeiro juízo de admissibilidade, negou seguimento ao recurso. Novamente inconformado com a decisão, o defensor de Daniel impetrou nova medida. Considerando a situação narrada, assinale a opção que indica o recurso interposto da decisão de pronúncia e a medida para combater a decisão que denegou o recurso anterior, respetivamente [...]". A resposta correta é: recurso em sentido estrito (art. 581, IV, do CPP) e carta testemunhável (art. 639, I, do CPP).

5.6 Agravo em execução

Na Lei de Execução Penal (Lei 7.210/84 – LEP), há a previsão de um único recurso para atacar **todas as decisões proferidas na execução de pena**. Trata-se do recurso de agravo, previsto no art. 197 da LEP. A disciplina deste recurso não é detalhada pela lei. Contudo, o entendimento hoje é o de que este recurso **segue o rito do recurso em sentido estrito** (art. 581 e seguintes do CPP). Tanto que a Súmula 700 do STF estabelece para este recurso o prazo de interposição de **5 (cinco) dias**, o mesmo do recurso em sentido estrito.

MUITA ATENÇÃO!

O livramento condicional é instituto típico da execução penal. Desta forma, o recurso cabível de qualquer decisão que o envolve é o recurso de agravo, com base no art. 197 da LEP.

A propósito, observe a seguinte situação, extraída de questão do **Exame Unificado da OAB de abril de 2013**: "José, após responder ao processo cautelarmente preso, foi condenado à pena de oito anos e sete meses de prisão em regime inicialmente fechado. Após alguns anos no sistema carcerário, seu advogado realizou um pedido de livramento condicional, que foi deferido pelo magistrado competente. O membro do *parquet* entendeu que tal benefício era incabível no momento e deseja recorrer da decisão". O recurso cabível no caso é o agravo em execução.

Para saber mais, consultar: CAPEZ, Fernando. **Curso de processo penal**. 16. ed. São Paulo: Saraiva, 2009. p. 673 e seguintes.

CAPÍTULO X
AÇÕES IMPUGNATIVAS AUTÔNOMAS

1. *HABEAS CORPUS*

Trata-se de **ação de natureza constitucional** que tem como objetivo coibir qualquer **ilegalidade ou abuso de poder** contra a liberdade de locomoção. **O *habeas corpus* não é recurso.** Não tem prazo limite para a sua interposição, cabendo mesmo após o trânsito em julgado da decisão final. **É uma ação impugnativa autônoma.**

A Constituição da República de 1988 (art. 5º, LXVIII) previu duas espécies de *habeas corpus*:

A ***Habeas corpus* preventivo**: cabível quando há um **risco** futuro, a ameaça de se sofrer uma restrição na liberdade de locomoção.

B ***Habeas corpus* repressivo ou liberatório**: visa combater o **dano** à liberdade de locomoção que se encontra **consumado.**

As partes no *habeas corpus* são:

A **Impetrante**: pessoa que ingressa com a ação em juízo. **Pode ser qualquer pessoa (física ou jurídica, com ou sem capacidade civil plena)**. O impetrante não precisa ser advogado. O Ministério Público pode impetrar *habeas corpus* (art. 127 da Constituição da República e art. 654 do CPP). O juiz de direito não pode impetrar *habeas corpus* nos processos de sua competência. Pode, todavia, impetrar a ação como um cidadão comum.

B **Paciente**: pessoa em nome de quem se pede a ordem. **Não pode ser impetrado em favor de pessoa jurídica**, pois, por sua natureza, não é compatível com a liberdade de ir e vir (não se locomove).

C **Autoridade coatora**: é a pessoa responsável por **determinar** a ordem ilegal ou abusiva, e não a que se limitou a executar o ato. A posição dominante **admite a impetração contra ato de particular**. Por exemplo, o diretor de hospital particular que se recusa a liberar o paciente que não tem recursos para arcar com as despesas hospitalares pode figurar como autoridade coatora.

As hipóteses de cabimento estão previstas nos arts. 647 e 648 do CPP. São elas:

A Quando não houver justa causa;

> **MUITA ATENÇÃO!** De acordo com a Súmula 648 do STJ: "A superveniência da sentença condenatória prejudica o pedido de trancamento da ação penal por falta de justa causa feito em *habeas corpus*".

B Sempre que alguém estiver preso por mais tempo que a lei permita;

C Quando quem ordenar a coação não tiver competência para fazê-lo;

D Quando houver cessado o motivo que autorizou a coação;

E Quando não for alguém admitido a prestar fiança, nos casos em que a lei a autoriza;

F Quando o processo for manifestamente nulo;

G Quando extinta a punibilidade do fato.

A regra é que, **salvo situações excepcionais, não cabe *habeas corpus* contra indeferimento de liminar.** Assim, pode-se dizer que "em princípio, ressalvada manifesta ilegalidade, descabe o uso de ***habeas corpus*** para cessar indeferimento de liminar" (**Exame Unificado da OAB de maio de 2008**).

Também não cabe *habeas corpus* se a única pena cominada à infração penal for de multa, pois não é possível sua conversão em prisão. **Quando já extinta a pena, não tem cabimento a ação de *habeas corpus*, pois não há possibilidade de restrição ao direito de liberdade.** Deste modo está incorreta a alternativa apresentada no **Exame Unificado da OAB de maio de 2008**, segundo a qual "cabe *habeas corpus* contra decisão condenatória a pena de multa ou quando já estiver extinta a pena privativa de liberdade".

2. REVISÃO CRIMINAL

É uma ação impugnativa autônoma, e não um recurso. Instaura-se nova relação jurídica processual com o seu ajuizamento. Seu pressuposto é a existência de sentença penal transitada em julgado.

A revisão criminal é a **ação rescisória** de coisa julgada penal, diferindo da ação rescisória civil. A ação rescisória cível tem o prazo decadencial de 2 (dois) anos para ser interposta (art. 975, *caput*, CPC/15). Já a revisão criminal não se sujeita a prazo para interposição. Desse modo, é correto afirmar que "**a revisão criminal pode ser requerida em qualquer tempo, antes ou após a extinção da pena**" (**Exame Unificado da OAB de janeiro de 2009**).

A revisão criminal somente pode ser ajuizada pela defesa, sempre para beneficiar ao réu (*pro reo*). Havendo erro judicial que beneficiou o réu e transitou em julgado, essa decisão não pode ser revista. Quanto aos sujeitos da ação, no polo ativo deve figurar o próprio réu, independente de advogado, ou o procurador do réu, em seu nome. **Se o réu já faleceu, podem ingressar com a ação seu cônjuge, ascendente, descendente ou irmão.**

Os fundamentos possíveis do pedido de revisão criminal, nos moldes do art. 621 do Código de Processo Penal, são:

A Quando a decisão for contrária à letra expressa da lei ou contrária à evidência dos autos. Nesse caso, a contrariedade precisa ser marcante, facilmente perceptível.

B Quando a decisão se fundar em depoimentos, documentos ou exames falsos. Devem ser comprovadamente falsos. Exige-se a prova pré-constituída da falsidade do depoimento, documento ou exame.

C Quando surgirem provas novas de inocência do réu ou causa de diminuição de pena.

Considere a seguinte situação, descrita em enunciado de questão do **Exame Unificado da OAB de agosto de 2014**: "Eduardo foi denunciado pelo crime de estupro de vulnerável. Durante a instrução, negou a autoria do crime, afirmando estar, na época dos fatos, no município 'C', distante dois quilômetros do local dos fatos. Como a afirmativa não foi corroborada por outros elementos de convicção, o Juiz entendeu que a palavra da vítima deveria ser considerada, condenando Eduardo. A defesa recorreu, mas após longo debate nos Tribunais Superiores, a decisão transitou em julgado desfavoravelmente ao réu. Eduardo dirigiu-se, então, ao município 'C', em busca de provas que pudessem apontar a sua inocência, e, depois de muito procurar, conseguiu as filmagens de um estabelecimento comercial, que estavam esquecidas em um galpão velho. Nas filmagens, Eduardo aparece comprando lanche em uma padaria. Com a prova em mãos, procura seu advogado". Trata-se de caso típico de cabimento de revisão criminal, pois surgiu prova nova da inocência do condenado.

Analise, agora, o seguinte enunciado de questão do **Exame Unificado da OAB de junho de 2019**: "Vanessa foi condenada pela prática de um crime de furto qualificado pela 1ª Vara Criminal de Curitiba, em razão de suposto abuso de confiança que decorreria da relação entre a vítima e Vanessa. Como as partes não interpuseram recurso, a sentença de primeiro grau transitou em julgado. Apesar de existirem provas da subtração de coisa alheia móvel, a vítima não foi ouvida por ocasião da instrução por não ter sido localizada. Durante a execução da pena por Vanessa, a vítima é localizada, confirma a subtração por Vanessa, mas diz que sequer conhecia a autora dos fatos antes da prática delitiva. Vanessa procura seu advogado para esclarecimento sobre eventual medida cabível". Pela narrativa do enunciado, como a vítima afirmou que sequer conhecia Vanessa antes do delito, esta poderá apresentar ação impugnativa autônoma de revisão criminal, visando ao afastamento da qualificadora do abuso de confiança.

? QUESTÃO: É possível ingressar com revisão criminal em face de sentença absolutória?

➥ ***RESPOSTA:*** *De regra não, cabendo revisão criminal somente em caso de sentença condenatória. Todavia, admite-se quando se trata de sentença absolutória imprópria, ou seja, quando o juiz aplica medida de segurança a um inimputável.*

Cada tribunal é competente para o julgamento do pedido de revisão de seus próprios julgados. Se a decisão condenatória transitou em julgado na primeira instância, a revisão criminal deve ser ajuizada no tribunal que tem competência recursal para aquela matéria.

Considere a seguinte situação, extraída de questão do **Exame Unificado da OAB de julho de 2016**: "José foi absolvido em instância após ser denunciado pela prática de um crime de extorsão em face de Marina. O Ministério Público interpôs recurso de apelação, sendo a sentença de primeiro grau reformada pelo Tribunal de Justiça de Santa Catarina para condenar o réu à pena de 05 anos, sendo certo que o acórdão transitou em julgado. Sete anos depois da condenação, já tendo cumprido integralmente a pena, José vem a falecer. Posteriormente, Caio, filho de José, encontrou um vídeo no qual foi gravada uma conversa de José e Marina, onde esta admite que mentiu ao dizer que foi vítima do crime pelo qual José foi condenado, mas que a atitude foi tomada por ciúmes. Caio, então, procura o advogado da família". No caso, como o réu já faleceu, seu filho Caio, através de advogado, pode ingressar com revisão criminal, sendo competente para julgamento o Tribunal de Justiça de Santa Catarina.

Para saber mais: RANGEL, Paulo. **Direito processual penal**. 16. ed. Rio de Janeiro: Lumen Juris, 2009. p. 893 e seguintes.

BIBLIOGRAFIA RECOMENDADA

LEITURA BÁSICA

- GOMES, Luiz Flávio. **Direito processual penal.** São Paulo: Revista dos Tribunais, 2005.
- LIMA, Renato Brasileiro de. **Manual de processo penal**. 3. ed. Salvador: Juspodivm, 2015.
- OLIVEIRA, Eugênio Pacelli de. **Curso de processo penal.** 10. ed. Rio de Janeiro: Lumen Juris, 2008.
- RANGEL, Paulo. **Direito processual penal**. 16. ed. Rio de Janeiro: Lumen Juris, 2009.
- TOURINHO FILHO, Fernando da Costa. **Manual de processo penal.** 11. ed. São Paulo: Saraiva, 2009.

OBRAS PARA APROFUNDAMENTO

- CAPEZ, Fernando. **Curso de processo penal.** 16. ed. São Paulo: Saraiva, 2009.
- FEITOZA, Denilson. **Direito processual penal: teoria, crítica e práxis**. 6. ed. Niterói: Impetus, 2009.
- LIMA, Renato Brasileiro de. **Nova prisão cautelar: doutrina, jurisprudência e prática**. Niterói: Impetus, 2011.
- LOPES JR., Aury. **Direito processual penal**. 9.ed. São Paulo: Saraiva, 2012.
- NUCCI, Guilherme de Souza. **Código de processo penal comentado**. 9. ed. São Paulo: Revista dos Tribunais, 2009.
- OLIVEIRA, Eugênio Pacelli de; FISCHER, Douglas. **Comentários ao código de processo penal e sua jurisprudência**. Rio de Janeiro: Lumen Juris, 2010.
- PRADO, Geraldo. **Prova penal e sistema de controles epistêmicos: a quebra da cadeia de custódia das provas obtidas por métodos ocultos**. São Paulo: Marcial Pons, 2014.
- TÁVORA, Nestor; ALENCAR, Rosmar Rodrigues. **Curso de direito processual penal**. 4. ed. Salvador: Juspodivm, 2010.

DIREITO DO TRABALHO

SIMONE SOARES BERNARDES

CAPÍTULO I
CONTRATO DE TRABALHO

1. RELAÇÃO DE TRABALHO

1.1. Conceito:

A relação de trabalho é qualquer tipo de prestação de serviço com **trabalho humano**, consubstanciado em uma obrigação de fazer. A relação de trabalho é gênero, do qual a relação de emprego (que será estudada no tópico 2) é espécie.

1.2. Modalidades importantes de relação de trabalho:

Abaixo são destacadas importantes modalidades de relação de trabalho. A modalidade mais significativa é a relação de emprego e será estudada no tópico 2.

A Trabalho autônomo: Autônomo é o trabalhador que desenvolve sua atividade com **organização própria**, iniciativa e discricionariedade, além da escolha do lugar, do modo, do tempo e da forma de execução (exemplos: médico, engenheiro).

> **FIQUE POR DENTRO:**
>
> O art. 442-B da CLT, introduzido pela Reforma Trabalhista, criou a figura do trabalhador autônomo exclusivo e contínuo. Trata-se de um trabalhador sem vínculo empregatício, que presta serviços autônomos, com ou sem exclusividade, de forma contínua ou não. Assim, a Lei da Reforma Trabalhista passou a permitir expressamente a previsão de **cláusula de exclusividade** no contrato do trabalhador autônomo.
>
> Para se afastar o vínculo empregatício no caso do autônomo, é necessário que sejam preenchidos os requisitos legais do contrato, ou seja, observadas as normas contidas em outros diplomas não laborais, como o Código Civil e a Lei do Representante Comercial (Lei nº 4.886/65), por exemplo.

B Trabalho eventual: Trabalhador eventual é aquele em que a pessoa física presta serviços **ocasionalmente**, eventualmente, sem relação de emprego, a uma pessoa física ou jurídica, com subordinação de curta duração (exemplos: diarista, chapa).

C Trabalho avulso: Trabalhador eventual, por curtos períodos de tempo, em benefício de distintos tomadores, sem se fixar especificadamente a nenhum deles. O que distingue o trabalhador avulso do eventual é a necessária **interferência obrigatória do sindicato profissional** ou do **órgão gestor de mão de obra** (OGMO) para o trabalhador avulso. O trabalhador avulso não é empregado, mas possui os mesmos direitos dos trabalhadores com vínculo empregatício permanente, conforme determinado pelo art. 7º, XXXIV, da CF/88. Sobre esse tema, o **Exame Unificado de 2012** considerou correta a seguinte assertiva: "Segundo expressa previsão em nossa ordem jurídica, assinale a afirmativa que indica o trabalhador que possui igualdade de direitos com os que têm vínculo empregatício permanente. (...) Trabalhador avulso".

D Trabalho temporário: Realizado por uma pessoa física contratada por uma empresa de trabalho temporário (empregador), que prestará serviços no estabelecimento do tomador ou cliente. Destina-se a atender duas situações: 1) necessidade de **substituição transitória** de pessoal regular e permanente, ex. cobrir férias do empregado da tomadora; 2) **demanda complementar** de serviços, ex. época de maior demanda como natal.

E Estágio: Ato educativo escolar supervisionado, desenvolvido no ambiente de trabalho, que visa à preparação para o trabalho produtivo de educandos. São requisitos para configuração do estágio: 1) matrícula e frequência regular do educando em curso de educação superior, de educação profissional, de ensino médio, da educação especial e nos anos finais do ensino fundamental, na modalidade profissional da educação de jovens e adultos e atestados pela instituição de ensino; 2) celebração de termo de compromisso entre o educando, a parte concedente do estágio e a instituição de ensino; 3) compatibilidade entre as atividades desenvolvidas no estágio e aquelas previstas no termo de compromisso; 4) acompanhamento efetivo pelo professor orientador da instituição de ensino e por supervisor da parte concedente. Sobre esse tema, o **Exame Unificado de 2013** considerou correta a seguinte assertiva: "Adriana submete-se a um ato educativo supervisionado, desenvolvido no ambiente de trabalho, que visa à preparação para o trabalho produtivo daqueles que estejam frequentando o ensino regular em instituições de educação superior, educação profissional, ensino médio, da educação especial e dos anos finais do ensino fundamental. Logo, pode-se dizer que Adriana é uma: estagiária".

São **direitos** dos estagiários: 1) seguro contra acidentes pessoais; 2) implementação de normas de segurança e saúde do trabalhador; 3) duração do estágio inferior a 2 anos, exceto para portador de necessidades especiais – PNE; 4) auxílio-transporte e bolsa para estágio não é obrigatório; 5) recesso de 30 dias para estágios iguais ou superiores a 1 ano ou em caso de contrato por prazo inferior é devido o recesso proporcional; 6) limitação de jornada, que deve ser compatível com as atividades escolares, observando o art. 10 da Lei nº 11.788/2008

Sobre o direito de recesso do estagiário, o **Exame Unificado de 2021** considerou correta a seguinte assertiva: "Carlos foi contratado como estagiário, em 2018, por uma indústria automobilística, pelo prazo de dois anos. Todas as exigências legais foram atendidas, e o estágio era remunerado. Após um ano de vigência do contrato, ele procura você, como advogado(a), para saber se terá direito a férias nos 12 meses seguintes. Sobre a situação narrada, de acordo com a Lei de regência, assinale a afirmativa correta: *D) Carlos terá direito a um recesso remunerado de 30 dias, mas sem direito ao acréscimo de 1/3(um terço)." A mesma questão considerou equivocadas as seguintes alternativas: "A) Não haverá direito a qualquer paralisação, porque somente o empregado tem direito a férias; B) O estagiário tem direito a férias normais acrescidas do terço constitucional; C) Uma vez que a Lei é omissa a respeito, caberá ao empregador conceder, ou não, algum período de descanso a Carlos."

F Trabalho cooperativado: Não há vínculo de emprego, observando- se dois princípios básicos: **1) dupla qualidade:** o cooperador presta serviços à cooperativa e esta oferece serviços a seus associados; **2) retribuição pessoal diferenciada:** a remuneração do cooperado deve ser diferenciada da que teria se não fosse associado.

G Trabalho voluntário: Atividade não remunerada prestada à entidade pública de qualquer natureza, ou à instituição privada de fins não lucrativos, que tenha objetivos cívicos, culturais, educacionais, científicos, recreativos ou de assistência social, inclusive mutualidade.

H Salão-parceiro e profissional-parceiro: Os salões de beleza poderão celebrar contratos de parceria, por escrito, com os profissionais que desempenham as atividades de Cabeleireiro, Barbeiro, Esteticista, Manicure, Pedicure, Depilador e Maquiador. O profissional-parceiro não terá relação de emprego ou de sociedade com o salão-parceiro, tratando-se de prestação de serviço de natureza autônoma. O profissional deve possuir uma autonomia para exercício de sua atividade, como, por exemplo, ter o controle sobre a sua agenda de clientes. Entretanto, configura-se vínculo empregatício entre a pessoa jurídica do salão-parceiro e o profissional-parceiro quando: 1) não existir contrato de parceria formalizado conforme Lei 12.592/2012 c/c Lei 13.352/2016 (vigência a partir de 90 dias contados da data de publicação, 28.10.2016); 2) o profissional-parceiro desempenhar funções diferentes das descritas no contrato de parceria (art. 1º-C da Lei 12.592/2012, acrescentado pela Lei 13.352/2016); 3) quando ficarem caracterizados os **requisitos** da relação de emprego previstos no art. 3º da CLT, especialmente a subordinação.

I Representante comercial: "Exerce a representação comercial autônoma a pessoa jurídica ou a pessoa física, sem relação de emprego, que desempenha, em caráter não eventual por conta de uma ou mais pessoas, a mediação para a realização de negócios mercantis, agenciando propostas ou pedidos, para, transmiti-los aos representados, praticando ou não atos relacionados com a execução dos negócios" (art. 1º da Lei nº 4.886/65).

A diferença fundamental do representante para o vendedor externo (pracista) é que aquele detém **autonomia e liberdade** na forma de desempenhar seu trabalho, na escolha e na visitação da clientela, na estipulação do seu horário de trabalho.

É proibida a **cláusula *del credere* ou *star del credere*** tanto para os representantes (art. 43 da Lei nº 4.886/65) quanto para os empregados vendedores (art. 2º da CLT). Tal cláusula significa que o vendedor assume a condição de **fiador da venda**, sendo responsável pelo pagamento em caso de inadimplemento do contrato pelo cliente. Sobre esse tema, o **Exame Unificado de 2017** considerou correta a seguinte assertiva: "Um representante comercial ajuíza ação na Justiça do Trabalho pedindo a devolução de descontos. Ele explica que sua comissão sobre as vendas é de 5%, mas que pode optar pelo percentual de 10%, desde que se comprometa a pagar o valor da venda, caso o comprador fique inadimplente. Alega que sempre fez a opção pelos 10%, e que, nos casos de inadimplência, teve de pagar o valor do negócio para depois tentar reaver a quantia do comprador, o que caracterizaria transferência do risco da atividade econômica. Diante do caso apresentado e da lei de regência (...) A situação caracteriza a cláusula *del credere*, vedada pela Lei de Representação Comercial".

2. RELAÇÃO DE EMPREGO

2.1. Conceito:

É uma espécie de relação de trabalho que se caracteriza como vínculo de trabalho humano subordinado com os seguintes requisitos: serviço prestado por pessoa física, com pessoalidade, não eventualidade, onerosidade e subordinação.

2.2. Requisitos:

A Prestação de serviços por pessoa física: significa que, para a configuração da relação de emprego, é necessária a exploração da energia do **trabalho humano**.

B **Pessoalidade:** significa dizer que o trabalho do empregado somente pode ser realizado pela **pessoa** dele, não podendo ser substituído por outro. Há exceções, tais como, férias e faltas.

C **Não eventualidade:** é a prestação de serviços de **forma repetida**, nas atividades permanentes do tomador e a este fixado juridicamente.

D **Onerosidade:** verifica-se na prestação de serviços com o intuito de receber **pagamento**, remuneração, contraprestação, isto é, não se trata de serviço prestado de forma filantrópica, por caridade.

E **Subordinação:** Corresponde à obrigação que tem o empregado de **prestar serviços** sob as **ordens** do empregador, em decorrência do contrato de trabalho firmado entre eles. A subordinação é jurídica, decorre do contrato de trabalho e não exige a fiscalização efetiva física, de forma que a relação de emprego também se caracteriza no teletrabalho. Sobre esse tema, o **Exame Unificado de 2014** considerou correta a seguinte assertiva: "A empresa Infohoje Ltda. firmou contrato com Paulo, pelo qual ele prestaria consultoria e suporte de serviços técnicos de informática a clientes da empresa. Para tanto, Paulo receberia 20% do valor de cada atendimento, sendo certo que trabalharia em sua própria residência, realizando os contatos e trabalhos por via remota ou telefônica. Paulo deveria estar conectado durante o horário comercial de segunda a sexta-feira, sendo exigida sua assinatura digital pessoal e intransferível para cada trabalho, bem como exclusividade na área de informática. Sobre o caso sugerido: Paulo é empregado da empresa, pois presentes todos os requisitos caracterizadores da relação de emprego".

Observa-se na questão, que todos os requisitos da relação de emprego estão presentes já que o trabalho é prestado por pessoa física, que foi contratada para desenvolver determinada atividade com pessoalidade, de forma repetida no tempo, com promessa de remuneração e sob as ordens de seu empregador, ainda que supervisionado por meios informatizados de comando.

A CLT não exige que o empregado preste serviços com **exclusividade** (para um único empregador) para caracterizar a relação de emprego. Portanto, há possibilidade de que o empregado tenha vários contratos de trabalho, com empresas diversas, simultaneamente, desde que exista compatibilidade de horário.

3. CONTRATO DE TRABALHO

3.1. Conceito:

Corresponde ao **acordo de vontades,** tácito ou expresso, em que uma pessoa física (empregado) coloca seus serviços à disposição de outra pessoa física, jurídica ou ente despersonalizado (empregador), sendo estes serviços pessoais, não eventuais, onerosos e subordinados.

Para fins de contratação, o empregador não exigirá do candidato a emprego comprovação de experiência prévia por tempo superior a **6 (seis) meses** no mesmo tipo de atividade. Sobre esse tema, o **Exame Unificado de 2011** considerou correta a seguinte assertiva: "Uma empresa põe anúncio em jornal oferecendo emprego para a função de vendedor, exigindo que o candidato tenha experiência anterior de 11 meses nessa função. Diante disso (...) A exigência é ilegal, pois o máximo que o futuro empregador poderia exigir seriam 6 meses de experiência". Ainda sobre o tema, o **Exame Unificado de 2012** considerou correta a seguinte assertiva: "Buscando profissionais experientes para manusear equipamentos de alta tecnologia e custo extremamente elevado, uma empresa anuncia a existência de vagas para candidatos que possuam dois anos de experiência prévia em determinada atividade. A partir da hipótese apresentada: A manifestação é inválida porque o máximo de experiência que pode ser exigida é de seis meses".

3.2. Características:

1) CONSENSUAL: Depende da manifestação de vontade, expressa ou tácita;

2) COMUTATIVO: As prestações são conhecidas desde o início da contratação;

3) ONEROSO: Pressupõe a prestação de serviços em troca de vantagens econômicas;

4) TRATO SUCESSIVO: É a continuidade no tempo. O contrato de emprego não é instantâneo, ainda que por prazo determinado. A regra é que o contrato de trabalho seja por prazo indeterminado, existindo algumas exceções que serão estudadas mais adiante;

5) *INTUITU PERSONAE*: Possui caráter pessoal com relação ao empregado, de forma que somente este empregado pode cumprir a prestação de serviços. Para o empregador não se exige o caráter da pessoalidade.

6) INFORMAL: Não requer forma, podendo ser verbal ou até mesmo tácito, mas existem exceções (ex. contrato de atleta profissional de futebol, que deve ser sempre escrito);

7) SINALAGMÁTICO: Dá origem a obrigações contrárias, contrapostas. Há um equilíbrio, ainda que apenas formal, entre as prestações de ambas as partes. A aferição do sinalagma é realizada tomando-se o conjunto do contrato e não meramente fazendo o contraponto apenas de suas obrigações específicas (trabalho *versus* salário, por exemplo). Do contrário, não haveria sinalagma durante a interrupção do contrato, em que o empregado não presta serviços, mas recebe salário (ex. férias).

3.3. Elementos Essenciais:

São aqueles que dizem respeito à **validade** do ato jurídico, ou seja, a sua aptidão para implementar todos os efeitos jurídicos previstos. São eles: a capacidade das partes, o objeto lícito e a forma prescrita ou não defesa em lei.

A Capacidade das partes: No direito do trabalho, a capacidade das partes verifica-se, de forma plena, aos **18 anos** de idade (art. 402 da CLT).

Há, ainda, a capacidade trabalhista **relativa, entre 16 e 18 anos** para o empregado, e a partir dos **14 anos** para o **aprendiz** (Art. 7º, XXXIII, da CF/88, arts. 402 a 405 da CLT). É vedada a contratação de menor de 18 (dezoito) anos para desempenho de trabalho doméstico (LC nº 150/2015, art. 1º).

Sendo relativa esta capacidade, o menor pode praticar validamente alguns atos sem a assistência do seu responsável (prestar trabalho e assinar recibos de pagamento), contudo para outros, necessita da assistência (celebração contratual e assinatura de TRCT, art. 439 da CLT).

No direito do trabalho não são aplicáveis as hipóteses legais de emancipação.

O trabalho no **subsolo** somente é permitido de **21 a 50 anos** de idade.

Sobre esses temas, o **Exame Unificado de 2012** considerou correta a seguinte assertiva: "A idade mínima para que alguém seja contratado como empregada doméstica, aprendiz e no trabalho em subsolo é de, respectivamente, (...) 18 anos, 14 anos e 21 anos".

B Objeto lícito: Somente é válido o contrato de trabalho cujo objeto não constitua prática ilícita ou contrária à moral ou bons costumes.

Preenchidos os requisitos do art. 3º da CLT, é legítimo o reconhecimento de relação de emprego entre policial militar e empresa privada, independentemente do eventual cabimento de penalidade disciplinar prevista no Estatuto do Policial Militar (Súmula 386 do TST). Sobre esse tema, o **Exame Unificado de 2013** considerou correta a seguinte assertiva: "Eugênio é policial militar ativo e cumpre escala de 24x72 horas no seu batalhão. Nos dias em que não está de plantão, trabalha em um supermercado como segurança, recebendo ordens do gerente e um valor fixo mensal, jamais se fazendo substituir na prestação do labor. Nesse caso, de acordo com a jurisprudência consolidada do TST: Eugênio poderá ser reconhecido como empregado, desde que presentes os requisitos legais, ainda que sofra a punição disciplinar prevista no Estatuto do Policial Militar".

Ainda sobre esse tema, o **Exame Unificado de 2018** considerou correta a seguinte assertiva: "Paulo é policial militar da ativa da Brigada Militar do Rio Grande do Sul. Como policial militar, trabalha em regime de escala 24h x 72h.Nos dias em que não tem plantão no quartel, atua como segurança em uma joalheria de um shopping center, onde tem que trabalhar três dias por semana, não pode se fazer substituir por ninguém, recebe remuneração fixa mensal e tem que cumprir uma rotina de 8 horas a cada dia laborado. Os comandos do trabalho lhe são repassados pelo gerente-geral da loja, sendo que ainda ajuda nas arrumações de estoque, na conferência de mercadorias e em algumas outras funções internas. Paulo não teve a CTPS anotada pela joalheria. Diante dessa situação, à luz das normas da CLT e da jurisprudência consolidada do TST, assinale a afirmativa correta. A) Estão preenchidos os requisitos da relação de emprego, razão pela qual Paulo tem vínculo empregatício com a joalheria, independentemente do fato de ser policial militar da ativa".

FIQUE POR DENTRO:

Sob a ótica das **nulidades**, o contrato de trabalho pode ser assim classificado:

I) Trabalho ilícito: configura um **tipo penal** (crime) ou concorre diretamente para a realização da conduta definida como crime. Ex. trabalhador contratado como matador profissional. Não gera qualquer efeito porque não há "trabalho", assim considerada a produção humana de bens e serviços sob a ótica social. Sobre esse tema, o **Exame Unificado de 2010** considerou errada a seguinte assertiva: "Configurado o trabalho ilícito, é devido ao empregado somente o pagamento da contraprestação salarial pactuada". Como já dito, o trabalho ilícito não gera qualquer efeito, nem mesmo o pagamento de salário.

II) Trabalho proibido: É o trabalho **irregular**, vedado pela lei, mas não configura crime. O trabalho em si é lícito, mas diante das circunstâncias em que é prestado é vedado pela lei, a fim de proteger o trabalhador ou o interesse público.

Sobre esse tema, o **Exame Unificado de 2013** considerou correta a seguinte assertiva: "Uma grande empreiteira vence a licitação para construção de uma hidrelétrica, mas, tendo dificuldade em arregimentar trabalhadores em razão da distância até o canteiro de obras, resolve contratar estrangeiros em situação irregular no país, inclusive porque eles concordaram em não ter a carteira profissional assinada e receber valor inferior ao piso da categoria. A contratação, na hipótese apresentada, contempla um caso de: trabalho proibido". Veja-se que na hipótese trazida pela questão, o trabalho em si (serviço de engenharia) não é ilícito, mas sim a forma de prestação (por estrangeiro em situação irregular no país). Assim, o trabalho é proibido (não é trabalho ilícito).

Existem duas hipóteses de trabalho proibido, com consequências jurídicas diversas:

- **Viola interesse do trabalhador:** são preservados os efeitos trabalhistas adquiridos até então (efeitos *ex nunc*), determinando-se a cessação imediata do contrato de trabalho. Ex.: o menor de 14 anos receberá todos os direitos trabalhistas do período trabalhado e o contrato será imediatamente rescindido.

- **Viola interesse público:** a fim de se conciliar todos os interesses tutelados, a regra acima é amenizada. Ex.: contratação pela administração pública sem prévio concurso. Nesse caso, são devidos a remuneração pelas horas trabalhadas e FGTS (Súm. 363 TST). Sobre esse tema, o **Exame Unificado de 2014** considerou correta a seguinte assertiva: "O novo prefeito de Tribobó do Oeste decidiu contratar quatro coveiros para o cemitério público da cidade, o que fez diretamente pelo regime celetista, sem a realização de concurso público. Após um ano de trabalho, os coveiros foram dispensados e ajuizaram reclamação trabalhista, postulando férias vencidas mais 1/3, aviso prévio, 13° salário e depósitos do FGTS, já que sempre receberam os salários em dia. Assinale a opção que contempla a(s) verba(s) de direito a que os coveiros efetivamente fazem jus. (...) Apenas os depósitos de FGTS". Ainda sobre esse tema, o **Exame Unificado de 2014** considerou correta a seguinte assertiva: "Em 2012, Maria Júlia foi contratada como estagiária de direito em uma empresa pública federal, que explora atividade bancária. Sua tarefa consistia em permanecer parte do tempo em um caixa para receber o pagamento de contas de água, luz e telefone e, na outra parte, no auxílio de pessoas com dificuldade no uso dos caixas eletrônicos. Com base na hipótese: (...) Não é possível o reconhecimento do vínculo empregatício, haja vista a natureza jurídica daquele que concedeu o estágio, que exige a prévia aprovação em concurso público".

C **Forma prescrita ou não defesa em lei:** A regra é que o contrato de trabalho é **consensual**, isto é, não depende de forma especial. Há exceções, como o contrato do atleta profissional de futebol, o contrato do empregado intermitente e o contrato com o trabalhador temporário, que devem ser firmados por escrito. O contrato de trabalho pode ser firmado de forma **expressa** (manifestação de vontade externada pelos contratantes, por escrito ou verbalmente) ou **tácita** (quando estão presentes os requisitos da relação de emprego, contudo, não existe uma ação direta dos contratantes no sentido da expressão do pacto).

3.4. Alteração do contrato de trabalho:

Não se admite a alteração das condições pactuadas no contrato de trabalho, sempre que esta alteração causar **prejuízo** ao empregado (Princípio da Intangibilidade Contratual Lesiva). Contudo, existem algumas possibilidades em que a alteração contratual é possível, desde que observados os seguintes requisitos:

1) consentimento do empregado;

2) ausência de prejuízo ao empregado. Na falta de qualquer desses requisitos, a alteração será nula de pleno direito. Sobre esse tema, o **Exame Unificado de 2012** considerou correta a seguinte assertiva: "Nos contratos individuais de trabalho, a alteração só será lícita se de comum acordo entre as partes e desde que não resultem qualquer tipo de prejuízo ao empregado".

FIQUE POR DENTRO: A Lei da Reforma Trabalhista trouxe a possibilidade de alteração contratual, ainda que em prejuízo ao empregado e sem o consentimento dele, ao dispor que não se incorporam ao contrato de trabalho as importâncias, ainda que habituais, pagas a título de ajuda de custo, auxílio-alimentação, diárias para viagem, prêmios e abonos. Assim, o empregador poderá suprimir essas verbas quando quiser por força da nova redação do artigo 457, §2º, da CLT, que determina que tais verbas "não se incorporam ao contrato de trabalho".

Jus variandi: corresponde ao direito que detém o empregador, em decorrência do poder diretivo, de alterar determinadas condições de trabalho de forma unilateral. O *jus variandi* permite, portanto, alterações contratuais relacionadas com a organização do ambiente de trabalho, função, salário e local de prestação de serviços.

3.5. Modalidades de alteração do contrato de trabalho:

Abaixo são descritas as hipóteses mais comuns de alteração do contrato de trabalho e suas consequências jurídicas.

I) FUNÇÃO

A **Rebaixamento**: alteração de função do empregado para outra de menor importância. É vedado, exceto no caso de reversão.

B **Reversão:** retorno do empregado que exerce função de confiança ao cargo efetivo anteriormente ocupado. É permitido (art. 468, parágrafo único, CLT). Sobre esse tema, o **Exame Unificado de 2016** considerou correta a seguinte assertiva: "Jonilson trabalhava na sociedade empresária XYZ Ltda. e atuava como analista financeiro. Mostrando bom desempenho, o empregador o promoveu ao cargo de confiança de gerente financeiro e, dali em diante, passou a lhe pagar, além do salário, uma gratificação de função de 50% do salário. Oito anos após, a empresa resolveu retornar Jonilson ao cargo de origem e suprimiu a gratificação de função. Diante da situação apresentada, nos termos da CLT: (...) A reversão é válida, pois não há estabilidade em cargos de gerência". Ainda sobre esse tema, o **Exame Unificado de 2019** considerou correta a seguinte assertiva: "Plínio foi contratado, em 30/11/2017, como auxiliar administrativo de uma fábrica de motores. Graças ao seu ótimo desempenho, foi promovido, passando a gerente de operações, cargo dispensado do registro de horário, com padrão salarial cinco vezes mais elevado que o cargo efetivo imediatamente abaixo. Plínio era o responsável pela empresa, apenas enviando relatório mensal à diretoria. Em razão da nova função, Plínio passou a receber uma gratificação equivalente a 50% do salário básico recebido na função anteriormente exercida. O rendimento de Plínio, oito meses após a promoção, deixou de ser satisfatório, por questões pessoais. Em decorrência disso, a empresa retirou de Plínio a função gerencial e ele voltou à função que exercia antes, deixando de receber a gratificação de função. Diante disso, assinale a afirmativa correta. d) O cargo que Plínio passou a ocupar era de confiança, razão pela qual se admite a reversão ao cargo anterior, sendo lícita a perda da gratificação de função".

MUITA ATENÇÃO! A Reforma Trabalhista vedou qualquer possibilidade de a gratificação de função incorporar ao salário, quando o empregado deixar de exercer o cargo de confiança, independentemente do tempo de serviço na função (§ 2º do art. 468 da CLT). Até então, o entendimento consolidado na Súm. 372 do TST era de que a gratificação de função, percebida por 10 ou mais anos, incorporava-se ao salário do empregado, em caso de reversão.

C **Aproveitamento:** verifica-se quando o empregado tem a função alterada em razão da extinção do cargo por ele ocupado. É permitido, por ser preferível mudar a função a perder o emprego.

D **Readaptação:** alteração da função por recomendação do INSS, aplicável ao empregado que permaneceu afastado (por doença ou acidente de trabalho) e perdeu parte de sua capacidade laborativa. É lícita, vedada a redução salarial.

E **Promoção:** permitida porque, em tese, é mais benéfica. Contudo, empregado pode se recusar caso tenha algum prejuízo imaterial (por exemplo, o novo cargo trará maiores responsabilidades para o empregado que não pretende assumi-las). A recusa não é possível se a promoção for prevista em plano de cargos e salários.

F **Mudança imposta por lei:** ex. menor que trabalha em atividade prejudicial à saúde (art. 407 da CLT).

II) DURAÇÃO DO TRABALHO

A **Horário de trabalho:** pequenas alterações estão no âmbito do *jus variandi* ordinário e são permitidas.

B **Turno de trabalho:** é lícita a alteração do horário noturno para diurno (não o contrário). No caso dessa alteração causar prejuízo ao empregado, ele poderá se recusar. É o que ocorre, por exemplo, se a alteração para o horário diurno impedir o empregado de frequentar a faculdade em que já está matriculado. Sobre esse tema, o **Exame Unificado de 2022** considerou correta a seguinte assertiva: "A alteração do turno noturno para o diurno é lícita, mesmo com a supressão do adicional noturno".

C **Jornada de trabalho:** redução é lícita e dilação é ilícita.

III) REMUNERAÇÃO

A **A forma de remuneração** (ex. por comissão ou por salário fixo) pode ser alterada, desde que não acarrete prejuízo (direto ou indireto) ao empregado.

B **Redução salarial:** somente é possível com redução da jornada e previsão em norma coletiva ou solicitação expressa do empregado, decorrente de inequívoco interesse extracontratual.

IV) LOCAL DE TRABALHO

Transferência é a alteração do local de trabalho que implique na mudança de domicílio do empregado.

MUITA ATENÇÃO! Somente transferência provisória gera direito ao adicional de transferência (25% do salário). Na transferência definitiva, o empregado somente tem direito às despesas da transferência.

Sobre esse tema, o **Exame Unificado de 2017** considerou correta a seguinte assertiva: "Célio e Paulo eram funcionários da sociedade empresária Minério Ltda. e trabalhavam no município do Rio de Janeiro. Por necessidade de serviço, eles foram deslocados para trabalhar em outros municípios. Célio continuou morando no mesmo lugar, porque o município em que passou a laborar era contíguo ao Rio de Janeiro. Paulo, no entanto, mudou-se definitivamente, com toda a família, para o município em que passou a trabalhar, distante 350 km do Rio de Janeiro. Dois anos depois, ambos foram dispensados. A sociedade empresária nada pagou aos funcionários quando das transferências de locais de trabalho, salvo a despesa com a mudança de Paulo. Ambos ajuizaram ações trabalhistas. A partir da hipótese sugerida (...) Célio e Paulo não têm direito ao adicional de transferência".

Na questão acima exposta nenhum dos ex-empregados terá direito ao adicional de transferência. No caso do Célio, o deslocamento do local de trabalho não implicou em mudança de domicílio, não havendo que se falar em transferência para fins trabalhistas. Já no caso de Paulo, a sua transferência foi definitiva, o que não gera direito ao adicional de transferência, mas apenas às despesas da mudança.

Ainda sobre o tema, o **Exame Unificado de 2015** considerou correta a seguinte assertiva: "Maria trabalha para a sociedade empresária Alfa S.A. como chefe de departamento. Então, é informada pelo empregador que será transferida de forma definitiva para uma nova unidade da empresa, localizada em outro estado da Federação. Para tanto, Maria, obrigatoriamente, terá de alterar o seu domicílio. Diante da situação retratada e do entendimento consolidado do TST: (...) A empregada não fará jus ao adicional de transferência porque a transferência é definitiva, o que afasta o direito".

Empregados detentores de garantia de emprego não podem ser transferidos.

A transferência unilateral é vedada, exigindo o consentimento do empregado.

É permitida a transferência unilateral nas seguintes hipóteses: **1)** empregados que exercem cargo de confiança, desde que haja necessidade de serviço; **2)** empregados cuja natureza do serviço pressuponha a transferência, desde que haja necessidade do serviço; **3)** extinção do estabelecimento; **4)** sempre que exista real necessidade do serviço.

Sobre esse tema, o **Exame Unificado de 2010** considerou errada a seguinte assertiva: "o empregador pode, sem a anuência do empregado exercente de cargo de confiança, transferi-lo, com mudança de domicílio, para localidade diversa da que resultar do contrato, independentemente de real necessidade do serviço". Como já exposto acima, a transferência unilateral do exercente de cargo de confiança exige a necessidade do serviço, razão pela qual está incorreta a resposta.

Ainda sobre esse tema, o **Exame Unificado de 2019** considerou correta a seguinte assertiva: "João e Maria são casados e trabalham na mesma empresa, localizada em Fortaleza/CE. Maria ocupa cargo de confiança e, por absoluta necessidade do serviço, será transferida para Porto Alegre/RS, lá devendo fixar residência, em razão da distância. Diante da situação retratada e da legislação em vigor, assinale a afirmativa correta. D) Não há óbice para a transferência, que poderá ser realizada sem que haja obrigação de a empresa transferir João". Na hipótese trazida pela questão, como se faziam presentes os requisitos legais: exercício de cargo de confiança e necessidade do serviço, é cabível a transferência de Maria (art. 469, §1º, da CLT).

Também sobre essa temática, o **Exame Unificado de 2022** considerou correta a seguinte assertiva: Eduarda é auditora contábil e trabalha na sociedade empresarial Calculadora Certa Ltda., exercendo sua atividade junto aos vários clientes do seu empregador. Por necessidade de serviço, e tendo em vista a previsão expressa em seu contrato de trabalho, Eduarda será transferida por 4 (quatro) meses para um distante Estado da Federação, pois realizará a auditoria física no maior cliente do seu empregador. Considerando essa situação e os termos da CLT, assinale a afirmativa correta: D) Eduarda poderá ser transferida e terá direito a um adicional não inferior a 25% (vinte e cinco por cento) sobre seu salário, enquanto estiver na outra localidade.

Na presente questão, existe necessidade do serviço e previsão expressa do contrato de trabalho, o que autoriza a transferência de Eduarda. Além disso, a transferência será provisória (por 4 meses) e, portanto, nesta situação Eduarda tem direito ao adicional de transferência (25% do salário), conforme art. 469, §3º, CLT e OJ 113 da SDI-I do TST. Assim está correta a alternativa.

V) REGULAMENTO

Qualquer alteração somente é válida para os empregados admitidos a **partir da data de alteração.** Se coexistirem 2 ou mais regulamentos, o empregado deve **escolher** um deles, renunciando aos demais.

Sobre a aplicação do novo regulamento, o **Exame Unificado de 2015** considerou correta a seguinte assertiva: "Reinaldo trabalha em uma empresa cujo regulamento interno prevê que o empregador pagará a conta de telefone celular do empregado, até o limite de R$ 150,00 mensais. Posteriormente, havendo crise no setor em que a empresa atua, o regulamento interno foi expressamente alterado para constar que, dali em diante, a empresa arcará com a conta dos celulares dos empregados até o limite de R$ 50,00 mensais. De acordo com o entendimento consolidado do TST: (...) A alteração é válida, mas só alcança aqueles admitidos posteriormente à mudança, não podendo então alcançar a situação de Reinaldo".

Ainda sobre a mesma temática, o **Exame Unificado de 2013** considerou correta a seguinte assertiva: "Uma empresa contrata plano de saúde para os seus empregados, sem custo para os mesmos, com direito de internação em quarto particular. Posteriormente, estando em dificuldade financeira, resolve alterar as condições do plano para uso de enfermaria coletiva, em substituição ao quarto particular. Após a alteração, um empregado é contratado, passa mal e exige da empresa sua internação em quarto particular. Diante dessa situação: (...) O empregado está errado, pois sua contratação já ocorreu na vigência das novas condições, retirando o direito ao quarto particular".

Ainda sobre o tema "novo regulamento", o **Exame Unificado de 2021** considerou correta a seguinte assertiva: "Genilson e Carla trabalham como operadores de atendimento em uma sociedade empresária de telemarketing. Ambos possuem plano de saúde empresarial, previsto no regulamento interno e custeado integralmente pelo empregador, com direito a uma ampla rede credenciada e quarto particular em caso de eventual internação. Ocorre que a sociedade empresária, desejando reduzir seus custos, alterou o regulamento e informou seus empregados que o plano foi modificado, com redução significativa da rede credenciada e que, eventual internação hospitalar, seria feita em enfermaria – e não mais em quarto particular. Sobre a alteração efetuada e de acordo com a CLT, assinale a afirmativa correta. A) A alteração não é válida para Genilson e Carla, porque só pode ser efetivada para aqueles admitidos após a mudança."

3.6. Suspensão do contrato de trabalho:

A suspensão do contrato de trabalho é a **cessação temporária** dos principais **efeitos** do contrato de trabalho. O vínculo empregatício se mantém, porém, empregador e empregado não se submetem às principais obrigações contratuais (pagamento de salário e prestação de serviços), enquanto durar a suspensão. Assegura-se o direito à manutenção de plano de saúde ou de assistência médica oferecido pela empresa ao empregado, não obstante suspenso o contrato de trabalho em virtude de auxílio-doença acidentário ou de aposentadoria por invalidez.

A suspensão do empregado por mais de **30 (trinta) dias consecutivos** importa na **rescisão injusta** do contrato de trabalho (art. 474 da CLT). Sobre esse tema, o **Exame Unificado de 2021** considerou correta a seguinte assertiva: "Bruno era empregado em uma sociedade empresária, na qual atuava como teleoperador de vendas on-line de livros e artigos religiosos, usando, em sua estação de trabalho, computador e headset. Em determinado dia, o sistema de câmeras internas flagrou Bruno acessando, pelo computador, um site pornográfico por 30 minutos, durante o horário de expediente. Esse fato foi levado à direção no dia seguinte, que, indignada, puniu Bruno com suspensão por 40 dias, apesar de ele nunca ter tido qualquer deslize funcional anterior. Diante da situação apresentada e dos termos da CLT, assinale a afirmativa correta: A) A punição, tal qual aplicada pela empresa, importa na rescisão injusta do contrato de trabalho".

São exemplos comuns de suspensão contratual: caso de doença/acidente de trabalho, a partir do 16º dia de afastamento, faltas injustificadas, suspensão disciplinar (art. 474 da CLT), suspensão do empregado estável visando o ajuizamento de inquérito para apuração de falta grave (art. 494 c/c art. 853, ambos da CLT), afastamento para participação em curso de qualificação profissional (art. 476-A da CLT), afastamento para exercício de cargo de dirigente sindical (art. 543, § 2º, da CLT), afastamento de empregado eleito diretor de sociedade anônima (Súm. 269 TST), greve (art. 7.º da Lei nº 7.783/1989), licenças não remuneradas em geral, aposentadoria por invalidez (art. 475 da CLT), prisão provisória do empregado, afastamento para prestação do serviço militar obrigatório (art. 472 da CLT), por motivo de força maior.

Sobre esse tema, o **Exame Unificado de 2010** considerou correta a seguinte assertiva: "Após sofrer um acidente automobilístico de gravíssimas proporções enquanto viajava a lazer, o empregado Pedro foi aposentado por invalidez pelo INSS. Assinale a alternativa que indica o efeito desse fato no seu contrato de trabalho. (...) O contrato de Pedro será suspenso.

3.7. Interrupção do contrato de trabalho:

A interrupção do contrato de trabalho é a **cessação temporária** da **prestação de serviços** pelo empregado, mantendo-se, entretanto, as **obrigações patronais** (em especial, o pagamento de salário). São exemplos comuns de interrupção contratual: faltas justificadas (art. 473 da CLT), férias, feriados, repouso semanal remunerado, licença-paternidade, licença-maternidade, participação em eleições em virtude de convocação da Justiça Eleitoral, participação como jurado em sessões do Tribunal do Júri, primeiros 15 dias de afastamento por doença/acidente do trabalho (art. 60, § 3º da Lei 8.213/1991), licenças remuneradas em geral (art. 473 da CLT), período de redução da jornada durante o aviso prévio, atuação do empregado como conciliador em Comissão de Conciliação Prévia – CCP (art. 625-B, § 2º, da CLT), aborto comprovado por atestado médico oficial (art. 359 da CLT), representação dos trabalhadores junto ao Conselho Curador do FGTS e Conselho Nacional da Previdência Social – CNPS.

FIQUE POR DENTRO:

O empregado poderá deixar de comparecer ao serviço sem prejuízo do salário (faltas justificadas, art. 473 da CLT):

I - até 2 (dois) dias consecutivos, em caso de falecimento do cônjuge, ascendente, descendente, irmão ou pessoa que, declarada em sua CTPS, viva sob sua dependência econômica;

II - até 3 (três) dias consecutivos, em virtude de casamento

III – por um dia, em caso de nascimento de filho no decorrer da primeira semana;

IV - por um dia, em cada 12 (doze) meses de trabalho, em caso de doação voluntária de sangue devidamente comprovada;

V - até 2 (dois) dias consecutivos ou não, para o fim de se alistar eleitor;

VI – no período de tempo em que tiver de cumprir as exigências do Serviço Militar;

VII - nos dias em que estiver comprovadamente realizando provas de exame vestibular para ingresso em estabelecimento de ensino superior;

VIII - pelo tempo que se fizer necessário, quando tiver que comparecer a juízo;

IX – pelo tempo que se fizer necessário, quando, na qualidade de representante de entidade sindical, estiver participando de reunião oficial de organismo internacional do qual o Brasil seja membro;

X - até 2 (dois) dias para acompanhar consultas médicas e exames complementares durante o período de gravidez de sua esposa ou companheira;

XI – por 1 (um) dia por ano para acompanhar filho de até 6 (seis) anos em consulta médica.

XII – até 3 (três) dias, em cada 12 (doze) meses de trabalho, em caso de realização de exames preventivos de câncer devidamente comprovada.

Sobre esse tema, o Exame Unificado de 2017 considerou correta a seguinte afirmativa: "Paula e Joyce são empregadas de uma mesma sociedade empresária. O irmão de Paula faleceu e o empregador não autorizou sua ausência ao trabalho. Vinte dias depois, Joyce se casou e o empregador também não autorizou sua ausência ao trabalho em nenhum dia. Como advogado(a) das empregadas, você deverá requerer: (...) a ausência ao trabalho por dois dias consecutivos, no caso de Paula e, de até três dias, para Joyce".

FIQUE POR DENTRO:

Atenção para a seguinte especificidade da categoria **dos professores:** Não serão descontadas, no decurso de **9 (nove) dias**, as faltas verificadas por motivo de gala ou de luto em consequência de falecimento do cônjuge, do pai ou mãe, ou de filho.

Sobre esse tema, o **Exame Unificado de 2020** considerou correta a seguinte afirmativa: "Enzo é professor de Matemática em uma escola particular, em que é empregado há 8 anos. Após 2 anos de namoro e 1 ano de noivado, irá se casar com Carla, advogada, empregada em um escritório de advocacia há 5 anos. Sobre o direito à licença pelo casamento, de acordo com a CLT, assinale a afirmativa correta.

C) Enzo poderá faltar ao serviço por 9 dias, enquanto Carla poderá se ausentar por 3 dias consecutivos".

3.8. Efeitos da suspensão e interrupção do contrato de trabalho:

Os efeitos jurídicos da suspensão e interrupção consistem em: 1) garantia de **retorno** do empregado ao cargo anteriormente ocupado (art. 471 da CLT); 2) garantia da percepção de todas as **vantagens** que, na ausência do empregado tenham sido atribuídas à categoria; 3) o empregador **não pode dispensar** o empregado, exceto em se tratando de dispensa por justa causa. Sobre esse tema, o **Exame Unificado de 2010** considerou correta a seguinte assertiva: "Paulo, empregado de uma empresa siderúrgica, sofreu acidente do trabalho, entrando em gozo de auxílio-doença acidentário, a partir do décimo sexto dia de seu afastamento. Durante este período de percepção do benefício previdenciário, ele foi dispensado sem justa causa por seu empregador. Diante do exposto: (...) Paulo tem direito a ser reintegrado, em razão da suspensão do contrato de trabalho que se operou a partir do décimo sexto dia de afastamento".

A exceção para a regra da vedação de dispensa injusta durante a suspensão está prevista no art. 476-A, § 5º, CLT. Conforme esse dispositivo, é permitida a dispensa durante a suspensão para **capacitação técnica,** com pagamento de multa prevista em norma coletiva, de, no mínimo, **100%** sobre o valor da última remuneração mensal anterior à suspensão do contrato.

3.8.1. Efeitos nos contratos por prazo determinado

Em regra, não se aplicam as hipóteses de suspensão e interrupção contratual aos contratos por prazo determinado conforme art. 472, § 2.º, da CLT, que exige **cláusula contratual expressa** para afastar o período de suspensão ou interrupção do cômputo do prazo contratual. Exceções: **I) acidente de trabalho** (Súm. 378, III, do TST); II) **empregada gestante ou empregado adotante ao qual tenha sido concedida guarda provisória para fins de adoção** (art. 391-A e parágrafo único da CLT, art. 25 da Lei Complementar nº 150/2015, Súm. 244, III, TST). Sobre esse tema, o **Exame Unificado de 2010** considerou errada a seguinte assertiva: "Joana não fará jus à estabilidade gestacional, pois o contrato de três meses é automaticamente considerado de experiência para o Direito do Trabalho e pode ser rescindido ao atingir o seu termo final". A alternativa está incorreta porque viola o artigo 391-A da CLT, já que a garantia do emprego para a empregada gestante se verifica inclusive nos contratos de experiência. Ademais, não existe qualquer previsão legal que o contrato de três meses "é automaticamente" considerado de experiência, até mesmo porque a sua previsão máxima é de 90 dias, o que é diferente de 3 meses.

MUITA ATENÇÃO!

O Pleno do TST firmou nova tese vinculante de que a garantia de estabilidade provisória à empregada gestante é inaplicável ao regime de **trabalho temporário** disciplinado pela Lei 6.019/74 (IAC 5639-31.2013.5.12.0051). A estabilidade, contudo, permanece no caso do contrato de experiência, porquanto no contrato de experiência existe a expectativa legítima por um contrato por prazo indeterminado. No contrato temporário, ocorre hipótese diversa – não há perspectiva de indeterminação de prazo.

3.8.2. Licença-maternidade

Licença maternidade é o período em que a empregada gestante fica **afastada** do trabalho, portanto, sem prestar serviços, em virtude do nascimento de filho. Para a doutrina majoritária trata-se de hipótese de interrupção contratual, embora os salários sejam pagos pelo INSS.

Ao segurado ou segurada da Previdência Social que adotar ou obtiver guarda judicial para fins de adoção de criança é devido salário-maternidade pelo período de 120 (cento e vinte) dias. Sobre esse tema, o **Exame Unificado de 2015** considerou correta a seguinte assertiva: "Jefferson, empregado da sociedade empresária Editora Século XIX, resolve adotar, sozinho, uma criança de 5 anos de idade. Diante da hipótese, de acordo com a legislação em vigor: Jefferson terá direito à licença-maternidade, pois este direito aplica-se à pessoa que adotar, independentemente do gênero".

O benefício, no caso de adoção, independe da idade da criança.

Sobre esse tema, o **Exame Unificado de 2014** considerou correta a seguinte assertiva: "Maria, empregada de uma panificadora, adotou uma criança em idade de alfabetização. Quando da adoção, obteve a informação de que faria jus à licença-maternidade, daí decorrente. Em conversa com seu empregador, Maria foi informada que não desfrutava do mencionado benefício. Na dúvida a empregada requereu a licença-maternidade junto ao INSS. Diante do caso apresentado: Maria tem direito à licença-maternidade de 120 dias, sem prejuízo do emprego e do salário, independentemente da idade da criança adotada".

A licença maternidade é de **120 dias**, sem prejuízo do emprego e do salário.

E possível ampliar o período de licença maternidade por 60 dias, a critério do empregador, em troca de incentivos fiscais. No caso, o salário destes 60 dias é pago pelo empregador e não pelo INSS. Caso o empregador tenha aderido ao programa, a empregada deve optar pela prorrogação da licença maternidade até o final do primeiro mês após o parto. O benefício também é estendido à mãe adotiva.

Para afastamento por licença maternidade a empregada deve notificar o empregado, mediante atestado médico, a partir de 28 dias antes da data prevista para o parto, contando-se os 120 dias a partir do efetivo afastamento.

Durante a licença maternidade, a empregada recebe salário maternidade equivalente ao salário efetivamente percebido pela empregada.

Esse salário é pago pelo empregador, mas é compensado integralmente com as contribuições devidas ao INSS.

3.8.3. Licença-paternidade

O pai da criança tem direito a **cinco dias** de ausência ao trabalho em razão do nascimento do filho.

Até a data de fechamento desta edição não foi editada a lei que regulamentará a licença paternidade. Logo, é aplicável o art. 10, § 1º do ADCT da CF/88 que estabelece o prazo de cinco dias para a referida licença.

No dia 08/03/2016 foi sancionada a Lei nº 13.257 que ampliou a duração da licença-paternidade de 5 para 20 dias, aplicável para as empresas que fazem parte do **Programa Empresa Cidadã.**

O novo prazo da licença paternidade não é obrigatório para todas as empresas, mas apenas para aquelas que fazem parte do Programa Empresa Cidadã, que já estende a licença-maternidade em mais 60 dias.

O empregado da empresa que aderir ao referido programa poderá requerer o benefício, observado o prazo de até dois dias úteis após o parto e comprovada a participação do pai em programa ou atividade de orientação sobre paternidade responsável. A norma não especifica quais programas são estes.

A prorrogação da licença também se aplica aos empregados que possuírem guarda judicial para adoção.

No período da licença, os pais e as mães não podem exercer qualquer atividade remunerada e a criança tem de ser mantida sob os cuidados deles. Se essa regra for descumprida, os funcionários perdem o direito à prorrogação.

Durante o período de prorrogação da licença-paternidade, o empregado terá direito à remuneração integral e tal verba tem natureza de benefício previdenciário.

Sobre esse tema, o **Exame Unificado de 2019** considerou correta a seguinte assertiva: "Determinada sociedade empresária ampliou os benefícios de seus empregados para fidelizá-los e evidenciar sua responsabilidade social. Dentre outras medidas, aderiu voluntariamente ao programa de empresa cidadã e, assim, aumentou o período de licença maternidade e o de licença paternidade de seus empregados. Marcondes, empregado da referida empresa, que será pai em breve, requereu ao setor de recursos humanos a ampliação do seu período de licença paternidade, e agora deseja saber quanto tempo ficará afastado. Assinale a opção que, de acordo com a Lei, indica o período total da licença paternidade que Marcondes aproveitará. d) 20 dias.

3.9. Contrato por prazo determinado:

Em regra, o contrato de trabalho é por prazo indeterminado. Em algumas situações, é possível às partes estipularem um **término** (termo) no momento da contratação (art. 443, § 1º da CLT).

A Hipóteses de cabimento: O contrato por prazo determinado é cabível nas seguintes hipóteses: **I)** serviço cuja **natureza ou transitoriedade** justifique a predeterminação do prazo: o serviço do empregado é **transitório,** ex. Aumento de vendas do natal; **II)** atividades empresariais de **caráter transitório**: a própria atividade do empregador é transitória, ex. loja que vende apenas artigos natalinos; **III) contrato de experiência; IV) previsão legal**, ex. contrato de atleta profissional de futebol; **V) contrato provisório** (Lei nº 9.601/1998).

B Prazo limite:

- **2 anos** para os contratos por prazo determinado (celetista);
- **90 dias** para contrato de experiência;
- o limite fixado nas **leis** consolidadas.

A **prorrogação** é admitida uma **única vez,** desde que não extrapole o prazo máximo admitido para o contrato.

Se ocorrer sucessão de contratos dentro de **6 meses,** o contrato será considerado por prazo **indeterminado.**

Sobre esse tema, o **Exame Unificado de 2012** considerou errada a seguinte assertiva: "Quando da contratação por prazo determinado, somente é possível nova contratação entre as mesmas partes num prazo nunca inferior a três meses". A resposta está errada porque, como já dito acima, a nova contratação após o término de um contrato por prazo determinado somente poderá ocorrer no prazo superior a seis meses.

C Modalidades:

1) **Contrato de experiência (contrato de prova):** tem por objetivo a experimentação das partes, tanto objetivamente quanto subjetivamente, a fim de decidirem se pretendem assumir um compromisso mútuo através da pactuação de um contrato por prazo indeterminado. O prazo máximo é de 90 dias e **admite única prorrogação.** Contudo, a soma dos dois períodos não pode exceder o prazo máximo, sob pena do contrato tornar-se por prazo indeterminado.

2) **Contrato de safra:** tem sua duração dependente de variações estacionais da atividade agrária.

3) **Contrato de obra certa:** é o contrato pelo qual o empresário do ramo de construção civil contrata trabalhadores para execução de determinado serviço ou obra específicos, portanto certos, o que justifica a predeterminação do prazo de contrato.

4) **Contrato provisório (Lei nº 9.601/1998):** previsto para admissões que representem acréscimo do número de empregados. Exige forma solene (contrato escrito), previsão em instrumento coletivo (CCT ou ACT) e depósito do contrato no MTE. O prazo máximo é de 2 anos, podendo ser prorrogado várias vezes, sem limitação. Deve-se esperar 6 meses para firmar novo contrato, depois do anterior.

5) **Contrato rural por pequeno prazo (art. 14-A da Lei nº 5.889/1973):** contratação cabível na atividade de natureza temporária executada nas dependências da propriedade rural por um período de curta duração. É o caso da execução de pequenos e rápidos serviços de culturas rotativas, tais como: vacinação de gado, elaboração de cerca entre outros. Essa contratação tem prazo máximo de 2 (dois) meses durante o período de 1 (um) ano, sob pena da conversão em contrato por prazo indeterminado. Pessoas jurídicas não podem contratar nessa modalidade.

6) **Contrato de doméstica por prazo determinado:** para atender necessidades familiares de natureza transitória e para substituição temporária de empregado doméstico com contrato de trabalho interrompido ou suspenso.

? **QUESTÃO:** Afastada a causa suspensiva do contrato, o que acontece se o empregado não se reapresenta para o trabalho? Qual prazo ele possui para se reapresentar?

RESPOSTA:

Afastada a causa suspensiva do contrato, cabe ao empregado reapresentar-se ao empregador, sob pena de configuração de abandono de emprego. Não há prazo legal para a reapresentação, tendo a jurisprudência se firmado no prazo de 30 dias (Súm. 32, TST). Há exceção para o serviço militar obrigatório, situação em que o empregado tem o prazo de 30 dias para notificação extrajudicial do empregador, informando que pretende retornar ao emprego (art. 472, 1.º, CLT). Este retorno deverá ocorrer em até 90 dias contados da baixa, a fim de possibilitar ao empregado que o tempo anterior à suspensão seja computado para fins de aquisição de férias (art. 132 da CLT).

3.10. Direitos intelectuais e invenções dos empregados:

No que se refere às criações intelectuais dos empregados no curso do contrato de trabalho, é necessário distinguir três situações:

A Se o empregado é contratado justamente para desenvolver o produto: a invenção pertence exclusivamente ao empregador. Isto porque, a contratação foi feita justamente para que o empregado desenvolvesse a invenção. Sobre esse tema, o **Exame Unificado de 2012** considerou correta a seguinte assertiva: "Um cientista é contratado como empregado para trabalhar no setor de pesquisa de uma empresa, visando desenvolver atividade inventiva. Após três anos, com uso de equipamentos e insumos da empresa, o trabalhador inventa um novo maquinário, cuja patente é requerida e, em breve, introduzida no processo de produção, com previsão de alto lucro. Na hipótese, caso nada tenha sido disposto a respeito: (...) A invenção pertence exclusivamente ao empregador, dada a atividade para a qual foi contratado o empregado".

Ainda sobre esse tema, o **Exame Unificado de 2015** considerou correta a seguinte assertiva: "Determinado empregado foi contratado para criar e desenvolver programas de software, criando novas soluções para as demandas dos clientes do seu empregador. Em sua atividade normal, esse empregado inventou um programa original, muito útil e prático, para que os empresários controlassem à distância seus estoques, o que possibilitou um aumento nas vendas. Diante da situação retratada:

(...) O empregado terá direito apenas ao seu salário normal, exceto se o seu contrato de trabalho tiver previsão de participação no lucro do seu invento".

B Se o empregado desenvolve o produto/serviço desvinculado do contrato de trabalho e sem se utilizar de nenhum recurso do empregador: a invenção pertencerá unicamente ao trabalhador, mesmo que a criação possa favorecer os negócios do empregador, porquanto não teve qualquer participação do empregador no invento.

C Se o empregado exerce função que em nada se relaciona com a invenção, mas, para criá-la, utiliza-se da estrutura/equipamentos/recursos fornecidos pelo empregador: a invenção pertence igualmente aos dois, empregado e empregador. Isso porque, o empregado acabou criando o produto de maneira secundária e o empregador participou da criação, ainda que de forma indireta.

4. APRENDIZ (ART. 428-433 DA CLT)

4.1. Conceito:

Contrato de aprendizagem é o contrato de trabalho especial, ajustado por escrito e por prazo determinado, em que o empregador se compromete a assegurar ao maior de 14 (quatorze) e menor de 24 (vinte e quatro) anos inscrito em programa de aprendizagem formação técnico-profissional metódica, compatível com o seu desenvolvimento físico, moral e psicológico, e o aprendiz, a executar com zelo e diligência as tarefas necessárias a essa formação. Assim, trata-se de um contrato de trabalho especial que mescla a prestação de serviços tradicional à **aprendizagem** profissional do trabalhador, a fim de lhe garantir qualificação e formação profissional.

4.2. Peculiaridades:

A contrato escrito. Sobre esse tema, o **Exame Unificado de 2011** considerou errada a seguinte assertiva a respeito do contrato de aprendizagem: "É um contrato especial de trabalho que pode ser ajustado de forma expressa ou tácita".

B prazo máximo de 2 anos, exceto Portador de Necessidade Especial – PNE. Sobre esse tema, o **Exame Unificado de 2011** considerou errada a seguinte assertiva a respeito do contrato de aprendizagem: "É um contrato por prazo determinado cuja duração jamais poderá ser superior a dois anos".

C idade de 14 a 24 anos, exceto PNE. Sobre esse tema, o **Exame Unificado de 2013** considerou correta a seguinte assertiva: "A empresa Gomes Sardinha Móveis Ltda. é procurada por um jovem portador de deficiência, que tem 30 anos, e deseja ser contratado como aprendiz de marceneiro. A empresa tem dúvida sobre a possibilidade legal dessa contratação. A partir do caso relatado: (...) Não se aplica a idade máxima ao aprendiz portador de deficiência, de modo que a contratação é possível."

D matrícula no curso de aprendizagem técnico-profissional metódica, frequência regular à escola e anotação das circunstâncias especiais do contrato na CTPS;

E salário mínimo hora, salvo previsão mais benéfica. Sobre esse tema, o **Exame Unificado de 2011** considerou correta a seguinte assertiva: "Salvo condição mais favorável, ao menor aprendiz deve ser assegurado o salário mínimo hora".

F FGTS com alíquota de 2%;

G jornada de 6 horas (se já completo o ensino fundamental, jornada pode ser de até 8 horas já computadas as horas destinadas à aprendizagem teórica);

H vedadas a prorrogação e compensação de jornada;

I a jornada do aprendiz que não ultrapasse 25 horas semanais não configura regime de tempo parcial;

J férias devem coincidir preferencialmente com as férias escolares e devem estar previstas no programa de aprendizagem. Se menor de 18 anos, as férias devem necessariamente coincidir com as férias escolares, e não podem ser fracionadas;

K a rescisão contratual é cabível somente nas hipóteses legais previstas.

4.3. Cota de aprendiz:

Os estabelecimentos de qualquer natureza são obrigados a empregar e matricular nos cursos dos Serviços Nacionais de Aprendizagem número de aprendizes equivalente a 5%, no mínimo, e 15%, no máximo, dos trabalhadores existentes em cada estabelecimento, cujas funções demandem formação profissional. Os estabelecimentos poderão destinar o equivalente a até 10% de sua cota de aprendizes à formação técnico-profissional metódica em áreas relacionadas a práticas de atividades desportivas, à prestação de serviços relacionados à infraestrutura, incluindo as atividades de construção, ampliação, recuperação e manutenção de instalações esportivas e à organização e promoção de eventos esportivos.

4.4. Hipóteses de extinção contratual: são taxativamente previstas em lei.

a) extinção do prazo contratual;

b) quando aprendiz atingir 24 anos (exceto portador necessidades especiais);

c) desempenho insuficiente ou inadaptação do aprendiz;

d) falta disciplinar grave;

e) ausência injustificada à escola que implique perda do ano letivo;

f) a pedido do aprendiz.

5. COOPERATIVAS

5.1. Conceito: é uma sociedade civil, de pessoas, que contribuem com bens ou serviços para o exercício de atividade econômica, porém sem fins lucrativos, visando um fim comum, com forma e natureza jurídica própria, de natureza civil, não sujeita a falência, com o objetivo de prestar serviços aos associados. Ex: Taxistas que se juntam para fundar uma cooperativa visando dinamizar suas atividades (prestar serviço de transporte para várias empresas e diminuir custos com novas tecnologias). As cooperativas de trabalho são regidas pela Lei nº 12.690/12 e, no que com esta não colidir, a Lei nº 5.764/70 e o Código Civil.

Em regra, não há vínculo de emprego entre cooperativado e cooperativa, conforme art. 442 da CLT. Contudo, se a cooperativa tiver a intenção apenas de fraudar a legislação trabalhista e estiverem presentes os requisitos configuradores da relação de emprego, a consequência será a declaração de vínculo empregatício.

5.2. Princípios: 1) dupla qualidade: o cooperador presta serviços à cooperativa e esta oferece serviços a seus associados;

2) retribuição pessoal diferenciada: a remuneração do cooperado deve ser diferenciada da que teria se não fosse associado.

5.3. Regras básicas: A Cooperativa de Trabalho poderá ser constituída com número mínimo de 7 (sete) sócios.

A Cooperativa de Trabalho não poderá ser impedida de participar de procedimentos de licitação pública que tenham por escopo os mesmos serviços, operações e atividades previstas em seu objeto social.

A Cooperativa de Trabalho tem o dever de garantir aos sócios determinados direitos, inclusive a retirada para o trabalho noturno superior à do diurno (art. 7º, V, da Lei nº 12.690/2012). Sendo assim, o cooperativado que trabalhar entre 22h00min e 5h00min receberá retirada noturna superior.

O cooperativado é contribuinte obrigatório da Previdência Social, não facultativo.

6. DOMÉSTICO

6.1. Conceito:

Empregado doméstico é aquele que presta serviços de natureza **contínua** e de finalidade **não lucrativa** a pessoa ou a família, no âmbito **residencial** destas (art. 1º, da Lei Complementar nº 150/2015). Exemplos: mordomo, babá, jardineiro. Sobre esse tema, o **Exame Unificado de 2010** considerou errada a seguinte assertiva: "A função de acompanhante é incompatível com o reconhecimento de vínculo de emprego doméstico".

6.2. Requisitos:

Além dos quatro requisitos normais da relação empregatícia (prestação de serviços por pessoa física, pessoalidade, onerosidade e subordinação, já estudados no item 2.2 deste capítulo), existem quatro requisitos diferenciados para a caracterização do trabalhador doméstico. São eles:

1) **continuidade** da prestação de serviços: prestação de serviços por **mais de dois dias** na semana;

2) finalidade **não lucrativa** do patrão;

3) o patrão deve ser **pessoa física ou família;**

4) a prestação de serviços deve ocorrer no **âmbito residencial** da pessoa ou família. Isso inclui qualquer espaço relacionado com o interesse pessoal ou familiar, como o sítio de veraneio, casa de praia, etc.

Sobre esse tema, o **Exame Unificado de 2010** considerou correta a seguinte assertiva: "Joana foi contratada para trabalhar de segunda a sábado na residência do Sr. Demétrius, de 70 anos, como sua acompanhante, recebendo salário mensal. Ao exato término do terceiro mês de prestação de serviços, o Sr. Demétrius descobre que a Sra. Joana está grávida, rescindindo a prestação de serviços. Joana, inconformada, ajuíza ação trabalhista para que lhe seja reconhecida a condição de empregada doméstica e garantido o seu emprego mediante reconhecimento da estabilidade provisória pela gestação. Levando-se em consideração a situação de Joana: (...) Joana faz jus ao reconhecimento de vínculo de emprego como empregada doméstica".

Ainda sobre esse tema, o **Exame Unificado de 2018** considerou correta a seguinte assertiva: "Paula trabalha na residência de Sílvia três vezes na semana como passadeira. Em geral, comparece às segundas, quartas e sextas, mas, se necessário, mediante comunicação prévia, comparece em outro dia da semana, exceto sábados, domingos e feriados. A CTPS não foi assinada e o pagamento é por dia de trabalho. Quando Paula não comparece, não recebe o pagamento e não sofre punição, mas Sílvia costuma sempre pedir que a ausência seja previamente comunicada. Paula procura você, como advogado(a), com dúvida acerca da sua situação jurídica. À luz da legislação específica em vigor, assinale a opção que contempla a situação de Paula: (...) Paula é empregada doméstica.

7. TERCEIRIZAÇÃO

7.1. Conceito:

A terceirização se verifica quando uma empresa prestadora de serviços é contratada por outra empresa (tomadora) para realizar **serviços determinados e específicos**, que poderão ser executados nas **instalações físicas da empresa contratante** ou em **outro local**, de comum acordo entre as partes.

O contrato de prestação de serviços conterá: a qualificação das partes, a especificação do serviço a ser prestado, o prazo para realização do serviço, quando for o caso e o valor.

7.2. Características:

Na terceirização regular, a empresa prestadora de serviços emprega, dirige e remunera os trabalhadores que serão destacados para realizar tais serviços em benefício do tomador (no seu estabelecimento ou em outro local convencionado entre as partes). Logo, não existirá vínculo empregatício entre a empresa tomadora dos serviços e os trabalhadores, de forma que também não existirá a subordinação entre o trabalhador e o tomador. Não é a empresa tomadora que faz a gestão dos trabalhadores. Isso deve ser feito por representantes da empregadora, ou seja, da empresa prestadora dos serviços.

Todavia, caso os requisitos da relação de emprego (serviço prestado por pessoa física, com pessoalidade, não-eventualidade, onerosidade e subordinação) se façam presentes entre a empresa tomadora e os trabalhadores – em especial, a pessoalidade e a subordinação – a terceirização é irregular, caracterizando-se o vínculo empregatício entre o obreiro e o tomador de serviços. Sobre esse tema, o **Exame Unificado de 2011** considerou correta a seguinte assertiva: "Paulo, empregado da empresa Alegria Ltda., trabalha para a empresa Boa Sorte Ltda., em decorrência de contrato de prestação de serviços celebrado entre as respectivas empresas. As atribuições por ele exercidas inserem-se na atividade-meio da tomadora, a qual efetua o controle de sua jornada de trabalho e dirige a prestação pessoal dos serviços, emitindo ordens diretas ao trabalhador no desempenho de suas tarefas. Diante dessa situação hipotética (...) A terceirização é ilícita, acarretando a nulidade do vínculo de emprego com a empresa prestadora e o reconhecimento do vínculo de emprego diretamente com a empresa tomadora".

7.3. Legislação aplicável:

Até o advento da Lei nº 13.429 de 31 de março de 2017, não existia legislação regulando a terceirização no Brasil. Até então, a norma orientadora sobre a terceirização era a Súmula 331 do TST. Tal súmula, em resumo, consagrava o entendimento jurisprudencial no sentido de que a terceirização somente seria cabível em atividades-meio da empresa tomadora dos serviços. Em outras palavras, segundo a Súmula 331 do TST, não era permitida a terceirização em atividade-fim. A análise do conceito de atividade-meio cabia ao Poder Judiciário, à míngua de especificação normativa.

Com a promulgação da Lei nº 13.429/2017, alterando os dispositivos da Lei nº 6.019/74 a terceirização passou a ser regulamentada no nosso Ordenamento Jurídico.

Atualmente, a terceirização em qualquer atividade econômica e inclusive na atividade-fim é expressamente permitida conforme decisão do STF que fixou a seguinte tese: "É lícita a terceirização ou qualquer outra forma de divisão do trabalho entre pessoas jurídicas distintas, independentemente do objeto social das empresas envolvidas, mantida a responsabilidade subsidiária da empresa contratante" (ADPF 324 e RE 958252).!

FIQUE POR DENTRO: O art. 20 da Lei do Aeronauta (Lei nº 13.475/2017) veda a terceirização na atividade-fim para aeronautas. Assim os tripulantes a bordo da aeronave devem ter contrato formalizado com o operador da aeronave. A Lei n. 14.163/2021 trouxe uma exceção para a proibição da terceirização, que é no caso em que o operador da aeronave for órgão ou entidade da administração pública, no exercício de missões institucionais ou de poder de polícia.

É expressamente permitida a "quarteirização", isto é, a subcontratação de outras empresas para a realização dos serviços contratados.

Os serviços contratados poderão ser executados nas instalações físicas da empresa **contratante** ou em outro local de comum acordo entre as partes.

A empresa prestadora de serviços somente pode ser **pessoa jurídica de direito privado** destinada a prestar à contratante serviços determinados e específicos. Basta possuir CNPJ, registro em Junta Comercial e capital social compatível com o número de empregados (artigo 4ºB da Lei nº 6.019/74), não precisando de registro no Ministério do Trabalho.

É de responsabilidade da contratante garantir as condições de segurança, higiene e salubridade dos trabalhadores, quando o trabalho for realizado em suas dependências ou local previamente convencionado em contrato.

São asseguradas aos terceirizados que trabalham nas dependências da tomadora, **as mesmas condições**:

I – **relativas a**: a) alimentação garantida aos empregados da contratante, quando oferecida em refeitórios; b) direito de utilizar os serviços de transporte; c) atendimento médico ou ambulatorial existente nas dependências da contratante ou local por ela designado; d) treinamento adequado, fornecido pela contratada, quando a atividade o exigir;

II – **sanitárias**, de medidas de proteção à saúde e de segurança no trabalho e de instalações adequadas à prestação do serviço.

É vedada à contratante a utilização dos trabalhadores em atividades **distintas** daquelas que foram objeto do contrato com a empresa prestadora de serviços.

Não pode figurar como contratada, a pessoa jurídica cujos titulares ou sócios tenham, nos últimos **dezoito meses,** prestado serviços à contratante na qualidade de empregado ou trabalhador sem vínculo empregatício, exceto se os referidos titulares ou sócios forem aposentados.

O empregado que for demitido não poderá prestar serviços para esta mesma empresa na qualidade de empregado de empresa prestadora de serviços antes do decurso do prazo de dezoito meses, contados a partir da demissão do empregado.

É **facultada** a isonomia salarial e de benefícios dos terceirizados aos empregados da tomadora. A regra é diferente da determinação expressa de isonomia prevista para os trabalhadores temporários.

Não existe **limite temporal** para a terceirização.

7.4. Responsabilidade do tomador:

Se o empregador não quitar as obrigações trabalhistas, **o tomador de serviços** terá **responsabilidade subsidiária** quanto àquelas obrigações, desde que haja participado da relação processual e conste também do título executivo judicial (art. 5º-A, §5º da Lei nº 6.019/74).

A responsabilidade subsidiária do tomador de serviços abrange todas as verbas decorrentes da condenação referentes ao período da prestação laboral.

Em caso de terceirização **ilícita**, tanto a empresa intermediadora quanto a empresa tomadora responderão de forma **solidária** pelos créditos trabalhistas.

A responsabilidade solidária do tomador em caso de falência da prestadora de serviços somente se limita aos casos de trabalho **temporário** (artigo 16 da Lei nº 6.019/74).

7.5. Terceirização na Administração Pública:

A **Administração Pública** quando for tomadora de serviços também responderá subsidiariamente pelas verbas trabalhistas do empregado terceirizado, caso comprovada a sua conduta **omissiva ou comissiva** na fiscalização dos contratos terceirizados, conforme comandos contidos na Lei nº 8.666, de 21.06.1993, especialmente na fiscalização do cumprimento das obrigações contratuais e legais da prestadora de serviço como empregadora. Assim, a responsabilidade subsidiária da Administração Pública não decorre de mero inadimplemento das obrigações trabalhistas assumidas pela empresa regularmente contratada, sendo necessária **a demonstração** de sua **culpa ou dolo** na fiscalização dos contratos terceirizados. Sobre esse tema, o **Exame Unificado de 2014** considerou correta a seguinte assertiva: "ABC Manutenção e Limpeza manteve contrato de fornecimento de mão de obra de limpeza com Aeroportos Brasileiros, empresa pública federal. Por ocasião da ruptura do contrato entre as empresas, Paulo, funcionário da ABC Manutenção e Limpeza, e que prestava serviços para Aeroportos Brasileiros, foi dispensado sem receber as verbas rescisórias. Ajuizou ação trabalhista em face de ambas as empresas, sendo a empregadora revel. A tomadora dos serviços apresentou defesa com robusta documentação, demonstrando a efetiva fiscalização do cumprimento do contrato e de aspectos legais, sendo certo que o contrato foi cancelado justamente em razão desta fiscalização. Diante deste caso: A empresa pública federal não responde pelo inadimplemento das verbas trabalhistas porque sua responsabilidade não decorre do simples inadimplemento contratual, tendo ficado provado, no caso, que houve efetiva fiscalização por parte da tomadora dos serviços".

FIQUE POR DENTRO:

Em 30.03.2017, o STF no julgamento do RE 760.931, com repercussão geral reconhecida, confirmou o entendimento, adotado na ADC 16, que veda a responsabilização automática da administração pública, em caso de inadimplência de verbas trabalhistas, por parte da empresa terceirizada, com fundamento no artigo 71, §1º, da Lei nº 8.666/93. Assim, a condenação da Administração Pública, nesses casos, somente será possível se houver **prova inequívoca** de sua conduta **omissiva ou comissiva** na **fiscalização dos contratos**, a cargo do trabalhador. O STF, especialmente no RE 760.931, deixou claro que a matéria sobre o ônus de prova (se cabe ao empregado ou ao ente público comprovar as falhas na fiscalização da terceirização) não ficou decidida pela Corte.

Em 12.12.2019, a SDI-1 do TST decidiu, em sessão plenária, que embora não haja responsabilidade automática da Administração Pública, em casos de contratação de empresas que inadimpliram verbas trabalhistas (em obediência ao que decidiu o STF), o encargo **(ônus) probatório**, para demonstrar que **houve fiscalização** do cumprimento dessas obrigações, é da Administração Pública, pelo **princípio da aptidão de prova** e contra a chamada prova diabólica.

Em dezembro de 2020, o STF reconheceu a repercussão geral do tema tratado no Recurso Extraordinário n. 1298647 (Tema 1118), a fim de definir a quem competirá o ônus de prova de falha na fiscalização da terceirização. O tema ainda está pendente de julgamento. O tema ainda está pendente de julgamento.

No caso da Administração Pública, caracterizada a **terceirização ilícita,** não há formação de vínculo direto com o tomador em razão da exigência constitucional de prévia aprovação em concurso público para a assunção de cargo/emprego público. Todavia, o trabalhador terá reconhecido o direito às **mesmas verbas** trabalhistas legais e normativas conferidas aos empregados da tomadora dos serviços, desde que presente **a igualdade de funções**, nos termos da OJ nº 383 da SDI-1/TST.

7.6. Empreitada e subempreitada:

A empreitada se verifica quando alguém (dono da obra) contrata outra empresa para a construção de determinada obra. Não está se contratando a prestação de serviços em si, mas sim, uma **obrigação de resultado**, qual seja, a entrega de uma determinada obra.

A subempreitada se verifica quando a empresa contratada pelo dono da obra, por sua vez, contrata outra empresa para a realização da construção.

Conforme o artigo 455 da CLT, o empregado do subempreiteiro pode cobrar créditos trabalhistas em face do empreiteiro e do subempreiteiro. Atualmente prevalece o entendimento de que essa responsabilidade é **subsidiária.** Em outras palavras, o devedor principal é o subempreiteiro, sendo que, em caso de impossibilidade de execução deste, a responsabilidade subsidiária recairá sobre o empreiteiro, desde que tenha sido incluído no polo passivo da demanda.

Já o **dono da obra não tem** qualquer responsabilidade sobre os créditos trabalhistas do empregado do empreiteiro ou do subempreiteiro, salvo se for uma empresa construtora ou incorporadora (OJ 191 da SDI-1 do TST). No caso de **construtora ou incorporadora**, o trabalho do empregado se amolda exatamente ao objeto social dessas empresas, razão pela qual a responsabilidade delas será **solidária.**

Sobre esse tema, o **Exame Unificado de 2010** considerou correta a seguinte assertiva: "João da Silva decidiu ampliar o seu consultório médico e, para isso, contratou o serviço do empreiteiro Vivaldo Fortuna. Ambos ajustaram o valor de R$ 5.000,00, cujo pagamento seria feito da seguinte maneira: metade de imediato e a outra metade quando do encerramento do serviço. Logo no início dos trabalhos, Vivaldo contratou os serventes Reginaldo Nonato e Simplício de Deus, prometendo-lhes o pagamento de um salário mínimo mensal. Ocorre que, passados três meses, Reginaldo e Simplício nada receberam. Tentaram entrar em contato com Vivaldo, mas este tinha desaparecido. Por conta disso, abandonaram a obra e ajuizaram uma ação trabalhista em face de João da Silva, pleiteando os três meses de salários atrasados, além das verbas resilitórias decorrentes da rescisão indireta provocada por Vivaldo. Diante desse caso concreto (...) João da Silva não deve ser condenado a pagar os salários atrasados e as verbas resilitórias decorrentes da rescisão indireta, uma vez que é o dono da obra e não desenvolve atividade de construção ou incorporação".

8. TRABALHO TEMPORÁRIO

8.1. Conceito:

Trabalho temporário é o trabalho realizado por uma pessoa física contratada por uma empresa de **trabalho temporário** que a coloca à disposição de uma empresa tomadora de serviços, para atender à necessidade de substituição transitória de pessoal permanente ou à demanda complementar de serviços. O trabalho temporário é regido pela Lei nº 6.019/74, com as alterações promovidas pelas Leis nº 13.429/2017 e 13.467/2017.

O vínculo trabalhista do trabalhador temporário não se forma entre o cliente tomador dos serviços e o trabalhador, mas sim entre este e a empresa de trabalho temporário, que arcará com todos os direitos trabalhistas.

A empresa de trabalho temporário deve ser **pessoa jurídica**, que só poderá funcionar com o **registro no Ministério do Trabalho.** Esse registro será fornecido após a apresentação dos documentos exigidos no artigo 6º da Lei nº 6.019/74, quais sejam: I – prova de inscrição no Cadastro Nacional da Pessoa Jurídica (CNPJ), do Ministério da Fazenda; II – prova do competente registro na Junta Comercial da localidade em que tenha sede; III – prova de possuir capital social de, no mínimo, R$ 100.000,00 (cem mil reais).

A empresa de trabalho temporário é obrigada a fornecer ao Departamento Nacional de Mão de Obra, quando solicitada, os elementos de informação julgados necessários ao estudo do mercado de trabalho.

8.2. Cabimento:

O trabalho temporário destina-se a atender 2 situações:

1) necessidade de **substituição transitória de pessoal permanente**;

   ex. cobrir férias de empregados da tomadora.

2) ou à **demanda complementar** de serviços, isto é, aquela decorrente de fatores imprevisíveis (ex. um incêndio destrói toda a produção que tinha data para ser entregue ao cliente e então torna-se necessária a contratação de mais funcionários para novamente produzir os bens) ou, quando

decorrente de fatores previsíveis, tenha natureza intermitente, periódica ou sazonal (ex. época de maior demanda, como natal).

MUITA ATENÇÃO!

É **proibida** a contratação de **trabalho temporário** nos seguintes casos:

1) para a substituição de trabalhadores em **greve**, salvo nos casos previstos em lei;

2) contratação de estrangeiros com **visto provisório** de permanência no País.

8.3. Requisitos:

Os principais requisitos para a validade do contrato de trabalho temporário são: **contrato escrito** entre empregado e a empresa de trabalho temporário; contrato escrito entre a empresa de trabalho temporário e a tomadora de serviços contendo o motivo da contratação; duração máxima de **180 dias**, consecutivos ou não, o que poderá ser prorrogado por até **90 dias**, consecutivos ou não, quando comprovada a manutenção das condições que o ensejaram.

O trabalhador temporário que cumprir o período máximo de duração do contrato acima mencionado somente poderá ser colocado à disposição da mesma tomadora de serviços, em novo contrato temporário, após **90 dias** do término do contrato anterior. A contratação anterior a esse prazo caracteriza vínculo empregatício entre o trabalhador e a tomadora de serviços.

Não se aplica ao trabalhador temporário, contratado pela tomadora de serviços, o **contrato de experiência** previsto no artigo 455 da CLT.

Registrar-se-á na **Carteira de Trabalho e Previdência Social** do trabalhador sua condição de temporário, conforme determina o art. 12, § 1º da Lei nº 6.019/74.

8.4. Direitos:

Os direitos do trabalhador temporário estão previstos no art. 12 da Lei nº 6.019/74, além do direito ao FGTS previsto na Lei n º 8.036/90. São eles: a remuneração equivalente à percebida pelos empregados da mesma categoria da empresa tomadora; jornada de oito horas; férias proporcionais; repouso semanal remunerado; adicional noturno; seguro contra acidente do trabalho; proteção previdenciária nos termos do disposto na Lei Orgânica da Previdência Social.

Não há aviso prévio quando ocorrer a terminação do contrato de trabalho temporário por se tratar de contrato a termo.

A indenização por dispensa sem justa causa ou término normal do contrato, correspondente a 1/12 (um doze avos) do pagamento recebido (artigo 12, f, da Lei nº 6.019/74), foi revogada porque foi substituída pelo FGTS (artigo 7º, III, da CF/88).

Aplicam-se ao temporário as hipóteses de justa causa (art. 482) e de rescisão indireta (art. 483) previstas na CLT, ocorrentes entre o trabalhador e a empresa de trabalho temporário ou entre aquele e a empresa cliente onde estiver prestando serviço.

É vedado à empresa do trabalho temporário cobrar do trabalhador qualquer importância, mesmo a título de **mediação**, podendo apenas efetuar os descontos previstos em Lei.

Será nula de pleno direito qualquer **cláusula de reserva**, proibindo a contratação do trabalhador pela empresa tomadora ou cliente ao fim do prazo em que tenha sido colocado à sua disposição pela empresa de trabalho temporário.

8.5. Responsabilidade do tomador:

Em regra, no caso de trabalho temporário, a responsabilidade do tomador de serviços pelas verbas trabalhistas é **subsidiária.**

Contudo, quando houver **falência** da empresa prestadora ou intermediadora do trabalho temporário, a tomadora responderá **solidariamente** pelas verbas devidas ao empregado temporário. Sobre esse tema, o **Exame Unificado de 2021** considerou correta a seguinte assertiva: Uma indústria de chocolates constatou que precisava de mais trabalhadores para produzir ovos de Páscoa e, em razão disso, contratou vários trabalhadores temporários, pelo prazo de 30 dias, por meio de uma empresa de trabalho temporário. Maria era uma dessas trabalhadoras temporárias. Ocorre que a empresa contratada (a empresa de trabalho temporário) teve a falência decretada pela Justiça e não pagou nada a esses trabalhadores temporários. Maria procura você, como advogado(a), para saber se a indústria de chocolates, tomadora do serviço, teria alguma responsabilidade. Sobre a hipótese, de acordo com a norma de regência, assinale a afirmativa correta: A) A indústria de chocolates contratante terá responsabilidade solidária.

MUITA ATENÇÃO!

Memorize as principais alterações da Lei nº 6019/74, que regulamenta a terceirização:

- Alteração das hipóteses de cabimento (art. 2º);
- Alteração do prazo máximo de duração do contrato (art. 10 e parágrafos);
- Proibição da contratação de trabalho temporário para a substituição de trabalhadores em greve (art. 2º, §1º);
- Conceitos de empresa de trabalho temporário e da tomadora de serviços (arts. 4º e 5º);
- Responsabilidade do contratante de garantir as condições de segurança, higiene e salubridade dos trabalhadores, quando o trabalho for realizado em suas dependências ou em local por ela designado (art. 9º, §1º).

9. TRABALHO INTERMITENTE

9.1. Conceito:

Trabalho intermitente é aquele que sofre solução de continuidade, ou seja, é um trabalho **descontínuo**. O empregado intermitente, portanto, é aquele que presta seus serviços sem continuidade, mas de natureza não eventual e pessoal, sob a direção do empregador e mediante pagamento de salário.

Tal modalidade contratual é aplicável a **qualquer tipo de atividade** do empregado e do empregador, exceto os **aeronautas** regidos por legislação própria. Exemplos: Restaurantes e empresas de eventos.

9.2. Características:

O contrato intermitente é caracterizado por momentos de **plena atividade** e outros **momentos de suspensão**, sendo que o período de suspensão não caracteriza tempo à disposição do empregador e não será remunerado. Tanto o é que o trabalhador, durante esse período de suspensão, poderá prestar serviços de qualquer natureza a **outros contratantes**, que exerçam ou não a mesma atividade econômica, utilizando contrato de trabalho intermitente ou outra modalidade de contrato de trabalho.

O contrato intermitente não estipula carga horária mínima de horas trabalhadas, de forma que, a título de exemplo, o empregado poderia ser contratado até para prestar duas horas, no máximo, por semana ou até por mês. De toda sorte, são mantidos os limites máximos de jornada garantidos pela CF, quais sejam: 8 horas diárias e 44 horas semanais.

9.3. Formalidades:

O contrato de trabalho intermitente deve ser celebrado por **escrito,** contendo especificamente o valor da hora de trabalho, que não pode ser inferior ao valor horário do salário mínimo ou àquele devido aos demais empregados do estabelecimento que exerçam a mesma função em contrato intermitente ou não (Art. 452-A da CLT).

9.4. Convocação:

No contrato de trabalho intermitente, a efetiva prestação de serviços fica condicionada à convocação pelo empregador por **qualquer meio de comunicação eficaz**, seja pessoalmente, por telefone, e-mail, mensagem de texto ou qualquer outro meio idôneo. A convocação deverá se realizar com antecedência mínima de **três dias corridos** e com informação sobre a respectiva jornada de trabalho (art. 452-A, § 1º, da CLT). Uma vez recebida a convocação, o empregado tem o prazo de **um dia útil** para aceitá-la ou não. Em caso de silêncio, a lei estabelece uma presunção absoluta de **recusa** (art. 452-A, § 2º, da CLT).

O empregado intermitente pode se recusar a atender à convocação, quantas vezes quiser.

Aceita a oferta para o comparecimento ao trabalho, a parte que descumprir, sem justo motivo, pagará à outra parte, no prazo de **trinta dias**, **multa de 50%** (cinquenta por cento) da remuneração que seria devida, permitida a compensação em igual prazo.

9.5. Direitos trabalhistas:

O empregado intermitente faz jus a **todos os direitos trabalhistas** conferidos aos trabalhadores em geral, mas de forma **proporcional** ao tempo de serviço prestado.

A cada **doze meses completos,** o empregado adquire direito a usufruir, nos doze meses subsequentes, um mês de férias, período no qual não poderá ser convocado para prestar serviços pelo mesmo empregador.

10. TRABALHADOR HIPERSUFICIENTE

10.1. Conceito:

Corresponde ao empregado, portador de diploma de nível superior e que perceba **salário mensal igual ou superior a duas vezes o limite máximo dos benefícios da Previdência Social**. Sua previsão se deu com a Lei da Reforma Trabalhista.

As diferenças entre o trabalhador hipersuficiente e os demais trabalhadores é que o primeiro poderá negociar **individualmente** as suas condições contratuais, com preponderância sobre as normas legais e instrumentos normativos (art. 444, parágrafo único da CLT), bem como poderá se submeter à arbitragem (artigo 507-A da CLT), mediante sua concordância expressa ou iniciativa própria.

A arbitragem é um meio extrajudicial de solução de controvérsias, onde as partes contratantes escolhem um terceiro (árbitro) para resolver o litígio. Durante muito tempo entendia-se que a arbitragem somente era aplicável no direito coletivo do trabalho (art. 114, §§1º e 2º da CF/88), diante do caráter indisponível dos direitos trabalhistas, além da condição de hipossuficiente do trabalhador. A Lei da Reforma Trabalhista (Lei nº 13.467/17) introduziu o art. 507-A à CLT para admitir a arbitragem quando se tratar de empregado hipersuficiente, ainda que mediante a inserção de cláusula compromissória. Assim, é possível a estipulação da cláusula compromissória de arbitragem no contexto do direito individual do trabalho, observados os seguintes requisitos: 1) trabalhador hipersuficiente (remuneração seja superior a 2 vezes o limite máximo da Previdência Social); 2) iniciativa do empregado ou mediante a sua concordância expressa.

Sobre esse tema, o **Exame Unificado de 2020** considerou correta a seguinte assertiva: "Gervásia é empregada na Lanchonete Pará desde fevereiro de 2018, exercendo a função de atendente e recebendo o valor correspondente a um salário mínimo por mês. Acerca da cláusula compromissória de arbitragem que o empregador pretende inserir no contrato da empregada, de acordo com a CLT, assinale a afirmativa correta.

*B) A cláusula compromissória de arbitragem não poderá ser inserida no contrato citado, em razão do salário recebido pela empregada".

MUITA ATENÇÃO!

Os conceitos de hipersuficiente são diversos na hipótese de possibilidade de utilização da arbitragem como método de solução de conflitos (artigo 507-A da CLT), em relação à hipótese de liberdade de negociação das cláusulas contratuais (art. 444, parágrafo único da CLT). No caso previsto no artigo 507-A da CLT, para caracterizar o hipersuficiente, não é exigida a graduação universitária, bem como, fala-se em remuneração, ou seja, o complexo de verbas recebidas usualmente pelo empregado (salário, horas extras, adicionais, etc.), e não apenas em salário, conforme o artigo 444, parágrafo único da CLT.

11. TELETRABALHADOR

11.1. Conceito:

É o trabalhador que desenvolve seus serviços preponderantemente **fora da sede da empresa**, com a utilização de tecnologias de informação e de comunicação.

O teletrabalho desenvolve-se **preponderantemente** fora das dependências do empregador, contudo o comparecimento na empresa para a realização de atividades específicas que demandem a presença física do empregado no estabelecimento não descaracteriza o regime de trabalho. Sobre esse tema, o **Exame Unificado de 2022** considerou errada a seguinte assertiva: "O teletrabalho só pode ser assim considerado se a prestação de serviços for totalmente fora das dependências da empresa".

São devidos ao teletrabalhador todos os demais direitos trabalhistas, tais como férias com 1/3, a folga semanal remunerada, o décimo terceiro salário, aviso prévio, licenças maternidade/paternidade e outros.

11.2. Requisitos:

Assim como qualquer outro regime de trabalho, o teletrabalho requer a **anotação** da Carteira de Trabalho do empregado e a celebração do seu **contrato individual de trabalho**. Conforme o artigo 75-C da CLT, acrescentado pela Lei n. 13.467/17, para a configuração do teletrabalho é necessário constar expressamente do contrato individual de trabalho, que especificará as atividades que serão realizadas pelo empregado. Logo, é necessário o contrato escrito de teletrabalho, não sendo possível o ajuste tácito (tem que ser expresso). Nesse sentido, o **Exame Unificado de 2022** considerou errada a seguinte assertiva: Júlia é analista de sistemas de uma empresa de tecnologia e solicitou ao empregador trabalhar remotamente. Sobre a pretensão de Júlia, observados os termos da CLT, assinale a afirmativa correta: B) O ajuste entre Júlia e seu empregador poderá ser tácito, assim como ocorre com o próprio contrato de trabalho.

A opção pelo teletrabalho não é irretratável, ou seja, é possível que o empregado possa migrar do regime presencial para o regime de teletrabalho, observados os seguintes requisitos: 1) **mútuo consentimento** entre empregado e empregador; 2) registrado em **aditivo** contratual.

Sobre o tema, o **Exame Unificado de 2022** considerou errada a seguinte assertiva: "O ajuste entre as partes para o trabalho remoto deverá ser por mútuo consentimento, assim como o retorno ao trabalho presencial". O equívoco da assertiva está no fato de que para retornar do teletrabalho para o presencial não se exige o mútuo consentimento, bastando a **determinação** do empregador.

Sobre esse tema, o **Exame Unificado de 2018** considerou correta a seguinte assertiva: Uma sociedade empresária do ramo de informática, visando à redução de custos, decidiu colocar metade de seus funcionários em teletrabalho, com possibilidade de revogação, caso não desse certo. Sobre o regime de teletrabalho, com base na legislação trabalhista em vigor, assinale a afirmativa correta: (...) Poderá ser realizada a alteração do regime de teletrabalho para o presencial por determinação do empregador, garantido o prazo de transição mínimo de 15 dias, com correspondente registro em aditivo contratual.

Também sobre esse tema, o **Exame Unificado de 2019** considerou correta a seguinte assertiva: Rogério foi admitido, em 08/12/2017, em uma locadora de automóveis, como responsável pelo setor de contratos, razão pela qual não necessitava comparecer diariamente à empresa, pois as locações eram feitas on-line. Rogério comparecia à locadora uma vez por semana para conferir e assinar as notas de devolução dos automóveis. Assim, Rogério trabalhava em sua residência, com todo o equipamento fornecido pelo empregador, sendo que seu contrato de trabalho previa expressamente o trabalho remoto a distância e as atividades desempenhadas. Após um ano trabalhando desse modo, o empregador entendeu que Rogério deveria trabalhar nas dependências da empresa. A decisão foi comunicada a Rogério, por meio de termo aditivo ao contrato de trabalho assinado por ele, com 30 dias de antecedência. Ao ser dispensado em momento posterior, Rogério procurou você, como advogado(a), indagando sobre possível ação trabalhista por causa desta situação. Sobre a hipótese de ajuizamento, ou não, da referida ação, assinale a afirmativa correta. c) Em vista da modalidade de teletrabalho, a narrativa não demonstra qualquer irregularidade a ser requerida em eventual demanda trabalhista". Como já exposto acima, o fato do empregado comparecer para realizar tarefas específicas na sede da empresa não descaracteriza o teletrabalho. Outrossim, a alteração do regime de teletrabalho para o presencial observou os requisitos legais já expostos.

Também sobre o tema, o **Exame Unificado de 2022** considerou errada a seguinte assertiva: Júlia é analista de sistemas de uma empresa de tecnologia e solicitou ao empregador trabalhar remotamente. Sobre a pretensão de Júlia, observados os termos da CLT, assinale a afirmativa correta: D) O ajuste entre as partes para o trabalho remoto deverá ser por mútuo consentimento, assim como o retorno ao trabalho presencial.

11.3. Jornada:

Em que pese a existência de inúmeros recursos da informática e de telecomunicação que possibilitariam o controle e fiscalização da jornada dos teletrabalhadores, o legislador optou por excluir essa categoria da proteção específica conferida pela CLT, no tocante à **duração de trabalho**.

Assim, os teletrabalhadores foram incluídos no rol das exceções estabelecidas pelo art. 62 da CLT, que afasta a aplicação do capítulo destinado à regulamentação da duração do trabalho.

> **MUITA ATENÇÃO!** Por expressa disposição legal introduzida pela Lei da Reforma Trabalhista (Lei nº 13.467/17), os teletrabalhadores não têm direito à remuneração pelas horas trabalhadas além das quarenta e quatro semanais, bem como ao adicional noturno, ao repouso semanal remunerado, aos intervalos intrajornada e interjornada.

11.4. Despesas com a prestação de serviços:

O contrato de trabalho é que irá especificar quem vai pagar pela **aquisição e manutenção** dos equipamentos e despesas do empregado na execução do seu trabalho, bem como as disposições relativas à responsabilidade pelo **reembolso** das despesas arcadas pelo empregado. Sobre esse tema, o **Exame Unificado de 2021** considerou correta a seguinte assertiva: Luiz e Selma são casados e trabalham para o mesmo empregador. Ambos são teletrabalhadores, tendo o empregador montado um home office no apartamento do casal, de onde eles trabalham na recepção e no tratamento de dados informatizados. Para a impressão dos dados que serão objeto de análise, o casal necessitará de algumas resmas de papel, assim como de toner para a impressora que utilizarão. Assinale a opção que indica quem deverá arcar com esses gastos, de acordo com a CLT: C) A responsabilidade por esse gasto deverá ser prevista em contrato escrito.

A referida questão considerou erradas as seguintes assertivas: A) Cada parte deverá arcar com 50% desse gasto; B) A empresa deverá arcar com o gasto porque é seu o risco do negócio; D) O casal deverá arcar com o gasto, pois não há como o empregador fiscalizar se o material será utilizado apenas no trabalho. As utilidades acima mencionadas não integram a **remuneração** do empregado. Nesse sentido, o **Exame Unificado de 2022** considerou correta a seguinte assertiva: Júlia é analista de sistemas de uma empresa de tecnologia e solicitou ao empregador trabalhar remotamente. Sobre a pretensão de Júlia, observados os termos da CLT, assinale a afirmativa correta: C) O computador e demais utilidades que se fizerem necessárias para o trabalho remoto de Júlia não integrarão sua remuneração.

11.5. Segurança e medicina do trabalho:

O artigo 75-E da CLT, acrescentado pela Lei n. 13.467/17 limitou a responsabilidade do empregador a *"instruir os empregados, de maneira expressa e ostensiva, quanto às precauções a tomar a fim de evitar doenças e acidentes de trabalho"*.

Essa instrução deverá ser realizada mediante assinatura de **termo de responsabilidade,** em que o empregado se compromete a seguir as instruções fornecidas pelo empregador.

11.6. Medida Provisória 1.108/22 – Teletrabalho

Finalidade: A MP 1.108/22, formaliza a criação do regime híbrido de trabalho e trata do auxílio-alimentação. De acordo com o Ministério do Trabalho, o normativo prevê que a modalidade tem, por objetivo, "modernizar a regulação existente na Consolidação das Leis do Trabalho (CLT)", além de "corrigir aspectos regulatórios que o uso maciço do teletrabalho durante a pandemia da covid-19 evidenciou, como, por exemplo, aumentar as possibilidades de regimes híbridos de teletrabalho".

Vigência: A MP foi publicada no dia 28 de março de 2022, com vigência imediata. Tem validade pelo prazo de 60 dias, prorrogáveis por mais 60 dias. Caso não seja aprovada pelo Congresso Nacional nesse período, perderá a sua eficácia.

Regras da MP 1108 sobre Teletrabalho:

- Dispõe que os funcionários que prestam serviços fora das dependências do empregador, com a utilização de tecnologias de informação e de comunicação, de maneira preponderante ou não – que não se configure trabalho externo -, são considerados teletrabalho ou trabalho remoto. Atenção: a MP alterou a redação do artigo 75-B da CLT (que havia sido introduzido com a Reforma Trabalhista), de forma a considerar que o teletrabalho se configura mesmo quando a prestação de serviços não seja preponderantemente feita fora das dependências do empregador. Na redação anterior do artigo 75-B da CLT, era exigido que isso acontece de forma preponderante.

- Dispõe que o comparecimento, ainda que habitual, às dependências do empregador, não descaracterizam o teletrabalho ou trabalho remoto. Atenção: a MP alterou a redação do parágrafo único do artigo 75-B da CLT (transformando-o em §1º), de forma a considerar que mesmo que o comparecimento físico na empresa seja habitual, isso não descaracteriza o teletrabalho, por si só.
- Dispõe que o empregado submetido ao regime de teletrabalho ou trabalho remoto poderá prestar serviços por jornada ou por produção ou tarefa, hipótese em que não será submetido ao controle de jornada. Atenção: A MP alterou o inciso III do artigo 62, fazendo constar a previsão de que estão excetuados do controle de jornada apenas os empregados em regime de teletrabalho que prestarem serviços por produção ou tarefa.
- Dispõe que trabalho remoto e teletrabalho não se equiparam com telemarketing ou teleatendimento.
- Determina que o teletrabalho ou trabalho remoto deve estar expressamente definido no contrato de trabalho.
- Dispõe que usar os recursos da empresa (notebook, materiais ou os softwares usados para trabalho) fora da jornada normal não constitui tempo à disposição, prontidão ou sobreaviso, exceto se houver previsão em acordo individual ou em acordo ou convenção coletiva de trabalho.
- Permite expressamente o teletrabalho ou trabalho remoto para estagiários e aprendizes.
- Dispõe sobre a necessidade de priorização pelos empregadores dos empregados com deficiência e aos empregados e empregadas com filhos ou criança sob guarda judicial até quatro anos para trabalhar nesse regime.
- Dispõe que se aplicam as disposições previstas na lei local e nas convenções e acordos coletivos de trabalho da base territorial do estabelecimento contratante (de lotação do empregado).
- Dispõe que se aplica a lei brasileira ao empregado admitido no Brasil, que optar por realizar o teletrabalho no exterior, exceto o que for disposto na lei 7.064/82 e os que tiverem disposição contratual em contrário.
- Dispõe que, mediante acordo individual, o empregador e empregado podem definir horários e meio de comunicação, observando-se os repousos legais.

12. MÃE SOCIAL

A mãe social é a empregada que se ativa em casas-lares, cuja atividade consiste na assistência de menores abandonados. O vínculo de emprego se forma com a entidade de assistência social para a qual trabalha a mãe social. O trabalho da Mãe Social é regulado pela Lei nº 7.644/1987. A mãe social deve residir na casa-lar com até dez menores e ter idade mínima de 25 anos.

São garantidos à mãe social: salário mínimo, repouso semanal remunerado, anotação da CTPS, férias, previdência, décimo terceiro salário e FGTS. O trabalho desenvolvido pela mãe social é de caráter intermitente, realizando-se pelo tempo necessário ao desempenho de suas tarefas.

13. GRUPO ECONÔMICO

13.1. Conceito:

Grupo econômico é a **reunião** de duas ou mais empresas que, mesmo cada uma possuindo personalidade jurídica própria, estejam sob direção, controle ou administração da outra (grupo econômico por **subordinação ou horizontal**), ou ainda quando, guarde cada uma sua autonomia (grupo econômico por **coordenação ou vertical**).

Sobre esse tema, o **Exame Unificado de 2017** considerou correta a seguinte assertiva: "José trabalhou como despachante para a sociedade empresária Vinhos do Sul Ltda. Frequentemente ele reparava que, nas notas de despacho, constava também a razão social da sociedade empresária Vinhos e Sucos de Bento Gonçalves Ltda. Os CNPJs das sociedades empresárias eram distintos, assim como suas respectivas personalidades jurídicas, porém, os sócios de ambas eram os mesmos, sendo certo que a sociedade empresária Vinhos e Sucos de Bento Gonçalves Ltda. era sócia majoritária da sociedade empresária Vinhos do Sul Ltda., além dos sócios pessoas físicas. Com base no caso narrado, assinale a opção que apresenta a figura jurídica existente entre as sociedades empresárias e o efeito disso perante o contrato de trabalho de João, em caso de eventual ação trabalhista. (...) Trata-se de grupo econômico, havendo responsabilidade solidária.

Na mesma linha, o **Exame Unificado de 2020** considerou correta a seguinte assertiva: Paulo trabalhou para a Editora Livro Legal Ltda. de 10/12/2017 a 30/08/2018 sem receber as verbas rescisórias ao final do contrato, sob a alegação de dificuldades financeiras da empregadora. Em razão disso, ele pretende ajuizar ação trabalhista e procurou você, como advogado(a). Sabe-se que a empregadora de Paulo estava sob o controle e a direção da sócia majoritária, a Editora Mundial Ltda. Assinale a afirmativa que melhor atende à necessidade e à segurança de satisfazer o crédito do seu cliente.

A) Poderá incluir a sociedade empresária controladora no polo passivo da demanda, e esta responderá solidariamente com a empregadora, pois se trata de grupo econômico".

Veja-se que nas duas questões acima destacadas, uma empresa controlava a outra empresa (sócia majoritária), caracterizando o grupo econômico. Contudo, é importante destacar que, com a Reforma Trabalhista, não é mais necessário que uma empresa tenha controle sobre a outra empresa para caracterizar o grupo econômico (grupo econômico por subordinação ou horizontal). Não é mais considerado como requisito indispensável a existência de relação de subordinação entre empresas controladas e empresa principal, já que o grupo econômico também poderá ser por coordenação ("mesmo guardando cada uma sua autonomia", conforme artigo 2º, § 2º, da CLT), que é o chamado grupo econômico por coordenação ou vertical.

13.2. Requisitos:

Para a formação do grupo econômico, não é necessário que as empresas integrantes exerçam a **mesma atividade econômica**, contudo, é necessário que tenham **finalidade econômica.**

FIQUE POR DENTRO:

Além da **identidade de sócios**, a caracterização do grupo econômico exige a presença de mais três requisitos:

a) interesse integrado;

b) efetiva comunhão de interesses; e

c) atuação conjunta das empresas dele integrantes.

13.3. Efeitos:

O grupo econômico gera a responsabilidade **solidária** entre as empresas integrantes.

MUITA ATENÇÃO!

A existência de grupo econômico gera a formação de um **único contrato de trabalho (responsabilidade solidária ativa)**. Dessa forma, se o empregado for contratado por uma das empresas, mas seu trabalho estiver sendo aproveitado pelas demais, terá um único contrato de trabalho, ou seja, sua carteira de trabalho não será assinada pelas duas empregadoras, mas apenas uma delas (**teoria do empregador único**). Sobre esse tema, o **Exame Unificado de 2017** considerou correta a seguinte assertiva: "Carlos, professor de educação física e fisioterapeuta, trabalhou para a Academia Boa Forma S/A, que assinou sua CTPS. Cumpria jornada de segunda a sexta-feira, das 7h às 16h, com uma hora de intervalo para almoço. Ao longo da jornada de trabalho, ele ministrava quatro aulas de ginástica com 50 minutos de duração cada, e, também, fazia atendimentos fisioterápicos previamente marcados pelos alunos da Academia, na sociedade empresária Siga em Boa Forma Ltda., do mesmo grupo econômico da Academia, sem ter sua CTPS anotada. Dispensado, Carlos pretende ajuizar ação trabalhista. Diante disso, em relação ao vínculo de emprego de Carlos assinale a afirmativa correta (...) O caso não gera coexistência de mais de um contrato de trabalho".

Além disso, qualquer uma das empresas integrantes do grupo econômico poderá sofrer os efeitos da execução trabalhista independentemente de terem figurado no polo passivo na fase de conhecimento, bastando que se tenha comprovado a existência do grupo econômico **na fase de execução (responsabilidade solidária passiva).**

14. SUCESSÃO DE EMPREGADORES

14.1. Conceito:

Ocorre a sucessão de empregadores (sucessão trabalhista) sempre que houver alteração no **polo subjetivo** da relação de emprego, seja pela alteração da propriedade da empresa (ex. sócio vende suas quotas), seja pela mudança de sua estrutura jurídica (ex. fusão).

14.2. Requisitos:

1) alteração na **estrutura jurídica ou na propriedade** da empresa, a qualquer título (Ex: incorporação de empresa, mudança de firma individual para sociedade);

2) **continuidade** da atividade empresarial de forma ininterrupta (Ex: aquele que adquire uma loja deve continuar vendendo os produtos da loja).

FIQUE POR DENTRO:

A Lei da Reforma Trabalhista afastou expressamente a necessidade da continuidade da prestação de serviços, pelo empregado, para caracterizar a sucessão. Assim, a responsabilidade do sucessor alcança inclusive as obrigações trabalhistas contraídas à época em que os empregados trabalhavam para a empresa sucedida (contratos já findos quando da sucessão).

14.3. Efeitos

A sucessão trabalhista não altera os contratos de trabalho em vigor **(Princípio da Despersonalização do Empregador).**

Portanto, o sucessor assume a **responsabilidade** pelos débitos trabalhistas do sucedido, inclusive de contratos já findos.

> **MUITA ATENÇÃO!**
>
> Em regra, o **sucedido** não tem qualquer responsabilidade sobre os créditos trabalhistas **anteriores à sucessão.**
>
> Todavia, haverá responsabilidade **solidária** do sucedido na hipótese de **fraude** na transferência.

O empregado não pode se opor a sucessão de empregador, já que a lei a permite (arts. 10 e 448, ambos da CLT). A exceção é quando o empregado tenha comprovadamente pactuado o contrato de trabalho levando em conta a **figura do empregador**. Neste caso, o empregado poderia encerrar o contrato de trabalho sem necessidade de cumprimento de aviso-prévio (os demais efeitos rescisórios seriam os do pedido de demissão). Exemplo: Jornalista cuja empresa que trabalha é vendida e novos proprietários mudam radicalmente a orientação ideológica do jornal, tornando inviável a manutenção do contrato, tendo em vista que aquele jornalista aceitou trabalhar para a empresa por seguir a mesma linha ideológica inicial.

Ainda que sucessor e sucedido tenham estipulado no contrato cláusula de não responsabilização pelos créditos anteriores à sucessão, esta cláusula não se aplica aos contratos de trabalho. Isso porque, as cláusulas não podem ser aplicadas àqueles que não participaram da sua elaboração (empregados), além da previsão legal de sucessão dos débitos que não pode ser afastada pelas partes (arts. 10 e 448, ambos da CLT).

15. SÓCIO RETIRANTE

O sócio retirante, isto é, aquele que sai do quadro societário da pessoa jurídica, responde **subsidiariamente** pelas obrigações trabalhistas da sociedade relativas ao período em que figurou como **sócio**.

Essa responsabilidade fica limitada às ações ajuizadas até **dois anos** depois de averbada a modificação do contrato, observada a seguinte ordem de preferência:

I – a empresa devedora;

II – os sócios atuais; e

III – os sócios retirantes.

Assim uma vez demandado em juízo, o sócio retirante pode alegar o **benefício de ordem** estabelecido no referido art. 10-A da CLT, qual seja: primeiro a empresa devedora, depois os sócios atuais e, por fim, os sócios retirantes.

O sócio retirante, portanto, não responderá pelas ações ajuizadas após dois anos contados da averbação da sua exclusão do quadro societário da empresa. Sobre esse tema, o **Exame Unificado de 2019** considerou correta a seguinte assertiva: "Alaor, insatisfeito com o pequeno lucro do restaurante do qual era sócio, retirou-se da sociedade empresária e averbou, na respectiva junta comercial, novo contrato social, onde constava sua retirada. O empresário, 36 meses após esse fato, foi surpreendido com sua citação em uma reclamação trabalhista ajuizada dias antes. Sobre a hipótese apresentada, considerando a atual redação da CLT, assinale a afirmativa correta. c) Alaor não mais responde, na ação trabalhista em referência, pelos débitos da sociedade".

O sócio retirante responderá **solidariamente** com os demais quando ficar comprovada **fraude** na alteração societária decorrente da modificação do contrato. É o que pode ocorrer, por exemplo, se o sócio simular a venda das suas cotas para um "laranja", sabidamente insolvente ou que sirva apenas como um sócio aparente.

16. FALÊNCIA E RECUPERAÇÃO JUDICIAL (LEIS Nº 11.105/05- LF E 14.112/20)

Na falência, o crédito trabalhista goza de preferência legal quando tratar-se de: 1) crédito trabalhista de até o valor de 150 salários mínimos; 2) créditos decorrentes de acidentes de trabalho (sem limitação de valor).

Os saldos dos créditos trabalhistas que excederem o valor de 150 salários mínimos serão habilitados no quadro de credores quirografários, que são aqueles créditos sem qualquer garantia.

Os créditos trabalhistas de natureza estritamente salarial vencidos nos 3 (três) meses anteriores à decretação da falência, até o limite de 5 (cinco) salários-mínimos por trabalhador serão quitados tão logo haja disponibilidade em caixa, ficando em primeiro lugar na ordem de créditos extraconcursais.

O prazo para o pagamento dos créditos trabalhistas vencidos até a data do pedido de recuperação judicial que era de um ano, com a Lei n. 14.112/20 passou a ser estendido em até dois anos, desde que atendidos alguns requisitos cumulativos, quais sejam: I – apresentação de garantias julgadas suficientes pelo juiz; II – aprovação pelos credores trabalhistas, na forma do § 2º do art. 45 da LF; III – garantia da integralidade do pagamento dos créditos trabalhistas.

O plano de recuperação judicial não poderá, ainda, prever prazo superior a 30 (trinta) dias para o pagamento, até o limite de 5 (cinco) salários mínimos por trabalhador, dos créditos de natureza estritamente salarial vencidos nos 3 (três) meses anteriores ao pedido de recuperação judicial.

É vedada a atribuição de responsabilidade a terceiros em decorrência do "mero inadimplemento" do devedor falido ou em recuperação judicial, ressalvadas as garantias reais e fidejussórias e as demais hipóteses reguladas expressamente pela lei.

A partir da Lei n. 14.112/20, em caso de cessão de crédito na falência ou recuperação, serão mantidas a sua natureza e classificação.

No caso de recuperação judicial ou falência, na alienação conjunta ou separada de ativos, inclusive da empresa ou de suas filiais, não haverá sucessão trabalhista, salvo quando o arrematante for (§ 1º do art. 141): I – sócio da sociedade falida, ou sociedade controlada pelo falido; II – parente, em linha reta ou colateral até o 4º (quarto) grau, consanguíneo ou afim, do falido ou de sócio da sociedade falida; ou III – identificado como agente do falido com o objetivo de fraudar a sucessão.

Também não haverá sucessão trabalhista ou de responsabilidade, nas seguintes hipóteses: 1) o credor que converte seu crédito em capital não é considerado sucessor e nem responde pela dívida do devedor; 2) o investidor quando aporta novos recursos na devedora não é considerado sucessor e nem responde pela dívida do devedor; 3) no caso de substituição dos administradores da devedora, não haverá sucessão e nem responsabilidade das dívidas pelo novo administrador.

Após a Lei nº 14.112/20, passou a ser permitida a inclusão de créditos trabalhistas na recuperação extrajudicial, desde que exista negociação coletiva. A recuperação extrajudicial é um acordo celebrado entre o devedor e seus credores no âmbito privado, que deve ser homologado judicialmente, desde que observados os requisitos do artigo 48 da LF.

17. IDENTIFICAÇÃO E REGISTRO PROFISSIONAL

A CLT admite que o contrato de trabalho seja firmado **tacitamente**, surtindo normalmente seus efeitos. Todavia, tal previsão visa apenas assegurar os direitos do trabalhador, pois a CLT também impõe ao empregador a **obrigação administrativa** de anotar o contrato de trabalho na CTPS do empregado, principalmente para fins previdenciários.

A CTPS é obrigatória para o exercício de **qualquer emprego**, inclusive de natureza rural, ainda que em caráter temporário, e para o exercício por conta própria de atividade profissional remunerada. A CTPS é, assim, o documento de **identificação profissional** do trabalhador, o qual prova a existência do contrato de trabalho, bem como o tempo de serviço para fins previdenciários.

A CTPS será emitida pelo Ministério da Economia preferencialmente em **meio eletrônico**. O empregador terá o prazo de **5 (cinco) dias úteis** para anotar na CTPS, em relação aos trabalhadores que admitir, a data de admissão, a remuneração e as condições especiais, se houver, facultada a adoção de sistema manual, mecânico ou eletrônico, conforme instruções a serem expedidas pelo Ministério da Economia. As anotações concernentes à remuneração devem especificar o salário, qualquer que seja sua forma de pagamento, seja ele em dinheiro ou em utilidades, bem como a estimativa da gorjeta.

A comunicação pelo trabalhador do número de **inscrição no CPF** ao empregador equivale à apresentação da CTPS em meio digital, dispensado o empregador da emissão de recibo. Os registros eletrônicos gerados pelo empregador nos sistemas informatizados da CTPS em meio digital equivalem às anotações a que se refere esta lei. O trabalhador deverá ter acesso às informações da sua CTPS no prazo de até 48 (quarenta e oito) horas a partir de sua anotação. É vedado ao empregador efetuar anotações desabonadoras à conduta do empregado em sua Carteira de Trabalho e Previdência Social. As anotações apostas pelo empregador na CTPS não geram presunção absoluta (juris et de jure) de veracidade. Em outras palavras, é cabível prova em sentido contrário para demonstrar que as anotações constantes da CTPS não são verdadeiras. Sobre esse tema, o **Exame Unificado de 2020** considerou correta a seguinte assertiva: "Renato é um empregado doméstico que atua como caseiro no sítio de lazer do seu empregador. Contudo, a CTPS de Renato foi assinada como sendo operador de máquinas da empresa de titularidade do seu empregador. Renato tem receio de que, no futuro, não possa comprovar experiência na função de empregado doméstico e, por isso, intenciona ajuizar reclamação trabalhista para regularizar a situação. Considerando a situação narrada e o entendimento consolidado do TST, assinale a afirmativa correta.

A) Caso comprove que, de fato, é doméstico, Renato conseguirá a retificação na CTPS, pois as anotações nela lançadas têm presunção relativa.

17.1. MP 1107- multas ausência anotação CTPS

Vigência: A MP foi publicada no dia 18 de março de 2022, com vigência imediata. Tem validade pelo prazo de 60 dias, prorrogáveis por mais 60 dias. Caso não seja aprovada pelo Congresso Nacional nesse período, perderá a sua eficácia.

Multas previstas: A MP incluiu os artigos 29-A e 29-B à CLT, tratando das multas em caso de ausência de anotação de CTPS. Assim, o empregador que não fizer anotação do vínculo na carteira de trabalho do empregado, ficará sujeito a multa no valor de R$ 3.000,00 (três mil reais) por empregado prejudicado, acrescido de igual valor em cada reincidência. No caso de microempresa ou de empresa de pequeno porte, o valor final da multa aplicada será de R$ 800,00 (oitocentos reais) por empregado prejudicado. No caso de falta de registro das demais informações sobre a relação de emprego (ex. férias, acidentes, etc.), o empregador ficará sujeito a multa no valor de R$ 600,00 (seiscentos reais) por empregado prejudicado.

A infração relacionada com a ausência de anotação do vínculo de emprego na CTPS constitui exceção ao critério da dupla visita do fiscal do trabalho. Esse critério consiste na realização de duas visitas ao estabelecimento do empregador: a primeira, para inspecionar o local de trabalho e instruir o empregador sobre o que este deve fazer para sanar eventual irregularidade; a segunda, para verificar se o empregador seguiu as instruções e, se for o caso, lavrar autos de infração para tantas quantas forem as irregularidades não sanadas.

DICA IMPORTANTE

Diante das profundas alterações e novos institutos trazidos pela Reforma Trabalhista, é fundamental a memorização dos artigos 10-A, 47, 47-A, 75-A a 75-E, 442-B, 443, §3º, 444, parágrafo único, 448-A e 452-A, todos da CLT. É provável que o conteúdo de algumas questões seja retirado desses dispositivos. Fique atento!

EM RESUMO: Contrato de Trabalho	
Conceito	Acordo de vontades, tácito ou expresso, em que uma pessoa física (empregado) coloca seus serviços à disposição de uma pessoa física, jurídica ou ente despersonalizado (empregador), sendo estes serviços pessoais, não eventuais, onerosos e subordinados.
Características	1) **CONSENSUAL:** Depende da manifestação de vontade, expressa ou tácita; 2) **COMUTATIVO:** As prestações são conhecidas desde o início da contratação; 3) **ONEROSO:** Pressupõe a prestação de serviços em troca de vantagens econômicas; 4) **TRATO SUCESSIVO:** É a continuidade no tempo. O contrato de emprego não é instantâneo, ainda que por prazo determinado. 5) ***INTUITU PERSONAE:*** Possui caráter pessoal com relação ao empregado, de forma que somente este empregado pode cumprir a prestação de serviços. Para o empregador não se exige o caráter da pessoalidade. 6) **INFORMAL:** Não requer forma, podendo ser verbal ou até mesmo tácito, mas existem exceções (ex. contrato de atleta profissional de futebol, que deve ser sempre escrito); 7) **SINALAGMÁTICO:** Dá origem a obrigações contrárias, contrapostas. Há um equilíbrio, ainda que apenas formal, entre as prestações de ambas as partes.
Elementos Essenciais	São aqueles que dizem respeito à **validade** do ato jurídico: capacidade das partes, o objeto lícito e a forma prescrita ou não defesa em lei.
Alteração do contrato de trabalho	Vedada quando causar **prejuízo** ao empregado. A exceção é quando observar os seguintes requisitos: 1) consentimento do empregado; 2) ausência de prejuízo ao empregado.
Suspensão do contrato de trabalho	Cessação **temporária** dos principais **efeitos** do contrato de trabalho.
Interrupção do contrato de trabalho	Cessação **temporária** da **prestação de serviços** pelo empregado, mantendo-se, entretanto, as obrigações patronais.

CAPÍTULO II
REMUNERAÇÃO

1. SALÁRIO E REMUNERAÇÃO

1.1. Salário:

Salário é toda **contraprestação** ou vantagem, concedida em pecúnia ou em utilidade, paga **diretamente** pelo empregador ao empregado, em virtude do contrato de trabalho.

Qualquer que seja a modalidade do trabalho, o pagamento do salário não deve ser estipulado por período superior a um mês, salvo no que concerne a comissões, percentagens e gratificações. Quando o pagamento houver sido estipulado por mês, deverá ser efetuado, o mais tardar, até o quinto dia útil do mês subsequente ao vencido, exceto em relação às comissões e percentagens, que só são exigíveis depois de ultimada a transação a que se referem. Nos termos do artigo 457, §1º, da CLT, com redação dada pela Lei da Reforma Trabalhista: "Integram o salário a importância fixa estipulada, as gratificações legais e as comissões pagas pelo empregador".

Uma determinada parcela paga ao empregado não terá natureza salarial em duas situações: 1) quando a lei assim o determinar; 2) quando a parcela possuir caráter indenizatório, isto é, visa ressarcir o empregado de despesas efetivamente efetuadas, e não retribuir o trabalho prestado.

Assim, não são parcelas salariais aquelas cuja natureza é indenizatória (ressarcimento e não contraprestação), bem como aquelas cuja natureza salarial é afastada por lei.

As importâncias, ainda que habituais, pagas a título de ajuda de custo, auxílio-alimentação, vedado seu pagamento em dinheiro, diárias para viagem, prêmios e abonos não integram a remuneração do empregado, não se incorporam ao contrato de trabalho e não constituem base de incidência de qualquer encargo trabalhista e previdenciário. O Salário-família e a Participação nos lucros e resultados – PLR também têm natureza indenizatória.

Sobre esse tema, o **Exame Unificado de 2018** considerou correta a seguinte assertiva: "Jorge era caixa bancário e trabalhava para o Banco Múltiplo S/A. Recebia salário fixo de R$ 4.000,00 mensais. Além disso, recebia comissão de 3% sobre cada seguro de carro, vida e previdência oferecido e aceito pelos clientes do Banco, o que fazia concomitantemente com suas atividades de caixa, computando-se o desempenho para suas metas e da agência. Os produtos em referência não eram do banco, mas, sim, da Seguradora Múltiplo S/A, empresa do mesmo grupo econômico do empregador de Jorge. Diante disso, observando o entendimento jurisprudencial consolidado do TST, bem como as disposições da CLT, assinale a afirmativa correta. C) Os valores recebidos a título de comissão devem integrar a remuneração de Jorge".

Também sobre essa temática, o **Exame Unificado de 2010** considerou errada a seguinte assertiva: "o salário-maternidade tem natureza salarial". A resposta está incorreta porque, apesar da denominação "salário-maternidade", tal parcela tem natureza de benefício previdenciário, não se tratando de parcela salarial, na medida em que não se destina a remunerar a prestação de serviços.

Ainda sobre esse tema, o **Exame Unificado de 2010** considerou correta a seguinte assertiva: "a parcela de participação nos lucros ou resultados, habitualmente paga, não integra a remuneração do empregado". Tal parcela não tem natureza salarial conforme dispõe expressamente a própria CF/88 em seu art. 7º, XI.

Salário proporcional é aquele a ser pago aos empregados sob o regime de tempo parcial será proporcional à sua jornada, em relação aos empregados que cumprem, nas mesmas funções, tempo integral (§ 1º do art. 58-A da CLT). No mesmo sentido a OJ nº 358, I, da SDI-1 do TST: Havendo contratação para cumprimento de jornada reduzida, inferior à previsão constitucional de 8 horas diárias ou 44 semanais, é lícito o pagamento do piso salarial ou do salário mínimo proporcional ao tempo trabalhado.

Salário substituição é aquele devido enquanto perdurar a substituição que não tenha caráter meramente eventual, inclusive nas férias, o empregado substituto fará jus ao salário contratual do substituído. Vago o cargo em definitivo, o empregado que passa a ocupá-lo não tem direito a salário igual ao do antecessor (Súm. 159 do TST).

1.2. Remuneração:

Remuneração é a **soma** dos pagamentos **diretos** (feitos pelo empregador) e dos **indiretos** (feitos por terceiros) ao empregado, em virtude do contrato de trabalho.

1.3. Princípio da irredutibilidade salarial (art. 7º, VI, CF/88):

É vedada a **redução** do salário **nominal** pelo empregador. Observe-se que não há garantia para a manutenção do salário real do empregado, isto é, o poder aquisitivo do salário, mas sim garantia para o salário nominal.

Sobre esse tema, o **Exame Unificado de 2011** considerou correta a seguinte assertiva: "Maria da Silva foi contratada para trabalhar como cozinheira na residência de Márcio dos Santos, percebendo um salário mínimo. Passados dois anos, Márcio ficou desempregado e decidiu iniciar um negócio próprio de venda de doces e salgados. Para atingir seu objetivo, aproveitou-se dos serviços de Maria, oferecendo-lhe um acréscimo de R$ 100,00 na remuneração. Assim, além de preparar as refeições da família de Márcio, a empregada Maria também dedicava parte de seu tempo preparando os doces e salgados que seriam vendidos por ele posteriormente. Durante três anos, Márcio desenvolveu essa atividade comercial com base em sua residência. Contudo, em virtude de uma proposta de emprego, Márcio encerrou a venda de quitutes e retirou o acréscimo de R$ 100,00 da remuneração de Maria. Inconformada, Maria reclamou ao longo de seis meses com o seu empregador, a fim de ver restabelecida a gratificação. Entretanto, depois de tanta insistência, Márcio decidiu dispensá-la sem justa causa. Dois meses depois, Maria ajuizou ação trabalhista, pleiteando o pagamento de aviso prévio, 13° salário, férias e terço constitucional, FGTS e indenização de 40%, além de seis meses de diferença salarial, tudo com base na sua remuneração total (salário mínimo acrescido de R$ 100,00). Com base na situação acima descrita (...) Maria faz jus à permanência do acréscimo remuneratório, uma vez que, por se tratar de parcela de natureza salarial, não poderia ser reduzida unilateralmente pelo empregador".

A irredutibilidade salarial apresenta duas **exceções**:

1) autorização por **negociação coletiva.** Sobre esse tema, o **Exame Unificado de 2012** considerou correta a seguinte assertiva: "No direito brasileiro, a redução do salário é (...) possível mediante convenção ou acordo coletivo de trabalho".

Ainda sobre essa temática, o **Exame Unificado de 2017** considerou correta a seguinte assertiva: "Um grupo econômico é formado pelas sociedades empresárias X, Y e Z. Com a crise econômica que assolou o país, todas as empresas do grupo procuraram formas de reduzir o custo de mão de obra. Para evitar dispensas, a sociedade empresária X acertou a redução de 10% dos salários dos seus empregados por convenção coletiva; Y acertou a mesma redução em acordo coletivo; e Z fez a mesma redução, por acordo individual escrito com os empregados. (...) A empresa Z não acertou a redução salarial na forma da lei, tornando-a inválida". Como visto, a empresa Z não acertou a redução salarial por negociação coletiva, tornando nula tal conduta do empregador.

> **MUITA ATENÇÃO!**
>
> O § 3º do artigo 611-A da CLT, introduzido pela Lei da Reforma Trabalhista, prevê a **garantia de emprego** em contrapartida à **redução salarial por negociação coletiva.** Dessa forma, se for pactuada cláusula com previsão de redução salarial, a norma coletiva também deverá prever a proteção dos empregados contra **dispensa imotivada** durante o prazo de vigência do instrumento coletivo. Sobre essa temática, o **Exame Unificado de 2018** considerou correta a seguinte assertiva: "Em 2018, um sindicato de empregados acertou, em acordo coletivo com uma sociedade empresária, a redução geral dos salários de seus empregados em 15% durante 1 ano. Nesse caso, conforme dispõe a CLT, a contrapartida será a garantia no emprego a todos os empregados envolvidos durante a vigência do acordo coletivo".

2) não se aplica para parcelas de **salário condição,** isto é, aquelas pagas em virtude de determinada condição mais gravosa (adicionais em geral) ou mesmo circunstância temporária (exemplo: gratificação por exercício de cargo de confiança). Se cessada a condição que gera o pagamento daquela parcela, ela poderá ser suprimida. Sobre esse tema, o **Exame Unificado de 2012** considerou correta a seguinte assertiva: "O trabalhador somente faz jus ao pagamento do adicional de insalubridade enquanto permanecer exposto a agentes de risco à sua saúde, independentemente do tempo em que percebeu o aludido adicional".

> **FIQUE POR DENTRO:**
>
> Até o advento da Reforma Trabalhista, o entendimento predominante era aquele consubstanciado na Súmula 372 do TST, que não admite a supressão da gratificação de função de confiança quando recebida por dez anos ou mais, com base no princípio da estabilidade econômica. Sobre esse tema, o **Exame Unificado de 2014**, ao questionar a validade da reversão de um empregado ao cargo de origem, com supressão da gratificação de função, considerou correta a seguinte assertiva: "A atitude do empregador é legítima e ele pode suprimir a gratificação de função, já que o valor não foi percebido por mais de dez anos".
>
> Contudo, a Lei da Reforma Trabalhista introduziu o § 2º ao art. 468 da CLT, *com previsão exatamente contrária ao previsto na referida Súmula, vendando* qualquer possibilidade de a gratificação de função incorporar ao salário quando o empregado deixar de exercer o cargo de confiança, independentemente do tempo de serviço na função.

1.4. Descontos salariais: Em regra, são vedados **descontos** no salário do empregado.

As exceções são:

1) previsão **legal** (por exemplo, o desconto do INSS que está previsto no art. 30, I, "a", da Lei 8212/91) ou previsão em **contrato coletivo.** Sobre esse tema, o **Exame Unificado de 2012** considerou correta a seguinte assertiva: "Um frentista de posto de gasolina sofreu desconto no seu salário referente à devolução de cheque sem provisão de fundos, em razão de não ter observado recomendação prevista em acordo coletivo de trabalho no tocante à verificação da situação cadastral do cliente no ato da venda do combustível. Diante dessa situação hipotética, e considerando que a norma coletiva autoriza o desconto salarial no caso de negligência do empregado: (...) O desconto foi lícito, em face da não observância das recomendações previstas em norma coletiva".

   Ainda sobre o tema, **Exame Unificado de 2021** considerou correta a seguinte assertiva: "Regina foi admitida pela sociedade empresária Calçados Macios Ltda., em abril de 2020, para exercer a função de estoquista. No processo de admissão, foi ofertado a Regina um plano de previdência privada, parcialmente patrocinado pelo empregador. Uma vez que as condições pareceram vantajosas, Regina aderiu formalmente ao plano em questão. No primeiro contracheque, Regina, verificou que, na parte de descontos, havia subtrações a título de INSS e de previdência privada. Assinale a opção que indica, de acordo com a CLT, a natureza jurídica desses descontos: B) INSS é desconto legal e previdência privada, contratual". No caso analisado na questão tem-se o desconto do INSS que está previsto na lei (art. 30, I, "a", da Lei 8212/91) e o desconto de natureza privada, para integração em previdência privada. Logo, está correta a alternativa.

2) **adiantamentos.**

3) **dano doloso,** isto é, o empregado pratica um dano ao empregador de forma **intencional**. Sobre esse tema, o **Exame Unificado de 2015** considerou correta a seguinte assertiva: "Plácido, empregado de um restaurante, sem qualquer motivo, passou a agredir verbalmente seu superior, até que, violentamente, quebrou uma mesa e uma cadeira que estavam próximas. Contornada a situação, Plácido foi dispensado e a empresa descontou no seu TRCT os valores do prejuízo com os móveis, que correspondiam a 60% do salário do trabalhador. Sobre o episódio apresentado: A empresa pode descontar o valor mesmo sem previsão contratual para tanto, pois a atitude de Plácido, ao praticar o dano, foi dolosa".

4) **dano culposo**, desde que **autorizado** pelo empregado. Quando o dano praticado pelo empregado acontecer por **culpa** (imperícia, imprudência ou desídia), o desconto salarial somente será permitido mediante autorização expressa do empregado. Sobre esse tema, o **Exame Unificado de 2013** considerou correta a seguinte assertiva: "Paulo, motorista de ônibus, mantém contrato de trabalho com a empresa Transporte Seguro S/A, no qual há estipulação escrita de que o motorista envolvido em acidente de trânsito será descontado pelas avarias e prejuízos causados. Em um dia comum, Paulo ultrapassou o sinal vermelho e colidiu com veículo que vinha do outro lado do cruzamento. Não houve vítimas, mas os veículos ficaram impedidos de trafegar em razão das avarias e o coletivo foi multado por avanço de sinal. A empresa entendeu por bem descontar do salário de Paulo o conserto do ônibus, bem como as despesas com o conserto do veículo de passeio. Diante disso: A empresa agiu corretamente, pois Paulo agiu com culpa e havia previsão contratual para tanto".

5) descontos salariais com a **autorização prévia e por escrito** do empregado, para ser integrado em planos de assistência odontológica, médico-hospitalar, de seguro, de previdência privada, ou de entidade cooperativa, cultural ou recreativo-associativa de seus trabalhadores, em seu benefício e de seus dependentes, salvo se ficar demonstrada a existência de coação ou de outro defeito que vicie o ato jurídico.

Em se tratando de **motorista profissional**, este não responderá perante o empregador por prejuízo patrimonial decorrente da ação de **terceiro**, ressalvado o **dolo** ou a **desídia** do motorista, nesses casos mediante comprovação, no cumprimento de suas funções (art. 2º, "a", da Lei nº 13.103/2015).

É lícito o desconto salarial referente à devolução de cheques sem fundos, quando o frentista não observar as recomendações previstas em instrumento coletivo (OJ nº 251 da SDI-1 do TST).

O STF, no julgamento do Recurso Extraordinário com Agravo (ARE) 1224327, que teve repercussão geral reconhecida, fixou a tese de que é **constitucional** a contribuição previdenciária devida por **aposentado** pelo Regime Geral de Previdência Social (RGPS) que permaneça **em atividade** ou a essa retorne. Com base no **'princípio da solidariedade'**, o STF considerou legítimo exigir que esses aposentados contribuam para a seguridade social da mesma forma que os demais trabalhadores, fazendo com que a finalidade das contribuições sociais alcance a maior amplitude possível.

> **MUITA ATENÇÃO!**
>
> No caso dos **domésticos**, é vedado o desconto por fornecimento de alimentação, vestuário, higiene ou moradia, bem como por despesas com transporte, hospedagem e alimentação em caso de acompanhamento em viagem.
>
> Para os domésticos, poderão ser efetuados os seguintes descontos:
>
> 1) **adiantamento** salarial;
> 2) mediante **acordo escrito** entre as partes, para a **inclusão** do empregado em planos de assistência médico-hospitalar e odontológica, de seguro e de previdência privada, não podendo a dedução ultrapassar **20%** (vinte por cento) do salário;
> 3) despesas com **moradia,** quando essa se referir a local diverso da residência em que ocorrer a prestação de serviço, desde que essa possibilidade tenha sido expressamente acordada entre as partes.

No caso do **empregado rural**, salvo as hipóteses de determinação legal ou decisão judicial, só poderão ser descontadas as seguintes parcelas, calculadas sobre o **salário mínimo**, mediante **prévia autorização**, sob pena de nulidade (art. 9º da Lei nº 5.889/73):

a) até **20%** pela ocupação da **morada** (divididos proporcionalmente entre os empregados no caso de moradia coletiva);

b) até **25%** pelo fornecimento de **alimentação** sadia e farta;

c) **adiantamentos** em dinheiro.

1.5. Parcelas salariais

Abaixo serão destacadas características das principais verbas salariais:

Décimo terceiro salário: surgiu da prática adotada pelos empregados de concederem a gratificação de natal (ou gratificação natalina) a seus empregados, por ocasião do final do ano. O legislador tornou essa prática obrigatória com a Lei nº 4.090/1962 e Lei nº 4.794/1965. Com a Constituição Federal de 1988, o décimo terceiro salário foi alçado à condição de direito constitucional do trabalhador em geral (art. 7º, VIII, CF/88). O décimo terceiro salário é devido até o dia 20 de dezembro de cada ano, com valor equivalente à remuneração devida em dezembro. A título de adiantamento, deverá o empregador pagar ao empregado, entre os meses de fevereiro e novembro (portanto até 30 de novembro), metade do décimo terceiro devido, parcela esta que será compensada quando do pagamento em dezembro (arts.1º e 2º da Lei nº 4.749/1965). É direito potestativo do empregado requerer o adiantamento de metade do décimo terceiro, de forma que seja pago concomitante com as férias, desde que o faça durante o mês de **janeiro** do ano correspondente. Sobre esse tema, o **Exame Unificado de 2019** considerou correta a seguinte assertiva: "Reinaldo é empregado da padaria Cruz de Prata Ltda., na qual exerce a função de auxiliar de padeiro, com jornada de segunda a sexta-feira, das 12h às 17h, e pausa alimentar de 15 minutos. Aproxima-se o final do ano, e Reinaldo aguarda ansiosamente pelo pagamento do 13º salário, pois pretende utilizá-lo para comprar uma televisão. A respeito do 13º salário, assinale a afirmativa correta. B) A gratificação natalina deve ser paga em duas parcelas, sendo a primeira entre os meses de fevereiro e novembro e a segunda, até o dia 20 de dezembro de cada ano".

Comissões: modalidade de salário variável constituído, em regra, de um percentual sobre o valor do resultado da atividade executada pelo empregado. As comissões são parcelas **contraprestativas** pagas pelo empregador ao empregado em decorrência de uma **produção** alcançada pelo empregado, calculadas tomando por base essa produção.

Sobre esse tema, o **Exame Unificado de 2022** considerou correta a seguinte assertiva: Na reclamação trabalhista movida por Paulo contra a sociedade empresária Moda Legal Ltda., o juiz prolator da sentença reconheceu que o autor tinha direito ao pagamento das comissões, que foram prometidas mas jamais honradas, mas indeferiu o pedido de integração das referidas comissões em outras parcelas (132 salário, férias e FGTS) diante da sua natureza indenizatória. Considerando a situação de fato e a previsão legal, assinale a afirmativa correta: B) Errada a decisão que indeferiu a integração, porque comissão tem natureza jurídica salarial, daí repercute em outras parcelas.

Ainda sobre esse tema da natureza jurídica salarial das comissões, o **Exame Unificado de 2021** considerou correta a seguinte assertiva: Desde abril de 2019, Denilson é empregado em uma indústria de cosméticos, com carteira profissional assinada. No último contracheque de Denilson verifica-se o pagamento das seguintes parcelas: abono, prêmio, comissão e diária para viagem. Considerando essa situação, assinale a opção que indica a verba que, de acordo com a CLT, integra o salário e constitui base de incidência de encargo trabalhista: C) Comissão.

O pagamento das comissões só é exigível depois de ultimada a transação a que se referem, isto é, quando aceito o negócio pelo empregador, independentemente do cumprimento do negócio ou pagamento.

Nas transações realizadas por prestações sucessivas, é exigível o pagamento das percentagens e comissões que lhes disserem respeito proporcionalmente à respectiva liquidação. Logo, se a venda foi parcelada, o pagamento das comissões pode observar a quitação de cada parcela, conforme previsto no art. 466, § 1º, CLT.

Mesmo na hipótese de extinção contratual, o empregado continua tendo direito de receber as comissões vincendas relativas a negócios já efetuados antes da demissão (art. 466, § 2º, CLT).

A respeito do pagamento da comissão após a extinção contratual, no **Exame Unificado de 2022**, a banca inicialmente considerou correta a seguinte assertiva: "Godofredo foi contratado como vendedor de automóveis usados pela sociedade empresária Carango de Ouro Ltda., em julho de 2019. Godofredo recebia salário fixo acrescido de 5% sobre as vendas por ele efetuadas. Em março de 2020, Godofredo vendeu um automóvel por R$ 30.000,00, divididos em 10 parcelas de R$ 3.000,00 mensais. Ocorre que Godofredo foi dispensado, por justa causa, dois meses após. Sobre a situação retratada, segundo os termos da CLT, assinale a afirmativa correta: C) O empregador poderá pagar a comissão ao empregado dispensado, de acordo com a respectiva liquidação, ao longo do tempo". Como dito, inicialmente, a banca examinadora atribuiu como correta a alternativa C. Contudo, na alternativa atribuída como correta, o examinador usou o verbo "poderá", quando, na verdade, é um dever da empresa o pagamento das comissões, mesmo após a cessão das relações de trabalho. Por essa razão, a questão foi anulada pela banca.

Adicionais: são parcelas salariais devidas ao empregado em razão de **circunstâncias** especiais que tornam a execução do contrato de trabalho mais **gravosa.** Paga-se um *plus* em virtude do desconforto, desgaste ou risco vivenciados pelo empregado, da responsabilidade de encargos superiores recebidos, do exercício cumulativo de funções, etc. É o que se verifica, por exemplo, com o labor em condições de insalubridade ou periculosidade. A CF/88 também prevê o adicional por atividade penosa, mas até a presente data, esse direito não foi regulamentado. Os adicionais enquanto são pagos **integram** o salário, isto é, repercutem no cálculo das horas extras, das férias, do décimo terceiro salário, do FGTS e do aviso-prévio. Se deixar de existir a condição para o pagamento do adicional (ex. neutralizada a insalubridade), o seu pagamento deixa de ser obrigatório. Os adicionais, portanto, têm natureza de **salário-condição.**

Gorjeta: A gorjeta consiste na importância paga por **terceiro** de forma **espontânea** (própria) ou **compulsória,** incluída na nota de serviços (imprópria). É o exemplo mais comum de pagamento indireto (realizado por pessoa diversa do empregador) e sua natureza é remuneratória, isto é, integram a remuneração do empregado. As gorjetas, contudo, não integram a base de cálculo das parcelas baseadas no salário como aviso prévio, adicional noturno, horas extras e o DSR, conforme Súm. 354 do TST.

Sobre esse tema, o **Exame Unificado de 2014** considerou errada a seguinte assertiva: "As gorjetas não integram a remuneração, uma vez que são espontâneas, pois não há o controle das quantias concedidas". A assertiva está incorreta porque, como já dito, o conceito de remuneração para fins trabalhistas engloba não só os pagamentos diretos (feitos pelo empregador) como também os pagamentos indiretos (feitos por terceiro) em virtude do contrato.

Ainda sobre esse tema, o **Exame Unificado de 2014** considerou errada a seguinte assertiva: "As gorjetas são integradas, para todos os efeitos, na remuneração do empregado, repercutindo, assim, no pagamento de todos os direitos trabalhistas". A assertiva está incorreta porque conforme Súmula 354 do TST, as gorjetas não integram a base de cálculo de todas as verbas devidas ao empregado.

1.6. Parcelas não salariais

Abaixo serão destacadas características das principais verbas não salariais:

Prêmios: Prêmio é a modalidade de salário vinculado a fatores de ordem pessoal do trabalhador ou vinculado à conduta de um grupo de trabalhadores. Após a vigência da Lei nº 13.467/17, o prêmio, que tinha natureza salarial, passou a ter caráter indenizatório, não só para efeitos trabalhistas, mas também previdenciários (art. 457, §2º, CLT).

Participação nos Lucros e Resultados-PLR: Trata-se de parcela espontânea, que deve ser criada por negociação coletiva e seu pagamento pode ser anual ou semestral, fixo ou variável, conforme negociado. Não tem natureza salarial conforme dispõe a própria CF/88 em seu art. 7º, XI. Em caso de rescisão contratual é devida a participação nos lucros proporcional aos meses trabalhados (OJ 390 da SDI-1 do TST). A Lei nº 10.101/2000 regulamenta a Participação nos Lucros ou Resultados.

Diárias de viagem: Diárias são valores pagos aos empregados a título de ressarcimento de **despesas** decorrentes de **viagens a serviço**. As diárias não integram o salário, não se incorporam ao contrato de trabalho e não constituem base de incidência de qualquer encargo trabalhista e previdenciário. A Lei da Reforma Trabalhista retirou a presunção de natureza salarial para as diárias que excederem a 50% do salário percebido pelo empregado, de forma que qualquer valor pago a título de diária terá natureza indenizatória.

Sobre esse tema, o **Exame Unificado de 2017** considerou correta a seguinte assertiva: "Pedro é empregado da sociedade empresária X e, em determinado mês, recebeu diárias na ordem de 70% do seu salário, sem ter prestado qualquer conta ao empregador. De acordo com a CLT e o entendimento consolidado do TST (...) A diária, na hipótese retratada, terá natureza salarial na totalidade."

Veja-se que na questão destacada as diárias ultrapassaram 50% do salário do empregado e não existiu prestação de contas, razão pela qual presumia-se a natureza salarial desse pagamento conforme norma vigente à época, o que não é o caso atualmente.

> **MUITA ATENÇÃO!** A Lei da Reforma Trabalhista retirou a presunção de natureza salarial para as diárias que excederem a 50% do salário percebido pelo empregado, de forma que qualquer valor pago a título de diária terá natureza indenizatória.

MP 1108/22 – Auxílio-alimentação

Vigência: A MP foi publicada no dia 28 de março de 2022, com vigência imediata. Tem validade pelo prazo de 60 dias, prorrogáveis por mais 60 dias. Caso não seja aprovada pelo Congresso Nacional nesse período, perderá a sua eficácia.

Regras da MP 1108 sobre Auxílio alimentação:

Determina que o Auxílio-Alimentação seja destinado exclusivamente ao pagamento de refeições em restaurantes ou estabelecimentos de produtos alimentícios. A regra vem para impedir que o auxílio, que tem tratamento tributário favorável, seja utilizado para a aquisição de produtos não relacionados à alimentação.

Dispõe que a execução inadequada, desvio ou desvirtuamento da finalidade na concessão ou contratação do benefício poderá acarretar ao empregador, empresa beneficiária ou empresas emissoras de instrumentos de pagamento multas, cancelamento da inscrição do registro nos programas de alimentação do trabalhador.

Dispõe que as empresas deverão se adequar ao novo regramento quando da renovação dos contratos vigentes, assinatura de novos contratos ou depois de transcorridos 14 meses, o que ocorrer primeiro. Dispõe ainda, que não poderão renovar contratos que não estejam de acordo com as novas regras.

Traz a possibilidade de dedução em dobro das despesas comprovadamente realizadas no período em programas de alimentação do trabalhador (PAT).

Proíbe os empregadores de receber descontos na contratação de empresas fornecedoras de vale-alimentação, uma vez que o desconto acaba sendo transferido para os restaurantes e mercados por meio de tarifas mais altas, aumentando, assim, os custos para os trabalhadores.

2. EQUIPARAÇÃO SALARIAL

2.1. Conceito:

A equiparação salarial é a figura jurídica mediante a qual se assegura ao trabalhador **idêntico salário** ao do colega (paradigma) perante o qual tenha exercido **simultaneamente, função idêntica no mesmo estabelecimento,** para o mesmo **empregador.**

2.2. Requisitos:

A equiparação salarial possui os seguintes requisitos cumulativos, isto é, precisam se fazer presentes concomitante:

A Identidade de função: Ambos os empregados (paradigma e paragonado) devem exercer **idêntica função** na empresa, inclusive função de confiança ou função intelectual. Função é um **conjunto de tarefas** que se reúnem em um todo unitário. Não interessa a denominação do cargo, e sim a função efetivamente exercida pelos empregados. Não basta a mera semelhança, é necessária a total identidade na função desempenhada pelo paradigma e paragonado.

B Identidade de empregador: O empregador do paradigma e do paragonado deve ser o mesmo.

Sobre esse tema, o **Exame Unificado de 2013** considerou correta a seguinte assertiva: "Calçados Mundial S.A. contratou duas empresas distintas para a prestação de serviços de limpeza e conservação nas suas instalações. Maria é empregada de uma das terceirizadas, exerce a função de auxiliar de limpeza e ganha salário de R$ 1.150,00. Celso é empregado da outra terceirizada, exerce a mesma função que Maria, trabalha no mesmo local, e ganha R$ 1.020,00 mensais. A partir do caso apresentado, é correto afirmar que: Não será possível a equiparação salarial entre Maria e Celso porque os respectivos empregadores são diferentes".

C Identidade de estabelecimento: Para que haja a equiparação salarial é necessário que os empregados trabalhem no mesmo estabelecimento.

> **FIQUE POR DENTRO:** Antes da Reforma Trabalhista, um dos requisitos para a equiparação salarial, era que os empregados trabalhassem numa **mesma área geográfica,** a fim de que se caracterizasse as mesmas condições socioeconômicas em relação ao local de prestação de serviços. Era considerada como "mesma localidade", a mesma cidade ou cidades limítrofes, integrantes da mesma região metropolitana, conforme inciso X da Súmula 06 do TST.
>
> Com o advento da Lei n. 13.467/17, o artigo 461 da CLT foi alterado para incluir como requisito que a prestação de serviços do paradigma e paragonado se verifique no **mesmo estabelecimento.**

D Simultaneidade no exercício da função: Conforme a jurisprudência predominante, a equiparação somente faz sentido se os empregados trabalharam **juntos** em uma mesma época por pelo menos **30 dias.** Não é necessário que na época que o empregado entrar com a ação trabalhista, ele e o paradigma ainda estejam trabalhando, se em algum momento ambos trabalharam juntos por pelo menos 30 dias.

2.3. Fatos que afastam a equiparação salarial por identidade:

O empregado tem o ônus de provar os requisitos da equiparação salarial, expostos nos subitens anteriores. Por outro lado, o empregador deve provar qualquer fato impeditivo, modificativo ou extintivo do direito à equiparação, quais sejam:

A Diferença de perfeição técnica (aspecto qualitativo): Se há diferença de perfeição técnica entre o trabalho desenvolvido pelo paradigma e pelo paragonado não há direito à equiparação salarial. Apesar da grande dificuldade na prova desse fato, a jurisprudência tem aceitado como indício para tal comprovação, a demonstração de maior **qualificação técnico-profissional** do paradigma, como por exemplo, a maior experiência anterior na função.

B Diferença de produtividade (aspecto quantitativo): Não se caracteriza a equiparação salarial se o paradigma tiver **maior produtividade** (produção relativa em determinada unidade de tempo) que o paragonado.

C Diferença de tempo na função não superior a dois anos e diferença de tempo no emprego não superior a quatro anos: Paradigma e paragonado não podem ter diferença de tempo de serviço na função **(e não na empresa)** maior que dois anos.

A Lei da Reforma Trabalhista também acrescentou a exigência de que a diferença de **tempo no emprego** entre os empregados comparados não seja **superior a quatro anos**.

Assim, a equiparação ficará afastada se o modelo exercer a função há mais de dois ou se o modelo trabalhar para o mesmo empregador há mais de quatro anos em relação ao equiparando.

D Existência de quadro de carreira ou plano de cargos e salários: Se a empresa possui **quadro de carreira** ou **plano de cargos e salários** não há direito à equiparação salarial. Isso porque, neste caso, o próprio empregador estabeleceu mecanismo de não discriminação entre os empregados.

MUITA ATENÇÃO! Após a Reforma Trabalhista, isto é, para as situações ocorridas após 11.11.2017, não é mais exigido que o plano de cargos e salários possua promoções alternadas por antiguidade e merecimento, nem que possua homologação do Ministério do Trabalho.

? QUESTÃO: Quando um empregado é contratado para substituir outro de forma definitiva, o novo empregado fará jus ao mesmo salário do empregado dispensado?

➥ ***RESPOSTA:*** *A substituição do empregado caracteriza-se pela inexistência de simultaneidade na prestação de serviços, isto é, um empregado é contratado para prestar serviços no lugar do outro. Os dois empregados não trabalharam juntos na mesma época. A equiparação salarial não se confunde com a substituição de funcionários, pois a equiparação exige a simultaneidade da prestação de serviços. Assim, o paradigma e o reclamante devem trabalhar ou ter trabalhado juntos em algum momento durante o vínculo.*

*A substituição pode ser temporária ou definitiva. Se o reclamante substituiu o paradigma, nas hipóteses de **substituição temporária,** aplica-se a Súmula 159 do TST, conforme a qual o reclamante terá direito ao **mesmo salário** do substituído. Enquanto perdurar a **substituição** que não tenha caráter meramente **eventual**, inclusive nas férias, o empregado substituto fará jus ao salário contratual do substituído.*

*Sobre esse tema, o **Exame Unificado de 2015** considerou correta a seguinte assertiva: "Henrique é técnico de segurança do trabalho da sociedade empresária ALFA e irá aproveitar 20 dias de férias, pois decidiu converter 10 dias de férias em dinheiro. No seu lugar, assumindo de forma plena as tarefas, ficará Vítor, seu melhor assistente e subordinado. Nesse caso, durante o período de férias e de acordo com o entendimento do TST, Vítor terá direito ao mesmo salário de Henrique, pois a substituição não é eventual".*

*Quando a substituição for **definitiva** (ex: um funcionário é dispensado e outro é colocado em seu lugar), a empresa não está obrigada a manter o mesmo salário.*

*Sobre esse tema, o **Exame Unificado de 2012** considerou correta a seguinte assertiva: "Carlos Manoel Pereira Nunes foi chamado pelo seu chefe Renato de Almeida para substituí-lo durante as suas férias. Satisfeito, Carlos aceitou o convite e, para sua surpresa, recebeu, ao final do mês de substituição, o salário no valor equivalente ao do seu chefe, no importe de R$ 20.000,00. Pouco tempo depois, Renato teve que se ausentar do país por dois meses, a fim de representar a empresa numa feira de negócios. Nessa oportunidade, convidou Carlos mais uma vez para substituí-lo, o que foi prontamente aceito. Findo os dois meses, Carlos retornou à sua função habitual, mas o seu chefe Renato não mais retornou. No dia seguinte, o presidente da empresa chamou Carlos ao seu escritório e o convidou para assumir definitivamente a função de chefe, uma vez que Renato havia pedido demissão. Carlos imediatamente aceitou a oferta e já naquele instante iniciou sua nova atividade. Entretanto, ao final do mês, Carlos se viu surpreendido com o salário de R$ 10.000,00, metade do que era pago ao chefe anterior. Inconformado, foi ao presidente reclamar, mas não foi atendido. Sentindo-se lesado no seu direito, Carlos decidiu ajuizar ação trabalhista, postulando equiparação salarial com o chefe anterior, a fim de que passasse a receber salário igual ao que Renato percebia. Com base na situação* *acima descrita, é correto afirmar que Carlos: não faz jus à equiparação salarial com Renato, uma vez que a substituição definitiva não gera direito a salário igual ao do antecessor, além de ser impossível a equiparação salarial que não se relacione a situação pretérita".*

3. DESVIO DE FUNÇÃO

3.1. Conceito:

O desvio de função é caracterizado quando o trabalhador, apesar de ter sido contratado para exercer determinada função, executa **outra diversa**, sem o pagamento do salário respectivo. Em outras palavras, o desvio funcional se caracteriza quando o empregador modifica as funções originais do empregado, destinando-lhe novas tarefas, totalmente incompatíveis com o feixe de atribuições atinentes ao cargo originário, que exigem o exercício de atividade qualitativamente superior à do cargo primitivo, atraindo, assim, o direito à maior remuneração, a qual, todavia, não é observada pelo empregador.

3.2. Requisitos:

O desvio de função se caracteriza, sobretudo, quando há **quadro de pessoal organizado em carreira**; mas pode ocorrer mesmo quando não exista o quadro. Assim, também é possível falar-se em desvio de função se o empregador **escalonava** seus empregados em cargos ou funções específicas, atribuindo-lhes remuneração diferenciada, considerando apenas o exercício das atribuições a eles relativas.

O desvio de função não se confunde com a equiparação salarial, pois o desvio de função, desde que não seja episódico ou eventual, cria o direito a **diferenças salariais**, ainda que não haja paradigma no mesmo estabelecimento. Ademais, a equiparação salarial tem outros requisitos específicos (tais como identidade funcional, simultaneidade, etc.), já estudados no item anterior.

Sobre esse tema, o **Exame Unificado de 2010** considerou correta a seguinte assertiva: "Marcos foi contratado para o cargo de escriturário de um banco privado. Iniciada sua atividade, Marcos percebeu que o gerente lhe estava repassando tarefas alheias à sua função. A rigor, conforme constava do quadro de carreira da empresa devidamente registrado no Ministério do Trabalho e Emprego, as atribuições que lhe estavam sendo exigidas deveriam ser destinadas ao cargo de tesoureiro, cujo nível e cuja remuneração eram bem superiores. Esta situação perdurou por dois anos, ao fim dos quais Marcos decidiu ajuizar uma ação trabalhista em face do seu empregador. Nela, postulou uma obrigação de fazer – o seu reenquadramento para a função de tesoureiro – e o pagamento das diferenças salariais do período. Diante desta situação jurídica, é correto afirmar que: o pedido deve ser julgado procedente, se for demonstrado, pelo empregado, que as suas atividades correspondiam, de fato, àquelas previstas abstratamente na norma interna da empresa para o cargo de tesoureiro".

Veja-se que no exemplo, Marcos foi contratado para um cargo (escriturário) com atribuições qualitativamente inferiores ao que estava efetivamente exercendo (tesoureiro), na medida em que o cargo de escriturário exigia menos responsabilidades e atribuições em comparação ao cargo de tesoureiro. Assim, Marcos faz jus ao enquadramento e ao pagamento das diferenças salariais observando-se o salário previsto para o cargo efetivamente desempenhado (tesoureiro).

4. SALÁRIO UTILIDADE OU SALÁRIO "IN NATURA"

4.1. Conceito:

O salário-utilidade ou *in natura* é uma benesse fornecida ao empregado **pelo** trabalho (caráter retributivo) e não **para** o trabalho (instrumento). Trata-se de uma vantagem concedida ao empregado como remuneração pelo seu trabalho.

4.2. Requisitos:

Para a caracterização do salário *in natura* ou salário-utilidade é necessária a presença dos seguintes requisitos: **habitualidade e caráter contraprestativo.**

A habitualidade significa que o pagamento deve ser constante, de forma **repetida**. Já o caráter contraprestativo significa que o salário-utilidade deve se caracterizar pela intenção de **remunerar** o empregado e não quando aquele benefício é necessário para o próprio desempenho dos serviços. Um exemplo é quando o empregador fornece alojamento para o empregado porque seria inviável fisicamente o transporte diário do empregado para o local de trabalho. É diferente da situação em que o empregador fornece moradia como um *plus*, uma forma de também remunerar o empregado pelo trabalho. Nesse último caso estaria configurado o salário-utilidade.

4.3. Vedações:

Além do **cigarro** (Súmula 367, II, do TST), da **bebida alcoólica e drogas nocivas** (art. 458, *caput*, CLT), o § 2º do art. 458 traz um rol de vantagens que, por **força da lei**, não podem ser reconhecidas como sendo salário-utilidade ou *in natura,* quais sejam: "I – Vestuários, equipamentos e outros acessórios fornecidos aos empregados e utilizados no local de trabalho, para a prestação do serviço; II – educação, em estabelecimento de ensino próprio ou de terceiros, compreendendo os valores relativos a matrícula, mensalidade, anuidade, livros e material didático; III – transporte destinado ao deslocamento para o trabalho e retorno, em percurso

DIREITO DO TRABALHO

servido ou não por transporte público; IV – assistência médica, hospitalar e odontológica, prestada diretamente ou mediante seguro-saúde; V – seguros de vida e de acidentes pessoais; VI – previdência privada; VIII – o valor correspondente ao vale-cultura".

Sobre esse tema, o **Exame Unificado de 2017** considerou correta a seguinte assertiva: "Lino trabalha como diagramador na sociedade empresária XYZ Ltda., localizada em um grande centro urbano, e recebe do empregador, além do salário, moradia e plano de assistência odontológica, graciosamente. Sobre o caso narrado, de acordo com a CLT (...) Somente o benefício da habitação será integrado ao salário de Lino". No caso narrado na questão, o plano de assistência odontológica não se caracteriza como salário-utilidade por força do disposto no artigo 458, §2º, da CLT. Já a moradia, considerando que o empregado trabalhava em grande centro urbano, há que se concluir que ela não foi fornecida para possibilitar a realização do trabalho, mas sim com intuito contraprestativo, caracterizando, assim, o salário *in natura*.

4.4. Limitações:

O salário-utilidade ou *in natura* do trabalhador urbano é limitado a **25%** para a **habitação** e **20%** para a **alimentação**, observado o **salário contratual e limitado ao valor real da utilidade**. Para o trabalhador rural é o inverso: **20%** para a **habitação** e **25%** para a **alimentação** e observado o **salário mínimo**.

A habitação, a energia elétrica e veículo fornecidos pelo empregador ao empregado, quando indispensáveis para a realização do trabalho, não têm natureza salarial, ainda que, no caso de veículo, seja ele utilizado pelo empregado também em atividades particulares.

Sobre esse tema, o **Exame Unificado de 2015** considerou correta a seguinte assertiva: "João trabalha na área de vendas em uma empresa de cigarros. Recebe do empregador, em razão do seu cargo, moradia e pagamento da conta de luz do apartamento, além de ter veículo cedido com combustível. Tal se dá em razão da necessidade do trabalho, dado que João trabalha em local distante de grande centro, sendo responsável pela distribuição e venda dos produtos na região. Além disso, João recebe uma quota mensal de 10 pacotes de cigarro por mês, independentemente de sua remuneração, não sendo necessário prestar contas do que faz com os cigarros. A partir do caso narrado: Nenhum dos valores da utilidade integra a remuneração de João".

DICA IMPORTANTE

Diante da repetição de questões sobre esses temas e das alterações trazidas pela Reforma Trabalhista, é fundamental a memorização das Súmulas 159 (trata da substituição de funcionário) e 354 (trata das gorjetas), ambas do TST, assim como dos artigos 457 (verbas salariais e indenizatórias), 458 (trata do salário in natura) e 461 (trata da equiparação), todos da CLT. A maioria das questões são extraídas dos conteúdos dessas normas. Fique atento!

EM RESUMO: Equiparação	
Conceito	A equiparação salarial é a figura jurídica mediante a qual se assegura ao trabalhador idêntico salário ao do colega (paradigma) perante o qual tenha exercido simultaneamente, função idêntica no mesmo estabelecimento, para o mesmo empregador.
Requisitos	A) Identidade de função; B) Identidade de empregador; C) Identidade de estabelecimento; D) Simultaneidade no exercício da função;
Fatos que afastam a equiparação salarial por identidade	A) Diferença de perfeição técnica (aspecto qualitativo); B) Diferença de produtividade (aspecto quantitativo); C) Diferença de tempo na função não superior a dois anos e diferença de tempo no emprego não superior a quatro anos; D) Existência de quadro de carreira ou plano de cargos e salários.

CAPÍTULO III

DURAÇÃO DO TRABALHO

1. DURAÇÃO DO TRABALHO

1.1. Conceito:

A **duração do trabalho** corresponde ao lapso temporal de **trabalho** ou **disponibilidade** do empregado perante seu empregador, em virtude do contrato. A duração do trabalho pode ser mensurada por diversos parâmetros, tais como dia (duração diária ou jornada), semana (duração semanal), mês (duração mensal) e ano (duração anual).

FIQUE POR DENTRO:

Com o advento da Lei da Reforma Trabalhista, o tempo de **deslocamento da residência** do empregado ao local de prestação de serviços e vice-versa não integra mais a jornada de trabalho (art. 58, §2º, da CLT). Assim, não há mais que se falar em horas *in itinere*, com a ressalva de que esse direito se mantém para os **mineiros** (artigo 294 da CLT) e para os **ferroviários** (art. 238, §3º, da CLT). Sobre esse tema, o **Exame Unificado de 2019** considerou verdadeira a seguinte assertiva: "Fábio trabalha em uma mineradora como auxiliar administrativo. A sociedade empresária, espontaneamente, sem qualquer previsão em norma coletiva, fornece ônibus para o deslocamento dos funcionários para o trabalho, já que ela se situa em local cujo transporte público modal passa apenas em alguns horários, de forma regular, porém insuficiente para a demanda. O fornecimento do transporte pela empresa é gratuito, e Fábio despende cerca de uma hora para ir e uma hora para voltar do trabalho no referido transporte. Além do tempo de deslocamento, Fábio trabalha em uma jornada de 8 horas, com uma hora de pausa para repouso e alimentação. Insatisfeito, ele procura você, como advogado(a), a fim de saber se possui algum direito a reclamar perante a Justiça do Trabalho. Considerando que Fábio foi contratado em dezembro de 2017, bem como a legislação em vigor, assinale a afirmativa correta. Fábio não faz jus a horas extras, porque o tempo de transporte não é considerado tempo à disposição do empregador". Atenção para o detalhe desta questão: Fábio, apesar de trabalhar em uma mineradora, não trabalhava dentro das minas de subsolo porque era auxiliar administrativo. Portanto, não lhe é aplicável o artigo 294 da CLT, que prevê o pagamento do tempo de deslocamento da boca de mina ao local de trabalho.

Além disso, antes da Reforma Trabalhista, o tempo despendido pelo empregado entre o portão da empresa e o posto do trabalho era computado na jornada, por aplicação analógica do art. 294 da CLT (Súm. 429 do TST). Todavia, a nova redação do §2º do artigo 58 da CLT é expressa no sentido de não computar como jornada o tempo que o empregado gasta até a efetiva ocupação do posto, mesmo caminhando.

1.2. Limites:

Conforme o art. 7º, XII, da CF/88, a jornada máxima será de **oito horas diárias e quarenta e quatro horas semanais**. Todo trabalho realizado além desses limites *é* considerado extraordinário, desde que não regularmente compensado.

1.3. Exceções ao limite da duração do trabalho:

Embora a Constituição Federal tenha imposto uma limitação máxima para a jornada, a lei pode estabelecer condições mais benéficas ao trabalhador e adequadas às peculiaridades da atividade desenvolvida, como destacamos a seguir:

- **Advogado** – 4 horas diárias, 20 horas semanais, salvo negociação coletiva ou dedicação exclusiva;
- **Engenheiros e médicos** – 8 horas;
- **Jornalistas** – 5 horas, podendo ser prorrogada até 7 horas, mediante acordo escrito;
- **Operador cinematográfico** – 6 horas;
- **Minas de subsolo** – 6 horas diárias e 36 horas semanais;
- **Telefonistas** – 6 horas diárias e 36 horas semanais, aplicando--se extensivamente aos operadores de telemarketing (jurisprudência atual). Não se aplica aos operadores de telex;
- **Artistas profissionais** – 6 horas diárias, 30 horas semanais;
- **Músicos** – 5 horas diárias, computado o tempo destinado aos ensaios, e não poderá exceder 6 horas nos estabelecimentos de diversões públicas onde atuem dois ou mais conjuntos, ou sete horas nos casos de força maior ou de festejos populares e serviço reclamado pelo interesse nacional;
- **Técnicos em radiologia** – 24 horas semanais;
- **Bancários** – 6 horas diárias e 30 horas semanais; 8 horas diárias para o detentor de funções de direção, gerência, fiscalização, chefia e equivalentes ou que desempenhem outros cargos de confiança desde que o valor da gratificação

não seja inferior a um terço do salário do cargo efetivo;

- **Jornada 12 x 36 horas** – O art. 59-A da CLT, introduzido pela Reforma Trabalhista, trouxe a expressa previsão da instituição da jornada de 12 x 36 (12 horas de trabalho seguidas de 36 horas de descanso), através de negociação coletiva e também mediante acordo individual escrito. Também se aplica o regime de 12 x 36 aos domésticos, mediante acordo escrito, observados ou indenizados os intervalos para repouso e alimentação.

- **Turnos ininterruptos de revezamento** – O trabalho em turno ininterrupto de revezamento é aquele em que o trabalhador exerce suas atividades em sistema de alternância de turnos (exemplo: em uma semana trabalha durante o dia e na outra durante a noite). O turno ininterrupto de revezamento se verifica ainda que o trabalho se dê apenas em dois turnos de trabalho, que compreendam, no todo ou em parte, o horário diurno e o noturno, sendo irrelevante que a atividade da empresa se desenvolva de forma ininterrupta. Nessas situações, o trabalhador é submetido à alternância de horário prejudicial à saúde e, portanto, sua jornada será de 6h, no máximo, Nos termos da Súmula 423 do TST, estabelecida jornada superior a seis horas **e limitada a oito horas** por meio de regular negociação coletiva, os empregados submetidos a turnos ininterruptos de revezamento **não têm direito** ao pagamento da 7ª e 8ª horas como extras. Não há exigência legal para que exista contrapartida no caso de negociação coletiva para elastecimento da jornada em turno ininterrupto. Sobre esse tema, o **Exame Unificado de 2011** considerou verdadeira a seguinte assertiva: "João da Silva, empregado da empresa Alfa Ltda., exerce suas atribuições funcionais em dois turnos de trabalho alternados de oito horas cada, que compreendem o horário diurno e o noturno. Considerando que a atividade de seu empregador não se desenvolve de forma ininterrupta e que não existe norma coletiva disciplinando a jornada de trabalho: João tem direito ao pagamento de horas extras e à redução da hora noturna".

Sobre esse tema, o **Exame Unificado de 2011** considerou verdadeira a seguinte assertiva: "João da Silva, empregado da empresa Alfa Ltda., exerce suas atribuições funcionais em dois turnos de trabalho alternados de oito horas cada, que compreendem o horário diurno e o noturno. Considerando que a atividade de seu empregador não se desenvolve de forma ininterrupta e que não existe norma coletiva disciplinando a jornada de trabalho: João tem direito ao pagamento de horas extras e à redução da hora noturna".

No caso explicitado na questão, João fará jus ao pagamento de horas extras porque não existe negociação coletiva estipulando jornada de oito horas.

A interrupção do trabalho destinada a repouso e alimentação, dentro de cada turno, ou o intervalo para repouso semanal, não descaracteriza o turno de revezamento com jornada de 6 (seis) horas previsto no art. 7º, XIV, da CF/1988. Sobre esse tema, o **Exame Unificado de 2012** considerou falsa a seguinte assertiva: "A concessão de intervalos para repouso e alimentação durante a jornada de seis horas descaracteriza o regime de turno ininterrupto de revezamento".

O trabalho em regime de turnos ininterruptos de revezamento não retira o direito à hora noturna reduzida, não havendo incompatibilidade entre as disposições contidas nos arts. 73, § 1º, da CLT e 7º, XIV, da CF (OJ nº 395 da SDI-I do TST).

1.4. Jornada Noturna:

A Constituição Federal, em seu artigo 7º, IX, dispõe que é direito dos trabalhadores a remuneração do trabalho noturno superior à do diurno. Essa proteção diferenciada tem como fundamento a nocividade do trabalho noturno para a saúde do trabalhador. **Aos menores de 18 anos** há vedação absoluta para o trabalho noturno.

É devido o adicional mínimo de **20%** para o trabalhador **urbano** durante o horário noturno **(22h às 5h)**. A hora noturna para o trabalhador urbano é reduzida para **52 minutos e 30 segundos** para cada 60 minutos diurnos (hora ficta noturna). Dessa forma, o empregado trabalha, na prática, apenas 7h à noite (52`30"x 8=420"=7h).

As normas acima são as mesmas aplicáveis ao empregado doméstico. A única ressalva é a de que, quando o empregado for contratado exclusivamente para trabalho noturno, o adicional será calculado sobre o salário constante da CTPS.

Quando houver prorrogação de jornada noturna, isto é, o empregado trabalha durante o horário noturno e continua trabalhando após as 5h, as horas trabalhadas depois de 5h também serão remuneradas com o adicional e calculadas à luz da hora ficta noturna.

FIQUE POR DENTRO: Da mesma forma que se verificou na Lei das Domésticas (art. 10, §1º, da LC 150/2015), o artigo 59-A da CLT, introduzido pela Lei da Reforma Trabalhista, expressamente trouxe a previsão de se considerar compensadas as **prorrogações de trabalho noturno no regime 12 x 36**. Assim: NÃO EXISTE PRORROGAÇÃO DE JORNADA NOTURNA NO REGIME 12 X 36, inclusive quando adotado esse regime para domésticos.

Para o trabalhador rural existem algumas especificidades no tocante ao trabalho noturno:

1) adicional noturno de **25%;**

2) não existe hora **noturna reduzida**. Sobre esse tema, o **Exame Unificado de 2016** considerou correta a seguinte assertiva: "Pedro é empregado rural na Fazenda Granja Nova. Sua jornada é de segunda a sexta-feira, das 21 às 5h, com intervalo de uma hora para refeição. Considerando o caso retratado: A hora noturna de Pedro será computada como tendo 60 minutos";

3) horário noturno na pecuária: **20h às 4h**, horário noturno na lavoura: **21h às 5h**.

1.5. Jornada Controlada:

A regra é que a prestação de serviços seja submetida a efetivo controle do empregador.

Se o estabelecimento possuir **mais de 20 (vinte) empregados,** é obrigatória a anotação da entrada e saída, em registro manual, mecânico ou eletrônico. Os intervalos intrajornadas podem ser pré-assinalados.

MUITA ATENÇÃO! A obrigatoriedade do registro da jornada em cartão de ponto existe para empresas cujo estabelecimento tenha mais de **20 empregados** (não se considera o somatório de empregados de todos os estabelecimentos da empresa). Atenção para a recente alteração do artigo 74, §2º da CLT, feita pela Lei n. 13.874/2019 (Lei da Liberdade Econômica), e que alterou o limite de 10 para **20 empregados** para a obrigatoriedade do cartão de ponto.

Nessas situações, se o empregador não apresenta o registro de ponto do empregado ou se apresenta pontos britânicos (marcação uniforme em todos os dias), atrai para si **ônus** de comprovar o horário de trabalho do empregado, sob pena de se presumir verdadeiro o horário declinado pelo trabalhador no processo.

O "registro de ponto por exceção à jornada" (ou registro de ponto por exceção) corresponde ao registro exclusivamente das horas extras, isto é, quando o trabalho acontecer dentro da jornada contratual não é realizado o registro, mas apenas do horário que extrapolar os limites contratuais.

O §4º do art. 74 da CLT autoriza a utilização de registro de ponto por exceção à jornada regular de trabalho, mediante **acordo individual escrito, convenção coletiva ou acordo coletivo de trabalho.** Sobre esse tema, o **Exame Unificado de 2022** considerou verdadeira a seguinte assertiva: Milton possui uma fábrica de massas que conta com 23 (vinte e três) empregados. Em fevereiro de 2021, Milton conversou individualmente com cada empregado e propôs, para trazer maior agilidade, que dali em diante cada qual passasse a marcar ponto por exceção, ou seja, só marcaria a eventual hora extra realizada. Assim, caso a jornada fosse cumprida dentro das 8 (oito) horas diárias, não haveria necessidade de marcação. Diante da concordância, foi feito um termo individual para cada empregado, que foi assinado. Sobre a hipótese apresentada, de acordo com o disposto na CLT, assinale a afirmativa correta: B) O acerto é válido, porque o registro de ponto por exceção à jornada regular de trabalho pode ser feito por meio de acordo individual. Em se tratando de **motorista profissional**, a jornada deve ser controlada e registrada de maneira fidedigna mediante anotação em diário de bordo, papeleta ou ficha de trabalho externo, ou sistema e meios eletrônicos instalados nos veículos, a escolha do empregador (art. 2º, "b", da Lei nº 13.103/2015).

No caso do trabalho doméstico, a Lei Complementar 150/2015 trouxe a **obrigatoriedade do registro** do horário de trabalho do empregado doméstico por qualquer meio manual, mecânico ou eletrônico, desde que idôneo (art. 12). Sobre esse tema, o **Exame Unificado de 2017** considerou verdadeira a seguinte assertiva: "Suely trabalha na casa de Rogério como cuidadora de seu pai, pessoa de idade avançada e enferma, comparecendo de segunda a sexta-feira, das 8:00 às 17:00 h, com intervalo de uma hora para refeição. De acordo com o caso narrado e a legislação de regência (...) Rogério deve, por força de Lei, manter controle escrito dos horários de entrada e saída da empregada doméstica".

A referida Lei determina, ainda, que, caso o empregado doméstico resida no local de trabalho, o período de intervalo intrajornada poderá ser desmembrado em **2 (dois) períodos**, desde que cada um deles tenha, no mínimo, 1 (uma) hora, até o limite de 4 (quatro) horas ao dia. Neste caso, a anotação do intervalo deverá ser efetuada no registro diário de horário, vedada sua prenotação (art. 13, § 2º).

Não serão descontadas nem computadas como jornada extraordinária as variações de horário no registro de ponto não excedentes de 05 (cinco) minutos, observado o limite máximo de 10 (dez) minutos diários.

2. TEMPO À DISPOSIÇÃO

2.1. Conceito

Por esse critério, considera-se incluído na jornada o **tempo à disposição** do empregador no centro de trabalho, independentemente de ocorrer ou não a efetiva prestação de serviços.

Tal critério é adotado em nosso ordenamento jurídico, pois considera-se como de serviço efetivo o período em que o empregado esteja à disposição do empregador, ***aguardando ou executando ordens***, salvo disposição especial expressamente consignada (art. 4º, *caput*, da CLT).

2.2. Exceções:

O § 2º do artigo 4º da CLT, introduzido pela Lei da Reforma Trabalhista, determina que não será considerado como tempo à disposição, ainda que ultrapassado o limite de 5 minutos, o período quando o empregado, por escolha própria, buscar proteção pessoal, em caso de insegurança nas vias públicas ou más condições climáticas, bem como adentrar ou permanecer nas dependências da empresa para exercer atividades particulares, entre outras: I – práticas religiosas; II – descanso; III – lazer; IV – estudo; V – alimentação; VI – atividades de relacionamento social; VII – higiene pessoal; VIII – troca de roupa ou uniforme, quando não houver obrigatoriedade de realizar a troca na empresa.

O referido dispositivo afronta a jurisprudência do TST consolidada na Súmula 366, no sentido de que as variações de horário do registro de ponto não excedentes de cinco minutos, observado o limite máximo de dez minutos diários não serão descontadas nem computadas como jornada extraordinária (minutos residuais).

Com o advento do citado §2º do artigo 4º da CLT, trazido pela Reforma Trabalhista, é necessário verificar como ficará o entendimento do TST com relação aos minutos residuais.

Sobre esse tema, o **Exame Unificado de 2018** considerou correta a seguinte assertiva, já observando as novas disposições trazidas pela Lei da Reforma Trabalhista: "Lúcio foi dispensado do emprego, no qual trabalhou de 17/11/2017 a 20/03/2018, por seu empregador. Na sociedade empresária em que trabalhou, Lúcio batia o cartão de ponto apenas no início e no fim da jornada efetiva de trabalho, sem considerar o tempo de café da manhã, de troca de uniforme (que consistia em vestir um jaleco branco e tênis comum, que ficavam na posse do empregado) e o tempo em que jogava pingue-pongue após almoçar, já que o fazia em 15 minutos, e poderia ficar jogando até o término do intervalo integral. Você foi procurado por Lúcio para, como advogado, ingressar com ação pleiteando horas extras pelo tempo indicado no enunciado não constante dos controles de horário. Sobre o caso, à luz da CLT, assinale a afirmativa correta: (...) Lúcio não faz jus às horas extras pelas atividades indicadas, pois as mesmas não constituem tempo à disposição do empregador." Na hipótese da questão, todas as atividades desempenhadas por Lúcio estão incluídas no rol de exceções do §2º do artigo 4º da CLT, razão pela qual esse período não é considerado tempo à disposição do empregador.

Ainda sobre esse tema, o **Exame Unificado de 2018** considerou correta a seguinte assertiva: "Renato trabalha na empresa Ramos Santos Ltda. exercendo a função de técnico de manutenção. De segunda a sexta-feira, ele trabalha das 8h às 17h, com uma hora de almoço, e, aos sábados, das 8h às 12h, sem intervalo. Ocorre que, por reivindicação de alguns funcionários, a empresa instituiu um culto ecumênico toda sexta-feira, ao final do expediente, cujo comparecimento é facultativo. O culto ocorre das 17h às 18h, e Renato passou a frequentá-lo. Diante dessa situação, na hipótese de você ser procurado como advogado(a) em consulta formulada por Renato sobre jornada extraordinária, considerando o enunciado e a legislação trabalhista em vigor, assinale a afirmativa correta: (...) Renato não faz jus a qualquer valor de horas extras. Na hipótese em análise, Renato não fará jus ao pagamento de horas extras porque o comparecimento ao culto era facultativo e, nos termos do artigo 4º, § 2º, I, da CLT, não será considerado como tempo à disposição, o período quando o empregado, por escolha própria, adentrar ou permanecer nas dependências da empresa para exercer atividades particulares, entre outras, práticas religiosas.

E, ainda, sobre esse mesmo tema, o **Exame Unificado de 2019** considerou correta a seguinte assertiva: "Você, como advogado(a), foi procurado por Pedro para ajuizar ação trabalhista em face da ex-empregadora deste. Pedro lhe disse que após encerrar o expediente e registrar o efetivo horário de saída do trabalho, ficava na empresa em razão de eventuais tiroteios que ocorriam na região. Nos meses de verão, ocasionalmente, permanecia na empresa para esperar o escoamento da água decorrente das fortes chuvas. Diariamente, após o expediente, havia culto ecumênico de participação voluntária e, dada sua atividade em setor de contaminação radioativa, era obrigado a trocar de uniforme na empresa, o que levava cerca de 20 minutos. Considerando o labor de Pedro, de 10/12/2017 a 20/09/2018, e a atual legislação em vigor, assinale a afirmativa correta: a) Apenas o período de troca de uniforme deve ser requerido como horário extraordinário". Na hipótese em questão, Pedro fará jus ao pagamento de horas extras apenas pela troca de uniforme que obrigatoriamente deveria ser realizada nas dependências da empresa por força do contido no artigo 4º, § 2º, VIII, da CLT. Nas demais hipóteses, Pedro não fará jus ao pagamento de horas extras porque, nos termos do artigo 4º, § 2º, I, da CLT, não será considerado como tempo à disposição, o período quando o empregado, por escolha própria, buscar proteção pessoal, em caso de insegurança nas vias públicas (tiroteios) ou más condições climáticas (enchentes), bem como adentrar ou permanecer nas dependências da empresa para exercer atividades particulares, entre outras, práticas religiosas (culto).

? QUESTÃO: É permitida a adoção do regime 12 x 36 através de acordo individual entre empregado e empregador?

RESPOSTA: *O regime de jornada 12 x 36 é aquele no qual o empregado trabalha 12 horas seguidas e descansa 36 horas, ou seja, trabalha em um dia e descansa no outro, perfazendo, em 2 semanas, a média de 42 horas semanais. Nas demais duas semanas, trabalha, em média, 48 horas semanais. Esse tipo de jornada sempre foi alvo de forte debate, seja porque consolida rotineira extrapolação do limite diário de trabalho, seja em razão das inúmeras discussões a respeito dos riscos à saúde do empregado.* Depois de um longo período de discussão, a jurisprudência acolheu essa prática, fixando-lhe, contudo, rigorosa exigência, qual seja, a previsão em lei ou em **norma coletiva** (Súmula 444 do TST). Com a Reforma Trabalhista, o novo art. 59-A da CLT trouxe a expressa previsão da instituição da jornada de 12 x 36, através de **negociação coletiva** e também mediante **acordo individual escrito,** sendo um dos pontos mais criticados da Reforma.

3. TEMPO DE PRONTIDÃO

3.1. Conceito e forma de remuneração:

O tempo de prontidão corresponde ao período de tempo em que o empregado ferroviário fica nas dependências da empresa ou via férrea respectiva, **aguardando ordens.**

O empregado não está efetivamente trabalhando, mas está fora de sua residência, nas dependências do estabelecimento empresarial, tendo sua disponibilidade pessoal restringida.

Por essa razão, o ordenamento jurídico entende que este tempo integra o tempo de serviço do empregado e será remunerado à base de **2/3 do salário hora normal.**

O limite legal é de **12 horas** de prontidão. Sobre esse tema, o **Exame Unificado de 2012** considerou errada a seguinte assertiva: "Considera-se de "prontidão" o empregado que permanecer em sua própria casa, aguardando a qualquer momento o chamado para o serviço, com escala de, no máximo, vinte e quatro horas, sendo contadas as respectivas horas à razão de 1/3 (um terço) do salário normal".

No caso dos aeronautas, o tempo de prontidão é chamado de **reserva**, sendo remunerado como hora normal de trabalho (art. 44, §1º da Lei nº da Lei nº 13.475/17). Considera-se reserva o tempo que o aeronauta permanece no local de trabalho à disposição do empregador.

4. TEMPO DE SOBREAVISO

4.1. Conceito e forma de remuneração:

O tempo de sobreaviso refere-se ao período em que o ferroviário permanece em sua própria **casa,** aguardando a qualquer momento o **chamado** para o serviço. Nessa situação, o empregado também tem restrição a sua disponibilidade pessoal, mas ela é menor porque o trabalhador permanece em casa.

Por essa razão, o ordenamento jurídico entende que este tempo integra o tempo de serviço do empregado e será remunerado à base de **1/3 do salário hora normal.**

O limite legal é de **24 horas** de sobreaviso.

Conforme o entendimento majoritário do TST, aplica-se analogicamente o regime de sobreaviso nas situações em que qualquer empregado (mesmo não sendo ferroviário), à distância e submetido a controle patronal por **instrumentos telemáticos ou informatizados**, permaneça em regime de **plantão** ou equivalente, aguardando a qualquer momento o chamado para o serviço durante o período de descanso (Súm. 428, II, do TST).

O mero uso de instrumentos telemáticos ou informatizados (ex. celular ou Ipad) não caracteriza o regime de sobreaviso (Súm. 428, I, do TST).

Tanto no regime de sobreaviso, quando no de prontidão, tão logo o empregado seja **chamado ao serviço** e compareça ao local de trabalho, começa a contar **tempo efetivo** à disposição do empregador, sendo devida a remuneração integral.

5. PRORROGAÇÃO DE JORNADA

5.1. Conceito:

A prorrogação de jornada corresponde à **possibilidade de realização de horas extras.**

A prorrogação de jornada pode se verificar nas seguintes hipóteses:

A Sistema de compensação: Há distribuição da jornada excedente trabalhada em um dia para outro dia, de forma a fazer a compensação das horas trabalhadas.

MUITA ATENÇÃO!

Conforme o artigo 59 da CLT, a duração diária do trabalho poderá ser acrescida de horas extras, em número não excedente de **duas.**

A doutrina divide-se, sendo que parte dela entende que existe um limite de dez horas diárias para qualquer trabalhador e outra parte defende que a legislação limitou a prestação de horas extras ao máximo de duas horas, por dia, independentemente da jornada contratual (que poderia ser, por exemplo, de 4h ou 6h).

> **MUITA ATENÇÃO!**
> Sobre esse tema, o **Exame Unificado de 2010** considerou correta a seguinte assertiva: "Não admite compensação de jornada que ultrapassar o limite máximo de 10 horas diárias".
> A limitação legal da jornada suplementar a duas horas diárias não exime o empregador de pagar todas as horas trabalhadas.

A inobservância das regras legais a respeito da compensação de jornada, inclusive quando estabelecida mediante **acordo tácito**, não implica a repetição do pagamento das horas extras excedentes à jornada normal diária se não ultrapassada a duração máxima semanal, sendo devido apenas o respectivo adicional (artigo 59-B da CLT, acrescentado pela Lei da Reforma Trabalhista).

Assim, tratando-se de **vício de forma**, é permitido ao empregador pagar as horas extras apenas no que excede do módulo de 44 h semanais, ficando as primeiras 44 h sujeitas apenas ao adicional de horas extras, caso houver excesso diário. Exemplo: Um acordo de 10h diárias em 5 dias da semana, feito de modo irregular, gera como consequência o pagamento de 6h extras (a carga semanal chegou a 50h) e o pagamento apenas do adicional de horas extras pelas duas excedentes de segunda a quinta (as duas excedentes da sexta já estão no cálculo das seis excedentes na semana).

> **FIQUE POR DENTRO:**
> Ao contrário do entendimento consolidado na Súmula 85, IV, do TST, a Lei da Reforma Trabalhista trouxe a expressa previsão de que a prestação de **horas extras habituais** não descaracteriza o acordo de compensação de jornada e o banco de horas.

A compensação de jornada pode ocorrer de duas maneiras:

A.1 Compensação tradicional:

A compensação de jornada tradicional verifica-se quando o **módulo semanal ou mensal** é respeitado e o horário de trabalho por dia é fixado previamente. Exemplo: O empregado trabalha durante 8 horas diárias de segunda a quarta-feira e 10 horas diárias de quinta a sexta-feira, perfazendo o limite semanal de 44 horas e compensando o sábado não trabalhado.

Seu ajuste poderá ser realizado por **acordo individual (tácito ou escrito)** ou **negociação coletiva** (acordo ou convenção coletiva).

Sobre esse tema, o **Exame Unificado de 2018** considerou correta a seguinte assertiva: "Felisberto foi contratado como técnico pela sociedade empresária Montagens Rápidas Ltda., em janeiro de 2018, recebendo salário correspondente ao mínimo legal. Ele não está muito satisfeito, mas espera, no futuro, galgar degraus dentro da empresa. O empregado em questão trabalha na seguinte jornada: de segunda a sexta-feira, das 10h às 19h48min com intervalo de uma hora para refeição, tendo assinado acordo particular por ocasião da admissão para não trabalhar aos sábados e trabalhar mais 48 minutos de segunda a sexta-feira. Com base na situação retratada e na Lei, considerando que a norma coletiva da categoria de Felisberto é silente a respeito, assinale a afirmativa correta: (...) A situação não gera direito a horas extras, porque é possível estipular compensação semanal de horas, inclusive por acordo particular, como foi o caso".

Para os menores de idade, a lei exige que a compensação de jornada seja efetuada através de **norma coletiva** e limitada a **2 horas diárias** e **44 horas semanais** (artigo 413, I, da CLT). Sobre esse tema, o **Exame Unificado de 2019** considerou correta a seguinte assertiva: "Vera Lúcia tem 17 anos e foi contratada como atendente em uma loja de conveniência, trabalhando em escala de 12x36 horas, no horário de 19 às 7h, com pausa alimentar de 1 hora. Essa escala é prevista no acordo coletivo assinado pela loja com o sindicato de classe, em vigor. A empregada teve a CTPS assinada e tem, como atribuições, auxiliar os clientes, receber o pagamento das compras e dar o troco quando necessário. Diante do quadro apresentado e das normas legais, assinale a afirmativa correta. *A) A hipótese trata de trabalho proibido".

O **bombeiro civil** tem sua jornada fixada em **12 x 36 horas** (art. 5º da Lei nº 11.901/09), limitada a 36 horas semanais, de forma que sua compensação não exige ajuste individual ou coletivo.

Ao doméstico não se aplica o limite de duas horas extras por dia, tampouco é exigida norma coletiva para a compensação de jornada por banco de horas (art. 2º da LC 150/15). Para o doméstico é apenas exigido **acordo escrito** entre empregado e empregador e o pagamento das primeiras 40 horas extras ou a compensação dessas primeiras 40 horas no mês.

> **FIQUE POR DENTRO:**
> A compensação tradicional deve ocorrer dentro do **mês** (antes da Reforma Trabalhista, o limite era semanal), sendo permitido seu ajuste inclusive por acordo individual **tácito.**

A.2 Compensação anual (banco de horas): A distribuição de horas excedentes de uma jornada diária pode ocorrer dentro de **um ano**, desde que adotado por **acordo ou convenção coletiva** e nem seja ultrapassado o limite máximo de **dez horas diárias.**

> **FIQUE POR DENTRO:**
> A Lei da Reforma Trabalhista passou a permitir o **ajuste individual** escrito (antes só era permitido por negociação coletiva) para o banco de horas, desde que a compensação ocorra no período máximo de **seis meses.**

Não observados quaisquer dos requisitos para a compensação anual ou semestral, será devido o pagamento integral das horas extras laboradas.

Além disso, caso não sejam compensadas todas as horas extras laboradas, quando da rescisão, estas serão pagas pela remuneração da data da rescisão.

B Necessidade imperiosa (art. 61 da CLT): O empregado é obrigado a prestar horas extras, **independente** de prévio acordo, nas seguintes hipóteses de necessidade imperiosa do empregador:

1) **força maior**, não havendo estipulação de limite legal diário de horas extras a serem prestadas;

2) para atender à realização de serviços **inadiáveis ou cuja inexecução possa acarretar prejuízo manifesto**, observando-se o limite legal de **12 horas diárias**.

FIQUE POR DENTRO: Com o advento da Reforma Trabalhista, a prorrogação por necessidade imperiosa não está mais condicionada à **comunicação do fato ao MTE.**

A recusa do empregado a cumprir horas extras na hipótese de necessidade imperiosa configura falta grave, punível com dispensa por justa causa.

C Paralisações empresariais: em decorrência de causas acidentais ou força maior que paralisem a atividade da empresa, a duração do trabalho poderá ser prorrogada, observando-se os seguintes requisitos:

1) **causas acidentais** ou **força maior** que **paralisem** a atividade da empresa;

2) **prévia autorização do MTE** para a prorrogação;

3) limite de **2 horas extras**, **10 horas diárias** e período não superior a **45 dias por ano**.

? **QUESTÃO:** É possível a prorrogação da jornada em atividades insalubres?

***RESPOSTA:** Conforme o artigo 60 da CLT, nas atividades insalubres, quaisquer prorrogações só poderão ser acordadas mediante **licença prévia** das autoridades competentes em matéria de higiene do trabalho, as quais, para esse efeito, procederão aos necessários exames locais e à verificação dos métodos e processos de trabalho, quer diretamente, quer por intermédio de autoridades sanitárias federais, estaduais e municipais, com quem entrarão em entendimento para tal fim. Sobre esse tema, o **Exame Unificado de 2015** considerou correta a seguinte assertiva: "Lúcio é enfermeiro num hospital e, após cumprir seu expediente normal de 8 horas de serviço, tratando dos pacientes enfermos, recebe solicitação para prosseguir no trabalho, realizando hora extra. Lúcio se nega, afirmando que a prorrogação não foi autorizada pelo órgão competente do Ministério do Trabalho e do Emprego. Diante desse impasse e de acordo com a CLT: Lúcio está correto, pois, tratando-se de atividade insalubre, a prorrogação de jornada precisa ser previamente autorizada pela autoridade competente". Contudo, o parágrafo único do artigo 60 da CLT, introduzido pela Lei da Reforma Trabalhista, trouxe uma hipótese de exceção autorizando que seja adotada a jornada de **12 x 36 horas** em ambientes insalubres, **independentemente** de autorização do Ministério do Trabalho. É importante destacar que o artigo 611-A, XIII da CLT, também inserido por força da Reforma Trabalhista, expressamente trouxe a possibilidade de **negociação coletiva** a respeito da prorrogação de jornada em ambiente insalubre, **sem licença prévia** das autoridades competentes do Ministério do Trabalho.*

5.2. Prorrogação de jornada em contrato em regime de tempo parcial: Considera-se trabalho em regime de tempo parcial aquele cuja duração não exceda a 30 (trinta) horas semanais, sem a possibilidade de horas suplementares semanais. Após a Reforma Trabalhista passou a se permitir que, no caso de contrato a tempo parcial que não exceda a 26 (vinte e seis) horas semanais, será possível o acréscimo de até 06 (seis) horas extras semanais (art. 58-A da CLT). Sobre esse tema, o **Exame Unificado de 2022** considerou correta a seguinte assertiva: Determinada sociedade empresária propôs, em 2022, a um grupo de candidatos a emprego, um contrato de trabalho no qual a duração máxima seria de 30 (trinta) horas semanais, sem a possibilidade de horas extras. Como alternativa, propôs um contrato com duração de 26 (vinte e seis) horas semanais, com a possibilidade de, no máximo, 6 (seis) horas extras semanais. Um dos candidatos consultou você, na qualidade de advogado(a), sobre os contratos de trabalho oferecidos. Assinale a opção que apresenta, corretamente, sua resposta: A) Os dois casos apresentam contratos de trabalho em regime de tempo parcial.

6. PERÍODOS DE DESCANSO

O legislador cuidou de estabelecer intervalos e pausas, seja durante a jornada, seja entre duas jornadas consecutivas, a fim de garantir a higidez física e mental do trabalhador.

Os descansos trabalhistas se subdividem em intervalos, dias de repouso (repouso semanal e feriados) e férias.

7. INTERVALOS

7.1. Conceito:

São **pequenos lapsos de tempo** que visam, principalmente, à recuperação das energias do empregado, o que favorece a manutenção de sua higidez física e mental, evitando assim o acometimento por doenças ocupacionais e a ocorrência de acidentes de trabalho. São duas as modalidades de intervalo: intervalo interjornada e intervalo intrajornada.

7.2. Intervalo interjornada:

É aquele tempo de descanso **entre duas jornadas de trabalho** consecutivos. Além de garantir a higidez física e mental do empregado, esse intervalo busca assegurar ao trabalhador um mínimo de convivência familiar e social.

A regra geral é o intervalo de **11 horas consecutivas** (art. 66, CLT) e a **ausência de remuneração** dele.

A concessão do descanso semanal de 24 horas (folga semanal) não desobriga o empregador de conceder também o intervalo interjornada de, no mínimo, 11 horas consecutivas. Assim, o empregado tem direito a 35 horas consecutivas de descanso por semana, assim consideradas as 24 horas do DSR mais as 11 horas do intervalo interjornada.

7.3. Intervalo intrajornada:

É aquele concedido **durante** a jornada de trabalho para que o empregado descanse e recupere suas energias. Em regra, para as jornadas superiores a **4h e até 6horas**, o intervalo intrajornada mínimo é de **15 minutos**. Para as jornadas **acima de 6 horas**, é obrigatório o intervalo mínimo de **1 hora e máximo de 2 horas**. Sobre esse tema, o **Exame Unificado de 2012** considerou correta a seguinte assertiva: "Maria foi contratada pela empresa Bolos S.A. para exercer a função de copeira, cumprindo jornada de trabalho de segunda à sexta-feira das 13:00 h às 17:00 h, sem intervalo alimentar. Decorridos dois anos do início do pacto contratual, foi a empregada dispensada, recebendo as parcelas da ruptura. Contudo, inconformada porque jamais lhe foi permitido usufruir de intervalo para descanso e alimentação, Maria ajuíza reclamação trabalhista postulando o pagamento do período correspondente ao intervalo alimentar não concedido. Diante da hipótese relatada: A ex-empregada não faz jus ao pagamento de horas extraordinárias, porquanto diante da carga horária cumprida, não lhe era assegurada a fruição de intervalo intrajornada". Veja-se que na hipótese destacada, a jornada não é superior a quatro horas diárias, de forma que Maria não fazia jus ao intervalo intrajornada.

Quanto habitualmente ultrapassada a jornada de 6 horas, é devido o gozo do intervalo intrajornada mínimo de **uma hora.**

Existem intervalos especiais previstos em lei para categorias específicas de trabalhadores. É o que ocorre, por exemplo, nas seguintes situações:

- **serviços permanentes de mecanografia** (estendido aos digitadores pela jurisprudência), cujo intervalo é de 10 minutos a cada 90 minutos trabalhados (art. 72 da CLT);
- **trabalho em minas de subsolo:** intervalo de 15 minutos a cada 3 horas consecutivas de trabalho (art. 298 CLT);
- **câmaras frigoríficas** e para aqueles que movimentam mercadorias do ambiente quente para o frio ou vice-versa: intervalo de 20 minutos a cada 1h40min de trabalho (art. 253 CLT).

O tempo considerado necessário à recuperação do trabalhador é aquele definido por lei (intervalo obrigatório). Logo, se o empregador concede intervalo maior do que o legal, o benefício é apenas para o patrão, pois amplia o tempo em que o empregado fica à sua disposição. Assim, os intervalos concedidos pelo empregador e que não estejam previstos em lei serão remunerados como tempo à disposição. Exemplo: intervalo para lanche.

A Fracionamento ou redução do intervalo intrajornada: Durante muito tempo, a jurisprudência do TST não permitiu a supressão ou redução do intervalo intrajornada nem por negociação coletiva (acordo ou convenção coletiva).

Todavia, o art. 71, § 5º, da CLT, com redação dada pela Lei nº 13.103/2015, passou a permitir expressamente que o intervalo para jornadas superiores a 6 horas poderá ser **reduzido e/ou fracionado**, e o intervalo para jornadas inferiores a 6 horas poderá ser fracionado, quando compreendidos entre o término da primeira hora trabalhada e o início da última hora trabalhada, desde que previsto em convenção ou acordo coletivo de trabalho, ante a natureza do serviço e em virtude das condições especiais de trabalho a que são submetidos estritamente os motoristas, cobradores, fiscalização de campo e afins nos serviços de operação de veículos rodoviários, empregados no setor de transporte coletivo de passageiros, mantida a remuneração e concedidos intervalos para descanso menores ao final de cada viagem.

Logo, a redução e/ou o fracionamento (intervalo de 1h a 2h) e o fracionamento (intervalo de 15min) para a categoria dos motoristas, cobradores, fiscalização do campo e afins nos serviços de operação de veículos rodoviários, poderá se verificar observando-se os seguintes requisitos: 1) **previsão em acordo ou convenção coletiva**; 2) mantida a mesma **remuneração;** 3) concedidos intervalos para descanso **menores** ao final de cada viagem, não descontados da jornada.

No caso dos **domésticos**, o intervalo intrajornada (de 1 a 2 horas) poderá ser reduzido mediante ajuste entre as partes para **30 minutos** ou fracionado em dois períodos, cuja soma, seja no máximo de 4 horas, nessa hipótese. Por ausência de norma específica, há que se aplicar ao doméstico o intervalo de 15 minutos para jornadas de 4 horas a 6 horas.

> **FIQUE POR DENTRO:**
> O artigo 611-A, III, da CLT, inserido pela Lei da Reforma Trabalhista autorizou a redução do intervalo intrajornada por norma coletiva, desde que respeitado o intervalo mínimo de 30 minutos.
> No regime 12 x36 horas para qualquer empregado, inclusive doméstico, a lei autoriza que o intervalo intrajornada seja observado ou indenizado.

Em regra, o intervalo intrajornada não é computado na jornada de trabalho e, portanto, não é remunerado. Em outras palavras, o empregado não recebe pelo período em que está usufruindo intervalo intrajornada, esse período não integra a sua jornada.

Todavia, existem exceções nos quais o intervalo é computado na jornada de trabalho, conforme previsto em lei. Assim, o empregado goza o descanso, e apesar de não estar trabalhando naquele período, o referido lapso temporal é considerado como se trabalhado fosse. É o que ocorre, por exemplo, nos casos de serviço de mecanografia e de trabalho e em minas de subsolo.

> **FIQUE POR DENTRO:**
> Após o advento da Reforma Trabalhista, se o intervalo intrajornada for suprimido, ainda que parcialmente, o empregado terá direito a receber apenas o **período suprimido** (antes o pagamento era correspondente ao tempo integral do intervalo), de forma **indenizatória** (antes tinha natureza salarial), com acréscimo de 50% sobre o valor da remuneração da hora normal de trabalho (artigo 71, §4º, da CLT).
> Sobre esse tema, o **Exame Unificado de 2018** considerou correta a seguinte assertiva:"Jorge trabalhou para a Sapataria Bico Fino Ltda., de 16/11/2017 a 20/03/2018. Na ocasião realizava jornada das 9h às 18h, com 15 minutos de intervalo. Ao ser dispensado ajuizou ação trabalhista, reclamando o pagamento de uma hora integral pela ausência do intervalo, além dos reflexos disso nas demais parcelas intercorrentes do contrato de trabalho. Diante disso, e considerando o texto da CLT, assinale a afirmativa correta. A) Jorge faz jus a 45 minutos acrescidos de 50%, porém sem os reflexos, dada a natureza jurídica indenizatória da parcela".

8. DESCANSO SEMANAL REMUNERADO

8.1. Conceito:

É o período de tempo, de **vinte e quatro horas consecutivas**, preferencialmente coincidente com o domingo, em que o empregado deixa de prestar serviços ao empregador, bem como de se colocar à disposição deste. Para usufrui-lo, o empregado deve ter assiduidade e pontualidade.

8.2. Fruição e remuneração:

O repouso é semanal, isto é, a cada **seis dias de trabalho** o empregado deve usufruir o descanso, sob pena de pagamento do dia trabalhado em dobro, se não houver compensação do labor (folga em outro dia).

Conforme o art. 7º da Lei nº 605/1948, a remuneração do repouso corresponde:

a) para os que trabalham por dia, semana, quinzena ou mês, à de um dia de serviço, computadas as horas extraordinárias habitualmente prestadas;

b) para os que trabalham por hora, à sua jornada norma de trabalho, computadas as horas extraordinárias habitualmente prestadas;

c) para os que trabalham por tarefa ou peça, o equivalente ao salário correspondente às tarefas ou peças feitas durante a semana, no horário normal de trabalho, dividido pelos dias de serviço efetivamente prestados ao empregador;

d) para o empregado em domicílio, o equivalente ao quociente da divisão por 6 (seis) da importância total da sua produção na semana.

Os empregados cujos salários não sofram descontos por motivo de feriados civis ou religiosos são considerados já remunerados nesses mesmos dias de repouso, conquanto tenham direito à remuneração dominical.

Consideram-se já remunerados os dias de repouso semanal do empregado mensalista ou quinzenalista, cujo cálculo de salário mensal ou quinzenal ou cujos descontos por falta sejam efetuados na base do número de dias do mês ou de 30 (trinta) e 15 (quinze) diárias, respectivamente. Em síntese, o referido dispositivo prevê a base de cálculo do DSR para cada forma diferente de pagamento de salário. A essência é a remuneração do DSR à base de um dia de serviço do empregado. O mensalista (empregado que recebe por mês) já tem embutido o descanso semanal no salário, já que recebe por todos os dias do mês, inclusive os não úteis. No caso dos empregados que recebem salário variável, faz-se necessário calcular o valor de um dia de salário, para, a partir daí, calcular o valor do descanso semanal.

Conforme a CF/88, o descanso semanal deve ser usufruído **preferencialmente** aos domingos (art. 7º, XV), contudo é possível que seja usufruído em outro dia da semana, desde que a empresa seja autorizada a funcionar aos domingos.

A Lei nº 11.603/2007 autorizou o trabalho aos domingos nas atividades de comércio em geral, devendo ser observada a legislação municipal. Além disso, estabeleceu que o descanso semanal deverá coincidir com o domingo, pelo menos uma vez a cada três semanas.

9. FERIADOS

9.1. Conceito:

São dias de descanso, assim estipulados por força de lei, seja por motivos cívicos, seja por motivos religiosos. Os requisitos para remuneração (**frequência e pontualidade**), forma de cálculo de remuneração e hipóteses de autorização para trabalho em feriados são os mesmos do descanso semanal remunerado.

> **FIQUE POR DENTRO:** Conforme a Lei da Reforma Trabalhista, aqueles que trabalham no regime de 12x36 horas (inclusive como já era previsto para os domésticos) já tem compensado os dias do repouso semanal e dos feriados (artigo 59-A da CLT). *Sobre esse tema, o* ***Exame Unificado de 2019*** *considerou correta a seguinte assertiva:* "Rita de Cássia é enfermeira em um hospital desde 10/01/2018, no qual trabalha em regime de escala de 12x36 horas, no horário das 7.00 às 19.00 horas. Tal escala encontra- se prevista na convenção coletiva da categoria da empregada. Alguns plantões cumpridos por Rita de Cássia coincidiram com domingos e outros, com feriados. Em razão disso, a empregada solicitou ao seu gestor que as horas cumpridas nesses plantões fossem pagas em dobro. Sobre a pretensão da empregada, diante do que preconiza a CLT, assinale a afirmativa correta. b) Ela não terá direito ao pagamento em dobro nem nos domingos nem nos feriados".

10. FÉRIAS

10.1. Conceito:

São o período de descanso, em que o empregado, além de revigorar suas energias, tem a oportunidade de desenvolver sua vida além do trabalho e sua inserção familiar e social.

Trata-se de uma forma de **interrupção do contrato de trabalho**, em que o empregado não presta serviços, mas recebe remuneração. Logo, o período de férias é computado no tempo de serviço do empregado, inclusive integrando o novo período aquisitivo de férias.

10.2. Duração das férias:

A regra geral é a duração das férias de **30 dias**, quando o empregado, durante o período aquisitivo, não tiver mais de 5 faltas injustificadas.

A CLT prevê uma progressiva redução do período de férias, de acordo com o número injustificado de faltas.

> **FIQUE POR DENTRO:** Após a Reforma Trabalhista, o período de férias nos contratos sob o regime **de tempo** parcial também passou para **30 dias**.
> Para os empregados com **contrato intermitente** o período de férias é de **um mês** (art. 452-A, §9º, da CLT.)

10.3. Concessão das férias:

Em primeiro lugar é necessário distinguir o período aquisitivo e o período concessivo de férias.

Período aquisitivo é o período de trabalho que a legislação exige para se **adquirir** o direito de gozar férias.

Já o **período concessivo** é aquele que o empregado dispõe para efetivamente **usufruir** as férias.

O período aquisitivo de férias é de **um ano** a contar da data de admissão, reiniciando-se, a partir daí, um novo período aquisitivo.

Já o período concessivo é de um ano a contar da aquisição do direito de férias pelo empregado. Exemplo: se o empregado foi admitido em 10.01.2013, seu período aquisitivo iniciou-se neste dia e estará completo em 09.01.2014. A partir do dia 10.01.2014, se iniciará o período concessivo das férias, extinguindo-se em 09.01.2015. Caso o empregador não conceda as férias ao empregado dentro do período concessivo (doze meses imediatamente posteriores ao final do período aquisitivo) diz-se que as férias venceram.

Nesse caso, é devido o pagamento **em dobro** da remuneração das férias e do terço constitucional.

> **FIQUE POR DENTRO:** Conforme nova regra trazida pela Lei da Reforma Trabalhista, é vedado o início das férias no período de **dois dias** que **antecede** feriado ou dia de repouso semanal remunerado.

Como regra geral, cabe ao empregador determinar quando serão concedidas as férias, conforme melhor consulte seus interesses. Existem algumas exceções, quais sejam:

1) **menor de 18 anos** tem o direito de fazer coincidir suas férias com suas férias escolares (art. 136, § 2º, CLT);

2) membros de uma **mesma família,** que trabalham na mesma empresa, terão direito de gozar férias conjuntamente se não houver **prejuízos** para o serviço.

O ato de concessão de férias pressupõe o preenchimento de algumas formalidades:

- **comunicação, por escrito**, do empregado, com **antecedência mínima de 30 dias**, que dará recibo;

- **anotação** da concessão das férias na CTPS e livro ou ficha de registro de empregado.

A partir da comunicação da concessão de férias, o empregador somente poderá alterar a data da fruição com o consentimento do empregado.

? **QUESTÃO:** É possível o fracionamento das férias?

➥ ***RESPOSTA:*** *O parágrafo primeiro do artigo 134 da CLT, alterado pela Lei da Reforma Trabalhista, trouxe a possibilidade de **fracionamento** das férias. Atualmente, desde que haja **concordância** do empregado, as férias poderão ser usufruídas em até **três períodos**, sendo que um deles não poderá ser inferior a **quatorze dias corridos** e os demais não poderão ser inferiores a **cinco dias corridos,** cada um. Exemplo: Um empregado com 30 dias de férias, deve gozar um período de 14 dias e os 16 dias restantes passam a ser divisíveis por 2, podendo se dar em duas parcelas de 8 dias ou uma combinação de resultados até o limite mínimo de 5 dias consecutivos – 5 mais 11, 6 mais 10, 7 mais 9.*

A Lei da Reforma Trabalhista também **retirou** a proibição de fracionamento para os menores de 18 anos e maiores de 50 anos, que a partir de agora também poderão fracionar as férias como qualquer outro trabalhador.

No caso dos empregados domésticos, o período de férias poderá, a critério do empregador, ser fracionado em até **2 (dois) períodos**, sendo 1 (um) deles de, no mínimo, **14 (quatorze) dias corridos** (art. 17, § 2º, da Lei Complementar nº 150/2015).

10.4. Perda do direito de férias:

O empregado perderá o direito às férias nas seguintes hipóteses:

1) faltar injustificadamente mais de 32 dias ao longo do período aquisitivo;
2) deixar o emprego e não for readmitido dentro de 60 (sessenta) dias subsequentes à sua saída;
3) permanecer em gozo de licença, com percepção de salários, por mais de 30 (trinta) dias;
4) deixar de trabalhar, com percepção do salário, por mais de 30 (trinta) dias, em virtude de paralisação parcial ou total dos serviços da empresa;
5) tiver percebido da Previdência Social prestações de acidente de trabalho ou de auxílio-doença por mais de 6 (seis) meses, embora descontínuos.

Sobre esse tema, o **Exame Unificado de 2012** considerou errada a seguinte assertiva: "No curso do período aquisitivo, o empregado não adquire o direito à fruição de férias se: tiver percebido da Previdência Social prestações de acidente de trabalho ou de auxílio-doença por 3 (três) meses, mesmo que descontínuos".

10.5. Remuneração das férias:

As férias são calculadas sobre todas as parcelas de **natureza salarial**, habitualmente pagas ao trabalhador, correspondendo à **remuneração** que seria devida ao trabalhador no mês da **concessão** (e não da aquisição), acrescida do terço constitucional (art. 7º, XVII, CF/88).

O terço constitucional é calculado à razão **de 1/3 do salário** à época da concessão das férias.

Caso o salário do empregado seja **variável**, apura-se a **média das horas** trabalhadas no período aquisitivo, mas o valor da hora será o da data da concessão.

Quando o salário for pago por **tarefa**, irá se apurar a **média da produção** no período aquisitivo, mas o valor por peça ou tarefa aplicável é o da data da concessão das férias.

Quando o salário for pago por percentagem, comissão ou viagem, apura-se a média dos 12 meses imediatamente anteriores ao período da concessão.

As utilidades integram o cálculo das férias porque tem natureza salarial, exceto se continuarem sendo usufruídas pelo empregado durante o gozo de férias. Caso contrário, o empregado receberia o benefício em duplicidade. Assim, por exemplo, a habitação fornecida como utilidade não entra no cálculo da remuneração das férias porque o empregado continua recebendo tal utilidade durante o período de gozo de férias.

Contudo, o valor de tal utilidade irá incidir sobre o cálculo do terço de férias, este sim incidente sobre a totalidade das utilidades, tendo em vista tratar-se de um *plus*.

A cada mês trabalhado ou por fração igual ou superior a quinze dias, o empregado adquire direito a **1/12** de férias proporcionais.

Conforme jurisprudência do TST, o pagamento em atraso, ainda que as férias tenham sido gozadas na época própria, gera o pagamento **em dobro** das férias e do terço constitucional.

10.6. Abono pecuniário:

O empregado, inclusive o doméstico, pode converter **um terço das férias** em abono pecuniário, no valor da remuneração que lhe seria devida nos dias correspondentes (art. 143 da CLT e art. 17, § 3º, da Lei Complementar nº 150/2015).

Este abono pecuniário (venda de férias) não se confunde com o terço constitucional de férias.

Trata-se da situação vulgarmente conhecida como "venda de férias". A faculdade de converter um terço do período de férias em abono pecuniário é direito do empregado e não pode ser imposto pelo empregador, sob pena de ser obrigado a pagar em dobro os dez dias equivalentes ao abono.

> **FIQUE POR DENTRO:** Após a Reforma Trabalhista, passou a ser permitida **a conversão de 1/3 das férias** em pecúnia nos contratos sob o regime **de tempo** parcial.

O abono pecuniário deverá ser requerido pelo empregado **15 dias** antes de terminar o período aquisitivo. O abono não integra a remuneração do trabalhador para qualquer fim.

O pagamento da remuneração das férias ou do abono pecuniário deve ocorrer até **dois dias antes** do início do gozo, a fim de que o empregado tenha dinheiro para usufruir plenamente de seu período de descanso.

10.7. Férias coletivas:

Férias coletivas são as concedidas pelo empregador a **todos os empregados** da empresa ou de determinado estabelecimento ou setor (art. 139, CLT).

As formalidades para a concessão de férias coletivas são:

1) **comunicação ao MTE** e ao sindicato da categoria, com antecedência mínima de 15 dias, informando início e fim das férias, estabelecimento e setor abrangido;

2) **fixação de avisos aos empregados.**

As férias coletivas podem ser gozadas em **dois períodos anuais** sendo que nenhum deles poderá ser inferior a **10 dias.**

No caso de férias coletivas somente poderá haver abono pecuniário se houver **previsão em acordo coletivo,** independendo de requerimento individual a concessão do abono.

Os empregados contratados há menos de 12 meses gozarão, na oportunidade, férias proporcionais, iniciando-se, então, novo período aquisitivo.

10.8. Efeitos da extinção do contrato:

Cessado o contrato de trabalho, por qualquer motivo, as férias já adquiridas serão sempre **indenizadas.**

Férias já adquiridas são aquelas cujo período aquisitivo já tenha se **completado**. Se ainda não venceram, são denominadas **férias simples**.

Férias vencidas são aquelas adquiridas e não concedidas no prazo legal, as quais devem ser pagas em dobro. Mesmo na dispensa por justa causa são devidas as férias adquiridas, eis que o empregado já satisfez os requisitos legais para obtê-las e, portanto, tais férias já integraram o patrimônio do trabalhador.

Quanto às férias ainda não adquiridas, também denominadas férias proporcionais, o empregado receberá 1/12 por mês de serviço ou fração superior a 14 dias.

As férias proporcionais são devidas a todos, exceto aos demitidos por **justa causa**, que perdem o direito. Sobre esse tema, o **Exame Unificado de 2010** considerou correta a seguinte assertiva: "Com relação ao regime de férias (...) o empregado que pede demissão antes de completado seu primeiro período aquisitivo faz jus a férias proporcionais".

A remuneração utilizada para o cálculo das férias indenizadas é aquela devida quando da **extinção** do contrato.

As férias indenizadas, como o próprio nome já indica, têm natureza indenizatória e, portanto, não constituem base de cálculo do FGTS.

A prescrição da pretensão de reclamar a concessão ou pagamento das férias é contada do término do período **concessivo** (e não do período aquisitivo) ou, se for o caso, da cessação do contrato de trabalho.

> **DICA IMPORTANTE:** Diante das grandes alterações trazidas pela Lei da Reforma Trabalhista e diante da repetição de questões sobre esses temas em concursos anteriores, é fundamental a memorização dos artigos 4º, §2º, 58-A, 59, 59-A, 59-B, 60, 61, 71, §4º e 134 todos da CLT.

EM RESUMO: Férias	
Conceito	Férias são o período de descanso, em que o empregado, além de revigorar suas energias, tem a oportunidade de desenvolver sua vida além do trabalho e sua inserção familiar e social. Trata-se de uma forma de interrupção do contrato de trabalho, em que o empregado não presta serviços, mas recebe remuneração.
Duração	30 dias a cada 1 ano de contrato; Para o trabalhador intermitente é de um mês.
Concessão	Empregador define data de concessão. Exceções: 1) menor de 18 anos tem o direito de fazer coincidir suas férias com suas férias escolares; 2) membros de uma mesma família terão direito de gozar férias conjuntamente se não houver prejuízos para o serviço.

EM RESUMO: Férias	
Perda do direito de férias	1) faltar injustificadamente mais de 32 dias ao longo do período aquisitivo; 2) deixar o emprego e não for readmitido dentro de 60 (sessenta) dias subsequentes à sua saída; 3) permanecer em gozo de licença, com percepção de salários, por mais de 30 (trinta) dias; 4) deixar de trabalhar, com percepção do salário, por mais de 30 (trinta) dias, em virtude de paralisação parcial ou total dos serviços da empresa; 5) tiver percebido da Previdência Social prestações de acidente de trabalho ou de auxílio- -doença por mais de 6 (seis) meses, embora descontínuos.
Férias coletivas	1) comunicação ao MTE e ao sindicato da categoria; 2) fixação de avisos aos empregados.
Remuneração	Calculadas sobre todas as parcelas de natureza salarial, habitualmente pagas ao trabalhador, correspondendo à **remuneração** que seria devida ao trabalhador no mês da **concessão**, acrescida do terço constitucional (art. 7º, XVII, CF/88); Quando o salário é variável, apura-se a média das horas trabalhadas no período aquisitivo, mas o valor da hora será o da data da concessão; Quando o salário for pago por tarefa, irá se apurar a média da produção no período aquisitivo, mas o valor por peça ou tarefa aplicável é o da data da concessão das férias; Quando o salário for pago por percentagem, comissão ou viagem, apura-se a média dos 12 meses imediatamente anteriores ao período da concessão; As utilidades integram o cálculo das férias, exceto se continuarem sendo usufruídas durante o gozo de férias; A cada mês trabalhado ou por fração igual ou superior a quinze dias, o empregado adquire direito a 1/12 de férias proporcionais; O empregado, inclusive o doméstico e o submetido ao regime de tempo parcial, pode converter um terço das férias em abono pecuniário, no valor da remuneração que lhe seria devida nos dias correspondentes; O pagamento da remuneração das férias ou do abono pecuniário deve ocorrer até dois dias antes do início do gozo; O pagamento em atraso, ainda que as férias tenham sido gozadas na época própria, gera o pagamento em dobro das férias e do terço constitucional.
Fracionamento	Desde que haja **concordância** do empregado, as férias poderão ser usufruídas em até **três períodos**, sendo que um deles não poderá ser inferior a **quatorze dias corridos** e os demais não poderão ser inferiores a **cinco dias corridos**, cada um. Cabível para todos os empregados, inclusive para os menores de 18 anos e maiores de 50 anos. No caso dos empregados domésticos, o período de férias poderá, a critério do empregador, ser fracionado em até **2 (dois) períodos**, sendo 1 (um) deles de, no mínimo, **14 (quatorze) dias corridos** (art. 17, § 2º, da Lei Complementar nº 150/2015).

CAPÍTULO IV
RESCISÃO CONTRATUAL

1. RESCISÃO CONTRATUAL

1.1. Introdução:

A rescisão contratual pode ocorrer por variadas maneiras, gerando efeitos diferentes em cada uma delas. Podemos classificar as modalidades de rescisão contratual da seguinte forma: por ato voluntário imotivado; por ato voluntário motivado, por fato involuntário e por comum acordo entre as partes. Vejamos cada uma das hipóteses.

1.2. Por ato voluntário imotivado:

Tanto o empregado quanto o empregador podem encerrar o contrato de trabalho a qualquer tempo, através de ato voluntário, mesmo que não tenham motivos objetivos para tal.

O patrão tem o **direito potestativo** de dispensar o empregado, isto é, um direito que integra o patrimônio do empregador e pode ser exercido independentemente da vontade contrária. Por outro lado, o empregado pode se demitir quando quiser porque ninguém pode ser obrigado a trabalhar contra a sua vontade.

São espécies dessa modalidade rescisória e verbas rescisórias correspondentes:

A **pedido de demissão:** quando o empregado manifesta intenção de extinguir o vínculo. Verbas devidas: saldo de salário, férias vencidas e proporcionais e décimo terceiro salário proporcional.

B **dispensa sem justa causa** (dispensa imotivada, demissão imotivada, despedida imotivada): quando o empregador exerce seu direito potestativo de encerrar o vínculo. Verbas devidas: saldo de salário, férias vencidas e proporcionais, décimo terceiro salário proporcional; aviso prévio (trabalhado ou indenizado), multa de 40% do FGTS, saque do FGTS e guias do seguro-desemprego.

1.3. Por ato voluntário motivado:

Quando se verificar o **descumprimento do contrato** por uma das partes, ou até mesmo por ambas, o contrato se extingue por justa causa.

São espécies dessa modalidade rescisória e verbas rescisórias correspondentes:

A **justa causa:** quando o empregado pratica conduta faltosa. Verbas devidas: saldo de salário e férias vencidas.

B **rescisão indireta**: quando o empregador descumpre obrigações contratuais. Verbas devidas: saldo de salário, férias vencidas e proporcionais, décimo terceiro salário proporcional; aviso prévio (trabalhado ou indenizado), multa de 40% do FGTS, saque do FGTS e guias do seguro-desemprego (mesmas verbas da dispensa sem justa causa).

C **culpa recíproca**: quando empregado e empregador têm culpa na extinção do contrato. Verbas devidas: saldo de salário, férias vencidas, metade do aviso prévio, metade do décimo terceiro salário proporcional, metade das férias proporcionais, metade da multa do FGTS e saque do FGTS. Não dá direito ao seguro-desemprego. Sobre esse tema, o **Exame Unificado de 2013** considerou correta a seguinte assertiva: "Em determinada reclamação trabalhista o juiz, à luz das provas produzidas, considera que a natureza jurídica da extinção contratual foi culpa recíproca (de ambas as partes). Para a hipótese, as alternativas a seguir apresentam direitos deferidos ao trabalhador, à exceção de uma. (...) Seguro desemprego".

1.4. Por fato involuntário:

São situações atípicas provocadas por ato **alheio,** estranho à vontade das partes contratantes e que geram a extinção do contrato de trabalho.

São espécies dessa modalidade rescisória e verbas rescisórias correspondentes:

A **nulidade:** quando há desrespeito à lei, moral ou bons costumes, verificando-se nos casos de trabalho ilícito, trabalho proibido e servidor público contratado sem concurso. As verbas rescisórias devidas são:

- **Trabalho ilícito:** efeitos *ex tunc*, ou seja, o trabalhador nada recebe;
- **Trabalho proibido:** efeitos *ex nunc*, o trabalhador recebe os direitos decorrentes dos serviços prestados;
- **Servidor público contratado sem concurso** (Súm. 363 TST): recebe salário e FGTS.

B **força maior:** acontecimento inevitável para o qual o empregador em nada contribuiu; ex: uma enchente que destrói completamente a empresa. Verbas devidas: saldo de salário, férias vencidas e proporcionais, décimo terceiro salário proporcional; aviso prévio (trabalhado ou indenizado), saque do FGTS, guias do seguro-desemprego, metade da multa de 40% do FGTS. Sobre esse tema, o **Exame Unificado de 2012** considerou correta a seguinte assertiva: "Em razão de forte enchente que trouxe sérios prejuízos à localidade, houve o encerramento das atividades da empresa Boa Vida Ltda., que teve seu estabelecimento totalmente destruído pela força das águas. Diante dessa situação hipotética, com relação aos contratos de trabalho de seus empregados (...) Os empregados têm direito à indenização compensatória de 20% (vinte por cento) sobre os depósitos do FGTS".

C **fato do príncipe:** paralisação temporária ou definitiva do trabalho em decorrência de ato do poder público, desde que o empregador não tenha concorrido para a prática do ato. Verbas devidas: saldo de salário, férias vencidas e proporcionais, décimo terceiro salário proporcional; aviso prévio (trabalhado ou indenizado), saque do FGTS, guias do seguro-desemprego. A multa de 40% do FGTS caberá à Administração Pública. Sobre esse tema, o **Exame Unificado de 2017** considerou verdadeira a seguinte assertiva: "João era proprietário de uma padaria em uma rua movimentada do centro da cidade. Em razão de obras municipais, a referida rua foi interditada para veículos e pedestres. Por conta disso, dada a ausência de movimento, João foi obrigado a extinguir seu estabelecimento comercial, implicando a paralisação definitiva do trabalho. Acerca da indenização dos empregados pela extinção da empresa, à luz da CLT (...) Caberá indenização ao empregado, a ser paga pelo Município".

Veja-se que na hipótese da questão, o encerramento da atividade empresarial foi ocasionado exclusivamente por ato do Poder Público, sem culpa do empregador.

> **MUITA ATENÇÃO!**
>
> A Lei 14.020 trouxe expressamente a vedação da aplicação do Fato do Príncipe prevista no art. 486 da CLT, na hipótese de paralisação ou suspensão de atividades empresariais determinada por ato de autoridade municipal, estadual ou federal para o enfrentamento do estado de calamidade pública reconhecido pelo Decreto Legislativo nº 6, de 20 de março de 2020, e da emergência de saúde pública de importância internacional decorrente do coronavírus, de que trata a Lei nº 13.979, de 6 de fevereiro de 2020 (artigo 29).

D **morte do empregado.** Verbas devidas: saldo de salário, férias vencidas e proporcionais e décimo terceiro salário proporcional.

E **morte do empregador pessoa física, extinção da empresa ou falência.** Verbas devidas: saldo de salário, férias vencidas e proporcionais, décimo terceiro salário proporcional; aviso prévio (trabalhado ou indenizado), multa de 40% do FGTS, saque do FGTS e guias do seguro-desemprego.

1.5. Por comum acordo entre as partes:

O distrato se verifica quando as partes (empregado e empregador), em **comum acordo**, decidem encerrar o contrato de trabalho.

As verbas rescisórias devidas são: metade do aviso prévio, se indenizado; metade da multa rescisória do FGTS; na integralidade, as demais verbas trabalhistas; levantamento de 80% dos depósitos do FGTS; não autoriza seguro-desemprego.

Sobre esse tema, o **Exame Unificado de 2018** considerou correta a seguinte assertiva: "Ferdinando trabalha na sociedade empresária Alfa S.A. há 4 anos, mas anda desestimulado com o emprego e deseja dar um novo rumo à sua vida, retornando, em tempo integral, aos estudos para tentar uma outra carreira profissional. Imbuído desta intenção, Ferdinando procurou seu chefe, em 08/03/2018, e apresentou uma proposta para, de comum acordo, ser dispensado da empresa, com formulação de um distrato. Diante do caso apresentado e dos termos da CLT, assinale a afirmativa correta. A) A realização da extinção contratual por vontade mútua é viável, mas a indenização será reduzida pela metade e o empregado não receberá seguro desemprego".

1.6. Modalidades de rescisão do contrato por prazo determinado:

O contrato por prazo determinado, como o próprio nome já traduz, é uma espécie de contrato de trabalho que foge à regra da duração indefinida no tempo. Em razão disso, a rescisão do contrato por prazo determinado traz algumas especificidades.

Vejamos a classificação das modalidades de extinção do contrato por prazo determinado:

1) **extinção normal:** ocorre no prazo fixado pelas partes. Verbas rescisórias devidas: Saldo de salário, férias proporcionais com 1/3; 13º salário proporcional e liberação do FGTS.

2) **extinção antecipada:** realizada **antes** do prazo fixado pelas partes, hipótese em que há pagamento de **indenização**, observando-se quem deu **causa** ao desligamento. Verbas rescisórias devidas:

   - **Iniciativa do empregador**: saldo de salário, férias proporcionais com 1/3; 13º salário proporcional; liberação do FGTS com multa de 40%; indenização de metade da remuneração que teria direito até o fim do contrato por prazo determinado. Sobre esse tema, o **Exame Unificado de 2015** considerou correta a seguinte assertiva: "Verônica foi contratada, a título de experiência, por 30 dias. Após 22 dias de vigência do contrato, o empregador resolveu romper antecipadamente o contrato, que não possuía cláusula assecuratória do direito recíproco de rescisão. Sobre o caso, de acordo com a Lei de Regência: Verônica terá direito à remuneração, e por metade, a que teria direito até o termo do contrato".

- **Iniciativa do empregado**: saldo de salário, férias proporcionais com 1/3; 13º salário proporcional. O empregado deverá pagar ao empregador indenização pelos prejuízos causados pelo pedido de demissão. Essa indenização não pode exceder àquela que o empregado teria em idênticas condições (metade dos salários até o fim do termo contratual).

3) **contrato com cláusula assecuratória do direito recíproco de rescisão (art. 481 da CLT):** Conforme o art. 481 da CLT, as partes do contrato por prazo determinado podem fixar cláusula assecuratória do direito recíproco de rescisão. A referida cláusula permite a qualquer uma das partes rescindir o contrato por prazo determinado antes do prazo fixado. Nesse caso, serão observadas as mesmas regras da rescisão normal do contrato por prazo indeterminado. Verbas rescisórias devidas:

- **Iniciativa do empregador**: deverá conceder aviso prévio ao empregado, além do pagamento das mesmas verbas rescisórias devidas na dispensa injusta (saldo de salário, férias proporcionais com 1/3; 13º salário proporcional; liberação do FGTS com multa de 40%).

- **Iniciativa do empregado**: terá que cumprir o aviso prévio, sob pena de desconto. Nesse caso não estará obrigado a pagar a indenização pelos prejuízos causados (art. 480 da CLT) e nem saca o FGTS. São devidos: saldo de salário, férias proporcionais com 1/3 e 13º salário proporcional.

4) **Rescisão antecipada por força maior ou culpa recíproca**. Verbas rescisórias devidas: saldo de salário, metade das férias proporcionais com 1/3; metade do 13º salário proporcional; liberação do FGTS com metade da multa de 40%; metade da indenização do art. 479 da CLT.

2. JUSTA CAUSA

2.1. Generalidades:

O art. 482 da CLT prevê condutas do empregado que constituem **falta grave**, punível com dispensa motivada. Assim, caso o empregado pratique qualquer uma destas condutas, fica sujeito à dispensa por justa causa, que gera severas consequências nas verbas rescisórias devidas.

2.2. Requisitos:

Os requisitos para a justa causa são divididos em três grupos, quais sejam: requisitos objetivos, requisitos subjetivos e requisitos circunstanciais.

A **Requisitos objetivos:** são aqueles relacionados com a **conduta** que se pretende censurar.

São eles:

- **Tipicidade:** a conduta deve ser arrolada como falta pela lei.
- **Gravidade da falta:** para que possa gerar a dispensa motivada, a falta há de ser muito grave, rompendo a confiança entre as partes e tornando insustentável a manutenção do vínculo empregatício.
- **Relação entre a falta e o trabalho:** a conduta irregular do empregado deve repercutir no cumprimento de suas obrigações contratuais ou, no mínimo, produzir prejuízos ao ambiente de trabalho.

B **Requisitos subjetivos:** são aqueles relacionados com o **envolvimento** do empregado com a conduta censurada.

- **Autoria:** o empregado somente pode ser punido pela conduta por ele praticada ou para a qual tenha, pelo menos, contribuído;
- **Culpa ou dolo:** o empregado somente será punido se agiu com culpa, isto é, imperícia, imprudência ou negligência ou se agiu com dolo, ou seja, com a intenção e consciência de praticar conduta irregular.

C **Requisitos circunstanciais:** estão relacionados com a conduta adotada pelo empregador, no exercício do **poder disciplinar**, em face da falta cometida pelo empregado.

- **Nexo causal:** é necessária a existência de conexão entre a conduta do empregado e a punição aplicada;
- **Proporcionalidade:** a punição aplicada não pode ser excessiva, desmedida e exagerada. Ao contrá-

rio, deve guardar consonância com a gravidade da falta, observando-se os limites decorrentes dos princípios mínimos previstos na Constituição Federal, como o respeito à dignidade humana;

- **Imediatidade ou atualidade:** a punição somente pode ser aplicada se for imediata à conduta irregular do empregado. Em outras palavras, a falta a ser punida deve ser **atual, recente.** Se o empregador teve conhecimento da falta e não aplicou imediata punição, está caracterizado o **perdão tácito.**
- **Singularidade da punição:** não se admite a aplicação de **mais de uma sanção** para a mesma falta. Sobre esse tema, o **Exame Unificado de 2010** considerou correta a seguinte assertiva: "O empregado João foi contratado para trabalhar como caixa de um supermercado. No ato de admissão, foi-lhe entregue o regulamento da empresa, onde constava a obrigatoriedade do uso do uniforme para o exercício do trabalho. Entretanto, cerca de cinco meses após a contratação, João compareceu para trabalhar sem o uniforme e, por isso, foi advertido. Um mês depois, o fato se repetiu e João foi suspenso por 3 dias. Passados mais 2 meses, João compareceu novamente sem uniforme, tendo sido suspenso por 30 dias. Ao retornar da suspensão foi encaminhado ao departamento de pessoal, onde tomou ciência da sua dispensa por justa causa (indisciplina – art. 482, h da CLT). Diante deste caso concreto: está incorreta a aplicação da justa causa, uma vez que o empregador praticou *bis in idem*, ao punir João duas vezes pelo mesmo fato". Veja-se que João foi suspenso e também dispensado por justa causa pelo mesmo motivo caracterizando a duplicidade de sanção, o que torna nula a dispensa por justa causa.
- **Não discriminação:** é vedada a punição diversa para empregados que cometeram idêntica falta. Todos os empregados que praticaram a mesma falta devem ser punidos da mesma forma;
- **Vinculação aos motivos da punição:** para que possa aplicar a punição, o empregador deve informar os motivos que ensejaram a sanção, ficando vinculado aos motivos que foram expostos, não podendo substituí-los posteriormente, ainda que tenha tomado conhecimento futuro de outra falta do empregado. Existem duas correntes doutrinárias para tentar justificar a tipificação da justa causa pelo empregador, quais sejam: 1) **ortodoxa:** não aceita que o empregador classifique erroneamente na defesa a tipificação da justa causa; 2) **heterodoxa:** aceita os fatos narrados na defesa para justificar a despedida por justa causa, cabendo ao julgador tipificar o caso concreto na hipótese legal.

2.3. Hipóteses de justa causa:

1. **Improbidade:** desonestidade, viola lei, moral ou bons costumes, gerando prejuízo patrimonial ao empregador ou a terceiro.
2. **Incontinência ou mau procedimento**: a incontinência é a violação específica da moral sexual. O mau procedimento inclui tudo o que seja incompatível com as regras sociais e internas.
3. **Negociação habitual:** exercício habitual de atividade concorrente, sem autorização do empregador, explorando o mesmo ramo de negócio, ou exerce outra atividade que, embora não concorrente, prejudique o exercício de sua função na empresa.
4. **Condenação criminal do empregado, passada em julgado, ao cumprimento de pena privativa de liberdade, sendo inaplicável a suspensão da execução da pena:** Condenado à pena privativa da liberdade, sem possibilidade de suspensão da pena, independente da natureza do crime.
5. **Desídia:** negligência.
6. **Embriaguez habitual ou em serviço:** Embriaguez habitual é aquela que ocorre de forma repetida, fora do local de trabalho, mas que repercute negativamente na atividade do empregado. Embriaguez em serviço é aquela em que o empregado se embriaga no próprio local de trabalho, durante o expediente.
7. **Violação de segredo da empresa:** empregado revela para terceiros quaisquer informações sigilosas de que tenha conhecimento em razão de suas atividades.
8. **Ato de indisciplina ou insubordinação: A indisciplina é** caracterizada por descumprimento de ordens gerais de serviços, emanadas em relação a todos os empregados da empresa. A insubordinação se verifica com o descumprimento de ordens pessoais do chefe imediato, direcionadas de forma específica ao empregado. Sobre esse tema, o **Exame Unificado de 2015** considerou correta a seguinte assertiva: "Josué e Marcos são funcionários da sociedade empresária Empreendimento Seguro Ltda., especializada em consultoria em segurança do trabalho e prevenção de acidentes. No ambiente

de trabalho de ambos, também ficam outros 10 funcionários, havendo placas de proibição de fumar, o que era frisado na contratação de cada empregado. O superior hierárquico de todos esses funcionários dividiu as atribuições de cada um, cabendo a Marcos a elaboração da estatística de acidentes ocorridos nos últimos dois anos, tarefa a ser executada em quatro dias. Ao final do prazo, ao entrar na sala, o chefe viu Josué fumando um cigarro. Em seguida, ao questionar Marcos sobre a tarefa, teve como resposta que ele não a tinha executado porque não gostava de fazer estatísticas. Diante do caso: Josué e Marcos são passíveis de ser dispensados por justa causa, respectivamente por atos de indisciplina e insubordinação".

9. **Abandono de emprego:** Ausentar-se do serviço por prazo de 30 dias, sem justificativa (elemento objetivo) e intenção deliberada do deixar o serviço (elemento subjetivo). Sobre esse tema, o **Exame Unificado de 2012** considerou correta a seguinte assertiva: "Marcos deve retornar ao trabalho no prazo de 30 (trinta) dias, contados a partir da cessação do benefício previdenciário, sob pena de se presumir o abandono de emprego caso não justifique o motivo do não retorno.

10. **Ato lesivo da honra ou da boa fama praticado no serviço contra qualquer pessoa ou ocorrência de ofensas físicas, nas mesmas condições, salvo em caso de legítima defesa, própria ou de outrem:** Praticar ofensas morais (calúnia, injúria e difamação) ou física (independentemente de gerar lesão corporal) contra qualquer pessoa, dentro do ambiente de trabalho, caracteriza a justa causa. Se o ato foi praticado em legítima defesa própria ou de terceiro fica afastada a justa causa.

11. **Ato lesivo da honra ou da boa fama ou ofensas físicas praticadas contra o empregador e superiores hierárquicos, salvo em caso de legítima defesa, própria ou de outrem:** A prática de ofensa física ou moral contra o chefe, independente do local, seja ou não ambiente de trabalho, caracteriza a justa causa. Da mesma forma que na hipótese anterior, se o ato foi praticado em legítima defesa própria ou de terceiro fica afastada a justa causa.

12. **Prática constante de jogos de azar:** quando o empregado participa, de forma habitual e repetida, de jogos de azar, no local de trabalho ou, se praticado fora, repercuta negativamente no ambiente de trabalho.

FIQUE POR DENTRO:

A Lei da Reforma Trabalhista acrescentou nova modalidade de dispensa por justa causa, qual seja, a **Perda da habilitação ou dos requisitos estabelecidos em lei para o exercício da profissão, em decorrência de conduta dolosa do empregado (art. 482, m, da CLT).**

É necessário que a perda da habilitação ou dos requisitos legais para o exercício profissional ocorra de forma dolosa, isto é, com a intenção do empregado. No caso de conduta culposa (negligência, imprudência ou imperícia), a extinção contratual só poderá ocorrer pela modalidade da dispensa sem justa causa. Exemplo: Um médico empregado de um hospital que, por praticar uma fraude, perde dolosamente sua habilitação para o exercício da profissão pelo Conselho Regional ou Federal de Medicina. Sobre esse tema, o **Exame Unificado de 2019** considerou correta a seguinte assertiva:

"Gerson Filho é motorista rodoviário e trabalha na sociedade empresária Viação Canela de Ouro Ltda. No dia 20 de agosto de 2018, ele se envolveu em grave acidente automobilístico, sendo, ao final da investigação, verificado que Gerson foi o responsável pelo sinistro, tendo atuado com dolo no evento danoso. Em razão disso, teve a perda da sua habilitação determinada pela autoridade competente. O empregador procura você, como advogado(a), afirmando que não há vaga disponível para Gerson em outra atividade na empresa e desejando saber o que deverá fazer para solucionar a questão da maneira mais econômica e em obediência às normas de regência. Diante desta situação e dos termos da CLT, assinale a afirmativa correta. O contrato do empregado deverá ser rompido por justa causa". Na hipótese em questão, Gerson perdeu a habilitação para o exercício da profissão por conduta intencional, dolosa e, por isso, está sujeito à rescisão do contrato por justa causa, conforme artigo 482, m, da CLT.

ATENÇÃO: se no momento da contratação do empregado aquela habilitação profissional não foi considerada, isto é, não era requisito para o emprego, a sua perda ou limitação não pode ser considerada como circunstância ensejadora da justa causa.

Na CLT ainda estão previstas duas hipóteses de falta grave, passíveis de dispensa motivada: I) *inobservância das instruções expedidas pelo empregador no tocante à segurança e medicina no trabalho ou não utilização dos equipamentos de proteção individual fornecidos* (CLT, art. 158, parágrafo único) e II) a *recusa injustificada na prestação de serviço extraordinário pelos ferroviários* (CLT, art. 240, parágrafo único).

2.4. Hipóteses de justa causa aplicáveis às domésticas:

Conforme o art. 27 da Lei Complementar nº 150/2015, as hipóteses de justa causa aplicáveis às domésticas são:

1. Submissão a maus-tratos de idoso, de enfermo, de pessoa com deficiência ou de criança sob cuidado direto ou indireto do empregado;
2. Prática de ato de improbidade;
3. Incontinência de conduta ou mau procedimento;

4. Condenação criminal do empregado transitada em julgado, caso não tenha havido suspensão da execução da pena;
5. Desídia no desempenho das respectivas funções;
6. Embriaguez habitual ou em serviço;
7. Ato de indisciplina ou de insubordinação;
8. Abandono de emprego, assim considerada a ausência injustificada ao serviço por, pelo menos, 30 (trinta) dias corridos;
9. Ato lesivo à honra ou à boa fama ou ofensas físicas praticadas em serviço contra qualquer pessoa, salvo em caso de legítima defesa, própria ou de outrem;
10. Ato lesivo à honra ou à boa fama ou ofensas físicas praticadas contra o empregador doméstico ou sua família, salvo em caso de legítima defesa, própria ou de outrem;
11. Prática constante de jogos de azar.

3. RESCISÃO INDIRETA

3.1. Conceito:

A despedida indireta (rescisão indireta ou por justa causa do empregador) se origina da falta grave praticada pelo patrão, no contexto da relação laboral. Essa falta grave praticada pelo empregador, configura justo motivo para rompimento do vínculo empregatício por **parte do empregado.**

3.2. Hipóteses:

1. Exigir do empregado serviços superiores às suas forças, defesos por lei, contrários aos bons costumes, ou alheios ao contrato;
2. Tratar o empregado com rigor excessivo;
3. Submeter o empregado a perigo manifesto de mal considerável;
4. Deixar de cumprir as obrigações do contrato de trabalho;
5. Praticar contra o empregado ou pessoas de sua família, ato lesivo da honra e boa fama;
6. Ofender fisicamente o empregado ou pessoas de sua família, salvo em caso de legítima defesa própria ou de outrem;
7. Reduzir unilateralmente o trabalho do empregado, sendo este por peça ou tarefa, de forma a afetar sensivelmente a sua remuneração.

Nas hipóteses **4 e** 7, poderá o empregado pleitear a rescisão do seu contrato de trabalho e o pagamento das respectivas indenizações, **permanecendo ou não no serviço** até final decisão do processo (CLT, art. 483, § 3º).

Sobre esse tema, o **Exame Unificado de 2016** considerou correta a seguinte assertiva: "Plínio é empregado da empresa Vigilância e Segurança Ltda., a qual não lhe paga salário há dois meses e não lhe fornece vale transporte há cinco meses. Plínio não tem mais condições de ir ao trabalho e não consegue prover seu sustento e de sua família. Na qualidade de advogado(a) de Plínio, de acordo com a CLT, assinale a opção que melhor atende aos interesses do seu cliente". (...) Propor uma ação trabalhista pedindo a rescisão indireta em razão do descumprimento do contrato por não concessão do vale transporte, podendo permanecer, ou não, no serviço até decisão do processo". Verifica-se da questão que a empregadora estava descumprindo as obrigações do contrato de trabalho (pagamento de salário e vale-transporte) razão pela qual é cabível o pedido de rescisão indireta e o empregado tem a faculdade de permanecer ou não no emprego até decisão final do processo.

4. CULPA RECÍPROCA

4.1. Conceito:

Ocorre a extinção contratual por culpa recíproca quando se verificar faltas graves praticadas **simultaneamente** pela empresa e pelo empregador. É o caso, por exemplo, do empregador que ofende verbalmente o trabalhador e é por este agredido.

A configuração desta modalidade de rescisão exige decisão judicial.

5. DISPENSA ARBITRÁRIA E SEM JUSTA CAUSA

5.1. Conceito:

A dispensa **arbitrária** é aquela praticada pelo empregador **sem qualquer motivo**, ou seja, por mero capricho.

A dispensa **sem justa causa** é aquela ocasionada por um motivo relevante, seja ele **disciplinar, técnico, econômico ou financeiro**, mas que não se enquadra como justa causa.

Na prática essa distinção não surte qualquer efeito, eis que o nosso ordenamento confere ao empregador o direito potestativo de dispensar o empregado a qualquer tempo.

6. DISPENSA DISCRIMINATÓRIA

6.1. Conceito:

A dispensa discriminatória é modalidade de tratamento desigual e preconceituoso realizada pelo empregador contra seu empregado e que ocorre na fase contratual, acarretando seu suposto término. A faculdade de dispensar o empregado não permite dispensa discriminatória de nenhum tipo, situação que torna o ato nulo.

Presume-se discriminatória a despedida de empregado portador do vírus HIV ou de outra doença grave que suscite estigma ou preconceito. Inválido o ato, o empregado tem direito à reintegração no emprego.

? QUESTÃO: Quais são os efeitos da dispensa discriminatória?

↳ ***RESPOSTA:*** *Conforme o artigo 4º da Lei nº 9.029/95, o rompimento da relação de trabalho por ato discriminatório (motivo de sexo, origem, raça, cor, estado civil, situação familiar, religião ou idade), faculta ao empregado optar entre:*

I – a reintegração com ressarcimento integral de todo o período de afastamento, mediante pagamento das remunerações devidas, corrigidas monetariamente e acrescidas de juros legais;

*II – a percepção, em **dobro,** da **remuneração** do período de afastamento, corrigida monetariamente e acrescida dos juros legais.*

*Com a reintegração, o empregado retorna ao serviço, com o ressarcimento do período de inexecução contratual, como se a relação de emprego não tivesse sofrido solução de continuidade. Sobre esse tema, o **Exame Unificado de 2013** considerou correta a seguinte assertiva: "Godofredo ajuizou reclamação trabalhista, dizendo-se vítima de discriminação, já que a empresa para a qual trabalhava o dispensou no mês em que ele completou 60 anos de idade, o que acontecia rigorosamente com todos os empregados que alcançavam esta idade. Alega que essa é uma odiosa e inconstitucional política não escrita da empresa. Caso comprovada a alegação de Godofredo sobre a dispensa discriminatória e à luz da Lei n. 9.029/95, é correto afirmar que: o empregado pode optar entre o retorno e a percepção em dobro do período de afastamento".*

7. DISPENSA COLETIVA

As dispensas imotivadas individuais, plúrimas ou coletivas **equiparam-se** para todos os fins, não havendo necessidade de autorização prévia de entidade sindical ou de celebração de convenção coletiva ou acordo coletivo de trabalho para sua efetivação (art. 477-A da CLT). **Dispensa individual** é aquela em que o trabalhador dispensado é devidamente reconhecido e identificado pelo empregador. **Dispensa plúrima** é aquela em que várias dispensas individuais são efetivadas, ao mesmo tempo, por motivo relativo à conduta de cada empregado dispensado. Por fim, a **dispensa coletiva** caracteriza-se quando o empregador não atinge um empregado ou um grupo determinado de trabalhadores, mas vários empregados indeterminados, sem substituição dos empregados dispensados. Sobre esse tema, o **Exame Unificado de 2019** considerou correta a seguinte assertiva: "A sociedade empresária Beta Ltda. está passando por grave crise econômica e financeira e, em razão disso, resolveu reduzir drasticamente suas atividades, encerrando unidades e terceirizando grande parte dos seus serviços. Por conta disso, a empresa, que possuía 500 empregados, dispensou 450 deles no dia 23 de janeiro de 2018. Diante do caso apresentado e dos preceitos da CLT, assinale a afirmativa correta. d) A dispensa ocorreu validamente, pois a dispensa coletiva é equiparada à dispensa individual".

8. AVISO PRÉVIO

8.1. Conceito:

O aviso prévio é o direito do contratante de ser **avisado**, com antecedência de, no mínimo, **30 dias** (CLT, art.487, II c/c CF/88, art.7º, XXI), sobre a intenção da outra parte de **romper** o contrato de emprego.

8.2. Aviso prévio proporcional:

Com o advento da Lei nº 12.506/2011, o aviso prévio, até então de 30 dias, será concedido na proporção de 30 (trinta) dias aos empregados que contem até 1 (um) ano de serviço na mesma empresa. Contudo, serão acrescidos **3 (três) dias** por **ano** de serviço prestado na mesma empresa, até o máximo de **60 (sessenta) dias,** perfazendo um total de até 90 (noventa) dias.

O direito ao aviso prévio proporcional ao tempo de serviço somente é assegurado nas rescisões de contrato de trabalho ocorridas a partir da publicação da Lei nº 12.506/ 2011. Sobre esse tema, o **Exame Unificado de 2014** considerou correta a seguinte assertiva: "Helena foi admitida em 12 de fevereiro de 2005 pela empresa Marca Refrigeração Ltda. e dispensada sem justa causa em 07 de julho de 2011. Com o advento da regulamentação do aviso prévio proporcional ao tempo de serviço (Lei n. 12.506, de 13 de outubro de 2011), ela pretende o pagamento dessa nova vantagem atribuída à classe trabalhadora. A respeito desse caso: Helena não receberá aviso prévio proporcional".

Conforme a Nota Técnica nº 184 de maio de 2012, da Secretaria de Relações de Trabalho do MTE, a partir da superação do primeiro ano completo trabalhado na mesma empresa, já haverá o computo dos três dias de aviso prévio proporcional. Sobre esse tema, o **Exame Unificado de 2012** considerou correta a seguinte assertiva: "Após 23 anos de trabalho numa empresa, Renato é dispensado sem justa causa, no dia 31 de janeiro de 2012. Na hipótese, ele fará jus ao aviso prévio de: 90 dias". Para se apurar o prazo do aviso prévio proporcional, basta multiplicar o número de anos do contrato, (23) por 3, o que neste caso resultaria em 69. Contudo, somando-se 69+30 (aviso prévio mínimo), teríamos 99 dias, sendo certo que a legislação limita a 90 dias de aviso prévio proporcional.

8.3. Incompatibilidades:

Eventual causa de suspensão contratual, por exemplo, a concessão de auxílio-doença, **cancela** os efeitos da dispensa. O término vai se concretizar quando cessada a causa suspensiva. Sobre esse tema, o **Exame Unificado de 2015** considerou correta a seguinte assertiva: "Patrícia recebeu a comunicação de sua dispensa em 05/05/2013, e na carta constava que o aviso prévio seria trabalhado. Após 15 (quinze) dias do curso do aviso prévio, Patrícia adoeceu gravemente, entrando em gozo de benefício previdenciário de auxílio-doença por 60 (sessenta) dias. Entretanto, ao que seria o prazo final do aviso prévio, Patrícia foi dispensada e a empresa consignou as verbas rescisórias, não pagando o reajuste da data-base da categoria, ocorrida no curso do aviso prévio. Sobre o caso apresentado: Os efeitos da dispensa, no caso de concessão de auxílio-doença no curso do aviso prévio, só se concretizam depois de expirado o benefício previdenciário. Portanto, a empresa só poderia dispensar Patrícia depois disso, devendo pagar a diferença salarial decorrente do reajuste da data-base, com reflexos nas verbas rescisórias".

É inválida a concessão do aviso prévio na fluência da garantia provisória de emprego, ante a incompatibilidade dos institutos, porquanto, durante a garantia de emprego o poder do empregador de resilir o contrato é reduzido. O direito à estabilidade provisória decorrente de gravidez é garantido, mesmo que os exames mostrem que estimativa da concepção tenha ocorrido durante o aviso prévio (art. 391-A da CLT e art. 25, parágrafo único, da Lei Complementar nº 150/2015).

> **MUITA ATENÇÃO!** O registro da candidatura do empregado a cargo de dirigente sindical durante o período de aviso prévio, ainda que indenizado, não lhe assegura a estabilidade.

8.4. Integração no contrato de trabalho:

O prazo do aviso prévio observará o art. 132 do CC, o que significa que computar-se-á com a exclusão do dia do começo e a inclusão do dia do vencimento. Em se tratando de prazo de direito material, poderá iniciar e/ou vencer em dia não útil.

O aviso prévio, ainda que indenizado, integra o contrato de trabalho para todos os efeitos legais, o que significa que, se ao empregado são devidos todos os direitos trabalhistas surgidos no período do aviso, também são possíveis de serem exercidos todos os direitos do empregador, entre eles, o de extinguir o contrato de trabalho por justa causa.

A data de saída a ser anotada em CTPS, deve corresponder à do término do prazo do aviso-prévio, inclusive indenizado (OJ nº 82 da SDI-1 do TST).

O tempo do aviso prévio, mesmo indenizado, conta-se para efeito da **indenização adicional** prevista no art. 9º da Lei nº 6.708/1979.

A projeção do contrato de trabalho para o futuro, pela concessão do aviso prévio indenizado, tem efeitos limitados às vantagens econômicas obtidas no período de pré-aviso, ou seja, salários, reflexos e verbas rescisórias. No caso de concessão de auxílio-doença no curso do aviso prévio, todavia, só se concretizam os efeitos da dispensa depois de expirado o benefício previdenciário. **O Reajustamento salarial coletivo,** quando determinado no curso do aviso prévio, beneficia o empregado pré-avisado da despedida, mesmo que tenha recebido antecipadamente os salários correspondentes ao período do aviso, que integra seu tempo de serviço para todos os efeitos legais.

8.5. Irrenunciabilidade:

O direito ao aviso prévio é **irrenunciável** pelo empregado. O pedido de dispensa de cumprimento não exime o empregador de pagar o respectivo valor, salvo comprovação de haver o prestador dos serviços obtido novo emprego (Súm. nº 276 do TST). Sobre esse tema, o **Exame Unificado de 2010** considerou correta a seguinte assertiva: "O empregado Vicente de Morais foi dispensado sem justa causa. Sete dias depois, requereu a liberação do cumprimento do aviso prévio, pois já havia obtido um novo emprego. O antigo empregador concordou com o seu pedido, exigindo apenas que ele fosse feito por escrito, junto com a cópia da sua CTPS registrada pelo novo empregador, o que foi realizado por Vicente. Diante dessa situação, o antigo empregador deverá: pagar as verbas rescisórias, excluindo o valor equivalente ao dos dias remanescentes do aviso prévio".

8.6. Retratação:

Uma vez concedido o aviso prévio, a resilição contratual torna-se efetiva após o transcurso do prazo, pois não se admite retratação, a não ser que a parte pré-avisada (empregado) acate o pedido de reconsideração do empregador (artigo 489 da CLT). Trata-se de faculdade do empregado aceitar ou não a reconsideração.

Sobre esse tema, o **Exame Unificado de 2020** considerou correta a seguinte assertiva: "Eduardo e Carla são empregados do Supermercado Praiano Ltda., exercendo a função de caixa. Após 10 meses de vigência do contrato, ambos receberam aviso prévio em setembro de 2019, para ser cumprido com trabalho. Contudo, 17 dias após, o Supermercado resolveu reconsiderar a sua decisão e manter

Eduardo e Carla no seu quadro de empregados. Ocorre que ambos não desejam prosseguir, porque, nesse período, distribuíram seus currículos e conseguiram a promessa de outras colocações num concorrente do Supermercado Praiano, com salário um pouco superior. Diante da situação posta e dos termos da CLT, assinale a afirmativa correta.

A) Os empregados não são obrigados a aceitar a retratação, que só gera efeito se houver consenso entre empregado e empregador."

Caso seja aceita a reconsideração, ou persistindo a prestação de serviços após o transcurso do prazo do aviso prévio, o contrato continuará a vigorar, como se não tivesse existido o aviso prévio (parágrafo único do artigo 489 da CLT).

9. ACERTO RESCISÓRIO

Na extinção do contrato de trabalho, o empregador deverá proceder à **anotação** na Carteira de Trabalho e Previdência Social, **comunicar** a dispensa aos órgãos competentes e realizar o **pagamento** das verbas rescisórias no prazo e na forma legal.

> **FIQUE POR DENTRO:** O pagamento do acerto rescisório foi flexibilizado pela Lei da Reforma Trabalhista e, atualmente, poderá ser efetuado: I – em dinheiro, depósito bancário ou cheque visado, conforme acordem as partes; ou II – em dinheiro ou depósito bancário quando o empregado for analfabeto.

9.1. Prazo:

> **FIQUE POR DENTRO:** A Reforma Trabalhista unificou o prazo para o acerto rescisório fixando-o em **10 dias.** Estipulou também que a entrega dos documentos referentes à rescisão deverá ser efetuada necessariamente no mesmo prazo. Sobre esse tema, o **Exame Unificado de 2018** considerou correta a seguinte assertiva: Gilda e Renan são empregados da sociedade empresária Alfa Calçados Ltda. há 8 meses, mas, em razão da crise econômica no setor, o empregador resolveu dispensá-los em outubro de 2018. Nesse sentido, concedeu aviso prévio indenizado de 30 dias a Gilda e aviso prévio trabalhado de 30 dias a Renan. Em relação ao prazo máximo, previsto na CLT, para pagamento das verbas devidas pela extinção, assinale a afirmativa correta: (...) Ambos os empregados receberão em até 10 dias contados do término do aviso prévio.

9.2. Atraso:

Se não observado o prazo acima para o pagamento e entrega dos documentos rescisórios, o empregador será obrigado ao pagamento de uma multa ao empregado no valor equivalente ao seu **salário**, salvo quando, comprovadamente, o trabalhador der causa à mora (art. 477, § 6º, da CLT).

Na data da primeira audiência, o empregador deverá efetuar o pagamento das verbas rescisórias incontroversas, isto é, aquelas que o empregador reconhece como devidas ao empregado. Em não o fazendo, o empregador incidirá na multa correspondente ao acréscimo de **50% sobre as verbas incontroversas** (art. 467 da CLT).

Sobre esse tema, o **Exame Unificado de 2011** considerou errada a seguinte assertiva: "O empregador que descumpre o prazo de pagamento das verbas rescisórias deverá pagá-las posteriormente acrescidas de 50% de multa, nos termos do artigo 467 da Consolidação das Leis do Trabalho". Como visto acima, a multa prevista no artigo 467 da CLT diz respeito às verbas rescisórias incontroversas no momento da audiência inicial, não se relacionamento com a data de pagamento do acerto rescisório.

9.3. Formalidades:

> **FIQUE POR DENTRO:** A Lei da Reforma Trabalhista dispensou a necessidade de homologação da rescisão contratual. Deve ser ressalvada, contudo, o pedido de demissão do empregado estável que continuará dependente dessa homologação (art. 500 da CLT). Sobre esse tema, o **Exame Unificado de 2021** considerou correta a seguinte assertiva: "Walmir foi empregado da sociedade empresária Lanchonete Chapa Quente Ltda., na qual atuou como atendente por um ano e três meses, sendo dispensado sem justa causa em julho de 2021. A sociedade empresária procura você, como advogado(a), para saber o modo de pagamento dos direitos devidos a Walmir. De acordo com o que dispõe a CLT, sabendo-se que a norma coletiva nada dispõe a respeito, assinale a afirmativa correta: B) O pagamento poderá ocorrer na própria empresa, pois não há mais necessidade de homologação da rescisão contratual pelo sindicato profissional ou pelo Ministério do Trabalho." A Lei da Reforma Trabalhista também simplificou os procedimentos para liberação do FGTS e acesso ao benefício do seguro-desemprego. Não será mais necessária a apresentação do termo de quitação com a discriminação das parcelas e valores. Bastará simplesmente que o empregado exiba sua CTPS com a devida anotação da saída e que o empregador tenha efetivado a comunicação do desligamento aos órgãos competentes (artigo 477, §10, da CLT).

Qualquer compensação no pagamento do acerto rescisório não poderá exceder o equivalente **a um mês de remuneração** do empregado. Sobre esse tema, o **Exame Unificado de 2012** considerou correta a seguinte assertiva: "O trabalhador José foi dispensado, sem justa causa, em 01/06/2011, quando percebia o salário mensal de R$ 800,00 (oitocentos reais). Quando da homologação de sua rescisão, o sindicato de sua categoria profissional determinou à empresa o refazimento do termo de quitação, sob o fundamento de que o empregador compensou a maior, no pagamento que pretendia efetuar, a quantia de R$ 1.200,00 (hum mil e duzentos reais), correspondente a um empréstimo concedido pela empresa ao trabalhador no mês anterior. Diante do exposto: O sindicato agiu corretamente. A compensação não pode ser feita no valor fixado, devendo se limitar ao valor de R$ 800,00 (oitocentos reais), o que importa na necessidade de refazimento do termo de quitação, para o ajuste".

Ainda sobre o limite de compensação no acerto rescisório, o **Exame Unificado de 2021** considerou correta a seguinte assertiva: "Suelen trabalhava na Churrascaria Boi Mal Passado Ltda. como auxiliar de cozinha, recebendo salário fixo de R$ 1.500,00 (um mil e quinhentos reais) mensais. Por encontrar- se em dificuldade financeira, Suelen pediu ao seu empregador um empréstimo de R$ 4.500,00 (quatro mil e quinhentos reais) para ser descontado em parcelas de R$ 500,00 (quinhentos reais) ao longo do tempo. Sensibilizado com a situação da empregada, a sociedade empresária fez o empréstimo solicitado, mas 1 mês após Suelen pediu demissão, sem ter pago qualquer parcela do empréstimo. Considerando a situação de fato, a previsão da CLT e que a empresa elaborará o termo de rescisão do contrato de trabalho (TRCT), assinale a afirmativa correta: B) A sociedade empresária poderá, no máximo, descontar no TRCT o valor de R$ 1.500,00 (um mil e quinhentos reais)."

9.4. Termo de Quitação Anual:

É facultado a empregados e empregadores, na vigência ou não do contrato de emprego, firmar o **termo de quitação anual** de obrigações trabalhistas, perante o sindicato dos empregados da categoria. Assim, as partes (empregado e empregador) poderão, **anualmente,** por meio do citado termo, dar quitação das obrigações trabalhistas de uma para com outra parte, com ciência **e homologação por parte do sindicato da categoria.**

O termo discriminará as obrigações de dar e fazer cumpridas mensalmente e dele constará a quitação anual dada pelo empregado, com eficácia liberatória das parcelas nele especificadas.

O termo discriminará as obrigações de dar e fazer cumpridas mensalmente e dele constará a quitação anual dada pelo empregado, com eficácia liberatória das parcelas nele especificadas.

Sobre esse tema, o **Exame Unificado de 2019** considerou correta a seguinte assertiva: "Uma sociedade empresária consultou você, como advogado(a), para encontrar uma maneira de, periodicamente, firmar com seus empregados uma quitação de direitos, de modo a prevenir conflitos trabalhistas. Diante disso, na qualidade de advogado(a) da empresa, assinale a opção que indica a solução proposta. a) Poderá ser firmado termo de quitação anual de obrigações trabalhistas, perante o sindicato da categoria dos empregados".

9.5. Seguro-desemprego

O Seguro-Desemprego é um **benefício** integrante da seguridade social que tem por objetivo, além de prover assistência financeira temporária ao trabalhador desempregado sem justa causa, auxiliá-lo na manutenção e na busca de emprego, promovendo para tanto, ações integradas de orientação, recolocação e qualificação profissional.

O seguro-desemprego é um direito constitucionalmente assegurado nos arts. 7º, II, e 201, III, ambos da CF/88 e regulamentado pelas Leis nº. 7.998/90, 8.900/94 e 10.779/2003 (Lei do seguro-defeso).

10. FGTS

10.1. Conceito:

O Fundo de Garantia por Tempo de Serviço- FGTS é um fundo formado por **recolhimentos mensais** incidentes sobre a **remuneração**, depositados em conta vinculada mantida pela CEF, em nome do trabalhador, a fim de formar **pecúlio** em favor deste, a ser utilizado principalmente para subsistência nas hipóteses de desemprego involuntário.

10.2. Recolhimentos:

A regra geral para o empregado comum é o recolhimento da alíquota de **8%**, que é reduzida para **2%** no caso de aprendizes. O recolhimento do FGTS é obrigação do empregador, não podendo ser descontado do empregado.

Sobre esse tema, o **Exame Unificado de 2017** considerou correta a seguinte assertiva: "Um aprendiz de marcenaria procura um advogado para se inteirar sobre o FGTS que vem sendo depositado mensalmente pelo empregador na sua conta vinculada junto à CEF, na razão de 2% do salário, e cujo valor é descontado juntamente com o INSS. Com relação ao desconto do FGTS (...) A empresa está equivocada em relação ao desconto, pois o FGTS é obrigação do empregador".

A **base de cálculo** do FGTS é a **remuneração** do empregado, inclusive parcelas salariais eventuais e aquelas pagas em virtude de prestação de serviços no exterior. Sobre esse tema, o **Exame Unificado de 2012** considerou correta a seguinte assertiva: "Nos termos da lei específica que regulamenta o FGTS, os empregadores deverão depositar nas contas vinculadas dos empregados o valor correspondente a 8% da remuneração de cada empregado do mês anterior, incluídas na remuneração as comissões, gorjetas e prestações in natura e, ainda, o 13º salário".

O prazo para recolhimento do FGTS é até o dia **07 do mês subsequente**. No caso da multa rescisória o prazo é a data de **pagamento das verbas rescisórias.**

Em caso de suspensão contratual, não é devido o recolhimento do FGTS, salvo nos casos de afastamento por **acidente de trabalho** e para prestação do **serviço militar** (art. 15, § 5º, da Lei nº 8.036/90). Sobre esse tema, o **Exame Unificado de 2011** considerou correta a seguinte assertiva: "Durante a prestação do serviço militar obrigatório pelo empregado, ainda que se trate de período de suspensão do contrato de trabalho, é devido o depósito em sua conta vinculada do FGTS".

Ainda sobre essa temática, o **Exame Unificado de 2017** considerou correta a seguinte assertiva: "Os irmãos Pedro e Júlio Cesar foram contratados como empregados pela sociedade empresária Arco Doce S/A e lá permaneceram por dois anos. Como foram aprovados em diferentes concursos públicos da administração direta, eles pediram demissão e, agora, com a possibilidade concedida pelo Governo, dirigiram-se à Caixa Econômica Federal (CEF) para sacar o FGTS. Na agência da CEF foram informados que só havia o depósito de FGTS de 1 ano, motivo por que procuraram o contador da Arco Doce para uma explicação. O contador informou que não havia o depósito porque, no último ano, Pedro afastara-se para prestar serviço militar obrigatório e Júlio Cesar afastara- se pelo INSS, recebendo auxílio-doença comum (código B-31). Diante desses fatos, confirmados pelos ex-empregados, o contador ponderou que não havia obrigação de a empresa depositar o FGTS durante 1 ano para ambos. Sobre a questão retratada e de acordo com a legislação em vigor (...) A sociedade empresária tem razão na justificativa de Júlio Cesar, mas está errada em relação a Pedro".

Veja-se que na questão, um dos empregados estava afastado pelo auxílio-doença comum e não pelo auxílio-doença acidentário. Somente nesta última hipótese é que persiste a obrigação do empregador de recolhimento do FGTS ainda que o contrato de trabalho esteja suspenso.

No caso do empregado doméstico, todos os tributos e o FGTS serão recolhidos em uma única guia (SIMPLES DOMÉSTICO) e os valores serão calculados conforme abaixo:

- 8% a 11% de contribuição previdenciária, a cargo do trabalhador doméstico, conforme art. 20 da Lei nº 8.212/1991;
- 8% de contribuição patronal previdenciária, a cargo do empregador doméstico, conforme art. 24 da Lei 8.212/1991;
- 0,8% de SAT – Seguro Contra Acidente de Trabalho, a cargo do empregador doméstico;
- 8% de FGTS, depósito em conta vinculada do trabalhador, a cargo do empregador doméstico;
- 3,2% de indenização compensatória, para casos de demissão sem justa causa ou por culpa recíproca.

10.3. Hipóteses de movimentação da conta vinculada:

As hipóteses de movimentação do FGTS estão contidas no artigo 20 da Lei 8036/1990, merecendo destaque as seguintes: despedida sem justa causa, inclusive a indireta, de culpa recíproca e de força maior e extinção do contrato de trabalho prevista no art. 484-A da CLT; extinção total da empresa, declaração de nulidade do contrato de trabalho ou ainda falecimento do empregador individual sempre que qualquer dessas ocorrências implique rescisão de contrato de trabalho, comprovada por declaração escrita da empresa, suprida, quando for o caso, por decisão judicial transitada em julgado; aposentadoria concedida pela Previdência Social; falecimento do trabalhador; extinção normal do contrato a termo, inclusive o dos trabalhadores temporários; suspensão total do trabalho avulso por período igual ou superior a 90 (noventa) dias, comprovada por declaração do sindicato representativo da categoria profissional.

Sobre essa temática, o **Exame Unificado de 2019** considerou correta a seguinte assertiva: "Uma indústria de calçados, que se dedica à exportação, possui 75 empregados. No último ano, Davi foi aposentado por invalidez, Heitor pediu demissão do emprego, Lorenzo foi dispensado por justa causa e Laura rompeu o contrato por acordo com o empregador, aproveitando-se da nova modalidade de ruptura trazida pela Lei nº 13.467/17 (Reforma Trabalhista). De acordo com a norma de regência, assinale a opção que indica, em razão dos eventos relatados, quem tem direito ao saque do FGTS. *A) Davi e Laura, somente". Com relação a questão, é importante destacar que quando o empregado **dá causa à extinção** contratual, como por exemplo no pedido de demissão e na dispensa por justa causa, o empregado não faz jus ao saque do FGTS. Já na hipótese de aposentadoria por invalidez e acordo firmado com o empregador, o empregado fará jus ao levantamento do FGTS (art. 20, I e II, da Lei 8036/1990). Portanto, somente Davi e Laura farão jus ao levantamento do FGTS.

11. PLANO DE DEMISSÃO VOLUNTÁRIA

O PDV – Programa de Demissão Voluntária ou Incentivada se verifica quando o empregador **estimula** o próprio empregado a pedir sua demissão oferecendo uma **quantia financeira**. É também uma forma de cessação de contrato de trabalho por mútuo consentimento e que deve ocorrer mediante **convenção ou acordo coletivo de trabalho,** com a estipulação das regras aplicáveis.

FIQUE POR DENTRO:

Com a introdução do artigo 477-B à CLT ficou estipulado claramente que a quitação mediante adesão do empregado ao PDV alcança **todas as verbas** devidas em decorrência da execução e extinção do contrato de trabalho, exceto disposição em contrário estipulada entre as partes. Sobre esse tema, o **Exame Unificado de 2019** considerou correta a seguinte assertiva: "A sociedade empresária Ômega Ltda. deseja reduzir em 20% o seu quadro de pessoal, motivo pelo qual realizou um acordo coletivo com o sindicato de classe dos seus empregados, prevendo um Programa de Demissão Incentivada (PDI), com vantagens econômicas para aqueles que a ele aderissem. Gilberto, empregado da empresa havia 15 anos, aderiu ao referido Programa em 12/10/2018, recebeu a indenização prometida sem fazer qualquer ressalva e, três meses depois, ajuizou reclamação trabalhista contra o ex-empregador. Diante da situação apresentada e dos termos da CLT, assinale a afirmativa correta. c) O empregado não terá sucesso na ação, pois conferiu quitação plena.

DICA IMPORTANTE

No tocante a este capítulo, as questões da Prova da OAB concentram-se nos seguintes temas: verbas rescisórias devidas em cada modalidade de dispensa, hipóteses de justa causa (art. 482 da CLT), aviso prévio proporcional (Lei nº 12.506/2011), acerto rescisório e formalidades (art. 477 da CLT) e hipóteses de movimentação do FGTS (art. 20 da Lei nº 8.036/90). Muita atenção também para as novidades trazidas pela Reforma Trabalhista, que certamente serão objeto de questões, em especial, os artigos 477-B, 484-A e 507-B, todos da CLT. Memorize esses dispositivos!

EM RESUMO: Justa Causa	
CONCEITO	Falta grave praticada pelo empregado caracterizando justo motivo para rompimento do vínculo empregatício por parte do empregador.
REQUISITOS OBJETIVOS	**1. Tipicidade:** previsão legal; **2. Gravidade da falta:** a falta há de ser muito grave, rompendo a confiança entre as partes; **3. relação entre a falta e o trabalho:** a falta deve repercutir no cumprimento de suas obrigações contratuais ou, no mínimo, produzir prejuízos ao ambiente de trabalho.
REQUISITOS SUBJETIVOS	**1. autoria:** conduta tem de ser praticada pelo empregado ou para ela ter contribuído; **2. culpa ou dolo:** culpa (imperícia, imprudência ou negligência) ou dolo (intenção)
REQUISITOS CIRCUNSTANCIAIS	**1. nexo causal:** conexão conduta/ punição; **2. proporcionalidade:** conson**ância com a gravidade da falta;** **3. imediatidade ou atualidade:** reação imediata, sob pena de perdão tácito; **4. singularidade da punição:** vedada mais de uma sanção para a mesma falta; **5. não discriminação:** vedada a punição diversa para empregados que cometeram idêntica falta; **6. vinculação aos motivos da punição:** empregador deve informar os motivos da sanção, ficando vinculado.
HIPÓTESES LEGAIS	**1. Improbidade:** desonestidade, viola lei, moral ou bons costumes, gerando prejuízo patrimonial ao empregador ou a terceiro. **2. Incontinência ou mau procedimento**: a incontinência é a violação específica da moral sexual. O mau procedimento inclui tudo o que seja incompatível com as regras sociais e internas. **3. Negociação habitual:** exercício habitual de atividade concorrente, sem autorização do empregador, explorando o mesmo ramo de negócio, ou exerce outra atividade que, embora não concorrente, prejudique o exercício de sua função na empresa. **4. Condenação criminal do empregado, passada em julgado, ao cumprimento de pena privativa de liberdade, sendo inaplicável a suspensão da execução da pena:** Condenado à pena privativa da liberdade, sem possibilidade de suspensão da pena, independente da natureza do crime. **5. Desídia:** negligência. **6. Embriaguez habitual ou em serviço:** Embriaguez habitual é aquela que ocorre de forma repetida, fora do local de trabalho, mas que repercute negativamente na atividade do empregado. Embriaguez em serviço é aquela em que o empregado se embriaga no próprio local de trabalho, durante o expediente. **7. Violação de segredo da empresa:** empregado revela para terceiros quaisquer informações sigilosas de que tenha conhecimento em razão de suas atividades. **8. Ato de indisciplina ou insubordinação:** A indisciplina é caracterizada por descumprimento de ordens gerais de serviços, emanadas em relação a todos os empregados da empresa. A insubordinação se verifica com o descumprimento de ordens pessoais do chefe imediato, direcionadas de forma específica ao empregado. **9. Abandono de emprego:** Ausentar-se do serviço por prazo de 30 dias, sem justificativa (elemento objetivo) e intenção deliberada do deixar o serviço (elemento subjetivo).

EM RESUMO: Justa Causa	
HIPÓTESES LEGAIS	**10. Ato lesivo da honra ou da boa fama praticado no serviço contra qualquer pessoa ou ocorrência de ofensas físicas, nas mesmas condições, salvo em caso de legítima defesa, própria ou de outrem:** Praticar ofensas morais (calúnia, injúria e difamação) ou física (independentemente de gerar lesão corporal) contra qualquer pessoa, dentro do ambiente de trabalho, caracteriza a justa causa. Se o ato foi praticado em legítima defesa própria ou de terceiro fica afastada a justa causa. **11. Ato lesivo da honra ou da boa fama ou ofensas físicas praticadas contra o empregador e superiores hierárquicos, salvo em caso de legítima defesa, própria ou de outrem:** A prática de ofensa física ou moral contra o chefe, independente do local, seja ou não ambiente de trabalho, caracteriza a justa causa. Da mesma forma que na hipótese anterior, se o ato foi praticado em legítima defesa própria ou de terceiro fica afastada a justa causa. **12. Prática constante de jogos de azar:** quando o empregado participa, de forma habitual e repetida, de jogos de azar, no local de trabalho ou, se praticado fora, repercuta negativamente no ambiente de trabalho. **13. Perda da habilitação ou dos requisitos estabelecidos em lei para o exercício da profissão, em decorrência de conduta dolosa do empregado:** É necessário que a perda da habilitação ou dos requisitos legais para o exercício profissional ocorra de forma dolosa, isto é, com a intenção do empregado. Na CLT ainda estão previstas duas hipóteses de falta grave, passíveis de dispensa motivada: I) *inobservância das instruções expedidas pelo empregador no tocante à segurança e medicina no trabalho ou não utilização dos equipamentos de proteção individual fornecidos* (CLT, art. 158, parágrafo único) e II) a *recusa injustificada na prestação de serviço extraordinário pelos ferroviários* (CLT, art. 240, parágrafo único)
HIPÓTESES DE JUSTA CAUSA APLICÁVEIS ÀS DOMÉSTICAS	1. Submissão a maus-tratos de idoso, de enfermo, de pessoa com deficiência ou de criança sob cuidado direto ou indireto do empregado; 2. Prática de ato de improbidade; 3. Incontinência de conduta ou mau procedimento; 4. Condenação criminal do empregado transitada em julgado, caso não tenha havido suspensão da execução da pena; 5. Desídia no desempenho das respectivas funções; 6. Embriaguez habitual ou em serviço; 7. Ato de indisciplina ou de insubordinação; 8. Abandono de emprego, assim considerada a ausência injustificada ao serviço por, pelo menos, 30 (trinta) dias corridos; 9. Ato lesivo à honra ou à boa fama ou ofensas físicas praticadas em serviço contra qualquer pessoa, salvo em caso de legítima defesa, própria ou de outrem; 10. Ato lesivo à honra ou à boa fama ou ofensas físicas praticadas contra o empregador doméstico ou sua família, salvo em caso de legítima defesa, própria ou de outrem; 11. Prática constante de jogos de azar.

CAPÍTULO V

DANO EXTRAPATRIMONIAL. ESTABILIDADES. MEDICINA DO TRABALHO. LGPD E LEIS DA PANDEMIA. DIREITO COLETIVO

1. DANO EXTRAPATRIMONIAL

1.1. Conceito:

Dano extrapatrimonial ou dano moral é aquele que atinge o ofendido como pessoa, não lesando seu patrimônio. Trata-se de violação de bem que integra os **direitos da personalidade**, causando ao lesado dor, sofrimento, tristeza, vexame e humilhação.

O artigo 223-D da CLT enumera os bens juridicamente tutelados inerentes à **pessoa jurídica**, quais sejam: a imagem, a marca, o nome, o segredo empresarial e o sigilo da correspondência.

Nos termos do novel art. 223-B da CLT, a pessoa física ou jurídica cuja esfera moral ou existencial foi ofendida será **titular exclusiva** do direito à reparação.

1.2. Requisitos:

A configuração do dano extrapatrimonial exige a presença dos seguintes requisitos:

1) ação ou omissão;

2) lesão à esfera moral ou existencial da pessoa física ou jurídica;

3) nexo causal.

Assim, para se caracterizar o dano extrapatrimonial é necessário a prática de uma conduta intencional (ação) ou uma conduta omissiva (imprudência, imperícia ou negligência). Essa conduta precisa ocasionar uma lesão à esfera moral do indivíduo.

1.3. Critérios para fixação:

A Lei da Reforma Trabalhista inovou sobre o tema, fixando os seguintes critérios para arbitramento do valor do dano extrapatrimonial arrolados nos incisos do novel artigo 223-G da CLT: *"I – a natureza do bem jurídico tutelado; II – a intensidade do sofrimento ou da humilhação; III – a possibilidade de superação física ou psicológica; IV – os reflexos pessoais e sociais da ação ou da omissão; V – a extensão e a duração dos efeitos da ofensa; VI – as condições em que ocorreu a ofensa ou o prejuízo moral; VII – o grau de dolo ou culpa; VIII – a ocorrência de retratação espontânea; IX – o esforço efetivo para minimizar a ofensa; X – o perdão, tácito ou expresso; XI – a situação social e econômica das partes envolvidas; XII – o grau de publicidade da ofensa".*

A Lei da Reforma Trabalhista também inovou ao estabelecer uma espécie de **tarifação** do dano extrapatrimonial (art. 223-G, §§ 1º ao 3º) impondo um teto para a consequente indenização, de acordo com a respectiva gravidade do dano, assim considerada como **leve, média, grave e gravíssima** e usando como base de cálculo o salário contratual do empregado.

2. ESTABILIDADE E GARANTIAS PROVISÓRIAS DE EMPREGO

2.1. Conceito:

A **estabilidade** corresponde à vantagem jurídica conferida ao empregado em virtude de uma circunstância de caráter **geral,** que resguarda de forma **permanente** a manutenção do vínculo empregatício.

Já a **garantia** de emprego corresponde à vantagem jurídica conferida ao empregado em virtude de uma circunstância de caráter **pessoal,** que resguarda **temporariamente** a manutenção do vínculo empregatício.

Atualmente, poderão ser identificadas três formas de estabilidade e diversas de garantias no emprego (popularmente denominadas "estabilidades provisórias"), sendo importante destacar que grande parte da doutrina e jurisprudência utilizam os termos estabilidade e garantia de emprego como sinônimas.

2.2. Estabilidades:

A estabilidade decenal prevista no art. 492 da CLT (destinada ao empregado que contava com mais de dez anos de serviço na mesma empresa) foi extinta com o advento da CF/88.

Outra modalidade de estabilidade é aquela dos servidores públicos civis da União, dos Estados, do Distrito Federal e dos Municípios, da administração direta, autárquica e das fundações públicas, em exercício na data da promulgação da Constituição Federal (5-10-1988), há pelo menos **cinco anos continuados,** e que não tenham sido admitidos na forma regulada no art. 37 (mediante concurso de provas ou provas e títulos) da CF/88 (ADCT, art. 19, *caput).*

Fundação instituída por lei e que recebe dotação ou subvenção do Poder Público para realizar atividades de interesse do Estado, ainda que tenha personalidade jurídica de direito privado, ostenta natureza de fundação pública. Assim, seus servidores regidos pela CLT são beneficiários da estabilidade excepcional prevista no art. 19 do ADCT (OJ 364, SBDI-1, do TST).

Por fim, a terceira estabilidade envolve o setor público e seus agentes celetistas aprovados no estágio probatório após concurso público de provas ou provas e títulos (art. 41, CF/88).

O servidor público **celetista** da Administração direta, autárquica ou fundacional é beneficiário da estabilidade prevista no art. 41 da CF/88, o mesmo não se verificando com o empregado de empresa pública ou sociedade de economia mista (Súm. 390 do TST).

2.3. Garantias de emprego:

As garantias de emprego protegem o empregado, **temporariamente**, das dispensas arbitrárias ou sem justa causa e serão conferidas à gestante e empregado adotante, ao qual tenha sido concedida guarda provisória para fins de adoção, acidentados no trabalho, deficientes, dirigentes sindicais, empregados eleitos diretores de cooperativas, cargo de direção *da CIPA e membros da Comissão de Conciliação Prévia, do Conselho Curador do FGTS, do Conselho Nacional de Previdência Social, da Comissão de Representantes dos Empregados e da Comissão de Fiscalização de cobrança e distribuição de gorjeta.*

Somente será permitido o pedido de demissão do trabalhador detentor de garantia de emprego mediante **assistência e homologação** perante o sindicato da respectiva categoria profissional.

A Gestante e empregado adotante, ao qual tenha sido concedida guarda provisória para fins de adoção.

À luz do art. 10, II, *b,* do ADCT da CF/88, fica vedada a dispensa arbitrária ou sem justa causa da empregada gestante, desde a confirmação **da gravidez até cinco meses após o parto.**

A confirmação do estado de gravidez advindo no **curso do contrato de trabalho**, ainda que durante o prazo do aviso prévio trabalhado ou indenizado, garante à empregada gestante, inclusive a doméstica, a estabilidade provisória. Esse direito também se estende ao empregado adotante, ao qual tenha sido concedida guarda provisória para fins de adoção.

A empregada gestante tem direito à estabilidade provisória prevista no art. 10, inciso II, alínea "b", do Ato das Disposições Constitucionais Transitórias, mesmo na hipótese de admissão mediante contrato por tempo determinado (Súmula 244, III, TST).

MUITA ATENÇÃO!

O Pleno do TST firmou nova tese vinculante de que a garantia de estabilidade provisória à empregada gestante é inaplicável ao regime de **trabalho temporário** disciplinado pela Lei 6.019/74 (IAC 5639-31.2013.5.12.0051). A estabilidade, contudo, permanece no caso do contrato de experiência, porquanto no contrato de experiência existe a expectativa legítima por um contrato por prazo indeterminado. No contrato temporário, ocorre hipótese diversa – não há perspectiva de indeterminação de prazo.

A garantia de emprego da gestante não se confunde com a licença maternidade. Esta última representa o período em que a empregada grávida está afastada do trabalho, sem prejuízo de sua remuneração (cento e vinte dias, sendo vinte e oito dias antes do parto e o restante após). Sobre esse tema, o **Exame Unificado de 2012** considerou falsa a seguinte assertiva: "A estabilidade da gestante dura de 28 dias antes até 92 dias após o parto".

Realizada a dispensa de forma arbitrária ou imotivada dentro do período estabilitário, a gestante terá direito à sua reintegração ou indenização compensatória.

A garantia de emprego à gestante só autoriza a reintegração se esta se der **durante o período de estabilidade.** Do contrário, a garantia restringe-se aos salários e demais direitos correspondentes ao período de estabilidade conforme a Súmula 244, II, do TST.

O **desconhecimento** do estado gravídico pelo empregador não afasta o direito ao pagamento da indenização decorrente da estabilidade (Súm. 244, I, TST).

B Acidentados no trabalho: O empregado que sofreu acidente do trabalho tem garantida, pelo prazo mínimo de **12 (doze) meses,** a manutenção de seu contrato de trabalho na empresa, após a cessação do auxílio-doença acidentário, independentemente de percepção de auxílio-acidente (Lei nº 8.213/91, art. 118).

Essa garantia se aplica inclusive durante o aviso prévio e também para os contratos por prazo determinado (Súm. 378, III, do TST).

Se o afastamento do serviço em virtude do acidente for menor que 16 (dezesseis) dias, o trabalhador não será beneficiado pelo auxílio-doença acidentário e, portanto, não gozará de qualquer garantia no emprego.

São pressupostos para a concessão da estabilidade: 1) o **afastamento superior a 15 dias**; 2) a percepção do **auxílio-doença acidentário**, salvo se constatada, após a despedida, **doença profissional** que guarde relação de causalidade com a execução do contrato de emprego (Súmula 378, II, do TST).

C Portadores de necessidades especiais: O art. 93, da Lei nº 8.213/91, estabelece um sistema de cotas que obriga a contratação de trabalhadores deficientes nas empresas com mais de 100 empregados: "A empresa com 100 (cem) ou mais empregados está obrigada a preencher de 2% (dois por cento) a 5% (cinco por cento) dos seus cargos com beneficiários reabilitados ou pessoas portadoras de deficiência, habilitadas, na seguinte proporção: I – até 200 empregados, 2%; II – de 201 a 500, 3%"; III – de 501 a 1.000, 4% IV – de 1.001 em diante, 5%".

A dispensa desses trabalhadores ao final de contrato por prazo determinado (superior a noventa dias) ou imotivada no contrato por prazo indeterminado, somente poderá ocorrer após a contratação de substituto de condição semelhante.

Por essa razão, a maioria da jurisprudência vem restringindo o direito potestativo do empregador de dispensar deficiente ou trabalhador reabilitado sem que um novo seja contratado, possibilitando inclusive postular reintegração ou indenização compensatória se a referida norma não for observada.

D Dirigentes sindicais e suplentes: É vedada a dispensa do empregado **sindicalizado** a partir do **registro** da candidatura a cargo de direção ou representação sindical (inclusive das federações e confederações) e, se eleito, ainda que suplente, até um **ano após o final do mandato**, salvo se cometer falta grave nos termos da lei (art. 8º, VIII, da CF/88 c/c art. 543, da CLT).

A referida estabilidade fica limitada a sete dirigentes sindicais e igual número de suplentes.

Sobre esse tema, o **Exame Unificado de 2012** considerou correta a seguinte assertiva: "A estabilidade do dirigente sindical dura do registro da candidatura até 1 ano após o término do mandato, servindo para os representantes dos empregados eleitos e seus suplentes, estando limitada ao número de 7 dirigentes sindicais".

O membro de conselho fiscal de sindicato não tem direito à estabilidade prevista nos arts. 543, § 3º, da CLT e 8º, VIII, da CF/88, porquanto não representa ou atua na defesa de direitos da categoria respectiva, tendo sua competência limitada à fiscalização da gestão financeira do sindicato (art. 522, § 2º, da CLT e OJ 365, SBDI-1, do TST).

A entidade sindical comunicará por escrito à empresa, dentro de 24 (vinte e quatro) horas, o dia e a hora do registro da candidatura do seu empregado e, em igual prazo, sua eleição e posse, fornecendo a este comprovante no mesmo sentido (CLT, art. 543, § 5º).

É assegurada a estabilidade provisória ao empregado dirigente sindical, ainda que a comunicação do registro da candidatura ou da eleição e da posse seja realizada fora do prazo previsto no art. 543, § 5º, da CLT, desde que a ciência ao empregador, por qualquer meio, ocorra na vigência do contrato de trabalho.

Sobre esse tema, **o Exame Unificado de 2013** considerou verdadeira a seguinte assertiva: "Para que a garantia no emprego em razão da candidatura do empregado a dirigente sindical se consolide, a CLT dispõe no Art. 543, § 5º que: "Para os fins deste artigo, a entidade sindical comunicará por escrito à empresa, dentro de 24 (vinte e quatro) horas, o dia e a hora do registro da candidatura do seu empregado e, em igual prazo, sua eleição e posse, fornecendo, outrossim, a este comprovante no mesmo sentido". Gislene registrou sua candidatura a dirigente sindical, na condição de Vice-presidente na chapa, mas o sindicato não comunicou tal fato ao seu empregador que, ignorando a situação, concedeu aviso prévio à empregada 10 dias depois. Nessa hipótese, de acordo com o entendimento do TST: O empregador tem de respeitar a garantia, ainda que seja comunicado posteriormente da candidatura da empregada, desde que isso ocorra enquanto o pacto laboral estiver em vigor".

O registro da candidatura do empregado a cargo de dirigente sindical durante o período de aviso prévio, ainda que indenizado, não lhe assegura a estabilidade.

Sobre esse tema, **o Exame Unificado de 2010** considerou errada a seguinte assertiva: "o registro da candidatura do empregado a cargo de dirigente sindical durante o período de aviso prévio não obsta a estabilidade sindical, porque ainda vigente o contrato de trabalho".

Ainda sobre esse tema, **o Exame Unificado de 2018** considerou correta a seguinte assertiva: "Em março de 2015, Lívia foi contratada por um estabelecimento comercial para exercer a função de caixa, cumprindo jornada de segunda-feira a sábado das 8h às 18h, com intervalo de 30 minutos para refeição. Em 10 de março de 2017, Lívia foi dispensada sem justa causa, com aviso prévio indenizado, afastando-se de imediato. Em 30 de março de 2017, Lívia registrou sua candidatura a dirigente sindical e, em 8 de abril de 2017, foi eleita vice-presidente do sindicato dos comerciários da sua região. Diante desse fato, Lívia ponderou com a direção da empresa que não seria possível a sua dispensa, mas o empregador insistiu na manutenção da dispensa afirmando que o aviso prévio não poderia ser considerado para fins de garantia no emprego. Sobre a hipótese narrada, de acordo com a CLT e com o entendimento consolidado do TST, assinale a afirmativa correta.

> **MUITA ATENÇÃO!**
>
> A CLT não confere estabilidade ao dirigente de associação profissional. A CF/88 restringiu ao dirigente sindical a estabilidade provisória, não tendo sido recepcionado pela Constituição o disposto no § 3º do artigo 543 da CLT no que tange ao dirigente de associação profissional. É que antes da promulgação da Constituição Federal, a associação profissional era etapa necessária à criação e registro de futura entidade sindical, o que atualmente não mais ocorre. Desta forma, não sendo mais a associação profissional o embrião do sindicato, não há razão jurídica para assegurar aos dirigentes daquela a proteção contra despedida imotivada.

C) O aviso prévio é computado para todos os fins, mas, como a candidatura da empregada ocorreu no decorrer do aviso prévio, Lívia não terá garantia no emprego".

O empregado de categoria diferenciada eleito dirigente sindical só goza de estabilidade se exercer na empresa atividade pertinente à **categoria profissional** do sindicato para o qual foi eleito dirigente.

Havendo extinção da atividade empresarial no âmbito da base territorial do sindicato, não há razão para subsistir a estabilidade.

E Empregados diretores de cooperativas: Os empregados que sejam eleitos **diretores** de sociedades **cooperativas,** por eles mesmos criadas, gozarão das idênticas garantias asseguradas aos dirigentes sindicais pelo art. 543 da CLT (art. 55 da Lei nº 5.764/71) ficando também vedada a dispensa até um ano após o término do mandato. Essa garantia não se estende ao suplente. Sobre esse tema, o **Exame Unificado de 2016** considerou correta a seguinte assertiva: "Os empregados da sociedade empresária ABC Ltda. criaram uma sociedade cooperativa de crédito que busca dar acesso a empréstimos com juros bastante reduzidos para os próprios empregados da empresa ABC. Renata, que trabalha na empresa em questão, foi eleita diretora suplente dessa sociedade cooperativa de crédito e, dois meses depois, foi dispensada sem justa causa. Com base na hipótese apresentada, de acordo com o entendimento consolidado do TST: Renata não terá garantia no emprego por ser suplente, e a estabilidade alcança apenas o titular".

F Cargos de direção e suplentes da CIPA: O art. 10, II, do ADCT, prevê garantia de emprego ao eleito para cargo de **direção** de comissões internas de prevenção de acidentes, desde o registro de sua candidatura até **um ano após o final de seu mandato.** Essa garantia se estende ao suplente da CIPA, a partir da promulgação da Constituição Federal de 1988.

A estabilidade provisória do cipeiro não constitui vantagem pessoal, mas garantia para as atividades dos membros da CIPA, que somente tem razão de ser quando em atividade a empresa.

Extinto o estabelecimento, não se verifica a despedida arbitrária, sendo impossível a reintegração e indevida a indenização do período estabilitário.

É importante ressaltar que as CIPAs são compostas tanto por membros eleitos pelos trabalhadores como por indicados pela empresa, não se conferindo a estes últimos qualquer garantia de emprego. Sobre esse tema, o **Exame Unificado de 2012** considerou falsa a seguinte assertiva: "A estabilidade do membro da CIPA dura da eleição até 1 ano após o término do mandato, servindo para os representantes dos empregados, inclusive suplentes".

Essa garantia se estende ao suplente da CIPA, a partir da promulgação da Constituição Federal de 1988.

Sobre esse tema, o **Exame Unificado de 2021** considerou correta a seguinte assertiva: "Jorge e Manoel integram a Comissão Interna de Prevenção de Acidentes (CIPA) da empresa na qual trabalham. Jorge é representante do empregador e Manoel, representante dos empregados. Durante a vigência dos seus mandatos, ambos foram dispensados, sem justa causa, na mesma semana, recebendo aviso prévio indenizado. Considerando a situação de fato e a previsão da CLT, assinale a afirmativa correta: A) Não há empecilho à dispensa de Jorge, mas Manoel tem garantia no emprego e não poderia ser desligado sem justa causa."

A assertiva está correta porque Jorge é representante do empregador e, portanto, não tem qualquer garantia de emprego. Já Manoel tem garantia de emprego porque é suplente de representante de empregado.

G Membros da Comissão de Conciliação Prévia: Conforme art. 625-B, § 1º da CLT, é proibida a dispensa dos representantes dos empregados membros da Comissão de Conciliação Prévia-CCP, titulares e suplentes, até **um ano após o final do mandato**, salvo se cometerem falta grave, nos termos da lei.

H Membros do Conselho Curador do FGTS e do Conselho Nacional de Previdência Social: Os representantes dos trabalhadores (em atividade) no Conselho Curador do FGTS (Lei nº 8.036/90, art. 3º, § 9º) e no Conselho Nacional de Previdência Social (Lei nº 8.213/91, art. 3º, § 7º), titulares ou suplentes, também terão direito à garantia de emprego, desde suas nomeações **até um ano após o término dos respectivos mandatos** (dois anos, permitida uma recondução), somente podendo ser dispensados por falta grave, comprovada por meio de processo judicial.

I Membro da Comissão de Representantes dos Empregados: Nos termos do artigo 510-D, §3º, da CLT, inserido pela Lei da Reforma Trabalhista, desde o registro da candidatura até **um ano** após o fim do mandato, o membro da comissão de representantes dos empregados não poderá sofrer despedida arbitrária, entendendo-se como tal a que não se fundar em motivo disciplinar, técnico, econômico ou financeiro.

Os representantes dessa comissão serão eleitos em **assembleia geral** convocada para esse fim pelo sindicato laboral e gozarão de garantia de emprego vinculada ao desempenho das funções para que foram eleitos, e, para as demais empresas, será constituída comissão intersindical para o referido fim.

Ainda sobre a temática das garantias provisórias de emprego, o **Exame Unificado de 2019** considerou correta a seguinte assertiva: "Em uma grande empresa que atua na prestação de serviços de telemarketing e possui 250 funcionários, trabalham as empregadas listadas a seguir: Alice, que foi contratada a título de experiência, e, um pouco antes do término do seu contrato, engravidou; Sofia, que foi contratada a título temporário, e, pouco antes do termo final de seu contrato, sofreu um acidente do trabalho; Larissa, que foi indicada pelo empregador para compor a CIPA da empresa; Maria Eduarda, que foi eleita para a comissão de representantes dos empregados, na forma da CLT alterada pela Lei nº 13.467/17 (reforma trabalhista). Diante das normas vigentes e do entendimento consolidado do TST, assinale a opção que indica as empregadas que terão garantia no emprego. c) Alice, Sofia e Maria Eduarda, somente". Na primeira hipótese (Alice) tratamos da garantia de emprego da gestante. À luz do art. 10, II, b, do ADCT da CF/88, fica vedada a dispensa arbitrária ou sem justa causa da empregada gestante, desde a confirmação da gravidez até cinco meses após o parto. A confirmação do estado de gravidez advindo no curso do contrato de trabalho, ainda que durante o prazo do aviso prévio trabalhado ou indenizado, garante à empregada gestante a estabilidade provisória, inclusive para a doméstica (art. 391-A da CLT e art. 25 da LC nº 150/2015). A estabilidade da gestante também se aplica para o caso de contrato temporário, o que inclui contrato de experiência, consoante Súm. 244, III, do TST. Por esta razão, Alice faz jus à garantia provisória no emprego. Na segunda hipótese (Sofia) tratamos da garantia de emprego do acidentado no trabalho. O empregado que sofreu acidente do trabalho tem garantida, pelo prazo mínimo de 12 (doze) meses, a manutenção de seu contrato de trabalho na empresa, após a cessação do auxílio-doença acidentário, independentemente de percepção de auxílio-acidente (Lei nº 8.213/91, art. 118). Essa garantia se aplica inclusive durante o aviso prévio e também para os contratos por prazo determinado (Súm. 378, III, do TST). Por esta razão, Sofia faz jus à garantia provisória no emprego. Na terceira hipótese (Larissa) tratamos da garantia provisória de emprego do cipeiro. O art. 10, II, do ADCT, prevê garantia de emprego ao eleito para cargo de direção de comissões internas de prevenção de acidentes, desde o registro de sua candidatura até um ano após o final de seu mandato. É importante ressaltar que as CIPA's são compostas tanto por membros eleitos pelos trabalhadores como por indicados pela empresa, contudo os membros indicados pela empresa não possuem qualquer garantia de emprego, sendo esta a hipótese da questão. Na última hipótese (Maria Eduarda) tratamos da garantia de emprego de membro da comissão de representantes de empregados. Nos termos do artigo 510-D, §3º, da CLT, inserido pela Lei da Reforma Trabalhista, desde o registro da candidatura até um ano após o fim do mandato, o membro da comissão de representantes dos empregados não poderá sofrer despedida arbitrária, entendendo-se como tal a que não se fundar em motivo disciplinar, técnico, econômico ou financeiro. Sendo esta a hipótese, Maria Eduarda fará jus à garantia provisória de emprego.

3. PROTEÇÃO AO TRABALHO DA MULHER

Tendo em vista o princípio constitucional da isonomia e a verificação da discriminação sofrida pelas mulheres no contexto laboral, o constituinte tratou de proteger o trabalho da mulher mediante incentivos específicos, conforme legislação regulamentadora. Principais regras de proteção do trabalho da mulher (art. 372 a 377, 390 a 400 da CLT e art. 10, II, b, do ADCT):

- É proibido o anúncio ou a recusa de emprego com referência a sexo, idade, cor ou estado familiar, salvo se a atividade, pela sua natureza, assim o exigir;
- E proibido submeter as empregadas a revistas íntimas (a doutrina estende a regra também aos empregados homens);
- É vedado empregar a mulher em serviço que demande o emprego de força muscular superior a 20 (vinte) quilos para o trabalho contínuo, ou 25 (vinte e cinco) quilos para o trabalho ocasional. Não está compreendido nesse comando legal a remoção de material feita por impulsão ou tração de vagonetes sobre trilhos, de carros de mão ou quaisquer aparelhos mecânicos;
- É proibida a discriminação em razão de casamento ou de estado de gravidez;

- É proibido exigir atestado ou exame, de qualquer natureza, para comprovação de esterilidade ou gravidez, na admissão ou permanência no emprego;

- É garantido à empregada, durante a gravidez, sem prejuízo do salário e demais direitos: I – transferência de função, quando as condições de saúde o exigirem, assegurada a retomada da função anteriormente exercida, logo após o retorno ao trabalho; II – dispensa do horário de trabalho pelo tempo necessário para a realização de, no mínimo, seis consultas médicas e demais exames complementares;

- Mediante atestado médico, à mulher grávida é facultado romper o compromisso resultante de qualquer contrato de trabalho, desde que este seja prejudicial à gestação;

- Em caso de aborto não criminoso, comprovado por atestado médico oficial, a mulher terá um repouso remunerado de 2 (duas) semanas, ficando-lhe assegurado o direito de retornar à função que ocupava antes de seu afastamento;

- Para amamentar o filho, inclusive se advindo de adoção, até que este complete 6 (seis) meses de idade, a mulher terá direito, durante a jornada de trabalho, a 2 (dois) descansos especiais, de meia hora cada um. Quando o exigir a saúde do filho, o período de 6 (seis) meses poderá ser dilatado, a critério da autoridade competente;

- Assegura-se à mulher em situação de violência doméstica e familiar, para preservar sua integridade física e psicológica, a manutenção do vínculo trabalhista, quando necessário o afastamento do local de trabalho, por até seis meses;

- Sem prejuízo de sua remuneração, nesta incluído o valor do adicional de insalubridade, a empregada deverá ser afastada de atividades consideradas insalubres em qualquer grau enquanto durar a gestação e a lactação.

- Quando não for possível que a gestante ou a lactante afastada exerça suas atividades em local salubre na empresa, a hipótese será considerada como gravidez de risco e ensejará a percepção de salário-maternidade, durante todo o período de afastamento.

- A empregada gestante tem direito à licença-maternidade de 120 (cento e vinte) dias, sem prejuízo do emprego e do salário, mesmo em caso de parto antecipado. À empregada (ou empregado) que adotar ou obtiver guarda judicial para fins de adoção de criança ou adolescente será concedida licença-maternidade (o tema da licença-maternidade é melhor analisado no tópico 3. INTERRUPÇÃO E SUSPENSÃO DO CONTRATO DE TRABALHO)

- A confirmação do estado de gravidez advindo no curso do contrato de trabalho, ainda que durante o prazo do aviso prévio trabalhado ou indenizado, garante à empregada gestante a estabilidade provisória prevista no art. 10, II, b, do ADCT, o que também se aplica ao empregado adotante ao qual tenha sido concedida guarda provisória para fins de adoção.

Sobre o tema de proteção do trabalho da mulher, o **Exame Unificado de 2020** considerou verdadeira a seguinte assertiva: Rafaela trabalha em uma empresa de calçados. Apesar de sua formação como estoquista, foi preterida em uma vaga para tal por ser mulher, o que seria uma promoção e geraria aumento salarial. Um mês depois, a empresa exigiu que todas as funcionárias do sexo feminino apresentassem atestado médico de gravidez. Rafaela, 4 meses após esse fato, engravidou e, após apresentação de atestado médico, teve a jornada reduzida em duas horas, por se tratar de uma gestação delicada, o que acarretou a redução salarial proporcional. Sete meses após o parto, Rafaela foi dispensada. Como advogado(a) de Rafaela, de acordo com a legislação trabalhista em vigor, assinale a opção que contém todas as violações aos direitos trabalhistas de Rafaela.

B) Recusa, fundamentada no sexo, da promoção para a função de estoquista, exigência de atestado de gravidez e redução salarial.

MUITA ATENÇÃO! A Lei da Reforma Trabalhista revogou o artigo 384 da CLT que previa que, em caso de prorrogação do horário normal da trabalhadora mulher, seria obrigatório um descanso de 15 (quinze) minutos no mínimo, antes do início do período extraordinário do trabalho.

4. PROTEÇÃO DO TRABALHO DO MENOR

O menor goza de privilégios que possam atender aos fins de proteção ao seu desenvolvimento (art. 402 a 441 da CLT)conforme destaques:

- Proibido o trabalho no período noturno;
- Proibido o trabalho considerado perigoso ou insalubre;

- Proibido o trabalho como empregado ao menor de 16 (dezesseis) anos, exceto como aprendiz após os 14 anos;
- Proibido o trabalho doméstico para menor de 18 anos;
- Proibido o trabalho em ambiente prejudicial à moral e à saúde (casa de espetáculos, cinemas, boates);
- Proibido a prorrogação de horas, exceto: 1) compensação semanal, com previsão em negociação coletiva; 2) em casos de força maior, desde que o trabalho do menor seja indispensável, e limitada a duração do trabalho a 12 horas diárias;
- Proibido o trabalho em ruas, praças, logradouros, entre outros, sem autorização judicial;
- Proibido o trabalho que demande força muscular superior a 20 quilos, se contínuo, ou 25 quilos, se ocasional;
- Proibido discriminar salário em razão da idade;
- Deve o empregador facilitar a mudança de função, quando esta for prejudicial ao desenvolvimento do menor;
- O empregador deverá proporcionar tempo necessário para o menor frequentar as aulas;
- O gozo das férias deverá coincidir com as férias escolares;
- Quando o menor tiver mais de um emprego, as jornadas de trabalho serão somadas para fins de limitação da duração do trabalho;
- Contra os menores de 18 anos não corre prazo prescricional. Ao responsável legal do menor ou autoridade competente é facultado pleitear a extinção do contrato de trabalho, desde que o serviço possa acarretar para ele prejuízos de ordem física ou moral (arts. 407 e 408, ambos da CLT). Cabe ao empregador facilitar a mudança de função do menor, sob pena de rescisão indireta do contrato de trabalho.

Para a assinatura do recibo de quitação das verbas rescisórias, há a necessidade de assistência dos representantes legais, sob pena de nulidade, conforme previsto no art. 439 da CLT. Por sua vez, o recibo de pagamento do salário pode ser firmado pelo menor de 18 anos, independentemente de assistência dos pais ou representante legal.

5. ACIDENTE DE TRABALHO

5.1. Conceito:

Acidente do trabalho típico é o que ocorre pelo **exercício do trabalho** a serviço da empresa, com o segurado empregado, trabalhador avulso, médico residente, bem como com o segurado especial, no exercício de suas atividades, provocando lesão corporal ou perturbação funcional que cause a morte, a perda ou redução, temporária ou permanente, da capacidade para o trabalho.

As doenças profissionais e/ou ocupacionais **equiparam-se** a acidentes de trabalho. Doença profissional é aquela produzida ou desencadeada pelo **exercício** do trabalho peculiar a determinada atividade e constante da respectiva relação elaborada pelo Ministério do Trabalho e da Previdência Social. Já a doença do trabalho é aquela adquirida ou desencadeada em **função de condições especiais** em que o trabalho é realizado e com ele se relacione diretamente, constante da relação acima mencionada.

Em caso excepcional, constatando-se que a doença não incluída nessa relação resultou das condições especiais em que o trabalho é executado e com ele se relaciona diretamente, a Previdência Social deve considerá-la acidente do trabalho".

O art. 21 da Lei nº 8.213/91 **equipara** ainda a acidente de trabalho:

> I – o acidente ligado ao trabalho que, embora não tenha sido a causa única, haja contribuído diretamente para a morte do segurado, para redução ou perda da sua capacidade para o trabalho, ou produzido lesão que exija atenção médica para a sua recuperação;
>
> II – o acidente sofrido pelo segurado no local e no horário do trabalho, em consequência de:
>
> a) ato de agressão, sabotagem ou terrorismo praticado por terceiro ou companheiro de trabalho;
>
> b) ofensa física intencional, inclusive de terceiro, por motivo de disputa relacionada ao trabalho;
>
> c) ato de imprudência, de negligência ou de imperícia de terceiro ou de companheiro de trabalho;
>
> d) ato de pessoa privada do uso da razão;
>
> e) desabamento, inundação, incêndio e outros casos fortuitos ou decorrentes de força maior;

III – a doença proveniente de contaminação acidental do empregado no exercício de sua atividade;

IV – o acidente sofrido pelo segurado ainda que fora do local e horário de trabalho:

a) na execução de ordem ou na realização de serviço sob a autoridade da empresa;

b) na prestação espontânea de qualquer serviço à empresa para lhe evitar prejuízo ou proporcionar proveito;

c) em viagem a serviço da empresa, inclusive para estudo quando financiada por esta dentro de seus planos para melhor capacitação da mão de obra, independentemente do meio de locomoção utilizado, inclusive veículo de propriedade do segurado;

d) no percurso da residência para o local de trabalho ou deste para aquela, qualquer que seja o meio de locomoção, inclusive veículo de propriedade do segurado.

Sobre esse tema, o **Exame Unificado de 2012** considerou correta a seguinte assertiva: "Consideram-se acidentes do trabalho: os acidentes típicos, a doença profissional, a doença do trabalho e as hipóteses definidas em lei a ele equiparadas".

Nos períodos destinados a refeição ou descanso, ou por ocasião da satisfação de outras necessidades fisiológicas, no local do trabalho ou durante este, o empregado é considerado no **exercício do trabalho.**

Sobre esse tema, o **Exame Unificado de 2017** considerou correta a seguinte assertiva: "Sílvio é empregado da sociedade empresária Onda Azul Ltda. e, em determinado dia, no horário de almoço, ao se dirigir a um restaurante para fazer sua refeição, foi atropelado por um veículo, sofrendo lesões que o afastaram do serviço por 30 dias, inclusive com recebimento de benefício previdenciário. Diante da situação apresentada (...) O fato caracteriza acidente do trabalho, e, ao retornar, Sílvio tem garantia no emprego de 12 meses".

6. INSALUBRIDADE E PERICULOSIDADE

A CF/88 prevê o pagamento de adicional pelo trabalho em condições de insalubridade e periculosidade e também prevê o adicional por atividade penosa, mas até a presente data, esse direito não foi regulamentado. Sobre esse tema, o **Exame Unificado de 2013** considerou correta a seguinte assertiva: "Os direitos constitucionais relacionados a seguir já foram regulamentados por Lei, à exceção de um: Adicional por atividade penosa."

6.1. Insalubridade

As condições de trabalho insalubres encontram-se enumeradas na Norma Regulamentadora (NR) nº 15, da Portaria nº 3.214/1978 do Ministério do Trabalho e Emprego. Tal norma aponta os agentes químicos, físicos e biológicos prejudiciais à saúde do trabalhador e estabelece os limites de tolerância do organismo a essas agressões.

A NR 15 considera como trabalho insalubre as atividades sob as condições de: ruído contínuo ou intermitente; ruídos de impacto; exposição ao calor; radiações ionizantes; trabalhado sob condições hiperbáricas; radiações não ionizantes; vibrações; frio; umidade; agentes químicos cuja insalubridade é caracterizada por limite de tolerância e inspeção no local de trabalho; poeiras minerais; agentes químicos; agentes biológicos. São esses os principais agentes nocivos que dão ensejo ao pagamento do adicional de insalubridade.

A reclassificação ou a descaracterização da insalubridade, por ato da **autoridade competente**, repercute na satisfação do respectivo adicional, sem ofensa a direito adquirido ou ao princípio da irredutibilidade salarial. Se a atividade não é mais classificada como insalubre pela autoridade competente, o empregado perde o direito ao recebimento do respectivo adicional, porque não há direito adquirido ao seu pagamento (Súm. 248 do TST).

Se a concessão de equipamento de proteção individual (EPI) **eliminar ou reduzir** a nocividade, o empregado não terá mais o direito ao adicional de insalubridade. É certo que a simples concessão não representa a supressão do adicional de insalubridade pois poderá haver apenas a **redução** do malefício e porque o empregador deve tomar medidas que conduzam à diminuição ou eliminação da nocividade.

Nas atividades insalubres, quaisquer prorrogações de jornada só poderão ser acordadas mediante licença prévia das autoridades competentes em matéria de higiene do trabalho, as quais, para esse efeito, procederão aos necessários exames locais e à verificação dos métodos e processos de trabalho, quer diretamente, quer por intermédio de autoridades sanitárias federais, estaduais e municipais, com quem entrarão em entendimento para tal fim.

É importante destacar que o artigo 611-A, XII e XIII da CLT, inseridos pela Reforma Trabalhista, expressamente trouxeram a possibilidade de negociação coletiva a respeito, respectivamente, do enquadramento do grau de insalubridade e da prorrogação de jornada em ambiente insalubre, sem licença prévia das autoridades competentes do Ministério do Trabalho.

No tocante à prorrogação de jornada em ambiente insalubre, o parágrafo único do artigo 60 da CLT, também introduzido pela Lei da Reforma Trabalhista, trouxe a expressa autorização para que seja adotada a jornada de **12 x 36 horas** em **ambientes insalubres, independentemente de autorização** do Ministério do Trabalho.

6.2. Periculosidade

São consideradas perigosas as atividades de trabalhador em **motocicleta**, bem como todas as atividades que, por sua natureza ou métodos de trabalho, impliquem risco acentuado em virtude de exposição **permanente** do trabalhador a: 1) inflamáveis, explosivos ou energia elétrica; 2) roubos ou outras espécies de violência física nas atividades profissionais de segurança pessoal ou patrimonial (art. 193, I e II e § 4º da CLT).

Não só os empregados do setor elétrico têm direito ao adicional de periculosidade, mas os de todas as empresas em que os trabalhadores estiverem em contato direto e intermitente com sistema elétrico de potência, inclusive cabistas, instaladores e reparadores de linhas telefônicas.

Atualmente, o direito ao adicional de periculosidade para **motociclistas** está suspenso aos empregados que se enquadrem no artigo 2º da Portaria nº 05/2014, ou seja, àqueles que estão subordinados a empregadores relacionados à indústria de refrigerantes e bebidas não alcoólicas, à AMBEV e a empresas de logísticas da distribuição.

Outras categorias de trabalho que foram acrescentadas, pelo Ministério do Trabalho, ao rol das atividades perigosas, são aquelas em que o trabalhador se expõe a **radiações ionizantes ou substâncias radioativas** (Portaria MTE nº. 518/2003).

Faz jus ao adicional de periculosidade o empregado exposto **permanentemente** ou que, de forma **intermitente,** sujeita-se a condições de risco. Indevido, apenas, quando o contato se dá de forma **eventual,** assim considerado o fortuito, ou que, sendo habitual, dá-se por tempo extremamente reduzido. (Súmula 364, I, do TST).

Os **portuários** recebem o adicional de periculosidade **proporcional** ao tempo de exposição à atividade perigosa (art. 14 da Lei nº 4.860/65).

O Anexo 3 da NR 16 do MTE regulamentou o direito ao adicional de periculosidade **pelos profissionais de segurança patrimonial ou pessoal,** concedido pelo inciso II do art. 193 da CLT: "2. São considerados profissionais de segurança pessoal ou patrimonial os trabalhadores que atendam a uma das seguintes condições: a) empregados das empresas prestadoras de serviço nas atividades de segurança privada ou que integrem serviço orgânico de segurança privada, devidamente registradas e autorizadas pelo Ministério da Justiça, conforme Lei 7102/1983 e suas alterações posteriores. b) empregados que exercem a atividade de segurança patrimonial ou pessoal em instalações metroviárias, ferroviárias, portuárias, rodoviárias, aeroportuárias e de bens públicos, contratados diretamente pela administração pública direta ou indireta."

Sobre esse tema, o **Exame Unificado de 2019** considerou correta a seguinte assertiva: "Edimilson é vigia noturno em um condomínio residencial de apartamentos. Paulo é vigilante armado de uma agência bancária. Letícia é motociclista de entregas de uma empresa de logística. Avalie os três casos apresentados e, observadas as regras da CLT, assinale a afirmativa correta: Paulo e Letícia exercem atividade perigosa e fazem jus ao adicional de periculosidade. A atividade de Edimilson não é considerada perigosa, e, por isso, ele não deve receber adicional".

Na questão, Edmilson não trabalhava em nenhuma das hipóteses previstas no Anexo 3 da NR 16 do MTE que regulamentou o direito ao adicional de periculosidade pelos profissionais de segurança patrimonial ou pessoal e, portanto, não fará jus ao adicional de periculosidade.

E, ainda, nos termos da Súm. 447 do TST, os tripulantes e demais empregados em serviços auxiliares de transporte aéreo que, no momento do **abastecimento da aeronave,** permanecem a bordo não têm direito ao adicional de periculosidade a que aludem o art. 193 da CLT e o Anexo 2, item 1, "c", da NR 16 do MTE.

6.3. Especificidades do adicional de insalubridade e do adicional de periculosidade:

1) a **base de cálculo** do adicional de insalubridade é o **salário mínimo**, exceto se existir outra base de cálculo superior prevista em contrato ou norma coletiva.

2) a insalubridade pode se caracterizar em **grau mínimo, médio ou máximo**, conforme portarias do MTE, sendo devidos, respectivamente, o adicional de 10% (mínimo), 20% (médio) e 40% (máximo). Já o adicional de periculosidade é de **30%.** Sobre esse tema, o **Exame Unificado de 2021** considerou correta a seguinte assertiva: "Um grupo de investidores está estimando custos para montar empresas em diversos ramos. Por isso, procuraram você, como advogado(a), para serem informados sobre os custos dos adicionais de periculosidade e insalubridade nas folhas de pagamento. Sobre a orientação dada, de acordo com o texto da CLT, assinale a afirmativa correta: A) O adicional de insalubridade varia entre os graus mínimo, médio e máximo sobre o salário mínimo; o de periculosidade tem percentual fixo: 30% do salário básico do empregado."

3) o adicional de periculosidade incide apenas sobre o **salário básico** e não sobre este acrescido de outros adicionais;

4) para os **eletricitários** contratados sob a égide da Lei 7.369/1985, o adicional de periculosidade deve ser calculado sobre a **totalidade** das parcelas de natureza salarial. Não é válida norma coletiva mediante a qual se determina a incidência do referido adicional sobre o salário básico;

5) a alteração da base de cálculo do adicional de periculosidade do eletricitário promovida pela Lei nº 12.740/2012 atinge somente contrato de trabalho firmado a partir de sua vigência, de modo que, nesse caso, o cálculo será realizado exclusivamente sobre o salário básico, conforme determina o § 1º do art. 193 da CLT;

6) **não é possível cumular** os adicionais de insalubridade e periculosidade, cabendo a opção pelo mais vantajoso (art. 193, §2º, da CLT).

7. LEI GERAL DE PROTEÇÃO DE DADOS PESSOAIS – LGPD (LEI Nº 13.709/2018)

A Lei Geral de Proteção de Dados Pessoais – LGPD (Lei nº 13.709/2018) foi editada com a finalidade de proteger as liberdades e direitos fundamentais, trazer segurança jurídica aos atores envolvidos no mundo da coleta, armazenamento e uso de dados (digitais ou não), e para estabelecer regras de proteção de dados e critérios no tratamento desses dados pessoais (art. 1º).

A LGPD é cabível em todos os setores da economia e do Direito, sempre que houver algum tipo de coleta de dados de terceiros, como ocorre, por exemplo, nas relações trabalhistas e consumeristas.

A LGPD se aplica a toda pessoa natural ou jurídica, de direito público ou privado, visando garantir a proteção dos direitos fundamentais de privacidade, liberdade e livre desenvolvimento da personalidade da pessoa natural, e necessariamente precisa ser observada pela União, Estados, Distrito Federal e municípios, em relação às normas gerais (art. 3º).

A LGPD não se aplica ao tratamento de dados pessoais realizado por pessoa natural para fins exclusivamente particulares e não econômicos ou realizado para fins – exclusivamente – jornalísticos, artísticos ou acadêmicos (art. 4º).

A LGPD também não se aplica para fins exclusivos de: Segurança Pública; Defesa Nacional e segurança do Estado ou atividades de investigação e repressão de infrações penais; ou provenientes de fora do território nacional e que não sejam objeto de comunicação, uso compartilhado de dados com agentes de tratamento brasileiros ou transferência internacional de dados com outro país que não o de proveniência, desde que o país de proveniência proporcione grau de proteção de dados pessoais adequado ao previsto.

Os fundamentos da LGPD são os seguintes: I – O respeito à privacidade; II – A autodeterminação informativa; (que significa que o indivíduo, titular de dados pessoais, deve ter controle, ou ao menos plena transparência, sobre a destinação dada às suas informações pessoais, bem como das metodologias utilizadas para tanto); III – A liberdade de expressão, de informação, de comunicação e de opinião; IV -– A inviolabilidade da intimidade, da honra e da imagem; V – O desenvolvimento econômico e tecnológico e a inovação; VI – A livre iniciativa, a livre concorrência e a defesa do consumidor; VII – Os direitos humanos, o livre desenvolvimento da personalidade, a dignidade e o exercício da cidadania pelas pessoas naturais (art. 2º).

Além da boa-fé, são princípios da LGPD (art. 6º.):

> I – Finalidade: realização do tratamento para propósitos legítimos, específicos, explícitos e informados ao titular, sem possibilidade de tratamento posterior de forma incompatível com essas finalidades;
>
> II – Adequação: compatibilidade do tratamento com as finalidades informadas ao titular, de acordo com o contexto do tratamento;
>
> III – Necessidade: limitação do tratamento ao mínimo necessário para a realização de suas finalidades, com abrangência dos dados pertinentes, proporcionais e não excessivos em relação às finalidades do tratamento de dados;
>
> IV – Livre acesso: garantia, aos titulares, de consulta facilitada e gratuita sobre a forma e a duração do tratamento, bem como sobre a integralidade de seus dados pessoais;
>
> V – Qualidade de dados: garantia, aos titulares, de exatidão, clareza, relevância e atualização dos dados, de acordo com a necessidade e para o cumprimento da finalidade de seu tratamento;
>
> VI – Transparência: garantia, aos titulares, de informações claras, precisas e facilmente acessíveis sobre a realização do tratamento e os respectivos agentes de tratamento, observados os segredos comercial e industrial;
>
> VII – Segurança: utilização de medidas técnicas e administrativas aptas a proteger os dados pessoais de acessos não autorizados e de situações acidentais ou ilícitas de destruição, perda, alteração, comunicação ou difusão;

> VIII – Prevenção: adoção de medidas para prevenir a ocorrência de danos em virtude do tratamento de dados pessoais;
>
> IX – Não discriminação: impossibilidade de realização do tratamento para fins discriminatórios ilícitos ou abusivos;
>
> X – Responsabilização e prestação de contas: demonstração, pelo agente, da adoção de medidas eficazes e capazes de comprovar a observância e o cumprimento das normas de proteção de dados pessoais e, inclusive, da eficácia dessas medidas.

O tratamento de dados na LGPD é previsto no artigo 5º, X, da LGPD, caracterizado por vinte verbos de ação. Dispõe a lei que o "tratamento de dados é toda operação realizada com dados pessoais, como as que se referem a coleta, produção, recepção, classificação, utilização, acesso, reprodução, transmissão, distribuição, processamento, arquivamento, armazenamento, eliminação, avaliação ou controle da informação, modificação, comunicação, transferência, difusão ou extração".

A doutrina destaca que esse rol não é taxativo, diante da rápida evolução tecnológica que pode trazer novas ações caracterizadoras de posturas ou comportamentos ligados à finalidade a que se destina a LGPD.

A LGPD cuidou de definir uma categoria de dados como "sensíveis" e prever tratamento especial a eles (arts. 11 a 13), diante do seu teor e das consequências negativas que seu vazamento pode causar ao titular.

Os dados "sensíveis" são os que revelam origem racial ou étnica, convicções religiosas ou filosóficas, opiniões políticas, filiação sindical, questões genéticas, biométricas e sobre a saúde ou a vida sexual de uma pessoa, e que têm alto poder de causar discriminação (art. 5º, II).

Conforme o artigo 15 da LGPD, o término do tratamento de dados pessoais ocorrerá nas seguintes hipóteses: I – Verificação de que a finalidade foi alcançada ou de que os dados deixaram de ser necessários ou pertinentes ao alcance da finalidade específica almejada; (controlador); II – Fim do período de tratamento; (controlador ou lei, regimento); III – Comunicação do titular, inclusive no exercício de seu direito de revogação do consentimento conforme disposto no § 5º do artigo 8º desta lei, resguardado o interesse público; IV – determinação da autoridade nacional, quando houver violação ao disposto nesta lei.

A autoridade responsável pela fiscalização da LGPD será a ANPD – Autoridade Nacional de Proteção de Dados, criada pela lei como órgão da administração pública federal, integrante da Presidência da República. Contudo, a fiscalização não está adstrita à ANPD e poderá ser exercida por outras entidades fiscalizadoras, como os órgãos de proteção ao trabalhador (MPT, MPF, Auditor Fiscal, etc.).

A LGPD prevê sanções administrativas para a prática de infrações as suas regras, destacando-se: a aplicação de advertências, de multas simples ou diárias que podem chegar à quantia expressiva de R$ 50 milhões, e ainda publicização da infração e bloqueio e eliminação dos dados pessoais (art. 52).

A LGPD entrou em vigor no dia 18/09/2020. Destaca-se que as sanções administrativas previstas pelo descumprimento da LGPD somente entrarão em vigor no dia 1º de agosto de 2021, por expressa previsão da Lei nº 14.010/2020.

Na relação trabalhista, há constantemente o tratamento de dados dos empregados e demais prestadores de serviços em todas as fases da contratação. Vejamos:

a) **Pré-contrato:** com a obtenção de dados de identificação, currículo, referências do candidato à vaga de emprego, dentre outros;

b) **Durante o contrato de trabalho:** dados para registro de empregados, dados bancários para pagamento de salários, filiação sindical, exames ocupacionais, atestados médicos, dentre outros;

c) **Pós-contrato:** com o armazenamento das informações dos antigos empregados para fins trabalhistas, previdenciários e para disponibilização aos órgãos públicos de fiscalização.

Na fase pré-contratual, caracterizada pelas tratativas acerca do vínculo empregatício, é o momento em que existe a disponibilização da vaga, a análise do currículo, entrevistas, dinâmicas e posterior escolha do candidato selecionado.

Nessa fase é proibida a coleta de dados que possam gerar qualquer critério discriminatório entre os candidatos, como, por exemplo, solicitação de exames de gravidez, toxicológico, exames de sangue, atestado de antecedentes criminais e análise de crédito (débito).

Destaque-se que o exame de gravidez e a análise de crédito (débito) – mesmo para trabalho em instituições financeiras – são proibidos (artigo 2° da Lei n. 9.029/95 e acórdão do TST prolatado nos autos do Processo n. 1109-68.2012.5.10.0020).

É necessário também destacar que existem exceções previstas em lei, como é o caso do exame toxicológico para o motorista profissional (artigo 168, § 6°, da CLT) e do atestado de antecedentes criminais que é obrigatório para quem trabalha como vigilante (artigos 12 e 16, VI, da Lei n. 7.102/1983 c/c art. 4°, I da Lei n. 10.826/2003).

A empresa precisará informar claramente aos candidatos não selecionados a política de utilização dos dados que foram fornecidos e, principalmente, o que será feito com os dados e documentos daqueles que não foram selecionados.

Com a nova lei, as empresas devem exigir o consentimento do candidato quanto à possibilidade de manutenção de seu currículo na base de dados da empresa ou a necessidade de sua eliminação.

A empresa não pode utilizar os dados presentes nos currículos, como a comercialização ou transferência para terceiros, sem o consentimento expresso do titular ainda que seja autorizado o seu armazenamento na empresa.

Na fase contratual, o empregado deverá ter conhecimento da política de tratamento de dados da empresa e dará o seu consentimento (ou não) expresso quanto ao seu teor. O consentimento do funcionário deve ser expresso e as cláusulas que versarem sobre a política de tratamento de dados da empresa devem vir destacadas no documento, de forma a garantir a observância dos princípios da finalidade, transparência e segurança.

Conforme ensina ARAÚJO (2020), existem casos específicos em que a LGPD se aplicará na fase contratual, vejamos:

- "Ficha de registro: na ficha de registro é comum que contenha dados pessoais e dados sensíveis, a exemplo da filiação a sindicato. Nesse aspecto a LGPD prevê expressamente a necessidade de tratamento desses dados com a limitação de acesso à ficha de registro do funcionário.
- Formalização de contratos e aditivos: destacam-se os contratos e aditivos, principalmente para quem já possuía o vínculo de emprego antes da entrada em vigor da LGPD. Para esses casos, será necessária a adequação do contrato de trabalho à LGPD.
- Realização de exames: a realização de exames periódicos encontra respaldo na legislação vigente. Assim, todos os funcionários celetistas são obrigados a realizar o exame médico periódico. Tais exames abrangem a avaliação clínica e envolvem anamnese ocupacional e exames físico e mental, sendo possível haver exames complementares de acordo com os termos específicos da NR-7. Contudo, não podem ser solicitados exames que possam expor a saúde do trabalhador a fim de causar-lhe discriminação, a exemplo dos exames de HIV, gravidez, câncer etc.
- Recebimento de atestados: embora não seja obrigatório o preenchimento da CID (Classificação Internacional de Doenças e Problemas Relacionados à Saúde) no atestado médico, caso haja identificação da doença e/ou o motivo do afastamento, pela LGPD, tais dados passam a ser dados sensíveis e, portanto, precisarão de política específica de guarda e acesso.
- Compartilhamento de dados com seguradoras, planos de saúde, entidades sindicais: pela LGPD o compartilhamento desses dados precisará de autorização expressa do titular, principalmente quando se tratar de dados de familiares e de terceiros. A exceção virá quando essas informações decorrerem de pedido judicial, de texto de lei ou para fins de dados de estatística do governo".

Outras aplicações práticas da LGPD no ambiente de trabalho destacadas por ARAÚJO (2020):

- "Dados biométricos: a LGPD classifica os dados biométricos como dados pessoais sensíveis. Os dados biométricos e genéticos são tratados pela LGPD como dados pessoais sensíveis pois podem ser utilizados para classificar grupos de indivíduos ou reconhecê-los individualmente. O reconhecimento biométrico facial é capaz de permitir a classificação do indivíduo em gênero ou etnia.
- Menor aprendiz: a formalização da contratação do menor aprendiz passará por mudança significativa. Isso acontecerá porque o §1º do artigo 14 diz que o "tratamento de dados pessoais de crianças deverá ser realizado com o consentimento específico, em que destaque, dado por pelo menos um dos pais ou responsável legal". Essa mudança se dá pois a lei só previa a assistência do menor no momento da rescisão e, com a LGPD, a assistência deverá ser outorgada também na contratação.
- Vigilância de empregados (e-mails, redes sociais, dispositivos funcionais, dispositivos pessoais, geolocalização): a LGPD não proíbe o acesso a e-mails ou dispositivos funcionais. Contudo, a informação deverá ser clara, dispondo do propósito e finalidade da coleta, assim como deverá ter a ciência do funcionário quanto aos limites do acesso da empresa aos seus dados pessoais e o tratamento que será dado a esses dados.
- Monitoramento interno e externo do ambiente da empresa: a LGPD não proíbe o monitoramento interno e externo do funcionário, mas tal monitoramento deverá ser justificado e com

o consentimento do funcionário, zelando pela transparência, finalidade e necessidade.

- Compartilhamento de dados pessoais de empregados entre grupo econômico e terceiros: caso o controlador precise comunicar ou compartilhar dados pessoais com terceiros, deve obter consentimento expresso do titular para esse fim, exceto em situações já previstas em lei que dispensam tal autorização. Tal previsão legal está no §5º do artigo 7º da LGPD e revela a necessidade de que as empresas sejam mais cautelosas ao compartilhar e receber dados de clientes como decorrência de serviços prestados a outras empresas, uma vez que sempre deverá haver uma expressa e específica autorização do titular dos dados para que haja o compartilhamento dessas informações.

- Teletrabalho e proteção de dados: sem dúvidas a finalidade precípua da LGPD é a proteção de dados do titular face àqueles que coletam esses dados. Quando tratamos de "teletrabalho", o principal elemento para traçar as diretrizes da atuação da empresa no ambiente de trabalho do seu funcionário (residencial ou não) se dará pelo contrato de trabalho e as previsões acerca da aquisição, manutenção e fornecimento de equipamentos tecnológicos e da infraestrutura necessária para a prestação do trabalho. Tais medidas equiparam-se ao caso do uso de computador ou e-mail institucional no qual é permitido o acesso pelo empregador com o conhecimento do funcionário. Já em caso de uso de equipamentos pessoais, tal acesso não atende à finalidade da LGDP, em atenção aos princípios nela previstos, além do próprio artigo 5º da CF/88, que garante a inviolabilidade do direito à vida, à liberdade, à igualdade, à segurança e à propriedade".

Por fim, na fase pós-contratual, isto é, após o desligamento do empregado, também é necessária a observância dos preceitos da LGPD.

De acordo com o art. 15, III, da LGDP, o tratamento dos dados pessoais ocorrerá na hipótese de comunicação do titular, solicitando que os dados sejam eliminados.

Contudo, o empregador possui dever legal de guarda de alguns documentos trabalhistas (holerites, informe de rendimentos, dados no registro de empregados, dentre outros), sob pena de multas e sanções pela fiscalização do trabalho, ou, ainda, tem a necessidade de mantê-los arquivados para fins de eventual comprovação em ações trabalhistas ou previdenciárias.

Existem alguns prazos de preservação de documentos trabalhistas e previdenciários que devem ser observados pelas empresas. Assim, por exemplo, dados envolvendo a relação de emprego como acordos de compensação, recibos de férias, de pagamento de salário, dentre outros, devem ser armazenados pelo período de 5 anos, prazo correspondente à prescrição trabalhista.

Já os dados que envolvam atas da Comissão Interna de Prevenção de Acidentes (CIPA), o registro de empregados e o livro de Inspeção do Trabalho devem ser armazenados por prazo indeterminado.

Assim, amparado pelo art. 16, I, da LGPD, o empregador poderá manter os dados dos empregados com a função de cumprimento de obrigação legal ou regulatória pelo controlador, ainda que haja pedido de eliminação pelo trabalhador. A manutenção desses dados não autoriza a sua divulgação para terceiros, especialmente se puder trazer prejuízos ao titular. Podemos citar como exemplo os dados envolvendo dispensa por justa causa que não poderá ser transmitido a terceiros sob pena de trazer prejuízos ao empregado que busca se reposicionar no mercado de trabalho.

Por fim, é necessário destacar que o uso indevido de dados pessoais acarreta diversas consequências às empresas em âmbito administrativo, com a aplicação de multas, conforme previsto na LGPD e também, em âmbito judicial, com as indenizações por danos materiais e extrapatrimoniais em ações trabalhistas.

8. MEDIDAS LEGAIS PARA ENFRENTAMENTO DA PANDEMIA

Para fazer frente às problemáticas trabalhistas oriundas da pandemia do coronavírus foram editados vários diplomas normativos, entre leis, decretos e medidas provisórias. Abaixo destacamos as Leis n. 14.10 e 14.020, ambas de 2020 e também a recente MP nº 1109 de 2022.

8.1. Lei nº 14.010/20. Regime Jurídico Emergencial e Transitório das relações jurídicas de Direito Privado (RJET)

Assembleia virtual: Os sindicatos (assim como toda pessoa jurídica de direito privado) deverão observar as restrições à realização de reuniões e assembleias presenciais até 30 de outubro de 2020, observadas as determinações sanitárias das autoridades locais. A assembleia geral, inclusive para os fins do art. 59 do Código Civil, até 30 de outubro de 2020, poderá ser realizada por meios eletrônicos, independentemente de previsão nos atos constitutivos da pessoa jurídica. Os participantes poderão se manifestar por qualquer meio eletrônico indicado pelo administrador, que assegure a identificação do participante e a segurança do voto, e a manifestação produzirá todos os efeitos legais de uma assinatura presencial.

Prescrição: O artigo 3º da Lei n. 14.010/20 estabelece que "os prazos prescricionais consideram-se impedidos ou suspensos, conforme o caso, a partir da entrada em vigor desta lei até 30 de outubro de 2020". Com isso, a lei reconheceu que, em virtude da peculiaridade da situação enfrentada com a pandemia (que levou à quarentena, isolamento social, etc.), não se pode impor ao credor a inércia caracterizadora da prescrição. A Lei n. 14.010/20 delimita a suspensão ou impedimento do prazo prescricional entre 12 de junho e 30 de outubro, muito embora o parágrafo único de seu artigo 1º tenha fixado o dia 20 de março "como termo inicial dos eventos derivados da pandemia do coronavírus (Covid-19). O §1º do artigo 3º estabelece que o impedimento ou a suspensão não se aplicam enquanto perdurarem outras hipóteses específicas de impedimento, suspensão e interrupção dos prazos prescricionais previstas no ordenamento jurídico nacional. Assim, a previsão da Lei n. 14.010/20 é de suspensão para os prazos que estão transcorrendo normalmente.

8.2. Lei nº 14.020/20. Programa Emergencial de Manutenção do Emprego e da Renda.

Aplicação: Esse programa aplica-se a qualquer empregador privado, não se aplicando para a Administração pública direta e indireta e aos organismos internacionais. A lei permite a adoção parcial do programa dentro da mesma empresa, ou seja, abarcar apenas parte dos empregados (as medidas de proteção do emprego e da renda podem se dar "de forma setorial, departamental, parcial ou na totalidade dos postos de trabalho").

Cabimento: O Benefício Emergencial de Preservação do Emprego e da Renda (BEm) deve ser pago em duas situações: quando houver redução proporcional de jornada de trabalho e de salário e nos casos de suspensão temporária do contrato de trabalho. Não terá direito de receber o BEm os empregados que se encontrem ocupando cargo ou emprego público, recebendo benefício do INSS, recebendo seguro desemprego, ou esteja recebendo bolsa de qualificação profissional de que trata o art. 2º-A da Lei nº 7.998, de 1990. Os empregados que possuírem mais de um vínculo de emprego terão direito de receber o benefício de cada vínculo de emprego em que o empregador aderir ao Programa, previsto na Lei nº 14.020/2020. A exceção se dá para os empregados com mais de um vínculo na modalidade de trabalho intermitente (previsto no art. 443, § 3º da CLT), onde será assegurado apenas um benefício ao trabalhador, no valor correspondente a R$ 600,00 (§ 3º do art. 6º c/c art. 18). A Lei nº 14.020/2020 trouxe a expressa permissão de que empregador e empregado, de comum acordo, cancelem o aviso prévio que esteja em curso para aderir ao Programa Emergencial de Manutenção do Emprego e da Renda (art. 23).

REDUÇÃO DO SALÁRIO E DA JORNADA (ART. 7º DA LEI 14020/2020):

É permitido aos empregadores reduzir a jornada de trabalho contratual de seus empregados e, na mesma proporção, o valor dos salários, desde que mantido o valor do salário hora do empregado. Exemplo: O empregado que recebe salário de R$ 2.200,00 com jornada mensal de 220 horas (que corresponde ao trabalho de 44 horas na semana) tem o salário- hora correspondente a R$ 10,00. Adotando o Programa, se o empregador reduzir a jornada semanal pela metade (22 horas) poderá reduzir o salário mensal pela metade também (R$ 1.100,00), já que será mantido o valor do salário hora em R$ 10,00. O que é proibida é a redução da jornada em 50% e a redução do salário em outro percentual maior, como 70%, por exemplo.

Faixas de redução: O Programa trata apenas três níveis de redução da jornada e dos salários, sendo que, se a redução for em níveis diferentes, o valor do benefício pago pelo Governo será limitado a três faixas de redução: 25%, 50% ou 70%.

Encerramento: Com o término do período de calamidade pública; quando atingido o termo final estabelecido entre as partes; de forma unilateral pelo empregador para encerrar a medida antes do termo final inicialmente ajustado. O restabelecimento da jornada e salário integral será feito em até dois dias após a data de término da medida.

SUSPENSÃO TEMPORÁRIA DO CONTRATO DE TRABALHO (ART. 8º DA LEI 14020/2020)

A Lei 14.020 trouxe a previsão da suspensão do contrato de trabalho por até 60 (sessenta) dias, o que foi elastecido para até 240 (duzentos e quarenta) dias, conforme previsão contida no Decreto nº 10.517/20. Durante o período de suspensão do contrato de trabalho o empregador deverá assegurar ao empregado todos os benefícios concedidos habitualmente em razão do emprego, como por exemplo, planos de saúde, vale alimentação, vale refeição, vale combustível, etc.

A empresa que tiver auferido receita bruta superior a R$ 4.800.000,00 no ano-calendário de 2019, somente poderá adotar a suspensão do contrato de trabalho de seus empregados se efetuar o pagamento de uma ajuda compensatória mensal correspondente a, no mínimo, 30% do valor do salário do empregado. Essa ajuda será devida durante o período que durar a suspensão do contrato de trabalho.

Descaracterização: A suspensão do contrato restará descaracterizada se houver qualquer tipo de trabalho por parte do empregado, em favor do empregador, durante o período de suspensão do contrato, ainda que de forma parcial e/ou por meio de trabalho remoto. Nesse caso, o empregador deverá pagar de forma imediata e integral todos os valores de remuneração devidos ao empregado, acrescidos dos respectivos encargos sociais (INSS, FGTS, etc.). Além disso, o empregador ficará sujeito às penalidades legais e também aquelas previstas em normas coletivas de trabalho (CCT e ACT).

Encerramento: Com o término do período de calamidade pública; quando atingido o termo final estabelecido entre as partes; em caso de decisão do empregador de suspender a medida antes do termo final inicialmente ajustado, havendo o restabelecimento do contrato de trabalho em até dois dias após a data de término da medida.

Forma de implantação (art. 12 da Lei 14020/2020): a pactuação por acordo individual escrito para os empregados de empregadores que tenham auferido no ano calendário 2019 receita bruta superior a R$ 4.800.000,00, poderá ocorrer quando o salário mensal do trabalhador for igual ou inferior a R$ 2.090,00, bem como, para aqueles empregados com diploma de nível superior e salário com valor igual ou superior a duas vezes o teto do INSS.

Na hipótese de a receita do empregador ser inferior a R$ 4.800.000,00 no ano calendário 2019, os empregados com salário mensal igual ou inferior a R$ 3.135,00, e ainda aqueles com diploma de nível superior e salário com valor igual ou superior a duas vezes o teto do INSS, podem aderir ao programa por acordo individual escrito.

Qualquer empregado pode firmar por acordo individual escrito a redução da jornada e salário correspondente a 25%, independentemente da faixa de remuneração do empregado.

Quando não houver diminuição do valor total recebido mensalmente pelo empregado por conta da adesão ao Programa, a adesão poderá ocorrer por acordo individual escrito (§ 1º, II do art. 12). Para tanto, o valor pago pelo empregador – seja a título de salário para o caso de redução da jornada, seja a título de complementação para o caso de suspensão do contrato – somado ao valor do benefício pago pelo Governo, deverá corresponder ao salário que o empregado receberia sem adesão ao Programa.

Para as situações que não se enquadrem em nenhuma das hipóteses anteriores, a pactuação deverá ser realizada mediante **negociação coletiva** (convenção ou acordo coletivo de trabalho), inclusive estabelecendo percentuais de redução de jornada de trabalho e de salário diferentes dos previstos expressamente na Lei.

Todavia, caso sejam estabelecidos percentuais diferentes daqueles previstos na Lei nº 14.020/2020 (25%, 50% e 70%), o valor do benefício será limitado a referidos percentuais.

Outras inovações trazidas pela Lei 14020/2020:

- possibilidade de que os acordos individuais ocorram por qualquer meio físico ou eletrônico considerado eficaz, o que permite concluir pela utilização de e-mail e mensagem por WhatsApp, por exemplo.
- permissão de que empregados aposentados sejam abrangidos pela suspensão temporária do contrato de trabalho ou redução proporcional de jornada e salário. Nesse caso, é necessário que o empregador pague ao empregado, a título de ajuda mensal, o valor mínimo correspondente ao que o empregado receberia a título de Benefício (BEm). Afinal, já estando aposentado, o empregado não tem direito de receber valores do Governo a título de pagamento do BEm (art. 6º, § 2º, II, "a").

Comunicação ao sindicato: Os acordos individuais celebrados para a redução de jornada de trabalho e de salário ou de suspensão temporária do contrato de trabalho obrigatoriamente deverão ser comunicados pelos empregadores, ao respectivo sindicato dos empregados, no prazo máximo de até 10 dias corridos, contado da data de celebração do acordo.

Conflito entre acordo individual e norma coletiva de trabalho superveniente: Se, após a pactuação de acordo individual para adoção das medidas aqui estudadas, houver a celebração de instrumento normativo (convenção coletiva ou acordo coletivo), com cláusulas conflitantes com as do acordo individual, deverão ser observadas as seguintes regras: I – a aplicação das condições estabelecidas no acordo individual em relação ao período anterior ao da negociação coletiva; II – a partir da entrada em vigor do instrumento normativo, irá prevalecer as regras nele previstas naquilo em que conflitarem com as condições estipuladas no acordo individual.

Quando as condições do acordo individual forem mais favoráveis ao trabalhador, prevalecerão sobre a negociação coletiva.

Valor do Benefício Emergencial (art. 6º da Lei 14020/2020): O valor do BEm será calculado com base no valor que o empregado receberia a título de seguro desemprego. Em caso de redução de jornada, o benefício corresponderá ao percentual de redução da jornada (25%, 50% ou 70%) que será multiplicado pelo valor que o empregado receberia a título de seguro desemprego. Em caso de suspensão do contrato de trabalho, o valor do benefício corresponderá a 100% do valor do seguro desemprego como regra geral. Para os empregados de empregadores com receita bruta superior a R$ 4.800.000,00 no ano-calendário de 2019 que optarem pela suspensão dos contratos de trabalho, o valor do benefício corresponderá a 70% do valor do seguro desemprego a que o empregado teria direito. Isto porque, para referido grupo de empregados, a empresa deve manter uma ajuda correspondente a no mínimo 30% do salário.

O valor do seguro desemprego nunca será inferior ao salário mínimo nacional (atualmente em R$ 1.045,00). Além disso, possui um teto (valor máximo) correspondente a R$ 1.813,03, nos termos da Resolução CODEFAT nº 707 de 10 janeiro de 2013 e Portaria nº 914 de 13 de janeiro de 2020 do Ministério da Economia.

O recebimento do Benefício Emergencial de Preservação do Emprego e da Renda não impedirá a concessão e não alterará o valor do seguro-desemprego a que o empregado vier a ter direito.

Em caso de pagamento indevido ou além do devido do Benefício Emergencial esses créditos serão inscritos em dívida ativa da União.

O Benefício Emergencial será pago ao empregado independentemente do cumprimento de qualquer período aquisitivo; tempo de vínculo empregatício; e número de salários recebidos.

Prazos: O Benefício Emergencial de Preservação do Emprego e da Renda é custeado pela União e pago de forma mensal a contar do início da redução da jornada e salário ou da suspensão temporária do contrato de trabalho. Seu pagamento acontecerá exclusivamente enquanto durar a redução da jornada de trabalho e do salário ou a suspensão temporária do contrato de trabalho.

Prestação de informações: O empregador informará ao Ministério da Economia a redução da jornada de trabalho e do salário ou a suspensão temporária do contrato de trabalho, no prazo de 10 (dez) dias, contado da data da celebração do acordo. Se esse prazo não for observado, são previstas as seguintes consequências: I – o empregador ficará responsável pelo pagamento da remuneração normal do empregado, inclusive dos respectivos encargos sociais e trabalhistas, até que a informação seja prestada; II – a data de início do Benefício Emergencial de Preservação do Emprego e da Renda será fixada na data em que a informação tenha sido efetivamente prestada, e o benefício será devido pelo restante do período pactuado; e III – a primeira parcela, observado o disposto na hipótese anterior, será paga no prazo de 30 (trinta) dias, contado da data em que a informação tiver sido efetivamente prestada.

Pagamento de ajuda mensal pelo empregador (art. 9º da Lei 14020/2020): O empregador poderá manter o pagamento de ajuda mensal compensatória aos empregados submetidos ao Programa, sem que isso implique na perda do direito do empregado em receber o benefício. O pagamento dessa ajuda mensal deverá constar de forma expressa no acordo celebrado entre empregador e empregado e possuirá natureza indenizatória, ou seja, não sofrerá incidência de encargos trabalhistas (INSS, FGTS, férias, décimo terceiro etc.), nem tributários (incidência de imposto de renda para o empregado). Na hipótese de redução da jornada de trabalho e do respectivo salário, a ajuda aqui tratada não integrará o salário devido ao empregado, sendo um plus ao pagamento do salário e demais benefícios.

Garantia provisória de emprego (art. 10 da Lei 14020/2020): Aos trabalhadores submetidos ao Programa, fica assegurada a estabilidade no emprego durante a vigência das medidas, bem como, por igual período, após o restabelecimento das condições originárias do contrato de trabalho. O descumprimento do período de garantia de emprego implicará ao empregador ao pagamento de uma indenização em favor do empregado, a qual pode chegar a 100% do salário a que o empregado teria direito durante o período de garantia provisória no emprego. A garantia provisória no emprego não se aplica para os casos de pedido de demissão ou por justa causa aplicada pelo empregador.

Deficientes: há vedação à dispensa sem justa causa dos empregados portadores de deficiência, durante o período de calamidade pública decorrente da pandemia do coronavírus, que foi reconhecido pelo Decreto Legislativo nº 6 de 20/03/2020 (art. 17, V).

Fato do Príncipe (art. 486 da CLT e art. 29 da Lei 14020/2020): Fato do Príncipe (*factum principis*) trata-se de uma situação prevista na CLT, em seu artigo 486: "No caso de paralisação temporária ou definitiva do trabalho, motivada por ato de autoridade municipal, estadual ou federal, ou pela promulgação de lei ou resolução que impossibilite a continuação da atividade, prevalecerá o pagamento da indenização, que ficará a cargo do governo responsável."

O artigo versa sobre uma situação excepcional, onde caso a empresa seja submetida a um prejuízo financeiro desproporcional, decorrente do acatamento de medidas determinadas pelas autoridades governamentais, sem prescindir da cautela e de apreciação técnica devida, poderá ela rescindir os contratos de seus empregados tendo como fundamentação o "Fato do Príncipe".

A Lei 14.020 trouxe expressamente a vedação da aplicação do Fato do Príncipe prevista no art. 486 da CLT, na hipótese de paralisação ou suspensão de atividades empresariais determinada por ato de autoridade municipal, estadual ou federal para o enfrentamento do estado de calamidade pública reconhecido pelo Decreto Legislativo nº 6, de 20 de março de 2020, e da emergência de saúde pública de importância internacional decorrente do coronavírus, de que trata a Lei nº 13.979, de 6 de fevereiro de 2020 (artigo 29).

8.3. MP 1109 – Medidas trabalhistas alternativas na pandemia

Finalidade: Essa MP institui medidas trabalhistas alternativas para o enfrentamento do estado de calamidade pública e que poderão ser adotadas por empregados e empregadores em âmbito nacional, estadual, distrital ou municipal. As medidas são válidas somente nos períodos de estado de calamidade pública, decretado em âmbito nacional, ou estadual e municipal, reconhecidos pelo governo federal.

A MP 1109 também retoma, com algumas mudanças, regras do Programa Emergencial de Manutenção do Emprego e da Renda, que passa a ser permanente, podendo ser instituído para combater consequências de estado de calamidade pública. Criado em 2020, durante a pandemia, o programa autorizou a redução da jornada de trabalho e a suspensão dos contratos de trabalho, com o pagamento de benefício emergencial aos trabalhadores afetados.

Os objetivos da MP são de preservar o emprego e a renda, garantir a continuidade das atividades laborais e reduzir o impacto social decorrente da pandemia.

Vigência: a MP foi publicada no dia 29 de março de 2022, com vigência imediata. Tem validade pelo prazo de 60 dias, prorrogáveis por mais 60 dias. Caso não seja aprovada pelo Congresso Nacional nesse período, perderá a sua eficácia.

Cabimento: As medidas tratadas na MP poderão ser adotadas exclusivamente: I – para trabalhadores em grupos de risco; e II – para trabalhadores de áreas específicas dos entes federativos atingidos pelo estado de calamidade pública.

Prazo de aplicação: A adoção das medidas previstas terá prazo de até noventa dias, prorrogável enquanto durar o estado de calamidade pública em âmbito nacional, âmbito estadual, distrital ou municipal reconhecido pelo Poder Executivo federal. Ato do Ministério do Trabalho e Previdência -MTP estabelecerá o prazo em que as medidas alternativas poderão ser adotadas.

Medidas trabalhistas alternativas:

1. O teletrabalho;
2. A antecipação de férias individuais;
3. A concessão de férias coletivas;
4. O aproveitamento e a antecipação de feriados;
5. O banco de horas;
6. A suspensão da exigibilidade dos recolhimentos do Fundo de Garantia do Tempo de Serviço – FGTS.

Teletrabalho:

O empregador poderá alterar o modelo de trabalho presencial para teletrabalho ou trabalho remoto, além de determinar o retorno ao regime presencial, independentemente da existência de acordos individuais ou coletivos, dispensado o registro prévio da alteração no contrato individual de trabalho.

Para mudanças entre as modalidades, o empregado precisa ser notificado com antecedência de, no mínimo, 48 horas, por escrito ou por meio eletrônico.

Questões relacionadas à aquisição, manutenção ou fornecimento dos equipamentos e infraestrutura deverão estar previstas em contrato firmado previamente ou no prazo de 30 dias, contado da data da mudança do regime de trabalho.

Nas mesmas condições, estagiários e aprendizes também podem atuar sob o regime de teletrabalho.

Dispõe que caso o empregado não possua os equipamentos ou infraestrutura necessários à prestação do serviço, o empregador poderá fornecer os equipamentos em regime de comodato (empréstimo gratuito) e custear os serviços de infraestrutura, "que não caracterizarão verba de natureza salarial". Além disso, dispõe que o período da jornada normal de trabalho será computado como "tempo de trabalho à disposição do empregador", na impossibilidade do oferecimento dessas condições via regime de comodato.

Dispõe que usar os recursos da empresa (notebook, materiais ou os softwares usados para trabalho) fora da jornada normal não constitui tempo à disposição, prontidão ou sobreaviso, exceto se houver previsão em acordo individual ou em acordo ou convenção coletiva de trabalho.

Dispõe que se aplica ao teletrabalho o disposto no art. 62, III, da CLT, isto é, afasta essa modalidade de emprego das regras que impõe limite de jornada.

Permite expressamente o teletrabalho ou trabalho remoto para estagiários e aprendizes.

Férias Individuais e coletivas

O empregador poderá antecipar as férias do empregado, comunicando com antecedência de, no mínimo, 48 horas, por escrito ou por meio eletrônico, com a indicação do período a ser gozado pelo empregado.

As férias antecipadas não poderão ser gozadas em períodos inferiores a cinco dias corridos; e poderão ser concedidas por ato do empregador, ainda que o período aquisitivo a que se referem não tenha transcorrido.

O empregado e o empregador poderão, adicionalmente, negociar a antecipação de períodos futuros de férias, por meio de acordo individual escrito.

O empregador poderá suspender as férias individuais e as licenças não remuneradas dos profissionais da área de saúde ou daqueles que desempenhem funções essenciais, desde que avisem com 48h de antecedência.

O terço de férias poderá ser pago após a sua concessão, a critério do empregador, até a data em que é devido o décimo terceiro salário. Ele poderá ser convertido em abono pecuniário, a depender da anuência do empregador e o pagamento também deverá ocorrer até a data em que é devido o décimo terceiro.

O pagamento das férias concedidas durante o prazo do ato do MTP poderá ser efetuado até o quinto dia útil do mês subsequente ao início do gozo das férias, não se aplicando o art. 145 da CLT.

Em caso de rescisão do contrato de trabalho, os valores das férias individuais ou coletivas ainda não adimplidos serão pagos juntamente com os valores da rescisão. Já em caso de demissão, as férias antecipadas usufruídas e cujo período não tenha sido adquirido serão descontadas das verbas rescisórias devidas ao empregado.

Quanto à concessão de férias coletivas, isso poderá ser decidido pelo empregador e informada aos empregados com antecedência mínima de 48 horas. Ela poderá incidir sobre toda a empresa ou setores dela. A MP permite a concessão por prazo superior a 30 dias. Também nesta regra, o empregador não tem obrigatoriedade de avisar previamente o órgão local do Ministério do Trabalho e Previdência e aos sindicatos representativos.

Do aproveitamento e da antecipação de feriados

Os empregadores poderão antecipar o gozo de feriados federais, estaduais, distritais e municipais, incluídos os religiosos, e deverão notificar, por escrito ou por meio eletrônico, o conjunto de empregados beneficiados, com antecedência de, no mínimo, 48 horas, com a indicação expressa dos feriados aproveitados.

Os feriados antecipados poderão ser utilizados para compensação do saldo em banco de horas.

Banco de Horas

Fica autorizada a instituição de banco de horas, por meio de acordo individual ou coletivo escrito, para a compensação no prazo de até dezoito meses, contado da data de encerramento do período estabelecido no ato do MTP.

A compensação poderá ser feita por meio da prorrogação de jornada em até duas horas, a qual não poderá exceder dez horas diárias e poderá ser realizada aos finais de semana, observado o art. 68 da CLT (autorização de autoridade para trabalho aos domingos).

A compensação do saldo de horas poderá ser determinada pelo empregador independentemente de convenção coletiva ou de acordo individual ou coletivo.

As empresas que desempenham atividades essenciais poderão, durante o prazo previsto no ato do MTP, constituir regime especial de compensação de jornada por meio de banco de horas independentemente da interrupção de suas atividades.

Suspensão do FGTS

O empregador que tiver sua empresa em cidade reconhecida pelo Governo Federal em estado de calamidade pública poderá suspender a exigibilidade dos recolhimentos do FGTS de até quatro competências.

Os empregadores poderão fazer uso da prerrogativa prevista na MP, independentemente: do número de empregados; do regime de tributação; da natureza jurídica; do ramo de atividade econômica; e da adesão prévia.

Isso não quer dizer que o FGTS não será pago, ele será apenas prorrogado temporariamente. O depósito das dos meses suspensos poderá ser realizado de forma parcelada, sem a incidência de multa e dos encargos. Contudo, haverá essa incidência em caso de não observância do prazo de pagamento.

Outro detalhe é que os depósitos deverão ser realizados em até seis parcelas, nos prazos e nas condições estabelecidos no art. 15 da Lei nº 8.036, de 1990.

Na hipótese de suspensão de recolhimentos do Fundo de Garantia, o prazo prescricional dos débitos relativos aos depósitos do FGTS, vencidos até a data de publicação do ato do MTP, ficará suspenso por cento e vinte dias.

Em caso de rescisão contratual que autorize o saque do FGTS, o empregador fica obrigado ao recolhimento do FGTS que estava suspenso, sem incidência da multa e dos encargos devidos, desde que seja efetuado no prazo legal (que passa a ser o prazo do art. 18 da Lei nº 8.036, de 1990) e também deverá fazer o depósito previsto no art. 18 da Lei nº 8.036, de 1990.

Programa Emergencial de Manutenção do Emprego e da Renda

A MP 1109/22 permite que as empresas utilizem as medidas previstas no Programa Emergencial de Manutenção do Emprego e da Renda, como redução da jornada de trabalho e do salário ou a suspensão temporária do contrato com pagamento do Benefício Emergencial de Preservação do Emprego e da Renda (BEm) pelo governo federal.

A medida provisória retoma regras já conhecidas das empresas, como a possibilidade de o empregador pode acordar a suspensão do contrato de trabalho de forma setorial, departamental, parcial ou na totalidade dos postos de trabalho.

O período máximo previsto para a redução da jornada e a suspensão dos contratos de trabalho é de 90 dias, prorrogável enquanto durar o estado de calamidade pública em âmbito nacional ou local.

O BEm devido a cada trabalhador será calculado com base no valor que ele teria direito de seguro-desemprego. O beneficiário poderá receber o BEm na instituição financeira em que possuir conta-poupança ou conta de depósito à vista, exceto conta-salário.

O prazo para aplicar o Programa é a mesma das medidas alternativas, de até 90 dias, prorrogável enquanto durar o estado de calamidade pública. As medidas do Programa Emergencial de Manutenção do Emprego e da Renda são:

- O pagamento do Benefício Emergencial de Manutenção do Emprego e da Renda – BEm;
- A redução proporcional da jornada de trabalho e do salário;
- A suspensão temporária do contrato de trabalho.

As medidas trabalhistas não se aplicam:

- No âmbito público referentes à União, Estados e Municípios, como órgãos da administração pública direta e indireta; e às empresas públicas e às sociedades de economia mista, inclusive às suas subsidiárias.
- Aos organismos internacionais.

Ainda de acordo com a MP, o Ministério do Trabalho e Previdência tem a responsabilidade de coordenar, executar, monitorar e fiscalizar o Programa Emergencial de Manutenção do Emprego e da Renda.

Benefício Emergencial de Manutenção do Emprego e da Renda (BEm)

O BEm é um pagamento de benefício, custeado com recursos da União, que deve ser pago nas seguintes hipóteses:

- Quando houver redução proporcional da jornada de trabalho e do salário; e
- Tiver suspensão temporária do contrato de trabalho.

O BEm será considerado uma prestação mensal e iniciado a partir da data do início da redução da jornada de trabalho e do salário ou da suspensão temporária do contrato de trabalho.

Para o empregador, existem algumas regras fundamentais:

- O empregador deverá informar o Ministério do Trabalho e Previdência sobre a redução da jornada de trabalho e do salário ou a suspensão temporária do contrato de trabalho, no prazo de 10 dias, contado da data da celebração do acordo. A primeira parcela será paga no prazo de trinta dias, contado da data da celebração do acordo, desde que a celebração do acordo seja informada no prazo de 10 dias.
- Caso isso não aconteça: o empregador deverá pagar a remuneração no valor anterior à redução da jornada ou suspensão do contrato, até que a informação seja prestada; a data de início do BEm será estabelecida na data em que a informação tenha sido efetivamente prestada, com pagamento da primeira parcela após 30 dias dessa data.
- O benefício será pago exclusivamente enquanto durar a redução da jornada de trabalho e do salário ou a suspensão temporária do contrato de trabalho – que pode ser de até 90 dias, com prorrogação até durar o estado de calamidade.

O BEm será pago ao empregado independentemente do: I – cumprimento de qualquer período aquisitivo; II – tempo de vínculo empregatício; e III – número de salários recebidos.

O BEm não será devido ao empregado que: I – seja ocupante de cargo ou emprego público ou cargo em comissão de livre nomeação e exoneração, ou seja titular de mandato eletivo; ou II – esteja em gozo:

a) de benefício de prestação continuada do Regime Geral de Previdência Social ou dos regimes próprios de previdência social, ressalvados os benefícios de pensão por morte e de auxílio-acidente;

b) do seguro-desemprego, em quaisquer de suas modalidades; ou

c) da bolsa de qualificação profissional de que trata o art. 2º-A da Lei nº 7.998, de 1990.

O empregado com mais de um vínculo formal de emprego poderá receber cumulativamente um BEm para cada vínculo com redução proporcional da jornada de trabalho e do salário ou com suspensão temporária do contrato de trabalho.

O empregado intermitente não faz jus ao BEm.

É criada a garantia provisória no emprego ao empregado que receber o BEm durante o período acordado de redução da jornada de trabalho e do salário ou de suspensão temporária do contrato de trabalho, pelo prazo equivalente ao dessas medidas a contar do retorno normal do trabalho.

No caso da empregada gestante, a garantia de emprego se dará por período equivalente ao acordado para a suspensão temporária do contrato de trabalho, contado da data do término do período da garantia estabelecida na alínea "b" do inciso II do caput do art. 10 do ADCT.

9. GREVE

9.1. Conceito:

É um direito constitucional do trabalhador que consiste na suspensão coletiva do trabalho, de forma pacífica, em caráter temporário, total ou parcial, como instrumento de reivindicação salarial ou de reivindicação do cumprimento de outros direitos trabalhistas. A greve, em verdade, é uma forma de pressionar os empregadores para que atendam aos pedidos de melhoria de condições de trabalho ou aumentos salariais dos trabalhadores. Pode ser exercida como mecanismo de negociação ou reação ao não cumprimento de disposições legais ou convencionais. Logo, não são admitidas greves por solidariedade ou políticas. A previsão legal da greve é a Lei nº 7.783/89.

9.2. Efeitos no contrato de trabalho:

1) Tratando-se de suspensão, não há pagamento de salário, salvo acordo em sentido contrário. Sobre esse tema, o **Exame Unificado de 2012** considerou verdadeira a seguinte assertiva: "Durante a greve, de acordo com a Lei, (...) os contratos de trabalho ficarão suspensos".

2) É garantido ao empregado o retorno ao posto de serviço ocupado antes da causa suspensiva;

3) Ainda por tratar-se de suspensão, o empregado não pode ser despedido sem justa causa. Nada impede que o próprio empregado se demita ou seja despedido por prática de falta grave durante essa suspensão.

9.3. Formalidades:

1) Real tentativa de negociação coletiva: não é admitida greve quando houver acordo coletivo, convenção coletiva ou sentença normativa em vigor sendo cumpridos. Excepcionalmente a greve é admitida quando houver substancial modificação nas condições de fato.

2) Convocação pelo sindicato de empregados de assembleia geral que deverá definir as reivindicações da categoria e deliberar sobre a paralisação. O estatuto do sindicato deverá tratar das formalidades de convocação, quórum para deliberação e etc.

3) Aviso prévio ao empregador com antecedência mínima de quarenta e oito horas e setenta e duas horas em serviços e atividades essenciais. Sobre esse tema, o **Exame Unificado de 2010** considerou verdadeira a seguinte assertiva: "Na greve em serviços ou atividades essenciais, ficam as entidades sindicais ou os trabalhadores, conforme o caso, obrigados a comunicar a decisão aos empregadores e aos usuários com antecedência mínima de 72 (setenta e duas) horas da paralisação".

4) Atendimento às necessidades inadiáveis quando tratar-se de greve em serviços ou atividades essenciais.

MUITA ATENÇÃO!

Consideram-se atividades essenciais: tratamento e abastecimento de água; produção e distribuição de energia elétrica, gás e combustíveis; assistência médica e hospitalar; distribuição e comercialização de medicamentos e alimentos; funerários; transporte coletivo; captação e tratamento de esgoto e lixo; telecomunicações; guarda, uso e controle de substâncias radioativas, equipamentos e materiais nucleares; compensação bancária; processamento de dados ligados a serviços essenciais. ATENÇÃO para as novas atividades consideradas essenciais em razão da alteração da lei de greve: controle de tráfego aéreo e navegação aérea; atividades médico-periciais relacionadas com o regime geral de previdência social e a assistência social; atividades médico-periciais relacionadas com a caracterização do impedimento físico, mental, intelectual ou sensorial da pessoa com deficiência, por meio da integração de equipes multiprofissionais e interdisciplinares, para fins de reconhecimento de direitos previstos em lei, em especial na Lei nº 13.146, de 6 de julho de 2015 (Estatuto da Pessoa com Deficiência); outras prestações médico-periciais da carreira de Perito Médico Federal indispensáveis ao atendimento das necessidades inadiáveis da comunidade; atividades portuárias.

10. NEGOCIAÇÃO COLETIVA

10.1. Conceito:

Trata-se de procedimento em que empresas ou sindicatos econômicos e sindicatos profissionais, sujeitos do conflito, mediante contemporização, alcançam como resultado uma **convenção ou acordo coletivo**. A negociação coletiva tem como função gerar normas jurídicas, pacificando os conflitos coletivos de trabalho.

10.2. Normas coletivas:

As convenções e acordos coletivos são os instrumentos que resultam da negociação coletiva.

A **Natureza jurídica:** As normas coletivas possuem natureza **contratual e normativa**. A natureza contratual desses documentos decorre da autonomia coletiva dos particulares. Tais documentos também possuem natureza normativa, por constituir fonte formal de direito, fixando normas a serem aplicadas nas relações de trabalho.

B **Espécies:** Existem duas modalidades de normas coletivas: **convenções coletivas e acordos coletivos**. As convenções são instrumentos firmados com sindicatos de empregados e sindicatos de empregadores. Já o acordo coletivo tem, de um lado, sindicato do empregado, e, do outro, apenas o empregador.

As convenções coletivas aplicam-se a todos os membros da categoria, quer empregadores, quer empregados, observada a delimitação da base territorial dos sindicatos.

Os acordos coletivos são aplicáveis a todos os empregados da empresa signatária representados pelo sindicato acordante, independente se associado ou não.

C **Características:** As normas coletivas devem ser formalizadas por escrito, sem emendas, nem rasuras e devem ser submetidas à divulgação pública.

A inexistência de expressa indicação de **contrapartidas recíprocas** em convenção coletiva ou acordo coletivo de trabalho não ensejará sua nulidade por não caracterizar um vício do negócio jurídico (art. 611-A, §2º da CLT). Sobre esse tema, o **Exame Unificado de 2019** considerou verdadeira a seguinte assertiva: "Os empregados de uma sociedade empresária do setor metalúrgico atuavam em turnos ininterruptos de revezamento, cumprindo jornada de 6 horas diárias, conforme previsto na Constituição Federal, observado o regular intervalo. O sindicato dos empregados, provocado pela sociedade empresária, convocou assembleia no ano de 2018, e, após debate e votação, aprovou acordo coletivo para que a jornada passasse a ser de 8 horas diárias, com o respectivo acréscimo salarial, observado o regular intervalo, mas sem que houvesse qualquer vantagem adicional para os trabalhadores. Diante da situação apresentada e de acordo com a previsão da CLT, assinale a afirmativa correta. d) O acordo coletivo é válido, porque sua estipulação não depende da indicação de vantagem adicional para os empregados".

As normas coletivas também devem ser levadas a **registro** nos órgãos regionais do Ministério do Trabalho (atuais Superintendências Regionais do Trabalho), após oito dias da assinatura. A vigência inicia-se **três dias** após o registro.

O prazo máximo de vigência das normas coletivas é de 2 anos. Sobre esse tema, o **Exame Unificado de 2014** considerou verdadeira a seguinte assertiva: "Uma empresa, em consenso com os seus empregados e com a chancela do sindicato, realiza um acordo coletivo com prazo de vigência indeterminado. Com relação a esse caso: O instrumento é inválido naquilo que ultrapassar dois anos, prazo máximo de vigência deste instituto".

FIQUE POR DENTRO:

A Lei da Reforma Trabalhista trouxe a expressa vedação à estipulação de duração superior a 2 anos e vedou, ainda, a **ultratividade** das normas coletivas (art. 614, §3º da CLT).

A ultratividade da norma coletiva significa que as cláusulas previstas em convenções ou acordos coletivos integram os contratos individuais de trabalho mesmo depois de expirada sua validade, e somente poderão ser modificadas ou suprimidas mediante nova negociação coletiva.

? **QUESTÃO:** Em caso de conflito entre acordo e convenção coletiva, qual das normas há de prevalecer?

➥ ***RESPOSTA:*** *No âmbito trabalhista, o critério informador da hierarquia das fontes não é rígido como no direito comum. Isso porque, o Direito do Trabalho tem como princípio basilar a proteção do empregado hipossuficiente (parte mais fraca na relação jurídica). Assim, no ramo trabalhista, é adotado o critério hierárquico flexível, prevalecendo a norma mais favorável ao empregado Contudo, tal critério atualmente não é mais aplicável no âmbito dos instrumentos normativos negociados. Isso porque, a Lei da Reforma Trabalhista (Lei nº 13.467/17), adotou a teoria que o acordo coletivo, por ser mais* ***específico****, sempre deve prevalecer sobre a convenção coletiva, independentemente de ser mais favorável ao trabalhador. Assim, a Reforma Trabalhista adotou o* ***princípio da especificidade****, na perspectiva de se prestigiar a realidade vivenciada pelas partes que a conhecem de forma pormenorizada e podem, por isso mesmo, direcionar seus interesses observando esse contexto.*

Nesse sentido, a nova redação do art. 620 da CLT dispõe que: *"As condições estabelecidas em acordo coletivo de trabalho sempre prevalecerão sobre as estipuladas em convenção coletiva de trabalho"*.

Sobre esse tema, o **Exame Unificado de 2018** considerou verdadeira a seguinte assertiva: *Em determinada localidade, existe a seguinte situação: a convenção coletiva da categoria para o período 2018/2019 prevê o pagamento de adicional de 70% sobre as horas extras realizadas de* *segunda-feira a sábado. Ocorre que a sociedade empresária Beta havia assinado um acordo coletivo para o mesmo período, porém alguns dias antes, prevendo o pagamento dessas horas extras com adicional de 60%. De acordo com a CLT, assinale a opção que indica o adicional que deverá prevalecer: (...) Valerá o adicional de 60% previsto em acordo coletivo, que prevalece sobre a convenção.*

11. DIREITOS TRABALHISTAS QUE PODEM SER NEGOCIADOS

O novel artigo 611-A da CLT contém uma relação de direitos trabalhistas que podem ser **negociados** por meio de convenção ou acordo coletivo de trabalho, **ainda que sejam menos benéficos** se comparados com a legislação estatal. São eles:

I – pacto quanto à jornada de trabalho, observados os limites constitucionais;

II – banco de horas anual;

III – intervalo intrajornada, respeitado o limite mínimo de trinta minutos para jornadas superiores a seis horas;

IV – adesão ao Programa Seguro-Emprego (PSE), de que trata a Lei nº 13.189, de 19 de novembro de 2015;

V – plano de cargos, salários e funções compatíveis com a condição pessoal do empregado, bem como identificação dos cargos que se enquadram como funções de confiança;

VI – regulamento empresarial;

VII – representante dos trabalhadores no local de trabalho;

VIII – teletrabalho, regime de sobreaviso, e trabalho intermitente;

IX – remuneração por produtividade, incluídas as gorjetas percebidas pelo empregado, e remuneração por desempenho individual;

X – modalidade de registro de jornada de trabalho;

XI – troca do dia de feriado;

XII – enquadramento do grau de insalubridade e prorrogação de jornada em locais insalubres, incluída a possibilidade de contratação de perícia, afastada a licença prévia das autoridades competentes do Ministério do Trabalho, desde que respeitadas, na integralidade, as normas de saúde, higiene e segurança do trabalho previstas em lei ou em normas regulamentadoras do Ministério do Trabalho;

XIII – (revogado)

XIV – prêmios de incentivo em bens ou serviços, eventualmente concedidos em programas de incentivo;

XV – participação nos lucros ou resultados da empresa.

A relação acima destacada é **exemplificativa** (que se extrai da expressão "entre outros") de forma que será possível a flexibilização de outros direitos trabalhistas, desde que não exista vedação legal.

Se for pactuada cláusula que reduza o salário ou a jornada, a convenção coletiva ou o acordo coletivo de trabalho deverão prever a proteção dos empregados contra dispensa imotivada durante o **prazo de vigência do instrumento** coletivo (cláusula compensatória).

12. DIREITOS TRABALHISTAS QUE NÃO PODEM SER NEGOCIADOS

O art. 611-B da CLT identifica uma série **taxativa** (extrai-se da expressão "exclusivamente") de direitos trabalhistas que não podem ser reduzidos ou suprimidos por meio de negociação coletiva. São eles:

I – normas de identificação profissional, inclusive as anotações na Carteira de Trabalho e Previdência Social;

II – seguro-desemprego, em caso de desemprego involuntário;

III – valor dos depósitos mensais e da indenização rescisória do Fundo de Garantia do Tempo de Serviço (FGTS);

IV – salário mínimo;

V – valor nominal do décimo terceiro salário. Sobre esse tema, o **Exame Unificado de 2019** considerou equivocada a seguinte assertiva: "Atualmente é possível negociar a supressão do 13º salário em convenção coletiva de trabalho". Como se vê do contido no artigo 611-B, V, da CLT, é autorizada a transação apenas sobre o "valor nominal do décimo terceiro salário", não sendo possível sua supressão, portanto.

VI – remuneração do trabalho noturno superior à do diurno;

VII – proteção do salário na forma da lei, constituindo crime sua retenção dolosa;

VIII – salário-família;

IX – repouso semanal remunerado;

X – remuneração do serviço extraordinário superior, no mínimo, em 50% (cinquenta por cento) à do normal;

XI – número de dias de férias devidas ao empregado;

XII – gozo de férias anuais remuneradas com, pelo menos, um terço a mais do que o salário normal;

XIII – licença-maternidade com a duração mínima de cento e vinte dias;

XIV – licença-paternidade nos termos fixados em lei;

XV – proteção do mercado de trabalho da mulher, mediante incentivos específicos, nos termos da lei;

XVI – aviso prévio proporcional ao tempo de serviço, sendo no mínimo de trinta dias, nos termos da lei;

XVII – normas de saúde, higiene e segurança do trabalho previstas em lei ou em normas regulamentadoras do Ministério do Trabalho;

XVIII – adicional de remuneração para as atividades penosas, insalubres ou perigosas;

XIX – aposentadoria;

XX – seguro contra acidentes de trabalho, a cargo do empregador;

XXI – ação, quanto aos créditos resultantes das relações de trabalho, com prazo prescricional de cinco anos para os trabalhadores urbanos e rurais, até o limite de dois anos após a extinção do contrato de trabalho;

XXII – proibição de qualquer discriminação no tocante a salário e critérios de admissão do trabalhador com deficiência;

XXIII – proibição de trabalho noturno, perigoso ou insalubre a menores de dezoito anos e de qualquer trabalho a menores de dezesseis anos, salvo na condição de aprendiz, a partir de quatorze anos;

XXIV – medidas de proteção legal de crianças e adolescentes;

XXV – igualdade de direitos entre o trabalhador com vínculo empregatício permanente e o trabalhador avulso;

XXVI – liberdade de associação profissional ou sindical do trabalhador, inclusive o direito de não sofrer, sem sua expressa e prévia anuência, qualquer cobrança ou desconto salarial estabelecidos em convenção coletiva ou acordo coletivo de trabalho;

XXVII – direito de greve, competindo aos trabalhadores decidir sobre a oportunidade de exercê-lo e sobre os interesses que devam por meio dele defender;

XXVIII – definição legal sobre os serviços ou atividades essenciais e disposições legais sobre o atendimento das necessidades inadiáveis da comunidade em caso de greve;

XXIX – tributos e outros créditos de terceiros;

XXX – as disposições previstas nos arts. 373-A, 390, 392, 392-A, 394, 394-A, 395, 396 e 400 desta Consolidação.

Sobre esse tema, o **Exame Unificado de 2019** considerou verdadeira a seguinte assertiva: "O sindicato dos empregados X entabulou, com o sindicato dos empregadores Y, uma convenção coletiva de trabalho para vigorar de julho de 2019 a junho de 2021. Nela ficou acertado que a jornada seria marcada pelos trabalhadores por meio de um aplicativo desenvolvido pelos sindicatos; que haveria instituição de banco de horas anual; que, nas jornadas de trabalho de até 7 horas diárias, haveria intervalo para refeição de 20 minutos; e que a participação nos lucros seria dividida em 4 parcelas anuais. Considerando o teor da norma coletiva e suas cláusulas, e considerando o disposto na CLT, assinale a afirmativa correta. B) É nula a fixação de pausa alimentar inferior a 30 minutos para jornadas superiores a 6 horas, mesmo que por norma coletiva". Com relação a esta questão, no inciso III do artigo 611-A da CLT, admite-se a negociação do intervalo intrajornada, desde que respeitado o **mínimo de meia hora**, o que não se verificou na questão, razão pela qual a norma coletiva é nula nesse aspecto, estando correta a alternativa B. As alternativas A, C e D estão incorretas porque o artigo 611-A da CLT autoriza a negociação coletiva sobre os temas contidos nessas alternativas, consoante se extrai dos incisos II, X e XV.

Ainda sobre esse tema, o **Exame Unificado de 2018** considerou verdadeira a seguinte assertiva: "O sindicato dos empregados em tinturaria de determinado município celebrou, em 2018, acordo coletivo com uma tinturaria, no qual, reconhecendo-se a condição financeira difícil da empresa, aceitou a redução do percentual de FGTS para 3% durante 2 anos. Sobre o caso apresentado, de acordo com a previsão da CLT, assinale a afirmativa correta: (...) A cláusula normativa em questão é nula, porque constitui objeto ilícito negociar percentual de FGTS".

13. SINDICATOS

A estrutura sindical está estabelecida no art. 8º, IV, da CF/88 e art. 511 e seguintes da CLT. A estrutura sindical brasileira é formada por três elementos, quais sejam: **sindicato, federação e confederação**.

É o chamado **sistema confederativo.** Não é um sistema hierarquizado, mas de coordenação.

O sindicato atua na base da pirâmide, diretamente em contato com os trabalhadores. É a entidade que detém a **prioridade** na negociação coletiva, e pode se auto organizar, independentemente de qualquer interferência estatal, observada apenas a regra da **unicidade** (é permitido apenas um sindicato por categoria) e a **limitação territorial mínima** (município).

A personalidade **sindical** depende de **registro** junto ao **Ministério do Trabalho.**

FIQUE POR DENTRO: A Reforma Trabalhista acabou com a contribuição sindical obrigatória, alterando o artigo 545 da CLT para dispor que as contribuições sindicais passaram a ser **facultativas**, isto é, dependem do **consentimento** do empregado para serem descontadas das folhas de pagamento pelo empregador.

14. REPRESENTAÇÃO DOS EMPREGADOS NA EMPRESA

O artigo 11 da CF/88 estabelece que: *"nas empresas com mais de duzentos empregados, é assegurada a eleição de um representante destes com a finalidade exclusiva de promover-lhes o entendimento direto com os empregadores"*.

A representação dos empregados na empresa tem por objetivo **resolver os conflitos** existentes no âmbito da empregadora, reduzindo assim, o número de processos a serem propostos contra o patrão, além de exercer a fiscalização trabalhista na empresa quanto ao cumprimento das normas de segurança e medicina do trabalho.

Todos os empregados são eleitores, contudo nem todos são elegíveis, porquanto **excluídos** desse rol os empregados com **contratos suspensos, a prazo fixo e em regime de aviso prévio** (artigo 510-C, § 2º da CLT).

A eleição será convocada, com antecedência mínima de **trinta dias**, contados do término do mandato anterior, por meio de edital que deverá ser fixado na empresa, com ampla publicidade, para inscrição de candidatura.

Será formada **comissão eleitoral**, integrada por cinco empregados, não candidatos, para a organização e o acompanhamento do processo eleitoral, vedada a **interferência** da empresa e do sindicato da categoria.

A votação é **secreta,** sendo vedado o voto por representação.

Os membros da comissão de representantes eleitos serão aqueles candidatos mais votados e tomarão posse no primeiro dia útil seguinte à eleição ou ao término do mandato anterior.

A comissão será **composta**: I – nas empresas com mais de duzentos e até três mil empregados, por **três** membros; II – nas empresas com mais de três mil e até cinco mil empregados, por **cinco** membros; III – nas empresas com mais de cinco mil empregados, por **sete** membros.

Inexistindo candidatos suficientes, a comissão poderá ser formada com número inferior ao acima declinado. Se não houver candidatura, será lavrada ata e convocada nova eleição no prazo de 1 ano.

A representação pode ser feita por Estado, em caso de empresas com atuação de âmbito nacional.

A comissão de representantes dos empregados terá as seguintes atribuições:

I – representar os empregados perante a administração da empresa;

II – aprimorar o relacionamento entre a empresa e seus empregados com base nos princípios da boa-fé e do respeito mútuo;

III – promover o diálogo e o entendimento no ambiente de trabalho com o fim de prevenir conflitos;

IV – buscar soluções para os conflitos decorrentes da relação de trabalho, de forma rápida e eficaz, visando à efetiva aplicação das normas legais e contratuais;

V – assegurar tratamento justo e imparcial aos empregados, impedindo qualquer forma de discriminação por motivo de sexo, idade, religião, opinião política ou atuação sindical;

VI – encaminhar reivindicações específicas dos empregados de seu âmbito de representação;

VII – acompanhar o cumprimento das leis trabalhistas, previdenciárias e das convenções coletivas e acordos coletivos de trabalho.

As decisões da comissão de representantes dos empregados serão sempre **colegiadas**, observada a maioria simples.

A comissão organizará sua atuação de forma **independente**.

O mandato terá duração de **1 ano**, sendo vedada a candidatura nos dois períodos subsequentes.

O exercício do mandato não implica suspensão ou interrupção do contrato de trabalho.

Desde o registro da candidatura até **um ano** após o fim do mandato, o membro da comissão de representantes dos empregados não poderá sofrer **despedida arbitrária**, entendendo-se como tal a que não se fundar em motivo disciplinar, técnico, econômico ou financeiro.

15. DISSÍDIO COLETIVO

Os dissídios coletivos são ações propostas à Justiça do Trabalho por pessoas jurídicas (Sindicatos, Federações ou Confederações de trabalhadores ou de empregadores) para solucionar questões que não puderam ser solucionadas pela negociação direta entre trabalhadores e empregadores.

Os dissídios coletivos podem ser de natureza econômica ou jurídica.

Os de **natureza econômica** criam normas que regulamentam os contratos individuais de trabalho como, por exemplo, cláusulas que concedem reajustes salariais ou que garantem estabilidades provisórias no emprego.

Os dissídios de **natureza jurídica**, conhecidos também como dissídios coletivos de direito, visam a interpretação de uma norma legal preexistente que, na maioria das vezes, é costumeira ou resultante de acordo, convenção ou dissídio coletivo.

Os dissídios coletivos têm competência originária nos **Tribunais Regionais do Trabalho**. Ou, se a base territorial do sindicato exceder a jurisdição de um TRT, a competência originária será do TST. (art. 678, I, "a" e art. 702, I, "b", ambos da CLT).

O ajuizamento do dissídio coletivo tem como pressupostos processuais específicos: tentativa de negociação prévia, autorização da assembleia, inexistência de norma coletiva em vigor e observância de época própria para o ajuizamento (sessenta dias anteriores ao termo final da norma coletiva vigente).

Os sindicatos são os legitimados ativos por excelência. Na ausência de sindicato, a federação poderá suscitar o dissídio e, na falta desta, a confederação. Poderão ser legitimadas ativas as empresas envolvidas num conflito a elas limitado ou quando da ausência de entidade sindical que as represente.

O dissídio coletivo somente poderá ser instaurado pelo Ministério Público do Trabalho em caso de greve em atividade essencial, com possibilidade de lesão do interesse público (art. 114, § 3º da CRFB/88).

Sobre esse tema, o **Exame Unificado de 2016** considerou correta a seguinte assertiva: "O órgão do Ministério Público do Trabalho foi procurado por um grupo de trabalhadores da construção civil. Eles denunciam que o sindicato de classe obreiro está sendo omisso na busca de direitos e vantagens para a categoria, tanto assim que há cinco anos eles não têm reajuste salarial nem é elaborada uma convenção coletiva. Na hipótese narrada, sobre a situação do MPT, de acordo com o entendimento do TST e do STF (...) O órgão do Ministério Público não poderá ajuizar dissídio coletivo, pois sua atribuição fica limitada ao caso de greve em serviço essencial, o que não é o caso".

DICA IMPORTANTE

No tocante ao tema ESTABILIDADES, as questões da Prova da OAB concentram-se nas garantias provisórias das gestantes, acidentados, dirigentes sindicais e membros do CIPA. No que se refere ao tema GREVE, as questões concentram-se no assunto "greve em serviços ou atividades essenciais". Já quanto ao tema NEGOCIAÇÃO COLETIVA, as questões se concentram nas características das normas coletivas. Muita atenção para as alterações trazidas pela Reforma Trabalhista e que podem ser objeto de questão, em especial os seguintes temas: Comissão de Representantes dos Empregados (arts. 510-A a 510-D da CLT), contribuições sindicais (arts. 545, 578, 579, 582, 583, 587, 602, da CLT), cláusulas normativas (arts. 611-A e 611-B) e ultratividade das normas coletivas (art. 614, §3º da CLT).

EM RESUMO: Greve	
Conceito	Direito constitucional do trabalhador que consiste na suspensão coletiva do trabalho, de forma pacífica, em caráter temporário, total ou parcial, como instrumento de reivindicação salarial ou de reivindicação do cumprimento de outros direitos trabalhistas.
Efeitos no contrato de trabalho	1) Não há pagamento de salário, salvo acordo em sentido contrário; 2) É garantido ao empregado o retorno ao posto de serviço ocupado antes da causa suspensiva; 3) O empregado não pode ser despedido sem justa causa. Nada impede que o próprio empregado se demita ou seja despedido por prática de falta grave durante essa suspensão. Consideram-se atividades essenciais: tratamento e abastecimento de água; produção e distribuição de energia elétrica, gás e combustíveis; assistência médica e hospitalar; distribuição e comercialização de medicamentos e alimentos; funerários; transporte coletivo; captação e tratamento de esgoto e lixo; telecomunicações; guarda, uso e controle de substâncias radioativas, equipamentos e materiais nucleares; controle de tráfego aéreo; compensação bancária.
Formalidades	1) Real tentativa de negociação coletiva; 2) Convocação pelo sindicato de empregados de assembleia geral que deverá definir as reivindicações da categoria e deliberar sobre a paralisação; 3) Aviso prévio ao empregador com antecedência mínima de quarenta e oito horas e setenta e duas horas em serviços e atividades essenciais; 4) Atendimento às necessidades inadiáveis quando tratar-se de greve em serviços ou atividades essenciais.

BIBLIOGRAFIA RECOMENDADA

- ARAUJO; Cristiane Carvalho Andrade. CALCINI, Ricardo. O impacto da LGDP nas relações de trabalho. Revista Consultor Jurídico. 17.09.2020. Disponível em: [https://www.conjur.com.br/2020-set-17/lgpd-impactos-trabalhistas] Acesso em: 10 de novembro de 2020.
- BERNARDES, SIMONE SOARES. **Direito do trabalho.** 5. ed. Salvador: Juspodivm, 2021.
- CAIRO JUNIOR, José. **Curso de Direito do Trabalho.** 16. ed. Salvador: Juspodivm, 2019.
- CORREIA, Henrique. **Curso de Direito do Trabalho.** Salvador: Juspodivm, 2021.
- DELGADO, Mauricio Godinho. **Curso de Direito do Trabalho**. 18. ed. São Paulo: LTr, 2019.
- GARCIA, Gustavo Filipe Barbosa. **Manual de Direito do Trabalho.** 12. ed. Editora Juspodivm: Salvador, 2019.
- SCALERCIO, Marcos; MARTINEZ MINTO, Túlio. **CLT Comparada conforme a Reforma Trabalhista.** 1ª ed. São Paulo: LTr, 2017.

DIREITO PROCESSUAL DO TRABALHO

SIMONE SOARES BERNARDES

CAPÍTULO I

COMPETÊNCIA. DESPESAS PROCESSUAIS. PARTES. LGPD. LEI 14010/20

1. COMPETÊNCIA MATERIAL

1.1. Conceito

Para o exercício da jurisdição, isto é, o poder-dever do Estado de aplicar o direito ao caso concreto, o Poder Judiciário foi dividido em ramos, como por exemplo, a Justiça do Trabalho. Para cada ramo foi designado um conjunto de competências e a legislação cuida de delimitar os critérios dessa divisão. Assim, a competência material é a delimitação da jurisdição (poder-dever do Estado de dizer o direito) com base na natureza da **relação jurídica material** deduzida em juízo. Em outras palavras, o que define a competência material é a **causa de pedir e o pedido** (ex.: pedido de reconhecimento de vínculo empregatício), independentemente se serão utilizadas normas jurídicas de outra natureza na solução do litígio (exemplo: normas de direito civil ou administrativo).

1.2. Hipóteses de competência material da Justiça do Trabalho (artigo 114 da CF/88):

A **Ações envolvendo relação de trabalho:** Com a EC n. 45/2014, a Justiça do Trabalho também passou a ser competente para analisar as relações de trabalho (gênero), consistente na prestação de serviços por pessoa física em que não se caracteriza a relação de emprego (espécie). Assim, a Justiça do Trabalho passou a analisar também controvérsias envolvendo relações de trabalho autônomo, de trabalho avulso, de trabalho eventual, entre outras, isto é, relações de trabalho *lato sensu*.

Conforme a jurisprudência pátria, não são processadas na Justiça do Trabalho as seguintes lides: 1) Ação de cobrança de honorários por profissional liberal; 2) Ações envolvendo relações de consumo; 3) Representação comercial; 4) Complementação de aposentadoria; 5) Ações penais; 6) Ações de acidente do trabalho em face do INSS.

Sobre esse tema, **o Exame Unificado de 2011** considerou equivocada a seguinte assertiva: "de acordo com o entendimento do Superior Tribunal de Justiça, é da competência da Justiça do Trabalho processar e julgar a ação de cobrança ajuizada por profissional liberal contra cliente".

B **Ações envolvendo agentes públicos regidos pela CLT:** De forma esquematizada, podemos apontar as seguintes situações com relação aos entes públicos:

1) se houver regime jurídico administrativo, a competência será da Justiça Comum, Federal ou Estadual;

2) se não houver regime jurídico administrativo, aplica-se a CLT, sendo competente a Justiça do Trabalho;

3) se houver transmudação de regime (celetista para estatutário ou vice-versa): a competência da Justiça do Trabalho é residual, limitada ao período em que vigorou a norma celetista;

4) nas ações envolvendo servidores contratados para atender à necessidade temporária de excepcional interesse público (art. 37, IX, CRFB/88), inclusive quando se discute o desvirtuamento dessa contratação, a competência é da Justiça Comum;

5) nas ações envolvendo Agentes Comunitários de Saúde/ Agentes de Combate às Endemias **(art. 198, § 5º, da CF/88):** em regra, a competência é da Justiça do Trabalho, quando não houver lei do ente respectivo submetendo os agentes a regime jurídico administrativo (nessa última hipótese, a competência será da Justiça Comum);

6) lides envolvendo candidatos que pleiteiam, em concursos públicos, o emprego público (regime celetista), sobretudo questionando regras do concurso e o direito à nomeação: justiça comum (STF);

7) contratos nulos (art. 37, § 2º, II, da CRFB/88), sem prévia aprovação em concurso público: a jurisprudência, inclusive no STF, divide-se, sendo que há quem defenda que a competência é da Justiça Comum e outros que defendem a competência da Justiça do Trabalho;

8) entes de direito público externo: em se tratando de organismos internacionais (associações de

Estados, criadas por motivos políticos, econômicos ou sociais), é necessário averiguar se existe imunidade prevista no Tratado de criação desses entes. Em caso de omissão do tratado, prevalecerá a **imunidade absoluta** (de jurisdição e de execução), exceto em caso de renúncia da imunidade. No caso de Estados estrangeiros (aquele que reúne os elementos próprios de um Estado, quais sejam, povo, território e soberania), há necessidade de verificar se o ato praticado tem natureza de **ato de império** (decorre da soberania, ex. celebração de tratados) ou **ato de gestão** (Estado age como particular, ex. contratação de serviços de limpeza). Os atos de império estão imunes, de forma absoluta (jurisdição e execução) à jurisdição brasileira. Já no caso de ato de gestão, compete à Justiça do Trabalho julgar ações envolvendo trabalhadores e Estados estrangeiros. Tais entes não possuem imunidade de jurisdição, podendo ser processados pela Justiça do Trabalho. Todavia, possuem **imunidade de execução**, de forma que não podem ser submetidos a atos expropriatórios e executivos. Assim, a execução é processada por Carta Rogatória, exceto no caso de renúncia da imunidade. Vale destacar que essa imunidade de execução vem sendo relativizada pela jurisprudência, sob a justificativa de que apenas os bens afetos à missão diplomática seriam impenhoráveis;

9) Ação de consignação em pagamento movida pela União contra sociedade empresária por ela contratada para a prestação de serviços terceirizados: nesta hipótese, a competência será da Justiça do Trabalho, caso a demanda tenha sido proposta com o intuito de evitar futura responsabilização trabalhista subsidiária da Administração Pública.

C Ações envolvendo direito de greve: Todo e qualquer conflito relacionado com o direito de greve, seja por parte do trabalhador, do empregador ou sindicatos, é de competência da Justiça do Trabalho. É o que se dá, por exemplo, com as ações possessórias (Súmula Vinculante n. 23), ações envolvendo indenização em face de greves e dissídios coletivos envolvendo greve. Ações envolvendo greve de servidor público estatutário não é da competência da Justiça do Trabalho (STF, Reclamação nº 6.568-SP, Relator Eros Grau – Julgado em 21.05.2009).

D Ações sobre representação sindical e sindicatos: Todo e qualquer conflito relacionado com a **representatividade sindical** (exemplos: cobrança de contribuição sindical, prestação de contas, declaração de representatividade) é de competência da Justiça do Trabalho. Sobre esse tema, **o Exame Unificado de 2011** considerou correta a seguinte assertiva: "a Justiça do Trabalho é competente para julgar ação ajuizada por sindicato de categoria profissional em face de determinada empresa para que esta seja condenada a repassar-lhe as contribuições assistenciais descontadas dos salários dos empregados sindicalizados". A 1ª Turma do TST já declarou que é da competência da Justiça do Trabalho a apreciação de ações sobre representatividade sindical, mesmo quando a entidade sindical represente servidores públicos estatutários, porque tal tema situa-se no âmbito do Direito Coletivo do Trabalho e independe do vínculo estatutário (RR-207-67.2011.5.10.0015).

E Mandados de segurança, habeas corpus e habeas data: Os remédios constitucionais (mandados de segurança, *habeas corpus* e habeas data) serão apreciados pela Justiça do Trabalho quando a causa envolver **matéria trabalhista**. A Justiça do Trabalho não é competente para julgar ações penais (STF, **ADI nº 3684**). Assim, o habeas corpus na Justiça do Trabalho limita-se a matéria cível.

F Conflitos de competência envolvendo jurisdição trabalhista: A competência funcional para apreciar o conflito de competência será:

1) do TRT respectivo → conflito entre Varas do Trabalho de sua jurisdição;

2) do TST → conflito entre Varas de Trabalho de mais de um TRT, TRT e Vara do Trabalho de jurisdição de TRT distinto.

G Ações de indenização por dano moral ou patrimonial, decorrentes da relação de trabalho, inclusive as oriundas de acidente de trabalho e doenças a ele equiparadas, ainda que propostas pelos dependentes ou sucessores do trabalhador falecido. A competência da Justiça do Trabalho limita-se à apreciação de pedido de indenização por acidente de trabalho em ações ajuizadas entre **empregado e empregador** (ou ajuizadas pelos dependentes ou sucessores do trabalhador falecido). A competência não alcança processos que já tinham **sentença de mérito na Justiça Comum** quando do advento da **EC 45/2014. Atenção:** a competência da Justiça do Trabalho não abarca as lides envolvendo acidente de trabalho quando uma das partes é o INSS. Tais demandas continuam pertencendo à Justiça Federal porque envolve entidade da Administração Pública Federal, em um dos polos, e porque a lide propriamente dita não tem natureza trabalhista. Sobre esse tema, o **Exame Unificado de 2011** considerou equivocada a seguinte assertiva: "é da competência da Justiça do Trabalho o julgamento das ações ajuizadas em face da Previdência Social que versem sobre litígios ou medidas cautelares relativas a acidentes do trabalho".

H Ações relativas à atividade fiscalizatória do Ministério do Trabalho: Ações relativas à atividade fiscalizatória do Ministério do Trabalho (tais como: ação anulatória de ato administrativo, mandado de segurança contra superintendente do trabalho e outros) são da competência da Justiça do Trabalho. Sobre esse tema, **o Exame Unificado de 2011** considerou equivocada a seguinte assertiva: "não compete à Justiça do Trabalho, mas à Justiça Federal, o julgamento de ação anulatória de auto de infração lavrado por auditor fiscal do trabalho".

I Execução, de ofício, das contribuições sociais calculadas sobre as parcelas deferidas nas sentenças proferidas ou nos acordos homologados: A competência da Justiça do Trabalho limita-se à execução das contribuições previdenciárias decorrentes dos **acordos** ou **condenações** que proferir. Essa execução pode ser promovida, inclusive, de ofício (Súmula Vinculante n. 53). Isso significa, que essa competência não engloba as contribuições previdenciárias incidentes sobre verbas já quitadas ao longo do contrato de trabalho (exemplo: salário "por fora" ou em caso de reconhecimento de vínculo), mas apenas sobre as verbas decorrentes de condenação ou de acordo firmado no processo. Sobre esse tema, o **Exame Unificado de 2016** considerou equivocadas as seguintes assertivas: "De acordo com o entendimento consolidado do STF e do TST, assinale a opção que apresenta situação em que a Justiça do Trabalho possui competência para executar as contribuições devidas ao INSS".

A) Reclamação na qual se postulou, com sucesso, o reconhecimento de vínculo empregatício.

(...)

C) Demanda na qual o empregado teve a CTPS assinada mas não teve o INSS recolhido durante todo o contrato.

D) Reclamação trabalhista na qual foi reconhecido o pagamento de salário à margem dos contracheques".

Perceba-se que, nas três alternativas acima transcritas, o trabalhador já recebeu, ao longo do contrato, as verbas trabalhistas sobre as quais incidiriam as contribuições previdenciárias. Logo, a Justiça do Trabalho não possui competência para executar contribuições devidas ao INSS incidentes sobre tais verbas.

j) **outras controvérsias decorrentes da relação de trabalho, na forma da lei.** Assim, a lei poderá criar novas hipóteses de competência da Justiça do Trabalho. Por exemplo: nos termos do artigo 643, §3º, da CLT, a Justiça do Trabalho é competente para processar e julgar as ações entre trabalhadores portuários e os operadores portuários ou o Órgão Gestor de Mão-de-Obra – OGMO decorrentes da relação de trabalho. Ainda que a relação não seja empregatícia, a competência é da justiça do trabalho por força de lei.

Sobre o tema da competência material, **o Exame Unificado de 2011** considerou correta a seguinte assertiva:

"I. Victor é um artista mirim e precisa de autorização judicial para poder participar de uma peça cinematográfica como ator coadjuvante.

II. A empresa FFX Ltda. foi multada por um auditor fiscal do trabalho e deseja anular judicialmente o auto de infração, alegando vícios e nulidades.

III. O empregado Regis teve concedido pelo INSS auxílio-doença comum, mas entende que deveria receber auxílio-doença acidentário, daí porque pretende a conversão judicial do benefício.

IV. Jonilson, advogado, foi contratado por um cliente para o ajuizamento de uma ação de despejo, mas esse cliente não pagou os honorários contratuais que haviam sido acertados."

Diante da norma de regência acerca da competência, assinale a opção que indica quem deverá ajuizar ação na Justiça do Trabalho para ver seu pleito atendido: Apenas a empresa FFX Ltda". Na presente questão, dentre as várias modalidades de ações judiciais apresentadas, a Justiça do Trabalho somente possui competência para apreciar aquela relativa à atividade fiscalizatória do Ministério do Trabalho (tais como: ação anulatória de ato administrativo, mandado de segurança contra superintendente do trabalho e outros), conforme artigo 114, VII, da CF. Não é da competência da Justiça do Trabalho a apreciação de autorização judicial para trabalho artístico, que é da Justiça Comum, conforme decisão do STF na ADI 5326 (hipótese I). Também não compete à Justiça do Trabalho a apreciação de demandas envolvendo benefício previdenciário, cuja competência é da Justiça Federal, conforme artigo 109 da CF/88 (hipótese III). Por fim, nas ações para cobrança de honorários advocatícios contratuais, a competência é da Justiça Comum Estadual, conforme reiteradas decisões do STJ e TST, na medida em que a relação entre advogado e cliente é regida pelo artigo 653 do Código Civil e não configura relação de trabalho a justificar a competência da Justiça do Trabalho nos moldes do artigo 114, inciso I, da Constituição da República" (hipótese IV).

1.3. Lides que não são da competência da Justiça do Trabalho: 1) Ação de cobrança de honorários de profissional liberal, inclusive advocatícios (Súm. 363 TST); 2) Ações envolvendo relações de consumo; 3) Representação comercial; 4) Complementação de aposentadoria; 5) autorização para trabalho artístico de menor; 6) causas que envolvam relação jurídica administrativa (estatutária) entre o servidor e o Poder Público, o que inclui hipótese de contratação temporária no serviço público e até mesmo discussão sobre validade desse tipo de contrato; 7) lides envolvendo candidatos que pleiteiam, em concursos públicos, o emprego público (regime celetista), sobretudo questionando regras do concurso e o direito à nomeação; 8) Ações de acidente do trabalho em face do INSS; 9) ações penais.

1.4. Recuperação judicial ou falência do empregador: A decretação da falência ou o deferimento do processamento da recuperação judicial da empresa empregadora implica a **suspensão** dos processos de execução em curso na Justiça Laboral, bem como dos atos de constrição em face do devedor (art. 6º, II e III, da Lei nº 11.101/05). A Justiça do Trabalho mantém a sua **competência** para processar e julgar as ações ajuizadas em face das empresas submetidas a processo de falência ou de recuperação judicial, limitada à **fase de conhecimento**. Após o trânsito em julgado e a liquidação da sentença trabalhista é feita a habilitação respectiva no juízo universal da falência ou da recuperação judicial, com a inscrição no quadro-geral de credores.

> **MUITA ATENÇÃO!**
>
> A competência para julgar processos decorrentes de contrato de previdência complementar privada é da Justiça Comum, conforme decidiu o STF nos Recursos Extraordinários nº 586453 e 583050. O STF decidiu modular os efeitos da citada decisão, reconhecendo a competência da Justiça do Trabalho apenas para executar as causas da espécie que tenham sido sentenciadas com resolução de mérito até 20/02/2013, data da referida decisão. Sobre esse tema, **o Exame Unificado de 2016** considerou correta a seguinte assertiva: "Hudson ajuizou ação na Justiça do Trabalho na qual postula exclusivamente diferenças na complementação de sua aposentadoria. Hudson explica que, durante 35 anos, foi empregado de uma empresa estatal e contribuiu para o ente de previdência privada fechada, da qual a ex-empregadora é instituidora e patrocinadora. Ocorre que, ao longo do tempo, os empregados da ativa tiveram reajustes salariais que não foram observados na complementação da aposentadoria de Hudson, gerando diferenças, que agora o autor cobra tanto da ex-empregadora quanto do ente de previdência privada. Considerando o caso e de acordo com a CLT, é correto afirmar que: O processo deverá ser remetido pelo Juiz do Trabalho para a justiça estadual".

2. COMPETÊNCIA TERRITORIAL

2.1. Regra de fixação:

Em regra, a competência territorial no Processo do Trabalho é fixada com base no local da prestação de serviços, ainda que o empregado tenha sido contratado noutro local ou no estrangeiro (art. 651 da CLT).

O objetivo do legislador é facilitar a produção de prova pelo empregado, sobretudo a oral, presumindo-se que no local da prestação de serviços, o empregado terá mais facilidade para apresentar testemunhas.

2.2. Exceções:

I) **Agente ou viajante comercial:** a competência será da Vara do Trabalho da localidade em que a empresa tenha agência ou filial e a esta esteja o empregado subordinado. Na falta desta Vara, a competência será do domicílio do empregado ou a localidade mais próxima.

II) **Empregado brasileiro que trabalha no exterior:** a competência é da Justiça Brasileira para empregado brasileiro que trabalha no exterior, desde que não exista convenção internacional dispondo em contrário. A ação deverá ser ajuizada no local da celebração do contrato ou da prestação de serviços (quando houve prestação de serviços no Brasil e posterior transferência).

III) **Empregador que realiza atividades fora do lugar do contrato de trabalho:** em caso de atividades itinerantes, a competência será a do local da celebração do contrato ou no da prestação dos respectivos serviços. Sobre esse tema, o **Exame Unificado de 2012** considerou correta a seguinte assertiva: "Se um empregado é contratado em determinado lugar para prestar serviço em outra localidade, a eventual reclamação trabalhista: (...) poderá ser ajuizada no local da contratação ou da prestação dos serviços".

> **MUITA ATENÇÃO!**
>
> A jurisprudência trabalhista vem mitigando o rigor da norma contida no artigo 651 da CLT e permitindo que trabalhadores arregimentados (ex. Trabalhadores nordestinos que são contratados para trabalhar em lavouras em outras regiões) possam ajuizar a ação no local dos seus domicílios, assim como empregados que residem em cidades distantes do local da prestação de serviços e demonstram miserabilidade jurídica. O fundamento é o acesso à jurisdição, diante da dificuldade financeira desses trabalhadores de buscar o Poder Judiciário no local da prestação de serviços.

3. COMPETÊNCIA FUNCIONAL

3.1. Conceito

A competência funcional diz respeito à divisão com relação aos órgãos da Justiça do Trabalho. Sua natureza é de competência absoluta, devendo ser declarada de ofício pelo magistrado e não se sujeitando à preclusão. Os arts. 652 e 653 da CLT trazem um rol exemplificativo de competência das Varas do Trabalho e o art. 659 traz o rol de atribuições administrativas. A competência recursal limita-se à apreciação dos Embargos de Declaração e com relação aos demais recursos se restringe ao primeiro juízo de admissibilidade. O art. 678 da CLT traz a competência funcional (originária, recursal e administrativa) dos Tribunais Regionais que, em regra, funcionam como órgão de segunda instância, revisando as decisões proferidas no âmbito das Varas do Trabalho. Existem, contudo, ações que são ajuizadas diretamente nos Tribunais Regionais, tais como, ação rescisória (de suas decisões ou sentenças), dissídios coletivos (quando não abranger a área de mais de um regional), mandados de segurança, etc.

4. DOMÍCILIO ELETRÔNICO TRABALHISTA

A Lei nº 14.261/2021, além de recriar o Ministério do Trabalho e Previdência, anteriormente incorporado pelo Ministério da Economia, alterou a redação do artigo 628-A da CLT instituindo o Domicílio Eletrônico Trabalhista. O domicílio eletrônico trabalhista foi criado para permitir que o Ministério do Trabalho notifique o empregador sobre atos administrativos, ações fiscais, intimações e avisos em geral através de comunicação eletrônica. A finalidade é a formação de um novo canal de comunicação entre o empregador e os órgãos competentes para fins de ciência e comunicação de atos administrativos, dispensando a publicação no diário oficial da união e o envio por via postal. Por meio deste mecanismo, o empregador também poderá enviar documentação eletrônica exigida em ações fiscais e/ou apresentar defesa e recurso no âmbito de processos administrativos. O acesso a essa ferramenta se dará por meio eletrônico, com utilização de certificação digital ou de código de acesso com os requisitos de validade, conforme será regulamentado pelo Ministério do Trabalho e Previdência.

5. CONFLITO DE COMPETÊNCIA

5.1. Conceito

Verifica-se o conflito de competências quando dois órgãos jurisdicionais se acham competentes **(conflito positivo)** ou incompetentes **(conflito negativo)** para processar e julgar determinada demanda.

5.2. Procedimento

Quando o conflito envolver dois órgãos trabalhistas, este será dirigido ao Presidente do Tribunal pelo interessado: magistrado, MPT ou parte (desde que não tenha oferecido exceção de incompetência). Sobre o tema, o **Exame Unificado de 2012** considerou verdadeira a seguinte afirmativa: "Se for instalado conflito de competência positivo entre dois juízes do Trabalho do Estado de Pernambuco, qual será o órgão competente para julgá-lo? (...) O TRT de Pernambuco".

Encaminhado o ofício ou a petição com as respectivas provas e alegações, o conflito será autuado e distribuído, podendo o relator ordenar o sobrestamento dos feitos quando o conflito for positivo, bem como solicitar informações que julgar necessárias. Após ser submetido ao MPT, o conflito será julgado na primeira sessão (art. 809, II, CLT). No TST, o tema é disciplinado nos arts. 201 a 208 do RITST. Nos demais Tribunais, é necessária análise do regimento interno.

Quando o conflito envolver apenas um órgão trabalhista (e órgão de outro ramo do Poder Judiciário) a competência será do STJ (art. 105, I, "d", CRFB/88) ou do STF, caso um dos envolvidos no conflito for Tribunal Superior (art. 102, I, "o", CRFB/88).

Não existe conflito de competência entre TRT e Vara do Trabalho de idêntica região (Súm. 420 do TST). Neste caso, trata-se de questão afeita à hierarquia, devendo o órgão de hierarquia inferior cumprir a decisão do órgão de hierarquia superior.

6. DESPESAS PROCESSUAIS

6.1. Introdução

Em regra, a parte deve arcar com o pagamento das despesas processuais em razão dos serviços prestados pelos órgãos jurisdicionais. São espécies de despesas: custas processuais, emolumentos e honorários periciais. As custas e os emolumentos possuem natureza de taxa, sendo espécie de tributo recolhido em prol da União, por meio de GRU. Os emolumentos são despesas processuais cobradas por serviços específicos prestados pelos órgãos jurisdicionais. Alguns serviços estão especificados no art. 789-B da CLT, tais como fotocópias e certidões.

6.2. Custas

No processo do trabalho não existe recolhimento antecipado de custas.

Na fase de conhecimento, o recolhimento é de **2% do valor da causa ou da condenação**, observado o valor mínimo de R$10,64 (art. 789 da CLT). Sobre esse tema, o **Exame Unificado de 2012,** considerou verdadeira a seguinte assertiva: "Quando for procedente o pedido formulado em ação declaratória, incidirão à base de 2% sobre o valor da causa".

> **FIQUE POR DENTRO:** A Lei da Reforma Trabalhista alterou a redação do artigo 789 da CLT para fixar o **valor máximo das custas**, qual seja, quatro vezes o valor do limite máximo dos benefícios do Regime Geral de Previdência Social.

Sempre que houver acordo, se de outra forma não for convencionado, o pagamento das custas caberá em **partes iguais** aos litigantes. Sobre esse tema, o **Exame Unificado de 2014,** considerou verdadeira a seguinte assertiva: "Paulo ajuizou ação em face de sua ex-empregadora, a empresa Peças ABC Ltda. Na audiência, o Juiz propôs a conciliação, que foi aceita pelas partes, nada tendo sido discutido sobre custas. Sobre o caso, assinale a opção que indica a hipótese correta para a fixação das custas: (...) O valor das custas, não tendo sido convencionado pelas partes, caberá em partes iguais ao autor e à ré, podendo o autor ser dispensado de sua parte pelo Juiz".

FIQUE POR DENTRO: Conforme o artigo 844 da CLT, alterado pela Lei da Reforma Trabalhista, em caso de arquivamento por ausência do reclamante à audiência inaugural, este será condenado ao pagamento das custas, ainda que beneficiário da justiça gratuita. O reclamante apenas ficará isento dessa condenação se comprovar, em 15 dias, que a ausência ocorreu por motivo legalmente justificável. O pagamento dessas custas é condição para a propositura de nova demanda pelo reclamante.

As custas serão pagas pelo vencido, após o trânsito em julgado da decisão.

Tratando-se de empregado que não tenha obtido o benefício da justiça gratuita, ou isenção de custas, o sindicato que houver intervindo no processo responderá solidariamente pelo pagamento das custas devidas.

Em caso de recurso, as custas serão recolhidas e comprovadas no prazo recursal. Na fase de execução, as custas são pagas ao final, a cargo do executado, conforme tabela do art. 789-A da CLT, a depender do ato processual praticado.

Sobre esse tema, o **Exame Unificado de 2010,** considerou verdadeira a seguinte assertiva: "As custas devem ser pagas pelo vencido, após o trânsito em julgado da decisão. No caso de recurso, estas devem ser pagas e comprovado o recolhimento dentro do prazo recursal".

6.3. Isenções

Estão isentos de recolhimento de custas:

a) os que gozam de benefícios da justiça gratuita;

b) entes federativos (excluindo-se sociedades de economia mista e empresa pública) e suas autarquias e fundações públicas que não exploram atividade econômica. Sobre esse tema, o **Exame Unificado de 2017** considerou correta a seguinte assertiva: "Lucas é vigilante. Nessa condição, trabalhou como terceirizado durante um ano em um estabelecimento comercial privado e, a seguir, em um órgão estadual da administração direta, no qual permaneceu por dois anos. Dispensado, ajuizou ação contra o ex-empregador e contra os dois tomadores dos seus serviços (a empresa privada e o Estado), pleiteando o pagamento de horas extras durante todo o período contratual e a responsabilidade subsidiária dos tomadores nos respectivos períodos em que receberam o serviço. A sentença julgou procedente o pedido e os réus pretendem recorrer. Em relação às custas, com base nos ditames da CLT (...) Somente o Estado ficará dispensado das custas". Ainda sobre esse tema, o **Exame Unificado de 2012**, considerou falsa a seguinte assertiva "não se considera deserto o recurso interposto porque, tratando-se de ente público da administração indireta, sempre será isento do pagamento das custas processuais";

c) MPT;

d) Correios;

e) Massa falida;

f) Herança jacente;

g) Associações (sindicatos) nas demandas coletivas julgadas improcedentes, salvo comprovada má-fé (art. 87 do CDC). A isenção não alcança as entidades fiscalizadoras do exercício da profissão, como OAB, CREA, CREMEB.

7. ASSISTÊNCIA JUDICIÁRIA GRATUITA

7.1. Conceito

Assistência judiciária gratuita: não se confunde com o benefício da justiça gratuita. Aquela é gênero, e este, espécie. A assistência judiciária gratuita é o direito de postular em juízo sem ter que pagar as despesas do processo e os honorários ao seu advogado, concedido àquele que está em estado de miserabilidade. A assistência judiciária gratuita, no processo do trabalho, é prestada pelo **sindicato** da categoria profissional ao trabalhador que não tenha **condições econômicas** de prover a demanda (art. 14 da Lei nº 5.584/1970).

7.2. Cabimento

A assistência é devida a todo aquele que perceber salário **igual ou inferior ao dobro do mínimo legal**, ficando assegurado igual benefício ao trabalhador de maior salário, uma vez provado que sua situação econômica não lhe permite demandar, sem prejuízo do sustento próprio ou da família.

8. GRATUIDADE DE JUSTIÇA

8.1. Conceito

O benefício da gratuidade de justiça implica na **isenção** do pagamento das despesas processuais.

8.2. Cabimento

De acordo com o art. 790, § 3º, da CLT é facultado aos juízes, órgãos julgadores e presidentes dos tribunais do trabalho de qualquer instância conceder, **a requerimento ou de ofício**, o benefício da **justiça gratuita**, inclusive quanto a traslados e instrumentos, **àqueles que perceberem salário igual ou inferior a 40% (quarenta por cento) do limite máximo dos benefícios do Regime Geral de Previdência Social**.

> **FIQUE POR DENTRO:** Após a Reforma Trabalhista, haverá presunção de insuficiência financeira e a justiça gratuita poderá ser concedida, inclusive de ofício, para aqueles que perceberem salário igual ou inferior a 40% (quarenta por cento) do limite máximo dos benefícios do Regime Geral de Previdência Social (art. 790, §§3º e 4º, da CLT).
>
> Para aqueles que recebem acima desse valor, será necessário ao reclamante a comprovar o seu estado de miserabilidade jurídica, sendo que a jurisprudência vem se inclinando no sentido de que a declaração de pobreza será prova suficiente para tal, considerando a sua presunção legal de veracidade (artigo 99, § 3º, do CPC) entendimento este que era pacífico antes da Reforma Trabalhista.

Com relação ao empregador, existe grande discussão jurisprudencial sobre a aplicação deste benefício, alguns sustentando a possibilidade e outros não. Importante destacar que o novo CPC inovou trazendo uma seção própria para regulamentar a gratuidade de justiça e estabelecendo que esse benefício se estende a pessoa natural ou jurídica, brasileira ou estrangeira, com insuficiência de recursos para demandar (art. 98, § 1º, do CPC). Além disso, o artigo 790, §4º, da CLT afirma que o benefício da gratuidade de justiça será concedido "à parte", pelo que grande parte da doutrina tem entendido que se aplica também ao empregador, que comprovar estado de miserabilidade.

9. HONORÁRIOS PERICIAIS

9.1. Introdução

A Perícia Judicial é obrigatória no Processo do Trabalho, por força do artigo 195 da CLT, quando se tratar de pedido de Adicional de Insalubridade ou Periculosidade. Também é comum a realização de perícia médica para apuração do acidente/doença do trabalho, bem como para apuração das condições técnicas de eventual acidente.

9.2. Pagamento

A responsabilidade pelo pagamento dos honorários periciais é da **parte sucumbente** no objeto da perícia (art. 790-B da CLT) e o pagamento é feito após o trânsito em julgado da sentença. Sobre esse tema, o **Exame Unificado de 2015** considerou incorreta a seguinte assertiva: "Não havendo disposição a respeito, ficará a critério do juiz, com liberdade, determinar quem pagará os honorários". Ora, existe norma celetista dispondo que a responsabilidade pelos honorários periciais é da parte sucumbente no objeto da perícia, de forma que o juiz não tem liberdade para determinar quem pagará os honorários.

Na fixação dos honorários periciais, o juízo deverá respeitar o limite máximo estabelecido pelo Conselho Superior da Justiça do Trabalho – CSJT.

Os honorários periciais poderão ser parcelados pelo juiz, sendo proibida a sua antecipação.

O juízo não poderá exigir adiantamento de valores para realização de perícias. Antes mesmo da Reforma Trabalhista, o TST já tinha entendimento consolidado no sentido de que é ilegal a exigência de depósito prévio para custeio dos honorários periciais, dada a incompatibilidade com o processo do trabalho, sendo cabível o mandado de segurança visando à realização da perícia, independentemente do depósito (OJ nº98 da SDI-2 do TST). Essa antecipação, contudo, é permitida, nas lides envolvendo demandas que não tenham natureza empregatícia.

Conforme o artigo 5º da IN 41/2018 do TST, as novas regras sobre os honorários periciais somente são aplicáveis aos processos trabalhistas ajuizados após a vigência da Lei da Reforma Trabalhista (a partir de 11.11.2017).

> **MUITA ATENÇÃO!** Em outubro de 2021, na ADI 5766, o STF considerou inconstitucional a previsão, trazida pela Reforma Trabalhista, de pagamento de honorários periciais pela parte sucumbente, mesmo que esta seja beneficiária da Justiça gratuita (artigo 790-B, caput e § 4º, da CLT). Atualmente, se a parte sucumbente no objeto da perícia for beneficiária da justiça gratuita, a União é que arcará com os honorários periciais.

A indicação do perito assistente é faculdade da parte, a qual deve responder pelos respectivos honorários, ainda que vencedora no objeto da perícia. Sobre esse tema, o **Exame Unificado de 2016** considerou correta a seguinte assertiva: "Em pedido de reenquadramento formulado em reclamação trabalhista, foi designada perícia, com honorários adiantados pelo autor, e ambas as partes indicaram assistentes técnicos. Após a análise das provas, o pedido foi julgado procedente. Diante da situação, da legislação em vigor e do entendimento consolidado do TST, assinale a afirmativa correta". Resposta: "B) O autor não terá o ressarcimento dos honorários que pagou ao seu assistente técnico, porque sua indicação é faculdade da parte". No mesmo sentido, o **Exame Unificado de 2017** considerou verdadeira a seguinte assertiva: "Rômulo ajuizou ação trabalhista em face de sua ex-empregadora, a empresa Análise Eletrônica Ltda. Dentre outros pedidos, pretendeu indenização por horas extras trabalhadas e não pagas, férias vencidas não gozadas, nem pagas, e adicional de periculosidade. Na audiência, foi requerida e deferida a perícia, a qual foi custeada por Rômulo, que se sagrou vitorioso no respectivo pedido. Contudo, os pedidos de horas extras e férias foram julgados improcedentes. Rômulo também indicou e custeou assistente técnico, que cobrou o mesmo valor de honorários que o perito do juízo. Observados os dados acima e o disposto na CLT, na qualidade de advogado(a) que irá orientar Rômulo acerca do custeio dos honorários periciais e do assistente técnico, assinale a afirmativa correta. (...) Tendo Rômulo sido vitorioso no objeto da perícia, os honorários periciais serão custeados pela parte sucumbente no seu objeto, porém os honorários do assistente técnico serão de responsabilidade da parte que o indicou".

Conforme dito acima, ainda que o autor tenha obtido êxito no pleito que originou a perícia, os honorários do assistente técnico serão de sua responsabilidade, sem possibilidade de ressarcimento, tendo em vista que a indicação de assistente técnico é faculdade da parte e não imposição legal.

10. HONORÁRIOS ADVOCATÍCIOS SUCUMBENCIAIS

Os honorários advocatícios correspondem ao valor devido ao advogado como retribuição do seu trabalho. Os honorários constituem direito do advogado e têm **natureza alimentar**, com os mesmos privilégios dos créditos oriundos da legislação do trabalho.

Sobre esse tema, o **Exame Unificado de 2018** considerou correta a seguinte assertiva: "Em reclamação trabalhista ajuizada em fevereiro de 2018, os pedidos formulados por Paulo em face do seu ex-empregador foram julgados totalmente procedentes. Em relação à verba honorária, de acordo com a CLT, sabendo-se que o patrocínio de Paulo foi feito por advogado particular por ele contratado, assinale a afirmativa correta. (...) C) Haverá condenação em honorários de, no mínimo, 5% e de, no máximo, 15% em favor do advogado.

Existem duas modalidades de honorários advocatícios: os honorários contratuais e os honorários de sucumbência. A primeira modalidade corresponde aos honorários devidos em decorrência da celebração de contrato de mandato entre advogado e cliente, independente do resultado da demanda.

Já os honorários sucumbenciais decorrem – como o próprio nome diz – da sucumbência da outra parte na demanda, isto é, do fato da parte contrária não obter sucesso em sua respectiva pretensão no processo.

FIQUE POR DENTRO:

Com a Reforma Trabalhista, apesar de mantido o *jus postulandi*, foram instituídos os honorários advocatícios sucumbenciais na Justiça do Trabalho. Assim, conforme o novel artigo 791-A da CLT, acrescentado pela Lei n. 13.467/2017, na justiça do trabalho serão devidos honorários de sucumbência ao advogado, ainda que atue em causa própria, inclusive na reconvenção.

Atenção: Conforme o artigo 6º da IN 41/2018 do TST, os honorários advocatícios sucumbenciais somente são aplicáveis aos processos trabalhistas ajuizados após a vigência da Lei da Reforma Trabalhista (a partir de 11.11.2017). Para as ações ajuizadas anteriormente, subsistem as diretrizes do artigo 14 da Lei n. 5584/1970 (honorários sindicais) e das Súmulas 219 e 339 do TST.

Os honorários de sucumbência, no processo do trabalho, serão fixados entre o mínimo de **5%** (cinco por cento) e o máximo de **15%** (quinze por cento) sobre o valor que resultar da liquidação da sentença, do proveito econômico obtido ou, não sendo possível mensurá-lo, sobre o valor atualizado da causa.

Os honorários são devidos também nas ações contra a Fazenda Pública e nas ações em que a parte estiver assistida ou substituída pelo sindicato de sua categoria (§ 1º do art. 791-A da CLT). Nos casos de honorários sindicais, tal parcela deferida na sentença será revertida em favor do sindicato assistente e não ao trabalhador litigante, conforme determinação contida no art. 16, da Lei nº 5.584/70.

Para fixar os honorários de sucumbência, o juízo deverá observar os seguintes requisitos:

I – o grau de zelo do profissional;

II – o lugar de prestação do serviço;

III – a natureza e a importância da causa;

IV – o trabalho realizado pelo advogado e o tempo exigido para o seu serviço.

Na hipótese de procedência parcial, o juízo arbitrará honorários de sucumbência recíproca, vedada a compensação entre os honorários.

A sucumbência recíproca se verifica quando reclamante e reclamado são vencidos na demanda, hipótese muito comum no processo do trabalho, uma vez que a regra é a de cumulação de pedidos na petição inicial. A vedação de compensação entre honorários de sucumbência recíproca tem como fundamento o fato desta verba pertencer ao advogado e não à parte.

MUITA ATENÇÃO!

Em outubro de 2021, na ADI 5766, o STF considerou inconstitucionais os dispositivos que estabelecem a necessidade de pagamento de honorários sucumbenciais pelo beneficiário da Justiça gratuita, inclusive autorizando o uso de créditos trabalhistas devidos ao beneficiário de justiça gratuita em outro processo para o pagamento desses honorários (artigo 791-A, § 4º). Atualmente, beneficiário da justiça gratuita não poderá ser condenado ao pagamento de honorários sucumbenciais.

11. DAS PARTES E DOS PROCURADORES

Parte da demanda: é aquela que pede e em face de quem se pede, sendo **reclamante** (autor) e o **reclamado** (réu). Em alguns procedimentos específicos, temos outras denominações, ex. excipiente, recorrente, agravante.

É possível a **pluralidade de pessoas** no polo ativo (litisconsórcio ativo) ou passivo (litisconsórcio passivo) da ação, ou em ambos (art. 842 da CLT).

Na **sucessão processual** há a **substituição das partes** no processo, em razão da cessão de direitos ou da morte de uma delas.

12. DO MINISTÉRIO PÚBLICO DO TRABALHO

O MPT é instituição **permanente, essencial à função jurisdicional,** integrante do Ministério Público da União, cuja função precípua é promover a **defesa da ordem jurídica, do regime democrático e dos interesses sociais e individuais indisponíveis** (art. 127 da CRFB/88).

12.1. Órgãos do MPT: a) Procurador-Geral do Trabalho; b) Colégio de Procuradores do Trabalho; c) Conselho Superior; d) Câmara de Coordenação e Revisão; e) Corregedoria; f) Subprocuradores-Gerais do Trabalho; g) Procuradores Regionais do Trabalho; h) Procuradores do Trabalho.

O ingresso na carreira se dá por **concurso de provas e títulos,** nacional, para o cargo de Procurador do Trabalho.

O Conselho Nacional do Ministério Público – CNMP é responsável pelo controle da atuação administrativa e financeira do Ministério Público e do cumprimento dos deveres funcionais de seus membros.

O MPT atua em processos **judiciais e administrativos, como parte ou** fiscal da lei.

12.2. Legitimação do MPT: tem legitimidade para ajuizar ações trabalhistas em defesa dos direitos difusos e coletivos dos trabalhadores, menores e incapazes e, de forma específica:

- Promover as ações que lhe sejam atribuídas pela Constituição Federal e pelas leis trabalhistas;
- Promover a ação civil pública no âmbito da Justiça do Trabalho, para defesa de interesses coletivos, quando desrespeitados os direitos sociais constitucionalmente garantidos;
- Propor as ações cabíveis para declaração de nulidade de cláusula de contrato, acordo coletivo ou convenção coletiva que viole as liberdades individuais ou coletivas ou os direitos individuais indisponíveis dos trabalhadores;
- Recorrer das decisões da Justiça do Trabalho, quando entender necessário, tanto nos processos em que for parte, como naqueles em que oficiar como fiscal da lei, bem como pedir revisão dos Enunciados de Súmula e de Jurisprudência do TST;
- Propor as ações necessárias à defesa dos direitos e interesses dos menores, incapazes e índios, decorrentes das relações de trabalho;
- Ajuizar dissídio coletivo em caso de greve em atividade essencial, com possibilidade de lesão do interesse público;
- Promover mandado de injunção, quando a competência for da Justiça do Trabalho.

12.3. Princípios institucionais: a) **unidade:** a instituição Ministério Público é una, com os mesmos princípios e regida por um só órgão. b) **indivisibilidade:** todos os membros do Ministério Público possuem a mesma missão, de forma que a divisão entre eles é apenas administrativa; c) **independência funcional:** a hierarquia entre os cargos é apenas administrativa, de forma que todo membro do Ministério Público tem total independência no desempenho de suas atribuições; d) **autonomia funcional, administrativa e orçamentária:** o Ministério Público tem independência para propor a política remuneratória e o plano de carreira de seus servidores. Possui também autonomia orçamentária, cabendo-lhe propor e executar as propostas orçamentárias para seu custeio.

12.4. Garantias: vitaliciedade, inamovibilidade e a irredutibilidade de subsídios.

12.5. Vedações: a) receber, a qualquer título e sob qualquer pretexto, honorários, percentagens ou custas processuais; b) exercer a advocacia; c) participar de sociedade comercial, na forma da lei; d) exercer, ainda que em disponibilidade, qualquer outra função pública, salvo uma de magistério; e) exercer atividade político-partidária; f) receber, a qualquer título ou pretexto, auxílios ou contribuições de pessoas físicas, entidades públicas ou privadas, ressalvadas as exceções previstas em lei.

12.6. Inquérito civil: investigação administrativa, de caráter inquisitorial, unilateral e facultativo, instaurado e presidido pelo Ministério Público e destinado a apurar a ocorrência de danos efetivos ou potenciais a direitos ou interesses difusos, coletivos ou individuais homogêneos ou outros que lhe incumba defender, servindo como preparação para o exercício das atribuições inerentes às suas funções institucionais. A Justiça do Trabalho não tem competência para processar e julgar crimes, razão pela qual o Ministério Público do Trabalho não tem atribuição para investigar delitos, muito menos requerer a condenação criminal dos dirigentes do sindicato por ato de improbidade.

12.7. Termo de Ajuste de Conduta – TAC: Verificado o descumprimento de norma trabalhista, o MPT sugere o ajustamento da conduta, com cláusulas obrigacionais e sancionatórias. Se o TAC não for firmado, o MPT poderá ajuizar a ação coletiva. Se firmado e descumprido, o MPT terá legitimidade para ajuizar a respectiva ação de execução de título extrajudicial.

Conforme o artigo 85, § 18 do CPC/2015, caso a decisão transitada em julgado seja omissa quanto ao direito aos honorários ou ao seu valor, é cabível ação autônoma para sua definição e cobrança.

13. LEI Nº 13.709/18 (LEI GERAL DE PROTEÇÃO DE DADOS –LGPD)

13.1. Conceito: tratamento de dados é toda operação realizada com dados pessoais, quais sejam, coleta, produção, recepção, classificação, utilização, acesso, reprodução, transmissão, distribuição, processamento, arquivamento, armazenamento, eliminação, avaliação ou controle da informação, modificação, comunicação, transferência, difusão ou extração de dados.

13.2. Finalidade: proteger as liberdades e direitos fundamentais, trazer segurança jurídica aos atores envolvidos no mundo da coleta, armazenamento e uso de dados (digitais ou não), e para estabelecer regras de proteção de dados e critérios no tratamento desses dados pessoais.

13.3. Dados sensíveis: A LGPD cuidou de definir uma categoria de dados como "sensíveis" e prever tratamento especial a eles (arts. 11 a 13), diante do seu teor e das consequências negativas que seu vazamento pode causar ao titular. Os dados "sensíveis" são os que revelam origem racial ou étnica, convicções religiosas ou filosóficas, opiniões políticas, filiação sindical, questões genéticas, biométricas e sobre a saúde ou a vida sexual de uma pessoa, e que têm alto poder de causar discriminação (art. 5º, II).

13.4. Prova e LGPD: A utilização de provas nos processos trabalhistas que contenham dados pessoais (sensíveis ou não) sobre o empregado é autorizada pela LGPD, já que se trata do exercício do direito do contraditório e ampla defesa. O tratamento de dados pessoais, consistentes nas informações relacionadas à pessoa natural identificada ou identificável, poderá ocorrer, sem o consentimento do titular, para o exercício regular de direitos em processo judicial, administrativo ou arbitral. Ainda que se trate de dados sensíveis, é possível sua utilização sem o consentimento, quando for indispensável para o exercício regular de direitos, inclusive em contrato e em processo judicial, administrativo e arbitral (Lei nº 13.709/18, art. 11, II, "d"). Se o empregado entender que houve utilização indevida de suas informações pessoais, poderá pleitear que esses dados sejam excluídos do processo ou que sejam mantidos em sigilo.

14. LEI Nº 14.010/20 (REGIME JURÍDICO EMERGENCIAL E TRANSITÓRIO DAS RELAÇÕES JURÍDICAS DE DIREITO PRIVADO (RJET) NO PERÍODO DA PANDEMIA DO CORONAVÍRUS -COVID-19)

14.1. Prescrição: O artigo 3º da Lei n. 14.010/20 estabelece que "os prazos prescricionais consideram-se impedidos ou suspensos, conforme o caso, a partir da entrada em vigor desta lei até 30 de outubro de 2020".

Com isso, a lei reconheceu que, em virtude da peculiaridade da situação enfrentada com a pandemia (que levou à quarentena, isolamento social etc.), não se pode impor ao credor a inércia caracterizadora da prescrição.

A Lei n. 14.010/20 delimita a suspensão ou impedimento do prazo prescricional entre 12 de junho e 30 de outubro, muito embora o parágrafo único de seu artigo 1º tenha fixado o dia 20 de março "como termo inicial dos eventos derivados da pandemia do coronavírus (Covid-19)."

Existem doutrinadores que defendem a aplicação dessa regra na relação jurídica de trabalho diante da sua natureza de direito privado.

O §1º do artigo 3º estabelece que o impedimento ou a suspensão não se aplicam enquanto perdurarem outras hipóteses específicas de impedimento, suspensão e interrupção dos prazos prescricionais previstas no ordenamento jurídico nacional. Em outras palavras, a previsão da Lei n. 14.010/20 é de suspensão para os prazos que estão transcorrendo normalmente.

DICA IMPORTANTE

É fundamental a memorização das hipóteses legais de competência material da Justiça do Trabalho, previstas nos incisos do artigo 114 da CRFB/88. Também é importante a memorização das alterações trazidas pela Reforma Trabalhista e, principalmente, das atenuações advindas de decisão do STF na ADI 5766, porque certamente serão objeto de prova. Destaco as regras sobre custas de arquivamento (artigo 844 da CLT), gratuidade de justiça, honorários periciais (artigos 790 e 790-B da CLT) e honorários sucumbenciais (artigo 791-A da CLT).

EM RESUMO: Competência	
Competência material	É a delimitação da jurisdição (poder-dever do Estado de dizer o direito) com base na natureza da **relação jurídica material** deduzida em juízo. Vide art.114 da CRFB/88.
Competência territorial	Regra: fixada com base no **local da prestação de serviços**, ainda que o empregado tenha sido contratado noutro local ou no estrangeiro. Exceções: I) **Agente ou viajante comercial**: a competência será da Vara do Trabalho da localidade em que a empresa tenha agência ou filial e a esta esteja o empregado subordinado. Na falta, será competente a Vara da localização em que o empregado tenha domicílio ou a localidade mais próxima. II) **Empregado brasileiro que trabalha no exterior**: a competência é da Justiça Brasileira desde que não exista convenção internacional dispondo em contrário. A ação deverá ser ajuizada no local da celebração do contrato ou da prestação de serviços (quando houve prestação de serviços no Brasil e posterior transferência). III) **Empregador que realiza atividades fora do lugar do contrato de trabalho**: a competência será do local da celebração do contrato ou no da prestação dos respectivos serviços.

EM RESUMO: Competência	
Competência Funcional	Diz respeito à **divisão** com relação aos órgãos da Justiça do Trabalho. Sua natureza é de competência absoluta, devendo ser declarada de ofício pelo magistrado e não se sujeitando à preclusão.
Conflito de competência	Verifica-se quando dois órgãos jurisdicionais se acham **competentes** (conflito positivo) ou **incompetentes** (conflito negativo) para processar e julgar determinada demanda. Quando o conflito envolver dois órgãos trabalhistas, este será dirigido ao Presidente do Tribunal pelo interessado: magistrado, MPT ou parte (desde que não tenha oferecido exceção de incompetência).

CAPÍTULO II

DISSÍDIO INDIVIDUAL. PROVAS

1. DOS ATOS, TERMOS E PRAZOS PROCESSUAIS

Atos processuais: manifestações de vontade das partes, do juiz e dos órgãos auxiliares, com o objetivo de produzir efeitos no processo, gerando sua formação (ex. Petição inicial), modificação (exceção de incompetência) ou extinção (ex. Sentença).

Atos ordinários são aqueles que devem ser praticados nos dias úteis, **das 6 às 20 horas** e atos **excepcionais** são aqueles que **a lei permite** sejam praticados fora desse horário acima, como por exemplo, a penhora, que poderá realizar-se em **domingo ou dia feriado, mediante autorização expressa do juiz ou presidente.**

Termos processuais: representam a **reprodução gráfica** de determinado ato processual, ex. termo de audiência.

Prazo processual: corresponde ao lapso temporal em que o ato processual deve ser praticado. O prazo processual é definido **por lei** e se não houver previsão legal, o juiz pode defini-lo, tendo em conta a complexidade do ato. Inexistindo prazo legal ou estabelecido pelo juiz, o prazo será de **cinco dias.**

As pessoas jurídicas de direito público que não explorem atividade econômica, o Ministério Público e a Defensoria pública possuem **prazo em dobro** para se manifestar nos autos, isto é, para a prática de qualquer ato processual, como por exemplo, recorrer.

Atenção: as pessoas jurídicas de direito público da Administração Direta, Autárquica e Fundacional da União, DF, Estados e Municípios possuem **prazo em quádruplo** para **contestar,** ou seja, o prazo entre a data da propositura da ação trabalhista e da audiência inicial ou una deve ser de **20 dias**(art. 1°, II do Decreto-Lei 779/1969, que prevalece sobre o CPC por se tratar de norma especial).

Para os correios também se aplicam os prazos diferenciados acima expostos (prazo em quadruplo para contestar e em dobro para as demais manifestações).

A Recomendação n. 02/2013 da CGJT autoriza que a União possa protocolar sua defesa, no prazo de **20 dias,** dispensando a realização de **audiência inicial.**

Não se aplica ao processo do trabalho a regra do prazo em dobro para procuradores **distintos,** (OJ 310 da SDB1 do TST), em razão da incompatibilidade com a celeridade que lhe é inerente.

O recesso forense e as férias coletivas dos Ministros do TST suspendem os prazos recursais.

O princípio da celeridade pressupõe o uso de métodos legais para que a prestação jurisdicional seja mais eficiente da forma mais rápida possível. Por essa razão, o art. 768 da CLT determina que terá preferência, em todas as fases processuais, o dissídio cuja decisão tiver de ser executada perante o Juízo da falência.

Os prazos processuais são contados em **dias úteis,** com exclusão do dia do começo e inclusão do dia de vencimento.

O início do prazo processual não se confunde com o **início da contagem dele**. Assim, o início da contagem do prazo ocorre **no dia seguinte ao do início do prazo** (dia da ciência do ato processual).

Início do prazo: salvo disposições em contrário, os prazos contam-se a partir da data:

- Em que for feita pessoalmente ou recebida a notificação;
- Em que for publicado o edital no jornal oficial ou no que publicar o expediente da Justiça do Trabalho;
- Em que for afixado o edital, na sede da Unidade Jurisdicional;
- Depois de decorridos dez dias sem que o advogado acesse sua conta de intimação no sistema PJe.

O CPC prevê duas modalidades de comunicação dos atos processuais: a citação (cientifica a parte da existência de uma ação, intimando-a se defender, caso queira) e a intimação (dá ciência à parte ou terceiros de algum ato processual ou o conclama a praticar algum ato). A CLT não segue o rigor do CPC com relação à nomenclatura dos institutos. Assim, por exemplo, no artigo 841 da CLT é utilizado o termo "notificação inicial" para a citação. Já no artigo 825 da CLT há a previsão de que as testemunhas comparecerão independentemente de "notificação" ou intimação. A citação no processo trabalhista ("notificação", conforme a CLT) será praticada pelo Diretor de Secretaria da Vara do Trabalho, independentemente de despacho, no prazo de 48 horas do ajuizamento da ação (art. 841 da CLT).

Em regra, a notificação no processo trabalhista é realizada pela via postal, sendo por oficial de justiça, quando o local não for servido pelo serviço do correio, ou por edital, quando o réu criar embaraços ou não for encontrado (art. 841, § 1º, CLT).

Conforme a Súm. nº 16 do TST, presume-se recebida a notificação 48 (quarenta e oito) horas depois de sua postagem. O seu não recebimento ou a entrega após o decurso desse prazo constitui ônus de prova do destinatário.

Salvo nos casos previstos na CLT, a publicação das decisões e sua notificação aos litigantes, ou seus patronos, consideram-se realizadas nas próprias audiências em que forem as mesmas proferidas:

- Da decisão serão os litigantes notificados, pessoalmente ou por seu representante, na própria audiência. No caso de revelia, a notificação será feita em registro postal com franquia. Se o reclamado criar embaraços ao seu recebimento, ou não for encontrado, far-se-á a notificação por edital;
- Contagem do prazo: os prazos serão contados em dias úteis, com exclusão do dia do começo e inclusão do dia do vencimento;
- Intimada ou notificada a parte no sábado, o início do prazo se dará no primeiro dia útil imediato e a contagem, no subsequente;
- Os prazos que se vencerem em sábado, domingo ou dia feriado terminarão no primeiro dia útil seguinte;
- Quando a intimação tiver lugar na sexta-feira, ou a publicação com efeito de intimação for feita nesse dia, o prazo judicial será contado da segunda-feira imediata, inclusive, salvo se não houver expediente, caso em que fluirá no dia útil que se seguir;
- Quando o ato processual for publicado no diário oficial eletrônico, considera-se como data da publicação o primeiro dia útil seguinte ao da disponibilização da informação. Já os prazos processuais terão início no primeiro dia útil que seguir ao considerado como data da publicação.

A utilização de sistema de transmissão de dados e imagens não prejudica o cumprimento dos prazos, devendo os originais serem entregues em juízo, necessariamente, até 05 (cinco) dias da data de seu término, ou seja, a contagem desse prazo começa a fluir do dia subsequente ao término do prazo recursal e não do dia seguinte à interposição do recurso (Súm. 387, II do TST e o art. 2º da Lei 9.800/1999). Como a juntada dos originais não depende de notificação, já que a parte, ao interpor o recurso, já tem ciência de seu ônus processual, o prazo poderá se encerrar inclusive em dia não útil.

- Prorrogação dos prazos: podem ser prorrogados, pelo tempo estritamente necessário, nas seguintes hipóteses:
- Quando o juízo entender necessário;
- Em virtude de força maior, devidamente comprovada.
- Dilação dos prazos: ao juízo incumbe dilatar os prazos processuais e alterar a ordem de produção dos meios de prova, adequando-os às necessidades do conflito de modo a conferir maior efetividade à tutela do direito.

Principais prazos do processo do trabalho (do menor para o maior)	
Razões finais	10 minutos - Art. 850 da CLT
Defesa	20 minutos - Art. 847 da CLT
Prazo máximo que pode durar a audiência, salvo quando houver matéria urgente	5 horas - Art. 813 da CLT
Pedido de revisão do valor da causa	48 horas - Art. 2º, §1º da Lei n. 5584 de 1970
Prazo para designação da audiência para o julgamento da exceção de suspeição	48 horas - Art. 802 da CLT
Presunção de recebimento da notificação inicial	48 horas - Art. 774 parágrafo único da CLT e Súmula 16 do TST
Para o devedor pagar a dívida ou nomear bens à penhora	48 horas - Art. 880 da CLT
Embargos declaratórios	5 dias - Art. 897-A da CLT
Exceção de incompetência em razão do lugar e respectiva manifestação da parte contrária	5 dias - Art. 800 da CLT
Embargos à execução, salvo para Fazenda Publica	5 dias - Art. 884 da CLT
Apresentação dos originais quando for juntada cópia em fax	5 dias - Art. 2º da Lei n. 9800 de 1999
Manifestação das partes sobre o laudo pericial no rito sumaríssimo	5 dias - Art. 852-H, §6º da CLT
Prazo mínimo para que seja designada a audiência inicial	5 dias - Art. 841 da CLT
Impugnação à sentença de liquidação pelas partes e pela União	5 dias - Art. 879, §2º da CLT

Principais prazos do processo do trabalho (do menor para o maior)	
Impugnação dos cálculos de liquidação pelas partes	8 dias
Recursos trabalhistas em geral	8 dias
Manifestação da União sobre os cálculos de liquidação	10 dias
Recurso extraordinário	15 dias
Apreciação da reclamação no rito sumaríssimo	15 dias
Embargos à execução pela Fazenda Publica	30 dias
Penalidade aplicada ao reclamante que der causa a dois arquivamentos seguidos	6 meses

2. PETIÇÃO INICIAL

2.1. Conceito

É a peça em que o autor exercita seu direito constitucional de ação, **provocando** o Judiciário a se manifestar a respeito da tutela pretendida, **iniciando** a relação jurídico-processual.

2.2. Requisitos

Os requisitos obrigatórios da petição inicial trabalhista estão previstos no art. 840, § 1º, da CLT, quais sejam: **designação do juízo, qualificação das partes, breve exposição dos fatos**, pedido certo, determinado e com indicação de seu valor, data e assinatura.

A Lei da Reforma Trabalhista alterou a redação do artigo 840, §1º, da CLT, para incluir a indicação do valor do pedido (pedido líquido) como requisito da petição inicial também no rito ordinário (antes essa exigência era apenas para o rito sumaríssimo). Isso, sob pena de extinção do pleito sem resolução do mérito (artigo 840, §3º, da CLT).

Conforme a doutrina, existem outros requisitos facultativos da petição inicial trabalhista, quais sejam, valor da causa, requerimento de notificação inicial e de produção de provas.

MUITA ATENÇÃO!

No tocante ao pedido de adicional de insalubridade, a jurisprudência do TST mostra-se mais flexível. Assim, a Súm. 293 do TST consolida o entendimento de que a verificação mediante perícia de prestação de serviços em condições nocivas, considerado agente insalubre diverso do apontado na inicial, não prejudica o pedido de adicional de insalubridade. Assim, mesmo que o reclamante faça pedido alegando a presença do agente "frio" e a perícia constate a presença de agente insalutífero diverso (umidade, por exemplo), isso não impede que o reclamante tenha direito a receber o adicional.

MUITA ATENÇÃO!

Sobre esse tema, o **Exame Unificado de 2012** questionou como o juiz deve julgar o pedido de adicional de insalubridade, no processo em que a perícia constatou a presença de agente insalutífero diverso do apontado na inicial. Para a banca, a resposta correta foi: "procedente o pedido de pagamento de adicional de insalubridade, uma vez que a constatação de agente insalubre distinto do mencionado na causa de pedir não prejudica o pedido respectivo", adotando o entendimento da Súmula acima mencionada.

2.3. Reclamação Plúrima

Sendo várias as reclamações e havendo **identidade de matéria**, poderão ser acumuladas num só processo, se se tratar de empregados **da mesma empresa ou estabelecimento**.

Sobre esse tema, o **Exame Unificado de 2017**, considerou correta a seguinte assertiva: "Reinaldo, Wilma e Teodoro trabalharam no restaurante Fino Paladar Ltda. Todos procuraram o mesmo advogado para apresentar reclamação trabalhista: Reinaldo diz que não recebeu horas extras, Wilma informa que não recebeu as verbas resilitórias e Teodoro diz que não recebeu a participação nos lucros. Diante da situação retratada, e de acordo com a CLT (...) Não é possível o ajuizamento de reclamação plúrima, porque os pedidos são distintos".

Na hipótese narrada na questão, em que pese se tratar do mesmo empregador, não há identidade de matéria, o que inviabiliza a utilização da reclamação plúrima.

2.4. *Jus postulandi*

No processo do trabalho, a parte pode demandar em juízo, sem assistência de advogado, conforme *jus postulandi*, estabelecido no art. 791 da CLT. Essa prerrogativa limita-se às Varas do Trabalho e aos Tribunais Regionais do Trabalho, não alcançando a ação rescisória, a ação cautelar, o mandado de segurança e os recursos de competência do Tribunal Superior do Trabalho (Súm. 425 do TST). Sobre esse tema, o **Exame Unificado de 2012**, considerou incorreta a afirmação de que: "aplica-se irrestritamente na seara trabalhista, em todas as esferas, instâncias e ações, sendo uma de suas características marcantes".

Ainda sobre essa temática, **Exame Unificado de 2017**, considerou correta a seguinte assertiva: " Rita é engenheira e trabalhou na empresa Irmãos Construtores Ltda. por 3 anos. Ao ser dispensada, ajuizou ação trabalhista em face da ex-empregadora. Como tinha experiência na área de recursos humanos de empregos anteriores, decidiu ela própria fazer sua defesa jurídica, não buscando, portanto, a assistência de advogado ou sindicato. Elaborou a petição inicial, compareceu à audiência e formulou perguntas para testemunhas e para a parte ré. Ao término da instrução o juiz prolatou sentença de improcedência do petitório de Rita, a qual, inconformada, interpôs recurso ordinário, que teve provimento negado, sendo mantida a sentença de primeiro grau. Ainda inconformada, adotando o mesmo sistema, entendendo ter havido violação literal de dispositivo constitucional tanto na sentença de primeiro grau como no acórdão, Rita, da mesma forma e desacompanhada de advogado, interpõe o competente recurso de revista para o TST. Com base na jurisprudência consolidada do TST acerca da postulação em causa própria (...) O recurso deverá ter o seguimento negado por irregularidade de representação".

Com a Reforma Trabalhista, o jus postulandi também ficou vedado para a hipótese de **homologação de acordo extrajudicial** (art. 855-B da CLT).

2.5 Representação por advogado: por meio de **procuração,** em que são delimitados os poderes do constituído, que podem ser comuns ou especiais. Os atos a serem praticados pelo advogado dependem de mandato, exceto para evitar **preclusão, decadência, prescrição e praticar atos urgentes.** No caso das pessoas jurídicas de direito público, como a representação decorre da lei, o poder de representação dos procuradores é inerente a sua própria função, não havendo necessidade de juntada do mandato. Neste caso, é essencial que o signatário ao menos se declare exercente do cargo de procurador, não bastando a indicação do número de inscrição na OAB.

Em se tratando de outorgante **analfabeto,** é necessária a **assinatura a rogo** da parte e a subscrição por **duas testemunhas.**

Se há previsão, no instrumento de mandato, de **prazo para sua juntada**, o mandato só tem **validade** se anexado ao processo o respectivo instrumento no aludido prazo.

É inválido o instrumento de mandato firmado em nome de pessoa jurídica que não contenha, pelo menos, o **nome do outorgante e do signatário da procuração**, pois estes dados constituem elementos que os individualizam (Súm. 456, I, do TST).

A procuração outorgada com poderes específicos para ajuizamento de reclamação trabalhista não autoriza a propositura de **ação rescisória e mandado de segurança**. Constatado, todavia, o defeito de representação processual na fase recursal, cumpre ao relator ou ao tribunal conceder prazo de **5 (cinco) dias para a regularização.**

O advogado poderá **renunciar** ao mandato a qualquer tempo, provando que comunicou a renúncia ao mandante, a fim de que este nomeie sucessor. Durante os **10 (dez) dias seguintes**, o advogado continuará a representar o mandante, desde que necessário para lhe evitar prejuízo. Dispensa-se a comunicação referida quando a procuração tiver sido outorgada a vários advogados e a parte continuar representada por outro, apesar da renúncia.

A juntada de **nova procuração** aos autos, sem ressalva de poderes conferidos ao antigo patrono, implica **revogação tácita do mandato anterior.**

Caso verificada a **irregularidade** de representação da parte na instância originária, o juiz designará prazo de **5 (cinco) dias** para que seja sanado o vício. Descumprida a determinação, extinguirá o processo, sem resolução de mérito, se a providência couber ao reclamante, ou considerará revel o reclamado, se a providência lhe couber (art. 76, § 1º, do CPC).

Caso a irregularidade de representação da parte seja constatada em fase recursal, o relator designará prazo de 5 (cinco) dias para que seja sanado o vício. Descumprida a determinação, o relator não conhecerá do recurso, se a providência couber ao recorrente, ou determinará o desentranhamento das contrarrazões, se a providência couber ao recorrido (art. 76, § 2º, do CPC).

2.6 Mandato tácito: É possível o registro em ata de audiência dos poderes outorgados ao procurador, desde que a parte esteja presente (art. 791, § 3º, da CLT). O simples registro do nome do advogado em ata de audiência, presente, a parte, configura o **mandato tácito** (*apud acta*), possuindo o advogado poderes para o foro em geral, mas não podendo praticar os atos que dependam de poderes específicos. Sobre esse tema, o Exame **Unificado de 2018**, considerou correta a seguinte afirmação: "Silvio contratou você como advogado para ajuizar ação trabalhista em face do empregador. Entretanto, na audiência, o juiz constatou que não havia procuração nos autos. Diante disso, você requereu fosse efetivado registro em ata de audiência no qual Silvio o constituía como procurador. Silvio anuiu com o requerimento. Com base na hipótese narrada, nos termos da CLT, assinale a afirmativa correta: A) O mandato, no caso, é válido e os poderes são apenas para o foro em geral."

É inválido o **substabelecimento** de advogado investido de mandato tácito (OJ n. 200 da SDI-1 do TST).

2.7. Perempção trabalhista

A perempção trabalhista constitui-se numa pena ao trabalhador que **perde o direito de ajuizar** a reclamação trabalhista pelo prazo de **seis meses**. A perempção trabalhista pode ocorrer em duas situações:

A No caso de reclamação **verbal**, se o autor não se apresentar, em **5 dias**, ao Juízo para fazê-lo tomar por termo (art. 731 da CLT);

B O autor que, por **duas vezes seguidas**, der causa ao **arquivamento** da reclamação por ausência injustificada à audiência inaugural de cada um dos processos (art. 732

c/c art. 844, ambos da CLT). Sobre esse tema, Exame **Unificado de 2016**, considerou correta a seguinte afirmação: "Mário ajuizou reclamação trabalhista em face de seu ex-empregador. No dia da audiência, não compareceu, razão pela qual o processo foi arquivado. Em nova ação proposta em idênticos termos, o juiz extinguiu o feito sem resolução do mérito, pois a ré não foi localizada. Imediatamente, Mário ajuizou a demanda pela terceira vez. Na audiência, com todos presentes, o advogado da sociedade empresária aduziu que o juiz deveria extinguir o processo sem resolução do mérito em razão da perempção, pois não decorreu o prazo de seis meses entre o segundo e o terceiro processo. Sobre a hipótese apresentada, na qualidade de advogado de Mário (...) Deverá aduzir que não houve perempção e requerer o prosseguimento do feito". Na hipótese em estudo, é importante ter em mente que, em se tratando de regra sancionatória, a norma que prevê a perempção trabalhista merece interpretação restritiva (art. 732 da CLT). Logo, a perempção trabalhista somente se verifica no caso dos dois arquivamentos seguidos terem se originado pela **ausência injustificada** do autor na audiência inicial. Nenhuma outra modalidade de arquivamento poderá ensejar a perempção, como no caso narrado na questão acima.

2.8. Indeferimento da petição inicial

Significa o reconhecimento de um **vício** na peça, no início do procedimento. Pode se verificar até o oferecimento da defesa. Suas hipóteses legais são (art. 330 do CPC/2015 c/c art. 769 da CLT):

A **inépcia:** a petição inicial é inepta quando lhe faltam os requisitos legais, quais sejam: o pedido ou causa de pedir; o pedido for indeterminado, exceto nas hipóteses legais em que é permitido o pedido genérico; quando da narração dos fatos não decorrer logicamente a conclusão e quando contiver pedidos incompatíveis entre si;

B **a parte for manifestamente ilegítima;**

C **o autor carecer de interesse processual;**

D **não atendidas as prescrições dos arts. 106 e 321 do CPC/2015**, isto é, não observada a devida qualificação do advogado ou a parte não oferecer emenda à inicial no prazo legal para sanar as irregularidades.

> **MUITA ATENÇÃO!**
>
> A Súmula 263 do TST é no sentido de que, nas hipóteses de indeferimento da inicial previstas no artigo 330 do CPC/2015 acima declinadas, não há obrigatoriedade de o magistrado conceder **prazo para saneamento do vício**. Nas demais hipóteses, o indeferimento da petição inicial, por encontrar-se desacompanhada de documento indispensável à propositura da ação ou não preencher outro requisito legal, somente é cabível se, após intimada para suprir a irregularidade em **15 (quinze) dias**, mediante indicação precisa do que deve ser corrigido ou completado, a parte não o fizer (art. 321 do CPC de 2015).

2.9. Improcedência liminar do pedido

É a decisão jurisdicional que, **antes da citação** do demandado (réu ou reconvindo), julga improcedente o pedido formulado pelo demandante. Cumpre ao juiz do trabalho julgar liminarmente improcedente o pedido que contrariar: I – enunciado de súmula do STF ou TST (CPC, art. 927, inciso V); II – acórdão proferido pelo STF ou TST em julgamento de recursos repetitivos (CLT, art. 896-B; CPC, art. 1046, § 4º); III – entendimento firmado em incidente de resolução de demandas repetitivas ou de assunção de competência; IV – enunciado de súmula de TRT sobre direito local, convenção coletiva de trabalho, acordo coletivo de trabalho, sentença normativa ou regulamento empresarial de observância obrigatória em área territorial que não exceda à jurisdição do respectivo Tribunal (CLT, art. 896, "b", a *contrario sensu*).

O juiz também poderá julgar liminarmente improcedente o pedido se verificar, desde logo, a ocorrência de **decadência**.

Para a aplicação desse instituto, a causa deve **dispensar a fase instrutória** e o pedido deve se encaixar em uma das hipóteses acima declinadas.

É cabível o **juízo de retratação**, pois o magistrado poderá reconsiderar a decisão no prazo de **5 dias** após interposto o recurso ordinário. Se houver retratação, o juiz determinará o seguimento do processo com a citação do réu e, se não houver retratação, determinará a citação do réu para apresentar contrarrazões.

2.10. Suspensão do processo

Conforme o art. 313 do CPC são fatos que suspendem o processo: I) o falecimento ou perda de capacidade processual de qualquer das partes, representante legal ou procurador II) por convenção; III) pela arguição de impedimento ou de suspeição; IV) pela admissão de incidente de resolução de demandas repetitivas; V) quando a sentença depender de decisão de outra causa ou da produção de prova a ser produzida por outro juízo; VI) por força maior e VII) demais casos estipulados pelo próprio código.

Na hipótese de perda da capacidade processual, ou irregularidade da representação da parte, o juiz suspenderá o processo e **designará prazo razoável** para que seja sanado o vício.

> **MUITA ATENÇÃO!**
>
> O art. 313 do CPC foi alterado para incluir duas hipóteses **de suspensão do processo:**
>
> 1) pelo **parto** ou pela concessão de **adoção**, quando a advogada responsável pelo processo constituir a única patrona da causa. O período de suspensão será de 30 (trinta) dias, contado a partir da data do parto ou da concessão da adoção, mediante apresentação de certidão de nascimento ou documento similar que comprove a realização do parto, ou de termo judicial que tenha concedido a adoção, desde que haja notificação ao cliente.

MUITA ATENÇÃO!

2) quando o advogado responsável pelo processo constituir o único patrono da causa e tornar-se pai. O período de suspensão será de 8 (oito) dias, contado a partir da data do parto ou da concessão da adoção, mediante apresentação de certidão de nascimento ou documento similar que comprove a realização do parto, ou de termo judicial que tenha concedido a adoção, desde que haja notificação ao cliente.

3. DISSÍDIO INDIVIDUAL: PROCEDIMENTO ORDINÁRIO,SUMARÍSSIMO E SUMÁRIO

Existem três procedimentos (ritos) no processo trabalhista: **rito sumário (rito de alçada):** para demandas com valor de até dois salários mínimos, **rito sumaríssimo**: para demandas com valor de até quarenta salários mínimos (arts. 852-A e seguintes da CLT) e **rito ordinário** para as demais demandas.

3.1. Rito sumário: Quando o valor da causa for de até 2 (dois) salários mínimos, o processo deve seguir o rito sumário, que está previsto no art. 2º, §§ 3º e 4º da Lei nº 5.584/70. É um procedimento mais simples e célere e não possui recursos cabíveis quanto às suas decisões, ou seja, são causas de única instância. A única exceção permitida é a possibilidade de recurso quando há a violação de preceito constitucional, sendo assim, poderá haver o Recurso Extraordinário em ação do rito sumário, dirigido ao STF.

3.2. Rito sumaríssimo:

O processo seguirá o rito sumaríssimo quando o valor da causa não exceda a **quarenta vezes o salário mínimo vigente** na data do ajuizamento da ação.

O procedimento sumaríssimo possui algumas especificidades, abaixo destacadas:

1) Em regra, a **audiência** do rito sumaríssimo é **una**, sendo exceção o fracionamento, como no caso de necessidade de realização de perícia técnica. Somente quando a prova do fato o exigir, ou for legalmente imposta, será deferida prova técnica, incumbindo ao juiz, desde logo, fixar o prazo, o objeto da perícia e nomear perito. Sobre esse tema, o **Exame Unificado de 2012**, considerou incorreta a afirmação de que nos processos do rito sumaríssimo "não cabe a produção de prova pericial".

2) Há previsão legal de apenas **uma tentativa conciliatória** no início da audiência (art. 852-E da CLT).

3) Não é cabível a **citação por edital** (art. 852-B da CLT). Sobre esse tema, o **Exame Unificado de 2012**, considerou incorreta a afirmação de que nos processos do rito sumaríssimo: "A citação por edital somente é cabível se esgotadas todas as tentativas de se localizar o reclamado".

4) Há previsão de **decisão de plano** de todos os incidentes e exceções que possam interferir no prosseguimento do feito (art. 852-G da CLT).

5) **Duas testemunhas**, no máximo, por parte (art. 852-G, § 2º, da CLT).

6) Necessidade de comprovação do **convite recusado** para que seja deferida a notificação da testemunha (art. 852-G, § 3º, da CLT). Sobre esse tema, o **Exame Unificado de 2011** considerou equivocada a seguinte assertiva: "no processo do trabalho sumaríssimo, a simples ausência da testemunha na audiência enseja a sua condução coercitiva". Ainda sobre o tema, o **Exame Unificado de 2016** considerou verdadeira a seguinte assertiva: "Em audiência trabalhista sob o rito sumaríssimo, o advogado da ré aduziu que suas testemunhas estavam ausentes. Sem apresentar qualquer justificativa ou comprovante de comunicação às testemunhas, requereu o adiamento do feito. Diante disso, estando presentes as testemunhas do autor, o juiz indagou do advogado do autor se ele concordava ou não com o adiamento, requerendo justificativa. Sobre o caso relatado, na qualidade de advogado do autor (...) Deve se opor ao adiamento, requerendo o prosseguimento do feito, pois, não havendo comprovação do convite às testemunhas, a audiência não poderá ser adiada para intimação das mesmas".

7) **Relatório dispensado** na sentença (art. 852-I da CLT).

8) Intimação da sentença na **própria audiência** (art. 852-I, § 3º, da CLT). Sobre esse tema, o **Exame Unificado de 2012**, considerou incorreta a afirmação de que nos processos do rito sumaríssimo "As partes devem ser intimadas da sentença por notificação postal".

9) A apreciação da reclamação deverá ocorrer no prazo máximo de **quinze dias** do seu ajuizamento, podendo constar de pauta especial, se necessário, de acordo com o movimento judiciário da Junta de Conciliação e Julgamento.

10) A posição majoritária da jurisprudência é de que não cabe **reconvenção** em rito sumaríssimo. O fundamento é a proibição da reconvenção nos ritos céleres pelas leis processuais específicas

(Lei dos Juizados Especiais), evidenciando a incompatibilidade desse instituto com o princípio da celeridade que norteia tais ritos.

11) O procedimento sumaríssimo é incabível nas demandas em que é parte a Administração Pública direta, autárquica e fundacional. Nos casos de entes da administração pública indireta (sociedades de economia mista e empresas públicas) é cabível o rito sumaríssimo. Sobre o tema, o **Exame Unificado de 2018** considerou verdadeira a seguinte assertiva: "Juca ajuizou ação trabalhista em face da sua ex-empregadora, empresa privada do ramo de mineração. Paulo também ajuizou ação, mas em face de seu ex-empregador, uma empresa de prestação de serviços, e do Município de Nova Iguaçu, no Rio de Janeiro, para quem prestou serviços, requerendo a responsabilização subsidiária. Os respectivos advogados atribuíram o valor correspondente a 20 salários mínimos à causa de Juca e de 15 salários mínimos à causa de Paulo. Diante disso, assinale a afirmativa correta: A) A causa de Juca correrá sob o procedimento sumaríssimo e a de Paulo, sob o ordinário". No exemplo dado na questão, em que pese o valor da causa ser inferior a quarenta vezes o salário mínimo vigente na data do ajuizamento da ação, a administração pública direta (município) é também parte, o que afasta a aplicação do rito sumaríssimo. Ainda sobre o mesmo tema, o **Exame Unificado de 2019** considerou verdadeira a seguinte assertiva: "Em sede de reclamação trabalhista proposta por Sávio, os pedidos liquidados somaram valor inferior a 40 salários mínimos nacionais. A ação foi movida em face do ex- empregador e da União, em razão de alegação de responsabilidade subsidiária. Sobre o caso apresentado, assinale a opção que indica o procedimento a ser seguido: A ação correrá sob o rito ordinário, porque, em que pese o valor da causa, figura ente de direito público no polo passivo".

Sobre esse tema, o **Exame Unificado de 2021** considerou correta a seguinte assertiva: "Melissa era uma empregada terceirizada do setor de limpeza que atuou durante todo o seu contrato em uma sociedade de economia mista federal, que era a tomadora dos serviços (contratante). Após ter sido dispensada e não ter recebido nem mesmo as verbas resilitórias, Melissa ajuizou reclamação trabalhista contra o ex- empregador e contra a sociedade de economia mista federal, requerendo desta a responsabilidade subsidiária por ser tomadora dos serviços. O volume dos pedidos de Melissa alcança o valor de R$ 17.000,00.

Considerando os fatos narrados, assinale a afirmativa correta.

A) A ação tramitará pelo procedimento sumaríssimo, de modo que Melissa poderá conduzir, no máximo, duas testemunhas."

Esclarecendo a resposta, no caso em análise, o valor do pedido é inferior à 40 (quarenta) salários mínimos e, por isso, a demanda está obrigatoriamente sujeito ao rito sumaríssimo. Como a tomadora dos serviços (também parte reclamada) é Sociedade de Economia Mista, não há qualquer impedimento para o uso desse rito.

3.3. Regras comuns aos ritos ordinário, sumário e sumaríssimo

No processo trabalhista, a designação para a primeira audiência (inaugural ou inicial) é **automática**, realizada no momento do protocolo da petição inicial. Após o protocolo, o servidor remeterá a segunda via ao reclamado, com cópia da petição inicial, notificando-o ao mesmo tempo para comparecer à audiência de julgamento, que será a primeira desimpedida depois de 5 dias.

Assim, a audiência somente poderá ser realizada **cinco dias** após o recebimento da notificação pelo reclamado. No caso da Fazenda Pública, esse prazo é de **20 dias** (Decreto-Lei 779/69, art. 1º, II).

Sobre esse tema, o **Exame Unificado de 2022** considerou correta a seguinte assertiva: "Em 7 de fevereiro de 2022 (uma segunda-feira), Carlos ajuizou reclamação trabalhista pelo rito ordinário contra a Sociedade Empresária Calçados Ícaro Ltda., postulando vários direitos que afirma terem sido lesados ao longo dos 3 (três) anos nos quais trabalhou na empresa. A Vara para a qual o processo foi sorteado é extremamente organizada, tendo comprovadamente ocorrido a citação em 9 de fevereiro (quarta-feira) e designada a audiência una para o dia 11 de fevereiro (sexta-feira). Todos os dias da referida semana são úteis. Diante dos fatos e do que dispõe a CLT, assinale a afirmativa correta.

A) A audiência deve ser remarcada, se houver pedido do reclamado, porque não se observou prazo mínimo de 5 (cinco) dias úteis contados da citação." Presume-se recebida a notificação remetida ao reclamado, **48h** após ser postada, sendo o não recebimento ônus de prova do destinatário.

Na audiência inaugural há necessidade do **comparecimento pessoal** das partes, sendo facultativa a presença de advogado, diante do *jus postulandi* (art. 845 da CLT).

Se o reclamante, por doença ou motivo ponderoso comprovado, não puder comparecer, poderá se fazer representar por empregado da mesma profissão ou pelo seu sindicato, assegurando então que a audiência seja adiada para data em que ele possa comparecer.

Se o reclamante se ausentar e não justificar a ausência, a ação será **arquivada**.

> **FIQUE POR DENTRO:** Após a Reforma Trabalhista, em caso de **arquivamento** por ausência do reclamante, este será condenado ao pagamento das custas, ainda que beneficiário da justiça gratuita (art. 844, §2º, da CLT). O reclamante apenas ficará isento dessa condenação se comprovar, em **15 dias**, que a ausência ocorreu por motivo legalmente justificável. O pagamento dessas custas é condição para a propositura de nova demanda pelo reclamante.

Em caso de ausência do reclamado, ser-lhe-á aplicada a **revelia e a confissão ficta** quanto à matéria de fato.

> **FIQUE POR DENTRO:** Após a Reforma Trabalhista, mesmo quando ausente o reclamado, presente o advogado na audiência, serão aceitos a contestação e os documentos eventualmente apresentados.
>
> Atenção: Conforme o artigo 12º da IN 41/2018 do TST, a possibilidade de recebimento, pelo juiz, de contestação e documentos do reclamado ausente somente é aplicável aos processos trabalhistas ajuizados após a vigência da Lei da Reforma Trabalhista (a partir de 11.11.2017).

No caso da ausência de ambas as partes, o processo será **arquivado**.

Sobre o tema do comparecimento das partes em audiência, o Exame **Unificado de 2020**, considerou correta a seguinte afirmação: "Você foi contratado(a) para atuar nas seguintes ações trabalhistas: (i) uma ação de cumprimento, como advogado da parte autora; (ii) uma reclamação plúrima, também como advogado da parte autora; (iii) uma reclamação trabalhista movida por João, ex-empregado de uma empresa, autor da ação; (iv) uma reclamação trabalhista, por uma sociedade empresária, ré na ação.

Sobre essas ações, de acordo com a legislação trabalhista em vigor, assinale a afirmativa correta.(...)

C) Nas ações plúrima e de cumprimento, a parte autora poderá se fazer representar pelo Sindicato da categoria. João deverá estar presente, mas, por doença ou motivo ponderoso comprovado, poderá se fazer representar por empregado da mesma profissão ou pelo seu sindicato. Na ação em face da sociedade empresária, o preposto não precisará ser empregado da ré".

Em caso de **motivo relevante**, o juiz poderá suspender a audiência, designando nova data (art. 844, parágrafo único da CLT).

Nas ações plúrima e de cumprimento, a parte autora poderá se fazer representar pelo Sindicato da categoria.

Não há previsão na CLT a respeito da ausência dos advogados. A jurisprudência se divide quanto ao tema, mas a maioria entende que não é hipótese para adiamento da audiência, já que a presença do advogado não é obrigatória porquanto a parte pode se fazer representar sozinha em juízo.

No rito ordinário, deve o magistrado efetuar **duas tentativas de conciliação**: uma no início da audiência e a segunda, ao final. A inexistência da primeira tentativa de conciliação implica em nulidade absoluta diante do princípio conciliatório vigente no processo trabalhista.

Se as partes comparecerem e houver **acordo**, lavrar-se-á termo, assinado pelo juiz e partes, consignando-se o prazo e demais condições para seu cumprimento (art. 846, §1º, da CLT).

Após a primeira tentativa de conciliação frustrada, o réu apresentará sua **defesa** (deve ser interpretado de forma ampliativa para considerar a contestação, reconvenção e exceções), no prazo de **vinte minutos** (art. 847 da CLT). Com o PJE, a defesa deverá ser inserida no sistema até a tentativa conciliatória frustrada.

Sobre esse tema, o Exame **Unificado de 2018**, considerou correta a seguinte afirmação: "Seu escritório foi contratado pela empresa Alumínio Brilhante Ltda. para assisti-la juridicamente em uma audiência. Você foi designado(a) para a audiência. Forneceram-lhe cópia da defesa e dos documentos, e afirmaram que tudo já havia sido juntado aos autos do processo eletrônico. Na hora da audiência, tendo sido aberta esta, bem como os autos eletrônicos do processo, o juiz constatou que a defesa não estava nos autos, mas apenas os documentos. Diante disso, o juiz facultou-lhe a opção de apresentar defesa. Nos exatos termos previstos na CLT, você deverá: B) aduzir defesa oral em 20 minutos.

Em caso de reclamado desassistido por advogado, a defesa poderá ser ofertada **verbalmente**, ou, caso apresentada defesa e documentos em papéis, caberá à Secretaria da Vara o dever de digitalizá-los (art. 4º da Resolução nº 185/2017 do CSJT).

> **FIQUE POR DENTRO:** Conforme alteração trazida pela Reforma Trabalhista, nos termos do artigo 841, §3º, da CLT, após ofertada a contestação, ainda que eletronicamente, o autor não poderá, sem o consentimento do réu, desistir da ação (antes, a desistência era possível até o recebimento da defesa em audiência). Sobre esse tema, o Exame **Unificado de 2019**, considerou correta a seguinte afirmação: "O réu, em sede de reclamação trabalhista, ajuizada em 20/04/2018, apresentou defesa no processo eletrônico, a qual não foi oferecida sob sigilo. Feito o pregão, logo após a abertura da audiência, a parte autora manifestou interesse em desistir da ação. Sobre a desistência da ação pela parte autora, assinale a afirmativa correta: Oferecida a contestação, ainda que eletronicamente, o reclamante não poderá, sem o consentimento do reclamado, desistir da ação".

Não existindo acordo na audiência inicial e sendo recebida a contestação, o juiz designará **audiência de instrução** para colheita de provas. As partes serão intimadas para comparecimento pessoal e deverão apresentar suas testemunhas, espontaneamente, nos termos do artigo 845 da CLT.

Caso a parte se ausente à audiência em prosseguimento na qual deveria ser ouvida, para a qual foi **pessoalmente intimada** com expressa cominação de advertência, o juiz aplicará a pena de **confissão ficta**, presumindo-se verdadeiros os fatos alegados pela parte adversa. Tal presunção poderá, contudo, ser afastada por prova pré-constituída (Súm. 74 do TST).

Se **ambas as partes** se ausentarem à audiência em prosseguimento, a confissão ficta será aplicada para autor e réu e o processo será julgado conforme as **regras do ônus da prova.** Sobre esse tema, o **Exame Unificado de 2013** considerou verdadeira a seguinte assertiva: "A ausência das partes gera a confissão ficta recíproca, devendo ser aplicada a regra de que para os fatos constitutivos cabe o ônus da prova ao autor, e para os extintivos, modificativos e impeditivos, o ônus será do réu".

No que se refere à intimação das testemunhas, a CLT tem regra específica, **dispensando o rol** de testemunhas. Sobre esse tema, o **Exame Unificado de 2011**, considerou incorreta a seguinte assertiva: "apenas as testemunhas arroladas previamente poderão comparecer à audiência a fim de serem ouvidas".

No rito ordinário, as testemunhas comparecerão **independentemente de notificação ou intimação**, e a parte tem a liberdade de levá-las e de apresentá-las ao juiz no momento da oitiva.

Caso a testemunha se recuse a comparecer, a parte indicará tal fato ao juiz, pedindo a **intimação pessoal** (art. 825 da CLT), o que também poderá ser determinado pelo juiz, de ofício. Sobre esse tema, o **Exame Unificado de 2011**, considerou correta a seguinte assertiva: "as testemunhas comparecerão à audiência independentemente de intimação e, no caso de não comparecimento, serão intimadas *ex officio* ou a requerimento da parte".

É também na audiência que a parte faz o requerimento da prova pericial.

Encerrada a instrução, as partes poderão aduzir **razões finais orais,** em prazo não excedente de **10 minutos** para cada e, terminadas as razões finais, será realizada a segunda e última tentativa conciliatória.

Frustrada a última tentativa conciliatória, o juiz proferirá **sentença.** Na praxe forense, o juiz designa uma data para a leitura de sentença (audiência de julgamento) que, em verdade, é uma mera data para apresentação da sentença em secretaria, porquanto não há o ato solene de audiência.

4. REVELIA

4.1. Conceito

O conceito de revelia nada mais é do que a **falta de apresentação de resposta** do réu, oportunamente. É permitida ao réu revel a produção de provas contrapostas à alegação do autor desde que se faça representar nos autos a tempo de praticar os atos processuais indispensáveis a essa produção.

4.2. Efeitos

A revelia importa nos seguintes efeitos: 1) **confissão ficta**, considerando-se verdadeiros os fatos articulados em desfavor do réu. A confissão ficta também se aplica às pessoas jurídicas de direito público (OJ n. 152 da SDI-1 do TST); 2) **impossibilidade de alteração do pedido**; 3) **curso do prazo** independente de intimação; 4) **possibilidade de intervenção no processo a qualquer tempo**; 5) **notificação da sentença** do réu revel por via postal (CLT, art. 852).

> **MUITA ATENÇÃO!** Após a Reforma Trabalhista, mesmo quando ausente o reclamado, se estiver presente o seu advogado na audiência, serão aceitos **a contestação e os documentos** eventualmente apresentados.

Sobre esse tema, o **Exame Unificado de 2021** considerou correta a assertiva "D" referente à seguinte questão: "Maurício ajuizou reclamação trabalhista, em agosto de 2021, contra a sua ex-empregadora, a sociedade empresária Sorvetes Glacial Ltda., postulando o pagamento de horas extras e verbas resilitórias.

No dia da audiência inaugural, feito o pregão com pontualidade, o autor compareceu acompanhado de seu advogado, estando ainda presente o advogado da empresa, mas ausente o preposto. O advogado do réu requereu que se aguardasse o prazo de 15 minutos, mas diante da negativa do advogado do autor, que não concordou em aguardar, teve início a audiência.

O advogado do autor requereu a aplicação da revelia e o advogado do réu informou que havia protocolizado defesa com documentos pelo processo judicial eletrônico (PJe), requerendo que fossem recebidos.

Diante da situação e dos termos da CLT, assinale a afirmativa correta.

A) Deverá ser aplicada a revelia em razão da ausência do preposto e desprezada a defesa.

B) Há nulidade do ato porque a CLT determina que se aguarde a parte até 15 minutos após o horário designado.

C) Sendo a CLT omissa a respeito, caberá ao juiz definir se haverá revelia ou remarcação da audiência.

*D) A defesa e os documentos apresentados devem ser aceitos."

Esclarecendo a resposta, após a Reforma Trabalhista, mesmo quando ausente o reclamado, presente o advogado na audiência, serão aceitos **a contestação e os documentos** eventualmente apresentados (art. 844, §5º da CLT), estando correta a alternativa D.

4.3. Inaplicabilidade

Não haverá aplicação da revelia nas seguintes hipóteses: 1) Havendo **pluralidade de réus**, se algum deles contestar a ação, não haverá efeito da confissão ficta (art. 345, I, do CPC/2015); 2) quando houver direitos **indisponíveis** envolvidos (exemplos: direitos de personalidade dos empregados, direitos relacionados à medicina, segurança e meio ambiente de trabalho); 3) a petição inicial não estiver acompanhada de **instrumentos** que a lei considere indispensável à prova do ato (art. 345, III, do CPC/2015); 4) quando as alegações de fato formuladas pelo autor forem **inverossímeis** ou estiverem em contradição com prova constante dos autos (art. 345, IV, do CPC/2015). Isso porque, o simples fato da revelia não pode tornar verossímil o absurdo! 5) Matéria de direito e matérias de **ordem pública**; 6) Quando a matéria depender de **prova técnica**, como é o caso da insalubridade e periculosidade (art. 195 da CLT).

4.4. Preposto

O preposto é aquele responsável por representar o reclamado em juízo. A lei não exige que o preposto tenha presenciado os fatos, mas apenas que tenha **conhecimento** dos fatos. Sobre esse tema, o **Exame Unificado 2016,** considerou correta a seguinte assertiva: "A sociedade empresária Sucos Naturais Ltda., empresa de pequeno porte, teve contra si ajuizada uma reclamação trabalhista, na qual Alice, uma de suas ex-empregadas, postula o pagamento de horas extras. Para a audiência, a sociedade empresária enviou como preposto o empregado que foi contratado para substituir Alice. Em razão disso, o advogado da reclamante protestou contra tal fato, requerendo a aplicação da confissão, pois o preposto não havia presenciado os fatos. Segundo a sistemática da CLT (...) A impugnação deve ser rejeitada, pois o preposto precisa apenas ter conhecimento dos fatos".

Até o advento da Reforma Trabalhista, a jurisprudência consolidada na Súmula 377 do TST exigia que o preposto fosse empregado do reclamado, exceto quanto à reclamação de empregado doméstico, ou contra micro ou pequeno empresário.

FIQUE POR DENTRO:

A partir da Reforma Trabalhista não é mais obrigatório que o preposto seja empregado da parte reclamada! Sobre esse tema, o **Exame Unificado 2019,** considerou correta a seguinte assertiva: "Em março de 2019, durante uma audiência trabalhista que envolvia a sociedade empresária ABC S/A, o juiz indagou à pessoa que se apresentou como preposto se ela era empregada da empresa, recebendo como resposta que não. O juiz, então, manifestou seu entendimento de que uma sociedade anônima deveria, obrigatoriamente, fazer- se representar por empregado, concluindo que a sociedade empresária não estava adequadamente representada. Decretou, então, a revelia, excluiu a defesa protocolizada e sentenciou o feito na própria audiência, julgando os pedidos inteiramente procedentes. Diante desse quadro e do que prevê a CLT, assinale a afirmativa correta: O advogado da ré deverá interpor recurso ordinário no prazo de 8 dias, buscando anular a sentença, pois o preposto não precisa ser empregado da reclamada".

Atenção: Conforme o artigo 12º, §1º, da IN 41/2018 do TST, somente é admitido preposto que não seja empregado do reclamado nas **audiências realizadas** após a vigência da Lei da Reforma Trabalhista (a partir de 11.11.2017).

Não se admite a cumulação das condições de advogado e preposto.

5. CONTESTAÇÃO

A contestação é a autêntica peça de **defesa** do réu, que pode ser dirigida **contra o processo** (preliminares, isto é, questões de ordem pública que levarão à extinção do feito, sem resolução do mérito) ou **contra o mérito da demanda** (o réu ataca os pedidos formulados pelo autor). Na contestação, o reclamado deverá alegar **todas** as matérias de defesa, com as razões de fato e de direito, sob pena de **preclusão.**

5.1. Compensação/dedução/retenção

A compensação (dedução) é uma das espécies mais comuns de defesa de mérito. O instituto jurídico da compensação, previsto no Código Civil Brasileiro, diz respeito a existência **de dívidas recíprocas**, permitindo-se o encontro dessas dívidas, com o fim de extingui-las, até a concorrente quantia. A compensação pode decorrer de lei, de acordo de vontades ou de determinação judicial, sendo certo que na seara trabalhista, a compensação somente pode se verificar se as dívidas têm natureza trabalhista (Súm. 18 do TST) e, ainda assim, até o limite equivalente a um mês de remuneração do empregado (art. 477, §5º da CLT).

? **QUESTÃO:** Qual a diferença entre compensação, retenção e dedução?

RESPOSTA: *É muito comum a utilização dos termos retenção e dedução como sinônimos de compensação, contudo, trata-se de institutos diversos. A compensação, como já dito, se verifica quando existem dívidas* *recíprocas, permitindo-se o encontro dessas dívidas, com o fim de extingui-las, até a concorrente quantia. A retenção é uma prerrogativa concedida ao credor, por lei, permitindo que este permaneça na posse de um bem do devedor, como forma de compeli-lo a se adimplir. É uma situação rara no âmbito trabalhista, especialmente porque demanda expressa previsão em lei. Já a dedução corresponde ao abatimento de valores já quitados ao credor, sob o mesmo título. Seu fundamento está no princípio geral de vedação do enriquecimento ilícito e, portanto, pode ser deferido de ofício pelo Juiz, v.g., em caso de adiantamento salarial. No processo trabalhista, a compensação ou retenção só poderão ser arguidas como matérias de defesa.*

5.2. Documentos

Juntamente com a contestação, o reclamado deverá apresentar **todos os documentos** destinados a provar-lhe as alegações. A juntada de documentos posteriormente só se justifica quando provado o justo impedimento para sua oportuna apresentação ou se referir a fato posterior à contestação. Sobre esse tema, **o Exame Unificado de 2015,** considerou incorreta a seguinte assertiva: "Pelo princípio da primazia da realidade, qualquer documento pode ser apresentado com sucesso em qualquer grau de jurisdição, inclusive na fase de execução, independentemente de justificativa".

6. EXCEÇÃO DE INCOMPETÊNCIA

A exceção de incompetência é uma das modalidades de defesa do réu, no processo do trabalho.

FIQUE POR DENTRO:

O artigo 800 da CLT, alterado pela Lei da Reforma Trabalhista, dispõe que a exceção de incompetência territorial deverá ser apresentada no prazo de cinco dias a contar da notificação, antes da audiência e em peça que sinalize a existência desta exceção.

Com o protocolo dessa petição, o processo será suspenso e não se realizará a audiência trabalhista (art. 843 da CLT) até que a exceção de incompetência seja apreciada.

Os autos serão imediatamente conclusos ao juiz, que intimará o reclamante e, se existentes, os litisconsortes. O juiz concederá o prazo comum para manifestação de **cinco dias.**

O juiz poderá designar audiência para produção de **prova oral,** caso entenda necessário, garantindo o direito de o excipiente e de suas testemunhas serem ouvidos, por carta precatória, no juízo que este houver indicado como competente.

Decidida a exceção de incompetência territorial, o processo retomará seu curso, com a designação de audiência, a apresentação de defesa e a instrução processual perante o juízo competente.

A decisão que julgar a exceção é interlocutória, não sendo passível de recurso, podendo ser impugnada apenas por Mandado de Segurança. Todavia, quando a exceção é julgada procedente com a remessa dos autos para Vara do Trabalho vinculada a outro TRT é cabível recurso ordinário (Súm. 214 do TST). Sobre esse tema, o **Exame Unificado de 2019**, considerou verdadeira a seguinte assertiva: "Francisco trabalhou em favor de uma empresa em Goiânia/GO. Após ser dispensado, mudou-se para São Paulo e neste Estado ajuizou reclamação trabalhista contra o ex- empregador. Este, após citado em Goiânia/GO, apresentou petição de exceção de incompetência territorial logo no segundo dia. Em razão disso, o juiz suspendeu o processo e conferiu vista ao excepto. Em seguida, proferiu decisão acolhendo a exceção e determinando a remessa dos autos ao juízo distribuidor de Goiânia/GO, local onde os serviços de Francisco foram prestados e que, no entendimento do magistrado, seria o juízo competente para julgar a reclamação trabalhista. Diante da situação retratada e do entendimento consolidado do TST, assinale a afirmativa correta: Francisco poderá interpor de imediato Recurso Ordinário no prazo de 8 dias. No mesmo sentido, ainda, o **Exame Unificado de 2013** considerou verdadeira a seguinte assertiva: "Uma reclamação trabalhista é ajuizada em São Paulo (TRT da 2ª Região) e, na audiência designada, a reclamada apresenta resposta escrita sob a forma de contestação e exceção de incompetência relativa em razão do lugar, pois o autor sempre trabalhara em Minas Gerais, que na sua ótica deve ser o local onde tramitará o feito. Após conferida vista ao exceto, na forma do Art. 800, da CLT, e confirmada a prestação dos serviços na outra localidade, o juiz acolhe a exceção e determina a remessa dos autos à capital. Dessa decisão, de acordo com o entendimento do TST, e independentemente do seu mérito: (...) cabe de imediato a interposição de recurso ordinário para o TRT de São Paulo".

7. RECONVENÇÃO

A reconvenção é a **demanda do réu contra o autor** no mesmo processo em que está sendo demandado. Em outras palavras, o reclamado, aproveitando a relação jurídica processual em curso, ajuíza ação em face do autor, dentro do mesmo processo. Os parágrafos 3° e 4° do art. 343 do CPC trouxeram a expressa possibilidade da ampliação subjetiva (ativa e passiva) da demanda reconvencional. Assim, a reconvenção poderá ser ajuizada pelo réu e um terceiro em face do autor, bem como poderá ser ajuizada pelo réu em face do autor e de um terceiro. Sobre esse tema, o **Exame Unificado de 2017** considerou correta a seguinte assertiva: "Não há óbice a se incluir na reconvenção pessoa que não figure na lide original".

É pacífico o entendimento do cabimento da reconvenção nas lides trabalhistas, apesar de não estar formalmente previsto na CLT.

7.1. Requisitos:

Por ser **autônoma**, a reconvenção deve observar os requisitos e pressupostos processuais da petição inicial já analisados acima, sob pena de extinção, sem resolução do mérito. Além disso, a reconvenção possui outros requisitos específicos:

1) **conexão:** a reconvenção deve possuir conexão com a ação principal;

2) **competência:** o juiz que julgar ambas as ações deve ser competente para as duas. Sobre esse tema, **o Exame Unificado de 2012,** considerou que não cabe reconvenção no seguinte caso: "Quando a empresa pretender a devolução de valor pago pela compra de um bem do seu empregado que, após, verificou possuir vício redibitório". Veja-se que nesta hipótese não há competência do juiz do trabalho para análise de restituição de quantidade de bem com vício redibitório, o que afasta a possibilidade de reconvenção;

3) **procedimento único:** apesar de existirem duas ações, o processo é único e, portanto, deve seguir um procedimento único.

8. PROVAS

8.1. Conceito

Prova é o meio utilizado para a demonstração, no processo, da veracidade dos **fatos controvertidos.**

8.2. Ônus da prova

O ônus da prova está relacionado com a divisão das provas entre os litigantes.

Incumbe ao autor a prova do fato constitutivo e ao réu incumbe a prova dos fatos impeditivos, modificativos ou extintivos.

A **Fato constitutivo:** é aquele que origina o direito pretendido. Sobre esse tema, **o Exame Unificado de 2012,** considerou verdadeira a seguinte assertiva: "Cabe ao reclamante o ônus de provar o trabalho extraordinário".

B **Fato impeditivo:** é aquele que obstaculiza um ou algum dos efeitos derivados da relação jurídica alegada. Sobre o ônus de prova de fato impeditivo, **o Exame Unificado de 2012,** considerou verdadeira a seguinte assertiva: "É do empregador quanto à alegação de inexistência de vínculo de emprego, se admitida a prestação de serviços com outra qualidade".

C **Fato modificativo:** é aquele que altera o negócio jurídico havido entre autor e réu. Por fim, **fato extintivo** é quando o réu reconhece o fato articulado pelo autor, mas nega a pretensão afirmando que já cumpriu a obrigação. O exemplo clássico é a alegação de pagamento da verba pleiteada.

8.3. Inversão do ônus da prova

O juiz poderá atribuir o ônus da prova de modo diverso, nas seguintes hipóteses: a) previsão em lei; b) diante de peculiaridades da causa relacionadas à impossibilidade ou à excessiva dificuldade de cumprir o encargo ou à maior facilidade de obtenção da prova do fato contrário.

MUITA ATENÇÃO!

O juiz poderá atribuir o ônus da prova de modo diverso em relação à regra acima descrita, desde que o faça por decisão fundamentada, caso em que deverá dar à parte a oportunidade de se desincumbir do ônus que lhe foi atribuído. Essa decisão deverá ser proferida **antes da abertura da instrução.** Se houver requerimento da parte, será necessário **o adiamento** da audiência para possibilitar a prova dos fatos por qualquer meio admitido em direito.

8.4. Ônus de prova com relação à jornada de trabalho

É ônus do empregador que conta com mais de **20 (vinte) empregados** o registro da jornada de trabalho na forma do art. 74, § 2º, da CLT (Até o advento da Lei n. 13.874/2019, a previsão era para a empresa que possuía mais de dez empregados).

Existindo apresentação do controle de jornada, com horários variados, há presunção de veracidade desses documentos e, então, caberá ao empregado comprovar a falsidade desses registros. Sobre esse tema, o **Exame Unificado de 2016,** considerou verdadeira a seguinte assertiva: "José ajuizou reclamação trabalhista em face da sociedade empresária ABCD Ltda., requerendo horas extras. A sociedade empresária apresentou contestação negando as horas extras e juntou os cartões de ponto, os quais continham horários variados de entrada e saída, marcados por meio de relógio de ponto. O advogado do autor impugnou a documentação. Com base no caso apresentado (...) Na qualidade de advogado do autor, o ônus da prova será do seu cliente, razão pela qual você deverá produzir outros meios de prova em razão da sua impugnação à documentação".

Quando o empregador não apresenta, de forma injustificada, os controles de frequência gera **presunção relativa** de veracidade da jornada de trabalho alegada pelo autor na inicial, a qual pode ser elidida por prova em contrário. Sobre a ausência de apresentação de cartões de ponto por empresa com mais de 20 empregados, o **Exame Unificado de 2014,** considerou verdadeira a seguinte assertiva: "Haverá inversão do ônus da prova, que passará a ser da empresa, prevalecendo a jornada da inicial se dele não se desincumbir com sucesso".

Não há previsão legal de registro dos intervalos intrajornada, bastando a mera **pré-assinalação**.

É **obrigatório** o registro do horário de trabalho do empregado **doméstico** por qualquer meio manual, mecânico ou eletrônico, desde que idôneo. A presunção de veracidade da jornada de trabalho, ainda que prevista em instrumento normativo, pode ser elidida por prova em contrário.

Os cartões de ponto que demonstram horários de entrada e saída **uniformes** (cartões britânicos) são **inválidos** como meio de prova, invertendo-se o ônus probatório, relativo às horas extras, que passa a ser do empregador, prevalecendo a jornada da inicial se dele não se desincumbir. A respeito da validade dos cartões de ponto britânicos, na hipótese de impugnação aos cartões, e, ainda, ausente a pré-assinalação dos intervalos intrajornada, **o Exame Unificado de 2012,** considerou verdadeira a seguinte assertiva:" diante da impugnação apresentada, inverte-se o ônus probatório, que passa a ser do empregador, prevalecendo o horário da inicial, se dele não se desincumbir por outro meio probatório, inclusive no que se refere à ausência de intervalo intrajornada".

9. TUTELA PROVISÓRIA

Conforme o novo CPC, a tutela provisória é gênero, o qual inclui duas espécies, quais sejam, a **tutela de evidência e a tutela de urgência.**

9.1. Tutela de evidência

Verifica-se quando o principal fundamento do pedido for a **grande probabilidade de acolhimento da pretensão** (*fumus boni iuris*), conforme o art. 311 do CPC.

9.2. Tutela de urgência

É aquela que tem como principal fundamento o *periculum in mora,* ou seja, quando haja probabilidade do direito e o **perigo de dano** ou o risco ao resultado útil do processo (art. 300 a 310 do CPC).

A tutela de urgência subdivide-se em duas subespécies: a **tutela cautelar e a tutela antecipada**. A tutela cautelar visa **assegurar um direito**, objeto da tutela satisfativa. Em outras palavras, a tutela cautelar não visa a satisfação de um direito, visa, em verdade, assegurar a **futura satisfação de um direito**, protegendo-o. Exemplo: o arresto do dinheiro do devedor inadimplente é instrumento assecuratório do direito de crédito do credor. O que o demandante pretende, ao final, é acautelar que futuramente seu direito ao crédito seja efetivado.

A tutela antecipada, por sua vez, é **satisfação antecipada do próprio direito** pretendido. Exemplo: quando o demandante requer a baixa antecipada da CTPS, ele já está pleiteando a antecipação do próprio direito pretendido com a ação (baixa na carteira de trabalho).

DICA IMPORTANTE

Merecem especial atenção as alterações contundentes trazidas pela Reforma Trabalhista e que devem ser memorizadas porquanto certamente serão objeto de prova. Destaco as seguintes alterações:

1) Possibilidade de inversão do ônus de prova (art. 818 da CLT);
2) Exigência de pedido líquido no rito ordinário, sob pena de extinção sem resolução do mérito (art. 840, §§1º e 3º, da CLT);
3) Proibição de desistência após ofertada a contestação, ainda que eletronicamente (art. 841, §3º, da CLT);
4) Exclusão da exigência de que o preposto seja empregado do reclamado (art. 843, §3º, da CLT);
5) possibilidade de recebimento de defesa e documentos sem a presença do réu em audiência (art. 844, §5º, da CLT).

EM RESUMO: REVELIA	
Conceito	Falta de apresentação de resposta do réu, oportunamente.
Efeitos	1) confissão ficta; 2) impossibilidade de alteração do pedido; 3) curso do prazo independente de intimação; 4) possibilidade de intervenção no processo a qualquer tempo; 5) notificação da sentença do réu revel por via postal.
Inaplicabilidade	1) Havendo pluralidade de réus, se algum deles contestar a ação; 2) quando houver direitos indisponíveis envolvidos; 3) a petição inicial não estiver acompanhada de instrumentos que a lei considere indispensável à prova do ato; 4) quando as alegações de fato formuladas pelo autor forem inverossímeis ou estiverem em contradição com prova constante dos autos; 5) Matéria de direito e matérias de ordem pública; 6) Quando a matéria depender de prova técnica.
Preposto	Necessariamente deve ter conhecimento dos fatos. Não há mais necessidade de que o preposto seja empregado do reclamado.

CAPÍTULO III
RECURSOS

1. RECURSOS

1.1. Conceito

Instrumento para garantir à parte insatisfeita com a decisão, a sua insurgência com a tentativa de alterar a decisão proferida.

1.2. Requisitos objetivos

a) Recorribilidade: o ato tem que ser recorrível;

> **MUITA ATENÇÃO!** As decisões interlocutórias não estão sujeitas a recurso imediato, conforme art. 893, § 1º, da CLT. Quando a decisão interlocutória ferir direito líquido e certo, o litigante prejudicado pode impetrar mandado de segurança, desde que não caiba qualquer outra espécie de recurso.

b) Adequação: Para cada espécie de decisão existe um recurso adequado com previsão nas leis processuais;

c) Preparo: depósito recursal e custas;

d) Tempestividade: prazo de 8 dias úteis, exceto para Embargos de Declaração que é de 5 dias.

Sobre esse tema, o **Exame Unificado de 2021** considerou correta a seguinte assertiva: "Uma sociedade de economia mista do Estado do Maranhão, após devidamente citada em reclamação trabalhista de um empregado, apresentou defesa e produziu provas em juízo, mas foi condenada na sentença. Assinale a opção que, de acordo com a CLT, indica o prazo que a empresa em questão possui para recorrer ao TRT.

A) 8 dias úteis."

> **FIQUE POR DENTRO:** Com o advento do novo CPC, o TST cancelou a Súmula 434 que considerava extemporânea a interposição de recurso antes da publicação da sentença ou acórdão. Assim, atualmente prevalece o contido no artigo 218, § 4º, do CPC, que prevê que o recurso **prematuro** será considerado **tempestivo**.

e) Representação: patrono deve ter procuração.

> **MUITA ATENÇÃO!** Verificada a total ausência de assinatura no recurso, o juiz ou o relator concederá prazo de 5 (cinco) dias para que seja sanado o vício. Descumprida a determinação, o recurso será reputado inadmissível (art. 932, parágrafo único, do CPC). É válido o recurso assinado, ao menos, na petição de apresentação ou nas razões recursais.

1.3. Requisitos subjetivos:

a) Legitimidade: em regra, a legitimidade é da parte sucumbente, admitindo-se também os terceiros prejudicados;

b) Sucumbência: parte recorrente deve ter sofrido prejuízo com a decisão.

1.4. Efeitos

a) Devolutivo: devolve à instância *ad quem* o julgamento da pretensão do reclamante deduzida em juízo, no todo ou em parte;

b) Obstativo: a interposição do recurso impede que a sentença adquira a qualidade da coisa julgada;

c) Translativo: permite ao órgão *ad quem* decidir questões não suscitadas pelas partes, mas que devem ser examinadas independentemente de provocação da parte, por se tratar de matérias de ordem pública ou porque a lei assim determina;

d) Regressivo: possibilidade de juízo de retratação;

e) Extensivo: quando o julgamento do recurso produz efeitos para as pessoas que não figuraram como recorrentes;

f) Substitutivo: A decisão proferida pelo órgão judicial *ad quem* substitui aquela prolatada pela instância inferior.

1.5. Preparo

No processo do trabalho, para fins recursais, exige-se que o recorrente recolha as custas e realize o depósito recursal, sob pena de deserção.

Não ocorre deserção de recurso da massa falida por falta de pagamento de custas ou de depósito do valor da condenação. Esse privilégio, todavia, não se aplica à empresa em liquidação extrajudicial ou em recuperação judicial. Sobre esse tema, o **Exame Unificado de 2018** considerou correta a seguinte assertiva: "Em sede de reclamações trabalhista duas sociedades empresárias foram condenadas em primeira instância. A Massa Falida da Calçados Sola Dura Ltda. e a Institutos de Seguros Privados do Brasil, sociedade empresária em liquidação extrajudicial. Acerca do depósito recursal, na qualidade de advogado das empresas você deverá: B) deixar de recolher o depósito recursal e as custas no caso da massa falida, mas recolher ambos para a empresa em liquidação extrajudicial". Ainda sobre esse tema, o **Exame Unificado** de 2016 considerou correta a seguinte assertiva: "João foi empregado da sociedade empresária Girassol Terceirização Ltda. e trabalhou como vigilante terceirizado na sociedade empresária Passo Fundo Ltda. durante todo o seu contrato. João foi dispensado e não recebeu nenhuma verba da extinção contratual, motivando-o a ajuizar ação contra ambas as sociedades empresárias. Em audiência, a sociedade empresária Girassol Terceirização Ltda. comprovou documentalmente ter sido decretada a sua falência, ao passo que a sociedade empresária Passo Fundo Ltda. comprovou, nas mesmas condições, ter conseguido a recuperação judicial. As partes estiveram regularmente representadas e assistidas, nenhuma delas requereu a sua exclusão da lide e o pedido foi julgado procedente em parte, com condenação principal da sociedade empresária Girassol e responsabilidade subsidiária da sociedade empresária Passo Fundo. Diante da situação retratada, da previsão legal e do entendimento do TST, considerando que as sociedades empresárias recorrerão (...) A sociedade empresária Girassol não precisará realizar preparo, mas a sociedade empresária Passo Fundo, sim".

A **Custas processuais:** correspondem ao tributo que deve ser recolhido pelo vencido (sucumbente), pela utilização de um serviço público. Após o recolhimento, procede-se à juntada do comprovante respectivo nos autos, no mesmo prazo do recurso, conforme art. 789, § 1º, da CLT, sob pena do apelo ser julgado deserto. Se o recorrido sucumbe na segunda instância, deve, independentemente de intimação, proceder ao recolhimento das custas processuais.

MUITA ATENÇÃO!

Em caso de recolhimento insuficiente das custas processuais ou do depósito recursal, somente haverá deserção do recurso se, concedido o prazo de 5 (cinco) dias previsto no § 2º do art. 1.007 do CPC, o recorrente não **complementar e comprovar** o valor devido. O equívoco no preenchimento da guia de custas não implicará a aplicação da pena de deserção, cabendo ao relator, na hipótese de dúvida quanto ao recolhimento, intimar o recorrente para sanar o vício no prazo de 5 (cinco) dias. Sobre esse tema, o **Exame Unificado de 2018** considerou correta a seguinte assertiva: "Vando ajuizou reclamação trabalhista em desfavor da sociedade empresária Cetro Dourado Ltda., na qual trabalhou por 5 anos e 3 meses, na condição de vigia noturno. A sociedade empresária não compareceu à audiência, daí porque o pedido foi julgado procedente à sua revelia. Contudo, a sociedade empresária interpôs recurso ordinário no prazo legal e efetuou o recolhimento das custas e do depósito recursal, mas com valor inferior ao devido (R$ 10,00 a menos nas custas e R$ 500,00 a menos no depósito recursal).

Com base na situação retratada, na lei e no entendimento consolidado do TST, assinale a afirmativa correta. C) O juiz deverá assinalar prazo de 5 dias para que a sociedade empresária efetue o recolhimento da diferença das custas e do depósito recursal, sob pena de deserção".

B **Depósito recursal:** constitui singularidade do Direito Processual do Trabalho e visa garantir uma possível futura execução. Logo somente é devido quando a condenação for pecuniária. Se o vencido for o empregado, não há essa exigência. Sobre esse tema, o **Exame Unificado de 2010** considerou correta a seguinte assertiva: "Pedro ajuizou ação em face de seu empregador objetivando a satisfação dos pedidos de horas extraordinárias, suas integrações e consectárias. O seu pedido foi julgado improcedente. Recorre ordinariamente, pretendendo a substituição da decisão por outra de diverso teor, tempestivamente. Na análise da primeira admissibilidade recursal há um equívoco, e se nega seguimento ao recurso por intempestivo. Desta decisão, tempestivamente, se interpõe o recurso de agravo por instrumento, que tem seu conhecimento negado pelo Tribunal Regional, por ausência do depósito recursal referente à metade do valor do recurso principal que se pretendia destrancar, nos termos do artigo 899, § 7º da Consolidação das Leis do Trabalho. Quanto à conduta do Desembargador Relator (...) ela está equivocada, pois em que pese haver a necessidade do preparo para a interposição do recurso de agravo por instrumento, no problema acima, o pedido foi julgado improcedente sendo recorrente o autor, portanto, dispensável o preparo no que se refere a depósito recursal".

Ainda sobre o preparo, o **Exame Unificado de 2012** considerou verdadeira a seguinte assertiva: "Uma empresa é condenada em reclamação trabalhista à entrega do perfil profissiográfico previdenciário (PPP), único pedido formulado pelo ex-empregado, que está com dificuldade de obtenção da aposentadoria especial junto ao INSS pela ausência deste documento. Com relação à obrigação de fazer, caso a empresa queira recorrer (...) Deve pagar as custas e ficará dispensada de efetuar o depósito recursal". O depósito recursal somente será devido pelo empregador, em caso de condenação em pecúnia, o que não era a hipótese da questão pois a condenação se restringia à obrigação de fazer (entrega do PPP).

O depósito recursal será feito em conta vinculada ao juízo e corrigido com os mesmos índices da poupança. O depósito recursal poderá ser substituído por fiança bancária ou seguro garantia judicial.

Ainda que o recurso tenha sido interposto antes do término do prazo legal, o juiz deve aguardar o seu termo final para a comprovação do depósito recursal (Súm. Nº 245 do TST). Essa regra não se aplica ao **agravo de instrumento**, cujo depósito recursal (correspondente a 50% do valor do depósito do recurso que se pretende destrancar) deve ser comprovado no ato de interposição do agravo de instrumento (art. 899, § 7º da CLT).

Depositado o valor total da condenação, nenhum depósito será exigido nos recursos das decisões posteriores, salvo se o valor da condenação vier a ser ampliado.

Se o valor constante do primeiro depósito, efetuado no limite legal, é inferior ao da condenação, será devida complementação de depósito em recurso posterior, observado o valor nominal remanescente da condenação e/ou os limites legais para cada novo recurso, sob pena de deserção.

Havendo acréscimo ou redução da condenação em grau recursal, o juízo prolator da decisão arbitrará novo valor à condenação, quer para a exigibilidade de depósito ou complementação do já depositado, para o caso de recurso subsequente, quer para liberação do valor excedente decorrente da redução da condenação.

FIQUE POR DENTRO:

A Lei da Reforma Trabalhista trouxe a expressa previsão de que os beneficiários da justiça gratuita estão isentos do depósito recursal, assim como as entidades filantrópicas e as empresas em recuperação judicial (art. 899, §10, da CLT, com nova redação dada pela Lei n. 13.467/2017).

Sobre isenção de depósito recursal, o **Exame Unificado de 2022** considerou correta a seguinte assertiva: "Beatriz foi empregada de uma entidade filantrópica por 2 (dois) anos e 3 (três) meses. Terminada a relação de emprego no final de 2021, Beatriz ajuizou reclamação trabalhista 1 (um) mês após, pelo procedimento sumaríssimo, postulando diversos direitos supostamente lesados, além de honorários advocatícios. Regularmente contestado e instruído, o pedido foi julgado procedente em parte, sendo que a ex-empregadora recorreu da sentença no prazo legal juntando o recolhimento das custas. Sobre essa hipótese, de acordo com o que dispõe a CLT, assinale a afirmativa correta.

(...)

D) O recurso está com o preparo adequado porque, diante da natureza jurídica da ex-empregadora, ela é isenta do depósito recursal."

Ainda sobre esse tema, o **Exame Unificado de 2021** considerou correta a seguinte assertiva: "A sociedade empresária Refeições Tempero de Casa Ltda. é ré em uma reclamação trabalhista movida por sua ex-empregada Rosângela, que lá atuou como cozinheira. Após devidamente contestada e instruída, foi prolatada sentença, em outubro de 2021, julgando os pedidos procedentes em parte. Ocorre que no mesmo dia da publicação da sentença, a sociedade empresária teve sua recuperação judicial deferida pela justiça estadual. Nada foi decidido a respeito de gratuidade de justiça para a sociedade empresária.

Diante da situação apresentada, da previsão contida na CLT e considerando que a sociedade pretende recorrer da sentença, assinale a afirmativa correta.

(...)

B) A sociedade empresária terá de recolher as custas, mas não precisará efetuar o depósito recursal para recorrer."

Esclarecendo a resposta, a Reforma Trabalhista trouxe a previsão de que as empresas em recuperação judicial estão isentas do depósito recursal (art. 899, §10, da CLT) e, por isso, a empresa Refeições Tempero de Casa LTDA não precisará efetuar o depósito recursal para recorrer. Contudo, não há previsão legal de isenção de custas para empresas em recuperação judicial. Logo, não tendo sido deferida a gratuidade de justiça para a recorrente, a mesma terá de recolher as custas. Assim, está correta a alternativa "B". Além disso, o valor do depósito recursal será reduzido pela metade para entidades sem fins lucrativos, empregadores domésticos, microempreendedores individuais, microempresas e empresas de pequeno porte. Sobre esse tema, o Exame Unificado de 2019 considerou correta a seguinte assertiva: "Considere as quatro situações jurídicas a seguir.

(i) A Instituição ABCD é uma entidade sem fins lucrativos.

(ii) Rosemary é uma empregadora doméstica.

(iii) O Instituto Sonhar é uma entidade filantrópica.

(iv) Mariana é uma microempreendedora individual.

Considere que todas essas pessoas são empregadoras e têm reclamações trabalhistas ajuizadas contra si e que nenhuma delas comprovou ter as condições para ser beneficiária de justiça gratuita. Assinale a opção que indica, nos termos da CLT, quem estará isento de efetuar o depósito recursal para recorrer de uma sentença desfavorável proferida por uma Vara da Justiça do Trabalho: *C) Instituto Sonhar, somente".

Ainda sobre o depósito recursal, Exame Unificado de 2020 considerou correta a seguinte assertiva: "Heloísa era empregada doméstica e ajuizou, em julho de 2019, ação contra sua ex-empregadora, Selma Reis. Após regularmente instruída, foi prolatada sentença julgando o pedido procedente em parte. A sentença foi proferida de forma líquida, apurando o valor devido de R$ 9.000,00 (nove mil reais) e custas de R$ 180,00 (cento e oitenta reais).

A ex-empregadora, não se conformando com a decisão, pretende dela recorrer. Indique a opção que corresponde ao preparo que a ex- empregadora deverá realizar para viabilizar o seu recurso, sabendo-se que ela não requereu gratuidade de justiça porque tem boas condições financeiras.

(...)

D) Deverá recolher as custas integralmente e metade do depósito recursal".

Quando existe litisconsórcio passivo com condenação **solidária** dos reclamados, o recurso e o consequente depósito recursal feito por um dos litisconsortes **aproveita aos demais** (art. 1.005 do CPC). Excepciona-se essa regra quando o litisconsorte for condenado solidária ou subsidiariamente e pretende, com o recurso, a sua **exclusão** da lide (Súm. nº 128, III, do TST).

MUITA ATENÇÃO!

O recolhimento do valor da multa imposta como sanção por **litigância de má-fé** (art. 81 do CPC) **não é pressuposto objetivo** para interposição dos recursos de natureza trabalhista (OJ nº 409 da SDI-1, do TST). Sobre esse tema, o **Exame Unificado de 2013** considerou verdadeira a seguinte assertiva: "A empresa Restaurante M foi condenada em reclamação trabalhista a pagar diversos direitos sonegados a um dos seus ex-empregados. Na sentença, entendendo que o ex- empregador teve

MUITA ATENÇÃO!

um comportamento processual reprovável, o juiz ainda o condenou como litigante de má-fé. De acordo com entendimento pacificado do TST, caso a empresa pretenda recorrer ordinariamente desta decisão, ela (...) não precisará recolher o valor da multa, já que tal recolhimento não é pressuposto para interposição dos recursos trabalhistas".

1.6. Princípio da irrecorribilidade das decisões interlocutórias

As decisões interlocutórias **não estão sujeitas a recurso imediato**, conforme art. 893, § 1º, da CLT. Assim, a parte prejudicada deve apresentar o seu protesto logo após a ciência da decisão interlocutória, caso lhe seja desfavorável, sob pena de se presumir a sua concordância e/ou a inexistência de prejuízo, operando-se a preclusão.

Não obstante, quando a decisão interlocutória ferir **direito líquido e certo**, o litigante prejudicado pode impetrar **mandado de segurança**, desde que não caiba qualquer outra espécie de recurso.

Sobre esse tema, o **Exame Unificado de 2018** considerou verdadeira a seguinte assertiva: "em uma reclamação trabalhista, o autor afirmou ter sido vítima de discriminação estética, pois fora dispensado pelo ex-empregador por não ter querido raspar o próprio bigode. Requereu, na petição inicial, tutela de urgência para ser imediatamente reintegrado em razão de prática discriminatória. O juiz, não convencido da tese de discriminação, indeferiu a tutela de urgência e determinou a designação de audiência, com a respectiva citação. Como advogado(a) do autor, assinale a opção que contém, de acordo com a lei e o entendimento consolidado do TST, a medida judicial a ser manejada para reverter a situação e conseguir a tutela de urgência desejada: (...) c) impetrar mandado de segurança".

A Súmula nº 214 do TST apresenta **três exceções** ao princípio da irrecorribilidade imediata das decisões interlocutórias. São elas:

1) **decisões do TRT contrária a súmula ou OJ do TST;**

2) **suscetível de impugnação para o mesmo tribunal;**

3) **de acolhimento de exceção de incompetência em razão do lugar, com remessa dos autos para outro tribunal distinto** daquele a que se vincula o juízo excepcionado.

A doutrina apresenta mais duas exceções não previstas na referida súmula, quais sejam: 1) decisão sobre o **valor da causa:** cabe pedido de revisão dirigido ao presidente do tribunal (art. 2º, §§ 1º e 2º, da Lei nº 5584/74); 2) decisões na **fase de execução:** cabível agravo de petição, conforme art. 897, "a", CLT.

A IN nº 39/2016 também criou uma nova possibilidade de recorribilidade imediata de decisão interlocutória, qual seja, a decisão de **julgamento antecipado parcial do mérito** contra a qual é cabível recurso ordinário de imediato (art. 5º da IN nº 39/2016 do TST e art. 356 do CPC).

1.7. Recurso no rito sumário: Quando o valor da causa for de até 2 (dois) salários mínimos, o processo deve seguir o rito sumário. O rito sumário visa acelerar o processo e não possui recursos cabíveis quanto às suas decisões, ou seja, são causa de única instância. As únicas exceções são no caso da violação de preceito constitucional, hipótese em que é cabível o Recurso Extraordinário, dirigido ao STF (art. 2º, §§ 3º e 4º, da Lei 5.584/1970), bem como no caso de Revisão do Valor da Causa (art. 2º, §1º da Lei 5.584/1970) dirigido ao Presidente do TRT, no prazo de 48 horas.

Sobre esse tema, o **Exame Unificado de 2021** considerou correta a seguinte assertiva: "Helena ajuizou reclamação trabalhista, na qual requereu o pagamento do 13º salário integral do último ano trabalhado, no valor de R$ 1.300,00, indicando o referido valor à causa. A sociedade empresária alegou, em defesa, a quitação regular de tal verba, mas não fez prova documental ou testemunhal desse fato. Em razão disso, o pedido foi julgado procedente, tendo o juiz proferido sentença líquida cujo valor, já incluídos juros e correção monetária, passou a ser de R$ 1.345,00.

Sobre esse caso, de acordo com as leis de regência, assinale a afirmativa correta.

(...)

B) O recurso não será admitido, haja vista o valor da condenação e a matéria tratada."

No presente caso, diante do valor da causa, não é cabível recurso por se tratar de demanda sujeita ao rito sumário.

2. RECURSO ORDINÁRIO

2.1. Conceito

Cabível em face da sentença de primeiro grau ou de acórdãos proferidos em processos de competência originária do TRT, visando a anulação ou reforma da decisão.

2.2. Características principais

- Prazo de oito dias;
- Necessidade de recolhimento das custas;

- Efetivação do depósito recursal quando sucumbir o empregador, caso haja condenação em pecúnia;
- Interposto por simples petição;
- Só é recebido no efeito devolutivo;
- Serão, porém, objeto de apreciação e julgamento pelo Tribunal todas as questões suscitadas e discutidas no processo, ainda que a sentença não as tenha julgado por inteiro;
- Quando o pedido ou a defesa tiver mais de um fundamento e o juiz acolher apenas um deles, o recurso devolverá ao Tribunal o conhecimento dos demais.

3. RECURSO DE REVISTA

3.1. Conceito

Recurso de natureza extraordinária pois busca tutelar o direito objetivo, cabível em face dos acórdãos proferidos pelos TRTs em dissídios individuais. A finalidade principal do recurso de revista é unificar as decisões proferidas pelos Tribunais Regionais e a manutenção da autoridade da legislação constitucional e infraconstitucional. Assim, só cabe recurso de revista de acórdão que trata de matéria de direito, o que exclui qualquer possibilidade de rediscussão de provas. Sua tramitação se dá no TST.

3.2. Cabimento: das decisões proferidas em grau de recurso ordinário, em dissídio individual, pelos Tribunais Regionais do Trabalho que:

- Derem interpretação diversa para o mesmo dispositivo de lei federal em relação à interpretação que lhe houver dado outro TRT, no seu Pleno ou Turma, ou a SDI, ou contrariarem súmula do TST ou súmula vinculante do STF;
- Derem interpretação divergente ao mesmo dispositivo de lei estadual, CCT, ACTo, sentença normativa ou regulamento empresarial de observância obrigatória em área territorial que exceda a jurisdição do Tribunal Regional prolator da decisão recorrida;
- Proferidas com violação literal de disposição de lei federal ou afronta direta e literal à CF;
- Nas causas sujeitas ao procedimento sumaríssimo, somente será admitido recurso de revista por contrariedade a súmula de jurisprudência uniforme do TST ou a súmula vinculante do STF e por violação direta da Constituição Federal;
- Cabe recurso de revista por violação a lei federal, por divergência jurisprudencial e por ofensa à CF nas execuções fiscais e nas controvérsias da fase de execução que envolvam a Certidão Negativa de Débitos Trabalhistas (CNDT), criada pela Lei nº 12.440, de 7 de julho de 2011.

Sobre cabimento do recurso de revista, o **Exame Unificado de 2022** considerou correta a seguinte assertiva: "Plínio Barbosa ajuizou uma reclamação trabalhista em face de seu empregador. O valor da causa era de 30 (trinta) salários-mínimos, com valor vigente na data do ajuizamento da ação. O pedido único da ação está baseado em entendimento sumulado pelo TST, cabendo aplicação literal da Súmula. Ainda assim, o juiz de primeiro grau julgou improcedente o pedido. Você, na qualidade de advogado(a) de Plínio, apresentou o recurso cabível, mas o TRT respectivo manteve a decisão, sem que houvesse no acórdão dúvida, contradição, obscuridade ou contradição. Considerando que a decisão do TRT foi publicada numa segunda-feira, assinale a opção que indica a medida judicial que você adotaria para o caso.

(...)

D) Caberá recurso de revista."

Também sobre esse tema, o **Exame Unificado de 2021** considerou correta a assertiva "D" referente a seguinte questão: "Renata, professora de Artes, lecionou na Escola do Futuro. Em sede de reclamação trabalhista, um de seus pedidos foi julgado improcedente, sendo certo que o que você pleiteava, na qualidade de advogado(a) de Renata, estava fundamentado na aplicação incontroversa de súmula do TST a respeito da matéria. Ainda assim, o TRT respectivo, ao julgar seu recurso, manteve a decisão de primeira instância.

Considerando que a referida decisão não deixou margem à oposição de embargos de declaração, assinale a opção que indica a medida jurídica a ser adotada.

A) Interposição de agravo de instrumento.

B) Interposição de agravo de petição.

C) Ajuizamento de ação rescisória.

*D) Interposição de recurso de revista."

Esclarecendo a resposta, na presente hipótese é cabível o recurso de revista que se trata de um recurso de natureza extraordinária, cabível em face dos acórdãos proferidos pelos TRTs em dissídios individuais, tendo por objetivo uniformizar a interpretação das legislações estadual, federal e constitucional, no âmbito da competência da Justiça do Trabalho, bem como resguardar a aplicabilidade dos instrumentos normativos. O agravo de instrumento é um recurso que objetiva destrancar outro recurso, não sendo a hipótese da questão. O agravo de petição é recurso cabível na fase da execução e a ação rescisória só é cabível contra sentença que já transitou em julgado, não se aplicando na hipótese.

3.3. Requisitos intrínsecos:

- Indicar o trecho da decisão recorrida que consubstancia o prequestionamento da controvérsia objeto do recurso de revista;
- Indicar, de forma explícita e fundamentada, contrariedade a dispositivo de lei, súmula ou orientação jurisprudencial do TST que conflite com a decisão regional;
- Expor as razões do pedido de reforma, impugnando todos os fundamentos jurídicos da decisão recorrida, inclusive mediante demonstração analítica de cada dispositivo de lei, da CF, de súmula ou orientação jurisprudencial cuja contrariedade aponte;
- Transcrever na peça recursal, no caso de suscitar preliminar de nulidade de julgado por negativa de prestação jurisdicional, o trecho dos embargos declaratórios em que foi pedido o pronunciamento do tribunal sobre questão veiculada no recurso ordinário e o trecho da decisão regional que rejeitou os embargos quanto ao pedido, para cotejo e verificação, de plano, da ocorrência da omissão.

3.4. Divergência jurisprudencial:

- A divergência apta a ensejar o recurso de revista deve ser atual, não se considerando como tal a ultrapassada por súmula do TST ou do STF, ou superada por iterativa e notória jurisprudência do TST;
- Quando o recurso fundar-se em dissenso de julgados, incumbe ao recorrente o ônus de produzir prova da divergência jurisprudencial, mediante certidão, cópia ou citação do repositório de jurisprudência, oficial ou credenciado, inclusive em mídia eletrônica, em que houver sido publicada a decisão divergente, ou ainda pela reprodução de julgado disponível na internet, com indicação da respectiva fonte, mencionando, em qualquer caso, as circunstâncias que identifiquem ou assemelhem os casos confrontados.

FIQUE POR DENTRO:

O recurso de revista somente será objeto de julgamento quando seu objeto transcender ao interesse individual das partes (**transcendência**). A Reforma Trabalhista regulou essa exigência dispondo que são indicadores de transcendência, entre outros: I – econômica, o elevado valor da causa; II – política, o desrespeito da instância recorrida à jurisprudência sumulada do Tribunal Superior do Trabalho ou do Supremo Tribunal Federal; III – social, a postulação, por reclamante- recorrente, de direito social constitucionalmente assegurado; IV – jurídica, a existência de questão nova em torno da interpretação da legislação trabalhista.

Atenção: Conforme o artigo 19, da IN 41/2018 do TST, o exame da transcendência seguirá o disposto no artigo 246 do Regimento Interno do TST, incidindo apenas sobre acórdãos proferidos pelos TRT's publicados após 11.11.2017, excetuadas as decisões em Embargos de Declaração.

3.2. Características principais

- Efetivação de depósito recursal correspondente ao valor da condenação, mas o limite é fixado anualmente por ato do TST;
- É necessário prequestionamento;
- Não cabe para análise de questões fáticas. Sobre esse tema, o **Exame Unificado de 2011** considerou incorreta a seguinte assertiva: o Recurso de Revista "é cabível para corrigir injustiças de decisões em recurso ordinário, havendo apreciação das provas produzidas nos autos do processo".
- A decisão proferida pelo TRT deve conferir interpretação de dispositivo de lei federal diversa daquela dada: a) por outro Tribunal; b) pela SDI do TST; c) por Súmula de jurisprudência uniforme do TST;
- No rito sumaríssimo, o recurso de revista só é admitido por **contrariedade a Súmula** de jurisprudência uniforme do TST e **violação direta** da Constituição da República. Sobre o cabimento do Recurso de Revista em procedimento sumaríssimo, o **Exame Unificado de 2011** considerou correta a seguinte assertiva: o Recurso de Revista "é cabível nas causas sujeitas ao procedimento sumaríssimo, somente por contrariedade à súmula de jurisprudência uniforme do Tribunal Superior do Trabalho e violação direta à Constituição da República". Também o **Exame Unificado de 2014** considerou correta a seguinte assertiva: "Em ação que tramitou sob o procedimento sumaríssimo, o juiz decidiu determinado pedido de forma contrária ao disposto em orientação jurisprudencial do TST. Em sede de recurso ordinário, com o

mesmo fundamento, o TRT manteve a decisão de primeiro grau. Diante disso, a parte entendeu por bem interpor recurso de revista. A partir do caso apresentado (...) O recurso de revista não deverá ser admitido, pois o fundamento da decisão não é contrário à Constituição Federal ou à Súmula do TST".

- Não cabe para impugnar acórdão que julga agravo de petição, salvo se houver ofensa à Constituição Federal. Sobre esse tema, o **Exame Unificado de 2011** considerou incorreta a seguinte assertiva: o Recurso de Revista "é cabível em sede de execução, de decisão em embargos à execução, nas mesmas hipóteses de cabimento das decisões decorrentes de recurso ordinário". Como já visto, em sede de execução, o recurso de revista somente é cabível em hipótese restrita, qual seja, em casos de ofensa à Constituição Federal.

4. EMBARGOS

4.1. Conceito

No Processo do Trabalho existem duas modalidades de embargos ao TST: a) **infringentes**; b) **por divergência.**

Ambas as modalidades de embargos têm natureza **extraordinária**, isto é, só admite rediscussão de **matéria de direito** (não cabe para matéria fática).

Se a decisão do TST desafiar recurso de embargos, será necessária sua interposição para que se caracterize a decisão em última instância, sob pena de não ser admitida a interposição de recurso extraordinário (art. 102, III, da CRFB/88).

O prazo é de oito dias para ambas as modalidades, sendo necessária a comprovação do preparo no mesmo prazo.

4.2. Embargos Infringentes

É cabível quando não for unânime a decisão que julgar ou homologar conciliação e dissídios coletivos da SDC, bem como é cabível nos dissídios de greve e nos dissídios coletivos de revisão e extensão (art. 894 da CLT). A competência para apreciação dos embargos infringentes é da SDC.

4.3. Embargos de Divergência

É cabível em face das decisões das Turmas do TST, em sede de recurso de revista, que: a) divergirem de outra Turma ou da SDI do TST; b) contrariarem súmula ou OJ, do TST, ou súmula vinculante do STF. A divergência apta a ensejar os embargos deve ser atual, não se considerando como tal a ultrapassada por súmula ou OJ do TST ou súmula do STF.

Em regra, os embargos de divergência serão cabíveis para atacar decisão do TST proferida no julgamento de recurso de revista, pelas Turmas, não sendo cabível contra decisões monocráticas do relator ou em sede de agravo. Existem exceções para o cabimento dos embargos em sede de agravo conforme Súmula n. 353 do TST: "Não cabem embargos para a Seção de Dissídios Individuais de decisão de Turma proferida em agravo, salvo:

a) da decisão que não conhece de agravo de instrumento ou de agravo pela ausência de pressupostos extrínsecos;

b) da decisão que nega provimento a agravo contra decisão monocrática do Relator, em que se proclamou a ausência de pressupostos extrínsecos de agravo de instrumento;

c) para revisão dos pressupostos extrínsecos de admissibilidade do recurso de revista, cuja ausência haja sido declarada originariamente pela Turma no julgamento do agravo;

d) para impugnar o conhecimento de agravo de instrumento;

e) para impugnar a imposição de multas previstas nos arts. 1.021, § 4º, do CPC ou 1.026, § 2º, do CPC.

f) contra decisão de Turma proferida em agravo em recurso de revista, nos termos do art. 894, II, da CLT".

Os embargos de divergência serão interpostos perante a Turma que proferiu a decisão atacada e serão julgados pela SDI-1 do TST.

Cabe agravo, no prazo de **8 dias**, para a decisão que denega seguimento aos embargos.

5. AGRAVO DE PETIÇÃO

5.1. Conceito:

Cabível para impugnar as sentenças proferidas pelos juízes de primeiro grau na execução. Sobre o recurso cabível para impugnar decisão em fase de execução, o **Exame Unificado de 2017** considerou correta a seguinte assertiva: "Em reclamação trabalhista que se encontra na fase de execução, o executado apresentou exceção de pré- executividade. Após ser conferida vista à parte contrária, o juiz julgou-a procedente e reconheceu a nulidade da citação e de todos os atos subsequentes, determinando nova citação para que o réu pudesse contestar a demanda. Considerando essa situação e o que dispõe a CLT, assinale a opção que indica o recurso que o exequente deverá apresentar para tentar reverter a decisão (...) Agravo de Petição".

5.2. Características principais:

- É necessária **a delimitação justificada** dos valores e das matérias objeto da irresignação da parte;
- Não há necessidade de depósito recursal e as custas só são devidas ao final do processo de execução;
- Também pode ser utilizado pela União para impugnar as decisões e os acordos homologados na fase de execução, quando afeta a base de cálculo ou o recolhimento das contribuições sociais.

6. AGRAVO DE INSTRUMENTO

6.1. Conceito

É o recurso cabível para impugnar decisão que não admite o processamento de um recurso.

6.2. Características principais

- É necessário o traslado de todas as peças indispensáveis para a sua formação;
- A interposição é no juízo que proferiu o despacho;
- Há possibilidade do juízo de retratação;
- Em caso de provimento do agravo de instrumento, o Tribunal deliberará sobre o julgamento do recurso principal, sem necessidade de retorno dos autos ao juízo de origem.

7. RECURSO ADESIVO

7.1. Conceito

A rigor, o recurso adesivo não é espécie de recurso, mas sim forma de interposição do recurso previsto em lei. Trata-se de recurso que é aderido ao recurso da parte contrária, quando a parte se conforma com a decisão que lhe foi totalmente favorável, mas, diante do recurso da parte contrária, resolve a ele aderir, postulando a reforma da decisão da parte que lhe foi desfavorável. Sobre esse tema, **o Exame Unificado de 2019,** considerou verdadeira a seguinte assertiva: "Em sede de impugnação à sentença de liquidação, o juiz julgou improcedente o pedido, ocorrendo o mesmo em relação aos embargos à execução ajuizados pela executada. A princípio, você, na qualidade de advogado(a) da executada, entendeu por bem não apresentar recurso. Contudo, foi apresentado o recurso cabível pelo exequente. Diante disso, assinale a afirmativa correta. a) A parte exequente interpôs agravo de petição, e a executada poderá interpor agravo de petição na modalidade de recurso adesivo". No caso apresentado na questão, em se tratando de execução, o recurso cabível é o agravo de petição (art. 897, "a", da CLT), que foi interposto pelo exequente. Assim, caberá à executada interpor o recurso adesivo porque, mesmo que não estivesse totalmente satisfeito com a decisão, a intenção inicial do executado era de não recorrer, mas, diante do recurso apresentado pelo exequente, ele poderá aderir ao recurso da parte contrária.

Se o recurso principal não for conhecido ou a parte dele desistir, o recurso adesivo perderá o objeto.

O recurso adesivo é compatível com o processo do trabalho e cabe, no prazo de **8 (oito) dias**, nas hipóteses de interposição de recurso ordinário, de agravo de petição, de revista e de embargos, sendo desnecessário que a matéria nele veiculada esteja relacionada com a do recurso interposto pela parte contrária.

Sobre esse tema, o **Exame Unificado de 2022** considerou correta a seguinte assertiva: "Numa reclamação trabalhista que se encontra na fase de execução e diante da extrema complexidade dos cálculos, o juiz determinou a liquidação a cargo de um perito judicial. Apresentado o laudo, em que pese ambas as partes discordarem das contas apresentadas pelo especialista, elas foram homologadas pelo juiz. A sociedade empresária garantiu o juízo e ajuizou embargos à execução, enquanto o exequente apresentou impugnação à sentença de liquidação. O juiz julgou improcedentes ambas as ações, mantendo a homologação já feita. Somente a sociedade empresária interpôs agravo de petição no prazo legal.

Sobre o caso, considerando os fatos narrados e o entendimento consolidado do TST, assinale a afirmativa correta.

*A) No prazo de contrarrazões, o exequente poderá, querendo, interpor agravo de petição de forma adesiva."

Sobre esse tema, **o Exame Unificado de 2013** considerou verdadeira a seguinte assertiva: "Sobre o manejo do recurso adesivo na Justiça do Trabalho: É cabível e a matéria nele veiculada não precisa estar relacionada ao recurso principal".

8. EMBARGOS DE DECLARAÇÃO

8.1. Conceito

Visam eliminar contradições, obscuridades, omissões ou erro material (art. 1022 do CPC) constantes da fundamentação ou na porção dispositiva da decisão, relativamente a questões de fato ou de direito.

8.2. Características principais:

- Os embargos são opostos para eliminar obscuridades, contradições, omissões ou erro material, constantes da fundamentação ou na porção dispositiva da sentença, relativamente a questões de fato ou de direito;
- podem ser interpostos em face de qualquer tipo de decisão;
- prazo de cinco dias para interposição;
- petição dirigida ao juízo prolator da decisão, com a indicação da omissão, obscuridade, contradição ou erro material;
- interrompem o prazo para interposição de outro recurso para ambas as partes;
- é necessário vista à parte contrária, por conta do eventual efeito modificativo. A correção do mero erro material poderá ser requerida por meio de simples petição ou realizada de ofício pelo juiz, não sendo imprescindível a interposição de embargos de declaração, razão pela qual não há necessidade de conceder vista à parte contrária (art. 897-A, §3º, da CLT). Sobre esse tema, **o Exame Unificado de 2019** considerou verdadeira a seguinte assertiva: " Prolatada a sentença em uma reclamação trabalhista, o autor opõe embargos de declaração no 3º dia contado da publicação e afirma que existe erro material no julgado, pois o número do processo encontra-se equivocado, assim como o nome das partes. Diante da situação retratada e dos termos da CLT, assinale a afirmativa correta. a) O juiz não precisará dar vista dos embargos à parte contrária, diante da natureza do erro".

9. REEXAME NECESSÁRIO (ART. 496 DO CPC)

9.1. Conceito

Quando a sentença for proferida contra a União, Estados, Municípios ou suas autarquias ou fundações, o trânsito em julgado somente se verifica após a sua confirmação pelo Tribunal respectivo, configurando o chamado reexame necessário (ou recurso de ofício).

9.2. Dispensa

O reexame necessário não se aplica quando a condenação não ultrapassar o valor correspondente a: a) 1.000 (mil) salários mínimos para a União e as respectivas autarquias e fundações de direito público; b) 500 (quinhentos) salários mínimos para os Estados, o Distrito Federal, as respectivas autarquias e fundações de direito público e os Municípios que constituam capitais dos Estados; c) 100 (cem) salários mínimos para todos os demais Municípios e respectivas autarquias e fundações de direito público.

Também não se sujeita ao duplo grau de jurisdição a decisão fundada em: a) súmula ou orientação jurisprudencial do TST; b) acórdão proferido pelo STF ou TST em julgamento de recursos repetitivos; c) entendimento firmado em incidente de resolução de demandas repetitivas ou de assunção de competência; d) entendimento coincidente com orientação vinculante firmada no âmbito administrativo do próprio ente público, consolidada em manifestação, parecer ou súmula administrativa.

? **QUESTÃO:** Qual é o recurso cabível para as decisões interlocutórias no processo do trabalho?

RESPOSTA: *No processo do trabalho, as decisões interlocutórias não estão sujeitas a recurso imediato (art. 893, § 1º, da CLT). Assim, a parte prejudicada deve apresentar o seu protesto logo após a ciência da decisão interlocutória, caso lhe seja desfavorável, sob pena de se presumir a sua concordância e/ou a inexistência de prejuízo, operando-se a preclusão. Não obstante, quando a decisão interlocutória ferir direito líquido e certo, o litigante prejudicado pode impetrar mandado de segurança, desde que não caiba qualquer outra espécie de recurso.*

Sobre esse tema, o **Exame Unificado de 2016** *considerou correta a seguinte assertiva: "Em reclamação trabalhista o juiz atende ao pedido expresso do autor na petição inicial e, de plano, defere tutela de urgência para que a empresa entregue ao trabalhador o Perfil Profissiográfico Previdenciário (PPP) e, com isso, ele possa requerer aposentadoria especial junto ao INSS. Intimada da decisão, a empresa o contrata para tentar impedir o efeito da tutela de urgência deferida, pois teme que os demais empregados sigam o mesmo destino, especialmente porque ela não reconhece que haja condição desfavorável no ambiente de trabalho. De acordo com o entendimento consolidado do TST, assinale a opção que apresenta a medida a ser adotada. (...) Impetrar mandado de segurança".*

A Súmula nº 214 do TST apresenta três exceções ao princípio da irrecorribilidade imediata das decisões interlocutórias. São elas: 1) decisões do TST contrária a Súmula ou OJ do TST; 2) suscetível de impugnação para o mesmo tribunal; 3) De acolhimento de exceção de incompetência em razão do lugar, com remessa dos autos para outro Tribunal distinto daquele a que se vincula o juízo excepcionado. Sobre esse tema, o **Exame Unificado de 2014** *considerou correta a seguinte assertiva.*

A doutrina apresenta mais duas exceções não previstas na referida súmula, quais sejam: 1) decisão sobre o valor da causa: cabe pedido de revisão dirigido ao Presidente do Tribunal (art. 2º, §§ 1º e 2º, da Lei nº 5584/74); 2) decisões na fase de execução: cabível agravo de petição, conforme art. 897, "a", CLT.

A IN nº 39/2016 também criou uma nova possibilidade de recorribilidade imediata de decisão interlocutória, qual seja, a decisão de julgamento antecipado parcial do mérito contra a qual é cabível recurso ordinário de imediato (art. 5º da IN nº 39/2016 do TST e art. 356 do CPC).

*Sobre esse tema, o **Exame Unificado de 2012** considerou errada a seguinte assertiva: "na Justiça do Trabalho todas as decisões interlocutórias são irrecorríveis de imediato". Isso porque, como já visto acima, o princípio da irrecorribilidade de imediato das decisões interlocutórias apresenta exceções.*

DICA IMPORTANTE

Diante da repetição de questões sobre esses temas, é fundamental a memorização dos artigos 896 a 896-C e parágrafos da CLT (tratam do Recurso de Revista), assim como da Súmula 214 do TST (hipóteses de recurso em decisão interlocutória). É importante também memorizar as alterações trazidas pela Reforma Trabalhista, que certamente serão objeto de prova, merecendo destaque: os indicadores de transcendência (art. 896-A, §1º, da CLT), novas regras sobre o depósito recursal (art. 899 e parágrafos da CLT),

EM RESUMO: Recursos	
Conceito	Instrumento para garantir à parte insatisfeita com a decisão, a sua insurgência com a tentativa de alterar a decisão proferida.
Requisitos objetivos	1) Recorribilidade: o ato tem que ser recorrível; 2) Adequação: Para cada espécie de decisão existe um recurso adequado com previsão nas leis processuais; 3) Preparo: depósito recursal e custas; 4) Tempestividade: prazo de 8 dias, exceto para Embargos de Declaração que é de 5 dias; 5) Representação: patrono deve ter procuração.

EM RESUMO: Recursos	
Requisitos subjetivos	1) Legitimidade: em regra, a legitimidade é da parte sucumbente, admitindo-se também os terceiros prejudicados; 2) Sucumbência: parte recorrente deve ter sofrido prejuízo com a decisão.
Efeitos	1) Devolutivo; 2) Obstativo; 3) Translativo; 4) Regressivo; 5) Extensivo; 6) Substitutivo.
Preparo	Custas pelo sucumbente, exceto se beneficiário da justiça gratuita. Depósito recursal pelo empregador, quando houver condenação em pecúnia, exceto se beneficiário da justiça gratuita.

CAPÍTULO IV
EXECUÇÃO

1. LIQUIDAÇÃO

1.1. Conceito

No processo do trabalho, a liquidação do título executivo judicial é um procedimento incidental, situado entre o processo de conhecimento e a execução, com o objetivo de tornar líquido o crédito, isto é, apurar o valor devido, inclusive de verbas previdenciárias. Sobre esse tema, o **Exame Unificado de 2011** considerou incorreta a seguinte assertiva: "As partes devem ser previamente intimadas para a apresentação do cálculo de liquidação, exceto da contribuição previdenciária incidente, que ficará a cargo da União". O equívoco dessa assertiva decorre do fato de que as partes devem também apresentar cálculo das contribuições previdenciárias e não a União. A liquidação no processo do trabalho também inclui a apuração das referidas contribuições.

Na liquidação, não se poderá modificar, ou inovar, a sentença liquidanda, nem discutir matéria pertinente à causa principal.

1.2. Espécies

A **Por cálculos:** a apuração se dá por simples operações aritméticas. Sobre esse tema, o **Exame Unificado de 2016** considerou correta a seguinte assertiva: "O juiz, em ação trabalhista proposta por Carlos em face da sociedade empresária ABCD Ltda., julgou procedente, em parte, o rol de pedidos. Nenhuma das partes apresentou qualquer recurso. O pedido versava exclusivamente sobre horas extras e reflexos, estando nos autos todos os controles de horário, recibos salariais, o termo de rescisão de contrato de trabalho (TRCT) e demais documentos inerentes ao contrato de trabalho em referência. Todos os documentos eram incontroversos. Com base no caso apresentado, como advogado(a) de Carlos, assinale a opção que indica a modalidade a ser adotada para promover a liquidação de sentença". (...) "Por cálculos.";

B **Por arbitramento:** é cabível quando seja necessário dispor de conhecimentos técnicos e científicos específicos para determinação do valor da condenação (nas obrigações de pagar) ou individualização do seu objeto (nas obrigações de fazer e não fazer);

C **Por artigos:** é necessária a cognição do juízo, por meio das alegações e provas de fatos novos. A liquidação por artigos só pode ser promovida pelo exequente, em face da necessidade de alegação e prova de fato novo.

Sobre esse tema, o **Exame Unificado de 2012** considerou verdadeira a seguinte assertiva: "A liquidação tem por objetivo a apuração do *quantum debeatur* nas sentenças proferidas de forma ilíquida e que tenham deferido, ao menos em parte, a pretensão deduzida. De acordo com a CLT, assinale a alternativa que indica as formas possíveis de liquidação da sentença nas obrigações de dar (pagar) e, caso o juiz conceda prazo às partes para manifestação, o número de dias para a impugnação: (...) Cálculo, arbitramento ou artigos. Prazo de 10 dias".

1.3. Impugnação à conta de liquidação:

A sentença de liquidação possui natureza interlocutória e, portanto, é irrecorrível de forma imediata. Para impugná-la, o executado terá que interpor embargos à execução. No caso do exequente e da União, a irresignação pode ser apresentada por meio de **impugnação à sentença de liquidação**. A revisão da sentença de liquidação ou dos embargos à execução pode ser efetivada por meio do agravo de petição.

> **FIQUE POR DENTRO:**
>
> Após a Reforma Trabalhista, o artigo 879, §2º, da CLT, foi alterado para determinar que, elaborada a conta e tornada líquida, o juízo **deverá** abrir às partes **prazo comum** de oito dias para **impugnação fundamentada** com a indicação dos itens e valores objeto da discordância, sob pena de preclusão.
>
> Sobre esse tema, o **Exame Unificado de 2018** considerou verdadeira a seguinte assertiva: "Em reclamação trabalhista já na fase de execução, o juiz determinou que o autor apresentasse os cálculos de liquidação, determinação esta que foi cumprida pelo exequente em fevereiro de 2018. Então, o calculista do juízo analisou as contas e entendeu que elas estavam corretas, pelo que o juiz homologou os cálculos ofertados e determinou a citação do executado para pagamento em 48 horas, sob pena de execução.
>
> Considerando a narrativa apresentada e os termos da CLT, assinale a afirmativa correta.

FIQUE POR DENTRO:

B) Equivocou-se o magistrado, porque deveria obrigatoriamente conferir vista dos cálculos ao executado".

Sobre esse tema, o **Exame Unificado de 2019** considerou verdadeira a seguinte assertiva praticamente idêntica: "No decorrer de uma reclamação trabalhista, que transitou em julgado e que se encontra na fase executória, o juiz intimou o autor a apresentar os cálculos de liquidação respectivos, o que foi feito. Então, o juiz determinou que o cálculo fosse levado ao setor de Contadoria da Vara para conferência, tendo o calculista confirmado que os cálculos estavam adequados e em consonância com a coisa julgada. Diante disso, o juiz homologou a conta e determinou que o executado depositasse voluntariamente a quantia, sob pena de execução forçada. Diante dessa narrativa e dos termos da CLT, assinale a afirmativa correta. A) Equivocou-se o juiz, porque ele não poderia homologar o cálculo sem antes conceder vista ao executado pelo prazo de 8 dias".

Atenção: Conforme o artigo 14 da IN 41/2018 do TST, a nova regra trazida pelo artigo 879, §2º, da CLT somente se aplicará para liquidações iniciadas após 11.11.2017.

2. EXECUÇÃO

2.1. Conceito

A execução trabalhista é a fase do processo em que se impõe o cumprimento do título executivo judicial ou extrajudicial, o que inclui a cobrança forçada feita a devedores para garantir o pagamento de direitos trabalhistas. Há posicionamento no sentido de que a execução trabalhista é um processo autônomo, na medida em que exige a citação do executado. É importante destacar que a execução de título extrajudicial indiscutivelmente tem natureza de processo autônomo, porque não existe processo anterior para a formação do título.

2.2. Fontes normativas

Aplicam-se à execução trabalhista as regras da CLT (arts. 876 a 892), e, em caso de omissão normativa, as regras da Lei de Execuções Fiscais (Lei nº 6.830/80), sendo que, novamente, em caso de omissão, aplicam-se as regras do CPC. Assim, a ordem de aplicação normativa na execução trabalhista é a seguinte: CLT, Lei de Execuções Fiscais e CPC. Sobre esse tema, o **Exame Unificado de 2010** considerou verdadeira a afirmação de que a Lei de Execuções Fiscais "é fonte subsidiária para a aplicação das normas na execução trabalhista".

2.3. Título executivo

É o instrumento, judicial ou extrajudicial, que representa um direito de crédito líquido e exigível, que possibilita seu titular ou outra pessoa designada por lei, ajuizar uma ação de execução forçada para fazer cumprir a obrigação do devedor. São títulos executivos judiciais: as decisões passadas em julgado ou das quais não tenha havido recurso com efeito suspensivo e os acordos, quando não cumpridos. Outrossim, são títulos executivos extrajudiciais: os termos de ajuste de conduta – TACs firmados perante o Ministério Público do Trabalho e os termos de conciliação firmados perante as Comissões de Conciliação Prévia. Não há necessidade de homologação do TAC para que ele ostente a natureza de título executivo, razão pela qual, o **Exame Unificado de 2010** considerou equivocada a seguinte assertiva: "O termo de compromisso de ajustamento de conduta firmado perante o Ministério Público do Trabalho, para que possa ser executado no processo do trabalho, depende de prévia homologação pelo juiz que teria competência para o processo de conhecimento relativo à matéria".

Sobre esse tema, o **Exame Unificado de 2021** considerou correta a alternativa "B" relativa à seguinte questão: "Após ser alvo de um inquérito civil junto ao Ministério Público do Trabalho – MPT, tendo sido investigada pela prática de suposta irregularidade, a sociedade empresária Vida Global assinou um Termo de Ajuste de Conduta (TAC) com o MPT para sanar o problema e evitar a judicialização daquela situação, o que poderia abalar sua credibilidade perante os investidores nacionais e estrangeiros. Ocorre que a sociedade empresária não cumpriu o que foi estipulado no TAC, seja no tocante à obrigação de fazer, seja no pagamento de multa pelo dano moral coletivo.

Diante dessa situação, e de acordo com os termos da CLT, assinale a afirmativa correta.

A) O *parquet* deverá propor execução de título judicial.

*B) O MPT deverá ajuizar execução de título extrajudicial.

C) A ação própria para a cobrança será o inquérito judicial.

D) O MPT deverá propor reclamação trabalhista pelo rito ordinário."

Assim, a alternativa "B" está correta porque a ação cabível para o MPT é a execução de título executivo extrajudicial, não sendo cabíveis as ações arroladas nas demais alternativas.

Quando o Ministério Público do Trabalho for solicitado pelas partes para atuar como árbitro, o laudo arbitral derivado de sua atuação também é considerado como título executivo extrajudicial (art. 31 da Lei nº 9.307/96).

Relativamente à execução trabalhista, o **Exame Unificado de 2012** considerou verdadeira a seguinte assertiva: "Pode ser por título judicial, caso do acordo descumprido, e por título extrajudicial, caso do termo de ajuste de conduta firmado perante o Ministério Público do Trabalho".

MUITA ATENÇÃO!

Em que pese não constar expressamente da CLT, o cheque e a nota promissória emitidos em reconhecimento de dívida inequivocamente de natureza trabalhista também são títulos extrajudiciais (art. 13 da IN nº 39/2016 do TST).

2.4. Relativização da coisa julgada

A relativização da coisa julgada é o instituto pelo qual se considera inexigível o título judicial fundado em lei ou ato normativo declarados inconstitucionais pelo STF ou em interpretações tidas por incompatíveis com a Constituição Federal. Essa alegação pode ser feita em sede de embargos à execução e, se acolhida, a execução é extinta pela inexigibilidade do título, elemento este essencial para a execução.

Sobre esse tema, o **Exame Unificado de 2010** considerou correta a seguinte assertiva: "Conforme disposição expressa na Consolidação das Leis do Trabalho, considera-se inexigível o título judicial fundado em lei ou ato normativo declarados inconstitucionais pelo Supremo Tribunal Federal ou em aplicação ou interpretação tidas por incompatíveis com a Constituição Federal".

2.5. Execução provisória

Na execução provisória, a fase de conhecimento ainda não se encerrou, restando pendente recurso não dotado de efetivo suspensivo, que é a regra no processo do trabalho (art. 899 da CLT). A execução provisória é permitida até a penhora.

MUITA ATENÇÃO!

Com o advento do CPC de 2015, o TST cancelou o item III da Súmula 417 que vedava a penhora de dinheiro em execução provisória, quando nomeados outros bens à penhora. Assim, a partir de 18/03/2016, data de vigência do CPC/2015, é possível a penhora em dinheiro em execução provisória.

2.6. Atualização monetária e juros de mora: O STF fixou que a atualização dos débitos trabalhistas deve observar: 1) fase pré-judicial: o IPCA-E; 2) fase judicial (após o ajuizamento da ação): taxa Selic (sem acréscimo de juros).

Na fase pré-judicial existe ainda grande discussão se é aplicável juros de mora. Existem decisões recentes em ambos os sentidos.

No caso da condenação da Fazenda Pública como devedora principal devem ser observados os juros da caderneta de poupança (art. 1º-F da Lei n. 9.494/97). Contudo, se a Fazenda for condenada como devedora subsidiária, aplicam-se os mesmos juros da devedora principal (OJ 382 SDI-1 do TST).

2.7. Acordo em execução

A existência de cálculo de liquidação do título, anteriormente ao **acordo** entabulado, não obsta a homologação judicial, mesmo que da avença conste renúncia ou desistência de parte do crédito. Cabe ao juiz apreciar a conveniência da homologação do acordo. A legislação processual autoriza que as partes transacionem em Juízo na fase de execução quando se tratar de direitos patrimoniais disponíveis, sem que se possa falar de qualquer ofensa à coisa julgada (sendo o anterior título executivo judicial regularmente substituído pelo termo de conciliação, que terá idêntica natureza jurídica executiva, por força do parágrafo único do artigo 831 da CLT). Sobre esse tema, o **Exame Unificado de 2016** considerou verdadeira a seguinte assertiva: "Na fase de execução de uma reclamação trabalhista, as partes se apresentaram ao juiz da causa postulando a homologação de acordo que envolveria 80% do valor que estava sendo executado. Diante dessa situação, de acordo com a CLT e o entendimento consolidado do TST (...) É possível a homologação do acordo, que pode ser realizado a qualquer momento, mas ficará a critério do juiz fazê-lo à luz do caso concreto".

MUITA ATENÇÃO!

É devida a contribuição previdenciária sobre o valor do acordo celebrado e homologado após o trânsito em julgado de decisão judicial, respeitada a proporcionalidade de valores entre as parcelas de natureza salarial e indenizatória deferidas na decisão condenatória e as parcelas objeto do acordo. Sobre esse tema, o **Exame Unificado de 2012** considerou verdadeira a seguinte assertiva: "Numa reclamação trabalhista, o autor teve reconhecido o direito ao pagamento de horas extras, sem qualquer reflexo. Após liquidado o julgado, foi homologado o valor de R$ 15.000,00, iniciando-se a execução. Em seguida, as partes comparecem em juízo pleiteando a homologação de acordo no valor de R$ 10.000,00. Com base no narrado acima (...) é possível a homologação do acordo, e o INSS será recolhido sobre R$ 10.000,00". Veja-se que os recolhimentos previdenciários incidirão proporcionalmente sobre o valor do acordo, na medida em que existiu renúncia de parte do crédito.

3. EXECUÇÃO POR QUANTIA CERTA CONTRA DEVEDOR SOLVENTE

3.1. Conceito

O principal objetivo da execução por quantia certa é forçar o executado a adimplir a obrigação pecuniária contida na decisão judicial condenatória. Isso é feito por meio da expropriação de bens presentes e futuros do devedor, com a entrega do seu produto ao exequente. É a espécie mais comum de execução no processo do trabalho.

Tratando-se de prestações sucessivas, por tempo indeterminado, a execução compreenderá inicialmente as prestações devidas até a data do ingresso na execução.

3.2. Procedimento

A ação de execução trabalhista inicia-se com o despacho do juiz determinando a citação do executado.

> **FIQUE POR DENTRO:** Após a Reforma Trabalhista, a execução não poderá se processar de **ofício** pelo juiz, exceto quando a parte estiver desassistida de advogado ou em caso de execução de contribuição previdenciária.

É expedido um **mandado de citação**, a ser cumprido pelo oficial de justiça, nele constando a ordem para que o executado pague a dívida ou nomeie bens à penhora no prazo de **48 horas**, sob pena de serem penhorados tantos bens quantos bastem para a garantia do juízo e futura satisfação do credor. Não se aplica a revelia na execução.

Sobre esse tema, o **Exame Unificado de 2012** considerou equivocadas as seguintes assertivas: "não há citação para a execução, uma vez que a fase executiva pode ser iniciada de ofício" e "a citação na execução será realizada por via postal". Como visto acima, é sempre expedido mandado de citação na execução e a citação será pessoal.

4. EMBARGOS À EXECUÇÃO

4.1. Conceito

Os embargos à execução (ou embargos do devedor) constituem uma medida judicial autônoma, incidental ao processo de execução, cuja finalidade é desconstituir o título executivo judicial ou extrajudicial. A oposição dos embargos do devedor **suspende** o processamento da execução forçada no processo do trabalho.

4.2. Prazo

O prazo para oposição dos embargos à execução é de cinco dias, sendo de trinta dias para a Fazenda Pública. A contagem do prazo inicia-se na data em que o devedor tomou ciência da penhora ou do momento em que efetuou o depósito da quantia devida para garantir o juízo. No caso da Fazenda Pública, o prazo para apresentação dos embargos à execução inicia-se com a citação. Sobre esse tema, o **Exame Unificado de 2010,** considerou equivocada a seguinte assertiva: "Garantida a execução ou penhorados os bens, é de 10 (dez) dias o prazo para o executado apresentar embargos à execução, cabendo igual prazo ao exequente para impugnação". Como já visto, o prazo para embargos à execução é de 5 dias.

4.3. Matérias que podem ser alegadas

A matéria de defesa podem ser alegações de cumprimento da decisão ou do acordo, quitação ou prescrição da dívida. O executado também poderá alegar: I – falta ou nulidade da citação se, na fase de conhecimento, o processo correu à revelia; II – ilegitimidade de parte; III – inexequibilidade do título ou inexigibilidade da obrigação; IV – penhora incorreta ou avaliação errônea; V – excesso de execução ou cumulação indevida de execuções; VI – incompetência absoluta ou relativa do juízo da execução; VII – qualquer causa modificativa ou extintiva da obrigação, como pagamento, novação, compensação, transação ou prescrição, desde que supervenientes à sentença.

4.4. Procedimento

Recebida a petição inicial dos embargos, o juiz analisa a presença dos seus requisitos e, caso presentes, concede vista à parte contrária para oferecer defesa no prazo de cinco dias. Se necessário, é designada audiência de instrução para colheita de prova oral (depoimento pessoal e/ou testemunhal). Sobre esse tema, o **Exame Unificado de 2014** considerou correta a seguinte assertiva: "A sociedade empresária "V" Ltda., executada em ação trabalhista, apresentou embargos à execução arrolando testemunhas, o que foi indeferido pelo juiz, ao argumento de que não se tratava de processo de conhecimento. Sobre o caso apresentado, assinale a afirmativa correta. (...) Errada a decisão do juiz, pois era cabível a prova testemunhal em sede de embargos à execução, podendo o juiz indeferir as testemunhas se desnecessários os depoimentos".

Os embargos são processados nos próprios **autos da execução** e podem ser rejeitados **liminarmente** quando: 1) intempestivos; 2) a inicial for inepta; 3) manifestamente protelatórios; 4) o juízo não estiver seguro.

> **MUITA ATENÇÃO!** Tendo em vista o princípio da impenhorabilidade dos bens públicos, a execução contra a Fazenda Pública apresenta rito próprio, com as seguintes especificidades:
>
> a) não existe obrigatoriedade de garantia do juízo. Sobre esse tema, o **Exame Unificado de 2022** considerou correta a seguinte assertiva: "Ramon conseguiu, em uma reclamação trabalhista, a sentença de procedência parcial dos seus pedidos, sendo condenado o ex- empregador a pagar vários direitos, mediante condenação subsidiária da União como tomadora dos serviços. A sentença transitou em julgado nestes termos, houve liquidação regular e foi homologado o valor da dívida em R$15.000,00 (quinze mil reais), conforme cálculos apresentados pelo exequente. Ramon tentou executar por várias formas o ex-empregador, sem sucesso, e então requereu ao juiz o direcionamento da execução em face da União, que foi citada, mas discordou dos cálculos apresentados, reputando-os majorados. Diante da situação apresentada e dos termos da legislação em vigor, assinale a afirmativa correta.
>
> (...)
>
> D) É desnecessária a garantia do juízo para a União ajuizar embargos à execução."

> **MUITA ATENÇÃO!**
>
> b) não existe a fase de expropriação prevista no rito geral. Sobre esse tema, o **Exame Unificado de 2016** considerou correta a seguinte assertiva: "Em determinada reclamação trabalhista, o empregador foi condenado ao pagamento de diversas parcelas, havendo ainda condenação subsidiária da União na condição de tomadora dos serviços. Na execução, depois de homologado o cálculo e citado o empregador para pagamento, as tentativas de recebimento junto ao devedor principal fracassaram, daí porque a execução foi direcionada contra a União, que agora pretende questionar o valor da dívida. Diante da situação apresentada (...) A garantia do juízo para ajuizar embargos de devedor é desnecessária, por se tratar de ente público".

A oposição dos embargos do devedor **suspende** o processamento da execução forçada no processo do trabalho, seja por título judicial ou extrajudicial. O juiz irá proferir sentença no prazo **de 5 dias**, analisando, no mesmo ato, eventuais impugnações ajuizadas pelo exequente e União.

4.5. Garantia do juízo

Garantida a execução ou penhorados os bens, terá o executado 5 (cinco) dias para apresentar embargos, cabendo igual prazo ao exequente para impugnação. Logo, é **requisito para apresentação dos embargos**, que o devedor garanta a execução, sob pena dos embargos não serem conhecidos.

Sobre esse tema, o **Exame Unificado de 2017**, considerou correta a seguinte assertiva: "A sociedade empresária Arco Íris Limpeza Ltda. foi citada para pagar o valor de uma dívida trabalhista homologada pelo juiz e, sem apresentar guia de pagamento ou arrolar bens, apresentou embargos de devedor, nos quais aponta diversas inconsistências nos cálculos. Diante disso, de acordo com a CLT (...) Sem a garantia do juízo, o executado não poderá ajuizar embargos de devedor, de modo que as matérias por ele trazidas não serão apreciadas naquele momento".

Sobre esse tema, o **Exame Unificado de 2021** considerou correta a assertiva "B" como correta referente à seguinte questão: "A sociedade empresária de transportes Mundo Pequeno Ltda. Foi condenada ao pagamento de horas extras e diferença salarial na ação movida por Mauro Duarte, seu ex-empregado. Após o trânsito em julgado e apuração do valor devido, a executada foi citada para efetuar o pagamento de R$ 120.000,00. Ocorre que a sociedade empresária pretende apresentar embargos à execução, pois entende que o valor homologado é superior ao devido, mas não tem o dinheiro disponível para depositar nos autos. Sobre o caso relatado, de acordo com o que está previsto na CLT, assinale a afirmativa correta.

A) Na Justiça do Trabalho não é necessário garantir o juízo para ajuizar embargos à execução.

*B) A sociedade empresária poderá apresentar seguro-garantia judicial para então apresentar embargos à execução.

C) A sociedade empresária poderá assinar uma nota promissória judicial e, com isso, ter direito a ajuizar embargos de devedor.

D) Se for comprovada a situação de necessidade, a sociedade empresária, depositando 50% do valor da dívida, poderá embargar."

Esclarecendo a questão, para ofertar embargos à execução, o devedor deve garantir o juízo, sob pena dos embargos não serem conhecidos, logo a alternativa "A" está errada. A garantia do juízo pode se dar mediante depósito da quantia correspondente, atualizada e acrescida das despesas processuais, apresentação de seguro-garantia judicial ou nomeação de bens à penhora, observada a ordem preferencial do CPC. Assim, a alternativa "B" está correta porque traz uma modalidade possível de garantia do juízo e a alternativa "C" está incorreta porque não existe previsão legal de "nota promissória judicial" como modalidade de garantia do juízo na execução trabalhista. Por fim, a alternativa "D" está incorreta porque não há previsão legal de redução da garantia do juízo em caso de necessidade financeira. A CLT apenas prevê a dispensa da garantia ou penhora (nesse caso a dispensa é integral) para as entidades filantrópicas e/ou àqueles que compõem ou compuseram a diretoria dessas instituições. Também não se exige a garantia do juízo da Fazenda Pública, diante do princípio da impenhorabilidade dos bens públicos.

> **MUITA ATENÇÃO!**
>
> A exigência da garantia ou penhora não se aplica às entidades filantrópicas e/ou àqueles que compõem ou compuseram a diretoria dessas instituições, conforme o parágrafo 6º do artigo 884 da CLT, introduzido pela Lei da Reforma Trabalhista.
>
> Sobre esse tema, o **Exame Unificado de 2018**, considerou correta a seguinte assertiva: "Uma entidade filantrópica foi condenada em reclamação trabalhista movida por uma ex-empregada, em fevereiro de 2018. A sentença transitou em julgado e agora se encontra na fase de execução. Apresentados os cálculos e conferida vista à executada, o juiz homologou a conta apresentada pela exequente. Em relação à pretensão da entidade de ajuizar embargos de devedor para questionar a decisão homologatória, assinale a afirmativa correta. A) Não há necessidade de garantia do juízo, no caso apresentado, para o ajuizamento de embargos de devedor".
>
> **Atenção:** Conforme o artigo 16 da IN 41/2018 do TST, a nova regra trazida pelo artigo 884, §6º, da CLT somente se aplicará em processos com execução iniciada após 11.11.2017.

FIQUE POR DENTRO: A Reforma Trabalhista trouxe a possibilidade de que o executado que não pagar a importância reclamada possa garantir a execução mediante depósito da quantia correspondente, atualizada e acrescida das despesas processuais, apresentação de seguro-garantia judicial ou nomeação de bens à penhora, observada a ordem preferencial estabelecida no art. 835 da Lei nº 13.105/2015 – Código de Processo Civil."

4.6. Embargos à execução por carta precatória

Na execução por carta precatória, os embargos de terceiro serão oferecidos no juízo deprecado, salvo se indicado pelo juízo deprecante o bem constrito ou se já devolvida a carta.

4.7. Protesto e inscrição do débito

A decisão judicial transitada em julgado somente poderá ser levada a protesto, gerar inscrição do nome do executado em órgãos de proteção ao crédito ou no Banco Nacional de Devedores Trabalhistas (BNDT), nos termos da lei, depois de transcorrido o prazo de **quarenta e cinco dias** a contar da citação do executado, se não houver garantia do juízo (art. 883-A da CLT).

Sobre esse tema, **o Exame Unificado de 2018** considerou verdadeira a seguinte assertiva: "A sociedade empresária Alfa S. A. está sendo executada na Justiça do Trabalho e, em 13/03/2018, recebeu citação para pagamento da dívida que possui em relação a um processo. Mesmo citada, a sociedade empresária permaneceu inerte, pelo que, no 10° dia contado da citação, o juízo iniciou, a requerimento do exequente a tentativa de bloqueio pelo sistema Bacen-Jud e, paralelamente, inscreveu o nome do executado no Banco Nacional de Devedores Trabalhistas (BNDT). Diante da situação apresentada e dos termos da CLT, assinale a afirmativa correta. D) A decisão que determinou a inserção do nome do devedor no BNDT está equivocada, porque somente poderia ocorrer 45 dias depois de ele não pagar, nem garantir o juízo".

5. EXCEÇÃO DE PRÉ-EXECUTIVIDADE

5.1. Conceito

Em caso de nulidades processuais insanáveis e demais matérias de ordem pública ou alegações de extinção da obrigação (ex. pagamento), o executado pode opor Exceção de Pré-executividade. A característica principal desse instrumento é dispensar a necessidade de **garantia do juízo.**

5.2. Procedimento

Tal manifestação é feita através de simples petição. É cabível a qualquer tempo, desde que antes de seguro o juízo. Para atender ao princípio do contraditório, ao despachar a petição do devedor, o juiz deve intimar a parte contrária para oferecer **impugnação** no prazo que lhe assinar. A decisão que rejeita a exceção de pré-executividade tem **natureza interlocutória** e não pode ser recorrida de imediato. Já a decisão que acolhe a exceção pode ser objeto de Agravo de Petição. Sobre esse tema, **o Exame Unificado de 2019** considerou verdadeira a seguinte assertiva: "No curso de uma ação trabalhista que se encontra em fase de execução de sentença, a executada, citada para pagar e garantir o juízo, apresentou exceção de pré-executividade almejando a nulidade de todos os atos, uma vez que não havia sido regularmente citada. Após regular trâmite, o juiz julgou procedente a exceção de pré-executividade e anulou todos os atos processuais praticados desde a citação, concedendo ainda prazo para a reclamada contestar a reclamação trabalhista. Sobre a hipótese, assinale a opção que indica o recurso cabível, a ser manejado pelo exequente, contra a decisão da exceção de pré-executividade. d) Agravo de Petição".

Ainda sobre esse tema, **o Exame Unificado de 2015** considerou verdadeira a seguinte assertiva: "No bojo de uma execução trabalhista, a sociedade empresária executada apresentou uma exceção de pré-executividade, alegando não ter sido citada para a fase de conhecimento. Em razão disso, requereu a nulidade de todo o processo, desde a citação inicial. O juiz conferiu vista à parte contrária para manifestação e, em seguida, determinou a conclusão dos autos. Após analisar as razões da parte e as provas produzidas, convenceu-se de que a alegação da sociedade empresária era correta e, assim, anulou todo o feito desde o início. Diante desse quadro, assinale a afirmativa correta. Contra essa decisão caberá agravo de petição".

6. EMBARGOS DE TERCEIRO

6.1. Conceito

Os embargos de terceiro constituem uma ação autônoma, incidental, em que o terceiro pretende manter ou restituir a posse do bem que indevidamente encontra-se sob constrição judicial.

6.2. Prazo

No processo de conhecimento, os embargos de terceiro podem ser opostos a qualquer tempo, enquanto **não transitada em julgado a sentença.** Já no processo de execução, o prazo é de até cinco dias depois da arrematação, adjudicação ou remição, mas sempre antes da assinatura do respectivo auto ou carta. O prazo para contestar os embargos de terceiro, com o novo CPC, passou de 10 para 15 dias.

6.3. Competência

Na execução por carta precatória, os embargos de terceiro serão oferecidos no juízo deprecado, salvo se indicado pelo juízo deprecante o bem constrito ou se já devolvida a carta (art. 676, parágrafo único, do CPC de 2015).

? **QUESTÃO:** O incidente da desconsideração da personalidade jurídica é aplicável ao processo do trabalho?

➥ **RESPOSTA:** *A Lei da Reforma Trabalhista acabou com a discussão sobre o cabimento do incidente da desconsideração da personalidade jurídica no processo do trabalho, ao transpor os artigos que regulamentam esse incidente no CPC para a CLT. O incidente de desconsideração da personalidade jurídica será instaurado pela parte ou pelo Ministério Público, quando lhe couber intervir no processo. A desconsideração da personalidade jurídica exige a comprovação dos pressupostos específicos previstos em lei, fraude ou abuso da personalidade jurídica e confusão patrimonial. A existência dos referidos pressupostos deve ser demonstrada sob o crivo do contraditório, exigindo-se a citação do sócio ou da pessoa jurídica (no caso de desconsideração inversa), para manifestar-se sobre o incidente. O prazo para manifestação é de* ***15 (quinze) dias****. A instauração do incidente suspenderá o processo, sem prejuízo de concessão da tutela de urgência de natureza cautelar de que trata o art. 301 do CPC (art. 855-A, §2º, da CLT e art. 6º, § 2º, da IN nº 39/2016 do TST).*

Sobre esse tema, *o Exame Unificado de 2020* *considerou verdadeira a seguinte assertiva: "Após tentar executar judicialmente seu ex-empregador (a empresa Tecidos Suaves Ltda.) sem sucesso, o credor trabalhista Rodrigo instaurou o incidente de desconsideração de personalidade jurídica, objetivando direcionar a execução contra os sócios da empresa, o que foi aceito pelo magistrado. De acordo com a CLT, assinale a opção que indica o ato seguinte.*

(...)

B) O sócio será citado para manifestar-se e requerer as provas cabíveis no prazo de 15 dias".

7. INCIDENTE DA DESCONSIDERAÇÃO DA PERSONALIDADE JURÍDICA

7.1. Conceito: Embora a pessoa jurídica seja distinta dos seus sócios, e, portanto, distintos os respectivos patrimônios, em algumas situações a desconsideração desta distinção está autorizada, para que os patrimônios dos sócios respondam pelas obrigações da pessoa jurídica.

7.2. Cabimento: O incidente de desconsideração é cabível em todas as fases do processo de conhecimento, no cumprimento de sentença e na execução fundada em título executivo extrajudicial, podendo a desconsideração ser requerida na petição inicial, hipótese em que se dispensa a instauração do incidente (art. 134 do CPC/2015).

7.3. Procedimento: O incidente será instaurado pela parte ou pelo Ministério Público, quando lhe couber intervir no processo. A desconsideração da personalidade jurídica exige a comprovação dos pressupostos específicos previstos em lei, fraude ou abuso da personalidade jurídica e confusão patrimonial. A existência dos referidos pressupostos deve ser demonstrada sob o crivo do contraditório, exigindo-se a citação do sócio ou da pessoa jurídica (no caso de desconsideração inversa), para manifestar-se sobre o incidente. O prazo para manifestação é de **15 (quinze) dias**. Sobre esse tema, o Exame Unificado de 2020 considerou verdadeira a seguinte assertiva: "Após tentar executar judicialmente seu ex-empregador (a empresa Tecidos Suaves Ltda.) sem sucesso, o credor trabalhista Rodrigo instaurou o incidente de desconsideração de personalidade jurídica, objetivando direcionar a execução contra os sócios da empresa, o que foi aceito pelo magistrado. De acordo com a CLT, assinale a opção que indica o ato seguinte.

(...)

B) O sócio será citado para manifestar-se e requerer as provas cabíveis no prazo de 15 dias".

A instauração do incidente suspenderá o processo, sem prejuízo de concessão da tutela de urgência de natureza cautelar de que trata o art. 301 do CPC (art. 855-A, §2º, da **CLT** e art. 6º, § 2º, da **IN** Nº 39/2016 do TST.

7.4. Recursos: O art. 855-A, §1º, da CLT trata dos recursos cabíveis com relação à decisão interlocutória que acolher ou rejeitar o incidente: I – na fase de cognição, não cabe recurso de imediato, na forma do § 1o do art. 893 da CLT; II – na fase de execução, cabe agravo de petição, independentemente de garantia do juízo; III – cabe agravo interno se proferida pelo relator em incidente instaurado originariamente no tribunal.

Sobre esse tema, o **Exame Unificado de 2021** considerou correta a assertiva "B" referente a seguinte questão: "No decorrer de uma execução trabalhista, não se conseguiu penhorar nenhum bem da empresa executada nem reter qualquer numerário dela em ativos financeiros. Então, o exequente instaurou um incidente de desconsideração de personalidade jurídica para direcionar a execução em face de um sócio. O referido sócio foi citado e, no prazo de 15 dias, manifestou-se contrariamente à sua execução.

Submetida a manifestação ao contraditório e não havendo outras provas a produzir, o juiz julgou procedente o incidente e incluiu o sócio no polo passivo da execução na condição de executado, sendo, então, publicada essa decisão.

Considerando a situação retratada e os ditames da CLT, assinale a afirmativa correta.

A) Por ser interlocutória, essa decisão é irrecorrível, devendo o sócio se submeter ao comando e pagar a dívida.

B) O sócio em questão poderá recorrer da decisão independentemente de garantia do juízo.

C) Sendo a Lei omissa a respeito, caberá ao juiz definir se a decisão do incidente poderá ser objeto de recurso e se será necessário garantir o juízo.

D) O sócio poderá recorrer da decisão, mas terá de garantir o juízo em 50%."

Como visto, a alternativa "B" está de acordo com o art. 855-A, §1º, II, da CLT e as demais alternativas estão incorretas.

8. PENHORA

Não pagando o executado, nem garantindo a execução, mediante depósito em dinheiro ou seguro-garantia judicial, seguir-se-á penhora dos bens, tantos quantos bastem ao pagamento da importância da condenação, acrescida de custas e juros de mora, sendo estes, em qualquer caso, devidos a partir da data em que for ajuizada a reclamação inicial.

9. FAZENDA PÚBLICA

Caso seja necessária a liquidação na execução contra a Fazenda Pública, esta observará o mesmo procedimento da execução geral. Liquidada a conta, é expedido mandado de citação, cientificando a Fazenda Pública da execução e oportunizando a apresentação de embargos. A Fazenda Pública poderá opor embargos do devedor, no prazo de 30 dias, arguindo as matérias arroladas no art. 535 do CPC/2015. Tendo em vista o princípio da impenhorabilidade dos bens públicos, a execução contra a Fazenda Pública apresenta rito próprio, com as seguintes especificidades: a) não existe obrigatoriedade de garantia do juízo; b) não existe a fase de expropriação prevista no rito geral. Visando substituir tais fases, o legislador constituinte criou as figuras do precatório (art. 100 da CRFB/88) e da Requisição de Pequeno Valor-RPV.

10. PRESCRIÇÃO INTERCORRENTE

É a perda da pretensão no curso do processo, em razão da inércia do autor da ação, que não praticou os atos necessários para seu prosseguimento e deixou a ação paralisada por tempo superior ao máximo previsto em lei. A aplicação desse instituto no processo do trabalho sempre foi polêmica, até que a Lei da Reforma Trabalhista trouxe sua expressa previsão no artigo 11-A, acrescentado à CLT. A prescrição intercorrente se verifica no processo do trabalho no prazo de dois anos. O início do prazo prescricional ocorrerá quando o exequente deixa de cumprir determinação judicial no curso da execução. A declaração da prescrição intercorrente pode ser requerida ou de ofício (sem provocação da parte) em qualquer grau de jurisdição. Nos termos do artigo 2º da IN 41 do TST, o fluxo da prescrição intercorrente conta-se a partir do descumprimento da determinação judicial a que alude o § 1º do art. 11-A da CLT, desde que feita após 11 de novembro de 2017 (Lei nº 13.467/2017).

11. FALÊNCIA E RECUPERAÇÃO JUDICIAL

A partir do **deferimento** do pedido de recuperação judicial, inicia-se o ***stay period***, isto é, o intervalo de **180 dias** de suspensão de execuções e atos de constrição contra o devedor por credores sujeitos ao processo, o que visa a dar fôlego para a negociação do plano de recuperação judicial.

O **prazo** de suspensão das **execuções** é de **180 dias**, contados do **deferimento** do processamento da recuperação.

Com a Lei 14.112/2020, o art. 6º. § 4º da Lei 11.101/2005 passou a prever a **prorrogação** desse prazo de suspensão, **uma única vez, por igual período** (mais 180 dias), **em caráter excepcional,** desde que o devedor não haja **concorrido** com a superação do lapso temporal.

O *stay period* poderá ser prorrogado uma **segunda vez** caso os credores apresentem **plano alternativo** de recuperação judicial, nas hipóteses previstas no art. 6º, § 4º-A, e no art. 56, § 4º. (art. 6º, § 4º e 4º-A) da LF (Lei de Falência).

Outra novidade trazida pela Lei 14.112/2020 é que prazo para o pagamento dos créditos trabalhistas vencidos até a data do pedido de recuperação judicial era de **um ano.**

Com a inclusão do §2º ao artigo 54 da LF, esse prazo passou a ser estendido **em até dois anos**, desde que atendidos alguns requisitos cumulativos, quais sejam:

> I – apresentação de garantias julgadas suficientes pelo juiz;
>
> II – aprovação pelos credores trabalhistas, na forma do § 2º do art. 45 da LF;
>
> III – garantia da integralidade do pagamento dos créditos trabalhistas.

Também foi mantida a regra legal do § 1º do art. 54 da LF de que o plano não poderá, ainda, prever prazo superior a **30 (trinta) dias** para o pagamento, até o limite de **5 (cinco) salários mínimos** por trabalhador, dos créditos de natureza estritamente salarial vencidos nos **3 (três) meses anteriores** ao pedido de recuperação judicial.

A Lei 14.112/20 introduziu o art. 6-C à Lei 11.101/05 para expressamente determinar que não se pode atribuir **responsabilidade a terceiros** em decorrência do **"mero inadimplemento"** do devedor falido ou em recuperação judicial, ressalvadas as garantias reais e fidejussórias e as demais hipóteses reguladas expressamente pela lei.

Nesse caso, a expressão **"terceiros"** serve para designar toda pessoa que poderia ser alcançada pela responsabilização das obrigações do devedor, como o sócio, por exemplo.

Trata-se, assim, da ratificação da teoria maior da desconsideração da personalidade jurídica, adotada pelo art. 50 do Código Civil. Em síntese, pela teoria maior da desconsideração da personalidade jurídica a desconsideração da personalidade jurídica só é cabível quando ficar configurado que os sócios agiram com **fraude ou abuso**, ou, ainda, que houve confusão patrimonial entre os bens da pessoa física e os bens da pessoa jurídica.

A Lei 14.112/20 acrescentou o §3º ao artigo 50 da LF, **ampliando** as hipóteses de **não configuração de sucessão trabalhista** ou de responsabilidade, com destaque para a mera conversão de dívida em capital. Veja-se:

> *Art. 50. § 3º Não haverá **sucessão** ou responsabilidade por dívidas de qualquer natureza a terceiro credor, investidor ou novo administrador em decorrência, respectivamente, da **mera conversão de dívida em capital, de aporte de novos recursos na devedora ou de substituição dos administradores desta** (grifei).*

Dessa maneira, o credor que converte seu crédito em capital não é considerado sucessor e nem responde pela dívida do devedor.

O mesmo se verifica com o investidor quando aporta novos recursos ou no caso de substituição dos administradores da devedora.

A nova lei manteve a natureza superpreferencial dos créditos trabalhistas de até **150 salários mínimos,** ocupando o **primeiro lugar** na ordem de preferência para pagamento, conforme artigo 83, I, da LF.

Todavia, os créditos trabalhistas superiores a esse limite foram **da 6º para a 4ª posição**, uma vez que os créditos que ocupavam a posição 4 e 5 (créditos com privilégio especial e geral) passaram a ser considerados quirografários também:

> *Art. 83. § 6º Para os fins do disposto nesta Lei, os créditos que disponham de privilégio especial ou geral em outras normas integrarão a classe dos créditos quirografários.*

A nova lei também alterou a ordem de pagamento dos créditos extraconcursais prevista no artigo 84 da LF. Créditos extraconcursais são aqueles créditos pagos com precedência sobre os créditos previstos no art. 83 da LF.

Com a alteração promovida pela Lei 14.112/20, passaram a figurar, **em primeiro lugar, como créditos extraconcursais,** aqueles previstos nos artigos 150 e 151 da Lei de falência.

O art. 151 da LF trata dos créditos trabalhistas de natureza **estritamente salarial** vencidos **nos 3 (três) meses anteriores à decretação da falência**, até **o limite de 5 (cinco) salários-mínimos** por trabalhador. Esses créditos serão quitados tão logo haja disponibilidade em caixa, ficando em primeiro lugar na ordem de créditos extraconcursais.

Antes da Lei 14.112/20, a prioridade para pagamento era de quem tinha prestado serviços para a própria massa falida, bem como créditos trabalhistas de serviços prestados após a decretação da falência *(remunerações devidas ao administrador judicial e seus auxiliares, e créditos derivados da legislação do trabalho ou decorrentes de acidentes de trabalho relativos a serviços prestados após a decretação da falência).*

Com a nova redação do artigo 84, os créditos dos prestadores de serviços para a massa falida, inclusive **créditos trabalhistas de serviços prestados após a decretação da falência**, passaram a figurar na **4ª colocação dos créditos extraconcursais.**

O art. 161, §1º, da LF, com a alteração promovida pela Lei 14.112/20, passou a permitir a **inclusão de créditos trabalhistas na recuperação extrajudicial**, desde que exista **negociação coletiva**. Inclusive, aplica-se à recuperação extrajudicial, a partir da homologação, as suspensões previstas no art. 6º da LF. A recuperação extrajudicial é um acordo celebrado entre o devedor e seus credores no âmbito privado, que deve ser homologado judicialmente desde que observados os requisitos do artigo 48 da LF.

Com o acréscimo de incisos ao artigo 50 da LF pela Lei 14.112/20, foram acrescidos mais **dois meios de recuperação judicial,** quais sejam: a **conversão de dívida em capital social** e a **venda integral da devedora,** desde que garantidas aos credores não submetidos ou não aderentes **condições, no mínimo, equivalentes àquelas que teriam na falência**, hipótese em que será, para todos os fins, considerada **unidade produtiva isolada.**

Com relação à **conversão de dívida em capital social**, isso significa que os credores trabalhistas poderão **converter sua dívida em capital social da empresa, ficando sócios da empresa.** (art. 50, XVII, e artigo 145 da LF).

Com a introdução do § 5º ao art. 83 da LF foi mantida **a natureza e classificação de todos os créditos em caso de cessão,** inclusive o **trabalhista.** Assim, os créditos cedidos a qualquer título manterão sua natureza e classificação.

> **DICA IMPORTANTE**
>
> É importante o estudo detalhado dos artigos celetistas relativos à execução (arts. 876 a 892 da CLT), em razão das suas especificidades.
>
> Memorize as alterações trazidas pela Reforma Trabalhista que certamente serão objeto de prova, em especial: vedação da execução de ofício (art. 878 da CLT), modalidades de garantia do juízo (art. 882 da CLT), dispensa da garantia de juízo para as entidades filantrópicas e diretores (art. 884, §6º da CLT), protesto da decisão (art. 883-A da CLT) e incidente de desconsideração da personalidade jurídica (art. 855-A da CLT e arts. 133-137 do CPC).

EM RESUMO: Embargos à Execução	
Conceito	Os embargos à execução (ou embargos do devedor) constituem uma medida judicial autônoma, incidental ao processo de execução, cuja finalidade é desconstituir o título executivo judicial ou extrajudicial.
Prazo	Cinco dias, sendo de trinta dias para a Fazenda Pública, contados da data em que o devedor tomou ciência da penhora ou do momento em que efetuou o depósito da quantia devida para garantir o juízo. No caso da Fazenda Pública, o prazo para apresentação dos embargos à execução inicia-se com a citação.
Matérias que podem ser alegadas	Cumprimento da decisão ou do acordo, quitação ou prescrição da dívida; falta ou nulidade da citação se, na fase de conhecimento, o processo correu à revelia; ilegitimidade de parte; inexequibilidade do título ou inexigibilidade da obrigação;
Matérias que podem ser alegadas	penhora incorreta ou avaliação errônea; excesso de execução ou cumulação indevida de execuções; incompetência absoluta ou relativa do juízo da execução; qualquer causa modificativa ou extintiva da obrigação, como pagamento, novação, compensação, transação ou prescrição, desde que supervenientes à sentença.

EM RESUMO: Embargos à Execução	
Procedimento	Recebida a petição inicial dos embargos, o juiz analisa a presença dos seus requisitos e, caso presentes, concede vista à parte contrária para oferecer defesa no prazo de cinco dias. Se necessário, é designada audiência de instrução para colheita de prova oral (depoimento pessoal e/ou testemunhal). Os embargos são processados nos próprios autos da execução e podem ser rejeitados liminarmente quando: 1) intempestivos; 2) a inicial for inepta; 3) manifestamente protelatórios; 4) o juízo não estiver seguro. A oposição dos embargos do devedor suspende o processamento da execução forçada no processo do trabalho, seja por título judicial ou extrajudicial. O juiz irá proferir sentença no prazo de 5 dias, analisando, no mesmo ato, eventuais impugnações ajuizadas pelo exequente e União.
Garantia do juízo	Sem a garantia do juízo não poderá interpor embargos do devedor. A Reforma Trabalhista trouxe a dispensa da garantia do juízo para as entidades filantrópicas e seus diretores. A Reforma Trabalhista trouxe a possibilidade de que o executado que não pagar a importância reclamada possa garantir a execução mediante depósito da quantia correspondente, atualizada e acrescida das despesas processuais, apresentação de seguro-garantia judicial ou nomeação de bens à penhora, observada a ordem preferencial estabelecida no art. 835 da Lei nº 13.105/ 2015 – Código de Processo Civil."
Embargos à execução por carta precatória	Quando a execução se processa em outro juízo, através de carta precatória, o executado pode opor seus embargos, tanto no juízo deprecante quanto no juízo deprecado. Entretanto, a competência para o julgamento cabe, exclusivamente, ao juiz deprecante, salvo se a matéria dos embargos à execução versar unicamente sobre vícios ou defeitos da penhora, avaliação ou alienação dos bens.
Protesto e inscrição do débito	A decisão judicial transitada em julgado somente poderá ser levada a protesto, gerar inscrição do nome do executado em órgãos de proteção ao crédito ou no Banco Nacional de Devedores Trabalhistas (BNDT), nos termos da lei, depois de transcorrido o prazo de **quarenta e cinco dias** a contar da citação do executado, se não houver garantia do juízo. "

CAPÍTULO V

AÇÕES ESPECIAIS

1. HOMOLOGAÇÃO DE ACORDO EXTRAJUDICIAL

1.1. Conceito: A Lei nº 13.467/17 (Reforma Trabalhista) introduziu um novo procedimento de jurisdição voluntária no âmbito do processo do trabalho. Trata-se da homologação de acordo extrajudicial, por meio do qual é possível que empregado e empregador submetam à homologação do juiz do trabalho um acordo extrajudicial, relativos às verbas decorrentes da execução e extinção do contrato de emprego.

1.2. Características: O pedido de homologação deve ser realizado através de petição **conjunta**, firmada por **todos os interessados**, necessariamente representados por **advogados diferentes**, na forma prevista pelo art. 855-B da CLT. Sobre esse tema, o **Exame Unificado de 2018** considerou correta a seguinte assertiva: "Gustavo foi empregado da empresa Pizzaria Massa Deliciosa. Após a extinção do seu contrato, ocorrida em julho de 2018, as partes dialogaram e confeccionaram um termo de acordo extrajudicial, que levaram à Justiça do Trabalho para homologação. O acordo em questão foi assinado pelas partes e por um advogado, que era comum às partes.

Considerando o caso narrado, segundo os ditames da CLT, assinale a afirmativa correta.

(...)

B) Não será possível a homologação, porque empregado e empregador não podem ter advogado comum."

Ainda sobre o tema, o **Exame Unificado de 2020** considerou correta a seguinte assertiva: "José da Silva, que trabalhou em determinada sociedade empresária de 20/11/2018 a 30/04/2019, recebeu, apenas parcialmente, as verbas rescisórias, não tendo recebido algumas horas extras e reflexos. A sociedade empresária pretende pagar ao ex-empregado o que entende devido, mas também quer evitar uma possível ação trabalhista. Sobre a hipótese, na qualidade de advogado(a) da sociedade empresária, assinale a afirmativa correta.

(...)

Deverá ser instaurado um processo de homologação de acordo extrajudicial, proposto em petição conjunta, mas com cada parte representada obrigatoriamente por advogado diferente".

Também sobre a necessidade de advogado diferente para cada parte na ação de homologação de acordo extrajudicial, o **Exame Unificado de 2021** considerou correta a seguinte assertiva: "Duas irmãs costureiras trabalharam juntas em uma confecção. A mais velha era empregadora da mais nova, que gerenciava a atividade. Devido a um desentendimento em família, a irmã mais nova foi dispensada.

Em decorrência da relação fraternal, chegaram a um bom termo sem a necessidade de ajuizamento da demanda. Porém, por segurança de ambas, gostariam de ver garantidos, judicialmente, os termos do acordo e procuraram você, como advogado consultor.

Diante disso, observados os termos da CLT, assinale a afirmativa correta.

(...)

*D) Deverá ser distribuída uma petição requerendo a homologação de acordo extrajudicial, sendo que as partes deverão obrigatoriamente estar representadas por advogados distintos."

É facultado ao empregado ser assistido pelo advogado do sindicato de sua categoria. Com o protocolo da petição de acordo extrajudicial, o prazo prescricional fica **suspenso** em relação aos direitos nela contidos, voltando a fluir após o trânsito em julgado da decisão que negar a homologação do acordo (art. 855-E da CLT). Contudo, tal efeito suspensivo não se aplica em relação ao prazo para pagamento **das verbas rescisórias.**

Com o protocolo da petição de acordo extrajudicial, o **prazo prescricional** fica suspenso em relação aos direitos nela contidos, voltando a fluir após o trânsito em julgado da decisão que negar a homologação do acordo (art. 855-E da CLT). Contudo, tal efeito suspensivo não se aplica em relação ao prazo para pagamento das verbas rescisórias.

No prazo de quinze dias a contar da distribuição da petição, o juiz analisará o acordo, designará audiência se entender necessário e proferirá sentença (art. 855-D da CLT) homologando ou não todo o acordo ou parte dele.

MUITA ATENÇÃO!

É cabível recurso ordinário da sentença que rejeitar a homologação do acordo ou parte dele.

Sobre esse tema, o **Exame Unificado de 2019** considerou correta a seguinte assertiva: "Augusto foi empregado de uma lavanderia por 2 anos, tendo sido desligado em setembro de 2018. Após receber as verbas da ruptura, procurou um advogado com a intenção de ajuizar reclamação trabalhista para postular horas extras não recebidas durante o pacto laboral.

Após a entrevista e colheita de todas as informações, o advogado de Augusto entrou em contato com a ex- empregadora na tentativa de formular um acordo, que, após debatido e negociado, teve sucesso e foi reduzido a termo. Então, as partes ajuizaram uma homologação de acordo extrajudicial na Justiça do Trabalho, em petição conjunta assinada pelo advogado de cada requerente, mas que não foi homologado pelo juiz, por este entender que o valor da conciliação era desfavorável ao trabalhador. Desse modo, o magistrado extinguiu o feito sem resolução do mérito.

Diante da situação e dos termos da CLT, assinale a afirmativa correta: (...) As partes poderão interpor recurso ordinário da decisão que negou a homologação desejada.

No mesmo sentido, o **Exame Unificado de 2019** considerou correta a seguinte assertiva: "Wilma foi dispensada sem justa causa e recebeu a indenização correspondente do ex-empregador. Ela, no entanto, alega ter direito a uma equiparação salarial com um colega que realizava as mesmas atividades. Em razão disso, Wilma procura você, como advogado(a), e, com sua assessoria, dá início a um acordo extrajudicial com o ex-empregador. O acordo é materializado em documento, especificando o valor e a identificação da parcela, sendo assinado pelas partes e seus respectivos advogados, e levado à Justiça do Trabalho para homologação. Contudo, a juíza do caso nega-se a homologar o acordo, argumentando que ele seria lesivo à trabalhadora, proferindo decisão nesse sentido. Diante disso, e de acordo com a norma legal, assinale a opção que indica a medida processual adequada para buscar a reforma da decisão proferida: (...) Recurso Ordinário.

2. INQUÉRITO JUDICIAL PARA APURAÇÃO DE FALTA GRAVE

2.1. Conceito

Ação de conhecimento, de rito especial, de iniciativa exclusiva do empregador, destinada a promover o rompimento do contrato de trabalho do empregado portador de estabilidade.

2.2. Cabimento

Exigido para a rescisão contratual do:

a) empregado portador da estabilidade decenal (art. 477 da CLT);

b) dirigente sindical (Súmula nº 379 do TST);

c) representante dos trabalhadores no Conselho Nacional da Previdência Social (art. 3º, § 7º, Lei nº 8.213/91);

d) dirigente das cooperativas (art. 55 da Lei nº 5.764/71).

2.3. Prazo para ajuizamento

Em caso de suspensão do empregado, o prazo é de 30 dias após início da suspensão, sob pena de decadência. Inexistindo suspensão, o inquérito judicial para apuração de falta grave pode ser ajuizado a qualquer momento, desde que observado o prazo prescricional de 2 anos. Sobre esse tema, **o Exame Unificado de 2019** considerou verdadeira a seguinte assertiva: " Em uma greve ocorrida há dois dias dentro de uma indústria metalúrgica, o dirigente sindical, que é empregado da referida empresa, agrediu fisicamente o diretor com tapas e socos, sendo a agressão gravada pelo sistema de segurança existente no local. O dono da empresa, diante dessa prática, pretende dispensar o empregado por justa causa. Em razão disso, ele procura você, como advogado(a), no dia seguinte aos fatos narrados, para obter sua orientação. De acordo com o disposto na CLT, assinale a opção que apresenta sua recomendação jurídica e a respectiva justificativa. c) Suspender o empregado e, em até 30 dias, ajuizar inquérito para apuração de falta grave".

2.4. Natureza jurídica

Dúplice. Em caso de procedência do pedido, a ação terá natureza constitutiva negativa. Caso seja afastada a falta grave, a natureza da ação será de caráter condenatório.

2.5. Procedimento

A petição inicial será apresentada por escrito, ajuizada perante a Vara do Trabalho do local da prestação de serviços. O rito é ordinário e as partes podem arrolar até 6 testemunhas. As custas serão recolhidas pelo vencido, no montante de 2% sobre o valor da condenação.

MUITA ATENÇÃO!

Não é exigida prévia instauração de inquérito judicial para apuração de falta grave no caso da dispensa de representante dos trabalhadores na CIPA.

3. MANDADO DE SEGURANÇA

3.1. Conceito

O mandado de segurança é uma ação constitucional especial, de natureza mandamental, com a finalidade de proteger direito líquido e certo lesado ou ameaçado por autoridade, cujo titular seja uma pessoa física, jurídica ou entidades legalmente personificadas e que não seja protegido por *habeas corpus* ou *habeas data*.

No âmbito da Justiça do Trabalho, o mandado de segurança assume especial destaque diante da irrecorribilidade das decisões interlocutórias (art. 893, §1º, da CLT), tornando-o o instrumento cabível nesses casos, quando houver lesão a direito líquido e certo.

3.2. Modalidades

a) Individual: pode ser impetrado por qualquer pessoa física ou jurídica ou entidade legalmente personificada, para a defesa de interesses ou direitos unicamente individuais, ainda que haja litisconsórcio.

b) Coletivo: somente pode ser impetrada por partido político com representação no Congresso Nacional ou organização sindical entidade de classe ou associação legalmente constituída e em funcionamento, há pelo menos um ano, em defesa dos interesses de seus membros ou associados. Ademais, nesse último caso, o direito ou interesse ameaçado ou lesado deve ser de natureza coletiva, ou seja, coletivos *stricto sensu* ou individuais e homogêneos, ainda que seja relativo à parte da categoria, sendo desnecessária a autorização expressa dos integrantes da entidade.

Direitos coletivos são aqueles transindividuais, de natureza indivisível, de que seja titular grupo ou categoria de pessoas ligadas entre si ou com a parte contrária por uma relação jurídica básica. Já os direitos individuais homogêneos são os decorrentes de origem comum e da atividade ou situação específica da totalidade ou de parte dos associados ou membros do impetrante.

c) Preventivo: quando o interessado deduz a sua pretensão em juízo ao se ver na iminência de ter o seu direito líquido e certo violado por ato de autoridade.

d) Repressivo: quando impetrado após a consumação da lesão.

3.3. Legitimidade

Ativa: titular do direito líquido e certo. A Lei nº 12.016/09 em seu art. 3º prevê a hipótese excepcional de legitimação extraordinária, permitindo a terceiro a impetração do mandado de segurança se o titular não o fizer no prazo de 30 dias.

Passiva: autoridade de qualquer categoria ou agente de pessoa jurídica no exercício de atribuições do Poder Público, inclusive quando o ato for praticado por delegação de competência. Equiparam-se às autoridades coatoras: os representantes ou órgãos de partidos políticos e os administradores de entidades autárquicas, bem como os dirigentes de pessoas jurídicas ou as pessoas naturais no exercício de atribuições do poder público, somente no que disser respeito a essas atribuições.

3.4. Competência

A competência funcional para a impetração do mandado de segurança depende da autoridade coatora.

Se o ato for praticado por autoridade coatora não judicial e que não possua qualquer prerrogativa (exemplo: autoridade integrante do Ministério do Trabalho e Emprego), a competência será da Vara do Trabalho.

Se a autoridade impetrada for juiz do trabalho, desembargador ou órgão do TRT, a competência será do TRT, do órgão indicado pelo Regimento Interno.

Se o ato foi praticado por Ministro do TST ou órgão do TST, a competência será do próprio TST, de órgão previsto no Regimento Interno.

Compete ao órgão especial apreciar e julgar o mandado de segurança quando a autoridade coatora for o Presidente ou de qualquer Ministro do Tribunal, ressalvada a competência das Seções Especializadas (RITST, art. 76, I, "b").

A competência da SDC está delimitada pelo art. 2º, I, "d", da Lei nº 7.701/88, atribuindo-lhe, originariamente, a competência para julgar os mandados de segurança contra os atos praticados pelo Presidente do Tribunal ou por qualquer dos Ministros integrantes da seção especializada em processo de dissídio coletivo.

3.5. Requisitos

A Prazo decadencial: O mandado de segurança deve ser impetrado no prazo decadencial de 120 dias, contados a partir da ciência do ato impugnado, pelo interessado.

Na contagem do prazo decadencial para ajuizamento de mandado de segurança, o efetivo ato coator é o primeiro em que se firmou a tese hostilizada e não aquele que a ratificou.

Se a ação de mandado de segurança é extinta sem a resolução do mérito, o autor pode renovar a sua pretensão, desde que esteja dentro do prazo de decadência acima mencionado.

B Direito líquido e certo: Ao impetrar o mandado de segurança, a parte deve comprovar, de plano, o direito líquido e certo, seja por intermédio de documentos em poder do impetrante ou por meio daqueles existentes nos órgãos públicos.

Não é admitida dilação probatória no mandado de segurança.

C **Ato de autoridade:** O mandado de segurança somente é cabível contra atos das autoridades de natureza concreta, pois somente esses são capazes de ameaçar ou lesar direitos. Portanto, não cabe mandado de segurança contra atos de natureza **normativa** que não produza efeitos concretos, diante da sua característica genérica e abstrata.

A Lei nº 12.016/09, art. 1º, § 2º, também excepciona os atos de gestão comercial praticados pelos administradores de empresas públicas, de sociedade de economia mista e de concessionárias de serviço público.

O particular também pode ser considerado como autoridade coatora, desde que pratique atos por delegação do poder público (Súmula nº 510 do STF).

Não cabe mandado de segurança contra ato judicial passível de recurso ou correição e nem tampouco cabe mandado de segurança contra decisão judicial com trânsito em julgado.

3.6. Procedimento

A petição inicial deve atender aos requisitos estabelecidos pelo art. 319 do CPC e deve vir acompanhada dos documentos necessários e indispensáveis à sua propositura, bem como a indicação da autoridade coatora e da pessoa jurídica que esta integra, à qual se acha vinculada ou da qual exerce atribuições.

A ação é distribuída para o juiz/relator que examinará o cabimento do mandado de segurança, a tempestividade e a presença dos requisitos de admissibilidade, podendo indeferir, de plano, a petição inicial.

Se a petição inicial estiver apta, o juiz/relator ordenará a notificação da autoridade coatora do conteúdo da petição inicial, com o envio da segunda via apresentada com as cópias dos documentos, a fim de que, no prazo de 10 (dez) dias, preste as informações. Ordenará, ainda, que se dê ciência do feito ao órgão de representação judicial da pessoa jurídica interessada, com cópia da inicial sem documentos, para que, querendo, ingresse no feito.

O mandado de segurança coletivo não induz litispendência para as ações individuais, por se tratar de ação coletiva (art. 22, § 1º, da Lei nº 12.016/09).

3.7. Liminar

O juiz de ofício, a requerimento da parte ou do Ministério Público, poderá conceder liminar determinando a suspensão do ato que deu motivo ao pedido. Tal situação se verifica quando houver fundamento relevante e, quando do ato impugnado, puder resultar a ineficácia da medida, caso seja finalmente deferida.

A concessão da liminar poderá ser condicionada à prestação de caução, fiança ou depósito, com o objetivo de assegurar o ressarcimento à pessoa jurídica.

> **MUITA ATENÇÃO!**
> A liminar não poderá ser deferida se tiver por objeto: a) a compensação de créditos tributários; b) a entrega de mercadorias e bens provenientes do exterior; c) a reclassificação ou equiparação de servidores públicos; e d) a concessão de aumento ou a extensão de vantagens ou pagamento de qualquer natureza.

No Tribunal, não cabe recurso da decisão do relator que concede ou indefere liminar em mandado de segurança (Súmula nº 622 do STF).

Na Vara do Trabalho é cabível impugnar a decisão de liminar impetrando outro mandado de segurança.

No mandado de segurança coletivo, a liminar só poderá ser concedida após a audiência do representante judicial da pessoa jurídica de direito público, que deverá se pronunciar no prazo de setenta e duas horas (art. 22, § 2º, da Lei nº 12.016/09).

Transcorrido o prazo para apresentação das informações pela autoridade coatora e depois de ouvido o representante do MPT, no prazo de 10 dias, a decisão será proferida no prazo máximo de trinta dias.

Não haverá condenação em honorários advocatícios de sucumbência.

3.8. Coisa julgada

No mandado de segurança coletivo, os benefícios da coisa julgada não beneficiarão o impetrante a título individual se este não requerer a desistência de seu *mandamus* no prazo de trinta dias, a contar da ciência comprovada da impetração da segurança coletiva (art. 22, § 1º, da Lei nº 12.016/09).

Segundo dispõe o caput do art. 22, da Lei nº 12.016/09, a sentença, no mandado de segurança coletivo, fará coisa julgada limitadamente aos membros do grupo ou categoria substituídos pelo impetrante.

3.9. Recurso

A parte sucumbente, inclusive a autoridade coatora, detém legitimidade para recorrer da decisão que lhe for desfavorável.

Da sentença caberá recurso ordinário para o TRT (se julgado pelo Juiz do Trabalho) ou para o TST, se a ação for originária do TRT.

Se a competência originária para conhecer o mandado de segurança é do TST, cabe recurso para o STF, na forma preceituada pelo art. 102, II, "a" da CF/88.

Sobre esse tema, o **Exame Unificado de 2017**, considerou correta a seguinte assertiva: "Contra ato de Juiz do Trabalho que determinou a antecipação de honorários periciais do seu cliente, mesmo não tendo ele condições financeiras para arcar com esse custo, você, na defesa dos interesses do cliente, impetrou mandado de segurança contra o ato judicial, mas, por unanimidade, não teve a segurança concedida. De acordo com a CLT, assinale a opção que indica o procedimento a ser adotado para tentar reverter a decisão. (...) Interpor Recurso Ordinário para o TST".

Ainda sobre o tema do recurso cabível em sede de Mandado de Segurança, o **Exame Unificado de 2020**, considerou correta a seguinte assertiva: "Em setembro de 2019, durante a audiência de um caso que envolvia apenas pedido de adicional de insalubridade, o Juiz do Trabalho determinou a realização de perícia e que a reclamada antecipasse os honorários periciais. Inconformada com essa decisão, a sociedade empresária impetrou mandado de segurança contra esse ato judicial, mas o TRT, em decisão colegiada, não concedeu a segurança. Caso a sociedade empresária pretenda recorrer dessa decisão, assinale a opção que indica a medida recursal da qual deverá se valer.

(...)

B) Recurso Ordinário".

Fica sujeita ao duplo grau de jurisdição obrigatório, as sentenças que concederem a segurança, admitindo-se a execução provisória, exceto se for vedada a concessão de medida liminar e observando o disposto no § 4º, art. 13 da Lei nº 12.016/09.

A execução da sentença definitiva ou da liminar poderá ser suspensa por decisão fundamentada do presidente do Tribunal competente para apreciar o recurso, a requerimento da pessoa jurídica de direito público interessada ou a pedido do representante do Ministério Público, para evitar grave lesão à ordem, à saúde, à segurança e à economia pública.

Dessa decisão caberá agravo, sem efeito suspensivo, no prazo de oito dias, que será levado a julgamento na sessão seguinte à sua interposição (art. 15 da Lei nº 12.016/09).

É necessário o recolhimento das custas processuais sob pena de ser declarada a deserção do recurso, exceto nos casos de isenção legal ou quando o interessado for beneficiário da justiça gratuita.

MUITA ATENÇÃO!

A concessão de liminar ou a homologação de acordo constituem faculdade do juiz, inexistindo direito líquido e certo tutelável pela via do mandado de segurança. Sobre esse tema, o **Exame Unificado de 2014** considerou verdadeira a seguinte assertiva: "A homologação do acordo é faculdade do juiz, que poderá não homologá-lo".

Exigindo o mandado de segurança prova documental pré-constituída, não é cabível a emenda à inicial, quando verificada, na petição inicial do *mandamus*, a ausência de documento indispensável ou de sua autenticação.

MUITA ATENÇÃO!

Não fere direito líquido e certo do impetrante o ato judicial que determina penhora em dinheiro do executado para garantir crédito exequendo, pois é prioritária e obedece à gradação prevista no art. 835 do CPC.

Havendo discordância do credor, em execução definitiva, não tem o executado direito líquido e certo a que os valores penhorados em dinheiro fiquem depositados no próprio banco, ainda que atenda aos requisitos do art. 840, I, do CPC.

Na vigência do CPC de 2015 cabe mandado de segurança, pois o ato judicial pode ser impugnado por simples petição, na forma do artigo 877, caput, do CPC.

? **QUESTÃO:** É cabível mandado de segurança para impugnar decisão de antecipação de tutela?

RESPOSTA: *A decisão de antecipação de tutela (desde que não praticada na sentença) tem natureza interlocutória e, como tal é irrecorrível no processo do trabalho (art. 893, §1º, da CLT). Assim é cabível mandado de segurança para impugná-la. A superveniência da sentença, nos autos originários, faz perder o objeto do mandado de segurança que impugnava a concessão da tutela antecipada (ou liminar).*

Não cabe mandado de segurança para impugnar antecipação de tutela concedida em sentença, mas sim o recurso ordinário. A ação cautelar é o meio próprio para se obter efeito suspensivo a recurso. Sobre esse tema, o ***Exame Unificado de 2012*** *considerou verdadeira a seguinte assertiva: "Em sentença prolatada numa reclamação trabalhista, o juiz reconheceu a garantia no emprego do reclamante, que é membro eleito da CIPA, e nela deferiu a tutela antecipada requerida na petição inicial para retorno imediato, determinando o magistrado a expedição de mandado reintegratório. Assinale a alternativa que indica o procedimento que a empresa deverá adotar para (...) Interpor recurso ordinário e ajuizar ação cautelar para conferir-lhe efeito suspensivo".*

4. AÇÃO MONITÓRIA

4.1 Conceito

A ação monitória é aquela ajuizada por credor, detentor de prova escrita da dívida sem força executiva, com a finalidade de obter o mandado de pagamento ou entrega de coisa, satisfazendo seu crédito.

4.2 Procedimento

Recebida a petição inicial, sendo evidente o direito do autor, o juiz deferirá a expedição de mandado de pagamento, de entrega de coisa ou para execução de obrigação de fazer ou de não fazer, concedendo ao réu prazo de **15 (quinze) dias** para o cumprimento. Sobre esse tema, o **Exame Unificado de 2017** considerou correta a seguinte assertiva: "Jorge foi dispensado e, no dia designado para homologação da ruptura contratual, a empresa informou que não tinha dinheiro para pagar a indenização. O TRCT estava preenchido, com o valor total de R$ 5.000,00 que Jorge deveria receber. Diante da situação narrada pela empresa e da extrema necessidade de Jorge, o sindicato concordou em fazer a homologação apenas para liberar o FGTS e permitir o acesso ao seguro-desemprego, lançando no TRCT um carimbo de que nada havia sido pago. Jorge, então, ajuizou ação monitória na Justiça do Trabalho, cobrando a dívida de R$ 5.000,00. Sobre a situação narrada (...) O comportamento de Jorge é viável, sendo que, nesse caso, o juiz expedirá mandado de pagamento, nos moldes do CPC".

Constituir-se-á de pleno direito o título executivo judicial, independentemente de qualquer formalidade, se não realizado o pagamento e não apresentados embargos.

Independentemente de prévia segurança do juízo, o réu poderá opor, nos próprios autos, no prazo de 15 dias, embargos à ação monitória, suspendendo a eficácia da decisão até o julgamento em primeiro grau.

O autor será intimado para responder aos embargos no prazo de 15 (quinze) dias.

5. AÇÃO CIVIL PÚBLICA E AÇÃO COLETIVA

5.1 Conceito

Visa proteger todas as espécies de direitos ou interesses metaindividuais e a consequente postulação de condenação do ofensor no pagamento de uma indenização e/ou para o cumprimento de obrigação de fazer ou não fazer. No âmbito do processo do trabalho, a ação civil pública é o remédio processual que objetiva defender os interesses coletivos, quando desrespeitados os direitos sociais previstos na Carta Magna.

É o que ocorre, por exemplo, em situações de discriminações de empregados, violação de normas de meio ambiente do trabalho, dentre outros.

Sua regulamentação se dá pela Lei nº 7.347/85 e pelo Código de Defesa do Consumidor (Lei nº 8.078/90).

O CDC utilizou o termo ação civil coletiva como sinônimo de ação civil pública, em especial quando se considera que a interpretação da LACP e do CDC deve ser realizada conjuntamente, de modo a criar um microssistema. Contudo, para provas objetivas, o mais correto é adotar a interpretação literal da lei, no sentido de que a ação coletiva é o instrumento cabível para a defesa dos direitos individuais homogêneos e a ação civil pública é cabível para os direitos difusos e coletivos.

5.2 Legitimidade

A legitimidade ativa para a ação civil pública está prevista no art. 5º da Lei nº 7.347/85, bem como no art. 82 do CDC, sendo concorrente tal legitimidade.

Trata-se de legitimidade extraordinária (para atuar em nome próprio, na defesa de direito alheio) ou autônoma (para atuar em nome próprio, na defesa de direito difuso), o que demanda expressa previsão do substituto processual por lei (art. 18 do CPC).

Os substitutos processuais são: MP, entes federativos (União, Estados, DF e Municípios), entes da Administração Indireta (autarquias, fundações públicas, empresas públicas e sociedades de economia mista), Defensoria Pública, Sindicatos, Associações constituídas há mais de um ano, cujos estatutos incluam, entre suas finalidades, a defesa das pretensões que serão objeto da demanda.

A legitimidade passiva é atribuída ao responsável pela violação dos direitos difusos, coletivos e individuais homogêneos.

5.3 Cabimento

A ação coletiva e a ação civil pública são cabíveis para a defesa de todos os direitos difusos, coletivos e individuais homogêneos. O art. 1º da Lei n. 7.347/85 traz rol meramente exemplificativo.

A ação civil pública é vedada para veicular pretensões que envolvam tributos, contribuições previdenciárias, FGTS ou outros fundos de natureza institucional, cujos beneficiários possam ser individualmente determinados.

5.4 Competência:

- Dano de abrangência regional, que atinja cidades sujeitas à jurisdição de mais de uma Vara do Trabalho → qualquer das varas das localidades atingidas, ainda que vinculadas a Tribunais Regionais do Trabalho distintos.
- Dano de abrangência suprarregional ou nacional → competência concorrente das varas do trabalho das sedes dos Tribunais Regionais do Trabalho.

Estará prevento o juízo a que a primeira ação houver sido distribuída.

5.5 Procedimento

Em regra, a ação civil pública e a ação coletiva seguem o rito processual trabalhista, inclusive no que toca à sistemática recursal, à míngua de previsão específica de rito próprio (IN n. 27 do TST).

6. AÇÃO DE CONSIGNAÇÃO EM PAGAMENTO

6.1 Conceito

É a ação cabível quando o devedor pretende obter a declaração de extinção de determinado pagamento ou da obrigação de entrega de coisa. As hipóteses mais comuns de cabimento dessa ação especial no processo do trabalho são: a) recusa ou impossibilidade de recebimento das verbas rescisórias e documentos (CTPS e guias de rescisão); b) falecimento do credor e dúvida do sucessor; c) dúvida da empresa sobre a legitimidade sindical para receber a contribuição sindical.

6.2 Procedimento

O rito é aquele previsto no CPC, observando-se a sistemática recursal da CLT. Proposta por meio de petição em que o autor requererá seja o valor/documentos consignados recebidos e declarada extintas as obrigações correspondentes. O consignado apresentará defesa em audiência podendo reconhecer o pedido, alegar que houve recusa por motivo justo, que o depósito não foi feito no prazo ou lugar corretos ou alegar que o valor depositado não é integral.

6.3 Natureza

Tem natureza dúplice, porquanto o consignado pode apresentar pedido contraposto para requerer a diferença devida.

7. AÇÃO RESCISÓRIA

7.1 Conceito

É o meio processual apto a rescindir sentenças ou acórdãos qualificados pela coisa julgada material e proferidos sem observância de determinados requisitos expressamente previstos em lei.

7.2 Prazo

O prazo **decadencial** para o ajuizamento da ação rescisória é de **dois anos**. Por se tratar de prazo decadencial, não se admite suspensão ou interrupção.

7.3 Cabimento

Somente é cabível em face de sentença de mérito com a qualidade do trânsito em julgado. Para os demais atos processuais que não estejam sujeitos à sentença ou aqueles em que a decisão é meramente homologatória, é cabível a ação anulatória para a sua desconstituição (art. 996, § 4º do CPC), como acontece nos casos de decisão de homologação de adjudicação ou de arrematação.

Em razão do princípio da substituição, quando uma sentença é reformada por um acórdão proferido pelo TRT (ou um acórdão do TRT é reformado por acórdão do TST), que adquire a qualidade da coisa julgada, a pretensão do autor da ação rescisória não pode se voltar contra a decisão reformada, mas somente em relação à decisão reformadora do órgão *ad quem*.

Sobre esse tema, o **Exame Unificado de 2010** considerou verdadeira a seguinte assertiva: "Determinada turma do Tribunal Superior do Trabalho não conheceu de recurso de revista interposto pela empresa Alfa Empreendimentos Ltda. em razão de a decisão recorrida (proferida por Tribunal Regional do Trabalho em sede de recurso ordinário, em dissídio individual) estar em perfeita consonância com enunciado de súmula de direito material aquela Corte Superior. Transcorrido in albis o prazo recursal, essa decisão transitou em julgado. Na condição de advogado contratado pela respectiva empresa, para ajuizamento de ação rescisória, é correto afirmar que a decisão rescindenda será a proferida (...) Tribunal Superior do Trabalho, que não conheceu do recurso de revista, tendo competência originária a Seção Especializada em Dissídios Individuais do próprio Tribunal Superior do Trabalho".

7.4 Prequestionamento e tese explícita

Não se aplica à ação rescisória o requisito do prequestionamento, uma vez que essa medida judicial não possui natureza recursal.

É necessário que a sentença rescindenda adote tese explícita para que seja objeto da ação rescisória.

7.5 Comprovação do trânsito em julgado

É indispensável ao processamento da ação rescisória a prova do trânsito em julgado da decisão rescindenda. Verificando o relator que a parte interessada não juntou à inicial o documento comprobatório, abrirá prazo de 15 (quinze) dias para que o faça (art. 321 do CPC), sob pena de indeferimento.

> **MUITA ATENÇÃO!**
> A comprovação do trânsito em julgado da decisão rescindenda é pressuposto processual indispensável ao tempo do ajuizamento da ação rescisória. Eventual trânsito em julgado posterior ao ajuizamento da ação rescisória não reabilita a ação proposta, na medida em que o ordenamento jurídico não contempla a ação rescisória preventiva.

7.6 Competência

A competência originária para processamento e julgamento da ação rescisória é dos Tribunais.

Se não houver o conhecimento de recurso de revista ou de embargos, a competência para julgar ação que vise a rescindir a decisão de mérito é do Tribunal Regional do Trabalho. A ressalva é cabível quando existir acórdão rescindendo do TST, que não conheça de recurso de embargos ou de revista, analisando arguição de violação de dispositivo de lei material ou decidindo em consonância com súmula de direito material ou com iterativa, notória e atual jurisprudência de direito material da Seção de Dissídios Individuais (Súmula nº 333), examinando o mérito da causa. Nessa hipótese, caberá ação rescisória da competência do TST.

No âmbito do TST, a competência é da SDC, nos casos das sentenças proferidas em dissídio coletivo, e da SDI-II, nas hipóteses de decisões proferidas pelas Turmas e pela própria Seção de Dissídios Individuais.

7.7 Legitimidade:

A legitimidade para propor a ação rescisória pertence, primeiramente, à parte, ou aos seus sucessores, a título singular ou universal, que foi prejudicada pela sentença definitiva.

Também podem interpor a ação rescisória o terceiro juridicamente interessado e o MPT.

7.8 Hipóteses legais

A decisão de mérito, transitada em julgado, pode ser rescindida quando (art. 966 do CPC):

> I – se verificar que foi proferida por força de prevaricação, concussão ou corrupção do juiz;
>
> II – for proferida por juiz impedido ou por juízo absolutamente incompetente;
>
> III – resultar de dolo ou coação da parte vencedora em detrimento da parte vencida ou, ainda, de simulação ou colusão entre as partes, a fim de fraudar a lei;
>
> IV – ofender a coisa julgada;
>
> V – violar manifestamente norma jurídica;
>
> VI – for fundada em prova cuja falsidade tenha sido apurada em processo criminal ou venha a ser demonstrada na própria ação rescisória;
>
> VII – obtiver o autor, posteriormente ao trânsito em julgado, prova nova cuja existência ignorava ou de que não pôde fazer uso, capaz, por si só, de lhe assegurar pronunciamento favorável;
>
> VIII – for fundada em erro de fato verificável do exame dos autos

O acordo celebrado entre as partes e homologado pelo juiz do trabalho tem o mesmo efeito de uma decisão irrecorrível, somente sendo impugnável por ação rescisória.

A decisão que homologa os cálculos de liquidação só é passível de ser atacada pela via rescisória quando as partes discutem a conta e o juiz manifesta-se, expressamente, sobre os seus erros e acertos.

É incabível ação rescisória para desconstituir sentença proferida nos autos de ação de cumprimento na medida em que a coisa julgada nas sentenças normativas é apenas formal.

7.9 Depósito prévio

Para o ajuizamento da ação rescisória é necessário um depósito prévio equivalente a 20% do valor da causa, a título de multa eventual. Esse valor reverte para a parte ré, caso a ação rescisória não seja admitida ou declarada improcedente por unanimidade de votos (art. 836 da CLT).

MUITA ATENÇÃO!

O depósito prévio não será exigido da massa falida, União, Estados, Distrito Federal, Municípios, às suas respectivas autarquias e fundações de direito público, Ministério Público, Defensoria Pública e aos que tenham obtido o benefício de gratuidade da justiça (art. 968, § 1º, do CPC).

7.10 Recurso

Quando a ação rescisória for proposta perante os Tribunais Regionais do Trabalho, o recurso cabível é o recurso ordinário para a SDI-II do TST.

Sobre esse tema, o **Exame Unificado de 2018** considerou verdadeira a seguinte assertiva: "Em determinada Vara do Trabalho foi prolatada uma sentença que, após publicada, não foi objeto de recurso por nenhum dos litigantes.

Quinze meses depois, uma das partes ajuizou ação rescisória perante o Tribunal Regional do Trabalho local, tendo o acórdão julgado improcedente o pedido da rescisória. Ainda inconformada, a parte deseja que o TST aprecie a demanda.

Assinale a opção que indica, na hipótese, o recurso cabível para o Tribunal Superior do Trabalho.

A) Recurso Ordinário."

Não é exigido o depósito recursal, exceto quando a pretensão do autor for acolhida pelo Tribunal e for imposta condenação pecuniária, observando-se o valor-teto exigido para o manejo do recurso de revista, embargos e recurso extraordinário.

MUITA ATENÇÃO!

A ausência de contestação em sede de ação rescisória, apesar de caracterizar a revelia, não produz os seus efeitos ordinários, tendo em vista que o objeto da ação rescisória é a própria sentença, ato oficial do Estado, acobertado pelo manto da coisa julgada. Assim sendo, e considerando que a coisa julgada envolve questão de ordem pública, a revelia não produz confissão na ação rescisória.

8. DISSÍDIO COLETIVO

8.1. Conceito: é ação ajuizada perante o Tribunal do Trabalho, cuja finalidade é a resolução de conflitos no âmbito de categorias, seja profissional ou econômica, após a frustração da tentativa de negociação.

8.2. Condição da ação de dissídio coletivo:

- Nenhum processo de dissídio coletivo de natureza econômica será admitido sem antes se esgotarem as medidas relativas à formalização da convenção ou acordo correspondente;
- Necessita de prévia autorização dos trabalhadores da suscitada diretamente envolvidos no conflito;
- Deve haver o prévio comum acordo dos interessados para submeter a lide coletiva à Justiça do Trabalho.

8.3. Modalidades: 1) **natureza econômica:** criam normas que regulamentam os contratos individuais de trabalho como, por exemplo, cláusulas que concedem reajustes salariais ou que garantem estabilidades provisórias no emprego; 2) **natureza jurídica** (dissídios coletivos de direito): visam a interpretação de uma norma legal preexistente que, na maioria das vezes, é costumeira ou resultante de acordo, convenção ou dissídio coletivo. **Legitimidade: Ordinária:** sindicato e, na sua ausência, da federação ou confederação, desde que tenha sido esgotada a via da negociação coletiva e haja autorização prévia em assembleia dos integrantes da categoria respectiva; **Extraordinária:** em caso de greve em atividade essencial, com possibilidade de lesão do interesse público, o Ministério Público do Trabalho poderá ajuizar dissídio coletivo, competindo à Justiça do Trabalho decidir o conflito.

8.4. Competência funcional: Tribunal Regional do Trabalho, salvo se a base territorial da entidade suscitante for superior à jurisdição do TRT, transferindo-se a competência, nesse caso, para o TST por meio da Secado de Dissídios Coletivos.

8.5. Extensão da decisão: A decisão sobre novas condições de trabalho proferida em dissídio coletivo poderá ser estendida a todos os empregados da mesma categoria profissional compreendida na jurisdição do Tribunal: A) por solicitação de 1 (um) ou mais empregadores, ou de qualquer sindicato destes; B) por solicitação de 1 (um) ou mais sindicatos de empregados; C) *ex officio,* pelo Tribunal que houver proferido a decisão; D) por solicitação do MPT (art. 869 da CLT).

8.6. Sentença normativa: A sentença proferida no dissídio coletivo, denominada sentença normativa, é ato judicial na sua forma, mas tem natureza jurídica normativa em seu conteúdo. Em outras palavras, a sentença normativa possui natureza jurídica de lei, em sentido amplo, em face de suas características de abstratividade, generalidade e coercibilidade. A sentença normativa, além de solucionar o conflito coletivo de trabalho, cria melhores condições de labor para os empregados ou mantém aquelas estabelecidas anteriormente por instrumentos normativos negociados ou mesmo sentenças normativas pretéritas, vinculando os integrantes da categoria profissional e econômica, cujo sindicato representativo tiver ocupado um dos polos da relação processual.

8.7. Período de vigência: O período de vigência da sentença normativa é de, **no máximo, 4 anos**, iniciando-se da seguinte maneira:

a) se o dissídio for ajuizado dentro de sessenta dias que antecedem o final da vigência da sentença normativa, do acordo coletivo ou da convenção coletiva de trabalho: a valer a partir do dia imediato ao termo final de vigência da norma coletiva.

b) se ajuizado fora do prazo anterior, em caso de existência de norma coletiva anterior: a partir de sua publicação;

c) se não existir norma coletiva anterior a partir do ajuizamento.

8.8. Extensão da sentença normativa: Em regra, a sentença normativa atinge as categorias envolvidas. Em alguns casos, a sentença normativa atinge somente parte dos empregados, sendo que, para estender seus efeitos a todos os empregados da categoria será necessário: a) **solicitação ou de ofício**; b) **concordância de ¾ dos empregados e empregadores**.

8.9. Efeitos: As decisões normativas proferidas em sede de dissídio coletivo de natureza econômica têm eficácia imediata, mesmo no caso de interposição de recurso para instância superior, em face do seu caráter meramente devolutivo. Logo, não há necessidade de se aguardar o trânsito em julgado da sentença normativa para que os integrantes das categorias profissionais ou econômicas possam exigir as condutas de comportamento nela estabelecidas, por intermédio da ação de cumprimento.

8.10. Revisão: Os dissídios nos quais são fixadas as condições de trabalho poderão ser objeto de revisão após um ano, desde que tenham havido modificações das condições, tornando-se injustas ou inaplicáveis. Trata-se do dissídio coletivo revisional (art. 873 da CLT) que materializa a aplicação da cláusula *rebus sic stantibus* às relações coletivas de trabalho. A iniciativa da revisão caberá ao próprio Tribunal, sindicatos, empregados ou empregadores e MPT (somente nos casos de greve em serviço essencial e se houver possibilidade de lesão ao patrimônio público).

9. AÇÃO DE CUMPRIMENTO

9.1 Conceito

O eventual descumprimento de decisão proferida em dissídio coletivo enseja o ajuizamento de ação própria de conhecimento, denominada ação de cumprimento (art. 872 da CLT), a ser proposta na Vara do Trabalho.

9.2 Legitimidade

A legitimidade ativa é dos sindicatos ou do empregado, através de ação individual.

9.3 Procedimento

A petição inicial deve observar os requisitos da CLT, bem como estar acompanhada da certidão de julgamento.

MUITA ATENÇÃO!

Para o ajuizamento da ação de cumprimento não há necessidade do trânsito em julgado do dissídio coletivo (Súmula 246 do TST), de forma que a ação pode ser proposta a partir do 20º dia subsequente ao julgamento proferido pelo TRT, salvo se concedido efeito suspensivo ao recurso.

Sobre esse tema, o **Exame Unificado de 2015** formulou a seguinte questão: "Julgado dissídio coletivo entre uma categoria profissional e a patronal, em que foram concedidas algumas vantagens econômicas à categoria dos empregados, estas não foram cumpridas de imediato pela empresa Alfa Ltda.. Diante disso, o sindicato profissional decidiu ajuizar ação de cumprimento em face da empresa. Sobre o caso apresentado (...) Poderá ajuizar a ação, pois o trânsito em julgado da sentença normativa é dispensável".

Conforme já exposto, não é necessário o prévio trânsito em julgado da sentença normativa para o ajuizamento da ação de cumprimento.

Se o dissídio for originariamente julgado pelo TST, a ação de cumprimento poderá ser ajuizada a partir da publicação da certidão de julgamento pela SDC.

Em sede de contestação, o réu pode requerer a compensação dos valores já pagos por força da decisão normativa e, inclusive, pode apresentar reconvenção.

A instrução seguirá o rito ordinário da CLT.

10. AÇÃO ANULATÓRIA DE CLÁUSULAS CONVENCIONAIS

10.1 Conceito

É uma ação de conhecimento de cunho coletivo, cujo objetivo é desconstituir cláusula de acordo ou convenção coletiva.

10.2 Legitimidade e competência

A legitimidade é do MPT e a competência é do Tribunal, tendo em conta o caráter de coletividade do interesse. No polo passivo devem estar todos os partícipes da norma coletiva (empregador e sindicatos), já que o julgamento deverá ser uniforme para as partes.

EM RESUMO: Ação rescisória	
Conceito	Meio processual apto a rescindir sentenças ou acórdãos qualificados pela coisa julgada material e proferidos sem observância de determinados requisitos expressamente previstos em lei.
Competência	A competência originária para processamento e julgamento da ação rescisória é dos **Tribunais**. Se não houver o conhecimento de recurso de revista ou de embargos, a competência para julgar ação que vise a rescindir a decisão de mérito é do TRT, exceto quando existir acórdão rescindendo do TST, que não conheça de recurso de embargos ou de revista, analisando arguição de violação de dispositivo de lei material ou decidindo em consonância com súmula de direito material ou com iterativa, notória e atual jurisprudência de direito material da SDI, examinando o mérito da causa. Nessa hipótese, caberá ação rescisória da competência do TST. No âmbito do TST, a competência é da SDC, nos casos das sentenças proferidas em dissídio coletivo, e da SDI-II, nas hipóteses de decisões proferidas pelas Turmas e pela própria Seção de Dissídios Individuais.
Legitimidade	Parte, ou seus sucessores, a título singular ou universal, que tenha sido prejudicada pela sentença definitiva; terceiro juridicamente interessado e o MPT.
Hipóteses legais	A decisão de mérito, transitada em julgado, pode ser rescindida quando (art. 966 do CPC): I – se verificar que foi proferida por força de prevaricação, concussão ou corrupção do juiz; II – for proferida por juiz impedido ou por juízo absolutamente incompetente; III – resultar de dolo ou coação da parte vencedora em detrimento da parte vencida ou, ainda, de simulação ou colusão entre as partes, a fim de fraudar a lei; IV – ofender a coisa julgada; V – violar manifestamente norma jurídica; VI – for fundada em prova cuja falsidade tenha sido apurada em processo criminal ou venha a ser demonstrada na própria ação rescisória; VII – obtiver o autor, posteriormente ao trânsito em julgado, prova nova cuja existência ignorava ou de que não pôde fazer uso, capaz, por si só, de lhe assegurar pronunciamento favorável; VIII – for fundada em erro de fato verificável do exame dos autos
Recurso	Quando a ação rescisória for proposta perante os Tribunais Regionais do Trabalho, o recurso cabível é o recurso ordinário para a SDI-II do TST.

BIBLIOGRAFIA RECOMENDADA

- BERNARDES, Felipe. **Manual de Processo do Trabalho**. 3ª. ed. Salvador: Juspodivm, 2021.
- BERNARDES, Simone Soares. **Processo do Trabalho. 5**. ed. Salvador: Juspodivm, 2021.
- BERNARDES, Simone Soares; SCALÉRCIO, Marcos; LIMA, Leonardo Tibo Barbosa. **Reforma Trabalhista. Teses Interpretativas**. Salvador: Juspodivm, 2018.•
- CAIRO JUNIOR, José. **Curso de direito processual do trabalho.** 14. ed. Salvador: Juspodivm, 2021.
- LIMA, Leonardo Tibo Barbosa. **Lições de Direito Processual do Trabalho**. 5. ed. São Paulo: LTr, 2019.
- MIESSA, ÉLISSON. **Curso de Direito Processual do Trabalho.** 8ª. ed. Salvador: Juspodivm, 2021.

ÉTICA E FILOSOFIA DO DIREITO

HERMUNDES FLORES DE MENDONÇA

CAPÍTULO I
INTRODUÇÃO À ABORDAGEM FILOSÓFICA DO DIREITO

1. COMO "FILOSOFAR" SOBRE O DIREITO?

A Filosofia do Direito, como parte da Filosofia em geral, não tem um objeto próprio, não se diferencia dos outros ramos do Direito em função de seu objeto. Logo, se o Direito Civil tem como objeto de estudo as instituições de Direito Civil (relações obrigacionais, direitos reais, direito das famílias etc.) a Filosofia do Direito não tem um objeto que se vincule exclusivamente a esta área do saber.

Então, cumpre perguntar o que é, afinal, a Filosofia do Direito? Trata-se de um certo prisma de se olhar para o Direito (CABRAL DE MONCADA, 1955, p. 2). A Filosofia do Direito se diferencia dos demais ramos do Direito pelo modo como indaga a realidade jurídica. **É o modo como se aborda o Direito**, o que se convenciona chamar de **abordagem filosófica do Direito**.

Mas como abordar filosoficamente o Direito? Basicamente dirigindo-lhe três perguntas fundamentais: 1) como conhecemos o Direito? (**Gnosiologia Jurídica**); 2) o que é a realidade jurídica, o Ser do Direito? (**Ontologia Jurídica**) e; 3) quais os valores que orientam o conhecimento e a realidade jurídicos (**Axiologia Jurídica**)?

Portanto, filosofar acerca do Direito é encará-lo sob estes três eixos: gnosiológico, ontológico e axiológico (CABRAL DE MONCADA, 1955, p. 3).

EM RESUMO: Introdução à abordagem filosófica do direito	
Gnosiologia jurídica	Relaciona-se ao "como conhecer", ao conhecimento jurídico.
Ontologia jurídica	Relaciona-se ao "ser", à realidade do Direito.
Axiologia jurídica	Liga-se aos valores.
Objeto da Filosofia do Direito	Logo, a Filosofia do Direito não tem um objeto próprio, trata-se de um modo especial de abordar o Direito.

DICA IMPORTANTE

Em Filosofia do Direito os valores oferecem os critérios por meio dos quais uma sociedade separa o justo do injusto. Portanto, a Justiça é formada pelo conjunto de valores que orientam a prática e o conhecimento jurídicos de uma sociedade, em determinado contexto histórico.

? **QUESTÃO:** A Filosofia tem um objeto de estudo próprio?

RESPOSTA: *Não. A Filosofia não tem um objeto próprio, a Filosofia é um certo modo de olhar para o mundo e de o interrogar. A Filosofia indaga a respeito de temas que as outras ciências pressupõem resolvidas.*

CAPÍTULO II
FILOSOFIA DO DIREITO NO MUNDO ANTIGO

1. FILOSOFIA DO DIREITO NO MUNDO GREGO

1.1 Introdução

Atenção: os gregos deram importantes contribuições para a Filosofia do Direito, contudo, compreendiam o seu **universo prático** sob um prisma de totalidade. Por isso, os gregos não compreendiam o Direito como uma dimensão autônoma em relação às demais normas de comportamento. As normas de natureza jurídica faziam parte de um conjunto mais amplo (universo prático) dentro do qual incluímos as regras políticas, éticas e religiosas. Com a expressão universo prático quer se referir ao conjunto de normas que orientam o comportamento do homem em sociedade (o que ele deve fazer e o que ele não deve fazer). Dentro deste grande conjunto encontravam-se as normas jurídicas.

Esta forma totalizante de encarar as normas de comportamento é representada pela palavra grega **Paideia**.

Portanto, é mais preciso afirmar que os gregos refletiram sobre a Justiça, e não exatamente sobre o Direito, pois este, embora já existisse como uma prática, não era compreendido como uma realidade autônoma dentro do universo prático. Conforme veremos mais adiante, é somente com os romanos que o Direito supera a imanência dos fatos e se diferencia (como prática e como conhecimento) das demais dimensões normativas do universo prático.

> **MUITA ATENÇÃO!**
>
> Na cultura grega, o olhar era **da sociedade para o indivíduo**. No pensamento moderno, os contratualistas entediam que a realidade é o indivíduo, o homem, e que a sociedade é uma fixação criada pelo homem a partir do Contrato Social. Para os gregos, a realidade é a sociedade, só se pensa o indivíduo inserido na sociedade. Se os modernos advogavam no sentido de que há direitos universais (direito natural) decorrentes da natureza humana, para os gregos, os direitos de um indivíduo decorrem de sua participação na sociedade, o direito de um cidadão ateniense é consequência de ele ser ateniense, este direito não decorre do fato de ele ser um homem, tanto que tais direitos não se estendiam, por exemplo, aos estrangeiros.

1.2. Pré-socráticos (século VI a.C.)

Em Filosofia, com a expressão "pré-socráticos" quer se referir ao conjunto de pensadores gregos com os quais nasceu a Filosofia grega. Desta época destacam-se, entre outros Tales, Demócrito, Heráclito e Parmênides.

Este período da Filosofia grega é conhecido como Cosmológico, quando a principal preocupação era conhecer o que há de essencial no Cosmos (natureza), perceber o que há de permanente na constante mutabilidade do tempo e o que há de uno dentro da multiplicidade do espaço. O homem ainda não era o centro das atenções, apenas com Sócrates é que a busca pelo conhecimento da essência do homem passou a ser o foco das preocupações (SALGADO, 2012, p. 16-22).

Os pré-socráticos ocuparam-se de conhecer a essência da natureza.

1.3. Sofistas (século V a.C.)

Os sofistas, contemporâneos a Sócrates, inauguram o Período Antropológico da Filosofia grega (SALGADO, 2012, p. 16-22). Nesta fase **o foco de preocupação dos filósofos não é mais a essência da natureza, mas o espírito humano**. Deste grupo destacam-se Protágoras, Górgias, Pródigo, Trasímaco e outros.

Os sofistas eram conhecidos por serem grandes oradores, dominadores da arte de persuadir. Viajavam de cidade em cidade ensinando suas teses, predominantemente causando polêmica ao criticar as posições políticas, morais e religiosas dominantes.

Curiosamente, as posições dos sofistas chegaram ao nosso conhecimento por meio dos escritos (Diálogos) de Platão, o qual foi discípulo de Sócrates, este, por sua vez, grande opositor dos sofistas. Por isso as ideias dos sofistas foram recebidas em nosso tempo com certa antipatia.

Os sofistas eram individualistas e subjetivistas, defendiam que cada homem possuiu um jeito próprio de olhar e compreender as coisas. Neste ponto, é célebre a lição de Protágoras para quem "o homem é a medida de todas as coisas".

Os sofistas eram contrários a qualquer forma de objetividade universalmente válida (DEL VECCHIO, 1959, p. 40). Ou seja, diziam que era impossível conhecer a essência das coisas (da natureza ou do homem) porque simplesmente esta essência não existe. Com sua habilidade retórica, os sofistas ensinavam como argumentar com a mesma eloquência em defesa de teses completamente opostas.

Nem mesmo a justiça escapava ao subjetivismo sofista, segundo Trasímaco, justo é o que favorece ao mais forte.

Apesar das críticas de Sócrates aos sofistas, que chegaram aos nossos tempos através dos escritos de Platão, eles deram uma importante contribuição para a evolução do pensamento filosófico, pois chamaram a atenção para questões do cotidiano grego que até então estavam intocadas. Desta forma, estimularam o espírito crítico, em torno dos problemas humanos, que é de fundamental importância para a Filosofia.

1.4 Sócrates (século V a.C.)

Sócrates não deixou registros escritos, perambulava por Atenas disseminando seu pensamento. Empenhou-se para compreender e explicar a relação entre o Direito Positivo (materializado no Estado) e a razão objetiva, o ***logos***.

Neste sentido, **Sócrates era contra o relativismo dos sofistas**, acreditava que a essência da realidade podia ser, através da razão, representada por conceitos, por todos reconhecíveis, desde que se recorresse à consciência. Daí a máxima socrática: "**conhece-te a ti mesmo**", que quer dizer, conheça a sua própria consciência e será capaz de compreender a verdade.

Para Sócrates o **bem e a verdade são idênticos** (CABRAL DE MONCADA, 1955, p. 16), onde o conhecimento é compreendido na dimensão da própria consciência humana.

É famosa a forma como este grande pensador da antiguidade grega faleceu. Foi condenado à morte, obrigado a tomar um veneno (cicuta), isso sob a acusação de transviar os jovens e inventar novos deuses, ofendendo aos princípios religiosos de então. Para se compreender a filosofia de Sócrates, contudo, é preciso saber o enredo dessa história.

Sócrates costumava dizer que era guiado por uma única divindade, sua própria consciência. Mesmo certo de que sua pena era injusta, Sócrates optou por não fugir de sua condenação, pois defendia que **o bom cidadão tinha o dever de cumprir as leis, ainda que tais leis fossem más, a fim de que assim se evitasse o estímulo a que maus cidadãos desrespeitassem as leis boas** (DEL VECCHIO, 1959, p. 44).

1.5 Platão (séculos V e IV a.C.)

A Idealismo

Para compreender o pensamento de um homem como Platão é preciso entender o contexto no qual ele vivia. Neste sentido, é importante ter em mente como se organizava a sociedade grega daquela época, especialmente em Atenas.

A grande mudança de mentalidade dos gregos, ocorrida a partir de Sócrates, foi a de tentar compreender a realidade, a sociedade e suas instituições (inclusive jurídicas e estatais) a partir de dados fornecidos pela própria sociedade. O que significa olhar para a realidade do Estado, das Leis e da Justiça (para explicá-las e criticá-las) a fim de sugerir mudanças exequíveis pela ação humana, ao invés de buscar justificativas mitológicas ou imaginadas a partir de metáforas referenciadas em elementos da natureza. Esta mudança de mentalidade marcou profundamente o pensamento filosófico grego e, por consequência, o modo de eles compreenderem o Estado, suas funções, as leis e os critérios para avaliar a justeza destas leis.

A importância desta mudança de mentalidade para a Filosofia do Direito é o fato de **o homem assumir para si a responsabilidade pela construção dos valores de Justiça**, ou seja, é o homem entender que o modo como ele resolve seus conflitos decorre de **escolhas humanas**. Podemos dizer que a partir de Sócrates o homem passou a, conscientemente, tentar entender essas escolhas e buscar explicações racionais para elas (MASCARO, 2009, p. 35).

B A sociedade política (estado) ideal: governo dos sábios

Neste contexto, **Platão compreendeu e criticou o modo de o Estado grego se organizar, e formulou um Estado Ideal, no qual a função de governar caberia aos sábios**. Segundo Platão, em sua obra "A República", o Estado ideal deveria passar pela supressão das organizações intermediárias, como a família e a propriedade privada. Neste passo, Platão advogava por uma sociedade totalmente integrada no Estado, esta sociedade seria composta por sábios, a quem cumpriria governar, guerreiros e artífices (estes seriam responsáveis pelos trabalhos agrícolas e manuais).

C Justiça para Platão

Platão compara a harmonia das instituições que compõem um Estado ideal ao corpo humano, que é uma unidade perfeita, onde todos os membros se comportam em função do bom funcionamento do todo, em que não se pode separar a parte do todo sem descaracterizar um ou outro. Neste sentido "***Justiça* é a virtude por excelência, pois consiste em uma relação harmoniosa entre as várias partes de um corpo**." (DEL VECCHIO, 1959, p. 46).

FIQUE POR DENTRO: A Justiça em Platão foi cobrada no Exame OAB-FGV 2019.2. Para resolver a questão era preciso saber que na obra "A República", Platão pensou a justiça das ações humanas no contexto da função que cada homem exerce na Cidade. No Estado Ideal, a justiça é a virtude de se realizar cada função (governar, guerrear e trabalhar) com perfeição. Conforme lembra Luiz Belini (2009, p. 63), é a justiça que constitui as virtudes da sabedoria, coragem e temperança, presentes no Estado Ideal e no homem perfeito.

Em sua obra da maturidade, das "Leis", Platão se apresenta mais tolerante ao indivíduo, admitindo a permanência da família e da propriedade privada em concomitância com o Estado. Mas ainda assim atribui ao Estado o protagonismo da distribuição de bens sociais, o que implica conceder ao Estado o papel de dividir a sociedade em classes bem como indicar a função que cada classe deve desempenhar para o bem da sociedade e, ainda, vigiar a vida familiar, controlar a prática religiosa e, acima de tudo, educar (DEL VECCHIO, 1959, p. 54).

Em síntese, **Platão percebia a realidade da sociedade para o indivíduo**, em que a justiça no comportamento deste decorria da justiça na organização da sociedade da qual ele fizesse parte. Assim, não se poderia imaginar um homem justo fazendo parte de uma sociedade injusta.

DICA IMPORTANTE: Outra dica importante. Platão é conhecido por seu idealismo. A famosa "Alegoria da Caverna" retrata bem esta sua característica. Esta fábula conta a história de um grupo de pessoas acorrentadas no interior de uma caverna, todas de costas para a saída da caverna. Entre as pessoas e a saída havia uma fogueira, de modo que os acorrentados viam numa parede as projeções dos acontecimentos do mundo exterior. Segundo Platão a verdade não se encontra no mundo sensível (apreensível pelos órgãos do sentido), a verdade só se atinge no plano das ideias.

? **QUESTÃO:** É lícito classificar Platão como totalitário?

RESPOSTA: *Não. Comumente Platão é acusado de ser totalitário, por entender que a missão de governar cabe aos mais sábios, contudo, o próprio filósofo também defendia que se ao assumir o poder o sábio se mostrasse incapaz, teriam os governados o direito de destituí-lo. Portanto, embora a função de governar coubesse apenas aos sábios, este poder não era ilimitado e sem critérios, pois era dever dos dirigentes governar com justiça.*

1.6. Aristóteles (século IV a.C.)

Após a Revolução Francesa (1.789) se consolidou o Estado de Direito, que tem como ideia base o exercício dos poderes político e judicial nos limites estabelecidos pelo Parlamento. O Parlamento, por sua vez, tem como principal forma de atuação a Lei. É quando a prática judiciária, e, portanto, a realização da Justiça no caso concreto, passa a coincidir com a aplicação da Lei emanada do Parlamento. Nesta linha de raciocínio pós-Iluminista fazer justiça é sinônimo de aplicar a lei em sentido estrito.

Contudo, **para entender o que pensava Aristóteles a respeito da Justiça, é preciso se despir do pensamento moderno**. Para Aristóteles Justiça e Lei (como norma emanada do poder político legitimamente constituído) não eram coincidentes. Isso porque, para os gregos, a palavra "***nomos***" (que é normalmente traduzida com "lei", que é a objetivação normativa dos valores de Justiça que deverão orientar a ação do homem (CASTANHEIRA NEVES, 1993, p. 21) não se resume às leis estatais, mas engloba também os costumes e convenções sociais, as tradições etc. Ou seja, **justo como respeito à lei, no contexto aristotélico, não se resume à aplicação da lei escrita emanada do Estado, mas o respeito a um conjunto de normas que revelam o que a sociedade considera como bom e válido, as quais visam o bem comum.**

Ser justo no sentido aristotélico do termo é agir conforme a "Lei" (neste sentido amplo). Como a Lei tem como fim o bem de toda a sociedade, o bem comum, quando um cidadão age conforme a Lei age em benefício de toda a comunidade, e quando desrespeita uma norma, mesmo que no âmbito privado, comercial, por exemplo, atinge toda a sociedade (REALE, 1978, p. 622). É desta forma que Justiça é entendida como virtude, como "bem agir". (BITTAR. 2012, p. 133-135).

Tomando estas ideias como Norte, na obra Ética a Nicômaco, Aristóteles classifica a Justiça como **universal** e **particular**, esta se subdivide em **distributiva, corretiva** e **reciprocidade.**

Justiça universal é o justo em sentido lato, que pode se referir à virtude, de uma forma geral, ou ao conteúdo da lei (lembrando que aqui, a palavra lei tem um sentido extenso, aquele de que falamos nos parágrafos anteriores). Assim, a justiça universal é aquela que orienta o agir bem, ou conforme o bem comum (MASCARO, 2010, p. 65).

Na **Justiça em seu sentido estrito, particular**, se revela o olhar matemático de Aristóteles para a compreensão das relações entre as pessoas em sociedade. A partir de um sistema de **proporções, geométricas e aritméticas**, o Estagirita concebe a justiça como um modo de distribuição de bens, honras e responsabilidades (**justiça distributiva**), no âmbito do que hoje chamaríamos de direito público, conforme uma igualdade de proporção geométrica. De outro lado, no seio das relações entre particulares, seja nas relações de troca comercial (compra e venda, mútuo ou comodato, por exemplo), seja nos casos do dever de reparar uma lesão (civil ou penal), o equilíbrio (igualdade) é estabelecido pela **justiça corretiva**, a qual respeita uma proporção aritmética.

A justiça distributiva implica **dar a cada um o que é seu conforme o seu mérito**, quem fez mais, tem o direito a receber mais, quem fez menos, tem o direito a receber menos. Este é, por excelência, o critério para a distribuição das funções públicas (magistrados). O cargo mais importante deve ser atribuído ao mais capaz, ao qual se concederá mais honras e responsabilidades. O cargo menos importante deverá ser entregue ao menos capaz, que receberá menores honras e responsabilidades. Eis a **proporção geométrica**: não receberão todos os membros da comunidade a mesma coisa, uns receberão mais, outros menos, na proporção de seu merecimento. Aqui, desigualdade (injustiça) será alguém receber mais merecendo menos, ou receber menos, merecendo mais (DEL VECCHIO, 1959, p. 55).

DICA IMPORTANTE:

Este assunto foi cobrado no XX Exame Unificado OAB/FGV (2016-2). Para responder à questão era preciso saber o conceito de Justiça Distributiva, segundo Aristóteles. Já no Exame de Agosto/2016 (Prova reaplicada Salvador – BA) o tema voltou a ser cobrado. Nessa segunda oportunidade o conceito de justiça distributiva aristotélica foi mencionado com referência à São Tomás de Aquino. Também neste caso bastava ter em mente o conceito de justiça distributiva abordado acima para resolver a questão.

Já segundo a **justiça corretiva**, cada um deve receber de volta na mesma proporção (**aritmética**) do que entregou. Se um sujeito A entregou ao sujeito B um cavalo avaliado em R$ 100,00, o sujeito A deve receber de B a importância de R$ 100,00. Neste caso, a injustiça (desigualdade) será A entregar a B um cavalo avaliado em R$ 100,00 e B ficar com o cavalo e não entregar os R$ 100,00. O mesmo raciocínio vale para a lesão civil ou penal. Se A causou um dano no patrimônio de B equivalente a R$ 100,00, A deve entregar a B a importância de R$ 100,00. No âmbito penal, a pena aplicada ao criminoso deve ser proporcional à lesão provocada na vítima.

Por fim, Aristóteles formula um **outro tipo de justiça particular**, não contemplada nem pela justiça distributiva, nem pela justiça corretiva, trata-se da **reciprocidade**. Neste ponto, é instigante perceber a consciência que o filósofo no século IV a.C. já tinha a respeito das relações econômicas. Aristóteles afirma que para se efetuar uma troca justa entre coisas diferentes, por exemplo, cavalos por uma casa, é preciso que as partes acordem sobre uma medida equivalente que permita se estabelecer uma reciprocidade. Quantos cavalos equivalem a uma casa? Esta resposta só é possível se estabelecermos uma medida para o valor de cada cavalo e o valor de uma casa. Este padrão é o dinheiro.

RESUMO DA JUSTIÇA EM ARISTÓTELES	
Justiça Universal	Virtude, agir conforme a Lei (em sentido lato).
Justiça particular *distributiva*	Distribuir bens, honras e responsabilidades segundo o mérito de cada um em uma proporção geométrica.
Justiça particular *corretiva*	Restabelecer o equilíbrio nas relações de troca comercial, reparação de dano ou aplicação de pena, em proporção aritmética.
Justiça particular *reciprocidade*	Importante nas relações comerciais, estabelece um padrão intermediário que permite compreender a equivalência de valor entre bens e serviços de natureza distintas. Dinheiro.

DICA IMPORTANTE:

No contexto clássico greco-romano a palavra "Magistrado" não tem o mesmo significado que hoje lhe atribuímos. Hoje, com a palavra magistrado nos referimos a um órgão julgador, contudo, na antiguidade clássica magistrado era o "funcionário público" em sentido geral. Havia magistrados com funções administrativas, de fiscalização, legislativas e também julgadoras.

Tanto no XI Exame Unificado OAB/FGV (2013) quanto no XXXI Exame (2020.1) foi cobrado a ideia de justiça como virtude, que Aristóteles associa à equidistância entre extremos e, portanto, ao meio termo, a qual deve ser buscada cotidianamente pelo homem. Para responder à questão era preciso saber, com base na obra Ética a Nicômaco, que o justo está no equilíbrio, no meio termo e a injustiça nos extremos.

2. FILOSOFIA DO DIREITO EM ROMA

2.1. História política da civilização romana

A civilização romana tem uma longa história, de mais de um milênio de duração. A fundação de Roma é datada de 753 a.C. pelos mitológicos irmãos Rômulo e Remo. A fase que se inicia com a Fundação até o ano de 510 a.C. é chamada de **Realeza**. Neste período, Roma era uma cidade-Estado governada por um rei. Mas, atenção, a realeza em Roma embora vitalícia não era hereditária, o rei era eleito por assembleias das quais participavam o "povo", excluindo-se plebeus e escravos. Estas assembleias, denominadas Comícios Curiatos, escolhiam o rei a partir de um nome indicado pelo Senado. Além da função administrativa o rei cumpria também o papel de julgador em última instância (CASTRO, 209, p. 79).

A segunda fase se inicia em 510 a.C. e se encerra em 27 d.C., a **República**. Na fase da República o poder administrativo foi diluído em vários cargos, não vitalícios, hierarquicamente organizados. Os cargos mais altos eram de Cônsules, os quais comandavam o exército e presidiam o Senado e os Comícios Curiatos. Neste período apenas o Senado tinha membros vitalícios, a princípio como órgão consultivo e representativo de Roma em questões externas. Mas sua vitaliciedade, diante do caráter provisório dos cargos administrativos acabou fazendo do Senado uma referência permanente de poder, o que o tornou um centro de governo (CASTRO, 209, p. 79-80).

A terceira fase é do **Império**, do século 27 d.C. a 566 d.C. (com a morte de Justiniano). O Império é dividido em duas fases, alto Império (27 d.C. a 284 d.C.) e baixo Império (284 a 566 d.C.). Neste período o "primeiro homem de Roma" (***princeps***), o imperador, detinha o ***imperium*** (civil, militar e judiciário). No período do império os poderes administrativos concentraram nas mãos do imperador, os magistrados enfraqueceram ao ponto de no governo de Justiniano o Cônsul, outrora o mais algo cargo na administração pública da República, passou a ter um valor tão somente honorífico. O Senado, que fora o principal órgão de governo passou a ter um papel meramente consultivo, ampliando, contudo, suas funções legislativas e judiciárias (CASTRO, 209, p. 82).

Durante estes longos séculos de existência da civilização romana o direito passou por diferentes fases. É normalmente dividido em três períodos: 1º) Antigo ou arcaico (séculos VIII a II a.C.; 2º) Clássico (séculos II a.C. a III d.C.); Pós-clássico (séculos III a VI d.C.). Na próxima seção estudaremos a essência filosófica que se extrai da experiência jurídica romana considerada em seu todo.

2.2. Jurisprudência: pensamento jurídico em Roma

A primeira nota importante sobre o pensamento jurídico romano é que, diferentemente dos gregos, **os romanos tinham consciência acerca de seu próprio conhecimento jurídico**. Ou seja, é em Roma que o direito efetivamente se diferencia das outras dimensões normativas do universo prático humano, tanto como **prática** quanto como **conhecimento**. Quer com isso dizer que, se os gregos consideravam conjuntamente as normas éticas, políticas, religiosas e jurídicas (não as diferenciando do ponto de vista de sua natureza), os romanos alcançaram a consciência de que é o Direito uma dimensão normativa autônoma, objeto de um conhecimento próprio, estudado por uma classe "profissional" também específica, os jurisconsultos.

Os gregos não tinham nem sequer uma palavra específica para se referir ao Direito, é efetivamente em Roma que o homem toma consciência de que a prática de solução de casos particulares surgidos no seio da convivência em sociedade com base em critérios (normas) socialmente compartilhados segue uma dinâmica própria "suscetível de ordenação em um todo unitário e coerente." (REALE, 1978, p. 624).

A diferenciação do Direito em Roma ocorre em dois níveis: como **prática**, as regras de natureza jurídica utilizadas para se extrair critérios de solução de conflitos se particularizam em relação às de natureza religiosa e política; e como **conhecimento**, os romanos tomam consciência de que há uma área do saber com características próprias, que se dedica ao estudo dessa prática, trata-se do conhecimento jurídico.

Semelhantemente aos gregos, os romanos faziam a distinção do justo por natureza (Direito Natural) do justo por convenção (Direito Positivo). Esse Direito Natural é formado por um conjunto de princípios de essência moral que determinam como se deve agir e que tipo de conduta se deve evitar na convivência com outro homem, ou seja, trata-se de uma espécie de código binário que informa o que se deve e o que não se deve fazer em sociedade.

Todavia, a grande novidade, que permite se afirmar que o Direito nasceu em Roma, é o fato de os romanos terem tomado a consciência de que o Direito tem natureza diversa dos princípios morais, ao ponto de o jurisconsulto Paulo (na Digesta 50, 17, 144) afirmar que "Nem tudo o que é lícito é honesto" (REALE, 1978, p. 626), admitindo que há comportamentos legais, segundo as regras do Direito Positivo, mas imorais.

É importante lembrar que o Direito nasceu em Roma antes de tudo como uma prática, com o passar dos séculos, pela contribuição dos administradores públicos (magistrados), jurisconsultos e dos julgadores, que na medida em que iam solucionando problemas concretos iam formulando os fundamentos destas decisões, que anos mais tarde seriam compilados (REALE, 1978, p. 629). Neste sentido, Fernando Pinto Bronze sintetiza com brilhantismo o sentido da ***jurisprudência*** romana, para o catedrático de Coimbra, "o fundamento do agir, agindo".

> **MUITA ATENÇÃO!**
>
> Os romanos eram práticos, não se dedicaram como os gregos à especulação filosófica. Por isso, pode-se dizer que como prática o Direito em Roma se diferenciou da Moral, contudo eles não se preocuparam em teorizar com a profundidade dos helênicos a respeito deste tema.

> **DICA IMPORTANTE**
>
> A palavra grega **fronesis** os romanos traduziram como **prudência**, à qual acresceram a partícula **jus**, para formar a palavra **jurisprudência**. Portanto, como dissemos, o direito nasceu como um saber prático, e assim é compreendido por grande parte dos pensadores contemporâneos. Este assunto foi cobrado da seguinte forma no XI Exame Unificado OAB/FGV (2013.2). "Assinale a alternativa que apresenta o conceito correto de razão prática: A) Uma forma de conhecimento científico (episteme) capaz de distinguir entre o verdadeiro e o falso; B) Uma técnica (techne) capaz de produzir resultados universalmente corretos e desejados; C) A manifestação de uma opinião (doxa) qualificada ou ponto de vista específico de um agente diante de um tema específico; D) A capacidade de bem deliberar (phronesis) a respeito de bens ou questões humanas." **A resposta correta é a letra D.**

CAPÍTULO III

FILOSOFIA DO DIREITO NA ERA MEDIEVAL

1. SOBERANIA: PODER E AUTORIDADE

Após a invasão da Grécia pela Macedônia, a estrutura política e social das cidades-estado gregas que ensejou o desenvolvimento da filosofia contemplativa helênica se desmantelou. Os romanos absorveram a cultura grega, principalmente através dos Estoicos (destaque-se a figura de Cícero), todavia, não como filosofia contemplativa, mas principalmente como prática política. Em outras palavras, se os gregos se dedicaram à formulação de explicações abstratas sobre mundo, os romanos se concentraram no "agir". O espírito prático dos romanos de certa forma fez manter viva a cultura grega, manifestada num tipo de organização política e social que só viria a ser substituída pelo cristianismo (MASCARO, 2009, p. 41).

O cristianismo, por sua vez, marcou profundamente a filosofia medieval. Da lição bíblica ensinada por Jesus Cristo "dai a César o que é de César, e a Deus o que é de Deus", se formulou um princípio que seria fundamental para a fundação do Estado de Direito, referimo-nos à separação entre os conceitos de **autoridade** (***auctoritas***), que vem de Deus e **poder** (***potestas***), exercido pelo detentor do poder político. Se para a civilização antiga greco-romana o detentor do poder político em muitos momentos acumulava a função de líder religioso (COULANGES, 2005, p. 173-216), a filosofia cristã sepultou definitivamente este pensamento.

A autoridade somente Deus a detinha, o qual, interpretado pela Igreja, autorizava a uma pessoa o exercício do poder. É deste período, para legitimar o poder do senhor feudal, que surgiu a teoria da origem divina do poder do rei. Aliás, a própria ideia de soberania com base na qual se afirma o poder exclusivo e superior do governante sobre determinado grupo de pessoas (súditos) dentro de determinado perímetro geográfico (território), que apenas no século XVI seria sistematicamente teorizada por Jean Bodin (BODIN, 2012 ***apud*** Eduardo Bittar, 2012), foi sustentada pela jusfilosofia medieval.

Se Deus é o único detentor de autoridade e, através da Igreja, autoriza o exercício do poder político ao governante, se há um único Deus, há uma única soberania. Aqui nos referimos à **soberania** como legitimidade para ordenar. Assim, se existe apenas uma soberania, existe apenas um Direito, o qual é permitido pela autoridade divina (FERRAZ JR., 2003, p. 61 ss.).

Em resumo: o sistema de direito era centrado no soberano, o qual detém o poder (***potestas***), este poder é amparado na autoridade divina (***auctoritas***), a qual é interpretada pelo ensinamento da Igreja.

Através da obra de Santo Agostinho e São Tomás de Aquino, em síntese, o pensamento filosófico medieval legou ao Direito o conceito de soberania e também a dogmaticidade. A fundação da Universidade de Bolonha, no século XI, levou à distinção do Direito como disciplina universitária. O currículo das universidades medievais tinha como base as disciplinas superiores, a saber, Medicina, Direito e Teologia (SALGADO, 2006, p. 17-20), quando se atinge a consciência de que o saber jurídico e o saber religioso são saberes distintos.

Outro traço marcante da filosofia medieval (principalmente por influência do cristianismo) é a sua concepção de homem. Para os antigos o homem é visto como um ser político ("animal político", na expressão de Aristóteles), para os medievais o homem é um ser social, ao que se acresce a **dignidade** decorrente de sua semelhança a Deus. Deste modo, o cristianismo "coloca Deus, a família, a pessoa humana, acima da pátria, e o próximo acima do concidadão" (COULANGES, 2005, p. 298).

? **QUESTÃO:** Na concepção filosófica medieval "poder" e "autoridade" são sinônimos?

➥ ***RESPOSTA:*** *Não. No pensamento medieval, toda "autoridade" vem de Deus, que, através da Igreja, autoriza o exercício do "poder" político ao soberano.*

2. GLOSADORES E COMENTADORES: INTERPRETANDO O CÓDIGO DE JUSTINIANO

Depois da redescoberta dos textos romanos, a partir de fragmentos do Código de Justiniano (***Corpus Iuris Civilis***), duas importantes correntes de pensamento jurídico se sucederam: Escola dos Glosadores e Escola dos Comentadores. Estas duas escolas atribuíam ao Direito Romano a qualidade de infalibilidade como norma de Direito. Ou seja, considerava que o Direito Romano era o Direito por excelência, dotado de universalidade e dogmaticidade (base indiscutível do Direito). Apesar de a compilação de Justiniano ser datada do século VI, ela foi redescoberta no século XI, e, uma vez estudada e explicada pelos glosadores e comentadores, foi atualizada e utilizada como base para ordenação do Estado moderno em torno do poder do soberano.

Embora o Direito Romano tenha chegado aos nossos dias através dos fragmentos do Código de Justiniano é importante saber que esse documento não era um "Código" propriamente dito. Um código é um sistema de normas harmoniosamente pensadas e organizadas previamente à sua aplicação, um código é, portanto, um todo sistemático que se elabora para depois se aplicar. Em outras palavras, é como combinar previamente as regras sobre o modo correto de se agir. A obra de Justiniano, contudo, foi uma compilação de práticas. Já no período da decadência do Império Romano, e, consequentemente, já na fase final (pós-clássica) do próprio Direito Romano, no século VI d.C., o imperador Justiniano nomeou uma comissão de jurisconsultos para compilar o Direito. A obra era composta de quatro partes: ***Institutas***, que era uma espécie de manual para o estudo do direito destinado a iniciantes; ***Digesto*** ou ***Pandectas***, que reunia fragmentos das lições dos jurisconsultos clássicos; ***Código***, compilação das leis advindas do Plebiscito ou dos Magistrados; e ***Novelas***, que era a reunião das constituições promulgadas depois do ano de 535 pelo próprio imperador Justiniano.

Portanto, o Código de Justiniano é uma reunião de normas provindas do Estado e lições doutrinárias sobre normas e práticas jurídicas acumuladas por mais de mil anos de história, compilado na fase final da civilização romana antiga. Por isso o direito romano codificado, compreendido como base infalível do direito é característica do pensamento jurídico medieval, que considerou a obra de Justiniano base incontestável do direito, o que permitiu a construção de uma compreensão do direito como norma, emanada de um ente estatal. Esta, contudo, não é a atitude dos próprios romanos acerca do Direito. Para os romanos o Direito era vivido como prática (***jurisprudencial***), as boas práticas eram repetidas, funcionavam como referências, que, muito depois, foram compiladas por Justiniano.

EM RESUMO	
Potestas	Poder político exercido por um rei ou senhor feudal.
Auctoritas	Autoridade, que vem de Deus, que autoriza e legitima o exercício do poder político.
Corpus Iuris Civilis	Também conhecido como "Código de Justiniano", é uma compilação de normas, práticas jurídicas e conhecimentos doutrinários acumulados pela civilização romana no decorrer de séculos.
Dogmaticidade	Relaciona-se ao que é dogmático, indiscutível. Os teólogos cristãos olhavam para as escrituras sagradas como verdade indiscutível, como dogma. Este olhar influenciou as Escolas dos Glosadores e Comentadores que atribuíram dogmaticidade ao Direito Romano reunido no Corpus Iuris Civilis.
Soberania	Conceito sistematizado pelos filósofos medievais. A soberania era vista como concessão divina a um rei ou senhor feudal. Sua unicidade decorria da exclusividade da Igreja como representante da autoridade divina na Terra. Se há apenas um Deus, há apenas uma soberania.
Teologismo	Olhar teológico sobre os problemas humanos. É típico da cultura medieval. A explicação da sociedade, suas organizações e própria visão do homem e do Direito é obtida com base na verdade revelada por Deus à Igreja.

CAPÍTULO IV

FORMAÇÃO DA CULTURA JURÍDICO-FILOSÓFICA MODERNA

1. INTRODUÇÃO

O pensamento moderno é aquele que teve como berço a cultura europeia aproximadamente dos séculos XVI a XVIII. Na historiografia geral é normalmente dividida em três períodos: **Renascimento, Absolutismo** e **Iluminismo.**

A primeira fase é o Renascimento, marcado pelo início da superação do pensamento medieval. A partir do resgate da cultura clássica greco-romana procura-se superar nas artes, na política, na filosofia e na ciência o teologismo medieval. É esta a fase em que mais claramente a cultura europeia passa de uma visão **teocêntrica** do mundo (Deus no centro) para uma perspectiva **antropocêntrica** (homem no centro).

Do ponto de vista filosófico, os debates ainda circundam a religião, mas no sentido de seu enfraquecimento. A Reforma protestante (iniciada a partir de 1517) por homens como João Calvino permitiu ao homem questionar o papel da Igreja Católica como legítima representante de Deus na Terra e exclusiva fonte de revelação dos ensinamentos de Cristo.

Nicolau Maquiavel (1469-1527) mudou o eixo de legitimação e manutenção do poder político do campo da destinação divina para o campo da ação humana. Humanismo. Não é mais a autoridade divina que sustenta, explica e torna justo o exercício do poder político por um soberano, mas as ações humanas. Deste modo, a obra ***O príncipe*** é um conjunto de conselhos dados por Maquiavel a Lourenço de Médici, estadista da República de Florença, sobre como manter a ordem social e exercer o bom governo, por meios humanamente exequíveis, não teológicos (**humanismo**).

A segunda fase do pensamento moderno **é o absolutismo.** A formação de estados fortes (organizados em torno da monarquia absoluta) é um reclame da ascendente burguesia. Enquanto a formulação renascentista era de negação do pensamento medieval, Maquiavel procurou explicar o poder político humana e socialmente. O Absolutismo ocupou-se da legitimação do poder, buscando esteio no pensamento medieval (teológico), antes usada para legitimar o poder do senhor feudal: o poder vem de Deus (MASCARO, 2010, p. 133).

Curiosamente, a consolidação dos Estados nacionais em torno da soberania estatal, sob a direção do monarca, que foi crucial para a superação da fragmentação social e política que o sistema feudal do período medieval havia provocado, usou como principal argumento uma ideia tipicamente medieval: a origem divina do poder dos reis. Ou seja, o processo de reestruturação do Estado, que é traço marcante da Modernidade, resgatou uma concepção medieval, qual seja, a de que o rei detém o poder por vontade de Deus. E se foi Deus que o escolheu, seu poder é inquestionável. Registre a célebre frase de Luís XIV, que governou a França de 1661 a 1715: "o Estado sou eu" (CASTRO, 2009, p. 200-201).

Contudo, é preciso notar que este poder concedido por Deus está acima das disputas religiosas. Os movimentos de Reforma (protestante) e Contrarreforma (católica) deixaram uma lição: se nem as religiões estavam de acordo sobre a verdade divina, o absolutismo do poder real não poderia se submeter aos ditames de uma ou outra religião. Assim, quando se afirma que o poder do Rei origina-se da vontade divina, quer se afirmar que este poder é concedido por Deus diretamente ao monarca, sem a intermediação de quaisquer instituições humanas, o que inclui as igrejas (Católica ou protestantes). Eis o primeiro passo para o processo que levaria o Estado a se tornar laico (MASCARO, 2010, p. 131-133). Para consolidação destas ideias, destaque-se as contribuições de Jean Bodin (1530-1596), que sistematizou o conceito de soberania, em torno do exercício do poder político por um Estado laico (BODIN, 2012, p. 12).

A terceira fase, o apogeu do pensamento filosófico moderno, **é o Iluminismo**. O fundamento do jurídico (e do justo) desloca-se da pessoa do Rei para o Estado. O nome do movimento sugere que se busque nas **luzes da razão**, e não em Deus (trevas da fé), o fundamento do poder e a medida do justo. Esta corrente de pensamento, que se desenvolveu notadamente no século XVIII, conhecido como "o século dos filósofos", culminou em uma crítica ao absolutismo. A racionalização do Estado implicava uma monarquia exercida nos limites da lei emanada do parlamento. A partir do Iluminismo o Rei ficou mais fraco, o Estado ficou mais forte.

O marco político do Iluminismo é a **Revolução Francesa**, iniciada no ano de 1.789. Depois de três séculos de maturação, as ideias de liberdade e igualdade perante a lei atingiram seu ápice, encontraram condições políticas e econômicas na França de Luís XVI suficientes para se implantar uma profunda transformação do Estado. Degola-se o Rei (antes a personificação do próprio Estado), substitui-se a monarquia absoluta pela República, a origem do poder não é mais a vontade do Deus a partir de cuja autoridade é sustentada a legitimidade do soberano, o poder vem do povo. O povo, por meio do **Contrato Social**, constrói o Estado e delega a este o exercício do poder político.

Do ponto de vista jurídico, o marco mais importante da Revolução Francesa é o Código Civil de 1804, outorgado por Napoleão Bonaparte. Se não é, historicamente, o primeiro código, é sem dúvida o mais importante para cultura jurídica ocidental. Praticamente toda a Europa continental, a América Latina, e ainda a província de Quebec no Canadá e o Estado da Luisiana nos Estados Unidos, de alguma maneira tiveram seu Direito Privado influenciado pelo Código de Napoleão.

O Código representa a definitiva superação do direito costumeiro oral pelo direito sistemático, como um todo unitário, é a superação da multiplicidade de fontes e subjetividade no julgamento dos casos pela segurança jurídica. É a garantia de que casos semelhantes terão soluções semelhantes dentro de toda a circunscrição territorial sob a soberania do Estado. O Código, com exclusividade de regulamentação das relações civis, representa o fortalecimento da lei como principal fonte do direito. A partir daqui se passa a associar aplicação do Direito à aplicação da lei.

DICA IMPORTANTE

A "razão" iluminista não era uma mera interpretação do mundo, mas algo universal, eterno, imutável. A razão é o atributo que caracteriza o homem. Quando se fala, nesse contexto, dos frutos da razão, quer se referir às verdades inteligíveis por qualquer ser racional universalmente considerado (independentemente do contexto). São verdades consideradas objetivamente válidas para sempre e desde sempre por qualquer homem que aja racionalmente. Assim como eternamente (para o passado e para o futuro) "dois e dois são quatro", as afirmações jurídico-filosóficas obtidas pela razão também são universalmente válidas e, portanto, justas.

EM RESUMO: FASES DA IDADE MODERNA	
Renascimento	Resgate da cultura clássica (Greco-romana), negação a tudo que provenha da Idade Média (especialmente o teologismo).
Absolutismo	Formação dos Estados nacionais em torno de monarquias fortes e reis absolutos ("O Estado sou eu!").
Iluminismo	Apogeu da modernidade, racionalização do Estado, monarquias controladas pelo Parlamento ou implantação do regime republicano. Revoluções liberais, "o rei reina, mas não governa".

FIQUE POR DENTRO:

O pensamento jurídico moderno é a base para o normativismo positivista desenvolvido na segunda metade do séc. XIX.

No período Iluminista o Direito passa a ser compreendido como uma elaboração da razão. Esta ideia é associada à concepção de Direito como norma (por inspiração do Direito Romano estudado por Glosadores e Comentadores). Após a Revolução Francesa o Estado assume com exclusividade o papel de dizer o Direito por intermédio do Parlamento. Daí a ideia original de olhar para o Direito como norma evolui para o entendimento de que o Direito é norma legal, a restringir, portanto, juridicidade a legalidade.

Nesta linha de raciocínio Direito Justo é a lei que entrou em vigor seguindo as leis que regulamentam o processo legislativo. Assim, o Direito passa a ser o fundamento do próprio Direito, a recomendar ao jurista que se abstenha de procurar o fundamento do justo para além da lei (seja na natureza, seja em Deus, seja em princípios éticos). Eis as bases do positivismo jurídico, que considera o Direito Positivo (direito emanado de um órgão estatal legitimamente constituído) como exclusivo objeto de estudo da Ciência do Direito e elege a lei como "rainha das fontes".

CAPÍTULO V

FILOSOFIA DO DIREITO NA MODERNIDADE: JUSNATURALISMO

1. INTRODUÇÃO

Já os gregos, desde a tragédia Antígona, de Sófocles, e especialmente a partir de Sócrates, Platão e Aristóteles, aprofundaram os debates sobre o "Justo por natureza" e o "Justo por convenção". Trata-se da velha discussão sobre a existência ou inexistência de um conjunto de normas, situadas para além do Direito Positivo, que funciona como referência valorativa para este. Nesta linha, se as normas do Direito Positivo e as decisões tomadas com base nelas estiverem de acordo com aquelas normas (conforme o "Justo por natureza") serão justas, mas se as soluções dadas aos casos concretos, ou direções administrativas tomadas pelo governante, não respeitarem o "Justo por natureza" serão consideras injustas.

A expressão "Direito Natural" foi utilizada por mais de dois milênios por filósofos e juristas que se empenharam para compreender a medida do Justo. Este é o problema desta expressão. Durante os contextos mais diversos utilizou-se a mesma expressão para se referir a coisas diferentes. Para os antigos, o Direito Natural tinha como fonte a própria natureza, já para os medievais, inspirados pela doutrina cristã, o Direito Natural era moldado segundo a lei de Deus, enquanto que para os modernos, o Direito Natural é fruto da razão humana.

Nota-se que tomando como ponto de partida uma pergunta universal ("o que é justiça?"), as respostas foram plúrimas, mas utilizando uma expressão comum. Nesta seção cuidaremos de traçar as noções gerais do jusnaturalismo moderno, que procurou elaborar, a partir de raciocínios inspirados nas ciências naturais e matemáticas, um conjunto de princípios racionais que sintetizariam a medida do justo e que, portanto, serviria de Norte para o Direito Positivo: o Direito Natural.

DICA IMPORTANTE

Entre os jusnaturalistas é muito comum a referência ao **estado de natureza**, utilizam esta expressão para explicar como seria a vida do homem sem a presença do Estado. Lembre-se sempre, esses filósofos não estavam preocupados em comprovar se este estado de natureza teria ou não ocorrido algum dia. É apenas uma alegoria, isto é, uma representação de uma realidade imaginária. O estado de natureza, neste sentido, é uma hipótese a partir da qual os jusnaturalistas desenvolvem seus argumentos em favor da legitimidade do poder do Estado e da importância de uma sociedade organizada em torno de regras pré-definidas como condição de sobrevivência da própria humanidade.

2. HUGO GRÓCIO (SÉC. XVI-XVII)

Grócio era um holandês para quem o princípio de todas as coisas não era Deus, nem tampouco a natureza, mas a razão. O racionalismo de Grócio é extremo, afirma que nem Deus poderia modificar o Direito Natural.

Estas regras de **Direito Natural**, por seu turno, não podem ser elaboradas arbitrariamente, ou seja, não são decorrentes da vontade de uma pessoa ou grupo, mas sim por um método matemático, passível de ser compreendido por qualquer ser racional. **Para Grócio, se alcança os princípios do Direito Natural através do raciocínio dedutivo** (do geral para o particular).

Pela razão é possível alcançar certas regras invariáveis, por exemplo, a regra segundo a qual **"todo homem é livre"**. Segundo Grócio, esta norma é apreensível pela razão, trata-se de um princípio de direito natural do qual se pode deduzir regras mais específicas para a solução de problemas decorrentes da convivência em sociedade, por exemplo, se todo homem é livre, deve haver uma regra mais específica que proteja a livre iniciativa no âmbito do comércio.

Grócio é, além disso, um dos precursores do Direito Internacional. Segundo ele o ***Direito das Gentes*** (modo como ele se referiu ao Direito Internacional) é a parte do Direito Natural que regula as relações entre as nações.

Nesta esteira, tanto as relações entre os indivíduos (reguladas pelo direito interno) quanto a relação entre as nações (reguladas pelo Direito Internacional) têm como base a ideia de **contrato**. O contrato é de cumprimento obrigatório porque por ele as próprias partes manifestam a vontade de cumprir suas cláusulas. Em outras palavras, o contrato obriga as partes porque ele se forma a partir do momento em que as próprias partes querem se obrigar. Daí a regra deduzida do direito natural ***"Pacta sunt servanda"*** – os pactos devem ser cumpridos – que é a base tanto do Direito Internacional quanto do Direito Civil. (BITTAR; ALMEIDA, 2012, p. 284-285).

3. SAMUEL PUFENDORF (SÉC. XVII)

Pufendorf era alemão, discípulo de Grócio, e foi o primeiro professor de "Direito Natural e das Gentes" (este era o nome pelo qual era conhecida a disciplina que hoje denominamos Filosofia do Direito), na Universidade de Heidelberg.

Em seu pensamento, também de bases racionalistas, procurou não contrariar sua formação cristã. Segundo Pufendorf, o Estado soberano, é fruto das convenções humanas, mas é Deus o criador da sociedade e da própria soberania. "As leis da natureza fazem do homem um animal social, as de cada cidade fazem do homem um cidadão, e as divinas, determinam a condição do cristão perante Deus" (BITTAR; ALMEIDA, 2012, p. 287).

Pufendorf dizia que utilizando o **método indutivo** (do particular para o geral) era possível encontrar um **princípio imutável**, que toda pessoa razoável fosse capaz de reconhecer. Neste sentido, partindo do fato de que seria impossível coletar os direitos de todas as nações, observando-se uma ou umas poucas nações (particular) era possível chegar a um princípio imutável válido (geral) para todas as nações.

Para o alemão, este princípio imutável ordena que toda pessoa deve agir de forma a promover o bem-estar da humanidade (PUFENDORF ***apud*** BITTAR; ALMEIDA, 2012, p. 288). Esta seria uma regra de direito natural, que, de acordo com as ideias de Pufendorf, toda pessoa racional é capaz de compreender. Neste sentido, agir contrariamente ao princípio que ordena a preservação da sociedade humana é se comportar de modo prejudicial à nossa própria existência.

Para legitimar o Estado, ou seja, para justificar a sua necessidade e justeza, afirma que no **estado de natureza** cada homem conta apenas com as próprias forças, vive isolado, e em caso de conflito só conta com suas próprias forças para se defender. Já no estado social os homens contam com o apoio uns dos outros, de modo que em caso de conflito há um **terceiro** para intervir e solucioná-lo com paz. Veja que se trata claramente de um argumento filosófico para legitimar a atuação do Estado.

4. JOHN LOCKE (SÉC. XVII)

John Locke é um inglês cuja obra mais conhecida é o "Ensaio sobre o entendimento humano", de 1690, por esta obra ele revela a sua visão **empirista**. Em Filosofia, o pensamento empirista considera a mente humana como uma tabula rasa que vai sendo preenchida pela **experiência**. Assim, Locke afirma que a força do conhecimento está na experiência. Portanto, **os princípios de Direito Natural não são inatos ao ser humano**, todavia, podem ser conhecidos pela razão.

Locke é mais otimista ao imaginar o estado de natureza, afirma que neste estado o homem vive em paz, mas a falta de um terceiro para mediar os possíveis conflitos decorrentes da convivência romperia esta paz original.

Para regular a vida em sociedade surge o "contrato". Esta ideia de contrato, já presente em Pufendorf, e que será mais bem desenvolvida por Rousseau em sua obra "O contrato social", tem como cláusula obrigatória a indispensabilidade de um "terceiro" para intervir em caso de conflito de sorte a manter a paz originária do estado de natureza. Mais uma vez se percebe a elaboração de um argumento filosófico para legitimar a atuação do Estado com o intuito de se preservar a existência humana em sociedade (BITTAR; ALMEIDA, 2012, p. 289).

Importante notar que o Estado é criado, por um contrato celebrado entre os homens, para a preservação dos direitos naturais. Portanto, as **leis civis** (Direito Positivo, o **justo por convenção**) devem sempre respeitar as **leis naturais** (Direito Natural, o **justo por natureza**). Locke chega a defender o direito de o cidadão se rebelar contra o Estado se este desrespeitar as leis naturais (BITTAR; ALMEIDA, 2012, p. 291). A propósito, o direito de resistência dos cidadãos nos termos defendidos por Locke foi tema de questão da OAB/FGV de Novembro/2017.

> **FIQUE POR DENTRO:** No Exame de Ordem/2022.1 foi cobrada a concepção de Estado defendida por Locke. Para responder a questão era preciso saber que, segundo ele, a sociedade política e o governo civil são necessários para viabilizar a preservação de direitos naturais como a vida, a liberdade de a propriedade.

Locke também defendeu filosoficamente uma ideia muito importante para a consolidação dos ideais burgueses, o trabalho. Neste ponto, foi inovador ao justificar o direito à propriedade privada. Para o filósofo inglês, no estado de natureza o homem vive em paz sob o regime da propriedade coletiva, neste caso, a propriedade privada surge a partir do contrato que marca a passagem do estado de natureza para o estado civil, nesta passagem a propriedade privada é um direito decorrente do esforço do homem para dela se apropriar. Logo, o direito à propriedade decorre do trabalho (BITTAR; ALMEIDA, 2012, p. 290).

5. THOMAS HOBBES (SÉC. XVI-XVII)

"**O homem é o lobo do próprio homem**", a célebre frase é um símbolo do pensamento de Hobbes. Para o filósofo inglês o homem é mau e egoísta por natureza. Por isso, no **estado de natureza**, sem a presença de um terceiro para controlar e estabelecer regras de convivência, **gozando de ampla liberdade os homens lesam-se uns aos outros**. Hobbes é extremamente pessimista em relação à vida no estado de natureza, segundo ele um caos decorrente da guerra de todos contra todos.

Em sua principal obra, "**O Leviatã**", de 1651, Hobbes defende um **Estado forte**, com poderes absolutos (é partidário do **Absolutismo monárquico**). Neste sentido, também argumenta que o Estado civil é criado por um contrato através do qual os homens transferem ao Soberano amplos poderes a fim de que o Estado, sob a direção do Rei, exerça a missão de preservar a espécie humana (BITTAR; ALMEIDA, 2012, p. 291-292).

Nese contrato, que institui o Estado Civil, também se fundamenta um aspecto importante da **liberdade** dos súditos. Em "O Leviatã", Hobbes defende que os súditos são livres para celebrar contratos no âmbito da vida privada dentro dos limites estabelecidos pelo poder soberano. **Este tema foi cobrado na prova FGV – Exame de Ordem/2022.1.**

Hobbes vê com desdém a ideia de Aristóteles para quem o homem é um "animal político". Nesta expressão, o filósofo grego defende que o homem é naturalmente um ser político, portanto, social. Hobbes afirma que quando Aristóteles diz que o homem é naturalmente social comparou-nos às formigas ou abelhas (MASCARO, 2009, p. 40). Para Hobbes, o fato de sermos naturalmente livres e iguais uns aos outros, sem a mediação de um Estado forte para controlar, a única consequência possível seria o **estado de guerra eterna de todos contra todos**. Afinal, entre oponentes iguais e sem limites a guerra não teria fim. No estado de natureza, portanto, ao contrário do que afirmara Aristóteles, não há condições de vida social.

FIQUE POR DENTRO:

Um outro filósofo moderno importante para se entender a formação do Estado de Direito foi Montesquieu, notadamente por sua obra "Do Espírito das Leis." Nela, Montesquieu apresenta a concepção de que liberdade é um direito natural cujo exercício se dá nos limites da lei. Neste sentido, "Liberdade é o direito de fazer tudo o que as leis permitem". Este pensamento foi tema de questão do Exame da OAB/FGV de novembro de 2017.

Para compreender as ideias dos filósofos modernos para a formação da concepção de Direito desta época (da qual somos herdeiros) é muito importante ter em mente o contexto no qual foram desenvolvidas suas ideias. Os jusnaturalistas, no decorrer de aproximadamente duzentos anos (1600 a 1800) construíram os argumentos fundamentais para as revoluções liberais. Por meio destas revoluções (a Revolução Francesa e a Independência dos Estados Unidos são as mais importantes), a burguesia que havia acumulando poder econômico em função do desenvolvimento das rotas comerciais decorrentes das grandes navegações, conseguiu conquistar também o poder político, acabando com os privilégios que a nobreza detinha sobre a vigência do Antigo Regime.

Aqui reside o princípio da igualdade. Se os direitos naturais é que orientam a formação do Estado e legitimam o seu poder, e estes direitos naturais são frutos da razão humana, sendo todo homem racional, não pode o Estado atribuir a alguns mais direitos do que a outros, daí a ideia de igualdade perante a lei. Assim, rompeu-se o Antigo Regime (pré-Revolução Francesa) que distribuía privilégios em função do nascimento.

MUITA ATENÇÃO!

Esse tema foi cobrado no **Exame de Ordem FGV – Novembro/2016. Para resolver a questão era preciso saber que, segundo Hobbes, o princípio conforme o qual "os contratos devem ser cumpridos" é uma lei natural que expressa a própria ideia de justiça a qual torna possível a vida em sociedade por meio do contrato social.** Nestes termos, a obrigação de cumprir com os pactos que assume é um dever de justiça imposto a todos os homens tendo em vista que é injusto deixar de fazer o que se comprometeu a realizar.

CAPÍTULO VI
O CONTRATUALISMO EM JEAN-JACQUES ROUSSEAU

1. INTRODUÇÃO: POR QUE FALAR DE ROUSSEAU EM UM CAPÍTULO PRÓPRIO?

Jean-Jacques Rousseau (nascido em Genebra) viveu e produziu seu pensamento durante o chamado "século dos filósofos", o "século das luzes". Assim ficou conhecido o século XVIII, época na qual o mundo ocidental finalmente superou os resquícios da cultura medieval no que tange à estrutura social de privilégios. A dinamização da economia e a superação do teologismo medieval levaram a um **racionalismo** que deu ao homem condições de, do ponto de vista teórico, criticar o Estado que distribuía os direitos em função da classe a que as pessoas pertenciam. A sociedade francesa estava rigidamente dividida em três estamentos: **Clero, Nobreza e Plebe.** Sobre este último grupo, conhecido como 3º Estado, pesavam mais obrigações do que direitos, e para os dois primeiros, ficavam todos os privilégios. Este modelo ficou conhecido como **Antigo Regime.**

Do ponto de vista prático, o século XVIII reuniu condições políticas, econômicas e sociais para que as ideias de igualdade e liberdade fundamentadas pelos filósofos do jusnaturalismo inspirassem revoltas contra o Estado absolutista. Deste período, as duas revoluções mais importantes foram: a **Independência dos Estados Unidos** (04/07/1776) e a **Revolução Francesa** (14/07/1789), ambas inspiradas pelas mesmas ideias. Para o Direito, a consequência mais radical destas revoluções foi a concretização do Estado de Direito, em substituição ao Antigo Regime absolutista.

No contexto desta efervescência cultural (social, política e filosófica), Rousseau é a síntese filosófica do momento histórico que viveu, seu "temperamento e [...] engenho fizeram dele o representante típico de sua época" (DEL VECCHIO, 1959, p. 153). Recebeu dos jusnaturalistas que o antecederam as ideias fundamentais de que os direitos de liberdade e igualdade decorrem da própria humanidade do homem e que o Estado, criado por um contrato, deve se pôr a serviço do cumprimento dos direitos naturais. Neste sentido, Rousseau desenvolve a tese do **Contrato Social**, especificando as cláusulas que conformam este pacto por meio do qual o Estado é criado.

> **FIQUE POR DENTRO:**
>
> **Desigualdade natural versus desigualdade política**
>
> Quando trata do problema de desigualdade entre os homens, Rousseau distingue a desigualdade natural ou física da desigualdade política ou moral. Quanto à primeira, depende das características corporais e intelectuais de cada indivíduo. Já a segunda é determinada por convenções celebradas entre os homens, por exemplo, as leis e outros tipos de imposições estatais. Sobre o tema, Rousseau entende que "as desigualdades naturais são aceitáveis, mas as desigualdades morais não o são, pois consistem em privilégios de uns sobre os outros". Esse assunto foi cobrado no **FGV – Exame de Ordem/2018.3.**

2. O CONTRATO SOCIAL

Diferentemente de Hobbes, Rousseau entende que o **homem é naturalmente bom**, de modo que o **estado de natureza é um estado de paz**. O contrato social, deste modo, deve assegurar a continuidade do estado de natureza.

Por meio deste contrato os homens abdicam de parte de sua liberdade original (advinda do estado de natureza) em nome da utilidade de se construir uma sociedade e um Estado. Este contrato permite a agregação de todos, trata-se de uma união de forças, pois a força de todos juntos é maior do que a dos indivíduos separadamente. Eis a utilidade do pacto, manter a unidade social, resguardando a liberdade de cada indivíduo (BITTAR; ALMEIDA, 2012, p. 296).

Logo, os direitos de igualdade e liberdade não são criados pelo contrato social, aqueles direitos são originários do próprio homem, o contrato que funda a sociedade civil só é justo na medida em que sirva a proteger os direitos que o homem já tem por natureza e que, por isso, são inalienáveis, eternos e imutáveis. Nesta linha de raciocínio, a liberdade do homem requer que este não seja submisso a nenhum outro homem, a nenhuma vontade autoritária. O homem só deve ceder sua liberdade a um poder legitimamente constituído.

Eis a ideia de Justiça em Rousseau. Ele percebia a forma injusta que a sociedade tomou, em que os bens políticos e sociais eram mal distribuídos segundo um modelo de privilégios. O filósofo de Genebra percebeu que embora no estado de natureza o homem fosse bom (porque tudo que provém da natureza é bom) e vivesse com igualdade e liberdade, a repartição dos bens com base na propriedade privada e a criação das sociedades políticas (Estado) conduziu o homem a uma realidade injusta. A teoria do contrato social, nestes termos, é uma proposta de como deveria ser a sociedade, em contraste de como ela realmente era (DEL VECCHIO, 1959, p. 157).

Interessante notar que não é o contrato social que cria os direitos de liberdade e igualdade, estes precedem ao pacto, decorrem da própria natureza humana. São referências valorativas para o Estado, se este respeitar tais direitos será considerado justo, porque racional e naturalmente legítimo – substitui-se a legitimidade na força física pela legitimação moral. Por isso, Rousseau entende ser necessário que em determinado momento os indivíduos cedam seus direitos naturais ao Estado o qual, posteriormente, deve devolver aqueles direitos naturais em forma de direitos civis. Sendo o contrato uma síntese das liberdades individuais a liberdade original de cada um será devolvida por todos em forma de direitos civis, assim a igualdade fica preservada. (DEL VECCHIO, 1959, p. 158).

MUITA ATENÇÃO!

Rousseau (tal qual Locke e Hobbes) faz referência a um "contrato" criador do Estado. Este contrato é uma ficção, é uma afirmação hipotética cuja razoabilidade se comprovou através de argumentos filosóficos. Não há nenhuma intenção entre os contratualistas de demonstrar a ocorrência histórica deste contrato. Por mais que se procure, você jamais o encontrará registrado em algum cartório europeu.

3. VONTADE GERAL

A "**vontade geral**" é fundadora do pacto, seu destino é a realização da igualdade. Na doutrina de Rousseau vontade geral não é o resultado da soma das vontades individuais, não se trata, portanto, da escolha da maioria das vontades individuais e tampouco se refere a escolhas tomadas à unanimidade. Admite-se inclusive as discordâncias, tendo em vista que a sua base é o direito de participação de todos, com suas concordâncias e discordâncias.

Como abordamos na seção anterior, o contrato não é constitutivo dos direitos de liberdade e igualdade. Estes direitos são inatos ao homem, portanto, no contrato que funda a sociedade política não são as partes que, por vontade arbitrária decidem sobre suas cláusulas. O homem é naturalmente igual e livre, estes direitos não decorrem de uma escolha. Assim, a vontade geral não é fruto da soma das escolhas individuais

A vontade geral, nestes termos, **não é a vontade de todos, mas a vontade comum**, o interesse público formado por consenso de maioria. Esta vontade é sempre reta, nunca se engana, é sempre orientada para o bem-comum, destina-se à realização da igualdade, em que realizada a igualdade garante-se a consecução do interesse comum. (BITTAR; ALMEIDA, 2012, p. 296).

FIQUE POR DENTRO:

Fundamento do direito de punir do estado.

No contrato social que funda a sociedade política e o Estado, cada membro se funde na formação do todo. Cada pactuante funciona como um membro de um corpo, portanto, a ofensa a um único membro implica ofensa a todo o corpo, a justificar a intervenção do Todo nos casos de lesão a uma parte. Convocando o pensamento de Rousseau para compreender o nosso tempo, pode-se afirmar que os direitos à vida e à integridade física, por exemplo, são bens que pertencem a toda a sociedade, sobre cuja proteção paira o interesse público. A ofensa à vida ou à integridade física de uma única pessoa ofende toda a sociedade, portanto, ainda que aquele que sofreu lesões corporais de natureza grave perdoe seu agressor e deseje a sua não punição, o Estado, em nome de toda a sociedade, tem o direito de punir o ofensor (BITTAR; ALMEIDA, 2012, p. 299).

QUESTÃO: Está correto afirmar que o Contrato Social referido por Rousseau era apenas uma hipótese filosófica e não uma experiência histórica?

RESPOSTA: *Sim. Rousseau entedia que o "Contrato" por meio do qual se funda a sociedade civil e a sociedade política (Estado) é uma ficção. Trata-se de uma ideia a partir da qual ele desenvolveu argumentos para exigir do Estado o cumprimento do Direito Natural, principalmente no que tange ao respeito à liberdade e à igualdade.*

CAPÍTULO VII

IMMANUEL KANT

1. TEORIA DO CONHECIMENTO

Kant (1724-1804, Königsberg – Prússia), logrou conciliar o **empirismo** – típico da tradição inglesa com John Locke e David Hume, que enfatizavam a experiência na formação do conhecimento, valorizando o método indutivo (do particular para o geral) – com o **racionalismo** (Descartes, Wolf), que valoriza o método dedutivo (formular regras racionais gerais para explicar a situações particulares da vida). Por isso, pode-se dizer que Kant empreendeu um esforço para explicar a razão prática e a razão teórica, o **criticismo**.

O que é o conhecimento? Para Kant, uma interação entre as condições materiais (adquiridas pela experiência e formais que se trata da compreensão teórica daquilo que os sentidos percebem). Daí, afirma-se que o conhecimento se inicie com a experiência, com aquilo que captamos do mundo exterior através dos órgãos do sentido (visão, audição, tato etc.), não se pode dizer que o conhecimento se reduza à própria experiência (BITTAR; ALMEIDA, 2012, p. 325).

A Filosofia do Direito, desde os gregos, sempre procurou produzir conhecimentos que permitissem ao homem compreender aquilo que é (o Ser), aquilo cuja existência independe da intervenção do homem. Max Scheler (1874-1928), por exemplo, elaborou um interessante estudo intitulado "A posição do homem no cosmos". Debates como estes procuram responder a problemas como, o que é independentemente da inteligência humana? Do que se compõe a essência do Ser? Qual a contribuição da razão humana na constituição desta essência? E ainda, em que medida a essência da natureza interfere na constituição da essência humana? Todas estas perguntas dizem respeito ao problema ontológico (do qual tratamos no capítulo I deste estudo de Filosofia do Direito).

Estas perguntas podem ser entendidas como tentativas de compreensão entre a relação sujeito (o homem e sua racionalidade) e objeto (a realidade, perceptível pela experiência). Desde os gregos, as mais diversas correntes filosóficas ora propenderam ao sujeito, ora ao objeto. Ou seja, durante determinados momentos defendeu-se que é o objeto (meio) que determina o sujeito (homem), e em outros momentos defendeu-se que é o sujeito que determina o objeto.

Em sua teoria do conhecimento, Kant defende que o conhecer não é nem racionalidade, nem experiência, mas sim fruto da interação destes dois elementos. O conhecimento se inicia com a observação do objeto de estudo, mas este, quando chega à mente humana, é organizado, compreendido segundo uma orientação teórica. Desta forma, o que diferencia o conhecimento é algo que supera a mera reação aos estímulos do ambiente em que vivemos (informações), diz respeito a um modo muito específico como nossa razão recebe e organiza (teoricamente) estas informações.

Destarte, é decisivo na construção do conhecimento o modo como o sujeito cognoscente compreende o objeto. Assim, os objetos observados recebem interferência da racionalidade humana, as coisas são como são por que nós as percebemos assim. Com isso, Kant tenta superar a dicotomia que isola em categorias opostas sujeito e objeto, e concentra o ato de conhecer no sujeito cognoscente.

2. ÉTICA EM KANT

A Ética e direito

Na tradição kelseniana a Moral é o conjunto de regras e princípios, vigentes em determinado período da história, em determinado agrupamento humano, que indicam como se deve comportar. A moral, nestes termos, funciona como um código binário apontando o certo e o errado, os comportamentos que merecem ser premiados e os comportamentos que merecem ser reprimidos. A Ética é o estudo dos critérios, os valores, que orientam as regras de comportamento de determinada sociedade por meio das quais esta sociedade considera o que é comportamento bom e o que é comportamento mau. Em poucas palavras, a Moral são as regras, a Ética, o estudo destas regras, duas faces de uma mesma moeda.

Esta noção de Ética, quando trazida para o campo de estudo da Filosofia do Direito, remete-nos a pensar sobre quais valores que norteiam as regras jurídicas (positivadas) de modo a orientar o que, segundo os critérios de Direito Positivo, é passível de sanção e o que deve ser garantido pelo Estado, leia-se, que comportamentos devem ser reprimidos pelo Direito e que comportamentos o Direito deve garantir que as pessoas façam.

A reflexão sobre Ética e Direito remete ao debate antiguíssimo sobre o justo por natureza e o justo por convenção. Ética e Direito são categorias distintas? O grande jusfilósofo lusitano Castanheira Neves leciona que o Direito não se confunde com a Ética, mas ele tem um conteúdo ético. Conforme estudaremos em capítulo vindouro, Kelsen, no seio de sua Teoria Pura, considerou Direito e Moral como categorias distintas e estanques do ponto de vista da Ciência do Direito.

B Ética e liberdade

Até Kant, a ética estava mais próxima da subjetividade do indivíduo, relativa a um conjunto de valores com base nos quais o indivíduo faz suas escolhas de como se comportar, mas sempre nos limites da Lei. Nesta esteira, a Ética estaria relacionada ao equilíbrio entre o respeito à lei e a liberdade individual.

Kant, por seu turno, entende que o **agir moral não está condicionado a nenhuma experiência sensível**. Agir conforme a moral, portanto, não é agir corretamente para se sentir feliz, ou para receber prêmio ou mesmo para evitar sanção. Agir conforme a moral, segundo Kant, é agir conforme uma lei aprioristicamente válida, ou seja, conforme uma lei ***a priori***, considerada mesmo antes de ser testada na prática. Esta lei ***a priori*** é o **imperativo categórico**.

Na lição kantiano: "O imperativo categórico é, pois, único, e é como se segue: **age só, segundo uma máxima tal, que possas querer ao mesmo tempo que se torne lei universal**" (KANT ***apud*** BITTAR; ALMEIDA, 2012, p. 328). Por esta concepção de moral, Kant supera os hedonismos e utilitarismos anteriores. **Agir eticamente é agir conforme o dever porque é dever**, sem nenhuma motivação externa. Por isso, o único agir realmente livre é o agir ético. O homem é livre porque é capaz de autonomamente constituir a sua vontade conforme o imperativo categórico.

Portanto **o homem é um fim em si mesmo**, de tal sorte que utilizar o homem como meio para se atingir quaisquer fins ofende o preceito moral enunciado pelo imperativo categórico.

DICA IMPORTANTE

A primeira vez que se perguntou esse assunto foi no XV Exame Unificado da OAB/FGV (2014.3). No enunciado da questão, após se afirmar que Kant compreendia o direito como expressão de uma razão universal, apoiado no imperativo categórico, indagava sobre qual assertiva continha essa lei universal. A resposta correta era a alternativa com a seguinte afirmação: "Age exteriormente, de modo que o livre uso de teu arbítrio possa se conciliar com a liberdade de todos, segundo uma lei universal. Recentemente, no XIX Exame Unificado da OAB/FGV (2016 1) a concepção de dignidade do homem como um fim em si mesmo foi cobrada na questão de Filosofia do Direito. Para responder à questão, que fazia referência à obra "Fundamentação da Metafísica dos Costumes", era preciso saber que sendo o homem um fim em si mesmo ele não tem equivalente, neste sentido, "está acima de todo preço", não podendo ser quantificado.

C Direito em Kant

O único agir verdadeiramente livre é o agir moral, que está de acordo com um Direito Natural racional, revelado pelo imperativo categórico. **O Direito, por sua vez, decorre de uma vontade externa ao indivíduo**, a vontade do legislador, em que o Estado é o instrumento regulador das liberdades externas. Por isso, agir conforme o Direito não é agir livre, é agir para se evitar sanções. Assim, o Direito estabelece as condições de coexistência das liberdades exteriores (liberdades conforme o Direito). O Direito, neste sentido, funciona como um limitador das liberdades exteriores de forma a permitir que a liberdade de um não implique na não liberdade do outro, e assim seja mantida a paz no conviver, a meta do Direito (BITTAR; ALMEIDA, 2012, p.337).

DICA IMPORTANTE

No XXXI Exame Unificado da OAB/FGV (2020.1), a doutrina do direito de Kant é referida na formulação de uma das questões de Filosofia do Direito. Kant defende a superação do estado de natureza pelo estado civil através de um Estado representativo, pressuposto na realização da liberdade e da igualdade. Para acertar a questão era preciso saber que o direito positivo possibilita a convivência dos arbítrios, funcionando com limitador externo de tal modo que o exercício da liberdade de um não implique a não liberdade do outro (SCHERER: 2010, p. 173-187). Também é importante saber que Kant recorre à ideia do contrato original para legitimação da força legisladora do Estado, da qual todos participariam enquanto membros de uma comunidade com o consentimento dos quais o direito positivo é criado.

CAPÍTULO VIII

HEGEL: DIREITO COMO TEORIA E REALIDADE

1. HEGEL (1770-1831)

"**O que é racional é real e o que é real é racional**". George Wilhelm Friedrich Hegel é conhecido como o filósofo do absoluto, afirma que onde está a razão aí está o seu objeto, de tal forma que o que não pode ser conhecido não pertence ao mundo da lógica, até o absoluto pode ser conhecido. Ao contrário daquilo que defendeu Kant para o qual o absoluto não pode ser conhecido (BITTAR; ALMEIDA, 2012, p.345).

Com base neste pensamento Hegel abre caminho para a superação do dualismo ser/dever ser que Kant não logrou superar. É típico no pensamento jusnaturalista moderno uma constante oposição entre o Direito Ideal (dever ser) e o Direito real (ser), aquele primeiro fruto de uma razão pura, eterna e imutável da qual o Direito Natural é corolário, e o segundo, o Direito positivado.

Apesar de racionalista, Hegel se diferencia pelo papel constitutivo da história como âmbito de **realização do espírito** (HEGEL, 2010, p. 306). Assim, **ser e dever ser, real e ideal, são considerados conjuntamente na concretude da história**.

Hegel utiliza o raciocínio dialético (tese-antítese-síntese) e o toma como caminho para a superação dos opostos no âmbito da síntese integrante da realização histórica. Neste sentido, ao se afirmar algo o seu contrário já está pressuposto, desta contraposição forma-se uma síntese. Eis o movimento presente nos fatos históricos tais como o revezamento de poder, de escolas filosóficas, de formas de governo e Estado. Assim, o Estado histórico é fruto da conjunção entre a ideia que se tem sobre o Estado e o Estado que se tem na realidade, neste caso, faz-se uma distinção sem separar os elementos (BITTAR; ALMEIDA, 2012, p. 349).

Neste sentido, a preocupação de Hegel é o equilíbrio entre a objetividade do Estado e a subjetividade do indivíduo, em uma histórica interação entre ordem e liberdade. Para compreender o problema da Justiça, o problema jusfilosófico, o filósofo do absoluto posiciona-se entre o jusnaturalismo racionalista (Direito positivo como fruto da razão) e o historicismo (Direito como pura contingência fática). Nesta dialética, o Direito é a efetivação das ideias de justiça no plano da realidade histórica, em que o Estado deve funcionar como instrumento de realização da Justiça pela mediação do Direito (BITTAR; ALMEIDA, 2012, p.349).

FIQUE POR DENTRO: Hegel: superação da metafísica da razão.

Principalmente autores mais críticos, acusam o jusnaturalismo moderno de ter substituído a metafísica medieval (de bases teológicas) pela metafísica da razão. Em nome dos valores burgueses (liberalismo e individualismo), pregou a razão como fonte do Direito Natural afirmando ser esta ***razão*** eterna e imutável. Desta forma, desvinculou o papel construtivo da história e da realidade onde a própria razão é concebida e se desenvolve. Hegel abre caminho para a superação deste racionalismo abstrato. Sobre o tema, bastante esclarecedora as reflexões de Alysson Mascaro (2009, p. 51-78).

Outra observação importante é que a partir de Kant e Hegel consideram-se consolidadas as linhas mestras do pensamento jusfilosófico moderno. Depois destes dois pensadores se inicia a fase contemporânea do pensamento jurídico-filosófico. As correntes de referência kantiana tendem a se manter mais fiéis às bases da filosofia moderna, enquanto os pensadores de referência hegeliana, de uma forma geral, se esforçam mais claramente no sentido de superar as matrizes teóricas modernas.

CAPÍTULO IX

FILOSOFIA DO DIREITO CONTEMPORÂNEA

1. INTRODUÇÃO

A Filosofia do Direito contemporânea é vastíssima, depois de milênios de reflexão acumulados pela sociedade ocidental infinitas são as matrizes a partir das quais os pensadores de nosso tempo podem iniciar seus pensamentos a fim de compreender os problemas que se nos apresentam. O jusfilósofo da Universidade de Coimbra, Aroso Linhares, afirma que o pensamento jurídico contemporâneo é uma galáxia, composta por constelações de discursos.

Nesta obra, na qual guardamos profundo compromisso com a didática, para selecionar os autores abordados, tomamos como Norte a principal herança deixada pela modernidade ao Direito: a legalização do direito a partir da consolidação do Estado de Direito. Ou seja, depois das revoluções burguesas – com destaque às Revoluções Francesa, Liberalista Inglesa e à Independência dos Estados Unidos –, firma-se a ideia de que o Estado administra e regula a sociedade nos limites do Direito concretizado na lei.

As jusfilosofias contemporâneas em geral são unânimes em admitir o protagonismo do Estado na realização da justiça por intermédio do Direito. A lei, principalmente a partir do século XIX, ganha destaque como principal fonte do Direito.

Deste modo, selecionamos os autores para este estudo em função de sua relevância para a Ciência do Direito, e também levando em consideração o seu caráter simbólico no que tange ao grau de aproximação que estabelecem entre Justiça e Direito Positivo. Estudaremos os dois extremos, Hans Kelsen, para quem Direito Positivo é a única Justiça que interessa ao jurista e Karl Marx, para quem Justiça é um valor que nada tem a ver com o que o Direito moderno (pós-revoluções burguesas) considerou digno de positivação. Além disso, porque não se pode reduzir o pensamento contemporâneo ao Normativismo kelseniano ou à teoria crítica de raízes marxistas, estudaremos um autor que representa uma terceira via, e que, sem abrir mão das conquistas da modernidade, procura superar o dogmatismo da razão iluminista.

2. KARL MARX (1818-1883)

"Os comunistas não se rebaixam a dissimular suas opiniões e seus fins! Proclamam abertamente que seus objetivos só podem ser alcançados pela derrubada violenta de toda a ordem social existente. Que as classes dominantes tremam à ideia de uma revolução comunista! Os proletários nada têm a perder nela a não ser suas cadeias. Têm um mundo a ganhar. Proletários de todos os países, uni-vos!" (Marx; Engels. 1999, p. 65).

É bastante ilustrativo este trecho que recortamos do Manifesto Comunista. A intenção de Marx não era a de explicar o mundo, sua intenção era transformá-lo. O seu ponto de vista era a Economia. Percebia a sociedade pós-revolução industrial dividida em duas classes, em função do sistema de produção industrial: de um lado uma imensa massa de trabalhadores (classe proletária) e de outro, uma pequena burguesia, proprietária das fábricas, vivendo à custa da exploração da classe trabalhadora.

Esta perspectiva de observação da sociedade influenciou decisivamente a forma como Marx compreendia o Direito. Segundo ele, o Direito não é meio de realização da Justiça sob a Direção do Estado, como defendeu Hegel. **Para Marx o Direito e o Estado (superestruturas) são instrumentos de dominação da burguesia sobre o proletariado.**

Aí se revela a visão de homem que Marx leva em conta, não o ser racional dos modernos, tampouco o animal político aristotélico, mas o homem como força produtiva, como engrenagem do modo de produção capitalista.

Se para Hegel o Estado é o protagonista na realização da Justiça pela mediação do Direito, Marx, por seu turno, inverte esta dialética, e transfere o papel principal para a realização da Justiça à sociedade civil. Partindo da ideia de que Justiça é Justiça Social (distribuição equitativa das riquezas), e sendo o Estado e o Direito instrumentos de dominação de uma pequena minoria burguesa à custa da míngua da maioria proletária, a classe operária deve se mobilizar, inclusive pelo uso da violência, para, por meio de uma revolução, assumir o controle do Estado para fazer justiça social, assumindo o controle dos meios de produção e distribuindo as riquezas (dando **a cada qual segundo suas necessidades**).

A Revolução, segundo Marx, ocorreria em duas etapas. Na implantação do **Socialismo**, o Estado é tomado pela classe até então explorada, de modo a se estabelecer uma "**ditadura do proletariado**". O objetivo é transformar toda a estrutura econômica que sustenta a divisão de classes. Nesta fase **extingue-se a propriedade privada** e estabelece a **propriedade coletiva**. Tudo pertence ao Estado (indústria, serviços, terras, produção agrícola etc.). Todas as riquezas são divididas igualitariamente. Assim, extingue-se a divisão de classes (burguesia e proletariado).

Na segunda fase, após estabelecida a justiça social, em uma sociedade sem exploradores e explorados não suscitará conflitos relevantes o que permitirá a **extinção do Direito e do Estado**, eis o **Comunismo**. Uma sociedade sem divisões de classe seria de tamanha harmonia que os poucos conflitos de convivência seriam resolvidos pela própria sociedade, sem necessidade de intervenção de leis ou do Estado.

Portanto, extremamente crítica, a Filosofia do Direito marxista prega a extinção do Direito positivo, a extinção do próprio Estado.

3. HANS KELSEN (1881-1973)

A Notas introdutórias

Kelsen, que nasceu em Praga mas mudou-se para Viena com a família ainda criança, é certamente o filósofo do direito mais marcante do século XX. A obra "Teoria Pura do Direito", de 1934, é um divisor de águas no pensamento jurídico. Após Kelsen, todos os grandes pensadores do Direito de alguma forma sempre se referem a ele, ainda que para criticá-lo.

O "primeiro Kelsen", como ficou conhecida a primeira fase de seu pensamento estampada na **Teoria Pura**, empenha-se para dar ao conhecimento jurídico definitivamente o ***status*** de **ciência**. De alguma forma influenciada pela postura científica que Max Weber deu às ciências sociais, ocupou-se de traçar os contornos metodológicos do conhecimento jurídico. Neste sentido, o grande contributo de Kelsen foi o de explicar o "como" se elabora o conhecimento jurídico para se afirmar o que é conhecimento jurídico válido, diga-se, cientificamente válido. Com isso construiu os postulados da ciência jurídica contemporânea. O que faz do conhecimento jurídico uma ciência autônoma em relação às demais áreas do conhecimento humano? Kelsen respondeu a esta pergunta com precisão.

> **DICA IMPORTANTE**
>
> É comum associar o pensamento positivista apenas a pensadores da tradição da *Civil Law*. Contudo, tal corrente de pensamento também se desenvolveu no contexto da "Common law". Cite-se o filósofo britânico Herbert Hart (1907-1992), Hart é um dos mais importantes teóricos do juspositivismo na cultura anglo-saxônica. O qual defendeu no pós-escrito de uma de suas mais importantes obras intitulada "O conceito de direito" (HART, 1994, p. 322-335), em resposta a críticas de Ronald Dworkin, que, apesar de sua postura positivista, reconhece a importância do que Dworkin chama de princípios no raciocínio jurídico e na solução de casos concretos. Este tema foi cobrado no **Exame de Ordem – FGV– Abril/2017**.
>
> Mais recentemente, no Exame OAB-FGV 2019.1, Hart voltou a ser cobrado. Com base na obra "Conceito de Direito" (HART:1994, p. 111), para resolver a questão era preciso saber que a validade das normas jurídicas decorre do reconhecimento da sociedade na qual tais normas são elaboradas e à qual elas se dirigem, cujos critérios de validade são definidos pelo que Hart denominou "regra de reconhecimento".

B A ciência do direito

Para elaboração dos contornos da "**Ciência do Direito**" era preciso afastar deste conhecimento as influências que lhe são estranhas, neste sentido Kelsen expressa no capítulo 1 da Teoria Pura: "Como teoria, quer única e exclusivamente conhecer o seu próprio objeto" (KELSEN, 1990, p. 1), sem intervenções de outras áreas do saber. Ou seja, era preciso construir uma linha de raciocínio próprio a fim de deixar suficientemente claro o que os juristas pensam sobre o Direito, isolando este objeto de estudo das opiniões antropológicas, sociológicas, históricas e até filosóficas. Com esta tarefa Kelsen pretendeu dar ao conhecimento jurídico pureza metodológica, eis o cerne da Teoria Pura.

O jurista, agora chamado de cientista do Direito, deve assumir o **Direito Positivo** como seu objeto de estudo, abrindo mão de divagações, especulações ou juízos de valor para dedicar-se tão somente ao racionalmente comprovado. O Direito é um dado a ser estudado, e este dado só se encontra de forma objetivamente constatável no Direito Positivo. Assim, não cabe ao jurista avaliar se as normas jurídicas são boas ou más (juízo de valor), ao cientista do Direito cumpre identificar e estudar a norma que é, o ***ser*** do Direito.

Toda ciência sempre se ocupa do que é **objetivamente constatável**, independentemente do contexto histórico, geográfico, político ou social. As verdades científicas são **universalmente válidas**. A constatação de Pitágoras, por exemplo, de que no triângulo retângulo (que tem um dos ângulos internos medindo noventa graus) o quadrado da hipotenusa (lado maior, oposto ao ângulo reto) é igual à soma dos quadrados dos catetos (os outros dois lados) é verdadeira para um triângulo desenhado em uma folha de caderno ou para um triângulo formado entre três estrelas posicionadas a centenas de milhares de quilômetros umas das outras. Isso porque o famoso teorema revela a estrutura comum a qualquer triângulo retângulo.

Kelsen defendeu que cumpre ao cientista do Direito estudar a **estrutura do Direito** presente em qualquer ordenamento jurídico, i**ndependentemente da época, lugar ou opinião do observador.**

De que estruturas Kelsen estava falando e que estão presentes em qualquer ordenamento jurídico? **Validade** (se norma existe ou não existe), **vigência** (se a norma está apta a produzir efeitos) e **eficácia** (se a norma é obedecida por seus destinatários).

Segundo o pensamento kelseniano norma válida é a norma que ingressou no ordenamento jurídico seguindo as normas do devido processo legislativo (KELSEN, 1990, p. 139). É o que se chama de **validade formal**. **O que dá fundamento à norma positiva** é outra norma positiva (KELSEN, 1990, p. 163), e não valores morais sobre o justo ou injusto. Sendo que o ápice do sistema jurídico positivo é a Constituição.

Pergunta-se, o que dá validade à Constituição se Kelsen afasta da Ciência do Direito os valores éticos? Kelsen lecionou que o que sustenta todo ordenamento jurídico é a "Norma Fundamental". Esta norma é um pressuposto lógico, não se trata, portanto, de uma norma historicamente existente. O pressuposto está na constatação de que todas as pessoas reconhecem a obrigatoriedade de se obedecer a Constituição (sendo que a Constituição é o ponto de partida de estudo do cientista do direito) (BITTAR; ALMEIDA, 2012, p. 411).

EM RESUMO: ESTRUTURA DO DIREITO POSITIVO SEGUNDO KELSEN	
Validade	Existência da norma no ordenamento jurídico positivo.
Vigência	Aptidão da norma para produzir efeitos.
Eficácia	Obediência dos destinatários da norma.

DICA IMPORTANTE

Saiba como esse assunto foi cobrado no XVII Exame unificado da OAB/FGV (2015 2).

O enunciado da questão destaca os dois momentos da interpretação jurídica segundo a posição defendida por Kelsen na *Teoria Pura do Direito*. Para respondê-la corretamente era preciso saber que, segundo Kelsen, a norma de direito positivo funciona como uma "moldura". Esta moldura estabelece os limites da interpretação impostos ao órgão julgador. Por outro lado, encontrando o juiz mais de uma possibilidade interpretativa dentro da moldura da lei, a escolha por qual interpretação adotar é um ato de vontade. Aqui reside, inclusive, uma crítica ao pensamento de Kelsen, o qual acaba por permitir uma intervenção subjetivista do juiz no ato de julgar.

MUITA ATENÇÃO!

Em obra posterior à Teoria Pura do Direito, Kelsen (1998, p. 3) enfrenta o problema da Justiça. Nesta, afirma que a validade de normas de justiça pertence ao campo da moral. Contudo, o que se pode avaliar como justo ou injusto não são as normas em si, mas os comportamentos. Ou seja, é justo um comportamento que está de acordo com uma norma de justiça. Assim, é possível valorar o comportamento do legislador ao criar uma norma de direito positivo. Mas não é possível valorar com base na justiça a norma de direito positivo em si. Isso porque o campo de validade da norma de direito positivo é distinto do campo de validade das normas de justiça.

Esse tema foi cobrado no Exame OAB-FGV 2019.1.

4. RONALD DWORKIN (1931-2013)

A Direito e moral

Dworkin foi professor nas Universidades de Nova York e Oxford. Grande crítico do normativismo-positivista soube reconhecer a importância do Direito como norma, sem cair no exagero de se reduzir **juridicidade** à **legalidade**.

Segundo Dworkin **o juízo jurídico não se faz sem o juízo moral**. Portanto, discordou frontalmente da postura kelseniana que separa direito e moral. É importante que se diga, não quer dizer que Dworkin afirmasse que Direito e Moral são a mesma coisa, trata-se, contudo, de distinguir estas duas categorias normativas, mas sem separá-las. Portanto, discorda tanto de Kant – que separa Direito e Moral – quanto de Kelsen – que separa Direito de Justiça (BITTAR; ALMEIDA, 2012, p. 487).

O pensamento de Dworkin representa grande parte da Filosofia do Direito contemporâneo. Sem negar a importância do direito positivado como garantia de segurança jurídica, destaca a que as normas legais devem ser interpretadas sob a ótica dos valores de justiça. Estes valores se manifestam normativamente através dos princípios.

DICA IMPORTANTE

Saiba como esse assunto foi cobrado nos últimos Exames de Ordem

No **XIII Exame Unificado da OAB/FGV (2014.1)** o enunciado da questão narrava um caso descrito por Dworkin em seu livro "Levando os direitos a sério" em que um neto assassinara o avô. Apesar de não haver previsão legal para se excluir o neto da sucessão do avô, o Tribunal de Nova York denegou tal direito ao neto com base no princípio de que ninguém pode se beneficiar da própria ilicitude. A partir desta narração, formulou-se a seguinte pergunta: "Com esse exemplo podemos concluir que a jusfilosofia de Ronald Dworkin, dentre outras coisas, pretende...". Cuja resposta correta era: "argumentar que regras e princípios são normas com características distintas e em certos casos os princípios poderão justificar de forma mais razoável a decisão judicial, pois a tornam também moralmente aceitável."

O mesmo caso (Riggs contra Palmer"), abordado por Dworkin na obra "Levando os Direitos a Sério", foi cobrado no Exame de Ordem 2018.1. Para resolver a questão era preciso saber que, segundo esse pensador, "regras e princípios são normas com características distintas, mas igualmente vinculantes e, em certos casos, os princípios poderão justificar, de forma mais razoável, a decisão judicial." Conforme mencionado acima, no caso citado, um jovem assassinou o avô e, por causa disso, perdeu o direito de herança. Apesar da falta da previsão de uma regra específica que excluísse da herança o homicida do *de cujos*, a Corte aplicou o princípio segundo o qual ninguém pode se beneficiar da própria iniquidade.

O pensamento do Dworkin também foi exigido no Exame OAB/FGV de julho de 2017. Dessa vez, para responder à questão, era preciso saber que no livro "A virtude soberana" Dworkin defende que igualdade diz respeito "às circunstâncias segundo as quais as pessoas não são iguais em bem-estar, mas nos recursos de que dispõem."

B Direito como prática interpretativa

Deste modo, Dworkin compreende o Direito como uma "**prática interpretativa**". Na medida em que novos casos vão surgindo, exigindo que o judiciário entregue solução com base no direito positivo vigente, o direito vai se densificando, enriquecendo seu sentido. Ou seja, a experiência histórica vai contribuindo para se melhorar a prática interpretativa. Dworkin diz que o juiz ao resolver o caso concreto deve observar a prática interpretativa que lhe é anterior e **fazer da sua decisão a melhor possível**. Ele compara o juiz com um escritor que assume compor um capítulo em um romance que é escrito por vários autores (**juiz como romancista em cadeia**). Cada autor deve reler o que foi escrito pelos anteriores, continuar a história e deixá-la para o escritor seguinte prosseguir.

Para explicar o que é uma boa decisão, Dworkin se utiliza de uma alegoria, o "**juiz Hércules**". Deveria o jurista, antes de construir a solução para um caso, reler toda a experiência jurídica anterior, de modo a fazer de sua decisão o melhor exemplar dentro de todo o conjunto de decisões. Para isso seria necessária uma força sobre-humana, como a do deus Hércules. Sendo que, nos casos difíceis (***hard cases***), que são aqueles para os quais não há uma solução diretamente encontrada em um julgado anterior ou em alguma lei, o julgador deverá resolver à luz dos princípios. Estes por sua vez são revelados por uma **comunidade interpretativa**, não se trata de mera opinião, que levaria a um subjetivismo ("cada cabeça uma sentença"), pois estes princípios são revelados por um consenso comunitário. Aquilo que a comunidade predominantemente considera como justo.

Portanto, ao selecionar o princípio ou conjunto de princípios que fará de sua decisão a melhor possível o juiz, em certa medida, interfere com suas convicções pessoais, mas em uma subjetividade controlada pela posição da comunidade interpretativa.

MUITA ATENÇÃO!

É interessante como Hannah Arendt, uma grande pensadora do século XX, relaciona a questão dos direitos humanos à vinculação do ser humano a uma comunidade jurídica. Na seara dos direitos humanos, Arendt afirma que mais fundamental que a liberdade e a própria justiça é o direito a ter direitos (ARENDT, 2012). Esse assunto foi cobrado no FGV – Exame de Ordem/2018.3. Para responder à questão era importante saber que, segundo a filósofa citada, sem o direito a pertencer a uma comunidade (direito negado pelo regime nazista alemão aos judeus) sequer é possível reivindicar justiça e liberdade.

5. MIGUEL REALE (1910-2006)

Miguel Reale é certamente o maior jusfilósofo brasileiro, e está entre os grandes do mundo. Criador da Teoria Tridimensional do Direito, segundo a qual "a experiência jurídica é constituída por um processo dinâmico e concreto de modelos normativos, os quais representam a integração de fatos sociais segundo múltiplos valores". Portanto, o ordenamento jurídico não surge a partir de um sistema ideal que é imaginado pronto e acabado conforme valores também ideais para depois se tornar fato social. Na verdade, o direito é "uma realidade concreta de três dimensões". Reale denomina de "unidade plural". O homem, ao viver em sociedade, vai valorando os fatos sociais, classificando, segundo valores, experiências consideradas boas e ruins. Conforme esta valoração dos fatos as normas vão sendo elaboradas para estimular experiências boas e desestimular experiências ruins (REALE; 2004).

Neste sentido, para Reale, o Direito é fruto da interação dialética e contínua entre fatos, valores e normas.

DICA IMPORTANTE

Este assunto foi cobrado no XVII e no XIX Exame Unificado OAB/FGV (2015.2 e 2016.1, respectivamente). Para responder às questões era preciso saber que, segundo Reale, a integração dos fatos sociais com base em valores é um processo contínuo a partir do qual os modelos jurídicos (normas) vão se constituindo. Portanto, não se trata nem de síntese conclusiva, porque o direito é histórico e como tal não cessa de se constituir e se transformar. E, tampouco, se trata de tensão de opostos que se anulam, mas que interagem de forma complementar, a formar uma "unidade plural". Além do mais, depois de a norma ser positivada pelo legislador ela continua a sofrer influências interpretativas decorrentes da mudança dos valores socialmente compartilhados bem como pelo modo como tais valores integram os fatos que eles orientam. (REALE; 2004).

Na prova FGV – 2021.1 o pensamento de Miguel Reale voltou a ser cobrado. Para acertar a questão era preciso saber que Reale relaciona a concepção de Direito como experiência com o conceito de validade social ou eficácia da regra jurídica. Em sua dimensão experimental, validade social implica efetivo cumprimento da regra jurídica.

BIBLIOGRAFIA RECOMENDADA

LEITURA BÁSICA

- BELINI, Luiz Antônio. **A justiça na República de Platão (427-347 a.C.).** Sarandi: Humanitas Vivens LTDA, 2009.
- BITTAR, Eduardo C. B.; ALMEIDA, Guilherme Assis de. **Curso de Filosofia do Direito.** ed. 10. São Paulo: Atlas, 2012.
- CABRAL DE MONCADA, Luis. **Filosofia do Direito e do Estado.** 2. ed. Coimbra: Arménio Amado, 1955.
- CASTRO, Flávia Lages de. **História do Direito. Geral e Brasil.** ed. 7. Rio de Janeiro: Lumen Juris, 2009.
- MASCARO, Alysson Leandro. **Lições de Sociologia do Direito.** 2. ed. São Paulo: Quartier Latin, 2009.
- ______. **Filosofia do Direito.** São Paulo: Atlas, 2010.
- REALE, Miguel. **Filosofia do Direito.** ed. 8. São Paulo: Saraiva, 1978.
- ______.Variações sobre o poder. Disponível em: < http://www.miguelreale.com.br/artigos/varpod.htm>, acesso 23 mar. 2016.

OBRAS PARA APROFUNDAMENTO

- ADEODATO, João Maurício. **Filosofia do Direito.** ed. 4. São Paulo: Saraiva, 2009.
- ARENDT, Hannah. **As origens do Totalitarismo**. São Paulo: Cia das Letras, 2012.
- CASTANHEIRA NEVES, António. "Metodologia jurídica, Problemas

fundamentais", **in Boletim da Faculdade de Direito. Studia Juridica 1.** Coimbra: Coimbra Editora, 1993.

- DEL VECCHIO, Giorgio. **Lições de Filosofia do Direito. 3**. Ed. Coimbra: Arménio Amado, 1959.
- FERRAZ JR. Tércio Sampaio. **Introdução ao estudo do direito: técnica, decisão, dominação.** ed. 4. São Paulo: Atlas, 2003.
- FUSTEL DE COULANGES, Numa Denis. **A cidade antiga.** Trad. Heloisa da Graça Burati. São Paulo: Rideel, 2005.
- HART, Herbert Lionel Adolphus. **O conceito de direito**. Trad. A. Ribeiro Mendes. Lisboa: Fundação Calouste Gulbenkian, 1994.
- HEGEL, Georg Wilhelm Friedrich. **Filosofia do Direito.** Trad. Paulo Meneses, Agemir Bavaresco, Alfredo Moraes, Danilo Vaz-Curado R. M. Costa, Greice Ane Barbieri e Paulo Roberto Konzen. ed. 2. São Paulo/São Leopoldo: Loyola/Unisinos, 2010.
- KELSEN, Hans. **Teoria pura do direito.** Trad. João Baptista Machado. ed. 6. São Paulo: Martins Fontes, 1999.
- ____ **O problema da justiça.** Trad. João Baptista Machado. ed. 2. Martins Fontes: 1998.
- MARX, Karl; ENGELS, Friedrich. **O manifesto comunista.** São Paulo: Ridendo Gastigat Mores (Versão eBook: eBooksBrasil.com), 1999.
- SALGADO, Joaquim Carlos. **O espírito do ocidente ou a razão como medida, in** Cadernos de Pós-Graduação em Direito (USP). São Paulo: Manole, 2012.
- SALGADO, Ricardo Henrique Carvalho. **Hermenêutica filosófica e aplicação do direito.** Belo Horizonte: Del Rey, 2006.
- SCHERER, Fábio César. **Notas sobre a efetividade da doutrina kantiana do direito, in** Cadernos de Ética e Filosofia Política 17, 2/2010.

ÉTICA E FILOSOFIA DO DIREITO

HERMENÊUTICA JURÍDICA

VERA LÚCIA DA SILVA

CAPÍTULO I

HERMENÊUTICA JURÍDICA

1. HERMENÊUTICA E INTERPRETAÇÃO

Hermenêutica é o estudo sistemático da interpretação de textos e contextos, tal como a Ética é o estudo da moral. A hermenêutica descreve os **princípios** e estabelece os **métodos interpretativos** aplicáveis a qualquer campo de conhecimento baseado em **linguagem natural**. É diferente da **interpretação,** que é a própria prática da compreensão de um enunciado. Logo,

Hermenêutica	Interpretação
Estudo ("ciência") da interpretação	Ato ou ação de compreender ou estabelecer sentido

As linguagens artificiais (formais) da lógica, da computação e da matemática não estão sujeitas aos processos hermenêuticos: a criação dessas linguagens é controlada e, portanto, não estão sujeitas a ambiguidades. Já os conhecimentos articulados em **linguagem natural**, ou seja, em **linguagem corrente,** partem do uso de palavras e expressões dotadas de significados histórica e culturalmente construídos. Nesse processo, uma mesma expressão ou palavra pode conter uma diversidade de significados e diferentes sentidos. Por isso, conhecimentos baseados em linguagem natural dependem dos processos interpretativos estabelecidos pela hermenêutica para a correta compreensão dos enunciados.

Por isso, a hermenêutica está presente em todas as ciências e conhecimentos baseados em linguagem natural: na filosofia, na história, na ciência política e, inclusive, no direito. Isso porque, em virtude do uso da linguagem natural, as **normas jurídicas** são, na maior parte das vezes, **ambíguas** e **obscuras.** Ademais, o caráter histórico do desenvolvimento da linguagem natural determina a necessidade de atualização dos sentidos de uma expressão jurídica. Por isso, para determinar o exato alcance e o sentido de uma norma, a hermenêutica jurídica lança mão de uma série de regras.

A questão é que o direito é uma ordem normativa e coercitiva, que visa a regular condutas humanas. Assim, para realizar a finalidade do direito, é imprescindível a aplicação mais justa e correta das normas jurídicas. Para isso, é preciso compreender os comandos normativos. E, para elucidar os sentidos possíveis de determinada norma, é preciso um **processo de interpretação**, responsável por indicar o melhor sentido em certo contexto. Esse processo interpretativo, para ser legítimo, deve ser publicamente acessível: por isso a hermenêutica jurídica se faz tão importante na fixação do sentido de uma norma.

2. HERMENÊUTICA JURÍDICA

A relação entre direito e hermenêutica ocorre em dois níveis: na previsão das condutas e na aplicação da norma. Ora, o direito, ao prever uma conduta e sua consequência jurídica, exerce função hermenêutica dos fatos. Por outro lado, no momento da aplicação da norma, mais uma vez a hermenêutica é necessária, como metodologia para a escolha do melhor sentido no caso concreto. Assim, a hermenêutica jurídica é relevante tanto na formação como na aplicação da norma.

As normas jurídicas oferecem um esquema normativo para as condutas humanas. Essas normas têm um papel hermenêutico da realidade. Os comandos jurídicos descrevem condutas e suas consequências no plano do direito. Assim, a norma jurídica é, além de um comando, uma intepretação dos fatos. Então, o direito tem em si um papel hermenêutico – o de oferecer um instrumental teórico para interpretar as condutas. A hermenêutica jurídica, assim, é considerada por muitos autores uma meta-hermenêutica – enquanto o direito exerce a hermenêutica dos fatos, a hermenêutica jurídica se ocupa do processo interpretativo do próprio direito.

MUITA ATENÇÃO!

Hermenêutica no Direito = a formação das normas jurídicas; previsão de condutas

Hermenêutica Jurídica = regras de interpretação das normas jurídicas

Como sistema de interpretação do direito, a hermenêutica jurídica é independente e especializada em relação à hermenêutica geral. A hermenêutica jurídica é orientada pelo contexto de enunciação das normas e da sua aplicação. Não depende do desenvolvimento da hermenêutica literária ou filosófica, embora tenha relação em alguns pontos. Métodos e cânones específicos (conhecidos como *topoi*) da hermenêutica jurídica só tem validade no campo da interpretação das normas jurídicas. Pela sua autonomia, essa modalidade de hermenêutica tem um desenvolvimento histórico próprio, caracterizado pela oposição entre teorias **objetivistas** e **subjetivistas**, apresentadas a seguir.

3. HISTÓRICO DA HERMENÊUTICA JURÍDICA

Com objetivos didáticos, a história do desenvolvimento da Hermenêutica Jurídica foi dividida em três fases:

A Período Filosófico

Aristóteles (384 a.C. – 322 a.C.) já havia apontado a imperfeição das normas. As normas são casos gerais que dependem da interpretação para serem aplicadas aos casos particulares. Se, por um lado, a generalidade das normas garante a equidade, por outro é um grande problema para sua aplicação. E as normas jurídicas não escapam a esse problema. O intérprete é quem realiza a função essencial de determinar o sentido da norma no caso concreto.

O método com que o intérprete revela o sentido de uma norma não é o mesmo pelo qual se descobre uma verdade matemática. As normas dependem da linguagem natural que, por si mesma, guarda uma série de ambiguidades. As verdades matemáticas, por outro lado, podem ser comprovadas pelo uso adequado da lógica formal, sendo passíveis de demonstração.

A **demonstração científica (ou dedução)** é realizada por meio de um raciocínio necessário, cujas premissas **necessariamente** conduzem a uma **única conclusão**. Já a **verdade** no campo das **normas** não pode ser demonstrada – precisa ser **construída** por meio da argumentação. Isso porque as conclusões sobre o sentido de uma norma não são necessárias e nem mesmo únicas – são provisórias e polêmicas. Por isso, o método hermenêutico para o **direito** não é o demonstrativo, mas o **dialético**.

A **lógica**, como instrumento de conhecimento da verdade, foi dividida por Aristóteles entre **dedutiva** (conclusões necessárias) e **dialética** (conclusões mutáveis). O raciocínio dialético tem como ponto de partida não premissas, mas preceitos ou opiniões universalmente aceitas, ou pelo menos com elevado grau de generalidade. Esses pontos de partida foram conhecidos como *topoi* de argumentação, ficando conhecido o uso dessa espécie de argumento como tópica.

EM RESUMO: LÓGICA ARISTOTÉLICA	
Dedutiva	Uma única verdade necessariamente deduzida a partir das premissas
Dialética	Uma verdade construída a partir dos *topoi* argumentativos

A tópica aristotélica assume como ponto de partida opiniões geralmente aceitas para construir a verdade de uma proposição normativa. Esse método foi recuperado por Cícero (106 a.C. – 43 a.C.) que elaborou uma lista de *topoi* no livro *De inventione*. Ali, os *topoi* são apresentados como orientações para o convencimento do júri, como técnica do direito no mundo antigo.

A influência dessa concepção de hermenêutica é bastante atual. A técnica da identificação e do uso dos *topoi* é tipicamente crítica à noção do direito como ciência demonstrativa. Além disso, a tópica possui grande influência na dinâmica das normas jurídicas, oferecendo possibilidades interpretativas sempre atualizadas.

Outra vertente de pensamento ainda no campo da hermenêutica foi a **interpretação literal e alegórica de Santo Agostinho** (354 – 430 d.C.). Este foi o primeiro a sistematizar não *topoi*, mas orientações para o método de interpretação da Bíblia, considerando certos textos na sua dimensão literal, enquanto outros como alegoria. Já **Tomás de Aquino** (1225 –1274 d.C.) utilizou os *topoi* de Aristóteles para interpretar as Sagradas Escrituras. **Posteriormente**, com a **Reforma Protestante**, qualquer forma de interpretação da Bíblia que referisse algum texto para além dela mesma foi proibida. A Bíblia deveria ser **interpretada literal e sistematicamente**, com base no seu próprio texto, pois foi considerada um livro perfeito e completo. Essas posturas hermenêuticas religiosas influenciaram diretamente a interpretação das normas jurídicas no período, até pela relação muito próxima entre direito e religião na Idade Média.

B Período Moderno

A hermenêutica jurídica ganhou definitivamente sua autonomia em relação à interpretação teológica com o debate entre o **subjetivismo** e **objetivismo** na interpretação das normas jurídicas. Do pensamento moderno, a especificidade dos objetos de investigação fez com que o direito fosse separado das demais formas de conhecimento. Por isso, a hermenêutica jurídica passou a ter seus próprios problemas e métodos de resolução. A questão específica da hermenêutica jurídica era definir **como interpretar a norma** – se pela **vontade do legislador (subjetivismo)** ou pela **vontade da própria norma** no momento de sua criação **(objetivismo).**

> **DICA IMPORTANTE**
>
> Nesse período moderno, a Hermenêutica Jurídica tornou-se autônoma em relação à Hermenêutica Filosófica e Teológica.
>
> Debate: vontade do legislador (*mens legislatoris*) ou vontade da lei (*mens legis*)

A vontade do legislador como método hermenêutico foi defendida pela **Escola da Exegese (ou dogmática)**, que influenciou a Europa a partir do **Código Civil Francês, de 1804 (Código Napoleônico)**. Para os exegetas, a norma jurídica só poderia ser interpretada segundo a **vontade do legislador**. Era preciso reconstruir o contexto de enunciação da norma jurídica pelo legislador, pois somente ele saberia o sentido pretendido com a norma.

A Escola da Exegese era bastante comprometida com o ideário francês napoleônico. Por isso, a busca incessante pela vontade do legislador, a fim de reafirmar o poder desse líder. **Bugnet** foi um dos autores mais radicais na defesa da interpretação conforme a vontade do legislador, afirmando que não conhecia o Código Civil, mas somente o Código de Napoleão.

Uma severa crítica aos exegetas foi a inexistência de método para conhecer a real intenção do legislador no momento da criação da norma. Para os críticos, a exegese não era mais que a enunciação de uma vontade particular do próprio intérprete. Pela figura abstrata do legislador os juízes e intérpretes teriam um grau de arbítrio que comprometeria a generalidade da norma jurídica.

Por outro lado, a tendência **objetivista** começa a ser formulada no mesmo período, como contraposição à Escola da Exegese. Foi o próprio protestantismo no século XIX, representado por **Schleiermacher** (1768 – 1834), que alterou o modo de interpretação literal das Sagradas Escrituras. Com isso acabou influenciando também a hermenêutica das normas jurídicas. Schleiermacher apresentou um **método histórico-crítico**, além da interpretação literal gramatical. A Bíblia, além de ser sagrada, era considerada pelo teórico como um **documento histórico**, cujo sentido de muitas expressões só poderia ser atingido com o conhecimento da época em que fora escrita. A vontade do legislador não pode ser conhecida, assim como a vontade de Deus também não. O que se pode conhecer são as escrituras e exatamente o que é construído no tempo.

O debate objetivista na hermenêutica jurídica tem como maior referência a obra Metodologia jurídica (1802), de **Savigny** (1779 – 1861). Dedicado ao estudo do direito civil romano, Savigny contestava o jusnaturalismo e o universalismo iluminista. Sua vertente **historicista** ressaltou a importância do contexto histórico e, por isso, desprezou as teorias universais. É importante dizer que a hermenêutica historicista não busca adaptar a norma ao presente período histórico, mas sim interpretar conforme o **momento histórico em que a norma foi elaborada**. Esse é o caráter conservador da obra de Savigny.

A norma jurídica é a segurança contra o arbítrio, segundo Savigny. Para tanto, é preciso que a aplicação da norma seja conforme o seu **verdadeiro sentido**. Esse sentido só é acessível pela intepretação da lei em seu próprio **contexto**. A interferência da subjetividade do intérprete faz com que a lei adquira um caráter subjetivo, indesejável por teorias objetivas como a de Savigny. A descoberta da **vontade da norma** é o que deve orientar o processo interpretativo. Essa vontade é que expressa o próprio **espírito do povo** e **não** deve ser suplantada pela **vontade do legislador ou do intérprete**.

Tal posição teórica influenciou **Dilthey** (1833-1911), que apresentou e defendeu a importância da noção de **contexto**. Para Dilthey, os textos representam o **"espírito de sua época"**. Por isso, o sentido dos textos, inclusive normativos, só pode ser determinado tendo em vista o momento histórico de sua escrita.

Outra crítica ao subjetivismo foi apontada por **Ihering** (1818 – 1892), cujo pensamento fundamentou a escola de pensamento conhecida como **teleológica** ou **jurisprudência dos conceitos**. Para Ihering, era importante não somente reconstruir o momento de criação da norma para interpretá-la. Era preciso determinar qual a **finalidade da norma.**

Já para a **Escola do Direito Livre**, a interpretação jurídica deve ser fundamentada no **ideal de justiça**. A função das normas jurídicas é a realização da justiça, mesmo que a interpretação da lei seja *contra legem*. Seu maior representante foi **Kantorowicz** (1877-1940), que considerava que leis injustas não deveriam ser aplicadas pelo juiz. Isso porque certamente o legislador não considerou o caso concreto quando formulou a norma. E por isso o juiz teria a autoridade de afastar seus efeitos no caso concreto, preservando o aspecto moral da aplicação do direito.

Portanto, os elementos introdutórios do debate moderno a respeito da hermenêutica jurídica pode ser assim sistematizado:

Escolas Hermenêuticas	Principais Autores	Pressupostos
Subjetivista/ Exegese /Dogmática	Bugnet	Vontade do legislador
Objetivista / Histórica	Savigny	Vontade da norma
Finalista / Teleológica	Ihering	Finalidade da norma
Direito Livre	Kantorowicz	Ideal de justiça

C Período Contemporâneo

As teorias contemporâneas da hermenêutica jurídica são marcadas pela **cientificidade** do conhecimento jurídico. O direito passa a ter um **objeto determinado** e um **método próprio** para investigação. Apesar da influência da hermenêutica filosófica, os métodos interpretativos contemporâneos utilizados no direito são específicos e dirigidos à aplicação das normas jurídicas. No período moderno, apresentado anteriormente, o conhecimento do direito ainda não era sistematizado como uma ciência, com a definição de um objeto (**norma jurídica em um ordenamento**). As teorias contemporâneas já consideram essa característica do saber jurídico, especialmente influenciadas pela obra de **Hans Kelsen**.

Para **Hans Kelsen** (1881 – 1973), as normas jurídicas são todas aquelas que compõem uma unidade, conhecida como ordenamento. Esse ordenamento é um sistema escalonado de normas, onde a inferior encontra fundamento na superior e, em última instância, na Norma Fundamental (Gründnorm).

Esse sistema, por ser fundamentado em si mesmo, é necessariamente **coerente** e **completo**. Mesmo assim, as normas superiores não podem determinar todo o sentido das normas inferiores. Há, portanto, uma certa liberdade reservada para o aplicador do direito. E esse grau de liberdade é justamente a possibilidade de escolha da melhor interpretação da norma no caso concreto. Desse modo, o ordenamento jurídico é uma **moldura**, cujos limites o aplicador do direito precisa respeitar. Dentro dessa moldura, o intérprete tem a possibilidade de oferecer uma série de sentidos para a norma. A função da hermenêutica é oferecer os meios para a determinação dos possíveis sentidos da norma. Ao intérprete cabe escolher o melhor sentido a ser aplicado ao caso.

Essa compreensão da hermenêutica, limitada por um texto normativo e cujo ato de interpretar está separado do próprio texto foi criticada por uma série de teóricos. Alguns utilizam como base de crítica a noção de *applicatio* de **Gadamer** (1900 – 2002). Na verdade, segundo Gadamer, não há a reconstrução do sentido do texto e um posterior ato de escolha. O que ocorre é que a **interpretação já é um ato de construção do sentido**. Ou seja, não há um **sentido prévio** ou imanente da norma a ser descoberto. O que há é a construção de um sentido pelo próprio intérprete.

Outra crítica elaborada à concepção kelseniana de direito e hermenêutica foi a de **Viehweg** (1907 – 1988). Esse autor aplicou a **tópica aristotélica** à intepretação do direito. A hermenêutica jurídica transcende a moldura do direito proposta por Kelsen. Isso porque mais que um ato voluntário de escolha do melhor sentido aprisionado por uma moldura, a interpretação refere-se ao uso de noções comuns, ou *topoi* de argumentação. Mais uma vez, não há um sentido da norma a ser desvendado. O direito é mais que um sistema ordenado de normas – é uma construção normativa dinâmica, com base em *topoi* argumentativo. A hermenêutica não confere o sentido verdadeiro da norma, mas o aceitável tendo em vista os *topoi* argumentativos válidos. A tópica também foi recentemente resgatada por **Perelman** (1912-1984), na sua obra Tratado da Argumentação Jurídica, em que sustenta que a atividade jurídica, mais que descobrir sentidos das normas, trata-se de **criar aceitação** desses sentidos. Para tanto, a técnica utilizada é posicionar o intérprete frente a um **auditório universal** hipotético. Quanto mais persuasivo o argumento, mais próximo de convencer o auditório universal. Por isso, o subtítulo da obra é a Nova Retórica – visa a persuasão e o convencimento, não a descoberta do verdadeiro sentido da norma.

A tópica de Viehweg foi criticada por Canaris (1937 –), o qual acredita que tópica e pensamento sistemático são complementares. Isso porque a função da tópica é subsidiária no direito, servindo essencialmente à integração de lacunas.

O avanço das discussões sobre hermenêutica jurídica possibilitou a especialização cada vez maior da interpretação. Tendo em vista a perspectiva kelseniana do direito como um sistema escalonado de normas, muitos autores partiram para a **hermenêutica constitucional**. Ora, se a norma hierarquicamente superior determina o sentido das demais e se as normas constitucionais ocupam o topo da pirâmide normativa, há duas fortes razões para a maior atenção a essas normas. Primeira delas, as normas constitucionais **determinam o sentido** possível de todas as outras. Segunda razão é que as normas constitucionais são as mais gerais. Por isso, precisam de uma interpretação rigorosa para a **determinação de seu próprio alcance e sentido**.

Autores como Smend (1882–1975), Hesse (1919 – 2005), Muller (1938) e Häberle (1934) dedicaram suas obras a definir qual melhor método para a hermenêutica constitucional, como especialização da hermenêutica jurídica. Todos enfrentaram a noção de hermenêutica de Kelsen e estabeleceram padrões interpretativos para o direito constitucional menos céticos. Ou seja, a interpretação não é somente uma escolha entre muitos sentidos possíveis. Há critérios que orientam a escolha correta prevista pela moldura do direito.

Para Smend, os **valores** expressos na constituição estabelecem os limites interpretativos. Esses valores são determinados pela própria leitura da constituição, e representam o **espírito do povo**. Por isso, seu método hermenêutico ficou conhecido como **método integrativo, científico-espiritual** ou **axiológico** (relativo a valores).

Hesse, Müller e Häberle trabalharam formaram a escola hermenêutica **concretista**. Esse método hermenêutico considera a norma, a compreensão prévia do intérprete e o caso concreto. A constituição não é um sistema de valores, como para Smend, nem um sistema de normas formalmente hierárquico. Utilizam a tópica para estabelecer critérios interpretativos a partir de precedentes.

Hesse foi influenciado por Gadamer. Tal fato é notável pois para Hesse a interpretação não pode ser dissociada das pré-compreensões dos intérpretes, bem como o sentido da norma só é possível na aplicação prática. Já Müller adaptou a tópica para seus propósitos hermenêuticos. A norma constitucional não é apenas um texto (programa normativo), é também um domínio normativo (uma prática).

Häberle vincula todos os órgãos estatais e cidadãos na intepretação constitucional e não apenas o judiciário. Assim, a interpretação constitucional é um processo público, submetido ao consenso democrático. A constituição é mais que um texto normativo, transformando-se também em prática.

Sob uma perspectiva geral, tem-se que contemporaneamente a hermenêutica jurídica pode ser esquematizada da seguinte maneira:

Escolas Hermenêuticas	Principais Autores	Pressupostos
Formal / Sistemática/ Dogmática	Kelsen	Moldura do direito
Tópica	Viehweg / Perelman	Lugares-comuns de argumentação
Axiológica	Smend	Valores constitucionais
Concretista	Hesse, Häberle, Müller	Constituição como prática

Ainda a respeito dos estudos contemporâneos em hermenêutica jurídica, não se pode deixar de lado a noção crítica da **violência simbólica**. Pierre Bourdieu (1930 – 2002) apresentou o conceito de *habitus* para o estudo das relações sociais, dispensando a noção de indivíduo. Na batalha pelo poder, o que estão envolvidos são os **campos sociais**, que, no caso do direito, tentam obter o poder simbólico para dizer o direito. Esse dizer é o que garante força ao campo, por excluir sujeitos e incluir outro. O ato de interpretação, portanto, pressupõe a violência simbólica anterior de determinação do campo.

D Hermenêutica Jurídica no Brasil

No direito brasileiro, a hermenêutica foi fundamentalmente prevista pela Lei de Introdução ao Código Civil, atualmente Lei de Introdução às normas do Direito Brasileiro (Decreto-Lei n. 4.657, de 04 de setembro de 1942), válida como base interpretativa para todo o ordenamento jurídico pátrio. Com a vigência do Código Civil de 2002 (Lei n.10.406, de 10 de janeiro de 2002) e com o Novo Código de Processo Civil, a hermenêutica jurídica com base nos princípios constitucionais ganhou maior destaque, como nos artigos 1º a 8º do NCPC. Tem-se, portanto, uma dimensão geral do ordenamento brasileiro cada vez mais comprometida com o problema da interpretação e a aplicação das normas jurídicas, considerando a correlação entre formação da norma e sua aplicação ao caso concreto.

Vale destacar na produção hermenêutica nacional a teoria tridimensional do direito, de autoria do jusfilósofo Miguel Reale. Trata-se de uma abordagem do direito iniciada no final da década de 1960, segundo a qual o caráter normativo do direito positivo é somente uma de suas dimensões. Segundo a teoria tridimensional, o direito positivo é formado por uma conjunção de aspectos normativos (legais e positivos), axiológicos (valorativos) e fáticos (históricos). A interpretação e a aplicação das normas jurídicas dependem da correta consideração dessas três dimensões. Sem esse equilíbrio dinâmico e dialético entre as três dimensões, o direito perde sua legitimidade.

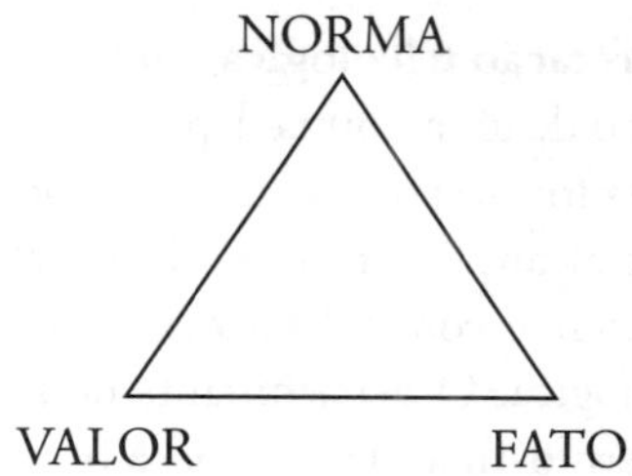

4. ESPÉCIES DE HERMENÊUTICA

4.1 Quanto à origem: essa classificação é bastante simples, mas muitos autores discordam dela. Isso porque a única forma de interpretação que realmente tem força obrigatória é a conhecida como interpretação original. As demais são manifestações não obrigatórias do sentido da norma e que podem ser judicialmente afastadas.

A Original ou Autêntica – quando o próprio órgão criador da norma oferece elementos para sua interpretação. Um exemplo é o Código Penal, em que o próprio legislador define conceitos utilizados, como o de servidor público.

B Judicial – quando órgãos judiciais julgam os casos, exercem, na maior parte das vezes, processos hermenêuticos. Sentenças, acórdãos e súmulas são o resultado da atividade judicial que trazem as diversas interpretações possíveis para uma norma.

C Administrativa – quando os órgãos do poder Executivo realizam a interpretação, com fim de orientar sua atividade em relação aos cidadãos ou aos outros poderes.

D Doutrinária – quando a comunidade acadêmica e profissional oferece a interpretação da norma.

4.2 Quanto ao método:

A Interpretação literal ou gramatical – o sentido da norma está contido no significado de seus termos. É derivado da tradição cristã de hermenêutica teológica, segundo a qual as Escrituras Sagradas deveriam ser literalmente interpretadas. A literalidade na interpretação das normas é insuficiente, dado que muitas delas traz em termos bastante ambíguos.

B Interpretação histórica (ou histórico-evolutiva) – o sentido da norma não está somente na literalidade de seus termos, sendo necessário buscar as condições em que surgiu a norma para determinar seu alcance. Isso porque as normas em direito se mantêm no ordenamento jurídico, muitas vezes em condições completamente diversas de quando surgiram. Para a melhor compreensão, o intérprete pode verificar os fatores sociais e políticos no momento da criação da norma. A partir da reconstrução desse contexto, o intérprete pode ter dimensão mais clara do sentido de certas expressões. Esse método é típico da escola historicista do direito, iniciada por Savigny.

C Interpretação teleológica – muitas vezes, a definição do sentido de uma norma depende não do processo histórico de sua formação, mas da finalidade ou objetivo que se pretende alcançar por meio dela. Quando a questão é o que se pretende com tal norma, tem-se uma interpretação teleológica. O determinante dessa modalidade é pensar no termo finalidade – ele é o que caracteriza a interpretação teleológica. Sua origem sistemática está associada a Ihering. É também modalidade hermenêutica associada às teorias sociológicas, tendo em vista que muitas das normas jurídicas têm uma finalidade social.

D Interpretação sistemática – derivada da teoria kelseniana. É também conhecida como interpretação lógica. Parte do preceito que o ordenamento jurídico é uma unidade completa e coerente. E, por isso, toda a interpretação e os sentidos das normas estão contidos no próprio ordenamento. Há vertentes contemporâneas que utilizam princípios para conferir completude ao ordenamento jurídico. Essas teorias procuram encontrar a resposta às lacunas e às antinomias dentro do próprio complexo de normas.

E Interpretação axiomática-valorativa – quando o sentido da norma é ambíguo, ou mesmo há lacunas na norma, o intérprete pode recorrer aos valores que emanam do ordenamento jurídico para compreender o sentido mais adequado. Atualmente, os valores são determinados fundamentalmente pelos direitos fundamentais e pelos direitos humanos.

F Interpretação normativo-estruturante – método vinculado ao pensamento de Müller, que busca nas condições sociais a integração do sistema normativo. Isso porque uma norma não é simplesmente um texto – é também uma parte da realidade. Então, há nela o caráter normativo e estruturante de uma realidade social. É bastante próximo dos métodos histórico e sociológico. Mas difere no procedimento de investigação. O método histórico procura reconstruir o contexto de criação da norma; o método sociológico orienta a investigação sobre as condições de criação da norma. Os dois métodos são voltados para o passado. Já o método normativo-estruturante procura estabelecer a relação entre o contexto social atual e a norma.

4.3 Quanto ao resultado:

A Interpretação extensiva – quando é necessário, para ter coerência, ampliar o sentido da norma.

B Interpretação restritiva – quando é necessário restringir o sentido da norma, sob pena de incoerência.

C Interpretação declarativa – quando o próprio legislador declara o sentido de um texto normativo.

> **FIQUE POR DENTRO:**
>
> **Debate sobre os métodos hermenêuticos**
>
> Em geral, não há um consenso na doutrina sobre a classificação dos métodos hermenêuticos. Os métodos mais aceitos são aqueles consolidados na doutrina e na jurisprudência nacional. Vale a pena a leitura de acórdãos sobre questões polêmicas (políticas de cotas, progresso de regime em crimes hediondos) porque ali sempre haverá a referência aos métodos mais utilizados pelos juristas.
>
> **Para saber mais:** MAXIMILIANO, Carlos. **Hermenêutica e aplicação do direito**. Rio de Janeiro: Forense, 2004.

5. OBJETOS DE HERMENÊUTICA – REGRAS E PRINCÍPIOS

A hermenêutica jurídica pode ter por objeto a interpretação de normas consideradas regras ou princípios. A distinção entre regras e princípios não é unânime. Apesar disso, pode-se definir regras de princípios em virtude da **concretude** da norma. Normas com dispositivos mais específicos e dotadas de maior efeito concreto são consideradas como regras. Normas mais gerais são comumente reconhecidas como princípios.

Essa distinção, entretanto, não representa diferença hierárquica ou mesmo de relevância das normas. Em verdade, regras e princípios compõem o ordenamento jurídico, sendo responsáveis por sua completude e coesão. Por isso, essas normas são harmônicas, ajustando-se por meio da interpretação.

Em verdade, quando se trata de uma contradição entre normas, esse fenômeno só pode ocorrer entre normas de mesma categoria. O que significa afirmar que regras e princípios não podem concorrer em um ordenamento jurídico. Ao contrário do que aparenta, os princípios não invalidam as regras – antes, oferecem subsídios para sua interpretação e aplicação.

Sempre que se tratar de uma questão de antinomia, ou de contradições entre normas, portanto, é preciso verificar qual o caráter das normas em colisão:

- No caso de choque de princípios: estes são os alicerces da estrutura do ordenamento jurídico. Tendo tal fato em vista, o choque entre princípios não acarreta a exclusão de um dos princípios. O que ocorre é a adequação interpretativa de ambos, com determinação do campo de cada um deles. Por isso, não se pode dizer que qualquer princípio seja excluído do ordenamento jurídico, ou mesmo que não tenha validade. Um princípio pode ser aplicado ao caso concreto, em detrimento de outro – mas esse fato não significa que o princípio não aplicado tenha decaído do ordenamento jurídico.
- No caso de choque de regras: as regras não são os alicerces do ordenamento jurídico. Por isso, podem entrar em contradição. Pelo grau de especificidade, reconhecer a validade de uma norma significa negar a validade de uma norma contrária. Assim, no caso de colisão de normas, uma delas necessariamente será excluída do ordenamento jurídico.

Assim, a hermenêutica jurídica é o campo de conhecimento responsável por compreender a categoria das normas em conflito e determinar as soluções viáveis. Pela hermenêutica mantém-se a integridade e a coerência do ordenamento jurídico. Portanto, a hermenêutica é uma parte importante dos estudos dogmáticos do direito, garantindo a segurança jurídica.

BIBLIOGRAFIA RECOMENDADA

LEITURA BÁSICA

- HÄRBELE, Peter. **Hermenêutica Constitucional - A Sociedade Aberta dos Intérpretes da Constituição.** Trad. Dr. Gilmar Ferreira Mendes. Porto Alegre: Sérgio Antônio Fabris, 1997.
- KELSEN, Hans. **Teoria pura do direito.** Tradução de João Baptista Machado. Coimbra: Armênio Amado, 1984. Cap. VIII - A interpretação.
- MAXIMILIANO, Carlos. **Hermenêutica e aplicação do direito.** Rio de Janeiro: Forense, 2011.
- PERELMAN, Chaïm. **Lógica jurídica**. Tradução de Vergínia Pupi. São Paulo: Martins Fontes, 1998.
- REALE, Miguel. **Teoria Tridimensional do Direito.** 5.ª ed. São Paulo, 1994.

OBRAS PARA APROFUNDAMENTO

- BLEICHER, Josef. **Hermenêutica contemporânea**. Tradução de Maria Segurado. Lisboa: Edições 70, 2002.
- FERRAZ JR., Tércio Sampaio. **Introdução ao Estudo do Direito**: Técnica, Decisão, Dominação. 4 ed. São Paulo: Atlas, 2003.
- FRANÇA, R. Limongi. **Hermenêutica jurídica**. São Paulo: Saraiva, 1997.
- GADAMER, Hans-Georg. **Verdade e método.** Traços fundamentais de uma hermenêutica filosófica. Tradução de Flávio Paulo Meurer. Petrópolis: Vozes, 1999.
- MARMOR, Andrei. **Direito e Interpretação.** Tradução de São Paulo: Martins Fontes, 2000.
- MÜLLER, Friedrich. **O novo paradigma do direito**: introdução à teoria e metódica estruturantes do direito. São Paulo: Revista dos Tribunais, 2007.
- ROESLER, Cláudia Rosane. **Theodor Viehweg e a Ciência do Direito**: Tópica, Discurso, Racionalidade. 1. ed. Florianópolis: Momento Atual, 2004.
- VIGO, Rodolfo Luis. **Interpretação jurídica**: do modelo juspositivista-legalista do século XIX às novas perspectivas. São Paulo: Revista dos Tribunais, 2005.

ANOTAÇÕES

ANOTAÇÕES

ANOTAÇÕES

ANOTAÇÕES

EDITORA JusPODIVM
www.editorajuspodivm.com.br

Impressão e acabamento: BMF Gráfica e Editora